域外漢籍珍本文庫編纂出版委員會

域外漢籍珍本文庫

第一輯
集部

西南師範大學出版社
人民出版社

木門十四家詩集

提要

《木門十四家詩集》一卷，日本節山輯，日本甘雨亭叢書本。每半葉九行，左右雙邊，白口，單魚尾。是書收入滄浪、淨庵、竹軒、鶴樓、西山、篁洲、南山、伯陽、禎卿、伯玉、子彝、梓山、石樑、竹圃十四家詩。每人以雙行小字作小傳。

木門十四家詩集

室直清　室新助，號滄浪，又號鳩巢，賀州人。

和白石中秋韻

嘉會羣英集，誰如此勝遊。桂華踈雨滴，夜色大江流。對酒心增壯，感秋思轉愁。更聞歌白雪，遺響滿高樓。

大雅今淪沒，徒勞文上遊。斯人懷藻思，爲我激頹流。令望交朋慕，遺賢世主愁。秋來風月好，何當共登樓。

良辰難屢得，豪興好凭欄。銀漢雲方淡，金尊露不寒。團圓明月滿，荏苒素秋殘。惜此年華晚，回頭仔細看。

高樓歌吹起，華燭照朱欄。材足賦秋興，月堪伴歲寒。風流之子在，唱和幾人殘。向暗休投擲，擬兒按劍看。

將赴北，迫用前韻寄白石

聞道名都下，相如未倦遊。淩秋馳逸志，弄月俯清流。高調罕人和，非材增我愁。豈知瓊玉報，持照故園樓。

自和陽春曲，不空萬里遊。忽忙入北去，眷戀水東流。得此明珠照，若無永路愁。天涯如看雁，相憶上江樓。

美人歌靜夜，曲罷月低欄。攀桂碧霄近，抱珠白屋寒。歲時更代謝，顏色恐摧殘。報我新詩在，慇勤青眼看。

別路秋云晏，郵亭行傍欄。懷人關月白，飲馬塞雲寒。風土世情冷。詩篇古意殘。千山多美景。何似共君看。

別作寄別白石

同門英俊共推君。先得佳篇愜素聞。良覿何時酬宿昔。
奇才從此立功勳。莫嗟當代無楊意。不待後來有子雲。
珠玉詩成知滿案。好風千里幸相分。

丁丑元日

洞門晴雪踏如沙。劍佩夜鳴肅不譁。玉漏聲殘催上閣。
金爐香泛惹歸家。千年壽色南山近。萬里恩波北海賒。
預喜春華添甲子。高堂二月剩看花。

三元淑氣繞庭闈。遊子歸來著綵衣。梅柳連江春暗度。
雲霞映塞雁將飛。尋常未信仕何早。四十無聞心更違。
縱使青陽假烟景。應須白日下書幃。
千山曙色雪明樓。回首高城佳氣浮。天上歲華來北地。
人間世事付東流。平生養母有餘樂。一日讀書消百憂。
新進少年皆俊傑。嗟將遲暮對貂裘。

新年見白石詩。遂和其韻以寄二首

故人官達在東州。文學高科言子游。白石歌殘傳節奏。
青雲會能想風流。星辰氣壯劍橫斗。棣萼春輝花繞樓。
日暮梁園將授簡。上才自古重諸侯。右和元日
崔書擎出寵光浮。縹帙裝來過下樓。賜予還思誓古力。
遭逢何負曳裾遊。百年好事同皇甫。一代明經繼夏侯。
家產鳳雛文彩在。知君父子擅風流。右和歲初志喜。

用前韻奉和白石見酬二首

聞道詩名傳帝州。洛陽才子羨交游。三都賦出紙將貴。
五色筆飛錦欲流。報我瓊瑤照遙夜。思君江海坐高樓。
幕中掉舌於良足。何必生封萬戶侯。在弊邑。聞之京師人云。洛陽詞客畏白石才。仰慕之久。每其詩必傳誦焉。

白雪幾回闘楚謳。客中復上仲宣樓。夷門感知一麾出。
泗水從師十載遊。李白文才傾寵貴。井丹經術倒王侯。
舊來何處思玄度。明月清風碧玉流。

復用前韻言懷二首

浮生自分老邊州。桃李門前多舊游。家在隴頭人北望。
春來江上水東流。清談未接陳驚座。佳句先逢趙倚樓。
心事飄零今已矣。功名懶復說封侯。
長鋏歸來辭下邳。高秋憶上庾公樓。彈冠當日羞先達。
鳴玉如今感昔遊。丹壑已招遺世士。青門休問舊時侯。

漁人自有滄浪曲。難比清江萬里流。

和白石用前韻見寄六首

精敏無雙柳柳州。聲名藉藉壓豪游。詩亡千載續高調。文歌六朝澄濁流。都下爲開招隱館。苑中欲築望英樓。舊時一見知韓信。今日何曾愧鄭侯。

自聽師門名下藹。歸心忘却故園樓。長卿爲客蜀都久。子夏充賓魏國遊。曾賦上林驚武帝。還論古樂對文侯。伯牙應識知音在。萬里澄江入曲流。

東來何幸識荊州。也足歸家學少游。別比秦吳元絕國。道宗洙泗與同流。阮瞻徵辟是三語。杜甫行藏唯一樓。四十知君心不動。更堪好辨說諸侯。

河西變俗宋門謳。當慰我心聊上樓。明主好文如異代。奇材應恨不同遊。標梅十載賦周七。菉竹萬竿美衛侯。詩酒相邀何日見。佳人宛在水中流。見示家有十年拋故予用求我庶士意。

烟羊可疑

振古英雄有豫州。孰受不用問先游。夢餘芳草精神注。曲裏幽蘭香氣流。高義知君逢下榻。客愁憐我賦登樓。丈夫處世貴知己。莫說烟羊關內侯。

尒美可疑

秋憶歸舟發棹謳。天涯相望海邊樓。宿昔欽名如已有。生平多幸與君遊。宜使國風傳尒美。果聞朝命寵賢侯。材慚伯仲鄴都客。欲挹詞源三峽流。

附三絕句以代尺牘

孤館聞鶯消白日。高城送雁瞰蒼流。故人此句知誰歟。須在開元以上求。

性僻從來佳句耽。師門幸得我岑參。汝南今見品題定。何用世人容易談。僕不自揆謂白石作甚似岑參。

倡和君休莫盡歡。非關詩思得閒難。傍人不解我推讓。恐作短長相競看。

中秋二首

海天白玉盤。推上碧雲端。影過銀河冷。明凝金闕寒。嫦娥長不老。蟾魄幾回團。置酒親闌夕。笑談到夜闌。

復見瑤臺鏡。高懸霄漢間。瓊華堪可贈。桂樹香難攀。爽氣通滄海。雲光動白山。秋風吹不去。長此照人間。

此夜對月懷君美二首

中夜桂香動。清光漫欲流。砧鳴新霽月。雁度故關秋。北地嗟今老。西園憶昔遊。佳人音息闊。相望一層樓。

無恙井君美新詩應日多。盍簪今夜宴。叢桂舊時歡。離
索令人恨。團圓奈月何。天涯秋半晚。心事自蹉跎。

庚辰元日

誰將玉燭轉。遥空復見歲華。今古同。五色雲開鵬擊外。
萬家春到鳥聲中。無如衰鬢雪催白。且喜酡顏酒借紅。
冷蕋一枝梅可折。欲持贈遠寄東風。

春日思親十二首

五更殘夢遶階除。忽憶慈親生我初。林際閑行陪杖屨。
簾前春誦授詩書。家庭事事多遺愛。風物年年感故居。

獨有薦新祠廟日。終朝和露摘園蔬。
春來雨露下庭陰。孝子思親怵惕心。謦欬如聞趨欲就。
形容入夢寤猶尋。終天永訣死生隔。雙淚百年歲月深。
爲報新鶯花柳外。翩翩美尒好其音。
春風新奏舊絃歌。從此門人廢蓼莪。祿養不終生有限。
孝心自誓死無他。慈恩負戴山河重。長夜寂寥日月多。
一世功名今懶道。萬鍾縱得奈親何。
遲日沿流採白蘋。誰知幽意爲慈親。青山雲斷悲孤雁。
綠水春歸懷二人。不待陽和風落木。早違今養淚沾巾。

滄洲猶未拂衣去。羞此抱關擊柝身。
草暖雪消春滿堂。慈親棄我去何鄉。夢中雲在魂俱白。
愁裏花開淚亦香。佳日空懷雙慶樂。傷心無奈九回腸。
自甘辜負歡娛地。長此黯然悲歲芳。
芳草萋萋人不還。蹉跎四十二年間。當時爲子羞無狀。
今日思親易厚顏。生理荒凉春後雪。愛端重疊海心山。
腐儒身世元相棄。一任東風鬚髮斑。
先人待我異常兒。無賴如何負所期。孝養今愁烏不若。
悔心日積駟難追。簾帷香歇烟霞恨。階砌苔生花鳥悲。

願向東風斬茅竹。結廬冢上此棲遲。
白日傷春半下帷。依依草色戀親時。幽懷好借黃鸝語。
衰鬢欲兼碧柳垂。手澤殘書敢忍讀。淚痕點字始成詩。
寄言同慶諸君子。金玉爾音慰我思。
去歲除喪意未平。今朝霞彩映簪纓。春歸舊宅人安在。
日暖空庭草自生。綠酒尊前何耐酌。瑶琴花下不成聲。
百年徒慕知無益。須早爲親遺令名。以下專思母。
一自別親掩寢門。黃泉無路達晨昏。三春花白孝心潔。
雙樹菜青敬意存。追想音容常飲泣。長悲離別欲銷魂。

孤生不及庭前草。猶沐新陽雨露恩。後堂前有桑兩株。家母手栽。

母氏臨終強自扶。慇勤謝我久勤劬。俯思慈念死難報。泣受遺言絶復蘇。雙袖猶餘他日淚。殘生只愧舊恩軀。春風如到九原路。爲引陽和上綠蕪。

憶昨辭家行役時。春來秋去欲歸遲。朝朝陟屺兒悲母。暮暮倚閭母泣兒。豈謂綵衣爲素服。忽將死別變生離。泰山如礪河如帶。此恨綿綿無盡期。

立春

海上敝廬獨老身。柴門送臘又迎春。葭飛鳳管報時泰。

水暖湯盤銘日新。一片冰心梅舊識。百年青眼柳相親。邊雲朔雪世情冷。唯有東風似故人。

辛巳元日

條風昨夜入郊坰。吹向玉階開瑞蓂。卯酒三杯蓋後酌。漁歌一曲笑先醒。曙窓雪疊山河白。滄海春兼天地青。莫怪腐儒心轉壯。年華未到髮星星。

和阪井生元日韻

中天樓閣五雲開。曉上高城雪皓皚。地接三州元氣合。川分二水碧流來。玉階旭日揺仙杖。金殿餘霞落壽杯。

不有故人傳絶唱。春心辜負後凋梅。

年初同等輩監城門見早朝公所人

三竿初日照城闉。碧瓦樓臺淑氣新。飛鳴階前鳧影集。曳裾庭上鷺聲頻。夷門舊監侯嬴老。魯國諸生原憲貧。漸覺風光入佳境。欲賒斗酒買青春。

送石粱赴東都

海上秋風拂遠林。行行客路越山陰。猿聲三叫月初落。鯨浪千重日欲沈。鄉夢多迷烟樹暗。家書遥寄塞雲深。武陵同學如相問。斗米折腰違寸心。

步前韻酬白石

東海精廬開半林。百年遺愛倚棠陰。曾歌牛下材無歉。長抱龍泉光不沈。桃李對門春色晩。薔薇分影露香深。更知天祿校書日。應是良工多苦心。傳聞親藩近有編撰之事。故斷聯及此。

一去武關歸舊林。白雲相望結層陰。河梁別久翔鳧恨。滄海書稀雙鯉沈。夢裡題詩芳草積。樓頭聞笛落梅深。春來新沐瑤環贈。何以報之明月心。

賦水墨梅效陳簡齋體四首

高人盤礴倚欄干。淡墨揮來數朵寒。欲寫此花幽絕處。
長留疎影月中看。

紅醉白醒兩鬪新。年年先報洛陽春。相看堂上顯無色。
應是守玄謝世人。

玉質天成自不緇。松烟拂面倍清奇。豈言桃李縱相效。
恐似無鹽學病施。

桃李園中久見君。却悲野鶴在雞羣。一從尸解辭春去。
清影依然入水雲。

謁菅公廟

丞相廟前望欲迷。東風逼度草萋萋。梅花似戀舊時別。
紅白千條吹向西。

花落廣庭半減春。年年報祀憶宗臣。風流瀟灑今安在。
霄漢高懸月一輪。

在昔中朝遂屈原。終身不復入君門。尚思謫去三年後。
空抱宮衣泣舊恩。

秋興八首。和老杜韻。壬午之年。滄浪因石梁乞予批者也。

蕭瑟秋風動碧林。天邊樹色鬱森森。鯨鯢蹴浪海氛惡。
猿狖嘯雲山氣陰。鬢際霜侵多病日。腰間龍泣未灰心。

樓前一片如鈎月。別恨誰家送夜砧。

城上樓臺開曙輝。重門鐘漏遠微微。空庭霜下青梧落。
絕塞雲來白雁飛。通國交游知已少。夙齡退尚與人違。
世間年少慢儒客。肯信身貧心轉肥。

歲晚滄江日易斜。病來分外減容華。人間只自思歸鱠。
天上難浮泛月槎。千載悲秋傳楚調。萬家牽恨入胡笳。
樽中綠酒香新熟。欲傍東籬摘菊花。

一世浮沈似覆棋。老來蕭索此傷悲。毛生捧檄違親後。
楊子談經報主時。日落欄杆閑坐久。月生河漢欲眠遲。
慇勤絡緯四隣夕。應是燈前機婦思。

嵯峨白雪賀蘭山。鳥道開天咫尺間。萬里夕陰雲出塞。
五更曙色月臨關。康侯錫馬日中寵。報國羣臣霜後顏。
誰識夷門鳴柝者。昔年曾是點清班。

寥落舊游多白頭。幾回同役海東秋。天台嶺北霞光落。
日本橋西月色愁。身託他鄉送歸燕。夢回孤島狎輕鷗。
相逢共說昔年事。此日凄然憶武州。

十年游學愧無功。爲客逢秋草路中。清曉夢殘荷葉雨。
黃昏節斷柳條風。異鄉到處眼終白。同侶幾人顏共紅。

書劍歸來最蕭瑟。滄浪一曲和漁翁。
遠林平楚渺迤邐。萬頃秋田匝鄭陂。野外荒墳碑仆草。
村中古廟鳥棲枝。山河長對白雲在。人代寧知滄海移。
誰子杖藜懷古久。愁唫隴上日將垂。

題富士山二首

徐福尋仙海上浮。滄波何處問瀛洲。紫烟忽認遥天雪。
蟻附東西六十州。
上帝高居白玉臺。千秋積雪擁蓬萊。金雞喞喔八寰夜。
海底紅輪倒影來。金鷄紅輪一聯。余嘗東遊親見之。非徒用泰山事也。

東武冬夜對月

關門月色淨如秋。終日風霾夜始休。遊子忍寒苦相對。
通宵應照故園樓。

不破氏一枝亭八景。賦得蓮池夏月

芙蓉池上夏先寒。玉色玲瓏承露盤。時有微風鬧度水。
幽香和月到闌干。

代乞人

城中得食暫來歸。兒死無聲在母衣。取飯與妻妻泣說。
縱餐能療幾時饑。

春遲

楊柳未垂花未紅。家家簾幕掩東風。春歸江上無尋處。
只在青青衆草中。

蒲桃歌奉寄順菴先生

先生庭前有蒲桃一架。滋蔓殊甚。因爲歌一篇。
始言先生之道。如花之美。其教人如風之動人。
無賢愚皆化其教。而樂其道。次言賢子連璧。不
忝所生。終言先生親族之盛。實以積善累德而
致之也。

蒲桃歌。蒲桃歌。先生願聽我一歌。蒲桃成陰鬱萋萋。託
生先生書堂西。露裛香葩相鱗次。風吹嫩葉正昂低。美
人携手爭攀折。飛鳥帥子幾來棲。庭影離離日正午。人
自忘歸鳥自啼。非關桃李矜豔色。由來此物下成蹊。蒲
桃歌。蒲桃歌。先生願聽我二歌。嘉實粲粲新熟成。人言
謝家玉樹生。上枝磊落垂珠璣。下枝玲瓏綴水精。光彩
流味無與比。都人爭傳動帝城。蒲桃歌。蒲桃歌。先生願
聽我三歌。自一結根經幾時。引蔓布濩增繁滋。秋月明
夜沐宿露。曉霧開處映晨曦。宿露晨曦有恩光。交相扶

半窓米

持人不知豈特一時發榮耀本支百世猶可期蒲桃歌。蒲桃歌先生願聽我四歌先生卜隣錦里街共種蒲桃當庭隅隣家忽見滿架綠曾不終月半已枯豈如先生所種者纍纍結子四分敷來觀嘆息何能爾先生不答趨問余君家土地不彼若無如封植積功殊先生自從移植來孳孳不肯辭勞劬朝溉半液暮培土如此數年未少渝寄言東隣復西鄰如君忘勤終荒蕪。

王戎

隱去非眞遯世徒。起來寧有救人謨。園中好李穫多少。

魯相拔葵迂不迂。

武城春望

陌上烟霞眺望平。山櫻花發自分明。滿川風雨舟緣岸。負郭樓臺水遶城。要路誰家車馬族。儒門到處講論淸。浮名於我終何益。只愧滄浪未濯纓。

三宅氏八景賦得菅廟夜燈

森沈野廟祠丞相。遺德在人神所憑。讒口當時成貝錦。天威不早啓金縢。忠魂應返三更夜。心事猶懸一片燈。撫枕中宵多古意。向風慷慨寢還興。

道中作

十里芳塘春樹間。一川晴色遶青山。前村隔水微茫在。惟有白雲自往還。

寄題鎌倉瑞泉寺

聞道瑞泉寺。閒亭洞裏天。白雲縈水木。滄海積風烟。眺望三千里。荒蕪四百年。何時幽討去。靜夜寄高眠。

螢火

螢火何凌亂。不嫌白露寒。徘徊池閣上。輕颺暮雲端。傍箔疑珠綴。穿林似燧鑽。瑤華如可拾。留與故人看。

送友人赴東都

遊子晨裝龍門前嘶紫騮。柳條堪可折。竹葉暫相留。暑退新秋雨。凉生故國樓。慈親幸無恙。千里緩離愁。

又

陽關三疊暫盤桓。相送高樓月色殘。劍氣遥侵霄漢動。馬蹄遠踏塞雲寒。離家還憶倚閭望。許國何言行路難。萬里秋高如見雁。爲書數字報平安。

初雪二首

北嶺初飛雪。隨風過萬家。微微當戶落。脉脉隔簾斜。未

沒庭前草纔成樹上花寒棲無暖意薄暮酒應賒

雨雪三冬暮寄身一草堂漸添平地白欲奪遠林青輕素疑花落微寒覺酒醒更欣半穀熟含哺樂生靈

遊稻垣氏林亭二首

臺樹臨秋岸攀躋出晚烟群峰低檻外大海落天邊遠景通千里幽懷復百年不知山月上倒影入前川

經過幽僻地炎暑不相侵荒徑人蹤少空林鳥道深秋風生綺席山月洗塵襟試與同懷客和君清夜吟

秋日旅懷寄越中故人

兩年爲客事多非依舊西風復入衣越路雲長人北望武關木落雁南飛他鄉秋是江頭晚故國家唯夢裏歸欲識別來知已少夕陽松下掩柴扉

擬古三首

灼灼堂前桃濯濯堂後柳一朝秋霜至不意搖落久枝只風雨侵蕭索鮮賓友四壁無所庇況乃親杯酒及今猶改植庶免宿志負寄言豪貴子作室當託厚我有冬青樹願易君所有

燕山有羈客歲晏衣不完旅食二十年繿縷著南冠北風海上至飛雪凋人顏比隣何蕭條苦辛義相關誰家絃歌作飄揚聞雲端酒酣樂未央鳴琴不罷彈楹間旣來鳳階下亦舞鸞借問綺羅客寧知此苦寒

二月日始暖空庭鳥相和佳人感物化抱琴亦長歌歌罷復嘆息離居經年多艷艷桃李樹相思掇其華過時無所贈飄零我若何

和陶詩

榮木四章章八句

菀菀榮木垂枝于兹君子令德四方蔭之威儀有則動

作有時忻慕君子胡不憚而

菀菀榮木深深其根英華外彰天機內存君子養心乃德之門庶類以成衆善以敦

入而不學云何固陋亦旣學矣專用其舊聖謨洋洋嘉言孔富我之不進中心孔疚

斯道在人千歲未墜由也好勇聖門所畏策彼駑馬以追良驥遲速雖異同歸千里

和郭主簿

長夏午景靜嘉樹鬱成陰颸風自南來穆穆吹我襟大

哉虞帝歌寄懷五絃琴好古良自昔心醉遂至今故人同此意高義夙所欽杯酒方獨持無乃就我斟間關林中鳥求友爲好音會鳥猶如此獨不念盍簪尚子爲一來故使吾望深

歸田園居

自始從官役無日忘丘山矧伊桑榆景値我將老年魚躍不裏陂獸挺寧在澗違性少所宜歸耕南野田隣並八九家屏跡白雲間晨出隨衆後暮還居人前圑圑遠村樹荒荒近市烟牛羊日夕下返景在山巓營生各自

遂靡爭與物間醉卧東軒下愉悅在自然

飮酒三首

富貴如浮雲遑遑欲安之苟合我所恥直道非其時偃息南窓下樽酒復在玆人生會有盡知命貴不疑先民貽高矩百年可自持

十載此卜居鄉曲少者英隔籬呼隣人笑談暫慰情請君入宴息西嶺日欲傾庭樹曖已暗衆鳥爭枝鳴衘宇雖湫隘聊可託吾生

異端蠹吾道微言及亂眞舉世競浮靡澆風孰使淳如何談經士相師皆務新寧獨非楊墨且無論儀秦曰余秉微尙中路落世塵舊聞幸未失溫習固已勤惟道無隱顯居敬道自親求道不由玆茫洋如迷津恐我醉失儀獨晦整衣巾斯言邇可遠敢諭同志人

擬古

夙齡卓不羣淩厲好遠遊負笈趨千里求友徧九州鄒魯問遺風江湘漱清流道成無所用歸來卧山丘自悲生世晚不遇殷與周吾非長往者猶望君見求

贈羊長史

吾聞仲尼道開源自唐虞唐虞雖已遠舉行有其書之子抱利器洋洋適西都秦嶺今萬里關河行當踰長安多豪貴顧眄在下輿寧知鍾冉功無可與之俱子道苟有合不怪久躊躇自從嬴氏來王化遂闕如叔孫雖制禮廟堂亦就蕪羣雄迭相攻百姓無復娛此行縱有遇恐二生見䟽丈夫貴潔已願子時卷舒

九日閒居

節序遞推遷長勤在平生日月陽存至庶我愜此名兩霽秋氣澄雲斂天宇明時菊散晚芳鳴雁響哀聲寂寂

衡宇下。棲遲終百齡。滔滔車馬客。飛蓋無一傾。道在窮通樂。心安生死榮。蟬蛻污穢中。如見古人情。登高亦何爲。但使志有成。

詠荊軻

大運有興没。興没在姬嬴。弱燕何能爲。惜哉殺荊卿。時至西趨秦。眼中無咸京。易水何蕭蕭。送我萬里行。賓友來飲餞。四座垂素纓。沈深有餘勇。隱如百萬兵。高歌和漸離。悲風飛羽聲。衆客一慷慨。猛氣衝冠生。酒酣爲樂久。相顧壯心驚。遂去入函關。諸關始通名。秦人無伺仇。

見幾仰陛庭。危哉呼吸間。不得保金城。祖龍魄先死。事往仍屏營。丈夫身報國。不必奇功成。雖非忠義烈。邈然絕世情。

甲申元日

今朝風雪蔑微陽。歲酒不辭傾數觴。幾處門前長者轍。誰家坐上令君香。春來懶用三冬史。年去唯餘兩鬢霜。昨夜早梅新吐玉。侵寒折得一枝芳。

木順信 字敏甫號滄閣先生長子。

中秋雨

今夜豆花雨。追想去年晴。不見團圓影。祇聞淅瀝聲。無絃還有趣。淺酌更深情。聊足發清興。露湛眼自明。

西山塾友恵朝鮮酒餅以謝答

麁餅光如漆。遠自樂浪臻。上窖驢蹄促。下豊豕腹均。溫醇宜近火。蓄旨耐存神。非翅借書助。養眞慰老親。

問西山養痾于府邸

近別旬餘似隔程。幾回擧首意難平。宿痾應療慰珍攝。

小愈易加調衛營。肓竪彭仇防瞰隙。青囊丹鼎耐頤精。奇方幸有刀圭好。泰宇那憂鄒舌萌。文對黃封眞莫逆。詩逢白戰愼佳兵。讀書元誦西山記。排律長吟東武行。英譽芳芬八叉手。偏師委靡五言城。文章少技優游足。性善四端充擴成。學問無他唯孝弟。功夫到處在誠明。輔仁須待盍簪益。養氣相期勿藥亨。半夜井梧飛一葉。九秋月桂照三更。黑貂裘舊風霜冷。素帝令嚴林壑清。未卜新歡供筆硯。猶思久要慰心情。經過傾倒知何日。先托壑卿尋社盟。

木寅亮 木下平三郎字汝弼號竹軒先生次子

元日

五夜東風拂碧天津津物色更清鮮雲霞遠接閶門紫
梅柳輕含滄海烟春入鯉庭懷喜懼窓忙駒隙背暈研
寸心深識君恩重素食猶慚犬馬年

牽牛花

柔條百尺繞籬藩秀蕚千包日未暾風力吹醒卯時醉
露華聊借一朝恩縹囊分色映書帙翠幰飛光滿酒樽
欲識花菴稱獨樂綠葉陰中晝掩門

中秋

海風吹雨過東樓一色長天素影流鏡鑄江心龍忽起
犀燃水底魅空愁無邊光霽濂溪月不昧虛靈雲谷秋
仙客由來多妄誕廣寒莫浪說清遊

美人早起

景陽鐘度夢魂殘推枕攬衣臨慵看鏡面餘霜春色冷
簾鈎留月曉光寒細腰柳動烟猶淡渴肺花濡露未乾
朱戶半開懸竹葉羊車何處得盤桓

冬日牡丹

豈圖霜柎放春紅培養能移造化功菊讓姚黃呈土色
楓餘蜀錦助天工靈丹忽■藍關雪詩律潛通黍谷風
分得梅君香世界花王創業歲寒中

戊寅元日

黃鳥朝來有好音要令舊業入新吟三陽交泰古今治
二氣流行天地心對卷寸陰輕尺璧論文敝帚享千金
世間何事比吾喜堂上靈椿壽色深

和白石示韻 己亥季冬我藩邸賜六經故詩中如此

漢室藩屏春樹森惠風發藻及儒林莫誇梁苑延賓宴

可識東平樂善心千古新文公探賾四方倣則德輝今
五經元是君家事談論紛綸得意深

田伯隣號鴴樓

寄友人

眼看春色易蹉跎。一曲樽前擊節歌。洛下少年顏色改。
江南遊子別離多。今來千里長相憶。病起三春半欲過。
忽識林僧携手後。看山對水入蹉峨。

寄僧

樹裏鐘聲度上方。層雲晨吐白毫光。遥知立雪過僧臘。
更憶看花出帝鄉。茶充晴烟携袖綠。橘洲風雨入窓香。
青天飛錫歸何日。折葦西來海水長。

牡丹

富艷移栽錦被堆。隔簾疑是美人來。巫山朝去雲猶在。
梁苑春歸雪未開。照膽鏡中應謝妬。反魂香裏莫相猜。
臙脂露濕東風面。宿醉初消向玉臺。

題壁二首

燕拂疎簾午影移。間彈銀鑷數莖髭。誰憐抱病初禁酒。
自悔偷閑不善棋。野客細談栽菜候。佳賓多負賞花期。
山光水色長如此。只恨歡情異昔時。

江頭風日映簾疏。静對閑雲啜茗餘。長嘯偏宜居種竹。
浩歌不嘆食無魚。家童慣睡妨丸藥。野客謾談罷對書。
却覺他年山水癖。老來最好伴樵漁。

寄僧

日煖春風蝴蝶飛。落花深處綠薇肥。詩僧時向禪餘過。
酒伴漸從病後稀。千里夢魂多不到。十年心事半相違。
東山又有佳期在。更對千峯欲拂衣。

雨中送春同梁蛻巖席上卒賦

客有前期冒雨來。衡門時拂綠苔開。情多共惜青春去。
交久初知白髮催。細竹林中新逬笋。斜枝葉底暗藏梅。

同盟自是多閒暇。濁酒青燈信宿回。

泛江觀諸舫遊人

水接遥天霽景澄。山光遠帶寒烟凝。隔簾窺見隣船妓。
登岸相尋野寺僧。衣為引凉宜著袷。坐因愛夜不須燈。
人家半隱蘆花裡。客散洲前待月昇。

中秋和復軒韻

霜黃橘子晩香浮。舞鶴翩然置酒樓。月挂西宮團扇怨。
風生北塞角聲愁。輕雲欲散迷鴻影。宿雨初晴漲水流。
幸以故人詞賦在。今年不減舊年遊。

九月十三夜天爵堂陪宴謹賦

嶺雪西來色滿堂。金城暮皷白雲長。桂舟不讓中秋景。
菊蕋猶餘九日香。欲問登高誰作賦。且歡對月共飛觴。
階前玉樹皆堪賞。一夜絃歌樂未央。

丙戌中秋前梁蛻巖有約不來賦贈 八首取四

南天月桂白雲飛。晩出師門負笈歸。去路過橋雙屐冷。
歸扉隔竹一燈微。芙蓉闕下誰先達。桂樹山中世已違。
同學故人肥馬客。近傳郢曲和人稀。

醉攀楊柳武昌城。此去高秋送尒行。風雨傷心離別色。

海山無恙兄弟情。歸期日在鄉關近。旅夢天低草樹平。
到處勝遊殊不惡。誰家對月斷鴻聲。

高秋天氣雁來初。宿雨漸晴樹影疏。坐上笑迎新月色。
江南領得美人書。多年慣識雙龍劔。此處常容駟馬車。
風物欲添潘岳興。二毛應復賦閒居。

皎潔冰輪出海遲。清風揺竹座來移。三秋好景當今夕。
十歳歡情異昔時。醉後冰心渡湘水。夢回山意憶蛾眉。
捲簾撤燭渾如晝。娓娓天明坐莫辭。

丙和 八首取五

柳色蕭然月照軒。吟餘醉夢[illegible]
彭澤歸來勝事繁。社裡白蓮傳漏刻。籬邊黃菊對琴樽。
新篇好得如陶謝。一夜燈前可細論。

羣賢齊唱鶴南飛。滿坐春風盡醉歸。久識靑雲目前在。
初窺白髮鏡中微。鱸蓴此地歸應好。鷄黍今年約不違。
共道公門桃李外。謝家蘭玉似君稀。

才子倦遊身未達。靑燈濁酒豈同羣。三秋獨對臨邛月。
四壁猶看蜀道雲。獻賦應須驚武帝。彈琴猶未試文君。
昇仙橋上從題柱。定識盛名天下聞。

一徑霜風葉落初。慣看酒伴近來疏。埃塵不到題詩壁。
竹氣漸侵種樹書。月下淸風徐孺榻。江邊熟路呂安車。
相逢此處須乘興。莫問幽蘭賦卜居。

月下當樽夜卧遲。客來秋水野航移。非關觀裏看花地。
却約山陰對雪時。幾歳著書應養老。何人舉案爲齊眉。
共言吳會多知己。謾出東關不可辭。

送友人路過濃州赴京

宦遊西更赴長安。客路風霜綠鬢寒。岐嶺鳳鳴雲尚在。
關河鷄唱月猶殘。東方藩衞行周甸。北闕威儀問漢官。

相思樓中吹玉笛。櫻花半似古時看。

次韻僧和鷲湖中秋

月挂東林落葉飛。禪餘閑向虎溪歸。翻經客氣漸侵襟。洗鉢荷香欲觸衣。佛室磬寒棲鳥穩。漁家燈暗路人稀。山光水色秋將半。未聽陶潛賦昨非。

衿字可疑

幾人邀月欲登樓。雁度南天落木愁。海淨入簾千里碧。山明當戶滿輪秋。從師法悟青蓮喻。贈我詩羞白雪酬。下界浮雲何得蔽。禪心一片自悠悠。

秋空月裏振金鈴。樹色遥含海色青。鶴下晴空飄片雪。

螢流暗水照疎星。扉間晝憶看垂釣。几上詩篇論采苓。此去相逢清淨地。醍醐何日使吾醒。

贈梁蛻巖

江南一別感居諸。況復秋風萬里餘。有客應聞洞庭雁。憑君尚問武昌魚。樽前遊興聊持酒。海內論心幾寄書。昔記東山歌舞在。風流近日又何如。

薄暮天晴雨洗塵。風輕雲散白鱗鱗。江南夜色邀新月。洛下秋光憶故人。病起一樽聊對酒。書來千里而為隣。簾前又見秋霜色。鏡裏無那素髮新。

與君幾歲且論交。興動猶疑月下敲。白眼誰知高士想。玄言已被世人嘲。涼多露氣仍苔蘚。雨歇風聲滿樹梢。日暮碧雲君不見。半墻松竹掩衡茅。

知君三歲此棲遲。自許紅顏養性姿。何問僧迎浮海日。笑聞支遁買山時。十年有約寧堪贈。萬事忘機鳥不疑。莫道歡情非少壯。酒中猶有樂新知。

曾賦歸來若等閑。逍遥居止寄人寰。門前楊柳秋將半。池上蓮花夜正閑。鄉曲君今折腰後。社中我亦攢眉還。無因遠問東林路。惠遠當年不出山。

送人西歸

自謂西歸客。遠如去故鄉。白雲臨別酒。綠樹映行裝。只羨遊伊水。無因問洛陽。昔時携手處。今日不曾忘。

古劍

楚鋏吹霜氣。精光歲月多。清泉寒可洗。赤土滑相磨。況向軍門舞。且將客舍歌。夜來龍欲吼。神物更如何。

邊城秋詞

胡霜漢月照刀環。百戰沙場久不還。萬馬夜嘶青海戍。孤鴻秋度玉門關。

秋日同梁悅巖暮過僧院

蓮開白社月明多。獨許淵明載酒過。廬岳重來三笑路。漢關休唱五噫歌。

和湖韻

遠樹鏡流缺月孤。蓮枯無夢到西湖。溪橋景色秋如此。便使我曹入畫圖。

七夕閨詞 又有七夕寒詞。貧女詞。居娼詞。倡婦詞等。滑稽可笑。

一別兒夫欲問邊。秋風依劍白雲天。黃河不似銀河遠。已約歸期動隔年。

春日江行

溪橋春水滿。山色雨中移。竹淨聽鶯處。花飛駐馬時。

春盡送人

送君芳草地。併欲送春歸。一別千山路。楊花到處飛。

倣梁悅巖古閨中作

陌上逢郎處。花間顧妾時。兩心傳密意。不使外人知。

和泉南庚金氏 號梅所

半路雲山夢乍回。交情詩思兩相催。千人白雪韻難和。一座青雲笑未開。桂樹遺篇招隱後。梅花芳信寄書來。

樓中黃鶴今猶在。當日仙翁醉玉杯。

烟草

南夷烟草昔誰栽。縷切盤中小作堆。不是碧筩通酒氣。應須玉管動葭灰。山中怡悅雲堆嶺。座上飛談霧捲來。莫問紫陽仙子術。餐霞吸景到蓬萊。

西山順恭　字健甫。對馬州人。本阿比留氏。有故改西山。

春江

江水淡霞中。涵虛萬境空。隔溪聞短笛。傍岸見孤篷。紅漾桃花浪。綠搖荇帶風。日暄好垂釣。烟柳畫橋東。

郊行

春日遲遲鞋底閑。郊村佳趣隔人寰。遙峯半出青雲際。小瀆斜分壠畝間。竹外無家孳鳥下。松陰有寺一僧還。行唫忽覺渡頭暮。短艇撑來傍柳灣。

中秋走筆奉賡木敬簡公高韻

腹藳若干首。相談今夜晴。雲遮千里月。雨滴四簷聲。抛筆歎無興。對樽聊有情。幸歡驂客訪。吟賞到天明。

疊和白石韻十首

繫馬門前柳。驚飛枝上鶯。莫論盤味乏。茗碗話平生。

懶睡三竿日。夢中聞囀鶯。跫音報詩客。佳趣枕頭生。

無聊羈旅情。求友似黃鶯。唯有騷壇客。來尋太瘦生。

雨後遷喬綠。吟節起懶鶯。風花唯此友。萬里一書生。

聰暄俱曝背。竹外聽嬌鶯。莫笑家蕭索。一壺貯麴生。

何處韶光好。吟遊共對鶯。杖頭曾有蓄。欲是活蘭生。

閒羨海鷗眠。榮想喬木鶯。胸中著蠻觸。相省愧吾生。

紫陌花如錦。頻聞處處鶯。詩書長有計。樂事負斯生。

春風紈袴子。金丸競逐鶯。獨憐千里客。鄉思對花生。

借問海棠樹。何日引吟鶯。燒燭護花與。豈無招此生。

賀白石生女

異素設筵湯餅清。君齡於我二年兄。桑弧猶纘熊羆夢。錦帨先看祥瑞呈。韋母受經終父業。班姬讀史振家聲。謝庭更發閨房秀。異日應聞詠雪名。

馬州浣石亭八詠

岐島晴岳

雨晴千疊彩虹收。紅日晚天涵海流。州折東南浮寸碧。門吞潮汐對層樓。洞庭却壓杜陵句。方丈欲追徐福舟。一段風烟唫不盡。望迷四十八灘頭。

白城歸帆

殿宇崢嶸海作隣。蘋蘩長采澗之濱。精靈千載紅燈在。星斗半天丹壁新。潮捲斷磯鷗靜睡。雲籠華表鶴常馴。數聲欸乃晚來急。帆影斜追落照頻。

立龜秋月

千尋壁立拄青天。形似巨鼇曝背眠。楓渚秋寒嵓下寺。
松濤夜駭渡頭船。晴飛高挂玉蟾影。靄斷初消金鴨烟。
絕頂偏疑月宮遇。藤蘿一路欲攀緣。

虎崎漁火

樓頭一夜睡頻醒。遠近前江漁笛聲。火影波間時出沒。
月光山外忽虧盈。歸來都料欲酤酒。退隱不知孰濯纓。
蓼渚楓江天將白。短蓬處處入烟輕。

八幡晚鐘　曙山宫谷。俱地名。

靈廟何年玆相攸。白雲閑閱幾春秋。千尋揭後曙山月。

一帶當前宮谷流。誰買寶鏡來異域。永持霜杵上高樓。
暮天斗覺南柯夢。百八聲中悟四休。

波石夜潮

東崎南畔虎崎北。巨石築成捍海塘。商客繫舟臨斷港。
漁翁曝網立斜陽。蒼波一色共天接。銀浪千層入夜狂。
鄉夢驚回殘月裏。貔貅百萬戰聲長。

海岸白鷗

浩蕩晚潮望[illegible]涯。白鷗飛畔蓼花披。浮沈萬頃烟波濶。
聚散一天水石隨。會得閑中觀海趣。棄捐囊裡買山資。

向風落日集平岸。知是客船解纜遲。

後山暮雪

黯慘凍雲乳野軒。晚山開對雪花寒。誰牽謝屐探春信。
自擬陶爐淪月團。危嶺迤邐銀闕聳。橫峰屈曲玉龍蟠。
天機織出晉頭幌。暫假人間畫裏看

胡蝶戀花

花面嬋娟解笑時。蝶兒如戀踰墻窺。東風猶惜婚嫁約。
陳陳頻遮粉翅吹。

古寺

古刹半荒廢。綠苔壁上交。虛廊蛛結網。寒殿雀營巢。梆
字經年改。佛頭飽雨坳。僧愁宇間漏。欲葺日尋茅。

閨怨

遊子歸期何事違。深閨夜夜夢還稀。合歡花上黃昏雨。
腸斷雙鴛傍檻飛。

寄晾味道軒氏五十韻以代簡

大塊一氣開。鴻濛洪鑪鑄出萬物。銅中有箇靈體天地。
不與禽獸草木同。賢愚或因禀賦異。聖哲立教導庶衆。
寒衣飢食即兼葬。曉得自覺天降衷。霜露所墜同胞者。

一理仁賢品彙通。與君當初不相識蜀日楚雲馬牛風。
江武城裏俱爲客邂逅握手情已濃。不知緣底正如許
本是四海無西東。淸標偉然塵外物昂似鸞鳳凌霄冲。
多年游泳洙泗派深味道腴如吸筩。伯喈一顧待高價
爨下入自抱焦桐。吾州主君春秋富時遊學圃窺書叢。
忽聞盛名游伴召懷惠不求祿秩豐。竹然提書懇誘導
細講陳史疑已空。漢家衰運戰皷動鑾觸幾年迷振功。
說得雄偉驚四座聞立囊字在目中。學庸語孟拔蘊奧
相繼高談發昏蒙。假裝復從溫泉行驛路霜後翻丹楓

洗心思君脫灑趣非是世人爲披攄。風物彼土最奇勝
借問登覽幾篇充。我昔嘗探燕海境逾月江村伴漁童。
七里峰巒東方鎮吾馬虺隤吾僕痡。行入杉山役夫語
賴朝起兵苦賊攻。盤石猶認鋒鏑迹古戰場上聽氣雄。
喬木參天昏白日處處佳氣亦鬱葱。絕頂下瞰蒼溟闊
自疑身去登崆峒。關門漸過前路近一簇翠烟射層穹。
數椽茅屋微止宿主人皓眉即舍翁。湯水涌沸隨潮汐
溫冷和入一槽泓。洞徹不爲玉璞汙絕勝驪山華淸宫。
浴去精神日快活何用丹砂問葛洪。地暖三冬不見雪

單衣時覺汗正融。峯巒方北繞律崒多産麋鹿或羆熊。
獵夫尋常磨箭鏃往往一發中五豵。曲浦田岸魚蝦窟
逍遙幾回浮釣蓬。此地若許放浪客不獨應得碧紗籠。
曾遊畧記恍如夢一二寫淸黑頭公。何時再移杖屨去
語說詩病競奇工。癖入膏肓無藥石風花相逐一轉蓬。
妙語驚人吾宿志壯心竊吞萬丈虹。弄翰吮墨終何事
淸時不用兩石弓。文於斯道未爲貴自恐小技類彫蟲。
扶桑雞林久隣好舌妙論交持始終。贈答不假兎園冊。
脩文重任齎斯躬。潭府僚中得此友筆鋒聊須試磨礱。

遊學縱未從萬卷常愧素食腹空洞。客裏不覺歲云莫。
偏影日日去匆匆。寒威驟發向窮臘龜縮擁爐閉房櫳。
晗窗若有早梅句相談一枝勞家僮。愍加盤飧宜保護。
裁緒問安謝飛鴻。

竹間納涼

不堪三伏暑。相避綠筠叢。密葉能遮日。繁枝自動風。脫
衣懸石上。散髮臥林中。閒入華胥國。覺來月在空。

榊原玄輔字希翊號篁洲泉州人仕官在紀藩

登樓觀日

獨坐層樓上滄溟欲曙時。乾坤評裏判島嶼指頭隨。日翻波出旭颷排霧披蠻夷寧在外臨照自無私。

中秋雨晴

連朝風雨急明月不辜期。合浦珠還夜荊山璞剖時。盃憐影滿倚檻惜陰移。坐久空庭寂梧桐出露垂。

武城見月寄洛陽故人

西風拂檻歛餘曛巖桂花香斷續聞。月色當天人獨坐秋聲滿樹夜初分。庭叢暗滴悲蟲露海嶠遙橫帶雁雲。忽憶湖邊携手處今宵一倍恨離羣。

挽藤懸雲亭主人

雲亭幾度爲詩經一夜雲飛只有亭。古樹休懸藤蔓紫杜鵑來叫與誰聽。

春夜偶興寄白石

落日微風坐小亭昏昏饑睡晚來醒。烟空送雁雲千里靜夜移花月半庭。欲盡年芳憐未賞無窮世事飽曾經。斯時忽憶離羣久牀角孤燈照影暝。

走筆柬白石

西山雨歇見秋雲。一片高空度雁羣。忽喜桂花風裏發。呼童掃徑報君聞。

喜香國賓翁二上人見訪

久厭名路塵。恒思方外侶。掃逕聽跫音。擬茗須同煮。樹陰晝深沈。苔蘚依壞礎。嚶嚶鳥聲多。感之獨延佇。駒隙歘如流。時逝莫吾與。黃梅今半熟。薰風扇輕暑。偶有山中人。顧我讀書處。一笑便破襟。寒溫不敢敘。借問別來詩。瓊瑤幾滿筥。一唱而三嘆。總使我憂紓。兒童暮咨來。羹箏且爲黍。物薄情偏厚。聊足資歡語。安知道不同。英華互含咀。形骸貴相忘。昔聞遠輿許。此盟願無渝。時時跐一舉。

病中感興三十韻

三春經眼過。季夏乍告朔。陰陽如斯駛。人生日彫剝。少壯能幾時。荏苒莫自覺。老大不期來。顏豈似丹渥。昔者承讀書。銳意初嚮學。自思遂有成。距知望愈邈。譬之龍與蛇。赤手終難捉。懼爲師友羞。傾河莫能濯。雪案與螢窗。兀兀勤雕琢。始識天資頑。竟是非美璞。習久不他遷。

評字可疑

膂骨倚倚倚。行年四十七尚菜徒龐龐。頗已稱自憐體

䏧始衰刹出身仕府朝徵燕傳華佣到今一紀餘。強健

無撲撲未嘗旬日疾竭力恒罷罷人夏雨淋漓。觸入氣

昏濁齒牙痛似抽撩。脉欲謝服換咳相繼發。胸膈楚如

搊惡風掩北牖冰炎迭蛸數自嫌自慈盼前途想弊弼

拭目書蠅頭陰雲未開駁閉。隨得忘塞江以一撲所

頹膔匠倘豈在飲兼詠文章天地英言機不盈握深徹

九田淵高極萬似嶽藻飾至治世數陳忠臣懸千古不

可磨。貴有莫敢角。斯事冀懸忘如今將孰詠。奈何才有

限。多謝先覺卓。

題內園宴游圖

金風瑟瑟天氣爽。內園催宴仟細伏。教坊名妓粧新成。攜手三三又兩兩。森沈後院小閣開。蘭秀菊芳曲池限。金蓮輕步遶池去。隱隱痕香一徑苔。松下清陰移錦茵。嚴桂花發簇羅巾。鏡前含笑整雲鬢。嬌顏自矜河洛神。一曲清歌入青雲。絃管調高半天聞。伊州隴州傳新曲。按譜爭奏日欲曛。蒲萄美酒琥珀杯。墜珥妖娘醉且頹。濺濺飛泉如碎玉。橋畔帶醉與徘徊。笑他彤管試一揮。意象閒雅風吹衣。水墨淋漓滿縑素。江山萬里暮烟飛。絳袍玉帶翳翳美。太平天子參差是。彷彿當時天寶秋。孰問邊疆既多事。歡娛未足宵又旦。霓裳曲歇鼙鼓亂。黃屋南奔劍門道。鳥啼花落蜀道難。

暮春小集

陰雲含宿雨。客到惜餘春。綠樹鳥聲老。黃泥燕嘴頻。蔬食兼醪氣。茗話絕風塵。為官門偏貴。相逢莫論貧。

賦得花塢夕陽遲

駘蕩春風晚。郊坰策杖時。花明懸落日。水暖亂游絲。曲

塢人歸迥。深林鳥宿遲。孤村遠樹外。靄靄暮雲垂。

初冬偶興

蕭然茅屋晚。歲月促窮陰。種種風吹鬢。悽悽日照襟。霜花頹古徑。凍葉下寒林。素食誰無恥。空懷報國心。

月下落葉

朔吹鳴枯木。寒蟾照屋東。聲乾馳石徑。影淡下霜空。已逐林間白。偏添砌際紅。明朝莫掃葉。唯惜歲華窮。

訪香國上人不遇

重來能幾日。夏木總成陰。霧屠催輕暑。微風長嫩林。淨

几香烟絶處忽竹影深倚杖柴門外孤雲不可尋。

夏夜

高林過驟雨餘爽滿公樓竹影偏隹夕風聲忽似秋天邊雲漸白葉末露先稠偃卧星河下虛欞灝氣流。

送愿谷台大赴大坂城

北堂暫為別征馬向西風望入飛雲白心馳落日紅孤鎗秋氣早百雉月光空浪迹多陳迹感吟與孰同。

寒月

滿天霜氣凜片月當窻寒枯木撑纔上早梅映始闌斗

高雲影斷石咽水流難但有窮年感凄然袖手看。

歲暮拜謁先師恭靖先生之墓

杖策江城外寒烟集遂岡紅翻滄海日錦碎古林霜地凍人蹤滑雲低馬鬣荒歲晏悲風急徙倚對斜陽。

哭水口周菴

東來逢此老千里不空遊論古常終日傷離忽恨秋新墳黃土濕半嶺白雲愁因憶携行處悲風草露稠。

惜春

寥寥几坐小堂中一出春光過眼空墜粉多情終日雨。

飛花無迹五更風馬蹄芳草全披綠燕嘴香泥半帶紅幾處園林渾變色間愁此際與誰同。

冬夜雨 至後二日

陰雲斂日暮天催漸聽風聲送雨來一室題詩分燭影千年論事畫爐灰蕭疎猶入後凋樹漸瀝潛沾將發梅至後初知生意動明朝欲問井泉回。

新綠

衰紅皴白逐春歸處處園林綠漸微映日纖條纔布影含風嫩頴沓流輝烟垂古驛行人歇月挂殘更謝豹飛。

最羨科頭崔處士重陰午靜蓋柴扉。

次韻洏齋詞丈喜洛陽村田通信訪南紀學堂之作

洛下淳儒最白眉傳聞昔日已相知觀瀾偶逐賓鴻後聽雨姑留落葉時談論直窮無極理交情併見數篇詩山雲海月連床夜細識忘言坐撚髭。

題早梅

積雪滿空林溪風吹不起暗知梅花開一路寒香是。

癸未元日

臘裏春回早。今朝歲亦新。書生幸無事。不逐馬蹄塵。

記夢 六言

奇石色寒硯裂。古梅香暗紅開。孤床昨夜遊夢。獨道寒林獨回。

九月十二夜小飲

雨霽秋天爽氣寒。金風吹老葉聲乾。窗頭一片梧桐月。靜照清樽至夜闌。

初秋偶興寄南山社兄

西窗夢破月輪傾。露氣潛侵翠簟清。作想今宵愁不寐。

高林蕭颯起秋聲。

次韻昌平坂馬上即事

橋霜有迹馬蹄清。初日欲升宿霧晴。窮目仰高門外路。天邊歷歷士峰明。

信玄贊

新羅世裔甲陽雄。富國强兵尚霸功。詭道終非興國術。猶教謀士仰英風。

春雪

玉屑霏霏欲積難。輕盈壓樹使春寒。微風弄雪飛還舞。

爛熳凝華倚檻看。

春光催柳

江城麗日漸遲遲。弱柳含黃欲作絲。弄影東風如有意。慇懃搖曳不停吹。

次韻客中感春之作

晴川滾滾向東流。草色姸烟使客愁。那耐他鄉春日暮。飛花滿地獨登樓。

次韻謝惠湖筆絲香

秋雲送雁過江陽。千里寄書到小堂。把筆燈前題句罷。

爐烟裊裊遶林香。

過先師忌日作俞言一首以述懷

嘉樹悅鳥性。四來託其陰。棲顛覺天近。啄根知地深。春花芳郁郁。午影鬱森森。羣集無後先。翱翔忘日沈。豈假絃與簧。和鳴谷爲音。行人過其下。咨嗟暫相尋。崢嶸貫四時。歲寒不敢侵。子何歲月多。蒼柯勁如金。一夜盈尺雪。摧折震遙岑。衆鳥驚飛散。喪亡哀邑禁。倏忽七經寒。彷徨尚傷心。山中豈無樹。亦能忘舊林。三匝棲宿跡。誰識微物忱。悲號欲何去。叢薄霜凜凜。

南景衙 南部草壽號南山紫陽人從仕今在越中。

擬唐賢大明宮唱和諸什

長樂鐘鳴曙色分。蓬萊佳氣曉氤氳。苑中花柳沾甘露。
伏外樓臺擁慶雲。萬國朝天星斗近。六龍御殿鳳鸞群。
初春往往徵才俊。知是君王重古文。

春日雜咏

其一梅

依稀嬝娜嶠江村。未受囂塵半點痕。丹霞微薄東風面。
白雪不寒冰月魂。才許松筠為玉友。若論桃杏可金昆。

千古孤山看更好。誰賡芳躅醉清樽。

其二桃

豔陽二月韶光新。灼灼桃花尤可人。繡口錦心傾上國。
綠珠紅拂定前身。粧成猶媚雍燕日。開遍何慚富貴春。
欲向武陵溪口賞。不妨游衍悲迷津。

其三杏

生香活色逞精華。半白半紅裁曉霞。池北春寒鸎未展。
墻東日暖笑初姱。一枝爭抻攜花宴。二月移栽賣酒家。
莫怪何郎甘久客。江南梅盡有斯葩。

其四李

後圃連朝甘雨餘。李花一樹放開初。芳姿出俗瓊難比。
素質誇宜雪不如。拂檻春風香淡淡。上隱夜月影疎疎。
也知培植在根本。已見成蹊引客車。

除夜詠懷呈雨書記

孤劍一千里。遠遊有何功。夙昔餌微祿。羈鳥墮樊籠。不
憚匪躬勞。蹇蹇效愚忠。大夫在義命。何用膏粱豐。振衣
謝主人。高臥一畝宮。投蹤席未煖。歲月水朝東。再見螢
火點。三值鶯花濃。菽水雖療飢。簞瓢屢苦僮。貧應同陶

潛。宅豈異楊雄。未作乞米書。秉志甘阨窮。古來賢達士。
忍性多磨礱。濁富如可求。原憲戶豈蓬。貧賤他山石。我
玉可以攻。鸞鳳飲澧泉。憩翅碧梧桐。不肯嚇腐鼠。直摩
雲霄翀。況乃遊藝苑。未挽兩石弓。豈暗得失機。無如塞
上翁。繙編遡千古。鑑往破昏蒙。虞帝與項王。一目具重
瞳。乃知不世形。聖凡大不同。子房蒲柳姿。籌策蓋蒼穹。
魯連寒賤士。意氣無王公。茫茫古今間。口碑在兒童。奈
何莽與操。天祿竊高崇。象恭矯聖智。授禪欺倥侗。汗青
永貽醜。受誹於庸衆。澆漓重譎詐。周道黍芃芃。羊質與

虎文薄俗何瞢瞢扁倉逝已遠誰肇世瞽聾斯文彌天
壤不與世汚隆淵源深萬尋汲取須折衷我昔少年時
滿腔客氣充懷輕千里駒志吞萬丈虹深翰奏末技操
觚飾彫蟲盤根與錯節欲並手國工志趣何拘拘深慙
度不洪蹉跎如有得悔悟始冰融古道在經綸何求文
字中讀破座右書把玩須淵沖學藝不及永矢令厥
終不羨武陵路尺五與天通身世任升沈遷莫栢舟泛
羲和何太疾過眼如飛鴻故鄉隔幾關難踰函與潼遥
思北堂親慈顔漸減紅久虧拜家慶心緒亂鬖鬖明朝

新歲酒誰獻三呼嵩願言耿不寐忡忡萬感叢江頭天
未霽同雲曖滿空繽紛千家雪驀發萬樹風風雪一何
惡料峭逼微躬剔燈坐殘夜擁爐閉簾櫳鐘聲乍殷殷
曙色正曈曈東陌輾朱輪南隣斷華驄境誠非我土都
覺亂遠聰惟荷館人愛叨擬在何戎

長安春望

惠風駘蕩扇微和佳氣氤氳五色多鳷鵲觀前消臘雪
鳳凰池上起春波東郊麗日催花柳南陌香塵鬬綺羅
卽是長安行樂處樓臺何處不笙歌

無題

顛狂隨蝶尋芳過境似仙鄉小艸多月下芙蓉慙粉黛
烟中楊柳妬青蛾裙飄目動金蓮步曲罷魂消玉樹歌
自是人間難到處渾知身世易蹉跎

牽牛花

玉露連朝潤蔓枝園林秋色滿疎籬藥名久識牽牛種
花信常當織女期弱質深紅霞稍薄慵粧頓碧月初移
曉風一陣方開遍羯鼓何須爲報知

中秋

十分皓月滿南樓光彩射入逼客裘河漢遥流千里影
關山不隔一天秋金風吹樹芙蓉老玉露侵階蟋蟀愁
聞道今宵海槎泛願隨槎上到神州

中秋賦佳句贈兩書記臥病

桂花香發十分秋萬里長江雪色流病脚馬卿空對酒
傷懷王粲懶登樓枕邊風露謾侵夢笛裏關山暗卷愁
一片丹心猶奉主斗牛伏劍屢回頭

奉和木詞宗登臨韻

勝地憑高碧水干捲簾千里對遥巒半塘荷氣洗襟淨

四月松濤吹鬢寒。燕拾香泥過畫閣。魚貪芳餌上文竿。
登臨聞說題佳句。使我遠成蓬島看。

中秋伏枕有感

頑雲收盡桂光明。露氣如水蘸太清。北海魚龍吹錦浪。
西風鴻雁度金城。江樓却負登臨興。隣笛謾牽感慨情。
憶昔多賢江左飲。華樽月夜月中傾。

賀白石喬遷二首

明主修文學孔顏。典墳君早透儒關。省中曾受青錢選。
門下新陪玉筍斑。雨露恩深須似海。蓬瀛步穩恐非山。

天涯未識神仙府。回首遥望雲氣間。
鴻飛不度隴山雲。驛使傳書信始聞。四海萍蓬誰似我。
百年膠漆獨存君。越禽巢樹常懷土。胡馬臨風永戀羣。
猶辱元王須醴酒。未從老圃學耕耘。

無用之材。逢時不收多病之人。觸物易感。余兼斯
兩者而官况已索然矣。春日適有懷環翠園。因作

詩以言志十首。

咫尺城中路不賖。竹籬茅舍是吾家。窓容西嶺多看雪。
圃學東陵半種瓜。羣卉得春私雨露。孤松經年老烟霞。

風光漸近清明節。繞徑應披曲曲花。
百種花圃一草堂。中藏書帙與琴囊。生前不負十千酒。
死後何須八百桑。細雨紅桃應委徑。輕烟綠竹定過墻。
縱令靜去非吾土。自笑異鄉爲故鄉。
異鄉客跡任飄蓬。何故夢魂馳越中。欲去路連飛鳥外。
思歸身在亂山東。平生才氣慙關卒。每事機關嘆塞翁。
明鏡流年無力駐。歡情託酒醉顏紅。
醉後歡情漸已微。愁心一半憶長崎。百年天地家何在。
萬里鄉關客未歸。世上風波猶是險。花前杯酒莫相違。

浮萍常逐東流水。江雁胡爲向北飛。
江上春來雁幾羣。連飛遥度萬山雲。誰憐叔夜不堪俗。
自羨仲連能解紛。徒有寸心懷暗恨。却無尺壁獻明君。
多情試倚高樓望。花事闌珊落日曛。
千片花飛春事休。游絲萬丈惹鄉愁。樊禽空抱雲霄志。
涸鮒安懷江海流。客裏衰顏驚對鏡。病餘豪氣懶登樓。
身逢盛世間何少。野水湖頭媿白鷗。
一池春水白鷗波。曾此誅茅養宿痾。咫尺鄉隣塵事少。
東南林壑白雲多。啄花鳥近書窓語。煮茗客環竹塢過。

昔事回頭都是夢。他時今日又如何。

今日情懷鬱已伸。且驚兩鬢漸如銀。雁歸塞北猶爲客。

梅發江南暗憶人。萬里浮雲遮白日。五更斜雨送青春。

桃花流水知何處。欲逐漁郎試問津。

洞口漁郎我未知。年來官跡永躊躇。人生七十已過半。

客路三千常有餘。中夜聽雞增感慨。一時畫虎愧吹噓。

文章於世成何補。休謂丹心不負初。

忽覺初心隨日消。一枝今已愧鷦鷯。淡粧入負梨花面。

狂態遙憐柳絮嬌。欲見春山常洗竹。愛聽夜雨亦栽蕉。

官游儻得園中趣。到處應須樂簞瓢。

癸未除夜

可惜居諸違。流光挽不來。年從天上改。老自鏡中催。學

乏三餘業。身無尺寸材。明朝新歲酒。恥復對窗梅。

甲申元旦

東風吹雪促新年。景色已回梅柳邊。栢子泛香傳臘酒。

椒花題頌入春聯。映窗日洩三竿暖。通澗泉生數片烟。

且喜兒童頗好學。欲將竹馬代青編。

摘句

松竹含清氣。江山釀暖烟。和元同。

竹色暗浸案。花香晚滿蹊。和韻。

四時花繞徑。中夜月臨堂。和僧。

輕素交雲送碧岫。浮光帶露擁青巔。春山晚烟。

千家竹樹明雙眼。萬里山河屬一王。和林豐高元旦。

無言不及與亡迹。有酒能鈎錦繡腸。夏日與諸社同以相對談文納晚凉爲起句。

兩地身成花下客。獨居跡託酒中仙。早春寄古硯先生。

橘井泉添春澤偏。杏林花染曉霞燃。次韻松元謝見寄。

月色外枝空映水。秋聲入樹早生寒。古槐疏冷夕陽多。

華髮一朝終物故。青山千古爲誰新。憶先師。

芳草人家連竹裏。斜陽漁笛振林東。春日江村。

群芳態染烟霞色。衆鳥聲吟富貴春。與劉翠君飲花前。

愛客常燒連夜燭。耽詩且醉送春樽。和洪園尉君。

白日茶烟迷佛榻。黃昏燈火認僧菴。和韻。

玉笙奏能唯餘月。珠幕鈎殘不見春。荷花。

流水人家芳草徑。斜風漁笛綠楊津。和送春韻。

清時抱病卧蒿萊。不是逢知不復來。和韻首句。

藏鶯葉逐秋風落。帶蝶枝隨夜雨衰。偶吟川衰柳。

萬波沸出上池水。五色映四東壁雲。酬中麻兄。

一片湖光浮檻動。幾群鳥語隔林傳。次韻。

香飄几席梨花雪。暖解襟懷楊柳風。和韻。

橘伯陽 雨森東五郎。洛人。從官今在對馬州。

呈白石

白石於吾耐久朋。金蘭膠漆意相承。嘗隨玉署新傾蓋。披霧青天氣泓澄。紛綸經笥窺井春。勃窣理窟壓張憑。對客揮毫動駭觀。綺語藻思鬱相倚。美如閨女鞶鍼語。快似天馬躡雲騰。藹然春空濕花雨。凛乎寒壑閉陰冰。極變窮工奪天巧。何啻杜老與王丞。雕篆我昔張螳臂。文陣雄威角已崩。騷壇歃血時許勇。欲輔君勢如日升。懶鬼睡魔巧伺間。摩旗陷陣恐未能。我元驍健恃意氣。飄然雙劍遊五陵。騁馬柳街誇人見。挾彈酒樓携客登。一朝悔與木石腐。折節撿身拳服膺。春屋垂帷負烟景。秋堂誦書親曉燈。心抗范李深相許。學期濂洛強自矜。微術纔成遽欲售。千里求知虞卿簦。棧山航海備嘗險。干王謁侯動取憎。囊錐誰復辨毛遂。黑貂裘敝寒稜稜。桂薪玉炊道已窮。謗將詞賦罄斗升。詞賦從前尤疎拙。下筆凡庸恥幾層。巧匠傍觀哂其笑。志氣摧敗似凍蠅。因羨君方蓋當世。追隨於我亦何曾。胸襟近覺荊棘塞。病攤布衾與難乘。蕪詞忘煩欲代簡。書了城鼓曉鼕鼕。

和白石賞梅韻

檻外孤根歲月移。芳魂索莫負佳期。烟霞影動新香尋。雨露恩深舊瘦枝。堪笑千秋爭秀闕。由來大器發榮遲。實成欲獻君王鼎。一任曉風隨意吹。

中秋次南山示韻

良宵伏枕海門秋。空見樓前月色流。風幕誰家催急管。烟汀何處泛輕舟。橫空雁陣遙窮眼。近榻蛩音偏惹愁。富貴邯鄲一場夢。不如歸去跨黃牛。

偶作

梧葉滿林凋曉霜。酒空賓散靜高堂。星河影入寒江動。鴻雁聲連絕塞長。遙夜挑燈添客意。荒村搗杵斷人腸。由來彈鋏慨慷士。不耐秋風吹敝裳。

歲初奉和平公韻

漢宮仙律入青春。高捲珠簾氣象新。北闕晴雲鳴佩處。南山瑞靄獻杯辰。鳳含初日筆端起。鶯弄暖陽槎外馴。何幸彫蟲廁鵷列。恩波同沐使君仁。

紫陌鷄鳴堯代春。黃堂開宴綵霞新。千年龍虎護東海。萬國衣冠繞北辰。天日清臨五馬動。野禽輕傍雙旛馴。

吾侯元自文章富。澤被黎民一視仁。

東閤招賢道絕倫。况茲才藻逐年新。恩霑珠玉落天日。興滿芙蓉泛水辰。滄海雲霞宜入詠。蓬萊氣色要添神。更將新歲朱輪動。爲是婉婾欲祝春。

八郡山川闢作舊。九天雨露假恩新。符分禮樂興隆際。袍賜風雲慶會辰。覲勝千秋人飽德。褰帷他日民仰神。慇勤捧誦郢中調。彩筆誰賡曲裏春。

問友人

君自西京幾日到。淸標曾向夢中看。關河馳馬孤雲度。

風雨隨身一劍寒。混俗多年雙眼白。論交此處寸心丹。滿杯綠酒須相勸。知己相逢從古難。

次大町敦素見贈韻

知君灑落工詞賦。塵壒更無一點侵。命與仇謀名未達。蹤隨世去道猶沈。他鄉日月淹萍跡。故園松楸關客心。懶性兼慚才氣拙。採薇當入北山深。

園恐圃

用韻

年華寂寂伴閑吟。遠客離憂萬里心。身托明時從性懶。心懷淸隱苦塵侵。東來滄海寒潮濶。西向亂山夕日深。

多少交游情更冷，音書祗見鯉魚沈。

孤客乾坤情叵禁，飛來尺素拂愁襟。幾年懸榻陳蕃志，一夜登樓王粲心。風動御堤春柳亂，月臨仙掌曉雲深。海天杳渺長爲客，帝國勝遊何歲尋。

謝白石賜和

清什寫來五色箋，朗吟轉覺奏鈞天。雅風久已委泥土，知子就中抽玉蓮。

隴頭水

君看隴頭水，分流似別離。年年流不息，不及妾相思。

有客

有客衝寒至，山風逕路斜。開門揖相入，先進一盃茶。

少年行

珠簾繡箔畫橋西，勸醉千鍾客似泥。日暮呼盧猶未散，垂楊陰裏五花嘶。

無題

洛浦瑶姬憶舊遊，雲鬟寶髻玉搔頭。管簫此夕人何處，十二春風明月樓。

寺歸

天風吹衲下崔嵬，盡日談玄心已灰。凋樹霏微歸鳥外，一僧相送過溪來。

夜雨

疎簾燈影濕，人坐雨聲中。漠漠雲低野，冥冥月隱空。祇愁寒渚雁，肯起古潭龍。默思羈魂切，隔林何處鐘。

遊寺

眞如幽寂境，俗駕荷逢迎。竹影陰禪榻，松濤擁化城。談空群動息，聽唄片心清。況有石泉冷，共誰來濯纓。

聞松禎卿充迎聘使，遙有此寄

鳳綸新寵漢三台，故邀雞林重譯來。青翰九溟衝雁起，畫簫二月對花催。地連燕市半遊俠，人比鄴都多俊材。況是曾遊尋勝槩，知君遠役興難裁。

癸亥歲奉役朝鮮，路經雞知村，梅花數株爛熳可愛。雖歷寒暑，宛在心目。今夜與見德允話及曩昔，慨焉久之。

春風識面野村梅，苦竹叢前雪作堆。冷雨荒江身萬里，夢魂猶覺暗香來。

寄祇南海

吾黨祗夫子激昂元不羈窮年唯有酒開口便成詩聲
譽龍門並襟懷鮑叔知轗軻今尚尔李廣未爲奇

寒夜江口泊舟

百里帆初落篝燈影欲空寒潮終夜雨落木一船風戍
客鳴邊柝舟人候曙鐘重江半艱險孰若嘆途窮

冬曉

淸晨霜滿屋日影上簷初把筆硯氷結起來窗下書

簡白石

星軺聞說駐京陽彩節錦袍跨驌驦古寺花深登白閣

綺筵酒綠醉黃堂路尋禹穴詩篇富榮擬龍門姓字香
欲識邊城多客思黑貂半破鬢爲霜

松權　字禎卿松浦權四郎播州人從官今在對馬州

中秋

滿空華月照高樓冷色徹肌欲索裘烏鵲影翻千樹暮
桂花香動一輪秋玉簫何處解添恨濁酒幾杯難掃愁
同客今宵不須睡沈吟直達五更頭

月下聞雁　得聞字

萬里秋風雁幾羣數聲新向曉樓聞回頭欲問故園信
月落前▇白雲

奉和先生高韻

華館迎君子淹留及日西春池湛碧水午院聽黃雞梅
馥遙薰客桃花自作蹊慇勤主人意不覺柳邊迷

和白石見贈蓬萊韻

此地文章曾稱豪論交終日接英髦賦成梁苑明珠動
歌罷郢中白雪高賓主俱傾三中酒交游相報萬金刀
不材幸託諸公際何愧談文及敝袍

昭君怨

皓齒青娥玉頰紅金鞍細馬向邊風到來深覺君恩薄
夢裏何曾見漢宮

少年行

十二朱樓臨狹斜。春風落日去誰家。解言紅粉花相似。不識美人全勝花。

舟中作

孤旅依舟楫。汎流聽寒汐。回頭故鄉山。嘯咏明月夕。白露下空波。了然洗塵襟。客憂徒滿懷。斯夜難爲心。我家隔滄海。夢寐苦難尋。錦字寄猶未。竚立終到今。誰知心悠悠。空有愁耿耿。蓬底挑孤燈。枕衾冷欲警。月落青山曙。雲濤天外永。

赤間關

群山横港口。倚枕眺中流。集浦帆檣密。連村茅屋稠。鄉書猶待雁。旅思不因秋。嘆此官遊子。匆匆何日休。

慈嶋

停舟石路陟崔嵬。嘆息登臨客却來。隔谷松聲疑奏笛。噴巖潮勢訝轟雷。近霜柳葉紅猶淡。映日嵐光翠作堆。欲問老源終不在。笑他世外亦塵埃。

望富岳

咫尺蓬瀛便可求。何煩颷馭問丹丘。天迴仙樂聽鳴鳳。壑絶怪松挂卧虬。石髓瓊霜堪駐日。紫芝金草不曾秋。因嘲徐福千年事。未到此間還也休。

履昌圖與一師名貫字白玉又號葉源正卿南紀人

賦春色滿皇州

帝里韶風應早年上林春色逐時妍瑞光曉吐樓臺日佳氣晴薰草木烟北闕衣冠通玉第南山雨露近賓筵陽和此地歡無極萬歲千秋戴舜天

花發上林

青甸迎春日上林萬卉芳色交三月勝粉妬漢宮粧枝弱韶風轉影移白日長鶯歌聞百道蝶舞過千牆覆蓋雲烟爛拂旗錦繡香龍樓通雨露鳳闕借韶光因識物

華盛年年樂未央

同賦邊城落日

漢家天子事邊陲征伐三秋破虜遲風急烟光[illegible]大漠雲低日色上高旗芙蓉雙劍龍文動科斗連營雁影移金甲銕衣須决勝麟臺近拜羽林兒

賦得霜隼下晴皐

霜威凋日夜蒼隼下雲端玉翮含風直金眸待雪寒翔鴻行豈易狡兎避應難虜掠誰能敵雄飛萬里寬

賦得飛來雙白鶴

紫闕銀宮道路難雙飛仙鶴玉琅玕春深錦幄霞空亂秋動金星月徙寒萬里風雲飛比翼千年海嶽駐同歡金光何日留顏色羽駕試爲蓬島看

賦霓裳羽衣曲

仙女月臺閶闔遥玉姬雲鬢管絃調千秋候節連鑾曲萬歲迎觴接鳳簫玉佩絳裙疑夢見妍歌嬌舞使魂消人間天上看相近畫扇輕裳且莫飄

詠雪

聯翩瑞雪滿山川還勝芬芳豔綺年銀樹雙雙天上出

寶統一一月中懸水晶宮殿看爲畫玉蕋峰巒問是僊爲想君王出遊苑何時雕藻翰爭妍

再步前韻呈白石

紛綸雨雪下江天盈尺輝光應瑞年寶燭樓前九枝動水精簾外百花懸繞軒直逼銀河月度氷疑連太液僊欲識瑶臺誇麗質爲觀翰墨吐妖妍縹緲龍雲起四天霏微鶴雪照殘年畫中草木千花滿鏡裏山河萬象懸粧閣重重開玉女珠宮往往見天仙江城獨有巴南客詞曲何能競麗妍

晴雪暉暉帯曉烟。金城曙色逼韶年。冰蘂綺綴入梅嬾。
玉絮銀條敎柳懸。日上鸞墀憐粉鏡。雲飛鳳闕降瓊仙。
欲向上苑住花萼。豫將羣玉賞芳妍。

詠七家雪

侯家

侯家第宅勝金張。堂上雪飛歡未央。粉絮欲飄雲母帳。
銀花還拂水晶床。簾前綴月臨歌扇。殿裏隨風濺舞裳。
絳蠟金爐寒却謝。瓊筵畫閣夜方長。

山家

飄颻飛雪千巖暗。寂歷幽居一徑通。吐月林巒如屋裏。
出雲洞壑似門中。當窻折竹聲相近。臨水長松影若空。
自有仙山扶隱逸。何須萬里訪珠宮。

妓家

娼家金屋狹斜傍。映雪佳人出洞房。瑇瑁筵中寒未盡。
芙蓉帳裏畫猶長。金娥月樹疑分影。絲女仙雲且借光。
舞態嬌粧莫漫矜。飛來妬殺白霓裳。

酒家

酒家臘雪映青旗。臘酒留人白接䍦。脂粉學粧憐蜀女。
顛狂欲舞想吳姬。杏花村裏瓊蕤滿。楊柳橋邊玉絮垂。
却勝子猷剡水棹。不勞山簡高陽池。

漁家

紛紜雨雪入漁舟。滉瀁大虛含亂流。鏡水千重珠暗沒。
銀灣百尺影空浮。林東桂棹逢歸月。岸上蘆花不用秋。
向晚烟波千萬里。天邊疑是到滄洲。

獵家

渭陽獵騎乘時下。風勁平原雨雪摧。浩氣遥臨白羽動。
寒光直擁彤弧開。七星迎箭銀麞出。三窟傳繒玉兔來。

論獲不愁前路晚。虎旗應向月中廻。

樵家

樵路縈廻啼鳥稀。羣山白雪晚霏霏。入林瓊葉半天下。
轉澗銀花滿地飛。伐木千巖聲自遠。穿雲一徑跡空微。
此中深洞逼仙境。石室山前欲不歸。

和白石中秋泛舟過牛渚寺

牛渚乘秋過。龍宮向晚開。地分平楚盡。天入大江來。瑞
境隨潮湧。珠林逐岸廻。乾坤到銀界。雲霧接花臺。波動
金風落。夜凉鏡月催。豈聞多賦詠。難比謝公才。

和白石中秋韻

其一 泛舟牛渚。

日沈碧水涵澄輝。秋拂青空雲物微。星漢槎凌雙岸落。
月宫桂吐滿輪飛。氷綃堪噉鮫人室。玉佩欲飄僊女衣。
娛樂渾疑天上賞。簫歌未可醉中歸。

其二 十六夜陪某使君宴。

東面華軒敞夜輝。秋浮城闕夕烟微。芙蓉帳裏蟾光入。
翡翠簾前雁影飛。曲度清風飄玉樹。舞來白露點羅衣。
使君置酒俱良夕。應是金樽醉不歸。

其三 十七夜會藍田宅。

海畔孤城草木稀。樓頭百里客心微。天低大嶽風雲急。
日落長江雷雨飛。坐上寒更傳夜柝。簾前曉冷透秋衣。
金罍玉碗且勞勸。高興非唯月裏歸。

其四 十八夜會秦子明宅。公注云。予叨游宦于豐州。秋間有歸思。五六句用之。

江上風烟送夕暉。夜愁暗向望中微。海門潮去雲鴻下。
天闕秋開月兎飛。尚聽武昌楊柳笛。未裁湘水芰荷衣。
三秋良夕幸須醉。萬里鄉心暫忘歸。

中秋聞永君陪宴。因贈 用去歲白石韻。

朱第鳳樓敞夕暉。燕開蘭席晚雲微。武昌秋泛金尊酒。
郢水月隨華蓋飛。影透水精排雲箔。光穿霜練促夜衣。
因君聊唱明河曲。非是西園裁賦歸。

十六夜江上看月再用前韻。

月華二八挂清輝。玉宇深沈透紫微。雲盡唯看秋水遠。
天空不覺夜霜飛。更深漢水風飄佩。波起洛川露濕衣。
天上人間何若此。蘭樽桂酒未須歸。

贈井君美

天文星北極。地軸海東隅。休烈肇黎庶。丕承協典謨。百

川歸左界。四岳控雄圖。本有羆熊七。既成龍虎都。兩觀
臨綠水。萬雉洞高衢。甲第崎雲錯。殿門鬱帶紆。賈商行
富麗。士女渾歡娛。兜鑊刑長措。絃歌政更逾。已知非險
固。尚聽想文儒。載籍好同德。朝廷訪匹夫。窮途誰鹵莽。
仕路豈崎嶇。寗戚未逢晉。子胥初入吳。報書原似樂。負
笈或同虞。金石當辭落。風雲入辯驅。傳經今古絕。揮筆
鬼神扶。天上鳳毛異。海中鯨力殊。奇珍雙珷玞。寶劍兩
混吾。尾傑非比玉。金鞭欲起駑。同袍幸聞道。接武殆遺
愚。三寸雖猶在。九才復已無。原思貧豈病。司馬渴應蘇。

不免乾坤潤。須知雨露濡。為君歌一曲。千歲愿踟躕。

賀井君美應甲藩之聘

赤帝御寰日。黃軒問道同。三正應曆象。四序轉鈞洪。社稷神伊嘏。禎祥天所崇。乾文拱象緯。地理紐華戎。朝野無賢棄。謳歌自歲豐。聲教千古改。禮樂萬方通。翼亮皆文武。登庸必績功。召周猶養老。岳牧既開聰。青士函關外。金門碧海東。命龍班玉帶。封魯錫圭桐。整肅衣冠盛。赫輝邸第雄。英才徵鄴下。秀士在吳中。出入章華殿。登臨碣石宮。蓋飛漳水月。賦就楚臺風。虎嘯寧深谷。雄飛

即碧空。雲天上謁谿。雨露下恩濃。愚昧知非是。俊髦良不充。關西楊伯起。天下漢故公。炳煥詞章富。紛綸經義隆。高歌霏白雪。敷藻落晴虹。思發鬼神泣。毫飛鸞鳳冲。瓊瑶傳雅頌。金石起瞽聾。齊國逢吳子。鄭門推馬融。聲名已超絕。學術猶磨礱。本是文章士。豈知哲匠工。得朋常討論。求我似童蒙。夙抱賈生志。其如阮籍窮。龍鱗失雲雨。雀躍在蒿蓬。居世異窮達。締交在始終。請君聞此曲。幸莫罪雕蟲。

君美嘗在東都。偶栽梅封植已十年矣。乙亥孟春。集會於其宅。因使各賦其梅。余感其耐久。且憶江南之勝槩。於是乎賦。

十年花逢今日春。十年人非昔時新。人與花對能幾日。不知今日花照人。昨夜夢度江南水。君家春色半相似。與君置酒銷客愁。滿坐暗香吹雪起。

彥山二十景

午王靈廟

峻彼西嶽。以俯以仰。九州幸猶川澤許。許於穆神居也。肇下土民之秉彝。時神之祐。

中宮呼鹿

上宮數千仞。半路凌紫氛。呼彼仙人鹿。往還不自分。朝遊中宮樹。夕飲清溪雲。借問王子晉。獨逐鸞鳳群。

圓通瀑布

瀑布飛來何壯哉。瓊嵓瑶岳相喧豗。洪潭雷吼萬壑倒。六月雲門吐雪來。中有碧霄之沓靄。下有玉樹之瑰材。吾欲往從道路。險絕隔塵埃。爭得晉代孫常侍。不知何日賦天台。

講堂明月

吾有一片月亦聞掛此山清光不可見紺宇敢易攀登
同金世界影分玉毫間願言塵外想登眺不知還

掛笈紅梅

天花瓊樹對琳宮萬朵深香染雪紅爲報行人莫相掛
從來玉蘂不勝風

華月坐石

盤勢雲根濕空林歆翠屏昔時人不見今日水猶青

雪舟假山

絕獄無人境中峯落碧滋龍雲觸泉石鶴雪繞松枝水

自天門落山從廬岳移無由一揮手渺渺青霞期

報恩晚鐘

樹裹華宮聳疊疎鐘遥帶斜曛前嶂孤林鳥宿西山一
點雲歸

雲母晴嵐

夕登雲母坂山氣多翠微因風互明滅步步生人衣不
知空林下但有俗塵稀

斷橋杜鵑

如何子規鳥亦聞斷橋路月落孤村曙草暗烟雨暮因

記江南春題此倍相慕

竹臺洞天

東北竹臺路躋攀紫霧披陰陽互冥晦林壑或透迤百
尺冰崖外千年石室移飛蘿掛猿狖枯木隱魑魅泉聲
落虎丘雲氣隨[illegible]洞幽疑禹穴松古似秦時探討遂
難極咏吟亦在茲丹丘覓仙者爲我謝瓊芝

含玉神泉

孤嶽東南玉屋泉玉爲巖水幾千年金潭近見虹霓飲
瓊液遥從河漢懸支遁山中留實錫遠公林外濺珠璇

已知石髓駐顏色想像流霞接羽仙右十二景

長谷紅葉

伏檻林巒繞紅飄丹壑間霜風吹萬樹秋色不堪攀何
人卜眞隱錦帶挂西山

佐賀城樓

宿雨山半過宿雲山上收望望三百里五城十二樓秦
樹曚曨曉遠近隨指浮城中亦相望山翠空悠悠

蘆屋平沙

洞庭七百里千古稱其奇傳此平沙濶復從高嶺窺波

濤地軸近月夜天文移。壯觀艮應賦何人摛藻思。

筑陽大溪

林外林頭夜火溪南溪北漁舟羣山萬壑幾轉疑是山陰碧流。

蘇山烟霧

蘇山不可測烟霧數千重七日藏玄豹千年訝黑龍氛氳無定處渺漫未爲容獨有巢榕鶴長棲第幾峯。

湯嶺積雪

西來湯嶽雪崢嶸積素凝光到大清玉女芙蓉秋不落

瑤池芝草夜猶明入間絕勝九華闕天上堪比三素城東海士峯爲應讓月氏葱嶺莫相爭。

防海風帆

晝鴿自蠻貊翩如六翮廻牙檣雲際落錦席鏡中來舟入長天隱影懸返照開壽仙從此路何日覓蓬萊。

雙峯夕照

東望豐山箭筈齊依稀丹翠萬方迷雙峯秀色何如此。落日倒倚青壁西。

戊寅元日

嚴城鐘漏曉微微上月芳辰淑氣歸日出金門迎畫戟雲開玉殿捧朝衣池頭柳色風前動林下梅香雪後飛。身在東平無寸補青山好去掩荆扉。

庚辰夏余謫罪南海鬱鬱居一室六月溽暑中夜不寐因思江都舊游 以下南中作

男兒少小氣勃勃古人可及道可達江東才子多豪俊相過交際不容髮夜月追隨詩酒筵春風走馬遊俠窟。學劍豈可敵萬人習射徒誇穿七札。十年功業竟不成。徒爲白面一書生口吐萬言皆糟粕身守一經何管管。

由來方圓不同器世上謗譽共轟轟豈知一朝蒙嚴譴南竄窮荒路幾程南中六月多毒熱終日昏昏醉若醒。倚人紀水家未定帶經山田身自耕丈夫遭遇皆有時一浮一沈自古爾生涯窮通不足歎唯恨親友無相期。相思綠水又青山夢寐杳然見容顏緘書相傳君且慰。猶能雙劍在腰間。

憶北堂

青門一別促行裝久住東都似故鄉匹馬朝嘶山樹綠。孤舟夜宿海雲長夢隨明月八千里身竄窮荒天一方。

回首遥思倚門望。何事萱花發北堂。

寄竹圃兼呈東都諸友

花川牛渚月輪秋。秦女彈箏趙女謳。借問袁宏歸去後。清光得似昔時不。

閑懷

放浪蓬頭客。佯狂絲鬢奴。心將流水遠。身與白雲孤。秋月思瑶瑟。春風且玉壺。醉中無一事。試去學吹竽。

寄竹圃

秋風客子泣離羣。江上舊游尤憶君。南竄身隨紀川水。

東歸夢度葛城雲。天寒孤雁曉相問。月苦斷猿時一聞。中夜緘書傳此意。別來相思坐氛氳。

詠碁

初銷宿醉罷高眠。一局楸枰欲午天。松下手譚玄尚白。橘中坐隱日如年。幾人相對論奇正。一著千金尤後先。清簟疎簾不知暑。閑餘賭得小山篇。

原本冬夜一作山居

冬夜偶作

白屋青燈獨夜情。樽中有酒共誰傾。寒花十月無人見。黄葉滿山聽鹿行。

冬日牡丹　舊作

珠臉瓊腮蘭麝裛。東皇辰遅先時芳。駕留芬月鶯應喚。枝借韶風蝶未狂。雪重仙妃掩嬌笑。曉寒粉女帶啼妝。瑶臺尤是春長任。富貴誰言上苑香。

示僧　南中作

天風昨夜雨花香。寶錫乘春下翠屏。雲近銖衣龍護鉢。花開蓬座鳥聽經。禪成豈與世塵避。詩熟唯知風月靈。東謁愧非玄度輩。醍醐肯許使吾醒。

青山春雨偶作

青山春雨外。綠樹暮雲邊。倚杖早梅雪。登樓歸雁天。清亭移白日。明鏡借豐年。幸得村居僻。喜無俗事牽。

移居青山

江都非我土。林壑暫占閑。雲薄窓中樹。雪晴天外山。一丘稱吏隱。斗酒解心顏。多病且應養。柴門終日關。

雪後和梨溪子韻

新卜青山宅。喜無俗者知。我來逢歲暮。君過立年期。萬壑松濤落。半庭竹雪危。更羡爲幽興。村路不厭疲。

訪松浦源鎌事不遇題壁歸

獨卧春風蘇。鶯啼楊柳枝。復此違命駕。徒爾塵外期。琴
書依素壁。草色上階墀。不嫌山簡醉。重來著接䍦。

和琴溪子晚江小雨

花嶼翠烟合。蘭舟容與來。半江新雨過。遠樹夕陽開。西
檝依深竹。釣磯濕翠苔。漁歌何處發。牛渚獨徘徊。

九日獨酌

朝回對花飲。秋色老林苑。黃花向人笑。相賞何太晚。

賦雪後早朝得晴字

暉暉霽雪映平明。萬戶疎鐘度禁城。光拂仙旗雲未散。

寒消天仗日初晴。金門問柳空三月。書閣談梅渾六英。
且喜年豐添瑞氣。微臣未肯報昇平。

賦龍門桃花

龍門猶暢化。芳樹自披芬。錦煖浪三級。霞深春十分。仙
源勞問渡。台嶠徒尋雲。非借天工力。何添意出羣。

春日過向子林亭得歸字

烟霞締幽賞。琴酒未言歸。苔徑少人迹。柳條上客衣。興
酣晋山簡。醫克漢■機。坐久聞吹笛。梅花數片飛。

賦得燈

愛爾山齋夜。熒熒結作團。酒醒蕉雨滴。琴罷竹風寒。坐
久丁香大。更深金粟攢。通宵報何喜。唯伴漏聲殘。

武昌晚秋

武昌城闕此登臨。日落高樓海氣陰。雲擁江天鳧雁下。
潮生澤國龍蛇深。扁舟萬里歸家夢。孤劍十年報主心。
金馬由來陸沉者。不論丘壑無由尋。

寓懷

十年游寓客梁園。萬里雲霄志尚存。躡屐春風趨玉殿。
鳴珂日晚出金門。扁舟寧負滄洲意。孤劍未酬明主恩。

身在東平無寸補。折腰低面易應論。

杪夏晦題

金節既徂暑。天清大火流。竹露侵衣冷。草蟲依砌幽。孤
襟常惜夜。多病早知秋。明日西風起。應同班女愁。

首夏

新林淺翠映衫衣。昨夜芳源雨下微。歌舞樓臺仙管澁。
簾前落盡紫薔薇。

春夜聽笛

東風玉笛起誰家。微月沈沈北斗斜。曲裏不知春暗盡。

江南何處落梅花。

和梨溪子遊明畔

青蘿斜迴磴聞君此路尋。山秋松風濕地僻嵐氣深。物象頓相忘泉石洗塵襟仙侶如可待白首問東林。

和春雨韻

遷鶯求友日甘雨度江時。色僮柳前變濕先草際移。青雲交莫忘白首情何衰前村春酒熟應酌舊相知。

寒夜戲賦三絶倣中唐宋明體

高樓日落海雲長南望閩山是故鄉客思安隨千里雁。

孤篷一夜度瀟湘。右中唐體

茅屋三間居即穩詩懷常不負清江天工剩借書圖手月寫梅花上碧牕。右宋體

孤鴻影斷楚雲秋白紵高歌解夜愁月出樓頭天似水。風吹玉笛古梁州。右明體

中秋集翠亭賞月

銀海露濯桂花流詩酒年年記此遊相對樽前令人老。清光不減舊時秋。

同和竹圃

從來林壑意寄跡似山陰。客到竹風冷秋來松月深。賞因病裏懶詩與醉中尋飽得聞高調。露華已滿襟。

同

袁謝風流千古傳清樽秋對月明前凄風砧杵萬家夜故國音書群雁天誰識佳期再相遇不知清影幾回圓。牛渚曾遊君記否蘆花楓葉滿湖船。

同

玉樹金風夜。桂花白露秋。輿從雲外發身似月中遊。夜靜孤螢急天空一雁幽。還應歌管地不若醉南樓。

同中秋詞

明月三五灔金波天風吹桂夜香多。飛樓瓊戶空想像天上人間望如何。龍笙聲咽銀河橫。酒滴眞珠爲君傾人生歡娛願如此月落西廊難爲情。

中秋和梨溪韻

安賞南樓夕無奈今夜明。秋隨瓊樹落月與玉人清。胡雁風偏急豐鐘霜欲鳴。永言沈吟久城頭北斗橫。

思梓山石處士

栖栖石處士名以能書傳一酒與何懶三盃醉最顛。蕭

疏秋竹雨。蒼勁古松烟。逝矣樽中物。盖之不及泉。

辛巳元旦試筆

栢中臘酒暖初旬。且喜年光及逐臣。宿醉元非獨醒客。故園猶似未歸人。眼看南國梅先發。夢入東風草又春。傳語當時舊交友。江湖莫話有垂綸。

同元日

朝步荒原獨自悲。東風疏柳未摇枝。河邊白骨無人歛。春去春來不竟知。

春日過九臯子山房

竹護禪龕梅卜隣。一聲啼鳥不驚人。孤雲片月西來意。白水青山南住身。仙澗汲花茶始嫩。給園養果橘猶新。非唯支遁林中勝。願得無生出世塵。

中元夜伏枕憶竹圃

長夏卧病浹新秋。况復瘴氣晚來流。楚客杜門何寫憂。脚軟難作澤畔遊。澤國芙蓉越女粧。羅襪淩浪影又香。蘭叢螢火逐清商。冰簟疏簾好來凉。螢火芙蓉空斷腸。絳河白露夜如霜。此時青山含紫烟。此夕明月漸團圓。明月青山似昔年。綠鬓白髮何倏然。人生萬事莫問天。

心事欲寫疲腕力。古往今來幾太息。玉杯留飲清興索。形管久抛龍不躍。高枕贏得客夢數。飛去江東與君宿。

子病根深矣。雖知之。不療之。今年自夏至秋。伏枕于山閣。因題俚語數章。以易藥餌云。

先生好奇奇何在。奇到不奇十分奇。欲療先生病根處。月寫紗窓梅一枝。

看看十日畫一水。大器晚成終有始。春風移來東籬菊。秋雨曉霜醉玉蕋。

十日相煖一日寒。魔軍衝破功尤難。五申三令良將事。

七縱八横到處安。孟子曰。一日煖十日寒之。是題倒用之。予省守戒慎之工夫。然一旦觸事而心動。故云爾。

蓮湖賞月

荷花三百里秀色落南湖。月露皆摇蕩。水天或有無。洛妃遺玉佩。仙侶下冰壺。笑傲醉中意。唯憐永夜徂。

秋興寄東都舊社

江東詞客舊風流。海曲逐臣悲獨遊。雁際雲横薊城寺。笛中月滿武昌樓。蛟龍絲筆爲誰躍。鸞鶴瑶琴空自愁。兩處登高各堪賦。青雲孰若白雲秋。

和州五條十八景 寶永甲申仲秋作。

葛城夕嵐

葛城白雲凝不飛。磐橋神女見應稀。晚晴乍作翠嵐去。敢向人間入客衣。

高峰秋月 山似富士云。

群山未似此山崇。山勢人稱小士峯。積雪千秋好懸取。月開天外玉芙蓉。

大嶺積雪

往昔山靈驅石平。銀屏玉雪尚崢嶸。雲梯鳥道求無跡。

獨有仙人騎鶴行。

勢堂紅葉

風淒霜條問秋過。秋到楓林秋最多。落日殘霞蕭寺暮。逢人先見醉顏酡。

高取孤城

突兀飛樓傳壯觀。勢凌霄漢斗牛寒。退之得償滕王願。試向江山揮筆看。

湯川遠村

湯川於古見名存。相望微茫烟霧昏。草樹千家時隱見。馬頭先問杏花村。

芳野川筏

箯筏千章欲問津。落花流水杳無垠。篙師堪恨却堪羨。送盡年年芳野春。

大善寺櫻 樹如虬龍之狀。

屈曲輪囷誰做工。滿枝香雪照琳宮。夜來送雨白龍老。片片玉鱗飄曉風。

千早樵夫

冒霧伐雲身世閑。南朝風物夕陽間。樵夫不知廢興事。

一曲醉歌乘月還。

二見耕人

麥浪青青夏日長。耘耕手倦汗爲漿。傍人問得老農意。世事忙於農事忙。

富山牧牛

憶似桃林曾牧牛。一群牸犢飲清泉。長鳴幸免廟堂用。豐草深林自在眠。

犬飼驛馬

相送相迎知是誰。北來南去定何之。金鞍憑載春風去。

爲報隴頭梅一枝。

御靈古祠 聖武帝皇女被讒死于此地化爲飛龍去民因祭云

一宮松栢晝陰森萬古淑靈民所欽湘瑟何須寫借怨

秋風明月帝鄉心。

茶山暝鐘

半山烟樹半川霞風外疎鐘雲外鴉無我聲聲帶春去

夕陽落盡寺門花。

城山夕照

石磴烟蘿雨後青古城人去鹿空經夕陽半嶺雲歸處

白鳥斜橫雙畫屏。

■井納凉 名水也

氷精梚裏冷將凝鏡月影團凉可乘天上遥須金掌露

人間偶見玉壺冰。

野原柴橋 束柴爲橋冬月利往來

白沙翠瀨早寒催霜壓烟横未著苔侵雪馬時尋跡度

探梅人暗帶香回。

牧瀨漁網

游魚新下蓼花秋日落漁人集岸頭絶勝松江一簑雨。

風流得似李膺不。

和維馨詠十年梅韻 舊作

池館尋幽倒接離芳梅爲賞向春移寧辭東閣花前醉

不徇山陰雪後期玉樹非關千里贈瑤華且長十年枝。

琴樽更有美人共今日清香勝昔時。

官池春雁

金堤柳色氣初和塞外雪消歸雁多何若江湖未還去

雙雙猶浴鳳池波。

送環洲赴丁播

青門春酒暫相留送別長江落日愁白雁雲隨千里路

朱鳶星照五城樓霜飛寶劍芙容老月照金笳楊柳秋。

過馬明朝不堪去相思明月滿吳洲

奉寄竹圃 戊子

歸鴻何處訴離羣尺素相勞惟有君鄕下元傳飛蓋賦

湘流今定卜居文落梅笛裏人如玉芳草天涯夢似雲。

莫訝隴頭書信少相思無緒坐氤氳。

奉答田君見問

望拜壇邊貴水濆孤松爲友鹿爲羣地連熊野遥臨海。

窻對龍門常鎖雲。樵路圍棊逢橘叟。石田種藥學桐君。
生涯應付一杯酒。依舊猶爲無用文。予居在望拜壇東。有老松翳茅屋。龍門山在居東一里。見于太平記。

望士峯應竹園田子之需作。

不死之山迥出羣。影涵滄海雪紛紛。芙蓉倒照中天月。
芝草長生萬古雲。瑤闕夜寒銀漢宿。香爐曉靄紫烟分。
何當絕頂御風去。披讀玉書金簡文。
天東一柱鎮神州。怳望瑤臺白玉樓。雷雨乍過雲半腹。
海風不散雪千秋。壯觀始傳宋濂唱。仙跡只留徐福舟。

君釣巨鼇持寄我。載來三島與十洲。右同田君賦。以寄于望仙樓主人。

奉和仲通見贈

交情寧論信音疎。管鮑相知誰又如。千里寸心勞別夢。
一封尺素慰遷居。雲埋葛嶺晝屏峙。月滿蓮湖明鏡虛。
記得天台携手處。題名醉向玉欄書。
久臥蒿萊與世疎。茂陵誰訪病相如。吳門烟月違同醉。
楚澤秋風問卜居。往事回頭渾成夢。交游屈指半爲虛。
喜君志强身康健。好爲故人時寄書。

田子萊勝田騰元。號雲鵬。

秋夜邀白石先生於攀桂樓

小樓聊築市朝隈。灑灑疎簾隔紫埃。大嶽半邊當檻落。
長江一道抱城來。仰攀丹桂香應挹。纔採青蘋宴更開。
從是如叢歌可好。勸君重酌濁醪杯。

上元作

火樹高臨蹕闕前。夜間巷靜遠相傳。龍燈九陌明如晝。
鳳管千樓沸在天。畫閣月懸開扇影。珠簾風度殷爐烟。
重關不鎖歡娛洽。抃舞更稱明主賢。

歲初作

壯麗雄州儲地禎。扶桑旭日瑞光晴。六鼇雲捧蓬萊洞。
萬雉天開錦繡城。夜雨乍蒸花氣動。春風欲入柳條輕。
家家歡笑聲如湧。九陌謳歌唱太平。

送栢洞赴播州

高館張燈綠酒香。驪駒歌罷促行裝。笛聲秋恨關山月。
馬首寒生橘柚霜。落木江頭雙劍別。浮雲天外一鳧翔。
嶺南應有梅花發。千里懷人情正長。

槐夏初三會淮南亭分韻得新字。

歲月蹉跎桃李辰。故園到日綠陰新。畫梁紫燕來尋主。
碧樹黃鸎啼送春。今夜琴樽邀翰墨。幾年書劍老風塵。
相逢休道珍羞少。柳絮池塘多白蘋。
滿空華月淨如練。碧紗窻外獨空見。乍憶黃鶴朱樓前。
應照金樽玳瑁筵。露下玉欄夜吐玉。風吹霧幌冰輪懸。
歡讌興闌看不足。坐客爭唱白紵曲。此時孤眠愁何極。
碧天明月同一色。紛紛世塵空相隔。迢迢對此寤又憶。
湘簾高捲不堪愁。薤葉碧簟涼爲秋。相思今宵魂一斷。
願逐流影照樓頭。

中元夜會賦新秋月刻燭一寸。
稍變朱明律。先含白露秋。金風吹月至。銀渚帶星流。
冷錦砧動。殿涼紈扇愁。客槎傳故事。應泛木蘭舟。
歲暮會鶴樓賦今日良宴會。
美酒高堂宴。爲忘遲暮愁。三冬將盡夜。十載此登樓。爐
畔寒先去。甕頭春已浮。分陰堪可惜。況復餞年流。
賦得仙家鶴
秋色紫宮間。露凝清唳寒。天風吹玉羽。夜月照霜翰。伴
鳳樓瓊樹。隨龍繞石壇。朝來鳴佩過。飛舞五雲端。

畫梅
冷豔一枝梅。春從畫裏回。瓊能綴雪吐。粉蘂侵寒開。香
借爐烟動。神歸燭影來。綺筵春永在。不愁笛聲催。
賦昭君怨
一朝辭玉殿。萬里向金微。沙拂紅裙起。雪飄翠袖飛。愁
中胡地老。夢裡漢宮歸。空奏琵琶曲。相思淚濕衣。
和家兄新正韻
雲捧蓬萊雪。春浮花柳天。青旂迎上日。玉曆入新年。南
斗靈光動。東關紫氣傳。堪歡具慶壽。共醉綵衣筵。

南浦別佳人
送君南浦草萋萋。唱罷離歌夕日低。望斷天邊行不得。
春風花裡鷓鴣啼。
和竹枝韵
東風花暗若耶溪。西子宅前日欲西。春草萋萋春雨後。
子規啼斷鷓鴣啼。
閨中夏詞
繡房冒暑織殘機。粉汗輕沾羅帶衣。碧簟夜深涼似水。
空持紈扇撲螢歸。

織女近佳期

天上佳期秋色歸。多情却懶織殘機。盈盈一水纔相隔。
腸斷銀河鵲未飛。

鏡裏梅

香閨睡起鬢鬆捲。幔一枝鏡裏斜。疎影愛憐粧閣後。
併看鬢上步揺花。

舟中寒望得飛字

蘆葉霜枯邊釣磯。孤舟暮擁綠蓑衣。朔風吹落天邊雪。
白鷺洲前一鳥飛。

中秋泛舟

碧水微茫泛桂舟。菱歌暮起白蘋洲。青天月滿中秋夜。
銀漢接通大海流。潮湧仙翁吹笛去。波明神女弄珠遊。
曉來零落寒如灑。醉倚長風披翠裘。

石貫卿　石原鼎庵。名學魯。號梓山。西肥人。元祿戊寅之春死。年四十二。

中秋

桂宮秋半蟾含輝。竟夕蘭堂徹九微。樓際鴉程懸玉鏡。
箏彈鶴唳怨金徽。雲中明璞沈星漢。草上明珠璨夜扉。
愛向廣寒尋帝跡。銀箋響處喝方歸。

題畫

楚雲湘水兩悠悠。明月清風共一丘。帆影秋高天外落。
白蘋紅蓼繞芳洲。

中秋

高唐雲雨姤姮娥。佳夕三年兩遭過。爲撥頑陰期快覩。
弗逢光霽發狂歌。廣寒丹桂花生樹。坐上清樽夢屬柯。
幾處新晴窺兎影。夜深疑有月華多。

辛未中秋

半宵涼雨夜何如。數望雲衢兎窟虛。刻漏深深梧影濕。
笙歌縹渺桂香疎。銀蟾樓處藏仙藥。老蚌胎時走電車。
倬彼昭回堪睥睨。願教風伯一相鋤。

岡達（岡島忠四郎字仲通。號石梁。賀陽人。）

白石宮定後奉寄

東閣正朔子墨林。多年不負歲寒心。平臺高擁青雲色。上國總知白雪音。攢笏殿門應數入。曳裾意氣莫相侵。須知叢桂久乖與。為問天台嶠谷深。

乙亥孟春。白石東亭同二三子賞梅。和秦貫詩引。

十年曾識歲華移。到處相逢報玉姿。客夢舊懸烟霧月。官情新對雪霜枝。北人在坐寧須折。南客成吟轉耐思。自是清香滿堂上。春風幾度為君披。

壬午秋。留別東都諸君。

雁聲南去仰遠空。永夜月明欄檻東。別後琴樽江水白。途遙草木越山紅。一生唯有圖書伴。兩地應須音信通。策馬爭先君莫怪。故鄉蓴菜已秋風。

病中書懷

臥病最愁歲月違。柴門況復客過稀。藥爐灰去火還冷。藜榻疲來腰減圍。澗水夜深聲細細。柳條春半綠依依。琴書明日吹塵讀。只惜青年感昨非。

和鼓缶子韻

閑步尋幽處。對君眼自親。琴書情有趣。肴核味兼珍。詩賦風流在。興來杯酒頻。近檐交鳥語。傍砌動花脣。窗下坐談舊。歸途醉為呻。再會聞玄旨。心事兩無塵。

次韻酬鼓缶子

常怪千年計。人生駒影間。歸鄉惟感舊。避世豈偷閑。門對風前柳。窗含雨後山。圖書情有樂。貧困意無艱。投我詩兼賦。尋君徃又還。自非蒙眷愛。何以一開顏。

牛房山記。并詩。

白江之南。黃山之北。有一山。名牛房山。崛然鍾秀。實屋山以南之勝也。長嶺蜿蜒。形如臥牛。或曰。上多生牛房草。故名。未知孰是。南則有梅洞菊潭篁洲而相連焉。其東則有蘭畹八九畝。至秋花發。乃香聞數十里。又有酴醾洞。春夏之交。其花與山映帶。自遠望之。鬱鬱然葱葱然。若五色雲從蓬瀛歸。其間菖蒲九節。枸杞盈叢。竹之美。石之怪。珍禽來集。奇獸並走。四時變態。草木靈異。不可盡述。是乃隱逸所寓。神仙所托也。違山六七里西北之隅。有大竇。不知其深幾百尺。或有鍾鼎等物。出於其邊。野人徃徃有得之者。相傳千古羲皇氏之民宂處。想是後人爲附會之說耳或謂此則黄帝登仙之遺蹤而東通鼎湖又曰禹穴卽此之北三里許有紫塞堂塞載音同紫恐四之訛有時白氣升自其中相牽接山須臾之間舒張四方以致風成雲龍與雷鳴殷殷冥冥膚寸而雨亦得泰山之趣石梁子徘徊其下瘦體秀眉披青裘冠竹冠手握道錄一卷以誦之踞石上而吸氣調息時時來往城市之間人無知其壽幾千百年庚辰之秋西駕不識其所終山靈爲之空云

牛房山八詠

竹

百尺竿頭凝翠光娟娟滴雨有幽香可憐明月清風夜
霄漢只期來鳳凰

梅

老樹嵯峨春月來南枝依舊一花開美人清立卽如玉
道斷善哉又善哉

酴醾

酴醾滿架受風香蛺蝶翩翩過短墻色似黄金三橈嬾
誰吹丹籠日初長

相風柳

竹陰日日卜薰風憂悶何因慰客中相柳動時心亦動
望鄉滿面淚痕紅

蘭

紫莖可辨藥之方緑葉采來經日香適慕古人堪作佩
避蟲還好入書箱

石

奇石千年自出雲南山雷起遠殷殷滄霞洗髓石梁子
樹下坐來西日曛

枸杞

叢前犬吠伴神仙夭夭朝來露更妍養氣充飢立少摘
徐延吾壽幾千年

月

東林吐月影蒼蒼風起清涼吹我裳相對舉盃思萬古
何秋復此照藜牀

新歲吟

臘雪全銷後東風散彩霞遷鶯調舌巧垂柳學眉斜聊
對憐春色淹留感歲華故園如可到不厭萬山遐

和謝惠梅韻

横斜連白玉況是滿淸香。中夜高懸月。南枝獨占陽。移來山驛外。照得水村傍。從贈相思客。詩成五色章。

偶題

韶色滿林春載陽。遷喬黃鳥囀聲長。東風昨夜梅花夢。吹入南枝心復香。

悼恭靖木先生

翰墨場中忽隕星。詞壇號令復誰聽。十年講習受明教。一代師儒談舊經。學綜百家論最細。名流四海德俱馨。

堂前樹色春空在。風雨夜來吹淚零。

柳川諒朴許氏遥投惠海羊並録製方於封函。聊作鄙詩三章代簡以謝。

遠寄海茸從海濱。平安併至武城春。乘來堪作酒中伴。洗去須羞堂上賓。儘怪奇形同犢角。便知珍味勝猩唇。蒙君眷愛温如玉。何以應能報美人。

分手橋邊六載間。江城此去幾崔嵬。碧雲迢遞人猶隔。明月團圓容更哀。夢結曾遊千里地。眼穿遠望兩鄉臺。聞君門下多桃李。好是春風定自開。

向岡邸第大城西。四歲寄居臨水溪。北海雲牽春夢遠。東京霞映夕陽低。事師今日服心喪。交友當時與同誓。難繼人生行樂處。何年小集盡情啼。

中秋

金風蕭瑟拂林東。明月飛光秋正中。北渚詠歌良友少。南樓賞與故人同。新詩吟得題桐葉。濁酒朝來對菊叢。還望鷲峰飄桂樹。梵宮高接廣寒宮。

送山碁庸歸

秋風吹別客心寒。離席杯觴明月殘。鴻雁只今歸塞上。

故園到日報平安。

賦九月授衣

蕭瑟風高九月天。肅霜滿目樹林乾。誰家弄杼曉來急。何處擣衣秋後傳。窓下裁縫憐日影。手中針縷向燈前。請君須識妾辛苦。莫問笙歌開綺筵。

中秋無月

青袍捧袂上南樓。辜負廣寒宮裏秋。霄漢雲深娥影暗。梧桐風動雨聲稠。楚山抱璞下和泣。合浦徙珠孟氏憂。淸酒一樽開未酌。幾回睥睨送更籌。

自和

久客懷歸王粲樓，年年春去又悲秋。倚欄待月三更冷，傍砌聽蟲四壁稠。昨夜杳通鄉國夢，今宵難拂霧雲憂。清光不假人間遍，徒對寒燈報曉籌。

偶作

塊然坐一堂，終日讀羣書。求友唯聞鳥，當食不得魚。寒生疎雨裏，林暗落花初。次第催華髮，莫徒歎歸歟。

元祿壬午四月二十六日

大駕臨我藩邸，賦詩奉賀。

揚揚台旆出樓臺，絡繹金鞍萬騎來。路轉昌平沂水近，節當小滿薰風催。東林積翠雨餘滴，西嶺寒光夏裏開。彩仗高連楊柳色，門前光耀及輿儓。

中秋無月

意外梧桐起雨聲，此宵辜負桂花明。風來唯聽關山曲，露滴不看河漢清。催別江淹將有賦，倚樓庾亮更無情。奈何萬里陰雲色，天上難開白玉京。

田信盛 岡田文藏，號竹圃，東武人，從仕在南紀。

仙家菊得仙字

春雨新生種玉田，秋風初映煉金烟。天長明月爭輝冷，地久醴泉浸影鮮。酒在人間傳九日，壽超世外引千年。方知不是塵中物，異萼靈葩好伴仙。

九月十三夜對雨

雲雨空濛没素娥，佳期兩月共蹉跎。孤燈影傍屏風淡，點滴聲添漏水多。樓上衣濡人懶倚，江邊翅重雁低過。今宵誰見清光好，欲遂仙槎到絳河。

佳人鼓琴

星成粉靨月成眉，玉指纖纖推柱移。欲使人腸與絃斷，艷歌一曲和來時。

秋海棠

佳人委秋草，翠袂掩羅綾。顏向清池照，粧銷香霧凝。風寒睡未覺，露重力難勝。獨在闌干下，自憐無共凭。

和岳公十六夜

今夕清光好，都忘昨夜寒。雲晴暈初絶，星少影仍團。不作尋常景，自知方丈安。高樓詩就後，來與撞鐘看。

又

二更斷後倚闌干。一任西風徹曉寒。玉宇新晴雲葉淨。銀河暗滴露華團。社論眞僞交時結。詩費推敲意始安。還恨平生離索遠。佳期況復不同看。

西瓜

西方嘉種孰相傳。氣味尤宜九夏天。碧玉壺中藏紫雪。瑠璃甕底釀紅泉。畢峯遠待金刀折。鄰井冰浮銀鉢鮮。何減漢宮雲表露。歃來一洗骨將仙。

戲賦蕎麥麪

滿畦收麥漸滋蔓。冷蓝皤皤不厭看。星照平沙連遠渚。風翻滄海苦狂瀾。霜前結實三稜黑。秋後收莖數節丹。粒米跳筐霰珠迸。粉塵出磨雪華漫。揑來掌上銀毬轉。掃去盆中粟玉墁。萬點飛花隨手落。一輪明月上盤團。勢如車軸轟橋過。聲似馬蹄蹋櫪讙。切作素絲悲可染。嚙成玉屑好堪餐。浮浮蒸氣玄冬暖。凜凜冰漿盛夏寒。柚殼鐫金甘勝薺。葱根碎璧馥於蘭。正襟稱美辭情厚。鼓腹貪多競量寬。七碗芳茶殊燥渴。十分清酒合交歡。但遣人世足蘆菔。甘美仙廚給鳳鸞。

賦雁勸江韻字二首。

秋風吹送幾聲鴻。相喚相呼過曉窻。白草露寒辭瀚海。紅楓霜冷下吳江。瑤琴停影行成柱。鐵笛和聲怨滿腔。何事爲牽覊客思。夢醒孤枕對殘釭。

雁陣驚秋過碧空。湘江萬里水淙淙。心隨紅稻啄農畝。夢繞黃蘆倚釣矼。呼侶聲從孤月落。失羣影與片雲雙。翱南翔北渾無定。借問何攸是故邦。

癸未元日

金鷄鳴斷五更天。朱邸迎新淑氣遷。東面柳條春色早。

南枝梅蘂暖光鮮。壽觴初賜朝參日。恩澤正沾强仕年。公退椿花相對處。堪歡彩服戲堂前。

春雪映寒梅

東風吹雪不成堆。暫伴春光映玉梅。窻外滿枝添白動。籬邊六出借香開。水精宮裏仙人立。雲母屛前美女來。郢里高歌江上笛。併爲新曲欲相催。

松契退年　和歌題

千尋貞幹鬱森森。霄漢高凌晩翠深。仙鶴共看今古色。主人同伴歲寒心。碧天雲繞護青蓋。清夜風來奏玉琴。

從是靜中猶得聽。退齡爲汝作知音。後聞此作壽某公詩。

十四夜

浮雲吐月已三更。雨後秋天光愈清。舊約難期明夜會。新詩先適此宵情。妍妍池鷺應無影。啞啞城烏還有聲。同學友朋皆異處。酒盃相憶獨慵傾。

中秋夜會鶴樓尋十餘年舊盟因次白石當初韻

雨斷斜陽纔漏暉。東欄待月暮雲微。草殘庭際聞蟲響。林靜樓前無鵲飛。風冷浪傳楊柳笛。露寒暗濕芰荷衣。可憐砧杵飄空外。何處閨中愁不歸。

同席和白石韻

要看清影好。半夜未辭樓。宴罷飛黃鶴。賦成悲素秋。雲遮三歲月。人共十年遊。魚水荷殊遇。君何嘆白頭。

十七夜

雲隔中秋過。風吹素月來。輪從前夜缺。明到此宵開。打破誰家鏡。得懸仙子臺。休長對清影。白髮爲相催。

中秋夕記舊

秋半猶餘熱。高堂獨覺涼。應因集佳氣。況復浴恩光。何恨月華沒。還攀桂樹香。寸丹思報主。不若燭心長。

甲申中秋無月贈喪配人

埋沒嫦娥影。寂寥玉鏡臺。淚應兼雨落。愁不與雲開。泉下人何隔。夢中魂數回。春閨舉案日。追憶恩難裁。

壽信山翁八十

今朝華誕掛蓬桑。胡廣八旬心力剛。天賜康寧酬德行。地頒先景賦文章。東關望氣窺仙象。南極懸星見壽昌。彭祖官榮三代舊。陶朱身退五湖長。碧桃偷得瑤池上。金橘載來玉井傍。不啻閨闈偕老樂。且歡斑彩戲高臺。

十七夜對月

天以三宵暗。一歸此夜明。桂開看不見。露落聽無聲。兔照衰翁鬢。娥摧寡婦情。莫言輪已缺。光徧滿寰瀛。

木芙蓉

水蓮花落半凋殘。要有芙蓉發木端。冷艷偏宜秋色淡。輕盈自拒曉霜寒。風飄織女機中錦。露濕仙人掌上盤。不與群芳競春色。獨持晚節倚闌干。

木門十四家詩集終

書木門十四家詩集後

安中侯節山君收拾先儒著書之未經刊行者陸續上梓積年之久裒然成帙蓋倣清人鮑氏知不足齋叢書也余家久藏木門十四家詩集蓋臨寫白石先生手書者舉以示侯侯一覽欣然就請收入乃命侍臣校訂一過致諸座右亦聊欲助侯發潛德之美意耳弘化三歲次丙午黃鐘堀田紀正脩伯永識

新鍥唐三藏出身全傳

提要

《新鍥唐三藏出身全傳》四卷，明陽至和撰，趙毓真校，英國牛津大學博多廉圖書館藏明刊本。是書缺封面，無序跋和目錄。全書四卷四十則。上圖下文，文半葉十行、行十九字。各卷卷首題『新鍥唐三藏出身全傳』（卷一無『唐』字）。卷一題『新鍥三藏出身全傳』，『齊雲陽至和天水趙毓真校』，『芝潭朱蒼嶺刊』。版心刻『唐三藏』，末卷略缺。前三卷卷尾各題『三藏傳』、『三藏全傳』、『唐三藏全傳』。卷四尾缺葉。每葉書口上題『唐三藏』或『唐三藏傳』，偶題『三藏』。

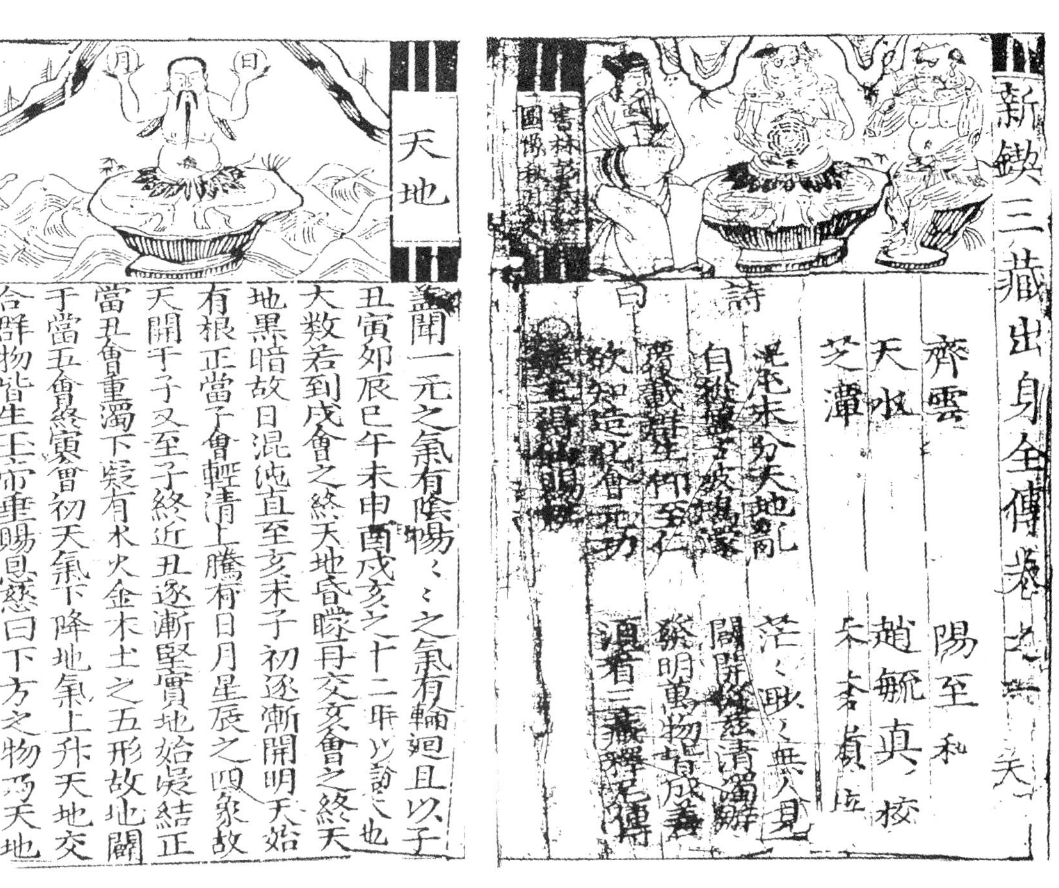

新鐫三藏出身全傳卷之一 天

齊雲 陽至和 編
天水 趙毓真 校
芝潭 朱蒼嶺 梓

詩曰

混沌未分天地亂　茫茫渺渺無人見
自從盤古破鴻濛　開闢從茲清濁辨
覆載群生仰至仁　發明萬物皆成善
欲知造化會元功　須看西遊釋厄傳

蓋聞一元之氣有陰陽々々之氣有輪廻且以子丑寅卯辰巳午未申酉戌亥之十二時以論一元也大數若到戌會之終天地昏曚再交亥會之終天地黑暗故曰混沌直至亥末子初逐漸開明天始有根正當子會輕清上騰有日月星辰之四象故天開于子又至子終近丑逐漸堅實地始凝結正當丑會重濁下凝有水火金木土之五形故地闢于丑當寅會終寅會初天氣下降地氣上升天地交合群物皆生玉帝垂賜恩慈曰下方之物乃天地精華所生不足為異那猴在山中夜宿石崖朝遊

猨猴
浴水

峯洞真是山中無甲子寒盡不知年一朝天氣炎熱都在松陰之下頑耍卻去山澗洗澡見那股澗水奔流一齊順澗爬山直至源流之所乃是一股瀑布飛泉但見那

一派白虹起　千尋雪浪飛　海風吹不斷
江月照還依　冷氣分青嶂　餘流潤翠微
潺湲名瀑布　真似掛簾帷

衆猴拍手稱道好水原來此水遠通山脚直接海波那一個有本事的鑽進去尋個源頭出來我等拜他為王忽見叢雜中跳出一個石猴應聲高叫

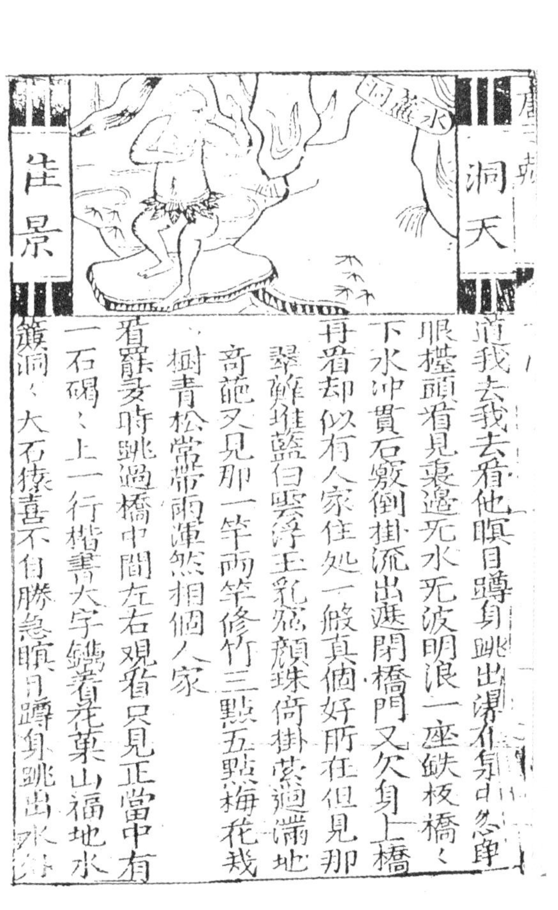

道我去我去看他瞑目蹲身跳出瀑布泉中忽睜眼擡頭看見裏邊死水死波明浪一座鐵板橋々下水沖貫石竅倒掛流出遮閉橋門又欠身上橋再看卻似有人家住處一般真個好所在但見那

翠蘚堆藍白雲浮玉乱搖顏珠倚掛嵌邊端地奇葩又見那一竿兩竿修竹三點五點梅花幾樹青松常帶雨渾然相個人家

看罷多時跳過橋中間左右觀看只見正當中有一石碣々上一行楷書大字鐫着花菓山福地水簾洞々天大石猴喜不自勝急瞑目蹲身跳出水外

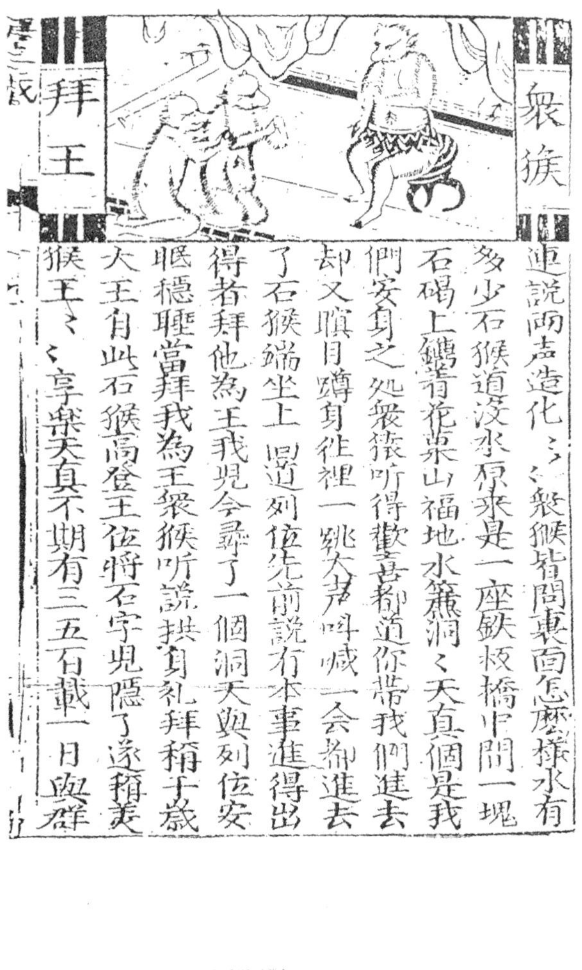

連説兩声造化〻〻衆猴皆問裏面怎麼樣水有多少石猴道沒水原来是一座鉄板橋中間一塊石碣上鐫着花菓山福地水簾洞〻天真個是我們安身之処衆猴听得歡喜都道你帶我們進去却又瞑目蹲身往裡一跳大声叫喊一会都進去了石猴端坐上　曰道列位先前説有本事進得出得者拜他為王我児今尋了一個洞天與列位安眠穩睡當拜我為王衆猴听説拱身礼拜稱千歳大王自此石猴高登王位將石字兒隱了遂稱美猴王〻〻〻享樂天真不期有三五百載一日與群

猴王 
下山

猴欲宴忽然憂惱堕淚衆猴慌忙羅拜道大王何為煩惱我等在仙山福地古洞神洲免遇之福有何憂慮猴王道今日雖好將来年老暗中有閻王老子勾命可不枉生世界衆猴聞言個〻掩面悲啼只見跳出一個通背猿猴道大王不必遠慮如今五虫之内惟有佛與仙與神三者躲过輪廻不生不滅可去尋他猴王聞知懽甚道我明日下山雲遊海角天涯務必訪此三者尋個長生不老躲过閻君之難衆猴都道善哉次日命小猴折些枯松編作筏子取個竹竿竹篙独自登筏儘力撑開

猴王 
飄海

徑由大海波中趁天風来渡南贍部洲地界棄了筏子跳上岸来弄個把戲粧個齩虎唬得海邊捕魚打鴈兜蛤淘塩之人四散奔跑有跑不動的扯住剝了他的衣裳着在身上穿州过府尋人行礼語話一心訪問佛仙神聖之道忽行至西洋大海他想海外必有神仙依前作筏飄过西海牛賀洲地界登岸編訪多時忽聞林深処有人言語忙步穿入林中側耳而听原来是歌唱之声歌曰

観棋柯爛伐木丁〻雲邊谷口徐行賣新沽酒狂咲自陶情一逕天明認舊林登崖过嶺持斧

樵夫 
唱歌

断枯藤收来成一担行歌市上易米三升更无些子争競恬澹延生相逢処非仙即道静坐講黄庭

猴王听了道曰神仙原来藏在這裡即忙跳入裡面仔細再看乃是樵子拏斧砍柴猴王近前叫道老神仙弟子啓手那樵漢慌忙回礼道我拙漢怎敢當神仙二字猴王道你不是神仙如何説出相逢処非仙即道静坐講黄庭〻〻乃道德真言非神仙何樵夫咲道那神仙与我舍下相隣這個詞兒他教我遇煩惱時即把念念散心觧困不期被

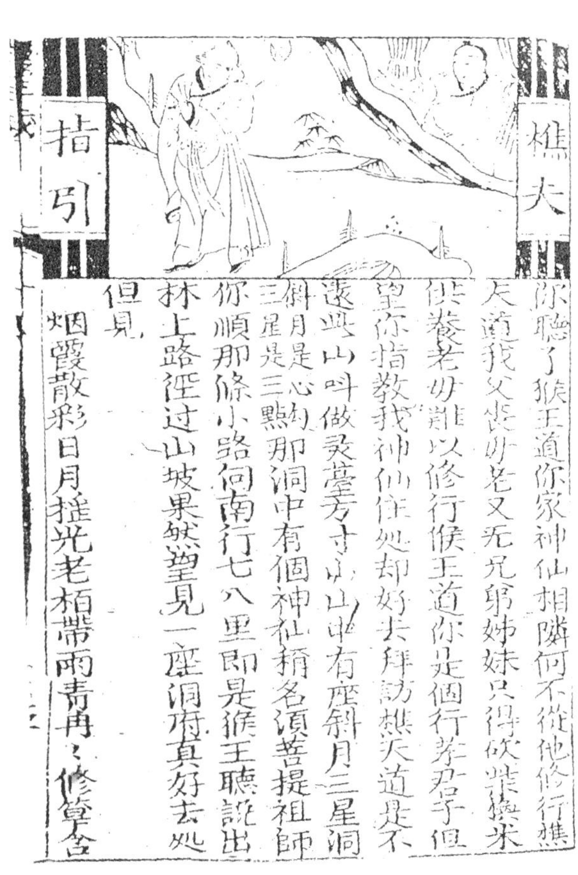

你聽了猴王道你家神仙相隣何不從他修行樵
夫道我父丧母老又无兄弟姊妹只得砍柴換米
供養老母難以修行猴王道你是個行孝君子但
望你指教我神仙住处却好去拜訪樵夫道是不
遠此山叫做灵臺方寸山中有座斜月三星洞
斜月是心勾三星是三點那洞中有個神仙稍名須菩提祖師
你順那條小路向南行七八里即是猴王聽説出
林上路徑过山坡果然望見一座洞府真好去处
但見
烟霞散彩日月搖光老栢帶雨青冉冉修篁含

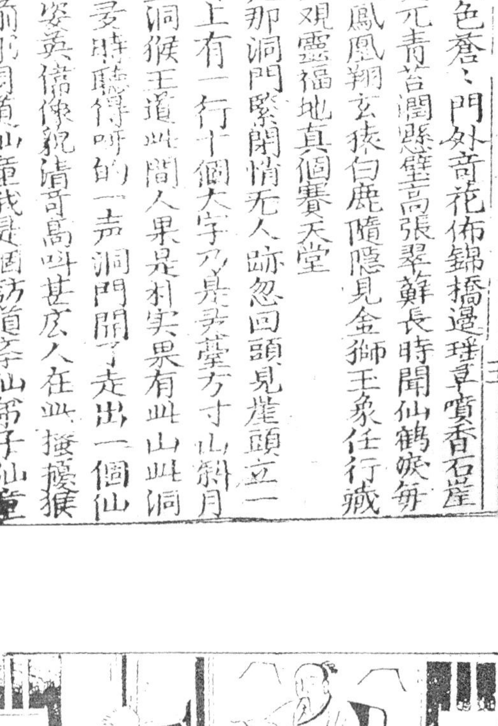

烟色蒼蒼門外奇花佈錦橋邊瑶草噴香石崖
突兀青苔潤懸壁高張翠蘚長時聞仙鶴唳每
見鳳凰翔玄猿白鹿隨隱見金獅玉象任行藏
細观靈福地真個賽天堂
又見那洞門緊閉悄无人跡忽回頭見崖頭立一
石碑上有一行十個大字乃是灵臺方寸山斜月
三星洞猴王道此間人果是朴实果有此山此洞
看勾多時聽得呀的一声洞門開了走出一個仙
童丰姿英偉像貌清奇高叫甚底人在此搔擾猴
王上前躬身道仙童我是個訪道学仙弟子仙童

道你是個訪道的猴王道是童子道我師父正纔
下榻登壇講道説門外有個修行的來了教我開
門接待想必就是你了跟我進去猴王整衣端肅
隨童子徑入洞天深处直至瑶臺之下見那菩提
祖師端坐臺上兩邊有三十個小仙侍立臺下美
猴王一見磕頭再拜祖師道你是何方人氏且説
個鄉貫姓名猴王道弟子乃東勝神洲傲来国花
菓山水簾洞人氏祖師喝令胡説東勝神洲到我
這裡隔兩重大海一座南贍部洲如何到得猴王
道弟子飄洋過海登界遊方有十数年頭方纔訪

取名

得到此祖師道你父母姓甚么猴王道我无父母
只記花菓山上有一塊仙石其年石破生我祖師
聞言暗喜道這等説却是個天地生成的你起来
走走我看猴王縱身跳起拐呀拐的走了兩遍祖
師笑道你却像個食松菓的猢猻我與你就身上
取個姓氏意思教你姓猢猢字去了獸傍乃是個
古月古老月陰老陰不能化育教你姓猻到好猻
字去了獸傍乃是個子系子兒系嬰正合嬰兒之
本論教你姓孫罷猴王聽説滿心懽喜朝上叩頭
今日方知姓也万望師父慈悲再乞賜名却好呼

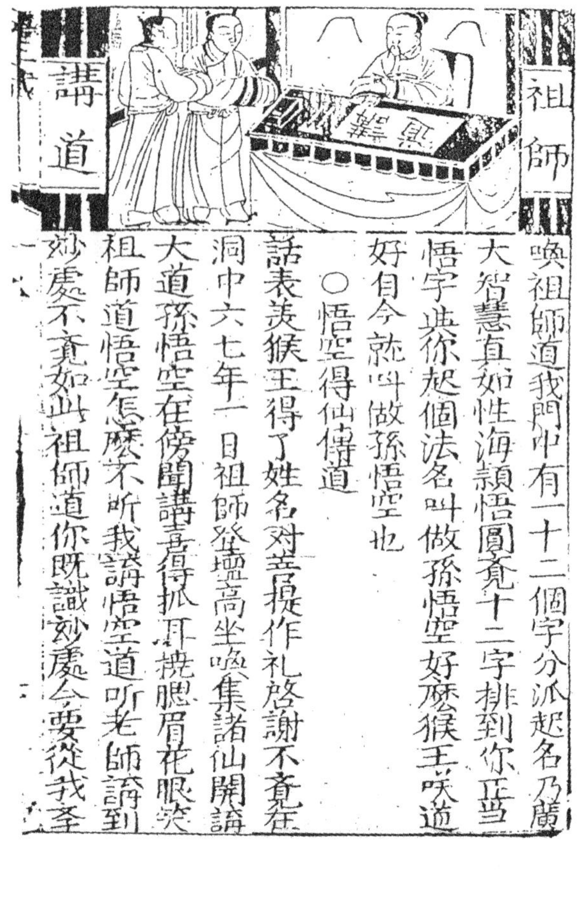

喚祖師道我門中有一十二個字分派起名乃廣大智慧真如性海頴悟圓覺十二字排到你正當悟字與你起個法名叫做孫悟空好麼猴王笑道好自今就叫做孫悟空也

○悟空得仙傳道

話表美猴王得了姓名対菩提作礼啓謝不覺在洞中六七年一日祖師登壇高坐喚集諸仙開講大道孫悟空在傍聞講喜得抓耳撓腮眉花眼笑祖師道悟空怎麼不聽我講悟空道听老師講到妙處不覺如此祖師道你既識妙處今要從我斈

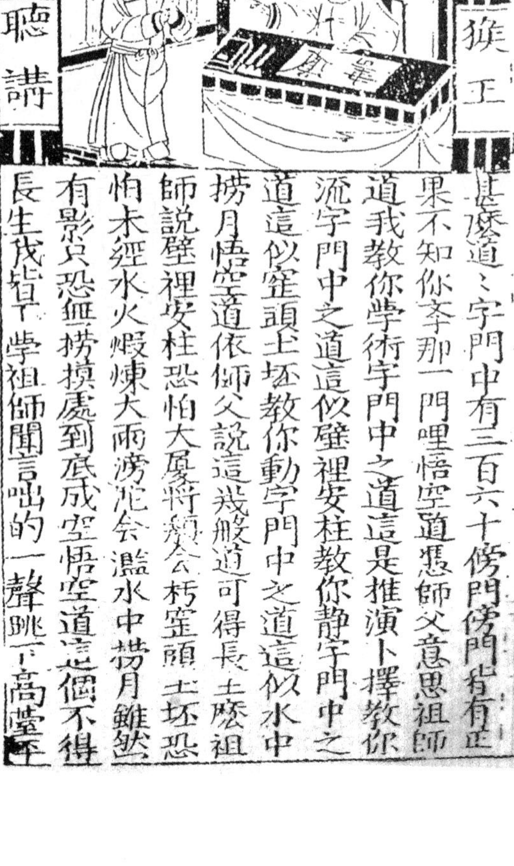

甚麼道〻字門中有三百六十傍門傍門皆有正果不知你斈那一門哩悟空道憑師父意思祖師道我教你學術字門中之道這是推演卜擇教你流字門中之道這似壁裡安柱教你静字門中之道這似窑頭土坯教你動字門中之道這似水中撈月悟空道依師父說這幾般道可得長生麼祖師說壁裡安柱恐怕大廈將頹会朽窑頭土坯恐怕未經水火煅煉大雨滂沱会濫水中撈月雖然有影只恐無撈摸處到底成空悟空道這個不得長生我皆不學祖師聞言咄的一聲跳下高臺

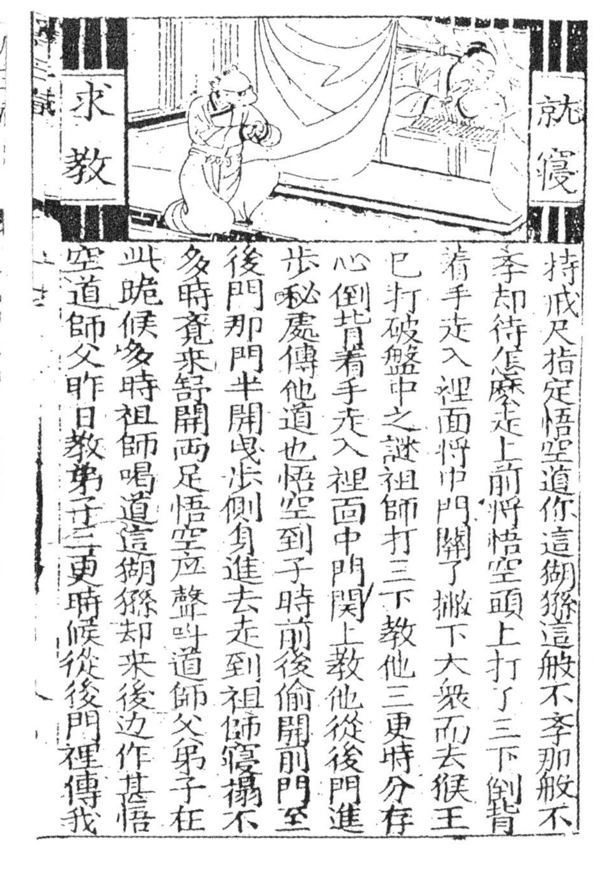

持戒尺指定悟空道你這猢猻這般不斈那般不斈却待怎麼走上前將悟空頭上打了三下倒背着手走入裡面將中門關了撇下大衆而去猴王已打破盤中之謎祖師打三下教他三更時分存心倒背着手走入裡面中門關上教他從後門進步秘處傳他道也悟空到子時前後偷開前門至後門那門半開喜步側身進去走到祖師寢榻不多時覺來舒開兩足悟空應聲叫道師父弟子在此跪候多時祖師喝道這猢猻却來後边作甚悟空道師父昨日教弟子三更時候從後門裡傳我

道理故此太胆徑拜榻下祖師道你既識得盤中暗謎是你有緣可近前來傳你長生妙道悟空叩頭謝了洗耳用心跪于榻下祖師云

顯密圓通真妙訣　惜修性命無他說　都来總是精炁神　謹固牢藏休漏泄　休漏泄体中藏　汝受吾傳道自昌　口訣記来多有益　屏除邪慾得清涼　光皎潔　好向丹台賞明月　月藏玉兎日藏烏　自有龜蛇相盤結　相盤結　性命堅　却能火裡種金蓮攢簇五行顛倒用　工完隨作佛和仙

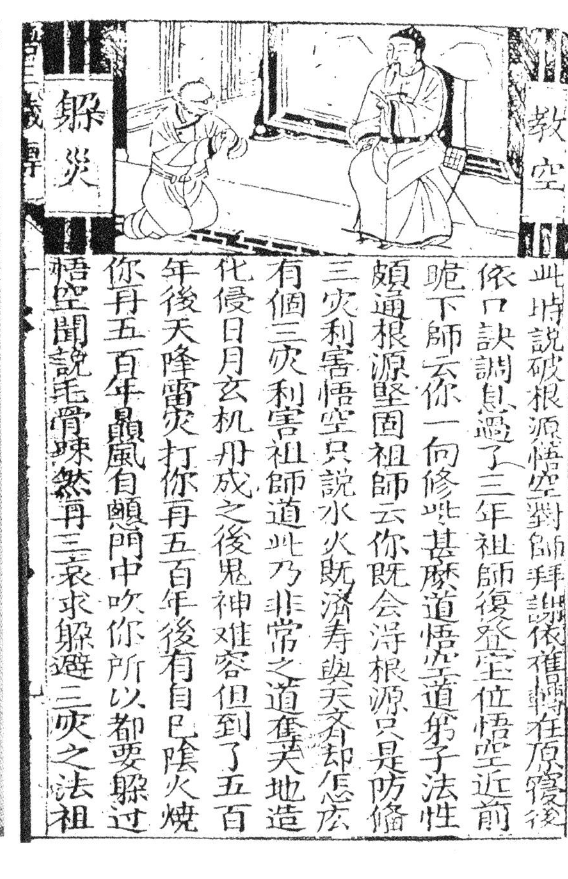

此時說破根源悟空對師拜謝依舊轉在原處後依口訣調息過了三年祖師復登寶位悟空近前跪下師云你一向修些甚麽道悟空道弟子法性頗通根源堅固祖師云你既会得根源只是防備三灾利害悟空只說水火既濟寿與天齊却怎麽有個三灾利害祖師道此乃非常之道奪天地造化侵日月玄机丹成之後鬼神难容但到了五百年後天降雷灾打你再五百年後有自己陰火燒你再五百年贔風自顖門中吹你所以都要躲过悟空聞說毛骨竦然再三哀求躲避三灾之法祖

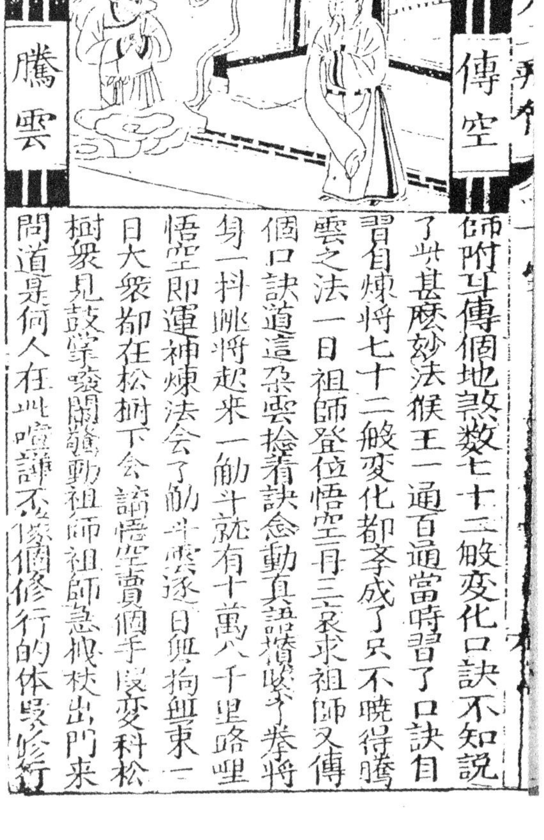

師附耳傳個地煞数七十二般变化口訣不知說了些甚麽妙法猴王一通百通當時習了口訣自習自煉将七十二般变化都学成了只不曉得騰雲之法一日祖師登位悟空再三哀求祖師又傳個口訣道這朶雲捻着訣念動真言攢緊了拳将身一抖跳将起来一觔斗就有十萬八千里路哩悟空即運神煉法会了觔斗雲逐日與衆師兄一日大衆都在松樹下会講悟空賣個手段变科松樹衆見鼓掌喧閙驚動祖師祖師急拽杖出門来問道是何人在此喧譁不像個修行的体段修行

的人口開神氣散舌動是非生衆道不敢瞞師父適繞孫悟空演变化耍子衆人喝采故高聲驚冒祖師祖師道你等起来叫悟空过来問你這個工夫可好在人前賣弄祖師道你快回去全你性命断不要你在此悟空領罪只得拜辞与衆相別祖師道你去不許說是我的徒弟若說把你剥皮剉骨将神魂貶在九幽教你萬劫不得翻身悟空道不敢謝了即抽身捻着訣去個連扯縱起觔斗雲徑回東勝那里只消一個时辰早見花菓山水簾洞悟空按下雲頭直至花菓山即叫道孩兒們我

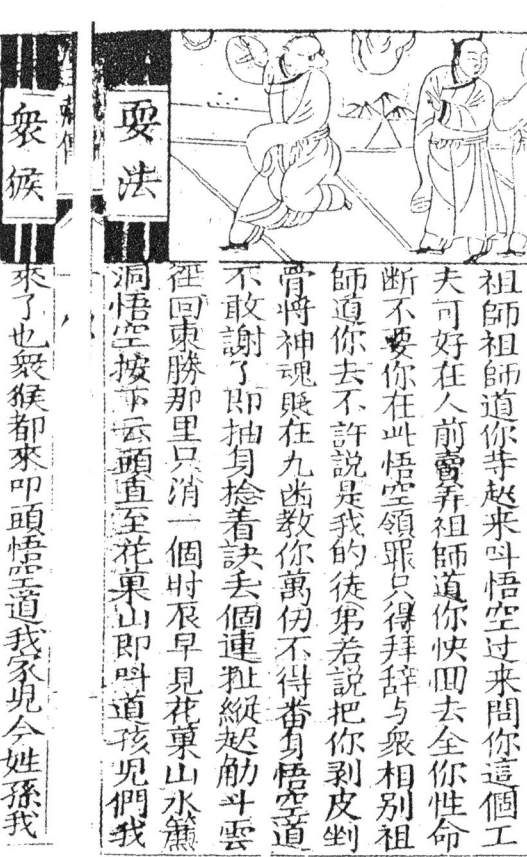

来了也衆猴都来叩頭悟空道我家兒今姓孫我叫悟空衆猴道喜得我家有姓但近来被一妖魔強来占我們水簾洞天我等捨死争鬪大王若再不来連山洞尽屬他人矣悟空聞說大怒道甚麽妖魔輙敢無狀衆猴道那厮自称混世魔王住居在直北山下悟空道我去尋他猴王将身一縱一路觔斗直至北山下观看原来是那水臟洞門〻外有几個小妖悟空道你進去請只說花菓山水簾洞〻主說你家甚麽妖魔屢次欺我兒孫特尋来與他見個上下小妖听說跑入洞裡報知悟空

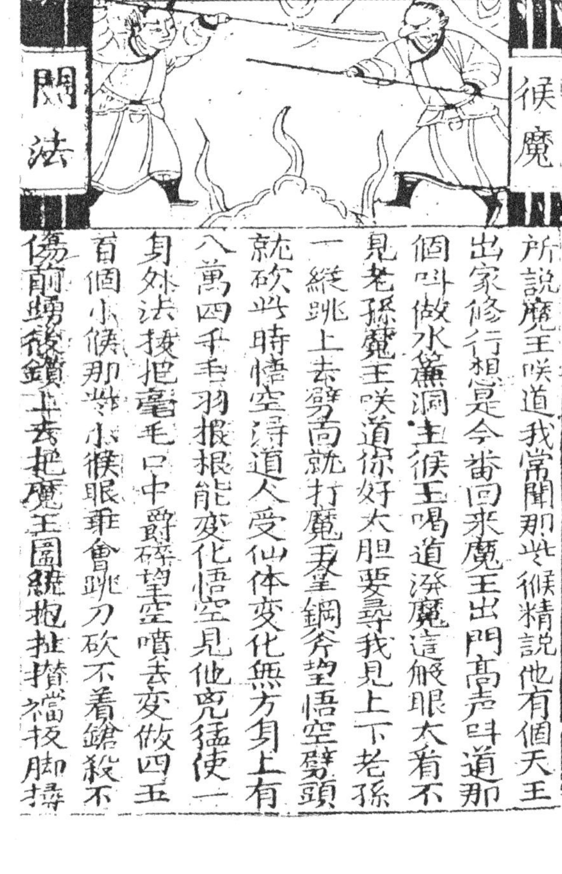

所說魔王唉道我常聞那些猴精說他有個天王出家修行想是今番回来魔王出門高声叫道那個叫做水簾洞主猴王喝道潑魔這般眼大看不見老孫魔王唉道你好大胆要尋我見上下老孫一縱跳上去劈面就打魔王奎鋼斧望悟空劈頭就砍此時悟空詩道人受仙体变化無方身上有八萬四千毛羽根根能变化悟空見他兇猛使一身外法接把毫毛口中嚼碎望空噴去变做四五百個小猴那些小猴眼乖會跳刀砍不着鎗殺不傷前蹺後鑽上去把魔王圍繞抱扯攢襠扳脚撏

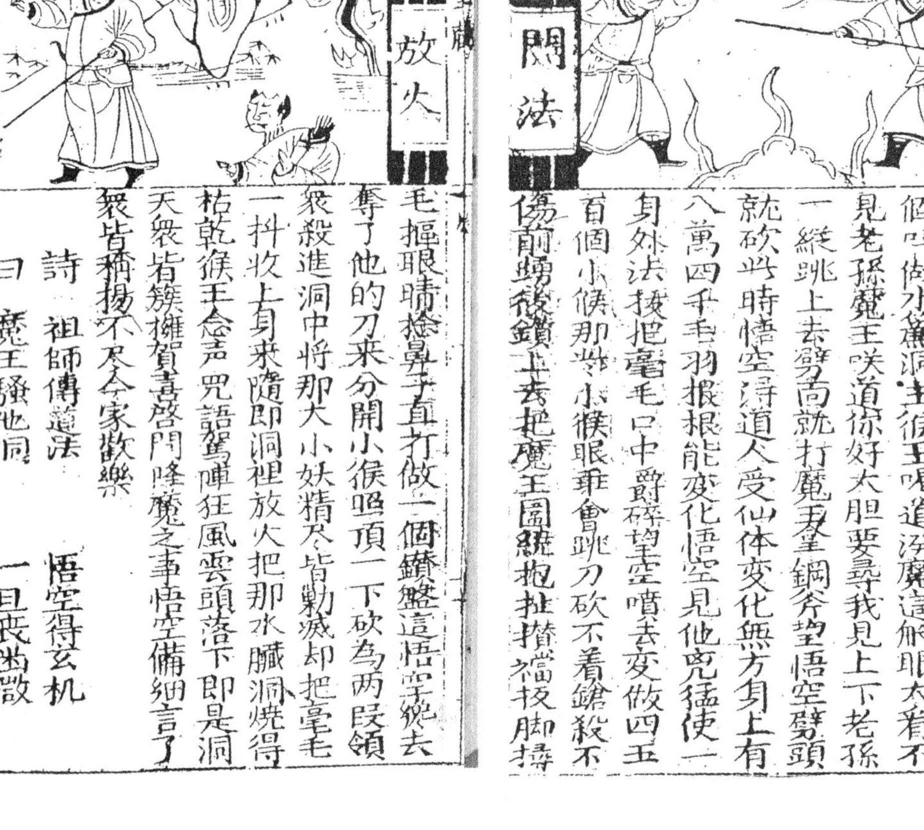

毛摳眼睛捻鼻子直打做一個鑽盤這悟空纔去奪了他的刀来分開小猴照頂一下砍為两段領衆殺進洞中將那大小妖精盡皆勦滅却把毫毛一抖收上身来隨即洞裡放火把那水臟洞燒得枯乾猴王念声咒語駕陣狂風雲頭落下即是洞天衆皆簇擁賀喜啓門降魔之事悟空備細言了衆皆稱揚不尽合家歡樂

詩曰　祖師傳道法　悟空得玄机
　　　魔王騷他洞　一旦喪幽微

○猴王勒宝勾簿

群猴
習武

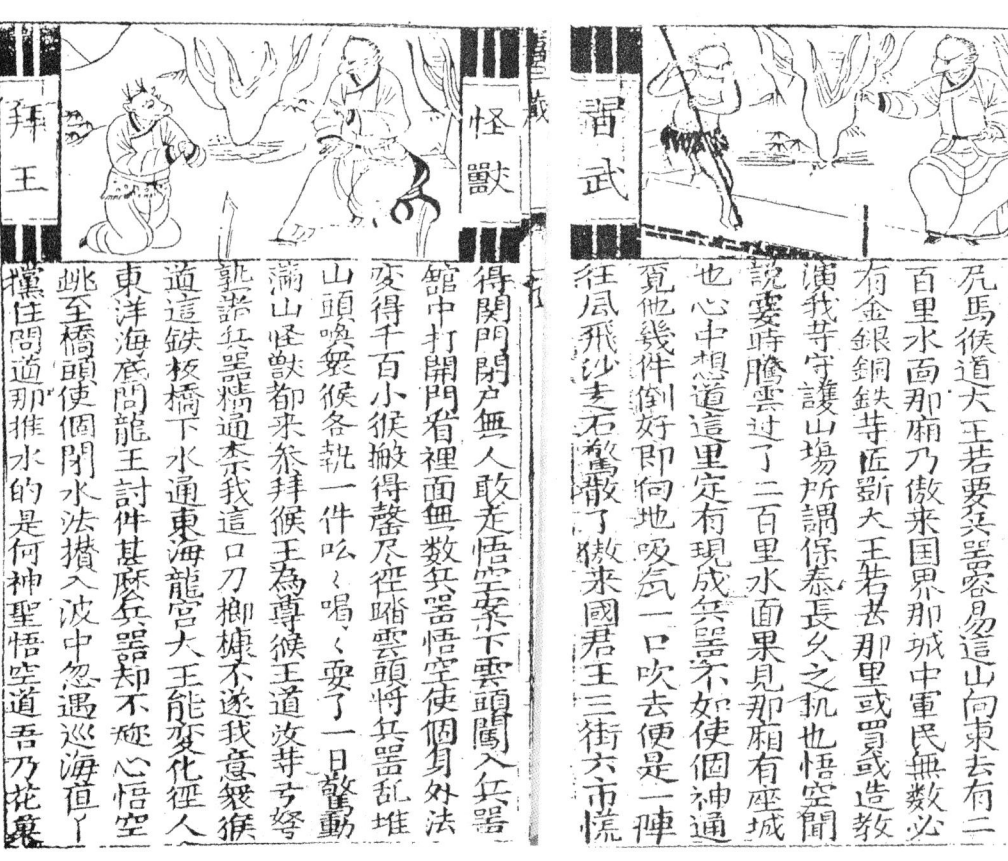

却說猴王剿了混世魔王奪了大刀遂日操演武藝悟空道你們却少鋒利器械正說間有两個赤尻馬猴道大王若要兵器容易這山向東去有二百里水面那廂乃傲来国界那城中軍民無數必有金銀銅鉄等匠斲大王若去那里或買或造教演我等守護山場所謂保泰長久之机也悟空聞說霎時騰雲过了二百里水面果見那廂有座城也心中想道這里定有現成兵器不如使個神通覓他幾件倒好即向地吸氣一口吹去便是一陣狂風飛沙走石驚散了傲来國君王三街六市慌

得閑門閉户無人敢走悟空案下雲頭闖入兵器館中打開門看裡面無数兵器悟空使個身外法变得千百小猴搬得罄尽徑踏雲頭將兵器亂堆山頭喚衆猴各執一件吆吆喝喝耍了一日驚動滿山怪獸都来參拜猴王為尊猴王道汝等弓弩熟諳兵器精通奈我這口刀極不遂我意衆猴道這鉄板橋下水通東海龍宫大王能变化徑入東洋海底問龍王討件甚麽兵器却不遂心悟空跳至橋頭使個閉水法攢入波中忽遇巡海夜叉攔住問道那推水的是何神聖悟空道吾乃花果

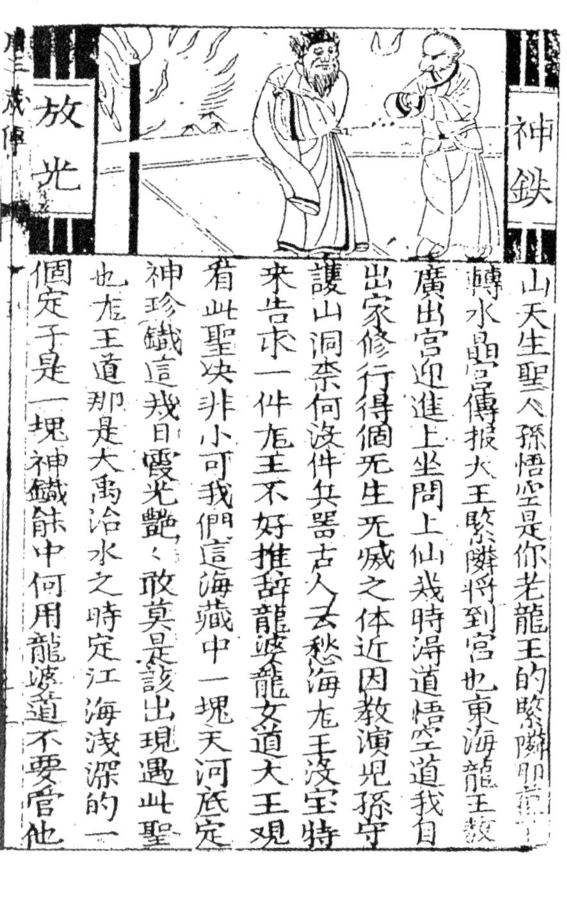

山天生聖人孫悟空是你老龍王的緊隣那花轉水晶宮傳報大王緊隣將到宮也東海龍王敖廣出宮迎進上坐問上仙幾時得道悟空道我自出家修行得個无生无滅之体近因教演兒孫守護山洞柰何沒件兵器古人云愁海龍王沒宝特來告求一件龍王不好推辭龍婆龍女道大王觀看此聖決非小可我們這海藏中一塊天河底定神珍鐵這幾日霞光艷艷敢莫是該出現遇此聖也龍王道那是大禹治水之時定江海淺深的一個定子是一塊神鐵能中何用龍婆道不要管他

你把送他憑他怎麽改造悟空道在何處龍王指道那放光的便是悟空上前摸一把乃是一根鉄柱約有斗來粗二丈有餘長悟空道忒粗忒長些那宝貝短了幾尺細了一圍悟空道再細些更好那宝貝又細了幾分悟空拿出海藏看時兩頭是個金箍中間有鐫成一行字喚做如意金箍棒重一萬三千五百斤悟空道多謝賢隣厚意你這里有披掛索性送我一付一總奉謝龍王苦辞沒有悟空道真个沒有就和你試試此鉄龍王慌道上仙切莫動手我看南海舍弟敖欽北海敖順西海

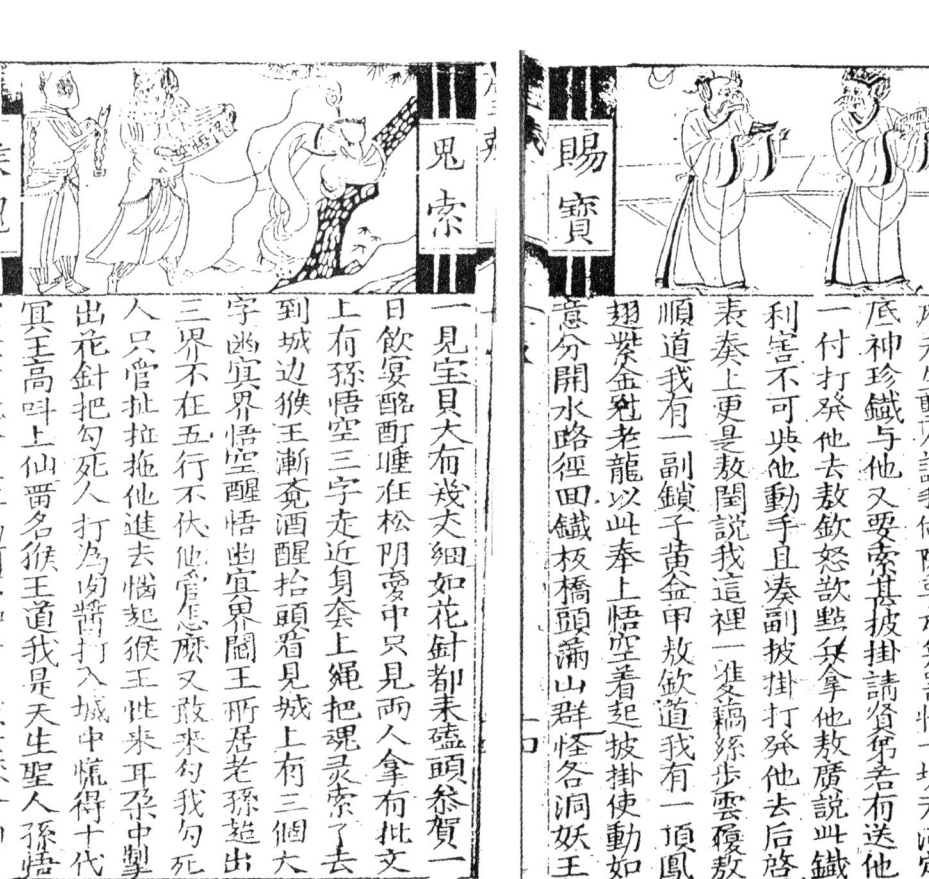

龍王　賜寶

敖閏若有當送一副即令龜將撞鐘鼈帥擂鼓須臾三海龍王一齊都到敖廣說有一個花果山甚麽天生聖人認我做隣要求兵器將一塊天河定底神珍鐵与他又要索甚披掛請賢弟若有送他一付打發他去敖欽怒欲點兵拿他敖廣說此鐵利害不可與他動手且湊副披掛打發他去后啓表奏上更是敖閏說我這裡一雙藕絲步雲履敖順道我有一副鎖子黃金甲敖欽道我有一頂鳳翅紫金冠老龍以此奉上悟空着起披掛使動如意分開水路徑回鐵板橋頭諕山群怪各洞妖王

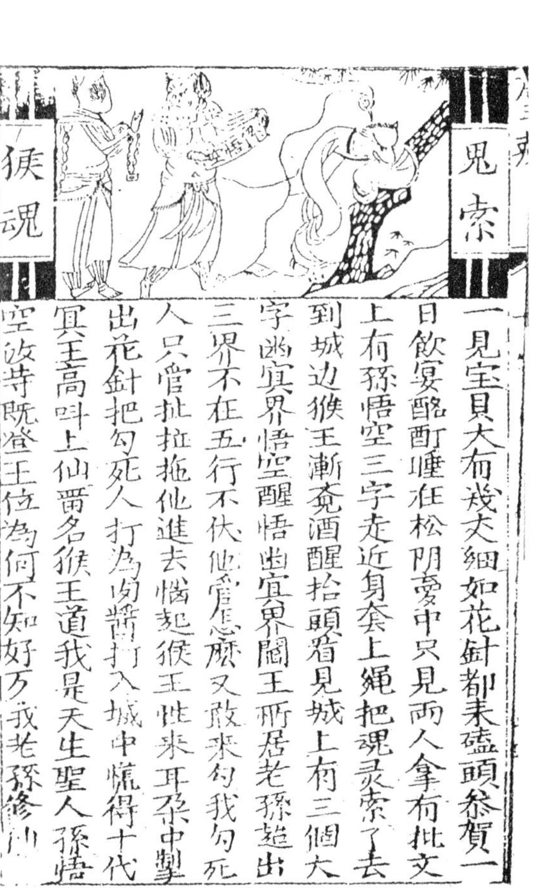

一見宝貝大有幾丈細如花針都來磕頭祭賀一日飲宴酩酊睡在松陰夢中只見兩人拿有批文上有孫悟空三字走近身套上繩把魂靈索了去到城边猴王漸漸酒醒抬頭看見城上有三個大字幽冥界悟空醒悟幽冥界閻王所居老孫趋出三界不在五行不伏他管怎麽又敢來勾我勾死人只管扯拉拖他進去惱起猴王性來耳朶中掣出花針把勾死人打為肉醬打入城中慌得十代冥王高叫上仙留名猴王道我是天生聖人孫悟空汝等既登王位為何不知好歹我老孫修仙

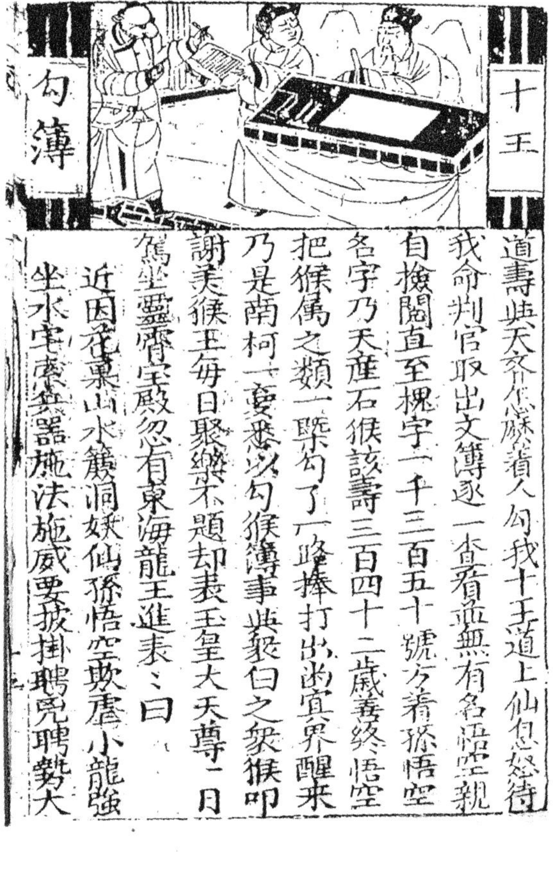

道壽與天齊怎麽着人勾我十王道上仙息怒待
我命判官取出文簿逐一查看並無有名悟空親
自檢閱直至槐字一千三百五十號方着孫悟空
名字乃天産石猴該壽三百四十二歲善終悟空
把猴屬之類一槩勾了一路棒打出幽冥界醒来
乃是南柯一夢悉以勾猴簿事與衆白之衆猴叩
謝美猴王每日聚樂不題却表玉皇大天尊一日
駕坐靈霄寶殿忽有東海龍王進表〻曰
近因花果山水簾洞妖仙孫悟空欺虐小龍強
坐水宅索兵器施法施威要披掛聘兜聘勢大

二王
進表

鬧海中驚傷水族懇乞天兵收此妖孽聖帝覽
畢傳旨着龍神回海朕即遣將擒拿老龍王頓
首謝去
又有秦廣王賫地藏王菩薩表文進上表曰
今有花果山水簾洞天産妖猴孫悟空逞惡行
兇不服拘喚弄神通打絶九幽恃勢力驚傷十
王大鬧森羅強銷名號乞遣神兵收降此妖
玉皇覽畢傳旨着賞君回歸地府朕即遣將擒
拿秦廣王亦頓首謝去
大天尊示衆文武仙卿問曰這妖猴何代出身卿

金星
賫詔

就這般有道班中閃出太白長庚星俯伏啓奏道
上聖三界中凡有九竅者皆可修仙此猴天地育
成日月孕就今既修仙降龍伏虎臣啓陛下可念
生化之慈降道招安聖旨宣来上界録其名籍此
則收仙有道也玉帝即着文曲星君修詔太白金
星招安金星領了聖旨出南天門外直至水簾洞
天道我是太白金星奉玉帝招安請你上天拜受
仙籙悟空叩謝即安排筵宴款待金星道聖旨在
身不敢久留悟空分付謹守教演與金星縱起雲
頭昇在空霄之上正是

猴王
就任

修仙得道孫悟空　勒取寶貝鬧龍宮
手持鐵棒打幽府　名列雲班寶籙中

○玉帝降旨招安

太白星領着猴王直至御前朝上礼拜金星奏道
臣領聖旨已宣妖仙到了玉帝垂簾問衆卿曰那
處少甚官職傍有武曲星君奏道只有御馬監缺
少正堂管事玉帝傳旨就除他做個弼馬溫罷玉
帝又差木德星官送他到任弼馬溫晝夜不睡滋
養馬疋養得天馬肉肥膘滿約有半月衆監官置
酒請他猴王停盃問曰我這弼馬溫是個甚麼官

鬼王　進袍

是個最低最小沒有品從只可与他看馬猴王聞言大怒曰老孫在花果山称王称聖怎麼哄我來替他养馬推倒公案耳中取出宝具一路打出南天門外天丁知他受了天籙不敢阻當須史被落雲頭眾猴都來迎接適門外有個独角鬼王見大王受了天籙來献赭黄袍一件猴王令進封為先鋒鬼王謝恩畢復啓道大王在天許久所受何職猴王道玉帝輕賢封我做個甚麼弼馬温鬼王道大王有此神通如何為他养馬就做個齊天大聖有何不可猴王喜令置旌旗上寫齊天大聖四

十七

玉帝　遣兵

大字那張天師拜奏道万歲新任弼馬温孫悟空他嫌官小昨日反下天宫去了玉帝聞奏道朕遣天兵擒拿此怪即封托塔李天王李靖為降魔大元帥哪吒三太子為三壇海会大神父子謝恩點起三軍着巨灵神為先鋒一霎時出了天門到了花果山下営寨傳令教巨灵神挑戰灵神手執宣花斧去至水簾洞喝道那業畜早报弼馬温知道吾奉玉旨來此收伏叫他早出受降猴王听报披掛出來巨灵神厲声高叫你猴你認得我麼吾乃神霄托塔李天王部下先鋒巨灵神今奉玉旨收

巨灵　交戰

你猴王指道本待一棒打死留你回天報信只道老孫無穷本事怎麼教我替他养馬言罷巨灵提斧猴王擧棒一塲好殺

棒名如意斧號宣花乍相逢不知深浅斧和棒
左右交加使動法噴雲吐霧展開手播土揚沙
棒舉猶如龍戲水斧來猶似鳳穿花大聖輕輕
輪動棒巨灵一下滿身麻

巨灵神抵敵不住敗陣回営請罪李天王喝令斬之太子哪吒奏曰乞恕巨灵之罪待孩兒出師一遭便知深浅太子出陣悟空迎近前來問曰你是

太子　出陣

誰家小哥闖近吾門哪吒喝道妖猴我乃托塔天王三太子哪吒是也今奉欽差捉你悟空道你的妳牙未退胎毛未乾怎敢大話留你性命拜上玉帝照依旗上齊天大聖封我也罷不然打上灵霄宝殿哪吒知妖神通須変三頭六臂悟空也変三頭六臂各騁神威闘了三十回合不分勝負那悟空疾手眼快拔下毫毛変出本相赶至哪吒腦後着左膊打來哪吒听得棒頭風响急躲被他着了一下負痛敗陣而回曰以竪旗封他四字天王道既然如此且去上界回奏再多遣天兵圍捉李天

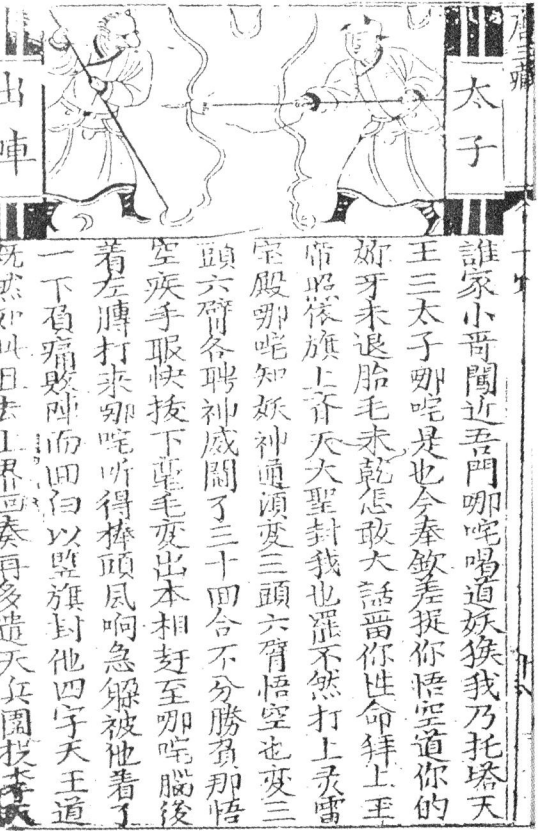

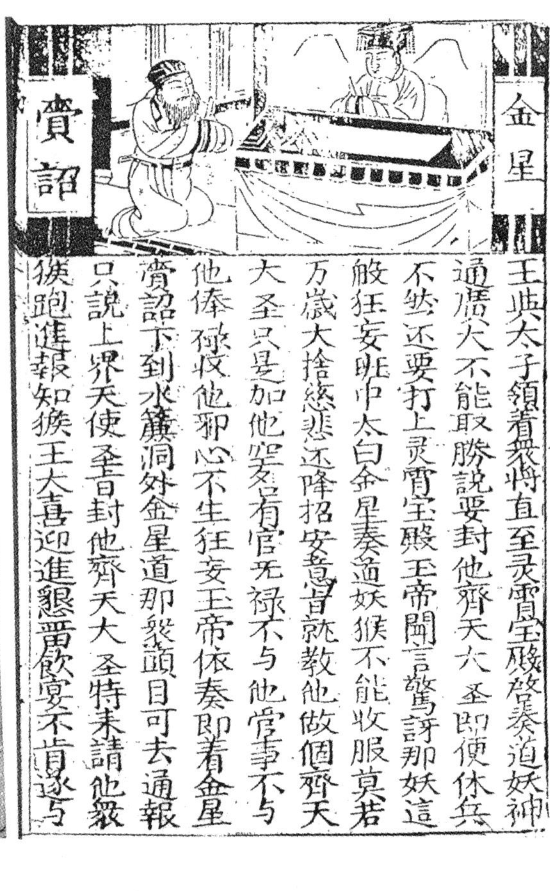

王與太子領着衆將直至灵霄宝殿啓奏道妖神通廣大不能取勝說要封他齊天大圣即便休兵不然还要打上灵霄宝殿玉帝聞言驚訝那妖這般狂妄班中太白金星奏道妖猴不能收服莫若万歳大捨慈悲还降招安意旨就教他做個齊天大圣只是加他空名有官无禄不与他管事不与他俸禄收他邪心不生狂妄玉帝依奏即着金星賫詔下到水簾洞外金星道那衆頭目可去通報只說上界天使奉旨封他齊天大圣特来請他衆猴跑進報知猴王大喜迎進慇置飲宴不肯遂与

金星縱起祥雲到了天門徑入灵霄宝殿朝上唱喏道声謝恩玉帝命工幹官張魯二班在蟠桃園右首起一座齊天大聖府府內設二司一名安靜司一名寧神司俱有仙吏扶持又着五斗星君送悟空到任御酒二瓶金花十朵着他安心悟空宴了星君回轉天宮幾是心滿意足在于天宮快樂

正是

弼馬溫嫌小　復轉水洞天
封他齊天聖　仙名萬古傳

○大聖攪亂勝会

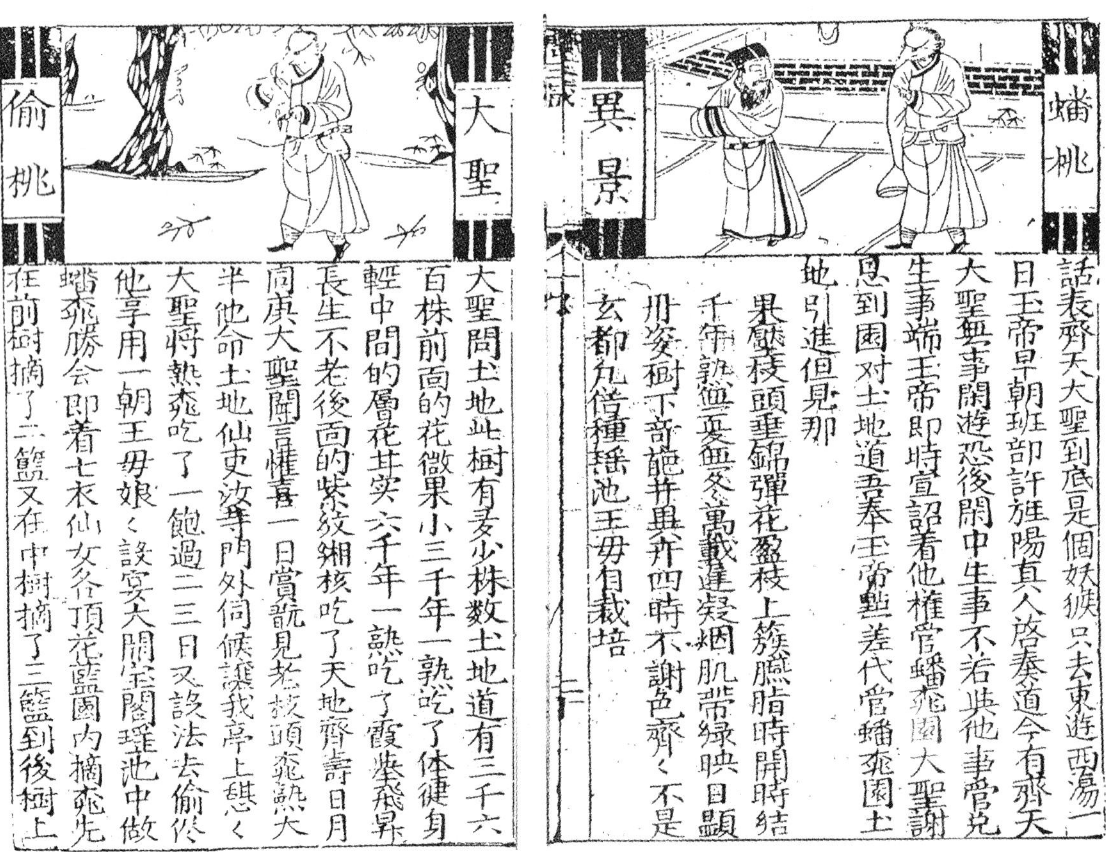

話表齊天大聖到底是個妖猴只去東遊西蕩一日玉帝早朝班部許旌陽真人啓奏道今有齊天大聖無事閑遊恐後閑中生事不若與他事管免生事端玉帝即時宣詔着他権管蟠桃園大聖謝恩到園对土地道吾奉玉帝聖差代管蟠桃園土地引進但見那

果壓枝頭垂錦彈花盈枝上簇臙脂時開時結
千年熟無夏無冬萬載遲凝烟肌带绿映日顯
丹姿樹下奇葩并異卉四時不謝色齊齊不是
玄都凡俗種瑤池王母自栽培

大聖問土地此樹有多少株数土地道有三千六百株前面的花微果小三千年一熟吃了体健身輕中間的層花甘實六千年一熟吃了霞举飛昇長生不老後面的紫紋緗核吃了天地齊壽日月同庚大聖聞言懽喜一日賞翫見老枝頭桃熟大半他命土地仙吏汝等門外伺候讓我亭上憇憇大聖將熟桃吃了一飽過二三日又設法去偷後他享用一朝王母娘娘設宴大開宝閣瑤池中做蟠桃勝会即着七衣仙女各頂花籃園内摘桃先在前樹摘了二籃又在中樹摘了三籃到後樹上

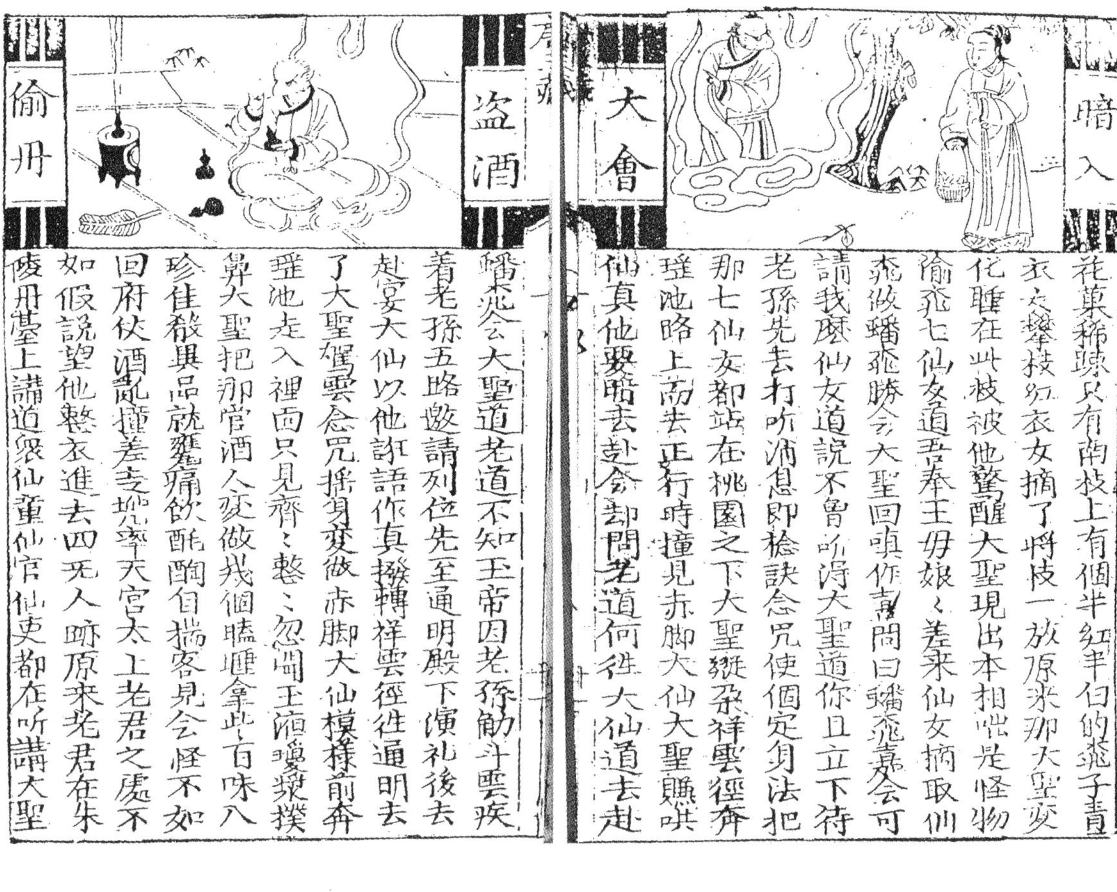

花菓稀踈只有南枝上有個半紅半白的桃子青衣女攀枝紅衣女摘了將枝一放原来那大聖变化睡在此枝被他驚醒大聖現出本相也是怪物偷桃七仙女道吾奉王母娘娘差来仙女摘取仙桃做蟠桃勝会大聖回嗔作喜問曰蟠桃嘉会可請我麼仙女道說不曾聽得大聖道你且立下待老孫先去打听消息即捻訣念咒使個定身法把那七仙女都站在桃園之下大聖縱朶祥雲徑奔瑶池路上而去正行時撞見赤脚大仙大聖賺哄仙真他要暗去赴会却問老道何往大仙道去赴

蟠桃会大聖道老道不知玉帝因老孫觔斗雲疾着老孫五路邀請列位先至通明殿下演礼後去赴宴大仙以他誑語作真撥轉祥雲徑往通明去了大聖駕雲念咒搖身变做赤脚大仙模樣前奔瑶池走入裡面只見齊齊整整忽聞玉液瓊漿撲鼻大聖把那管酒人变做残個瞌睡拿此百味八珍佳殽異品就飽痛飲酕醄自揣客見会怪不如回府伏酒亂撞差走兜率天宮太上老君之處不如假說望他整衣進去四无人跡原来老君在朱陵丹臺上講道衆仙童仙官仙吏都在听講大聖

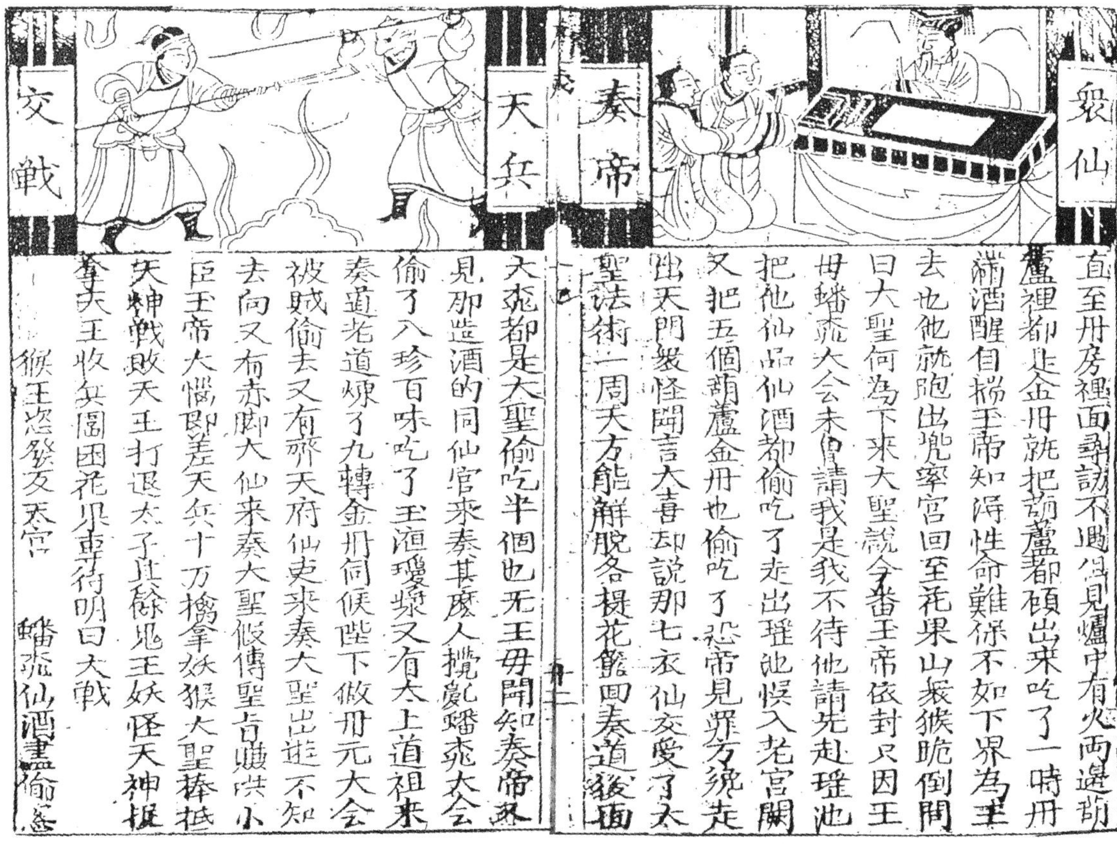

直至丹房裡面尋訪不遇但見爐中有火兩邊葫蘆裡都是金丹就把葫蘆都傾出来吃了一時丹滿酒醒自揣玉帝知得性命難保不如下界為王去也他就跑出兜率宮回至花果山衆猴跪倒問曰大聖何為下来大聖說今番玉帝依封只因王母蟠桃大会未曾請我是我不待他請先赴瑶池把他仙品仙酒都偷吃了走出瑶池悞入老宮闕又把五個葫蘆金丹也偷吃了恐帝見罪方纔走出天門衆怪聞言大喜却說那七衣仙女受了太聖法術一周天方能觧脫各提花籃回奏道後面

大桃都是大聖偷吃半個也无王母聞知奏帝又見那造酒的同仙官来奏其麼人攪亂蟠桃大会偷了八珍百味吃了玉液瓊漿又有太上道祖来奏道老道煉了九轉金丹伺候陛下做丹元大会被賊偷去又有齊天府仙吏来奏大聖出遊不知去向又有赤脚大仙来奏大聖假傳聖旨賺哄小臣玉帝大惱即差天兵十万擒拿妖猴大聖棒抵天神戰敗天王打退太子其餘鬼王妖怪天神捉拿天王收兵圍困花果山專待明日大戰

猴王怒發反天宮
蟠桃仙酒盡偷盜

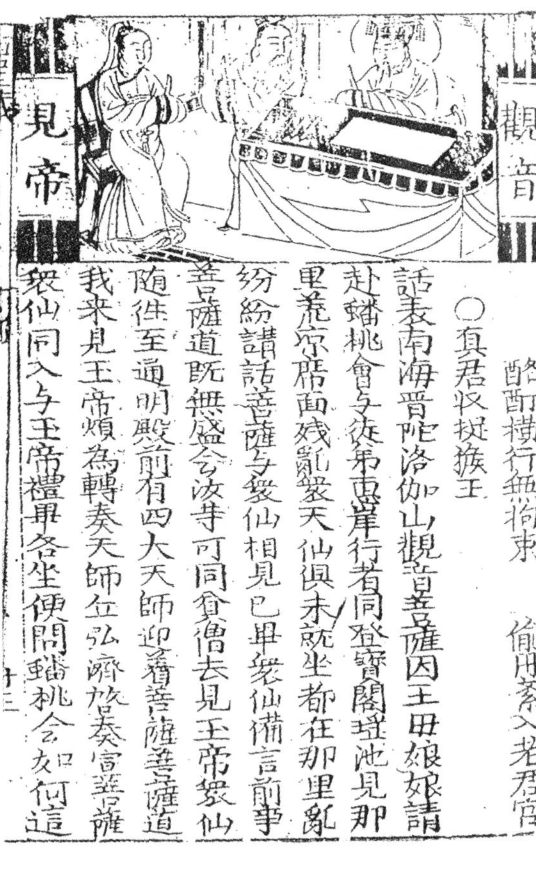

酩酊横行無拘束　偷丹蒸入老君宮

○真君收捉猴王

話表南海普陀洛伽山觀音菩薩因王母娘娘請赴蟠桃會与徒弟惠岸行者同登寶閣瑤池見那里荒凉席面残亂衆天仙俱未就坐都在那里亂紛紛講話菩薩与衆仙相見已畢衆仙備言前事菩薩道既無盛会汝等可同貧僧去見王帝衆仙隨往至通明殿前有四大天師迎着菩薩菩薩道我来見王帝煩為轉奏天師丘弘濟旋奏宣菩薩衆仙同入与王帝禮畢各坐便問蟠桃会如何這

等冷淡王帝道今年會上被妖猴作亂將仙殽仙酒偷去朕心因此煩惱故調天兵十萬去收服今不知勝負何如菩薩聞言即令惠岸行者到花菓山打探軍情如遇相敵可相助一功回話惠岸行者執鐵棍一根駕雲徑至山前見營門甚緊立住叫把門的天下我乃李天王二太子木叉觀音大徒弟惠岸特来打探軍情神兵報入軍帳遂開營門放進惠岸見四天王訖李天王道孩兒從何而来惠岸道男跟菩薩赴蟠桃会因會冷淡菩薩同衆仙見王帝〻備言父王等收服妖猴未見回報

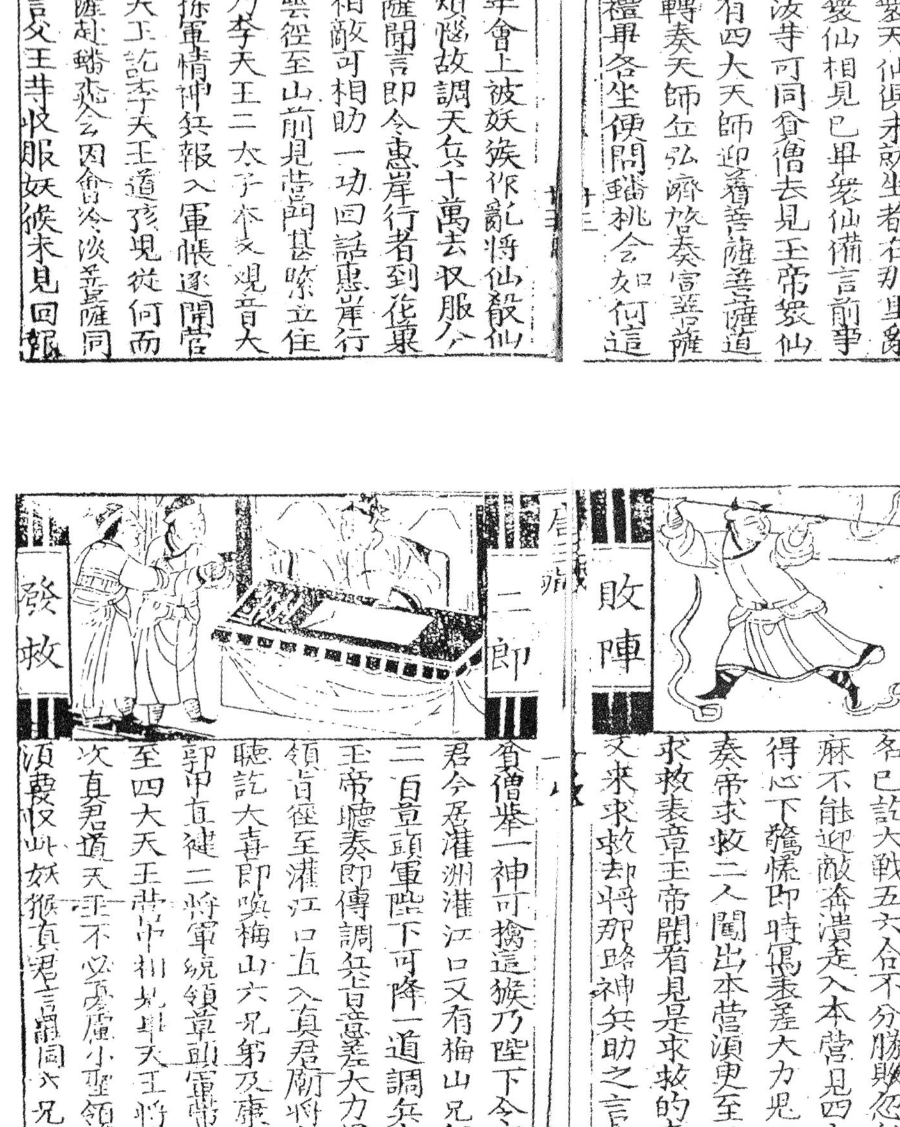

菩薩因命男到此打探說未了又聽得大聖引猴兵來戰木叉云父王在上男領菩薩分付云遇戰可助一陣今男愿往李天王道那厮也有神通恐去須要着意木叉手執鐵棍跳出轅門与大聖通名已訖大戰五六合不分勝敗忽然木叉臂膊酸麻不能迎敵奔潰走入本營見四大天王天王慌得心下驚慌即時寫表差大力鬼王同木叉上天奏帝求救二人闖出本營須臾至王皇殿前呈上求救表章王帝開看見是求救的事嘆云李天王又來求救却将那路神兵助之言未畢觀音奏上

貧僧舉一神可擒這猴乃陛下令甥顯聖二郎真君今居灌洲灌江口又有梅山兄弟与帳前一千二百草頭軍陛下可降一道調兵旨意着他助力王帝聽奏即傳調兵旨意差大力鬼王賫去鬼王領旨徑至灌江口直入真君廟將旨意開讀真君聽訖大喜即喚梅山六兄弟乃康張姚李四太尉郭申直健二將軍統領草頭軍帶着鷹犬弓弩直至四大天王營中相見畢天王將上項事備陳一次真君道天王不必憂慮小聖領了王旨来此必須要收此妖猴真君言罷同六兄弟等直到花

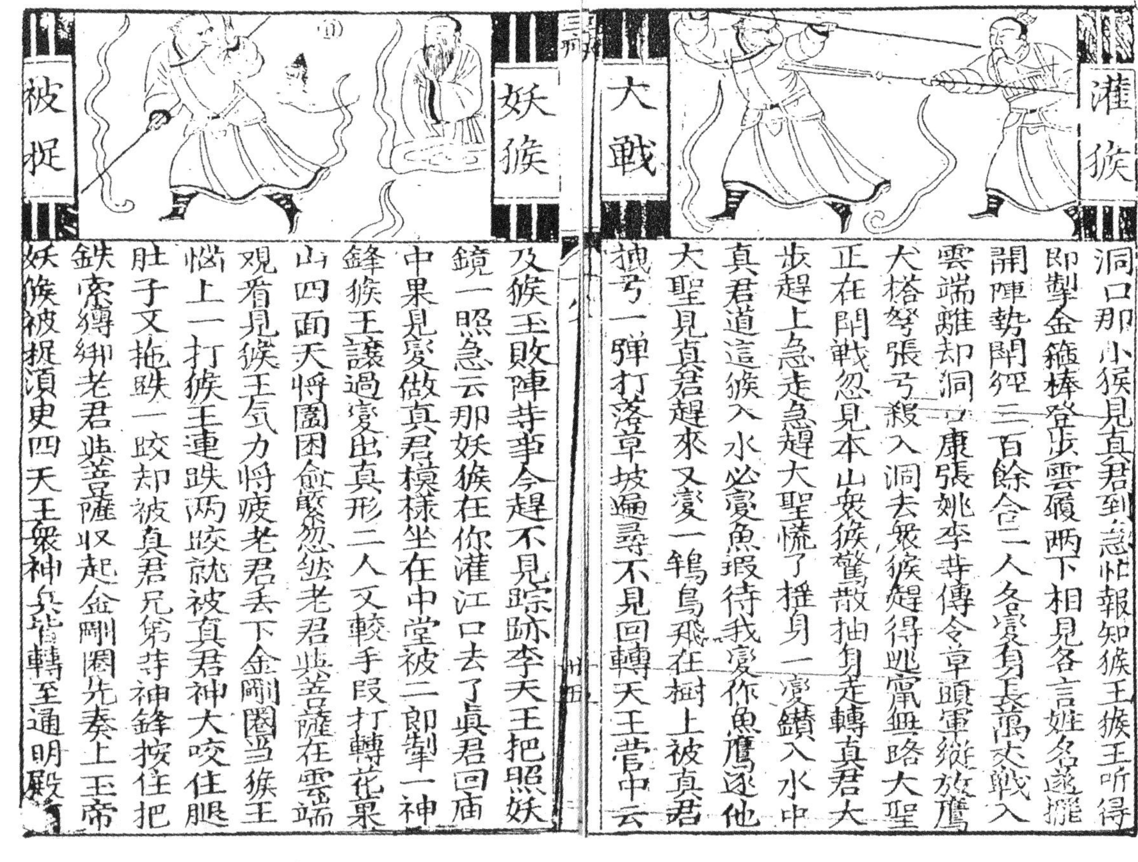

洞口那小猴見真君到急忙報知猴王猴王听得即掣金箍棒登步雲履兩下相見各言姓名遂擺開陣勢鬪經三百餘合二人各變身長萬丈戰入雲端離却洞口康張姚李等傳令草頭軍縱放鷹犬搭弩張弓殺入洞去衆猴趕得逃竄無路大聖正在鬪戰忽見本山衆猴驚散抽身走轉真君大步趕上急走急趕大聖慌了搖身一變鑽入水中真君道這猴入水必變魚蝦待我變作魚鷹逐他大聖見真君趕來又變一鴇鳥飛在樹上被真君挽弓一彈打落草坡遍尋不見回轉天王營中云及猴王敗陣等事今趕不見踪跡李天王把照妖鏡一照急云那妖猴在你灌江口去了真君回廟中果見變做真君模樣坐在中堂被二郎掣一神鋒猴王讓過變出真形二人又較手段打轉花果山四面天將圍困愈緊忽然老君共菩薩在雲端觀看見猴王氣力將疲老君丢下金剛圈當猴王腦上一打猴王連跌兩跤就被真君神犬咬住腿肚子又拖跌一跤却被真君兄弟等神鋒按住把鐵索綁縛老君共菩薩收起金剛圈先奏上玉帝妖猴被捉須臾四天王衆神兵皆轉至通明殿

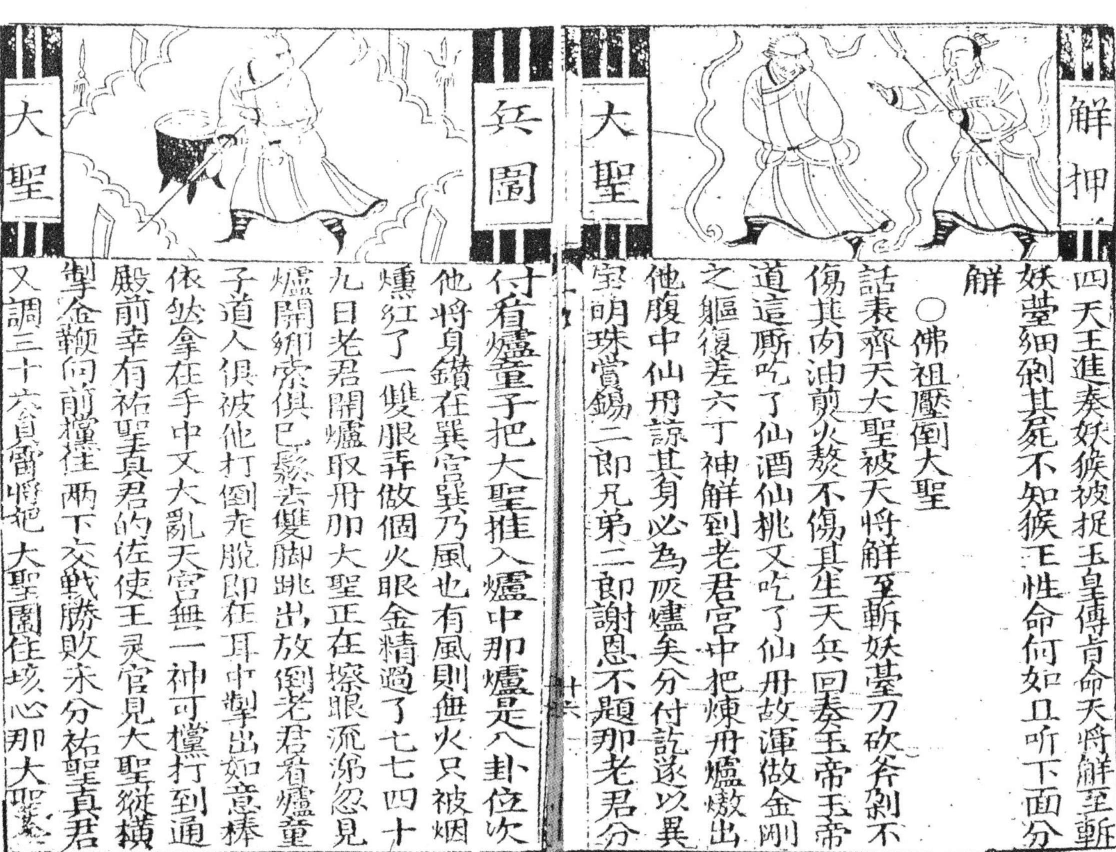

四天王進奏妖猴被捉玉皇傳旨命天將解至斬妖臺細剁其屍不知猴王性命何如且听下面分解

○佛祖壓倒大聖

話表齊天大聖被天將解至斬妖臺刀砍斧剁不傷其肉油煎火熬不傷其生天兵回奏玉帝玉帝道這廝吃了仙酒仙桃又吃了仙丹故渾做金剛之軀復差六丁神解到老君宮中把煉丹爐燒出他腹中仙丹諒其身必為灰燼矣分付訖遂以異寶明珠賞錫二郎兄弟二郎謝恩不題那老君分付看爐童子把大聖推入爐中那爐是八卦位次他將身鑽在巽宮巽乃風也有風則無火只被烟燻紅了一雙眼弄做個火眼金精過了七七四十九日老君開爐取丹那大聖正在擦眼流淚忽見爐開綁索俱已燒去雙腳跳出放倒老君看爐童子道人俱被他打倒走脫即在耳中掣出如意棒依然拿在手中又大亂天宮無一神可攩打到通殿前幸有祐聖真君的佐使王灵官見大聖縱橫掣金鞭向前攩住兩下交戰勝敗未分祐聖真君又調三十六員雷將把大聖圍住垓心那大聖

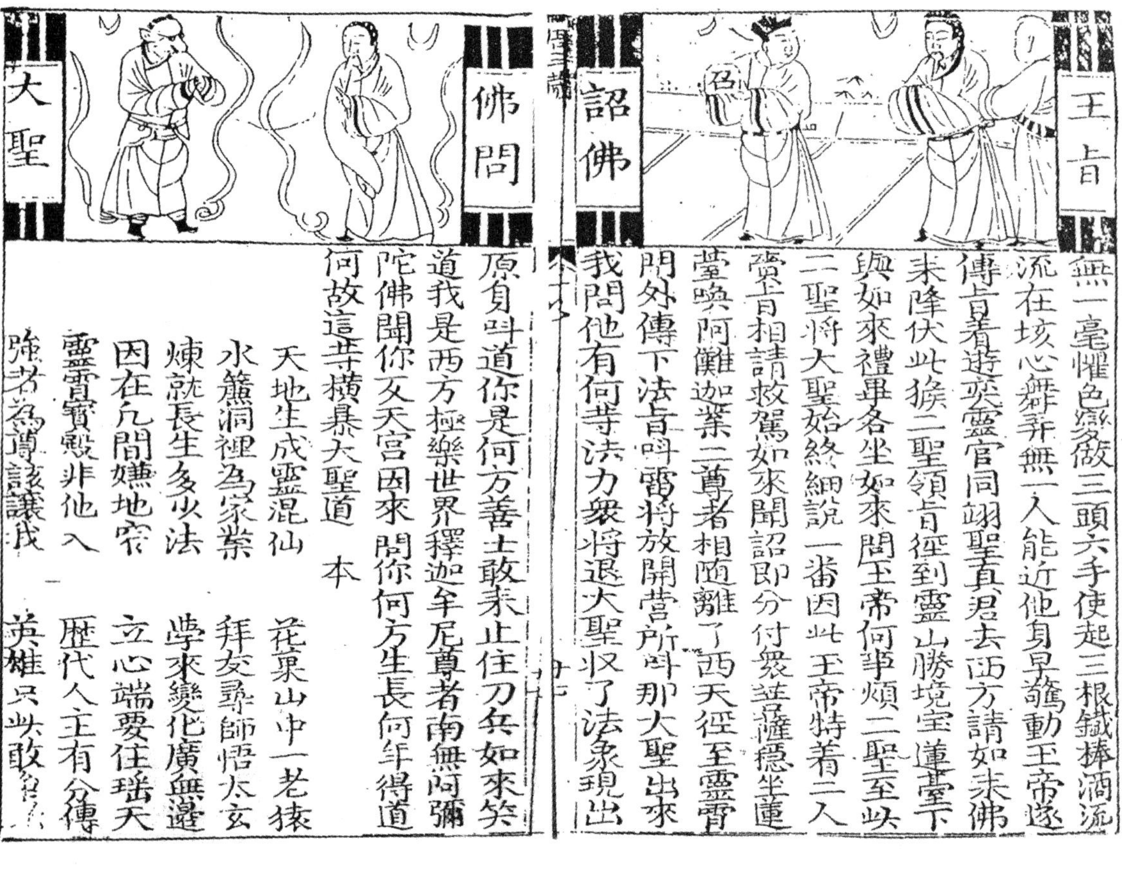

無一毫懼色變做三頭六手使起三根鐵棒洒流流在垓心廝幷無一人能近他身早驚動玉帝遂傳旨着遊奕靈官同翊聖真君去西方請如來佛來降伏此猴二聖領旨徑到靈山勝境寶蓮臺下與如來禮畢各坐如來問玉帝何事煩二聖至此二聖將大聖始終細說一番因此玉帝特着二人賫旨相請救駕如來聞詔即分付衆菩薩穩坐蓮臺喚阿難迦葉二尊者相隨離了西天徑至靈霄門外傳下法旨叫雷將放開營所叫那大聖出來我問他有何等法力衆將退大聖收了法象現出原身叫道你是何方善士敢來止住刀兵如來笑道我是西方極樂世界釋迦牟尼尊者南無阿彌陀佛聞你反天宮因來 問你何方生長何年得道何故這等橫暴大聖道 本

天地生成靈混仙　花菓山中一老猿
水簾洞裡為家業　拜友尋師悟太玄
煉就長生多少法　學來變化廣無邊
因在凡間嫌地窄　立心端要住瑤天
靈霄寶殿非他久　歷代人主有分傳
強者為尊該讓我　英雄只此敢爭先

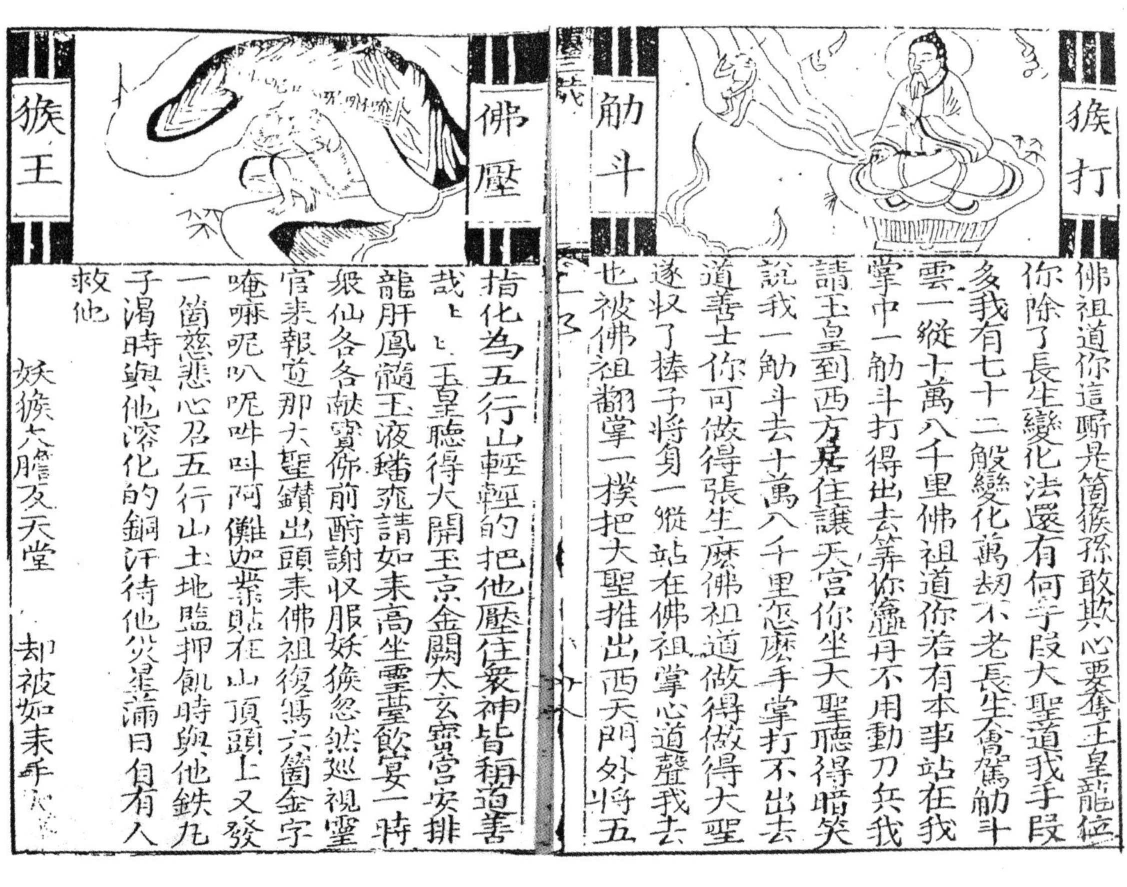

佛祖道你這廝是箇猴孫敢欺心要奪玉皇龍位你除了長生變化法還有何手段大聖道我手段多我有七十二般變化萬刼不老長生會駕觔斗雲一縱十萬八千里佛祖道你若有本事站在我掌中一觔斗打得出去算你贏再不用動刀兵我請玉皇到西方居住讓天宮你坐大聖聽得暗笑說我一觔斗去十萬八千里怎麽手掌打不出去道善士你可做得張主麽佛祖道做得做得大聖遂收了棒子將身一縱站在佛祖掌心道聲我去也被佛祖翻掌一撲把大聖推出西天門外將五指化為五行山輕輕的把他壓住衆神皆稱道善哉善哉玉皇聽得大開玉京金闕太玄寶宮安排龍肝鳳髓玉液蟠桃請如來高坐靈臺飲宴一時衆仙各各獻寶佛前酧謝收服妖猴忽然巡視靈官來報道那大聖鑽出頭來佛祖復寫六箇金字唵嘛呢叭呢吽叫阿儺迦葉貼在山頂頭上又發一箇慈悲心召五行山土地監押飢時與他鐵丸子渴時與他溶化的銅汁待他災星滿日自有人救他

妖猴大膽反天堂　却被如來手[illegible]

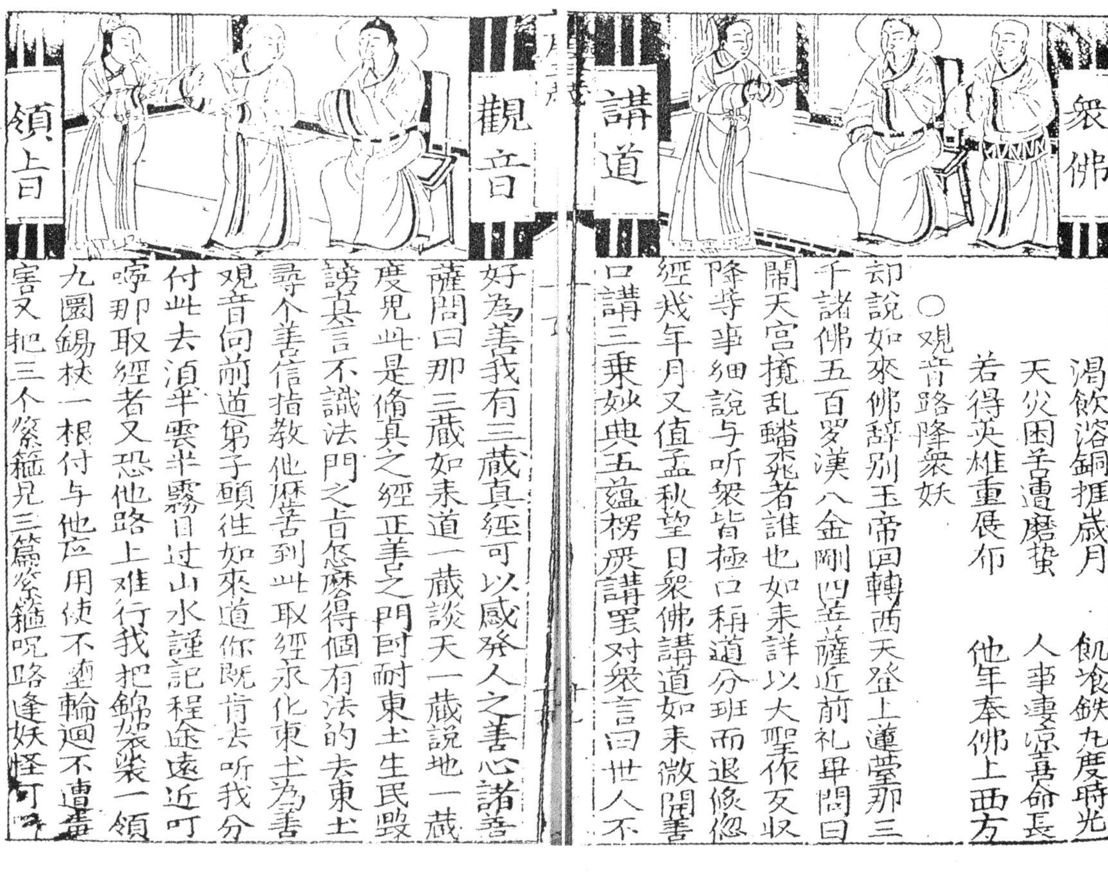

渴飲溶銅捱歲月　飢飡鉄丸度時光
天災困苦遭磨蛰　人事凄凉苦命長
若得英雄重展佈　他年奉佛上西方

○观音路降衆妖

卻說如來佛辭別玉帝回轉西天登上蓮臺那三千諸佛五百罗漢八金剛四菩薩近前礼畢問曰鬧天宮攪乱蟠桃者誰也如来詳以大聖作反收降事細說与听衆皆極口稱道分班而退倏忽經幾年月又值孟秋望日衆佛講道如来微開善口講三乘妙典五蘊楞嚴講罷对衆言曰世人不好為善我有三藏真經可以感發人之善心諸菩薩問曰那三藏如来道一藏談天一藏說地一藏度鬼此是脩真之經正善之門曰耐東土生民毀謗真言不識法門之旨怎麽得個有法的去東土尋个善信指教他歷苦到此取經永化東土為善观音向前道弟子願往如來道你既肯去听我分付此去須半雲半霧目过山水謹記程途遠近叮嚀那取經者又恐他路上难行我把錦襴袈裟一領九環錫杖一根付与他应用使不墮輪迴不遭毒害又把三个箍兒三篇緊箍呪語逢妖怪可

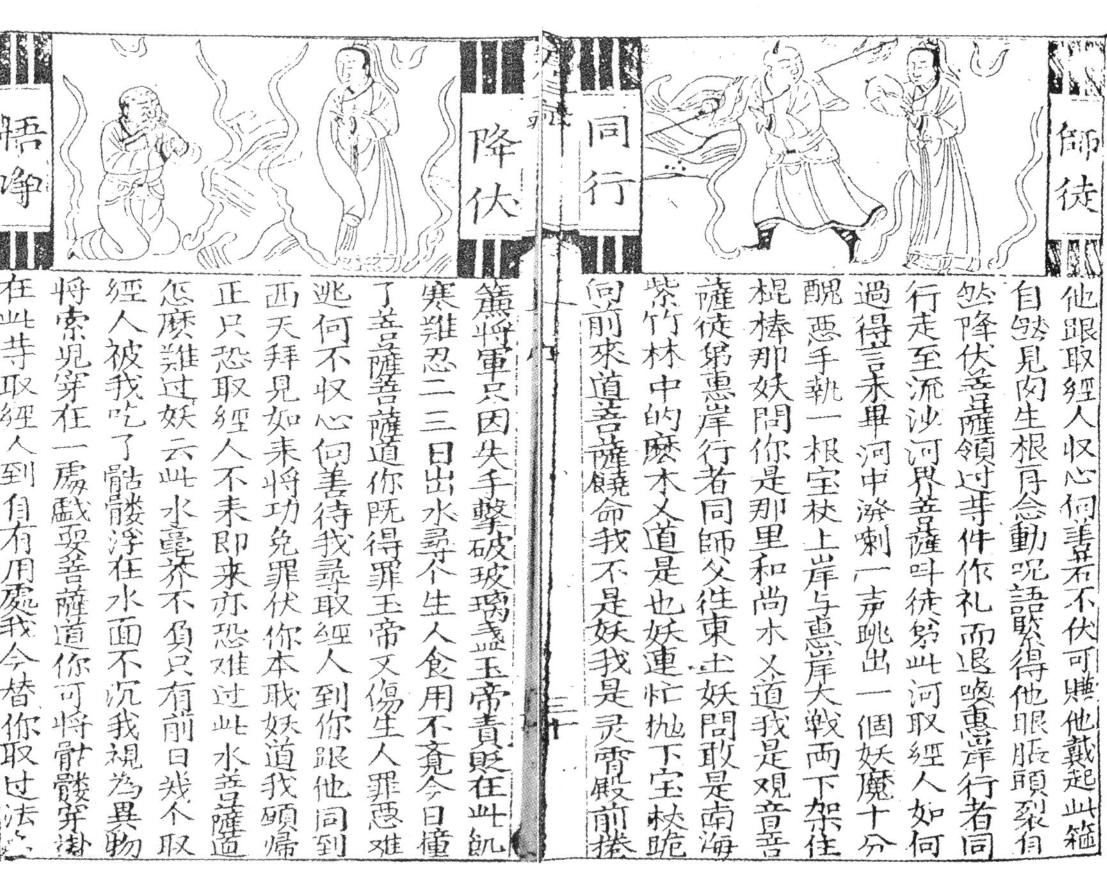

他跟取經人収心伺善若不伏可與他戴起此箍自然見肉生根身念動呪語駁得他眼脹頭裂自然降伏菩薩領过菩件作礼而退喚惠岸行者同行走至流沙河界菩薩叫徒弟此河取經人如何過得言未畢河中潑喇一声跳出一個妖魔十分醜惡手執一根宝杖上岸与惠岸大戰兩下架住棍棒那妖問你是那里和尚木叉道我是观音菩薩徒弟惠岸行者同師父往東土妖問敢是南海紫竹林中的麽木叉道是也妖連忙抛下宝杖跪向前來道菩薩饒命我不是妖我是灵霄殿前捲簾將軍只因失手擊破玻璃盞玉帝責貶在此飢寒難忍二三日出水尋个生人食用不竟今日撞了菩薩菩薩道你既得罪玉帝又傷生人罪惡难逃何不収心伺善待我尋取經人到你跟他同到西天拜見如来將功免罪伏你本戒妖道我願帰正只恐取經人不来即来亦恐难过此水菩薩道怎麽難过妖云此水毫芥不負只有前日幾个取經人被我吃了骷髏浮在水面不沉我視為異物將索兒穿在一處戲耍菩薩道你可將骷髏穿掛在此等取經人到自有用處我今替你取过法

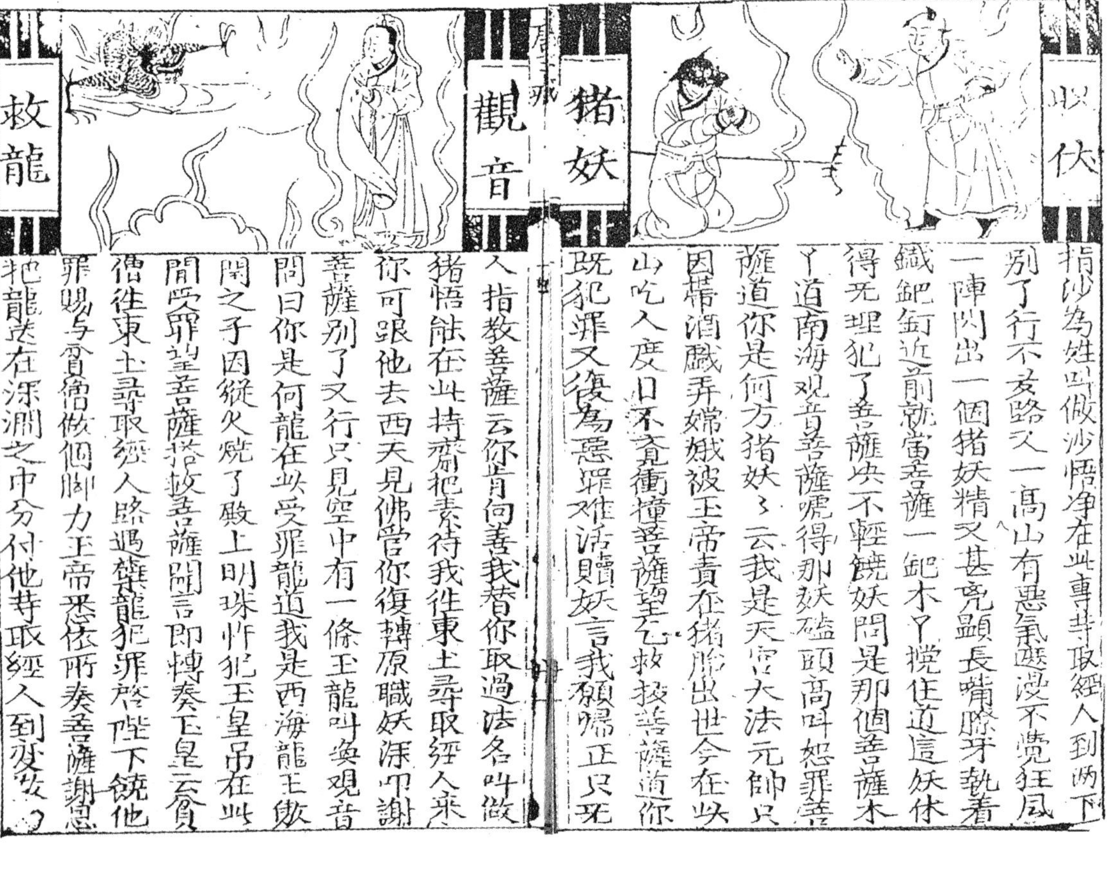

指沙為姓叫做沙悟净在此專等取經人到㳘下
別了行不多路又一髙山有悪氣遮漫不覺狂風
一陣閃出一個猪妖精又甚兇顯長嘴獠牙執着
鐵鈀釘近前就當菩薩一鈀木叉攔住道這妖休
得无理犯了菩薩央不輕饒妖問是那個菩薩木
叉道南海观音菩薩聽得那妖磕頭高叫恕罪菩
薩道你是何方猪妖〻〻云我是天宫大法元帥只
因帶酒戲弄嫦娥被玉帝責在猪胎出世今在此
山吃人度日不意衝撞菩薩望乞救拔菩薩道你
既犯罪又復為悪罪难活贖妖言我願帰正只死

入指教菩薩云你肯向善我替你取過法名叫做
猪悟能在此持齋把素待我往東土尋取經人来
你可跟他去西天見佛管你復轉原職妖深叩謝
菩薩別了又行只見空中有一條玉龍叫與观音
問曰你是何龍在此受罪龍道我是西海龍王敖
閏之子因縱火燒了殿上明珠忤犯玉皇吊在此
間受罪望菩薩搭救菩薩聞言即忙奏玉皇云貧
僧往東土尋取經人路遇孽龍犯罪啓陛下饒他
罪賜与貧僧做個脚力玉帝准依所奏菩薩謝恩
把龍送在深淵之中分付他等取經人到來〻〻

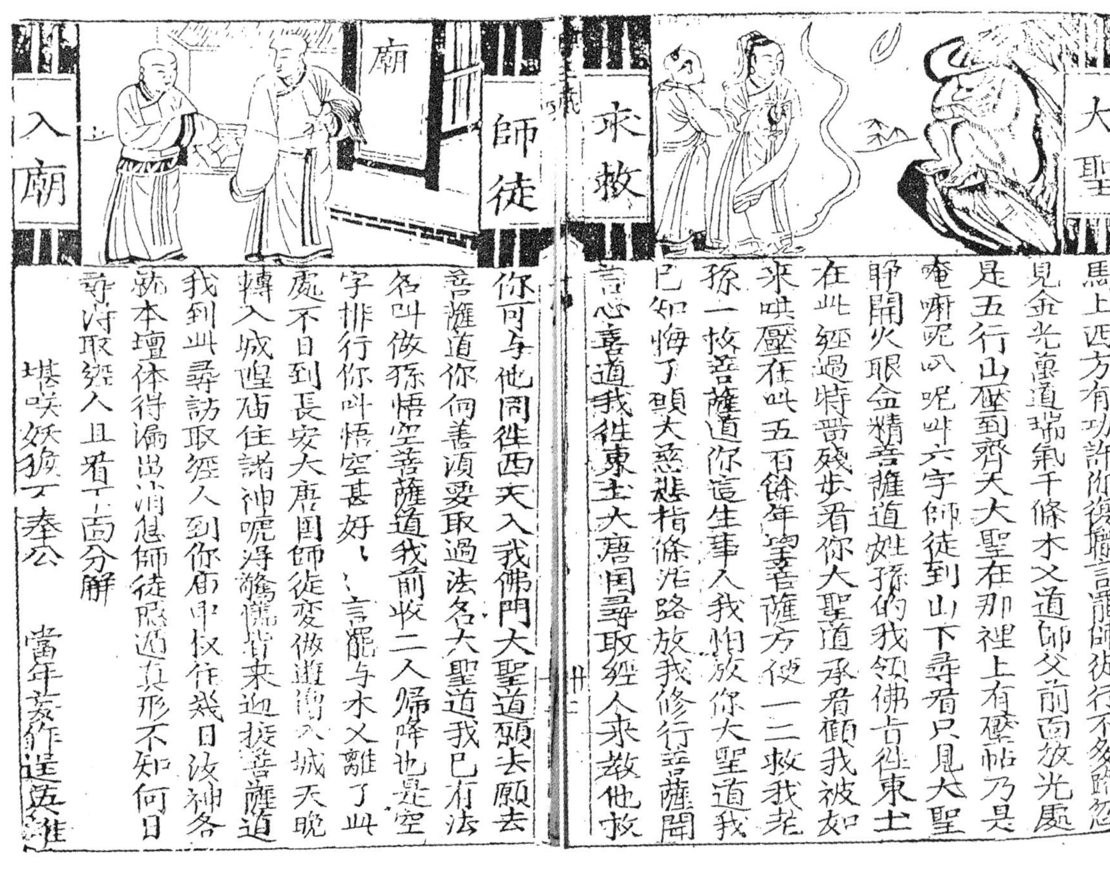

馬上西方有功許你復職言罷師徒行不多路忽
見金光萬道瑞氣千條木叉道師父前面放光處
是五行山壓到齊天大聖在那裡上有壓帖乃是
唵嘛呢叭呢吽六字師徒到山下尋看只見大聖
睜開火眼金精菩薩道姓孫的我領佛旨往東土
在此經過特留殘步看你大聖道承看顧我被如
來哄壓在此五百餘年望菩薩方便一二救我老
孫一救菩薩道你這生事人我怕放你大聖道我
已知悔了頭大慈悲指條兆路放我修行菩薩聞
言心喜道我往東土大唐国尋取經人求救他救

你可与他同往西天入我佛門大聖道願去願去
菩薩道你何善須要取過法名大聖道我已有法
名叫做孫悟空菩薩道我前收二人帰降也是空
字排行你叫悟空甚好〻〻言罷与木叉離了此
處不日到長安大唐国師徒变做遊僧入城天晚
轉入城隍廟住諸神唬得驚慌皆来迎接菩薩道
我到此尋訪取經人到你廟中权住幾日汝神各
歸本壇休得漏出消息師徒隱迹真形不知何日
尋得取經人且看下面分解

堪笑妖猴不奉公　當年妄作逞英雄

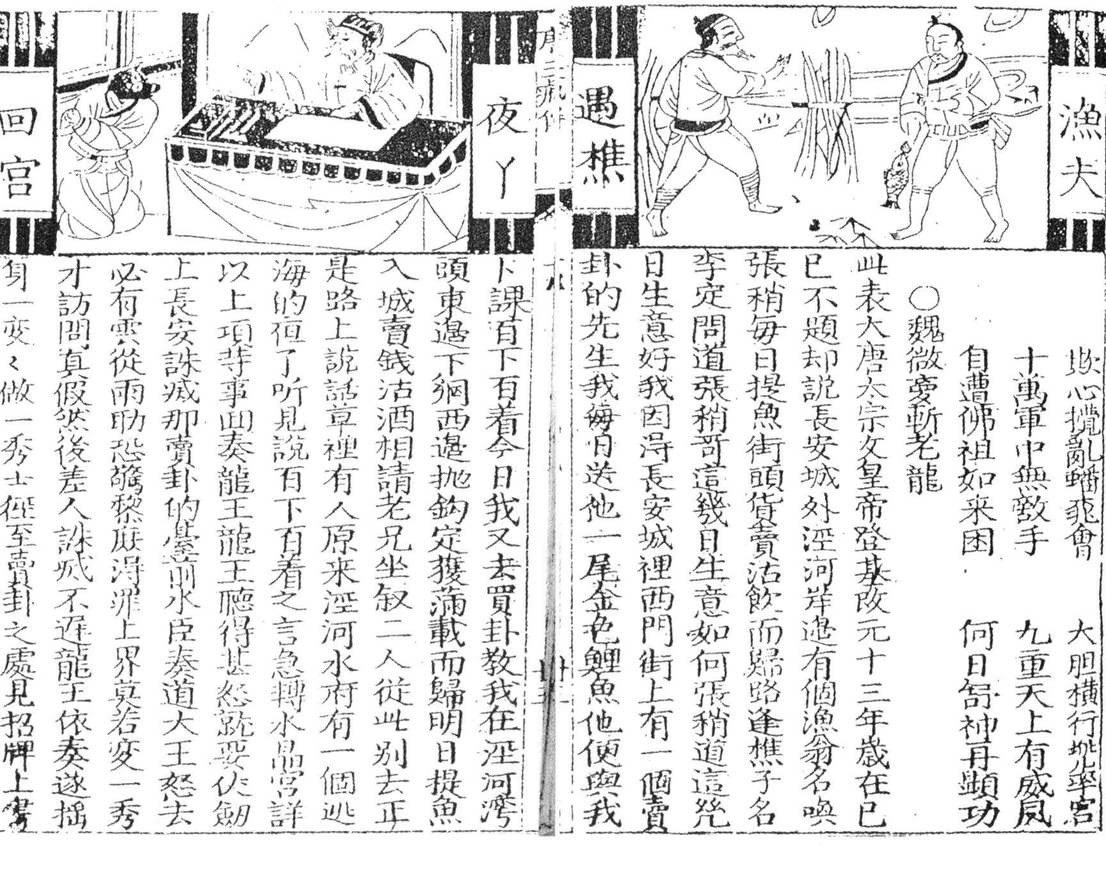

欺心攪亂蟠桃會　大胆横行兜率宮
十萬軍中無敵手　九重天上有威風
自遭佛祖如來困　何日舒伸再顯功

〇魏徵夢斬老龍

此表大唐太宗文皇帝登基改元十三年歲在己巳不題却說長安城外涇河岸邊有個漁翁名喚張稍每日提魚街頭貨賣沽飲而歸路逢樵子名李定問道張稍哥這幾日生意如何張稍道這幾日生意好我因得長安城裡西門街上有一個賣卦的先生我每日送他一尾金色鯉魚他便與我卜課百下百着今日我又去買卦教我在涇河灣頭東邊下網西邊拋鈎定獲滿載而歸明日提魚入城賣錢沽酒相請老兄坐敘二人從此別去正是路上說話草裡有人原來涇河水府有一個巡海的夜叉听見說百下百着之言急轉水晶宮詳以上項事回奏龍王龍王聽得甚怒就要做劍上長安誅滅那賣卦的[illegible]前水臣奏道大王怒去必有雲從雨助恐驚黎庶得罪上界莫若變一秀才訪問真假然後差人誅滅不遲龍王依奏遂搖身一變〻做一秀士徑至賣卦之處見招牌上寫

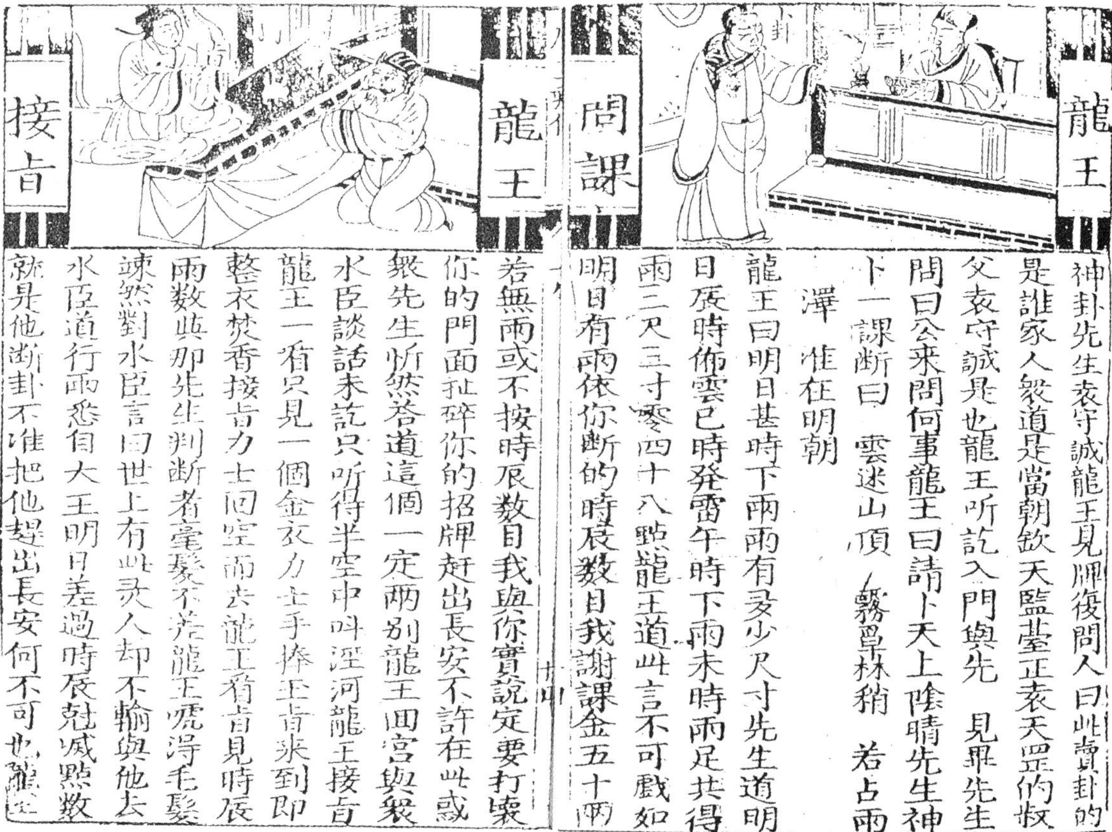

神卦先生袁守誠龍王見牌復問人曰此賣卦的是誰家人衆道是當朝欽天監臺正袁天罡的叔父袁守誠是也龍王听訖入門與先生見畢先生問曰公來問何事龍王曰請卜天上陰晴先生神卜一課斷曰

雲迷山頂　霧罩林稍　若占雨澤　准在明朝

龍王曰明日甚時下雨雨有多少尺寸先生道明日辰時佈雲巳時發雷午時下雨未時雨足共得雨三尺三寸零四十八點龍王道此言不可戲如明日有雨依你斷的時辰數目我謝課金五十兩若無雨或不按時辰數目我與你實說定要打壞你的門面扯碎你的招牌趕出長安不許在此惑衆先生欣然答道這個一定兩別龍王回宮與衆水臣談話未訖只听得半空中叫涇河龍王接旨龍王一看只見一個金衣力士手捧玉旨來到即整衣焚香接旨力士回空而去龍王看旨見時辰雨数與那先生判斷者毫髮不差龍王唬得毛髮竦然對水臣言曰世上有此灵人却不輸與他去水臣道行雨悉自大王明日差過時辰剋减點数就是他斷卦不准把他趕出長安何不可也龍王

龍王下雨

依臣所奏次日巳時方佈雲午時發雷未時下雨申時雨止却只下三尺零四十點改過一個時辰尅了三寸八點龍王又按落雲頭仍变做白衣秀士到袁守誠卦舖把招牌扯碎罵這妖人惑衆卜課不靈說今日下雨的時辰點数俱不相对你急出長安城饒你的死罪守誠公然不動仰天笑云我無死罪只你有死罪你說我不認得你你是涇河老龍今日下雨尅減點数改过時辰犯了天條難免一刀你还在此罵我龍王听說心驚膽戰星忙跪下道先生休怪我前言戲之耳不意有犯天

太宗坐朝

條望先生救我一救守誠道我救不得你我指你一條活路你明日午時三刻該人曹魏徵處斬魏徵乃唐太宗的臣你去哀告唐太宗救你方保無事龍王聞言含淚拜謝而去是夜龍王三更時候去到皇宮門首太宗正夢出宮忽見龍王变作人相跪倒在前高叫陛下救命我乃涇河老龍有犯天條該魏徵處斬望陛下救我大宗道既是魏徵處斬朕可救你龍王聞言叩謝而去却說太宗夢醒念念在心至早臨朝兩班文武皆齊惟魏徵未到太宗即着當駕官賫旨詔宣魏徵那時魏徵正

君臣弈棋

欲進朝忽見仙吏捧玉旨一道着他午時三刻夢中斬龍魏徵繞謝天恩又見聖旨來宣只得入朝太宗見魏徵到令衆臣退宣魏徵入後殿命宮人取棋盤君臣對奕不知勝負何如且听下面分解

詩　守誠卜課徹天機　龍王拙計自招非
曰　唐王受託相保救　故詔魏徵對奕棋

○唐太宗陰司脫罪

却說太宗與魏徵奕棋正當午時三刻魏徵忽然睡着太宗亦未呼喚霎時魏徵醒轉俯伏在地道臣却繞蠢囵陛下赦罪太宗道寡人不罪言未

龍扭太宗

畢只見秦叔保荓拿得一個龍頭擲在帝前太宗問此何物也叔保道十字街落下一個龍頭微臣不敢不奏唐王驚問魏徵魏徵叩頭道此是涇河龍王有犯天條被天兵綁在剮龍臺上玉旨詔臣處斬故臣却繞一夢斬之因此頭落處空太宗聞言甚恐勉強令叔保將龍頭懸掛市肆諭衆於是群臣皆退一時憂悶回宮身體頗覺不安是夜二更時候朦朧聽着只見龍王高叫太宗还我命來扭住不放得观音菩薩喝開那龍王徑去陰司具告不題却說太宗醒來汗流遍體口叫有鬼驚得

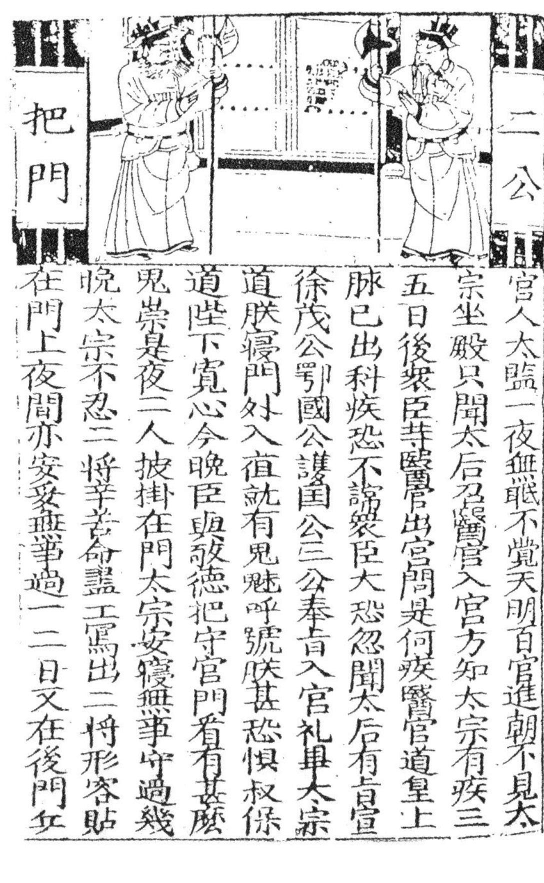

宮人太監一夜無眠不覺天明百官進朝不見太宗坐殿只聞太后召醫官入宮方知太宗有疾三五日後衆臣等醫官出宮問是何疾醫官道皇上脉已出科疾恐不諱衆臣大惑忽聞太后有旨宣徐茂公鄂國公護国公三公奉旨入宫礼畢太宗道朕寢門外入宵就有鬼魅呼號朕甚恐惧叔保道陛下寬心今晚臣與敬德把守宫門看有甚麽鬼祟是夜二人披掛在門太宗安寢無事守過幾晚太宗不忍二將辛苦命畫工寫出二將形容貼在門上夜間亦安妥無事過一二日又在後門㐲

帝遇
崔珏

㐲㐲磚瓦乱响後画魏徵真形在後門前後雖保無事身体漸重命至将華魏徵奏道臣有一事可保陛下長生太宗道病至如此怎麽保得魏徵道臣有友人崔珏現任酆都判官夢中常與臣相會臣脩得有書進與陛下帶到陰司将此書付與他必放陛下回陽太宗接書在袖遂瞑目而亡魂靈去至幽府行至草野之間見一官跪於路傍口稱陛下赦臣未及遠迎之罪太宗問曰你是何人那人道微臣姓崔名珏存日與陛下丞相魏徵舊好太宗聞言大喜道有勞先生遠迎朕駕前魏徵

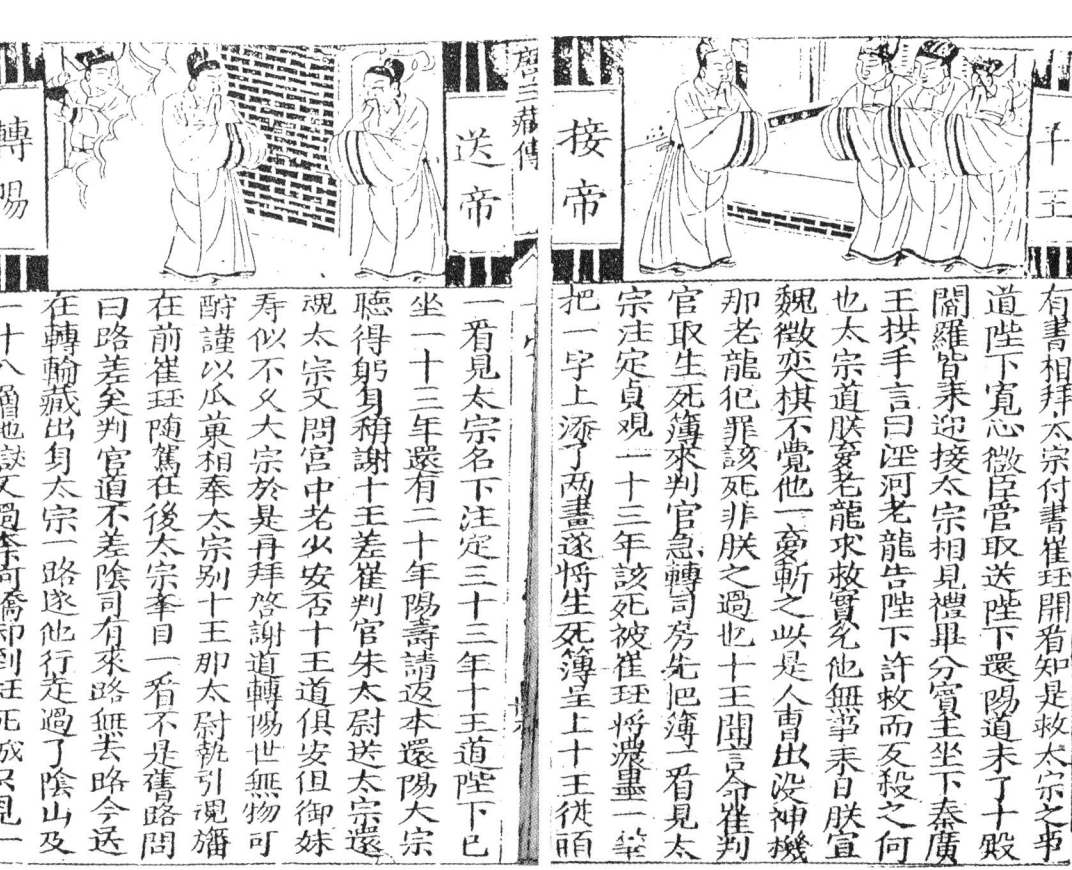

十王
接帝

有書相拜太宗付書崔珏開看知是救太宗之事道陛下寬心微臣管取送陛下還陽道未了十殿閻羅皆來迎接太宗相見禮畢分賓主坐下秦廣王拱手言曰涇河老龍告陛下許救而反殺之何也太宗道朕夢老龍求救實允他無事奈白朕宣魏徵奕棋不覺他一夢斬之此是人曹出沒神機那老龍犯罪該死非朕之過也十王聞言命崔判官取生死簿來判官急轉司房先把簿一看見太宗注定貞觀一十三年該死被崔珏将濃墨一筆把一字上添了兩畫遂將生死簿呈上十王從頭

送帝
轉陽

一看見太宗名下注定三十三年十王道陛下已坐一十三年還有二十年陽壽請返本還陽太宗聽得躬身稱謝十王差崔判官朱太尉送太宗還魂太宗又問宮中老少安否十王道俱安但御妹壽似不久太宗於是再拜啓謝道轉陽世無物可酬謹以瓜菓相奉太宗別十王那太尉執引魂旛在前崔珏隨駕在後太宗舉目一看不是舊路問曰路差矣判官道不差陰司有來路無去路今送在轉輪藏出身太宗一路遂他行走過了陰山及一十八層地獄又過奈何橋却到枉死城只見一

怨鬼攔路

夥無頭無頸的鬼攔路太宗慌得慌張口叫崔先生何如判官道這都是那六十四處烟塵七十二處草寇盡是枉死的冤業陛下把些〻錢鈔與他方纔过得太宗道寡人空身實沒有錢鈔判官道那河南開封府有一姓相名良他有十三庫金銀在此陛下可立文約與他借过轉陽世還他太宗聞言就立字借过金銀一庫判官與他給散道陛下轉陽世再做水陸大會超度這夥孤魂於是衆鬼散去判官令太尉搀動引魂旛过了枉死城不知從何出㘯且看下面分解

過枉死城

詩曰

魏徵夢中斬龍王　太宗未得救其殃
老龍不忿陰司告　唐王一旦命中亡
幸得判官崔珏救　復增陽壽放還鄉
路逢怨鬼相阻绝　廣借金銀貢命長

三藏傳一卷終

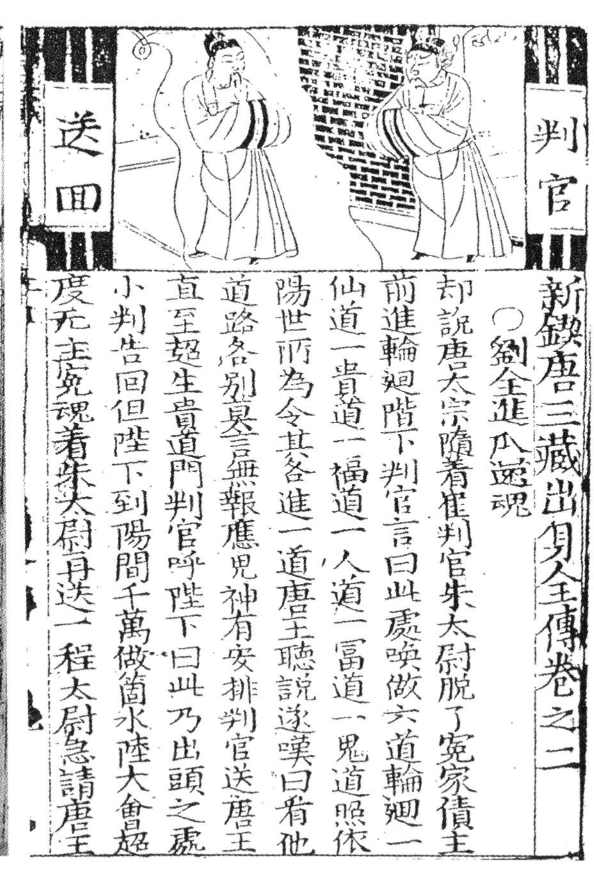

新鍥唐三藏出身全傳卷之二

○劉全進瓜還魂

却說唐太宗隨着崔判官朱太尉脱了冤家債主前進輪廻階下判官言曰此處喚做六道輪廻一仙道一貴道一福道一人道一富道一鬼道照依陽世所為令其各進一道唐王聽說遂嘆曰看他道路各別莫言無報應鬼神有安排判官送唐王直至超生貴道門判官呼陛下曰此乃出頭之處小判告回但陛下到陽間千萬做箇水陸大會超度死王冤魂着朱太尉再送一程太尉急請唐王

群臣
開棺

上馬到了渭水河邊唐王貪看雙頭魚戲太尉望那渭河推下馬去却就脱了陰司徑回陽世却說唐朝衆臣都在白虎殿上舉哀一壁厢議傳哀詔曉諭天下欲扶太子登基時有魏徵止曰且住不要驚動州縣恐生不測再候一日我主必還魂也正講時只聽得棺中連声大叫渰殺我耶諕得無人近前扶柩當時徐茂公魏丞相秦瓊敬德上前扶着棺材叫道陛下有不放心處說與我等不要弄鬼魏徵道不是弄鬼此乃陛下还魂快取器械打開棺蓋果見裡面太宗還叫渰死我了是誰救

唐王
登殿

湯茂公等上前扶起道臣等都在此護駕唐王方纔開眼魏徵急着太醫進安神定魂湯方纔知得人事當日天晚請王居寢各散次早唐王登殿百官山呼已畢啓奏陛下前朝一夢如何許久魏宗道日前接得魏徵書朕免神魂出殿忽見判官崔珏引入森羅殿上閻君叙坐他說涇河龍誣告我許救轉殺之事朕已白明閆王急取生死簿看道我还該二十年陽壽即着朱太尉崔判官送回又遇枉死城中無数魂灵攔路幸得崔判官保借河南相老兒金銀一庫買轉鬼魂方得前行判官教

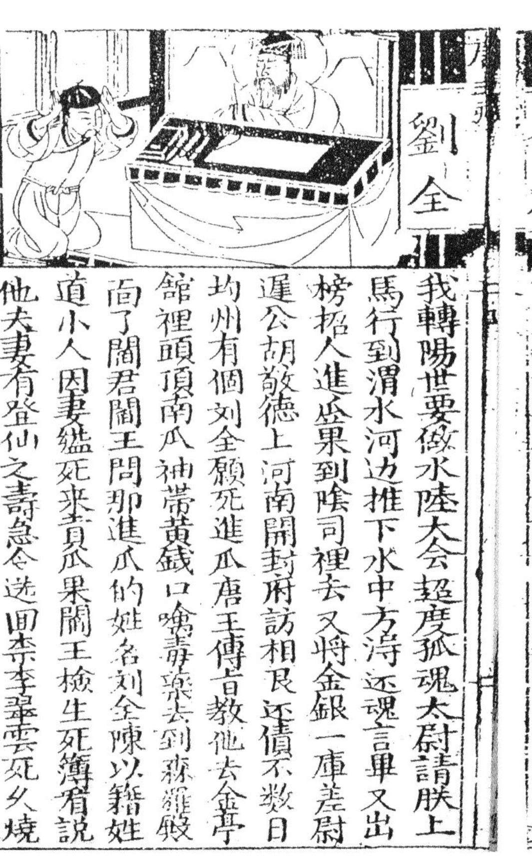

我轉陽世要做水陸大会超度孤魂太尉請朕上馬行到渭水河边推下水中方得还魂言畢又出榜招人進盛果到陰司裡去又將金銀一庫差尉遲公胡敬德上河南開封府訪相良还債不數日均州有個刘全願死進瓜唐王傳旨教他去金亭館裡頭頂南瓜袖帶黃錢口噙毒藥去到森羅殿面了閻君閻王問那進瓜的姓名刘全陳以籍姓道小人因妻縊死來貢瓜果閻王檢生死簿看說他夫妻有登仙之壽急令送回李翠雲死久燒壞魂將何付問王道唐御妹李玉英今該促死他

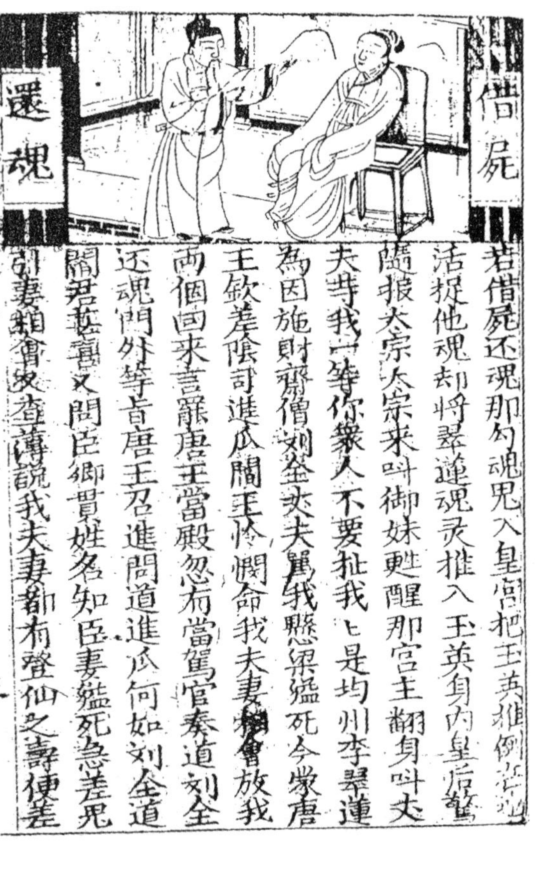

借屍 還魂

若借屍还魂那勾魂鬼入皇宮把玉英推倒在地活捉他魂却将翠蓮魂灵推入玉英身内皇后驚慌报太宗太宗来叫御妹甦醒那宮主翻身叫丈夫等我一等你衆人不要扯我々是均州李翠蓮為因施財齋僧刘全丈夫罵我懸梁縊死今蒙唐王欽差陰司進瓜閻王怜憫命我夫妻相會放我兩個回来言罷唐王當殿忽有當駕官奏道刘全还魂門外等旨唐王召進問道進瓜何如刘全道閻君甚喜又問臣鄉貫姓名知臣妻縊死急差鬼引妻相會又查壽簿說我夫妻都有登仙之壽便差

夫妻 相會

鬼送我还魂臣在前走妻在后来不知妻投何所向听得閻君云借唐王御妹李玉英屍还魂臣不知是甚地方未得去尋唐王听刘全話与御妹一般借屍还魂之事可信即勅宮主出来認看那宮王一把扯住刘全道丈夫怎不等我那刘全不敢相認唐王即將御妹粧奩嫁伩賞賜刘全着他帶領御妹回去夫妻皆前謝恩不題却說尉遲公訪得相良是個窮漢賣水為活尉遲公將金銀送上他門相良怕受尉遲公道我也訪得你齋僧佈施你其所有就買办金银紙錠燒記阴司陰司有尔

竪造 生祠

積下的錢鈔我太宗皇帝死去三日曾在那陰司裡借了你一庫金銀今照數送还与你相良死不敢受尉遲公只得具本啓奏太宗見本命將金銀与他修理寺院起蓋生祠名勅建相国寺左有相公相婆的生祠碑文現上有着尉遲公監造工完回奏太宗甚喜却聚集多官出榜招僧修建水陸大會超度冥府孤魂榜行天下一月之期有道高僧皆至朝唐王着太史丞傅奕選舉高僧修建佛會傅奕上表諫止唐王不听遂着蕭瑀魏徵張道源選舉一名有大德行者作壇主開建道場

寺

金蟬 降生

三臣領旨于衆僧中選得一名有德行的高僧此人是誰諱號金蟬只為無心听佛講法押帰陰山後得観音保救送帰東土當朝總管殷開山小姐投胎未生之前先遭悪党刘洪謀殺父親陳光蕊欲把小姐正值金蟬降生洪欲除根急令淹死小姐拜三衣告將兒入匣拋江流至金山寺大石挽住僧入听見匣內有声收来開匣抱入寺去迁安和尚养成自幼持齋把素因此號為江流兒法名喚做陳玄奘他母幸得刘洪母賢脫身修行不題却說三臣選得陳玄奘引入御前太宗聞名甚喜

聚集　衆僧

道果圓滿之不錯誠為有德行有禪心賜作天下大闡都僧綱之職又賜五綵織金袈裟一件毘户帽一頂教他前赴化生寺選定吉日良辰開演經法玄奘再拜領旨而出遂到化生寺裡聚集大小明僧共計一千二百名選到本年九月初三黄道良辰開啓做七七四十九日水陸大会即具表申奏太宗及文武国戚皇親俱至期赴会拈香听講不知其事如何且听下面分解

詩　萬古江山幾變更　歷來數代敗和成
曰　周秦漢晉多奇事　誰似唐王死復生

君臣　拈香

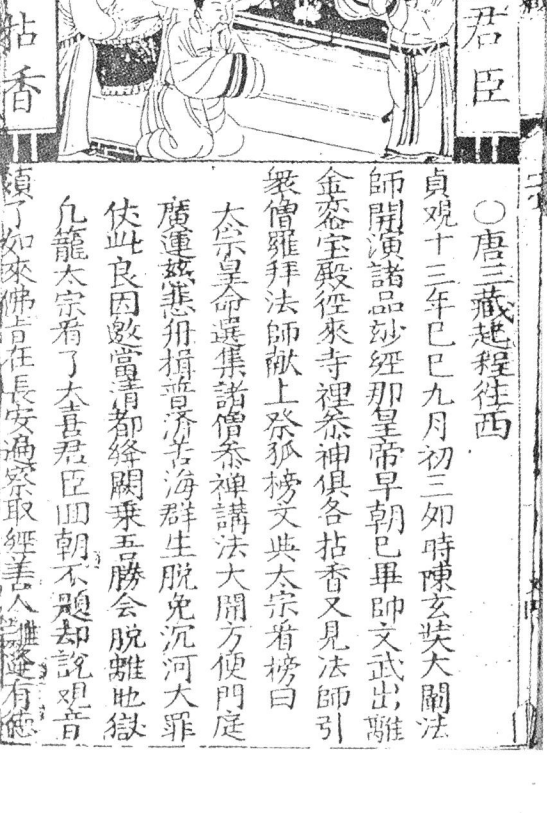

○唐三藏起程往西

貞观十三年巳巳九月初三卯時陳玄奘大闡法師開演諸品妙經那皇帝早朝已畢帥文武出離金鑾宝殿徑來寺裡叅神俱各拈香又見法師引衆僧羅拜法師献上癸孤榜文典太宗看榜曰

太宗皇命選集諸僧叅禪講法大開方便門庭廣運慈悲拼揖普濟苦海群生脫免沉河大罪伏此良因邀當清都絳闕乘吾勝会脫離地獄凡籠太宗看了太喜君臣回朝不題却説觀音領了如來佛旨在長安過察取經善人誰人有德

玄奘　具表

素寡菩薩堅辭不受暢　然而依舊在東土廟中隱避不題

日落烟迷草店　常都鍾鼓初鳴
叮々三响断人烟　前後街前寂静
上刹輝煌燈火　孤村冷落无声
禪僧入定理残經　正好煉丹养性

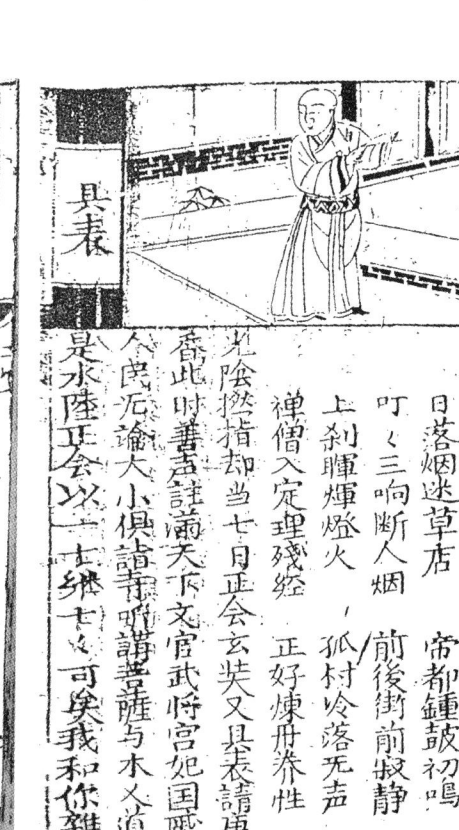

光陰撚指却当七月正会玄奘又具表請唐王拈香此时善声謹滿天下文官武將宮妃国戚黎庶人民无論大小俱詣寺聽講菩薩与木叉道今日是水陸正会以一七繼七々可矣我和你雜在衆

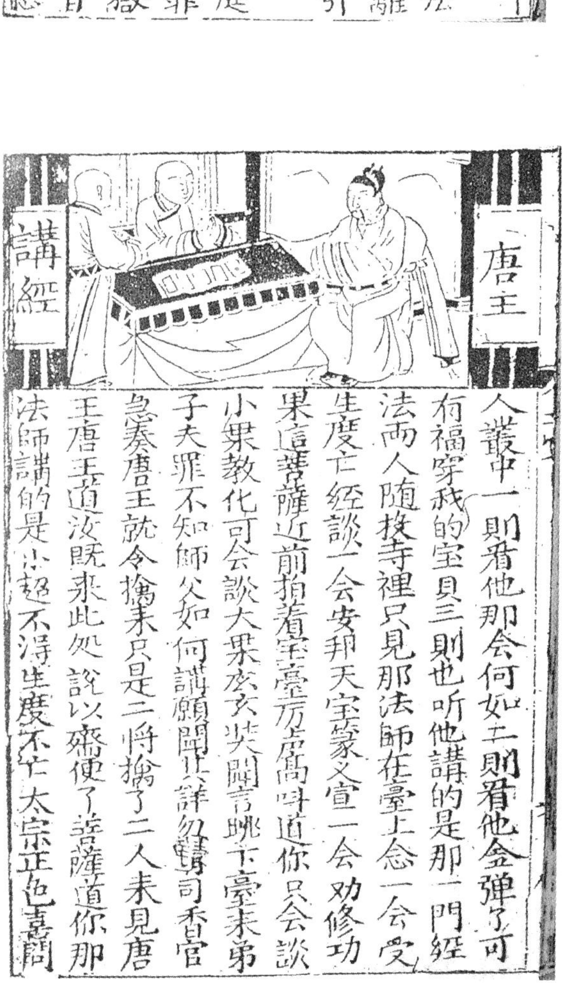

唐王　講經

人叢中一則看他那会何如二則看他金彈了可有福穿我的宝貝三則也听他講的是那一門經法两人隨投寺裡只見那法師在臺上念一会受生度亡經談一会安邦天宝篆又宣一会劝修功果這菩薩近前拍着宝臺厉声高叫道你只会談小果教化可会談大果麽玄奘聞言跳下臺来弟子夫罪不知師父如何講願聞其詳勿鑄司香官急奏唐王就令擒来只是二將擒了二人来見唐王唐王道汝既来此処説以癡使了菩薩道你那法師講的是小超不得生度不亡太宗正色喜問

觀音昇天

道你大乘佛法在于何處菩薩道在西天竺国大雷音寺我佛如来處太宗道你可記得麽菩薩道我記得太宗大喜教法師引去請上臺開講那菩薩帶了水又飛上高臺遂踏祥雲直至九霄現出救苦原身唐朝君臣朝天礼拜都念南無观世音菩薩霎时不見金光太宗命衆僧且收勝会待我差人取得大乘經來再修善果太宗道誰肯領朕旨意上西天拜佛求經問不了法師道貧僧不才願与陛下求取真經太宗道法師不怕途遥朕情愿与你拜為兄弟玄奘感謝誓曰不到西天不得

三藏出行

真經再不回国永堕地獄唐王甚喜即命回寺待選良利日辰發牒出行次早太宗聚集文武寫了取經文牒用了通行宝印时有欽天監奏曰今日是出行吉日又見黄門官奏道御弟法師朝門外候旨太宗大喜即宣上殿付了通関文牒送箇紫金鉢盂途中化斋而用再選兩個長行的從者又牵白馬一疋送為遠行脚力你可就此行程玄奘謝恩唐王排駕与衆官送至関外太宗典御弟曰我知你出家人死号当时菩薩說西天有經三藏御弟可指經取號〻作三藏玄奘又謝出関不知

三藏趲行

此去何如且听下面分解

詩曰　唐王設会渡亡灵　感動菩薩說原因
　　　指引玄奘恭聖佛　名號三藏就起程

○唐三藏被难得救

却說三藏蒙唐王典多官送出長安関外一二日馬不停蹄早至法門寺去住次日衆僧起來收拾茶水早斋玄奘穿了袈裟上正設佛前礼拜道弟子陳玄奘前往西天取經但肉眼愚迷不識活佛真形願佛慈悲早現丈六金身賜真經留傳東土祝罷回方丈進斋〻畢那從者整頓鞍馬促趲行

三人墮坑

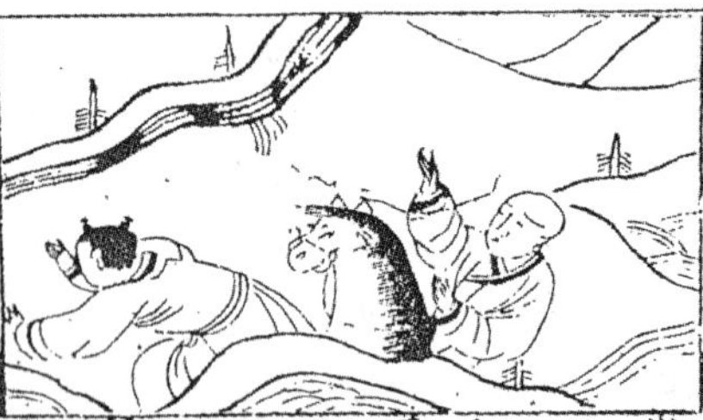

程三藏出了山門辞别衆僧三藏直西前進行了数日到了鞏州城鞏縣官吏接進城中安歇三日又到河州衛此是大唐的山河边界早有鎮边總兵典本処僧道聞得是欽差御弟上西方見佛接至福原寺安歇安排晚斋〻畢分付從者飽喂馬匹天不明就行及鷄方鳴隨喚從者出離边界這長老心忙大起早了只好四更天氣三人連馬迎着清霜君着明月行有數十里近見一嶺峻嶇難走又恐錯了路逕正疑思間忽然大兕三人連馬跌落坑坎三藏從者慄慄大開裡面哮吼高呼叫

精食　從者

拏只見狂風滚滚推出大夥妖邪将三藏從者揪了上去諕得三藏從者䰟飛魄散魔王寅将軍喝令抑了衆妖得令正要安排吞食只听得外面喧嘩有個熊山君共特處士二位来也三藏看見前走的一條黒漢後送的一條肼漢走入裡面魔王接進叙罷各坐談笑只見從者綁得痛切悲啼那黒漢道此三者何来魔王道送上門来了處士笑云可待客否魔王道奉承奉承山君道不可盡用食二留一可也魔王即呼左右把二從者剖腹剜心剎碎其屍将首級心肝奉獻二客四肢自食其

老叟　指路

餘骨肉分給各妖一個長老几乎諕死正愴慌間漸漸東方發白二怪方散不一時紅日高昇三藏昏沉也辨不得東西南北正在不得命處忽見一老叟手持拄杖而來走上前用手一拂繩索皆斷对面吹了一口三藏方醒三藏跪拜于地道謝荅救貧僧性命老叟道你起來不曾跌失甚麽東西三藏道貧僧一從人已被寅将軍熊山君特處士食了不知行李馬疋在于何處老叟用杖指定道那廂不是一疋馬两個包袱三藏回頭看時果是他的物件不曾失落問老叟曰老公老公此處是其

三藏　看帖

所在老叟道此是叟叉嶺乃虎狼巢穴處你為何墮此三藏道雞鳴特出河州衛界不料大早冒霜撥露失落此地老叟道處士是個野牛精山君是個熊羆精将軍是個老虎精只因你体性元明所以吃不得你跟我来引你上路三藏将包複稍在馬上牽馬相隨老叟徑出坑坎走上大路却低頭拜謝公公那公公遂化作一陣清風跨一隻硃頂白鶴騰空而去只見風飄飄遺下一張簡帖上有四句頌子云

吾乃西天太白星　特来搭救汝生灵
前行自有神徒助　莫為艱難報怨經

衆獸　攔路

三藏看了对天礼拜獨自孤悽前往峻嶺行了半日並無人烟村舍那時路險肚餓只見前面狼虎蛇虫四邊圍繞那馬又腰軟蹄彎伏倒在地這苦悽楚自分必死忽然見毒虫妖獸猛虎長蛇奔走飛逃去了三藏擡頭看時只見一人手執鋼叉腰懸弓箭自那山坡前轉出三藏跪在路傍合掌高叫大王救命那漢近前道長老休怕我是這山中獵户姓劉名伯欽綽號鎮山太保三藏道貧僧是大唐駕下欽差往西天拜佛求經的和尚適間到

伯欽打虎

此衆獸阻路不能前進忽見太保来衆獸皆走救了貧僧性命伯欽道我在這裡專打狼虎捉蛇虫是我生涯故此衆獸怕我走了但你既是唐朝来的與我都是鄉里跟我舍下去住三藏牽馬隨行過了山坡忽聽得呼呼風响伯欽道是山猫来不急忙步往山坡下與虎鬬不多時被太保拏义平胸剌倒伯欽雙手執义隻手揪虎拖上路来同三藏迤邐行到家中义奉母妻出見那母親知得和尚不肯吃餚饌理會齋飯款待那母親與伯欽道明日你父親週年請長老做些好事念卷經文

三藏薦亡

後日送他長老也罷次早又整素齋管待長老請開啓念經三藏嚴嚮沐浴先寫薦亡疏後開度亡經金剛經觀音經法華經彌陀經孔雀經化了紙馬薦了文疏佛事已畢各各安寢次早老母叫伯欽曰昨夜你父親托夢說是虧了長老超度已消罪業上中華富長者家去托生大家歡喜安排白銀二兩奉謝三藏分紋不受但道大保肯發慈悲送我一程三藏伯欽同家僮送了半日路經火山崖嵬險峻伯欽走到兩山之中道長老你自前去我却要回三藏下馬再求一送伯欽道此山喚做兩

界山東属大唐所管西半邊韃靼也界了那廂狼虎不伏我管故此告回你自去罷三藏涕泣難分只聽得山脚下叫喊如雷連道我師父来也說得三藏與伯欽打斷竟不知甚人喊叫且听下面分解

詩　三藏被難落深坑　金星救他得保全
曰　路逢伯欽相留歇　從今漸漸往西天

○唐三藏收伏孫行者

却說剗伯欽與唐三藏又聞叫声師父不知何人衆家僮道這叫的必是石匣中老猿大保道是三

大聖求救

藏問是甚麼老猿大保道這山舊名五行山曾聞說王莽篡漢時天降此山下壓一箇神猴凍餓不死這叫必定是他長老莫怕同下去看只見石匣一猴招手道師父怎麼此時纔来你放我出我保你上西天去也三藏近前那猴王道你可是東土大王差往西天取經去的麼三藏道我正是你問怎麼那猴道我是五百年前齊天大聖只因大鬧天宮被佛壓于此處前者觀音菩薩領佛旨意上東土尋取經人我教他救我他勸我再莫行凶保護取經人往西天拜佛功成自有好處故此只等

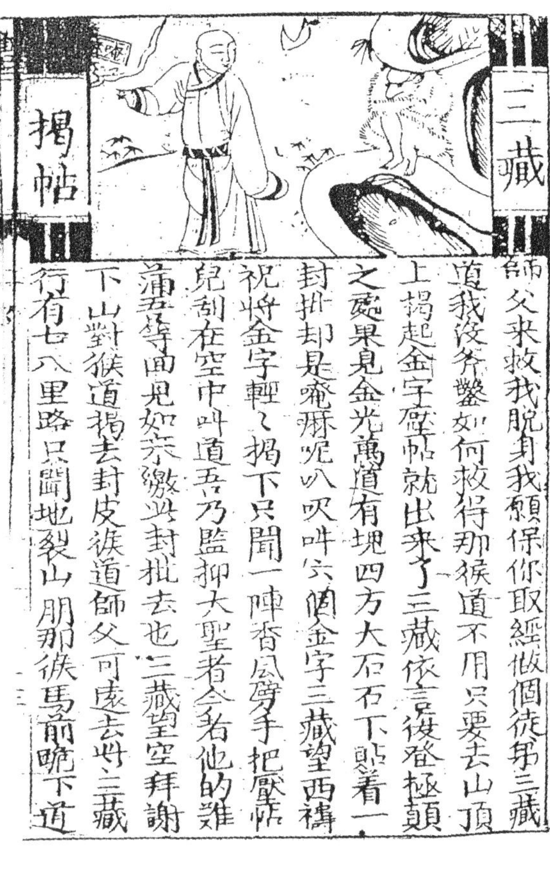

三藏揭帖

師父来救我脫身我願保你取經做個徒弟三藏道我沒斧鑿如何救得那猴道不用只要去山頂上揭起金字壓帖就出来了三藏依言後登極頂之處果見金光萬道有塊四方大石石下貼着一封批却是唵嘛呢叭咪吽六個金字三藏望西禱祝将金字輕〻揭下只聞一陣香風劈手把壓帖兒刮在空中叫道吾乃監押大聖者今看他的難滿吾等回見如来繳此封批去也三藏望空拜謝下山對猴道揭去封皮猴道師父可遠去些三藏行有七八里路只聞地裂山崩那猴馬前跪下道

行者拜師

聲師父我出来了三藏叫徒弟姓甚名誰猴道我姓孫名悟空三藏道我与你取個混名稱為行者伯欽見有行者遂此分別行不多時過了兩界山忽然一隻猛虎咆哮而来行者放下行李耳躲拔出花針變成鐵棒把這虎照頭一棒打出腦漿再拔毫毛一吹變成尖刀剥了虎皮圍在腰間背着行李請師父上馬前進長老問道你那打虎鐵棒如何不見行者道師父不知這棒出们龍宮喚做天河鎮底神珍鐵又喚做如意金箍棒當年大及天宮甚是虧他隨身變化可大可小方纔變做花

行者剥虎

針横收在耳内用時方可取出三藏又問方纔那虎怎麽不動讓你打他行者道不瞞師父說老孫頗有降龍伏虎的手段翻江攪海的神通剥這虎皮何為稀罕三藏暗喜放懷前行不覺太陽星墜三藏同行者徑投庄院借歇有一老人看見行者這般惡相恐是鬼怪不肯要住三藏道貧僧是唐朝来的往西天拜佛求經他是我的徒弟不必驚着老人方肯即令安排齋飯〻〻後各〻〻事畢師徒與那老兒相別歸寢次早起来齋罷方纔起身正走忽聽得路傍吻哨一聲闖出六個剪徑人

行者勦賊

来喚做眼看喜耳聽怒鼻嗅愛舌嘗思意見慾身本憂都擁前来照行者劈頭就砍約有七八十下行者只當不知後行者耳躲取出花針變成鉄棒把六人一齊打死走将来道師父請行那賊已被老孫勦了三藏道你縱有手段只可退他去便了怎麽就都打死如何做得和尚三藏只管絮〻叨〻行者心頭火起将身一聳只聞呼的一声回東而去三藏只得收拾行李稍在馬上往西前行只見山路前有一老母捧件錦衣上有一頂花帽三藏站立路傍老母問曰你從何来孤恓独行三藏

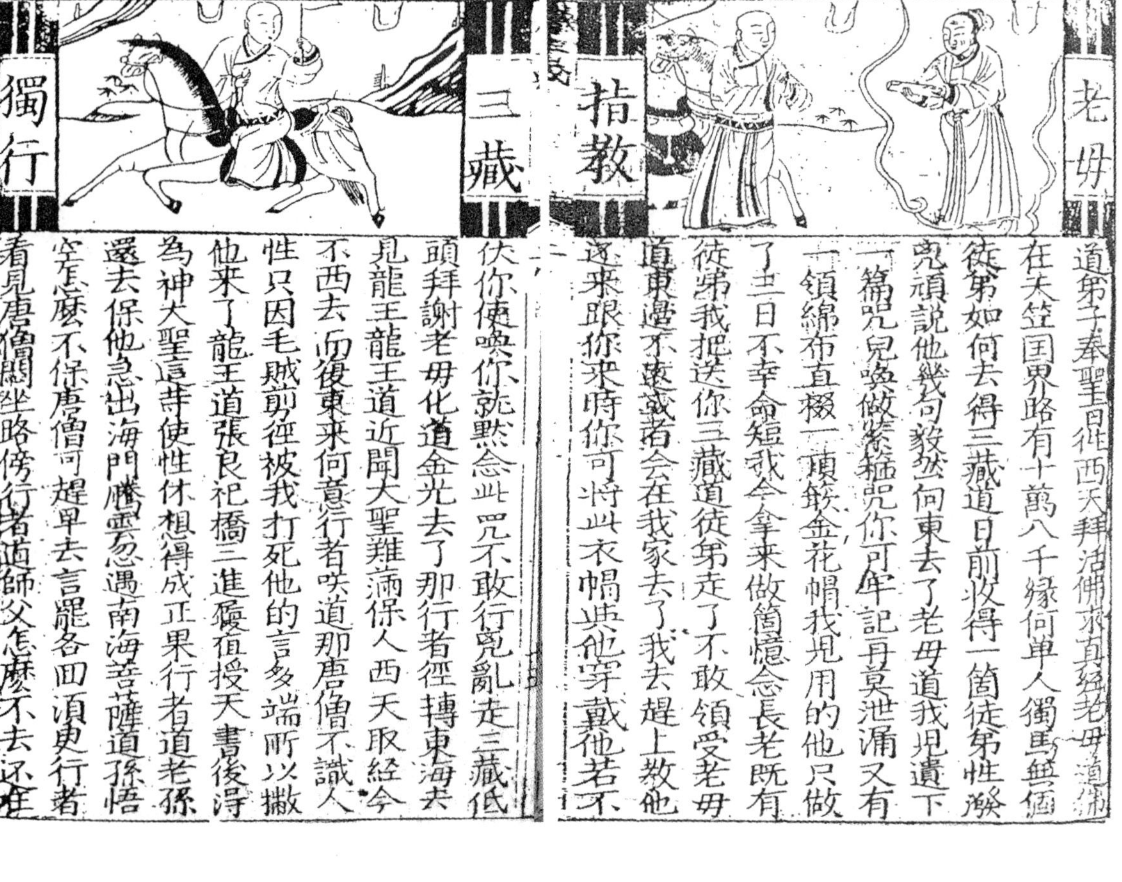

道弟子奉聖旨往西天拜活佛求真經老母道佛在天竺国界路有十萬八千緣何单人獨馬無個徒弟如何去得三藏道日前收得一箇徒弟性潑兇頑説他幾句教然向東去了老母道我児遺下一篇兒咒做緊箍兒你可牢記再莫泄漏又有一領綿布直裰一頂嵌金花帽我兒用的他只做了三日不幸命短我今拿来做箇憶念長老既有徒弟我把送你三藏道徒弟走了不敢領受老母道東邊不遠或者会在我家去了我去趕上教他還来跟你来時你可將此衣帽與他穿戴他若不伏你使喚你就默念此咒不敢行兇亂走三藏低頭拜謝老母化道金光去了那行者徑轉東海去見龍王龍王道近聞大聖難滿保人西天取経今不西去而復東来何意行者咲道那唐僧不識人性只因毛賊剪徑被我打死他的言多端所以撇他来了龍王道張良圯橋三進履方授天書後得為神大聖這時使性休想得成正果行者道老孫還去保他急出海門騰雲忽遇南海菩薩道孫悟空怎麼不保唐僧可趕早去言罷各回須臾行者看見唐僧悶坐路傍行者道師父怎麼不去還在

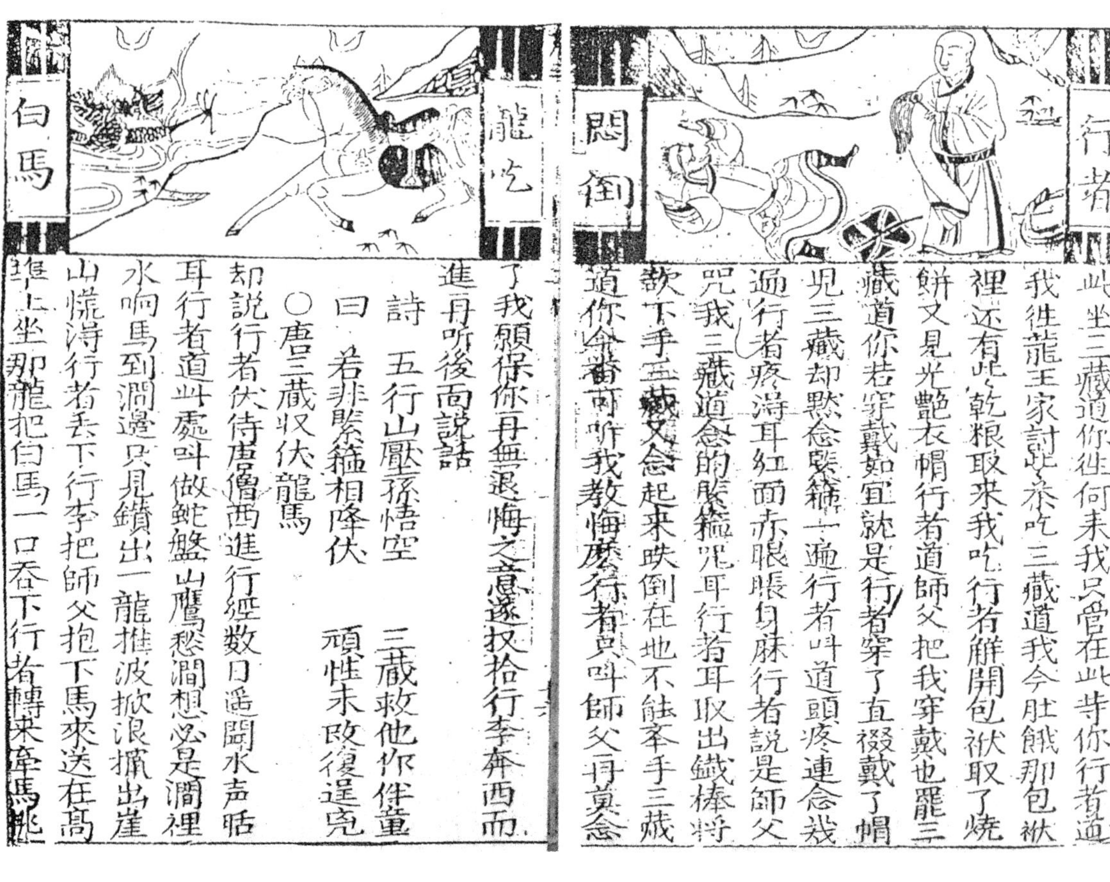

此坐三藏道你往何来我只管在此等你行者道我往龍王家討些茶吃三藏道我今肚餓那包袱裡還有些乾粮取来我吃行者解開包袱取了燒餅又見光艷衣帽行者道師父把我穿戴也罷三藏道你若穿戴如宜就是行者穿了直裰戴了帽兒三藏却默念緊箍一遍行者叫道頭疼連念幾遍行者疼得耳紅面赤眼脹身麻行者説是師父咒我三藏道念的緊箍咒耳行者耳取出鐵棒將欲下手三藏又念起来昳倒在地不能举手三藏道你今番可听我教悔麼行者與叫師父再莫念了我願保你再無退悔之意遂収拾行李奔西而進再听後面説話

詩　五行山壓孫悟空　　三藏救他作僮
曰　若非緊箍相降伏　　頑性未改復逞兇

○唐三藏収伏龍馬

却説行者伏侍唐僧西進行經数日遥聞水声聒耳行者道此處叫做蛇盤山鷹愁澗想必是澗裡水响馬到澗邊只見鑽出一龍推波掀浪攛出崖山慌得行者丢下行李把師父抱下馬來送在高埠上坐那龍把白馬一口呑下行者轉来牵馬執

行者打龍

担止存行李不見馬了行者送了行李跳在空中盛看不見下来报道師父我們馬匹断乎是龍吃了再尋不見三藏道既是他吃了如何前進行者道待我去尋揝着鐵棒徑臨澗邊高叫道潑泥鰍还我馬来那龍听得冇人叫罵滚將上来張牙舞爪行者輪棒就打兩下鬪敵多時那龍力軟觔麻轉身攛于水内行者又使出翻江攪海的神通把一條鷹愁澗攪似九曲黄河那業龍深潜澗底蟠卧不寧越思越惱跳出水来两個又在崖下苦敵小龍委实難搪一幌变做水蛇鑽入草科中去

尋龍不見

行者撥草尋蛇並無形影三藏念声唵字咒語當坊土地山神一齊叩頭行者道問你鷹愁澗裏是那方来的怪龍怎麽搶了我師父白馬二神道這澗中自来無那只是何年間观音菩薩因為尋訪取經人去救了一條玉龍送他在此教他等候那取經人不許為非作歹不知今日怎麽無知反来冲撞大聖大聖尋他不見我知這澗千萬孔竅相通想必他鑽下去不須發怒要擒此物只消請观世音来自然伏降行者道若要去請菩薩師父飢寒怎忍說不了只听暗空中有金頭揭諦叫道小

观音降龍

神去請菩薩来也那神駕雲直至紫竹林中具奏唐僧失馬之故那菩薩与揭諦不多時到来蛇盤山却在半空中留住祥雲只見孫行者正在澗边大罵那揭諦撥落雲頭直至澗边对行者道菩薩来也行者聞得急縱雲跳至空中大叫道你這個七佛之師慈悲的教主你怎麽把有罪的業龍送在此處成精教他吃了我師父的馬匹此又是縱放歹人為惡太不善也菩薩道那條龍是我親奏玉帝討他在此專為取經人做個脚力你想那東土凡馬怎到得灵山佛地須得這業龍馬方幾去

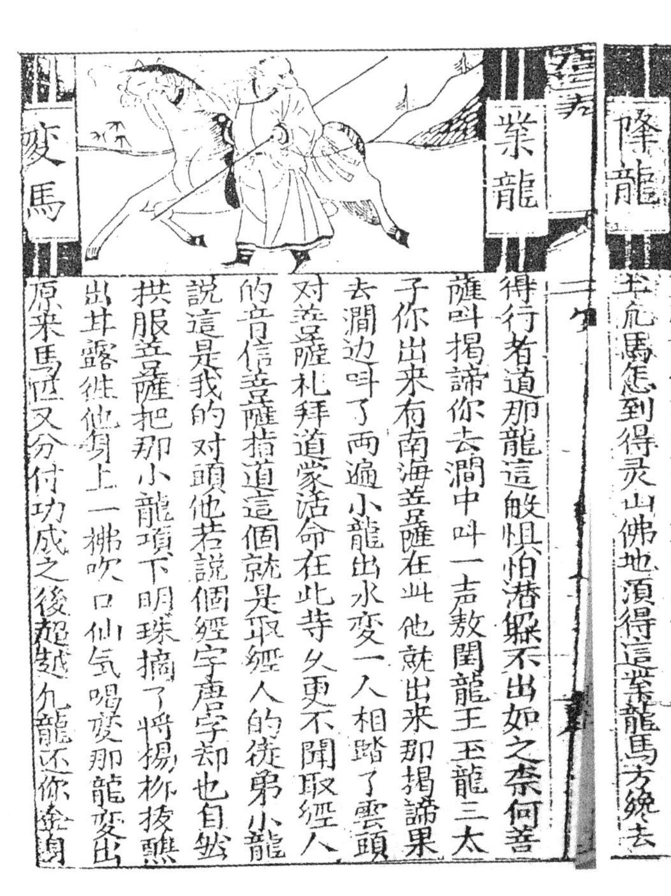

得行者道那龍這般惧怕潜躲不出如之柰何菩薩叫揭諦你去澗中叫一声敖閏龍王玉龍三太子你出来有南海菩薩在此他就出来那揭諦果去澗边叫了两遍小龍出水变一人相踏了雲頭对菩薩礼拜道蒙活命在此等久更不聞取經人的音信菩薩指道這個就是取經人的徒弟小龍說這是我的对頭他若說個經字唐字郄也自然拱服菩薩把那小龍項下明珠摘了將揚柳枝蘸出甘露往他身上一拂吹口仙気喝变那龍变出原来馬匹又分付功成之後超越九龍还你金身

禪院 借歇

菩薩教悟空領他去見三藏我回海上去也行者纔按落雲頭帶馬來見三藏道声師父有馬這是菩薩把澗裏龍化做我們白馬鞍轡俱全三藏望空拜謝行者收拾前行徑投大路而去不覓紅日西沉三藏勒馬遥覌樓臺影〻殿閣沉〻行者道趕起那里借宿三藏欣然從之策馬前去直至山門首長老下馬行者歇了進了山門見那殿上書四箇大字是观音禪院三藏即登殿門俯伏台前傾心祷祝祝拜已畢衆僧請入方丈奉茶只見两個小童挽着一箇老僧年有三百七十歲出来相

行者 献寶

見叙畢只叫献茶小童拿出一箇羊脂玉的盤兒有三個法藍鑲金茶鍾三藏誇愛不尽老僧道老爹来自上邦可有宝貝借覌三藏道東土無甚宝貝就有不能帶得行者在傍道師父前日包袱那領袈裟不是宝貝拿出与他一看老僧听說袈裟也未賣弄遂命取去穿花纳錦刺繍銷金之物行者道你且收起我也取出来看三藏扯住不要与人開富恐生不測行者道放心〻〻急忙把個包袱解開取出袈裟抖開紅光滿室彩気盈庭衆僧見了無不誇讚那老和尚見這宝貝果然動了奸

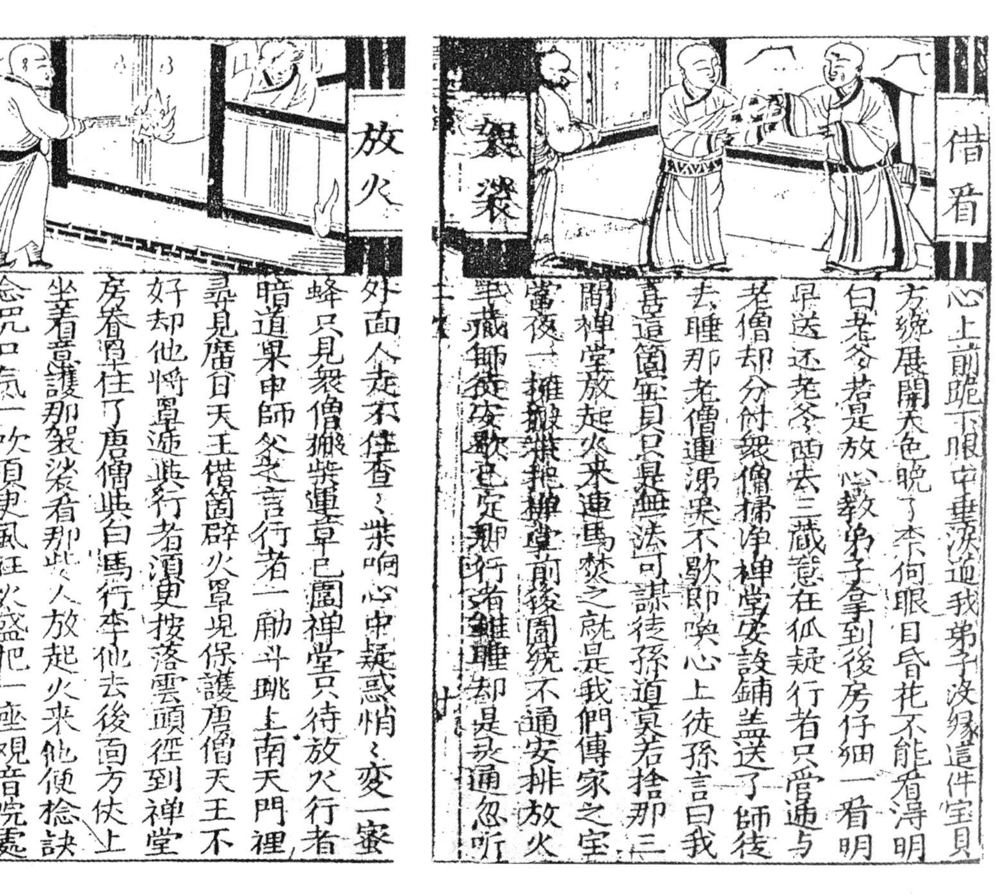

心上前跪下眼中垂淚道我弟子沒缘這件宝貝方纔展開天色晚了奈何眼目昏花不能看得明白老爹若是放心教弟子拿到後房仔細一看明早送还老爹西去三藏意在狐疑行者只管递与老僧却分付衆僧掃净禪堂安設鋪盖送了師徒去睡那老僧連淚哭不歇即喚心上徒孫言曰我要這箇宝貝只是無法可謀徒孫道莫若捨那三間禪堂放起火来連馬焚之就是我們傳家之宝當夜一齊搬柴把禪堂前後圍繞不通安排放火早三藏師徒安歇已定那行者雖睡却是耳通忽听

外面人走不住查〻紫响心中疑惑悄〻変一蜜蜂只見衆僧搬柴運草已圍禪堂只待放火行者暗道果申師父之言行者一觔斗跳上南天門裡尋見廣目天王借箇辟火罩兒保護唐僧天王不好却他將罩递与行者須臾按落雲頭徑到禪堂房脊罩住了唐僧与白馬行李他去後面方丈上坐着看護那袈裟看那些人放起火来他便捻訣念咒口気一吹須臾風狂火盛把一座观音院處處通紅不期火起之時驚動黑風洞裡妖精縱起雲頭直至烟火之下急入裡面時見一領錦襴袈

袈他即趲開打刼拽回雲步徑轉東山而去行者取了辟火罩送上天門交付廣目天王辞别墜雲又見大陽星上变做蜜蜂飛入禪堂現出本相叫声師父天亮三藏繞醒穿衣出门只見倒壁紅墻樓臺殿宇尽皆煨燼三藏大驚道曰我怎不知行者道他衆人弄火燒死我們謀我袈裟我去弄風回火燒他还礼所以保護禪堂未曾驚動師父三藏道袈裟何在敢莫燒了行者道那放袈裟的方丈無火我去拿來行者牽馬挑担出了禪堂徑往方丈那衆和尚只說一齊燒死如今又討袈裟衆

皆悚懼那老和尚見燒了房屋又尋袈裟不見正在万分憔燥之處一聞唐僧来取袈裟進退無方尋思无計撞墻而死三藏心中煩惱懊恨行者不尽却在上面念動那咒行者頭疼跌倒在地只叫莫念管取袈裟还你衆僧跪下劝解三藏繞住不念行者忖量半响問道你這裡可有甚麼妖精院主道我這裡正東南二十里有座黑風山黑風洞内有一個黑大王我這老死鬼常与他講話便是個妖精别无甚物行者哭道師父放心不須講了一定是那黑妖望見火光趁鬧擄去寺我老孫去

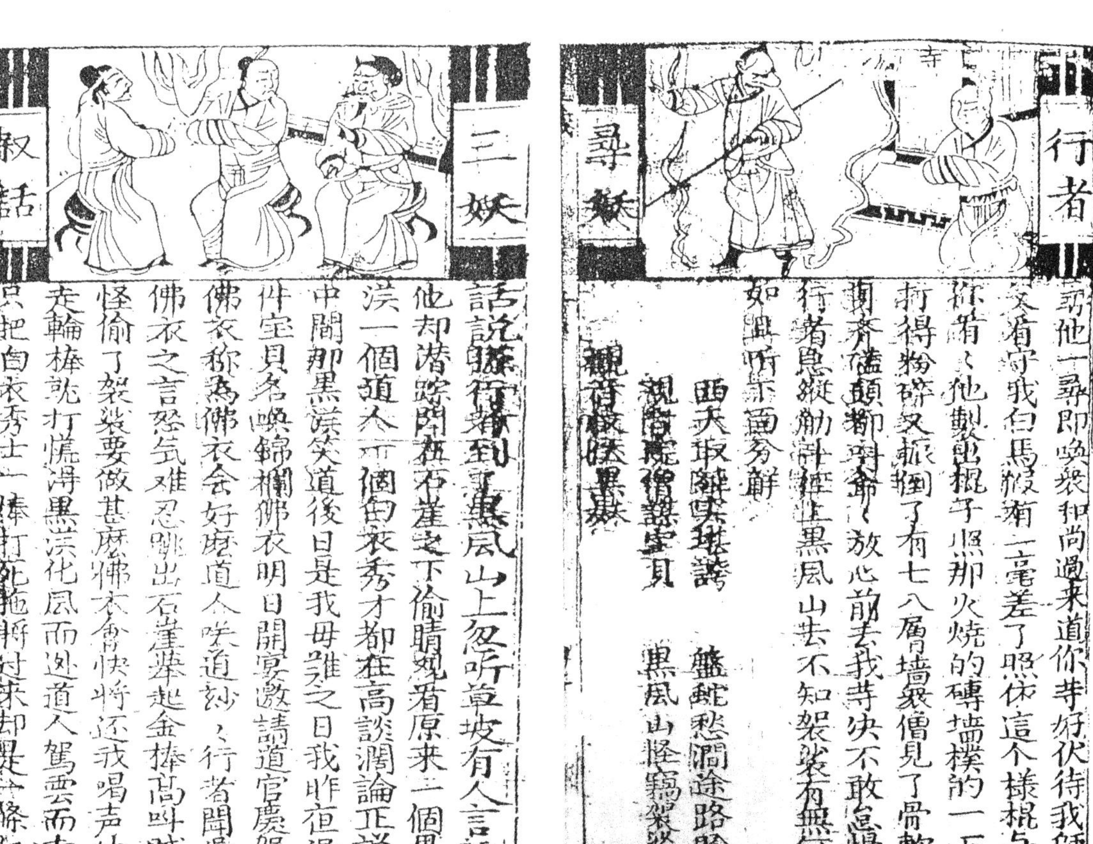

尋他一尋即喚衆和尚過来道你寺好伏待我師父看守我白馬撥有一毫差了照依這个樣棍与你猜猜他掣鐵棍子照那火燒的磚墻樸的一下打得粉碎又振倒了有七八層墻衆僧見了骨軟觔麻磕頭禮拜爺爺放心前去我寺决不敢怠慢行者悤縱觔斗徑上黑風山去不知袈裟有無何如且聽下回分解

西天取經尋寶誇　盤蛇愁澗途路險
觀音院僧謀寶貝　黑風山怪竊袈裟
觀音收伏黑熊妖

話說行者到了黑風山上忽听草坡有人言語他却潜踪躲在石崖之下偷睛覌看原来三個黑漢一個道人一個白衣秀才都在高談濶論正說中間那黑漢笑道後日是我母難之日我昨夜得件宝貝名喚錦襴佛衣明日開宴邀請道官慶賀佛衣稱為佛衣会好麽道人笑道妙妙行者聞得佛衣之言怒気难忍跳出石崖擎起金棒高叫賊怪偷了袈裟要做甚麽佛衣会快將还我唱声休走輪棒就打慌得黑漢化風而逃道人駕雲而走只把白衣秀士一棒打死拖將过来却是一條白

行者戰妖

花毬怪徑入山尋那黑漢轉過尖峰只見崖前凳出一座洞府行者近前門上橫石書有六個大字乃黑風山黑風洞即便輪棒叫道快送老爺的袈裟出來那小妖急報黑漢道大王佛衣会做不成的有個毛臉和尚來取袈裟黑漢草坡被赶坐还未穩又听那話惱得披掛出門叫道你是甚麼和尚行者道你老外公乃大唐上国駕前御弟三藏法師徒弟孫悟空昨因院內失火你這廝趁鬨盜了袈裟要做佛衣會慶壽若不送出推倒黑山踏平風洞那怪聞言呵呵笑道你原來是鬧天宮的

行者見師

弼馬溫惱得行者輪棒打去黑漢縱过長鎗來迎兩家鬪十数合不分勝負那黑漢撤身入洞閉了石門行者攻門不開只得回院見了師父道袈裟已有根由三藏道你且吃斋还去尋取行者復駕祥雲竟至洞東黑漢見是行者兩個門內殺出門外鬪到紅日西沉二家手段般樣不分勝負那黑漢又化陣清風轉回本洞緊閉石門不出行者却無計策只得回院安歇三藏道這妖如此怎生取得袈裟正論議間衆僧供奉湯水吃完老孫去也直便到了南海徑投竹林拜了菩薩問曰你來何

行者打妖

幹行者道我師父投院借宿却被熊精偷了袈裟屢取不还因此來懇菩薩大發慈悲助我拿妖取衣西進菩薩道都是你這業猴大胆賣弄宝貝拿与小人看見是以有此我知那黑漢許多神通却也不亞于你也罷我看唐僧面上和你去走一遭行者謝恩再拜即請菩薩出門同駕祥聖早到黑風山前只見坡前一個道人手拿一個玻璃盤兒盤內安着兩粒仙丹徃前正走行者認得是那黑熊精的朋友一棒打死行着道這盤上刻那凌虛子製想這道人就號做凌虛子菩薩可就变做這

凌虛賀壽

道人我把這丹吃了一粒变一粒略大些々兒菩薩捧了這盤兒兩粒仙丹去与那妖上壽把這丸大些々的讓与那妖待那妖一口吞之老孫便於中取事菩薩點頭恍惚之間变做凌虛仙子行者心下頓悟轉身变做一粒仙丹菩薩拿了琉璃盤兒徑到妖洞門口小妖都道凌虛仙長來了一边傳報熊精接引菩薩道小道敬献仙丹敢称千寿二人拜畢坐定菩薩連忙拿這丹盤道天王且見小道鄙意觀定一粒大的遞与那妖々亦轉敬一粒遞与菩薩讓畢那熊順口一吞直滾下現出本相劝妖

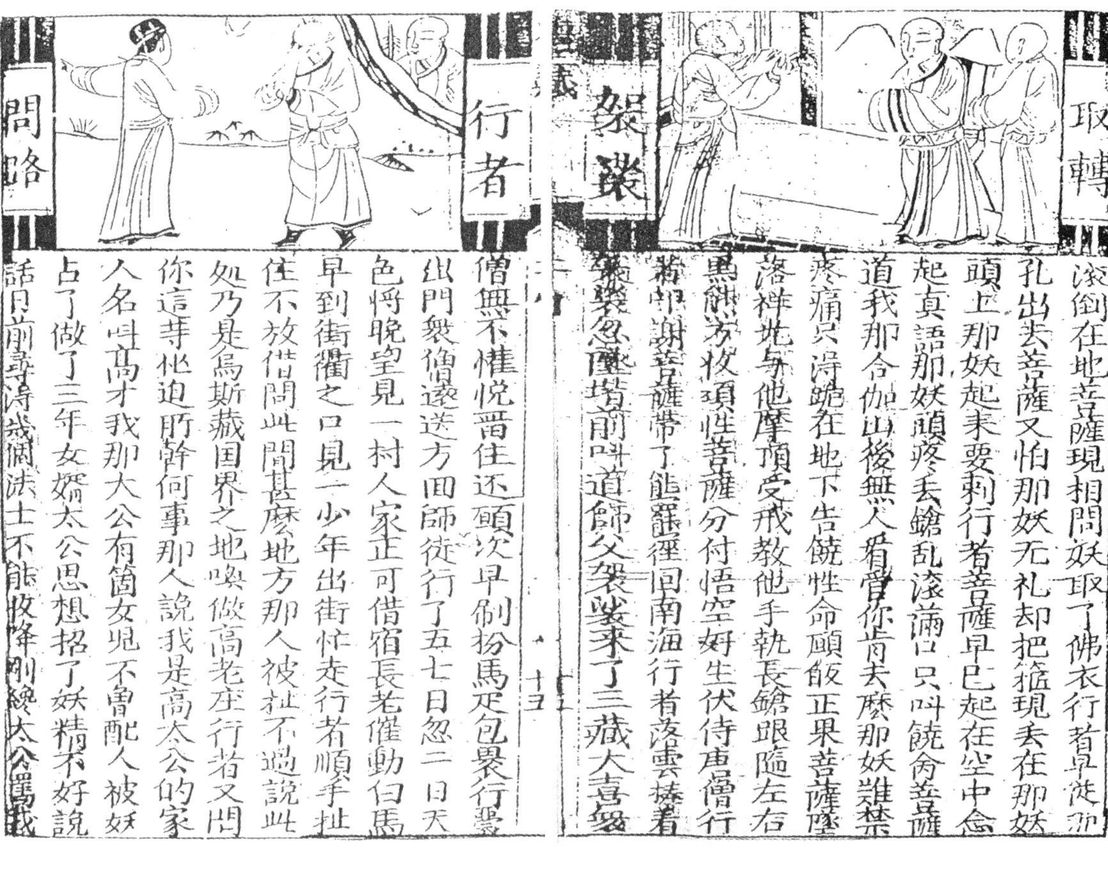

滚倒在地菩薩現相問妖取了佛衣行者早從那孔出去菩薩又怕那妖无礼却把箍現丢在那妖頭上那妖起来要剌行者菩薩早巳起在空中念起真語那妖頭疼丢鎗乱滚滿口只叫饒命菩薩道我那合伽山後無人看管你肯去麽那妖雖禁疼痛只得跪在地下告饒性命願皈正果菩薩墜落祥光与他摩頂受戒教他手執長鎗跟隨左右黒熊方收頂性菩薩分付悟空好生伏侍唐僧行着辞謝菩薩帶了熊羆徑回南海行者落雲捧着袈裟忽塵堦前叫道師父袈裟来了三藏大喜僧

僧無不懽悦留住还頭次早刷扮馬疋包褁行李出門衆僧遠送方回師徒行了五七日忽一日天色將晚望見一村人家正可借宿長老催動白馬早到街衢之口見一少年出街忙走行者順手扯住不放借問此間甚麽地方那人被扯不過說此処乃是烏斯藏国界之地喚做高老庄行者又問你這等怭迫所幹何事那人說我是高太公的家人名叫高才我那大公有箇女兒不曾配人被妖占了做了三年女婿太公思想招了妖精不好說話只前尋得幾個法士不能收降剛纔太公罵我

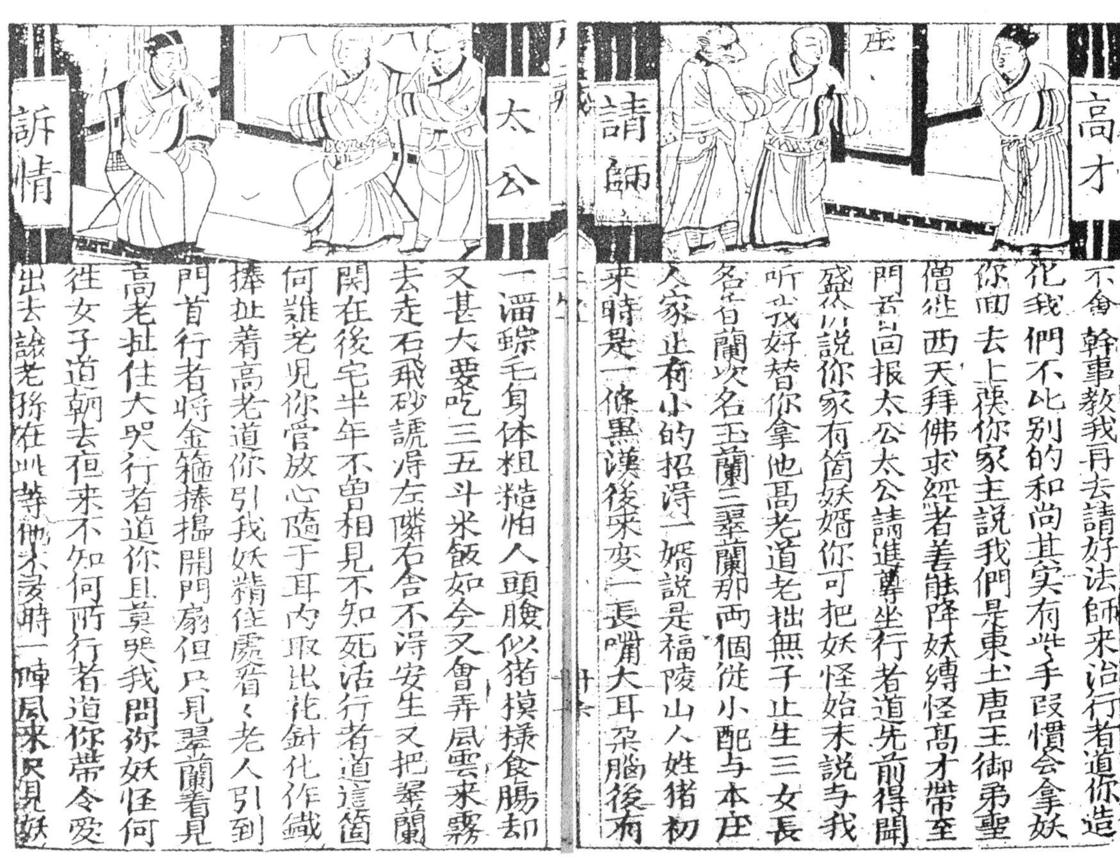

不會幹事教我再去請好法師来治行者道你造化我們不比別的和尚其实有些手段慣会拿妖你回去上覆你家主說我們是東土唐王御弟聖僧往西天拜佛求經者善能降妖縛怪高才帶至門首高報太公太公請進尊坐行者道先前得聞盛价说你家有箇妖婿你可把妖怪始末說与我听我好替你拿他高老道老拙無子止生三女長名香蘭次名玉蘭三翠蘭那两個從小配与本庄人家止有小的招得一婿說是福陵山人姓猪初来時是一條黒漢後来变一長嘴大耳朶腦後有

一溜鬃毛身体粗糙怕人頭臉似猪模樣食腸却又甚大要吃三五斗米飯如今又會弄風雲来霧去走石飛砂諕得左隣右舍不得安生又把翠蘭関在後宅半年不曾相見不知死活行者道這箇何難老兒你管放心隨于耳内取出花針化作鐵棒扯着高老道你引我妖精住處看〻老人引到門首行者將金箍棒搗開門扇但只見翠蘭着見高老扯住大哭行者道你且莫哭我問你妖怪何往女子道朝去夜来不知何所行者道你帶令愛出去讓老孫在此等他不多時一陣風來只見妖

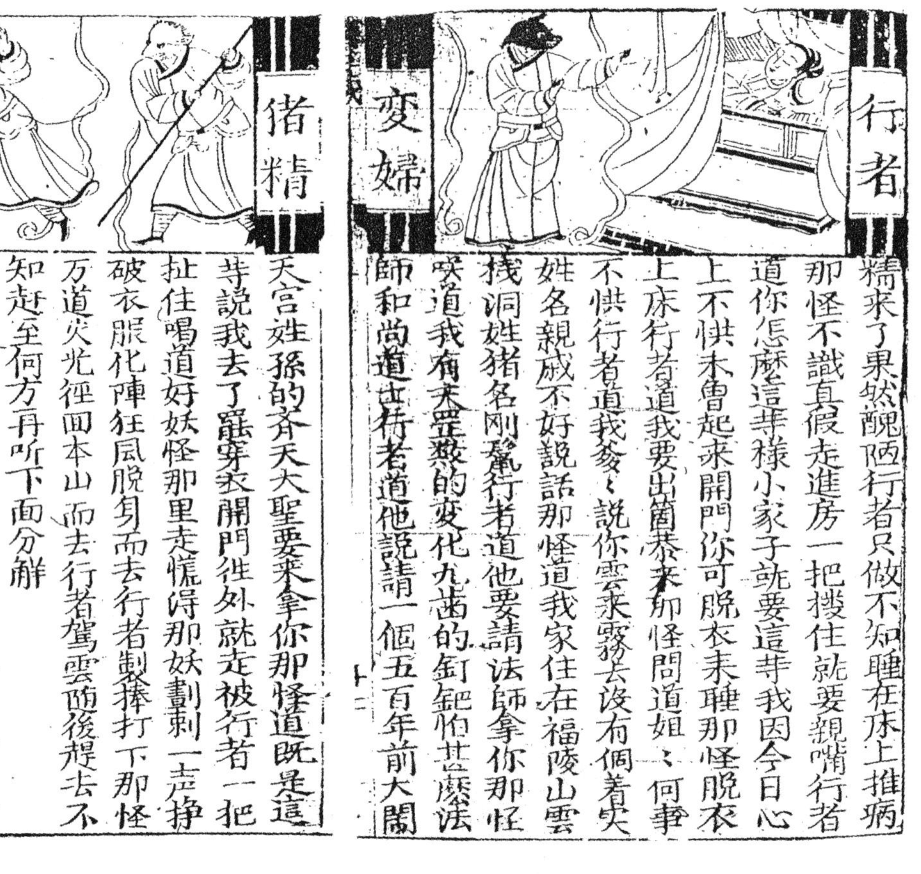

精来了果然醜陋行者只做不知睡在床上推病那怪不識真假走進房一把摟住就要親嘴行者道你怎麼這等様小家子就要這等我因今日心上不快未曾起來開門你可脫衣来睡那怪脫衣上床行者道我要出箇恭来那怪問道姐〻何事不快行者道我爹〻說你雲來霧去沒有個着实姓名親戚不好說話那怪道我家住在福陵山雲棧洞姓猪名剛鬣行者道他要請法師拿你那怪笑道我有天罡數的变化九齒的釘鈀怕甚麼法師和尚道士待者道他說請一個五百年前大閙天宮姓孫的齐天大聖要来拿你那怪道既是這等說我去了罷穿衣開門徃外就走被行者一把扯住喝道好妖怪那里走慌得那妖劃剌一声掙破衣服化陣狂風脫身而去行者製棒打下那怪万道火光徑回本山而去行者駕雲隨後趕去不知趕至何方再听下面分觧

詩　收妖取轉錦袈裟　半路又逢二庄家

曰　猪妖強娶人家女　行者持棒趕上他

〇唐三藏收伏猪八戒

却說行者正行處忽見一座高山那怪把紅光結

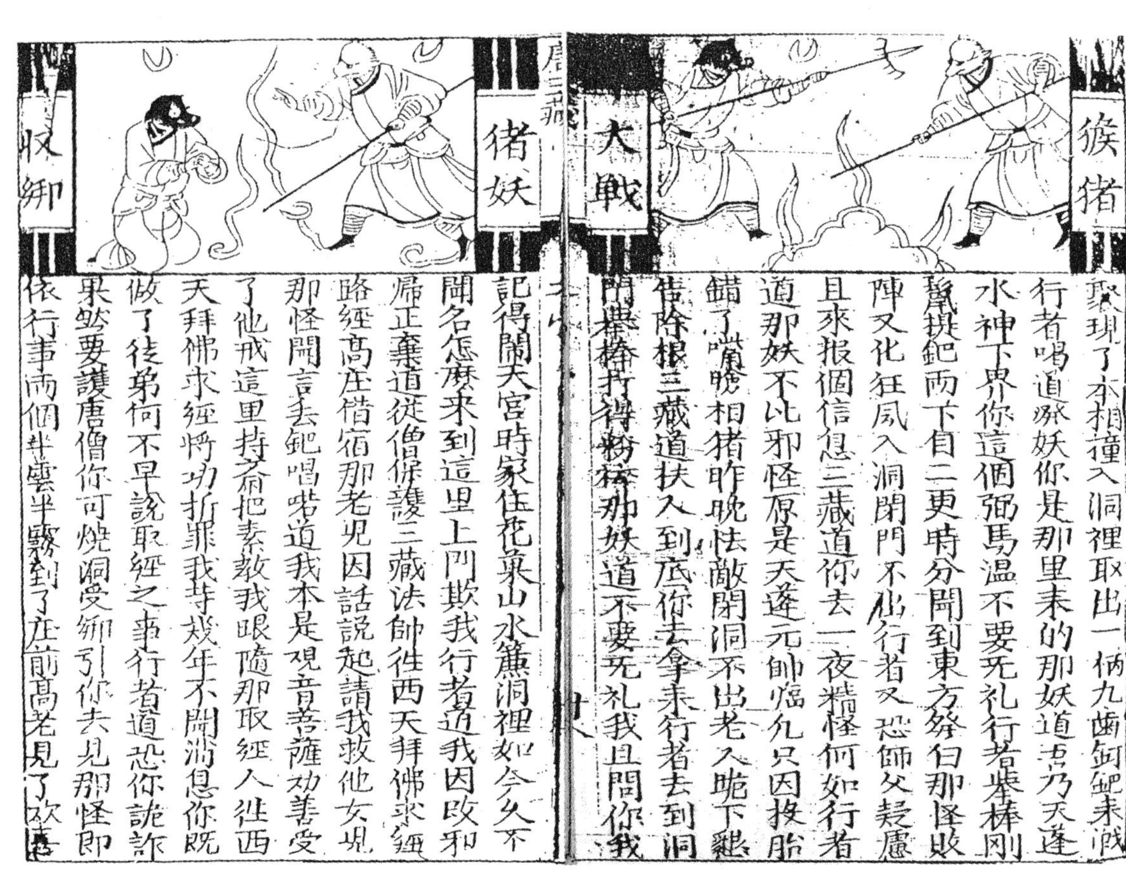

聚現了本相撞入洞裡取出一柄九齒釘鈀来戰行者喝道潑妖你是那里来的那妖道吉乃天蓬水神下界你這個弼馬溫不要无礼行者举棒剛鬣提鈀兩下自二更時分鬬到東方發白那怪敗陣又化狂風入洞閉門不出行者又恐師父懸慮且來報個信息三藏道你去一夜精怪何如行者道那妖不比邪怪原是天蓬元帥臨凡只因投胎錯了嘴臉相猪昨晚怯敵閉洞不出老人跪下懇告除根三藏道扶入到底你去拿来行者去到洞門舉棒打得粉碎那妖道不要无礼我且問你我記得閙天宮時家住花菓山水簾洞裡如今久不聞名怎麼来到這里上門欺我行者道我因改邪帰正棄道從僧保護三藏法師往西天拜佛求經路經高庄借宿那老兒因話說起請我救他女兒那怪聞言丟鈀唱喏道我本是觀音菩薩劝善受了他戒這里持斋把素教我跟隨那取經人往西天拜佛求經將功折罪我等幾年不聞消息你既做了徒弟何不早說取經之事行者道恐你詭詐果然要護唐僧你可燒洞受卿引你去見那怪即依行事兩個半雲半霧到了庄前高老見了歡喜

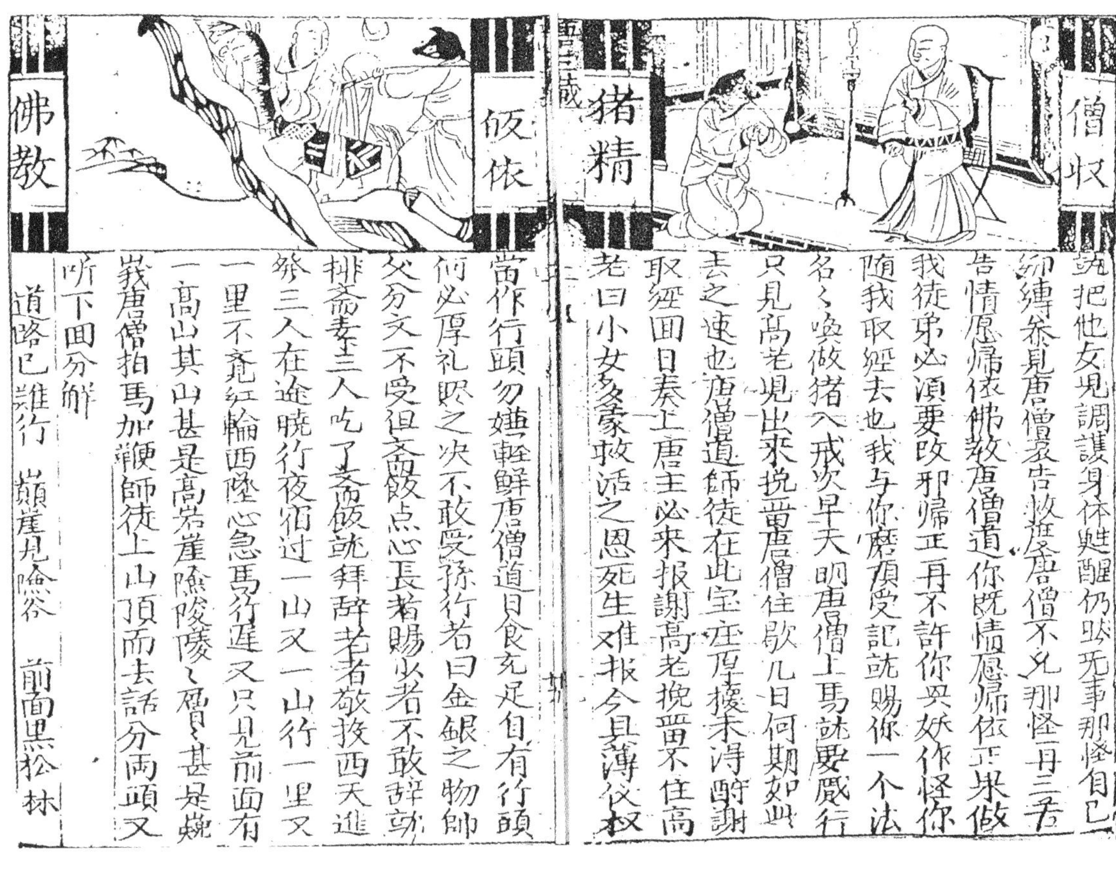

就把他女兒調護身体甦醒仍然无事那怪自己綁縛祭見唐僧哀告救唐僧不允那怪再三哀告情愿歸依佛教唐僧道你既情愿歸依正果做我徒弟必須要改邪歸正再不許你興妖作怪你随我取經去也我与你摩頂受記就賜你一个法名名喚做猪八戒次早天明唐僧上馬就要啟行只見高老兒出來挽留唐僧住歇几日何期如此去之速也唐僧道師徒在此宝莊厚擾未得酬謝取經回日奏上唐王必來报謝高老挽留不住高老曰小女多蒙救活之恩死生难报今具薄儀权當作行頭勿嫌輕鮮唐僧道日食充足自有行頭何必厚礼既之决不敢受孫行者曰金銀之物師父分文不受但斋飯点心長者賜必者不敢辭就排斋茶三人吃了斋飯就拜辭老者投西天進發三人在途晓行夜宿過一山又一山行一里又一里不覺紅輪西墜心急馬行遲又只見前面有一高山其山甚是高岩崖險峻崚崚層層甚是巍峩唐僧拍馬加鞭師徒上山頂而去話分兩頭又听下回分解

道路已難行　嶺崖見險谷　前面黑松林

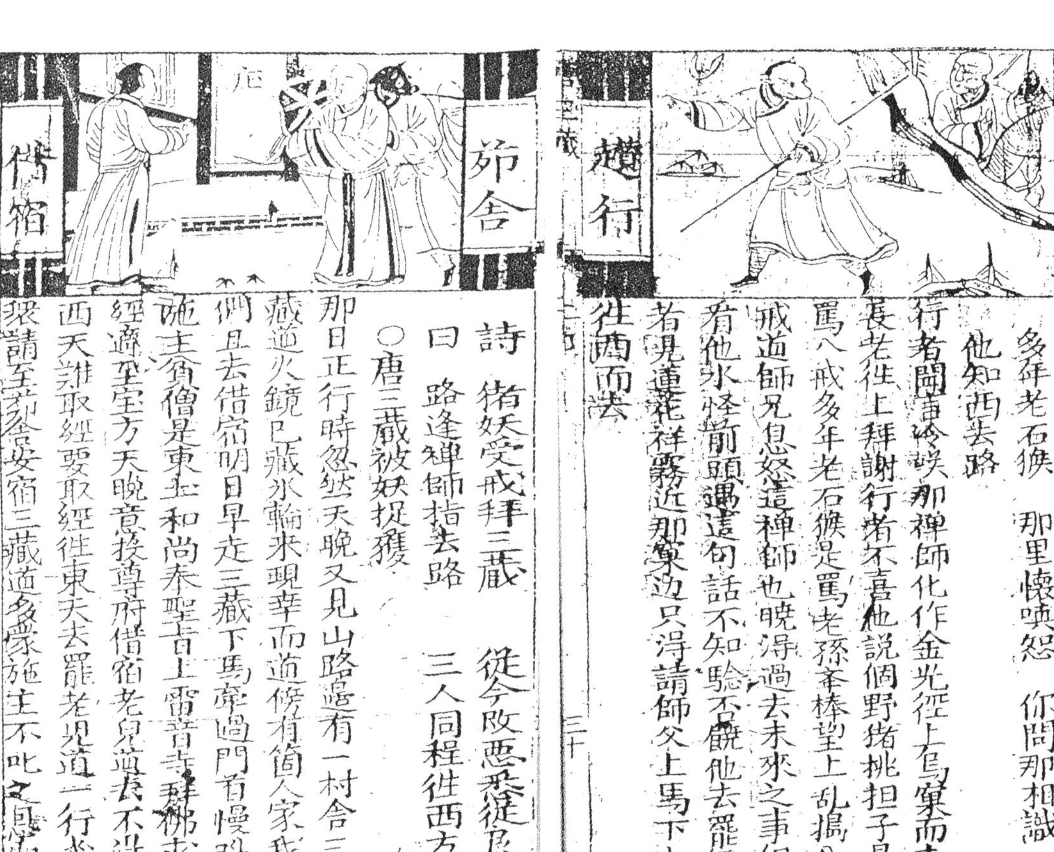

虎豹皆作御　野猪挑担子　水怪前頭遇
多年老石猴　那里懷嗔怨　你問那相識
他知西去路

行者聞言冷笑那禅師化作金光徑上烏窠而去長老往上拜謝行者不喜他説個野猪挑担子是罵八戒多年老石猴是罵老孫䇿棒望上乱搗八戒道師兄息怒這禅師也曉得過去未來之事但看他水怪前頭遇這句話不知驗否饒他去罷行者見蓮花祥霧近那窠边只得請師父上馬下山往西而去

詩　猪妖受戒拜三藏　從今改惡爲從良
曰　路逢禪師指去路　三人同程往西方

○唐三藏被妖捉獲

那日正行時忽然天晚又見山路邊有一村舍三藏道火鏡已藏水輪来現幸而道傍有個人家我們且去借宿明日早走三藏下馬牽過門首慢叫施主貧僧是東土和尚奉聖旨上雷音寺拜佛求經適至宝方天晚意投尊府借宿老兒道表不消西天雖取經要取經往東天去罷老児道一行殘報請至茆舍安宿三藏道多蒙施主不叱之恩

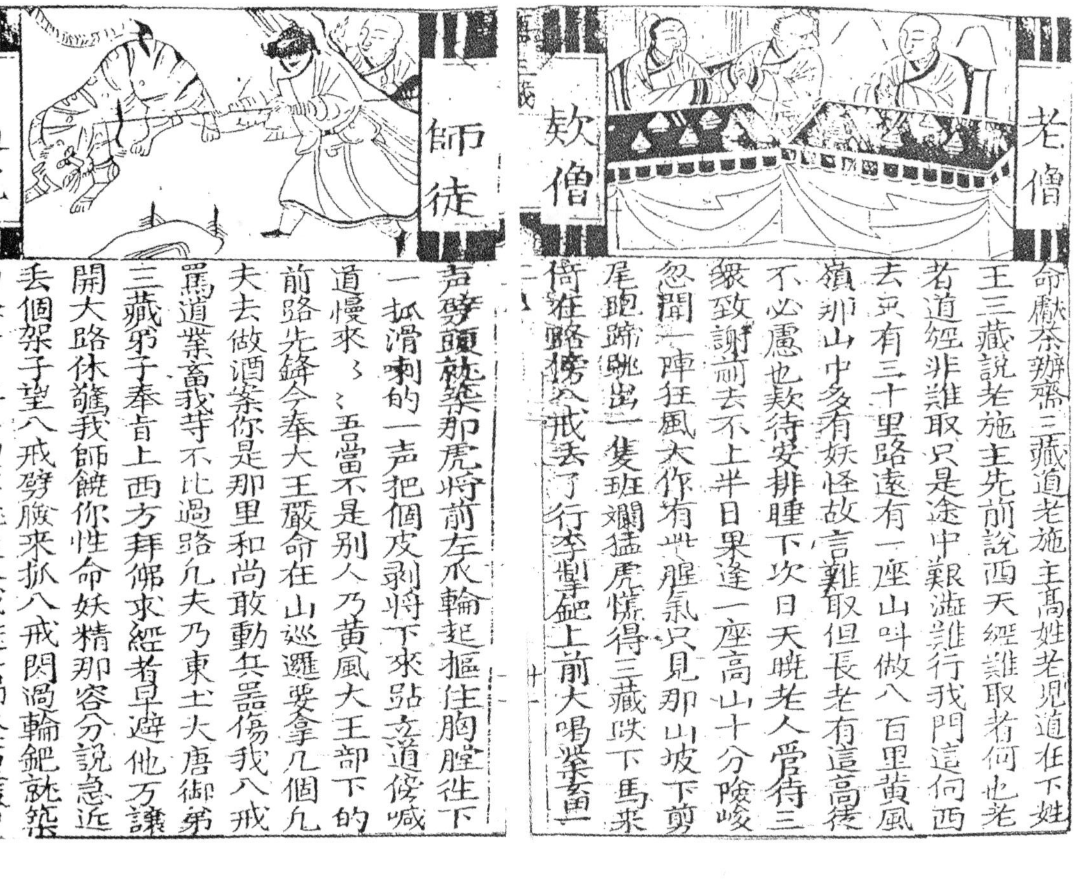

命獻茶辦齋三藏道老施主高姓老兒道在下姓王三藏說老施主先前說西天經難取者何也老者道經非難取只是途中艱澁難行我們這向西去只有三十里路遠有一座山叫做八百里黃風嶺那山中多有妖怪故言難取但長老有這高徒不必慮也款待安排睡下次日天曉老人胥待三餐致謝而去不上半日果逢一座高山十分險峻忽聞一陣狂風大作有些腥氣只見那山坡下剪尾跑蹄跳出一隻班斕猛虎慌得三藏跌下馬來倚在路傍八戒丟了行李掣鈀上前大喝業畜

声劈頭就築那虎將前左爪輪起摳住胸膛往下一抓滑喇的一声把個皮剝將下來站立道傍喊道慢來〻〻吾當不是別人乃黃風大王部下的前路先鋒今奉大王嚴命在山巡邏要拿几個凡夫去做酒菜你是那里和尚敢動兵器傷我八戒罵道業畜我等不比過路凡夫乃東土大唐御弟三藏弟子奉旨上西方拜佛求經者早避他方讓開大路休驚我師饒你性命妖精那容分說急近丟個架子望八戒劈臉來抓八戒閃過輪鈀就築那怪手中無器望下就走八戒趕去那怪石叢中

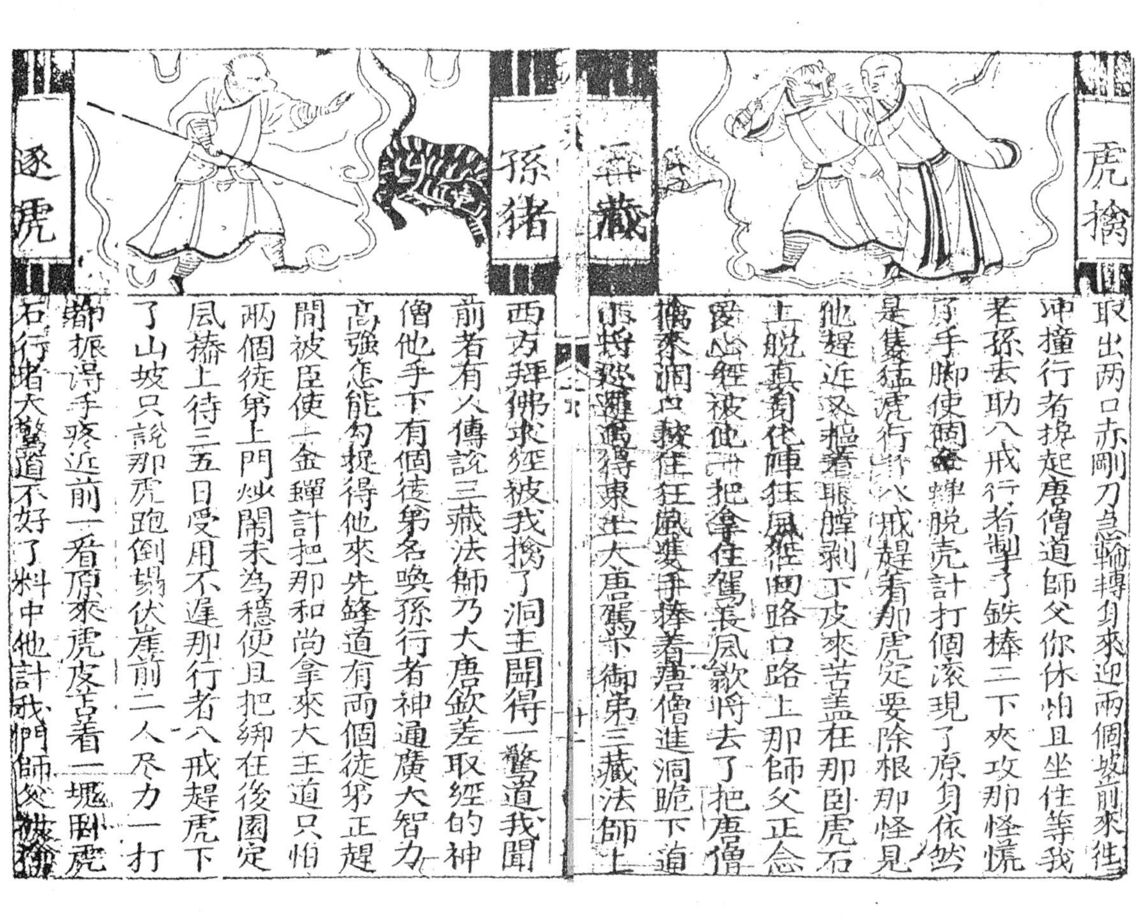

取出兩口赤剛刀急輪轉身來迎兩個搶前來往沖撞行者挽起唐僧道師父你休怕且坐住等我老孫去助八戒行者掣了鐵棒二下夾攻那怪慌了手脚使個金蟬脫殼計打個滾現了原身依然是隻猛虎行者八戒趕着那虎定要除根那怪見他趕近將爪搵着胸膛剝下皮來苦盖在那臥虎石上脫真身化陣狂風徑回路口路上那師父正念多心經被他一把拿住駕長風欵將去了把唐僧擒來洞口按住狂風雙手捧着唐僧進洞跪下道小將巡邏拿得東土大唐駕下御弟三藏法師上

西方拜佛求經被我擒了洞主聞得一驚道我聞前者有人傳說三藏法師乃大唐欽差取經的神僧他手下有個徒弟名喚孫行者神通廣大智力高強怎能勾捉得他來先鋒道有兩個徒弟正趕間被臣使一金蟬計把那和尚拿來大王道只怕兩個徒弟上門炒鬧未為穩便且把綁在後園定風樁上待三五日受用不遲那行者八戒趕虎下了山坡只說那虎跑倒塌伏崖前二人盡力一打嚇振得手疼近前一看原來虎皮苫着一塊臥虎石行者大驚道不好了料中他計我們師父被擒

集部　第四册

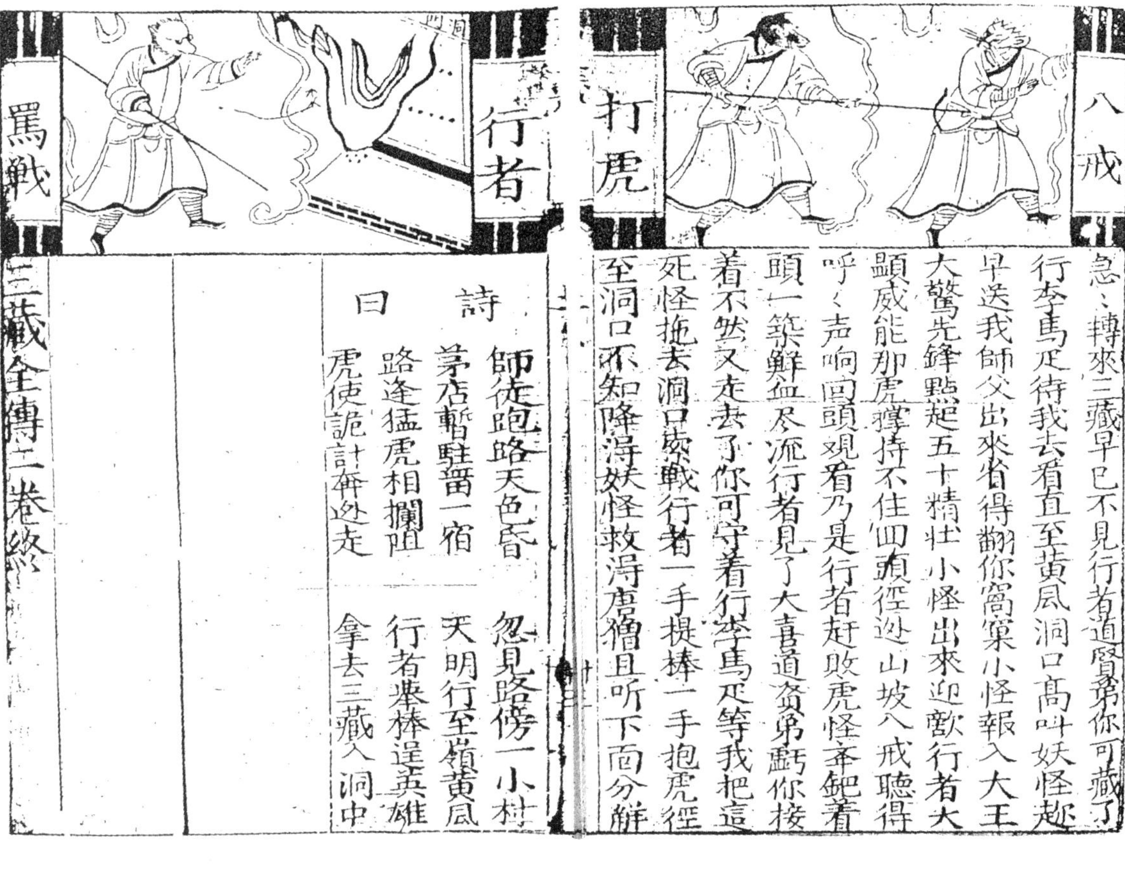

急〻轉來三藏早已不見行者道賢弟你可藏了行李馬疋待我去看直至黃風洞口高叫妖怪趂早送我師父出來省得𠭘你窩巢小怪報入大王大驚先鋒點起五十精壯小怪出來迎敵行者大顯威能那虎撑持不住回頭徑逃山坡八戒聽得呼〻声响回頭观看乃是行者趕敗虎怪斧鈀着頭一築鮮血尽流行者見了大喜道賢弟虧你接着不然又走去了你可守着行李馬疋等我把這死怪拖去洞口索戰行者一手提棒一手抱虎徑至洞口不知降得妖怪救得唐僧且听下面分解

詩曰

師徒跑路天色昏　忽見路傍一小村
茅店暫駐留一宿　天明行至嶺黃風
路逢猛虎相攔阻　行者舉棒逞英雄
虎使詭計奔逃走　拿去三藏入洞中

三藏全傳二卷終

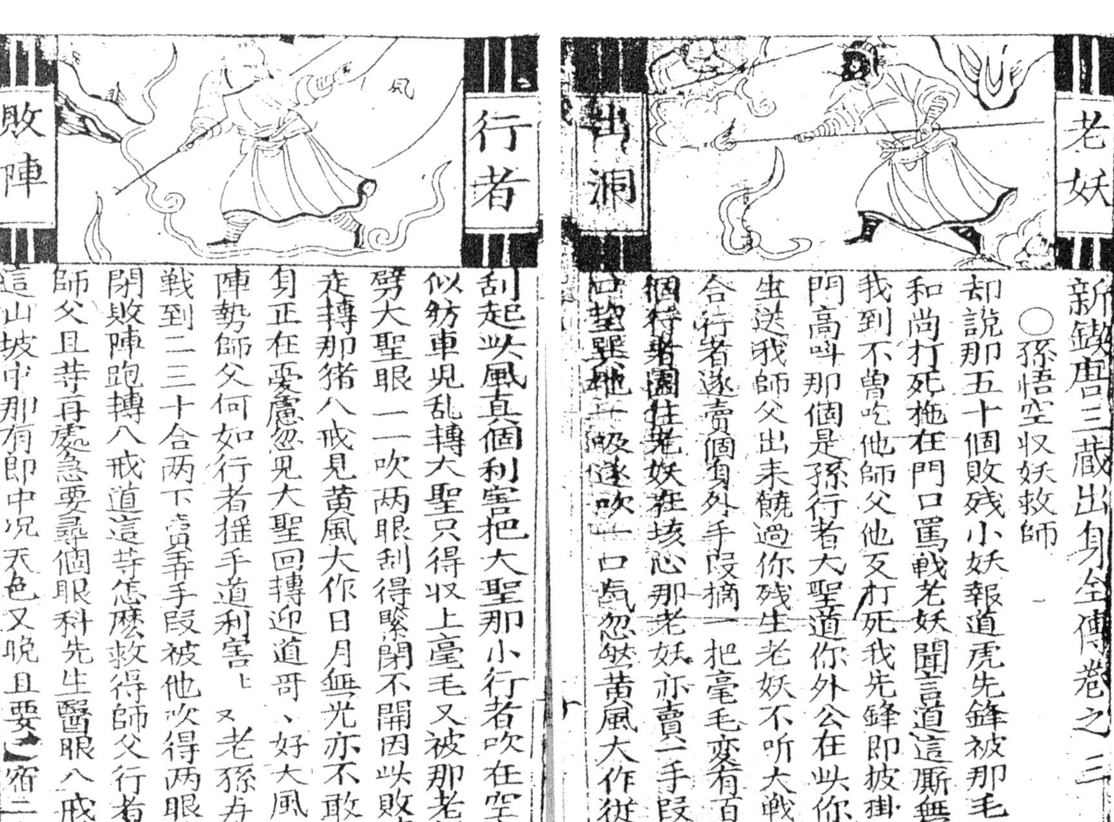

新鐫唐三藏出身全傳卷之三

○孫悟空收妖救師

却說那五十個敗殘小妖報道虎先鋒被那毛面和尚打死拖在門口罵戰老妖聞言道這廝無知我到不曾吃他師父他反打死我先鋒即披掛出門高叫那個是孫行者大聖道你外公在此你好生送我師父出来饒過你殘生老妖不听大戰數合行者遂賣個身外手段摘一把毫毛变有百十個行者圍住老妖在垓心那老妖亦賣一手段把口望巽地上吸遂吹一口氣忽然黃風大作從地

刮起此風真個利害把大聖那小行者吹在空中似紡車兒乱轉大聖只得收上毫毛又被那老妖劈大聖眼一吹两眼刮得緊閉不開因此敗陣走轉那猪八戒見黃風大作日月無光亦不敢動身正在憂慮忽見大聖回轉迎道哥〻好大風呵陣勢師父何如行者搖手道利害〻又老孫夯他戰到二三十合两下賣弄手段被他吹得两眼緊閉敗陣跑轉八戒道這等怎麼救得師父行者道師父且等再處急要尋個眼科先生醫眼八戒說這山坡中那有郎中况天色又晚且要[illegible]宿二人

收拾行李上到大路見那山坡下有一庄家內有一老者二人進去借宿與老者見礼僧言前事又有蒼頭進献茶飯開畢鋪盖行者問老丈貴處敢有賣眼藥的麽老者道賤地無郎中只老夫自已有些三花九子膏把與你點點看遂取玉簪與行者點上然後二人就寢睡至五更行者抹臉睜眼道果然好藥比往日更光些八戒亦開眼看不見房屋二人驚得骰轆爬起見行李與馬都在樹下又見樹上有四路字云

庄居非是俗人居　護法伽藍點化廬

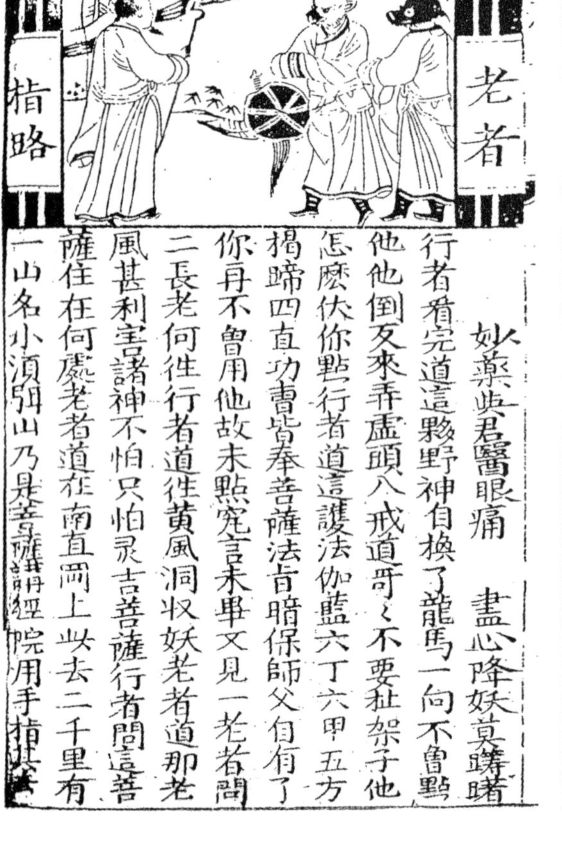

妙藥與君醫眼痛　盡心降妖莫躊躇

行者看完道這夥野神自換了龍馬一向不曾點他他倒反來弄虛頭八戒道哥哥不要扯架子他怎麽伏你點行者道這護法伽藍六丁六甲五方揭諦四直功曹皆奉菩薩法旨暗保師父自有了你再不曾用他故未點宠言未畢又見一老者問二長老何往行者道往黃風洞收妖老者道那老風甚利害諸神不怕只怕灵吉菩薩行者問這菩薩住在何處老者道在南直岡上此去二千里有一山名小須彌山乃是菩薩講經院用手指其處

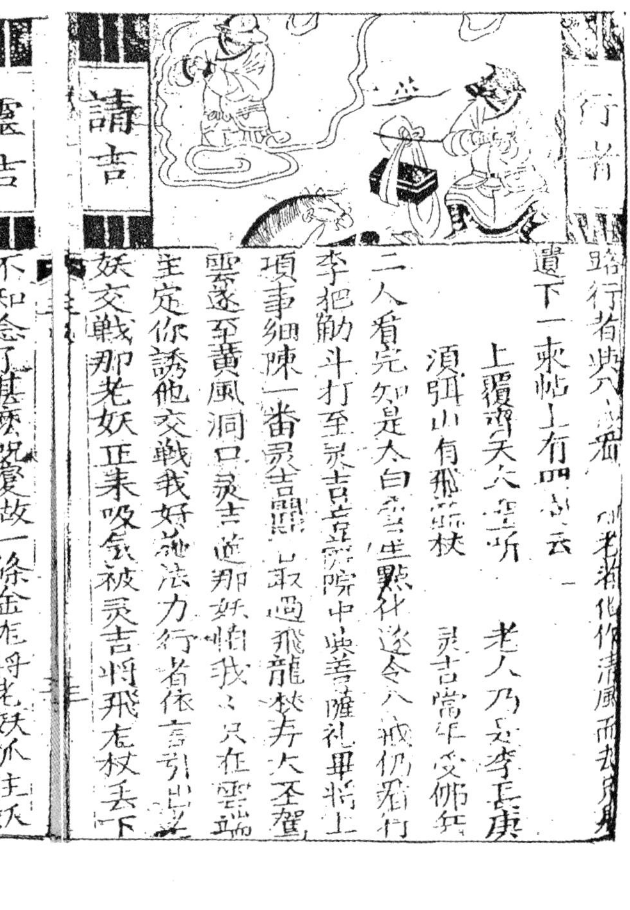

路行者與八戒□□老者化作清風而去只見遺下一柬帖上有四句云

上覆齊天大聖聽　老人乃是李長庚
須彌山有飛龍杖　灵吉當年受佛兵

二人看完知是太白金星點化遂令八戒仍看行李把觔斗打至灵吉菩薩院中與菩薩礼畢將上項事細陳一番灵吉聞□取過飛龍杖弄大圣駕雲遂至黃風洞口灵吉道那妖怕我我只在雲端里定你誘他交戰我好施法力行者依言引出老妖交戰那老妖正來吸氣被灵吉將飛龍杖丟下

靈吉　收妖

不知念了甚麽呪變做一條金龍將老妖抓住妖現真形却是□黃尾貂鼠行者奔袂去打被灵吉救住道莫傷他命他是灵山脚下得道的鼠只因偷吃琉璃盞內清油怕金剛拿倒故此走了成精如来見他不該死着我轄押在此我还要帶他轉見如来正明今日之罪行者聞言謝了灵吉須臾到林坡中叫八戒牽馬挑担進洞救援師父二人去到洞中把那一夥小妖尽皆打死往後園拜救師父師父道你二人怎麽捉得妖精行者將前事陳了一遍師父謝之不尽他兄弟把他洞中茶

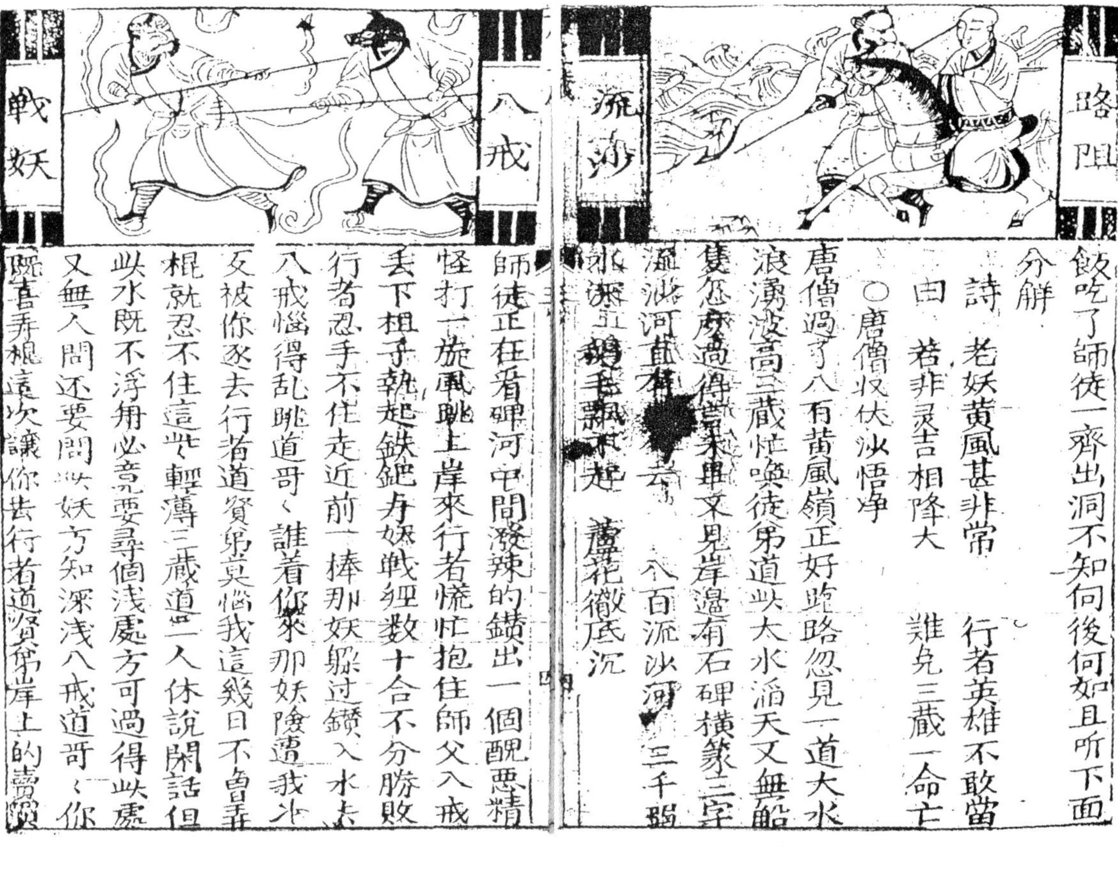

飯吃了師徒一齊出洞不知何後何如且听下面分解

詩　老妖黃風甚非常　行者英雄不敢當
曰　若非灵吉相降大　難免三藏一命亡

○唐僧収伏沙悟凈

唐僧過了八百黃風嶺正好趲路忽見一道大水浪湧波高三藏忙喚徒弟道此大水滔天又無船隻怎麽過得[illegible]來[illegible]文見岸邊有石碑橫篆三字流沙河其碑[illegible]云　八百流沙河　三千弱水深　鵝毛飄不起　蘆花徹底沉

師徒正在看碑河中間潑辣的鑽出一個醜惡精怪打一旋風跳上岸來行者慌忙抱住師父八戒丟下担子執起鉄鈀与妖戰經数十合不分勝敗行者忍手不住走近前一棒那妖躲过鑽入水去八戒惱得乱跳道哥〻誰着你來那妖險遭我水又被你逐去行者道賢弟莫惱我這幾日不曾弄棍就忍不住這些輕薄三藏道二人休說閑話但此水既不浮舟必竟要尋個浅處方可過得此處又無人問还要問此妖方知深浅八戒道哥〻你既是弄棍這次讓你去行者道賢弟岸上的讓

多讓我些水裡的讓你罷你去時可敗不可勝須引他上岸待老孫好一同拿倒問路八戒道我去你須好生看師父言罷跳入河中分開水路逕去尋妖〻听得水响提杖來戰二人水底戰起戰出水面八戒佯詐敗陣望東岸逃走那妖趕将近岸又被行者一棍妖又入河八戒嚷道你再忍一棍可不到手行者道賢弟莫嚷还要你去八戒再去引他那妖只在水中再不上岸行者道八戒弟你在此看守師父待我去見觀音菩薩求救八戒道還要你須急去急來行者即縱一觔斗直至菩薩座前將前事啓上道得了猪悟空又過了黃風洞今至流沙被妖怪阻絶不能渡河因此特来求濟菩薩道你這猴子又不說出保唐僧的話來那妖被我劝他善信取名沙悟净已曾指教他保護取經人往西天你說出原因他自歸順行者道他在水裡如何得他歸順菩薩聞言在袖中取出一個紅葫蘆叫惠岸領受同孫悟空到流沙河边叫悟净歸順唐僧後叫他取向日骷髏按九宮佈列把葫蘆放在當中就是法船一隻渡唐僧過河惠岸與行者領了法旨同到流沙八戒望見惠岸来到

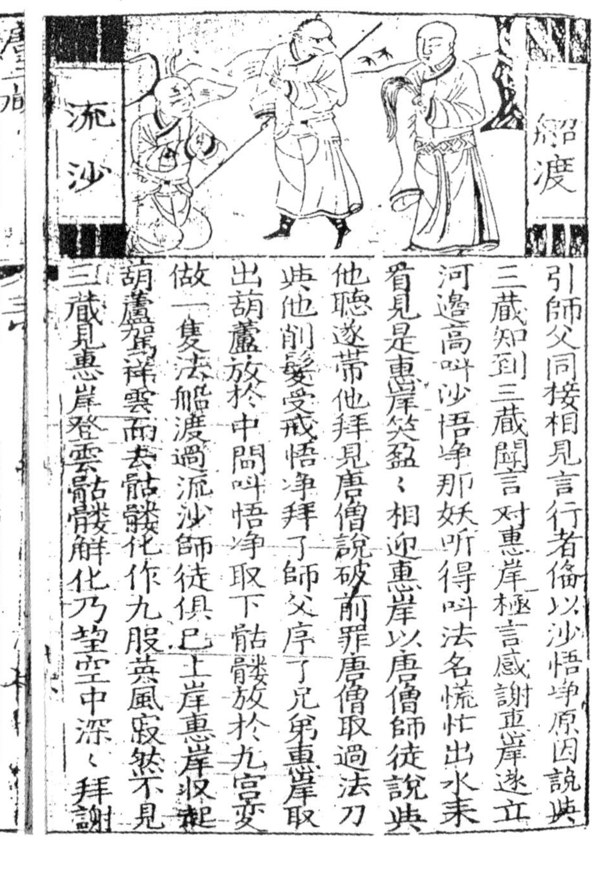

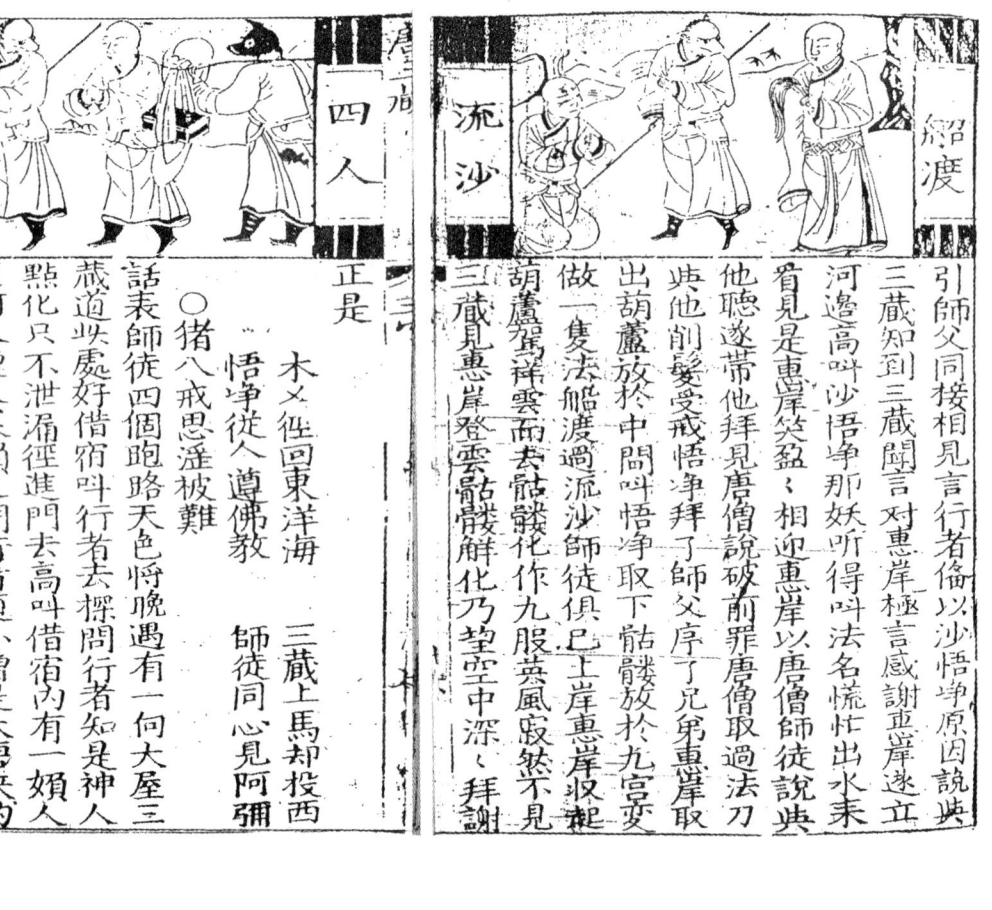

引師父同接相見言行者備以沙悟淨原因說與三藏知到三藏聞言对惠岸極言感謝惠岸遂立河邊高叫沙悟凈那妖听得叫法名慌忙出水来看見是惠岸笑盈〻相迎惠岸以唐僧師徒說與他聽遂帶他拜見唐僧說破前罪唐僧取過法刀與他削髮受戒悟凈拜了師父序了兄弟惠岸取出葫蘆放於中間叫悟凈取下骷髏放於九宮变做一隻法船渡過流沙師徒俱已上岸惠岸收起葫蘆駕祥雲而去骷髏化作九股黃風寂然不見三藏見惠岸登雲骷髏解化乃望空中深〻拜謝

四人
尋宿

正是

木叉徑回東洋海　三藏上馬却投西
悟凈從今遵佛教　師徒同心見阿彌

○猪八戒思淫被難

話表師徒四個跑路天色將晚遇有一向大屋三藏道此處好借宿叫行者去探問行者知是神人點化只不泄漏徑進門去高叫借宿內有一婦人道何人擅入寡婦之門行者道小僧是大唐来的往西天拜佛求經同伴四個至此天晚特告老菩薩借宿一宵那婦人笑語相迎道那三位在那裡

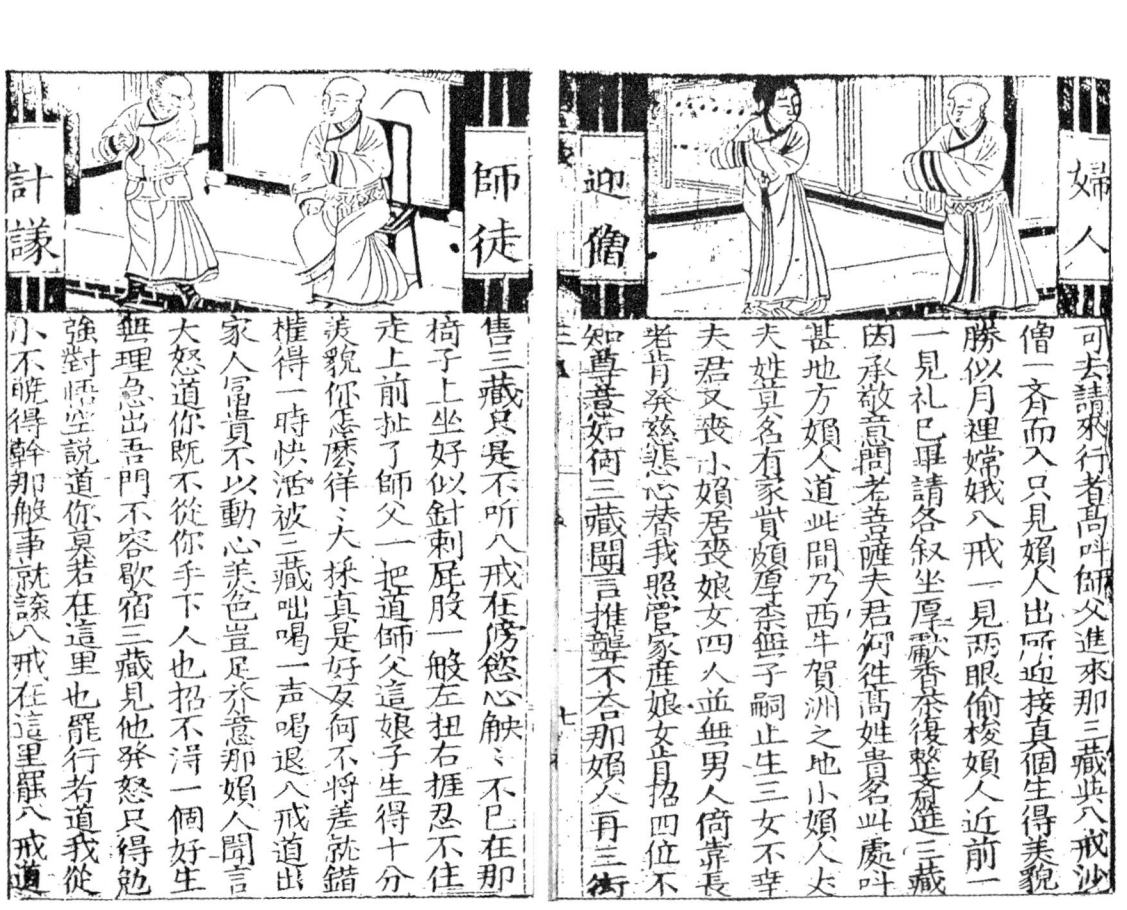

婦人
迎僧

可去請來行者高叫師父進來那三藏與八戒沙僧一齊而入只見婦人出所迎接真個生得美貌勝似月裡嫦娥八戒一見兩眼偷梭婦人近前一一見礼已畢請各叙坐厚獻香茶復整齋筵三藏因承敬意問老菩薩夫君何往高姓貴名此處叫甚地方婦人道此間乃西牛賀洲之地小婦人丈夫姓莫名有家貲頗厚柰無子嗣止生三女不幸夫君又喪小婦居喪娘女四人並無男人倚靠長老肯發慈悲心替我照管家産娘女肯招四位不知尊意如何三藏聞言推聾不答那婦人再三街

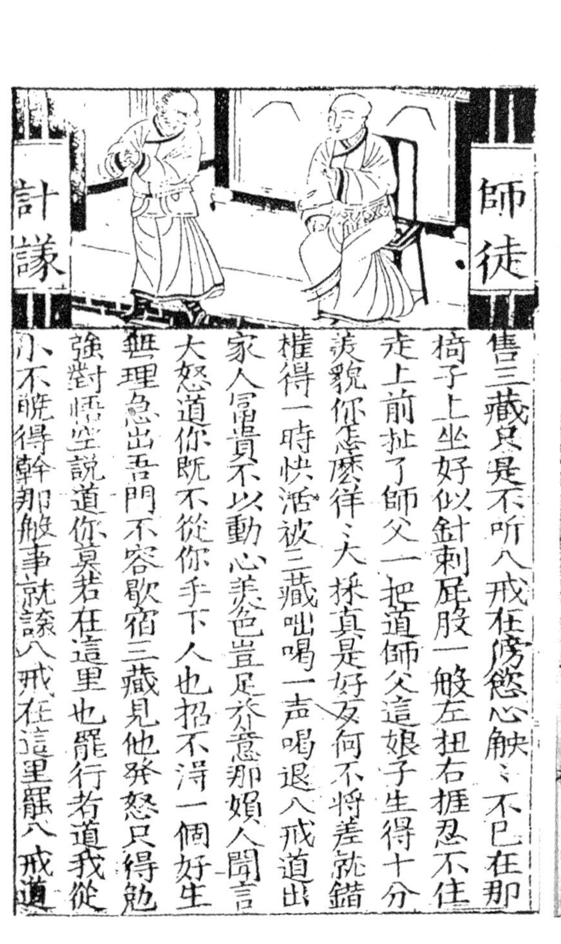

售三藏只是不听八戒在傍慾心觖〻不已在那椅子上坐好似針刺屁股一般左扭右捏忍不住走上前扯了師父一把道師父這娘子生得十分美貌你怎麽徉〻大採真是好歹何不將差就錯權得一時快活被三藏咄喝一声喝退八戒道出家人富貴不以動心美色豈足介意那婦人聞言大怒道你既不從你手下人也招不得一個好生無理急出吾門不容歇宿三藏見他發怒只得勉強對悟空說道你莫若在這里也罷行者道我從小不暁得幹那般事就該八戒在這里罷八戒道

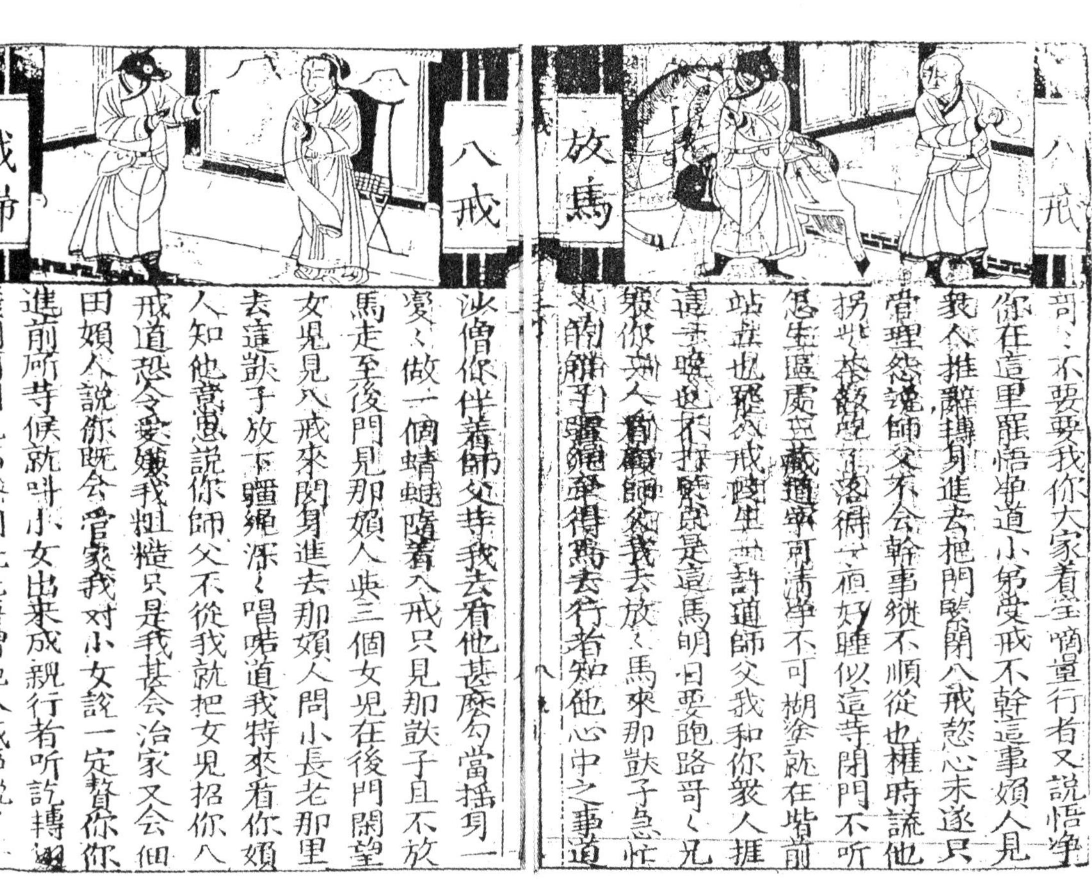

哥〻不要要我你大家着宝商量行者又說悟淨你在這里罷悟淨道小弟受戒不敢這事婦人見衆人推辭轉身進去把門緊閉八戒愁心未遂只管埋怨說師父不会幹事縱不順從也權時謊他拐些齋飯吃了落得一夜好睡似這等閉門不听怎生區處三藏道寧可清淨不可糊塗就在堦前站一夜也罷八戒暗生一計道師父我和你衆人擁這裏坐也不打緊只是這馬明日要跑路哥〻兄弟你與人看顧師父我去放〻馬來那獃子急忙的解了韁繩牽得馬去行者知他心中之事道沙僧你伴着師父等我去看他甚麽勾當搖身一變〻做一個蜻蜓隨着八戒只見那獃子且不放馬走至後門見那婦人共三個女兒在後門閑望女兒見八戒來閃身進去那婦人問小長老那里去這獃子放下韁繩深〻唱喏道我特來看你婦人知他意思說你師父不從我就把女兒招你八戒道恐令愛嫌我粗糙只是我甚会治家又会佃田婦人說你既会管家我对小女說一定贅你進前所等候就叫小女出来成親行者听許轉翅飛到前門現出本相先見唐僧把八戒事說了一

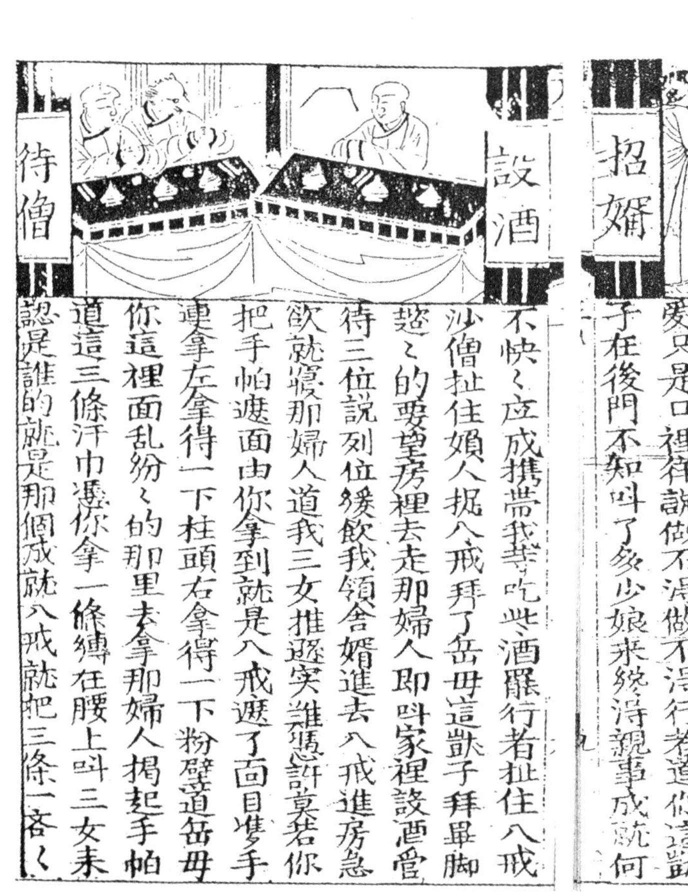

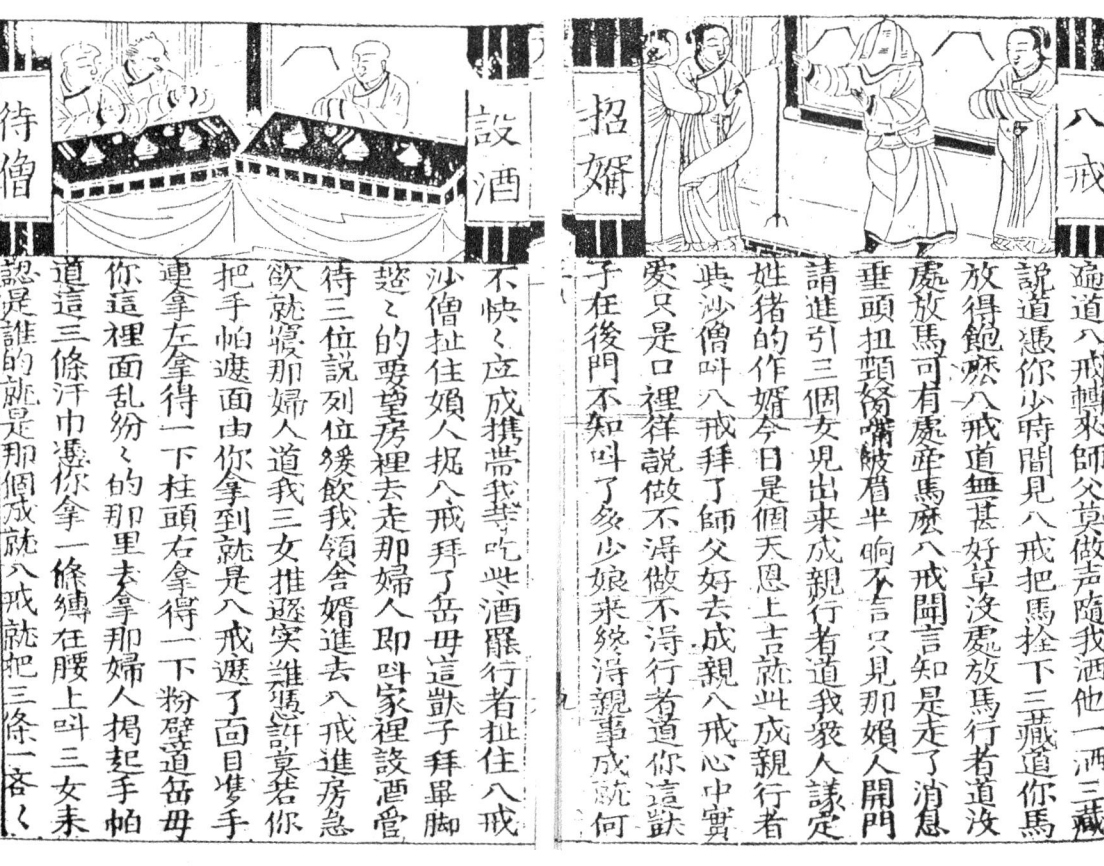

遍道八戒轉來師父莫做声隨我洒他一洒三藏說道憑你少時間見八戒把馬拴下三藏道你馬放得飽麽八戒道無甚好草沒處放馬行者道沒處放馬可有處牽馬麽八戒聞言知是走了消息垂頭扭頸努嘴皺眉半晌不言只見那婦人開門請進引三個女兒出来成親行者道我衆人議定姓猪的作婿今日是個天恩上吉就此成親行者共沙僧叫八戒拜了師父好去成親八戒心中實愛只是口裡假說做不得做不得行者道你這獃子在後門不知叫了多少娘來纔得親事成就何不快〻应成携带我等吃些酒罷行者扯住八戒沙僧扯住婦人扨八戒拜了岳母這獃子拜畢脚趦〻的要望房裡去走那婦人即叫家裡設酒管待三位說列位緩飲我領合婿進去八戒進房急欲就寢那婦人道我三女推遜突誰憑許莫若你把手帕遮面由你拿到就是八戒遮了面目雙手連拿左拿得一下柱頭右拿得一下粉壁道岳母你這裡面乱紛〻的那里去拿那婦人揭起手帕道這三條汗巾憑你拿一條縛在腰上叫三女来認是誰的就是那個成就八戒就把三條一客〻

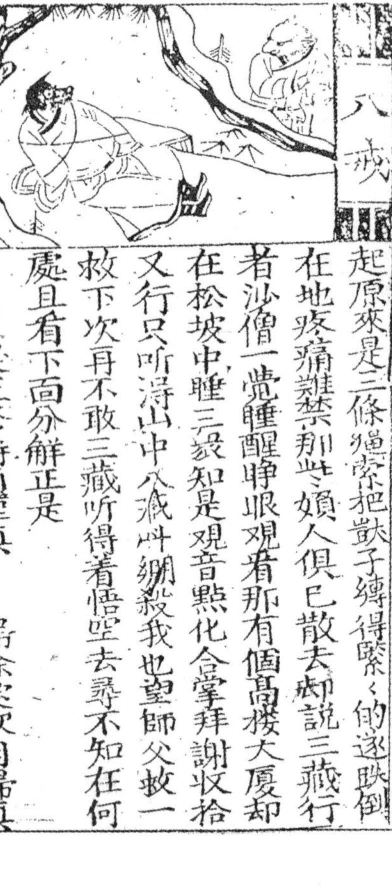

起原來是三條𤟠索把獃子縛得緊々的遂跌倒在地疼痛難禁那些婦人俱已散去却說三藏行者沙僧一覺睡醒睁眼观看那有個高楼大厦却在松坡中睡三衆知是观音點化合掌拜謝收拾又行只听得山中八戒叫翻救我也望師父救一救下次再不敢三藏听得着悟空去尋不知在何處且看下面分解正是

一從正修持須謹慎　掃除愛欲自歸真
八戒無禅有凡意　被神綁縛在深林

○孫行者五庄观内偷菓

師徒
投觀

話表三人上嶺只見那獃子綁在樹上口叫痛苦難禁行者向前放下八戒遂拜过師父道下次再不敢乱為謝了行者沙僧四人又行倏至一嶺景物非常三藏道此山勝景必有灵仙居住大家同去遊玩一会不題却道萬壽山有一观名喚五庄观々有一老仙號名鎮元子後園中栽有人參菓三千年開花三千年結子三千年成熟一萬年纔結三十個菓子其形似三朝未滿的小孩兒人若得聞其香加壽三百六十歲得吃一個加壽四萬七千年本山鎮元大仙因元始天尊請去講臨行

二童
接僧

下二徒一名清風一名明月鎮元臨行分付二童道我去後不日有個故人唐三藏他是金蟬子如來佛第二個徒弟五百年前我與他在盂蘭會上相識今往西天取經從此經過你不可怠慢他可摘人參菓二枚献他但他有跟隨徒弟你要仔細看顧莫被他偷吃仙菓二童一一聞師言謹領法命不數日唐僧來到观中二童拱手接進礼畢各坐二童問曰老師莫非唐三藏唐僧荅曰仙童因何知我賤名童子道我師之名號鎮元子被元始天尊請去會分付弟子迎接老師不知仙駕促臨未

三徒
偷菓

得迎候老師請坐待弟子去取菓子來獻言罷二童子往後園摘得一顆仙菓奉献三藏々々一見驚道這是出世孩兒怎麼吃得童子俻言此菓附由三藏只是不吃二童亦不能強拿轉房内自食那行者兄弟在傍直個思量童子又不與他三人意欲去偷又怕師父各設計脫身行者曰我去掃淨寢房八戒曰我去炊些飯吃沙僧曰我去放馬三人脫了師父走去後園中偷吃三個八戒是個粗人一口吞吃一個還有不足之意又叫行者去摘一行者走出園來道你好不知止他一萬年纔結

集部　第四冊

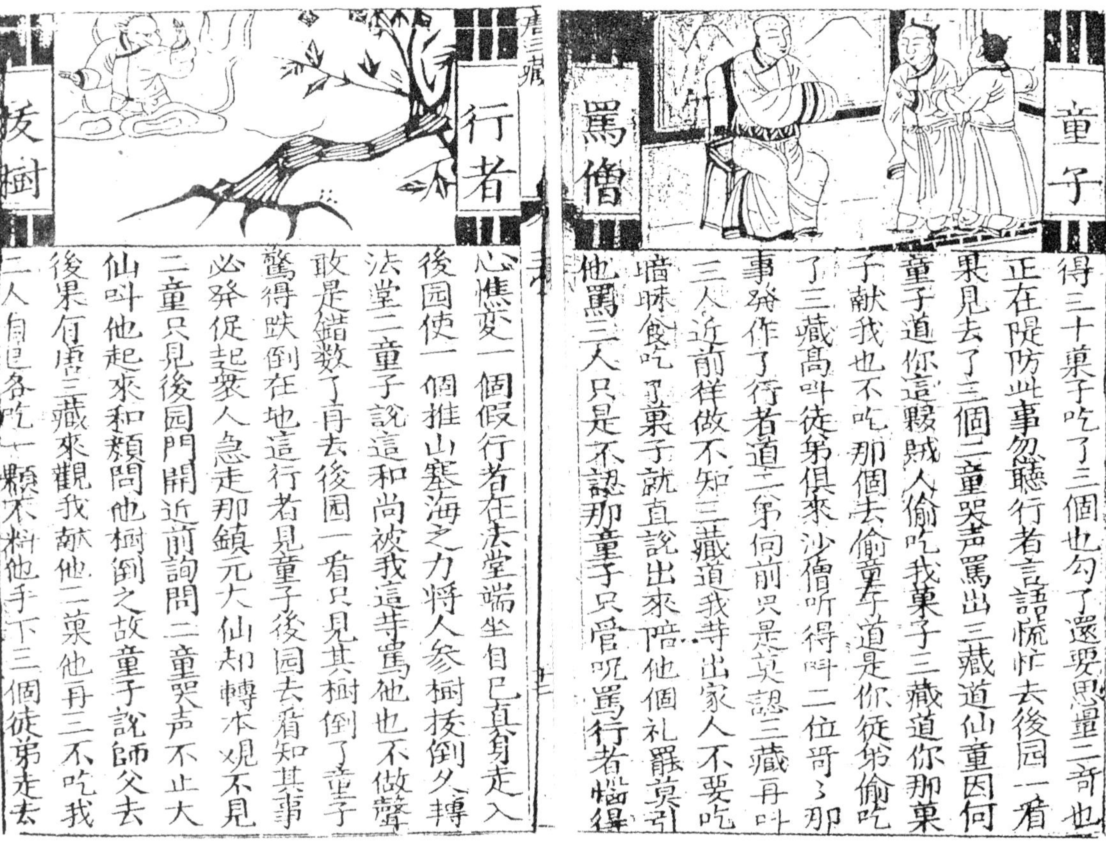

得三十菓子吃了三個也勾了還要思量二哥也正在隄防此事忽聽行者言語慌忙去後园一看果見去了三個二童哭声罵出三藏道仙童因何童子道你這賊人偷吃我菓子三藏道你那菓子献我也不吃那個去偷童子道是你徒弟偷吃了三藏高叫徒弟俱來沙僧听得叫二位哥〻那事發作了行者道二弟向前只是莫認三藏再叫三人近前佯做不知三藏道我等出家人不要吃啗昧食吃了菓子就直說出來陪他個礼罷莫引他罵三人只是不認那童子只管呪罵行者惱得

心焦变一個假行者在法堂端坐自已真身走入後园使一個推山塞海之力將人參樹拔倒夕轉法堂二童子說這和尚被我這等罵他也不做聲敢是錯数了再去後园一看只見其樹倒了童子驚得跌倒在地這行者見童子後园去看知其事必發促起衆人急走那鎮元大仙却轉本观不見二童只見後园門開近前詢問二童哭声不止大仙叫他起來和顏問他樹倒之故童子說師父去後果有唐三藏來觀我献他二菓他再三不吃我二人自己各吃一顆不料他手下三個徒弟走去

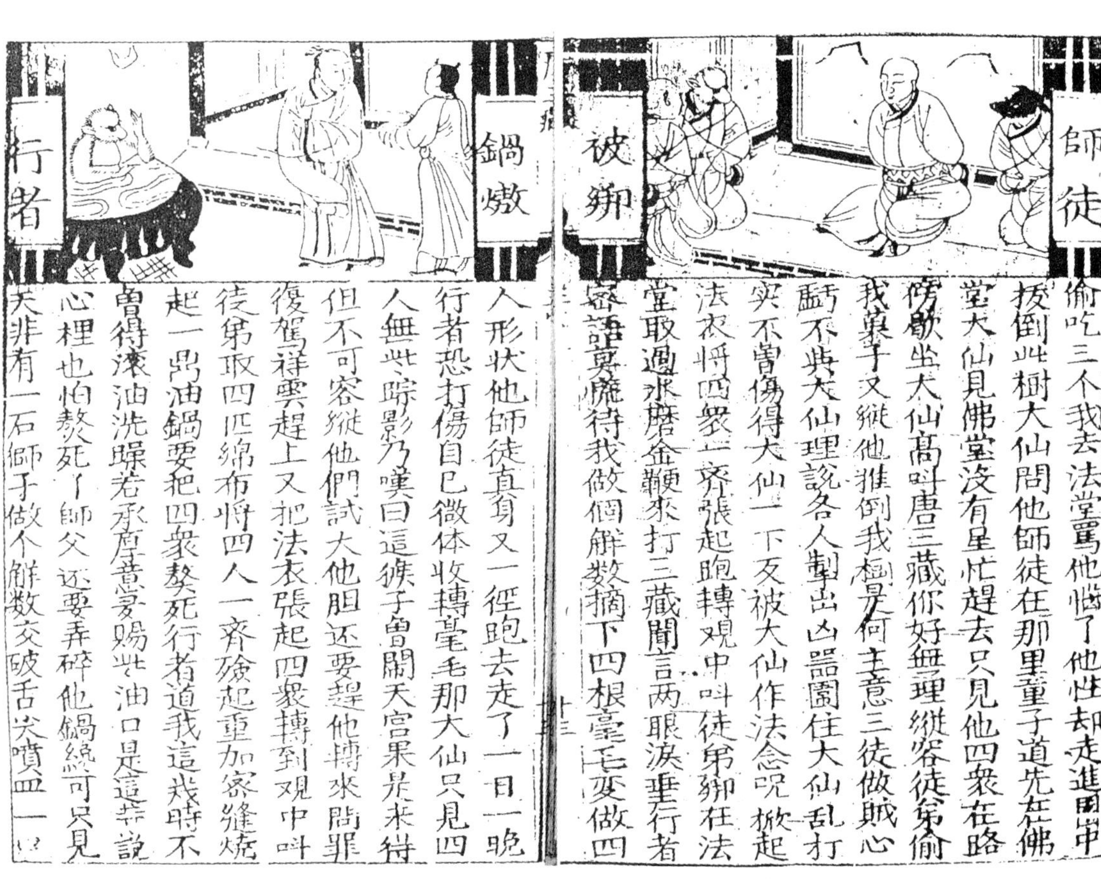

偷吃三个我去法堂罵他惱了他性却走進园中拔倒此樹大仙問他師徒在那里童子道先在佛堂大仙見佛堂没有星忙趕去只見他四衆在路傍歇坐大仙高叫唐三藏你好無理縱容徒弟偷我菓子又縱他推倒我樹是何主意三徒做賊心虛不共大仙理說各人掣出凶器圍住大仙乱打奈不曾傷得大仙一下反被大仙作法念呪攝起法衣將四衆一齊張起跑轉观中叫徒弟綁在法堂取過来磨金鞭來打三藏聞言兩眼淚垂行者寄語莫怕待我做個解数摘下四根毫毛变做四

人形狀他師徒真身又一徑跑去走了一日一晚行者恐打傷自已微体收轉毫毛那大仙只見四人無些踪影乃嘆曰這猴子曾鬧天宮果是来得但不可容縱他們試大他胆还要捉他轉來問罪復駕祥雲趕上又把法衣張起四衆搏到观中叫徒弟取四匹綿布將四人一齊纏起更加漆縫烧起一鍋油鍋要把四衆煠死行者道我這幾時不曾得滚油洗澡若承盛意受賜些油口是這等說心裡也怕煠死了師父还要弄碎他鍋總可只見天非有一石獅子做个解数交破舌尖噴血一口

把石獅変一搽形象仍舊綁縛他自已縱在雲頭覌看那大仙道先燉死行者然後燉他三个叫徒弟擡他下鍋三四個近前來擡扛也不起説這猴精真個結實叫起十数餘人把他扛下鍋去那石獅果重把油鍋打得粉碎衆人驚看見是一個石獅大仙又哭又惱説他去了也罷又弄碎我鍋再架油鍋就把三藏來燉行者雲頭听得星忙走來道我挍倒你樹與師父何干还把我燉我先前不曾放得屎恐污壞你鍋油兒今乾々淨々正好下鍋大仙徉々近前扯把扯住大聖不知把他下鍋也不曾且看後頭何如

詩曰

五庄覌内一神仙　後園菓品不輕傳
行者不合偷他吃　引起仙童鬧声喧
惱發大聖兇狂性　推倒樹木走西天
鎮元摶覌心煩惱　要把師徒落燉煎
剛強果有剛強輩　法大还有法大仙

○唐三藏逐去孫行者

却説那鎮元大仙扯住行者道你的本事我也知到但拿在我手你也難走好々还我樹來行者道你這老先生真個小氣真是要活樹何難之有無

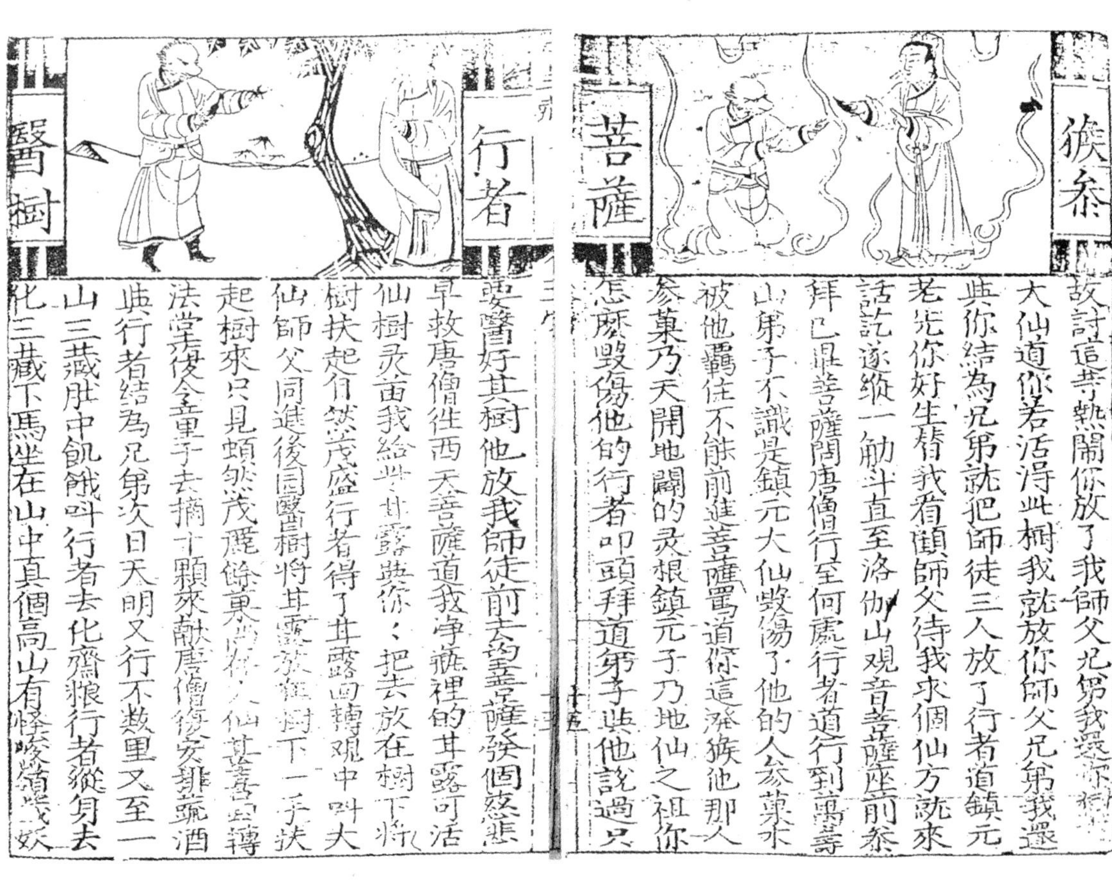

故討這等熱鬧你放了我師父兄弟我還你活樹大仙道你若活得此樹我就放你師父兄弟我還與你結為兄弟就把師徒三人放了行者道鎮元老先你好生看顧師父待我求個仙方就來話訖遂縱一觔斗直至洛伽山覌音菩薩座前叅拜已畢菩薩問唐僧行至何處行者道行到萬壽山弟子不識是鎮元大仙毀傷了他的人參菓木被他羈住不能前進菩薩罵道你這潑猴他那人參菓乃天開地闢的灵根鎮元子乃地仙之祖你怎麽毀傷他的行者叩頭拜道弟子與他説過只要醫好其樹他放我師徒前去望菩薩發個慈悲早救唐僧往西天菩薩道我淨瓶裡的甘露可活仙樹灵苗我給與甘露與你々把去放在樹下將樹扶起自然茂盛行者得了甘露回轉覌中叫大仙師父同進後园醫樹將甘露放在樹下一手扶起樹來只見頓然茂麗餘菓尚有大仙甚喜回轉法堂使令童子去摘十顆來献唐僧後安排蔬酒與行者結為兄弟次日天明又行不数里又至一山三藏肚中飢餓叫行者去化齋粮行者縱身去化三藏下馬坐在山中真個高山有怪唆嶺些妖

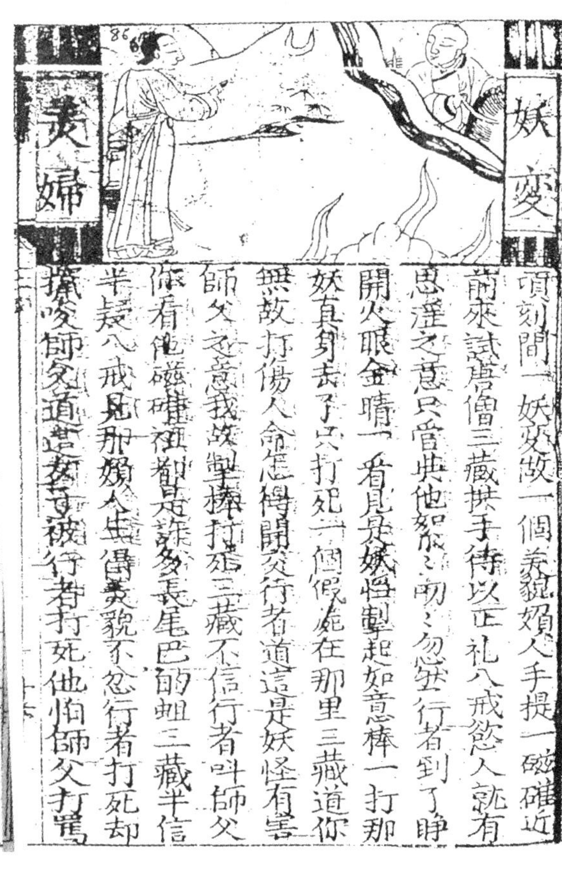

頃刻間一妖变做一個美貌婦人手提一磁確近前來試唐僧三藏拱手待以正礼八戒総人就有思淫之意只管共他絮〻叨〻忽然行者到了睁開火眼金睛一看見是妖怪掣起如意棒一打那妖真身去了只打死一個假屍在那里三藏道你無故打傷人命怎得闘交行者道這是妖怪有害師父之意我故掣捧打死三藏不信行者叫師父你看他磁確裡都是許多長尾巴的蛆三藏半信半疑八戒見那婦人生得美貌不忿行者打死却攛唆師父道這婦女被行者打死他怕師父打罵

行者　告饒

故变這膿眼法瞞過師父此女子豈是妖怪之理三藏被八戒一唆念動呪語把行者緊倒在地行者忙叫痛殺我也有話便說三藏道你平白打死人命還修甚麼善果你急回去行者道師父你教我回去只怕你去西天不成三藏道我就去西天不成也罷我只下要你在我身傍行者道師父我性雖兇狂心甚慈善我得你活命未曾報得你恩願叫我去实难割捨三藏听他言語悲切說這次饒你下次再是這等我就把呪連念二十遍行者道三十遍也着由你只是我再打人就是[illegible]

妖变　婆尋

那妖又变一婆子來八戒道師父不好了你看有一個婆子趕來敢是先前那婦人的姑嫜行者搏睛一看又見是妖又掣金棒一打那妖又脫去真形把假屍打死在路傍三藏驚下馬來把呪語連念可憐行者忠心受罪緊得兩眼垂出忙叫師父饒命三藏道這等勸你為善怎麼只是打人行者道他是妖怪三藏罵道你這潑猴妖怪就這等多你只是向去我懶和你講閑話行者道師父我回去不打緊只是我水簾洞中部下有四万七千群妖我当日衣冠何等親然今日削髮修善兼並沙

妖变　老兒

門跟你做个徒弟把這個金箍勒在我頭上那有面皮反故鄉師父若果不要我可憐我也跟了你這幾年受尽多少苦楚望垂半念惻隱替我鬆去這箍我万古千秋不敢忘恩三藏道菩薩只与我緊箍呪並無鬆箍呪行者道師父既沒有鬆箍呪万乞海容带我事奉師父也罷三藏道我又饒你一次再莫行兇言罷伏侍師父上馬原來那妖行者第二摂也不曾打殺又变做一個老公〻來到八戒道師父那個老兒敢怕是尋那婆子的行者[illegible]八戒不要胡說待老孫向前去看又見是妖[illegible]

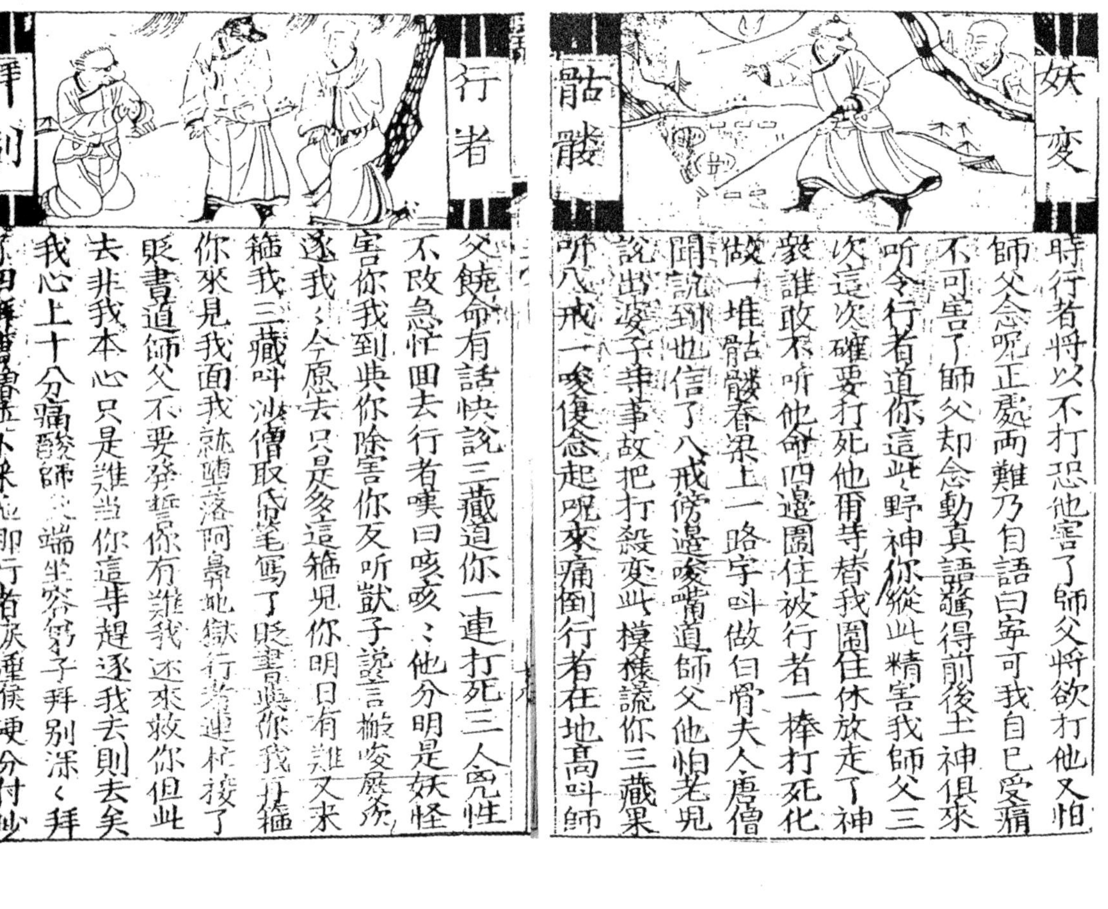

時行者將以不打恐他害了師父將欲打他又怕師父念呪正處兩難乃自語曰寧可我自已受痛不可害了師父却念動真語驚得前後土神俱來听令行者道你這些野神你縱此精害我師父三次這次確要打死他侢等替我圍住休放走了神衆誰敢不听他命四邊圍住被行者一棒打死化做一堆骷髏脊梁上一路字叫做白骨夫人唐僧聞說到也信了八戒傍邊唆嘴道師父他怕老兒說出婆子等事故把打殺变此模樣誆你三藏果听八戒一唆便念起呪來痛倒行者在地高叫師父饒命有話快說三藏道你一連打死三人兇性不改急忙回去行者嘆曰咳咳他分明是妖怪害你我到與你除害你反听獃子謊言搬唆屢逐逐我今愿去只是多這箍兒你明日有難又求箍我三藏叫沙僧取硯筆寫了貶書與你我除箍你來見我面我就墮落阿鼻地獄行者跪接了貶書道師父不要發誓你有難我还來救你但此去非我本心只是難為你這等趕逐我去則去矣我心上十分痛酸師父端坐容弟子拜別深深拜了四拜唐僧並不睬他那行者淚漣喉硬分付沙

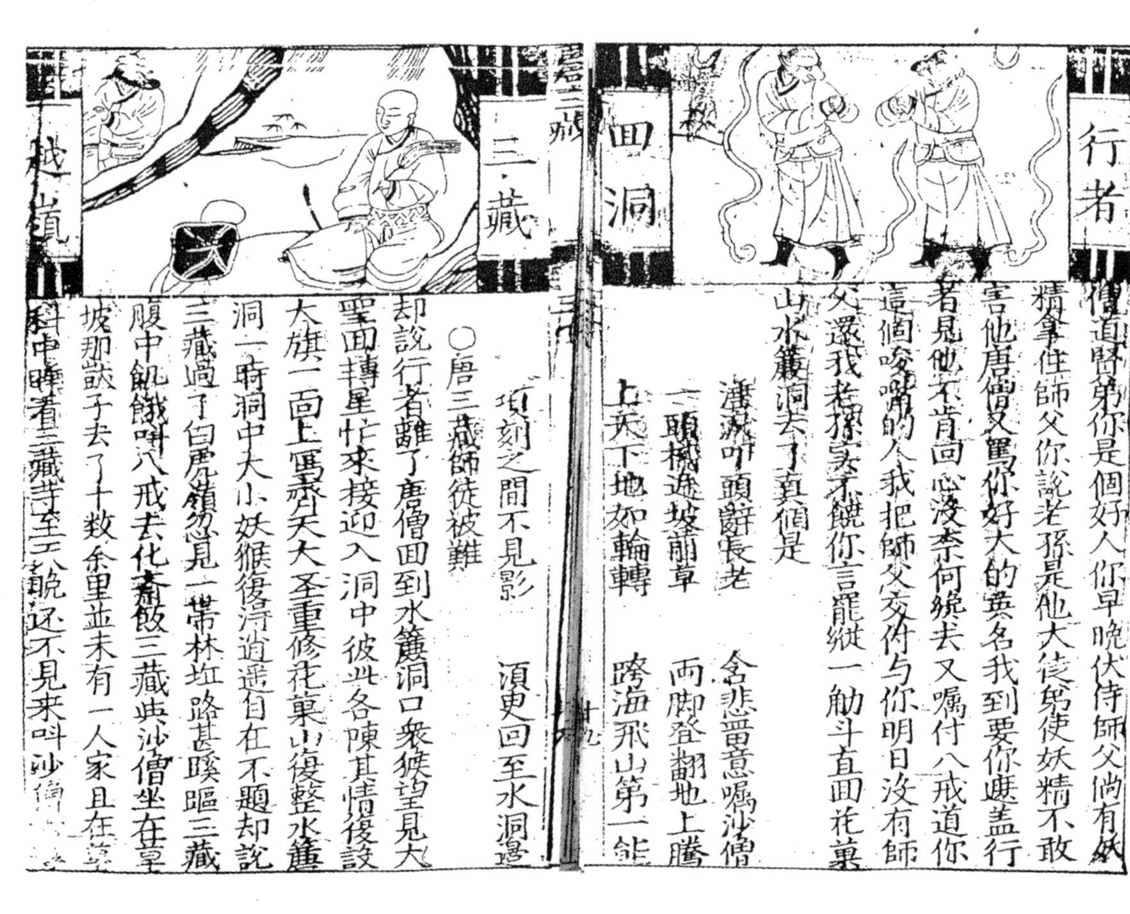

僧道賢弟你是個好人你早晚伏侍師父倘有妖精拿住師父你說老孫是他大徒弟使妖精不敢害他唐僧又罵你好大的無名我到要你遮盖行者見他不肯回心沒奈何繞去又囑付八戒道你這個唆嘴的人我把師父交付与你明日沒有師父還我老孫決不饒你言罷縱一觔斗直回花菓山水簾洞去了真個是

潸然叫頭辭長老　含悲留意囑沙僧
一頭撾遊坡前草　兩脚登翻地上藤
上天下地如輪轉　跨海飛山第一能
須刻之間不見影　須臾回至水洞邊

○唐三藏師徒被難

却說行者離了唐僧回到水簾洞口衆猴望見大聖回轉星忙來接迎入洞中彼此各陳其情復設大旗一面上寫齊天大圣重修花菓山復整水簾洞一時洞中大小妖猴復得逍遙自在不題却說三藏過了白虎嶺忽見一帶林垃路甚蹊嶇三藏腹中飢餓叫八戒去化齋飯三藏與沙僧坐在草坡那獃子去了十数余里並未有一人家且在草科中睡着三藏等至二个晚还不見來叫沙僧

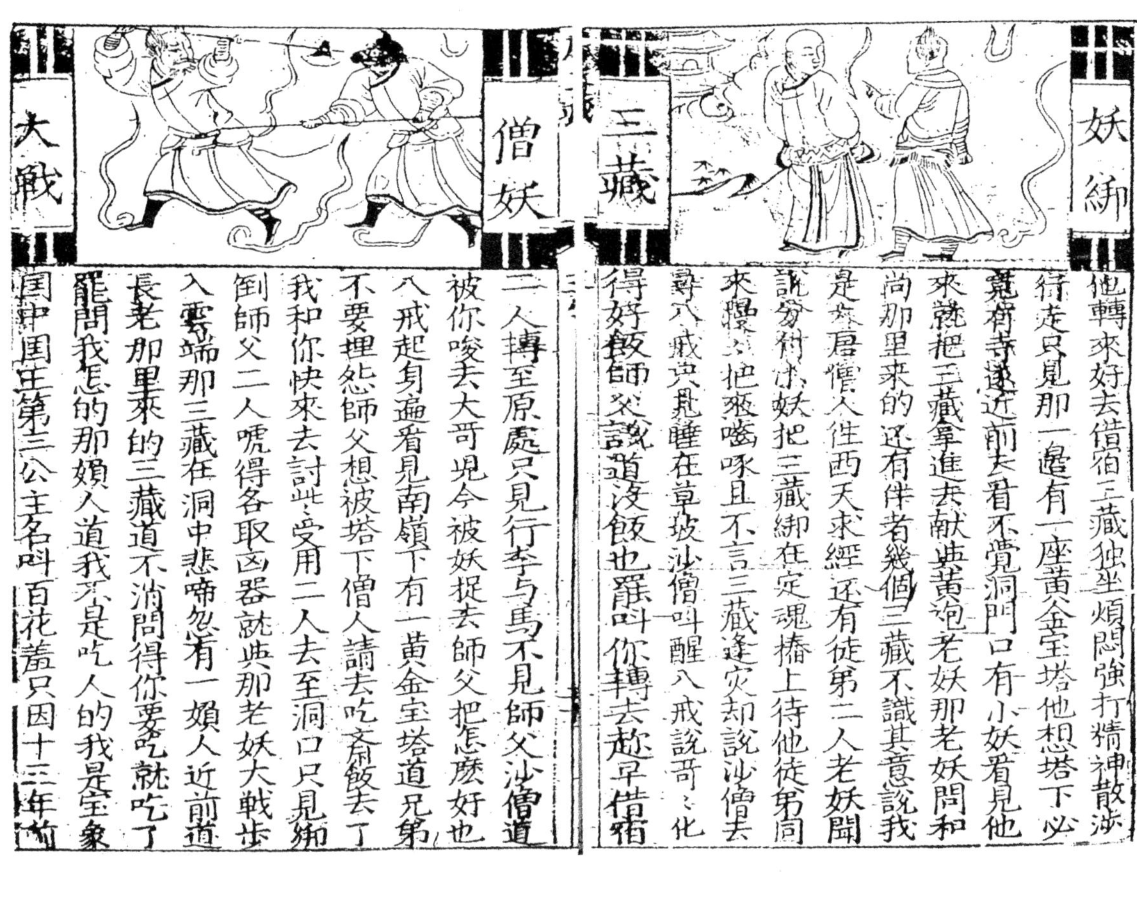

他轉來好去借宿三藏独坐煩悶強打精神散涉行走只見那一邊有一座黃金宝塔他想塔下必竟有寺遂近前去看不覺洞門口有小妖看見他來就把三藏拿進去献與黃袍老妖那老妖問和尚那里來的还有伴者幾個三藏不識其意說我是東土唐僧人往西天求經还有徒弟二人老妖聞說分付小妖把三藏綁在定魂樁上待他徒弟同來擒〻把來嚼吃且不言三藏逢灾却說沙僧去尋八戒只見睡在草坡沙僧叫醒八戒說哥〻化得好飯師父說道沒飯也罷叫你轉去趁早借宿

二人轉至原處只見行李与馬不見師父沙僧道被你唆去大哥兒今被妖捉去師父把怎麼好也八戒起身遍看見南嶺下有一黃金宝塔道兄弟不要埋怨師父想被塔下僧人請去吃齋飯去了我和你快來去討些受用二人去至洞口只見綁倒師父二人唬得各取凶器就與那老妖大戰步入雲端那三藏在洞中悲啼忽有一婦人近前道長老那里來的三藏道不消問得你要吃就吃了罷問我怎的那婦人道我不是吃人的我是宝象国中国王第三公主名叫百花羞只因十三年前

公主
付信

八月十五日夜賞中秋被這妖一陣風來把我拿在此間與他做了十三年夫妻我家離此三百里路杳無音信相通不知長老從何而來被他拿倒三藏道我是大唐人往西天求經閑步至此被他捉獲那婦人轉过笑臉道你往西天在我宝象国過你與我帶一封家書我叫他饒過你命三藏道這等甚好〻〻那公主修書已完付與三藏遂厉聲高叫黃袍郎老妖听得公主叫急忙按落雲頭道渾家有甚話說公主道我適纔在羅幃睡着夢見金甲神說道這三个和尚前世在閻君殿前保

我做個人身今世始得與你配合看來是我你的恩人莫若放他去罷老妖道既是如此就放他去罷終不然稀罕這三個人吃於是分付小妖送三個和尚出山不日路行三百走到宝象国中安歇金亭館驛三藏進朝先投唐王勘合文牒然後呈上家書詳道公主所言等事国王聞言遂開家書一看惱得兩淚交流即托三藏去收伏妖魔三藏道貧僧無法实不能降妖我有二徒神通頗大或者莫可收得国王即宣八戒沙僧上殿親賜御酒三盃分付二人[illegible]去入妖魔救轉公主二人須臾駕

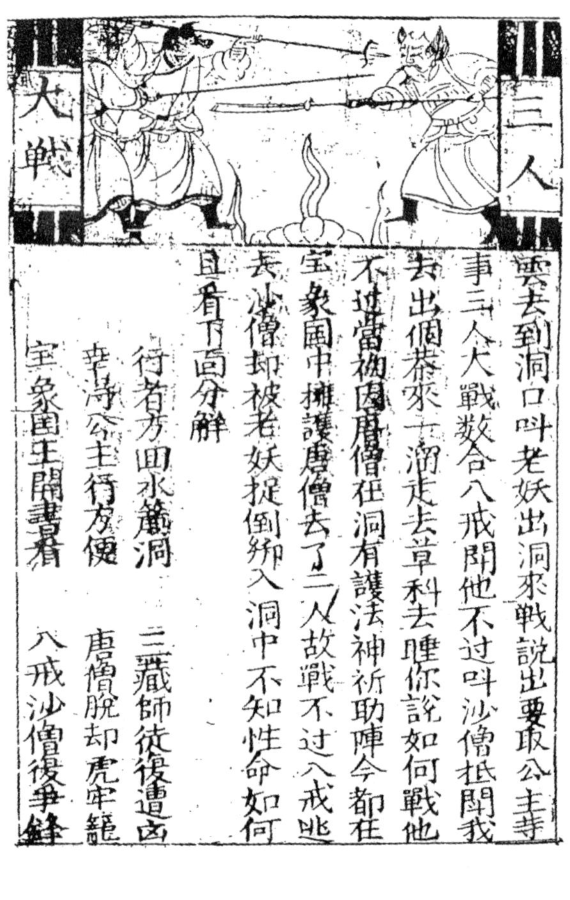
三人大戰

要去到洞口叫老妖出洞來戰說出要取公主事三个人大戰数合八戒閗他不过叫沙僧抵閗我去出個恭來一溜走去草科去睡你說如何戰他不过當初因唐僧在洞有護法神祈助陣今都在宝象國中擁護唐僧去了二人故戰不过八戒逃去沙僧却被老妖捉倒綁入洞中不知性命如何且看下面分解

行者方回水簾洞　三藏師徒復遭凶
老妖公主行方便　唐僧脫却虎牢籠
宝象国王開書看　八戒沙僧復爭鋒

附馬進朝

獃子敗陣奔逃走　沙僧捉入宝塔中
猪八戒請行者救師

却說那怪把沙僧綑住也不曾殺他暗想公主來經一十三年今陡然走出消息必是唐僧去說还要趕去到宝象国害了唐僧然後殺他徒弟遂変做一個青年子弟去到宝象国中進朝面見国王那国王與唐僧正在叙坐忽聞报說三附馬來到舉頭見他生得伶俐亦不敢疑他是妖兩下行礼已畢国王問附馬成親多年怎麽今日纔來見我你當初因何配合小女你家住何村有甚姓名老

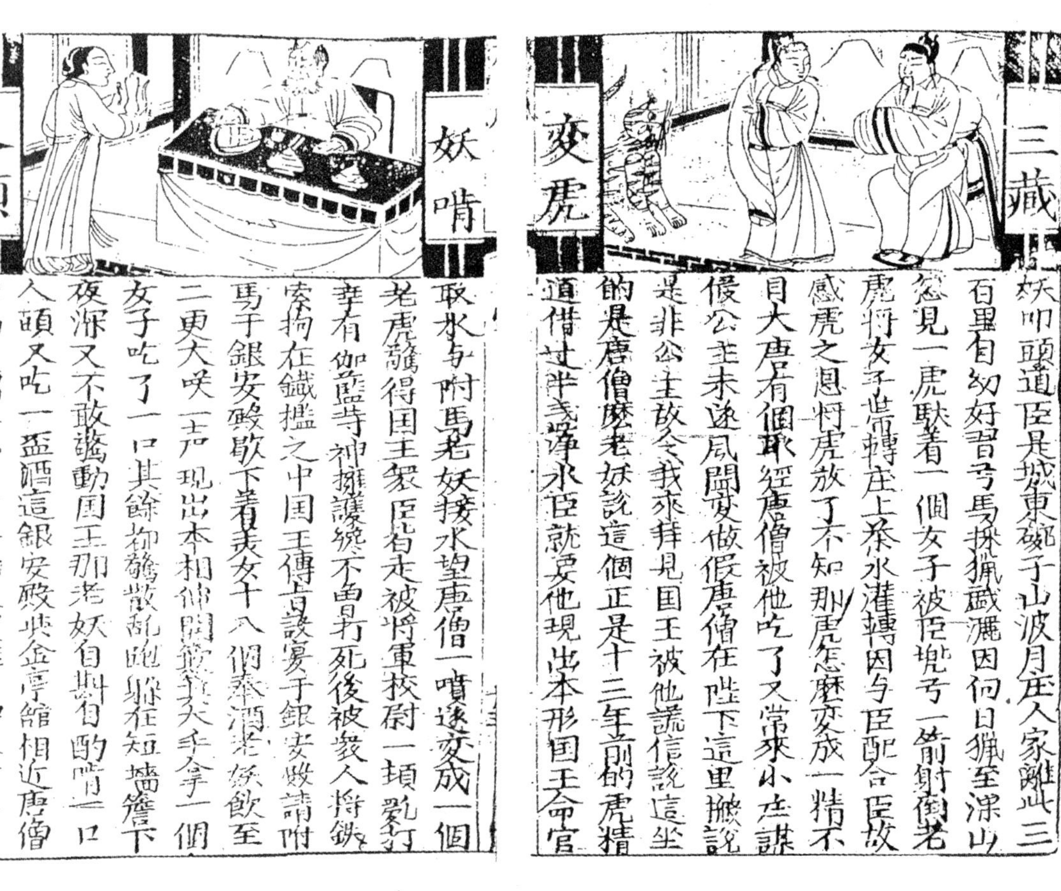
三藏变虎

妖啃人頭

妖叩頭道臣是城東碗子山波月庄人家離此三百里自幼好習弓馬採猟戯獵因何日獵至深山忽見一虎馱着一個女子被臣兜弓一箭射倒老虎將女子帶轉庄上朵水灌轉因与臣配合臣故感虎之恩將虎放了不知那虎怎麽変成一精不日大唐有個取經唐僧被他吃了又常來小庄謊假公主未逢凤閗要做假唐僧在陛下這里撇說是非公主故今我來拜見国王被他謊信說這坐的是唐僧麽老妖說這個正是十三年前的虎精道借过半盞淨水臣就要他現出本形国王命宫取水与附馬老妖接水望唐僧一噴遂変成一個老虎驚得国王衆臣皆走被將軍校尉一頓亂打幸有伽藍等神擁護纔不曾打死後被衆人將鐵索拘在鐵檻之中国王傳旨設宴于銀安殿請附馬于銀安殿歇下着美女十八個奉酒老妖飲至二更大哭一声現出本相伸開簸箕大手拿一個女子吃了一口其餘都驚散亂跑躲在短墻簷下夜深又不敢驚動国王那老妖自斟自酌啃一口人頭又吃一盃酒這銀安殿與金亭舘相近唐僧白馬在槽上吃草所得師父被难又知妖精在銀

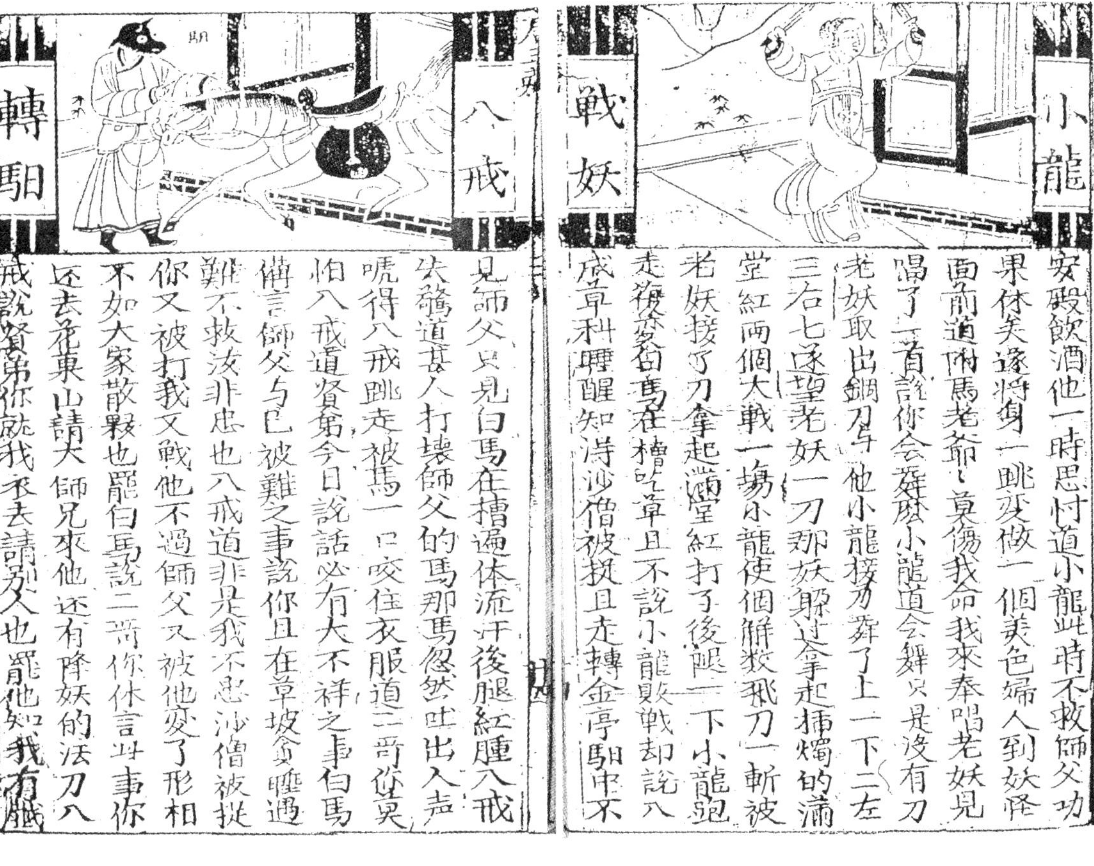

安殿飲酒他一時思忖道小龍此時不救師父功果休矣遂將身一跳变做一個美色婦人到妖怪面前道駙馬老爺〻莫傷我命我來奉唱老妖見唱了一首說你会舞麼小龍道会舞只是沒有刀老妖取出鋼刀与他小龍接刀舞了上一下二左三右七遂望老妖一刀那妖躲过拿起插燭的滿堂紅両個大戰一場小龍使個解数飛刀一斬被老妖接了刀拿起滿堂紅打了後腿一下小龍跑走複吞馬在槽吃草且不說小龍敗戰却說八戒草科睡醒知得沙僧被捉且走轉金亭駒中不

見師父只見白馬在槽遍体流汗後腿紅腫八戒失驚道甚人打壞師父的馬那馬忽然吐出人声唬得八戒跳走被馬一口咬住衣服道二哥從莫怕八戒道賢弟今日說話必有大不祥之事白馬備言師父与己被難之事說你且在草坡貪睡遇難不救汝非忠也八戒道非是我不忠沙僧被捉你又被打我又戰他不過師父又被他变了形相不如大家散夥也罷白馬說二哥你休言此事你还去花果山請大師兄來他还有降妖的法刀八戒說賢弟你就我丞去請那人也罷他知我有臟

仇氣怕他不聽我白馬說他去時还說來救師父你厚放臉皮还去請他來八戒听罷駕雲直至水簾洞〻去請行者不知他肯來否且看後面何如得此一回真是

意馬心猿都失散　金公木母尽彫零
黃婆傷損通分別　道義消疎怎得成

孫悟空收妖救師

却說那八戒進水簾洞見礼已畢詳言師父被難沙僧被捉白馬被打各事詳陳一遍行者道我臨別時曾叮嚀你來說若遇妖魔就說出我的名字

怎麽又不說八戒思量道請將不如激將莫若承此激他道我不曾說你到还好只為說了你名字他道正要拿行者來剥皮剉骨行者听言惱得心焦就縱觔斗雲與八戒立至那老妖洞口把老妖两個兒子一起拿了公主來說行者把好言安他說我一定救你轉去你莫疑慮言罷放出沙僧沙僧出洞一面天生喜蒲歷尽皆春變言感謝行者道閑話休說你二人且抱此兒子去見老妖說老孫在此等戰八戒沙僧徑至銀安殿見老妖酒还未醒二人把兒子丟將下去跌得成泥道你這

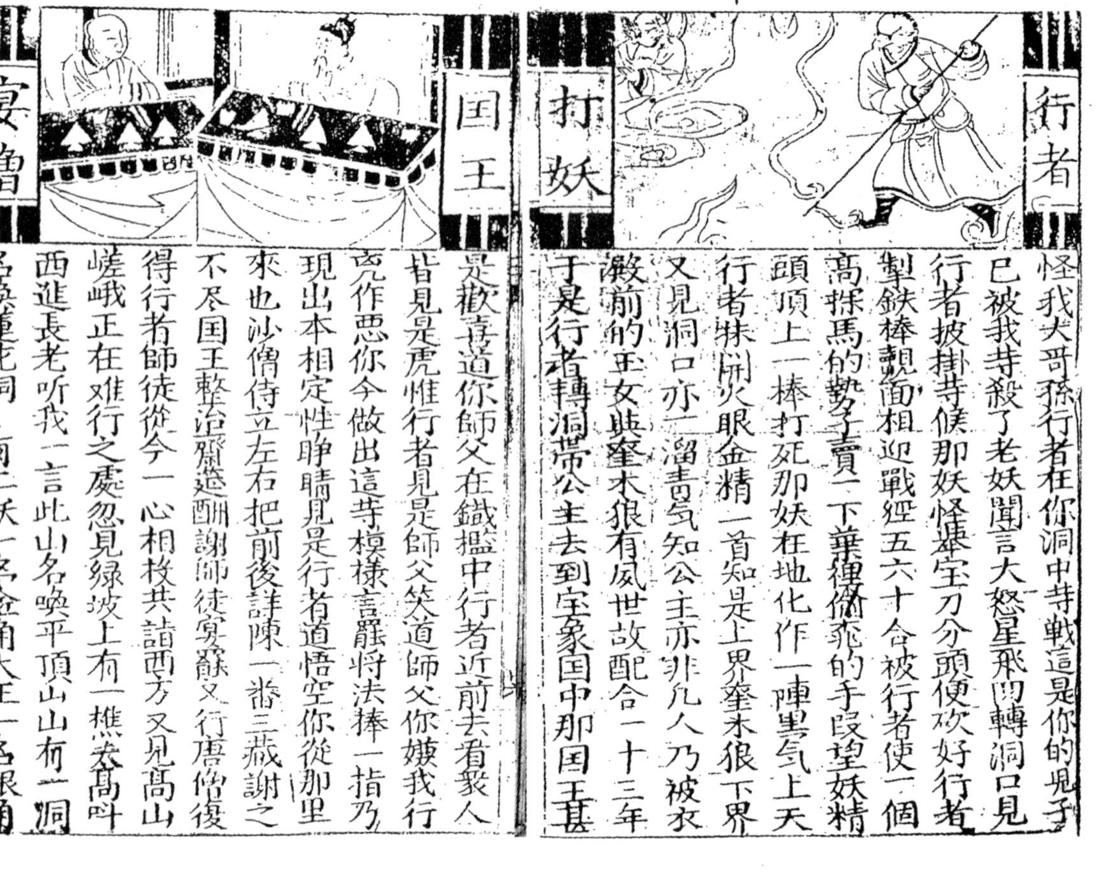

怪我大哥孫行者在你洞中寺戰這是你的兒子已被我寺殺了老妖聞言大怒星飛回轉洞口見行者披掛寺候那妖怪舉宝刀分頭便砍好行者掣鉄棒覿面相迎戰經五六十合被行者使一個高探馬的勢子賣一下華徨偷乖的手段望妖精頭頂上一棒打死那妖在地化作一陣黒气上天行者睜開火眼金精一看知是上界奎木狼下界又見洞口亦一溜青气知公主亦非凡人乃被衣殿前的玉女與奎木狼有夙世故配合一十三年于是行者轉洞帯公主去到宝象国中那国王甚是歡喜道你師父在鐵檻中行者近前去看衆人皆見是虎惟行者見是師父笑道師父你嫌我行兇作悪你今做出這等模樣言罷将法捧一指乃現出本相定性睜睛見是行者道悟空你從那里來也沙僧侍立左右把前後詳陳一番三藏謝之不尽国王整治齋筵酬謝師徒宴罷又行唐僧復得行者師徒從今一心相投共詣西方又見高山嵯峨正在难行之處忽見绿坡上有一樵夫高叫西進長老听我一言此山名喚平頂山山有一洞名喚蓮花洞〻有二妖一名金角大王一名銀角

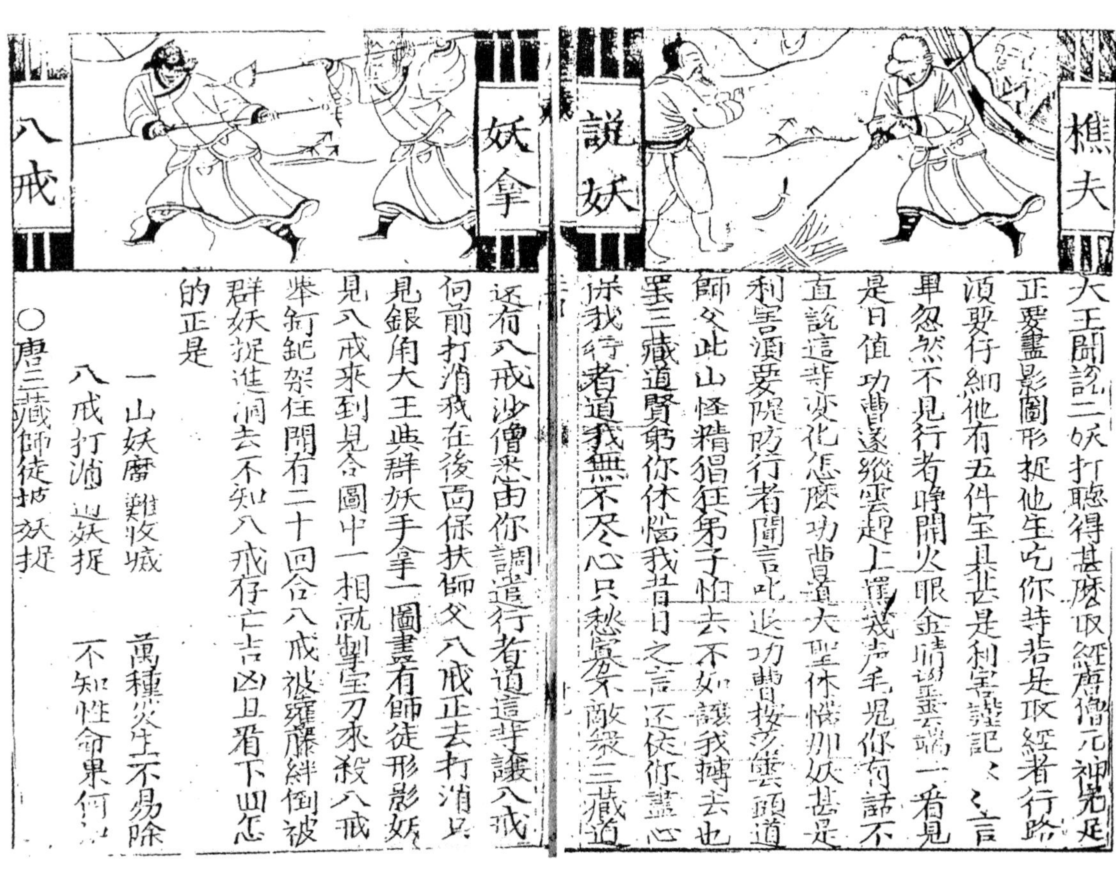

大王聞說二妖打聽得甚麽取經唐僧元神是正要畫影圖形捉他生吃你寺若是取經者行路須要仔細他有五件宝貝甚是利害謹記〻〻言畢忽然不見行者睜開火眼金睛望雲端一看見是日值功曹遂縱雲趕上罵幾声毛鬼你有話不直說這寺变化怎麽功曹道大聖休惱那妖甚是利害須要隄防行者聞言叱退功曹按落雲頭道師父此山怪精猖狂弟子怕去不如讓我轉去也罷三藏道賢弟你休惱我昔日之言还依你盡心保我行者道我無不尽心只愁寡不敵衆三藏道还有八戒沙僧悉由你調遣行者道這寺讓八戒向前打消我在後面保扶師父八戒正去打消只見銀角大王典群妖手拿一圖畫有師徒形影妖見八戒來到見合圖中一相就掣宝刀來殺八戒挙釘鈀架住鬪有二十回合八戒被籐蘿絆倒被群妖捉進洞去不知八戒存亡吉凶且看下回怎的正是

一山妖魔難收𭏴　萬種災生不易除
八戒打消遇妖捉　不知性命果何如

○唐三藏師徒被妖捉

說那怪將八戒■進洞去金角說這豬精要他則甚迯要去拿唐僧銀角說也不要放他把他浸在後園唐僧浸去皮毛然後把來做鮓裝小妖把八戒抛在水裡不題却說唐僧三衆正在濃望八戒那銀角與衆妖立在嶺上見唐僧師徒來到行者前走沙僧後跟銀角將手一指唐僧在馬上打一寒噤連指三指就打三個寒噤三藏總是心怯道徒弟我打寒噤必定是妖來行者聞言掣起金捧奮勇向前進那妖道果然好個大聖若與他比勢決不能贏他師父必竟要善々圖他遂搖身一変々

做一個年老道士跌在路傍高叫長老救命三藏驚問老先生因何那妖假謅虛情道我是山背清幽觀中與徒弟在人家祈福回歸不料被虎咬去徒弟我又傷了左脚故不能行三藏道我讓馬你騎妖道我脚痛跨不得馬三藏叫行者馱他行者知是妖怪說我若打他師父又惱不如馱他在後緩々擺佈他行者馱上肩叫師父前行些々方繞遠了三四里路行者正欲害他原來那妖就知到了遂念一咒遣得須彌山壓來大聖左肩承了大聖全不着意又遣峨眉山壓來大聖右肩承了又不

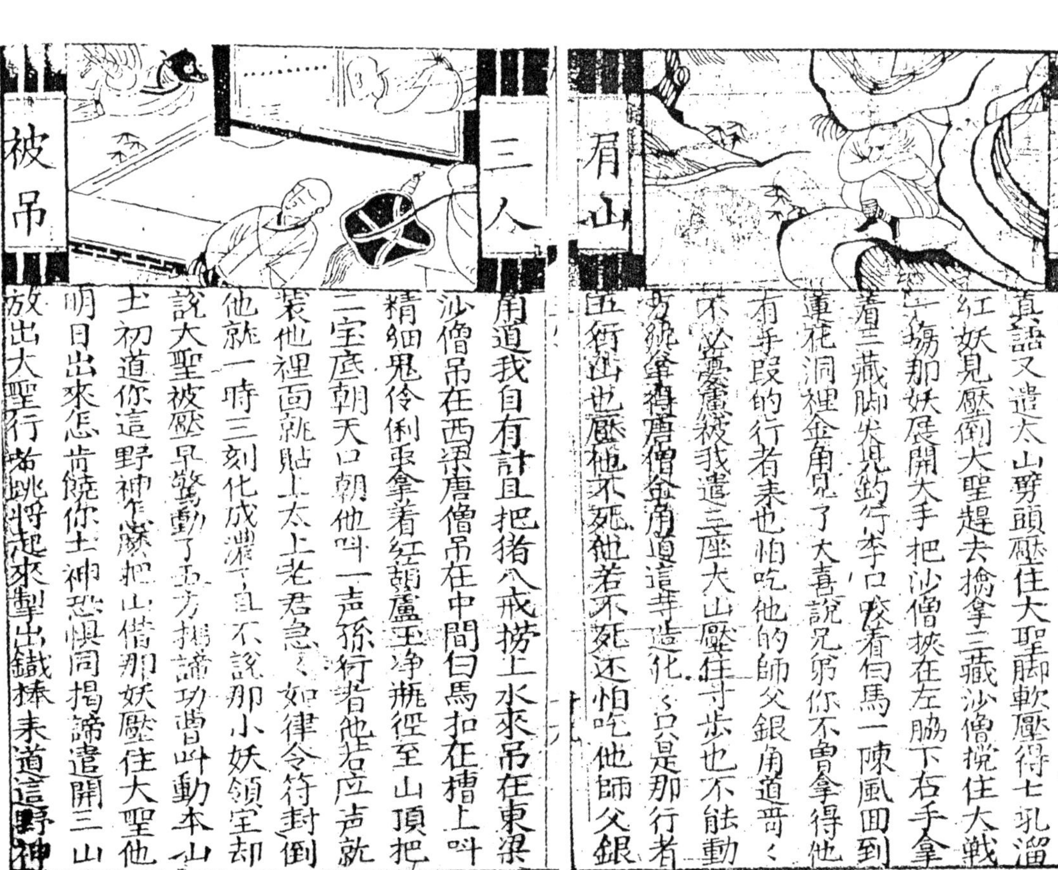

着意肩起兩山忙趕師父那妖也唬得汗流復念真語又遣太山劈頭壓住大聖脚軟壓得七孔溜紅妖見壓倒大聖趕去擒拿三藏沙僧攪住大戰一場那妖展開大手把沙僧挾在左脇下右手拿着三藏脚尖兒鈎行李口咬着白馬一陣風回到蓮花洞裡金角見了大喜說兄弟你不曾拿得他有手段的行者來也怕吃他的師父銀角道哥々不必憂慮被我遣三座大山壓住寸步也不能動方纔拿得唐僧金角道這等造化々只是那行者五行山也壓他不死他若不死还怕吃他師父銀

角道我自有計且把猪八戒撈上水來吊在東梁沙僧吊在西梁唐僧吊在中間白馬扣在槽上叫精細鬼伶俐虫拿着紅葫蘆玉净瓶徑至山頂把二宝底朝天口朝他叫一声孫行者他若应声就裝他裡面就貼上太上老君急々如律令符封倒他就一時三刻化成漿了且不說那小妖領宝却說大聖被壓早驚動了五方揭諦功曹叫動本山土地道你這野神怎麽把山借那妖壓住大聖他明日出來怎肯饒你土神恐惧同揭諦遣開三山放出大聖行者跳將起來掣出鐵棒來道這野神

土神　說妖

你到不怕老孫却怕妖怪土神道那怪神通廣大念動真語拘我等在他洞裡輪次當值大聖听言正在感嘆見那傍放出霞光忙問土神他那傍怎麽放光土神道想是那怪差小妖拿出宝来降你行者又問他洞中常有甚人往來土神道他愛的是燒丹煉藥喜的是全真道人言未訖見二小妖將近行者叱退土神搖身一變〻做個老真人小妖一見問老善士何處到此何幹行者道我是蓬萊山到此尋個徒弟傳道小妖道傳我二人也罷行者問你二位何處往那里去妖道我是蓮花洞

行者　拐寳

我家魔王拿得甚麽唐僧他有一徒弟名行者被山壓倒我拿紅葫蘆玉凈瓶去裝他行者問怎麽裝得二妖備以銀角分付的語話詳說與听行者就起意謀他的送來腰上摘一根毫毛仍變一葫蘆道你的只裝得人我的还裝得天二妖听得就肯把葫蘆凈瓶來換只叫師父你裝與我看〻我肯把兩件和你対換行者却低頭念呪叫遊神奏過玉帝借天一裝助我收妖遊神上奏帝忽見那吒奏道天怎麽裝得請玉帝降旨到北天門問真武借他皂雕旗閉了日月當做裝了一般助老孫

哪吒　掩天

妖玉帝依奏哪吒借了皂旗在南天門外相助遊神急往大聖耳邊報知道哪吒來助功行者仰面見哪吒手執皂旗乃道我裝天了妖道裝便裝只曾阿綿花屎行者念呪將葫蘆拋起哪吒遂把皂旗一展要雨黒暗小妖驚得忙叫師父快放天出来莫閉死我也行者復念真語哪吒收了皂旗日色重光小妖就把二宝換了假葫蘆行者得了二宝縱身雲端謝了哪吒不題且在雲端看小妖轉洞不知怎麽區處且看後面何如

三藏八戒與沙僧　被妖捉獲實堪憐

小妖　訴情

大聖壓在三山下　土神開山得脫生
小妖拿宝來收伏　換得行者毛一根
三藏果是金蟬子　感動哪吒閉了天
孫行者收伏妖魔

却說那兩個小妖見行者去了笑盈〻說也把天來裝一裝看把假葫蘆望上一拋行者在空中收上毫毛葫蘆不見驚得二妖在草坡中東摸西摸何里去尋慌忙回轉洞中正見二魔同坐飲酒小妖哀告等事妖魔知是行者拐去道你這無用小妖且在謗听罪金角道二宝既被行者拐去如何

妖魔捜母

取得銀角道还有三樣宝貝七星劍芭蕉扇幌金繩這繩現在壓龍洞老母収下就着巴山虎倚海龍去請老母來吃唐僧肉带幌金绳來拿行者不覺行者把宝貝变小放在耳朶復变蒼蝇在傍听見慌忙趙出洞去掣起如意棒打死巴虎二妖扯下一根毫毛变一個巴山虎自巳变一個倚海龍去至洞中請得老妖行至半路仍把一棒打死捜了幌金繩又扯毫毛一根变做老妖來到蓮花洞白銀二妖接進二魔近前叩頭行者屈身挽起那八戒在梁上望見行者尾巴叫師父莫慌貌來老妖

妖趕行者

是行者变的行者听得道孩兒請我来吃唐僧肉我实不吃只爱猪八戒的耳朶下酒八戒听見罵遭瘟的你要割我耳朶我喊出你事來只被八戒這句言語走出風來銀角掣起七星劍一砍行者現出真形兩個大戰一塲行者戰至中間拿起玉净瓶叫一聲銀角妖這妖怒气一應被行者裝進去了又得了七星劍小妖慌忙报知金角那金角掣起芭蕉扇趕來行者且不理戰見妖一到抛起幌金绳望老妖一在不知老妖有個鬆繩呪縛别人就紧縛自巳就寛被老妖反把行者套倒這妖

妖魔放火

者先得二宝被他变小放進耳朶七星劍不曾變得被老妖拿轉宝劍劈光頭砍了十数刀行者頭皮红也不曾红老妖仍把吊起在梁且進後堂飲酒八戒道哥〻你吃我耳朶麽行者道你莫笑你还要我救你須更被他变小身子溜将下來拿了幌金绳变一個假的吊在梁上自巳变做一小妖到魔頭背後偷了宝劍忽碍動老妖那妖又掣芭蕉扇趕來此時老妖怒氣涌胸不理清濁把扇望離宫一刮烈火遍起圍住行者在中被行者把一根毫毛变做一個假的在火中自巳走轉洞中見

打死裂妖

有些小妖在洞中看守行者掣棒一発打死魔頭只説燒死行者歡喜轉洞只見屍横滿地驚得忙入洞中去看行者潜身藏了魔頭悶睡在案行者悄〻的盗了芭蕉扇五宝俱已到手藏投停當喚掣棒一打老妖趕得迯往壓龍洞去不題行者放下唐僧與八戒沙僧将他洞中粢淨茶米炊乞正行忽見老妖統得壓龍洞中狐妖又統外家親戚狐阿七大王来戦此妖没有宝貝怎是行者兄弟對手把狐妖一齊打死四裂收拾行李正走忽見路傍有一瞽者來取宝貝行者細看原是太上李

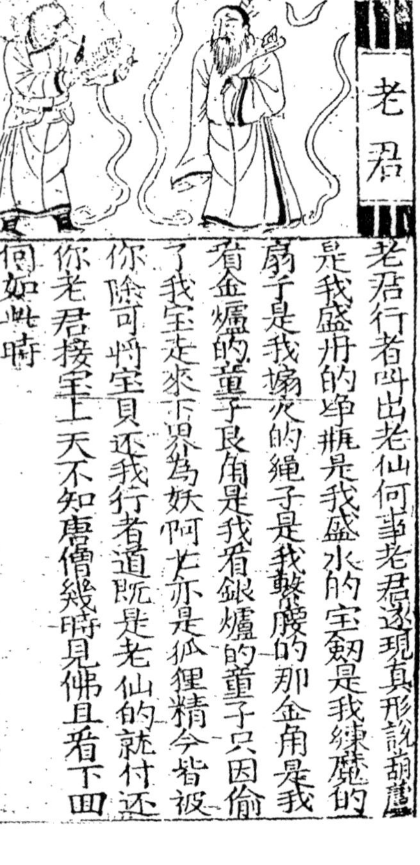

老君行者叫出老仙何事老君遂現真形說葫蘆是我盛丹的淨瓶是我盛水的宝劍是我煉魔的扇子是我搧火的繩子是我繫腰的那金角是我看金爐的童子銀角是我看銀爐的童子只因偷了我宝走來下界為妖阿七亦是狐狸精今皆被你除可將宝貝还我行者道既是老仙的就付还你老君接宝上天不知唐僧幾時見佛且看下回何如此時

老君回歸兜率院　逍遙直上九重天
唐僧四衆奔西去　幾時取得宝經旋

投寺

借宿

唐三藏夢鬼訴冤

說孫行者收妖还宝已訖四衆又行多時三藏摟愴感懷道自離長安寒暑四五年矣怎麼还不得到行者道師父寬心此繞出大門哩正言談間只見紅日沉西三藏道此處有一座大寺可往此借宿四人徑至山門外見上寫有宝林寺三字四衆徑入法堂與本寺僧人礼畢話完僧人献上茶飯整治鋪蓋伏侍四人就寢三藏睡至三更時候夢中聞得禅堂外叫声師父救命夢中抬頭一看見是个含愁的漢子是个帝王模樣三藏問你是何

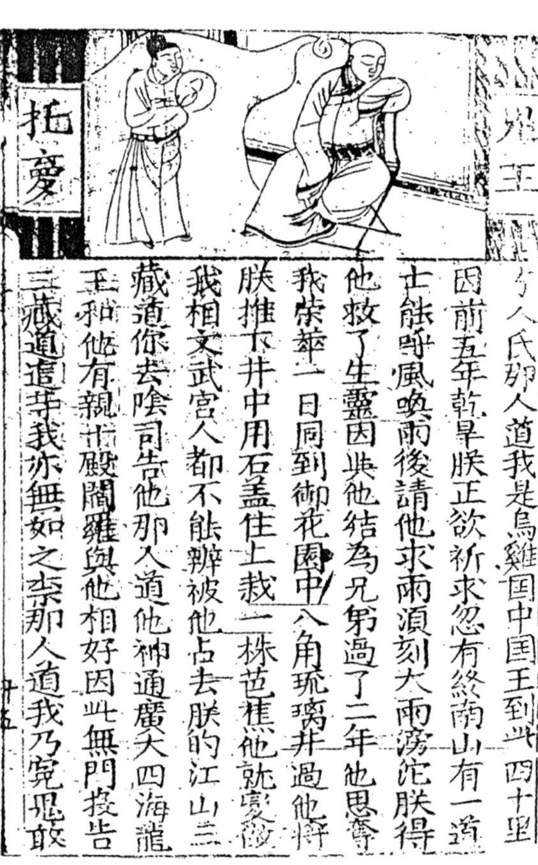

方人氏那人道我是烏雞国中国王到此四十里因前五年乾旱朕正欲祈求忽有終南山有一道士能呼風喚雨後請他求雨須刻大雨滂沱朕得他救了生靈因與他結為兄弟過了二年他思奪我荣華一日同到御花園中八角琉璃井過他將朕推下井中用石盖住上栽一株芭蕉他就変做我相文武宮人都不能辨被他占去朕的江山三藏道你去陰司告他那人道他神通廣大四海龍王和他有親十殿閻羅與他相好因此無門投告三藏道這等我亦無如之奈那人道我乃冤鬼敢

鬼遺

白珪

來見你因夜遊神一陣神風送來道我灾星已滿說你手下有個徒弟孫行者法力廣大可以收妖救朕三藏道歲月已久文武宮妃不信縱我徒弟有手段支說我等欺邦咸国却不是畫虎刻鵠那人道我有親生太子三年未曾入宮妖人恐他母子論出長短明日出山打獵師父定與他相見可把我冤情說與他知他若不信我留下一件金廂白玉珪此物可以為記此是我生前佩的今妖人三年沒有此宝他又說被求雨的道人拐去你明日把此物與太子看他自然听信我今不敢等久

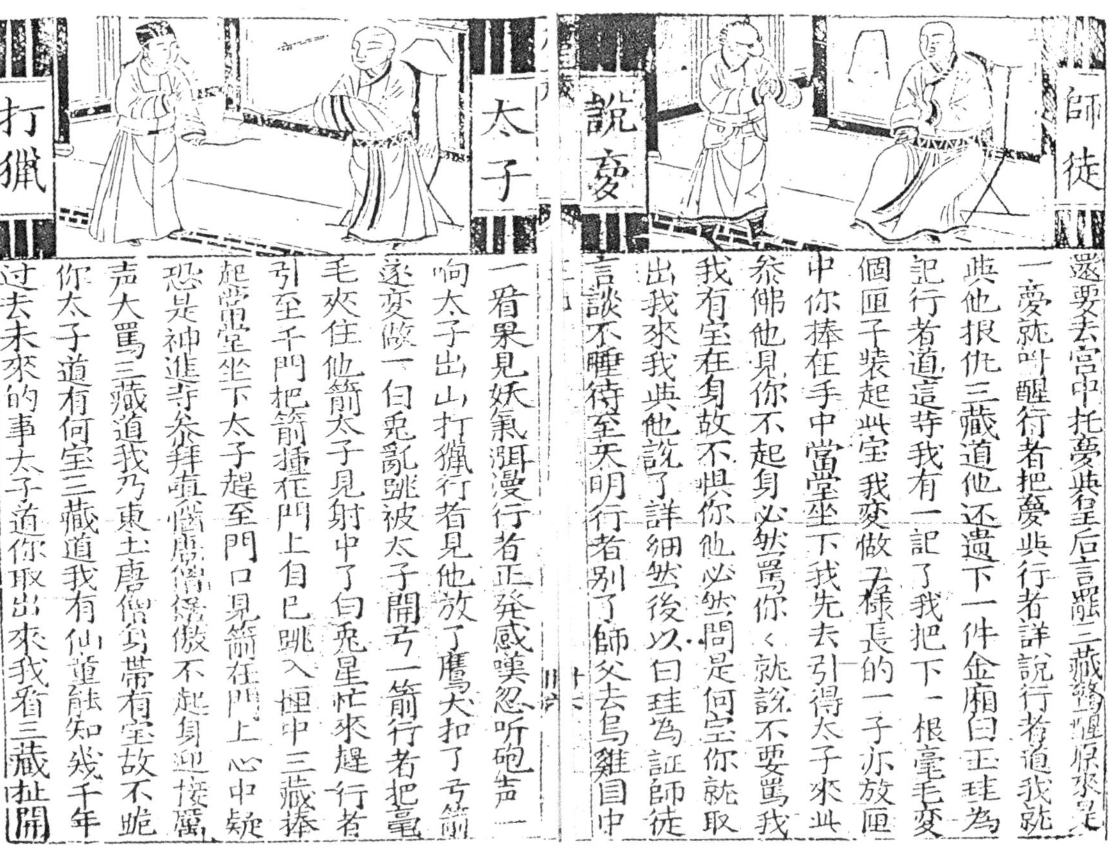

還要去宮中托夢與皇后言罷三藏驚醒原來是一夢就叫醒行者把夢與行者詳說行者道我就與他報仇三藏道他还遺下一件金廂白玉珪為記行者道這等我有一記了我把下一根毫毛变個匣子裝起此宝我变做一丈樣長的一子亦放匣中你捧在手中當堂坐下我先去引得太子來此參佛他見你不起身必然罵你〻就說不要罵我我有宝在身故不惧你他必然問是何宝你就取出我來我與他說了詳細然後以白珪為証師徒言談不睡待至天明行者別了師父去烏雞国中

一看果見妖氣瀰漫行者正発感嘆忽听砲声一响太子出山打獵行者見他放了鷹犬扣了弓箭遂变做一白兎亂跳被太子開弓一箭行者把毫毛夾住他箭太子見射中了白兎星忙來趕行者引至千門把箭插在門上自己跳入匣中三藏捧起當堂坐下太子趕至門口見箭在門上心中疑恐是神進寺參拜真僧唐僧傲不起身迎接罵声大罵三藏道我乃東土唐僧身帶有宝故不跪你太子道有何宝三藏道我有仙寶能知幾千年过去未來的事太子道你取出來我看三藏扯開

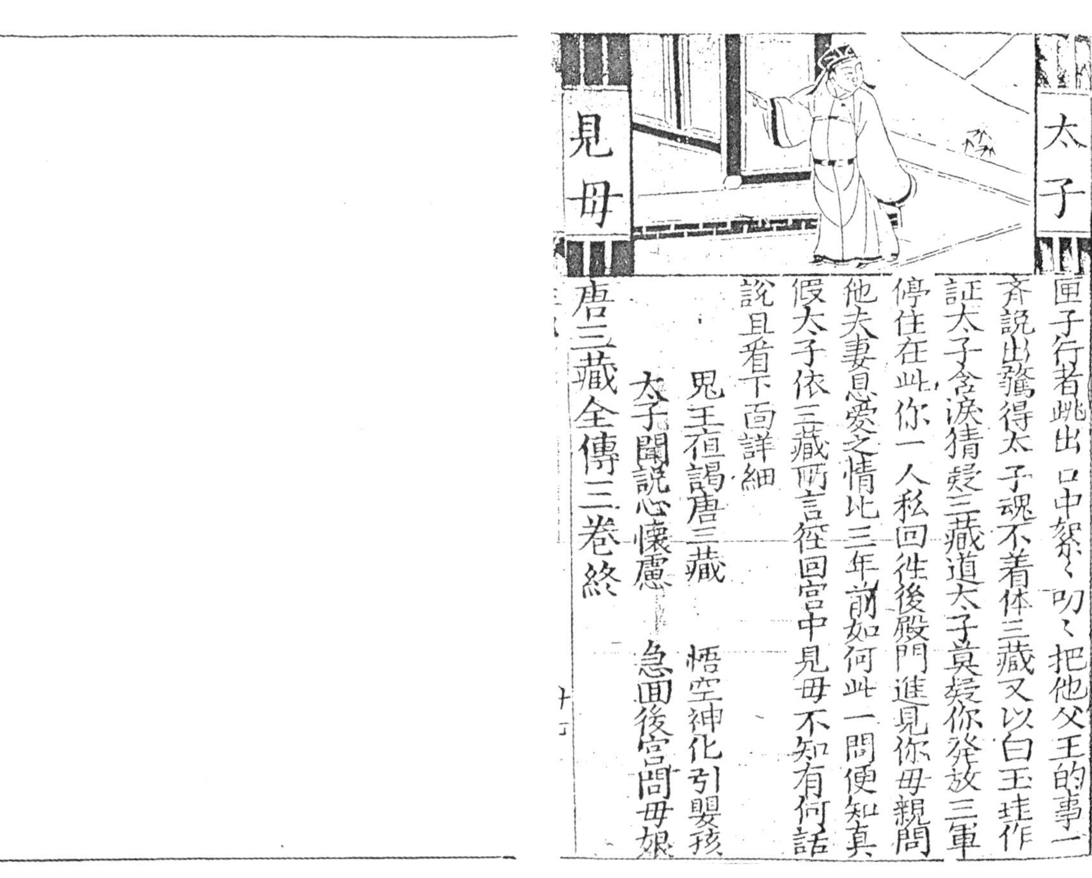

匣子行者跳出口中絮〻叨〻把他父王的事一齐說出驚得太子魂不着体三藏又以白玉珪作証太子含淚猜疑三藏道太子莫疑你発放三軍停住在此你一人私回往後殿門進見你母親問他夫妻恩愛之情比三年前如何此一問便知真假太子依三藏所言徑回宮中見母不知有何話說且看下面詳細

兕王祖謁唐三藏　悟空神化引嬰孩
太子聞說心懷慮　急回後宮問母娘

唐三藏全傳三卷終

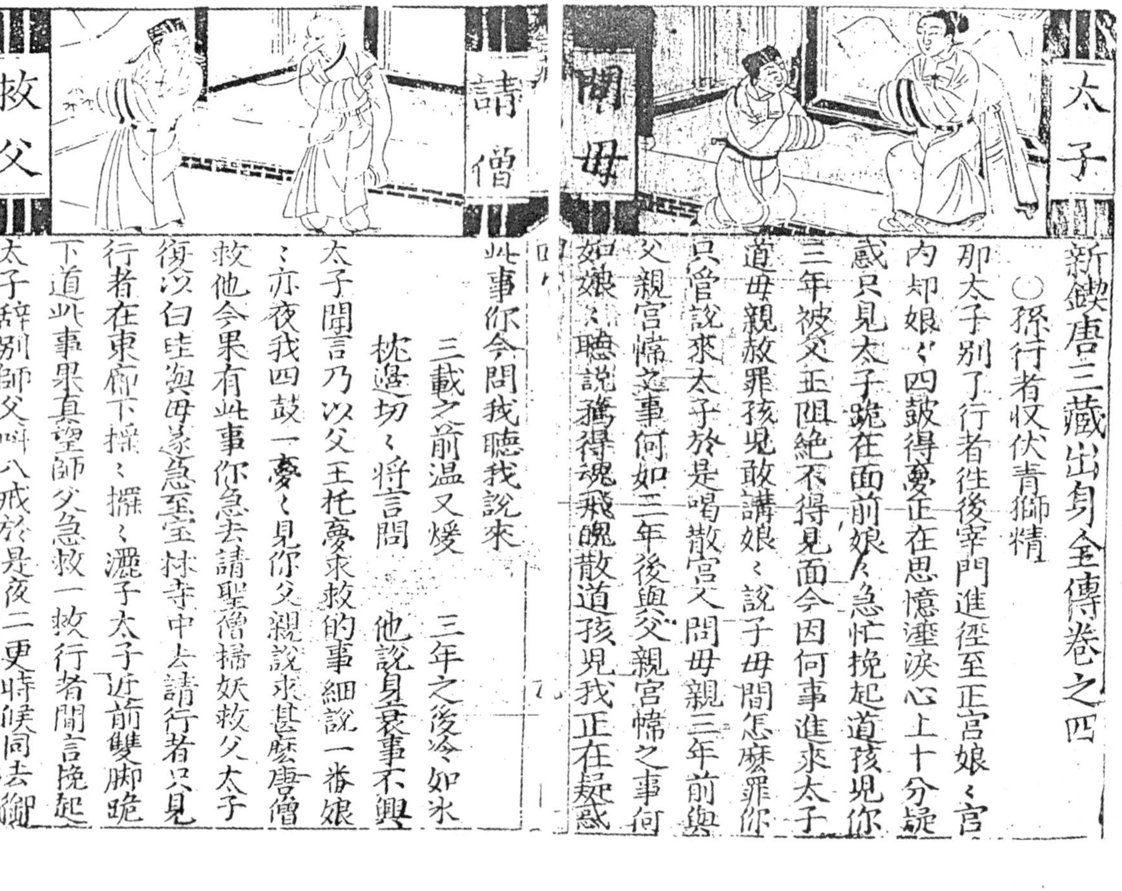

新鍥唐三藏出身全傳卷之四

〇孫行者收伏青獅精

那太子別了行者往後宰門進徑至正宮娘〻宮內却娘〻四鼓得夢正在思憶塗淚心上十分疑惑只見太子跪在面前娘〻急忙挽起道孩兒你三年被父王阻絕不得見面今因何事進來太子道母親赦罪孩兒敢講娘〻說子母間怎麼罪你只曾說來太子於是喝散宮人問母親三年前與父親宮幃之事何如三年後與父親宮幃之事何如娘〻聽說嚇得魂飛魄散道孩兒我正在疑惑此事你今問我聽我說來

三載之前溫又煖　三年之後冷如冰
枕邊切〻將言問　他說身衰事不興

太子聞言乃以父王托夢求救的事細說一番娘〻亦夜我四鼓一夢〻見你父親說來甚麼唐僧救他今果有此事你急去請聖僧掃妖救父太子復以白哇與母遂急至宝林寺中去請行者只見行者在東廊下操〻擺〻灑子太子近前雙脚跪下道此事果真望師父急救一救行者聞言挽起太子辭別師父叫八戒於是夜二更時候同去御

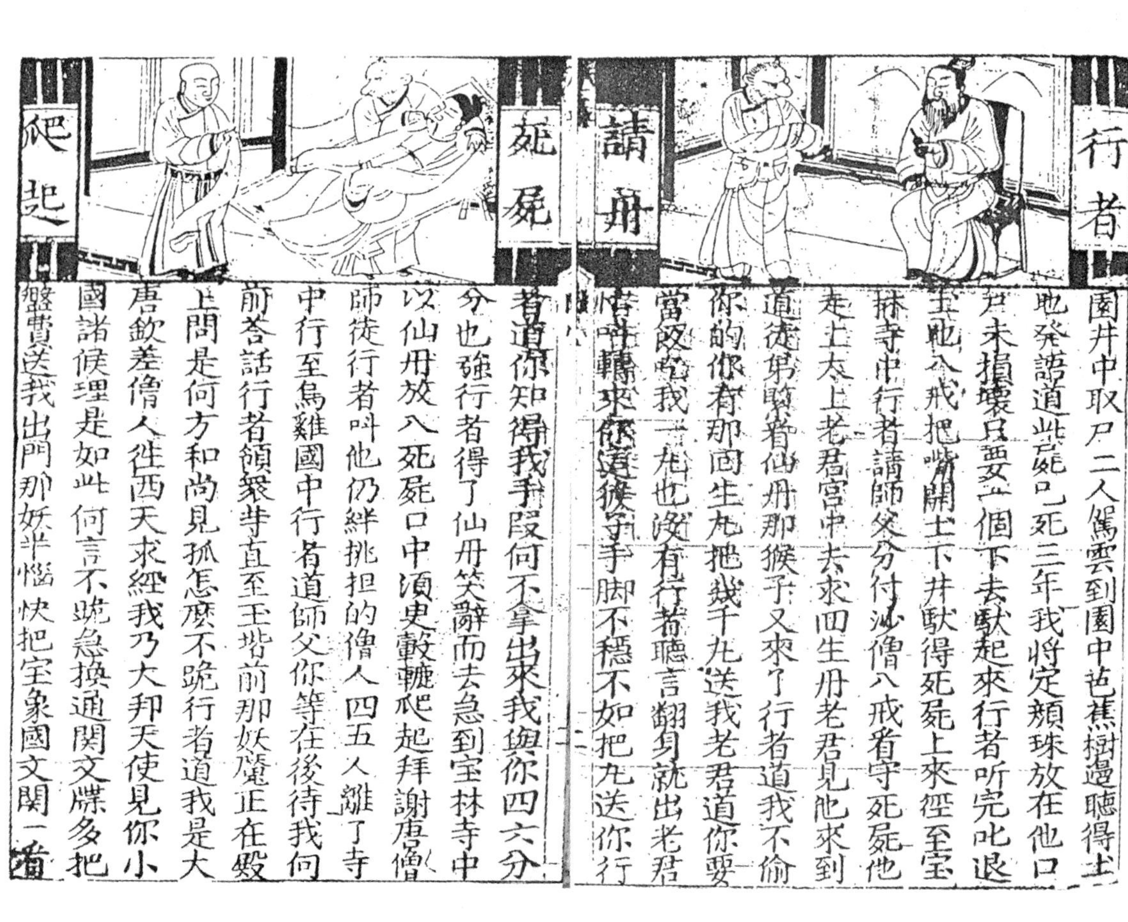

園井中取尸二人駕雲到園中芭蕉樹邊聽得土地發語道此屍已死三年我將定顏珠放在他口尸未損壞只要一個下去馱起來行者听完叱退土地叫八戒把嘴開土下井馱得死屍上來徑至宝林寺中行者請師父分付沙僧八戒看守死屍他走上太上老君宮中去求回生丹老君見他來到道徒弟照着仙丹那猴子又來了行者道我不偷你的你有那回生丸把幾千丸送我老君道你要當做吃我一丸也沒有行者聽言翻身就出老君怕他轉來依還猴子手脚不穩不如把丸送你行者道你知得我手段何不拿出來我與你四六分分也強行者得了仙丹笑辭而去急到宝林寺中以仙丹放入死屍口中須臾鼓轆爬起拜謝唐僧師徒行者叫他仍絆挑担的僧人四五人離了寺中行至烏雞國中行者道師父你等在後待我向前答話行者領衆步直至玉堦前那妖魔正在殿上問是何方和尚見孤怎麼不跪行者道我是大唐欽差僧人往西天求經我乃大邦天使見你小國諸侯理是如此何言不跪急換通關文牒多把盤費送我出門那妖半惱快把宝象國文關一道

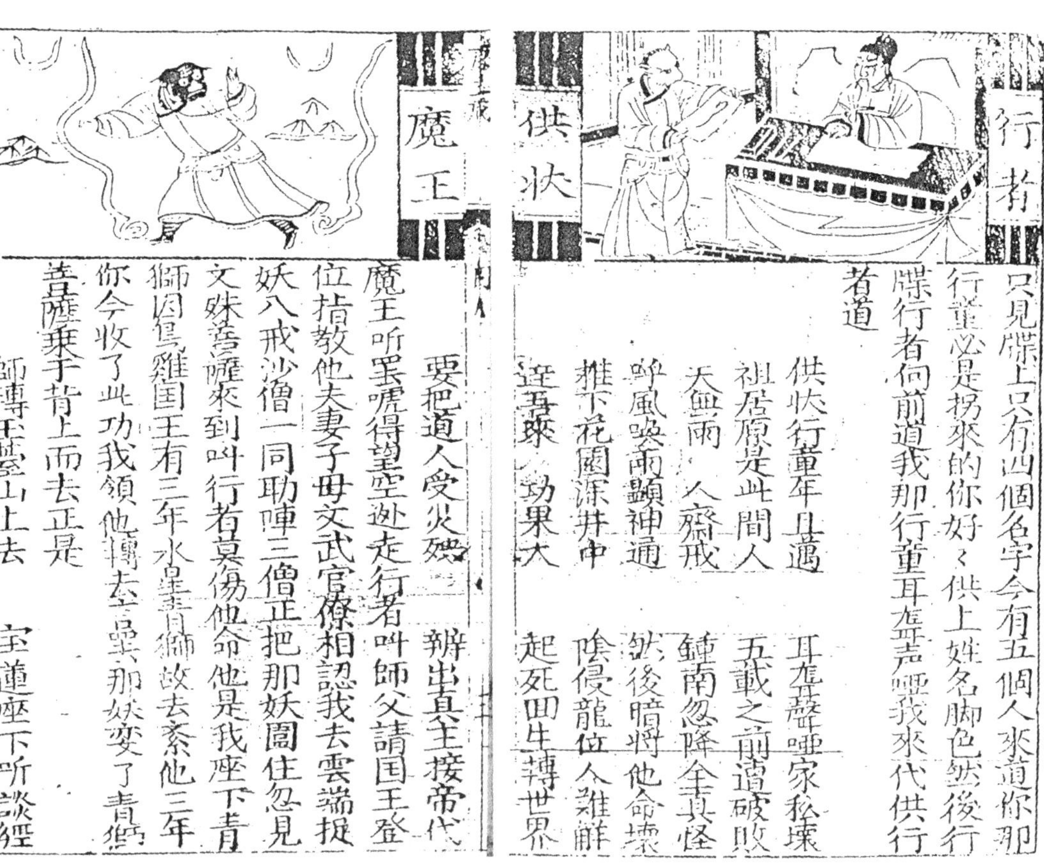

只見牒上只有四個名字今有五個人來道你那行童必是拐來的你好〻供上姓名脚色然後行牒行者向前道我那行童耳聾聲啞我來代供行者道

供狀行童年且邁　耳聾聲啞家私壞
祖居原是此間人　五載之前遭破敗
天無雨　人齋戒　鍾南忽降全真怪
呼風喚雨顯神通　然後暗將他命壞
推下花園深井中　陰侵龍位人難解
逢吾來　功果大　起死回生轉世界

要把道人受災殃　辨出真主接帝代

魔王听罢唬得望空逃走行者叫師父請国王登位指教他夫妻子母文武官僚相認我去雲端捉妖八戒沙僧一同助陣三僧正把那妖圍住忽見文殊菩薩來到叫行者莫傷他命他是我座下青獅因烏雞国王有三年水星目獅故去泰他三年你今收了此功我領他轉去罢那妖变了青獅菩薩乘于背上而去正是

獅轉玉臺山上去　宝蓮座下听談經
雖是妖怪將人害　亦是国王有災星

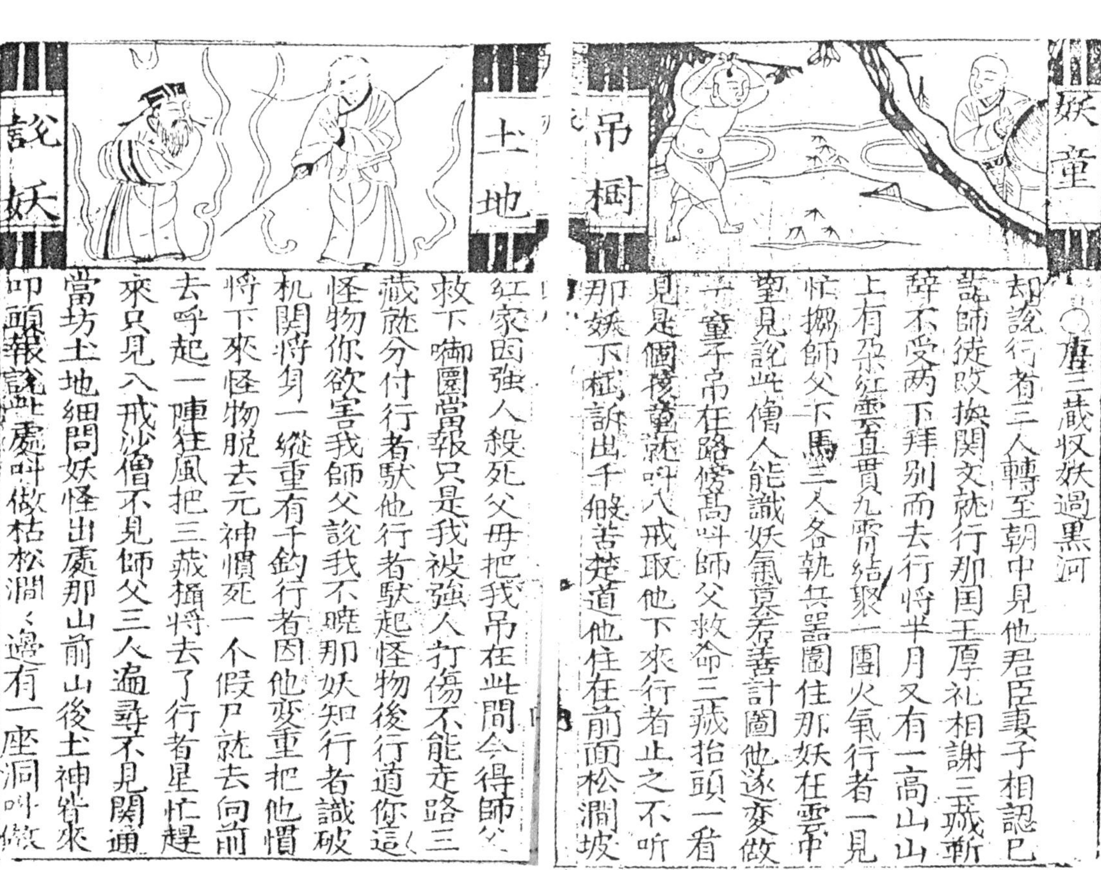

○唐三藏收妖過黑河

却說行者三人轉至朝中見他君臣妻子相認已畢師徒改換關文就行那国王厚礼相謝三藏斬辭不受兩下拜別而去行將半月又有一高山山上有朵紅雲直貫九霄結聚一團火氣行者一見忙攔師父下馬三人各執兵器圍住那妖在雲中望見說此僧人能識妖氣莫若善計圖他遂变做一童子吊在路傍高叫師父救命三藏抬頭一看見是個孩童就叫八戒取他下來行者止之不听那妖下樹訴出千般苦楚道他住在前面松澗坡紅家因強人殺死父母把我吊在此間今得師父救下餬圖當報只是我被強人打傷不能走路三藏就分付行者䭾他行者䭾起怪物後行道你這怪物你欲害我師父說我不曉那妖知行者識破机関將身一縱重有千鈞行者因他变重把他慣將下來怪物脫去元神慣死一个假尸就去向前去呼起一陣狂風把三藏攝將去了行者星忙趕來只見八戒沙僧不見師父三人遍尋不見関通當坊土地細問妖怪出處那山前山後土神皆來叩頭報說此處叫做枯松澗〻邊有一座洞叫做

魔王　噴火

火雲洞〻有一魔王是牛魔王的兒子叫做紅孩兒他有三昧真火甚是利害行者听說喝退土神分付沙僧看守行李与八戒同進洞中去尋那小妖望見行者來到忙洸報知魔王那魔王分付小妖推出五輪小車排下五方遂挺鎗殺出与行者戰經数合八戒助陣魔王走轉把鼻子一搥口中噴出火来一時五輪車子烈火齊起八戒道哥〻快走少刻把老猪烧得囫圇再加香料儘他受用行者雖然避得火亦有些怕烟二人只得跳轉沙僧見他二人敗轉道二位哥〻先戰小弟看得分

八戒　被吊

明那妖手段亦只平常只是多了那火大哥莫若去借些水兵剋倒他火必能取勝行者依言往東海借得水兵三百又殺進洞去兩下大戰之際那妖又放出火來水兵湧波傾浪竟不能滅他的火行者又收轉衆兵復令八戒去請觀音菩薩不竟魔王在洞口望見八戒知他必是請觀音遂変做一個假觀音在海口等候八戒不識真假遂跪于座前被他把索子綑了吊轉本洞行者因他去久不见知他必是被妖捉獲遂分付水兵皆散他自已徑至洛伽山拜見菩薩細陳前事菩薩[illegible]

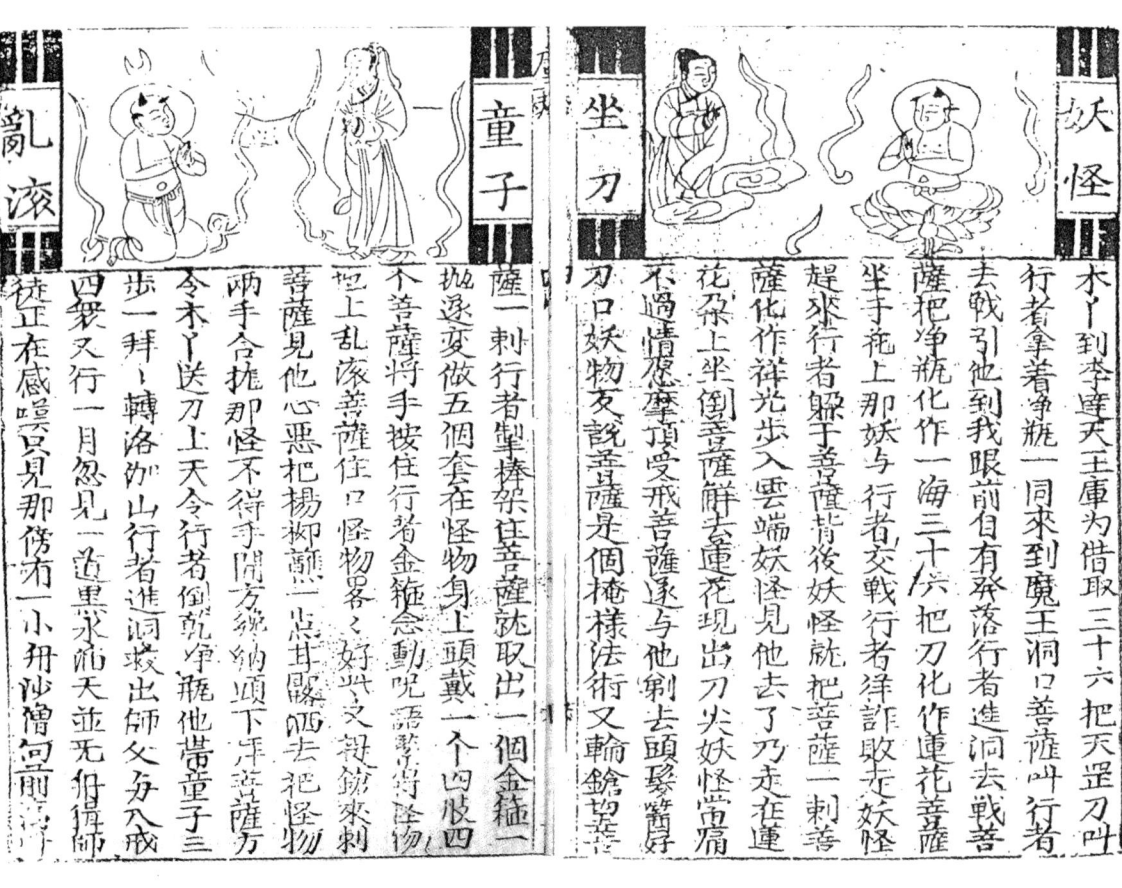

妖怪　坐刀

木〻到李達天王庫为借取三十六把天罡刀叫行者拿着净瓶一同來到魔王洞口菩薩叫行者去戰引他到我眼前自有發落行者進洞去戰菩薩把净瓶化作一海三十六把刀化作蓮花菩薩坐于花上那妖与行者交戰行者佯詐敗走妖怪趕來行者躲于菩薩背後妖怪就把菩薩一刺菩薩化作祥光步入雲端妖怪見他去了乃走在蓮花朵上坐倒菩薩解去蓮花現出刀尖妖怪當肩不過情愿摩頂受戒菩薩遂与他剃去頭髮齊好刀口妖物又說菩薩是個掩樣法術又輪鎗望菩

童子　亂滾

薩一刺行者掣棒架住菩薩就取出一個金箍一拋遂変做五個套在怪物身上頭戴一个四肢四个菩薩將手按住行者金箍念動呪語[illegible]將怪物地上乱滚菩薩住口怪物畧〻好些又提鎗來刺菩薩見他心惡把楊柳蘸一點甘露洒去把怪物兩手合掩那怪不得手開方纔納頭下拜菩薩方令木〻送刀上天令行者倒乾净瓶他带童子三步一拜〻轉洛伽山行者進洞救出師父与八戒四衆又行一月忽見一道黑水滔天並无舟得師徒正在感嘆只見那傍有一小舟沙僧向前[illegible]

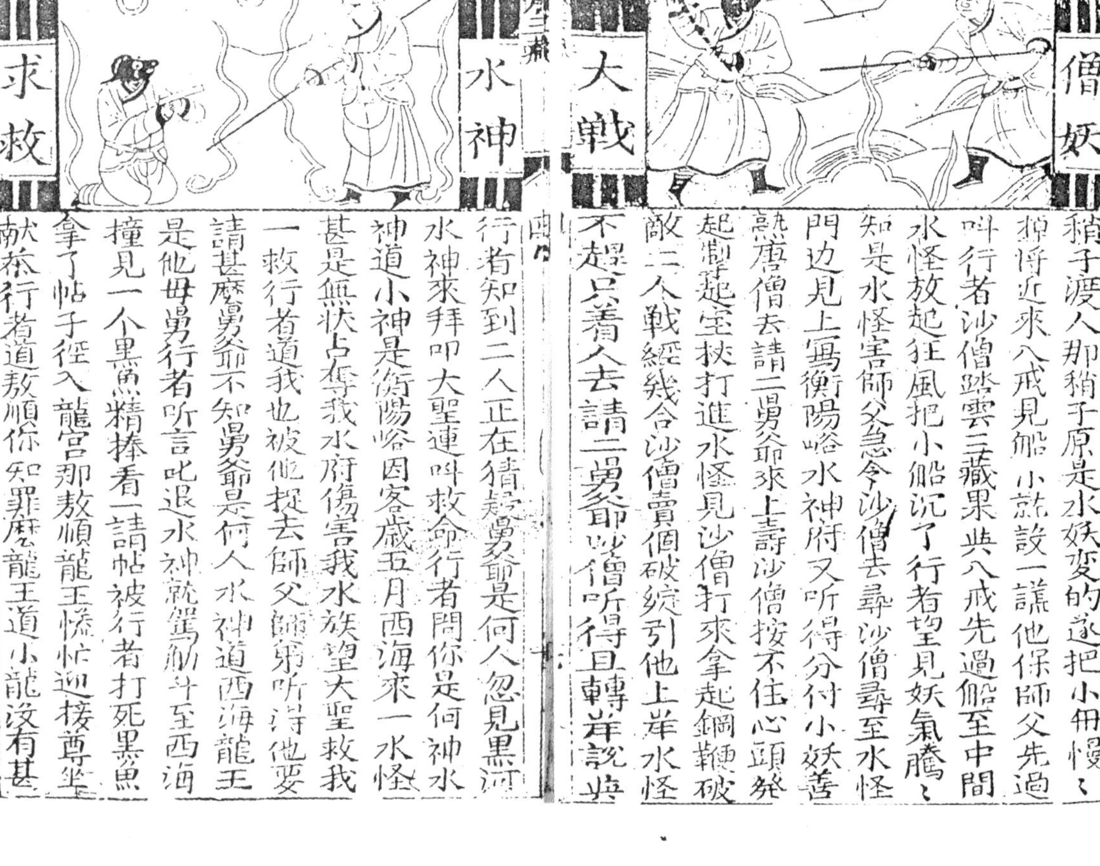

稍子渡人那稍子原是水妖变的遂把小舟慢々撑将近來八戒見船小就設一謀他保師父先過叫行者沙僧踏雲三藏果共八戒先過船至中間水怪放起狂風把小船沉了行者望見妖氣騰々知是水怪害師父急令沙僧去尋沙僧尋至水怪門边見上寫衡陽峪水神府又听得分付小妖善熟唐僧去請二舅爺來上壽沙僧按不住心頭發起掣起宝杖打進水怪見沙僧打來拿起鋼鞭破敵二人戰經幾合沙僧賣個破綻引他上岸水怪不趕只着人去請二舅爺沙僧听得且轉岸說與

行者知到二人正在猜疑舅爺是何人忽見黑河水神來拜叩大聖連叫救命行者問你是何神水神道小神是衡陽峪因客歲五月西海來一水怪甚是無狀占奪我水府傷害我水族望大聖救我一救行者道我也被他捉去師父師弟听得他要請甚麼舅爺不知舅爺是何人水神道西海龍王是他母舅行者听言叱退水神就駕觔斗至西海撞見一个黑魚精捧看一請帖被行者打死黑魚拿了帖子徑入龍宮那敖順龍王慌忙迎接尊坐献茶行者道敖順你知罪麼龍王道小龍沒有甚

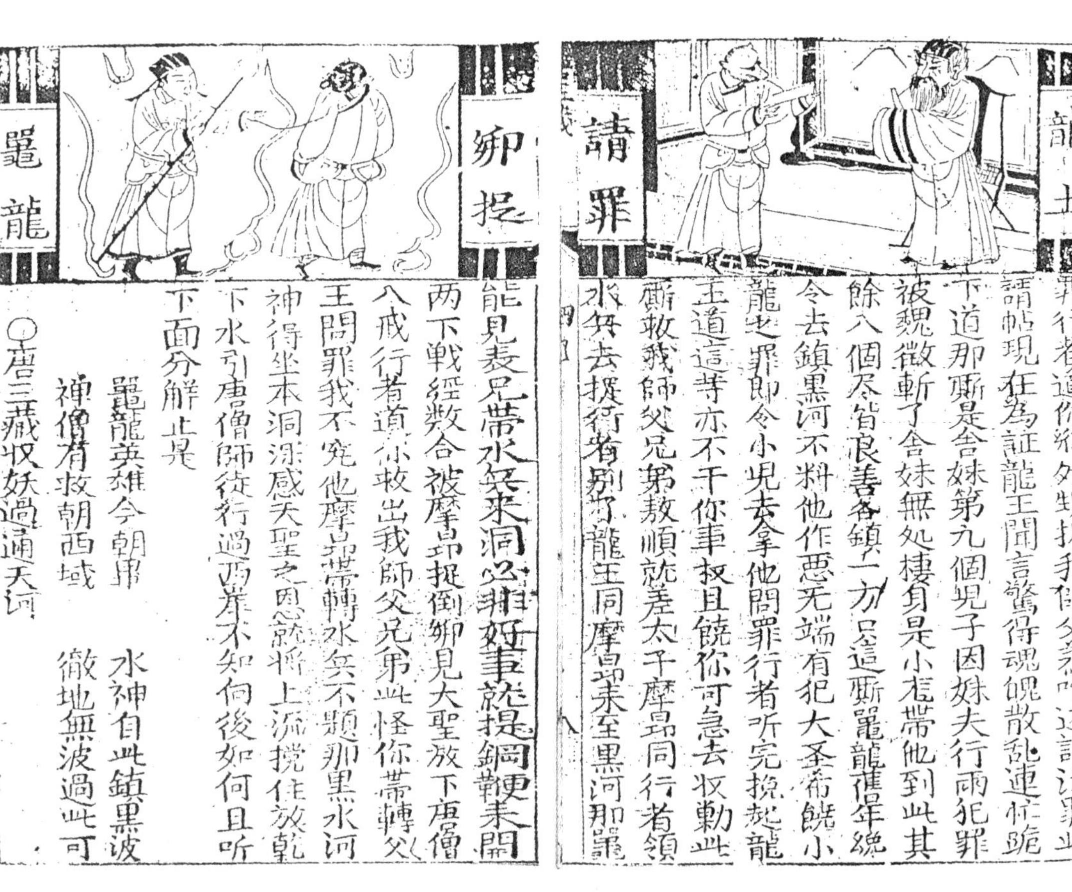

罪行者道你縱外甥捉我師父蒸吃还說沒罪此請帖現在為証龍王聞言驚得魂魄散乱連忙跪下道那厮是舍妹第九個兒子因妹夫行雨犯罪被魏徵斬了舍妹無处棲身是小龍帶他到此其餘八個尽皆良善各鎮一方只這厮鼍龍僅年總令去鎮黑河不料他作悪无端有犯大圣希饒小龍之罪即令小兒去拿他問罪行者听完掀起龍王道這等亦不干你事权且饒你可急去收勦此厮救我師父兄弟敖順就差太子摩昂同行者領水兵去捉行者别了龍王同摩昂来至黑河那鼍龍見表兄帶水兵來洞必辦姪事就提鋼鞭来鬧兩下戰經數合被摩昂捉倒卿見大聖放下唐僧八戒行者道你救出我師父兄弟此怪你帶轉父王問罪我不究他摩昂帶轉水兵不題那黑水河神得坐本洞深感大聖之恩就將上流攪住放乾下水引唐僧師徒行過西岸不知向後如何且听下面分解止是

鼍龍英雄今朝那　水神自此鎮黑波
禅僧有救朝西域　徹地無波過此可

○唐三藏收妖過通天河

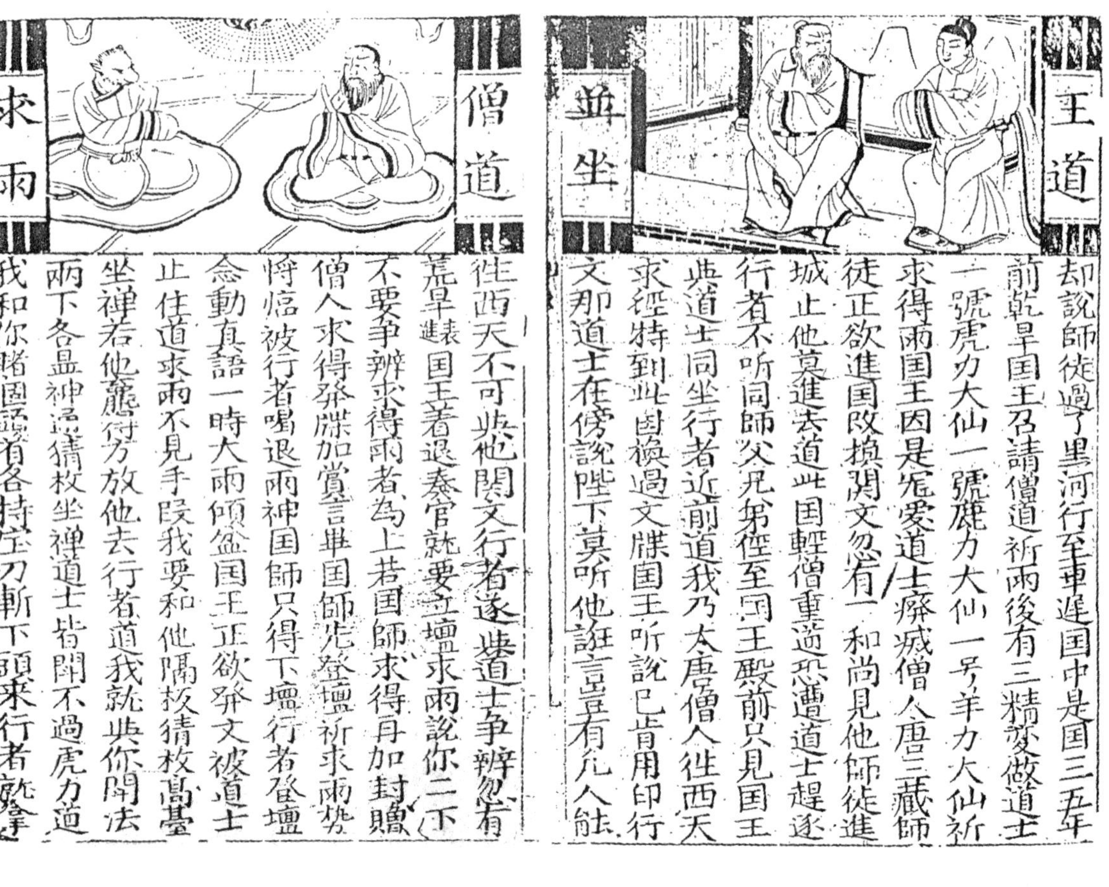

却說師徒過了黒河行至車遲国中是国三五年前乾旱国王召請僧道祈雨後有三精変做道士一號虎力大仙一號鹿力大仙一号羊力大仙祈求得雨国王因是寵愛道士㾓滅僧人唐三藏師徒正欲進国倒換関文忽有一和尚見他師徒進城止他莫進去道此国軽僧重道恐遭道士捉遂行者不听同師父兄弟侄至国王殿前只見国王與道士同坐行者近前道我乃大唐僧人往西天求經特到此国換過文牒国王听說已肯用印行文那道士在傍說陛下莫听他誑言豈有凢人能往西天不可與他閑文行者遂與道士争辨忽有荒旱進表国王着退奏官就要立壇求雨說你二下不要争辨求得雨者為上若国師求得再加封贈僧人求得発牒加賞言畢国師先登壇祈求雨勢將臨被行者喝退雨神国師只得下壇行者登壇念動真語一時大雨傾盆国王正欲発文被道士止住道求雨不見手段我要和他隔板猜枚高臺坐禪若他廳得方放他去行者道我就與你鬪法雨下各显神通猜枚坐禪道士皆鬪不過虎力道我和你賭個頭首各持宝刀斬下頭來行者就拿

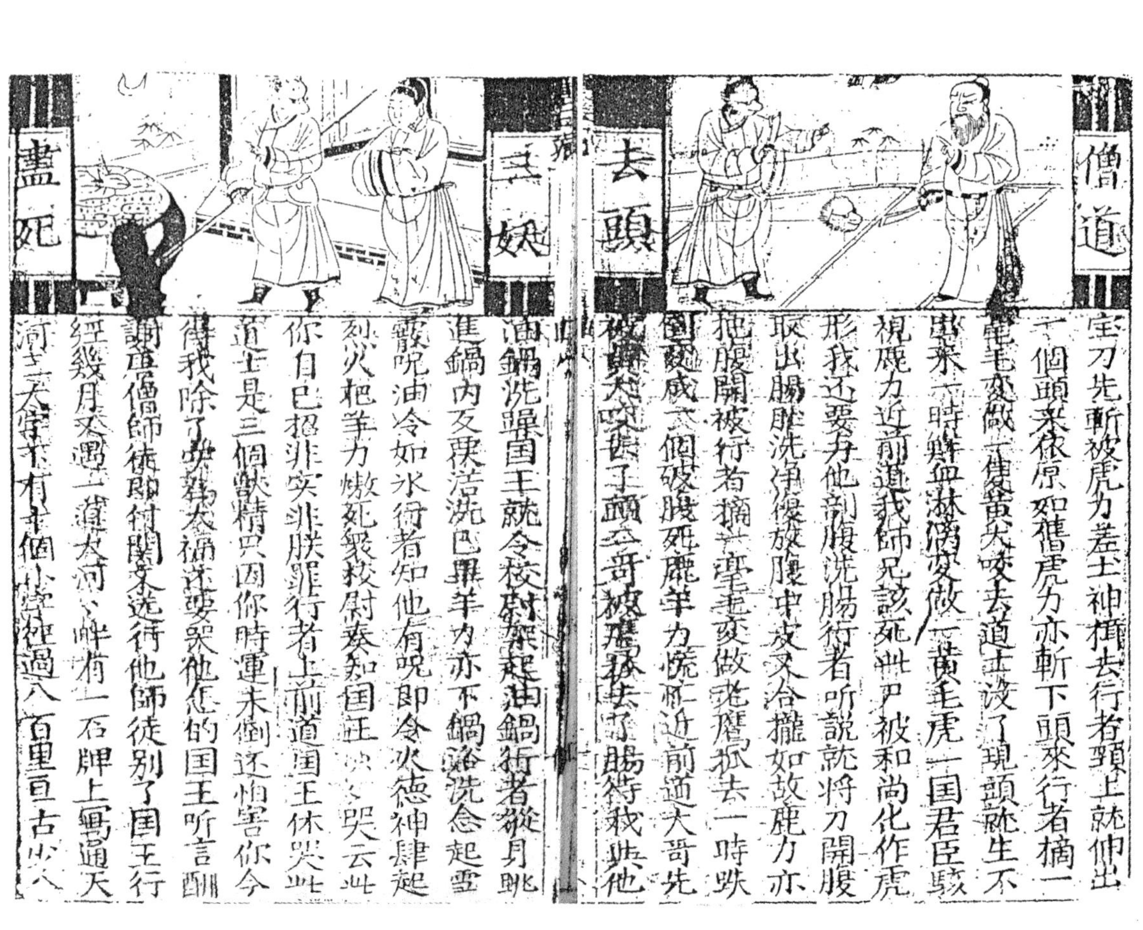

宝刀先斬被虎力差土神攝去行者頸上就伸出一個頭來依原如舊虎力亦斬下頭來行者摘一根毛変做一隻黄犬咬去道士沒了現頭就生不出來一時鮮血淋漓変做一个黄毛虎一国君臣驚視鹿力近前道我師兄該死此尸被和尚化作虎形我還要和他剖腹洗腸行者听說就將刀開腹取出腸臓洗淨復放腹中皮又合攏如故鹿力亦把腹開被行者摘一根毛変做餓鷹抓去一時跌倒變成一個破腹死鹿羊力慌忙近前道大哥先被黄犬咬去了頭二哥被鷹鷂去了腸待我與他油鍋洗澡国王就令校尉架起油鍋行者縱身跳進鍋内反復洁洗已畢羊力亦下鍋洗浴念起雪霰呪油冷如冰行者知他有呪即令火德神肆起烈火把羊力燉死殺校尉奏知国王〻〻哭云此你自己招非实非朕罪行者上前道国王休哭此道士是三個獸精只因你時運未倒还怕害你今得我除了此爲太禍你要哭他怎的国王听言酬謝唐僧師徒即付関文送行他師徒別了国王行經幾月又遇一道大河〻畔有一石牌上寫通天河三字下有十個小字徑過八百里亘古少人

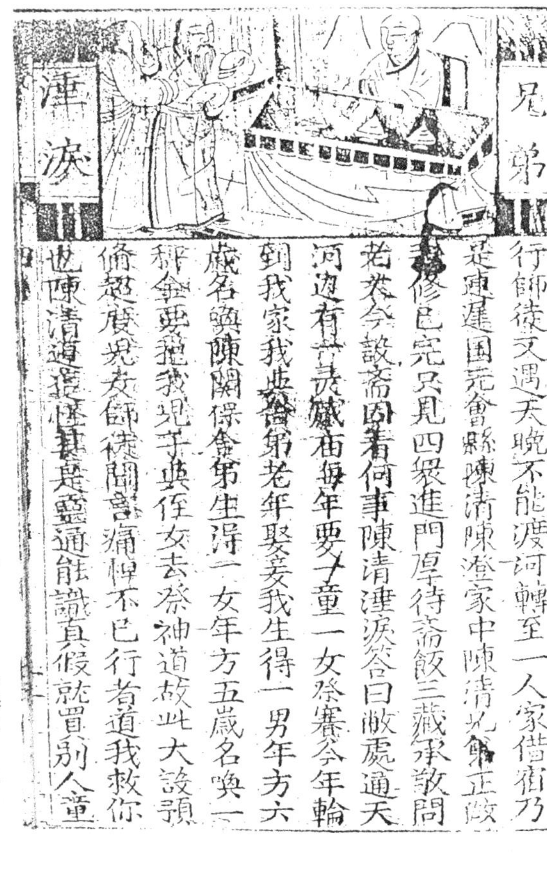

行師徒又遇天晚不能渡河轉至一人家借宿乃是車遲国元會縣陳清陳澄家中陳清兄弟正做預修已完只見四衆進門厚待齋飯三藏承敬問老者今設齋因着何事陳清陳澄答曰敝處通天河邊有一灵感大王每年要一童一女祭賽今年輪到我家我與舍弟老年娶妾我生得一男年方六歲名喚陳關保舍弟生得一女年方五歲名喚一秤金要選我兒子與侄女去祭神道故此大設預脩超度兒女師徒聞言痛悼不已行者道我救你也陳清道這怪甚是靈通能識真假就買別人童

僧变

童女

女也替不過怎麼救得行者道叫你令郎侄女出来我看我與兄弟脫換他相替你祭神罷陳清聞言叫出童女行者與八戒將身一縱行者变做男童八戒变做女童連陳清亦不能辨行者八戒復轉原形道变得像麽陳清兄弟道变得像只怕師父不肯替行者道君子无戲言豈有反悔陳清淂行者准諾叫合家拜謝三藏師徒行者叫他藏了已男女把我二人照依往年安排送入廟中我自有區處言訖二人变做童女陳清把金盆承住料家童指出去陳家衆人偹辦香紙送入廟中請

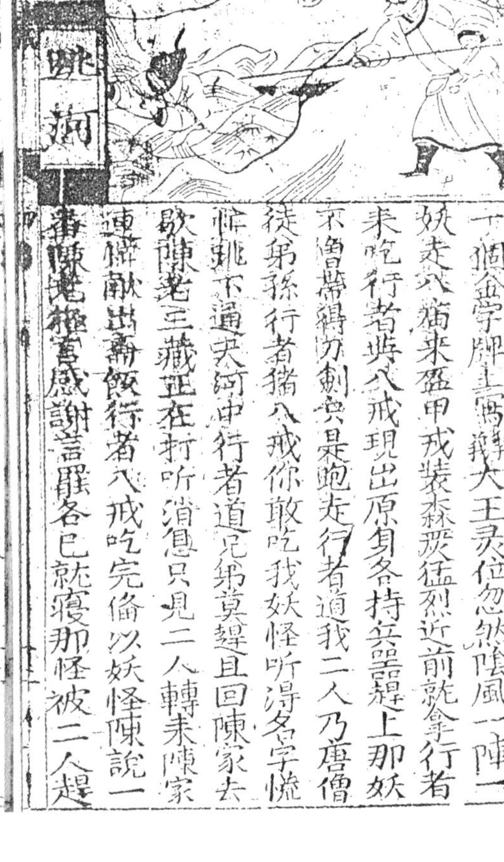

禱已畢衆人散去行者擡起頭一看不見神像只見一個金字牌上寫灵感大王灵位忽然陰風一陣一妖走入廟来盔甲戎裝森嚴猛烈近前就拿行者来吃行者與八戒現出原身各持兵器趕上那妖不曾帶得刀劍只是跑走行者道我二人乃唐僧徒弟孫行者豬八戒你敢吃我妖怪听得名字慌忙跳下通天河中行者道兄弟莫趕且回陳家去歇陳老三藏正在打听消息只見二人轉来陳家連忙献出齋飯行者八戒吃完備以妖怪陳說一番陳澄拜謝感謝言罷各已就寢那怪被二人趕

三藏

墜冰

走回到水宮說此祭祀被他識了必竟要害他師父報仇想他必渡過此河就心生一計發起寒風大雪凍下把通天河凍結厚冰上可過人那唐僧在陳家睡起吃完早齋听說天河凍結起辞別陳家行至河邊果見凍結四衆一同端別过河行至中間妖撞開冰冷三藏墜落水中行者跳在雲端八戒沙僧撈起行李白馬行者按落雲頭問八戒師父撈得麽八戒道師父不叫唐僧叫做姓沉名到底行者道這又是昨日那灵感妖怪摄去師父我和你且把行李白馬寄在陳家再来尋取三人

三僧吃齋

轉至陳家道及師父被擄陳家二老甚是驚嚇行者道老長莫慌此必是那怪嫌我威他祭祀故把我師父攝去我行李白馬寄在你家我寺去捉了此妖和你這里絕斷此禍陳老聞言滿心欢喜忙献斋飯三人吃完各取兵器徑去河边尋師不知怎麽救得且看下回何如正是

慎踏層冰傷本性　大丹脫漏怎周全
三徒同去尋消息　未知何日救師旋

○觀音老君収伏妖魔

却說行者三人別了陳老至河边尋師八戒共沙僧下水直至河底見有一樓台上寫水黿第八戒知是妖怪居住同沙僧殺進洞中共那妖大戰数令八戒知不取勝共沙僧賣個破綻走出岸去那妖承風趕出水面被行者一棒驚得怪物復入水中八戒沙僧再去索戰只是閉門不出行者知無計可施徑去請觀音菩薩來降菩薩見行者來請遂提花籃共行者同到通天河边以絲繫着花籃丢下水中念動真語収起籃來却承得一尾鯉魚行者細問原因菩薩道此是我蓮花池中鯉魚不知何日走出成精我今將籃承他轉去你下水

花籃承鯉

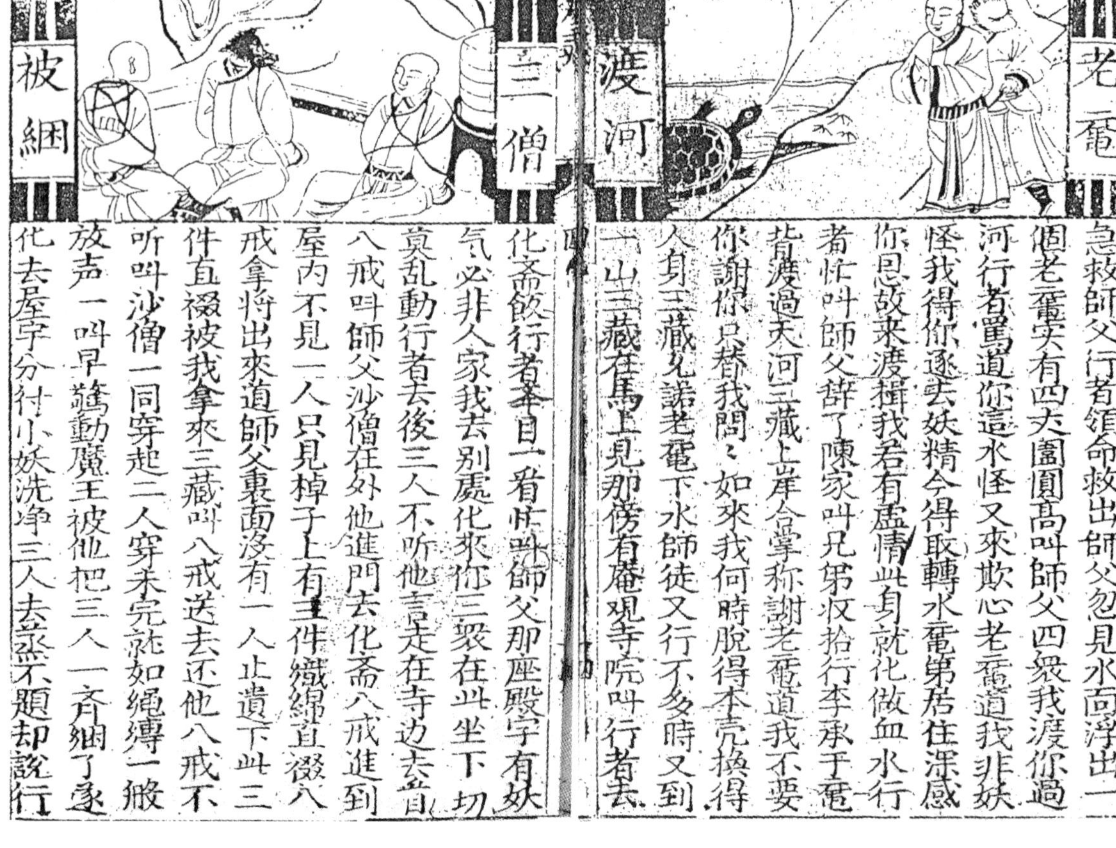

老黿渡河

急救師父行者領命救出師父忽見水面浮出一個老黿実有四丈圍圓高叫師父四衆我渡你過河行者罵道你這水怪又來欺心老黿道我非妖怪我得你逐去妖精今得取轉水黿第居住深感你恩故来渡揖我若有虛情此身就化做血水行者忙叫師父辞了陳家叫兄弟収拾行李承于黿背渡過天河三藏上岸合掌称謝老黿道我不要你謝你只替我問〻如來我何時脫得本壳換得人身三藏允諾老黿下水師徒又行不多時又到一山三藏在馬上見那傍有庵觀寺院叫行者去

三僧被綑

化斋飯行者拳目一看忙叫師父那座殿宇有妖氣必非人家我去別處化來你三衆在此坐下切莫乱動行者去後三人不听他言走在寺边去昔八戒叫師父沙僧在外他進門去化斋八戒進到屋内不見一人只見棹子上有三件織綿直裰八戒拿將出來道師父裏面没有一人止遺下此三件直裰被我拿來三藏叫八戒送去还他八戒不听叫沙僧一同穿起二人穿未完就如繩縛一般放声一叫早驚動魔王被他把三人一齐綑了遂化去屋宇分付小妖洗净三人去蒸不題却說行

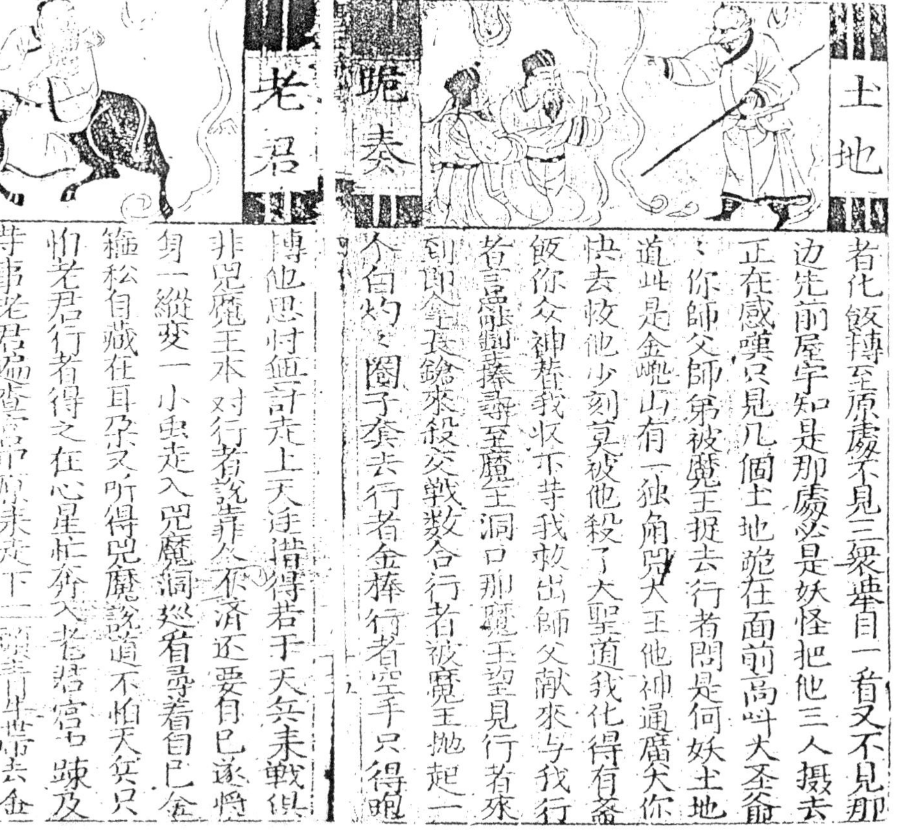

者化飯摶至原處不見三衆舉目一看又不見那边先前屋宇知是那處必是妖怪把他三人摄去正在感嘆只見几個土地跪在面前高叫大圣爺〻你師父師弟被魔王捉去行者問是何妖土地道此是金𡶶山有一独角兕大王他神通廣大你快去救他少刻莫被他殺了大聖道我化得有齋飯你众神替我收下等我救出師父献來与我行者言罷掣棒尋至魔王洞口那魔王望見行者來到即拿丈鎗來殺交戰数合行者被魔王抛起一个白灼〻圈子奪去行者金棒行者空手只得晚

摶他思忖無計走上天廷借得若于天兵来戰俱非兕魔王本对行者説菲众不济还要自已遂憶身一縱变一小虫走入兕魔洞巡看尋着自已金箍松自藏在耳朶又听得兕魔説道不怕天兵只怕老君行者得之在心星忙奔入老君宫　踈及等事老君遍查宫中原来走下一頭青牛帶去金剛圈子老君[illegible]忙與行者同到金兕山令行者去真他索戰〻至中間老君念動真語高叫畜生还不轉家那怪听得主人声音遂現出真形被老君取了金剛圈别了行者乘牛而去行者進洞收[illegible]

師父師弟四衆又行忽路傍高叫聖僧吃齋不知是何人叫喚且看下回正是

心猿使尽千般計　發救師父脱難中
觀音提魚[illegible]海上　老君乘牛兕率宫

○昴日星官收蝎精

說表路傍喊叫者乃金𡶶山土地遞出行者先前所化的飯与他師徒充飢他四衆吃了别却土地又趲步忙行忽遇一道小河有一女稍子摆渡〻過西河上岸已毕三藏叫口渴令八戒河边取些清水止渴八戒拿鉢盂去取三藏吃了一半餘者

八戒吃乾行不多路二人腹中疼痛行者知是悞吃凉水只見路傍有一人家四衆進去借宿有一婆子出來接進行者備以吃水得疾之事與婆子詳説那婆子道我国乃是女人国只要吃了子母河的水就懐胎你今師父吃了亦是有胎行者道這事怎麼觧得婆子道正南街有一觧陽山有一箇泉水可以觧得只是今有一個如意真人管顧去取泉者要花紅表裏相換行者道要少路去婆子道三千里路行者聽説叫沙僧取鉢盂同去一霎時到了洞边果見有一道人行者向前施礼道

一棒妖死

我乃大唐僧人唐三藏六徒弟孫悟空因師父往疾特來求些泉水醫療道人听得怒云你這厮正是我乃牛魔王哥子你前日趕逐我姪児紅孩児正要尋你報仇还要討甚麼泉水言罷挺鎗大戰沙僧見他二人鏖戰走在井边取了凉水叫二声哥〻泉水到手莫與他戰道人听得心慌手乱被行者一棒打倒在地同沙僧送泉水轉至借歇人家療好師父八戒四衆又行路走三四十里早到西梁国中三藏叫徒弟落下館驛進去改換閱文四衆起下迎陽驛守三藏与驛丞見畢道我乃大唐

賣毯招贅

僧人往西天求經今到你国改換閱文相煩驛官與我備奏驛丞聞言見三藏生得標緻遂進朝奏知女皇帝女帝听説就着當駕官賣絲毯招贅三藏行者見有此事先对師父言曰聞女帝要招師父莫若將計就計只説肯成親事但要改換閱文与徒弟往西天求經閱文到手你只説送我三人囑付送至城門我使下定身法把他衆人禁住我等扶你上馬可不兩全其美言未完只見當駕官到三藏接過綵鞭師徒一同進朝女帝帶領文官出城迎進殿上三藏備以行者所言對女帝詳説

女怪攝僧

女帝聞言甚喜即着光祿寺排筵着承行官用御印押將閱文付與行者女帝假着三藏同三徒赴宴已訖三徒告行唐僧对女帝説我要送我小徒一程囑付些〻心事女帝道賤妾陪伴於是一国文武擁護女帝送行者三人出城行至城外行者念起真語把他衆人定住搶过唐僧上馬不曾行走那傍閃出一個女子叫一声三藏起一陣狂風把三藏攝去行者見師父攝去解開定身呪三衆駕雲尋覓依着妖氣趕至一塊大青石屏边上寫毒敵山琵琶洞沙僧看守行李行者八戒打進洞去

星官降妖

那妖正在調弄唐僧忽見二人打來遂挺三股鋼叉大戰那怪放了甚麼倒馬毒行者叫頭痛八戒叫嘴痛敗陣走轉沙僧見二兄哀〻叫痛而轉三人正困无策忽然頭上一道金光行者見是観音菩薩叫三人一齊跪下云及師父被难之事菩薩道此妖是蝎子精三股叉是他前脚倒馬毒是他後脚甚是利害你去上界請昴日星官方能降伏三人尚未起頭菩薩化金光而去行者即去請昴日星官請得星宿一到遂变做五六尺高的雄雞立在石屏背後行者進洞引出那妖二人戰至中

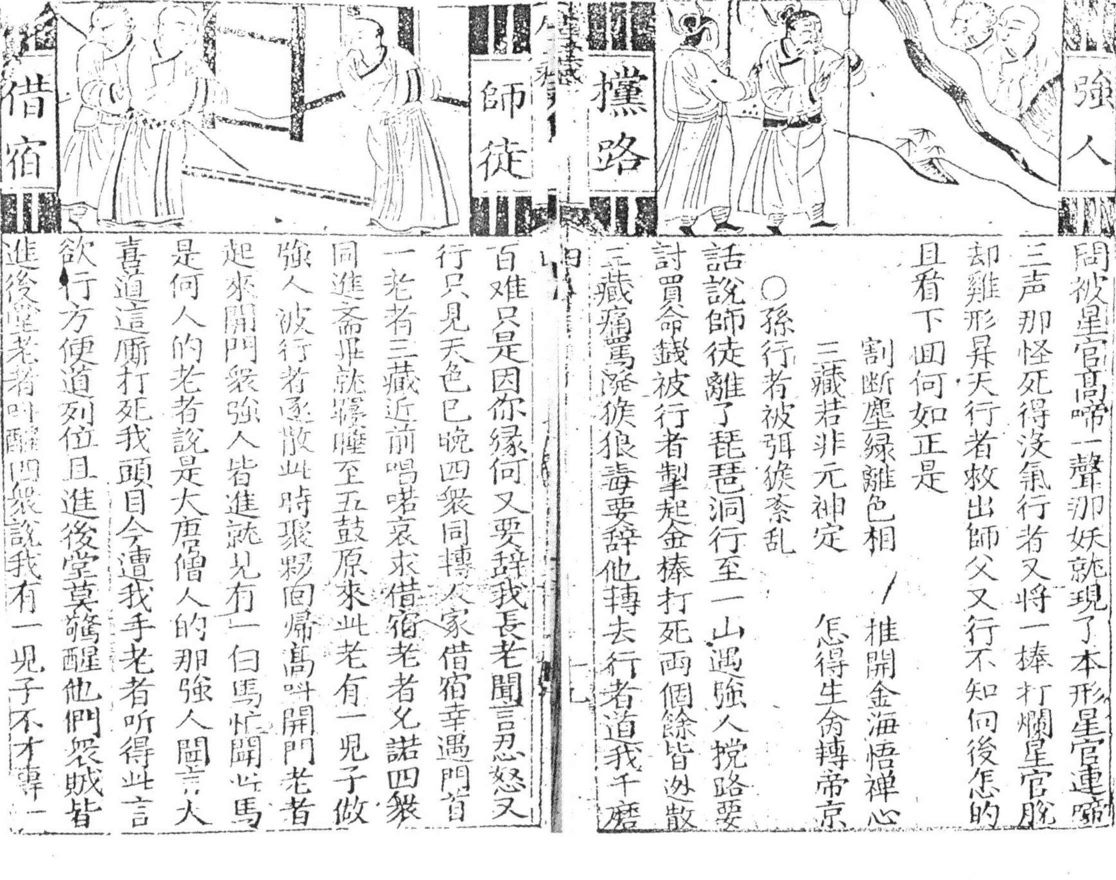

鬧彼星官高啼一聲那妖就現了本形星官連啼三声那怪死得沒氣行者又将一棒打爛星官脫却雞形昇天行者救出師父又行不知何後怎的且看下回何如正是

割斷塵緣離色相　推開金海悟禅心
三藏若非元神定　怎得生命轉帝京

○孫行者被弭猴紊乱

話說師徒離了琵琶洞行至一山遇強人攪路要討買命錢被行者掣起金棒打死兩個餘皆迯散三藏痛罵潑猴狠毒要辞他轉去行者道我千磨百难只是因你缘何又要辞我長老聞言忍怒又行只見天色已晚四衆同轉人家借宿幸遇門首一老者三藏近前唱喏哀求借宿老者允諾四衆同進斋罷就寢睡至五鼓原來此老有一兒子做強人彼行者逐散此時聚夥回帰髙叫開門老者起來開門衆強人皆進就見有一白馬忙問此馬是何人的老者說是大唐僧人的那強人聞言大喜道這厮打死我頭目今遭我手老者听得此言欲行方便道列位且進後堂莫驚醒他們衆賊皆進後堂老者叫醒四衆說我有一兒子不才尋一

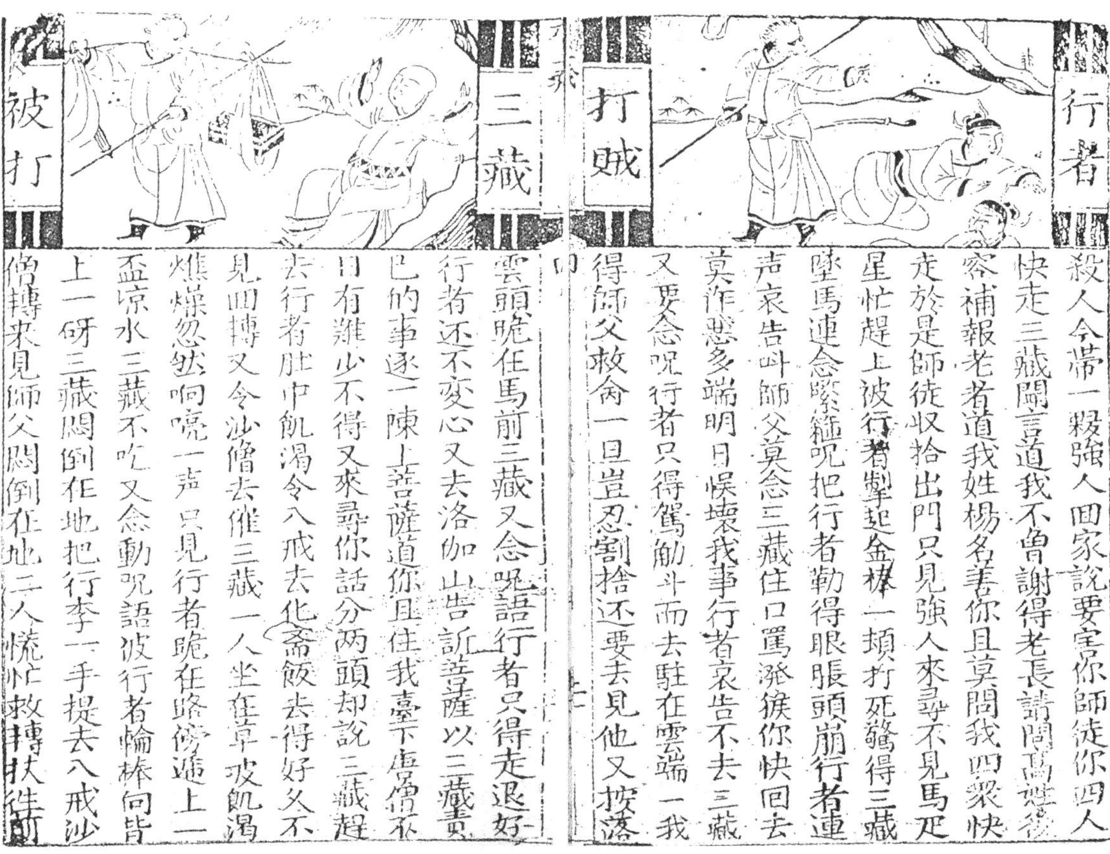

殺人今帶一夥強人回家說要害你師徒你四人快走三藏聞言道我不曾謝得老長請問高姓後容補報老者道我姓楊名善你且莫問我四衆快走於是師徒收拾出門只見強人來尋不見馬疋星忙趕上被行者掣起金棒一頓打死驚得三藏墜馬連念緊箍呪把行者勒得眼脹頭崩行者連声哀告叫師父莫念三藏住口罵潑猴你快回去莫作惡多端明日悞壞我事行者哀告不去三藏又要念呪行者只得駕觔斗而去駐在雲端一我得師父救命一旦豈忍割捨还要去見他又按落雲頭跪在馬前三藏又念呪語行者只得走退好行者还不変心又去洛伽山告訴菩薩以三藏責巴的事逐一陳上菩薩道你且住我臺下唐僧不日有難少不得又來尋你話分兩頭却說三藏趕去行者肚中飢渴令八戒去化斋飯去得好久不見回轉又令沙僧去催三藏一人坐在草坡飢渴煩燥忽然响喨一声只見行者跪在路傍遞上一盃凉水三藏不吃又念動呪語彼行者掄棒向背上一砑三藏悶倒在地把行李一手提去八戒沙僧轉來見師父悶倒在地二人慌忙救轉扶往前

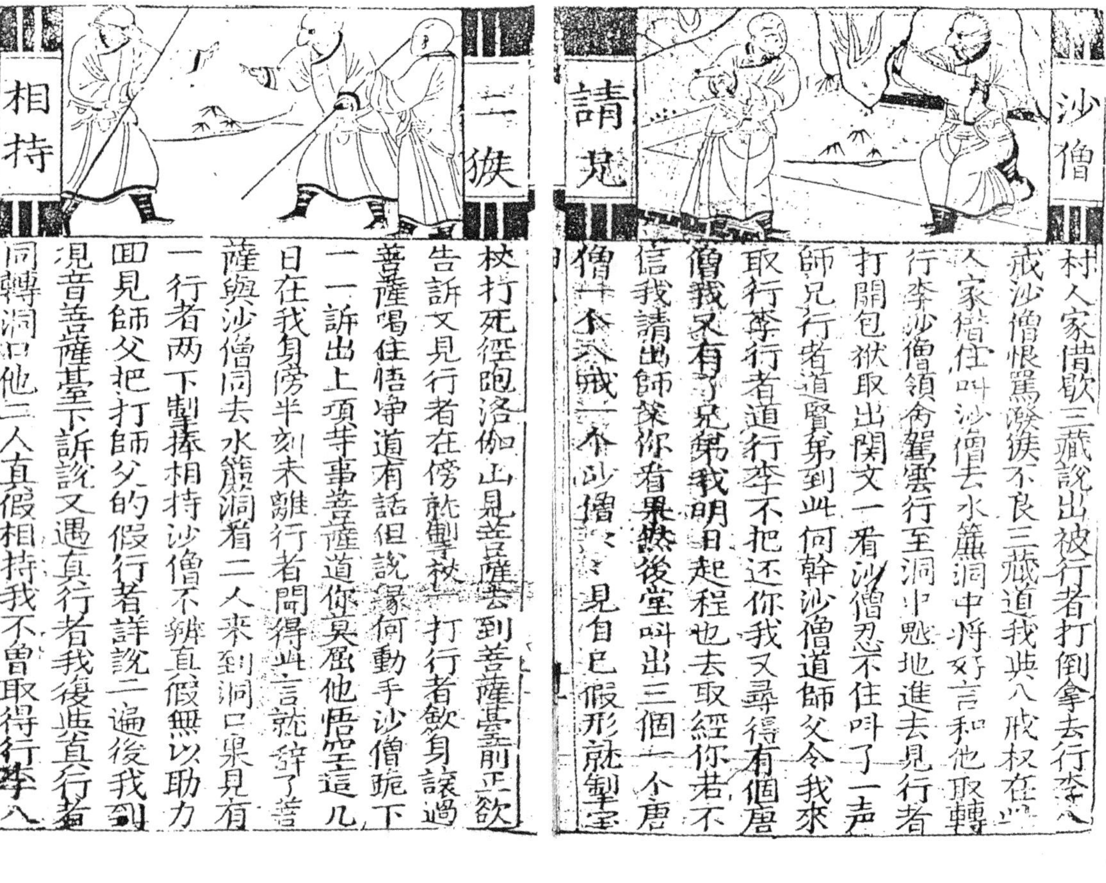

村人家借歇三藏說出被行者打倒拿去行李八戒沙僧恨罵潑猴不良三藏道我與八戒权在此人家借住叫沙僧去水簾洞中將好言和他取轉行李沙僧領命駕雲行至洞中駝地進去見行者打開包袱取出關文一看沙僧忍不住叫了一声師兄行者道賢弟到此何幹沙僧道師父令我來取行李行者道行李不把还你我又尋得有個唐僧我又有了兄弟我明日起程也去取經你若不信我請出師父你看果然後堂叫出三個一个唐僧一个八戒一个沙僧沙僧見自己假形就掣寶杖打死徑跑洛伽山見菩薩去到菩薩臺前正欲告訴又見行者在傍就掣杖打行者欸身讓過菩薩喝住悟凈道有話但說緣何動手沙僧跪下一一訴出上項等事菩薩道你莫屈他悟空這几日在我身傍半刻未離行者問得此言就辭了菩薩與沙僧同去水簾洞看二人來到洞口果見有一行者兩下掣棒相持沙僧不辨真假無以助力回見師父把打師父的假行者詳說一遍後我到觀音菩薩臺下訴說又遇真行者我復與真行者同轉洞口他二人真假相持我不曾取得行李八

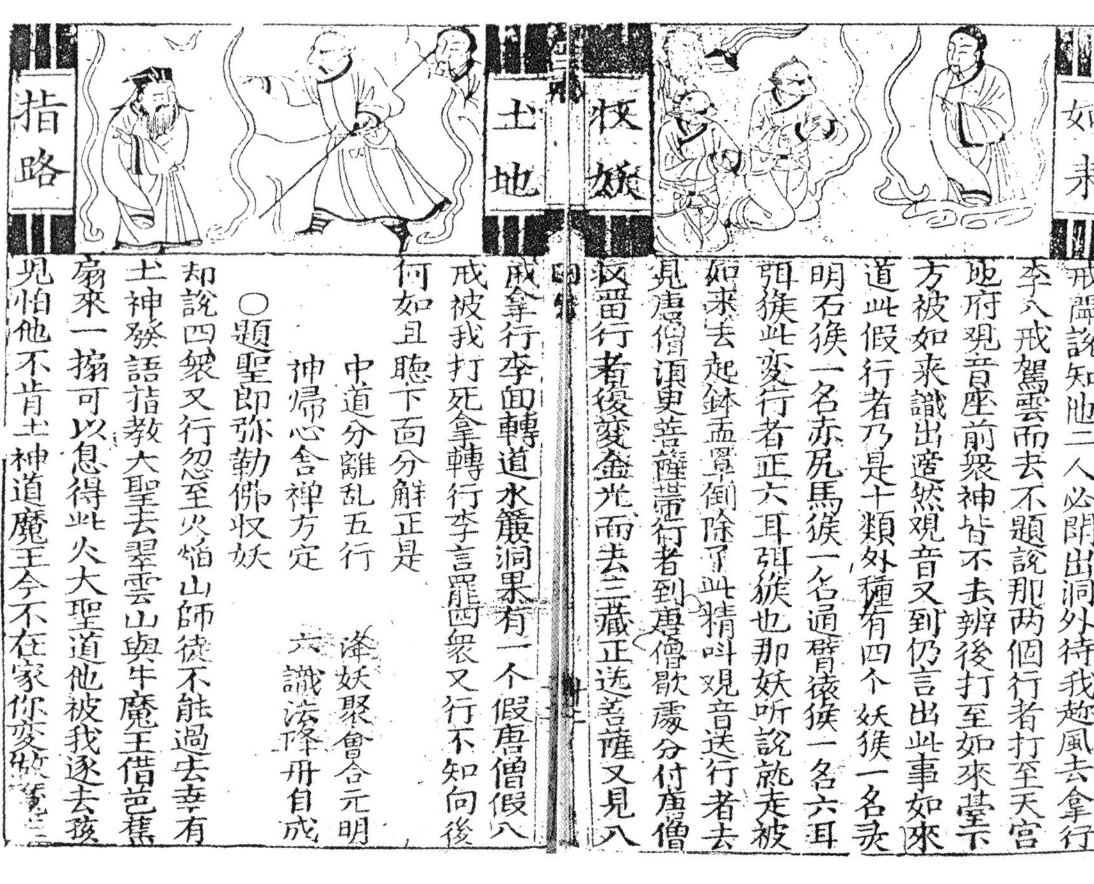

戒聞說知他二人必鬧出洞外待我趁風去拿行李八戒駕雲而去不題說那兩個行者打至天宮地府觀音座前衆神皆不去辨後打至如來臺下方被如來識出遂然觀音又到仍言出此事如來道此假行者乃是十類外種有四个妖猴一名灵明石猴一名赤尻馬猴一名通臂猿猴一名六耳獼猴此變行者正六耳獼猴也那妖听說就走被如來去起鉢盂罩倒除了此精叫觀音送行者去見唐僧須臾菩薩帶行者到唐僧歇處分付唐僧收留行者後變金光而去三藏正送菩薩又見八戒拿行李回轉道水簾洞果有一个假唐僧假八戒被我打死拿轉行李言罷四衆又行不知向後何如且聽下面分解正是

中道分離乱五行　降妖聚會合元明
神歸心舍禪方定　六識渋降丹自成

〇題聖郎弥勒佛收妖

却說四衆又行忽至火焰山師徒不能過去幸有土神發語指教大聖去翠雲山與牛魔王借芭蕉扇來一搧可以息得此火大聖道他被我逐去孩兒怕他不肯土神道魔王今不在家你变做[illegible]

行者搧火

去搧行者叱退土神変出魔王徑至黑雲洞搧了芭蕉扇不覺魔王抵家問得行者搧去扇子星忙趕至中途多得天神地祇勸功得了扇子搧開火焰山徑至祭賽國金光寺安下只見本寺塔下戕個僧人身帶枷鎖叫苦三藏審問原因那僧人道我寺這個宝塔常年放光外邦俱皆仰望歷來進貢不覺前三年忽下一陣血雨此塔無光外邦不貢我本國君王嗔惱說我僧人偷去宝貝塔故不光把我一寺僧人俱已打死只有我這幾人未死常時打限取招我等實不知由如何招得三藏聞

塔上捉妖

言令行者上塔去看行者上至塔頂只見有二妖精被行者拿倒帶下塔來鞠問原因那妖道我一個是黒魚精一個是鮎魚精因亂石山碧波潭萬壽龍王招得一駙馬先年遊行至此大顯法力下了一陣血雨污了宝塔偷了塔中舍利子佛宝存龍宮放光取樂他說不日齊天大聖取經至此尋宝着我二人來打听不料遇着師父行者听完叫師父一同進朝倒換関文說明此事四衆帶二精進朝面見國王先已倒換関文然後以偷宝之事一一陳說國王聞言甚悅即時赦却金光寺中僧人

射死鳥精

又把行者八戒去龍宮取寶行者八戒帶得二個小妖駕雲而去行至龍王門首先把二精割耳去鼻放他進去通報小妖報知龍駙馬領兵來戰行者挺鋒八戒暗助駙馬敗陣走入龍宮龍王披掛抵到被八戒一鈀築死駙馬怒氣趕來現出真形乃是九頭飛禽八戒引他上岸二人大戰適來灌口二郎出獵行者忙叫助陣被二郎一弓射死鳥精行者謝了二郎去龍宮取了宝貝帶見祭賽国王把宝還于塔上四衆領関文又行過了八百里荊棘山又遇一陣陰風把三藏攝進石岩有六老

拜見妖佛

者二女子一號十八公乃是松樹精一號孤直公乃栢樹精一號凌空子乃檜樹精一號拂雲叟乃竹竿精一號赤身鬼乃楓樹精一號杏仙即乃杏樹精二女子乃丹桂臘梅精把三藏昏迷一宿得行者八戒尋至將此樹精一齊打倒救醒三藏又行多月遥望一隻高山三藏忙問行者〻〻道像似雷音寺一般只是又有妖気恐是妖怪変的三藏聞說雷音就不顧妖怪呈忙策馬向前八戒沙僧後跟行者止之不住三藏到山邊果見寺門上寫着小雷音法堂果有佛祖　三藏同八戒沙僧一

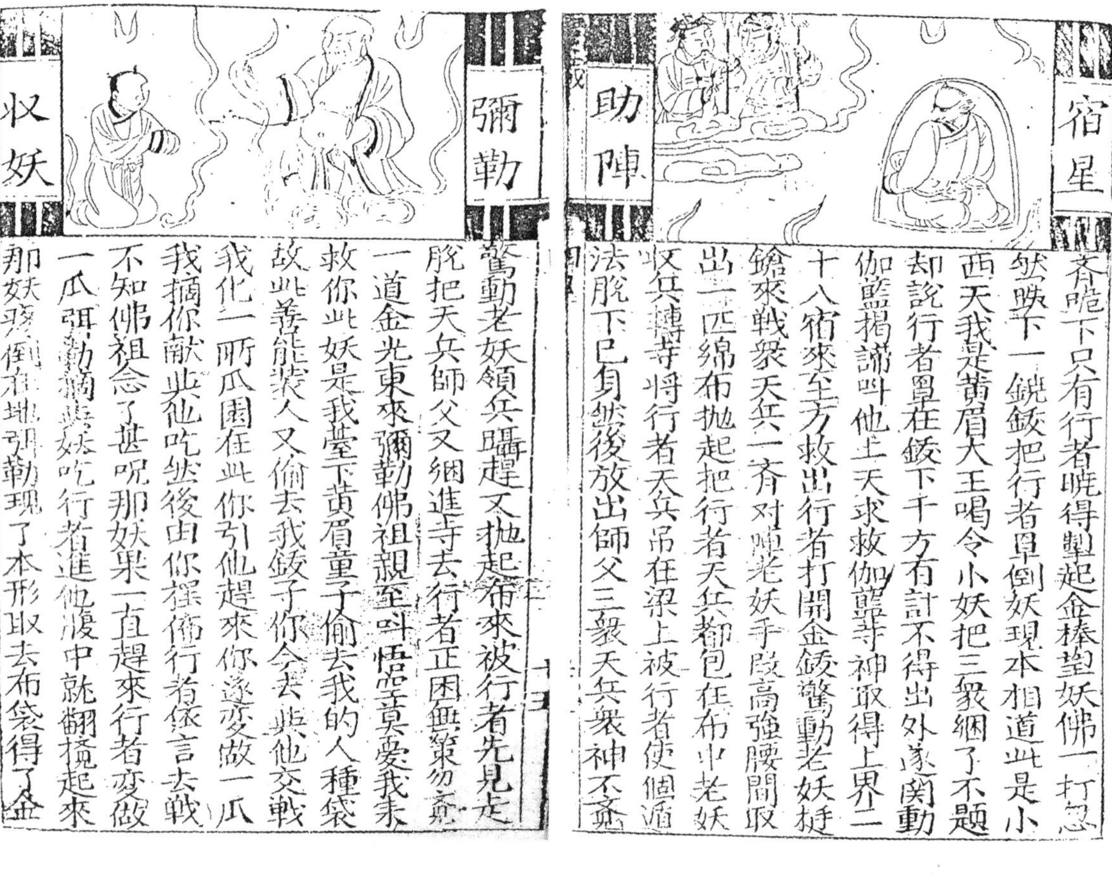

斉跪下只有行者曉得掣起金棒望妖佛一打忽然興下一鐃鈸把行者罩倒妖現本相道此是小西天我是黄眉大王喝令小妖把三衆綑了不題却說行者罩在鈸下千方有計不得出外遂鬧動伽藍揭諦叫他上天求救伽藍等神取得上界二十八宿來至方救出行者打開金鈸驚動老妖捷鎗來戰衆天兵一斉対陣老妖手段高強腰間取出一匹綿布抛起把行者天兵都包在布中老妖収兵轉寺將行者天兵吊在梁上被行者使個遁法脫下已身然後放出師父三衆天兵衆神不免驚動老妖領兵躡趕又抛起布來被行者先見走脫把天兵師父又綑進寺去行者正困無策忽見一道金光東來彌勒佛祖親至叫悟空莫要我来救你此妖是我臺下黄眉童子偷去我的人種袋故此善能裝人又偷去我鈸子你今去與他交戰我化一所瓜園在此你引他趕來你遂變做一瓜我摘你獻與他吃然後由你擺佈行者依言去戰不知佛祖念了甚呪那妖果一直趕來行者變做一瓜彌勒摘與妖吃行者進他腹中就翻攪起來那妖跌倒在地彌勒現了本形取去布袋得了金

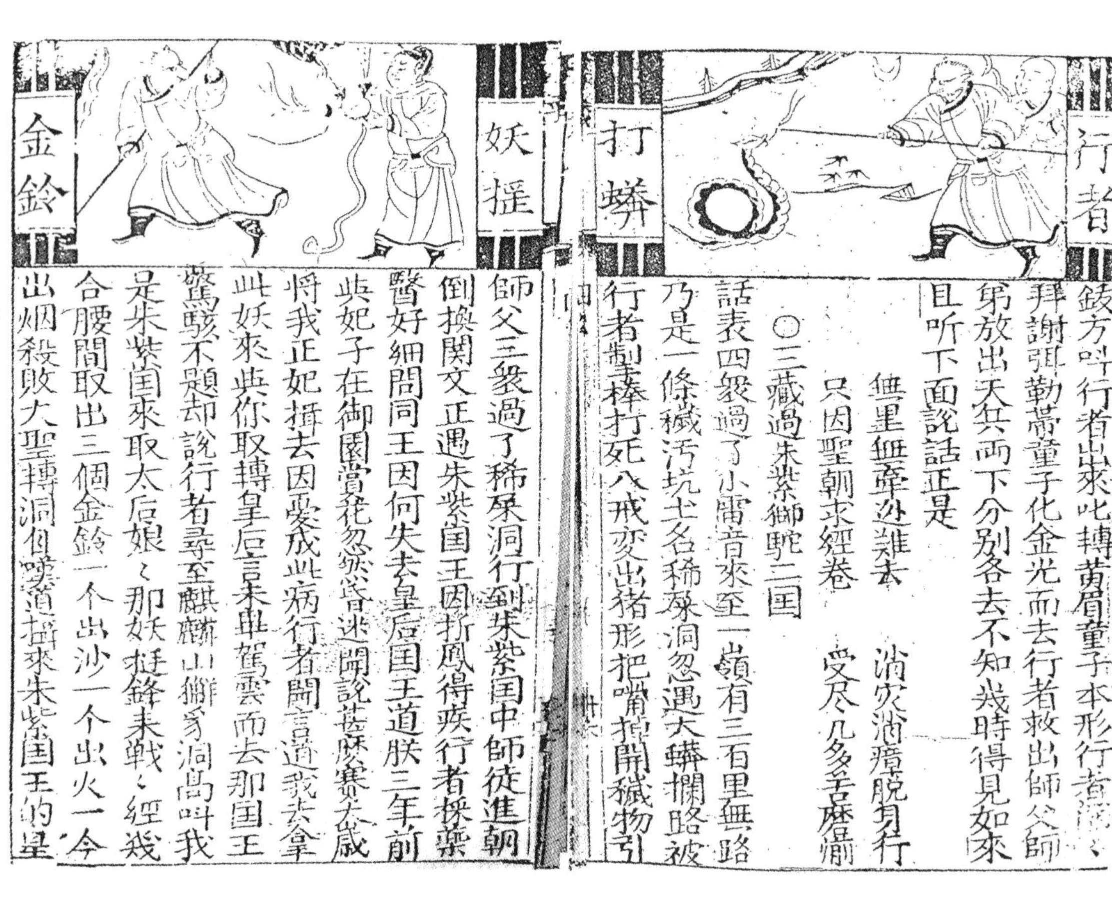

鈸方叫行者出來叱轉黄眉童子本形行者[illegible]〻拜謝彌勒帶童子化金光而去行者救出師父師弟放出天兵而下分別各去不知幾時得見如來且听下面說話正是

無里無邊遊難去　消災消瘴脫身行
只因聖朝求經卷　受尽几多苦磨𢫬

〇三藏過朱紫獅駝二国

話表四衆過了小雷音來至一嶺有三百里無路乃是一條穢汚坑土名稀柹洞忽遇大蟒攔路被行者掣棒打死八戒变出猪形把嘴拱開穢物引師父三衆過了稀柹洞行到朱紫国中師徒進朝倒換関文正遇朱紫国王因折鳳得疾行者採藥醫好細問同王因何失去皇后国王道朕三年前與妃子在御園賞花忽然昏迷聞說甚麽賽太歲將我正妃攝去因憂成此病行者聞言道我去拿此妖來與你取轉皇后言未畢駕雲而去那国王驚駭不題却說行者尋至麒麟山獬豸洞高叫我是朱紫国來取太后娘〻那妖挺鎗来戰〻經幾合腰間取出三個金鈴一个出沙一个出火一个出烟殺敗大聖轉洞使嘍囉攝來朱紫国王的星

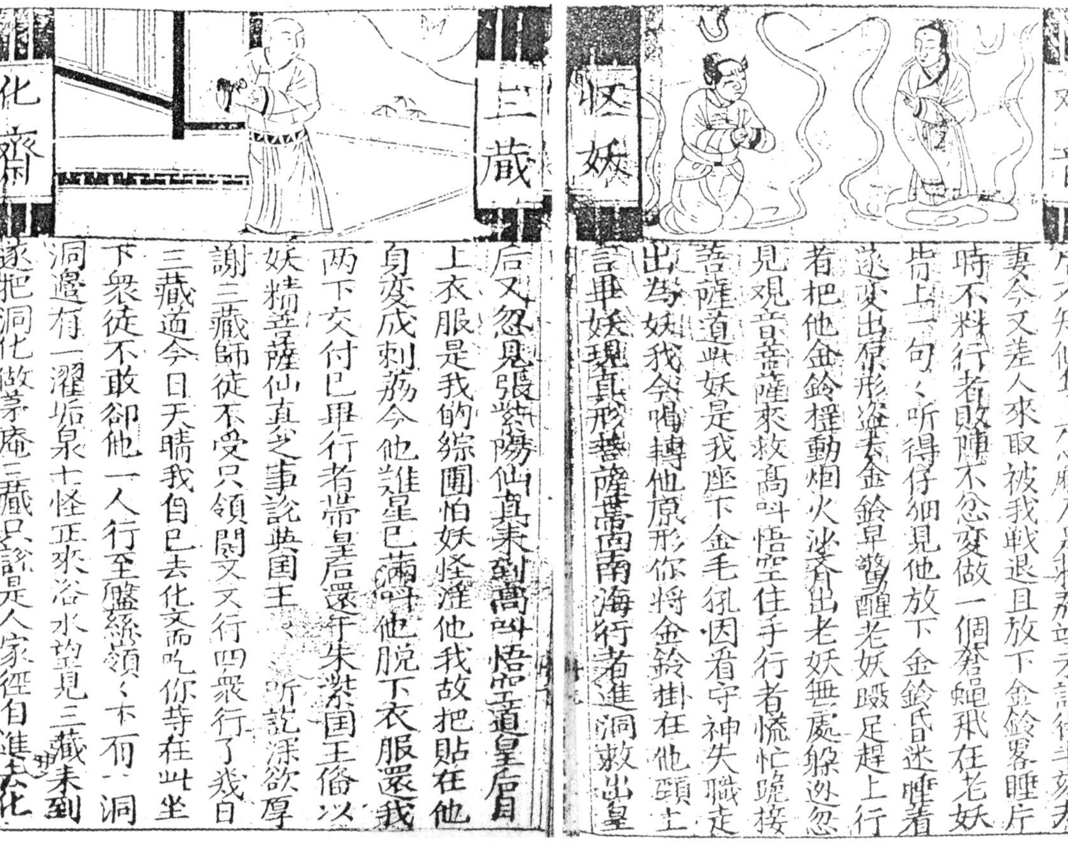

后不知他身上怎麽尽是刺荔並未諧得半刻夫
妻今又差人來取被我戰退且放下金鈴畧睡片
時不料行者敗陣不忿変做一個蒼蝇飛在老妖
背上一句〃听得仔細見他放下金鈴昏迷睡着
遂変出原形盜去金鈴早驚醒老妖蹬足趕上行
者把他金鈴摇動烟火沙齊出老妖無處躲避忽
見観音菩薩來救高叫悟空住手行者慌忙跪接
菩薩道此妖是我座下金毛犼因看守神失職走
出爲妖我今帶轉他原形你将金鈴掛在他頸上
言畢妖現真形菩薩當西南海行者進洞救出皇
后又忽見張紫陽仙真來到高叫悟空道皇后身
上衣服是我的棕團怕妖怪淫他我故把貼在他
身变成刺荔今他雖是已满叫他脱下衣服還我
兩下交付已畢行者带皇后還于朱紫国王倫以
妖精菩薩仙真之事説典国王〃听説深欲厚
謝三藏師徒不受只領関文又行四衆行了幾日
三藏道今日天晴我自已去化齋而吃你等在此坐
下衆徒不敢御他一人行至盤絲嶺〃下有一洞
洞邊有一濯垢泉七怪正來浴水望見三藏來到
遂把洞化做茅庵三藏只説是人家徑自進去化

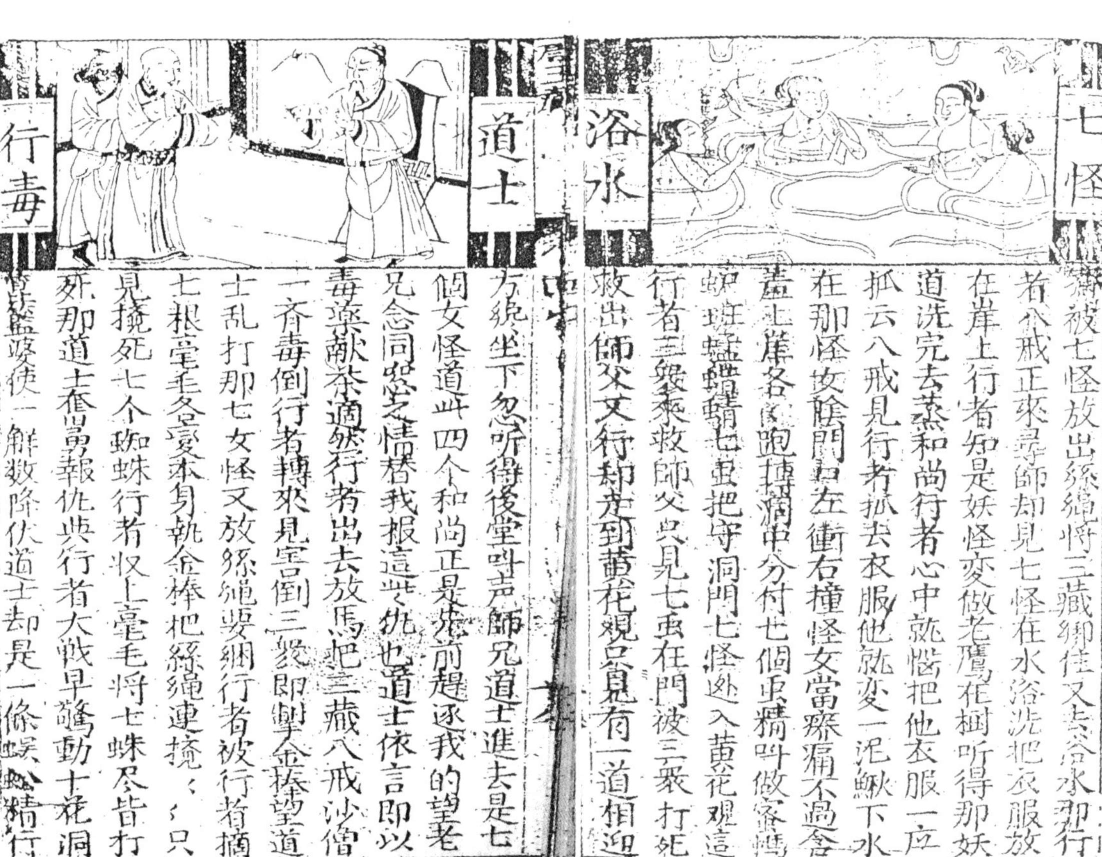

齋被七怪放出絲繩将三藏綁住又去浴水那行
者八戒正來尋師却見七怪在水浴洗把衣服放
在岸上行者知是妖怪変做老鷹在樹听得那妖
道洗完去蒸和尚行者心中就惱把他衣服一应
抓去八戒見行者抓去衣服他就变一泥鰍下水
在那怪妓腿間却左衝右撞怪女當癢漏不過舍
盡上岸各自跑掉洞中分付七個蟲精叫做蜜蚂
蜘斑蝥蠟螬七蟲把守洞門七怪逃入黄花観這
行者三般來救師父只見七蟲在門被三衆打死
救出師父又行却走到黄花観只見有一道相迎
方綫坐下忽听得後堂叫声師兄道士進去是七
個女怪道此四个和尚正是先前趕逐我的望老
兄念同窓之情替我報這些仇也道士依言即以
毒藥献茶適然行者出去放馬把三藏八戒沙僧
一齊毒倒行者轉來見害倒三衆即掣金棒望道
士乱打那七女怪又放絲繩要綑行者被行者摘
七根毫毛各变本身執金棒把絲繩連攪〃〃只
見攪死七个蜘蛛行者収上毫毛将七蛛尽皆打
死那道士奮勇報仇典行者大戰早驚動千花洞
菩薩婆使一解数降伏道士却是一條蜈蚣精行

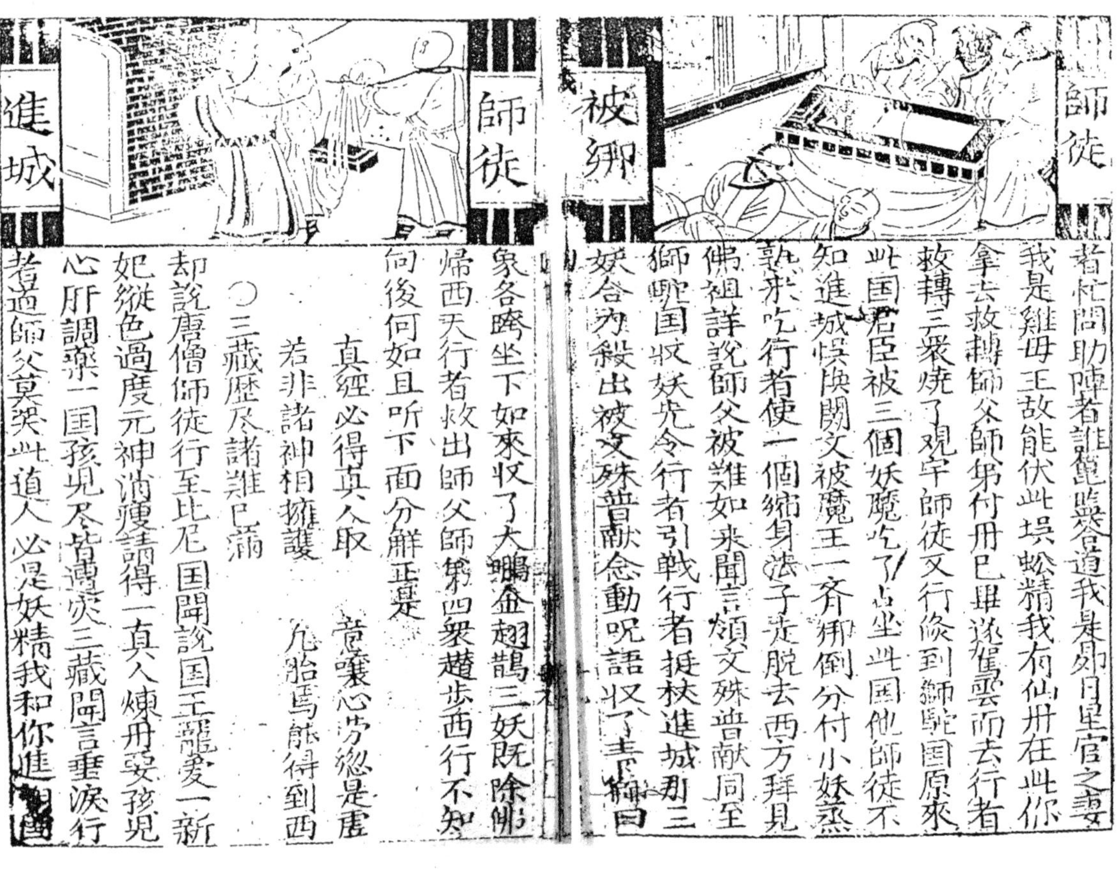

師徒被綁

者杧問助陣者誰鼉躲答道我是卯日星官之妻我是雞母王故能伏此蜈蚣精我有仙丹在此你拿去救轉師父師弟付丹已畢遂駕雲而去行者救轉三衆燒了觀宇師徒又行倏到獅駝国原來此国君臣被三個妖魔吃了占坐此国他師徒不知進城悮换關文被魔王一齐綁倒分付小妖蒸熟来吃行者使一個縮身法子走脱去西方拜見佛祖詳説師父被難如来聞言煩文殊普献同至獅駝国收妖先令行者引戰行者挺杖進城那三妖合為殺出被文殊普献念動呪語収了青獅白

師徒進城

象各跨坐下如来收了大鵬金翅鵰三妖既除佛帰西天行者救出師父師弟四衆趲步西行不知向後何如且听下面分觧正是

真經必得真人取　意嚷心労總是虚
若非諸神相擁護　凡胎焉能得到西

○三藏歴尽諸難已滿

却説唐僧師徒行至比尼国聞説国王寵愛一新妃縦色過度元神消瘦請得一真人煉丹要孩兒心肝調藥一国孩兒尽皆遭灾三藏聞言垂涙行者道師父莫哭此道人必是妖精我和你進[illegible]

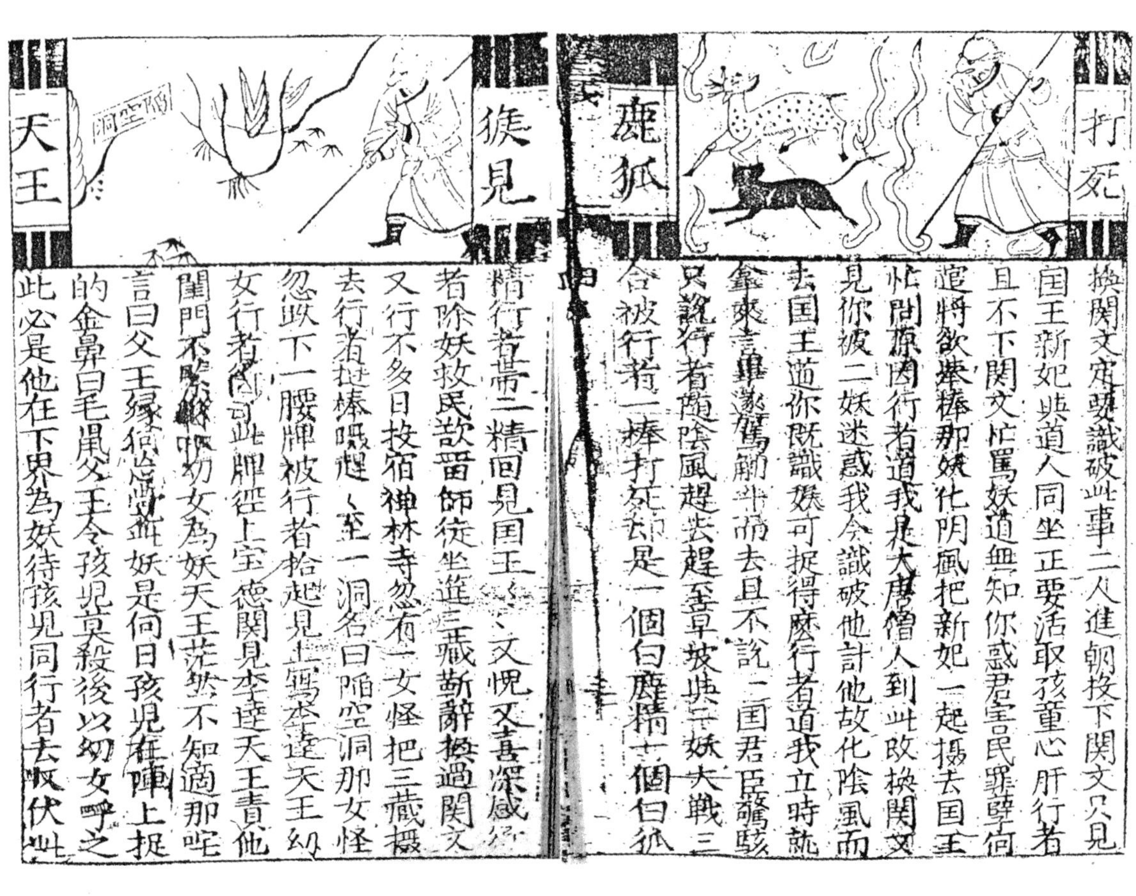

打死鹿狐

換關文寘要識破此事二人進朝投下關文只見国王新妃與道人同坐正要活取孩童心肝行者且不下関文忙罵妖道無知你惑君害民罪孽滔天將欲舉棒那妖化阴風把新妃一起攝去国王忙問原因行者道我是大唐僧人到此取換関文見你被二妖迷惑我今識破他計他故化陰風而去国王道你既識妖可捉得麼行者道我立時就拿來言畢遂駕觔斗而去且不説一国君臣驚駭只説行者隨陰風趕去趕至草坡與二妖大戰三合被行者一棒打死却是一個白鹿精一個白狐

猴見天王

精行者帶二精回見国王、、文悦又喜深感行者除妖救民欲留師徒坐筵三藏斷辭換過関文又行不多日投宿神林寺忽有一女怪把三藏攝去行者挺棒喊趕、、至一洞名曰陥空洞那女怪忽跌下一腰牌被行者拾起見上寫李逵天王幼女行者回司此牌逕上宝德関見李逵天王責他閨門不緊縦[illegible]幼女為妖天王茫然不知適那吒言曰父王緣何忘了孩兒是向日孩兒在陣上捉的金鼻白毛鼠父王令孩兒莫殺後以幼女呼之此必是他在下界為妖待孩兒同行者去收伏此

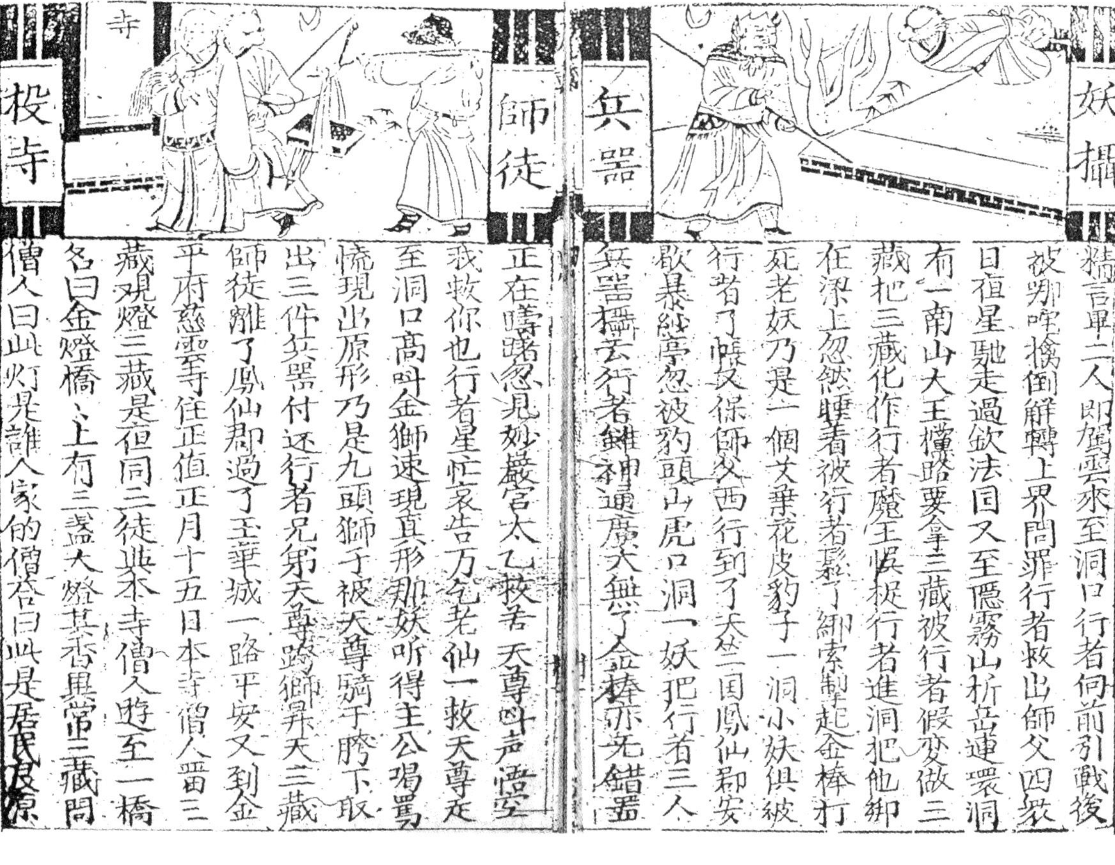

精言畢二人即駕雲來至洞口行者向前引戰後被妳喚擒倒解轉上界問罪行者救出師父四衆日值星馳走過欽法国又至隱霧山析岳連環洞有一南山大王攔路要拿三藏被行者假变做三藏把三藏化作行者魔王悞捉行者進洞把他綁在梁上忽然睡着被行者鬆了綁索掣起金棒打死老妖乃是一個文彩花皮豹子一洞小妖俱被行者了帳又保師父西行到了天竺国鳳仙郡安歇暴紗亭忽被豹頭山虎口洞一妖把行者三人兵器攝去行者雖神通廣大無了金棒亦先錯噐

正在躊躇忽見妙嚴宮太乙救苦天尊叫声悟空我救你也行者星忙哀告万乞老仙一救天尊走至洞口高叫金獅速現真形那妖听得主公喝罵慌現出原形乃是九頭獅子被天尊騎于胯下取出三件兵器付还行者兄弟天尊跨獅昇天三藏師徒離了鳳仙郡過了玉華城一路平安又到金平府慈雲寺住正值正月十五日本寺僧人留三藏觀燈三藏是日同三徒與本寺僧人遊至一橋名曰金燈橋、上有三盞大燈其香異常三藏問僧人曰此灯是誰人家的僧答曰此是居民浪

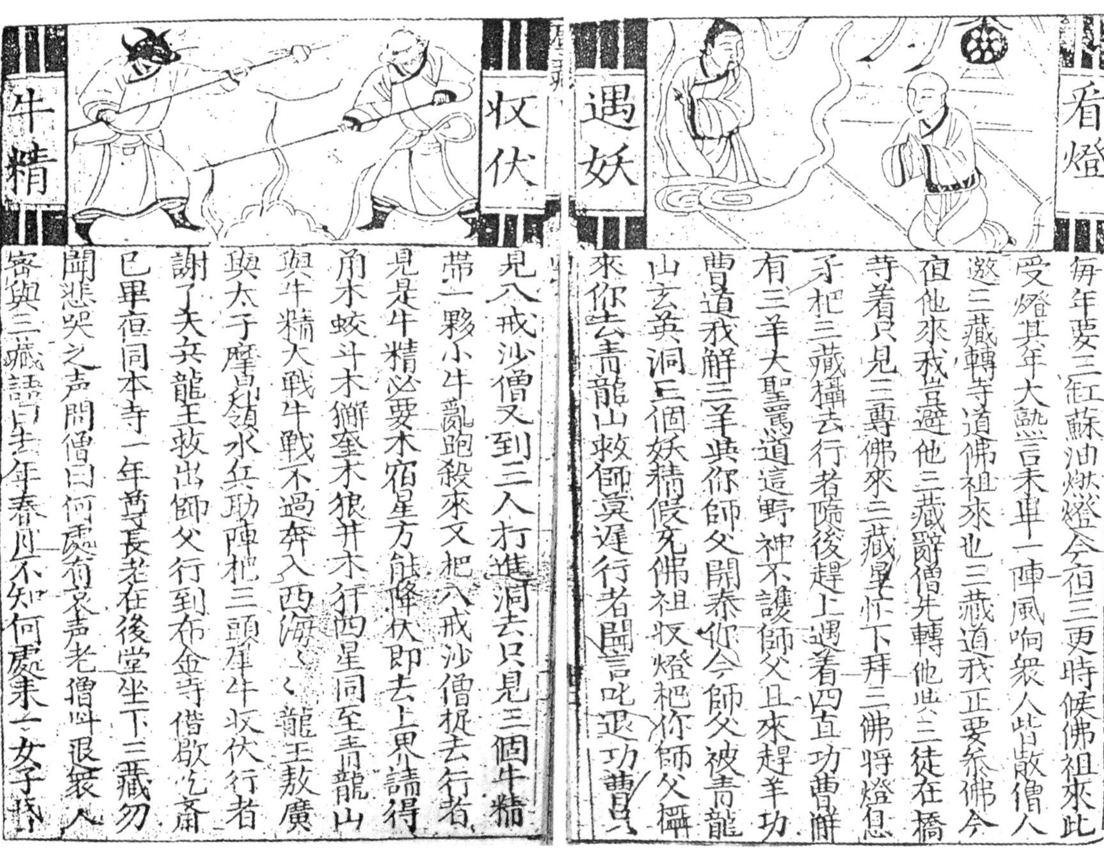

每年要三缸蘇油燃燈今值三更時候佛祖來此受燈其年大熟言未畢一陣風响衆人皆散僧人邀三藏轉寺道佛祖來也三藏道我正要參佛今值他來我豈避他三藏辭僧先轉他與三徒在橋等着只見三尊佛來三藏望忙下拜三佛将燈息了把三藏攝去行者隨後趕上遇着四直功曹解有三羊大聖罵道這野神不護師父且來趕羊功曹道我解三羊與你師父開泰你今師父被青龍山玄英洞三個妖精假充佛祖收燈把你師父攝來你去青龍山救師莫遲行者聞言叱退功曹只

見八戒沙僧又到三人打進洞去只見三個牛精帶一夥小牛亂跑殺來又把八戒沙僧捉去行者見是牛精必要木宿星方能降伏即去上界請得角木蛟斗木獬奎木狼井木犴四星同至青龍山與牛精大戰牛戰不過奔入西海〻〻龍王敖廣與太子摩昂領水兵助陣把三頭犀牛收伏行者謝了天兵龍王救出師父行到布金寺借歇乞齋已畢值同本寺一年尊長老在後堂坐下三藏忽聞悲哭之声問僧曰何處有哀声老僧叫退衆人密與三藏語曰去年春日不知何處来一女子特

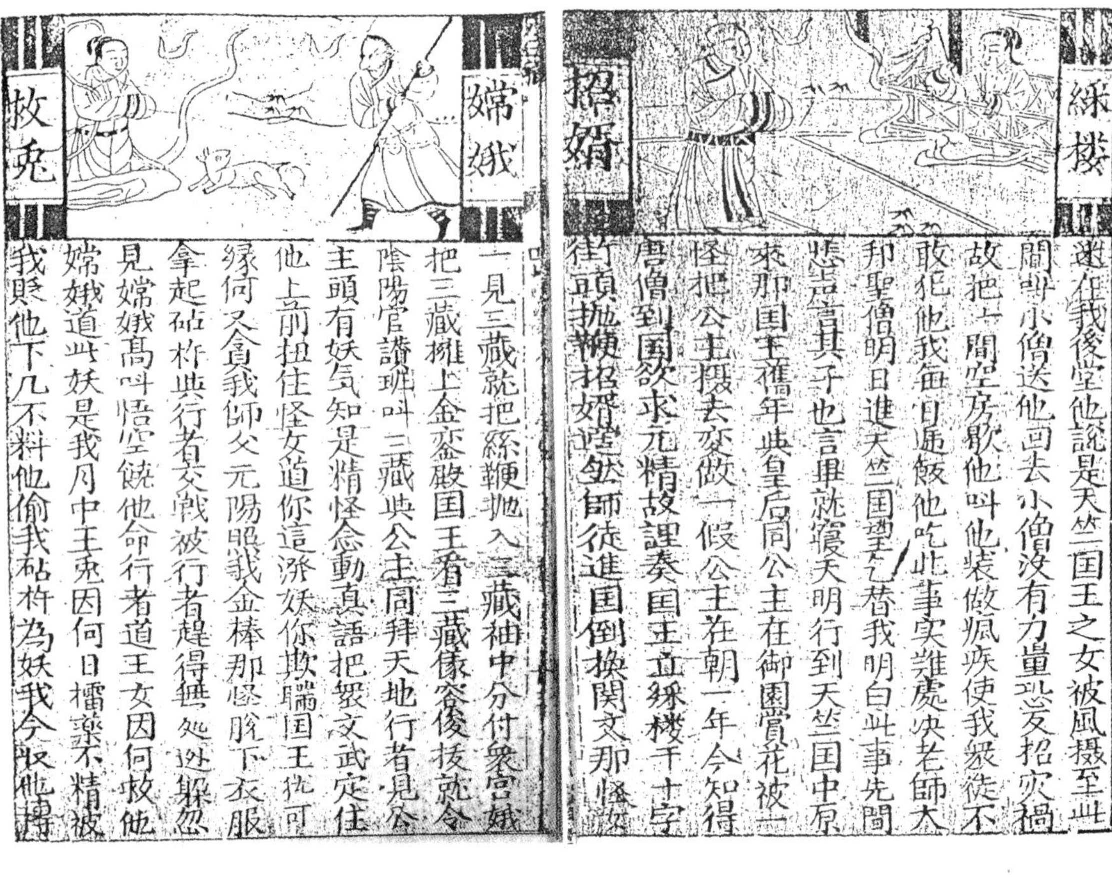

迷在我後堂他說是天竺国王之女被風攝至此聞得小僧送他回去小僧沒有力量恐反招灾禍故把一間空房歇他叫他裝做風疾使我衆徒不敢犯他我每日送飯他吃此事実難處决老師太邦聖僧明日進天竺国望乞替我明白此事先聞悲喜言其子也言畢就寢天明行到天竺国中原來那国王舊年與皇后同公主在御園賞花被一怪把公主攝去変做一假公主在朝一年今知得唐僧到国欲求元精故謹奏国王立綵樓十字街頭抛繡招婿遣然師徒進国倒換関文那怪燃

一見三藏就把綵鞭抛入三藏袖中分付衆宮娥把三藏擁上金鑾殿国王看三藏像容俊捷就令陰陽官讃班叫三藏與公主同拜天地行者見公主頭有妖気知是精怪念動真語把絮文武定住他上前扭住怪女道你這潑妖你欺瞞国王我可縁何又貪我師父元陽照我金棒那怪脱下衣服拿起砧杵與行者交戰被行者趕得無処逃躲忽見嫦娥高叫悟空饒他命行者道王女因何救他嫦娥道此妖是我月中玉兎因何日擣藥不精被我貶他下凡不料他偷我砧杵為妖我今收他搏

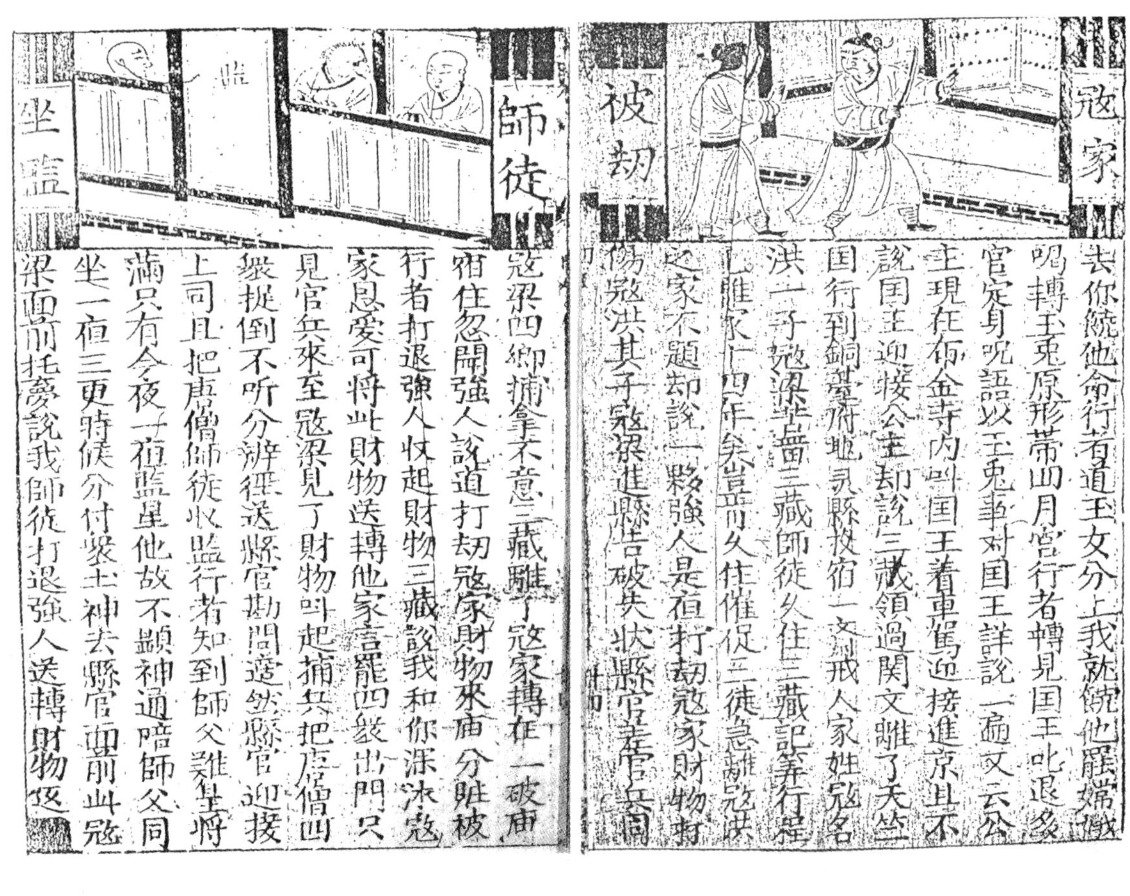

去你饒他命行者道王女分上我就饒他罷嫦娥喝轉玉兎原形带回月宮行者轉見国王叱退多官定身呪語以玉兎事对国王詳說一遍又云公主現在布金寺内叫国王着車駕迎接進京且不說国王迎接公主却說三藏領過関文離了天竺国行到銅臺府地灵縣投宿一齋戒人家姓寇名洪一子號梁堂齋三藏師徒久住三藏記筭行程已離家十四年矣豈可久住催促三徒急離寇洪之家不題却說一夥強人是夜打劫寇家財物射傷寇洪其子寇梁進縣告破失狀縣官差官兵同

寇梁四鄉捕拿不意三藏離了寇家轉在一破庙宿住忽聞強人說道打劫寇家財物來庙分贓被行者打退強人收起財物三藏說我和你深沐寇家恩愛可將此財物送轉他家言罷四鼓出門只見官兵來至寇梁見了財物叫起捕兵把唐僧四衆捉倒不听分辨徑送縣官勘問遣然縣官迎接上司且把唐僧師徒收監行者知到師父難星將滿只有今夜一宿監星他故不顯神通陪師父同坐一宿三更時候分付衆土神去縣官面前叫寇梁面前托夢說我師徒打退強人送轉財物還

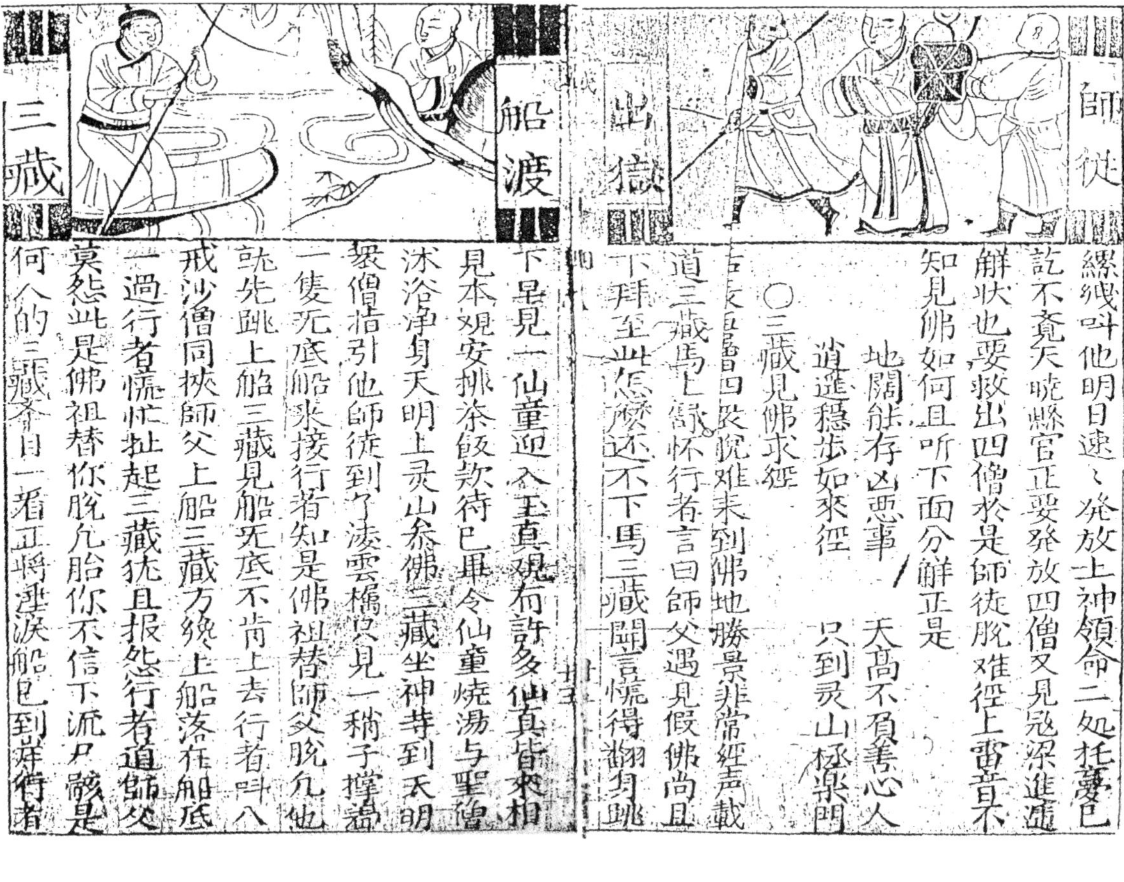

綵線叫他明日速〻發放土神領命二処托夢巳
訖不覺天曉縣官正要発放四僧又見冤深進遞
觧狀也要救出四僧於是師徒脫难徑上雷音未
知見佛如何且听下面分觧正是

地闊能存凶悪事／天高不負善心人
逍遥穩歩如來徑　只到灵山極樂門

○三藏見佛求經

右支唐僧四衆脫难来到佛地勝景非常經声載
道三藏馬上歡怀行者言曰師父遇見假佛尚且
下拜至此怎麼还不下馬三藏聞言慌得翻身跳
下馬見一仙童迎入玉真觀有許多仙真皆來相
見本观安排茶飯款待已畢令仙童燒湯与聖僧
沐浴浄身天明上灵山叅佛三藏坐神寺到天明
衆僧指引他師徒到了凌雲橋只見一稍子撑過
一隻无底船来接行者知是佛祖替師父脫凡他
就先跳上船三藏見船无底不肯上去行者叫八
戒沙僧同挾師父上船三藏方纔上船落在船底
一過行者慌忙扯起三藏犹且報怨行者道師父
莫怨此是佛祖替你脫凡胎你不信下流尸骸是
何人的三藏舉目一看正將垂淚船已到岸行者

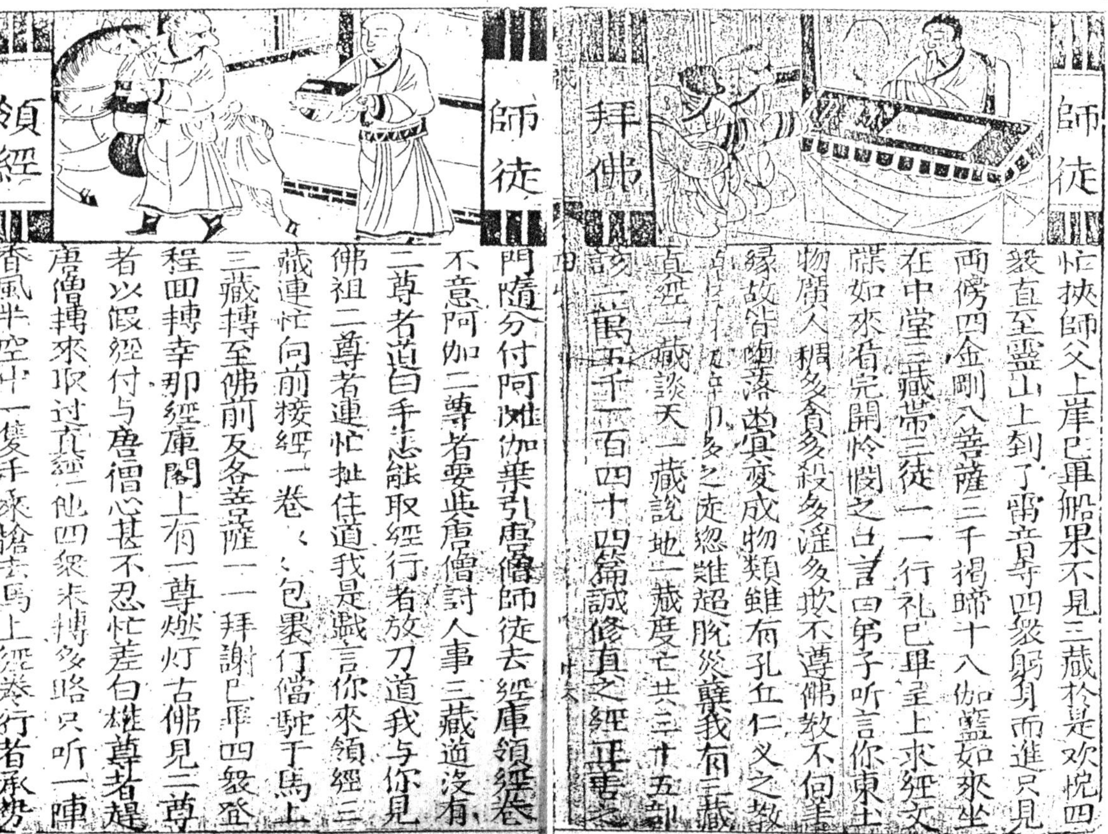

忙挾師父上岸已畢船果不見三藏於是欢悦四
衆直至靈山上到了雷音寺四衆躬身而進只見
两傍四金剛八菩薩三千揭諦十八伽藍如來坐
在中堂三藏帶三徒一一行礼已畢呈上求經文
牒如來看完開怜悯之言曰弟子听言你東土
物廣人稠多貪多殺多淫多欺不遵佛教不向善
緣故皆墮落尚變成物類雖有孔丘仁义之教
[illegible]多之徒總雖超脫災難我有三藏
眞經一藏談天一藏說地一藏度亡共三十五部
該一萬五千一百四十四篇誠修眞之經正善之
門隨分付阿儺伽葉引唐僧師徒去經庫領經卷
不意阿伽二尊者要與唐僧討人事三藏道沒有、
二尊者道白手怎能取經行者放刀道我与你見
佛祖二尊者連忙扯住道我是戲言你來領經三
藏連忙向前接經一卷〻〻包裹了當馱于馬上
三藏搏至佛前及各菩薩一一拜謝已畢四衆登
程回搏幸那經庫閣上有一尊燃灯古佛見二尊
者以假經付与唐僧心甚不忍忙差白雄尊者趕
唐僧搏來取过真經他四衆未搏多路只听一陣
香風半空中一隻手來搶去馬上經卷行者承勢

觀音見佛

趕上只見經本落地都是白帋三藏啼哭不已行者道師父莫哭此必是阿伽二尊者未得人事故以假經誆我此搶經者必是何神指教我等轉去見佛四衆一齊轉至佛前詳陳二尊者假經之故如來道經果不非傳經果不非付待我共二神說过叫他付你真經三藏得了真經師徒拜辭如來忙轉方出寺門观音合掌與佛祖言曰当日世尊命弟子往東土尋取經人限五千零四十日要真經到東土今他走了一十四年筭來只少八日他步行怎生得到望我佛祖賜他步雲轉国方不過

師徒登雲

限如来聞言即命部下金剛駕雲送他轉京交付經文領他四衆徒[illegible]天金剛領法旨出門高叫取經僧人我領如來法旨引你回轉東土三藏聞言依着金剛行了一步須臾步在雲端徑回東土但不知回東土怎麼出脫真經再看後回便是阿

見性明心參佛祖　功完行滿即飛昇
來時凡骨凡胎重　回時身輕腳亦輕

○唐三藏取經圖圓

却說金剛送唐僧去後那揭諦功曹見观音菩薩言曰何日我等承法旨暗護唐僧取經今功成完

新刊京本全像插增田虎王慶忠義水滸傳

提要

《新刊京本全像插增田虎王慶忠義水滸傳》殘五卷，明施耐菴、羅本撰，丹麥皇家圖書館藏明萬曆間建陽書坊明刊本。四周雙邊，雙魚尾，白口。是書為《水滸傳》簡本。全書約二十四卷一百二十回。此本為殘本，存卷十五（內缺一至四、七、九至十一、二十二、二十三頁）、十六（內缺十七及二十五以下之頁）、十七、十八（內缺八及二十四以下之頁）、十九（內缺一至二十六、二十八至三十二及三十三後半葉以下）。上圖下文。此書特別標明『增插』二字，則明言已出之《水滸傳》無田虎、王慶兩部分。

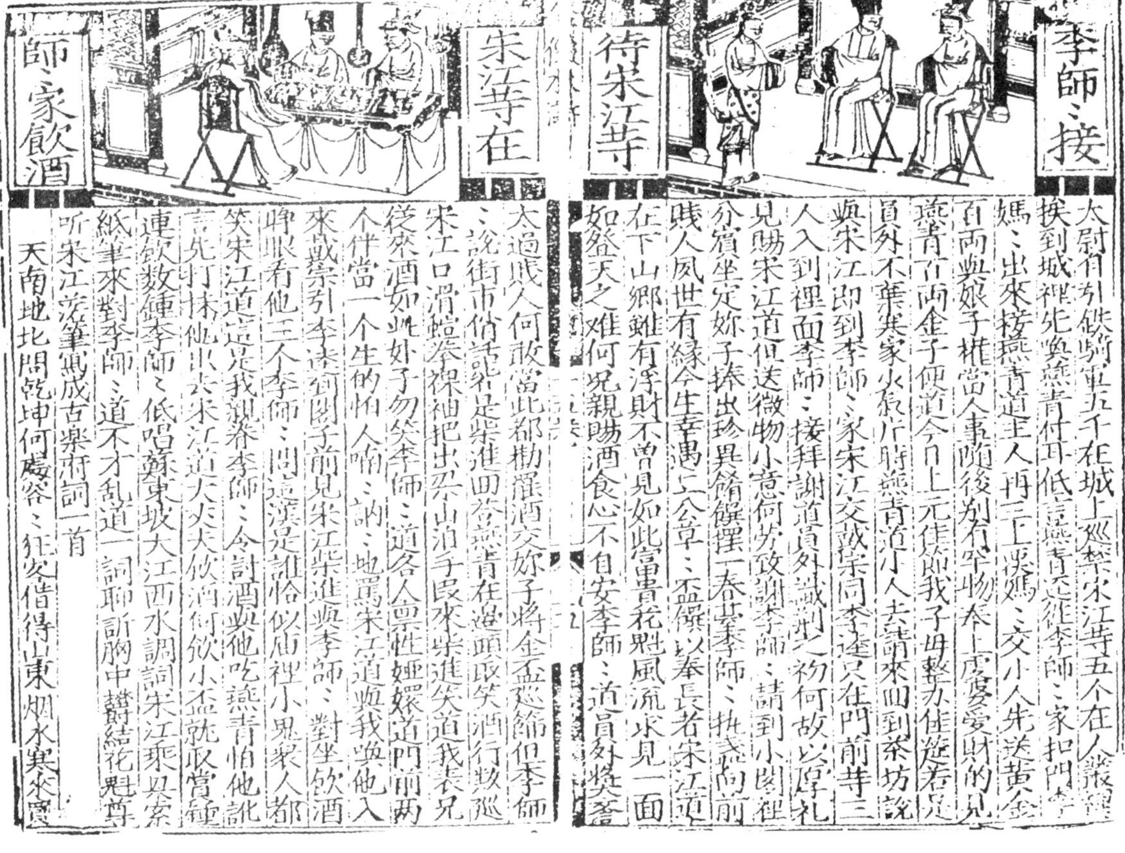

太尉引許多鐵騎軍五千在城上巡禁宋江等五个在人叢裡挨到城裡先與燕青付耳低言燕青逕往李師師家扣門李媽媽出來接燕青道主人再三上覆媽媽交小人先送黃金百兩與娘子權當人事隨後别有罕物奉上虔婆愛財的見燕青百兩金子便道今日上元佳節我子母整办佳筵若是員外不棄來家少敘片時燕青道小人去請來回到茶坊說與宋江即到李師師家宋江交戴宗同李逵只在門前等三人入到裡面李師師接拜謝道員外識荊之初何故以厚禮見賜宋江道但送微物小意何勞致謝李師師請到小閣裡分賓坐定妳子捧出珍異餚饌擺一春臺李師師執盞向前賤人夙世有緣今生幸遇二公草草盃盤以奉長者宋江道在下山鄉雖有浮財不曾見如此富貴花魁風流求見一面如登天之難何況親賜酒食心不自安李師師道員外獎譽太過賤人何敢當此都勸罷酒交妳子將金盃巡篩但李師師說街市俏語宋江是柴進回答燕青在邊頭取笑酒行數巡宋江口滑揎拳裸袖把出梁山泊手段來柴進笑道我表兄從來酒如此妳子勿笑李師師道各人禀性婭嬛道門前兩个伴當一个生的怕人喃喃地罵宋江道與我喚他入來戴宗引李逵到閣子前見宋江柴進與李師師對坐飲酒睜眼看他三个李師師問道這漢是誰恰似廟裡小鬼衆人都笑宋江道這是我親眷李師師令討酒與他吃燕青怕他訛言先打抹他出去宋江道大丈夫飲酒何飲小盃就取賞鍾連飲數鍾李師師低唱蘇東坡大江西水調詞宋江乘興索紙筆來對李師師道不才亂道一詞聊訴胸中鬱結花魁尊听宋江落筆寫成古樂府詞一首

天南地北問乾坤何處容狂客借得山東烟水寨來買

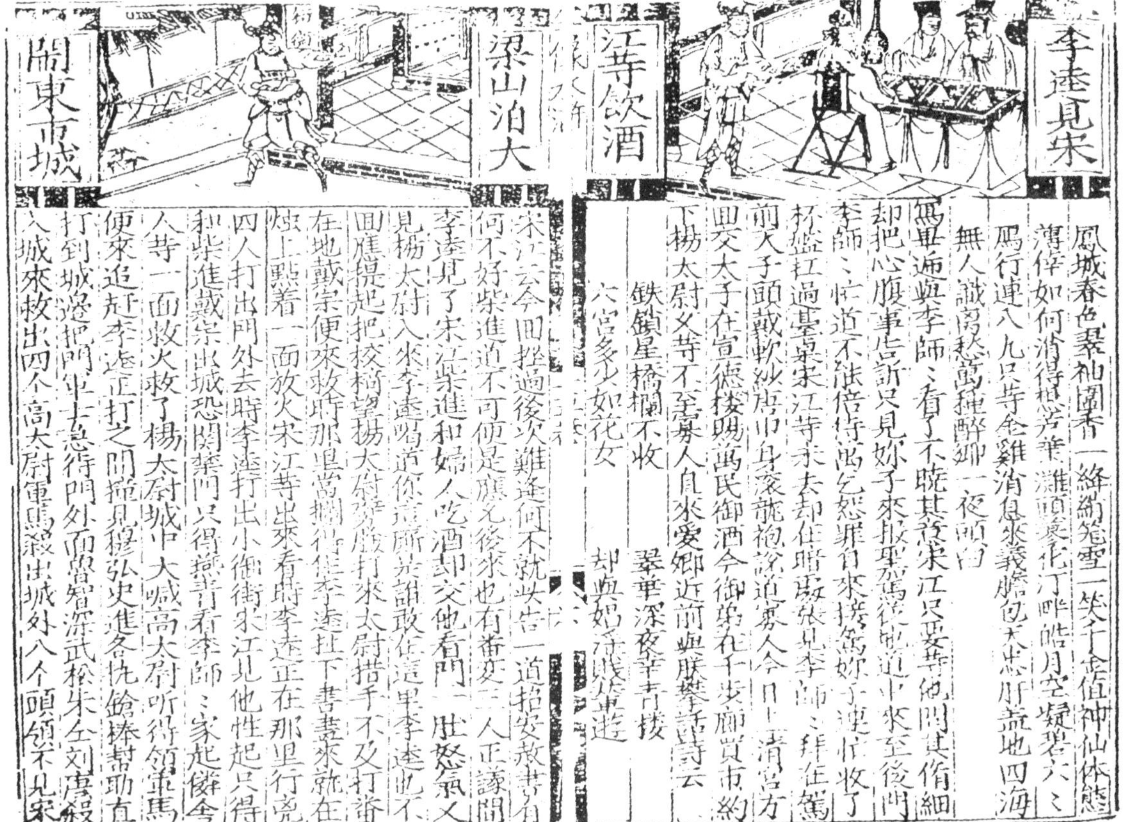

鳳城春色翠袖圍香絳綃籠雪一笑千金值神仙体態薄倖如何消得想蘆葉灘頭蓼花汀畔皓月空凝碧六六鴈行連八九只等金雞消息義膽包天忠肝蓋地四海無人識閒愁萬種醉鄉一夜頭白

寫畢遞與李師師看了不曉其意宋江只要等他問其備細却把心腹衷告訴只見妳子來報官家從地道中來至後門李師師忙道不能遠送切乞恕罪自來接駕妳子連忙收了杯盤扛過臺桌宋江等未去却在暗處張見李師師拜在駕前天子頭戴軟紗唐巾身穿滾龍袍說道寡人今日上清宮方回交太子在宣德樓賜萬民御酒令御弟在千步廊買市約下楊太尉久等不至寡人自來愛卿近前與朕攀話詩云

鐵鎖星橋爛不收　翠華深夜幸青樓
六宮多少如花女　却與娼淫賤作遊

宋江云今回挫過後次難逢何不就此告一道招安赦書有何不好柴進道不可便是應允後來也有番變三人正議間李逵見了宋江柴進和婦人吃酒却交他看門一肚怒氣又見楊太尉入來李逵喝道你這廝走那敢在這里李逵也不回應提起把校椅望楊太尉劈臉打來太尉措手不及打番在地戴宗便來救時那里當攔得住李逵扯下書畫來就在燭上點着一面放火宋江等出來看時李逵正在那里行兇四人打出門外去時李逵打出小御街宋江見他性起只得和柴進戴宗出城恐閉禁門只得燕青看李師師家起火舍人等一面救火救了楊太尉城中大喊高太尉听得領軍馬便來追赶李逵正打之間撞見穆弘史進各执鎗棒幫助直打到城邊把門軍士急待門外面魯智深武松朱仝刘唐殺入城來救出四个高太尉軍馬殺出城外八个頭領不見宋

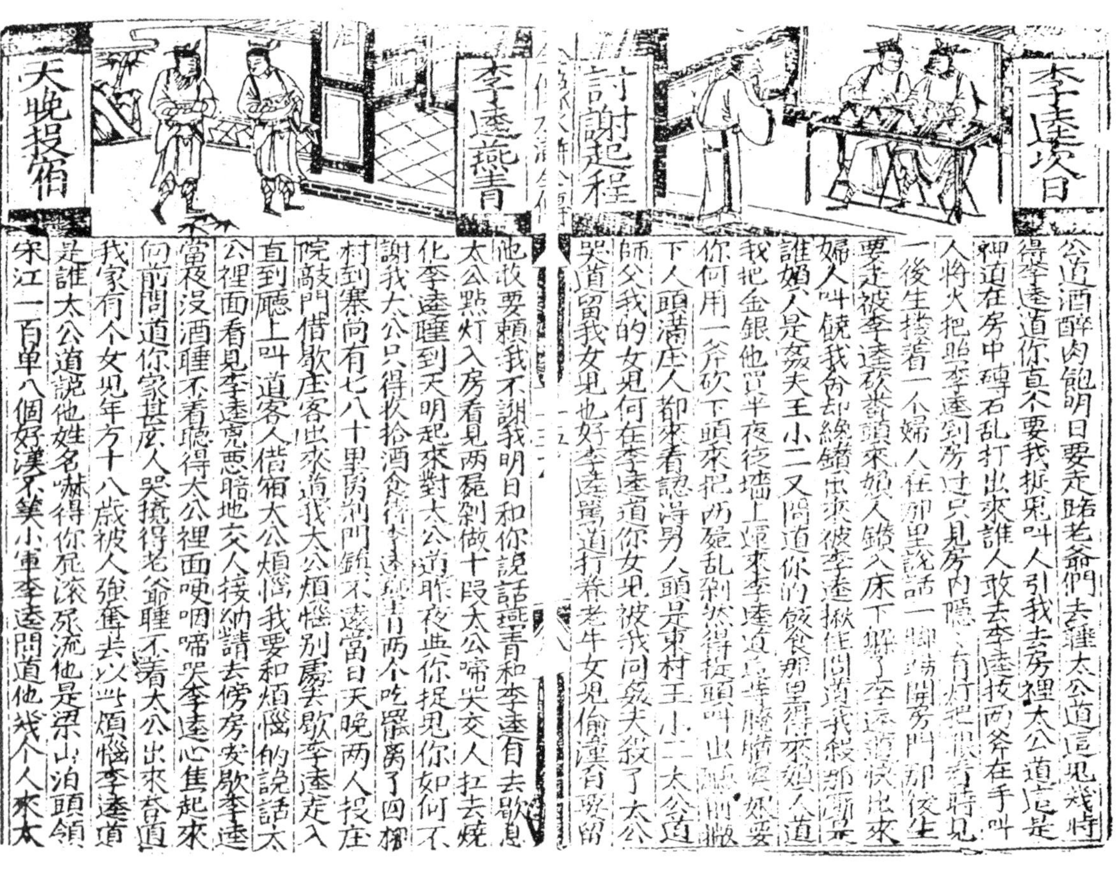

公道酒醉肉飽明日要走路老爺們去𨒂太公道這兒幾時得李逵道你直不要我捉鬼叫人引我去房裡太公道這是神道在房中磚石乱打出來誰人敢去李逵拔兩斧在手叫人將火把照李逵到房过只見房内隱隱有灯把眼看時見一後生接着一个婦人在那里說話一脚踢開房門那後生要走被李逵砍着頭來婦人鑽入床下躲了李逵拖出來婦人叫饒我命却總鑽床來被李逵揪住問道我殺那厮是誰婦人是姦夫王小二又問道你的飯食那里得來婦人道我把金銀他買半夜從墻上遞來李逵道這等腌臢婆娘要你何用一斧砍下頭來把兩屍乱剁然得提頭叫出廳前撇下人頭滿庄人都來看認得男人頭是東村王小二太公道師父我的女兒何在李逵道你女兒被我同姦夫殺了太公哭道留我女兒也好李逵罵道打脊老牛女兒偷漢苦要留他做要賴我不謝我明日和你說話燕青和李逵自去歇息太公點灯入房看見兩屍剁做十段太公啼哭交人扛去燒化李逵睡到天明起來對太公道昨夜與你捉鬼你如何不謝我太公只得收拾酒食待李逵燕青兩个吃罷离了四柳村到寨尚有七八十里路荊門鎮不遠當日天晚兩人投庄院敲門借歇庄客出來道我太公煩惱別處去歇李逵走入直到廳上叫道客人借宿太公煩惱我要和煩惱的說話太公裡面看見李逵兇惡暗地交人接納請去傍房安歇李逵當夜沒酒睡不着聽得太公裡面哽咽啼哭李逵心焦起來向前問道你家甚麼人哭攪得老爺睡不着太公出來答道我家有个女兒年方十八歲被人強奪去以此煩惱李逵道是誰太公道說他姓名唬得你屁滾尿流他是梁山泊頭領宋江一百單八個好漢不筭小軍李逵問道他幾个人來太

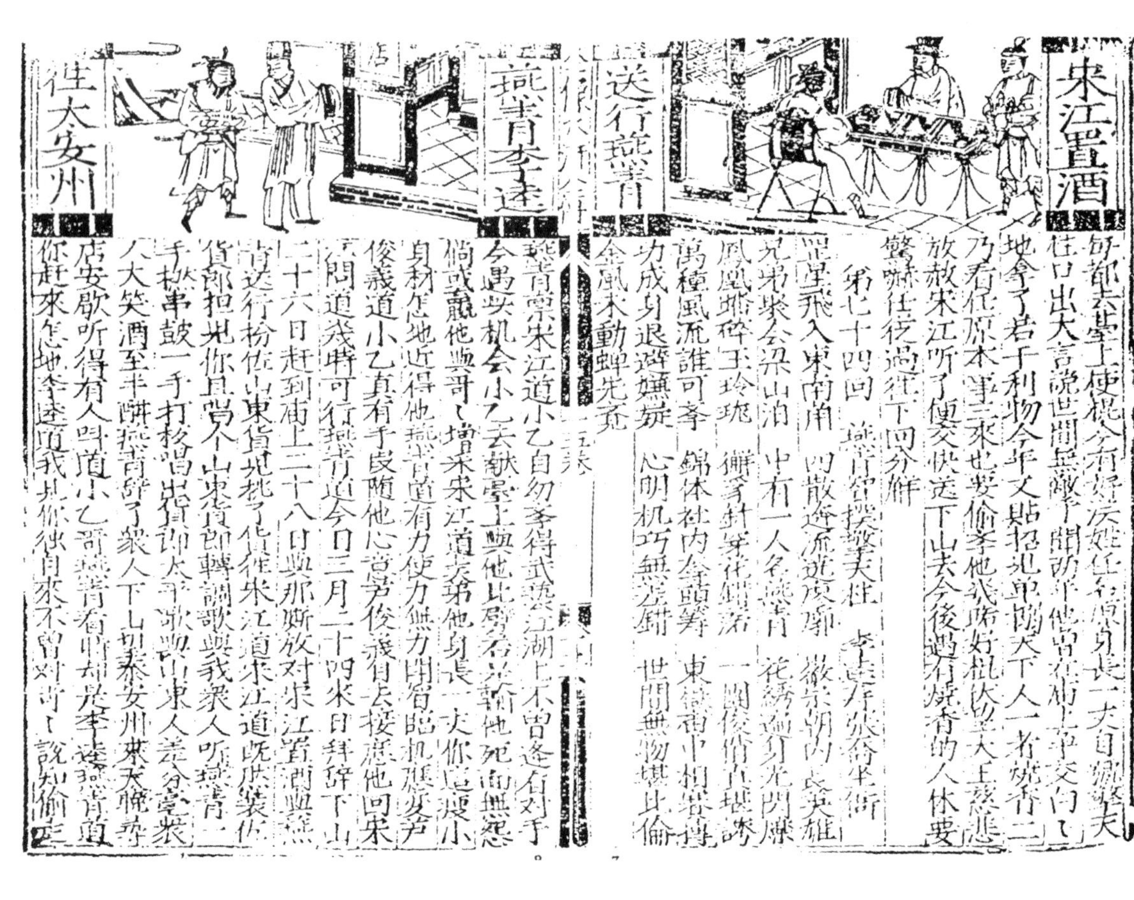

所部太尉上便挑入宋有好漢姓任名原身長一丈自號擎天柱口出大言說世間無敵了開了他曾在廟上爭交兩了地拿了若干利物今年又貼招兒單搦天下人一者燕青二乃看任原本事三來也要偷李他幾路好拙以望天王慈悲放赦宋江听了便交快送下山去今後遇有燒香的人休要驚赫任從過往下回分解

第七十四回　燕青智撲擎天柱　李逵壽張喬坐衙

罡星飛入東南角　四散遊流遍鄉郭　嶽宗朗內長英雄
兄弟聚会梁山泊　中有一人名燕青　花繡遍身光閃爍
鳳凰踏碎玉玲瓏　獬豸斜穿花錯落　一團俊俏真堪誇
萬種風流誰可学　錦体社内奪頭籌　東嶽廟中相賽搏
功成身退避嫌疑　心明机巧無差錯　世間無物堪比倫
金風未動蟬先覺

燕青禀宋江道小乙自幼學得武藝江湖上不曾逢着对手今遇此机会小乙去獻臺上與他比試若是輸他死而無怨倘或贏他與哥哥增采宋江道兄弟他身長一丈你這般小身材怎地近得他燕青道有力使力無力鬪智臨机應变芦俊義道小乙真有手段隨他心意芦俊義自去接應他回宋江問道幾時可行燕青道今日三月二十四來日拜辞下山二十六日赶到廟上二十八日與那厮放对宋江置酒與燕青送行扮做山東貨郎兒挑了貨往宋江道既然裝做貨郎担兒你且唱个山東貨郎轉調歌與我衆人听燕青一手拈串鼓一手打板唱出貨郎太平歌與山東人差分毫衆人大笑酒至半酣燕青辞了衆人下山投泰安州來天晚尋店安歇听得有人叫道小乙哥燕青看时却是李逵燕青道你赶來怎地李逵道我見你独自來不曾对手〻說知偷走

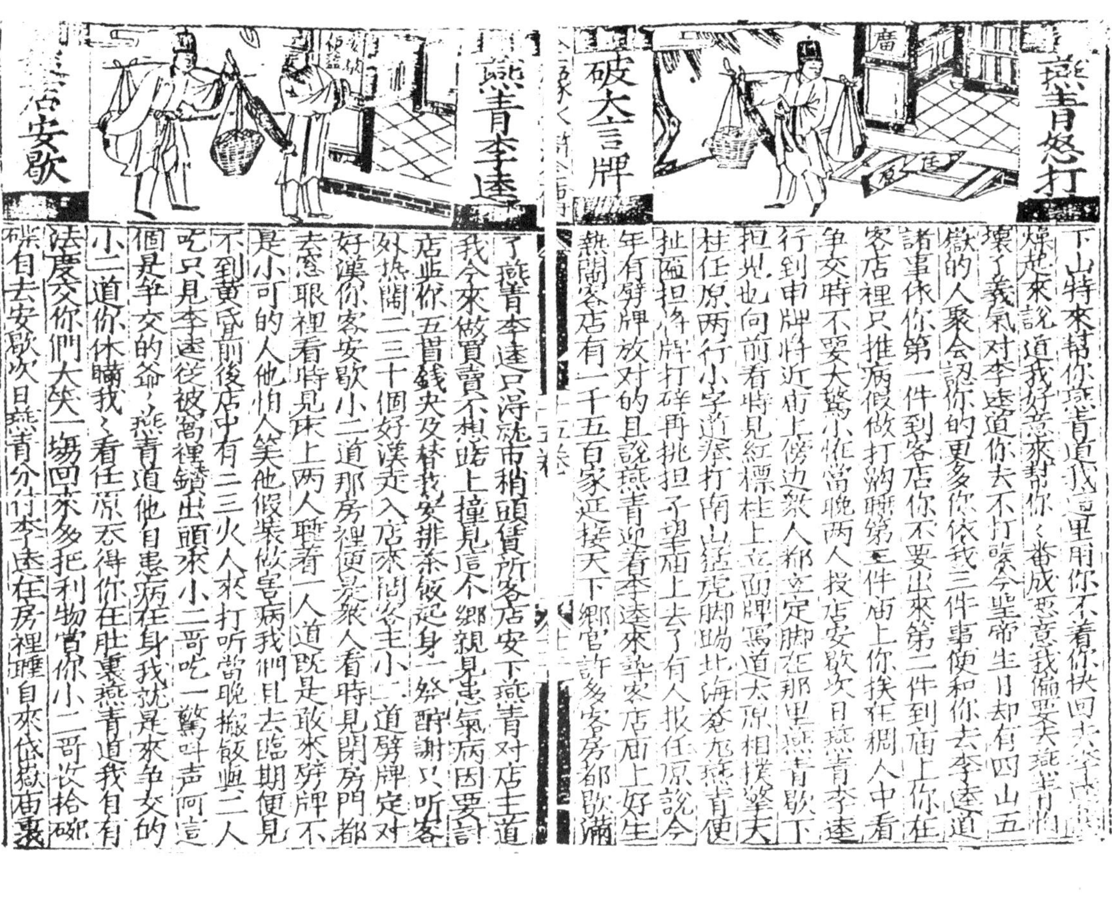

下山特來幫你燕青道我這里用你不着你快回去今宵[illegible]燥起來説道我好意來幫你〃番成惡意我偏要去燕青怕壞了義氣对李逵道你去不打緊今是聖帝生日却有四山五嶽的人聚会認你的更多你依我三件事便和你去李逵道諸事依你第一件到客店你不要出來第二件到廟上你在客店裡只推病假做打鼾睡第三件廟上你挨在稠人中看争交時不要大驚小怪當晚兩人投店安歇次日燕青李逵行到申牌時近廟上傍边衆人都立定脚在那里燕青歇下担兒也向前看時見紅標柱上立兩牌寫道太原相撲擎天柱任原兩行小字道拳打南山猛虎脚踢北海蒼龍燕青便扯匾担将牌打碎再挑担子望廟上去了有人报任原説今年有劈牌放对的且説燕青迎着李逵來尋客店廟上好生熱閙客店有一千五百家延接天下鄉官許多客房都歇滿

了燕青李逵只得就市梢頭賃所客店安下燕青对店主道我今來做買賣不想路上撞見這个鄉親見患氣病因要討店歇你五貫錢央及替我安排茶飯起身一発酧謝〃只听客外热閙二三十個好漢走入店來問客主小二道劈牌定对好漢你客安歇小二道那房裡便是衆人看時見閉房門都去窓眼裡看時見床上兩人睡着一人道既是敢來劈牌不是小可的人他怕人笑他假裝做害病我們且去臨期便見不到黄昏前後店中有二三火人來打听當晚搬飯與二人吃只見李逵從被窩裡鑽出頭來小二哥吃一驚叫声阿這個是爭交的爺〃燕青道他自患病在身我就是來争交的小二道你休瞞我〃看任原吞得你在肚裏燕青道我自有法度交你們大笑一塲回來多把利物賞你小二哥收拾碗碟自去安歇次日燕青分付李逵在房裡睡自來岱嶽廟裏

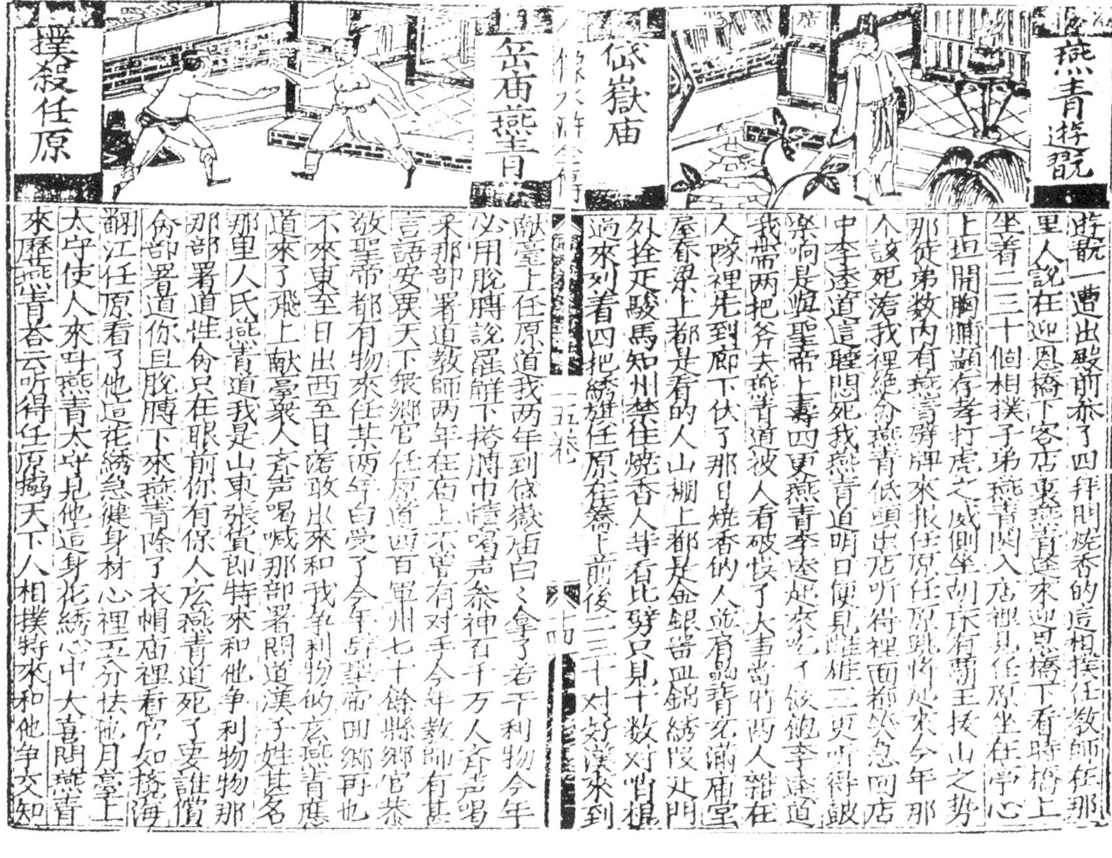

遊翫一遭出殿前㕘了四拜問燒香的道相撲任教師在那里人説在迎恩橋下客店裏燕青便來迎恩橋下看時橋上坐着二三十個相撲子弟燕青閃入店裡見任原坐在亭心上坦開胸脯頗有孝打虎之威側坐胡床有覇王扱山之勢那徒弟数内有燕青劈牌來报任原任原跳將起來今年那个該死落我裡絶命燕青低頭出店听得裡面都笑忽回店中李逵道這驢悶死我燕青道明日便見雌雄二更時候歇樂向是與聖帝上壽四更燕青李逵起來吃了飯飽李逵道我帶兩把斧去燕青道被人看破悞了大事當時兩人雜在人隊裡先到廊下伏了那日燒香的人並有㓜背充滿廟堂屋脊梁上都是看的人山棚上都是金銀器皿錦繡段疋門外拴五駿馬知州禁住燒香人守看比劈只見十数对哨棍過來列着四把綉旗任原在轎上前後二三十对好漢來到

獻臺上任原道我兩年到岱嶽廟白〃拿了若干利物今年必用脱膊説罷解下搭膊巾幘喝声衆神百千万人齊声喝采那部署道教師兩年在廟上不曾有对手今年数師有甚言語安覆天下衆鄉官任原道四百軍州七十餘縣鄉官恭敬聖帝都有物來任某兩年白受了今年辞聖帝回鄉再也不來東至日出西至日落敢出來和我争利物的应燕青應道來了飛上獻臺衆人齊声喝喊那部署問道漢子姓甚名那里人氏燕青道我是山東張貨郎特來和他争利物那那部署道性命只在眼前你有保人麼燕青道死了要誰償命部署道你且脱膊下來燕青除了衣帽廟裡看官如攢海翻江任原看了他這花綉急健身材心裡五分怯他月臺上太守使人來叫燕青太守見他這身花綉心中大喜問燕青來歷燕青答云听得任原搊天下人相撲特來和他争交知

燕青李逵　庙裡乱打

州道前面鞍馬是我出的利物山棚上擺有物件我主張分平與你摚拳你在我身燕青道相公利物不打紧只要攧翻他交衆人取笑圖個歡知州道恁似金剛大漢你敢近不得燕青道死而無怨再上獻臺要與任原定对部署問他先要文書為憑不許暗算燕青笑道我這不把暗算他甚么燕青作一塊兒蹲在右边任原先在边立個門户燕青不動掸任原看燕青不動掸看看逼過右边來燕青只瞅他下面任原忖道這人必來笑我下三面我只一脚踢這厮下獻臺去

詩云　百萬人中較藝強　輕生捹命等尋常
　　　試看兩虎相吞啖　必定中間有一傷

任原逼過來虛將左脚賣个破綻燕青叫声不要來被燕青去任原在脚下穿過去任原急轉身又來拿燕青被燕青虛躍一躍又在右脇下鑽過去大漢轉身不便脚步乱了燕青

芦俊義等　人馬策應

搶將入去右手揪住任原把左手插住他胸脯任原被燕青托將起來頭重脚輕借力便旋了五旋叫声下去把任原攛下獻臺這勢唤作鵓鴿旋數萬香官看時齊声喝采任原徒弟見師父顛番了搶利物李逵看見拿兩條杉木打入來有人認得李逵外面做公的大叫休交走了李逵知州听得便往後殿走了衆鄉官各自逃散李逵看任原跌昏迷了揭塊石板把任原打得粉碎門外弓箭乱射入來燕青李逵扒上屋去揭瓦乱打廟前喊声殺將入來當先芦俊義史進穆弘魯智深武松解珍解宝七個好漢引一千餘人策應燕青李逵見了從屋上跳將下來跟着大隊人馬便走李逵又去店裡拿了双斧便去殺人州裡點人馬追時那夥好漢去遠了芦俊義只不見李逵叫穆弘寺他回寨李逵持双斧直到寿張縣內大叫李逵爺爺在此寿張縣听得李逵那个不怕

壽張縣李　逵判公事

李逵在知縣椅上坐了叫道出來說話不來時便放火房內衆人商量只得着幾个出來號道頭領必有指使李逵道我不打搅縣裡因這裡經過請知縣相見兩人去了出來回話道知縣見頭領來後門走了李逵徑入後堂却見幞頭衣衫李逵取幞頭帶了把綠袍朝靴穿了拿着槐簡走出前所大叫都來参見衆人只得去應李逵道令史祗候與我排衙使去衆人只得聚集公吏人等拏牙杖骨朵打了三通鼓向前声喏李逵大笑道你衆人也着兩个告状吏人道頭領在此誰敢告状李逵道你着兩个装做告状的來我不傷他只是取笑衆人商量着兩个牢子装廝打的來告状衙在所前原告道小人是吃打的被告道他先罵小人果打他李逵道這打的人是好漢放他去這个不長進的怎地吃人打與我枷在衙前示衆李逵起身着原告縣前走來走去听得学堂讀

李逵面衆　宋江面叱

書之声李逵走將入去那先生跳窓走了衆学生跑哭躲了李逵笑出撞着穆弘衆人尋你不見却在這里拖着便走回得離了寿張縣到寨裡見宋江放下双斧提提擺擺至堂前執槐簡來拜宋江兩拜這綠袍踏裂絆倒在地衆人都笑宋江罵道你私走下山但到處便惹禍端今日对衆弟兄說過再犯不饒李逵喏喏而退泰安州并州府縣申奏宋江等騷擾一事奏知道君皇帝天子云去年元宵鬧京国一场今年又往各處騷擾與差樞密院進兵至今不見回奏傍有御史大夫崔靖奏曰臣聞梁山泊上立大旗上書替天行道四字民心既伏不可加兵即目遼兵犯境若要起兵征伐深為不便以臣愚意降丹詔赦書須給御酒差一大臣直到梁山泊招安以敵遼兵公私兩便伏乞准奏便差太尉陳宗善為使賷丹詔御酒前去招安下回分辨

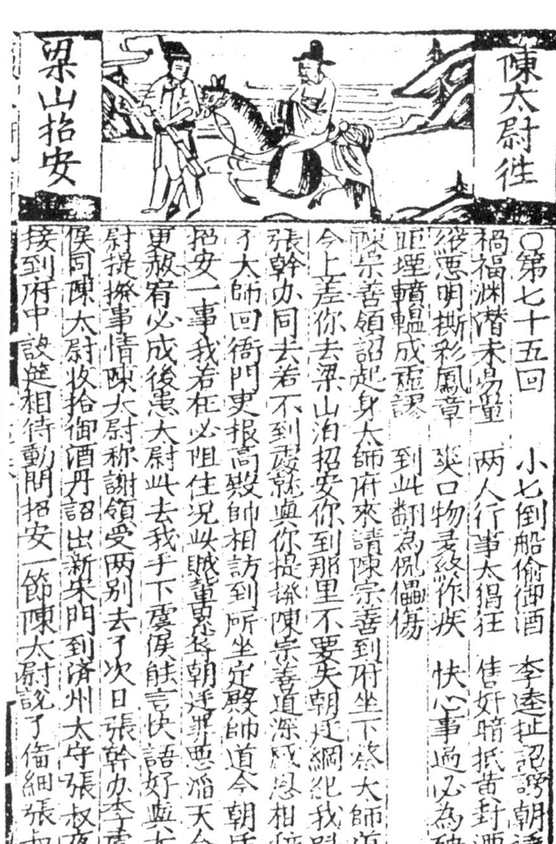

陳太尉往　梁山招安

〇第七十五回　小七倒船偷御酒　李逵扯詔謗朝廷

禍福淵潛未易量　两人行事太猖狂　售奸暗抵黄封酒
縱惡明撕彩鳳章　蜚口物多終作疾　快心事過必為殃
距堙轒轀成虛謬　到此翻為傀儡傷

陳宗善領詔起身太師府來請陳宗善到府坐下蔡太師道今上差你去梁山泊招安你到那里不要失朝廷綱紀我叫張幹办同去若不到處就與你提撥陳宗善道深感恩相辞了太師回衙門吏報高殿帥相訪到所坐定殿帥道今朝廷招安一事我若在必阻住况此賊累辱朝廷罪惡滔天今更赦宥必成後患太尉此去我手下虞候能言快語好與太尉提撥事情陳太尉称謝領受两別去了次日張幹办李虞侯同陳太尉收拾御酒丹詔出新宋門到濟州太守張叔夜接到府中設筵相待動問招安一節陳太尉說了備細張叔夜道太尉到那里撫恤他衆人成事顯太尉清名他数内必个性烈如火倘或冲撞他便壞你張幹办李虞侯道小心和氣壞朝廷綱紀張叔夜道這两个是誰陳太尉道是蔡太師府幹办一个是高太尉府虞侯張叔夜道這一位只去罷陳太尉道他是蔡高二府心腹不带他去必然疑心張叔夜道只怕太尉此行勞而無功張幹办道我自道理張叔夜再不敢言筵罷詩云

陳太尉到　濟州招安

一封丹詔下青雲　特地招安水滸中
明羨明机張叔夜　豫知难以策華勲

次日使人去梁山泊报知道朝廷差太尉招安御酒丹詔一道准備迎接宋江大喜取銀十兩打發報信先回宋江與衆道屡望招安為國家臣子不想今日方成吳用笑道這番招安不成縱使招安看俺如草芥等這廝引官軍來到殺得他片甲不回方就招安宋江道你們如此壞了忠義二字林冲道朝廷詔書必寫誆嚇言語宋江道你們休疑心安排接詔先令曹正宋清准備筵席結綵懸花使裴宣呂方郭盛下山准備大船迎接吳用容地傳令你們依我如此而行陳太尉裡列導引人馬上山泊蕭讓等在半路接着俯伏在地張幹办問道那宋江大似皇帝詔到何不親接甚似欺君你這夥該死怎受朝廷招安請太尉回去蕭讓道自來朝廷不曾有詔到寨未知真实宋江等都在金沙灘迎接萬望太尉息雷霆之怒與国家成全好事李虞侯道不成好事也不愁你蕭讓等只得懇請到水边請太尉下船并隨從人等先把詔書御酒放在船頭那船是阮小七監守分撥二十軍健各带腰刀陳太尉坐在船上昂〃而已阮小七把船掉動两边水手齊唱歌來李虞侯罵道村驢貴人在此全無忌憚那水手道

阮小七舡　偷飲御酒

我們唱歌干你甚事李虞侯道殺不盡的反賊便把藤條去打都跳在水裡去了阮小七道你打水手下水這船如何去得只見上流两隻快船下來小七便去拔了楫子叫声船漏水滚上艙來那两隻船到衆人急救陳太尉過船去了阮小七叫水手來抖了艙裡水去取一瓶御酒來解封口阮小七聞得馨香和瓶一飲而盡那里济事連吃四瓶將六瓶御酒分與水手吃裝上十瓶白酒把原封頭縛了把舡飛到宋江等都在迎接香花灯烛將御酒詔書擺在桌上擡接太尉上岸宋江等拜道小吏罪惡迷天貴人到此接待不及望乞恕罪李虞侯道太尉是朝廷貴人來招安你們如何把漏舡差那村賊來接險些誤了性命宋江道尽是好舡張幹辦道大尉衣温了宋江背後虎将見李虞侯張幹办如此驕傲都要殺他當日宋江三四五次請得太尉上轎迎至忠義堂陳大

宋江等迎　接太尉

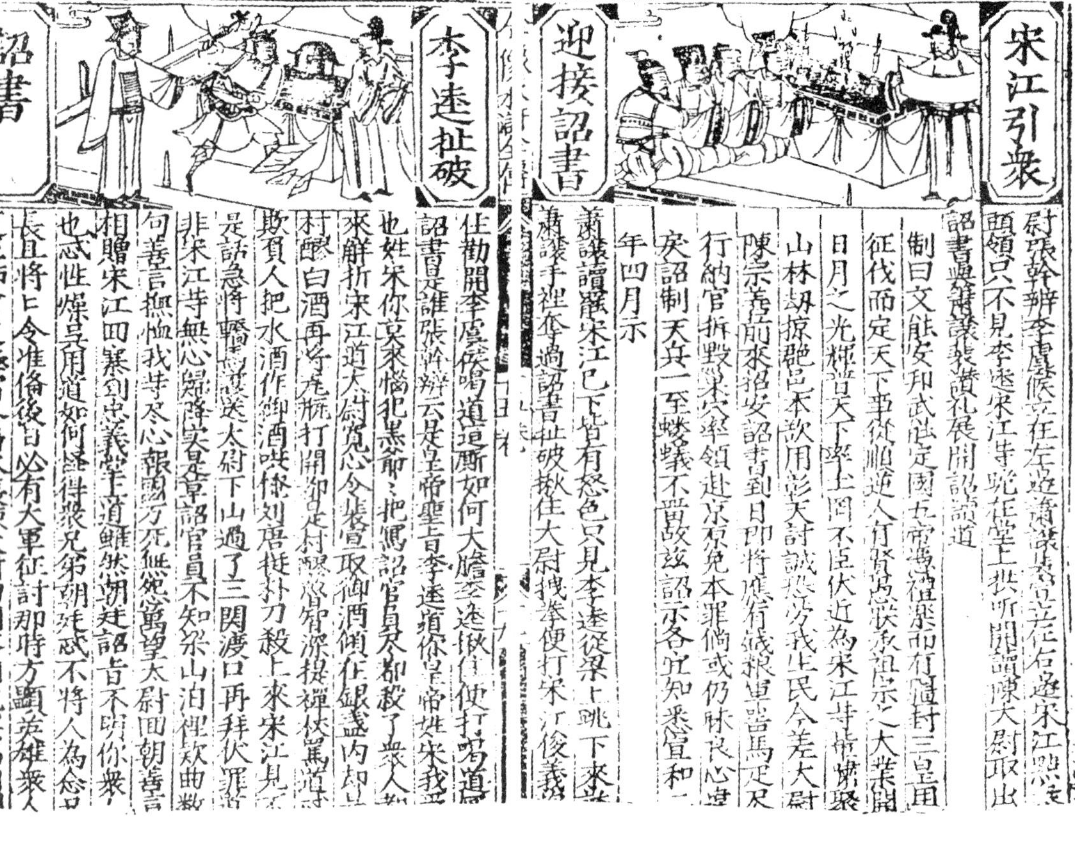

宋江引衆

尉張幹辦李虞候立在左邊蕭讓裴宣立在右邊宋江點走
頭領只不見李逵宋江等跪在堂上拱听開讀陳太尉取出
詔書與蕭讓裴宣讚礼展開詔讀道
制曰文能安邦武能定國五帝憑禮樂而有疆封三皇用
征伐而定天下事從順逆人有賢愚朕承祖宗之大業開
日月之光輝普天下率土罔不臣伏近為宋江等嘯聚
山林刼掠郡邑本欲用彰天討誠恐勞我生民今差太尉
陳宗善前來招安詔書到日即將應有錢粮軍器馬疋船
行納官拆毀巢穴率領赴京原免本罪倘或仍昧良心違
戾詔制天兵一至齠齔不留故茲詔示各宜知悉宣和一
年四月示

迎接詔書

蕭讓讀罷宋江已下皆有怒色只見李逵從梁上跳下來就
蕭讓手裡奪過詔書扯破揪住大尉拽拳便打宋江盧俊義

李逵扯破

住勸開李虞候喝道這廝如何大膽李逵揪住便打喝道
詔書是誰張幹辦云是皇帝聖旨李逵道你皇帝姓宋我也
也姓宋你莫來惱犯黑爺爺把寫詔官員盡都殺了衆人都
來解折宋江道太尉寬心令裴宣取御酒傾在銀盞內却是
村醪白酒再將九瓶打開却是村醪魯智深提禅杖罵道
欺負人把水酒作御酒哄俺劉唐挺朴刀殺上來宋江見不
是話急將轎馬送太尉下山過了三關渡口再拜伏罪道
非宋江等無心歸降實是草詔官員不知梁山泊裡欵曲數
句善言撫恤我等盡心報國万死無怨萬望太尉回朝善言
相贈宋江回寨到忠義堂上道雖然朝廷詔旨不明你衆
也忒性燥吳用道如何怪得衆兄弟胡説忒不將人為念
長且將ヒ令准備後日必有大軍征討那時方顯英雄衆人
道軍師言之極當各帰本帳陳太尉回到済州把梁山泊

詔書

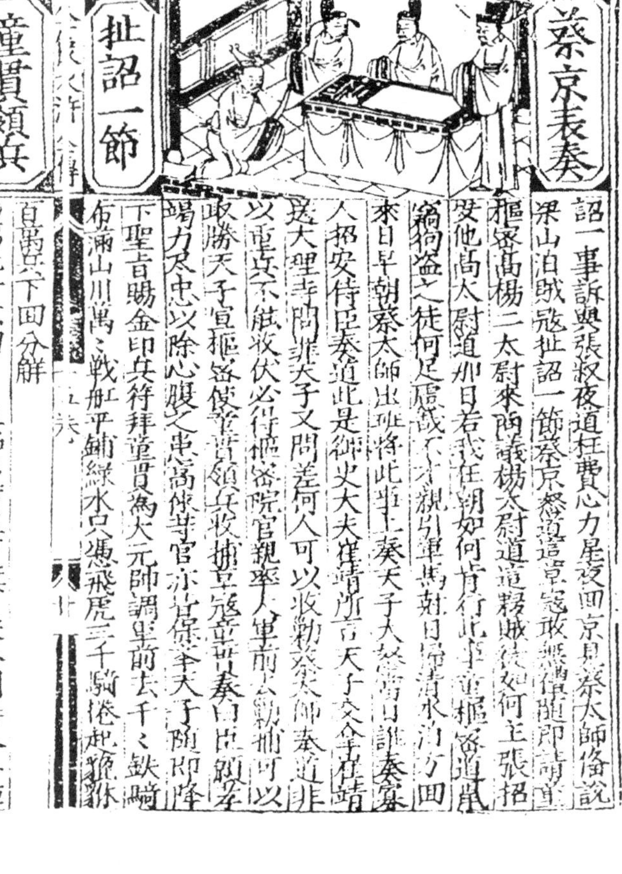

蔡京表奏

詔一事訴與張叔夜道枉費心力星夜回京見蔡太師備説
梁山泊賊寇扯詔一節蔡京怒道這草寇敢無禮隨即請童
樞密高楊二太尉來商議楊太尉道這夥賊徒如何主張招
安他高太尉道那日若我在朝如何肯行此事童樞密道鼠
竊狗盗之徒何足慮哉〻〻親引軍馬尅日掃清水泊方回
來日早朝蔡太師出班將此事上奏天子大怒問曰誰奏寡
人招安侍臣奏道此是御史大夫崔靖所言天子交拿崔靖
送大理寺問罪天子又問差何人可以收剿蔡太師奏道非
以重兵不能收伏必得樞密院官親率大軍前去勦捕可以
取勝天子宣樞密使童貫領兵收捕草寇童貫奏曰臣願孝
竭力尽忠以除心腹之患高俅等官亦皆保奏天子随即降
下聖旨賜金印兵符拜童貫為大元帥調軍前去千〻鉄騎
布滿山川萬〻戰舡平鋪緑水只憑飛虎三千騎捲起貔貅

扯詔一節

童貫領兵

百萬兵下回分解
○第七十六回　呉加亮布五方旗　宋公明排八卦陣
網布獄猷豈不過　山林却作遇入謀　鳳無六翮難高峯
兕入深山得自由　四斗五方排陣勢　九宮八卦運兵籌
陷兵損將軍容失　犬馬從知是寇仇
樞密使童貫封為統軍大元帥之職調取東京八路兵馬都
監各起軍一萬聽用又御林軍二萬守護中軍御前良將一
員飛虎大將酆美一員飛虎大將畢勝號令已定起行後續
軍粮俱是高太尉差人遺運那八路軍馬○睢州兵馬都監
段鵬挙鄭州兵都監陳翥○唐州兵馬都監韓天麟許州兵
馬都監李明○陳州兵馬都監吳秉彝鄧州兵馬都監王義
○洳州兵馬都監馬万里嵩州兵馬都監周信
童貫兵出新曹門來到五里亭高楊二太尉率領衆官等候

捕勦宋兵

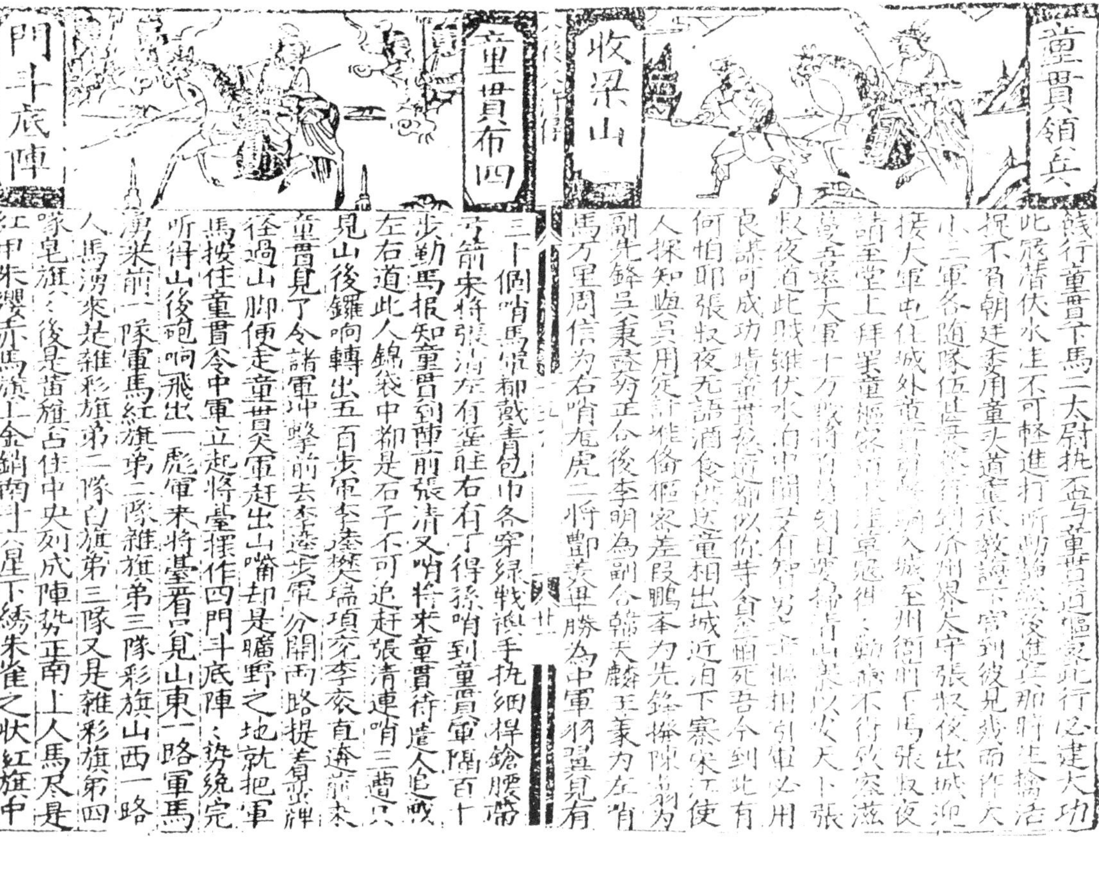
童貫領兵
收梁山
童貫布四
門斗底陣

餞行童貫下馬二太尉執盃与童貫道[illegible]此行必建大功此寇潜伏水泊不可輕進打听虛實然後進兵那時先擒活捉不負朝廷委用童貫道蒙承教誨下官到彼見機而作大小三軍各隨隊伍出發行到濟州界太守張叔夜出城迎接大軍屯住城外童貫引輕騎入城至州衙下馬張叔夜請至堂上拜罷童貫說道梁山泊草寇殺官軍不得勦滅致令滋蔓吾今率大軍十万數將剋日要掃清山寨以安天下張叔夜道此賊雖伏水泊中間又有智謀勇猛之士樞相必用良謀可成功也童貫怒道都似你等貪生怕死吾今到此有何怕耶張叔夜無語酒食供送童貫出城近泊下寨宋江使人探知與吳用定計准備迎敵差段鵬舉为先鋒擁陳翎为副先鋒吴秉彝劳正合後李明為副合韓天麟王義为左哨馬万里周信为右哨龍虎二将酆美畢勝為中軍羽翼見有三十個哨馬頭都戴青包巾各穿綠戰袄手執細桿鎗腰帶弓箭宋将張清左有龔旺右有丁得孫哨到童貫軍隔百十步勒馬报知童貫到陣前張清又哨將来童貫待遣人追赶左右道此人錦袋中都是石子不可追赶張清連哨三遭只見山後鑼响轉出五百步軍李逵樊瑞項充李衮直逩前来童貫見了令諸軍冲擊前去李逵步軍分開兩路提着旗牌徑過山脚便走童貫大軍赶出山嘴却是曠野之地就把軍馬按住童貫令中軍立起將臺擺作四門斗底陣々勢繞完听得山後砲响飛出一彪軍来將臺看見山東一路軍馬湧来前一隊軍馬紅旗第二隊雜旗第三隊彩旗山西一路人馬湧来是雜彩旗第二隊白旗第三隊又是雜彩旗第四隊皂旗々々後是黄旗占住中央列成陣勢正南上人馬尽是紅甲朱纓赤馬旗上金銷南斗六星下繡朱雀之狀紅旗中

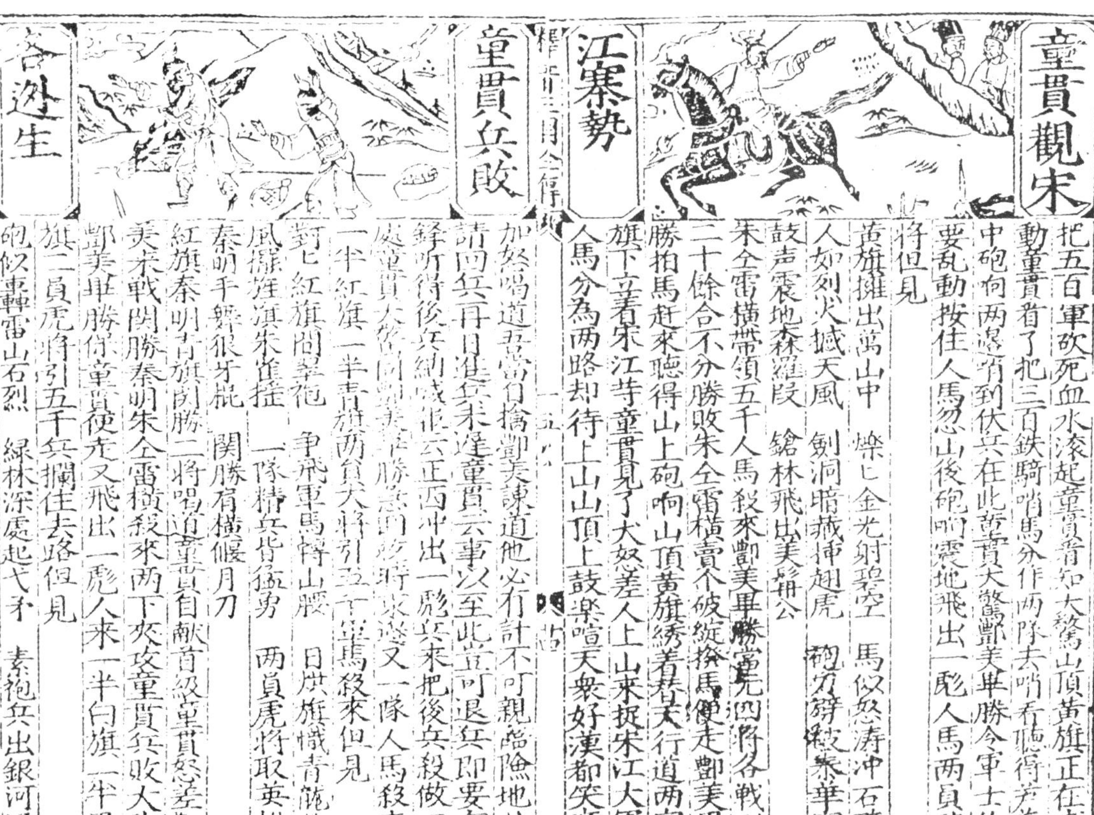
童貫觀宋
江寨勢
童貫兵敗
奇逃生

把五百軍砍死血水滾起童貫看知大驚山頂黄旗正在旋動童貫看了把三百鉄騎哨馬分作兩隊去哨看聽得芦葦中砲响两邊殺到伏兵在此童貫大驚酆美畢勝令軍士休要亂動按住人馬忽山後砲响震地飛出一彪人馬兩員驍将但見

黄旗擁出萬山中　燦燦金光射碧空　馬似怒濤冲石壁
人如烈火撼天風　劍洞暗藏揮翅虎　砲刀碎殺泰華宫
鼓声震地森羅殿　鎗林飛出美髯公

宋仝雷横帶領五千人馬殺來酆美畢勝當先四將各戰到二十餘合不分勝敗宋仝雷横賣个破綻撥馬便走酆美畢勝拍馬赶來聽得山上砲响山頂黄旗綉着替天行道两字旗下立着宋江等童貫見了大怒差人上山來捉宋江大軍人馬分為两路却待上山山頂上鼓樂喧天衆好漢都笑童貫加怒喝道吾當自擒酆美諫道他必有計不可親臨險地且請回兵再日進兵未遲童貫云事以至此豈可退兵即要交鋒听得後兵納喊报云正西冲出一彪兵來把後兵殺做二處童貫大驚回頭差畢勝前去迎將不期又一隊人馬殺來一半紅旗一半青旗兩員大將引五千軍馬殺來但見

對々紅旗間翠袍　争飛軍馬轉山腰　日烘旗幟青龍見
風擺旌旗朱雀搖　一隊精兵皆猛勇　两員虎將取英雄
秦明手舞狼牙棍　関勝横提偃月刀

紅旗秦明青旗関勝二將喝道童貫自献首級童貫怒差酆美來戰関勝秦明朱仝雷横殺來兩下夾攻童貫兵敗大乱酆美畢勝保童貫便走又飛出一彪人來一半白旗一半黑旗二員虎將引五千兵攔住去路但見

砲似轟雷山石烈　綠林深處起戈矛　素袍兵出銀河湧

索超斧砍

王義下馬

玄中軍來黒氣浮　两般鞭𢧐風雨响　一條鎗到鬼神愁
左邊大將胡延灼　右邊英雄豹子頭
黒旗胡延灼白旗林冲二將喝道奸臣童貫待走那里去殺入
軍中來段鵬挙接住胡延灼交戰馬万里接住林冲捎殺馬
万里與林冲鬥数合被林冲一鎗𢧐在馬下段鵬挙撥馬便走
胡延灼赶來两軍混戰童貫只得奪路且回前面又跳出一
彪歩軍來魯智深武松殺入陣來童貫與軍被魯智深
殺得残軍敗將只得引鄷美畢勝迯走又聽得砲声大震两
將鮮珎鮮宝殺來人馬又得韓天麟王義併力殺出垓心迯
命前面又飛出一彪人馬两將攔住去路童貫索超飛馬直
取童貫王義挺刀去迎被索超手起斧落砍于馬下韓天麟
被董平一鎗搠死鄷美畢勝保童貫迯命四下里金鼓乱响
不知何處童貫擒馬上坡看時四面馬歩軍一齊殺來童貫

芦俊義活

捉鄷美

正慌間山坡下一簇人馬吳秉彝李明引残軍救應正欲上
坡喊声又起飛过一彪人馬楊志史進截住李明挺鎗來鬥
楊志吳秉彝來戰史進四個約鬥三十餘合吳秉彝被史進
斬于馬下李明却待要走楊志赶來剁于馬下童貫只與鄷美
畢勝在山坡上大驚不敢下坡三個商量似此如何迯命鄷
美道望見正南大隊官軍旗旛不倒可以解救殺開條路必
來救護鄷美殺下山來冲開條路直到南邊看時却是周信
看見鄷美便問樞相在那里鄷美道只在山坡上專等救軍
周信殺奔山坡邊來又遇段鵬挙三個合兵殺上山坡見了
童貫商議道乘晚殺出重圍鄷美當先童貫在中一齊殺下
坡听得四下呌道不要走了童貫衆官軍南路殺到四更殺
出垓心童貫在馬上道脫了這誰歡喜未了一帶火把乃是
芦俊義楊雄石秀攔住去路喝道童貫下馬受縛更待何時

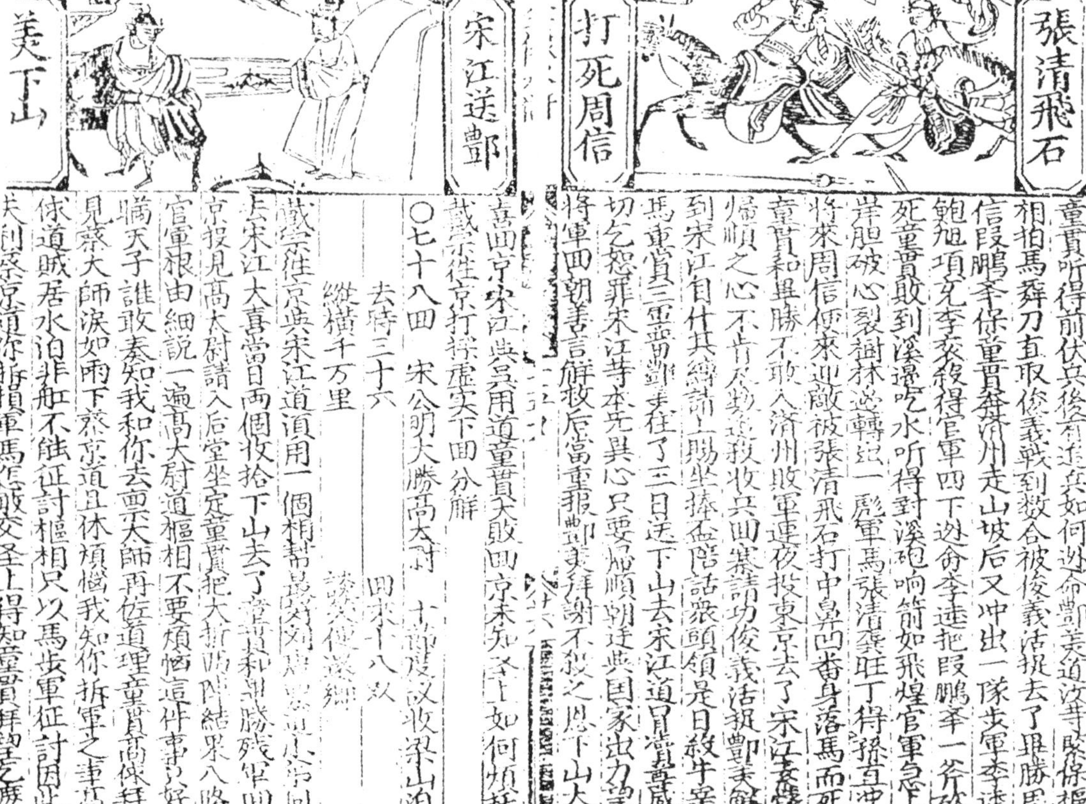

張清飛石

打死周信

童貫听得前伏兵後有追兵如何迯命鄷美道汝等緊保樞
相拍馬舞刀直取俊義戰到数合被俊義活捉去了畢勝周
信段鵬挙保童貫奔濟州走山坡后又冲出一隊歩軍李逵
鮑旭項充李袞殺得官軍四下迯命李逵把段鵬挙一斧砍
死童貫敢到溪邊吃水听得對溪砲响箭如飛煌官軍急上
岸胆破心裂樹林迯轉出一彪軍馬張清龔旺丁得孫直冲
將來周信便來迎敵被張清飛石打中鼻凹番身落馬而死
童貫和畢勝不敢入濟州敗軍連夜投東京去了宋江衆將
帰順之心不肯殺趕救収兵回寨請功俊義活捉鄷美解
到宋江自付其縛請上賜坐捧盃陪話衆頭領是日殺牛宰
馬重賞三軍留鄷美在了三日送下山去宋江道見童貫蓋蔵
切乞恕罪宋江等本无異心只要帰順朝廷與国家出力望
將軍回朝善言解救后當重報鄷美拜謝不殺之恩下山大

宋江送鄷

鄷美下山

喜回京宋江與呉用道童貫大敗回京未知圣上如何處往
截然往京打探虚实下回分解

○七十八回　宋公明大勝高太尉　十節度議收梁山泊

去時三十六　回來十八双
縱横千万里　談笑便還鄉

戴宗往京與宋江道須用一個相幇歸順劉唐出戴宗問
上宋江大喜當日两個收拾下山去了童貫和畢勝殘軍回
京投見高太尉請入后堂坐定童貫把大折陣門結果八路
官軍根由細說一遍高太尉道樞相不要煩惱這件事只好
瞞天子誰敢奏知我和你去禀太師再作道理童貫高俅拜
見蔡太師淚如雨下蔡京道且休煩惱我知你折軍之事高
俅道賊居水泊非船不能征討樞相只以馬歩軍征討因此
失利蔡京道你折損軍馬怎敢交圣上得知童貫拜望之遊

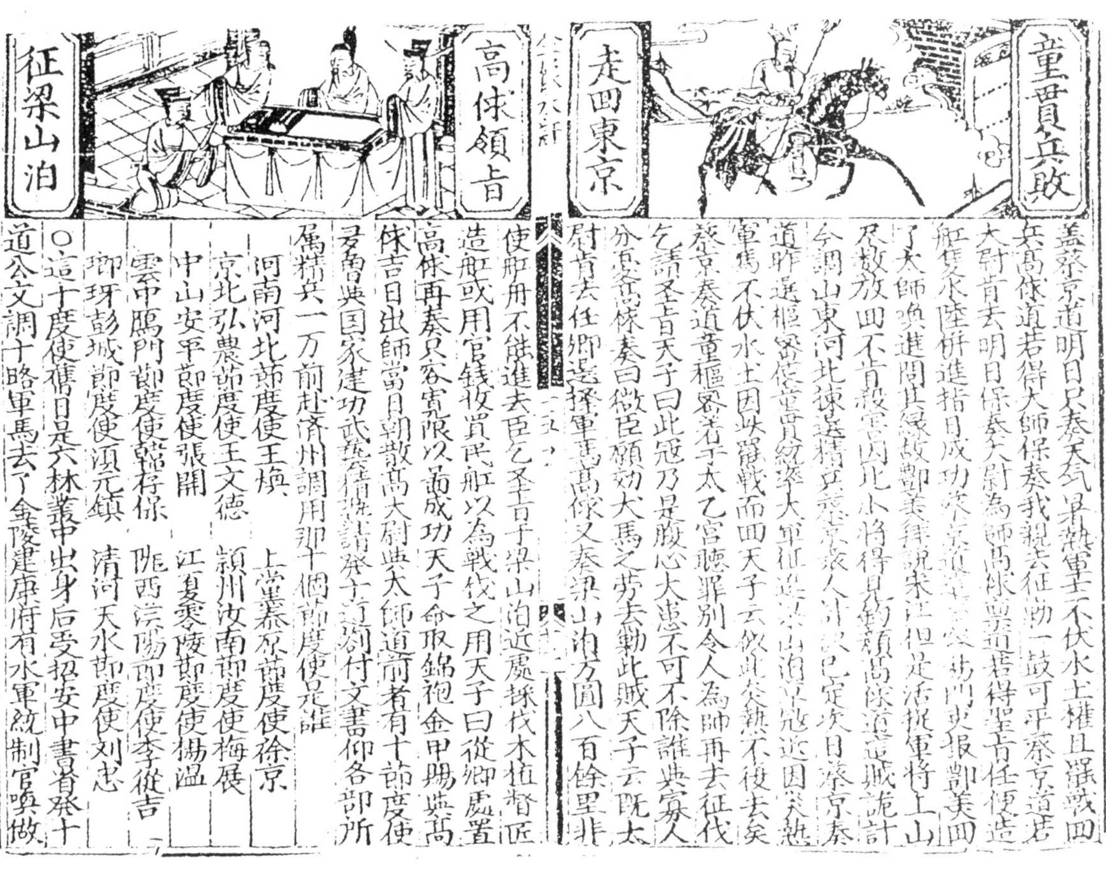

童貫兵敗　走回東京

蓋蔡京道明日只奏天氣暑熱軍士不伏水土權且罷戰回兵高俅道若得大師保奏我親去征勦一鼓可平蔡京道君大尉肯去明日保奏大尉為師高俅道若得聖旨任便造舡隻水陸併進指日成功次[illegible]出門吏報鄧美回了太師喚進問其緣故鄧美稱說宋江但是活捉軍將上山盡數放回不肯殺害因此小將得見鈞顏高俅道這賊詭計今調山東河北揀選精兵蔡京喚衆人計議已定次日蔡京奏道昨選樞密使童貫統率大軍征進梁山泊草冦近因炎熱軍馬不伏水土因此罷戰而回天子云似此炎熱不便去矣蔡京奏道童樞密若于太乙宮聽罪別令人為師再去征伐乞請聖旨天子曰此冦乃是腹心大患不可不除誰與寡人分憂高俅奏曰微臣願効犬馬之勞去勦此賊天子云既太尉肯去任卿選擇軍馬高俅又奏梁山泊方圓八百餘里非

高俅領旨　征梁山泊

使舡用不能進去臣乞聖旨于梁山泊近處採伐木植督匠造舡或用官錢收買民舡以為戰伐之用天子曰從卿處置高俅再奏只容寬限以圖成功天子命取錦袍金甲賜與高俅吉日出師當日朝散高太尉與太師道前者有十節度使多曾與国家建功武藝精熟請發十道劄付文書仰各部所屬精兵一万前赴济州調用那十個節度使是誰

河南河北節度使王煥　上黨太原節度使徐京
京北弘農節度使王文德　潁州汝南節度使梅展
中山安平節度使張開　江夏零陵節度使楊溫
雲中鴈門節度使韓存保　隴西漢陽節度使李從吉
瑯琊彭城節度使項元鎮　清河天水節度使刘忠

○這十節度使舊日是綠林叢中出身后受招安中書省發十道公文調十路軍馬去了金陵建康府有水軍統制官喚做

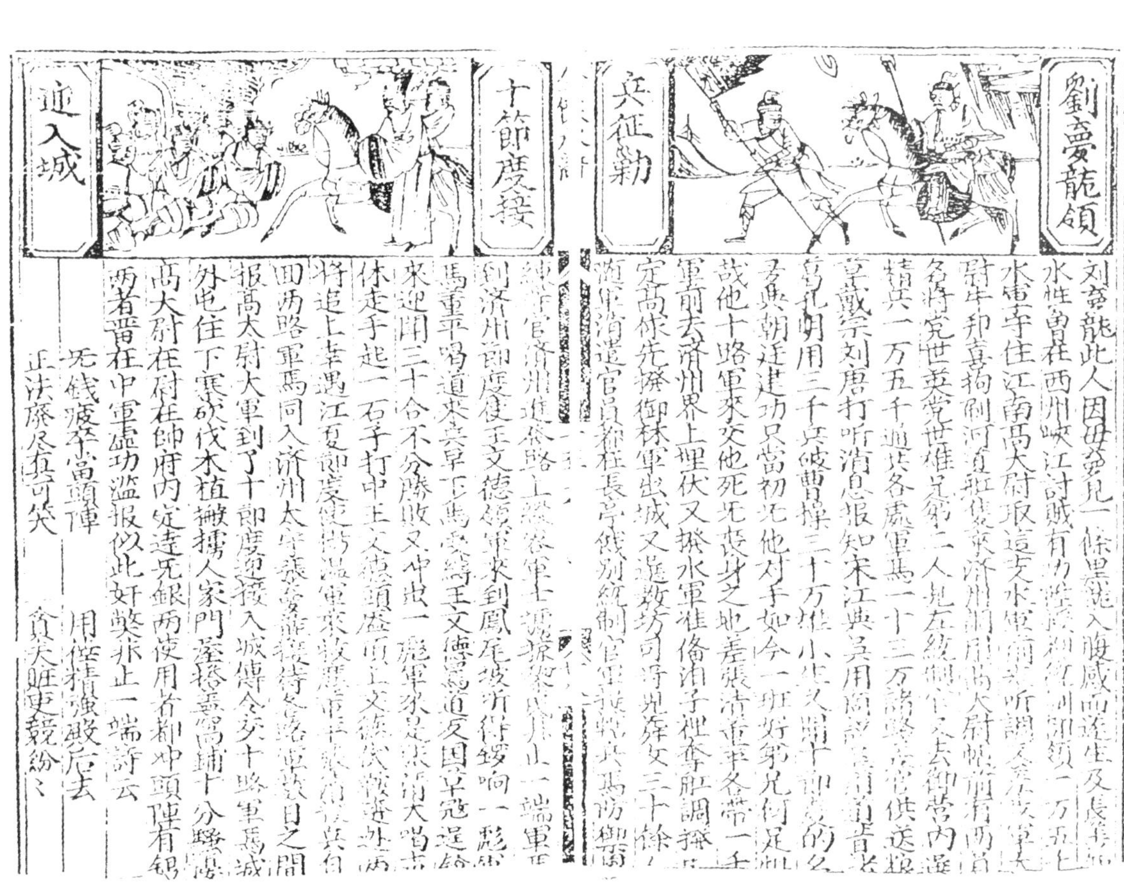

劉夢龍領　兵征勦

刘夢龍此人因母夢見一條黑龍入腹感而遂生及長善知水性曾在西川峽江討賊有功陞做[illegible]軍統制領一万五千水軍守住江南高太尉取這支水軍前來聽調又差太尉府牙將直拘刷河道舡隻前赴济州調用高太尉帳前有两員名將党世英党世雄兄弟二人見在統制官[illegible]又去御營內選精兵一万五千通共各處軍馬一十三万諸路[illegible]官供送糧草戴宗刘唐打听消息报知宋江與吳用商議[illegible]前番者[illegible]昔孔明用三千兵破曹操三十万雄兵小生又明十節度的名多與朝廷建功只當初也他对手如今一班好弟兄何足道哉他十路軍來交他死无葬身之地差張清董平各帶一千軍前去济州界上埋伏又撥水軍准備泊子裡奪舡調撥已定高俅先撥御林軍出城又選教坊司娼妓女三十餘人隨軍消遣官員都在長亭餞別統制官軍排[illegible]兵馬防禦

十節度接　迎入城

紳[illegible]官济州進發路上縱容軍士擄掠深為非止一端軍馬到济州節度使王文德領軍來到鳳尾坡忻[illegible]得鑼响一彪馬軍平喝道來兵早下馬受縛王文德喝道反国草寇焉敢來迎鬪三十合不分勝敗又冲出一彪軍來是张清大喝休休走手起一石子打中王文德頭盔[illegible]伏鞍逃走两将追上幸遇江夏節度使楊溫軍來救應[illegible]不敢追襲自回两路軍馬同入济州太守張叔夜接待各路軍數日之間報高太尉大軍到了十節度迎接入城傳令教十路軍馬城外屯住下寨砍伐木植撇擄人家門窓搭蓋窩鋪十分騷擾高太尉在府在帥府內定違兒銀两使用者都砍頭陣有銀两者留在中軍虛功濫报似此奸弊非止一端詩云

无钱疲卒當頭陣　用從精強殿后去
正法廢尽真可笑　貪夫旺吏竟紛紛

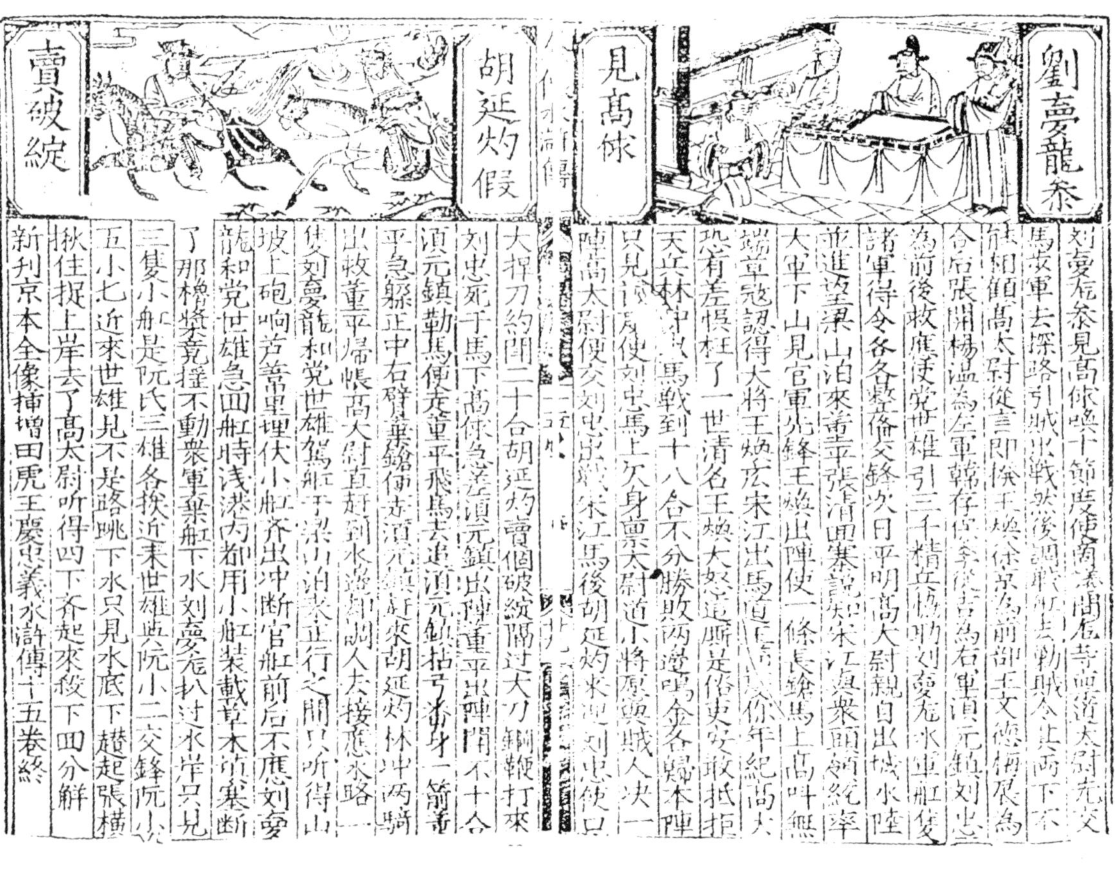

刘夢龍奔見高俅喚十節度使商議問左寺商議太尉先交馬步軍去探路引賊出戰然後調戰船去勦賊今其兩下不能相顧高太尉從言即撥王煥徐京為前部王文德梅展為合后張開楊温為左軍韓存保李從吉為右軍項元鎮刘忠為為前後救應使党世雄引三千精兵協助刘夢龍水軍船隻諸軍得令各各整備交鋒次日平明高太尉親自出城水陸並進望梁山泊來董平張清回寨說知宋江與衆頭領商議率大軍下山見官軍先鋒王煥出陣使一條長鎗馬上高叫無端草寇認得大將王煥麼宋江出馬道王節級你年紀高大恐有差悞枉了一世清名王煥大怒道廝是俗吏安敢抵拒天兵林冲出馬戰到十八合不分勝敗兩邊鳴金各歸本陣只見高俅使刘忠馬上欠身禀太尉道小將愿與賊人決一陣高太尉使交刘忠出戰宋江馬後胡延灼來迎刘忠使口大捍刀約鬥二十合胡延灼賣個破綻隔过大刀鋼鞭打來刘忠死于馬下高俅急差項元鎮出陣董平出陣鬥不十合項元鎮勒馬便走董平飛馬去追項元鎮拈弓搭箭射一箭董平急躲正中右臂棄鎗便走項元鎮走來胡延灼林冲兩騎出救董平帰帳高太尉直赶到水邊却調人去接應水路一使刘夢龍和党世雄駕船于梁山泊來正行之間只听得山坡上砲响芦葦裏埋伏小船齐出冲斷官船前后不應刘夢龍和党世雄急回船時浅港内都用小船裝載草木皆塞斷了那櫓槳竟撑不動衆軍棄船下水刘夢龍扒过水岸只見三隻小船是阮氏三雄各挨近來世雄與阮小二交鋒阮小五小七近來世雄見不是路跳下水只見水底下趕起張橫揪住捉上岸去了高太尉听得四下齐起來殺下回分解

新刊京本全像插增田虎王慶忠義水滸傳十五卷終

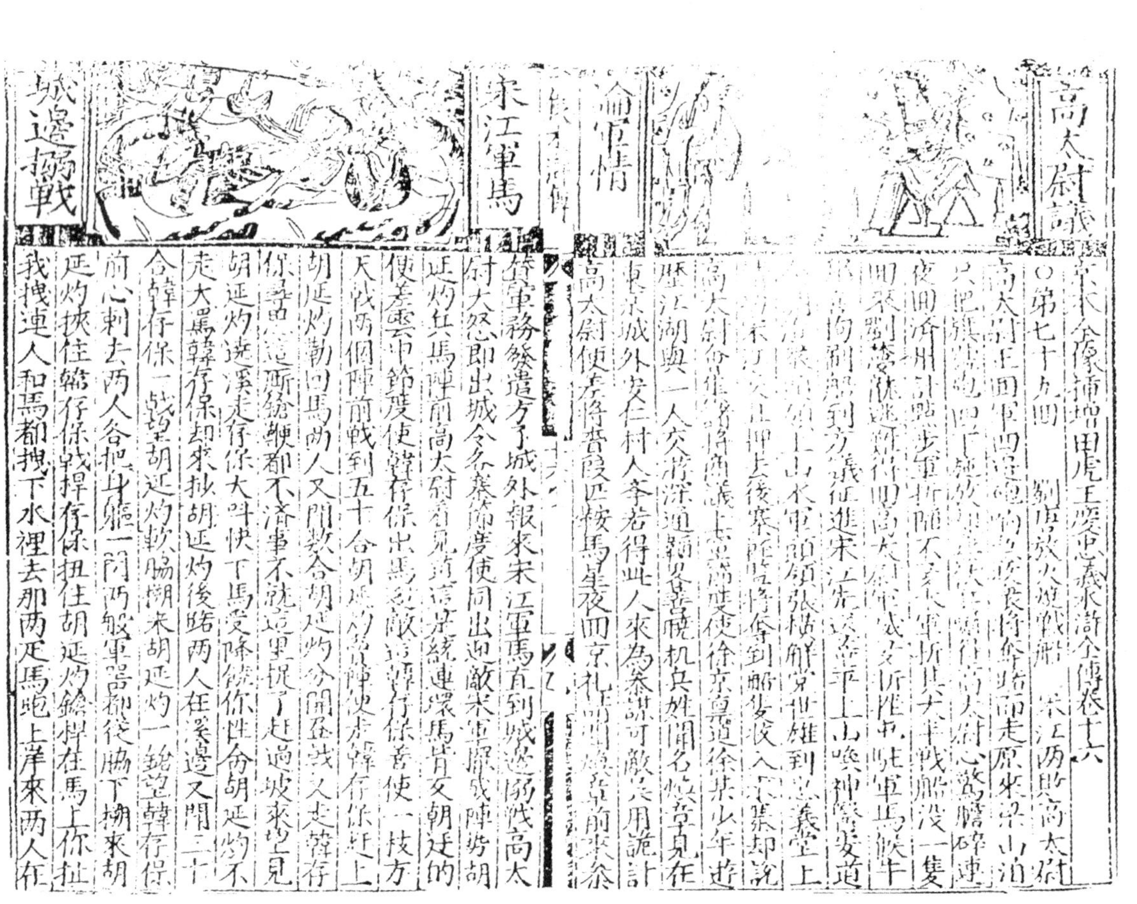

京本全像插增田虎王慶忠義水滸全傳卷十六

○第七十九回　劉唐放火燒戰船　宋江兩敗高太尉

高太尉正回中軍四望[illegible]將各自逃命而走原來梁山泊只把號[illegible]四[illegible]放[illegible]高太尉心慌膽碎連夜回濟州計點步軍折陥不多水軍折其大半戰船沒一隻回來劉夢龍逃得回高太尉[illegible]所陥軍馬[illegible][illegible]拘刻船到分歲征進宋江[illegible]平上山喚神醫安道[illegible]上山水軍頭領張橫解党世雄到忠義堂上[illegible]宋江[illegible]押上後寨監將奪到船隻收入水寨却說高太尉令[illegible]將商議上京[illegible]使徐京[illegible]道徐京少年遊歷江湖與一人交遊深道韜略善曉兵機姓聞名煥章見在東京城外安仁村人若得此人來為參謀可敵吳用詭計高太尉便差將齎段疋鞍馬星夜回京礼[illegible]前來參贊軍務發遣去了城外報來宋江軍馬直到城邊搦戰高太尉大怒即出城令各寨節度使同出迎敵宋軍擺成陣勢胡延灼兵馬陣前高太尉看見道宋統連環馬背叛朝廷的便差雲中節度使韓存保出馬迎敵韓存保使一枝方天戟兩個陣前戰到五十合胡延灼詐敗韓存保赶上胡延灼勒回馬兩人又鬥數合胡延灼分開磊戟又走韓存保尋思這廝鎗鞭都不濟事不就這里捉了赶過坡來只見胡延灼從溪走存保大叫快下馬受降饒你性命胡延灼不走大罵韓存保却來拿胡延灼後趕兩人在溪邊又鬥三十合韓存保一戟望胡延灼軟脇搠來胡延灼一鎗望韓存保前心刺去兩人各把身軀一閃兩般軍器都從脇下搠來胡延灼挾住韓存保戟捍存保扭住胡延灼鎗桿在馬上你扯我拽連人和馬都拽下水裡去那兩疋馬跑上岸來兩人在

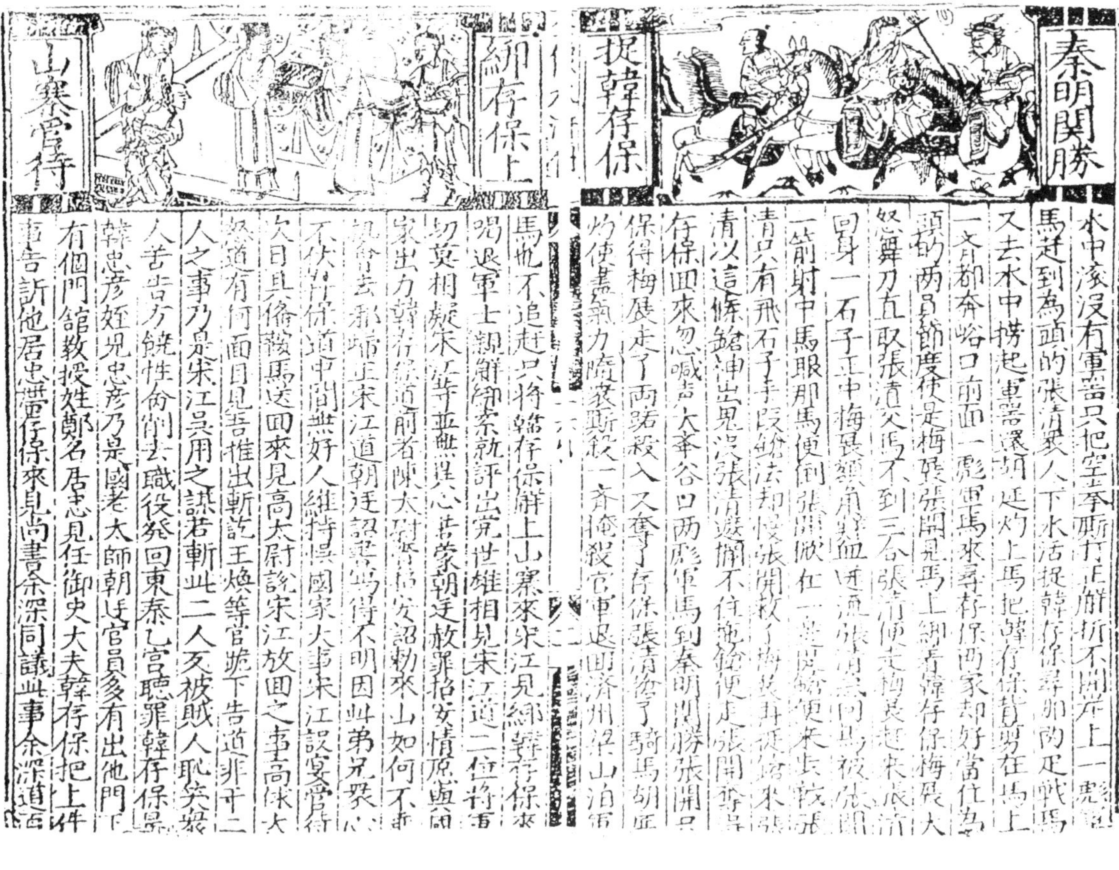

秦明関勝　捉韓存保

水中滚没有軍器只把空拳厮打正解折不開岸上一彪軍馬赶到為頭的張清叫人下水活捉韓存保尋那的足戰馬又去水中撈起軍器還胡延灼上馬把韓存保背剪在馬上一齊都奔峪口前面一彪軍馬來尋存保两家却好當住為頭的两員節度使是梅展張開見馬上綁着韓存保梅展大怒舞刀直取張清交馬不到三合張清便走梅展赶來張清回身一石子正中梅展額角鮮血迸流張清回馬被張開一箭射中馬眼那馬便倒張開撇在一邊取鎗便來救張清只有飛石子手段鎗法却慢張開救了梅展再挺鎗來戰清以這條鎗神出鬼没張清遮攔不住拖鎗便走張開尋只存保回來忽喊声大举谷口两彪軍馬到秦明関勝張開只保得梅展走了两路殺入又奪了存保張清趁了騎馬胡延灼使盡氣力隨後厮殺一齊掩殺官軍退回済州梁山泊軍

綁存保上　山寨管待

馬也不追赶只將韓存保解上山寨來宋江見綁韓存保來喝退軍士親解其縛請出党世雄相見宋江道二位將軍切莫相疑宋江等並無異心只要朝廷赦罪招安情願與国家出力韓存保道前者陳太尉齎了招安詔勅來山如何不趁此機會去邪歸正宋江道朝廷詔書寫得不明因此弟兄疑心不伏又被張幹辦中間無好人維持誤國家大事宋江設宴管待次日具備鞍馬送回來見高太尉說宋江放回之事高俅大怒道有何面目見吾推出斬訖王煥等官跪下告道非干二人之事乃是宋江吳用之謀若斬此二人反被賊人恥笑蔡人苦告方饒性命削去職役発回東京泰乙宮聽罪韓存保是韓忠彥姪兒忠彥乃是國老太師朝廷官員多有出他門下有個門館教授姓鄭名居忠見任御史大夫韓存保把上件事告訴他居忠帶存保來見尚書余深同議此事余深道須

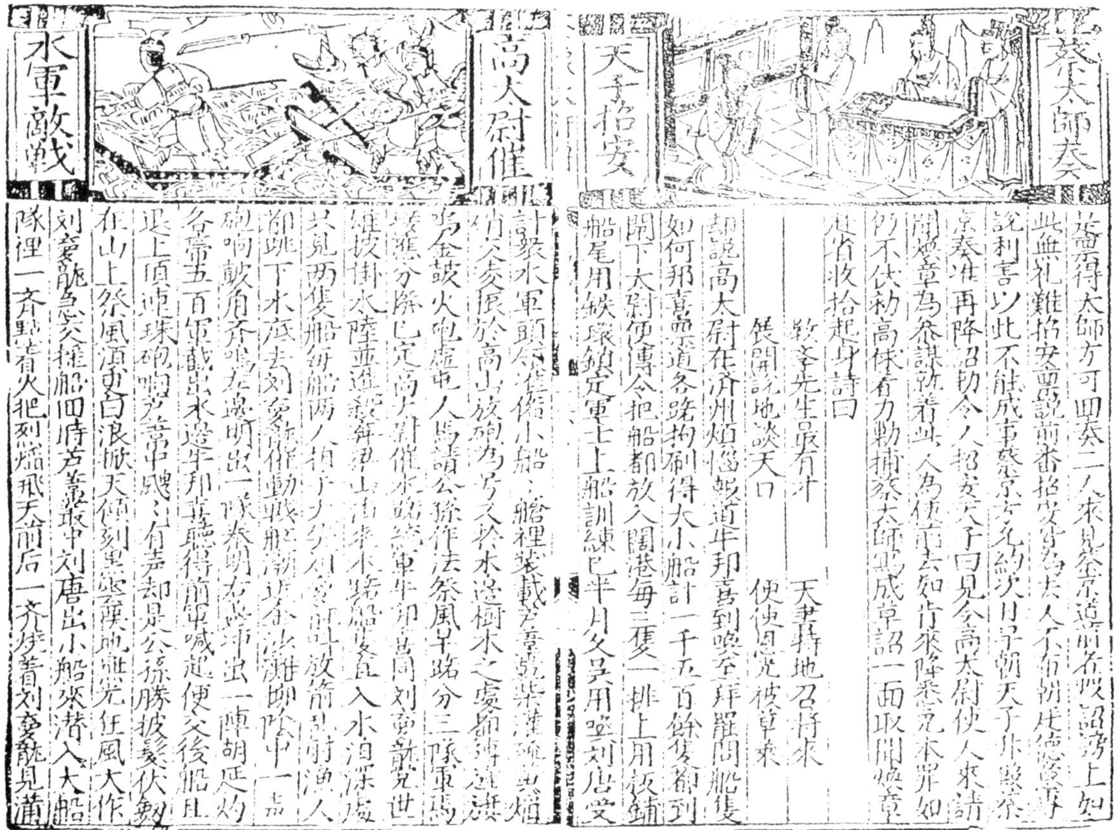

蔡太師奏　天子招安

蓋為得太師方可回奏二人來見蔡京道前者收詔謗上如此無礼難招安要說前番招安皆為太尉不會明此德音事說利害以此不能成事蔡京方允約次日早朝天子升殿蔡京奏准再降詔勅令人招安天子曰見今高太尉使人來請聞煥章為參謀就着此人為使前去如肯來降悉免本罪如仍不伏勅高俅有力勦捕蔡太師就成草詔一面取聞煥章赴省收拾起身詩曰

敎学先生最有才　天書特地召将來
笑開説地談天口　便使恩光被草萊

卻說高太尉在済州煩惱䟎道牛邦喜到喚至拜罷問船隻如何邦喜禀道各路拘刷得大小船計一千五百餘隻都到聞下太尉便傳令把船都放入闊港每三隻一排上用板鋪船尾用鐵環鎖定軍士上船訓練已半月又吳用聞知刘唐受

高太尉催　水軍敵戰

計聚水軍頭領准備小船小船艙裡裝載蘆葦乾柴灌硫黄焰硝只候於高山放砲為号又於水邊樹木之處都插旌旗遍金鼓火砲虛屯人馬請公孫作法祭風旱路分三隊軍馬接應分撥已定高太尉催水路統軍牛邦喜同刘夢龍党世雄披掛水陸並進殺奔梁山泊來水路船隻直入水泊深處只見两隻船每船两人拍手大笑刘夢龍叫放箭亂射漁人都跳下水底去刘夢龍催動戰船漸近金沙灘蘆葦中一声砲响鼓角齊鳴左邊閃出一隊秦明右邊沖出一陣胡延灼各帶五百軍截出水邊牛邦喜聽得前軍喊起便叫後船且退上頂連珠砲响蘆葦中颼颼有声却是公孫勝披髪伏劍在山上祭風須臾白浪掀天傾刻黑雲漫地無光任風大作刘夢龍急叫棹船回時蘆葦叢中刘唐出小船來潜入大船隊裡一齊點着火把烈焰飛天前后一齐燒着刘夢龍見满

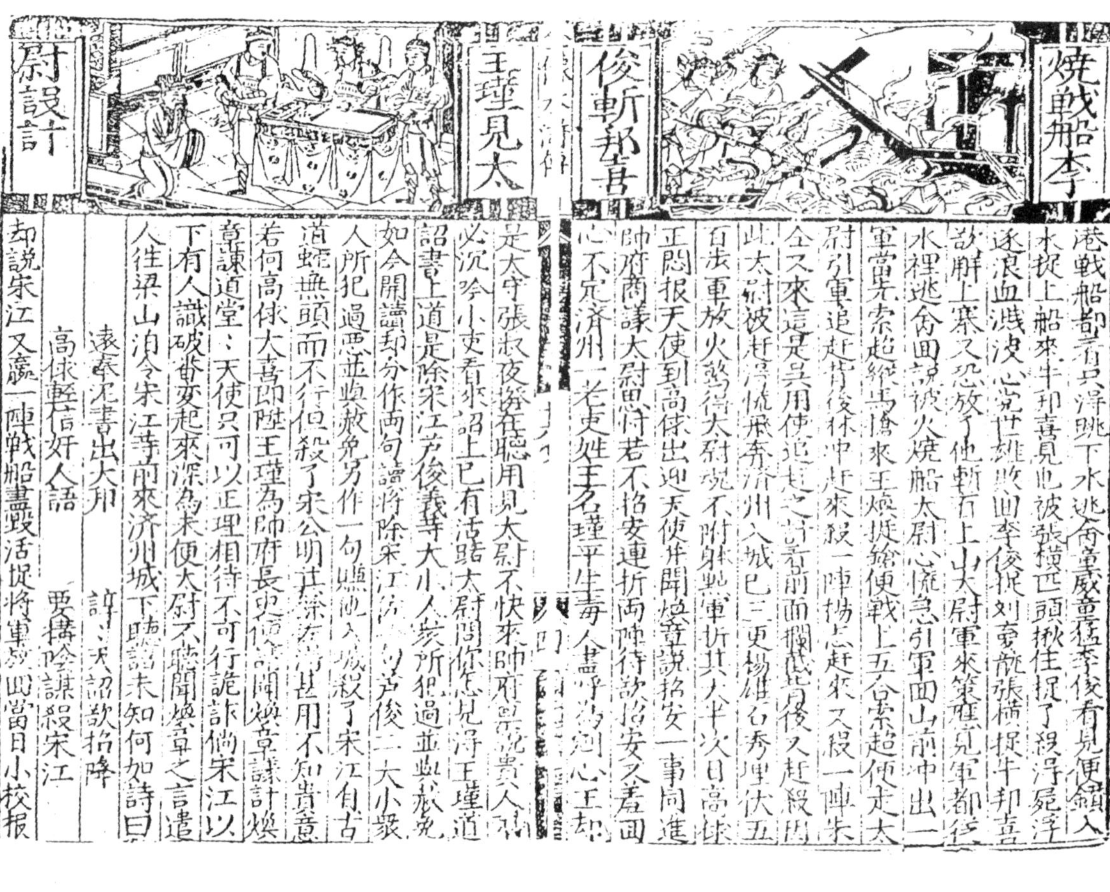

港戰船都有只得跳下水逃命童威童猛李俊看見便鑽入水捉上船來牛邦喜見也被張橫一頭揪住捉了殺得屍浮遂浪血濺波心完甘雄敗回李俊捉刘夢龍張橫捉牛邦喜欲解上寨又恐放了他斬首上山太尉軍來策應見軍都從水裡逃命回說被火燒船太尉心慌急引軍回山前冲出一軍當先索超綵馬搶來王煥挺鎗便戰上五合索超便走太尉引軍追赶背後林冲赶來殺一陣楊志赶來又殺一陣朱仝又來這是吳用使追赶之計高前面攔截背後又赶殺困此太尉被赶得慌飛奔济州入城巳三更楊雄石秀埋伏五百步軍放火驚得太尉魂不附躰點軍折其大半次日高俅正悶报天使到高俅出迎天使并開煥說招安一事同進帥府商議太尉留侍若不招安連折兩陣待欲招安又羞回心不定济州一老吏姓王名瑾平生毒人盡呼為剜心王却是太守張叔夜將在聽用見太尉不快來帥府呈說貴人恐必沉吟小吏看來詔上已有活路太尉問你怎見得王瑾道詔書上道是除宋江盧俊義等大小人眾所犯過並與赦免如今開讀却分作兩句讀將除宋江一句盧俊二大小眾人所犯過恶並與赦免另作一句賺他入城殺了宋江自古道蛇無頭而不行但殺了宋公明其餘有甚用不知貴意若何高俅大喜即陞王瑾為帥府長史便令聞煥章謀計煥章諫道堂堂天使只可以正理相待不可行詭詐倘宋江以下有人識破要變起來深為未便太尉不聽聞煥章之言遣人往梁山泊令宋江等前來济州城下聽詔未知何如詩曰

遠奉丹書出大邦　許言天詔欲招降
高俅輕信奸人語　要構陰謀殺宋江

却說宋江又贏一陣戰船盡毁活捉將軍後回當日小校报

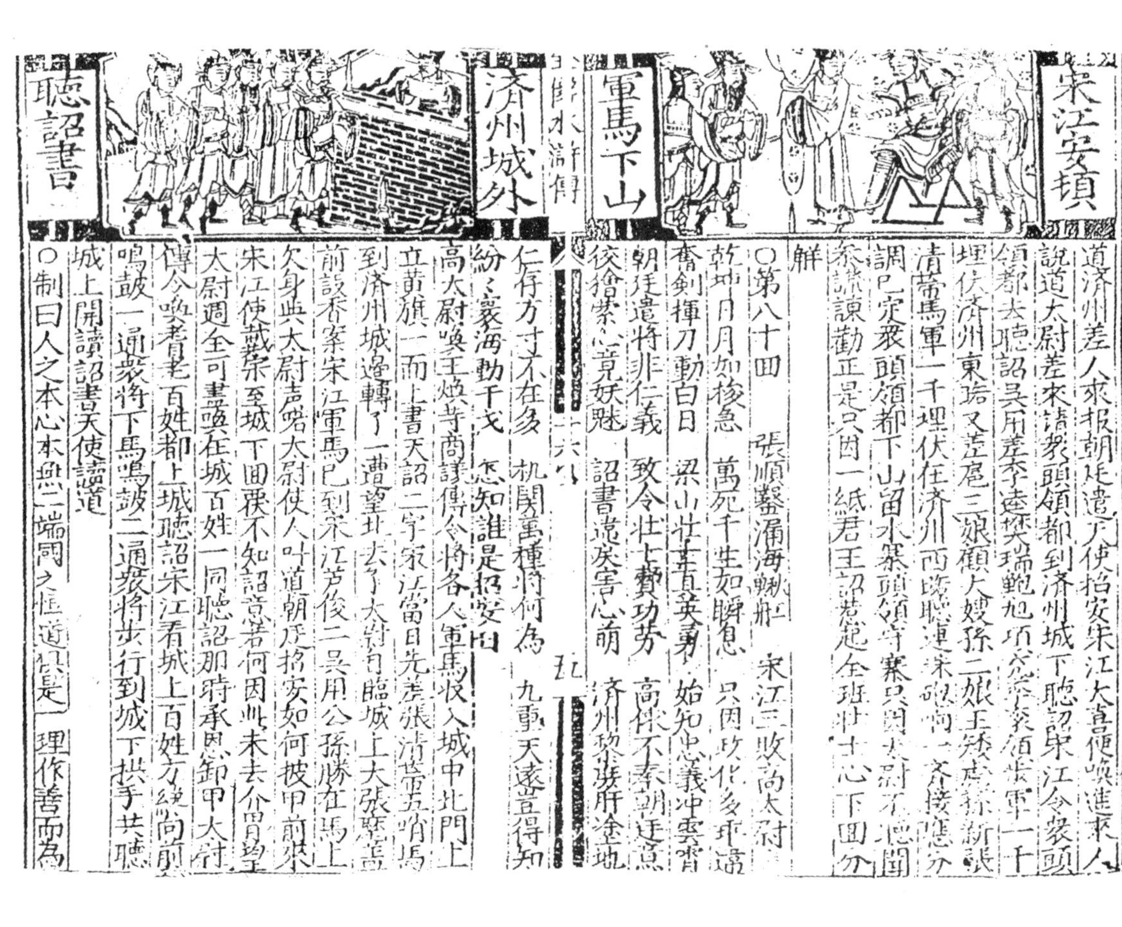

道济州差人來报朝廷遣天使招安宋江大喜便喚進來人說道太尉差來請衆頭領都到济州城下聽詔宋江令衆頭領都去聽詔吳用差李逵樊瑞鲍旭項充李衮領步軍一千埋伏济州東路又差扈三娘顧大嫂孫二娘王矮虎孫新張清帶馬軍一千埋伏在济州西路聽運來砲响一齊接應分調已定衆頭領都下山留水寨頭領守寨只因太尉不聽聞煥章諫勸正是只因一紙君王詔惹起全班壯士心下回分解

○第八十回　張順鑿漏海鰍船　宋江三敗高太尉

乾坤日月如梭急　萬死千生如瞬息　只因攻伐多乖違
奮劍揮刀動白日　梁山壯士真英勇　始知忠義冲雲霄
朝廷遣將非仁義　致令壯士費功勞　高俅不奉朝廷意
狡猾紫心竟妖魅　詔書竟然害心萌　济州黎庶肝塗地
仁存方寸不在多　机關萬種將何為　九重天遠豈得知
紛紛衆海動干戈　怎知誰是招安因

高大尉喚王煥等商議傳令將各人軍馬收入城中北門上立黄旗一面上書天詔二字宋江當日先差張清带五哨馬到济州城邊轉了一遭望北去了太尉自臨城上大張聲言前設香案宋江軍馬已到宋江盧俊二吳用公孫勝在馬上欠身與太尉声喏太尉使人叫道朝廷招安如何披甲前來宋江使戴宗至城下回覆不知詔意若何因此未去介冑望太尉遍全可書盡在城百姓一同聽詔那時承恩卸甲太尉傳令喚者老百姓都上城聽詔宋江看城上百姓方纔向前鳴鼓一通衆將下馬鳴鼓二通衆將步行到城下拱手共聽城上開讀詔書天使讀道

○制曰人之本心本無二端同之恆道無是一理作善而為

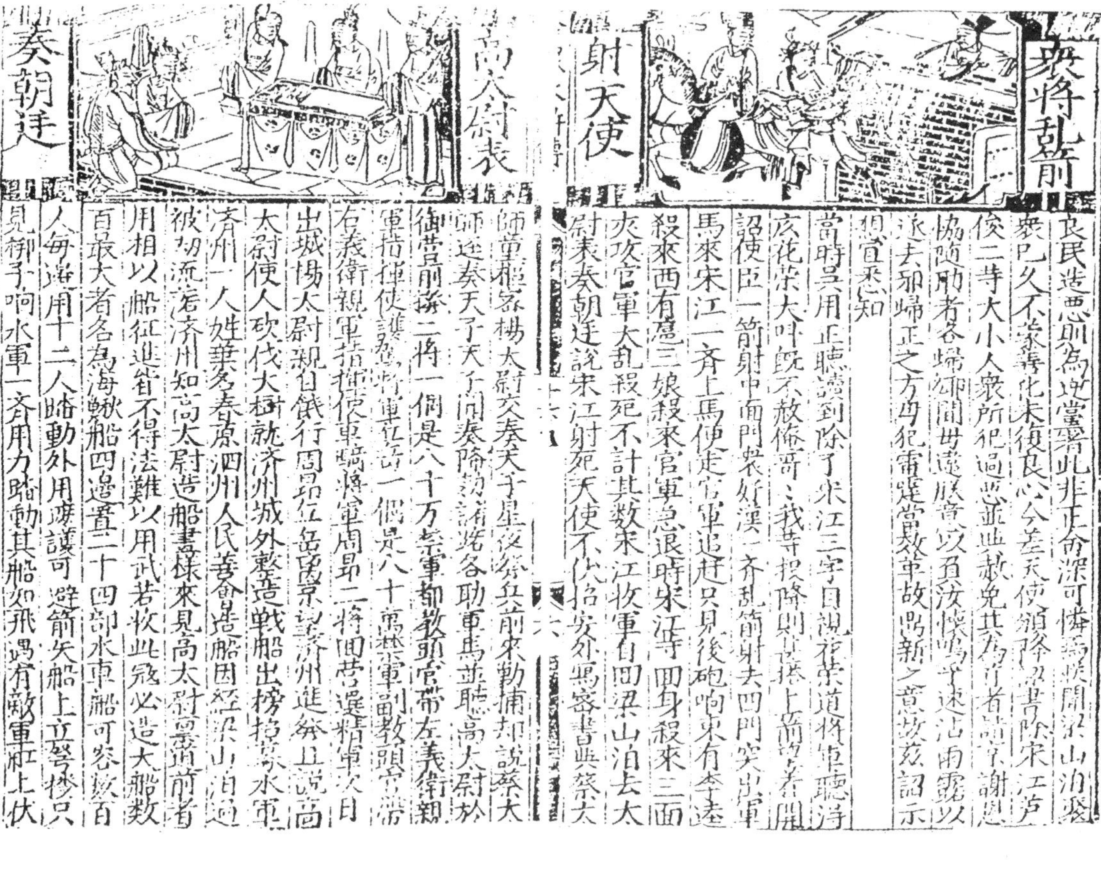

眾將亂箭　射天使

良民造惡則為逆黨此非正命深可憐憫朕聞梁山泊聚衆已久不蒙善化未復良心今差天使頒降詔書除宋江盧俊二等大小人衆所犯過惡並與赦免其為首者詣京謝恩協隨助者各歸鄉閭毋違朕意以負汝懷嗚呼速沾雨露以返夫知歸正之方毋犯雷霆當效革故鼎新之意故茲詔示想宜悉知

當時吳用正聽讀到除了宋江三字目視花榮道將軍聽得麼花榮大叫既不赦俺哥哥我等投降則甚搭上箭拽滿開詔使臣一箭射中面門衆好漢一齊亂箭射去四門突出軍馬來宋江一齊上馬便走官軍追趕只見後砲响來有李逵殺來西有扈三娘殺來官軍急退時宋江等回身殺來三面夾攻官軍大亂殺死不計其數宋江收軍自回梁山泊去太尉表奏朝廷說宋江射死天使不伏招安外寫書與蔡太

高太尉表　奏朝廷

師童樞密楊太尉交奏天子星夜發兵前來勦捕却說蔡太師逕奏天子天子問奏除勦諸將各助軍馬並聽高太尉於御營前撥二將一個是八十万禁軍都教頭官帶左義衛親軍指揮使護駕將軍丘岳一個是八十萬禁軍副教頭官帶右義衛親軍指揮使車騎將軍周昂二將回營選精軍次日出城楊太尉親自餞行周昂丘岳竟望濟州進發且說高太尉使人砍伐大樹就濟州城外整造戰船出榜招募水軍濟州一人姓葉名春原泗州人民善會造船因經梁山泊過被劫流落濟州知高太尉造船畫樣來見高太尉稟道前者用相以船征進皆不得法雖以用武若依此樣必造大船數百最大者名為海鰍船四邊置二十四部水車船可容數百人每邊用十二人踏動外用遮護可避箭矢船上立弩樓只見梆子响水軍一齊用力踏動其船如飛遇有敵軍船上伏

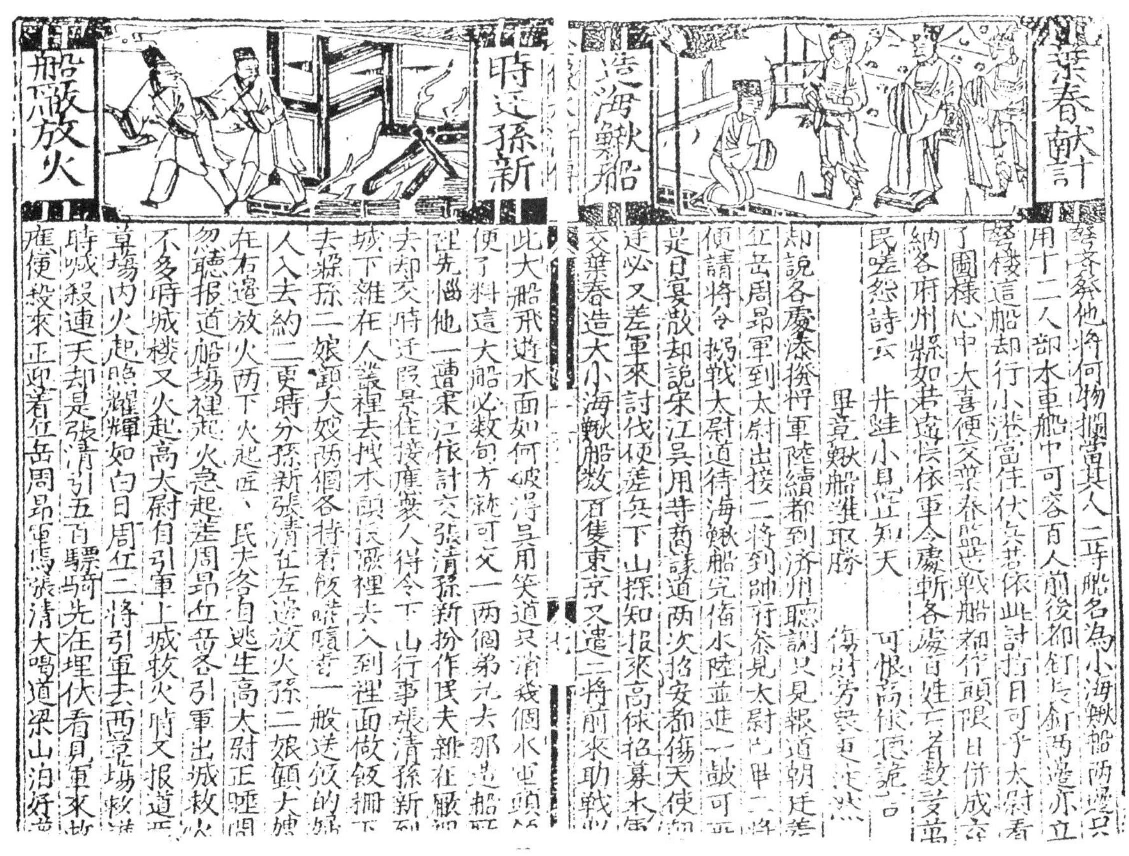

葉春獻計　造海鰍船

弩齊發他將何物攔當其人二等船名為小海鰍船兩邊只用十二人部水車船中可容百人前後都釘長釘兩邊亦立弩樓造船却行小港當住伏兵若依此計指日可平太尉看了圖樣心中大喜便交葉春監造戰船都行頭限日併成云納各府州縣如若遲慢依軍令處斬各處百姓亡者數多萬民嗟怨詩云

井蛙小見豈知天　可恨高俅假詭占
畢竟鰍船誰取勝　傷財勞衆更徒然

却說各處添撥將軍陸續都到濟州聽調只見報道朝廷差丘岳周昂軍到太尉出接二將到帥府參見太尉已畢二將便請將令搦戰太尉道待海鰍船完備水陸並進一鼓可平是日宴散却說宋江吳用等商議道兩次招安都傷天使却逆必又差軍來討伐便差兵下山探知報來高俅招募水軍交葉春造大小海鰍船數百隻東京又遣二將前來助戰如

時遷孫新　船廠放火

此大船飛遊水面如何破得吳用笑道只消幾個水軍頭領便了料這大船必數旬方就可交一兩個弟兄去那造船所在先惱他一遭宋江依計交張清孫新扮作民夫雜在廠裡去却交時遷段景住接應衆人得令下山行事張清孫新到城下雜在人叢裡去找木頭挨擠裡去入到裡面做飯捌下去撥孫二娘顧大嫂兩個各挎着飯囉唆着一般送飯的婦人入去約二更時分孫新張清在左邊放火孫二娘顧大嫂在右邊放火兩下火起匠人民夫各自逃生高太尉正睡間忽聽報道船場裡起火急起差周昂丘岳各引軍出城救火不多時城樓又火起高太尉自引軍上城救火時又報道西草場內火起照耀輝如白日周丘二將引軍去西草場救護時喊殺連天却是張清引五百驃騎先在埋伏看見軍來抵應便殺來正迎着丘岳周昂軍馬張清大喝道梁山泊好漢

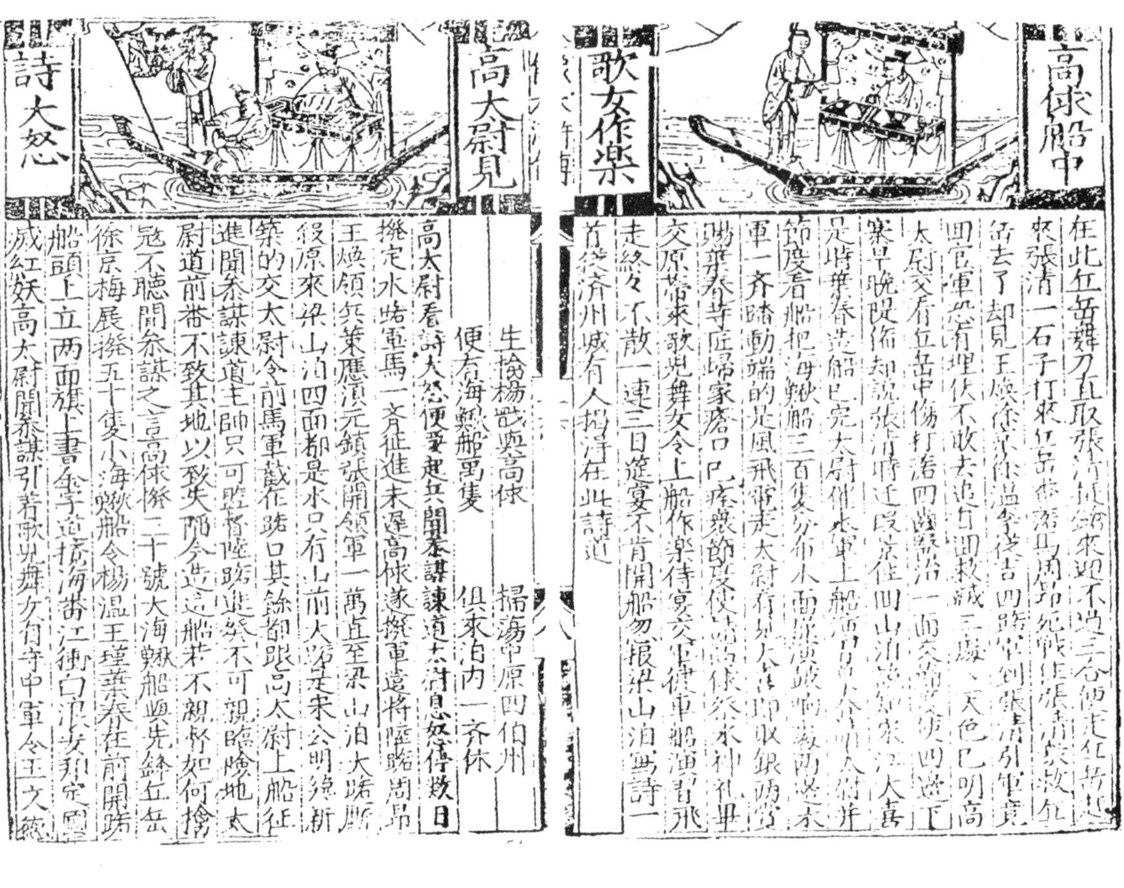

在此丘岳舞刀直取張清張清挺鎗來迎不過三合便走丘岳趕來張清一石子打來丘岳躲落馬周昂紀戰住張清救起丘岳去了却見王煥徐京梅展李從吉四路軍到張清引軍貫四官軍恐有埋伏不敢去追自回救城三處火滅天色已明高太尉又看丘岳中傷打落四齒縣治一面奏請朝廷使四路下寨早晚提備却說張清將近晚來徑回山泊說知宋江大喜是將葉春造船已完太尉催水軍上船商量太尉併節度看船把海鰍船三百隻分布水面擂鼓鳴鑼兩邊水軍一齊踏動端的是風飛電走太尉看見大喜即取銀兩賞賜葉春等匠歸家落了已瘥衆節度使請太尉祭水神祀畢交原帶來歌兒舞女令上船作樂侍宴交軍健車船演習飛走終日不散一連三日筵宴不肯開船忽報梁山泊寫詩一首從濟州城有人揭得在此詩道

生擒楊戩與高俅　掃蕩中原四伯州
便有海鰍船萬隻　俱來泊內一齊休

高太尉看詩大怒便要起兵聞參謀諫道太尉息怒停數日撥定水陸軍馬一齊征進未遲高俅遂撥軍遣將陸路周昂王煥領兵策應須元鎮張開領軍一萬直至梁山泊大路厮殺原來梁山泊四面都是水只有山前大路是宋公明總新築的交太尉令前馬軍截住路口其餘都跟高太尉上船征進聞參謀諫道主帥只可監督陸路進兵不可親臨險地太尉道前番不致其地以致失陷今造這船若不親督如何擒寇不聽聞參謀之言高俅將三十號大海鰍船與先鋒丘岳徐京梅展撥五十隻小海鰍船令楊溫王瑾葉春在前開路船頭上立兩面旗上書金字道擒海寇江衛白浪安邦定國滅紅妖高太尉聞參謀引着歌兒舞女自守中軍令王文德

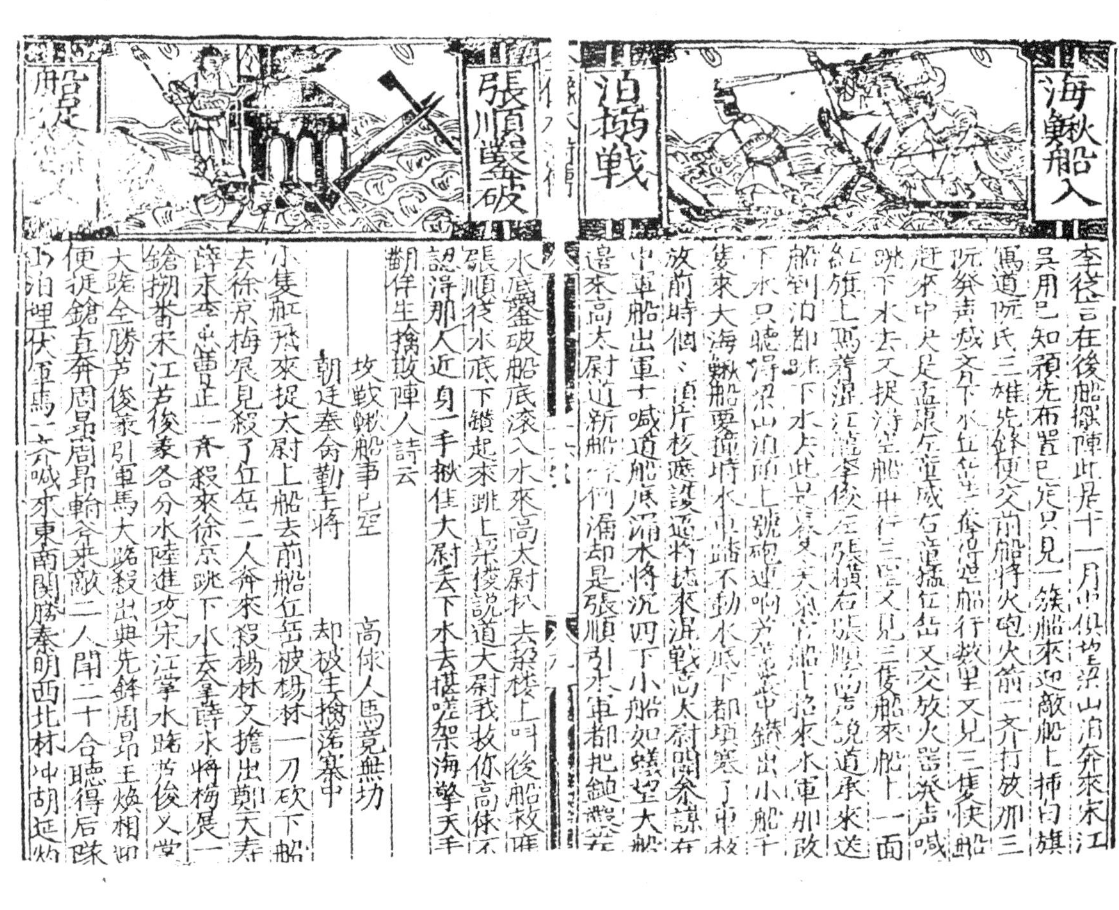

李從吉在後船擺陣此是十一月中旬將近梁山泊奔來宋江吳用已知預先布置已定只見一簇船來迎敵船上插白旗寫道阮氏三雄先鋒便交前船將火砲火箭一齊打放那三阮發聲喊齊下水丘岳等奪得空船行數里又見三隻快船趕來中央是孟康左首童威右首童猛丘岳又交放火器發聲喊跳下水去又捉得空船卅行三四里又見三隻船來船上一面紅旗上寫着混江龍李俊左張橫右張順高声說道承來送船到泊都跳下水去此只是丘岳又令衆軍船上趕來水軍那敢下水只聽得梁山泊前七號砲連响蘆葦叢中鑽出小船千隻來大海鰍船要擋時水中踏不動水底下都填塞了中軍放前時倒頂片板遮護迎將投來混戰高太尉聞參謀在中軍船出軍士喊道船底漏水將沉四下小船如蟻屯大船邊來高太尉道新船如何漏却是張順引水軍都把鉋鑿若

水底鑿破船底滾入水來高太尉扒去船樓上叫後船救應張順從水底下鑽起來跳上船樓說道太尉我救你高俅不認得那人近身一手揪住太尉丟下水去堪嗟架海擎天手翻作生擒被陣人詩云

攻戰鰍船事已空　高俅人馬竟無功
朝廷奏命勤王將　却被生擒落寨中

小隻船飛來捉太尉上船去前船丘岳被楊林一刀砍下船去徐京梅展見殺了丘岳二人奔來殺楊林又撞出鄭天壽薛永李忠曹正一齊殺來徐京跳下水去拿薛永將梅展一鎗搠翻宋江芦俊衆各分水陸進攻宋江掌水路芦俊又掌大路全勝芦俊衆引軍馬大路殺出與先鋒周昂王煥相迎便提鎗直奔周昂周昂輸合來敵二人鬥二十合聽得后隊山泊埋伏軍馬一齊喊來東南關勝秦明西北林冲胡延灼

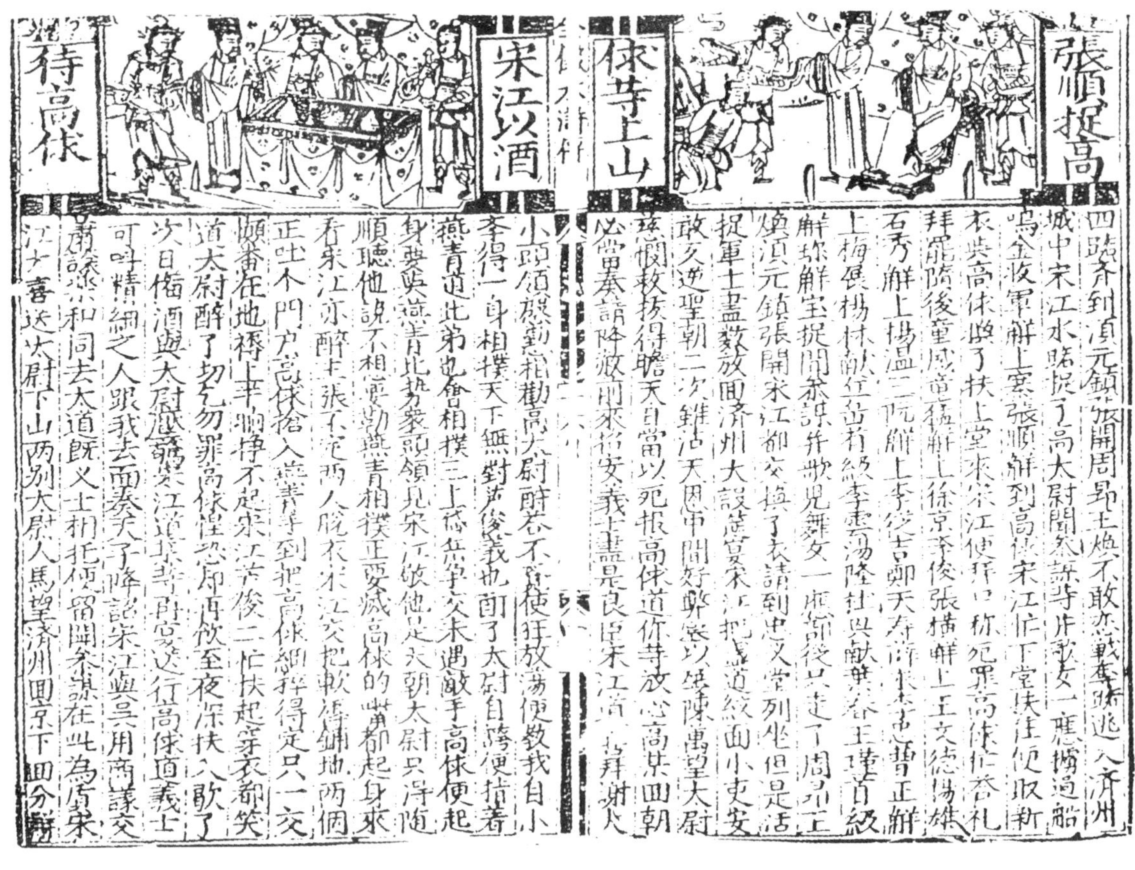

四路齊到項元鎮張開周昂王煥不敢戀戰奪路逃入濟州城中宋江水路捉了高太尉聞知許令休殺一應擄過船鳴金收軍解上寨張順解到高俅宋江忙下堂扶住便取新衣與高俅換了扶上堂來宋江便拜口稱死罪高俅忙答礼拜罷隨後童威童猛解上徐京李俊張橫解上王文德楊雄石秀解上楊溫三阮解上李從吉鄭天壽薛永李忠曹正解上梅展楊林獻丘岳首級李雲湯隆杜興獻葉春王瑾首級解珍解寶捉聞參謀并歌兒舞女一應部從只走了周昂王煥項元鎮張開宋江都交換了衣請到忠義堂列坐但是活捉軍士盡數放回濟州大設筵宴宋江把盞道紋面小吏安敢反逆聖朝二次雖沾天恩中間奸弊以致陳萬望太尉慈憫救拔得瞻天日當以死報高俅道你等放心高某回朝必當奏請降赦前來招安義士盡是良臣宋江首二拜謝大小頭領殷勤相勸高太尉醉後不覺便狂放蕩便數我自小學得一身相撲天下無對芦俊義也醉了太尉自誇便指著燕青道此弟也會相撲三上岱岳爭交未遇敵手高俅便起身要與燕青比勢衆頭領見宋江敬他是天朝太尉只得隨順聽他說不想要勸燕青相撲正要滅高俅的嘴都起身來看宋江亦醉了張不定兩人脫衣宋江交把軟褥鋪地兩個正吐個門戶高俅搶入燕青手到把高俅細摔得定只一交顛番在地褥上半晌掙不起宋江芦俊二忙扶起穿衣都笑道太尉醉了切乞勿罪高俅惶恐卻再飲至夜深扶入歇了次日備酒與太尉壓驚宋江道非是安送行高俅道義士可叫精細之人跟我去面奏天子降詔宋江與吳用商議交蕭讓樂和同去太道既義士相托便留聞參謀在此為質宋江大喜送太尉下山兩別太尉人馬望濟州回京下回分解

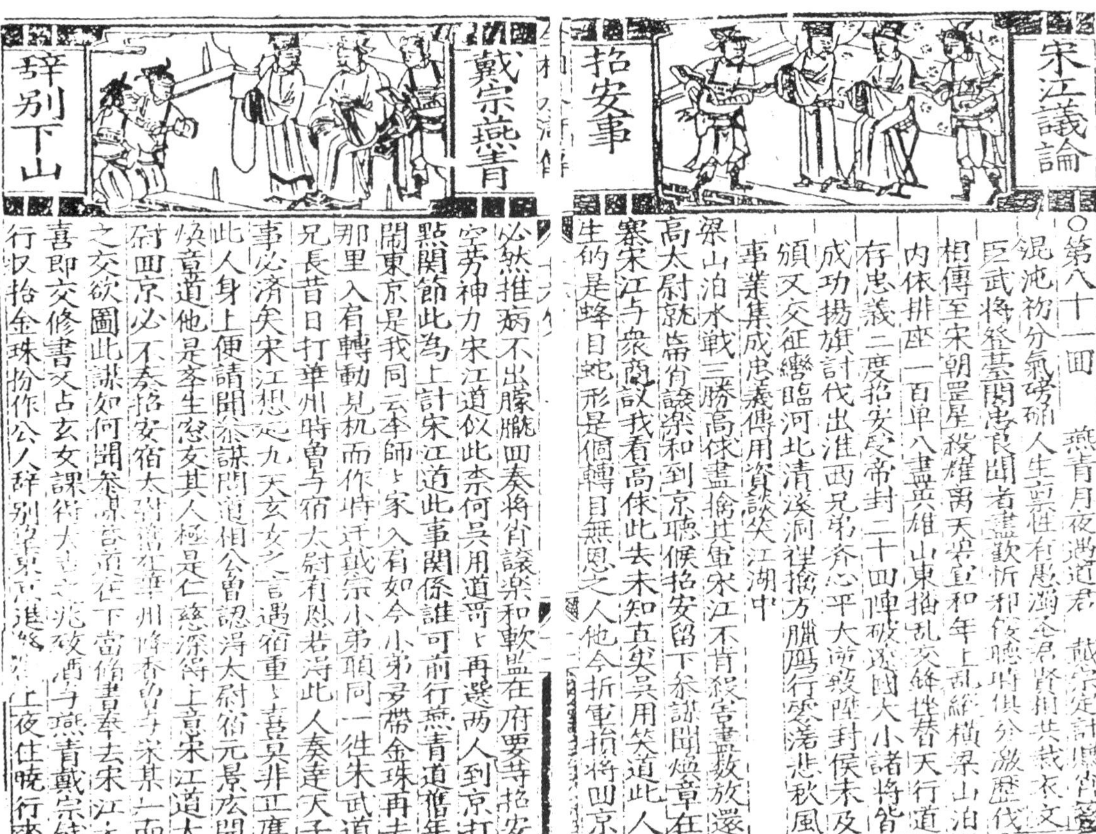

○第八十一回　燕青月夜遇道君　戴宗定計賺[illegible]

混沌初分氣磅礴人生禀性有愚濁今君皆由共哉衣文臣武將登臺閣忠良聞者盡歡忻邪佞聽時俱分激歷代相傳至宋朝罡星殺曜离天岳宣和年上亂紛橫梁山泊內休排座一百單八盡英雄山東擒亂交鋒替天行道存忠義二度招安昏帝封二十四陣破遼國大小諸將皆成功揚旗討伐出淮西兄弟齊心平大逆毅陞封侯未及頒又交征鑾臨河北清溪洞裡擒方臘鴈行零落悲秋風事業集成忠義傳用資談笑江湖中

梁山泊水戰三勝高俅盡擒其軍宋江不肯殺害盡數放還高太尉就帶肖讓樂和到京聽候招安留下參謀聞煥章在寨宋江与衆商議我看高俅此去未知真實吳用笑道此人生的是蜂目蛇形是個轉目無恩之人他今折軍損將回京必然推病不出朦朧回奏將肖讓樂和軟監在府要等招安空勞神力宋江道似此奈何吳用道哥哥再選兩人到京打點關節此為上計宋江道此事關係誰可前行燕青道舊年鬧東京是我同去李師師家入有如今小弟多帶金珠再去那里入省轉動見机而作將計戴宗小弟願同一往宋江道兄長昔日打華州時曾与宿太尉有恩若得此人奏達天子事必濟矣宋江想起九天玄女之言遇宿重重喜莫非正應此人身上便請聞參謀問道相公曾認得太尉宿元景麼聞煥章道他是吾生窗友其人極是仁慈深得上意宋江道太尉回京必不奏招安宿太尉在華州降香曾与宋某一面之交欲圖此謀如何聞參謀答道在下當備書奉去宋江大喜即交修書又占玄女課得大吉之兆破酒与燕青戴宗餞行收拾金珠扮作公人辭別衆頭領進發上夜住曉行來

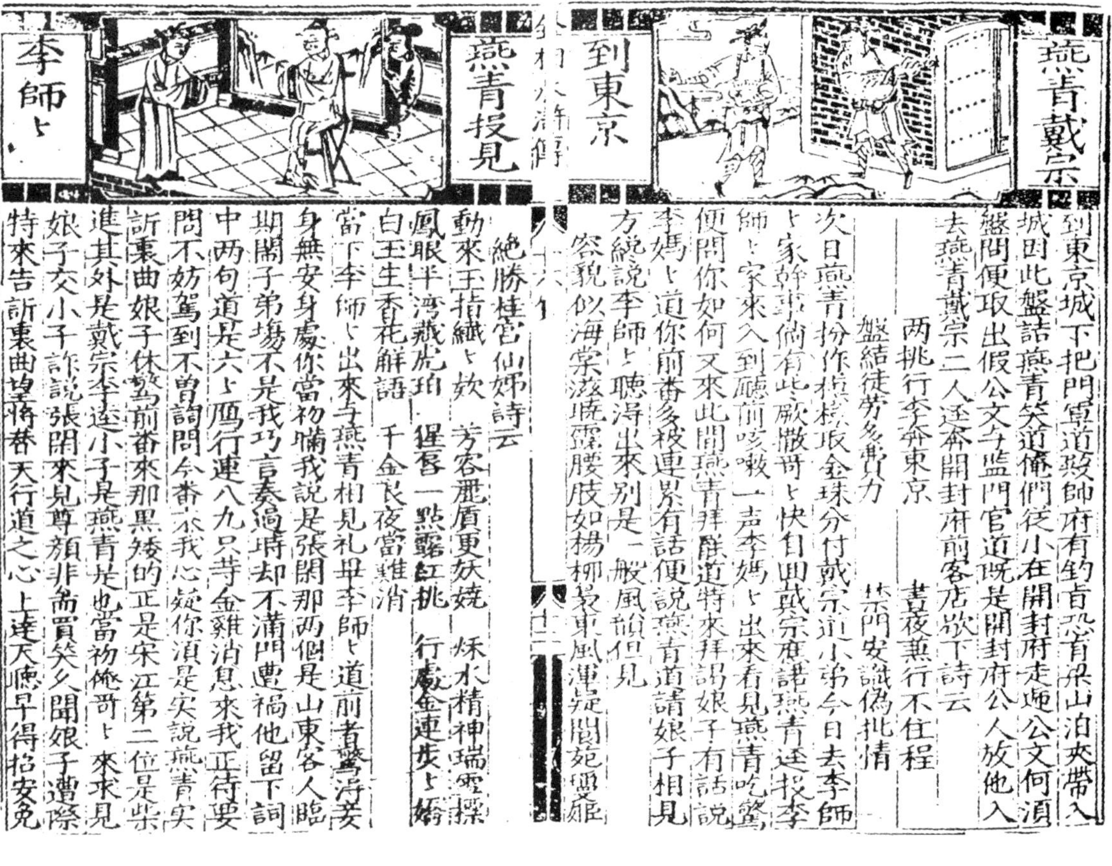

到東京城下把門軍道殿帥府有鈞旨恐有梁山泊夾帶入城因此盤詰燕青笑道俺們従小在開封府走遞公文何須盤問便取出假公文与監門官道既是開封府公人放他入去燕青戴宗二人逕奔開封府前客店歇下詩云

两挑行李奔東京　晝夜兼行不住程
盤結徒勞多費力　禁門安識偽批情

次日燕青扮作撲樣取金珠分付戴宗道小弟今日去李師々家幹事倘有些蹶撒哥々快自回戴宗應諾燕青逕投李師々家來入到廳前咳嗽一声李媽々出來看見燕青吃驚便問你如何又來此間燕青拜罷道特來拜謁娘子有話說李媽々道你前番多被連累有話便說燕青道請娘子相見方纔說李師々聽得出來別是一般風韻但見

容貌似海棠滋曉露腰肢如楊柳裊東風渾疑閬苑瓊姬絶勝桂宮仙姊詩云

動來玉指纖々软　芳容麗質更妖嬈　秋水精神瑞雪標
鳳眼半湾藏琥珀　猩唇一點露紅桃　行處金蓮步々嬌
白玉生香花解語　千金良夜當難消

當下李師々出來与燕青相見礼畢李師々道前者驚得妾身無安身處你當初瞞我說是張閑那两個是山東客人臨期鬧了弟場不是我巧言奏過塒却不滿門遭禍他留下詞中两句道是六々鴈行連八九只等金雞消息來我正待要問不妨驚到不曾詢問今番來我心疑你須是实說燕青实訴衷曲娘子休驚前番來那黑矮的正是宋江第二位是柴進其外是戴宗李逵小子是燕青是也當初俺哥々來求見娘子交小子詐說張閑來見尊顏非爲買笑久聞娘子遭際特來告訴衷曲望將替天行道之心上達天聽早得招安免

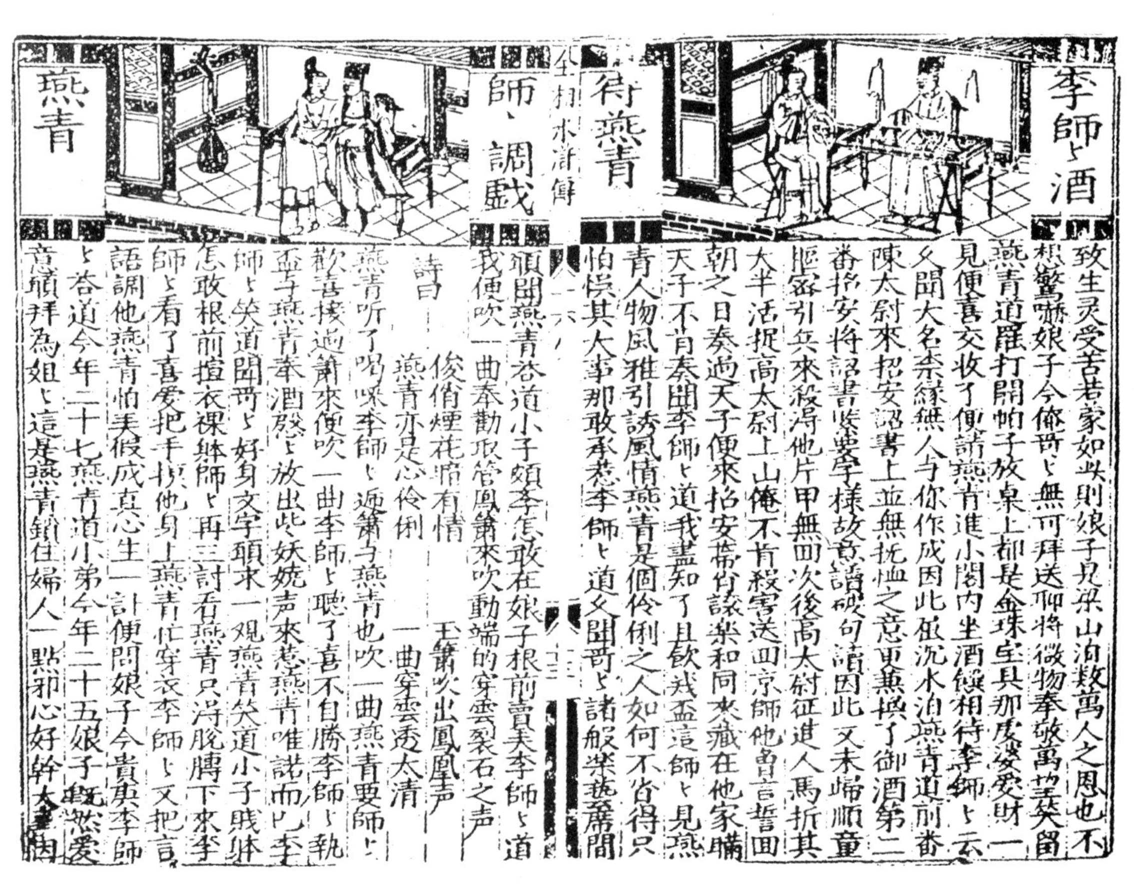

致生灵受苦若蒙如此則娘子見梁山泊數萬人之恩也不想驚嚇娘子今俺哥々無可拜送聊將微物奉敬萬望笑留燕青道罷打開帕子放桌上都是金珠宝貝那虔婆愛財一見便喜交收了便請燕青進小閣内坐酒餚相待李師々云久聞大名奈緣無人与你作成因此亞沉水泊燕青道前番陳太尉來招安詔書上並無抚恤之意更兼換了御酒第二番招安將詔書緊要字様故意讀破句讀因此又未歸順童貫樞密引兵來殺得他片甲無回次後高太尉征進人馬折其大半活捉高太尉上山俺不肯殺害送回京師他曾言誓回朝之日奏過天子便來招安帶竹談樂和同來藏在他家瞞天子不肯奏聞李師々道我盡知了且飲几盃這師々見燕青人物風雅引誘風情燕青是個伶俐之人如何不省得只怕悞其大事那敢承惹李師々道久聞哥々諸般樂藝席間須聞燕青答道小子頗學怎敢在娘子根前賣弄李師々道我便吹一曲奉勸取管鳳簫來吹動端的穿雲裂石之声

詩曰

俊俏煙花席有情　玉簫吹出鳳凰声
燕青亦是心伶俐　一曲穿雲透太清

燕青听了喝采李師々遞簫与燕青也吹一曲燕青要師々歡喜接過簫來便吹一曲李師々聽了喜不自勝李師々執盃与燕青奉酒慇々放出些妖嬈声來惹燕青唯諾而已李師々笑道聞哥々好身文字願求一观燕青笑道小子賤躰怎敢根前揎衣裸躰師々再三討看燕青只得脫膊下來李師々看了喜愛把手摸他身上燕青忙穿衣李師々又把言語調他燕青怕美假成真心生一計便問娘子今貴庚李師々荅道今年二十七燕青道小弟今年二十五娘子既然愛意願拜為姐々這是燕青鎖住婦人一點邪心好幹大事因

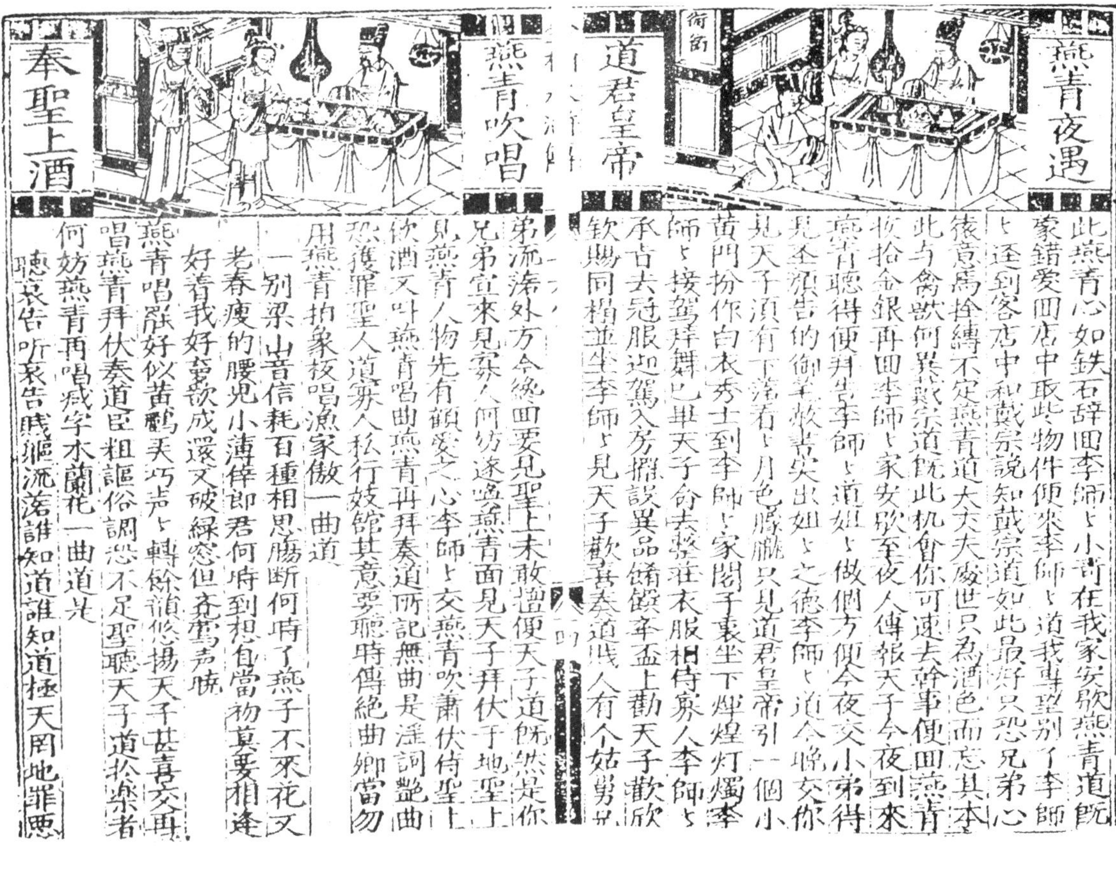
燕青夜遇
道君皇帝
燕青吹唱
奉聖上酒

此燕青心如鐵石辭回李師ㄑ小哥在我家安歇燕青道既象錯愛回店中取些物件便來李師ㄑ道我專望別了李師ㄑ逕到客店中和戴宗說知戴宗道如此最好只恐兄弟心猿意馬拴縛不定燕青道大丈夫處世只為酒色而忘其本此与禽獸何異戴宗道既此机會你可速去幹事便回燕青收拾金銀再回李師ㄑ家安歇至夜人傳報天子今夜到來燕青聽得便拜告李師ㄑ道姐ㄑ做個方便今夜交小弟得見聖顏告的御筆赦書家出姐ㄑ之德李師ㄑ道今晚交你見天子須有下落看ㄑ月色朦朧只見道君皇帝引一個小黃門扮作白衣秀士到李師ㄑ家閣子裏坐下焯煌灯燭李師ㄑ接駕拜舞已畢天子命去整衣服相待寡人李師ㄑ承古去冠服迎駕入房擺設異品餚饌奉盃上勸天子歡欣欽賜同榻並坐李師ㄑ見天子歡喜奏道賤人有个姑舅兄弟流落外方今纔回要見聖上未敢擅便天子道既然是你兄弟宣來見寡人何妨逐喚燕青面見天子拜伏于地聖上見燕青人物先有顧愛之心李師ㄑ交燕青吹簫伏侍聖上飲酒又叫燕青唱曲燕青再拜奏道所記無曲是淫詞艷曲恐獲罪聖人道寡人私行妓館其意要聽時傳絕曲卿當勿用燕青拍象板唱漁家傲一曲道

一別梁山音信耗百種相思腸断何時了燕子不來花又老春瘦的腰兒小薄倖郎君何時到想自當初莫要相逢好着我好夢欲成還又破綠窓但覓鶯声曉

燕青唱罷好似黃鸝天巧声ㄑ轉餘韻悠揚天子甚喜交再唱燕青拜伏奏道臣粗謳俗調恐不足聖聽天子道於樂者何妨燕青再唱减字木蘭花一曲道是

聽哀告聽哀告賤軀流落誰知道誰知道極天罔地罪惡

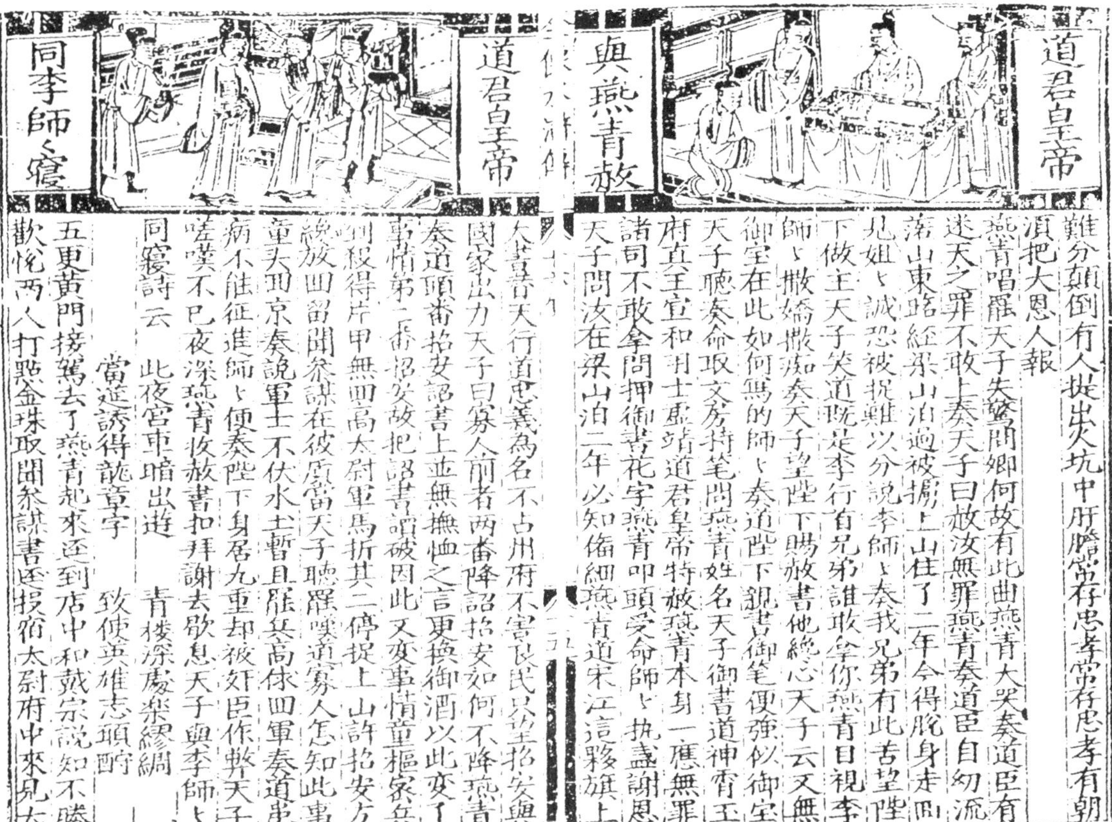
道君皇帝
與燕青赦
道君皇帝
同李師ㄑ寢

難分顛倒有人提出火坑中肝膽常存忠孝常存忠孝有朝須把大恩人報

燕青唱罷天子失驚問卿何故有此曲燕青大哭奏道臣有迷天之罪不敢上奏天子曰赦汝無罪燕青奏道臣自幼流落山東路經梁山泊過被擄上山住了三年今得脫身走回見姐ㄑ誠恐被捉難以分說李師ㄑ奏我兄弟有此苦望陛下做主天子笑道既是李行首兄弟誰敢拿你燕青目視李師ㄑ撒嬌撒痴奏天子望陛下賜赦書他絕心天子云又無御寶在此如何写的師ㄑ奏道陛下親書御筆便強似御寶天子聽奏命取文房四宝笑問燕青姓名天子御書道神霄玉府真主宣和羽士虛靖道君皇帝特赦燕青本身一應無罪諸司不敢拿問押御書花字燕青叩頭受命師ㄑ执盞謝恩天子問汝在梁山泊二年必知備細燕青道宋江這夥旗上大書替天行道忠義為名不占州府不害良民只望招安與國家出力天子曰寡人前者兩番降詔招安如何不降燕青奏道頭番招安詔書上並無撫恤之言更換御酒以此変了第二番招安故把詔書讀破因此又变事情童樞密兵倒被殺得片甲無回高太尉軍馬折其二停捉上山許招安方總放回留聞參謀在彼處當天子聽罷嘆道寡人怎知此事童大回京奏說軍士不伏水土暫且罷兵高俅回軍奏道患病不能征進師ㄑ便奏陛下身居九重却被奸臣作弊天子嗟嘆不已夜深燕青收赦書拜謝去歇息天子與李師ㄑ同寢詩云

此夜宮中堉出遊　青樓深處樂綢繆
當筵誘得龍章字　致使英雄志願酬

五更黃門接駕去了燕青起來逕到店中和戴宗說知不勝歡悅兩人打點金珠取聞參謀書逕投宿太尉府中來見太

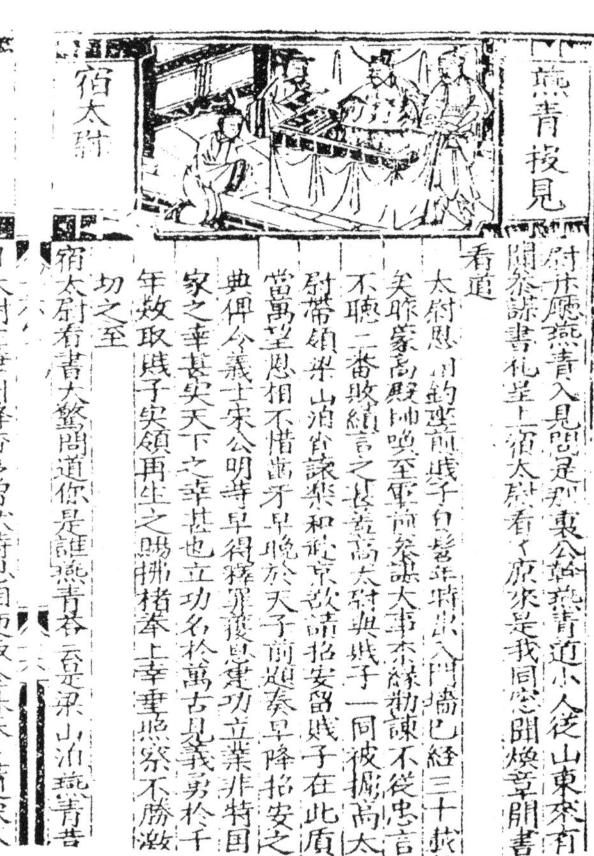

尉在廳燕青入見問是那裏公幹燕青道小人從山東來有聞參謀書札呈上宿太尉看了麼來是我同窓聞煥章開書看道

太尉恩相鈞座前賤子自髫年時出入門墻已經三十載矣昨蒙高殿帥喚至軍前參謀大事奈緣勸諫不從忠言不聽二番敗績言之甚羞高太尉與賤子一同被擄高太尉帶領梁山泊肖讓樂和赴京欲請招安留賤子在此質當萬望恩相不惜齒牙早晚於天子前題奏早降招安之典俾令義士宋公明等早得釋罪獲恩建功立業非特国家之幸甚實天下之幸甚也立功名於萬古見義勇於千年救取賤子實領再生之賜拂楮奉上幸垂照察不勝激切之至

宿太尉看書大驚問道你是誰燕青答云是梁山泊燕青昔日太尉在華州降香多曾伏侍恩相便將金珠奉上道宋公明献此微物聊表寸心望太尉於天子前題奏招安衆皆感恩宿太尉聽了受取金珠燕青出府和戴宗回店商議只有肖讓樂和在高太尉府中怎生得出戴宗道我和你撿作公人去高太尉府前賺得一個通了消息便有商量兩人逕來太平橋只見高府裏一個虞候出來燕青向前與他施禮請幹办到茶坊說話兩人與戴宗相見同坐吃茶燕青道不瞞幹前者太尉從梁山泊帶兩個人一個叫樂和與這哥々是親眷來見他一面煩幹办方便虞候道府堂深處難理會戴宗便取出一錠銀子對虞候道足下引得樂和出來相見便送這銀子那人心動便道有兩個在後花園宿歇我引來與你相見須把銀子與我戴宗道這個自然那人起身分付道你兩個在此待我入府去未知如何詩云

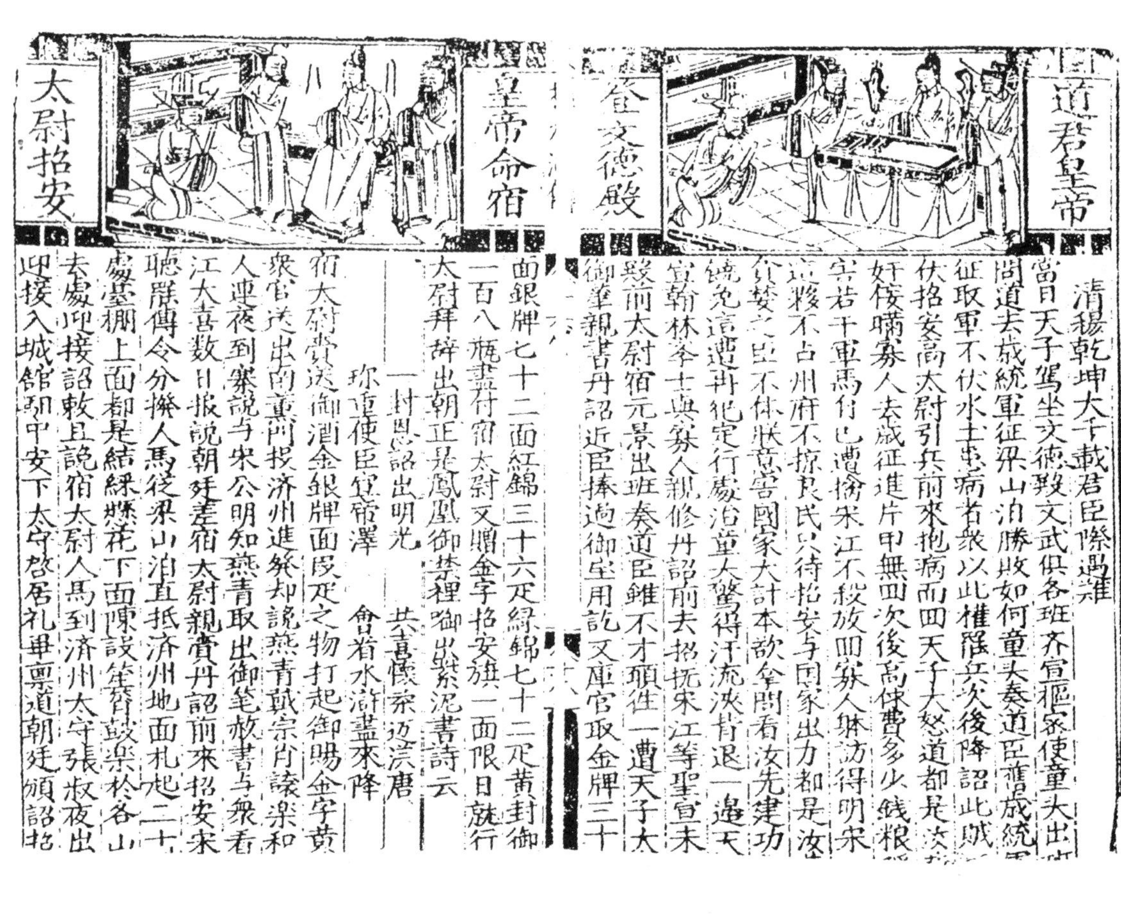

清穆乾坤大千載君臣際遇難

當日天子駕坐文德殿文武俱各班齊宣樞密使童大出班問道去歲統軍征梁山泊勝敗如何童大奏道臣舊歲統軍征取軍不伏水土患病者衆以此權且兵次後降詔此賊伏招安高太尉引兵前來抱病而回天子大怒道都是汝等奸佞瞞寡人去歲征進片甲無回次後高俅費多少錢粮宋若干軍馬付己遭擒宋江不殺放回寡人躬訪得明宋江豫不占州府不掠良民只待招安与国家出力都是汝等奸佞之臣不体朕意害國家大計本欲拿問看汝先建功饒免這遭再犯定行處治童大驚得汗流浹背退一邊天宣翰林学士與寡人親修丹詔前去招撫宋江等聖宣未畢殿前太尉宿元景出班奏道臣雖不才願往一遭天子大御筆親書丹詔近臣捧過御寶用訖又庫官取金牌三十面銀牌七十二面紅錦三十六疋緑錦七十二疋黃封御一百八瓶盡付宿太尉又贈金字招安旗一面限日就行太尉拜辞出朝正是鳳凰御禁裡啣出紫泥書詩云

一封恩詔出明光　共喜懷柔迈漢唐
祢直使臣宜帝澤　會看水滸盡來降

宿太尉賫送御酒金銀牌面段疋之物打起御賜金字黃衆官送出南薰門投濟州進發却說燕青戴宗肖讓樂和人連夜到寨說与宋公明知燕青取出御筆赦書与衆看江大喜數日報說朝廷差宿太尉親賫丹詔前來招安宋聽罷傳令分撥人馬從梁山泊直抵濟州地面扎起二十處臺棚上面都是結綵懸花下面陳設笙簧鼓樂於各山去處迎接詔勅且說宿太尉人馬到濟州太守張叔夜出迎接入城館驛中安下太守啓居礼畢稟道朝廷頒詔招

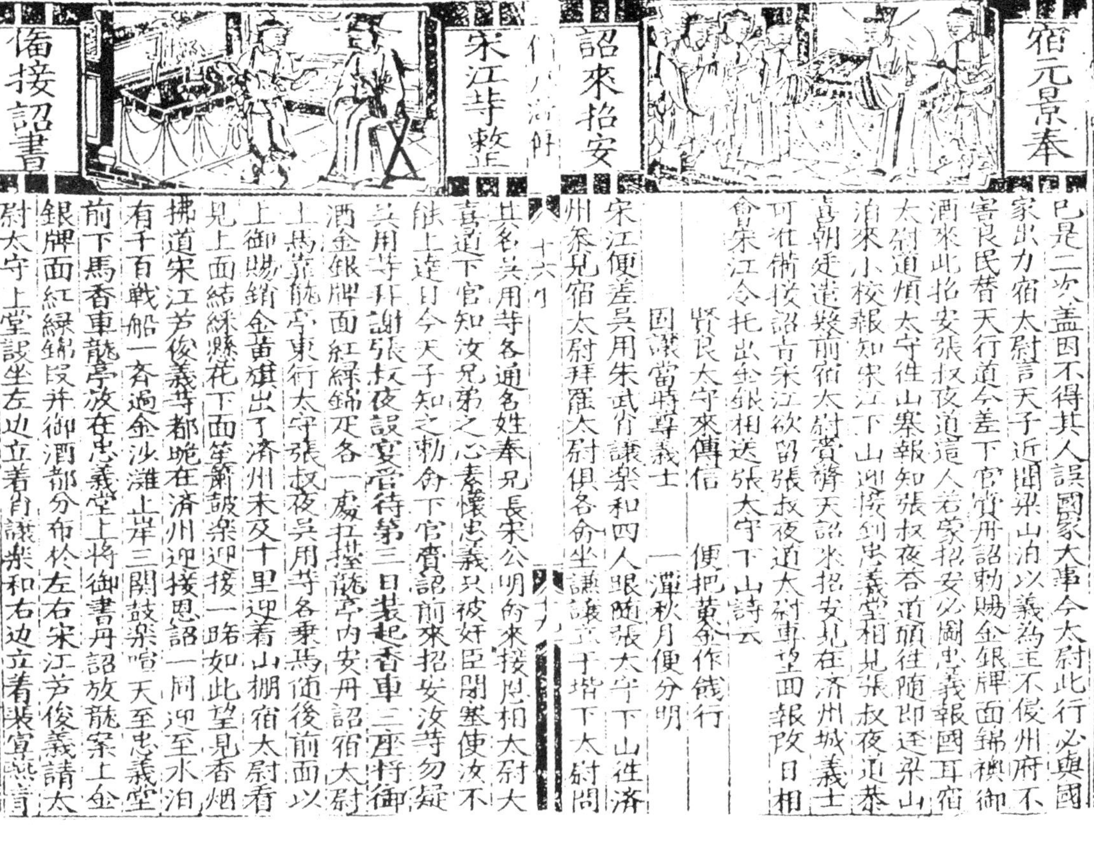

巳是二次蓋因不得其人誤國家大事今太尉此行必與國家出力宿太尉言天子近聞梁山泊以義為主不侵州府不害良民替天行道今差下官賚捧詔勅賜金銀牌面錦𧜀御酒來此招安張叔夜道這人若蒙招安必圖忠義報國耳宿太尉道煩太守往山寨報知張叔夜答道願往隨即逕梁山泊來小校報知宋江下山迎接到忠義堂相見張叔夜道恭喜朝廷遣殿前宿太尉賚齎天詔來招安見在濟州城義士可准備接詔書宋江欲留張叔夜道太尉專望回報改日相會宋江令托出金銀相送張太守下山詩云

賢良太守來傳信　便把黃金作餞行
國讓當將尊義士　一潭秋月便分明

宋江便差吳用朱武肖讓樂和四人跟隨張太守下山往濟州參見宿太尉拜罷太尉俱各命坐謙讓立於堦下太尉問其名吳用等各通名姓奉兄長宋公明的來接恩相太尉大喜道下官知汝兄弟之心素懷忠義只被奸臣閉塞使汝不能上達日今天子知之勅命下官賚詔前來招安汝等勿疑吳用等拜謝張叔夜設宴管待第三日裝起香車三座將御酒金銀牌面紅綠錦疋各一處扛擡龍亭內安丹詔宿太尉上馬龍亭東行太守張叔夜吳用等各乘馬隨後前面以上御賜銷金黃旗出了濟州未及十里迎着山棚宿太尉看見上面結綵懸花下面笙簫鼓樂迎接一路如此望見香烟拂道宋江芦俊義等都跪在濟州迎接恩詔一同迎至水泊有千百戰船一齊過金沙灘上岸三關鼓樂喧天至忠義堂前下馬香車龍亭放在忠義堂上將御書丹詔放龍案上金銀牌面紅綠錦段并御酒都分布於左右宋江芦俊義請太尉太守上堂設坐左边立着肖讓樂和右边立着裴宣[illegible]言

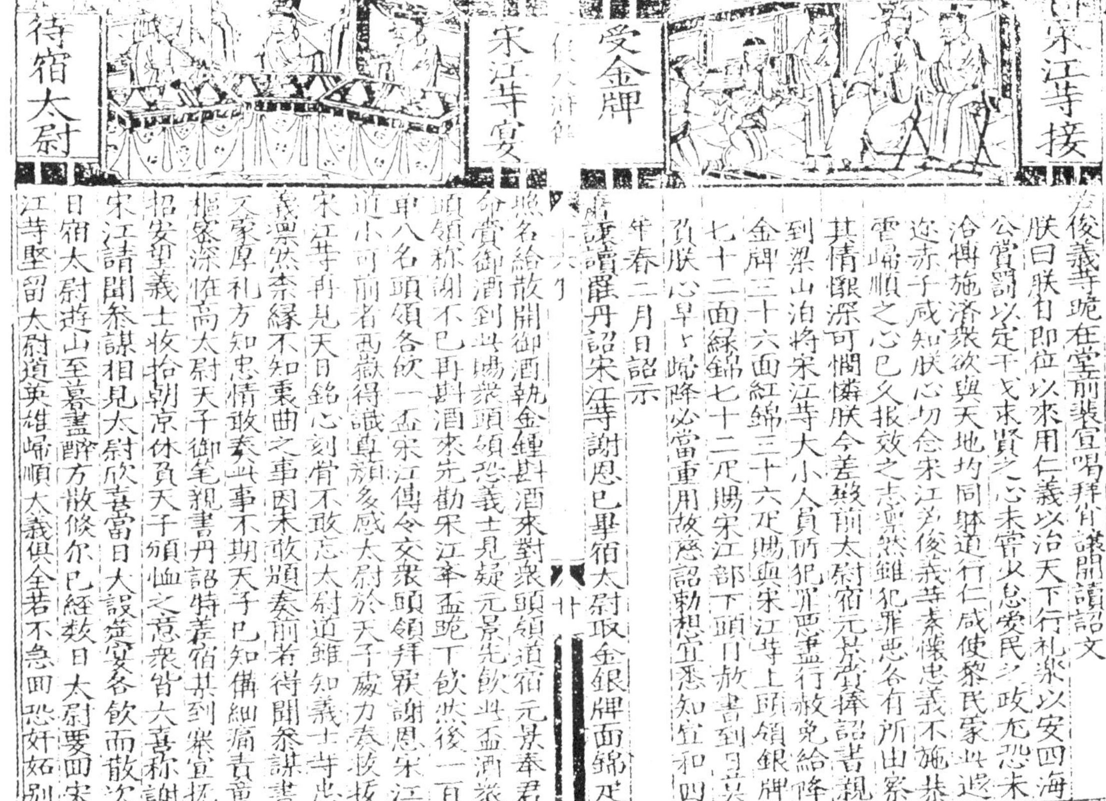

芦俊義等跪在堂前裴宣喝拜肖讓開讀詔文

朕曰朕自即位以來用仁義以治天下行礼樂以安四海公賞罰以定干戈求賢之心未嘗少息愛民之政尤恐未洽博施濟衆欲與天地均同體道行仁咸使黎民蒙此遐迩赤子咸知朕心切念宋江芦俊義等素懷忠義不施暴虐歸順之心已久報效之志凜然雖犯罪惡各有所由察其情懇深可憫憐朕今差殿前太尉宿元景賚捧詔書親到梁山泊將宋江等大小人員所犯罪惡盡行赦免給降金牌三十六面紅錦三十六疋賜與宋江等上頭領銀牌七十二面綠錦七十二疋賜宋江部下頭目赦書到日莫負朕心早早歸降必當重用故茲詔勅想宜悉知宣和四年春二月日詔示

蕭讓讀罷丹詔宋江等謝恩已畢宿太尉取金銀牌面錦疋照名給散開御酒執金鍾斟酒來對衆頭領道宿元景奉君命賚御酒到此賜衆頭領恐義士見疑元景先飲此盃酒衆頭領稱謝不已再斟酒來先勸宋江舉盃跪下飲然後一百單八名頭領各飲一盃宋江傳令交衆頭領拜罷謝恩宋江道小可前者西嶽得識尊顔多感太尉於天子處力奏救拔宋江等再見天日銘心刻骨不敢忘太尉道雖知義士等忠義凜然奈緣不知衷曲之事因未敢題奏前者得聞參謀書又蒙厚礼方知忠情敢奏此事不期天子已知備細痛責童樞密深怪高太尉天子御笔親書丹詔特差宿某到寨宜撫招安望義士收拾朝京休負天子頒恤之意衆皆大喜稱謝宋江請聞參謀相見太尉欣喜當日大設筵宴各飲而散次日宿太尉遊山至暮盡醉方散倏尔已經數日太尉要回宋江等堅留太尉道英雄歸順大義俱全若不急回恐奸佞别

宋江等送

太尉下山

一生異謙宋江等道既然有此之念不敢苦留當日宋江親捧一盤金珠再拜上献宿太尉起程張太守閒叅謀同宿太尉回京梁山大小頭領下山送太尉餞行相别宋江對太尉道恩相回見天顔善言保奏太尉云義士放心准備朝京軍馬若到可先报我府中俺先奏天子使持節來迎方表宿某真心宋江道恩相容稟小可自從上山開創之後已經数載附近居民擾害不浅今欲整頓資財買市十日便盡数朝京亦望太尉將此愚衷上達聖聽以寬限次太尉依允辞别投濟州去宋江等回寨道自從王倫創立山寨以來次晁天王上山建業如此興旺自江州得衆兄弟相救到此推我為尊已經数載今日喜得朝廷招安重見天日早晚朝京與朝廷出力圖個封妻蔭子共享太平之福今汝衆人但得之物並從均分我一百单八人雖應天星部下軍校也有自來落草的

宋江請衆

分金買市

亦有軍官失陷的今我等招安俱赴朝廷你等如愿去者依数上名如不愿去者就這里相辞宋江傳令三軍各商議當下辞去的五千人宋江皆賞財物發去宋江令蕭讓寫告示差人四散去貼晓示臨近州郡鄉鎮报知仍請諸人到山買市十日其告示曰

梁山泊義士宋江謹以大義布告四方昨因哨聚山林妟擾四方百姓今日幸蒙天子寬仁特降詔勅赦免本罪招安帰順早晚朝覲無以酧謝就本山買市十日倘蒙不外賫價前來以一报荅並無虚謬特此告知遠近居民勿辞遠近各肯光臨不勝万幸

簫讓寫畢告示差人附近州郡各處遍貼將庫内金珠宝貝綵緞綾羅選下一分為上國進奉其餘盡行招人買市於三月初三日為始至十三日終但到山買市之人以酒食管待

宋江全夥

下山朝京

宋江傳令以一爭十俱各歡喜拜謝下山一連十日如此住罷買市號令大小收拾赴京宋江便要送各家老小还籍吳用道兄長且留衆宝眷在山寨待我等朝覲承恩已定那時發遣未遅宋江依其言次日領衆頭領弁一千軍校离了山寨到济州謝了太守張叔夜辞了太守逕投東京先令戴宗燕青前來宿太尉府报知太尉見說即入朝奏知天子宋江等朝京天子大喜差太尉并御駕指揮使一員持旌旄節越出接宋江且說宋江在路軍整齐擺前两面紅旗上書順天護國四字衆頭領戎装披掛鎧袍耀日隊伍分明所過鄉村市鎮雞犬不驚來到京城逢御駕指揮使持節來迎宋江衆人叅見宿太尉已畢軍馬屯住新曹門外候青太尉同御駕指揮使奏天子說宋江等有一百单八人英雄勇猛人不可及見駐城外候旨聖上云寡人來日登宣德樓看宋江等衆

宿太尉奏

聖上知之

俱披掛戎装盔甲進城自東過西寡人观看後令卸甲都穿所賜錦袍從東華門入就文德殿朝見御駕指揮領旨直至行營口傳聖旨與知次日宋江傳令交鉄面孔目裴宣選彪形大漢五七百人充中軍前面打着金鼓旗旛後面擺鎗刀中間堅着順天護國旗各穿戎装袍甲擺成隊伍從東廓門入只見東京百姓扶老挈幼观看是時天子引百官在宣德楼上臨軒观看前面擺列金鼓旗旛鎗刀鉞斧中軍打起順天護国旗外有三十騎馬上随軍鼓楽後衆好漢簇簇而行怎見一百八員英雄入城朝覲但見

和風開御道細雨潤香塵東方暁日初昇北闕珠簾半捲南薫門外一百八員義士朝京宣德楼中萬萬歳刮目觧珎觧宝伏鋼叉相對而行孔明孔亮执兵器斉冒而過前列着卿淵卸潤次分着李立李雲韓滔彭玘順天神薛永

集部　第四冊

摭恩逞猛列单廷珪皂袍閃爍魏定國紅甲光輝宣贊醜
到郝思文凌振相随神筭子蔣信左朝孫立鄧飛歐鵬並
擔玉斧石亮鮑旭樊瑞伏双鈴郭盛呂方持昼戟紗巾史
服左手下鉄面孔目裴宣烏帽儒衣右手下聖手書生蕭
讓絲韁玉勒山東豪傑宋公明盔鞍雕鞍河北英雄方後
義吳加亮綸巾羽扇公孫勝鶴氅道袍豹子頭與關勝連
鞍胡延灼同秦明共轡花宋相連楊志索超緊對董平魯
智深列火袈裟武松行者香皂直裰柴進與李應相随趙
與雷横作伴燕青和戴宗同行李俊居左穆弘居右諸阮
楊雄共石秀並肩行徐寧不离張清刘唐常隨史進朱仝
内阮二為尊两張内張俊居長陶宗旺共鄭天寿為雙王
矮虎與一丈青作配項充李衮朱萬杜千菜园子相對小
蔚遲孫二娘蔡隨顧大嫂後面有蔡福蔡慶陳達楊春前
頭列童威童猛侯健孟康張順燕青对ゝ侯[illegible]穆春曹正
双双接踵朱貴对連朱富周通相接李忠與王[illegible]匹右
有王笛仙宋清相接樂和焦挺追陪石勇湯隆共杜興作
伴孫得與鄭旺同行王定六面目猙獰郁保四身軀長大
時迁乖覺白勝高強段景馬上超郡隨後有三人壓陣安
道身披素服皇甫端胸拂紫对神机朱武在中間上隨軍
死如帝釋下天宮渾似海神离洞府正是夾道萬民齊來
手臨軒帝主喜頗開
道君天子同百官在宣德楼上看宋江等喜動龍顏與百官
道此輩真英雄也傳旨交宋江等各换御賜錦袍見帝令宋
江等回東華門外各卸戎装各穿御賜錦袍懸帶金銀牌面
各帶朝天巾幘整肅朝仪正
皇風清穆ゝゝ氣氤氳麗日當空蒸ゝ雲靆靆微ゝ隱ゝ

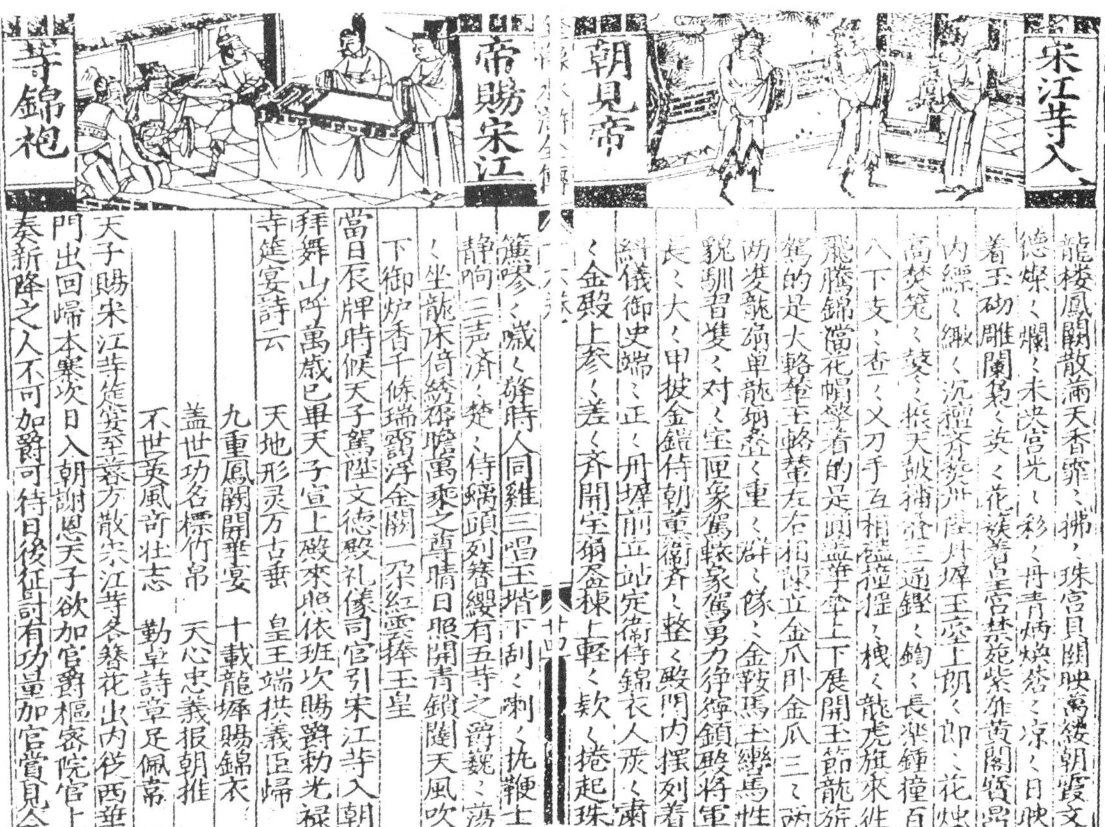

龍楼鳳闕散滿天香霏ゝ拂ゝ珠宫貝闕映萬縷朝霞文
德燦ゝ爛ゝ未央宮光ゝ彩ゝ丹青炳煥涼ゝ日映
着玉砌雕闌兔ゝ英ゝ花簇着皇宮禁苑紫雅黄閣寶鼎
内縹ゝ緲ゝ沉檀齊熱丹墀玉臺上閃ゝ叩ゝ花燭
高焚笙ゝ簧ゝ振天鼓擂咸三通鍠ゝ鏘ゝ長樂鍾撞百
八下支ゝ杏ゝ又刀手互相挜挜ゝ槐ゝ龍虎旗來往
飛騰錦當花帽擎着的是圓蓋華盖上下展開玉節龍旂
駕的是大輅金輅象輅左右排立金瓜月金瓜三ゝ两
两雙龍鳳單龍扇扇ゝ重ゝ群ゝ隊ゝ金鞍馬玉轡馬性
貌馴習雙ゝ对ゝ宝匣象駕輅象駕勇力猙獰鎮殿將軍
長ゝ大ゝ甲披金鎧侍朝黄衛ゝ整ゝ殿門内擺列着
糾儀御史端ゝ正ゝ丹墀前立站定衛侍錦衣人庆ゝ肅
ゝ金殿上參ゝ差ゝ齐開宝扇盔䯸上輕ゝ款ゝ捲起珠
簾嘹ゝ戕ゝ[illegible]時人同雞三唱王階下剌ゝ喇ゝ抱鞭士
静响三声济ゝ楚ゝ侍𥚃頭列簪缨有五等之爵巍ゝ蕩
ゝ坐龍床倚繡褥瞻萬乘之尊晴日照開青鎖闥天風吹
下御炉香千條瑞霭浮金闕一朶紅雲捧玉皇
當日辰牌時候天子駕陞文德殿礼儀司官引宋江等入朝
拜舞山呼萬歲已畢天子宣上殿來照依班次賜爵勅光禄
寺筵宴詩云

天地形灵万古垂　皇王端拱義臣歸
九重鳳闕開華宴　十載龍墀賜錦衣
盖世功名標竹帛　天心忠義报朝推
不世英風奇壮志　勤草詩章足佩常

天子賜宋江等筵宴至暮方散宋江等各簪花出内從西華
門出回帰本寨次日入朝謝恩天子欲加官爵樞密院官上
奏新降之人不可加爵可待日後征討有功量加官賞見今

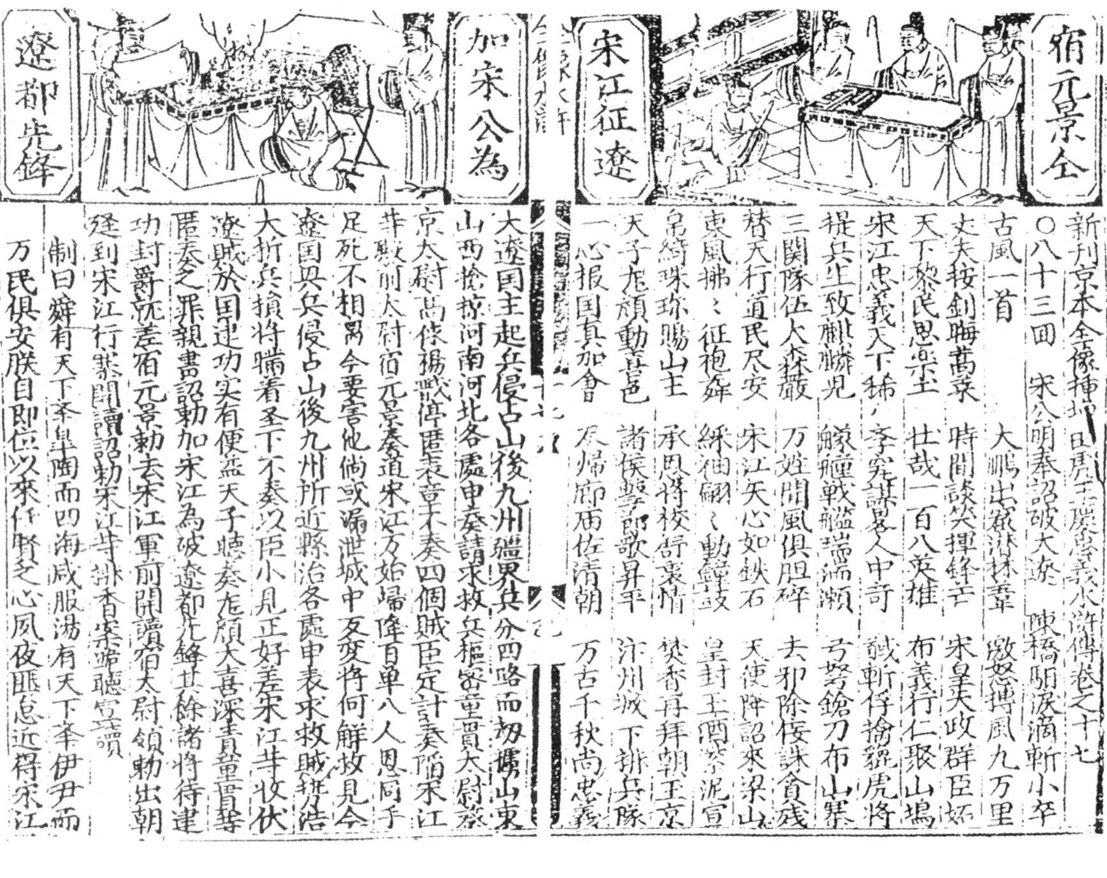

新刊京本全像插増田虎王慶忠義水滸傳卷之十七
〇八十三回　宋公明奉詔破大遼　陳橋驛涙滴斬小卒
古風一首　大鵬出海滸林章　激怒搏風九万里
丈夫按劍晦蒿萊　時間談笑揮鋒芒　宋皇失政群臣妬
天下黎民思聖主　壯哉一百八英雄　布義行仁聚山嶋
宋江忠義天下稀，李完謀畧人中奇　馘斬俘擒貔虎將
提兵生致麒麟兒　鯨鯢戰艦瑞滿瀨　弓弩鎗刀布山寨
三関隊伍大森嚴　万姓聞風俱胆碎　去邪除佞誅貪殘
替天行道民尽安　宋江矢心如鉄石　天使降詔來梁山
東風拂拂征袍舞　綵袖翩翩動鼙鼓　皇封玉酒紫泥宣
帛綺珠珍賜山主　承恩將校舒衷情　焚香再拜朝王京
天子龍顔動喜色　諸侯擎節歌昇平　汴州城下排兵隊
一心報国真加會　忍歸廊廟佐清朝　万古千秋尚忠義

大遼国主起兵侵占山後九州邊界，兵分四路而刼擄山東山西搶掠河南河北各處申奏請求救兵樞密童貫太尉蔡京太尉高俅楊戩停匿表章不奏四個賊臣定計奏陷宋江等疑前太尉宿元景奏道宋江万始歸降百单八人恩同手足死不相离今要害他倘或漏泄城中反变將何解救見今遼国與兵侵占山後九州所近縣治各處申表求救賊拼浩大折兵損將瞞着圣下不奏以臣小見正好差宋江等收伏遼賊於国建功実有便益天子聽奏龍顔大喜深責童貫等匿奏之罪親書詔勅加宋江為破遼都先鋒其餘諸將待建功封爵就差宿元景勅去宋江軍前開讀宿太尉領勅出朝逕到宋江行寨開讀詔勅宋江等排香案跪聽宣讀

制曰舜有天下本皋陶而四海咸服湯有天下本伊尹而万民俱安朕自即位以來任賢之心夙夜匪息近得宋江

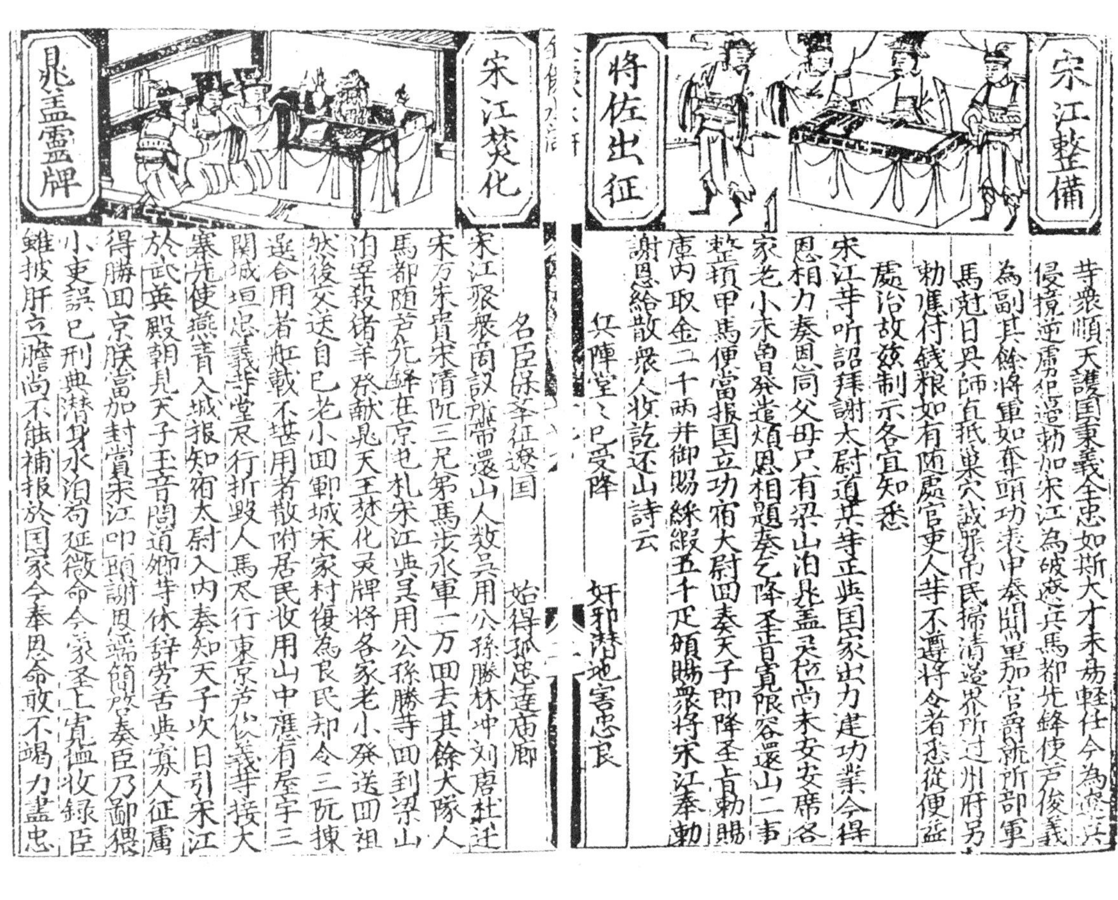

等衆順天護国秉義全忠如斯大才未易輕任今為遼兵侵擾逆虜犯邊勅加宋江為破遼兵馬都先鋒使盧俊義為副其餘將軍如奪頭功表申奏聞量加官爵統所部軍馬尅日與師直抵巣穴誅戮兆民掃清邊界所过州府另勅准付錢粮如有随處官吏人等不遵將令者悉從便益處治故兹制示各宜知悉

宋江等听詔拜謝太尉道某等正與国家出力建功業今得恩相力奏恩同父母只有梁山泊晁盖灵位尚未安安席各家老小未曾發遣煩恩相題奏乞降圣旨寛限容還山二事整頓甲馬便當報国立功宿太尉回奏天子即降圣旨勅賜庫内取金二千兩并御賜綵緞五千疋頒賜衆將宋江奉勅謝恩給散衆人收訖还山詩云

兵陣堂堂已受降　奸邪潜地害忠良
名臣保奏征遼国　始得孤忠達廟廊

宋江聚衆商議將帶還山人数吴用公孫勝林冲刘唐杜迁宋万宋貴宋清阮三兄弟馬步水軍一万回去其餘大隊人馬都随芦先鋒在京屯札宋江與吴用公孫勝等回到梁山泊宰殺猪羊祭献晁天王焚化灵牌將各家老小發送回祖然後又送自巳老小回鄆城宋家村復為良民却令三阮揀選合用若舡載不堪用者散附居民收用山中應有屋宇三関城垣忠義等堂尽行折毀人馬尽行東京芦俊義等接大寨先使燕青入城报知宿太尉入内奏知天子次日引宋江於武英殿朝見天子玉音問道卿等休辞劳苦與寡人征虜得勝回京朕當加封賞宋江叩頭謝恩端簡啓奏臣乃鄙猥小吏誤巳刑典潜身水泊苟延微命今蒙圣上寛恤收録臣雖披肝瀝膽尚不能補報於国家今奉恩命敢不竭力盡忠

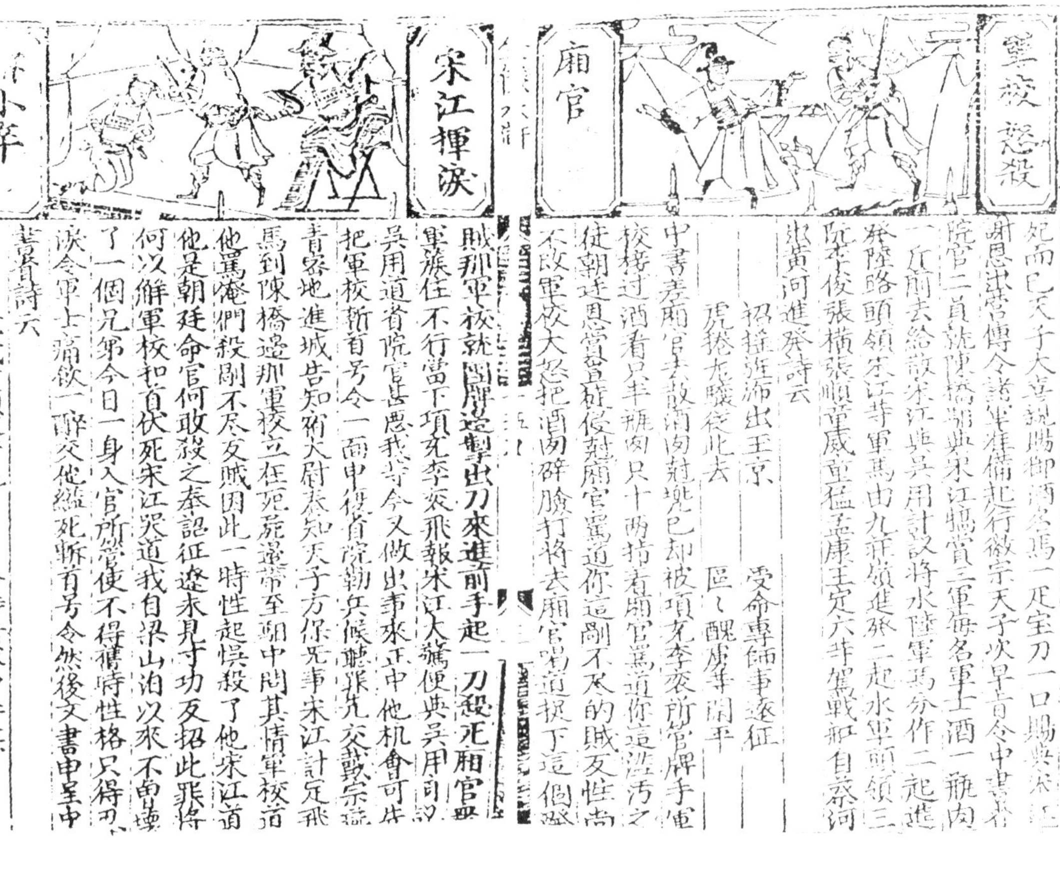

軍校怒殺廟官

妃而已天子大喜就賜御酒名馬一疋宝刀一口賜與宋江謝恩出営傳令諸軍准備起行徽宗天子次早旨令中書省院官二員就陳橋驛與宋江犒賞三軍每名軍士酒一瓶肉一斤前去給散宋江與吳用計設將水陸軍馬分作二起進發陸路頭領宋江等軍馬由九莊領進發二起水軍頭領三阮李俊張橫張順童威童猛孟康王定六并駕戰船自蔡河出黃河進發詩云

招搖旌旆出王京　受命專師事遠征
虎捲龍驤從北去　區區醜虜等閑平

中書差廟官去散酒肉就與巴却被項充李袞所管牌手軍校接过酒看只半瓶肉只十兩指着廟官罵道你這潑污之徒朝廷恩賞盡被你尅廟官罵道你這剮不盡的賊反性尚不改軍校大怒把酒肉碎臉打將去廟官喝道捉下這個潑

宋江揮淚斬小卒

賊那軍校就閤牌邊掣出刀來進前手起一刀殺死廟官盡軍族住不行當下項充李袞飛報宋江大驚便與吳用計議吳用道省院官甚愿我等今又做出事來正中他机會可先把軍校斬首號令一面申復省院勒兵候罪先交戴宗疏青容地進城告知宿太尉奏知天子方保兄弟宋江計定飛馬到陳橋邊那軍校立在死屍邊帶至驛中問其情軍校道他罵俺們殺剮不尽反賊因此一時性起悮殺了他宋江道他是朝廷命官何敢殺之奏詔征遼未見寸功反招此罪將何以觧軍校扣首伏死宋江哭道我自梁山泊以來不曾壞了一個兄弟今日一身入官所管使不得舊時性格只得了淚令軍士痛飲一醉交他縊死斬首號令然後文書申呈中書省詩云

尅減君須致暗仇　一時憤怒中奸謀

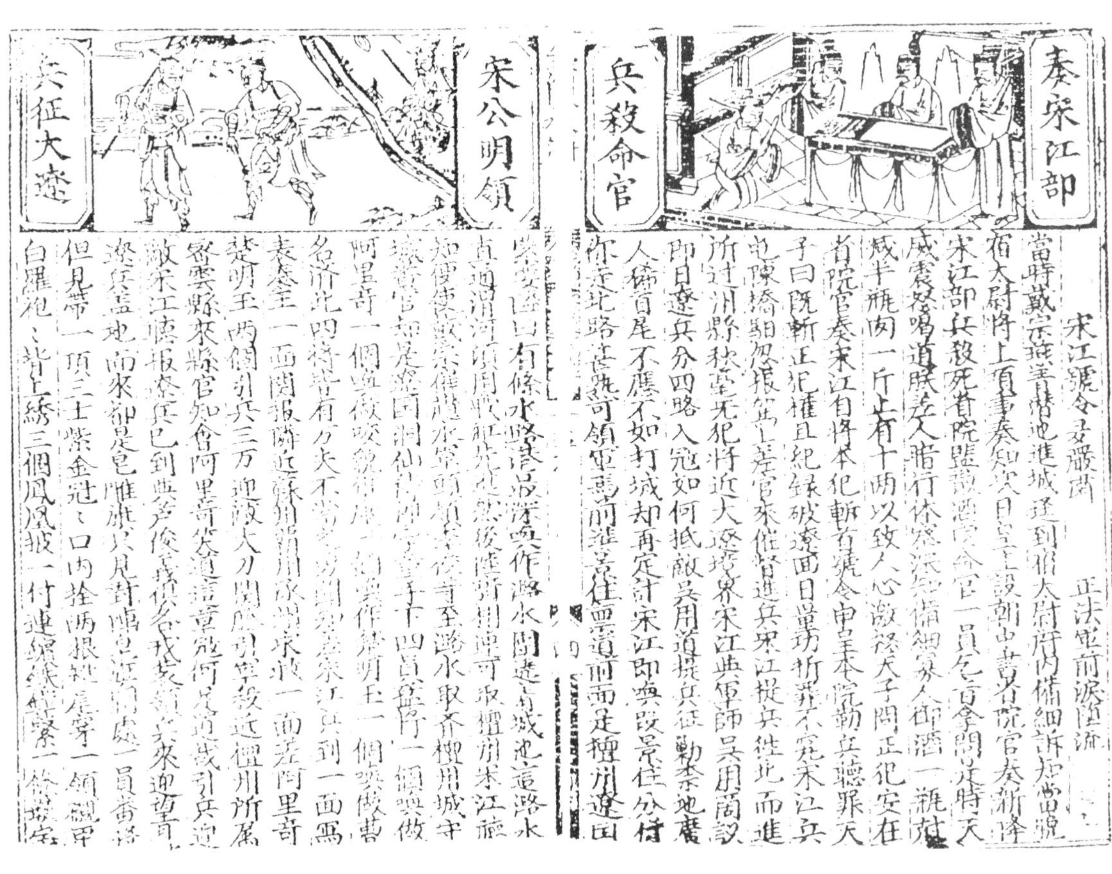

奏宋江部兵殺命官

宋江號令忒嚴明　正法軍前淚自流

當時戴宗躲着地進城逕到宿太尉府內備細訴知當晚宿太尉將上項事奏知次日皇上設朝中書省院官奏新降宋江部兵殺死省院監散酒肉命官一員乞旨拿問是時天威震怒喝道朕差人指行休怒深知備細衆人御酒一瓶尅减半瓶肉一斤止有十兩以致人心激怒天子問正犯安在省院官奏宋江自將本犯斬首號令申呈本院勒兵聽罪天子曰既斬正犯權且紀録破遼回日量功折罪不究宋江兵屯陳橋驛忽報第一差官來催督進兵宋江提兵從此而進所过州縣秋毫无犯將近大遼境界宋江與軍師吳用商議即日遼兵分四路入寇如何抵敵吳用道提兵征勦奈地廣人稀首尾不應不如打城却再定計宋江即與段景住分付你在此路去熟可領軍馬前進去往四道而至檀州遼國

宋公明領兵征大遼

緊要隘口有條水路港汊深與作潞水團遶着城池這路水直通渭河須用戰船先進然後陸路可取檀州宋江應知便使戴宗催趲水軍頭領前來傍寺至潞水取齊檀州城守城將官却是遼國洞仙侍郎姓手下四員猛將一個喚做阿里奇一個喚做咬兒惟康一個喚作楚明玉一個喚做曹名濟此四將皆有万夫不當之勇聞知宋江兵到一面寫表奏知一面關報隣近蘇州霸州涿州求救一面差阿里奇楚明玉兩個引兵三万迎敵大刀闊斧引軍殺近檀州所屬密雲縣來縣官知會阿里奇道這宋江兵近城引兵迎敵宋江聽報遼兵已到與盧俊義撥將分兵來迎當首遼兵盡地而來都是皂雕旗只見對陣門旗開處一員番將但見帶一頂三叉紫金冠冠口內拴兩根雉尾穿一領襯甲白羅袍袍背上繡三個鳳凰披一付連環鑌鐵鎧緊一條嵌宝

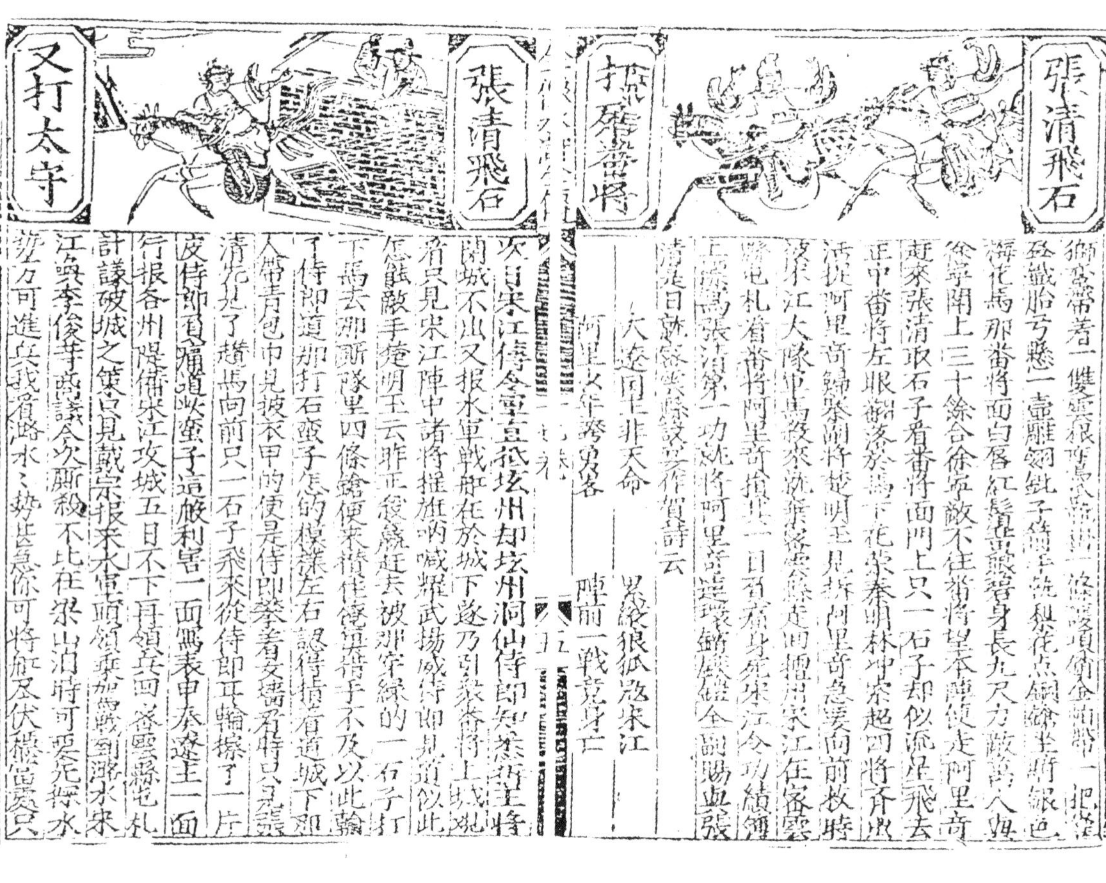

獅蠻帶着一雙[illegible]一條[illegible]金[illegible]帶一把[illegible]
發鐵胎弓懸一壺雕翎鈚子箭手執梨花点鋼鎗坐騎銀色
海花馬那番將面白唇紅鬚黃[illegible]身長九尺力敵[illegible]人與
徐寧鬥上三十餘合徐寧敵不住番將望本陣便走阿里奇
趕來張清取石子看番將面門上只一石子却似流星飛去
正中番將左眼翻落於馬下花榮秦明林冲索超四將齊出
活捉阿里奇歸寨副將楚明玉見折阿里奇急要向前救時
被宋江大隊軍馬殺來就棄了密雲縣走回檀州宋江在密雲
縣屯扎看番將阿里奇損其一目不痊身死宋江令功績簿
上標寫張清第一功就將阿里奇連環鎧甲金盔賜與張
清是日就密雲縣設宴作賀詩云

大遼國主非天命　鼠輩狼狐敵宋江
阿里奇年誇勇客　陣前一戰竟身亡

次日宋江傳令軍兵殺奔檀州却說檀州洞仙侍郎知悉折了番將
閉城不出又報水軍戰船在於城下遂乃引眾番將上城觀
看只見宋江陣中諸將搖旗吶喊耀武揚威侍郎見道似此
怎能敵手楚明玉云昨正殺[illegible]趕去被那穿綠的一石子打
下馬去那廝隊里四條鎗便來搦住[illegible]得手不及以此輸
了侍郎道那打石頭子的模樣左右認得指看道城下那
人帶青包巾見披衣甲的便是侍郎拳着交[illegible]看時只見張
清[illegible]了趕馬向前只一石子飛來從侍郎耳輪擦了一片
皮侍郎自[illegible]道此蠻子這般利害一面寫表申奏遼主一面
行報各州隄備宋江攻城五日不下再領兵回密雲縣屯扎
計議破城之策只見戴宗報來水軍頭領乘船[illegible]到潞水宋
江與李俊等商議今次廝殺不比在梁山泊時可要[illegible]探水
勢方可進兵我看潞水之勢甚急你可將船只伏穩[illegible]只

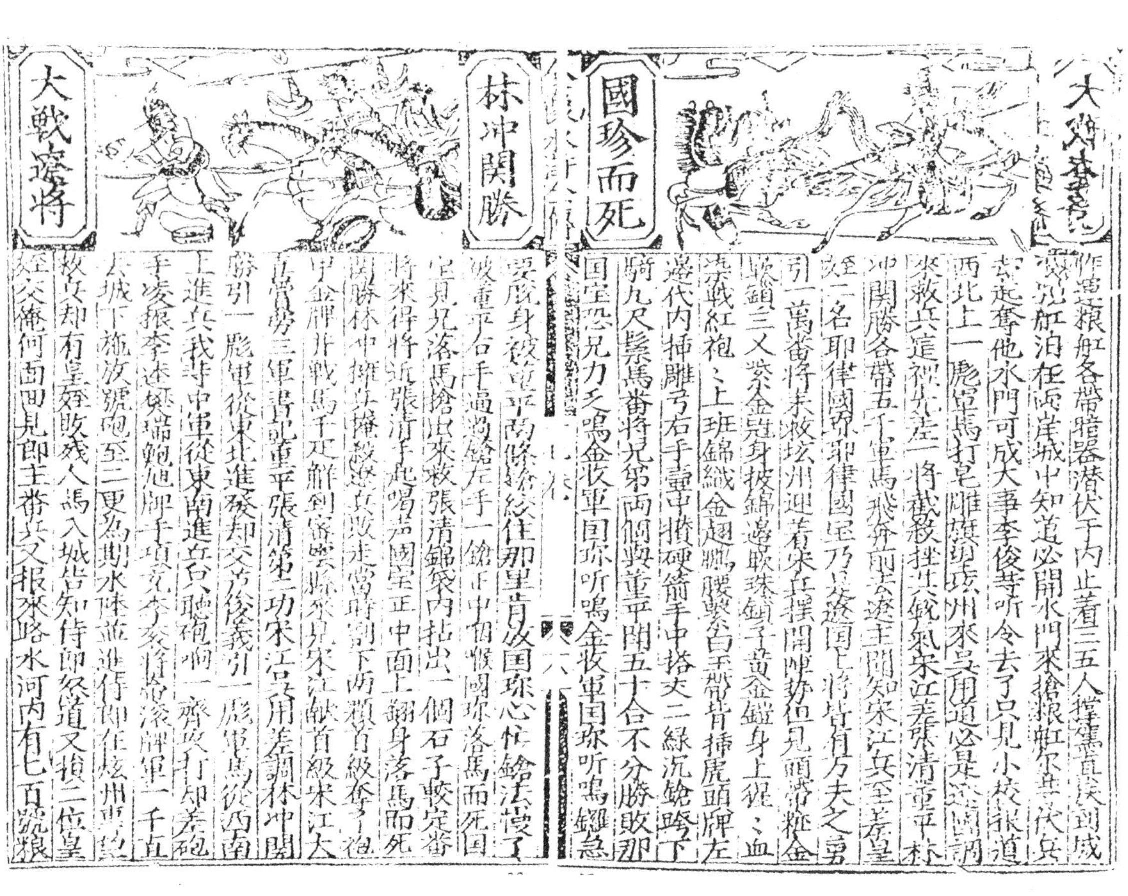

作[illegible]糧船各帶暗器潛伏于內止着三五人撐駕[illegible]到城
[illegible]只[illegible]船泊在[illegible]岸城中知道必開水門來搶糧船你等伏兵
一起奪他水門可成大事李俊等听令去了只見小校報道
西北上一彪軍馬打皂雕旗到檀州來呈用道必是遼國調
來救兵這裡先差一將截殺挫其鋭氣宋江差張清董平林
冲關勝各帶五千軍馬飛奔前去遼主聞知宋江兵至差皇
姪二名耶律國珍耶律國寶乃是遼國上將皆有万夫之勇
引一萬番將來救檀州迎着宋兵擺開陣勢但見頭帶粧金
嵌寶三叉紫金冠身披錦邊[illegible]珠[illegible]子黃金鎧身上猩猩血
染戰紅袍袍上班錦織金翅鵰腰繫白玉帶背插虎頭牌左
邊代內插雕弓右手輕中撚硬箭手中搭丈二綠沉鎗跨下
騎九尺[illegible]馬番將兄弟兩個與董平鬥五十合不分勝敗那
国宝恐兄力乏鳴金收軍国珎听鳴金收軍国珎听鳴鑼急

要脫身被董平兩條鎗絆住那里肯放国珎心忙鎗法慢了
被董平右手逼過鎗左手一鎗正中咽喉国珎落馬而死国
宝見兄落馬搶出來救張清錦袋內拈出一個石子較定番
將來得將近張清手起喝声国宝正中面上翻身落馬而死
關勝林冲擁兵掩殺遼兵敗走當時割下兩顆首級奪了袍
甲金牌并戰馬千疋解到密雲縣來見宋江獻首級宋江大
喜賞勞三軍書記董平張清第一功宋江又用差調林冲關
勝引一彪軍從東北進發却交呼延灼引一彪軍馬從西南
上進兵我等中軍從東南進兵只聽砲响一齊攻打却差砲
手凌振李逵樊瑞鮑旭將牌手項充李袞將帶滾牌軍一千直
去城下施放號砲至二更為期水陸並進侍郎在檀州[illegible]
救兵却有皇姪敗殘人馬入城告知侍郎說道又損二位皇
姪交鋒何面見郎主番兵又報來路水河內有七百號糧

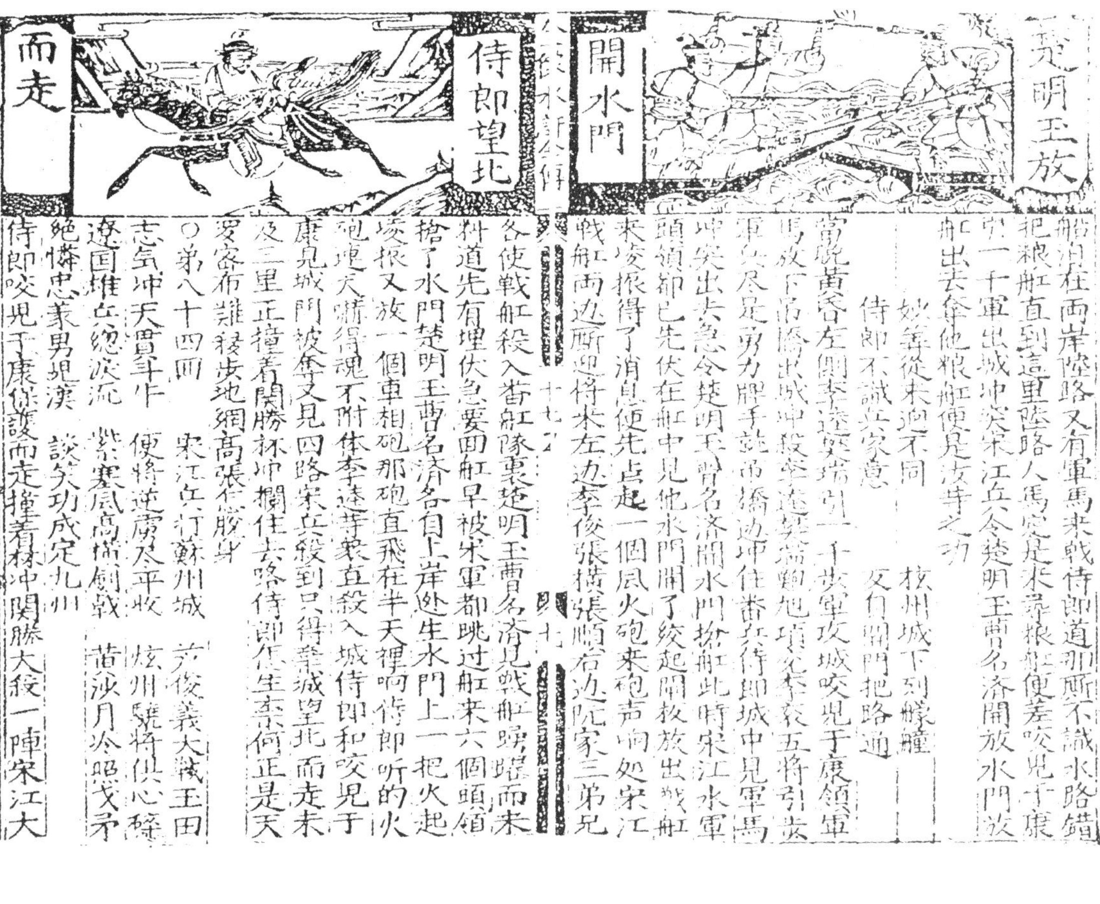

楚明王放　開水門

船泊在両岸陸路又有軍馬來戰侍郎道那厮不識水路錯把粮舡直到這里陸路人馬定是來奪粮舡便差咬兒于康引一千軍出城冲突宋江兵令楚明王曹名濟開放水門放舡出去奪他粮舡便是汝等之功

妙算從來迥不同　杭州城下列艨艟
侍郎不識兵家意　反自開門把路通

當晚黄昏左側李逵樊瑞引一千步軍攻城咬兒于康領軍馬放下吊橋出城冲殺李逵樊瑞鮑旭項充李袞五將引步軍兵尽是勇力牌手就吊橋边冲住番兵侍郎城中見軍馬冲突出去急令楚明王曹名濟開水門掇舡此時宋江水軍頭領都已先伏在舡中見他水門開了絞起閘板放出戰舡來凌振得了消息便先点起一個風火砲來砲声响処宋江戰舡両边厮迎将來左边李俊張横張順右边阮家三弟兄

侍郎望北　而走

各使戰舡殺入番舡隊裏楚明王曹名濟見戰舡蜂擁而來料道先有埋伏急要回舡早被宋軍都跳过舡來六個頭領搶了水門楚明王曹名濟各自上岸逃生水門上一把火起凌振又放一個車相砲那砲直飛在半天裡响侍郎听的火砲連天號得魂不附体李逵等衆直殺入城侍郎和咬兒于康見城門被奪又見四路宋兵殺到只得棄城望北而走未及三里正撞着関勝林冲攔住去路侍郎仮生奈何正是天罗密布難移步地網高張怎脫身

○第八十四回　宋江兵打蘇州城　盧俊義大戰王田

志氣冲天貫斗牛　便將逆虜尽平收
炫州驍將俱心餒　遼国雄兵總洪流
紫塞風高横劍戟　黄沙月冷照戈矛
絕憐忠義男兒漢　談笑功成定九州

侍郎咬兒于康保護而走撞着林冲関勝大殺一陣宋江大

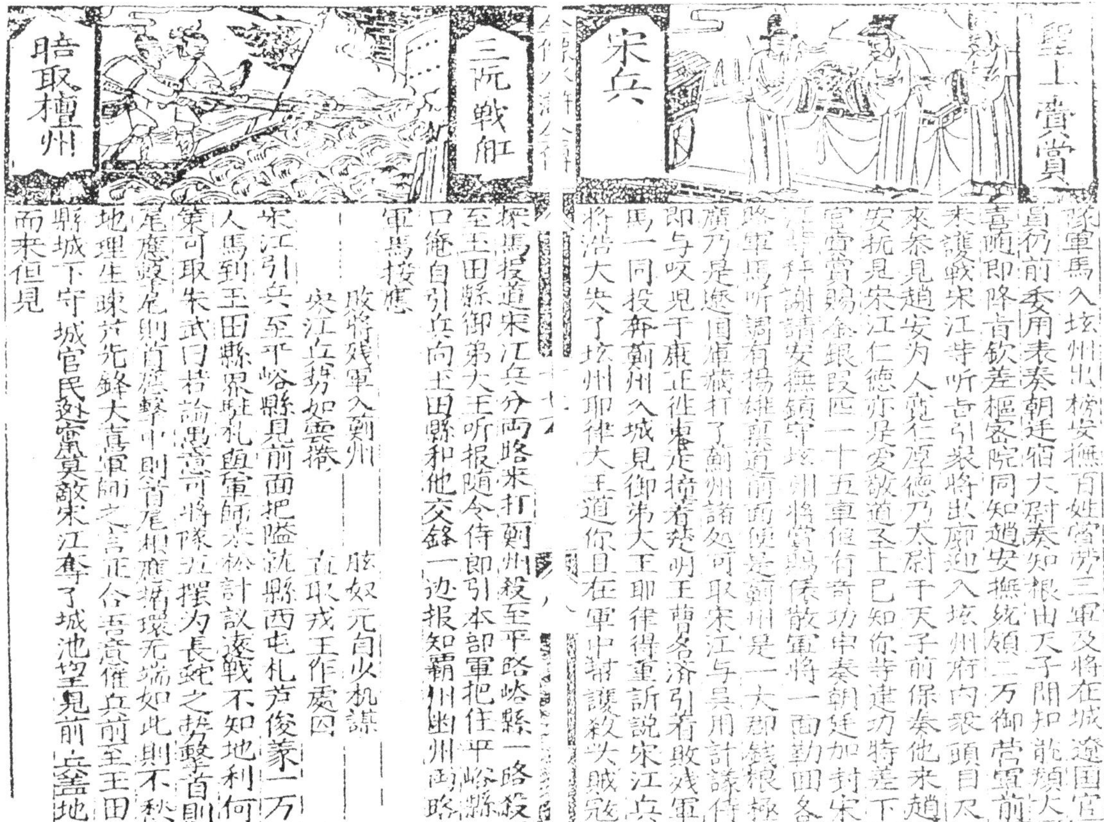

聖上賫賞　宋兵

領軍馬入杭州出榜安撫百姓賞勞三軍及將在城遼国官員仍前委用表奏朝廷宿太尉奏知根由天子聞知龍顏大喜随即降旨欽差樞密院同知趙安撫統領二万御营軍前來護戰宋江等听旨引衆將出郭迎入杭州府内衆頭目尽來參見趙安為人寬仁厚德乃太尉于天子前保奏他來趙安抚見宋江仁德亦是愛敬道圣上已知你等建功特差下官賚賞賜金銀段疋一十五車但有奇功申奏朝廷加封宋江等拜謝請安撫鎮守杭州將賞賜俵散軍將一面勒回各路軍馬听調有楊雄禀道前面便是薊州是一大郡錢粮極廣乃是遼国庫藏打了薊州諸処可取宋江与吴用計議侍郎与咬兒于康正往東走撞着楚明王曹名濟引着敗残軍馬一同投奔薊州入城見御弟大王耶律得重訴說宋江兵將浩大失了杭州耶律大王道你且在軍中幇護救火賊寇

三阮戰舡　暗取檀州

探馬报道宋江兵分両路來打薊州殺至平峪縣一路殺至王田縣御弟大王听报随令侍郎引本部軍把住平峪縣口俺自引兵向王田縣和他交鋒一边报知霸州幽州両路軍馬接應

敗將残軍入薊州　胡奴元自少机謀
宋江兵勢如雲擁　直取戎王作虜囚

宋江引兵至平峪縣見前面把隘就縣西屯扎盧俊義一万人馬到王田縣界駐扎與軍師朱武計議遼戰不知地利何策可取朱武曰昔論愚意可將隊伍擺为長蛇之勢擊首則尾應擊尾則首應擊中則首尾相應循環无端如此則不愁地理生踈盧先鋒大喜軍師之言正合吾意催兵前至王田縣城下守城官民望風莫敵宋江奪了城池望見前面盖地而來但見

呉用分布　**長蛇陣勢**

黒霧濛濛罩黄沙漫漫旋皂雕旗展一爪烏雲拐子馬蕩半天殺氣青氊笠兒似千池荷葉弄輕風失打批金蟄如萬頃海洋凝凍日人人衣襟左掩個個髮搭齊肩連環尖鎧重披刺納戰袍緊繫軍壯健黒面皮碧眼黄鬚達馬胞嗘淵膀膊網腰失脚牛角弓攢沙柳箭虎皮袍襯窄雕鞍生居邊塞食披硬弓世本朔方养下能騎劣馬銅腔畨鼓軍前打右蕃胡箛馬上吹

大王耶律得重引兵一万帶四子擺開陣勢宋軍朱武上雲梯看來回報道番人布下五虎靠山陣不足為奇朱武再上將臺把號旗招動左盤右旋也擺一個是鯤化為鵬陣芦俊义道何為鯤化為鵬朱武道北海有魚其名曰鯤化大鵬一飛九万里此陣遠近看只是個水陣若來攻時一霎变作火陣因此喚作鯤為鵬芦俊义称讃不已對陣敵軍門旗開處

天山勇箭　**射張清**

御弟大王親自出馬四子分在左右都是一般披掛但見

頭帶鉄縵盔上拴黒毬纓身襯宝貝鏡柳葉細甲腰繫條獅蛮金帶身披着刺花錦袍各掛強弓硬弩都騎駿馬雕鞍腰間各插鋸鋸劍手内齐拿搗嵩刀

大王耶律得重高声大罵汝等草寇何敢犯界芦俊義道两軍對敵那個英雄當先大刀関勝舞青龍偃月刀拍馬來戦耶律宗云閗上五合耶律宗霖拍馬舞刀助殺胡延灼舉鞭出迎耶律宗電耶律宗雷弟兄挺刀齐出徐寧索超斧鎗相迎八疋馬絞做一團正鬪之間張清縱馬出陣却有檀州敗軍認得張清慌忙报知大王道這穿緑袍將慣使飛石須以隄防畨將天山勇道大王放心交他吃俺一弩天山勇手挽弓正射頭陣張清取石子在手看畨將當頭一石子從盔上過去天山勇裝定弩箭覷着張清射來張清叫声阿也正中

芦俊義力　**迯四遼將**

咽喉落馬雙鎗將董平九文龍史進死命救回拔出箭來血流不止便束縛兜住芦先鋒即令卸淵卸潤扶張清上車調回檀州交神医安道全調治詩云

張清石子絶如神　陣上英雄認得真
北日却逢強弩將　當喉一箭便翻身

只見陣前織声报道西北有一彪軍馬殺入陣中芦俊义見射了張清无心恋戰各敗回陣四員番將乘勢趕來西北上又行殺来兩下夾攻宋軍不能相救只撇芦俊義一騎馬敵住四員番將並无惧怯約閗一時辰芦俊义賣個破綻宗霖刀砍入來被俊人唱声一鎗刺下馬去那三個慌走迯回俊义割了宗霖首級望南而行又撞着遼兵約有一千俊义殺將入去遼兵四散奔走再行數里約近初更又撞一彪軍馬乃是胡延灼韓滔彭玘俊義大喜合兵一処胡延灼道被遼

燕青取箭　**射番將**

兵冲散小將撞開陣勢和韓滔彭玘直殺到此不知諸將如何俊義說力敵四將我殺其一走去三命不过数里又遇一支兵胡延灼道黒夜怎地厮殺等待天明决一死戰認得声音是大刀関勝便叫芦頭領在此衆頭領都下馬席地而坐閗勝道陣前失利你我不相救應我和宣讃郝思文單持魏定国五騎軍馬一千餘來此奇遇合兵一処將近天曉衆人望玉田縣來見一彪人馬哨路却是董平徐寧都札玉田縣中點衆將不見解珎解宝楊林石勇步軍五千餘人芦俊義煩惱巳牌時候報道解珎解宝弃軍巳回芦俊义喚來問時解珎道俺四個深入重地迷踪失路急切不敢回轉今早又撞見遼兵大殺一塲繞到這裡俊义道將宗霖首級於玉田縣號令撫諭百姓報入中軍遼兵四面把縣圍了俊义太驚引燕青上城看時火光燭天見一将騎馬當先正是宗雲

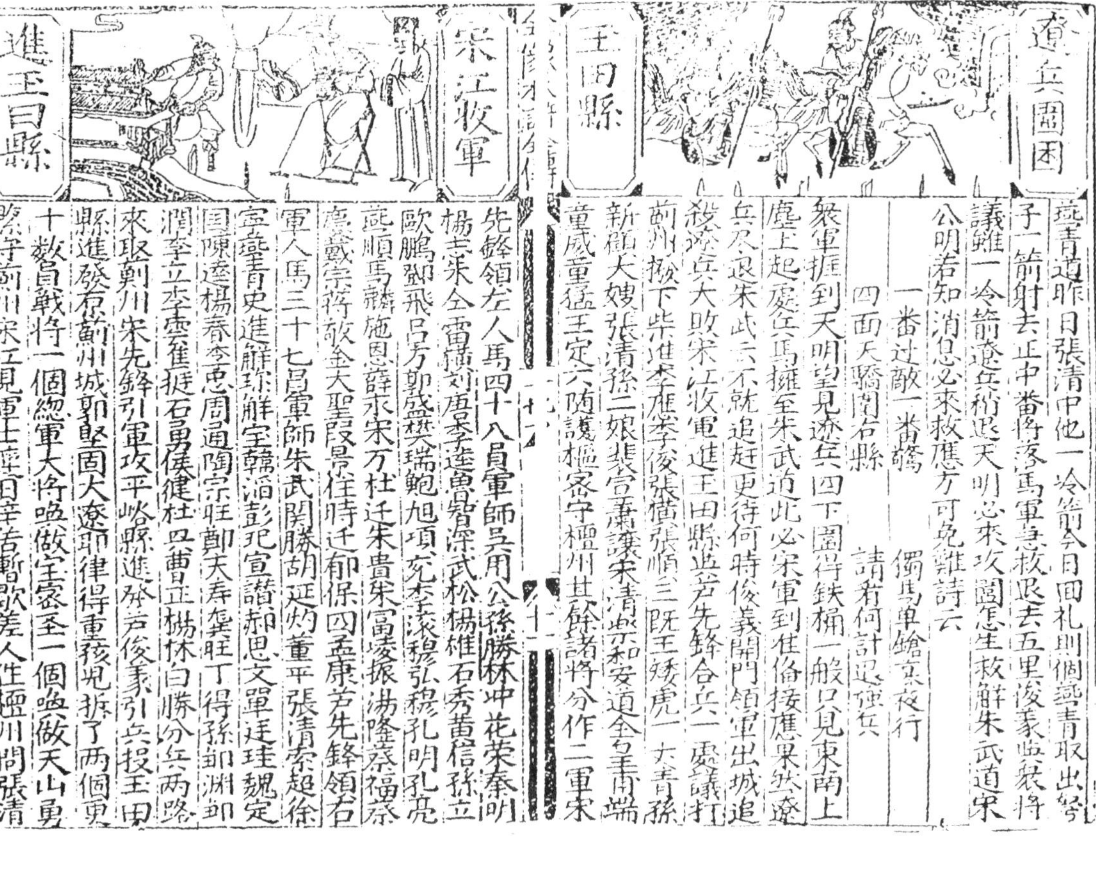

遼青道昨日張清中他一冷箭今日回礼則個說青取出弩子一箭射去正中番將落馬軍急救退去五里後衆與衆將議雖一冷箭遼兵稍退天明必來攻圍怎生救解朱武道宋公明若知消息必來救應方可免難詩云

一番过敵一番驚　獨馬单鎗哀夜行
四面天驕閙石縣　請看何計退強兵

衆軍捱到天明望見遼兵四下圍得鉄桶一般只見東南上塵土起處玉馬擁至朱武道此必宋軍到往倚接應果然遼兵不退宋武三不就追赶更待何時俊義開門領軍出城追殺遼兵大敗宋江收軍進王田縣與芦先鋒合兵一處議打薊州援下柴進李應李俊張横張順三阮王矮虎一丈青孫新顧大嫂張清孫二娘裴宣蕭讓宋清樂和安道全金青甫端童威童猛王定六随護樞密守樞州其餘諸將分作二軍宋先鋒領左人馬四十八員軍師吳用公孫勝林中花榮秦明楊志朱仝雷横刘唐李逵魯智深武松楊雄石秀黃信孫立歐鵬鄧飛呂方郭盛樊瑞鮑旭項充李袞穆弘穆春孔明孔亮燕順馬麟施恩薛永宋万杜迁朱貴朱富凌振湯隆蔡福蔡慶戴宗蒋敬金大堅段景住時迁郁保四孟康芦先鋒領右軍人馬三十七員軍師朱武関勝胡延灼董平張清索超徐寧燕青史進解珍解宝韓滔彭玘宣贊郝思文單廷珪魏定国陳達楊春李忠周通陶宗旺鄭天寿龔旺丁得孫鄒淵鄒潤李立李雲焦挺石勇侯健杜典曹正楊林白勝分兵兩路來取薊州宋先鋒引軍攻平峪縣進發芦俊義引兵投王田縣進發看薊州城郭堅固大遼耶律得重孩兒折了兩個更十数員戰將一個總軍大將喚做宝密聖一個喚做天山勇防守薊州宋江見軍士平日辛苦暫歇差人往樞州問張清

箭鎖如何安道全使人回報隗水將乾禾事見今交天軍士受病票过趙樞密遣蕭讓宋清前往東京求省學館皇甫端寺要関給喚馬藥材報知宋江與芦先鋒計議打薊州之策宋公道你在王田縣受閙時已安下計了石秀時迁在城裡埋伏則日殺退遼兵我交時迁石秀雖在裡面必然投薊州城裡埋伏時迁曾說計薊州城有一宝嚴寺大雄宝殿有一座宝塔他在宝殿頂上躲身石秀外面扒屋受塔上起火為號裡應外合計必諧矣遂裡一面進兵詩云

築寨高屯破薊州　旌旗蔽日擁貔貅
箭一把稍黃散　管取功成說後收

話說宋江芦俊義合兵逕奔薊州說御弟大王自折二子懊恨心將宝密聖天山勇侍郎寺商議道前次涿州霸州兩州兵各自分散今宋江合兵來打薊州怎生奈何宝密聖

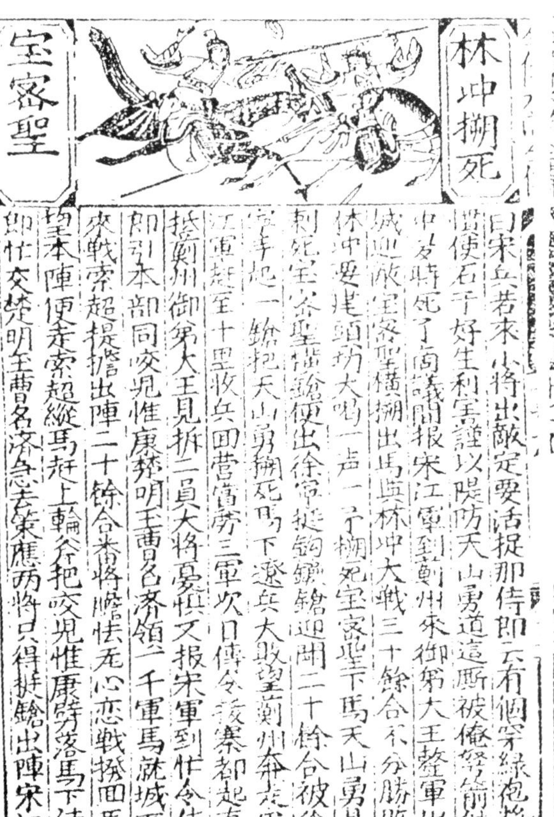

曰宋兵若來小將出敵定要活捉那侍郎云有個穿綠袍將諧便石子好生利害謹以隄防天山勇道這厮被俺弩箭射中至今將死了商議間報宋江軍到薊州來御弟大王整軍出城迎敵宝密聖横捌出馬與林中大戰三十餘合不分勝敗林中要建頭功大喝一声一子捌死宝密聖下馬天山勇見宝密聖被捌死便出陣捉鎗迎鬪二十餘合被徐寧手起一鎗把天山勇捌死馬下遼兵大敗望薊州奔走宋江軍赶至十里收兵回營寫分三軍次日傳令拔寨都起直抵薊州御弟大王見折二員大將憂悶又報宋軍到忙令侍郎引本部同咬兒惟康楚明玉曹名济領二千軍馬就城下來戰索超提鑓出陣二十餘合番將膽怯無心恋戰撥回馬望本陣便走索超縱馬赶上輪斧把咬兒惟康劈落馬下侍郎壮交楚明玉曹名济急去策應兩將只得挺鎗出陣宋江

時迁在石 塔放號火

鞭梢一指驅兵大進殺到吊橋邊番兵閉城緊守一面申奏大遼郎主一面差人往霸州幽州求救詩云

醜虜猖狂犯敵鋒　宋江兵將孰能同
可憐將死無人救　寬蕩荒原血掩紅

宋江與吳用道此城緊守何時可得吳用曰城中有石秀時迁必有机变只交四面竪起雲梯攻城候變振四門炮放其城必破宋江云傳將令四面連夜攻城御弟大王見宋兵四門攻緊盡驅百姓上城守護當下石秀在城中宝嚴寺内只見時迁报道城外哥〻軍馬打得緊急石秀見說便和時迁從塔上放火去州衙内放火外見火起火光照三十餘里又來佛殿上放火薊州城中見三處火起知有細作百姓無心守各自回歸御弟大王見三路火起知宋江有人入城慌忙收拾軍馬帶老小裝載上車開北門外赴走宋江奪了南門引

侍郎献計 退宋兵

大隊人馬入薊州城令救滅火天明出榜安撫百姓賞勞三軍功績薄上標石秀時迁功績次行文書申東趙安撫知会安撫回文書來曰即日炎暑暄热未可動兵姑待天凉再作計議宋江得回文交吳俊義分原撥軍將玉田縣屯扎宋江兵守薊州侍候听調耶律得重與侍郎將帯老少奔走幽州來見遼主二人俯伏御階下放声大哭奏知根由郎大遼主開衆問道引兵主将何人丞相褚堅奏云臣聞宋江原是梁山泊水滸寨草寇宋朝調兵勦捕不得童子皇帝遣使三番降詔招安他有一百单八人上應天星智男全備恐難制服乞主量裁班部歐陽侍郎言無数句正是護国謀臣欺呂望順天功就賽張良下回分解

〇第八十五回

西江月　山後遼兵侵境　中原宋帝興軍

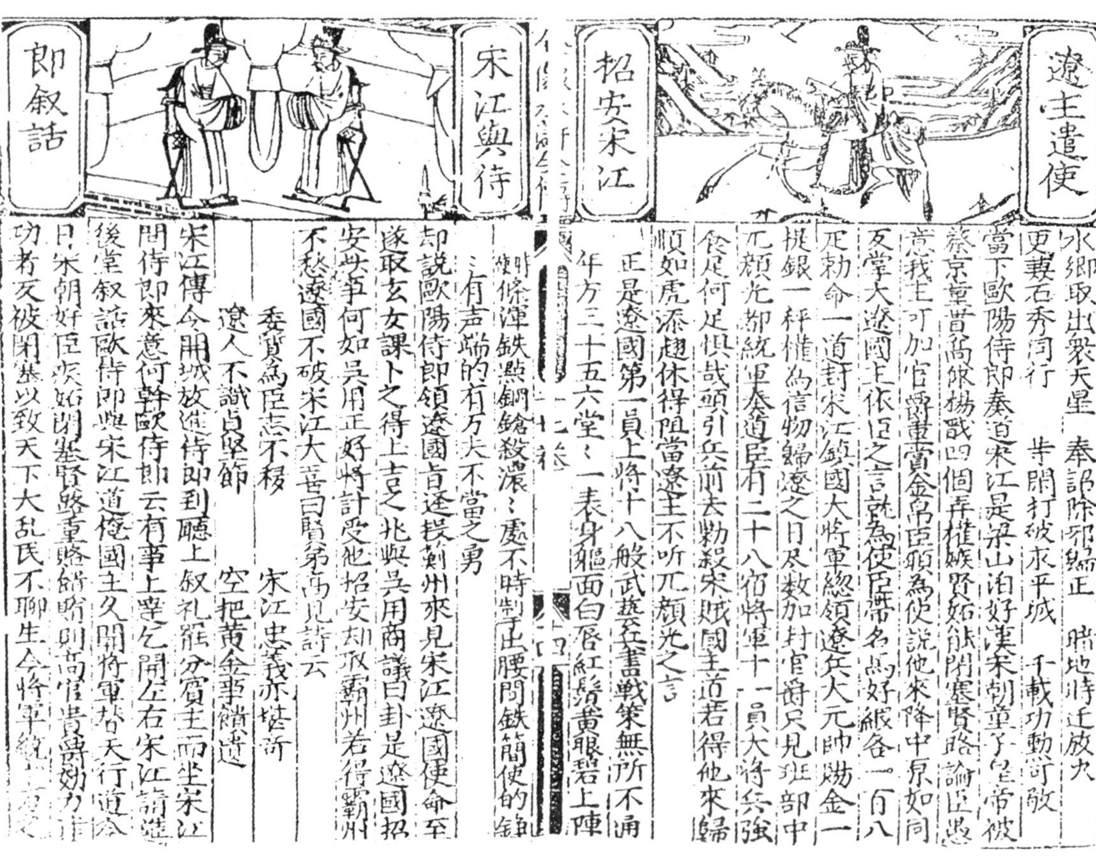

遼主遣使 招安宋江

水郷取出衆天星　奉詔除邪歸正　指地時迁放火
更兼石秀同行　寺開打破永平城　千載功勳可敬

當下歐陽侍郎奏道宋江是梁山泊好漢宋朝童子皇帝彼蔡京童貫高俅楊戩四個弄權嫉賢妬能閉塞賢路諭臣愚意我主可加官爵重賞金帛臣願為使說他來降中原如同反掌大遼國主依臣之言就為使臣帶名馬好緞各一百八疋勅命一道封宋江鎮國大将軍總領遼兵大元帥賜金一提銀一秤權為信物歸遼之日盡数加封官爵只見班部中兀顔光都統軍奏道臣有二十八宿將軍十一員大将兵強兵足何足懼哉願引兵前去勦殺宋賊國主道若得他來歸順如虎添翅休得阻當遼主不听兀顔光之言

正是遼國第一員上将十八般武藝兵書戰策無所不通年方三十五六堂〻一表身軀面白唇紅鬚黄眼碧上陣

宋江與侍 郎叙話

時使條渾鉄點鋼鎗殺滾〻處不時掣出腰間鉄簡使的錚〻有声端的有万夫不當之勇

却說歐陽侍郎領遼國旨逕投薊州來見宋江遼國使命至遂取玄女課卜之得上吉之兆與吳用商議曰卦是遼國招安此事何如吳用正好將計受他招安却取霸州若得霸州不愁遼國不破宋江大喜曰賢弟所見詩云

委質為臣志不移　宋江忠義亦堪祈
遼人不識忠堅節　空把黄金事饋遺

宋江傳令開城放進侍郎到廳上叙礼罷分賓主而坐宋江問侍郎來意何幹歐侍郎云有事上聖乞開左右宋江請進後堂叙話歐侍郎與宋江道俺國主久聞将軍替天行道今日宋朝奸臣嫉妬閉塞賢路重賂餚賄則高官貴爵効力功者反被閑塞以致天下大乱民不聊生今将軍統[illegible]

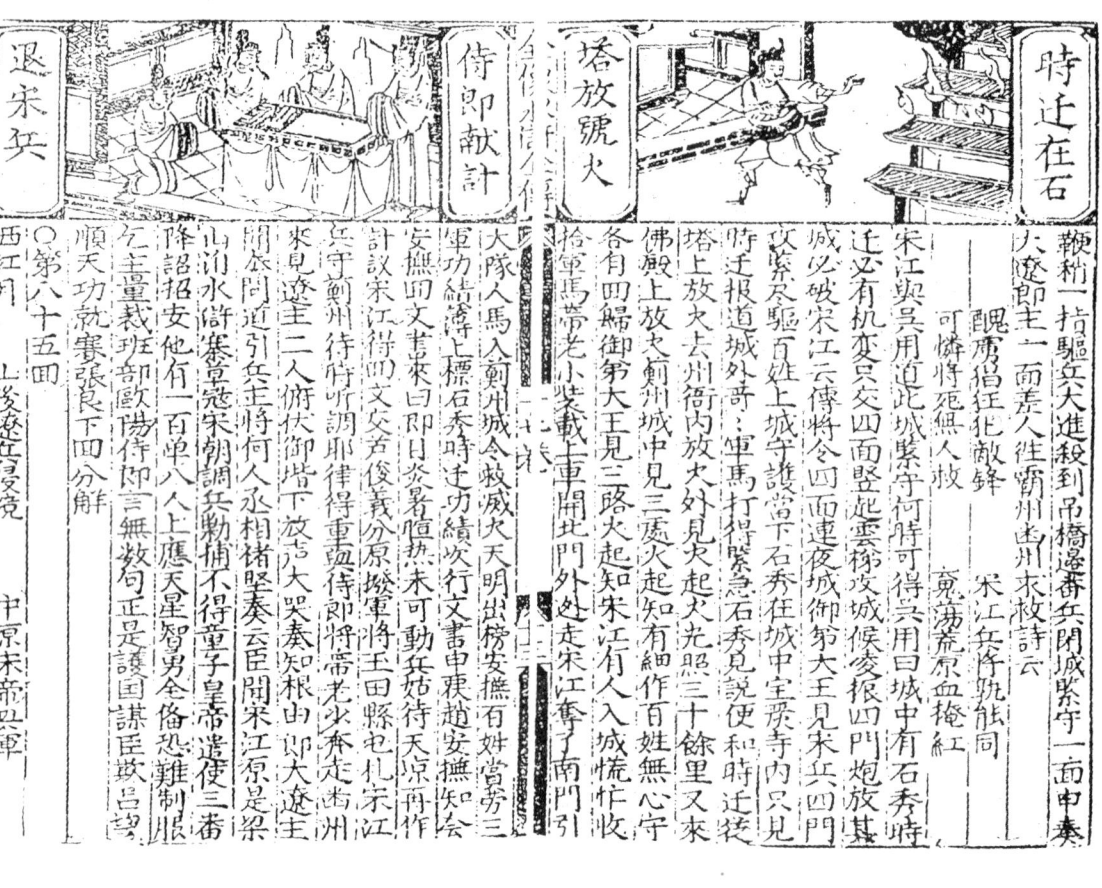

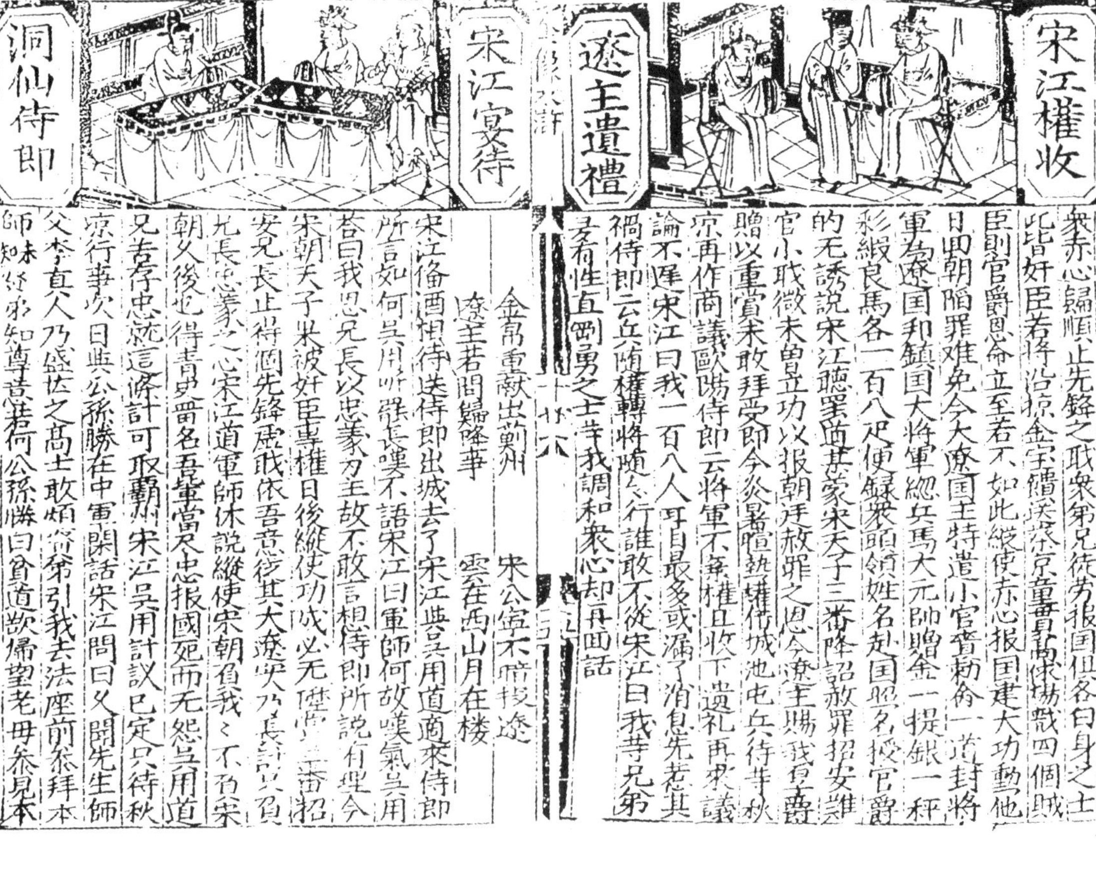

衆赤心歸順止先鋒之職衆弟兄徒労報国但各白身之士皆奸臣若将沿掠金宝饋送蔡京童貫高俅楊戩四個賊臣則官爵恩命立至若不如此縱使赤心報国建大功勳他日叩朝陷罪难免今大遼国王特遣小官賫勅命一道封将軍為遼国和鎮国大将軍總兵馬大元帥贈金一提銀一秤彩緞良馬各一百八疋便録衆頭領姓名赴国照名授官爵的无誘說宋江聽罷道某家宋天子三番降詔赦罪招安雖官小職微未曾立功以報朝廷赦罪之恩今遼主賜我官爵贈以重賞宋敢拜受郎今炎暑暄熱權借城池屯兵待等秋凉再作商議歐陽侍郎云将軍不棄權且收下遺礼再來議論不遅宋江曰我一百八人耳目最多或漏了消息先惹其禍侍郎云兵随權轉将随令行誰敢不從宋江曰我等兄弟多有性直剛勇之士等我調和衆心却再回話

金帛重献出薊州　宋公寧不肯投遼
遼主若問歸降事　雲在西山月在楼

宋江備酒相待送侍郎出城去了宋江與吳用道商來侍郎所言如何吳用听罷長嘆不語宋江曰軍師何故嘆氣吳用答曰我思兄長以忠義为主故不敢言想侍郎所說有理今宋朝天子米被奸臣專權日後縱使功成必无陞賞三番招安兄長止得個先鋒虛職依吾意從其大遼实乃長計只負兄長忠義之心宋江道軍師休說縱使宋朝負我々不负宋朝久後也得青史留名吾輩當尽忠報國死而无怨吳用道兄若存忠義這條計可取薊州宋江吳用計議已定只待秋凉行事次日與公孫勝在中軍閑話宋江問曰久聞先生師父李真人乃盛佐之高士敢煩賢弟引我去法座前叅拜本師妹縱承知尊意若何公孫勝曰貧道欲帰望老母叅見本

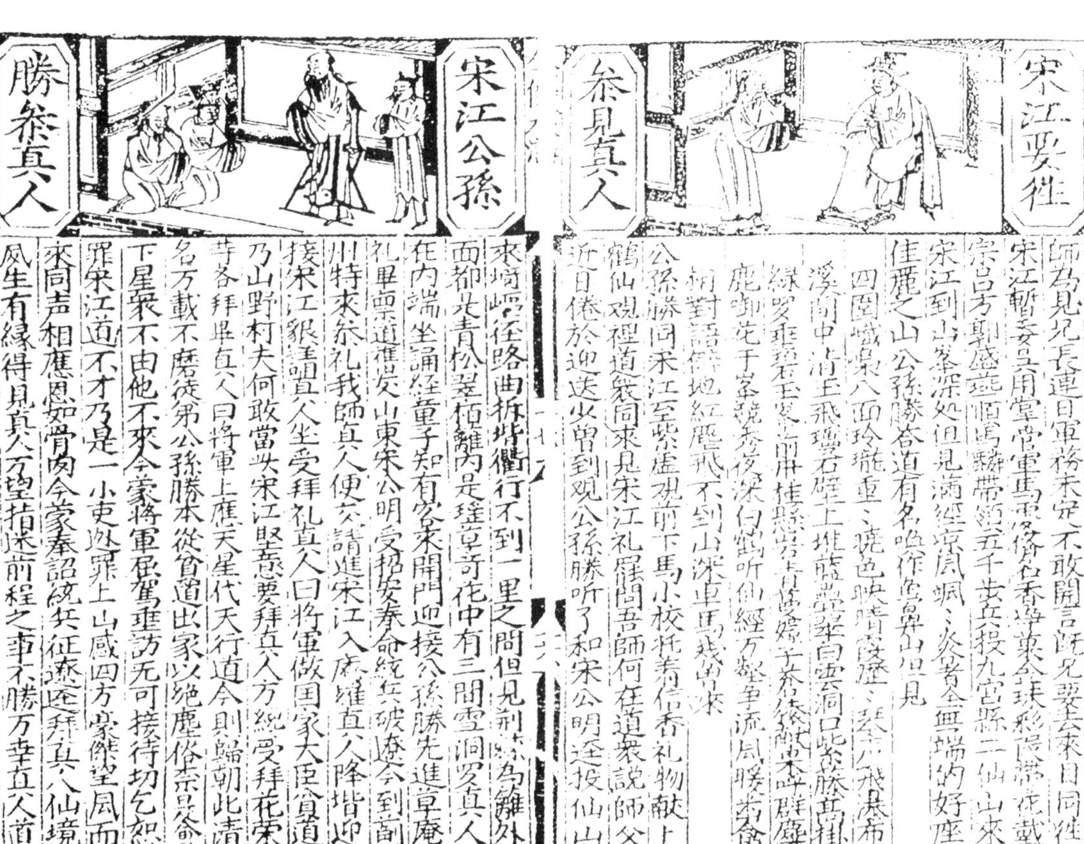

師為見兄長連日軍務未定不敢開言既兄要去来日同往宋江暫安吳用掌管軍馬次日備名香淨菓金珠彩緞帶花戴宗呂方郭盛燕順馬麟帶領五千步兵投九宮縣二仙山來宋江到山峯深処但見滿徑涼風颯颯炎暑全無端的好座佳麗之山公孫勝答道有名喚作呼鼎山但見

四圍巇嶫八面玲瓏重々曉色映晴霞瀝々琴聲飛瀑布溪澗中漱玉飛瓊石壁上堆藍疊翠白雲洞口紫藤高掛綠罗垂碧玉峯前丹桂懸崖青蔓嫋引子蒼猿獻菓呼群麋鹿銜花千峯競秀夜深白鶴听仙經万壑爭流風暖幽禽相對語地僻紅塵飛不到山深車馬幾曾來

公孫勝同宋江至紫虛观前下馬小校托着信香礼物献上鶴仙观裡道衆同來見宋江礼罷問吾師何在道衆說師父近日倦於迎送少曾到观公孫勝听了和宋公明逕投仙山來崎嶇徑路曲折階衢行不到一里之間但見荊棘為籬外面都是青松翠柏籬內是瑤草琪花中有三間雪洞罗真人在內端坐誦經童子知有客來開門迎接公孫勝先進草庵礼畢禀道俺兄山東宋公明受招安奉命統兵破遼今到薊州特來叅礼我師真人便交請進宋江入庵纔真人降階迎接宋江銀請真人坐受拜礼真人曰将軍做国家大臣貧道乃山野村夫何敢當此宋江堅意要拜真人方纔受拜花栄等各拜畢真人曰将軍上應天星代天行道今則歸朝此清名万載不磨徒弟公孫勝本從貧道出家以絶塵俗亦是奮下星衆不由他不來今蒙将軍屈駕垂訪无可接待切乞恕罪宋江道不才乃是一小吏逃罪上山感四方豪傑望風而來同声相應恩如骨肉今蒙奉詔統兵征遼逕拜真人仙境夙生有緣得見真人万望指迷前程之事不勝万幸真人道

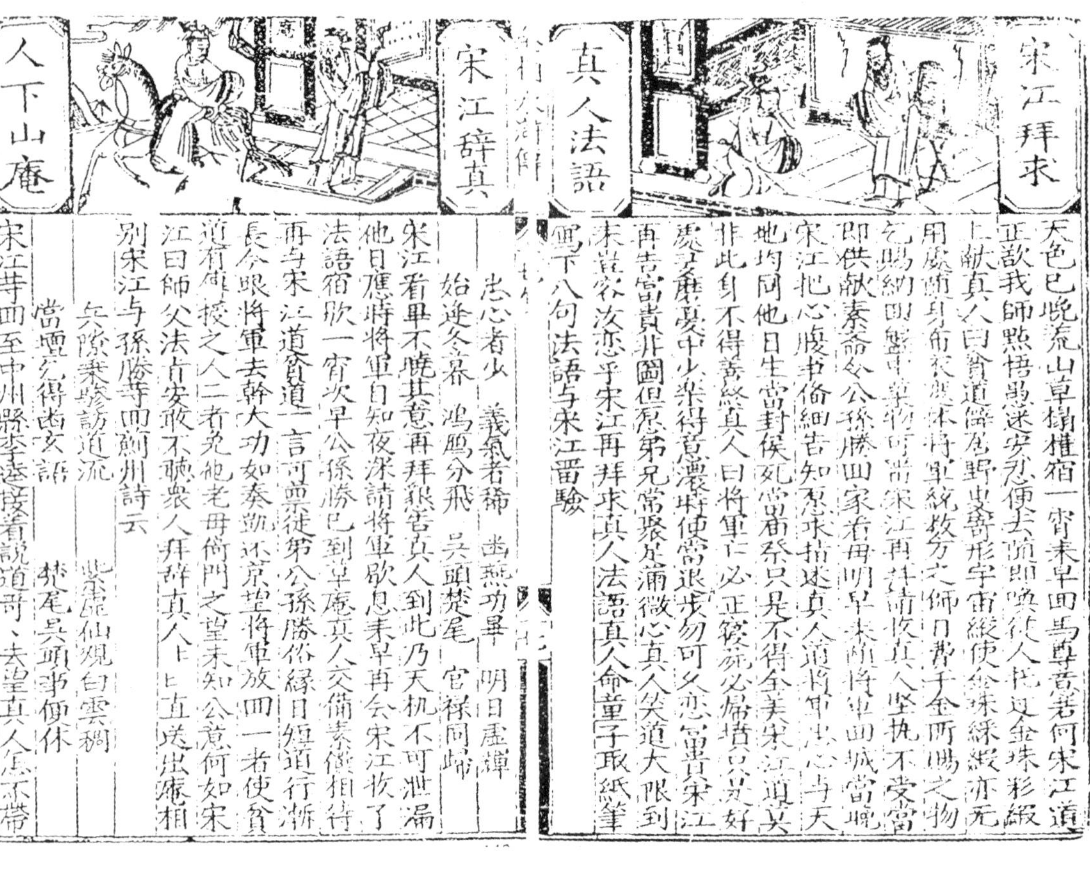

天色已晚荒山草庵權宿一宵来早回馬尊意若何宋江道正欲我師點悟愚迷安忍便去真人即喚從人托过金珠彩緞上献真人曰貧道僻居野中寄形宇宙縱使金珠綵緞亦无用處蔽身布衣麄食將軍統救分之師何用千金所賜之物乞賜納回盤中菓物可留宋江再拜請收真人堅執不受當即供献素斋令公孫勝回家省母明早来隨將軍回城當晚宋江把心腹事備細告知懇求指迷真人道將軍忠心与天地均同他日生當封侯死當廟祭只是不得全美宋江道莫非此身不得善終真人曰將軍亡必正寢死必歸墳只是好處少歡憂中少樂得意濃時便當退步勿可久戀富貴宋江再告富貴非圖但願弟兄常聚足滿微心真人笑道大限到来豈容汝戀乎宋江再拜求真人法語真人命童子取紙筆寫下八句法語与宋江留驗

忠心者少　義氣者稀　幽燕功畢　明日虛輝
始逢冬暮　鴻鴈分飛　吳頭楚尾　官祿同歸

宋江看畢不曉其意再拜懇告真人到此乃天机不可泄漏他日應將將軍自知夜深請將軍歇息来早再会宋江收了法語宿歇一宵次早公孫勝已到草庵真人又備素饌相待再与宋江道貧道一言可稟從弟公孫勝俗緣日短道行漸長今跟將軍去幹大功如奏凱還京望將軍放回一者使貧道有傳授之人二者免他老母倚門之望未知公意何如宋江曰師父法旨安敢不聽衆人拜辭真人〻〻直送出庵相別宋江与孫勝等回薊州詩云

兵隊乘暇訪道流　紫虛仙觀白雲稠
當壇幻得幽玄語　楚尾吳頭事便休

宋江等回至中州縣李逵接着說道哥〻去望真人怎不帶

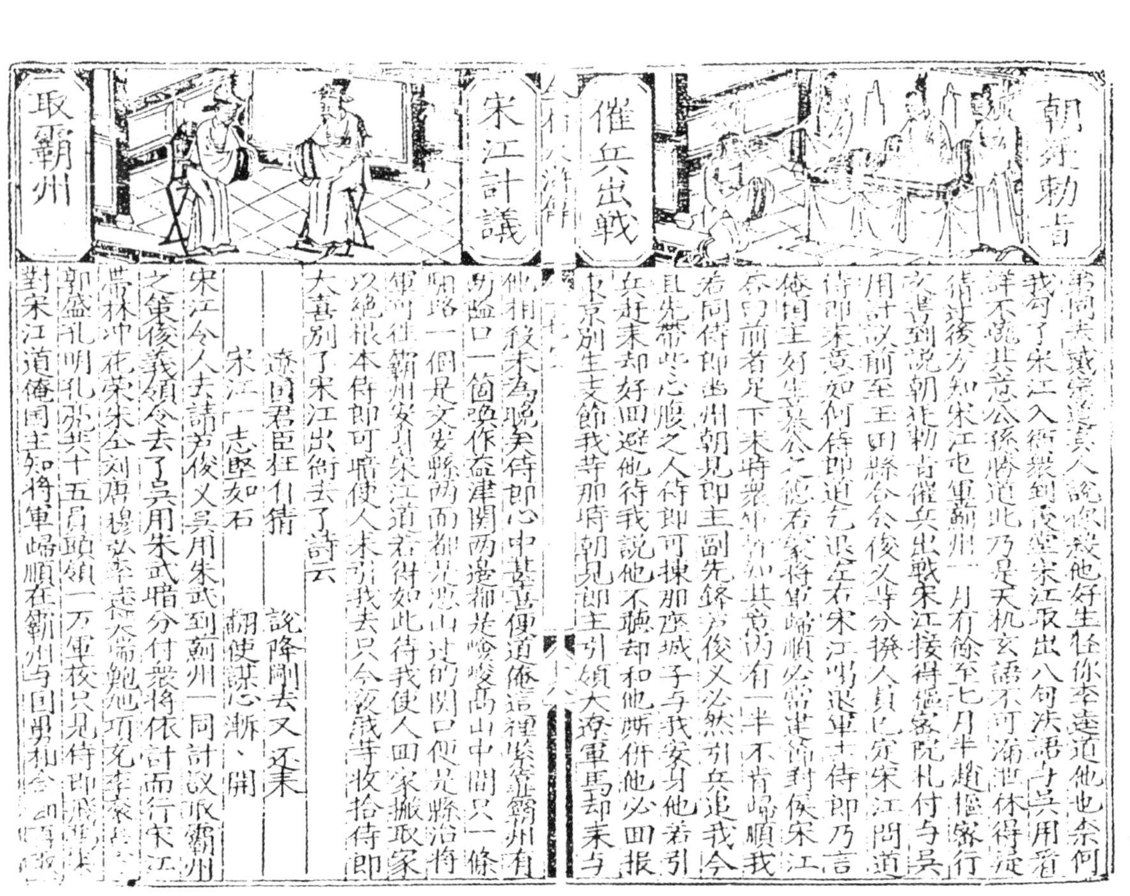

我同去見真人說你殺他好生怪你李逵道他也奈何我不了宋江入衙與到後堂宋江取出八句法語与吳用看詳不曉其意公孫勝道此乃是天机玄語不可漏泄休得定猜从後方知宋江屯軍薊州一月有餘至七月半趙樞密行文書到說朝廷勅旨催兵出戰宋江接得樞密院札付与吳用計议前至玉田縣合兵後又等分換人員已完宋江問道侍郎未意知何侍郎道先退左右宋江叱退軍士侍郎乃言俺國主好生愛公之德若蒙將軍歸順必當重賞封侯宋江答曰前者足下来時衆將都知其意內有一半不肯歸順我若同侍郎幽州朝見郎主副先鋒盧俊義必然引兵追我今且先帶些心腹之人侍郎可揀那座城子与我安身他若引兵趕来却好回避他待我說他不聽却和他廝併他必回报東京別生支節我等那時朝見郎主引領大遼軍馬却来与他相殺未為晚矣侍郎心中甚喜便道俺這裡緊靠霸州有兩險口一箇喚作益津関兩邊都是嶮峻高山中間只一條驛路一個是文安縣兩面都是惡山过的関口便是縣治將軍可往霸州安身宋江道若得如此待我使人回家搬取家以絕根本侍郎可將使人來引我去只今夜我等收拾侍郎大喜別了宋江出衙去了詩云

遼國君臣枉作猜　說降剛去又還來
宋江一志堅如石　翻使謀心漸〻開

宋江令人去請盧俊義吳用朱武到薊州一同計議取霸州之策俊義領令去了吳用朱武暗分付衆將依計而行宋江帶林冲花榮朱仝劉唐穆弘李逵樊瑞鮑旭項充李袞[illegible]郭盛孔明孔亮共十五員頭領一万軍校只見侍郎飛報來對宋江道俺國主知將軍歸順在霸州与国舅和合[illegible]

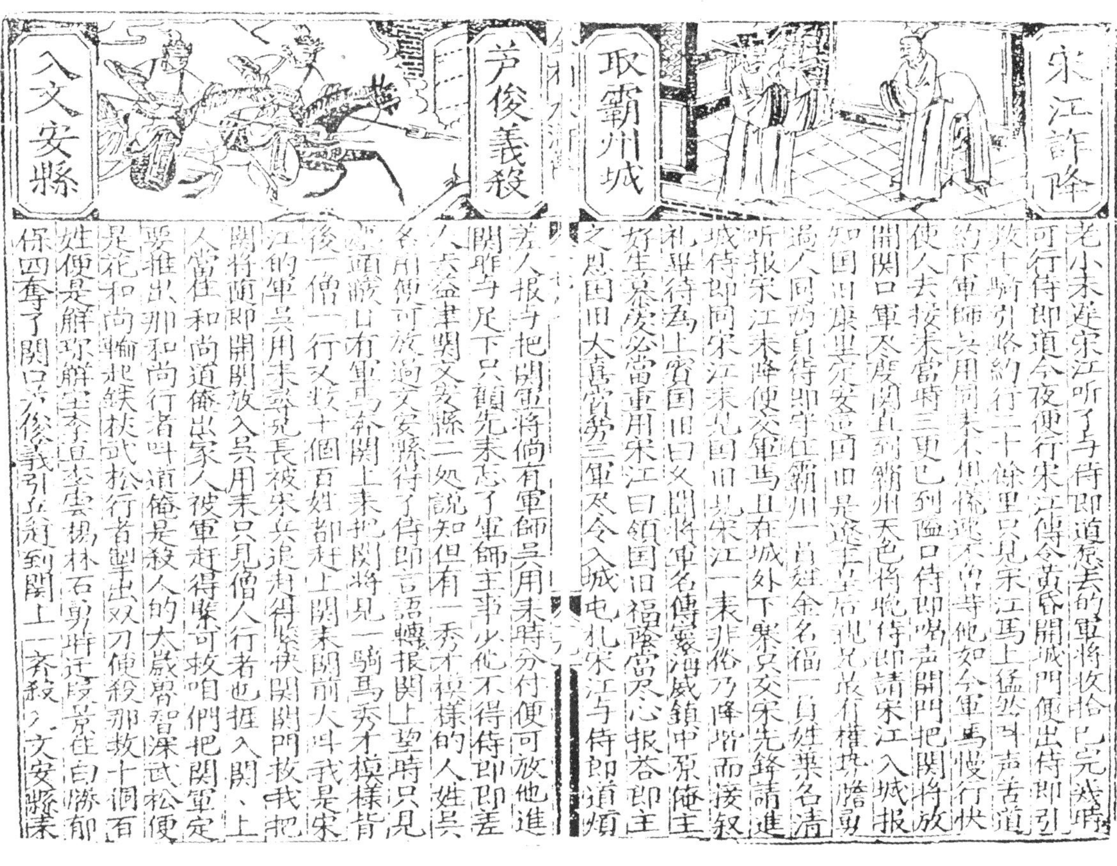

老小未遲宋江听了与侍郎道恐去的軍將收拾已完然時可行侍郎道今夜便行宋江傳令黄昏開城門便出侍郎引数十騎引路約行二十餘里只見宋江馬上猛然叫声苦道約下軍師吳用同来不但俺逃不的等他如今軍馬慢行快使人去接来當時三更已到隘口侍郎喝声開門把関將放開関口軍盡度関直到霸州天色將晚侍郎請宋江入城報知国舅国舅康里定安咨国舅是遼主姪兒旅行權势膽勇過人同兩員侍郎守住霸州一員姓金名福一員姓葉名清听報宋江来降便交軍馬且在城外下寨只交宋先鋒請進城侍郎同宋江来見国舅宋江一表非俗乃降階而接叙礼畢待為上賓国舅曰久聞將軍名傳寰海威鎮中原俺主好生慕爱必當重用宋江曰領国舅福蔭當尽心报答郎主之恩国舅大喜賞勞三軍尽令入城屯扎宋江与侍郎道煩差人报与把関軍將倘有軍師吳用来時分付便可放他進関那里足下只顧先来忘了軍師主事少他不得侍郎即差人去益津関文安縣二処說知但有一秀才模樣的人姓吳名用便可放過文安縣得了侍郎言語轉报関上望時只見遠遠厳山有軍馬奔関上来把関將見一騎馬秀才模樣背後一僧一行又数十個百姓都赶上関来関前大叫我是宋江的軍吳用来尋兄長被宋兵追得緊快開関門救我把関將随即開関放入吳用来只見僧人行者也捱入関、上人當住和尚道俺出家人被軍赶得緊可救咱們把関軍定要推出那和尚行者叫道俺是殺人的太歲魯智深武松便是花和尚輪起鉄杖武松行者掣出双刀便殺那数十個百姓便是解珍解宝李立李雲楊林石勇時迁段景住白勝郁保四奪了関口芦俊義引兵赶到関上一齐殺入文安縣棠

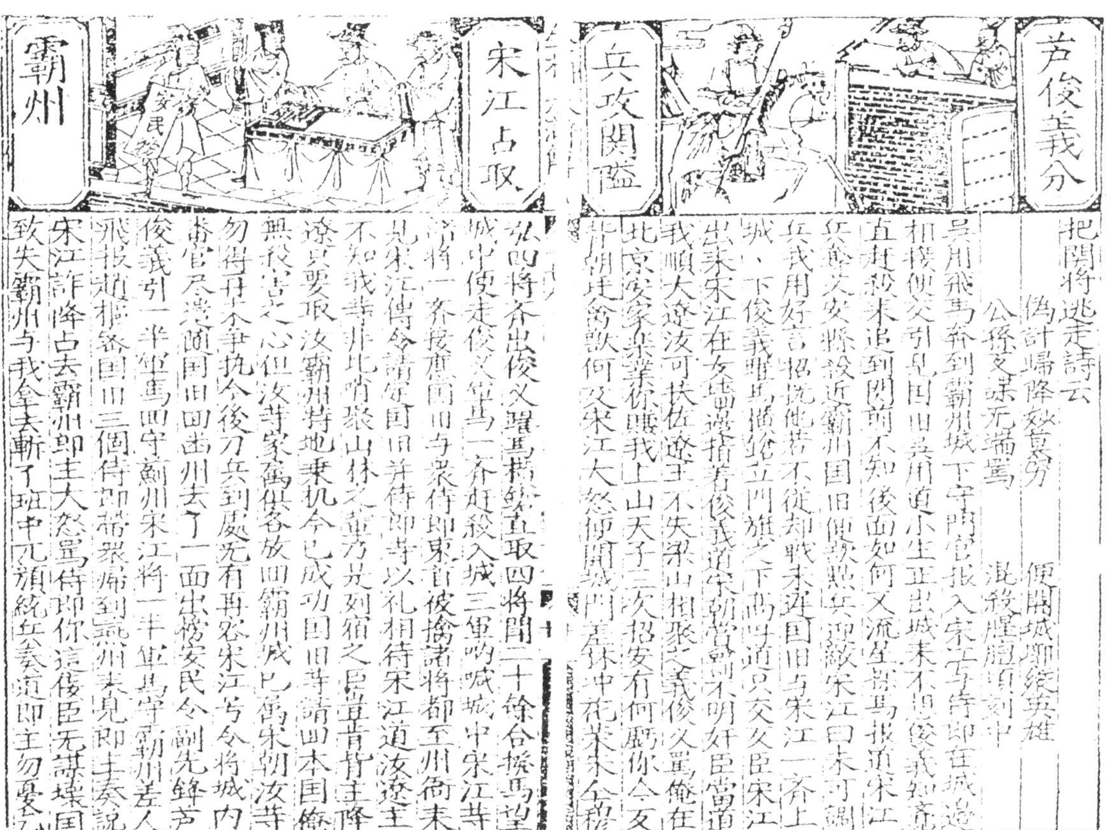

把関將逃走詩云

偽計歸降效賁勞　便開城門縱英雄
公孫文谋元端寓　混殺腥膻頃刻中

吳用飛馬奔到霸州城下守門官报入宋江与侍郎在城邊相接便交引見国舅吳用道小生正出城来不想俊義知覺直赶殺来追到関前不知後面如何又流星馬报道宋江兵奔文安縣設近霸州国舅便欲點兵迎敵宋江曰未可輕兵我用好言招撫他若不從却戰未遲国舅与宋江一齐上城、下俊義騎馬横槍立門旗之下高叫道只交反臣宋江出来宋江在女墙邊指着俊義道宋朝奸臣當道我順大遼汝可扶佐遼主不失梁山相聚之義俊义罵俺在北京安家樂業你賺我上山天子三次招安有何虧你今反背朝廷豈能欺何况宋江大怒便開城門差林冲花荣朱仝穆弘四將齐出俊义躍馬搦戰直取四將鬥二十餘合撥馬望城中便走俊义軍馬一齐赶殺入城三軍吶喊城中宋江等諸將一齐捉住国舅与衆侍郎東首彼擒諸將都至州衙来見宋江傳令請国舅并侍郎等以礼相待宋江道汝遼主不知我等非北梁山林之輩乃是列宿之臣豈肯背主降遼只要取汝霸州特地乘机今已成功国舅等請回本国俺無殺害之心但汝等家屬供各放回霸州城已為宋朝汝等勿得再来争執今後刀兵到處无有再容宋江亏令將城内番官尽遣随国舅回幽州去了一面出榜安民令副先鋒芦俊義引一半軍馬回守薊州宋江將一半軍馬守霸州差人飛报趙樞密国舅三個侍郎帶衆歸到燕州来見郎主奏說宋江詐降占去霸州郎主大怒罵侍郎你這佞臣无謀壞国致失霸州与我拿去斬了班中兀顔統軍奏道郎主勿憂已

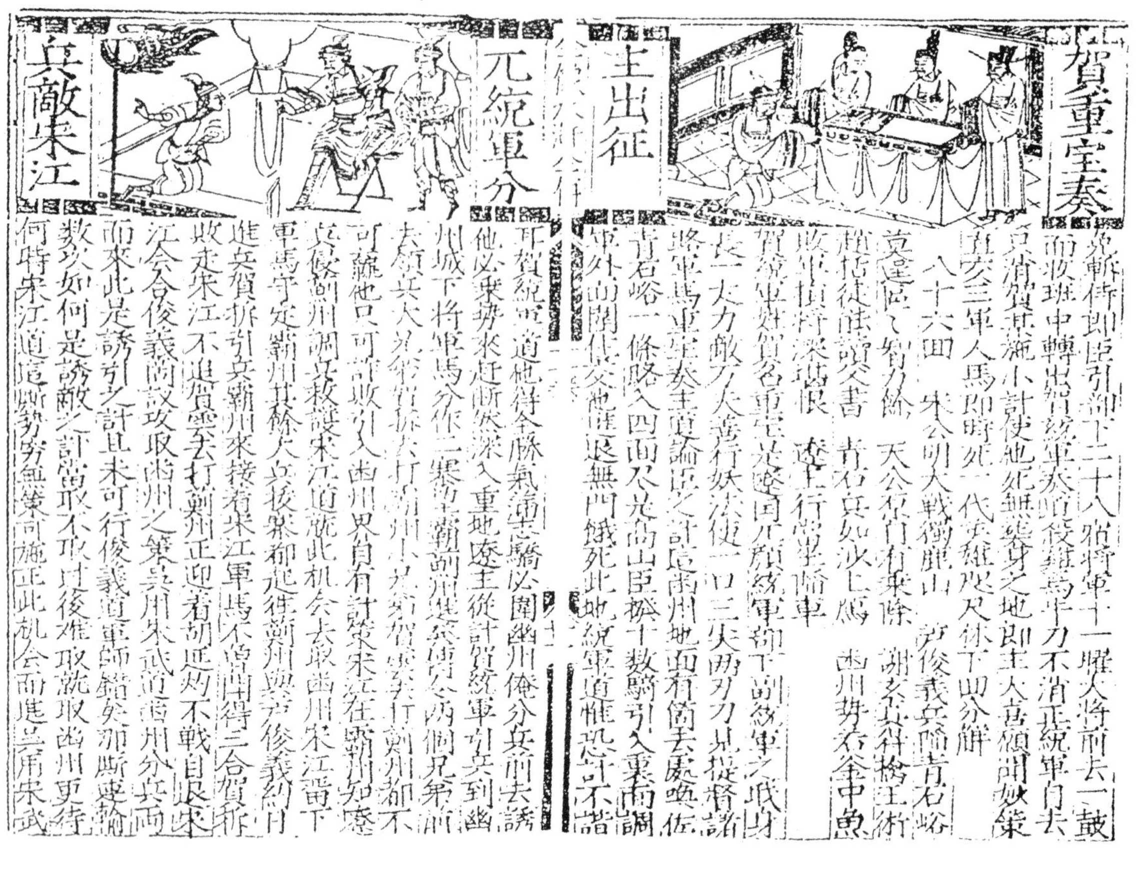

賀重寶奏主出征

斬侍郎臣引部下二十八宿將軍十一曜大將前去一鼓
而收班中轉出賀統軍奏道殺雞焉用牛刀不消正統軍自去
只消賀某施小計使他死無葬身之地郎主大喜願聞妙策
賀云三軍人馬即時死一代英雄咫尺休 下回分解
八十六回 宋公明大戰獨鹿山 盧俊義兵陷青石峪
竟逞區區智力餘 天公存自有乘除 謝玄兵斜擒王衍
趙括徒能讀父書 青石兵如沙上鳥 幽州勢若釜中魚
敗軍損將深堪恨 遼主行兵將輸軍
賀統軍姓賀名重寶是遼國兀顏統軍部下副統軍之職身
長一丈力敵萬人善行妖法使一口三尖兩刃刀見提督諸
路軍馬遼主奏主道論臣之計這幽州地面有箇去處喚做
青石峪一條路入四面不見高山臣撥十數騎引入裏面調
軍外面閉住交他進退無門餓死此地統軍道惟恐計不諧

兀統軍分兵敵宋江

耳賀統軍道他得全勝氣滿志驕必圖幽州俺分兵前去誘
他必乘勢來趕斷然深入重地遼主從計賀統軍引兵到幽
州城下將軍馬分作二隊去守薊州霸州俺兩個兄弟前
去領兵大兒賀拆去打霸州小兒賀雲去打薊州都不
可廝他只可詐敗引入幽州界自有計策宋江在霸州知遼
兵侵薊州調兵救護宋江道既此机会去取幽州宋江留下
軍馬守定薊州甚麽人兵接應都起往薊州與盧俊義約日
進兵賀拆引兵霸州來接着宋江軍馬不曾鬥得三合賀拆
敗走宋江不追賀雲去打薊州正迎着胡延灼不戰自退宋
江会合盧俊義商議攻取幽州之策吳用朱武道幽州分兵兩
而來此是誘引之計且未可行盧俊義道軍師錯矣那廝連輸
數次如何是誘敵之計當取不取過後難攻就取幽州更待
何時宋江道這廝勢窮無策可施正此机会而進吳用朱武

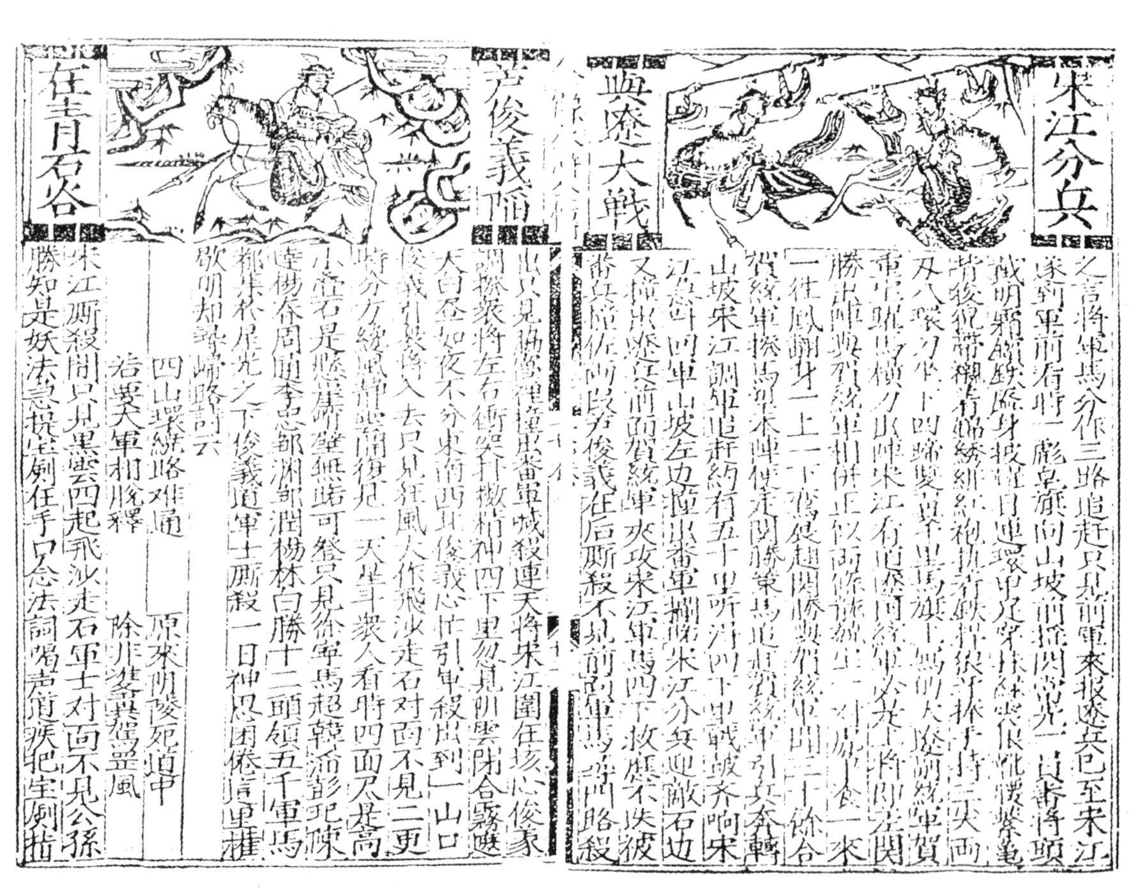

宋江分兵與遼大戰

之言將軍馬分作三路追趕只見前軍來報遼兵已至宋江
遂到軍前看時一彪皂旗向山坡前擺開當先一員番將頭
戴明霜鎖鐵盔身披粉白連環甲足穿抹綠雲根靴腰繫龜
背狻猊帶襯着錦繡紅袍執着鐵桿狼牙棒手持三尖兩
刃八環刀下四蹄雪白卷毛馬旗下寫的大遼副統軍賀
重寶驟馬橫刀出陣宋江看道遼國統軍必先斬此人閃
勝出陣與賀統軍相併正似兩條蛟龍出一對馬上交一來
一往風翻身一上一下鶴起翅關勝與賀統軍鬥三十餘合
賀統軍撥馬望本陣便走關勝策馬追趕賀統軍引兵奔轉
山坡宋江調軍追趕約行五十里聽得四下里喊聲齊響向宋
江兵到四軍山坡左邊撞出番軍攔住宋江分兵迎敵右邊
又撞出遼兵前面賀統軍來攻宋江軍馬四下救應不迭被
番兵隔作兩段盧俊義在后斷殺不見前面軍馬尋路殺

盧俊義陷任青石峪

出只見協擁番軍截殺連天將宋江圍在垓心俊家
調撥衆將左右衝突打散番兵四下里忽見陰雲閉合霧遮
天日晝如夜不分東南西北盧俊義心忙引軍殺出到一山口
盧俊義引衆將入去只見狂風大作飛沙走石對面不見二更
時分方纔風靜雲開後見一天星斗衆人看時四面盡是高
山盡石是懸崖峭壁無路可登只見徐寧馬超韓滔彭玘陳
達楊春周通李忠鄒淵鄒潤楊林白勝十二頭領五千軍馬
都在星光之下盧俊義道軍士廝殺一日神思困倦這里權
歇明知夢斷路詩云
四山環繞路難通 原來俱陷死道中
若要大軍相脫釋 除非楚異駕豐風
宋江廝殺間只見黑雲四起飛沙走石軍士對面不見公孫
勝知是妖法急掣寶劍在手口念法詞喝声道疾把寶劍指

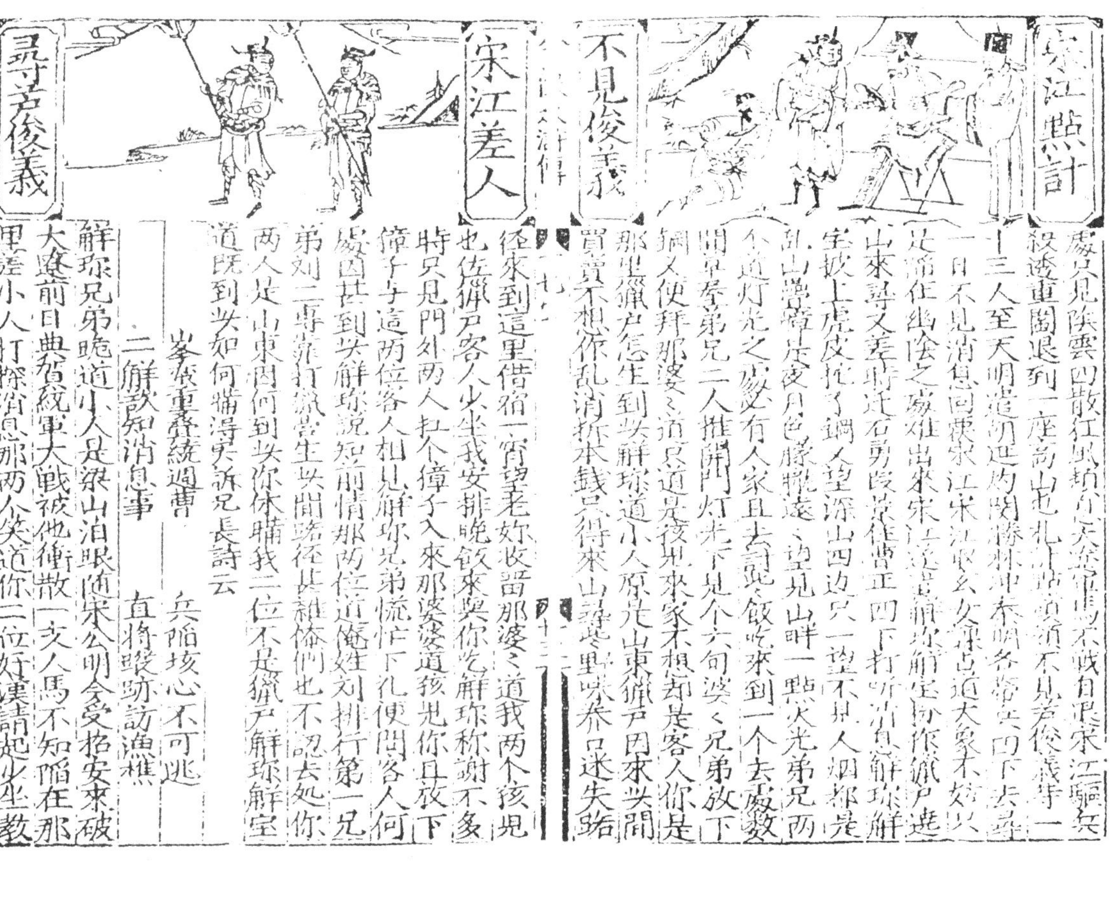
宋江點計
不見俊義
宋江差人
尋著俊義

處只見陰雲四散狂風頓息宋江軍馬不戰自退宋江驅兵殺透重圍退到一座高山屯扎計點頭領不見盧俊義等一十三人至天明遣別處的頭領并本部各帶兵四下去尋一日不見消息回報宋江宋江心下好生憂悶大家不好只是陷在幽陰之處難出來宋江遣解珍解寶扮作獵戶進山來尋又差時遷石勇段景住去四下打听消息解珍解寶披上虎皮扛了鋼叉望深山四边只一望不見人烟都是亂山叢中是夜月色朦朧遠遠望見山畔一點火光弟兄兩个道灯光之處必有人家且去討些飯吃來到一个去處數間草屋弟兄二人推開門灯光下見个六旬婆婆兄弟放下鋼叉便拜那婆婆道只道是孩兒來家不想却是客人你是那里獵戶怎生到此解珍道小人原是山東獵戶因來此間買賣不想你乱消折本錢只得來山中尋些野味養口迷失路徑來到這里借宿一宵望老奶收留那婆婆道我兩个孩兒也做獵戶客人少坐我安排晚飯來與你吃解珍称謝不多時只見門外兩人扛个獐子入來那婆婆道孩兒你且放下獐子与這兩位客人相見解珍兄弟慌忙下礼便問客人何處因甚到此解珍說知前情那兩位道俺姓刘排行第一兄弟刘二專靠打獵營生此間路徑甚雜俺們也不認去処你兩人是山東因何到此你休瞞我二位不是獵戶解珍解寶道既到此如何瞞得只訴兄長詩云

峯巒重叠繞週遭　兵陷垓心不可逃
二解欲知消息事　直將蹤跡訪漁樵

解珍兄弟晚道小人是梁山泊跟隨宋公明今受招安來破大遼前日與賀統軍大戰被他衝散一支人馬不知陷在那里差小人打探消息那兩人笑道你二位好漢請起少坐教

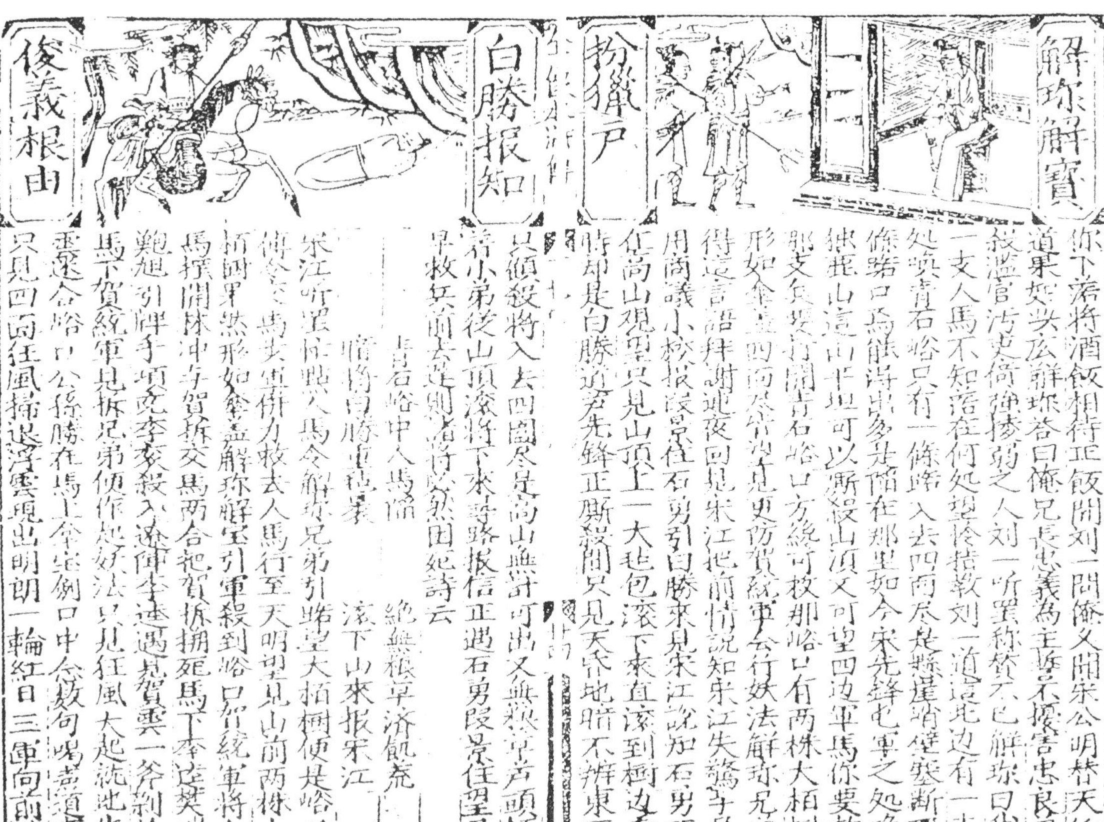
解珍解寶
扮獵戶
白勝報知
俊義根由

你下落將酒飯相待正飯間刘一問俺久聞宋公明替天行道果如此麼解珍答曰俺兄長忠義為主誓不擾害忠良單殺濫官污吏倚強凌弱之人刘一听罷称贊不已解珍曰我一支人馬不知落在何處望伶指教刘一道這北边有一去處喚青石峪只有一條路入去四面尽是懸崖峭壁鑿斷那條路口為強賊的多是陷在那里如今宋先鋒屯軍之処喚做琵山這山平坦可以厮殺山頂又可望四边軍馬你要救那支兵要打開青石峪口方纔可救那峪口有兩株大栢樹形如傘蓋四面各林子只更防賀統軍会行妖法解珍兄弟得這言語拜謝連夜回見宋江把前情說知宋江失驚与吳用商議小校报段景住石勇引白勝來見宋江說知石勇正在高山觀望只見山頂上一大毡包滾下來直滾到樹边看時却是白勝道君先鋒正厮殺間只見天昏地暗不辨東西只顧殺將入去四圍尽是高山無計可出又無糧草盧頭領着小弟從山頂滾將下來尋路报信正遇石勇段景住望兄早救兵前去遲則諸將必然困死詩云

青石峪中人馬陷　絶無糧草濟飢荒
暗將白勝毡包裹　滾下山來報宋江

宋江听罷便點人馬令解珍兄弟引路望大栢樹便是峪口傳令〻馬步軍併力救去人馬行至天明望見山前兩株大栢樹果然形如傘盖解珍解寶引軍殺到峪口賀統軍將人馬擺開林中与賀拆交馬兩合把賀拆捌死馬下李逵樊瑞鮑旭引牌手項充李袞殺入遼陣李逵遇見賀雲一斧剁於馬下賀統軍見拆兄弟俱作起妖法只見狂風大起就地生雲遮合峪口公孫勝在馬上掣宝劍口中念數句喝声道疾只見四面狂風掃退浮雲現出明朗一輪紅日三軍向前進

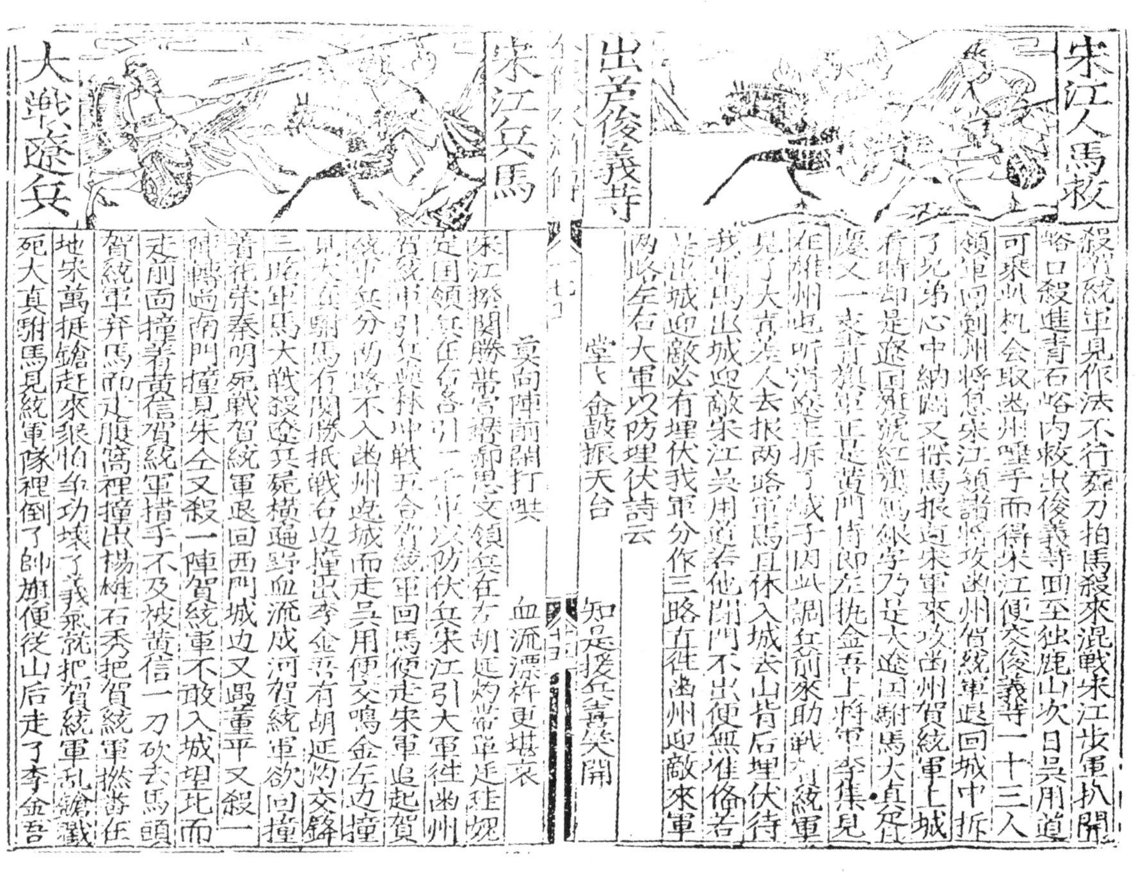

宋江人馬救出苦俊義寺

殺賀統軍見作法不行舞刀拍馬殺來混戰宋江步軍扒開峪口殺進青石峪內救出俊義寺回至独鹿山次日吳用道可乘此机会取幽州唾手而得宋江便交俊義寺一十三人領軍同劍州將息宋江領諸將攻幽州賀統軍退回城中折了兒弟心中納悶又探馬報道宋軍來攻幽州賀統軍上城看時却是遼國兩號紅旗軍馬乃是大遼國駙馬太真胥慶又一枝軍馬正是黃門侍郎左执金吾上將軍李集見在幽州遂听消息折了兒子因此調兵前來助戰賀統軍見了大喜差人去报兩路軍馬且休入城去山背后埋伏待我軍馬出城迎敵宋江吳用道若他閉門不出便無准備若是出城迎敵必有埋伏我軍分作三路在往幽州迎敵來軍兩路在左右大軍以防埋伏詩云

堂堂金鼓振天台　知是援兵喜笑開

宋江兵馬大戰遼兵

莫向陣前鬭打哄　血流漂杵更堪哀

宋江撥関勝帶宣贊郝思文領兵在右胡延灼帶单廷珪魏定国領兵在左各引一千軍以防伏兵宋江引大軍往幽州賀統軍引兵與林冲戰五合賀統軍回馬便走宋軍追起賀統軍兵分兩路不入幽州遶城而走吳用便交鳴金左边撞見大真駙馬有関勝抵戰右边撞出李金吾有胡延灼交鋒三路軍馬大戰殺遼兵屍橫遍野血流成河賀統軍欲回撞着花榮秦明死戰賀統軍退回西門城边又遇董平又殺一陣轉過南門撞見朱仝又殺一陣賀統軍不敢入城望北而走前面撞着黃信賀統軍措手不及被黃信一刀砍去馬頭賀統軍弃馬而走腹窩裡撞出楊雄石秀把賀統軍撚番在地宋萬挺鎗起來悉怕争功壞了義氣就把賀統軍乱鎗戳死大真駙馬見統軍隊裡倒了帥旗便從山后走了李金吾

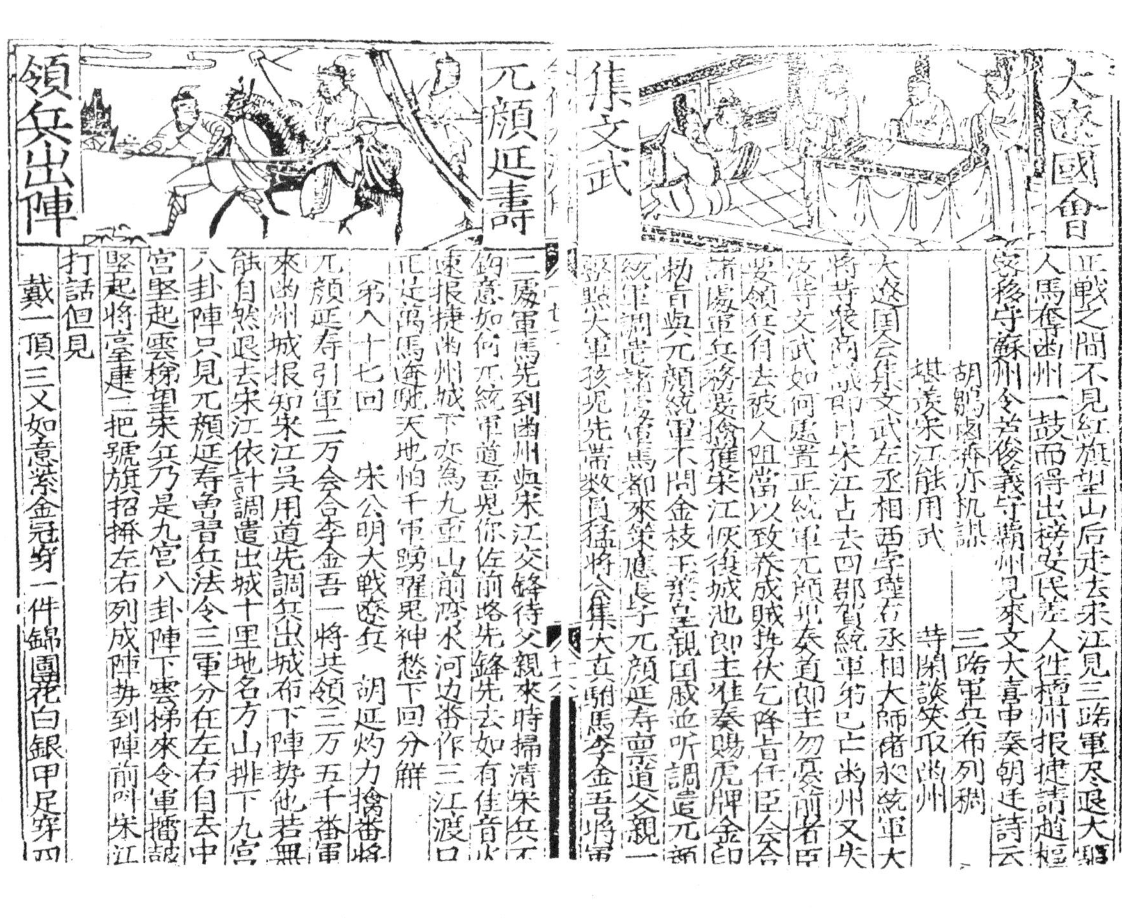

大遼國會集文武

正戰之間不見紅旗望山后走去宋江見三路軍尽退大驅人馬奪幽州一鼓而得出榜安民差人往檀州报捷請趙樞密移守蘇州令盧俊義守薊州見來文大喜申奏朝廷詩云

胡鷄幽燕亦執謀　三路軍兵布列稠
堪羨宋江能用武　等閑談笑取幽州

大遼國会集文武左丞相西字瓊右丞相太師褚永統軍大將共聚商議郎主曰宋江占去四郡賀統軍弟巳亡幽州又失汝寺文武如何處置正統軍兀顏光奏道郎主勿憂前者臣要領兵自去被人阻當以致養成賊勢伏乞降旨任臣会合諸處軍兵務要擒獲宋江恢復城池郎主准奏賜虎牌金印勅旨與兀顏統軍不問金枝玉葉皇親國戚並听調遣兀顏統軍調遣諸處軍馬都來策應長子兀顏延壽禀道父親一發點大軍孩兒先帶數員猛將会集大真駙馬李金吾將軍

兀顏延壽領兵出陣

二處軍馬先到幽州與宋江交鋒待父親來時掃清宋兵不錯意如何兀統軍道吾兒你作前路先鋒先去如有佳音火速报捷幽州城下変為九重山前臨水河边番作三江渡口正是萬馬奔騰天地怕千軍踴躍鬼神愁下回分解

第八十七回　宋公明大戰遼兵　胡延灼力擒番將

兀顏延寿引軍二万会合李金吾一將共領三万五千番軍來幽州城报知宋江吳用道先調兵出城布下陣勢他若無能自然退去宋江依計調遣出城十里地名方山排下九宮八卦陣只見兀顏延寿曾習兵法令三軍分在左右自去中宮竪起雲梯望宋兵乃是九宮八卦陣下雲梯來令軍擂鼓竪起將臺建二把號旗招摇左右列成陣勢到陣前叫宋江打話但見

戴一頂三叉如意紫金冠穿一件錦團花白銀甲足穿四

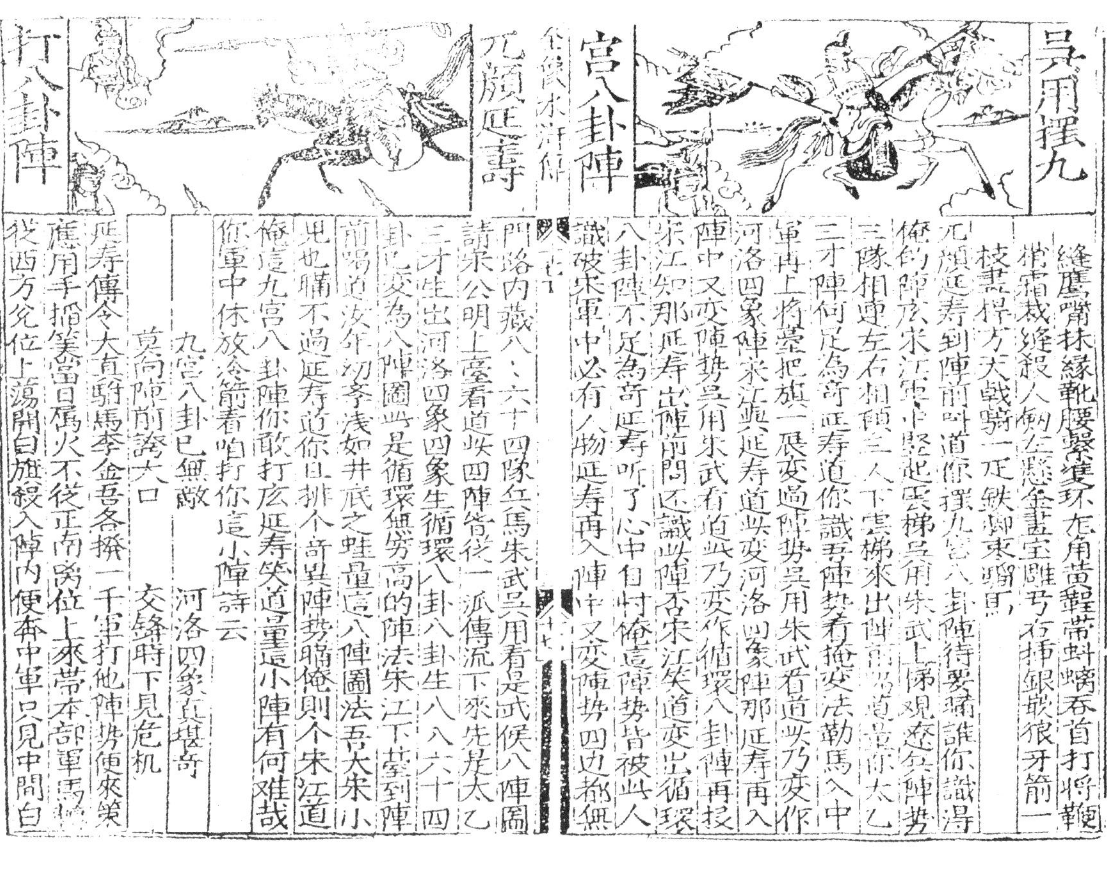
吳用擺九宮八卦陣

全像水滸傳

兀顏延壽打八卦陣

縫鷹嘴林綠靴腰繫雙环左用黃鞓帶斜嵌吞首打將鞭背霜栽縫殺人劍左懸金畫宝雕弓右插銀皺狼牙箭一枝畫桿方天戟騎一疋鉄脚棗騮馬

兀顏延寿到陣前叫道你擺九宮八卦陣待要瞞誰你識得俺的陣麽宋江隼中竪起雲梯吳用朱武上梯观延寿陣勢三隊相連左右相顧三人下雲梯來出陣前叫道量你太乙三才陣何足為奇延寿道你識吾陣勢看俺变法勒馬入中軍再上將臺把旗一展变過陣势吳用朱武看道此乃变作河洛四象陣宋江與延寿道此变河洛四象陣那延寿再入陣中又变陣势吳用朱武看道此乃变作循環八卦陣再担宋江知那延寿出陣前問还識此陣否宋江笑道变出循環八卦陣不足為奇延寿听了心中自忖俺這陣势皆被此人識破宋軍中必有人物延寿再入陣中又变陣势四边都無門路内藏八八六十四隊兵馬朱武吳用看是武侯八陣圖請宋公明上臺看道此四陣皆從一泒傳流下來先是太乙三才生出河洛四象四象生循環八卦八卦生八八六十四卦已变為八陣圖此是循環無窮高的陣法宋江下臺到陣前喝道汝年幼孝浅如井底之蛙量這八陣圖法吾大宋小兒也瞞不過延寿道你且排个奇異陣势瞞俺則个宋江道俺這九宮八卦陣你敢打麽延寿笑道量這小陣有何难哉你軍中休放冷箭看咱打你這小陣詩云

九宮八卦已無敵　河洛四象真堪奇
莫向陣前誇大口　交鋒時下見危机

延寿傳令大貢騎馬李金吾各撥一千軍打他陣势便來策應用手指笑當日属火不從正南离位上來帶本部軍馬撥從西方兑位上蕩開白旗殺入陣内便奔中軍只見中間白

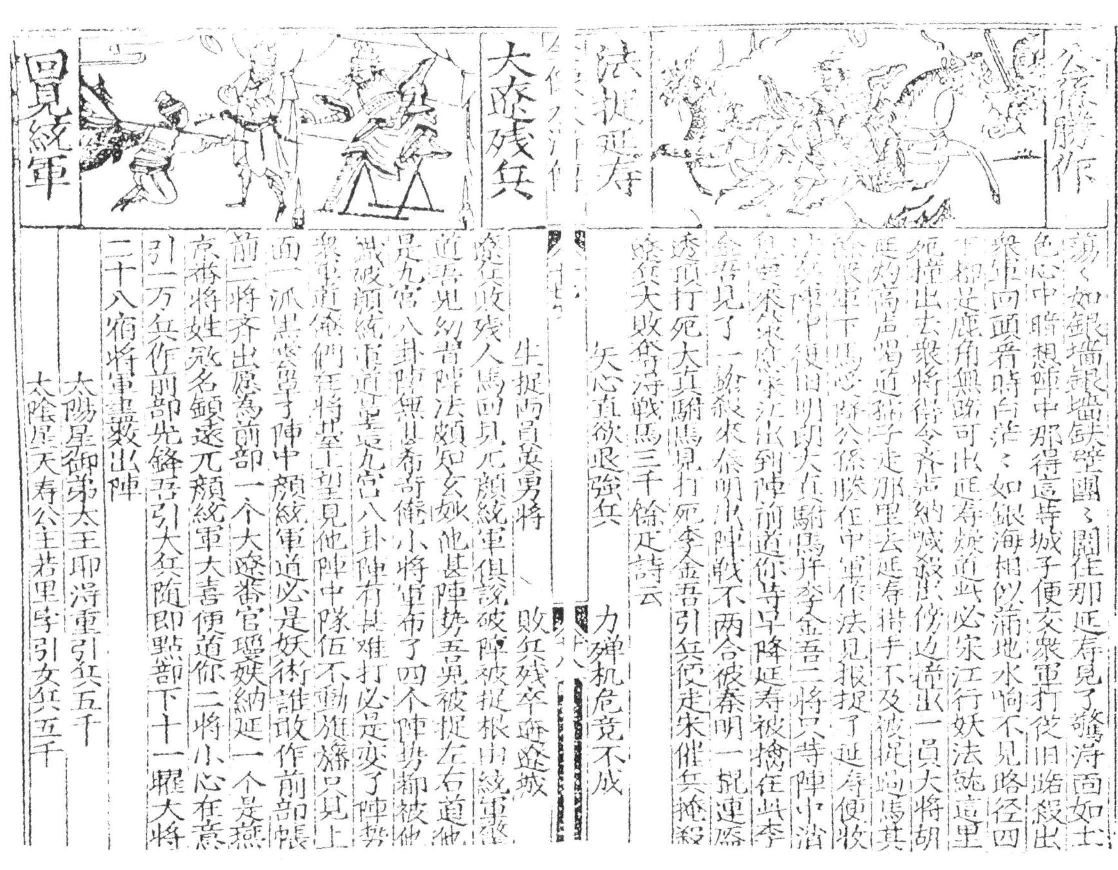
公孫勝作法捉延壽

全像水滸傳

大遼殘兵回見統軍

蕩蕩如銀墻銀墻鉄壁團團圍住那延壽見了發慌面如土色心中暗想陣中那得這等城子便交衆軍打從旧路殺出衆軍回頭看時白茫茫如銀海相似蒲地水响不見路径四下都是鹿角無路可出延寿焦道此必宋江行妖法就這里衝撞出去衆將得令齐声納喊殺出傍边撞出一員大將胡延灼高声喝道孩子走那里去延寿措手不及被撾過馬其餘衆軍下馬受降公孫勝在中軍作法見报捉了延寿便收法交陣中便旧明朗大貢騎馬并李金吾二將只待陣中消息來宋江出到陣前道你等早降延寿被擒在此李金吾見了一齊殺來秦明出陣戰不兩合被秦明一棍連盔透頂打死大貢騎馬見打死李金吾引兵便走宋催兵掩殺遼兵大敗奔得戰馬三千餘疋詩云

矢心直欲退強兵　力殫机危竟不成
生捉两員英勇將　敗兵殘卒遁遼城

遼兵敗殘人馬回見兀顏統軍俱說破陣被捉根由統軍發道吾兒幼習陣法頗知玄妙他甚陣势吾兒被捉左右道他是九宮八卦陣無甚希奇衛小將軍布了四个陣势都被他識破顏統軍道這是九宮八卦陣有甚难打必是变了陣势衆軍道俺們在將臺上望見他陣中隊伍不動旗旛只見上面一泒黑雲罩了陣中顏統軍道必是妖術誰敢作前部帳前二將齐出愿為前部一个大遼番官瓊妖納延一个是燕京番將姓寇名鎮遠兀顏統軍大喜便道你二將小心在意引一万兵作前部先鋒吾引大兵隨即點部下十一曜大將二十八宿將軍盡數出陣

太陽星御弟大王耶律得重引兵五千
太陰星天寿公主若里孛引女兵五千

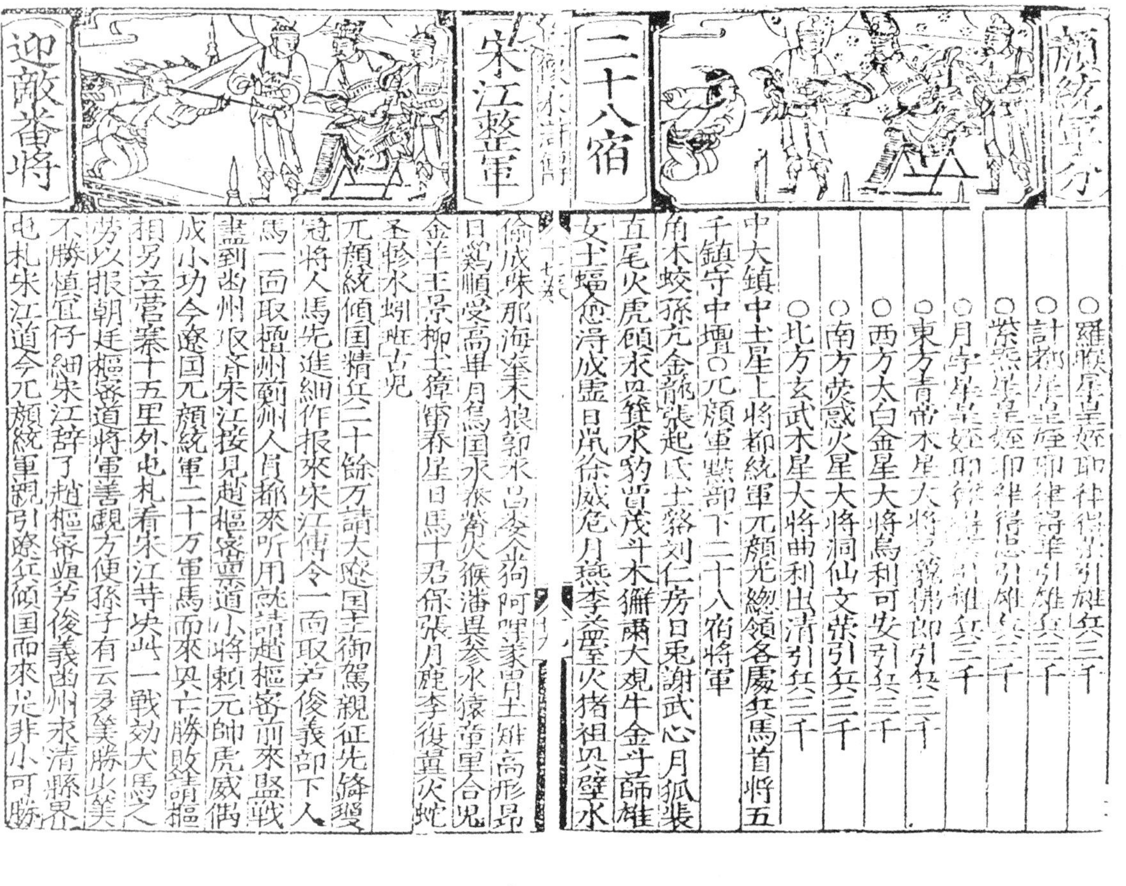

○羅睺星皇姪耶律得榮引雄兵三千
○計都星皇姪耶律得華引雄兵三千
○紫炁星皇姪耶律得忠引雄兵三千
○月孛星皇姪耶律得信引雄兵三千
○東方青帝木星大將只兒拂郎引兵三千
○西方太白金星大將烏利可安引兵三千
○南方熒惑火星大將洞仙文榮引兵三千
○北方玄武水星大將曲利出清引兵三千

中大鎮中土星上將都統軍兀顏光總領各處兵馬首將五千鎮守中壇○兀顏軍點部下二十八宿將軍

角木蛟孫忠亢金龍張起氐土貉刘仁房日兎謝武心月狐裴直尾火虎顧永興箕水豹賈茂斗木獬蕭大觀牛金牛薛雄女土蝠俞得成虛日鼠徐威危月燕李益室火猪祖興壁水貐成珠那海奎木狼郭永昌婁金狗阿哩義胃土雉高彪昴日鷄順受高畢月烏国永泰觜火猴潘異參水猿童里合兒鬼金羊王景柳土獐雷春星日馬卞君保張月鹿李復翼火蛇狄圣軫水蚓班古兒

兀顏統領国精兵二十餘万請大遼国主御駕親征先鋒瓊妖寇將人馬先進細作報來宋江傳令一面取芦俊義部下人馬一面取檀州薊州人員都來听用就請趙樞密前來監戰盡到幽州取齊宋江接見趙樞密道小將賴元帥虎威偶成小功今遼国兀顏統軍二十万軍馬而來興亡勝敗請樞相另立營寨十五里外屯扎看宋江等决此一戰効犬馬之勞以報朝廷樞密道將軍善覷方便孫子有云多筭勝少筭不勝慎宜仔細宋江辞了趙樞密與芦俊義出幽州永清縣界屯扎宋江道今兀顏統軍親引遼兵傾国而來是非小可勝

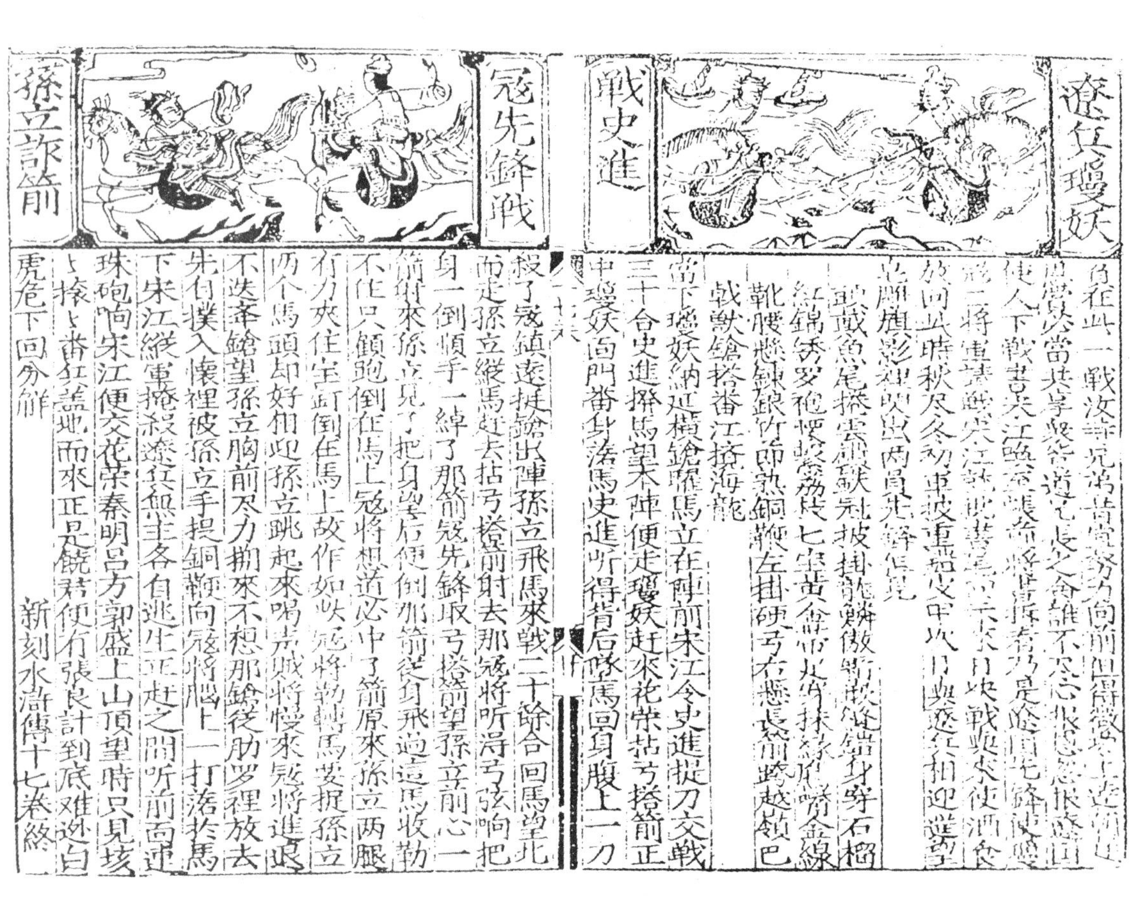

負在此一戰汝等兄弟皆當努力向前但得微功上達朝廷必當共享爵祿道己長久各誰不盡心報恩答道使人下戰書來宋江與吳用商議將得勝者乃是遼国先鋒使瓊妖二將准請與宋江說此時是冬天日决戰與史使酒食放回此時秋尽冬初宋披重鎧衣甲次日與遼兵相迎遥望北兩旗影裡閃出兩員先鋒但見

頭戴魚尾捲雲鑌鐵冠披掛龍鱗傲霜嵌縫鎧身穿石榴紅錦綉罗袍腰系荔枝七宝黃金带足穿抹綠嵌金線靴腰懸錬銀竹節熟銅鞭左掛硬弓右懸長箭跨越嶺巴山戰獸鎗搭番江攪海龍

當下瓊妖納延橫鎗躍馬立在陣前宋江令史進提刀交戰三十合史進撥馬望本陣便走瓊妖赶來花荣拈弓搭箭正中瓊妖面門番身落馬史進听得背后墜馬回身腹上一刀殺了寇鎮遠挺鎗出陣孫立飛馬來戰二十餘合回馬望北而走孫立縱馬赶去拈弓搭箭射去那寇將听得弓弦响把身一倒順手一綽了那箭寇先鋒取弓搭箭望孫立前心一箭射來孫立見了把身望后便倒那箭從身飛過這馬收勒不住只顧跑倒在馬上寇將想道必中了箭原來孫立兩腿有力夾住寶鐙倒在馬上故作如此寇將勒轉馬要捉孫立那个馬頭却好相迎孫立跳起來喝声賊將慢來寇將進退不迭奔鎗望孫立胸前尽力搠來不想那鎗從肋罗裡放去先付撲入懷裡被孫立手提銅鞭向寇將腦上一打落於馬下宋江縱軍掩殺遼兵無主各自逃生正赶之間听前面連珠砲响宋江便交花荣秦明呂方郭盛上山頂望時只見垓垓擦擦番兵盖地而來正是饒君便有張良計到底难逃白虎危下回分觧

新刻水滸傳十七卷終

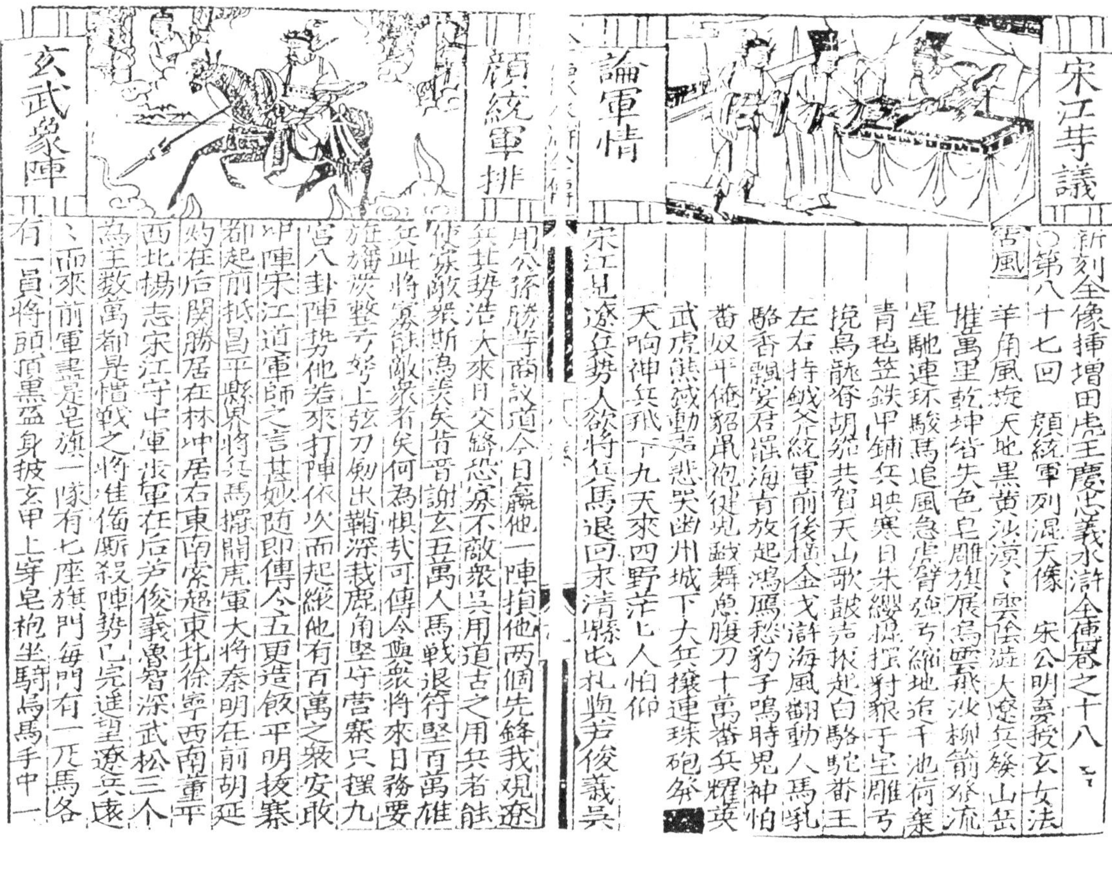

新刻全像插增田虎王慶忠義水滸全傳卷之十八
○第八十七回　顛統軍列混天像　宋公明夢授玄女法
古風
羊角風旋天地黑黄沙漠〻雲陰遮大遼兵發山岳
推萬里乾坤皆失色皂雕旗展烏雲飛沙柳箭發流
星馳連环駿馬追風急虎臂強弓縮地追千池荷葉
青毡笠鉄甲鋪兵映寒日朱纓摇摆對貂子空雕弓
挽烏龍脊胡笳共賀天山歌鼓声振起白駱駝番王
左右持鉞斧統軍前後摇金戈滸海風翻動人馬吼
駱香飄定君臨海肯放起鴻雁愁豹子鳴時兒神怕
番奴平倚貂鼠袍從兒鼓舞惡腹刀十萬番兵耀英
武虎熊鉞動善悲哭幽州城下大兵擁連珠砲發■
天响神兵飛下九天來四野茫〻人怕仰
宋江見遼兵勢人欲將兵馬退回來清縣屯扎與盧俊義吳
用公孫勝等商議道今日贏他一陣損他兩個先鋒我观遼
兵其勢浩大來日交鋒恐寡不敵衆吳用道古之用兵者能
使寡敵衆斯為美矣昔晉謝玄五萬人馬戰退符堅百萬雄
兵此將寡能敵衆者矣何為惧哉可傳令與衆將來日務要
旌旛搽整弓弩上弦刀劍出鞘深栽鹿角堅守營寨只擺九
宮八卦陣勢他若來打陣依次而起縱他有百萬之衆安敢
冲陣宋江道軍師之言甚妙随即傳令五更造飯平明拔寨
都起前抵昌平縣界將兵馬擺開虎軍大將秦明在前胡延
灼在后關勝居左林冲居右東南索超東北徐寧西南董平
西北楊志宋江守中軍張橫在后盧俊義魯智深武松三个
為主數萬都是慣戰之將佳偏廝殺陣勢已完遥望遼兵遠
〻而來前軍盡是皂旗一隊有七座旗門每門有一疋馬各
有一員將頭頂黑盔身披玄甲上穿皂袍坐騎烏馬手中一

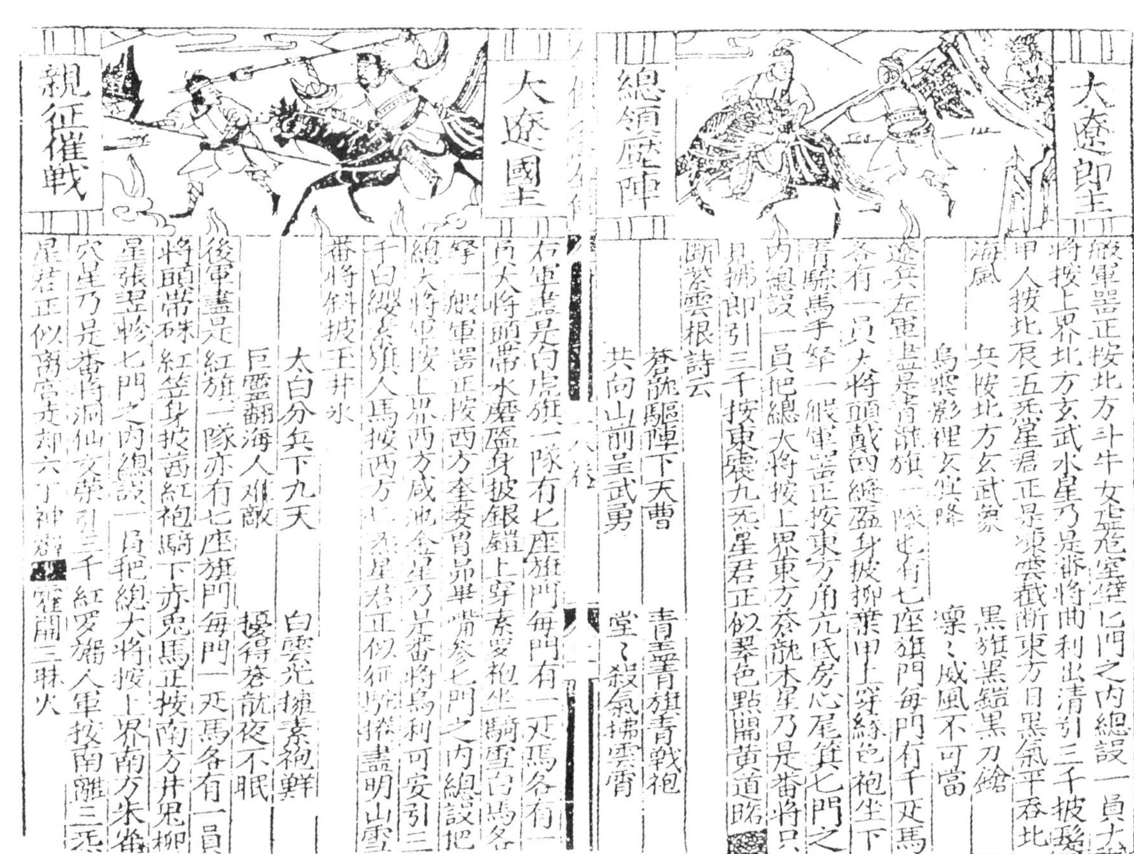

般軍器正按北方斗牛女虛危室壁七門之内總設一員大
將按上界北方玄武水星乃是番將曲利出清引三千披髮
甲人按北辰五炁星君正是乘雲截断東方日黑氣平吞北
海風

兵按北方玄武象　　黑旗黑鎧黑刀鎗
烏雲影裡玄兵降　　凜〻威風不可當

遼兵左軍盡是青龍旗一隊也有七座旗門每門有千疋馬
各有一員大將頭戴四縫盔身披柳葉甲上穿綠色袍坐下
青驄馬手拏一般軍器正按東方角亢氐房心尾箕七門之
内總設一員把總大將按上界東方蒼龍木星乃是番將只
兒拂郎引三千按東震九炁星君正似翠色點開黄道路■
断紫雲根詩云

蒼龍驅陣下天曹　　青蓋青旗青戰袍
共向山前呈武勇　　堂〻殺氣拂雲霄

右軍盡是白虎旗一隊有七座旗門每門有一疋馬各有一
員大將頭帶水磨盔身披銀鎧上穿素羅袍坐騎雪白馬各
拏一般軍器正按西方奎婁胃昴畢觜參七門之内總設把
總大將按上界西方咸池金星乃是番將烏利可安引三
千白纓素旗人馬按西方七炁星君正似征駝搽盡明山雪
番將斜披玉井冰

太白分兵下九天　　白雲光擁素袍鮮
巨靈翻海人难敵　　擾得蒼龍夜不眠

後軍盡是紅旗一隊亦有七座旗門每門一疋馬各有一員
將頭帶硃紅笠身披茜紅袍騎下赤兎馬正按南方井鬼柳
星張翼軫七門之内總設一員把總大將按上界南方朱雀
火星乃是番將洞仙文榮引三千紅罗猫人軍按南離三炁
星君正似南宮走却六丁神■霍開三昧火

大遼擺陣　擺列隊伍

祝融飛令下南宮　十萬貔貅烈火紅
閃閃赤雲旋澗谷　陣前誰敢去當鋒

陣前左有一隊人馬盡是金盔金甲緋袍朱纓紅旗赤馬而擁一員大將乃是遼國御弟耶律得重按太陽星君正似金烏擁出扶桑国火傘初離東海洋

海神英武出扶桑　耶律提兵准太陽
雄略嘉謀揩遼国　源源兵陣逞鷹揚

陣前右設一隊女兵盡是銀花弁冠銀鈎鎖甲素袍白旗白馬乃是遼国天寿公主答里孛按上界太陰星君正似玉兎團團離海角冰輪皎皎照瑤臺

貌似春烟籠芍藥　顏如秋水浸芙蓉
玉纖輕拂龍泉劍　到處交兵占上風

兩隊陣中團團一道尽是黃旗軍尽騎黃馬大將四員各領

大遼郎主　端坐中軍

兵三千分於四角守護東南一員大將青袍青甲金冠坐騎粉青馬上界罗侯星君乃是皇姪耶律得宏西南一員大將紫袍銀甲宝冠使口宝刀坐騎海騮馬按上界計都星君乃是皇姪耶律得華東北一員大將皀袍皀甲手執方天戟坐騎五明黃馬按上介子元星君乃是皇姪耶律得忠西北一員大將白袍銅甲手仗七星宝劍坐騎踢雪烏馬按上界月孛星君乃是皇姪耶律得信黃軍陣內一員上將按上界中央鎮星左有青旗右有白鉞前有紫朱旛後有皂蓋週迴旗旛按二十四氣六十四卦明分陰陽旋璣玉行混沌之象那員上將頭戴子金冠身披獨鎧礼坐騎銀騌馬手執方天戟按中宮土星一尊天君乃是遼国都統軍元帥兀顏光黃旗之後中軍是鳳輦龍車一十六对黃甲力士推奉車駕上坐大遼郎主按上界北極紫微大帝總領鎮星左右丞相按

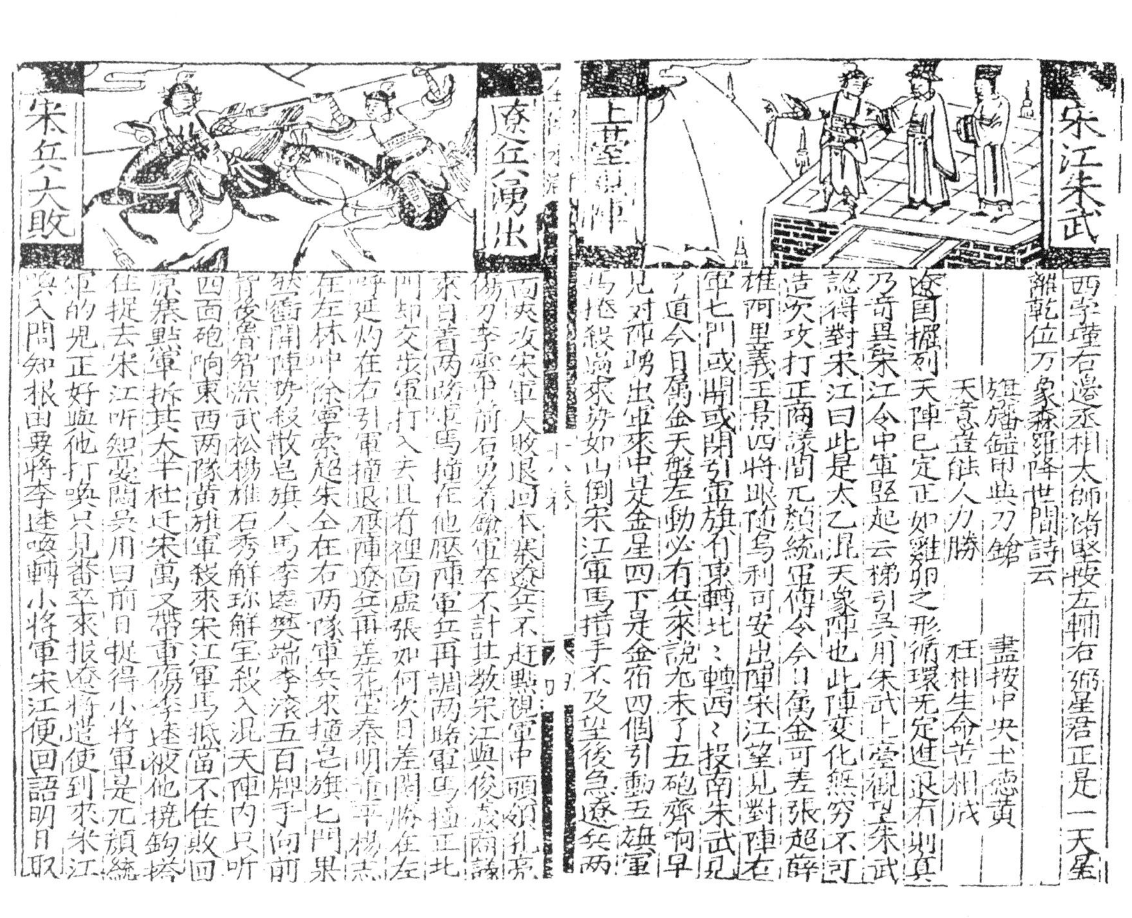

宋江朱武　上臺觀陣

西孛瑾右邊丞相太師褚堅按左輔右弼星君正是一天星離乾位万象森羅降世間詩云

旌旛鎧甲與刀鎗　盡按中央土德黃
天意豈能人力勝　枉相生命苦相戕

遼国擺列天陣已定正如雞卵之形循環无定進退有則真乃奇異宋江令中軍豎起云梯引吳用朱武上臺觀望朱武認得對宋江曰此是太乙混天象陣也此陣変化無窮不可造次攻打正商議間兀顏統軍傳令今日属金可差張超薛雄阿里義王景四將跟隨烏利可安出陣宋江望見對陣右軍七門或開或閉引軍旗在東轉北北轉西西投南朱武見了道今日屬金天盤左動必有兵來說尤未了五砲齊響早見对陣門出軍來中是金星四下是金宿四個引動五旗軍馬捲殺過來勢如山倒宋江軍馬措手不及望後急退兵兩

遼兵八湧出　宋兵大敗

面夾攻宋軍大敗退回本寨遼兵不赶點視軍中頭領孔亮傷刀李雲中箭石勇着鎗軍卒不計其数宋江與吳用商議來日着兩路軍馬搶住他歴陣軍兵再調兩路軍馬搶正北門却交步軍打入去且看裡面虛張如何次日差關勝在左呼延灼在右引軍撞退遼陣遼兵再差花荣秦明董平楊志在左林冲徐寧索超朱仝在右兩隊軍兵來撞皂旗七門果然衝開陣勢殺散皂旗人馬李逵樊端李滚五百牌手向前背後魯智深武松楊雄石秀解珍解宝殺入混天陣內只听四面砲响東西兩隊黃旗軍殺來宋江軍馬抵當不住敗回原寨點軍折其太半杜迁宋萬又帶重傷李逵被他撓鈎搭住捉去宋江听知憂悶吳用曰前日捉得小將軍是兀顏統軍的兒正好與他打換只見番卒來报遼將遣使到來宋江喚入問知根由要將李逵喚轉小將軍宋江便回語明日取

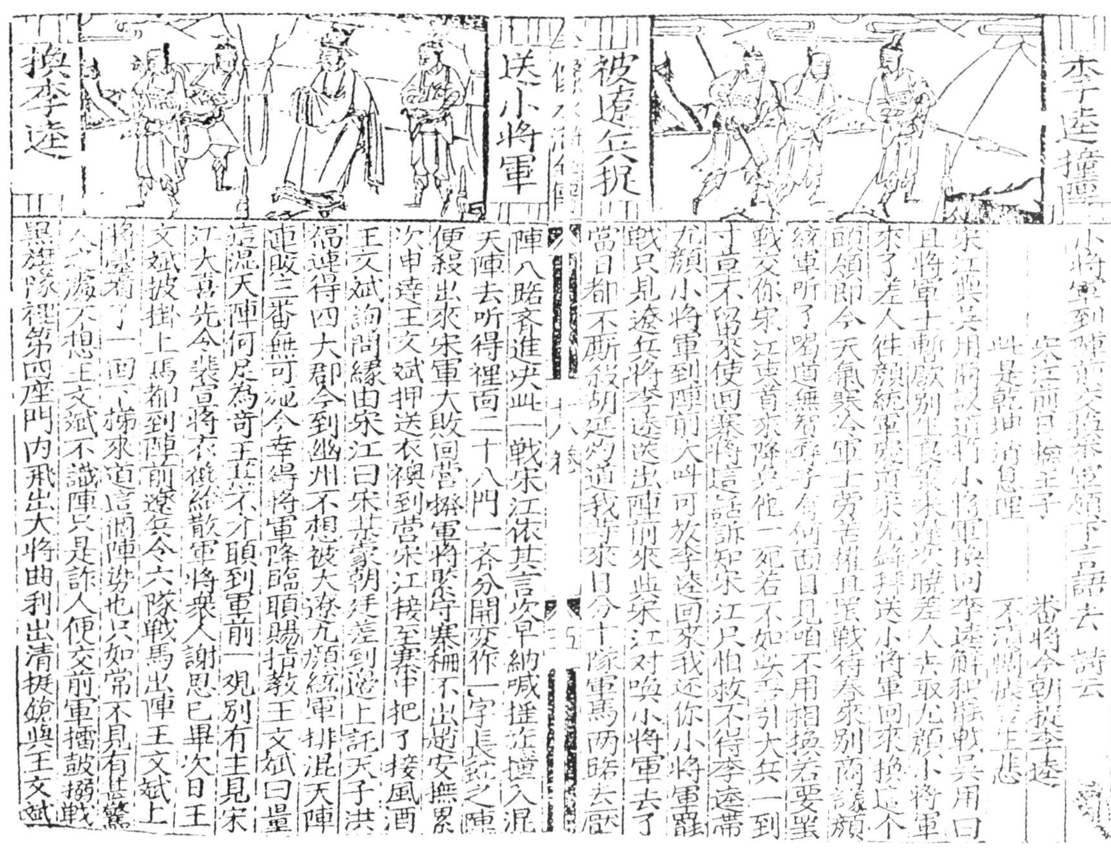

李逵擒▢　被遼兵捉

小將軍到陣前交換番將領了言語去　詩云

宋江前日擒王子　　番將今朝捉李逵
此是乾坤消息理　　不消惆悵泣生悲

宋江與吳用商議道將小將軍換回李逵解和罷戰吳用曰且將軍士暫歇別生良策未遲次日曉差人去取兀顏小將軍來了差人往顏統軍處道宋先鋒拜送小將軍回來換逵个頭領即今天氣暄熱公軍士勞苦權且罷戰待春來別商議顏統軍听了喝道無智犇子有何面目見咱不用相換若要罷戰交你宋江早首來降免他一死若不如此吾引大兵一到寸草不留▢來使回寨將這話訴知宋江只怕救不得李逵帶兀顏小將軍到陣前大叫可放李逵回來我還你小將軍罷戰只見遼兵將李逵送出陣前來與宋江对喚小將軍去了當日都不廝殺胡延灼道我等來日分十隊軍馬兩路去取

送小將軍　換李逵

陣八路齊進決此一戰宋江依其言次早納喊搖旗撞入混天陣去听得裡面二十八門一齐分開変作一字長蛇之陣便殺出來宋軍大敗回營撥軍將緊守寨柵不出遣安撫累次申達王文斌押送衣襖到營宋江接至寨中把了接風酒王文斌詢問緣由宋江曰宋某蒙朝廷差到遼上託天子洪福連得四大郡今到幽州不想被大遼兀顏統軍排混天陣連敗三番無可施今幸得將軍降臨願賜指教王文斌曰量這混天陣何足為奇王某不才願到軍前一觀別有主見宋江大喜先令裴宣將衣襖給散軍將衆人謝恩已畢次日王文斌披掛上馬都到陣前遂兵令六隊戰馬出陣王文斌上將臺看了一回下梯來道這個陣勢也只如常不見有甚驚人之處不想王文斌不識陣只是詐人便交前軍擂鼓搦戰黑旗隊裡第四座門内飛出大將曲利出清挺鎗與王文斌

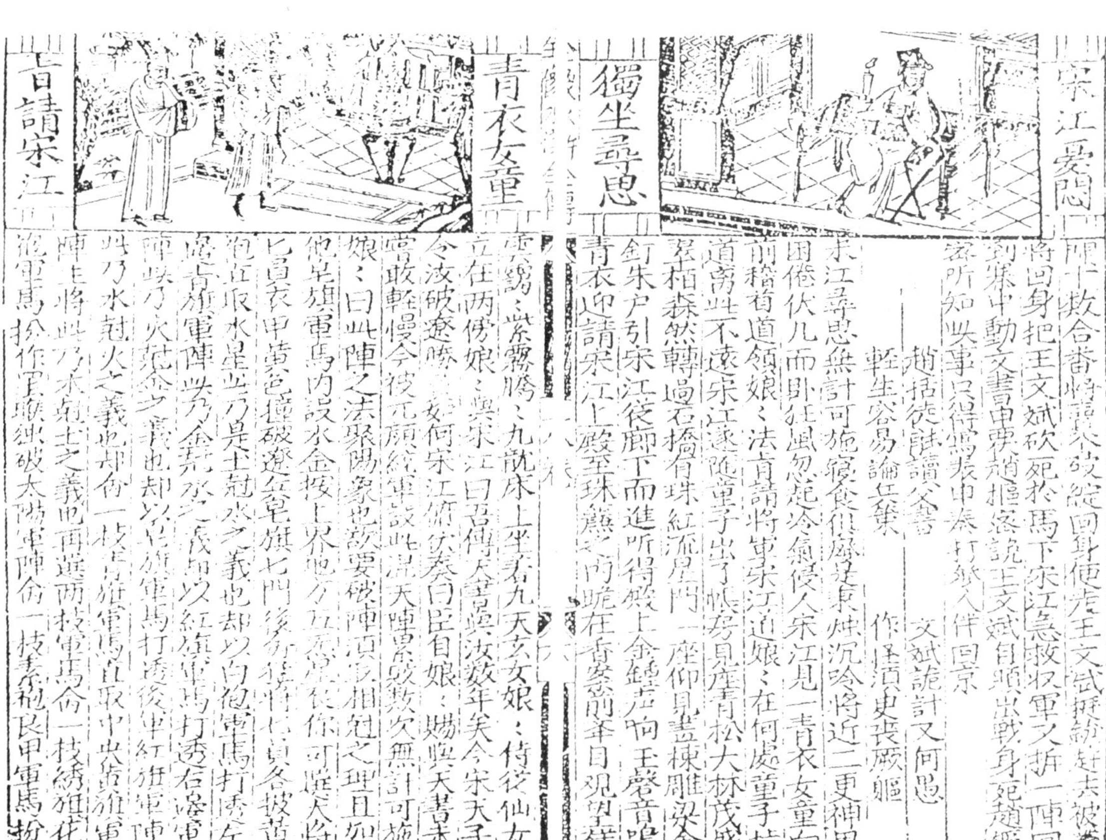

宋江憂悶　獨坐尋思

陣上戰合番將詐敗綻回身便走王文斌挺鎗赶去被番將回身把王文斌砍死於馬下宋江急救收軍又折一陣回到寨中動文書申奏趙樞密說王文斌自願出戰身死趙樞密所知此事只得寫表申奏打發人伴回京

趙括徒能讀父書　　文斌詭計又何思
輕生容易論兵事　　作怪須臾喪厥軀

宋江尋思無計可施寢食俱廢是夜秉燭沉吟將近二更神思困倦伏几而卧狂風忽起冷氣侵人宋江見一青衣女童向前稽首道領娘娘法旨請將軍宋江道娘娘在何處童子指道离此不遠宋江遂隨童子出了帳房見座青松大林茂盛翠柏森然轉過石橋有朱紅欞星門一座仰見畫棟雕梁金釘朱户引宋江從廊下而進听得殿上金鐘声响玉磬音鳴青衣迎請宋江上殿垂珠簾之内跪在香案前舉目覌望祥

青衣女童　旨請宋江

雲靄靄紫霧騰騰九龍床上坐着九天玄女娘娘侍從仙女立在兩傍娘娘與宋江曰吾傳天書與汝數年矣今宋天子令汝破遼勝負如何宋江俯伏奏曰臣自娘娘賜與天書未嘗敢輕慢今被兀顏統軍設此混天陣累敗數次無計可施娘娘曰此陣之法聚陽象也欲要破陣須依相剋之理且如他皂旗軍馬内設水金按上界北方五炁辰星你可选大將七員衣甲黄色擅破遼兵皂旗七門後命猛將一員披黄袍直取水星此乃是土剋水之義也却以白袍軍馬打透左邊青旗軍陣此乃金剋木之義也却以紅旗軍馬打透右邊軍陣此乃火剋金之義也却以皂旗軍馬打透後軍紅旗軍陣此乃水剋火之義也却命一枝黄旗軍馬直取中央黄旗軍陣主將此乃木剋土之義也再選兩枝軍馬命一枝綉旗花袍軍馬扮作羅睺一枝破太陽軍陣命一枝素袍銀甲軍馬扮

宋江夢中　見玄女

依計部直取大遼緊通州造三十四部雷車按二十四氣直推入遼兵中軍令公孫勝布起風雨逕奔入大遼國主殿前可依此行足取全勝日間不可行兵黑夜進兵一鼓而可成功吾之所言汝當秘受天凡有限從此永別他日瓊樓金闕別當重會特令青衣獻茶宋江吃罷令青衣送宋主回寨

玉女宮筵忽下來　嚴祠特請叙高樓
當時傳得玄妙秘　遼主陣圖頃刻開

宋江拜謝青衣前引而出抨從而瞻繞過石橋青衣指道遼兵在那里宋江回顧青衣用手一推驚覺乃是一夢時正四更與吳用議計打陣下回分解

○第八十八回　宋公明破陣成功　宿太尉頒恩降詔

陣列混天排鋼戟　四圍八座怪靈星
紛紛讎恨當前現　朗朗明星直下九

宋江定計　破混天陣

黃鉞白旄風內舞　朱幡皂蓋陣中行
若非玄女親傳法　遼寇焉能定太平

宋江夢中受得九天玄女之法與吳用議計寨中合造雷車二十四部下裝油柴上安火砲宋江傳令便點撥中央戊己土黃袍軍馬戰火星大將董平左右擁發兵旗軍七門差將七員朱仝史進歐鵬鄧飛燕順馬麟穆春點撥西方庚辛金白袍軍馬戰太白陣內差林沖右左擁破白旗軍七門差將七員徐寧穆弘黃信孫立楊春陳達楊林再點撥南方丙丁火紅袍軍馬戰金星陣內差秦明左右擁破白旗軍七門差將七員劉唐雷橫單廷珪魏定國周通龔旺丁得孫再點撥北方壬癸水黑袍軍馬戰火星陣內差呼延灼左右擁破紅旗軍七門差將七員楊志索超韓滔彭玘孔明鄒淵鄒潤再點撥東方甲乙木青袍軍馬戰土星主將陣內差關勝左右

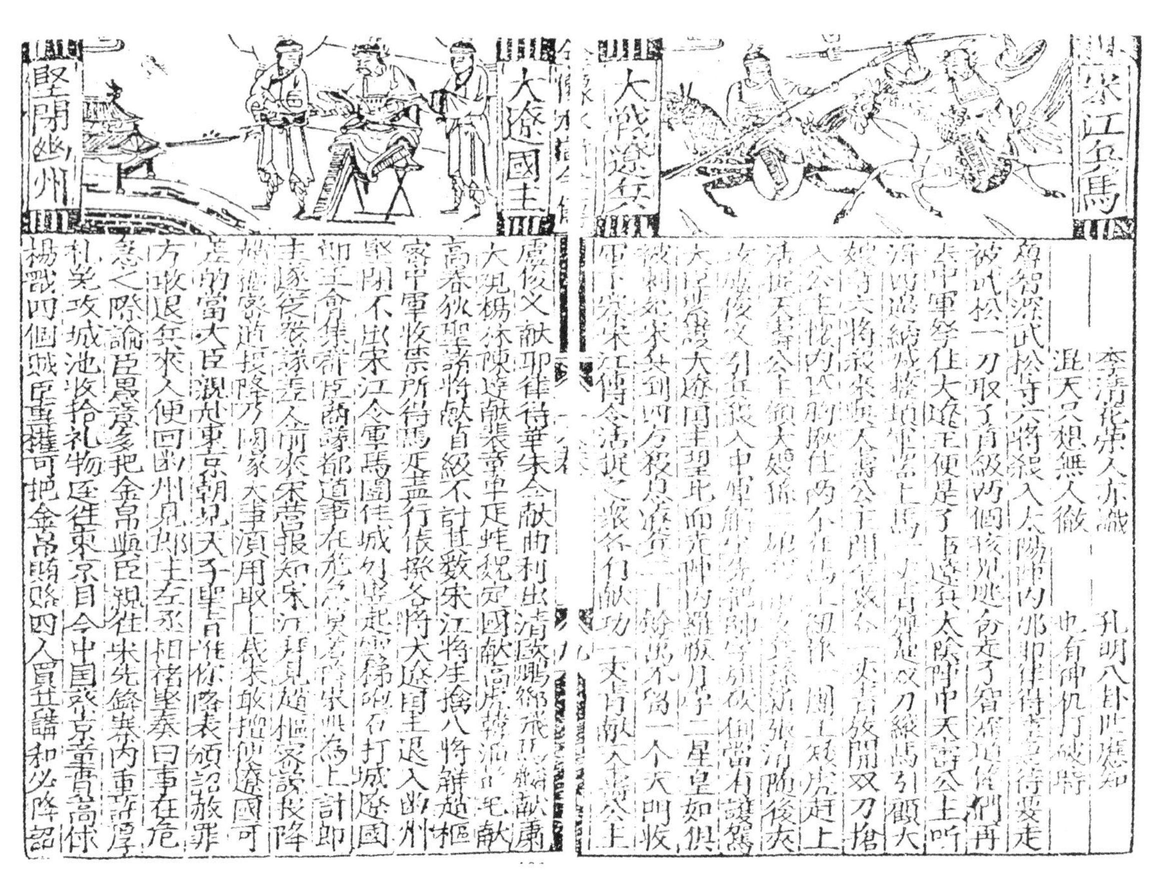

宋江立馬　大戰遼兵

李清花宋人亦識　孔明八卦世應知
混天只想無人徹　也有神仙打破時

魯智深武松等六將殺入太陽陣內那耶律得重正待要走被武松一刀取了首級兩個孩兒逃命走了智深趕他們再去中軍拿住大遼王便是了正遇兵太陰陣中天壽公主听得四路殺人擁擠倒軍器上馬一丈青舞起雙刀縱馬引觀大娘同六將殺來與天壽公主鬥不數合一丈青放開雙刀搶入公主懷內只一抱揪住兩个在馬上扭作一團王矮虎趕上活捉天壽公主顧大嫂孫二娘殺散張清隨後夾攻破後又引兵殺入中軍那敵倒當有護駕大臣保護大遼國主望北而走陣內羅睺月孛二星皇姪俱被捉到宋兵到四方殺得遼兵十餘萬不留一个大叫收軍下寨宋江傳令諸捉之將各自獻功一丈青獻天壽公主

大遼國主　堅閉幽州

盧俊義獻耶律得華朱仝獻的利出清歐鵬鄧飛獻康大見楊林陳達獻張清單廷珪魏定國獻高孫立獻高春狄聖諸將獻首級不計其數宋江將生擒八將解赴樞密中軍收禁所得馬匹盡行俵撥各將大遼國主退入幽州堅閉不出宋江令軍馬圍住城外豎起雲梯砲石打城遼國郎主會集群臣商議都道事在危急莫若降宋此為上計郎主遂從眾議差人前來宋營報知宋江拜見趙樞密說投降趙樞密道投降乃國家大事須用取上旨未敢擅便遼國可差的當大臣親赴東京朝見天子聖旨准你降表頒詔赦罪方收退兵來人便回幽州見郎主左丞相褚堅奏曰事在危急之際論臣愚意多把金帛與臣親往宋先鋒寨內重許厚禮先攻城池收拾禮物逕往東京見今中國蔡京童貫高俅楊戩四個賊臣專權可把金帛賄賂四人買其講和必降詔

集部　第四册

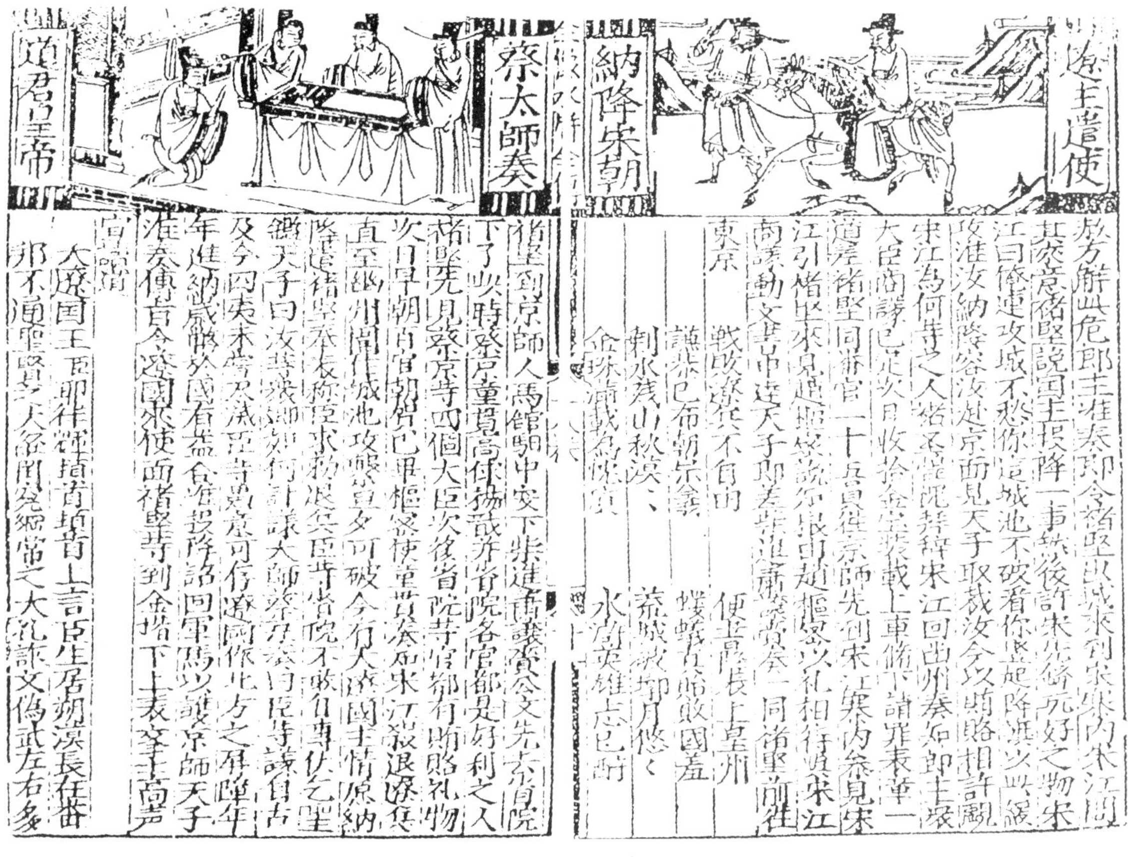

遼主遣使
納降宋朝
蔡太師奏
道君皇帝

欲方解此危郎主准奏即令褚堅出城來到宋營內宋江問其來意褚堅說國主投降一事然後許宋先將元好之物宋江曰俺連攻城不愁你這城池不破看你既起降准以此緩攻准汝納降容汝赴京面見天子取裁汝今以賄賂相許亂宋江為何等之人褚堅惶恐拜辭宋江回幽州奏知郎主聚大臣商議已定次日收拾金寶裝載上車備下請罪表章一道差褚堅同番官一十五員往京師先到宋江寨內參見宋江引褚堅來見趙樞密說其投由趙樞密以礼相待喚宋江商議動文書申達天子即差蕭讓齎奏一同褚堅前往東京

戰鼓鼕鼕不自由　使臣階長上皇州
譙樓已布朝宗意　螻蟻何曾敢國羞
剩水殘山秋漠漠　荒城衰柳月悠悠
金珠滿載為忙貢　水滸英雄志已酬

褚堅到京師人馬館驛中安下柴進蕭讓齎公文先去省院下了此時蔡京童貫高俅楊戩并省院各官都是好利之人褚堅先見蔡京等四個大臣次後省院等官都有賄賂礼物次日早朝百官朝賀已畢樞密使童貫奏知宋江殺退遼兵直至幽州圍住城池攻破旦夕可破今有大遼國主情願納降遣褚堅奉表稱臣求救退兵臣等省院不敢自專伏乞聖鑒天子曰汝等衆卿如何計議太師蔡京奏曰臣等議自古及今四夷未嘗不滅臣等愚意可存遼國作北方之屏障年年進納歲幣於國有益合准投降詔回軍馬以護京師天子准奏傳旨令遼國來使面褚堅等到金堦下上表文天子命宣讀

大遼國王臣耶律輝頓首頓首上言臣生居朔漠長在番邦不通聖賢之大經罔究綱常之大礼詐文偽武左右多

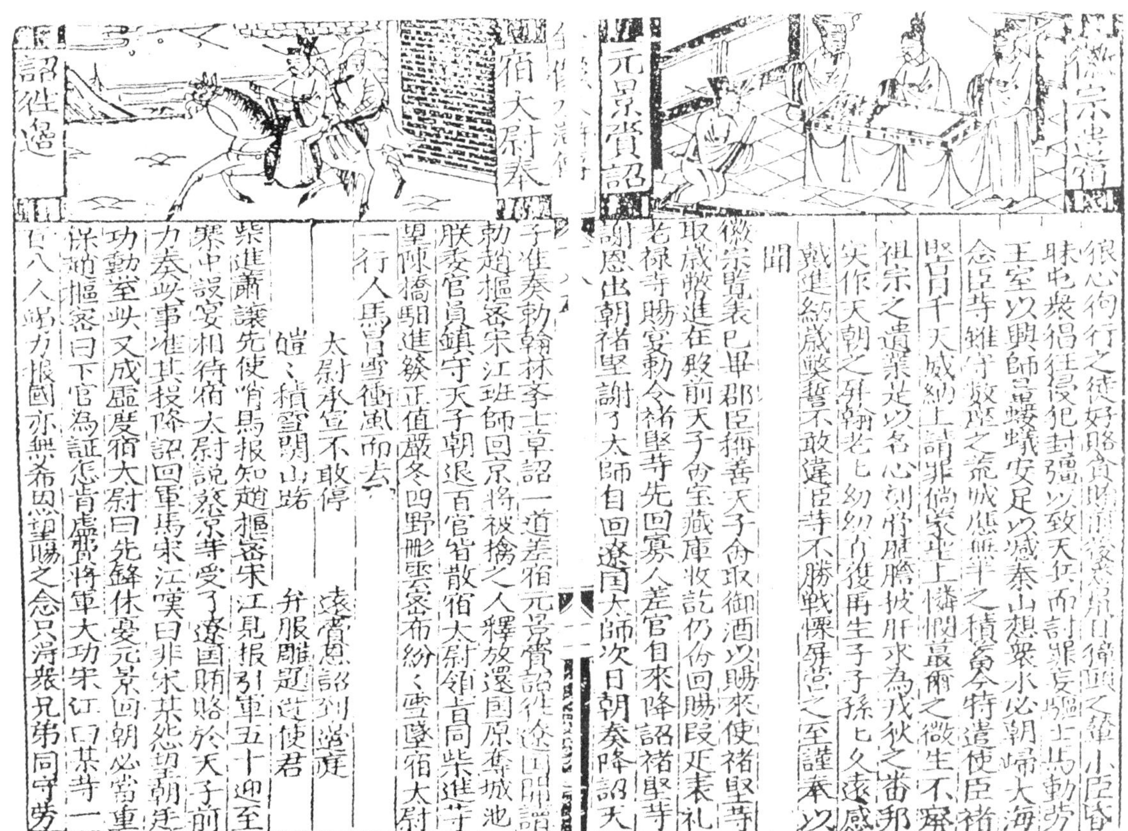

狼心狗行之徒好賂貪財前後悉鼠目獐頭之輩小臣昏昧屯衆猖狂侵犯封疆以致天兵而討罪妄驅士馬動勞王室以興師量螻蟻安足以撼泰山想衆水必朝歸大海念臣等雖守殘破之荒城應無半之積蓄今特遣使臣褚堅冒干天威納土請罪倘蒙聖上憐憫最爾之微生不廢祖宗之遺業是以名心刻骨瀝膽披肝求為戎狄之番邦實作天朝之屏翰老老幼幼真復再生子子孫孫久遠感戴進納歲幣誓不敢違臣等不勝戰慄屏營之至謹奉表以聞

徽宗覽表已畢郡臣稱善天子命取御酒以賜來使褚堅等取歲幣進在殿前天子命寶藏庫收訖仍命回賜段疋表礼光祿寺賜宴勅令褚堅等先回寡人差官自來降詔褚堅等謝恩出朝褚堅謝了太師自回遼國太師次日朝奏降詔天子准奏勅翰林學士草詔一道差宿元景賫詔往遼國開讀勅趙樞密宋江班師回京將被擒之人釋放還國原奪城池朕委官員鎮守天子朝退百官皆散宿太尉領旨同柴進等望陳橋驛進發正值嚴冬四野彤雲密布紛紛雪墜宿太尉一行人馬冒雪衝風而去

太尉承宣不敢停　遠賫恩詔到遼庭
皚皚積雪明山路　弁服雕題迓使君

柴進蕭讓先使哨馬報知趙樞密宋江見報引軍五十迎至寨中設宴相待宿太尉說蔡京等受了遼國賄賂於天子前力奏此事准其投降詔回軍馬宋江嘆曰非宋某怨望朝廷功勳至此又成虛度宿太尉曰先鋒休憂元景回朝必當重保趙樞密曰下官為証愿肯虛負將軍大功宋江曰某等一百八人竭力報國亦無希恩望賜之念只得衆兄弟同守勞

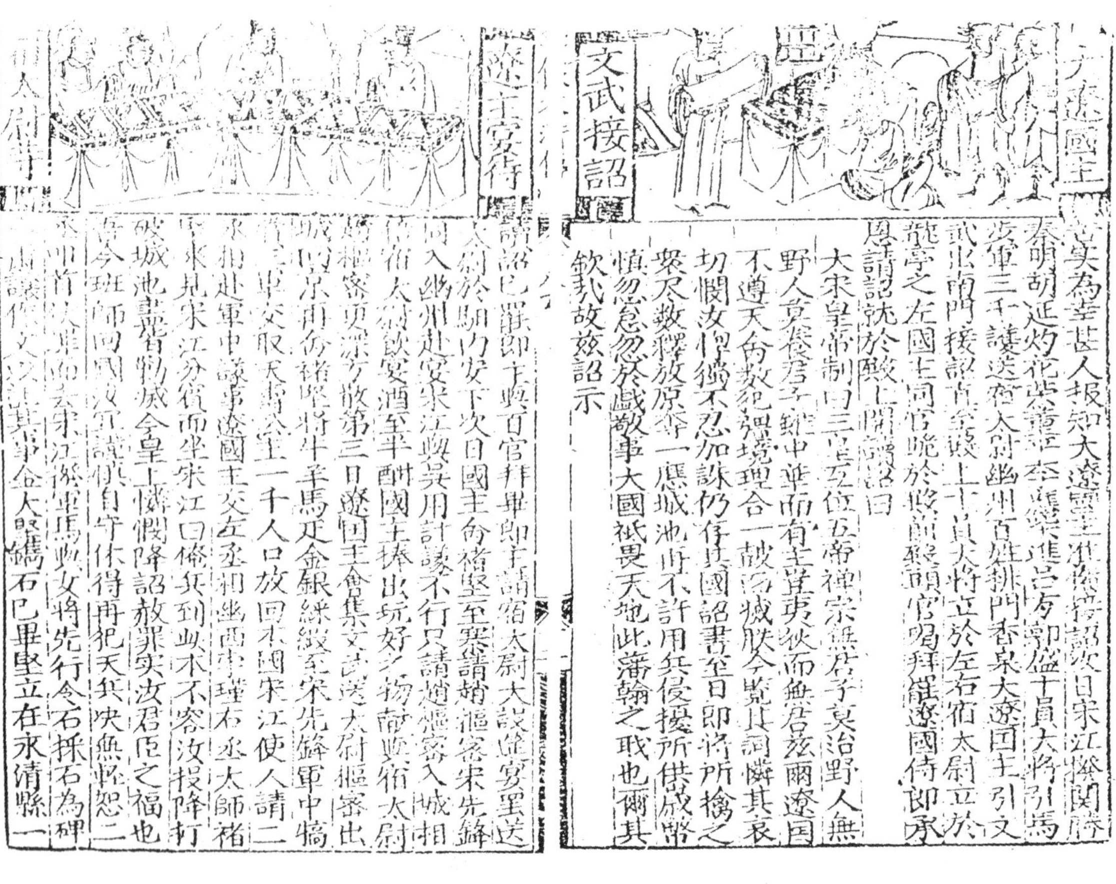

營寨為荃甚人报知大遼國主准備接詔次日宋江撥関勝秦明胡延灼花栄董平李應柴進呂方郭盛十員大將引馬步軍三千護送宿太尉幽州百姓挑門香泉大遼国王引文武出南門接詔直至殿上十員大將立於左右宿太尉立於龍亭之左國主同官跪於殿前聽頭官唱拜罷遼國侍郎承恩請詔就於殿上開讀詔曰

大宋皇帝制曰三皇立位五帝禪宗雖君子其治野人無野人莫養君子雖中華而有主豈夷狄而無君玆爾遼国不遵天命数犯邊境理合一鼓而滅朕今覽其詞憐其哀切憫汝悍猶不忍加誅仍存其國詔書至日即將所擒之衆尽数釋放原奪一應城池再不許用兵侵擾所供歲幣慎忽怠忽於戯敬事大國祇畏天地此藩翰之戒也爾其欽哉故茲詔示

請詔已罷郎主與百官拜畢郎主請宿太尉大設筵宴罷送太尉於驛内安下次日國主命楮堅至寨請趙樞密宋先鋒同入幽州赴宴宋江與吳用計議不行只請趙樞密入城相陪宿太尉飲宴酒至半酣國主捧出玩好之物献與宿太尉趙樞密更深方散第三日遼国王會集文武送太尉樞密出城回京再命諸堅將牛羊馬疋金銀綵緞至宋先鋒軍中犒賞三軍交取天寿公主一千人口放回本國宋江使人請二丞相赴軍中議事遼國王交左丞相幽西孛瑾右丞太師褚堅來見宋江分賓而坐宋江曰俺兵到此不容汝投降打破城池莫管物嫁今皇上憐憫降詔赦罪実汝君臣之福也俺今班師回國汝宜謹慎自守休得再犯天兵决無輕恕二丞相頓首拜謝宋江撒軍馬收女將先行令石匠採石為碑山蕭讓作文以記其事金大堅鐫石已畢豎立在永清縣一

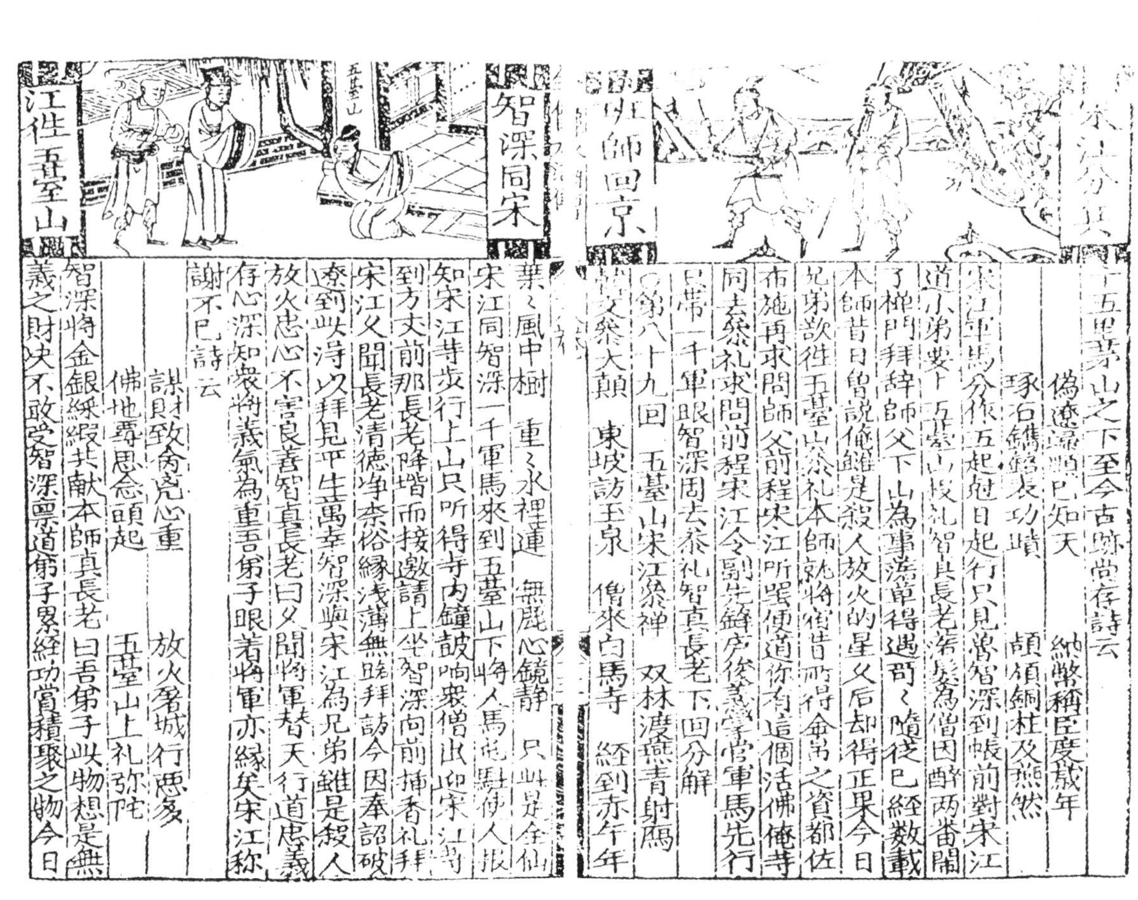

五里茅山之下至今古跡尚存詩云

偽遼歸順已知天　納幣稱臣度歲年
琢石鐫銘表功績　頡頏銅柱及燕然

宋江軍馬分作五起尅日起行只見魯智深到帳前對宋江道小弟要上五臺山投礼智真長老若蒙爲僧因醉两番鬧了禅門拜辞師父下山為事蒙啇得遇罰〻隨徒已經数載本師昔日曾說俺雖是殺人放火的星久后却得正果今日兄弟欲往五臺山參礼本師就將俺昔所得金帛之資都作布施再求問師父前程宋江所喋便道你有這個活佛俺等同去參礼求問前程宋江令副先鋒庐俊義掌管軍馬先行只帶一千軍跟智深同去參礼智真長老下回分解

○第八十九回　五臺山宋江參禅　双林渡燕青射鴈

趙文參大顛　東坡訪玉泉　僧來白馬寺　經到赤午年
葉〻風中樹　重〻水裡蓮　無塵心鏡静　只此是金仙

宋江同智深一千軍馬來到五臺山下將人馬屯駐使人報知宋江寺歩行上山只听得寺内鐘鼓响衆僧出迎宋江等到方丈前那長老降階而接邀請上坐智深向前揷香礼拜宋江久聞長老清德净奈俗緣浅薄無路拜訪今因奉詔破遼到此得以拜見平生萬幸智深與宋江為兄弟雖是殺人放火忠心不害良善智真長老曰久聞將軍替天行道忠義存心深知衆將義氣為重吾弟子眼着將軍亦緣矣宋江称謝不已詩云

謀財致命兇心重　放火屠城行悪多
佛地尋思念頭起　五臺山上礼弥陀

智深將金銀綵緞共献本師真長老曰吾弟子此物想是無義之財决不敢受智深禀道弟子累經功賞積聚之物今日

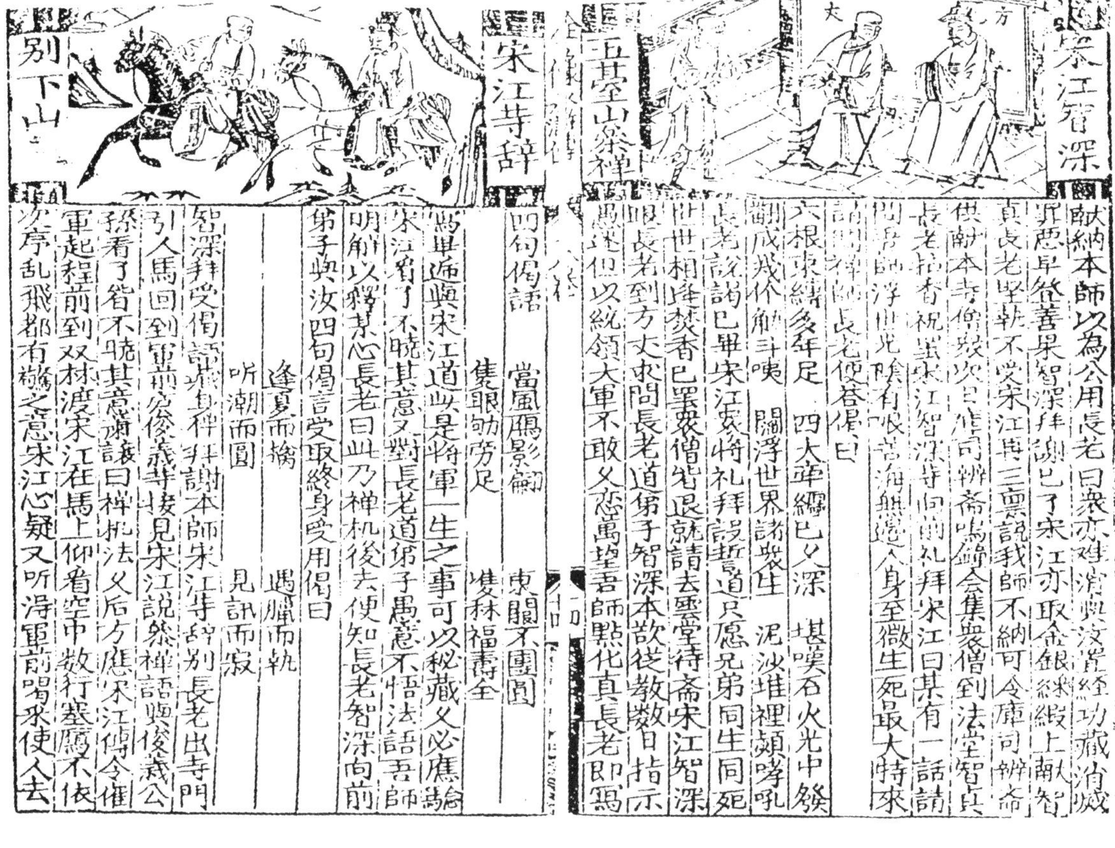

宋江智深

五臺山參禪

献納本師以為公用長老曰衆亦难消與汝置經功藏消滅罪愆早登善果智深拜謝已了宋江亦取金銀綵緞上献智真長老堅执不受宋江再三禀說我師不納可令庫司辦斋供献本寺僧衆次日庫司辦斋鳴鐘会集衆僧到法堂智真長老拈香祝罷宋江智深至向前礼拜宋江曰某有一話請問吾師浮世光陰有限苦海無邊人身至微生死最大特來請問禅師長老便答偈曰

六根束縛多年足　四大牵缠已久深　堪嘆石火光中發

翻成幾个斛斗咦　闊浮世界諸衆生　泥沙堆裡頻哮吼

長老說偈已畢宋江焚香礼拜設誓道只愿兄弟同生同死世世相逢焚香已罷衆僧皆退就請去雲堂待斋宋江智深跟長老到方丈求問長老道第子智深本欲從教數日指示愚迷但以統領大軍不敢久戀萬望吾師點化真長老即寫

宋江寺辭

別下山

四句偈語　當風雁影翻　東闕不團圓

隻眼功勞足　雙林福壽全

偈畢遞與宋江道此是將軍一生之事可以秘藏久必應驗宋江看了不曉其意又對長老道第子愚蒙不悟法語吾師明解以釋某心長老曰此乃禅机後去便知長老智深向前第子與汝四句偈言受取終身受用偈曰

逢夏而擒　遇臘而執

听潮而圓　見訊而寂

智深拜受偈語藏在身邊拜謝本師宋江寺辭別長老出寺門引人馬回到軍前盧俊義等接見宋江說參禅語與俊義公孫看了皆不曉其意蕭讓曰禅机法又后方應宋江傳令催軍起程前到双林渡宋江在馬上仰看空中数行塞雁不依次序乱飛都有驚之意宋江心疑又听得軍前喝采使人去

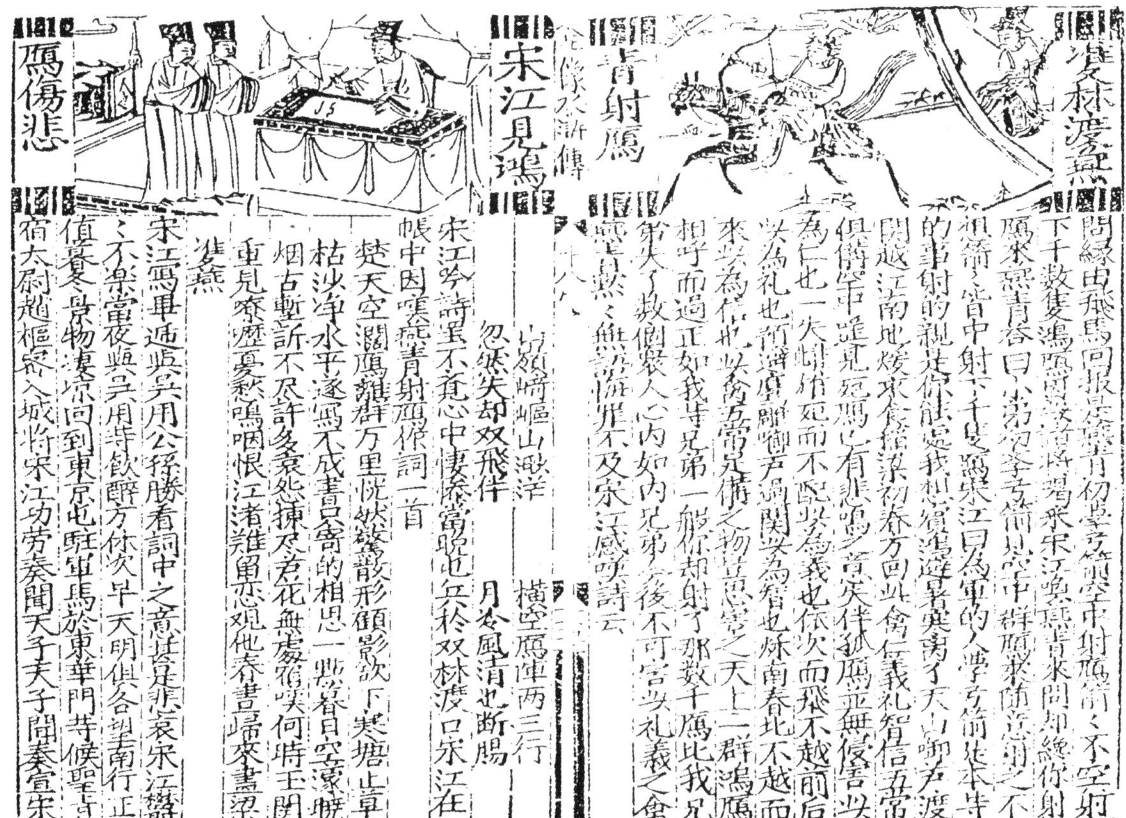

雙林渡燕

青射雁

全像水滸傳

問緣由飛馬回报是燕青初學弓箭空中射雁箭〻不空射下千数隻鴻雁因此諸將驚訝宋江喚燕青來問却纔你射雁來燕青答曰小弟初学弓箭見空中群雁來偶然射之不想箭〻皆中射下千数隻雁宋江曰為軍的人学弓箭是本等的事射的親是你能這我想鴻雁避暑寒离了天山啣芦渡關越江南地棲求食稻粱初春方回此禽仁義礼智信五常俱備空中遥見死雁必有悲鳴之意失伴孤雁並無侵害此為仁也一失雌雄死而不配此為義也依次而飛不越前后此為礼也預避鷹雕啣芦過關此為智也秋南春北不越而來此為信也此禽五常足備之物豈忍害之天上一群鴻雁相呼而過正如我等兄弟一般你却射了那数十雁比我兄弟失了数個衆人心内如何兄弟今後不可害此礼義之禽燕青默〻無語悔罪不及宋江感嘆詩云

宋江見鴻

雁傷悲

全像水滸傳

山嶺崎嶇山渺洋　横空雁陣两三行

忽然失却双飛伴　月冷風清也断腸

宋江吟詩罷不覺心中悽惨當晚屯兵扎双林渡口宋江在帳中因嘆燕青射雁作詞一首

楚天空闊雁離群万里恍然驚散形顧影欲下寒塘正草枯沙淨水平遂寫不成書只寄的相思一點暮日空濠曉烟古壘訴不尽許多哀怨揀尽蘆花無處宿嘆何時玉関重見嘹嚦憂愁嗚咽恨江渚難留戀恨他春晝歸來畫梁雙燕

宋江寫畢遞與吳用公孫勝看詞中之意甚是悲哀宋江鬱〻不樂當夜與吳用等飲酔方休次早天明俱各望南行正值暮冬景物凄凉回到東京屯駐軍馬於東華門等候聖旨宿太尉趙樞密入城將宋江功勞奏聞天子天子聞奏宣宋

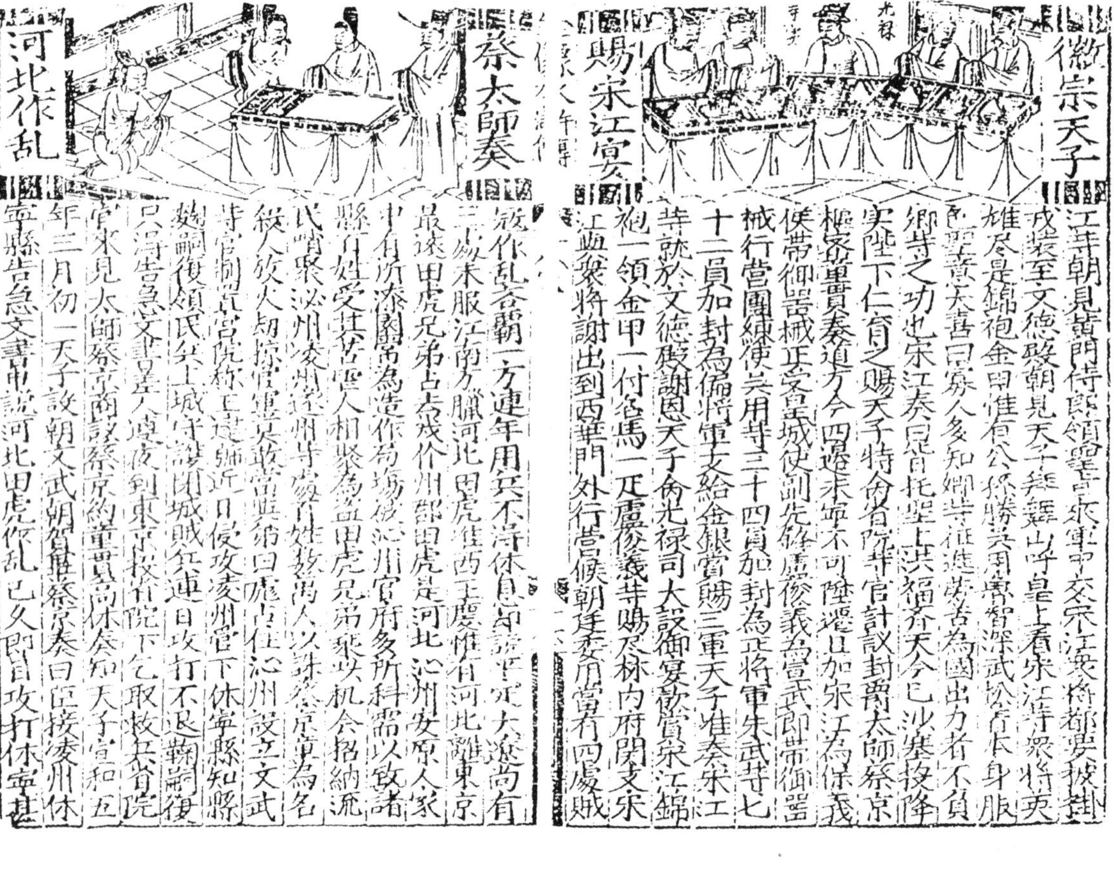

徽宗天子賜宋江宴

江等朝見黄門侍郎領宋江衆將都要披掛戎裝至文徳殿朝見天子拜舞山呼皇上看宋江等衆將英雄尽是錦袍金甲惟有公孫勝呉用魯智深武松有本身服色聖意大喜曰寡人多知卿等征進勞苦為國出力者不負卿等之功也宋江奏曰皆托聖上洪福齊天今已沙塞投降実陛下仁育之賜天子特命省院等官計議封爵太師蔡京樞密童貫奏道方今四邊未寧不可陞遷且加宋江為保義使帶御器械正受皇城使副先鋒盧俊義為宣武郎帯御器械行營團練使呉用等三十四員加封為正將軍朱武等七十二員加封為偏將軍支給金銀賞賜三軍天子准奏宋江等就於文徳殿謝恩天子命光禄司大設御宴欽賞宋江錦袍一領金甲一付名馬一疋盧俊義等賜尽椋内府関支宋江與衆將謝出到西華門外行營候朝廷委用當有四處賊

蔡太師奏河北作乱

寇作乱各霸一方連年用兵不得休息即日江北大遼尚有二處未服江南方臘河北田虎淮西王慶惟有河北離東京最近田虎兄弟占奪伐州郡田虎是河北沁州安原人家中有莊田因為造作苛擾彼沁州官府多所科需以致諸縣百姓受其荼毒人相聚為盗田虎兄弟乘其机会招納流民嘯聚沁州凌州遼州等處百姓数萬人以誅蔡京為名殺人放火刼掠倉廩兵鋒當者称曰虎占住沁州設立文武等官制宮院称王建號近日侵攻凌州管下休寧縣知縣魏嗣復領民兵上城守護閉城賊兵連日攻打不退魏嗣復只得告急文書星夜到東京投省院下乞取救兵省院官未見太師蔡京商議蔡京約童貫高休奏知天子宣和五年三月初一天子設朝文武朝賀罷蔡京奏曰臣接凌州休寧縣告急文書申說河北田虎作乱已久即目攻打休寧甚

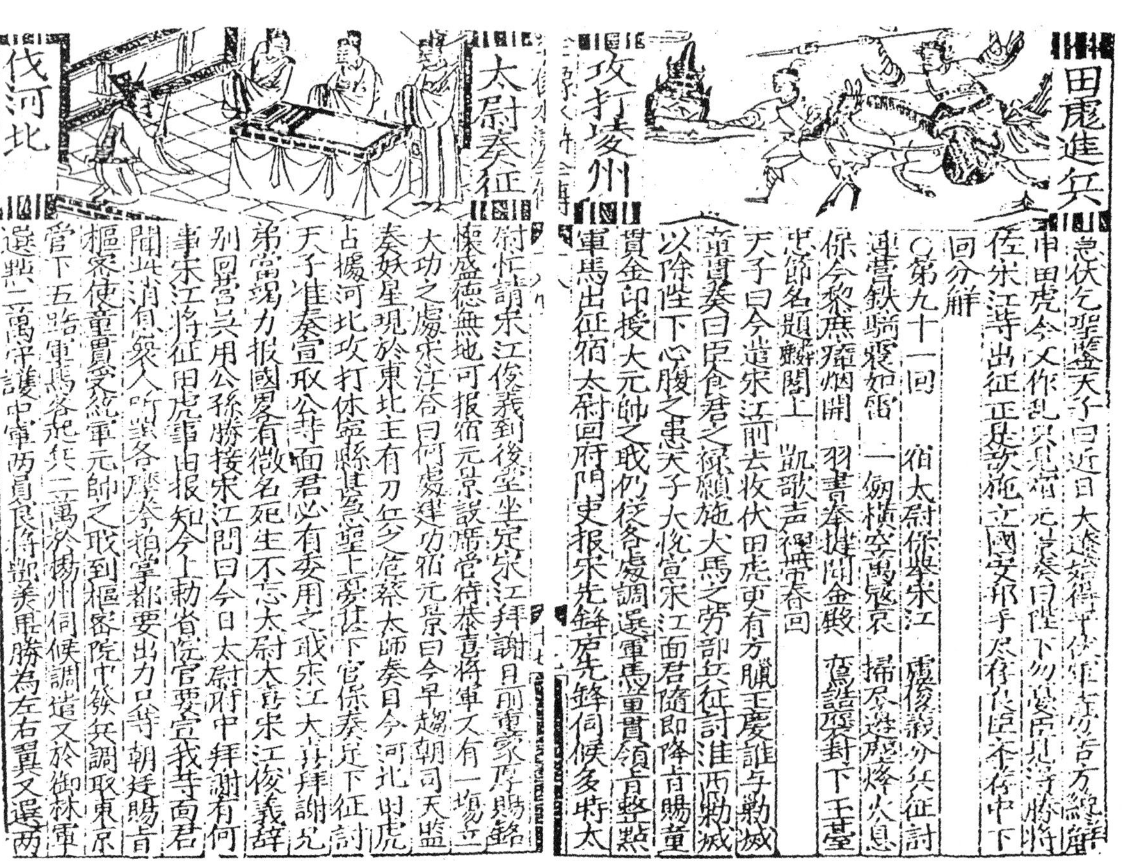

田虎進兵攻打凌州

急伏乞聖鍳天子曰近日大遼新得平伏江南方臘猖申田虎今又作乱只見宿元景奏曰陛下勿憂宋江等將佐宋江等出征正是欲施立國安邦手尽存忠臣不在中下回分觧

○第九十一回　宿太尉保舉宋江　盧俊義分兵征討

連營鉄騎寢如雷　一劍横空薦鬼哀　掃尽邊塵烽火息
條今黎庶瘴烟開　羽書奉捷開金殿　鳳詔還封下玉臺
忠節名題麟閣上　凱歌声裡帯春回

天子曰今遣宋江前去收伏田虎更有方臘王慶誰与勦滅童貫奏曰臣食君之禄願施犬馬之勞部兵征討淮西勦滅以除陛下心腹之患天子大悦宣宋江面君隨即降旨賜童貫金印授大元帥之職仍從各處調選軍馬童貫領旨整點軍馬出征宿太尉回府門吏報宋先鋒在先鋒伺候多時太

太尉奏征伐河北

尉忙請宋江俊義到後堂坐定宋江拜謝且前蒙厚賜銘懐盛徳無地可報宿元景說將管待恭喜將軍又有一場立大功之處宋江答曰何處建功宿元景曰今早趨朝司天監奏妖星現於東北主有刀兵之危蔡太師奏曰今河北田虎占據河北攻打休寧縣甚急聖上憂怯下官保奏足下征討天子准奏宣取公等面君必有委用之職宋江大喜拜謝允弟當竭力報國畧有微名死生不忘太尉大恩宋江俊義辞別回營與用公孫勝接宋江問曰今日太尉府中拜謝有何事宋江將征田虎事由報知今上勅省院官要宣我等面君聞此消息衆人听罷各歡喜今自掌都要出力只待朝廷賜旨樞密使童貫受統軍元帥之職到樞密院中發兵調取東京管下五路軍馬各起兵二萬於楊州伺候調遣又於御林軍選點二萬守護中軍两員良将鄧義畢勝為左右翼又選两

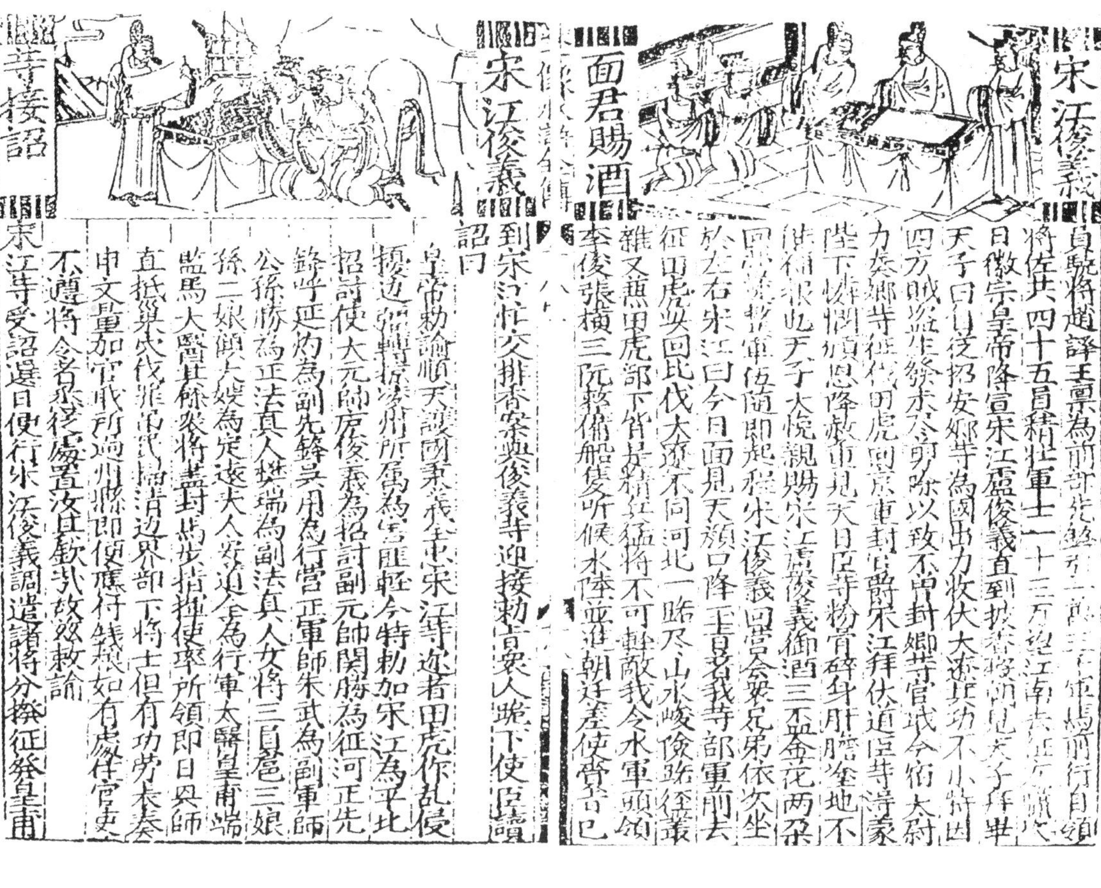

員驍將趙譚王禀為前部先鋒[illegible]軍馬前行自領
將佐共四十五員精壯軍士一十三萬從江南去征方臘次
日徽宗皇帝降宣宋江盧俊義直到披香殿朝見天子拜畢
天子曰自從招安卿等為國出力收伏大遼其功不小特因
四方賊盜作發未曾剪除以致不曾封卿等官職今宿太尉
力奏卿等征伐田虎回京重封官爵宋江拜伏道臣等[illegible]
陛下憐憫賜恩降赦面見天日臣等粉骨碎身肝膽塗地不
能補報也天子大悅親賜宋江盧俊義御酒三盃金花兩朵
回營整點軍伍隨即起程宋江俊義回營會聚兄弟依次坐
於左右宋江曰今日面見天顔口降玉旨著我等部軍前去
征田虎此回比伐大遼不同河北一路盡是山水峻險路徑叢
雜又兼田虎部下皆是精兵猛將不可輕敵我今水軍頭領
李俊張横三阮整備船隻聽候水陸並進朝廷差使賫旨已

到宋江營交排香案與俊義等迎接勅旨衆人跪下使臣讀
詔曰
皇帝勅諭順天護國忠義大夫宋江等近者田虎作亂侵
擾邊疆擄掠州所屬為害匪輕今特勅加宋江為平北
招討使大元帥盧俊義為招討副元帥關勝為征河正先
鋒呼延灼為副先鋒吳用為行營正軍師朱武為副軍師
公孫勝為正法真人樊瑞為副法真人女將三員扈三娘
孫二娘顧大嫂為定遠夫人安道全為行軍太醫皇甫端
監馬大醫其餘衆將盡封為指揮使率所領即日興師
直抵巢穴伐罪吊民掃清邊界部下將士但有功勞表奏
申文量加官職所過州縣即便應付錢粮如有處任官吏
不遵將令者悉從處置汝其欽哉故茲勅諭
宋江等受詔還日便行宋江俊義調遣諸將分撥征發皇甫

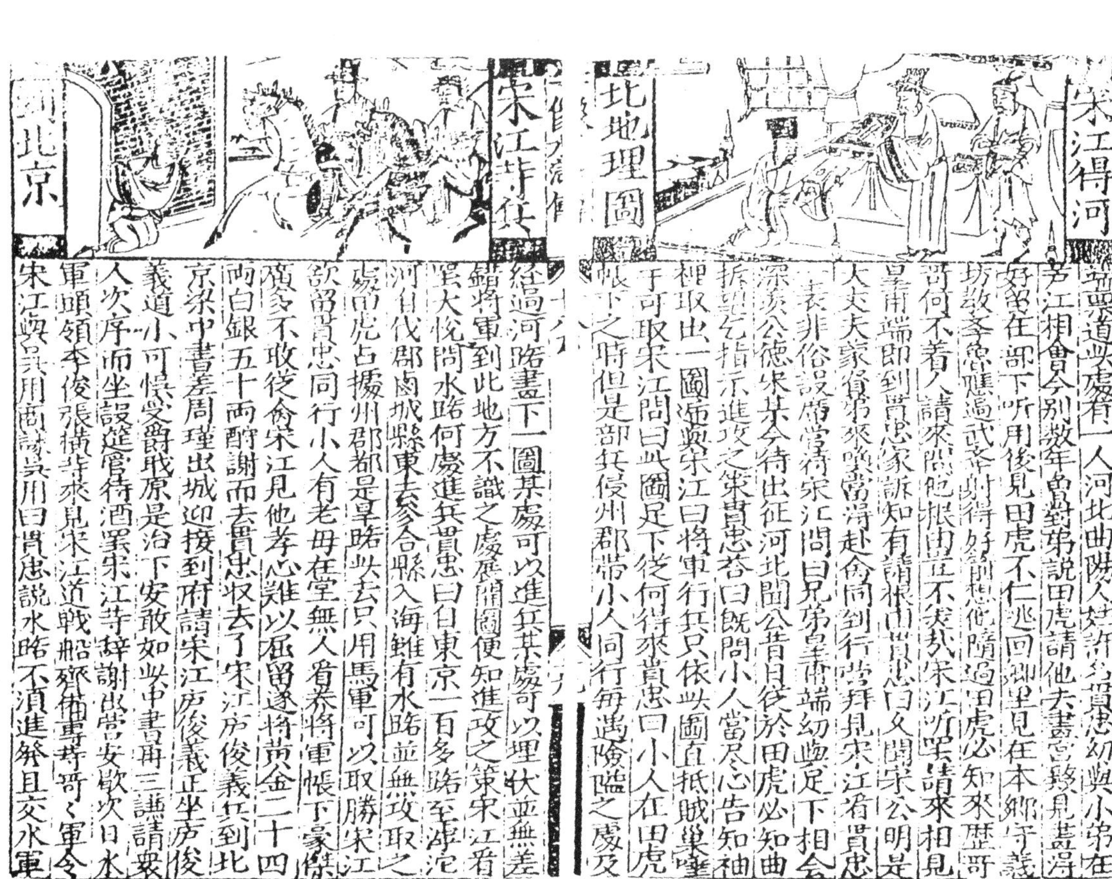

齊要道此處有一人河北曲陽人姓許名貫忠幼與小弟在
江相會今別數年曾對弟說田虎請他去書官幾見甚得
好處在部下聽用後見田虎不仁逃回鄉里見在本鄉守義
坊教[illegible]過武藝射得好卻想他隨過田虎必知來歷哥
哥何不著人請來問他根由豈不美宋江聽罷請來相見
皇甫端即到貫忠家訴知有請根由貫忠曰久聞宋公明是
大丈夫豪傑弟兄喚當得趁命同到行營拜見宋江看貫忠
一表非俗設席管待宋江問曰兄弟皇甫端幼與足下相會
深褱公德宋某今待出征河北聞公昔日從於田虎必知曲
折望乞指示進攻之策貫忠答曰既問小人當盡心告知袖
裡取出一圖遞與宋江曰將軍行兵只依此圖直抵賊巢唾
手可取宋江問曰此圖足下從何得來貫忠曰小人在田虎
帳下之時但是部兵侵州郡帶小人同行每遇險隘之處及

經過河路盡下一圖某處可以進兵某處可以埋伏並無差
錯將軍到此地方不識之處展開圖便知進攻之策宋江看
罷大悅問水路何處進兵貫忠曰自東京一百多路至滹沱
河自代郡鹵城縣東去參合縣入海雖有水路並無攻取之
處田虎占據州郡都是旱路此去只用馬軍可以取勝宋江
欲留貫忠同行小人有老母在堂無人看養將軍帳下豪傑
頗多不敢從命宋江見他孝心難以強留遂將黄金二十四
兩白銀五十兩酬謝而去貫忠收去了宋江盧俊義兵到北
京梁中書差周瑾出城迎接到府請宋江盧俊義正坐盧俊
義道小可恨受爵職原是治下安敢如此中書再三謙請衆
人次序而坐設筵管待酒罷宋江等辭謝出營安歇次日水
軍頭領李俊張横等來見宋江道戰船齊備專等哥哥軍令
宋江與吳用商議吳用曰貫忠說水路不須進發且交水軍

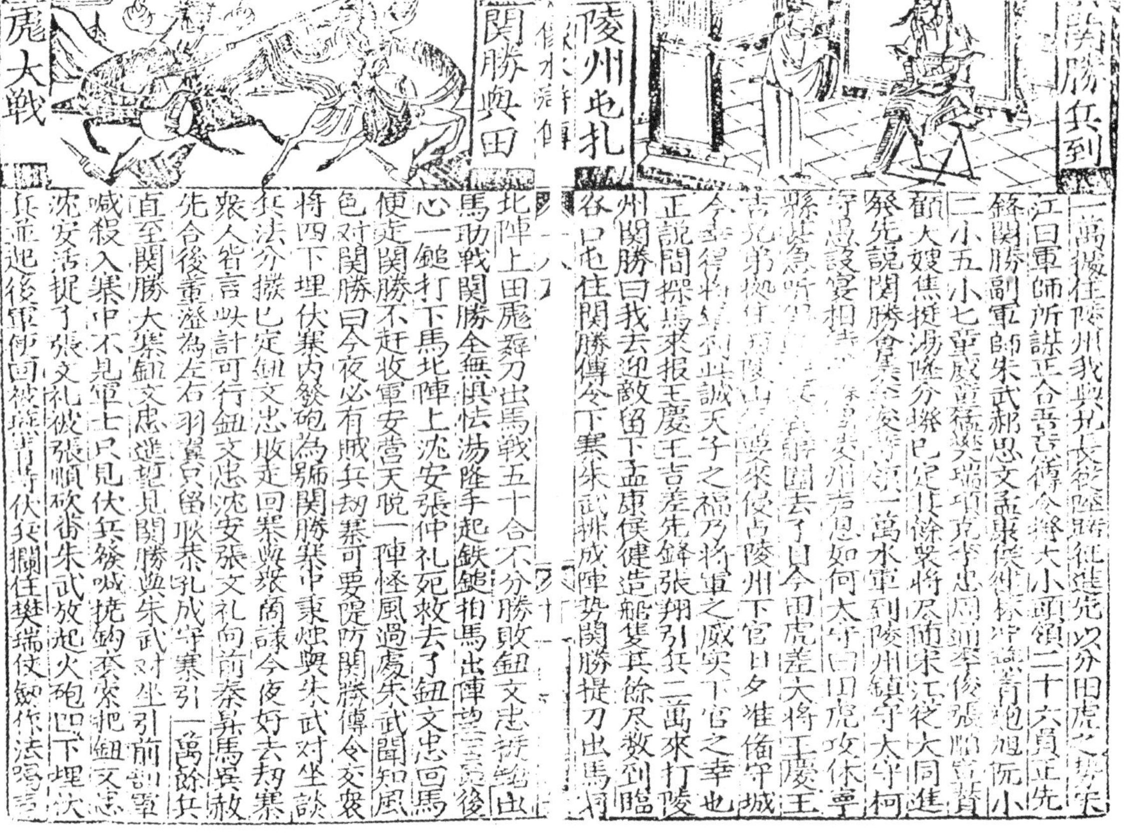

關勝兵到陵州屯扎

一萬撥住陵州我與孔亮先從臨邑縣征進先以分田虎之勢宋江曰軍師所謀正合吾意傳令撥大小頭領二十六員正先鋒關勝副軍師朱武郝思文孟康侯健楊雄石秀阮小二小五小七童威童猛樊瑞項充李忠周通李俊張順宣贊顧大嫂焦挺湯隆分撥已定其餘眾將盡隨宋江從大同進發先說關勝會集各頭領引一萬水軍到陵州鎮守太守柯守愚設宴相待……州官思如何太守曰田虎攻休寧縣甚急所……國去了目今田虎差大將王慶王吉兄弟把住陵山……要來侵占陵州下官日夕准備守城今……得將軍到此誠天子之福乃將軍之威實下官之幸也正說間探馬來報王慶王吉差先鋒張翔引兵二萬來打陵州關勝曰我去迎敵留下孟康侯健造船隻其餘盡數到臨谷口屯住關勝傳令下寨朱武排成陣勢關勝提刀出馬對

關勝與田彪大戰

北陣上田彪舞刀出馬戰五十合不分勝敗鈕文忠拍馬出馬助戰關勝全無惧怯湯隆手起鉄鎚拍馬出陣望……後心一鎚打下馬北陣上沈安張仲礼死救去了鈕文忠回馬便走關勝不赶收軍安營天晚一陣怪風過處朱武聞知風色对關勝曰今夜必有賊兵刼寨可要隄防關勝傳令交衆将四下埋伏寨內發砲為號關勝寨中秉燭與朱武对坐談兵法分撥已定鈕文忠敗走回寨與衆商議今夜好去刼寨衆人皆言此計可行鈕文忠沈安張文礼向前秦昇馬兵赦先合後董澄為左右羽翼只留耿恭孔成守寨引一萬餘兵直至關勝大寨鈕文忠進到見關勝與朱武对坐引前到寨喊殺入寨中不見軍士只見伏兵發喊撓鈎套索把鈕文忠沈安活捉了張文礼彼張順砍翻朱武放起火砲四下埋伏兵並起後軍便回被……伏兵攔住樊瑞仗劍作法喝聲

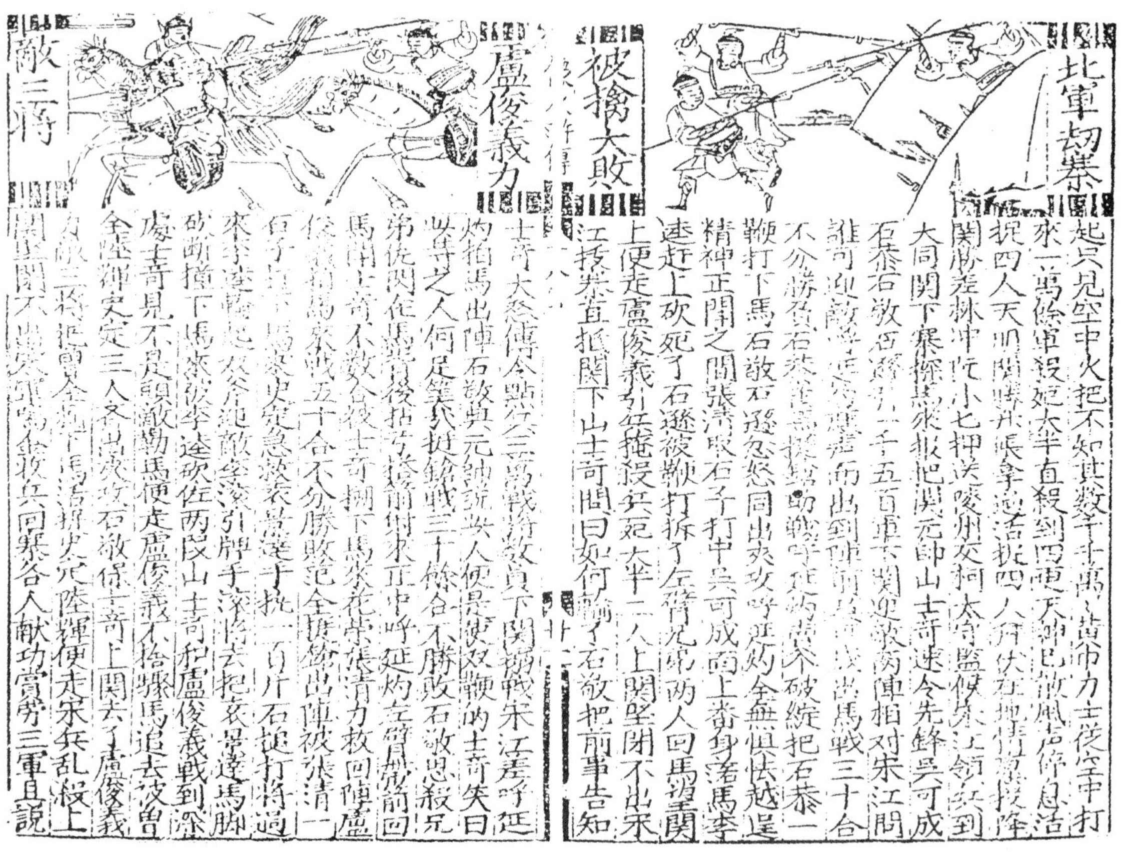

北軍刼寨被擒大敗

起只見空中火把不知其數千千萬萬黃巾力士從空中打來一萬餘軍殺死大半直殺到四更天神已散風息停息活捉四人天明關勝升帳拿過活捉四人……投降關勝差林沖阮小七押送陵州交柯太守監候宋江領兵到大同關下寨探馬來報把關元帥山士奇遣令先鋒吳可成石恭石敬石遜引一千五百軍下關迎敵兩陣相对宋江問誰可迎敵……而出到陣前……出馬戰三十合不分勝負石恭……不破綻把石恭一鞭打下馬石敬石遜忽怒同出來攻呼延灼全無惧怯越逞精神正鬪之間張清取石子打中吳可成面上番身落馬李逵赶上砍死了石遜被鞭打折了左臂兄弟兩人回馬望關上便走盧俊義引兵掩殺兵死大半二人上關堅閉不出宋江拔寨直抵關下山士奇問曰如何輸了石敬把前事告知

盧俊義力敵三將

士奇大怒傳令點兵二萬戰將數員下關搦戰宋江差呼延灼拍馬出陣石敬與元帥說此人便是使双鞭的士奇笑曰此等之人何足笑哉挺鎗戰三十餘合不勝敗石敬思殺兄弟仇閃在馬……後拈弓搭箭射來正中呼延灼左臂……前回馬閃士奇不數合被士奇搠下馬來花榮張清力救回陣盧俊義……來戰五十合不分勝敗曾全……出陣被張清一石子打……史定急救……一百斤石槌打將過來……引牌手……去把……馬脚砍斷撞下馬來被李逵砍作兩段山士奇和盧俊義戰到深處士奇見不是頭撥馬便走盧俊義不捨驟馬追去被曾全……史定三人……石敬保士奇上關去了盧俊義力敵三將把曾全……史定陸輝便走宋兵乱殺上關堅閉不出宋江……收兵回寨各人献功賞勞三軍且說

時遷石秀　關內放火

山士奇一面申達田虎求救緊守關隘宋江與吳用商議取
關時遷道哥哥小弟探知關裡有個浮圖寶塔我同石秀哥
帶轟天子母炮四個搭地扒上關去將炮架在城樓上用藥
線三五丈長引着連珠砲就關內放起火來哥哥引兵在關
外合眾江吳二計當晚二人到關下時遷上去見沒動靜對石
秀曰你可將炮上關樓上安放我去塔上放火看火四散起
了你便砍開關門說罷時遷扒在塔頂上听已是三更宋江
與徐寧引一万哨兵十二員大將伺候張清索超等引兵到
關下攻打關內听得時遷上關放炮擂鼓砲向石秀點着藥
線關樓上連珠砲响驚得把關軍士各自逃命時遷听得砲
响就塔上放起火來關內鬨亂石秀從樹上溜下來把關門
砍開放兵入關山士奇只得拔北而走天明救滅出榜安民
宋江入關把住功勞簿寫時遷石秀頭功宋江對吳用曰今

宋江進關　出榜民安

曰眾兄弟齊心已得了此頭關再把許貫忠圖經來看离此
九十里外便是玉門關却有猛將守把軍師有何妙策可取
吳用言無數句玉門關外变作屍山血海金烏頭下黃成劍
地鏃林下回分解

○第九十一回　盛提轄崇義投降　元帥良謀激出家
假繇迷漫助戰壓　猶忠仗義馬頭征　英雄解甲投帷幃
壯士棲身避爵名　天子從容頒爵　將軍殉節守長城
功成已伏群英策　不負勤劳仰聖明

宋江與吳用商議取玉門關說眾吳用曰依愚所見且按甲
不動士奇敗去必有兵來我先分兩路軍遠抵玉門關山林
森密處埋伏等他兵來和他廝殺令人飛报伏兵就那里殺
入關去唾手可得宋江曰此計大妙使先撥副元帥盧俊義
董平鄧飛蔣敬馬麟郝思文韓滔彭玘共八員將引軍一萬

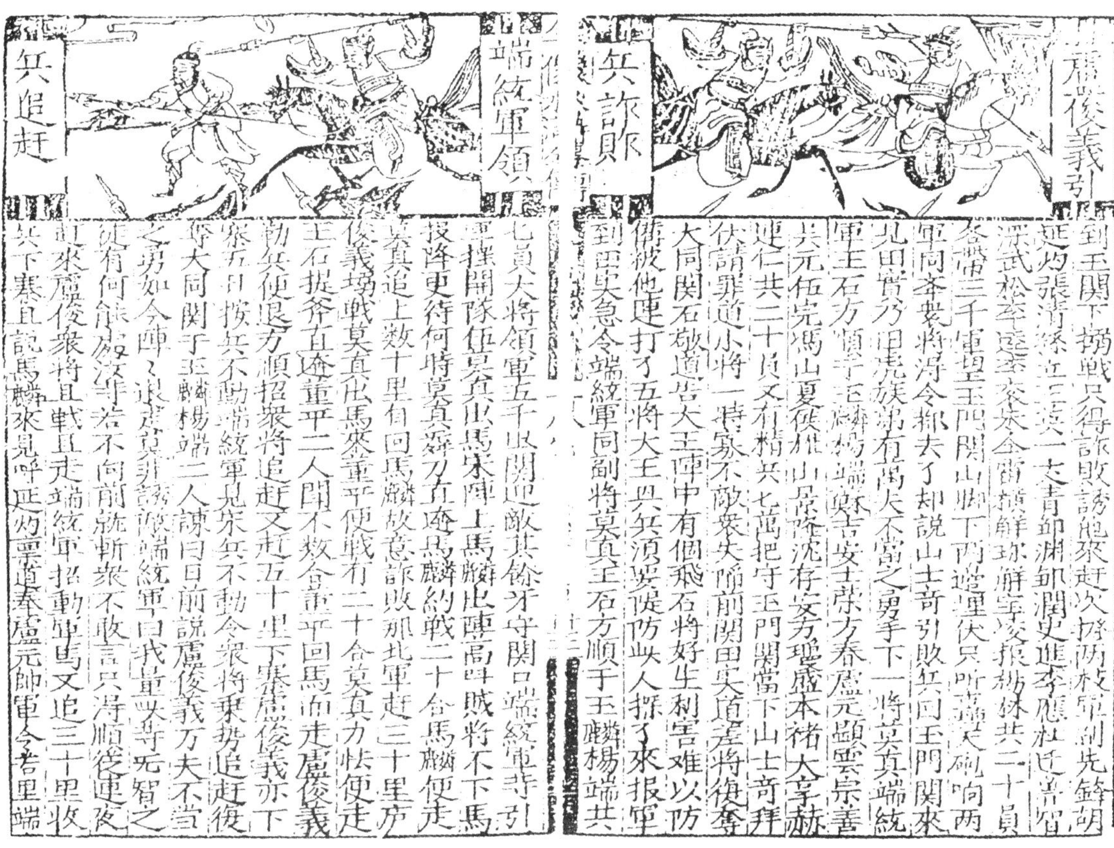

盧俊義引　兵詐敗

到玉關下搦戰只得詐敗誘他來趕次撥兩枝軍副先鋒胡
延灼張清孫立三阮一丈青鄒淵鄒潤史進李應杜遷宋留
深武松李逵樊瑞李袞项充解珍解寶凌振楊林共二十員
各帶三千軍埋玉門關山腳下兩邊埋伏只听轟天砲响兩
軍同奔要將得令都去了却說山士奇引敗兵回玉門關來
見田實乃田虎族弟有萬夫不當之勇手下一將莫真端統
軍王石方順于玉麟楊端郭吉安士榮方春盧元顧雲宗善
共元伍完馮山夏侯梳山景隆沉存安秀瓊盛本褚大亨赫
連仁共二十員又有精兵七萬把守玉門關當下山士奇拜
伏請罪道小將一時寡不敵眾失了前關田實道差將復奪
大同關石敬道告大王陣中有個飛石將好生利害难以防
備被他連打了五將大王興兵須要提防此人探子來报軍
到田實急令端統軍同副將莫真王石方順于玉麟楊端共

端統軍領　兵追趕

七員大將領軍五千出關迎敵其餘牙守關口端統軍寺引
軍擺開隊伍莫真出馬宋陣上馬麟出陣高叫賊將不下馬
投降更待何時莫真舞刀直奔馬麟約戰二十合馬麟便走
莫真追上數十里自回馬麟故意詐敗那北軍赶三十里芦
俊義场戰莫真出馬來董平便戰有二十合莫真力怯便走
王石提斧直奔董平二人鬥不数合董平回馬而走盧俊義
勒兵便退方順招眾將追赶又赶五十里下寨盧俊義亦下
寨五日按兵不動端統軍見宋兵不動令眾將乘势追赶復
奪大同關于玉麟楊端二人諫曰日前說盧俊義万夫不當
之勇如今陣陣退走莫非詐誘端統軍曰我量此等无智之
徒有何能被汝等若不向前就斬眾不敢言只得随後連夜
赶來盧俊義眾將且戰且走端統軍招動軍馬又追三十里收
兵下寨且說馬麟來見呼延灼稟道奉盧元帥軍令若里端

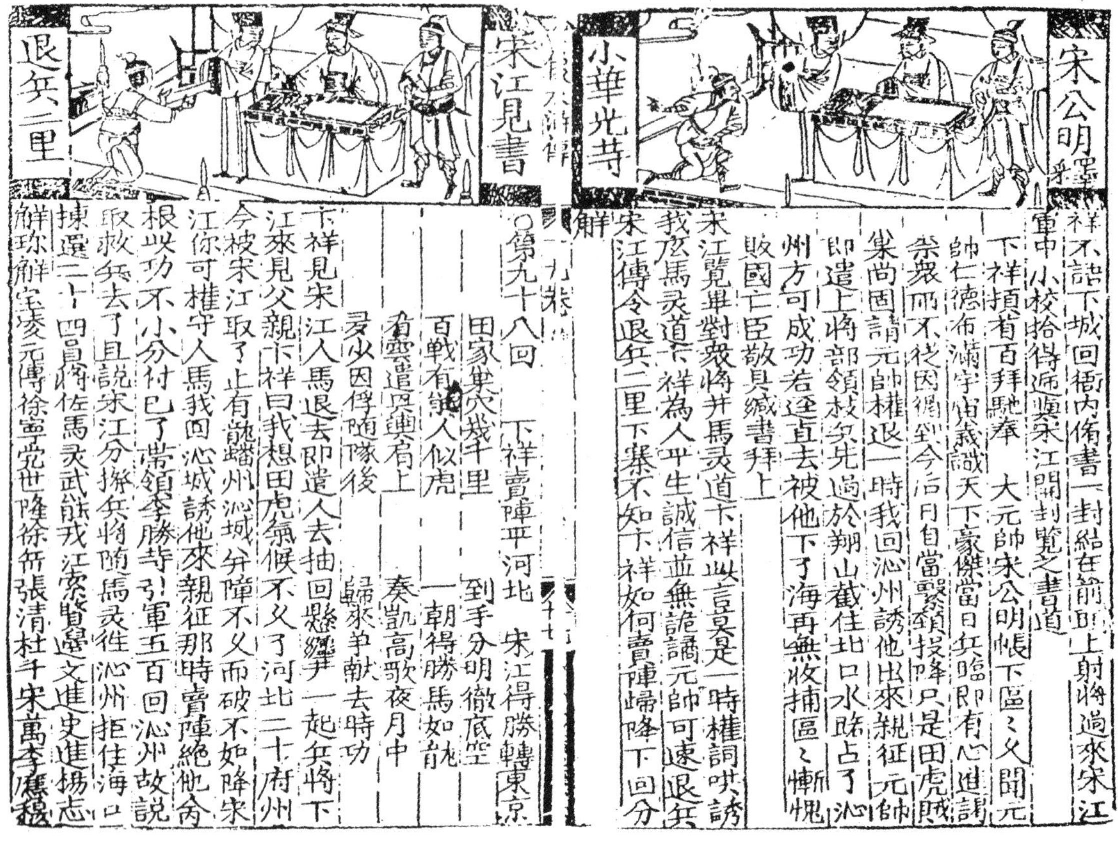

祥不諾下城回衙內脩書一封結在箭頭上射將過來宋江軍中小校拾得遞與宋江開封覽之書道

卞祥頓首百拜馳奉　大元帥宋公明帳下區區久聞元帥仁德佈滿宇宙義識天下豪傑當日兵臨即有心進謁奈衆所不從因循到今今日自當繫頸投降只是田虎賊巢尚固請元帥權退一時我回沁州誘他出來親征元帥即遣上將部領枝兵先過於翔山截住坩口水路占了沁州方可成功若逕直去被他下了海再無收捕區區慚愧敗國亡臣敬具緘書拜上

宋江覽畢對衆將并馬靈道卞祥此言莫是一時權詞哄誘我麼馬靈道卞祥為人平生誠信並無詭譎元帥可速退兵宋江傳令退兵二里下寨不知卞祥如何賣陣歸降下回分解

○第九十八回　卞祥賣陣平河北　宋江得勝轉東京

田家巢穴幾千里　到手分明徹底空
百戰有能人似虎　一朝得勝馬如龍
看雲遣與輿肩上　奏凱高歌夜月中
最少因僥隨隊後　歸來爭獻去時功

卞祥見宋江人馬退去即遣人去抽回懸纜一起兵將下江來見父親卞祥曰我想田虎氣候不久了河北二十府州今被宋江取了止有離蟠州沁城分障不久而破不如降宋江你可權守人馬我回沁城誘他來親征那時賣陣絕他命根此功不小分付已了帶領李勝等引軍五百回沁州故說取救兵去了且說宋江分撥兵將隨馬靈往沁州拒住海口揀選二十四員將佐馬靈武能戎江宗皆邊文進史進楊志解珍解寶凌元傳徐寧党世隆徐榮張清杜千宋萬李應穆

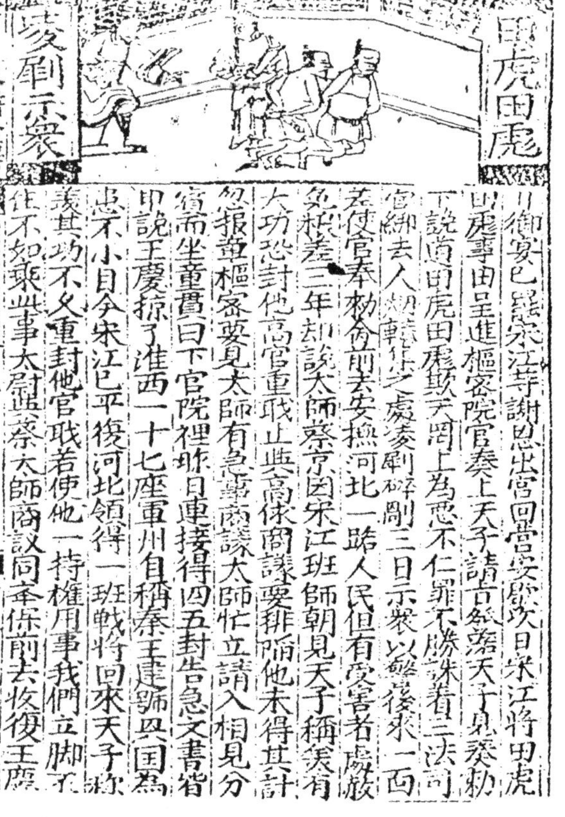

川御宴已罷宋江等謝恩出宮回營安歇次日宋江將田虎田彪事由呈進樞密院官奏上天子請旨發落天子見奏敕下說道田虎田彪欺天罔上為惡不仁罪不勝誅着三法司官綁去人鬧轅轅之處凌剮碎剮三日示衆以警後來一面着使官奉敕前去安撫河北一路人民但有受害者處撫免稅差三年却說太師蔡京因宋江班師朝見天子稱美有大功恐封他高官重職止與高俅商議要排陷他未得其計忽報童樞密要見太師有急事商議太師忙立請入相見分賓而坐童貫曰下官院裡昨日連接得四五封告急文書皆即說王慶掠了淮西一十七座軍州自稱楚王建號與国為患不小目今宋江已平復河北領得一班戰將回來天子欲義其功不久重封他官職若使他一持權用事我們立脚不住不如乘此事太尉進奏太師商議同奉保前去收復王慶

清平山堂話本

提要

《清平山堂話本》殘十五種，明洪楩編，日本内閣文庫藏明嘉靖洪氏刊本。每半葉十一行，四周單邊，無魚尾，白口。是書原名《六十家小説》，共分《雨窗集》、《長燈集》、《隨航集》、《攲枕集》、《解閑集》、《醒夢集》六集，每集分上下卷，每卷五篇，全書共六十篇。今只餘話本十五種。此本不著序目，無刊刻年代、姓氏，因所刻書版心有『清平山堂』字樣，故名為《清平山堂話本》。

柳耆卿詩酒翫江樓記

入話

誰家柔女勝姮娥　行速香堦躰態多
两朵桃花焙晓日　一双星眼轉秋波
釵從鬓畔飛金鳯　柳傍眉間鎖翠娥
萬種風流觀不盡　馬行十步九蹉跎

這首詩是柳耆卿題美人詩當時是宋神宗朝間東京有一才子天下聞名姓柳双名耆卿排行第七人皆稱爲柳七官人年方二十五歲生得丰姿洒落人材出衆吟詩作賦琴棋書畫品竹調絲無所不通專愛在花街柳巷多少名妓歡喜他在京師與三個出名上行首打

暖一个喚做陳師々一个喚做趙香々一个喚做徐冬々這三个頂老陪錢爭養着那柳七官人三个愛這柳七官人曾作一首詞兒爲証其詞云

師々媚容艷質香々與我情多冬々與我煞脾和獨自窩盤三个　撋字答王未肯權將好字停那如今意下待如何㚞字中間着我

這柳七官人在三个行首家閑耍無事一日做一篇歌頭曲尾歌曰

十里荷花九里紅　中間一朵白松々
白蓮則好模藕吃　紅蓮則好結蓮蓬
結蓮蓬々々々　蓮蓬好吃藕玲瓏開花須結子

也是一場空　一時乘酒興空肚里吃三鍾番身落水尋不見則听得採蓮船上鼓打撲鼕々

柳七官人一日携僕到金陵城外翫江樓上独自个翫賞吃得大醉命僕取筆作一隻詞々寄虞美人乃寫於樓中白粉壁上其詞曰

春花秋月何時了往事知多少小樓昨夜又東風故國不堪回首月明中　雕欄玉砌應由在只是朱顏改問君都有幾多愁恰似一江春水向東流

柳七官人詞罷擲筆於樓拂袖而返京都這柳耆卿詩詞文采壓於才士因此近侍官僚喜敬者多舉耆卿保

奏着耆卿爲江浙路管下餘杭縣宰柳耆卿乃辭謝官僚別了三个行首各々餞別而不忍捨遂別親朋將帶僕人携琴劍書箱迤邐在路不一日來到餘杭縣上任端的爲官清政訟簡詞清過了兩月用己財起造一樓於官塘水次倣金陵之樓題之額曰翫江樓以自取樂本處有一美麗歌妓姓周小字月仙柳七官人每召至樓上歌唱祇應柳縣宰見月仙果然生得

雲鬓輕梳蟬翼娥眉巧畫春山朱唇注一顆夭桃皓齒排兩行碎玉花生媚臉冰剪明眸意態妖嬈精神艷冶豈特餘杭之絕色尤勝都下之名花

當日酒散柳縣宰看了月仙春心蕩漾以言挑之月仙再三拒而弗從而去柳七官人交人打听元來這周月仙自有个黃員外情密甚好其黃員外宅與月仙家雖古渡一里有余因此每夜用船來往耆卿備知其事乃密召其舟人至分付交伊夜間船内強姦月仙可來回覆自有重賞其舟人領台旨去了却說周月仙一日晚独自下船欲往黃員外宅去月色明朗船行半路舟人將船纜於無人烟処走入船倉内不問事由向前將月仙樓抱在倉中逼着定要雲雨周月仙料难脫身不得已而從之与舟人雲收雨散月仙惆悵而作詩歌之

自恨身為妓　遭淫不敢言

羞歸明月渡　懶上載花船

是夜周月仙被舟人淫勾不敢明言乃往黃員外家至曉回家其舟人已自回復柳縣宰〻〻設計乃排宴於翫江樓上令人召周月仙歌唱却乃預令舟人假作客官預坐酒半酣柳縣宰乃歌周月仙所作之詩曰

自恨身為妓　遭淫不敢言

羞歸明月渡　懶上載花船

柳耆卿歌詩畢周月仙惶愧羞慚滿面安身無地低首不語耆卿命舟人退去月仙向前跪拜告曰相公恕賤人之非望憐而惜之妾今愿為侍婢以奉相公心無二也當日月仙遂与耆卿歡洽耆卿大喜而作詩曰

佳人不自奉耆卿　却駕孤舟犯夜行

殘月曉風楊柳岸　肯教辜負此時情

詩罷月仙拜謝耆卿而回自此日夕常侍耆卿之側與之歡悅無息忽一日耆卿酒醉命月仙取紙筆作一詞〻寄浪里來詞曰

柳解元使了計策周月仙中了機扣我交那打魚人准備了釣鰲鈎你是惺〻人算來出不得文人手妲〻免劳慚皺我將那点鋼鍬掘倒了翫江樓

柳七官人寫罷付與周月仙〻〻謝了自回這柳縣宰在任三年周月仙殷勤奉從兩情篤愛却恨任滿回京

與周月仙相別自回京都到今風月江湖上萬古漁樵作話文有詩曰

一別知心兩地愁　任他月下翫江樓

來年此日知何処　遥指白雲天際頭

又詩曰

耆卿有意戀月仙　清歌妙舞樂怡然

兩下相思不相見　知他相會是何年

柳耆卿詩酒翫江樓記終

簡貼和尚　亦名胡姑〻　又名錯下書

公案傳奇

入話　鷓鴣天

白苧千袍入嫩京春蚕食葉響長廊禹門已準桃花浪
月殿先收桂子香　鵬北海鳳朝陽又携書劍路茫茫
明年此日青雲去却咲人間舉子忙

大國長安一座縣喚做咸陽縣離長安四十五里一个官人覆姓宇文名綬離了咸陽縣來長安赴試一連三番試不過有个渾家王氏見丈夫試不中歸來把覆姓為題做个詞兒專說丈夫試不中名喚做望江南　詞道是

公孫恨端木筆俱收枉念歌篇經數載尋思徒記万餘
秋拓拔淚交流　村僕固悶獨駕孤舟不望手勾龍虎
榜慕容顏老一齊休甘分守間丘

那王氏意不足看看丈夫又做四句詩兒

良人得〻負奇才　何事年〻被放回
君面從今羞妾面　此番歸後夜間來

宇文解元從此發忿道試不中定是不歸到得來年一舉成名了只在長安住不歸去渾家王氏見這丈夫不歸理會得道我曾做詩嘲他可知道不歸修一封書叫當直王吉來你與我將這封書去四十五里把與官人書中前面略敘寒暄後面做隻詞兒名做南柯子　詞道是

鵲喜噪晨樹灯開半夜花果然音信到天涯報道王郎
登第出京華　舊恨消眉黛新歡上臉霞從前都是誤
疑他將謂〻〻年狂蕩不歸家

去這詞後面又寫四句詩道

長安此去无多地　鬱〻忽〻佳氣浮
良人得意正年少　今夜醉眠何處樓

宇文綬接得書展開看讀了詞看罷詩道你前回做詩教我從今歸後夜間來我今試過了却要我回就旅邸中取出文房四寶做了隻曲兒喚做踏沙行

足躡雲梯手攀仙桂姓名高掛登科記馬前喝道狀元
來金鞍玉勒成行綴　宴罷歸來恣遊花市此時方顯
平生志修書速報鳳樓人這回好个風流婿

做畢這詞取張花箋摺疊成書待要寫了付與渾家正研墨着見得手重惹番硯水滴兒打濕了紙再把一張紙摺疊了寫成封家書付身當直王吉教分付家中孺人我今在長安試過了到夜了歸來急去傳語孺人不到夜我不歸來王吉接得書唱了喏四十五里田地直到家中話裡且說宇文綬發了這封家書當日天色晚客店中无甚底事便去睡方纔朦朧睡着夢見歸去到咸陽縣家中見當直王吉在門前一壁脫下草鞋洗脚宇文綬問道王吉你早歸了再四問他不應宇文綬焦躁擡起頭來看時見渾家王氏把着蠟燭入去房裡宇文綬趕上來叫孺人我歸了渾家不采他又說兩声渾家又不采宇文綬不知身是夢

裡道渾家入房去看這王氏時放燭灯在桌子上取早間
一封書頭上取下金篦兒一剔剔開封皮看時却是一幅
白紙渾家底咲就灯燭下把起筆來就白紙上寫了四句
詩　碧紗窗下啓緘封　一紙從頭徹底空
知尔欲帰情意切　想思尽在不言中
寫畢換个封皮再來封了那婦女把金篦兒去剔那燭燭
灯一剔剔在字文綴欲上吃一驚撒然驚覺却在客店裡
牀上睡灯猶未滅桌子上看時果然錯封了一幅白紙帰
去看一幅紙寫這四句詩到得明日早飯后王吉把那封
書來拆開看時裡面寫着四句詩便是夜來夢裡見那渾
家做底一般當便安排行李即時帰家去這便喚做錯封
書下來說底便是錯下書有个官人夫妻兩口兒正在家
坐地一个人送封簡帖兒來与他渾家只因這封簡帖兒
变出一本蹺蹊作怪底小說來　正是
塵隨馬足何年尽　事繫人心早晚休
淡畫眉兒斜插梳不忺拈弄綉工夫雲窗霧閣深深処
靜拂雲箋學草書　多艷麗更清姝神仙標格世間兇
當時只說梅花似細看梅花却不如
東京汴州開封府棗槊巷裡有个官人複姓皇甫單名松
本身是左班殿直年二十六歲有个妻子楊氏年二十四
歲一个十三歲的丫環名喚迎兒只這三口別无親戚當
時皇甫殿直官差去押衣襖上边回來是年節第二節去

棗槊巷口一个小小底茶坊開茶坊人喚做王二當日茶
市方罷相是日中只見一个官人入來那官人生得
濃眉毛大眼睛蹶鼻子略綽口頭上裹一頂高樣大桶
子頭巾着一領大寬袖斜襟摺子下面襯貼衣裳甜鞋
淨襪　入來茶坊裡坐下開茶坊的王二拏着茶盞
進前唱喏奉茶那官人接茶吃罷看着王二道少借這裡
等个人王二道不妨等多時只見一个男女托个盤兒口
中叫賣鵪鶉餶飿兒官人把手打招叫買餶飿兒僧兒見
叫托盤兒入茶坊內放在桌上將條篾篁穿那餶飿兒捏
些鹽放在官人面前道官人吃餶飿兒官人道我吃先煩
你一件事僧兒道不知要做甚麼那官人指着棗槊巷裡
第四家問僧兒認得這人家麼僧兒道認得那裡是皇甫
殿直家裡殿直押衣襖上边方纔回家官人問道他家有
幾口僧兒道只是殿直一个小娘子一个小養娘官人道
你認得那小娘子也不僧兒道小娘子尋常不出簾兒外
面有時叫僧兒買餶飿兒常去認得問他做甚麼官人去
腰裡取下版金線篋兒抖下五十來錢安在僧兒盤子裡
僧兒見了可煞喜歡叉手不離方寸告官人有何使令官
人道我相煩你則个袖中取出一張白紙包着一對落索
鐶兒兩隻短金釵子一个簡帖兒付与僧兒道這三件物
事煩你送去適間問的小娘子你見殿直不要送与他見
小娘子時你只道官人再三傳語將這三件物來与小娘

子万望咲留你便去我只在這裡等你回報那僧兒㩲了
三件物事把滕子寄在王二茶坊櫃上僧兒托着三件物
事入來棗槊巷來到皇甫殿直門前把青竹簾掀起探一探
當時皇甫殿直正在前面校椅上坐地只見賣餶飿的小
厮兒掀起簾子猖猖狂狂探一探了便走皇甫殿直看着那
厮震威一喝　便是
當陽橋上張飛勇　一喝曹公百万兵
喝那厮一声問道做甚麼那厮不顧便走皇甫殿直搶開
腳兩步赶上捽那厮回來問道甚意思看我一看了便走
那厮道一个官人教我把三件物事與小娘子不教把來
与你殿直問道甚麼物事那厮道你莫問不教把與你皇

清平山堂　簡帖和尚　十五

甫殿直搭得拳頭没縫去頂門上屑那厮一搡道好好的
把出來教我看那厮吃了一搡只得懷裡取出一个紙裹
兒口裡兀自道教我把与小娘子又不教把与你皇甫殿
直劈手奪了紙包兒打開看裡面一對落索鐶兒一双短
金釵一个柬帖兒皇甫殿直接得三件物事拆開簡子看
時
某皇恐再拜上啓小娘子粧前即日孟春謹時恭
惟懿候起居万福某外日荷蒙持杯之款深切仰
思未嘗少替某偶以薄幹不及親詣聊有小詞名
訴衷情以代面稟伏乞懿覽　詞道是
知伊夫壻上边回懊惱碎情懷絡索鐶兒一对
簡子与金釵　伊收取莫疑猜且開懷自後別
後孤幃冷落獨守書齋
皇甫殿直看了簡帖兒劈開眉下眼咬碎口中牙問僧兒
道誰交你把來僧兒用手指着巷口王二哥茶坊裡道有
个粗眉毛大眼精蹶鼻子略绰口的官人教我把來与小
娘子不教我把与你皇甫殿直一隻手捽着僧兒狗毛出
這棗槊巷徑奔王二哥茶坊前來僧兒指着茶坊道恰纔
在拶裡面打底床鋪上坐地底官人教我把來与小娘子
又不交把与你你却打我皇甫殿直再捽僧兒回來不由
開茶坊的王二分說當時到家裡殿直焦躁把門來閂上
掾來掾了議得僧兒戰做一團殿直從裡面叫出二十四
歲花枝也似渾家出來道你且看這件物事那小娘子又

清平山堂　簡帖和尚　十六

不知上件因依去交椅上坐地殿直把那簡帖兒和兩件
物事度与渾家看那婦人看着簡帖兒上言語也没理會
处殿直道你見我三个月日押衣襖上边不知和甚人在
家中吃酒小娘子道我和你從小夫妻你去後何曾有人
和我吃酒殿直道既没人這三件物從那裡來小娘子道
我怎知殿直左手指右手举一个漏風掌打將去小娘子
則叫得一声掩着面哭將入去皇甫殿直叫將十三歲迎
兒出來去壁上取下一把箭簝子竹來放在地上叫过迎
兒來看自迎兒生得
短肐膊琵琶腿劈得柴打得水會吃飯能屙屎
皇甫松去衣架上取下一條縧來把妮子縛了兩隻手掉

过屋梁去直上一下打一抽吊将妮子起去拏起箭簝子竹來問那妮子道我出去三个月小娘子在家中和甚人吃酒妮子道不曾有人皇甫殿直拏起箭簝子竹去妮子腿上便摔々得妮子殺猪也似叫又問又打那妮子吃不得打口中道出一句來三个月殿直出去小娘子夜々和个人睡皇甫殿直道好也放下妮子來解了縧道你且來我問你是和兀誰睡那妮子揩着眼淚道告殿直实不敢相瞞自從殿直出去後小娘子夜々和个人睡不是別人却是和迎兒睡皇甫殿直道這妮子却不弄我喝将過去帶一管鎖走出門去拽上那門把鎖々了走去轉彎巷口叫将四个人來是本地方所由如今叫做連手又叫做巡軍張

千李万董覇薛超四人來到門前用鑰匙開了鎖開了鎖推開門從裏面扯出賣餶飿的僧兒來道煩上名收領這厮四人道父母官使令領台旨殿直道未要去还有人里從裡面叫出十三歲的迎兒和二十四歲花枝的渾家道和他都領薛超唱喏道父母官不敢收領孺人殿直道你濾不敢領他這件事干人命誰得四个所由則得領小娘子和迎兒弁賣餶飿兒的僧兒三个同去解到開封錢大尹厅下皇甫殿直就厅下唱了大尹喏把那柬帖兒呈覆了錢大尹看見即時交押下一个所屬去処叫将山前行山定來當時山定承了這件文字叫僧兒問時應道則是尔坊裡見个粗眉毛大眼精蹶鼻子略綽口的官人交把這封柬子來与小娘子打殺後也只是恁地供問這迎兒々々道即不曾有人來同小娘子吃酒亦不知付柬帖兒來的是何人打死也只是恁么供招却待問小娘子々々道自從小年夫妻都無一个親戚來去只有夫妻二人亦不知把柬帖兒來的是何等人山前行山定看着小娘子生得怎地瘦弱怎禁得打勘怎地訊問他從裡面交拐将过來兩个獄子押出一个罪人來看這罪人時

面長皴輪骨　胲生滲癩腮

有如行病兒　到処降人災

小娘子見這罪人後兩隻手掩着面那裡敢開眼山前行看着靜山大王道声与獄子把枷稍一紐枷稍在上道士

頭向下拏起把刑子來打得殺猪也似叫山前行問道你曾殺人也不曾靜山大王應道曾殺人又問曾放火不曾應到曾放火教兩个獄子把靜山大王押入牢裡去山前行回轉頭來看着小娘子道你見靜山大王吃不得幾杖子殺人放火都認了小娘子你有事只好供招了你却如何吃得這般杖子小娘子簌地兩行泪下道告前行到這裡隱諱不得覓幅紙和筆只得与他供招小娘子供道自從小年夫妻都无一个親戚來往即不知把柬帖兒來的是甚色樣人如今看要教侍兒吃甚罪名皆出賜大尹筆下見恁么說五回三次問他供說得一同似此三日山前行正在州衙門前立倒断不下偶擡頭看時却見皇甫殿

直在面前相揖問及這件事如何三日理會這件事不下
莫是接了寄柬帖的人錢物故意不了這件公事山前
行听得道殿直如今台意要如何皇甫松道只是要休离
了當日山前行入州衙裡到晚衙把這件文字呈了錢大
尹〻〻叫將皇甫殿直來當厅問道捉賊見贓捉奸見双
又无証佐如何断得他罪皇甫松告錢大尹松如今不愿
同妻子歸去情愿當官休了大尹台判听從夫便殿直自
歸僧兒迎兒唱出各自歸去只有小娘子見丈夫不要他
把他休了哭出州衙門來口中自道丈夫又不要我又沒
一个親戚投奔教我那裡安身不若我自尋死后休上天
漢州橋看自金水銀隄汴河恰待要跳將下去則見后面

一个人把小娘子衣裳一捽〻住回轉頭來看時恰是一
个婆〻生得　眉分兩道雪鬢挽一窩絲眼昏一似秋水
　　微渾髮白不若楚山雲淡
婆〻道孩兒你卻沒事尋死做甚麼你認得我也不小娘
子不識婆〻婆〻道我是你姑〻自從你嫁了老公我家
寒微陪你不自到今不來往我前日听得你与丈夫官司
我日逐在這裡伺候今日听得道休离了你要投水做甚
麼小娘子道我上无片瓦下无卓錐老公又不要我又无
親戚投奔不死更待何時婆〻道如今且同你去姑〻家
裡后如何婦女自思量道這婆子知他是我姑〻也不是
我如今沒投奔〻且只得隨他去了卻理會當時隨這姑

〻家去看時家裡沒甚麼活計卻好一个房舍也有粉青
帳兒有交椅卓櫈之類在這姑〻家裡过了三兩日當日
方纔吃罷飯則听得外面一个官人高声大氣叫道婆子
你把我物事去賣了如何不把錢來还那婆子听得叫失
張失志出去迎接來叫的官人請入來坐地小娘子看眼
看時見入來的人
　粗眉毛大眼精䁖鼻子略綽口抹眉裹頂高裝大帶頭
　巾闊上領皂褶兒下面甜鞋淨襪
小娘子見了口喻心〻喻口道好似那僧兒說的寄柬帖
兒官人只見官人入來便坐在櫈子上大驚小怪道婆子
你把我三百貫錢物事去賣了經一个月日不把錢來还

婆子道物事自賣在人頭未得錢支得時即便付还官人
〻〻道尋常交関錢物東西何嘗推許多日討得時千万
送來官人說了自去婆子入來看着小娘子簌地兩行淚
下道卻是怎好小娘子問道有甚麼事婆子道這官人元
是恭州通判姓洪如今不做官卻賣些珠翠頭面前日一
件物事教我把去賣吃人交加了到如今沒這錢还他怪
他焦燥不得他前日央我一件事我又不曾与他幹得小
娘子問道卻是甚麼事婆子道交我討个細人要生得好
的若得一个似小娘子模樣去嫁与他那官人必喜歡小
娘子你如今在這裡老公又不要你終不為了不若姑〻
說合你去嫁官人不知你意如何小娘子沉吟半晌不得

已只得依姑ㄷ口去這官人家裡來逡巡過了一年當時是正月初一日皇甫殿直自從休了渾家在家中旡好况

正是　時間風火性　燒了歲寒心

自思量道每年正月初一日夫妻兩人双ㄷ地上本州大相國寺裡燒香我今年却独自一个不知我渾家那裡去簌地兩行淚下悶ㄷ不已只得勉強着一領紫羅衫手裡把着銀香盒來大相国寺裡燒香到寺中燒香了恰待出寺門只見一个官人領着一个婦女看那官人時粗眉毛大眼睛蹶鼻子略綽口領着的婦女却便是他渾家當時丈夫看自渾家ㄷㄷ又觑自丈夫兩个四目相視只是不敢言語那官人同婦女兩个入大相國寺裡去皇甫松在

這山門頭正恁沉吟見一个打香油錢的行者正在那裡打香油錢看見這兩人入去口裡道你害得我苦你這漢如今却在這裡大踏步趕入寺來皇甫殿直見行者趕這兩人當時叫住行者道五戒你莫待要趕這兩个人上去那行者道便是說不得我受這漢苦到今日擡頭不起只是為他皇甫殿直道你認得這个婦女行者道不識殿直道便是我的渾家行者問如何却隨着他皇甫殿直把送柬帖兒和休离的上件事對行者說了一遍行者道却是怎地行者却問皇甫殿直官人認得這个人麼直道不認得行者道這漢元是州東墦臺寺裡一个和尚苦行便是墦臺寺裡行者我這本師却是墦臺寺監院手頭有百十錢剃度這廝做小師一年已前時這廝偷了本師二百兩銀器不見了吃了些不情拷如今趕出寺來討飯吃処罪過這大相國寺裡知寺厮認留着行在此間打化香油錢今日撞見這廝却怎地休得方纔說罷只見這和尚將着他渾家從寺廊下出來行者牽衣帶步却待去捽這廝皇甫殿直扯住行者閃那身已在山門一壁道且不得捽他我和你尾這廝去看那裡自落却并他官司兩个后地尾將來話分兩頭且說那婦人見了丈夫眼淚汪ㄷ入去大相国寺裡燒香了出來這漢一路上却問這婦女道小娘子你如何見了你丈夫便眼淚出我不容易得你來我當初從你門前過見你在簾子下立地見你生得好有心在

你处今日得你做夫妻也不通容易兩个說來說去恰到家中門前入門去那婦人問道當初這个柬帖兒却是元誰把來這漢道好交你得知便是我交賣餶餽兒的僧兒把來你的丈夫中我計具个便把你休了婦人听得說捽住那漢叫声屈不知高低那漢見那婦人叫将起來却荒就把隻手去兊着他咽項指望壞他性命外面皇甫殿直和行者尾着他兩人來到門首見他遇入去听得叫屈大驚小怪蹌將入去看時見兊着他渾家咽喉性命皇甫殿直和這行者兩个即時把這漢來捉了解到開封府錢大尹厅下

出則壯士携鞭入則佳人捧臂世ㄷ靴踪不斷子孫出

入金門他是
兩浙錢王子　吳越国王孫

大尹陞厅把這件事解到厅下皇甫殷直和這渾家把前面說过的話對錢大尹歷〻從頭說了一遍錢大尹大怒交左右索長枷把和尚枷了當厅訊一百腿花押下左司理院交尽情根勘這件公事勘正了皇甫松責領渾家帰去再成夫妻行者當厅給賞和尚大情小節一〻都認了不合設謀奸騙后來又不合謀害這婦人性命准雜犯断合重杖处死這婆子不合假裝姑〻同謀不首亦合編管鄰州當日推出這和尚來一个書會先生看見就法場上做了一隻曲兒喚做南鄉子

怎見一僧人犯濫鋪模受典刑案款已成招狀了遭刑棒殺髡囚示万民　沿路眾人听犹念高王观世音護法喜神舒步走低声果謂金剛不壞身

話本說徹　且作散場

西湖三塔記　入話

湖光瀲灧晴偏好　山色溟濛雨亦奇
若把西湖比西子　淡粧濃抹也相宜

此詩乃蘇子瞻所作單題西湖好處言不尽意又作一詞詞名眼兒媚

登樓凝望酒闌與客論征途饒君看尽名山勝景难比西湖春晴夏雨秋霜后冬雪一派湖光四边山色天下應无說不尽西湖好处吟有一詞云

江左昔時雄勝錢塘自古榮華不惟往日風光且看西湖景物有一千頃碧澄澄波漾瑠璃有三十里青娜〻峯峦翡翠春風郊野浅桃深杏如粧夏日湖中綠蓋紅蕖似昼秋光老後籬边嫩菊堆金臘雪消時嶺畔疏梅破玉花塢相連酒市旗亭縈遶漁村柳州岸口昼船停棹喚遊人豐樂楼前青布高懸沽酒帘九里喬松青挺六橋流水綠粼粼晚霞遮映三天竺夜月高升南北峯雲在呼猿洞口鳥飛在龍井山頭三賢堂下千潯碧四聖祠前一鏡浮觀蘇堤東坡古跡看孤山和靖旧居杖錫僧投灵隱去賣花人向柳洲來

這西湖是真山真水一年四景皆可遊翫真山真水天下更有數處

潤州楊子江金山寺　滁州瑯邪山醉翁亭
江州廬山瀑布泉　西川濯錦江瀲灧堆

這幾處雖然是真山真水怎比西湖好處假如風起時有
千尺翻頭浪雨下時有百丈滔天水大雨一箇月不曾見
滿溢大旱三箇月不曾見乾涸但見一鏡波光青瀲瀲四
圍山色翠重重生出石來渾美玉長成草處即灵芝那遊
人行到亂雲深處听得雞鳴犬吠繅絲織布之聲宛然人
間洞府世上蓬瀛

一派西湖景致奇　青山疊疊水瀰瀰
隔林彷彿聞機杼　如有人家住翠微

這西湖晨昏晴雨月總相宜清晨豁目澄瀲灔一派湖光
薄暮憑欄渺渺暝曚數重山色遇雪時兩岸樓臺鋪玉屑
逢月夜滿天星斗漾珠璣雙峯相峙分南北三竺依稀隱

翠微　滿寺僧從天竺去　賣花人向柳陰來

每遇春間有艷草奇葩朱英紫萼嫩綠嬌黃有金林檎玉
李子越溪桃湘浦杏東都芍藥蜀都海棠有紅郁李白荼
蘼紫丁香黃薔薇冠子樣牡丹耐戴的迎春此只是花更
說那水有蘸蘸色漾瑠璃有粼粼光浮綠膩那一湖水造
成酒便甜做成飯便香作成醋便酸洗衣裳瑩白這湖中
出來之物　菱甜　藕脆　蓮嫩　魚鮮
那豢蚕的待詔取得這水去堆青疊綠令別是一般鮮明
那洗染坊博士取得這水去陰紫陽紅令別是一般嬌艷這
湖中何啻有千百隻畫舡往來似箭縱橫小艇如梭便是
扇面上畫出來的兩句詩云

驚開魚鳥忘情地　展出西湖極樂天

這西湖不深不淺不闊不遠

大深來難下竹竿　大淺來難搖畫槳
大闊處遊說不交　大遠處往來不得

又有小詞單說西湖好處

都城聖跡西湖絕景水出深源波盈遠岸沉沉素浪一
方千載豐登疊疊青山四季萬民取樂況有長堤十里
花映畫橋柳拂朱欄南北二山峯雲鎖樓臺煙籠梵寺桃
溪杏塢異草奇花古洞幽崖白石清泉思東坡佳句留
千古之清名効杜甫芳心酬三春之媚景王孫公子越
女吳姬跨銀鞍宝馬乘骨裝花轎麗日烘朱翠和風蕩

綺羅　若非日落都門閉　良夜追歡尚未休

紅杏枝頭綠楊影裏風景賽蓬瀛異香飄馥郁蘭茝正
芳馨極目天桃蔟錦滿堤芳草鋪茵風來微浪白雨過
遠山青霧籠楊柳岸花壓武林城

今日說一箇後生只因清明都來西湖上閑翫惹出一塲
事來直到如今西湖上古跡遺蹤傳誦不絕
是時宋孝宗淳熙年間臨安府湧金門有一人是岳相公
麾下統制官姓奚人皆呼為奚統制有一子奚宣贊有父
統制棄世之後嫡親有四口只有宣贊母親及宣贊之妻
又有一箇叔叔出家在龍虎山學道奚宣贊年方二十

余歲一生不好酒色只喜閑耍當日是清明怎見得
一乍雨乍晴天氣不寒不暖風光盈盈嫩綠有如剪就薄
薄輕羅裊裊輕紅不若裁成鮮鮮麗錦弄舌黃鸝啼別
院尋香粉蝶遶雕欄
奚宣贊道今日是清明節佳人才子俱在湖上翫賞我也
去一遭觀翫湖景就彼閑耍何如來到堂前稟覆媽媽今
日見欲要湖上閑翫未知尊意若何媽媽道孩兒你去不
妨只宜早歸奚宣贊得了媽媽言語獨自一箇拿了弩兒
离家一直徑出錢塘門過昭慶寺往水磨頭來行過斷橋
四聖觀前只見一夥人圍着閑烘烘宣贊分開人看見一
箇女兒如何打扮

頭綰三角兒三条紅羅頭鬚三隻短金釵渾身上下盡
穿縞素衣服
這女孩兒迷蹤失路宣贊見了向前問這女孩兒道你是
誰家女子何處居住女孩兒道奴姓白在湖上住我和婆
婆出來閑走不見了婆婆迷了路就來扯住了奚宣贊道
我認得官人在我左近住只是哭不肯放宣贊只得領了
女孩兒搭船直到湧金門上岸到家見娘娘道我兒你去
閑耍却如何帶這女兒歸來宣贊一一說與媽媽知道本
這是好事倘人來尋時還他女兒小名叫做卯奴自此之
後留在家間不覺十余日宣贊一日正在家吃飯只听得
門前有人鬧炒宣贊見門前一頂四人轎擡着一箇婆婆

看那婆婆生得
雞膚滿體鶴髮如銀眼昏如秋水微渾髮白似楚山雲
淡形如三月盡頭花命似九秋霜後菊
這箇婆婆下轎來到門前宣贊看着這婆婆身穿皂衣卯奴
却在簾兒下看着婆婆叫声萬福婆婆道交我憂殺沿門
問道這里却是誰救你在此卯奴道我得這官人救我在
這里婆婆與宣贊相叫請婆婆吃茶婆婆道大難中難得
宣贊救你不若請宣贊到家備酒以謝恩人婆子上轎謝了
媽媽同卯奴上轎奚宣贊隨着轎子直至四聖觀側首一
座小門樓奚宣贊在門樓下看見
金釘珠戶碧瓦盈簷四邊紅粉泥墻兩下雕欄玉砌宛
如神仙洞府王者之宮

婆婆引着奚宣贊到裏面只見里面一箇着白的婦人出
來迎着宣贊宣贊着眼看那婦人真箇生得
綠雲堆鬢白雪凝膚眼橫秋水之波眉插春山之黛
萼淡粧紅臉櫻珠輕点絳唇步鞋襯小小金蓮玉指露
纖纖春笋
那婦人見了卯奴便問婆婆那里尋見我女婆婆便把宣
贊救卯奴事一一說與婦人婦人便與宣贊敘寒溫分賓
主而坐兩箇青衣女童安排酒來少頃水陸畢陳怎見得
瑠璃鍾內珎珠滴烹龍炮鳳玉脂泣羅幃繡幕生香風
擊起鼉鼓吹龍笛當筵盡勸醉扶歸皓齒歌兮細腰舞

正是青春白日暮桃花乱落如紅雨

當時一盃兩盞酒至三盃奚宣賛目視婦人生得如花似玉心神蕩漾却問婦人姓氏只見一人向前道娘娘今日新人到此可換旧人婦人道也是快安排來與宣賛作按酒只見两个力士捉一个後生去了巾帶解開頭髮縛在将軍柱上面前一个銀盆一把尖刀霎時間把刀破開肚皮取出心肝呈上娘娘驚得宣賛魂不赴体娘娘斟热酒把心肝請宣賛吃宣賛只推不飲娘娘謴謴都吃了娘娘道難得宣賛救小女一命我今丈夫又死情愿将身嫁與宣賛正是

春為花博士　　酒是色媒人

當夜二人携手共入蘭房當夜已過宣賛娘娘留住半月有余奚宣賛面黄肌痩思帰道娘娘乞帰家数日却來說由未了只見一人來禀覆娘娘今有新人到了可換旧人娘娘道請來有數个力士擁一人至面前那人如何打扮

眉疎目秀氣爽神清如三国内馬超似淮甸内関索似西川活観音岳殿上炳灵公

娘娘請那人共座飲酒交取宣賛心肝宣賛當時三魂蕩散只得去告卯奴道娘子我救你命你可救我卯奴去娘娘面前道娘娘他曾救了卯奴可饒他娘娘道且将那件東西與我罩了只見一个力士取出个鉄籠來把宣賛罩了却似一座山壓住娘娘自和那後生去做夫妻卯奴去籠边道我救你揭起鉄籠道哥哥閉了眼如開眼死於非命說罷宣賛閉了眼卯奴背了宣賛耳畔只聞風雨之聲用手摸卯奴脖項上有毛衣宣賛肚中道作怪霎時听得卯奴叫声落地開眼看時不見了卯奴却在銭塘門城上天色猶未明怎見得

北斗斜傾東方漸白鄰鷄三唱喚美人傳粉施粧宝馬頻嘶催人争赴利名場幾片暁霞連碧漢一輪紅日上扶桑

慢慢依路進湧金門行到自家門前娘子方纔開門道宣賛你送女孩兒去如何半月纔回交媽媽終日憂念媽媽所得出來見宣賛面黄肌痩媽媽道緣何許久不回宣賛

道兒争些不與媽媽相見便從頭說與媽媽大驚道我兒我暁得了想此處乃是湧金門水口莫非閉塞了水口故有此事我兒你且将息我自尋屋搬出了忽一日尋得一閑房在昭慶寺彎選个吉日良時搬去居住宣賛将息得好迅速光陰又是一年将遇清明節至怎見得

家家禁火花含火　　處處藏煙柳吐烟
金勒馬嘶芳草地　　玉楼人醉杏花天

奚宣賛道去年今日閑要撞見這婦人如今又是一年宣賛當日拏了弩兒出屋後柳樹边尋那飛禽只見樹上一个作東西叫看時那件物是人見了比嫌怎見得

一日倉啼後人皆言　　雖有鵶鳴事若何

見者都嫌聞者惱　只為從前口嘴多
元來是老雅奚宣贊搭上箭看得清一箭去正射着老鴉
老鴉落地猛然跳幾跳去地上打一変変成个自皂衣的
婆婆〻是去年見的婆婆道宣贊你脚快却般在這里等
贊叫声有鬼回身便走婆婆道宣贊那里去叫一声下來
只見空中墜下一輛車來有数个鬼使婆婆道與我捉入
車中你可閉目如不閉目交你死於非命只見香車盤
地起雲時間直到旧日四聖觀山門楼前墜下婆婆直引
宣贊到殿前只見殿上走下着白衣底婦人來道宣贊你
走得好快宣贊道望娘娘恕罪又留住宣贊做夫妻過了
半月余宣贊道告娘娘贊有老母在家恐怕憂念去了还

來娘娘听了柳眉剔竪星眼圓睜道你尤自思歸叫鬼使
那里與我取心肝可令把宣贊縛在將軍柱上宣贊任叫
卯奴道我也曾救你你何不救我卯奴向前告娘娘道他
曾救奴且莫下手娘娘道小賤人你又來勸我且將鷄籠
單了却結果他性命鬼使解了索却把鉄籠罩了宣贊叫
天不應叫地不聞正煩惱之間只見籠边卯奴道哥哥我
再救你便揭起鉄籠道可閉目抱了我宣贊再抱了卯奴
耳边听得風雨之声霎時卯奴叫声下去把宣贊撇了下
來正跌在茭白蕩内開眼叫声救人只見二人救起宣贊
來宣贊告訴一遍二人道又作怪這个後生自鬼你家在
那里住宣贊道我家在昭慶寺彎住二人直送宣贊到家

媽媽得知出來見了二人蕩户說救宣贊一事老媽大喜
討酒賞賜了二人自去宣贊又說與老媽老媽道我兒且
莫出門便了又過了数日一日老媽正在簾兒下立着只
見簾子走起一个先生入來怎的打扮
頂分兩个牧骨髻身穿巴山短褐袍道兒堂堂威儀凜
凜料為上界三清客多是蓬萊物外人
老媽打一看道叔叔多時不見今日如何到此這先生正
是奚統制弟奚真人往龍虎山方回道尊嫂如何在此宣
贊也出來拜叔叔先生云吾見望城西有黑氣起有妖怪
纏人特來正是汝家老媽把前項事說一遍先生道吾姪
此三个妖怪纏汝甚緊媽媽交安排素食請真人齋畢先

生道我明日在四聖觀散符你可來告我就寫張投壇狀
來吾當断此怪物真人自去到明日老媽同宣贊安排香
紙寫了投壇狀閉了門分付鄰舍看家徑到四聖觀見真
人真人接狀子看了道待晚吾當治之先與宣贊吃了符
水吐了妖涎天色将晚点起灯燭燒起香來念念有詞書
道符灯上燒了只見起一陣風怎見得
風蕩蕩翠飄紅忽南北忽西東春開楊柳秋卸梧桐凉
入朱門户寒穿陋巷中
嫦娥急把蟬宫閉　列子登仙叫救人
風过處一員神将怎生打扒
面色深如重棗眼中光射流星皂罗袍打歃團花紅抹

頭頂金盔虎手持七宝鑲裝劍腰繫藍天碧玉帶神將唱喏告我師父有何法旨真人道與吾湖中捉那三个怪物來神將唱喏去不多時則見婆子卯奴白衣婦人都捉拏到真人面前真人道汝為怪物焉敢纒害命官之子三个道他不合衝塞了我水門告我師可饒恕不曾損他姓命真人道與吾現形卯奴道告哥哥我不曾奈何哥哥可莫現形真人叫天將打不打万事皆休那里打了幾下只見卯奴变成了烏雞婆子是个獺白衣娘子是條白蛇奚真人道取鉄罐來捉此三个怪物盛在裏面封了把符壓住安在湖中心奚真人化緣造成三个石塔鎮住三怪於湖內至今古跡遺踪尚在宣賛隨了叔叔與母親在俗出家百年而終

只因湖內生三怪　至使真人到此間

今日捉來藏篋內　萬年千載得平安

三塔記終

合同文字記

入話

喫食少添盐醋　不是去處休去

要人知重勤學　怕人知事莫做

話說宋仁宗朝慶曆年間去這東京汴梁城離城三十里有箇村喚做老兒村村裡有箇農庄人家弟兄二人姓劉哥哥名劉添祥年四十歲妻已故兄弟名劉添瑞年三十五歲妻田氏年三十歲生得一個孩兒叫名安住年三歲弟兄專靠耕田種地度日其年因為旱澇不收一日添瑞向哥哥道看這田禾不收如何過日不若我們搬去路州高平縣下馬村投奔我姨夫張學究處趂熟將勤補拙過幾時你意下如何添祥道我年紀高大去不得兄弟你和二嫂去走一遭添瑞道哥哥則今日請我友人李社長為明証見立兩紙合同文字哥哥收一紙兄弟收一紙兄弟往他州趂熟人無前後眼哥哥年幾大有桑田物業家緣又將不去今日寫為照証添祥言兄弟見得是遂請李社長來家寫立合同明白各收一紙安排酒相待之間這李社長對劉添祥說我有個女孩兒劉二哥求做媳婦就今日說開劉大言既如此選箇吉日良辰下此一定禮不數日完備劉二辭了哥哥收拾了行李長行而去只因劉二要去趂熟有分交去時有路回却無門正是

旱澇天氣數　家國有興亡
萬事分已定　浮生空自忙

當日劉二帶了妻子在路行了數日已到高平縣下馬村見了姨夫張學究備說來趂熟之事其人大喜留在家光陰荏苒不覺兩年這劉二嫂害着個腦疽瘡醫療一月有餘疼痛難忍飲食不進一命傾世劉二痛哭哀哀殯葬已畢又過兩月劉二懨懨成病醫療少可張學究勸劉二休憶妻子將息身体好養孩兒安住又過半年忽然劉二感天行時氣頭疼發熱正是

福無双至從來有　禍不单行自古聞

害了六七日一命嗚呼已歸泉下張學究葬於祖墳邊

劉二嫂墳上已畢光陰似箭日月如梭安住在張家村裡一住十五年孩兒長成十八歲聰明智慧德行方能讀書學礼一日正值清明節日張學究夫妻兩口兒打點祭物同安住去墳上祭掃到墳前將祭物供養張學究與婆〻道我有話和你說想安住今已長成人了今年是大通之年我有心待交他將着劉二兩口兒骨殖還鄉認他伯父你意下如何婆〻道丈夫你說得是這的是陰隲勾當夫妻商議已定交安住拜了祖墳孩兒然後去兀那墳前也拜幾拜安住問云父親這是何人的墳拜畢學究言孩兒休問燒了紙回家去安住云父親不通名姓有失其親我要父性命如何不如尋個自刎

學究云孩兒且住我說與你這是你生身父母我是你養身父母你是汴梁離城十里老兒村居住你的伯父劉添祥你父劉添瑞同你毋親劉二嫂將着你年方三歲十五年前三口兒因為年歉來俺家趂熟你毋患腦疽瘡身死你父得天行時氣而亡俺夫妻兩口兒備棺木殯葬了將孩兒如嫡親兒子看養不說萬事俱休說罷安住向墳前放声大哭曰不孝子那知生身父母双亡學究云孩兒不須煩惱選吉日良時將你父母骨殖還鄉去認了伯父劉添祥葬埋了你父母骨殖休忘了俺兩口兒的撫養之恩安住云父親母親之恩過如生身父母孩兒怎敢忘恩若得身榮結草啣環報答道罷

收拾回家至次日交人擇選吉日將父母骨殖包裹了收拾衣服盤費并合同文字做一担兒挑了來張學究夫妻兩口兒學究云你爹娘來時盤纏無一文一頭挑着孩兒一頭是些窮家私孩兒路上在意山峻難行到地頭便稍信來與我知之安住云父親放心休憶念遂拜別父母挑了担兒而去話休絮煩却說劉添祥忽一日自思我兄弟劉二夫妻兩個都去趂熟至今十五六年並無音信不知有無因爲家中無人娶這個婆〻王氏帶着前夫之子來家一同過活一日王氏自思我丈夫老劉有個兄弟和姪兒趂熟去倘若還鄉來時那裡發付我孩兒好煩惱人哉當日春社老劉吃酒不在家

至下午酒席散回家却好安住於路問人來到門首歇
下担兒劉婆〻　云你這後生尋誰安住云伯娘孩兒
是劉添瑞之子　十五年前父母與孩兒出外趂熟今
日回來正議論間劉大醉了回來見了安住問云你是
誰來俺門前做甚麼安住云爹〻孩兒是安住老劉問
你那父母在何處安住云自從離了伯父到路州高平
縣下馬村張學究家趂熟過不得兩年父母双亡止存
得孩兒親父母已故多虧張學究看養到今〻將父母
骨殖還鄉安葬望伯父見憐當下老劉酒醉劉婆言我
家無在外趂熟人那裡走這個人來胡認我家安住云
我見有合同文字為照特來認伯父劉婆交老劉打這

清平山堂　合同文字記　四

廝出去胡廝纏來認我們老劉拿塊磚將安住打破了
頭重傷血去倒於地下有李社長過問老劉打倒的是
誰人老劉云他詐稱是劉二兒子認我又罵我被我打
倒推一死李社長云我所得人說因此來着休問是與不
是等我扶起來問他李社長問道你是誰安住云我是
劉添瑞之子安住的便是社長問你許多年那裡去來
安住云孩兒在路州安平縣下馬村張學究家撫養長
成如今帶父母骨殖回鄉安葬伯父伯母言孩兒詐認
我見將着合同文字又不肯着把我打倒又得爹〻救
命社長交安住挑了担兒且同我回去即時領安住回
家中歇下担兒拜了李社長社長道婆〻你的女婿劉

安住將着父母骨殖回鄉李社長交安住將父骨殖放在
堂前乃言安住我是你丈〻婆〻是你丈母交滿堂女
孩兒出來參拜了你公〻婆〻的灵柩安排祭物祭祀
化紙已畢安排酒食相待乃言孩兒明日去開封府包
府尹處告理被毁伯母親伯父打傷事當日歇了一夜
至次早安住逕往開封府告包相公〻〻隨即差人捉
劉天祥并晚婆〻來就帶合同一併赴官又拘李社長
明正當日一干人到開封府所上包相公問劉添祥這
劉安住是你姪兒不是老劉言不是劉婆亦言不是既
是親姪兒緣何多年不知有無包相公取兩紙合同一
看大怒將老劉收監問罪安住告相公可憐伯〻年老

清平山堂　合同文字記　五

無兒無女望相公可憐見包相公言將晚伯母收監問
罪安住道望相公只問孩兒之罪不干伯父伯婆之事
包相公交將老劉打三十下安住告相公寧可打安住
不可打伯父告相公只要明白家事安住日後不忘相
公之恩包相公見安住孝義發放各回家待吾具表奏
聞朝廷喜其孝心旌表孝子劉安住孝義双全加贈陳
留縣尹全劉添祥一家團圓包相判畢各自回家其李
社長選日令劉安住與女李滿堂成親一月之後收拾
行裝夫妻三人拜辭兩家父母就起程直到高平縣拜
謝張學究已畢遂往陳留縣赴任為官夫妻諧老百年
而終正是

李社長不悔婚姻事　劉晚妻欲損猶公歸
劉安住孝義兩双全　包待制斷合同文字
話本說徹權作散場

合同文字記終

風月瑞仙亭　入話

夜靜瑤臺月正圓　清風淅瀝滿林巒
朱弦慢促相思調　不是知音不與彈

漢武帝元狩二年四川成都府一秀士司馬長卿雙名為相如自父母双亡孤身無倚藜鹽自守貫串百家精通經史雖然遊藝江湖其實志在功名出門之時過城北七里許曰昇仙橋相如大書於橋柱上大丈夫不乘駟馬車不復過此橋所以北抵京洛東至齊楚遂於梁孝王之門與鄒陽枚皋輩為友不期梁王薨相如謝病歸成都市上臨邛縣有縣令王吉每每使人相招一日到彼相會盤桓旬日談間言及本處卓王孫巨富有亭臺池館華美可翫縣令着人去說交他接待卓王孫實不巨高僮僕数百門闌奢侈園中有花亭一所名曰瑞仙四面芳菲錦綉爛熳真可遊覽休息京洛名園皆不能過此所以遊宦公子江湖士夫無不相訪這卓員外喪偶不娶慕道脩真止有一女小字文君及笄未聘聰慧過人姿態出衆詩詞歌賦琴棋書畫描龍刺鳳女工針指飲饌酒撰無所不通員外一應家中事務皆與文君計較其日早辰聞說縣令友人司馬長卿乃文章巨儒知員外宅上園池佳勝特來遊翫卓員外慌忙迎接至後花園中瑞仙亭上相如舉目看那園中景致但見

徑鋪瑪瑙欄刻香檀聚山塢風光為園林景物山疊岷峨怪

石榴栽西洛名花梅開庾嶺氷姿竹染湘江愁淚春風蕩漾上林李白桃紅秋日凄凉爽道橙黃橘緑池沼內魚躍錦鱗花木上翩飛翡翠

卓貟外動問姓名相如荅曰司馬長卿因與王縣令故舊特來相探留連旬日聞知名園勝景故來拜訪卓貟外道先生去縣中安下不便敢邀車馬于弊舍何如相如遂令人喚琴童携行李來瑞仙亭安下倏忽半月且說卓文君去綉房中每每存想我父親嘗道家業冨之有余歲月因循壽年已過柰何柰何况我才貌過人性頗聰慧選擇良姻實難其人也此等心事非明月殘灯安能知之雖有侍妾姿性狂愚語言妄出因此上抑欝之懷無所傾訴昨

听春兒說有秀士司馬長卿来望父親留他在瑞仙亭安下乃于東墻瑣窓內窺視良久見其人俊雅風流日後必然大貴但不知有妻無妻我若得如此之丈夫平生愿足爭柰此人簞瓢屢空若待媒証求親俺父親决然不肯倘若挫過此人再後難得過了兩日女使春兒見小姐双眉愁蹙必有所思乃對小姐曰今夜三月十五日月色光明請小姐花園中散悶則箇小姐口中不說心下思量自見了那秀才日夜癈寢忘飡放心不下我今主意已定雖然有虧婦道是我一世前程收拾些金珠首飾在此小姐分付春兒打点春盛食壘灯籠我今夜與你賞月散悶春兒打点完備挑着隨小姐行來話中且說相如自思道文君小姐貌美聰慧甚知音律今夜月明下交琴童焚香一炷小生彈曲瑶琴以挑之文君正行数步只听得琴声清亮移步將近瑞仙亭轉過花陰下听得所弾琴音曰

鳳兮鳳兮思故鄉遨遊四海兮求其凰時未遇兮無所將何悟今夕兮升斯堂有豔淑女在閨房室邇人遐我傍何緣交頸為鴛鴦胡頡頏兮共翱翔

鳳兮鳳兮從我栖得托孳尾永為妃交情通體心和諧中夜相從知者誰雙翼俱起翻高飛無感我思使余悲

小姐听罷對侍女曰秀才有心妾亦有心今夜既到這里可去與秀才相見遂乃行到亭邊相如月下見了文君連忙起身迎

接道小生聞小姐之名久矣自愧緣慳分淺不能一見恨無磨勤盗紅綃之方每起韓壽偷香竊玉之意今晚既蒙光臨小生不及遠接恕罪恕罪文君斂袵向前道先生在此失于恭敬抑且寂寞因此特來相見相如曰不勞小姐掛意小生有琴一張自能消遣文君曰妾早知先生如此迂闊不來問候今先生視妾有私奔之心故乃輕言琴中之意妾已備知相如跪而告曰小生得見花顏死也甘心文君曰請契交一夜到此與先生同賞月飲三盃春兒排酒果于瑞仙亭上文君相如對飲相如細視文君果然生得

眉如翠羽肌如白雪振綉衣披桂裳穠不短纖不長毛嬙鄭

攏袂不足程式西攏施面比之無色臨溪雙洛浦對月兩嫦娥
酒行數巡文君令春兒收拾前去我便回來相如曰小姐不嫌
寒儒鄙陋歆就枕席之歡文君笑曰妾慕先生才德欲奉箕帚
唯恐先生久後忘恩相如曰小生怎敢忘小姐之恩文君許成
夫婦二人倒鳳顛鸞頃刻雲收雨散文君曰只恐明日父親知
道不經于官必致凌辱如今收拾些少金珠在此不如今夜與
先生且離此間別處居住倘後父親想念搬回一家完聚也未
可知相如與文君同下瑞仙亭出後園而走却似鼇魚脫却金
鈎去擺尾搖頭更不回且說春兒至天明不見小姐在房亭子
上又尋不見報與老員外得知尋到瑞仙亭上和相如都不見

員外道相如是文學之士為此禽獸之行小賤人你也自幼讀
書豈不聞女子出門必擁蔽其面夜行以燭無則止事無擅為
行無獨成所以正婦道也你不聞父命私奔苟合你到他家如何
見人欲要訟之于官爭奈家醜不可外揚故爾中止且看他有
何面目相見親戚乎從此隱而不出正所謂

含羞無語自沉吟　咫尺相思萬里心
抱布貿絲君亦誤　知音盡付七絃琴

却說相如與文君到家相自思囊篋蕭然难以度日正是君子
固窮小人窮斯濫矣想我渾家乃富貴之女豈知如此寂寞所
有者眾無愠色頗為賢達他料想司馬長卿必有發達時分正
愁悶間文君至曰我離家一年你家業凌替可將我首飾釵釧
賣了修造房屋我見丈夫鬱鬱不樂怕我有懊悔我既委身于
你樂則同樂憂則同憂生同衾死同穴相如曰深感小姐之恩
但小生殊無生意俗語道家有千金不如日進分文良田萬頃
不如薄藝隨身我欲開一箇酒肆如何文君曰既如此說賤妾
當[illegible]未及半年忽一日正在門前賣酒只見天使捧詔道朝廷
觀先生所作子虛賦文章浩爛超越古人官里嘆賞飄飄然有
凌雲之志氣恨不得與此人同時有楊得意奏言此賦是臣之
同里司馬長卿所作見在成都閑居天子大喜特差小官來徵
走馬臨朝不許遲延先生收拾行裝即時同行正是一封丹鳳

詔方表丈夫才當夜相如與文君言曰朝廷今日徵召名乃是
友人楊得意舉薦如今天使在驛亭等起程文君曰日後富貴
則怕忘了瑞仙亭上與日前布衣時節相如曰小生那時雖見
小姐容德奈深堂內院相見如登天之難若非小姐垂怜看覷
怎能匹配小生怎敢忘恩負義文君曰如今世情至薄有等軀
德守禮有背義忘恩者相如曰長卿决不為此文君曰秀才
每也有兩般有君子儒不論貧富志行不私有那小人儒貧時
又一般富時就忘了貧時長卿曰人非草木禽獸小姐放心文
君又囑非妾心多只怕你得志忘了我夫妻二人不忍相別文
君囑曰此時已遂題橋志莫負當爐滌器人且不說相如同天

使登程却說卓王孫听得楊得意舉薦司馬長卿蒙朝廷徵召去了自言我女兒有先見之明為見此人才貌雙全必然顯達所以成了親事老夫想起來男昏女嫁人之大倫我女婿不得官我先帶侍女春兒同往成都去望乃是父子之情無人笑我若是他得了官時去看他人道我趨時棒勢次日帶同春兒逕到成都府尋見卓文君文君見了父親拜道孩兒有不孝之罪望爹爹饒恕員外道我兒你想殺我今日送春兒來伏侍你孩兒你在此寂寞比在家中用不同你不念我年老無人文君曰爹爹根前不敢隱諱孩兒見他文章絕代才貌双全必有榮華之日因此上嫁了他卓員外云如今且喜朝廷徵召正称孩兒之

心卓員外住下待司馬長卿音信正是

眼望旌節旗　耳听好消息

且說司馬長卿同天使至京師朝見獻上林賦一篇天子大喜即拜為著作郎待詔金馬門近有巴蜀開通南夷諸道用軍興法轉漕繁冗驚擾夷民官里聞知大怒召長卿議論此事令作諭巴蜀之檄官里道此一事欲待差官非卿不可乃拜長卿為中郎將持節擁旌劍金牌先斬後奏卿若到彼安撫百姓[illegible]回程別加任用長卿自思正是衣錦還鄉已遂平生之愿乃謝恩辭天子出朝遂車前馬後隨從者甚多一日逕到彼處衙諭巴蜀已平南夷清靜不過半月百姓安寧衣錦還鄉正是

藍橋記

入話

洛陽三月裏　回首渡襄川

忽遇神仙侶　翩翩入洞天

裴航下第遊于鄂渚買舟歸襄漢同舟有樊夫人者國色也航聞其言語而無計一面因賂侍婢裊烟而求達詩一章曰

同舟胡越猶懷思　况遇天妃隔錦屏

倘若玉京朝會去　願隨鸞鶴入青冥

詩久不答航數詰問裊烟曰娘子見詩若不聞如何航無計因食求美醞珍果獻之夫人乃使裊烟召航相識

及帷但見月眉雲鬟玉瑩花明舉止即烟霞外人航拜揖夫人曰妾有夫在漢南幸無諧謔爲意然亦與郎君有小小姻緣他日必得爲姻懿後使裊烟持詩一章答航曰

一飲瓊漿百感生　玄霜擣盡見雲英

藍橋便是神仙宅　何必崎嶇上玉京

航覽詩畢不曉其意後便不復見航遂飾裝歸輦下道經藍橋驛偶渴甚遂下馬求漿而飲見一茅舍低而隘有老嫗緝麻苧航揖之求漿嫗呼曰雲英擎一甌漿來郎君要飲航訝之因憶夫人雲英之句俄於葦箔之中出雙玉手授甆甌航接飲之真玉液也覺異香透于

户外因還甌遽揭箔覩一女子華容艷質芳麗無比嬌羞掩面蔽身航凝視不知移步因謂嫗曰某願畧憩於此嫗曰取郎君自便航謂嫗曰小娘子艷麗驚人願納厚禮娶之可乎嫗曰渠已許嫁一人但未就耳我今老而且病只有此女孫昨日神仙遺藥一刀圭但須得玉杵臼擣之百日方可就吞君若的欲要娶此女但要得玉杵臼吾即與之亦不願其前時許人也其餘金帛無用航謝曰願以百日爲期待我取杵臼至莫更許他人嫗曰然航遂悵恨而去及抵京師但以杵臼爲念或于喧閙處高声訪問玉杵臼皆無影響衆號爲風狂如此月餘忽遇一貨玉老翁曰近得虢州藥鋪卞老書言他

有玉杵臼要貨聞郎君懇求甚切吾嘗爲書而薦導之航媿謝珎重持書而去果獲玉杵臼遂持歸至藍橋昔日嫗家嫗大笑曰有如此之信士吾豈愛惜一女子而不酧其勞哉女微咲曰雖荷如此然更用擣藥百日方可結姻嫗于襟帶解藥令航擣之航晝擣而夜息夜則嫗收杵臼於內室航又聞杵声因窺之有玉兎持杵雪光耀室可鑒毫芒於是航之意愈堅百日足嫗吞藥曰吾入洞爲裴郎具帷帳遂挈女行謂航曰但少留此須更車蓋來迎俄見大第錦綉帷帳珠翠耀日仙童侍女引航入帳就礼訖航拜嫗感謝乃引見諸親賓皆神仙中人後有一女子髮鬢簪衣霓裳稱是妻之姊航拜訖女曰裴郎不憶鄂渚同舟而抵襄漢乎航問左右言是小娘子之雲翹夫人劉綱天師之妻已是高真爲玉皇女史嫗遂遣航將妻入玉峰洞中瓊樓珠室而居之餌以絳雪瑤英之丹逍遙自在超爲上仙　正是

玉室丹書著姓
長生不老人家

藍橋記終

快嘴李翠蓮記

入話

出口成章不可輕　開言作對動人情
雖無子路才能智　单取人前一笑聲

此四句单道昔日東京有一員外姓張名俊家中頗有金銀所生二子長曰張虎次曰張狼大子已有妻室次子尚未婚配本處有个李吉員外所生一女小字翠蓮年方二八姿容出衆女紅針指書史百家無所不通只是口嘴快些凡向人前說成篇道成溜問一荅十問十道百有詩爲證

問一荅十古來難　問十荅百豈非凡

能言快語真奇異　莫作尋常當等閑

話說本地有一王媽々與二邊說合門當戶對結爲姻眷選擇吉日良時娶親三日前李員外與媽々論議道女兒諸般好了只是口快我和你放心不下打緊他公々難理會不比等閑的婆々又兇惡人家又大伯々叔々手下許多人如何是好婆々道我和你也須分付他一場只見翠蓮走到爹媽面前觀見二親滿面憂愁雙眉不展就道

翁是天娘是地今朝與兒成婚配男成雙女成對大家歡喜要吉利人人說道好女壻有財有寶又豪貴又聰明又伶俐雙六象棋通六藝吟得詩做得對經商買賣諸般會這們女壻要如何愁得苦水兒滴々地

員外與媽々聽翠蓮說罷大怒曰因爲你口快如刀怕到人家多言多語失了禮節公婆人々不歡喜被人笑恥在此不樂叫你出來分付你少則聲頭到說出一篇來這个苦恁的好翠蓮道

爺開懷娘放意哥寬心嫂莫慮女兒不是誇伶俐從小生得有志氣紡得紗績得苧能裁能補能繡刺做得粗整得細三茶六飯一時備推得磨搗得碓受得辛苦吃得累燒賣匾食有何難三湯兩割我也會到晚來能仔細大門關了小門閉刷淨鍋兒掩廚櫃前后收拾自用意鋪了床伸開被點上灯請婆々睡叫聲安置進房內如此伏侍二公婆他家有甚不歡喜爹娘且請放心寬捨

此之外直个屁

翠蓮說罷員外便起身去打媽々勸住叫道孩兒爹娘只因你口快了愁今番只是少說些古人云多言衆所忌到人家只是謹慎言語千萬記着翠蓮曰曉得如今只閉着口兒罷媽々道隔壁張大公是老隣舍從小兒看你大你可過去作別一聲員外道也是翠蓮便走將過去進得門檻高聲便道

張公道張婆道兩个老的聽稟告明日寅時我上轎今朝特來說知道年老爹娘無倚靠早起晚些望顧照哥嫂倘有失禮處父毋分上休計較待我滿月回門來親自上門叫聒噪

張大公道小娘子放心令尊與我是老兄弟當得早晚照管令堂亦當看老妻過去倍伴不須掛意作別回家員外與媽〻道我兒可收拾早睡休明日須半夜起來打點翠蓮便道

爹先睡娘先睡爹娘不比我班輩哥〻嫂〻相傍我前后收拾自理會后生家熬夜有精神老人家熬了打盹睡

翠蓮道罷爹媽大惱曰罷〻說你不改了我兩口自去睡了你與哥嫂自收拾早睡早起翠蓮見爹媽睡了連忙走到哥嫂房門口高叫

哥〻嫂〻休推醉思量你們忒沒意我是你的親妹〻

止有今晚在家中虧你兩口下得這般事兒都不理關上房門便要睡嫂〻你好不賢惠我在家不多時相幫做些道怎地巴不得打發我出門你們兩口得冤利

翠蓮道罷做哥〻的便道你怎生還是這等的有父母在前我不好說你〻自先去安歇明日早起凡百事我自和嫂〻收拾打點翠蓮進房去睡兄嫂二人無多時前后俱收拾停當一家都安歇了員外媽〻一覺睡醒便喚翠蓮問道我兒不知甚麼時節了不知天晴天雨翠蓮便道

爹慢起娘慢起不知天晴是下雨更不聞雞不語街坊寂靜無人語只聽得隔壁白嫂起來磨豆腐對門黃公舂糕米若非四更時便是五更天且待奴家先起燒火劈柴打下水且把鍋兒刷洗起燒些臉湯洗一洗梳个頭見光〻地大家也是早起些娶親的若來慌了腿

員外媽〻并哥嫂一齊起來大怒曰這早晚東方將亮了還不梳粧完尚兀子調嘴弄舌翠蓮又道

爹休罵娘休罵看我房中巧粧畫鋪兩鬢黑似鴉調和脂粉把臉搽點朱唇將眉畫一對金環墜耳下金銀珠翠插滿頭寶石禁步身邊挂今日你們將我嫁想起爹娘撇不下細思乳哺養育恩淚珠兒滴濕了香羅帕猛听得外面人語喧不由我不心中怕今朝是不好日頭只管都嚕〻說甚麼

翠蓮道罷梳粧停當直來到父母跟前說道

爹拜稟娘拜稟蒸了饅頭索了粉果盒肴饌件〻整收拾停當慢〻等着〻打得五更鼓我家雞兒叫得準親從頭再去請姨娘一不來不打緊舅母不來不打緊可耐姑娘沒道理說的話兒全不准昨日許我五更來今朝雞鳴不見影歇〻進門沒得說賞他个漏風的巴掌當邀請

員外與媽〻敢怒而不敢言媽〻道我兒你去叫你哥嫂及早起來前后打點娶親的將次來了翠蓮見說慌忙走去哥嫂房門口前叫曰

哥〻嫂〻你不小我今在家時候少等來也用起个早如何睡到天大曉前后門窗須開了點些蠟燭香花並

裡外地下掃一掃娶親轎子將來了悞了時辰公婆惱
伱兩口兒討分曉
哥嫂兩个忍氣吞聲前後俱收拾停當員外道我兒家堂
并祖宗面前可去拜一拜作別々一聲我已點下香燭了趂
娶親的未來保伱過門平安翠蓮見說拿了一炷走到家
堂面前一邊拜一邊道
家堂一家之主祖宗滿門先賢今朝我嫁未敢自專四
時八節不斷香煙告知神聖萬望垂憐男婚女嫁理之
自然有吉有慶夫婦雙全無災無難永保百年如魚似
水勝蜜糖甜五男二女七子團圓二个女婿達禮通賢
五房媳婦孝順無邊孫男孫女代々相傳金珠無數米

麥成倉蠶桑茂盛牛馬挨肩雞鵝鴨鳥滿蕩魚鮮丈夫
懼怕公婆愛憐妯娌和氣伯叔忻然奴僕敬重小姑有
緣不上三年之內死得一家乾淨家財都是我掌管那
時翠蓮快活幾年
翠蓮祝罷只听得門前鼓樂喧天笙歌聒耳娶親車馬來
到門首張宅先生念詩曰
高捲珠簾挂玉鉤　香車寶馬到門頭
花紅利市多々賞　富貴榮華過百秋
李員外便叫媽々將鈔來賞賜先生和媒媽々并車馬一
干人只見媽々拿出鈔來翠蓮接過手便道等我分
爹不慣娘不慣哥々嫂々也不慣衆人都來面前站合

多合少等我散擡轎的合五貫先生媒人兩貫半收好
此休嚷亂吊下了時休埋怨這裡多得一貫文與伱這
媒人婆買个燒餅到家哄伱呆老漢
先生與轎夫一干人听了無不吃驚曰我們見千見萬不
曾見這樣口快的大家張口吐舌忍氣吞聲簇擁翠蓮上
轎一路上媒媽々分付小娘子伱到公婆門首千萬不要
開口不多時車馬一到張家前門歇下轎子先生念詩曰
鼓樂喧天響汴州　今朝織女配牽牛
本宅親人來接寶　添粧含飯古來留
且說媒人婆拿着一碗飯叫道小娘子開口接飯只見翠
蓮在轎中大怒便道

老潑狗老潑狗叫我閉口又叫口正是媒人之口無量
斗怎當伱沒的番做有伱又不會吃早酒嚼舌嚼黃說
張口方纔跟着轎子走分付叫我休開口而能住轎到
門首如何又叫我開口莫怪我今罵得醜真是白面老
母狗
先生道新娘子息怒他是个媒人出言不可太甚自古新
人無有此等道理翠蓮便道
先生伱是讀書人如何這等不聰明當言不言謂之訥
信這虔婆弄死人說我婆家多富貴有財有寶有金銀
殺牛宰馬做茶飯蘇木檀香做大門綾羅段疋無算數
豬羊牛馬趕成群當門與我冷飯吃這等富貴不如貧

可耐伊家忒恁村冷飯將來與我吞若不看我公婆面
打得你眼裏鬼火生
翠蓮說罷惱得那媒婆一點酒也沒一道烟先進去了也
不管他下轎也不管他拜堂本宅衆親族擁新人到了堂
前朝西立定先生曰請新人轉身向東今日福禄喜神在
東翠蓮便道
纔向西來又向東休將新婦便牽籠轉來轉去無定相
惱得心頭火氣冲不知那个是媽媽不知那个是公公
諸親九眷鬧叢叢姑娘小叔亂哄哄紅紙牌兒在當中
點着幾對滿堂紅我家公婆又未死如何點盞隨身灯
張員外與媽媽听得大怒曰當初只說要娶个良善人家女

子誰想娶這个沒規矩沒家法長舌頭婦人諸親九眷
面面相覷無不失驚先生曰人家孩兒在家出慣了今日
初來須慢慢的調理他且請拜香案拜諸親合家大小俱
相見畢先生念詩賦請新人入房坐床撒帳
新人那步過高堂　神女仙郎入洞房
花紅利市多多賞　五方撒帳盛陰陽
張狼在前翠蓮在后先生捧着五谷隨進房中新人坐床
先生拿起五谷念道
撒帳東簾幕深圍燭影紅佳氣鬱葱長不散畫堂
日日是春風
撒帳西錦帶流蘇四角垂揭開便見姮娥面輸却
仙郎捉帶枝
撒帳南好合情懷樂且耽涼月好風庭戶爽雙雙
繡帶佩宜男
撒帳北津津一點眉間色芙蓉帳暖度春宵月娥
苦邀蟾宮客
撒帳上交頸鴛鴦成兩兩從今好夢叶維熊行見
蠙珠來入掌
撒帳中一雙月裏玉芙蓉恍若今宵遇神女紅雲
簇擁下巫峰
撒帳下見說黃金光照社今宵吉夢便相隨來歲
生男定聲價

撒帳前沉沉非絲亦非烟香氣氤氳相侵快文簫
今遇彩鸞仙
撒帳後夫婦和諧長保守從來夫唱婦相隨莫作
河東獅子吼
說那先生撒帳未完只見翠蓮跳起身來摸着一條麺杖
將先生夾腰兩麺杖便罵道你娘的臭屁你家老婆便是
河東獅子一頓直赶出房門外去道
撒甚帳撒甚帳東邊撒了西邊撒豈見米麥滿床上仔
細思量像甚樣公婆性兒又莽撞只道新婦不打當丈
夫若是假乖張又道娘子垃圾相你可急急走出門饒
你幾下桿麺杖

那先生被打自出門去了張狼大怒曰千不幸萬不幸娶了
了這个村姑兒撒帳之事古來有之翠蓮便道
丈夫丈夫伱休氣听奴說得是不是多想那人沒好氣
故將草麥撒滿地到不叫人掃出去反說奴家不賢惠
若還惱了我心兒連伱一頓赶出去閉了門獨自睡晏
起早眠隨心意阿彌陀佛念幾聲耳伴清淨到寧利
張狼也無可奈何只得出去參筵勸酒至晚席散衆親都
去了翠蓮坐在房中自思道少刻丈夫進房來必定手之
舞之的我須做个準備起身除了首飾脫了衣服上得床
將一條綿被裹得緊〻地自睡了且說張[illegible]進得房就脫
衣服正要上床被翠蓮喝一聲便道

堪笑喬才伱好差端的是个野庄家伱是男兒我是女
爾自爾來咱自咱伱道我是伱媳婦莫言就是伱渾家
那个媒人那个主行甚麼財禮下甚麼金多少豬羊雞
鵞酒甚麼花紅到我家多少寶石金頭面幾疋綾羅幾
疋紗綢纏冠釵有幾付將甚插戴我奴家黃昏半夜三
更鼓來我床前做甚麼及早出去連忙走伱要惱了我
們家若是惱咱性兒起揪住耳朵揪頭髮扯破了衣裳
抓碎了臉漏風的巴掌順臉括扯碎了網巾伱休要惟
搶了伱四鬢怨不得咱這裡不是烟花巷又不是小娘
兒家不管三七二十一我一頓拳頭打得伱滿地𨅬
那張狼見妻子說這一篇並不敢近前聲也不則遠〻地

坐在半邊將近三更時分且說翠蓮自思我今嫁了他家
活是他家人死是他家鬼今晚若不與丈夫同睡明日公
婆若知必然要惟罷〻叫他上床睡罷便道
痴喬才休推醉過來與伱一床睡近前來分付伱叉手
跐着莫弄嘴除網巾摘帽子靴襪布衫收拾起閑了門
下幔子添些油在晏灯上床來悄〻地同效鴛鴦借
連理休則聲莫言語兩〻消𨄛后睡莫着脚拳着腿
合着眼兒閑着嘴若還惱着我些兒那時伱就是个死
說那張狼果然一夜不敢則聲睡至天明婆〻叫言張狼
伱可交娘子早起些梳粧外面收拾翠蓮便道
不要慌不要忙等我換了舊衣裳菜自菜薑自薑各樣

果子各樣粧肉自肉羊自羊莫把鮮魚攙白腸酒自酒
湯自湯醃雞不要混醃羊日下天色且是涼便放五日
也不妨待我留此整齊的三朝點茶請姨娘總然親戚
吃不了剩與公婆慢〻嘗
婆〻聽得半晌無言欲待要罵恐人知笑欲言只得忍氣
吞聲耐到第三日親家母來完飯兩親相見畢婆〻耐不
過從頭將打先生罵媒人觸夫主毀公婆一一告訴一遍
李嬭〻聽得羞慚無地徑到女兒房中對翠蓮道伱在家
中我怎生分付伱來交伱到人家休要多言多語全不聽
我今朝方纔三日光景適聞婆〻說伱許多不是使我惶
恐千萬無言可荅翠蓮道

毋親你且休炒鬧聽我一一細稟告女兒不是村夭樂
有些話你不知道三日媳婦要上灶說起之時被人笑
兩碗稀粥把鹽醃吃飯無茶將水泡今日親家初走到
就把話兒來訴告不問青紅與白皂一迷將奴胡廝鬧
婆婆性兒忒急燥說的話兒不大妙我的心性也不弱
不要着了我圈套尋條繩兒只一吊這條性命問他要
媽媽見說又不好罵得茶也不吃酒也不嘗別了親家上
轎回家去了再說張虎在家叫道成甚人家當初只說要
个良善女子不想討了个五量店中過賣來家終朝四言
八句弄嘴弄舌成何以看翠蓮聞說便道
大伯說話不知禮我又不曾惹着你頂天立地男子漢

罵我是个邋遢貨
張虎便叫張狼道你不聞古人云教婦初來雖然不要
打他也須早晚訓誨再不然去告訴他那老虔婆知道翠
蓮就道
阿伯三个鼻子管不曾捻着你的碗媳婦雖是話兒多
自有丈夫與婆婆親家不曾惹着你如何罵他老虔婆
等我滿月回門去到家告訴我哥哥我哥性兒烈如火
那時交你認得我巴掌拳頭一齊上着你旱地烏龜沒
處躲
張虎聽了大怒就去扯住張狼要打只見張虎的妻施氏
跑將出來道各人妻小各自管干你甚事自古道好鞋不

踏臭糞翠蓮便道
姆姆休得要惹禍這樣爲人做不過說自伯伯和我嚷
你又走來添些言自古妻賢夫禍少做出事比天來大
快快夾了里面去窩風所在坐一坐阿姆我又不惹你
如何將我比臭污左右百歲也要死和你兩个做一做
我若有些長和短閻羅殿前也不放過
女兒聽得來到母親房中說道你是婆婆如何不管着
他放潑禍甚麼樣被人家笑話翠蓮見說便要婆婆說就
道
小姑你好不賢良便去房中叫親娘若是婆婆打殺我
活捉你去見閻王我爺平素性兒強不和你們善商量

和尚道士一百个七日七夜做道場沙板棺材羅木底
公婆與我見官司小姑姆姆盡要伯伯也要做孝子
諸親九眷抬靈車出了殯兒從新起大小衙門齊下狀
拿着銀子無處使認你家財萬萬貫弄得你錢也無來
人也死
張媽媽聽得走出來道早是你纔來得三日的媳婦若做
了二三年媳婦我一家大小俱不要開口了翠蓮便道
婆婆休得要水性做大不尊小不敬小姑不要忒僥倖
母親面前少言論些是些非輕事重報老蠢聽他便就信
三語四把五傷說的話兒不中听我若有些長和短不
怕婆婆不償命

媽々听了徑到房中對員外道你看那新媳婦口快如刀一家大小逐个々都傷過你是个阿公便叫將出來說他幾句怕甚麽員外道我是他公々怎麽好說他也罷待我問他討茶吃且看怎的媽々道他見你一定不敢調嘴只見員外分付交張狼娘子燒中茶吃那翠蓮听得公々討茶慌忙走到廚下刷洗鍋兒煎滚了茶復到房中打點各樣果子泡了一盤茶托至堂前擺下椅子走到公々婆々面前道請公々婆々堂前吃茶又到姆々房中道請伯々姆々堂前吃茶員外道你們只說新媳婦口快如今我喚他都怎地又不敢說甚麽媽々道這番只是你使喚他便了少刻一家兒俱到堂前分大小坐下只見翠蓮拿着一盤茶

清平山堂　十三

口中道

公吃茶婆吃茶伯々姆々來吃茶姑娘小叔若要吃盞上兩碗自去拿兩个拿着慢々走泡了手將來嘗々此茶喚作阿婆茶名實雖村趣味佳兩个初煨黃栗子半抄新炒白芝蔴江南橄欖連皮核塞北胡桃去殼柤二位大人慢々吃休得壞了你們牙

員外見說大怒曰女人家須要溫柔穩重說話安詳方是做媳婦的道理那曾見這樣長舌婦人翠蓮應曰

公是大婆是大伯々姆々且坐下兩个老的休得喧且听媳婦來稟話你兒媳婦也不村你兒媳婦也不詐從小生來性剛直說兒說了必無掛公婆不必苦憎嫌十分不然休了罷也不愁也不怕搭々鳳子回去罷也不招也不嫁不搽胭粉不粧畫上下穿件縞素衣侍奉雙親過了罷記得幾个古賢人張良蒯文通說話陸賈蕭何快調文子建楊脩也不亞張儀蘇秦說六國晏嬰管仲說五霸六計陳平李左車十二甘羅并子夏這些古人能說話齊家治國平天下公々要奴不說話將我口兒縫住罷

張員外道罷々這樣媳婦久后必敗壞門風玷辱上祖便叫張狼曰孩兒你妻子休了罷我別替你娶一个好的張狼口雖應承心有不捨之意張虎并妻俱勸員外道且從容教誨翠蓮听得便曰

清平山堂　十四

公休怨婆休怨伯々姆々都休勸丈夫不必苦留戀大家各自尋方便快將紙墨和筆硯寫了休書隨我便不曾毆公婆不曾罵親眷不曾欺丈夫不曾打良善不曾走東家不曾西鄰串不曾偷人財不曾被人騙不曾說張三不與李四亂不盜不妬與不淫身無惡疾能書算親操井臼與炮廚紡織桑蔴拈針線今朝隨你寫休書搬去粧奩莫要怨手印縫中七个字永不相逢不見面恩愛絕情意斷多寫幾个弘誓願鬼門關上若相逢別轉了臉兒不廝見

張狼因父母做主只得含淚寫了休書兩邊搭了手印隨即討乘轎子交人擡了嫁裝將翠蓮并休書送至李員外

家父毋并兄嫂都埋冤翠蓮嘴快的不是翠蓮道
爹休嚷娘休嚷哥〻嫂〻也休嚷奴〻不是自誇奬從
小生來志氣廣今日離了他門兒是非曲直俱休講不
是奴家牙齒痒挑描刺繡能績紡大裁小剪我都會漿
洗縫聯不說謊擀柴挑水與炮廚就有蚕兒也會養我
今年小正當時眼明手快精神爽若有閑人把眼觀就
是巴掌臉上响
李員外和媽〻道罷〻我兩口也老了管你不得〻怕有
些三差二誤被人恥笑可憐可憐翠蓮便道
孩兒生得命里孤嫁了無知村丈夫公婆利害出自可
怎當媽〻與姑〻我若略〻開得口便去搬要與舅姑

且是黑人不吐被勸聊剪了手便來搭坐出語参情切話
幾篇雖賣你了奴止望一家圖自在豈料爹娘也作吾
夫家娘家着不得剃了頭髮做師姑身披直裰挂葫蘆
手中拿个大木魚白日沿門化飯吃黃昏寺裏称念佛
祖念南無吃齋把素用工夫頭兒剃得光〻地那个不
叫一聲小師姑
說罷樹下濃粧換了一套綿布衣服向父毋前合掌問信
拜別轉身向哥嫂也別了哥嫂曰你既要出家我二人送
你到前街明音寺去翠蓮便道
哥嫂休送我自去去了你們得伶俐曾見古人說得好
此處不留有留處離了你家門便把頭來剃是處便為

家何俍明音寺散且又逍遥却不到伶俐
不恋榮華富貴　一心情愿出家
身披一領錦袈裟　常把数珠懸掛
每日持齋把素　終朝酌水献花
縱然不做得菩薩　修得个小佛兒也罷

新編小說快嘴媳婦李翠蓮記終

洛陽三恠記
盡日尋春不見春杖梨踏破嶺頭雲歸來點檢梅稍看
春在枝頭已十分
這四句探春詩是張元所作東坡先生有一首探春詞名柳稍
青却又好詞曰　昨日出東城試探春墻頭紅杏暗如傾檻內
群芳芽未吐草已回春綺陌斂香塵點雲霧前村東君着意
不辭辛料想風光到處吹綻梅英
這一年四季無過是春天最好景致日謂之麗日風謂之和風
吹柳眼綻花心拂香塵天色暖謂之暄天色冷謂之料峭騎的
馬謂之寶馬坐的轎謂之香車行的路謂之香徑地下飛起土
來謂之香塵應千草正發葉花生芽蕊謂之春信春忒煞好有
首詞曰　韶光淡蕩淑景融和小桃深粧臉妖嬈嫩柳裊宮腰
膩百囀黃鸝驚回午夢數声紫燕說盡春愁日舒遲暖溪鶯
黃水渺茫勒香鴨綠隔水不知誰院落鞦韆高掛綠楊陰
春景果然是好到春來則那府州縣道村鄉鎮市都有遊翫去
處且說西京河南府又名洛陽這西京有一縣喚做壽安縣在
西京羅城外縣內有一座山喚做壽安山其中有萬種名花異
草今時臨安府官巷口花市喚做壽安坊便是這箇故事西京
城官員士庶人家都愛栽種名本曾有詩道
滿路公卿宰相家　收藏桃李壯芳芽　年年三月凭高望

不見人家只見花
西京定鼎門外壽安縣路上有一座名園喚做會節園甚是好
但見　朱欄園翠玉寶檻嵌奇珎紅花共麗日爭輝翠柳與晴
天閗碧鞦韆起秋迁架綵結鞦韆門流盃亭側水弯環賞月臺
前花屈曲幾竿翠竹如龍遶就太湖山數簇香松似鳳樓臺
側畔楊花[illegible]簾幕中間燕子飛
每遇到春三二月間傾城都去這園裏賞翫說這河南府章臺
街上有箇開金銀舖潘小員外叫名潘松時遇清明節因見一
城人都出去郊外賞花遊翫告父母也去遊翫先到定鼎門裏
尋相識的翁三郎當時那潘松來到翁三郎門首便問三郎在
家否只見其妻相見道拙夫今日清明節去門外會節園看花
却也去不多時若是小員外行得快便也趕得上潘松听得說
獨自行出定鼎門外迤逦行到這會節園時正是
乍雨乍晴天氣不寒不煖風和盈盈嫩綠有如剪就薄薄香
羅裊裊輕紅不着裁成鮮鮮蜀錦弄舌黃鸝穿透奔尋香粉
蝶遶雕欄
這潘松尋不着翁三郎獨自遊翫待要歸去割捨不得於路上
景致看看那青山似畫綠水如揺行到好觀看處不覺步入一
條小路獨行半畝田地這條路遊人希少正行之間听得後面
有人叫小員外回轉看時只見路傍高柳樹下立着箇婆子看

這婆婆時生得鷄皮滿体鶴髮盈頭眼昏似秋水微渾体[illegible]九秋霜後菊渾如三月盡頭花好似五更風裏燭潘松道素昧平生不識婆婆姓氏婆婆道小員外老身便是媽媽的姐姐潘松沉思半晌道我也曾聽得說有箇姨姨便是小子也疑道婆婆面兒與家間媽媽相似婆婆道好幾年不見你到我家吃茶潘松道甚荷姨婆見愛即時引到一條崎嶇小逕過一條獨木危橋却到一箇去處婆婆把門推開是箇人家隨着那婆婆入去擡眼四下看時元來是一座崩敗花園但見

亭臺倒塌欄檻斜傾不　知何代浪遊園想是昔時歌舞地風亭弊陋惟存几草綠臺荒月榭崩摧四面野花紅拂拂鶯啼啾啾啼不逢人魚戲滿波自恨終朝無食餌秋來滿地堆黃葉春去無人掃落花

這婆婆引到亭上請坐等我入去報娘娘知我便出來入去不多時只見假山背後兩箇青衣女童來道娘娘有請這潘松道有甚底娘娘只見上首一箇青衣女童認得這潘松失驚道小員外如何在這裏潘松也認得青衣女童是鄰舍王家女兒叫做王春春數日前時病死了潘松道春春你如何在這裏春春道一言難盡小員外你可急急走去這裏不是人的去處你快去休走得遲便壞你性命當時潘松諕得一似分開八片頂陽骨傾下半桶冰雪水　潘松荒忙奔走出那花園門來過了獨

橋大路來道慚慚愧愧却纔這花園不知是誰家的死了的人却在這裏白日見鬼迤逗取路而歸只見一家村酒店但見　傍村酒店幾多年　遍野桑麻在地邊　白板凳鋪邀客坐　紙門多用棘針編　暖煙灶前煨麦蜀　牛屎泥墻畫醉仙

潘松走到酒店門前只見酒店裏走出一人却是舊結交的天慶觀道士徐守真問道師兄如何在此守真道往會節園看花方回潘松道小子適來逢一件怪事幾乎壞了性命把那前事對徐守真說了一遍守真道我行天心正法專一要捉邪祟着與吾弟同行看甚的鬼魅敢來相侵二人飲酒罷同出酒店正行之次潘松道師兄你見不[illegible]着矮墻上道兩箇白鵓子在瓦上厮啄一箇走入瓦縫里去你看我捉這白鵓子方纔撩起手來只見被人一撇撇入墻里去却又是前番撞見婆子的去處守真在前走回頭不見了人只道又有朋友邀去了自歸不在話下且說潘松在亭子上坐地婆子道先時好意相留如何便走我有些好話共你說且在亭子上相等我便來潘松心下思量自道不方再行前討只見婆子行得數步再走回來道娘娘相請小員外便走去了到怪我你若再去却不利害只見婆子取一箇大鷄籠把小員外罩住把衣帶結三箇結吹口气在鷄籠上自去了潘松姍推不動用手盡平日气力也却推不動

不多時只見婆子同女童來迴小員外在那里婆子道在客位
里等待潘松在鷄窠里听得道這箇好客位里等待只見婆子
解了衣帶結用指挑起鷄窠與衣女童上下手一挽挽住小員
外時撮將去到一箇去處只見
金丁朱戶碧瓦盈簷四週紅粉泥墻兩下雕欄玉砌宛若神仙
之府有如王者之宮
那婆婆引入去只見一箇黑烏的婦人出來迎接小員外着眼
觑那人生得　綠雲堆鬢白雪凝膚眼描秋月之眉拂青山之黛
桃萼淡粧紅臉櫻珠輕點絳唇步鞋襯小小金蓮十指露尖
尖春筍若非洛浦神仙必是蓬萊閬苑人
那婆子引那婦女與潘松相見罷分賓主坐定交兩箇青衣安
排酒來但見　廣設金盤羅鋪陳玉盞金甌獸炉内高爇龍
涎盞面上波浮綠蟻遮閣推列無非是異菓蟠桃席上亦羞
盡總是龍肝鳳髓
那青衣童女行酒斟過酒來飲得一盞潘松始問娘娘姓氏只
听得外面走將一箇人入來但那人時生得面色深如重棗眼
中光射流星身披列火紅袍手執方天画戟
那个圓怒氣盈面道娘娘又正六甚人在此飲宴又是白聖母引
透來的不要帶累我便當時娘娘把身迎接他潘松失驚問娘
娘來者何人　娘娘道他喚做赤土大王相揖了同坐飲酒少時
作辭去了娘娘道婆婆費心力請得潘松到此今夜與奴做夫
妻覷得小員外不敢舉頭也不由潘松扯了手便走兩箇便見
共入蘭房同歸紗帳寶香消瀟幕低垂玉體共香衾偎傍擣
起紅綾被一陣粉花香撥起琵琶腿慢慢結紗衣三次親唇
情越盛一陣疎麻體覺寒
二人雲雨潘松終猜疑不樂纏綿到三更已後只見娘娘撲身
起來出去小員外根底立着王春春悄悄地與小員外道我交
你走了却如何又在這里你且去看那件事引着小員外躡足
行來看時見柱子上縛着一人婆子把刀劈開了那人胃取出
心肝來潘松看見了諕得魂不附體問春春道這人為何春春
說道這人數日前特被這婆婆迷將來也和小員外一般排筵
會也共娘娘做夫妻數日間又別迷得人却把這人壞了潘松
听得兩腿不摇身自動却是怎生奈何說由未了娘娘入來了
潘松推睡着少間婆婆也入來看見小員外睡着婆子將那心
肝兩箇斟下酒那婆子吃了自去娘娘覺得醉了便上床去睡
着只見春春躡腳來床前招起潘松來道只有一条路我交你
走若出得去時對與我娘說听多做些功德救度我你記這座
花園喚做劉平事花園無人到此那着白的娘娘喚做玉蓮娘
娘那日間來的紅袍大漢喚做赤土大王這婆子喚做白聖母
這三箇不知壞了多少人性命我如今放你出去你便去房里

床頭邊有箇大窟笼你且不得怕便下那■笼里去有路得
行行盡處却尋路帰去娘娘将次覓来你急急走潘松謝了
春春去床頭看時果然有箇大窟笼小員外荒忙下去約行半
里田地出得路口時只見天色漸晚但見
薄霧朦朧四野殘雲掩映荒郊江天晚色微分海角殘星尚
照牧牛兒未起採桒女田眠小寺内鐘鼓初敲高簷外猿声
怎息正是大海波中紅日出世間吹起利名心
潘松出得穴來沿路上問採樵人尋路帰去遠遠地■望見一
座廟宇但見　朱欄臨緑水碧澗跨紅橋依希觀宇殿鬼崽彷
彿見威儀瀟灑廟門開處層層冷霧單祠堂廊幕中間念念

三怪記

黑雲光聖像殿後簷松蟠鬃獸階前古檜似龍蛇
行進數步只見燈火燦爛一簇人鬧鬧吵吵潘松移身去看時
只見廟中黃羅帳内泥金塑就五彩莊成中間里坐着赤土大
王上首玉蕊娘娘下首坐地着白聖母都是夜來見的三箇人
驚得小員外手足無措問■人時元來是清明節當坊境人春
賽在這廟中燒紙酌獻小員外走出廟來急尋帰路來到家中
見了父母備說昨夜的事大員外道世上有這般作怪父子二
人即時同去天應觀見徐守真潘松說與師兄在酒店里相會
出來被婆子攝入花園里去把那取人心肝吃酒的事歷歷說
了一遍不是王春春交我走帰幾乎不得相見爹道士見說即

時登壇作法將丈二黃絹書一道大符口中念念有詞把符一
燒燒過了吹將起來移時之間就壇前起一陣大風怎見得那
風　風來穿陋巷透玉宮喜則吹花謝柳怒則折木摧松春來
解凍秋謝梧桐雕河逃漢主赤壁走曹公解得南華天意滿
何劳宋玉辯雌雄
那陣風過處見箇黃袍襆巾力士前來云潘松該命中有七七
四十九日災厄招此等妖怪未可勦徐守真向大員外道令嗣
有七七四十九日災厄只可留在本觀躲災大員外謝了徐守
真自歸小員外在觀中住了一月有餘忽一日行到魚池邊釣
魚放下鉤子只見水面開處一箇婆子咬着鉤魚鉤諕得潘松

三怪記

去下釣竿大叫一声倒地而死急忙救起半晌重甦令人便去
請將大員外來徐守真向大員外道要捉此妖怪除是請公師
父蔣真人下山大員外問這蔣真人却在何處徐守真道見在
中岳嵩山脩行大員外道敢煩先生親自請蔣真人來捉此妖
怪徐守真相別了就行旦說小員外同爹帰到家里只是開眼
便見白聖母在書院里面忽一日潘松在門前立地只見那婆
子道娘娘交我来請你正說之間却遇着徐守真請蔣真人来
到潘員外門前却被蔣真人鎮威一喝諕得那婆子抱頭鼠竄
化一陣冷風不見了徐守真令潘松參拜了蔣真人救你一命
大員外即時請蔣真人符相見叙禮畢安排飯食不在話下那

將真人道今夜三更三点先遣白聖母天色漸晚但見

金烏西墜玉兔東生満空　霧照平川幾縷殘霞生遠漢漁父負魚歸竹徑牧童同犢返孤村

當夜三更前後將真人作罷了念了呪語兩員神将驅提白聖母來將真人交椅過鷄笼來這漢子一單住四下用茅團着將真人看声放火燒移之時漢子不見了只見一箇炙乾鷄在笼裏[illegible]天曉將真人道今点午時劉平事花園里去斷除那兩箇妖怪到得日中四人同行到花園門首將真人道交徐守真將一道雲符将兩枚大丁字釘花園門首地上便釘将下去只見起一陣大風風過處見四員神将出現但見

黄羅抹額汚駿皂羅袍光袖繡團花黄金甲束身微穿地劍横秋水靴踏後猫上逍碧漢之間下徹九幽之地業危作過白海滅水底擒來邪祟為妖入洞穴中捉出六丁壇半權為符吏之名玉帝階前走天丁名號搜捉山前為怪鬼拜會乾坤下二神

四員神将領了法旨去不多時就花園内起一陣風但見

無形無影透人懷　四季能吹萬物開　就地撮将黄葉去入山推出白雲來

風過處只听得豁辣辣一声响亮從花園裡神将驅将兩箇為猫的妖怪来將真人道與打殺立交現形神将那時就壇前打杀一条赤班蛇一箇白猫兒元来白聖母是箇白鷄精赤土大王是条赤斑蛇王氏娘娘是箇白猫精神将打死了妖怪一陣風自去了潘員外拜謝了將真人徐守真自去了話名叫做

洛陽三怪記

洛陽三怪記卷終

風月相思　入話

深院鶯花春晝長　風前月下倍凄凉
只因忘却當年約　空把朱絃寫斷腸

洪武元年春有馮琛者字伯玉故成都府朝陽門興慶坊人也父緼為元先鋒都督生琛於金陵時至元六年庚戌歲也幼失怙恃伊舅氏育養至總角頴悟聦明詞章翰墨與世罕有少長咸羨與言之未幾南北盜賊興起生奔走流寓浪跡江湖至臨安時言廠將軍趙或見而異之公無子得生甚喜生事之如親父焉公有女名雲瓊幼喪母公命庶母劉氏育之年至十三同生延師教之生加恭敬如親妹而瓊待生亦如親兄也一日生憂思干戈不寧割然有感遂賦一詩以呈師云

兩虎爭雄勢不休　回頭何處是神州
一朝鼙鼓喧天動　萬里塵埃匝地浮
白日豺狼當路道　黃昏鋒火起邊樓
何時南北干戈息　重覩君王舊景旋

師誦畢特以示或曰此子當有大志非常才也公亦喜待生三載劉氏以云瓊年長可笄遂令入閨閣習女工一日生在書館獨坐見春光明媚蜂蝶交飛不覺惆悵吟一絕云

桃花如錦草如茵　粧點園林無限春
蜂蝶分飛緣底事　東君應念斷腸人

生吟畢雲瓊在書館後遊戲听其吟詩有惆悵之意悒悒

不樂越數日百和亭前牡丹盛開琛往觀之瓊亦在彼遂同翫賞瓊問曰東君應念斷腸人為誰作也生笑而不答又將牡丹花題詩一首

嬌姿艷質解傾城　似語還休意未成
一點芳心誰共訴　千重密葉苦相屏
君王笑處天香滿　妃子觀時國色盈
何幸倚欄同一賞　恨無盃酒泛芳馨

瓊見詩知生意有屬於已乃一笑嘆息而去回顧再三生自此之後見其姿容秀麗其心不能自持瓊此後無心針指時出游戲消遣見蜂蝶燕鶯景物繁華賦詩一首

春色平分二月時　弓鞋款款步蓮池
九回腸斷無由訴　一點芳心不自持
灼灼奇花留粉蝶　陰陰古木囀黃鸝
曉來悶對粧臺立　巧畫娥眉為阿誰

瓊有侍女韶華頗巧慧能詛時見瓊長吁短嘆識其意而不敢問一日偶過書館生語之曰我萬里無家四海一身與我結為兄妹何如韶華曰賤妾卑微何敢上扳君子生曰何害二人拜為兄妹自此之後與生來往甚密一日生問曰連日不見瓊娘子固無恙乎荅曰娘子近日偶疾如癡神思不寧倚床作望江南詞生曰願聞韶華云

香閨內空自想佳期獨步花陰情緒亂慢將珠淚兩行垂勝會在何時　懨懨病此夕最難持一點芳心無托處

荼蘼架上月遲遲惆悵有誰知
韶華別去知瓊有意於己潛然下淚次日與趙公會宴瓊
侍父側雖然眉目往來不能通言語爲感生歸室見宿鴨
香消銀臺燭暗愁懷萬斛展轉至曉乃賦一律
暗思昨日可憐宵　得見佳人粉黛嬌
銀海曉合珠泪濕　金蓮微動玉釵揺
謝鯤從折機邊齒　弄玉空吹月下簫
一笑傾城殊絶代　宋交不瘦沈郎腰
一日生與韶華曰我有手書一緘煩汝送瓊華勿沉滯韶
華乃潛納於鏡奩次早瓊梳粧見書視之乃滿庭芳詞
嬋鬢拖雲娥媚掃月天生麗質難描樽前席上百媚千

嬌一點芳心初動五更清興偏饒訴衷腸不盡屢度好
良宵秦楼明月夜餘音嫋嫋吹徹鳳簫閑敲棊子愈覺
無聊何時識得東風面堪成鳳友鸞交憑鴻鴈潛通尺
素聘殺董妖嬈　復吟一絶
每同王步踏香塵　曾見粧臺點絳唇
春色謾隨桃杏去　天台誰爲訪劉晨
瓊讀畢怒責韶華曰汝怎敢傳消遞息我與夫人說知韶
華悲泣哀告瓊意稍解乃曰舍人何以知我病而送蘂芳
與我當以實對韶華曰向者舍人與妾言曰我四海無親
欲與結爲兄妹當時妾惶愧不敢當復問娘子無恙妾曰
回病稍安妾讀娘子望江南詞舍人不覺淚下至晩以書

生預宴生不勝懊恨仰觀其天輕雲翳月乍明乍暗織女
牽牛黯淡莫辨忽听樵楼鼓已三更矣乃賦詩云
幾度如梳上碧空　缺多圓少古今同
正期得見嫦娥面　又被痴雲半掩籠
次日於堂側偶見瓊生以此示之口占二絶
停盃對月問蟾蜍　獨宿嫦娥似妾無
今日逢君言未盡　令人長恨命多孤
瓊自後作事悶悶不已女工之事俱無情意患病數日家
人驚惶乃白劉氏夫人即喚韶華曰汝知娘子之病韶華
不敢荅夫人再三逼之只得言娘子與馮官人相見之後
至今三好兩怯夫人即與公曰妾聞男冠而有室女笄而

有家今瓊年二十閨房之事想已知之且琛居門下亦有
年矣而瓊豈無思念之心妾視動靜之間俱有不足之意
不如早命納琛爲婿庶免彰人之耳目或大怒不悦尋思
良久乃曰依汝言也罷當韶華面前告瓊瓊喜令韶華告
生生喜賦詩一首以自賀
昨日窓前閱簡編　銀缸雙結並頭蓮
當時以此非容易　今日方知豈偶然
紅葉溝中傳密意　赤繩月下結姻緣
從前多少心頭事　盡付東流水一川
翌日公令人探生曰报托門下多蒙厚恩敢效結草之意
既家有命安敢不從退以告公越十餘日公命媒行娉爲

令疾轉逵瓊曰我雖未愈不服此藥不可幸其疾意我今回一緘去謝之韶華候瓊作書畢持以詣生室生見韶華甚喜生展視之乃和滿庭芳詞云

短短金針纖纖玉手閑將綉帶輕描描鸞刺鳳想像别還挑不覺黃昏又到誰知玉減香消鴛鴦被[illegible]忠展轉條忽至中宵陽臺魂夢香彩鸞歸去喜得文簫閑弄人生幾行樂陶陶何日相逢一面樽前唱徹紅綃知此時若心動也愁殺盡覓饒　復吟一絶

手姿絶代更青春　妾意拳拳在汝身
明月一輪花滿地　背容香露濕湘裙

生視畢不覺失魂喪志莫知身之所在瓊曰彼時以我病愈兄妹之情喜之當時韶華頗疑之退而嘆曰人生莫作妾婢身城門失火迦魚殃日後必貽禍於我矣自此[illegible]前有命不出於外瓊雖意戀不能相會生自此之後[illegible]得見憔悴疲倦飲食減少夫人劉氏特加寬慰以[illegible]里生但俛首而已有一日夫人與侍女數人於後[illegible]風亭上觀賞荷花瓊推疾不出夫人去後瓊潛至生[illegible]兄何恙生淚下不能吝言瓊曰兄何故如此萬事豈由人乎瓊聞夫子曰賢賢易色古聖所戒生曰鑽穴踰墻吟琴折撥妹獨不知言語未盡侍女報曰夫人至瓊曰且與告別情話難盡翌日牛女佳期妾當陳瓜菓與君登樓乞巧以占天配生諾至期生乃赴約劉氏命瓊在堂行酒亦召

婿於二室至期屏開孔雀褥隱芙蓉花燭熒煌管弦歌沸生與瓊拜于堂一如神仙歸洞府賓客嘆其郎才女貌世間罕有至送房散生偕入洞房見其象床瑤席鳳枕鴛衾樂諧琴瑟生與瓊曰昔慕子之心每於花前月下撫景傷懷今日至此豈非天假良緣耶瓊曰遇君之後行無定跡寢不覘今也天隨人愿獲侍巾櫛但願君子始終如一則萬幸矣瓊擬蜂情蝶意遂詞云

翠荷花裹鴛鴦浴碧桃枝上鸞鳳宿花爛枝尚柔俄鸞一夜秋百歲共諧和相看奈汝何

生亦口占減字木蘭花詞一云

調雲弄雨迤逗羅幃同笑語春透花枝一時相憐相愛還了平生憔悴債魚水歡情剪下青絲結誓盟

越月餘公被召促裝赴京囑生家事而別越三月公奏曰臣老不能用也有婿馮琛素懷異才臣薦為国非私也上大悅遣使召生生與瓊曰蒙旨徵召暫與相別瓊曰相會未幾而遽別奈何奈何妾聞金陵勝地歌樓不可留戀生曰噫卿慎也我心尤如氷玉後當殆即促裝起程瓊令部華備酒殺餞於郊外瓊握生手相視大慟生亦嗚咽瓊曰君今棄妾妾無負於君生曰我與子豈一朝一夕之緣分今日之行出於無奈卿有是言殆非以為陌路人耶瓊曰君無二心妾何以報口占二絶以贈

其一　魚水歡娛未一秋　臨岐分袂更綢繆

其二　訴君不盡衷腸事　惟有潸潸珠淚流

香閨綉幌恨悠悠　一片離情不自由

爭奈君心似流水　滔滔東去不能留

生賦律詩一首以答

懶上雕鞍悶不勝　此心如醉為多情

空垂眼底千行淚　难阻天涯萬里程

最苦淒凉馮伯玉　可怜憔悴趙雲瓊

男兒且學四方志　鐵石心腸作廣平

瓊情不已亦作荼蘼詞云

憶昔當時相會共結百年姻配枕前盟誓如山海此意千載难買息和愛知何在情默默有誰揪採妾心未改君先改奈好事多成敗　詞畢

慟哭不捨生扶瓊至家囑韶華勸慰次早不令瓊知而去瓊晚見月界窓痕風鳴紙隙舉目無親以賦臨江仙詞一闋

明忽紙隙風如箭幾多心事难忘荼蘼架下見行藏交加雙粉蝶交頸兩鴛鴦豈知今日成拋弃厄嬴減玉消香誰與訴衷腸行雲空縹緲恨殺楚襄王

生行不覺踰旬未嘗不思瓊也觀京畿將近偶成一律

冉冉時光日似梭　相思無計欲如何

五雲縹緲皇畿近　萬里迢遥客恨多

愁望銀河看織女　魂飛浪苑問仙娥

金陵護試花如錦　一點芳心誓匪他

生行至京見上於奉天殿上甚愛其才即日除為起居郎一日出朝因便人作書以寄

馮瓊端肅書奉　雲瓊娘子粧前拜違懿範已經月餘思仰香閨寤寝行坐未嘗離於左右邇來未審淑候何如瓊至京蒙授起居郎誰料非才幸際風雲之會得依日月之光偶因風便封緘以寄眷恋之私云

瓊得書一喜一悲賀者填門而瓊悲號不已劉夫人命具盃酌絃歌寬慰瓊編駐馬听命韶華謳之聞者莫不悽惋自茲愈無聊賴鸞孤鳳隻竹瘦梅癯面似梨花帶雨眉如楊柳含烟暑中風凉月冷形隻影單賦詩一律

夜深獨坐對殘灯　默默悽人百感增

愁腸百結如絲乱　珠淚千行似雨傾

月照紗窓光皎皎　風搖鐵馬響鈴鈴

總藉夫人寬慰我　金樽漫有酒如澠

素娥善言語一日對瓊曰妾聞西湖鴛鴦失侶相思而死何謂也瓊曰汝戲我乎曰既知何不自想瓊曰汝不聞李白云

錦水連天碧　蕩漾双鴛鴦

甘同一處死　不忍兩分張

素娥曰誰無夫婦如賓似友至於离合故不可測関雎詩曰樂雖盛而不失其正憂雖深而不害於和是以傳之於經娘子朝夕哭泣過於哀怨倘致不虞將如之何遑以身

命為重堕意稍觧堕恐生心有異不能無疑焉乃作古風一章以自慰

憶昔與君相拜別　三月鵑声哀夜月
鴛鴦悵裡彩鸞孤　惆悵良人音信絶
妾心如水水淺深　妾泪如珠珠濺血
深院無人春晝長　幾回獨把湘簾揭
湘簾揭起飛雙燕　燕燕差池相眷恋
令人感動心益悲　欲寄征鴻風不便
文君空有白頭吟　婕妤謾賦齊紈扇
君心若與我心同　妾亦於君復何怨

瓊作雖非怨悔相思之心殊切撫景興懐時無休歇佇見征鴻北去烏鵲南飛蟋蟀在壁秋水連天桐風颯颯桂月娟娟香殘燭暗枕冷衾寒斯時也空閨寂寂人各一天經年累月有誰見憐作滿庭芳一闋

皓月娟娟清燈灼灼回身轉過西廂可人才子流落在他鄉祇望團圓到底誰知反属参商君知否星橋別後一日九回腸相思無盡極慘雲愁雨减玉消香幾回夢裡與子飛揚也記山盟海誓地久天長春已老桃花無主何日遇劉郎

題畢謂韶華曰古之女亦有如我者乎荅曰有之如王嬌之莽身姜女之死節皆如此也然悲歡離合亦自古有之君不自惜其身至於殞絶亦致有之瓊曰汝之言我非不知但恨與生會合未久遽成離別恐作王魁負桂英也因而賦歌一首

黄昏漸近兮白日頹西對景思人兮我心空悲雲歸岫兮去遠霞映水兮呈輝倏天光兮暗淡月初出兮星稀嘆南飛兮烏鵲遶樹枝兮無依久凭欄兮徙倚追往事兮嗟吁香消兮玉減花落兮色衰步閑庭兮跳望仍凝思兮遅遅霜凋殘兮落葉雨滴損兮花枝花委謝兮寂寂葉辞柯兮凄凄恨関山兮路遠極目望兮天涯自勉強兮假寝風颯颯兮吹衣柰好夢兮香渺忽驚覺兮隣鶏傍粧臺兮抑鬱臨宝鏡兮慘悽雲鬟亂兮為誰梳洗蘭心蕙質兮空自昏迷覩雙飛兮粉蝶听百囀兮黄鸝何人生兮不若嗟物類兮如斯愧年少兮多別離望美人兮空躊躇

韶華觀其吟亦掩淚謂娘子曰恐生有富易妻貴易交之意莫若令人賫書與馮生起居動静可知之矣胡乃孤眠獨宿行吁坐嘆而自苦若此也瓊曰豈必書也自生別後有詩十餘首併録寄贈以見我之心耳即日遣家童賫書抵京生得書不勝欣喜展視之皆瓊佳製也

淚雨潸潸洒滿衣　含愁强賦断腸詩
自從昔日相分手　直至今朝懶畫眉
東閣尚懐揮翰墨　西園尤想折花枝
自君一去無消息　獨對青銅怨別離

不弃我今将行汝從我乎韶華曰妾幼侍夫人居於閨閣之中誓生死相随今夫人将行妾願侍随即日治辦行装而去離朝五里許生先在郊外候瓊而来其融融乃曰一别許久不想今日復覩儀容瓊再拜謝曰妾女流也不知理法荷蒙君子不弃誓同生死生與瓊轎馬相随帰衙重尋旧約再整前盟今夕之會何幸如之生賦詩一律

朱顔一别幾經春　兩地相思各慘神
失意如今還得意　舊人偏覓勝新人
顛鸞倒鳳情何洽　誓海盟山樂更真
寄語司天臺上客　更籌促漏莫交頻

不覺已五更鼓矣生起整衣冠而進朝俄聞倭夷有警上勑生為静海将軍即日承命至家與瓊曰吾奉　朝命續兵收賊有一載之别汝宜保重吾不敢久留以緩君命於是率鳳陽精兵四萬　上大悦親勞軍士同兵部尚書李斌左平章廖禹復率羽林等衛五十八萬軍馬旌旗蔽野水陸繼進生之英風鋭氣所向無前駐劄連棧倭夷鏖戰佯走生兵追之倭度其半入以精兵五千出其不意由别道尾其後官軍溺死者無筭江水為之不流生呼謂衆曰今天敗我非衆之罪也第無以報效　朝廷生復招集残兵整頓軍旅身先士卒衆乃奮身戮力與敵鏖戰無不一當百倭夷大敗生喜曰不意天兵之果鋭也如此倭夷遂遣使稱臣求和生恐有変許之奏凱而還上得捷音

天顔大悦謂宋景曰以羸敗之兵入危險之地而能克敵皆卿之薦舉得其人也景稽首拜曰愚臣無知之明敏果断舉選得人　上曰古有社稷之臣今聚近之矣生引兵由玄武門　上坐召生入丹陛上慰勞之曰克戰之功出於卿也生拜曰陛下順行天道御物無私臣下奉行政令而已遂拜生為鎮國大将軍賜劍履趁朝雲瓊封為趙国夫人金冠霞玻夫榮妻貴近世未有夫何盛極有衰天年不永洪武七年甲寅歳十一月初一日壬戌瓊病亟之夕執瓊手謂曰吾負汝矣路隔幽冥不復相見也急呼家童燃燈取筆題詩云

九泉未肯忘恩愛　一死無由報主恩
君命妻情俱未了　空留怨氣塞乾坤

瓊曰君無憂也不久當相見言訖生卒次日大夫宋景奏聞　上曰天何奪吾伯玉之速也命禮部官具衣槨擬以王禮祭之曰明仁忠烈武安王越十五日丙子瓊亦以憂思不進飲食而卒勑合葬於采石之陽越一月御祭墓碑丹書命陶凱篆額宋景作序有子二人長曰明德尚平公主次子明烈娉廖禹之女是為之記

伉儷相期壽百年　誰知一旦喪黄泉
雲瓊節義非容易　伯玉姻縁豈偶然
配獲鸞鳳真得意　敬同賓友不虚傳
閔雎風化今重見　特為慇懃著簡編

風月相思記終

張子房慕道記

入話

夢中富貴夢中貧　夢裡歡娛夢裡嗔
鬧熱一場無个事　誰人不是夢中人

話說漢朝年間高祖登基駕坐長安大國忽一日設朝聚集文武兩班九卿四相各人奏事以畢班部中轉過一人紫袍金帶執簡當胸出班奏曰我王萬歲微臣看得近今天下太平風調雨順萬民樂業臣欲要慕道脩行不知我王意下如何高祖問曰卿因何要入山慕道張良答曰臣見三王苦死不能全終高祖曰那三王張良曰是齊王韓信大梁王彭越九江王英布元來這三王忠烈直臣安邦定国臣想昔日楚王爭戰之時身不離甲馬不離鞍懸弓插箭掛劍懸鞭晝夜不眠日夜辛苦這般猛將尚且一命歸陰何况微臣豈不怕死高祖曰卿莫非官小職低棄却寡人豈不聞劍刀雖快不斬無罪之人張良曰豈無罪過臣思日月雖明倘不照覆盆之下三王向如此乎高祖曰齊王韓信他有罪過如何苦死卿不知其情寡人有詩爲證

韓信功勞十代先　夜斬詩祖赫趙燕
長要損人安自已　有心要奪漢朝天

張良訴說已罷微微冷笑便道我王豈不聞古人云君不正臣投外国父不正子奔他鄉我王失其政事不想褒州

築壇拜將之時我王不信有詩爲證

韓信遭逢呂后機　不由天子只由妃
智賺未央宮內死　不想褒州拜將時

高祖曰卿韓信彭越英布三人有怨寡人之心張良答曰臣自有詩爲證

韓信臨危劍下亡　低頭無語怨高皇
早知死在陰人手　何不當初順霸王

張良言曰微臣眼前不見三人一心只要慕道高祖曰卿你作官中第一極品隨朝身穿紫羅袍腰懸白玉帶口飡珍羞百味因甚却要歸山慕道張良曰臣見三王遭誅臣懷十怕高祖曰卿那十怕張良曰赦臣之罪微臣敢說朕曰赦之良曰聽臣所說有詩爲證

一怕火院鎖牢纏　二怕家眷受熬煎
三怕病患纏身体　四怕有病服藥難
五怕氣斷身忘死　六怕有難哭皇天
七怕採木花棺槨　八怕牢中展刼難
九怕身死荒郊外　十怕蕭何律上亡

張良曰我王倘若無常到來如何躲得高祖曰卿你正好榮華富貴却要受冷耽飢張良曰皇若不信有詞爲證

慕道逍遙脩行快樂粗衣淡飯隨時着草履麻鞋無拘束不貪富貴榮華自在閑中快樂手內提着荊籃便入深山採藥去下玉帶脱紫袍訪友攜琴取樂

高祖曰卿要歸山作甚那要去修行張良曰臣有詩存証

放我修行拂袖遊　朝遊峰頂臥蒼田
渴飲淸甜香醪酒　飢食松栢壯陽丹
閑時觀山遊野景　悶來簫酒抱琴彈
若問小臣歸何處　身心只在白雲山

高祖曰卿意要去修行久後寡人有難更要卿扶助朝綱協立社稷張良回奏曰臣有詩存証

十年征戰定干戈　虎鬪龍爭未肯和
虛空世界要日月　爭南戰北立山河
英雄良將年年少　血染黃沙歲歲多
今日辭君臣去也　駕前無我待如何

高祖曰如今天下太平正好隨侍寡人在朝受享榮華富貴却要耽寒受冷黃虀淡飯修行慕道張良聽說有詩為証

兩輪日月疾如梭　四季光陰轉眼過
省事火時燈燭火　榮華貪戀是非多
紫袍玉帶交還主　象簡烏靴水上波
脫却朝中名與利　爭名奪利待如何

高祖曰不要卿管職事早晚隨侍寡人意下如何張良曰臣有詩存証

榮華富貴終無久　子細思量白髮多
為人不免無常到　人生最怕老來磨

高祖曰卿若年老寡人賜你俸米月支錢鈔四季衣服封妻蔭子有何不可張良曰蒙賜衣錢米老來如何替得有詞存証

老來也百病熬煎　一口牙疼兩臂風牽腰肐難支氣急難言喫酒飯調痰倒轉飲茶湯口角流涎手冷如鉗脚冷如磚似這般百病直不得兩個沙模兒銅錢

高祖曰卿一心既要入山慕道寡人管你四季追糧并衣服鞋襪張良曰臣有詩為証

日月如梭架不撈　時光似箭斬人刀
淸風明月朝朝有　火院前程無下稍
日月韶光隨時轉　太陽真火把人熬
你强我弱爭名利　不免閻王走一遭

高祖苦勸張良不允且回相府明日再來商議張良辭駕出朝念詩一首

遊遍江湖數百州　人心不似水長流
受恩深處宜先退　得意濃時便可休
莫待是非來灌耳　從前恩愛反為仇
不是微臣歸山早　服侍君王不到頭

張良拜辭出朝回家高祖曰衆文武百官寡人苦勸張子房不听遂令百官領聖旨往張良相府勸他回心轉意丞相主人留你不要入山脩行在家出家朝暮隨侍寡人道糧衣服錢米每月供俸却不是好張良曰臣想韓信彭越英布爭江山奪社稷累建大功如今功勞却在何處張良

不允衆官文勸丞相如今天下太平官封極品位至三公朝中享榮華富貴如何歸山慕道張良呵呵大笑有詩爲證

漢世張良散楚歌　八千兵散走奔波
霸王只爲江山死　悔不當初過界河
萬里江山朝皇帝　八方寧靜罷干戈
因甚子房歸山早　恩深到惹是非多

衆文武百官苦勸不從各回去了張良送衆官回到相府辭了老夫人我今欲要入山慕道老夫人便道丞相你每日受享龍樓鳳閣耳听山呼萬歲吃珍羞飲御酒端的是

春眠紅錦帳　夏臥碧紗厨

兩雙紅燭引　一對美人扶

如何却要歸山慕道曠野荒郊孤身獨自冬夏衣服道粮誰曾問來有誰消愁只在家中脩行張良見説有詩爲證

兎走烏飛不暫閑　古今興廢已千年
纔見嬰兒并幼女　不覺蒼顏白髮邊
慕道脩真還苦行　遊山翫景煉仙丹
閑時便把琴來操　悶看猿猴上樹顛

老夫人听説丞相如今高官極品富貴榮華一人之下萬人之上朝則同歡暮則同樂不肯受用情愿入山慕道躭寒受冷忍飢受餓那時悔之晚矣張良不允留詩一首

生死輪迴幾萬遭　迷人不省半分毫
貪心似草長長長　造罪如山漸漸高
不去佛前求懺悔　貪迷火院受煎熬
若人不行平等事　三塗地獄苦難逃

老夫人道丞相你却脩行去了家中兒女未曾婚配男婚女嫁待等家事已完那時未遲張良答曰倘若大限到來身歸泉世命喪黄沙如何留得張良即便題詩一首

一日無常萬事休　半床席捲不中留
憂愁恋兒年紀小　愛子貪妻不到頭
使盡機関爭名利　夏經鬼散做骷髏
人人盡是癡呆漢　了了兔走荒郊臥土坑

張良説罷而出高祖傳旨要令把門官軍不要放出張丞

相若不辭朕怎敢便去高祖正説之間張良將冠帶袍服象簡烏紗朱紅盤内託來放於五鳳樓前私行去了高祖差人四下追趕捕獲尋至數日杳無踪跡只見朱紅盤内有詩爲證

懶把兵書再展開　我王無事斬賢才
腰間金印無心掛　拂袖白雲歸去來
兩手撥開名利鎖　一身跳出是非街
不是微臣歸山早　怕死韓信劒下災

高祖自從去了張良每日思想懸懸放心不下朝門外大張黄榜有人得知張良下落者封其官職忽有一樵夫分開人衆前來揭榜入朝奏上我王萬歲臣見張丞相却在

白雲山修行訪道高祖听罷心中大喜龍顏甚悅即排鸞駕前往白雲山前尋訪一遭行至一日只見茅庵一所不見張良令人來到名山有詩爲証

白雲山前字兩行　張良留下勸人方
紅顏愛色插心死　紫草連枝帶葉亡
蜂採百花人食蜜　牛耕荒地鼠飡粮
世上三般冤屈事　月缺花殘人少亡

高祖念詩已罷不見張良眼中垂淚吟詩一首

君王親自駕臨山　不見賢臣空到庵
日映桃花侵目艷　風吹竹葉透人寒
炉内燒丹灰未冷　壁上題詩墨未乾

棋盤蹤跡端然在　子房何處把身安

高祖吟詩已罷不見張良仰天長嘆回駕行至平山忽見張良漁鼓簡子口唱道情仙鶴遶舞野鹿啣花前來接駕高祖一見張良龍顏大喜作詩一首

十度宣卿九不朝　閑心路遠費心勞
明知你有神仙法　點石成金不用燒
朝中缺少擎天柱　单等賢臣掛紫袍
卿若轉心回朝去　寡人世界得堅牢

張良听説向奏我王臣誓不回只在山中脩行辦道我王不信微臣有詩一首

閑時山中採藥苗　不顧朝中掛紫袍
高祖咬牙封雍齒　漢王滴淚斬丁公
蕭何穩坐爲丞相　韓信安邦命不牢
不是微臣嫌官小　犯了王法不肯饒

張良奏上我王萬歲得知韓信英布彭越三人爭南奪北个个死於劍下我王不信有詩爲証

我去歸山脫離災　韓信遭計倒塵埃
因爲我王無正道　呂后定計斬英才

高祖曰卿不比在前澗濁之時張良答曰我王若要回朝請我王到茅庵獻清茶一盞張良引駕正行之間前面一个仙童指化一條大澗橫担獨木高橋一根請高祖先行高祖恐怕木滚不敢行過張良拂袖而過此橋吟詩一首

橋上横担松一根　不知那是造橋人
獨木怎過龍駒馬　深水難行伴侶人
百條龍尾空中掛　千根大葬澗邊存
雖然不是神仙法　赫得人心不敢行

造澗中碧沉沉水波浪千層阻隔高祖龍車不能前進張良見了呵呵大笑吟詩一首

范蠡歸湖脫紫袍　子房脩道不回還
心猿牢鎖無根樹　意馬牢拴不放閒
辭文官來别武將　功名二字兩分单
不是微臣歸山去　免被雲陽劍下丹

高祖苦勸張良不回心中憂悶眼淚恓惶張良就於澗邊

拜辭高祖吟詩二首

張良交印與高皇　范蠡歸湖別越王

二人不戀官職小　只怕江山不久長

向後莫聽呂后語　君王失致損忠良

萬丈火坑抛撒了　一身跳出是非場

張良收心歸山再勸世人作詩一首

晉勸閻浮賢大良　世間莫要把名揚

無常那怕公侯子　不怕文官武將強

不但男女收心早　大限來時手脚忙

學得子房歸山去　免向閻王論短長

清平山堂　一　張子房

小說張子房慕道記終

陰隲積善

入話

燕門壯士吳門豪　竹中注鉛魚隱刀

感君恩重與君死　太山一擲若鴻毛

唐德宗朝有秀才南劍州人姓林名積字善甫為人聰俊廣覽詩書九經三史無不通曉更兼為事梗直在京師太學讀書給假在家侍奉母親之病母病愈不免再往學中離不得暫別母親相辭親戚隣里教當直王吉挑着行李迤邐前進在路但見

或過山林听樵歌於雲嶺又經別浦聞漁唱於烟波或抵鄉村却遇市井才見綠楊垂柳影迷巴虎之樓臺那堪啼鳥落花知是誰家之院宇行處有無窮之景致奈

清平山堂　陰隲積善　一

何說不盡之驅馳

飢飡渴飲夜住曉行無路登舟不只一日至蔡州到个去處天色晚但見

十色俄分黑霧九天雲里星移八方商旅歸店解卸行裝北斗七星隱隱遮歸天外六海釣叟繫船在紅蓼灘頭五戶山邊盡總牽牛羊入欄四邊明月照耀三清邊廷兩塞動寒更萬里長天如一色

天色晚兩个投宿於旅邸小二哥接引揀了一間寬潔房當直的安頓了担杖林善甫稍歇討了湯洗了脚隨分吃了些个晚食無事閑坐則个不覺早點灯交當直安排宿

歇來日早行當直王吉下了宿在床前打鋪自睡且說林
善甫脫了衣裳也去睡但覺物瘾其背不能睡着壁上有
灯尚猶未滅遂起身揭起薦蓆看時見一布囊〻中有一
錦囊其中有大珠百顆遂收於箱篋中當夜不在話下到
來朝天色曉但見

曉霧裝成野外殘霞染就荒郊耕夫隴上朦朧月色時
沉織女機邊恍蕩金烏欲出牧牛兒尚睡養蚕女由眠
樵舍外犬吠嶺邊山寺猶未起

天色曉起來洗漱罷繫裹畢交當直一面安排了行李林
善甫出房中來問店主人前夕甚人在此房內宿店主人
說道昨夕乃是一■商林善甫見說此乃吾之故友也因

候失期看着那店主人道此人若回來尋時可使他來京
師上庠貫道齋尋問林上舍名積字善甫千萬〻〻不可
誤事說罷還了房錢相揖作別了去當直的前面挑着行
李什物林善甫後面行迤邐前進林上舍善甫不放心恐
店主人忘了遂於沿路上令當直王吉於墻壁粘貼手榜
云

某年某月某日有劍浦林積假館上庠有故人元珠可
相訪於貫道齋

不只一日到於學中參了假仍舊歸齋讀書且說張客到
於市中取珠欲貨不知去失諕得寬不附体道苦也〻〻
我生受數年只選得這包珠子今已失了歸家妻子孩兒
如何肯信再三思量不知於何處去失只得再回沿路店
中尋討直尋到林上舍所歇之處問店小二時店小二道
我却不知你失去物事張客道我歇之後有甚人在此房
中安歇店主人道我便忘了從你去後有个官人來歇一
夜了絕早便去臨行時分付道有人來尋時可千萬使他
來京師上庠貫道齋問林上舍名積張客見說言語蹺蹊
口中不道心下思量莫是此人收得我之物當日只得離
了店中迤邐再取京師路■見沿路貼着手榜數中有元
珠之句暑〻放心不只一日直到上庠未去歇泊便來尋
問學對門有个茶坊但見

花瓶高縛吊掛紙■壁間名畫皆則唐朝吳道子丹青

甌內新茶盡點山居玉川子佳茗風流上竈盞中點出
百般花結樽佳人櫃上挑茶千鍾韻

張客入茶坊坐吃茶了罷問茶博士道那个是林上舍茶
博士見問便道姓林的甚多不知那个林上舍店小二說
貫道齋名積字善甫茶博士見說這个便是貫道齋的官
人張客見說道好人心下文放下二三分小二說上舍多
年个遠親不相見怕忘了若來時相指引則个正說不了
茶博士道兀的出齋來的官人便是他在我家寄衫帽張
客見了不敢造次林善甫入茶坊脫了衫帽張客方才何
前看着林上舍唱个喏便拜林上舍見道男兒膝下有黃
金如何拜人那時林上舍不識他道有甚事但說張客欲

簌地淚下哽咽了說不得歇定便把這上件事一一細說一遍林善甫見說便道不要慌物事在我處我且問你則个里面有甚麼張客道布囊中有錦囊內有大珠百顆林上舍道都說得是帶他去安歇處取物交張客看見了道這个便是不願都得但只覓得一半歸家養膳老小感戴恩德不淺林善甫道豈有此說我若要你一半時須不沿路粘貼手榜交你來尋只是此物非是小可事官憑文引私憑要約若便還你恐後無以為憑你可親書寫一幅領狀來領去張客再三不肯都領情願只領一半林善甫堅執不受如此數次相推張客見林上舍再三再四不受免不得去寫一張領狀來與林上舍々々看畢收了領狀雙

手付那珠子還那張客交張客你自看仔細我不曾動你些々个張客感戴洪恩不已拜謝而去張客將珠子一半於市貨賣々々得那錢捨在有名佛寺齋僧就與林上舍建立生祠供養報達還珠之恩不說張客自去林善甫後來一舉及第怎見得詩曰

林積還珠古未聞　利心不動道心存
暗施陰德天神助　一舉登科耀貴名

上舍名及第位至三公養子長成歷任顯官正是積善有善報作惡有惡報積善之家必有餘慶積不善之家必有餘殃正是

禍福無門人自招　須知樂極有悲來

夜靜玉琴三五弄　金風動處月光寒
除非是个知音听　不是知音莫與弹
黑白分明造化機　誰人會解劫中危
分明指與常生路　爭奈人心着處迷

陳巡檢梅嶺失妻記

入話

獨坐書齋閱史篇　三真九烈古來傳
歷觀天下嶮嶇嶠　大庾梅嶺不堪言
君騎白馬連雲棧　汝駕孤舟亂石灘
楊鞭舉棹休相笑　烟波名利大家難

話說大宋徽宗宣和三年上春間皇榜招賢大開選場云這東京汴梁城內虎異營中一秀才姓陳名辛字從善年二十歲故父是殿前太尉這官人不幸父母早亡只單身獨自々小好學々得文武雙全正是文欺孔孟武賽孫吳五經三史六韜三畧無有不曉新娶得一个渾家乃東京

金梁橋下張待詔之女小字如春年方二八生得如花似玉比花々解語比玉々生香夫妻二人如魚似水且是說得着不願同日生只願同日死這陳辛一心向善常好齋供僧道一日與妻言說今黃榜招賢我欲赴選求得一官半職改換門閭多少是好如春答曰只恐你命運不通不得中舉陳辛曰我正是學成文武藝貨與帝王家不數日去赴選場皆衆伺候掛榜旬日之間金榜題名已登三甲進士上賜瓊林宴々罷謝恩御筆除授廣東南雄沙角鎮巡檢司巡檢回家說與妻如春道今我蒙聖恩除做南雄巡檢之職就要走馬上任我聞廣東一路千層峻嶺萬疊高山路途難行盜賊烟瘴極多如今便要收拾前去如之奈何如春曰奴一身嫁與官人只得同受甘苦如今去做官便是路途險難只得前去何必憂心陳辛見妻如此說心下稍寬正是　青龍與白虎同行吉凶事全然未保

天高寂沒聲　蒼々無處尋
萬般皆是命　半點不由人

當日陳巡檢喚當直王吉分付曰我今得授廣東南雄巡檢之職爭奈路途險峻好生艱難你與我尋一个使喚的一同前去王吉領命往街市尋覓不在話下却說陳巡檢分付廚下使喚的明日是四月初三日設齋多備齋供不問雲遊全真道人都要齋他不得有缺不說這里齋主備辦且說大羅仙界有一真人號曰紫陽真人於仙界觀見

陳辛奉真齋道好生志誠今投南雄巡檢爭奈他妻有千日之灾吽一真人化作道童听吾法旨權與陳辛做伴當護送夫妻二人他妻若妖精你可護送道童听旨同真君到陳辛宅中與陳巡檢相見禮畢齋罷真君問陳辛曰何故往日設齋歡喜今日如何煩惱陳辛叉手告曰听小生訴稟今蒙聖恩除南雄巡檢爭奈路遠實難行程又無兄弟心懷千里因此憂悶也真人曰我有這个道童喚做羅童年紀雖小有些能處今日權借與齋官送到南雄沙角鎮便着他回來夫妻二人拜謝曰感蒙尊師降臨又賜道童相伴此恩難報真君曰貧道物外之人不思榮辱豈圖報答拂袖而去了陳辛曰且喜添得羅童做伴收拾琴劍

書箱挑了親戚隣里封鎖門户離了東京十里長亭五里短亭迤逦在路道

村前茅舍庄後竹籬村醪香透磁缸濁酒滿盛瓦瓮架上麻衣昨日芒郎留下當酒市大字鄉中學究醉時書李白聞言休駐馬劉伶知味且停舟小橋曲澗野梅芳

茅舍竹籬村犬吠

陳巡檢騎着馬如春乘着轎王吉羅童挑担書箱行李在路少不得飢飡渴飲夜住曉行羅童心中自忖我是大羅仙中大慧真人今奉紫陽真君法旨交我跟陳巡檢去南雄沙角鎮去吾故意粧風做痴交他不識咱真相随乃行不動上前退後如春見羅童如此嫌遲好生心惱再三要

趕回去陳巡檢不肯恐悮背了真人重恩羅童正行在路打火造飯哭々啼々不吃陳巡檢與如春孺人定要趕羅童回去羅童越風要叫走不動王吉挽扶着行不五里叫腰疼笑哭不止如春説與陳巡檢當初止望得羅童用今日不曾得他半分之力不如交他回去陳巡檢不合听了孺人言語打發羅童回去有分交如春爭些个做了失鄉之鬼正是

麼迷鄭相應難辨　蝶夢周公未可知
神明不肯説明言　凡夫不識大羅仙
早知留却羅童在　免交洞内苦三年

當日打發羅童回去且得耳根清淨陳巡檢和王吉三人

且説梅嶺之北有一洞名曰申陽洞々中有一怪號曰白申公乃猢猻精也弟兄三人一个是通天大聖一个是彌天大聖一个是齊天大聖小妹便泗洲聖母這齊天大聖神通廣大変化多端能降各洞山精管領諸山猛獸興妖作法攝偷可意佳人嘯月吟風醉飲非凡美酒與天地齊休日月同長這齊天大聖在洞中觀見嶺下轎中擡着一个佳人嬌嫩如花似玉意欲取他乃喚山神分付所吾號令便化客店你做小二哥我做店主人他必到此店投宿更深夜靜攝此婦人入洞中山神听令化作一店申陽公变作店主坐在店中却好至黄昏時分陳巡檢與孺人如春并王吉至梅嶺下見天色黄昏路逢一店喚招商客店

王吉向前去敲門店小二問曰客長有何勾當王吉答道我主人乃南雄沙角巡檢之任到此趕不着館驛欲借店中一宿來早便行申陽公迎接陳巡檢夫妻二人入店頭房安下申陽公説與陳巡檢曰老夫今年八十餘歲今晚多口勸官人一句前面梅嶺好生僻靜虎狼劫盗極多不如就老夫這里安下孺人官人自先去到任多差弓兵人等來取不好陳巡檢答曰小官三代將門之子通曉武藝常懷報國之心豈怕狼虎盜賊申公情知難勸便不敢言自退去了且説陳巡檢夫妻二人到店房中吃了些晚飯却好一更看々二更陳巡檢先上床脱衣而卧只見就中起一陣風正是

風穿珠戶透簾櫳　滅燭能交得氏雄
吹折地獄門前樹　刮起風都頂上塵
那陣風過處吹得灯半滅而復明陳巡檢大驚急穿衣起
來看時就房中不見了孺人張如春開房門叫得王吉那
王吉睡中叫將起來不知頭由慌張失勢陳巡檢說與王
吉房中起一陣狂風不見了孺人張氏主僕二人急叫店
主人時叫不應了仔細看時和店房都不見了和王吉也
乞一驚看時二人立在荒郊野地上止有書箱行李并馬
在面前並無灯火客店〻主人皆無踪跡只因此夜直交
陳巡檢三年不見孺人之面未知久後如何正是
千〻文琉璃井里　番為失脚夜行人

雨里烟村霧里都　不分南北路程途
另是看罷僧繇畫　收起丹青一軸圖
陳巡檢與王吉听樵樓更鼓正打四更當夜月明星光之
下主僕二人全無客店後無人家驚得魂飛天外魄散九
霄只得交王吉挑了行李自跳上馬月光之下依路徑而
行在路巡檢知是申公妖法化作客店攝了我妻去自從
古至今不見聞此異事巡檢一頭行一頭哭我妻不知着
落迤邐而行卻好天明王吉勸官人且休煩惱理會正事
前面梅嶺望着好生嶮峻崎嶇凹凸難行只得捱過此嶺
且去沙角鎮上了任卻來打听尋取孺人不遲陳巡檢听
王吉之言果得勉強而行且說申陽公攝了張如春歸於

洞中驚得魂飛魄散半晌醒來淚兩行下元來洞中先有
一娘子名喚牡丹亦被攝在洞中日久向前來勸如春不
要煩惱申公說與如春娘子小聖與娘子前生有緣今日
得到洞中別有一个世界伱吃了我仙桃仙酒胡麻飯便
是長生不死之人伱看我這洞中仙女盡是凡間摄將來
的娘子休悶且共伱閨房同室雲雨如春見說哀〻痛哭
告申公曰奴〻不愿洞中快樂長生不死只求早死若說
雲雨實然不愿申公見他如此自思我為他春心蕩漾他
如今煩惱未可歸順其婦人性執若逼令他必定尋死卻
不可惜了這等端妍少貌之人乃喚一婦人名喚金蓮洞
主也是日前攝來的在洞中多年矣申公分付好〻勸如

春早晚好待他將好言語誘他等他回心金蓮引如春到
房中將酒食管待如春酒也不吃食也不吃只是煩惱金
蓮牡丹二婦人再三勸說伱既被攝到此間只得無奈何
自古道在他矮簷下怎敢不低頭如春告金蓮云姐〻伱
豈知我今生夫妻分離被這老妖半夜攝將到此強要奴
家雲雨決不依隨只求快死以表我貞潔古云列女不更
二夫奴今寧死而不受辱金蓮要知山下事請問過來人
這事我也曾經來我家在南雄府住丈夫冨貴也被申公
攝來洞中五年伱見他貌惡當初我亦如此後來慣熟方
纔好過伱既到此只得沒奈何隨順了他罷如春大怒罵
云我不似伱這等淫賤貪生受辱枉為人在世潑賤之女

金蓮云好言不听禍必臨身遂自回報申公說那婦人不肯隨順惡言誹謗勸他不從申公大怒而言不得將銅鎚打死這个賤人如此無禮為他花容無比不忍下手如此交付牡丹娘子你管押着他將這賤人剪髮齊眉蓬頭赤脚罰去山頭挑水澆灌花木一日與他三頓淡飯牡丹依言將張如春剪髮齊眉赤脚把一付水桶如春自思我今情愿挑水守奈本欲投岩澗中而死倘有再見丈夫之日不死含淚而挑水正是

寧可洞中挑水苦　不作貪淫下賤人

世路山河險　石門烟霧深

年年上高處　未肯不傷心

不說張氏如春在洞中受苦且說陳巡檢與同王吉自離東京在路兩月餘至梅嶺之北被申陽公攝了孺人去千方無計尋覓王吉勸官人且去上任巡檢只得弃捨而行乃望前面一村酒店巡檢到店門前下馬與王吉入店買酒飯吃了算還酒飯錢再上馬而去見一个草舍乃是賣卦的在梅嶺下招牌上寫楊殿幹請仙下筆吉凶有準禍福無差陳巡檢到門前下馬離鞍入門與楊殿幹相見以畢殿幹問尊官何來陳巡檢將昨夜遇申之事從頭至尾說了一遍楊殿幹焚香請聖陳巡檢跪拜禱祝昨夜遇申公攝了孺人之事只見楊殿幹請仙至降筆判斷四句詩曰

千日逢災厄　佳人意自堅

紫陽來到日　鏡破再團圓

楊殿幹斷曰官人且省煩惱孺人有千日之災三年之後再遇紫陽夫婦團圓陳巡檢自思東京曾遇紫陽真人借羅童為伴因羅童嘔氣打發他回去此間相隔數千里路如何得紫陽到此遂乃心中少寬還了卦錢謝了楊殿幹上馬同王吉并衆人上梅嶺來陳巡檢看那嶺時真嶮峻

施呈三略六韜法　威鎮南雄沙角營

欲問世間烟瘴路　大庾梅嶺苦心酸

山中大象成羣走　吐氣巴蛇滿地攢

陳巡檢并一行過了梅嶺岑又陳巡檢

這巡檢過了梅嶺嶺南二十里有一小亭名喚做接官亭巡檢下馬入亭中暫歇忽見王吉報說有南雄沙角鎮巡檢衙門弓兵人等遠來迎接陳巡檢喚入參拜畢過了一夜次日同共弓兵吏卒走馬上任至於衙中升廳衆人參賀以畢陳巡檢在沙角鎮做官且是清正嚴謹光陰似箭正是

窓外日光彈指過　席前花影坐間移

倏忽在任不覺一載有餘差人打听孺人消息並無踪跡端的

好似石沉東海底　猶如線斷紙風箏

陳巡檢為因孺人無有消息心中好悶思憶渾家終日下

淚正思念間張如春之際忽方兵上報相公禍事今有南雄府〻尹府扎來報軍情有一強人姓楊名廣綽號鎮山虎聚集五七百小嘍囉占據南林村打家劫舍殺人放火百姓遭殃扎付巡檢火速帶領所管一千人馬關領軍器前去收捕毋得遲悞陳巡檢听知火速收什軍器鞍馬披掛已了引着一千人馬逕奔南林村來却說那南林村鎮山虎正在寨中飲酒小嘍囉報說官軍到來急上馬持刀一聲羅響引了五百小嘍囉前來迎敵陳巡檢與鎮山虎並不打話兩馬相交那草寇怎敵得陳巡檢過鬥無十合一刀剌鎮山虎於馬下梟其首級殺散小嘍囉將首級回南雄府當廳呈獻府尹大喜重賞了當自回巡檢衙排酒

慶賀已畢只因斬了鎮山虎真个是

威名大振南雄府　武藝高強衆所欽
亭〻孤月照行舟　寂〻長江萬里流
鄉國不知何處好　雲山漫〻遣人愁

這陳巡檢在任倏忽却早三年官滿新官交替陳巡檢收什行裝與王吉離了沙角鎮兩程併作一程行相望庾嶺之下紅日西沉天色已晚陳巡檢一行人望見遠〻松林間有一座寺王吉告官人前面有一座寺我們去投宿則个陳巡檢勒馬向前看那寺時額上有紅蓮寺三个大金字巡檢下馬同一行人入寺元來這寺中長老名號旃大惠禪師佛法廣大德行清高是个古佛出世當日行者報與長老有一過往官人投宿長老交行者相請巡檢入方丈祭見長老禮畢長老問官人何來陳巡檢備說前事萬望長老慈悲指點陳辛尋得孺人回鄉不忘重恩長老曰官人听稟此怪是白猿精千年成器變化難測你孺人性真烈不肯依隨被他剪髮赤脚挑水澆花受其苦楚此人號曰申陽公常到寺中听說禪機講其佛法官人若要見孺人可在我寺中住幾時等申陽公來時我勸化他回心放還你妻如何陳巡檢見長老如此說心中喜歡且在寺中歇下正是

端的眼觀旌節旗　分明耳听好消息
五里亭〻一小峰　上分南北與西東

世間多少迷路客　一指還歸大道中

陳巡檢在紅蓮寺中一住十餘日忽一日行者報與長老申陽公到寺來也巡檢聞之躲於方丈中屏風後面口見長老相迎申陽公入方丈叙禮畢分位而坐行者獻茶〻罷申陽公告長老曰小聖無能斷除愛慾只爲色心迷戀本性誰能虎項解金鈴長老答曰尊聖要解虎項金鈴可解色心本性色即是空〻即是色一塵不染萬法皆明莫怪老僧多言相勸聞知你洞中有一如春娘子在洞三年他是貞烈之婦可放他一命還鄉此便是斷却慾心也申陽公听罷回言長老小聖心中正恨此人罰他挑水三年不肯回心這等愚頑決不輕放陳巡檢在屏風後听得說

正是

心頭一把無明起　怒氣咬碎口中牙

陳巡檢大怒拔出所佩寶劍匹頭便砍申陽公用手一指其劍自着身申陽公曰吾不看長老之面將伱粉骨碎身此冤必報道罷申陽公別了長老自去了自洞中叫張如春在面前欲要剖腹取心害其性命得牡丹金蓮二人救解依舊挑水澆花不在話下且說陳巡檢不知妻子下落也罷在紅蓮寺方丈中拜告長老怎生得見我妻之面長老曰要見不難老僧指一條徑路上山去尋長老叫行者引巡檢去山間尋訪行者自回寺只說陳辛去尋妻未知尋得見尋不見正是

風定始知蟬在樹　灯殘方見月臨窓

夫妻會合是前緣　堪恨妖魔逆上天

悲歡離合千般苦　烈女真心萬古傳

當日陳巡檢帶了王吉一同行者到梅嶺山頭不顧崎嶇峻嶮走到山岩瀰畔見个赤脚挑水婦人慌忙向前看時正是如春夫妻二人抱頭而哭各訴前情莫非夢中相見一一告訴如春說昨日申公回洞幾乎一命不存巡檢乃言謝紅蓮寺長老指路來尋不想却好遇伱不如共伱逃走了罷如春道走不得申公妖法廣大神通莫測他若知我走赶上和官人姓命不留我聞申公平日只怕紫陽真君與官人降仙簿許亦同官人可急回寺去莫待申公知之其禍不小陳巡檢只得拜了如春歸[illegible]中拜謝長老說已見嬌妻言申公只怕紫陽真君他在東京曾與陳辛相會今此間窵遠如何得他來救長老則他如此哀告乃言等我與伱入定去看便見分曉長老交行者焚香入定去了一晌入定回來說與陳巡檢曰當初紫陽真人與伱一个道童伱到半路赶了他回去伱如今便可往急走三日必有報應陳巡檢見說衣其言急急步行出寺迤邐行了兩日並無踪跡且說紫陽真人在大羅仙境與羅童曰吾三年前那陳巡檢去上任時他妻合有千日之灾今已將滿吾憐他養道修真好生虔心吾今與汝同下凡間去梅嶺救取其妻回鄉羅童听旨一同下凡而往廣東路上行

來這日却好陳巡檢撞見真君同羅童遠遠而來乃急急向前跪拜哀告曰真君望救度弟子妻張如春被申陽公妖法攝在洞中三年受其苦楚望真君救難則个真君㗖曰陳辛伱可先去紅蓮寺中等我便到也陳辛拜別先回寺中备辦香案迎接真君救難正是

從空伸出拿雲手　救出天羅地網人

法籙持身不等閑　立身起業有多般

千年鉄樹開花易　一日酆都出世難

陳巡檢在寺中等了一日只見紫陽真君行至寺中端的道貌非凡長老直出寺門迎接入方丈敘禮畢分賓主坐定長老看紫陽真君端的有神仙儀入極之表道貌堂堂威

儀稟々陳巡檢拜在真君面前告曰望真君慈悲早救陳辛妻張如春性命還鄉自當重々拜荅深恩真君乃於香案前口中不知說了幾句言語只見就方丈裡起一陣風

但見

無形無影透人懷　二月桃花被綻開
就地撮將黃葉去　入山推出白雲來

那風過處只見兩个紅悒兠巾天將出現甚是勇猛這兩員神將朝着真君聲喏道吾師有何法旨紫陽真君曰快與我去申陽洞中擒拿齊天大聖前來不可有失兩員天將去不多時將申公一條鉄索鎖着押到真君面前申公跪下紫陽真君判斷喝令天將々押申公入酆都天牢問

罪交羅童入申公洞中將衆多婦女各々救出洞來各令發付回家去訖張如春與陳辛夫妻再得團圓向前拜謝紫陽真人々々別了長老陳辛與羅童再々騰空而去了這陳巡檢將禮物拜謝了長老與一寺僧行已了收拾行李轎馬王吉并一行從離了紅蓮寺巡運在路不則一日回到東京故鄉夫妻團圓盡老百年而終正是

雖爲翰府名談　編作今時佳話
話本說徹　權作散場

新編小說陳巡檢梅嶺失妻記終

五戒禪師私紅蓮記

入話

禪宗法教豈非凡　佛祖流傳在世間
鐵樹花開千載易　墜落阿鼻要出難

話說大宋英宗治平年間去這浙江路寧海軍錢塘門外南山淨慈孝光禪寺乃名山古剎本寺有兩个得道高僧是師兄師弟一个喚做五戒禪師一个喚作明悟禪師這五戒禪師年三十一歲形容古怪左邊瞽一目身不滿五尺本貫西京洛陽人自幼聰明舉筆成文琴棋書畫無所不通長成出家禪宗釋教如法了得參禪訪道俗姓金法名五戒且問何謂之五戒

第一戒者不殺生命　第二戒者不偷盜財物
第三戒者不聽淫聲美色　第四戒者不飲酒茹葷
第五戒者不妄言起語

此謂之五戒忽日雲遊至本寺訪大行禪師々々見五戒佛法曉得留在寺中坐了上色徒弟不數年大行禪師圓寂本寺僧衆立他做住持每日打坐參禪那第二个喚做明悟禪師年二十九歲生得頭圓耳大面闊口方眉清目秀手彩精神身長七尺貌類羅漢本貫河南太原府人氏俗姓王自幼聰惠筆走龍蛇自幼參禪訪道出家在本寺沙陀寺法名明悟後亦雲遊至海寧軍到淨慈寺來訪五戒禪師々々見他聰明曉事就留於本寺做師弟二人如

一毋所生且是好但遇着說法二人同升法座講說佛
不在話下忽一日冬盡春初天道嚴寒陰雲作雪下了兩
日第三日雪霽天晴五戒禪師清早在方丈禪椅上坐耳
内遠々的聽得小孩兒啼哭聲當時便叫身邊一个知心
腹的一个道人喚做清一分付道你可去山門外各處看
有甚事來與我說清一道長老落了兩日雪今日方晴料
無甚事長老道你可快去看了來回話清一推托不過只
得走到山門邊那時天未明山門也不曾開叫門公開了
山門清一打一看時乞了一驚道善哉々々正所謂

日々行方便　時々發道心
但行平等事　不用問前程

當時清一見山門邊松樹根雪地上一塊破蓆放一个小
孩兒在那里口裡道善哉々々甚人家將這个孩兒丟在
此間不是凍死便是餓死走向前仔細一看却是五六个
月一个女兒將一个破衲頭包着懷内揣着个紙條兒上
寫生年月日時辰清一口裡不說心下思量古人有云救
人一命勝造七級浮屠連忙走回方丈禀復老長道不知
甚人家將个五七个月女孩兒破衣包着撇在山門外松
樹根頭這等寒天又無人來往怎的做个方便救他則个
長老道善哉々々清一難得你善心你如今抱了回房早
晚把些粥飯與他喂養長大把與人家救他性命勝做出
家人當時清一急々出門去抱了回方丈中把着長老看

道清一你將那紙條兒我看清一遞與長老々々看上却
寫道今年六月十五日午時生小名紅蓮長老分付清一
好生抱去房里養到五七歲把與人家去也是好事清一
依言抱到千佛殿後一带三間四椽平屋房中放些火在
火囤内烘他取些粥喂了似此日往月來藏在空房中无
人知覺一向長老也忘了不覺紅蓮已經十歲清一見他
生得清秀諸事見便藏匿在房里出門鎖了入門閂了且
是謹慎光陰似箭日月如梭倏忽這紅蓮女長年一十六
歲這清一如自生的女一般看待雖然女子却只打扮如
男子衣服鞋襪頭上頭髮前齊眉後齊項一似个小頭陀
且是生得清楚在房内茶飯針線清一止望招个女婿要

他養老送終一日時遇六月炎天五戒禪師忽想十數年
前之事洗了浴吃了晚粥逕走來千佛閣後來清一道長
老希行長老道我問你那年抱的紅蓮如今在那里清一
不敢隱匿引長老到房中一見乞了一驚却是

分開八塊頂陽骨　傾下半桶氷雪來

長老一見紅蓮一時差訛了念頭邪心遂起嘻々笑道清
一你今晚可送紅蓮到我卧房中來不可有悞你若我々
自擡舉你此事切不可泄漏只交他做个小頭陀不要交
人識破他是女子清一口中應允心内想道欲待不依長
老又難依了長老今夜去到房中必壞了女身千難萬難
長老見清一應不爽利便道清一你鎖了房門跟我去房

里去清一跟了長老逕到房中長老去衣箱裡取出十兩銀子把與清一道你且將這些去用我明與你討道度牒剃你做徒弟你心下如何清一道多謝長老擡舉只得收了銀子別了長老回到房中低〻說與紅蓮道我兒卻纔來的是本寺長老他見你心中喜愛你今等夜淨我送你去伏事長老你可小心仔細不可有悞紅蓮見父親如此說便應允了到晚兩个吃了晚飯約莫二更天氣清一領了紅蓮逕到長老房中門窓無些阻當原來長老有兩个行者在身邊伏事當晚分付我要出外閑走乘凉門窓且未要関因此無阻長老自在房中等清一送紅蓮來候至三更只見清一送小頭陀來房中長老接入房內分付清

一你到明日此時來領他回房去清一自回房中去了且說長老関了房門滅了琉璃灯携住紅蓮手一將將到床前交紅蓮脫了衣服長老向前一摟〻住摟在懷中抱上床去卻便似

戲水鴛鴦穿花鸞鳳喜孜〻連理並生美甘〻同心帶綰恰〻鶯声不離耳畔津〻甜唾笑吐舌尖楊柳腰脉〻春濃櫻桃口微〻氣喘星眼朦朧細〻汗流香玉体酥胸蕩漾涓〻露滴牡丹心 一个初侵女色由如餓虎吞羊一个乍遇男兒好似渴龍得水可惜菩提甘露水傾入紅蓮兩瓣中

當日長老與紅蓮雲收雨散卻好五更天將明長老思一討怎生藏他在房中〻〻有口大衣厨長老開了鎖將厨內物件都收什了卻交紅蓮坐在厨中分付道飯食我自將來與你吃可放心寧耐則个紅蓮自是女孩兒家初被長老淫勾心中也喜躲在衣厨內把鎖〻了少間長老上殿誦經畢入房閂了房門將厨開了鎖放出紅蓮把飲食與他吃了又放些果子在厨內依先鎖了至晚清一來房中領紅蓮回房去了卻說明悟禪師當夜在禪椅上入定回來慧眼已知五戒禪師差了念頭犯了色戒淫了紅蓮把多年清行直拋棄我今勸省他不可如此也不說出至次日正是六月盡門外撇骨池內紅白蓮花盛開明悟長老令行者採一朶白蓮花將自已房中取一枝瓶插了交

道人被盃清茶在房中交行者去請五戒禪師我與他賞蓮花吟詩談話則个不多時行者請到五戒禪師兩个長老坐下明悟道師兄我今日見蓮花盛開對此美景折一朶在瓶中特請吾兄吟詩清話五戒道多蒙清愛行者捧茶至茶罷明悟禪師道行者取文房四宝來行者取至面前五戒道將何物為題明悟道便將蓮花為題長老捻起筆來便寫四句詩道

一枝菡萏瓣兒張　相伴蜀葵花正芳
紅榴似火復如錦　不如翠蓋芰荷香

長老詩罷明悟道師兄有詩小僧豈得無言語乎落筆便寫四句詩曰

春來桃杏柳舒張　千花萬蕊鬪芬芳
夏賞芰荷真可愛　紅蓮爭似白蓮香

明悟長老依韻詩罷呵々大笑五戒聽了此言心中一時解語面皮紅一回青一回便轉身辭回卧房對行者道快與我燒桶湯來洗浴行者連忙燒湯與長老洗浴罷換了一身新衣服取張禪椅到房中將筆在手拂一張紙開便寫八句辭世頌曰

吾年四十七　萬法本歸一　只為念頭差　今朝去得急　傳與悟和尚　何勞苦相逼　幻身如雷電　依舊蒼天碧

寫罷辭世頌焚一爐香在面前長老上禪椅上左脚壓

右脚々々壓左脚合掌坐化行者忙去報與明悟禪師々々聽得大驚走到房中看時見五戒師兄已自坐化去了看了面前辭世頌道你如好了只可惜差了這一着你如今雖得个男子身長成不信佛法僧三宝必然滅佛謗僧後世却墮落苦倫不得皈依佛道深可痛哉真可惜哉你道你走得快我趕你不着不信當時也交道人燒湯洗浴換了衣服到方丈中上禪椅跏趺而坐分付徒衆道我今去趕五戒和尚汝等可將兩个龕子盛了放三日一同焚化囑罷圓寂而去衆僧皆驚有如此異事城內城外聽得本寺兩个禪師同日坐化各皆驚訝來燒香禮拜布施者人山人海男子婦人不計其數嚷了三日擡去金牛寺焚化拾骨撒了這清一遂浼人說議親事將紅蓮女嫁與一个做扇子的劉大詔為妻養了清一在家過了世且說明悟一靈真性直赶至西川眉州眉山縣城中五戒已自托生在一个人家姓蘇名字明允號老泉居士詩禮之人院君王氏夜夢一瞽目和尚走入房中乞了一驚明旦分娩一子生得眉清目秀父母皆喜三朝滿月百歲一週不在話下却說明悟一靈也托生在本處姓謝名原字道清妻章氏亦夢一羅漢手持一印來家抄化因驚醒遂生一子年長取名謝端卿自幼不肯吃暈酒只要吃素一心要出家父母見他如此心堅送他在本處寺中做了和尚法名佛印參禪問道如法聰明是个詩僧不在話下却說蘇老

泉的孩兒長年七歲交他讀書寫字十分聰明目視五行書後至十歲來五經書史無所不通取名蘇軾字子瞻年十六歲神宗天子熙寧三年子瞻往東京應舉一舉成名御筆除翰林院學士不三年陞端明殿大學士道號東坡此人文章慣世舉筆珠璣為官清廉公正只是不信佛法最不喜和尚自言我若一朝管了軍民定要滅了這和尚們且說佛印在於開元寺中出家聞知蘇子瞻一舉成名在翰林院學士特地到東京大相国寺來做住持忽一日蘇學士在府中閑坐忽見門吏報說有一和尚要見學士相公々々交門吏出問何事要見相公佛印見問於門吏處借紙筆墨來便寫四句送入府去學士看其四字詩僧

謁見學士取筆來批一筆云詩僧焉敢謁王侯交門吏把與和尚〻〻又寫四句詩道

四海尚容蛟龍隱　五湖還納百川流
問一答十知今古　詩僧特地謁王侯

學士見此僧寫作二者俱好必是个詩客遂請入佛印到廳前問訊學士起身敘禮邀坐待茶學士問和尚上剎何處佛印道小僧大相国寺住持久聞相公譽欲求恭拜今日得見大慰所望學士見佛印如此言語問答如流令院子备齋佛印已罷相别回寺自此學士與佛印吟詩作賦交往忽一日學士被宰相王荊公尋件風流罪過把學士奏貶黃州安置去了佛印退了相国寺逕去黃州住持甘露寺又與蘇學士相友至厚後哲宗登基取學士回朝除做臨安府太守佛印又退了甘露寺直到臨安府靈隱寺住持又與蘇東坡爲詩友在任清閑無事忽遇美景良辰去請佛印到府或吟詩或作賦飲酒盡醉方休或東坡到靈隱寺閑訪終日兩个盃不怠倦盖因是佛印監着蘇子瞻因此省悟前因敬佛禮僧自稱爲東坡居士身上禮衣皆用茶合布爲之在於杭州臨安府與佛印并龍井長老辨才智果寺長老南軒并朋友黃魯直妹夫秦少游此人皆爲詩友這蘇東坡去西湖之上造一所書院門栽楊柳園種百花至今西湖號爲蘇堤楊柳院又開建西湖長堤堤上一株楊柳一株桃後有詩爲証

蘇公堤上多佳景　惟有孤山浪里高
西湖十里天連水　一株楊柳一株桃

後元豊五年神宗天子取子瞻回京陞做翰林學士經筵講官不数年陞做禮部尚書端明殿大學士告老致仕還鄉盡老而終得爲大羅天仙佛印禪師圓寂在靈隱寺了亦得爲至尊古佛二人俱得善道雖爲翰府名談編入太平廣記

新編小說五戒禪師私紅蓮記終

刎頸鴛鴦會一名三送命一名冤報冤

入話

眼意心期卒未休　暗中終擬約秦樓
光陰負我難相偶　情緒牽人不自由
遥夜定憐香蔽膝　悶時應弄玉搔頭
櫻桃花謝梨花發　腸斷青春兩處愁

丈夫隻手把吳鈎欲斬萬人頭如何鐵石打成心性却
爲花柔君看項籍并劉季一以使人愁只因撞着虞姬
戚氏豪傑都休

右詩詞各一首單說着情色二字此二字乃一體一用也
故色絢於目情感於心情色相生心目相視雖亘古迄今

仁人君子弗能忘之晉人有云情之所鍾正在我輩慧遠
曰順覺如磁石遇針不覺合爲一處無情之物尚尔何况
我終日在情裏做活計耶如今則管說這情色二字則甚
且說個臨淮武公業於咸通中任河南府功曹參軍愛妾
曰非烟姓步氏容止纖麗若不勝綺羅善秦聲好詩弄筆
公業甚嬖之比鄰乃天水趙氏第也亦衣纓之族其子趙
象端秀有文學忽一日於南垣隙中窺見非烟而神氣俱
喪廢食忘之遂厚賂公業之閽人以情告之閽有難色後
爲賂所動令妻伺非烟閒處具言象意非烟聞之但含笑
而不答閽媪盡以語象々發狂心蕩不知所如乃取薛濤
牋題一絕于上詩曰

綠暗紅稀起暝烟　獨將幽恨小庭前
沉々良夜與誰語　星隔銀河月半天

寫訖密緘之祈閽媪達於非烟々々讀畢吁嗟良久向媪
而言曰我亦曾窺見趙郎大好才貌今生薄福不得當之
嘗嫌武生麤悍非青雲器也乃復酬篇寫於金鳳牋詩曰

畫簷春燕須知宿　蘭浦雙鴛肯獨飛
長恨桃源諸女伴　等閑花里送郎歸

封付閽媪會遺象々啓緘喜曰吾事諧矣但靜室焚香時
々虔禱以候越數日將夕閽媪促步而至笑且拜曰趙郎
願見神仙否象驚連問之傳非烟語曰功曹今夜府直可
謂良時妾家後庭即君之前垣也若不渝約好尊望來儀

方可候晤語罷既曛黑象乘梯而登非烟已令重榻於下
既下見非烟艷粧盛服迎入室中相携就寢盡繾綣之意
焉及曉象執非烟手曰接傾城之貌挹希世之人已誓幽
明永奉歡狎言訖潛歸茲後不盈旬日常得一期於後庭
矣展幽徹之思罄宿昔之情以爲鬼鳥不知人神相助如
是者周歲無何非烟數以細過撻其女奴々銜之乘間盡
以告公業々々曰汝愼勿揚聲我當自察之後常至直日
乃密陳狀請暇迨夜如常入直遂潛伏里門俟暮鼓既作
躡足而回循墻至後庭見非烟方倚戶微吟象則據垣斜
睇公業不勝其忿挺前欲擒象々覺跳出公業持之得其
半襦乃入室呼非烟詰之非烟色動不以實告公業愈怒

縛之大柱鞭楚血流非烟但云生則相親死亦無恨遂飲盃水而絶象乃變服易名遠竄於江湖間稍避其鋒焉可憐

雨散雲消　花殘月缺

且如趙象知機識務事脱虎口免遭毒手可謂善悔過者也于今又有个不識竅的小二哥也與个婦人私通日日貪懽朝朝迷戀後惹出一場禍來尸横刀下命赴陰間致毋不得侍妻不得顧子號寒於嚴冬女啼飢於永晝静而思之着何來由況這婦人不害了你一條性命了真个

蛾眉本是嬋娟刃　殺盡風流世上人

權做个笑耍頭回

説話的你道這婦人住居何處姓甚名誰元來是浙江杭州府武林門外落鄉村中一个姓蔣的生的女兒小字淑珎生得甚是標致臉襯桃花比桃花不紅不白眉分柳葉如柳葉猶細猶彎自小聰明從來機巧善描龍於刺鳳能剪雪以裁雲心中只是好些風月又飲得幾盃酒年已及笄父母議親東也不成西也不就每興鑿穴之私常感傷春之病自恨芳年不偶鬱鬱不樂垂簾不捲羞殺紫燕双双高閣慵凭厭听黄鶯並語未知此女幾時得偶素願因成商調醋葫蘆小令十篇繫于事後少述斯女始末之情奉勞歌伴先听格律後听蕪詞

湛秋波兩剪明露金蓮三寸小弄春風楊柳細身腰比紅兒態度應更嬌他生的諸般齊妙縱司空見慣也魂消

況這蔣家女兒如此容貌如此伶俐緣何豪門巨族王孫公子文士富商不行求聘却這女兒心性有些蹺蹊描眉畫眼付粉施朱梳个縱鬢頭兒着件叩身衫子做張做勢喬模喬様或倚檻凝神或臨街獻笑因此閭里皆鄙之所以遷延歲月頓失光陰不覺二十餘歲隔鄰有一兒子名叫阿巧未會出幼常來女家嬉戲不料此女以動不正之心有日矣況阿巧不甚長成父母不以爲怪遂得通家往來無間一日女父母他適阿巧偶來其女相誘入室强合焉忽聞扣戶聲急阿巧驚遁而去女父母至家亦不知也且此女慾心如熾久渴此事自從情竇一開不能自已阿巧回家驚氣衝心而殞女聞之死哀痛彌極但不敢形諸顔頰奉勞歌伴再和前聲

鎖脩眉恨尚存痛知心人已亡霎時間雲雨散巫陽自別來幾日行坐想空撇下一天情況則除是夢裏見才郎

這女兒自因阿巧死後心中好生不快活自思量道皆由我之過送了他青春一命日逐蹀躞不下倏爾又是一个月來女兒晨起梳粧父母偶然視听其女顔色精神語言恍惚老兒因謂媽媽曰莫非淑珎做出來了除不知其女

春色飄零蝶粉蜂黄都退了韶華狼籍花心柳眼已開殘

媽媽老兒互相埋怨了一會只怕親戚耻笑常言道女大

不中留〻在家中却如私盐包兒脫手方可不然直待事
發弄出醜來不好看那媽〻和老兒說罷央王嫂〻作媒
將高就低添長補短發落了罷一日王嫂〻來說嫁與近
村某二郎爲妻且某二郎是个農庄之人又四十多歲只
圖美貌不計其他也過門之後兩个頗說得着瞬忽間十
有餘年某二郎被他徹夜盤弄衰憊了年將五十之上此
心已灰柰何此婦正在妙齡酷好不厭仍與夫家西賓有
事某二郎一見病發身故這婦人眼見斷送兩人性命了
奉勞歌伴再和前聲
結姻緣十數年動春情三四番蕭牆禍起片時間到如
今反爲難上難把一對鴛鴦驚散倚闌干無語淚偷彈

那某大郎斥退西賓擇日葬弟之柩這婦人不免守孝三
年其家已知其非着人防閑本婦自揣於心亦不敢妄爲
矣朝夕之間受了多少的熬煎或飽一頓或缺一飡家人
咸視爲敝箒也將及一年之上某大郎自思留此無益不
若逐回庶免辱門敗戶遂喚原媒眼同將婦罄身趕回本
婦如鳥出籠似魚漏網其餘服飾亦不較也婦抵家父母
只得收留那有好氣待他如同使婢婦亦甘心忍受一日
張二官過門因見本婦心甚悅之俾人說合求爲繼室女
父母允諾恨不推將出去且張二官是个行商多在外少
在內不曾打听得備細就下盒盤羊酒涓吉成親這婦人
不去則罷這一去好似

豬羊奔屠宰之家　一步〻來尋死路
是夜畫燭搖光粉香噴霧綺羅筵上依舊兩个新人錦繡
衾中各出一般舊物奉勞歌伴再和前聲
喜今宵月再圓賞名園花正芳笑吟〻攜手上牙床恣
交歡恍然入醉鄉不覺的渾身通暢把斷絃重續兩情
償
他兩个自花燭之後日則並肩而坐夜則疊股而眠如魚
藉水似漆投膠一个全不念先夫之恩念一个那曾題亡
室之音容婦羨夫之殷富夫憐婦之丰儀兩个過活了一
月一日張二官人早起分付虞候收拾行李要往德清取
帳這婦人怎生割捨得他去張二官人不免起身這婦人

簌〻垂下淚來張二官道我伱旣爲夫婦不須如此各道
保重而別別去又早半月光景這婦人是久曠之人旣[illegible]
佳配未盡暢懷又值孤守岑寂好生難遣覺身子困倦步
至門首閑望對門店中一後生約三十已上年紀資質豐
粹舉止閑雅遂問隨侍阿滿〻〻道此店乃朱理秉中開
的此人和氣人稱他爲朱小二哥婦人問罷夜飯也不吃
上樓睡了樓外乃是官河舟船歇泊之處將及二更忽聞
稍人嘲歌聲隱約記得後兩句曰有朝一日花容退双手
招郎〻不來婦人自此復萌覬覦之心往〻倚門獨立朱
秉中時來調戲彼各相慕有成眉語但不能一敘款曲爲
恨也奉勞歌伴再和前聲

美溫々顏面肥光油々髮長他半生花酒肆顛綢坐
人前扯拽都是謊全無有風雲氣象一謎裏竊玉偷
香
這婦人羨慕朱秉中不已只是不得轉巧一日張二官討
帳回家夫婦相見了敘些閒闊的話本婦似有不悅之意
只是免強奉呈一心倒在朱秉中身上了張二官在家又
住了一个月之上正值仲冬天氣收買了雜貨趕節賃船
裝載到彼發賣之間不甚稱意把貨都賒與人上了舊帳
又討不上手俄然逼歲不得歸家過年預先寄些物事回
家支用不題且說朱秉中因見其夫不在乘機去這婦人
家賀節留飲了三五盃意欲做些暗昧之事奈何往來之

人應接不暇取便約在灯宵相會秉中領教而去撚指間
又届十三日試灯之夕於是戶々鳴鑼擊鼓家々品吹竹
彈絲遊人隊々踏歌聲仕女翩々垂舞袖鰲山綵結嵬峩
百尺矗晴空鳳篆香濃縹緲千層龍綺陌間庭內外客々
寶燭光輝傑閣高低爍々華灯照耀奏劳歌伴再和前聲
奏蕭韶一派鳴綻池蓮萬朵開看六街三市鬧攘々笑
聲高滿城春似海期人在灯前相待幾回家又恐燕鶯
猜
其夜秉中老早的更衣着靴只在街上往來本婦也在門
首抛聲衒俏兩不相見暗喜准定目下成事不期伊母因
往觀灯就便探女々扃戶邀入祭見不免留宿秉中等至

夜分悶々歸臥次夜如前正遇本婦怪問如何爽約扶身
相就止做得个呂字兒而散少間具酒奉母々見其無情
無緒問女而曰汝如今還于喬木凡宜守分也與父母爭
一口氣豈知本婦已約秉中等了二夜了可不是鬼門上
貼卦平旦買兩盒餅饊雇頂轎兒送母回了薄晚秉中張
个眼慢鑽進婦家就便上樓本婦灯也不看解衣相抱曲
盡于飛然本婦平生相接數人或老或少那能造其奧處
自經此合身酥骨軟飄々然其滋味不可勝言也且朱秉
中日常在花柳叢中打交深諳十要之術那十要
一要濫於撒鏝　二要不算工夫
三要甜言美語　四要軟款溫柔

五要乜斜纏帳　六要施呈鎗法
七要粧聾做啞　八要擇友同行
九要串茯新鮮　十要一團和氣
若狐媚之人缺一不可行也再說秉中巳回張二官又到
本婦便害些木邊之目田下之心要好只除相見奉劳歌
伴再和前聲
報黃昏角數聲助淒凉淚幾行論深情海角未爲長難
捉摸這般心內癢不能勾相偎相傍惡思量縈損九迴
腸
這婦人自慶前夕歡娛直至佳境又約秉中晚西相會要
連歡幾十夜誰知張二官家來心中氣悶就害起病來頭

疼腹痛骨熱身寒張二官顒望回家將息取樂因見本婦
身子不快倒帶了一个愁帽遂請醫調治倩巫燒献藥必
親嘗衣不解帶反受辛苦似在外了且說秉中思想行坐
遑安托故去望張二官嘆道小弟久疎趨侍昨聞榮回今
特拜謁奉請明午於蓬舍少具雞酒聊與兄長洗塵幸勿
他却翌日張二官赴席秉中出妻女奉勸大醉扶歸已後
還了席往往來來本婦但聞秉中在座說也有笑也有病
也無倘或不來就呻吟叫唤隣壁厭聞張二官指望便好
誰知日漸沉重本婦病中但瞑目就見向日之阿巧丈手
某二郎偕來索命勢甚猙惡本婦懼怕難以言告惟向張
二官道你可替我求問幾時脫體如言逕往洞虛先生卦

肆卜下卦來判道此病大分不好有横死老幼陽人在命
爲禍非今生乃宿世之冤今夜就可辦倫福物酒果冥衣
各一分用鬼宿渡河之次向西鋪設苦苦哀求庶有少救
不然不可也奉勞歌伴再和前聲
揶揄來若怨咱朦朧着便見他病懨懨害的眼見花瘦
身軀怎禁没亂殺則說不和我干罷幾時節離了兩冤
家
張二官正依法祭祀之間本婦在床又見阿巧和某二郎
擊手言曰我輩已訴于天着來取命你與後夫張二官再
四懇求意甚虔恪我輩且容你至五五之間待同你一會
大人却假子長之手與你相見言訖欻然不見了本婦當

夜似覺精爽些二个後去了了復舊張二官喜甚不題却見秉
中旦夕親近餽送迭至意頗疑之尤未爲信一日張二官
入城催討貨物回家進門正見本婦與秉中執手聯坐張
二官倒退揚聲秉中趨出相揖他兩个亦不知其見也話
說的張二官當時見他殷勤已自生疑了八分了今日轉
个滿懷轉成十分張二官自思量道他兩个若犯在我手
裏教他死無葬身之地遂往德清去做買賣到了德清以
是五月初一日賃了行李在店中上街買一口刀磨得
眼間至初四日連夜奔回匿於他處不在話下再說本婦
渴欲一見終日去接秉中秉中也有些病在家裏延至初
五日阿滿又來請赴會秉中勉强是之纔上巳張遂

水陸夫盛兩重前石首鮝二番炒山雞酒又香滿樽宴
黍其餘肴饌蔬果未暇盡錄兩个遂相歡飲亦不顧其他
也奉勞歌伴再和前聲
綠蓉蓉酒滿斟紅焰焰燭半燒正中庭花月影見交宜
吃得王山時自倒他兩个貪歡貪愛不提防門外有人
瞧
兩个正歡間秉中自覺耳熱眼跳心驚肉戰欠身求退本
婦怒曰惟見終日請你不來你何輕賤我之甚你道你有
老婆我便是無老公的你殊不知我做鴛鴦會之主意夫
鳥飛鳴宿食鎮常相守爾我生不成双死作一對昔
有韓憑妻美郡王欲奪之夫妻自殺王恨兩冢遷之後冢

上二連理樹上有鴛鴦悲鳴飛去此兩个要效鴛鴦比翼交頸不料便成語讖況本婦肯能閫闘得病好就便荒淫無度正是偷雞猫兒性不改養漢婆娘死不改再說張二提刀在手潛步至門梯樹竊听見他兩个戲謔歌呼歷々在耳氣得按捺不下打一磚去本婦就吹滅了灯聲也不則了連打了三塊本婦教秉中先睡我去看々便來阿滿持燭前行開了大門並無人跡本婦叫道今日是个端陽佳節那家不吃幾盃雄黃酒正要罵間張二官踉蹌下來喝道潑賤你和甚人賞夜吃酒本婦諕得戰做了一團只說不不不張二官乃曰你同我上樓一看如無便罷元敢甚麼本婦又見阿巧某二郎一齊都來自分必死延頸待

盡秉中赤條々蹲下床來匍匐口稱死罪々々情愿將家私并女奉報寡母小弟毋老妻嬌子幼女吾當張二官那里准他則見刀過處一對人頭落地兩腔鮮血衝天當初本婦臥病已聞阿巧某二郎言道五々之間待同你一會之人假弓長之手再與相見果至五月五日被張二官殺死一會之人乃秉中也禍福未至鬼神必先知之可不懼歟故知士矜才則德薄女衒色則情放若能如執盈如臨深則為端士淑女矣豈不美哉惟願率土之民夫婦和柔琴瑟諧協有過則改之未萌則戒之敦崇風教未為晚也在座看官要備細請看叙大略漫听秋山一本刎頸鴛鴦會又調南鄉子一闋于後奉勞歌伴再和前聲

見拋磚意暗猜入門來蹺已驚乘青鋒過處喪多情到今朝你心還未省送了他三條性命果冤々相報有神明　詞曰

春雲怨啼鵑玉損香消事可憐一對風流傷白刃冤々惆悵劳魂赴九泉　抵死苦留連想是前生有業緣景色依然人已散天々千古多情月自圓　正所謂當時不解恩成怨　今日方知色是空

新編小說刎頸鴛鴦會卷之終

楊溫攔路虎傳

入話

閑含平野斷雲連　葦岸無窮接楚田
翠蘇蒼崖森古木　壞橋危磴走飛泉
風生谷口猿相叫　月上青林人未眠
獨倚闌干意難寫　一聲隣笛舊山川

話說楊令公之孫重立之子名溫排行第三與做楊三官人武藝高強智謀深粹長成幾冠娶左班殿直太尉冷鎮之女爲妻擇定良時吉日娶那冷太尉宅院小娘子歸花燭宴會可謂是

簫鼓喧天笙歌聒地畫燭照兩行珠翠星娥擁一箇嬋

娟鼓樂迎來綉房深處果謂名不虛傳這冷氏體態輕盈俊雅儀容秀鳴雲抖鳳髻上峽岫掃娥眉劉源飛凝作杏腮疼領梅印成粉額朱唇破一點櫻桃皓齒排兩行碎玉弓鞋窄小渾如襯水金蓮腰體纖長悄似推風細柳想是嫦娥離月殿由如仙女下瑤臺

這楊官人自娶冷[illegible]氏之後行則同行坐則並坐不覺過了三年五載一日出街市閑走見一个掛肆名牌上寫道未卜先知那楊三官人不合去買了一卦占出許多事來言道作怔作怔楊三官人說了年月日時這先生排下卦大笑一聲道這卦爻動必然大凶破財失脫口舌件件有之卦中土騰蛇入命白虎臨身若出百里之外方可免灾

這楊三官人聽得先生說這話心中不樂度日如年飲食無味懨々成病其妻冷氏見楊三官人日夜憂悶便啓朱唇露皓齒問楊三官人道日來因何憂悶楊三官人把那未卜先知先生占卦的事說與妻子冷氏聽罷道這先生既說卦象不好我丈夫不須煩惱我同你去東嶽還个香愿祈禳此灾便不妨楊三官人道我妻說得也是次日同妻稟辭父母并丈人冷太尉便歸房中收拾粗杖安排路費擺布那暖轎馬匹即時出京東門少不得飢飡渴飲夜住曉行不在話下迤逦行到一个市井喚做仙居市取東嶽不遠但見天晚

煩陰已轉日影將斜遙觀魚翁收緡罷釣歸家近覩處

處柴扉半掩望遠浦幾片帆歸聽高樓數聲畫角一々行塞鴈落隱々沙汀四五隻孤舟橫灘々野岸路上行人歸旅店牧童騎犢轉庄門

天色已晚楊三官人同那妻子和當直去客店解一房歇泊到得三更被一夥強盜劫入店來那賊是甚麼人

大林木編成寨柵澗下水急作泉流霹靂火性氣難當城頭上勇身便跳刀見金時々拈弄天河水夜々觀瞻月黑搜尋斂劍金風高放起山頭火

那一夥強人劫入店來當時楊三官人一時無准備没軍器在手被強人捽住用刀背剗[illegible]音氣一口僻然倒地正

假饒千里外　難躲一時災

那楊三官人是三代將門之子那里怕他強人只是當下手中無隨身器械便說不得却被那強人入房挾了楊三官人妻子冷氏夫人和那担仗什物却有一千貫細軟金珠富貴都被那強人刼去楊官人道我是將門之家却被強人刼了我如今却有何面目歸去當時楊三官人受這一口氣便不奈煩没出豁得便離了這客店來縣里投奔劉家客店安歇自思量道我當初夫妻二人出來如今獨自一身交我歸去不得我要去官司下狀又没个錢身體覺得病起來在店中倒了半个月後來幸得無事出那店來行去市心見一座茶坊入去坐地只見茶博士叫道官

人吃茶吃湯那楊三官人道吃茶也不爭只是我没茶錢茶博士道官人吃茶也不妨茶博士點茶來這茶是

溪岩勝地秉曉露煎拂雲芽玉井甘泉汲清水娩湯烹
下趙州一碗知滋味清入肌膚遠睡魔

那楊三官人吃茶罷茶博士問道官人是那里人楊三官人道我是東京人茶博士道官人莫不病起來楊溫道然也茶博士道官人你没錢如何將息我交官人撰百十錢把來將息你却肯也不肯楊三官人道好也謝你周全茶博士道我這茶坊主人却是市里一个財主喚做楊員外開着金銀鋪又開質庫這茶坊也是他的若有人來唱个喏告他便送錢與他這員外將講來說由來了只見員外入茶坊來正是

着意栽花栽不活　等閑插柳却成陰

那楊三官人也曾做詩一首道

財散人離後　無顏返故京
不因茶博士　怎得顯其名

那楊員外吃飯了過茶坊閒坐茶博士便努嘴楊三官人與楊員外唱个喏員外回頭楊官人又唱一个喏員外還了禮那官人是个好人好舉止待開口則声說不出來那茶博士又决嘴道你說那員外道官人無甚事那官人半餉了才說得出來道是客人楊溫是東京人特來上嶽燒香病在店中要歸京去又無盤纏相懇尊官周全楊溫回

京則个那員外聽得便交茶博士取錢來數茶博士抖那錢出來數了使索子穿了有三貫錢把零錢再打入竹筒去員外把三貫錢與楊三官人做盤纏回京去正是

將身投虎易　開口告人難

才人有詩說得好

求人須求大丈夫　濟人須濟急時無
渴時一點如甘露　醉後添盃不若無

那楊三官人得員外三貫錢將梨花袋子袋着了這錢却待要辭了楊員外與茶博士忽然遠々地望見一簇人簇着一个十分長大漢子那漢子生得々人怕真个是

身長丈二腰闊數圍青紗巾四結帶垂金帽環兩邊耀

日紵絲袍束腰襯體鼠腰兒柰口慢襠錦搭膊上盡戲
雪鴈玉腰帶柳串金魚有如五通菩薩下天堂好似川

灌口二郎離寶殿

這漢子坐下騎着一匹高頭大馬前面一个擎着一條齊眉木棒々頭挑着一个銀絲笠兒滴々答々走到茶坊前過一直奔上嶽廟中去朝岳帝生辰那楊員外對着楊三官人說不上數句道是明日是岳帝生辰你每是東京人何不去做些雜手藝明日也去朝神也交我那相識們大家周全你撰二三十貫錢歸去那楊三官人道溫是事不會茶博士道官人你好朴實頭楊官人却問道適來騎馬的是甚麼人員外道這人是个使棒的姓李名貴渾名叫

做山東夜义這漢上岳十年打盡天下使棒的一連三年無對今年又是沒對那利物有一千貫錢都屬他對面壁上貼的是沒對牓子那楊溫道覆員外溫在家世事不會只會使棒告員外周全楊溫則个肯共社頭說了交楊溫與他使棒贏得他後這一千貫錢出賜員外員外道你會使棒楊溫道溫會使棒員外道你會使棒你且共我使一合棒試探你手段則个你贏得我便舉保你入社與你使棒員外交茶博士閉了茶坊門今日不開了茶坊茶博士即時閉了楊溫隨員外入來後地推開一个固角子門入去看一段空地那楊三官人道好也這坡空地只好使棒員外道你弱我健且喚茶博士買一角酒二斤肉來交楊溫吃那官人吃了酒和肉交茶博士也吃些員外道茶博士去取棒來茶博士去不多時只見將五條桿棒來撇在地上員外道你先來揀一條楊官人覷一覷把脚打一踢踢在空里却待脫落打一接住員外道這漢爲五條棒只有這條好被他揀了員外道要使旗鼓那官人道好使旗鼓員外道使旗來楊官人使了一个旗鼓茶博士揀棒絕關兩條棒起閒不得三兩合早輸了一个人正是

未曾伸出拿雲手　莫把蔽柴一樣看

那官人共員外使棒楊溫道我不敢打着打着了不好看使兩三合了員外道攙破你那棒有節病那楊溫道復員外你有節病員外道你待打不打是節病你兩節兒使

如何打得人楊溫覆員外々々架你棒遲我棒快特地棒倒待員外隔時棒才落古人所謂

爛柯仙客妙神通　一局曾經幾度春
自出洞來無敵手　得饒人處且饒人

員外道我正要你打着我々喜歡你打來不妨兩个再使楊溫道打着了不好看兩人正使則聽得門口有人敲門茶博士唱个喏馬都頭門道員外在那里茶博士道在裏面使棒馬都頭道你看我道你休使棒他却酷愛都頭走入來共員外廝叫了楊官人向前來唱个喏馬都頭似還不還一个喏馬都頭道員外可知道菴老尤來你這般副子員外道不是他要上嶽共山東夜义李貴使棒我見他

說共他使看馬都頭道這漢要共李貴使棒嗏你却如何贏得他不被他打得疾患也得你不識李貴我兀自請他問他騰倒棒法楊官人口里不道肚内忖量叵耐這漢忒欺負我馬都頭道我乃使棒部署你敢共我使一合棒你贏得我時我却交你共山東夜义李貴使棒如贏不得我你便離了我這里去休楊官人道我敢共都頭使棒員外間棒都頭拿一條棒起做了一个旗鼓楊官人也做一个旗鼓道都頭一合使是兩合使都頭道只一合間棒起兩个不三合不兩合只一合地使所謂

兩條硬棒相迎敵　寧免中間無損傷
手起不須三兩合　須知誰弱與誰強

馬都頭棒打楊官人就倖則一步攔腰便打那馬都頭使棒則半步一隔楊官人便走都頭趕上使一棒匹頭打下來楊官人把脚側一步棒過和身也過落夾背一棒把都頭打一下伏地看見春背上腫起來楊官人道都頭使得好我不是刷子都頭起來着了衣裳道好你真个為正是

好手手中呈好手　紅心心里中紅心

馬都頭道我去說與衆社里人交來請你馬都頭自去員外道哥々你真个會適纔是你饒我馬都頭恁地一條棒兀自奈何你不得我如何奈何得你只在我茶坊里歇我把物事來將息你把兩貫錢去還了人却來楊官人便出茶坊來店中還了房錢并飯錢却來茶坊里茶博士道官人你却文恁的本事我這員外件々不好只好兩件厮撲使棒到明日吃飯了正與員外吃茶只見二十人入茶坊來共員外厮叫道我們聽得有一个要共山東夜义李貴使棒交他出來則个員外道在這里坐地便是那官人唱了喏道客人楊三官便是數中一个道便是他要共山東夜义李貴使棒那官人道都頭昨夜莫怪都頭道是我欺負他了被打了一棒却是他為衆社官把出三伯貫錢來道楊三哥你把來將息楊官人謝了衆人都去三月二十七日節級部署來見員外々々叫道哥々我去上嶽次日楊官人打扮朝嶽到岳廟前一觀果謂是

青松影里依稀見宝殿巍峩老檜陰中彷彿侵三門森

聳百花掩映一條道路無塵翠竹週圍兩下水流金線離樓左視望千里如在目前師曠右邊聽幽做直同耳畔草祭亭上爐内焚百和名香祝獻臺前案上放靈神杯筊朝聞木馬頻嘶暮聽泥神唱喏

楊三官人到這岳廟燒香祭拜了獻臺上社司部署衆社官都在獻臺上社司道李貴今年沒對李貴道唱三个喏與東嶽聖帝謝菩薩保護顧着本社宮唱一个喏道李貴今年無對明年不上山不是李貴怕了不上山及至上山又沒對頭白拿這利物惶恐々々又一个唱喏與上山下山的社官唱喏了那李貴遂回頭勸那兩軍使棒誰敢與爺々做對衆人不敢則声那使棒的三上五落李貴道你

們不敢與我使棒這利物屬我李貴道我如今去拿了利
物那獻臺上人叢里喝一声道且住〻〻這利物不屬你
李貴吃了一驚擡起頭一看却是一个承局出來道我是
西京楊承局來這里燒香特地來看使棒你却共社官廝
說要白拿這利物你若贏得我這利物屬你〻輸與我〻
便拿這利物去我要和你放對使一合棒你敢也不敢李
貴道使棒各自聞名西京那有楊承局會使棒部署道你
要使棒沒人央考你休絮〻〻社司讀社畢部者在中間
間棒這承局便是楊三官人共部署馬都頭曾使棒則瞞
了李貴李貴道教他出來楊三官把一條棒李貴把一條
棒兩个放對使一合楊三是行家使棒的呌做騰倒見了

冷破再使一合那楊承局一棒劈頭便打下來與做大捷
李貴使一扛隔楊官人棒待立洛却不打頭入一步則半步
一棒望小腿上打着李貴呌一声辟然倒地正是

好鷄無兩對　快馬只一鞭

李貴輸了楊溫就那獻臺上說了四句詩道是

天下未嘗無敵手　強中猶自有強人
霸王尚有烏江難　李貴今朝折了名

只因楊溫讀了四句詩後撩撥得獻上有三十來个子弟
却是泉親因戚有錢財王都是李貴師弟看見師父輸了
焦懆一發都上來要打那承局元來寡不敵衆弱難勝強
那楊溫當時怎的計較

有指爪劈開地面　會騰雲飛上青霄
若無入地升天術　目下災殃怎地消

衆子弟正奔來要打那楊溫却見數中楊員外道不可打
他這四山五岳人看見不好看只道我這里欺他後番難
賽這社若要打他下山去到楊王茶坊里了却打他未遲
衆人道員外也說得是這楊承局歸到楊王茶坊把利物
入茶坊後地房里去了衆子弟道員外你交他出來我們
打他與我師父報仇楊員外入後房里呌楊三官人他們
衆人要打你且說你幾歲了楊溫道今年二十四歲了楊
員外道我却三十歲較長六歲我做你哥〻你肯拜我為
哥〻麼我教你這一頓拳唱楊溫自思量道我要去官司

下狀娶妻便結識得一个財主也不枉了便告員外道我
先出去你随我來員外道來在獻臺上使棒的楊王叔〻
兄弟且望諸位闊畧則个衆人道你何不早說既是令弟
請他出來與我們厮見則个員外呌楊三哥你與衆官員
子弟相見楊官人出來唱三个喏衆人還禮道是適間莫
怪少間師父李貴自來相謝不多時李貴入茶坊來唱了
一个喏道是李貴幾年沒對自是一个使棒的魁手今日
却被官人贏了官人想不是一樣人必是将門之子真个
恁的好手段李貴情愿下拜楊官人道不消恁的却把些
利物送與李貴〻〻謝了自去楊王員外道我弟只在我
這里住當日楊員外和楊溫在金銀鋪坐地也是早飯罷

則見一个大漢騎一匹馬來金銀鋪前下馬唱喏道覆員外太公不快交來請員外回來則个那漢說了上馬便去楊溫認得當夜被刼是這廝把着火把欲待轉身出櫃身來捉那廝三步近兩步遠那廝馬快走了楊員外道兄弟你看看鋪我回去見我爹則个五七日便來楊三官人覆仁兄溫要隨仁兄去走一遭叫公公則个員外道你去不得我爹々心煩利害人則好休去楊溫道鋪中許[illegible]財物不敢在此楊王道我把你不妨便有甚的要緊楊溫道覆仁兄容溫同去員外道你苦々要去時隨你去也不妨兩个一人一匹馬行到一个所在三十里是仙居市到得一座庄子看那庄時

青烟漸散薄霧初收遠觀一座苦山近覩千行園室蓋圍々老檜若龍形欝々青松如扇跡三冬無客過四季少人行驀聞一陣血腥來元是強人居止處盆盛人鮓骨熬盞鑄香鑪小兒作戲弄人頭媳婦拜姿學刼墓

二人到庄前下馬庄里人報太公員外來也那大伯在草廳上坐道交他來見我楊王入去唱喏了大伯道孝順兒子來也這幾日道路如何楊王道覆爹々有買賣那大伯正說話里見廳下一个人問兒子道廳下這人是誰楊王道伏爹々是一客人楊三哥這箕子得上獻臺使棒贏得山東夜叉李貴大伯見了即時焦燥道叫庄客與我縛了他當時楊溫恰似蛟龍出水虎豹投崖有人曾有詩云

禍出師人口　休貪不義財
會思天上計　難免目下災

大伯叫庄客縛了楊溫當時却得楊王搭救道衆人不動手都退去楊王道且告爹々這漢會使棒了得大伯道他如何奈何得山東夜叉李貴我後生時共山東夜叉使棒也贏他不得這廝生得恁的如何贏得李貴想這廝必是妓弟家中閑漢你去他家使錢不歸我叫你歸那行着伯你不去使他跟着你員外道伏爹々此人不是閑漢[illegible]真个了得大伯將員外轉上草廳上去說與庄客交他在客店里歇庄客引楊溫去那陽溫去店房里坐定了道這大伯是个作怪人這員外也不是平人我渾家則是在這

早見一个婦女問楊王道孩兒你須知你爹是个不近道理的人你沒事帶他來則甚員外道告媽々他自要來楊王只交他在金銀店里他不肯定要跟將來兩口說到房門邊正入房中來那婦女把些酒肉道你且吃些酒和肉不須煩惱不妨事大伯自是恁地生受說罷楊王同娘都去了多時間只聽得有人來報道覆公々大王使人在這里交得請公々見修山寨未了問公那借比佩舊王權也小要緊庄中米粮搬過不敢動一粒修了山寨却還公々一道請公々和員外過來則个大王新近奪得一个婦女乃是客人的老婆女且是生得好把來做扎寨夫人請公々員外過來則个大伯道交傳與他我明日日中過

來小妻羅即時便去那楊溫聽得喜從天降笑逐顏開道我道渾家却在這北侃舊庄強人處這大伯也不是平人等到次日天曉怎見得

殘燈半滅海水初潮窓外曙色絕分人間儀容可辯正是一声鷄叫西江月五更鍾撞滿天星

只見東方亮臺鷄叫天色大曉楊王出來客房里叫楊三哥你去休我三五月便歸楊溫道告仁兄借一條棒防路此間取縣有百三十里來路中多少事却恁的空手去不得楊員外把一條棒與楊溫那楊溫接了辭員外先去楊溫離他庄行个一里路去向深草叢里去藏着身覷着楊青大伯去庄不多時則見二人騎兩匹馬來楊溫放過去

了楊溫思量道我又不認得北侃舊庄則就隨他去便了前一匹馬是大伯楊青綽號喚做禿尾虎後面是楊員外楊溫隨他行得二里來田地見一所庄院但見

冷氣侵人寒風撲面幾乎蓆屋門前爐竈造饅頭無限作 後廈常存刀共斧清晨日出油然死犬焚々未到黃昏古澗悲風悄々路僻何曾人客到山深時聽殺人聲

楊青共楊王到庄前下馬入去這楊溫却離庄有得半里田地尋个草中躲了那兩人入得庄中細腰虎楊達下首是冷氏夫人對席是楊青々々下首是楊王分四人坐定楊王看這婦人生得意思自然必是好人家女子怎見得

雲鬢長輕梳蟬遠翠眉淡拂春山朱唇綴一顆櫻桃皓齒排兩行碎玉花生丹臉水剪双眸意態自然精神更好

正是

殺人壯士回頭覷　入定法師着眼看

楊王道好个婦人大王也不枉了那楊達道公々員外在此無可相待略吃三五碗酒一道慶賀札寨夫人一併說過就借公々北侃舊庄米穀擬過一年不敢動一粒修完山寨了畢即便出還不敢久住大伯道不妨便是一家的人一般那楊溫却離他庄更遠得半里來田地思量道我妻却在這里我若還去告官幾時取得不如只捉手中一條棒去奪將來古人所謂

下坡不走快難逢上天同壁落落入地共返黃泉

楊溫怎忍得住只得離了深草叢中出那大路來忽然又遇二三十个小妻羅攔住楊溫道你是甚人因何到此楊溫道我是客人迷路到此得罪乞恕小妻羅道這里不是你去處你自放了手中棒便饒你楊溫那里肯放便要拿起與他廝鬧不知後面幾个小妻羅赶上把一條索子將楊溫縛了遠々地前去一个庄所這座庄

園林掩映茅舍周回地肥々桑棗遶籬栽嫩草牛羊連野牧橋下碧流寒水門前青列奇峯耕鋤人滿溪邊春播聲喧壟下正是

野草閑花香滿路　那知不是武陵家

楊溫吃那小妻羅縛將去到這庄前正所謂

脫了天羅　又逢地網

小妻羅走報庄中大王只見大王正坐在草廳上卓一口大刀在身邊便喚擁他來問它則个手下人便擁楊溫立於廳下大王問道你姓甚名誰為何到此直說來情宥安無罪楊溫道伏大王我乃西京人姓楊名溫是楊令公之曾孫祖是楊文素父是楊重立今來同妻子上嶽燒香在仙居市被人劫去妻子今却在這庄側北侃舊庄細腰虎楊達處溫亦探知動靜特地要去奪取妻子回歸溫是將門之子綽號攔路虎大王曾知否今來受擒於此有罪請誅無罪請恕大王道久聞大名今幸拜識便令左右解

了索請上廳對坐請罪曰我乃重立舍人帳下小卒姓陳名千後因狼狽不得已而落草今見將軍乃是我恩人却在此被劫自當效力相助正是

路見不平　拔劍相助

那陳千便安排些酒請楊溫吃了便帶一百餘人同奔那北侃舊庄則見那楊達和那楊青楊玉冷氏夫人四位在那里吃酒被楊溫拿一條棒突入庄去就草廳上將手中棒覷着楊達劈面一棒搠番打倒楊達叫取妻子出來即時楊達掙起眼來將部下一二百人小妻羅赶上

半千子路五百金剛人人有舉鼎威風个个負拔山氣槩石刃無非能鏇介胄盡使粲金

楊溫見強人赶上他又叫取妻子在一邊抵敵未得却荷得陳千許多人馬前來迎敵鬦經三兩合陳千人馬敗走元來是楊達人多陳千人少楊溫同妻子與陳千人馬一向奔走後面楊達又一面赶來楊溫那時

會思天上無窮計　難免今朝目下灾

正奔走之間只聽得一棒鑼聲响來楊溫打一看時却是縣司弓手五十來人出巡到此為頭弓手却是馬都頭楊溫便與馬都頭唱个喏把從前事說了一遍馬都頭便說與部下弓手同陳千人馬再回身去迎敵那細腰虎楊達當頭鬦敵楊溫出來與戰戰不得一合一棒打倒楊達自此楊溫和那妻子歸京上邊立一件大大功勞直做到

安遠軍節度使檢校少保可謂是

能將智勇安邊境　自此揚名滿世間

新編小說攔路虎楊溫傳終

新刊重訂出相附釋標注裴淑英斷髮記

提要

《新刊重訂出相附釋標注裴淑英斷髮記》二卷，明李開先撰，日本神田氏藏萬曆十四年（一五八六年）世德堂刊本。每半葉八行，左右雙邊，白口，單魚尾。此書全稱《裴淑英斷髮記》，亦作《寶劍斷髮記》。寫隋末書生李德武，因罪被流放到嶺南，其妻裴淑英堅決不肯再嫁，以劍斷髮明志、絕食以示決心，最後李德武終於立功受賞，夫妻團圓。

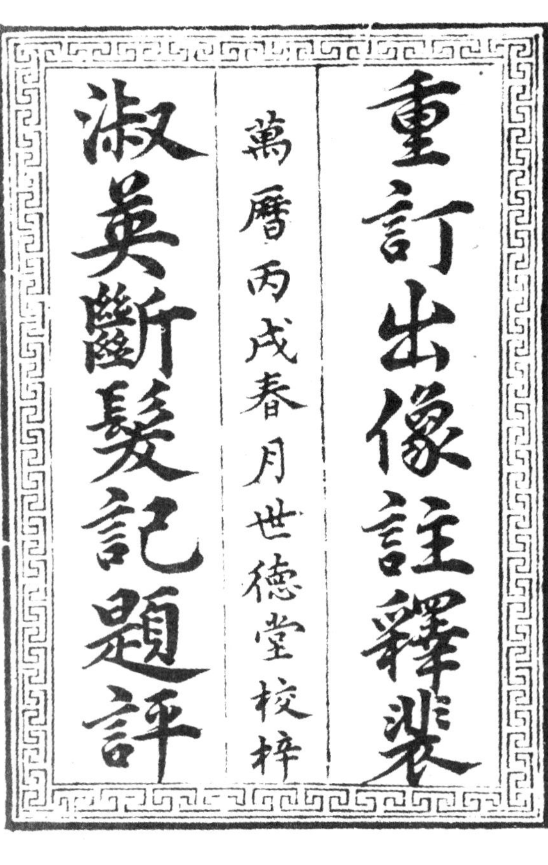

重訂出像註釋裴淑英斷髮記題評

萬曆丙戌春月世德堂校梓

重訂出像註釋裴淑英斷髮記題評

新刊重訂出相附釋標註裴淑英断髮記目録

上卷

下卷

目錄畢

新刊重訂出相附釋標註裴淑英斷髮記卷之上

星源游氏興賢堂重訂
繡谷唐氏世德堂校梓
海陽程氏敦倫堂繇録

素娥乃月裡嫦娥。古人未紙用竹簡為書。史以記事，有一代之興，必有一代之史。

第一齣　副末開場

（末上）（鷓鴣天）一覽殘編百感興，欲傳遺跡愧無能。素娥壺冰，當年應照此心澄。青史芳名死後登。金鑑凡玉夜燈。○借問後房子弟，今夜搬演誰家故事，那本傳奇。（內應）科今夜搬演一本賓劍斷髮記。（末）既然如此，小子畧道家門，便見戲文大意。（沁園春）才子李生，佳人裴氏，賢孝名馳，柰奸雄柳直，枝同懐𣱵，飛誣反叛，竟戍邊陲，兵父離婚，征人切齒，引刀割耳解天疑。分携後，從戎幽薊，十載鳳魚稀。○嗟哉姑嫂支持，更抱萱堅風木悲。柳子求婚，裴公許嫁，淑英斷髮貞節無虧。德武被胡犬臨守，義再結鸞儔返故。幃重會合，彝倫攸叙，千古永留題。

戍音庶，守也。

李德武遲遲澗畔松，　温大臨皚皚天上雪。白貌。

縱音飄，霜雪白。

裴淑英青青水中蒲，　李玉卿皎皎雲間月。武德妹。

第二齣　毋親慶壽

序詞行云詞源倒流三峽水，筆陣獨掃千人軍。

（生上）蒲庭芳宦族，衣冠儒門領袖，爭誇筆陣，詞源時号首先之意。指文勢。不利散帙蠹魚。蠹書虫。繁深念蒼生阨運，是何日全爾元元。謂百姓。重

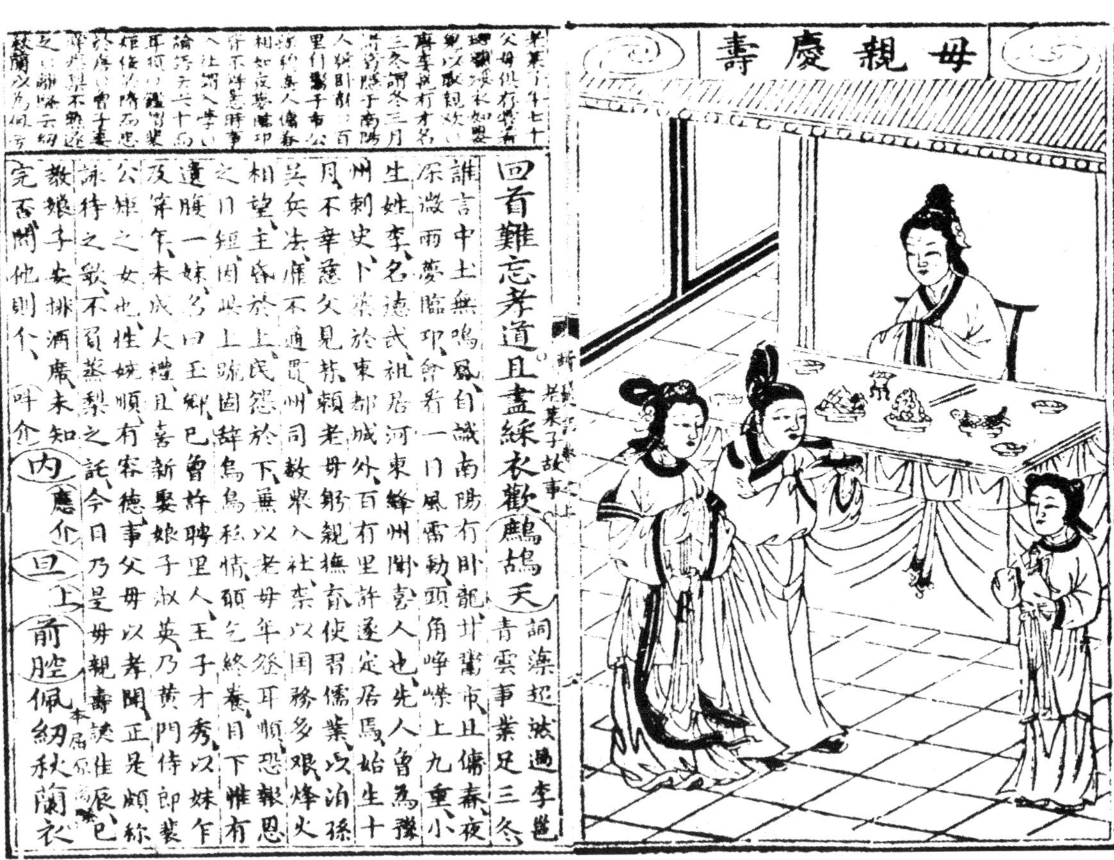

老萊子年七十，父母俱存，常著五斑斕綵衣，如嬰兒以取親歡。〇唐李邕有才名。〇三冬謂冬三月。〇諸葛隱于南陽，人號卧龍。〇百里負擊于市。〇公孫弘為人傭舂。〇相如夜夢臨邛。〇恐不得終時事。〇入社謂入學。〇論語：六十而耳順。〇羣鳥聲，烏鳥反哺而思於親。〇曾子妻蒸梨不熟，遂去之。〇離騷云：紉秋蘭以為佩。

回首難忘孝道，且盡綵衣歡。（鷓鴣天）詞藻超越過李邕，青雲事業足三冬。謾言中土無鳴鳳，自識南陽有卧龍。甘蟄市，且傭舂，夜深燈雨夢臨邛。會看一門風雷動，頭角崢嶸上九重。小生姓李，名德武，祖居河東絳州聞喜人也。先人曾為豫州刺史，卜築於東都城外百有里許，遂定居焉。始生十月，不幸慈父見背，賴老母躬親撫育，使習儒業，以消孫吳兵法。雁不通，買州司教眾入社，奈以國務多艱，烽火相望，主帥於上，民怨於下，兼以老母年登耳順，恐報恩之日短，因與上疏固辭，烏鳥私情，願乞終養。目下惟有遺腹一妹，名曰玉卿，已曾許聘里人王子才秀，以妹作及笄年，未成大禮。且喜新娶娘子淑英，乃黄門侍郎裴公姬之女也，性姿順，有容德，事父母以孝聞，正是頻繁詠侍之歡，不羨蒸梨之託。今日乃是母親壽誕（本居原作）佳辰，已教娘子安排酒席，未知完否，問他則个。（叫介）（內應介）（旦上）（前腔）佩紉秋蘭衣

秦穆公女弄玉，與蕭史並吹于秦樓之上，後俱乘鳳仙而去。〇古詩：與君為婚姻，菟絲附女蘿。〇三日入廚下，四句亦古詩。〇天河曰銀漢，以其練白如銀也。

裝石竹，漢蟬鬢，映珠環。金屏翠幙中，有玉如顏。乍會秦樓鳳侶，蕭聲裡，剩欲飛翔。重回首高堂（指姑嫂）日暮，竭力主蘋蘩之中（中饋）。（見介）（生）羅帷喜乍施，合卺欣相睹。與卿為新婚，女蘿及菟絲。（旦）菟絲附有宜夫，婦人有儀玉釵一以合，詠彼關雎詩。（生）娘子乍到我室，中饋事諳否。（旦）此乃婦人常務，詩不云乎：三日廚房下，洗手作羹湯，未諳姑食性，先喚小姑嘗。適同姑姑安排已了。（生）如此甚好。（夫）小旦（花心動）（小旦）幽夢驚殘，向玉廚靜處，躬調餚饌。（夫）華髮新生，流景偷（滿泛光陰）換，東風為報平安。（合）嬰星昨夜明銀漢（見祝壽意），親壽誕，喜過春（見年）。還向北堂（指母）同把綠樽深勸。（見介）（夫）孩兒，請老娘來做甚。（生）今日母親壽誕，

子路曰：傷哉貧也，生無以為養，死無以為禮。子曰：啜菽飲水盡其歡，斯之謂孝。〇天子居曰宸，漢時多植楓木，故曰楓宸。〇詩云：棠棣之華，萼不韡韡，凡今之人，莫如兄弟。〇龐德公未嘗入城府，後攜妻子登鹿門山採藥不反。〇孟母三

兒輩媿無孝順，略具一盃春酒，為親娘上壽。（把酒科）（錦堂月）顏潤浮春，梅郊破暖。東風大開元延（八百也），菽水為歡，深慚列鼎（謂三陽五路）重裀，楓宸混未遇。興賓萱室，老斯難忘（度也）本。（合）清風引，直欲香染斑衣，曲鏗（兒未能盡）鏘軫。（小旦）（前腔）思忖白髮慈親，紅顏處女，嬌痴未展懇（孝意言欲盡孝）懃。井昔閑心，慵調膩脂，穠粉媚春光，棣萼（指兄弟）孤芳凌雪色。（謂母親）萱花長潤。（合）（前）（旦）（前腔）自哂難報親恩，初持婦禮，烹葵晷（大也）陳缺，惆奉箒，鴻庭叨隨定省，晨昏望異時鸞誥（封贈意）齊頒記此日鹿門同隱。（合）（前）（夫）（前腔）紆懸半世離群（謂夫喪），三遷教子堪

徙揮勝以獻主軒○曾參閔損為門二大賢論語稱孝哉閔子騫孟子謂事親若曾子者可也

杜詩宋作纖手送青絲

蘇秦之楚言其食貴於玉薪貴於桂今臣食玉燃桂是以辭

聯孟毋芳隣。苦入蓮心。不覺老侵青鬢。雖祝我鶴筭遐（鶴壽千歲）期。惟願你鵬程高奮（指功名事）。（前合）（生）（醉翁子）孝順怎效得曾參閔損。正日薄西山（出隊情表言母日短也）。起居須問（夫）听訓（規也）。看冠蓋京華（指賢者）。鳴玉朝（即正偉）趋金馬門（在未央宮）。（合）齋祝懇願天鑒垂輝。福祿駢臻（集也至也）。（生）（前腔）不愠前程事難知利鈍。且彈鋏高歌。固斯窮（即君子固窮）。（旦）須信着千里驊騮（名馬也）。驚蹇區區難比倫。（前合）侁侁（謂前）（令）織絲傳露筝（謂指）。鮮鱠出霜鱗（謂刀）。試看馥郁（香盛）芳廚。薪燃桂。更羨醢烹龍脯擘麟（皆嘉饌也）。（前腔）荼香清潤吻（古文荼一斯暁吻潤）。花氣遠熏人。但見細駐遊絲。爐烟裊

元日飲椒觴酒故曰椒花離騷云奠桂酒漿椒漿

晉張翰因秋風起思鱸魚蓴菜而歸

王粲避難荊州依劉表登江陵樓懷歸作賦

孫王扮有文名登華宗與遊從華州權氏云孫閣孟母三徙君令欲卜居使汝

香霧轉深檻（兩廊）。無點塵。（十二時）椒漿桂酒歡頻進。一任取顏紅暈（見春色）。惟只願樂遂時新。（外）（扮王十秀）（上）（宝鼎兒）王池水洋（三句俱）花窺紅苑。柳眠青岸。（小生）（扮温彦博）（上）朝政亂。帆思張翰。國（言當意）步艰。楼悲王粲（以世乱言）。（净）（扮滕丘上）最喜是青錢餘萬貫。况復年方弱冠。但使粉瘦脂憐。曾甚底乾坤兵滿（以世乱言）。（見介）（外）此是妻兒府廂。可令人通報。（净）就友通家之好。不須（净）（衆）（進介）（旦）（小旦）（見並走下）（净）（旦）作靚（衆）科。（夫）云拜杜萊衣。須樂自年身。歡子曾聯王翰隣。仍是遂盡人不老。碧桃花下醉長春。（夫）孩兒。歡留列位萊酒。（生）留介（夫）（下）（衆）坐介（净）學生平素不吃啞酒。欲如此衎一令。用以侑觴何如。（外）甚妙

與王翰為鄰也蓬萊仙島在勃海中皆仙眾所居○碧桃即王母蟠桃見後

地軸博物志謂地有四柱三千六百軸犬牙相牽天關天門也喪謂之天門

（净）要春秋上一套的。要箇下頭動。要箇上頭動。要箇渾身動。要箇上下都動。口可要唱。手可要舞。（外）那箇先道。（净）主人家。（生）有了。（净）要箇下頭動。（生）行一步可人憐。（净）要箇上頭動。（生）怎當他臨去秋波那一轉。（净）要箇渾身動。（生）風魔了張解元。（净）要箇上下齊動。（生）這剛剛那一步的打个照面。（净）好。再當王先生。要个下頭動。（外）脚踏的赤力力地軸摇。（净）要箇上頭動。（外）手扳的忽剌剌天關撼。（净）要个渾身動。（外）大踏步直殺出虎窟龍潭。（净）要個上下齊動。（外）提起小的來。將脚尖撞。大的按下來。把紅鞋鞋（净）妙。温大人。要箇下頭動。（小生）步兒行。踏着脚（净）要个上頭動。（小生）側着耳朶兒听。（净）要个渾身動。（小生）進：捲：穿芳徑。（净）要个上下齊動。（小生）踏着脚尖兒。仔細定睛。（外）令官自收。（净）我的極好。只要些註解。（外）要一个下頭動。（净）二月

蒲東寺即普救寺

刘阮入天台見澗中流出胡麻飯食之甚美

十五日。蒲東寺裡做好事。張生鶯：紅娘通到了。張生故意把衣服撈起。露出一隻皂靴來。東行西樓。紅娘瞧見道与鶯鶯小姐。（唱）你看那生來往向人前賣弄俊俏。（外）要个上頭動。（净）鶯：正在那里啼哭。見紅娘說也。瞧看張生。（唱）他看時節將淚眼兒偷睃。（外）要箇渾身動。（净）張生見鶯：瞧他。侭着身子搖：擺：鶯：对紅娘說。那生見我門瞧他。（唱）恁的把看身子兒百般的做作。（外）要个上下齊動。（净）那張生眼撩亂。拿个槃槌兒侍敲那槃。不想錯了。把箇法聰頭只管敲。那些和尚都笑起來。（唱）呀錯把他法聰頭做了金槃敲。（外）敲那法聰頭只是上頭動。不好了。（净）那和尚因敲得這頭疼。上頭也動。下頭也動。（衆）（笑介）（洒科）（節節高）麻姑（仙女也）降彩鸞紫雲端。獻儀疊蒲沉。香案延生散。清露盤。胡麻飯滄來。不覺凡軀幻（化也）。仙名巴

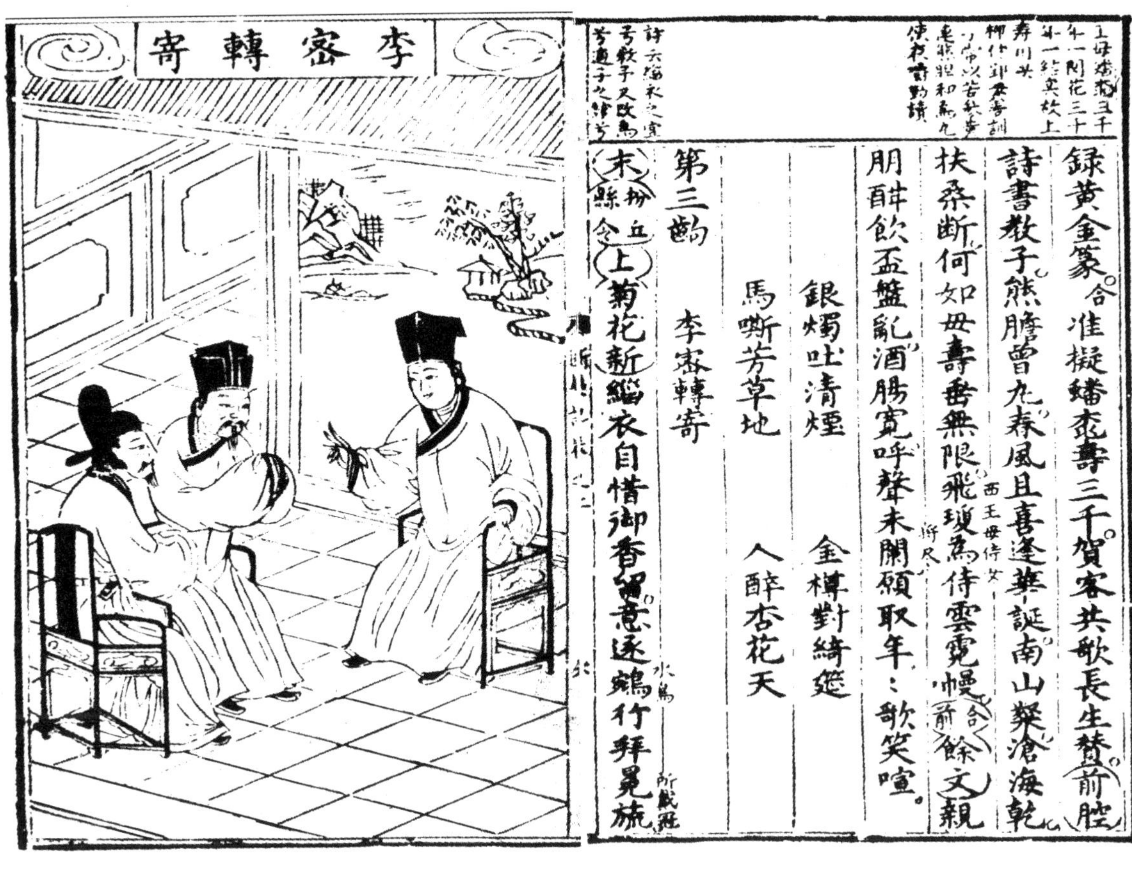

王母蟠桃三千年一開花三十年一結實故上壽用其　柳仲郢母善訓子以苦參熊膽和爲丸使夜讀勤讀

錄黃金篆。(合)准擬蟠桃壽三千。賀客共歌長生贊。(前腔)詩書教子熊膽曾丸。春風且喜逢華誕。南山聚滄海乾。扶桑斷。何如母壽無限。飛瓊(西王母侍女)爲侍雲霓幔。(合)(前)餘文親朋醉飲盃盤亂。酒腸寬。呼聲未闌(將盡)頗取年年歌笑喧。

銀燭吐清煙　金樽對綺筵

馬嘶芳草地　人醉杏花天

詩云緇衣之宜兮敝予又改爲兮適子之館兮

第三齣　李寄轉寄

(末扮丘縣令上)菊花新緇衣自惜御香留。意逐鵷(水鳥)行拜冕旒(所戴冠)

延丁侯子之棨考の鵷行有序故百官班列曰鵷行　晉潘岳爲河陽令種桃李滿縣人號河陽一縣花　陶淵明門栽五柳因自號五柳先生有傳焉　漢高祖起於沛後以沛邑爲故鄉　句欄風俗通謂倡優欄曰句欄

雀語訟庭幽(雀角之聲喻訟詞也)。空羨潘花陶柳。試宰東都天下閒桃花香裹玉爲容、當時富貴今如夢、待罪公門安愉神、下官姓丘、名君明、東都雍丘縣令是也。因諫隋主東巡、承旨俾倖待罪、夫人李氏、乃山公寄之妹也、彼與楊玄感以兵戰敗、藏匿下官衙內、近來有司出榜捱拿、不當穩便、素聞邑人王才秀乃父爲隋王所殺、常懷不平、下官思欲轉寄他家、已數姪兒懷家請來商議、怎生不見回話、(外)(丑)(上)(前腔)王綱已絕振無由。誰肯揮戈(晉陽公事)赴國憂。沛里任荒丘。探取(縣名)黎陽良友。(丑)學生有一件事、敢煩包荒、前日家叔命我請問下、因朋友請我勾欄裏飲酒、住了兩日、少刻家叔聞你說在府上譫限、幸勿說破、(外)如此就是了、進見(介)(末)開門人去(丑)不(介)(末)下官妻兄李寄、向藏衙內、近來有司緝拿甚急、思欲轉寄君家、何如、(外)今主上无道、小生素有慕君之情、且

吳鈎吳王闔閭令國作金鈎有能善者賞之百金國人有殺二子血成二鈎一曰吳鈎一曰鴻鈎　孔子微服而過宋　即周公制禮作樂以文治

蒙大人垂顧、謹當受命、(末)多謝了、(丑)暗听(介)(外)只一件、此係机密重務、宜戒令姪、昨聞未到寒家、徑入娼樓飲酒、一泄漏我輩无噍類矣、(末)恚(介)畜生、何足與同大事、叶(介)(丑)跪(介)(末)昨日你在誰家飲酒、倘醉后發一妄言、置我何地、打丑(介)(丑)再不敢、(末)且叶大男過來、晚息計較你、(丑)呼(介)(淨扮李寄上)(前腔)提兵自戴鐵兜鍪。一旦飄零似水。鷗抵淚看吳鈎(劍名)。自惜英才迍邅。小生姓李、名寄、字元邃、隴西成紀人也、曾與楊玄感延江原、獻二策、後因戰敗、玄感被戮、吾以計脫、向依此匿跡、誰父君、正是江山此日家何在、不敢人前道姓名、(衆)見(云介)(淨)荷葉蒲水面。圖王業(圖王天下)已數秋。黎陽戰敗無所投。但微服漂流。數咱望旌旗天際頭。嘆謀非會周(即周公)

天下皆歸曰非 留周廷起貧龍 沙怒尺謂餘發 能沙斬將之功 也○項羽矣刎 李英顧兵入關 及鴻門大宴羽 中分天下以鴻 溝為界後羽敗 至烏江不渡自 刎而亡○張良 念韓呈成韓後 以鉄椎擊始皇 于博浪沙中○ 王哀父為楚大 東將軍死于非 命良痛父報仇 讎○ 涸轍鮒魚出莊 子

念心同項劉護自氣盖龍沙自擊鴻溝。(合)怎做了到烏江無渡舟。(末)(前腔)英謀屈宝劍羞剛鋒化作繞指柔。况散卒难收数君向轅門等三箭你雄誇九州更氣吞斗牛。徒使血濺龍旂。淚滿貂裘。(合前)(外)(前腔)張椎忿向未酧。空鑾蒐栢哭未休嘆伏櫪驊騮教人戴南冠學楚囚。(末)要兄大事、一以付君、(外)他計非拙鳩更身非沐猴但只哀此王孫。登望公侯。(合前)(外)今晚同學公且到寓家、啟日再來清敘便了。(末)正是

乾坤何處可容身　蒲眼誰憐涸轍鱗

唐元和初蜀妓 薛濤好製小詩 惜其幅大乃狹 小之蜀中號薛濤箋 裴航遇雲英於藍橋驛 西方仙人以 玉杵搗之非此 而去○晉潘岳 美姿貌 卓文君色美相 如以琴挑之 金谷石崇園名 朱門富貴之家 此稱絕色曰一 笑傾人城再笑

惟有感恩并積恨　萬年千載不生塵

第四齣　柳直不仁

(淨)扮柳直上(雙勸酒)箋思薛濤書思月老柰何室家早成横天褁航無計到藍橋幾能彀續得鸞膠。長安城中遊俠手、自称生長繁華里、黃金縱情家仍富、何怀旅人身不死、宅中賓客似雲、門前車馬如流水、自誇潘岳姿、莫羨文君美、文君絕世容而今年有幾二十頗不足、十八斷已矣、衣香隨風飄、雲鬢新梳洗、思之空詠斷腸詩、病染膏肓從此始自家柳直便是、先人曾拜禮部侍郎、先本富傾金谷、鼓歷朱門、真个百事称心、只有一件不足、爭柰早年失偶蒲城遐配、再無可意女子、昨到李家慶壽、瞧見德武妻子、天然国色、莫說他來看那妹子、也是絕妙、我有走時

傾人国 波詩笑漸不聞 聲漸消多情却 被無情惱 武帝幼時長公 主問兒欲得婦否 長公主指女曰 阿嬌好否武帝 曰若得阿嬌當 以金屋貯之 喬公二女皆國 色策及瑜同 曹操築銅雀臺 成賦詩欲置銅 雀春深鎖二喬

婦女塡房(註)雲飛暗想妖娆小脚難行着寸蹻宜喜宜死也眼開、嗔俏。傾國傾城貌。嗏。移步整金翅氣生蘭噴。誰念多情却被無情惱鬢擁烏雲暖不消。(前腔)躰若凝膏。一朵瓊花滴露梢。目轉秋波皎。眉掃春山杳。嗏。妙手也難描。佃瞻眺。自笑多情不似無情好。金屋何年貯阿嬌。(前腔)詩詠桃夭倘獲良緣結鳳交。他姑嫂到了我家呵、躡脚低上叫。他掩口微上笑。嗏。雨暮雲朝。难分正小。倘姑嫂争赶門户來、我只得要勸他記取當年曾是親姑嫂銅雀春深鎖二喬(丑)(上)(雙劝酒)

劉晨阮肇入天 台採藥至桃花 洞遇二女迎歸 皆歸家子孫已 出外除別介 人只劳张兹 捋木 宋仁宗時王拱 辰為御史劾周 錦等上十餘人 事曰吾一網打 盡矣○劉備關 羽張飛三人在

濫觴舞筵傾。囊歌扇。武陵洞天。正逃劉阮。一枝那得借窮猿。猴羅霜樑自側哀絃。(見介)(淨)丘兄背你君頭不展、一定想你表子薛狀元、(丑)还說他、因我前日同你薛家飲酒、誰想王才秀天殺的、與薛狀元好吃醋、說與我叔子、打了一餐、晚息还要計較我、以此暫到你家躲了、(淨)那厮可惡、叫家人打他、(丑)有些事打不得、你我心腹說与你知、只因反賊李密在我衙內、今又寄在王才秀家、他假此挑唆害我、(淨)將計就計、到官出首、怕他不死(丑)死他容易、怕累死叔子、我衣食誰(淨)你肯出首、我那百兩銀子、取了薛狀元与你、來到我家住下、就將家業和你均分、也消這口氣。(丑)莫悔言、(淨)天誅地滅、(丑)到官却說甚的出來、(淨)只說王才秀窩藏反賊李德武、知情不首、一網打尽矣、(丑)好、好、好、(瑣窻郎)勸盟言。義皆桃園。頓解

[illegible]為鬼，〻錄人死，則為鬼，陰司錄其姓名，故曰鬼錄

卻身倒懸（信固吉）。臨危決策，奮擊當先名。沉鬼錄。重泉休怨。（合）會教他渾身是口諒難辨。逃不過暗中箭。（淨）（前腔）有佳人麗質芳年。勾引得心倒顛。香閨秀雅翠館嬋娟。從今兩遂探花之願。（合前）

傾城女色世間無　無毒須知不丈夫

計就月中擒玉兔　謀成日裏捉金烏

第五齣　懷家出府

（外扮裴上）【出隊子】苑花池柳。獨沐丹霄雨露私（指君恩）。計從言聽（言得君）

論語子在川上曰逝者如斯夫○建章宮名，漢武帝太初元年造○鳳池即鳳凰池，地在禁近，為中書省

赤眉漢時赤賊，皆朱其眉為記，故曰赤眉賊

益蒙輝。但恐榮華如逝水。青鏡流年。已添素絲（謂白髮）。禁城春色曉蒼〻，百囀流鶯繞建章，深沐恩波鳳池裏，朝〻染翰侍君王。下官黄門侍郎裴矩是也。蒙恩兼將軍務，显膺帝制，宏冠朝班。謾誇黄閣清風，能赦紫宮白泊。不幸先妻早喪，從嗣無傳，惟有愛女淑英，已適李生德武。今早朝罷無事，不免清理軍務。左右的。（末）喏。（外）近有反寇李家餘黨未獲，好生張掛榜文。（末）領鈞旨。（丑）（上）來到城中，果有榜文在此。揭榜（介）。（末）捉几。進个。（外）問个。（丑）小人名喚懷義，雍仁縣令奴。只因李家擄反，向在我家躲避。近結王氏才秀，情地將來轉寄，行人知情不首，郝林是老爺令婿。（末）喝（介）。（丑）小人特來首明，於爺作何處置（賊名）。（外）這廝胆大，事一泒，罪不輕恕你。（丑）【駐馬聽】（係獻）听訴因依。李家強梁似赤眉。即望長驅豺虎。速集貔貅直斬

史曰繼天命以正帝位以明神器有歸

莊子謂蛙蝍怒臂以當車轍，必不勝任矣

噬口咬也，言事不及，悔如口噬臍，臍不可及也

左傳鄧三甥曰：若不早圖，君後噬臍

鯨鯢妖狐（大魚○邪獸）將已入皇闈。天狼（凶星名）直欲窺神器（指天下）。此係非偽。應須早定牢籠計。（外）（前腔）群盗紛披。萬國還期覩漢儀（光武紀：何幸復見漢官威儀）。可憐靖途鋒鏑（矢刃）。骨暴塵沙。血汙旌旗。窮猿應抱頸絃啼。螳螂怎奮當車臂。犯天威。減軀赤族。臍難噬（悔事不及）。左右將達仰五城兵馬，拿取一干人犯，送南臺御史張處鞠問。（末）應个。（外）分付搘人，到俺女婿家裏，不許嚶喨。（末）是。

樹頭樹底覔殘紅　一片西飛一片東

自是桃花貪結子　錯教人恨五更風

漢明帝畫光武中興功臣于雲臺○秦政苛虐，四皓隱商山，號之綺隱於芝，故曰芝山堪遁

張華劍在匣內常鳴，曰雌劍也，雌者未至故鳴

武王曰：牝雞無晨，牝雞之晨，惟家之索。今商王受惟婦言是用

第六齣　王生死友

（外淨上）【風入松】（淨）紫衣化盡落京塵。慨驚馬埋輪（兄不得志意）。（外）雲臺咫尺非難進（即王者所念）。苛秦在芝山堪遁（即商山四皓）。（合）且待真龍一起行。看隱鳳雙新。（淨）行止皆無地，長慚伏女生。（外）仍餘龍劍在，夜〻匣中鳴。（淨）王先生，小身扎在愛下，幸莫大焉。但以志有所為，不能斷〻久寓，且恐他人之耳目長也呵。（外）方今天下紛〻，皆言李氏將興，揚氏將衰，以童謠驗之，非公而何。古云王者不死，公何愛之深也。我有妻兄李子德武，亦一方豪傑（天下豪傑也），今晚以飲酒為名，已令家童請來，一會他，若肯迸，天下不足定也。（生）（上）【前腔】厭聞紫極牝雞晨（方言宮妾）（指宮闈事）。嘆閨主東巡。錦帆王女奢淫盡。任群小紀綱安振

洪尹未遇湯時，之耕于有莘之野，而樂堯舜之道。

韓信未遇釣魚淮陰，有漂母見信飢，分一飯信，信貴報漂母一飯之恩，報以千金。

東國鴟梟載集（喻小人），西山鴛鶴多群。（喻英傑）（見介）（生）這位高姓貴表？（外）峩山
公李密（生）想是與楊玄感起兵的。（淨）不敢。（生）如此歷有檄文，何
是也。（生）涯捕，安得在此。（外）匪
令親在君衙內，近日轉寄舍下，因（生）一件，先君身後，再
以請大舅一會，同舉大事如何。（生）無兄弟，且老母在
堂，不敢以
身相許也。（畫眉序）（生）壯志本凌雲，爭柰意親已華髮，况商（指明）
湯未遇（王指伊尹）正樂耕莘野，則可塞彼渾淪，卷則是不盈分寸。（即參齊事業）（即守己功夫）
且將寶劍懸秋壁（毋見先芒意），終看解難除紛。（淨）（前腔）滄海一窮鱗（喻失勢意）
一飯懷恩有韓信（漂母飯信，後以千金），正群雄並逐，海內紛紜，但只願共起（後沛公兵至灞上奉...）
微時，端不愧炎生餘燼，且須隱匿芒碭迹，終看灞上先

李以暴亡天下，隋亦如之，故曰隋籙續亡秦。……有一山鶴飛至……化為石，剖之得金印，又曰忠孝侯印……

論語曰：志士仁人有殺身以成仁。

乇。（外）（前腔）隋籙續亡秦，畫識相符，豈天運數。銅駞故屯
已沒荊蓁。惜才俊（小子之稱）徒空老青燈，竪儒輩（謂公侯印）盜懸金印，且含入
楚鞭屍（父報仇）忿，終看竹帛垂勳。（丑扮琴童上）天有不測風雲，人有旦夕禍福。（見介）
（生）琴童你慌張，走來為甚的？（丑）今有丘懷義到官出首，反賊李密藏
在王姐夫家，道官人知情不首，南臺
御史差五城兵馬，圍住雍丘縣門，（生驚介）（外）大舅呵，
取在知縣時刻到此，快作計較。下（生）我因欲
報殺父之仇，奮不顧身，致有今日，死何足
惜，但恐罪延君家，不能無憾於地下矣。（生）是了。（外）李公
你可乘此黑夜，伏則自後門而逃，大哥亦不可在此。（淨）
即便回去，可取刀來，我自刎而死，免得到官受刑。
王先生，你殺身
之仁，死地可拚。（外）（東甌令）你才堪惜，我義難活，甘蹈狂

婁師德唾面自乾。

秦三尺法（謂劍也），寸心已共寒灰死，霜刃豈能奪誰數。嘻面任
嗔喝，束手受鞭撻。（以刑言）（淨）（前腔）你言明信，我意悲恒。良友今
遭羅網，呂香蔡永訣，心何忍。恩義縱時答，鵬未舉羽（大鳥也），
先鍛垂翅溫毛褐。（外）（四邊靜）（大舅）（二姓）來陳自此分瓜葛。（謂親）
羅諒難脫空道，霍家親從今死生割。（合）巡兵守押列戈
甲，國有趙王倫生灵任抄扎。（生）（前腔）浮雲久蔽黃金闕。（謂群小）（指人君）
孤孽待誰察，白璧惧蒼蠅（恐被讒傷意），排雲叫閶闔。（合）（前）（外）（前腔）乘時
早把奇兵發，無為老華髮。嘻手入關中，幽冥餓渴。（望之切）谷玉

天降一王宮於王家，門首榜曰天帝召我沐浴……

棺早納，惜英達排劍，擬他年，松枝定蕭颯。（生）前腔　春風屢下陳蕃榻，而今永离澗。君子意如何，悲風起天末。（合）前

（外）伏家亡軀為女生，誰云身後可留名。閻王註定三更死，定不留人到五更。（作刎下）（衆哭介）（生）王才秀既死，我皆亦當迴避。（淨）香柳娘　嘆漂冤伍員，匕匕匕匕魂來，猶念潮頭會見，如雷霆。（生）謾教人愴神，匕匕匕匕。誰辨，官宰丟不勝，與連惜。（合）把昆山火焚，求仁殺身，公孫堪刎。（淨）前腔　念飄匕此身，匕匕匕匕，有家难奔，女离未展胸中蘊。（生）好教人断魂，匕匕匕匕。自惜董京貧相憐，祢衡俊。（合）前合　白刃乘差，已殞身不堪回首，一沾巾。騰空伸出拿雲手，付與天羅地網。

（生）（淨）（丁）（丑）（衆上）左右的，把這王家園住，進去搜捡。（衆）（丑）呀，王才秀元来也死了，怎宏好不光。同在知縣，大婦三个死首，一齊擡去，憑他相騐。二家搜李俱无李，家且到李家去看。

自小為遊俠，從來不念親。羽林三十萬，俱是虎狼人。

第七齣　德武被拿

（六上）（王上）夜竹陪　王桂叢深香蒲座，喜一子在鳴珂。（小旦）（旦）（上）鶯谷新簧，蛙池急鼓，驚我夢魂初破。（夫）踏莎行　孫鳳早年

青瑣　宮禁門有青瑣之飾……以青塗戶邊鏤中，天子制也，刻為青瑣

論語曰：吾恐季孫之憂，不在顓臾，而在蕭墻之內也。

文選賦謂忌人貪財，如飛蛾之赴火也。

成坎坷，一經教子，今云可贅。看新起下潜滇，終朝振策趋青瑣。（小旦）（旦）衣藹香攜鞋兮，玉晨翠旌不動，朱門瑣，翻愁悄匕溶驕，驚芊開不放花枝妥。（夫）媳婦孩兒到王家飲酒，這芊夜深怎不回家。（旦）是想被酒了。（生）走上　縣急走如梭，手足酸疼更按摩。（見介）心如剝，蕭墻禍起，淚滂沱。（夫）（小旦）莫嗟跎，歸來為甚偏驚我。（旦）即可慌忙且問他。（生）王才秀這生窩藏反賊李家在家，今被丘懷又連名舉首，禍又為丘家連名舉首將人坐。（衆驚介）（夫）官府怎的？（生）五城兵馬捉拿甚列干戈，舉家盡欲連枷鎖。（合）怎生結果。（生）紅芍藥　高堂歡聲正和，怎知道禍從天墜，却做了燈裏飛蛾俏

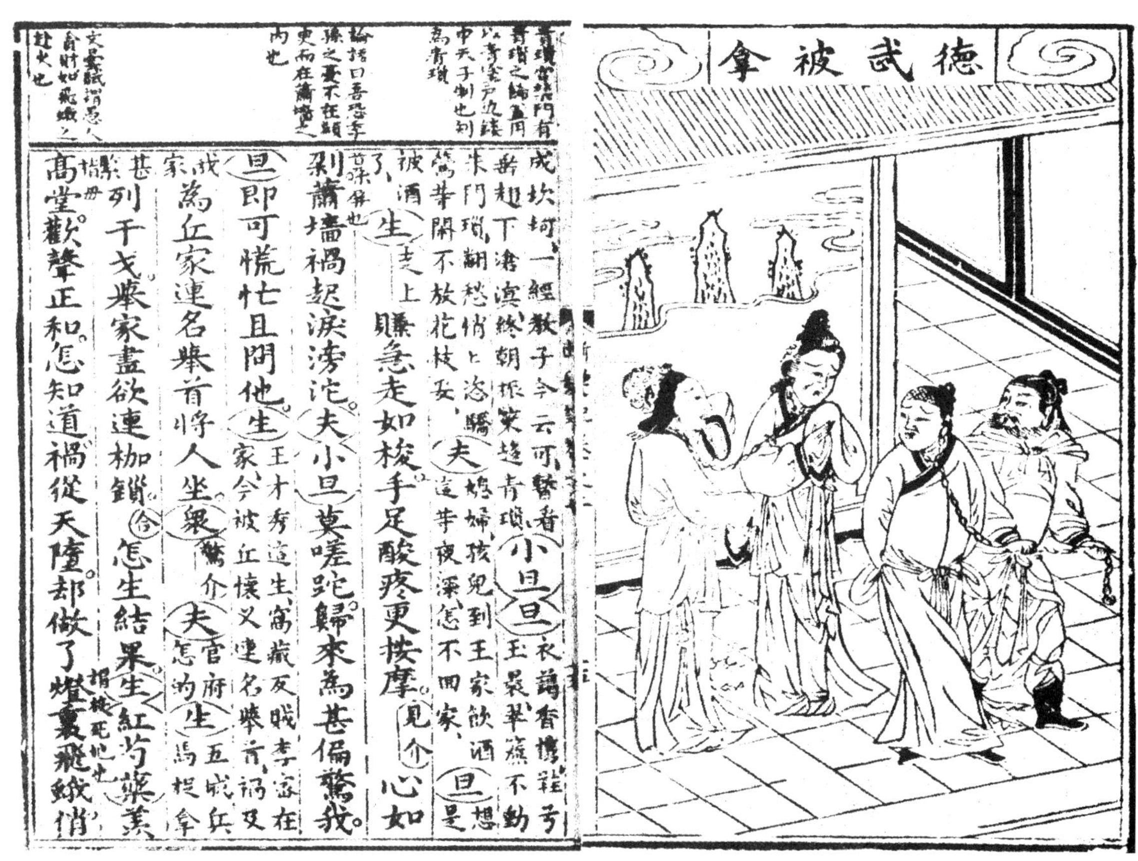

卞和泣荊山得玉璞獻楚王使玉人視之以爲石王刖其足和乃抱璞泣于荊山

有池仲魚若城門失火仲魚救之池死故云城門失火殃及池魚

一似江心失舵。（合）令如星火兵來轉多。安何妥。殺人難
料，是可柰何。（前腔）念泣玉哀如卞和。歎青蠅忽生一個 本古文玉上青蠅生一個
末見被累故
四下裏鑿鼓鳴鑼。悶殺人災來難躲。（合）（前）（丑上）左右，裴老爹分付，入
到此，不許喧嘩，各人小心些。（夫）（玉胞肚）良人亡過，守遺 孩子
（入見介）（鎖生夫旦小旦科）
孤孀髮已皤，不想道桂萼蘭柯，翻受了地網天羅。（合）城 受安福意
門失火，教人空自淚痕多。殃及池魚怎柰何。（生）（前腔）才 見飛來究意
名選擇，向寒窗十年琢磨，惟指望榮耀高科。又誰想忽 詩云如琢如磨
遭凶禍。（合）（前）（旦）（前腔）傷眉頻挫，這憂腸猶如鼠拖。赤緊的

阻隔天河，白茫茫頓起風波。（合）（前）（小旦）（前腔）禁兵巡邏，吉
和凶未知怎麼。只怕他衆口同呵，卻教我寸心無那。（合）（前）
（丑作搜檢科）
歎橫禍飛來不小　謾教人憂心如鴉
青龍共白虎同行　吉凶事全然未保

第八齣　德武充軍

（末扮張衛上）（菊花新）糾劾戟無中外。鞭笞怒有風雷。致身萬 御史戟也　見不測意
里青霄界。獸錦穩立金階。香作春雲護繡衣，鳳凰池上珮声歸，長安冠盖聯驅道，獸

鳳閣演綸謂職吿鳳閣而掌詔命也以烏臺漢朱博爲御史府中列栢樹常有野烏數千棲其上故曰烏臺晉傅玄爲御史每有劾奏或值日暮持白簡以進故御史曰烏臺執簡

紀，霜臺御史，感下官姓張名衛，河內人也。蒙聖恩擢授
南臺御史，鳳閣演綸，烏臺執簡，敢言吐氣，少伸肅物之
風霜，正色立朝，每興濟時之霖雨。帝將遊道，引諫草避
火焚近童謠。有曰，桃李子，楊州，宛轉花園裏，莫浪語，誰
道許。上命術士占之，云亂吾邦基者，李氏也。近因反賊
李密逃匿未獲，有人出首，道李密藏匿丘王才秀家。王
才秀與李德武是親，道德武知情不首。蒙黃門裴老先
生着下官拿問，思量起來，德武乃父身先君同僚，且是
裴公女婿，今遂我柰下，不惟我有出此人之心，而
裴公之意亦可識矣。如此，但不知果有李密否也。（丑上）
惧法朝朝樂，欺公日日憂。禀老爹，鑿差小的拿取李密
一干人犯，不想丘知縣夫婦先自弔死，王才秀亦自刎
身死明白，通擡在外，後來開。（末）有李密否。（丑）各家搜尋起
住李家，將德武眷屬拿住，俱無李密。（末）去
背云 天從人意。今正犯俱死，李（丑）帶一干德武
密未獲，又無贓証，必出德武無疑。（丑）人犯上。（末）問你難

商谷即商山四皓也嚴瀨即子陵釣灘也巢由是之隱士然曰秦失其鹿天下共逐又曰楚國亡猿禍延林木並見死歸之究也

漢伍香爲滿亭長陳元不孝而化以爲鷹鸇不若鸞鳳青門瓜即東陵瓜有五色甚美黃春草韓有草一物不相雜者今相糅則雅香矣

厚，亦後爲此夕事。（生）老爹容稟。（梁州序）霞深商谷。烟浴嚴瀨。志慕巢 巢父
由，清槩蘿塩自樂。秋風爲剪山來。呵，老爹都只爲秦庭失
鹿，楚國亡猿，引禍相鈎帶。管寧帷皂帽，向烏臺願借霜 御史臺也
威風力裁。（合）（小生唱）（打生）（合）唧苦毒受鞭背裂，娘、那討完
膚在。憑鞫問果非罪。（末）（問夫介）（夫）我兒呵。孩（前腔）蒲亭鸞鳳
青門瓜蒂，欲效慈烏私愛，孤孀母子，青袍白髮無倩 老爹
呵，須只念薰猶相糅，玉石俱焚，影涉情堪貸。孔門爭一 二句見善惡不分意
死，猶殉埃，會作啼鵑帶血哀。（末唱打）（夫）（合）（前）（末問旦並小旦介）（旦） 鳥名悔當出血

王石木不同今書曰火炎崑岡玉石俱焚 要公須審冤罪不明如在覆盆之下故今作同頭借覆盆喻不見照察 漢末諸葛御史稱中刑柏樹故云柏府 螻蟻小蟲謂命之小如螻蟻然

小旦前腔戰兢兢，俯伏庭階。猛可的啼紅愁黛欲低齊，訴語尚含羞態。老爹呵，但只把覆盆低照，明鏡高控遠近民稱快。撓花風共雨，苦想催，莫遣紛紛點翠苔。出千家詩（合前）前腔末欲將伊梟首平街，且着去立功邊塞。念先君共宰獄刑何礙。若只論蘭臺冰鑒，柏府風聞，此案誰能改。御史臺也當權如不肯為安排，異日江山空首回。生前（合）末德武，我評窺在知縣王才秀，既為自薦，李寄又未獲，事亦可疑，幸而遇我，有先君之好，成你極刑，發為义勇，幽州立功贖罪，可速前去，一或遲滯，事必有變。生干戈之際，道路艱危，你不能獲活矣。生螻蟻殘生，恐有難保。末近日有個責也，去幽州立功，起解未遠，我今就做文書與你，星夜趕去，得他同伴，甚是方便。生小人此去，倘獲尺寸之功，敢忘今日。

百尺竿頭得命回，春陽那意起寒灰。
從今別却江南日，江北江南正可哀。

九重天子之門有九重

第九齣 奉旨離姻

外扮裴知上鳳凰閣袢雲縹緲，閒寢龍樓初曉。杜詩高寢閒寢龍樓曉 亦本此詩九重春色醉仙桃，玉殿當頭三舜蹈。秋除泰遂聖恩知道，喜遂了離婚例條。菟絲附女蘿，引蔓固不長，嫁女與征夫，不如棄路傍。近來德武為事，去該梟首，御史張衛問得谷犯已死，李寄未獲，止將德武發為义勇，立功贖罪，勝眺貝中，此卦也罷，但我身為黃門侍郎，豈可使一愛女下作軍妻，因入早奏過官裏，與德武離婚，蒙聖上見聽，下官不勝之喜，不免分付梅香，將此事先到李家報與女兒知道，隨後我去接他回來。叫梅香出來。梅香何在了。丑上喏，相公。外云介依前丑理會得。詩白眼書生命本貧，也知厓恋楚臺神。寄言劉阮休悲嘯，不是天台洞裏人。下

楚臺神女楚襄王夢巫山神女 劉阮劉晨阮肇入天台山採藥至桃花洞遇仙女 o吳顰即吳宮西施心病常顰其鄰效之曰吳顰 參回聞道南北曰阡

旦上霜天曉角盈寬積憤，潰腹人安信，幽夢真成楚，恨條留永作吳顰。憶昔婚痴生洞房，父母愛惜金玉藏，芽閨未出雕欄傍，十指能作花篇簡，二八遣從君子堂，盈門百輛生輝光，霽珠曳綉紅粉妝，絃聲婉嫕笑鸞翔，誰知喜樂不可常，枝荒蕊分去故鄉，悵松愛分詎能忘，自官理回來，我官人只慮婆婆年老，趑趄不忍登程，無可奈何。丑上前腔凌阡度陌，翠閣行將近，小姐如逢借問，侍兒特說元因。見介旦梅香，你來做甚麼。丑有件好事說與你。旦想是老相公着你送行。丑不是。旦快些說來。丑老相公只怕李官人日後貽累他不便，昨日奏過官裏，請乞離婚許了。相公旦驚介聖旨怎的。丑許了。旦哭介爹爹你恁的侬。下

古文云侍兒扶起嬌無力 詩云嬿婉之求便此嬿婉 徐州古豐縣有村名朱陳一村惟兩姓世為婚姻 晉太子質于秦秦妻之以女故曰偕秦晉

光光乍聽說淚沾巾，頓覺不容身。已諧嬿婉情無盡，再從歸計心何忍。婦人謂嫁曰歸丑前腔一意奏冊宸端，欲絕朱陳。君王既肯來隨順，女娘寧不相從允。旦鴈過沙他直恁亂人倫。我豈肯效愚昏，生教折散鸞群。如何不怕傍人哂。笑也你當初已遣偕秦晉，二国名怎做區區陌路人。丑前腔娘行且

胡監使門生求婿于王導，導令徧觀子弟，王氏諸少各自矜持，惟一人在東床坦腹食，獨若不聞，監曰此佳婿也，遂妻，乃羲之也。

夷齊為善餓西山，盜跖積惡有壽，之言似為虛

思忖。何須淚頻。只怕他自此成禍根。元非公相心狼狽。料他們、畢竟身窮困。怎稱東床坦腹姻（即羲之故事）。【旦前腔】听你這胡云。教我轉生嗔（怒也）。此身誓不登二門。從教扭捏為虀粉。怎教奴被却人談論。一夜夫妻百夜恩（見義重情深意）。【丑前腔】寬心且容隱。休得忒嚴謹。傳來旨意離舊婚。非干小妾相挑引。便從今永抱生離恨。說是非親却是親。小姐且自耐煩、相公随後就到。【旦】你即忙去对相公說、此事断不可行、傍人笑話。【丑】閉門不管窗前月、一任梅花自主張。【下】【旦悲介】天、這樣事怎好对人說、莫不是悶殺人呵。【生】積善云有報、夷齊在西山。善悪苟不應、何事空立言。【見介】【旦】決

秋胡娶妻三日，遊陳，後歸見妻採桑，胡以金挑之，故云輕薄。唐高祖竇后父毅於門屏上畫二孔雀，有求婚者，約射中目許之，高祖射中其目。陶嬰夫死守節，魯人求娶之，嬰作黃鵠歌曰：黃鵠早寡兮七年不雙，鵝鵠獨宿兮不與眾同，夜半悲鳴兮想其故雄。

科【生紅衲襖】為甚的倚鸞幃意似顛。為甚的泣鮫綃（鮫人泉客所織）眉不展。你望關山應只念邊塞遠。憶風塵莫非慮金鼓喧。我不效魯秋胡輕薄還（昔以金挑妻）。但把杞梁妻貞節勉（齊莊戰死妻哭之哀）。何用沾巾兩淚漣。【旦前腔】恨嚴親倚黃門（為侍郎）性最偏。謾教我掛羅襟腸寸轉。你當初已中了金雀選（唐祖中雀故事）。我于今先訂下黃鵠篇（陶嬰妻作黃鵠篇）。須做箇死氷霜不二天（婦人以夫為天）。便待要棄光陰同一撚（謂如撚指言易過也）。怎忍離婚在眼前。【生】你說離婚、是怎的。【旦】我爹爹不愿、奏過官裏、與你离婚（言聖旨）。【生】聖旨何如。【旦】已許了。【生悲介】【前腔】忽聞着玉階前鈞旨傳。空怨着綉屏中。

人間之遂止

尾生與女子期于橋下，大水至不避，遂抱橋柱而死

匪席不可捲也，毗姜柏舟自誓之詩句

秦女羅敷，王仁之妻，採桑陌上，趙王欲奪之，乃作陌上桑歌以自明。○記曰：婦人之事人也，一與之齊，終身不

（謂失婦）緣分淺。青瑣闈（宮禁中門也）他倚着威逼遣。碧紗廚（即紗櫥也）須記私與言。閃得個信尾生波底懸。撇得箇俊劉郎山下返（即劉晨入天台故事）。恰似鄗亭（即陶穀身）一夜眠（紡蘭故事，守意）。【旦前腔】我豈不效孤松雪色堅（見貞節不移意）。我豈不笑弄楊（見不能）風力軟。拭新湯願做個烹死繭。泣秋枝當做箇清唳蟬。記我句詠舟詩（即柏舟之詩）。常自憐捧一片匪席心（古叙）不可捲。試看羅敷節孝全。【生】娘子夫燕尔未久、便事分離、方遠校邊塞、恐死還埋。尊君奏留、必欲娘子改嫁耳。夫妻之情、自此永訣矣。【旦】官人、說那里話。婦人事夫、无再醮之礼、夫者天也、向可背乎、守之以死、必死異志也。呵、【生】娘子你若回去呵、于今抛下老母幼妹在家、怎生是了。罷罷、

史記求祖欺人寡婦孤兒以得天下

史稱晩欽明五經掃地

父曰愛君易口

夫婦從來比鳳鸞　可憐今日忽分殘
松貞筠操何曾易　璧碎珠沉定不難

第十齣　引刀自誓

【旦上】【掛真兒】父語傳來無見識。欺人寡婦孤兒。你、爹爹四海聲名。一朝掃地（始終之意）。我怎肯失身忘耳。心河之水去、河之水去不復還。蕩此夾鴛鴦二鳥、臨當別、哀鳴断人腸、願同萬死碎綺翼、不忍雲間兩分張。今日梅香來說、我爹爹奏過官裏、與我官人離婚、欲使他疑我有改嫁之意。死守節之心、奴家本欲就在他跟前、尋取自尽、討个明白、争奈婆婆年老无倚、思量起來、不如将刀一把、藏在身畔、爹爹到此、如果逼勒奴家、将刀割耳自誓、以此明心、一則可以絶嚴

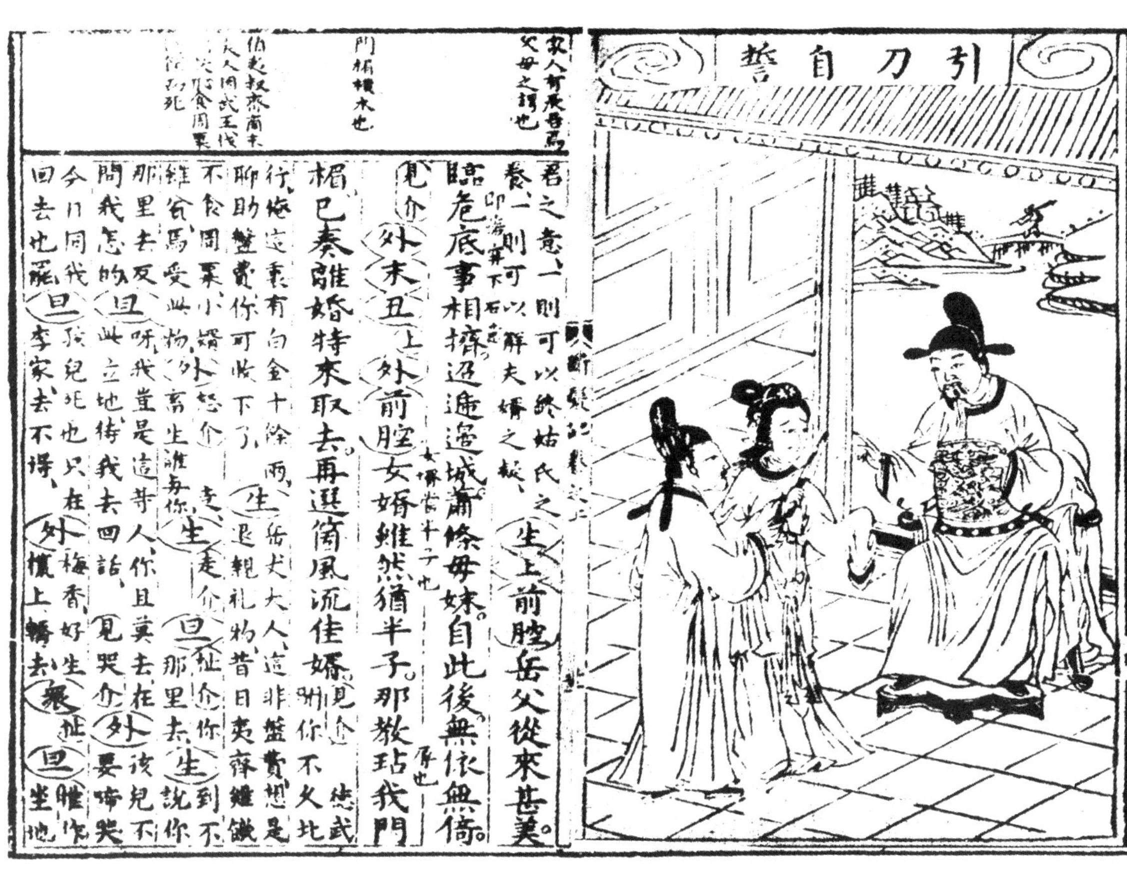

宋人有廢昏爲父母之謂也

門楣橫木也

伯夷叔齊商末人周武王伐紂不食周粟餓死

君之意，一則可以終姑氏之養，一則可以解夫婿之疑。印籌弃下石也

(生上)前腔 岳父從來甚美。臨危底事相擠。迢遞邊城蕭條，母妹自此後，無依無倚。(見介)

(外末丑上)(外)前腔 女婿雖然猶半子。女婿當半子也 那数玷我門楣，已奏離婚，特來取去，再選箇風流佳婿。原也 (見介)則你不久比然武行。俺這裏有白金十餘兩，聊助盤費，你可收下了。(生)岳丈大人，這非盤費，想是退親禮物。昔日夷齊餓不食周粟，小婿雖貧，焉受此物。(外怒介)畜生，誰要你。走，(生走介)(旦扯介)你那里去。(生)說你到不問我怎的。(旦)呀，我豈是這等人，你且莫去，在此立地待我去回話。(見哭介)(外)孩兒不要啼哭，今日同我回去也罷。(旦)孩兒死也只在李家，去不得。(外)梅香，好生攙上轎去。(衆扯)(旦)雖作坐地。

衛宣姜淫亂，故衛人作鶉奔之詩以刺之。梁鴻妻孟光，梁鴻每行，孟光舉案齊眉，故曰同歡。孟姜女夫戍役而死，姜女哭尸哭崩城隅

(介)爹爹，孩兒當日在膝下，嫁不嫁由得你，今既把我事於李家，去不去由得孩兒。(外)我奉聖旨離婚，誰敢不從。(旦)啄木兒 絶倫理，乖禮儀，行若鶉奔兒旨爲。鶉鳥也匹也 念梁鴻生既同歡，孟姜女死則同歸。孟姜女也 (生)想聖朝已傳離異旨，料伊家豈敢相違戾。(合)悲莫悲兮生離別。(旦)前腔 身堪毀，志不移。(刀介)暗覷 暗地傷悲人莫知。你爹爹挾聖旨逼取離婚。我伏貞節誓死無虧。(生)料邊城我行歸無計，縱歸来只恐人情異。(合)前 (旦)三朕子詠舟自期，即柏舟自誓 諒夫君終須見疑。(出刀)引刀割耳 (生外救介)(旦)指蒼天焉敢自欺。(生)勸娘行

子之于親，一体而分，故身者，父母之遺体

四句見千家詩，乃朱淑真所作

且勿相傾棄。(外)笑痴兒全不思遺體。(合)莫把嚴親陷於不義。(旦)前腔 爹爹，我敢不思。那綱常如何背之。官人，你休來當住，這微軀值得甚的。(生)我今出去，母親所靠惟兒媳。(外)今我惟有你一女，孩兒可想无兄弟。(合)聖旨雖尊，且宜暫止。(旦)放刀介 (丑)稟相公，小姐聰明過人，且秉性剛烈，况李官人未去，他怎肯相從離異，不免且順他意，待過週年半載，冷淡之際，又别作區處。(外)是，如此也說得，且回去。

連理枝頭花正開，喻夫婦 妒花風雨苦相催。

願教青帝長爲主，莫遣紛紛點翠苔。

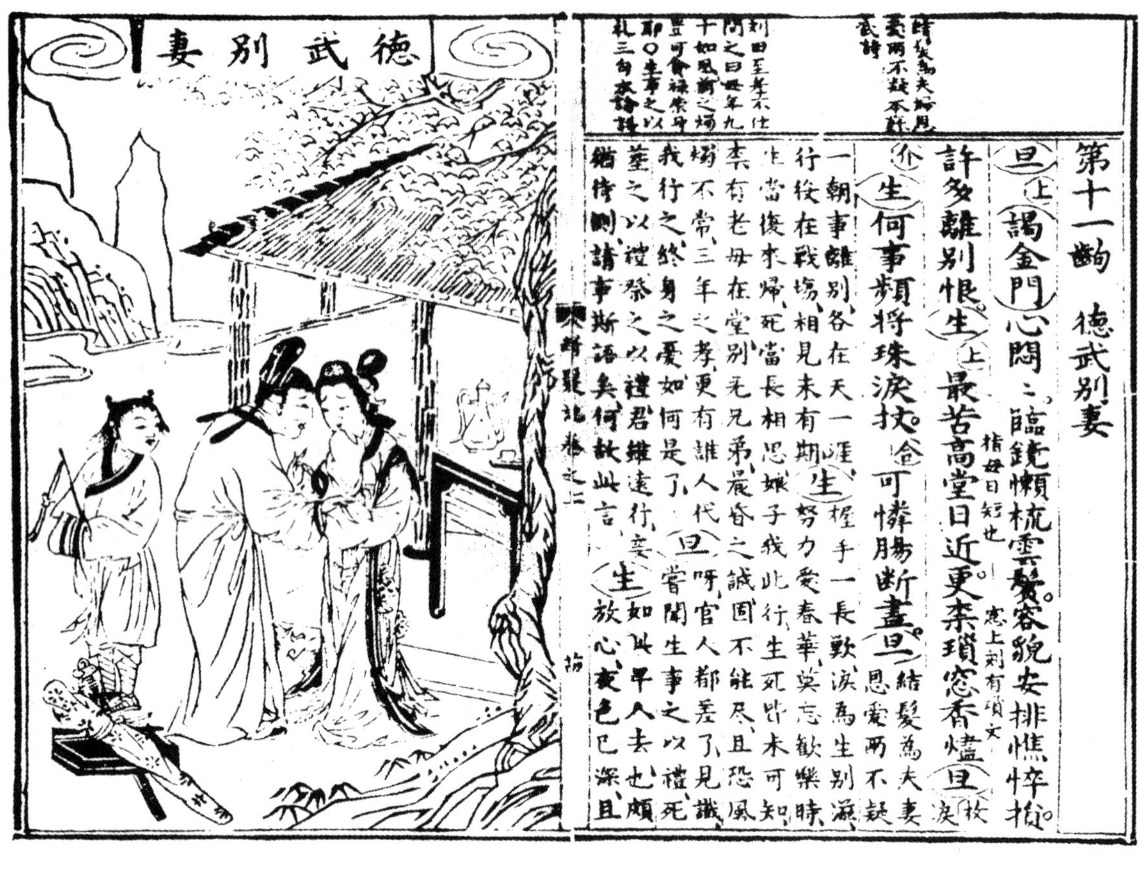

第十一齣　德武別妻

時蘇武夫婦恩愛兩不疑本蘇武詩

利田至孝不仕問之曰母年九十如風前之燭豈可食祿棄母耶○生事之以禮三句本論語

(旦)(上)(謁金門)心悶ミ。臨鏡懶梳雲鬢。容貌安排憔悴損。許多離別恨。(生)(上)最苦高堂日近。(指母日短也)更柰瑣窓(窓上刻有瑣文)香燼。(旦)(拭淚介)(生)何事頻將珠淚拭。(合)可憐腸斷盡。(旦)結髮為夫妻恩愛兩不疑一朝事離別各在天一涯(生)握手一長歎淚為生別滋行役在戰場相見未有期(生)努力愛春華莫忘歡樂時生當復來歸死當長相思娘子我此行生死皆未可知柰有老母在堂別無兄弟晨昏之誠固不能盡且恐風燭不常三年之孝更有誰人代(旦)呼官人都差了見識我行之終身之憂如何是了(旦)嘗聞生事之以禮死葬之以禮祭之以禮君雖遠行妾如此早人去也頻猶情則請事斯語矣何敢此言(生)放心夜色已深且

斷髮記卷之二

伉儷匹偶也左傳齊侯請繼室于晉韓宣子使叔向對曰寡君未有伉儷

且自休息(旦)(悲介)(大聖樂)影澄ミ。半壁殘燈賭。不安坐不寧(听介)漏聲不似常時永。(望介)月偏向別離明。你休愁百年伉儷成孤另。我怎肯一旦分離背誓盟。(呀)鐘鳴了。(生)娘子錯听了。是鐵馬響。(旦)中心耿ミ(不寐貌)也。忽听得風吹鐵馬。只道鍾鳴。(生)(前腔)夜深沉。並倚窓櫺。(剪格子也)(覷旦介)鬟雲垂。釵玉橫。明宵此際。歸魂醒。心恋ミ。短長亭。你忽憂紫騮塵影。迷金鐙。我只怕孔雀秋光冷畫屏。(旦)呀鷄鳴了。(生)錯听了。是烏夜啼。中宵烱ミ。也忽听得啼烏失侶。(伴也)只道鷄鳴。(取劍介)得這兩口劍否。娘子天曉(旦)不曉

斷髮記卷之二

昔張華望見斗牛間有劍氣直沖斗牛以雷煥為豐城令掘獄得二劍一曰龍泉一曰太阿送一與華華藏在匣常作聲曰此雄劍必雌者未至故鳴

虞姬項羽美人也因羽兵敗遂伏劍而死

得(生)這口劍秉純陽之精。這口劍秉純陰之精陰陽氣秉百煉而成。我今帶這雄劍前去。這雌劍付與娘子。好生守着。(生)(前腔)這青萍紫氣騰ミ(上沖斗牛)。雄自留。雌付卿。繞離宝(宝劍名)匣風偏冷。(旦)按劍這劍怎的(驚介)有響声。(生)此乃神物雌雄常作一處于今把折散故此鋒然響而忽听得吼(大声)龍聲。(旦)元來這劍是金鐵之類無情之物尚然如此何況夫婦的呵。(生)這劍呵無情尚自鳴。相應端的是。何況人為萬物灵。陰陽氣秉也。但只恐沙場戰罷。覷物傷情。(旦)(前腔)羨洪(謂大冶)鈞百煉之精。倚空山魑魅(鬼怪也)驚。古時虞姬不負名節伏劍而死奴家今有這劍帶在身傍倘遇患難奴取虞姬有甚難處馬前曾断虞姬頸。沾污處血猶腥悶。

古樂府藁砧今何在山上復有山何當大刀頭破鏡飛上天　張華死劍入延陵水中及雷煥卒其子攜劍過延陵劍亦飛入化為二龍　魏武帝作鏡有菱花制

殺人藁(謂夫)砧此去歸無定。卻教我細看刀環兩淚盈。陰陽氣秉也。但只恐延陵(指劍)別後。覩物傷情。(奴家有箇鏡囊點)(官人去做个手跡)〔前腔〕鏡囊兒錦綴香凝。蝎精靈方繡成團圓外托明蟾影。藏玉潔與冰清。當日裏青鸞曉鏡曾相並。從此後銀鵲粧臺懶去凭。心如酩酊(醉貌)也。但只恐芳蘭沐罷感物思情。〔生〕〔揍介〕〔前腔〕破工夫綫葉縈莖紉椒(香名)蘭踰德馨。菱花(鏡名)細。黃金額。如畫(畫工也)出比冊青暢。只怕虛勞少婦相持贈也。(指鏡)則是反使離人感嘆與心如酩酊也。但只恐樂昌別後

古大去時兒女悲婦來笳鼓競　王陵歸漢項王執陵母招陵陵使至母對使曰子為我告陵漢王長者可善事之母以老妾二心遂伏劍死

感物思情。〔夫〕〔哭上〕〔謁金門〕身不幸。鸞(謂夫早喪)影早分青鏡。禍及遺孤(言子受禍)何太猛。(指天)彼蒼無報應。〔小旦〕〔上〕正念難兒(謂難得之夫兒)馳騁。況柰老親多病。〔合〕四海兵戈如沸鼎。(言亂不息也)幾時笳鼓競。(言歸意)〔見介〕〔夫〕孩兒怎的還不去。〔生〕孩兒只為娘親年老不忍割捨前去。〔夫〕你這般說來。縱然到得邊上。心掛兩頭。功名不就。可不母子兩相耽悞。不如取你身傍所佩之劍與我。效取王陵之母自刎而死。免得你心掛慮。〔生〕娘親且自寬解。孩兒就此拜辭前去。〔夫〕〔旦〕〔小旦〕〔悲介〕〔生〕〔拜介〕〔園林好〕娘親年老。兒當遠行。兒今去娘休淚零。願早得榮歸家慶。〔合〕兒與母喜非輕〻〻〻。〔夫〕〔前腔〕兒無念。娘喜老齡。娘只慮

兩征記陵臺冰井六月猶堅　冬溫夏凊人子事親之禮也

兒從遠征。願早得吉旋輪艇〔合〕無白首老邊城〻〻〻。(望早歸意)〔小旦〕〔江兒水〕悶說三邊地。寒生六月冰。吾兄況赴陰山境。(我)奉晨昏白竭葵心敬。(即向日之誠也)(你)趁風塵為歎蓬跡迫。教我怎不悲哽。〔合〕要解離情。須是早寄書回鄉井。〔旦〕〔前腔〕援亂干戈際。悲君赴募徵。(謂為軍)慈親早望歸溫凊。(你)遠迢〻深入豺狼徑。(他)冷清〻老逼蜉蝣景。教我如何寬省。〔合〕前〔生〕〔玉交枝〕娘行須听。事姑嫜當全令名。看他日迫西山暝。(見將暮意)寒溫望你支撐。〔旦〕(我)侍高堂。強將甘旨承。(你)到邊庭息

王孫賈母謂賈曰汝朝出而晚歸則吾倚門而望　漢終軍弱冠時請軍中請纓以繫單于之頸　漢周亞夫征匈奴屯兵于細柳　長城北方白奴界秦皇所築

把歸鞭整。〔合〕這其間寧不慘情〻〻〻。〔夫〕〔前腔〕邊烽多警。兒愁伊山程水程。倚門自此頻延頸。娘心一似懸旌。〔生〕嘆此際重勞慈母形。念此行為听將軍令。〔合〕前〔川撥棹〕願你去軍威盛。繫頸纓須請。〔旦〕你自保身體安寧。我怎把心情變更。〔合〕好教人轉悶增〻〻。〔夫〕〔前腔〕別路遙臨細柳營。念我兒身如風打萍。〔生〕但願我淨掃胡兵。捲甲長歌歸漢庭。〔合〕沐恩光拜寵榮〻〻。〔衆〕〔意不盡〕長城血戰何時靜。惟願取天兵蚤勝。衣錦翩〻返帝京。(遠別慈幃淚滿)

春草碧色併送君南浦四句出江淹賦

漠空憐邊塞雪霜深，分明一把離情剜割碎肝腸，割碎心。（夫）（小旦）（下）（生）娘子回去罷、（旦）待奴家累送錢央。（生）春草碧色，春水渌波，（旦）送君南浦，傷如之何。（尾犯序）無語淚沾巾。執手躊躕，不忍離分。受托晨昏，我身當報恩。須信只慮你登山渡水，不由我憔腈瘦粉。從今去，黃雲海戍不見眼中人。（戍守也）（生前腔）關山多戰塵，盜賊縱橫，人民逃奔，燕爾新婚，歎一旦離群相憫。須把愁懷自解，休只慮歸期未准。身遐邇干戈滿地，空戀楚臺雲。（即楚王臺）（丑）（扮琴童上）戚戚去故里，悠悠自交河，棄絕父母恩，吞声行負戈。稟官人，夫馬已前行了，温老爹備酒在十里長亭，替官人荐行，請去罷、（生）你前行，我就到。（丑）（下）（生）（旦）（悲介）（旦）前腔 僕夫俱在門前，馬嚼金啣。車動朱輪。（官人，我待要隨着你去呵，兵法云：婦人在軍中，兵氣恐不揚。）婦女柔情，恐难教在軍。自忖不願作臺前玉鏡，不願作琴中素軫，願身作雕弓宝劍，千里隨君。（生前腔）衷情难具陳，離緒無端，亂人方寸。慈母年高，你須盡慇懃。不忍頓撇下秦樓（謂秦玉）伴侶，遙遙看邊戍。猶兒瞻親舍，何時膝下重試彩衣新。（即老萊子斑衣也）（鷓鴣天）王事驅馳不可違。（旦）遊絲無力繫郎衣。（生）山河不斷思來路，一寸山河一寸思。（生）（下）（旦）人不見，馬閒嘶。

驪駒詩曰驪駒在門僕夫俱存驪駒在路僕夫整駕

花邊人馬柳邊送。欲舒眼望無高處。立盡斜陽不忍歸。（下）

第十二齣　彥博荐友

（小生扮彥博上）高乃鳳之族，翱翔起雲霓，文章煥五色，隻在暫附栖，一朝各分去，縱與鵠俱飛。況自遠從，我心魂慘。下官姓温，名彥博，字大臨，并州祁人也。少通書記，善詞令，而鄉相之才，亦曾見許于人。今添為幽州司馬，竊見隋君昏乱，唐王奮興，天命有歸，人心所屬，是以密說本州總管羅藝，使歸唐主，而彼即允從。徐具降書，命下官親齎赴唐納款。因念此鄉李兄德武，與下官有八拜之交，使道深訪，不意舘後被坐李密事，着令邊上立功贖罪，許其在我此州，我市歲而回，必有區處。他在今日起程，下官聊備菜酒到十里長亭奉餞，不免在此等候。（生）（上）紫騮行且嘶，雙翻碧玉蹄，臨流不肯渡，似惜錦障泥。白雲關山遠，黃雲海戍迷，揮鞭萬里去，安得念香閨。（見介）兄躬我自謂老母在堂，要辞州司牌，獲盡菽水之歡，豈知遭此橫禍，莫可赴想。若非張君念先君之舊，求赦其罪，不惟我妹命不存，而門户亦不能保矣。如之何哉，如之何哉。（江頭金桂）吾志本不圖榮任，為高堂老邁臨，豈料命途多舛，啣此毒鴆，抱寃懷如織絍，我幾欲一雪獄忱，又恐拘禁。自念潘安鬢改，庾信愁深，帶圍已寬，如病沈嘆，青蠅見毀。吾其左衽，景駸駸，旅途況復塵隨眼，親鬢那堪雪滿簪。（小生前腔）你雖是未沾寸禄，後才名滿士林，何意

紫騮行且嘶……句俱本古文紫騮馬詩

宋宗澤有嘆曰出師未捷身先死長使英雄淚滿襟

時有童謠曰亂邦基者李氏也○古詩云楚國亡猿禍延林木[illegible]

踟躕足踏也

躊躇未展。倏爾躕躇使英雄淚滿襟。最苦是別劍離琴（謂夫婦分離）聞雞推枕。謾把征鞭再解。別酒重斟。呦呦鹿鳴思野芩諒能城萬里（合）風飡露飲恨愔愔。古來材大難為用須信危疑豈怨。今（生前腔）歎當世。布宣圖讖（指當時童謠）致亡猿禍見尋待效熊臣慟哭又還吞噤。衆戚朋而惑浸端做了歷井門。燦不違寧寢無使芳池夢杳。古驛書沉客從遠來須寄錦向黃雲障裏（合）心常凜凜。淚淋淋。可憐旅雁分隻影何日烹魚（陳琳魚書故事）得好音。（小生前腔）我自昔曾沾餘蔭兒

張華有劍[illegible]寶劍飛入延陵津[illegible]

同窗惜寸陰。早已甌分江左。乖隔殊甚。慨清樽別所欽盼不及遠水遙岑。意如顛瘖。無柰歎臺月冷。講榻塵侵離愁發重集寸心。想光陰易老。（合）良逢未審。涕霪霪對君空把延陵劍（即張華的）。愧我殊無陸賈金（楚人有才）哥哥小弟回聞唐主李氏順天應人。起兵戎陽。軍威已盛。已說羅藝。凡書納款。如此却好。不可小弟因虛名役不久便回。自當謀處（生）遲滯。我就此拜別。（小生）行。小弟薄酒送（生）把酒介（生）憶多嬌承美設。傷遠別。持盃未飲先哽咽。滿眼盈盈流清血（合）踏途迢越。無使兵戈阻絕。（小生前腔）心慘切。愁苑結。徘徊躑躅情悽訣。遙望雲

同語不入虎穴焉得虎子[illegible]探虎穴[illegible]

今朝二句柳宗元詩

山相明滅（合前）（生前腔）黑麻。惟只願唐王。心虔秉鉞使海內諸侯整肅有截。趁天意奮英傑。直斬天狼我戍肯缺（合）山河跋涉。不辭筋力竭。萬里橫戈遠探虎穴（小生前腔）我只慮邊城北風慘烈。念軍旅防胡馬霜枕雪知後會甚時節。謾指長安柳條可折（合前）

迢遞雲空旅雁鳴　相看燈火（指同窗）十年情

今朝不用臨河別　流淚千行便濯纓

第十三齣　家憶德武

吳王夫差[illegible]吹紫玉[illegible]秦樓之上

杜鵑鳥名月令仲春鳴鶗鴂

[illegible]

（夫）（上）薄倖葉綴青榴。荷生碧藕早已過春色十分之九（小旦）（上）也應青隴小梅如豆（旦）（上）人離久。謾自有簫鳴紫玉杳不見秦樓鳳偶。（菩薩蠻）（夫）東風處處鳴鶗鴂　東風滿地梨花雪（小旦）草色入邊城　遙憐戍旅苦（旦）羅帷香不動　征婦愁多夢（合）何事淚潸潸　胡塵吹漢闕（夫）媳婦女兒自孩兒遠赴戎行。夙夜无寐。未知途路上何如。（旦）婆婆汝奈何。且自耐煩。（夫）去時節細柳如烟。早春天氣。而今落花如雨。不覺暮春時候了。（黃鶯兒）春色滿黃州（謂不遂武的）。又陰陰夏木稠緣何獨坐頻搔首。雕鞍遠遊。明珠暗投。取功名豈落他人後（合）謾疑眸。鶯啼翠柳。蘆葉滿汀洲。（旦前腔）蓋上王

田真兄弟三人不分財門前有紫荊花以荊花枯以分家見樹枯兄弟相感復合故兄弟称荊花

簾鈎強憑軒涕泗流。征夫別後知安否。呰生翠楼香消錦裀。對東風人似梨花瘦（合）（前）（小旦）（前腔）兄久戍燕幽。謾心傷麥陇秋。惟應婦興濃如酒。魚書未收。兵戈未休。眄荊花（兄弟之荊）淚湿胭脂透（合）（前）（夫）（簇御林）雲山透烟草菜。眄邊城天際頭（甚之悲）全無音信傳。慈母念此堂萱草（詩焉得萱草言樹之北）今非舊（合）望歸舟。風帆一片。戰不尽遠來愁（旦）（前腔）征夫去一劍留（指前所付雌雄劍）歡雄雌雌劍憂鋅閒時作蛟龍吼。見紅光夜夜交牛斗（合）（前）（小旦）（前腔）歸時候定拜侯。免風霜凋弊裘。金釵買卜言

漢長君平隱于成都以卜筮為業

無咎諒君平箸語端非謬（合）（前）

膝下愁為戲綵分　獨憐書劍遠從軍

玉関此去三千里　要寄音書那得聞

第十四齣　途逢李寄

水有小口曰浦

漢末黃巾賊起亚以黃巾為号故曰黃巾

（生上）（鵲橋仙）蟬鳴衰葉。草迷南浦（地名）。此際離愁幾許。遠拋綵服據雕鞍。謾誇取鍬絨箭羽（末上）人依沙渚。馬嘶江路。隔岸数声過櫓（合）中原黎庶（百姓也）逐黃巾（賊名号）。試看取燕棲林。（生）馬上相逢揖兩鞍、十年對客中相見客中憐（末）那堪鄉国楊花絮、千里風吹到馬前、（見介）（生）敢問

途逢李寄

今華吊古戰場文法法乎平沙如根陰不見人傷心慘目有如是哉

史云始皇遣蒙恬北伐匈奴以築長城漢武征伐匈奴而置南天王庭

老兄何往（末）小生赴幽州立功、兄長高姓貴表、（生）小生姓李名德武、老兄敢便是姓張底、（末）小生是也、兄長何以知之、（生）小生因李家之事、終為义勇、亦往幽州、蒙南臺御史道及老兄、令小生星夜趕來同作伴而去、（末）如此却好、（生）馬上辛苦、且令從者帶住、我和你徒行数步、（行介）（生）呀此去里是古戰場上了、你看平沙断磧、迥不見人、驚心駭目、有如是哉、（并州歌）平原断壘見烏飛蓬。轉日淡烟孤。風砂吹面。行旅凜然相顧。長城道傍多白骨。知是秦欣（秦將）将漢欣（漢將）（本戰場文）。秦羸暴。漢武愚。殫財北伐果何如。蒙恬殄。李廣殂。欲将功德比唐虞（末）（前腔）蒼生喘未蘇。更夜深邊卒尚聞徵（謂召兵）募。單于期戰。金鼓振動兵墟。此時

史稱漢高祖豁達大度，魏祖曹操也，智計絕人，用兵神武。

顧息寧頓体，思斬長鯨（大魚）清海隅。霜摧指，冰在鬚，猶能提劍為前驅。胡虜疾，漢馬瘠，長安空羨執金吾。（生）【前腔】將非李牧（良將也），徒嘆長平一戰，枕屍千里，飢烏鳴啄，御腸飛掛榛莽。將軍已降，都尉沒，舊鬼啾啾新鬼呼。邊声起，婦思紆瞭。風動馬久踟躕，悲分鏡，愁倚閣，不堪客淚霑衣裾。（末）【前腔】何須懷歎吁，既勤勞王事，怎懷鄉土。奮揚威武無效，慟哭窮途。終軍棄繻年最少，偉績奇勳當遂圖。揚霓旆，分虎符，軍中草檄讓吾儒。趁戎壘，擊虜雖馘胡之首，蹋胡軀。【尾声】解征鞍，尋商寓，蘭陵美酒且須沽。明日同下燕城一紙書（即魯仲連書下聊城）。（內）宮前面是崗山上有強寇李密打劫商賈，你轄去罷。（生）元來李密在此為盜，張兄少待，我自去功他降唐。（衆下）（淨衆上）吾乃李密是也，因破懷又所前逃在山東，聚衆為盜。前面來的是何人？左右拿下。（生）念李德武為坐將軍之事，赴邊立功，過此特來請見。（淨）仁兄請起，小弟慚負了。小弟別後至此落草為強，仁兄遠來，必與叙大事也。（生）方今隋主南巡，天下大亂，非高見之才不能定也。近聞唐主次子秦王，豁達類漢高，神武同魏祖，年雖少，命世才也。將軍誠能率山東之衆，北面事之，贊成王業，功書竹帛，豈不偉哉，奈何為盜耶。（淨）吾志本當王爾，今蒙仁兄開諭，使吾沛然有悟閑中之心，仁兄諒亦同行了。（生）我有老母在東都，恐隋主知之，必加刑戮，不敢介行。（淨）如此且在營中款留

斷髮記　卷之上

暮春和煖之時，三月候也。

角乃黃帝所製，以禦魑魅。

古人客別歌驪駒。

秦苻堅將兵六十万伐晉，曰：以吾之衆伐晉，投鞭可以斷流。

范雎為魏相，須賈使秦，雎微行見之，賈曰：范叔一寒如此哉。乃取綈袍贈之，後賈得不死者，以有此故人之情也。

五代時三人為朋，歃血而盟曰：卿乘車，我戴笠，他日相逢下車揖。

我日。（生）前伴已遠，不得從容吉別，就此拜辭。（淨）吾感君家再生之恩未報，怎捨你去，容送我程。【北新水令】驛亭烟樹望中迷，動離愁慕春天氣。衣沾飛絮軟，馬度落花遲。鼓角聲悲，使行旅淚頻墜。【駐馬听】後會难期，纔得相逢又別離。留歡無計，空悲遊子慕何之。飢烏晚上戍樓啼，離人心听驪（即驪駒歌）歌碎。夕陽人去矣，恨不得掛長繩把紅輪（紅日）繫。【折桂令】喜皇唐義起關西，霓掣星馳，神清天地。端的是壯士鷹揚，大人虎變（本乾卦），聖主龍飛。說道投鞭河斷，須信取積甲山齊。果然是龍鳳之姿（唐太宗相），豪傑心歸。武揚威，竹帛垂輝。（旋酒介）【鴈兒落】酒香濃，飲不乾白玉卮。馬聲驕，控（引也，勒也）不住青絲轡。綈（綈袍，言故衣也）袍溫，撇不下故交情。鉄衣輕，揾不盡英雄淚。鶩鴦[?]然鴈行高，雨歇天澄碧水光涵。日落山橫翠，說教我柳折殘枝，酒傾餘味，怎禁得別淚漢垂。寸心千里，芳草淒淒，偏覺悲遊子，須勉力重交誼。他日相逢下車揖。【絡絲娘】從今後身長在黃沙塞，殘魂不離青風夢裡。

零落殘魂倍黯然，淒垂別淚鴈門前。

斷髮記　卷之上

光武中興公孫述據蜀隗囂居天水馬援見公孫述因為隗囂奏書歸漢光武曰卿遨遊二帝間今見卿使人大慚又班彪著王命論以諷隗囂言漢天命有在而見小人不可為也

皇帝詔書用五色紙啣于木鳳之口而頒行天下

欲知後夜相思夢　長在離亭碧樹烟

第十五齣　慱求外補

(小生扮彥博上)即王介翁 西遙持使節西來久寓神州邀遊馬援書方試着論班彪願已酬階迎賜禮優天下盜名字此時还武入君者恢郭主方識帝王真下官嚴奉羅寵州降書至此唐王嘉納累遷羅公左翊衛大將軍賜姓李氏因留下官在京已三載矣唐主待我兄弟甚優伯兄大雅今為黃門侍郎李弟大有從秦王詢西河亦擁大將軍府記室欲授下官華近之職但以仁兄李德武向在幽州立功下官曾許回州為之謀處因此疏乞補外任遠早晚諒有旨意到須索伺候(末扮使臣上)伏神兒書啣鳳口。是 皇恩深厚料边城斥堠須用英才鎮守(合)遙拜着翠雲裘。聖旨已到 跪听宣讀

皇帝詔曰朕惟國家將興必賴哲之士必先知之今尚州司馬溫彥博聲悟而办周慎而華以濟世安民之君可後作也順天應時之治可復有也乃能率被幕府歸我版圖朕甚嘉之其秩彥博為幽州長史爾其益勵初心永弘勳績望闕謝恩(山呼起見科)

(小生)王芙蓉銀鞍控紫騮錦服明黃猷攬王畾且喜節符下授青春已結雙鸞綬白日初辭五鳳樓君看取單于束手奏捷麟臺佩聲歸到鳳池頭(末)前腔(遙)神鷹砒下韉駿驥方離廐　龍城多少武夫赳赳探兵魚海胡堪走秣馬狼山將善謀君看取歃生

漢宣帝圖功臣于麒麟閣漢明帝圖二十八將於雲臺

周亞夫屯兵細柳軍令嚴肅天子至營不可擅入帝歎嘆曰此真將軍也

細柳。獻凱歸來少年談笑覔封侯。

月蝕西方破敵時　及瓜歸日未應遲

斬胡血變黃河水　梟首當懸白鵲旗

第十六齣　寄慱征衣

(旦上)七娘子 秋風颯颯鳴琪。樹井梧桐一番清露。柳不眉舒貌青顰連羞金步步遲行貌更堪久病逢遲暮。秋風清秋月明落葉聚还散寒鴉棲復驚相思相見知何日此時此夜難為情近聞彥博叔叔寇賫羅藝降書納款於唐唐主大喜即授幽州長史之職正在我丈夫軍伍之所不日行我家經過奴家喜不能寢征夫雖遠頼有此耳况值早秋天氣清涼逼人已曾

北史人姦東昏佐以金鑿蓮花貼地令潘妃行其上曰此步步生蓮花也

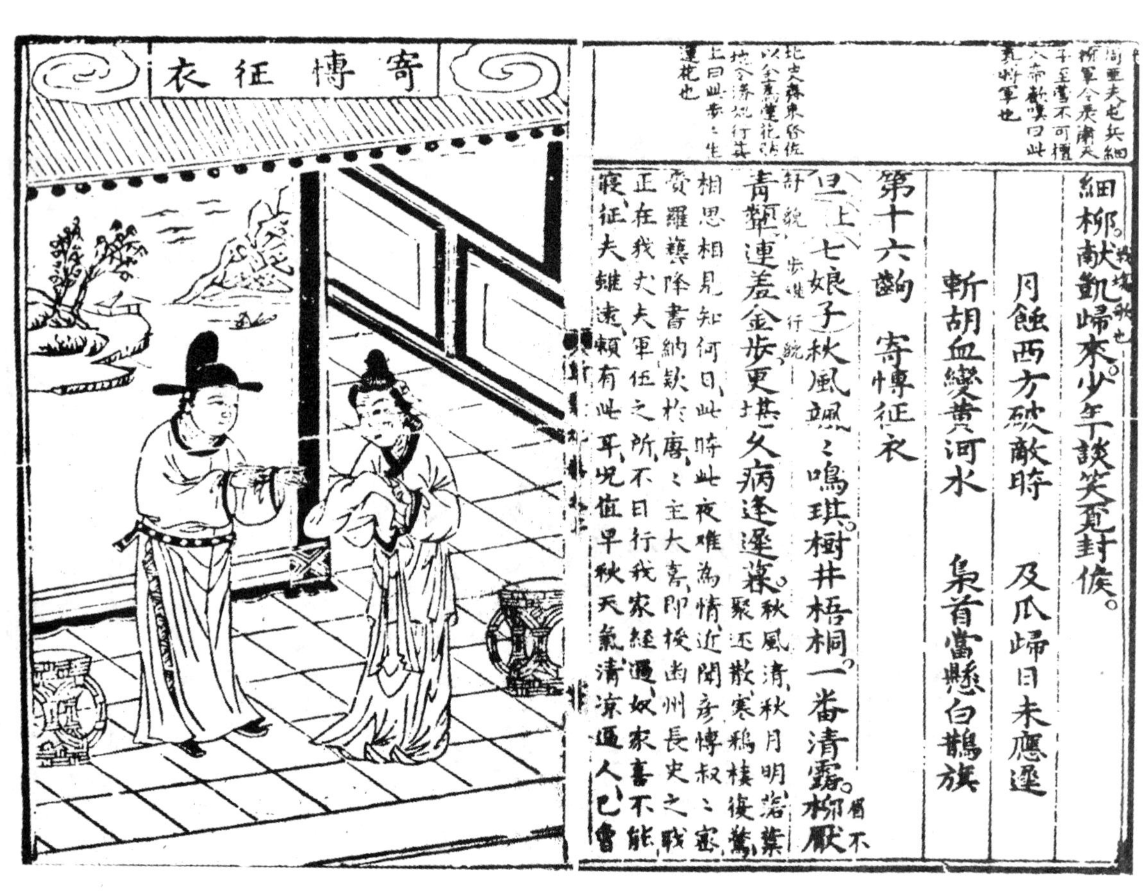

李白為戍婦作烏夜啼黃雲城邊烏欲棲歸飛啞啞枝上啼机中織錦秦川女碧紗如烟隔窗語

秦王女即穆公女弄玉也善吹簫人蕭史亦善吹因與鳳吹樓上一旦乘鳳飛而去

整頓機杼織個紬子做件衣服寄與犬夫也見奴家一点
誠意(介)歎恨離月閣多啼理素絲霜飛銀燭暗月冷玉
梭遲細剪分零月兒高明月穿朱戶西風振空虛皎皎
落傷我遠別離
秦川女札札弄机杼夜靜烏啼啞啞隔窗語離居此際
心慘楚金縷空悲緣衣何處苦鳴雁起長蘆教我獨宿
孤房停梭淚如雨前腔玉手持紈扇絲縈万千縷織作
秦王女乘鸞向烟霧庭室無人飛螢自來去洞房夢斷
秋江浦凜冽清霜又催芳杜感物遠憂夫只恐寒到
君边征衣到猶否前腔素影迴天宇銀河淨如許愁殺

古詩迢迢牽牛星皎皎河漢女盈盈一水間脈脈不得語

武昌山有石狀如人俗傳昔有婦人其夫從役遠征其婦攜子餞送此山望夫而死化成一石名焉

燈花喜帶亦榮之兆故睹喜之

牽牛女相望不能渡空席牙床零落在中路雲箋別後
無傳羽萬里飄蓬實無憑據書枉自嘆沈魚你看屹石
高崗是我望夫所前腔烽火連荒戍秋風動鼙鼓況此
於中女哀哀念戍旅繡畫庭闈清香欲誰與司徒急為
進驕虜莫遣边人飼身豺虎自媚有隣妹未事分離
安知慕儔侶這紬子已織就且剪裁下明朝边使發一
隨妾意何夜製征袍玉手由針冷那堪把剪刀裁縫
日到臨洮綿搭絮香生翠篆燭吐清烟看着此並蒂燈
花暗喜榮逢定有年思緜緜此意誰傳想像空停刀剪

古詩啼時驚妾夢不得到遼西

長安一片月数句此古文太白時作皆有相思之情也

我待比舊時做得寬些兒尚然依然待比舊時做得寬些呵又恐他苦戰沙場
軀瘦多應不似前衣已裁下取个針線來寒望依玉砌終曉向人噴淚迸針心透思隨綿迹迷誰知征婦夢夜夜到遼西前腔淚痕如線望眼將穿素指寒寒縫
來針迹猶如蟻子連意拳拳為寄幽燕一自紫簫吹斷
綵袖空懸我謾自紝征衣欲寄迢迢隔遠天衣已縫就軟些長安一片月萬戶擣衣声秋風吹不盡總是玉關情何日平胡虜良人罷遠征前腔風鳴砧
杵月轉閒闌暢好是劈藭心忙燭暗塵飛動繡簾病懨
懨此夕頻添不覺金釵斜墜粉汗微沾誰憐我力盡閨

城河報道金釵墜也十指露春葱纖長

征衣謂征夫之衣

中君听空音出蛩音衣已擣過鋪上些綿邊城饒雪霰聞說斷人肌不厭鋪重絮遙將寄所思忽嬉衣六厚那比在家時前腔新綿浮泛緊線牢粘赤緊的心念
征夫縱得金針又倒拈刺春尖血污衣衫怎禁啼痕千
點血淚相兼犬夫呵你倘見血迹啼痕衣帶斑斑幸勿嫌
小旦上明月高高刻漏長簾捲掩閨堂戍婦夜深愁不寐隔窗和淚擣衣裳見介嫂嫂衣服做完否
旦姑姑衣服雖已做完但未知寬窄何如突介
想你歙歙身子與你厮像把你試穿起來看何如小
旦穿介征衣寬窄那可旦窗中試使小姑着女夫上白
知燈下徘徊走你悲旦見身上宜不宜脫介髮催
年暮黃雲遠夢思那堪愁苦節遠處边城兒見介
媳婦閒得恁悖孩兒行我家經過你丈夫衣服做完否

書曰千夫長百夫長。前漢夏侯勝謂……經術苟明，取青紫如拾地芥耳。古詩……謂見而無成也。杜牧之詩……

（旦）已完了，望婆婆收下。（夫）看伱遠衣式尺寸雖稱，但針脚还要密些。伱們不曉得北地風高，衣多被吹裂，可取針線來，少刻我能縫過。（旦）媳婦一事稟知婆婆，自公公身后，世伱孩兒一人，且又久在边塞，倫彥博叔叔至此，望婆婆囑付叔叔，教我丈夫在外另取一房妻小，倫天兒隣宗枝有靠。（夫）好賢會的媳婦。（旦）呀，門外鼓樂喧天，想是叔叔來了，快去迎接。（夫）你們且迴避。（旦）（小旦）（下）（小生）（上）烽火滿西京，心中自不寧。爲百夫長，勝作一書生。（相見介）（夫）孩兒你奉書約歛取功名如拾芥，但你兒漆倒無聞，增我慨嘆。（小生）孩兒微賤，正當滁州與哥哥相見有期，功名之事指日可待，母親且自寬解。（夫）而今幸遇唐王踐祚之初，哥哥可勤於王事，勿以老娘爲念，爲我傳與（三學士）我有媳婦女兒相看着，教他不必憂煎。你嫂嫂有寒衣一領，寄與哥哥。雲中乍

……韓信……漂母飯信……後……以千金……

喜征衣寄塔下，翻翻舞袖閑。你妹子立志守節，兄嫂亦能孝順，教哥哥在外可娶一妾，倘天意有在，宗枝不朽。須牢記此意。（謝介）（小生）（前腔）西山咸陽歸路，便特來一看慈顏。酹金未羨淮陰貴（韓信封淮陰侯），截髮終思侃母賢。我兄抱樑才，將鎮遠日，看異兄和弟兩貴顯。（夫）（前腔）我久恨天長音信短，伊今為我傳言，願他早把奇功立，恐我难禁老病纏。莫效玉門班定遠（即漢班超），歸來日，母在泉。（小生）（前腔）母氏何勞淹淚眼，兒今戢撫三邊，薦兄定赴金臺召，顯姆期看紫誥頒（受恩封贈，即貴母親子顯）。莫嘆倚門兒去遠，終須是有日還。

胡人捲蘆葉吹以為歌，故以胡笳……昭君作……奴思漢故作琵琶以寄思漢之声

棨戟遥臨陋巷間，門前勒馬簇金鞍。
男兒賭命報天子，當斬胡頭衣錦還。

第十七齣　突厥南侵

（淨）扮胡王上　北點烽燧車馬雲屯，旌旗電引，中原鐵壘金關，蹴踏成齏粉。胡兒以殺伐為生，屢破唐關入紫荊，笳管謾翻胡地樂，琵琶終作漢宮聲。自家突厥頡利是也。昔年唐主李氏屢次借兵稱臣，為我奄有海內，近特其子英武號為泰王，却自尊大，遂棄舊好，不肯遣使來朝，故此我今大衆將兵，縱入中原，以報其怨。衆酋首們何在？（衆）（上）（工）紅繡鞋　飄飄旗旆繽紛，輝輝甲冑維新，如烏翼，似魚鱗，歎蔡琰（文姬），作胡女，醉昭君。（合）端擢李將軍（李廣代應門）。又（前腔）長驅馬踐边塵，遥隨鴈度關門，超紫塞，度天津，兵氣奮，陣雲奔。（合前）

昭君漢明帝時宮人出嫁匈奴

馬踐曾河氷雪深，遥看熒惑斗中侵。
從今誰許和戎議，一寸山河一寸金。

杜詩馬上誰家白面郎，又曰白面郎獻金紗。車轔轔三句，杜子美兵馬行，轔轔車声也。

第十八齣　彥博會生

（淨）扮（百）（戶）（上）鉄甲金戈白面郎，曾於馬上撈明王，而今年老無筋力，閒倚轅門數鴈行。老漢幽州衛張百戶是也，蒙抱管老爺分付，在此把守。昨日探馬來報，胡人突厥入寇，十分利害。喜得新長史不日到任，須要伺候。（生）（末）（上）車轔轔，馬蕭蕭，征人弓箭各在腰，匈奴近欲知名姓，休傍陰山更射鵰。（見介）（淨）列位那里

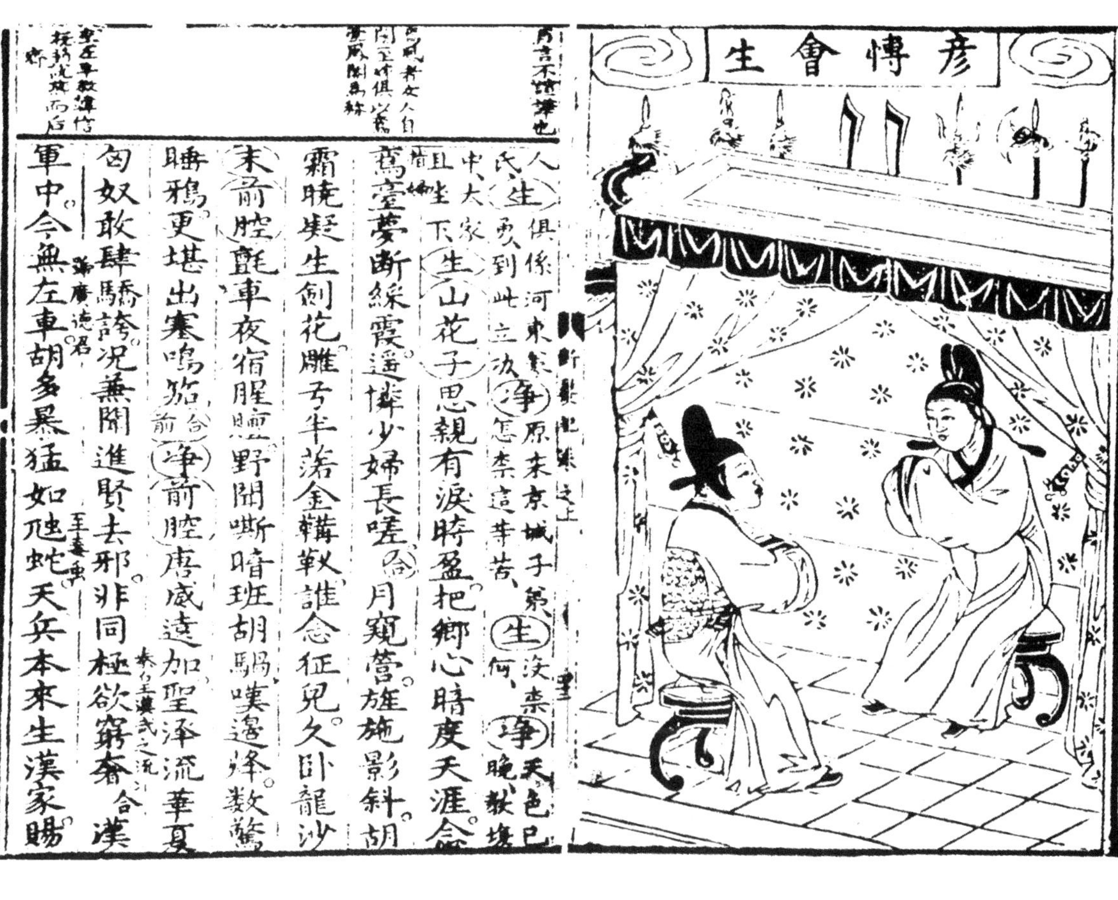

有言不諳辦也

西風者女人自閨至時俱以旁憂威訓為辭

李左車數諱信擬料此故而自好

人(生)俱係河東郡(淨)原來京城子弟、(生)汝李(淨)天色已
氏(生)敢到此立欲(淨)怎奈這等苦、(生)何、(淨)晚獻壞
中、大家
且生下(生)(山花子)思親有淚時盈把，鄉心時度天涯。念
而婦蕭臺夢斷綵霞遙，憐少婦長嗟。(合)月窺營旗旆影斜，胡
霜曉疑生劍花，雕弓半落金鞲，軟誰念征兒久卧龍沙。
(末)(前腔)氈車夜宿腥膻野，聞嘶暗班胡騎，嘆邊烽數驚
睡鴉，更堪出塞鳴笳。(合)前(淨)(前腔)唐威遠加，聖澤流華夏
秦台王漢武之流
匈奴敢肆驕誇，況兼關進賢去邪，非同極欲窮奢。(合)漢
瑞唐德君　王垂重
軍中令無左車，胡多累猛如虺蛇，天兵本來生漢家賜

唐天宝間安禄山举兵六十余万三阳犯顺

孔牙璋起兵於天府羽林大將軍之官羽林是衛士之意

李行元帥之處在為府故帥府曰幕府

遂蒿白骨如麻。(丑)(前腔)漁陽鼙鼓撾，妙策行當畫，須同檄
喻三巴，怎生教胡人亂華，貽君謾泣琵琶。(合)前(小生)(上)晉
蜀地
賢歃牙璋深護羽林郎，紫氣輝輝映劍芒，承恩出未央。
若允符之屬　宿衛之士　官名
干戈當奮揚，百萬元戎居握掌。天馬嘶嘶白玉鞭，指揮
戎虜坐環莚，秋風一掃
胡塵淨，西入長安到日邊，下官混長史是也，光膺宸命
紫攬元戎士卒騰奇，滿維倚重，特聆幕府，宜訓三軍
操罷(小生)老百戶(淨)有(小生)你可查河東義勇軍中有
諢科過來、个李德武請他上將臺來
(淨)理會得(介)(小生)拜(介)(生)(唐多令)十載念同窗，三年各一
呼認介　木柳　小元行
方(小生)海天愁思正茫茫，何幸早逢兄長。(合)悲更喜，

念仲中春思能食人心古人家居思前想後有此故聞人必以不忘

卻迎為相溫平下參軍溫習任在外謝安王坦之往見溫同相並叙卻超別此中所共古事風動斯聞安笑曰卻生可謂入幕之賓矣

還狂(小生)哥哥別來无恙了(生)(剔古令)一自到虜邪鎮三年在
戰場，歷盡了朔雲邊雪，中夜提戈寢戰場，竭力事戎行。
爭奈直北關山胡塵蕩惭，子未繫左賢王，羨故人平步
匈奴名號　指溫彥博
上巖廊(小生)(前腔)西遊奉欽章，棄狂隋歸聖唐，陛見日
華夏之域
深蒙嘉納，欲授高官近帝傍，心下自思量，怎頗戀京堂。
封褒祿奬，祇愁兄長遠投荒，因乞求外任赴邊疆。(前腔)
表弟我同袍
生同袍不我忘，頓教人解悶腸，願效取鄭生風慨，幸藉
保全念　古人
餘光照堵墻，風雨喜連床，但親老堪憂，家無倚伏連枝
兄弟

妻女千里送寒衣

二千五百人爲鄉五百人爲党

人臣事君猶補袞 給遺謂之補袞 孟郊遊子吟慈母手中線遊子身上衣臨行密密縫意恐遲遲歸

成衞謂豨於公曰彼丈夫也我丈夫也吾何以畏彼

有妹况居孀安得我妻房耐意事高堂(小生)許々此來母親處問安、(前腔)萱親老且康但蕭疎鬢轉霜喜妹子克全節孝嫂氏能將甘旨嘗千里寄衣裳只慮着天寒边風猛浪臨歧重憶母心傷。願吾兄衣錦早還鄉(叫跟隨的、取那寄衣服來)(生)接衣科(江兒水)眼底識窄寬意内称短長(這衣服上有許多痕迹、)泪痕血暈沾衣上。(妻)你作裁日應停金刀想我衫着時謾起銀屏望擬伊家寄來情况只願征夫早得錦歸鄉黨(這衣上面怎生有兩般線迹、)(小生)那密些線迹是母親縫的(生)(前腔)來近毋身遠線短毋意長持衣未忍披衣上。(娘)我嘆戲綵常切親闈想思補袞未遂王庭望喜慈毋密縫無恙呵、這綵擬比長纓可繫匈奴頸項(漢終軍年十八自請長纓繫南越王頸)(小生)而今用武之時、總督点兵甚嚴整教琴童代名補伍、以備操練哥々且自休思得丈時又作區處、(生)此迎、(小生)那里琴童(丑)上認(淨)上羽檄心流星傳呼檄边城單于期曉戰群馬皆夜鳴、禀老爺、探馬報來、今日有胡人突厥自擁精兵二萬餘人、來日欲取幽城(小生)就請總兵處計議、(生)兄弟胡兵遠來、必有所利不可輕出、万国蒼生喘未蘇、边城掉戟血模糊、山東宰相山西將、彼丈夫兮我丈夫、(生)下(末)扮朱上、昨夜狂風入漢関、翔雲边雪滿关山、頻驅飛將臨胡虜、莫遣沙塲疋馬还、見介(末)溫大人突厥遠來、兵必疲倦自開老弱之軍、不滿二萬、我

匈奴天之驕子故曰天驕

晉祖逖志欲胡人不敢南下而牧馬

燕氏在匈奴南 渴欲月氏水泉

吟天上雪 轟軍上羽旌幢

欲選義勇五千人、來日大人先去对敵、我續引大軍接戰、覷虜可擒、燕城可保、君謂何如(小生)正合吾意(末)西边靜天驕入寇边城壓風塵暗原陸(高平曰陸)遠務必疲勞。乘時貴神速(合)軍容整肅矢鞍慣熟。(决然意)登地取封侯胡人敢南牧。(小生)(前腔)閑絃驚雀無全目單于速當戮渴飲月氏頭饑飡羯胡肉。(合)(淨)(前腔)三軍一夕皆戎服。秋風馬蹄兎落日映貂裘陰風捲龍轟(音導)(前)(合)(丑)(前腔)將軍出塞交河曲威声振夷属定策籍茶(謂偏將)軍提兵任都督(乃總兵)(合)(前)

漢家兵馬秉北風　鼓行而西破犬戎

匈奴繫頸數應尽　千楯光明肅氣雄

張華有一劍名龍泉藏在匣中常鳴

漢諸葛亮字孔明佐昭烈定天下三分其國 漢紀

周亞夫漢文帝時為將軍令嚴…不可入

第十九齣　彥博被擒

(淨)引兵上(紅繡鞋)霹々雪捲旗旌々々吟々劍匣龍鳴。龍鳴添猛氣壯威声齊努力。破凶弁(二州名)(合)今日裏决輸贏。々々々々々(小生)引兵上(前腔)軍中號令嚴明。々々胡人敢肆憑陵々々諸葛壘亞夫營先築取受降城(合)(前)通衆諕謂開介(淨)詐敗(小生)趕驚介衆軍們你看旌旗圍繞伏兵四起、怎生身他对敵(介)中軍可選梟勇者數十人、望東殺去、報與總督老爺知道、我有故人李德武、深曉兵法、可拜為軍師、前來相救敵

〔末〕小的〔介〕從數醜虜驚魂走、看取將軍汗血歸〔閙下〕〔淨〕戰搶〔丑〕帶四匕匕〔淨〕小生介你是甚官〔丑〕官、琴童〔淨〕且帶去囚了、帶那長史过來、你且把唐兵多寡及国虛实好生說与我知〔小生〕皆我不知、我但見大唐命將出師、築建德、擒世充、奕武周、剪黑闥、蕭銑而已〔淨〕你這強賊、你朝九有征戰、便資我兵、以取勝〔小生〕你必欲問我大唐兵之多寡、国之虛实、即當納款於唐、皇私謁於户、兵二你敢來欺我部、求查數目〔淨〕這廝好胆大、便知端的〔淨〕敢是不要頭〔小生〕【耍孩兒】微臣寵受兵戎寄、寔邦國安危所係、怎知一旦墮謀機、急攘攘顛倒戎衣、首驅鐵騎追驕虜、把金戈挽落暉、志在除腥穢、將兮不利死也何辭〔五煞〕孔成仁、孟取義、讀詩書識道理、君恩臣節今朝試、縱教藥骨栖螻蟻、任取孤魂化子規、我怎肯效彼蘭山輩、須信道綱常不墜也、是我職分當為〔四煞〕致身報主恩、甘心喪虜圍、孤臣那得接生前濺左庭血、死後憑還馬革屍、借神駒逸足遭拘繫、空自厲聲嗔目斬將摩旗〔淨〕你胆大、我把你碎剐生吃了〔三煞〕〔小生〕我笑吟吟怕着誰、氣昂昂、對着你頑頑之首何曾畏〔淨〕逼拜跪〔小生〕拍介 須知膝硬馬能屈、自信頭高不肯低、帶板錯無他志、一一似松筠挺秀、冰月交輝〔二煞〕叫天關迢迢

莫我知、噓浩氣漫漫、塞兩儀、而今而後身無媿、孤軍轉戰三千里、一劍难當百萬師、遭扼吭空攘臂、大丈夫轟轟烈烈、好男子偉偉奇奇〔一煞〕蘇卿困虜鄉、魯連蹈海水、人臣許國當如此、我心匪石安能轉、我義如山不可移、唉、降虜遺臭番千世、須要肝腸似鐵、果然呂鑊如飴〔尾声〕越禽不恋燕、忠臣不怕死、便從今死作沙場鬼、留得萬古芳名載青史〔淨〕這廝毛禮牽去、囚在陰山犬家園住幽城〔合〕胡王半醉擁貂裘、聞髀鷹饑早秋、鵰凝九〔末〕扮介且北關山鐵騎喧、天寒郤避兕、經三冬亦深髮〔末〕朱上、男兒不日動旌旗、今夜金鼓三更月、野宿貔貅万竈烟、下官尔朱樵會是也、今日温長史已將义勇五千人并突厥争鋒、勝負未知端〔丑〕上見〔末〕介〔末〕温長史戰何如〔丑〕突厥精兵百萬、元來埋伏的、林間關山左戰血漫漫之時、得魂飛魄散、不是小的〔末〕温老爹今〔丑〕山想是一刀殺手陕馬能逃得身还、〔末〕在那里〔丑〕温官被擒去陰斷〔介〕小的臨別之時、温老爹道他有故人姓李、而今見在城關、叟名德武、貌桓桓、果是英雄好漢、若論行兵如算、七縱七擒何难、將軍即便築將壇、切莫將他來輕慢、〔末〕如此即查此人〔丑〕張百户帳下、〔末〕在某帳下去〔丑〕是、〔末〕就迎本官、請求計謀、一壁厢做文書、將所殺又勇姓名、開去中報朝廷、乞調兵來救

我馬既以衡　我卒亦以攻

一着不到處　滿盤都是空

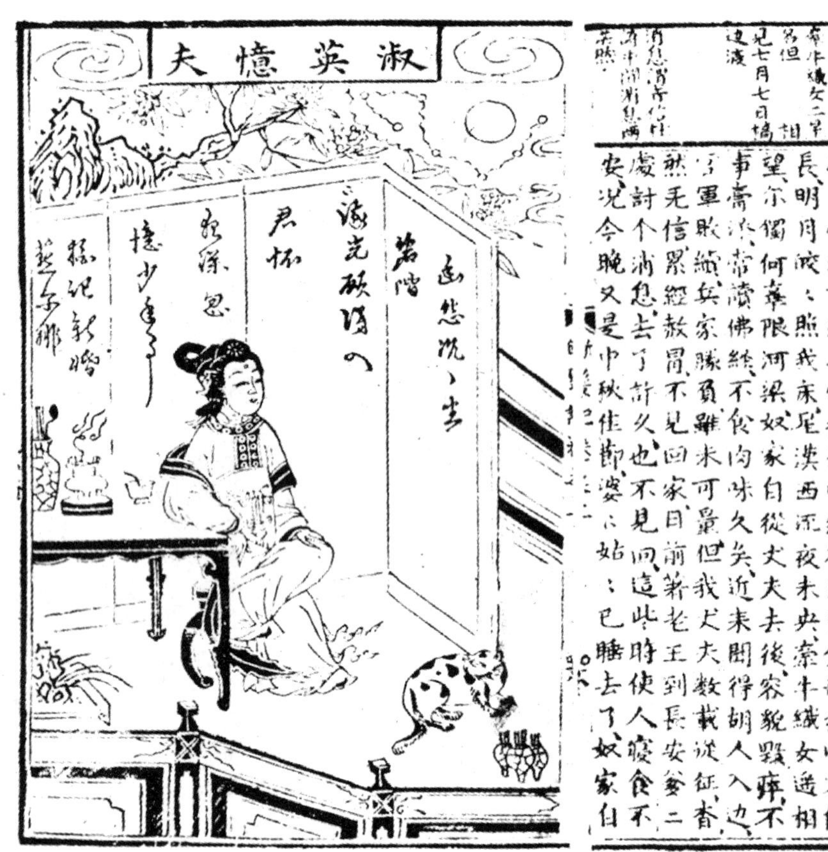

漢武帝秋風辭 草木黃落兮雁南歸 蘭有秀兮菊有芳 牽牛織女二星名 但見七月七日橋邊渡 [illegible]

第二十齣　淑英憶夫

【三臺令】似娘兒月色薄，秋衣催，有箇瘦影相隨。征夫此際心千里，永懷不寐。應思玉臂，華念香閨。秋風蕭颯天氣凉，草木搖落露為霜。群燕辭歸雁南翔，念君比征思斷腸。慊慊思歸戀故鄉，何為淹留寄他方。賤妾煢煢守空房，憂思來君不敢忘。不覺淚下沾衣裳，援琴鳴絃發清商。短歌微吟不能長，明月皎皎照我床。星漢西流夜未央，牽牛織女遙相望，爾獨何辜限河梁。奴家自從丈夫去後，容貌毀瘁，不事膏沐，常讀佛經，不食肉味久矣。近來聞得胡人入邊，官軍敗績，兵家勝負難未可量。但我丈夫數載從征，杳然無信，累經赦罰，不見回家。日前新老王到長安，參二處討个消息，去了許久，也不見回。這些時使人寢食不安，况今晚又是中秋佳節，婆婆姑姑已睡去了，奴家自

月白二句出赤壁賦 杜甫乾祐中秋夜玩月或問月中何所有曰瓊樓玉宇滿 秦女弄玉與夫蕭史共吹簫于樓中 曹孟德詩月明星稀烏鵲南飛

在月下消遣片時，多少是好。【望月近】月白風清，如此良夜何。故人千里，知他安否。遠別悠悠，滯不還。別時容易見時難，那堪獨對中秋月。河漢無雲玉宇寒。【三犯朝天子】河漢無雲玉宇寒，滿目飛明鏡，素影團。何時雙照淚痕乾。晚粧殘，絡緯秋啼金井闌。美人遠隔雲端，書沉彩鸞，光照秦樓，滿不見吹簫伴。香霧濕雲鬟，涼氣侵羅帷，戍樓間一聲羌笛愁腸寸斷。百沸湯香更溫，晚來懶浴向金盆。何當三五清秋夕，鳥鵲南飛月滿林。【前腔】鳥鵲飛南月滿林，明透重帷，靜照我身。清輝彷彿眼中人，桂華新，忽憶窓前鬟是君。姮娥獨宿誰憐，香消繡幃，沒個

魚雁傳書故曰魚鴈信 玉籌卽更 昔有人居海上每年八月見浮槎去來乃乘之到一處見婦人織丈夫牽牛乃問曰此何處 中丈君面若芙蓉 新婚燕爾安排定此伯喈

魚鴈信寄，此鴛鴦恨。燭滅翠娥顰，人遠銀蟾近，雙傷神。深院黃昏獨閉門，清漏迢迢報玉籌，昧鴛一一上瓊鉤。欲知此望傷心地，銀漢無聲微曉流。【前腔】銀漢無聲微曉流，直欲乘槎去問牛女。藁砧何日大刀頭，恨悠悠。斟酌姮娥耐九秋，多因惹病牽愁，衣鬆帶收。掩過丁香和剩却芙蓉皺，憔悴自成羞，漸比黃花瘦。懶登樓，不如意事十常八九。曲愁況況，坐碧階流光，頓得入君懷，夜深忽憶少年事，猶記新婚燕爾排。【前腔】猶記新婚燕爾排，幽室閒卽喚不一回，羞顏向壁未嘗開。及和偕，語笑願同塵與灰。一從夢

襄王遊陽臺臺巫山女行雲

畫角黄帝所製以驚龍壯後人用以為夜儆

斷陽臺行雲不來。況遇中秋節。對月空長拜。鬓乱墜金釵。風急飄羅帶。旂旂香昏雲落滾滾。濕綉鞋。餘尾龍城萬里愁無賴。燈下羅衣羞自解。強擁寒衾睡。又听畫角哀。

摘盡庭蘭不見君　紅巾拭淚生氤氳

明年若更征边塞　願作陽臺一段雲

王世充杖王侗……河洲……德四年秦王……

二十一齣　老王探報

（外扮裴矩上）王隆子，唐皇開運天意亡隋，王器移，白旄黄鉞（二句見……）兩京歸，戮竇擒充群盜畏，彩鳳來儀白鶴棲。東進隋主極駭

世充進隋……並稱號之璽王者之印

晉明帝時……遠日……不見長安

幽并二郡名……州并州是也漢高祖既平定天下田横與其五百人入海……

窘杠秋，當年張麗華，王璽不緣帰日角，錦帆應是到天涯。下官昔因隋家委質於唐，蒙聖恩擢為兵部侍郎。近有胡人突厥入寇，圣上不樂，下官只得坐堂清理軍務。正是突罵從他突罵，好官我自為之。（末扮老王上）【卜算子】途路久奔馳，喜到京城裏。老王受我老夫人小娘子嚴命，到京城裏裴老爺處探聽我東人边上消息。走了許久，方得到此。古人道得好，日近長安遠。此間是他府中，不免大胆進去。（見介）（外）老王，你在那里來？（末）小人奉老夫人小姐鈞命，一來到老爺處問安，二來問取边上消息，不知我東人如何？（外）近有边報，胡兵入界，甚是利害。你東人未有消息。你既遠來辛苦一遭，且在我衙内住幾日，再看如何。（末）多謝老爺。（下）（淨上）孟狄十郡名家子，血作幽并□澤中水。好似田横入海洲，五百死，又京同日。（進介）（外）這廝那里來的？（淨）小的衆尚州介來撇，曾差來下文書，報軍情事。遠書（外）按看

（介）溫長史既被突厥擄去，又兩軍折去多少？（淨）五千餘人，全軍俱沒，有姓名在文書上面。開（外）介若呼，元來我李德武陣上也沒有他。（悲介）左右，叫老王來。（末上）（外）老王，不好了，你東人陣上沒有了。溫老爺亦被胡人擄去。（末）誰人說來？（外）那武士是幽州來的文書上有你東人名字。（末）（開介）（淨）溫長史帶領义勇五千人馬出陣，不想胡人四面埋伏，將义勇軍闌住，殺傷无數，溫長史竟被胡人擄去。（末）看文書（作哭介）（外）那武士且去，我奏过朝廷，就敕相州總管張瑾引兵來救。（淨）一心忙似箭，兩脚走如飛。（下）（外）老王，你回去可对小姐說，死者不得復生，教他不必啼啼哭哭。（末）小人就此回去。

文壻稱半子……留半個子也

【大聖樂】（外）為胡兒去入边陲。使英雄淺遠師。念恩（一草名）同半子。翁和壻教人怎不痛傷悲。只為你沙場戰死，逢蒿鬼誤了我

一餘一挽兩春有餘芳蘭一松五十花而春不還多恨之二

閨門芳年蘭蕙女。（合）边城萬里欲收屍未可。無限哀思。

（末）前腔　我東人氣吐虹霓。欲擒胡。奮武威。到于今戰死單于壘。想遊魂血污更何依。我老夫人循望孩兒至。小娘子焉知夫婿死。（合前）（外下）帥幕空臨汗血駒，我多义勇变丘虛。（末）白揚蕭蕭堪愁思，腸斷將軍一紙書。（先下）（丑扮皂隸上）稟老爺，今有山東李家引衆軍三萬餘人來降于朝，朝廷因見幽州破國，即授他為邢國公，命出師前去征伐，專旨請老爺陪宴餞行。（外）分付整酒伺候。（淨扮李密上）【轉山子】率土來歸龍顏（称君顔）喜。況仙李連枝。適禁籍方重金闕沾寵命新開朱邸。向天街馳騁人馬生輝。（見坐介）下官適蒙圣旨令迎秦

漢武征代四方 北口物故 眾相當

王會師征取幽州，因見令婿先生，向〔外〕小婿奔漢，適边任彼廢末，容何如。大人要知消息否。〔外〕報中來，已在陣上身六。〔净〕可傷可傷。昔蒙令婿劝令下官降朝，且令婿北六、行又因下官之下、厚恩未報、遽尔物故、幽冥之中留此〔外〕突厥入寇京師戒嚴〔净〕下官即便啓左右良友悲久望大人早早臨边、〔净〕程、就此拜辭〔外〕取酒

來、〔四邊靜〕边城羽檄傳消息。胡人入疆域，赫怒我天王。勞師事兵革。〔合〕朝廷旰食，須當奮擊，直搗幽燕。長驅抵砂磧。〔净〕前腔 敌人戰死交河北。心悲淚沾臆。無地效卿環。幽冥两途隔。〔合〕前〔外〕福馬蹄軍度初連，須勒石俘獻歸來後，歆七德。方顯英雄漢，萬人敵。〔合〕此日發皇邑，兵臨處，一掃鬼方寂。〔生〕前腔 深沐青霄垂拂拭，按劍長天外。生羽翼，誓自捐軀往翦戎狄。

鬼方三代時遠國，故易曰高宗伐鬼方三年克之

丈八蛇矛出隴西　彎弧拂箭白猿啼

破胡必用龍韜策　積甲應將熊耳齊

新刊重訂出相附釋標註裴淑英斷髮記卷之下

繡谷唐氏世德堂梓

二十二齣　德武解圍

永嘉晉懷帝年號，時匈奴作亂，懷帝被擄。符堅兵侵晉室，晉命謝安為征討，謝安樂之，大破堅兵，晉室靖焉。

〔生上〕〔逍遙樂〕塞漢旌旗，繞血戰山河，如電掃孤城無地。着英髦，心悲故友，夢遶慈幃，淚灑征旄。三边北虜亂如麻，四海群奔似永嘉。但用東山謝安石，為君談笑靖胡麻。德武自友弟彦博到此，不勝欣躍，難得吹噓，自謂錦歸有日，不想友弟与我琴童吟正具被胡人擄去，小生落泊无倚，只得遊食市中，如丧家之狗。且城中粮草將尽，破在旦夕，怎生是了。近聞友弟竟被胡人因在陰山。諒他平生剛毅，必不降虜，兄弟呵〔解三醒〕你須求殺

史記廉頗謝罪於相如卒身歡為刎頸之交　記曰良冶之子必學為裘良弓之子必學為箕　漢馬援少有大志後征五陵溪蠻留立銅柱為漢極界　詩陟彼屺兮瞻望母兮屺山名此孝子行役不忘其親之詩　陶谷詞僻得鸞膠續斷絃

身以報。勿徒悲。刎頸之交。不憚茹氈蘇武操。（武在匈奴十九年嚙雪食氈）空垂涕。念同袍。孤城垂破。彼兵不至。我死亡事。亦不足惜。但撇下老母在堂。如何是好。我不能重把箕裘紹勳業。羞瞻銅柱標。親年老。我謾自悲歌陟屺。（詩篇名）怎報劬勞。當日夜弟來說。我妹子在家能全節孝。妹子呀。【前腔】你峻節堅持真可羨。我羈思聞之能暫消。不憚浣沙貞女孝。空垂淚念同胞。當初我岳丈將欲為婚。我妻子坐執不從。欲割耳自誓。事得解釋。怎知我今日功名不就。【悲介】妻呀。我不能把門楣耀。腰畔羞懸金錯刀。妻年少。你謾自悲歌角枕。怎續鸞膠。我神思昏亂。不免在此孤亭之上略睡片時。【淨丑】【上】事不關心。關

干城干盾也以禦外城以衛內　詩曰公侯干城　又子思曰以二卵而棄干城之將

心者亂。蒙總督老爹分付。要請李德武去做軍師。我知他如今住誰家。我滿城尋了三四日。不見蹤影。怎去回話。淡奈何。且到這亭上略坐他一會。【淨】【笑介】這漢子是了。【丑】看真了。【淨】不是。【丑】如何。【淨】那李德武一隻眼睛花花的。我看將一來這倚是瞎子。【丑】你知得底。這漢子睡去。開了眼。那里是瞎了。【叫生】【醒介】李先生休怪。恭喜你了。只因溫長史被虜。有軍人逃回。說你是他故交。深明兵法。可作軍師。以此蒙你朱老爹令我請你快起同去。【行介】【淨】這是總督府中。請介老爹早上了。【末】【上】降人照速營。誰能校此城。應請干城將。一使自當示。【淨】禀老爹。李軍師已到了。【末】請換衣服。然後相見。【生】總督大人請見。【末】先生免禮。【拜介】【末】請坐說話。突厥盛強。城中震懼。君謂計將安在。【生】虜人所恃者弓矢而已。今天久霪雨。彼林居野宿。膠角必解。且圍城日久。戰心亦怠。我俟日暮之際。引衆竟往城南。鳴鼓弩旗。為作出城

樓蘭胡國名漢傅介子奮令往樓蘭國斬其王首

之勢。彼必提兵盡赴南門。如此者數四。且動且息。彼必謂吾兵必詐。累不為備。我待更深人靜。選城中梟勇者數百人。戒以啣枚為號。大開此門。殺入虜營。出其不意。彼衆一亂。動致顛仆。然後縱我大軍。齊出南門。兩相挾戰。醜虜之衆。可就擒矣。【末】此誠上計也。天色將晚。軍伍們各人用心了。【登城介】【衆】野燒寒烟上戍樓。樓頭明月迴秦秋。男兒素有吞胡志。不斬樓蘭誓不休。【生】【駐雲飛】玉宇迢迢沙漠星河影動搖。胡虜多俘累。漢將宜征討。【嗏】孤月照城壕。旅鴻哀叫。裂帛堪書。怎寄長安道。人事音書謾寂寥。【衆】【喊介】【淨】【衆】【上】前前們。聽得南人正在城上吶喊喧呼。想是粮尽。欲開南門而走。大家圍住。待他出城。一概而擒之便了。【生】【衆】【歇介】【淨】城中喊声不振。必不敢出戰。且候看他也罷。【生】總兵大人。古之

三代夏商周也　漢諸葛隱于草廬先主三顧而後出用兵六妙宗嶽孟獲七縱七擒事後主出師伐魏前後有二表　漢陳平佐高祖凡六出奇計故曰陳平巧　左太冲詩金張藉舊業七葉珥漢貂

能行兵者。三代之下。惟有諸葛亮一人而已。【前腔】諸葛清高。三顧身方出草茅。擒縱資談笑。運用窮玄妙。【嗏】功定失蕭曹。出師二表。（諸葛所作）效力中原。氣與秋天杳。萬古雲霄一羽毛。【生】【衆】【喊介】【淨】這些南人。夜中數喊。想詐我衆不得休息。乘我疲弊。來日必出交戰。爾衆前肯且自解散。卸甲各人睡去。不必伺候。【末】【生】【前腔】素志雄豪。願勦強胡翊聖朝。方謀廿寧啃。未羨陳平巧。【嗏】穴蟻欲馬逃。罷思當泡。席捲胡兵。整頓乾坤了。七葉期看珥漢貂。【生】夜色已深。胡人稍靜。且開北門。縱兵齊出。【衆】【出】【作吶喊介】【淨】【衆】自各亂閘。【生】【衆】趕。【淨】【走下】【丑】禀軍師。天色已明。胡兵已敗。斬首數万。【生】

既是天明、衆(軍人)(上)稟衆兵老爹、相州總督張瓘李(生)
勝再追介、密、奉聖旨引兵來接、已到城下、
大軍既至、可
一齊殺去、

哀将素欲據征鞍　戰罷沙場月色寒(見敝重)
城頭鉄鼓声猶振　匣裏金刀血未乾(指劍)

北敗也天地之氣南主生北主殺

二十三齣　突厥奔逃(軍粹)

(净)扮頡利上(歩)務宮壘破營空遭刼畧。鄉國迢迢飛不到
兮可柰唐兵遮断陰山道(北方山名)。頡利自結髮与南朝戰
平、師、機謀莫測、夜入吾營驚擾士卒、吾衆十万餘人、殺
傷畧盡、今日追逐甚急、勢莫能當、衆酋首快走快走、

漢霍去病武帝時為嫖姚校尉北伐匈奴匈奴遠遁

(外)(丑)上走介(净)吾擁衆南下、兵甲精強、所向无敵、怎知一旦(古名多者)敗潰若此(哭介)(包子令)戰
鼓無聲旗盡倒。又。車輪錯落短兵交。又。百萬貔貅如集
鳥。一朝瓦裂與氷消。又。(合)中原今有霍嫖姚(名去病)。又。(外)前腔
南國兵如雷電掃。又。教吾插翅也难逃。又。返顧陰山歸
路杳。悲風颯颯馬蕭蕭。又。(合)前(丑)前腔　月淡星稀天未曉
又。淋漓戰血灑蓬蒿(二草名)。又。蟻聚蜂屯驚散了。抱鞍泣下濕
征袍。又。(合)前(内)作喊声介(净)听、旌旗蔽野、鼓樂喧天、何唐兵之多也、(丑)想是大軍到了、快計
欵、(净)我們日前擄得漢長史又勇多人、向囚陰山、不免送还南朝、求饒免全而歸、(丑)也說得是、(下)

孔明八陣圖有風雲陣

漢家飛将才　驪陣若風雷
用武今無地　江山空首回

称呼將帥曰麾下ヒ曰士卒所其指揮也

危樓高樓也

二十四齣　老王回音

(夫)(上)(金瓏璁)風塵愁愛子。边城正動軍麾(大將旗)、(小旦)秋色暮。
候蟲悲。(旦)清波無尺鯉(謂音書)、綫回左尽斜暉(指落日)。合　空淚下灑漢
扉、(閒介)(踏沙行)(夫)楓老卅明、蘭凋翠萎、(小旦)長城万里素書
雲、(旦)一声帰鴈未天際、(合)天涯遊子不帰来、(夫)媳婦、黄
蕨(旦)伐鋭牗窺危樓病倚、(合)丸堂萱草時光遊、(夫)女兒
自孩兒去後、書信杳然、近聞幽州十分擾乱、吉凶事未
知、如何、向着老王到親家處探聞边上消息、也未回報、

易云積善之家必有餘慶

如之何(旦)妾聞積善之家必有餘慶、ヒ且自忍柰(夫)悲介(二犯傍粧臺)我終
日意沉迷、白頭衰老凝望苦低垂、他為甚無一字、莫不
是受重圍、叢菊兩開(謂經二秋也)、兒不至老去親(謂親戚故舊)知見面稀、(合)朔雲
千里旅鴈又帰、北征車馬羽書遅(謂檄書)、(旦)前腔　玉顏憔悴倚
門啼、兵戈擾乱、嘆息老萊衣、說教我愁夢寐、不能得見
容輝、何處望君頰下淚、秋雨梧桐葉落時(句本長恨歌)、(合)前(小旦)前腔
天霜一夕下嚴威、棠花(指兄弟)牢落腸断、憶連枝(亦謂兄弟)、浪傳着烏鵲
喜、深負了鶺鴒(水鳥比兄弟)詩、慘懐北風边、塞裏只恐南冠不耐吹、

詩鶺鴒在原兄弟急難

行則攜兒君有忘難之意故云
京大也帝都曰畿
敗師古軍敗收績也
杷戎本傳結為兄弟故云

【合前】【末】老王上【聽介】向里奔馳獨向長安問信回。入見 跪介 空揮涕哭聲哽咽口難提。【夫】【衆】驚介 頓驚疑。入門莫問榮枯事，覌見容顏便得知。你家主如今在外平安，未有何詳細。【末】我到京畿，正遇軍中有報書。【旦】你見誰。【末】裴爺處小人親見下書的。【夫】【旦】【小旦】既如斯，書中有甚相仰示。【末】溫老爺擊虜困城已喪師。【夫】怎的你官人。【末】我官人少溫爺出征，俱被胡人虜。兄和弟兩人皆已從軍死。【合】怎生存濟。【末】【下】去汝了。【衆】悲哭介【夫】妾之忍死艱關，以今日者，正為李氏一塊肉耳。今無望矣，莫不是痛殺我也。【倒介】

詩以繩其祖武謂繼承其祖父之事也
交趾有鬼門關多瘴
國士謂一國之士蕭何謂韓信國士無雙
隋太子廣過陳夫人帝崩太子賜夫人金盒中有同心結數枚是夜太子烝焉

【衆】救醒介【夫】金索掛梧桐，孩兒喪外州。老母安能久。水遠山長，魂魄歸來否。屍拋悶閃出，路遠不能收。風雨空悲，戰骨朽。指望你胸中兵甲堪繩（繼也）武，卻教我膝下萊衣成弊垢。相等候，莫不是教娘今向鬼門（即鬼門關）求。【合】空落得啼痕湮透，枚濕了香羅袖。【旦】【前腔】君才國士儔，結髮為夫（本蘇武事）婦。一旦從征解，卻我同心紐。君今死戰場，安用妾身留。孤影煢煢（孤立貌）之悲，喪偶欲待要捐生與你，心同歸去，又只怕慈親一一不到頭。相孤負，想是我前生前世未飲修。【合前】

千字文曰孔懷兄弟同氣連枝
班超在西域二十餘年不得回其妹班昭詣闕上書願代下取回班超
論語曰顏淵死子哭之慟

【小旦】【前腔】我生逢百憂十事，今無九。同氣連枝兄弟人皆有，偏煞我獨無子立（獨也李密陳情表煢煢孑立），使人愁兄妹之情如足手。念慈母百年短鬢空垂（年老之貌）耆老嘆，親嫂半世孤燈相廝守。徒含詬（恥也）做不得上書詣闕救班侯（指班超）。【合前】【夫】劉瀚悃，吾門寂寞無傳後，嘆宗枝苗而不秀（穀吐花），可憐我不得收骨肉。【合】萬里沙場，誰為標靈柩。【旦】【前腔】孀幃泣血無昏晝，我兒夫有才無壽，想音容夢裡空如舊。【合前】【小旦】【前腔】蒼茫北地豺狼鬥。嘆吾兄死於甲冑，我一家慟（哭之過）哭不絕口。【合前】

干戈匈奴殺邊將　漢軍全沒遼水上
沙場白骨無人收　家二城下招魂葬

二十五齣　彥博送還

書曰千夫長百夫長
岳飛曰唾手燕雲欲復仇而
耶律
呼延北虜名

【末】扮介【末上】破陣子 削迹豺狼（指胡虜）遠遁，乘秋鵰鶚（二大鳥名）高騰。【金】微雪晴凋旗，臥玉塞風多雜鼓聲，蕭七班馬鳴。【生】【上】【前腔】之信寧為夫長，由來勝作書生。胡天碎易驚魂，定漢將功名，唾手（言易意）成。從教天馬迎。【見介】【末】百戰沙場碎鐵衣。【生】空城南已合數重圍。【末】射殺呼延將衆須雄兵十萬歸。【末】胡人新敗尚恋陰山得非從有閒志。【生】被我已挫人尖是吾據兵壓境

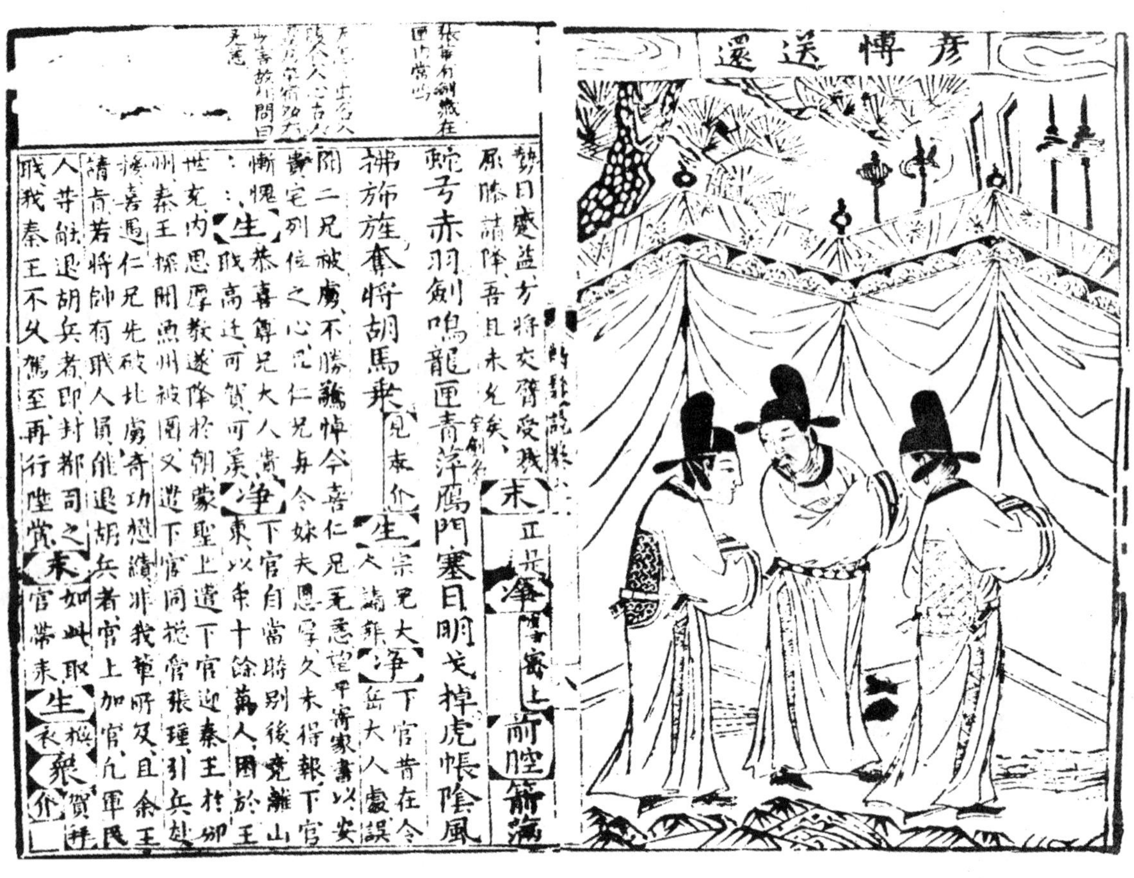

【末】丑是【淨】潘審【上】【前腔】箭滿

勢日慶，盖方將交臂受戮，

原勝請降，吾且未允矣。

張華有劍藏在匣內常鳴

鮀兮赤羽，劍鳴龍匣青萍（寶劍名）。鴈門塞日明戈掉，虎帳陰風拂旆旌，奪將胡馬乘。【見末介】【生】宗兄大人請罪【淨】下官昔在令岳大人處，誤聞二兄被虜，不勝驚悼，今喜仁兄無恙。望平濟家書，以安貴宅列位之心。仁兄每念妹夫恩愛，久未得報，下官慚愧。：：【生】恭喜尊兄大人賞。我高遷可賀可羨【淨】下官自當聘別後，竟離山東，以來十餘萬人困於王世充，内思厚敎，遂降於朝，蒙聖上遣下官迎秦王於卯州，秦王採聞燕州被圍，又遣下官同總管張瑾引兵赴援，喜遇仁兄先破北虜，奇功想續，非我輩所及。且余王請肯，若將帥有我人員能退胡兵者，官上加官，凡軍民人等能退胡兵者，即封都司之職。我秦王不久駕至，再行陞賞。【末】如此取官帶來【生】擬賀拜衣【衆】介

蘇武在匈奴十九年嚙雪吞氈

手持漢節

照汗青謂名光簡籍也古人用火炙簡令汗取青易書故云汗青

左傳謂楚伐絞大敗之為城下之盟而還註云恥之○竇憲在外西域班固為之勒石燕然

蘇武北歸除以典屬國之職

麒麟閣凡有十五拆下

漢李陵蘭山戰以逃屈膝降于匈奴

云成都猛將有花卿李詰小兒知姓名

作伐謂作媒也

【丑】禀老爹，帶外胡人送還溫長史，併叉勇求和。【生】如此姑且從之，待秦王到日，又作計議。【末】擂鼓湊樂迎【小生】【上】【前腔】鑑雪手持旌節。臨風氣振冠纓。憑將綠鬢添新白（指少年言已老），留取丹心照汗青。（本文天祥詩）歸來宛馬輕（大宛出名馬）。【衆見介】【淨】溫大人，久聞你盡節胡中，始終不屈，秦王大喜，嘗自為漢室蘇卿，可羨可美。【小生】【末】今日李先生援戰，溫大人北還，二美具矣，得无樂乎。左右將酒過來。【駐雲飛】【把介】唐主龍興。恥作春秋城下盟。況吾儕力排玉塞，功定金墉，名動瑞虎燕（山名）（舒前）然勒石有班（即班超）卿。男兒三箭天山定（即薛仁貴事）。【合】國步斯寧。秋風一掃胡塵靜。（胡人為天驕子故云）【生】【前腔】北築三城。誰意天驕擾漢營。教吾輩探兵虎穴。按卒狼山。罵虜龍庭。生歸屬國有蘇卿。（言蘇武還漢也）圖形麒麟閣沾恩命。【合】【前】【小生】【前腔】虜騎縱橫。屈膝蘭山笑李陵。（即賀蘭山）憑看我滿腔豪氣，三尺微軀，一寸忠誠。西辭易水有荊卿（燕邦名輔），生還今日吾何幸。（面刺始皇）【合】【前】【淨】【上】【前腔】濟濟豪英。不啻神鷹百戰能。果然是人誇飛將。卒服名儒，虜振佳兵。成都猛將有花卿。（西川守將花敬定也）長安兒女知名姓。【合】【前】將軍出塞擁旌旗，城下歛声沸管絃，万里橫戈探虎穴，三盃按劍霹龍泉。【生】【小生】【先下】【末】李大人，下官家看都司李君，燕領虎頭，骨格不常，他日功成必盛。下官有一愛女，相貌亦頗殊異，欲招都司為婿，專挽大人作伐，意下何如。【淨】下官雖

應奉訪袁賀，賀經外時車匠在門內出半面視奉，數年後路過車匠，奉呼之，故曰半面識之

許真君道士也，有符咒消疫

肘手時即此言葛洪抄金匱方百卷肘後要急方四卷

前軒轅時有扁鵲，春秋後秦越時有扁鵲姓秦名緩，亦善醫，故扁鵲之名不易焉

禮記：親有疾飲藥，子先嘗之

非八拜之交，頗有半面之識。兒居【末】（介）大人愛下，諒他必從。下官就去。

簫聲月色滿秦臺　秦女弄玉故事　只待仙郎王駕來

異日結成鸞鳳友　方知紅葉是良謀　韓夫人故事

二十六齣　德武毋死

【旦】（上）【霜天曉角】影骸槁瘦，衰毀難禁受。夫骨已填虎口。婆婆病又堪憂。屋漏更遭連夜雨，困龍又遇許真君。奴家不幸，丈夫在陣身亡，婆婆氣成一病，十分沉重。適間討得二劑藥在此，不免煎下送與婆婆吃。倘得輕愈也未見得。不測之變【煎介】【征胡兵】奇方昔自神人授，流傳肘後，我婆婆脫有不虞，姑嫂皆女流，百般無一有。這藥呵　我只恐扁鵲是良醫，沉病怎收救。這藥已煎了，且煮此粥湯伺候。【煮介】【前腔】湯鳴釜泣如悲吼，子建詩豆在釜中泣大声　憂心孔疚。我誤我婆婆脫有不虞，葬祭誰與謀，教奴無措手。這粥呵　自努力劝加飧，沉痾怎救。粥已熟了，不免同姑姑扶婆婆出來吃些，看他如何。【扶介】

【小旦】（上）【霜天曉角】沉憂縷縷，鬱結誰堪訴。【夫】鬼使料應守獲，殘魂不得躑躅。【小旦】嫂嫂，藥在那里。【旦】在此。【小旦】香遍蒲古來人子。親疾藥飲時嘗，罷方進與。娘，藥在此，耐煩吃此。【末】我心東告乞不下。【小旦】縱然這藥味甘甜，怎奈心酸苦。我把先君禱告。

醴泉甘美之泉，泥中地出醴泉

糟糠婦宋弘謂貧賤之交不可忘，糟糠之妻不下堂

井臼井臼皆婦人之事。綱常謂三綱五常

望暗中保扶。【夫】女兒我捨不得你在此閨閣。【小旦】元來你閨閣音倫捨不得裙釵女。【旦】姑姑，婆婆既是吃不得藥，待我送些粥湯去，看他如何。【前腔】醴泉香黍，洗滌間嫩蔬，嗚咽和淚煮。婆婆，粥在此，胡乱吃些。【夫】吃【吐介】【旦】縱然這粥味香甜，怎奈心嘔吐。我把神天禱告，望保全我姑。【夫】媳婦我撇不下你在此閨閣。【旦】元來你閨閣撇不下糟糠婦。【夫】媳婦女兒近前，聽我說話。【旦】【小旦】跪介　俱在此了。我【夫】【歌兒】天生萬物人為貴，仁義性固有，苟无仁義不若於禽獸。看古來多少烈女貞妻，名傳不朽。應只應李王卿紅粉女，愁只愁裴淑英青年婦。【旦】【前腔】從來我夫婦相敬如賓友，豈敢將他結髮相辜負，夫婦情也　斷不作背義忘恩，名虧行醜。我素節肯將芳史污。青年誓把孤燈守。【小旦】【前腔】奴家與王氏雖音簡未操井臼，名分照然，何必親箕帚，斷不敢紊乱綱常，玷辱父母。我勁志豈為紅粉誤，死心已許塞灰久。【夫】媳婦我死後你怎生主意。【旦】婆婆倘有不幸，媳婦亦求一死。【夫】女兒你怎生說。【小旦】孩兒所志与嫂嫂的一同了。【夫】呀，你們都見差了。今我孩兒死在邊上，老身又命在須臾。你自謂身无所倚，皆可以死，殊不知我孩兒骸骨未收，喪柩未葬，豈是你們死的時節。大抵慷慨殺身易，從容就義難。死天下事易，成天下事難。當初女

杞梁妻即孟姜女杞梁戰死之城長女曰收骸骨哭崩城隅 聶政刺殺韓相俠累因自破面抉目自屠出腸韓人暴屍于市購問莫識其姊姊聞之往哭曰吾弟也以妾故重自刑以絕蹤妾奈畏誅而暱弟名遂死尸傍

婿王才秀遭害女兒須未过門欲求自尽。继而我孩兒亦坐此事發遣奏請离婚媳婦苦辞不從欲引刀割耳。你兩个守志至於今日。今日既聞我孩兒凶变不求骸骨遂尔言死則夫婦之道兄妹之義胥失之矣。又安得為烈女貞婦也你們听我說我死之後必須着一親人直到幽州尋我孩兒骸骨回来安葬于先夫君身我墓側然後你兩人死于其傍如杞梁之妻聶政之姊可也如不然一死奚以塞責（旦悲介）兒敢不從命媳婦女（夫）羅幃帳裏坐 你惟仁與義無忝寡居。衣同衾暖食同甘苦寢須共室葬須同處（合）遠尋骸骨守空廬須則是拳拳記取 勿忘意（旦）（前腔）我夫骸遠棄奴死可手求屍守志敢忘慈語屍歸即死未應遲暮（合）（前）（小旦）（前腔）我孤身可棄親命怎違亡兄旅櫬誓將安厝從容就義又何躭悞（合）（前）（夫）你們可扶我到卧房中淋浴換了衣服（旦）（小旦）扶介力應难椒神灵未易求哀我風木根流淚不能休（旦）扶夫下姑姑婆婆一時氣絕我這里和你姑嫂兩人如何區處（小旦）哭介怎生是了（旦）（王胞肚）衷情誰訴哭啼啼數奴眼枯須和你苦寢灵前忍將他葬丘墟（合）灵魂鑒取我勉承喪事。禮多陳悉望陰中矜恕奴（小旦）（前腔）一門多故豈今朝。禍延母軀。數年里未報劬勞一時間永隔泉途（合）（前）

家語云子欲養而親不待木欲靜而風不寧故云風木恨

人子於父母之喪寢苫枕塊以示不敢自安之意

詩云哀哀父母生我劬勞

哀哀寡婦哭慈幃（寡居） 病在膏肓不可醫（心之上膈之下）

世上萬般哀苦事 無過死別共生離

病在膏肓攻之不可達之不及藥不至焉不可為也故曰不可醫

二十七齣 德武辭親

（生上）（高陽臺）引 絕塞寒笳。孤城畫角（即指笳角）悲聲散入寥廓（边塞）。鴈南歸。那堪羈旅零落蕭條半枕梧桐雨憶故園景物如昨。阻隔山風塵香霧利名羈絡（馬絡首）金戈宝劍數年征紅粉青樓多怨情安得此身生羽翼北堂重拜綵衣輕德武自別家鄉已經數載幸以殘朽之資得平胡虜榮辱君恩授以鄉司之職爭奈老母在堂思欲陳情乞恩歸省只待秦王（淨）扮李審上賀到方可區處正是雖无千丈線萬里繫人心

笳胡人卷蘆葉吹声 畫角黃帝所製以禦寇嚇其声象龍 紅粉青樓意思意 北堂指母 綵衣即老萊子斑衣以娛親事

勝蒴芦幕府篙歌詠伐柯誇荇菜箋絲蘿若是司臺許
作新郎賀曾教織女不日渡銀河（見介）下官自當年被
揣館我芋旁戲的詩不免虎口豈期今日萍水相逢（生）
古人道得好一葉浮萍歸大海人生何處不相逢
所謂三（淨）下官昔年是个惡姻緣（生）何故（淨）不敢相瞞
生有緣（淨）宗兄今日有个好姻緣（生）言此（淨）今總曾尔
朱大人有令愛青春四德俱（生）容稟　高陽臺　夢遶边城
全下官特来替宗兄作伐
心飛鄉國孤蓬數載漂泊家有慈親況懷未供蔡藿甚
酌娶而不告非謂禮難教我公然輕諾笑當時杜秋金
縷綠珠香幞（淨）前腔令岳戢任專城名称宰府你却把

投筆記　卷之下

他倚托（平）是前生赤繩已繫隻脚趕卓須知比翁心愛
了遣僕們特為媒灼早河從星期卜鳳夜河東鵲（生）前
腔　自度楼納隻蕭臺懸兩鏡寔非此心忻樂家有荊
惟將葉如遺擇倩諄听歌白頭真自赧笑茂陵謾迷珠
蹈怎將吾糟糠撇下鹿屬擔閣（淨）前腔見錯帶喜同心
床誇坦腹佳人況閥綽約玉艶羅帷不尽一生喫着匆
卻紅楼必欲求納絲你何不見機而作任他聘酬歌鐘
鼓笑談帷幄餘文（生）念恩波乍得沾殊遲恐人笑北門

居鎖鑰（淨）你休把皂蓋諸侯當戲謔（小生）上今代麒麟
功君王自神武（淨）好了溫大人（小生）甚（淨）閣何人第一
駕馭必英雄來事必諧矣（小生）事　一尔朱大人有令愛千金
向來許聘今日專央下官作伐欲贅令兄為婿令兄大
人辭以尊堂在家堅執不從下官不揣專央大人贊襄
王成其（小生）如此介奇（生）兄弟母親在堂此（小生）你
事了你怎么主意事断不可行不
知道當初小弟歸省之日母親而偏小弟數奇在此
可娶一妾以承宗祀你于今違母之言因時用事有何
不可李大人你可撙達尔（淨）如此多
朱大人選一吉日成親（淨）感了
潭潭相府彩屏新　靈鳥飛飛滿玉津
匹配姻緣譜月老　調和風月伏氷人

投筆記　卷之下

二十八齣　老王尋屍

（旦上）破陣子　歲暮堪悲絕塞寒深獨擁熏籠魂隨香篆
消金鴨夢逐行雲度白雲轉哀松檟叢落葉風不起山
空花自紅揣世
不待老患妻无其終一死尚可忍百歲何當穷天地豈
不覺妾身自不容死君如有知殺身以相從向來歡樂處
夜雨鳴寒蛩奴家只因婆婆臨終之日囑付我与姑姑
看一親人直到边上求取我丈夫骸骨今日已敕老王
到彼廟顧當伶俐人去通繞老王对我说方今天下関
津盤詰甚嚴恐喪柩扛擡不便不如做一兜囊使所托
之人將骸骨包裹負之而趍甚為利便奴家不免將我
丈夫舊時穿下衣服做成囊使魂魄有所依附仍舊衣
包裹使骸骨不致振動便了（哭介）丈夫呵我為妻
子的只言至此愁腸痛心你灵魂知否天色已晚奴家

楚詞国殤云身既死兮神以灵子魂魄毅兮為鬼雄 注謂死于国事者精魂強々壯魂魄武毅為百鬼之雄傑 九疑山有九峰曰朱明峰石城峰石樓峰娥皇峰舜源峰女英峰蕭韶峰桂林峰杞林峰峰峰相似行者難辨故曰九疑

就此灯下裁縫則介別灯悲介 懶畫眉 嘆燈花。此夕為誰紅。念針線當年枉費工。回看孤影素有空。持衣未剪心先痛。萬里精誠賴此通。前腔 在洞庭湖畔呵、大夫 你生則素秀有儒風。死則还當作鬼雄。歸魂應在九凝峰。我捐軀溜水寧無勇。生既相同死亦同。囊已做完天色漸明、且封下在此、小旦 上 破陣子 閫外皇輿敗績。関中虜騎横衝。從教戰血塗鞍馬。應有歸魂託塞鴻。謾悲萱草叢。見介 嫂〻囊已做完了 旦 囊已打帖在此、末扮老王上 春侵秋、夕暑往寒來、陽西下水東流、將軍戰馬今何在、野艸閑花滿地愁、老漢蒙二位小娘子分付到隣廂顧一箇伶俐之人往边

論語顔淵死子哭之慟

山谷題玄真子圖 人間底是无波處 一日風波十二時

上求取我東人骸骨、我尋思起來、顧倩之人、素非信又所結、倘至中途走了回來、哄你尋問有无下落、可不悞了二位小娘子一片誠心、老漢不如自去、凡事可以尽心、一則尋取我東人骸骨、一則探覓我兒子琴童下落、一以報東人之恩、一以全父子之义、去回話 見介 旦 老王顧了人底淡有、末 稟二位小娘子知道、老小人想起來、若顧隣廂人去、他見边上擾乱、不敢進來、據在中途逃回、謊你尋間不見、却不誤了此事麼、旦 你既如此言、再有何人可去、末 小人願去、旦 你既肯去甚好、唯於何日起程、末 時下就去了、旦 我把屍囊盤纏并物付你收下、末 便是 旦 視囊介 玉山頽 捧囊哀慟哀過也願茲囊去須有功。末 接介 小人若見骸骨之日、將這作何收歛倫處也、言行止 旦 你須是密裹重包勿将他雨湿塵擁。便若遇風波擧動更毋使灵魂

東人骸骨掩之恩骸 李白春夜宴桃李園序浮生若夢為歡幾何

驚恐。合 復恐囊踈空。再須縫。行人臨發又開封。小旦 前腔 風波化言風波須洞。况邊庭屢聞歲凶。你 老王 莫沉滞異国充陰蛩。歸来故宅丘壠。更勿吝途中費用。須只顧屍骸為重。合前 末 前腔 臨岐分岔哀踊。不由人淚流滿胸。願收取塞外恩骸。家得歸埋葬边高塚。須信是人生若夢。怕甚麽兵戈紛冗。合前 末 行介 旦 小旦 望叫介 老王你轉來、末 正好去怎麽、旦 我見你這般年老、程途遥遠、只怕难去、末 報小娘子放心、我受主東之恩、死生难、况我琴童孩兒不知下落、我縱然死在边也、只要去、旦 只怕你眼昏耳聾、途中不便、末 小娘子 你休慮我眼昏耳

後漢馬援傳 馬援年六十二請擊五溪蠻 帝愍其老 援曰臣尚能被甲上馬 帝令試之 援據鞍顧盼以示可用 帝笑曰矍鑠哉是翁也 左傳盧蒲嫳曰余髮如此種種 奚子雖曰彼其髮短而心甚長 能斷不甚識不趣利以齒髮之類

聾。量此行力猶可充。縱登山度隴。水宿風飡。豈頋微躬。萬里邊城。覓影尋踪。合 求屍骨。獨往胡中。今日去甚時逢。旦 前腔 矍音脚鑠哉堪憐此翁也。則是难忘主公。他鬢髮已種〻言髮衰短也。披老扶衰遠出河東。倘得屍歸感謝何窮。合前 小旦 前腔 亡過的魂無可從。存在的哀何有終。你深入犬戎。歲晚天寒。雨雪其濛。耐踏途間。緩步扶節竹杖也。合前 旦 一撮掉 你今太身似轉蓬。念程途裏。堪逢此窮冬。小旦 長城遠。愁伊兩脚龍鍾謂老而无力。末 蒙臨送。何必有憂容。合 但願逢骸

过天津橋有老人曰蔡州之乱作矣人多相方平侯等公曰見我髡鍾故相戲耳

高氏有笑女謝鯤挑之女投梭折其兩齒

夫称妻曰渾家今人折称亦如之

鰥音干无妻之称

俳優棚曰勾欄風俗通漢碩成廟詵鮑老公欄其鉤丛曲如鈎以防人墮也

骨。歸來不旋踵。新舊塚無塊土高封。土墳

葉落山空花自紅　那堪人去意匆々

誰云咫尺天涯近　水遠山遥處々同

二十九齣　柳直呈郎

（淨）扮柳直上（水底魚兒）病惹沉痾。空思折齒梭。心無別個。晨昏只想他。自家柳直便是。因赴京科舉不第。擔閣數載回來。自當年同丘懷家設計害了王才秀李德武二人。欲謀他妻子做我渾家。不想裴矩大人向留在京。淑英如子因孝服未滿。且無人主婚。堅執不從。我為他鰥居至今。近聞裴大人致仕回家。我已令人去王婁家打探消息。諒有家報。這我日心神顛倒。死以自娱。我不免叫書童出來伏侍我。（叫介）（丑）扮書童上（前腔）自小跛蹴足僂也又跛也行々步。怎那諸般懶做。惟勤去守獄。大官人喏（淨）書童我因淑英如子親事未成。朝暮思量。此心實無聊賴。你平生乖覺。若替我解得這場憂悶。我大々賞賜你。（丑）這不緊要。同大人到勾欄裡去請個大姐來倍你就是好了。（淨）不好。（丑）再莫若踢行頭。打雙陸。下象棋。呼鷹放犬。皆可為樂。（淨）我若要幹這等事。淑英如子聞得。只道我是个輕狂男子。怎肯嫁我。你再說來。（丑）我不如唱歌詞舞雜劇翻筋斗。替大官人解憂悶了。（淨）好則好。我所思者是婦女。你為娛男子之樂。笑非我之所好。若扮作一个女人。卻（丑）我就扮作淑英娘子何如。（淨）是了。把我死的院君衣服。你去扮來。（丑）（扮介）（淨）（笑謝介）淑英娘子拜揖。（丑）柳解元少禮。（淨）請坐。娘子（丑）（介）（淨）小生為了娘子。千般百計。坐想行思。且一言難盡。

步記柳管卿云罗帶結同心

观音菩薩莊王第三公主削髮為尼后因父疾剜目斷臂以救其父上谷修其誠心仍復手眼今人受苦難念观音菩名號可脫

地獄有十閻羅之說皆浮屠家所造亦以勸善而懲惡也故溫公曰自佛法未入中國之前人

（丑）向蒙大人垂慕。妾豈无意。但為禮法所拘。不能如妾所欲也。（淨）小生幸得一覩。宜當告訴。（山坡羊）我為你忘飲食。肚皮兒不知飽餓。我為你棄工夫。心意兒全然懶惰。我待要倚富豪恃強暴。將我院君娶了。又恐怕律條嚴。法度緊。招災攬禍。幾時得解罗帶即同心帶入繡幃。紅翻翠滾。任將我臉兒上。腿兒边手過腳蹤。院君院君。當奈你何。枉教我長吁短嘆。搗枕槌床也。倒惹得腸兒痛。心兒癢。痛癢難摩。院君我的妖魔。我念了些救苦难观世音你陀。院君我的妖魔。你忍得狠子心。不嫁我。我待要死呵。（丑）（前腔）我悶得你房兒裏。簾兒下。獨行獨坐。我撇得你被兒单。枕兒孤。獨眠獨卧。我待要匿孝服自主婚。許我解元嫁了。又恐怕內人論。外人談。將奴笑破。似這等朝忘飡。暮廢寢。千思萬想。真个是捱一時度一刻。捱度不過。解元々々。無可奈何。不能彀天長地久。倒鳳顛鸞也。枉教你痴心待。死心守。不得諧和。解元我的哥々。你撞了個活地獄十殿裏閻羅。解元我的哥々。把一個唱山坡羊書畫當了個老婆。（淨）作打（丑）介（丑）（走下）（淨）

固有死而後生者何故鄙死一人誤入地獄見所謂十王者即

追遊廣追窺　崔嵬高大貌　漢安帝賜霍光甲第一區五安有甲乙次第故曰甲第　衛共姜守節父母欲奪而嫁之作柏舟之詩以死自誓

韓愈詩饑食玉山禾

水經霸陵德度逕清以月美如秋水之清故曰秋波

院子你回來，王婆怎麽說。(末)王婆就來見你。(下)(丑)(上)【水底魚兒】主顧多多。終朝醉馬馱，張家請我，李家又倒拋。(見介)(淨)王婆，裴府裏親事如何。(丑)柳解元，你這頭親事湊巧得好。裴老爹京裡回來，吽我進府中去，道王婆，我小姐守寡在家，今欲把他嫁人，你有相應人家，你可替我尋下一頭。(淨)你怎麽回話。(丑)我說城外柳侍郎之子，人才出衆，家道又富。他說家事不必問，只要那子弟生得標致，我便許他，可引來見我。以此沒柰何，柳解元只得要同我去見他。(淨)有這話，喜殺我也，就同你去。那晉家的可取十个表裏來。(行介)(末)(扮老院上)追遊朱樓廣，崔嵬甲第高。侯門深似海，不許外人敲。(見介)(丑)院公休怪，此位柳解元到這裏，你老爹府中足即，敢煩你通報。(末)(介)(外)(上)【生查子】好怪我孩兒，久把青樓鎖。厲志比共姜，獨守孤燈火。(丑)進見(外)(介)(淨)見拜(介)(外)院子過來。(末)(介)(外)我看柳秀才儀容舉止，不下李生，今欲把小姐許他，娶回我府中起嫁，你說何如。(末)只怕小姐不肯回來。(外)我假寫个柬子去，只道我一病沉重，朝夕不能相保，他素有孝心，必定回來看我。(末)是。(外)【六么令】文君早新寡，綠綺初彈，寶鏡重磨，鸞飛遠食玉山禾。端不愧再相如。(合)料他也自應承可。(淨)【前腔】執柯以伐柯，自愧蒹葭得附絲蘿，行看翡翠上蘭窠。人都羨小登科。(合前)(丑)【前腔】多嬌整翠蛾(謂眉)，指削春葱(謂指)，目炯秋波(謂眼)，高粧寶髻襯鈿窩。相看取會銀河。(合前)(末)【前腔】歆聞蕭史荷，命出明公令

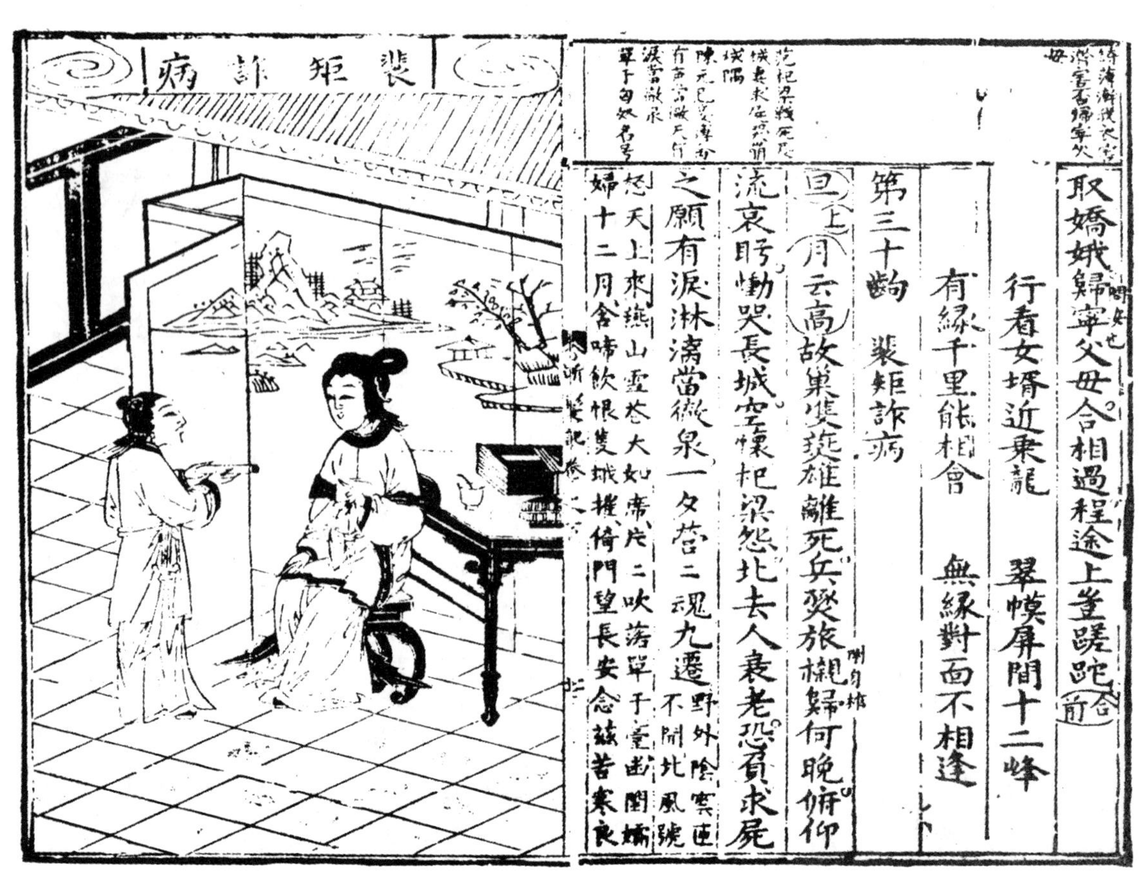

詩葛覃歸寧父母

范杞梁戰死妻哭長城城為之崩　陳元巳…有声如…　淚當徹泉　單于臺如名號

取嬌娥，歸寧父母。(合)相過程途，上崟蹊跎。(合前)

行看女壻近乘龍　翠幙屏開十二峰

有緣千里能相會　無緣對面不相逢

第三十齣　裴矩詐病

(旦)(上)【月云高】故巢雙燕，雄離死兵燹，旅櫬歸何晚。俛仰流哀盻，慟哭長城，空懷杞梁怨。北去人衰老，恐負求屍之願。有淚淋漓當徹泉，一夕苦苦魂九遷。野外陰雲匝，不開北風號怒。天上來，燕山雪花大如席，片片吹落單于臺。斷鬪嫦娥十二月，含啼飲恨隻城權，倚門望長安，念茲苦寒良

舺肖皮劍削 杖音叉衛室

烈女傳有八卷 乃漢劉向所編

記言婦人於夫 一身之理終身不改

可哀憶君提劍赴边日，遺此兜狄金鞞釵，中有二雙白羽箭，蜘蛛結網生塵埃，箭空在人今戰死不得回，不愁見此物，焚之已成灰，黃河水決尚可塞，北風雨雪恨難裁，奴家自從老王夫後，朝暮懸望，未知求得伕丈夫骸骨回來否，況近來聞得爹爹致仕回來，我因婆婆靈柩在堂，不得自去看他，正是我心傷悲，人莫我知，適間姑姑對我說，烈女傳一書可觀，我不免將來閑看片時，多少是好。（看介）（集賢賓）風簷展書期自勉，見倫理森然，一瞧瞧前名著顯，終身豈再移天。（婦人以夫為天）不踐二庭，婦人常理，何為以此載於記傳乎。誰圖苟免，又何必記於書傳。比如那失節的，心自醜，他日裏見先夫，有何顏面。（拋書起望介）（前腔）北風蓋堂簾半捲，見飛雪翻翻（雪翩翩 飛貌），边塞迢迢途路遠，那堪

詩曰燕婉之求 蓋言婦人於夫 正欲求燕婉之好也

韓公貶潮州詩 雪擁藍關馬不前

謂人死曰捐館 蘇秦傳奉陽君捐館舍

景入殘年，憂心展轉，憶昔日慈闈歡宴，偕嬿婉（安也），今日裏冷落了故家庭院。梅香（上）月云高月綃霜練，姮娥與誰剪，似責天工巧，乱撒瑤花片。（末）（上）飛入梅梢，瓊枝尽粧（比宋方表之）遍，裹足休言冷，試看樵夫仍跣。（合）折竹聲聞巖谷傳，方信藍關馬不前。（旦介）（進見介）（末）梅香（院子梅香叩頭）（旦）免禮，這等大雪你們來此做甚。（末）相公京裏得病回來，十分沉重，有書在此，請小姐回去看他。（桂枝香）相公抱恙，將傳書東，真個是息奄奄，惟只恐一朝捐館，念斬然（絕也）血食（謂祭祀），又貲財鉅萬，教誰收管。（旦）相公平素少病。（悲介）（末）梅香散相

牖。（遞介）自有親書札，娘行可細覷。（旦接介）院子且起去。（末下）（旦）（念介）父字與愛女淑貞，吾因馳驅王事，夙夜匪懈，以致舊疾交作，告老而回，方得抵家，轉加沉重，俯視睇下，並無嫡親兒女候問痛苦何如，亟思見汝，汝其即便歸來，將囑汝以後事，毋或淹滯。（悲介）（前腔）手拆來翰，心悲意亂，他道是永訣（長別）終天，卻怎不歸來相看。好教奴淚零。（又）親恩浩瀚（廣大貌），益增嗟嘆。（梅香）相公怕風雪大，分付車來接。（介）暖帷熏炉齊整。（旦）整歸鞭，縱有風和雪，姮娥體耐寒。奴家欲待回去，思量婆婆臨終之時，囑付我與姑姑寢食不得相離，且請他來商議。（小旦）（上）（卜算子）積雪擁危欄，嬾上紅爐炭。（見介）嫂嫂，你梅香來此說甚的話。（旦）（傍粧臺）這了鬟傳言，家父今抱採薪艱（病也）。（小旦）尊君既有貴恙，你當去看他。（旦）我欲去情無限，他空自望多番，因思遺訓須相伴，使我躊躇（猶豫也）不自安，心懸旆（欲往意），羝觸藩（難進意），數人進退兩皆難。（小旦）（前腔）翠眉攢，哀哀父母撫養苦多艱（詩云哀哀父母生我劬勞此之謂也）。（梅香）我相公怕死，思見我小姐一面。（小旦）他既是相顧盼，你何事憚煩勞。（介）人之將死言須善，義若能全節自完，即忙去莫等閒，何勞反念我身單。（梅香）我小姐因你老夫人臨終之言，不敢去，沒奈何煩姑娘同去也罷。（小旦）我有老母、哥哥柩在堂，怎麼去。（梅香）不妨事，教了頭們看了，今日去明日就回來。（旦）梅香也說得是，姑姑同我去罷。（小旦）既如此，同

許曰夙夜匪懈 以事一人

淹滯遲留貌

姮娥羿之妻也 其夫請藥于西王母姮娥竊而食之奔入月宮是為姮娥

詩曰青女素娥俱耐冷

孟仲子對曰有採薪之憂不能造朝 出孟子

易曰羝羊觸藩不能退不能遂 謂進退兩難也

論語曰人之將死其言也善 注謂人窮反本故言善

鬼門関在交趾李德裕貶崖州詩云崖州在何処生度鬼門関

嚴灌妻慎氏十年无嗣出之妻作詩曰更是孤帆從此去不堪重過望夫山遂復合

辭了母親哥灵位而去（旦奠酒拜介）【前腔】焚沉檀（香名）捧盃未進。教我淚先彈腸暗共炉烟斷。心乱逐紙灰翻。娘你呵言猶在耳寧相拚（弃也）親在通家豈屈抜暫時去。不日還誰云生度鬼門関【旦】

（旦奠酒拜介）【前腔】自悲酸魂如在上。誰道杳冥間。願此去無危难便回轉。敢盤桓洒盃浮而行三献。愁向心頭結一團。暫時去不日還。那堪身過望夫山。

一别嚴親又十年　由來節孝兩难全

而今俯仰誠無愧　誰為重刊烈女篇

断腸記卷之一

大選路絡繽紛

唐高祖竇后父毅畫孔雀于屏間以選婿

晉潘岳字士安美姿容挾弾出洛陽道婦人皆連手投之以果滿車而歸

魏黃尚书李元礼俱爲司徒供鑒太尉朼拟元時人謂两女得

三十一齣　德武重婚

【末】（粉女朱上）【傳言玉女】（多艶）銀漢（即天河）初斜。牛女鵲橋高駕。綵雲車。鸞降下。繽紛紅集。两两花枝低亞。綺疎窗牖。玉雕臺榭。屏開金孔雀、褥隱綉芙蓉、門闌多喜【生】（上）【女冠子】玉驄（馬名）氣女婿近乘龍（晉世）左右安排香案過來蹀躞（即潘安）香街羅綺重疊吉叶灵著。詩題御葉（御溝紅葉）桃開阮徑（即阮肇入桃源）菓擲潘車【貼旦】（上）闇呼心轉怯。安得羅扇重遮羞盈腮頰【爭丑】（上）那人兒妥帖（合）並蒂瓊花隻飛粉蝶【淨】請新人新郎拜堂【生貼旦】（把酒拜介）【生】【畫眉序】佳婿近乘龍。宛似瓊姬會巫

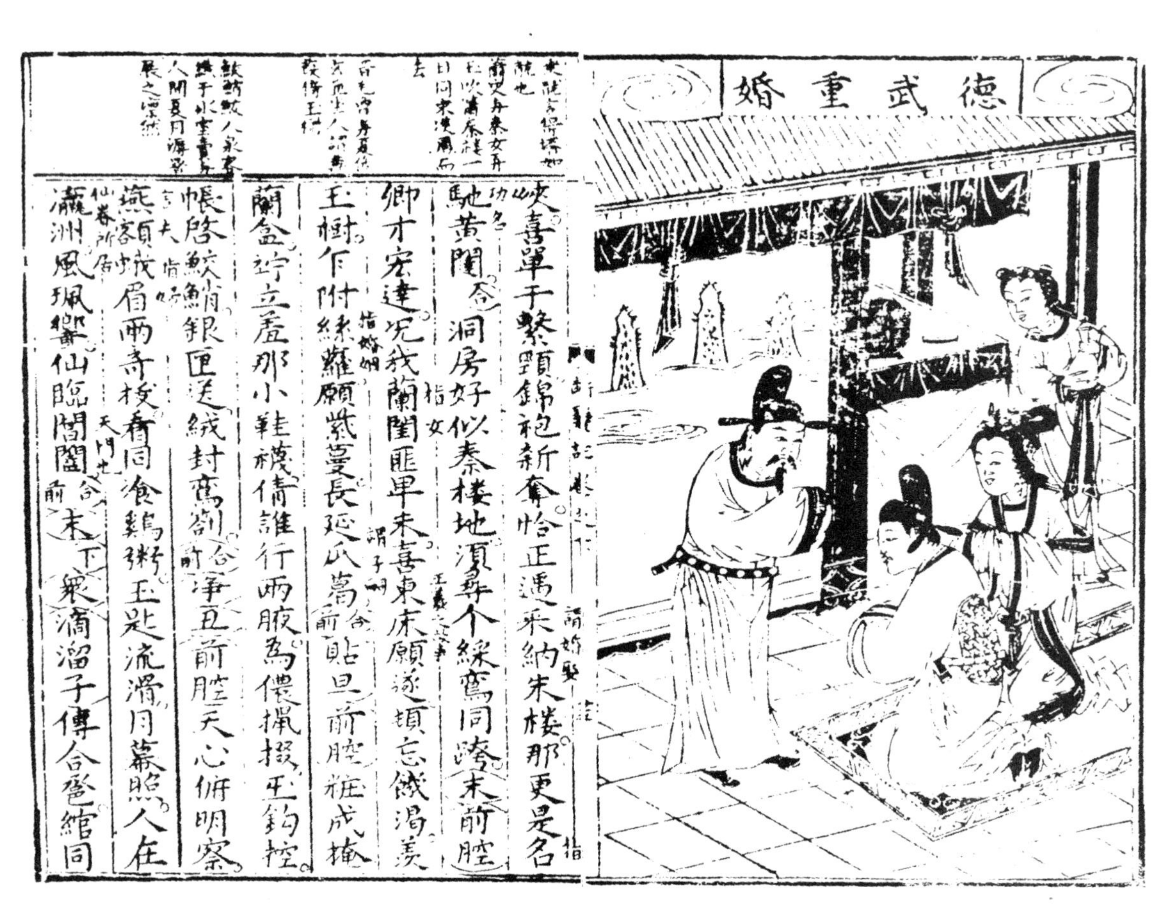

史記…得…如…

蕭史弄秦女弄玉吹簫秦樓一日同乘鳳而去

晉王…有女…玉樹

鮫綃鮫人泉客織于水室…人間夏月…

峽。喜單于繫頸錦袍新奪。恰正遇（請婚娶）采納宋楼那更是名（指功名）馳黃閣（合）洞房好似秦楼地須尋个綵鸞同跨【末】【前腔】卿才宏達。况我蘭閨（指女）匪甲。未喜東床（王羲之故事）願遂。頓忘饑渴羡玉樹下附絲蘿（指婚姻）願紫蔓長延瓜葛（謂子娟）（合前）【貼旦】【前腔】粧成掩蘭盒竚立羞那小鞋襪倩誰行两腋為儂㧞掇玉鈎控帳啓鮫綃銀匣送絨封鸞劄（合前）【淨丑】【前腔】天心俯明察燕頷（大指婦）蛾眉两奇接齊同飡鷄黍玉趾流滑月幕照人在瀛洲（仙眷所居）風珮響仙臨閶闔（天門也）（合前）【末】（下）【衆】【滴溜子】傳合巹館同

蘇武結髮為夫婦

劉晨入天台桃源洞見一女子呼其名笑迎入洞

珊瑚樹生在海中用鐵網取之乃得

心。早偕結髮覷羅襦不覺喜生笑發（淨丑）介　又非龍宮珠刹依稀翻疑人世間。卻逢活菩薩。諒拜了前生嬌姻寶塔（生貼旦）（鮑老催）粉金翠抹。香生皓齒瓊瑤刷錦纏高髻珍珠札。醉顏酡笑語喧歌声押（淨丑）小桃不耐驕鶯踏也應未慣風和雨劉郎即劉晨也折取須如法濟之金盒翠篆籠宝鴨炉名均二紅紗護銀蠟指燭龍鬚草名席拂珊瑚枕白玉床黃金榻玉床金榻可憐紫燕歡樂稔。又應嬚若箇蘭房狹（鮑老催）翠簾慢撒屏開青幛層嵐潑。被翻飛錦浪輕寒壓。氷絃急玉柱促开笙淶蔺傾醽醁酒名鸕鷀榼飲酒器橫黃宣帶麒麟甲。寂藏羅帕鴛鴦匣（雙聲疊韻）（淨丑）郎舒豁又。緊抱看團衫拉娘受納。又寂把憑私衣脫。兩意洽豈能過。又願連理芳情。永似鶼鶼（尾声）霧室雲房從戲狎妾意君情當報荅舉案齊眉歡不乏。

韓朋妻為康王所奪後死夫婦兩塚相望忽各生梓木根交于下枝連于上故曰連理

梁鴻妻孟光德行甚高年三十不嫁父母問之曰欲得賢如梁鴻者嫁之每進食舉案齊眉不敢仰視

綠蟻酒名香浮合卺盃　速床直欲弄青梅

今朝須把銀缸照　一段姻緣天上來

三十二齣　裴矩逼嫁

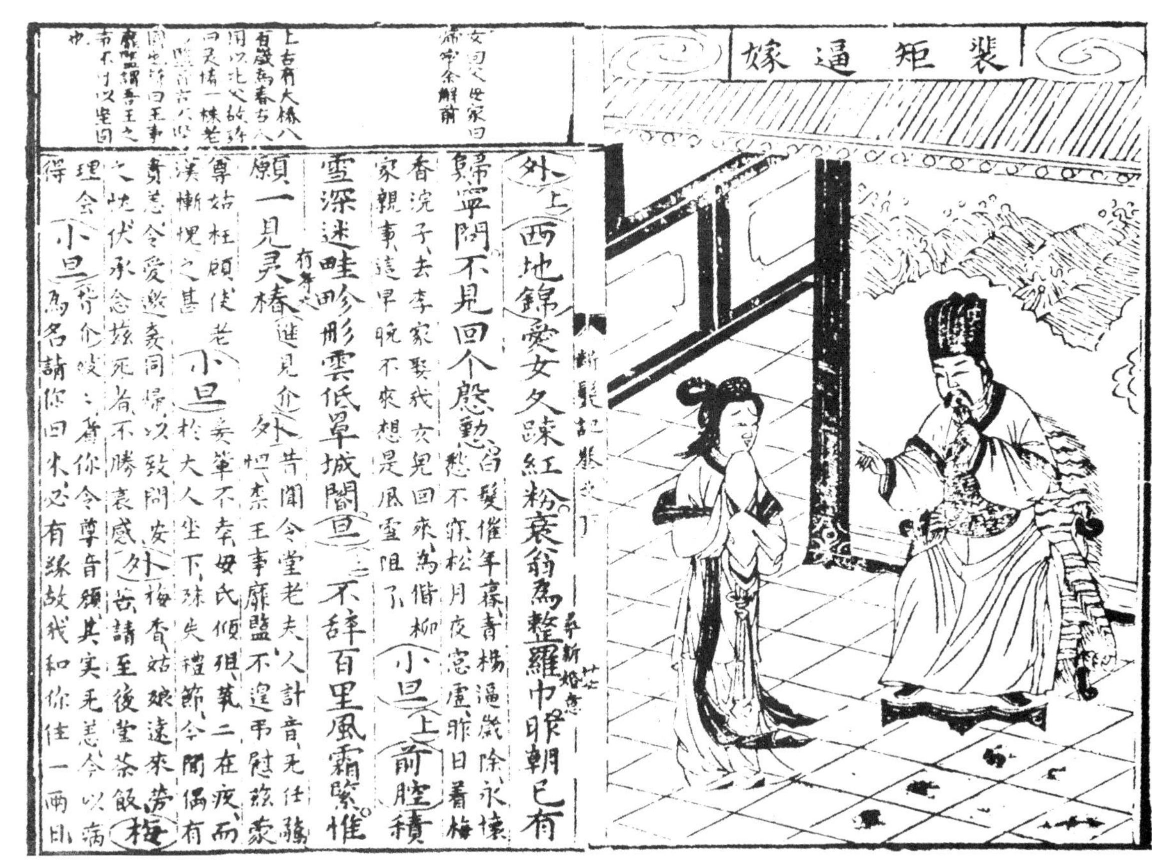

女回父母家曰歸寧余解前

上古有大椿以八千歲為春八千歲為秋故以比父曰靈椿一株老

國風詩曰王事靡盬謂王事而不得以安也

（外上）西地錦愛女久疎紅粉衰翁為整羅巾斷新婚意昨朝已有歸寧問不見回个慇懃。白髮催年暮青楊遍歲除永懷愁不寐松月夜窗虛昨日着梅香浣子去李家娶我女兒回來為偕柳家親事這早晚不來想是風雪阻了（小旦上）前腔積雪深迷畦畛彤雲低罩城闉（旦）（二）不辭百里風霜緊。惟願一見靈椿（進見介）（外）告聞令堂老夫人計音无任驚怛柰王事靡盬不遑弔慰茲蒙尊姑枉顧從老漢慚愧之甚（小旦）妾輩不幸母氏傾殂氣二在疚而於大人坐下殊失禮節今聞偶有貴恙令愛邀表同歸以致問安（外）梅香姑娘遠來勞之吠伏承念茲死者不勝哀感（旦）苦請至後堂茶飯（梅）理会（小旦）背介喽喽你令尊旨顧其实无恙今以病為名請你回來必有緣故我和你住一兩日得

三公之位即今太師太保太傅也

漢陳孝婦年十六其夫行戍已死孝婦守節養姑終无嫁意上文叔良夏侯氏之令女也文叔早死令女守節不移

便要告回。(旦)自有分曉。(小旦下)(外)孩兒，我位近三公，家惟一女，豈可使汝孀居失所，致使我付託死人。吾欲你再求佳婿，何如？(旦)容孩兒告禀：自別尊顔，屢遭凶變，慨良人之永逝，而骸骨難收；嗟姑氏之繼亡，而服喪未闋。孩兒死且有餘恨矣。再嫁之事，爹爹請勿復言。(外)孩兒，你夫家凋喪已尽，守此欲誰為哉？(旦)妾聞仁者不以盛衰改節，义者不以存亡易心。今夫卒姑洊遽，欲棄之，遂致喪柩暴露，祀祭荒絕，非人所為也。望爹爹体天地之心，成孩兒之志，使得与陳之孝婦、夏侯之令女同遊地下足矣。(外)孩兒守節事極難，雖要深省。【獅子序】(旦)夫未殯，姑已淪。念孩兒不計幾青春。(外)既然你寡居許久，何須再宗。(旦)一家死喪盡，妾獨何存。(外)我在京裏回來，你當吉服見我，滿身白紛紛的，成甚模樣。(旦)听說罷，我心酸淚滾，我怎敢衣繡錦，事脂粉，沐蘭膏，穠粧容髮。(外)教你梳粧元自不肯。晉阮籍居母喪尚然飲酒。(旦)他是男子，孩兒怎比得他。(外)卓文君豈不是婦人。(旦)這等失節的婦人，爹爹怎教孩兒效他。決不效猖狂阮籍、失節文君。(外)你卻沒个子嗣乎，白地守此甚的。(旦)【太平歌】我心中不忍死骨棄沙塵，盼不得天涯歸旅櫬。(外)你好痴心，一个死丈夫苦苦念他，到不听我說話。(旦)你休怪孩兒心不順，但恐言死信。我從来夫婦敬如賓，誓不許重婚。(外)且問你身傍帶的甚庅東西？(旦)是一口劍。(外)要他何用？(旦)【賞宮花】這昆吾有神，自操持可衛身。(外)兵者凶器也，婦人家不可帶他，我替你收下。(旦)是妾夫親授，怎敢付

卓文君新寡司馬相如以琴心挑之夜奔相如身供卞馬故曰夫卿

西域獻昆吾之劍切玉如切泥

山谷詩心似蛛絲遊碧落

孔子曰婦人伏于人也有三從之道在家從父出嫁從夫夫死從子

綱常謂三綱五常人倫謂五倫夫婦乃而常人倫之一

自上所於而下曰風自下所從而上曰化

嚴尊。(外)他已死了，塚中枯骨，何足介意。(旦)我不得吹簫遊碧落也，須留劍掛高墳。(外)你幼年在家何等婉順，而今反來惱我。(怒介)(旦)【降黃龍】耆仁息怒停嗔。出嫁從夫，怎違公論。(外)我只有你一女，使之居寡，日後靠誰？(旦)爹須未付，何不留孩兒侍奉，教孩兒再事他人。(外)且如我當初市脩不過一黃門侍郎，今事我朝官至戶部尚書。若依你我，怎生到這地位。今已將你許下柳家了。(旦)嚴親心安為之則可，妾不忍負卻亡魂。傺的是紊乱綱常，敗壞人倫。(外)這女兒好笑，依你這等說，我反不如你了。(旦)爹爹孩兒怎庅敢。【大聖樂】念名節須重千鈞，怎生教風化損。(外)移風易俗是我為官的勾當，你婦人家縱是守節做得甚事。(旦)爹爹你錯說了。比如杞梁之妻善哭其夫，這是道理當如此，至于国俗之变，他卻也不思量到那里。須信杞梁之婦哀聲奮，豈有意变齊民。(外)這等女兒枉作掌上之珠看了。(旦)我願與先夫同作泉中全，顧不得慈父如看掌上珍。(外)你既以到此，由得我主張。(旦跪哭介)爹須見憐，若教我重婚二姓，端不從允。(哭下)(外)這妮子无禮，卻把言語撞冲我。二不免分付老妳到房中看了他，一辟廂叫柳家明早娶了。妳、老妳何在？(妳上)青鏡綠綠白髮新，井從當室守孤貧。江中後浪催前浪，世上新人價舊人。老身是裴府裡一个妳子，當年相公夫人産中身故，叫我乳哺淑英小姐。不數年老身喪夫，蒙相公竟留我在府中，教取小姐女工，近逗至今。適聞相公叫我，不知為甚的，且看來介。(見)(外)老妳叫你

指天

象州杞梁之妻善哭其夫而变国俗出孟子

古人称愛子如掌上珠杜詩云掌中探見一珠新

青鏡用青銅為鏡綠綠謂兩髮老乱如蓬絲也千家詩一事无成兩鬢絲

在天願為比翼鳥在地願為連理枝所以諭夫婦也

詩周南桃夭之篇云之子于歸宜其家人如男女之及時也

來汝別事近有柳家求你小姐我已曾許下他來不想小姐推阻不從你好生去劝解他倘叫柳家明日娶了去你言語之【妳】呀小姐既是不從相公也索干休自閒不可漏泄【妳】若強逼他恐有辭碎珠沉之悔【外】有分曉不必再三覩嘱【下】【妳】【吊場】相公好不達時務百年姻眷由人心願怎強逼付想來都是會中人他也罷我且去見小姐看他怎麼【旦上】鷗鷺鴛鴦共一池須知羽翼不相宜【妳】東君不與花為主何似休生連理枝【見旦哭介】小姐我多久不見你怎這般黃瘦了【旦】女兒不久終求一死但恨不能報答妳娘恩愛【妳】說那里話且問你適間相公說的親事你怎麼主意【旦】【鏵鍬兒】妳娘听告我尊父語言倒欲教我重婚柳氏再詠桃夭【妳】你何不從也【旦】若論一與之醮（記曰一与之醮終身不改）恩深又高却怎教違正條古來人曾道

詩周南關雎之篇云窈窕淑女君子好求

吾盧學中狀元婦悅饒濵許婚道逃能君不信

我豈將壞了【妳】【前腔】那人俊俏果然是姻緣不小恁須是攘了苦李換着甜桃你故人作溝葦胡為自勞淑女（吉也）好君子交干飛須早效怎把紅顏誤了【旦】【前腔】你們好笑却怎教女須弄巧假如那貪生失節遺臭难洵不信不又與不孝為人所嘲【妳】只怕小姐落在圈套裡須脫不得【旦】我亦料無所逃也知有圈套我死他須罷了【妳】【背云介】【前腔】彼心可悼烈錚錚要全節操小姐呵你公相將伊許嫁定在明朝【旦】【驚哭介】【妳】他安排搶親轎勢如奪標【旦】望妳娘怎生計

汶謝厚集曰生死骨肉

較【妳】怎計較空自焦只愁天漸曉小姐如何是了快叫姑娘起來商議【介】【小旦上見介】【旦哭介】【小旦】嫂嫂為甚啼哭【妳】我相公沒來由把小姐許了柳家明日就要他去因此啼哭【小旦】嫂嫂你若如此倘哥哥喪柩回來教我一个怎生佈擺【旦】事已急矣你哥哥喪柩望姑姑厚葬我道顧不得不如白練套頭早尋自尽免得污了我丈夫之名【聚】較介【妳】夜已四鼓怕柳家人到前驅後擁強娶了去怎麼好快作計較【小旦】我有一計但不知妳妳肯行方便麼【妳】你說來【小旦】妳妳若肯方便悄地開了府門放却我們逃回勝是重生父母【妳】此計甚合我意但你們俱是後生家途中不便若我同去却最好【旦】妳妳顧念至此所謂生死骨肉【妳】只一件我府中各門至晚相公必命院子下鎖料不能開我捎地撥個梯子來同到後花園搭过墻去方可行走了

鶉鵲風詩曰鶉之奔奔盖因衛宣姜之浮乱詩人作此以刺之也○晉太子圉質于秦秦伯妻以女懷嬴後晉丈公奔秦秦人妻以五女懷嬴与焉世為婚姻之國

【旦】妳妳這房前門可插上莫開恐有人瞧我們只開後面房門而去他便不覺【妳】也說得是耶【旦】【小桃紅】憂心一寸似搗如熏到此無投奔怎離禍門妳妳呵深謝你相憐憫深謝你安存若逃得脫我身感你恩你的恩無尽也庶免將奴名節損【合】向曉霜風緊怎顧苦辛惟願身脫虎群【小旦】【前腔】磨而不磷（語本論語）豈效鶉（鳥名）奔逼為秦晉（國名）此情怎陳妳妳呵假若是不怜憫假若是不安存却不道悞女身絕毋恩免被傍人論也嫂哭姑啼安可悶【合前】【妳】【前腔】情滋愛潤乳哺之親救獲娘何吝豈同

淮南子曰緣目創而欲不同而急

男以女為室女以男為家室家之債正所謂男

路人。（小姐呵呵）說甚麽望怜憫。說甚麽望安存。我正欲保你

身尽。我恩同雪相逃遁也。我做針兒將線引（合）前（衆）作上墻介

（妳）（小旦）（下）（旦）尾声　墻高梯小行須穩。跌介（衆）扶介脚难

撞麩不趁羅裙。自怨薄命人遇看禍根。

姑嫂身如不繫舟（流蕩貌）　呑声行哭詎能休

途中只恐傍人覔　閣淚汪汪不敢流

三十三齣　柳直空回

（外）（上）傳言玉女　婚舘塵埋。未了室家之債。喜朱門新施

女之頑湜也

石崇与王愷以奢靡相尚愷作紫絲布障四十里崇作錦步障五十里敵之

貧賤者取其不再偶意

晉衛介妻父樂廣皆有重名議者以為婦翁氷清女婿玉潤

鳳綵（亲也）渝盟非我願。須信出於無奈。斷絃重續也應何害。

今日是我女孩兒佳期不（末）（上）稟相公柳家接（淨）引鼓

免叫院子伺候接親的（仙女所居）親的都已到了　樂上

窣地錦襠　綵雲扶馬下瑶臺。步障懸燈百里排。笙簧一

派迓人來。和氣春風抱滿懷。（見末介）頻通報容（末）秀才

學生進府奠鴈、差了

只有个奠鴈（淨）你不知道新婚為（末）未聞（淨）听解鴈身

那曾有奠鴨（淨）奠鴈重婚為奠鴨（末）此說（淨）鴨頭上都

相似只是屁眼差了些（末）休取笑請（淨）進見介（外）襄膣

把來比着我們重婚（末）進行禮（外）介（揖之美称）

節節高　香風度草莱。彩屏開。氷清玉潤声名大。雲霙會

鴛被栽。鸞車駕。閣東舊主今安在。堦前新婿誇長拜（合）

詩云參差荇菜左右流之窈窕淑女鍾鼓樂之○西域有異香武帝惟賜賈充之女秀與韓壽通因偷香與壽謝奕之女道韞聰識有才辯因詠雪詩未若柳絮因風起

曾取天池兩鴛鴦。一朝共飛青雲外。（淨）（上）前腔（酒醒得事）屏開事已

偕有良媒。長歌紫柠（乃閣粧詠）參菜偷香㤀吟絮才羞花態。謾誇（韓壽事道韞詠絮）

百歲成佳配。翻愁自此成瘵瘵（病也）（合）前（外）（下）院子請那秀才府

前伺候教梅香請

小姐（末）（介）梅香（上）稟相公一場（外）甚麽（香）昨夜黃昏

出來。事十分蹺蹊（外）事。偷房門開得

堅牢。梅香纔去把門敲。不見有人羅唣。走進後門一

看。園回尋得心焦。三人不見一根毛。想是昇天去了（外）

賤才胡說。院（末）（下）（上）稟相公四下門拴緊二人從何處

子你去看來　藏身諒應不是許真君接去昇天

难信。只見後花園內梯子牆挨姑（外）院子小姐既是回

卦小姐妳婆們想是一齊逃遁　去黑夜裏城中備

遇迯捕怎麽好。你且打發柳家人回。快備馬來（下）（末）柳

我自趕去。本欲抒心托明月。誰知明月照溝渠　秀

伯夷叔齊不食周粟去隱于首陽山遂餓而死

才我小姐不肯重婚夜來与老（淨）呀怎麽相府裏的千

妳逃回去了我相公教你回去（淨）金小姐也逃走了快

出船子去罰他不得許介七除、含今存東都城外寓

一个財主走了老婆但人如若有收留者賞銀一千两

報信者賞（梅香）不識羞我小姐不肯嫁（淨）閙王殿前

銀五百两　你的言乱咊好没道理（淨）走了夜叉

那里尋你（香）咊化子吃黃虀（淨）一个銅錢買个段

這樣了頭　精一味穷酸　子了不得的賤貨（梅香）

伯惡叔齊灵魂出（末）了頭們不要攘（梅香）院公我看

現騷叔人的餓鬼　秀才也多說了話　連秀才是

个村東西我假粉作小（末）正是（丑）（下）（末）秀才供喜你我

姐只說尋見他一場　小姐藏在一樓

廂被我相公尋見（淨）謝天（丑）頂封（末）請新人（丑）推介（末）

叫你快樓下來　地　巾上　上鞍

柳秀才我小姐不肯（淨）拜介華堂齊唱賀新（丑）揭封巾

上鞍。較要你拜她下　郎。再拜春風窕窈外　衆謀介

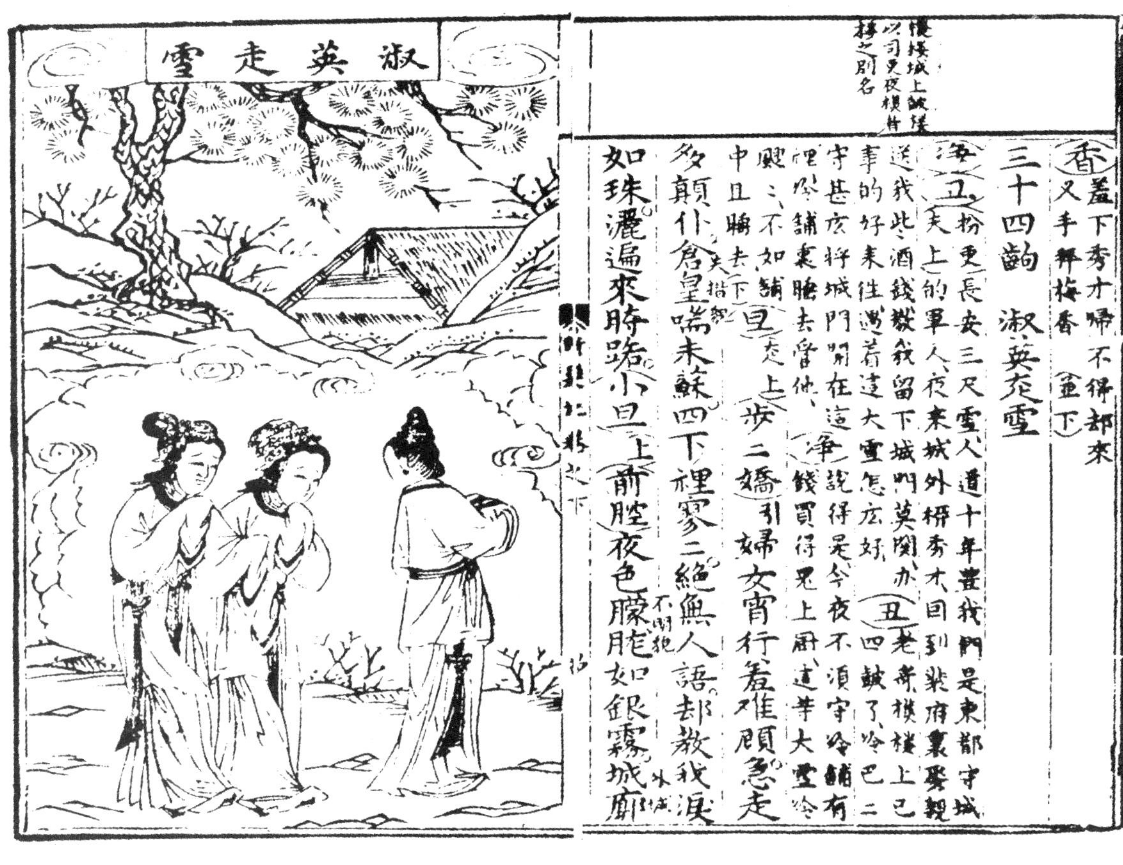

櫓　樓櫓城上戰樓以司更夜樓櫓皆樓之別名

【香】羞下秀才歸不得卻來又手拜梅香　【並下】

三十四齣　淑英走雪

【淨扮更長安三尺雪人道十年豐我們是東郡守城【丑】夫上的軍人夜來城外梆秀才回到裴府裏娶親送我些酒錢教我留下城門莫閉了【丑】老爺樓櫓上已四鼓了冷巴巴事的好來往巡着這大雪怎么好將城門閉在這守甚么【淨】說得是今夜不須守冷舖有錢買得兒上厨這等大雪冷颼颼不如舖中且睡去裡冷舖裏睡去罷休【下】【旦走上】【步步嬌】引　婦女宵行羞難顧急走多顛仆倉皇喘未蘇四下裡寥寥絕無人語卻教我淚如珠灑遍來時路【小旦上】【前腔】夜色朦朧如銀霧城廓

夫指裴　不明貌　外城

記曰女子晝不遊庭夜行以燭

南齊東昏侯鑿金為蓮花貼地令潘妃行其上曰此步步生蓮花也

六花雪花六出故雪曰六花

哨巡警號

重雲護夜行燭又無到處裏驚惶寸心無主嚇得我向迷途此恨堪誰訴【妳上】【前腔】姑嫂中宵相逃去因此金蓮步行行怯路衢猛可的誰知故家兒女忽聞得哨声呼恐怕遭巡捕【憶秦娥】【旦】雲迷幕長安古道風如削【下旦】風如削彫雲黯淡六花冷落【妳】寒寒夜色迷城郭天寒苦恨衣衫薄【旦】衣衫薄不禁淚懸然彈卻【妳】來到城边已傳四鼓且喜城門已開可出矣【衆出城介】【妳】小姐這裡有兩條路從那里去【旦】妳娘若從大路去恐我府中有人趕來只從小路去罷不知妳娘知道這條路広【妳】我先年常到你家來曉得只是崎嶇不好行【旦】沒柰何【衆】寒在家千日好出路半朝难【行介】積雪杳漫漫長風吹髮【漁父第一】是則

怯言失序

戍樓即城樓以守夜故曰戍角声城上所吹以警夜者

漢蘇武在匈奴牧羝嚙雪吞氈得不死匈奴以為神

是路途中蕭索滿江山六花布繞疎林外陰風惡只听得戍樓中數聲曉角撲簌簌吹梅花調翻與愁人添寂寞遮不得撲頭撲面雾雾落滿地瓊瑤人不掃【妳】好了天色已明趲行幾步【衆】【行介】我只見灑玉塵滾銀沙滿空鸞鶴傾刻裏青山已老【妳】呀錯走了路快轉去【衆】最苦是途迷故把人擔閣虛怯怯行來身軟弱【旦】妳娘我腹中飢餓行不得了怎広好【妳】你夜來只顧啼哭不肯吃飯這是曠野之中沒計較【小旦】曾聞漢蘇武餐氈食雪可充飢此間有氷你須索吃些【妳】取氷【旦】我受冷擔餓神衰力少【吃介】把寒冰口嚼【嘔介】透餓

指雪　調名　守也　以下皆雪景也

漢光武擊王郎至滹沱河冰合以濟

詩云戰戰兢兢如臨深淵如履薄冰

詩云窈窕淑女君子好求

論語曰歲寒然後知松柏之後凋以比操守之不移也

集躁乃躁急心煩不得安靜之意

腸痛煞煞轉如刀割（下介）那個是溪流凍斷層氷合野渡無人空自惱（妳）這條小河常有渡船來往，而今凍了，怎生是好（旦）就在冰上行去罷（妳）且緩着我端一下看來、蹉蹬踹跌介（衆）驚介（妳）没事氷堅可渡、過介（旦）下（小旦）行介戰兢兢臨深履薄（恐怕）滑剌剌氷兒上難移小脚（旦）跌介不覺弓鞋跌綻了（坐介）我猛地裏愁魂渺漠怎禁受江空野曠無停泊冒雪衝寒途路杳為只為我爹爹不諒人逼偕窕窈裴淑英（又）顧不得死填溝壑（孔子曰志士不忘在溝壑）（小旦）你本欲盡孝情來承顧托都變做長吁短嘆愁眉怨貌悔不盡（又）此來差錯（妳）奉勸你姑姑嫂嫂又何必哭啼啼把臉兒朦着我只怕（又）傍人知覺（熬）歲寒松栢我曾凋幷做溝渠一餓莩（餓死人）（妳）前面有條小嶺，你們趲些上去（旦）妳妳這里没人，我也和姑姑畧坐一会（妳）罷（旦）路程來了多少（妳）來了一半，还有五十里，且比前不好行，而今下午過了，大家去罷（旦）難介（妳）少刻天晚林深路黑，怎左行，你真个惱殺人呵（旦）二犯皂羅袍 非我不行坐倒柰饑寒到此半步難熬（望介）嶺頭一望路迢迢不由人不心集躁鞋弓韈小脚兒怎蹻（辛苦）躭驚受怕雪兒又渺千辛萬苦堪誰告（言无所告訴）（妳）前面有箇酒店，不免把首飾換些東西吃去（旦）使不得，我們是

詩曰投我以木瓜報之以瓊瑤

王莽篡漢龔勝死節班固以薰自之語訛之曰薰以明而自燒蘭以香而自焚

唐明皇遊月宮有霓裳羽衣曲 曹子建洛神賦凌波微步羅襪生塵

虞氏二女有姿色被賊擄去臨高岩自投而死

個寡婦縱然我死也不入酒店（哭）去（小旦）嫂嫂言之有理（妳）我買來送與你們吃罷（旦）也不可（合）前村裏酒旆揺斷魂從此不須招餓寒際節冢牢節和酒價定誰高（小旦）前腔 我華幸全節操賴妳娘敎誨不憚煩勞空誇桃李雪滕瓊瑤妾家那得瓊瑤報（妳）老身不打緊只是苦了你們（小旦）膏明自燃蘭馨自燒覩家心險梅香巧教人落在他圈套（合）忙行處獨木橋過時須挽柳枝條心驚戰氣怎消魂隨流水去滔滔（妳）前腔 思我相公堪笑把娘行賺得痛無聊長空萬里灑鶖毛（比雪）中途姑嫂傷懷抱氷容雪態（比節操）冊青怎描霓裳波襪孤貞自保此行真把氷霜傲（合）孤村外隱白旆遥隨虎跡度荒郊人烟少似兎驕婦人到此亦雄豪（内）作樵歌介（旦）驚介（二）犯駐雲飛 驀地魂飄（纔言荒地）（妳）妳妳是甚広人嘆（妳）是採柴的唱歌你慌甚広（旦）呀我只說是相公有人趕來听得歌聲閙採樵恐遇人強暴使我心驚跳（嗏）薄命倘逢遭把咱圍遶衆口譊譊（争閙貌）半路相邀插翅難逃怎得開交我幷作赴水投崖（姑）姑姑呵你把誰來靠（合）猛地思量珠淚拋（小旦）前腔 數陣狂飈凍得渾身似水澆岼火明魚

古詩孤舟簑笠翁獨釣寒江雪

僧寺曰宝刹〻乃幢柱以門徑一法若即當建幢告四方故云

棹罷却寒江釣。（嗏）山路聳岧嶢。石門深峭。雪滿林皋。鶴峰中高

見无人声 怨猿號。薄暮清宵寂〻寥〻。真個是地僻人稀。形影空

相弔。（合）冷地相思心下焦（介）天已晚了【前腔】野寺鍾敲宝刹 寺寒

懸燈照九霄。獨鳥栖寒條。山犬迎人吽。（嗏）墜雪響芭蕉。

乱鵲喧鬧。寒影瀟〻。飛遶林梢。枯樹危巢。絮〻叨〻。怎 乱噪貌

知道路遠人愁。偏向愁人噪。（合）暗地思量。容鬢消。【清江

引煞】忙行數里人靜悄。回顧山林昏。誰道我家遥。昏黑

應須到。〻家時。向灵前哭到曉。

斷髮記卷之下　廿六

猿性悉而腸穿見類死則哀鳴而腸斷亦死

行色曰征旆

旆布傾覆飄離之際

雪夜潛身到洞房　此行端是傲冰霜

歸家不敢高聲哭　只恐傍聞也斷腸

三十五齣　德武辭歸

（末）（上）【風入松慢】東歸女壻日相催。論事理當該。吾今衰

日誰看侍。旦夕裡愁懷似海。此歲更留征旆。來春為整

離盃。事無大小。關心者乱。我當初們不仔細。一時招贅德武為婿。豈知他猶有老母孀妻在家。近來再三

求告。欲同我女兒一齊歸省。此乃人子之情。必不可留。

已曾許他今日起程。我夜來思量。方今殘年之際。途中

衝冒雪霜不便。且留他住下。

待春氣和暖。歸去有何不可（生）（上）【五供養】終朝顛沛這

歸心幾度無柰。飄零思解帶。寂寞懷弊齋（貼）（旦）（上）行裝

已載。道但只願爹言不悔。若得他肯從。是我時乎通泰

見（介）（末）女婿。非我苦留你們在此。但今當歲暮之時。雨雪不絕。途中出沒。甚是不便。你且待春風和暖起程

回去何如（生）注顏【回】賤子愧非才。幸微勛得輔司臺。無心冠 見之棄

蓋。柰老母暮景西頹。我思歸草萊。嘆烏鳥尚兀自懷私 指田野

愛（末）你何不待春王 謂是青 陞賞高官。回去（生）縱不能列戟門墻。也須當戲彩 得春親

堦前（末）我今已老。女兒須去不得（貼）（旦）【前腔】傷懷教我淚盈腮。夫任

幽城未久。須信一去還來。心無聊賴。況十載未有書回。

杜詩丈人試靜聽賤子請具陳

慈烏尚有返哺之私矧況於人乎

斷髮記卷之下　廿七

古人觀之老如風中之燭昔刘仕曰母年九十如風前之燭豈可貪禄眷留耶

晋毛寶為兵使安定半人謂如

我心中暗猜。念風燭一別後。知安在。望爹〻早放同歸。

免教他問省情乖（末）【前腔】痴呆何事有餘哀。苦欲同歸

畫錦。教我此口難開。吾今年邁。倩一似陌上塵埃。況閨

門女孩。怎教你跋涉在江山外。女婿呵。縱若母萬里孤恓。汝也指婿

女孩 亦汝也指女 柰而翁兩鬢皚皚 老貌 女兒怎麼說（貼）（旦）孩兒曰念婆〻年老。暫歸問省。兒夫戰在此州。不久同來。相見有日。望爹〻慨然（末）如此你們早去早回（生）拜（介）【摧拍】佐

軍中愧非左車。托麾下猥蒙獎愛。今暫離府衙。岳父休

愁。古詩菟絲附蓬麻引蔓固不長 引蔓蓬麻。嬌子長慚。倚玉蒹葭 見得依荣意（合）分別後各阻天涯

孟子曰女子生而願為之有家
左傳邵侯使連稱管至父戍葵丘瓜時而往曰及瓜而代
桑榆二木名莊子云日西影在木端言人之晚景亦如是也

魂夢遠踏途賒【貼旦】【前腔】幸生來，父怜母誇。嘆反哺如何乳鴉，念此行可嗟。父老誰調晚飯晨茶，女去空瞻海月边霞。（合）前【末】【前腔】論生女頗為有家，豈應做飄飄柳花。吾今已老也，你女婿意若懸旌遠赴京華（見婦心急意），你女兒貌似凝脂，怎歷風沙。（合）前【生】【一撮棹】念時下期以及瓜【貼旦】看親年老教人轉嗟呀。（末）須念我桑榆日已斜（桑晚景）。（合）從今後盼望得眼巴巴，山色橫平野，離人意悲謝，山且遠，更被晚雲遮。

斷髮記卷之下　廿

湖廣衡陽山有回雁峰
家語孔子忍渴于盜泉而不飲惡其名也
詩云我生不辰逢此百罹

迢遞親闈曠疏居　那堪兩鬢霜瀟疎
風霜萬里人南去　回雁峰前好寄書

三十六齣　淑英剪髮

（旦上）【剔銀燈】今日裏饑寒怎禁，冒風雪痛苦過甚。惡木林雖寒，豈蔭盜泉水，雖渴誰飲。渾身上一任泥沾水浸呵，丈夫，我怎教更移了此心。【搗練子】風浩浩，雪浸浸，万壑千峰，一日还應有鵲魂不还，空流衣上淚痕斑。奴家夜来被爹爹逼要改嫁，旁迫之中，无可計脫，将求自盡，幸得妳娘救護，同姑姑冒雪逃回，方免此禍。古人道得好，我生不辰，逢此百凶。（末上）古人云，機事不密則害成，夜逼他小姐改嫁，不想

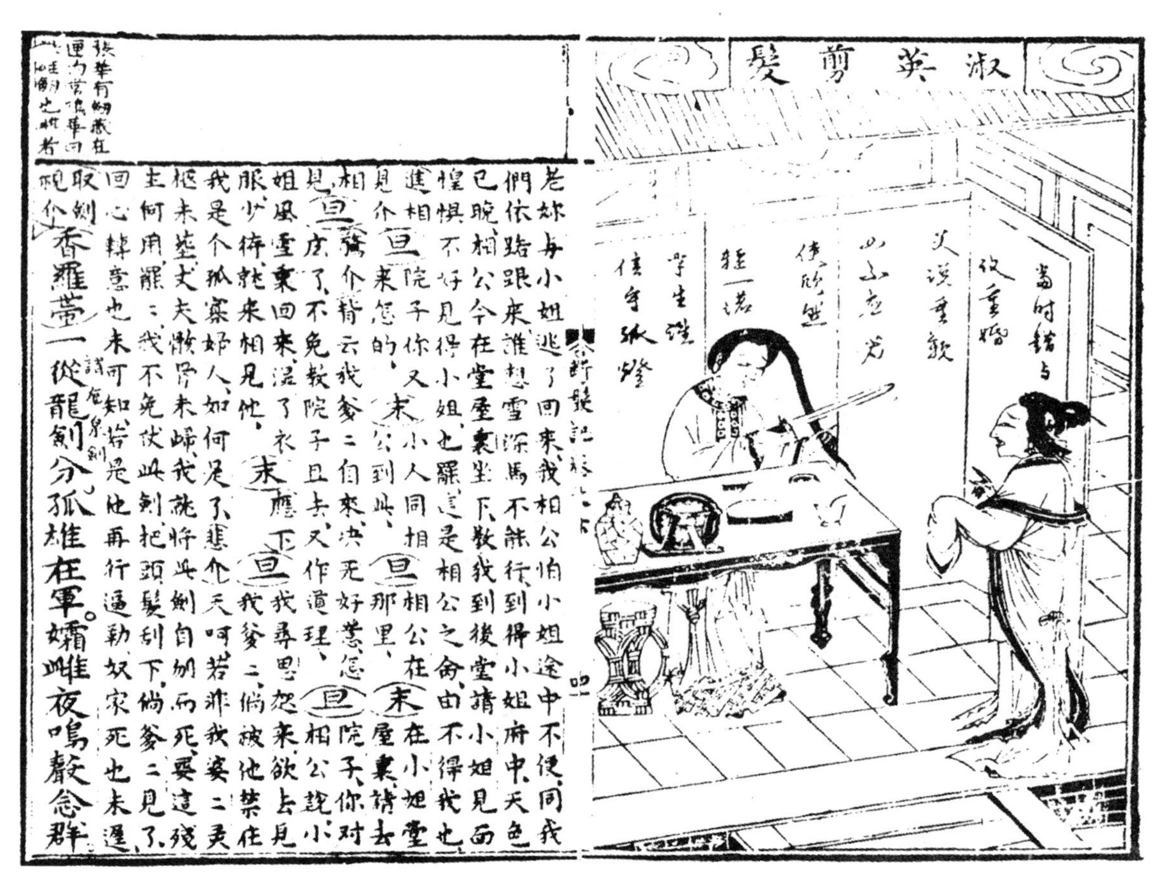

張華有劍藏在匣內常作聲華曰此劍之嘯若

老妳與小姐逃了回来，我相公怕小姐途中不使，同我們依路跟來。誰想雪深馬不能行，到得小姐府中，天色已晚。相公今在堂壘裏坐下，教我到後堂請小姐見面。惶懼不好見得小姐也。罷，這是相公之命，由不得我也。進相見介（旦）院子你來怎的？（末）又小人同相公到此。（旦）相公在那里？（末）在小姐堂屋裏，請去相見。（旦驚介，背云）我爹爹自來決无好意，怎広了，不免教院子且去，又作道理。（旦）院子，你对相公説，小姐風雪裏回來，混了衣服，少待就來相見他。（末應下）（旦）我尋思起來，欲去見我爹爹，倘被他禁住，我是个孤寡婦人，如何是了。悲介，天呵，若非我姿容美艷，未必丈夫撇我來歸。我就將此劍自刎而死，要這殘生何用。罷罷，我不免伏此劍把頭髮剃下，倘爹爹見了，回心轉意也未可知，若是他再行逼勒，奴家死也未遲。取劍視介【香羅帶】一從龍劍（試龍泉劍）分，孤雄在軍。孀雌夜鳴散念群

教人覩物淚沾巾也。人不在，奴空存。紅光照，我如有神。這劍呵，當日裡出自征夫手，今日裡偏傷嫠婦魂。（解髮介）（寡居）

前腔　我生何不辰，千般苦辛。一死須知猶可忍，百年懷抱與誰論也。爲人婦，禮當盡，豈能再醮登二門。頭髮呵，我此身非是捨死，故把你剪下，爭奈丈夫骸骨未歸，須死不得。剪髮傷情也。我不久同爲松下塵。

前腔　嚴君不諒人，反將怒嗔。身體髮膚非敢損，只求全節不全身也。生同室，死同墳，欲斷不斷心未忍。剪髮傷情也。頗不得哀哀父母恩。（介）

臨江仙　寶劍操持

光不很，仗茲剪下香雲。只求就義與求仁。正是夫亡顯節婦，國亂見忠臣。（將髮斷下）（作悶倒介）（妳）（小旦秉燭上）孝婦苦辭婚，哀声何太頻，隔墻須有耳，窗外豈無人。妳，姑外找相公，堂屋裏坐了，許久小姐只頓啼哭，因何不出見他，我和你看去（介）怎麽把頭髮剪了（衆悲下）

梅花墉　這頭髮剪來堪愛訴，亂灑鏡臺雲抛擲蘭房夜。（旦）此情欲説恐人談笑我的爹爹。（合）謾嗟吁，骨肉漸凋殘如擲沙。（介）

（小旦）香柳娘　嘆青絲細髮。（又）縮來盈把。須知不下千金價。從此後梳粧永罷。（又）何恨棄鈿花。垂淚滿羅帕。怎的將他取下。（又）美玉元無瑕。真情不假。

（妳）前腔　看雲鬟鬢鴉。（又）實堪描畫。當初沐取熏蘭麝。幾回見呀梳隱亞。（又）挽畔謾蟬紗，鏡前倚髩架。可惜將他取下。（又）縱把羅巾蓋遮，覌來不雅。

（旦）前腔　恐家君逼咱。（又）使人驚怕。他應瞎許親相迓。全不顧傍人笑話。（又）奇禍恐相加。殘粧可抛卸。只得將他取下。（又）不敢分明怨嗟。粧聾做啞。（妳）相公，快來來。（外）老妳甚麽了，底事哀。（妳）不得小姐聞你自來，恐你逼他改嫁，把頭髮盡皆剪了。（外）（下）（見介）（旦）哭倒痴兒，（醒介）何致乃爾。

（前）腔　將教人痛麻。（又）悔當無暇。果然不肯重婚嫁，做了人

閒話靶。（又）你得後人誇我，喫後人罵，怎的將他取下。（又）縱使爹行見差，如何割捨。

（旦）前腔　望爹爹獎嘉。（又）挽回風化。何須再把青鸞跨。剪頭髮情非謊詐。（又）到此是寃家，從來有姻婭。只索將他取下。（又）誓死終身靡他。一馬一鞍。（外）（下）兒，我早辰見你來了，曉得你夫意守節，我本忿（外）到此，把好言語寬解你，反做出這等勾當來，（旦）孩兒不肖，做差了，（下）我留老妳在此伴你，我回去，（旦）多了，望爹爹憐恕（外）就着梅香來看你，須索寬着。（旦）謝爹爹

當時錯與議重婚　父說重婚女不應
若使欣然輕一諾　半生誰信守孤燈

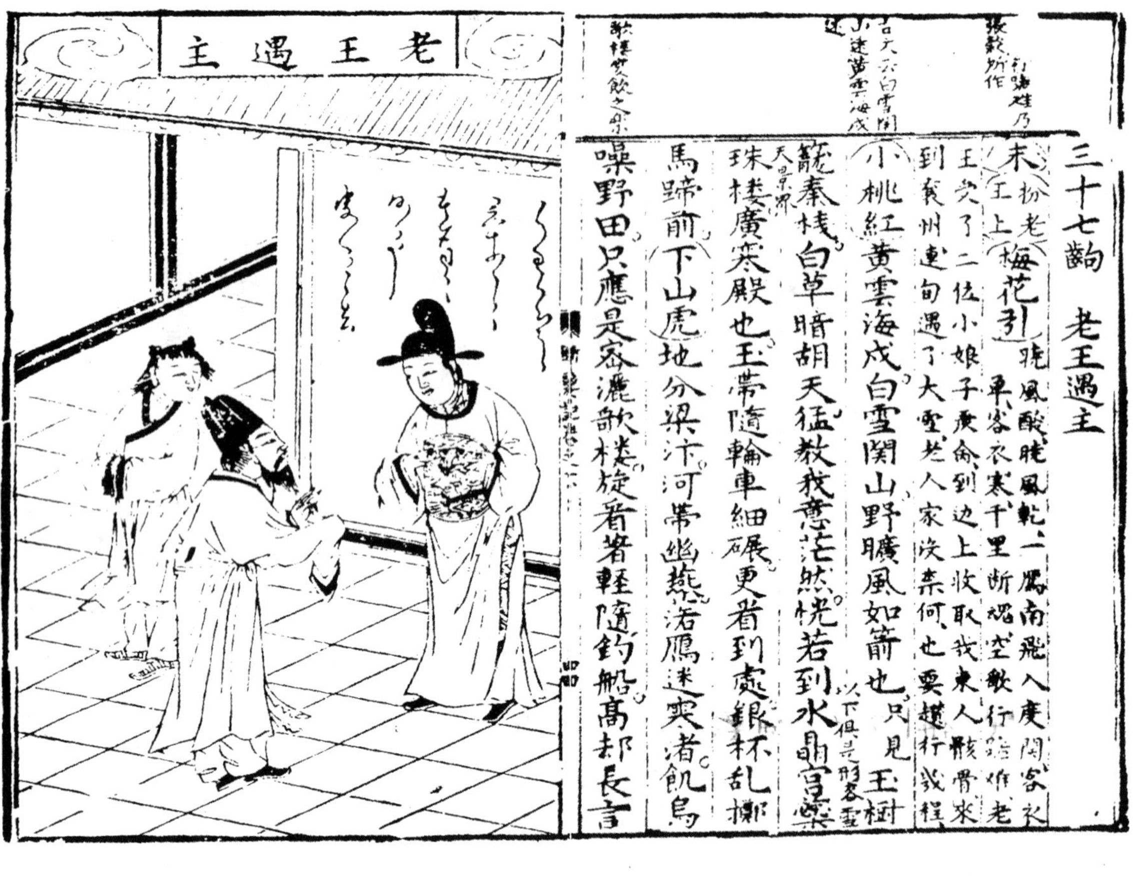

打鴇雉乃張毅所作

古天云白雪関小迷黄雲海戍迷

歌樓酒飲之處

三十七齣　老王遇主

〔末〕扮老王上〔梅花引〕暁風酸，暁風乾，二鴈南飛入鹿関。客衣單，客衣寒，千里斷腸，空歎行路难。老王奀了二位小娘子，奉命到边上收取我東人骸骨，來到長州，連旬遇了大雪，老人家沒柰何，也要趲行我程。

〔小桃紅〕黄雲海戍，白雪関山，野曠風如箭也。只見玉樹（以下俱是形容雪）瓏秦桟，白草暗胡天。猛教我意茫然，恍若到水晶宮（天上界）珠樓廣寒殿也。玉带随輪車細碾，更看到處銀杯乱擲。馬蹄前。〔下山虎〕地分梁汴，河帯幽燕，落鴈迷寒渚，飢鳥噪野田。只應是客灑歌樓，旋看著軽随釣船，高却長言。

陸凱寄梅与友詩：折梅逢驛使，寄与隴頭人。

老王有子奚童同德武去，此行一以報主之恩，一以尽父之义，故云云。

歳除之夜曰除夕。

青帘酒家望子。

郵日也，即舘驛。

沽酒錢，碎剪遂金練，散作瑤花飛滿天。今夕是何夕（謂除夕之夜），轉教自憐霜鬢，明朝又一年。〔蛮牌令〕正膽破虎狼道，涙入（思欲報主恩意）大馬天。客愁空竚立，不見有人烔望。驛使寄无便（即称寄信意）〔跪介〕嘆程途多走多顛，冷颼颼，艰辛萬千，老奄奄，恐滞腥膻。〔尾声〕誰知腹内車輪轉（報轉思悵意），懐恩義不憚路途遠，父義主恩得两全。呀，天色将晩，來此間沒有旅店投宿，怎麼好？前面有个舘驛，不免借宿一宵。〔净〕扮驛官上道：多輪轍，京華换路程。相逢不相識，俱是宦遊人。甚人到此？〔末〕老漢遠郷人氏。〔净〕此間舘驛，官府來往，且今晩又是除夕，不方便。〔末〕〔六么令〕彤（音同）雲黯黯，念前途雪緊風嚴，可怜力倦與身纖，餓寒老兒猜嫌，望君就里重怜念。〔净〕〔前腔〕郵（音尤）夫自添，柰官僚每息征幨，非同酒肆（店也）掛青帘（音廉），官來往却难潜也。知不比拍商店。〔末〕大哥沒柰何，我也是官官人開的。〔净〕也罷，那廊下空房借与你罷。正是天上人間，方便第一。〔下〕〔末〕〔前腔〕聘光荏苒，向回廊独臥茅苫，旅郵借宿歳将淹，悲心哀顔，嘆枯鬢海涯，戦骨难收撿。〔生〕〔貼〕〔旦〕〔丑〕〔衆〕上〔前腔〕前程我站，況兼逢雨（寇下我）雪簾纖，鞭催瘦馬手慵拈，帰心急紛紛，愁添暁氷蒲鞯，封龍劍。〔生〕左右分付驛子。〔净〕已打点了。〔生〕我有家眷在此，況途中辛苦，諸人不許囉

一段俱見郵亭冷落之意

唱（净）領均（生）狠歎（介）（末）黄昏時候館驛中好冷落呵

【集賢賓】郵亭冷落窓半掩瀟瀟寒透衣衫束草那堪為枕簟人靜情空房深暗形容瘦減（介）四壁邊聲難澹心意慘為我主啼痕千點【生】【前腔】（夾白）皺歡坎坎歸心急似飛帆（回介）孩兒回來了【貼旦】相公你為甚麼（生）醒介呀元來是夢中被魘了遠夢將成翻着魘醒覺後空將人驚驚風乱颭（音閃）急雪暗敲門戶（古戶字）心意慘為骨肉啼痕千點【小旦】【驚啼序】荒郵雪夜暫駐驂更夫靜夜猶喊謾教人思遶江南又死魚閒鴻挨振空簷風鈴自鳴驟晴壁殘燈无焰心意慘為姑氏啼痕千點【前腔】【末】老夫傴僂怎扶挽难捱垢髮塵臉念一身瘦骨巖巖不辭豺虎吞噬（音仁食也）欲效吞煤漆身（豫讓事）恨不得臥薪嘗膽（越王事）心意慘我為主啼痕千點【生】【琥珀猫兒墜】五更难報心事有誰鑒反側无眠霜髮染高堂慈母嘆拋閃（合）傷感不能勾縮地相逢路途危險【貼旦】【前腔】起來梳洗飛雪滿欄檻寶鏡凝寒慵目攬歸心迢遞翠眉斂（合前）（生）琴童拿驛子來（净介）（生）夜來誰人鬧炒（净）没有（生）琴童同他兩廊搜尋好生拿來【丑】【末】見認哭介【末】

佝僂背折貌言老態也　昔趙襄子殺智伯其臣豫讓為智伯报仇乃漆身為癩吞炭為啞欲刺襄子　越王勾践欲报吳仇坐卧薪嘗膽　費長房從壺公學道得仙術能縮千里之地于目前放之則依舊如故

大官人做了（丑）大官如今回去在那里（末）在那（丑）介（末）見生哭介（生）老夫人別來安否（末）【五更轉】我昔年赴京去遇軍中有報書回傳我主遭兵擄回報夫人不勝哀苦母子情常慟哭死時已回沾氣疾难調治一旦无常命歸泉路（生）哭倒介（衆）救生醒介【前腔】聽此言肝腸碎嘆別離七載餘錦衣幸得還鄉故紫誥金花與頒慈母今不料母已亡吾何恃皐魚自恨歸來暮（拔劍介）（生）也何為不如早死（衆）劝介【貼旦】【前腔】妾與夫離任所念親姑長倚閭歸家滿望相完聚豈料中途忽聞哀訃（音付）速脫郤金縷衣穿縞素慈顏未覩空哀慕灑淚千行地無乾土（生）老王你為甚到此（末）此時只道主公已物故老夫人臨終囑付二位小娘子教小人到卤州收取骸骨所以到此（生）悲介（外）扮老張上四郊未寧靜臨老不得穷小人是張指揮的家人昔年我東人為事到边上立功與里人李德武同伴而去不想俱在陣上身亡近有李家娘子看他家人老王到北幽州收取骸骨我主聞知教我也去走一遭來到此間听得人說有个鄉官姓李是幽州來的我不免去問个消息（末）見末介老王哥你來了許久怎麼在此（末）我東人還在（外）恭喜了煩你引去問（介）（外）小人是張家的敢（生）你張老爹出我東人在否（外）問我東人何如（生）征有功進京後命（外）謝介（生）你離家不久聞（生）我家中安否（外）稟老爹我主昔年聞我東人與老爹同赴去了

哀訃也　皐魚…哭之慟　子欲養而母不待…與母同遊…自刎而死　王孫賈母曰汝暮出而不還則吾倚閭而望　淌見請音佚杜詩童稚情親四十年中間消息兩茫然

佳期謂婚姻之期

幽州最典你夫人家中常遣了頭往來省問近(生)快說日聞得老爹府中天大的一事是裴相公做的(生)來(外)近日裴公擇婿家富柳直求婚裴公竟許結姻親卻恐女兒不信設計假稱病重將書取你夫人可憐姑娘進他門許(生)說來(外)老娘暗行方便將梯子過墻夫定佳期行准(生)怎的(外)昏地悄冷街巳冒雪三人逃走背後裴公趕到果然鬼哭神愁夫(生)悲介(四朝元)斯言人斷髮淚交流哲把芳名自守

非偽嗟〻念我妻秉伊剛性悍不顧談恥多方賺你〻甘心守志又虧了你冒雪衝寒道路艱危嫂哭姑啼登山涉水剪髮心无貳(嗏)暗想你別離時執手叮嚀言語今无異逃回豈不又歸寧亦是禮嘆停妻再娶怎效薄

黃允漢和帝時人司徒袁隗欲以姪女妻之允即休前妻娶焉

古人云富貴不歸故鄉如錦衣夜行故仕宦而歸曰衣錦

白樂天琵琶行悽〻切〻錯雜彈

情黃幺使人談議(夫人)你姐〻在家堅守節又如此我今帶你回去况在制中惹人談笑不免討下夫馬著老王梅香送你轉还外家待我服巳滿再作區處(貼旦)相公你差了想我姐〻是个節孝之人豈能有妬忌之意乎(前腔)听君言語心中自忖思他既能全節孝決无猜忌你何須多〻(我若回外家公呵)怕傍人笑取又只道我美滿恩情錦同歸半路相離有何緣故(作縊介)不若奴身死(生)劝介(貼旦)(生)嗏夫與妾好傷悲海角天涯恨不身飛去遙〻望眼迷茫〻風雪裏家鄉何處謾教我悽〻切〻共彈珠淚(生)快做文書申報朝中就此打帖回去(末)是(生)

雲陽鴈門皆邊塞地

飄蓬言无所依倚意

老張你也回去罷(並下)

風雪擁歸鞍　長途歲已闌

臯魚空有恨　淚下不能彈

三十八齣　德武還鄉

(旦上)(天下樂)有客邊陽遠致詞(謂傳音信)兒夫猶在鴈門西斯言若爾歸應必願借春風逐馬蹄(嫂燕復漢笑叟飛声融〻鴞棟栖不淺翠帳語)遠同一朝分散去死後如飄蓬憔悴一身在孺惟恋故雄塞飛难再得傷我寸心中近日聞有人在幽州回來道我丈夫還在我暗地思量豈有此事想是錯傳了(外上)小人老張是也在襄州回來使遣報喜事相

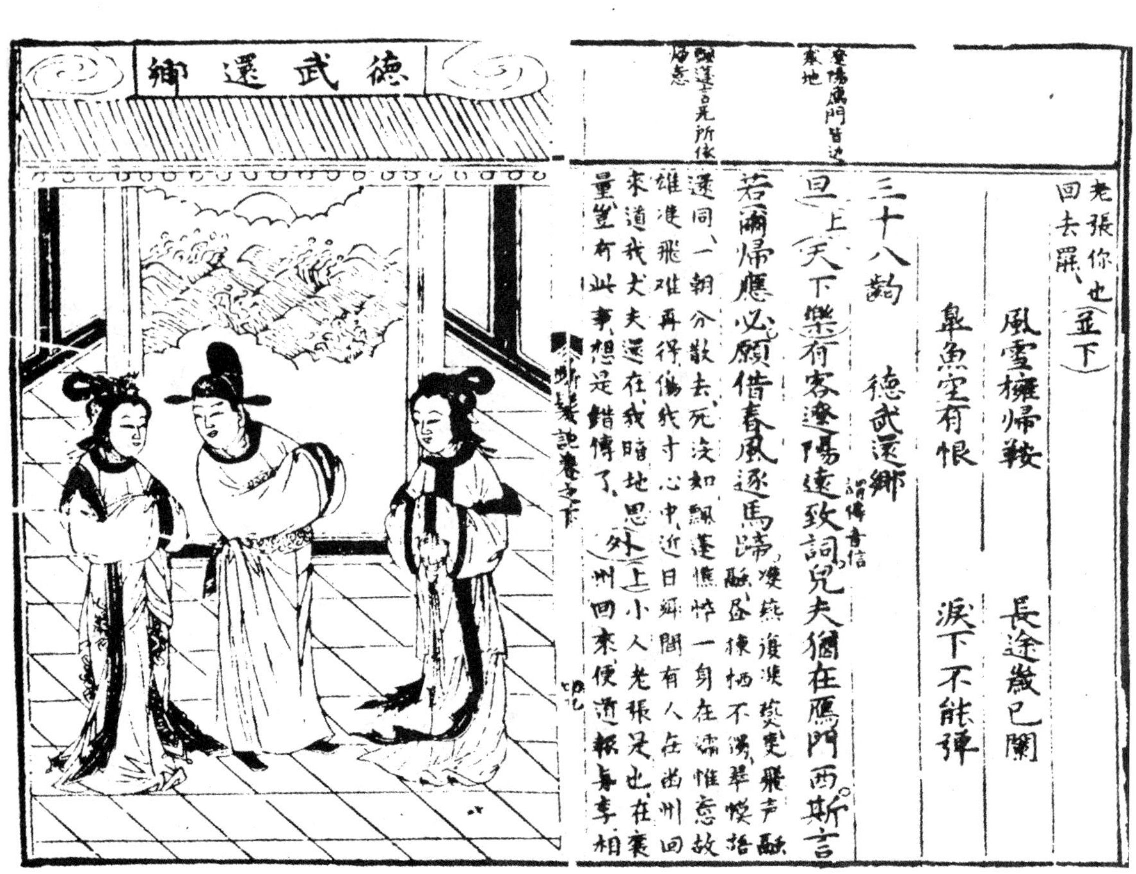

古者人臣有功德者死後立廟以享祀之故曰廟食

蘇武在匈奴嘗以帛書繫鴈足寄漢朝

公家（旦）避（介）（外）洗人在此叫身仕知，我是襄州（旦）敢怕得知，來的你李相公不久就回來，作錯來了，不（外）他平胡有功，做官回來，小人親見（旦）好怪妖是我家（外）他了，不瞞我回答得忙，休罪了（下）（旦）家丈夫別後十餘年，斷音信斷絕，况當時老王在京，又見了大書，怎交还得个人在這等言語，多是虛傳，取笑我的。（想介）大夫呵，（醉扶歸）你攬胡十載狡荒裔，我思君半世守孤幃。生當衣錦復來歸，死當廟食（謂享祭祀）長相憶，休休，我我回夢相見容輝。醒來時枕上魂千里，（前腔）久傳死没單于壘（匈奴長王庭），忽聞生返帝王畿。他既言旋（謂反歸）虎旆振上師，豈不把鴈帛傳妻子。休休，不然我千里故人回，怕傍人錯把虛言遞

杜詩昔年親友半凋零

（丑上）少小離鄉老大回，形容變盡鬢髭兒（旦）（認介）（丑）童相見不相識，借問客從何處來，（進介）夫人敢認不得我了（旦）呀你是（丑）小人（旦）琴童是了（旦）你官人那里（丑）官人做了官回來，我老子也回來了（旦）（介）（生）（上）（天下樂）客裏聞喪苦不勝，歸來親友半凋零。故園桃李皆搖落，惟有青山只麼青（見旦不改常意）。見旦哭拜介生康多（合）十載燕鱷萼（棠棣名），一朝覩鳳茵（旦）形容變盡語音存，倉卒猶难相認（合）重執袂，欲沾巾。（小旦上）（見生哭）（哭拜）相思當日兄妹分離南北地，誰知此日還相會（生）夫人你頭髮怎的（旦）（哭）（玉交枝）自聞凶信，遇親亡。萬苦千辛，爹爹重遇諧

堯女娥皇女英從舜南巡死於蒼梧之野二女號哭淚下著竹枝上竹盡成斑點

秦晉，只得剪下香雲念竹枝，久沾堯女（名娥皇）痕。喜蘭房重覩何郎粉（何晏面白如粉）（合）嘆天涯離隔幾春，及相逢形容盡变（生）（前腔）向離闈閫，念孤身危然在軍，曾經百戰逢榮運，衣錦光蒲蓬門，東風喜歸桃李新，北堂愁絕萱花隕（謂母）（合）（小旦）（前腔）一天愁悶，嫂和姑執執（獨立貌）兩人，虛傳兄長遭兵刃，那更喪却萱親久，拚十年淹膚（音判，弃也）誰期一旦歸鄉郡（合）（前）（生）夫人位在那里（旦）在後堂（生）（哭酒介）（一封書）兒哭痛母魂，天地空餘兒罪身。兒慟哭母怎聞，兒得成名母不存。十載髩消魚

蓼莪詩欲報之德昊天罔極　皐魚周遊列國後歸父母俱亡乃自刎而死　子路曰昔者由也事二親之時常食藜藿之食為親負米百里之外　親歿之後南遊於楚從車百乘積粟萬鍾列鼎而食願欲食藜藿為親負米不可得也　皐魚曰樹欲靜而風不停子欲養而親不待

鳥陣，百戰身存刀箭痕（合）哭殺頻煩。芳樽难報如天罔極恩（前腔）兒與母永分（介）欲效皐魚（春秋時人）亦自刎。（劝介）（生）孝情事怎伸，由也（字子路）徒悲罷，陳風木正懷哀子恨，圖薦空傳慈母神。（合）（前）（小旦）（末下）（生）夫人，下官在外，娶有一妾帶回，至中途聞你節孝如此，我欲將此婦送回娘家，誰想他哀泣不行，當在館驛之中，欲求自盡，下官不得已帶了他同來，無面目見得夫人（旦）相公說那里話，我當初曾對天說过，正欲如此，快請進來（貼旦）（上）不似關山遠，來登君子堂，宅边多古木，絕勝阿奴鄉。（見介）夫人請上，容拜（旦）今後只以姊妹相稱（貼）拜介（貼）（風入松）多蒙不棄返魂光，感深恩再世难忘，德容自昔遥瞻仰。

虞舜有天下之號堯以二女妻舜一名娥皇一名女英亦以姐妹相呼故云萬花錦如英花娥武帝猶有此訓

今日裏得拜芳粧喜盈盈春生滿堂（合）思虞舜有英皇
（生）下官亦賴此妾乃父（前腔）當初落泊困邉疆感伊翁吹嘘之力致有今日
厚德难忘喜一朝身致青雲上妾和妻兩出糟糠妾姣娥
花淒明囊（合前）（旦）（前腔）我生幾死爲綱常（合）當年歡愛难
忘（合）相公我妹妹不肯回去欲求自尽甚有見識他若（貼）一回不免傍人恥笑就是他乃父也嫌疑之問也
喜貞風妾亦能相傚羨一門節义成雙似丹山和鳴鳳
凰（合前）（貼）（下）（㛼）（上見介）（旦）相公㛼娘來請相見（生）云云（介）（剔銀灯）聞
昔日岳家逼我妻妹賴伊方便不辭風雪程途遠成就

黃金經久百煉而漸精人之節操經百般艱苦而成亦猶金經百煉而精也

德謂有恩惠及我也論語曰以德報德

樂昌公主与陳太子舍人徐德言国亡乃共分破鏡期後合後果得合破鏡故曰事非偶然

了精金百煉（請靠上下）（㛼）下人怎敢當（生）流傳芳名可羨思
報德願承晚年（㛼）推介（旦）（前腔）免譏遜㛼㛼請轉（拜介）衆相
見女輩感恩不淺回將往事思量遍不由我淚痕滿面
今日上天開眼我夫婦團圓皆賴㛼娘之力也蒼天從人所願豺狼道賴伊保
全（㛼）今日之事出你姑嫂孝感所致於老身何有（前腔）你姑嫂貞心顯信天
道終須報善同懼患难心無怨今日裡戶門輝炫重圓
人間罕見逢破鏡事非偶然（乃兩完也）

一門節孝兩能全　花再重開月再圓

苦盡甘來甘到底　歸時人勝去時年

椿樹指父萱指母……

四十九齣

（生上）（生查子）從容忽十春晝錦还鄉郡萱艸已飄零空
抱終天恨（椿樹悲先折萱花亦已催空械猶在衣盡蓼莪哀）今日那国公有報來朝廷有意到京者下官謹伺（淨上）（前腔）金章紫綬新咫尺東都近爲念九原
人雪此平生憤（見介）（淨）宗兄大人下官近仰有司拿問丘杯又遣厮先与令妹夫王君
有宿娼之嫌續因柳直至宅上慶賀孝瞧見令夫人国
色遂不合挾同诉又許以分割家財買全攀首下官舍
妹夫及今親窩藏之事懷又竟自接挨柳直銀兩買娶
娼婦薛氏爲妻今有司問得懷乂挾仇圖財攀首親夫

所謂公卽李宏也

婦致死計賍論發边衛充軍薛氏官買柳直（生）柳直无狀至此
先因親事不成氣瞎兩眼已成篤疾免叫
舍下妹不覺（淨）下官聞令妹守志節孝兩全奏過（生介）
多謝大人（淨）官裡已有聖旨旌表少刻就到
（淨）下官已備黃金五百兩管令妹夫（生）云云（內應介）妾
造墳敢請令妹相見容下官拜謝有孝服
在身不敢請見伏承仰因大人念及爲造墳存
浂兩充㒵乞於王氏墓側置一空穴俟送先姐殯後妾
卽求一死得一殉（淨）烈哉烈哉下官謹（合）男兒豪氣冠
埜其中不勝感任（淨）如命就此拜辭三軍究報究
兮恩報恩惟有感恩弃（淨下）（小旦）（旦）（貼）（上見介）（生）適聞
精德万年千載不生塵（旦）（介）（丑上）小人地方里長本那国
公說當日之禍起於慶孝（丑）縣分付報与李大人
之際我這廾向不覺矣（生）下官衷（丑）武官不丁
家欺他安排迎接聖旨見介李
大人坐肯封贈你家同候迎接（生）經在身（丑）要快些（丁）

□旌也

詩云詒厥孫謀以燕翼子

醮禮即夫婦合卺之禮

（生）（衆）換衣介（小生）（上）聖旨已到跪听宣讀（生）（衆）跪介（小生）大承運皇帝
詔曰節孝忠貞寔人倫之重褒封奬励乃王政之端惟
操之以馭其臣下觀之必從乎上唐虞三代賢聖既相
承而雍風可覩秦漢六朝盛衰雖有異而此道猶存朕為
撫禹甸之鴻圖詒子孫之燕翼恒以綱常為急教化為
先其有忠孝節义者每令有司不時以聞今者充祿鄭
邢国公李密户部尚書安邑公裴矩申奏幽州都司李
德武学貫天人才兼文武事母能全至孝平胡累立奇
功其妻裴氏以孝事姑而養生送死之无憾以貞律已
而斷髮求屍之孟堅其妹王鄭未行醮禮而節自完协
守遺言而義充尽兹三人者朕有取焉李德武授右翊
衛大將軍裴氏封河南郡夫人介朱氏封宜人妹封貞孝
女表其門父豫州刺史李芬追贈兵部尚書母周氏封
平陽郡夫人於戲善可立旌功名勤（衆）山呼介（小生）（衆）
叩恩波一洒存没兩霑望闕謝恩

斷髮記卷之下

韓信釣淮陰漂母見信饑飯信後信封齊王至淮陰召漂母賜以千金

物換星移謂物象之改異星宿之推移滕王閣序云物換星移幾度秋

貴人簪纓著身蟒花簪戰袍

寒暄介小弟向佩母親之恩過於（生）謝辭介（小生）急選母親
漂母時倫黃金百兩聊申報意
須期小弟（生）介（衆）背矣杯一飯兹事已千春（小生）（下）
一同赴京 白壁酬知已黃金謝主人（外）
（末）（上）（六么令）天恩浩瀚喜大觀聞說星槎謂天使已下雲端垂鞭低拂
五松山馳盈戟簇朱旛見介（合）入門一笑春風滿（又）（生）
（旦）（貼）（前腔）深恩顧盼言感府交意物換星移久別尊顏謾勞車駕駐
江干絃管奏酒盃乾（合）（前）（外）（下）介朱大人我二人得李子為婿足矣（末）介（外）喜今
一家團圓（生）（衆）拜介（山花子）麒麟漢於圖畫功臣其上閣上聲名早皇天不
拜謝天地豪傑士蟠花戰袍蟒衣也
負英髦染恩光蟠花戰袍更圖報以瓊瑤（合）太平時歌

杜氏有蘇似六經六經紙以諳蘇漆紙具詩詞為諸辭于由麻紙其詳察厚知六經之文也

天子詔書用武都紫泥以封故詩鳳凰丹詔杜御出紫泥書

謡聖朝黃麻紫泥來九霄仙花御柳明漢貂耀後先輝
裂土封茆（旦）（衆）拜介（前腔）皇恩此日霑枯槁微生寔幸
封褒鳳冠戟斜侵翠翹霞垂繡帔飄二（合）（前）（生）（衆）節節高
誰云帝里遙駕雲軺從今問寢龍樓曉將軍少指德武指朱介擁膏豪
尚書好指裴矩（旦）（衆）天香遠爨金花誥先魂地下增榮耀（合）烈
女貞妻表門楣門横木忠臣孝子登廊廟孫（文）五倫全處蒙旌
表絕髮寶劍記世少曾教萬古名同天地老

節孝忠貞倫　　真堪作範模

芳名應不泯　　長與共　仝

新鐫國朝名公神斷
陳眉公詳情公案

提要

《新鐫國朝名公神斷陳眉公詳情公案》六卷首一卷，明陳繼儒撰，日本名古屋蓬左文庫藏存仁堂陳懷軒刊本。左右單邊，單魚尾，白口。上圖下文。內題臨川毛博丘兆麟訂，建邑懷軒陳梓。正文分十五門，凡四十七則。本書所輯公案，均來自晚明其他公案類書，入《詳刑公案》、《皇明諸司公案》、《明鏡公案》等。除此本外，還有日本東京大學東洋文化研究所藏本、日本內閣文庫藏本等。

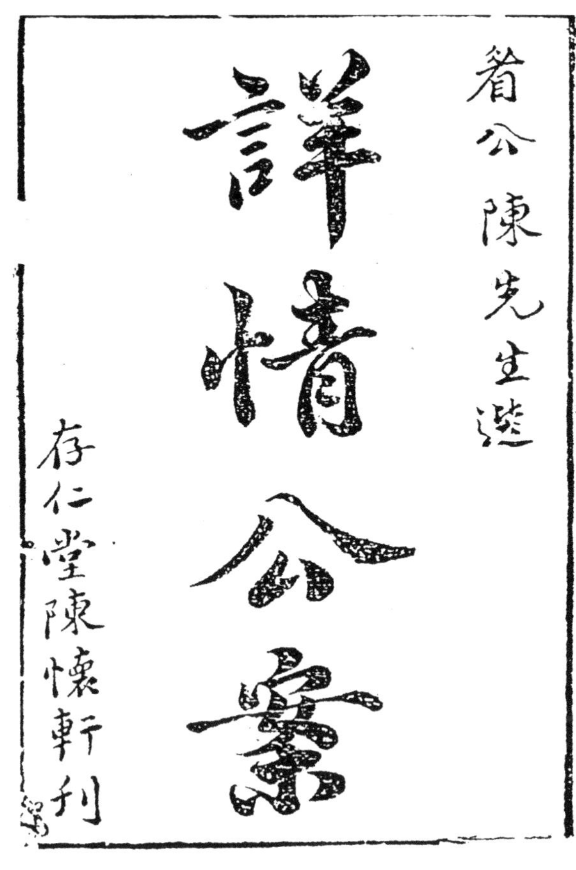

眉公陳先生選

詳情公案

存仁堂陳懷軒刊

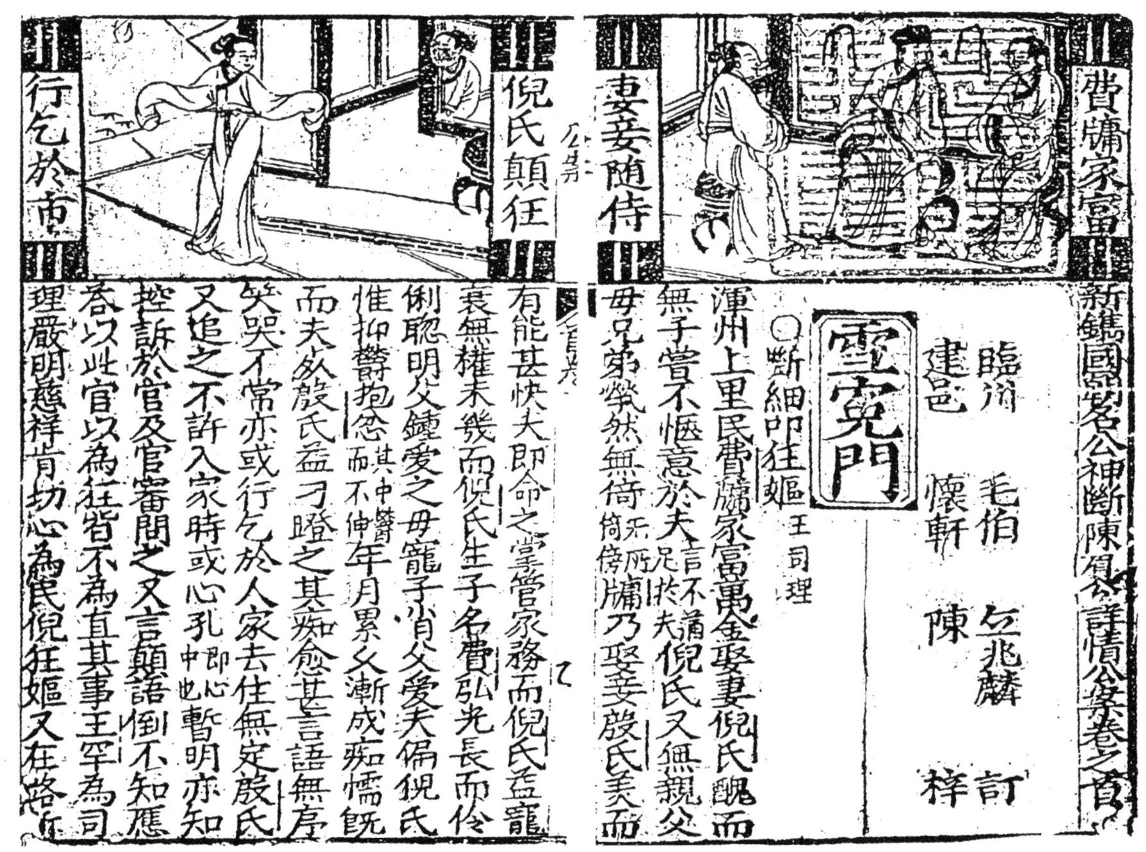

新鐫國朝名公神斷陳眉公詳情公案卷之首

臨川　毛伯　丘兆麟　訂
建邑　懷軒　陳　梓

靈冤門

○斷細叩狂嫗　王司理

潭州上里民費牖家富萬金娶妻倪氏醜而無子嘗不愜意於夫（言不滿足於夫）倪氏又無親父母兄弟煢然無倚（無所倚傍）牖乃娶妾殷氏美而有能甚快夫即命之掌管家務而倪氏益寵衰無權未幾而倪氏生子名費弘光長而伶俐聰明父鍾愛之毋寵子肖父愛夫偏倪氏惟抑鬱抱忿（其中鬱而不伸）年月累久漸成痴懦既而夫死殷氏益刁蹬之其痴愈甚言語無序笑哭不常亦或行乞於人家去住無定殷氏又追之不許入家時或心孔（即心中也）暫明亦知控訴於官及官審問之又言顛語倒不知應答以此官以為狂皆不為直其事王罕為司理嚴明慈祥肯劫心為民倪狂嫗又在路行

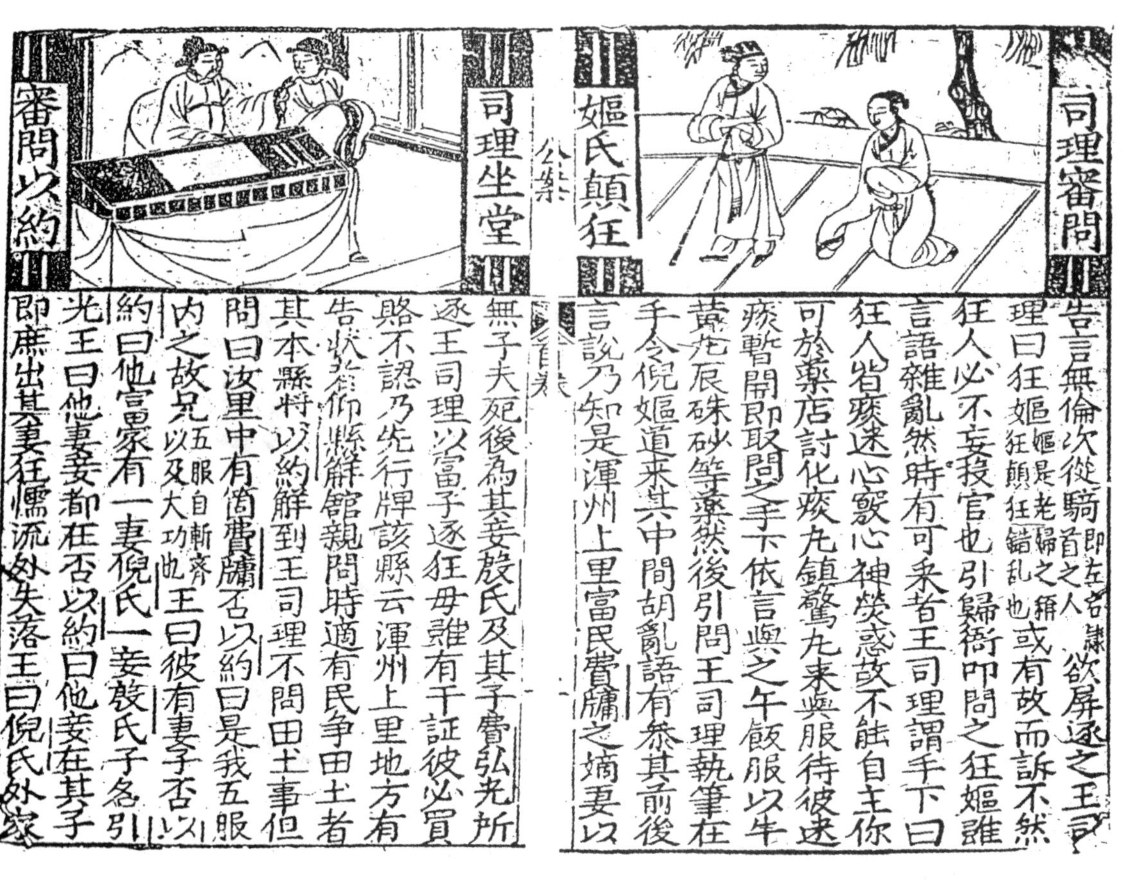
司理審問
嫗氏顛狂
司理坐堂
審問以約

告言無倫次從騎首（即左右隸人）欲屏逐之王司理曰狂嫗（嫗是老婦之稱狂顛狂錯乱也）或有故而訴不然狂人必不妄投官也引歸衙叩問之狂嫗雖言語雜亂然時有可采者王司理謂手下曰狂人皆痰迷心竅心神熒惑故不能自主你可於藥店討化痰丸鎮驚丸來與服待彼迷痰暫開即取問之手下依言與之午飯服以牛黃丸辰砂等藥然後引問王司理執筆在手令倪嫗道來其中間胡亂語有叅其前後言說乃知是渾州上里富民費鏞之嫡妻以無子夫死後為其妾殷氏及其子費弘光所逐王司理以富子逐狂母雖有干証彼必買賂不認乃先行牌該縣云渾州上里地方有告狀者仰縣解館親問時適有民争田土者其本縣將以約解到王司理不問田土事但問曰汝里中有箇費鏞否以約曰是我五服內之故兄（五服自斬齊以及大功也）王曰彼有妻子否以約曰他富家有一妻倪氏一妾殷氏子名引光王曰他妻妾都在否以約曰他妾在其子即庶出其妻狂癲流外失落王曰倪氏外家

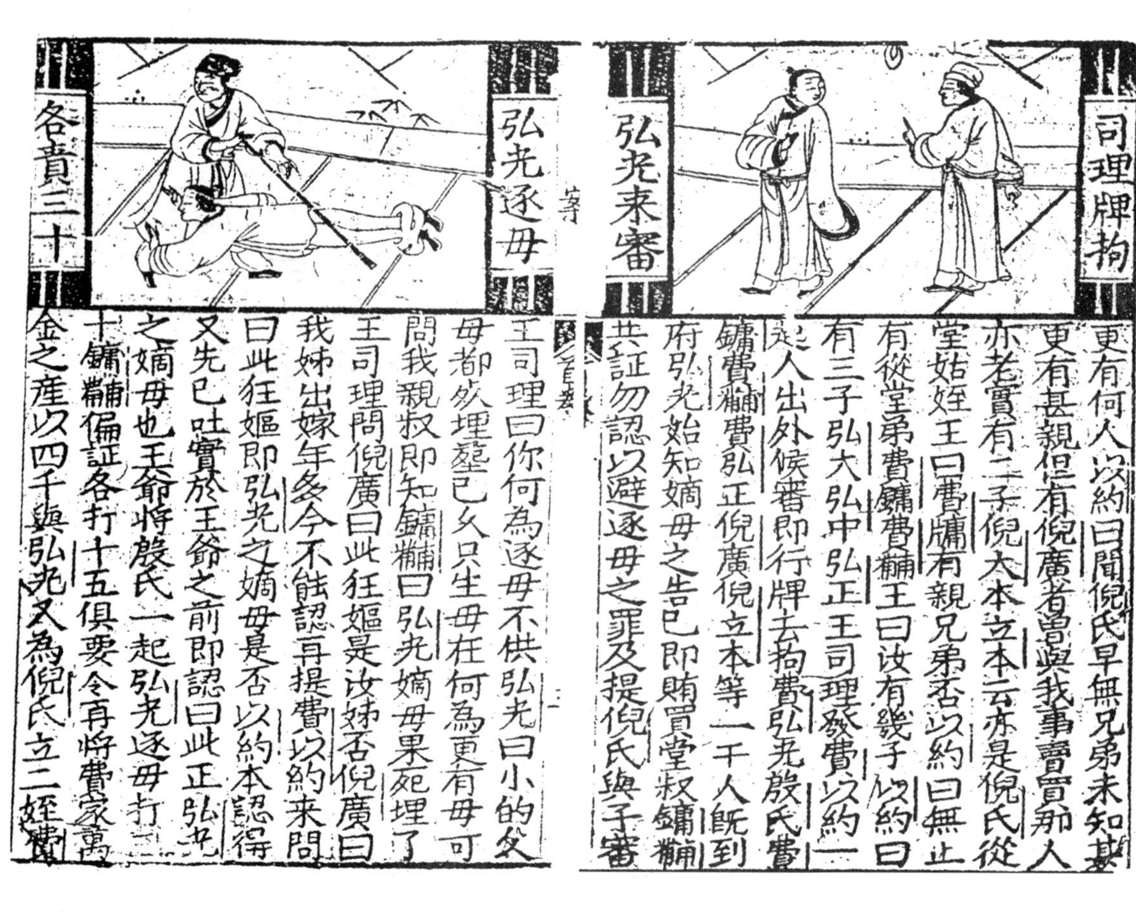
司理牌拘
弘光來審
弘光逐母
各責三十

更有何人以約曰聞倪氏早無兄弟未知甚更有甚親但有倪廣者曾與我事賣買夥人亦老實有二子倪太本立本云亦是倪氏從堂姑姪王曰費鏞有親兄弟否以約曰無止有從堂弟費鏞費黼王曰汝有幾子以約曰有三子弘大弘中弘正王司理發費以約一起人出外候審即行牌去拘費弘光殷氏費鏞費黼費弘正倪廣倪立本等一干人既到府弘光始知嫡母之告已即賄買堂叔鏞黼共証勿認以避逐母之罪及提倪氏與子審王司理曰你何為逐母不供弘光曰小的父母都死埋葬已久只生母在何為更有母可問我親叔即知鏞黼曰弘光嫡母果死埋了王司理問倪廣曰此狂嫗是汝姊否倪廣曰我姊出嫁年多今不能認再提費以約來問曰此狂嫗即弘光之嫡母是否以約本認得又先已吐實於王爺之前即認曰此正弘光之嫡母也王爺將殷氏一起弘光逐母打三十鏞黼偏証各打十五俱要令再將費家萬金之産以四千與弘光又為倪氏立二姪費

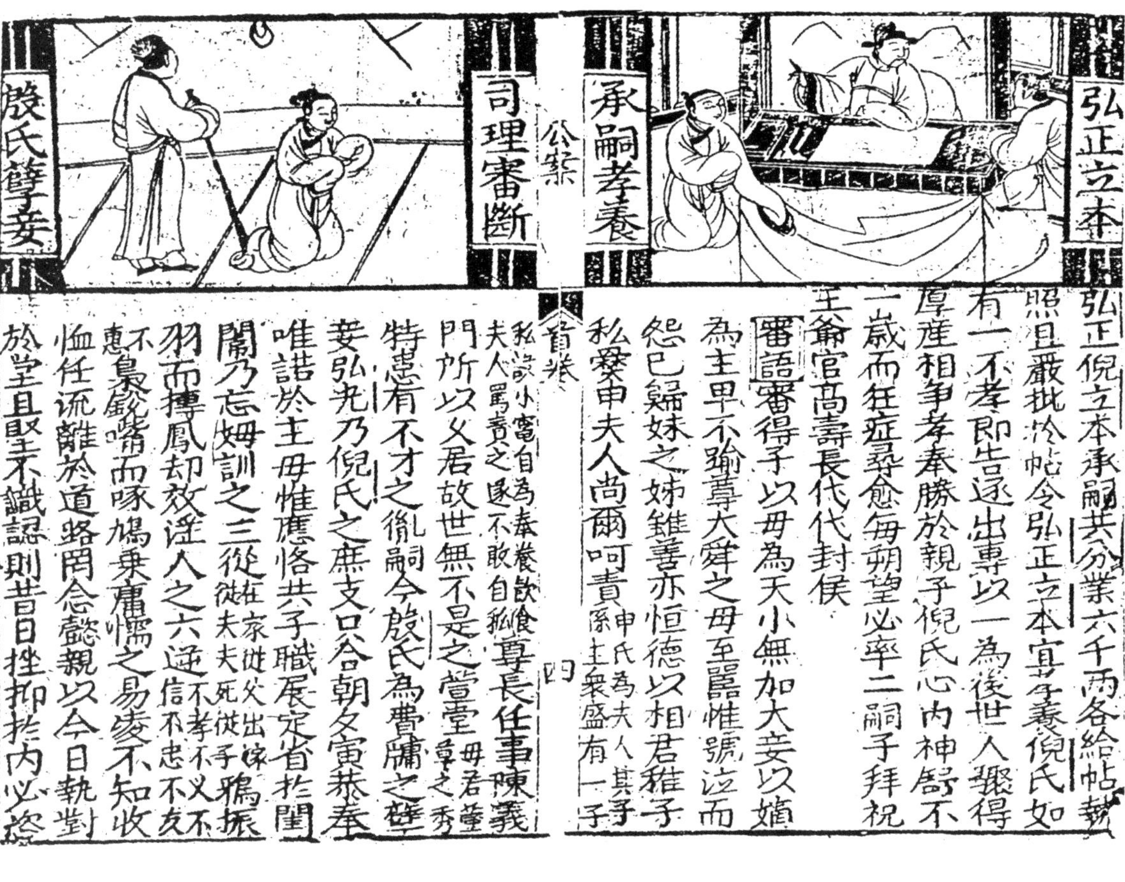
弘正立本
承嗣孝養
公案
司理審斷
殷氏孽妾

弘正倪立本承嗣共分業六千兩各給帖執照且嚴批於帖令弘正立本宜孝養倪氏如有一不孝即告逐出專以一為後世人娶得厚產相爭孝奉勝於親子倪氏心內神慰不一歲而狂症尋愈每朔望必率二嗣子拜祝王爺官高壽長代代封侯

審語　審得子以母為天小無加大妾以嫡為主卑不踰尊大舜之母至嚚惟號泣而怨己歸妹之娣雖善亦恒德以相君稚子私發申夫人尚爾呵責申氏為夫人其子係主衆盛有一子私設小竈自為奉養飲食夫人罵責之遂不敢自私尊長任事陳義門所以父居故世無不是之營壹母君萱尊之秀特患有不才之亂嗣今殷氏為費牖之孽妾弘兆乃倪氏之庶支只合朝夕寅恭奉唯諾於主母惟應恪共子職展定省於閨闈乃忘姆訓之三從在家從父出嫁從夫夫死從子鴉振羽而搏鳳却效逆人之六逆不孝不义不信不忠不友不惠梟鷙嘴而啄鳩乘鷹儒之易凌不知收恤任流離於道路罔念懿親以今日執對於堂且堅不識認則昔日挫抑於內必務

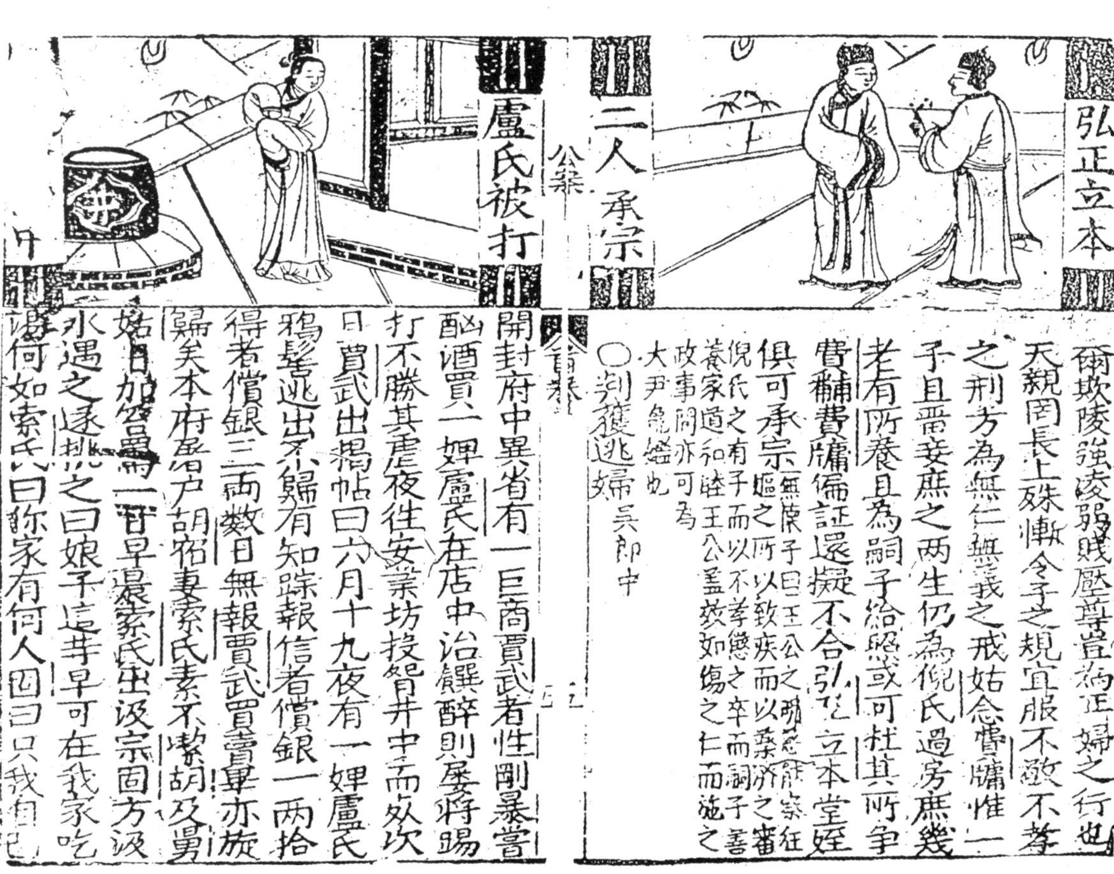
弘正立本
二人承宗
公案
盧氏被打

爾欺陵強凌弱賤壓尊豈為正婦之行也天親罔長上殊慚令子之規宜服不敬不孝之刑方為無仁無義之戒姑念曹牖惟一子且需妾庶之兩生仍為倪氏過房庶幾老有所養且為嗣子給照或可杜其所爭曹牖費牖偏証還擬不合引証立本堂姪俱可承宗無後子曰王公之明慈能察任嫗之所以致疾而以桑濟之審倪氏之有子而以不孝懲之卒而嗣子善養家道和睦王公蓋茲如傷之仁而施之政事問亦可為大尹龜鑑也

○判獲逃婦　吳郎中

開封府中異省有一巨商賈武者性剛暴嘗酗酒買一婢盧氏在店中治饌醉則屢將踢打不勝其虐夜往安業坊投井中而死次日賈武出揭帖曰六月十九夜有一婢盧氏鴉髻逃出不歸有知踪報信者償銀一兩拾得者償銀三兩數日無報賈武貴暈亦旋歸矣本府居戶胡宿妻索氏素不嫩胡及舅姑日加笞罵一日早晨索氏出汲宗固方汲水遇之遂挑之曰娘子這等早可在我家吃飯何如索氏曰你家有何人因曰只我自己

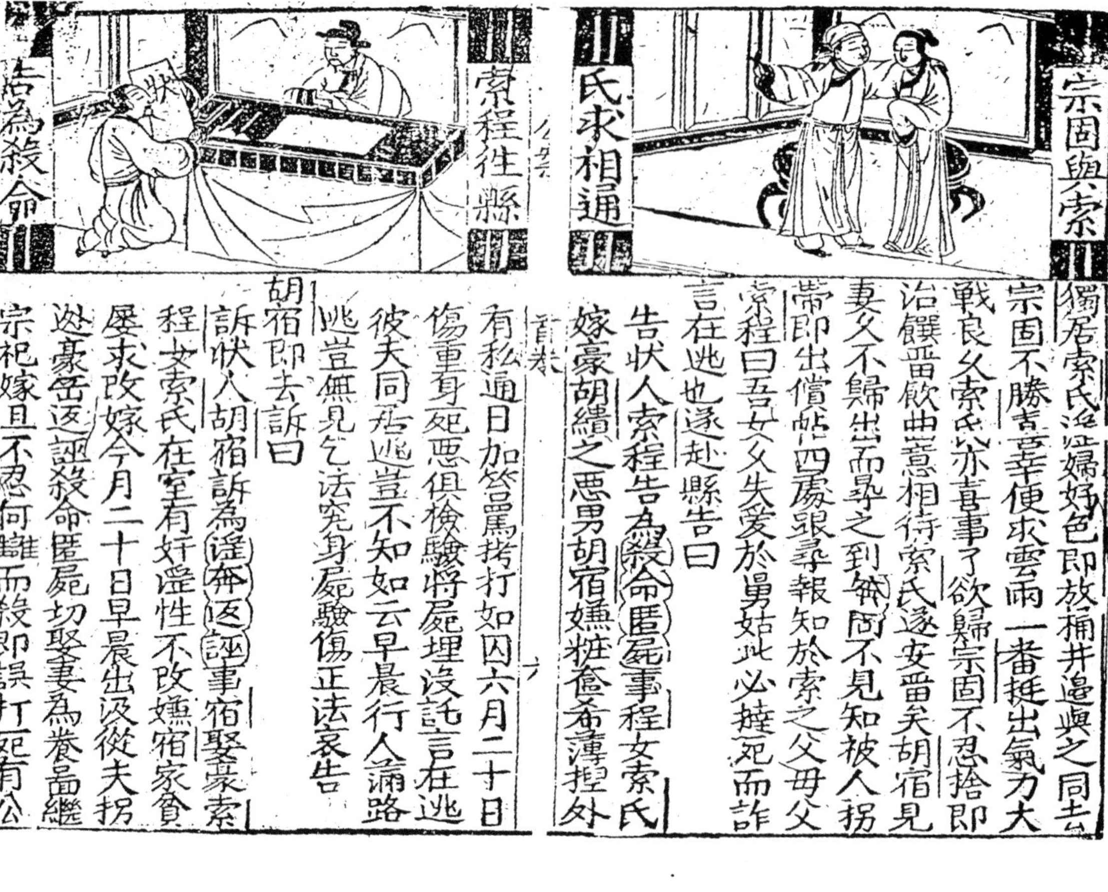
宗固與索
氏求相通
索程往縣
告為殺命

獨居索氏淫婦好色即放桶井邊與之同去宗固不勝喜幸便求雲雨一番挺出氣力大戰良久索氏亦喜事了欲歸宗固不忍捨即治饌留歇曲意相待索氏遂安留矣胡宿見妻久不歸出而尋之到晚亦不見知被人拐帶即出償帖四處跟尋報知於索之父母父索程曰吾女久失愛於舅姑此必捶死而詐言在逃也遂赴縣告曰

告狀人索程告為殺命匿屍事程女索氏嫁豪胡績之惡男胡宿嬿粧奩希薄捏外有私通日加笞罵拷打如因六月二十日傷重身死惡俱檢驗將屍埋沒託言在逃彼夫同居逃豈不知如云早晨行人滿路逃豈無見乞法究身屍驗傷正法哀告

胡宿即去訴曰

訴狀人胡宿訴為淫奔反誣事宿娶豪索程女索氏在室有奸淫性不改嬿宿家貧屢求改嫁今月二十日早晨出汲從夫拐逃豪岳反誣殺命匿屍切娶妻為養畾繼宗祀嫁且不忍何雖而殺即誤打死有公姑在豈無抵償何必匿屍乞天電照誣妄命豪岳同力緝捕拘獲逃婦涇渭得分涇水清渭水濁涇濁各有所分十二訴

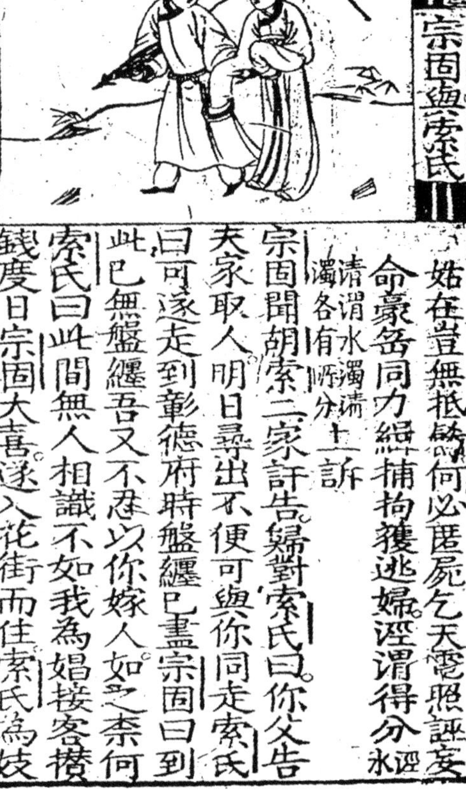
宗固與索氏
即共謀逃走

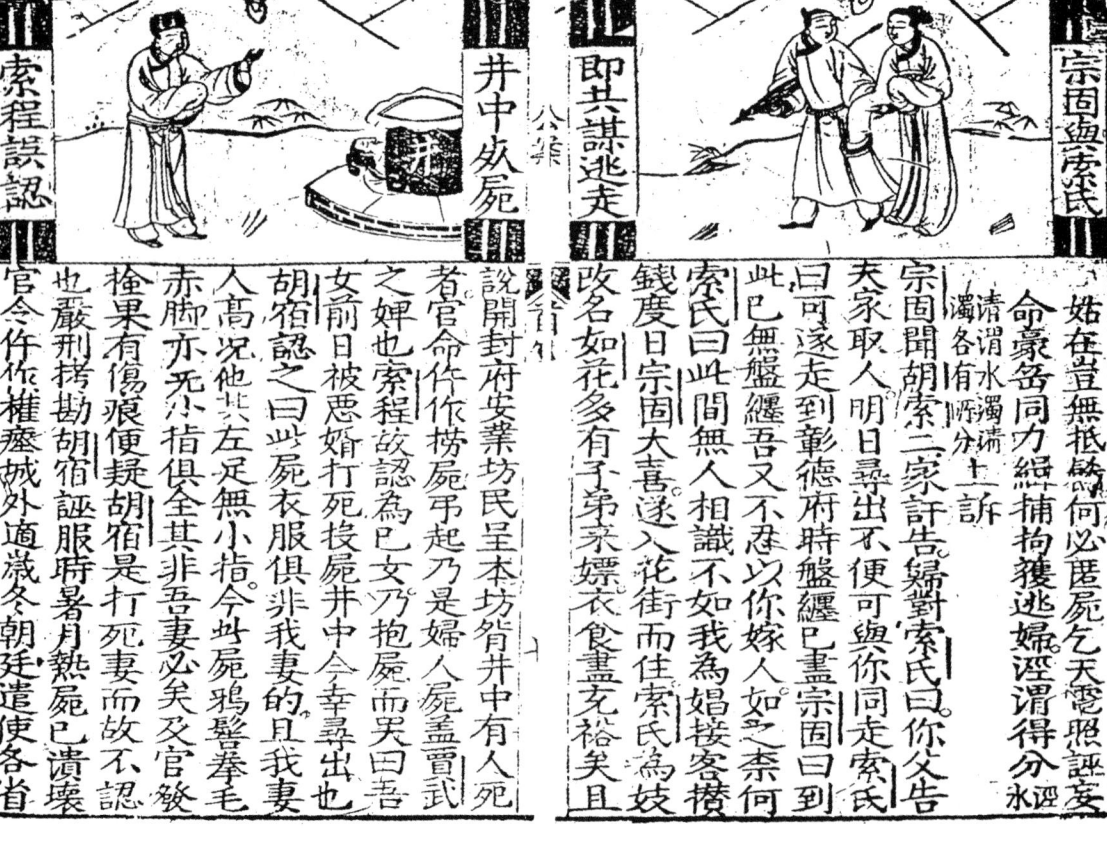

宗固聞胡索二家許告歸對索氏曰你父告夫家取人明日尋出不便可與你同走索氏曰可遂走到彰德府時盤纏已盡宗固曰到此已無盤纏吾又不忍以你嫁人如之奈何索氏曰此間無人相識不如我為娼接客攢錢度日宗固大喜遂入花街而住索氏為妓改名如花多有子弟來嫖衣食盡充裕矣且

井中死屍

索程誤認

說開封府安業坊民呈本坊背井中有人死者官命仵作撈屍弔起乃是婦人屍蓋置武之婢也索程故認為己女乃抱屍而哭曰吾女前日被惡婿打死投屍井中今幸尋出也胡宿認之曰此屍衣服俱非我妻的且我妻人高況他其左足無小指今此屍鴉髻拳毛赤脚亦无小指俱全其非吾妻必矣及官發檢果有傷痕便疑胡宿是打死妻而故不認也嚴刑拷勘胡宿誣服時暑月熱屍已潰壞官令仵作權瘞城外適歲冬朝廷遣使各省

巡院文玉

知索逃走

恤刑時刑部郎中吴某來開封看胡宿獄狀即知冤濫謂巡按安文玉曰淫婦必不肯死其逃拐可信也安院堅執不肯改吴恤刑乃令手下徧收各城門所揭諸人捕亡文字内有賈武時舟一人情狀與屍狀正同及拘賈武時已知真矣於是使前瘞屍者求原屍以辨真偽瘞者出曹門渋河東岸指一新墳曰此是也發之乃一男子屍吴恤刑詰問之瘞者曰方埋時我問胡索二家討工值都不肯出曰任你不埋也不管那時盛夏河水方漲

索氏為妓

徐氏知覺

吾輩病渋因棄屍水中去矣吴恤刑謂安院曰前井中屍果非索程之女屍也若是他女必具棺收貯矣何至任人棄之安院心亦知其冤以未得逃婦故不肯釋時開封府吏徐紹周奉差往彰德府公幹聞有新妓如花姿色出衆徐往宿之徐素與胡宿鄰居認是索氏問之曰你何故在此索氏曰因今夏被夫打早出汲水與人俱逃於此今夜不要你宿錢幸勿報知我家徐吏知胡宿現成獄在何忍不言心雖應曰吾不言也歸即言於胡宿

徐吏歸家

代宿伸冤

胡宿即告於官乃差手下同胡宿徐吏去彰提索氏宗固而歸以索氏官賣宗固擬徒索程坐誣告而胡宿得釋罪矣

【審語】審得索氏風情蕩逸水性漂流意馬不拴擬赴桑中之約（詩经期我于桑中）心猿任放還邀濮上之行（樂記曰桑間濮上之音作而民淫乱）汲水井頭便作墻花惹露逃身境外甘為陌柳摇春笑臉倚風前情動郵亭學士容嬌月下魂牵春夢王孫爾見金夫而好逞（易经金夫不有躬）我據王律而行賣宗固負販俗子奔走

野花引

蝶招蜂

下斷秀色堪誇投其言而引誘尤物可愛擅奇貨為生涯爾謂覔得愛卿不顧封侯之貴豈知拐來逃婦誰逭問徒之條索程不咎閨玉之有玷反怨門楣之無良（稱女婿曰門楣）引蝶招蜂豈是幽貞蘭蕙拖泥帶水那稱窈窕關雎即女德之未閑知父教之猶歉反將賈家之奴婢認為索氏之真骸告殺命而女猶生告匿屍而女尚在懸捏之情可惡招誣之罪難逃

按索告殺女而骨井適有女屍又無人識認

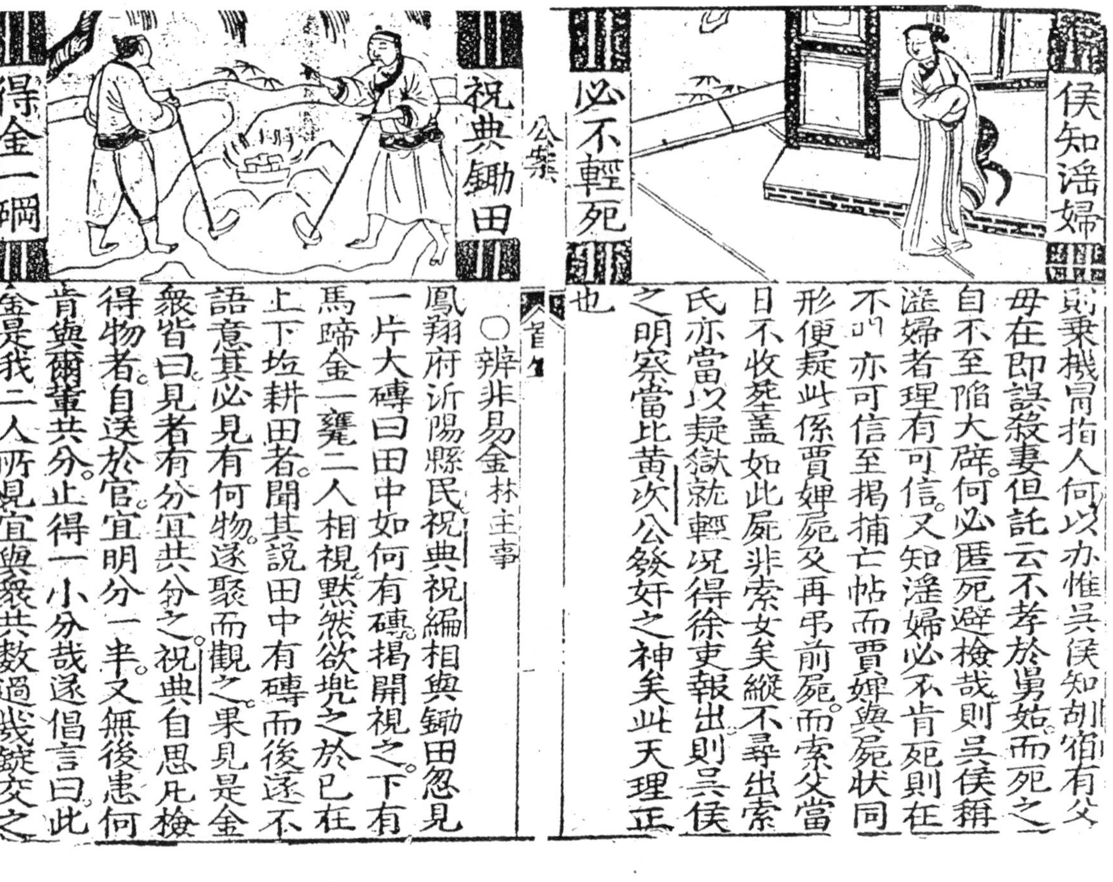

貞秉機眉指人何以办惟吳侯知劼𥁞有父母在即誤殺妻但託云不孝於舅姑而死之自不至陷大辟何必匿死避檢哉則吳侯稱淫婦者理有可信又知淫婦必不肯死則在不叫亦可信至揭捕亡帖而賈婢與屍狀同形便疑此係賈婢屍及再弔前屍而索父當日不收𡙡蓋如此屍非索女矣縱不尋出索氏亦當以疑獄就輕況得徐吏報出則吳侯之明察當比黃次公發奸之神矣此天理正也

○辨非易金林主事

鳳翔府沂陽縣民祝典祝編相與鋤田忽見一片大磚曰田中如何有磚揭開視之下有馬蹄金一甕二人相視黙然欲挑之於已在上下坵耕田者聞其說田中有磚而後遂不語意其必見有何物遂聚而觀之果見是金衆皆曰見者有分宜共分之祝典自思凡檢得物者自送於官宜明分一半又無後患何肯與爾輩共分止得一小分哉遂倡言曰此金是我二人所見宜與衆共數過幾錠交之

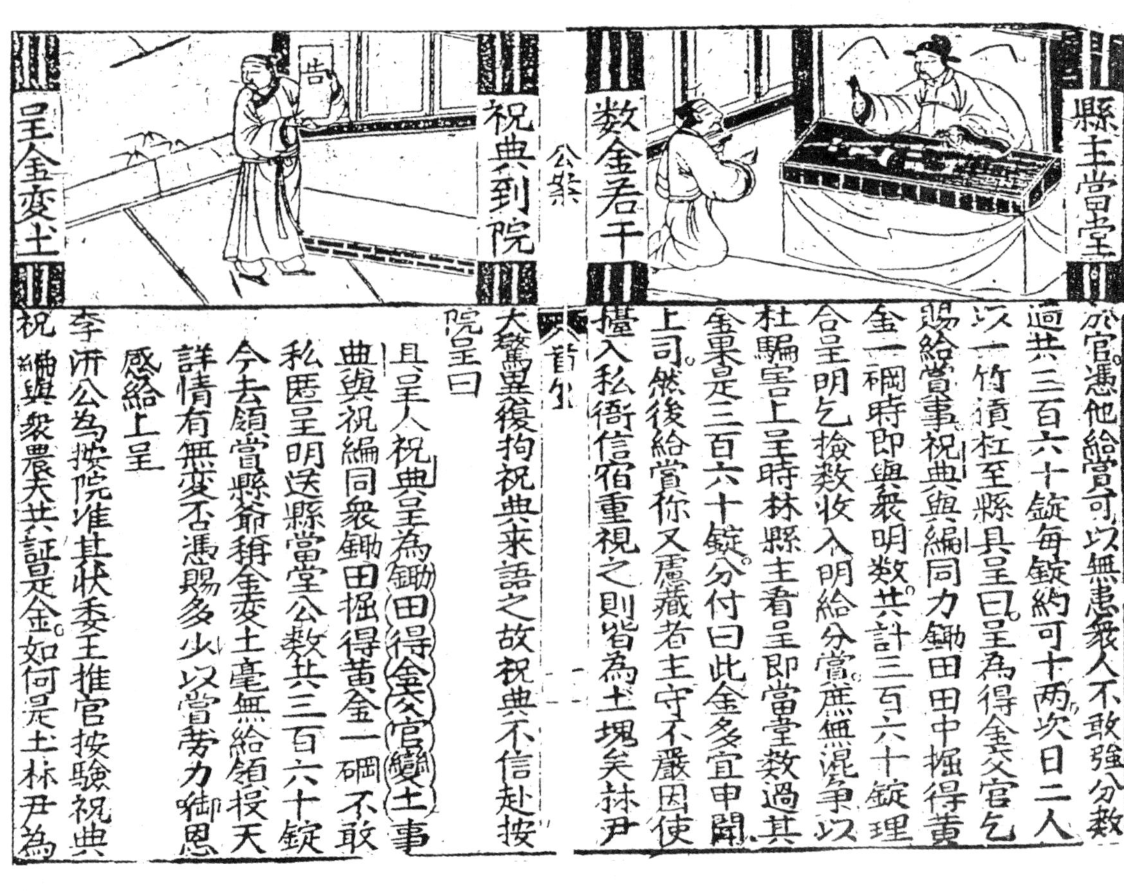

於官憑他給賞可以無患衆人不敢強分數過共三百六十錠每錠約可十兩次日二人以一竹簣扛至縣具呈曰呈為得金交官乞賜給賞事祝典與編同力鋤田田中掘得黃金一碙時即與衆明数共計三百六十錠理合呈明乞撿数收入明給分賞庶無混爭以杜騙害上呈時林縣主看呈即當堂數過其金果是三百六十錠分付曰此金多宜申聞上司然後給賞你又慮藏者主守不嚴因使擡入私衙信宿重視之則皆為土塊矣林尹大驚異復拘祝典来語之故祝典不信赴按院呈曰

具呈人祝典呈為鋤田得金交官變土事典與祝編同衆鋤田掘得黃金一碙不敢私匿呈明送縣當堂公數共三百六十錠今去領賞縣爺稱金變土毫無給領投天詳情有無變否憑賜多少以賞勞力銜恩感給上呈

李䜣公為按院准其狀委王推官按驗祝典祝編與衆農夫共証是金如何是土林尹為

李院同衆官
宴飲于堂上

衆所指𡨋能自明既而逼辱滋甚遂以易金服罪雖辭欵具存而金賍未窮隱用之所。復拘係在衙家人嚴刑拷問賍金下落。或云藏於糞壤或云投於水中。紛紛枉撓結成其獄竟不能得其金以案牘上聞李院覽之愈怒。俄而四有筵宴席間語及斯事衆官咸共驚異惟刑部主事袁滋時因出使亦在座中。俛首略無所答。李院目之再三曰林宰𡨋非使君親知乎。袁主事曰學生與之素不相識李院曰聞彼之罪何不樂之甚。袁曰某疑此事

祝典祝編
擡扛不起

有枉豈有一二夕便有許多土塊換金乎。吾更當詳之李院曰換金之狀極明若慮有枉更當有所見非使君莫能探其情偽也袁曰可試與學生鞠之。次日扛甕土來袁見甕大可容二石而土塊幾填滿矣問曰當日幾人用其物扛來祝典曰只我二人以竹槓扛來袁命取出土塊差人往店中。取錫傾成錠與土塊形狀相等僅投二百錠令祝典二人仍以竹槓扛之其竹槓墜軟下去二人仁不勝其重矣袁主事曰土輕金重。前日本是土塊

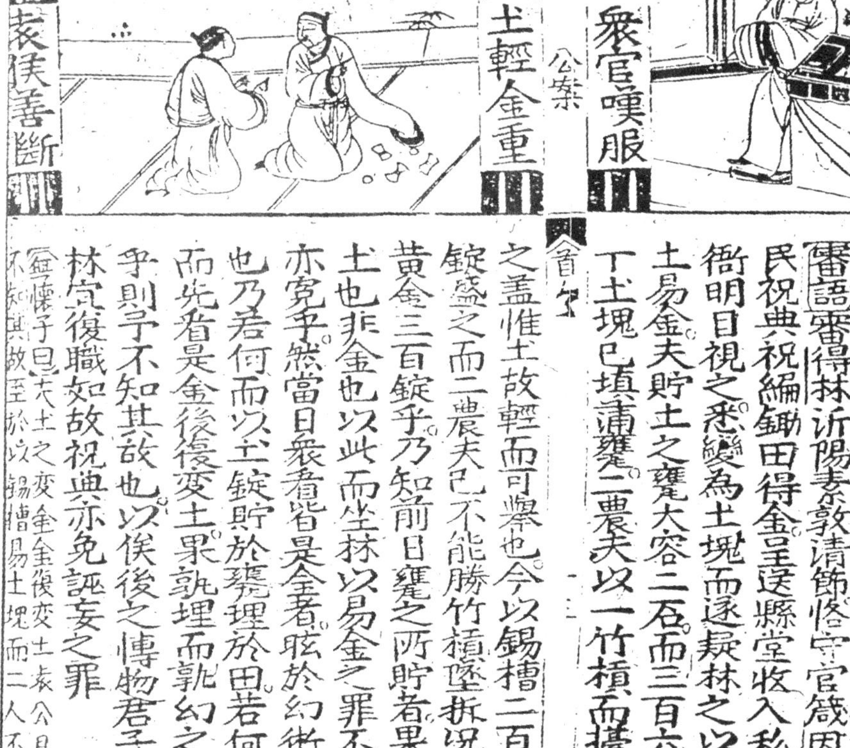

袁公判事
衆官嘆服

故二人可以竹槓扛今錫猶輕於金。二百錠二人便不能扛況三百六十錠之金乎。此前日是土而衆人目眩矣。於是林尹豁然明白祝典不敢再出一聲而前日在席衆官聞之無不嘆羨李院亦大加賞服

審語審得林沂陽素敦清節恪守官箴因民祝典祝編鋤田得金呈送縣堂收入私衙明日視之悉變為土塊而遂疑林之以土易金。夫貯土之甕大容二石。而三百六十土塊已填滿甕。二農夫以一竹槓而擡

土輕金重
袁侯善斷

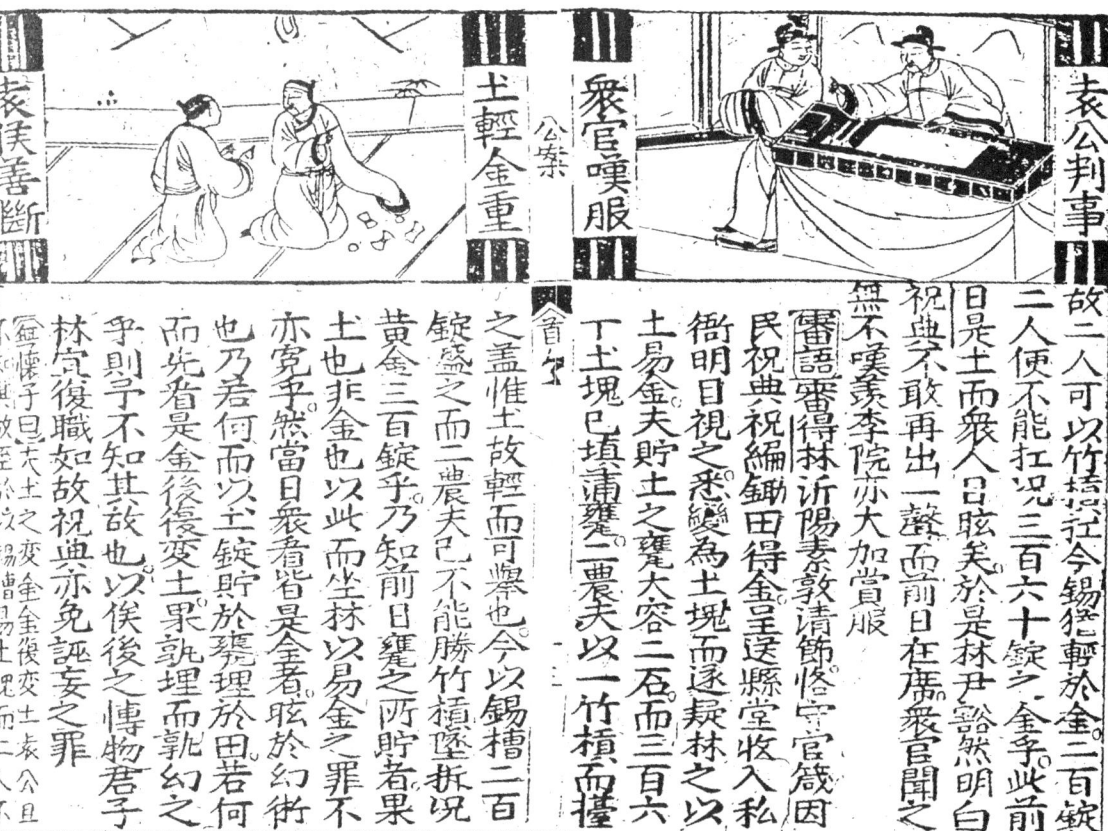

之蓋惟土故輕而可舉也。今以錫槽二百錠盛之而二農夫已不能勝竹槓墜折況黃金三百錠乎。乃知前日甕之所貯者果土也非金也以此而坐林以易金之罪不亦冤乎。然當日衆看皆是金者。眩於幻術也乃若何而以土錠貯於甕埋於田若何而先看是金後變土果孰埋而孰幻之乎則予不知其故也以俟後之博物君子林宰復職如故祝典亦免誣妄之罪

無懷子曰夫土之变金金復变土袁公且不知其故至於以錫槽易土塊而二人不

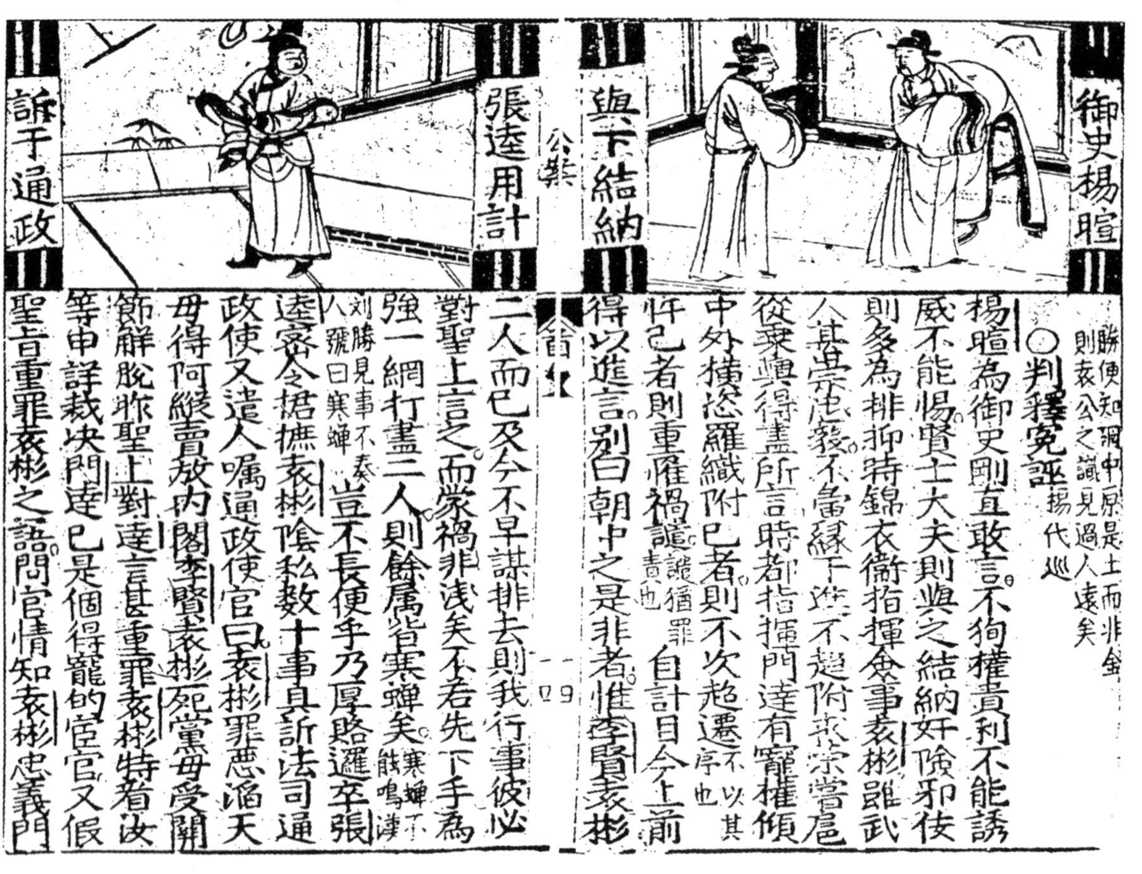

勝便知踴中原是上而非金則袁公之識見過人遠矣

○判釋冤誣（揚代巡）

楊瑄為御史剛直敢言。不狥權貴利不能誘威不能愓。賢士大夫則與之結納奸險邪佞則多為排抑特錦衣衛指揮僉事袁彬跟武人其忠義不當緣下迯不趨附求宗嘗扈從英廟得盡所言時都指揮門達有寵權傾中外横恣羅織附己者則不次超遷（不以其序也）忤己者則重罹禍譴（譴猶罪責也）自計日今上前得以進言。則曰朝中之是非者。惟李賢袁彬二人而已及今不早謀排去則我行事彼必對聖上言之。而蒙禍非浅矣不若先下手為強一網打盡二人。則餘屬皆寒蟬矣。（寒蟬不能鳴謂刘勝見事不奏人號曰寒蟬）豈不長便乎乃厚賂邏卒張遠密令揭摭袁彬陰私数十事具訴法司通政使又遣人囑通政使官曰。袁彬罪悪滔天毋得阿縱書教內閣李賢袁彬死黨毋受關節解脫亦聖上對達言甚重罪袁彬特着汝等申詳裁决問達已是個得寵的官官又假聖旨重罪袁彬之語。問官情知袁彬忠義門

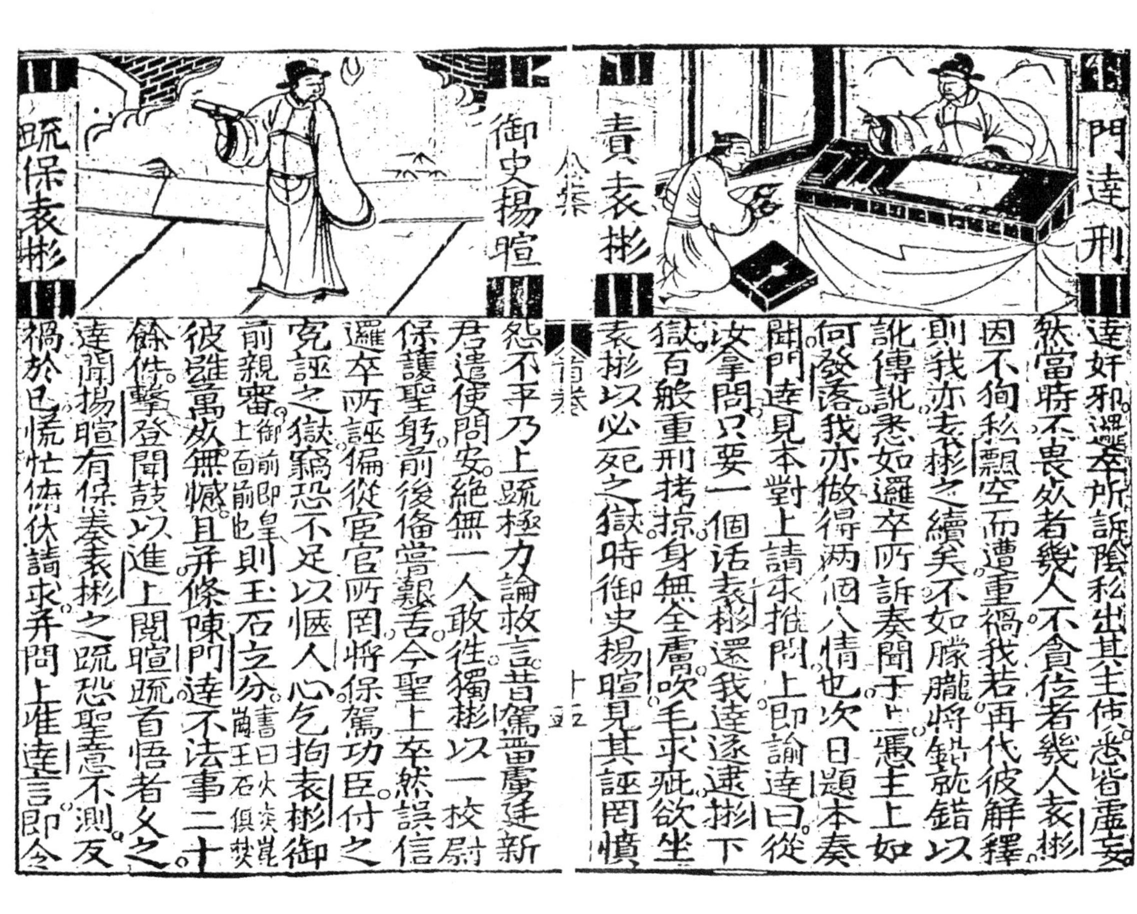

達奸邪。邏卒所誣陰私出其主使。悉皆虛妄然當時不畏死者幾人不貪位者幾人袁彬。因不狥私。憑空而遭重禍我若再代彼解釋則我亦袁彬之續矣不如朦朧將鋸就錯以訛傳訛。悉如邏卒所訴奏聞于上。憑主上如何發落。我亦做得兩個人情也次日題本奏聞門達見本對上請求推問上即諭達曰。從汝拿問只要一個活袁彬還我達遂逮彬下獄。百般重刑拷掠。身無全膚吹毛求疵欲坐袁彬以必死之獄時御史楊瑄見其誣罔憤怨不平乃上疏極力論救言昔駕留虜廷新君遣使問安。絕無一人敢往獨彬以一校尉保護聖躬。前後備嘗艱苦。今聖上卒然誤信邏卒所誣偏從宦官所罔將保駕功臣付之究誣之獄竊恐不足以慰人心乞拘袁彬御前親審。（御前即皇上面前也）則玉石立分。（書曰火炎崑崗玉石俱焚）彼雖萬死無憾。且并條陳門達不法事二十餘件。擊登聞鼓以進上閱瑄疏首悟者久之。達聞楊瑄有保奏袁彬之疏恐聖意不測反禍於己慌忙倉伏請求并問上准達言即令

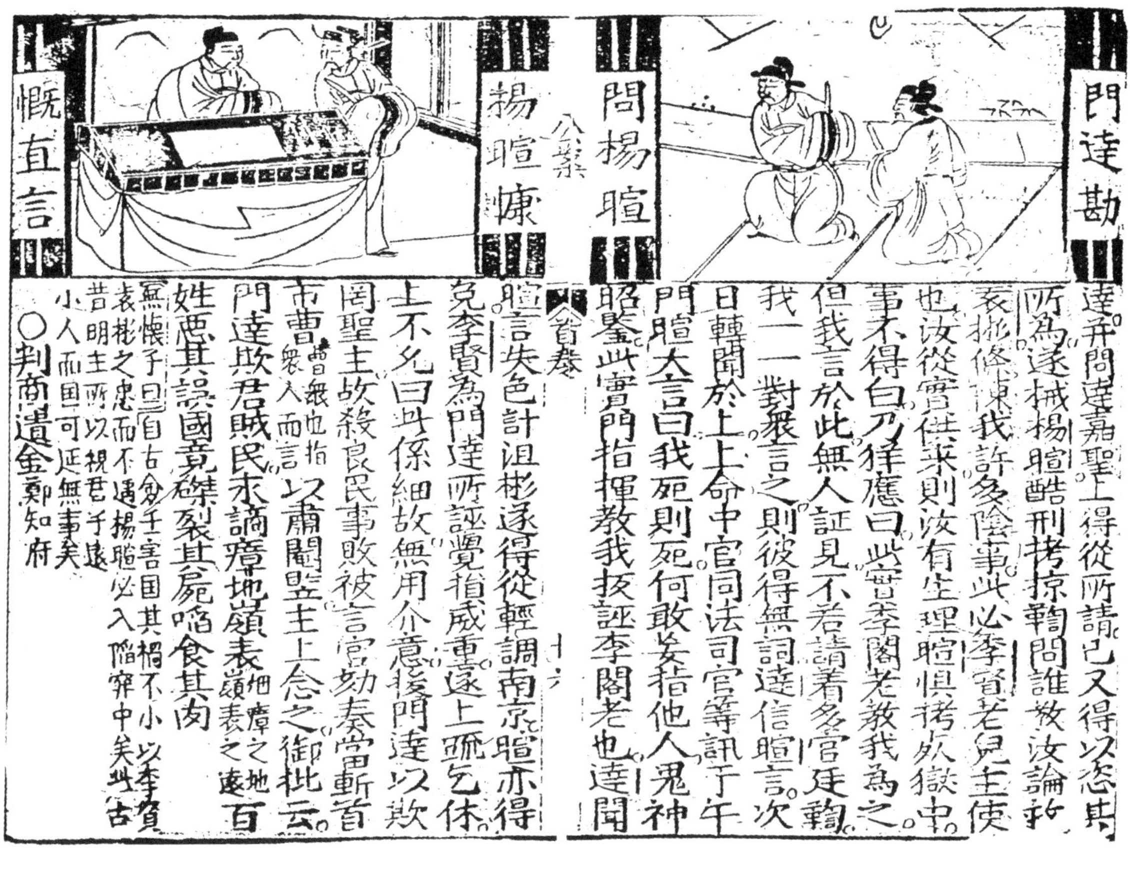

達弁問達嘉聖上得從所請已又得以恣其所為遂械楊暄酷刑拷掠鞫問誰教汝論劾袁彬條陳我許多陰事此必李賢老兒主使也汝從實供來則汝有生理暄俱拷死獄中事不得白乃佯應曰此實李閣老教我為之但我言於此無人証見不若請着多官廷鞫我一一對衆言之則彼得無詞達信暄言次日轉聞於上上命中官同法司官等訊于午門暄大言曰我死則死何敢妄指他人鬼神昭鑒此實門指揮教我抜誣李閣老也達聞

省券

暄言失色計沮彬遂得從輕調南京暄亦得免李賢為門達所誣覺指威重遂上疏乞休上不允曰此係細故無用介意後門達以欺罔聖主故殺良民事敗被言官劾奏當斬首市曹（曹衆也指衆人而言）以肅閫監主上念之御批云門達欺君賊民求謫瘴地嶺表（烟瘴之地嶺表之遠）百姓惡其誤國竟磔裂其屍啗食其肉

無懷子曰自古僉壬害国其禍不小以李賢袁彬之忠而不遇楊暄必入陷穽中矣此古昔明主所以視君子遠小人而国可延無事矣

○判商遺金鄭知府

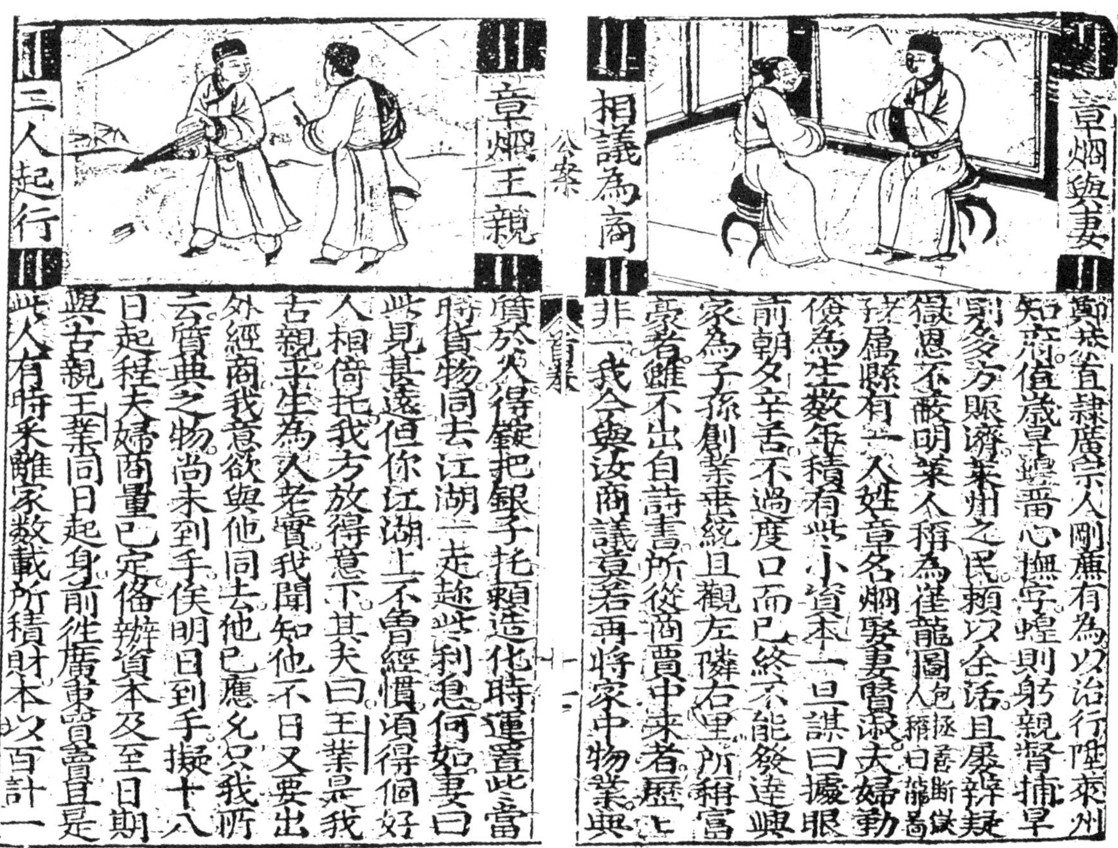

鄭拱省直隸廣宗人剛廉有為以治行陞萊州知府值歲旱蝗晋心撫字蝗則躬親督捕旱則多方賑濟萊州之民賴以全活且屡辨疑獄恩不蔽明萊人稱為崔龍圖（包拯善斷獄人稱曰龍圖）所屬縣有一人姓章名烟娶妻賢淑夫婦勤儉為生數年積有些小資本一旦謀曰據眼前朝夕辛苦不過度口而已終不能發達興家為子孫創業垂統且觀左隣右里所稱富豪者雖不出自詩書所從商賈中來者歷歷非一我今與汝商議莫若再將家中物業典

省券

質於人得錠把銀子托賴造化時運置此當時貨物同去江湖一走趁些利息何如妻曰些見甚遠但你江湖上不曾經慣須得個好人相倚托我方放得意下其夫曰王業是我古親平生為人老實我聞知他不日又要出外經商我意欲與他同去他已應允只我所云質典之物尚未到手俟明日到手擬十八日起程夫婦商量已定備辦資本及至日期與古親王業同日起身前往廣東買賣且是此人有時來離家數載所積財本以百計一

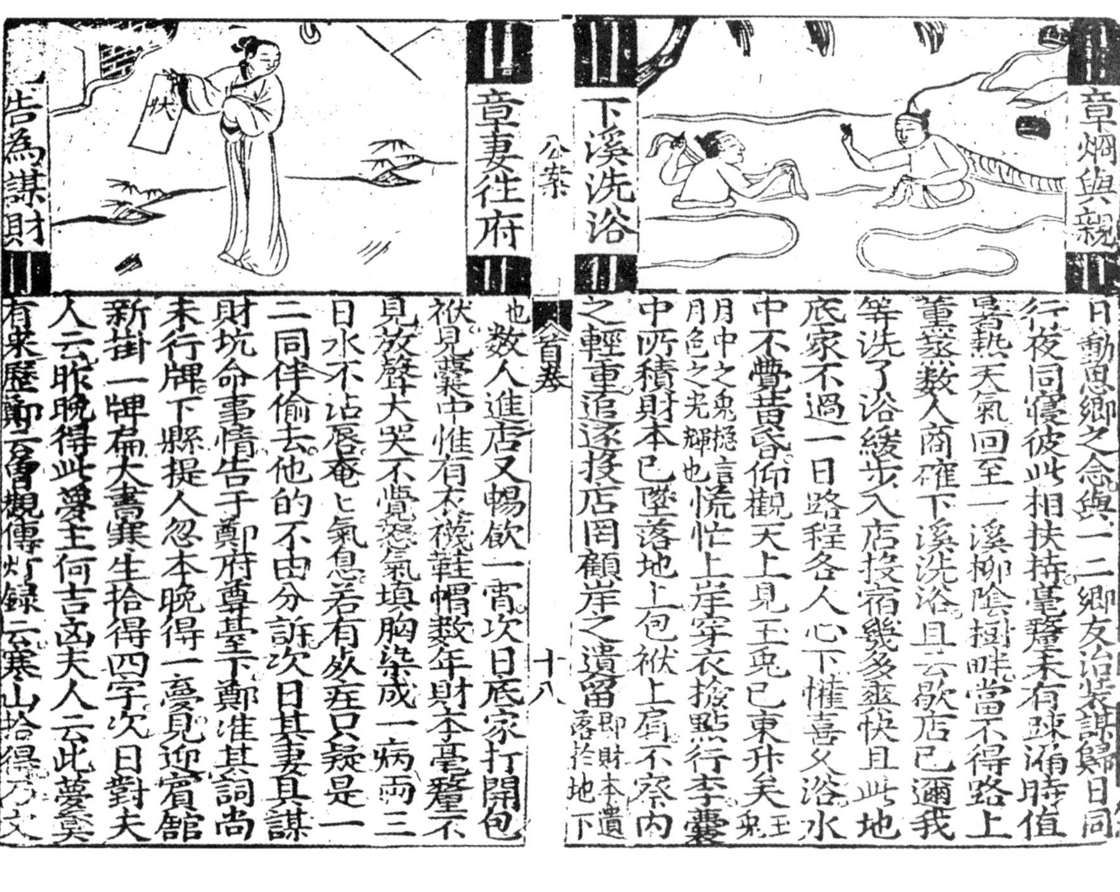

日動思鄉之念與一二鄉友治裝謀歸日同行夜同寢彼此相扶持毫釐未有疎漏時值暑熱天氣回至一溪柳陰樹畔當不得路上薰蒸數人商確下溪洗浴且云歇店已邇我等洗了浴纔步入店投宿幾多歡快且此地底家不過一日路程各人心下權喜又浴水中不覺黃昏仰觀天上見玉兎已東升矣玉兎月中之兎擬言月色之光輝也慌忙上岸穿衣撿點行李囊中所積財本已墜落地上包袱上肩不察內之輕重追逐投店罔顧岸之遺留即財本遺落於地下

公案　首卷　十八

也数人進店又暢飲一宵次日底家打開包袱見囊中惟有衣襪鞋帽數年財本毫釐不見放聲大哭不覺怨氣填胸染成一病兩三日水不沾唇奄奄氣息若有若亡只疑是一二同伴偷去他的不由分訴次日其妻具謀財坑命事情告于鄭府尊臺下鄭准其詞尚未行牌下縣提人忽本晚得一夢見迎賓館新掛一牌扁大書寒生拾得四字次日對夫人云昨晚得此夢主何吉凶夫人云此夢莫有來歷鄭云曾覩傳灯録云寒山拾得乃文

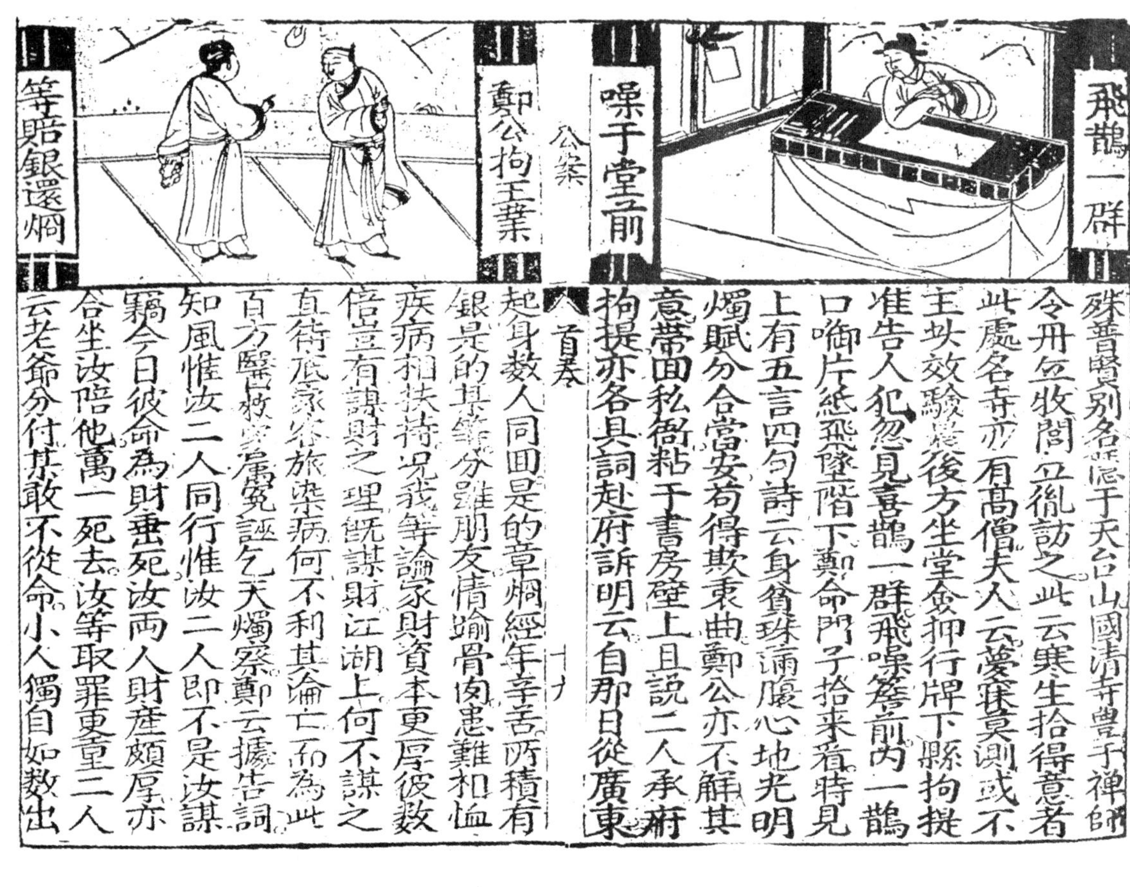

殊普賢別名隱于天台山國清寺豐干禪師令冊丘牧閭丘胤訪之此云寒生拾得意者此處名寺亦有高僧夫人云夢寐莫測或不主此效驗晨後方坐堂僉押行牌下縣拘提准告人犯忽見喜鵲一群飛噪簷前內一鵲口啣片紙飛墜階下鄭命門子拾来看時見上有五言四句詩云身貧珠滿腹心地光明燭賦分合當安苟得欺衷曲鄭公亦不解其意帶回私衙粘于書房壁上且說二人承府拘提亦各具詞赴府訴明云自那日從廣東

公案　首卷　十九

起身數人同回是的章炯經年辛苦所積有銀是的某等分雖朋友情踰骨肉患難相恤疾病相扶持况我等論家財資本更厚彼數倍豈有謀財之理既謀財江湖上何不謀之直待底家旅染病何不利其論亡而為此百方醫救寧屬冤誣乞天燭察鄭云據告詞知風惟汝二人同行惟汝二人即不是汝謀竊今日彼命為財垂死汝兩人財產頗厚亦合坐汝陪他萬一死去汝等取罪更重二人云老爺分付某敢不從命小人獨自如數出

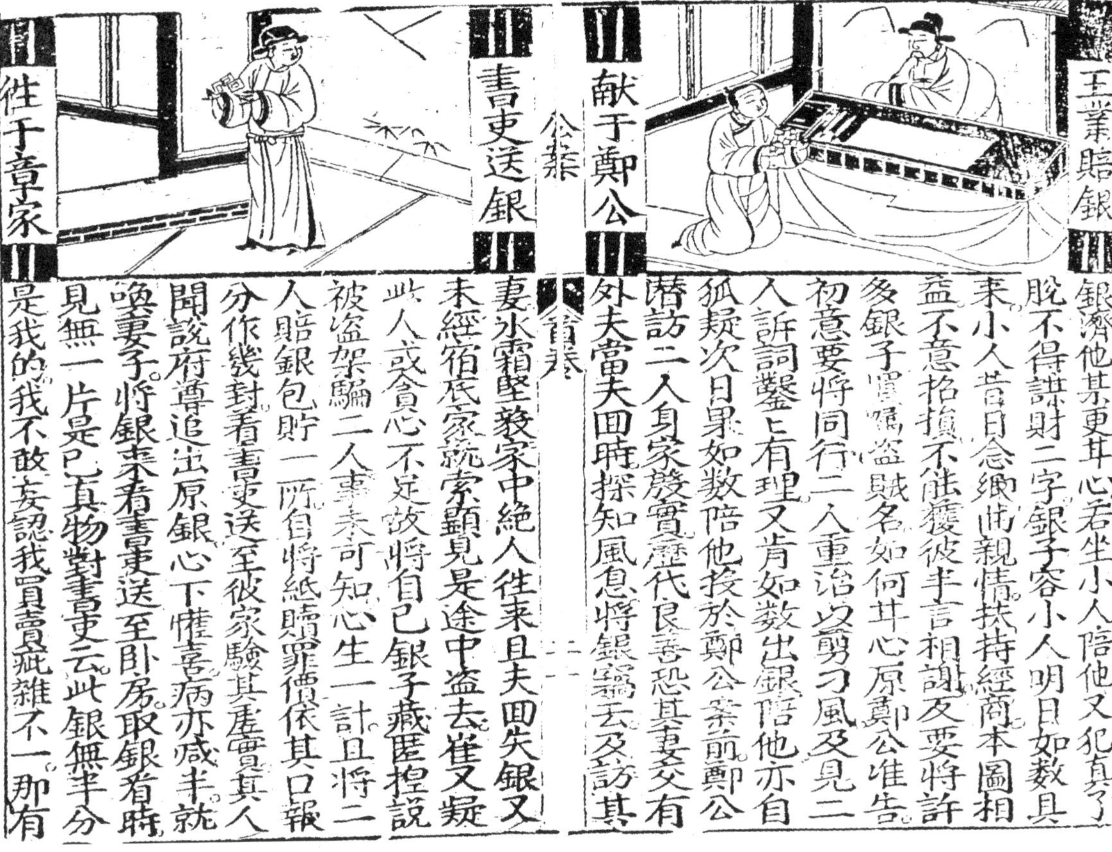

銀濟他某更丼心若坐小人陪他又犯真了脫不得謀財二字銀子容小人明日如數具來。小人昔日念鄉曲親情扶持經商本圖相益不意拾擴不能獲彼手言相調及要將許多銀子冒爲盜賊名如何丼心原鄭公准告初意要將同行二人重治以剪刁風及見二人訴詞鑿鑿有理又肯如數出銀陪他亦自狐疑次日累如數陪他捉於鄭公案前鄭公潛訪二人身家幾實歷代良善恐其妻女有外夫當夫回時探知風息將銀竊去及訪其妻氷霜堅毅家中絕人往来且夫回失銀又未經宿長家就索顯見是途中盜去崔又疑此人或貪心不足故將自己銀子藏匿揑說被盜架騙二人事未可知心生一計且將二人賠銀包貯一所自將紙贖罪價依其口報分作幾封着書吏送至彼家驗其虛實其人聞說府尊追出原銀心下懽喜病亦减半就喚妻子。將銀来看書吏送至卧房取銀看時見無一片是已真物對書吏云此銀無半分是我的我不敢妄認我買賣𥿻雜不一。那有

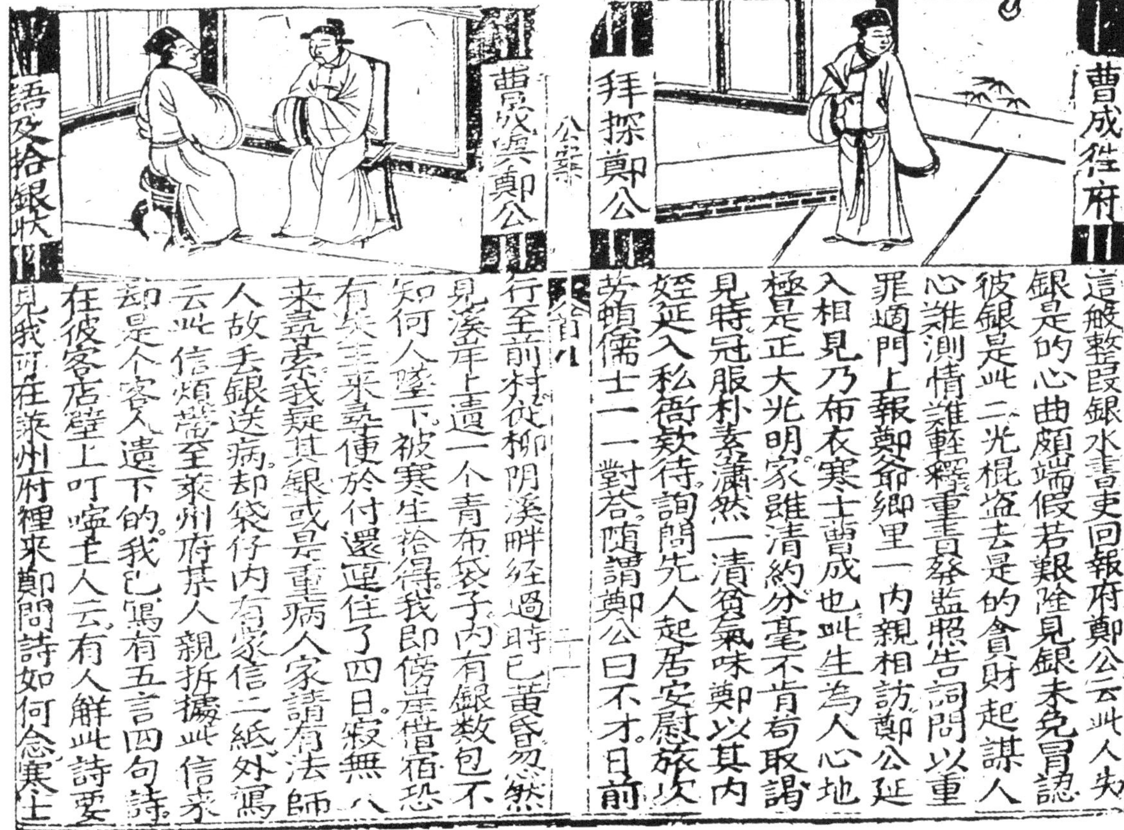

這般整段銀水書吏回報府鄭公云此人失銀是的心曲頗端假若貪陰見銀未免冒認彼銀是此二光棍盜去是的貪財起謀人心難測情難輕釋重責發監照告詞問以重罪適門上報鄭爺鄉里一內親相訪鄭公延入相見乃布衣寒士曹成也此生為人心地極是正大光明家雖清約分毫不肯苟取謁見時冠服朴素瀟然一清貧氣味鄭以其内姪延入私衙欵待詢問先人起居安慰旅次勞頓儒士一一對答隨謂鄭公曰不才。日前行至前村從柳陰溪畔經過時已黃昏忽然見溪岸上遺一个青布袋子内有銀數包不知何人墜下。被寒生拾得。我即傍岸借宿恐有失主來尋使於付還運住了四日。寂無八來尋覓我疑其銀或是重病人家請有法師人故丟銀送病。却袋仔内有家信二紙外寫云此信煩帶至萊州府某人親拆據此信来却是个客人遺下的。我已寫有五言四句詩。在彼客店壁上叮嚀主人云。有人解此詩要見我可在萊州府裡來鄭問詩如何念寒士

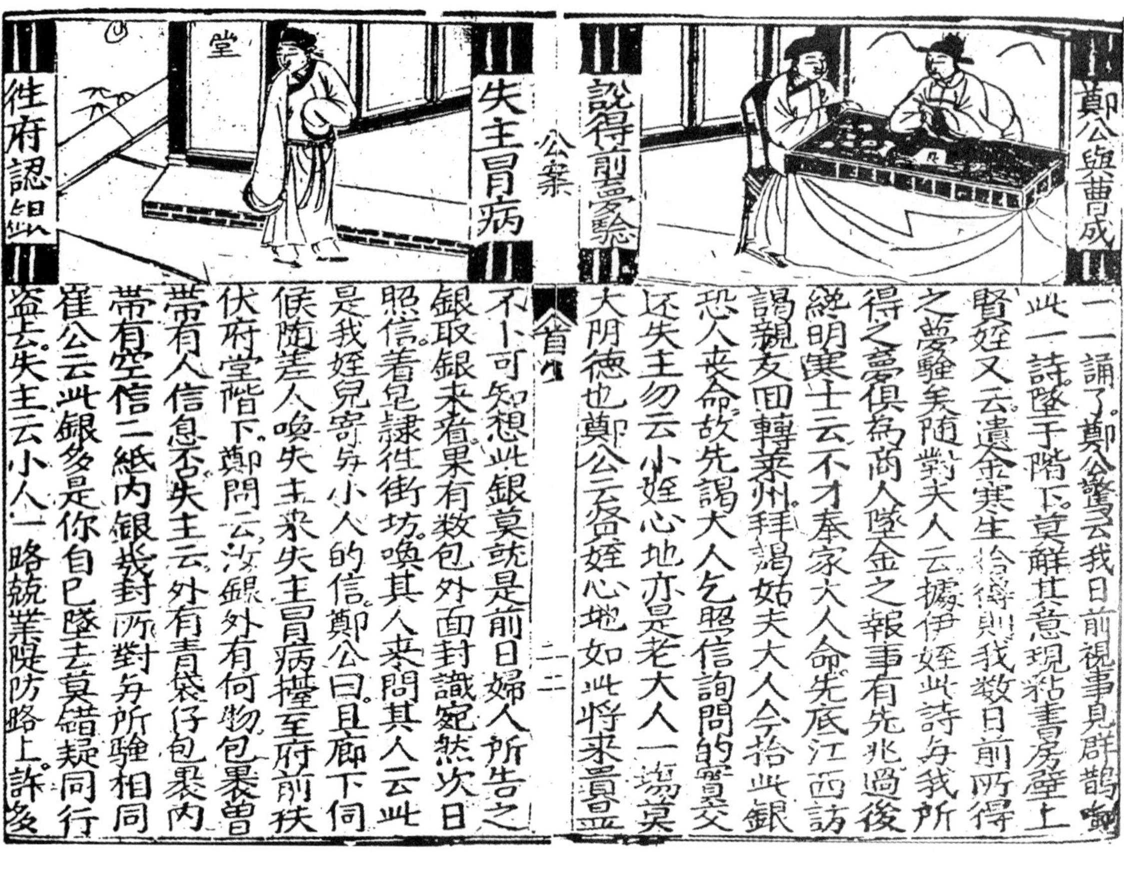

一一誦了。鄭公驚云我日前視事見群鵲啣此一詩。墜于階下。莫解其意現粘書房壁上賢姪又云。遺金寒生拾得則我數日前所得之夢驗矣隨對夫人云據伊姪此詩与我所得之夢俱為商人墜金之報事有先兆過後幾明冥土云不才奉家大人命先底江西訪謁親友田轉萊州拜謁姑夫大人今拾此銀恐人丧命故先謁大人乞照信詢問的實交还失主勿云小姪心地亦是老大人一塲莫大阴德也鄭公云吾姪心地如此将来貴豈

不可知想此銀莫就是前日婦人所告之銀取銀來看果有數包外面封識宛然次日照信。着皂隷往街坊。喚其人來問其人云此是我姪兒寄与小人的信。鄭公曰。且廊下伺候隨差人喚失主來失主冒病擡至府前扶伏府堂階下。鄭問云。汝銀外有何物包裹曾帶有人信息否。失主云。外有青袋仔包裹内帶有空信二紙内銀幾封所對与所騐相同崔公云此銀多是你自己墜去莫錯疑同行盗去。失主云小人一路兢業隄防路上。許多

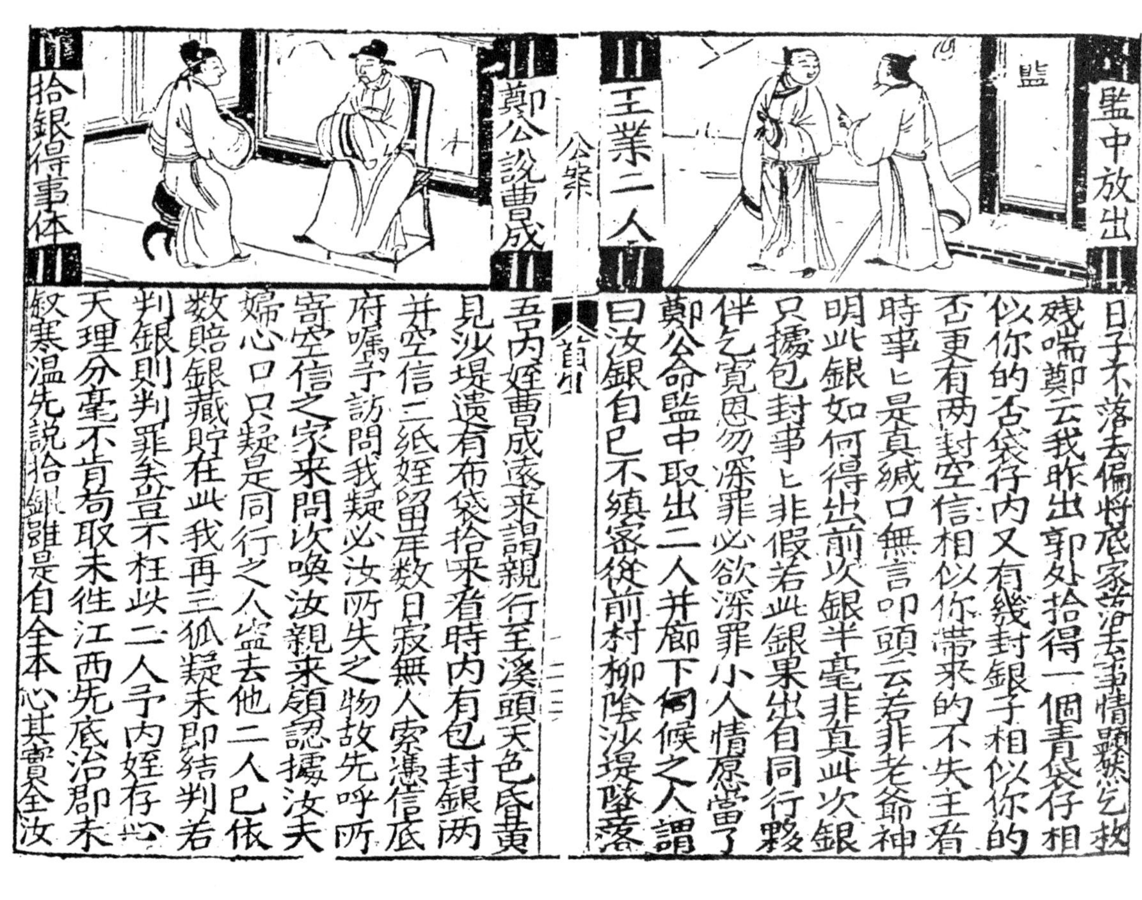

日子不落去偏將底家忘去事情蹊蹺乞救殘喘鄭云我昨出郭外拾得一個青袋仔相似你的否袋仔内又有幾封銀子相似你的否更有两封空信相似你帶來的不失主看時事事是真緘口無言叩頭云若非老爺神明此銀如何得出前次銀半毫非真此次銀只據包封事事非假若此銀果出自同行夥伴乞寬恩勿深罪必欲深罪小人情愿當了鄭公命監中取出二人并廊下伺候之人謂曰汝銀自已不慎容從前村柳陰沙堤墜落

吾内姪曹成遠來謁親行至溪頭天色昏黃見沙堤遺有布袋拾來看時内有包封銀两并空信二紙姪留岸數日寂無人索憑信底府嘱予訪問我疑必汝所失之物故先呼所寄空信之家來問次喚汝親來領認據汝夫婦心口只疑是同行之人盗去他二人已依數賠銀藏貯在此我再三狐疑未即結判若判銀則判罪矣豈不枉此二人予内姪存心天理分毫不肯苟取未往江西先底治郡未叙寒温先說拾銀雖是自全本心其實全汝

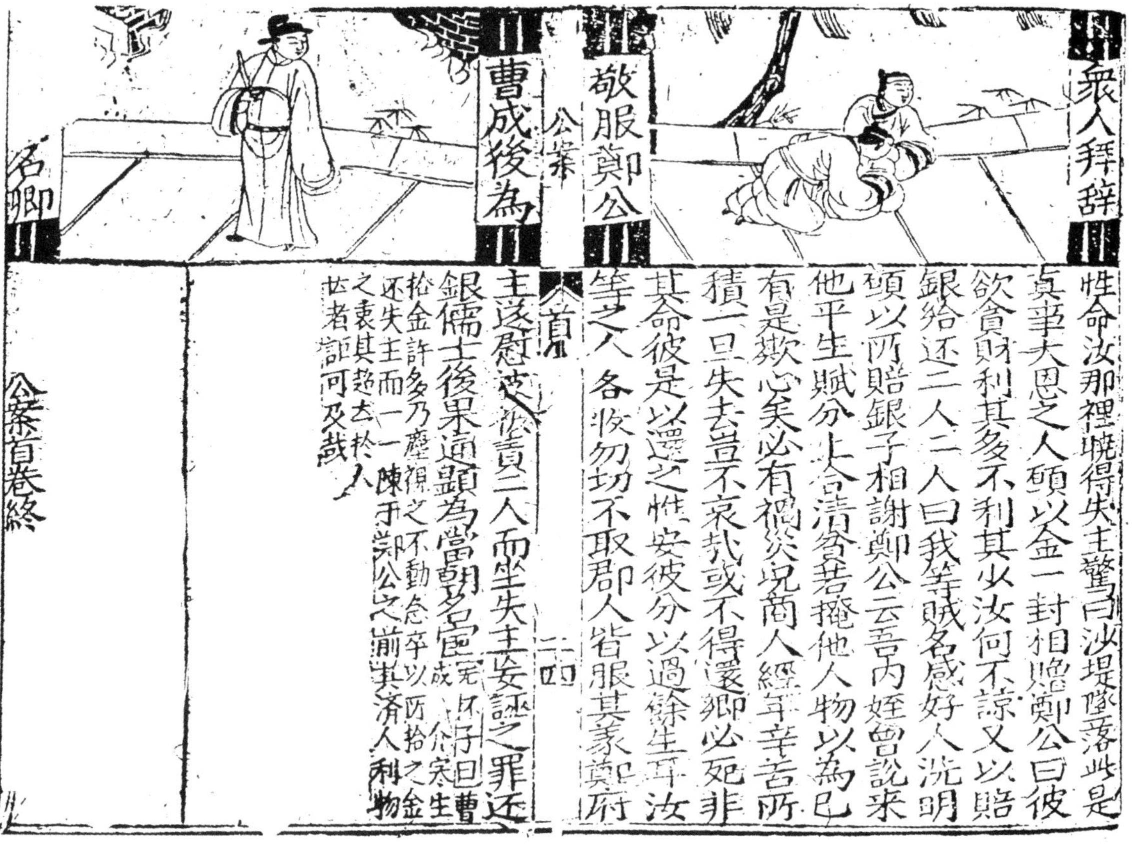

性命汝那裡曉得失主驚曰汝提墜落此是真宰大恩之人顛以金一封相贈鄭公曰彼欲貪財利其多不利其少汝何不諒又以賠銀給还二人二人曰我等賊名感好人洗明頭以所賠銀子相謝鄭公云吾内姪曾說来他平生賦分上合清貧若攙他人物以為已有是欺心矣必有禍災况商人經年辛苦所積一旦失去豈不哀哉或不得還鄉必死非其命彼是以還之性安彼分以過餘生耳汝等之人各收勿却不取郡人皆服其義鄭府主遂慰遣二人而坐失主妄誣之罪还銀儒士後果逋顯為當朝名宦成宅怀子曰曹介宋生拾金許多乃塵視之不動念卒以所拾之金还失主而一一陳于鄭公之前其濟人利物之衷其超去於人世者詎可及哉

公案首卷終

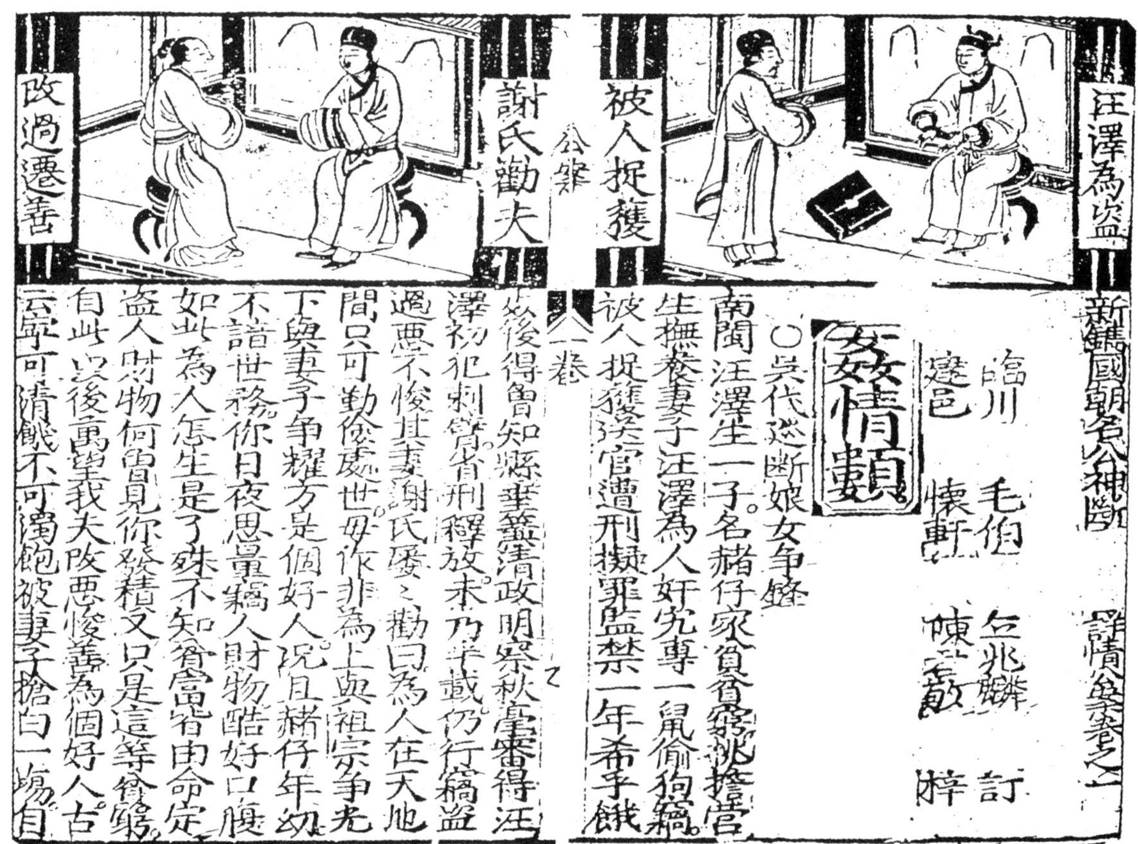

新鐫國朝名公神斷　詳情公案卷之一

臨川　毛伯　仝兆麟　訂

邃邑　懷軒　陳敬　梓

姦情類

〇吳代巡斷娘女爭鋒

南閩汪澤生一子。名赭仔家貧窮挑擔營生撫養妻子汪澤為人奸究專一鼠偷狗竊。被人捉獲送官遭刑擬罪監禁一年希乎餓死後得曾知縣蒞清政明察秋毫審得汪澤初犯刺臂省刑釋放未乃十載仍行竊盗過惡不悛其妻謝氏屢屢勸曰為人在天地間只可勤儉處世毋作非為上與祖宗爭光下與妻子爭耀方是個好人况且赭仔年幼不諳世務你日夜思量竊人財物酷好口腹如此為人怎生是了殊不知貧富皆由命定盗人財物何曾見你發積又只是這等貧窮。自此以後萬望我夫改惡悛善為個好人古云寧可清餓不可濁飽彼妻子搶白一場自

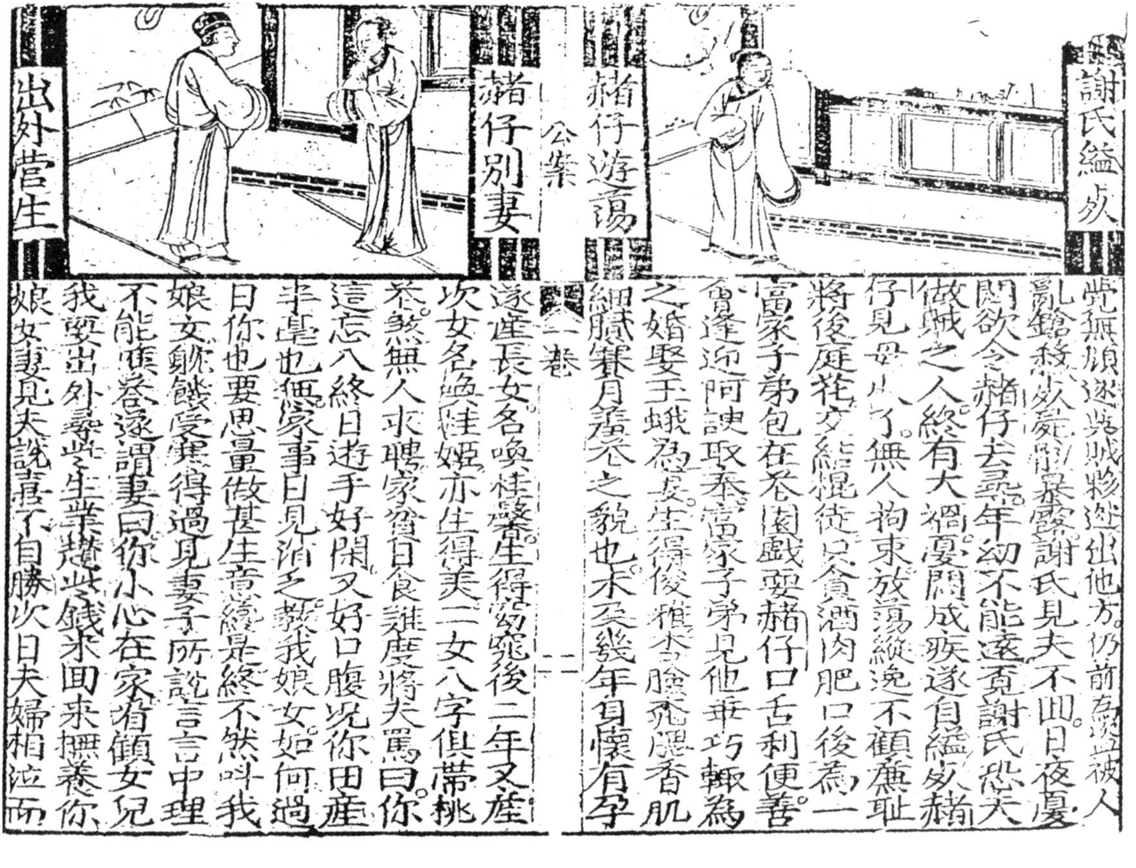

党無賴遂與賊夥逃出他方。仍前為盗被人亂鎗殺死。屍骸暴露。謝氏見夫不回。日夜憂悶。欲令豬仔去尋。年幼不能遠覓。謝氏恐夫做賊之人。終有大禍。憂悶成疾。遂自縊死。豬仔見母死了。無人拘束。放蕩縱逸。不顧廉耻將後庭花交結棍徒。只貪酒肉肥口。後為一富豪子弟包在巷園戲耍。豬仔口舌利便。善會逢迎阿諛取奉。富豪子弟見他乖巧。輙為之婚娶王娥為妻。生得俊雅。杏臉桃腮。香肌細膩。賽月羞花之貌也。不上幾年。自懷有孕

卷二　二

遂產長女。名喚桂馨。生得窈窕。後二年又產次女。名喚桂娥。亦生得美。二女八字俱帶桃花。然無人求聘。家貧日食難度。將夫罵曰。你這忘八。終日遊手好閑。又好口腹。况你田產半毫也無。家事日見消乏。教我娘女如何過日。你也要思量做甚生意。纔是。終不然叫我娘女飢餓受寒得過。見妻子所說言中理不能回答。遂謂妻曰。你小心在家。看顧女兒我要出外尋些生業。趁些錢來回來撫養你娘女。妻見夫說。喜不自勝。次日夫婦相泣而

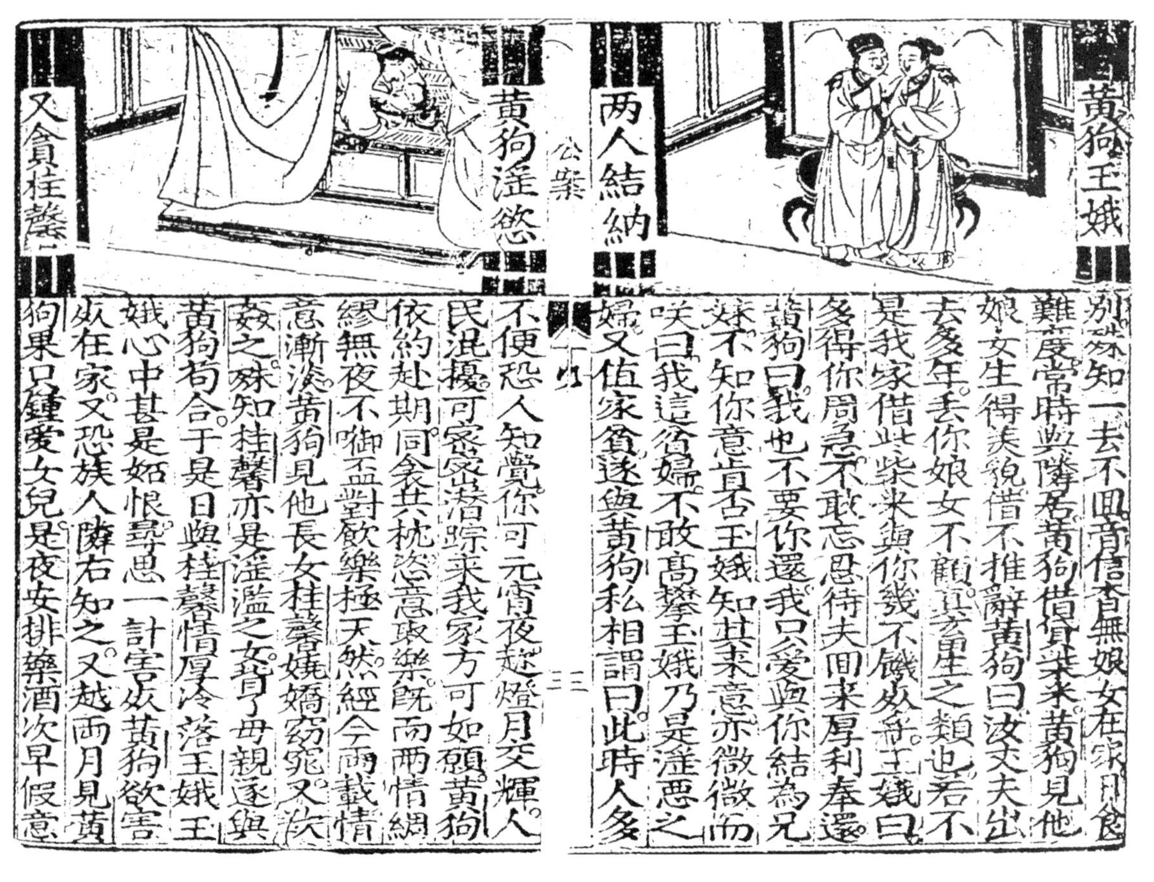

別。然知一去不回。音信杳無。娘女在家日食難度。常時與隣居黃狗借貸柴米。黃狗見他娘女生得美貌。借不推辭。黃狗曰。汝丈夫出去多年。丟你娘女不顧。其實畜生之類也。若不是我家借些柴米與你。幾不餓死。王娥曰。多得你周急。不敢忘恩。待夫回來厚利奉還。黃狗曰。我也不要你還。我只愛與你結為兄妹。不知你意肯否。王娥知其來意。亦微微而笑曰。我這貧婦。不敢高攀。王娥乃是淫惡之婦。又值家貧。遂與黃狗私相謂曰。此時人多

卷二　三

不便。恐人知覺。你可元宵夜。趁燈月交輝。人民混擾。可密密潛蹤來我家。方可如願。黃狗依約赴期。同衾共枕。恣意取樂。既而兩情綢繆。無夜不御。盃對歡樂。極天然。經今兩載。情意漸淡。黃狗見他長女桂馨婉嬌窈窕。又欲姦之。殊知桂馨亦是淫濫之女。背了母親。遂與黃狗苟合。于是日與桂馨情厚。冷落王娥。王娥心中甚是妬恨。尋思一計。害死黃狗。欲害死在家。又恐族人隣右知之。又越兩月。見黃狗果只鍾愛女兒。是夜安排藥酒。次早假意

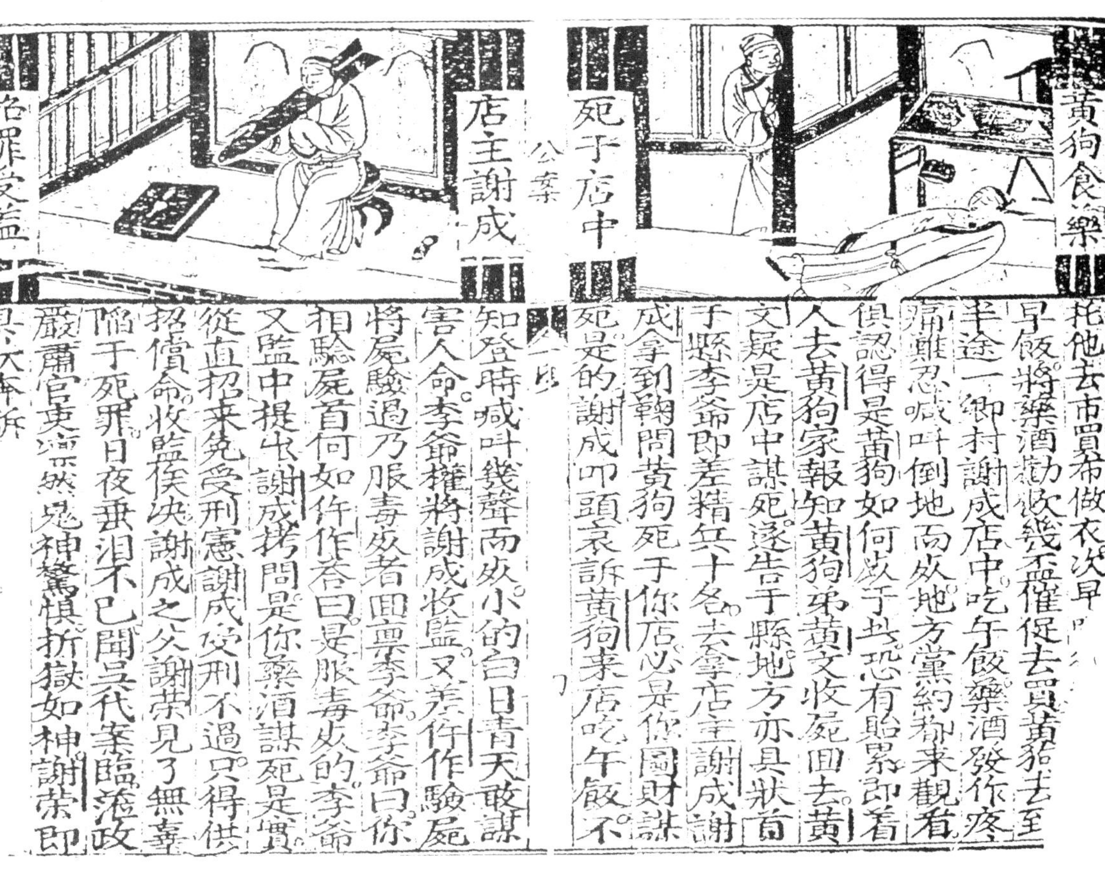

托他去市買布做衣次早
早飯將藥酒勸飲幾盃催促去買黃貂去至
半途一鄉村謝成店中吃午飯藥酒發作疼
痛難忍喊叫倒地而死地方黨約都來觀看
俱認得是黃狗如何死于此恐有貽累即着
人去黃狗家報知黃狗弟黃文收屍回去黃
文疑是店中謀死遂告于縣地方亦具狀首
于縣李爺即差精兵十名去拿店主謝成謝
成拿到鞫問黃狗死于你店必是你圖財謀
死是的謝成叩頭哀訴黃狗來店吃午飯不
知登時喊叫幾聲而死小的白日青天敢謀
害人命李爺權將謝成收監又差仵作驗屍
將屍驗過乃服毒死者回稟李爺李爺曰你
相驗屍首何如仵作荅曰是服毒死的李爺
又監中提出謝成拷問是你藥酒謀死是實
從直招來免受刑憲謝成受刑不過只得供
招償命收監候決謝成之父謝榮見了無辜
陷于死罪日夜垂淚不已聞吳代巡案臨涖政
嚴肅官吏凜然鬼神驚慎折獄如神謝榮即
具狀奔訴

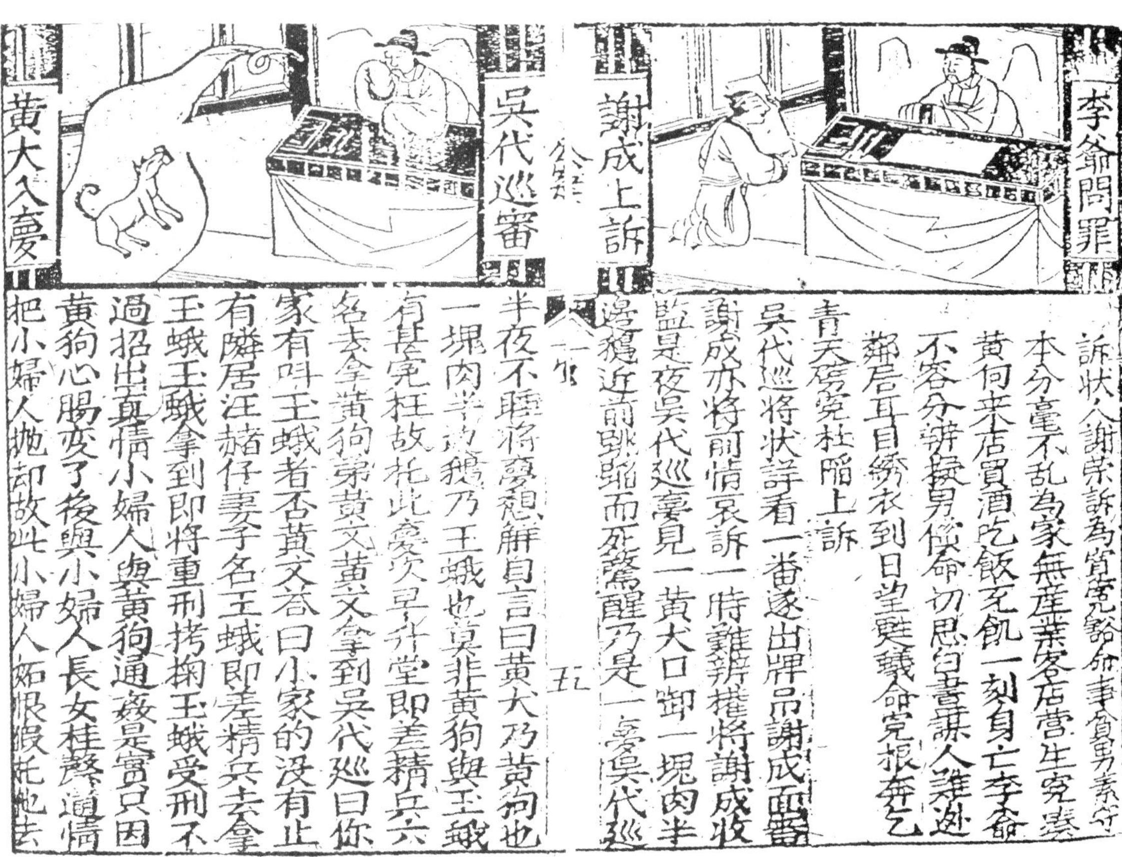

訴狀人謝榮訴為覓冤豁命事負男素守
本分毫不亂為家無產業客店營生冤婁
黃何來店買酒吃飯充飢一刻身亡李爺
不容分辨擬男償命切思白晝謀人誰逆
鄰居耳目緣衣到日望豎鑒命冤根奔乙
青天廣冤枉陷上訴
吳代巡將狀詳看一番遂出牌吊謝成面審
謝成亦將前情哀訴一時難辨權將謝成收
監是夜吳代巡夢見一黃犬口御一塊肉半
邊穩近前跳踊而死驚醒乃是一夢吳代巡
半夜不睡將夢想解自言曰黃犬乃黃狗也
一塊肉半邊穩乃王娥也莫非黃狗與王娥
有甚冤枉故托此夢次早升堂即差精兵六
名去拿黃狗弟黃文黃文拿到吳代巡曰你
家有叫王娥者否黃文荅曰小家的沒有止
有鄰居汪赭仔妻子名王娥即差精兵去拿
王娥王娥拿到即將重刑拷掬王娥受刑不
過招出真情小婦人與黃狗通姦是實只因
黃狗心腸変了後與小婦人長女桂聲通情
把小婦人拋却故此小婦人妬恨假托他去

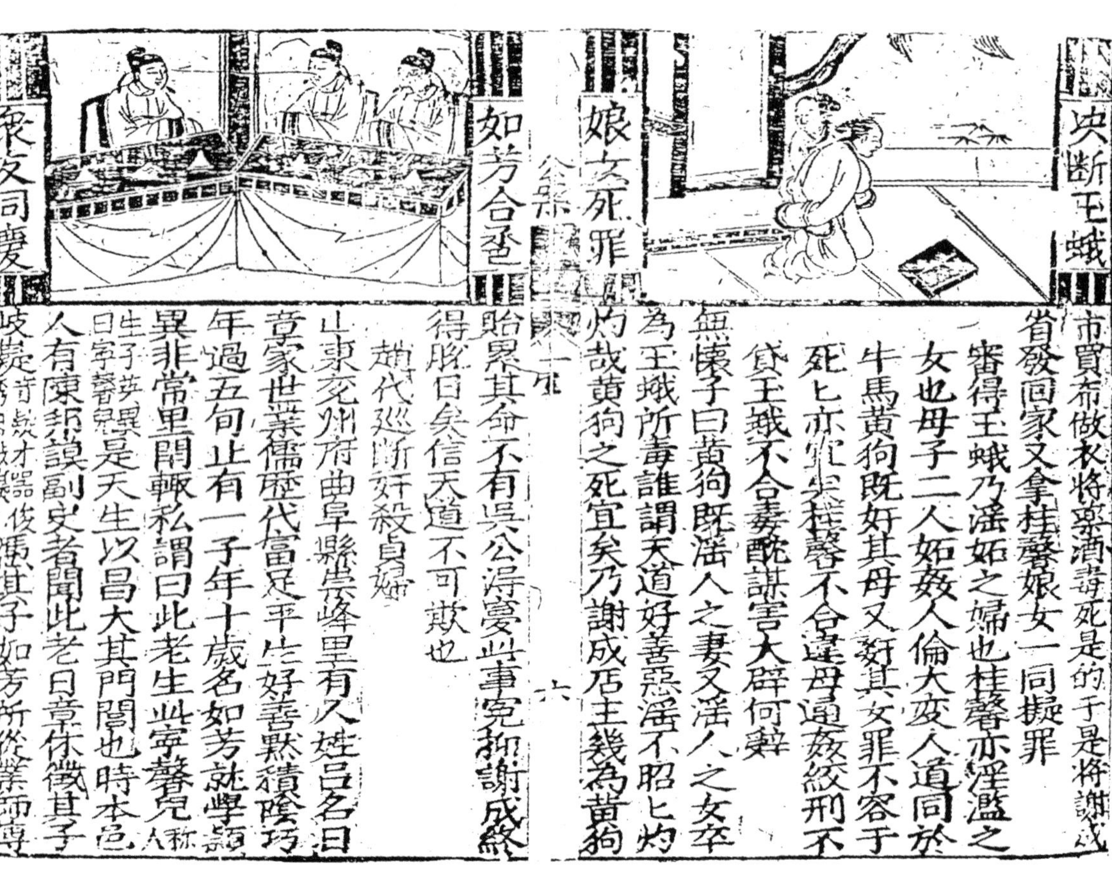

市買布做衣將藥酒毒死是的于是將謝成省發回家又拿桂馨娘女一同擬罪

審得王蛾乃淫妬之婦也桂馨亦淫濫之女也母子二人妬姦人倫大変人道同於牛馬黃狗既奸其母又奸其女罪不容于死匕亦宜矣桂馨不合違母逼姦絞刑不貸王蛾不合毒酖謀害大辟何辭

無懷子曰黃狗既淫人之妻又淫人之女卒為王蛾所毒誰謂天道好善惡淫不昭匕灼灼哉黃狗之死宜矣乃謝成居主幾為黃狗貽累其命不有吳公得憂此事完和謝成終得脫日矣信天道不可欺也

趙代巡斷奸殺貞婦

山東兖州府曲阜縣崇峰里有人姓呂名曰章家世業儒歷代富足平生好善默積陰功年過五旬止有一子年十歲名如芳就學頴異非常里閈輙私謂曰此老生此寧馨兒人称生子英異曰寧馨兒是天生以昌大其門閭也時本邑人有陳邦謨副史者聞此老曰章休徵其子岐嶷岐嶷音歧疑才器也後憑其子如芳所從業師傅

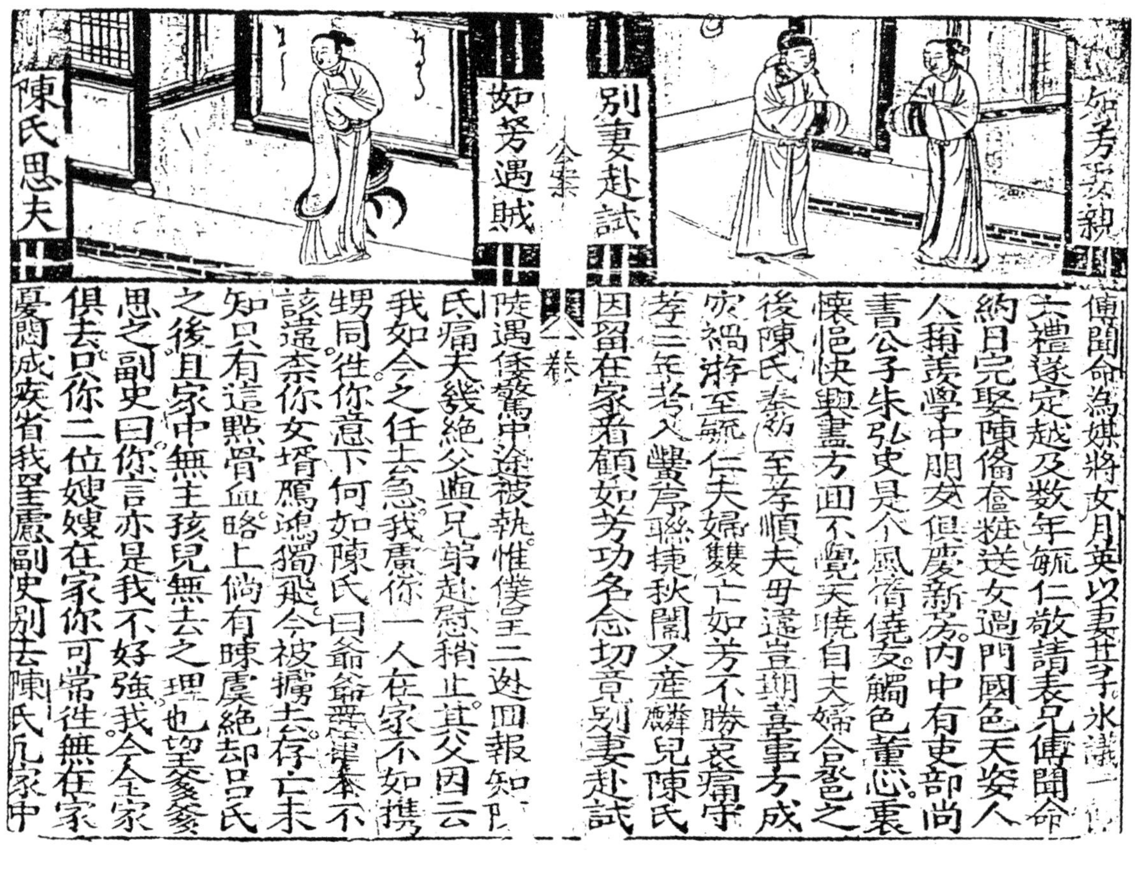

傳聞命為媒將女月英以妻其子氷議一節大禮遂定越及數年毓仁敬請表兄傅聞命納日完娶陳備奩粧送女過門國色天姿人人稱羨學中朋友俱慶新房內中有吏部尚書公子朱弘史是个風流僥友觸色董心裹懷悒怏與畫芳面不覺天曉自夫婦合巹之後陳氏恭勤至孝順夫毋遑岂期喜事方成家禍將至毓仁夫婦雙亡如芳不勝哀痛守孝三年考入黌序聯捷秋闈又產麟兒陳氏因留在家看顧如芳功名念切竟別妻赴試陡遇倭驚中途被執惟僕呈二逃回報知呂氏痛夫幾絕父與兄弟起慰稍止其父因云我如今之任去急我慮你一人在家不如攜甥同往你意下何如陳氏曰爺爺舉偉本不該違奈你女壻鴈鴻獨飛今被擄去存亡未知只有這點骨血略上倘有暁虞絕却呂氏之後且家中無主孩兒無去之理也望爹爹思之副史曰你言亦是我不好強我今全家俱去只你二位嫂嫂在家你可常往無在家憂悶成疾省我望慮副史別去陳氏凡家中

茂七私情　又謀主母

弘史卜居　謀淫陳氏

大小事務盡付與呈二夫婦照管身傍惟七歲婢女秋桂伏侍閨門不出内外無慾不意呈二妻春香與儕居張茂七私通月夜偷情無所不至茂因謂春香曰你主母青年情思正熾爾為我成就此姻緣可乎春香曰我主母素性正大毫不敢犯非至切事他必不出中堂此必不可得之數也茂復以言戲之曰爾是私心怕我冷落了你的情意故不肯乃爾春香曰我豈有此心但事實難圖俟我緩緩謀之然要不可必耳不意人同此心更有操謀密者時有朱弘史因慶新房後感動春心無由得入至此聞得如芳被擄遂卜館與呂門相近結交附境之人詢問内外之事若有至愛信實為同胞惜者其人乃盡情告曰呂家世代積德今女被執是天無眼矣其娘子陳氏執守婦道出入無三尺之童身傍惟七歲之婢真正大有能幹之女子也弘史復以言挑之曰陳氏既不柄家務却付與何人看顧其人曰家務支持盡付與呈二夫妻呈二毫無私意可羨[illegible]弘史見其人獨誇呈二

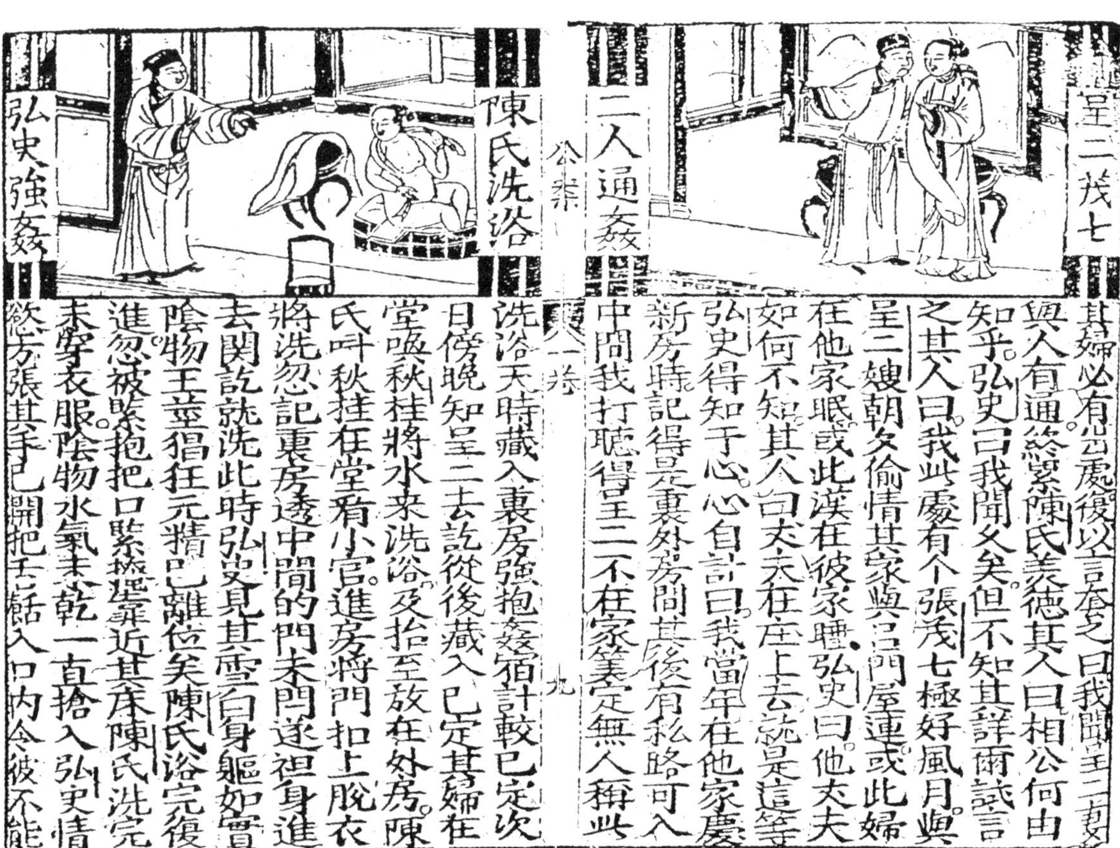

其婦必有私處復以言套之曰我聞呈二妻與人有通終累陳氏美德其人曰相公何由知乎弘史曰我聞久矣但不知其詳爾試言之其人曰我此處有个張茂七極好風月與呈二嫂朝夕偷情其家與呂門屋連或此婦在他家眠或此漢在彼家睡弘史曰他丈夫如何不知其人曰丈夫在庄上去就是這等弘史得知于心心自計曰我當年在他家慶新房時記得是裏外房間其後有私路可入中間我打聽得呈二不在家筭定無人稱此洗浴天時藏入裏房強抱姦宿計較已定次日傍晚知呈二去莊從後藏入已定其婦在堂喚秋桂將水來洗浴及抬至放在外房陳氏叫秋桂在堂看小官進房將門扣上脫衣將洗忽記裏房透中間的門未閂遂袒身進去閂訖就洗此時弘史見其雪白身軀如寶陰物玉莖猖狂元精已離位矣陳氏浴完復進忽被緊抱把口緊掩挨近其床陳氏洗完未穿衣服陰物水氣未乾一直搶入弘史情慾方張其手已開把舌餂入口内令彼不能

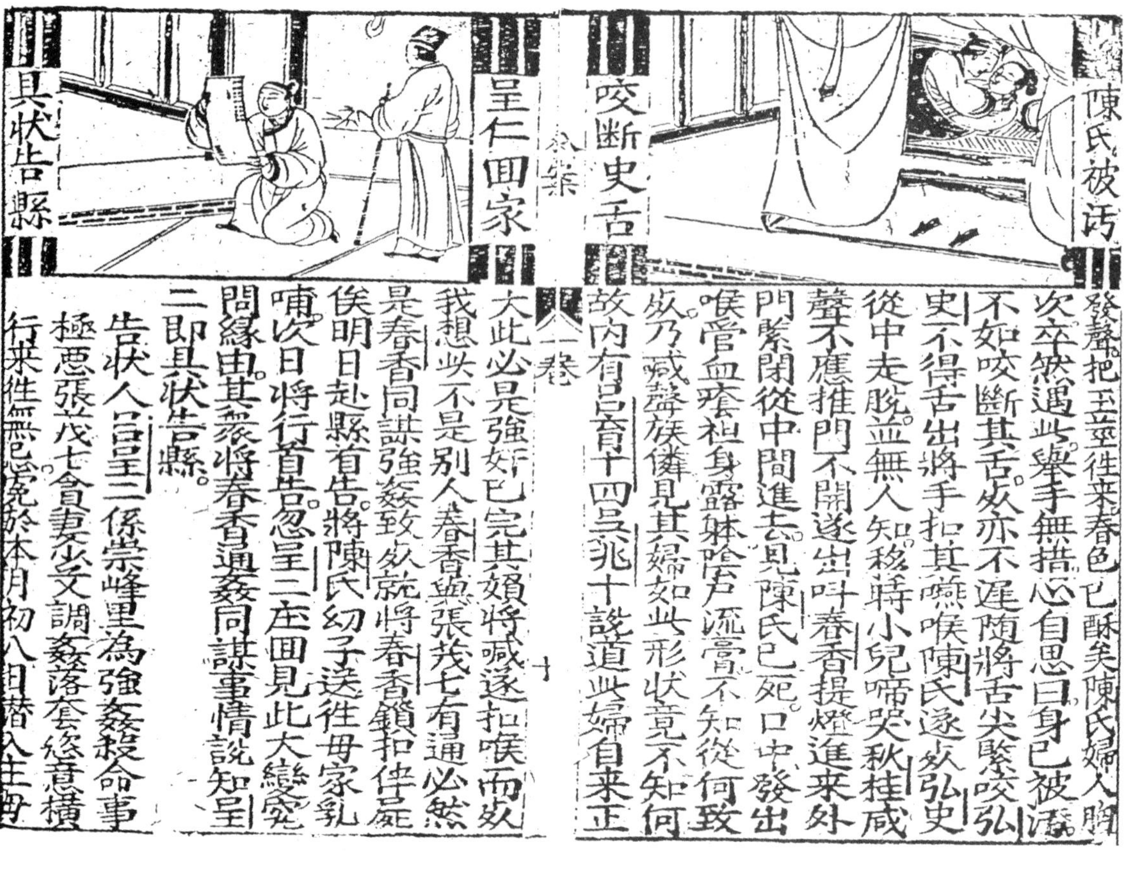

發聲把王亞往来春色已酥矣陳氏婦人腳次卒然遇此變手無措心自思曰身已被汚不如咬斷其舌。姦亦不遲隨將舌尖緊咬弘史不得舌出將手扣其𪖙喉陳氏遂死弘史從中走脫。並無人知。移時小兒啼哭秋桂咸聲不應推門不開遂出叫春香提燈進来外門緊閉從中間進去。見陳氏已死。口中發出喉管血瘡袒身露躰陰户流膏不知從何致死。乃喊聲族隣見其婦如此形状竟不知何故内有呂育十四吳兆十說道此婦自来正

大此必是強奸已完其婢將喊遂扣喉而死我想此不是別人春香與張茂七有通必然是春香同謀強姦致死就將春香鎖扣伴屍侯明日赴縣首告將陳氏幼子送往母家乳哺次日將行首告忽呈二在回見此大變究問緣由。其衆將春香通姦同謀事情說知呈二即具狀告縣。

告狀人呂呈二係崇峰里為強姦殺命事

極惡張茂七貪妻少文調姦落套慾意横行来往無忌包兇於本月初八日潛入主母臥房窺見浴水強捉行姦主隨發喊剪喉絕命妻春香喊驚鄰甚証切殘姦致命罪惡弥天叩下究情非台莫斬恩乞勤正法上告

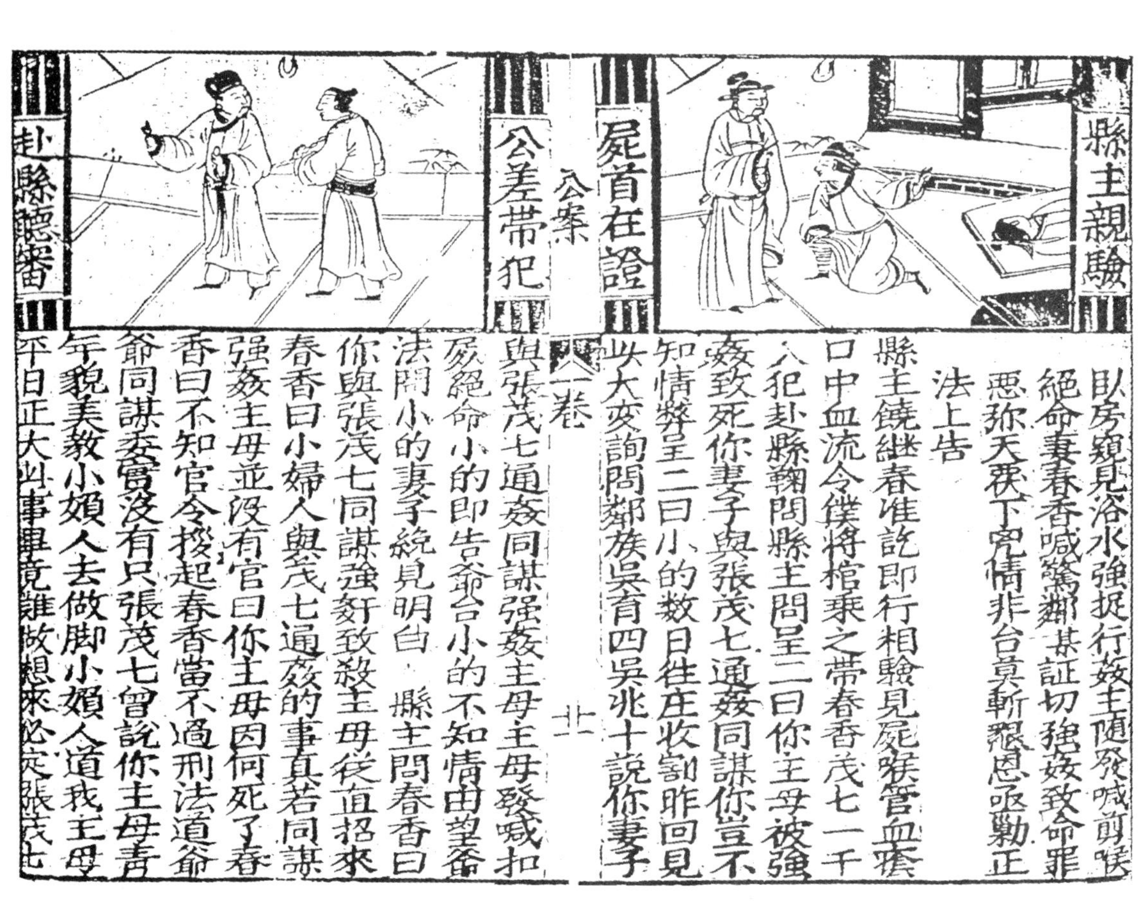

縣主饒繼春准說即行相驗見屍喉管血瘡口中血流令僕將棺乘之帶春香茂七一干人犯赴縣鞫問縣主問呈二曰你主母被強姦致死你妻子與張茂七通姦同謀你豈不知情麽呈二曰小的數日往庄收割昨回見此大变詢問鄰族吳育四吳兆十說你妻子

與張茂七通姦同謀強姦主母主母發喊扣死絕命小的即告爺台小的不知情由望爺法問小的妻子總見明白　縣主問春香曰你與張茂七同謀強奸致殺主母從直招来春香曰小婦人與茂七通姦的事真若同謀强姦主母並沒有官曰你主母因何死了春香曰不知官令拶起春香當不過刑法道爺爺同謀委實沒有只張茂七曾說你主母青年貌美教小婢人去做脚小婢人道我主母平日正大此事畢竟難做想來必定張茂七

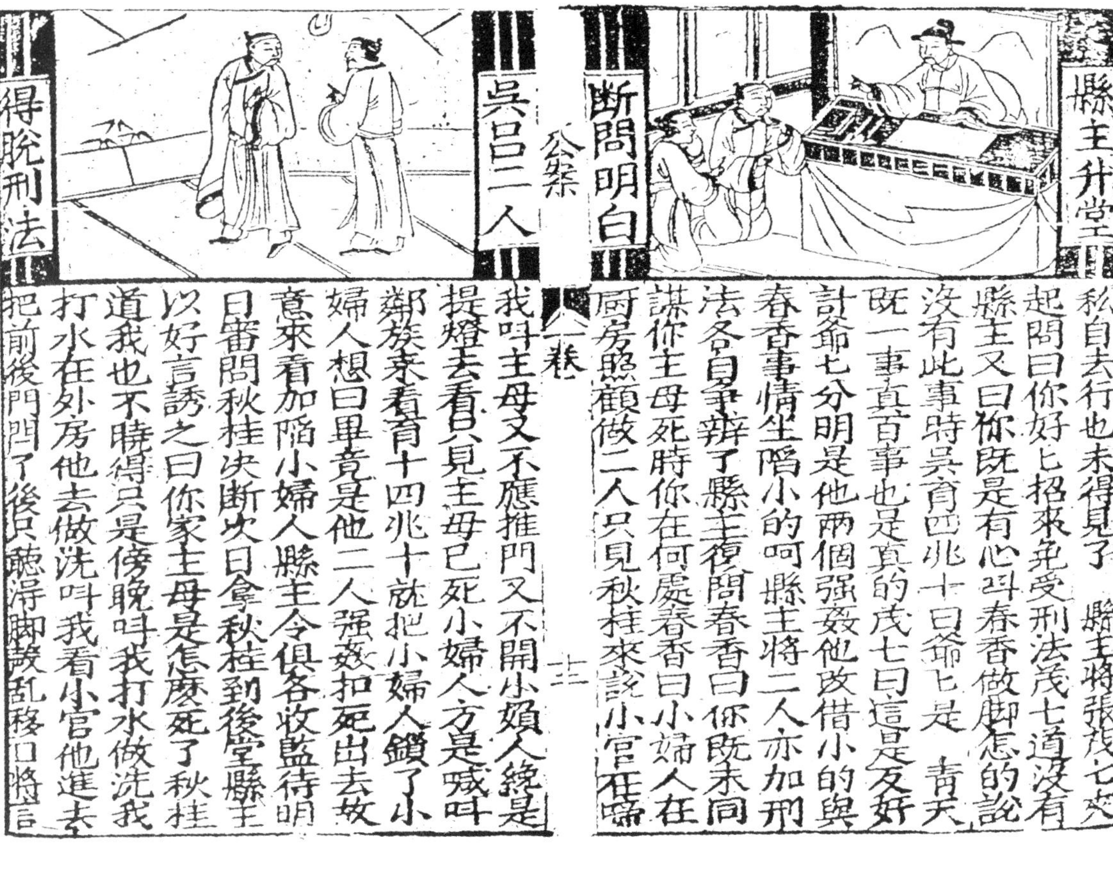

私自去行也未得見了　縣主將張茂七定
起問曰你好匕招來免受刑法茂七道沒有
縣主又曰你既是有心叫春香做脚怎的說
沒有此事時吳育四兆十曰爺匕是　青天
既一事真百事也是真的茂七曰這是叉奸
討爺七分明是他兩個强姦他改借小的與
春香事情坐陷小的呵縣主將二人亦加刑
法各自爭辯了縣主復問春香曰你既未同
謀你主母死時你在何處春香曰小婦人在
厨房照顧做二人只見秋桂來說小官在噹

一卷　十二

我叫主母又不應推門又不開小娟人纔是
提燈去看只見主母已死小婦人方是喊叫
鄰族來看育十四兆十就把小婦人鎖了小
婦人想曰畢竟是他二人强姦扣死出去姦
意來看加陷小婦人縣主令俱各收監待明
日審問秋桂決斷次日拿秋桂到後堂縣主
以好言誘之曰你家主母是怎麽死了秋桂
道我也不曉得只是傍晚叫我打水做洗我
打水在外房他去做洗叫我看小官他進去
把前後門閂了後只聽得脚跤乱移口將言

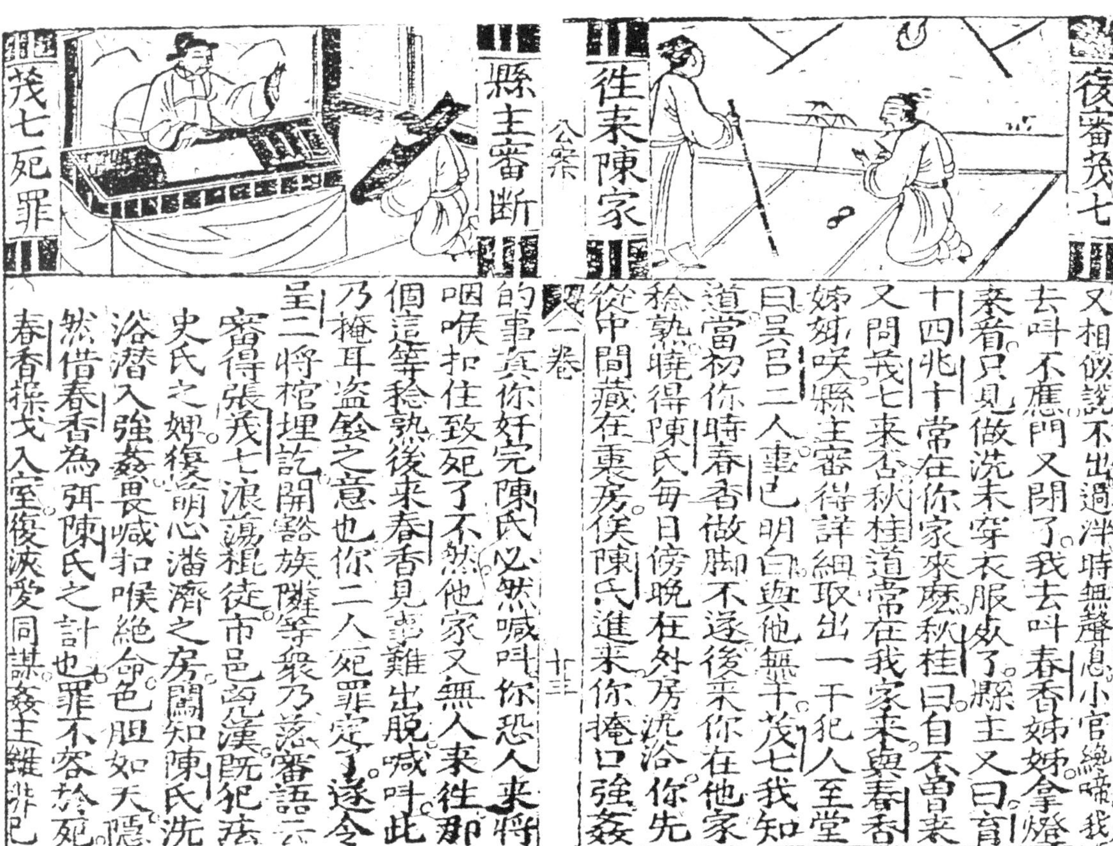

復審茂七
往來陳家
公案
縣主審断
茂七死罪

又相似說不出過泮時無聲息小官纔啼我
去叫不應門又閉了我去叫春香姊姊拿燈
來看只見做洗未穿衣服死了縣主又曰育
十四兆十常在你家來麽秋桂曰自不曾來
又問茂七來否秋桂道常在我家来與春香
姊姊笑縣主審得詳細取出一干犯人至堂
曰吳呂二人事已明白與他無干茂七我知
道當初你時春香做脚不遂後来你在他家
稔熟曉得陳氏每日傍晚在外房洗浴你先
從中間藏在裏房俟陳氏進来你掩口強姦

一卷　十三

的事真你好完陳氏必然喊叫你恐人来將
咽喉扣住致死了不然他家又無人来往那
個這等稔熟後来春香見事難出脫喊叫此
乃掩耳盜鈴之意也你二人死罪定了遂令
呈二將棺埋訖開豁族隣等衆乃落審語云
審得張茂七浪蕩棍徒市邑宄漢既犯孫
史氏之婢復萌心潘濟之房闞知陳氏洗
浴潛入強姦畏喊扣喉絶命色胆如天隱
然借春香為弭陳氏之計也罪不容於死
春香揉戈入室復波愛同謀姦主雖非己

縣主行文　申明上司

持廣手然致禍根由皆由刁醸合應大辟以警不軌育四兆十事係無辜不究其僕呈二不能寒萌禍首亦合杖警

即將行文申明上司繳詭呈二條然忠心看顧小主不提越至三年適山東大巡趙思聖出巡阜縣趙公一生廉明人人呼為趙青天及至茂七父學六具狀進告

訴狀人張學我係曲阜縣崇峰里為電劈飛冤事梟惡呈二主母身故飄架貧男茂七姦殺告縣慘鞫屈招冤沉黑海切姦無

按院廉明　學六狀訴

証獲疑貳雖分身死不明衣物無據况平地又無交爭則真偽難贋雷辟䆕　天鏡照飛霜詳情不雨盆下陛恩哀七上訴鄒衍䟦燕王囚于獄死罪感動天地六月而霜飛齊婦孝于貧姑恐姑其嫁遂自縊死人告其婦逼姑死齊東海三年不雨

大巡准狀收訖次日夜閱各犯罪案至學六姦殺命事及當初單遂精神疲倦而睡忽夢見一女子似有冤訴之狀大巡曰你有冤只管訴來其頻不言其來歷口念數句詩而去

一史立口即人士　八厶通訪一了居亡

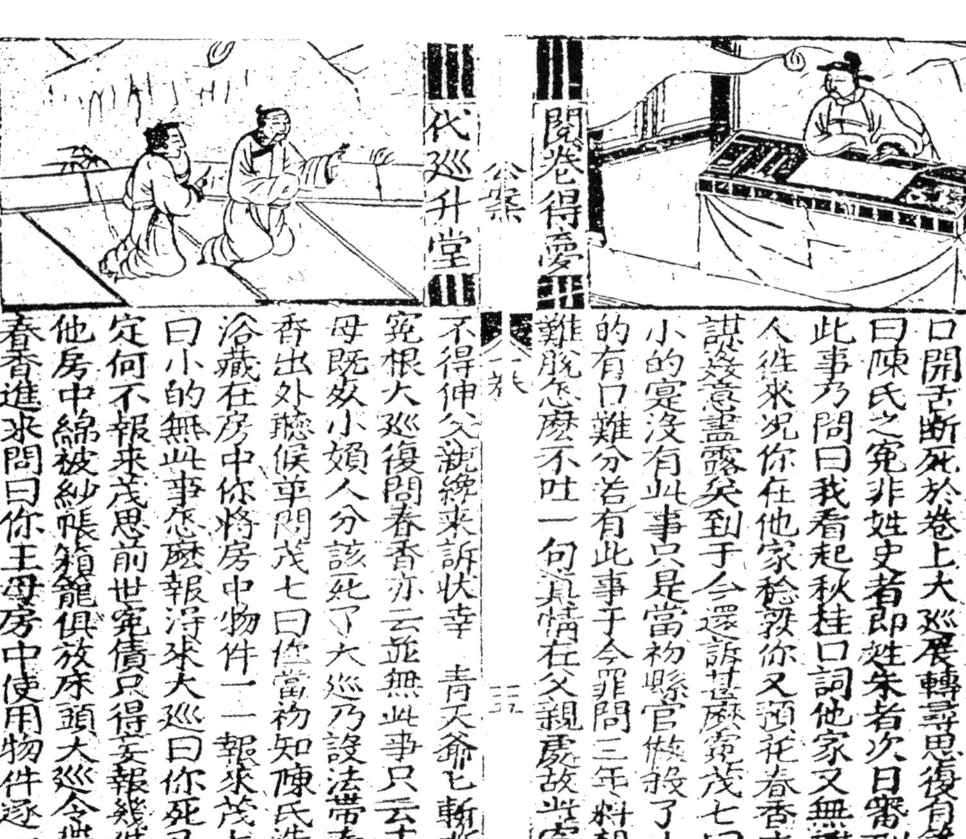

代巡准狀　閱卷得夢

舌失留口含幽怨　蜘蛛橫死方消恨

大巡醒來得一夢甚是疑惑又見一大蜘蛛口開舌断死於卷上大巡展轉尋思復有詩曰陳氏之冤非姓史者即姓朱者次日審到此事乃問曰我看起秋桂口詞他家又無雜人往來况你在他家稔熟你又預託春香去謀姦意盡露矣到于今還訴甚麼冤茂七曰小的寔沒有此事只是當初縣官做殺了小的有口難分若有此事于今罪問三年料想難脫怎麼不吐一句真情在父親處故此冤

代巡升堂　審問人犯

不得伸父親纔來訴狀幸　青天爺乞斬斷冤根大巡復問春香亦云並無此事只云主母既歿小婢人分該死了大巡乃設法帶春香出外聽候单問茂七曰你當初知陳氏洗浴藏在房中你將房中物件一一報來茂七曰小的無此事怎麼報得來大巡曰你死又定何不報來茂思前世冤債只得妄報幾件他房中綿被紗帳箱籠俱放床頭大巡令帶春香進來問曰你王母房中使用物件逐一報來春香不知其意報曰主母家雖富足出

代巡得情

觀風考校

自宦門平生只愛淡薄福生帳布被類儐在樓上裏房別無他物大巡見二人各報不同姦殺必非茂七復問春香曰你家親眷并你主人朋友有姓朱姓史兩沒有春香道我主人在家日有个朱吏部尚書公子交遊自相公被擄並不曾來只當年與黃國材相公在附近讀書大巡發付收監訖次日觀風取弘史作批首取黃國材第二是夜閱其卷復又叠前詩遂自思悟曰一史立口即人士一史乃此史字立口即是部字八厶乃公字一

弘史諸生

按院謝若

了是子字此分明是吏部公子舌尖留口含幽怨這句不會其意蜘蛛橫死恨方除此公子姓朱分明是蜘蛛也他學名弘史又與此橫死聲同律恨方除必定要問他填命方能洩其婦之恨次日朱弘史來謝考大巡說賢契好文字弘史語話不明舌不調律大巡疑惑辭去黃國材并四名五名來謝大巡問黃生曰列位賢契好文字衆答曰不敢皆老大人網羅量所優耳（用賢如網羅之取萬物）因問曰朱友相貌魁昂文才逸拔只是舌不協律吾為此

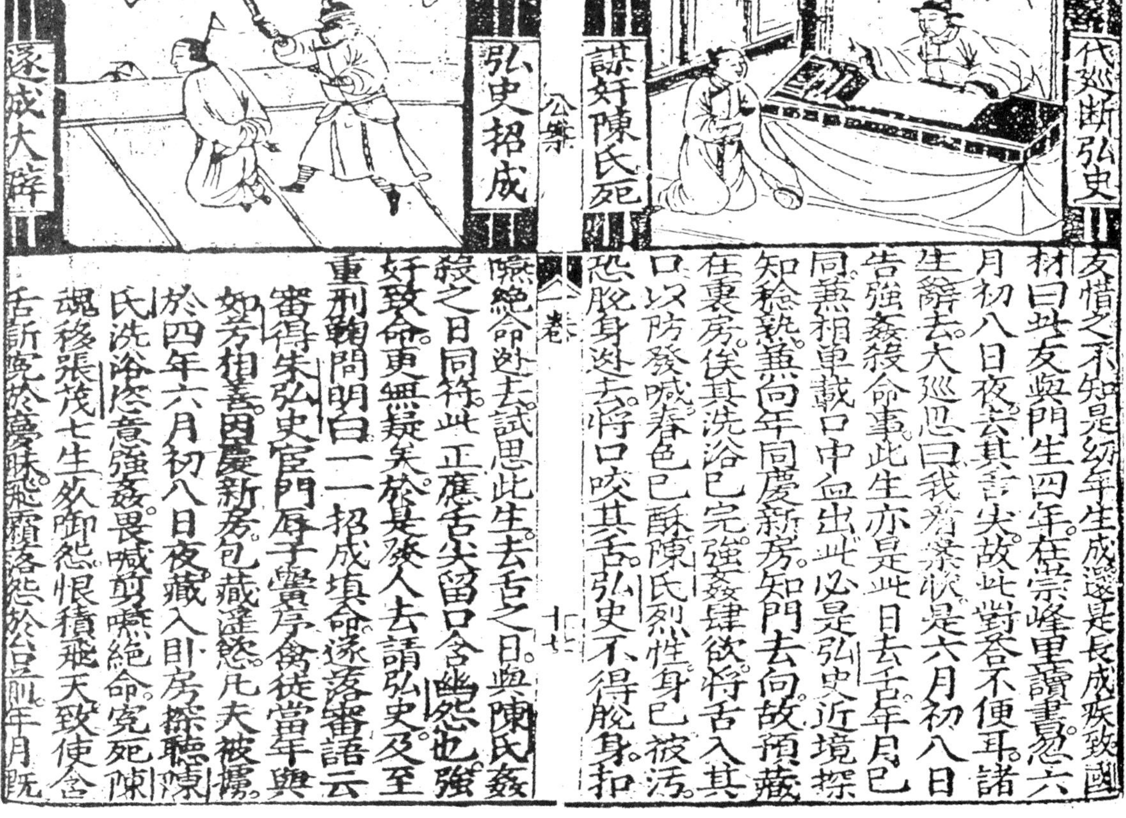

代巡斷弘史

誅奸陳氏死

友惜之不知是幼年生成還是長成疾致國材曰此友與門生四年在崇峰里讀書忽六月初八日夜去其舌尖故此對答不便耳諸生辭去大巡思曰我看案狀是六月初八日告強姦殺命事此生亦是此日去舌年月已同兼相單載口中血出此必是弘史近境探知稔熟兼向年同慶新房知門去向故預藏在裏房俟其洗浴已完強姦肆欲將舌入其口以防發喊春色已酥陳氏烈性身已被污恐脫身逃去將口咬其舌弘史不得脫身扣

弘史招成

遂成大辟

喉絕命逃去試思此生去舌之日與陳氏姦殺之日同符此正應舌尖留口含幽怨也強奸致命更無疑矣於是發人去請弘史及至重刑鞫問明白一一招成填命遂落審語云審得朱弘史宦門辱子黌序禽徒當年與知芳相善因慶新房包藏逆慾凡夫被擄於四年六月初八日夜藏入目房探聽陳氏洗浴恣意強姦畏喊剪喉絕命寃死陳魂移張茂七生效御怨恨積飛天致使含舌訴寃於夢寐飛霜落怨於台前年月既

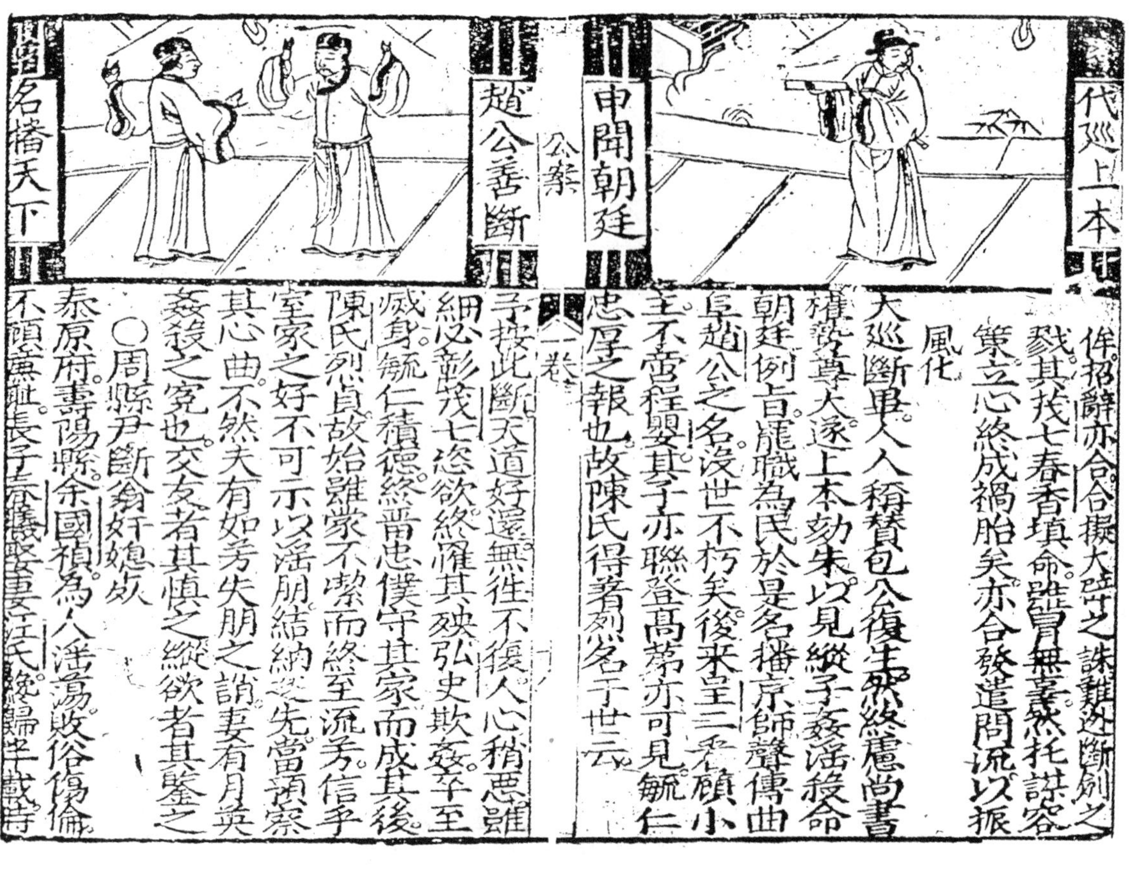
代巡上本
申聞朝廷
公案
一卷
趙公善斷
名播天下

侔招辭亦合合擬大辟之誅雖迯斷劍之
戮其找七春香塡命豈冐無辜然托謀客
策立心終成禍胎矣亦合發遣問流以振
風化
大巡斷畢人人稱贊包公復生衆然憲尚書
稽詳尊大遂上本劾朱以見縱子姦淫殺命
朝廷例旨罷職為民於是名播京師聲傳曲
阜趙公之名沒世不朽矣後來呈三品顧小
主不曾程嬰其子亦聯登高第亦可見毓仁
忠厚之報也故陳氏得著烈名于世云

子撥此斷天道好還無往不復人心稍惡雖
細必彰茂七恣欲終罹其殃弘史欺姦卒至
滅身毓仁積德終留忠僕守其家而成其後
陳氏烈貞故始雖蒙不潔而終至流芳信乎
室家之好不可不以淫朋結納必先當預察
其心曲不然夫有如芳失朋之誚妻有月英
姦後之冤也交友者其慎之縱欲者其鑒之
○周縣尹斷翁奸媳妖
泰原府壽陽縣余國禎為人淫蕩敗俗傷倫
不顧廉恥長子春曦娶妻汪氏纔歸半載時

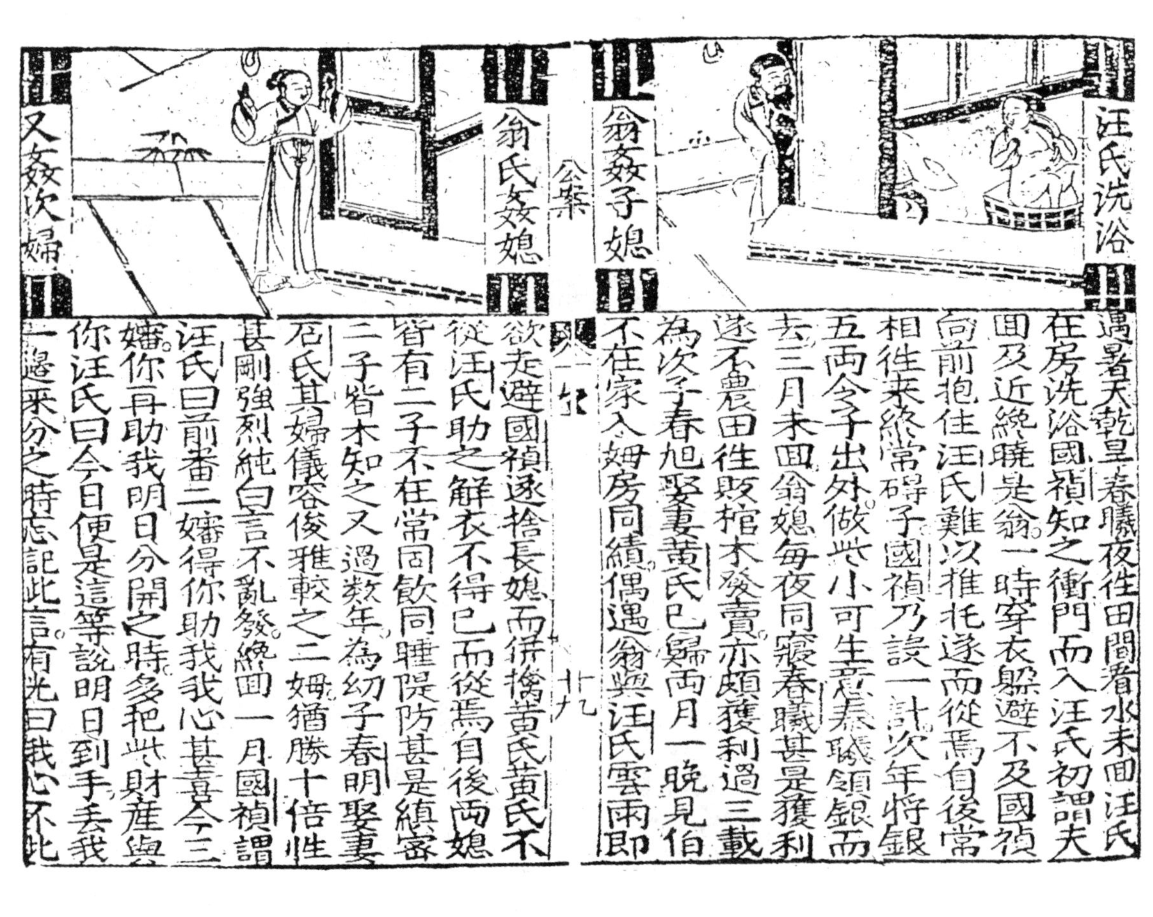
汪氏洗浴
翁姦子媳
公案
一卷
翁氏姦媳
又姦次婦

遇暑天乾旱春曦夜往田間看水未回汪氏
在房洗浴國禎知之衝門而入汪氏初謂夫
回及近纔曉是翁一時穿衣躲避不及國禎
向前抱住汪氏雖以推托遂而從焉自後常
相往來終常碍子國禎乃設一計次年將銀
五兩令子出外做些小可生意春曦領銀而
去三月未回翁媳每夜同寢春曦甚是獲利
遂不思回往販棺木發賣亦頗獲利過三載
為次子春旭娶妻黃氏已歸兩月一晚見伯
不在家入姆房同績偶遇翁與汪氏雲雨即

廿九

欲走避國禎遂捨長媳而併擒黃氏黃氏不
從汪氏助之解衣不得已而從焉自後兩媳
皆有二子不在常同飲同睡隄防甚是縝密
二子皆未知之又過數年為幼子春明娶妻
石氏其婦儀容俊雅較之二姆猶勝十倍性
甚剛強烈純白言不亂發纔回一月國禎謂
汪氏曰前番二嬸得你助我我心甚喜今三
嬸你再助我明日分開之時多把些財產與
你汪氏曰今日便是這等說明日到手丟我
一邊來分之時忘記此言有光曰我心不比

姆呼石氏　入房說話

翁姦石氏　石氏縊死

公案　二十

別人心甚均匀三个媳婦平平就是偶然謂氏入来國禎曰總說未了你二人皆有幹得停當並無一人知之恐今新嬸覺察知之不當穩便你二人莫若做脚一起污之以塞其口免後面被他識破出閙外人不雅黃氏曰此事容易何必罣懷次日上午春明兄弟三人皆出外去汪氏黃氏乃呼石氏曰新嬸入来同坐恐會痴困同入来講話精神更爽石氏因二姆連叫二次徐徐而入坐不移時見翁自外而入石氏欲起身迴避黃氏曰坐無妨只見國禎欣欣而近石氏失色而奔乃被二姆扯住有光近前抱住解帶的解帶剥衣的剥衣不由自顛石氏高聲大喊汪氏以手掩其口恣行雲雨國禎興盡而止石氏滿面羞慚穿衣理鬢忿忿而出遂巳房自縊而死春明兄弟三人及午而歸春明入房見妻吊起大哭驚駭不知其故問于二嫂皆曰不知東隣西舍皆往視之不明因何致死春明令人報于外家岳父石富母方氏舅石康石泰舉家上門来看乃謂春明夫婦有不合處受

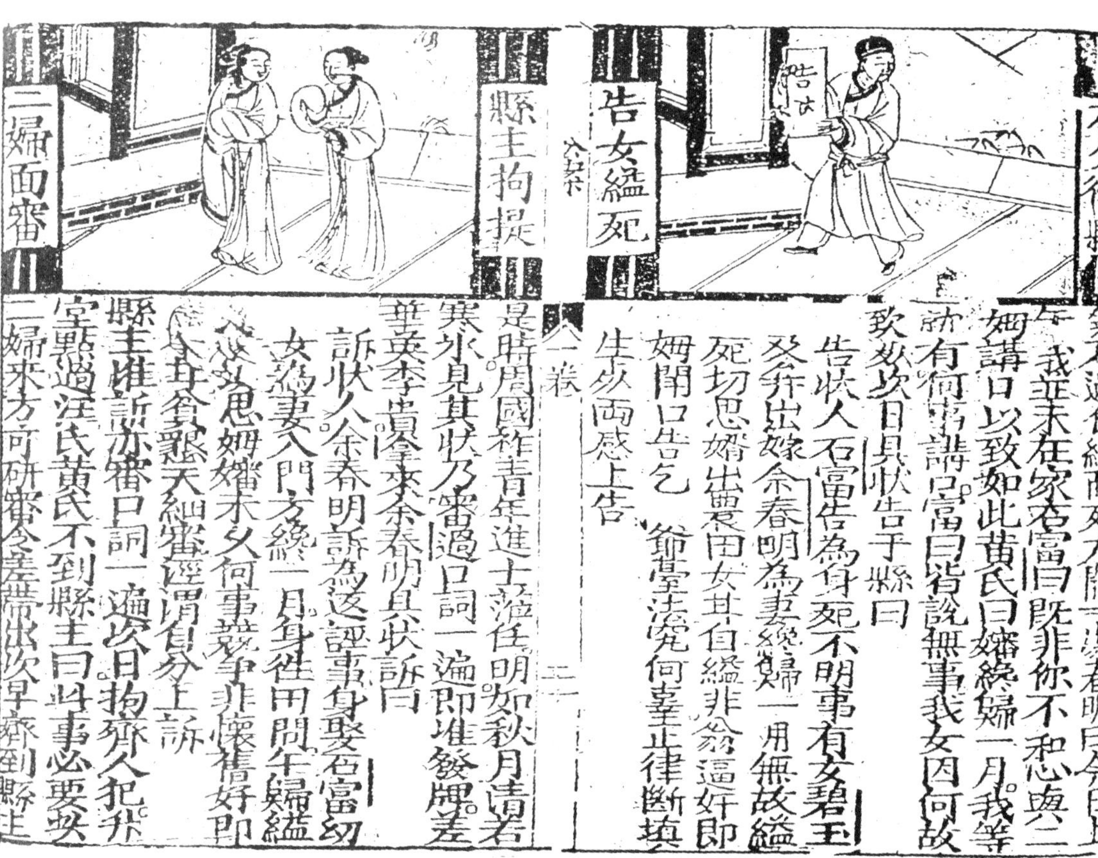

公案　二十一

氣不過自縊而死大閙一場春明曰今早上午我並未在家石富曰既非你不和必與二姆講口以致如此黃氏曰嬸總婦一月我等並有何話講石富曰皆說無事我女因何故致死次日具狀告于縣曰

告狀人石富告為身死不明事有女碧玉癸卉出嫁余春明為妻總婦一月無故縊死切思婿出豈因女甘自縊非翁逼奸即姆閙口告乞　爺臺法究何辜正律斷填生死兩感上告

是時周國祚青年進士落任明如秋月清若寒冰見其狀乃審過口詞一遍即准發牌差華英李貴拿來余春明具狀訴曰

訴狀人余春明訴為逐證事身娶石富幼女為妻入門方總一月身往田間午歸縊死思姆嬸未久何事競爭非懷舊奸即係命其貧懸天細審逕謂自分上訴

縣主准訴亦審口詞一遍次日拘齊人犯非字點過汪氏黃氏不到縣主曰此事必要與二婦来方可研審令差帶出次早齊到縣主

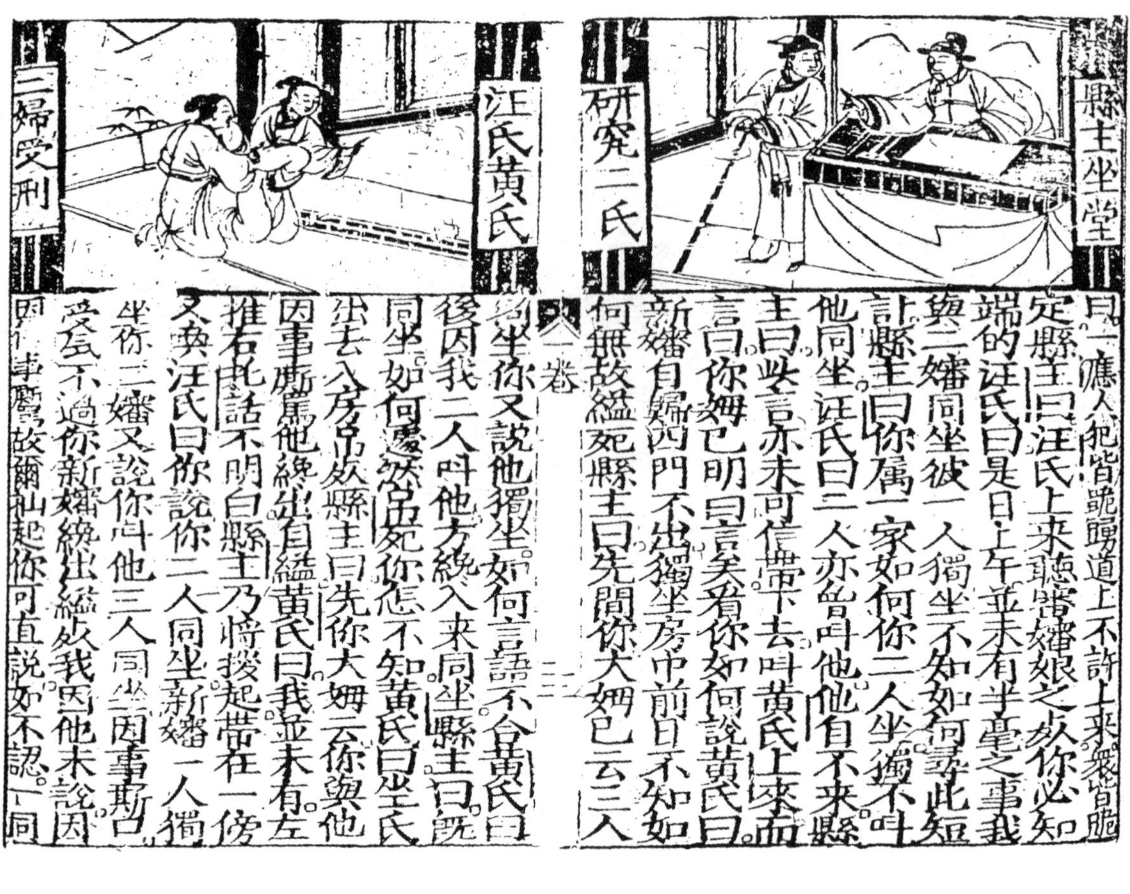
縣主坐堂
研究二氏
汪氏黃氏
二婦受刑
卷一
三

只一應人犯皆跪踴道上不許上來。繇皆跪定。縣主只叫汪氏上來聽審。嬸娘之死你必知端的。汪氏曰：是日上午並未有半毫之事。我與二嬸同坐。彼一人獨坐，不知如何尋此短計。縣主曰：你屬一家，如何你二人坐，獨不叫他同坐？汪氏曰：二人亦曾叫他，他自不來。縣主曰：此是你言，亦未可信。帶下去，叫黃氏上來。而言曰：你嬸已明白言矣，看你如何說。黃氏曰：新嬸自歸門，不出，獨坐房中。前日不知如何無故縊死。縣主曰：先問你大嬸，已云二人

約坐，你又說他獨坐，如何言語不合？黃氏曰：後因我二人叫他，方纔入來同坐。縣主曰：既同坐，如何還獨自死？你怎不知？黃氏曰：坐氏出去入房中吊死。縣主曰：先你大嬸云你與他因事廝罵，他纔出自縊。黃氏曰：我並未有。左推右托，話不明白。縣主乃將撥起帶在一傍，又與汪氏曰：你說你二人同坐，新嬸一人獨坐。你二嬸又說你叫他三人同坐，因事廝口，受氣不過，你新嬸纔出縊死。我因他未說因何事廝鬧，故爾扯起你，可直說。如不認，一同

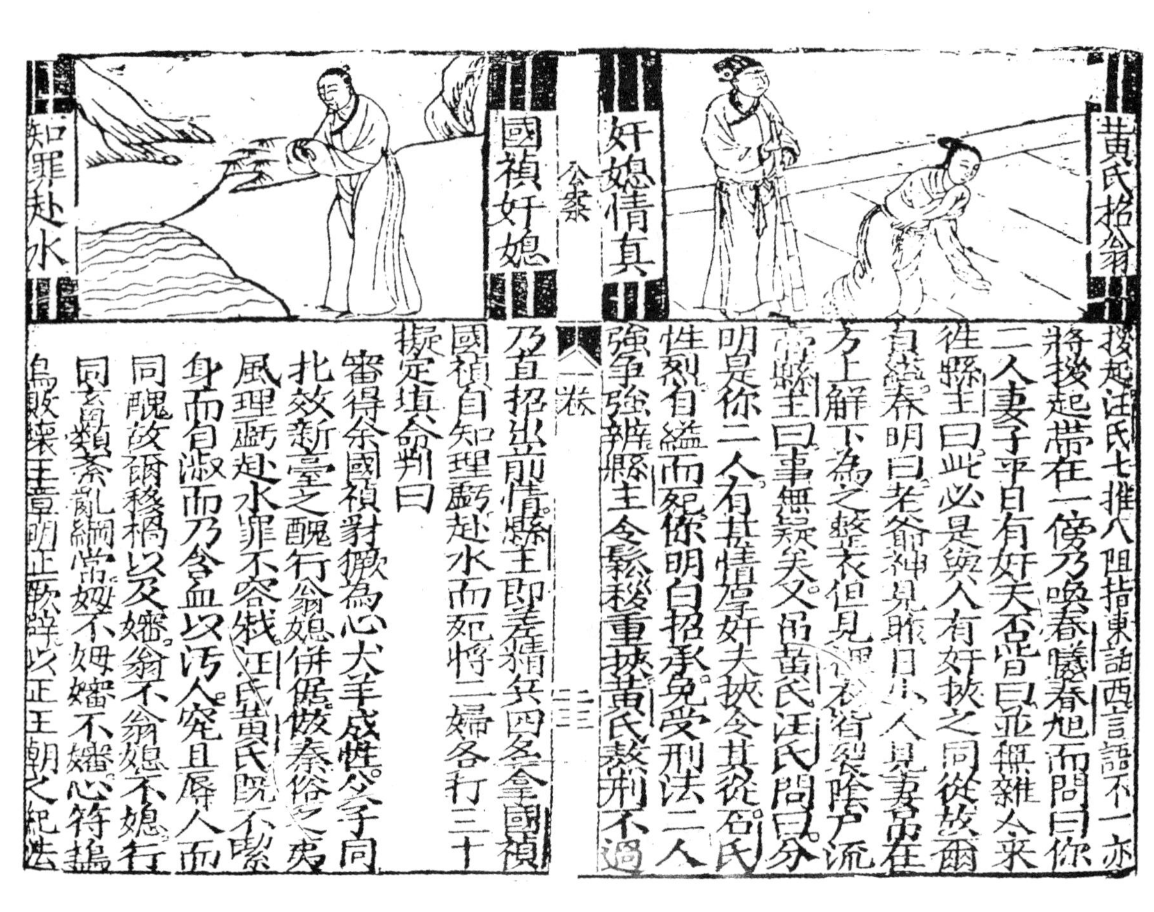
黃氏招翁
奸媳情真
公案
國禎奸媳
知罪赴水
卷一
三

撥起。汪氏七推八阻，指東話西，言語不一。亦將撥起帶在一傍，乃喚春毓、春旭而問曰：你二人妻子平白有奸夫否？皆曰：並無雜人來往。縣主曰：此必是與人有奸，挾之同從，故爾自縊。春明曰：老爺神見。聽日小人見妻在方上解下，為之整衣，但見裙衣皆裂，陰户流血。縣主曰：事無疑矣。又問黃氏、汪氏，問曰：分明是你二人有甚情夫奸夫，挾令其從。否？氏性烈，自縊而死。你明白招承，免受刑法。二人強爭強辯。縣主令鬆綁重挾，黃氏熬刑不過，

乃直招出前情。縣主即差捕兵四名，拿國禎。國禎自知理虧，赴水而死。將二婦各打三十，擬定填命。判曰：

審得余國禎豺獺為心，犬羊成性。父子同批，效新臺之醜行；翁媳併倨，傚秦俗之夷風。理虧赴水，罪不容戮。汪氏、黃氏既不察身而自潔，而乃含血以污人。究且辱人而同醜，故爾移禍以及嬸。翁不翁，媳不媳，行同禽獸，紊亂綱常；姒不姒，嬸不嬸，心符梟鳥，敗壞王章。明正厥辜，以正王朝之紀法。

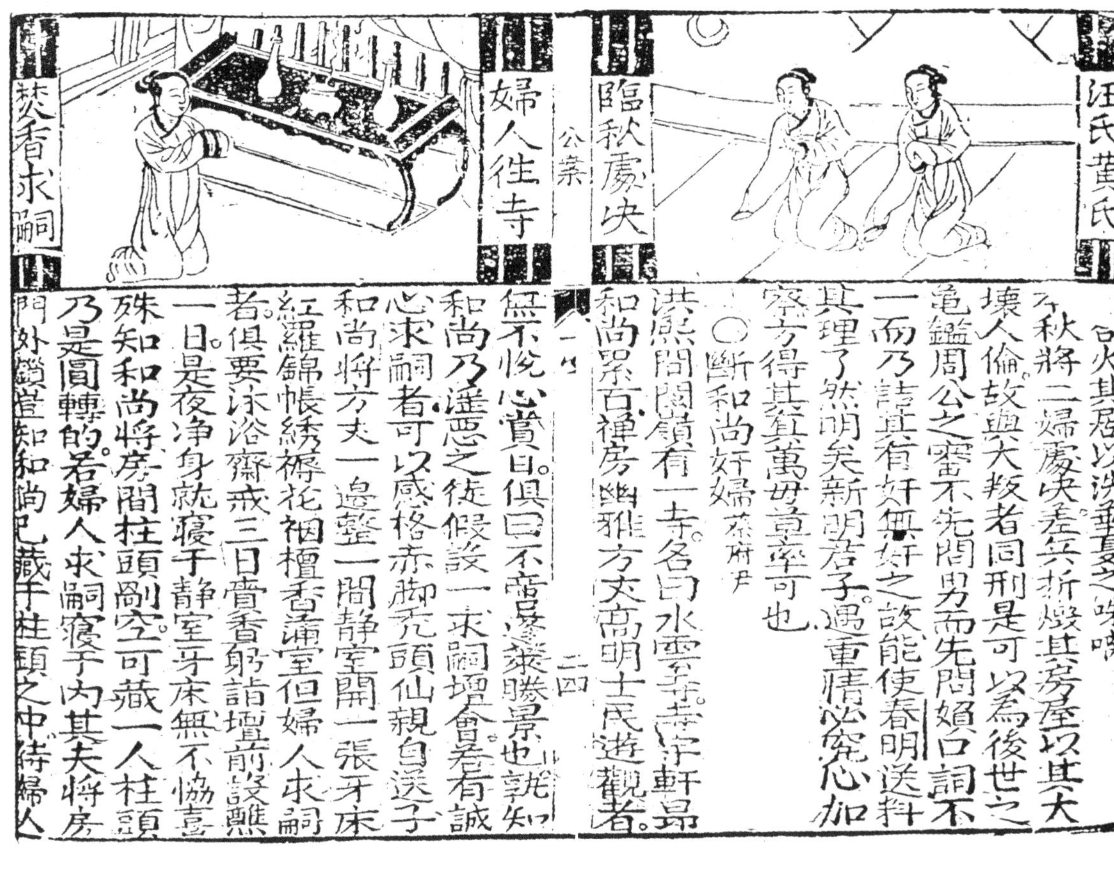

公案　二四

以火其居以洗垂夏之味嗐今秋將二婦處決。差矣。折燬其房屋以其大壞人倫。故與大叛者同刑。是可以爲後世之龜鑑。周公之審。不先問男而先問婦。口詞不一而乃詰其有奸無奸之故。能使春明送抖其理了然明矣。新明君子。遇重情必究心加察。方得其實。萬毋草率可也。

○斷和尚奸婦　蘇府尹

洪熙間。閩有一寺。名曰水雲寺。寺宇軒昂和尚眾右。禪房幽雅。方丈高明。士民遊觀者。無不悅心賞目。俱曰不啻蓬萊勝景也。誰知和尚乃遷惡之徒。假設一求嗣壇。會眾看誠心求嗣者。可以感格赤脚禿頭仙親自送子和尚將方丈一邊整一間靜室。開一張牙床紅羅錦帳。繡褥花裀。檀香蒲室。但婦人求嗣者。俱要沐浴齋戒三日。賫香躬詣壇前設醮一日。是夜淨身就寢于靜室牙床。無不協意殊知和尚將房間柱頭剮空。可藏一人。柱頭乃是圓轉的。若婦人求嗣寢于內。其夫將房門外鎖。豈知和尚已藏于柱頭之中。待婦人

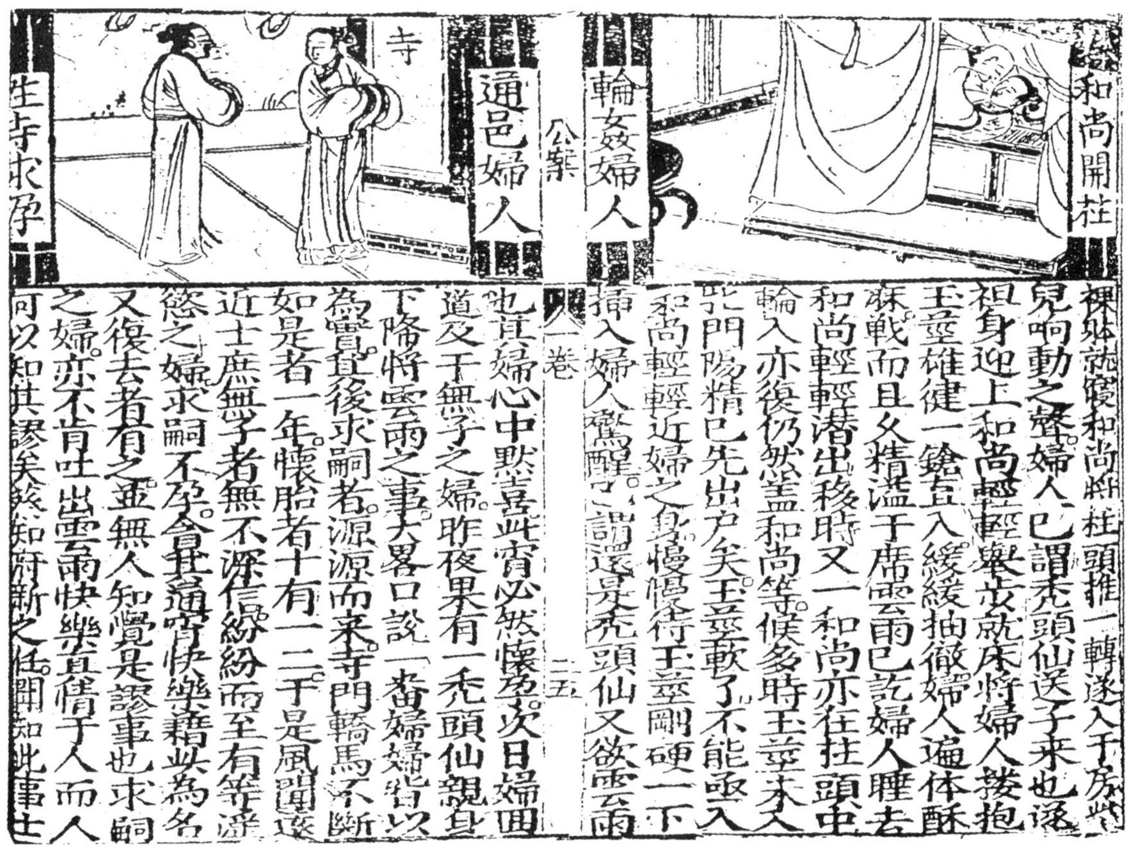

公案　卷一　二五

裸身就寢。和尚將柱頭推一轉。遂入于房。些兒响動之聲。婦人已謂禿頭仙送子來也。遂裡身迎上。和尚輕輕舉去就床。將婦人摟抱玉莖雄健。一鎗直入。緩緩抽徹。婦人遍体酥麻。戰而且久。精溢于席。雲雨已訖。婦人睡去和尚輕輕潛出。移時又一和尚亦在柱頭中輪入。亦復仍然。當和尚等。候多時。玉莖未入牝門。陽精已先出户矣。玉莖軟了。不能亟入和尚輕輕近婦之身。慢慢待玉莖剛硬一下插入。婦人驚醒。口謂還是禿頭仙又欲雲雨也。其婦心中默喜。此宵必然懷孕。次日婦回道及于無子之婦。昨夜果有一禿頭仙親身下降。將雲雨之事。大畧口說一番。婦婦皆以爲實。其後求嗣者。源源而來。寺門轎馬不斷如是者一年。懷胎者十有一二。于是風聞遠近。士庶無子者。無不深信。紛紛而至。有等淫慾之婦。求嗣不孕。貪其通宵快樂。藉此爲名又復去者有之。並無人知覺是謬事也。求嗣之婦。亦不肯吐出雲雨快樂。直借于人。而人可以知其謬矣哉。知府新之任。聞知此事出

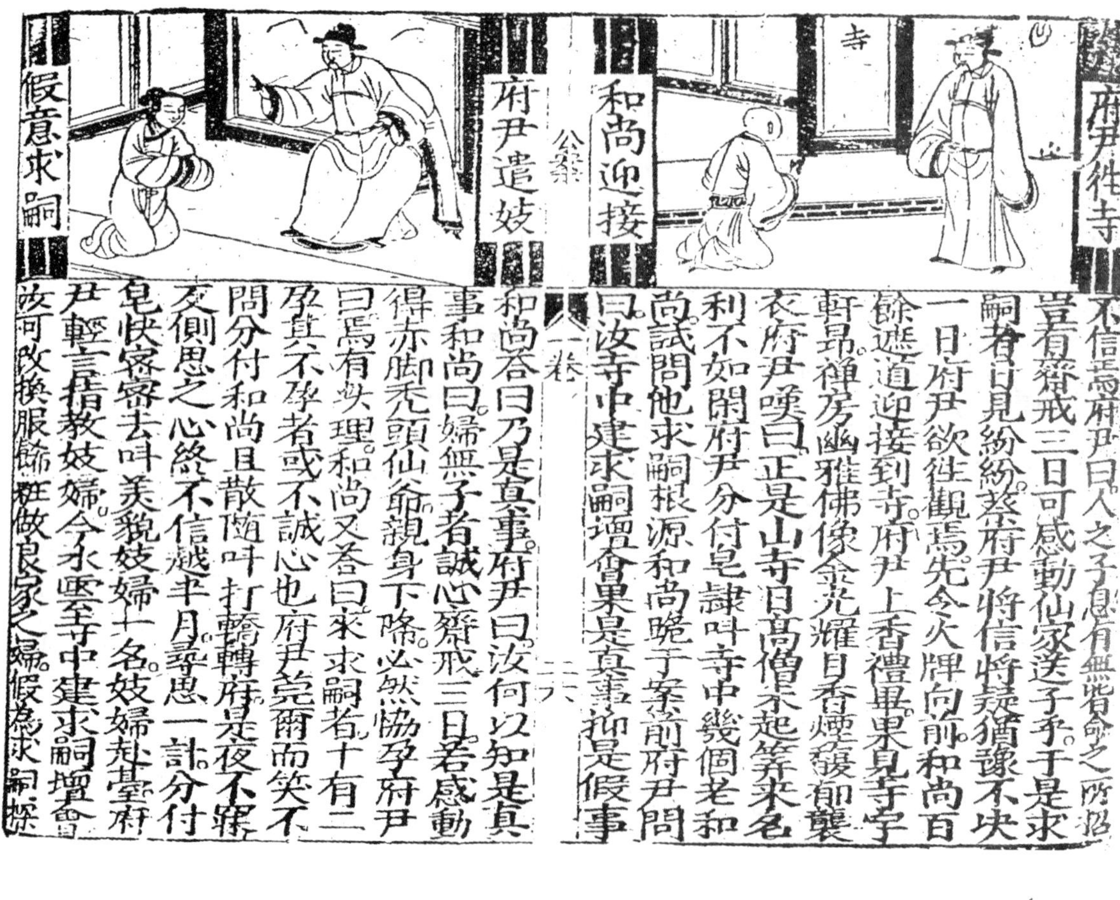

不信焉府尹曰人之子息有無皆命之所招豈有齋戒三日可感動仙家送子乎。于是求嗣者日見紛紛。蔡府尹將信將疑猶豫不决一日府尹欲往觀焉先令火牌向前和尚百餘遠道迎接到寺。府尹上香禮畢。果見寺宇軒昂禪房幽雅佛像金光耀目香煙馥郁襲衣府尹嘆曰正是山寺日高僧未起算來名利不如閑府尹分付皂隷叫寺中幾個老和尚試問他求嗣根源和尚跪于案前府尹問曰汝寺中建求嗣壇會果是真事抑是假事

公案　一卷　二十六

和尚答曰乃是真事。府尹曰汝何以知是真事和尚曰婦無子者誠心齋戒三日若感動得赤脚禿頭仙爺親身下降。必然協孕府尹曰焉有此理。和尚又答曰來求嗣者十有二孕其不孕者或不誠心也府尹莞爾而笑不問分付和尚且散隨叫打轎轉府。是夜不寐反側思之心終不信越半月尋思一計分付皂快密密去叫美貌妓婦十一名。妓婦赴臺府尹輕言指教妓婦。今水雲寺中建求嗣壇會汝可改換服飾粧做良家之婦。假為求嗣探

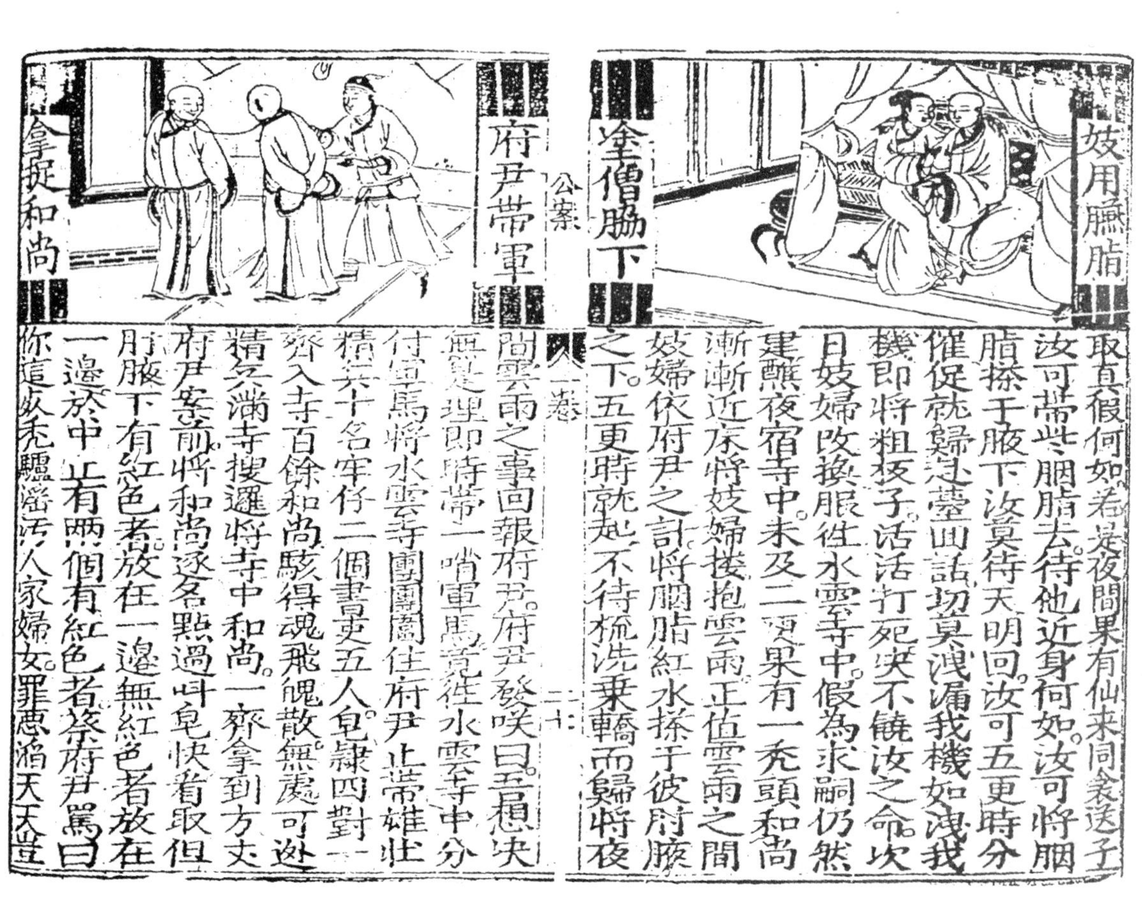

取真假何如。若是夜間果有仙來同衾送子汝可帶些臙脂去。待他近身何如。汝可將臙脂搽于腋下汝莫待天明回。汝可五更時分催促就歸赴臺回話切莫洩漏我機如洩我機即將粗板子活活打死决不饒汝之命。次日妓婦改換服往水雲寺中。假為求嗣仍然建醮夜宿寺中。未及二更果有一禿頭和尚漸漸近床將妓婦摟抱雲雨正值雲雨之間妓婦依府尹之計。將臙脂紅水搽于彼肘腋之下。五更時就起不待梳洗乘轎而歸將夜

公案　一卷　二十七

間雲雨之事回報府尹。府尹發嘆曰吾想决無是理即時帶一哨軍馬竟往水雲寺中分付軍馬將水雲寺團團圍住府尹止帶雄壯精兵十名牢仔二個書吏五人皂隷四對一齊入寺百餘和尚駭得魂飛魄散無處可逃精兵滿寺搜邏將寺中和尚。一齊拿到方丈府尹案前將和尚逐名點過叫皂快看取但肘腋下有紅色者。放在一邊無紅色者放在一邊於中止有兩個有紅色者。蔡府尹罵曰你這夥禿驢淫污人家婦女。罪惡滔天天豈

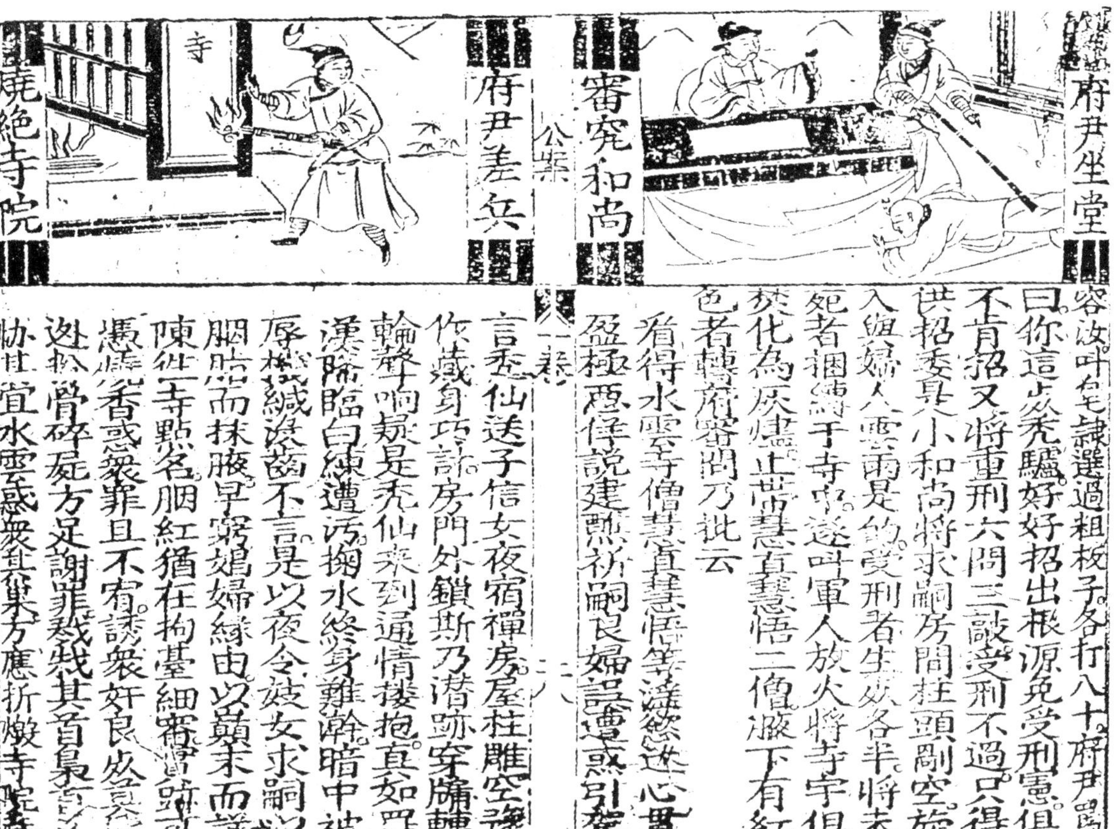

容汝叫左右隷選過粗板子各打八十府尹曰
曰你這兩箇禿驢好好招出根源免受刑憲倶
不肯招又將重刑六問三敲受刑不過只得
供招委是小和尚將求嗣房間柱頭剮空旋
入與婦人雲雨是的受刑者生死各半將未
死者捆縛于寺中遂叫軍人放火將寺宇倶
焚化為灰燼止帶慧直慧悟二僧遞下有紅
色者轉府審問乃批云

看得水雲寺僧慧直慧悟等淫慾迷心貫
盈極惡倡說建醮祈嗣良婦誤遭惑引驚
言丢仙送子信女夜宿禪房屋柱雕空淫
作藏身巧詐房門外鎖斯乃潛跡穿牖轉
輪聲響疑是禿仙來到通情摟抱真如巴
漢際臨白練遭污擲水終身難滌暗中被
辱繾綣含不言是以夜令妓女求嗣以
胭脂而抹腋早窮娼婦緣由以蘋末而試
陳從一寺點名胭紅猶在拘臺細審實跡可
憑攝香惑眾罪且不宥誘眾奸良必置於死
逆於骨碎屍方足謝罪戮其首梟示以
惕其宜水雲惑眾之巢方應折燬寺院藏

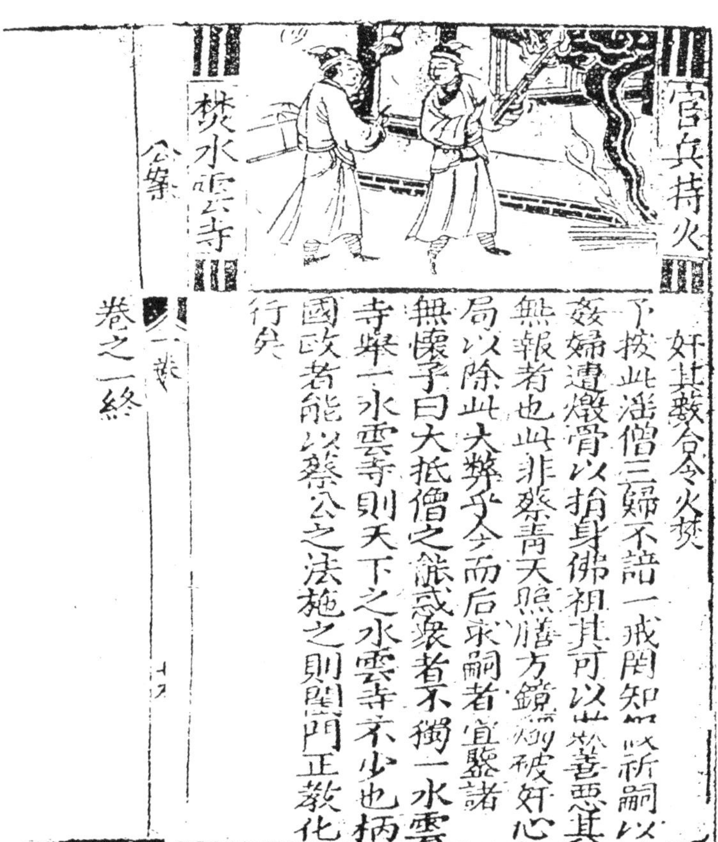

奸其數合令火焚

了按此淫僧三婦不諳一戒閑知盜以祈嗣以
姦婦遭燬骨以捐身佛祖其可以此善惡其
無報者也此非蔡青天照膽方鏡燭破奸心
局以除此大弊乎今而后求嗣者宜鑒諸
無懷子曰大抵僧之能惑衆者不獨一水雲
寺舉一水雲寺則天下之水雲寺亦少也柄
國政者能以蔡公之法施之則闔門正教化
行矣

卷之一終

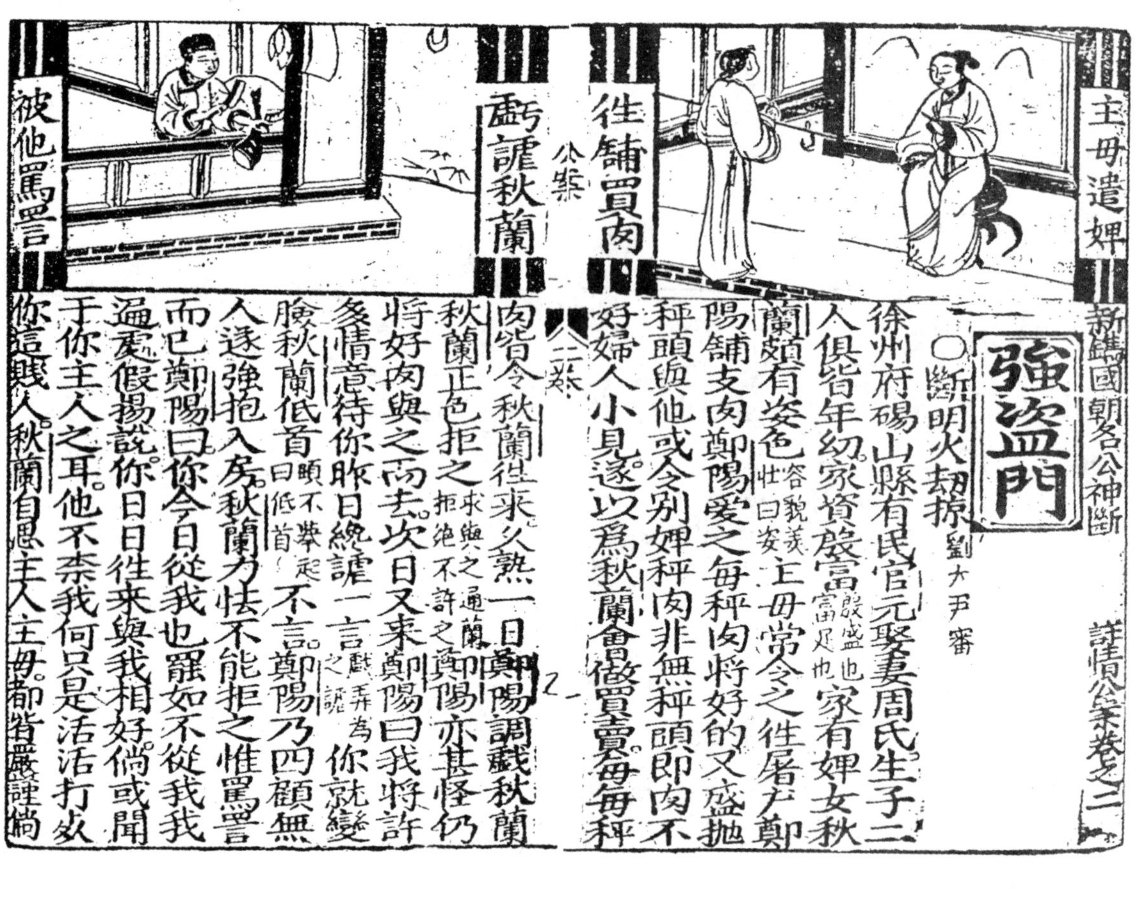

強盜門

〇斷明火刦掠 劉大尹審

徐州府碭山縣有民官元娶妻周氏生子二人俱皆年幼家貲殷富(殷盛也富足也)家有婢女秋蘭頗有姿色(容貌美壯曰姿)主母常令之往屠戶鄭陽舖支肉鄭陽愛之每秤肉將好的又盛抛秤頭與他或令別婢秤肉非無秤頭即肉不好婦人小見遂以為秋蘭會偺買賣每每秤

肉皆令秋蘭往來久熟一日鄭陽調戲秋蘭秋蘭正色拒之(求與之通蘭拒絕不許之意)鄭陽亦甚怪仍將好肉與之而去次日又來鄭陽曰我將許多情意待你昨日總謔一言(戲弄為之謔)你就變臉秋蘭低首(頭不舉起曰低首)不言鄭陽乃四顧無人遂強抱入房秋蘭力怯不能拒之惟罵詈而已鄭陽曰你今日從我也罷如不從我我遍處假揚說你日日往來與我相好倘或聞于你主人之耳他不奈我何只是活活打死你這賤人秋蘭自思主人主母都皆嚴謹倘

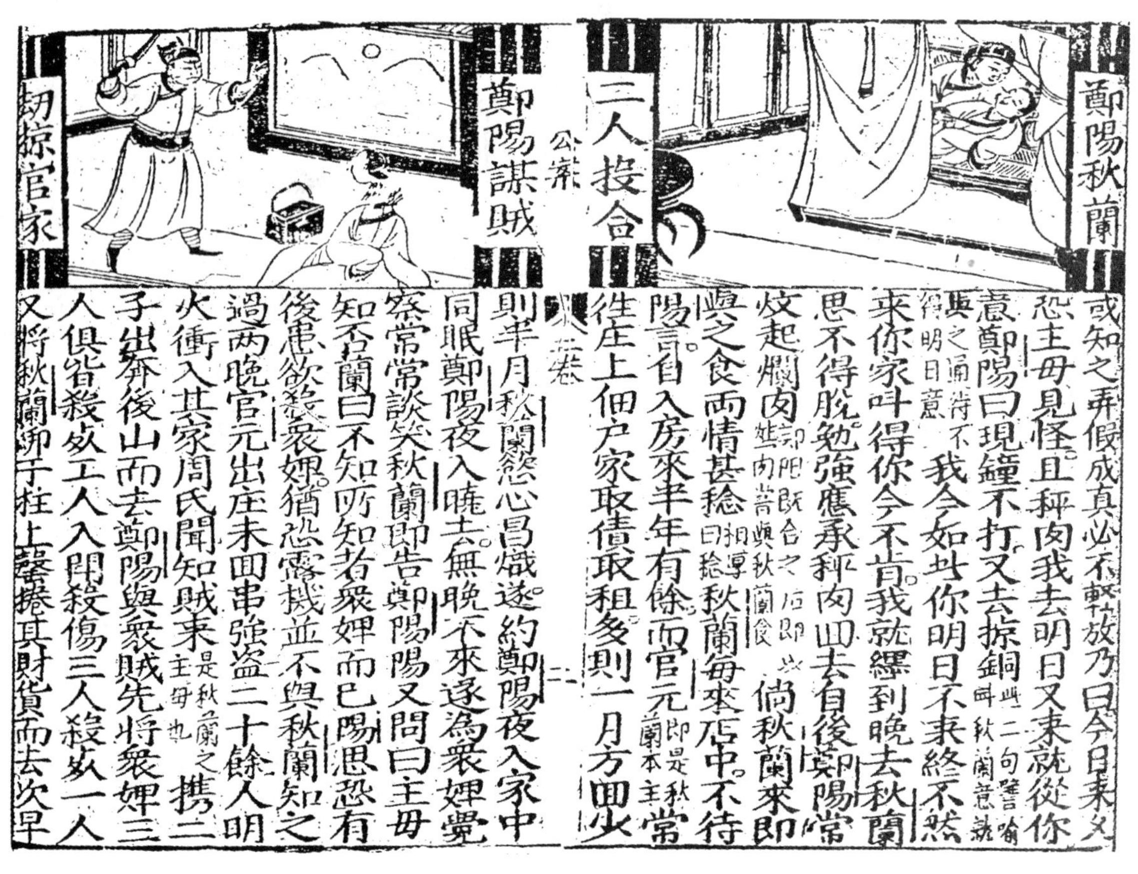

或知之弄假成真必不輕放乃曰今日來又恐主母見怪且秤肉我去明日又來就從你意鄭陽曰現鐘不打又去揀銅(此二句譬喻秋蘭意就與之通待不得明日意)我今如此你明日不來終不然來你家叫得你今不肯我就纏到晚去秋蘭思不得脫勉強應承秤肉回去自後鄭陽常炆起爛肉(鄭陽既合之后即以炆肉常與秋蘭食)倘秋蘭來即與之食兩情甚稔(相厚曰稔)秋蘭每來店中不待陽言自入房來半年有餘而官元(即是秋蘭本主)常往庄上佃戶家取債取租多則一月方回少

則半月秋蘭慾心日熾遂約鄭陽夜入家中同眠鄭陽夜入曉去無晚不來遂為眾婢覺察常常談笑秋蘭即告鄭陽陽又問曰主母知否蘭曰不知所知者眾婢而已陽思恐有後患欲殺眾婢猶恐露栽並不與秋蘭知之過兩晚官元出庄未回串強盜二十餘人明火衝入其家周氏聞知賊來(是秋蘭之主母也)携二子出奔後山而去鄭陽與眾賊先將眾婢三人俱皆殺死工人入門殺傷三人殺死一人又將秋蘭綁于柱上盡擄其財貨而去次早

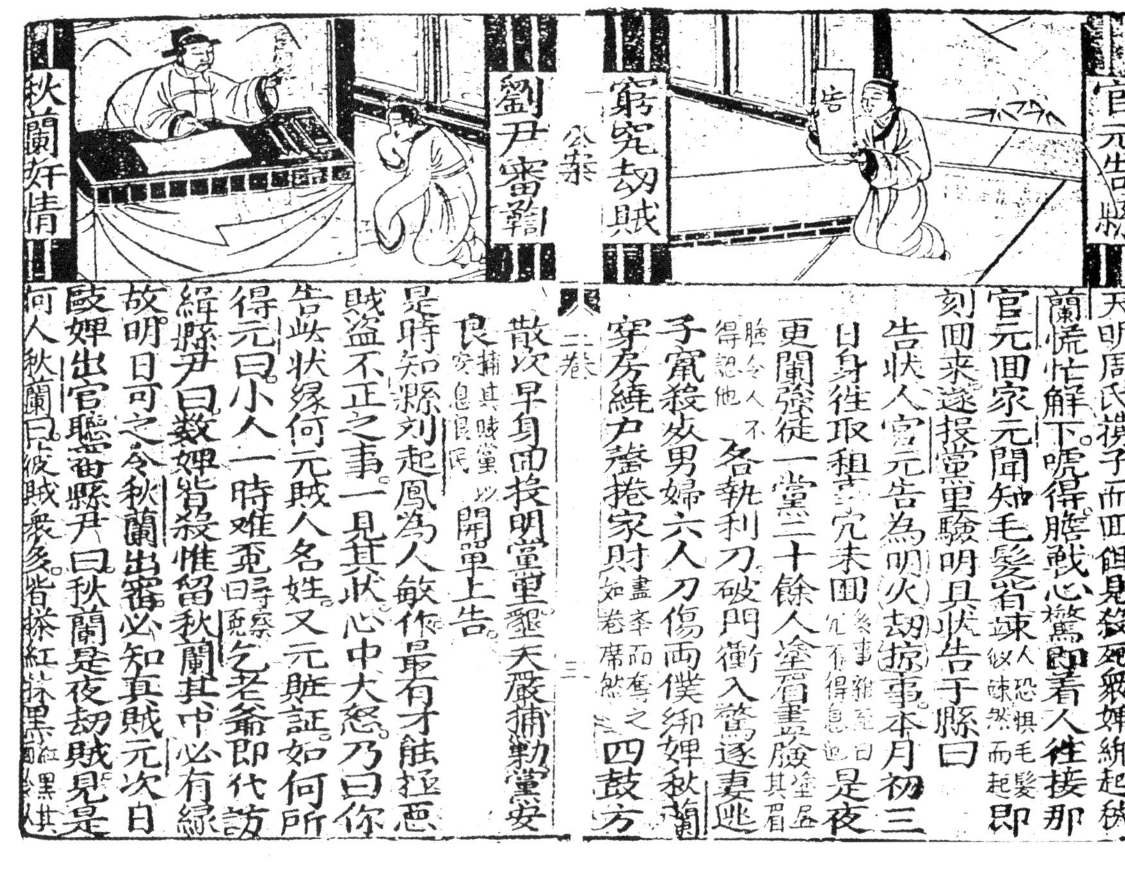

天明周氏携子而回，但見殺死衆婢，綁起秋蘭，慌忙解下。唬得膽戰心驚，即着人往接那官元回家。元聞知毛髮皆竦（人恐惧毛髮似竦然而起），即刻回来，遂投當里驗明，具狀告于縣曰：

告狀人官元，告為明火刼掠事。本月初三日，身往取租未回（終事雜至日几不得息也）。是夜更闌，強徒一黨二十餘人，塗面畫臉（塗畫其眉臉，令人不得認他），各執利刀，破門衝入，驚逐妻逃子竄，殺死男婦六人，刀傷兩僕，綁婢秋蘭，穿房纏户，盡捲家財（盡李而奪之，如卷席然）。四鼓方散，次早身回，投明當里，懇天嚴捕勦黨安良（捕其賊黨，以安息良民）。開單上告。

是時知縣刘起鳳，為人敏作，最有才能，控惡賊盗不正之事。一見其狀，心中大怒，乃曰：你告此狀，緣何元賊人名姓，又元賍証，如何所得？元曰：小人一時难覔（曰時察），乞老爺即代訪緝。縣尹曰：數婢皆殺，惟留秋蘭，其中必有緣故，明日可令秋蘭出審，必知真賊。元次日領婢出官聽審。縣尹曰：秋蘭，是夜刼賊見是何人？秋蘭曰：彼賊衆多，皆搽紅抹黑（紅黑其面）

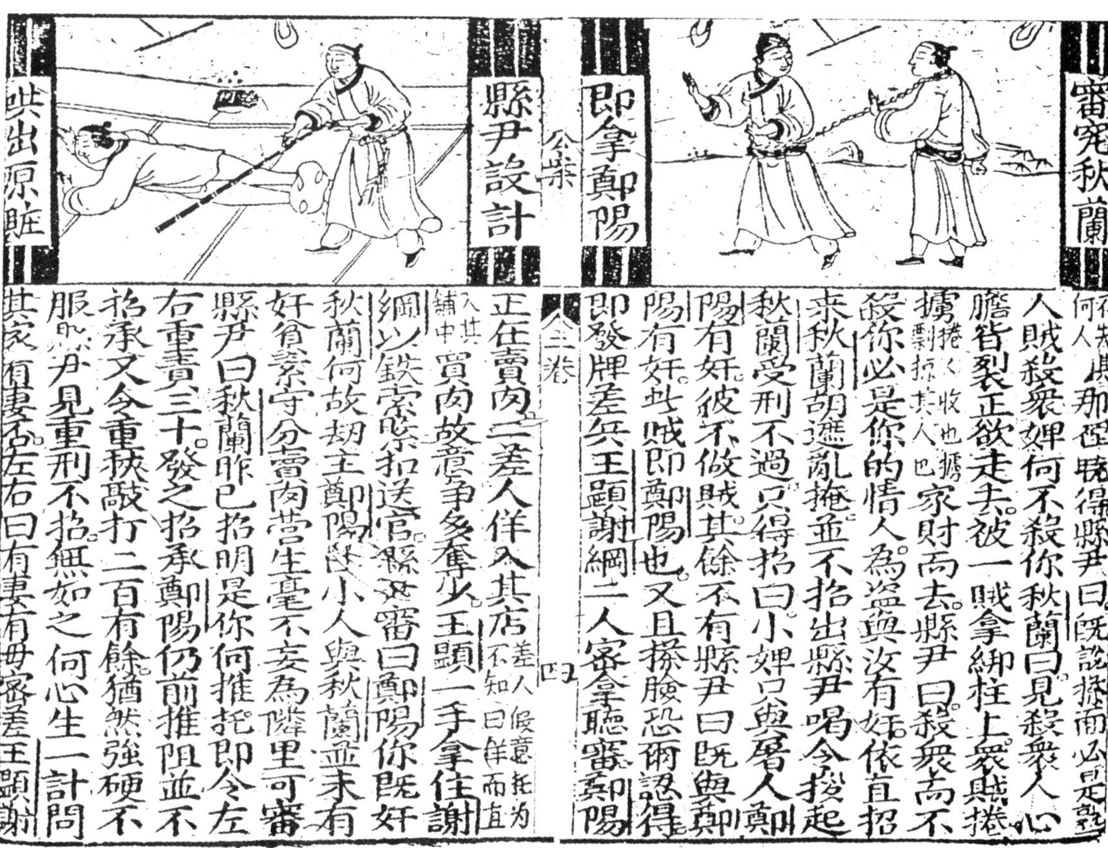

（不知其何人），那裏曉得。縣尹曰：既說搽面，必是熟人，賊殺衆婢，何不殺你？秋蘭曰：見殺衆人，心膽皆裂，正欲走去，被一賊拿綁柱上。衆賊擄（擄捲收也，擄剝掠其人也）家財而去。縣尹曰：殺衆為高，不殺你，必是你的情人為盗，與汝有奸，依直招来。秋蘭胡遮亂掩，並不招出。縣尹喝令拶起。秋蘭受刑不過，只得招曰：小婢只與屠人鄭陽有奸，彼不做賊，其餘不有。縣尹曰：既與鄭陽有奸，此賊即鄭陽也。又且搽臉，恐爾認得。即發牌差兵王顯、謝綱二人密拿聽審。鄭陽正在賣肉，二差人佯入其店（差人假意托為不知曰佯，而直入其舖中）買肉，故意爭多奪少。王顯一手拿住，謝綱以鉄索緊扣送官。縣尹審曰：鄭陽，你既奸秋蘭，何故刼主？鄭陽跪下：小人與秋蘭並未有奸，貧窮守分，賣肉營生，毫不妄為，隣里可審。縣尹曰：秋蘭昨已招明，是你何推托？即令左右重責三十，發之招承。鄭陽仍前推阻，並不招承。又令重挾敲打二百有餘，猶然強硬不服。縣尹見重刑不招，無如之何，心生一計，問其家有妻否。左右曰：有妻有母。密差王顯、謝

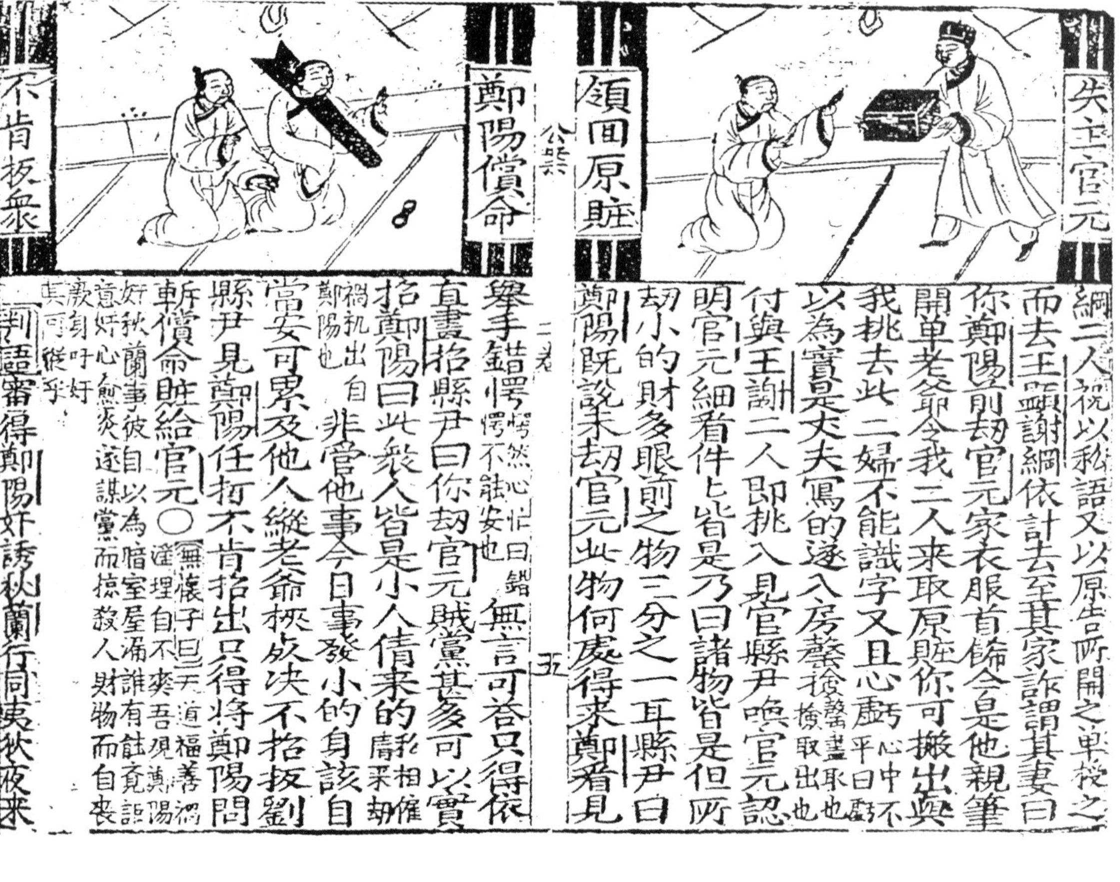

綱二人視以私語又以原告所開之單從之而去王顯謝綱依計去至其家詐謂其妻曰你鄭陽前劫官元家衣服首餙今是他親筆開單老爺令我二人來取原贓你可搬出與我挑去此二婦不能識字又且心虧（心中不平曰虧）以為實是丈夫寫的遂入房罄撿（罄盡取也撿取出也）付與王謝二人即挑入見官縣尹喚官元認明官元細看件件皆是乃曰諸物皆是但所劫小的財多眼前之物三分之一耳縣尹曰鄭陽既說未劫官元此物何處得來鄭看見舉手錯愕（愕然心怕曰錯愕不能安也）無言可答只得依直盡招縣尹曰你劫官元賊黨甚多可以實招鄭陽曰此幾人皆是小人倩來的（私相僱倩來劫禍机出自鄭陽也）非管他事今日事發小的自身該自當安可累及他人縱老爺夾死決不招扳劉縣尹見鄭陽任拷不肯招出只得將鄭陽問斬償命贓給官元〇【無懷子曰】天道福善禍淫理自不爽吾觀鄭陽好秋蘭事彼自以為暗室屋漏誰有能見詎意奸心愈炎遂謀黨而掠殺人財物而自喪其身吁好其可縱乎

【判語】審得鄭陽奸誘秋蘭行同禽獸夜來

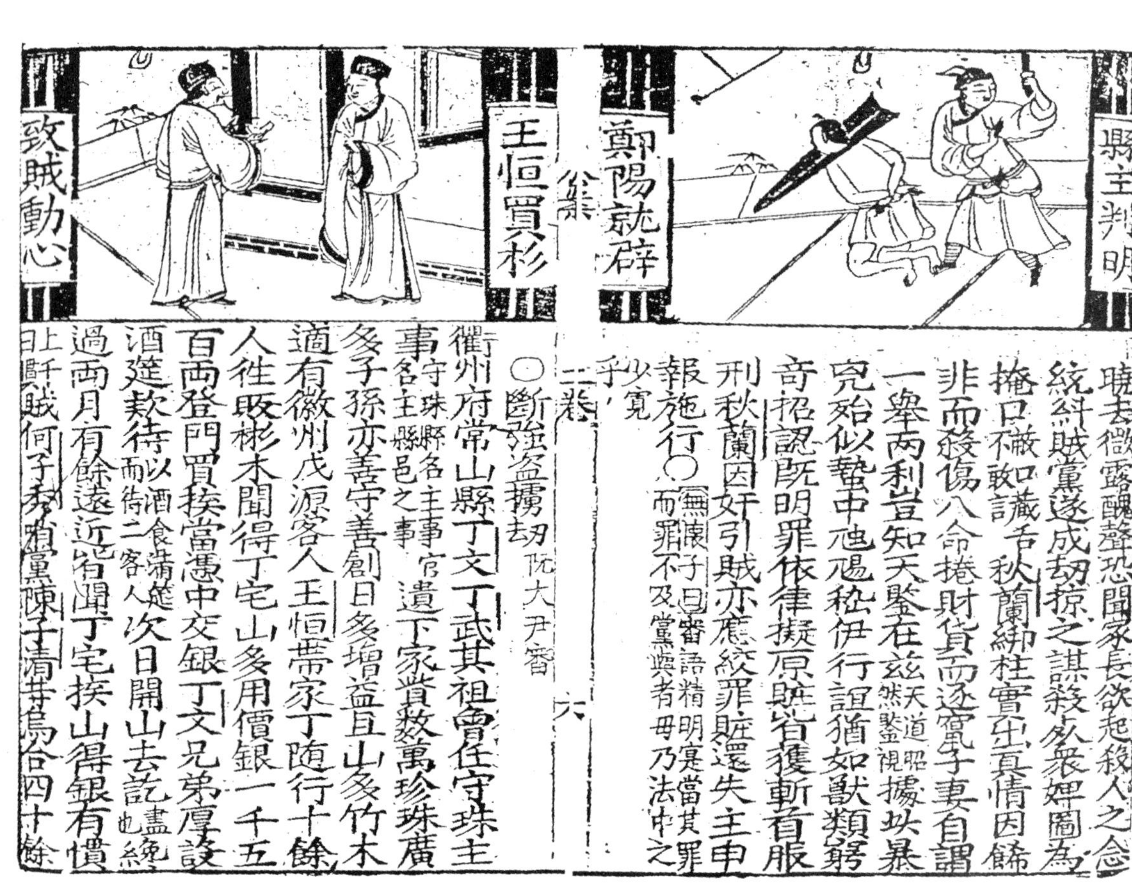

曉去微露醜聲恐聞家長欲起殺人之念統糾賊黨遂成劫掠之謀殺死衆婢圖為掩口（緘口不敢議舌）秋蘭綁柱實出真情因餙非而殺傷八命捲財貨而遂寵子妻自謂一舉兩利豈知天鑒在茲（天道昭然鑒視）擄坎暴究殆似甕中捉鼈私伊行誼猶如獸類竆奇招認既明罪依律擬原贓皆獲斬首服刑秋蘭因奸引賊亦應絞罪贓還失主申報施行〇【無懷子曰】審語精明寔當其罪而罪不及黨與者毋乃法中之少寬乎

〇斷強盜擄劫（阮大尹審）

衢州府常山縣丁文丁武其祖曾任守珠主事（守珠縣名主事官名主縣邑之事）遺下家貲數萬珍珠廣多子孫亦善守善創日多增益且山多竹木適有徽州戊源客人王恒帶家丁隨行十餘人往販杉木聞得丁宅山多用價銀一千五百兩登門買揆當憑中交銀丁文兄弟厚設酒筵款待（以酒食請筵而待二客人）次日開山去訖（盡絕也）過兩月有餘遠近皆聞丁宅揆山得銀有慣上日賊何子秀夥黨陳千清共烏合四十餘

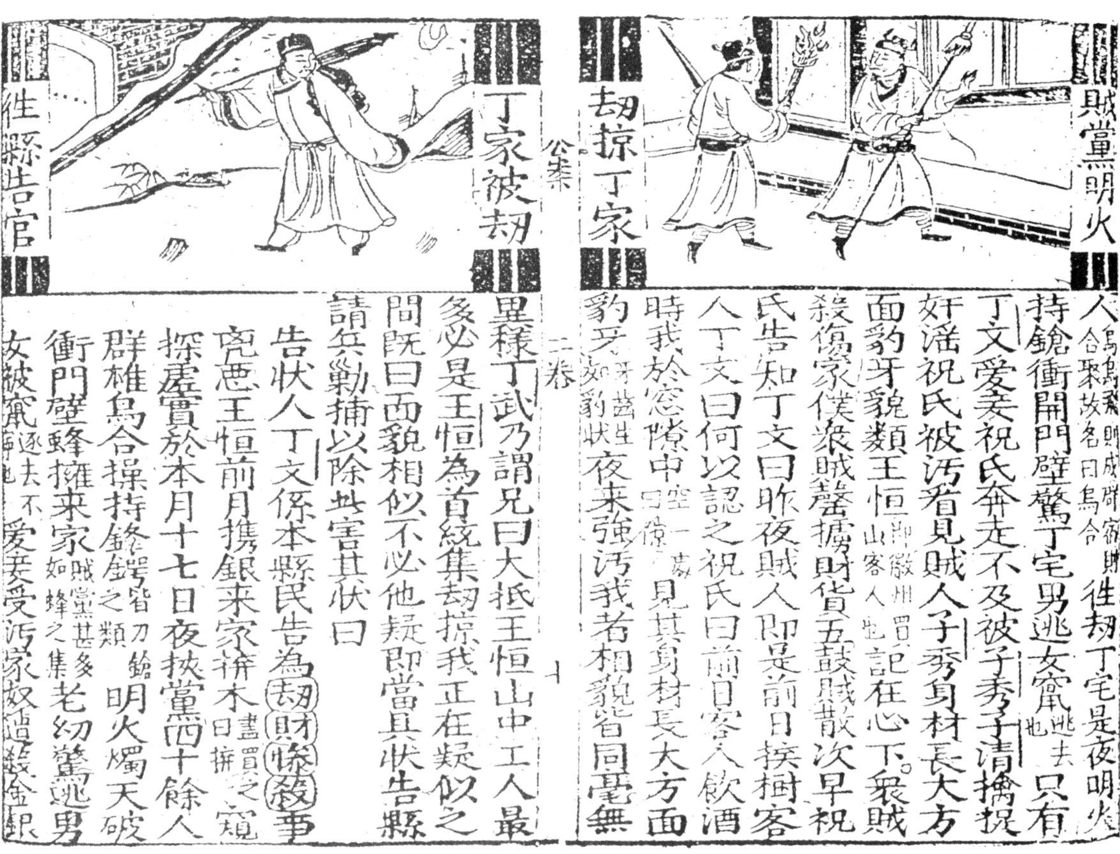

賊黨明火　刦掠丁家

人（烏鵲飛則成群竊財合聚故名曰烏合）往刦丁宅是夜明火持鎗衝開門壁驚丁宅男逃女竄（逃去也）只有丁文愛妾祝氏奔走不及被子秀子擒捉奸淫祝氏被污看見賊人子秀身材長大方面豹牙貌類王恒（即徽州買貨山客人也）記在心下。衆賊殺傷家僕衆賊罄擄財貨五鼓賊散次早祝氏告知丁文丁文曰何以認之祝氏曰前日客人飲酒時我於窓隙中（空一處曰隙）見其身材長大方面豹牙（牙齒生如豹狀）夜來強污我者相貌皆同毫無

公案　二卷　十

丁家被刦　往縣告官

异樣丁武乃謂兄曰大抵王恒山中工人最多必是王恒為首統集刦掠我正在疑似之間既曰面貌相似不必他疑即當具狀告縣請兵勦捕以除此害其狀曰

告狀人丁文係本縣民告為刦財傷殺事竊思王恒前月携銀來家拚木（晝買之曰拚）探處實於本月十七日夜挾黨四十餘人群雄烏合操持鎗鍔（皆刀鎗之類）明火燭天破衝門壁蜂擁來家（賊黨甚多如蜂之集）老幼驚逃男女被竄（逐去不[illegible]也）愛妾受污家奴遭殺金銀

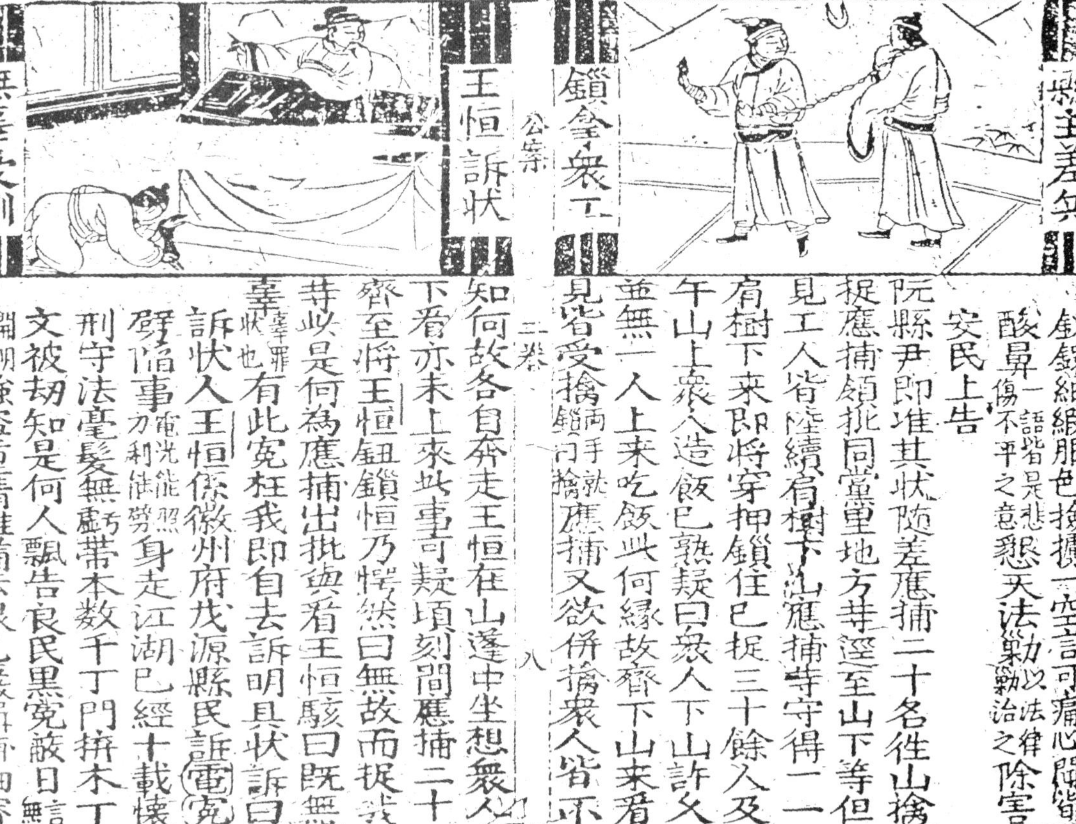

縣主差兵　鎖拿衆工

敘錄綢緞服色搶擄一空言可痛心聞皆酸鼻（一語皆是悲傷不平之意）懇天法勦（勦以法律勦治之）除害安民上告

阮縣尹即准其狀隨差應捕二十名往山擒捉應捕領批同黨里地方等逕至山下等但見工人皆陸續肩樹下山應捕等守得一一肩樹下來即將穿押鎖住已捉三十餘人及午山上衆人造飯已熟疑曰衆人下山許久並無一人上來吃飯此何緣故齊下山來看見皆受擒（兩手就鎖曰擒）應捕又欲併擒衆人皆不

公案　二卷　八

王恒訴狀　無辜受刑

知何故各自奔走王恒在山蓬中坐想衆人不下看亦未上來此事可疑頃刻間應捕二十齊至將王恒扭鎖恒乃愕然曰無故而捉我等此是何為應捕出批與看王恒駭曰既無辜（辜罪狀也）有此冤枉我即自去訴明具狀訴曰

訴狀人王恒係徽州府戊源縣民訴雪冤辟陷事（電光能照刀利能勞）身走江湖已經十載懷刑守法毫髮無虧（虧丐）帶本數千丁門拚木丁文被刦知是何人飄告良民黑冤蔽日（無言）（闢明）強盜重情難謾法眼乞嚴緝捕細審

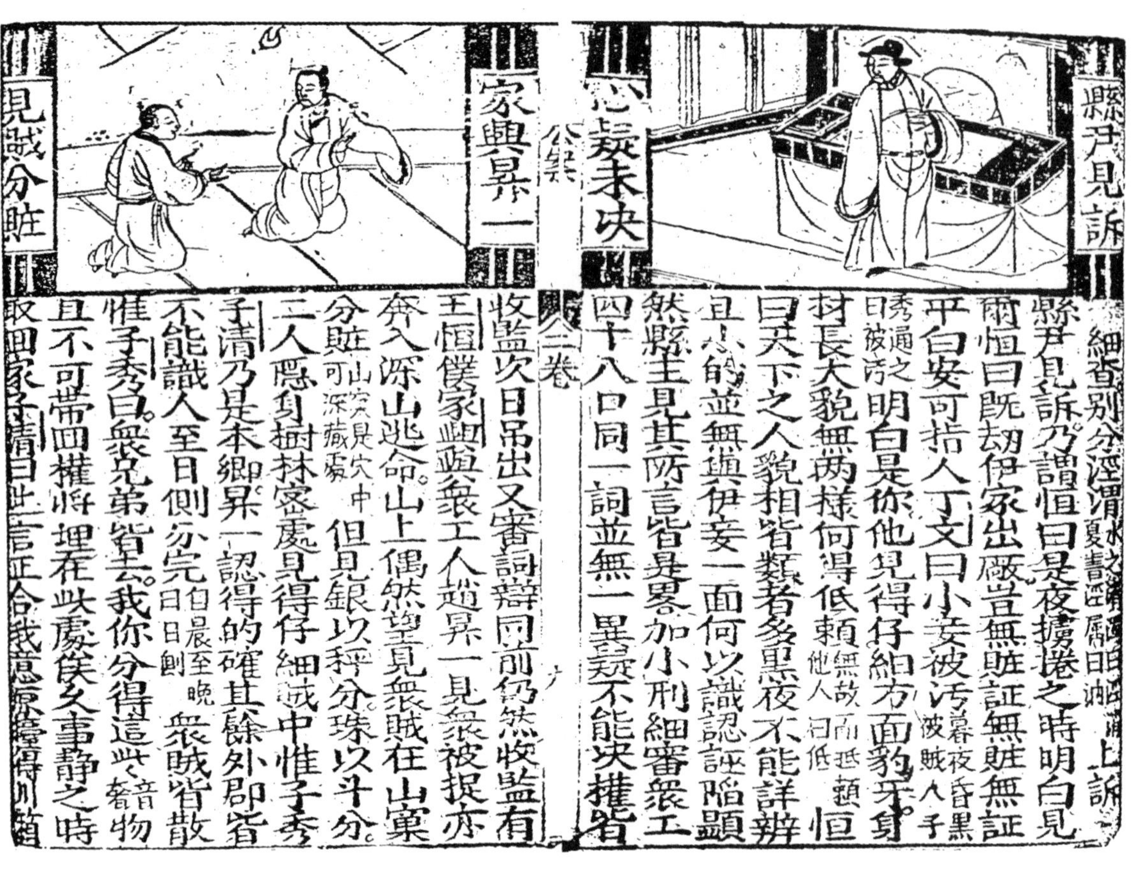

細查別分涇渭(水之清濁 夏書涇屬渭汭)上訴縣尹見訴乃謂恒曰是夜擄捲之時明白見爾恒曰既刼伊家出歷豈無贓証無贓無証平白安可指人丁文曰小妾被污(暮夜昏黑被賊入子秀通之日被污)明白是你他見得仔細方面豹牙身材長大貌無兩樣何得低賴(無故而抵賴他人曰低)恒曰天下之人貌相皆類者多黑夜不能詳辨且小的並無與伊妾一面何以識認誣陷顯然縣主見其所言皆是畧加小刑細審衆工四十八口同一詞並無一異疑不能決權皆

公案 二卷

收監次日吊出又審詞辯同前仍然收監有王恒僕家興與衆工人趙昇一見衆被捉亦奔入深山逃命。山上偶然望見衆賊在山巢分贓(山窠是穴中可深藏處) 但見銀以秤分。珠以斗分。二人隱身樹林密處見得仔細識中惟子秀子清乃是本鄉昇一認得的確其餘外郡皆不能識人至日側分完(白晨至晚日日側) 衆賊皆散惟子秀曰。衆兄弟皆云。我你分得這些(音奢物)且不可帶回權將埋在此處俟久事靜之時取回家子清曰此言正合我意原臺得則箱

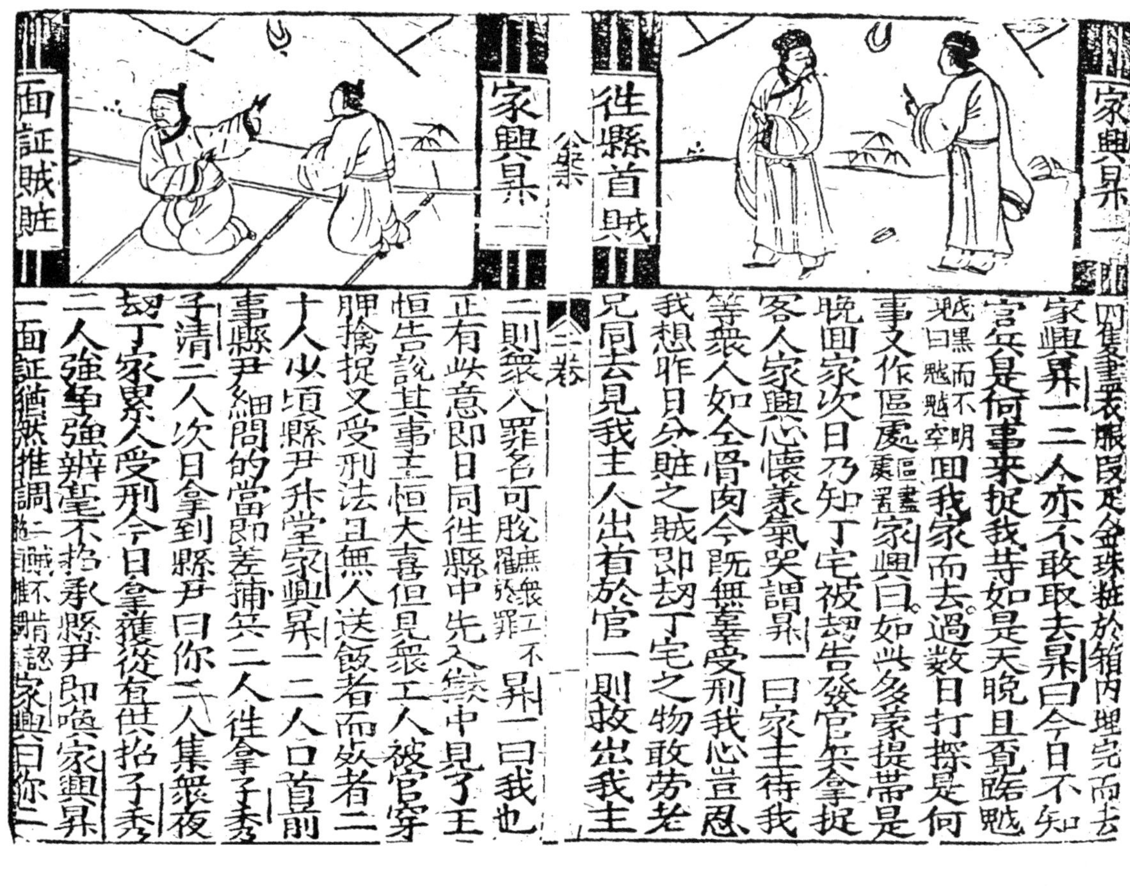

四隻畫表服段疋金珠粧於箱內埋完而去家興昇一二人亦不敢取去昇曰今日不知官兵是何事來捉我等如是天晚且覓踮魆(黑而不明曰魆魆空)回我家而去過數日打探是何事又作區處(區畫處置)家興曰。如此多蒙提帶是晚回家次日乃知丁宅被刼告發官兵拿捉客人家興心懷義氣哭謂昇一曰家主待我等衆人如全骨肉今既無辜受刑我心豈忍我想昨日分贓之賊即刼丁宅之物敢勞老兄同去見我主人出首於官一則救出我主

公案 二卷

二則衆人罪名可脫(脫衆工不罹於罪)昇一曰我也正有此意即日同往縣中先入獄中見了王恒告說其事王恒大喜但見衆工人被官穿腳擒捉又受刑法且無人送飯者而死者二十人以頃縣尹升堂家興昇一二人口首前事縣尹細問的當即差捕兵二人往拿子秀子清二人次日拿到縣尹曰你二人集衆夜刼丁家累人受刑今日拿獲從直供招子秀二人強爭強辯毫不招承縣尹即喚家興昇一面証猶然推調(推調二賊推調不肯認)家興曰你二

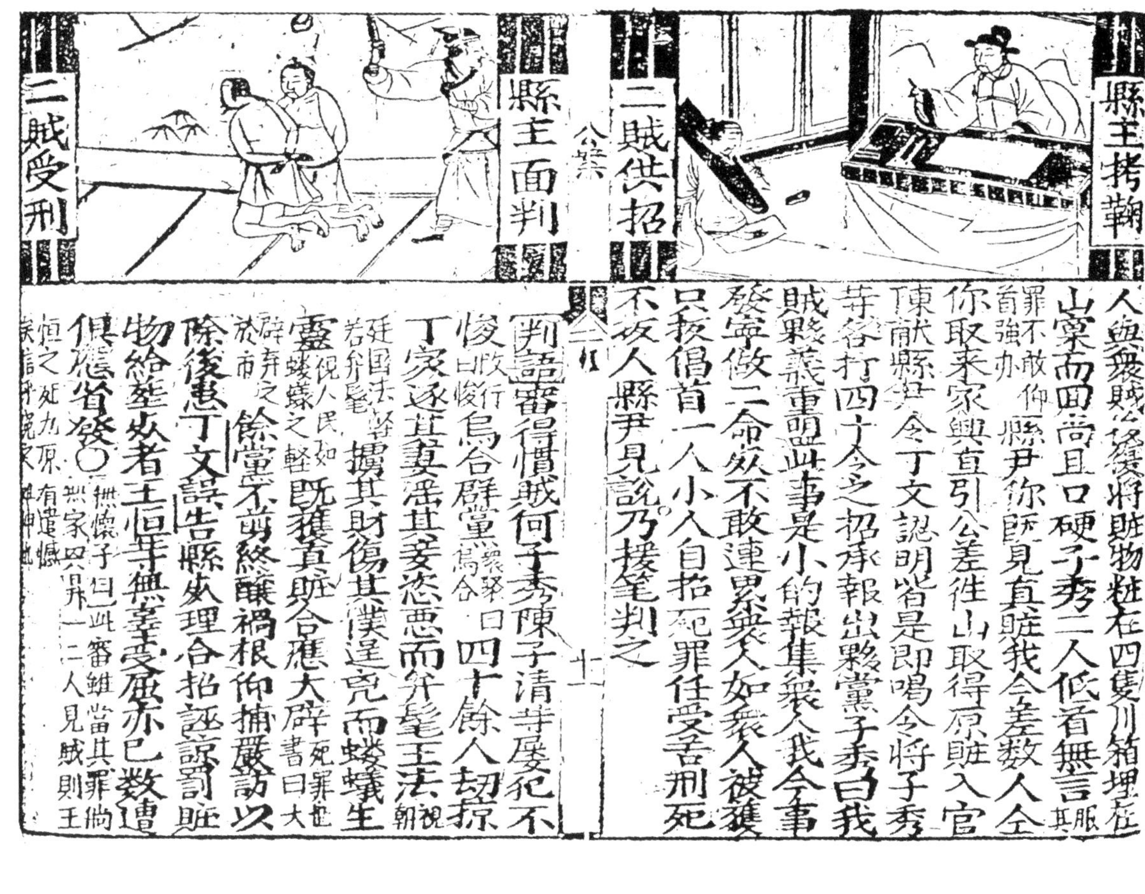

人與衆賊公然將贓物埋在四隻川箱埋在山窠而回尚且口硬子秀二人低首無言（服其罪不敢仰首強辯）縣尹你既見真贓我今差數人仝你取来家與直引公差往山取得原贓入官陳獻縣尹令丁文認明皆是即喝令將子秀等各打四十令之招承報出夥黨子秀曰我賊夥議重盟此事是小的報集衆人我今事發寧做二命死不敢連累衆人如衆人被獲只推倡首一人小人自招死罪任受吾刑死不攻人縣尹見説乃援筆判之

判語審得慣賊何子秀陳子清等屢犯不悛（改行曰悛）烏合群黨（衆聚曰烏合）四十餘人劫掠丁家逐其妻淫其妾恣惡而犴髦王法（視朝廷國法若犴髦）擄其財傷其僕逞兇而蟻生靈（視人民如蟻螻之輕）既獲真贓合應大辟（死罪也書曰大辟棄之於市）餘黨不前終釀禍根仰捕嚴訪以除後患丁文誤告縣爲理合招誣諉罰贓物給塟死者王恒等無辜受屈亦已數遭俱應省發〇（撫懷子曰此審雖當其罪尚無家只昇一二人見賊則王恒之死九原有遺憾[illegible]）

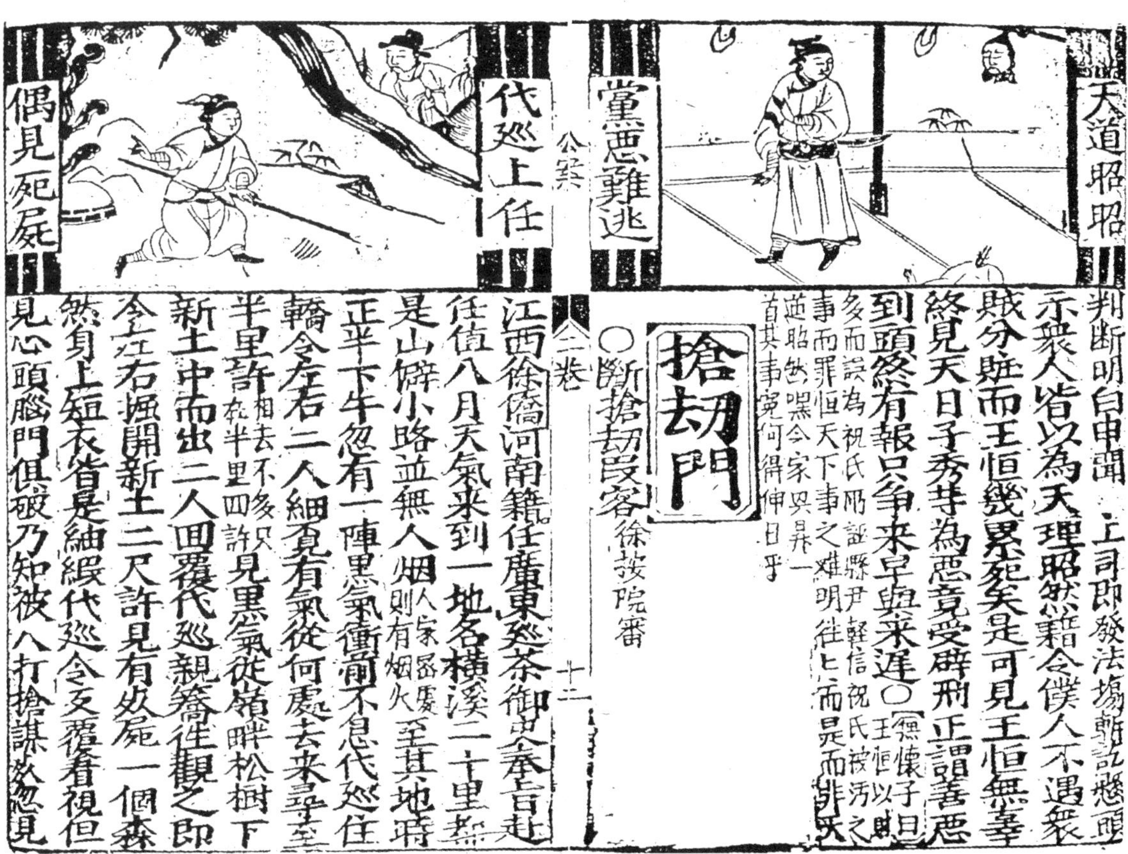

判斷明白申聞上司即發法場斬訖懸頭示衆人皆以為天理昭然籍令僕人不遇衆賊分贓而王恒幾累死矣是可見王恒無辜終見天日子秀等為惡竟受辟刑正謂善惡到頭終有報只爭来早與来遲〇（撫懷子曰王恒以財多而誤為祝氏所誣縣尹輕信祝氏被污之事而罪恒天下事之難明往往而是而非天道昭然嘿令家兇畀一首其事冤何得伸日乎）

搶劫門

〇斷搶劫良客　徐按院審

江西徐僑河南籍任廣東巡茶御史奉旨赴任值八月天氣来到一地名横溪二十里都是山僻小路並無人烟（人家居處則有烟火）至其地將至平下午忽有一陣黑氣衝前不息代巡在轎令左右二人細覓有氣從何處去来尋至半里許（相去不多只在半里四許）見黑氣從嶺畔松樹下新土中而出二人回覆代巡親蒞往觀之即令左右掘開新土二尺許見有死屍一個森然身上短衣皆是紬緞代巡令又覆看視但見心頭腦門俱破乃知被人打搶謀殺忽見

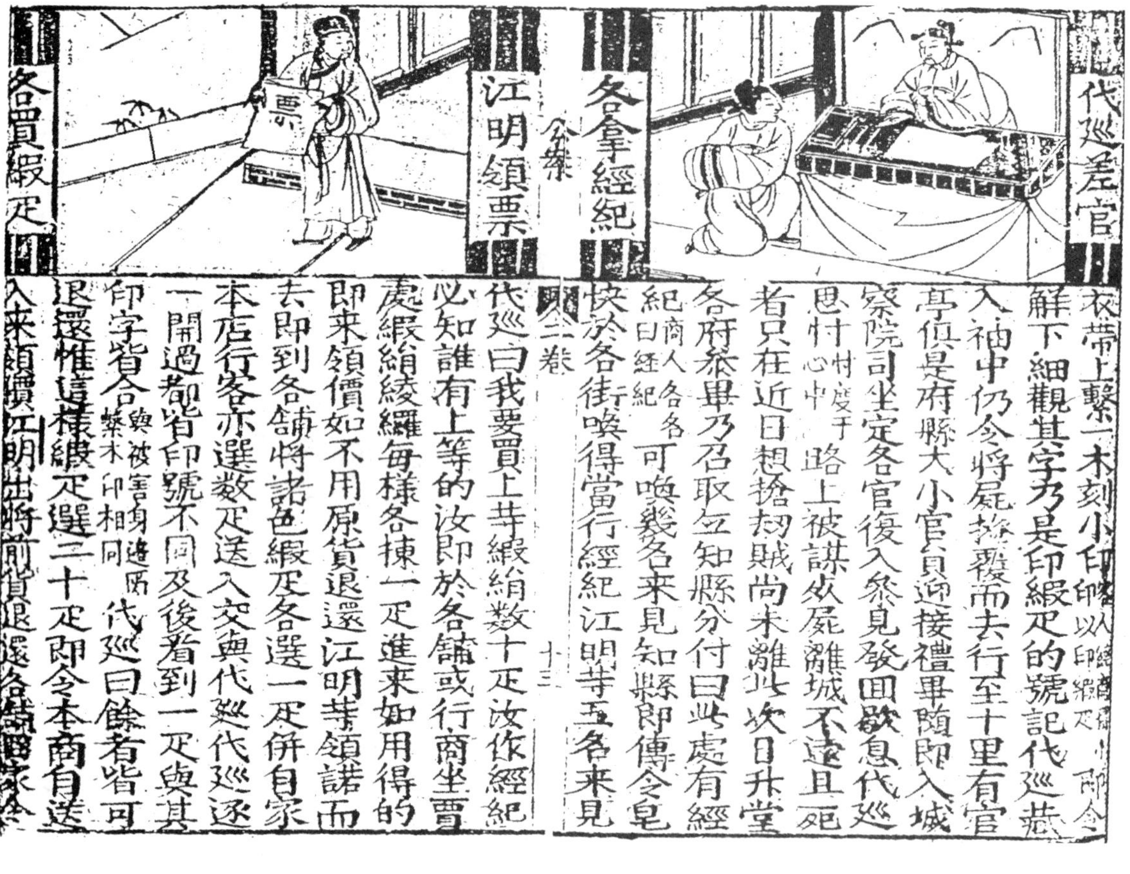

代巡差官　各拿經紀　江明領票　各買緞疋

衣帶上繫一木刻小印（印縫入印以印緞疋）即令解下細觀其字乃是印緞疋的號記代巡恭入袖中仍令將屍掩瘞而去行至十里有官亭俱是府縣大小官員迎接禮畢隨即入城察院司坐定各官復入叅見發囬歇息代巡思忖（忖度于心中）路上被謀必屍離城不遠且死者只在近日想搶刼賊尚未離此次日升堂各府叅畢乃召取五知縣分付曰此處有經紀（商人各各曰經紀）可喚幾名来見知縣即傳令皂快於各街喚得當行經紀江明等五名来見

代巡曰我要買上等緞絹数十疋汝係經紀必知誰有上等的汝即於各舖或行商坐賈處緞絹綾羅每樣各揀一疋進来如用得的即来領價如不用原貨退還江明等領諾而去即到各舖將諸色緞疋各選一疋併自家本店行客亦選数疋送入交與代巡代巡逐一開過都皆印號不同及後看到一疋與其印字皆合（與被害身邊所帶木印相同）代巡曰餘者皆可退還惟這様緞疋選二十疋即令本商自送入来領價江明出將前貨退還各舖[illegible]家各

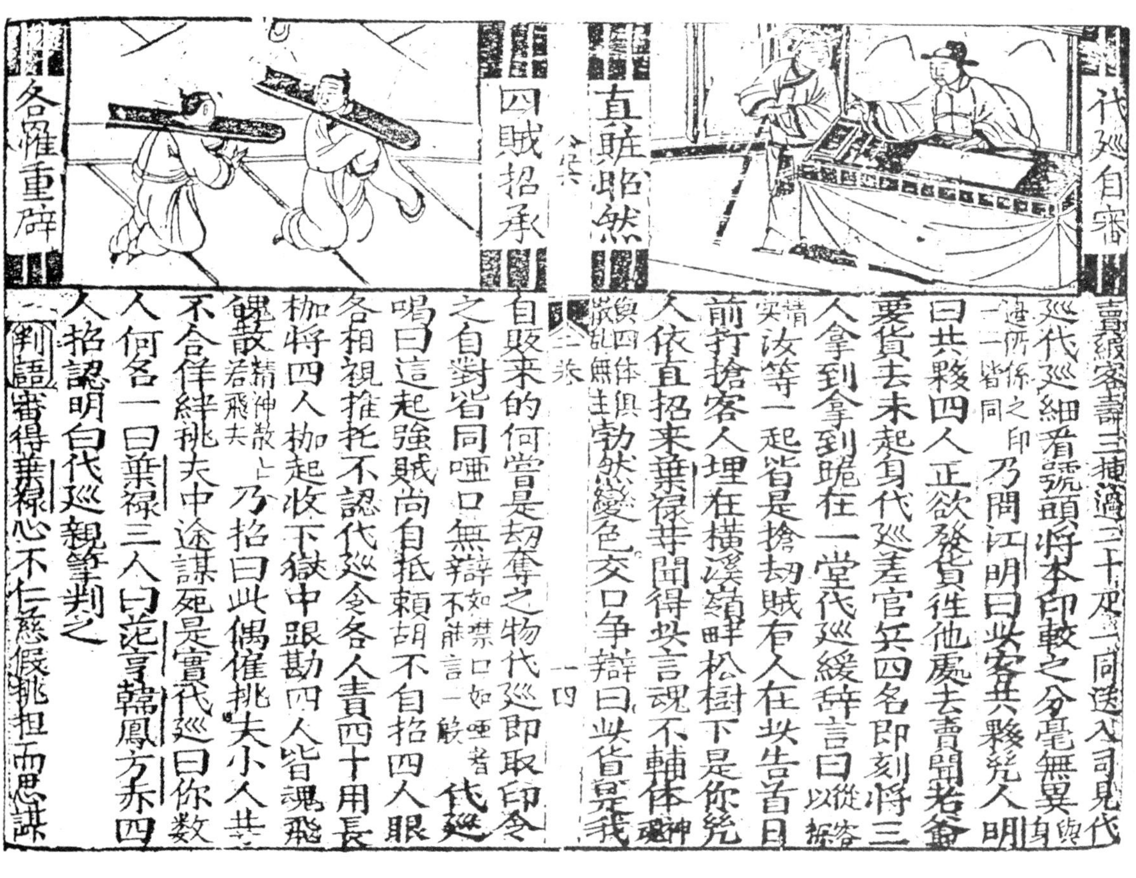

代巡自審　直賍昭然　四賊招承　各罹重辟

賣緞客壽三捷過三十疋一同送入司見代巡代巡細看號頭將本印較之分毫無異（與身邊所係之印一一皆同）乃問江明曰此客共夥幾人明曰共夥四人正欲發貨往他處去責問老翁要貨去未起身代巡差官兵四名即刻將三人拿到拿到跪在一堂代巡緩辭言曰（從容以探情實）汝等一起皆是搶刼賊有人在此告首曰前打搶客人埋在横溪嶺畔松樹下是你兇人依直招来棄禄等聞得此言魂不輔体（神魂與四伴俱散乱無主）勃然變色交口爭辯曰此貨是我

自販来的何嘗是刼奪之物代巡即取印令之自對皆同啞口無辯（如禁口如啞者不能言一般）代巡喝曰這起強賊尚自抵賴胡不自招四人眼各相視推托不認代巡令各人責四十用長枷將四人枷起收下獄中跟勘四人皆魂飛魄散（精神散亡若飛夫）乃招曰此偶催挑夫小人共不合伴絆挑夫中途謀死是實代巡曰你数人何名一曰棄禄三人曰范亨韓鳳方赤四人招認明白代巡親筆判之

判語　審得棄禄心不仁慈假挑担而思謀

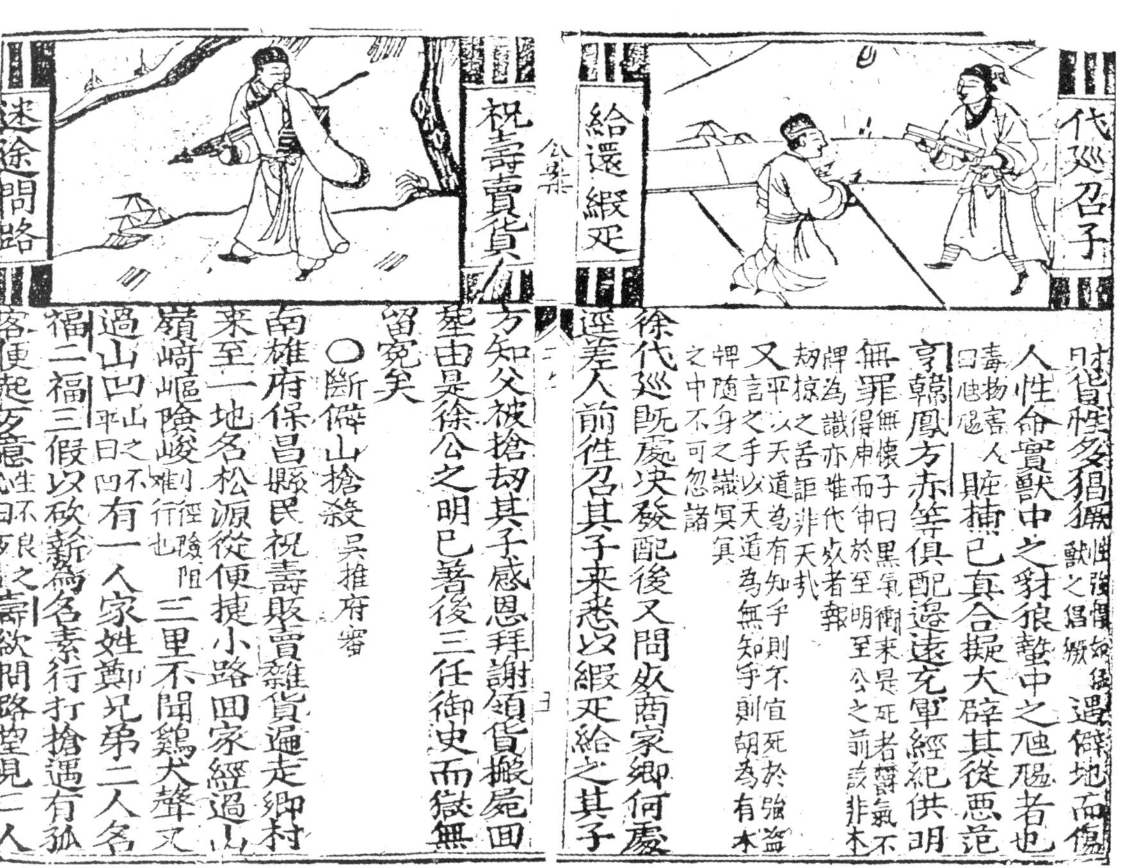

代巡召子
給還緞疋
祝壽賣貨
迷途問路

財貨性多猖獗惟強慣如猛獸之猖獗遇僻地而傷人性命實獸中之豺狼蟄中之虺蝮者也毒物害人曰虺蝮賍捕已真合擬大辟其從惡范亨韓鳳方亦等俱配邊遠充軍經紀供明無罪無懷子曰黑氣衝來是死者冤氣不得申而申於至明至公之前該非木牌為識亦惟代叔者報劫掠之苦詎非天乎又平以天道為有知乎則不宜死於強盜之手以天道為無知乎則胡為有木牌隨身之識冥冥之中不可忽諸

徐代巡既處决發配後又問叔商家鄉何處遥差人前往召其子来恙以緞疋給之其子方知父被搶劫其子感恩拜謝領貨搬扉回埜由是徐公之明已著後三任御史而獄無留冤矣

〇斷僻山搶殺　吳推府審

南雄府保昌縣民祝壽販賣雜貨遍走鄉村来至一地名松源從便捷小路回家經過山嶺崎嶇險峻崎嶇險阻難行也三里不聞鷄犬聲又過山凹山之不平曰凹有一人家姓鄭兄弟二人名福二福三假以砍薪為名素行打搶遇有孤客便起歹意生不良之心曰歹壽欲問路望見二人

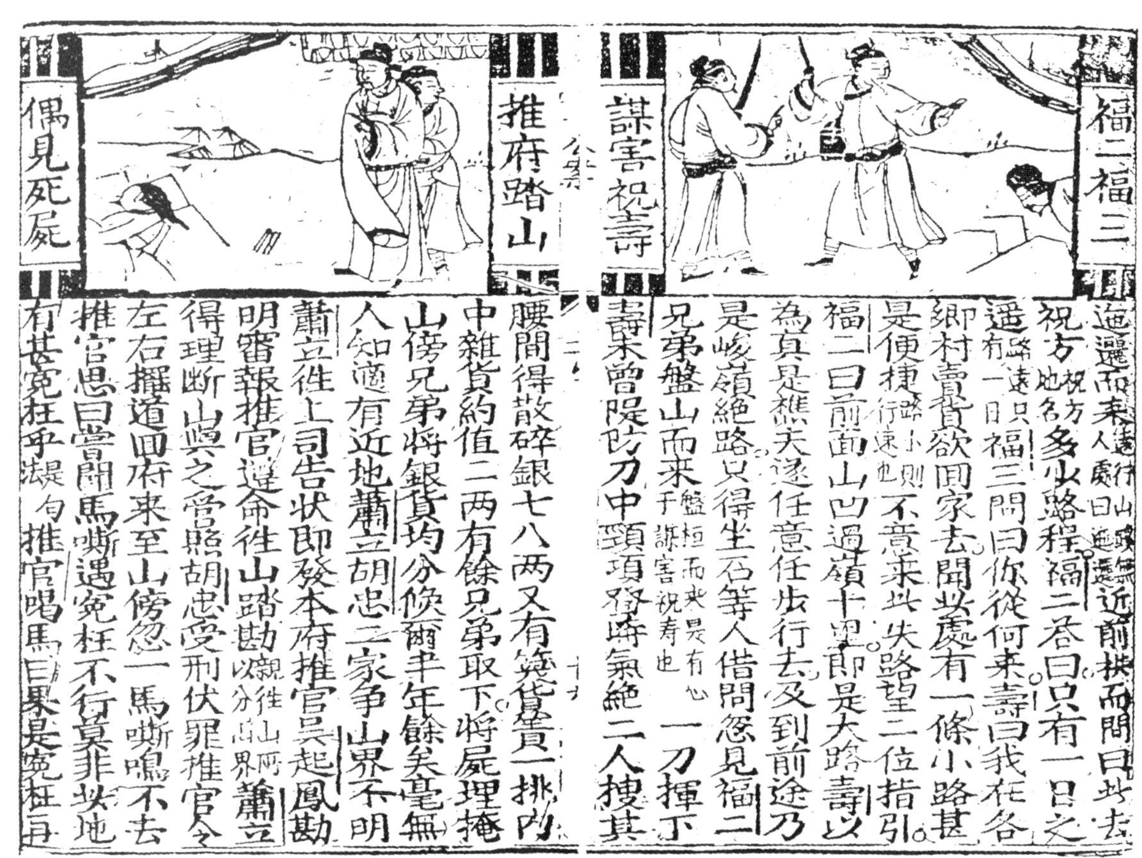

迤邐而来人行山路無處曰迤邐近前拱而問曰此去祝方祝方地名多少路程福二答曰只有一日之遥有路遠只一日福三問曰你從何来壽曰我在各鄉村賣貨欲回家去聞此處有一條小路甚是便捷路小則行速也不意来此失路望二位指引福二曰前面山凹過嶺十里即是大路壽以為真是樵夫遂任意任步行去及到前途乃是峻嶺絕路只得坐石等人借問忽見福二兄弟盤山而来盤桓而来是有心于謀害祝壽也一刀揮下壽未曾隄防刀中頸項登時氣絕二人搜其腰間得散碎銀七八两又有籮貨賣一挑內中雜貨約值二两有餘兄弟取下將屍埋掩山傍兄弟將銀貨均分倏爾半年餘矣毫無人知適有近地蕭立胡忠二家爭山界不明蕭立往上司告狀即發本府推官吳起鳳勘明審報推官遵命往山踏勘親往山所以分山界蕭立得理断山與之管照胡忠受刑伏罪推官令左右擺道回府来至山傍忽一馬嘶鳴不去推官思曰嘗聞馬嘶遇冤枉不行莫非此地有甚冤枉乎是疑句推官喝馬曰果是冤枉再

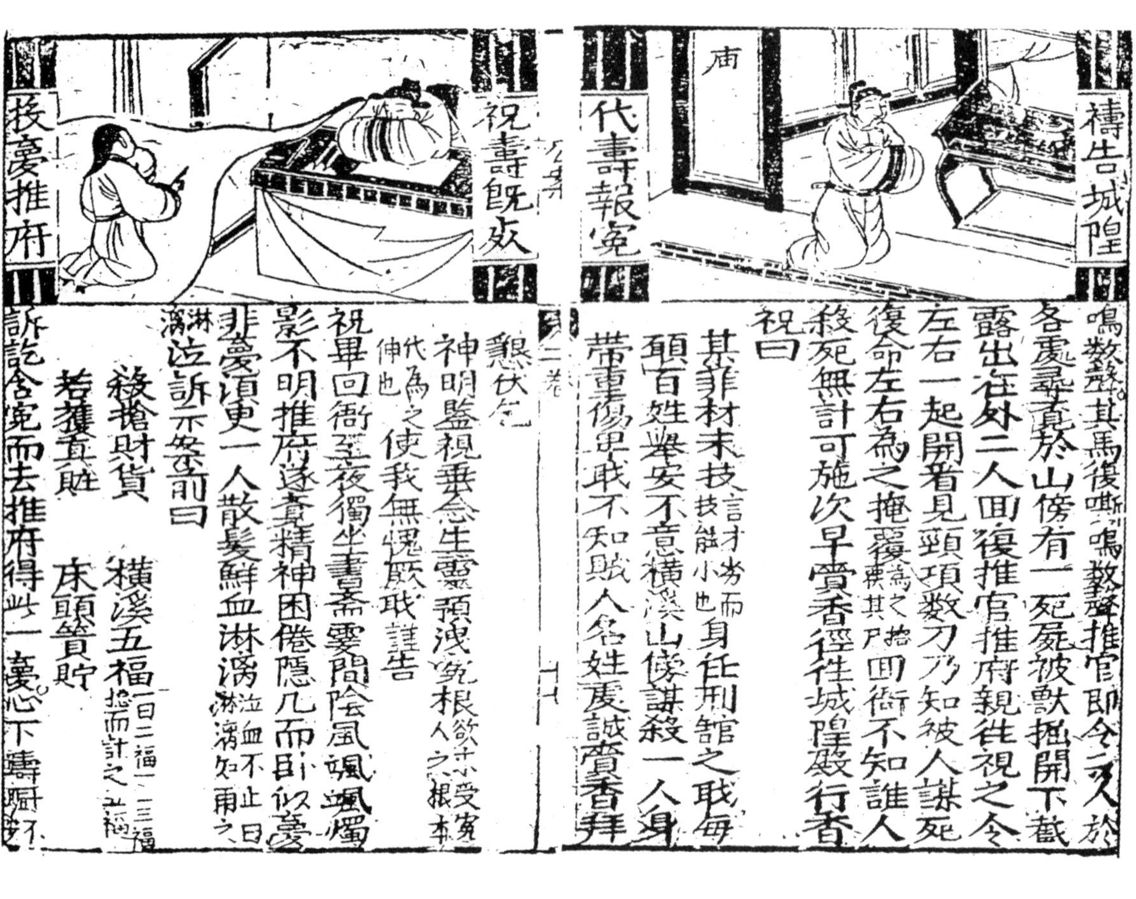

嗚數聲。其馬復嘶嗚數聲。推官即令二人於各處尋查。於山傍有一死屍被猷掘開下截露出。在外二人回復推官。推府親往視之。令左右一起開着見頸項數刀。乃知被人謀死。復命左右為之掩覆(為之掩覆其尸)回衙。不知誰人殺死。無計可施。次早賫香逕往城隍殿行香祝曰

某菲材末技(言才劣而技能小也)身任刑館之職。每願百姓樂安。不意橫溪山傍謀殺一人。身帶重傷。思我不知賊人名姓。虔誠賫香拜懇伏乞

神明鑒視。垂念生靈。預洩冤根(欲示受冤人之根本代為之伸也)使我無愧厥職。謹告

祝畢回衙。至夜獨坐書齋。霎間陰風颯颯。燭影不明。推府遂竟精神困倦。隱几而卧。似夢非夢。須更一人散髮。鮮血淋漓(泣血不止曰淋漓)泣訴亓案前曰

殺搶財貨　橫溪五福(一曰二福一二三福總而計之五福)
若獲真賊　床頭賫貯

訴訖含冤而去。推府得此一夢。心下躊躇不

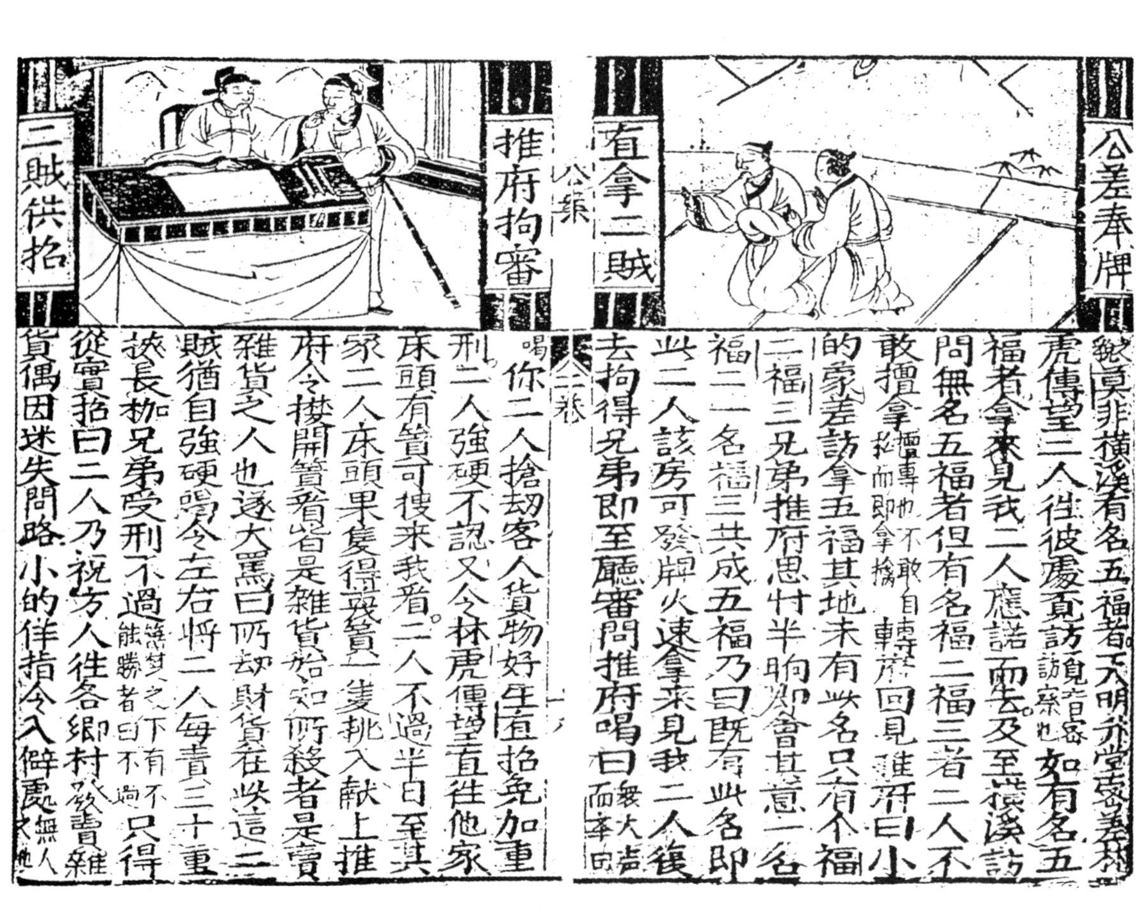

公差奉牌
直拿二賊
推府拘審
二賊供招

懇。莫非橫溪有名五福者。天明升堂。喚差林虎傳望二人往彼處覓訪(覓者尋也訪察也)如有名五福者。拿來見我。二人應諾而去。及至橫溪訪問。無名五福者。但有名福一福二福三者。二人不敢擅拿(擅專也不敢自專私而即拿擒)轉府回見推府曰。小的蒙差訪拿五福。其地未有此名。只有个福一福二福三兄弟。推府思忖半晌。忽會其意。一名福二一名福三共成五福。乃曰。既有此名。即此二人該房。可發牌火速拿來見我。二人復去拘得兄弟。即至廳審問。推府喝曰(喝者大声而奪也)

你二人搶劫客人貨物。好生直招。免加重刑。二人強硬不認。又令林虎傳望直往他家床頭有箱。可搜来我看。二人不過半日至其家。二人床頭果覔得箱籠二隻。挑入獻上。推府令撥開。箱看皆是雜貨。始知所殺者是賣雜貨之人也。遂大罵曰。所劫財貨在此。這二賊猶自強硬。喝令左右將二人每責三十重挾長枷。兄弟受刑不過(禁持之下有不能勝者曰不過)只得從實招曰。二人乃視方人。往各鄉村發賣雜貨。偶因迷失問路。小的伴指令入僻處(無人之地)

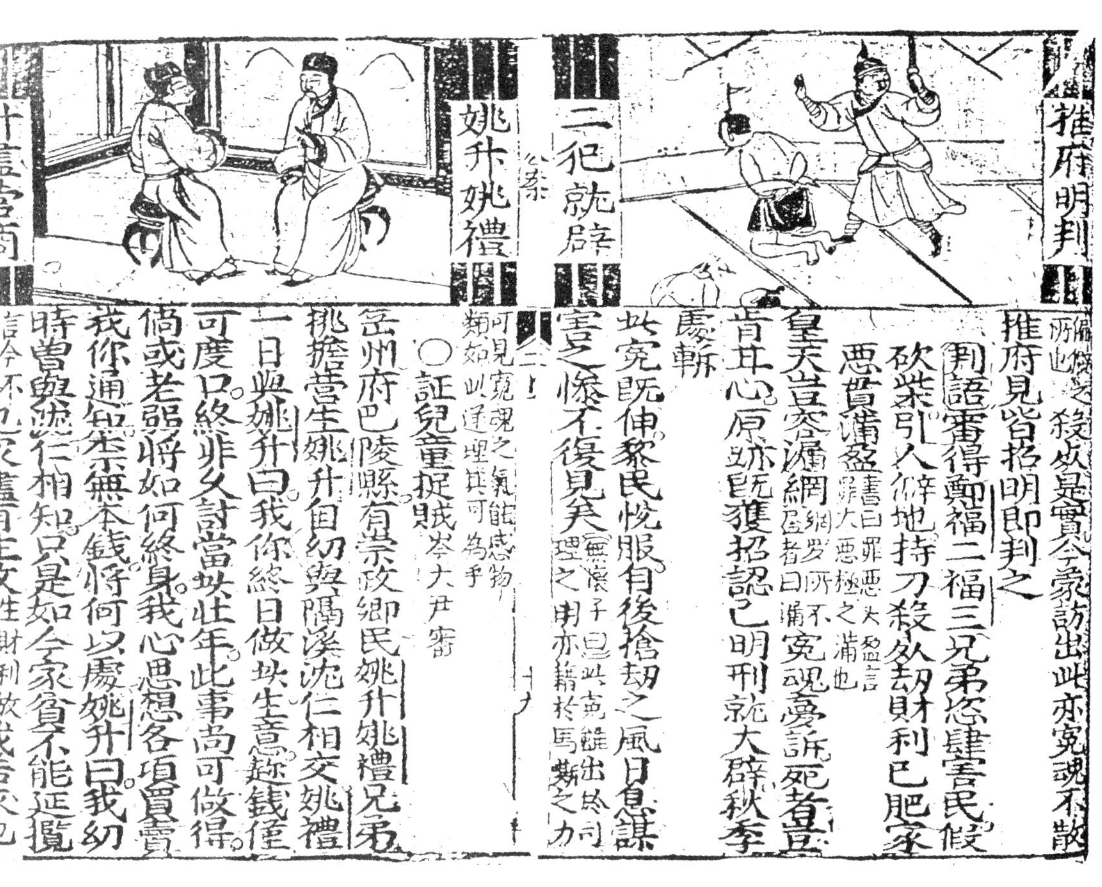
推府明判
二犯就辟
姚升姚禮
計盡營商

公案　卷二　十九

（偏憐之所也）殺人是實今蒙訪出此亦冤魂不散

推府見皆招明即判之

判語審得鄭福二福三兄弟恣肆害民假砍柴引入僻地持刀殺人劫財利己肥家惡貫滿盈（書曰罪惡大盈言罪大惡極之滿也）皇天豈容漏網（網罟者曰漏所不容）冤魂憂訴死者豈肯甘心原跡既獲招認已明刑就大辟秋季處斬

此冤既伸黎民悅服自後搶劫之風日息謀害之慘不復見矣（無懷子曰此冤鑿出於司理之明亦藉於焉斷之力）

（可見冤魂之氣能感物類如此逕理其可為乎）

○証兒童捉賊　岑大尹審

岳州府巴陵縣有崇政鄉民姚升姚禮兄弟挑擔營生姚升自幼與隅溪沈仁相交姚禮一日與姚升曰我你終日做此生意趁錢僅可度口終非久計當此壯年此事尚可做得倘或老弱將如何終身我心思想各項買賣我你通無本錢將何以處姚升曰我幼時曾與沈仁相知只是如今家貧不能延攬（言今不能收歛）他家儘有生放（生財利放債取息）我若求他

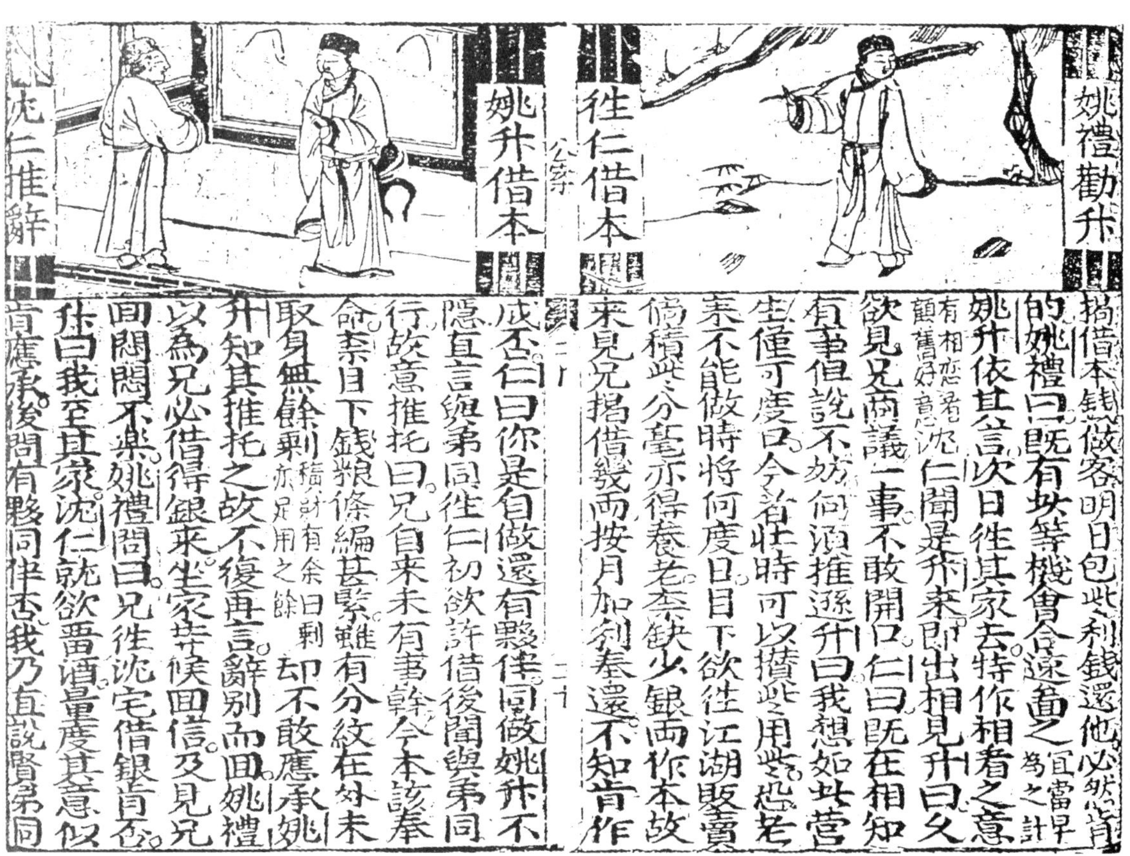
姚禮勸升
往仁借本
姚升借本
沈仁推辭

公案　卷二　二十

揭借本錢做客明日包此利錢還他必然肯的姚禮曰既有此等機會合速圖之（宜當早為之計）姚升依其言次日往其家去特作相看之意（有相戀者顧舊好意）沈仁聞是升來即出相見升曰久欲見兄商議一事不敢開口仁曰既在相知有事但說不妨何須推遜升曰我想如此營生僅可度日今當壯時可以擯此之用恐老來不能做時將何度日目下欲往江湖販賣倘積些分毫亦得養老奈缺少銀兩作本故來見兄揭借幾兩按月加利奉還不知肯作

成否仁曰你是自做還有夥伴同做姚升不隱直言與弟同往仁初欲許借後聞與弟同行故意推托曰兄自來未有事幹今本該奉命奈目下錢粮條編甚緊雖有分紋在外未取身無餘剩（積財有余曰剩亦足用之餘）升知其推托之故不復再言辭別而回姚禮以為兄必借得銀來坐家等候回信及見兄面悶悶不樂姚禮問曰兄往沈宅借銀肯否升曰我至其家沈仁就欲留酒量度其意似肯應承後問有夥同伴否我乃直說賢弟同

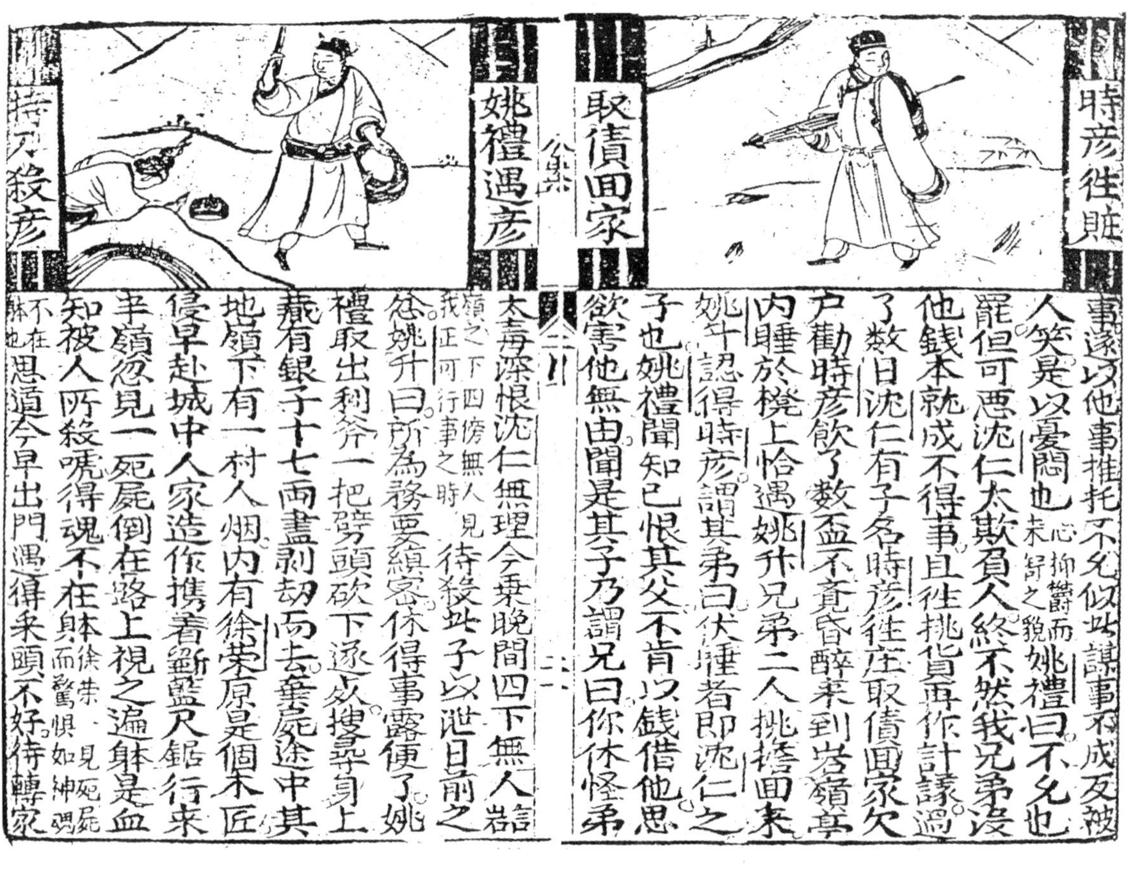
時彥往莊
取債回家
姚禮遇彥
持刀殺彥

事遂以他事推托不允似此謀事不成反被人笑是以憂悶也（心抑鬱而未舒之貌）姚禮曰不允也罷但可悪沈仁太欺負人終不然我兄弟沒他錢本就成不得事且往挑貨再作計議過了数日沈仁有子名時彥往莊取債回家欠户勸時彥飲了数盃不覺昏醉来到岩嶺亭內睡於櫈上恰遇姚升兄弟二人挑擔回来姚升認得時彥謂其弟曰伏睡者即沈仁之子也姚禮聞知已恨其父不肯以錢借他思欲害他無由聞是其子乃謂兄曰你休怪弟太毒深恨沈仁無理今乘晚間四下無人岩（言嶺之下四傍無人見我正可行事之時）待殺此子以泄日前之忿姚升曰所為務要縝密休得事露便了姚禮取出利斧一把劈頭砍下遂死搜尋身上藏有銀子十七兩盡剝劫而去棄屍途中其地嶺下有一村人烟內有徐榮原是個木匠侵早赴城中人家造作携着鋸籃尺鋸行来半嶺忽見一死屍倒在路上視之遍躰是血知被人所殺唬得魂不在躰（徐榮見死屍而驚惧如神魂不在躰也）思道今早出門遇得兎頭不好待轉家

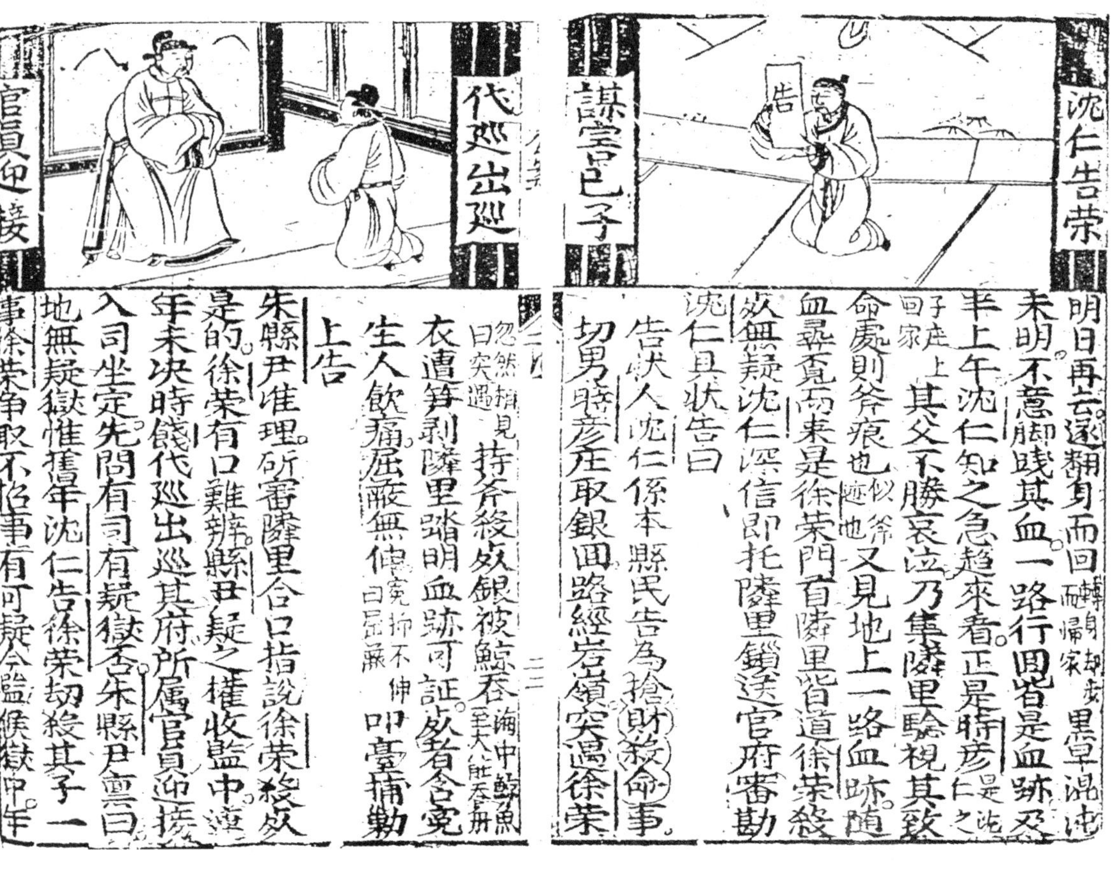
沈仁告榮
謀害己子
代巡出巡
官員迎接

明日再去遂翻身而回（轉身而歸家）却被黒早混沌未明不意脚践其血一路行回皆是血跡忍半上午沈仁知之急趋來看正是時彥（是沈仁之子在上回家）其父不勝哀泣乃集隣里驗視其致命處則斧痕也（似斧迹也）又見地上一路血跡随血尋覔而来是徐榮門首隣里皆道徐榮殺死無疑沈仁深信即托隣里鎖送官府審勘

沈仁具狀告曰

告狀人沈仁係本縣民告為搶財殺命事

切男時彥往莊取銀回路經岩嶺突遇（忽然相見曰突遇）徐榮持斧殺死銀被鯨吞（海中鯨魚至大能吞舟）衣遣剝隣里踏明血跡可証死者含冤生人飲痛屈厭無伸（冤抑不伸曰屈厭）叩臺捕勦

上告

朱縣尹准理研審隣里合口指說徐榮殺死是的徐榮有口難辨縣尹疑之權收監中遭年未決時餞代巡出巡其府所屬官員迎接入司坐定先問有司有疑獄否朱縣尹稟曰地無疑獄惟舊年沈仁告徐榮刼殺其子一事徐榮爭取不招事有可疑今監候獄中年

三五四

代巡至獄

細詢徐荣

餘不决代巡曰不以情之輕重殺獄動經一年少者半載百姓何堪凡當决者即决該放者發田斯上不負朝廷委任而下民亦得安生是句法天下都似沈仁一事罪犯安能得出有司無言懷慚而去次日代巡便服帶一二人入獄穿小衣而入獄審究其事見徐荣細詢之徐荣悲泣嗚咽將前情訴了一遍代巡思被殺之人不合頭上砍一斧痕且血跡又落爾家今彼不肯甘服必有緣故須再勘問代巡離獄次日又入審問一連數遭徐荣所訴皆合前言

代巡升堂

細詢孩童

代巡不得明决正在遲疑之間此事介在將信將疑之中曰遲疑見一小孩童手持一帕飯送來與獄卒連說幾句私語獄卒點頭應之代巡即問獄卒適那孩童與你道甚麼話獄卒不敢正對佯以他荅覆代巡知其詐遂來堂上發遣左右散於兩廊呼那孩童入後堂細問曰適間與獄卒說何話孩童口快直告曰童子無心机在以姚升兄弟二人托他打探代巡詢問徐荣之事訴于代巡面前今午出東街偶遇二人在酒店坐見我來以手招我入店那人取過碎銀一錢與我買菓子教我入獄

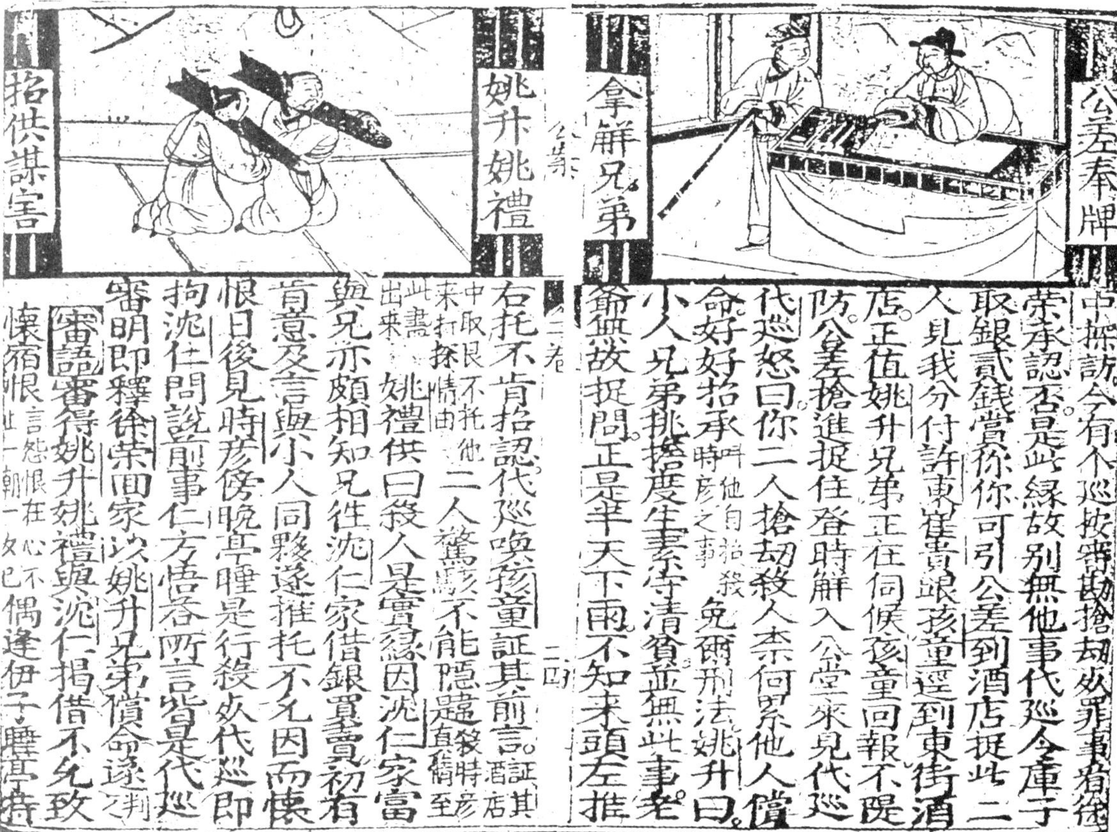

公差奉牌

拿解兄弟

中探訪今有个巡按審勘搶劫殺罪真情徐荣承認否是此緣故別無他事代巡令庫子取銀貳錢賞你你可引公差到酒店捉此二人見我分付許東崔貴跟孩童逕到東街酒店正值姚升兄弟正在伺候孩童回報不隄防公差搶進捉住登時解入公堂來見代巡代巡怒曰你二人搶劫殺人柰何累他人償命好好招承叫他自招殺時彦之事免爾刑法姚升曰小人兄弟挑擔度生素守清貧並無此事老爺無故捉問正是半天下雨不知來頭左推

姚升姚禮

招供謀害

右托不肯招認代巡喚孩童証其前言証其酒店中取艮不托他來打探情由二人驚駭不能隱匿發時彦首備至此書出來姚禮供曰殺人是實緣因沈仁家富與兄亦頗相知兄往沈仁家借銀買賣初有肯意及言與小人同夥遂推托不允因而懷恨日後見時彦傍晚亭睡是行殺死代巡即拘沈仁問說前事仁方悟吞所言皆是代巡審明即釋徐荣回家以姚升兄弟償命遂判之

審語審得姚升姚禮與沈仁揭借不允致懷宿恨言怨恨在心非一朝一夕已偶逢伊子轝亭遇

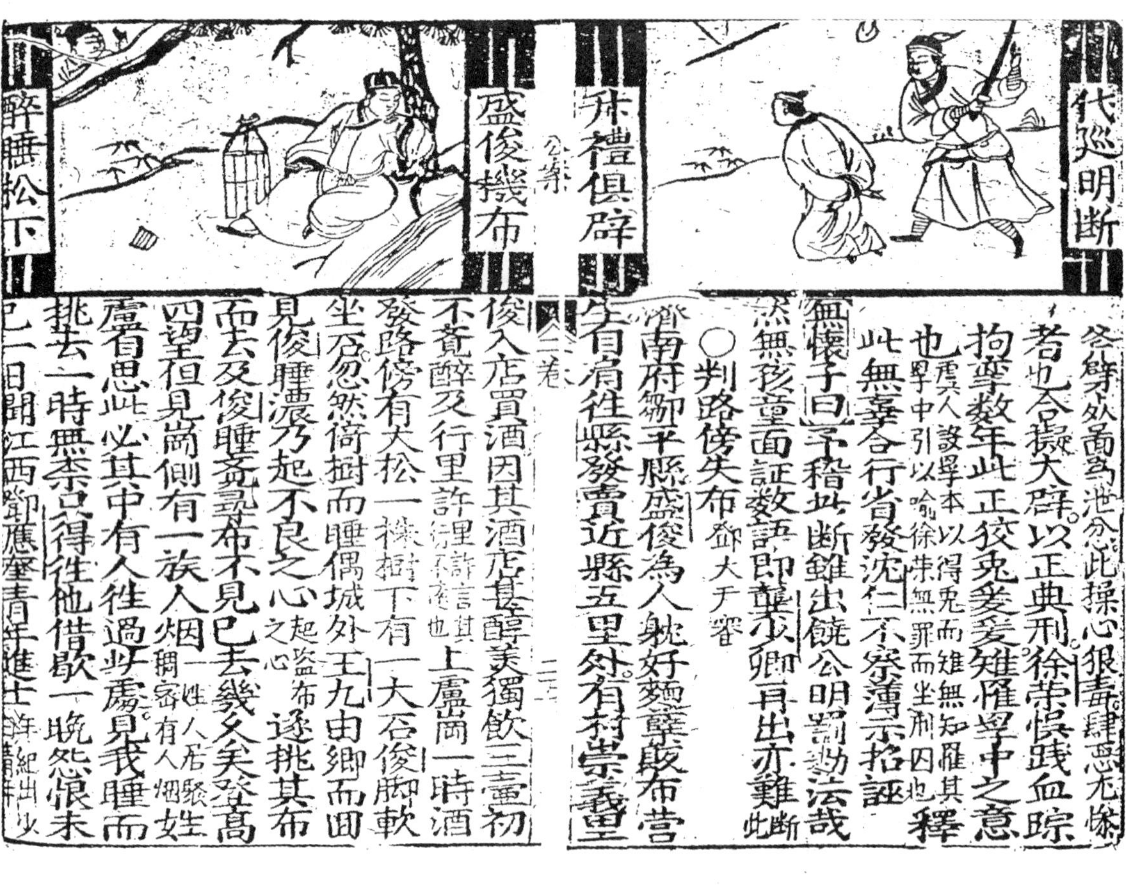
醉睡松下

忿發於外，爲泄忿此操心狠毒，肆惡尤慘者也。合擬大辟，以正典刑。徐榮慎踐血踪，拘拏數年，此正狡兎爰爰，雉罹罦中之意也（爰爰人設罦本以得兎而雉無知罹其罦中引以喻徐榮無罪而坐刑因也）。釋此無辜，合行省發，沈仁不察，濫亦招誣。

無懷子曰：予稽此斷，雖出饒公明罰勅法哉，然無孩童面證數語，即葉少卿有出，亦難（斷此）。

○判路傍失布（鄧大尹審）

江南府卿平縣盛俊爲人，躭好麴糵，販布营生。有肩往縣發賣。近縣五里外，有村崇義壘，俊入店買酒，因其酒店甚醇美，獨飲三壺，初不覺醉，及行里許（行里許言其行不遠也），上廬崗，一時酒發，路傍有大松一棵（棵樹也），樹下有一大石，俊脚軟坐石，忽然倚樹而睡。偶城外王九由卿而回，見俊睡濃，乃起不良之心（起盜布之心），遂挑其布而去。及俊睡覺，看布不見，已去幾久矣。登高四望，但見崗側有一族人烟（一姓人居聚稠密有人烟），姓盧，自思此必其中有人往過此處，見我睡而挑去。一時無奈，只得往他借歇一晚，怨恨未已。二日，聞江西鄧應奎，青年進士（年紀出少），

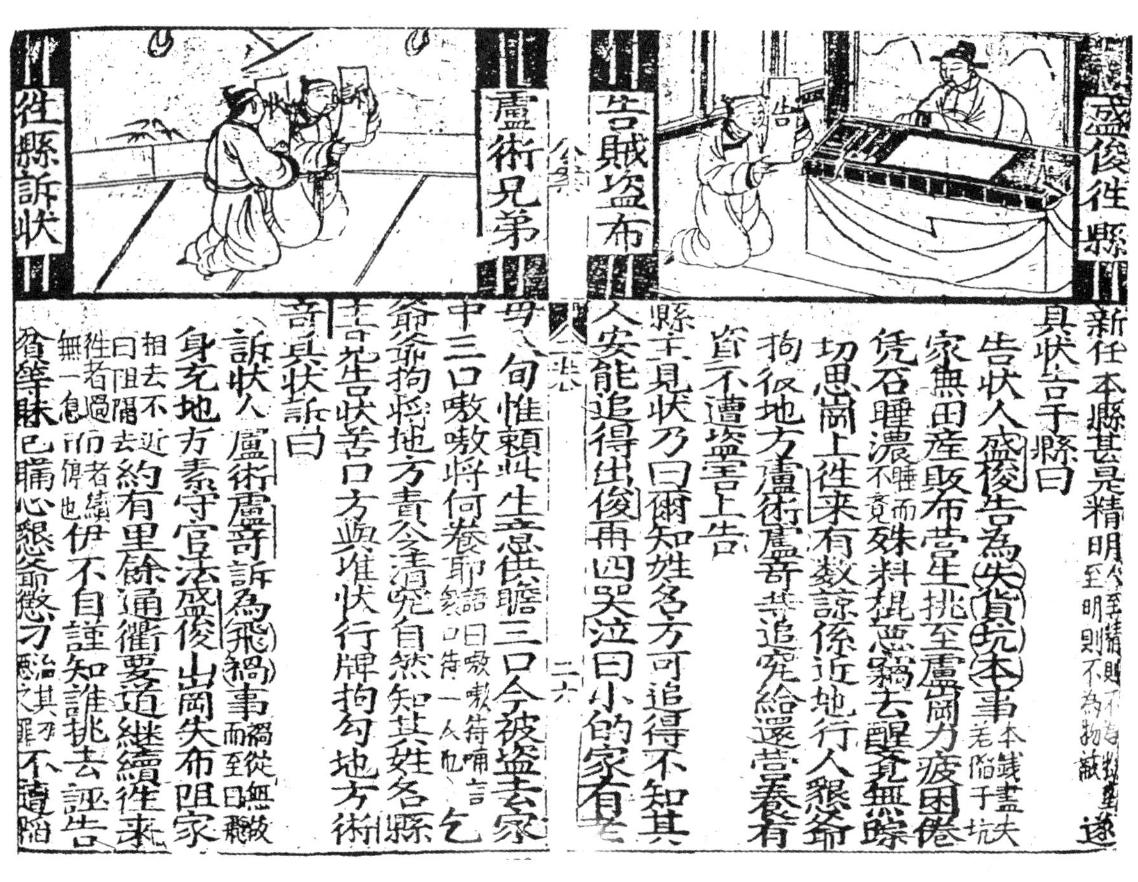
盛俊往縣
告賊盜布
盧術兄弟
往縣訴狀

新任本縣，甚是精明（今至精明則不爲物蔽），遂具狀告于縣曰：

告狀人盛俊，告爲失貨坑本事（本錢盡失，若陷于坑）。家無田產，販布營生，挑至廬崗，力疲困倦，凭石睡濃（睡濃而不覺），殊料棍惡竊去，醒覺無踪。切思崗上往來有數，諒係近地行人。懇爺拘仰地方盧術、盧寄等追究給還，營養有資，不遭盜害。上告。

縣主見狀，乃曰：爾知姓名，方可追得，不知其人，安能追得？盛俊再四哭泣曰：小的家有老母，八旬，惟賴此生意供贍，三口今被盜去，家中三口嗷嗷，將何養耶（語曰嗷嗷待哺言眾口待一人也）？乞爺爺拘將地方責令清究，自然知其姓名。縣主准告狀，着口方與准狀，行牌拘勾地方術、寄，具狀訴曰：

訴狀人盧術、盧寄，訴爲飛禍事（禍從無故而至曰飛）。身充地方，素守官法。盛俊山崗失布，阻家（相去不近曰阻隔）去約有里餘，通衢要道，繼續往來（往者過者續續而傳也，無一息），伊不自謹，知誰挑去，誣告貧等，昧已瞞心，懇爺懲刁（治其刁懲之罪），不遭陷

盛後術奇

當官辨証

行牌擡石

到臺審究

害上訴

縣主見訴代准拘原被聽審縣主曰盛後你在山崗失布亦難以挾制地方後曰小的亦不敢言即地方挑去但彼家住近崗頭只與彼代小的請究術曰你布出崗失去又非在我門首崗上過路者往過來續那知是何人挑去小的族下人人守法個個忠厚昨日聞告各各請究並無人得見白日挑去能擔崗上無人知見倘回至門首豈無人見乎（是句法）縣主心生一計曰盛後你曬在其地有何物

公案　二卷　二二

否後曰只有一根松木下有一石小的故曬此石上其餘並無他物縣主曰既有石頭此挑布之人諒此石必知該房行牌差二公人拘來聽審公差至其地即起鄉夫七八人擡其石而至令放於月臺之下（公堂聽斷臺下曰月臺月取其光明不蔽也）縣主下階問曰石頭盛後失布告你作干証你可報何人挑去依直說來否不能言又厲聲曰（縣主正吉而再問也）此石可惡我問他全然不答左右可重責二十杖後又曰石頭你今日被盛後諒你不言明日可明白報來令牢

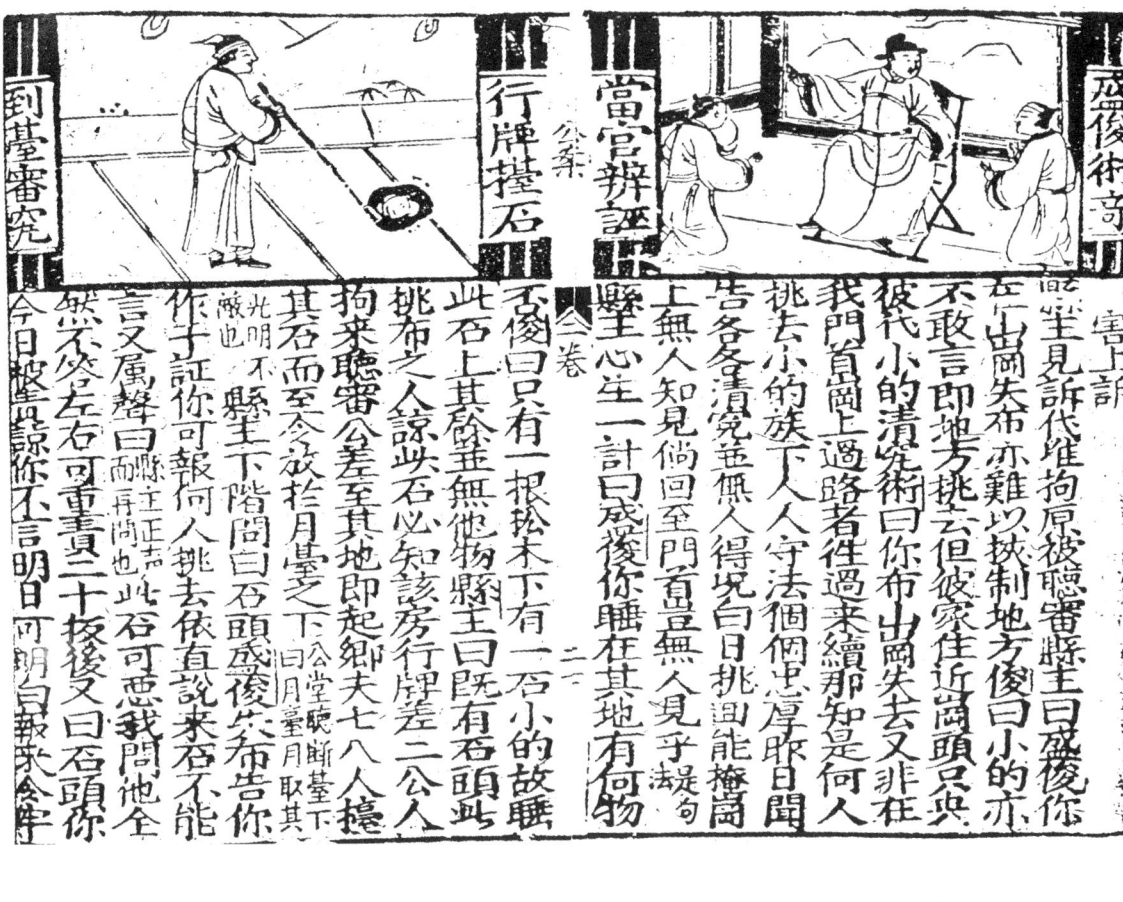

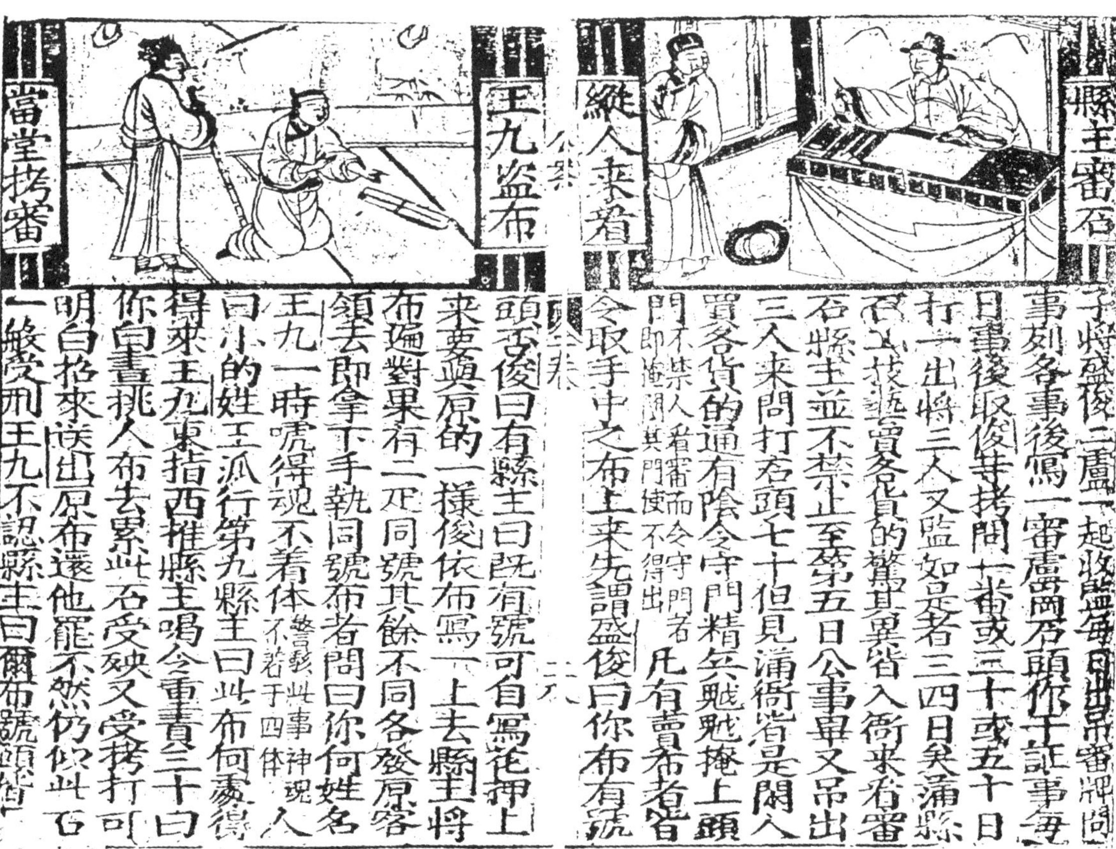

縣主審石

縱人來看

王九盜布

當堂拷審

子將盛後二處一起收監每日出來審牌問事刻各事後寫一審盧崗石頭作干証事每日審後取後等拷問十番或三十或五十日打一出將三人又監如是者三四日矣滿縣人以技藝賣各色貨的驚其異皆入衙來看審石縣主並不禁止至第五日公事畢又吊出三人來問打石頭七十但見滿衙皆是閑人買各貨的通有陰令守門精兵魆魆掩上頭門（不禁人看審而令守門者即掩閉其門使不得出）　凡有賣布者皆令取手中之布上來先謂盛後曰你布有號

公案　二卷　二六

頭否後曰有縣主曰既有號可自寫花押上來要與原的一樣後依布寫一上去縣主將布遍對果有一疋同號其餘不同各發原客領去即拿下手執同號布者問曰你何姓名王九一時唬得魂不着体（警懿此事神魂不着于四体）入曰小的姓王派行第九縣主曰此布何處得得來王九東指西推縣主喝令重責三十曰你白晝挑人布去累此石受殃又受拷打可明白招來從出原布還他罷不然仍似此石一般受刑王九不認縣主曰爾布號頭皆

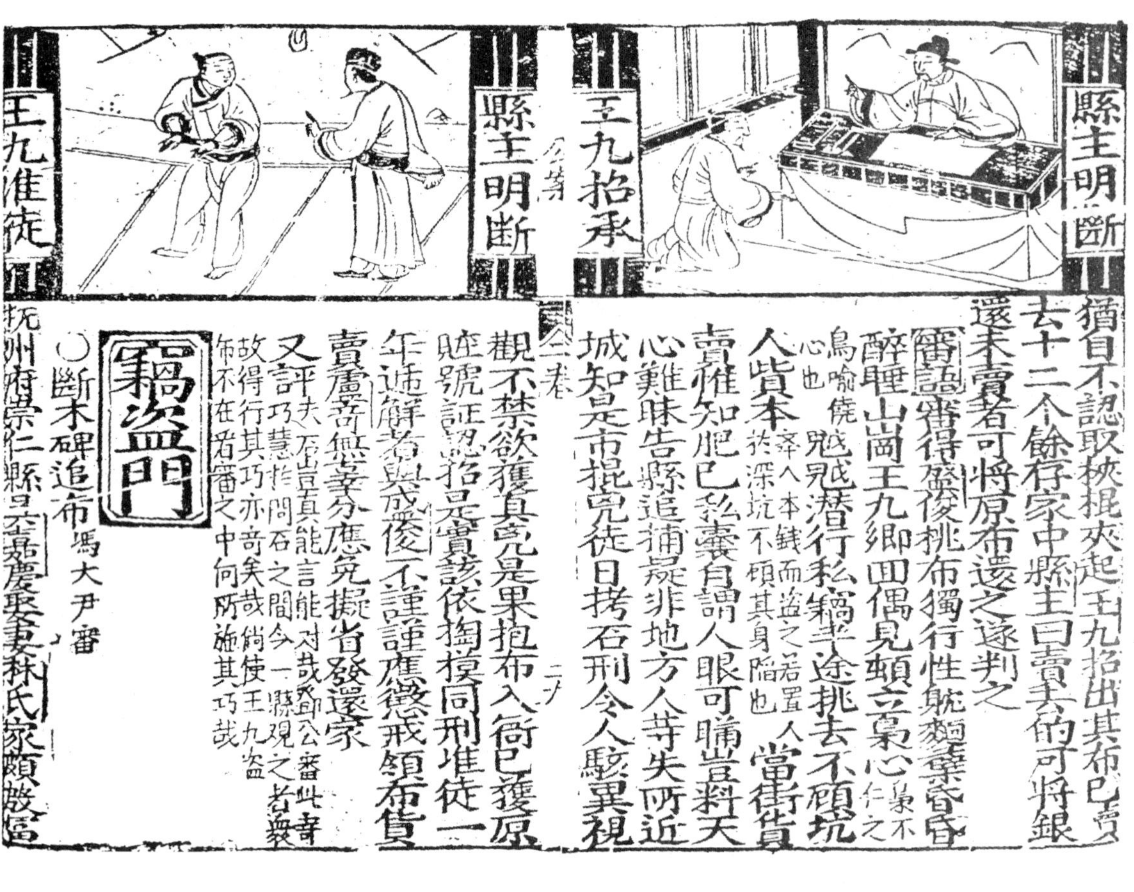
縣主明斷
王九招承
縣主明斷
王九准徒

猶自不認取挾捉夾起王九招出其布已賣
去十二个餘存家中縣主曰賣去的可將銀
還未賣者可將原布還之遂判之
審語審得發後挑布獨行性躭麴蘗昏昏
醉睡山崗王九鄉田偶見頓萌梟心梟不仁之
鳥喻心也僥覬覦潛行私竊半途挑去不顧坑
人貲本穽入本錢而盜之若置人於深坑不顧其身陷也當街貨
賣誰知肥已私囊自謂人眼可瞞豈料天
心難昧告縣追捕疑非地方人等失所近
城知是市提兇徒日拷石刑令人駭異視

觀不禁欲獲真兇是果抱布入衙已獲原
贓號証認招是實該依掏摸同刑准徒一
年遞解着與發後不謹謹應懲戒領布貨
賣廬舍無妻分應兇擬省發還家
又評夫石岂真能言能对哉郡公審此奇巧慧於問石之間今一縣觀之若發
故得行其巧亦奇矣哉倘使王九盜
布不在者當之中何所施其巧哉

竊盜門

○斷木碑追布　馮大尹審

抚州府崇仁縣民李嘉慶娶妻林氏家頗殷富

慶父命子
販布為商
郁文飲醉
店
被勝盜布

家業殷盛富足也生子郁文年十八慶為之娶雷氏
為妻夫妻和睦孝順公姑一日慶謂郁文曰
家中雖則優給吾思創業難造登天天高無階可升
罄敗易如燎毛以火燎毛一舉而並焚之言甚易也今家中所
食者衆所入者寡吾恐所入不足以供所用
為可株守株樹也株待兎不知変通也而不営謀爾今年
當少壯正好營為欲令汝出外經商倘獲微
利亦足贍家贍足也不知汝意何如郁文曰若
父嚴命即當就行但不知那項生意好做慶
曰四川成都最好賣機布汝可將本銀一百

兩往福建收買機布到川發賣不消一年可
以回矣郁文依父命領銀一百往邵武等處
收得機布七十挑辭別父母妻子往川賣布
夜住曉行數月即到成都尋得東門城外張
翠店安下發賣未及一日郁文自思離家遠
出心中不快憂悶不樂之意即令家童沽酒散悶強
飲幾盃不覺沉醉偃卧不意鄰有劉勝
者竊見即竊見其貨物而欲利之郁文酒醉於三更時分
將布盜去三担直至郁文天明酒醒起來方
知被盜即呼店主曰吾今投汝店內安下昨

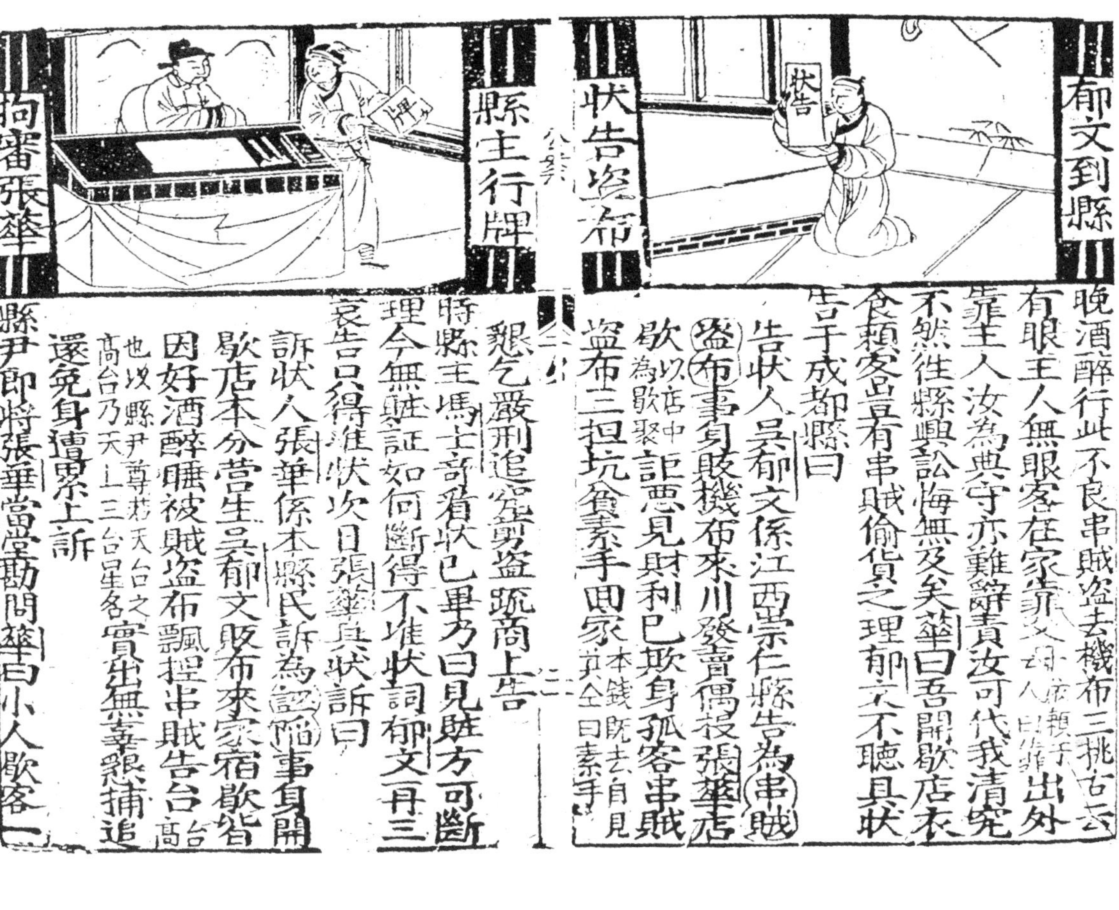

晚酒醉行此不良串賊盜去機布三挑古云有眼主人無眼客在家靠[illegible]出外靠主人汝為典守亦難辭責汝可代我清寃不然往縣與訟悔無及矣華曰吾開歇店衣食賴客豈有串賊偷貨之理郁文不聽具狀告于成都縣曰

告狀人吳郁文係江西崇仁縣告為串賊盜布事身販機布來川發賣偶投張華店歇（以店中為歇聚）詎惡見財利己欺身孤客串賊盜布三担坑貧素手回家（本錢既去自見其全曰素手）

懇乞嚴刑追究剪盜蘇商上告

時縣主馮士奇看狀已畢乃曰見賍方可斷理今無賍証如何斷得不准狀詞郁文再三哀告只得准狀次日張華具狀訴曰

訴狀人張華係本縣民訴為認陷事身開歇店本分營生吳郁文販布來家宿歇皆因好酒醉睡被賊盜布飄捏串賊告台（台高也以縣尹尊若天台之高台乃天上三台星名）實出無辜懇捕追還免身遭累上訴

縣尹即將張華當堂勘問華曰小人歇客一

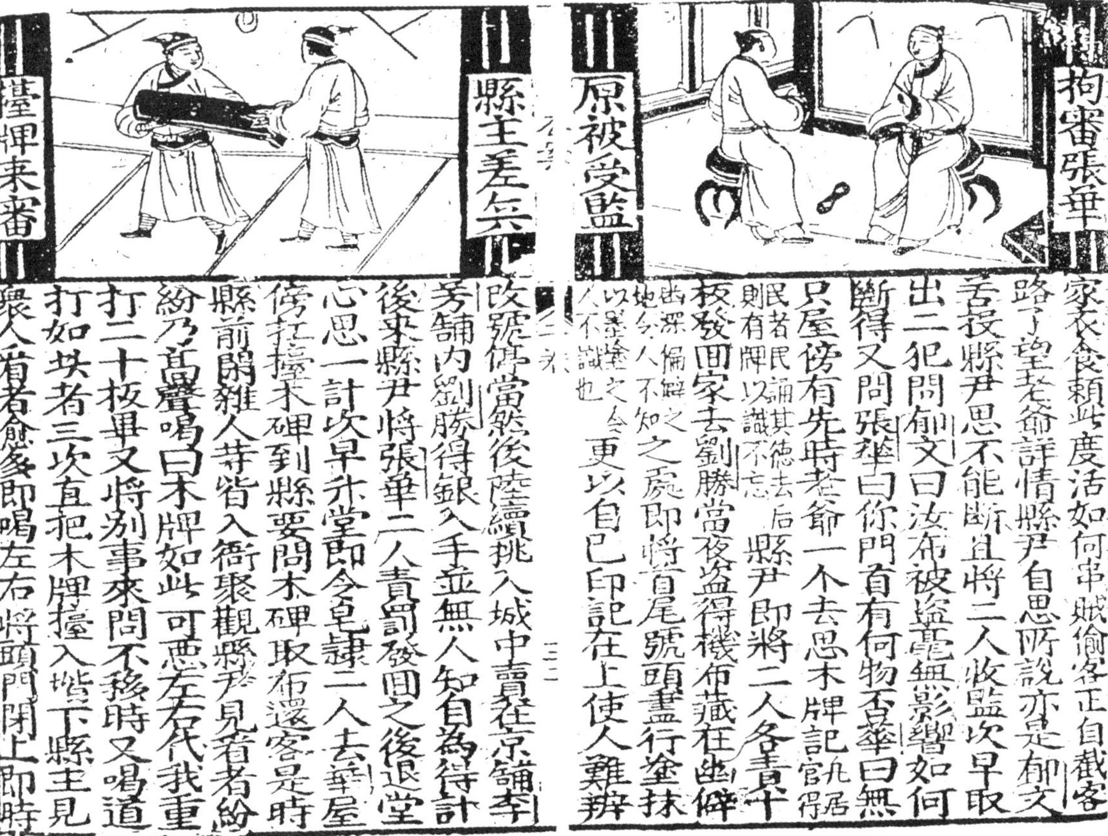

家衣食賴此度活如何串賊偷客正自截客路了望老爺詳情縣尹自思所說亦是郁文舌長縣尹思不能斷且將二人收監次早取出二犯問郁文曰汝布被盜查無影響如何斷得又問張華曰你門首有何物否華曰無只屋傍有先時老爺一个去思木牌記（凡居官得民者民誦其德去后則有牌以識不忘）縣尹即將二人各責十板發回家去劉勝當夜盜得機布藏在幽僻（幽深偏僻之地令人不知之處）即將首尾號頭盡行塗抹（以墨塗之令人不識也）更以自己印記在上使人難辨

改號停當然後陸續挑入城中賣在京舖李旁舖內劉勝得銀入手並無人知自為得計後來縣尹將張華二人責罰發回之後退堂心思一計次早升堂即令皂隷二人去華屋傍扛擡木碑到縣要問木碑取布還客是時縣前閑雜人等皆入衙聚觀縣尹見看者紛紛乃高聲喝曰木牌如此可惡左右代我重打二十板畢又將別事來問不移時又喝道打如共者三次直把木牌擡入堦下縣主見衆人看者愈多即喝左右將頭門閉上即時

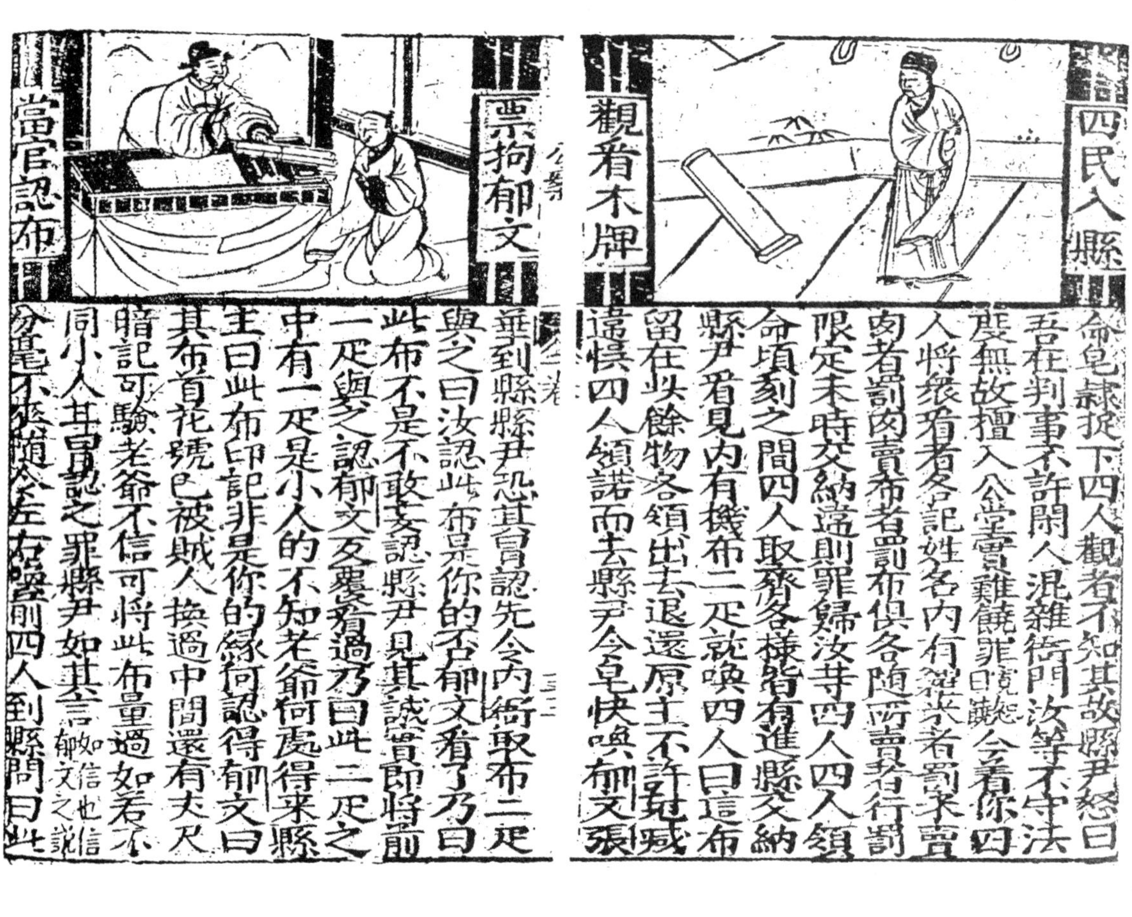

四民入縣
觀看木牌
票拘郁文
當官認布

命皂隸捉下四人觀者不知其故縣尹怒曰吾在判事不許閒人混雜衙門汝等不守法度無故擅入公堂實難饒罪暫且饒恕今着你四人將猥看者各記姓名內有糶米者罰米賣肉者罰肉賣布者罰布俱各隨所賣者行罰限定未時交納違則罪歸汝等四人四人領命頃刻之間四人取齊各樣皆有進縣交納縣尹看見內有幾布二疋就喚四人曰這布留在此餘物各領出去退還原主不許冒賍違慎四人領諾而去縣尹令皂快喚郁文張

華到縣縣尹恐其冒認先令內衙取布二疋與之曰汝認此布是你的否郁文看了乃曰此布不是不敢妄認縣尹見其誠實即將前一疋與之認郁文反覆看過乃曰此二疋之中有一疋是小人的不知老爺何處得來縣主曰此布印記非是你的緣何認得郁文曰其布首花號已被賊人換過中間還有丈尺暗記可驗老爺不信可將此布量過如若不同小人甘冒認之罪縣尹如其言如信也信郁文之說分毫不差隨令左右嚴前四人到縣問曰此

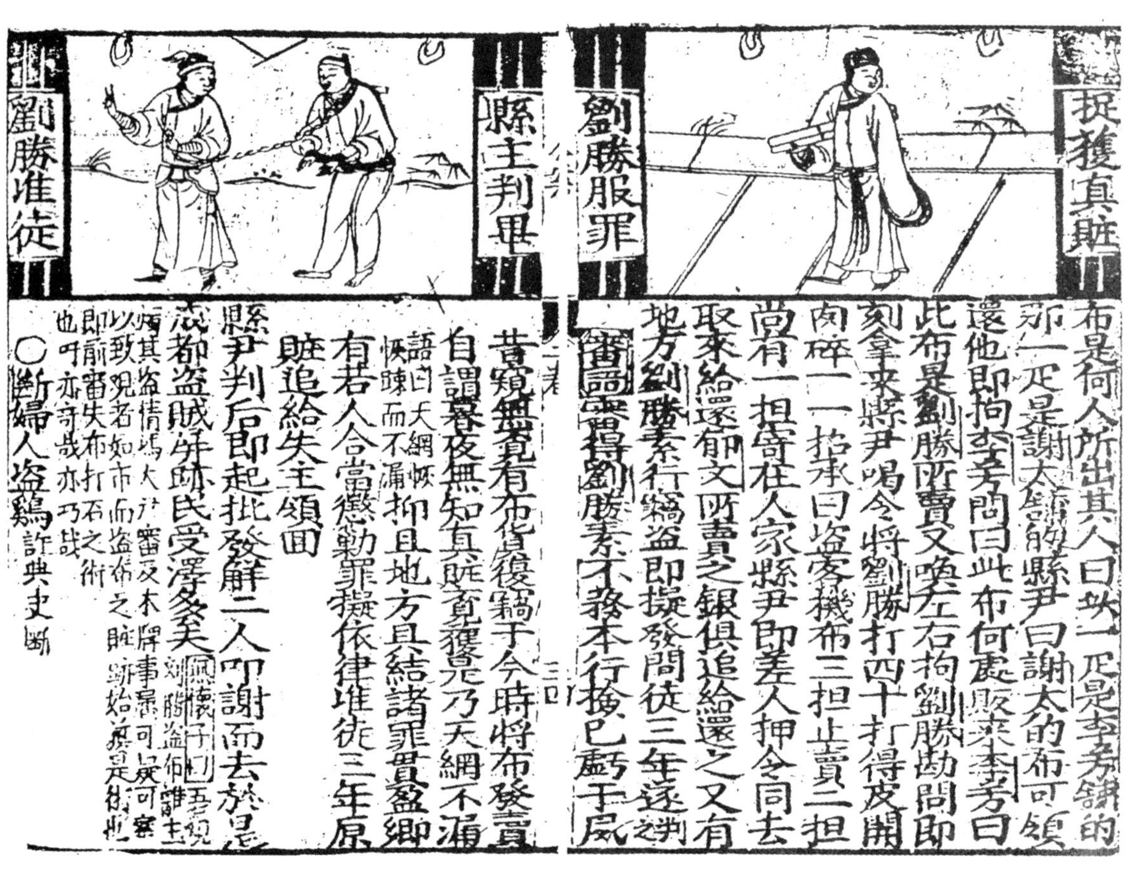

捉獲真贓
劉勝服罪
縣主判畢
劉勝准徒

布是何人所出其人曰此一疋是李秀領的那一疋是謝太舒的縣尹曰謝太的布可領還他即拘李秀問曰此布何處販來李秀曰此布是劉勝所賣又喚左右拘劉勝勘問即刻拿來縣尹喝令將劉勝打四十打得皮開肉碎一一招承曰盜客機布三担止賣二担尚有一担寄在人家縣尹即差人押令同去取來給還郁文所賣之銀俱追給還之又有地方劉勝素行竊盜即擬發問徒三年遞之判

審問覺得劉勝素不務本行按已虧于風

蕢窺無覓看布貨復竊于今時將布發賣自謂暮夜無知真賍竟獲是乃天網不漏語曰天網恢恢疏而不漏抑且地方具結諸罪貫盈鄉有君人合當懲勸罪擬依律准徒三年原賍追給失主領回

縣尹判后即起批發解二人叩謝而去於是忍都盜賊屏跡民受澤多矣風憲子曰五竹劉勝盜布雖非十按其盜情嗚大審及木牌事原可疑可察以致覓者知市而盜布之賍始真是術也即前審失布打石之術也可亦奇哉亦巧哉

○斷婦人盜鷄　許典史斷

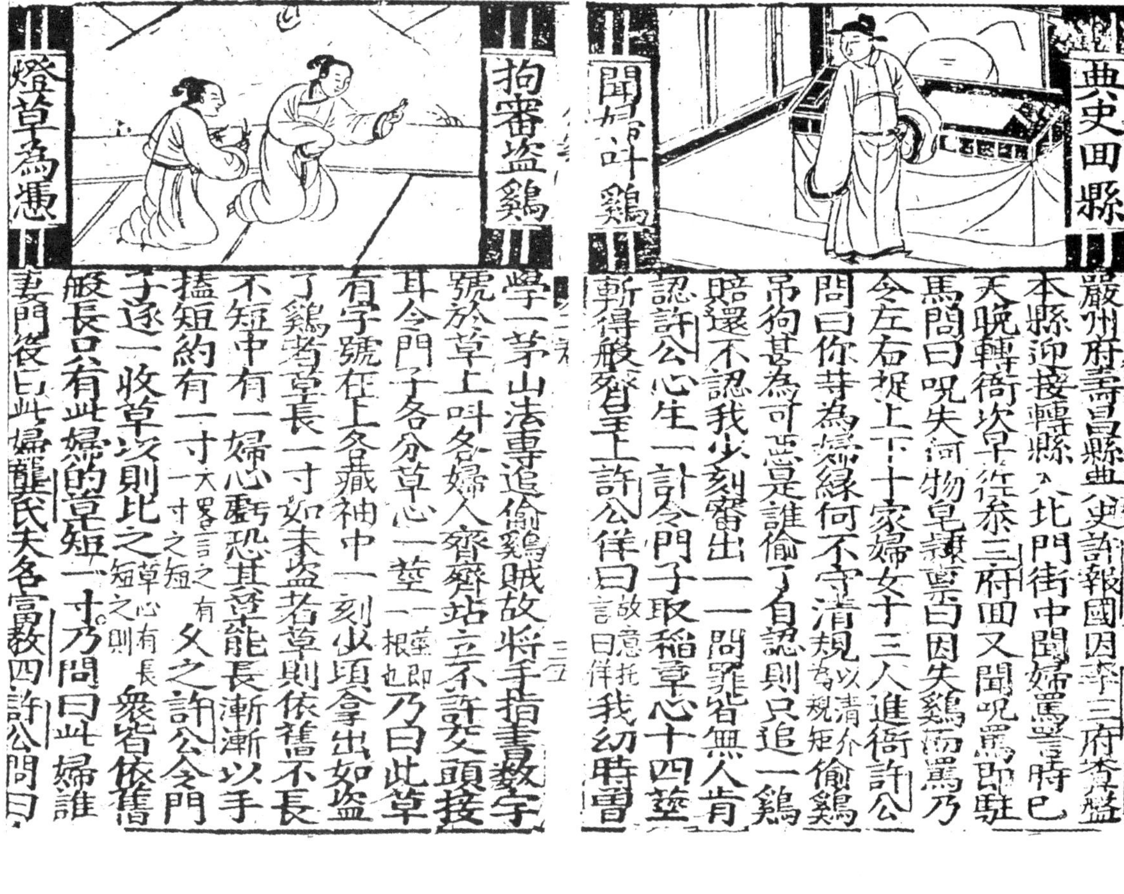

典史田縣
聞婦叫鷄
拘審盜鷄
燈草為憑

嚴州府壽昌縣典史許報國因爭三府耆盤本縣迎接轉縣入北門街中聞婦罵至時已天晚轉衙坎早往恭三府回又聞叱罵即駐馬問曰叱失何物皂隸禀曰因失鷄而罵乃令左右捉上下十家婦女十三人進衙許公問曰你等為婦緣何不守清規以清介爲規矩偷鷄吊狗甚為可惡是誰偷了自認則只追一鷄賠還不認我少刻審出一一問罪皆無人肯認許公心生一計令門子取稻草心十四莖斬得般齊呈上許公佯曰故意托言曰佯我幼時曾學一茅山法專追偷鷄賊故將手指書數字號於草上叫各婦人齊齊站立不許交頭接耳令門子各分草心一莖莖即一根也乃曰此草有字號在上各藏袖中一刻必須拿出如盜了鷄者草長一寸如未盜者草則依舊不長不短中有一婦心虧恐其草能長漸漸以手搯短約有一寸大略言之有一寸之短久之許公令門子逐一收草以則比之草心有長短之則衆皆依舊般長只有此婦的草短一寸乃問曰此婦誰妻門役曰此婦龔氏夫名富教四許公問曰

搪孱盜鷄
遊遍街衢
許公善斷
鷄盜屏迹

龔氏昨晚偷鷄今還在否龔氏曰小婦人並未偷鷄許公曰既未偷鷄緣何將草心搯短從直招來免得加拶婦人堅不肯認乃將拶子攢起乃招曰昨鷄已食止餘二腿尚在許公曰既有腿在放於何處龔氏曰放在房内小厨中即批手令皂隸二人往其家搜出其贓併捉夫來許公曰富教四你的妻子盜鷄怎不止遏安可依阿將夫婦二人每責二十令教四鳴鑼吶喊將此婦迎示六街四門自后人家婦女毋蹈此轍不敢蹈襲盜鷄之事又差二人手執荊條如不喊叫將荊條重打無辜婦女各回家滿城百姓無不悅服如神其後城中盜賊屏迹縣主每有難斷事悉委之皆得其情三府聞知加其才能申聞上司次年遂陞處州府麗水縣〻丞屢有明斷

無根子曰盜雞細故也亦應恥風化所關許公以術誘婦人而婦人無計遂落在術知盜情畢露罪狀昭然將姦術推之以宰邑也一邑云乎哉

李卓吾公案二卷終

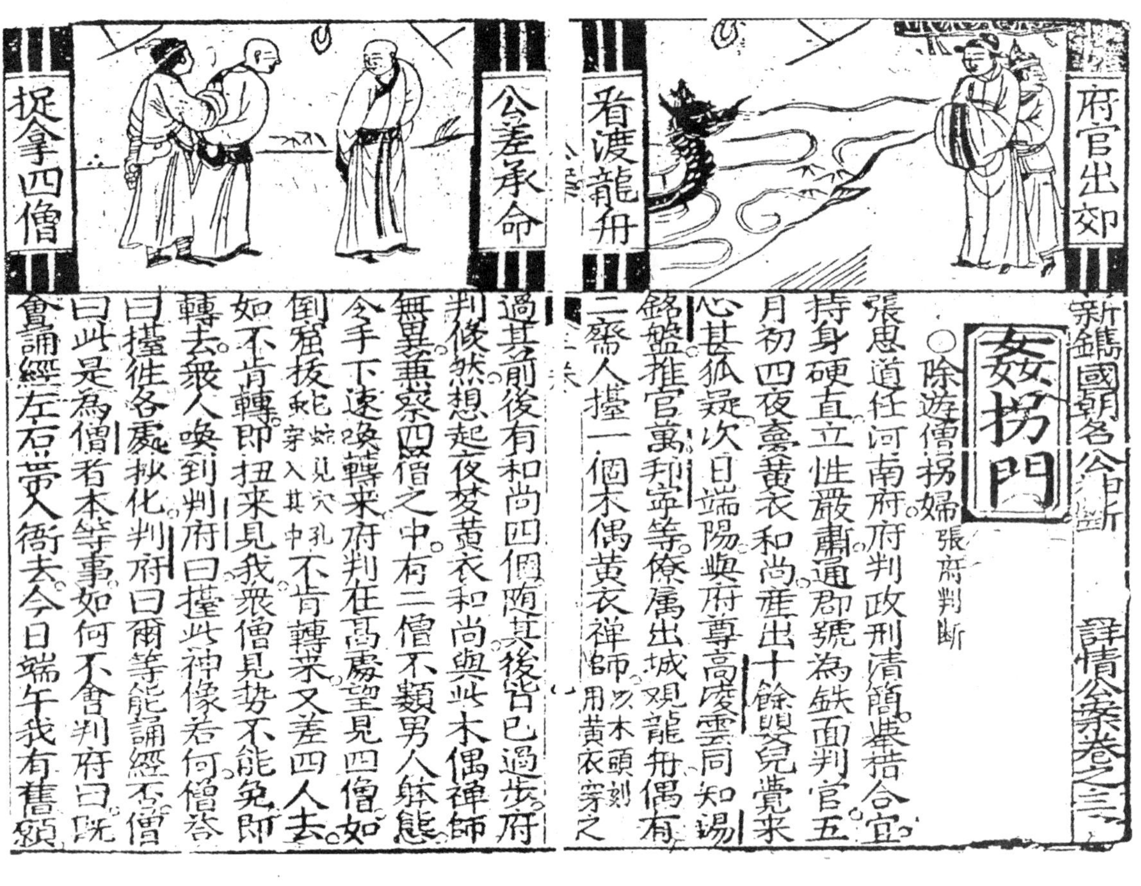

姦拐門

○除游僧拐婦　張府判斷

張忠道任河南府府判。政刑清簡。舉措合宜。持身硬直。立性嚴肅。通郡號為鉄面判官。五月初四夜。夢黃衣和尚。產出十餘嬰兒。覺来心甚狐疑。次日端陽。與府尊高凌雲同知湯銘盤推官萬翔字等僚屬出城。观龍舟。偶有二齋人擡一個木偶黃衣禪師（以木頭刻用黃衣穿之）過。其前後有和尚四個隨其後。皆已過步。府判倏然想起夜夢黃衣和尚與此木偶禪師無異。兼察四僧之中。有二僧不類男人躰態。令手下速喚轉来。府判在高處望見四僧。如倒窟拔蛇（蛇見穴孔穿入其中）。不肯轉来。又差四人去。如不肯轉。即扭来見我。衆僧見勢不能免。即轉去。衆人喚到判府。判府曰。擡此神像若何。僧荅曰。擡往各處抄化。判府曰。爾等能誦經否。僧曰。此是為僧者本等事。如何不會。判府曰。既會誦經。左右帶入衙去。今日端午。我有舊額

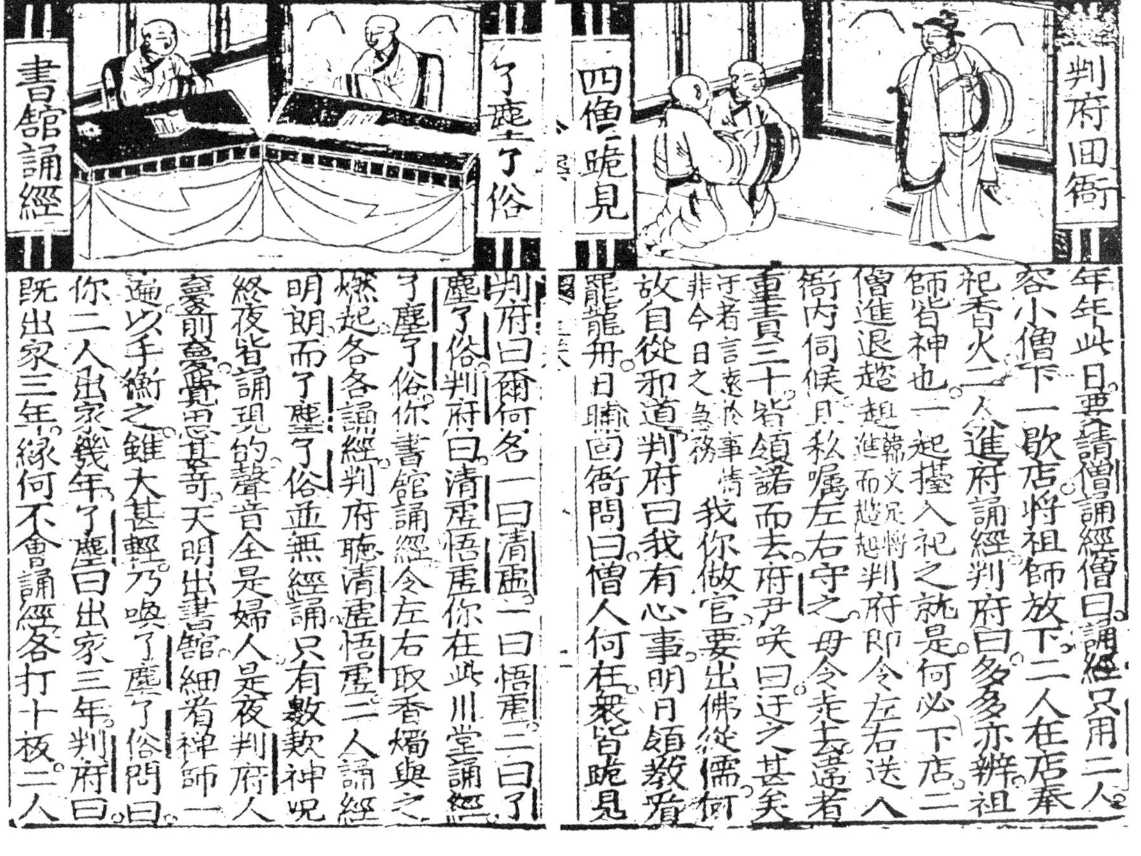

年。年年此日。要請僧誦經。僧曰。誦經只用二人。容小僧下一歇店。將祖師放下。二人在店奉祀香火。二人進府誦經。判府曰。多多亦辦。祖師皆神也。一起擡入祀之。就是何必下店。二僧進退趦趄（趦趄韓文足將進而趦趄）。判府即令左右送入衙內伺候。且私囑左右守之。毋令走去。違者重責三十。皆領諾而去。府尹笑曰。迂之甚矣（迂者言遠於事情非今日之急務）。我你做官。要出佛從儒。何故自從邪道。判府曰。我有心事。明日領教。看罷龍舟。日晡回衙。問曰。僧人何在。衆皆跪見。判府曰。爾何名。一曰清虛。一曰悟虛。二曰了塵。了俗。判府曰。清虛悟虛。你在此川堂誦經。了塵了俗。你書館誦經。令左右取香燭與之燃起。各各誦經。判府聽清虛悟虛二人誦經。明朗。而了塵了俗並無經誦。只有數款神呪。終夜皆誦。現的聲音全是婦人。是夜判府人夢。前夢覺思甚奇。天明出書館。細看禪師一遍。以手衛之。雖大甚輕。乃喚了塵了俗問曰。你二人出家幾年了。塵曰。出家三年。判府曰。既出家三年。緣何不會誦經。各打十板。二人

判府坐堂
詢問女僧
女僧了俗
自訴情由

再三求饒判府曰你二人聲音非男子何故為僧或者為扮着乎了虛訴曰妾周氏係臨武縣夫名吕玉壽家住孤村彼四人来家借宿夫大苦辞詰辭以彼乃放下祖師強要借住夫夫不得已留之四人明燈静坐候至三更取出戒刀衝入房中丈夫起看擒而殺之勒奸小婦實不肯從彼数賊恃強不随自願將頭髮剃去僧衣加体（遂以僧衣加于婦人之身上）勒同雲遊入將家中屋宇放火焚之小婦幾欲自死柰彼左右不離二則夫仇未報今日幸覩青天乞甚除害報仇生死感激判府曰了俗你何以從之了俗曰小婦係新化縣樊氏夫薛榮因遠出三年無信僻住山鄉家中只吽小婦人弟樊辛在家看顧至十一月孀吴氏懷五月胞胎因禿賊日間三人攞祖師来家抄化孀問彼求讖（即今之求籤以知男女消息也）禿賊乘機探問孀以直言禿賊聞此言語知家中無有男子是夜黄昏五人来家借歇樊辛出看被他殺死強姦妯娌不從皆被挾制奸後將孀剖腹取胎藏于祖師腹内強剃婦頭挾同雲

判府坐堂　拷責二僧

遊（與之同遊別方募緣也）幾欲往訴官府柰衆畦步不移今遇青天幸為除兇雪怨况此賊肆害非一家一人而已甚至有傷数命而得一胎着。判府曰彼取此胎何用婦曰可治怪疾換得金價判府陞堂令左右二僧二齋人又令左右取開禪師一屍但見其身乃箋胎紙糊中是空的果藏十餘嬰兒判府曰這禿子天理合誅即喝將各打四十又謂二齋人曰這奴才你何故輔他為惡亦當擬死其二婦送回毌家另嫁判府具招申上司曰

判府直筆
判審四僧

審語審得賊僧清居悟虛佛法罔遵假扮化而雲遊方外戒規廢弛恣十惡而撓害鄉村殺其姑戮其夫逼樊氏而披緇削髮鷲其弟剖其孀勒樊氏而蓬梗飄零（蓬草亂飛風飄之其飛更遠）晝入鄉村探實其虛如宵遯夜来屋舍取胎剖腹若傾囊（晝入而取之）孕毌何辜而至此血胞何罪而罹斯良善心全然㫝沒慈悲念渾爾淪亡王法峻嚴今秋擬決齋人如覺如真同謀瀰惡輔助為非例虐減等縱罪　行拐婦周氏樊氏身遭站

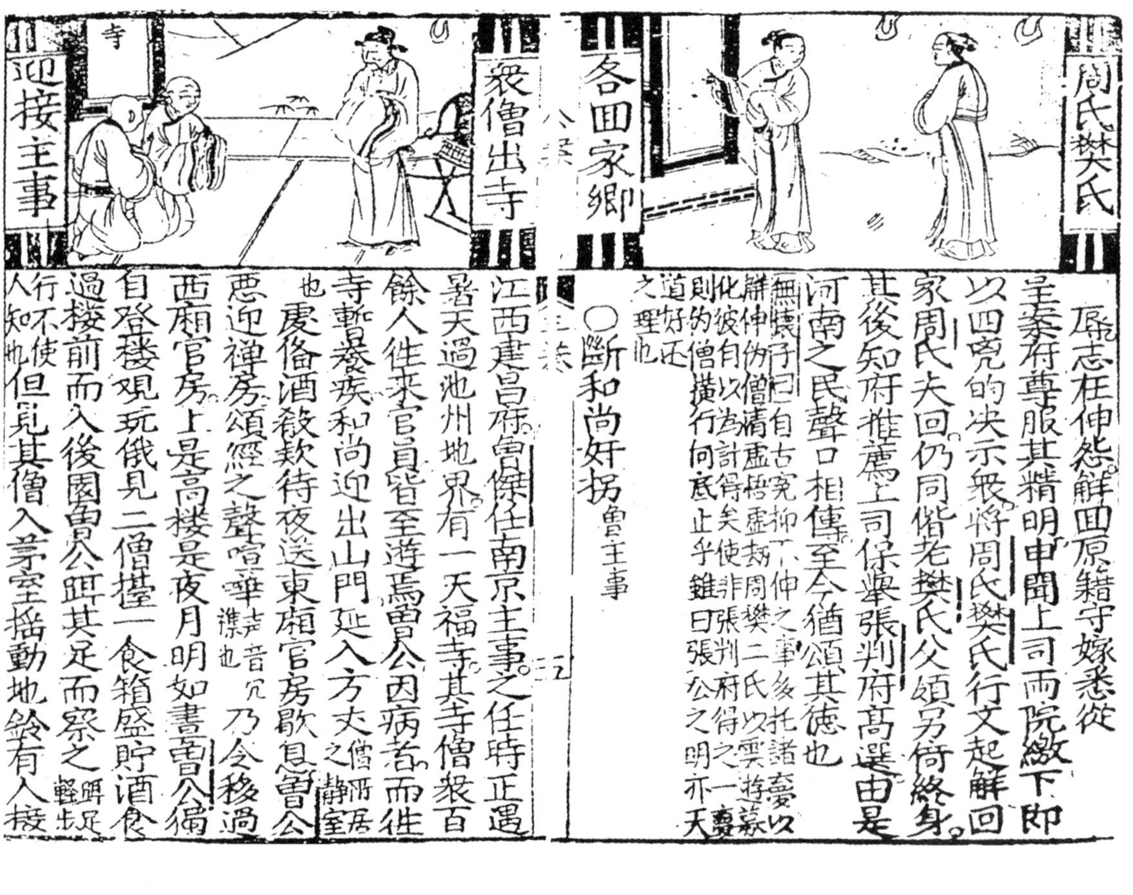

原志在伸怨，解回原籍守嫁，悉從呈奏。府尊服其精明，申聞上司，而院繳下，即以四兇的决示衆，將周氏樊氏行文起解回家。周氏夫回，仍同偕老。樊氏父領另倚終身。其後知府推薦上司保舉，張判府高選。由是河南之民聲口相傳，至今猶頌其德也。

無懐子曰：自古寃抑下仲之事，多托諸夢以解。仲仍僧清盂梧盂救周樊二氏，以雲遊叢化，彼自以為計得矣。使非張判府得之一夢，則的僧横行，向底止乎？雖曰張公之明，亦一天道好還之理也。

三卷

二

○斷和尚奸拐　曾主事

江西建昌府曾儀任南京主事，之任時正遇暑天，過池州地界，有一天福寺。其寺僧衆百餘人，往來官員皆至遊焉。曾公因病者，而往寺暫養疾。和尚迎出山門，延入方丈（方丈，僧所居之静室也）。慶備酒殽款待，夜送東廂官房歇息。曾公惡迎禪房頌經之聲喧嘩（上声音冗，譟也），乃令移過西廂官房上，是高樓。是夜月明如晝，曾公獨自登樓觀玩，俄見二僧擡一食箱盛貯酒食，過樓前而入後園。曾公躡其足而察之（躡足，輕步行不使人知也），但見其僧入亭室，搖動地鈴，有人接

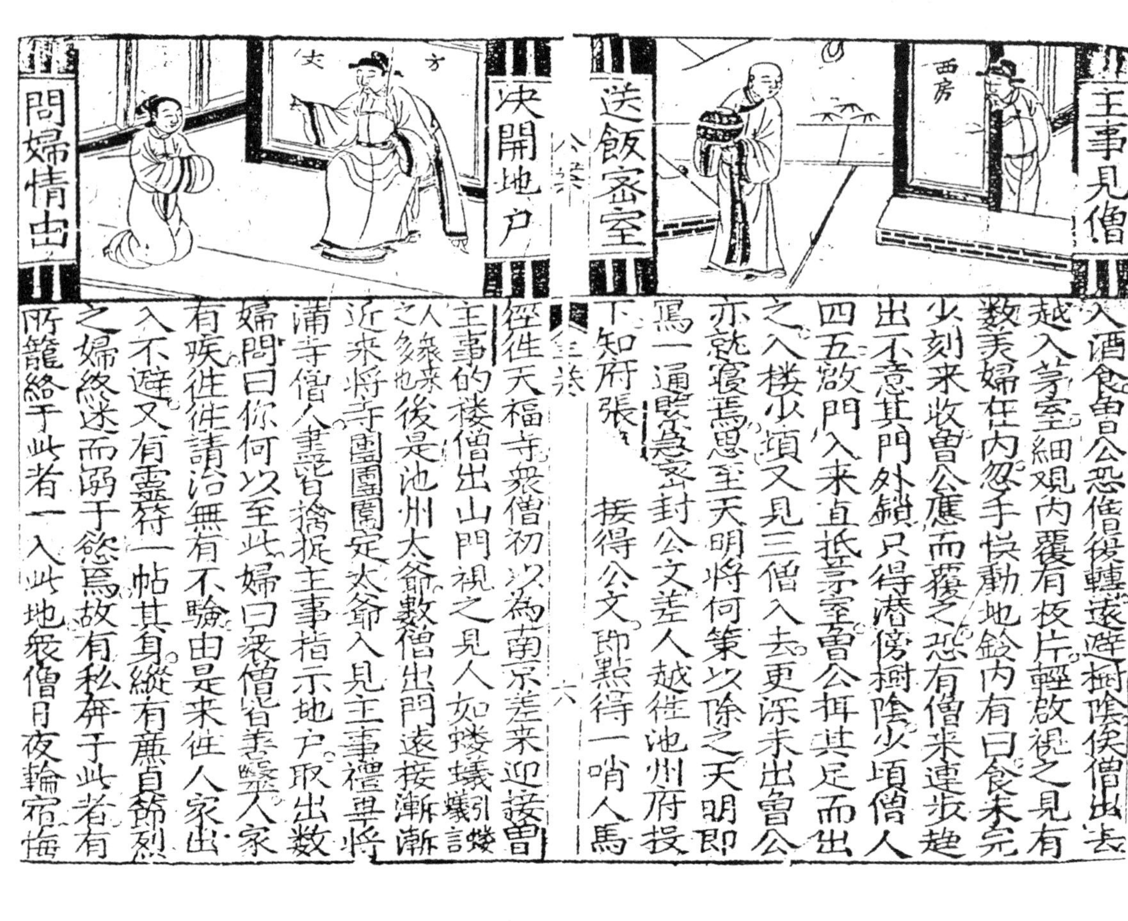

入酒食。曾公恐僧役轉，遠避樹陰，俟僧出去，越入亭室，細觀內覆有板片，輕啟視之，見有數美婦在內，忽手摸動地鈴，內有曰：食未完，少刻來收。曾公應而覆之，恐有僧來，連步趨出。不意其門外鎖，只得潜傍樹陰。少頃僧人四五敲門入來，直抵亭室。曾公捫其足而出之，入樓少頃，又見二僧入去，更深未出，曾公亦就寢焉。思至天明，將何策以除之。天明即寫一通緊急密封公文，差人越往池州府投下知府張。　接得公文，即點得一哨人馬

三卷

六

徑往天福寺。衆僧初以為南京差來迎接曾主事的，樓僧出山門視之，見人如蟻（蟻議引蟻言，人衆來之多也）。後是池州太爺數僧出門遠接，漸漸近來，將寺圍圍定，太爺入見主事，禮畢將蒲寺僧人盡皆擒捉。主事指示地户，取出數婦，問曰：你何以至此？婦曰：衆僧皆善毉，人家有疾，往往請治，無有不驗，由是來往人家，出入不避。又有靈符一帖，其身縱有蕙貞節烈之婦，終迷而弱于慾焉。故有私奔于此者，有所籠絡于此者。一入此地，衆僧日夜輪宿，悔

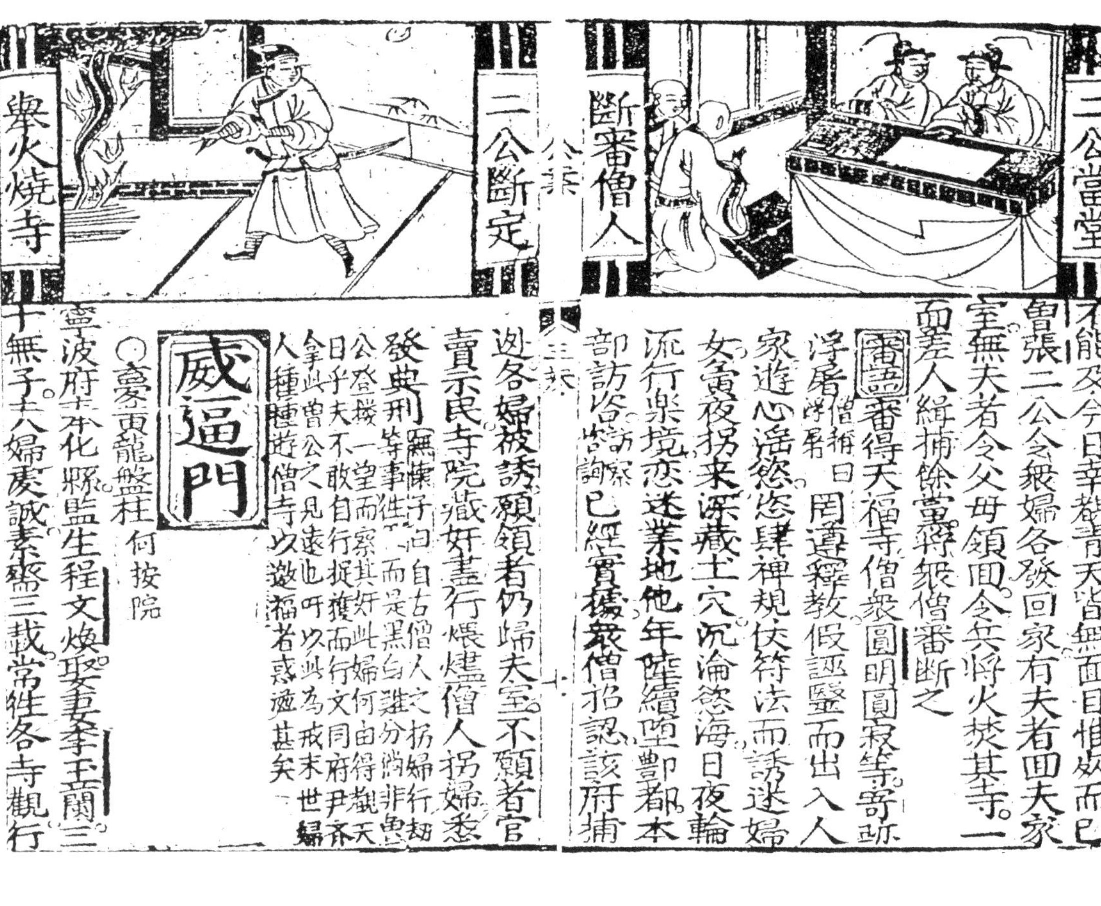
二公當堂
斷審僧人
二公斷定
舉火燒寺

不能及今日幸覩青天皆無面目惟死而已曾張二公令衆婦各發回家有夫者回夫家室無夫者令父母領回令兵將火焚其寺一面差人緝捕餘黨將衆僧審斷之

審語　審得天福寺僧衆圓明圓寂等寄跡浮屠（僧稱曰浮屠）罔遵釋教假誑豎而出入人家逢心淫慾恣肆禪規仗符法而誘迷婦女黃夜拐来深藏土穴沉淪慾海日夜輪流行樂境恋迷業地他年陸續墮酆都本部訪咨（訪察咨詢）已經實據衆僧招認該府捕逊各婦被誘願領者仍歸夫室不願者官賣示民寺院藏奸盡行焚燼僧人拐婦悉發典刑等事

無懐子曰自古僧人之拐婦行趍徃丶而是黑白誰分倘非曾公登㨂一望而察其奸此婦何由得覩天日乎夫不敢自行捉獲而行文同府尹齐拿此曾公之見遠也吁以此為戒末世婦人種種遊僧寺以邀福者惑蕰甚矣

威逼門

○豪吏龍盤柱　何按院

寧波府奉化縣監生程文煥娶妻李玉蘭三十無子夫婦虔誠素齋三載常往各寺觀行

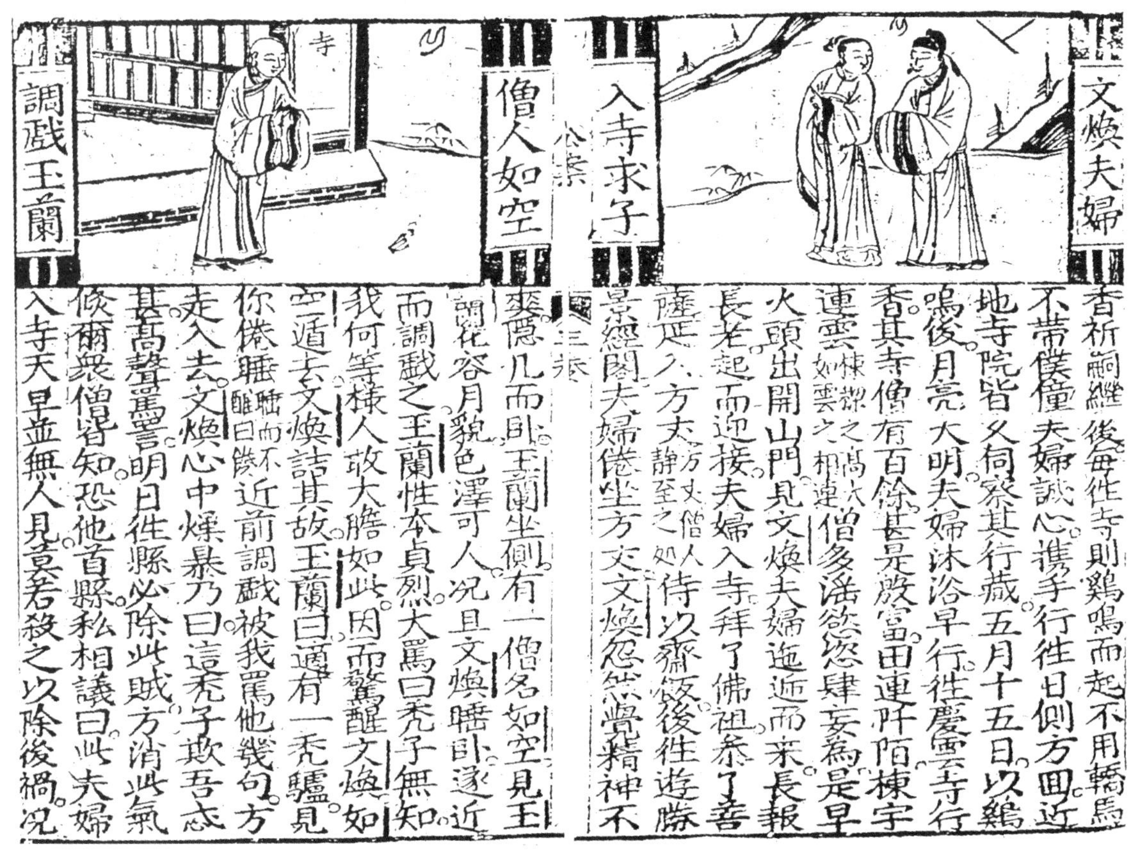
文煥夫婦
入寺求子
僧人如空
寺
調戲王蘭

香祈嗣繼後每往寺則鷄鳴而起不用轎馬不帶僕僮夫婦誠心携手行往日側方回近地寺院皆以伺祭其行藏五月十五日以鷄鳴後月亮大明夫婦沐浴早行往慶雲寺行香其寺僧有百餘甚是殷富田連阡陌棟宇連雲（棟梁之高大如雲之相連）僧多淫慾恣肆妄為是早火頭出開山門見文煥夫婦迤逦而来長報長老起而迎接夫婦入寺拜了佛祖參了善薩延入方丈（方丈僧人静至之処）侍以齋飯後往遊勝景經閣夫婦倦坐方丈文煥忽然覺精神不爽隱几而卧王蘭坐側有一僧名如空見王蘭花容月貌色澤可人况且文煥睡卧遂近而調戲之王蘭性本貞烈大罵曰秃子無知我何等樣人敢大膽如此因而驚醒文煥如空遁去文煥詰其故王蘭曰適有一秃驢見你倦睡（睡而不醒曰倦）近前調戲被我罵他幾句方走入去文煥心中燥暴乃曰這秃子欺吾忒甚高聲罵詈明日往縣必除此賊方消此氣倏爾衆僧皆知恐他首縣私相議曰此夫婦入寺天早並無人見莫若殺之以除後禍况

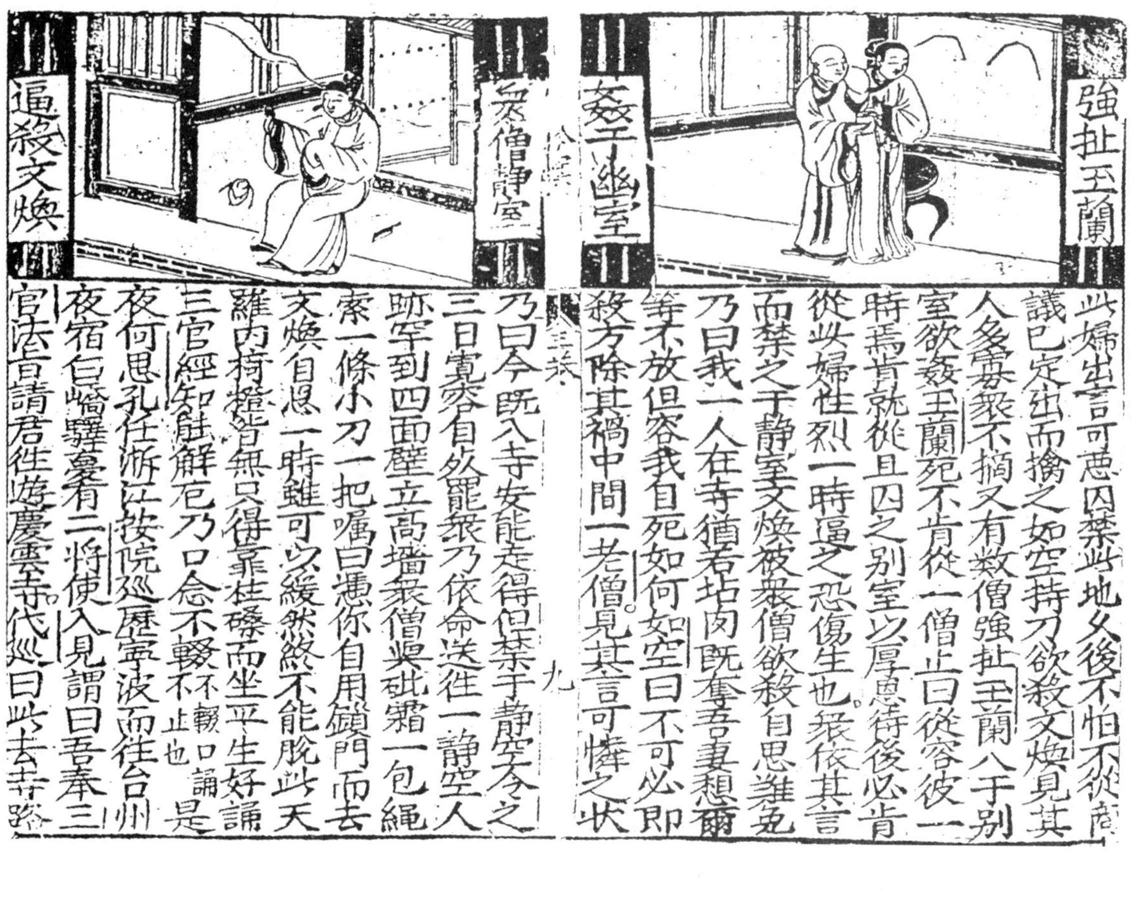

此婦出言可惡因禁此地久後不怕不從商議已定出而擒之如空持刀欲殺文煥見其人多寡衆不摘又有數僧強扯玉蘭入于別室欲姦玉蘭死不肯從一僧止曰從容彼一時焉肯就從且囚之別室以厚恩待後必肯從此婦性烈一時逼之恐傷生也衆依其言而禁之于靜室文煥被衆僧欲殺自思難免乃曰我一人在寺猶若砧肉既奪吾妻想爾等不放但容我自死如何如空曰不可必即殺方除其禍中間一老僧見其言可憐之狀

九

乃曰今既入寺安能走得但禁于静室令之三日寬容自死罷衆乃依命送往一静空人跡罕到四面壁立高墻衆僧與砒霜一包繩索一條小刀一把囑曰憑你自用鎖門而去文煥自思一時雖可以緩然終不能脫此天羅内椅櫈皆無只得靠柱磉而坐平生好誦三官經知能解厄乃口念不輟（不輟口誦不止也）是夜何思孔任浙江按院巡歷寧波而往台州夜宿白嶠驛夢有二將使入見謂曰吾奉三官法旨請君往遊慶雲寺代巡曰此去寺路

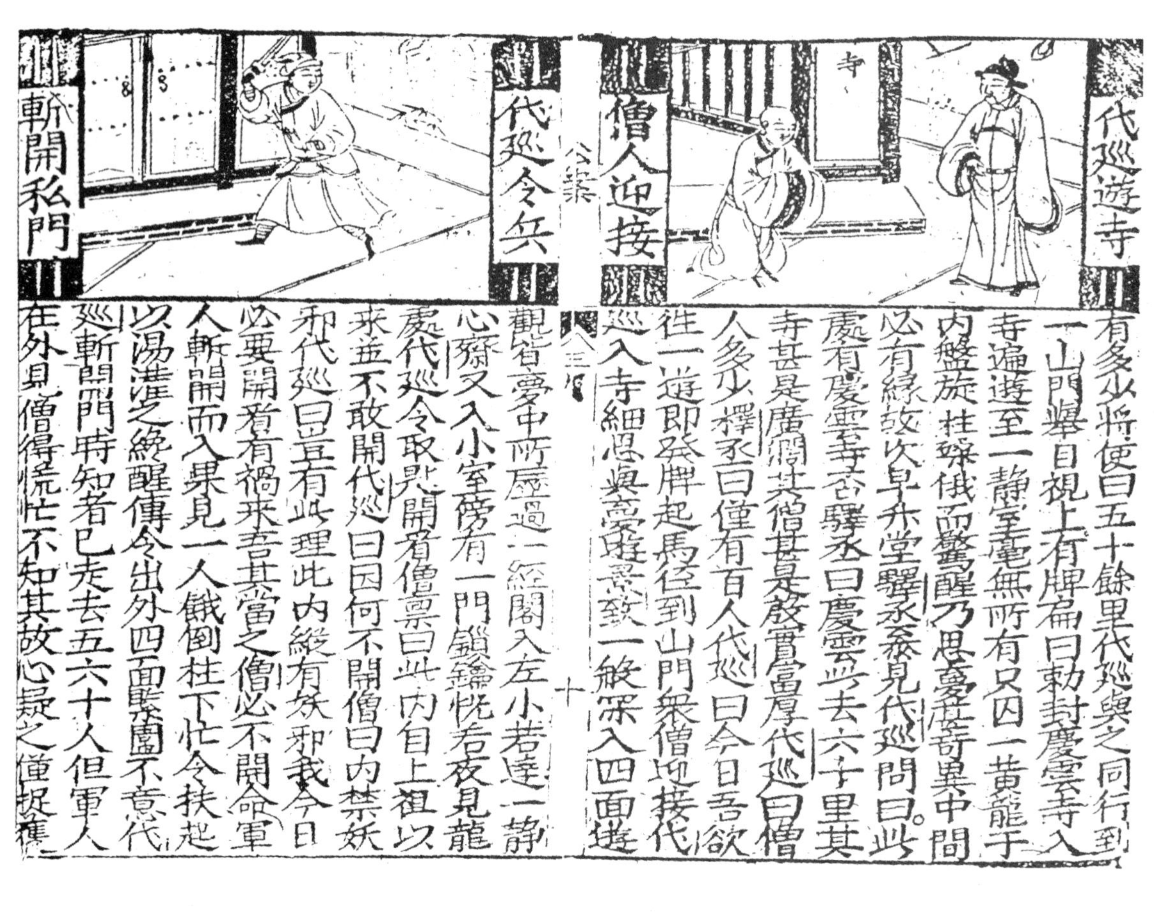

有多少將使曰五十餘里代巡與之同行到一山門舉目視上有牌扁曰勅封慶雲寺入寺遍遊至一静室毫無所有只因一黄龍于内盤旋柱磉俄而驚醒乃思夢甚奇異中間必有緣故次早升堂驛丞參見代巡問曰此處有慶雲寺否驛丞曰慶雲此去六十里其寺甚是廣闊其僧甚是殷實富厚代巡曰僧人多少驛丞曰僅有百人代巡曰今日吾欲往一遊即發牌起馬徑到山門衆僧迎接代巡入寺細忍與夢境景致一般深入四面遊

十

覩皆夢中所歷過一經閣入左小巷達一静心齋又入小室傍有一門鎖鑰恍若夜見龍處代巡令取匙開看僧禀曰此内自上祖以來並不敢開代巡曰因何不開僧曰内禁妖邪代巡曰豈有此理此内縱有妖邪我今日必要開看有禍來吾其當之僧必不聞命軍人斬開而入果見一人餓倒柱下忙令扶起以湯灌之纔醒傳令出外四面緊圍不意代巡斬開門時知者已走去五六十人但軍人在外見僧得慌忙不知其故心疑之僅捉獲

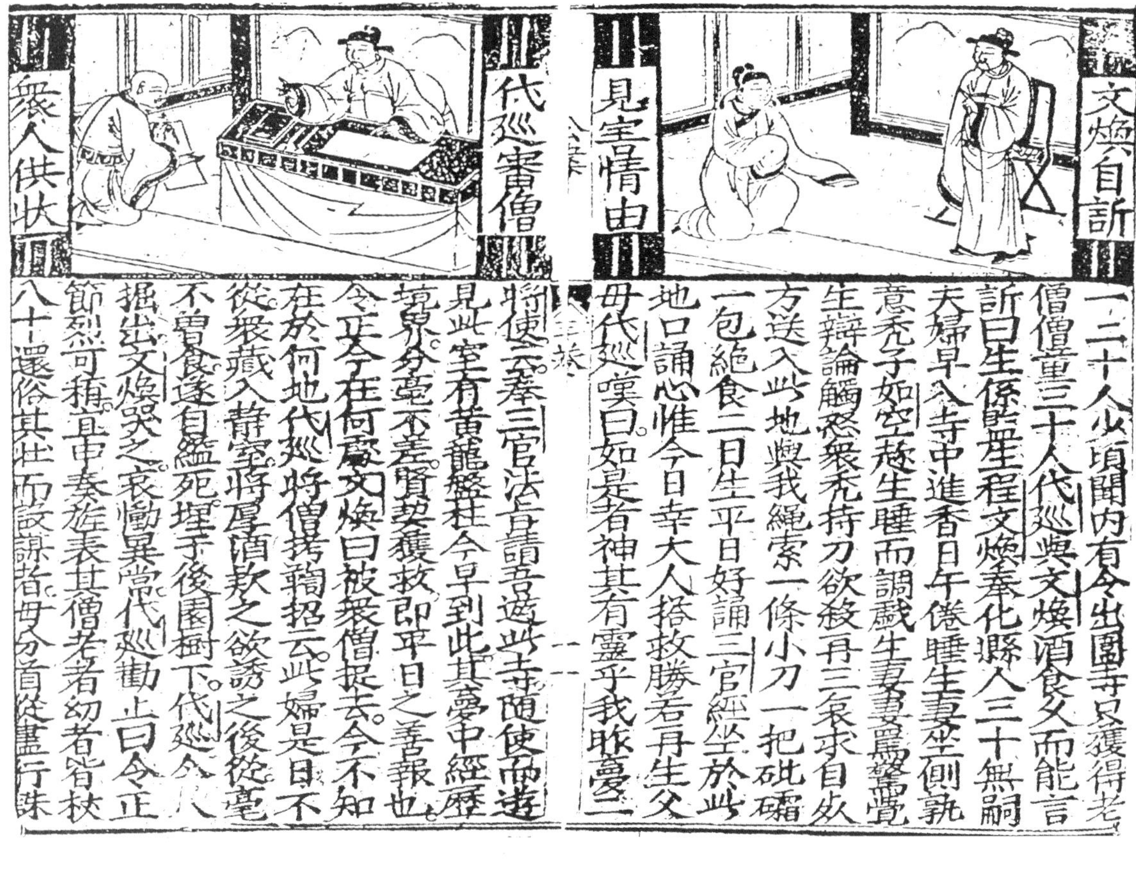

文煥自訢
見室情由
代巡審僧
衆人供狀

一二十人必須關内有令出園寺只獲得老僧僧童三十人代巡與文煥酒食久而能言訢曰生係監生程文煥奉化縣人三十無嗣夫婦早入寺中進香日午倦睡生妻坐側孰意禿子如空趂生睡而調戲生妻妻罵驚覺生辯論觸怒衆禿持刀欲殺再三哀求自死方送入此地與我繩索一條小刀一把砒礵一包絕食二日生平日好誦三官經坐於此地口誦心惟今日幸大人搭救勝若再生父母代巡嘆曰。如是者神其有靈乎我昨夢二

公案三卷 十一

將使云。奉三官法旨請吾遊此寺隨使而遊見此室有黃龍盤柱今早到此其夢中經歷境界分毫不差。賢契獲救即平日之善報也。令正今在何處文煥曰被衆僧捉去。今不知在於何地代巡將僧拷鞫招云。此婦是日不從。衆藏入靜室將厚酒款之欲誘之後從。毫不曾食。遂自縊死埋于後園樹下。代巡令人掘出文煥哭之哀慟異常代巡勸止曰令正節烈可稱。吾申奏旌表其僧老者幼者皆杖八十還俗其壯而設謀者毋分首從盡行誅

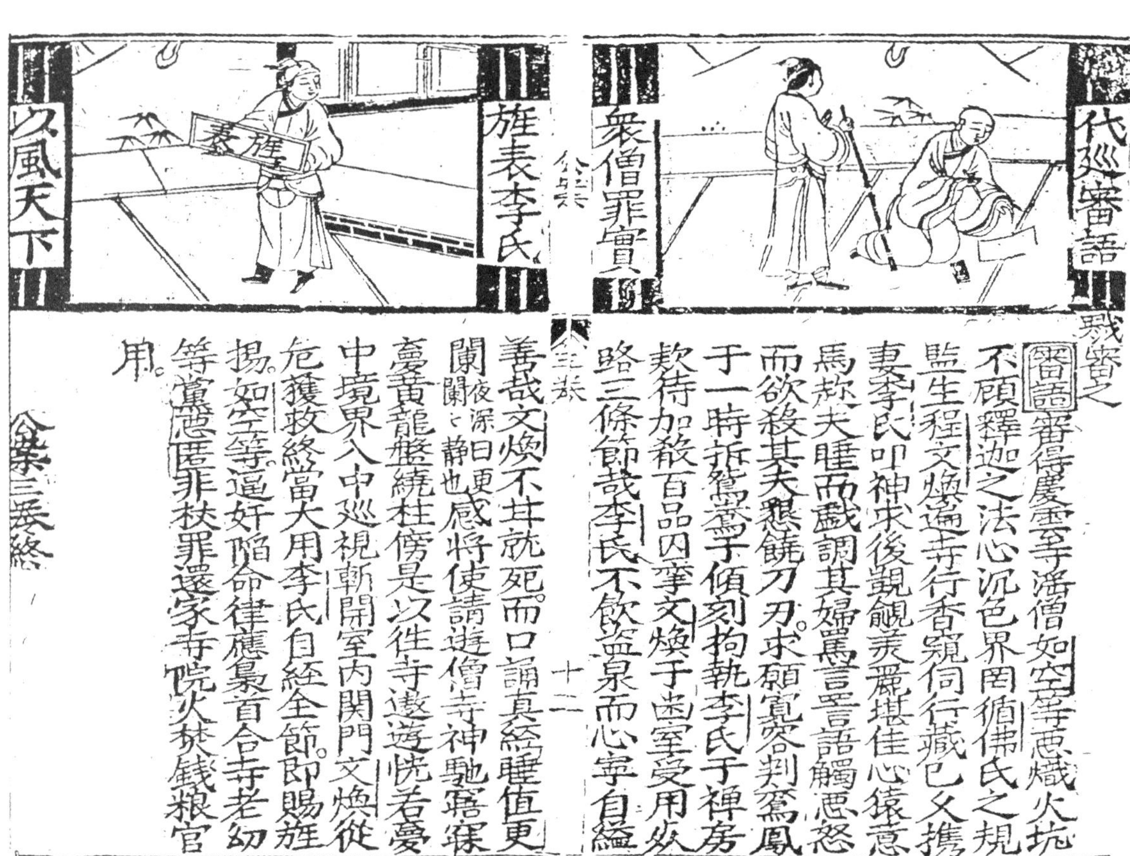

代巡審語
衆僧罪實
旌表李氏
旌表
以風天下

戮審之

審語 審得慶雲寺潑僧如空等惡熾火坑不顧釋迦之法心沉色界罔循佛氏之規監生程文煥遊寺行香窺伺行藏已久攜妻李氏叩神求後覬覦美麗堪佳心猿意馬款夫睡而戲調其婦罵言語觸惡怒而欲殺其夫懸鐃刀刃。求賴寬容判鴛鳳于一時拆鴛鴦于頃刻拘執李氏于禪房款待加殺百品因寧文煥于幽室受用死路三條節哉李氏不飲盜泉而心寧自縊

公案三卷 十二

善哉文煥不甘就死。而口誦真經睡值更闌（夜深曰更闌闌靜也）感將使請遊僧寺神馳寤寐夢黃龍盤繞柱傍是以往寺遨遊恍若夢中境界入中巡視斬開室内関門文煥從危獲救終當大用李氏自經全節。即賜旌揚。如空等。逞奸陷命律應梟首合寺老幼等黨惡匿非杖罪還家寺院火焚錢糧官用。

公案三卷終

新鐫國朝名公神斷

公案卷之四

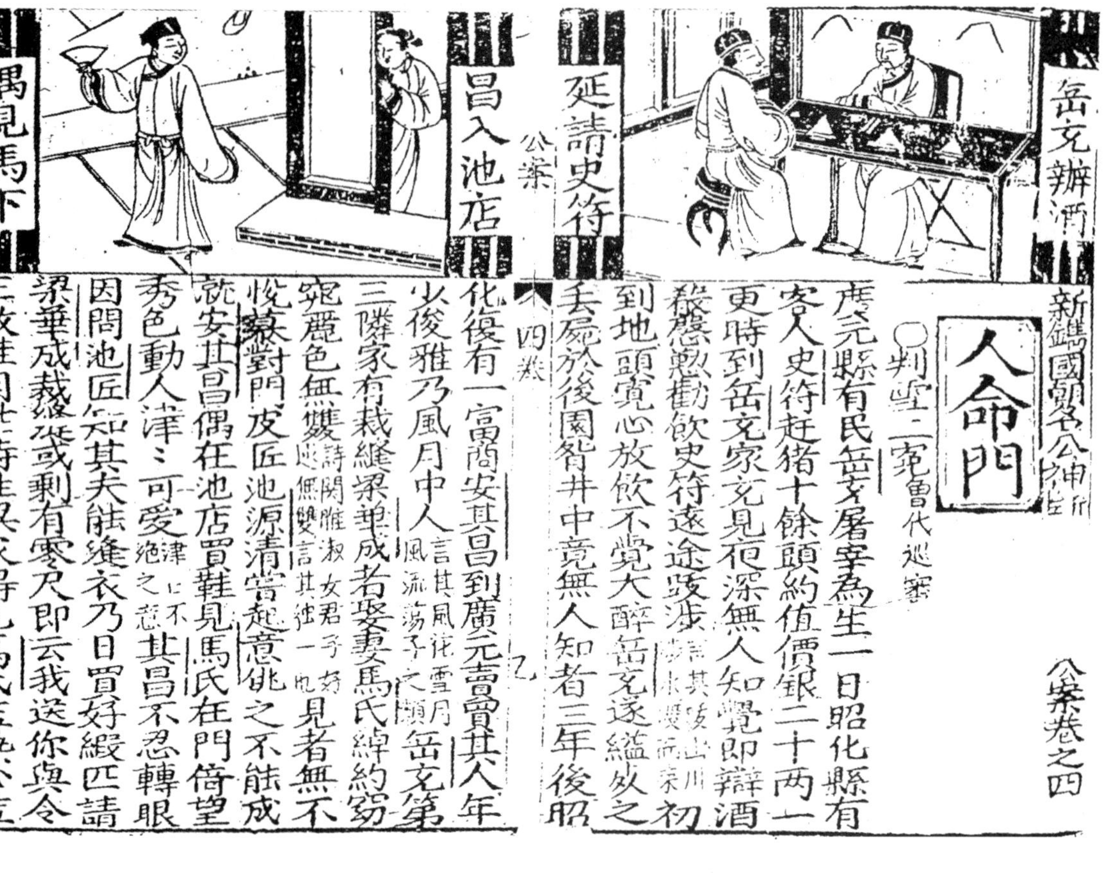
岳充辨酒
延請史符
昌入池店
偶見馬下

人命門

○判斬二兇曾代巡審

廣元縣有民岳充屠宰為生一日昭化縣有客人史符趕猪十餘頭約值價銀二十兩一更時到岳充家充見夜深無人知覺即辯酒殷懃勸飲史符遠途跋涉（言其跋山川涉水艱而來）初到地頭寬心放飲不覺大醉岳充遂縊死之丟屍於後園智井中竟無人知者三年後昭化復有一富商安其昌到廣元賣貨其人年少俊雅乃風月中人（言其風花雪月風流蕩子之類）岳充第三隣家有裁縫梁華成者娶妻馬氏綽約窈窕麗色無雙（詩關雎淑女君子好逑無雙言其独一也）見者無不悅慕對門皮匠池源清嘗起意皆之不能成就安其昌偶在池店買鞋見馬氏在門倚望秀色動人津津可愛（津津不絕之意）其昌不忍轉眼因問池匠知其夫能縫衣乃日買好緞匹請梁華成裁縫或剩有零尺即云我送你與令正做鞋因此時時往梁家得見馬氏益熟心益

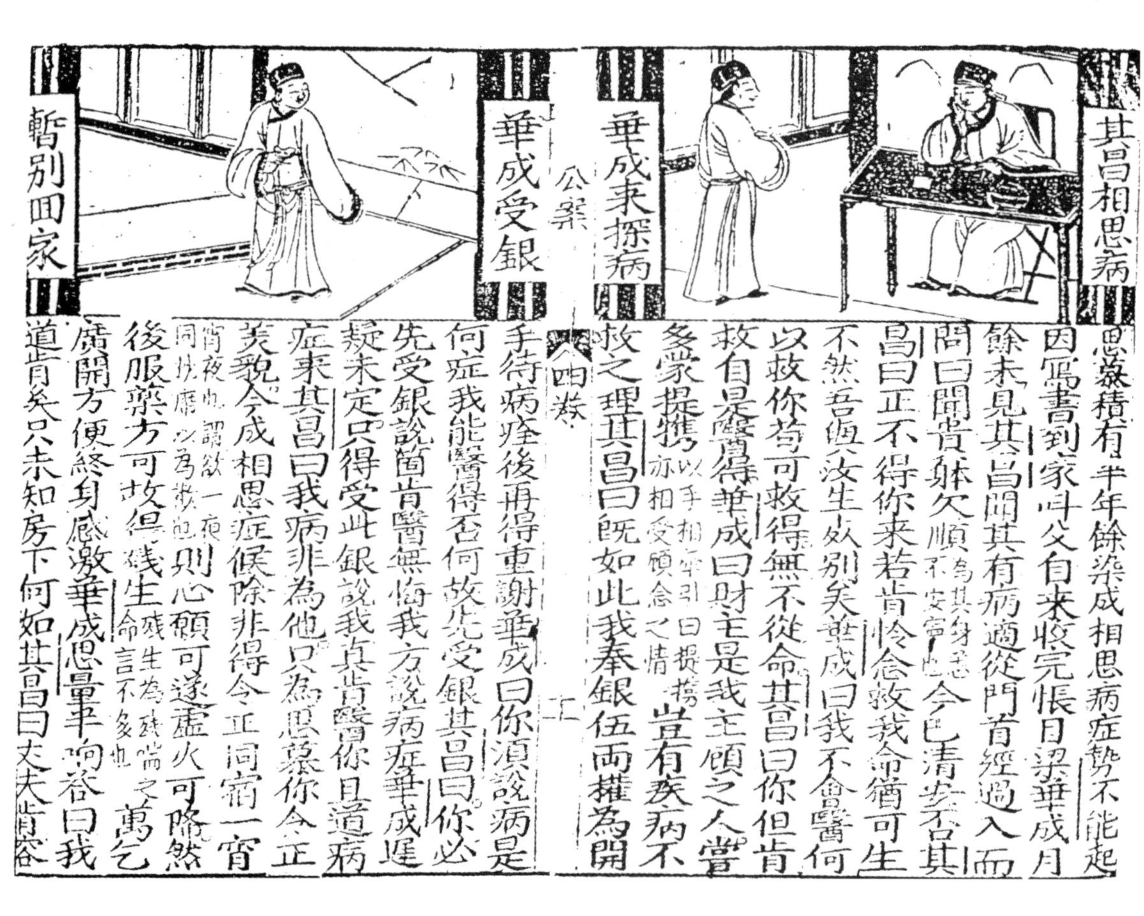
其昌相思病
華成來探病
華成受銀
暫別回家

思慕積有半年餘染成相思病症勢不能起因寫書到家叫父自來收完帳目梁華成月餘未見其昌問其有病適從門首經過入而問曰聞貴體欠順（為其身患不安宣也）今已清安否其昌曰正不得你來若肯憐念救我命猶可生不然吾與汝生死別矣華成曰我不會醫何以救你苟可救得無不從命其昌曰你但肯救自是醫得華成曰財主是我主顧之人嘗多蒙提攜（以手相牽引曰提攜亦相愛顧念之情）豈有疾病不救之理其昌曰既如此我奉銀伍兩權為開手待病痊後再得重謝華成曰你須說病是何症我能醫得否何故先受銀其昌曰你必先受銀說箇肯醫無悔我方說病症華成遲疑未定只得受此銀說我真肯醫你且道病症來其昌曰我病非為他只為思慕你令正美貌今成相思症候除非得令正同宿一宵（宵夜也謂欲一夜同枕席以為救也）後服藥方可救得殘生（殘生為殘喘之命言不多也）萬乞廣開方便終身感激華成思量半晌答曰我道肯矣只未知房下何如其昌曰丈夫肯容

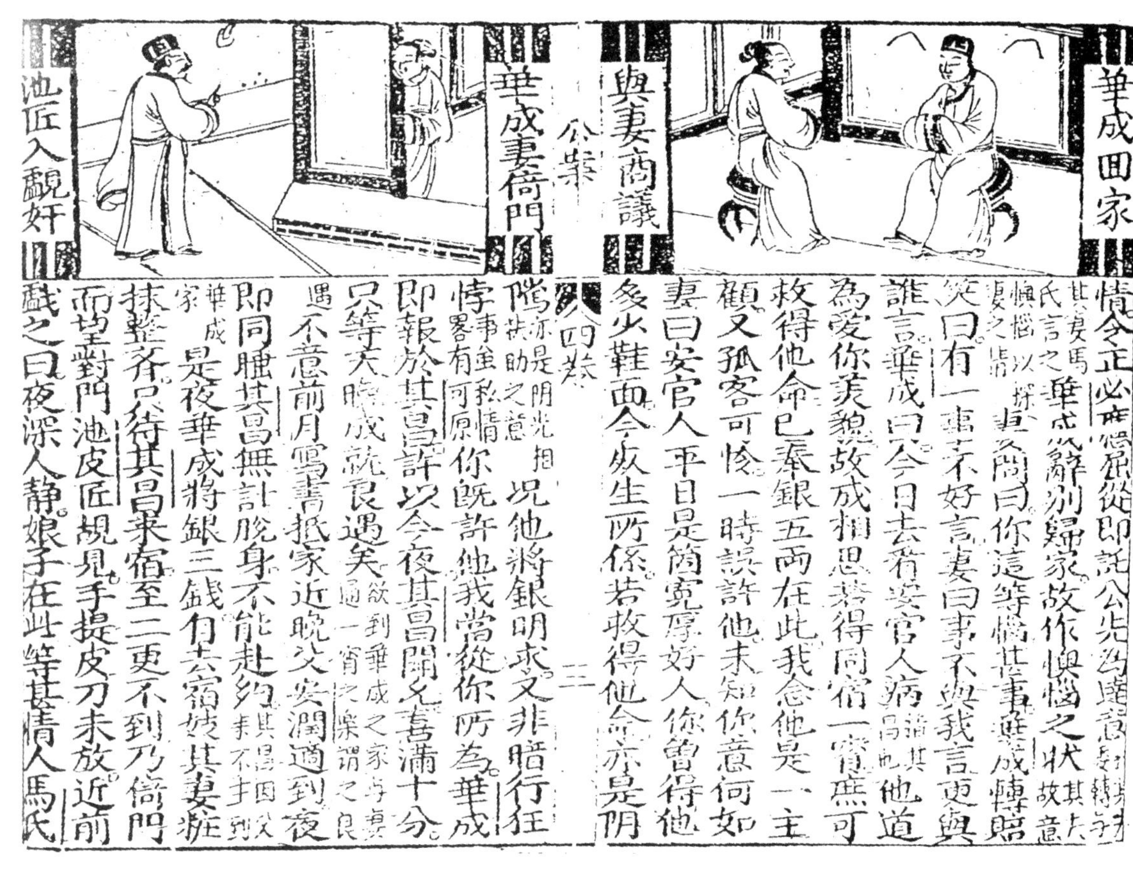

情令正必定得罪從即託公先為隄意轉身

（其妻馬氏言之）華成辭別歸家故作懊惱之狀（其夫故意懊惱以探其妻之情）其妻問曰你這等懊惱甚事莫成轉賠笑曰有一事不好言妻曰事不與我言更與誰言華成曰今日去看安官人病（訪其昌也）他道為愛你美貌故成相思病得同宿一宵庶可救得他命已奉銀五兩在此我念他是一主顧又孤客可憐一時誤許他未知你意何如妻曰安官人平日是個寬厚好人你曾得他多少鞋面今火生所係若救得他命亦是陰

公案　卷四　三

隲（亦是陰光相扶助之意）況他將銀明求又非暗行狂悖（事雖私情畧有可原）你既許他我當從你所為華成即報於其昌許以今夜其昌聞允喜滿十分只等天晚成就良遇矣（欲到華成之家與其妻通一宵之樂謂之良遇）不意前月寫書抵家近晚父安潤適到夜即同睡其昌無計脫身不能赴約（其昌因父來不得到華成家）是夜華成將銀三錢往去宿娼其妻旋抹整齊只待其昌來宿至二更不到乃倚門而望對門池皮匠覘見手提皮刀來放近前戲之曰夜深人靜娘子在此等甚情人馬氏

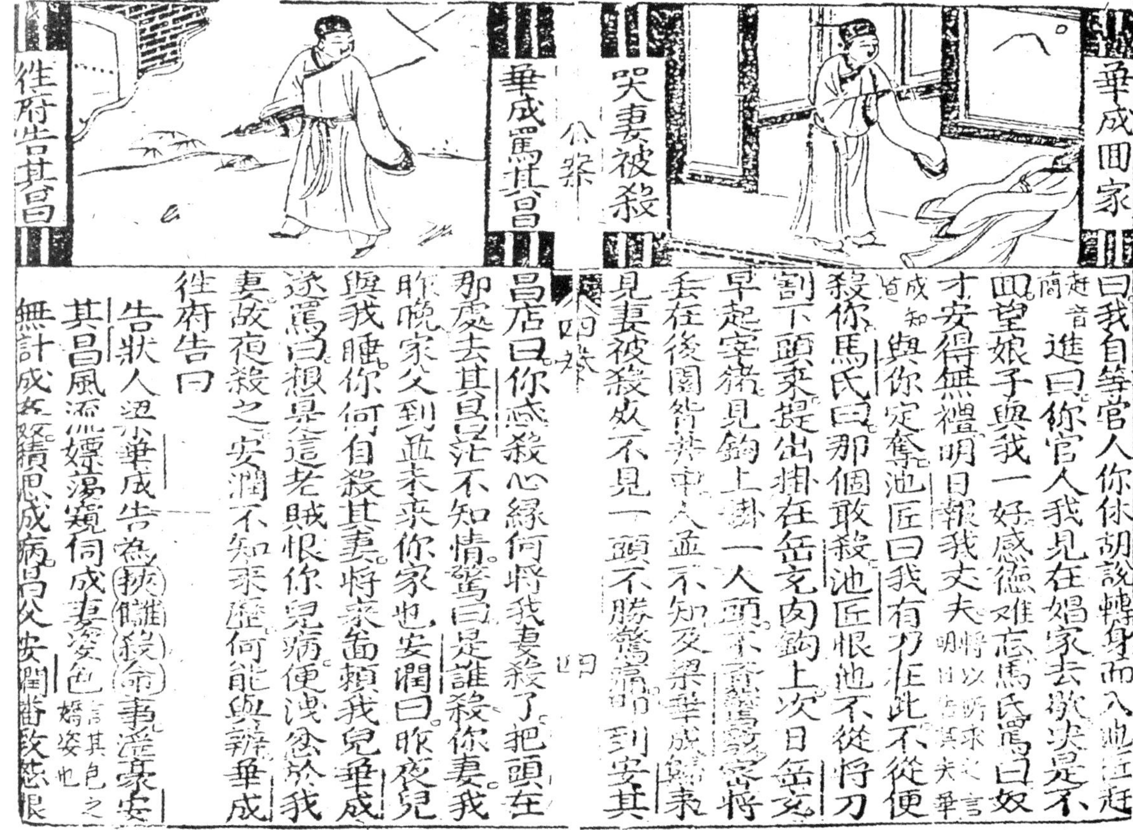

曰我自等官人你休胡說轉身而入池匠趕（趕音商）進曰你官人我見在娼家去歇決是不回望娘子與我一好感德難忘馬氏罵曰奴才安得無禮明日報我丈夫（將以所求之言明日告其夫華成知道）與你定奪池匠曰我有刀在此不從便殺你馬氏曰那個敢殺池匠恨他不從將刀割下頭來提出掛在岳充肉鉤上次日岳充早起宰豬見鉤上掛一人頭不敢聲張將丟在後園坑中人並不知及華成歸來見妻被殺又不見頭不勝驚痛即到安其

公案　卷四　四

昌店曰你起殺心緣何將我妻殺了把頭在那處去其昌茫不知情驚曰是誰殺你妻我昨晚家父到並未來你家也安潤曰昨夜兒與我睡你何自殺其妻將來圖賴我兒華成遂罵曰想是這老賊恨你兒病便洩忿於我妻故夜殺之安潤不知來歷何能與辯華成往府告曰

告狀人廷示華成告為挾讎殺命事淫豪安其昌風流嫖蕩窺伺成妻姿色（言其色之嬌姿也）無計成姦積思成病昌父安潤嗇致恨

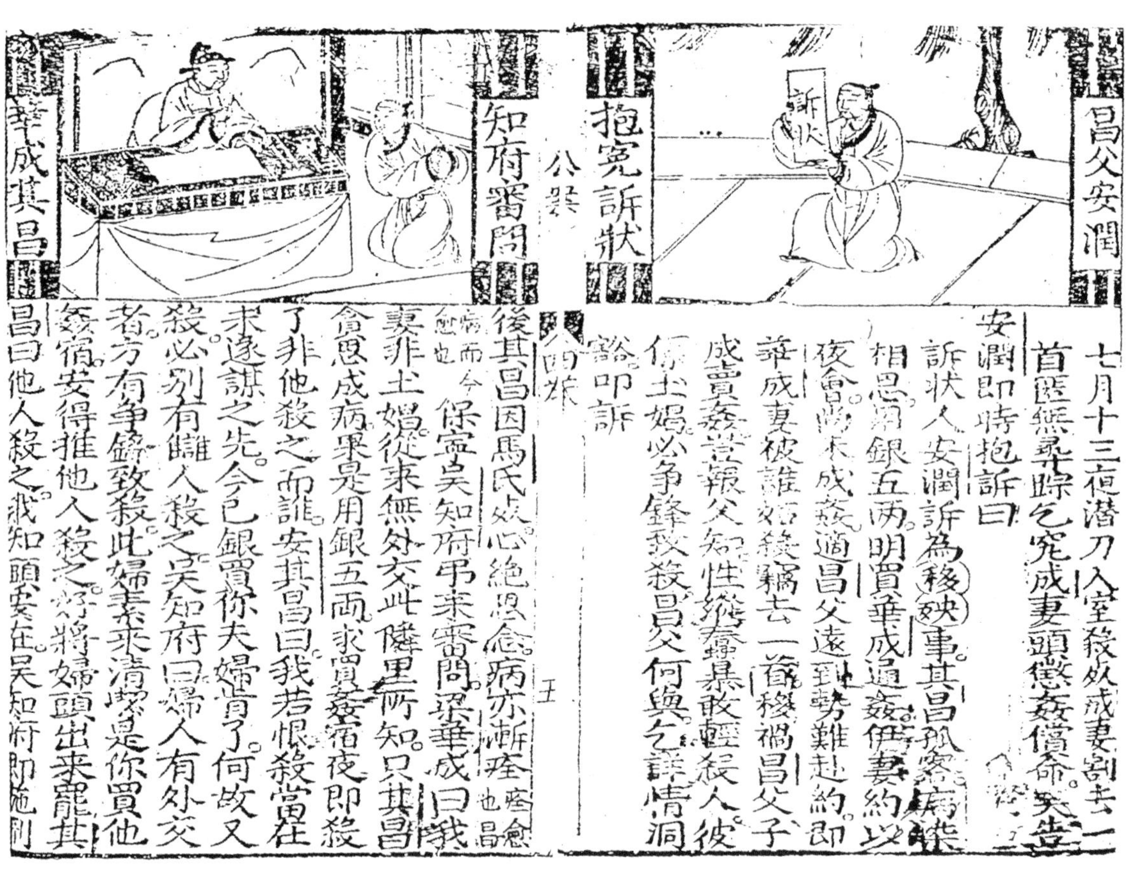

七月十三夜潛入室殺死成妻割去一首匿無影蹤乞究成妻頭懲姦償命。哀告

安潤即時抱訴曰

訴狀人安潤訴為移殃事。其昌孤窮病膝相思。用銀五両。明買華成通姦。伊妻約以夜會。尚未成姦。適昌父遠到。勢難赴約。即華成妻被誰姦殺。竊去一首。移禍昌父子。成貪姦營報父知。性縱暴悍。敢輕殺人。彼係土娼。必爭鋒致殺。昌父何與。乞詳情洞豁。叩訴

後其昌因馬氏妖心絕思念。病亦漸痊。痊愈也保富吳知府弔來審問。華成曰。我妻非土娼。從來無外交。此鄰里所知。只其昌貪思成病。果是用銀五両。求買姦宿。夜即殺了。非他殺之而誰。安其昌曰。我若恨殺。當在未遂謀之先。今已銀買你夫婦肯了。何故又殺。必別有讎人殺之。吳知府曰。婦人有外交者。方有爭鋒致殺。此婦素來清潔。是你買他姦宿。安得推他人殺之。好將婦頭出來。罷其昌曰。他人殺之。我知頭安在。吳知府即施刑

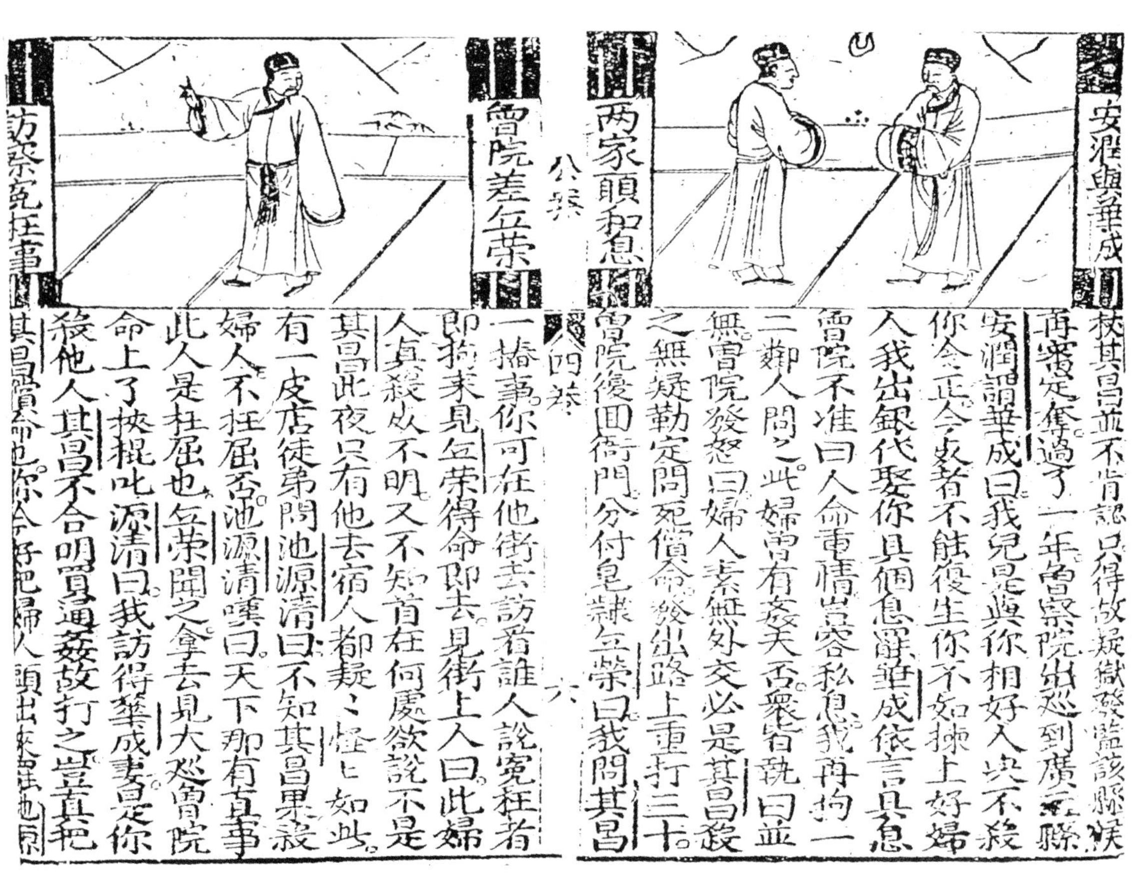

拷其昌並不肯認。只得放疑獄發監該縣候再審定奪。過了一年。曾察院出巡到廣縣安潤謂華成曰。我兒是與你相好。决不殺你令正。今死者不能復生。你不如揀上好婦人。我出銀代娶你。且個息罷。華成依言具息曾院不准曰。人命重情。豈容私息。我再拘一二鄉人問之。此婦曾有姦夫否。衆皆執曰並無。曾院發怒曰。婦人素無外交。必是其昌殺之無疑。勒定問死償命。發出路上重打三十。曾院復回衙門。分付皂隷丘榮曰。我問其昌一樁事。你可在他街去。訪看誰人說冤枉者。即拘來見。丘榮得命即去。見街上人曰。此婦人真殺死不明。又不知首在何處。欲說不是其昌。此夜只有他去宿。人都疑疑怪怪如此。有一皮店徒弟問池源清曰。不知其昌果殺婦人否。池源清嘆曰。天下那有直事此人是枉屈也。丘榮聞之。拿去見大巡曾院命上了挾棍。池源清曰。我訪得華成妻是你殺他人。其昌不合明買通姦故打之。豈真犯其昌償命也。你今好把婦人頭出來。免他原

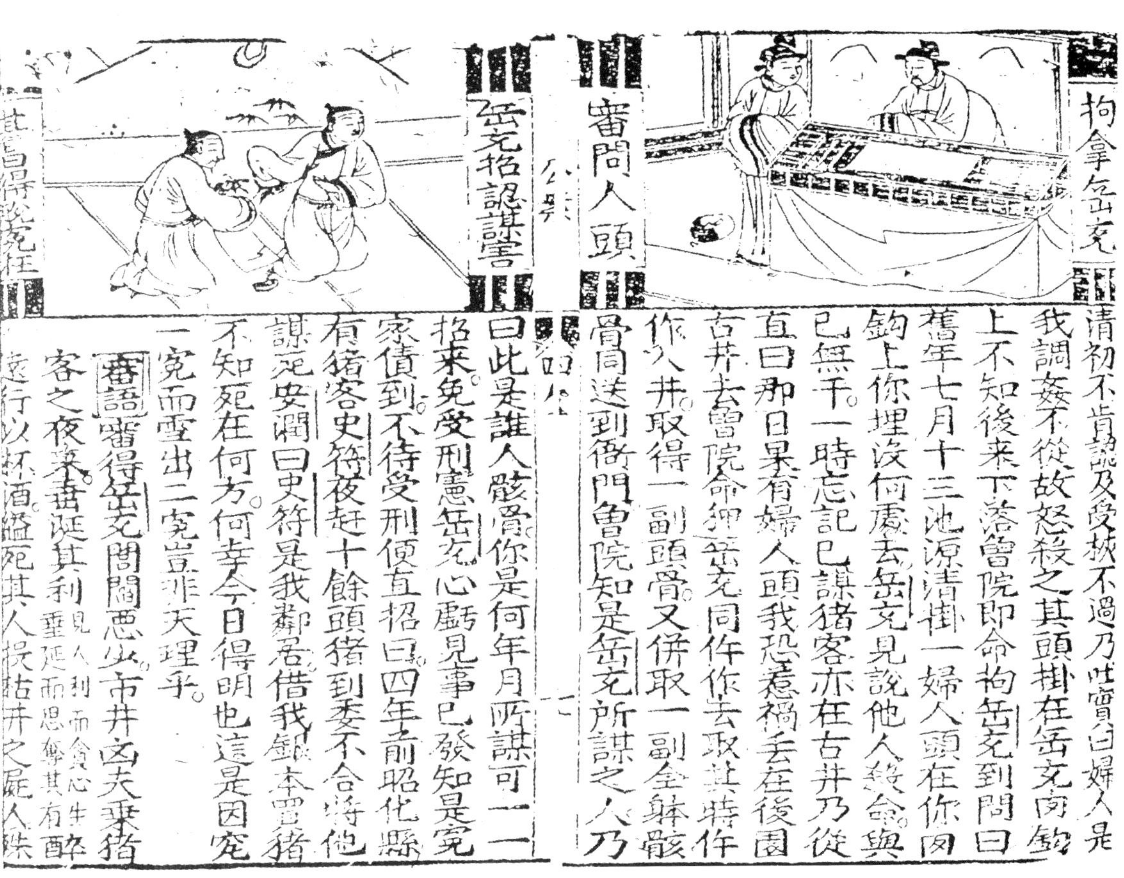

清初不肯認及受拷不過乃吐實曰婦人是我調姦不從故怒殺之其頭掛在岳充肉鉤上不知後來下落曾院即命拘岳充到問曰舊年七月十三池源清掛一婦人頭在你肉鉤上你埋沒何處去岳充見說他人殺命與已無干一時忘記已謀猪客亦在古井乃從直曰那日果有婦人頭我恐惹禍丢在後園古井去曾院命押岳充同仵作去取其特仵作入井取得一副頭骨又併取一副全躰骸骨同送到衙門曾院知是岳充所謀之人乃曰此是誰人骸骨你是何年月所謀可一一招来免受刑憲岳充心虧見事已發知是冤家債到不待受刑便直招曰四年前昭化縣有猪客史符夜趕十餘頭猪到委不合將他謀死安阁曰史符是我鄰居借我銀本置猪不知死在何方何幸今日得明也這是因冤一冤而雪出二冤豈非天理乎

審語　審得岳充閭閻惡少市井凶夫乘猪客之夜來垂涎其利（見人利而貪心生垂延而思奪其有）醉遂行以杯酒溢死其人撩枯井之屍人誅

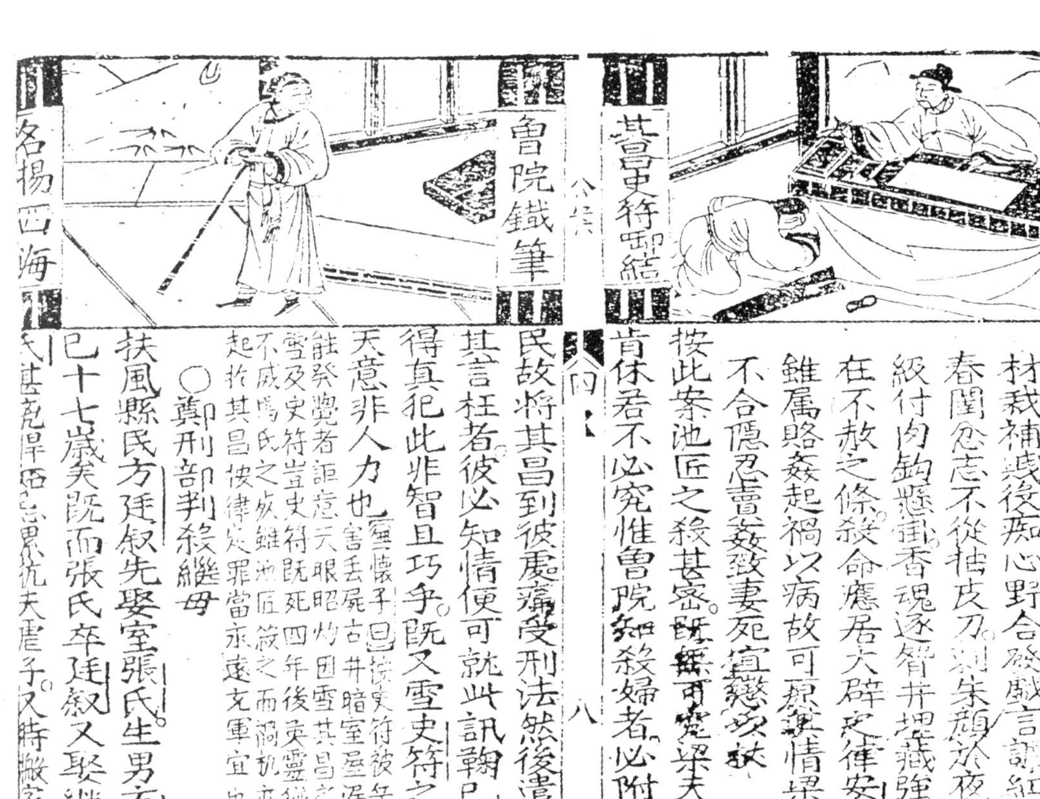

不覺殺起人手貨民因不怖訊出其冤開然依律處決實當池源清闘葬小人曰開葬小材栽補哉後痴心野合發戲言調紅粉於春闈忽志不從抽皮刀割朱顔於夜懷首級付肉鉤懸街香魂逐智井埋藏強姦且在不赦之條殺命應居大辟定律安其昌雖屬賂姦起禍以病故可原其情罪華成不合隱忍賣姦致妻死宜懲以杖

按此案池匠之殺甚密既無可究罪夫後亦肯休君不必究惟曾院知殺婦者必附近居民故將其昌到彼處痛受刑法然後遣人察其言枉者彼必知情便可就此訊鞫已乃果得真犯此非智且巧乎既又雪史符之冤則天意非人力也（審懷子曰按史符被岳充謀害丢屍古井暗室屋漏中誰能發覺者詎意天眼昭灼因雪其昌之冤而證及史符豈史符既死四年後英靈猶不感馮氏之殺雖池匠殺之而禍机亦起於其昌按律定罪當永遠充軍宜也）

○鄭刑部判殺繼母

扶風縣民方廷叙先娶室張氏生男方大年已十七歲矣既而張氏卒廷叙又娶繼室陳氏甚兇悍怨忌累抗夫虐子又時撇家財於

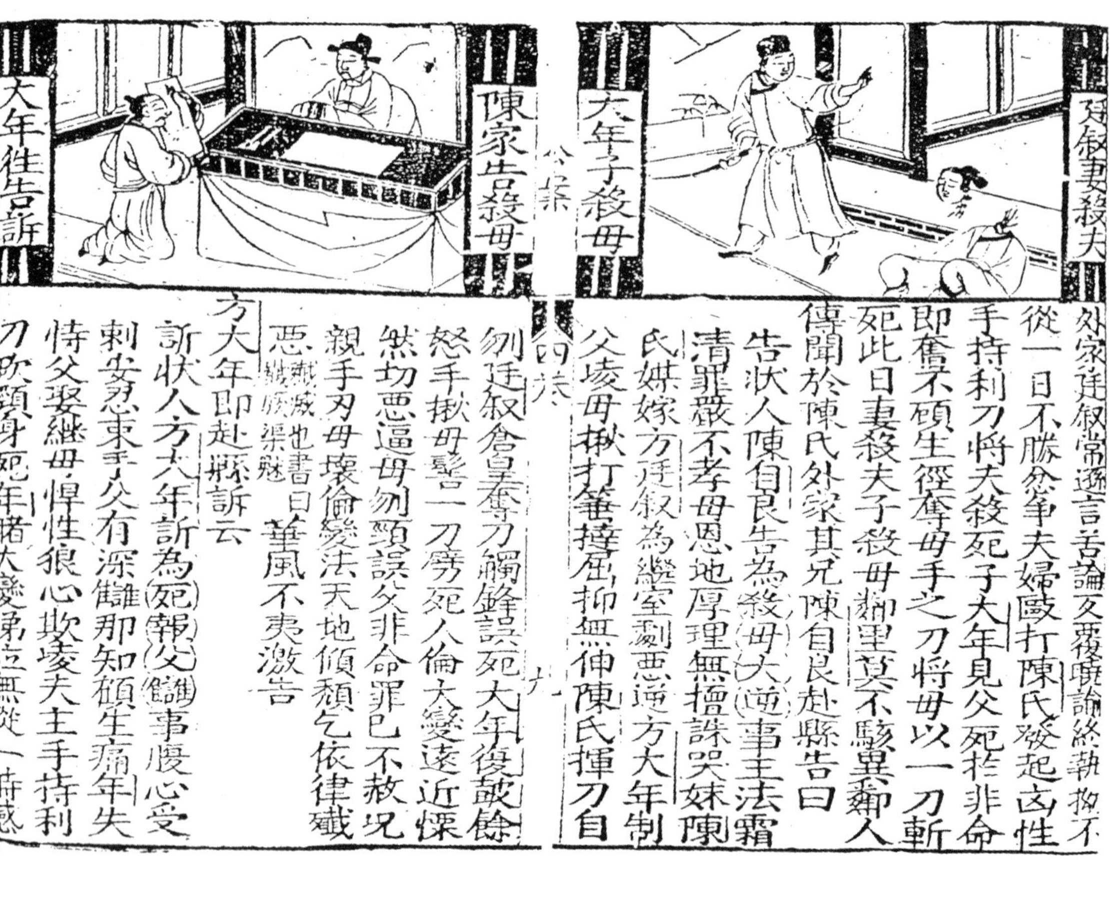

外家廷叙常遜言舌論及覆噬論終執拗不
從一日不勝忿爭夫婦毆打陳氏發起凶性
手持利刀將夫殺死子大年見父死於非命
即奮不顧生徑奪母手之刀將母以一刀斬
死此日妻殺夫子殺母鄉里莫不駭異鄰人
傳聞於陳氏外家其兄陳自良赴縣告曰
告狀人陳自良告為殺母大逆事王法霜
清罪嚴不孝母恩地厚理無擅誅哭妹陳
氏媒嫁方廷叙為繼室剽悪逆方大年制
父凌母揪打箠撻屈抑無伸陳氏揮刀自
刎廷叙倉皇奪刀觸鋒誤死大年復敢餘
怒手揪母髮一刀旁死人倫大變遠近慄
然切悪逼母刎頸誤父非命罪已不赦况
親手刃母壞倫變法天地傾頹乞依律磔
悪（殲戮滅也書曰殲厥渠魁）箠風不夷激告
方大年即赴縣訴云
訴狀人方大年訴為死報父讎事腹心受
刺安忍束手父有深讎那知頓生痛年失
恃父娶繼母悍性狠心欺凌夫主手持利
刀砍頸身死年睹大變痛泣無從一府感

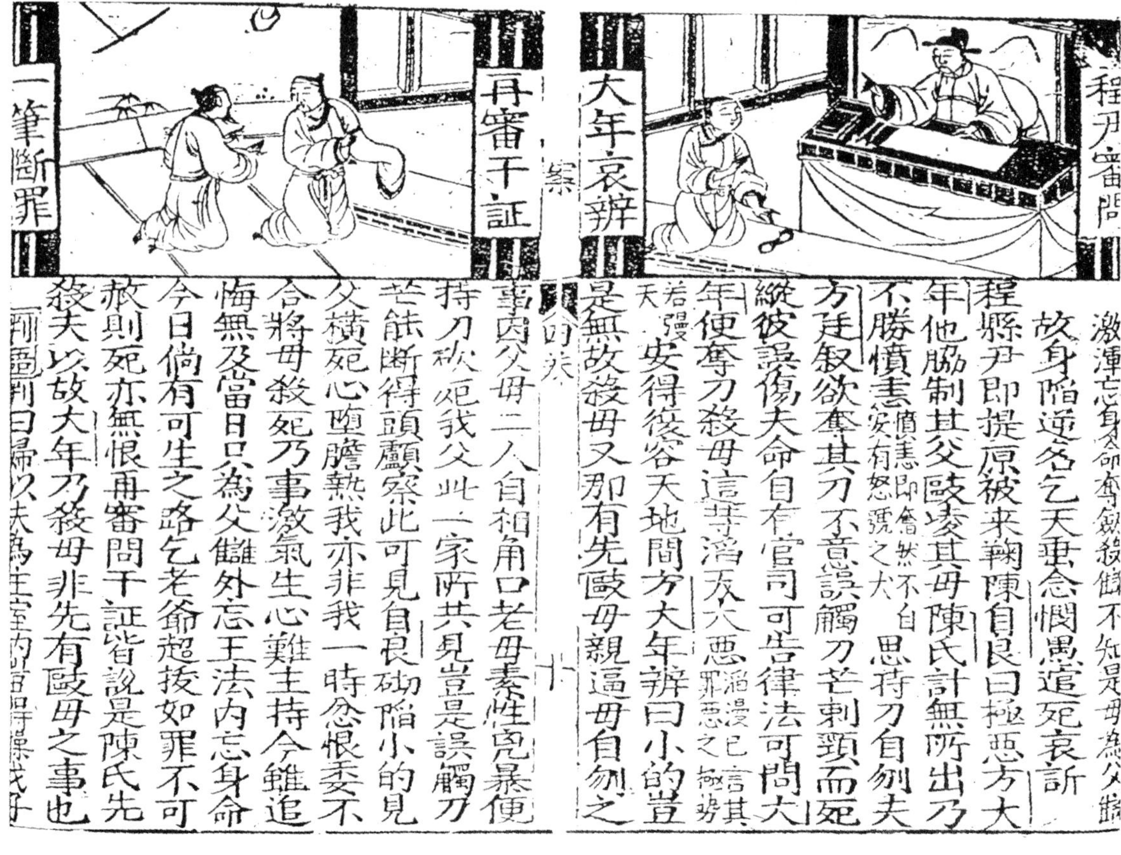

激渾忘身忘命奪劍殺讎不知是母為父讎
故身陷逆名乞天垂念憫愚道死哀訴
程縣尹即提原被来鞫陳自良曰極悪方大
年他脇制其父毆凌其母陳氏計無所出乃
不勝憤恚（憤恚即奮然不自安有怒貌之大）思持刀自刎夫
方廷叙欲奪其刀不意誤觸刀芒刺頸而死
縱彼誤傷夫命自有官司可告律法可問大
年便奪刀殺母這等滔天大悪（滔漫也言其罪悪之極甚）
（若彊天）安得復容天地間方大年辨曰小的豈
是無故殺母又那有先毆母親逼母自刎之
事因父母二人自相角口老母素性兇暴便
持刀砍死我父此一家所共見豈是誤觸刀
芒餘斷得頭顱察此可見自良砌陷小的見
父橫死心墮膽熱我亦非我一時忿恨委不
合將母殺死乃事激氣生心難主持今雖追
悔無及當日只為父讎外忘王法内忘身命
今日倘有可生之路乞老爺超拔如罪不可
赦則死亦無恨再審問干證皆説是陳氏先
殺夫以故大年乃殺母非先有毆母之事也
一判　判曰婦以夫為主室内咨呼肆戈子

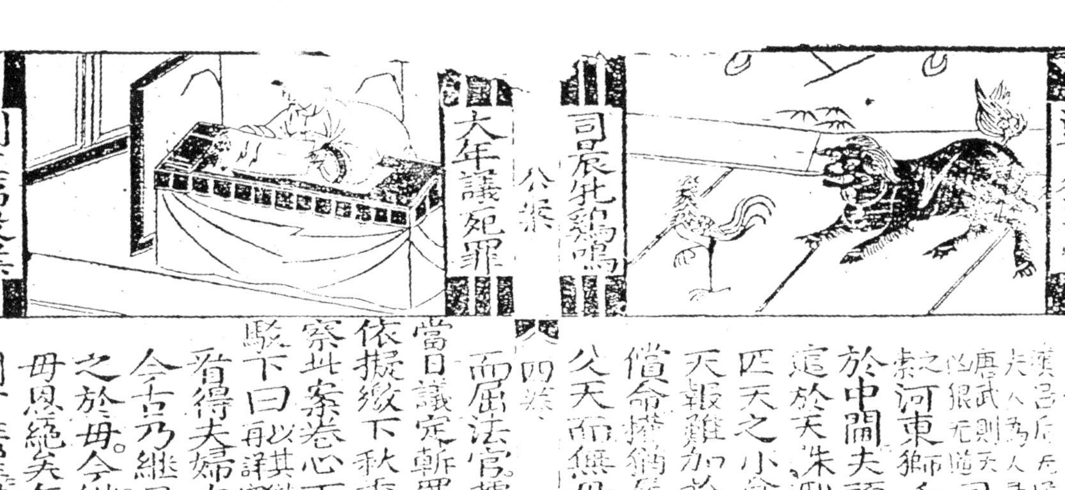
河東獅子吼
司晨牝雞鳴
大年議死罪
劉士事駁案

公案　四卷　十一

以母為天撩下烏咨夏刃今陳氏以呂雉一漢呂后后通賓戚夫人為人彘之禍之妬恚加武曌之兇殘唐武則天凶狠无隨天司晨牝雞一鳴家索書曰牝雞司晨惟家之索河東獅子吼人驚㘞口擄衛敵國隱於中閫夫頭墮地凶人起於內庭罪固莫逭於天誅刑宜有待於司寇方大年乃逞匹夫之小忿蹈殺母之大惡父讎縱不戴天報雖加於許氏孔記父之讎弗與共戴天殺人雖必償命擲鍋傷於士師若姑念孝思是知有父天而無母地如藉口義激將至伸孝子

而屈法官撩法應坐凌遲或姑從斬決當日議定斬罪大年亦無再辨申上兩院皆依擬繳下秋季奏上重審有刑部主事劉景察此案卷心下疑異反覆展玩忽然想到乃駁下曰以其獄可疑用文書駁下再詳審之宥得夫婦大義等於乾坤。母子天倫昭於今古。乃繼母如母。明不及母。緣父之故。比之於母。今繼母無狀。手殺其父。下手之日。母恩絕矣。在律父祖被人所毆而子孫助鬭者無罪。雖傷猶得末減況若毆人之後

劉王怨大年

大年擬輕罪

士朗與友

月夜賤遊

公案　四卷　十二

而父乎昔木蘭縱策女子且赴親之難趙武張孫孤雛能復父之讎今大年義激於衷。忿使悍牝氣配乎道。斃此惡婦曾不題之名死而無悔洗切齒之恨奮不顧身。以親罹刑孝子慕當君是為父剪逆烈士。誰曰不然。在陳氏有可誅之辜。死何足惜。特大年無殺人之柄扶以戒專。復行該道再審。乃從所議以擅殺有罪之人。論大年遂得從末減之誅實出於劉主事創見特議也。按此卷人惟知不合殺母議罪不知其繼母殺夫。已非吾母殺之是殺一有罪之人也。止與擅殺有罪凡人同。惟當擬杖豈得以殺母例論乎。

○孫知州判兄殺弟

和州民李明貪饕殘酷。承父祖基業家富鉅萬。嘗恨父老年生子分減已業。及父卒。其弟李朗已十六歲。通達明察。愛惜財物。會計家務。不遺錙銖会計數目也不遺錙銖言至小必愛惜也舊冬娶妻。近已懷孕兩月。其兄益惡之。朗愛月夜出遊明早來則及弟夜歸即開門出斬之。次日

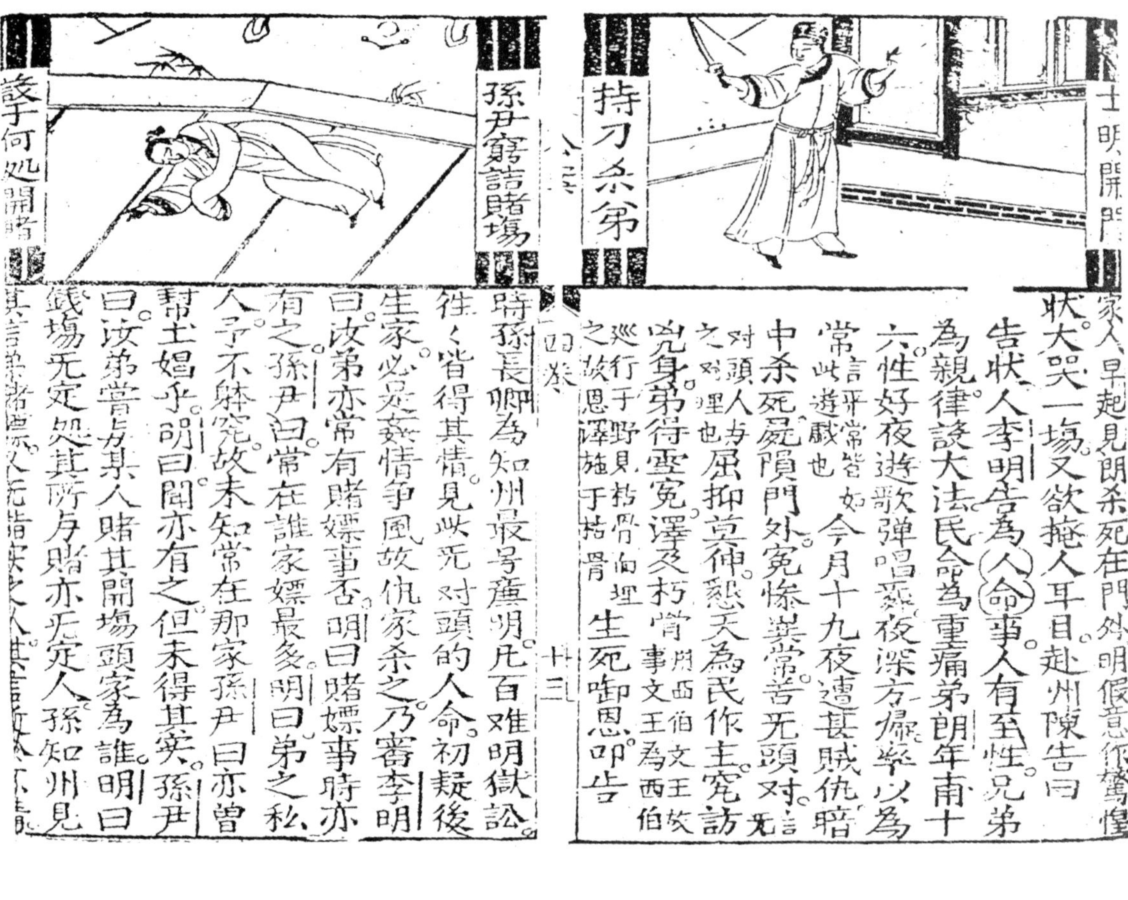

家人早起見朗杀死在門外明假意作驚惶狀大哭一場又欲掩人耳目赴州陳告曰告狀人李明告為人命事人有至性兄弟為親律設大法民命為重痛弟朗年甫十六性好夜遊歌弾唱歌夜深方帰率以為常言平常皆如此遊戲也今月十九夜遭甚賊仇暗中杀死屍隕門外冤條莫當善无頭对言无之对頭人对理也与屈抑莫伸懇天為民作主究訪兇身弟得雪冤澤及朽骨周西伯文王於事文王為西伯巡行于野見枯骨而埋之故恩澤施于枯骨生死啣恩叩告

時孫長卿為知州最号廉明凡百难明獄訟往往皆得其情見此无对頭的人命初疑後生家必是姦情争風故仇家杀之乃審李明曰汝弟亦常有賭嫖事否明曰賭嫖事時亦有之孫尹曰常在誰家嫖最多明曰弟之私人子不躲究故未知常在那家孫尹曰亦曾幇士娼乎明曰聞亦有之但未得其実孫尹曰汝弟嘗与某人賭其開場頭家為誰明曰錢場无定処其所与賭亦无定人孫知州見其言弟賭嫖人无指実之人其言妄不可信

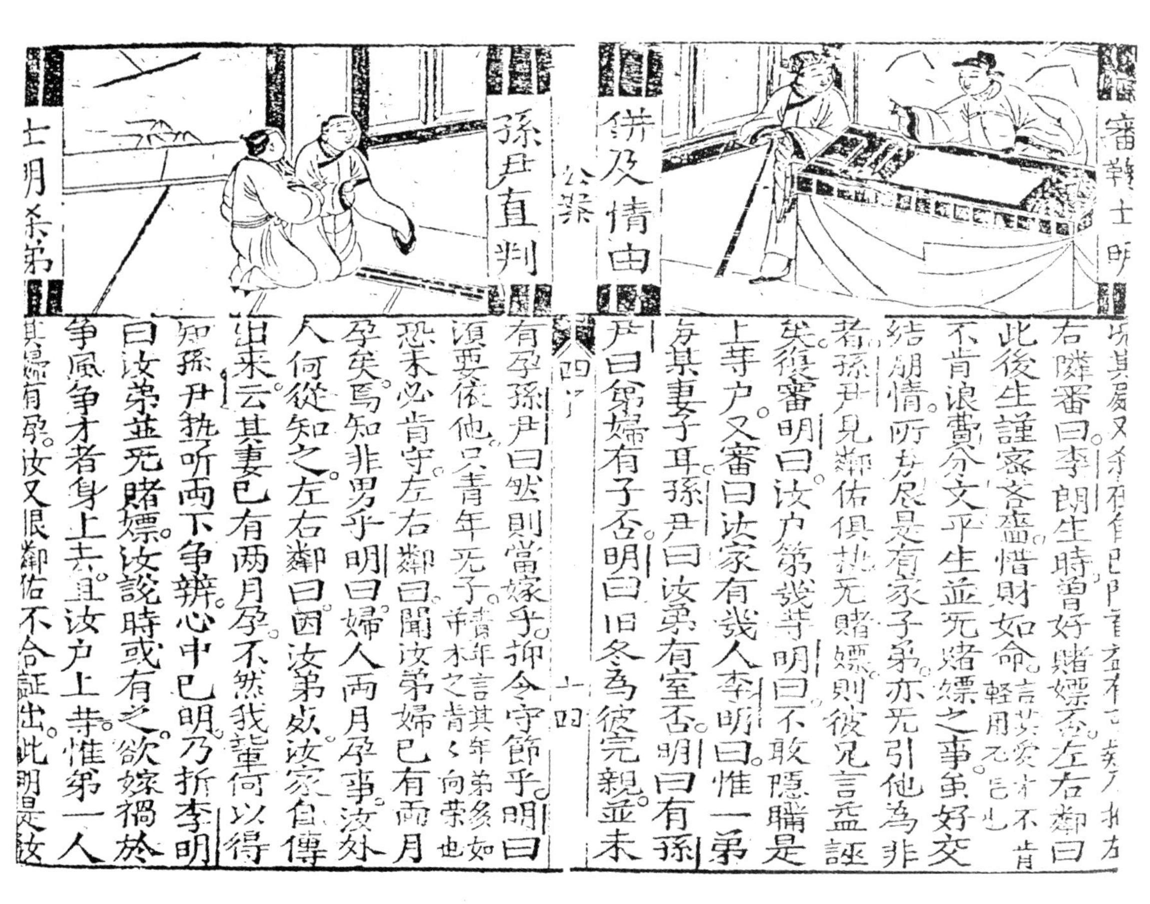

其處又杀在己門首左右来人拘左右隣審曰李朗生時曾好賭嫖否左右鄰曰此後生謹密吝嗇惜財如命言其愛才不肯輕用也不肯浪費分文平生並无賭嫖之事亦好交結朋情所与尽是有家子弟亦无引他為非者孫尹見鄰佑俱称无賭嫖則彼兄言並誣矣復審明曰汝户第幾等明曰不敢隱瞞是上等户又審曰汝家有幾人李明曰惟一弟与某妻子耳孫尹曰汝弟有室否明曰有孫尹曰弟婦有子否明曰旧冬為彼完親並未

有孕孫尹曰然則當嫁乎抑令守節乎明曰須要依他只青年无子青年言其年弟多如帝木之青々向栄也恐未必肯守左右鄰曰聞汝弟婦已有兩月孕矣焉知非男乎明曰婦人兩月孕事汝外人何從知之左右鄰曰因汝弟死汝家自傳出来云其妻已有兩月孕不然我輩何以得知孫尹熟听兩下争辨心中已明乃折李明曰汝弟並无賭嫖汝說時或有之欲嫁禍於争風争才者身上去且汝户上等惟弟一人其婦有孕汝又恨鄰佑不合証出此明是汝

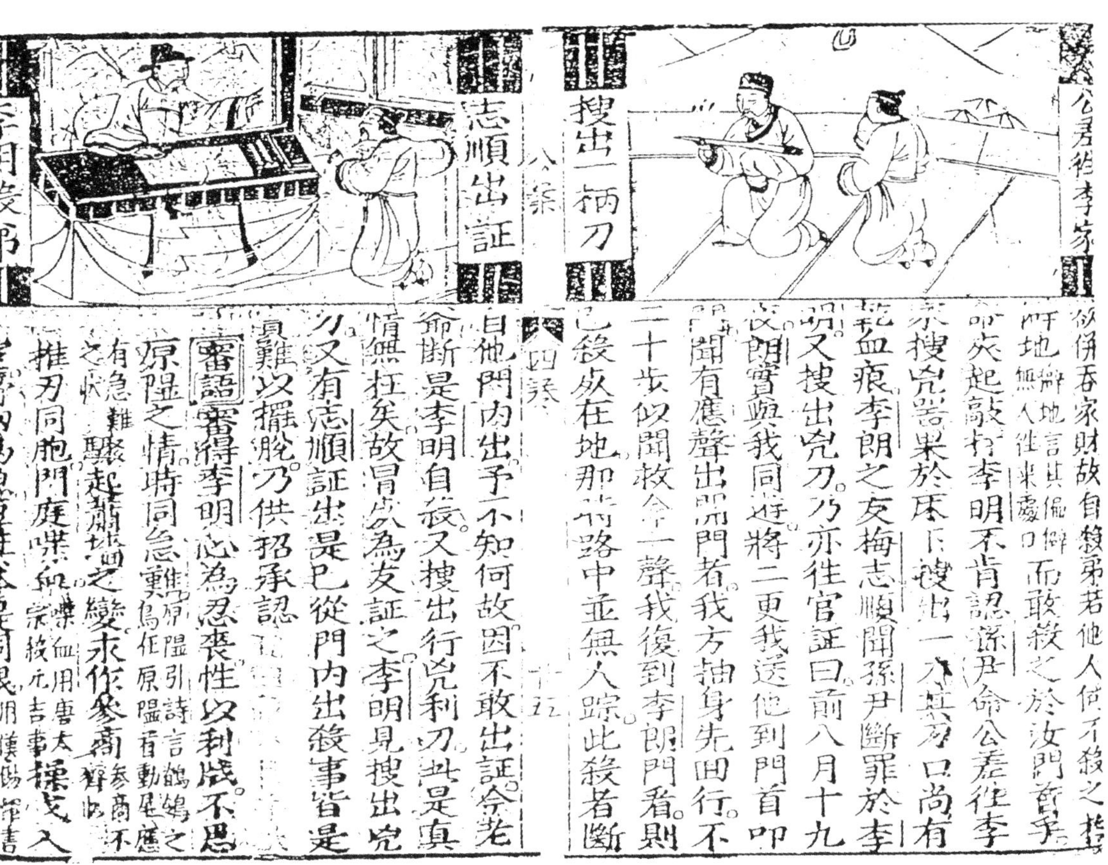

欲併吞家財故自殺弟若他人何不殺之於
僻地（僻地言其偏僻無人往來處口）而敢殺之於汝門首乎
命尖起敲打李明不肯認孫尹命公差往李
家搜兇器果於床下搜出一衣其衣口尚有
乾血痕李朗之友梅志順聞孫尹斷罪於李
明又搜出兇刀乃亦往官証曰前八月十九
夜朗實與我同遊將二更我送他到門首叩
門聞有應聲出開門者我方抽身先回行不
二十步似聞救命一聲我復到李朗門看則
已殺死在地那時路中並無人踪此殺者斷

四叅　十五

自他門內出予不知何故因不敢出証今老
爺斷是李明自殺又搜出行兇利刃此是真
情無枉矣故冒死為友証之李明見搜出兇
刃又有志順証出是已從門內出殺事皆是
真難以擺脫乃供招承認

審語　審得李明心為忍喪性以利戕不愿
原隰之情時同急難（鶺原隰引詩言鶺鴒之鳥在原隰有動是應有急難之狀）驟起蕭墻之變求作參商（參商不睦也）
推刃同胞門庭喋血（喋血用唐太宗殺元吉事）操戈入
室[illegible]內為鬼已無本是同根（用漢曹植詩）[illegible]

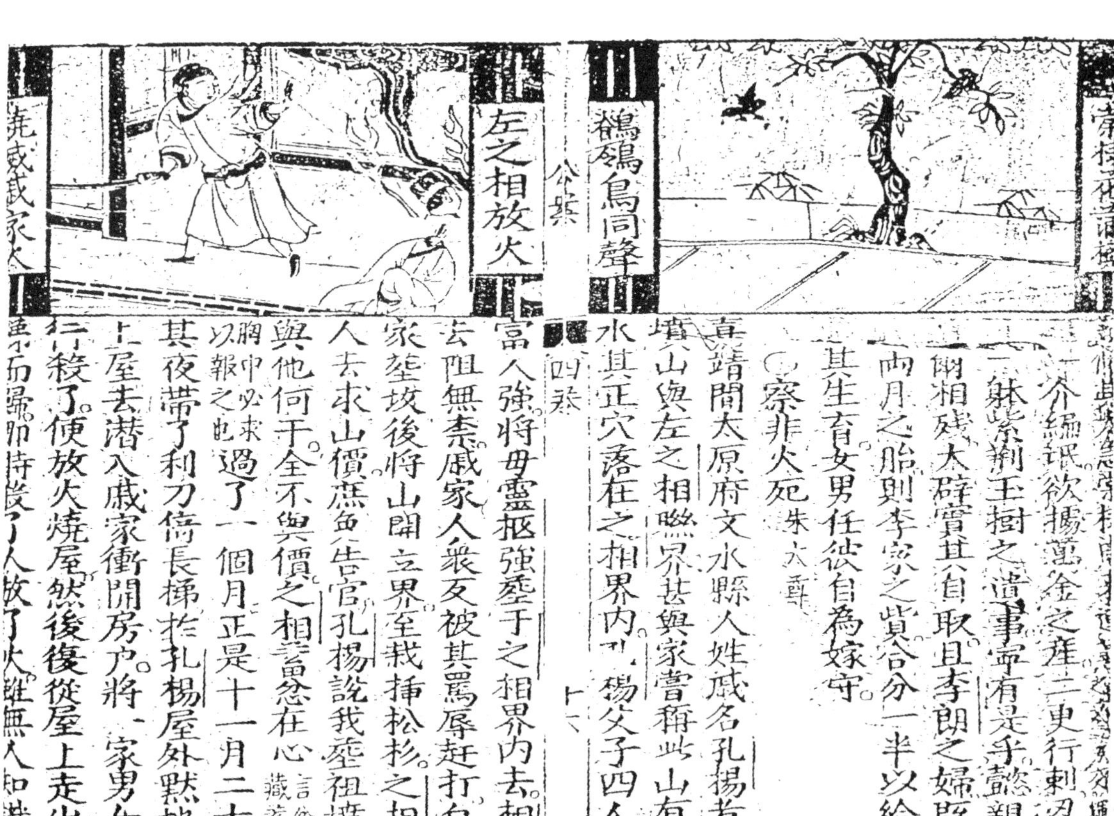

[illegible]
一介編氓欲擅萬金之產二史行刺忍戕
一躰紫荊玉樹之遺事㝠有是乎懿親既
解相殘太辟實其自取且李朗之婦既懷
兩月之胎則李家之貲合分一半以給俟
其生育女男任彼自為嫁守

○察非火死　朱大尹

嘉靖間太原府文水縣人姓戚名孔揚者有
墳山與左之相毗界甚與家嘗稱此山有風
水其正穴落在之相界內孔揚父子四人家

四叅　十六

富人強將毋靈柩強瘞于之相界內去相知
去阻無柰戚家人衆反被其罵辱趕打自戚
家瘞葬後將山開立界至栽插松杉之相托
人去求山價燕免告官孔揚說我瘞祖墳山
與他何干全不與價之相蓄忿在心（言忿怒藏蓄于胸中必求以報之也）過了一個月正是十一月二十日
其夜帶了利刀倚長梯於孔揚屋外默地扒
上屋去潛入戚家衝開房户將一家男女盡
行殺了便放火燒屋然後復從屋上走出下
屋而歸那時[illegible]了人救了火雖無人知識之

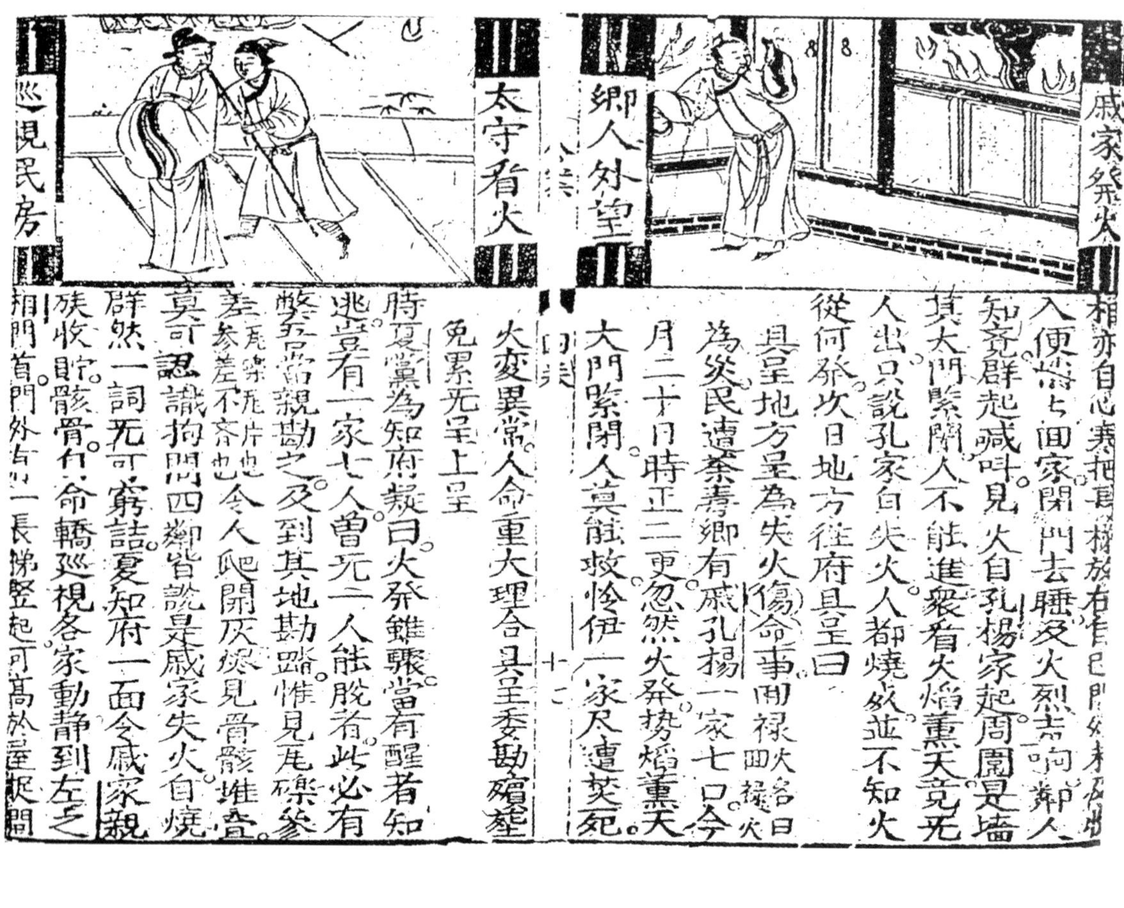

相亦自心寒把長梯放在巳門外未出入便將々囬家閉門去睡忽火烈声响鄰人知覺群起喊叫。見火自孔揚家起周圍是墻填太門緊閉人不能進衆看火焰熏天竟无人出只說孔家自失火人都燒死並不知火從何發次日地方徃府具呈曰

具呈地方呈為失火傷命事回祿〈火名曰回祿火〉為災民遭蔡壽鄉有戚孔揚一家七口今月二十日時正二更忽然火發勢焰熏天大門緊閉人莫能救憐伊一家尽遭焚死。火變異常人命重大理合具呈委勘殯瘞免累无呈上呈

時夏黨為知府疑曰火發雖驟當有醒者知逃豈有一家七人曾无一人能脫者此必有弊吾當親勘之及到其地勘踏惟見瓦礫參差〈瓦礫瓦片也參差不齊也〉令人爬開灰燼見骨骸堆疊莫可認識拘問四鄰皆說是戚家失火自燒辟然一詞无可窮詰夏知府一面令戚家親族收貯骸骨。命轎巡視各家動靜到左之相門首門外有一長梯竪起可高於屋㨂間

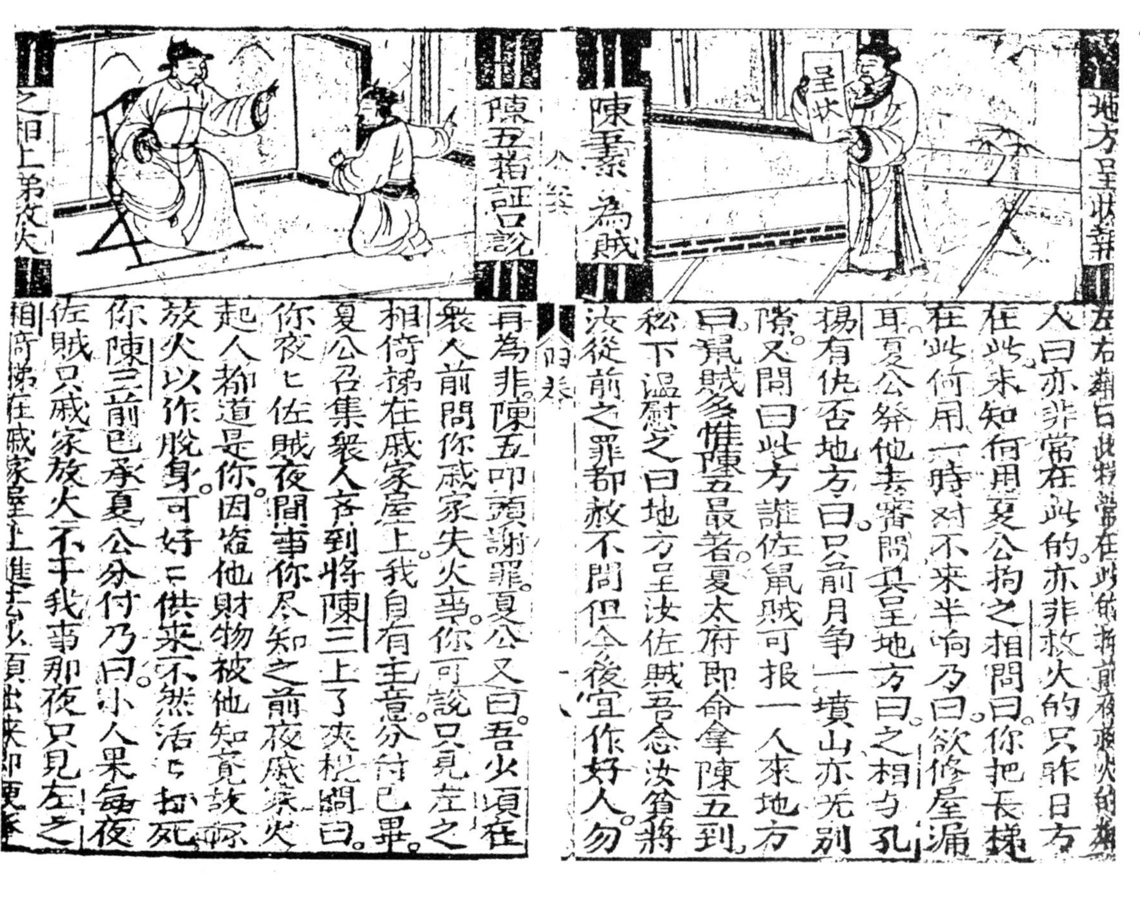

左右鄰曰此梯當在此的前夜救火的鄰人曰亦非常在此的亦非救火的只昨日左在此未知何用夏公拘之相問曰你把長梯在此何用一時对不来半响乃曰欲修屋漏耳夏公發他去審問具呈地方曰之相与孔揚有仇否地方曰只前月爭一墳山亦无別隙。又問曰此方誰佐鼠賊可報一人來地方曰鼠賊多惟陳五最著夏太府即命拿陳五到私下温慰之曰地方呈汝佐賊吾念汝貧將汝從前之罪都赦不問但今後宜作好人勿再為非陳五叩頭謝罪。夏公又曰吾少頃在衆人前問你戚家失火事你可說只見左之相倚梯在戚家屋上我自有主意分付已畢。夏公召集衆人齊到將陳三上了夾棍問曰你夜々佐賊夜間事你尽知之前夜戚家火起人都道是你因盜他財物被他知覺故殺放火以作脫身可好々供来不然活々打死你陳三前已承夏公分付乃曰小人果每夜佐賊只戚家放火不干我事那夜只見左之相倚梯在戚家屋上進去取貨出來即更

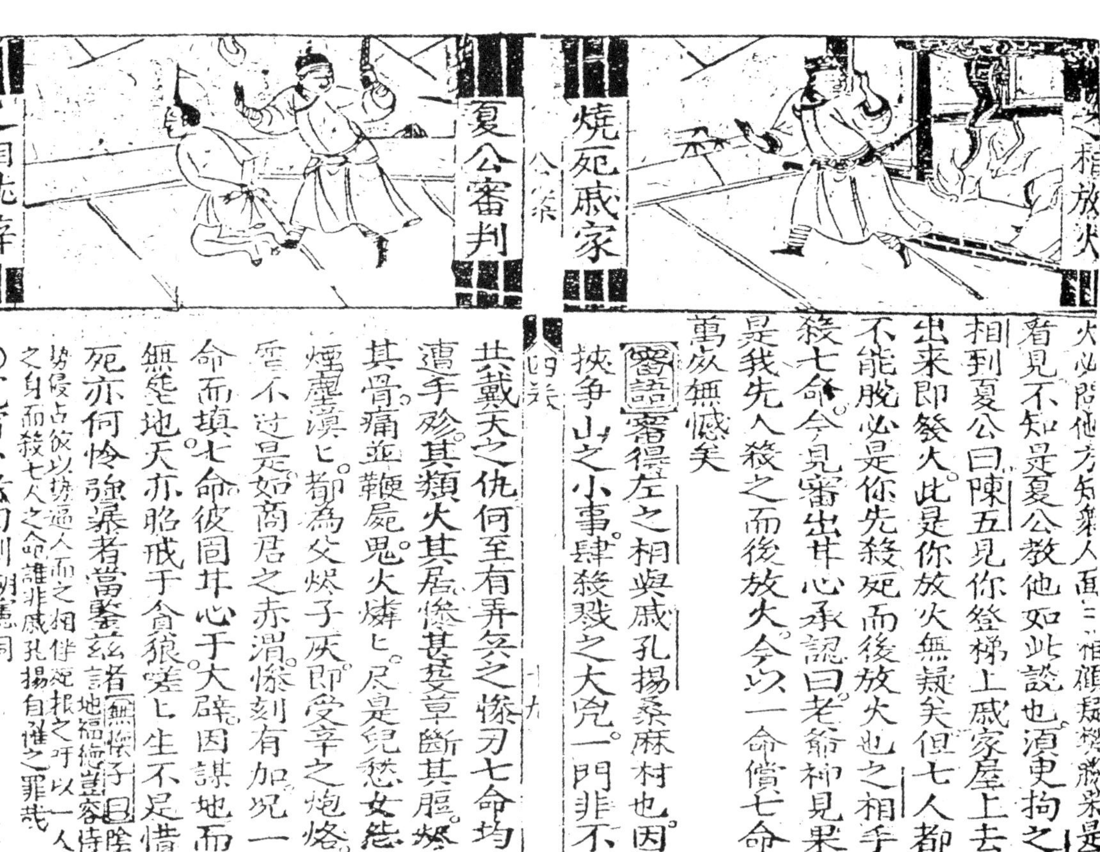

火必問他方知衆人面面相顧疑懼承是着見不知是夏公教他如此說也須臾拘之相到夏公曰陳五見你登梯上戚家屋上去出来即發火。此是你放火無疑矣但七人都不能脫必是你先殺死而後放火也之相手殺七命。今見審出其心承認曰老爺神見果是我先入殺之而後放火。今以一命償七命萬死無憾矣

〔審語〕審得左之相與戚孔揚係麻村也。因挾爭山之小事。肆殺戮之大兇。一門非不共戴天之仇何至有弄兵之慘刃七命均遭手殄。其類火其居慘甚芟草斷其脛。燃其骨。痛並鞭屍鬼火燐燐。尽是兒號女態煙塵漠漠。初為父烬子灰即受辛之炮烙。昏不过是婦商君之赤渭。慘刻有加。况一命而填七命彼同其心于大辟。因謀地而無是地天亦胎戒于貪狼嗟嗟生不足惜死亦何憐強暴者當鑒茲諸

〔無懷子〕曰陰地福德豈容恃勢侵占欲以勢逼人而之相倖從根之可以一人之身而殺七人之命誰非戚孔揚自惟之罪哉

○覓有卜者劉胡憲司

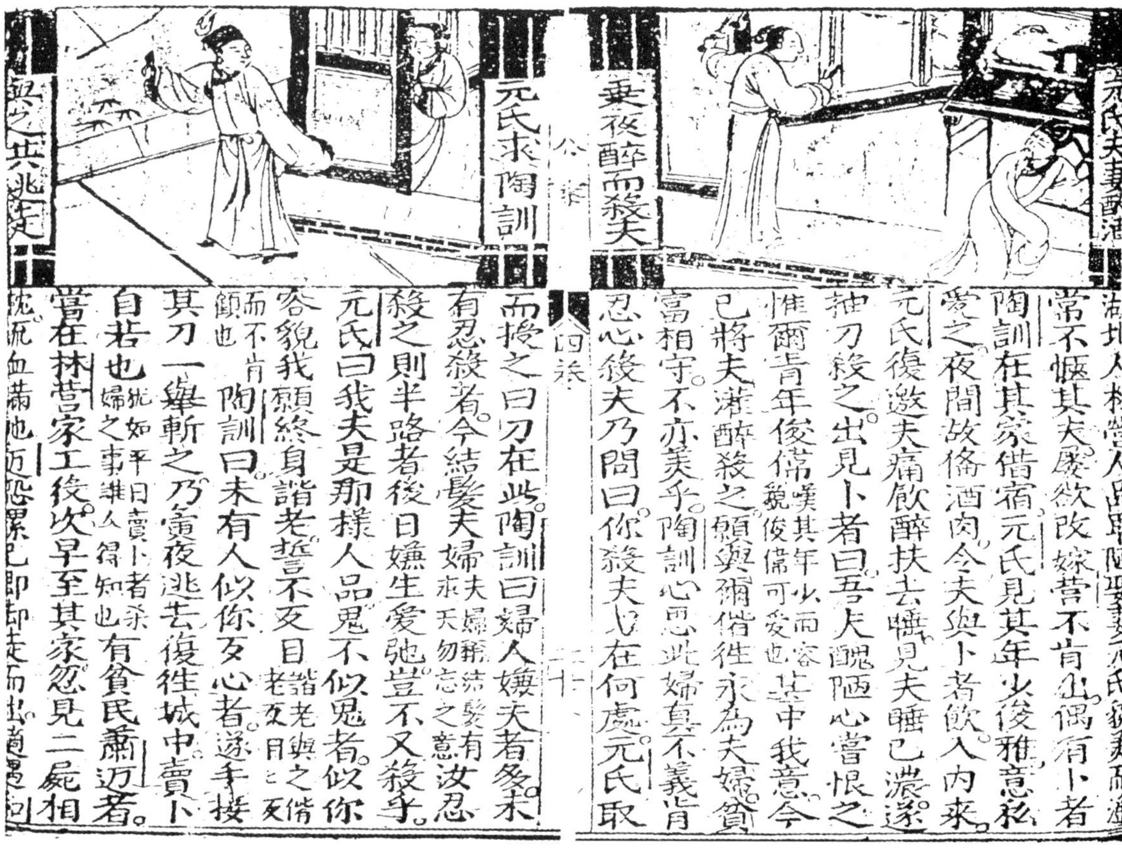

法坦人林營人品卑陋娶妻元氏貌美而猶常不愜其夫屢欲改嫁營不肯。偶有卜者陶訓在其家借宿元氏見其年少俊雅意私愛之。夜間故備酒肉。令夫與卜者飲入内來。元氏復邀夫痛飲醉扶去睡。見夫睡已濃。遂抽刀殺之。出見卜者曰。吾夫醜陋心嘗恨之惟爾青年俊俏（美其年少而容貌俊俏可愛也）甚中我意。今已將夫灌醉殺之。願與爾偕往永為夫婦。貧富相守。不亦美乎。陶訓心思此婦真不義肯忍心殺夫乃問曰。你殺夫尸在何處。元氏取而授之曰刃在此。陶訓曰婦人嫌夫者多。未有忍殺者。今結髮夫婦（夫婦稱結髮求天勿忘之意）有汝忍殺之則半路者後日嫌生愛弛豈不又殺乎。元氏曰我夫是那樣人品鬼不似鬼者。似你容貌我願終身諧老。誓不反目（諧老與之偕老反目目之反）而不肯顧也陶訓曰。未有人似你歹心者。遂手接其刀一舉斬之乃當夜逃去復往城中賣卜自若也（訛如平日賣卜者然婦之事非人得知也）有貧民蕭迈者。嘗在林營家工後。次早至其家忽見二屍相枕流血滿地迈恐累己即卻走而出道遇

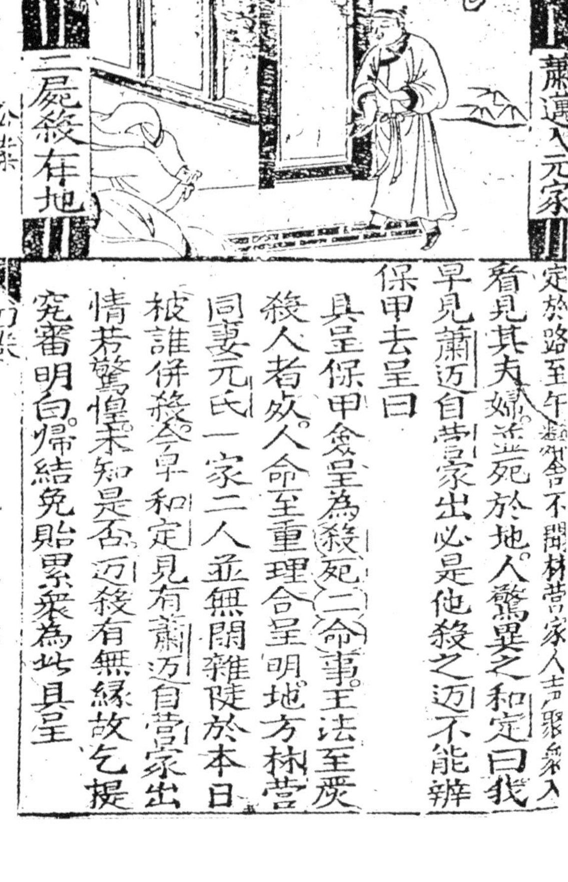

公案

定於路至午[illegible]不開林營家人声聚衆入看見其夫婦並死於地人驚異之和定曰我早見蕭迈自營家出必是他殺之迈不能辨保甲去呈曰

具呈保甲僉呈為殺死二命事王法至严殺人者死人命至重理合呈明地方林營同妻元氏一家二人並無閒雜陡於本日被誰併殺今早和定見有蕭迈自營家出情若驚惶未知是否迈殺有無緣故乞提究審明白歸結免貽累衆為此具呈

四卷　二十一

蕭迈將就辟

陶訓來自認

本縣清介薛知縣提蕭迈到迈曰我早入他家林營夫婦已被人殺死在地正不知何故薛令曰你入他家何幹既見殺死何不叫衆共看迈曰我常在伊家傭工偶入而看之驟見殺死恐怕惹禍（恐禍災自己召之也）故不敢喊叫薛令曰若他人殺你必敢叫此是你自殺無疑矣用严刑拷勘蕭迈不能自明即自誣服（不冤然自明不得已自服死罪）过數月胡大巡按臨以蕭迈不合違殺二命將决不待時陶訓聞之曰我不可以累無辜也逕往自首曰

陶訓出首自承

蕭迈无罪还家

公案

首告人陶訓首為[illegible]惡逆事訓因[illegible]借宿林營家伊婦元氏夜殺其夫邀訓逃走訓恨不义因杀氏死今聞濫罪蕭迈（言其罪不明似雲霧蔽天日也）不敢昧心情愿陳首有无罪戮并受无悔上首人方知元氏杀夫而陶訓杀氏蕭迈始得昭雪冤受大辟矣

審語審得陶訓術精卦卜氣負剛方道粗涉乎阴阳言知本乎忠孝恨[illegible]婦之不良誅其悖逆憫庸夫之无妄雪彼罪愆烈烈英風（英烈之風可以煽人）明可並乎日月堂堂义氣（堂堂正大自高之貌）幽何忝於鬼神元氏就誅乃杀一不义之婦蕭迈得釋是生一无辜之民於氏有可死之罪於陶无擅杀之嫌官烹罰僭之條用為义激之劝（无懷子曰雖小道必有可觀者焉陶訓卜者流也始激于大义而杀于婦終憤于义而首于无辜陶訓其义上之刻乎）

四卷　二十二

汪氏辨酒

劝夫辭飲

○所婦人哀惧声　韓蕪使審

蕪州民温煥其妻汪氏与鄉人有姦日久煥乃竟之累罵其妻酷用笞撻（以酷毒之物打妻）妻乃盐厭其夫而私厚鄉人愈甚時正八月中秋

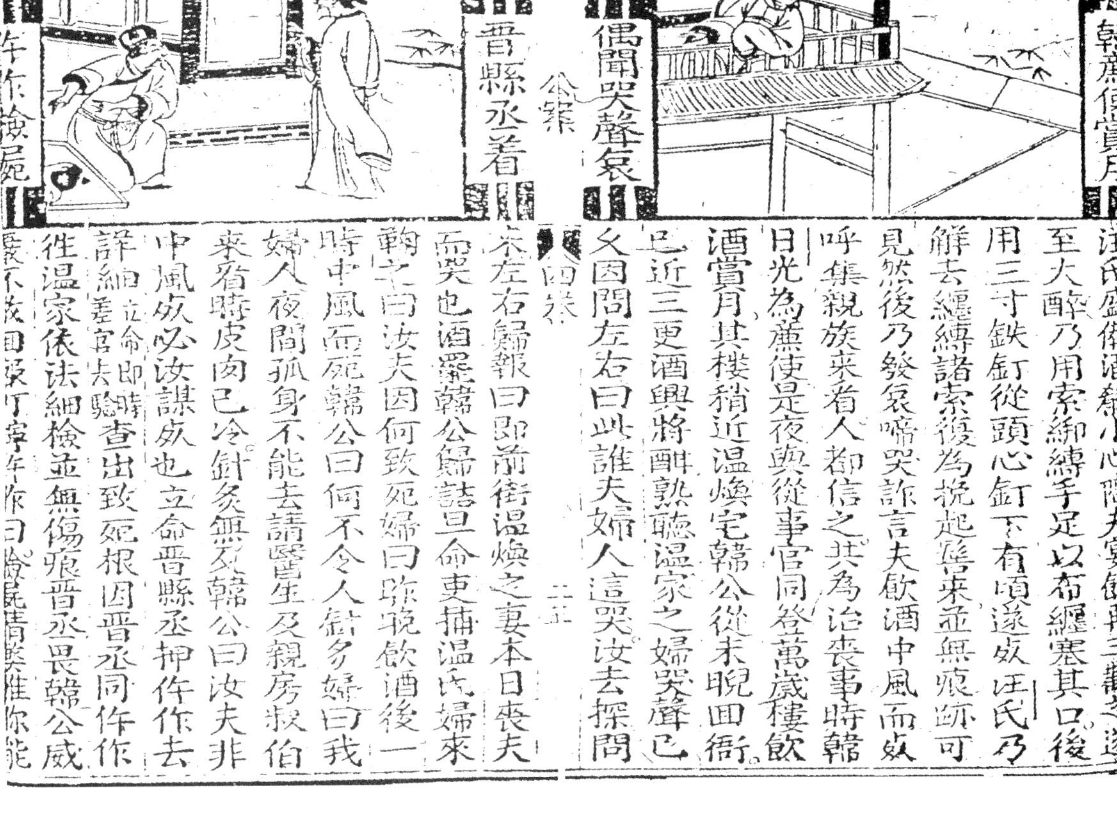

汪氏盛備酒殽小心陪夫宴飲再三勸之遂至大醉乃用索綁縛手足以布緾塞其口後用三寸鐵釘從頭心釘下有頃遂死汪氏乃觧去緾縛諸索復為挽起髻来並無痕跡可見然後乃發哀啼哭詐言夫飲酒中風而死呼集親族来看人都信之共為治喪事時韓日光為廉使是夜與從事官同登萬歲樓飲酒賞月其樓稍近溫煥宅韓公從未晚回衙已近三更酒興將酣熟聽溫家之婦哭聲已久因問左右曰此誰夫婦人這哭汝去探問

回来左右歸報曰即前街溫煥之妻本日喪夫而哭也酒罷韓公歸詰旦命吏捕溫氏婦来鞠之曰汝夫因何致死婦曰昨晚飲酒後一時中風而死韓公曰何不令人針灸婦曰我婦人夜間孤身不能去請醫生及親房叔伯来看時皮肉已冷針灸無及韓公曰汝夫非中風死必汝謀死也立命晋縣丞押仵作去詳細立命即時查出致死根因晋丞同仵作往溫家依法細檢並無傷痕晋丞畏韓公威嚴不敢回覆丁寧仵作曰檢屍須要仔細你能

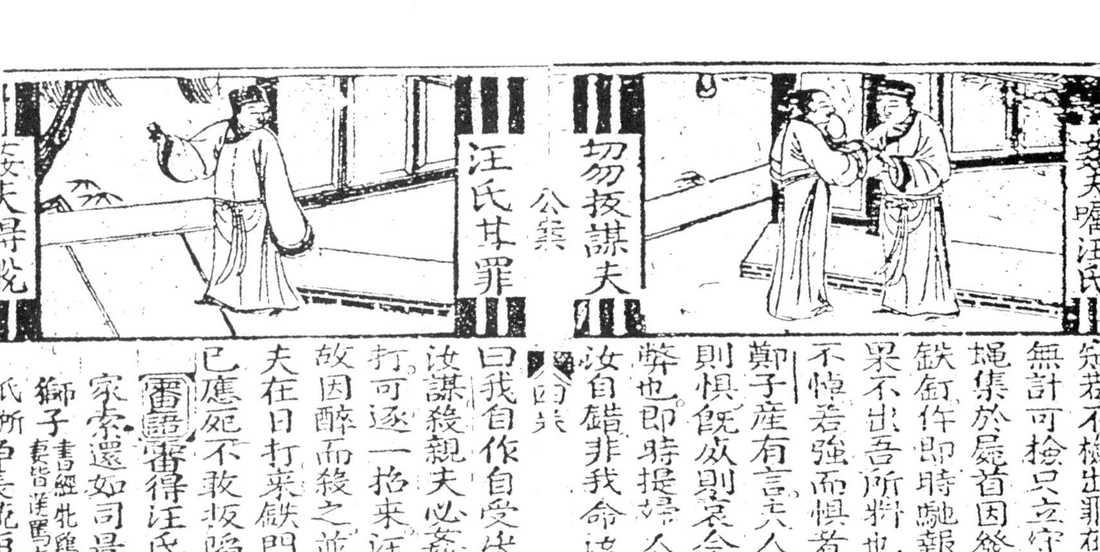

屍若不檢出罪在你身你須仔細[illegible]一宿無計可檢只立守於屍側反覆思想忽有大蠅集於屍首因發髻檢之果頭心中有一枚鐵釘仵即時馳報晋丞遂呈於韓公韓公曰果不出吾所料也吾昨晚細察其哭聲疾而不悼若強而懼者言其哀声不根於由哀哀皆有恐懼之吠吾聞鄭子産有言夫人於其親也有病則憂臨死則懼既死則哀今哭不哀而懼是以知其有弊也即時提婦人来審鞫之姦夫密囑曰此汝自錯非我命汝爲之千勿指出我也汪氏

回来曰我自作自受决不累你拿到於庭韓公曰汝謀殺親夫必姦夫主使且鐵釘是何人去打可遂一招来汪氏曰我只恨夫打我酷虐故因醉而殺之並無姦夫主使其鐵釘是夫夫在日打菜鐵門者非有別人代打也我罪已應死不敢扳陷他人

〔審語〕審得汪氏未識人倫何知婦順一鳴家索還如司晨牝鷄屢孔人驚不藏河東獅子書經牝鷄司晨惟家之索宋有柳氏之妻皆詈罵夫人虎曰何来獅子孔河東獅氏所包之孔豆得又醉而相啓殺勝用龍

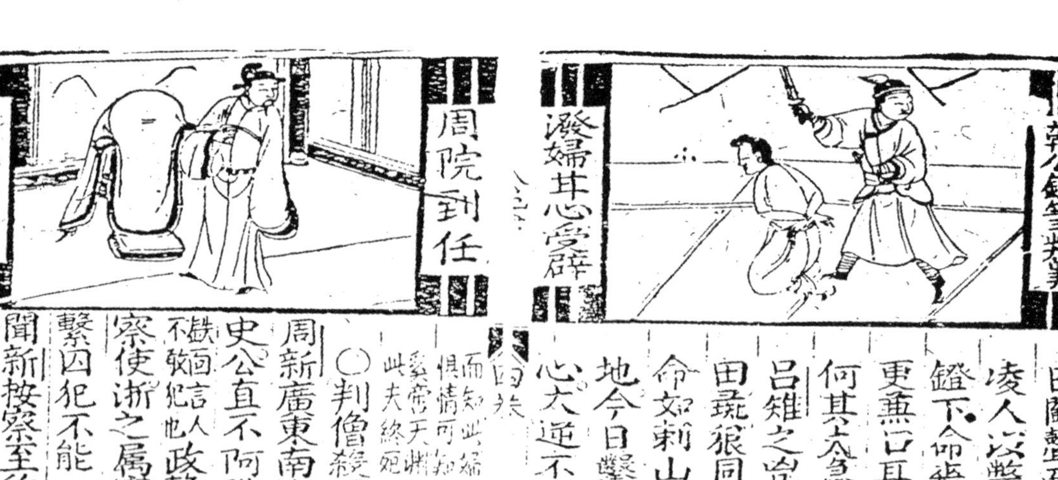

日斷，豈而忕訟不思反己而明婦道，惟欲淩人以斃夫君。杯酒醉來，身遭纏縛，鐵釘釘下，命喪須臾。想其手足拘攣，急難展轉，更兼口耳閉塞，禁不喧呼，卧以受誅，縛疙何其急？靜而待斃，辭牢寂爾無聲。惡甚呂雉之兇殘（漢呂后殺憤夫人，有同人彘之慘），殺夫如殺田彘；狠同武曌之亢厲（唐武則天逞妒，曰張亢厲之威），刺命如剃山。髭鬚時交頭，白髮之情恩將掃地。今日鑿頂剔髓之惡，罪且滔天，即其狠心大逆，不宥鑊鼎毒手極刑，可辟（無懷子曰：蘭聲

公案　卷四　二五

而知此婦之毒，不出於狠心，半為哀，半為恨，情可知也。假諸董、周、杞梁之妻，其賢否奚啻天淵！不有韓公之明，此夫終死於婦人手矣。）

〇判僧殺婦　周按院

周新，廣東南海人，初以經學舉鄉試，授官御史，公直不阿，彈劾權貴，京師目為冷面寒鐵（鐵面言人不敢犯也）。政聲籍籍（籍籍言其名聲之洋溢也），陞浙江按察使。浙之屬官清廉固多，昏闇亦衆，郡縣淹繫囚犯不能一一得理，冤抑者十有二三。一聞新按察至，欣欣喜曰：「冷面寒鐵來，吾冤可白矣。」及新至，繙閱諸郡案卷，所舌旨十之七。

按院審事
有風吹葉來

八異政日著，不特生者感，者求伸雪，死唯冤者亦求洩也。一日，僉押視事，忽見旋風一陣吹一異葉，飄墜案前，鼓舞再四。新命左右取葉來看，問曰：「此葉城中、城外適有否？」左右對曰：「城中無此木，葉負郭四郊亦未有此木葉。獨鄉間一古寺有之，去城甚遠，此葉必從彼處飄來。」新悟曰：「此必寺僧殺人，埋于樹下，冤魂抱不白屈抑，故飄此葉報我。」又恐左右洩露其事，則僧人有所隄防，佯曰：「廻風飄葉，物理之常，何足深究。」問畢，適門下報老爺故

公案　卷四　二六

按院命僧備酒
邀僚佐閑飲酒

鄉有一二鄉友相訪，新延入後堂相待，隨呼值日聽事吏來，送此親友徑至于古寺安歇。隨呼寺僧至，謂曰：「我親友寄寓寺中，今給銀若干，汝合領去買辦物件。」僧人應允，領銀回寺。次日晨後，新命吏胥邀僚佐至堂，謂曰：「昨不才（不才謙言己無才能也）有故人相訪，已着人送至寺中安歇，今日備酒，敢邀諸公同至寺中一樂，何如？」左右對曰：「堂尊有佳客，未獲拜望，返蒙宴召，赧顏何如？」新曰：「今日請諸公待友，雖私而亦公也。日昨接有謀命詞一紙，今日寺

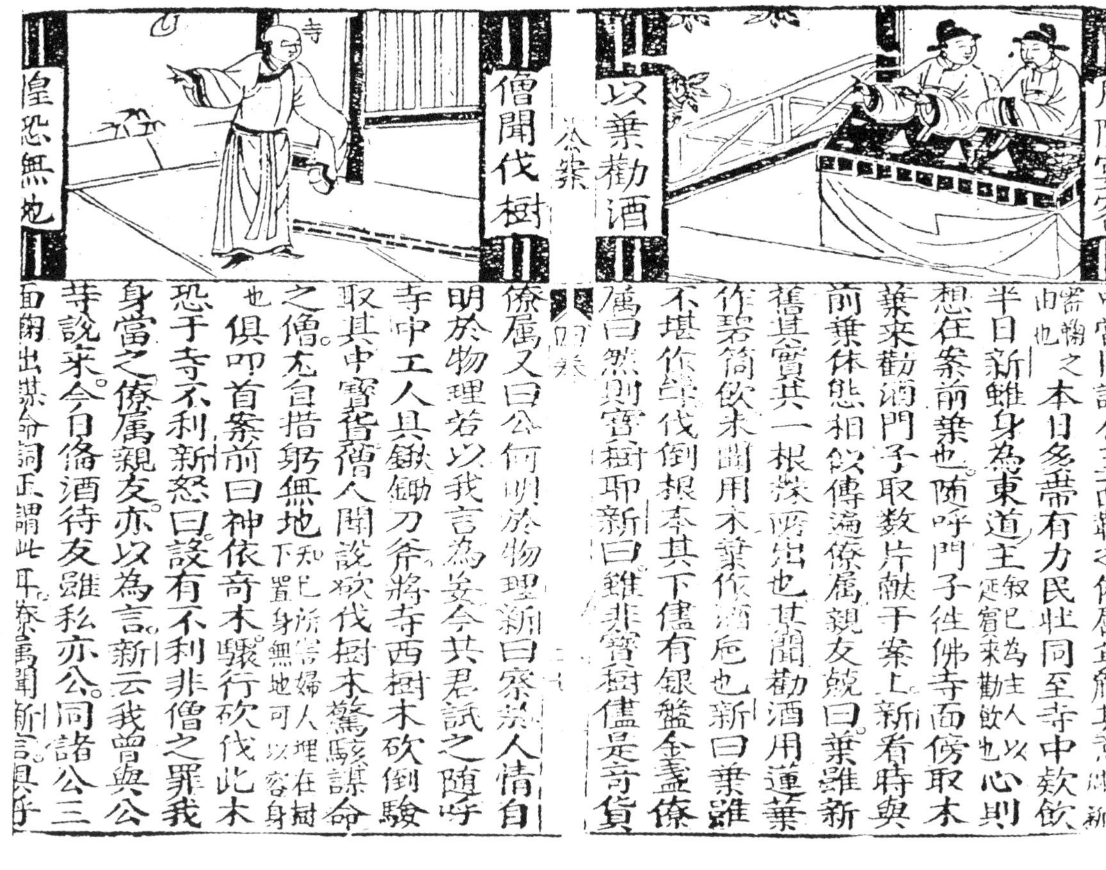

中當同諸公三面鞫之僚屬莫解其意（莫同新審鞫之由也）本日多帯有力民壯同至寺中款飲半日新雖身為東道主（叙已為主人以延賓來勸飲也）心則想在案前葉也。随呼門子往佛寺面傍取木葉來勸酒門子取数片献于案上。新看特與前葉休態相似傳遍僚屬親友就曰。葉雖新舊其實共一根深两出也其間勸酒用蓮葉作碧筒飲未聞用木葉作酒巵也新曰葉雖不堪作巵伐倒根本其下儘有銀盤金盞僚屬曰然則寳樹耶新曰。雖非寳樹儘是奇貨

僚屬又曰公何明於物理新曰察於人情自明於物理若以我言為妄今共君試之随呼寺中工人具鍬鋤刀斧將寺西樹木砍倒驗取其中寳貨僧人聞說欲伐樹木驚駭謀命之僧。左自措躬無地（知已所害婦人埋在樹下置身無地可以容身也）俱叩首案前曰神依奇木。驟行砍伐此木恐于寺不利新怒曰。說有不利非僧之罪我身當之僚屬親友。亦以為言。新云我曾與公等說來。今日備酒待友雖私亦公。同諸公三面鞫出禁命詞正謂此耳。衆皆聞新言。且子

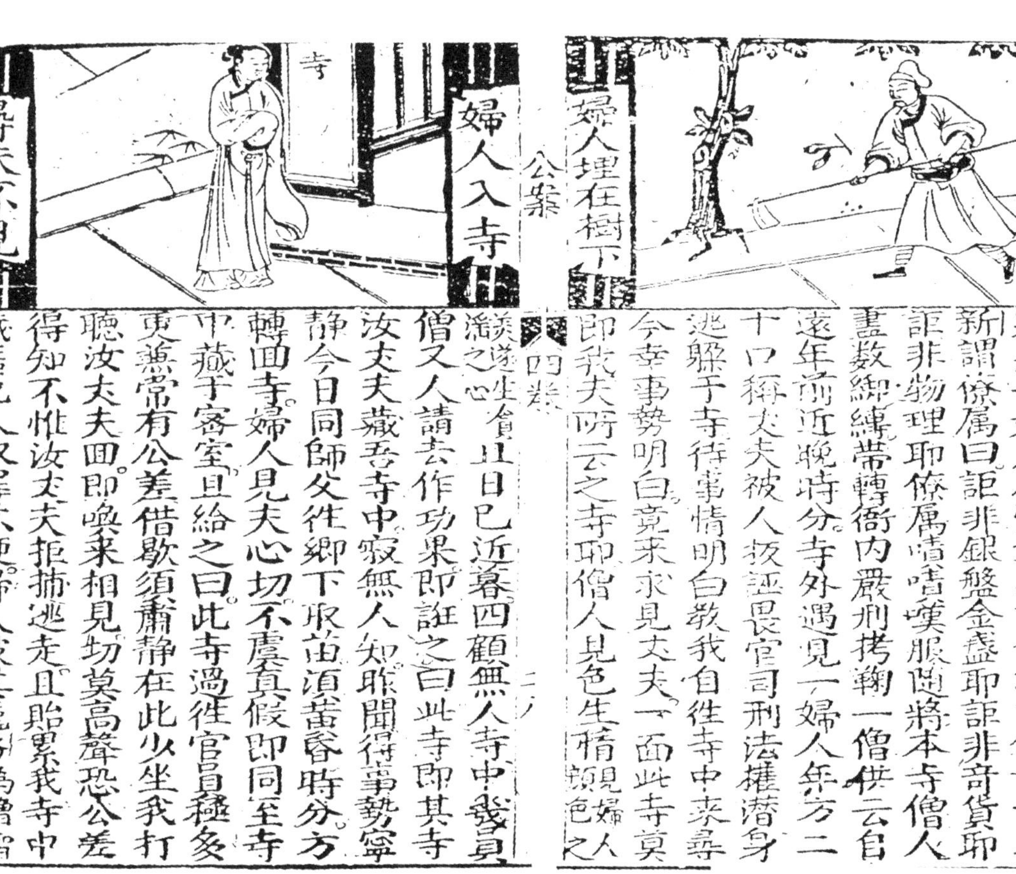

左右助力將寺木砍倒左右鋤未及四五尺果見一婦人屍宛如生前。但項下傷了一刀新謂僚屬曰。詎非銀盤金盞耶詎非奇貨耶詎非物理耶僚屬嗟嘆服随將本寺僧人盡数綁縛帶轉衙内嚴刑拷鞫一僧供云自遠年前近晚時分。寺外遇見一婦人年方二十口稱丈夫被人扳誣畏官司刑法權潜身逃躲于寺待事情明白教我自往寺中來尋今幸事勢明白。竟來求見丈夫。下面此寺莫即我夫所云之寺耶僧人見色生情（見婦人顏色之

美遂生貪淫之心）且日已近暮。四顧無人寺中幾員僧又人請去作功果即誑之曰此寺即其寺汝丈夫藏吾寺中。寂無人知。聞得事勢寧静今日同師父往鄉下取苗須黄昏時分。方轉回寺。婦人見夫心切。不慮真假即同至寺中藏于密室。且給之曰。此寺過往官員極多更兼常有公差借歇須肅静在此少坐我打聽汝丈夫回。即喚來相見切莫高聲恐公差得知不惟汝丈夫拒捕逃走且貽累我寺中藏匿犯人取罪不便。婦人被其詭路僞譖

僧辦酒殽

厚待婦人

也只在僧房默坐候至黃昏不見其夫悲怨少頃所遇僧人送得飯來酒殽盛備謂婦人曰適工人回云師父與你官人為事覊留今日不回矣小娘子且奈煩今日權宿一宵明日相見未遲小僧粗備酒殽請開懷暢飲少酹娘河一夕之懽何如（嫦娥織女一年七夕乃会）婦人聞僧言怒曰良人守分不意昔日為人所誣逃出阱外婦人守信不意今日為僧所誑驅入阱中（阱中如身投陷穽之中）夫不為仇讐而罹刑妾肯為姦僧而受辱哉遂泗滂沱酒殽毫不沾口

僧姦不遂

持刀殺婦

僧人此時曲意奉承婦人貞心激烈即將酒盞丟破僧人之面又將臺上殺儀亂掃亂罵僧人怒發曰本圖一樂不意惹災我放此婦人出去他對夫夫言亦不是好消息趁此無人不如殺之以滅口即拔床頭利刃將此婦人殺死即埋於佛殿西傍次日又鋤山中一木栽于其上衆人見時只說是栽木不慮其下埋有人也經今十六七載不獨外無人知雖衆僧亦不知也今日事發自作自受與衆曾焉干新得其實遂問欽賞命衆僧俱罪㝎

清淨如來佛

不容淫惡僧

與親夫公姑從實釋復喚其夫訊之其夫對去其因出外買賣積有些小資本娶得李氏頗有烈性千山萬水搬回故鄉隣賊王得見我客回必有厚本節次稱貸未允懷忿投誣身出躲逃山寺約妻事釋方得回家後妻出覔我久無踪跡只道途中被人拐去或登山涉水為虎傷水浸不意被此僧人所害若非寃魂自控爺臺吾當不知妻身死於非命如此新曰此雖伊妻寃魂不散實亦此寺如來佛之赫其靈也彼無欲清淨身豈容色欲涅其

周院撥田

旌表烈婦

教門且撥奸僧供詞伊妻貞烈伊語不誣理合領田殮葬撥寺田百畝以充旌奬其寺中住持僧雖非主令不涉故縱衆僧即非知情疎於覺察輕重坐罪如律邵人稱為周仙

天眼恢恢容不踈　奸僧害命受明誅

只從一筆尋消息　冷面周新有鑑湖

○判謀孀婦（張主簿）

張彖以經術逼顯授華陰縣主簿博才倨傲每為守令所抑彖嘆曰大丈夫有盖世凌雲之志而拘于下此若委玺之下史基頁不也

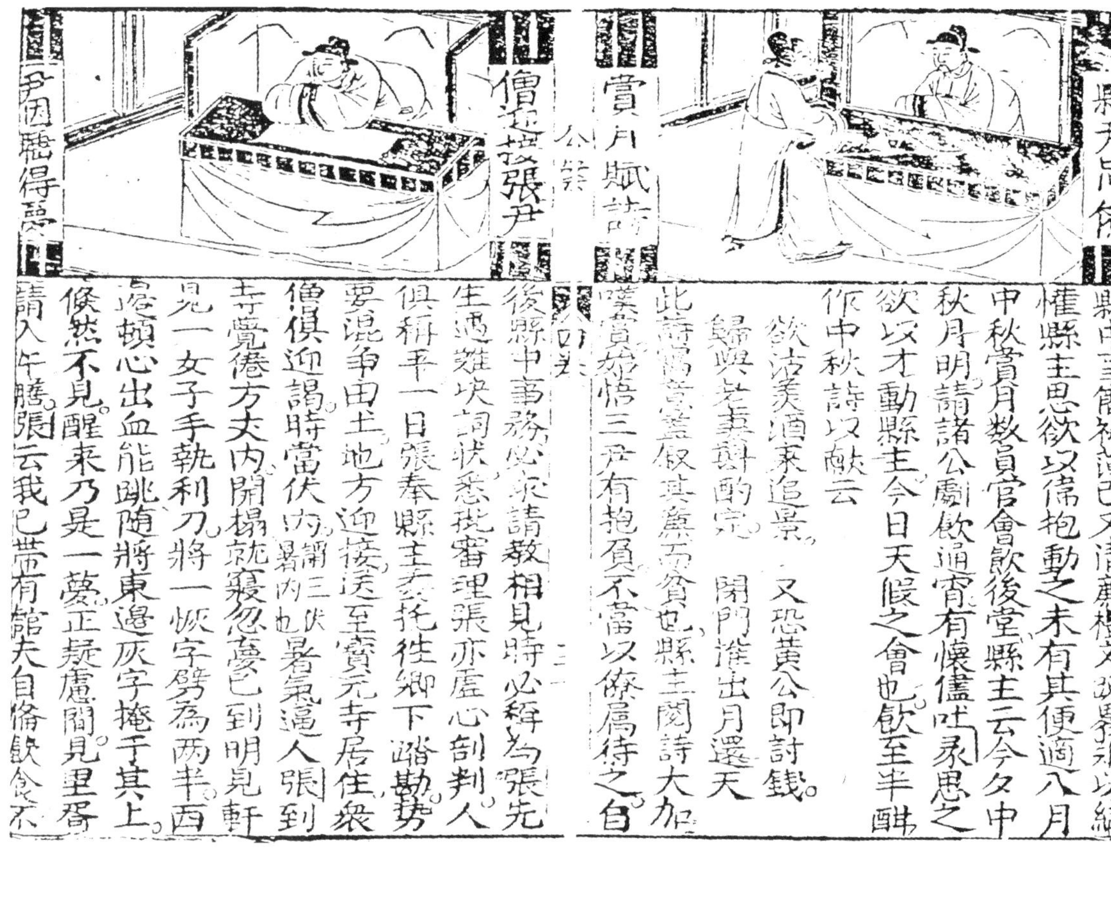

縣中事簡祿薄已又清廉禮文疎畧雖以結權縣主思欲以為抱動之未有其便適八月中秋賞月數員官會飲後堂縣主云今夕中秋月明請諸公劇飲通宵有懷儘吐表思之欲以才動縣主今日天假之會也飲至半酣作中秋詩以獻云

欲沽美酒來追景。又恐黃公即討錢。
歸與老妻斟酌完。閉門推出月還天

此詩傷貧蓋叙其無錢貧也。縣主閱詩大加嘆賞始悟三尹有抱負不當以僚屬待之自

公案　卯集　二一

後縣中事務必求請教相見時必稱為張先生遇難决詞狀悉批審理張亦虛心剖判人俱稱平一日張奉縣主差托往鄉下踏勘勢要混爭田土地方迎接送至寶元寺居住衆僧俱迎謁時當伏内（謂三伏暑内也）暑氣逼人張到寺覺倦方丈内開榻就寢忽夢已到明見軒見一女子手執利刀將一恢字劈為兩半西邊頓心出血能跳隨將東邊灰字掩于其上倏然不見醒來乃是一夢正疑慮間見里胥請入午膳張云我已帶有館夫自備飲食不

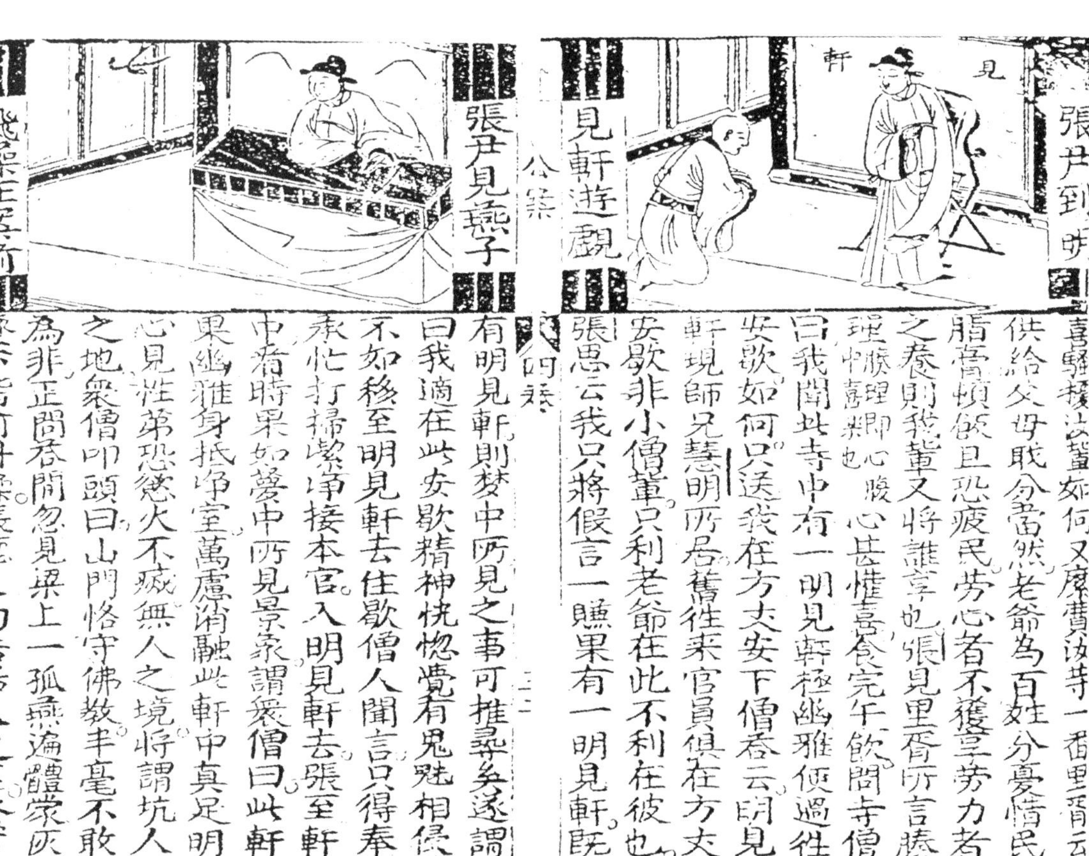

喜雖擾汝輩如何又廢費汝等一番里胥云供給父母眈分當然老爺為百姓分憂惜民脂膏頓飯且恐疲民勞心者不獲享勞力者之養則我輩又将誰享也張見里胥所言懷理（懷理即心腹中話也）心甚懽喜食完午飲問寺僧曰我聞此寺中有一明見軒極幽雅便過往安歇如何只送我在方丈安下僧荅云明見軒現師兄慧明所居舊往来官員俱在方丈安歇非小僧輩只利老爺在此不利在彼也張思云我只將假言一驗果有一明見軒既

公案　卯集　二二

有明見軒則夢中所見之事可推尋矣遂謂曰我適在此安歇精神恍惚覺有鬼魅相侵不如移至明見軒去住歇僧人聞言只得奉承忙打掃潔淨接本官。入明見軒去張至軒中看時果如夢中所見景象謂衆僧曰此軒果幽雅身抵淨室萬慮消融此軒中真足明心見性第恐慾火不滅無人之境将謂坑人之地衆僧叩頭曰山門恪守佛教半毫不敢為非正問荅間忽見梁上一孤燕遍體蒙灰墜下皆前叫噪張聽之初若聒人之耳終覺

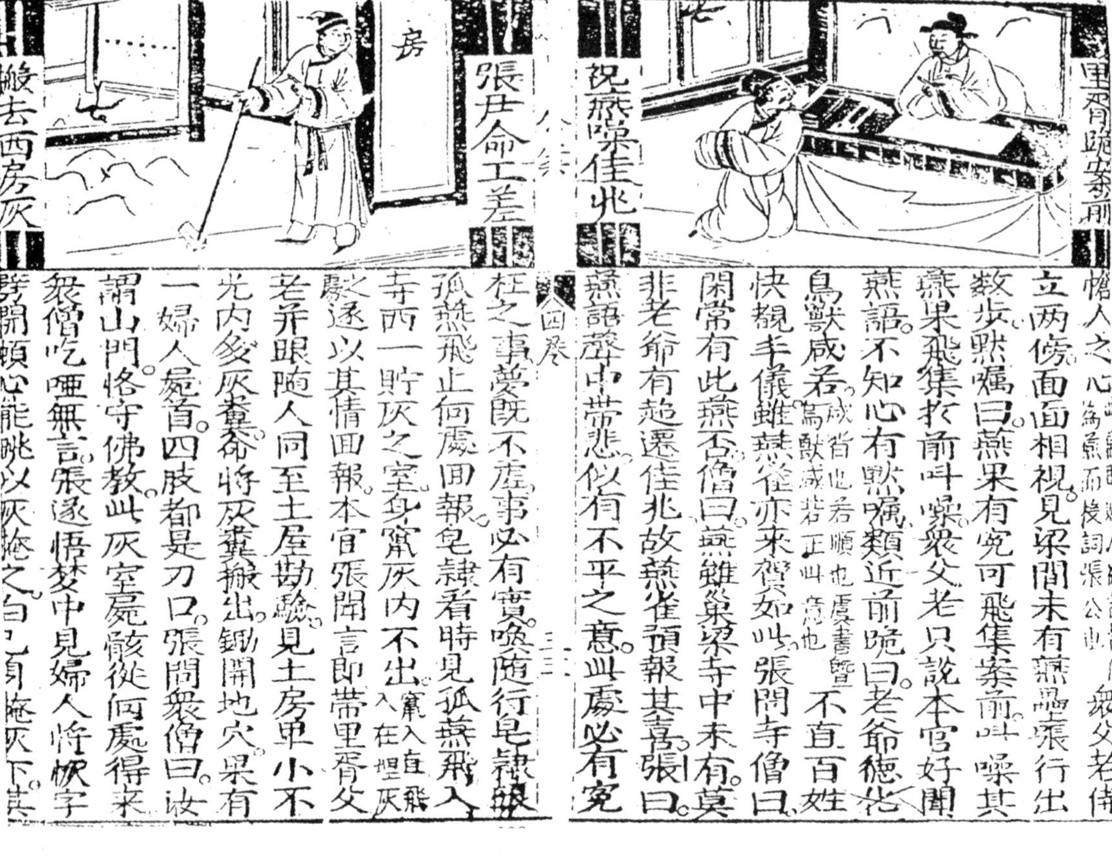

愰人之心（此爲燕而侯婦人者皆此燕而後詞張公也）衆父老侍立两傍。面面相視。見梁間未有燕壘。張行出数步。黙禱曰。燕果有冤可飛集案前。叫噪其燕果飛集於前叫噪。衆父老只說本官好聞燕語。不知心有黙禱。類近前晓曰。老爺德化鳥獸咸若。（咸皆也若順也虞書暨鳥獸咸若正此意也）不宜百姓快覩丰儀。雖燕雀亦來賀如此。張問寺僧曰。閒常有此燕否。僧曰。燕雖巢梁寺中未有。莫非老爺有超遷佳兆。故燕雀預報其喜。張曰。燕語聲中帶悲。似有不平之意。此處必有冤

公案　四卷　三三

枉之事。夢既不虚。事必有實。喚隨行皂隸役孤燕飛止何處回報。皂隸看時見孤燕飛入寺西一貯灰之室。身竄灰内不出。（竄入直飛入在埋灰）殿。遂以其情回報。本官張開言即帶里胥父老并跟随人同至土屋勘驗。見土房卑小不光内多灰糞。命将灰糞搬出。鋤開地穴。果有一婦人屍首。四肢都是刀口。張問衆僧曰。汝謂山門恪守佛教。此灰室屍骸從何處得來衆僧吃唖無言。張遂悟夢中見婦人将帨字劈開頓心能晓以灰掩之。自己身掩灰下。其

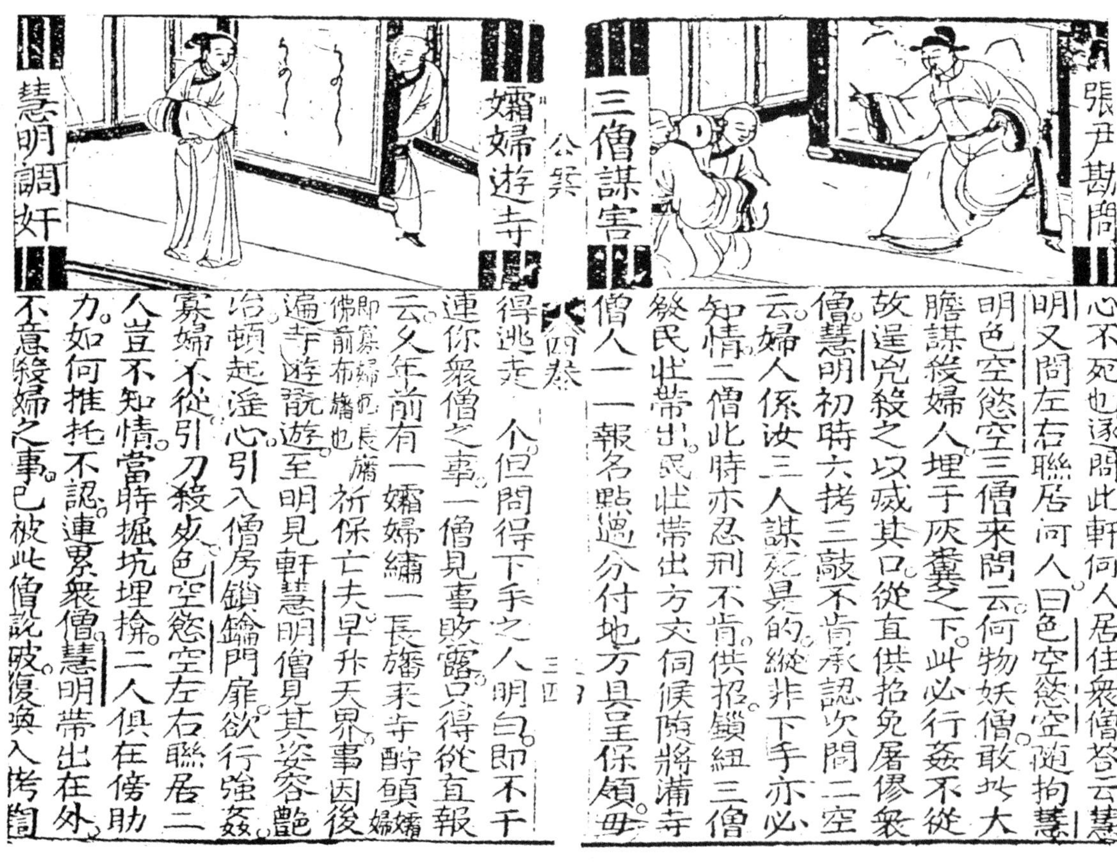

心不死也。遂問此軒何人居住。衆僧答云。慧明又問左右聯居何人。曰。色空慾空。随拘慧明色空慾空三僧來問云。何物妖僧。敢如此大膽謀殺婦人。埋于灰糞之下。此必行姦不從故逞兇殺之以滅其口。從直供招免屠僇衆僧。慧明初時六拷三敲不肯承認。次問二空云。婦人係汝三人謀死是的。縱非下手亦必知情。二僧此時亦忍刑不肯。供招鎖紐三僧發民壯帶出。民壯帶出方交伺候随將滿寺僧人一一報名點過。分付地方具呈保領。毋

公案　四卷　三四

得逃走。个但問得下手之人明白。即不干連你衆僧之事。一僧見事敗露。只得從直報云。久年前有一孀婦繡一長旛來寺酧願（孀婦即寡婦也長旛佛前布旛也）祈保亡夫早升天界。事因後遍寺遊翫遊。至明見軒慧明僧見其姿容艶冶。頓起淫心。引入僧房鎖鑰門扉。欲行强姦。寡婦不從。引刀殺死。色空慾空左右聯居二人豈不知情。當時掘坑埋掩。二人俱在傍助力。如何推托不認。連累衆僧。慧明帶出在外。不意殺婦之事。已被此僧説破。復喚入拷問

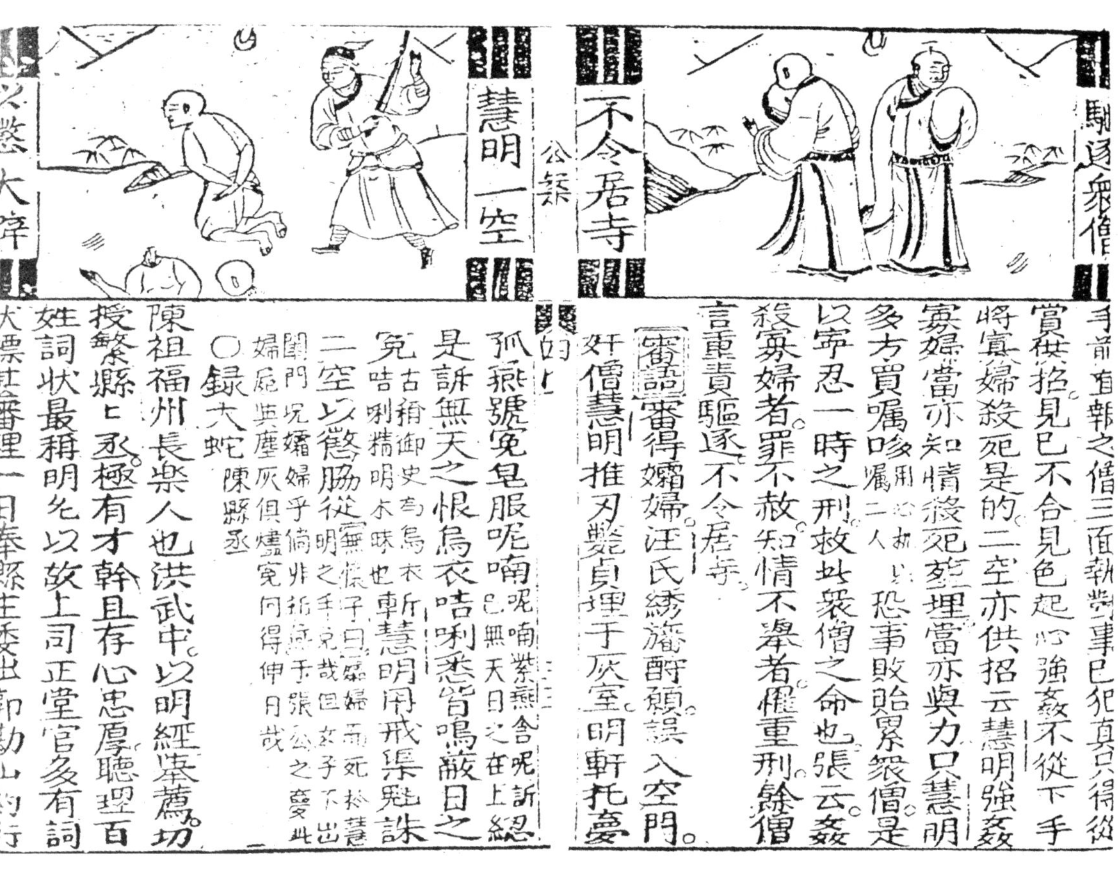

手前直朝之僧三面執對事已犯真只得從實供招見色起心強姦不從下手將寡婦殺死是的二空亦供招云慧明強姦寡婦當亦知情殺死埋當亦與力只慧明多方買囑哆（多用心計以囑二人）恐事敗貽累衆僧是以寄忍一時之刑救此衆僧之命也張云姦殺寡婦者罪不赦知情不舉者罹重刑餘僧言重責驅逐不令居寺

〔審語〕審得孀婦汪氏綉旛酧願誤入空門奸僧慧明推刃斃貞埋于灰室明軒托夢孤孀號冤皂服呢喃（呢喃紫燕含呢訴已無天日之在上）總是訴無天之恨烏衣咭唎悉皆鳴蔽日之冤（古稱御史為烏衣咭唎精明木味也）斬慧明用戒集鬼誅二空以懲勝從（寧無孫子曰孀婦而死於慧明之手冤哉但亦子不出閨門況孀婦乎倘非訴于張公之夢此婦屍與塵灰俱燼冤何得伸月哉）

〇録大蛇　陳縣丞

陳祖福州長樂人也洪武中以明經薦功授繁縣縣丞極有才幹且存心忠厚聽理百姓詞狀最稱明允以故上司正堂官多有詞狀標其審理一日奉縣主委出郭勘山約行

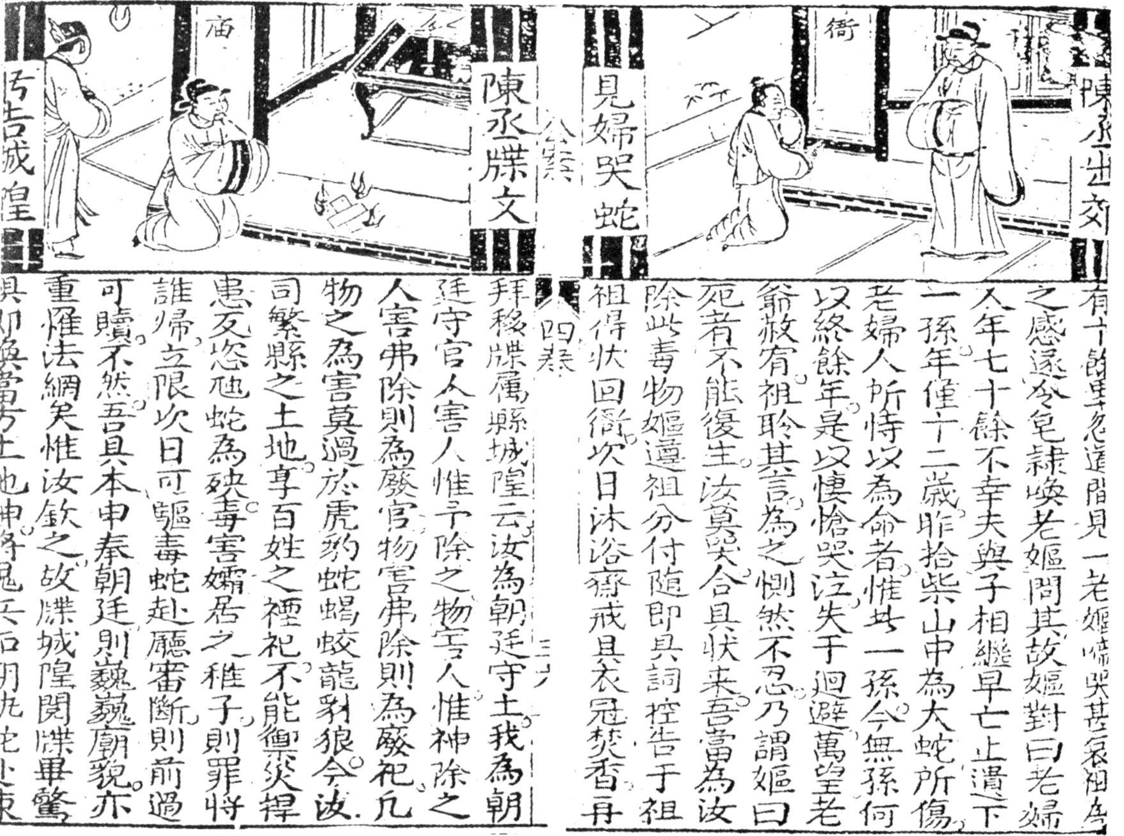

有十餘里忽道間見一老嫗啼哭甚哀祖乃之感遂令皂隷喚老嫗問其故嫗對曰老婦今年七十餘不幸夫與子相繼早亡止遺下一孫年僅十二歲昨拾柴山中為大蛇所傷老婦人所恃以為命者惟此一孫今無孫何以終餘年是以悽愴哭泣失于迴避萬望老爺赦宥祖聆其言為之惻然不忍乃謂嫗曰死者不能復生汝莫哭合具狀來吾當為汝除此毒物嫗遵祖分付隨即具詞控告于祖祖得狀回衙次日沐浴齋戒具衣冠焚香再拜移牒屬縣城隍云汝為朝廷守土我為朝廷守官人害人惟予除之物害人惟神除之人害弗除則為廢官物害弗除則為廢祀凡物之為害莫過於虎豹蛇蝎蛟龍豺狼今汝司繁縣之土地享百姓之禋祀不能禦災捍患反恣虺蛇為殃毒害孀居之稚子則罪將誰歸立限次日可驅毒蛇赴廳審斷則前過可贖不然吾具本申奏朝廷則巍巍廟貌亦重罹法網矣惟汝欽之故牒城隍閱牒畢驚具仰與當方土地伸將鬼兵拘朝執蛇赴陳

城隍驅蛇

爺縣主明决至期果有群蛇集于治事廳下若犯人俯伏待審狀神諭曰未傷人命者退左右毋得妄擊傷人者垂首償命群蛇皆出独一大蛇伏地不去祖知童命必此蛇所傷乃謂蛇曰汝居介虫之類宜安汝分以求生苟非寃讐不可妄傷兒以此暮年之孽殯撫此髫齓之孤兒情在所哀矜理在所可恤豈忍螫而傷之以損其命使孤兒殀折老婦無終汝殺命償命又何辭焉遂命左右取利劍地上令蛇自殞抵罪其蛇即纏劍自殺喚老

公案　四　三十

到廳聽審

丐子刁棍

嫗至廳前給白米一石白金十兩以終養之一郡嘆服

毒口螫人蛇蝎悪　除妖剔蠹守公賢
米金給賜婦終養　孀婦從今荷二天

〇判誣人命　梅同知

芝城一丐子刁棍與外江客丐子厮打刁棍力強又無人勸解將客丐子痛打一頓命斃手絶抗至高門外関王廟中歇只説我被他這打痛搓過也及次日客丐子死於廟刁棍自忖打死丐子極重想必是故客客尋到其

痛打客丐子

長者張氏

門外衆人有言関王廟中死一乞丐子入看之正昨所打之客丐也即放聲哭曰此吾親弟也聞昨日被人打故來看之不意便死我當為尔報仇也哭了便去竟不來收埋住廟人方去各家化錢欲僱人為瘞有一長者張善本府約正也生平好善肯施捨因廟主來化錢自出銀五錢與買棺木銅錢二百文與顧車夫殯埋已訖刁棍復來問曰何人為我瘞弟廟主曰你亦不來多得張長者捨錢若干買棺代瘞刁棍即到張宅曰我本江右客

發錢助瘞

公案　四　三十一

刁棍無良

人親弟刁栖前日在人家抄化觸怒於人被人痛打身死今聞正是你家怎広將白棺貯得去我弟兄流落在此孤客無倚你不如討埋殯銀十兩與我免我去告不然告出人命你亦要償命矣張善好言温慰之（不能辨而以温言慰勞之）曰你弟必在別處被打可要詳細躰訪我家世守本分決不打罵乞丐人兒昨日並無乞丐何曾有打你去問左右鄰便知刁棍曰人命在情不是你打何以出銀埋殯張善曰施捨出於自心昨日廟主來化錢我以此捨

徒顛張善

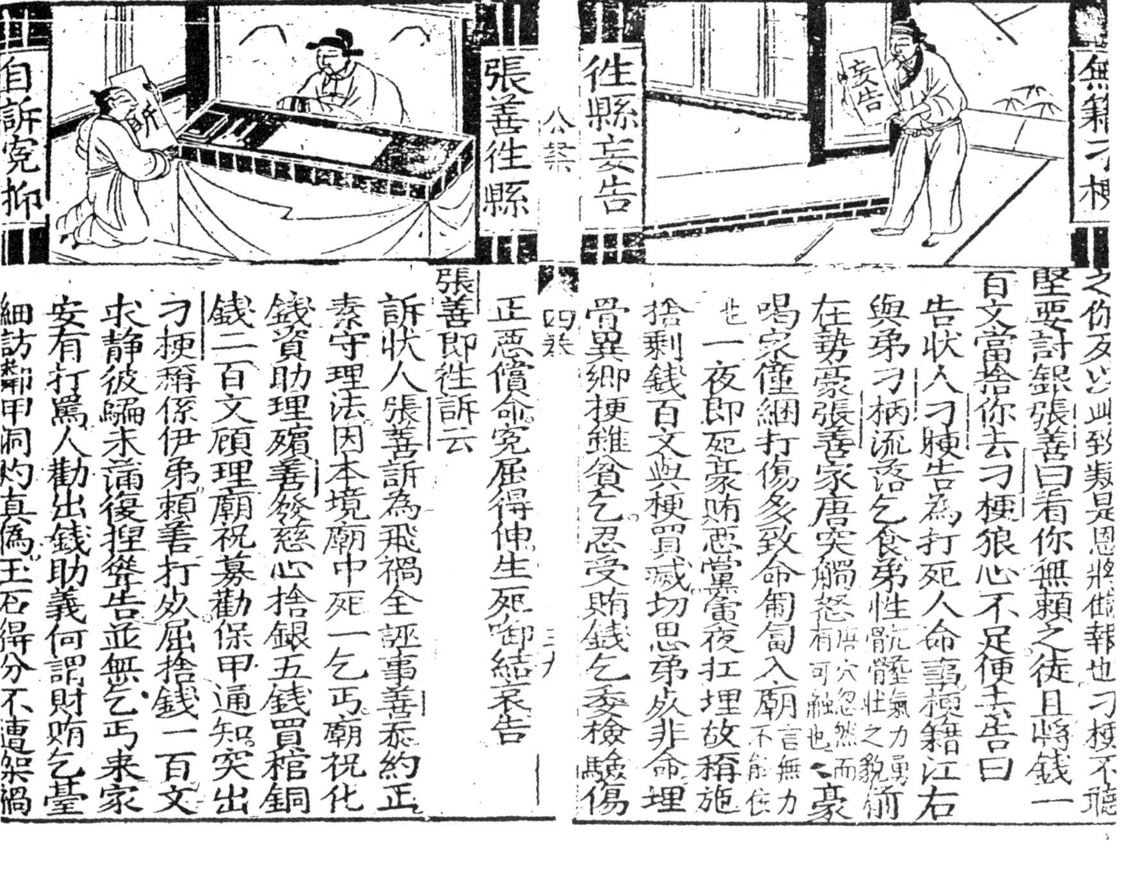

之仞反以此致叛是恩將讎報也刁梗不聽堅要討銀張善曰看你無頼之徒且將錢一百文當捨你去刁梗狼心不足便去告曰

告狀人刁梗告為打死人命事梗籍江右與弟刁柄流落乞食弟性骯髒（骯髒氣力勇壯之貌）衝在勢豪張善家唐突觸怒（唐突忽然而有可觸也）豪喝家僮綑打傷多致命匍匐入廟（匍匐言無力不能佐也）一夜即死豪賄惡黨當夜扛埋故稱施捨剩錢百文與梗買藏切思弟死非命埋骨異鄉梗雖貧乞忍受賄錢乞委檢驗傷正惡償命冤屈得伸生死啣結哀告

張善即往訴云

訴狀人張善訴為飛禍全誣事善忝約正奉守理法因本境廟中死一乞丐廟祝化錢資助理殯善發慈心捨銀五錢買棺銅錢二百文顧理廟祝募勸保甲通知突出刁梗稱係伊弟賴善打死屈捨錢一百文求靜彼騙未滿復捏辭告並無乞丐來家安有打罵人勸出錢助義何謂財賄乞臺細訪鄰甲洞灼真偽玉石得分不遭架禍（如日之照而尋之真偽……書經火焚崑岡玉石俱焚言難分也）上

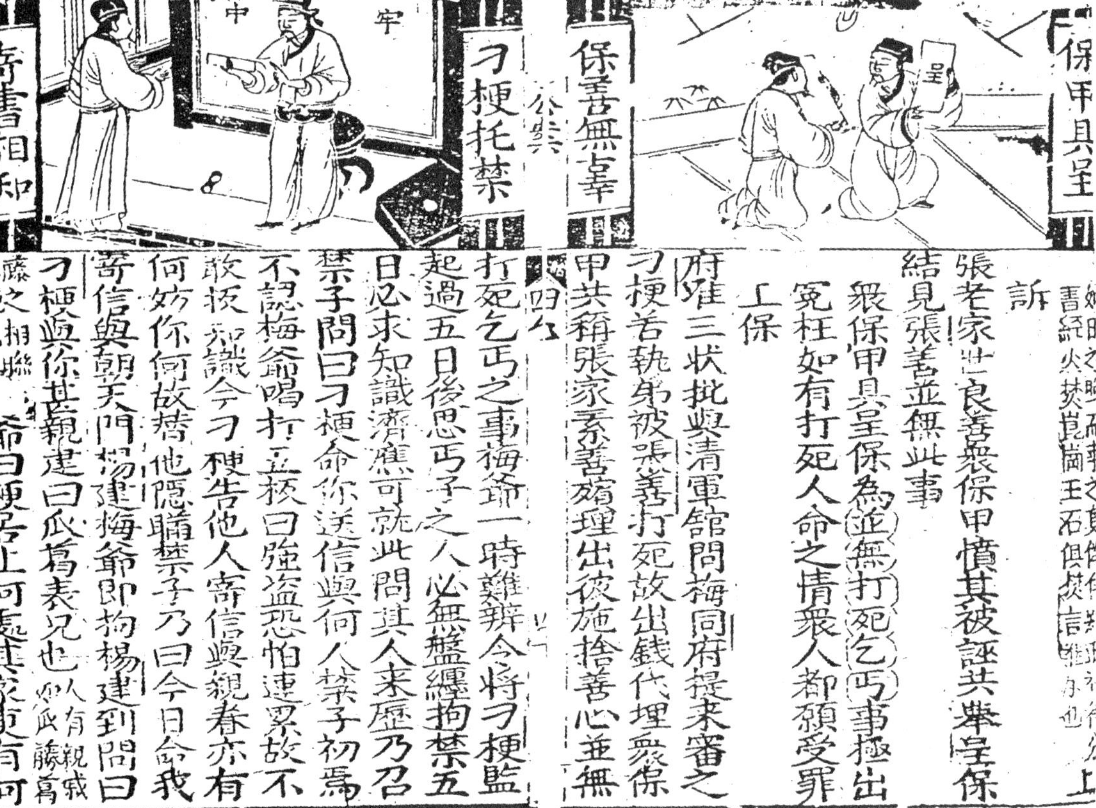

訴

張老家世良善衆保甲憤其被誣共舉呈保結見張善並無此事

衆保甲具呈保為並無打死乞丐事極出冤枉如有打死人命之情衆人都願受罪

上保

府准三狀批與清軍館問梅同府提來審之刁梗若執弟被張善打死故出錢代埋衆保甲共稱張家素善殯埋出於施捨善心並無打死乞丐之事梅爺一時難辨令將刁梗監起過五日後思丐子之人必無盤纏拘禁五日必求知識濟應可就此問其人来歷乃召禁子問曰刁梗命你送信與何人禁子初焉不認梅爺喝打五板曰強盜恐怕連累故不敢扳知識今刁梗告他人寄信與親眷亦有何妨你何故替他隱瞞禁子乃曰今日命我寄信與朝天門楊建梅爺即拘楊建到問曰刁梗與你甚親建曰瓜葛表兄也（瓜葛人有親戚如瓜藤蔓之相聯也）爺曰梗居止何處其家更有何

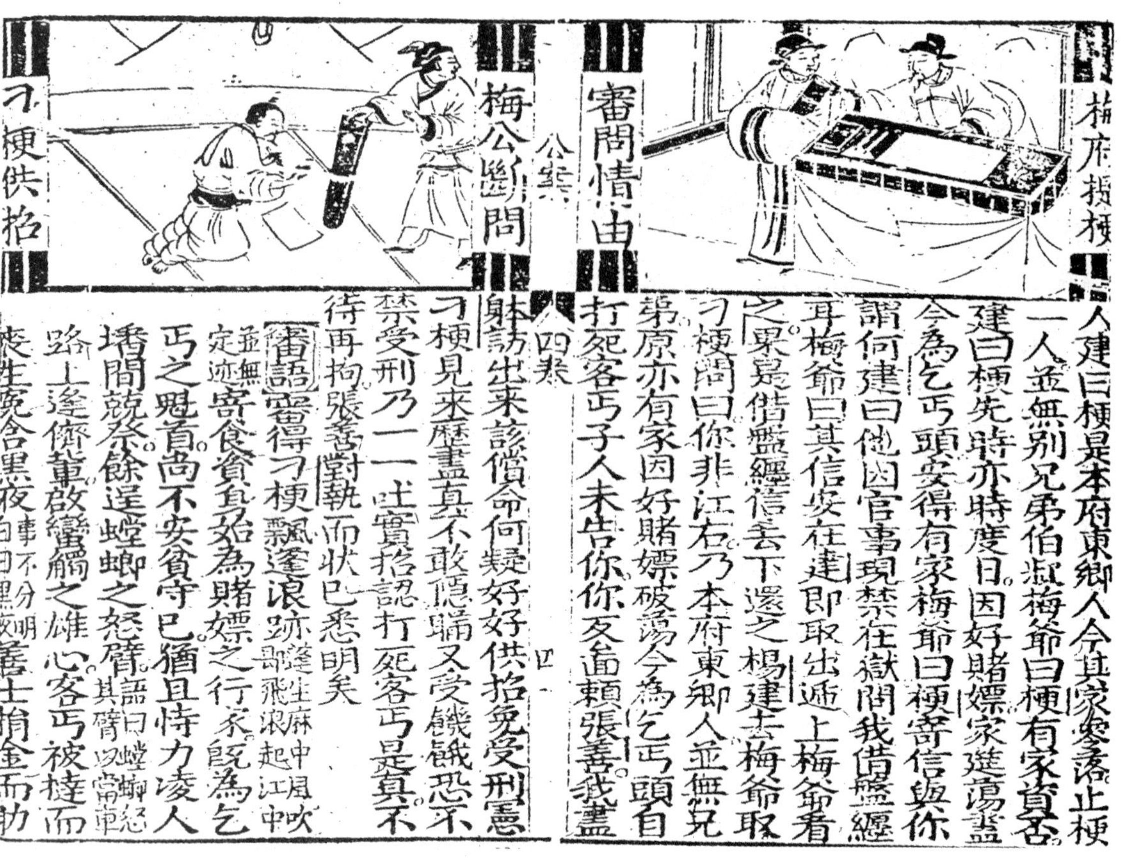

人建曰梗是本府東鄉人今其家零落止梗一人並無別兄弟伯叔梅爺曰梗有家貲否建曰梗先時亦時度日因好賭嫖家蕩盡今為乞丐頭安得有家梅爺曰梗寄信與你謂何建曰他因官事現禁在獄問我借盤纏耳梅爺曰其信安在建即取出遞上梅爺看之果是借盤纏信丟下還之楊建去梅爺取刁梗問曰你非江右乃本府東鄉人並無兄弟原亦有家因好賭嫖破蕩今為乞丐頭自打死客丐子人未告你你反面賴張善我盡射訪出來該償命何疑好好供招免受刑憲刁梗見來歷盡真不敢隱瞞又受饑餓恐不禁受刑乃一一吐實招認打死客丐是真不待再拘張善對執而狀已悉明矣

【音語】審得刁梗飄蓬浪跡〔蓬生麻中風吹飛浪起江中〕〔並無定迹〕寄食貧乞始為賭嫖之行。既為乞丐之魁首尚不安貧守已猶且恃力凌人墦間競祭餘逞螳螂之怒臂〔語曰螳螂怒其臂以當車〕路上逢儕輩啟蠻觸之雄心客丐被撻而喪生冤含黑夜〔事不分明白如黑夜〕善士捐金而劫

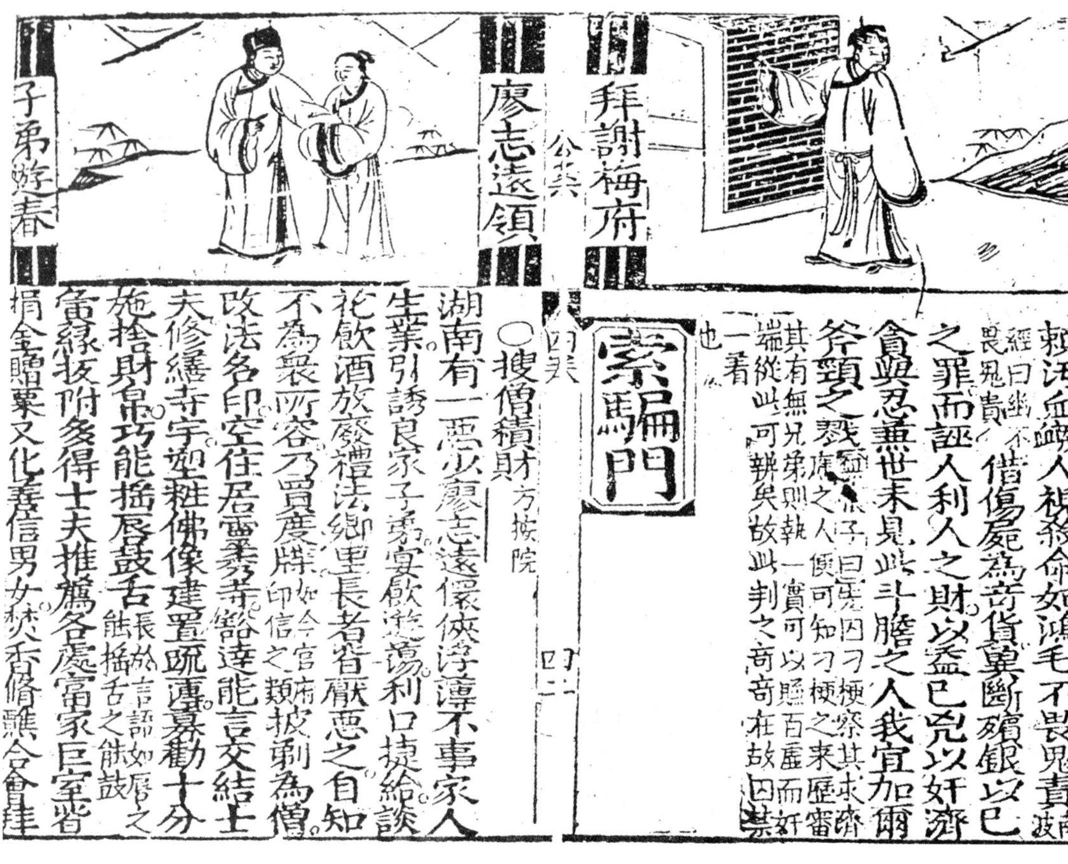

蹇仁者青天未告官臧罪發灑維反行盜賴汚血蝕人視殺命如鴻毛不畏鬼責〔南波〕〔經曰幽不畏鬼責〕借傷屍為奇貨冀斷殯銀以巳之罪而誣人利人之財以盜已兇以奸濟貪與忍兼世未見此斗膽之人我宜加爾斧頸之戮〔寇之子曰先因刁梗祭其求濟庶之人便可知刁梗之來歷當其有無兄弟則執一實可以驗百虛而奸端從此可辨矣故此判之奇奇在故因禁一看也〕

索騙門

○搜僧積財　方按院

湖南有一惡少廖志遠儇俠浮薄不事家人生業。引誘良家子弟宴飲遊蕩。利口捷給談花飲酒放廢禮法。鄉里長者皆厭惡之。自知不為衆所容。乃買度牒〔如今官府印信之類〕披剃為僧。改法名印空。住居靈霧寺。豁達能言。交結士夫。修繕寺宇。塑粧佛像。建置疏簿。募勸十分施捨財帛。巧能搖唇鼓舌〔長於言語如唇之能搖舌之能鼓〕富緣投附多得士夫推薦各處富家巨室皆捐金贈粟又化善信男女焚香膳齋會建

印空往縣

批照還俗

謊多般設施皆幻誘愚俗利其財帛不三四年積財萬計廣置衣服器皿娶妻育子外為僧內為俗極有機智又思久恐事露及從點為按察巡歷湖南印空自去投牒請脫錙歸俗具狀云

告狀僧印空告為批照歸俗事印空原係良民姓名廖志遠張信僧家勸化買牒出家求悟心性欲了生死今愚昧未徹佛教難通徒善脩行敘已修行之難不若還俗之便絕祖嗣續願復歸俗納差當家恐來謗議理合告明

按院提空

詰問情由

繳還度牒寺付後僧掌管再不執占乞准

立案批照以絕後悔上告

方公問曰爾教化幾年所得幾何印空曰已出家三年旋得旋用公曰費用造設幾何印空曰凡脩造寺宇繪塑佛像共費三千餘貫公曰給者既知納者豈不能記決有隱欺乃差手下往搜其積蓄見寺中器物充牣牣滿也言其器備也其衣服裀疊有銀二箱有一婦人抱一幼子悉提到衙公問曰此婦人何來婦答係印空取我為妻生子已周歲矣崔公曰為僧

按院審斷

印空還俗

而娶妻育子亦有此佛教且此俗何樣皆是惑騙良民的當今妻子與你同歸俗衣服帶去而財物當以之還施貧者器物留寺以付下手掌管之僧受用

審語　審得僧印空原是廖志遠遊手好閒浪跡無籍衲衣披躰非欲見性明心梵宇棲身惟欲誣民惑世叩雙鋒而竭五內言心中五臟也鳴法鼓而集方神募化勸緣多營粟帛脩齋設醮廣集貨財經營三載之間蓄積千金之業衣裳裀疊裀疊整齊之貌器物充

盈夜擁百媚之妻媚美色也手抱一週之子是何佛教有此沙彌玷穢空門殞越王法取利既滿於溪壑積財似溪壑之深投牒仍歸於里閭雖逃釋歸民當從所願而騙衆致富宜沒其貲妻子付爾歸家錢帛散之貧屢庶不拂反正之念且少懲罔世之奸

無懷子曰　按僧告歸俗自古有之崔公必問所得若何遂察出其誣騙之奸可謂明也已矣僧家覩此當惕然省矣

公案四卷終

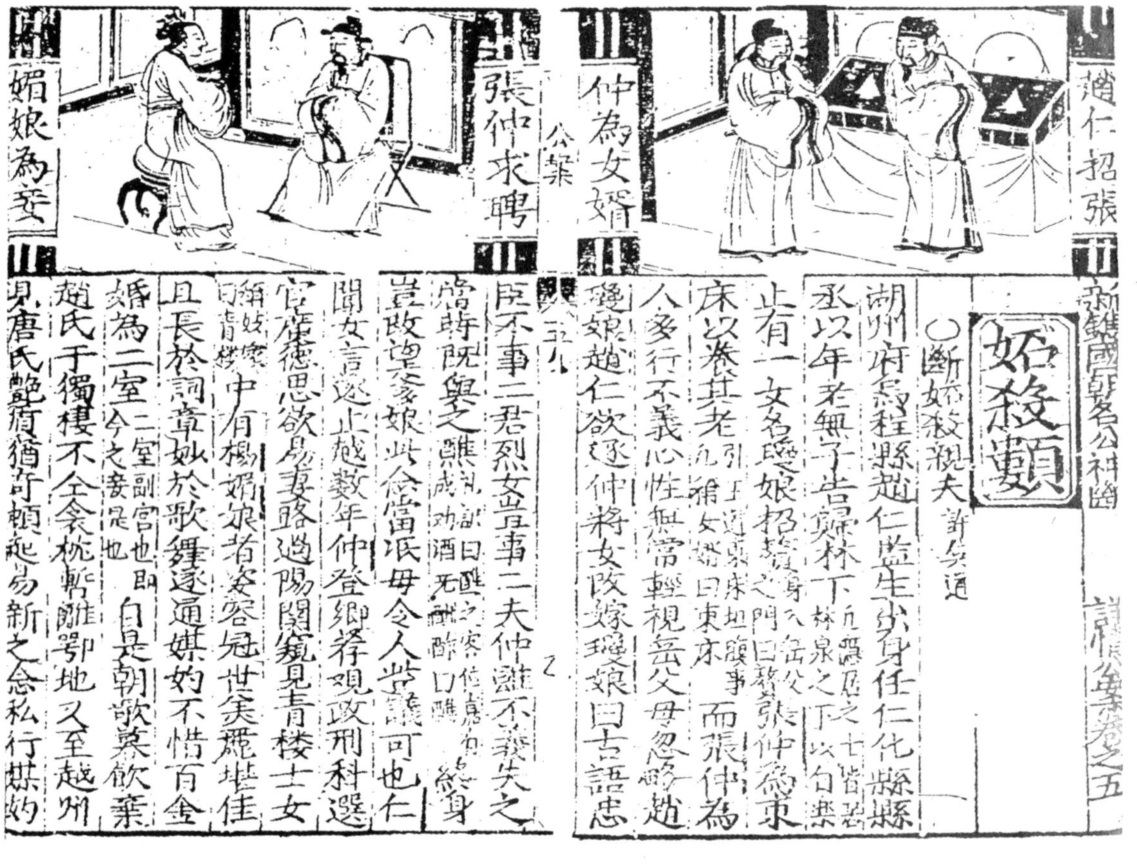

新鐫國朝名公神斷　詳情公案卷之五

妬殺類

〇斷妬殺親夫　許矣道

湖州府烏程縣趙仁監生出身任仁化縣縣丞以年老無子告歸林下（凡遇居之士皆謂以白樂林泉之下）止有一女名璁娘招贅（贅入室之門曰贅）張仲爲東床以養其老（引王羲之坦腹事凡稱女婿曰東床）而張仲爲人多行不義心性無常輕視岳父母忽略趙璁娘趙仁欲逐仲將女改嫁璁娘曰古語忠臣不事二君烈女豈事二夫仲雖不義失之當時既醮之（醮禮記曰醮之客位嘉有成勸酒無酬酢曰醮）終身豈敢望參娘此命當張母令人世譏可也仁聞女言遂止越數年仲登鄉薦觀政刑科選官廣德思欲易妻路過陽關窺見青樓士女（青樓即娼妓家）中有楊娟娘者姿容冠世美麗堪佳且長於詞章妙於歌舞遂通媒妁不惜百金娶爲二室（二室副宮也即今之妾是也）自是朝歌暮飲棄趙氏于獨樓不全衾枕暫離鄂地又至越州見唐氏艷質猶可頓起易新之念私行媒妁

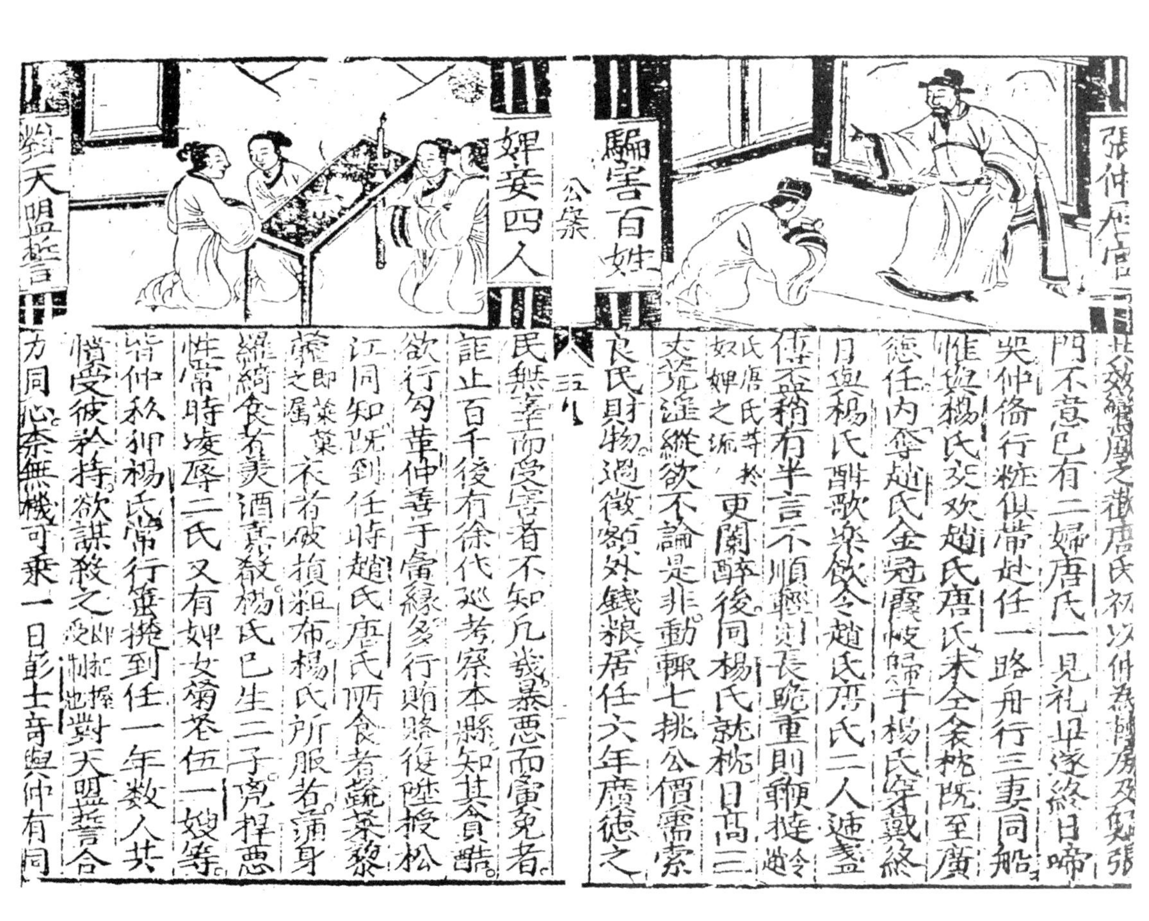

其效纔虜之徵唐氏初以仲爲謫虜及知張門不意已有二婦唐氏一見礼且遂終日啼哭仲偕行粧俱帶赴任一路舟行三妻同船惟與楊氏交歡趙氏唐氏未全衾枕既至廣德任內奪趙氏金冠霞帔歸于楊氏穿戴終日與楊氏酣歌樂飲令趙氏唐氏二人遞盞侍奉稍有半言不順輕則長跪重則鞭撻（令趙氏唐氏等於奴婢之流）更闌醉後同楊氏就枕日高三丈猶縱欲不論是非動輒七挑公價需索良民財物過徵額外錢粮居任六年廣德之民無辜而受害者不知凡幾暴惡而倖免者詎止百千後有徐代巡考察本縣知其貪酷欲行勾革仲善于鑽緣多行賄賂徙陞授松江同知既到任時趙氏唐氏所食者蔬菜藜藿（即菜之屬）衣者破損粗布楊氏所服者綢身綾綺食者美酒烹殺楊氏已生二子亮桯惡性常時凌辱二氏又有婢女觔苍伍一嫂等皆仲私御楊氏常行箠撻到任一年數人共憤受彼拘持欲謀殺之（拘持即受制也）對天盟誓合力同心奈無機可乘一日彭士奇與仲有同

婢妾殺 死張仲

年之雅。過衙拜謁。仲即留飲。仲亦酩酊。晝寢。唐氏四人欲謀下手行事。偶袁通判邀飲公堂回衙。又將趙氏等跪打一番。初入卧房醉睡。四人候至三更時分。趙氏執一鉄槌。伍一嫂、唐氏執刀。菊花執斧。四人直入床前。趙氏、唐氏、菊花與一嫂四人共謀。將一槌向頭上打去。仲即時當死。仲頃刻死於非命。後入内室欲殺楊氏母子。忽然風動外邊僚屬官員。即帶上宿兵皂入衙。但見各執利器。即令官兵將幼男奪去。將楊氏放開。楊氏母子倖免。

官兵擒 捉四婦

官兵即將四婦擒捉收監。次日鄭知府審一番。具由押送上許公。道審問趙氏自供狀曰：狀供惡夫縱妾凌妻。積恨謀故事。緣氏父居濂官。族謹清閨。年已就衰。每有絕宗之苦。老當益壯。偶遇弄瓦之歡（生女名弄瓦出詩經）。氏本深憐。乃趙門之半子。欲納良配。托張仲以終身。何意月老無端。固失百年之望。冰弦有間。遂孤諧老之期。親迎而來。諒為卓門佳婿。秉鴛而至。休誇唐室良姻。不念布衣寒士。遽報閥閱之門牆（閥閱仕宦之家有）

王貢儇姬。下適孤寒之微賤。愚意得倚于玉樹。藤蔓乃附於金枝。曰舅曰母。視如陌路。若夫若婦。竟如仇敵。父欲逐惡而改行。尚作買山之謀。氏則烈姓無更（趙女對父曰忠臣不事二君烈女不更二夫）。僅有下机之辛。是故不惜資金。教誨切發于雲路。時張仲升領利官（刑部任廣德府）。何嫌路費。嘗為得侍于王庭。覲政刑科選官廣德。一朝得意。萬德俱忘。非惟背義失恩。仰且決謀娶妾。逕過陽關。窺見青樓子女。詢諸勝景。欲要月裡冰人。楊家之女。顛

往張氏之郎。輕蕩（指張仲放蕩不知礼法也）。路逼嫉妒。頓合秦晉。旅邊花柳。恣意戀情（指與楊氏提歡也）。室内糟糠。了無掛意。但思每有蔡邕之情（蔡邕不願其妻）。何彼不仗宋弘之義（宋弘曰貧賤之妻不可忘糟糠之妻不下堂）。暫離鄂地。行至越州。見唐氏之姿容。有易新之惡舉。私通月老（月老即媒人之稱）。欲效鸞鳳。誰知已有二房妻妾。將此則為三妾（趙氏楊氏唐氏）。婦家作會。三人覲覿紅顏。叔礼方言。二妾嚎啕。隨淚豈惡。不分妻妾。奚入房幃。即備行粧。俱令赴任。一入驛時。就變顏

色将氏頭戴金冠身穿霞帔略假手于張郎反帰于楊氏張仲将奔丑妻逝氏服物奪以与楊白頭之嘆料不克於終身莫棠之詩免不歌於閨閫終夜飲酒楊其容而張其主二人傳逝氏其婢而唐其奴稍不順情即令跪於檻外略不如意惡怒自杖於堂中酣醉之時酒闌之際先封二氏房門后恐楊娼幃帳日出三竿尚不抽身理事案積多文何曾舉手施為稍出升堂杖死无辜数百暫行比較刑加不罪千人易冠粧而打工匠对

博奕而損命門家奴僕役賜死無数使婢侍女打死本多酷政厥刑抑騙良民一两三而三两五厘政需索富户一百四而二百三酷罪荒淫貪求无济恨気冲天怨情闘地此時正欲謀害渠命未遭其離將門不肘鎖禁无鑄隙之可行悪妾初與交通無毫末之可奈況唐氏與氏結姻未深言大妻結禍未久也菊花與衆婢交情未厚倘或事机不密衬先將至不意考察年来訪被貪酷官勾將財賂囑吏部謀陞松江府同知到

張仲賂囑
赴任升堂
公案

任未及两月拷氏受刑三次氏乃花烛正妻剃斂偷柿于蓬頭古人以剃不為斂頭即髮乱不梳也尊楊乃偏房小妾珠翠盈粧於趙首以卑凌尊以妾奪嫡雖天地亦所不容若神人也能抱恨冤久不伸伏深欲雪偶值旧年七夕迋下有瓜菓之除二人对約室内有不平之嘆唐氏畜謀欲行阴害心懐雪恨何憐月質花容指楊氏美貌志在伸冤不惜粉身碎骨用岳飛故事念斧首肯而輒悔意期今是而昨非孰料一心如旧略无憐氏之情言仲

仲剝冠被
與妾楊氏

无投憐之意两意相投竟覺弃予之甚此趙氏許張仲見弃之惡故懐嫉之甚也所知者唐氏忿氣愁腸可訖者菊花懐恨積怨予三人切齒拊心彼二人慘天動地兒神不傳冤家聚首是彭年伯来酌私衙退歸甚欲擺佈氏苛殺身已决又屬僚長邀飲公堂来衙恣意跪打吾輩悪日益堅幸得皇天有眼欲除害以救民大造无私意剪冤而報怨假我三人之手在須史了彼一人之命於頃刻乘其醉酒幸彼開門会同唐氏與菊花伍一嫂挑

腹刀并提斧劍三更時分直至房門前彼方酣醉睡於帳中氏緊一跪於頭上唐氏斬其頭已至傷處然殺菊花砍其臂乃知折却一股氏則徧身碎剁數年積恨方消惡即一時絶命十載壯齒已散復回内室至楊房欲將伊碎剁萬刀方酬恨惡將男殺絶嗣正在喧嘩不竞外邉風動要行擺佈誰知僚屬來衙先扶幼男奪去后將楊氏放開略少機關徒為話柄事在剥害性寗不甘伏望金則還官器則貯庫楊氏輩

以寄監律有明條氏甘凌遲决死官無玩法雖云數載夫妻寔是一場屈債所謀非氏乃冤假手之劳其助若神賞魂借刀之殺氏甘韲身殞死免致玷辱於官家惟冀金尸無使有虧于体面謀殺親夫之罪氏所甘當而嫉妬致死之由彼何可免伏乞先斬梟問以遏妬忌之風縱死九泉之下尤能瞑目雖加馬踐之刑（即古法律五馬分屍之罪）亦自甘心輕身若羽視死如歸伏望高明推詳本案無虚詞供是實

四婦持刀

殺死張仲

供畢呈上許公覧閲援筆判曰

審語審得趙氏唐氏殺夫元宄滅倫大惡恨夫張仲殢情楊妾不若宋弘之大義（宋弘曰貧賤之交不可忘糟糠之妻不下堂）反目室家惟效黃允之陰圖十載糟糠頓被夭桃專寵（指楊氏夫色專）（寵而趙氏唐氏被害也）年配偶反為粉黛含羞（問房）（賊云粉白黛綠者争妍而取憐）佳兒佳婦空為六礼告成（六礼納采納徵問名請期納幣奠雁是也）為婢為奴不忘双環入没忍心感白頭之咏掩耳歌綠衣之章（詩云綠衣黃裳）爰辱殊情遂起不均之嘆妬心

僚屬知風

入救二子

爭寵敢萌碎首之謀恃菊花一嫂牙爪有人而生魂死命咸歸攝制秘密之謀何工（工善也謀殺之形甚密）慘毒之舉遂决焚香定盟已非一日之私持刀弄斧符合群宄之力初更竊晦衆婦奮勇于房幃一提氣絶群刀斬剁于身軀冤熖燭天星斗為之慘黯（殺氣動天地）血流液地屍礫同其脊捐白日猶為僚屬之上賓昏夜遂作刀鋒之冤鬼情哉上佐判官死于婦人之手狠哉嫡妻廢妾肯將鋒鏑之加藉令外役不聞二子（指楊氏所生二）

也終爭奪命同儕不救獲氏唆頭論古找刀殺死安免碎剮之刑即服凌剮不足懲其殺夫滅倫之惡若縱之不戮則兩浙爲無倫之國五刑爲無用之條今張仲若此雖路人當爲之惻哭有司能不爲之寒心起釁造端實自趙氏唐氏同謀濟惡是皆一婢菊花倡首宜應細剮從惡亦服斬刑天地昭彰鬼神共殛王法不逃永茲不赦斷懷子曰偏听成姦害妾生禍自古而然張仲不思已爲趙門之贅壻而教誨成人誰之力也稍得志而棄妻恭遂至於殞身致步其所自取然也后世有窮妾而不知戒者吾恐踵張氏之風不自知也

袁聖別妻
出外經商

謀占門

○斷嫡謀妾產　方代巡

溫州府西門民袁聖家頗饒裕娶妻尤氏貌美三十無子娶妾程氏生有二子繼而尤氏亦生一子自思日後家中産業妾居二分已上有一分心懷妬害柰無豪可乘自恨無機會可投一日袁聖自思家有餘貲尚不營運恐坐食山崩乃謀置貨出往湖廣經營袁聖臨行囑

尤氏勸飲
毒酒謀害

其妻妾善視二子尤氏口中亦應諾而已懟辭亦后許之之意時值重陽尤氏設宴庭下召程氏及二子同飲尤氏先置毒藥壺中乃斟酒舉盃囑託程氏曰我雖有子尚且年幼爾子長成他日年老之時托爾侍奉吾子托爾子扶持只在此盃之酒須爲身後之盟此二語皆尤氏假設之詞非出於中心之實程氏曰自是如此何待言說程氏不知而以實對之也於是尤氏苦勸程氏勉強痛飲盡懽而罷是夜藥發程氏母子七孔流血相繼而歿時程氏年三十長子十二歲次子八歲

程氏母子
夢訴代巡

當日親隣大小皆莫知其故尤氏詐言暴疾卒死聞者莫不傷感尤氏詐哭盡哀以禮殯葬而已袁聖在外一晚忽得一夢見程氏携二子泣訴其故醒來即欲收拾回家柰因貨物未脫不能即回是以且住且疑躊躇不悅將及三年之間偶值方代巡訪察臨其府下馬升堂衙府官員參見禮畢忽然堦前一道旋氣冲天俄而不見代巡心甚疑之必有冤家是夜明燭坐閱文卷更闌困倦伏几而卧忽見一女子姿容美麗披頭散髮携二子

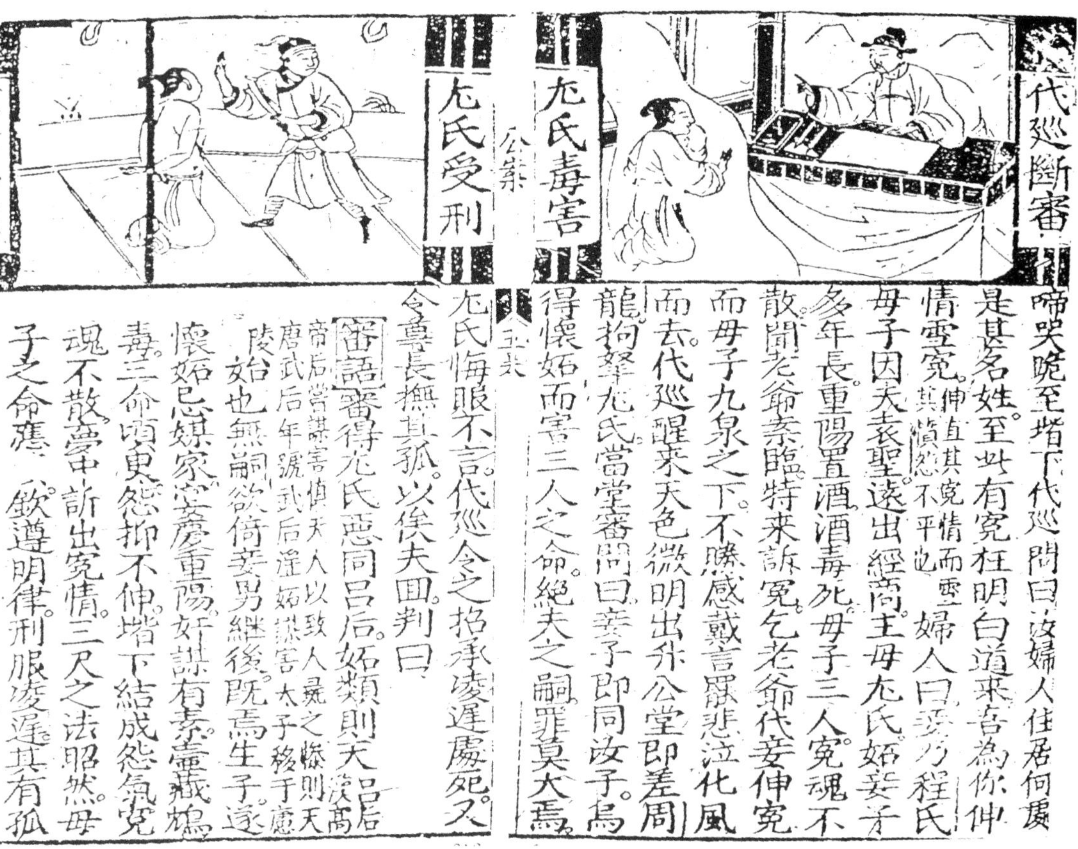

啼哭晚至堦下。代巡問曰。汝婦人住居何處。是甚名姓。至此有冤枉。明白道來。吾為你伸情雪冤。（伸直其冤情而雪其憤怨不平也）婦人曰。妾乃程氏。母子因夫袁聖遠出經商。主母尤氏妬妾子多年長。重陽置酒。酒毒死母子三人。冤魂不散。聞老爺奈臨。特來訴冤。乞老爺代妾伸冤。而母子九泉之下。不勝感戴。言罷。悲泣化風而去。代巡醒來。天色微明。出升公堂。即差周龍拘拏尤氏。當堂審問曰。妾子即同汝子。爲得懷妬而害三人之命。絕夫之嗣。罪莫大焉。

尤氏悔恨不言。代巡令之招承。凌遲處死。又令尊長撫其孤。以俟夫回。判曰。

【審語】審得尤氏惡同呂后。妬類則天。（呂后，漢高帝后，嘗謀害慎夫人以致人彘之慘。則天，唐武后年號。武后淫妬，謀害太子，移于廬陵。）始也無嗣。欲倚妾男繼後。既焉生子。遂懷妬忌。媒家宴慶重陽。奸謀有素。壺藏鴆毒。三命頃更。怨抑不伸。堦下結成怨氣。冤魂不散。夢中訴出冤情。三尺之法昭然。母子之命應。欽遵明律。刑服凌遲。其有孤子家財。仰本族公正尊長領管。俟伊父回

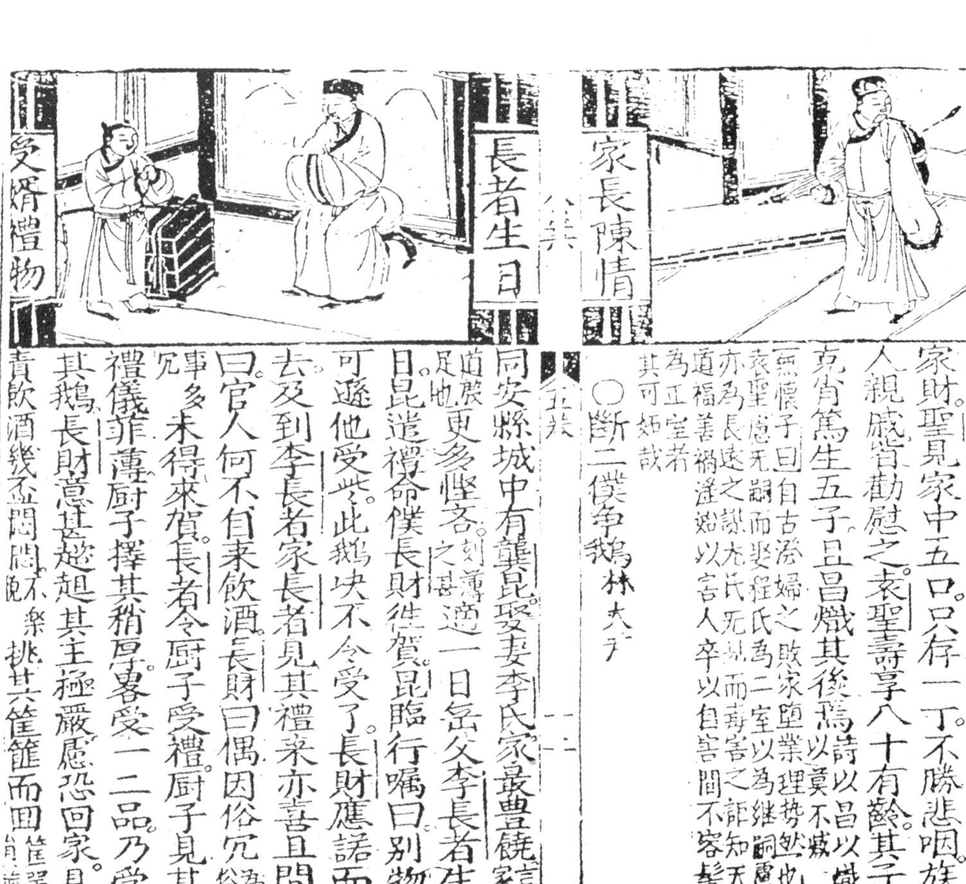

還延宗祀。

及越三載。袁聖經商蒲載而歸。（言經商所得財物之多也）族人皆言尊長以前事告之。還其孤子。返其家財。聖見家中五口。只存一丁。不勝悲咽。族人親戚皆勸慰之。袁聖壽享八十有餘。其子克肖。篤生五子。且昌熾其後焉。（以莫不熾）詩以昌以熾

【無懷子曰】自古潑婦之敗家墮業。理勢然也。袁聖慮无嗣而娶程氏為二室。以為繼嗣。慮亦為長遠之謀。尤氏死而毒害之詐。知天道福善禍淫。始以害人。卒以自害。間不容髮。為正室若其可妬哉。

○斷二僕爭鵝 林大人

同安縣城中有龔昆。娶妻李氏。家最豐饒。（言家道殷足也）更多慳吝。（刻薄之甚）適一日岳父李長者生日。昆遣禮命僕長財往賀。昆臨行囑曰。別物可遜他受些。此鵝決不令受了。長財應諾而去。及到李長者家。長者見其禮來亦喜。且問曰。官人何不自來飲酒。長財曰。偶因俗冗（為俗事多冗）未得來賀。長者令廚子受禮。廚子見其禮儀菲薄。廚子擇其稍厚者受一二品。乃受其鵝。長財意甚趦趄。其主極嚴。慮恐回家見責。飲酒幾盃。悶悶不樂。挑其六筐籃而回。（筐器）

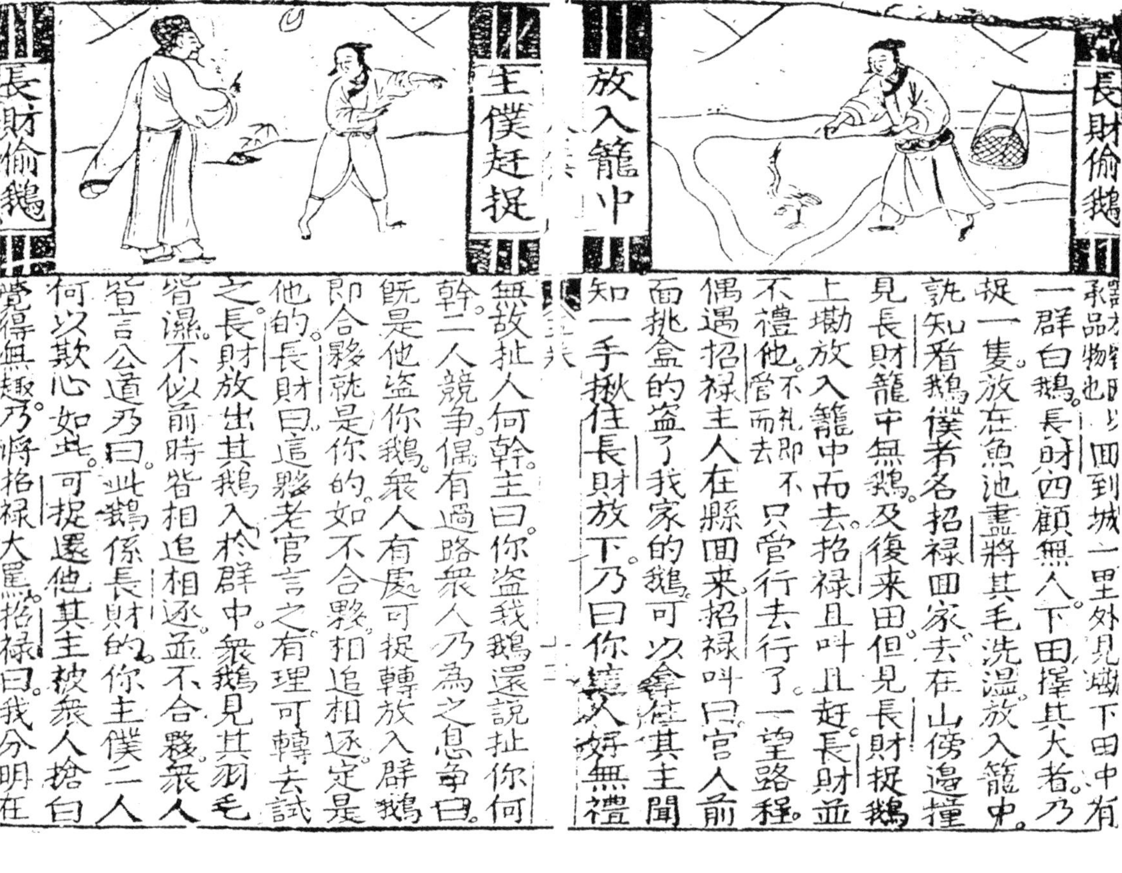

承品物也回到城一里外見城下田中有一群白鵝。長財四顧無人。下田擇其大者。乃捉一隻。放在魚池盡將其毛洗濕。放入籠中。詎知看鵝僕者名招祿回家去在山傍邊撞見長財。籠中無鵝。及復來田。但見長財捉鵝上嶺。放入籠中而去。招祿且叫且趕。長財並不禮他。不礼即不管而去只管行去了。一望路程。偶遇招祿主人在縣回來。招祿叫曰。官人前面挑盒的盜了我家的鵝。可以拿住。其主聞知。一手揪住長財。放下。乃曰。你這人好無禮無故扯人何幹。主曰。你盜我鵝。還說扯你何幹。二人競爭。偶有過路衆人。乃為之息爭曰。既是他盜你鵝。衆人有處可捉。轉放入群鵝。即合夥就是你的。如不合夥。相追相逐。定是他的。長財曰。這般老官言之有理。可轉去試之。長財放出其鵝入於群中。衆鵝見其羽毛皆濕。不似前時皆相追相逐。並不合夥。衆人皆言公道。乃曰。此鵝係長財的。你主僕二人何以欺心如此。可捉還他。其主被衆人搶白。覺得無趣。乃將招祿大罵。招祿曰。我分明在

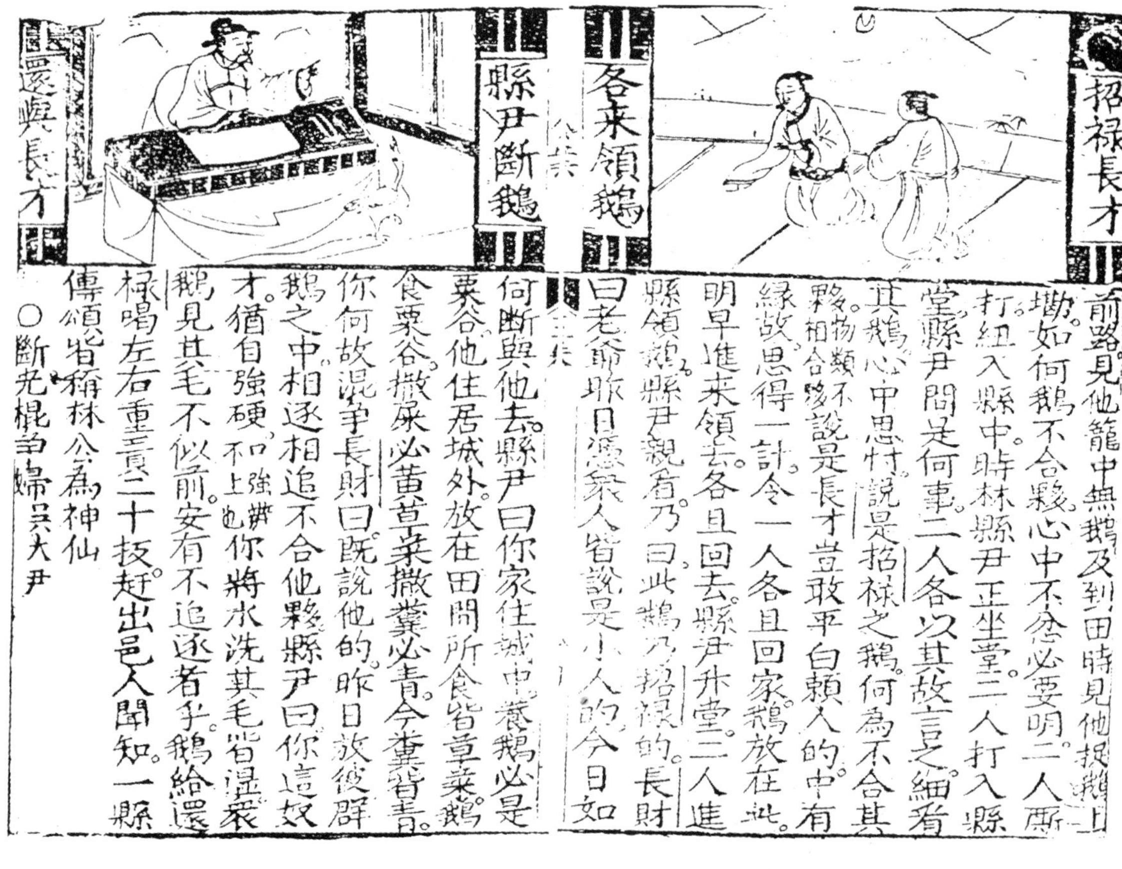

前路。見他籠中無鵝。及到田時。見他捉鵝上嶺。如何鵝不合夥。心中不忿。必要明。二人廝打。扭入縣中。時林縣尹正坐堂。二人打入縣堂。縣尹問是何事。二人各以其故言之。細看其鵝。心中思忖。說是招祿之鵝。何為不合其夥。物類不相合夥說是長才。豈敢平白賴人的。中有緣故。思得一計。令二人各且回家。鵝放在此。明早進來領去。各且回去。縣尹升堂。二人進縣領鵝。縣尹親看。乃曰。此鵝乃招祿的。長財曰。老爺昨日憑衆人皆說是小人的。今日如何斷與他去。縣尹曰。你家住城中。養鵝必是粟谷。他住居城外。放在田間。所食皆草菜。鵝食粟谷。撒屎必黃。草菜撒糞必青。今糞皆青。你何故混爭長財曰。既說他的。昨日放彼群鵝之中。相逐相追。不合他夥。縣尹曰。你這奴才。猶自強硬。口強不上也你將水洗其毛。皆濕。衆鵝見其毛不似前。安有不追逐者乎。鵝給還祿。喝左右重責二十板。趕出。邑人聞知。一縣傳頌。皆稱林公為神仙

○斷光棍占婦 吳大尹

夫婦二人　搭船過渡

金華府金華縣崇德鄉民潘貴一娶妻鄭月桂生一子纔食八月因岳父鄭泰生日夫婦往賀岳丈至清溪渡雜與衆同過渡婦坐在船上子餓月桂取乳與子食其左乳下生一黑痣被同舡中有一光棍洪昂瞧見遂起不良之心及下舡登岸潘貴一携月桂往東路洪昂扯月桂往西路貴一曰你這等無耻緣何無故扯人婦女昂曰你這光棍可惡我的妻子如何爭是你的二人廝打昂將貴打至嘔血來爭扭入府中知府丘世爵出升堂問曰

二人相打　爭婦為妻

你二人何故廝打潘貴一曰小人與妻同往賀岳父生日來至清溪渡與此光棍衆人等過船上岸彼即來爭小人妻是他的故此二人廝打被他打至吐血洪昂曰小人與妻往賀岳父生日同船上岸被彼來爭我妻乞老爺斧斷以剪刁風（剪以刀剪斷一筆詁剪刁風之淫也）府王一時錯疑乃吊月桂上來問曰你果是誰妻月桂曰小娘原嫁潘貴一洪昂曰我妻不薦認（其妻廉耻認丧也）想當時與他有通故今日約他同來做此圈圍乞老爺詳情府主曰既是你的

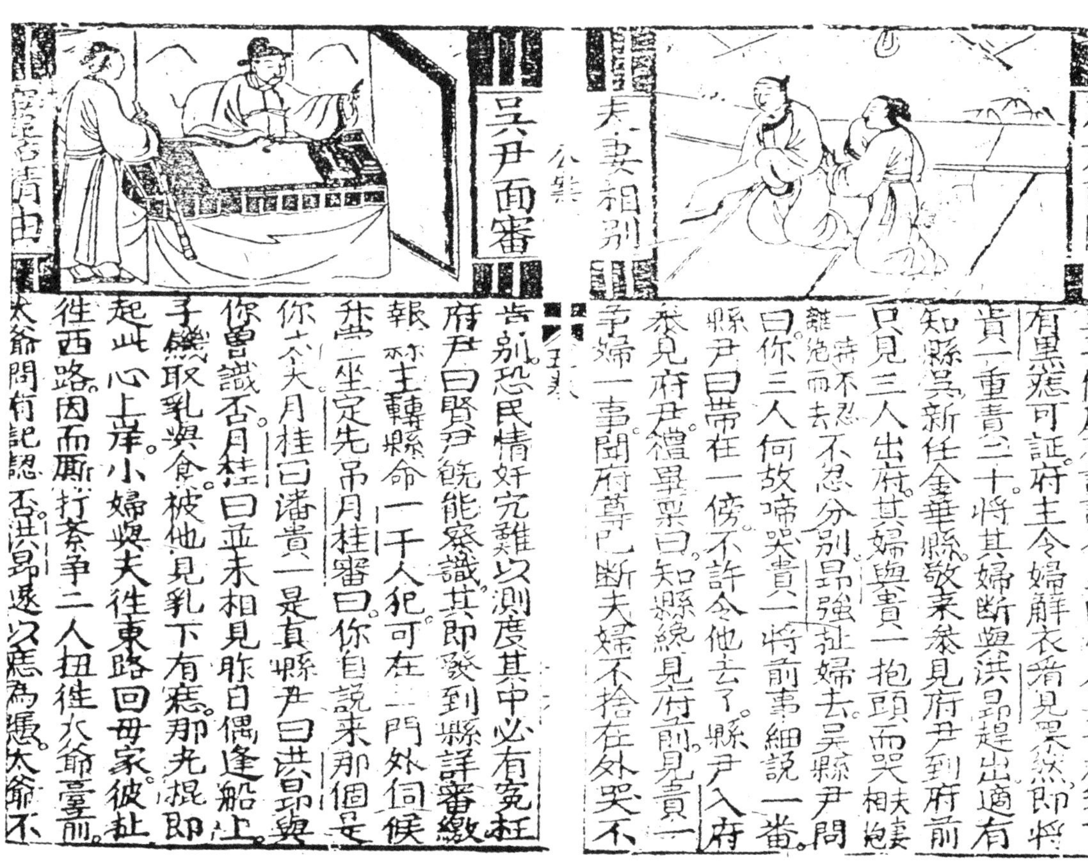
府尹誤斷　夫妻相別

妻子何處有記認否昂曰小人妻子左乳下有黑痣可証府主令婦解衣看見果然即將貴一重責二十將其婦断與洪昂趕出適有知縣吴新任金華縣敬來叅見府尹到府前只見三人出府其婦與貴一抱頭而哭（夫妻相抱）一時不忍離絶而去不忍分別昂強扯婦去吴縣尹問曰你三人何故啼哭貴一將前事細說一番縣尹曰帶在一傍不許令他去了縣尹入府叅見府君禮畢稟曰知縣纔見府前見貴一爭婦一事聞府尊已斷夫婦不捨在外哭不

吴尹面審　審出情由

肯別恐民情奸宄難以測度其中必有冤枉府尹曰賢尹既能察識其即發到縣詳審繳報（府主）轉縣命一千人犯可在二門外伺候升堂坐定先吊月桂審曰你自說來那個是你丈夫月桂曰潘貴一是真縣尹曰洪昂與你曾識否月桂曰並未相見昨日偶逢船上子饑取乳與食被他見乳下有痣那光棍即起此心上岸小婦與夫往東路回母家彼扯往西路因而廝打來爭二人扭往太爺臺前太爺問有記認否洪昂遂以痣為憑太爺不

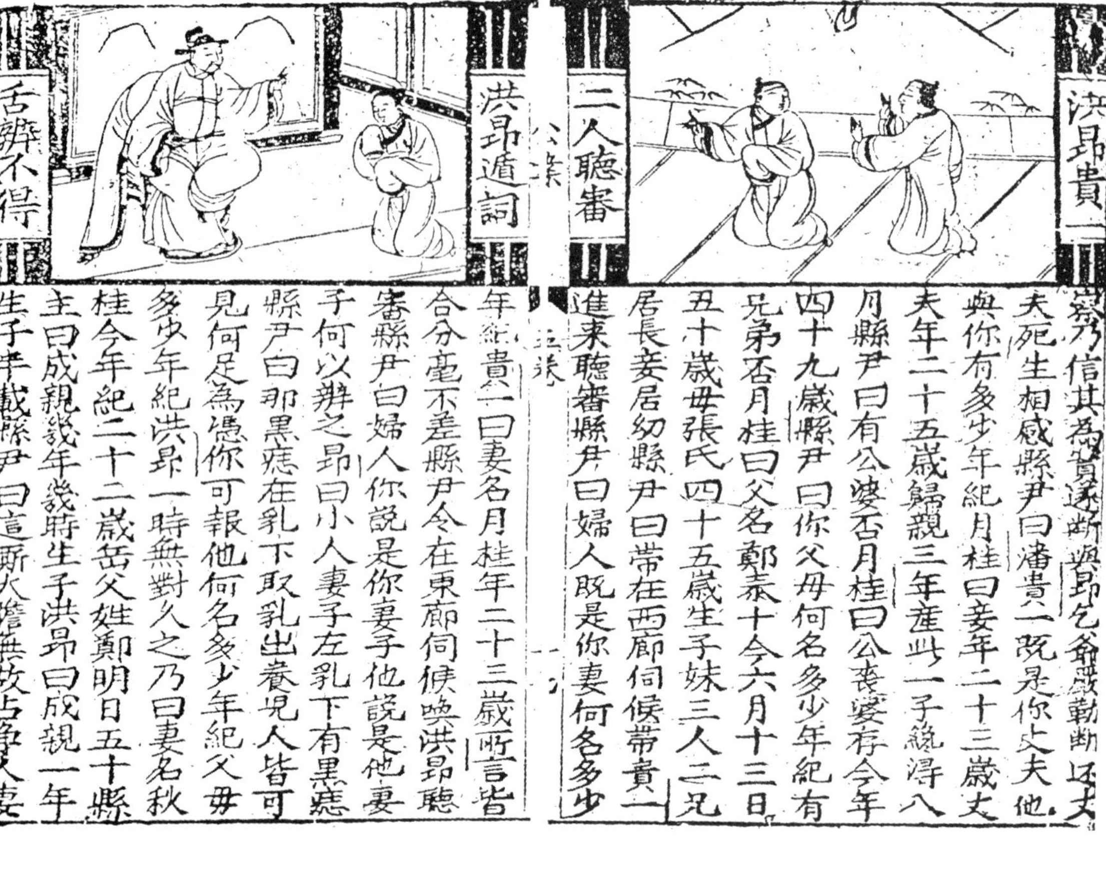

窮乃信其為實遂断與昂乞爺嚴勒断还丈夫死生相感縣尹曰潘貴一既是你丈夫他與你有多少年紀月桂曰妾年二十三歲丈夫年二十五歲歸親三年産此一子纔浔八月縣尹曰有公婆否月桂曰公喪婆存今年四十九歲縣尹曰你父毋何名多少年紀有兄弟否月桂曰父名鄭泰十今六月十三日五十歲毋張氏四十五歲生子妹三人二兄居長妾居幼縣尹曰帯在西廊伺候帯貴一進来聽審縣尹曰婦人既是你妻何名多少年紀貴一曰妻名月桂年二十三歲所言皆合分毫不差縣尹令在東廊伺候喚洪昂聽審縣尹曰婦人你說是你妻子他說是他妻子何以辨之昂曰小人妻子左乳下有黒痣縣尹曰那黒痣在乳下取乳出養兒人皆可見何足為憑你可報他何名多少年紀父毋多少年紀洪昂一時無對久之乃曰妻名秋桂今年紀二十二歲岳父姓鄭明日五十縣主曰成親幾年幾時生子洪昂曰成親一年生子半載縣尹曰這厮大膽無故占爭人妻

斷婦還潘

洪昂受刑

斷昂充棍

即發充軍

徒自強硬重責四十發配北[illegible]驛遞解不得子交糊里判云

審語 審得棍惡洪昂蜂薑毒心鯨鯢大膽脾睨王法流悪人民其為害也久矣其受殃也多矣潘貴一携妻省岳誤雜同船而過渡鄭月桂因兒思哺取乳止啼而露痣棍徒瞧見即睇眼瞧見其痣視若文評貪心頓起遂起謀端岐路兢爭及致毆人吐血良婦思占何忍紛嘗奪攘展晃錯之智囊告臺求倖弄蘇張之舌劍蘇秦張儀皆戰国口舌之最長也蓁奪朱真洪昂無婦而得婦歡生顛臉潘悲有妻而無妻碎斷肝腸故知婦屬潘貴可决爭在洪昂既云舊偕伉儷應知月桂行藏問以丈人姓氏指西話東百不知其一二更質以夫婦生年追風捕影言無影只詐偽耳響十不偶其二三蓋昂非月桂舊人故自徑庭相去貴乃鄭氏親夫是以券節相符爭占已明于鑑照充軍用配乎要荒驛中遞解免擾良民婦歸潘貴永世和諧

公案六卷終

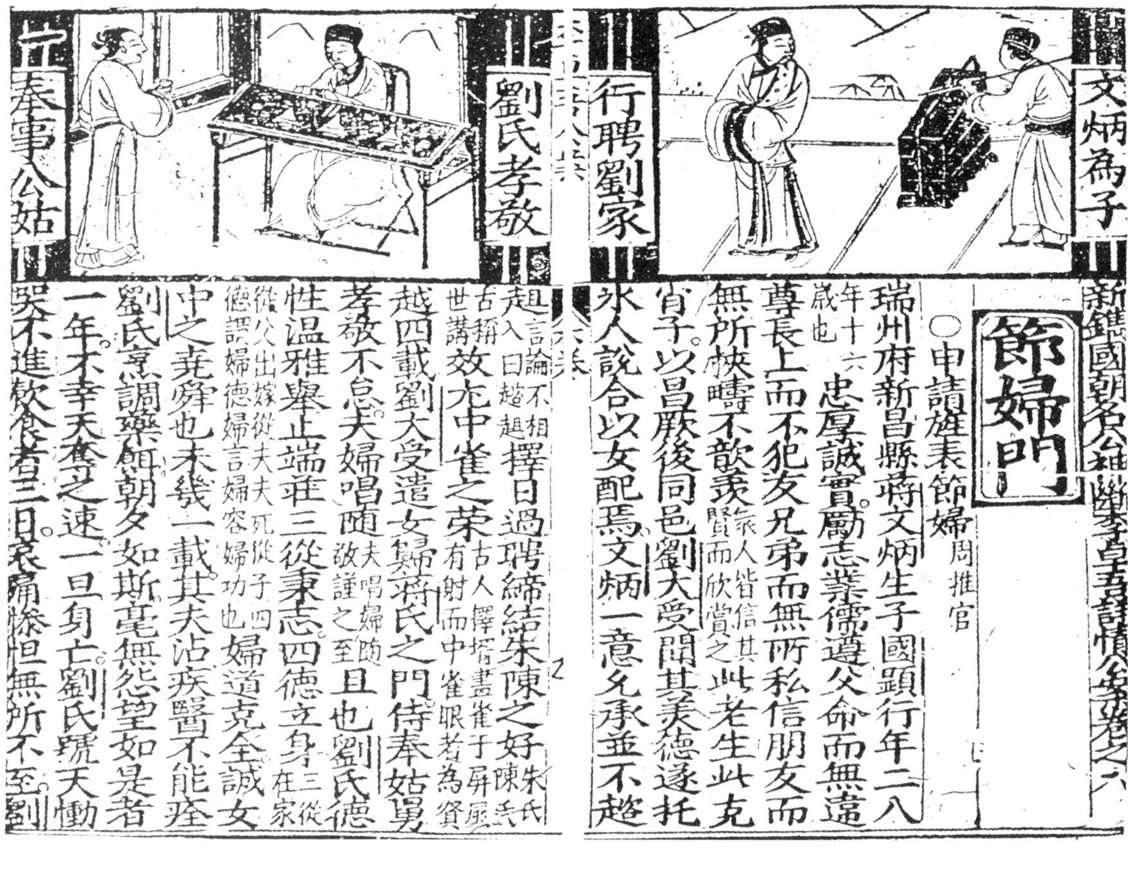

新鐫國朝名公神斷詳刑公案卷之六

節婦門

○申請旌表節婦　周推官

瑞州府新昌縣蔣文炳生子國顯，行年二八（年十六歲也），忠厚誠實，勵志業儒，遵父命而無違，尊長上而不犯，友兄弟而無所私，信朋友而無所挾疇，不歆羨（旅人皆信其賢而欣賞之）。此老生此克肖子，以昌厥後。同邑劉大受聞其美德，遂托冰人說合，以女配焉。文炳一意允承，並不趑趄（言論不相入曰趑趄）。擇日過聘，締結朱陳之好（朱氏陳氏古稱世講），效於中雀之榮（古人擇婿畫雀于屏風，有射而中雀眼者為資）。越四載，劉大受遣女歸蔣氏之門，侍奉姑舅，孝敬不怠。夫婦唱隨（夫唱婦隨），敬謹之至。且也劉氏德性溫雅，舉止端莊，三從秉志（三從：在家從父，出嫁從夫，夫死從子），四德立身（四德：婦德、婦言、婦容、婦功也），婦道克全，誠女中之堯舜也。未幾一載，其夫沾疾，醫不能痊。劉氏烹調藥餌，朝夕如斯，毫無怨望。如是者一年，不幸天奪之速，一旦身亡。劉氏號天慟哭，不進飲食者三日，哀痛慘怛，無所不至。劉

氏披麻執杖，送葬郊西，泉泣靈前，聞者無不寒心。真若杞梁之妻善哭其夫者也（華周杞梁二人皆齊臣，戰歿於莒，其妻迎其柩而哭之，哀感城為之崩，池為之扎）。劉氏守制，靈幃香烟不斷。劉氏親伯公蔣十六大敗倫紀，不顧綱常，日遂與弟言曰：「你兒子今死矣，媳婦又年少，恐難守制，莫若另嫁他人，俾彼終身有靠，你意何如？」弟曰：「你言正合我意，你弟婦亦是此言。只是媳婦服未滿得。」兄曰：「無妨。」既而依兄之言，對劉氏諭曰：「汝夫已死矣，況汝未產有兒女，汝又青年，如何守得制？日前有幾起媒人探問，汝伯公已曾口許，你心下何如？」劉氏答曰：「你兒子不幸棄世，是奴命薄，而遭夫變，盡不覩。諸諺云：鴛鴦失偶，永不重交。抑且夫死骸骨未冷，服又未除，守制終身是奴本等。況又你二人無人侍奉，媳婦必無可去之理。」見媳婦守制意堅，無如之何，于是日出惡言罵詈，逼勒改嫁。劉氏凜然聽受，不敢半句怨尤，仍然起敬起孝。伯公聞知劉氏心堅鐵石（如鐵石之不可使軟），志勵冰霜（如冰霜之不可使溫），復唆其弟，令其弟婦重加鞭笞，責令劉氏改

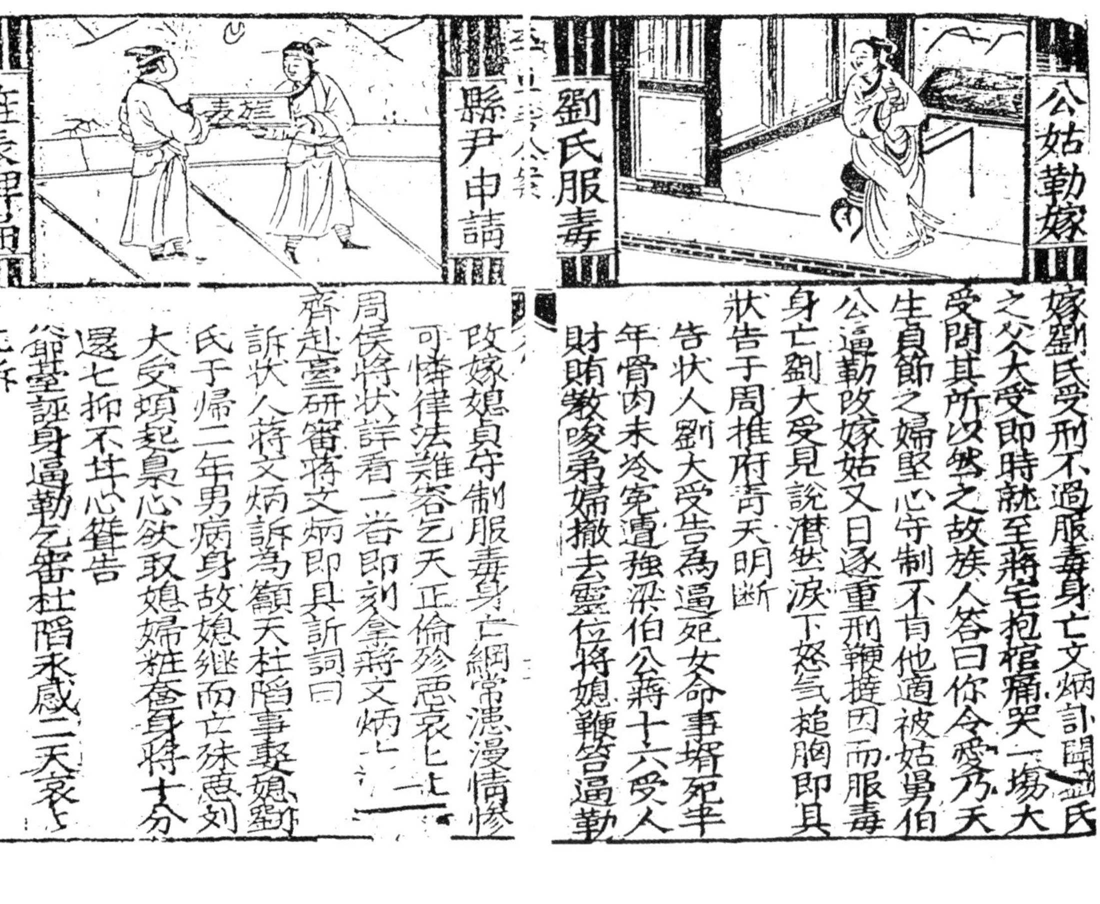

嫁劉氏受刑不過服毒身亡文炳訃聞劉氏之父大受即時就至將宅抱棺痛哭一場大受問其所以然之故族人答曰你令愛乃天生貞節之婦堅心守制不肯他適被姑舅伯公逼勸改嫁姑又日逐重刑鞭撻因而服毒身亡劉大受見說潸然淚下怒气塡胸即具狀告于周推府青天明斷

告狀人劉大受告爲逼死女命事婿死半年骨肉未冷寃遭強梁伯公蔣十六受人財賄教唆弟婦撤去靈位將媳鞭笞逼勸改嫁媳貞守制服毒身亡綱常湮漫情慘可憐律法難容乞天正倫殄惡哀乞上告

周侯將狀詳看一番即刻拿蔣文炳齊赴臺研審蔣文炳即具訴詞曰

訴狀人蔣文炳訴爲籲天杜陷事娶媳劉氏于歸二年男病身故媳繼而亡殊惡刘大受頓起梟心欲取媳婦粧奩身將十分逞乜抑不甘心聳告

爺臺誣身逼勸之番杜陷承感二天哀乞上訴

漢蘇章[illegible]其友[illegible]故[illegible]曰人皆一天而我獨二天 上訴

批語 周侯批云劉氏夫死未及一期日一期年獸心姑舅貪財遽撤靈位而逼劉氏之改嫁此綱常中大蠹也劉氏守制堅貞夫心自誓斯亦天生之節婦也夫何忍心逼劉氏于死地致貞烈于冥途是播中國之醜声俾夷狄之見笑也劉氏侯申院蔣文炳十六合擬以法毋得他辞[illegible]子曰忠臣不事二君烈女不更二夫此女其開此道矣文炳十六不顧節義而惟利是圖反文流之不若矣本朝一獎之以風世一刑之以戒世誰謂賞罰之非公哉

烈女門

○旌表黃烈女 吳守道

漳州府龍溪縣民黃道娶妻陳氏生子東升繼生一女淑貞甫四日而陳氏卒淑貞就乳于姑父許淑貞配林夔至三歲時而父亦故焉未塟而停柩于家之東日就月將淑貞漸長僅十五歲其家貧頹敗林夔惡其貧而別娶富氏女家爲妻人聞淑貞賢而端美往求婚焉淑貞不肯他適謝絕諸人請婚自縊于

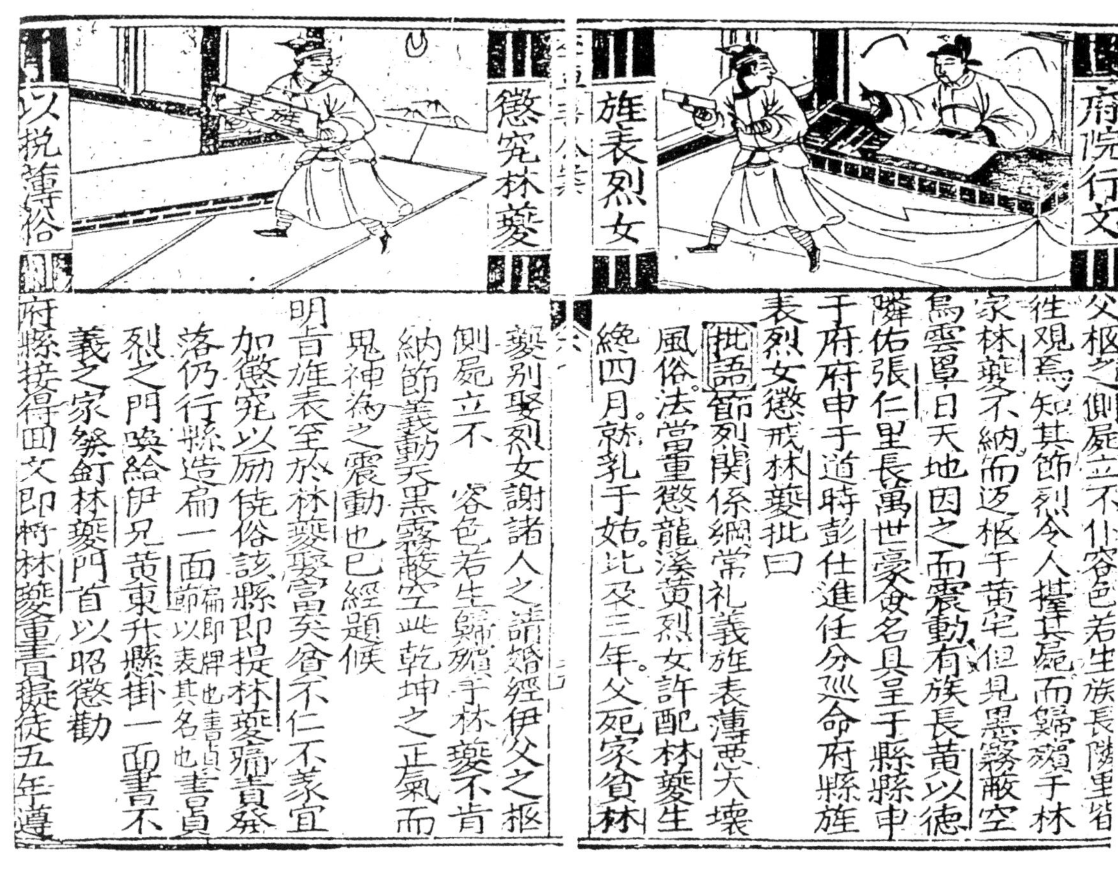

父柩之側屍立不仆容色若生族長隣里皆往观焉知其節烈令人擡其屍而歸殯于林家林夔不納而迈柩于黄宅但見黑霧蔽空烏雲罩日天地因之而震動有族長黄以德隣佑張仁里長萬世豪僉名具呈于縣縣申于府府申于道時彭仕進任分巡命府縣旌表烈女懲戒林夔批曰

批語　節烈関係綱常礼義旌表薄悪大壞風俗。法當量懲龍溪黄烈女許配林夔生終四月。就乳于姑。比及三年。父死家貧林夔別娶烈女謝諸人之請婚經伊父之柩側屍立不　容色若生歸殯于林夔不肯納節義動天黑霧蔽空此乾坤之正氣而鬼神為之震動也已經題候

明旨旌表至於林夔娶嘗奚啻不仁不義宜加懲究以励侥俗該縣即提林夔痛責發落仍行縣造扁一面（扁即牌也書貞節以表其名也）書貞烈之門與給伊兄黄東升懸掛一面書不義之家發釘林夔門首以昭懲勸

府縣接得田文即將林夔重責擬徒五年遵依造扁二面差人釘訖即將林夔解驛為徒以示勸懲黄女貞烈卒獲千金之譽林夔負義終遺萬載臭名此旌一舉將見侥習可致乎淳風薄俗可躋乎上理其為世道人心関係非小也

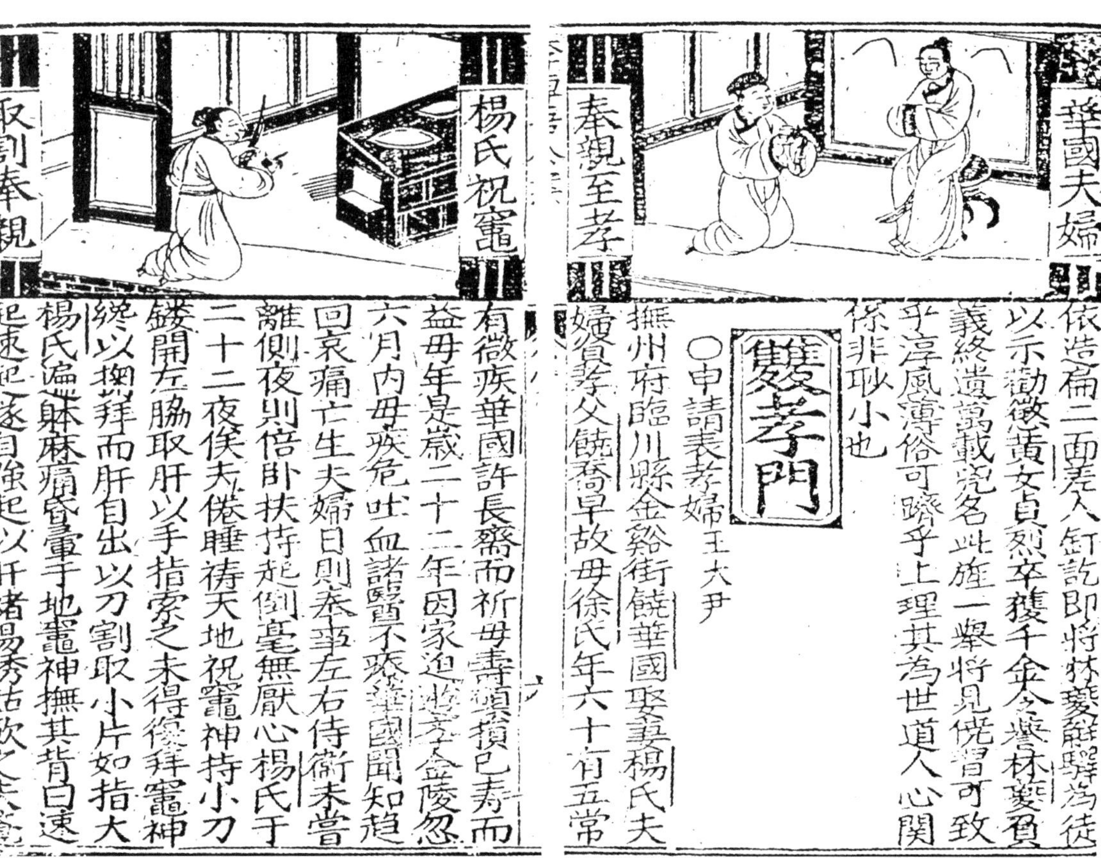

雙孝門

〇申請表孝婦　王大尹

撫州府臨川縣金谿街饒華國娶妻楊氏夫婦貧孝父饒喬早故母徐氏年六十有五常有微疾華國許長齋而祈母壽願損己寿而益母年是歳二十二年因家迫出外金陵忽六月内母疾危吐血諸醫不療華國聞知趋回哀痛亡生夫婦日則奉事左右侍衛未嘗離側夜則倍卧扶持起倒毫無厭心楊氏于二十二夜俟夫倦睡祷天地祝竈神持小刀鑱開左脇取肝以手指索之未得復拜竈神繼以搠拜而肝自出以刀割取小片如指大楊氏偪躰麻痛昏暈于地竈神撫其背曰速起速起遂自強起以肝煑湯誘姑飲之夫

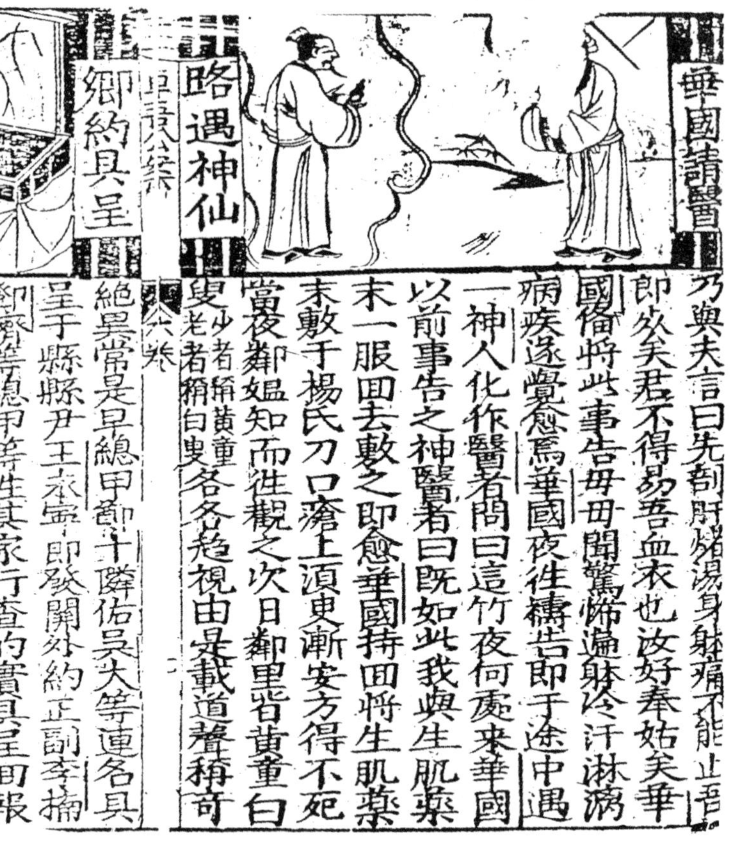

乃與夫言曰先割肝燒湯身軀痛不能止吾即死矣君不得易吾血衣也汝好奉姑矣華國備將此事告母母聞驚怖遍軀冷汗淋漓病疾遂覺愈焉華國夜往禱告即于途中遇一神人化作醫者問曰這竹夜何處來華國以前事告之神醫者曰既如此我與生肌藥末一服回去敷之即愈華國持回將生肌藥末敷于楊氏刀口瘡上須臾漸安方得不死當夜鄰嫗知而往觀之次日鄰里皆黃童白叟少者稱黃童老者稱白叟各各趋視由是載道贊稱奇

鄉約具呈　申上縣尹

絕異常是早總甲鄧十隣佑吳大等連名具呈于縣縣尹王求寧即發開外約正副李擒鄧衡等總甲等往其家行查的實具呈回報又有族長饒柏等亦呈于縣縣主猶恐未的隨委唐典史親造其家勘驗楊氏不肯出見自謂此特醫吾姑豈有心以于名哉強之衆皆勸之久而纔許令夫以被蓋其頭足僅出瘡口唐公視之果見脇間瘡口約三寸許今漸合矣唐公見得的實回報王縣尹尹具申文申于府道上司兩院曰

縣主申文　達于兩院

撫州府臨川縣知縣王求寧　申為好孝奇絕殊常事懇恩轉請旌獎以闡幽德以勵風化

萬曆三十三年五月二十一日據兩學生員傅梅張大化等呈稱前事內稱教先倫紀政始閨壺曹娥救父之靈秉潮上下漢女奉先之敬時潔蘋蘩曹娥之女因父沒于水遂投水以救父七日而尸不朽漢有孝女繁水草以事親　自古淑媛皆由政教汝係卧水之地舊票淳風昔王祥卧冰以救母冰堅即開今從化雨之滋益當善躅家同曾閔曾子閔子

事親至孝俗比湖湘今有孝子饒華國義激終天情深愛日父母延人子有終天之恨人子愛父母有奚敬之誠自有不能已　奉長齋以祈親壽因母病而誓以身妻楊氏念兩口之俱危捐一身以求代聞生肝可療疾割脇以求及痛楚之昏迷得神而救鬼供其藥醫彰其孝姑疾之頓瘳夫焉為之俱泰鄉閭共覩今古稀聞伏乞俯賜勘明申詳旌表等情先是二十一日本縣呈為地方事內稱本街鄰人楊國華因母徐氏病重華妻楊氏于本月二十二

本縣申文

楊氏異孝

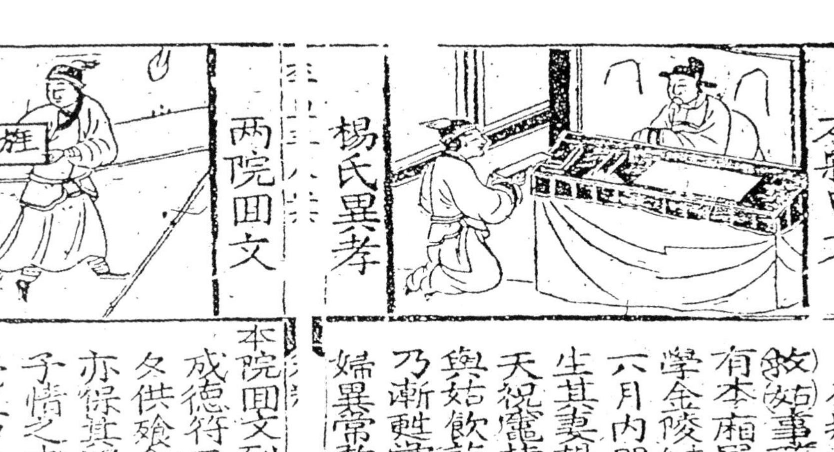

兩院回文

以旌孝女

日夜將小尖刀割開左脇割肝一片煎羮救姑事隨據族長饒柏等呈同前事內稱有本廂民人饒喬有子華國家貧知洗遊學金陵（南京稱曰金陵之地）久因母病長齋祈保今六月內聞母疾危吐血醫治不痊哀痛亾生其妻楊氏于二十一日夜俟夫倦睡禱天祝禱持小刀鏤開左脇割肝一指煎湯與姑飲訖隨自昏絕若神人撫背安慰尋乃漸甦當夜備媼會看次日童叟趋觀孝婦異常敢不呈舉上報

本院回文到縣看得饒華國妻楊氏孝本性成德符天祐夫妻齊素共祈親壽之綿朝夕供飱全僕女工之給夫得竟其遊學親亦保其遐齡怨姑疾之臨危勢將無救且予情之求殉㝵與從亡恐傷兩命之摧不覺五中之裂（五臟若裂開）執刀割脇取肝且羮乍聞恐其過情覆勘更彰其隱德委官造室親夫獻獥知醫有秘方之授既救媳以存姑神有急救之聲復因親而慰子至誠上格大士夫聞邑當慕義而誦異常老幼聞風而懷涕泗有此異孝可動天地可感金石遂築孝子之闕以昭淳厚之風天地常存此闕不毀

孝子有化

跪進飲食

有化家貧

傭工供母

孝子門

〇申奬張孝子　萬大尹

饒州府鄱陽縣一人姓張名宗德娶妻吳氏四十無子將近五十幸產一兒名有化家業貧薄越三年宗德捐世（即棄世而歿也）吳氏守制撫子家貧不能延師訓誨及後有化年方二八忠厚誠實毫不妄為惟順母意或母罵詈鞭撻全無怨懟吳氏身沾一疾四躰不能舉動朝夕臥于床上有化侍奉朝則問安晚則問寢（以探知親身之安否也）若進湯藥食用之資每每以兩手奉上以雙膝跪在床前曰老母請進食日日如是毫無怨言孝敬不怠時久日給不敷（猶不足也）自己每日止吃一食惟知有母不知有身日久如斯不得已而涕泣跪告于母曰家中消乏日食難度抑且老母貴體不安孩兒本不該離膝下奈勢有不得已我權且在

有化傭工　回家問安

隣居家去傭工趁些日工錢来奉養老母不知老母尊意若何母垂泪曰我兒你年小嘗人傭工只是虧了你早晚千萬要回来看顧我有化答曰孩兒怎敢遠離此去不過半里之遥三時自然歸来侍奉老母不必罣心于是對泣告別而往隣居陳胡家傭工侵晨備辦食用藥之資跪奉於前請老母用後乃往主人家去上工日當半午主人送有点心係己分内的盡數包歸跪奉母吃復往田中做工日午在主人家吃飯已訖又潜歸家整頓

有化辭主　不欲娶妻

午飯或湯藥亦仍然跪奉于母吃訖總去傭工夜則歸歇于家備辦晚飯跪奉于母吃訖打掃潔净安妥跪告于母曰兒去歇息如此着三年主人見有化為人事母至孝欲與之娶妻化辭曰多蒙老官厚恩賜我日工贍養老母足矣何敢過望老官又與小子娶妻耶况且小子家中貧乏母又在疾蒙老官寛愛日逐容小子潜歸奉養母親小子感恩不淺今生不能報老官大德異日當效啣結草（生當啣命死當結草引魏顆故事）主人曰非是我望汝報我我

有化對母　說主忠厚

見汝廼是孝心之人感動我意是故代汝娶妻以繼其後豈望報乎有化將前話歸告于母母曰有這好人肯替你娶妻乃是美事我也懽喜化曰那老官是个忠厚長者平生義氣聞人之惡掩之聞人之善揚之極好孝悌忠信之人最惡奸盜詐偽之輩那老官見我痴蠢少語勤謹力田又怜我母老家貧故此提挈起我兒試思之不過替他傭工工錢又討歸奉養老母尚好要他代我娶妻母曰憑你自家主意次日去主人家主人即問曰親

有化割肉　自遺母親

事你意下如何化曰承老官好意敢不聽從我熟思之决無此理化再三告辭主人遂而止之後與化稻子二十餘担綿布十数餘疋歸家養母化見主人意專愧而受之于是閭里之人欽敬親戚咸稱此子不過一農夫耳這等孝道感動得人未幾半載母病又重思吃鹿肉化即遍求鄉落之間一時那里去討化見母要討吃得緊又無處去求遂將已身之肉一刀割下一小塊鮮血淋漓昏悶痛倒于地不醒人事孝感神明忽一神人扣其頭

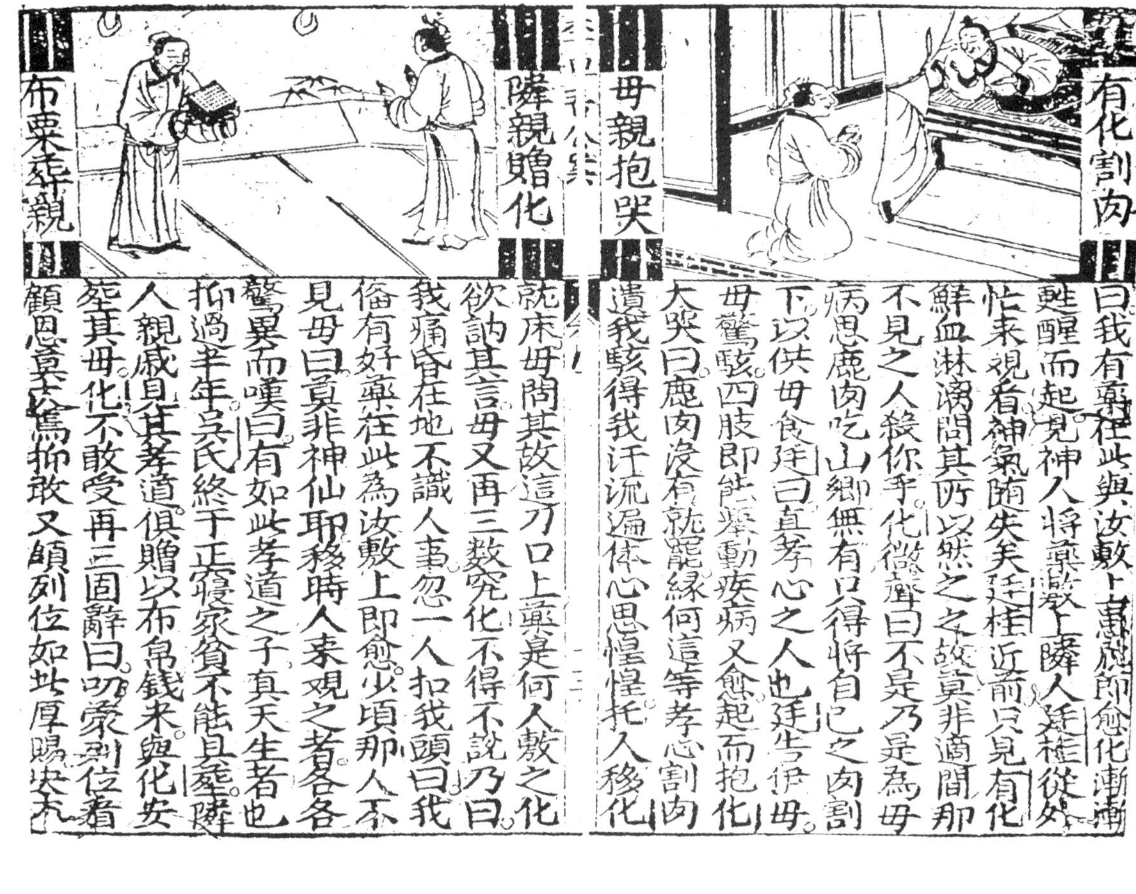

曰我有藥在此與汝敷上患處即愈化漸漸甦醒而起見神人將藥敷上隣人廷桂從外怙來視看神氣隨失矣廷桂近前只見有化鮮血淋漓問其所以然之故莫非適間那不見之人殺你乎化微聲曰不是乃是為母病思鹿肉吃山鄉無有只得將自己之肉割下以供母食廷曰真孝心之人也廷告伊母母驚駭四肢即能舉動疾病又愈起而抱化大哭曰鹿肉沒有就罷緣何這等孝心割肉遺我駭得我汗流遍体心思惶惶托人移化

就床母問其故這刀口上藥是何人敷之化欲訥其言母又再三教究化不得不說乃曰我痛昏在地不識人事忽一人扣我頭曰我備有好藥在此為汝敷上即愈少頃那人不見母曰莫非神仙耶移時人來觀之者各各驚異而嘆曰有如此孝道之子真天生者也抑過半年吳氏終于正寢家貧不能具塟隣人親戚見其孝道俱贈以布帛錢米與化安塟其母化不敢受再三固辭曰叨蒙列位看顧恩莫大焉抑敢又頒列位如此厚賜決不

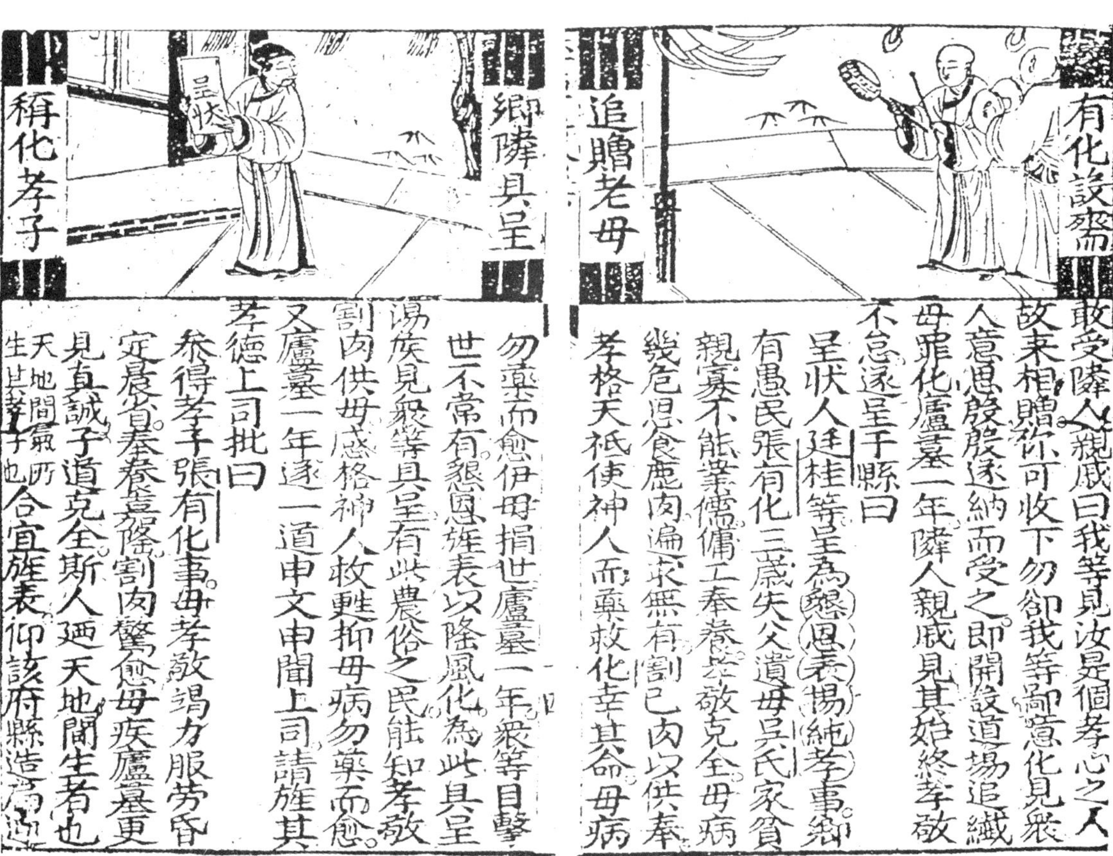

敢受隣人親戚曰我等見汝是個孝心之人故來相贈你可收下勿卻我等之意化見衆人意思殷殷遂納而受之即開設道場追織母靈化廬墓一年隣人親戚見其始終孝敬不怠遂呈于縣曰

呈狀人廷桂等呈為懇恩表揚純孝事鄉有愚民張有化三歲失父遺母吳氏家貧親寡不能業儒傭工奉養孝敬克全母病幾危思食鹿肉遍求無有割己肉以供奉孝格天祇使神人而藥救化幸其命母病勿藥而愈伊母捐世廬墓一年衆等目擊世不常有懇恩旌表以隆風化為此具呈

湯疾見衆等具呈有此農俗之民能知孝敬割肉供母感格神人救甦抑母病勿藥而愈又廬墓一年遂一道申文申聞上司請旌其孝德上司批曰

參得孝子張有化事母孝敬竭力服勞昏定晨省奉養甚隆割肉驚愈母疾廬墓更見真誠子道克全斯人迺天地間生者也天地間氣所生其孝子也合宜旌表仰該府縣造冊迎

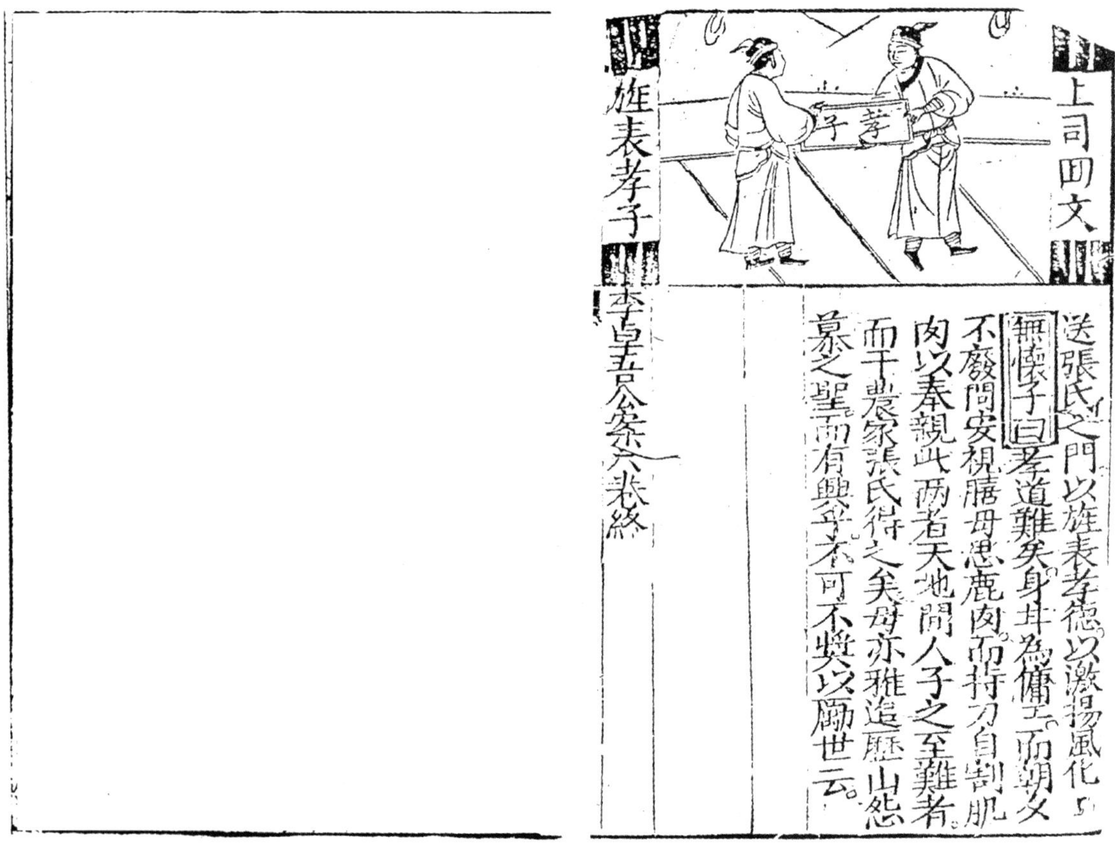

送張氏之門以旌表孝德。以激揚風化。

無懷子曰。孝道難矣。身非為備至。而朔夕不廢問安視膳。母思鹿肉。而持刀自割肌肉以奉親。此兩者天地間人子之至難者。而干豈家張氏得之矣。母亦雅追歷山慤象之聖。而有與乎。不可不獎以勵世云。

李卓吾公案六卷終

三教偶拈

提要

《三教偶拈》三卷，明馮夢龍輯，日本東京大學東洋文化研究所雙紅堂文庫藏明刊本。題『墨憨齋新編』。據朱彝尊《敬志居詩話》，馮夢龍有一齋名為『墨憨齋』。卷一為『皇明大儒王陽明先生出身靖難錄』，卷二為『濟顛羅漢淨慈寺顯聖記』，卷三為『許真君旌陽宮斬蛟傳』。分述佛、儒、道三教，以表達三教合流之思想。馮夢龍，字猶龍，又字公魚、子猶，別號龍子猶、墨憨齋主人、吳下詞奴、姑蘇詞奴、前周柱史。

三教偶拈　三種　明馮夢龍（七樂生）編　明末刊本

本邦ニ翻刻アル皇明大儒王陽明先生出身靖亂錄三冊アリ唐土佚書トシテ知ラルレド、ソノ基ク所ナルヲ知ラザリキ往年一揆ナシテ坊肆ニ覩ソノ末ニ天保八年佐藤一齋ノ跋ヲ移録シアルヲ見テ大ニ喜ビ購收シタリソノ中ニ序書ハ福山[illegible]ノ[illegible]三教偶拈ナリトイフ須臾[illegible]洲閩主人大抵ノ佛書ヲ[illegible]中ニ此書アリ[illegible]三教同理ヲ求メテ吾ガ[illegible]ニ帰ス[illegible]氏ノ[illegible]小說[illegible]小說ト[illegible]之ノ此書ノ[illegible]

仙人於是鼎湖瑤池神其說蓬萊方壺傍其勝安期羨門异其人呪禁符水岐其術要之方外別是一種與道無與故劉歆七畧以道家爲諸子神仙爲方技良有以爾迨李少君寇謙之之輩務爲迂怪附

會以干人主之澤而神仙與道合爲一家遂與儒教絶不相似此道與儒分合之大略也若夫佛乃胡神西荒所奉相傳秦時沙門利室房入朝始皇囚之有金人穿牖而去至漢明帝時金人入夢遣使請

經四十二章於西域而佛之名始聞浸假而琳宮紺於孫吳法藏廣於苻秦懺科備於蕭梁釋教乃大行而儼然與儒道鼎立爲三甚且掩而上之此三教始終之大略也是三教者互相譏而莫能相廢吾謂得其意皆可以治世而襲其迹皆不免於誤世舜之被袗鼓琴清淨無爲之旨也禹之胼手胝足慈悲徇物之仁也謂舜禹爲儒可即謂舜禹爲仙爲佛亦胡不可而儒者乃謂漢武惑於僊而衰梁武惑於佛而亡不知二武之惑正在不通仙佛之教耳漢武而眞能學仙則必清淨無爲而安有算商車征匈奴之事梁武而眞能學佛則必慈悲徇物而安有築長堰貪河南之事宋之崇儒講學遠過漢唐而頭巾習氣刺于骨髓國家元氣日以耗削試問航海而猶講大學與戎服而講老子仁王經者其蔽何異則又安得以此而嗤彼哉余於三教槩未有得然終不敢有所去取其間於釋教吾取其慈悲於道

教吾取其清淨於儒教吾取其平實所謂得其意皆可以治世者此也偶閱王文成公年譜竊嘆謂文事武備儒家第一流人物暇日演爲小傳使天下之學儒者知學問必如文成方爲有用因思向有濟顛旌陽小説合之而三教備焉夫釋如濟顛道如旌陽儒者未或過之又安得以此而廢彼也

東吴畸人七樂生撰

皇明大儒王陽明先生出身靖亂錄

墨憨齋新編

詩曰

綿綿聖學已千年　兩字良知是口傳
欲識渾淪無斧鑿　須知規矩出方圓
不離日用常行内　直造先天未畫前
握手臨岐更何語　慇懃莫愧別離筵

道這首詩、乃是　國朝一位有名的道學先生別門生之作、那位道學先生、姓王、雙名守仁、字伯安、學者稱爲陽明先生、乃浙江省紹興府餘姚縣人也、如今且説道學二字、道乃道理、學乃學問、有道理、便有學問、不能者待學而能、不知者待問而知、問總是學、學總是道、故謂之道學、且如鴻濛之世、茹毛飲血、不識不知、此時尚無道理可言、安有學問之名、自伏羲始畫八卦、製文字、洩天地之精微、括人事之變化、於是學問漸興、據古書所載、黄帝學於太眞、顓帝學於録圖、帝嚳學於赤松子、堯學於君疇、舜學於務成昭、禹學於西王國、湯學於伊尹、文王學於時子思、武王學於尚父、成王學於周公、這幾箇有名的帝王、天縱聰明、何所不知、何所不能、只爲道理無窮、不敢自足、所以必須資人講解、此乃道學淵源之一派也、自周室東遷、教化漸衰、處士橫議、天生孔聖人出來、刪述六經、表章五教、上接文武周公之脈、下開百千萬世之緒、此乃帝王以後第一代講學之祖、漢儒因此立爲經師、易經有田何丁寬孟喜梁丘賀等、書經有伏勝孔安國劉向歐陽高等、詩經有申培毛公王吉王衡等、禮經有大戴小戴后蒼高堂生等、春秋有公羊氏穀梁氏董仲舒眭弘等、各執專經、聚徒講解、當時明經行修者、薦擧爲官、所以人務實學、風俗敦厚、及唐以詩賦取士、理學遂廢、惟有昌黎伯韓愈獨發明道術

爲一代之大儒、至宋太祖崇儒重道、後來眞儒輩出、爲濂洛關閩之傳、濂以周茂叔爲首、洛以二程爲首、關以張橫渠爲首、閩以朱晦菴爲首、於是理學大著、許衡吳澄當胡元腥世、猶繼其脈、迄於 皇明薛瑄羅倫章懋蔡清之徒、皆以正誼明道、淸操勁節相尙、生爲名臣、沒載祀典、然功名事業、總不及陽明先生之盛、卽如講學一途、從來依經傍註、惟有先生揭良知二字爲宗、直抉千聖千賢心印、開後人多少進修之路、只看他一生行事、橫來竪去、從心所欲、勘亂解紛、無不底績、都從良知揮霍出來、眞箇是卷舒不違乎時、文武惟其所用、這纔是有用的學問、這纔是眞儒、所以 國朝道學、公論必以陽明先生爲第一、有詩爲證

世間講學盡皮膚　虛譽雖隆實用無
養就良知滿天地　陽明纔是仲尼徒

且說陽明先生之父、名華、字德輝、別號龍山公、自幼警敏異常、六歲時、與羣兒戲於水濱、望見一醉漢濯足於水中而去、公先到水次、見一布囊、提之頗重、意其中必有物、知是前醉漢所遺、酒醒必追尋至此、猶恐爲他兒所見、乃潛投於水中、羣兒至、問汝投水是

還金廉士所能也、出於六歲兒、異矣、尤異者在保全此金以待客

何物、公謬對曰、石塊耳、羣兒戲罷將晩餐、拉公同歸、公假稱腹痛不能行、獨坐水次而守之、少頃前醉漢酒醒、悟失囊、號泣而至、公起迎問曰、汝求囊中物耶、醉漢曰然、童子曾見之否、公曰、吾恐爲他人所取、爲汝藏於水中、汝可自取、醉漢取囊解而視之、內裹白金數錠、分毫不動、醉漢大驚曰、聞古人有還金之事、不意出自童子、箇一小錠爲謝曰、與爾買果餌喫、公笑曰、吾家豈乏果餌、而需爾金耶、奔而去、歸家亦絕不言於父母、年七歲、母岑夫人授以句讀、値邑中迎春、里中兒皆歡呼出觀、公危坐讀書不輟、岑夫人憐

之謂曰兒可出外暫觀再讀不妨公拱手對曰觀春不若觀書也岑夫人喜曰是兒他日成就殆不可量自此送鄉塾就學過目輒不忘同學小兒所讀書經其耳無不成誦年十一從里師錢希寵初習對句輒工月餘學爲詩又月餘學爲文出語驚人爲文兩月同學諸生雖年長無出其右者錢師驚歎曰一歲之後吾且無以教汝矣値新縣令出外拜客僕從甚盛在塾前喝道而過同學生停書爭往出觀公據案朗誦不輟聲瑯瑯達外錢師止之曰汝不畏知縣耶公對曰知縣亦人耳吾何畏况讀書未有罪也錢師語

其父竹軒翁曰令公子德器如此定非常人年十四學成假館於龍泉寺寺有妖祟每夜出抛磚弄瓦往時借寓讀書者咸受驚恐或發病不敢復居公獨與一蒼頭寢處其中寂然無聲僧異之乘其夜讀假以豬尿泡塗灰粉畫眉眼其上用蘆管透入窗櫺噓氣漲泡如鬼頭形僧口作鬼聲欲以動公公取床頭小刀刺泡泡氣洩僧掖出公投刀復誦讀如常了不爲異聞者皆爲縮舌娶夫人鄭氏於成化七年懷娠凡十四月岑太夫人夢神人衣緋腰玉於雲中鼓吹送一小兒來寤比驚醒聞啼聲侍女報鄭夫人已產兒

兒卽陽明先生也竹軒公初取名曰雲鄉人因指所生樓曰瑞雲樓雲五歲尚不能言一日有神僧過之聞奶娘呼名僧摩其頂曰好箇小兒可惜道破了竹軒翁疑夢不當洩乃更名守仁是日遂能言且祖父所讀書每每口誦訝問曰兒何以能誦對曰向時雖不言然聞聲已暗記矣其神契如此有富室聞龍山公名迎至家園館穀忽一夜有美姬造其館華驚避美姬曰勿相訝我乃主人之妾也因主人無子欲借種於郎君耳公曰蒙主人厚意留此豈可爲此不肖之事姬卽於袖中出一扇曰此主人之命也郎君但

看扇頭字當知之公視扇面果主人親筆書五字曰欲借人間種公援筆添五字於後曰恐驚天上神厲色拒之姬悵悵而去公旣中鄉榜明年會試前富室主人延一高眞設醮祈嗣高眞伏壇遂睡去久而不起旣醒主人問其故高眞曰適夢捧章至三天門遇天上迎狀元榜久乃得達故遲遲耳主人問狀元爲誰高眞曰不知姓名但馬前有旗二面旗上書一聯云欲借人間種恐驚天上神主人默然大駭時成化十七年辛丑之春也未幾會試報至公果狀元及第陽明先生時年十歲矣次年壬寅公在京師迎養其

父竹軒翁、翁因攜先生同往、過金山寺、竹軒公與客酣飲、擬作詩未成、先生在旁索筆、竹軒翁曰、孺子亦能賦耶、先生即書四句云

金山一點大如拳　打破維揚水底天
醉倚妙高樓上月　玉簫吹徹洞龍眠

坐客驚異、咸爲起敬、少頃遊蔽月山房、竹軒公曰、孺子還能作一詩否、先生應聲吟曰

山近月遠覺月小　便道此山大於月
若人有眼大如天　還見山小月更濶

坐客謂竹軒翁曰、令孫聲口、俱不落凡想、他日定當以文章名天下、先生曰、文章小事、何足成名、衆益異之、十二歲、在京師就塾師、不肯專心誦讀、每潛出與羣兒戲、製大小旗幟、付羣兒持立四面、自己爲大將、居中調度、左旋右轉、略如戰陣之勢、龍山公出見之、怒曰、吾家世以讀書顯、安用是爲、先生曰、讀書有何用處、龍山公曰、讀書則爲大官、如汝父中狀元、皆讀書力也、先生曰、父中狀元、子孫世代還是狀元否、龍山公曰、止我一世耳、汝若要中狀元、還是去勤讀、先生笑曰、只一代、雖狀元不爲希罕、父益怒、朴責之、先[illegible]、又嘗問塾師曰、天下何事爲第一等人、塾

世爵大儒福德俱自努力而定

師曰、鬼科高第、顯親揚名、如尊公乃第一等人也、先生吟曰、鬼科高第時時有、豈是人間第一流、塾師曰、據孺子之見、以何事爲第一、先生曰、惟爲聖賢、方是第一、龍山公聞之、笑曰、孺子之志何其奢也、先生一日出遊市上、見賣雀兒者、欲得之、賣雀者不肯與、先生與之爭、有相士號麻衣神相、一見先生、驚曰、此子他日大貴、當建非常功名、乃自出錢買雀以贈先生、因以手撫其面曰、孺子記吾言、

鬚拂領　其時入聖境　鬚至上丹臺　其時
結聖胎　鬚至下丹田　其時聖果圓

又囑曰、孺子當讀書自愛、吾所言、將來必有應驗、言訖、遂去、先生感其言、自此潛心誦讀、學問日進、十三歲、母夫人鄭氏卒、先生居喪哭泣甚哀、父有所寵小夫人、待先生不以禮、先生遊於街市、見有縛鴞鳥一隻求售者、先生出錢買之、復懷銀五錢、贈一巫嫗、授以口語、見庶母如此恁般、先生歸、將鴞鳥潛匿於庶母床被中、母發被、鴞冲出、遶屋而飛、口作怪聲、小夫人大懼、開窗逐之、良久方去、俗忌野鳥入室、況鴞乃惡聲之鳥、見者以爲不祥、又伏於被中、幽房深戶、重帷錦衾、何自而入、豈不是大怪極異之事、先生聞房

作驚詫之聲、佯爲不知、入問其故、小夫人述古有此怪異、先生曰、何不召巫者詢之、小夫人使人召巫嫗、巫嫗入門、便言家有怪氣、既見小夫人、又言夫人氣色不佳、當有大災、晦至矣、小夫人告以發被得鴞鳥之異、巫嫗曰、老婦當問諸家神、即具香燭、命小夫人下拜、索錢楮焚訖、嫗即謬托鄭夫人附體、言曰、汝待我兒無禮、吾訴于天曹、將取汝命、適怪鳥即我所化也、小夫人信以爲真、跪拜無數、伏罪悔過、言此後再不敢、良久、嫗蘇曰、適見先夫人意色甚怒、將托怪鳥啄爾生魂、幸夫人許以改過、方纔升屋簷而去、小夫

三教偶拈　儒　八

人自此待先生加意有禮、先生尚童年、其權術已不測如此矣、先生十四歲、習學弓馬、留心兵法、多讀韜鈐之書、嘗曰、儒者患不知兵、仲尼有文事、必有武備、區區章句之儒、平時叨竊富貴、以詞章粉飾太平、臨事遇變、束手無策、此通儒之所羞也、十五歲、從父執（父華諸之父執）遊居庸三關、慨然有經略四方之志、一日夢謁伏波將軍廟、（漢馬援封伏波將軍）賦詩曰

卷甲歸來馬伏波　早年兵法鬢毛皤

雲埋銅柱雷轟折　六字題文尚不磨

其時地方水旱、盜賊乘機作亂、畿內有石英王勇、陝西有石和尚劉千斤、屢屢攻破城池、劫掠府庫、官軍不能收捕、先生言於龍山公、欲以諸生上書、請效終軍故事、願得壯卒萬人、削平草寇、以靖海内、龍山公曰、汝病狂耶、書生妄言、取死耳、先生乃不敢言、於是益專心於學問、弘治元年、先生十七歲、歸餘姚、遂往江西就親、所娶諸氏夫人、乃江西布政司參議諸養和公之女也、既成婚官署中、一日信步出行、至許旌陽鐵柱宮、於殿側遇一道者、龐眉皓首、盤膝靜坐、先生叩之曰、道者何處人、道者對曰、蜀人也、因訪道侶至此、先生問其壽幾何、對曰、九十六歲矣、問其姓、對

三教偶拈　儒　九

曰、自幼出外、不知姓名、人見我時時靜坐、呼我曰無爲道者、先生見其精神健旺、聲如洪鐘、疑是得道之人、因叩以養生之術、道者曰、養生之訣、無過一靜、老子清淨、莊生逍遙、惟清淨而後能逍遙也、因教先生以導引之法、先生恍然有悟、乃與道者閉目對坐、如一對槁木、不知日之已暮、并寢食俱忘之矣、諸夫人不見先生歸署、言於參議公、使衙役遍索不得、至次日天明、始遇之于鐵柱宮中、隔夜坐處、尚未移動也、衙役以參議命促歸、先生呼道者與別、道者曰、珍重珍重、二十年後當再見於海上也、先生回署、署中蓄

必能各驗凡儒識見之真

紙最富先生〻取學書紙爲之空書法大進先生自言吾始學書對模古帖止得字形其後不輕落紙凝思於心久之始通其法明道程先生有曰吾作字甚敬非是要字好只此是學夫既不要字好所學何事只不要字好一念亦是不敬聞者歎服明年己酉先生十八歲是冬與諸夫人同返餘姚行至廣信府上饒縣謁道學婁一齋（名諒）語以宋儒格物致知之義謂聖人必可學而至先生深以爲然自是奮然有求爲聖賢之志平日好諧謔豪放此後每每端坐省言曰吾知過矣遽伯玉行年五十而知四十九之非何其

晩也弘治五年壬子先生年二十一歲竹軒翁卒於京師龍山公奉其喪以歸是秋先生初赴鄉試場中夜半巡場者見二巨人一衣緋一衣綠東西相向立大聲言曰三人好做事言訖忽不見及放榜先生與孫忠烈燧胡尚書世寧同舉其後寧王宸濠之變胡發其奸孫死其難先生平其亂人以爲三人好做事此其驗也明年癸丑春會試下第宰相李西涯諱東陽時方爲文章主盟服先生之才戲呼爲來科狀元丙辰再會試復被黜落同寓友人以不第爲恥先生曰世情以不得第爲恥吾以不得第動心爲恥友人

必如此方是用世實學

服其涵養時龍山公已在京任先生遂寓京邸明年丁巳先生年二十六歲邊任報緊急舉朝倉皇推擇將才莫有應者先生嘆曰武舉之設僅得騎射擊刺之士而不可以收韜略統馭之才平時不講將略欲備倉卒之用難矣於是留情武事凡兵家祕書莫不精研熟討每遇賓客宴會輒聚果核爲陣圖指示開闔進退之方一夕夢威寧伯王越解所佩寶劍爲贈既覺喜曰吾當效威寧以斧鉞之任垂功名於竹帛吾志遂矣弘治十二年己未先生中會試第二名時年二十八歲廷試二甲以工部觀政進士受　命往

濬縣督造威寧伯墳先生一路不用肩輿日惟乘馬偶因過山馬驚先生墜地吐血從人進轎先生仍用馬蓋以此自習也既見威寧子弟問以先大夫用兵之法其家言之甚悉先生即以兵法部署造墳之衆凡在役者更番休息用力少見功多工得速完其家致金帛爲謝先生固辭不受後乃出一寶劍相贈曰此先大夫所佩也先生喜其與夢相符遂受之復命之日值星變達虜方犯邊　朝廷下詔求直言先生上言邊務八策言極剴切明年授官刑部主事又明年奉　命審錄江北多所平反民稱不冤事畢遂

游九華山、歷無相化城諸寺、到必經宿、時道者蔡蓬頭踞坐堂中衣朊敝陋、若顛若狂、先生心知其異人也、以客禮致敬、請問神仙可學否、蔡搖首曰、尚未尚未、有頃、先生屏去左右、引至後亭再拜、復叩問之、蔡又搖首曰、尚未尚未、先生力懇不已、蔡曰、汝自謂拜揖盡禮、我看你一團官相、說甚神仙、先生大笑而別、游至地藏洞、聞山巖之巔有一老道、不知姓名、坐臥松毛、不餐火食、先生欲訪之、乃懸崖扳木而上、直至山巔、老道踡足熟睡、先生坐于其傍、以手撫摩其足、久之老道方覺、見先生、驚曰、如此危險、安得至此、先

生曰、欲與長者論道、不敢辭勞也、因備言佛老之要、漸及於儒、曰、周濂溪程明道、是儒家兩個好秀才、又曰、朱考亭是個講師、只未到最上一乘、先生喜其談論、盤桓不能舍、次日、再往訪之、其人已徙居他處矣、有詩爲証、

路入巖頭別有天　松毛一片自安眠
高談已散人何處　古洞荒涼散冷烟

弘治十五年、先生至京、復命、京中諸名士俱以古文相尚、立爲詩文之社、來約先生、先生歎曰、吾焉能以有限精神、作此無益之事乎、遂告病歸餘姚、築室於四明山之陽明洞、洞在四明山之陽、故曰陽明、山高一萬八千丈、周二百一十里、道經第九洞天也、爲峯二百八十有二、其中峯曰芙蓉峯、有漢隷刻石於上、曰四明山心、其右有石窻、四面玲瓏如戶牖、通日月星辰之光、先生愛其景致、隱居於此、因自號曰陽明、思鐵柱宮道者之言、乃行神仙導引之術、月餘、覺陽神自能出入、未來之事、便能前知、一日靜坐、謂童子曰、有四位相公來此相訪、汝可往五雲門迎之、童子方出五雲門、果遇王思輿等四人、乃先生之友也、童子述先生遣迎之意、四人見先生、問曰、子何以預

知吾等之至、先生笑曰、只是心清、四人大驚異、述於朋輩、朋輩惑之、往往有人來叩先生以吉凶之事、先生言多奇中、忽然悟曰、此簸弄精神、非正覺也、遂絕口不言、思脫離塵網、超然爲出世之事、惟祖母岑太夫人與父龍山公在念、不能忘情、展轉躊躇、忽又悟曰、此孝弟一念、生於孩提、此念若可去、斷滅種性矣、此吾儒所以闢二氏、乃復思三教之中、惟儒爲至正、復翻然有用世之志、明年遷寓於錢塘之西湖、怎見得西湖景致好處、有四時望江南詞爲証

西湖景、春日最宜晴、花底管絃公子宴、水邊羅綺

麗人行十里按歌聲
西湖景夏日正堪游金勒馬嘶垂柳岸紅妝人泛
採蓮舟驚起水中鷗
西湖景秋日更宜觀桂子岡巒金谷富芙蓉洲渚
綵雲間爽氣滿前山
西湖景冬日轉清奇賞雪樓臺評酒價觀梅園圃
訂春期共醉太平時

又有林和靖先生咏西湖詩一首

混元神巧本無形　幻出西湖作畫屏
春水淨於僧眼碧　晚山濃似佛頭青

欒櫨粉堵搖魚影　蘭社烟叢閣鷺翎
往往鳴榔與橫笛　斜風細雨不須聽

那西湖又有十景那十景

蘇堤春曉　平湖秋月　麯院風荷
段橋殘雪　雷峰夕照　南屏晚鐘
兩峯出雲　三潭印月　柳浪聞鶯
花港觀魚

先生寓居西湖非闕貪玩景致那杭州乃吳越王錢氏及故宋建都之地名山勝水古刹幽居多有異人棲止先生遍處游覽冀有所遇一日往虎跑泉游玩

聖妙禪理

聞有禪僧坐關三年終日閉目靜坐不發一語不視一物先生往訪以禪機喝之曰這和尚終日口巴巴說甚麼終日眼睜睜看甚麼其僧驚起作禮謂先生曰小僧不言不視已三年於茲檀越却道口巴巴說甚麼眼睜睜看甚麼此何說也先生曰汝何處人離家幾年了僧答曰某河南人離家十餘年矣先生曰汝家中親族還有何人僧答曰止有一老母未知存亡先生曰還起念否僧答曰不能不起念也先生曰汝既不能不起念雖終日不言心中已自說著終日不視心中已自看著了僧猛省合掌曰檀越妙論更

望開示先生曰父母天性豈能斷滅你不能不起念便是真性發現雖終日呆坐徒亂心曲俗語云爹娘便是靈山佛不敬爹娘敬甚人言之未畢僧不覺大哭起來曰檀越說得極是小僧明早便歸家省吾老母次日先生再往訪之寺僧曰已五鼓負擔還鄉矣先生曰人性本善於此僧可驗也於是益潛心聖賢之學讀朱考亭語錄反覆玩味又讀其上宋光宗疏有曰居敬持志爲讀書之本循序致精爲讀書之法掩卷歎曰循序致精漸漬洽浹使物理與吾心混合無間方是聖賢得手處於是從事於格物致知每舉

一事旁喻曲曉必窮究其歸至於盡處弘治十七年甲子山東巡按御史陸偁重先生之名遣使致聘迎主本省鄉試先生應聘而往得穆孔暉爲解元後爲名臣是省全録皆出先生之手其年九月改兵部武選司主事先生往京都赴任謂學者溺于詞章記誦之末不知身心之學爲何等于是首倡講學之事聞者興起于是從學者衆先生儼然以師道自任同輩多有議其好名者惟翰林學士湛甘泉諱若水深契之一見定交終日相與談論號爲莫逆弘治十八年孝宗皇帝宴駕　武宗皇帝初即位寵任閹人劉瑾等八人號爲八黨亦八人

劉瑾　谷大用　馬永成　張永

魏彬　羅祥　丘聚　高鳳

這八人自幼隨侍　武宗皇帝在於東宮游戲因而用事劉瑾尤得主心閣老劉健與臺諫合謀去之機不早斷以致漏洩劉瑾與其黨泣訴於　上前　武宗皇帝聽其言反使劉瑾掌司禮監斥逐劉健殺忠直內臣王岳繇是權柄歸瑾票擬任意公卿側目正德元年南京科道官戴銑薄彥徽等上疏言　皇上新政宜親君子遠小人不宜輕斥大臣任用閹寺劉瑾票旨銑等出言狂妄紐解來京勘問先生目擊時事滿懷忠憤抗疏救之略曰臣聞君仁則臣直今銑等以言爲責其言如善自宜嘉納即其未善亦宜包容以開忠讜之路今赫然下令遠事拘囚在陛下不過少事懲創非有意怒絕之也下民無知妄生疑懼臣竊惜之自是而後雖有上關宗社安危之事亦將緘口不言矣伏乞追回前　旨俾銑等仍舊供職明聖德無我之公作臣子敢言之氣疏既入觸瑾怒票旨下先生於詔獄廷杖四十瑾又使心腹人監杖行杖者加力先生幾死而甦謫貴州龍場驛驛丞龍山公時爲禮部侍郎在京喜曰吾子得爲忠臣垂名青史吾願足矣明年先生將赴龍場瑾遣心腹人一路尾其後伺察其言動先生既至杭州值夏月天暑先生又積勞致病乃暫息於勝果寺妹婿徐曰仁來訪并拜門生聽講又同鄉徐愛蔡宗朱節冀元亨蔣信劉觀時等皆來執贄問道先生樂之居兩月餘忽一日午後方納涼於廊下蒼頭皆出外有大漢二人綫帽窄衫如官較狀腰懸刀刃口吐北音從外突入謂先生曰官人是王主事否先生應曰然二較曰某有言相告即引出門外挾之同行先生問何往二較

曰但前行便知先生方在病中辭以不能步履二較曰前去亦不遠我等左右相扶可矣先生不得已任其所之約行三里許背後復有二人追逐而至先生顧其面貌頗似相熟二人曰官人識我否我乃勝果寺鄰人沈玉殷計也素聞官人乃當世賢者平時不敢請見適聞有官較挾去恐不利於官人特此追至看官人下落耳二較色變謂沈殷二人曰此 朝廷罪人汝等何得親近沈殷二人曰 朝廷已繭其官矣又何以加罪乎二較扶先生又行沈殷亦從之天色漸黑至江頭一空室中二較密謂沈殷二人曰吾

等實奉主人劉公公之命來殺王公汝等沒相干人可速去不必相隨也沈玉曰王公今之大賢令其死於刀下不亦慘乎且遺屍江口必累地方此事決不可行二較曰汝言亦是乃於腰間解青索一條長丈餘授先生曰聽爾自縊何如沈玉又曰縄上死與刀下死同一慘也二較太怒各拔刀在手厲聲曰此事不完我無以復命亦必死於主人之手殷計曰足下不必發怒今王公夜半自投江中而死既令全屍又不累地方足下亦可以了事歸報豈不妙哉二較相對低語少頃乃收刀入鞘曰如此庶幾可耳沈玉曰

王公命盡此夜吾等且沽酒共飲使其醉而忘二較亦許之乃鎖先生於室中先生呼沈殷二人曰我今夕固必死當煩一報家人收吾屍也二人曰欲報尊府必得官人手筆方可准信先生曰吾袖中偶有素紙奈無筆何二人曰吾當於酒家借之沈玉與一較同往市中沽酒殷計與一較守先生於門外少頃沽酒者已至二較啓門身邊各帶有椰瓢沈玉滿斟送先生不覺淚下先生曰我得罪 朝廷死自吾分吾不自悲汝何必爲我悲乎引瓢一飲而盡殷計亦獻一瓢先生復飲之先生量不甚弘辭曰吾不能

飲矣既有高情幸轉進於遠客吾尚欲作家信也沈玉以筆授先生先生出紙於袖中援筆寫詩一首詩曰

學道無成歲月虛　天乎至此欲何如
生曾許國慚無補　死不忘親恨有餘
自信孤忠懸日月　豈論遺骨葬江魚
百年臣子悲何極　日夜潮聲泣子胥

先生吟興未已再作一

敢將世道一身擔　顯被生刑萬死甘
滿腹文章寧有用　百年臣子獨無慙

方且寫且吟物消飲者不得不停矣

沈玉僕迎何處無影寸

涓流裨海今真見　片雪填溝舊齒談
肯代衣冠誰上品　狀元門第好奇男

二詩之後尚有絕命辭甚長、不錄。紙後作篆書十字云、陽明已入水、沈玉殷尚報。二校本不通文理、但見先生手不停揮、相顧驚嘆、以爲天才。先生且寫且吟、四人互相酬勸、各各酩酊、將及夜半、雲月朦朧、二校帶著酒興、逼先生投水。先生先向二校謝其全屍之德、然後逕造江岸、回顧沈殷二人曰、必報我家、必報我家。言訖、從沙泥中步下江來。二校一來多了幾分酒、二來江灘潮濕、不便相從、乃立於岸上遠而望之、

似聞有物墮水之聲、謂先生已投江矣。一響之後、寂然無聲、立了多時、放心不下、遂步步捱下灘來、見灘上脫有雲履一雙、又有紗巾浮於水面、曰、王主事果死矣。欲取二物以去、沈玉曰、留一物在、使來早行人見之、知王公墮水、傳說至京、都亦可作汝等證見也。二校曰、言之有理。遂棄履、只撈紗巾帶去、各自分別、至是夜着頭回勝果寺、不見先生、問之主僧、亦云不知、乃連夜提了行燈、各處去找尋了一回、不見一些影響。其年丁卯、乃是鄉試之年、先生之弟守文在省應試、僧人往報守文、守文言於官、命公差押本寺

孔子於顏回師信其弟徐愛於陽明弟信其師

僧四出尋訪、恰遇沈殷二人、亦來尋守文報信。守文接了絕命詞及二詩、認得果其兄親筆、痛哭了一場。未幾又有人拾得江邊二履、報官、官以履付守文。衆人轟傳、以爲先生真溺死矣。守文送信家中、合家驚惶、自不必說。龍山公遣人到江邊遺履之處、命漁舟撈屍、數日無所得。門人聞者無不悼惜。惟徐愛言先生必不死、曰、天生陽明、倡千古之絕學、豈如是而已耶。却說先生果然不曾投水、他算定江灘是箇絕地、沒處走脫、二校必然放心、他有酒之人、怎走得這軟灘、以此獨步下來、脫下雙履、留做證見、又將紗巾拋

棄水面、却眠石塊向江心拋去。黃昏之後、遠觀不甚分明、但聞撲通聲響、不知真假、便認做了事。不但二校不知、連沈玉殷計亦不知其未死也。先生却沿江灘而去、度其已遠、藏身於岸坎之下。次日、趂箇小船、船子憐其無履、以草履贈之。七日之後、已達江西廣信府、行至鉛山縣、其夜復搭一船、一日夜到一箇去處登岸、問之、乃是福建北界矣。舟行之速、疑亦非人力所及。巡海兵船見先生狀貌不似商賈、疑而拘之。先生曰、我乃兵部主事王守仁也、因得罪朝廷、受廷杖、貶爲貴州龍塲驛驛丞、自念罪重、欲自引決、投身

劉小人譏不托之神異以起其下段

於錢塘江中遇一異物，魚頭人身，自稱巡江使者，言奉龍王之命前來相迎，我隨至龍宮，龍王降階迎接，言我異日前程尚遠，命不當死，以酒食相待，即遣前使者送我出江。倉卒之中，附一舟至此，送我登岸，舟亦不見矣。不知此處離錢塘有多少程途，我自江中至此纔一日夜耳。兵士異其言，亦以酒食款之，即馳一人往報有司。先生恐事涉官府，不能脫身，捉空潛遁，從山徑無人之處狂奔三十餘里，至一古寺，天已昏黑，乃叩寺投宿。寺僧說有禁約，不留夜客歇宿。寺傍有野廟，久廢，虎穴其中，行客不知，誤宿此廟，遭虎所噉矣，是寺僧取其行囊自利，以爲常事。先生既不得入寺，乃就宿野廟之中，饑疲已甚，於神案下熟寢。夜半群虎遶廟環行大吼，無敢入者。天明寂然，寺僧聞虎聲，以爲夜來借宿之客已厭虎腹，相與入廟，欲簡其囊。先生夢尚未醒，僧疑爲死人，以杖微擊其足。先生蹶然而起，僧大驚曰：公非常人也，不然，豈有入虎穴而不傷者乎。先生茫然不知，問虎穴安在，僧答曰：即此神座下是矣。僧心中驚異，反邀先生過寺朝餐。餐畢，先生偶至殿後，先有一老道者打坐，見先生來，即起相訝曰：貴人還識無爲道者否。先生視之，乃

鐵柱宮所見之道者，容貌儼然如昨，不差毫髮。道者曰：前約二十年後相見于海上，不欺公也。先生甚喜，如他鄉遇故知矣，因與對坐，問曰：我今與逆瑾爲難，幸脫餘生，將隱姓潛名，爲避世之計，不知何處可以相容，望乞指教。道者曰：汝不有親在乎，萬一有人言汝不死，逆瑾怒逮爾父，誣爾以北走胡，南走越，何以自明。汝進退兩無據矣。因出一書示先生，乃預寫就者，詩曰：

二十年前已識君　今來消息我先聞
君將性命輕毫髮　誰把綱常重一分
寰海已知誇令德　皇天終不喪斯文
英雄自古多磨折　好拂青萍建大勳

先生服其言，且感其意，乃決意赴謫所，題一絕于殿壁，詩曰：

險夷原不滯胸中　何異浮雲過太空
夜靜海濤三萬里　月明飛錫下天風

先生辭道者欲行，道者曰：吾知汝行資困矣。乃于囊中出銀一錠爲贈。先生得此盤纏，乃從間道遊武夷山，出鉛山，過上饒，復聘婁一齋。一齋大驚曰：先聞汝溺于江，後又傳有神人相救，正未知虛實，今日得相

遇乃是斯文有幸先生曰某幸而不死將往謫所但恨未及一見老父之面恐彼憂疑成病以此介介耳婁公曰逆瑾遷怒於尊大人已改官南京宗伯矣此去歸途便道可一見也先生大喜婁公留先生一宿助以路費數金先生遂往南京省覲龍山公父子相見出自意外如枯木再花不勝之喜居數日不敢久留即辭往貴州赴龍場驛驛丞之任攜有僕從三人始成行李模樣龍場地在貴州之西北宣慰司所屬萬山叢棘中蛇虺成堆魍魎晝見瘴癘蠱毒苦不可言夷人語言又皆鴂舌難辯居無宮室惟累土爲窟

寢息其中而已夷俗尊事蠱神有土中人至徃徃殺之以祀神謂之祈福先生初至夷人欲謀殺先生卜之於神不吉夜夢神人告曰此中土聖賢也汝輩當小心敬事聽其教訓一夕而同夢者數人明旦轉相告語于是有中土往年亡命之徒能通夷語者夷人央之通語於先生日貢食物親近歡愛有如骨肉先生乃教之範木爲墼音激架木爲梁刈草爲蓋建立屋宇人皆效之於是一方有棲息之所夷人又以先生所居湫隘卑濕別爲之伐木構室寬大其制于是有寅賓堂何陋軒君子亭玩易窩統名曰龍岡書院翳

龍場之謫先生之不幸貴州之大幸也

之以檜竹蒔之以卉藥先生日夕吟諷其中漸與夷語相習乃教之以禮義孝悌亦多有他處夷人特來聽講先生息心開導略無倦怠之色久之得家信言逆瑾聞先生不死且聞父子相會於南都益大恚忌矯旨勒龍山公致仕還鄉先生曰瑾怒尚未解也得失榮辱皆可付于度外惟生死一念自省未能超脫乃于居後鑿石爲槨晝夜端坐其中胸中灑然若將終身夷狄患難俱忘之矣僕人不堪其憂每每患病先生輒寬解之又或歌詩製曲相與諧笑以適其意因思設使古聖人當此必有進於此者吾今終未能

免排遣二字此吾於格致工夫未到也忽一夕夢謁孟夫子孟夫子下階迎之先生鞠躬請教孟夫子爲講良知一章千言萬語指證親切夢中不覺叫呼僕從伴睡者俱驚醒自是胸中始豁然大悟嘆曰聖賢左右逢源只取用此良知二字所謂格物格此者也所謂致知致此者也不思而得得甚麼不勉而中中甚麼總不出此良知而已惟其爲良知所以得不繫思中不繫勉若舍本性自然之知而紛逐於聞見縱然想得著做得來亦如取水于支流終未達於江海不過一事一物之知而非原原本本之知試之變化

終有室礙不繇我做主必如孔子從心不踰矩方是良知滿用故曰無入而不自得焉夘是又何有窮通榮辱死生之見得以忝其間哉於是嘿記五經以自證其旨無不脗合因著五經臆說求西安宣慰聞先生之名遣使餽米肉又餽鞍馬金帛先生俱辭不受夷人傳說益加敬禮時正德三年先生三十七歲事也明年癸巳貴州提學副使席書號元山亦究心於理學素重先生之名特遣人迎先生入于省城叩以致知力行是一層工夫還是兩層工夫先生曰知行本自合一不可分爲兩事就如稱某人知孝知弟必

是巳行過孝弟之事方許能知又如知痛必然巳自痛了知寒必然巳自寒了知是行的主意行是知的工夫古人只爲世人貿貿然胡亂行去所以先說箇知不是畫知行爲二也若不能行仍是不知席公大服乃建立貴陽書院身率合省諸生以師禮事之有暇卽來聽講先生乃大暢良知之說正德五年安化王寘鐇反以誅劉瑾爲名　朝廷遣都御史楊一淸太監張永率師討之未至而寘鐇巳爲指揮使仇鉞用謀擒縛一淸因獻俘陰勸張永以瑾惡密奏永從之　武宗皇帝聽張永之言族瑾家并誅其黨張文

知此邑令也方幸矣[illegible]積毅[illegible]簡將何從出嗚呼[illegible]今日所以無賢令也

晃等凡因瑾得官者盡皆罷斥召復直諫諸臣先生得陞廬陵縣知縣臨行之際縉紳士民送者數千人俱依依不舍過常德辰州一路講學從游者甚衆有睡起寫懷詩爲證

紅日熈熈春睡醒　江雲飛盡楚山靑
閒觀物態皆生意　靜悟天機入窅冥
道在險夷隨地樂　心忘魚鳥自流形
未須更覓羲皇事　一曲滄浪擊壤聽

先生時年三十九歲旣至廬陵爲政不專刑威惟以開導人心爲本愼選里正三老坐申明亭凡來訟者

使之委曲勸諭百姓有盛氣而來涕泣而歸者繇是囹圄日淸風俗大變城中失火先生公服下拜天爲之反風乃令城市各闢火巷火患永絕是冬入覲館於大興隆寺與湛甘泉儲柴墟巏等講致良知之旨進士黃宗賢等聞其說而歎服遂執贄稱門生聽講十二月陞南京刑部主事湛甘泉恐廢講聚言於冢宰楊一淸明年正月卽調北京吏部驗封司主事時有吏部郎中方叔賢諱獻夫位在先生之上聞先生論學有契遂下拜事以師禮先生贈以詩云

休論寂寂與惺惺　不妄繇來卽性情

良知一以貫之正此謂也

却笑慇懃諸老子　翻從知見覓虛靈

是年十月、陞文選司員外、明年三月、陞考功司郎中。弟子益進、如穆孔暉、冀元亨、顧應祥、鄭一初、王道、梁谷、萬潮、陳鼎、魏廷霖、蕭鳴鳳、林達、黃綰、應良、皆一時之表表者、餘人不可盡述、徐愛等亦至京師、一同受業、先生嘗言格物是誠意的工夫、明善是誠身的功夫、窮理是盡性的功夫、道問學是尊德性的功夫、博文是約禮的功夫、惟精是惟一的功夫、諸如此類、乍聞之亦自駭然、其後思之既久、轉覺親切、不可移動、十二月、陞南京太僕寺少卿、駐札滁州、專督馬政、便

道歸省、未幾至滁州、門人從者頗衆、地僻官閒、日與門人遊遨瑯琊（山在州城）瀼泉（即六一泉）之間、月夕則環龍潭（在龍蟠山）而坐者數百人、歌聲振谷、諸生隨地請益、先生就眼前點化、各有所得、于是從遊益盛、正德九年四月、陞南京鴻臚寺卿、滁陽諸友送至江浦、不忍言別、遂各賃居、候先生渡江、先生以詩促之使歸、詩曰

滁之水　入江流　江潮日夜來滁州　相思若潮水　來往何時休　空相思　亦何益　欲慰相思情　不如崇令德　掘地見泉水　隨處無常得　何必驅馳爲　千里遠相即

君不見堯羹與舜牆　又不見孔與跖對面不相識　逆旅主人多慇懃　出門轉盼成路人

五月至南京、徐愛等相從、又有黃宗明、薛侃、陸澄、季本、蕭惠、饒文璧、朱虎等二十餘人、一同受業、正德十年、先生念祖母岑太夫人年九十有六、思一修覲、乃上疏請告、不允、時汀漳各郡皆有巨寇、兵部尚書王瓊特舉先生之才、陞都察院右僉都御史、巡撫南贛汀漳等處、先生因得歸省岑太夫人及龍山公、正德十二年、正月赴任南贛、道經吉安府萬安縣、適遇流賊數百、肆劫商舟、舟人驚懼、欲回舟避之、不敢復進

先生不許、乃集數十舟、聯絡爲陣勢、揚旗鳴鼓、若將進戰者、賊見軍門旗號、知是撫院、大驚、皆羅拜于岸上、號呼曰、某等飢荒流民、求爺賑濟活命、先生命將船稍容近岸、使中軍官傳令諭之曰、巡撫老爺知汝等迫於飢寒、一到贛後、即差官撫插、宜散歸候賑、若更聚劫鄉村、王法不宥、賊俱解散、旣抵贛、即行牌所屬、分別賑濟招撫流民、置二匣於臺前、榜曰

求通民情　願聞己過

因漳賊詹師富、溫火燒等連年寇盜、其勢方熾、移文湖廣福建廣東三省、剋期進勦、贛民多受賊賄、爲之

此即今良法惜無善用之者

耳目官府舉動賊已先覺先生訪知軍門有一老隸奸狡尤甚忽召入臥室謂之曰有人告你通賊你罪在必死若能改過悉列通賊諸奸民告我我當赦汝之命老隸叩頭悉吐其實備開奸民姓名先生俱密拿正法又嚴行十家牌法其法十家共一牌開列各戶籍貫姓名年貌行業日輪一家沿門詰察遇面生可疑之人即時報官如或隱匿十家連坐所屬地方一體遵行又以向來達調狼達上東動經歲年糜費鉅萬驕橫難制有損無益乃使各省兵備官令府州縣挑選本地真正驍勇每縣多者十人少者七八人

大約江西福建二省各以五六百名爲率廣東湖廣二省以四五百名爲率兵間有魁傑出羣通曉韜略者署爲將領所募驍勇隨各兵備官屯劄訓練無事撥守城隘有事應變出奇到任十餘日調度略畢即議進兵兵次長富村遇賊大戰斬獲頗多賊奔至象湖山拒守我兵追至地名蓮花石與賊對壘會指揮覃桓率廣東兵到與賊戰小勝遂進前合圍賊見勢急潰圍而出覃桓馬蹶爲賊所殺縣丞紀庸亦同時被害諸將氣沮謂賊未可平請調狼兵俟秋再舉先生陽聽其說進屯汀州府上杭縣宣言大犒三軍暫

且退師音銳俟狼兵齊集征進密遣義官曾崇秀覘賊虛實回言賊還據象湖只等官軍一退復出劫掠先生乃責各軍以失律之罪使盡力自効分兵爲三路俱於二月廿九晦日出其不意銜枚並進直搗象湖奪其隘口衆賊失險復據上層峻壁四面滾木礧石以死拒戰先生親督兵士奮勇攻之自辰至午呼聲震地三省奇兵從間道攀崖附木四面蟻集賊驚潰奔走官軍乘勝追勦賊兵大敗先生乃分遣福建僉事胡璉參政陳策副使唐澤等率本省兵攻長富村廣東僉事顧應祥都指揮楊懋等率本省兵攻水

竹大重坑先生自提江西兵往來接應不一月福建兵攻破長富村巢穴三十餘處廣東兵攻破水竹大重坑巢穴一十三處斬首從賊詹師富溫火燒等七千餘名俘獲賊屬及輜重無算漳南數十年之寇至是悉平以二月出師四月班師成功未有如此之速者先生駐軍上杭久旱不雨師至之日一雨三日百姓歌舞于道先生因名行臺之堂曰時雨堂取王師若時雨之義也先生謂習戰之方莫要於行伍治衆之法莫先于分數每每調集各兵二十五人編爲一伍伍有小甲五十人爲一隊隊有總甲二百人爲一

正節制之月政遺制治軍之法莫妙於此要在首領行之耳

哨置哨長一人協哨二人　百人爲一營置營官一人參謀二人一千二百人爲一陣陣有偏將二千四百人爲一軍軍有副將偏將無定員臨事而設小甲選於各伍中總甲又選于小甲中哨長選於千百戶義官中副將得以罰偏將偏將得以罰營官營官得以罰哨長哨長得以罰總甲總甲得以罰小甲小甲得以罰伍兵務使上下相維如身臂使指自然舉動齊一治衆如寡編選既定每伍給一牌備列同伍姓名謂之伍符每隊各置兩牌編立字號一付總甲一藏本院謂之隊符每哨各置兩牌編立字號一付哨

長一藏本院謂之哨符每營各置兩牌編立字號一付營官一藏本院謂之營符凡遇征調發符比號而行以防奸僞又疏請申明賞罰兵士臨陣退縮者領兵官即軍前斬首領兵官不用命者總兵官即軍前斬首其有擒斬功次不論尊卑一體陞賞生擒賊從勘明決不待時夫盜賊之日滋繇招撫之太濫招撫之太濫繇兵力之不足兵力之不足繇賞罰之不行乞假臣等以令旗令牌使得便宜行事又議割南靖漳浦之地建立縣治于大洋波又添立巡簡司協同鎮壓兵部王瓊以先生之言爲然覆奏俱依擬賜縣

允爲良策

名曰清平改巡撫爲提督軍務給旗牌假便宜仍諭平漳寇功加俸一級先生益得發舒其志再說南贛西接湖廣桂陽有桶岡橫水諸賊巢東接廣東龍川有浰頭諸賊巢橫水賊首謝志珊桶岡賊首藍天鳳浰頭賊首池仲容俱僭號稱王僞署官職擁衆據險出入無常屢調狼兵進討不能取勝謝志珊自號征南王聞督府方討漳寇乃大修戰具并造呂公車若干欲乘隙先破南康乘虛入廣時湖廣巡撫都御史陳金疏請三省之師夾攻桶岡先生曰桶岡橫水左溪諸賊荼毒三省其患雖同而事勢各異論湖廣則

桶岡爲腹心之疾論江西則橫水爲腹心之疾今不去江西腹心之疾而欲與湖廣夾攻桶岡失緩急之宜矣湖廣尅期以十一月朔日會集今尚在十月橫水賊聞湖廣合勦之信必謂我先攻桶岡又見我兵未集師期尚遠必不準備若出其不意進兵疾擊可以得志已破橫水移兵桶岡此破竹之勢也先生恐征橫水時浰頭賊乘機擾亂乃爲告諭一通具述利害遣報劾生員黃表義民周祥等招撫池仲容等勸之立功自贖且各賜銀布以安其心一時賊黨見諭詞誠懇莫不感動酋長黃金巢劉遜劉粗眉溫仲秀

等隨黃表等各引部下出投情願殺賊立功先生用好言撫慰選其精壯五百人爲兵隨軍征進餘老弱散遣之先生已定出師之期預先分定哨道密授方略那幾處哨道

一江西都司都指揮許清率兵一千自南康縣所溪入攻白藍與本院會於橫水

一贛州府知府邢珣率兵一千自上猶縣石人坑入協攻白藍會於橫水

一南贛守備郟文率兵一千自大庾縣義安入合攻左溪會於橫水

一汀州府知府唐淳率兵一千自大庾縣聶都入合攻左溪會於橫水

一南安府知府季斅率兵一千自大庾縣穩下入合攻左溪會於橫水

一南康縣縣丞舒富率兵一千自上猶縣金坑入徑攻左溪會於橫水

一贛州衛指揮余恩率兵一千自上猶縣獨孤嶺入徑攻左溪會於橫水

一寧都縣知縣王天與率兵一千自上猶縣官隘員坑入進屯橫水

一吉安府知府伍文定率兵一千搜勦稽蕪等處賊巢進屯橫水

一廣東潮州府程鄉縣知縣張戩率兵一千搜勦黃雀坳等賊巢進屯橫水

分撥十路軍馬限定十月初七日各哨齊發又撥兵備副使楊璋分守參議黃宏監督名營官兵往來給餉先生暗諭本院標下將領同時進發號令雖出衙門中寂然無聞先生在贛院左有旁門通射圃暇即與諸生講學其中或習射每至夜分而散次早則諸生入院揖謝以此爲常出兵之前一日與諸生夜坐

巢動門且賊安之浴成功

談論諸生以先生坐久請休息先生乃回院及明旦諸生集於院門欲進謝守門者辭曰公進院未幾即領兵出城去不知何往度此際可行二十餘里矣其神機不測如此先生於十月初九日兵至南康有人出首義官李正巖醫官劉福泰素與賊通者先生召二人至以首狀示之二人力辯無有先生曰即有之姑釋汝罪乃皆留於幕下戴罪立功是晚李正巖劉福泰稟有機密事求見先生召入密叩之二人齊聲稟稱欲攻桶岡必經縣十八面地方此乃第一險要去處亂山環拱嶺峻道陡從來官軍不能入今有木

王張保父在蠻中、凡建立栅寨皆出其手、要知地利、非得此人不可、先生問張保何在、二人曰某等蒙老爺不殺之恩、誓欲報効、天幸遇著張保、已拘留在轅門之外、未奉呼喚、不敢擅自引入、先生即令二人出外、同張保入見、務要隱密、不得聲張、其事當下李劉二人引張保直至後堂叩頭、先生曰、聞蠻賊建立栅寨皆出汝手、汝罪當死、張保連連叩頭答曰、小人手藝爲活、誤入賊穴、一時貪生怕死、受其驅使、實非得已、先生曰、我且不計較汝、但彼立寨之處、必然選擇險要、汝在彼中、亦必備知、可細細開明左右前後大

小出入之道、賊破之日、一例叙功、張保欣然、遂請求筆硯、先生分付李劉二人監押、敎他安坐開寫、自已退回臥房、使親隨門子以酒食勞之、張保感激、即備細開出某賊寨在某山、某處是進路、某處是退路、某處山頭與某寨相對、路平路險、如何上山、如何下山、恰像寫賣山文契的、四址分明、滴水不漏、門子稟道、木工開寫已完、先生復出、召見、親自收取、看了一遍、再把好言撫慰、即留三人於內堂廂房安歇、次早皆授義官名色、初十日兵進至南坪地方、使李正岩劉福泰引著間諜、四路分探回報、衆賊不虞官兵猝至、

各巢皆鳴鑼聚衆、往來呼噪、爲分頭禦敵之計、勢甚張皇、各險隘皆設有滚木礧石、已做準備、先生乃乘夜疾進、十一日、離賊巢三十里下寨、使人伐木立栅開塹、設疑示以久屯之形、使報効聽選官雷濟、義民蕭庾、分率鄉兵及樵豎善登山者四百人、各給旗一面、齎銃砲鈎鐮鎗、使繇間道攀崖懸壁而上、分伏各山頂高處、預堆積茅草、約定次日官軍進攻各山頭、將旗豎立、舉砲燃火相應、十二日、官軍至十八面隘、賊方據險迎敵、忽聞遠近山頂砲聲如雷、烟燄四起、官軍呼噪奮勇、砲箭齊發、賊驚皇失措、以爲巢穴已

破、遂棄險奔潰、先生預遣千戶陳偉、高睿、分率壯士數十、懸崖而上、奪其險隘、盡發其木石、官軍乘勝急進、呼聲震天、指揮謝昶、馮廷瑞、繇間道先入、放火焚賊巢、賊退無所據、乃大敗、四散奔走、遂連破長龍十八面隘等七巢、賊首謝志珊與蕭貴模計議、謂橫水居衆險之中、可倚以自固、及聞官軍四進、倉卒分衆阨險出禦、見橫水煙燄障天、銃砲之聲搖撼山谷、心膽愈裂、棄險而逃、時各哨官兵陸續俱到、邢珣兵攻磨刀坑等三巢、王天與破樟木坑等二巢、許清破雞湖等三巢、俱至橫水來會、唐淳破羊牯脳等三巢、并

破左溪大巢鄭文破獅寨等三巢余恩破長流坑等三巢舒富破箬坑等三巢季斆破上西峯等三巢俱至左溪守巡各官亦隨後而至是日斬大賊鍾明貴陳曰能等數人從賊首級千餘其自相蹂踐墮崖塡谷而死者不計其數賊於入路皆刊崖倒樹設阱埋簽官軍晝夜涉深澗蹈叢棘遇險絶則掛繩于崖樹魚貫而上猿臂而下往往失墮深谷不死爲幸各兵至橫水左溪者皆疲困不能驅逐會日暮傳令收兵屯劄至次日大霧咫尺不辯先生令各營休兵享士使鄕導數十分探潰賊何在并未破巢穴動靜連日

霧雨至十五日尚濛濛不開各鄕導回報言諸賊預於各山絶險崖壁立寨爲退保計亦有并聚於未破各巢者諸將皆曰會勦桶岡期在十一月朔日已迫矣奈何先生曰此去桶岡尚百餘里山路絶嶮三日方達若此處之賊未能掃盡而移兵桶岡瞻前顧後備多力分非計之得也適搜山者擒一賊至問之乃是桶岡賊遣至橫水探信者姓鍾名景先生曰吾兵所向皆克滅桶岡只待旦夕汝若肯留吾麾下効用當赦汝罪鍾景叩頭願降先生因叩桶岡地利鍾景言之甚詳兼能識橫水各巢路道先生遂解其縛賜

以酒食留於帳下於是傳令各營皆分兵爲奇正二哨[illegible]攻其前一　襲其後冒霧疾趨十六日邢珣攻破旱坑等二巢季斆同鄭文攻破穩下等二巢十七日唐淳攻破絲茅壩巢十八日許清攻破朱雀坑等四巢十九日余恩攻破梅坑等二巢二十日邢珣又破白封龍等二巢王天與破黃泥坑二十二日舒富破白水洞巢是日伍文定張戩兵亦至二十四日伍文定破寨下巢張戩破杷州坑巢二十五日張戩又破朱坑巢伍文定破楊家山巢二十六日季斆又破李坑巢許清又破州坳巢二十七日鄭文又攻破長河

洞巢俘斬無數謝志珊諜道桶岡被邢珣活捉解來先生奉新奏准事例即命於轅門梟首臨刑先生問曰汝一介小民何得聚衆如此之多志珊曰此事亦非容易某平日見世上有好漢決不肯輕易放過必多方鈎致與爲相識或縱其飲或周其乏待其感德然後吐實告之無不樂從矣頁千觔氣力者五十餘人今俱被殺束手就縛乃　明天子之洪福也又何尤哉因瞑目受刑先生他日述此事于門人曰吾儒一生求朋友之益亦當如此後人論此語不但學者求朋友當如此雖吏部尚書爲天下求才亦當如此

有詩四句云

同志相求志自同　豈容當面失英雄
秉銓誰是憐才者　不及當年盜賊公

按陸天池史餘上說，先生微服與木工同入賊寨，自稱工師，兼通地理。賊喜其辨說，禮爲上客。先生周行其穴，密籍其險要可藏之處。紿賊以五百人隨出，約伏官軍營側，克期出兵爲應。賊從其計。先生至軍中，悉配其人於四鄉，各不相通。日選精卒千人詐降，密攜火器埋之賊境。又辭歸，至期率兵數萬而進。賊啓關出迎，洞中火礮大發，精卒從後夾擊，賊惶惑不能支，遂大敗。平賊後，取五百人者剜其目睛而全其命。今按先生年譜，自起兵至平賊纔二十日耳，如疾雷迅霆，安得有許多曲折？且自稱工師，往來誘敵，曠日持久，亦非萬全之策。此乃小說家傳言之妄，當以年譜爲據。再說是日詠了謝志珊，諸將遂請乘勝進攻桶岡。先生詢訪鍾景等，已知地勢之詳，謂諸將曰：「桶岡天險四塞，其出入之路，惟鎖匙龍、葫蘆洞、茶坑、十八磊、新池五處，然皆架棧梯壑，一人守之，千人難過。止有上章一路稍平，然非半月不可達。奔馳之際，彼已知備矣。莫若移屯近地，休兵養威，諭以禍福。彼見吾兵累勝，必懼而請服。如其遲疑，當進而襲之。」乃遣戴罪義官李正岩、醫官劉福泰，幷降賊鍾景，于二十八夜往桶岡招安藍天鳳等，如果願降，待以不死，期定於十一月初一日上午至鎖匙龍迎款。話分兩頭。

却說浰頭賊首池仲容，綽號池大鬈，原是龍川縣大户出身。因被仇家告害，官府不明，一時氣憤，與其弟仲寧、仲安聚起家丁庄户，殺了仇家一十一口，遂招集亡命，占住三浰落草。屢敗官軍，漸漸勢大，自號金龍霸王，僞造符印，以兵力脅遠近居民，壯者收爲部下，富者借貸銀米，稍有違抗，焚殺無遺。龍川大姓盧珂、鄭志高、陳英三人頗有本事，各聚衆千餘，保守鄉村。仲容欲招至入夥，盧珂等不從，互相仇殺。先生撫嶺東兵備道先招盧珂等三家，三家遂奉約束，願出力剿賊，遂留本村，與龍川縣協同備禦。仲容深恨之。及黃金巢等出降，衆賊俱有納款之意，惟池仲容不肯，謂衆賊曰：「我等作賊已非一年，官府來招亦非一次，其言未足憑信。且待黃金巢等到官後果無他說，我等遣人出投，亦未爲晚。」及聞十月十二日官兵已破橫水，仲容始有懼色。適先生又使黃金巢等作書往招，仲容乃謂其黨高飛甲曰：「官軍既破橫水，必乘勝直搗桶岡、又即及洲頭矣、奈何、高飛甲曰、前督撫曾遣人來招安、且聞黄金巢等已蒙署官錄用、不若亦遣一人出投、一則緩其來攻、二則窺覘虛實、若官軍勢果强盛、招安果係實情、又作計較、不然、留仲安在彼處、亦好潛爲內應、一面撥人守險、多備木石、以防掩襲、仲容以爲然、乃遣其弟仲安率老弱二百餘人、徑至横水投降、情願隨衆立功、時横水賊已全平矣、先生謂曰、汝既是眞心納降、本院即日加兵桶岡、汝可引本部兵往上新地屯劄、如桶岡賊奔逃到彼用心截殺、將首級來獻、便算你功、那上新中新下新

五巢是桶岡西路、去洲頭甚遠、先生故意調開、使其難歸外示委用以安其心、此是先生妙計再說李正岩等至桶岡、先遞督撫兵威、後遞招撫之期、藍天鳳大喜、情願就撫、方召其黨商議此事、横水賊蕭貴模逃入桶岡、來見天鳳曰、征南王不知守險、使官軍潛入內地、是以潰敗、若加意隄防、雖有百萬之衆、豈能飛入、今鎖匙龍各險地皆絕險、某所收横水餘兵、尚有千餘、足可助桶岡爲守、奈何自就死地、如猪羊入屠人之手乎、天鳳意不能決、乃令各寨頭目俱至鎖匙龍聚議、先生遣縣丞舒富率數百人逼鎖匙龍下

寨、連連遣使催取天鳳等欵狀、一面密使邢珣兵入茶坑、伍文定兵入西山界、唐淳兵入十八磊、張戩兵入葫蘆洞、立限三十日乘夜各至分地、是夜大雨不得進、初一日早、雨猶未止、各軍冒雨而入、天鳳見屢使催欵、正在商量、又見大雨、料難進兵、防備就懈弛了、忽聞四路兵已大進、驚曰、王公用兵眞如神矣、急收拾兵衆千人、據內隘絕壁、隔水爲陣、以拒官軍、邢珣率兵渡水前擊、張戩之兵衝其右、伍文定又自戩兵之右懸崖而下、遶賊傍合攻、賊不能支、且戰且却及午雨止、各兵奮擊、賊大敗、王天與舒富兩路兵聞

官軍已入前山、亦從鎖匙龍並登、各軍乘勝奮擊、賊悉望十八磊奔逃、正遇唐淳之兵、嚴陣以待、又大戰一場、會日暮暫息、賊猶扼險相持、次早、諸軍復合勢勦殺賊、遂大敗、凡破十三巢、擒斬無數、初五日至十三日、陸續又破上新中新下新等十巢、斬蕭貴模于陣、藍天鳳率敗兵欲于桶岡後山乘飛梯直入范陽大山、却先被官軍把守、前後困圍、討無復之、乃投崖而死、梟其首以獻、巖谷溪壑之間、僵屍塡滿、于是桶岡之賊畧盡、據先生報二處捷數目、

擣過巢穴共八十四處

擒斬大賊首謝志珊藍天鳳寺八十六名顆
從賊首級三千一百六十八名顆
俘獲賊屬二千三百三十六名口
奪回被虜男婦八十三名口
牛馬驢一百八隻
贓仗二千一百三十一件
金銀一百一十三兩八錢一分

時湖廣軍門已遣參將史春統兵前來會勦、行至郴州、接得先生鈞牌、知會桶岡賊巢俱已蕩平、不必復勞遠涉、史春大驚曰、向議三省合勦、打帳一年、尚恐未能盡殄、今王督院之兵朝去夕平、如掃秋葉、真天人也、先生奏凱班師、百姓扶老攜幼、手香羅拜、言今日方得安枕而臥、所經州縣關隘、各立生祠、遠鄉之民、肖像于家堂、供奉歲時、尸祝先生、謂橫水桶岡各賊寨、散在大猶庚嶺之間、地方窵遠、號令不及、議割三縣之地、建立縣治、及增添三處巡司、設關保障、疏上、悉依議、賜縣名曰崇義、附江西南安府、賜　敕獎諭、浰頭賊聞桶岡復破、愈加恐懼、乃分兵為守隘拒敵之計、先生先諭黃金巢等、密遣部下散歸賊巢左近、俟官兵一到、即據險遏賊、再　諭盧珂鄭志高等、用心提備、然後遣生員黃表、義民周祥等、齎牛酒復至浰頭賞勞、各酋長并詰其分兵守隘之故、池仲容無詞可解、乃詐稱龍川義民盧珂鄭志高素有仇怨、今不時引兵相攻、若一撤備、必被掩襲、某等所以密為之防、非敢抗官兵也、遂遣其黨鬼頭王、隨黃表等回報、請寬其期、當悉衆出投、盡革偽號、止稱新民、先生陽信其言、遂移檄龍川、使察盧珂等擅兵仇殺之實、謂鬼頭王曰、盧珂等本院已行察去訖、如情罪果真、本院當遣大軍往討、但須假道浰頭、汝等既降、先為我伐木開道、以候官軍、不日征進、鬼頭王回報、池仲容且喜且懼、所喜者督院嗔怪盧珂等、墮其術中、所懼者恐其取道浰頭、不是好意、復遣鬼頭王來謝、且稟稱盧珂等其自當悉力捍禦、不敢動勞官軍、恰遇盧珂鄭志高陳英親到督院、具狀辯明其事、狀中備述池仲容等平昔僭號設官、今又點集兵衆、號召遠近各巢賊酋、授以總兵都督等偽官、准備抗拒官軍、先生大怒曰、池仲容已自投招、便是一家、汝挾讐擅自讐殺、罪已當死、又造此不根之言、乘機誣陷、欲掩前罪、本院如見肺肝、那池仲容方遣其弟池仲安領兵報効、誠心歸附、豈有復行抗拒之事、遂扯碎其狀說之使出、再來潰擾、必斬、却教心腹參謀密向他說、督府知汝忠義、適來佯怒、欲哄誘剃頭自來、你須是再告、告時受杖三十、暫繫數旬、方遂其計、盧珂等依言、又來告辯、先生益怒、喝令縛珂等斬首、來報標下衆將俱爲叩頭討饒、先生怒猶未解、將盧珂責三十板、喝令監候、池仲安等在幕下、聞珂等首辯、心懷驚懼、及見先生兩次發怒、然後大喜、幸其黨懽乎[illegible]拜、爭訴珂等罪惡、先生曰、本院已體訪明白、汝可開列惡款來、待我審實後、當盡收家屬處斬、以安地方、仲安益大喜、作家書付鬼頭王、回報其兄仲容去訖、盧

珂等既入監、先生又使心腹參隨、只說要緊人犯在監、不放心、教他巡閱、却暗地致督府之意、安慰珂等、說事成之日、當有重用、你可密地分付家屬、整頓人馬、伺候軍令差遣、珂等感泣曰、督府老爺爲地方除害、若用我之時、雖肝腦塗地、亦無所恨、先生又使生員黃表、聽選官雷濟安慰池仲容、說督府已知盧珂等讐殺之情、汝等勿以此懷疑、仲容大排筵席管待黃表、雷濟二人、坐中誇督府用兵如神、更兼寬宏大量、來者不拒、黃金巢等俱授有官職、你等若到麾下、自當題請重用、仲容拱手曰、全仗先生們提挈、黃表

因私謂所親信賊酋曰、盧珂等說令兄惡跡多端、無非是妬忌之意、雖然督府不信、令兄處也該自去投訴、仲寧唯唯、言于仲容、仲容遲疑不行、十二月二十日、先生大軍已還南贛、各路軍馬俱已散遣、回歸本處、先生乃張樂設飲、大享將士、示諭城中云

督撫軍門示、向來賊寇搶攘、時出寇掠、官府興兵轉餉、騷擾地方、民不聊生、今南安賊巢盡皆掃蕩、而剃頭新民、又皆誠心歸化、地方自此可以無虞、民久勞苦、亦宜暫休息爲樂、乘此時和年豐、聽民間張燈鼓樂、以彰一時太平之盛

先生又曰、樂戶多住龜角尾、恐有盜賊藏匿、仰悉遷入城中、以清奸藪、于是街巷俱然燈鳴鼓、倡優雜沓、游戲爲樂、先生又呼池仲安至前、謂曰、汝兄弟誠心向化、本院深嘉、聞盧珂黨與最衆、雖然本身被繫、其黨懷怨、或掩爾不虞、事不可知、今放爾暫歸浰頭、幫助爾兄防守、傳語爾兄小心嚴備、不可懈弛失事、仲安叩頭感謝、先生又使指揮俞恩護送仲安、并賚新曆、頒賜諸酋、諸酋大喜、盛筵設款、仲安又述督府散兵安民、及遣歸協守之意、無不以手加額、踴躍謝天、時黃表、雷濟尚留寨內、會飲中間、仲容說道、我等若

早遇督府歸正久矣表濟曰爾輩新民不知禮節令官府所以安輯勞來爾等甚厚况且遣官須歷奈何安坐而受之論禮亦當親往一謝余恩曰此言甚當况盧珂等日夜哀訴説你謀反有據官府若去拘他他斷然拒命不來何不試拘對理看他來與不來即此可證反情之實仲容曰若督府來喚對理豈有不去之理表濟又曰今若不待拘喚竟往叩謝順便就訴明盧珂等罪惡官府必益信爾無他珂等詐害是實殺之必矣所親信賊酋亦從中力勸仲容以爲然乃謂其衆曰若要伸先用屈輸得自己贏得他人贑

州彼倆亦須親往勘破遂定計選麾下好漢并所親信者共九十三人親至贑州來見督府仲寧仲安留于本寨余恩等先馳歸報先生乃密遣人傳諭屬縣勒兵分哨付本院不時檄到即發又遣于户孟俊先至龍川督集盧珂鄭志高陳英三家兵衆又以路從浰巢經過恐其起疑于是另寫一牌牌上開寫盧珂等擅兵仇陷過惡仰龍川縣密拘三家黨屬赴至本院問究却將直牌藏于貼肉秘處孟俊行至浰頭賊黨一路盤問俊出牌袖中示之故意囑他此官府秘密事情萬勿洩漏賊皆羅拜爭獻酒肉爲之向導送出浰巢一路上其黨自相傳説無不歡喜孟俊到了龍川方出眞牌部勒三家兵衆巢中諸賊傳聞皆以爲拘捕其黨並不他疑仲容等到于贑州正似猪羊近屠户之家一步步來尋死地仲容把一行人衆留於教場單引親信數人進院叅謁先生用好言撫慰問此來許多人衆仲容禀曰隨從不過九十餘人先生曰既是九十餘人必須揀箇極寬的去處安頓方好問中軍官何處最爲寬閒中軍官禀道惟有祥符寺地最寬廠房屋亦俱整齊先生曰就引至祥符寺居住罷又問衆人今在何處中軍官不等仲容開口

便禀道衆人見屯教場先生僞變色曰爾等皆我新民不來見我而營于教場莫非疑心本院麼仲容惶恐叩首曰就空地暫息聽老爺發放豈有他意先生曰本院今日與你洗雪復爲良民也非容易你若悔過自新學好做人本院還有扶持你處仲容叩謝而出既至祥符寺見宮室整潔又有叅隨數人爲館伴賜以米薪酒肉標下各官俱來相拜各有下程相送歡若同僚喜出望外時乃閏十二月二十三日也叅隨等日導衆賊遊行街市見各營官軍果然散歸街市上張燈設戲宴飲嬉遊信以爲督府不復用兵矣

又密賂獄卒、私往覘盧珂等動靜、果然械繫深固、獄卒又說官府已行牌拘其家屬、一同究問、不日取斬、仲容大喜曰、吾事今日始得萬全也、先生復製長衣油靴、分給衆賊、使叅隨教之習禮、一日、又優給布帛、未曾開明分别賞賜、于是老少互爭、參隨禀知、先生曰、本院多事、未及細開、何不教他開一花名手本、下次照依次序給賞、老少不亂、豈不便乎、仲容依言開手本送上、于是盡得其九十三人名姓、過五日、仲容等辭歸、先生曰、自此至浰有八九日程途、即今往、不能到家過歲矣、新春少不得又來賀節、多了二番跋

涉、况贛州今歲燈事頗盛、在此亦不寂寞、何不以正月回去、賊中少年喜觀燈、且得遊于娼家、叅隨復借貸銀錢、諸賊皆欣然忘歸、至元旦隨班入賀行禮、下午、仲容復入辭、先生曰、汝謁正、尚未犒賞、奈何就去、初二日本院尚未得暇、初三日、當有薄犒、次日、令有司送酒於寺館、叅隨官攜妓女陪侍、衆賊歡飲竟日、預懸牌於轅門、牌上寫道、浰頭新民池仲容等、次日齊赴軍門領賞、照依花名次序、不許攙前譁亂、領賞過三叩頭、即出齊赴兵備道叩謝、事畢遥回、不必又辭、本院叅隨官抄寫牌面與衆賊看了、無不歡喜、是

夜、先生密諭守備郟文、令撥經戰甲士六百人、僉作二十隊、伏于射圃、候本院犒賞賊畨、每五名一班、鼓吹送出院門、過射圃、則以甲士一隊、擒而殺之、大約六人制一人、度無不勝、事了之後、只用一人率龍縣丞處、囘説龍縣丞者名光、原是正途出身、爲吉安縣丞、因不善逢迎、上司不喜、要貶逐他、太守伍文定察其人可用、言其寃于先生、留作叅隨、先生又召龍光分付、汝可引甲士一隊、粧做衙門公役、各藏暗器、立于大門照墻之下、如賊黨中有强力難制者、你便令手下甲士上前相幫、若了事時、你便遥立屏墻使我

望見、以慰我心、倘有他變、趨入報我、又分付有司預備花紅羊酒屠日銀兩之類、院内軍將隨常排列、自有規矩、亦密諭中軍官、只等本院號令、一齊下手、至初三日侵早、軍門上已吹打過二次、各官俱集、池仲容引著九十三人、都穿著軍門頒賜長衣油靴、整整齊齊、來至院前、見巡捕官在院門上結綵、問其緣故、答道、今日老爺犒賞新民、乃是地方吉慶之事、如何不掛綵、須臾、屠戶牽許多猪羊來到、參隨指與仲容道、這都是你們的賞物、衆賊預先歡喜、須臾、三通吹打、放銃開門、文武屬官進院、作揖、容仲等亦隨

入叩頭禮畢，先生先喚池仲容到前，說你自頭目，倡率歸順，與衆不同，將案上大葵花銀杯，賜酒三大杯，草花一對，紅綃二段纏身，犒銀三兩，大鏕鏕一盤，羊肉豕肉各五斤，酒二罎，分付你且站在一邊，看本院賞完衆人，撥門上家丁一名，送你歸寺，仲容復叩頭稱謝，此時天門二門兩班樂人，大吹大擂，階下屠戶殺猪宰羊，論斤分剁，好不熱鬧，仲容雙花雙紅，立于泊水簷下，何等榮耀，便似新得了科第一般，不勝之喜，衆賊候賞的，一個個伸頭舒頭，在堦下專聽唱名，先生將花名手本付與中軍，分付道，依次唱名每五

三教偶拈　儒　五十二

名做一班，鼓樂導出也，教百姓看見，曉得從順的好處，四方傳說，中軍官領諾，手執手本，高唱某某衆賊答應，每五名做一字跪著，每名草花一對，紅布一疋，都是中軍官與他插纏，亦各賜熱酒二杯，犒賞銀一兩，大鏕鏕十枚，羊肉豕肉各一斤，酒一小罎，賊人要將鏕鏕銀封置于袖中，中軍官道，你若藏了不見督府老爺的恩典，須是放在外面，教衆百姓們大家觀看，乃教他將衣兜子兜起鏕鏕，右手抱著酒罎，手中就捻著銀封，左手提著猪羊肉，東脚門進，西脚門出，剛到射圃前，那三十名甲士先在那裡挨次伺候，六

人伏侍一箇，已自衆寡不敵，况且沒心人對了有心人，隻手又拿著許多賞物，身上穿著長衣，又被紅布纏住，脚下油靴底滑，許多不方便，那有強悍有本事的，也減了數分，不消得十分費力，便都了當，就將五箇銀封繳到龍縣丞處爲信，這裡殺人，裡面熱鬧之際，那得知道，一五一十，只管送將出來，龍縣丞在屏牆下，數過第十七隊，已了過八十五人矣，算道院內連池仲容只有九人，不足爲慮，乃走入院門，意欲回復先生，遙見龍光走進，疑外廂有變，注目視之，見龍光行步甚緩，知其無他，心下方纔安穩，龍縣丞步至

三教偶拈　儒　五十三

堂，取茶一甌，送至先生案前，密禀曰，都了郝，先生以頭麾去，中軍官又喚五名，已跪下領賞，先生曰，汝等俱是少年後輩，前日何得與年長者爭賞，須拥出綑打二十，以示教誨，因指未賞者三人曰，汝亦是爭賞者，且只教誨你八箇人，中軍官及兩班勇士一齊上前拥縛，他仲容色變，肚中如七八箇吊桶，一上一落，好不安穩，一時在他矮簷下，怎敢不低頭，先生見各賊拥完，喚池仲容到前，說汝雖投順，去後難保其心，仲容方欲啓口分辨，先生喝聲中軍官也與我拥著，就于袖中出盧珂等首狀，當面逐款質問，僞檄上金

龍霸王印信從何而來。仲容頓口無言、惟有叩頭請死。先生命押付轅門、同八人斬首號令。仲容到轅門之外、方知領賞衆賊俱已殺完、悔之無及、瞑目受刑。正是

人惡人怕天不怕　人善人欺天不欺

善惡到頭終有報　只爭來早與來遲

先生用計、不動聲色、除了積年的反賊、滿城官吏士民無不稱快。犒賊之物、一毫不失、即以賞有功甲士。獄中放出盧珂、鄭志高、陳英、厚加賞賜、不在話下。時日已過午、先生退堂、一箇頭旋昏倒在地、左右慌忙扶起、嘔吐不止。衆官俱至私衙問安、先生曰、連日積勞所致、非他病也、幸食薄粥、稍靜坐片時、安然如故矣。是夜、先生發檄、催各路兵、期定本月初七日、于三浰相會、一同搗巢。那幾路、從廣東惠州府龍川縣入者共三路

知府陳祥兵從和平都入

指揮姚璽兵從烏虎鎮入

千戶孟俊兵從平地水入

從江西贛州府龍南縣入者共四路、

指揮余恩兵從高沙堡入

推官危壽兵從南平入

知府邢珣兵從太平堡入

指揮郟文兵從冷水逕入

從贛州府信豐縣入者共二路

知府季斅兵從黃田岡入

縣丞舒富兵從烏逕入

先生自率帳下官兵、從龍南冷水逕直搗下浰大巢。却說巢中諸賊、先前得池仲容書信、說贛州兵俱已散歸、督府待之甚厚、不日誅盧珂等、傳去各巢、人人信以爲真、各自安居、不做准備。初聞官兵四路並進、怪仲容無信到、尚不以爲然。比及打聽得實、官兵已至龍子嶺、去賊巢甚近了、一時驚惶失措、乃悉其精銳、據險設伏、并勢迎敵。官軍聚爲三衝、犄角而前。指揮余恩兵首先遇賊、百長王受奮勇前進、與賊大戰約莫三十餘合、賊兵稍卻、王受追趕里許、賊伏四起、將王受圍困垓心、左衝右突、不能出去。忽聞東角頭鼓譟之聲、一隊官軍殺將入來、乃是惠州府推官危壽部下義官葉芳也。伏兵見有接應、正欲分兵迎敵、千戶孟俊兵又從岡後殺到、橫衝賊伏、與王受合兵、二路軍馬同時勦殺、呼聲震天、賊大奔潰、官軍乘勝

遯比、三浰大巢俱不能守、各路兵聞大巢已破、心膽益壯、各自奮勇立功、連破五花障、白沙、赤唐等巢穴十一處、斬級無數、其夜、敗賊復奔鐵石障又八嶺等巢穴、次早、先生傳令各哨官兵、探賊所往、分投急擊、初九日、知府陳祥破鐵石障巢、斬池仲寧、獲金龍霸王僞印、及違禁旗砲各物、於是復克羊角山等巢穴二十三處、擒斬更多、各巢奔散之賊、其精悍者尚有八百多人、高飛甲等率之、復哨聚于九連山、那九連山高有百仞、横亘數百餘里、俱是頑石卓立、四面抖絶、止東南崖壁之下、一條線路可通、賊又將木石堆

積崖上、只等我兵到時、發石滾木、百無一全、先生傳選精鋭七百人、將所獲賊人號衣穿著、假作奔潰之賊、乘夜直衝崖下、澗道而過、賊認做各巢敗散之黨、于崖上招呼、我兵亦佯與呼應、賊遂不疑、我兵已度險、遂扼斷其後路、次日黎明、我兵放起砲來、賊方知是官軍、并勢來攻、我兵所據反在賊崖上面、從上擊下、賊不能支、遂退高飛甲與池仲安商議、分隊潛遁先生預令各哨官兵四路埋伏、賊遇伏輒敗、又殺五百餘人、池仲安中箭而死、高飛甲率殘黨三百餘人分遯上下坪、黄田坳等處、各哨官兵復約會搜捕、見賊便殺、高飛甲亦爲守備郟文所斬、有名賊徒、剿滅殆盡、惟張仲全等二百餘人、聚于九連谷口、呼號痛哭、自言本是龍川良民、被池仲容等逼脅在此、與他搬運木石、只因貪恋殘生、受其驅役、並不曾見陣厮殺、求開生路、先生遣報效生員黄表往驗、果然俱是老弱、且從賊未久、其情可憐、乃使贛州邢知府往撫其衆、籍其名數、安插于白沙地方、復爲良民、此番用兵、自正月初七日起、至三月初八日止、通計兩月内

搗過巢穴三十八處

斬大賊首二十九名顆

次賊首三十八名顆

從賊二千零六名顆

俘獲賊屬男婦八百九十名口

奪獲牛馬一百二十二隻匹

器械賊仗二千八百七十件

贓銀七十兩六錢六分

先生上疏奏捷、請于和平峒添設縣治、以扼三省之衝、得旨准添設、名和平縣、陞先生都察院右副都御史、廕一子錦衣衛世襲千戶、辭免、不允、時正德十三年也、諸賊既平、地方安靖、乃得專意于講學、大修濂

溪書院、將古本大學朱子晩年定論付梓、凡聽教者悉贈之。時門人徐愛亦舉進士、刻先生平昔問答行於世、命曰傳習錄。海內讀其書、無不想慕其人也。江西名士鄒守益等執贄門下、生徒甚盛。先生嘗論三教同異、曰、仙家說到虛、聖人豈能于虛上加一毫實、佛家說到無、聖人豈能于無上加一毫有。但仙家說虛從養生來、佛家說無從出離生死苦海來、却于本體上加却這些子意在、良知之虛便是天之太虛、良知之無便是太虛之無形、日月風雷山川民物、凡有象貌形色皆在太虛無形中發用流行、未嘗為天障礙。聖人只是順其良知之發用、天地萬物皆在于我、

正是

道在將興逢聖世　文當未喪出明師
人人有箇良知體　不遇先生總不知

話分兩頭、却說江西南昌府宗藩寧王乃是　太祖高皇帝第十七子、名權、初封大寧、因號寧王。高皇帝諸子中、只有　燕王善戰、寧王善謀、故封于北邊、以捍禦北虜。後　燕王將起兵靖難、以大寧澤胡所聚、以計刼寧王、與之同事、富貴共之。後　燕王既登大寶、改元永樂、是為　成祖文皇帝、以大寧故地置朵顏三衛、欲封寧王於川廣、寧王自擇蘇杭二處請封。文皇帝不許、寧王大恚、遂出飛旗、令有司治馳道。文皇怒、寧王不自安、屏去從人、獨攜老監數人自南京竟走至江西省城、稱病、臥於城樓之上、布按三司奏聞。文皇帝不得已、以南昌封之、仍號寧王。數傳至於臞仙、修真好道、禮賢下士、號為賢藩。臞仙傳惠王、惠王傳靖王、靖王傳康王、康王中年無子、悅院妓馮針兒、留侍宮中、呼為馮娘娘。針兒有娠、康王夢蟒蛇一條飛入宮中、將一宮之人登時吸盡、又張口來啗康王。康王大叫一聲、猛然驚醒、侍兒報馮娘

娘已生世子矣。康王惡其不祥、命勿留養、遂匿于憂人秦榮之家。既長歸宮、康王心終不喜、臨薨時不令入訣。濠性聰慧、通詩史、善為歌詞、然輕佻無威儀、喜兵嗜利。既襲位、愈益驕橫。術士李自然言其有天子骨相、漸有異志、輦金于都下、先結交內侍李廣、正德初、又結交劉瑾等八黨、為之延譽、又賄買諸生、舉其孝行、朝廷賜璽書褒奬、又謀廣其府基、故意于近處放火延燒、假意救滅、折毀其房、然後抑價以買其地、又置庄于趙家圍地方、多侵民業、民不能堪、每收租時、立寨聚衆相守、又畜養大盜胡十三凌十一閔廿

四等於鄱陽湖中刼掠客商貨物預蓄軍資先是胡世寧為江西兵備副使洞察其惡乃上疏奏聞語甚激切宸濠亦奏世寧離間骨肉輦金遍賂用事太監及當道大臣都察院副都御史叢蘭尤與濠密反劾世寧狂率拿送錦衣衛謫戍瀋陽于是宸濠得志凡仕江右者俱厚其交際之禮朝中權貴無不結交又遣人于各處訪求名士聘為門客錦衣千戶朱寧者小名福寧兒雲南李巡簡家生子也太監錢能鎮守雲南因以為養子名錢寧因劉瑾得引見　武宗皇帝伏侍賜毯以柔佞得幸賜姓朱冒功拜官寧轉薦

佞人臧賢亦得寵二人招權納賄家累巨萬宸濠俱結為心腹　武宗皇帝屢幸臧賢之家賢于家中造成複壁外為木櫥櫥門用鎖門內潛通密室每每駕到預藏寧府使者于複壁中竊聽一言一動無不悉知安福縣舉人劉養正字子吉幼舉神童既中舉不第不復會試製隱士服以詩文自高三司撫按折節其門以得見為幸濠以厚幣招致歲時餽問不絕遂與濠暱李士實繇翰林官至侍郎致仕與濠為兒女親家士實頗有權術以姜子牙諸葛孔明自負濠用為謀主又以丞奉劉吉術士李自然徐卿等黨與

中頭不對馬帶亦見元亨迂腐一班若陽明處此必別有一番化導開發處

甚衆因　武宗皇帝無子宸濠謀以其子二哥為皇嗣朱寧臧賢與諸大閹力任其事朝中六部九卿科道官員亦多有為之左右者因其事重大未敢發言李士實為濠謀遍于兵部尚書陸完題復寧府護衛一面使南京鎮守太監畢真倡率南邊官員人等保舉寧王孝行及陸完改吏部王瓊代為兵部尚書瓊策濠必反謂陸完曰祖宗革去護衛所以杜藩王不軌之謀正是保全他處寧王再三要復護衛不知他要兵馬何用異日恐有他變必累及公矣陸完大悔寫書于濠欲其自以己意繳還護衛濠不從借護衛為

名公然招募勇健朝夕在府中使鎗弄棒先生聞濠反謀乃因其賀節之禮使門人冀元亨往謝元亨字惟乾錢塘舉人為人忠信可托先生聘為公子正憲之師故特遣行使探聽寧王舉動却說宸濠有意結交先生聞元亨是先生門人甚加禮貌漸漸言及于外事元亨佯為不知與談致知格物之學欲以開導寧王止其邪心濠大笑曰人痴乃至此耶立與絕元亨歸贛述于先生先生曰汝禍在此矣汝留此寧王必并煤孽及我遂遣人衛之歸家再說寧府典寶閻順內官陳宣劉良見濠所為不法私詣京師出首朱

寧與陸完隱其事，使人報濠，濠疑承奉周儀所使，假裝强盜，盡殺其家，又殺典仗査武等數百人，復輦金京師，遍賂權要，求殺閻順等，順等亡命遠方，乃免。于是逆謀益急。寧王之妃婁氏，素有賢德，生下三子，大哥、三哥、四哥，寧王最敬重之。婁妃察宸濠有不軌之志，乃于飲宴中間，使歌姬進歌勸酒，欲以諷之，曲名梧葉兒云：

爭甚麼名和利，問甚麼咱共伊，一霎時轉眼故人稀。漸漸的朱顔易改，看看的白髮來催，提起時好傷悲，恁緊的可堪當，不住白駒過隙。

宸濠聽此詞，有不悦之色，婁妃問曰：殿下對酒不樂，何也？宸濠曰：我之心事，非汝女流所知。婁妃陪臉笑曰：殿下貴爲親王，錦衣玉食，享用非常，若循理奉法，永爲國家保障，世世不失富貴，此外更有何心事？宸濠帶了三分酒意，嘆口氣道：汝但知小享用之樂，豈知有大享用之樂哉！婁妃曰：願聞如何是大享用、小享用？宸濠曰：大享用者，身登九五之尊，治臨天下，玉食萬方。吾今位不過藩王，治不過數郡，此不過小享用而已，豈足滿吾之願哉！婁妃曰：殿下差矣，天子總攬萬幾，宴眠早起，勞心焦思，內憂百姓之失所，外愁四夷之未服。至于藩王，衣冠宮室，車馬儀仗，亞于天子，有豐亨之奉，無政事之責，是殿下之樂過于天子也。殿下受藩鎮之封，更思越位之樂，竊恐志大謀疎，求福得禍，那時悔之晚矣！宸濠勃然變色，擲杯于地而起。有詩爲證：

造謀越位費心機，逆耳忠言苦執迷。
天位豈容僥倖取，一朝勢敗悔時遲。

婁妃復戒其弟婁伯將，勿從王爲逆，伯將亦不聽。宸濠起造陽春書院，僭號離宮，用酖酒毒死巡撫王哲，守臣無不悚懼。諷有司恭謁，俱用朝服，各官懼其勢

燄，亦多從之。時鄱陽湖中屢屢失盜，盡知是寧府竊養，吞聲莫訴。婁妃屢諫不聽。兵部尚書王瓊預憂其變，督責各撫臣訓兵修備，又以承奉周儀等之死，責江西撫臣嚴捕盜賊。南昌府獲盜一顆，內有凌十一，有人認得是寧府中親信之人，撫臺孫燧密聞于王瓊。宸濠使其黨于獄中强劫以去，叛謀益急，約定八月鄉試時，百官皆進科塲，然後舉兵。王瓊聞凌十一被劫，怒曰：有此賊正好做寧府反叛證見，如何容他劫去了！責令有司立限緝獲。濠恐事洩，復諷南昌諸生頌己賢孝，逭挾撫按具奏，爲之解釋。按察副使許

達勸發兵圍寧府搜獲刼盜若拿出一二人究出謀
叛之情請 旨定奪免得養成其患燧猶豫不决被
濠屢次催促巡撫孫燧不得已隨衆署名乃別奏濠
不法事列款有據濠亦慮及此預布心腹勇健假裝
响馬于非京一路但有江西章奏盡行刼去燧七次
奏本都被攔截不得上聞止有保舉孝行的表章濠
使心腹林華同賫上京直達 天聰時江彬新得寵
幸冒功封平虜伯太監張忠與朱寧有隙遂附江彬
每欲發寧王之事以傾朱寧未得其便及保奏表至
武宗皇帝問于張忠曰保官好陞他官職保親王意

欲何爲忠對曰 王上更無進步其意未可測也先
是宸濠結交臧賢僞使伶人秦榮就學音樂謝以萬
金及金絲寶壺一把忽一日 武宗皇帝駕幸臧賢
家賢注酒獻上 武宗皇帝見壺驚曰此壺光澤巧
麗我宮中亦無此好物汝何從得此臧賢恃 上之
愛寵且欲表宸濠之情遂以實對曰不敢隱瞞賴
萬歲洪福此乃寧殿下所賜也 武宗皇帝曰寧叔
有此好物何不獻我乃賜汝耶其時優人中有小劉
者亦新得寵獨未得濠賄賂心中怏怏及 大駕回
宮又誇金壺之美小劉笑曰寧殿下不恩 爺爺物

足矣 爺爺尚思寧殿下物乎昨保舉賢孝 爺爺
豈遂忘之今朱寧臧賢日夕與寧府交通所得寶貨
無筭藏納奸細於京中不計其數外人無不知獨
爺爺不知耳 武宗皇帝遂疑臧賢有 旨遣太監
蕭踈搜索賢家又降 旨各藩使人無事不許擅留
京師試御史蕭淮遂直攻寧王幷參李士實畢真等
給事中徐之鸞御史沈灼等連章復上 朝廷准奏
念親親之情不忍加兵遣駙馬都尉崔元都御史顔
頤壽及大監賴義往諭革其護衛寧府心腹林華先
在複壁中聽知金壺之語用心打探及聞京師挨緝

奸細又有詔使遣至江西遂於會同館取快馬晝夜
奔馳在路纔十八日便至南昌其日乃是六月十三
日正宸濠誕辰諸司入賀濠張宴款待林華候至席
散方纔稟奏濠謂李士實劉養正等曰凡抄解宮卷
始用駙馬親臣今 詔使遠來事可疑矣若待科場
之事恐 詔使先到便難措手今當如何養正曰事
急矣明旦諸司謝酒便當以兵威脅之士實曰須是
假傳 太后密旨如此恁般方好商量停當時閔廿
四婁十一吳十三等亦以賀壽畢集夜傳密信令各
飭兵伺候及旦諸司入謝禮畢濠出坐立于露臺之

上詐言于衆曰昔 孝宗皇帝爲太監李廣所誤抱養民間子我 祖宗不血食者今十四年矣 太后有密旨命寡人發兵討罪共伸大義汝等知否巡撫孫燧挺身出曰既然 太后有旨請出觀之濠大聲曰不必多言我今往南京去汝願保駕否燧曰天無二日民無二王這纔是大義此外非某所知濠戟手怒曰汝旣舉保我孝行如何又私遣人誣奏我謀爲不軌如此反覆豈知大義叱左右與我挪了按察副使許逵從下大呼曰孫都御史乃 欽差大臣汝反賊敢擅殺耶濠怒喝令并縛之逵顧燧曰我欲先發

公不聽我言今果受制于人尚何言哉因大罵宸濠逆賊今日汝殺我等 天兵一到你全家受戮只在早晚濠令較尉火信拽出于惠民門斬首示衆比及婁妃聞信急使內侍傳救已無及矣陽明先生有哭孫許二公詩二

其一云

丟下烏紗做一場　男兒誰敢墮綱常
肯將言語堦前屈　硬著肩頭劍下亡
萬古朝端名姓重　千年地裏骨頭言
史官謾把春秋筆　好好生生斷幾行

其二云

天翻地覆片時間　取義成仁死不難
蘇武堅持西漢節　天祥不受大元官
忠心貫日三台見　心血凝氷六月寒
賣國欺君李士實　九泉相見有何顏

時僉事潘鵬自爲御史時先受寧王賄賂與之交通至是率先叩頭呼萬歲參政王倫季斆（斆爲南安知府從先生平賊有功陞參政）懼禍亦相繼拜伏布政使梁宸按察使楊璋副使唐錦都指揮馬驥各各以目相視不敢出聲濠大喝曰順我者生逆我者死四人不覺屈膝鎮守太

監王宏巡按御史王金奉差主事馬思聰金山布政使胡濂參政程杲劉斐參議許效廉黃宏僉事賴鳳僉書郟文（以指揮從先生征賊有功陞今任）都指揮許清白昂初皆不屈濠令繫獄三日俟其改口願附方釋之惟馬思聰與黃宏終不肯服不食而死眞忠臣也濠即日僞置官屬以吉暨涂欽萬銳等爲御前太監尊李士實爲太師劉養正爲國師劉吉爲監軍都御史參政王綸授兵部尚書季斆等各加僞職大盜閔廿四吳十三凌十一等俱授都指揮等官南昌知府鄭瓛知縣陳大道俱願降復職管事如故其時有瑞州知府姓

王、名以方湖廣黔陽人、素知宸濠必叛、練卒葺城、爲
守禦計、宸濠慕其才能、屢次遣人送禮、欲招致之、以
方拒而不受、至是適有公事到于省城、逆黨擒送寧
府、宸濠命降、以方不從、繫之於獄、宸濠又傳檄遠近、
革去正德年號、擬改順德二字、只待南京正位、即便
改元、又造僞檄指斥乘輿、極其醜詆、時濠畜養死士
二萬、招誘四方盜賊渠魁四萬餘、又分遣心腹婁伯
將王春等、肆出收兵、合護衛黨與并脅從之人、共有
七萬餘人、軍勢甚盛、又用江西布政司印信公文差
人遍行天下布政司、告諭親王三司等官舉兵之意、

一面修理戰具、此一場鬧動了江西省城百姓、後人
有詩嘆云、
寧藩妄想動兵戎　枉使機關指日窮
可嘆古今興廢蹟　鄱陽湖水血流紅
是時福州三衛軍人進貴等、聚衆鼓噪、朝廷命陽
明先生往勘、先生以六月初九日啓行、亦要赶十三
日與寧王拜壽、此乃是常規、臨發時、参隨官龍光等
取
勅印作一扛、畱于後堂、轎出、倉卒封門、忘其所
以、行至吉安、先生登崖取
勅印、方省不曾帶來、乃
發中軍官轉回贛州取扛、以此沿途遲畱、待扛至、方

行、六月十四日午後、剛剛行至豐城、此正孫都堂許
副使遇害之日也、若非忘記
勅印、遲此數日、亦在
入謝班中同與孫許之難矣、豈非天乎
正是萬般皆是命　果然半點不繇人
却說豐城縣、離省城僅一百二十里、寧王殺害守臣、
不過半日便有報到豐城了、知縣顧佖謁見先生、將
省中之事稟知、兼述所傳聞之語、寧府已發兵千餘
邀取王都堂、未知果否、先生分付顧佖、你自去保守
地方、那寧王反情、京師久已知道、不日大兵將至、可
安慰百姓、不必憂慮、本院亦即日起兵來矣、顧佖辭

去、先生急召龍光問曰、聞顧知縣語否、光對曰、未聞、
先生曰寧王反矣、龍光驚得目瞪口呆、先生曰、事已
至此、惟走爲上策、自此西可入瑞州、到彼傳檄起兵
討賊、別無他策、分付管船的快快轉船、連夜行去、艄
子聽說反了寧王、心胆俱裂、意不願行、來稟道來時
順風順水、今轉去、是上水、又是大南風甚逆、難以移
動、便要行、且待來早看風色如何、先生命取瓣香、親
至船頭焚香、望北再拜曰、皇天若哀憫生靈、許王守
仁匡扶社稷、願即反風、若天心助逆、生民合遭塗炭、
守仁願先溺水中、不望餘生矣、言與淚下、從者俱感

勢，祝罷，南風漸息。須臾，艄竿上小旗飄揚，已轉北風。艄子又推天晚不行。先生大怒，拔劍欲斬之，衆叅隨跪勸，乃割其一耳。于是張帆而上，行不上二十里，日已西沉。先生見船大行遲，使叅隨潛覓漁舟。先生微服過舟，惟龍光、雷濟相從，止帶　敕印隨身，其衣冠儀仗並留大船，分付叅隨蕭禹在內，隨後而至。漁舟慣在波浪出入，搜起蓬來，梭子般去了。却說宸濠打聽南贛軍門起馬牌，是六月初六日發的。舊規三日前發牌，算定初九日准行，如何還不見到？難道遲延過了，或者半途曉得風聲，走轉去了，也不可知。此人

是經濟之才，若得他相助，大事可就。遂分付內官喻才以划船數十隻追之，行至地名黃土腦（屬豐城縣）已及大船，拿住蕭禹。禹曰：王都爺已去久矣，拿我何益？喻才乃取其衣冠，回復寧王去了。正是

鰲魚脫却金鉤去　擺尾搖頭再不來

先生乘漁舟，遲至臨江，有司俱不知。先生使龍光登崖，索取轎傘，臨江知府戴德孺急來迎接，欵留先生入城調度。先生曰：臨江大江之濱，與省城相近，且居道路之衝，不可居也。德孺曰：聞寧王兵勢甚盛，何以禦之？先生曰：濠出上策，乘其方銳之氣，出其不意，直

（彼已算定寧王了，欵賊何有）

（紀妙一箇大智手，若暫回南贛，局面又當一變矣）

（王公情於用間）

趨京師，則　宗社危矣。若出中策，則逕攻南京，大江南北亦被其害。但據江西省城，則勤　王之師四集，魚遊釜中，不死何為？此下策矣。德孺曰：以老大人明見，度之當出何策？先生曰：寧王未經戰陣，中情必怯。若僞為兵部咨文，發兵攻南昌，彼必居守，不敢遠出。旬日之間，　王師四集，破之必矣。德孺請先生更船，先生辭之，止取黃傘，以行至新淦。于船中張傘，知縣李美有將才，素練士卒，有精兵千餘。至是來迎先生，固請登城。先生曰：汝意甚善，然彈丸之地，不堪用武。李美具站船，先生始更舟，先後共行四晝夜，方至吉安。

知府伍文定聞先生至，大喜，急來謁見。先生欲暫回南贛徵兵，伍文定曰：本府兵粮俱已勉力措置，六須老大人發號施令，不必又回，稽誤時日。先生乃駐札吉安，上疏告寧府之變，請命將出師以解東西倒懸之苦。并請留兩廣差滿御史謝源、伍希儒軍前紀功。一面請致仕卿官王懋中等與知府伍文定及門人鄉官鄒守益等一同商議，遵便宜之制，傳檄四方，暴濠罪狀，徵各郡兵勤　王。又遣龍光于安福取劉養正家小至吉安城中，厚其供給，遺書養正，以疑寧賊之心。一訪着李士實家屬，謬托腹心，語之曰：吾只應

不出王公所料

勅旨聚兵爲名而已、寧王事成敗未卜、吾安得遽與爲敵乎、又令叅隨雷濟、假作南贛打來報單、內開報兵部　准、令許泰、郤永分領邊軍四萬、從鳳陽劉暉桂勇分領京邊官軍四萬、從徐淮、水陸並進、王守仁領兵二萬、楊旦等領兵八萬、陳金等領兵六萬、分道夾攻南昌、原奉機密　勅旨、各軍緩緩而行、只等宸濠出城前後遮擊、務在必獲、又僞作兩廣機密火牌、內云都御史顔咨奉兵部咨、率領狼達官兵四十八萬前往江西公幹、先生又自作文書各處投遞、說各路軍馬俱于南昌取齊、本省各府縣速調集軍馬刻

期接應、又于豐城縣張疑兵、作爲接濟官兵之狀、又取新淦優人十餘名、各將約會公文一角、并抄報單火牌縫于衣袂之中、厚賜路費、縱之南行、被寧府伏路小軍所獲、解至王府、原來李士實劉養正等、果勸宸濠躡蹟黃直趨南京、不然、亦須先據南京、根本既定、方可號召天下、宸濠初意欲聽其謀、因搜優人身伴、見了督府公文、以爲　王師大集、旦暮且至、遂不敢出城、但多備滾木礧石、爲守城之計、李士實復言于宸濠曰、　朝廷方遣駙馬、安得遽發邊兵、此必守仁緩兵之計也、王負反叛之名、不務風馳電擊、而困

守一隅、徐待四方兵集、必無幸矣、宜分兵一支、打九江府、若得此郡、內有二衛軍、足可調用、再分兵一支打南康府、殿下親率大軍、直趨南京、先即大位、天下之貪富貴者、翕然來歸、大業指日可定也、宸濠意尚猶豫、一面打探官軍消息、一面先遣閔廿四、吳十三等、各帥萬人、奪官民船裝載、順流去打南康、知府陳霖遁走、城遂陷、進攻九江府、知府汪穎、知縣何士鳳及兵備副使曹雷亦遁、九江百姓開門以納賊兵、閔廿四、吳十三分兵屯守、飛報捷音、宸濠大喜曰、出兵纔數日、連得二郡、又添許多錢粮軍馬、吾事必成矣

遂遣賊將徐九寧守九江、陳賢守南康、俱冐僞泰守之號、閔廿四吳十三撤回隨大軍征進、因遣使四出招諭府屬各縣、降者復官如故、恰好打探官軍的回報道、火牌報單、都是軍門假造出來的、各路軍馬並無消息、王都堂安坐吉安府中、聞說已發牌屬郡約會軍馬、尚未見到、宸濠謂投降叅政季斅曰、汝曾與王守仁同在軍中、能爲我往吉安招降守仁、汝功不淺、季斅不敢推托、即同南昌府學教授趙承芳、及旗校等十二人、齎僞檄榜文、求諭吉安府、并說先生歸順寧王、先生先有文移、各路領哨官把守信地、如有

寧府人等經過、不拘何人、卽行拚送軍門勘究、敎等行至墨潭地方、被領哨官阻住、季敎喝曰我乃本省叅政汝何人、敢來攔截、領哨官曰、到此何事、季敎曰有寧府檄文在此、旗較將檄文牌面與領哨官觀看、領哨官遂將旗較拿住、季敎慌忙回船逃走、領哨官曉得叅政是箇大官、不敢輕動、止將旗較五名、連檄榜解至軍門來、先生問季敎何在、領哨官曰巳逃矣、先生嘆曰、忠臣孝子、與叛臣賊子、只在一念之間、季敎向日立功討賊、便是忠臣、今日奉賊驅使、便是叛臣、爲舜爲跖、毫釐千里、豈不可惜、先生欲將旗較斬

首、思量恐有用他之處、乃發臨江府監候、遂將僞檄具疏馳奏、略曰、

陛下在位一年、屢經變難、民心騷動、尚爾巡遊不巳、致使宗室謀動干戈、且今天下之覬覦、豈特一寧王、天下之奸雄、豈特在宗室、言及至此、懍骨寒心、昔漢武帝有輪臺之悔、而天下向治、唐德宗下奉天之詔、而士民感泣、伏望　皇上痛自克責、易轍改弦、罷黜奸諛、以回天下豪傑之心、絕跡巡遊、以杜天下奸雄之望、則太平尚可圖、臣不勝幸甚、

知府伍文定請先生出兵征進、先生曰、彼氣方銳、未可急攻、必示以自守不出之形、誘其離穴、然後尾其後而圖之、先復省城、以搗其巢、彼聞必回兵來援、我因邀而擊之、兵法所謂致人而不致于人也、乃歛兵自守、使人打聽南昌消息、再說婁伯將回進賢家中募兵、知縣劉源淸擒而斬之、盡召城外巨室入城壘其三門、誓衆死守、又賊黨有船數隻爲首者、自稱七殿下、往龍津奪運船、馹丞孫天佑禀餘干知縣馬津、津使率兵拒戰、射殺數人、七殿下麾舟急退、又賊黨袁義官、自上流募兵百餘、還過龍津、亦被天佑追殺、焚其船、濠怒將先取進賢餘干、然後東下、李士實曰

若大事既定、彼將焉逃、濠乃止、于是二府之民、不盡從賊、皆二縣三人之力也、再說季敎自墨潭逃回來見寧王、述旗較被擒之事、宸濠大怒、乃問王守仁出兵消息、季敎懼罪、乃答曰、王守仁只可自守、安敢與殿下作敵、濠信之、以　王師未集、乃伏兵萬餘、命宜春王栱樤同其子三哥四哥與僞大監萬銳等、分付堅守省城、多設灰瓶火砲滾糞石弩之類、又伏兵一枝于城外、以防突城、自與婁妃及世子大哥、宗室栱栟劉養正、李士實、傷墇、潘鵬等、擇七月初二日發兵東下、僞封宗弟宸澅爲九江王、使率百舟前導、是早、

心示微此濠是乘身歸非尚可自作以騎虎下自取滅愚哉

宸濠入宫，請婁妃登舟。婁妃尚未知其意，問曰：殿下邀妾何往？宸濠曰：近日　太后娘娘有旨，許各親王往南京祭祖，我同汝一往，不久便回。婁妃半信半疑，只得隨行。濠登舟之時，設壇祭江，命斬端州知府王以方，以之代牲。方奠牲之時，几案忽折，以方頭足自跳躍覆地，宸濠命棄之於江。舟始發，天忽變雲色如墨，疾風暴雨，雷電大作，前舟宸濾被霆震而死。濠意不樂。李士實曰：事已至此，殿下能住手否？天道難測，不足慮也。濠索酒痛飲，即醉卧于椅上，夢見攬鏡，其頭盡白如霜，猛然驚醒，唤術士徐卿問之。卿叩首稱賀曰：殿下貴爲親王，而夢頭白，乃皇字也，此行取大位必矣。時兵衆有六七萬人，號爲十萬，盡奪官民船隻，裝載旌旗，蔽江而下，相連六十餘里。有詩爲證：

殺氣凄凄紅日蔽　金鼓齊鳴震天地
艨艟壓浪鬼神驚　旌旆凌空彪虎聚
流言管蔡似波翻　争鋒楚漢如兒戲
難將人力勝天心　一朝掃盡英雄氣

賊兵一路攻掠沿江各縣，將及安慶，知降僉事潘鵬安慶人，先遣鵬持僞檄往安慶諭降。太守張文錦召都指揮楊鋭問計。鋭曰：王都堂前有牌面來，分付緊守信地，大兵不日且至。今潘鵬來諭降，當力拒之。楊鋭登城樓謂潘鵬曰：僉事乃國家憲臣，奈何爲反賊奴隸傳語？寧王有本事，來打安慶城便了。潘鵬曰：汝且開城門放我進來，有話商量。楊鋭曰：要開門，除是逆濠自來。遂彎弓搭箭，欲射潘鵬。潘鵬羞慚滿面而退，回報宸濠。宸濠怒曰：諒一箇安慶，有甚難打？李士實諫曰：殿下速往南都正位，何愁安慶不下？宸濠嘿然。船過安慶城下，楊鋭曰：若寧王直走南京，便成大勢，當以計羈之。乃建旗四隅，大書勦逆賊三字。濠聞而惡之。鋭又使軍士及百姓環立城頭，辱駡宸濠反賊不日天兵到來，全家勦滅，千反賊萬反賊的駡。宸濠在舟中聽得外面喧嚷，問其緣故。潘鵬曰：此即指揮楊鋭使軍民辱駡殿下。宸濠大怒曰：我且攻下安慶，殺了楊鋭，然後往南京未遲。乃掠其西郭，遂圍正觀、集賢二門。濠乘黄艦，伯黄石磯，親自督戰。安慶城池堅固，又兼張文錦和楊鋭料理已人，多積砲石及守城之器。軍衛卒不滿百人，乘城者皆民兵。闔户調發，老弱婦女亦令饋餉。登城者必帶石硯一二，石積如山。又暑渴，置各于城上，貯茶以飲之。賊攻城，輒擲石擊之，或沃以沸湯，賊不敢近。賊擁雲樓瞰城中

正欲激逆濠之怒

守安慶挫寧王全得楊鋭力後王公叙功疏獨不及鋭何耶

潘鵬欲借寧賊以報鋭仇不知反中鋭計也

權衡利害如指諸掌此孫子救韓直走魏都之計

將乘城城中造飛樓數十從高射賊賊多死夜復募死士縋城焚其樓賊又置雲梯數十廣二丈高于城外蔽以板前後左門中伏兵城上束藁沃膏燃其端俟梯至投其中燥木著火即燎賊多焚死鋭又射書賊營諭令解散賊兵轉相傳語多有逃去者鋭又募死士夜劫其營賊衆大擾至曉始定濠問篙工曰此地何名對曰黃石磯也黃石磯音聲與王失機相近濠惡其言拔劒斬之謂其徒曰一个安慶且不能克安望金陵哉于是親自運土塡塹期在必克話分兩頭再說先生所差探聽南昌消息的引著安慶逃回

被擄船戶一同回報打聽得寧王于七月初二日起大兵從水路而下見今圍住安慶城攻打勢甚危急其南昌守備甚固聞說城外又有伏兵未知何處先生發放船戶重賞探子著再去打探伏兵的實信回話衆將請救安慶先生曰今九江南康皆爲賊所據而南昌城中精悍尚且萬餘食貨重積我兵若抵安慶賊必回軍死鬬安慶之兵僅足自守必不能援我于湖中南昌之兵絕我糧道而九江南康之賊合勢橈擄四方之援又不可望大事去矣今各郡官兵漸次齊集先聲所加城中必已震懾因而并力以攻省城其勢必下既破南昌賊先喪膽彼欲歸救根本則安慶之圍自解而濠亦可擒矣遂以本月十三日自吉安起馬與諸將刻期于十五日齊會于臨江府漳灘地方于是各屬府縣兵將並至初欲登臺誓師先生以積勞病發勉强書一牌呼知府伍文定邢珣徐璉戴德孺四人授之牌上寫云伍不用命者斬隊將隊將不用命者斬副將副將不用命者斬主將先生曰軍中無戲言此是實語不相誑也文定等皆暗暗吐舌大軍行至豐城南昌府推官徐文英因查盤在外獨不與難奉新知縣劉守緒皆引兵來會悉留

軍前聽用先生病亦稍可乃分軍爲十三哨各示以進攻屯守之宜

第一哨吉安府知府伍文定統部下官軍兵快四千四百二十一員名進攻廣潤門就留兵防守本門直入布政司屯兵分兵把守王府内門

第二哨贛州府知府邢珣統部下官軍兵快三千一百三十餘員名進攻順化門就留兵防守本門直入鎭守府屯兵

第三哨袁州府知府徐璉統部下官軍兵快三千五百三十員名進攻惠民門就留兵防守本門

直入按察司察院屯兵、
第四哨、臨江府知府戴德孺統部下官軍兵快三千六百七十五員名、進攻永和門、就留兵防守本門、直入都察院提學分司屯兵、
第五哨、瑞州府通判胡堯元、童琦、統部下官軍兵快四千員名、進攻章丘門、就留兵防守本門直入南昌衛前屯兵、
第六哨、泰和縣知縣李緝、統部下官軍兵快一千四百九十二員名、夾攻廣潤門直入王府西門屯兵

第七哨、新淦縣知縣李美、統部下官軍兵快二千員名、進攻德勝門、就留兵防守本門、直入王府東門屯兵、
第八哨、中軍贛州衛都指揮余恩、統部下官軍兵快四千六百七十員名進攻進賢門、直入都司屯兵、
第九哨、寧都縣知縣王天與、統部下官軍兵快一千餘員名、夾攻進賢門、就留兵防守本門直入鍾樓下屯兵、
第十哨、吉安府通判談儲、統部下官軍兵快一千五百七十六員名、夾攻德勝門、直入南昌左衛屯兵、
第十一哨、萬安縣知縣王冕、統部下官軍兵快一千二百五十七員名、夾攻進賢門、就把守本門直入陽春書院屯兵
第十二哨、吉安府推官王暐、統部下官軍兵快一千餘員名、夾攻順化門、直入南新二縣儒學屯兵、
第十三哨、撫州府通判鄒琥、傅南喬、統部下官軍三千餘員名、夾攻德勝門、就留兵防守本門、隨

于城外天寧寺屯兵、
先生分撥已定、期定十九日至市汊、二十日、黎明各至信地、臨發、挪不用命者數人、斬首以徇、各軍無不股慄、不知所斬者乃密取臨江府監候齎偽檄之旗校也、先生權術不測、類如此、再說宸濠攻打安慶、十有八日、城中隨機應變、並無挫折、宸濠正在心焦、忽接得南昌告急文書、說王都堂大軍已至豐城、將及省下、城中軍民震駭、乞作急分兵歸援、宸濠大驚、便欲解圍而歸、李士實曰、若殿下一回、則軍心離矣、宸濠曰、南昌我之根本、如何不救、劉養正亦曰、今安慶

脊閭不通、破在旦夕、得了安慶、以爲屯止之所、然後調集南康九江之兵、齊救省城、官軍見我兵勢浩大、不戰而退矣、濠張目視曰、汝家屬受王守仁供養、欲以南昌奉之耶、二人乃不敢復言、先生先遣探卒打探得南昌伏兵千餘、在新舊墳廠地方、乃使奉新縣知縣劉守緒、同千戶徐誠、領精兵四百、從間道襲之、出其不意、伏兵一時潰散、齊奔南昌城來、城中驟聞王都堂兵至、殺散伏兵、人人驚駭、轉相告語、俱懷畏避之意、二十五日、五更、各哨俱照依派定信地進發、先生復申明約束、一鼓附城、再鼓登城、三鼓不克誅

其伍、四鼓不進、誅其將、各哨統兵官、知先生軍令嚴肅、一聞鼓聲、呼譟並進、伍文定兵梯緪先登、守城軍士見軍勢大、皆倒戈狂走、城中喊聲大振、四下鼎沸、砍開城門、各路兵俱入、遂擒宜春王栱樤及寧王之子三哥四哥、并僞太監萬銳等、共千有餘人、宮眷情急、縱火自焚、可憐眷屬百數、化作一陣煙灰、哀哉、火勢猛烈、延燒居民房屋、先生統大隊軍兵入城、傳令各官分道救火、撫慰居民、火熄後、伍文定等都來叅見、將捉到人犯押跪堂下、先生審明發監、封其府庫、搜獲原收大小衙門印信九一六顆、人心始安、于是

先公遇事却是看得徹底所以動必有功

脅從官胡濂（原布政）劉斐（原叅政）許效廉（原叅議）唐錦（原副使）賴鳳（原僉事）及南昌知府鄭瓛、同知何繼周、通判張元澄、南昌知縣陳大道、新建知縣鄭公奇、皆自投首、先生俱安慰之、有詩爲證、

皖城方逞螳螂臂　誰料洪都巢已傾
赫赫大功成一鼓　令人千載羨文成

先生又打探得寧王已解安慶之圍、移兵于沅子港、先分兵二萬、逆凌十一閔廿四分率之、疾趨南昌、自帥大軍隨後而進、時乃三十一日也、先生聞報、大集衆將問計、衆皆曰、賊勢强盛、今既有省城可守、且宜

歛兵入城、堅壁觀釁、俟四方援兵至、然後圖之、先生笑曰、不然、賊勢雖强、未逢大敵、惟以爵賞誘人而已、今進不得逞、退無所歸、其氣已消沮、若出奇兵擊其惰歸、一挫其銳、將不戰自潰、所謂先人有奪人之心也、適撫州知府陳槐、進賢知縣劉源清、各引兵來助戰、先生乃遣伍文定、邢珣、徐璉、戴德孺、各領兵五百、分作四路並進、又遣余恩以兵四百、往來于鄱陽湖上、誘致賊兵、又遣陳槐、胡堯元、童琦、談儲、王暐、徐文英、李美、李楫、王冕、王軾、劉守緒、劉源清等、各引兵百餘、四面張疑設伏、候文定等交鋒、然後合擊、分布已

定、乃開倉大賑城中軍民人等、又慮宗室郡王將軍或爲內應生變、親自慰諭、以安其心、出告示云、督府示諭省城七門內外軍民䄂役人等、除眞正造逆不赦外、其原役寧府被脅僞授指揮千百戶較尉等官、及南昌前衛一應從亂䄂色人役、家屬在省城者、仰各安居樂業、毋得逃竄、父兄子弟、有能寄信本犯、遷善改過、擒獲正惡、詣軍門報捷者、一體論功給賞、逃回投首者、免其本罪、其有收藏軍器、許盡數送官、各宜悔禍、毋取滅亡、特示、寫下二十餘通、發去城內城外居民及鄉導人等、于

七門內外各處粘貼傳布、以解散其黨、二十三日、濠先鋒凌十一閔廿四已至樵舍、風帆蔽江、前後數十里、我兵奉軍令、乘夜趨進、伍文定以正兵當其前、余恩繼其後、邢珣引兵繞出賊背、徐璉戴德孺分左右翼、各自攻擊、以分其勢、二十四日早、非風大起、賊兵鼓譟、乘風而前、直逼黃家渡、離南昌僅三十里、伍文定之兵饒戰、卽佯爲敗走、余恩復戰、亦佯退、賊得志、各船爭前趨利、前後不相連、邢珣兵從後而進、直貫其中、賊船大亂、伍文定余恩督兵乘之、徐璉戴德孺合勢夾攻、四面伏兵紛紛擾擾、呼譟而至、滿湖都是

官軍、正沒擺布那一頭處、凌十一閔廿四不過江湖行劫、幾曾見這等戰陣、心膽俱落、急教回船、賊兵遂大潰、官軍追趕十餘里、擒斬二千餘級、凌十一中箭落水、賊徒死于水者萬數、閔廿四引著殘卒數千、退保八字腦、手下兵士漸漸逃散、宸濠聞敗、大懼、盡發九江南康守城之兵以益師、先生探聽的實、曰、賊兵已撤、二郡空虛矣、不復九江、則南兵終不敢越九江以援我、不復南康、則我兵亦不能踰南康以躡賊、乃遣撫州知府陳槐、領兵四百、合饒州知府林瑊兵、往攻九江、適建昌知府曾璵、兵亦到、卽遣璵率兵四百

三參倡報

合廣信知府周朝佐兵、往取南康、二十五日、宸濠立賞格以激勵將士、當先衝鋒者、賞銀千兩、對陣受傷者、賞銀百兩、傳令并力大戰、其日北風更大、賊船乘風奮擊、伍文定率兵打頭陣、因風勢不順、被殺數十人、先生望見官軍將有退却之意、急取令牌、將劍付中軍官、令斬取領兵官伍文定頭示衆、且暗囑云、若能力戰、姑緩之、文定見牌、大驚、親握軍器、立于船頭、督率軍士、施放銃砲、風逆火燎其鬚、不顧、軍士皆拚命死戰、邢珣等兵俱至、一齊放砲、砲聲如雷震天、將宸濠副舟擊破、閔廿四亦被砲打死、濠大駭、將船移

謾言得濠以壯我而息敵此先生妙用

動賊遂潰敗，擒斬復二千餘，溺死無算。濠乃聚兵屯於樵舍，連舟結爲方陣，四面應敵，盡出金銀賞犒將士，約來日決一死敵。先生乃密爲火攻之具，使邢珣擊其左，徐璉、戴德孺擊其右，余恩等各官分兵四面暗伏，只望見火發，一齊合戰。二十六日早，宸濠方朝群臣，責備諸將不能力戰，以致連敗，喝教先將三司各官楊璋、潘鵬等十餘人捓起，責他坐觀成敗，全不用心，欲斬之以立法。璋等立辯求免，正在爭論之際，忽聞四下喊聲大舉，伍文定引著官軍用小船載荻，乘風縱火，火烈風猛，延燒賊船。但見：

濃煙藹藹，青波上罩萬道烏雲；紫焰烘烘，綠水中布千層赤霧。三軍慌亂，箇箇心驚膽裂；撇鼓丢鑼，衆將驚惶，各各魄散魂消。投戈棄甲，舴艋艨艟一霎時變成煨燼；旗旛劍戟，須臾頃化作灰塵。分明赤壁遇周瑜，好似咸陽逢項羽。

各路伏兵望見火光，奔力殺來，賊舟四面皆火，棋拼二人被火焚燒，奔出船艙，爲官軍所殺，王春、吴十三亦被擒獲。先生使人持大牌曉諭各軍，牌上寫云：逆濠已擒，諸軍勿得縱殺，願降者聽。各軍聞之，信以爲然，勇氣百倍，濠軍莫不喪氣，爭覓小舟逃命。宸濠知

事不濟，亦欲謀逃，與婁妃泣別曰：昔人亡國因聽婦人之言，我爲不聽賢妃之言，以至如此。婁妃哽咽不能出聲，但云：殿下保重，勿以妾爲念。言畢，與宮娥數人跳下湖中而死。宸濠心如刀刺，萬鋭見得划船來到，濠變服同鋭下了划船，冒著兵戈而走，還帶有宮女四人。萬安縣知縣王冕受先生密計，假裝漁船數隻，散伏蘆葦，望見划船有些蹺蹊，慌忙搖攏來看。寧王認是漁船，喚曰：漁翁渡我，當有厚報。濠既下漁船，船上一聲哨子，衆船皆至。宸濠自知不免，亦投于水，逢淺處立水中不死，軍士用長篙撓其衣而執之。是

時伍文定、邢珣等乘勝殺入，先擒世子大哥及宮眷等。其僞黨李士實、劉養正、劉吉、屠欽、熊瓊、盧珩、盧璜、丁饋、秦榮、葛江、劉勳、何鏜、吴國七、火信、喻才、李自然、徐鵬等數百人，前後俱被擒獲，無一漏者。復執脅從王宏（原鎮守太監）、王金（原巡按）、楊璋（原按察使）、金山（原主事）、程果（原參政）、潘鵬（原僉事）、梁宸（原布政使）、郟文、馬驥、白昂（俱指揮）等。王綸、季敦赴水死。擒斬共三千餘人，落水者二萬有餘，衣甲器械財物與浮屍橫十餘里。復分兵搜剿零賊于昌邑、吴城各處，擒斬殆盡。湖口縣知縣章玄梅迎先生坐于城中察院，王冕解宸濠入城獻功。濠望見遠

近、衛衛、行伍整肅、笑曰、此是我家事、何勞王都堂這等費心、既見先生、遂拱手曰、濠做差了事、死自甘心、但婁妃每每苦諫勿叛、乃賢妃也、已投水而死、望善葬之、先生即遣中軍官同宮監一人前往識認、只見漁舟載有一屍、周身衣服皆用線密密縫聯、漁人疑有寶貨在身、正欲搜簡、就被宮監認出是婁妃、取來盛殮、埋葬於湖口縣之城外、至今稱爲賢妃墓、是日、衆官俱來相見、先生下堂、執伍文定之手曰、今番破賊、足下之功居多、本院即當首列、必有不次之擢、文定曰、仗　聖天子洪福、老大人妙算、知府何功之有、

先生曰、斬陣先登、人所共知、不必過謙、其餘邢珣余恩等、各以溫言慰勞、衆人各歡喜而退、次日先生正在軍中整理軍務、中軍官報單報道、知府陳槐曾璵等、分兵攻南康九江、賊兵出戰、俱爲官軍所敗、陳槐陣上斬了徐九寧、知縣何士鳳開門以迎　王師、將城中餘賊盡行誅剿、南康百姓聞官軍薄城、共殺陳賢、二郡悉平、于是賊黨俱盡、按宸濠自六月十四日舉逆、至七月二十六日被獲、前後共四十二日、先生自七月十三日于吉安起馬、至二十六日成功、纔十有四日耳、自古戡定禍亂、未有如此之神速者、但見成功之易、不知先生壁畫之妙也、是日門生鄒守益入見賀曰、且喜老師成百世之功、名揚千載、先生曰、功何敢言、且喜昨晚沉睡、蓋自聞報後、晝夜焦勞、至是始得安枕矣、先生口占一律云、

甲馬秋驚鼓角風　旌旗曉拂陣雲紅
勤王敢在汾淮後　戀闕眞隨江漢東
羣醜漫勞同吠犬　九重端合是飛龍
涓涘未盡酬滄海　病懶先須伴赤松

是日、先生傳令班師、暫回省城、城中聽知　王師凱旋、軍民聚觀者、不下萬數、宸濠坐在小轎之中、其餘

賊黨俱各囚車鎖押、前後軍兵擁衛、一箇箇鋒刃出鞘、盔甲鮮明、纔至中街、兩傍看者歡聲如沸、莫不以手加額曰、我等今日方脫倒懸之苦、皆王都爺之賜也、先生到察院下馬、大會衆官商議、將寧王并世子郡王將軍儀賓僞授太師國師元帥都督指揮等官、各分別收監候解、其脅從等官、并各宗室、別行另奏、將擒斬俘獲功次、發紀功御史謝源伍希儒審驗明白、造冊、先生于三十日上疏報捷、冊開

生擒首賊一百零四名

生擒從賊六千一百七十五名　內審放脅從一千一百九十三名

斬獲賊級共四千四百五十九顆
俘獲賊屬男婦二百三十八名口　宮人四十三名
奪回被脅被擄官民人等三百八十四員名口
招撫畏服投首一百九十三位名
奪獲符驗一道金璽二顆金冊二副印信關防一百零六顆
金并首飾六百二十三兩一錢二分銀首飾器皿八萬三千八百九十七兩一錢五分零
賊仗一千八百九十件器械一千一百九十九件

牛三十頭馬一百九匹驢騾十三頭鹿三隻
燒燬賊船七百四十三隻

後人有詩一絕誦先生之功云

儒將譚談笑却萊夷　千古何人似仲尼
旬日之間除叛賊　真儒作用果然奇

話分兩頭、却說兵部尚書王瓊見先生所上寧王反叛兩次表章、疏請五府六部大臣會議于左順門、諸臣中也有曾受寧王賄賂、與他暗通的、也有見寧王勢大、怕他成事的、一箇箇徘徊觀望、尚不敢斥言濠反、王瓊正色言曰、豎子素行不義、今倉卒造亂、自取滅亡耳、都御史王守仁據上游、必能了賊、不日當有捷報至也、其請京軍、特張威耳、乃頃刻覆了十三本首請削宸濠屬籍、正名為賊、布造天下、但有忠臣義士、能倡義旅、擒反賊宸濠者、封以侯爵、先將通賊逆黨朱寧臧賢拿送法司正罪、又傳檄南京兩廣浙江江西各路軍馬分據要害、一齊勦殺、朝廷差安邊伯許泰總督軍務、充總兵官、平虜伯江彬、太監張忠魏彬、俱為提督官、左都督劉翬為總兵官、太監張永賛畫機密、并體勘濠反逆事情、兵部侍郎王憲督理粮餉、前往江西征討、行至臨清地方、聞江西有捷報

寧王已擒、許泰江彬張忠等耻于無功、乃密疏請御駕親征、順便遊覽南方景致、　武宗皇帝大喜、遂自稱為總督軍務威武大將軍總兵官、後軍都督府太師鎮國公、往江西親征、廷臣力諫、不聽、有被杖而死者、　車駕遂發、大學士梁儲蔣冕扈從、九月十一日、先生南昌起馬、將宸濠一班逆黨囚禁、先期遣官上疏、略云、

爲逆濠睥睨神器、陰謀久蓄、招納叛亡、探輦轂之動靜、日無停迹、廣置奸細、臣下之奏白、百不一通、發謀之始、逆料　大駕必將親征、先于沿途伏有奸

疏中便暗止　聖駕南巡王公用心之密如此

黨爲傅浪荊軻之謀今逆不旋踵遂已成擒法宜
解赴　闕下式昭　天討欲令部下各官押解恐
舊所潛布乘隙竊發或致意外之虞臣死有餘憾
況乎賊獻俘　國家常典亦臣子常職臣謹于九
月十一日親自量帶官軍將濠并宮眷逆賊情重
罪犯潛解赴　闕
先生行至常山草萍舖聞有　御駕親征之事大驚
曰東南民力已竭豈堪騷擾即索筆題詩於壁上傳
諭次早兼程而進詩曰
一戰功成未足奇　親征消息尚堪危

三教偶拈　九二

邊烽西北方傳警　民力東南已盡疲
萬里秋風嘶甲馬　千山曉日渡旌旗
小臣何事驅馳急　欲請回鑾罷六師
時　聖駕已至淮徐許泰張忠劉翬等見先生疏到
密奏曰　陛下御駕親征無賊可擒豈不令天下人
笑話且江南之遊以何爲名今逆賊黨與俱盡釜中
之魚宜密諭王守仁釋放寧王于鄱陽湖中待　御
駕到親擒之他日史書上傳說　陛下英武也教揚
名萬代　武宗皇帝原是好頑耍的聽他邪說果然
用威武大將軍牌面遣錦衣千戶追取宸濠先生行

後臣一言遂迎不顧國家利害如用其言即宰賊死然未必再然而將士解體盡矣

必勑印提當牌亦一來也

至嚴州接了牌面或言威武大將軍即　今上也牌
到與　聖旨一般禮合往迎先生曰大將軍品級不
過一品文武官僚不相統屬我何迎爲衆皆曰不迎
必得罪先生曰人子于父母亂命不可告語當涕泣
隨之忍從諛乎三司官苦苦相勸先生不得已令參
隨賫勑印出同迎以入中軍稟問錦衣奉　御差至
此當送何等樣程儀先生曰不過五金中軍官曰恐
彼怒不納奈何先生曰繇他便了錦衣千戶果然大
怒麾去不受次日即來辭別先生握其手曰下官在
正德初年下錦衣獄甚久貴衙門官相處極多看來

三教偶拈　九三

未見有輕財重義如公者昨薄物出區區鄙意只求
禮備聞公不納令我惶愧下官無他長單只會做幾
篇文字他日當爲公表章其事令後世錦衣知有公
也錦衣唯唯不能出一語竟別去先生竟不准其牌
不把宸濠與他錦衣星夜回報許泰江彬等大怒遂
造謗言說先生先與寧王交通曾遣門人冀元亨往
見寧王許他借兵三千後見事勢無成然後襲取寧
王以掩已罪太監張永素知先生之忠力爲辯雪且
請先行查訪先生至杭州張永先在先生與永相見
永曰泰彬等誹謗老先生只因先生獻捷太早阻其

此謗流傳至今尚有疑者讒言可畏如此

王公免禍全得張永之力

南行以此不悅先生曰西民久遭濠毒今經大亂繼以旱災困苦已極若邊軍又到責以供餉窮迫所激勢必迸聚山谷爲亂奸黨群應土崩之勢成矣更思興兵伐之不亦難乎張永深以爲然徐曰本監此出正爲群小蠱惑　聖聰欲于中調護非掩功也但皇上聖意亦恥巡遊無名老先生但將順天意猶可挽回幾分苟逆之徒激群小之怒何救于大事先生曰老公所見甚明下官不願居功情願都讓他們容下官乞休而去足矣乃以宸濠及逆黨交付張永遂上疏乞休屏去人從養病于西湖之淨慈寺張永在

武宗皇帝面前備言王守仁盡心爲國之忠江西反側未安全賴彈壓不可聽其休致自便諸奸捕冀元亨付南京法司備極拷掠並無一語波及先生奸謀乃沮忠泰等又密奏寧王餘黨尚多臣等願親往南昌搜捕以張天威　武宗皇帝復許之比及先生赴南昌任忠泰等亦至帶令北軍二萬塡街塞巷許泰江彬張忠坐了察院妄自尊大先生往拜之泰等看坐于傍令先生坐先生佯爲不知將傍坐移下自踞上坐使泰彬等居主位泰彬等且愧且怒以語諷刺先生先生以交際事體諭之然後無言先生退謂門人鄒守益等曰吾非爭一坐也恐一屈體於彼便當受其節制舉動不得自繇耳泰彬等託言搜捕餘黨扳害無辜富室索詐賄賂滿意方釋又縱容北軍占居民房搶掠市井財物向官府索粮要賞或呼名謾罵或故意衝導欲借此生釁與先生大鬧一場就奸在　皇上面前謗毀先生全不計較務待以禮預令市人移居鄉村以避其詐害僅以老羸守家先生自出金帛不時慰犒北軍病者爲之醫藥死者爲之棺殮邊軍無不稱頌王都堂是好人泰彬等怪先生買了軍心嚴禁北軍不許受軍門犒勞先生乃傳示內

外北軍離家苦楚爾居民當敦主客之禮百姓遇邊軍皆致敬或獻酒食北軍人人知感不復行搶奪之事時十一月冬至將近先生示諭百姓新遭濠亂横死甚多深爲可憫今冬節在邇凡喪家俱具奠如禮如在官人役給假三日于是居民家家上墳酹酒哀哭之聲遠近相接北軍聞之無不思家至于泣下皆向本官叩頭求歸分明是

楚歌一夜起　　吹散八千兵

張忠許泰劉暈等自恃北人所長在于騎射度先生南人必未習學一日託言演武欲與先生較射先生

謙謝不能再四强之先生曰某書生何敢與諸公較藝諸公請先之劉翬以先生果不習射矣意氣甚豪謂許泰張忠曰吾等先射一回與王老先生看軍士設的于一百二十步外三人鴈行敘立張忠居中許泰在左劉翬在右各逞精神施設北軍與南軍分列兩邊擡頭望射一箇箇弓彎滿月箭發流星每一發矢吽聲著一會箭九枝都射完了單只許泰一箭射在鵠上張忠一箭射著鵠角劉翬射箇空回他三箇都是北人慣習弓矢爲何不能中的一來欺先生不善射心滿氣驕了二來立心要在千人百眼前逞能

炫衆識有些患得患失之心矜持反太過一箭不中便著了忙所以中的者少三人射畢自覺出醜面有愧色說道喒們自從跟隨　聖駕久不曾操弓執矢手指便生疎了必要求老先生也射一回賜教先生復謙讓三人越發相强務要先生試射射而不中自家便可掩飾其慚先生被强不過顧中軍官取弓箭來舉手對泰彬等曰下官初學休得見笑先生獨立在射棚之中三位武官太監環立于傍光著六隻眼睛含笑觀看先生神閒氣定左手如托泰山右手如抱嬰兒颼的一箭正中紅心北軍連聲喝采都道好箭射的准射的准泰彬等心中已自不快了還道是偶然倖中先生一連又發兩矢箭箭俱破的北軍見先生三發三中都道喒們北邊到沒有恁般好箭歡呼動地泰等便執住先生之手說道到是老先生又在軍中果然習熟已見所長不必射了遂不樂而散是夜劉翬私遣心腹窺探北軍口氣一箇箇都道王都堂做人又好武藝又精喒們服事得這一位老爺也好建功立業不枉爲人一世劉翬聞之一夜不睡次早見許泰張忠曰北軍俱歸附王守仁矣奈何泰忠乃商議班師前後殺害良民數百皆誣爲逆黨取首

級論功北軍離了西江省城百姓始復歸樂業時武宗皇帝大駕自淮陽至京口館于前大學士楊一清之家泰等來見俱云逆黨已盡遂隨　駕渡江駐蹕南都遊覽江山之勝三人乘間譖訴先生說他專兵得衆將來必有占據江西之事賴張永一力周旋上信永言付之不問泰等又遣心腹屢矯僞旨來召先生只要先生起馬將近南都遂以擅離地方罵罪先生知其僞竟不赴正德十五年正月先生尚留省城泰等三人因侍宴　武宗皇帝言及天下太平三人同聲對曰只江西王守仁早晚必反甚是可憂

武宗皇帝問曰汝謂王守仁必反以何爲驗三人曰他兵權在手人心歸向去歲臣等帶領邊兵至省城他又私恩小惠買轉軍心若非臣等速速班師連非軍多歸順他了 皇爺若不肯信只須遣詔召之他必不來 武宗皇帝果然遣詔召先生面見張永重先生之品又憐先生之忠密地遣人星夜馳報先生盡告以三人之謀先生得詔即日起馬行至蕪湖張忠阻先生之來恐面君時有所啓奏復遣人矯旨止之先生留蕪湖半月進退維谷不得已入九華山每日端坐草菴中 日徹服重遊化城寺至地藏洞思

念二十七歲時于此洞見老道共談三教之理今年四十九歲不覺相隔二十二年矣功名羈絆不得自繇進不得面見 聖上掃除奸佞退不得歸臥林泉專心講學不覺淒然長嘆取筆硯題詩一首詩曰

愛山日日望山晴 忽到山中眼自明
鳥道漸非前度險 龍潭更比舊時清
會心人遠空遺洞 識面僧來不記名
莫謂中丞喜忘世 前途風浪苦難行

又見山巖中有僧危坐問何時到此僧答曰已三年矣先生曰吾儒學道之人肯如此精專凝靜何患無成復吟一詩云

莫怪巖僧木石居 吾儕真切幾人如
經營日夜身心外 剽竊糠粃齒頰餘
俗學未堪欺老衲 昔賢取善及陶漁
年來奔走成何事 此日斯人亦啓予

張忠等既阻先生之行反奏先生不來朝謁 武宗皇帝問于張永永密奏曰王守仁已到蕪湖爲彬等所拒彼忠臣也今聞衆人爭功有謀害之意欲棄其官入山修道此人若去天下忠臣更無肯爲 朝廷出力者矣 武宗皇帝感動遂降旨命先生兼江西

巡撫刻期速回理事先生遂于二月還南昌以祖母岑太夫人鞠育之恩臨終不及面訣乃三疏請歸省葬俱不允六月復還贛州過泰和少宰羅整菴（諱欽順弘治癸丑榜眼）以書問學先生告以學無內外格物者格其心之物也正心者正其物之心也以理之凝聚而言則謂之性以其主宰而言則謂之心以其主宰之發動而言則謂之意以其發動之明覺而言則謂之知以其明覺之感應而言則謂之物故就物而言謂之格就知而言謂之致就意而言謂之誠就心而言謂之正所謂窮理以盡性其功一也天下無性外之理

卽無性外之物學之不明皆繇世儒認理爲內認物爲外將反觀內省與講習討論分爲兩事所以有朱陸之岐然陸象山之致知未嘗專事于內朱晦菴之格物未嘗專事於外也整菴深嘆服焉是年秋七月武宗皇帝尚在南都許泰江彬欲自獻俘以爲己功張永曰不可昔未出京時宸濠已擒獻俘北上過玉山渡錢塘在杭州交割于吾手經人耳目豈可襲也於是用威武大將軍鈞帖下于南贛令先生重上捷音先生乃節略前奏盡嵌入許泰江彬張忠魏彬張永劉暈王憲等扈　駕諸官疏中言逆濠不日就擒

此皆總督提督諸臣容授方略所致于是群小稍稍回嗔作喜止將冀元亨坐濠黨繫獄先生遂得無恙後　世宗皇帝登極先生備咨刑部爲元亨辯冤科道亦交章論之將釋放而元亨死同門陸澄應典輩備棺盛殮先生聞訃爲設位慟哭之此是後話是年九月先生再至南昌檄各道院取宸濠廢地改易市廛以濟飢代税百姓稍得甦息詩有泰州王銀者服古冠執木簡寫二詩爲贄以賓禮見先生下階迎之銀踞然上坐先生問何冠曰有虞氏之冠又問何服曰老萊子之服先生曰君學老萊子乎對曰然先生曰君學老萊止學其服耶抑學其上堂詐跌爲小兒啼也銀不能答色動漸將坐椅移側及論致知格物遂恍然悟曰他人之學飾情抗節出于矯强先生之學精深極微得之心者也遂反常服執弟子之禮先生易其名爲艮字曰汝止同時陳九川夏良勝萬潮歐陽德魏良弼李遂裘衍日侍講席有朱泗杏壇之風是年冬　武宗皇帝自南京起　駕行至臨清將宸濠一班逆賊並正刑誅人心大快正德十六年春正月　武宗皇帝還京三月晏駕四月　世宗皇帝登極改元嘉靖誅江彬許泰張忠劉暈等諸奸錄先生

功降　敕召之先生以六月二十日起程方至錢塘科道官迎閣臣意建言國喪多費不宜行宴賞之事先生復上疏乞便道省親得　旨陞南京兵部尚書賜蟒玉准其歸省九月至餘姚拜見龍山公公當宸濠謀逆時有言先生助逆者公曰吾見素在天理上用工夫必不爲此又或傳先生與孫許同被害者公曰吾見得爲忠臣吾復何憂及聞先生起兵討濠又傳言濠怒先生欲遣人來刺公公宜少避公笑曰吾見方舉大義吾爲國大臣恨年老不能荷戈同事奈何先去以爲民望乎怡然不變至是相見歡如再生

値龍山公誕日、　朝廷存問適至、先生服蟒腰玉、獻觴稱賀、至明旦、謂門人曰、昨日蟒玉、人謂至榮、晩來解衣就寝、依舊一身窮骨頭、何曾添得分毫、乃知榮辱原不在人、人自迷耳、乃吟詩一首云、

百戰歸來白髮新　青山從此作閒人
峰攅尚憶銜蠻陣　雲起猶疑見虜塵
島嶼微茫滄海暮　桃花爛熳武陵春
而今始信還丹訣　却笑當年識未真

先生日與親友及門人輩宴遊山水、隨地指點良知、一時新及門就學者七十四人、是年十二月、　朝廷

論江西功、封先生爲新建伯、食祿一千石、廕封三代少時夢威寧伯王越解劍相贈、至是始驗、明年、正月先生疏辭封爵、不允、時龍山公年七十有七、病篤在床、將屬纊、聞部咨已至、促先生及諸弟出迎曰、雖倉遽、烏可以廢禮、少頃問已成禮否、家人曰、　詔書已迎至矣、乃瞑、先生戒家人勿哭、加新冕服拖紳、事畢然後舉哀、一哭頓絶、病不能勝、門人子弟紀喪、因才任使、仙居金克厚典廚內外井井、先生以先後平賊皆賴兵部尚書王瓊從中主持、又同事諸臣多有勞績、已何敢獨居其功、再上疏辭爵、歸功于瓊、時宰方忌瓊、并遷怒于先生、御史程啓充給事中毛玉、相率論劾先生、指爲邪學、先生講論如故、門人尚謙、臨去先生贈詩云、

珍重江船冒暑行　一宵心話更分明
須從根本求生死　莫向支離辯濁清
人奈世儒横臆説　競搜物理外人情
良知底用安排得　此物繇來是渾成

嘉靖三年、海寧董澐號蘿石、以能詩聞于江湖、年六十八來遊會稽、聞先生講學、戴笠攜瓢、執杖來訪、入門長揖上坐、先生敬異之、與語連日夜、澐言下有悟、

因門人何泰請拜先生門下、先生以其年高、不許歸家、與其妻織一縑以爲贄、復因何泰來强、先生不得已與之倘佯山水間、澐日有所聞、欣然樂而忘歸、其鄉之親友皆來勸之還鄉、曰、翁老矣、何自苦如此、澐曰、吾今方揚鬐于渤海、振羽于雲霄、安能復投網罟而入樊籠乎、去矣、吾將從吾所好、遂自號從吾道人、時郡守南大吉、先生所取士也、以座主故拜于門下、然性豪曠不羈、不甚相信、遣弟南逢吉覘之、歸述先生講論、如此數次、大吉乃服、始數來見、且曰、大吉臨政多過失、先生何無一言、先生曰、過失何在、大吉歴

數其事其事先生曰吾固嘗言之矣大吉曰先生未嘗見教也先生曰吾不言汝何以知之大吉曰良知先生笑曰良知非我常言而何大吉笑謝而去于是闢稽山書院聚八邑彥士講學蕭璆楊汝榮楊紹芳等來自湖廣楊仕鳴薛宗鎧黃夢星等來自廣東王艮周衝等來自南直何秦黃竹綱等來自南贛劉邦采劉文敏等來自安福曾忭來自泰和魏良政魏良器等來自新建宮刹卑隘至不能容每一發講環而聽者三百餘人一日講君子喻義小人喻利章衆人俱發汗泣下邑庠生王畿與魏良器相厚每言妨廢

舉業勸勿聽講及是日聞講自悔失言即日執贄爲弟子嘉靖四年門人輩立陽明書院于越城西郭門內光相橋之西明年正月鄒守益以直諫謫判廣德州築復古書院集生徒講學先生爲書贊之四月南大吉入覲被黜略無慍色惟以聞道爲喜其得力于先生之薰陶者多矣是夏御史聶豹巡按福建特渡錢塘來謁先生聽講而去時席書爲禮部尚書特疏薦先生御史石金等亦交章論薦不報嘉靖六年廣西田州岑猛作亂提督都御史姚鏌征之擒猛父子未幾其頭目盧蘇王受構衆復亂攻陷思恩鏌復調

一語洞見病本防守之兵惟先生可撤以其制賊有餘也

若委成大臣罪將何任當事者嫉賢忌功不顧國家從來久矣可嘆

四省兵征之弗克閣老張璁桂萼共薦先生起用總督兩廣及江西湖廣軍務先生聞　命力辭不允乃於九月起馬繇杭衢歷常山南昌吉安諸處一路門人迎接者動數百人不必細說十一月至梧州先生以土官之叛皆繇流官掊克所致乃下令盡撤調集防守之兵使人招盧蘇王受喻以禍福二人見守兵盡撤遂自縛謝罪先生杖而釋之撫定其衆凡七萬餘人不動聲色一境悉平時八寨斷籐峽等處自韓都堂雍平定以後至是復據險作亂先生因湖廣歸師之便密授方略令襲之盧蘇王受請出兵餉當先

効力三月之間斬首二千餘級掃蕩其巢而還朝中當事大臣猶以先生擅兵討賊爲罪頓學士霍韜力誦其功乃得免議止以招撫思田之功頒賜獎賞先生一日謁伏波將軍廟（廟在梧州）拜其像嘆曰吾十五歲夢謁馬伏波今日所見宛如夢中人生出處豈偶然哉因賦詩云

四十年前夢裡詩　此行天定豈人爲
徂征敢倚風雲陣　所過須同時雨師
尚喜遠人知向望　却慚無術救瘡痍
從來勝算歸廊廟　恥說兵戈定四夷

先生大典思田學校廣西士民始知有理學十月先生以積勞成疾病劇上疏乞休不俟　旨遂發布政使王大用亦先生門人備美材以隨十一月廿五日踰梅嶺至南安登舟南安府推官門人周積來見先生猶起坐咳喘不已猶以進學相勉廿八日晚泊船問何地侍者對曰青龍鋪明日召周積至船中積拱侯良久先生開目視曰吾去矣積泣下問有何遺言先生笑曰此心光明復何言哉少頃瞑目而逝時廿九日也享年五十七歲南贛兵備門人張思聰進迎於南野驛用王布政所贈美材製棺周積就驛中堂

沐浴衾殮如禮明日爲十二月朔安成門人劉邦采適至同官屬師生設奠入棺初四日輿櫬登舟士民遠近遮道哭聲震地如喪考妣舟過地方門生故吏連路設祭哭拜將發南昌東風大逆舟不能行門人趙淵祝於柩前曰先生豈爲南昌士民留耶越中子弟門人相候已久矣祝畢忽變西風舟人莫不驚異門人主饋等數人以會試起身聞先生訃音還舟執喪二月抵家子弟門人輩奉柩於中堂遂飾喪紀婦人哭於門內孝子及親族子弟哭於幕外門人哭於門外每日四方門人來者百餘人十一月葬横溪先生所自擇地也先是前溪水入懷與左溪會衝齧右麓術者心嫌欲棄之有山翁夢見一神人緋袍玉帶立於溪上曰吾欲還水故道明日雷雨大作溪水泛溢忽從南岸而行明堂周闊數百丈遂定穴門人李珙等更番築治晝夜不息月餘墓成會葬者數千人門人中有自初喪迄葬不歸者即孔門弟子之懷師亦不是過矣御史聶豹原未拜門下及聞訃之後遣弔奠亦稱門人蓋素佩先生之訓中心悅而誠服也後十二年浙江巡按御史周汝貞亦先生門人爲建祠於陽明書院之樓前扁曰陽明先生祠各處書院

俱立先生牌位朝夕瞻禮比於仲尼今子孫世世襲爵爲新建伯不絕先生幼時嘗言一代狀元不爲希罕又言須作聖賢方是人間第一流斯言豈妄發哉先生歿後忌其功者或斥爲僞學久而論定至今道學先生尊奉陽明良知之說聖學賴以大明公議從祀　聖廟後學有詩云

三言妙訣致良知　孔孟真傳不用疑
今日講壇如聚訟　惜無新建作明師

又髯翁有詩云

平藩定亂奏奇功　只在先生掌握中

堪笑偽儒無用處　一張利口快加風

濟顛羅漢淨慈寺顯聖記　

詩曰

裂網掀番出愛纏　金田得入效金仙
髮隨刀落塵根淨　衣逐雲生頂相圓
悟處脫離煩惱海　定來超出死生關
皇恩佛德俱酬足　一朵爭開火裏蓮

此八句詩見三教中惟禪最妙能離凡證聖亦能臨凡顯聖話說南宋光宗時浙東台州府天台山國清寺有一長老名一本號法空乃累劫修來活佛時值年終密布彤雲揚揚飛雪長老在方丈中獨坐令廚

下整晚飯一聲雲板衆僧皆集至齋堂飯罷長老仍于方丈禪椅上坐侍者進茶忽聞一聲響如霹靂長老曰是甚麽響乃與侍者同行至法堂轉上佛殿入羅漢堂見一羅漢連椅仆地惟長老陰知佯曰另作理會回至方丈令侍者拈香點燭此時雪下愈大有詩云

姑射真人宴紫薇　雙成擊碎玉琉璃
朗然宇宙難分辨　大地衆生正路迷

長老危坐禪椅閉口垂眉入定少頃回來曰也去不遠衆僧曰某等心愚道淺不諳禪機願聞其詳長老

道便説無妨適來紫脚羅漢厭静思動巳投胎去了興日你等亦有知者老僧待一月餘親往分付他一言衆各散訖且説台州府天台縣有一人姓李名茂春乃高宗朝李駙馬之後官弁春坊賛善爲人純厚不願爲官辭職隱于天台山止有夫人王氏年三十餘未曾生長每每祈神求佛忽一夜王夫人夢吞日光自此得孕十月分娩時值宋光宗三年十二月初八日一更時分産得一男俗名踏蓮花而生雙手合掌紅光滿室瑞氣盈門賛善大喜漸至月餘有國清寺長老來謁賛善迎接上堂茶畢長老曰近聞公相弄璋特來拜賀就求一觀賛善曰承吾師盛意奈小兒離胎日淺身體未淨長老曰願見何妨賛善曰吾師少坐即入内宅來問妻兄王安世道國清寺長老欲見小兒不識可否安世曰向聞此僧道高德厚欲見此兒君勿吝也賛善乃令丫鬟捧出長老忙接過手曰你好快脚不要走差了路頭兒但微笑長老看訖遞與丫鬟曰此子後日通天達地入聖超凡老僧送一名曰修元令他修本命元辰賛言起謝長老作別賛善曰本當吾師素齋奈舍下葷進尚容叩刹長老曰老僧來年正月西歸大人不棄願一送爲感賛善曰吾師春秋未盛正當安享清福何故遽發此言長老道時至難留當下相別回寺賛善是日廣設華筵管待親友至晚而散長老回寺光陰荏苒不覺巳至來年正月時屆上元長老於法堂陞坐撃鼓三通衆僧雲集魚貫焚香兩行排立大衆静聽長老云

正月半放華燈黎民處處樂昇平元辰令節無數演歸去來兮話一聲既歸去弗來兮自家之事自家知若使他人知得此定被他人説是非故不説只成呆生死事不須猜山僧二九西歸去待報諸山次第來話生死誰諳悟箇箇原來有此路光陰攛過幾多人緑水青山還似故山色清水光緑闇羅老子無面目寄與大衆早修行來此同登極樂國

長老念罷衆皆跪下告曰我師願再留數十載長老曰死是定數焉可稽留衆僧淚下長老令侍者抄録法語速報諸山令十八日午時來送我是日長老下法座遂令置龕畢至十八日諸山人等咸至李賛善亦來齋罷入方丈相見長老囑賛善曰令公子誠非官吏但可爲僧儻若出家可投印別峯遠瞎堂爲師賛善應允長老沐浴更衣到安樂堂禪椅上危坐諸

山和尚一應人等，左右站立，後先發進。長老呼五弟子，分付衣鉢之類，若等均派，監寺可記數，若等五人各宜謹慎爲人，毋得放肆。弟子大慟。長老曰：時候已至，急焚香點燭。衆僧辭拜，同聲誦經。長老令取紙筆，遂作一絕云：

耳順之年又九　事事性空無礙
今朝撒手西歸　極樂國中閒走

書畢，正值午時，下目垂眉，圓寂訖。衆各舉哀，請法身入龕。後二月初九日，已三七矣。是日天朗氣清，遠近畢至送殯，乃請祇園寺道清長老指路。長老立於轎上曰：大衆聽着。

柳嫋花嬌二月天　綺羅錦繡簇名園
士人不爱春光好　撒手西歸返本源

恭惟國師長老性空和尚覺靈，本性既空，事情何有？爭奈禪心，明明不朽，經誦楞嚴，字書蝌蚪，佛氏爲親，泉石爲友，六十九年，無妍無醜，天命臨終，自知弗守，約死期生，果然應口，穩坐龕中，便不須走，休得癡呆，聽吾指剖。咦！

西方是你舊路　弗用彌陀伸手

贊罷，衆人悒悒不已，迤邐而行，到山化局，停下龕子。

松林深處，五弟子遂請寒石岩長老下火。長老立於轎上，手執火把曰：大衆聽着。

火光焰焰號無名　若坐龕中驚不驚
回首未知非是錯　了然何必問他人

恭惟圓寂紫霞堂上性空大和尚本公覺靈，原是南昌儒裔，皈依東土禪宗，脱離塵俗，性皆空，眞是佛家之種，無喜無嗔，和氣有才，有學從容，名山獨占，樂其中，六十九年一夢。咦！

不隨流水入天台　趁此火光歸淨土

念罷，舉火燒着，舍利如雨，火光中現出一　和尚騰空而去。觀者無不嗟嘆。贊善蒙長老臨終之囑，摺摺不忘。不覺修元年登八歲，有舅王安世一子名王全，年十歲。贊善乃與安世共延師教子。修元入學讀書，過目成誦，讀畢，靜坐終日不言。自小會飲酒，父母禁之，故不至醉。年十二，吟詩作對，舉筆成章，時時偷看佛門經典，累夜不倦。小時聽人述性空和尚之語，欲見印別峯遠瞻堂，無由相會。節届清明，先生假館，贊善令二子送先生回家。轉來在祇園寺門首經過，修元拉王全同進寺中遊玩。二人携手入寺，升階登殿，遍遶迴廊，遂入方丈。但見一床，於中左坐一官，右坐一僧兩邊排立數十行童、各執紙筆、修元向前揖曰、許多行童在此何爲、長老曰、在此爭功、修元曰、學生年幼、不識所爭何功、長老曰此位大人乃王太尉、因下海至黑水洋、驀然波浪狂起、許出一願、方得平安、還家、乃捨財一千貫請道度牒開剃一僧、爲見行童多雜、乃成一對、對得好者、便剃爲僧、修元曰對在何處、見賜一觀、王太尉因見修元人物俊雅、語言灑落、遂取所出對與修元看之、對云

宋時出家不易亦一奇法

茫茫苦界總無際亦狂波、誰人脫離

元修不假思索即援筆對曰

擾擾浮生、只有青山淨土、憑我逍遙

王太尉并長老一見駭然、便請修元王全坐定、長老曰、二位小官人請開姓名居住、修元曰表兄王全、學生乃李贊善之子李修元、長老曰、可知可知、十餘年前國清寺長老歸天之日、曾與尊府言公子只可出家、今日既成此對、理合剃爲僧矣、修元曰、出家亦美事、但未稟父母、不敢自專、長老曰、貧僧自造宅見令尊大人禮請、今日暫敢邀次、二子告別長老送出山門、回方丈對王太尉曰、此子慧性非凡、異日不可量也、倘剃度得此子、山門有幸、明日且看贊善主意如何、且說修元兄弟二人回府、參見父母、贊善曰、汝二人歸來何晚、修元將祇園寺作對之事敍了一遍、贊善曰、天台山中有三百僧衆、曩時國清寺長老性空禪師、并寒巖和尚皆已西歸、近今却尊祇園寺長老、孩兒不可輕薄、修元道、孩兒隨口一對、四座皆驚、那長老約明日來見父親、要孩兒出家、待他來時、孩兒自有答應、是夜無話、次早忽報祇園寺長老至、贊善出迎、相見禮畢、長老曰、日昨敝寺考對、令公子佳對先成、度牒有分、但不知大人肯捨令嗣出家否、贊善曰、荷上人厚德、奈下官只此一子、難以奉命、長老曰

諺云、一子出家、九族昇天、況且十餘年前性空長老之言、大人何故頓忘、話間、忽屏風後走出修元、向前行禮畢、曰感蒙長老盛情、學生有三事、難以出家、長老曰、那三事、修元曰、一者學生年未及冠、不諳正事、二者父母在堂、乏人奉養、三者天台僧衆、無可爲師、有此三事、難以奉命、長老曰、貧僧年老、豈不能爲汝師、修元曰、學生有句言語、動問長老、如說得明白、願爲弟子、長老道、你且說來、修元曰、長老高壽、長老曰、年六十二矣、修元曰、年既六十二歲、不知前此一點靈光、在於何處、長老赧然無答、良久、脩元曰、只此一

句尚未省悟焉能爲我師乎長老惶愧置身無地贊善留齋長老堅辭還寺於心不樂連則三晝乃起忽報觀音寺長老道淨相探坐定茶罷道淨曰聞知師兄清體不快特來拜訪不知因何染病道清曰多感雅意一言難盡遂敘李公子之話道淨曰若此何難道清曰賢弟毋得小覷此子才學誠然拔萃話間又報李贊善及子二人來訪長老曰請進禮畢獻茶贊善曰小兒日昨狂妄冒犯尊師釋怒爲愛道清曰惶恐惶恐道淨曰此間公子就是道清曰然道淨曰公子甚表元曰名修元道淨曰字號修元本命元辰修未易修元勃然曰名爲道淨淨生極樂道須成二上人悚然起敬道清待齋罷贊善辭別回家修元每日在書院吟咏不覺年已二九豈料夫人王氏臥病不起時年五十一歲而亡比及母服方闋仍繼父喪倏忽三年服滿母舅王安世累與元言婚事元不肯依時往諸寺但覓印別峰遠瞎堂二長老不知下落又過半年始知音耗印別峰和尚在臨安徑山寺住持遠瞎堂先在蘇州虎丘住持今在靈隱修元稟知母舅欲去尋師王安世再三苦諫修元執意要行收拾隨身細軟約有千金其餘財產盡付表兄王全擇二月十三日拜別起行安世曰我已年邁可令王全送去元曰不勞賢兄止帶一二侍者足矣王安世囑付道賢甥早去早回不覺淚下修元全然不顧迤邐過錢塘江登岸入城逕到新宮橋客店安歇問主人曰久仰臨安勝槩小子特來閒翫主人曰此城市中無非官府衙門街坊市店有何好處若要閒戲盡往西南二山諸寺西湖勝景天下罕有元曰有一靈隱寺卻在何處主人曰此寺正在西山飛來峰對過元曰路從何達主人曰出錢塘門便是西湖過保叔塔下沿湖北山至岳武穆王墳入西乃是靈隱寺前有石佛洞冷泉亭呼猿洞無窮佳景水明山秀元曰此寺有幾多僧眾主人曰約有三五百僧上年歿了住持長老往姑蘇虎丘山請得一僧名遠瞎堂此僧善知過去未來之事元曰來早即當往見元乃扮一秀士同侍者沿路出錢塘門時當三月風日晴和元顧謂侍者曰聞說杭州西湖景致果然不謬入昭慶寺見大悲像頌曰

一手動時千手動　一眼觀時千眼觀
既是名爲觀自在　何須拈弄幾多般

題畢行至大佛寺見大佛半身頌曰

背倚寒巖、面如滿月、盡大地人、只見半截

題畢、遊運過飛來峰、坐冷泉亭、元仰觀亭側有唐白樂天詩曰

溯風凜凜雪漫漫　未比清泉一道寒、
六月炎天不飛雨　請君就此倚欄干

修元稱羨好景不已、但見許多和尚隨一長老逕進寺去、惟一僧在後、修元急向前施禮曰、適此長老從何而來、和尚曰、是本寺新住持遠瞎堂長老、因徑山寺印別峯西歸、請去下火、方回、元曰、學生欲見長老、敢煩引進、和尚向前覆長老、長老令請進、元乃進見

行禮畢、長老曰、秀才何來、元曰、弟子李修元、天台縣人、系出李駙馬之裔、贊善之子、不幸父母雙亡、一意出家、近聞我師飛錫、特來拜投長老、道你未知出家容易坐禪難、彼處天台山三百餘寺、何爲捨近而趨遠、元曰、幼奉國清長老遺言、故特投禮、長老曰、後侍者誰也、元曰、弟子家中攜帶賤僕、長老曰、人有貴賤、佛性一般、急可遣還、元乃取出所帶錢鈔、聽了僕人歸途之資、其餘盡數納付長老、以爲度牒常住公用等費、元發付僕人曰、你只合速回傳語舅氏、我在杭州靈隱寺出家、二僕勸元回家不從、流涕而別、且說

長老在方丈中、令侍者焚香點燭、危坐禪椅、入定半晌、乃曰、善哉善哉、此種姻緣、却在斯乎、遂揀吉日修齋、請度牒、齋完、鳴鐘擊鼓、會衆於法堂、長老令元跪在法座下、曰、出家容易還俗難、汝知之乎、元曰、弟子誠然心悅、非勉強也、遂將髮分綰五髻、長老曰、此五髮前是天堂、後是地獄、左爲父、右爲母、中者本命元辰也、元曰、弟子已理會矣、方落髮畢、長老摩頂受記、名爲道濟、長老曰、汝受三皈五戒、殺盜淫湮氣、自後俱要除下、每日在雲堂坐禪、道濟曰、如斯而已乎、長老令監寺送道濟入雲堂、道濟坐定、監寺分付曰、汝

宜謹慎、休得跌地、道濟坐至三更、身漸疲困、忽從禪床跌下、連聲叫苦、頭上跌起一大肐膣、監寺曰、道濟、汝何故跌下、姑恕這次、倘後定行痛治、道濟起來再坐、睡意昏昏、甚難消遣、連跌二次、監寺只做不知、少頃又跌、如此三次、跌得七頭八塊、監寺曰、道濟新剃光頭、正好喫幾竹篦、道濟曰、跌了許多肐膣、又加一竹篦打一大塊、我去告訴師父、監寺曰、我看你新來之向、只打一下、你到要去告訴師父、道濟曰、阿哥、是我不是、監寺含笑而去、漸漸天明、道濟起來、頭上摸着肐膣、連聲叫苦惱苦惱、坐得一夜、頭上許多塊起

若坐幾月、頭上堄子無處安頓了、只得又熬兩月、道濟暗思未出家時、大塊肉大碗酒、任我意喫、如今只是粥菜要多喫半碗、也不能勾、身漸黄瘦、如何受得過、不如辭别長老、還俗去罷、於是急跳下禪床、走至雲堂門首、二監寺曰、適間已去小解、今何又去、道濟曰、牢裏罪人也放水火、你何多管閒事、監寺道、放你去便來、道濟出得雲堂門、逕入方丈、先是伽藍已告知長老、言天台山出家的羅漢、近差念頭、我師可點化他、休得放去、只見道濟已到面前問訊、長老曰、道濟你不坐禪、來此何幹、道濟曰、告我師、弟子出家不得、正欲還俗、長老曰、快休出此言、我前日曾與你説、出家容易還俗難、汝既出家、豈有還俗之理、道濟曰、都是弟子不是、望我師慈悲、看弟子苦惱面饒了、長老曰、有甚苦惱、熬守二年管職事、道濟曰、弟子守不過、寺中酒肉不曾見面、粥又喫得不飽、禪床上坐不穩、跌下來、又被監寺大竹篦打、遍身黄瘦、如何熬得過、長老道、我分付監寺不打你便了、道濟曰、便打幾下無妨、只是無東西喫、熬不過、弟子有兩句佛語、長老曰、説與我聽、道濟曰、一塊兩塊佛也不怪、一星兩星佛也不嗔、一碗兩碗佛也不管、長老道、你湊得雖好、不要差了、念頭、正説間、只見齋堂敲雲板、長老令侍者將粥來、就令道濟同喫、道濟見長老亦無受用、碗内只有些粗麩舫、餘外是黄酸虀菜、道濟遂念四句云

小黄碗内幾星麩　半是酸虀半是瓠
誓不出生違佛教　出生之後碗中無

長老曰、善哉善哉、汝却曉得道濟曰、曉便曉得、只是熬不過、長老乃吟四句

濟公成佛只是一味老實不作謊語

月白風清涼夜何　靜中思動意差訛
雲山巢頂蘆穿膝　鐵杵成針石上磨

道濟曰、弟子自禮長老爲師之後、並不曾開發、如何得成正果、長老曰、汝忒性急、既如此、可近前來、道濟向前、被長老扯住、只一掌、道此人必悟、只見道濟爬將起來、看看長老胸前只一頭、將長老撞番、跌下禪椅、逕奔走了、長老高叫有賊、一時衆僧雲集、問曰、偷去甚物、長老曰禪門大寶、衆僧問是誰偷了、長老曰道濟、衆僧曰、不妨、某等即便拿來、長老曰、且休、老僧明日自問他、衆皆散訖、惟道濟一逕直入雲堂內、口言好好、爬上禪床、看看上首坐的和尚、只一頭撞去、道妙妙、和尚曰、道濟甚麼道理、道濟曰閑要何妨、須

耍戲者即是認真者戲

臾又將次首坐的和尚亦撞一頭道妙妙好耍好耍衆僧曰道濟風了道濟曰我癡則癡自家知是夜道濟在禪床上戲了一夜監寺亦不能禁約次早長老方丈獨坐尋思道濟雖如此未知他參得透否且問他幾句佛語便知端的遂令侍者往雲堂内擂鼓敲鐘會衆長老升法座念了一遍淨土呪衆僧焚香長老曰衆僧聽着

昨夜三更月正明　有人曉得點頭燈
驀然思起當時事　大道方知一坦平

念罷道大衆有記得當時事者麽道濟此時在浴堂洗浴聽得了連忙繫了浴裙穿上直裰直奔入雲堂問訊道弟子記得當時事長老曰既然曉得何不從大衆之前發露道濟就法座前打一觔斗正露出當面物事衆僧掩口而笑長老曰眞乃吾家之種遂下法座衆僧都散長老入方丈中只見監寺等職事僧皆侍於前長老曰汝等何事監寺曰告我師適間道濟已犯禪門正法該責二十下特取我師法旨長老曰單子在何處首座呈上單子長老接過手令取文房四寶乃於單子後面批十字云禪門廣大豈不容一顛僧顛者乃眞字也批訖付與首座首座接過與衆僧看曰長老何亦護短如此自後衆僧都叫他做濟顛每日發風惱得滿寺僧也無奈何難過活或告長老長老只是護短濟顛越風起來常去呼猿洞引猿猴番觔斗引小兒們上酒店唱山歌有時衆僧在殿看經接施主他却托着一盤肉手敲引磬兒攪在衆内口唱山歌蹋地坐在佛殿上喫肉衆僧告長老長老曰他是風子汝等休得與他一般見識忽一日長老在方丈中坐只見顛濟手拿着一頂傘兒燈引着七八個小的兒口内唱山歌曲兒前面舞將入來長老曰道濟你没正經連累老僧惡氣濟顛曰我師不可信這干賊禿做一路只顧難爲我今日是正月半元宵因此閙戲長老曰今日既是正月半令侍者擂鼓撞鐘須臾衆僧俱到法堂焚香長老升座念淨土文曰大衆聽着

閙處莫入頭靜處着眼看明暗不相干比各分一
作一半作貴人教誰賣柴炭不可毁不可讃望着
虚空無邊岸相呼相喚去來休看取明年正月半

長老念罷下法座大衆都散看看過了一年又是正月半有臨安府知府來望長老教請人來方丈相見了長老道相公無事同往冷泉亭上着盤棋知府道

好侍者隨到冷泉亭去這靈隱寺有個金絲猿時常侍奉長老長老叫他做猿行當時也立在面前兩箇下了兩盤棋侍者報道諸山各刹長老都到十六廳朝官二十四太尉齊來長老道如何今日大衆齊到侍者道我師只因去年正月半升法座道相呼相喚去來休看取明年正月半語錄批了告報諸山大刹今日都來相送長老道我又不死哩罷了既是衆人都來了豈可教他空回提起袖來把棋子都拂在地下念道

一局殘棊猶未了　又被波巖請涅槃

長老起身便去出恭洗浴換了乾淨衣服作文自贊道大衆聽着

正月半又見一年時節換今年不見去年人不覺風光似輪轉眼前大衆息諠譁且聽山僧自決斷大衆如何是山僧自決斷　咦

白雲吹散太虛空　皎潔一輪呈碧漢

長老念罷道貧僧有些衣鉢千萬留與道濟我只要道濟下火又對十六廳朝官二十四太尉說列位官長看道濟如看貧僧說罷坐化而去却說冷泉亭猿行聽得走到方丈中遶着長老走三遭立地而化衆僧大驚合龕子盛了看看五七日到舉殯濟顛不迴却待要起龕子只見那濟公一隻脚穿着蒲鞵一隻手提着草鞵口內唱着山歌望冷泉亭來侍者道你好放得落你師父圓寂了今日舉殯師父分付專望你來下火濟公聽得大笑衆僧却請金牛寺松隱長老掛真起龕長老立在轎上道大衆聽着

諸佛靈山建法筵　上人特特去攀禪

料應定入龍華會　故使丹青仔細傳

遠瞎堂遠瞎堂這般模樣甚猖狂方袍圓領如來相皓齒明眸尊者裝無嗔怒有慈祥禪心耿耿只如常不但真容傳得好名字從來到處香　咦

他年若在靈山會　認得今朝遠瞎堂

松隱讚罷鼓樂喧天簇擁龕子到佛國化局松栢亭下解扛索濟公下火手執火把道大衆聽着

師是我祖我是師孫着衣喫飯盡感師恩臨行一別棄袖斷襟火把在手王法無親　咦

與君燒却臭皮袋　換取金剛不壞身

舉火燒着舍利如雨隱隱現遠瞎堂長老凌空而去齋罷各散濟公從長老死後愈加風發首座曰你師父衣鉢交付與你濟公曰我不要首座曰師父嚴命

濟公曰如此且擡出來看首座令人一一扛出來濟公曰與我一一都開了鎖分作四分把一分送去炭橋河下沈提點弟兄分用時常蒙他請喫酒以後免得白喫他的又有飛來峰門下住的張公長橋堍下賣餶飿的王公新宮橋下賣生藥的沈公昇陽宮前開酒店的王公望仙橋開茶店的陳乾娘還有周畫工徐裱褙一班兒都是我朝夕喫酒喫茶之處把這一分散與各家用度下次好擾他餘二分大衆要的各自來搶說罷衆僧打成團攘做塊濟公只揀光頭上鑿栗暴一時把剩下的二分搶盡了先是有例寺中住持若死過數日請諸山會湯議論別請長老住持首座曰衆位和尚在上自長老西歸之後這道濟越風攪得禪門不成規矩今日列位在此煩勸諫他監寺令侍者去尋濟公時濟公在飛來峰牌樓下引領許多小的兒在溪中摸鵝卵石侍者曰濟公首座請許多和尚在方丈會湯特令我來請你濟公道必然請我喫酒便同侍者入方丈相見了濟公呵呵大笑曰你們團圞坐在這里好似子孫堂只少個大均娘娘首座曰你且莫風也學做些正事與師父爭口氣濟公曰爭氣爭氣你們方纔會湯喫酒便不叫我

我偏是無分子息我若爭氣與你們每日打鬧衆僧曰某等淸淨禪門如何用得這等無正事的濟公曰看你這般禿驢理甚正事衆僧都忿然有不平之色是日濟公就收拾了包袱拿了禪杖別諸山和尚師父骨塔前拜了幾拜便走離了靈隱寺過了六條橋還到淨慈寺投宿一宵次早到浙江亭趂船取路回到台州時有人報知王安世舅舅合家來接喜不自勝濟公拜見舅爹舅母王全嫂嫂都相見了舅舅曰聞知你在靈隱寺出家十分好緣何不緝理身上這般模樣濟公曰舅舅差矣出家人要好做甚麽我只喫幾碗好酒過得終朝便了濟公連過十餘日舅舅要做衣服與他罰誓不要只是喫酒或往諸山寺院閒走作些詩賦忽一日濟公對舅氏曰我回天台已一年餘明日還杭州去舅氏曰你平日說與本寺僧衆不睦不如只在家濟公曰這個使不得舅氏舅母苦勸不住乃任他去付與盤纏濟公並不受曰出家人做甚麽要銀兩安在身邊到擔干記當時辭舅氏離了天台趂了江船至浙江亭上岸濟公自思我若別處去掛搭又不怯氣我係靈隱出身還到那里看這般禿驢肯着我否乃過慈雲嶺還投靈隱寺到飛

來峰、見一藏主、藏主曰、濟公、你回天台去許多時、寺中換了住持昌長老、混名叫做檀板頭。濟公曰、如此却難打擾、還投寺裡來。到山門下、見一首座曰、濟公你來了、如今長老利害、不比你師父。濟公道、利害的好、不怕你們欺侮我。首座曰、我同你入見長老。二人到方丈見長老、濟公拜了。首座向前曰、此僧乃先住持遠長老的徒弟道濟、因還天台年餘纔回。長老曰、莫不是能喫酒的濟顛。濟公曰、弟子出遊一年、酒肉俱戒了。長老曰、若如此、可掛名字、收了度牒。濟公但在雲堂坐禪、閑時在殿上念經、兩月餘再不出山門

有此兩月則前所云酒肉俱戒便非誑語

時值殘冬大雪、濟公覺身體冷、來到香積廚下向火、露出一雙精腿、火工曰、你師父有許多衣鉢與你、到令人搶去、如此大雪、一雙精腿、好不冷也。濟公曰、冷[illegible]受凍也無妨、只是多時不喫酒苦惱。火工等見說得傷心、便道、濟公、我們有瓶酒在此、請你喫、只怕長老知道。濟公曰、阿哥、難得你好心、我躲在竈下喫一箇便遮了。一個篩酒、濟公喫了、便走出廚下來。原來這酒不喫便沒事、但喫便膽大、不顧長老的言語、逕出山門前、恰好撞見飛來峰脚門下住的張公。張公道、濟公、多時不見你。濟公道、阿公、說不得、自台州來、在寺多時、長老拘束得緊、不敢出寺門。今日偶到廚下、火工請我喫了一瓶酒、覺有滋味、特出來尋個主人。張公曰、到我家喫三盃何如。濟公曰、最好。跟了張公、逕出飛來峰。張婆在門前見老子領濟公來、千歡萬喜曰、和尚多時不見了。連忙炒兩碗豆腐、盪一壺酒來、二人對坐、兒子篩酒。濟公道、阿公、難得你一家好心。阿婆道、和尚別樣便沒、只這酒有在此、你只顧喫。你一碗、我一碗、各喫十五六碗、覺得醉了。濟公起身叫聒噪。阿婆曰、這等晚了、見自長老不許你喫酒、你今回去、倘查出來、連我也不知重。濟公曰、阿婆說得是、我只在這里同你兒子歇一夜。明早、濟公見天色已晴、道、多時不入城、相望朋友、今日走一遭。張公家喫了早飯、一逕來岳墳、正撞兩對頭踏過、濟公立住看時、乃是王太尉。濟公叫太尉、認得李修元麼。太尉荒忙下轎、敘了寒溫、問其出家之事、濟公將前事細說。太尉曰、我等承令師長老臨終之囑、還不曾看顧得下官、今日又要去天竺、不得相邀、有暇時、千萬下顧。濟公道、多感多感。太尉上轎去訖。濟公自入錢塘門、逕到炭橋河下沈提點家、比時提點不在、管店人請濟公進店喫茶。坐了一會、正欲回寺、忽然天

降大雪濟公仰覷作一詞名臨江仙

凛冽同雲生遠浦長空碎玉珊瑚梨花滿目泛波瀾水深鰲背冷方丈老僧寒　渡口行人嗟此境千山變作銀山瓊樓玉宇水晶盤王維饒善畫下筆也應難

濟公就店中借宿尋思沈提點定在漆器橋小脚兒王行首家次日起早逕望漆器橋來到了王行首家問姉子曰沈提點在你家麽姉子曰方纔出去洗浴濟公曰如此我等他便上樓去見王行首睡熟濟公輕輕揭開被兒踏床上拿隻小鞋兒放在陰門上便下樓却好撞着沈提點問濟長老那裡來濟公曰特來尋你撞碗酒喫提點曰失迎且上樓去二人同上樓時王行首正睡覺見不便處來着這鞋問曰誰上樓來姉子曰濟公提點曰出家人甚麽道理濟公曰衝撞衝撞不是我無禮有一段姻緣提點曰願聞濟公念出臨江仙詞云

蝶戀花枝應已倦睡來春夢難醒羅衣卸下不隨身三魂遊閬苑七魄遶蓬瀛故把羅鞋遮洞口須知覺後生嗔非因道濟假人情斷除生死路稅却是非門

提點大笑曰佳作姉子托三碗點東酒至濟公喫了一碗曰不濟事行首曰我不喫你都喫了濟公又喫一碗姉子搬早飯來二人喫了濟公曰多謝多謝萬松嶺王太尉望我今日來且去見他一面提點曰回來到我家走遭濟公逕投清河坊來行至申陽宮酒庫對門見個豆腐酒店好賣買推出湧入濟公見雪飄將下來且去買幾碗喫濟公坐定酒保問和尚喫多少濟公曰胡亂喫些酒保將四碟菜一盤豆腐一壺酒一隻碗濟公喫了一壺覺酒有滋味再取一壺喫了再要一壺酒保曰和尚我家酒味重只好喫兩壺濟公曰干你甚事只顧篩來又喫了兩壺濟公身邊無一文錢一眼只望門前施主正值雪落過往人少酒保來會錢濟公曰我不曾帶得來且賒這一次酒保曰這和尚好没來由認得你是何人濟公道我是靈隱寺的僧着人跟去便有酒保曰那有許多工夫可脫這直裰來當下濟公曰我叫做菜餛飩只有這片皮包着如何脫得二人在門首厮扯對門申陽宮酒樓上人望見酒保扯的和尚好像濟公便令侍者去請濟公上來酒保同濟公到對門樓上濟公看時乃是沈提點兄弟沈五官同李提點飲酒濟公曰

好好你在此快活我被他拖住討酒錢沈五官曰便是望見因此特來相請濟公曰再遲些我這片黃皮子被脫去了衆人大笑沈五官分付酒保回去少的錢我自送還酒保去了濟公曰聒噪阿哥解了這結沈五官曰如此大雪同陪提點一坐三人從頭又喫濟公已有酒了畧喫幾盃便覺道醉五官曰你方纔喫這樣觔何不作首詩濟公便吟四句云

慣會饕齋覓主人　身邊零鈔沒分文
誰知撞見真經紀　不遇檀那怎脫身

五官道你喫幾碗濟公又念四句云

平生只愛呷黃湯　數日無錢買得嘗
今幸見君君莫阻　再求幾碗潤枯腸

五官大笑令酒保只顧篩酒濟公喫了十餘碗又作四句云

昔日曾聞李謫仙　飲酒一斗詩百篇
感君慨賜無慳吝　貧衲何嘗出口涎

李提點大笑五官又斟酒與濟公喫濟公大喜又作四句云

自來酒量無拘管　惟有窮坑塡不滿
要同畢卓臥缸邊　告君再覓三十碗

五官見濟公醉了叫當直的分付叫三個唱的來不多時三箇唱的來到五官身邊坐一個李提點身邊坐一個五官曰濟公我見你清淨特請娘子相陪濟公曰好好作詩一首云

每日貪盃又宿娼　風流和尚豈尋常
袈裟常被胭脂染　直裰時聞膩粉香

五官曰這里無人濟公可同娘子一睡只見酒保上來道使不得濟公吟詩一絕云

滿坐羣芳鬬色鮮　就中一朶最堪憐
任伊萬種風流態　惟有禪心似鐵堅

五官喜曰真佳作也濟公又吟一絕云

昔我父娘作此態　生我這個臭皮袋
我心不比父娘心　我心除酒都不愛

吟罷又喫幾碗漸漸天晚五官曰濟公晚了回寺不得五官令當直扶濟公下樓與李提點別了二人還到新街劉行首家虔婆接見十分歡喜道五官人今日如何帶這醉風和尚來五官曰他晚了回寺不得同來借歇虔婆曰無礙便叫兩個女兒來相見令安排酒五官曰我們已醉五官令大姐同濟公去睡五官與二姐睡了大姐推濟公入房中坐在床上關了

房門與濟公脱衣裳濟公曰阿呀罪過却被大姐纏得酒醒起身開房門欲走又怕巡夜的捉住只見春臺畔大火箱有些熱便爬上去放倒頭睡了大姐推喚不醒也自去睡了濟公聽得朝天門鐘響急爬起來推窗一看東方已動遂題一絶云

暫假夫妻一宿眠　禪心淫慾不相連
昨宵姑順君尊意　多與虔婆五貫錢

題罷見臺子上有昨夜剩的酒一壺乃飲果又吟一絶云

從來諸事不相關　獨有香醪眞個貪
清早若無三碗酒　怎禁門外朔風寒

濟公寫訖遂開大門一逕去了虔婆聽得門響急起來看只見臺子上一幅字紙大姐孤身睡着問時大姐曰夜來如此如此虔婆曰好個眞童男子須臾五官起來問濟公虔婆曰早去了卓上遺幅字紙在此五官看了道不枉了出家人却説濟公踏凍出清波門自思如今身又寒肚又飢且去萬松嶺尋個施主討些早飯喫逕赶王太尉府前見門公掃地濟公曰煩與我通報門公乃去稟第入報太尉慌忙出廳濟公向前問訊太尉曰如何久不下顧濟公曰歸家一年回寺被長老拘束得緊數日前得火工三碗酒喫吊動念頭連日在城中只是撞酒喫今日特到府中太尉大笑道取湯來濟公曰湯不要喫太尉曰我理會得你只要酒喫命當直的整治肴饌酒菓濟公喫了十五六碗太尉曰你身上冷否濟公曰頑皮袋由他凍太尉曰你身上穿一領破直裰脚下着一雙破僧鞋赤條條露雙腿我今送你一疋綾子一個官絹做件衣服銀一兩作裁縫錢濟公曰無可報你你明年冬有場大災你將紙筆過來取個香盒開人暫退濟公遂寫字放在香盒内如法封固付與太尉令安在佛前明年有災時可開來看其後太尉忽患一發背大如茶瓶痛不可忍百般醫治不痊猛然思起濟公留下香盒急取來看見盒内寫着一方太尉如法修合遂果獲效此是後話且説濟公得了綾子官絹銀兩遂拜謝太尉出門纔下嶺見一夥乞兒凍倒在地濟公曰苦惱我有些東西與你袖中摸出銀子連綾子官絹盡與衆人逕迴歸到靈隱寺首座曰你連日在何處濟公曰我連日在昇陽樓飲酒新街裡宿娼首座曰好好你又喫酒又歌娼濟公曰我明明裡去不强如你們黑地裡去首座曰長老昨日問我我

說你十六廳朝官處探訪原來這樣胡行急拖入方丈見長老言濟公私自出去喫酒宿娼長老大怒令侍者打二十衆僧即忙拖倒揭起直裰濟公却不穿褌子轉身露出面前那物事衆僧大笑長老曰這廝如此無禮首座曰先師護短容他慣了長老曰風顛之人不必打他且放起來濟公呵呵大笑出方丈來曰你們拖我見長老却不打我好漢子和你跌三交衆僧曰不打你這風子濟公曰賊牛們却又怕我自此愈加風顛衆僧皆來同長老計議怎生逐得他出去長老曰他是老師徒弟如何逐得監寺曰某有一計自然使他安身不得衆僧曰却是怎麽監寺曰此先寺中有個鹽菜化主每日化來常住公用此職事最難如今可買一罈酒整頓齋使他大醉倘若應允後來他化不得自羞回也衆僧曰妙計只恐他不允監寺曰他只要酒喫是日整齋置酒叫侍者去請濟公來喫濟公到方丈坐定曰長老喚我做甚麽長老曰衆僧買酒在此請你濟公曰却又蹺蹊你且説爲何請我長老曰我初住持不識前事先是此寺有個鹽菜化主如今一向無人今欲立個化主要你開疏頭因此請你濟公曰既要寫疏且只喫酒若醉了方有文章長老曰你只顧喫當時行童將隻大碗放在濟公面前一上喫了三十餘碗暫住侍者遂將文房四寶放在卓上濃濃磨墨濟公拂開紙文不加點

伏以終朝易過衣食難求空門内皆倚檀那寺院中全憑施主倘無施主房子便東倒西歪若没檀那和尚就忍飢受餓衣非綾錦也須得綿布遮身食匪珍羞亦必用酸虀過號費用雖不奢華人多也難掙挫輒持短疏遍叩高門不來求施衣糧但止化些鹽菜竈戶口燒造殷勤園圃人種栽勞碌羞將癡臉懇求他全仗歡欣資助我莫怪貧僧朝朝饒舌皆因弊寺日日用他一碗糙米粥無他怎送入饑腸半碟黄菜虀有你乃能充餓口和尚箇般苦惱子達官普發歡喜心日化八貫貫財供入常住增富貴朝參三寶聖賢願祈施主永安寧謹疏年月日

濟公寫罷長老并衆僧都喝采令行童取酒來濟公又喫了十餘碗長老曰一客不煩二主再浼你做個化主濟公曰我是風子如何做得監寺曰濟公結識的是十六廳朝官十八個財主莫言一日八貫便是八十貫他也化得長老曰原來恁地濟公曰相識家

名言俗家涉世亦當省此

受長老三拜如何消得

止好求他些酒喫如何又化他錢財長老曰你胡亂化半年三個月我這里別令人代換濟公此時已醉應道喫了你們酒如何推得過長老大喜便教鋪香花燈燭請濟公坐了受長老三拜收拾齋襯遂別長老出方丈心內暗思我反被局了在這里亦不秀氣不如一發起了度牒別處去罷轉入方丈長老問何又回濟公曰我思做此化主未免要各處去化身邊又無度牒只道我是野和尚那個肯捨故此回取度牒長老曰說得是即令監寺取度牒付與濟公收了自去且說濟公出山門遲到白樂橋坐思這夥禿驢合成圈套明是逐我出來淨慈寺德輝長老平素與我契合我往投他必然見留遂望淨慈寺來入見長老問訊長老曰濟公何來濟公曰說不得弟子被衆局我做盐菜化主弟子初時不肯後被他灌醉一時應承今思明是逐我出門故特來投希留爲愛長老曰你是靈隱寺有分子孫如何空身出來濟公曰我不要他東西只因被這夥欺侮過不得望我師慈悲長老曰留自留你只是昌長老面上不好看老僧明日寫一束去他若回字來那時收你兩家都好看濟公曰我師見是當晚濟公就方丈中暫歇次早長老寫了書差傳使詣靈隱寺時昌長老正在方丈中坐侍者報淨慈寺傳使在此長老教進來傳使將書呈上云

南屏山淨慈寺住持比丘德輝稽首師兄昌公法座前即晨新篁漸長綠樹成陰恭惟尊候安享禪規倍增清福上刹散僧道濟到弊寺言蒙差作盐菜化主醉時應允醒却難行避於側室無面回還特奉簡板伏望慈悲念此僧素多酒症倘覷薄面明日自當送上

昌長老一見大怒曰道濟受某三拜不曾化得半文錢便來討饒我寺决不用他令侍者取筆就簡板後批八字云

似此顛僧無勞送至

八得當

批罷付與傳使自回且說德輝長老正與濟公話間忽見傳使至前施禮將前言細說呈上簡板長老大怒曰我又不屬你管如何這等無禮濟公曰便是檀板頭不曉事只爲我教長老受氣長老曰濟公我收你在此替我爭氣就陞你做本寺書記一應榜文開疏俱是你濟公謝了長老自去選佛場坐禪念經不覺已過月餘忽一日濟公閒步出山門走至長橋堍

下、只見賣餶飿兒的王公在門首擺荳、王公曰、濟公、多時不會、濟公曰、我被靈隱寺趕出來、如今共你是鄰舍、王公曰、你坐一坐、待我買賣淨些、同你下棊、就掇條凳子在門前安下棊盤、濟公曰、我贏得、喫一碗餶飿、若輸了、你便打我一個栗暴、王公大笑、二人下了五六盤、濟公却輸了一盤、王公曰、出家人不打你、只與我寫一招牌、濟公曰、我無酒、却寫不得、王公便與濟公到對門方家店裏、濟公一上喫了十五六碗、曰、你要寫甚麽招牌、王公拿出一幅紙、濟公提起筆、便寫下十字云、王家清油細荳大餶飿兒、寫畢、濟公曰、三考作秤我喫你酒無物相謝、我將方纔下棊爲題寫一篇文在粉壁上、詞云

無爲堂上、敵手相逢、移來一座水晶盤、傾下兩行碧玉、手聚三軍五奪、何爭先、靜悄悄向竹塢松軒、冷清清對茅亭菊檻、排成形勢、黑叢叢萬里干戈、擺定機關、白皎皎一天星象、休言國手、謾說神仙、遍九州爭利于蝸頭、布三路圖名于蝸角、縱橫在我、敲磕由他、箇中訣破看精神、要使英雄滿天下、

嗅

除非有個神仙路、衝破從來七九關、

濟公寫罷、相謝出門、逕往萬松嶺望毛太尉、太尉却好在那里射箭、濟公向前施禮曰、太尉射得好、太尉急忙歇箭曰、何故久不會、濟公將前事、細說、太尉曰、今日熱、同你竹園中乘凉喫酒、至晚而散、仍於府中歇住五七日、濟公曰、我還要去望陳太尉、遂別、逕到陳太尉府前、門公通報太尉、出迎、茶罷、便令安排品饌飲酒、至晚、又留在府中、歇住二三日、濟公猛省曰、長老把我爲人、連出來十餘日、他必嗔怪、遂別太尉、逕來淨慈寺、却說德輝長老數日不見濟公、心中嗔怪、差火工四下尋覓、到長橋只見濟公在餶飿鋪中、火工向前曰、濟公、長老有請、濟公便起身入方丈見長老、長老曰、老僧再三囑付、緣何不改前非、濟公跪在面前曰、告我師慈悲、弟子許久不去望相識、偶至萬松嶺蒙毛太尉留住五七日、陳太尉府裡住二三日、故此擔閣了、長老曰、我聞得二位太尉是朝廷近侍官、如何敬你、且說你的本事、我便饒你打、濟公請紙筆、便作一詞、名臨江仙云、

粥去飯來何日了、都緣皮袋難醫、這般軀殻好無知、入喉纔到腹、轉眼又還饑、惟有衲僧渾不管、且須慢飲三盃、冬來猶掛夏天衣、雖然容醜陋、心孔

求嘗迷
長老大喜曰既然朝官與你嫁如何做不得鹽菜的
化主濟公曰做倒做得爭奈不快氣化來請這般賊
禿若是長老這等相愛休說鹽菜便一日要十個豬
也有長老大笑道我寺中原有壽山福海藏殿如今
塌壞若得三千貫錢便可起造你化得否濟公曰非
是弟子誇口三千貫只消三日便完長老便令侍者
請監寺買辦酒肴素食羅列於方丈長老親陪濟公
喫得大醉長老曰要開疏頭你醉了明日寫罷濟公
曰我是李太白但酒多越奸乃令行童取過文房四
寶濃磨了墨濟公提筆一掃而就
伏以佛日增輝法輪長轉夫佛日者乃佛光洞照
法輪者是法力傳流切見南屏山淨慈寺承東土
之禪宗稟西湖之秀氣殿閣軒昂門樓高大近因
藏殿傾頹便覺僧家寥落是以法輪不動食輪怎
得週全藏殿若完福殿自然氣象欲得壽山福海
裝嚴須仗達官長者歡喜捨金賜鈔須休心下躊
躇運木擔泥且便眼前成就輪轉無休檀那永固
募緣化主書記僧道濟謹題
寫罷長老大喜次早濟公到方丈別了長老出門逕
投萬松嶺來忽聽一聲喝道言太尉朝回少頃毛太
尉近面太尉曰這早何處去濟公曰我早太尉又早
太尉曰我是官身朝裡去方回你出家人正好穩睡
濟公曰適有一事睡不能熟進府訴稟太尉便令整
治早飯問濟公欲說甚話濟公曰弊寺有座壽山福
海藏殿跌倒今欲修造須三千貫錢因此特來望太
尉一力完成將出疏簿遞與太尉太尉曰我那有三
千貫些少布施使得濟公曰教我再化何人太尉曰
既如此可停一兩月待下宮奏集濟公曰個却使不
得三日內便要太尉曰你正是風子三千貫錢如何
布施的學得這樣麼
便有濟公撇了疏簿急急起身太尉赶出去將疏簿
丟還他濟公拿起又丟入去一逕奔走太尉分付門
公今後濟風子來休放進府且說濟公逕自回寺首
座問曰化得若干濟公曰後日皆完首座曰今日無
一文後日那得完濟公曰不要你憂我自有道理首
座說與長老長老亦不信次日衆僧咸對長老言濟
公今日不出去化只在竈下捉虱子明日如何有第
三日毛太尉早朝但見一皇院子來道娘娘有旨宣
太尉急忙到太后宮中拜舞罷太后曰毛君實子童
夜來三更時分見一金身羅漢言淨慈寺壽山福海

藏殿崩堋化鈔三千貫再言疏頭在汝家後有名字太尉大驚暗思濟公非凡人也乃啓奏曰娘娘兩日前淨慈寺書記道濟有疏頭留於臣處太后曰寶庫內有三千貫脂粉錢子童共你到淨慈寺認此金身羅漢太后懿旨備辦鑾駕嬪妃彩女隨往淨慈寺行香毛太尉押解三千貫鈔此日濟公在房中曰此時將及來也行出房門高叫都來接施主便去擂鼓撞鐘長老聽得急使侍者問消息只見門公報道有黃門使來說太后娘娘行香長老忙披袈裟出方丈引滿寺五百餘僧迎接只見太后鳳輦到來長老等於山門外接見娘娘謂長老曰子童前夜三更時分夢一金身羅漢來化鈔三千貫修造藏殿今日送鈔在此子童要認這尊羅漢長老見說擡着香爐引五百餘僧團團在佛殿上看經此時濟公夾在數內却從面前過太后指曰正是此僧方欲下拜濟公急忙打個筋斗褲兒不穿露出前面這件物事扒起便走長老就奏娘娘曰此僧平日有些風症太后令毛君實將三千貫交與庫師收了太后自回長老衆僧送出山門自回方丈令尋濟公不見忽一侍者來曰濟公引領一夥小兒撑一隻船到西湖採蓮長老想道濟公要這藏殿完成一時遂顯靈感今恐被人識破故作此態濟公將船划過石巖橋登岸令小兒划船回去却自望古蕩里摸去教場橋登東廁只見尿缸內一個蝦蟆浸得漲漲的濟公曰若惱亦是輪廻我與你下火作頌云

這個蝦蟆欸也蝸強瞋目並釆　跌合掌佛有大身小身即非我相人相一念悟來離諸業障　咦

青草岸邊尋不見　分明月夜蘂花上

濟公念罷只見半空中有青衣童子叫曰多虧師父已得超昇衆皆喝釆忽一人拖住濟公曰師父同你前面行一步濟公回頭認得是徐提點問曰你要我那里去徐提點曰西溪安樂山永興寺長老聞清溪道士徐公說上人清德累欲一見每托小子相邀今日有緣且去飲三盃二人行過古蕩遥望永興寺來此時長老正在山門下乘凉濟公向前施禮長老曰師兄何來徐提點曰此位便是濟長老長老大喜請入方丈賓主坐定茶罷問徐提點何處相遇徐提點述蝦蟆下火之事長老歎羡不已令整酒饌濟公任意飲了一夜次日又請徐提點陪侍長老要造安樂橋說濟公開疏云

伏以山藏古寺、水接平橋、西溪市井、安樂山橋、卌損年深、往來不便、欲建連雲之勢、全憑駕石之功、貲金浩大、獨力難成、輙持短疏、遍叩大檀、誠哉勸資、慨然樂助、疊石横空、柱預建時從古有、跨溪通道相如題後豈今無、不懈風漱石還愛月盈河、水流碧草環中過、人在蒼龍背上行、橋梁萬代福祿無窮、

寫罷、二人迤邐行至崇眞寺夜宿、次日、又到清溪道院、連日只在這幾處盤桓、不覺過了四個月、時值初冬天氣、濟公覺道身冷、思量走出來長久、須回寺去、於是別了長老、并徐提點、便向石人嶺來、時見上天竺懺首同一道人忙忙而走、濟公認得、一把扯住、問曰、汝等何來、懺首曰、你不知、我寺講主、九月二十夜、被賊偷得一空、聞知西溪街上鄭先生卜得好卦、故令我問課回來、濟公曰、我實不知、既如此、且同你去望他、二人落了石人嶺、逕至寧棘庵、講主正在方丈中煩悶、濟公向前施禮、講主曰、久不相會、何故不來看我、濟公曰、我今日偶遇懺首說、特來望你、講主曰、老僧挣了一世、今一夜皆空、濟公曰、出家人、要財物何用、待他偷去、倒省得記掛、講主曰、我積攢來、要修葺僧房、起造鍾樓、今被偷去、與外人說不得、只好自知、故此煩悶、濟公曰、如此、我作一律替你解悶、隨口題八句云

啞喫黄瓜苦自知　將絲就縱落人機
低田缺水遭天旱　古墓安身着鬼迷
賊去關門無物了　病深服藥請醫遲
竹筒種火空長炭　夜半描龍畫向誰

講主大笑曰、妙哉、雙關二意、我心中多悶、你休回去、且在此相伴閒講一兩月、濟公曰、只怕無酒喫、講主曰、別物沒有、惟酒你喫不了、濟公曰、既有酒、莫說一兩月便是一兩年也在此、衆人大笑、自此濟公又在天竺過了兩月、看看臘近、講主留過年、濟公曰、這却使不得、須回寺過年、乃別了講主、向淨慈寺來、山門口撞見監寺、監寺曰、濟公一向在何處、濟公曰、我在老婆房裡、監寺曰、你是風子、我不理你、濟公逕入方丈見長老施禮、長老曰、你不告老僧、一直出去半載、是何道理、濟公曰、偶然閒走、望長老慈悲、長老曰、我却不怪、反被衆人笑、濟公曰、今後再不敢如此、自此濟公只是坐禪念經、時值三月天氣、濟公對長老說、我從歸寺、並不曾出門、今欲出去望望相識、特禀長老、長

老曰你去只可一兩日便回濟公曰謹領乃離方丈逕投萬松嶺來至毛太尉府令門公通報太尉忙出迎接入坐茶罷太尉曰自從同太后娘娘到你寺已半載餘矣濟公曰向日深虧相公完成這樁勝事近思飲酒特來相探太尉曰你且坐今日園子掘得些笋將一半進朝一半在此今煮來與你嘗新濟公大喜一上喫大半碗道滋味極美佛語云一寸二寸官員有分一尺二尺百姓得喫和尚要喫直待織壁我虧太尉得嘗新長老在寺夢也夢不見我且剩幾塊持歸奉長老太尉道此是殘剩的不好將去另取一盤來用荷葉包回濟公提荷葉包作謝遂行一路向淨慈寺來山門下首座曰手裡包的莫非狗肉濟公道不是包肉之物你們夢也夢不見眾曰都是甚麼濟公把包兒塞將過來曰你且聞一聞逕入方丈長老曰你今如何便回濟公曰我一逕到毛太尉府中去都好嘗新笋我討得一包與長老嘗新長老曰難得濟公令侍者取一盤來將荷葉包解開傾在盤內托上長老面前長老喫了三二塊侍者各分了些眾僧皆來討笋喫長老曰有數喫些都分了濟公曰我在毛太尉府中說禪機漏將笋來你們只顧向口要喫長老曰你說甚麼禪機濟公曰一寸二寸官員有分一尺二尺百姓得喫和尚要喫直待織壁長老曰絕妙絕妙眾僧曰你化些來與我們嘗新也好濟公曰眾僧有將新笋為題作得一詩我便化兩擔來長老便吟一絕云

竹笋初生牛犢角　蕨芽新長小兒拳
旋挑野菜炊香飯　便是江南二月天

濟公曰今日不許明日也無後日還你兩擔長老曰這新笋初生如何論擔濟公曰休要管次日濟公逕投萬松嶺毛太尉府裡來太尉迎到廳上坐定濟公曰昨日蒙賜笋長老喫了眾僧都討我一時說了只今日故來化兩擔綠太尉曰若過十餘日出得廣時便有如今初放標如何論擔濟公曰太尉只問園子自有太尉叫園子問時答道昨夜笋都鑽出來太尉大喜曰要化笋也要疏頭濟公請紙筆一揮而就疏云

錦屏峽上偏宜我等齋盂粉節出牆已屬他人風月正好拖泥掘出那堪帶露擔來塩和鍋內炙就黃金湯水釜中煮成白玉滿滿盛來淡底碗子齊齊喫去無心道人趁嫩正好結緣到老難得進只

咊屬山僧暫爾偏歸施主千秋
太尉喜曰今日方透菜且養他一夜明早掘去還多得些濟公曰正好正好太尉當晚留濟公在府歇了次早同濟公步入竹園中只見掘起約有五擔筍五個當直人挑送濟公謝了太尉投淨慈寺來衆僧在山門下逢見濟公領五擔筍來急報長老濟公曰筍便化了你等可出三百文鈔還脚錢長老曰老僧自有令侍者取鈔五百文送五個送筍人去訖長老令人煮筍與衆僧喫不在話下却說濟公猛思靈隱寺昌長老已死不去送得喪聞得印鐵牛做長老要去

望他離寺過六條橋徐步至靈隱寺前見侍者曰煩希通報侍者入方丈曰淨慈寺濟書記來訪長老曰風子不要采他你回去報不在侍者回報濟公濟公大怒便走到西堂房裏望小西堂亦不在問行童借筆共冷泉亭下作詩一律云

幾百年來靈隱寺　如今却被鐵牛閉
蹄中有漏難耕種　鼻孔無皮不受穿
道眼如何驢眼瞎　寺門常似獄門關
冷泉有水無鷗鷺　空使留名在世間

寫罷付行童又於西堂粉壁題云

小小庵兒小小窓　小小房兒小小床
出入小童并小行　小心伏事小西堂

濟公題罷回寺去訖却說靈隱寺行童將詩白知長老長老怒曰臨安府趙太守是我故交晚他砟去淨慈寺門外兩傍松樹破他風水德輝長老一日共濟公在方丈中忽見侍者報曰山門外趙太守帶百餘人要砍兩傍松木長老曰如何是好濟公曰長老休慌待我去見他長老曰這官十分利害汝去見他須用小心濟公曰我師寬心言訖出山門太守在外叫和尚濟公向前施禮太守曰你便是甚麼濟顛令來

見我怎麼濟公曰聞知相公要伐敝寺松木小僧有詩呈上太守曰久聞你善賦詩今日且看你的詩做得如何詩曰

亭亭百尺接天高　曾與山僧作故交
滿望枝柯千載茂　可憐刀斧一齊拋
窻前不覩龍蛇影　耳畔無聞風雨號
最苦早間飛去鶴　晚回不見舊時巢

太守見詩嘿然有慚愧之心分付砍木之人且不要動手遂謂濟公曰此寺山環翡翠屋隱烟霞汝可再作一詩濟公又呈詩云

白石磷磷積翠嵐　翠嵐深處結茅庵
煮茶迎客月當戶　採藥山門雲滿籃
琴掛壁間鳴素志　拂懸窗左罷清淡
今朝偶識東坡老　四大皆空不用參

太守歎賞不已曰下官亦續一律太守詩云

不作人間骨肉僧　霜威隱隱骨稜稜
金芝三秀詩壇瑞　寶樹千花法界清
得句逃禪寧縛律　即心是性不傳燈
我來問道無餘事　雲在青天水在瓶

濟公曰相公佳作小僧誠拋磚引玉矣太守曰下官

原無砍伐松樹之意只因靈隱寺印長老有言下官特來一覩濟公曰君子所至必有恩澤敝寺松下少一條石子街既蒙相公光臨伏乞布施太守大笑便許施五百貫寫鈞帖差人庫上支取送寺濟公留太守素齋須臾齋畢太守自回長老入方丈謂衆僧曰今日若非濟公誰人解得此難又得五百貫砌街自此益敬濟公一日濟公閒行至長橋見寫餶飿兒門上貼着斗書喫了一驚走入見王婆在棺材邊哭王婆曰阿公和你素好後日出殯你來送喪就請你下火念阿公平日之情說兩句禪機令他西方去濟公

濟顛

曰如此准來行到長橋上坐着只見賣蘿蔔的沈乙挑了空擔曰師父多時不見同你飲一碗何如濟公曰甚好二人走入酒店坐定沈乙篩酒濟公一上喫了幾碗濟公曰難得你這片好心我看你巴巴碌碌何時是了不如隨我喫幾碗安樂飯也罷沈乙曰我久懷此意若師父肯提挈今日便跟師父濟公引沈乙來寺參見長老濟公曰我尋一徒弟在此望長老容留長老遂與他摩頂授記改名沈萬法次日飯後濟公令沈萬法爬些火來萬法曰要火何用濟公曰我今日罰坐烘幾個虱子少刻萬法掇一盆火來濟

公脫下直裰在火上一烘兩個虱子做一塊兒鑽出來濟公曰虱子也有夫妻我欲咬死又恐汚了口不如就火中燒化便放虱子火中口念云

虱子聽我語汝取類蟲蟻中只與血肉處清淨不肯生來生我褌裡大不大如蔴亦有夫和婦死轉如是生咂我何時悟我身自非久你豈能堅固向此一爐火切莫生驚顧拋却蠕動形莫復來時路

咦

烈焰光中爆一聲　剎剎沉沉無覓處

是日濟公分付沈萬法道我去長橋送王公喪了便

同逕至長橋，喪事將起身，濟公曰，我一發替他指路，遂念云

餶飿兒王公，秉性最從容，擂荳擂了百來擔，蒸餅蒸了千餘籠，用了多少香油，燒了萬千柴頭，今日盡皆丟散，日常主顧難留，靈柩到此何處相投，

咦

一陣東風吹不去　鳥啼花落水空流

一壁起材，行至方家局燒化，濟公手提火把道，大衆聽着，

王婆與我喫粉湯　要令王公往西方

西方八萬四千路　如今端只在餘杭

念罷，只見一後生，來在王婆面前作揖，乃是女兒的睦舍，先時王婆有一女，嫁在餘杭，此時有孕，不來送喪，昨夜五更養得一個男兒，肋下有四硃字，寫道餶飿王公，因此特央隣人報生，王婆聽得大喜，衆人大駭，濟公被衆人圍住，便跳在卓上，打個筋斗，露出下面物事來，衆人大笑，濟公趁笑鬧，一逕走了，乃入清波門新宫橋下沈平齋生藥鋪裡，他家媽媽尊敬濟公，見他來，忙請入內坐定，茶罷，媽媽便令安排酒來，將一隻大碗安在濟公面前，濟公一上喫了十餘碗，已有醉意，蒼娘又托出一碗辣汁魚來，媽媽道，再喫幾碗，濟公又喫了十數碗，十分酩酊，作謝媽媽，撞到清波門，一交跌倒，把門的并過行人圍住，其中有認得的道，這是淨慈寺濟書記，能吟詩，極好，只是喫酒沒正經，濟公聽見說，傲起頭來曰，誰人說我沒正經，便歌云

本是修來四男身，風顛作逞混凡人，能施三昧神通力，便指凡人出世津，經卷無心看，禪機有意親，醉時喝佛罵天真，渾身不見些兒好，一點靈光絕勝人，

認得的扶起濟公，攙到十里松，又跌倒了，直到淨慈寺報知長老，叫沈萬法急出山門到十里松，向前道，師父回寺去，濟公曰，賊牛馱我去，把沈萬法吐累了一頭一臉，沈萬法馱到廚下，纔床上，放師父睡了，方去洗臉，一近時分，衆人都大睡了，濟公跳將起來，高叫無名發呀呀呀，衆人都道濟公酒狂，不理他，濟公不住口，叫無名發呀呀呀，便去敲各房門，衆僧都亂起來，只見羅漢堂琉璃燈下長幡腳火起，猛火隨風，焰騰騰延燒佛殿兩廊各僧房，都成灰燼，濟公曰，燒得這禿驢們好，忽然弓兵入來，捉了兩個監寺，只尋

不見長老道火直燒到次日午時還不滅止留得山門一境衆僧對濟公曰許多佛力如何不能護持濟公口占四句云

無名一點起逡巡　大厦千間盡作塵
非是我佛不靈感　故要樓臺一度新

話間官府救滅了火就將兩個監寺枷在長橋上衆僧在火場上商議不知長老在何處怎生救得兩個監寺濟公曰監寺且遲遲尋長老要緊衆僧曰必定睡熟在方丈被火燒死了侍者曰我們眞個不曾見長老出方丈門濟公說既然如此且着火工去爬地

了多時並無踪跡只見一塊砌平磚上面惟留下八句云

一生無利亦無名　圓頂方袍自在行
道念只從心上起　禪機俱向舌根生
百千萬劫假非假　六十三年眞不眞
今向無名叢裡去　不遺一物在南屏

濟公曰長老自歸天台山去了只令火工收拾些燒不盡木頭搭起幾間茅屋衆僧安身濟公行至厨下見一大鍋熱湯高叫此間好熱湯且來洗面我有一隻曲兒唱與你們聽可解悶

淨慈寺蓋造是錢王佛殿兩廊都燒了止留得兩個金銅佛也悶放起玉毫光平空似教場却有些兒不折本一鍋冷水換鍋湯

衆僧齊笑你便風顛兩個監寺枷在長橋你須救他濟公一程走到長橋見兩個監寺枷在那裡濟公曰你兩個板裡鑽出頭來好像架子上安砲燈監寺曰阿哥你不救我們反來戲謔濟公曰我救你救你還投毛太尉家來太尉接見曰回祿回祿濟公曰說不得二人坐定太尉便教安排酒喫至半酣濟公曰多感太尉在此喫酒兩個監寺枷在長橋望太尉一救

太尉曰不妨我寫一封柬去與趙太守就放次早濟公對太尉曰我且去火場上看看徐至寺門只見兩個監寺回來衆僧大喜問道如何得放監寺說虧了濟公央毛太尉一東分付趙太守因此放回衆僧俱謝濟公首座曰兀誰做得本寺長老濟公曰必須是蒲州報本寺松少林長老可做監寺曰此長老實好只是年紀高大如何肯來濟公曰你們要他來必須買酒請我監寺曰此係大家之事見今無錢那得酒請你我自修書令人去請濟公曰請不來時休怪我笑一程望太尉府去了寺中衆僧修成書柬命傳使

至蒲州報本寺見了長老呈上書柬長老曰老僧年邁如何去得傳使再三求請長老曰非爲他故實難行動命知客管待齋畢傳使辭謝回至本寺將前事備陳一遍首座曰必須濟公寫書再令傳使去衆僧曰是買一罈酒請濟公一上喫了十來碗濟公曰前日請少林長老傳使回來如何說前座曰前日空走了一回今特要你寫書柬子濟公笑道怪道你們無故請我喫酒即時寫成封固付與傳使起身來到蒲州投見長老曰老僧前日分付你了如何又來傳使曰濟書記今有簡版在此呈上長老拆開一見大喜

書云

象法清明宗風淡蕩往往來來無發落紛紛漫漫自尋芳須仗本色高人今日大家公議恭惟少林大和尚行光先哲德庇後昆施佛教之金鎚豎法壇之鼻祖休負諸山之望莫辭一水之勞惠日峯前識破嵓崖之句南屏山畔愿全靈壁之光慨順人情毋勞牽鼻

少林長老看罷道此回只得去走一遭便令擂鼓撞鐘聚大衆選有德行者住持本寺押了牌分付傳使先回教濟書記休要出去老僧收拾行李只在月內便到傳使作別先回本寺報知衆僧大喜留濟公在寺濟公曰若不出去那得酒喫一遞便走叫他不住監寺曰若留他每日那有錢買酒不留他長老來又不歡喜首座曰容易我有一大空罈寄在人家將去盛了湖水泥了罈頭只做賒的酒直待長老來方開可取一笑監寺曰最好便去尋濟公回來首座曰我們無錢賒一罈好酒你看過了直待長老來方開濟公曰不妨你們賒來須臾兩個火工扛到濟公面前濟公曰打開來嚐一嚐首座曰新泥的開了要出氣濟公曰也說得是便撥一撥道也了得我一醉令火

工扛在草屋下安着過了數日有人報長老到衆僧都遠接少林長老到寺衆僧參拜長老畢就與濟公講話濟公曰不要慌且了正事便將一塊磚打開泥頭但聞水氣大怒一下打碎了罈罵道這夥禿驢分明弄我少林長老聽得問曰做甚麽侍者曰濟公要酒喫作鬧長老曰濟公要酒喫胡亂買兩瓶請他忽濟公到長老面前曰，可耐這班禿驢弄我，長老曰，休要與他們一般見識我自買酒請你濟公曰不曾與長老接風甚麽道理反要長老買酒請我少刻酒來濟公喫了長老曰老僧初到不知本寺曾立被燒募緣榜疏否，濟公曰，這班秃驢各自做家火，那管正事。長老曰，今日你就與我寫。令侍者取文房四寶來，濟公揮筆立就云：

伏以祝融作爨，熖一萬項之平湖；風伯助威，捲五百間之乂廈。烈熖星飛於遠漢，嚣塵霧瑣於層巒。併各携雲錫以隨身，共駕牛車而出宅。向來金璧，併作烟煤。過門孰不驚心，開眼尤疑是夢。切念阿羅漢不能冷坐，放起玉毫光；可憐調御師，也被熱熬失邪。金花座，雖經世教，未厭人心；鐘皷重警，發於虛空。香火復追崇於先代，毘耶城裡，從來大有檀那；給孤園中，指日可成蘭若。金剛不壞，鐵塔證明。

長老看了，大喜，教侍者把榜掛在山門，往來看者如蟻。越數日，濟公曰，我已化了，明日施主至了。次早果見朝廷差陳太尉押到寶鈔三萬貫，言夜夢金身羅漢募緣，故朕助成勝事。長老衆僧謝恩訖，庫師收了三萬貫鈔。齋了太尉，送出山門，擇日興工。諸府州縣官員財王無不布施，不二年間殿宇房廊屋舍皆已落成，只有正殿上三尊大佛不曾裝金，喚匠手未來。濟公曰，裝金什麼難事，也去求人。監寺道，濟公，莫非你自家會裝。濟公道，不打緊，只將錢糧筭與我，我包了工。罷監寺稟知長老，長老已知濟公手段，分付把工料只管付他。濟公收了，盡數泒在酒店上，日日去喫酒。約有月餘，並不題起裝佛之事。忽一日，晚間喫得大醉，回寺來，大驚小怪的叫罵衆僧。稟長老道，風和尚將裝佛的錢糧都喫在肚子裡了，反來寺裡鬧炒。長老被衆僧說不過，只得喚濟公來，埋怨了他幾句，問裝佛一事幾時完工。濟公帶醉應道，目今就完。長老問道，金在那裏。濟公道，在肚裡。濟公走到大殿，爬在佛頭上去，放喉大吐。衆人聽得吐響，走來看時，只見三尊佛都被濟公吐得淋淋滴滴的，一般酒氣

冲天。亢自在佛頭上說酒話。衆僧想道，莫說裝金，就是洗刷乾淨也得好幾日。長老護短，今番看他如何。說罷自去了。濟公就在佛卓上睡了一夜，次早便去撞鐘擊皷，請長老上堂拜佛。長老和衆僧登殿看時，喫了一驚，三尊佛遍體金裝，光華炤目。衆僧方信濟公是個活佛。又一日，濟公閒步至雷峯塔，望常長老。長老曰，濟公，一向監工辛苦，今日共你作盃。濟公曰，多感長老。令侍者置酒與雲軒下，將濟公已醉，曰，惱你多次題詩相謝，乃寫

極目煙波遠接天　紅塵疎處結三椽

不憂風景來朝沒　只恐水雲到晚連
青黛山邊飛白鷺　綠楊堤畔泊漁船
悠然此地真堪樂　半是人間半是仙

寫罷、又飲酒、只見火工來道、長老有請、濟公忙起身謝了常長老、便回寺入方丈來、長老曰、那裡去來、濟公曰、閒行到常長老寺內、蒙留我飲、長老曰、我有酒在此、特請你少頃侍者將酒至、濟公又喫了十餘碗醉了、只中道、本寺多虧長老做主、我也用心、成得這模樣、只有兩廊澇壁不完、我心放不下、長老曰、既如此、煩你完成亦好、濟公曰、各處皆化了、惟有臨安府

新任王安撫、未曾化他、長老曰、我聞此官不及第時去寺院投齋、被僧哄弄躲過、嘗怨題其壁云、遇客頭如鱉、逢齋項似鵞、至今恨着和尚、你休化他、濟公曰不妨、我務要化他、衆僧勸不住、濟公離寺逕到府前立於宣化橋上、安撫正在廳上、望見橋上一個和尚探頭探腦、分付虞候、悄悄的採進來、四個虞候、行至橋上、一把採住、把濟公推到廳上跪下、安撫曰、這秃驢敢如此大膽、濟公曰、貧僧是淨慈寺書記、僧濟顛有段姻緣、只是相公省得、特來計較、安撫聽得、便令放起、你若說得好、便饒你打、若說得不好、加力重抓

濟公曰、昔日東坡居士、與秦少游黃魯直佛印禪師四人共飲、東坡行一令、要一般物、兩個古人名、後兩句詩、衆人都替濟公擔憂、濟公不慌不忙道、相公聽着、

蘇東坡道、筆毫落地無聲、擡頭見管仲、管仲問鮑叔、因何不種竹、鮑叔曰、只須三兩竿、清風自然足

秦少游道、雪花落地無聲、擡頭見白起、白起問廉頗、因何不養鵞、廉頗曰、白毛浮綠水、紅掌漾清波

黃魯直道、蚌屑落地無聲、擡頭見孔子、孔子問顏回、因何不種梅、顏回曰、前村深雪裡、昨夜一枝開

佛印師道、天花落地無聲、擡頭見彌陀、彌陀問維摩、如何話更多、維摩曰、遇客頭如鱉、逢齋項似鵞

安撫聽了大笑、請濟公入後堂坐定、茶罷便令整酒安撫陪侍、濟公曰、敝寺因遭風火、今得十方施主興建一新、但有兩廊澇壁未完、特求相公慨然樂助、安撫曰、下官到任未久、那得布施、濟公曰、若得發心不愁無鈔、佛語云、明中捨去暗中來、安撫曰、既如此、下官有處、天晚安撫留濟公宿了、次早、安撫整理俸鈔三千貫、差人押送濟公還投淨慈寺來、長老衆僧接見、盡皆喝采、庫司收貯了鈔、整齋管待來人回府、一

師啖斯哭甚意

壁請畫師裝畫濟公迪日在寺看畫忽思量酒喫走在九里松有一人家起蓋三間廳屋要求兩句佛語上梁濟公道將酒來少頃酒到濟公一上喫了十二三碗忙教匠作一齊動手將梁擡起濟公立在凳上念道

今日上紅梁　　願出千口喪
妻向夫前死　　子在父先亡

那財主聽了心中不悅未幾這財主有個兒子做親不多時死了父哭其子妻哭其夫方省得濟公的話都是先見濟公又過一餛飩鋪店公是舊相識邀入

店內請喫餛飩濟公喫了遂把餛飩爲題借筆寫在壁上云

包羅萬象有操有守清淨爲根禮恭又乖通身上縫隙無餘鑊湯裡倒番筋斗把得定橫吞豎吞把不定東走西走宜是山僧嚼破時泥牛滿地頻哮吼

寫畢相別又行幾步忽見一個店門前衆人圍住擾擾嚷嚷都爲有一個走路人到店門前發急病死了店主愁這無頭人命如何是好濟公道不妨我與你做好事遂向死人作頌曰

死人你住是何鄉　爲因何病喪街坊
我今指與一條路　向前靜處好安藏

只見那死人爬將起來逕奔山腳下空處死了店主并四隣十分歡喜都說濟公取路回寺只見四下雲布一人忙奔躲雨頭上插着號旗這旗衆人都不見惟濟公見之濟公便問高姓後生道小人姓黃在竹竿巷糶米只有一母見年八十濟公道你平日孝順麼後生道生身父母如何不孝順他濟公道你前世業重今該雷震死我救你隨我到方丈來擺下卓子袈裟圍了令後生躲在卓子下濟公卓子上盤膝而

坐念云

後生後生　忽犯天真　前生惡業　今世纏身
老僧救汝　歸奉母親　諸惡莫作　免得禍臨

只見霹靂一聲將一株老松樹打碎那後生起來作謝而去濟公一日離寺到前洋司尼姑寺前那尼姑一向聞人說濟公淨慈寺裝佛一事甚是靈異他寺中要換銅鐘欲央凂濟公開疏那日濟公却好走到寺前門公看見便道院主正教我來請你濟公曰可是請我喫酒麼一逕入內見了院主坐定濟公曰要請我須醉便休院主曰我們女僧不用酒濟公聽得

就走、院主曰、你却忒性急、且坐、少頃羅列酒肴、濟公走上喫了二十多碗、曰如今好了、你有甚話快說、院主曰、敝寺原有口鐵鐘加今破了、今要鑄銅鐘、特浼你寫個疏頭、濟公、將過紙筆寫云

師姑鑄鐘　有鐵無銅　若要圓成　連松智松

寫罷、不別而行、院主見了不悅、却說王太尉家出喪到虎跑寺下葬、石太尉二舍人、一名連松、一名智松兄弟二人、亦來送殯、閒行至尼姑寺內看見桌子上疏頭內有連松智松四字、大驚問曰何人寫的、院主曰濟風子、連松曰他真是活佛、預先寫我兄弟兩人

名字、既如此、這口鐘我兄弟一力完成、院主起身相謝、遂被齋款待二人、齋罷辭去、次日二人一力鑄成

却說濟公回寺、有個老兒賫一片香、來尋濟書記、逕入雲堂裡、只見濟公打睡、聽得有人脚步响、開眼看時、那老兒胸前摸出一片香來、朝着濟公便拜、道小人特來煩師父與我女兒下火、濟公問道、兀誰、老兒道、小人是抱劍營藍行首藍月英的父親、不幸我女兒得病身故、來日出喪、今日特請師父下火、濟公應允、次日竟覓一隻小船、渡到石巖橋上了岸、只見那送喪的人都來了、濟公隨着棺材、到金牛寺來、濟公

道、老兒你要我下火、把幾貫錢與我、老兒道有百貫錢在此、濟公道、不消這許多、我只要五貫錢買兩瓶酒喫了、然後下火、須臾酒到、濟公喫了、將火把在手、念道

綠窓深鎖畫蛾眉　萬態千嬌誰得知
此景此時人已去　空對孤鸞獨自飛

藍行首、藍行首、梅花標格蕙性溫柔、鴛鴦帳裡作生涯、錦繡叢中爲活計、卸下石人帽子、脫却金剛草鞋、用恩情索縛住薄情、使五欲箭射入骨髓、琉璃瓶子撃碎方知總是虛花、幾年閨閣風流盡屬

落花流水、山僧爲汝脫骨洗腸　咦
掃盡百年脂粉氣　如今遍體自馨香

念罷、下了火、又喫幾碗酒就走、忽思起飛來峯住的張公走去望他、見了張公、只見張婆在裡面走出來道、濟公你好人哩、阿公去年七月間痢疾爭些死了、你也不來看一看、濟公道我時常記掛你們、只是不得工夫、張婆忙整酒肴濟公任意喫了一回、道我擾你多次、明日做個東道請你、你可到東華園前十字路口來尋我、濟公作謝出門、回寺去了、却說張公次日逕到園前、不見濟公、肚裡又飢、只得買些麵喫了、

出門便尋東厠正走入去、擡頭只見矮柱上、挂着個
料絞張公遂解開海青、束於腰間、一逕回家、看時、十
錠白銀、兩口兒都驚呆了、當晚歡天喜地、次日天明
只見濟公慢慢走來、張公道、濟公、你好不老實、教我
丢了一日工夫、那里等得你來、只得自去買了麪喫
濟公道、喫來喫去、還是我請你喫的、明日准准等你、
阿婆道昨日眞個虧了你、拾得些東西、濟公道、也勾
買酒喫、作別回寺、且說張公次日逕到園前、只見濟
公先在、二人逕入酒店來喫酒、濟公一連喫了二三
十碗、即便起身、張公會了鈔、二人出店只見東厠門

首許多人團團圍住擾嚷張公近前望一望、只見一
個人吊死在昨日挂料絞的矮柱上、張公見了、喫了
一驚、對濟公道這個罪過怎麽是好、冤業都在我身
上、濟公道放心、一些罪過也無、自有一段姻緣、我說
與你、你前世是個販茶客人、這人是個脚夫、因見你
是孤客、謀了你五千貫錢、害了你性命、今世起利送
來還你、一命填了一命、後世與你無冤仇、因此我要
你來這里替你善解交了這業、張公聽說、嗟呀不已、
二人各別、濟公自回寺去、一日濟公入城來、到清河
坊縣陽宮前王家酒店、原來店主人有個女兒年方

一十九歲害了怯病、已經半年、日輕夜重、服藥不效
父母晝夜啼哭、濟公便問主人、把前事說了一遍、濟
公道不妨、我醫得你、先將兩瓶酒來喫了、然後醫治、
店主人分付酒保盪酒、濟公一上喫了十四五碗、就
教店主人快把女兒的臥房四圍窗楞紙糊了、不要
一些通風、把香湯浴了女兒、關上房門、濟公與女兒
貼肉坐了、口占八句道

瘵虫瘵虫　身似蜜蜂
患者難救　我爲汝攻
鑽人骨髓　食人血膿

三昧火發　逃去無踪

濟公坐了一夜、只見那女子脊梁内虫鑽上鑽下、此
時濟公喫了酒、三昧火發、那虫都逼出了、濟公忙要
收治、不期窗外有人把紙窗剔破、這虫從窗櫳裡都
飛走了、至今患者病眞藥假、王家女子幸遇濟公收
了、滿門拜謝、又將銀五兩送與濟公、濟公一文不要、
喫了些酒、作別出門、不在話下、且説濟公在周畫工
門首過、見畫一箇神像在壁間、畫工曰、濟公你看這
是兀誰喜神、濟公曰、到像我的嘴臉、畫工曰、你爲人
好、我白替你畫、如今你也自贊幾句、濟公道容易、便

題云

面黃似蠟骨瘦如柴這般模樣只好投齋也有些
兒差異說禪不用安排

畫工大笑濟公將了神子作別入城逕到裱褙舖徐家徐裱褙見濟公來十分歡喜道連日少會且請坐喫三盃濟公道且慢着待我先幹了正事喫也未遲袖中摸出神子道這幅小像就要與我裱一裱徐裱褙接來看了一看放在一邊道裱是小事且喫酒濟公曰難消一連喫了三四十碗大醉起身脚高步低撞倒清河坊正值新到任的馮太尉過虞候喝他起

身濟公曰你自過去管我怎的漸漸太尉至近喝道你這和尚係是出家人如此無禮濟公曰多喫了一碗在此眠一覺干你甚事管我不着太尉大怒曰且看管得你着否四五個虞候把濟公扛到府中當廳跪下太尉曰你這和尚既入空門須持五戒却恣意耆酒醉臥街坊是何處野僧好好供來濟公接過紙筆供去

南屏山淨慈寺僧書記道濟幼生宦室長習儒風自威育王巳前神通三昧至傳燈佛下世語戲辨才聰通三藏法背記十車經善譯五天竺書能番六國梵語清凉山一萬二千人同過滑石橋天台寺五百餘尊者齊登靈鷲嶺圓通纔見豎降旗百僚聞知皆拱手雲居羅漢慢說點頭趙州石佛休誇大口光剎頭壹衢卜也喫得飯淨洗手打口鼓也覓得錢嘱[illegible]賽過德州人蹺蹊壓倒天下漢有時淸可坊說些三四恣逞風狂有時尼姑寺講些禪機稍知顛倒放出無限佯狂顛笑殺文殊師子吼唱小　行雲遏住對洪飲酒量難傺佛印如此聰明未嘗脚跟點地袈裟常被胭脂染直裰時聞粉膩香禪床上醉畨筋斗鉢盂內每放葷腥禪杖

打倒龐婆共道風流和尚十洲三島恣意遨遊四海五湖無些拘束䄡衫袖賣弄多少風流繫脚絣儘得些兒參透今蒙取供所供是實

復有一律云

削髮披緇已有年　只同詩酒是姻緣
閒看彌勒空中戲　困向毘盧頂上眠
撒手便能欺十聖　低頭端不顧三賢
茫茫宇宙無人識　猶道顛僧遶市廛

寫罷呈上太尉接過一看道好將濟公放了濟公得放搖搖擺擺回到本寺安歇次早起來閒行湖邊只

見許多人簇擁、乃是王員外子、王宣教、陶師文女、陶秀玉、二人往來罰願、一不娶、一不嫁、父母得知、逼令別行嫁娶、二人計極、於黃昏時分、逃往湧金門、一雙投河而死、兩家各自撈取、買棺盛貯、陶秀玉放在金牛寺、王宣教放在興教寺、兩處下火皆燒不着、來請濟公、濟公命移陶秀玉材往興教寺同化、濟公立於轎上、手執火把道、大衆聽着

切見王生宣教、陶氏秀玉、男女情深、鴛鴦債夙、荆棘叢裡連枝、愛慾池中比目、雙雙共墮波心、兩兩同沉沙瀆、今朝帶水拖泥、怎免這場勞碌、王公嗚呼且住、陶母暫停悲哭、陡賴這些公案、山僧與你開讀　咦

憑此火光三昧　各人本來面目

念罷、只見兩道紅光合做一處、化畢各散、且說濟公來到沈提點宅上相探、提點接見、同到官巷口徐裱褙家、只見掛着濟公神子、提點道、贊得好、上面空紙再贊幾句如何、濟公再贊云、

遠看不是、近看不像、費盡許多工夫、畫出這般模樣、眉如掃箒、一張大口、不搬是非、只會喫酒、看看白頭、常常赤脚、有色無心、有染無着、醉眠不管江海波、渾身藍縷害風魔、桃花柳葉無心戀、月白風清笑與歌、倒騎驢子歸天嶺、釣月耕雲自琢磨、

濟公寫罷、提點同邀徐公到通津橋酒樓上、三人依次坐定、痛飲一日、是晚就宿沈提點家、自此濟公連日在城中、且說東華園前土地廟隔壁、有個賣青菜的王公、兒子王二、專喜養蟲蟻、時遇八月、王二一日起五更出正陽門捉促織、行到苧蔴邊、聽得一個叫得好、分開苧蔴看時、喫了一驚、這促織在一條火赤練蛇頭上、王二取塊石頭打去、蛇便走了、促織兒已跳在地上、王二腰間取出罩兒拿了、看時、十分生得好、大喜回家、教二嫂取碗井水浴了一浴、放在盆內、喫了早飯、拿出去與人鬪、一連贏了數次、以此聞了名、一日帶了、逕到望仙橋上、見兩對虞候嘶道而來、站在旁邊看時、乃是張太尉、這太尉亦喜養促織兒、見王二手提兩個盆、便令虞候喚進府中、下二將蟲兒呈上、太尉一見大喜曰、你賣與我、要幾多錢、王二曰、這個蟲兒父親所愛、相公要買、不敢不從、我與父親說知就來、太尉曰、若肯賣與你父親十兩銀子、一副壽材板、王二回家見父親說知、王公曰、不賣怎的、王二曰、我去討賒帳、他差人來討回話、你說等我回

成交却說張太尉心愛這蟲兒分付幹辦叫柵頭同來王二家王公曰其實好個蟲兒我撥來你看撥出盆兒揭起蓋來促織兒一跳直跳出門外去被隣舍雞兒喫了幹辦曰王公沒了十兩銀子一副壽材板柵頭曰王二回來怎肯罷休王公曰我是爺他是兒子不怕他二人自去了只見王二大醉回來問太尉府裡有人來否王公曰有個幹辦同柵頭來要過一目我撥出去說不得這様苦二跳出去被雞喫了王二聽得說把卓子一掀碗碟盤子盡行打碎鍋子水缸不留一件跌得滿身疼痛在地一覺睡到五更只

聽促織兒叫便慌忙爬將起來窓外微有月光揭起盆蓋一看正是原舊好的日間雞喫的乃是睢子王二大喜叫曰阿公你且來不要䠷我日間雞喫的乃是睢子王公曰好呀各自去睡到天亮起來喫了早飯提起盆兒逕投張太尉府中門公報知太尉王二到廳太尉曰昨日幹辦說你的蟲兒被雞喫了王二曰日昨父親不知却將睢子出來被雞喫了這個蟲兒在此太尉大喜叫當直喚柵頭來看了交十兩銀子一副壽材板使人扛送王二拜謝自回次日就與石太尉蟲兒鬪蠃了三運鬪了五十餘場無有不

此葉缺

勝共贏得四五千貫錢因此取名王彥章漸養至秋深大限已到太尉打個銀棺材盛了香花燈燭供養三七日出殯衆太尉都來聽濟公指路濟公曰大衆聽着

促織兒王彥章一根鬚短一根長只因全勝三十六入總呼爲王鐵鎗休煩惱莫悲傷世間萬物有無常昨宵忽値嚴霜降好似南柯夢一場

棺至方家峪張太尉請濟公下火濟公手執火把念云

這妖魔本是微物只合在石窩泥穴時當夜靜更

此處缺六十八、六十九

此葉缺

岸望竹竿巷内張提點、生藥店來、只見張提點渾家
立於店内、濟公施禮曰、孺人、提點在否、這娘子所惡
是僧道、囘言不在、濟公却待要行、布幙内張提點鑽
出來、呵呵大笑曰、濟公久不會、請喫酒、濟公曰、我怕
你娘子、喫不下、提點曰、街上店中去可乎、濟公曰、甚
好、二人逕到申陽宮酒樓上飲酒、濟公一上喫了二
十多碗、對提點曰、攸娘子怪我們每日喫酒、我如今
有一詞唱與你聽
　每日終朝醉似泥、未嘗一日不昏迷、細君發怒將
　言罵、道是人間喫酒兒、莫要管、你休癡、人生能有

幾多時、杜康曾唱蓮花落、劉伶好飲舞囉哩、李太
白豪吟傾百斗、陶淵明賞菊醉東籬、今日皆歸去、
留得好名兒、
提點曰、絶妙絶妙、我帶有四幅箋紙在此、你與我寫
四幅吊子、安在家中、你百年之後、也是一念、濟公口
裡不說、心下思量、這言語分明是催我死、提點袖中
取出箋紙、問酒保借了筆硯、濟公遂援筆寫四絶、其
一云
　幾度西湖獨上船、篙師識我不論錢、
　一聲啼鳥破幽寂、正是山横落照邊、
其二云
　湖上春光已破慳、湖邊楊柳拂雕闌、
　算來不用一文買、輸與山僧閒往還、
其三云
　出岸桃花紅錦英、夾堤楊柳綠絲輕、
　遂看白鷺窺魚處、衝破平湖一點青、
其四云
　五月西湖涼似秋、新荷吐蘂暗香浮、
　明年花落人何在、把酒問花花點頭、
濟[illegible]道、我今日作詩沒興、寫亦不美、胡亂將去遮壁、

提點曰有勞大筆再喫幾盃濟公曰心下不樂莫飲罷二人便行到望仙橋下有個開茶坊的婆婆叫做陳乾娘看見濟公便留喫茶濟公曰正好同提點入去婆婆點了兩盃茶來濟公曰阿婆難得你好心時常請我沒甚報荅你去省馬廟前杜處士家討我神子頭兒來愛好安在家裡以後自有好處婆婆道他須不肯濟公便寫個帖子與了明日婆婆去討將來看時卻是個病懨懨瘦和尚婆子道這様冷貨要他何用撇在壁邊誰想後來濟公死了衆太尉要尋濟公神子教幹辦袜褙舖裡買杜處士曰只有望仙橋下陳乾娘茶坊裡有濟公的神子太尉就差幹辦將三千貫與婆子買了這是後話卻說濟公謝了茶出門撞見一個挑海蛳擔的張提點曰濟公做隻海蛳頌濟公隨口念云

此物生在海東西　又無鱗甲又無衣
雖然不入紅羅帳　曾與佳人做嘴兒

提點大笑此時正是五月天氣忽然下一陣好雨二人便入茶坊來避雨壁傍見有一柄雨傘濟公遂題云

一竿翠竹巧匠批篾條條有眼節節皆穿四大假合有柄無權撑持費力放下安閒直饒甕濾盆傾下一點權爲不漏天

題畢雨住行不過數間門面只聽得鐃鈸之聲提點問是甚處做道場濟公曰這是行戶中王媽媽家與王公做小祥功德提點笑曰這亡八人家也做功德齋僧濟公作詩云

唐家衖里開遊賞　媽媽家中請和尚
三百襯錢五味食　羊毛出在羊身上

提點大笑曰還他道場錢也無濟公又云

媽媽好善結良緣　不信齋僧比俗凡
經資齋襯明施捨　少間暗裡送來還

二人過一古董舖門首見掛着一幅墨竹濟公口占云

數枝淡竹翠生光　一點無塵自有香
好似葛坡龍化後　卻留清影在虛堂

又見店內有一條三股蔴繩濟公拿起便把口咬店主人忙搶過手扯住濟公要陪提點再三勸散了一路行着濟公道他妻該死在這條蔴繩上還有一股不曾咬得這業冤還不肯散誰想過了數日古董舖娘子與丈夫爭論把這條蔴縊死了且說濟公與提

點遝投清波門去、有一家門前放着一缸醬、濟公看一看、爬上大縣、地下拾一塊炭來、去壁上寫下四句云

你家醬一缸　内有毒蛇藏
若無老僧説　人口俱被傷

其家得知、叫苦連聲、忙去倒時、只見倒出兩條火赤練來、喫了一驚、纔知濟公救了一家性命二人走得身上煩熱、提點袖中取出扇來、搧上有小畫、濟公口占云

一枝風擺一蟬鳴　畫出規模宛似生
莫謂其中絶音響　報君消息甚分明

題畢、見一後生挑擔辣虀粉、濟公曰、怎麼賣、後生曰、百文錢一篩、濟公要提點作一辣虀主人、提點曰、你只顧喫、我還錢、那後生盛一碗來、濟公做兩三口喫了、教只顧盛來、一上喫了半篩、提點曰、此物只宜少喫、濟公道、好喫、又喫了半篩、提點還了那後生錢、二人遝往前去、却好撞見沈萬法、濟公遂别了提點、同沈萬法出清波門回寺、濟公分付沈萬法、我不喫晚粥了、入房眠至初更、肚内碌碌响起來、便叫沈萬法快攙我東廁上去、沈萬法急忙起來、攙至房門外、濟公、恐不住、却有一火工打鋪在那裡睡、被濟公撒了一頭一臉、火工叫起來、濟公曰、阿哥、休要罵、我急了、沒奈何、火工只得自去洗了、濟公一夜瀉到天明、飯食不進、長老得知、自來探望、濟公曰、長老、我年六十歲、不好也、教沈萬法扶到安樂堂去、漸漸病重、萬法只是哭、濟公曰、你休得哭、我實虧你、無物可報、你將紙來、我寫個疏頭、你去王太尉處討了度牒、沈萬法曰、謝天地、得師父病好、却取度牒與我未遲、濟公曰、我巳要休矣、你取紙筆來、沈萬法去取紙筆、衆僧曰、沈萬法、汝師父平日不曾有衣鉢在寺、今既不好、恐有衣鉢在外、必後難討、亦須寫留一執照、沈萬法曰、我師父素不曾有衣鉢、怎生問人討、監寺曰、汝師父日常往來者、十六廳朝官、二十四太尉、十八行財主、便要三萬貫亦有、何爲無衣鉢、沈萬法曰、也是、取二張紙入安樂堂、濟公教取紙筆過來、寫下一張求度牒的疏、沈萬法又放一張紙在前、濟公曰、再要我寫甚麼、萬法曰、衆僧説師父有衣鉢在外、師父歸天之後、胡亂把兩件與弟子作憶念、濟公曰、我寫與你、遂寫云

來時無一物　去時無一物

若要我衣鉢　兩個光卵子

長老曰沈萬法你師父平日只貪盃酒實無衣鉢將疏頭去王太尉府中取度牒便是你出家之本沈萬法復到安樂堂濟公曰如何你又來沈萬法曰恐師父要湯水喫濟公曰你去萬松嶺報知各太尉就討度牒來沈萬法星飛去了少刻乃回濟公病勢轉加是時嘉定二年五月十六日也濟公叫起無名發來衆僧只道有火長老都到濟公曰我今日歸去也可叫一剃頭的來與我剃頭就煩長老與沈萬法取一法名亦就今日剃度長老乃令剃了濟公萬法頭濟公曰我心今已放下當時朝官太尉相識朋友盡至濟公令沈萬法燒湯洗浴取件潔淨衣服穿了却無僧鞋長老自取一雙與濟公換了濟公坐禪椅上令取文房四寶來寫下一絕辭世頌云

六十年來狼籍　東壁打到西壁

如今收拾歸來　依舊水連天碧

濟公寫畢下目垂眉圓寂去了沈萬法大哭一場衆官僧道俱來焚香至三日正欲入龕時有江心寺全大同長老亦知特來相送會齋罷全大同長老與濟公入龕焚了香曰大衆聽着

幾過清和晝便長　蓮芰芬芳十里香

衲子心空歸淨土　白蓮花下禮慈王

恭惟圓寂書記覺靈原係東浙高門却來錢塘掛錫參透遠老葛藤呑盡趙州荊棘生前憨憨癡癡末後奇奇特特臨行四句偈云今日與君解釋從前大戒不持六十年來狼籍囊無挑藥之金東壁打到西壁再覩舊日家風依舊水連天碧到此露出機關末後好個消息

大衆道如何是末後消息

彌勒眞彌勒　化身千百億

時時識世人　世人俱不識

咦

玲瓏八面起清風　天地山河無過跡

全大同長老念罷衆皆歎賞第三日起建水陸道場助修功德選日出喪届八月十六日百日之期靈隱寺印鐵牛禪師與濟公起龕禪師立於轎上拈香云

大衆聽着

一百光錢掛杖頭　前街後巷恣遨遊

今朝有酒今朝醉　明日無錢明日休

恭惟圓寂書記濟公覺靈世居東浙祝髮西州道

行順行凡聖莫測橫說豎說聳動王侯天魔爲伴侶佛祖是寃仇正好逢塲作戲俄然野鶴歸冊天堂收不得地獄豈能留

大衆道旣不能收又不能留畢竟何如　咦

信步出門行大道　更兼何處不風流

印鐵牛長老念罷衆團頭做索起龕拖至法陰寺山門下請上天竺寧棘庵長老掛眞寧棘庵立於轎上手持眞容道大衆聽着

鷲嶺西風八月秋　桂叢香內集眞流

上人身赴龍華會　遺下神容記玉樓

恭惟圓寂書記濟公覺靈一生只貪濁酒不顧禪師道友到處恣意風狂贏得面皮黧醜眼上安着雙眉鼻下橫張大口終朝撒手癡顚萬事並無一有休笑這個規模眞乃僧家之首　咦

現在曾過天台　認得濟顚面否

寧棘庵長老念罷鼓樂喧天迎喪入虎跑山門燒化

宣石橋長老與濟公下火手拿火把道大衆聽着

濟顚濟顚落脫多年喝佛罵祖喚我如眠是天台山李駙馬之裔符靈隱寺遠瞎堂之禪以護身符牒爲常物一火還能洞然以叢林規矩爲鄙吝風狂行遍市廛迅手寫出大道向人博換酒錢皮子隊里逆行順化散聖門前掘地討天臨命終時坐脫立亡已納敗闕末後句中隔凡成聖也是搭處還他本色草料方能滅盡狼煙　咦

火光三昧連天碧　狼藉家風四海傳

宣石橋長老念畢舉火燒着舍利如雨衆僧拾骨寧棘庵與濟公起骨道大衆聽着

天台散聖無人識臥柳眠花恣飄逸如今脫却舊皮囊無位眞人赤骨律濟書記得得得平生不露鋒鋩末後尾巴露出　咦

這個雪骨起風雲　一笑出門橫玉笛

念罷沈萬法捧了骨頭寧長老道貧僧一發與他送骨入塔道大衆聽着

冷泉泰透瞎堂禪到處逢人誇喞噌胸藏萬卷書筆掃三千首放憨在短巷長街說法向茶前酒後火燒舍利靈牙何啻八斛四斗不撒向月底波心不殯在山腰谷口今朝窣堵以成且要還他窠臼

咦

沒鬚鎻子兩頭搖　無縫塔中長保守

寧長老念罷把骨送入搭了回喪至淨慈寺山門前

只見二行脚僧問曰、那位是少林長老。長老曰、和尚何來。行脚僧曰小僧從六和塔過、遇上刹濟書記有一書、一雙僧鞋、令小僧寄與長老。長老接過一看、大驚曰、濟公臨終時、無僧鞋、老僧取此一雙與他穿。今已焼化、如何原物還我。且拆書看、書云

愚徒道濟稽首焚香、拜手少林大和尚座右。伏以山遥路遠、愁難會面。即辰仲秋、桂子將殘、黄花欲放。城中車馬人煙雜、湖上清風明月閒。區區鑽開地孔、推倒鐵門、針尖眼中走將出來、芥菜子内尋條大路、折了錫杖、不怕上高下低、破却草鞋、管甚拖泥帶水。颩下竹笠、不要衣包、當行即行、要住便住。約莫西天十萬里、迅步虚空在目前。正行大道、忽遇魔君、托寄咫尺之書、送與故人相看。照管鐵籠馬、一脚踢倒泰山。隄防碧樹猿、雙手劈開金鎖。大笑萬山黄葉落、回頭千派碧泉流。冗中不及一一、數字以代面言。傳與南北兩山、常教花紅柳緑。

又頌云

看不着、錯認笊籬是木杓。昨夜三更月正西、麒麟撼斷黄金索。幼年曾到雁門關、老去分明醉眼看。憶昔面前當一箭、至今猶自骨毛寒。只因面目無人識、又往天台走一番。

二行脚僧在寺安歇、衆官員人等各散。忽一日有錢塘縣一走差的來見長老曰、小人因往天台下文書、過見上刹濟公、浼小人寄封書在此。長老接過拆開看時、内詩二首云

片帆飛過浙江東　回首樓臺渺漠中
傳與諸山詩酒客　休將有限恨無窮　其一

脚絣緊繫興無窮　拄杖挑雲入亂峯
欲識老僧行履處　天台南岳舊家風　其二

少林長老曰、濟公如此來去明白。走使驚曰、小人只道是活的、却乃死了。不在話下。後五十年來、淨慈寺崩損、無人去化木植修葺。忽一日有范村人送木植來、言説濟書記募化來的。長老大駭、遂令監寺收了。一寺僧人無不感仰。後濟公徒弟沈萬法、陞至本寺監寺、壽年九十三歲而終。濟公累累顯應、書不能盡。有詩爲証云

黄金百煉費工夫　下得工夫價自無
若是昔年留得住　任君千遍去耕鋤

無競齋贊湖隱

非俗非僧非凡非仙、打開荊棘林、透過金剛圈。

毛厠結鼻孔撩天,燒了護身符,落紙如雲煙,有時結茅晏坐荒山巔,有時長安市上酒家眠,氣吞九州囊無一錢,時節到來,奄如蛻蟬,湧出舍利八萬四千,讚歎不盡,而說偈言鳴呼,此其所以為濟顛者耶

許真君旗陽宮斬蛟傳

詩曰

春到人間景色新　桃紅李白柳條青

香車寶馬閒來往　引却東風入禁城

醲醉酒　豁吟情　頓教忘却利和名

豪來試說當年事　猶記旌陽伏水精

粵自混沌初闢,民物始生,中間有三個大聖人,為三教之祖。三教是甚麼教?一是儒家,乃孔夫子,刪述六經,垂憲萬世,為歷代帝王之師,萬世文章之祖,這是一教。一是釋家,是西方釋迦牟尼佛祖,當時生在舍衛國刹利王家,放大智光明,照十方世界,地湧金蓮華,丈六金身,能變能化,無大無不大,無通無不通,普度衆生,號作天人師,這又是一教。一是道家,是太上老君,乃元氣之祖,生天生地,生佛生仙,號鐵師元暘上帝,他化身周歷塵沙,也不可計數,至商湯王四十八年,又來出世,乘太陽日精,化為彈丸,流入玉女口中,玉女吞之,遂覺有孕,懷胎八十一年,直到武丁九年,破脇而生,生下地時,鬢髮就白,人呼為老子,老子生在李樹下,因指李為姓,名耳,字伯陽,後騎着青牛出函谷關,把關吏尹喜,望見紫氣,知是異人,求得道

德真經共五千言傳留於世老子入流沙修煉成僊令居太清僊境稱爲道德天尊這又是一教那三教之中惟老君爲道祖居于太清僊境彩雲繚繞瑞氣氤氳一日是壽誕之辰羣三十三天天宮并終南山蓬萊山閬苑山等處三十六洞天七十二福地列位神仙千千萬萬或跨彩鸞或騎白鶴或馭赤龍或駕丹鳳皆飄飄然乘雲而至次第朝賀獻上壽詞稽首作禮詞名水龍吟

紅雲紫蓋葳蕤仙宮渾是陽春候玄鶴來時青牛過處綵雲依舊壽誕宏開善道德五千言流傳萬

古不朽○況是天上仙筵獻珍果人間未有巨棗如瓜與着萬歲木桃千年碧藕比乾坤永劫無休與滄海爲真仙壽

彼時老君見羣臣讚賀大展仙顏即設宴相待酒至半酣忽太白金星越席言曰衆仙長知南贍部州江西省之事乎江西分野舊屬豫章其地四百年後當有蛟蜃爲妖無人降伏千百里之地必化成中洋之海也老君曰吾已知之江西四百年後有地名曰西山龍盤虎踞水繞山環當出異人姓許名遜可爲羣仙領袖殄滅妖邪今必須一仙下凡擇世人德行渾全者傳以道法使他日許遜降生有傳授淵源耳斗中一仙乃孝悌王姓衛名弘康字伯冲出曰某觀下凡有蘭期者素行不疚兼有仙風道骨可傳以妙道更令付此道與女眞諶母諶母付此道於許遜口口相承心心相契使他日眞仙有所傳授江西不至沉没諸仙以爲何如老君曰善哉善哉衆仙即送孝悌王至焰摩天中通明殿下將此事奏聞玉帝玉帝允奏即命直殿仙官將神書玉旨付與孝悌王領訖孝悌王辭別衆仙躡起祥雲頃間之間到閻浮世界來了却說前漢有一人姓蘭名期字子約本貫兖州曲

阜縣高平鄉九原里人氏歷年二百鶴髮童顏率其家百餘口精修孝行以善化人與物無忤時人不敢呼其名盡稱爲蘭公彼時兒童謠云蘭公蘭公上與天通赤龍下迎名列斗中人知其必仙也一日蘭公凭几而坐忽有一人頭戴逍遙巾身披道袍脚穿雲履手中拿一個魚鼓簡板兒瀟瀟灑灑徐步而來蘭公覩其有仙風道氣慌忙下階迎接分賓坐定茶畢遂問仙翁高姓貴名答曰吾乃斗中之仙孝悌王是也自上清下降遨遊人間久聞先生精修孝行故此相訪蘭公聞言即低頭拜曰貧老凡骨勉修孝行止

銅符鐵劵乃修煉文書

可淑一身、不能率四海、有何功德感動仙靈、孝悌王遂以手扶起蘭公曰、居、吾語汝孝悌之肯、蘭公欠身起曰、願聽指敎、孝悌王曰、始烝爲大道於日中、是爲孝仙王、元烝爲至道於月中、是爲孝道明王、玄烝爲孝道於斗中、是爲孝悌王、夫孝至於天、日月爲之明、孝至於地、萬物爲之生、孝至於民、王道爲之成、是故舜文至孝、鳳凰來翔、姜詩王祥得魚奉母、即此論之、上自天子、下至庶人、孝道所至、異類皆應、先生修養三世、行滿功成、當得元烝于月中、而爲孝道明王、四百年後、晉代有一眞仙許遜出世、傳吾孝道之宗、是

爲衆仙之長、得始烝於日中、而爲孝仙王也、自是孝悌王悉將仙家妙訣、及金丹寶鑑、銅符鐵劵、并上清靈章、飛步斬邪之法、一一傳授與蘭公、又囑道、此道不可輕傳、惟丹陽黃堂者、有一女眞諶母、德性純全、法可傳之、可令諶母傳授與晉代學仙童子許遜、許遜復傳吳猛諸徒、則淵源有自、超凡入聖者、不患無門矣、孝悌王言罷、足起祥雲、冲霄而去、蘭公拜而送之、自此以後、將金符鐵劵秘訣、逐一參悟、遂擇地修煉仙丹、其法云、

黑鉛天之精、白金地之髓、黑隱水中陽、白有火之烝、黑白往來蟠、陰陽歸正位、二物俱含性、丹經號同類、黑以白爲天、白以黑爲地、陰陽混沌時、朶朶金蓮翠、寶月滿丹田、霞光照靈慧、休閉通天竅、莫洩泥元氣、精奇口訣功、火候文武意、凡中養聖孫、萬般只此貴、一日生一男、男男各有配、

蘭公煉丹已成、舉家服之、老者髮白反黑、少者辟穀無飢、遠近聞之、皆知其必飛昇上清也、時有火龍者、係洋子江中孽畜、神通廣大、知得蘭公成道、法敎流傳、後來子孫必遭殲滅、乃率領龜帥蝦兵蟹將、統領黨類、一齊奔出潮頭、將蘭公宅上團團圍住、喊殺連

天、蘭公聽得、不知災從何來、開門一看、好驚人也、但見

一片黑煙、萬團烈火、却是紅孩兒身中四十八萬毛孔、一齊迸出、又是華光將手裏三十六塊金磚、一併燒燀、咸陽遇之、烽熖三月不絕、崑山遇之、玉石一旦俱焚、疑年少周郎赤壁鏖戰、似智謀諸葛博望燒屯、

那火也不是天火、也不是地火、也不是人火、也不是鬼火、也不是雷公霹靂火、却是那洋子江中一個火龍吐出來的、驚得蘭公家人叫苦不迭、蘭公知是火

龍爲害，問曰：你這孽畜，無故火攻我家，却待怎的？火龍道：我只問你取金丹寶鑑、銅符鐵券，并靈章等事，你若獻我，萬事皆休，不然，燒得你一門盡絶。蘭公曰：金丹寶鑑等，乃斗中孝悌王所授我，怎肯胡亂與你。只見那火光中，閃出一員鼉帥，形容古怪，背負團牌，揚威耀武。蘭公睜仙眼一看，原來是個鼉鼉，却不在意下。又有那鰕兵亂跳，蟹將横行，一個個身披甲胄，手執鋼叉。蘭公又舉仙眼一看，原來都是鰕蟹之屬，轉不着意了，遂覷下一個中指甲來，約有三寸多長，呵了一口仙氣，念動真言，化作個三尺寶劍，有歌爲

證：

非鋼非鐵體質堅　化成寶劍光凛然
不須鍛鍊洪爐歷　稜稜殺氣欺龍泉
光芒顏色如霜雪　見者咨嗟嘆奇絶
瑠璃寶匣吐蓮花　沓鏤金環生明月
此劍神仙流金精　干將莫邪難比倫
閃閃爍爍青蛇子　重重片片綠龜鱗
騰出寒光逼星斗　響聲一似蒼龍吼
今朝揮向烈炎中　不識蛟螭敢當否

蘭公將所化寶劍，望空擲起，那劍刷喇喇就似鷂身鷂子一般，飛入火焰之中，左一衝，右一擊，左一挑，右一剔，左一砍，右一劈，那些孽怪，如何當抵得住。只見鼉帥遇着，縮頭縮腦，負一面團牌急走，他却走在那里，直走在峽江口深巖裏躲避，至今尚不敢出頭哩。那鰕兵遇着，拖着兩個鋼叉，連跳連跳，他却走在那里，直走在洛陽橋下，石縫子裏面藏身，至今腰也不敢伸哩。那蟹將遇着，雖有全身堅甲，不能濟事，也拖着兩個鋼叉，横走直走，他須有八隻脚兒，更走不動，却被撲鬅鬆寶劍一劈，分爲兩半，你看他腹中，不紅不白，不黄不黑，似膿却不是膿，似血却不是血，遍地

上滚將出來。真個是：

但將冷眼覷螃蟹　看你横行得幾時

那火龍自知蘭公法大，難以當抵，嘆曰：兒孫自有兒孫福，我後來子孫，福來由他去享，禍來由他去當，我管他則甚。遂奔入洋子江中，萬丈深潭底藏身去了。自是蘭公舉家數十口，拔宅昇天，玉帝封蘭公爲孝明王，不在話下。却説金陵丹陽郡，地名黄堂，有一女真，字曰嬰，潛通至道，志其甲子，不知幾百年歲，鄉人累世見之，齒髮不衰，皆以諶母呼之。一日偶過市上，見一小兒伏地悲哭，問其來歷，説父母避亂而來，棄

之於此、諶母憐其孤苦、遂收歸撫育、漸已長成、教他讀書、聰明出衆、天文地理、無所不通、有東鄰耆老、欲以女娶之、諶母問兒允否、兒告曰、兒非浮世之人、乃月中孝道明王、領斗中孝悌王仙旨、教我傳道與母、今此化身爲兒、度脱我母、何必更議婚姻、但可高建仙壇、傳付此道、使我母飛昇上清也、諶母聞得此言、且驚且喜、遂於黄堂建立壇宇、大闡孝悌王之教、諶母已得修真之訣、於是孝明王仍以孝悌王所授金丹寶鑑、銅符鐵券、靈章、及正一斬邪三五飛步之術、悉傳與諶母、諶母乃謂孝明王曰、論昔日恩情、我爲

母、君爲子、論今日傳授、君爲師、我爲徒、遂欲下拜、孝明王曰、只論子母、莫論師徒、乃不受其拜、惟囑之曰、此道宜深秘、不可輕洩、後世晉代有二人學仙、一名許遜、一名吳猛、二人皆名登仙籍、惟許遜得傳此道授玉皇玄譜仙籍品秩、吳猛位居元郡御史、許遜位居都仙太使、兼高明太史、總領仙部、是爲衆仙之長、老母可將此道傳與許遜、又着許遜傳與吳猛、廣品秩不泰矣、明王言罷、拜辭老母、飛騰太空而去、有詩爲證、

出入無車只駕雲　塵凡自是不同羣
明王恐絶仙家術　告戒叮嚀度後人

却説漢靈帝時、十常侍用事、忠良黨錮、讒諂横行、毒流四海、萬民嗟怨、那怨氣感動了上蒼、降下兩場大災、久雨之後、又是久旱、那雨整整的下了五個月、直落得江湖滿目、厨竈無煙、及至水退了、又經年不雨、莫説是禾苗槁死、就是草木也乾枯了、可憐那一時的百姓、喫早膳先愁晚膳、縫夏衣便作冬衣、正是朝有奸臣、野有賊、地無荒草、樹無皮、壯者散於四方、老者死於溝壑、時許都有一人、姓許、名琰、字汝玉、乃潁陽許由之後、爲人慈仁、深明醫道、擢太醫院醫官、感

飢荒之歲、乃罄其家貲、置丸藥數百斛、名曰救飢丹、散與四方、食之、每食一丸、可飽四十餘日、飢民賴以不死者甚衆、至獻帝初平年間、黄巾賊起、天下大亂、許都又遭大荒、斗米千錢、人人菜色、個個鵠形、時許琰已故、其子許肅、家尚豐盈、將自己倉穀、盡數周給各鄉、遂挈家避亂江南、擇居豫章之南昌、有鑒察神將許氏世代積善、奏知玉帝、若不厚報、無以勸善、玉帝准奏、即仰殿前掌判仙官、將玄譜仙籍品秩、逐一查檢、看有何仙輪當下世、仙官檢看畢、奏曰、晉代江南、當出一孽龍精、攪害良民、生養蛟黨、繁盛、今輪係

玉洞天仙降世，傳受女真諶母飛步斬邪之法，斬滅蛟黨，以除民害。玉帝聞奏，即降旨，宣取玉洞天仙，令他身變金鳳，口銜寶珠，下降許肅家投胎。有詩爲證：

御殿親傳玉帝書　祥雲藹藹鳳銜珠
試看凡子生仙種　積善之家慶有餘

却說吳赤烏二年三月，許肅妻何氏夜得一夢，夢見一隻金鳳飛降庭前，口內銜珠，墜在何氏掌中。何氏喜而玩之，含于口中，不覺溜下肚子去了，因而有孕。許肅一則以喜，一則以懼，喜的是年過三十無嗣，今幸有孕，懼的是何氏自來不曾生育，恐臨産艱難。那

廣潤門有個占卦先生，混名鬼推，决斷如神，不免去問他個吉凶，或男或女，看他如何。許肅整頓衣帽，竟望廣潤門來，只見那先生門忙的，占了又斷，斷了又占，擠不開的人頭，移不動脚步。許員外站得個腿兒酸麻，還輪他不上，只得叫上一聲鬼推先生。那先生聽知叫了他的混名，只說是個舊相識，連忙的說道：「請進，請進。」許員外把兩隻手排開了衆人，方纔挨得進去，相見禮畢。許員外道：「小人許肅，敬來問個六甲，生男生女，或吉或凶，請先生指教。」那先生就添上一炷香，唱上個喏，口念四句：

虔啓六壬神　文王卦有靈
吉凶含萬象　切莫順人情

過隙了姓名意旨，把銅錢擲了六擲，占得個地天泰卦。先生道：「恭喜，好一個男喜。」遂批上幾句云：

福德臨身旺　青龍把世持
秋風生桂子　坐草却無虞

許員外聞言甚喜，收了卦書，遂將幾十文錢謝了先生，回去對渾家說了，何氏心亦少穩。光陰似箭，忽到八月十五中秋，其夜天朗氣清，現出一輪明月皎潔無翳。許員外與何氏玩賞，貪看了一會，不覺二更將

盡，三鼓初傳，忽然凡華散彩，半空中仙音嘹喨。何氏只一陣腹痛，産下個孩兒，異香滿室，紅光照人，真個是：

五色雲中呈鸑鷟　九重天上送麒麟

次早鄰居都來賀喜，所生即真君也。形端骨秀，穎悟過人，年甫三歲，即知禮讓，父母乃取名遜，表字敬之。年十歲，從師讀書，一目十行俱下，作文寫字，不教自會。世俗無有能爲之師者，真君遂棄書不讀，慕修養學仙之法，却没有師傅，心常切切。忽一日有一人姓胡名雲，字子元，自幼與真君同窓，情好甚密，别真君

日久特來相訪、真君倒屣趨迎、握手話舊、子元見真君談吐間有馳慕神仙之意、乃曰老兄少年高才、乃欲為雲外客乎、真君曰惶愧、自思百年旦暮、欲求出世之方、恨未得明師指示、子元曰兄言正合我意、往者因訪道友雲陽詹曉先生、言及西寧州有一人、姓吳、名猛、字世雲、曾舉孝廉、任吳為洛陽令、後棄職而歸、得傳異人丁義神方、日以修煉為事、又聞南海太守鮑靚有道德、往師事之、得其秘法、回至豫章、江中風濤大作、乃取所執白羽扇畫水成路、徐行而渡、渡畢、路復為水、觀者大駭、於是道術盛行、弟子相從者

甚衆、區區毎欲拜投、奈母老不敢遠離、兄若不惜勞苦、可往師之、真君聞言、大喜曰、多謝指教、真君待子元別去、即拜辭父母、收拾行李、竟投西寧、尋訪吳君、有詩讚曰

無影無形仙路難　未經師授莫躋攀
胡君幸賜吹噓力　打破玄元第一關

話說真君一念投師、辭不得路途辛苦、不一日、得到吳君之門、寫一個門生拜帖、央道童通報、吳君看是豫章門生許遜、大驚曰、此人乃有道之士、即出門迎接、此時吳君年九十一歲、真君年四十一歲、真君不敢當客禮、口稱仙丈、願受業於門下、吳君曰、小老粗通道術、焉能為人之師、但先生此來、當盡剖露、豈敢自私、亦不敢以先生在弟子列也、自此俱稱真君為許先生、敬如賓友、真君亦尊吳君、不敢自居、一日二人坐清虛堂、共談神仙之事、真君問曰、人之有生必有死、乃古今定理、吾見有壯而不老生而不死者、不知何道可致、吳君曰、人之有生、自父母交姤、二氣相合、陰承陽生、氣隨胎化、三百日形圓、靈光入體、與母分離、五千日氣足、是為十五童男、此時陰中陽半、可以比東方之光、過此以往、不知修養、則走失元陽、

耗散真氣、氣弱則有病老死苦之患、真君曰、病老死苦、將何去之、吳君曰、人生所免病老死苦、在人中修仙、仙中昇天耳、真君曰、人死為鬼、道成為仙、仙中昇天者、何也、吳君曰、純陰而無陽者、鬼也、純陽而無陰者、仙也、陰陽相雜者、人也、惟人可以為仙、可以為鬼、仙有五等、法有三成、持修在人而已、真君曰、何謂法有三成、仙有五等、吳君曰、法有三成者、小成中成大成、仙有五等者、鬼仙、人仙、地仙、神仙、天仙、所謂鬼仙者、少年不修、恣情縱欲、形如枯木、心若死灰、以致病死、陰靈不散、[illegible]作怪、故曰鬼仙、鬼仙不離於鬼也

所謂人仙者、修眞之士不悟大道、惟小用其功、絕五味者、豈知有六氣、忘七情者、豈知有十戒、行漱咽者、呵吐納之爲錯、著採補者、笑清淨以爲愚、採陰取婦人之氣者、與縮金龜者不同、益陽食女子之乳者、與煉金丹不同、此等之流、止是於大道中得一法一術、成功但能安樂延壽而已、故曰人仙、人仙不離於人也、所謂地仙者、天仙之半、神仙之中、亦止小成之法、識坎離之交配、悟龍虎之飛騰、煉成丹藥、得以長生住世、故曰地仙、地仙不離於地也、所謂神仙者、以地仙厭居塵世、得中成之法、抽鉛添汞、金精鍊頂、玉液還丹、五氣朝元、三陽聚頂、功滿忘形、胎生自化、陰盡陽純、身外有身、脫質升仙、超凡入聖、謝絕塵世、以歸三島、故曰神仙、神仙不離於神也、所謂天仙者、以神仙厭居三島、得大成之法、內外丹成、道上有功、人間有行、功行滿足、授天書以返洞天、是曰天仙、天仙不離於天也、然修仙之要、煉丹爲急、吾有洞仙歌二十二首、君宜謹記之

丹之始、無上元君授聖主、法用先天五太初、過元
修煉身沖舉

丹之祖、生育三才運今古、隱在鄱湖山澤間、志士
採來作丹母、

丹之父、曉來飛上扶桑樹、萬道霞光照太虛、調和
兎髓可烹煮

丹之母、金晶瑩潔夜三五、烏兎搏搦不終朝、煉成
大藥世無比

丹之胎、烏肝兎髓龜眞胚、一水三汞三砂質四五
三成明自來

丹之兆、三日結胎方入妙、萬丈紅光貫斗牛、五音
六律隨時奏

丹之質、紅紫光明人莫識、元自虛無黍米珠、色即
是空空即色

丹之靈、十月脫胎丹始成、一粒一服百日足、改換
形骨身長生

丹之聖、九年煉就五霞鼎、藥力加添水火功、枯骨
立起孤鬼解

丹之室、上弦七兮下弦八、中虛一寸號明堂、產出
靈苗成金液

丹之釜、垣廓壇爐須堅固、內外護持水火金、日丁
金胎產盤古

丹之竈、鼎曲相通似蓬島、上安垣廓護金爐、立煉

龍膏并虎腦

丹之火、一日時辰十二個文兮武兮要合宜、抽添進退莫太

丹之水、器憑勝負斯爲美不潮不濫致中和、滋產靈苗吐金蓋

丹之威、紅光耿耿冲紫薇、七星爍爍三台燭天下地甲皆皈依

丹之發、天地人兮各有奧紫薇嶽瀆及明君、三界精靈皈至道

丹之彩、依方逐位安排派青紅赤白黃居中、攝瑞

招祥神自在

丹之用、眞土眞鉛與眞汞黑中取白赤中青、全憑水火靜中動

丹之融、陰陽配合在雌雄、龍精虎髓鼎中烹造化抽添火候切

丹之理、龍膏虎髓靈無比二家交姤仗黃精屯蒙進退全終始

丹之瑞、小無其內大無外、放彌六合退藏密、三界收來黍珠內

丹之完、玉皇捧籙要天緣、等閒豈許凡人泄、萬劫

之中始一傳、

眞君曰多謝指迷敢問仙丈五仙之中、已造到何仙地位、吳君曰小老山野愚蒙功行殊欠不過得小成之功、而爲地仙耳、若於神仙天仙、雖知門路、無力可攀、遂將燒煉秘訣并白雲符書、悉傳與眞君、眞君頓首拜謝、相辭而歸、回至家中、厭居闤市、欲尋名山勝地、以爲棲身之所、聞知汝南有一人姓郭名璞字景純、明陰陽風水之道、遨遊江湖、眞君敬訪之、璞一日早起見鵲從東南而鳴、遂占一課、斷曰今日午時當有一仙客許姓者、到我家中、欲問擇居之事、至日中

家童果報客至、璞慌忙出迎、禮罷、分賓而坐、璞問曰先生非許姓、爲卜居而來乎、眞君曰公何以知之、璞曰某今早卜卦如此、未知然否、眞君曰誠然、因自叙姓名、并道卜居之意、璞曰先生儀容秀偉、骨骼清奇非塵中人物、富貴之地、不足居先生、居先生者、其神仙之地乎、眞君曰昔呂洞賓居廬山而成仙、鬼谷子居雲夢而得道、今或無此吉地麼、璞曰有、但當遍歷耳、於是命童僕收拾行囊、與眞君同遊江南諸郡、採訪名山、一日行至廬山、璞曰此山嵯峨雄壯、湖水還東、紫雲蓋頂、累代產昇仙之士、但山形屬土、先生姓

許、羽音屬水、水土相尅、不宜居也、但作往來遊寓之所、則可矣、又行至饒州鄱陽、地名傍湖、璞曰、此傍湖富貴大地、但非先生所居、真君曰、此地氣乘風散、安得擬大富貴耶、璞曰、相地之法、道眼爲上、法眼次之、道眼者、憑目力之功、以察山河形勢、法眼者、執天星河圖紫薇等法、以定山川吉凶、富貴之地、天地所秘、神物所護、苟非其人、見而不見、俗云福地留與福人來、正謂此也、真君曰、今有此等好地、先生何不留一記以爲他日之驗、郭璞乃題詩二首爲記云、

行盡江南數百州　惟有傍湖出石牛
鳳鵞夜夜鳴更鼓　魚鱉朝朝拜冕旒
離龍隱隱居乾位　巽水滔滔入艮流
後代福人來過此　富貴綿綿八百秋

許郭二人離了鄱陽、又行至宜春棲梧山下、有一人姓王名朔、亦善通五行曆數之書、見許郭二人登山採地、料必異人、遂迎至其家、詢姓名已畢、朔留二人宿於西亭、相待甚厚、真君感其慇懃、乃告之曰、子相貌非凡、可傳吾術、遂密授修煉仙方、郭璞曰、此居山水秀麗、宜爲道院、以作養真之地、王朔從其言、遂益起道院、真君援筆人書迎仙院三字、以作扁額、王朔感戴不勝、二人相辭而去、遂行至洪都西山、地名金田、則見

嵯嵯峨峨的山勢、突突兀兀的峯巒、活活潑潑的青龍、端端正正的白虎、圓圓淨淨的護沙、灣灣環環的朝水、山上有蒼蒼鬱鬱的虬髯美松、山下有翠翠青青的鳳尾修竹、山前有軟軟柔柔的龍鬚嫩草、山後有古古怪怪鹿角的枯檟、也曾聞華華彩彩的鸞吟、也曾聞昂昂藏藏的鶴唳、也曾聞咆咆哮哮的虎嘯、也曾聞呦呦詵詵的鹿鳴、這山呵、比浙之天台、更生得奇奇絕絕、比閩之武夷、更生得岧岧嶤嶤、比池之九華、更生得迤迤邐邐、比蜀之峨眉、更生得秀秀麗麗、比楚之武當、更生得尖尖圓圓、比陝之終南、更生得巧巧妙妙、比魯之太山、更生得蜿蜿蜒蜒、比廣之羅浮、更生得蒼蒼奕奕、真個是天下無雙勝境、江西第一名山、萬古精英、此處藏分明是個神仙宅

却說郭璞先生行到山麓之下、前觀後察、左顧右盼、遂將羅經下針、審了方向、撫掌大笑曰、璞相地多矣、未有如此之妙、若求富貴、則有起歇、如欲棲隱、大合仙格、觀其岡阜、厚圓位坐、深邃三峯壁立、四環雲拱、

內外勾鎖、無不合宜、大凡相地兼、相其人、觀君、表裏正與地符、且西山屬金、以五音論之、先生之姓、羽音屬水、金能生水、合得長生之局、舍此無他往也、但不知此地誰人爲主、傍有一樵夫指曰、此地乃金長者之業、眞君曰、既稱長者、必是善人、二人還造其家、金公欣然出迎、歡若平生、金公問曰、二位仙客、從何而至、郭璞曰、小子姓郭名璞、略曉陰陽之術、因此位道友姓許名遜、欲求棲隱之地、偶採寶莊、正合仙格、欲置一舍以爲修煉之所、不知尊翁肯概諾否、金公曰第恐此地褊小、不足以處許君、如不棄并寒莊薄地

數畝、悉當栖贈、眞君曰、願訂價多少、惟命是從、金公曰、大丈夫一言萬金不易、愚老拙直、平生不立文券、乃與眞君索大錢一文、中破之、自收其半、一半付還眞君、眞君叩頭拜謝、三人分別而去、於是眞君辭了郭璞、擇取吉日、挈家父母妻子、凡數十口、徙於西山、築室而居焉、金公後封爲地主眞官、金氏之宅、即今玉隆萬壽宮是也、却說眞君日以修煉爲事、煉就金丹、用之可以點石爲金、服之可以却老延年、於是周濟貧乏、德義彰播、時晉武帝西平蜀、東取吳、天下一統、建元太康、從吏部尚書山濤之奏、詔各郡保舉孝

廉賢能之士、豫章郡太守范甯、見眞君孝養二親雍睦鄉里、輕財利物、即保舉眞君爲孝廉、武帝遣使臣束帛賚詔、取眞君爲蜀郡旌陽縣令、眞君以父母年老、不忍遠離、上表辭職、武帝不允、命本郡守催迫上任、捱至次年、眞君不得已、辭別父母妻子、只得起程眞君有二妹、長妹事南昌盱君、夫早喪、遺下一子盱烈、字道微、事母至孝、眞君慮其妹孀居無倚、遂築室於宅之西、奉姊居之、於是母子得聞妙道、眞君臨行、謂姊曰、吾父母年邁、妻子尚不知世務、賢姊當代弟掌治家事、如有仙翁隱客相過者、可以禮貌相待、汝

子盱烈、吾嘉其有仁孝之風、使與我同往任所、盱母曰、賢弟好去爲官、家下一應事體、爲姊的擔當、不勞遠念、言未畢、忽有一少年上堂、長揖言曰、吾與盱烈哥哥、皆外甥也、何獨與盱兄同行、而不及我、眞君視其人、乃次姊之子、復姓鍾離、名嘉、字公陽、新建縣象牙山西里人也、父母俱早喪、自幼依於眞君、爲人氣象慨弘、德性温雅、至是欲與眞君同行、眞君許之、於是二甥得薰陶之力、神仙器量從此以立、眞君又呼其妻周夫人告之曰、我本無心功名、奈朝廷屢聘、若不奉行、恐抗君命、自古忠孝不能兩全、二親老邁、汝

常朝夕侍奉，調護寒暑，克盡汝子婦之道，且見女少紉須不時教訓，勤以治家，儉以節用，此是汝當然事也。周夫人答曰：謹領教言。罷拜別而行，不在話下。却說真君未到任之初，蜀中饑荒，民貧不能納租。真君到任，上官督責甚嚴，真君乃以靈丹點瓦石爲金，暗使人埋於縣衙後圃。一旦拘集貧民未納租者盡至堦下，真君問曰：朝廷糧税，汝等緣何不納？貧民告曰：輸納國税，乃理之常，豈敢不遵？奈因饑荒，不能納爾。真君曰：既如此，吾罰汝等在於縣衙後圃開鑿池塘，以作工數，倘有所得，即來完納。民皆大喜，即往後圃

開鑿池塘，遂皆拾得黄金，都來完納。百姓遂免流移之苦。鄰郡聞風者，皆來依附，遂至户口增益。按一統志，旌陽縣屬漢州。真君飛昇後，改爲德陽，以表真君之德及民也。其地賴真君點金，故至今尚富。這話休題。那時民間又患瘟疫，死者無數。真君符咒所及，即時痊愈。又憐他郡病民，乃插竹爲標，置于四境溪上，焚符其中，使病者就而飲之，無不痊可。其老幼婦女尫羸不能自至者，令人汲水歸家飲之，亦復安痊。郡人有詩贊曰：

當時百里桑麻知善政　萬家煙井沐仁風
明懸藻鑑秋陽暴　清逼冰壺夜月寒
符置江濱驅癘病　金埋縣圃起民窮
真君德澤於今在　廟祀巍巍報厥功

却說成都府有一人，姓陳名勳，字孝舉，因舉孝廉，官居益州別駕，聞真君傳授吳猛道法，今治旌陽，恩及百姓，遂來拜謁，願投案下，充爲書吏，使朝夕得領玄教。真君見其人氣清色潤，遂付以吏職。既而見勳有道骨，乃引勳居門下爲弟子，看守藥爐。又有一人姓周名廣，字惠常，廬陵人也，乃吳都督周瑜之後，遊巴蜀雲臺山，粗得漢天師驅精斬邪之法。至是聞真君

德行仙道，特至旌陽縣，投拜真君爲師，願垂教訓。真君納之，職掌雷壇。二人自是得聞仙道之妙。真君任旌陽既久，弟子漸衆，每因公餘無事，與衆弟子講論道法。却說晉朝承平既久，外有五胡强横，濁亂中原。那五胡

匈奴劉淵居晉陽　羯戎石勒居上黨
羌人姚弋仲居扶風　氐人符洪居臨渭
鮮卑慕容廆居昌黎

先是漢魏以來，收服夷狄，諸朝多居塞内。太子洗馬江統勸武帝徙於邊地，免後日夷狄亂華之禍。武帝

不聽至是果然侵亂晉朝太子惠帝愚蠢賈后橫恣殺戮大臣眞君乃謂弟子曰吾聞君子有道則見無道則隱遂解官東歸百姓聞知扳轅卧轍而留泣聲震地眞君亦泣下謂其民曰吾非肯舍汝而去奈今天下不久大亂吾是以爲保身之計爾等子民各務生業百姓不忍送至百里之外或數百里又有送至家中不肯回者眞君至家拜見父母妻子合家相慶喜不自勝即於宅東空地結茅爲屋狀如營壘令蜀民居之蜀民多改其氏族從眞君之姓故號許氏營

却說眞君之妻周夫人對眞君言女姑年長當擇佳

配眞君曰吾久思在心矣遍觀衆弟子中有一人姓黃名仁覽字紫庭建城人也乃御史中丞黃輔之子其人忠信純篤有受道之器眞君遂令弟子周廣作媒仁覽禀於父母擇吉備禮在眞君宅上成婚滿月後禀於眞君同仙姑歸家省親仙姑克盡婦道仁覽分付其妻在家事奉公姑復拜辭父母敬從眞君求仙學道却說吳眞君猛時年一百二十餘歲矣聞知眞君解綬歸家自西安來相訪眞君整衣出迎坐定叙闊命築室于宅西以居之一日忽大風暴作吳君即書一符擲于屋上須臾見有一青鳥銜去其風頓息眞君問曰此風主何吉凶吳君曰南湖有一舟經過忽遇此風舟中有一道人呼天求救吾以此止之不數日有一人深衣大帶頭戴幅巾進門與二君施禮曰姓彭名抗字武陽蘭陵人也自少舉孝廉官至晉朝尚書左丞因見天下將亂托疾辭職聞許先生施行德惠參悟仙機特來拜投爲師昨過南湖偶遇狂風大作舟幾覆吾乃呼天號救俄有一青鳥飛來其風頓息今日得拜仙顏實乃萬幸眞君即以吳君書符之事告之彭抗拜謝不勝遂挈家居豫章城中既而見眞君一子未婚願將女勝娘爲配眞君從之

自後待彭抗以賓禮盡以神仙秘術付之東明子有詩云

二品高官職匪輕　一朝抛却拜仙庭
不因懿戚情相厚　彭老安能得上昇

此時眞君傳得吳猛道術猶未傳諶母飛步斬邪之法有太白金星奏聞玉帝南昌郡孽龍將爲民害今有許遜原係玉洞眞仙降世應在此人收伏望差天使賫賜斬妖神劍付與許遜助斬妖精免使黎民遭害玉帝聞奏即宣女童二人將神劍二口賫至地名栢林獻與許遜宣上帝之命教他斬魅除妖濟民救

世，眞君拜而受之，回顧女童，已飛昇雲端矣。後人有詩嘆曰：

堅金烈火煉將成　削鐵吹毛耀日明
玉女捧來離紫府　江湖從此水流腥

且說江南有一妖物，號曰孽龍，初生人世，爲聰明才子，姓張名酷，因乘船渡江，偶值大風，其船遂覆，張酷溺於水中，彼時得附一木板，隨水漂流，泊于沙灘之上，肚中正餓，忽見明珠一顆，取而吞之，那珠不是別的珠，乃是那火龍生下的卵，吞了這珠，却不餓了，就在水中能遊能泳，過了一月有餘，脫胎換骨，遍身盡

生鱗甲，止有一個頭還是人頭，其後這個畜生，只好在水中戲耍，或跳入三級巨浪，看魚龍變化，或撞在萬丈深潭，看鰕鱉潛遊，不想火龍見了，就認得是他兒子，噓了一氣，教以神通，那畜生走上岸來，即能千變萬化，於是呼風作雨，躍霧撩雲，喜則化人形而淫人間之女子，怒則變精怪而興陸地之波濤，或壞人屋舍，或食人精血，或覆人舟船，取人金珠，爲人間大患。誕有六子，數十年間，生息蕃盛，約有千餘，兼之族類，蛟黨甚多，常欲把江西數郡，滚出一個大中日，眞君煉丹於艾城之山，有蛟黨輒與洪水欲

其丹室，眞君大怒，即遣神兵擒之，釘於石壁，今釘蛟石猶在，又押起寶劍，將一蛟斬訖，不想那孽龍知道殺了他的黨類，一呼百集，老老少少，大大小小，都打做一團兒，孽龍道，許遜恁般可惡，欲誅吾黨，不報此讐，生亦枉然，内有一班孽畜，有叫孽龍做公公的，有叫做伯伯的，有叫做叔叔的，有叫做哥哥的，說道，不消費心，等我們去，把那許遜抓將來，碎屍萬段，以洩其恨，孽龍道，聞得許遜傳授了吳猛的法術，甚有本事，還要個有力量的去纔好，内有一長蛇精，說道，哥哥，等我去來，孽龍道，賢弟到去得，於是長蛇精帶了

百十個蛟黨，一齊沖奔許氏之宅，一字陣兒擺開，叫道，許遜敢與我比勢麼，眞君見是一夥蛟黨，仗劍在手，問云，你這些孽畜，有甚本事，敢與我相比，長蛇精道，你聽我說

鱗甲稜層氣勢雄　神通會上顯神通
開喉一旦能吞象　伏氣三年便化龍
巨口張時偏作霧　高頭昂處便呼風
身長九萬人知否　繞遍崑崙第一峯

長蛇精恃了本事，耀武揚威，衆蛟黨一齊踴躍，聲聲口口說道，你不該殺了我，家人定不與你干休，眞君

曰、只怕你這些孽畜、逃不過我手中寶劍、那長蛇精就弄他本事、放出一陣大風來、只見

視之無影、聽之有聲、噫大塊之怒號、傳萬竅之跳吽、一任他砰砰磅磅、栗栗烈烈、撼天關搖地軸、九天仙子也愁眉、那管他青青白白紅紅黃黃、翻大海攪長江、四海龍王同縮頸、雷轟轟電閃閃、飛的是沙、走的是石、直恁的滿眼塵霾、春起早、雲慘慘霧騰騰、折也喬林、摧也古木、說甚麼前村燈火夜眠遲、忽喇喇前呼後吽、左奔右突、就是九重龍樓鳳閣也教他萬瓦齊飛、吉都都、橫衝直撞、亂捲針

掩、即如千丈虎狼穴、難道是一毛不拔、縱宗生之大志、不敢謂其乘之而浪破千層、雖列子之泠然吾未見其御之而旬有五日、正是萬里塵沙陰晦暝、幾家門戶響敲推、多情折盡章臺柳、底事掀開社屋茅

真個好一陣大風也、真君按劍在手、叱曰、風伯等神好將此風息了、須臾之間、那風寂然不動、誰知那些孽怪又弄出一番大雨來、則見

石燕飛翔、商羊鼓舞、滂沱的雲中瀉下、就似傾盆、忽喇的空裏注來、豈因救旱、遍遍剝剝、打得那園林蕉葉、東一片、西一片、翠色闌珊、淋淋篩篩、滴得那池沼荷花、上一瓣、下一瓣、紅椹零亂、滿面洪盈、倏忽間漂去高鳳庭前麥、簷頭長溜、須臾裏洗却周武郊外兵、這不是鞭將蜥蜴、碧天上祈禱下的甘霖、這却是驅起鯨鯢、滄海中噴將來的唾沫、正是茅屋人家煙火冷、梨花庭院夢魂驚、渠添濁水通魚入、地秀蒼苔滯鶴行

真個好一陣大雨也、真君又按劍叱曰、雨師等神好將此雨止了、那雨一霎時間半點兒也沒了、真君乃大顯法力、奔往長蛇精陣中、將兩口寶劍揮起、把長

蛇精揮爲兩段、那衆蛟黨見斬了蛇精、各自逃生、真君趕上、一槩誅滅、逕往羣蛟之所、尋取孽龍、那孽龍聞得斬了蛇精、傷了許多黨類、心裏那肯干休、就呼集一黨蛟精、約有千百之衆、人多口多、罵着真君驢道野道、你不合這等上門欺負人、於是呼風的呼風、喚雨的喚雨、作霧的作霧、興雲的興雲、攛煙的攛煙、弄火的弄火、一齊奔向前來、真君將兩口寶劍、左砍右斫、那蛟黨多了、怎生收伏得盡、況真君此時、未傳得諶母飛騰之法、只是個陸地神仙、那孽龍到會變化、冲上雲霄、就變成一個大鷹見真個

爪似銅釘快利，嘴如鐵鑽堅剛，展開雙翅欲飛騰，好似大鵬模樣，雲裏叫時聲大，林端立處頭昂，紛紛鳥雀盡潛藏，那個飛禽敢擋。

只見那鷹兒在半空展翅，忽喇地撲將下來，到把真君臉上撾了一下，撾得血流滿面，真君忙揮劍斬時，那鷹又飛在半空中去了。真君沒奈何，只得轉回家中，那些蛟黨見傷得性命多了，亦各自收陣回去。却說真君見孽龍神通廣大，敬來吳君處相訪，求其破蛟之策。吳君曰，孽龍久為民害，小老素有翦除之心，但恨道法未高，莫能取勝。汝今既擒蛟黨，孽龍必然

愈怒，愈加殘害，江南休矣。真君曰，如此奈何。吳君曰，我近日聞得鎮江府丹陽縣地名黃堂，有一女真諶母，深通道術，吾與汝同往師之，叩其妙道，然後除此妖物，亦為晚也。真君聞言大喜，遂整行囊，與吳君共往黃堂，謁見諶母。諶母曰，二公何人，到此有何見諭。真君曰，弟子許遜、吳猛，今因江南有一孽龍精，大為民害，吾二人有心殄滅，奈法術殊欠，久聞尊母道傳無極，法演先天，逕來懇求，望指示仙訣，實乃平生之至願也。言訖，拜伏於地。諶母曰，二公請起，聽我言之。君等乃夙稟奇骨，名在天府，昔者孝悌王自上清下

降山東曲阜縣蘭公之家，謂蘭公曰，後世晉代當出一神仙，姓許名遜，傳吾至道，是為衆仙之長，遂留下金丹寶鑑、銅符鐵券，并飛步斬邪之法，傳與蘭公，復令蘭公傳我。蘭公又使我收掌，以俟汝等，積有四百餘年矣。子今既來，吾當傳授於汝。於是選擇吉日，依科設儀，付出銅符鐵券、金丹寶鑑，并正一斬邪之法、三五飛騰之術，及諸靈章秘訣，并各樣符籙，悉以傳諸許君。今淨明法五雷法之類，皆諶母所傳也。諶母又謂吳君曰，君昔者以神方為許君之師，今孝悌王之道，唯許君得傳，汝當退而反師之也。真君傳道已

畢，將欲辭歸，心中暗想，今幸得聞諶母之教，每歲必當謁拜，以盡弟子之禮，此意未形於言，諶母已先知矣，乃對真君曰，我今還帝鄉，子不必再來謁也。乃取香茅一根，望南而擲，其茅隨風飄去。諶母謂真君曰，子於所居之南數十里，看香茅落於何處，其處立吾廟宇，每歲逢秋，一至吾廟足矣。諶母言罷，空中忽有龍車鳳輦來迎，諶母即凌空而去。其時吳許二君望空拜送，即還本部，遂往尋飛茅之跡，行至西山之南四十里，覓得香茅，已叢生茂盛，二君遂於此地建立祠宇，亦以黃堂名之，令匠人塑諶母寶像，嚴奉香火

期以八月初三日必往朝謁、即今崇真觀是也、朝謁之禮猶在、真君亦於黃堂立壇、悉依諶母之言、將此道法傳授吳君、吳君反拜真君爲師自此二人始有飛騰變化之術、回至小江寓客店、主人宋氏見方外高人、不索酒錢厚具相待、二君感其恭敬、遂求筆墨、畫一松樹於其壁上而去、自二君去後其松青鬱如生、風動、則其枝搖搖、月來、則其彩淡淡、露下、則其色濕濕、往來觀者、日以千計、去則皆留錢謝之宋氏遂至巨富、後江漲堤潰、店屋俱漂惟松壁不壞、却說孽龍精被真君斬其族類、心甚怒、又聞吳君同真君往黃堂學法、於是命蛟黨先入吳君所居地方、殘害生民、爲災降禍、真君回至西寧、聞蛟孽腥風襲人、責備社伯、汝爲一縣鬼神之主如何縱容他爲害、社伯答曰、妖物神通廣大、非小神能制再三謝罪、忽孽龍精見真君至統集蛟黨、湧起十數丈水頭、那水波濤泛漲、怎見得好狠、

只聽得潺潺聲振谷、又見那滔滔勢漫天、雄威響若雷奔走、猛湧波如雪捲顛、千丈波高漫道路、萬層濤激泛山巖、泠泠如漱玉、滾滾似鳴弦、觸石滄滄噴碎玉、回湍渺渺漩渦圓、低低凸凸隨流蕩、大勢瀰漫上下連、

真君見了這等大水、恐損壞了居民屋宇田禾、急將手中寶劍、望空書符一道、叫道水伯急急收水、水伯收得水遲、真君大怒水伯道常言潑水難收、且從容些、真君欲責水伯、水伯大懼須臾間將水收了、依舊是平洋陸地真君提着寶劍遲斬孽龍、那孽龍變作一筒巡海夜叉、持鎗相迎這一場好殺

真君劍砍妖怪、鎗迎劍砍霜光噴烈火、鎗迎銳氣迸愁雲、一個是洋子江生成的惡怪、一個是靈霄殿差下的仙真、那一個揚威耀武欺天律、這一個禦暴除災轉法輪、真仙使法身驅霧、魔怪爭强浪滾塵、兩家努力爭功績、皆爲洪都百萬民、

那些蛟黨見孽龍與真君正殺得英雄、一齊前來助戰、忽然弄出一陣怪砂來、要把真君眼目蒙蔽、只見似霧如煙初散漫、紛紛藹藹下天涯、白茫茫到處難開眼、昏暗暗飛時找路差、打柴的樵子失了伴、採藥的仙童不見家、細細輕飄如麥麪、粗粗翻覆似芝蔴、世間朦朧山頂暗、長空迷沒太陽遮、不比塵囂隨駿馬、難言輕軟襯香車、此沙本是無情物、登時刮得眼生花、

此時飛沙大作，那蛟黨一齊吶喊，眞君何了仙氣一口，化作一陣雄風，將沙刮轉，吳君在高阜之上，觀看妖孽，更有許大神通，於是運取掌心雷，望空打去，雖風雲雷雨乃蛟龍所喜的，但此係吳君法雷，專打妖怪，則見

運之掌上，震之雲間，𧦥𧦥虩虩可畏，轟轟劃劃，初聞燒起謝仙之火，烈推轉阿香之車，輪音赫赫，就似撞八荒之鼓，音聞天地，聲喤喤，又如放九邊之砲響，振軍屯，使劉先生失了雙箸，教蔡元中繞遍孤墳，聞之不及掩耳，當之誰不銷魂，眞個天仙手

上威靈振，蛟魑胸中心膽傾

那些羣孽聞得這個法雷，驚天動地之聲，倒海震山之怒，唬得魂不附體，更見那眞君兩口寶劍，寒光閃閃，殺氣騰騰，孽龍當抵不住，就收了夜叉之形，不知變了個甚麼物件，潛蹤遁走，眞君乃捨了孽龍，追殺蛟黨，蛟黨四散逃去，眞君追二蛟至鄂渚，忽然不見，路逢三老人侍立，眞君問曰，吾追蛟孽至此，失其蹤跡，汝二老曾見否，老人指曰，敢伏在前橋之下，眞君聞言，遂至橋側，仗劍叱之，蛟黨大驚，奔入大江，藏於深淵，眞君乃即書符數道，勅遣符使驅之，蛟孽不能藏隱，乃從上流奔出，眞君揮劍斬之，江水俱紅，此二蛟皆孽龍子也，今鄂渚有三聖王廟，橋名伏龍橋，淵名龍窩，斬蛟處名上龍口，眞君復回至西寧，怒社伯不能稱職，乃以銅鎖貫其祠門，禁止民間不許祭享，今分寧縣城隍廟正門常閉，居民祭祀者亦少，乃令百姓崇祀小神，其人姓毛，兄弟三人，即指引眞君橋下斬蛟者，今封叶佑侯，血食甚盛，眞君見吳君，曰，孽龍潛逃，蛟黨奔散，吾欲遍尋蹤跡，一併誅之，吳君曰，君自金陵遠回，令椿萱大人，且須問省，吾諒此蛟孽有師尊在，豈能復恣猖狂，待徐徐除之，於是二君回

過豐城縣抄針洞，眞君曰，彼此洞必有蛟螭出入，吾當鎮之，遂取大杉木一根，書符其上，以爲楔，至今其楔不朽，又過奉新縣，地名藏溪，又名蛟穴，其中積水不竭，眞君曰，此溪乃蛟龍所藏之處，遂舉神劍劈破溪傍巨石，書符鎮之，今鎮蛟石猶在，又過新建縣，地名嘆旱湖，湖中水蛭甚多，皆是蛟黨奴隸，散入田中嘬人之血，眞君惡之，遂將藥一粒，投於湖中，其蛭永絶，今名藥湖，復歸郡城轉西山之宅，回見父母，一家具慶，不在話下，却說眞君屢敗孽龍，術法愈顯，德著人間，名傳海內，時天下求爲弟子者，不下千數，眞君

比久色皆炭婦也被染者自不見耳

却之不可得、乃削炭化、爲美婦、數百人、夜散、羣弟子寢處、次早驗之、未被炭婦汚染者得十一人而已、先受業者六人

陳勳字孝舉、成都人

周廣字惠常、廬陵人

黄仁覽字紫庭、建城人、真君之婿

彭抗字武陽、蘭陵人、其女配真君之子

盱烈字道微、南昌人、真君外甥

鍾離嘉字公陽、新建人、真君外甥

後相從者四人

曾亨字典國、泗水人、骨秀神慧、孫登見而異之、乃潛心學道、遊於江南、居豫章之豐城真陽觀、聞真君道法、投於門下

時荷字道陽、鉅鹿人、少出家居東海沭陽院、奉仙觀、修老子之教、因入四明山、遇神人授以胎息導引之術、頗能辟穀、亦能役使鬼神、慕真君之名、徒步踵門、願充弟子

甘戰字伯武、豐城人、性喜修真、不求聞達、徑從真君學道

施岑字太玉、沛郡人、其父施朔仕吳、因移居於九江赤烏縣、岑狀貌雄傑、勇健多力、時聞真君斬蛟立功、喜而從之、真君使與甘戰各持神劍常侍左右、

這弟子十人不被炭婦染汚、真君嘉之、凡周遊江湖、誅蛟斬蛇、時刻相從、即異時上昇諸徒也、其餘被炭婦所汚者、往往自愧而去、今炭婦市猶在、真君謂施岑盱烈曰、目今妖孽爲害、變化百端、無所定向、汝二人可向鄱陽湖中追而尋之、施盱欣然領命、仗劍而去、夜至鄱陽湖中、登石臺之上、望之、今饒河口有眺臺、俗呼爲釣臺非也、此蓋施盱眺望妖蜃出沒之所耳、其時但見一物隱隱如蛇、昂頭擺尾、橫亘數十里、施岑曰、妖物今在此矣、即拔劍揮之、斬其腰、至次日天明視之、乃蜈蚣山也、至今其山斷處仙跡猶在、施岑謂盱烈曰、黑夜吾認此山以爲妖物、今誤矣、與汝尚當盡力追尋、却說孽龍精被真君殺敗、更傷了二子、并許多族類、咬牙嚼齒、以恨真君、聚集衆族類商議、欲往小姑潭求老龍報仇、衆蛟黨曰、如此甚妙、孽龍乃奔入小姑深潭底、那潭不知有幾許深、諺云、大姑潤萬丈、小姑深萬丈、所以叫做小姑潭、那孽龍到萬丈潭底、只見

三教得占　首

水泛泛漫天、浪層層拍岸、江中心有一座小姑山、
雖是個中流砥柱、江下面有一所老龍潭、却似個
不朽龍宮、那龍宮盖的碧磷磷鴛鴦瓦、圍的光閃
閃孔雀屏、垂的明朗翡翠簾、擺的彎環環虎皮
椅、只見老龍坐在虎椅之上、龍女侍在堂下、龍兵
繞在宮前、夜叉立在門邊、龍子龍孫列在階上、真
個是江心渺渺無雙景、水府茫茫第一家
說那老龍出處、他原是黃帝荆山鑄鼎之時、騎他上
天、他在天上貪毒、九天玄女拿着他送與羅隆閣尊
者、尊者養他在鉢盂裏、養了千百年、他貪毒的性子

不改、走下世來、就喫了張果老的驢、傷了周穆王的
八駿、朱漫浮心懷不忿、學就個屠龍之法、要下手着
他、他又藏在巴蜀地方一人家後園之中槅子裏面、
那兩個看棋的老兒想他做龍脯、他又走到葛陂中
來、撞着費長房打一棒、他就恐着疼、奔走華陽洞去、
那曉得吳綽的斧子又利害些、當頭一劈、受了老大
的虧、若頭腦子雖不曾破、却失了項下這一顆明珠、
再也上天不得、因此上拜了小姑娘娘、求得這所萬
丈深潭、盖造個龍宮、恁般齊整、却說那孽龍奔入龍
宮之內、投拜老龍、哭哭啼啼、告訴前情、說道許遜斬

了他的兒子、傷了他的族類、苦苦還要擒他、言罷、放
聲大哭、那龍宮大大小小、那一個不淚下、老龍曰、兎
死狐悲、物傷其類、許遜既這等可惡、待我拿來與你
復讐、孽龍曰、許遜傳了諶母飛步之法、又得了王女
斬邪之劍、神通廣大、難以輕敵、老龍曰、他縱有飛步
之法、飛我老龍不過、他縱有斬邪之劍、斬我老龍不
得、於是即變作個天神模樣、三頭六臂、黑臉獠牙、則
見
身穿着重重鐵甲、手提着利利鋼叉、頭戴着金盔
閃閃耀紅霞、身跨着奔奔騰騰的駿馬、雄糾糾英

風直奮、威凜凜殺氣横加、一心心要與人報寃家。
古古怪怪的好怕
那老龍打扮得這個模樣、廵江夜叉、守宮將卒、人人
喝采、個個稱奇、道好一個粧束、孽龍亦搖身一變、也
變作天神模樣、你看他怎生打扮、則見
面烏烏趙玄壇般黑、身挺挺鄧天王般長、手持張
翼德丈八長鎗、就好似斗口靈官的形狀、口吐出
葛仙真君的騰騰火焰、頭放着華光菩薩的閃閃
豪光、威風凜凜、貌堂堂、不比前番模樣、
那孽龍打扮出來、龍宮之內、可知人人喝采、個個誇

奇、兩個龍妖一齊打個旋風、奔上岸來、老龍居左、孽龍居右、蛟黨列成陣勢、准備真君到來迎敵、不在話下、施岑與盱烈從高阜上一望、見那妖氣彌天、他兩個少年英勇、也不管他勢頭來得大、也不管他黨類來得多、就掣手中寶劍、跳下高阜來、與那些妖怪大殺一場、施岑二人雖傳得真君妙訣、終是寡不敵衆、三合之中、當抵不住、敗陣而走、老龍與孽龍隨後趕殺、施岑大敗、回見真君、具說前事、真君大怒、遂提着兩口寶劍、命甘戰時荷二人同去助陣、駕一朶祥雲趕奔老龍列陣之所、那孽龍見了、自古讐人相見、分

外眼睜、就提那長鎗、趕來搶着真君、老龍亦舉起鋼叉趕來、又着真君、好一個真君、展開法力、將兩口寶劍左遮右隔、只見

這一邊揮寶劍、對一枝長鎗、倍增殺氣、那一邊揮寶劍、架一管鋼叉、頓長精神、這一邊砍將去、就似那呂梁瀉下的狂瀾、如何當抵、那一邊斫將去、就似那蜀山崩了的土塊、怎樣支撐、這一邊施高强武藝、殺一個鷂入鵝羣、一邊顯烈烈威風、殺一個虎奔羊穴、這一邊用 個風掃殘紅的法子殺得他落花片片隨流水、那一邊使一個浪滚陸地的勢兒、殺得他塵土茫茫歸大海、真個是撥開覆地翻天手、要斬興波作浪邪、

二龍與真君混戰、未分勝敗、忽翻身騰在半空、却要呼風呼喚雨、飛砂走石、來捉真君、此時真君已會騰雲駕霧、遂趕上二龍、又在半空中殺了多時、後落下平地又戰、那些蛟黨見真君法大、二龍漸漸當抵不住、一齊掩殺過來、時荷甘戰二人乃各執利劍、亦殺入陣中、你看那師徒們橫衝直撞、那些妖黨怎生抵敵得住、那老龍力氣不加、三頭中被真君傷了一頭、六臂中被真君斷了一臂、遂化陣清風去了、孽龍見

老龍敗陣、心中慌張、恐被真君所捉、亦化作一陣清風、望西而去、其餘蛟黨各自逃散、有化作螽斯、在麥隴上逼逼剝剝跳的、有化作青蠅、在棘樹上嘈嘈雜雜鬧的、有化作蚯蚓、在水田中扭扭屹屹走的、有化作蜜蜂、在花枝上擾擾嚷嚷採的、有化作蜻蜓、在雲霄裏輕輕欵欵飛的、有化作土狗子、不做聲不做氣、躲在田傍下的、彼時真君追趕妖孽、走在田傍上經過、忽失了一足、把那田傍踹開、只見一道妖氣迸將出來、真君急忙看時、只見一個土狗子躲在那里、真君將劍一揮、砍爲兩截、原來是孽龍第五子也、後人

有詩嘆曰

白笑蛟精不見機　昔同仙子兩相持

今朝揮起無情劍　又斬親生第五兒

却說真君斬了孽龍第五子，急忙追尋孽龍，不見蹤影，遂與二弟子且回豫章，吳君謂真君曰，目今蛟黨還盛，未曾誅滅，孽龍有此等助威添勢，豈肯罷休，莫若先除了他的黨類，使他勢孤力弱，一舉可擒，此所謂射人先射馬之謂也，真君曰，言之有理，遂即同施岑、甘戰、陳勳、盱烈、鍾離嘉，羣弟子隨已出外，追斬蛟黨，猶恐孽龍精潰其郡城，留吳君、彭抗在家鎮之，於是真君同羣弟子，或登高山，或徃窮谷，或經深潭，或詣長橋，或歷大湖等處，尋取蛟黨滅之，真君一日至新吳地方，忽見一蛟，變成一水牛，欲起洪水，淹沒此處人民，噓氣一口，漲水一丈，噓氣二口，長水二丈，真君大怒，揮劍欲斬之，那蛟孽見了真君，寬不附體，遂奔入潭中而去，真君即立了石碑一片，作鎮蛟之文以禁之，其文曰

奉命太玄，得道真仙，劫終劫始，先地先天，無量法界，玄之又玄，勤修無遺，白日昇仙，神劍落地，符法昇天，妖邪喪膽，鬼精逃潜

其潭至今名曰鎮龍潭，石碑猶存，一日，真君又行至海昏之上，聞有巨蛇據山為穴，吐氣成雲，長有數里，人畜在氣中者，即被吞吸，江湖舟船，多遭其覆溺，大為民害，施岑登北嶺之高而望之，見其毒氣漲天，乃嘆曰，斯民何罪而久遭其害也，遂禀真君欲往誅之，真君曰，吾聞此畜妖氣最毒，觸犯其氣者，十人十死，百人百亡，須待時而往，良久，俄有一赤鳥飛過，真君曰，可矣，言赤鳥報時，天神至，地神臨，可以誅妖，後於其地立觀，名候時觀，又號赤烏觀，且說那時真君引羣弟子徑至蛇所，其蛇奮然躍出深穴，舉首高數十丈，眼若火炬，口似血盆，鱗似金錢，口中吐出一道妖氣，則見

冥冥濛濛，比蚩尤迷敵的大霧，昏昏暗暗，倒元規汚人的飛塵，飛去飛來，却似那漢殿宮中結成的黑魂，滾上滾下，又似那太山巖裏吐出的頑雲，大地之中，遮蔽了峯巒嶺岫，長空之上，隱藏了日月星辰，瀰瀰漫漫，漲將開千有百里，霏霏拂拂，當着了十無一生，正是妖蛇吐氣三千丈，千里猶聞一陣腥，

真君呼一口仙風，吹散其氣，率弟子各揮寶劍，鄉人

摩旗擂鼓、吶喊振天、相助、妖蛇全無懼色、奔將過來真君遂起法雷、劈頭打去、兼用神劍一指、蛇乃却步、施岑甘戩二人奮勇飛步縱前、施踏其首、甘踹其尾、真君先以劍劈破其顙、陳勳再引劍當中腰斬之、蛇腹遂爾裂開、忽有一小蛇自腹中走出、長有數丈、施岑欲斬之、真君曰、彼母腹中之蛇、未曾見天日、猶不曾加害於民、不可誅之、遂叱曰、畜生好去、我放汝性命、毋得害人、小蛇懼怯奔行六七里、聞鼓噪之聲、猶反聽而顧其母、此地今爲蛇子港、羣弟子再請追而戮之、真君曰、既放其生、而又追戮之、是心無惻隱也、

蛇子遂得入江、今有廟在新建吳城、甚是靈感、宋真宗勑封靈順昭應安濟惠澤王、俗呼曰小龍王廟、是也、大蛇既死、其骨聚而成洲、今號積骨洲、真君入海昏經行之處、皆留壇靖、凡有六處通候時之地爲七一曰進化靖、二曰節奏靖、三曰丹符靖、四曰華表靖、五曰紫陽靖、六曰霍陽靖、七曰刻真靖、其勢布若星斗之狀、蓋以鎮壓其後也、其七靖今皆爲宮觀或爲寺院、巨蟒既誅、妖血污劍、於是洗磨之、用削容以試其鋒、今新建有磨劍池、試劍石、猶在真君謂諸徒曰、蛟黨除之莫盡、更有孽龍精通靈不測、今知我在此

若何隙潰我郡城、恐吳彭二人莫能懾服、莫若棄此而歸施火、是個勇士、謂曰、此處妖孽甚多、再尋幾日殺幾個迴去、却好真君曰、吾在外日久、恐吾郡蛟黨又聚作一處、可速歸除之、於是悉離海昏而行、海昏鄉人感真君之德、遂立生祠、四時享祭、不在話下、且說孽龍精果然深恨真君、乘其遠出、欲將豫章郡滚成一海、以報前仇、遂聚集敗殘蛟黨、尚有七八百餘、孽龍曰、昨夜月離於畢、今夜酉時主天陰晦暝、風雨大作、我與爾等趁此機會、把豫章郡一滚而沉、有何不可、此時正是午牌時分、吳君猛與彭君抗、恰從西

山高處、舉目一望、只見妖氣漫天、乃曰、許師往外誅妖、不想妖氣盡聚於此、言未畢、忽見豫章郡社伯并土地等神來見吳君、說孽龍又聚了八百餘蛟黨、欲攪翻江西一郡、變作滄海、只待今夜酉牌時分風雨大作之時、就要下手、有等居民聞得此信、皆來小神廟中叩頭磕腦、叫小神保他、我想江西不沉、却妖若沉了時節、正是泥菩薩落水、自身難保、還保得別人、伏望尊仙急生區處、吳君聽說此事、到喫了一大驚、遂與彭君急忙下了山頭、吳君謂彭君曰、爾且仗劍一口、驅使神兵先往江前江後尋邏彭君去了、吳君

鋪叙富麗，亦是小說家能品

乃上了一座九星的法壇，取過一個五雷的令牌，仗了一口七星的寶劍，注上一碗五龍吐的淨水，念了幾句乾羅恒那九龍破穢真君的神咒，捏了一個三台的真訣，步了一個八卦的神罡，乃飛符一道，遣差年值功曹，送至日宮太陽帝君處投下，叫那太陽帝君把這個日輪兒緩緩的沉下，却將酉時翻作午時，就要如魯陽揮以長戈，即返三舍，虞公指以短劍，却轉幾分的日子。又飛符一道，遣差月值功曹，送至月宮太陰星君處投下，叫那太陰星君把這個月輪兒緩緩的移上，却將亥時翻作酉時，就要如團團離海

角，漸漸出雲衢，此夜一輪滿，清光何處無。又飛符一道，遣差日值功曹，送至風伯處投下，叫那風伯今晚將大風息了，一氣不要吹，噫萬竅不要怒呺，切不可過江攪起龍頭浪，拂地吹開馬足塵，就樹撮將黃葉落，入山推出白雲來。又飛符一道，遣差時值功曹，送至雨師處投下，叫那雨師今晚收了雨脚，休得要點點滴滴打破芭蕉，淋淋漓漓洗開苔蘚，頽山黑霧傾濃墨，倒海衝風瀉急湍，勢似陽侯誇瀚瀚，聲如項羽戰章邯。又飛符一道，差那律令大神，送到雷神處投下，叫那雷神今晚將五雷藏着，休得要驅起那號令，

放出那霹靂轟轟烈烈，使一鳴山嶽震，再鼓禹門開，響激天關轉，身從地穴來。又飛符一道，差着急脚大神，送至雲師處投下，叫他今晚捲起雲頭，切不可氤氤氳氳，遮掩天地，渺渺漠漠，蒙蔽江山，使那重重翼翼，鳳飛層漢，疊疊從龍出遠波，太行遊子思親切，巫峽襄王入夢多。吳君遣符已畢，又差那社伯等神，火速報知真君，急回豫章，擒伏羣妖，毋得遲慢。吳君調撥已畢，遂親自仗劍，鎮壓羣蛟，不在話下。却說孽龍精只等待日輪下去，月光上來的酉牌時分，就呼風喚雨，驅雲使雷，把這豫章一郡滾沉。不想長望短望，

日頭只在未上照耀，叫他下去，那日頭就相似縛了一條繩子，再也不下去。孽龍又招那月輪上來，這月輪就相似有人扯住着他，再也不上來。孽龍怒起，也不管酉時不酉時，就命取蛟黨大家呼着風來。誰知那風伯遵了吳君的符命，半空中叫道：孽龍，你如今學這等歪，却要放風，我那個聽你？孽龍呼風不得，就去叫雷神打雷。誰知那雷神遵了吳君的符命，半下兒不響。孽龍道：雷公雷公，我往日喚你，少可有千百聲，今日半點聲氣不做，敢害啞了？雷神道：我倒不害啞，只是你今日害顛。孽龍見雷公不響，無如之奈，只

得叫聲雲師快與雲來、那雲師遵了吳君的符命、把那千巖萬壑之雲、只卷之退藏於密、那肯放之彌於六合、只見玉宇無塵、天清氣朗、那雲師還在半空中唱一個萬里長空收暮雲要子哩、孽龍見雲師不肯與雲、且去問雨師討雨、誰知那雨師亦遵了吳君的符命、莫說是千點萬點酒將下來、就是半點兒也是沒有的、孽龍精望日日不沉、招月月不上、呼風風不至、喚雨雨不來、驅雷雷不響、使雲雲不興、直激得怒從心上起、惡向膽邊生、遂謂衆蛟黨曰、我不要風雲雷雨、一小小豫章郡、終不然滾不成海、遂聳鬧鱗甲、翻身一轉、把那江西章江門外就沉了數十餘丈、吳君看見、即忙飛起手中寶劍、駕起足下祥雲、直取孽龍、孽龍與吳君廝戰、彭君亦飛劍助敵、在江西城外大殺一場、孽龍招取黨類、一湧而至、在上的變成無數的黃蜂、撲頭撲腦、亂丁在下的、變成滾滾的長蛇、遶足亂繞、孽龍更變作個金剛菩薩、長又長、大又大、手執金戈、與吳君彭君混戰、好一個吳君、又好一個彭君、上殺個雪花蓋頂、戰住狂蜂、下殺個枯樹盤根、戰住長蛇、中殺個鷂子翻身、抵住蛟龍、自未時殺起、殺近黃昏、忽真君同着諸弟子到來、大喝一聲、許遜

在此、孽畜敢肆害麼、諸蛟皆有懼色、孽龍見了真君、咬定牙根、要報前仇、乃謂羣蛟曰、今日遭此大難、我與爾等生死存亡在此一舉、諸蛟躍躍言曰、父子兄弟、當拚命一戰、勝則同生、敗則同死、遂與孽龍精力戰真君、怎見得利害

愁雲蔽日、殺氣漫空、地覆天翻、神愁鬼哭、仙子無邊法力、妖精許大神通、一個萬丈潭中孽怪、舞着金戈一個、九重太上真仙、飛將寶劍一個、稜稜層層甲鱗竦動、一個變變化化手段高強、一個呵一口妖氣、霧漲雲迷、一個吹一口仙風、天清氣朗、一個領蛟子蛟孫、戰真仙、恰好似八十萬曹兵鏖赤壁、一個同仙徒仙弟、收妖孽、却好似二十八漢將鬧昆陽、一個翻江流、攪海水、重重疊疊湧波濤、一個撼乾樞、搖坤軸、烈烈轟轟運霹靂、一個要爲族類報了冤仇、一個要爲生民除將禍害、正是兩邊齊角力、一樣顯神機、到頭分勝敗、畢竟有雄雌、

却說孽龍精奮死來戰真君、真君正要拿住他、以絕禍根、那些蛟黨終是心中懼怯、真君的弟子們各持寶劍、或斬了一兩個的、或斬了三四個的、或斬了五六個的、噴出腥血、一片通紅、周廣一劍、又將孽龍的

第二子斬了其餘蛟黨一個個變化走去只有孽龍
與眞君獨戰回頭一看蛟黨無一人在身傍也只得
跳上雲端化一陣黑風而走眞君急追趕時已失其
所在乃同衆弟子回歸眞君謂吳猛曰此番若非君
之法力數百萬生靈盡葬於波濤中矣吳君曰全仗
尊師殺退蛟孽不然弟子亦危也却說孽龍屢敗除
殺死族類外六子之中已殺去四子衆蛟黨恐眞君
誅巳心怏怏不安盡皆變去止有三蛟未變三蛟者
二蛟係孽龍子一蛟係孽龍孫藏於新建洲渚之中
其餘各變形爲人散於各郡城市鎮中逃躲災難一

日有眞君弟子曾亨入於城市見二少年狀貌殊異
鞠恭長揖向曾亨問曰公非許君高門乎曾亨曰然
既而問少年曰君是何人也少年曰僕家居長安累
世崇善遠聞許公深有道術誅邪斬妖必仗神劍願
聞此神劍有何功用曾亨曰吾師神劍功用甚大指
天天開指地地裂指星辰則失度指江河則逆流萬
邪不敢當其鋒千妖莫能攖其銳出匣時霜寒雪凛
耀光處鬼哭神愁乃天賜之至寶也少年曰世間之
物不知亦有何物可當賢師神劍而不爲其所傷曾
亨戲謂之曰吾師神劍惟不傷冬瓜葫蘆二物耳其

餘他物皆不能當也少年聞言遂告辭而去曾亨亦
不知少年乃是蛟精所變也蛟精一聞冬瓜葫蘆之
言盡說與黨類知悉眞君一日以神劍授弟子施岑
甘戰令其遍尋蛟黨誅之蛟黨以甘施二人追尋甚
緊遂皆化爲葫蘆冬瓜泛滿江中眞君登秀峯之巔
運神光一望乃呼施岑甘戰謂曰江中所浮者非葫
蘆冬瓜乃蛟精餘黨也汝二人可履水內斬之於是
施岑甘戰飛步水上舉劍望葫蘆亂砍那冬瓜葫蘆
乃是輕浮之物一砍即入水中不能得破正懊惱之
間忽有過往大仙在虛空中觀看遂令社伯之神變

爲一八哥鳥兒在施岑甘戰頭上叫曰下剔上上下剔
上施岑大悟即舉劍自下剔上滿江蛟黨約有七百
餘性命連根帶蔕悉無噍類江中碧澄澄流水變爲
紅滚滚波濤止有三蛟未及變形者因而獲免眞君
見蛟黨盡誅遂封那八哥鳥兒頭上一冠所以至今
八哥兒頭上皆有一冠眞君斬盡蛟黨後人有詩嘆
曰

神劍稜稜辟萬邪　碧波江上砍葫瓜
孽龍黨類思翻海　不覺江心殺自家

且說孽龍精所生六子已誅其四蛟黨千餘俱被眞

君誅滅、止有第三子與第六子、并自一長孫、藏於新建縣洲渚之中、尚得留命、及聞真君盡誅其蛟類、乃大哭曰、吾父未知下落、今吾等兄弟六人、傳有子孫六七百、并其族類、共計千餘、今皆被許遜勦滅、止留我兄弟二人、并一姪在此、吾知許遜道法高妙、豈肯容我叔侄們性命、不如前往福建等處、逃躲殘生、再作區處、正欲起行、忽見真君同弟子甘戰施岑卒至、三蛟急忙逃去、真君見一道妖氣衝天而起、乃指與甘施二人曰、此處有蛟黨未滅、可追去除之、以絕其根、真君遂與甘施二人飛步而行、躡蹤追至半路、施

岑飛劍斬去一尾、追至福建延平府、地名淶洋九里潭、其一蛟即藏於深潭之中、真君召鄉人謂曰、吾乃豫章許遜、今追一蛟精至此、伏於此潭、吾今將竹一根、插於潭畔石壁之上、以鎮壓之、不許殘害生民、汝等居民、勿得砍去、言畢即將竹插之、囑曰、此竹若罷、許汝再生、此竹若茂、不許再出、至今潭畔、其竹雖若凋零、則復生一筍、成竹替換、復茂、今號為許真君竹、至今其竹一根在、往來舟船、有商人見其蛟者、其蛟無尾、更有一蛟被真君與甘施二人、趕至福建建寧府崇安縣、有一寺名懷玉寺、其寺有一長老、法名全

善禪師、在法堂誦經、忽見一少年、走入寺中、哀告曰、吾乃孽龍之子、今被許遜勦滅全家、追趕至此、望賢師憐憫救我一命、後當重報、長老曰、吾聞豫章許遜道法高妙、慧眼通神、吾此寺中、何處可躲、少年曰、長老慈悲為念、若肯救拔小人、小人當化作粟米一粒、藏於賢師掌中、待許遜到寺、賢師只合掌誦經、方保無事、長老允諾、少年即化為粟米一粒、入於長老掌中、躲訖、真君與甘戰施岑二人趕入寺中、謂長老曰吾乃豫章許遜、趕一蛟精至此、今在何處、可令他出來見我、長老也不答應、只管合掌拱手口念真經、真

君不知藏在長老掌中、遍尋不見、遂往寺外前後各處尋之、並不見蹤跡、施岑曰、想蛟精去矣、吾等合往他處尋趕、却說蛟精以真君去寺已遠、乃復化為少年、拜謝長老曰、深蒙賢師活命之恩、無可報答、望賢師分付寺中、着令七日七夜、不要撞鐘擂鼓、容我報答一二、長老依言、分付師兄師弟徒子徒孫等訖、及至三日、只見寺中前後狂風頓起、陰氣颼颼、土木自動、長老大驚、謂僧眾曰、吾觀孽龍之子、本是害人之物、得我救命、教我等七日七夜不動鐘鼓、今止三日、風景異常、想必是他把言語哄我、若不打動鐘鼓、莫

長者為行不使人疑何不明告之

說望他報恩此寺反遭其害那時悔之晚矣於是即令僧衆撞起那東樓上華鐘那鐘兒響了一百單八聲榮榮汪汪正是梵王宮裏鯨聲吼商客舟中夜半聞又打起那西樓上畫鼓那鼓兒响了一個三起三煞叮叮咚咚正是儼若雷鳴雲漢上恍疑鼉吼海濤中那蛟精聞得鐘鼓之聲喫了一驚即轉身又化為少年回到寺中來見長老言曰吾前日分付寺中七日勿動鐘鼓意欲將寺門外前後高山峻嶺滚成萬畝良田報荅我師活命之恩今纔三日此將高山上略盪得平坦滚有泉出未及如數而吾師即動鐘鼓

真故何也長老以狂風頓起山動地動為對那少年不勝嘆息長老乃令人往寺外前後觀之但見高峻之處皆盪得坦平滚滚泉流不竭至今懷玉寺中不止千頃平坦良田蓋亦蛟精報恩所致卻說真君離了寺門遍尋不見蛟精乃復回高處望之只見妖氣依原還在寺中乃與甘施二人又來寺中尋覓其蛟精知真君復來即先化為一僧拜辭長老言曰吾族中有衆千餘皆被許遜誅滅兄弟六人已亡其四吾父又未知存亡何如吾今悔改前非修行悟道言畢垂淚而別真君果復至寺中只見妖氣出繞遙乃躡

跡追至建陽地名葉墩遥見一僧知是蛟精所變乃令甘施二弟子追趕至近甘施意欲斬之真君連忙喝住曰不可此物雖是害人今化為僧量必改惡遷善遂叱曰孽畜我今赦汝前去汝務要從善修行勿害生民吾有誥語分付與汝勞心記着逢湖則止逢仰則住分付已畢遂縱之而去且戰叱曰孽畜我師父饒了你性命再不要害人施岑亦叱曰孽畜你若不遵我師父誥語再若害人我擒汝就如反掌之易那僧含羞亂竄而去脫離了葉墩地方來至一村前有一山遇一牧童其僧乃問曰此處是何地方牧童

荅曰此處地方貴湖前面一山名曰仰山僧聞牧童之言乃大喜曰適間承真君分付逢湖則止逢仰則住今到此處合此二意可以在此居住矣遂起於路傍水田之間其中間泉水四時不竭此地名龍窟後乃名離龍窟龍僧即於仰山修行法名古梅禪師遂建一寺名仰山寺其寺當時乏水古梅將茁頭在石壁上亂搠皆有泉出其寺田糧亦廣至今猶在真君即於葉墩立一觀名曰真君觀遂與仰山相對以鎮壓之其觀至今猶存卻說真君人追一蛟精其蛟乃孽龍第一子之第蒼亂之長孫也此蛟直走至福州

南臺躲避潛其蹤跡、真君命甘施二弟子、遍處尋覔、
乃自立於一石上、垂綸把釣、忽覺釣絲若有人扯住
一般、真君乃站在石上、用力一扯、石遂裂開、石至今
猶在、因名為釣龍石、只見扯起一個大螺、約有二三
丈高、大螺中有一女子現出、真君曰汝妖也、那女子
雙膝跪地告曰、妾乃南海水侯第三女、聞尊師傳得
仙道、欲求指教修真之路、故乘螺舟特來相叩、真君
乃指以高蓋山可為修煉之所、且曰此山有苦參甘
草、上有一井、汝將其藥投於井中、日飲其水、久則自
可成仙、遂命女子復入螺中、用巽風一口、吹螺舟浮

於水面、直到高蓋山下、女子乘螺于此、其螺化為大
石、至今猶在、遂登山採取苦參甘草等藥、日於井中
投之、飲其井泉、後女子果成仙而去、至今其鄉有病
者、汲井泉飲之、其病可愈、却說施岑甘戰回見真君、
言蛟精無有尋處、真君登高山絕頂、以望見妖氣一
道、隱隱在福州城開元寺井中噴出、乃謂弟子曰、蛟
精已入在井中矣、遂至其寺中、用鐵佛一座、置於井
上壓之、其鐵佛至今猶在、真君收伏三蛟已畢、遂同
甘戰施岑復回豫章、再尋孽龍誅之、後人有詩嘆曰、

遥遥千里到南閩　尋覔蛟精駕霧雲
到處留名留異跡　今人萬古仰真君

却說孽龍旣不能滾沉豫章、其族黨變為瓜蔬、一槩
被真君所滅、所生六子、斬了四子、只有二子一孫、猶
未知下落、越思越惱、只得又奔往洋子江中、見了火
龍父親、哭訴其事、火龍曰、四百年前、孝悌明王傳法
與蘭公、却使蘭公傳法與諶母、諶母傳法與許遜、吾
敎許遜一生、汝等有此難久矣、故我當時就令了黿
帥、統領蝦兵蟹將、要問他追了金丹寶鑑銅符鐵券
之文、誰知那蘭公將我等殺敗、我彼時少年精壯、也
奈何蘭公不得、今已有許多年紀、筋力憔悴、還奈得

許遜何、這憑你自去、孽龍嘆曰、今人有說父不顧子
的世界、果然果然、火龍罵曰、畜生、我滿眼的孫子、今
日被你不長進、殺得一個也沒了、還來怨我、父親遂
打將孽龍出來、孽龍見父親不與他做主、遂在江岸
上放聲大哭、驚動了南海龍王敖欽第三位太子、彼
時太子領龍王鈞言、同巡江夜叉、全身披掛、手執鋼
刀、正在此巡邏長江、認得是火龍的兒子、即忙問曰、
你在此哭甚事、孽龍道、吾族黨千餘、皆被許遜誅滅、
父親又不與我作主、我今煢煢然若喪家之狗、怎的
由人不哭、太子曰、自古道家無全犯、許遜怎麼就殺

了你家許多人他敢欺我水府無人麽老兄且寛心待我顯個手段務他報取究仇孽龍道許遜傳了諶母飛步之法仙女所賜寶劍其實神通廣大難以輕敵太子曰我龍宮有一鐵杵叫做如意杵有一鐵棍叫做如意棍這個杵這個棍欲其大就有屋桶般大欲其小只如金針般小欲其長就有三四丈長欲其短只是一兩寸短因此名爲如意此皆父王的寶貝那棍兒被孫行者討去不如那猴子打死了千千萬萬的妖怪只有這如意杵兒未曾使用今帶在我的身邊試把來與許遜弄一弄他若當抵得住眞有些

神通孽龍問道二杵是那一代鑄的太子道這杵是乾坤開闢之時二一個盤古王鑿了那崑崙山幾片稜層石架了一座的紅爐砍了廣寒宮一株娑婆樹燒了許多的黑炭取了須彌山幾萬斤的生鐵用了太陽宮三昧的眞火叫了那煉石的女媧煉了七七四十九個日頭却命着雨師洒雨風伯煽風太乙護爐祝融看火因此上煉得這個杵兒要大就大要小就小要長就長要短就短且此杵有些妙處抛在半空之中一變十十變百百變千千變萬更會變化哩孽龍問曰如今那鐵杵放在那里太子即從耳朶中

拿將出來向風中幌一幌就有屋桶般大幌兩幌就有竹竿般長孽龍大喜曰這樣東西要長就長要大則大那許遜有些法力尚可當抵一二徒弟們皆是後學之輩禁得幾杵夜又見太子欲與孽龍報仇乃諫曰爺爺沒有鈞旨太子怎敢擅用軍器恐爺爺知道不當穩便太子曰吾主意已定你肯輔我便同去如不肯輔我任你先轉南海去罷夜又不肯相助自去了那太子發奔豫章要拿許遜與孽龍報讐却怎生打扮則見

重疊疊鰲甲堅固整齊齊海帶飛斜身騎着海馬

號三花好一似天門冬將軍披掛走起了磊磊落落滑石飛將來濱濱漠漠辰砂索兒縧的是天麻

要把威靈仙拿下

却說眞君同着弟子升戰施岑等各仗寶劍正要夫尋捉孽龍忽見龍王三太子叫曰許遜許遜你怎麽這等狠心把孽龍家千百餘人一槩誅戮你敢小覷我龍宮麽我今日與你賭賽一陣纔曉得我的本事眞君慧眼一看認得是南海龍王的三太子喝曰你父親掌管南海素稱本分今日怎的出你們不肖兒子你好好回去免致後悔太子道你殺人之父人亦

殺其父，殺人之兄，人亦殺其兄，孽龍是我水族中一刹之人，我豈肯容你這等欺負，於是舉起鋼刀就望眞君一砍，眞君亦舉起寶劍來迎，兩個大殺一場，則見

一個是九天中神仙領袖，一個是四海内龍子班頭，一個的道法精通，却會吞雲吸霧，一個的武藝慣熟，偏能掣電驅雷，一個呼諶毋爲了師傅最大神通，一個叫龍王做了父親儘高聲價，一個飛寶劍前挑後剔，光光閃閃，就如那大寒陸地凜嚴霜，一個弛鐵杵直撞横衝，咭咭璫璫，就如那除夜人

家燒爆竹，眞個是棋逢敵手，終朝勝負難分，却原來陣遇對頭，兩下高低未辨

眞君與那太子刀扺劍，劍對刀，自巳牌時分戰至午時，不分勝敗，施岑謂衆道友曰，此龍子本事儘高，恐師父不能拿他，可大家一齊掩殺，那太子見眞君弟子一齊助戰，遂在亂叢中取出那根鐵杵來，幌了兩三幌，望空拋起，好一個鐵杵，一變作十，十變作百，百變作千，千變作萬，半天之中，就如那紛紛柳絮顛狂舞，滚滚蜻蜓上下飛，滿空撞得砯砯响，恰是潘丞相公子打擂槌，你看那眞君的弟子們纔把那腦上的杵兒撇開，忽一杵在腦後，一打纔把那腦後的杵兒架住，忽一杵在心窩，一鏟纔把心窩的杵兒一抹，忽一杵在肩膀上一錐，那些弟子們怕了，那杵都敗陣而走，好一個眞君，果有法術，果有神通，將寶劍望東一指，杵從東落，望西一指，杵從西開，望南一指，杵從南墜，望北一指，杵從北散，眞君雖有這等法力，爭奈千千萬萬之杵，一杵誅滅，一杵又來，却未能取勝，忽觀世音菩薩空中聞得此事，乃曰敖欽龍王十分仁厚，生出這個不肖兒子，助司蛟精，我若不去收了他如意杵寶貝，許遜縱有法力，無如之奈，於是駕起祥

雲在半空之中，解下身上羅帶，做成一個圈套兒，丟將起來，把那千千萬萬之杵盡皆套去，那太子見有人套去他的寶貝，心下慌張，敗陣而走，孽龍接見問曰，太子與許遜征戰，得大勝否，太子曰，我戰許遜，正在取勝之際，不想有一婦人使一個圈套，把我那寶貝套去了，我今没處討得，孽龍曰，套寶貝者非是別人，乃是觀世音菩薩言未畢，眞君趕至，孽龍望見，即化一陣黑風走了，太子心中不忿，又提着手中鋼刀再來交戰，此是敗兵之將，莢勇不加，兩合之中，被眞君左手一劍架開鋼刀，却將右手一劍來斬太子，忽

又好個賢父

有人背後叫曰不可不可真君乘眼一看見是觀音遂停住寶劍觀音曰此子是敖欽龍王的第三子今無故輔助孽龍本該死罪奈他父親素是仁厚今我在此若斬了此子龍王又說我不救他體面上不好看真君方纔罷手卻說那巡江夜叉回轉龍宮將太子助孽龍之事一一稟知龍王龍王頓足罵曰這畜生恁的不肖彼時東海龍王敖順西海龍王敖廣北海龍王敖潤同聚彼處亦曰這畜生今日去戰許遜就如那葛伯與湯為仇輔助孽龍就如那崇侯助紂為虐容不得他敖欽曰這樣兒子要他則甚遂取過

一口利劍勅旨遂令夜叉將去叫太子自刎而亡夜叉領了勅旨賫了三尺劍迎來見着三太子太子聞知其故唬得魂不附體撲跪下觀音叫道菩薩沒奈何到我父王處討過這次觀音道只怕你父親難饒你死罪你不如到蛇盤谷中鷹愁澗躲避三百年後等唐三藏去西天取經罰你變做個騾子送往天竺國馱經過來那時將功贖罪我對你父親說過或可留你太子眼淚汪汪拜謝觀世音往鷹愁澗而去觀音復將所收鈸揖付與夜叉教夜叉交付與龍王去訖真君亦辭了觀音回轉豫章不在話下卻說觀

功亦可准從漢之新猶鯀之知亡蛟故事

音菩薩別了真君欲回普陀巖去孽龍在途中投拜欲求與真君講和後當改過前非不敢為害言辭甚哀觀音見其言語懇切乃轉豫章來見真君真君問曰大聖到此復有何見諭觀音曰吾此一來別無甚事孽龍欲與君講和今後改惡遷善不知君允否真君曰他既要講和限他一夜滚百條河以雞鳴為止若有一條不成吾亦不許觀音辭真君而去弟子吳猛諫曰孽畜原心不改不可許之真君曰吾豈不知但江西每逢春雨之時動輒淹浸吾欲其開成百河疏通水路耳非實心與之和也吾今分付社伯阻撓

此是真君[illegible]如七擒孟獲使服其心而受降乎

其功勿使足百條之數則其罪難免亦不失信於觀音矣卻說孽龍接見觀音問其所以觀音將真君所限之事一一說與孽龍大喜是夜用盡神通連滚連滚恰至四更社伯扣計其數已滚九十九條社伯心慌乃假作雞鳴引動眾雞皆鳴孽龍聞得大驚自知不能免罪乃化為一少年未及天明即遁往湖廣躲避去訖真君至天明查記河數止欠一條雞聲盡鳴乃知是社伯所假也遂令弟子計功受賞真君急尋孽龍之時已不知其所在後來遂於河口立縣即今之南康湖口縣是焉卻說孽龍遁在黃州府黃岡縣

地方變作個少年的先生求館時有一老者姓史名仁家頗饒裕有孫子十餘人正欲延師開館孽龍至其家自稱豫章曾艮聞君家有館特來領教史老見其人品清高禮貌恭敬心竊喜之但不知其學問何如遂謂曰敝鄉舊俗但先生初來者或考之以文或試之以對然後啓帳甲老有一對欲領尊教何如孽龍曰願聞史老曰曾先生腰間加 點啓邦賢士孽龍曰我就把令孫爲對遂荅曰史小子頭上着一攢吏部天官史老見先生對得好不勝之喜乃曰先生高才蓬養奈寒舍學体微少未可輕屈孽龍道小子

三教偶拈

借寓讀書何必計利史老遂擇日啓館叫諸孫具贄見之儀行了拜禮遂就門下授業孽龍教授那些生徒辨疑解惑讀書說經明明白白諸生大有進益不在話下却說真君以孽龍自潦河以後遍尋不見遂同甘戰施岑二人遍到湖廣地面尋覔踪跡忽望妖氣在黃岡縣鄉下姓史的人家乃與二弟子逕往其處至一館中知是孽龍在此變作先生教訓生徒真君乃問其學生曰先生那里去了學生荅云先生洗浴去了真君曰在那里洗浴學生曰在澗中真君曰這楊十一月天氣還用冷水洗浴學生曰先生是個

體厚之人不論寒天熱天常要水中去浸一浸若浸得久時還有兩三個時辰纔回來真君乃與弟子坐在館中等他回時就下手拿着忽舉頭一看見柱壁上有對聯云

趙氏孤兒切齒不忘屠岸賈
伍員烈士鞭屍猶恨楚平王

又壁上題有詩句云

自嘆年來運不齊　子孫零落却無遺
心懷東海波瀾濶　氣壓西江草樹低
怒處咬牙思舊恨　豪來揮筆記新詩

三教偶拈　道

男兒不展風雲志　空負天生八尺軀

真君看詩對已畢大驚謂弟子曰觀詩此對皆是復仇之詩若此孽不除終成大患汝等務宜勉力擒之言未畢忽史老來館中看孫子攻書時遇冬天氣史老身上披領羊裘頭上戴頂煖帽徐徐而來及見真君丰姿異常連忙施禮問曰先生從何而來真君曰小生乃豫章人特來訪友史老謂孫子曰客在此何不通報遂邀真君與二弟子至家下告茶茶畢史老問真君姓名真君曰小生姓許名遜此二徒一姓施名岑一姓甘名戰史老曰聞得許君者法術甚妙誅

滅政精敢是足下否真君曰然史老遂下拜真君以其年老連忙答禮史老問曰仙駕臨此欲何爲真君曰尊府教令孫者乃孽龍精也變形於此吾尋蹤覓跡特來擒之史老大驚曰怪道這個先生無問寒天暑天日從淵中洗浴浴水之處徃時淺淺的今成一潭深不可量真君曰老翁有緣幸遇小生相救不然今日是個屋舍後日是個江河君家且葬魚腹矣史老曰此蛟精怎的拿他真君曰此孽千變萬化他若隄防於我擒之不易幸今或未覺縱要變時必資水刀可令公家凡水缸水桶洗臉盆及碗盞之類皆不

可注水使他變化不去我自然拿了他史老分付已畢孽龍死洗浴回館真君見了大喝一聲孽畜走那里去孽龍大驚將待尋水而變遍處無水惟現池中有一點餘水未傾遂從裏面變化而去竟不知其蹤跡後人有詩嘆曰

堪嘆蛟精玄上玄　墨池變化至今傳
當時若肯心歸正　却有金書取上天

史老見真君趕去孽龍甚是感謝乃留真君住了數日檢其欵曲真君因此處孽龍居久恐有沉没之患汝可取杉木一片過來吾書符一道打入地中庶可以鎮壓之真君鎮符已畢感史老相待慇懃更取出靈丹一粒點石一片化爲黃金約有三百餘兩相謝史老而去施岑曰孽龍今不知遁在何處可從此湖廣上下遍處尋覓誅之真君曰或此孽瞰我等在此又往豫章欲沉郡城土地未可知也莫若且回家中覓其踪跡如果不在再往外獲之未晚於是師弟們一路回歸却說孽龍精硯池變去又化爲美少男子逃往長沙府聞知刺史賈玉家生有一女極有姿色怎見得

眉如翠羽肌如凝脂齒如瓠犀手如柔荑臉襯桃

花鬟堆金鳳絲秋波湛湛妖嬈態春笋纖纖嬌媚姿說甚麼漢苑王嬙說甚麼吳宮西施說甚麼趙家飛燕說甚麼楊家貴妃柳腰微擺鳴金珮蓮步輕移動玉肢月裏嫦娥難比此九天仙子怎如斯

孽龍遂來結拜刺史賈玉賈玉問曰先生何人也答曰小人姓慎名郎金陵人氏自幼頗通經典不意名途淹滯莫能上達今作南北經商之客耳因往廣南販貨得明珠數斛民家無處作用特來獻與使君伏望笑留賈使君曰此寶乃先生心努所求況汝我萍

水樞逢、豈敢受此厚賜、再三推拒、慎郎獻之甚切、使君不得已而受之、留住數日、使君見慎郎禮貌謙恭、手姿美麗、琴棋書畫件件皆能、弓矢干戈般般慣熟、遂欲以女妻之、慎郎鞠躬致謝、復將珍寶厚賄使君親信之人、悉皆稱讃慎郎之德、使君乃擇吉日、將其女與慎郎成親、不在話下、却説慎郎在賈府成婚、以後歲過春夏之時、則告稟使君、托言出遊江湖、經商買賣、于秋冬之際、則重載船隻而歸、皆是奇珍異寶、使君大喜曰、吾得佳婿矣、盖不知其爲蛟精也、所得資財寶貨、皆因春夏大水覆人舟船、搶人財寶裝載

而歸、慎郎入贅三年、復生三子、一日慎郎尋思起來、不勝忿怒曰、吾家世居豫章、子孫族類一千餘衆、皆被許遜滅絶、破我巢穴、使我無容身之地、雖然潛居此地、其實怨恨難消、今既歲久、諒許遜不復知有我也、我今欲回豫章、大興洪水、渰沒城郡、仍滅取許遜之族、報復前仇、方消此恨、言罷、來見使君、使君問曰、賢婿有何話説、慎郎曰、方今春風和煖、正宜出外經商、特來拜辭岳丈而去、家中妻子、望岳丈看顧、使君曰、賢婿放心前去、不必多憂、若得充囊之利、早圖返棹、言罷、分別而去、時晉永嘉七年、真君與其徒甘戰施岑、遍覽城邑、遍尋蛟孽、三年間杳無踪跡、已置之度外去了、不想這孽龍自來送死、忽一日、道童來報、有一少年子弟、丰姿美貌、衣冠俊偉、來謁真君、真君命入、問曰、先生何處人也、少年曰、小生姓慎名郎、金陵人氏、久聞賢公有斡旋天地之手、懾伏孽龍之功、海内少二、寰中寡雙、小生特來過訪、欲遂識荆之願、別無他意、真君曰、孽精未除、徒負虚名、可愧可愧、真君言罷、其少年告辭而出、真君送而別之、甘施二弟子曰、適間少年是何人也、真君曰、此孽龍也、今來相見、探我虚實耳、甘施曰、何以知之、真君曰、吾觀其人

妖氣尚在、腥風襲人、是以知之、甘施曰、既如此、即當擒而誅之、何故又縱之使去也、真君曰、吾四次擒拿、皆被變化而去、今佯爲不知、使彼不甚隄防、然可隨便擒之耳、施岑乃問曰、此時不知逃躲何處、吾二人願往殺之、真君舉慧眼一照、乃曰、今在江滸、化爲一黄牛、卧於郡城沙磧之上、我今化爲一黑牛與之相鬪、汝二人可提寶劍潛往窺之、候其力倦、即拔劍而揮之、蛟必可誅也、言罷、遂化一黑牛、奔躍而去、真個

四蹄堅圓如山虎　兩角崢嶸似海龍
今向沙邊相抵觸　神仙變化果無窮

眞君化成黑牛早到沙磧之上即與黃牛相鬭恰鬭
有兩個時辰甘施二人躡跡而至正見二牛相鬭黃
牛力倦之際施岑用劍一揮正中黃牛左股甘戰亦
揮起寶劍斬及一角黃牛奔入城南井中其角落地
今馬當相對有黃牛洲此角日後成精常變牛出來
害取客商船隻不在話下却說眞君謂甘施曰孽龍
既入井中諒巢穴在此吾遣符使吏兵導我前進汝
二人可隨我之後躡其踪跡探其巢穴擒而殺之以
絕後患言罷眞君乃跳入井中施甘二人亦跳入井
中符使護引眞君前進只見那個井其口上雖是狹

的到了下面別是一個乾坤這邊有一個孔透着那
一個孔那邊有一個洞透着那一個洞就似杭州城
二十四條花柳巷巷巷相穿又似龍窟港三十六條
大灣灣灣相見常人說道井中之蛙所見甚小蓋未
曾到這個所在見着許大世界眞君隨符使一路而
行忽見有一樣物件不長不短圓圓的相似個擂槌
模樣甘戩拾起看時乃是一車轄問於眞君曰此井
中怎的有此車轄眞君道昔前漢有一人姓陳名遵
每大會賓客輒閉了門取車轄投於井中雖有急事
不得去必飲罷纔撈取車轄還人後有一車轄再撈

不起原來水蕩在此處來了又行數里忽見有一個
四方四角新新鮮鮮的物件施岑撿將起來一看原
來是個印匣兒問於眞君眞君曰昔後漢有宦官張
讓劫遷天子北至河上將傳國玉璽投之井中再無
人知覺後洛陽城南甄宮井有五色氣一道直沖上
天孫堅認得是寶貝的瑞氣遂命人浚井就得了這
一顆玉璽璽便得去却把這個匣兒遺在這里又行
數里忽見有一物件光閃閃白淨淨嘴彎彎腹大大
的甘戩却拾將起來一看原來是個銀瓶甘戩又問
於眞君眞君曰曾聞有一女子吟云石上磨玉簪玉

簪欲成中央折井底引銀瓶銀瓶欲上絲繩絕想這
個銀瓶是那女子所引的因斷了絲繩故流落在此
符使稟曰孽龍多久遁去眞仙須急忙追趕途路之
上且不要講古眞君於是命弟子趲步而行只見水
族之中見了的慌得魂不附體鮎魚兒只把口張鬪
魚兒只把頸縮蝦子兒只顧拱腰鯽魚兒只顧搖尾
眞君都置之不問却說那符使引眞君再轉一灣抹
一角正是行到山窮水盡處看看在長沙府賈玉井
中而出眞君曰今得其巢穴矣遂辭了符使回去自
來抓菜却說孽龍精既出其井仍變爲愼郎入於賈

使君府中使君見其身體狼狽舉家大驚問其緣故慎郎荅曰今去頗獲大利不幸回至半途偶遇賊盜資財盡劫又被殺傷左額左股疼痛難忍使君看其刀痕不勝隱痛即令家童請求醫士療治真君乃扮作一醫士命苻施二人扮作兩個徒弟跟隨這醫士

呵

道明賢聖藥辯君臣遇病時深識着望聞問切下藥處精知個功巧聖神戴唐巾披道服飄飄揚揚搖羽扇背葫蘆瀟瀟灑灑診寸關尺三部脉辯邪審癥奚煩三折肱療上中下三等人起死回生只

是一舉手真個是東晉之時重生了春秋扁鵲却原來西江之地再出着上古神農萬古共稱醫國手一腔都是活人心

却說真君扮了醫士賈府僮僕見了相請而去進了使君宅上相見禮畢使君曰吾婿在外經商被盜賊殺傷左額左股先生有何妙藥可以治之否其重誠真君曰寶劍所傷吾有妙方手到即愈使君大喜即召慎郎出來醫治當時蛟精卧於房中問僮僕曰醫士只一人麼僮僕曰兼有兩個徒弟蛟精却疑是真君不敢輕出其妻賈氏催促之曰醫人在堂你何故

不出慎郎曰你不曉事醫得我好也是這個醫士醫得不好也是這個醫士賈氏竟不知所以使君見慎郎不出親自入房召之真君乃隨使君之後直至房中厲聲叱曰孽畜再敢走麼孽龍計窮勢迫遂變出本形蜿蜒走出堂下不想真君先設了天羅地網活活擒之又以法水噴其三子悉變爲小蛟真君拔劍並誅之賈玉之女此時亦欲變幻施岑活活擒住使君大驚真君曰慎郎者乃孽龍之精今變作人形拜爾爲岳丈吾乃豫章許遜追尋至此擒之爾女今亦成蛟合受吾一劍賈使君乃與其妻跪於真君之前

哀告曰吾女被蛟精所染非吾女之罪伏望憐而赦之真君遂給取神符與賈女服之故得不變真君謂使君曰蛟精所居之處其下即水今汝舍下深不踰尺皆是水泉可速徙居他處毋自蹈禍使君舉家驚惶遂急忙遷居高處原住其地不數日果陷爲淵潭深不可測今長沙府昭潭是也施岑却從天羅地網中取出孽龍欲揮劍斬之真君曰此孽殺之甚易擒之最難我想江西係是浮地下面皆爲蛟穴城南一井其深無底此井與江水同消長莫若鎖此畜回歸吾以鐵樹鎮之井中繫此孽畜於鐵樹之上使後世

倘有蛟精見此畜遺厥磨難或有警惕不敢爲害此
戰曰善遂鎖了孽龍逕回豫章於是驅使神兵鑄鐵
爲樹置之郡城南井中下用鐵索鈎鎖鎮其地脉牢
繫孽龍於樹且祝之曰

鐵樹開花　其妖若興　吾當復出
鐵樹居正　其妖永除　永妖屏迹
城邑無虞

又留記云

鐵樹鎮洪州萬年永不休天下大亂此處無憂天
下大旱此處薄收

又元朝吳全節有詩云

八索縱橫維地脉　一泓清長定江流
豫章勝地由天造　砥柱中天億萬秋

真君又鑄鐵爲符鎮於鄱陽湖中又鑄鐵蓋覆於廬
陵元潭今留一劍在焉又立府靖於岧嶤山頂皆所
以鎮壓後患也真君既擒妖孽功滿乾坤時晉明帝
太寧二年大將軍王敦字處仲出守武昌舉兵內向
次洞庭湖真君與吳君同往說之蓋欲止敦而存晉
室也是時郭景純亦在王敦幕府因此三人得以相
會景純謂真君曰公斬馘蛟精功行圓滿況曩時西

兒解之中　漢衍兵解　謝洛金道

山之地靈氣鍾完公不日當上昇矣真君感謝一日
景純同真君吳君來謁王敦敦見三人同至大喜遂
令左右設宴款待酒至半酣敦問曰我昨宵得一夢
夢見一木破天不知主何吉凶真君曰木上破天乃
未字也公未可妄動吳君曰吾師之言灼有先見公
謹識之王敦聞二君言心甚不悅乃令郭璞卜之璞
曰此數用兇體將軍此行幹事不成也王敦不悅曰
我之壽有幾何璞曰將軍若舉大事禍將不久若遂
還武昌則壽未可量王敦怒曰汝壽幾何璞曰我壽
盡在今日王敦大怒令武士擒璞斬之真君與吳君

舉杯擲起化爲白鶴一雙飛遶梁棟之上王敦舉眼
看鶴已失二君所在且說郭璞既死家人備辦衣衾
棺槨殯殮越三日市人見璞衣冠儼然與親友相見
如故王敦知之不信令開棺視之果無屍骸始知璞
脫質昇仙也自後王敦行兵果敗遂還武昌而死卒
有支解之刑蓋不聽三君之諫以至於此再說吳君
邀真君同下金陵遨遊山水既而欲買舟上豫章打
頭風不息舟中人曰當此仲夏南風浩蕩舟船難進
奈何真君曰我待汝等駕之汝等但要瞑目安坐切
勿開眼窺視吳君乃立於船頭真君親自把船遂召

黑龍二尾挾舟而行，經池陽之地，以先天無極都雷府之印印西崖石壁上，以辟水怪，今有印紋。舟漸漸凌空而起，須臾過廬山之巔，至雲霄峰。二君欲觀洞府景致，故其船梢刮抹林木之表，戛戛有聲。舟人不能忍，皆偷眼窺之，忽然捨舟於層巒之上，折桅於深淵之下，今號鐵船峰，其下有斷石，即其桅也。真君謂舟人曰：汝等不聽吾言，以至如此，今將何所歸乎？舟人懇拜，願求濟度之法。真君教以服餌靈藥，遂得辟穀不飢，盡隱於紫霄峰下。二君乃各乘一龍回至豫章，遂就舊時隱居，終日與諸弟子講究真詮，乃作思

仙之歌云：

天運循環兮，疾如飛；人生世間兮，欲何為？爭名奪利兮，徒丘墟；風月滋味兮，有誰知？不如且進黃金巵，一飲一唱日沉西。月沙養就玉龍池，小瓢世界寬無涯。世人昧道是愚癡，酩然一笑天地齊。

又作八寶垂訓曰：

忠孝廉謹，寬裕容忍。忠則不欺，孝則不悖，廉而罔貪，謹而勿失。修身如此，可以成德。寬則得衆，裕然有餘，容而翕受，忍則安舒。接人以禮，怨咎滌除。凡我弟子，動靜勤篤，念茲在茲，當守其獨，有喪厥心

三官考覈

却說天地水府三元三品三官大帝及太白金星，因言真君原是玉洞天仙下降，今除蕩妖孽，惠及生靈，德厚功高。其弟子吳猛等扶同真君，共成至道，皆宜推薦，以至天庭。商議具表奏聞玉帝，玉帝准奏，乃授許遜九天都仙大使兼高明大使之職，封孝先王，遠祖祖父各有職位。先差九天採訪使崔子文、段丘仲捧詔一道，諭知許遜，預示飛昇之期，以昭善報。採訪二仙捧詔下界，時晉孝武寧康二年甲戌，真君時年一百三十六歲。八月朔旦，見雲仗自天而下，導從者

甚衆，降於庭中。真君迎接拜訖，二仙曰：奉玉皇勅命，賜子寶詔，子可備香花燈燭，整頓衣冠，俯伏堦下，以聽宣讀。詔曰：

上詔學仙童子許遜，卿在多劫之前，積修至道，勤苦悉備，天經地緯，悉已深通，萬法千門，罔不師歷，救災拔難，除害蕩妖，功濟生靈，名高玉籍，衆真推薦，宜有甄昇。可授九州都仙大使兼高明大使孝先王之職，賜紫綵羽袍、瓊旋寶節各一事，期以八月十五午時拔宅上昇。詔書到日，信詔奉行。

讀罷，真君再拜，遂登堦受詔畢，乃揖二仙上坐，問其

姓名，一仙曰余乃崔子文，段丘仲，俱授九天採訪使之職。真君曰愚蒙有何德能，感動天帝，更勞二仙下降。二仙曰，公修已秋，八功行已滿，昨者羣真保奏，歷入仙班，相迎在邇，先命我等捧詔諭知。言畢遂乘龍車而去。真君既得天書之後，門弟子吳猛等與鄉中耆老及諸親眷，皆知行期已近，朝夕會飲，以叙別情。真君謂衆人曰，欲造神仙之路，在先行其善而後立其功。吾去後一千二百四十年間，豫章之境，五陵之內，當出地仙八百餘人，其師出於豫章，大闡吾教，以吾壇前松樹枝垂覆拂地，郡江心中忽生沙洲，掩過井口者，是其時也。後人有言，龍沙會合，真仙必出。按龍沙在章江西岸畔，與郡城相對，事見龍沙記。澹清逸有望龍沙五言詩云

五陵無限人　遙視松沙記
龍沙雖未合　氣象已虛異
昔時雲浪遊　坐作桑麻地
地形帶江轉　山勢若連契

是時八月望日，大營齋會，遍召里人及諸親友并門弟子，長少畢集。至日中，遙聞音樂之聲，祥雲繚繞，漸至會所，羽蓋龍車，仙童綵女，官將吏兵，前後擁護，前

採訪使崔子文、段丘仲二仙又至，真君拜迎，二仙復宣詔曰

上詔學仙童子許遜，功行圓滿，已仰潛山司命官傳金丹於下界，返子身於上天，及家口廚宅，一并拔之上昇。着令天下力七與流金火鈴照辟中間，無或散漫。仍封遠祖許由玉虛僕射，又封曾祖許琰太微兵衛大夫，曾祖母太微夫人，其父許肅封中嶽仙官，母張氏封中嶽夫人。欽此欽遵。詔至奉行

真君再拜受詔畢，崔子文曰，公門下弟子雖衆，惟陳勳、曾亨、周廣、時荷等，外黃仁覽與其父聘烈，與其母，共四十二口，合當從行，餘者自有昇舉之日，不得皆往也。言龍揖真君上了龍車，仙眷四十二口，同時昇舉。里人及門下弟子不與上昇者，不捨真君之德，攀轅臥轍，號泣振天，願相隨而不可得。真君曰，仙凡有路，可過汝等，但能遵行孝道，利物濟民，何患無報耶。真君族孫許簡哀告曰，仙翁拔宅冲昇，後世無所考驗，可留下一物，以爲他日之記。真君遂留下修行鐘一口，并一石函，謂之曰，世變時遷，此即爲陳迹矣。真君有一僕名許大者，與其妻市米於西嶺，聞真君飛

故事亦雅

推即奔馳而歸行仵車覆遣其米於地上米皆復生今有覆米岡生米鎮猶在此至哀泣求其從行眞君以彼無有仙分乃授以地仙之術夫婦皆隱於西山仙仗既舉屋宇雞犬皆上昇惟鼠不潔天兵推下地來一跌腸出其鼠遂拖腸不死後人或有見之者皆爲瑞應又墜下藥臼一口碾轂一輪又墜下雞籠一隻於宅之東南十里又許氏仙姑墜下金釵一股今有許氏墜釵洲猶在時人以其拔宅上昇有詩嘆美云

慈仁共羨許旌陽　惠澤生民耿不忘
拔宅上昇成至道　陽功陰德感蒼蒼

仙駕飛空漸遠望之不可見惟見祥雲綵霞瀰漫上谷百里之內異香芬馥忽有紅錦帳一幅飛來旋繞故地之上却說眞君仙駕經過袁州府宜春縣棲梧山眞君乃遣二青衣童子下告王朔其謫玉皇詔命因來相別王朔舉家瞻拜告曰朔蒙尊師所授道法遵行已久乞帶從行眞君曰子仙骨未充止可延年得壽而已難以帶汝同行乃取香茆一根擲下令二童子授與王朔教之曰此茆味異可栽植於此地久服長生耳能養肉辛能養節苦能養氣鹹能養骨滑能養膚酸能養筋宜調和美酒飲之必見功效言訖而別王朔依眞君之言即將此茆栽植取來調和酒味服之壽三百歲而終今臨江府玉虛觀即其地也仙茆至今猶在眞君飛昇之後里人與其族孫許簡就其地立祠以所遺詩一百二十首寫於竹簡之上載之巨簡令人探取以決休咎其修行鍾藥轂藥臼石函等事並寶藏於祠後改爲觀因空中有紅錦帳飛來旋繞故名曰遊帷觀眞君既至天庭玉帝壓殿崔子文段丘仲二仙引眞君與弟子等聽候玉旨玉帝宣入朝見眞君揚塵拜舞俯伏金堦下上表奏曰

臣前遜庸才劣質雖有呪水行符誡毒之功蓋亦賴衆弟子十一人之力今弟子之中止有陳勳曾亨周廣時荷黄仁覽盱烈六人已蒙聖恩超昇天界更有吳猛施岑甘戰鍾離嘉彭抗五人未蒙拔擢誠爲缺典望乞一視同仁宣至天庭同歸至道玉帝見奏即傳玉旨差周廣爲使賫傳詔旨令吳猛等五人同日上昇周廣即拜辭玉帝賫詔下宣是時乃晉寧康二年九月初一日也吳猛時年一百八十六歲見眞君上昇已不與從心内怏怏正與施岑甘戰鍾離嘉彭抗四道友同歸西寧聚義修煉只見周廣賫詔自天

而下、衆相見畢、動問其下界之故、周廣曰、吾師朝見玉帝、即上帝即位、仙友多助仙功、未得上昇、懇求玉帝超擢、玉奏即差廣賫詔旨、令五君上昇、同歸至道、五人聽言大喜、各乘白鹿車、白晝冲昇、今有吳仙村吳仙觀、是其飛昇之處、然眞君所從遊者三千餘人、其有功有行而得上昇者、通吳君十有一人焉耳、眞君領弟子朝見玉帝畢、玉帝各授以仙職、遂率羣弟子拜謁太師祖孝悌明王衛弘、師祖孝明王蘭公、師傅諶母已畢、又謝了三官、金星保奏之功、眞君又薦舉故人許都、胡雲、雲陽詹跪二人、皆有道之士、玉帝

皆封眞人之號、不在話下、却說眞君自昇仙後、屢顯神通、隋煬帝無道、燬佛祠、乃將遊帷觀廢毀、唐高宗永淳年間、遂命眞人胡惠超重新建之、至宋太宗、仁宗皆賜御書、眞宗時賜改游帷觀曰玉隆宮、至宋代政和二年、徽宗忽得重疾、面生惡瘡、晝寢恍然一夢、見東華門有一道士、戴九華冠、披絳章服、左右童子持劍導前、來至丹墀稽首、帝疑非人間道士、因問曰、卿是何人、道士對曰、吾爲許旌陽、權掌九天司職、上帝詔往西瞿耶國按察、經由故國、知主上患疾、特來顧之、帝曰、朕患毒瘡、諸藥不能愈、卿有藥否、道士

即取小瓢子傾藥一粒、如菉豆子大、呵氣抹於徽宗瘡上、遂揖而去、且曰、吾洪都西山弊舍、久已零落、乞望聖眼一瞻爲幸、帝豁然而寤、覺滿面清凉、以手磨之、瘡遂愈矣、乃令近臣將圖經考之、見洪州西山有許旌陽遺跡、詔造許眞君行宮、改修玉隆宮、仍添萬壽二字、塑眞君新像、尊號曰、神功妙濟眞君、許眞君所遺之物、皆有神護守、不可觸犯、如殿前手植柏樹、其榮瘁常兆本宮盛衰、翦葉煎湯、諸病可愈、井中鐵樹、唐嚴譔作洪州牧、心内不信、令人掘發、俄然天變、忽有迅雷烈風、江波泛溢、城郭震動、譔懼、叩頭悔謝、

久之而後止、又強取修行鍾、置之僧寺、擊之聲啞、如土木、譔坐罪、見神人叱責、醒覺而送鍾還宮、又碾輪藥臼、州牧徐登令取至府觀之、猶未及觀、遂乃飛去、還宮、又石函、唐朝張善安竊據洪州、强鑿開其蓋、内册朱書數字云、五百年後、強賊張善安開鑿之、善安看畢恐懼、遂磨洗其字、終不泯滅、因藏其蓋、其字尚留、函底宋高宗建炎間、金人寇江左、欲焚燬宮殿、俄而水自檻桶噴出、火不能燒、虜酋大驚、乃徹兵而去、皇明列聖尤加寅奉、　勑賜重修宮殿、眞君屢出護國行醫、正德戊寅年間、寧府陰謀不軌、親詣其宮卣

君降箕筆云

三三兩兩兩三三　殺盡江南一擔蛇

荷葉敗時黃菊綻　大明依舊鎮江山

後來果敗諸靈驗不可盡述後人有詩嘆云

金書玉檢不能留　八字遺言可力求

試看真君功行滿　三千弱水自通舟

主靜書屋

安南一統志

提要

《安南一統志》十七回，越南黎朝吳時倩撰，法國遠東學術院藏越南寫刻本。本書亦稱《黎季外史》，為講史小説，敍述越南黎朝敗亡與阮朝興起。書末有『飛龍己亥年夏六月十五日，翰林院侍讀充北圻統使府寔授第五項錄事阮有常奉鋟』字樣，當刻於越南黎朝結束，阮朝建立之後。

黎季外史

安南一統誌目錄

右
山南青威縣左青威簽書吳時倩撰共十七回

安南一統誌卷之一

第一回。

鄧宣妃寵冠後宮。 鄭世子廢居幽宮。

○話說皇朝黎莊宗裕皇帝中興于淸馬江、勝世祖明康太王、鄭檢、爲韓、永福縣、梁山府人、與國公阮淦之婿、宋山嘉苗人、謀勦逆莫、還于故都、鄭氏世襲王位、專握大權、皇家漸見衰弱、傳于顯宗永皇帝、紀元景興、時聖祖盛王、嗣尊弄威福、帝惟垂拱而已、盛王爲人剛明英斷、智慧過人、有文武才畧、博覽經史、能爲詩文、既襲位、總小累朝、相度國政、朝綱一番整頓、出擒逆黨、取次削平、有獨運區宇之志、遂賛平寧、王師所至、無不克捷、時四方寧謐、府庫充實、王漸有驕侈之心、寵妃侍女、肆意娛樂、一日、選好妹婢鄧氏蕙、捧花盒迎進王前、即鄧氏扶董人、生得鳳眼蛾眉、十分美麗、王見而悅之、因而納之、自是漸見寵幸、言無不聽、欲無不從、與王同居正寢、如人家夫婦、乘輿衣服、皆擬於王、鄧氏特寵頗弄、有不如意者、輒作憔悴之容、悲號哭泣、以亂王心腹、王有夜光珠一顆、乃平南時所獲、串於巾頭以爲玩、鄧氏弄之、王曰、好輕輕手、無使珠傷、鄧氏乃擲珠於

二

地而泣曰、何物此珠、不過入廣循探出償王、王何忍豈貪而輕妻耶、乃自廢於別宮、辟而不見、王多奇愛曲以悅其心、鄭氏始背與王相善、及鄭氏有娠、王使人禱百神、祈生聖子、居期而生男、王最鍾愛、滿百日、王以其少時御名樺命之、取其類己也、是年、丁酉、十八年也、三御試第三場、御題以山川英氣河海秀鍾爲題、文武諸臣承望風旨、亦多以呈輝海潤而賀者、週歲骨相豈偉異於常人、既能言時、應對明辨、擧止儼如大人、文武諸臣有入見者、正容揖之、或隣戚再見、皆能言姓名、歷說前事、王常命詞臣製十六字頌、使阿保口授、一經耳即成誦、王尤所慈悅、鄭氏由是潛有奪嫡之意、欲說王世子鄭祿、楊太妃所生也、太妃名五歡、石河龍福人、其始爲愚王之寵、宮嬪生瑞郎公、最爲愚王所鍾愛、太妃因姊得進於王、自入宮以後、寂寥度日、忽一夕夢見神人、賜赭緞一段、畫龍頭、不知何端、以語侍者漢忠侯、漢忠侯知其生聖之瑞、次日命召宮嬪五寬進御、漢忠侯假爲諧謬、召太妃進御、王見而不悅、然業已召至、不忍斥遣、召讓漢忠侯、漢忠侯叩頭謝罪、復以太妃說夢顛末一一稟白、王默然不答、太妃一經雨露、便即懷娠、及生男子、當癸未景興二十四年、王自念龍有君象、但緬龍非真龍、而有頭無尾、亦

二

非吉之兆，且前朝有鄭檜、王弟有鄭棣，亦能偏可出，密謀逆而無成，心願不懌。文武群檟，王辭來嫡不受，既長，容貌俊豐，而王不甚鍾愛，世子性好武，不嗜學。年七歲，王命庚辰科進士阮侃為左司講、己丑科進士陳坦為右司講，授尋本。侃以柄用，啓歷中外，亦不時就講，每以先朝故事。世子年十二歲，未出居東宮，詩以為請，王不許，但許就居阿保炘郡公營宅，東宮猶虛位，若將有所待者。及年五歲，少子榦生，王鍾愛無分。後三年，庚子，世子年十八，未得開府，時臣無不言者，王亦不說，於是儲未定，人心不一，凡屬世子者附世子，黨於鄭氏者附王子榦，漸有彼此之形。鄭氏自以世子年長，羽翼成，而子榦幼冲，益謀自豐殖。時暉郡公黃素履素有望重，當以鄭氏為提，鄭氏亦倚為外助。暉郡奉公人，平南上將黃暉，公黃五福之姪，為人丰表清逸，有文武才，初舉乙酉科鄉試中式，又舉丙戌科造士恩，王時亦倚重暉公，遂以次女嫁之，暉公威權日盛，人有不測之疑，或云暉公將取天下，傳之暉郡，按圖讖有一豕逐群羊之語，王與世子皆未命，而暉郡多命當應讖，好事者又撰為草一田八之讖，指黃也，又云土脣雲閣月，剪華枝，奇土脣坼，字也，指揮郡，曰華暉，字也，指暉公，又暉郡猶名鄭寶，人亦

指議、由是暐公以形迹自嫌、使暐郎改名素馥、而以目疾去職、
却說甲午年、暐公奉命南征、以暐郎自隨、暐郎素得暐公用兵家法、爲其將佐、
所長服、又善調用人才、豪傑皆樂爲用、屢破敵有功、擢登日顯、順化平、暐公奏
王以暐郎代領暐公所部兵、爲大安鎮守、暐郎居鎮弭盜賊、禁捍騷、抑豪強、伸
獄訟、境內大治、收用英才、分設僚屬、其麾下有左右參軍等名色、天下沸騰、言
暐郎將反、王曰與信臣阮佩及世子阿保炘郎公阮挺謀誅之、隱語以暐郎爲
十、字蓋十口字、與乂字相近、指乂安鎮也、嘗屏人密議、惟鄭氏知之、暐郎所尚公
主、日夜出入府中、伏事鄭氏、鄭氏以其事告公主、暐郎內不自安、啟請回朝、王許之、
暐郎飭料鄭氏雖有寵、但可生王子尚幼、而世子年長、奉鄭氏求久安之策、既
入見王、遂以珍寶賂世子左右、求附於世子、又具黃金一百兩、南京緞十端爲
贄禮、入見世子、世子却其禮而不與之見、又私與侍者曰、此賊何不蚤麋遠去、
而遽爾回朝、他日當籍其家、安用彼贄、暐郎自知不爲世子所容、乃決意附鄭
氏、而陰定廢立之計、以暐公舊居臺府然爲亭榭、崇宅、自是倚鄭氏爲私人、鄭
氏亦保暐郎於王前盡力、暐郎遂入政府、間中觀兼管署府事、遙領山南鎮守、

與鄭氏内外交締、勢傾天下、武臣驍奇顯皆出其門、惟山西鎮洪嶺侯阮侃、爲世子左擁庇比翼、達生侯阮寬遵、乃世子阿保嬌郡公之義子、與暉即彼此朋黨之勢成矣、

卻說、世子自王子檊生、意甚悒悒、惟恐已不得立、要其家臣小豎勢壽寄、儒生潭春樹、弁流出身永武等、日夜深慮、未知所出、會王有積疾再發、甚於危劇、世子一日夢見身穿紫色衣、頭戴了字帽、立於府堂、遂謂家臣曰、吾夢如此、爲諒闇之服、宮中將不日有變、吾當早爲之計、群小請陰藏甲兵、潛招勇士、侍宮中、一旦不諱、閉諸城門、殺暉、郡廉、佳鄭兵與王子檊、使不得立、既報西北兩鎮將兵入衛、脅諸大臣、以定其位、世子從之、宣言將有南征之命、使人寄資溪忠侯銀子一千兩、付儒生春樹、分給諸人、陰藏器甲、又陰報顯宦、招募義勇、布置已畢、適王疾再愈、其事頗洩、有進朝阮輝寵者、嘉林人、爲人狡險、慣以發舉人覓官、年前曾發阮輝基、頊瑞郡公謀逆事、由發舉人得爲山南參議、舉爲進朝、歷官太原督同、以事閒廢、急於求用、使其長子之婦入爲鄭氏宮婢、常採拾王世子嬉游事、言於鄭氏、以女婿又潛使親信居西北兩鎮麾下、偵探其情實、是頗知其大略、

六

八、告鄧氏，鄧氏使以其狀謀於暉，鄧暉即教伊爲疏，封自袖入政府中，屏人進呈。王覽疏大怒，命付下急治。暉即謀曰：世子誠有過，然豈作此大權，責西北兩鎮官主之，令伊兩員擁兵在外，若急治，恐有他變，不若先召向朝，縻於府中，然後發其狀治之。王曰：善。翌日，召世子入，佯以學問因循責之，命入居澤閣之三間。更以丙戌科進士阮佪爲左司講，戊戌科進士阮煦爲右司講，而召西北兩鎮官回。時景興庚子八月十五日也。

却說世子有家臣盧講，乙未科進士吳時仕爲京北督同，與鎮守遵生侯最相得。鎮官凡事無不與謀，惟世子所謀事略不說。致兆是數日，有世子家臣小監山，嘗爲吳時仕門生，世子所使。山嘗告吳時仕以此謀，且密使差人潛往諒山市買紅毛紅緞雄馬，以爲兵用。吳時仕大驚曰：世子國之儲貳，國乃其國，何患此？仕而必爲此謀，此必群小所誘掖。且世子有客氣之性，思慮未熟，主上聰燕，豈能欺隱？得過恐衬，且不測，家臣之屬，置身無地矣。乃與遵生侯言其狀，且告以急傾赴京諫世子，令寢其事，以杜衬隨。遵生侯拒之曰：小哉！與宦人但令於防勘問，此外不預此，毋須掛齒。吳時仕長吁而去。數月，果有召命，遵生侯即刻

七

就道約吳時仕與之偕行、比及至京、山西鎮官興阿保斯郡公、並已被召、侍罪于左穿堂、遵生侯入見於叁蓬、王不許入、命侍臣齊忠侯責之曰、寬與王世子綜謀反、寬第去治兵、我已有彊臣與寬對手、遵生侯出去、遇吳時仕於小室店、執其手嘆曰、侯事主上、自出鎮以來、今王以賊呼之、昨日宫人之言、以為密奏、今事已如此、將奈何、吳時仕亦愴惶、不知所答、遵生侯乃修啟、且招前事再懇齊忠侯遞覽、王怒命執於遵生侯面前、遵生侯搶之而出、不知所去、惟恐失措、山西鎮官亦並驚懼、欲有所言、不敢自達、乃共告吳時仕曰、吾等仕宦譏深、有言不信、吾侯當以其所聞修啟、抵罪群小、庶幾我等自寬、王世子亦保無事矣、時仕不得已從之、不意王得啟益怒、曰、果若人言不誣矣、乃命吳時仕與侍臣辟朗侯、堂忠侯、晏忠侯同查、吳時仕與侍臣欲從中救解、更以奔喪去職、再命同參從壬申科榜眼裴泌侯察責、惇代查、查得其狀、王乃召政臣入內、泣曰、寡人不幸、遭此不肖之子、過不忠之臣、潛謀叛逆、其跡與承乾相類、而心又甚焉、廢長立少、事非獲已、卿等其諒我心、當按法論之、廷議貿犯諸臣當死、惟王子不敢擬議、條上、王特筆批云、按春秋之法律當從重、第念天性之親情有不忍廢

然爲李子、然守臣薛諸惟山西鎮官、與溪忠侯、李陳瑨、知日久有勞、時許減死

囚之阿保炘郡公、以老實不預、亦免死、落職爲民、命下、溪忠侯與遵生侯皆欲

兼死、遵生侯有帳下文書阮國鎮、亦遂出論、臨刑、罵曰、天無日、朝無官、使國鎮

含冤、使其所親納筆紙於袖中、曰生不伸冤、死當訟於冥府、聞者壯之、世子既

廢、王乃命居三間堂、使人監制、凡飲食居處、皆不得自由、家臣諸人、皆不許出

入、由是世子之黨、各奔亡逃匿、鄧氏之黨益張、大小諸臣、莫不趨附、王亦益加

禮重、鄧氏乃爲其弟鄧茂麟求婚、王女玉鵲公主、王亦許之、適公主害玉桂、乃

王之最愛女、原來黄正妃出下兩位公主、長玉瑛公主、字玉嬿、嫁蕭文安顯守

端郡公裴世達之長男瑞忠侯裴世遂、第二公主、未有所尚、王最鍾愛、公主姿

質弱、自幼居水晶宮、不見風露、所居之處、王戒侍妾言語低聲、恐驚公主、既

長、每進見與王同坐、若爲孩提時、凡所請託、言無不售、勳貴之臣求婚、王皆求

有所許、曾旨下文武諸臣與功臣大族子孫、公選合公主意者嫁之、更無與選

者、至是鄧氏爲其弟求婚、王重違其意、從之、

却說茂麟爲人凶暴、自鄧氏有寵、麟得勢肆行、與馬衣服、一如王子、常帶手

下數十人，持刀鎗棍，行京邑，撞著車馬，不問是甚官員，要惹起釁隙，毆辱爲快，過女於途，悅目者，却把帷帳與之通，其女或不順從，即割其乳頭，女之夫或父敢有出言者，立即撾其齒，亦有至既死者，天下之人避之甚如豺虎，王亦知之，既許下嫁，後懷顧惜，且念公主姿稟薄弱，不堪此強暴之男，同門之日，王以公主未經疹痘爲辭，不許合巹，命阿保宮與侍女保護公主，又使內差史忠候監制，不許茨麟侵犯公主，正是

少女芳心原不怯，
令郎好事更多磨。

未知這事如何，且聽下回分解。

評曰：廢嫡立少之事，皆謂在於鄧氏，我謂不在鄧氏而在於王，又不在於王而在於太妃，又不在於太妃而在於太妃之憂矣。何也？進御之時，溪忠候踏課，王已有不悅之心，廢立之漸一也。既見之後，龍頭說憂，而王又有不懌之心，廢立之漸二也。及世子乃生，而不受拜賀，則廢立之事已半分露矣。當是將，鄧氏未寵，子樽未生，果氣爲而說致孕，吾故曰：王心自是如此，縱宮中誰女生得少子，王亦必有廢立之事，況鄧氏既有寵子樽又聰明，

十

第二回　立鄭都七輔受遣　裴暉郎三軍扶主。

且說裴麟既得尚公主、却被史忠豈斷、心甚忿怒、謂史忠曰、王謂王女如陸地仙、我看之、曾不若我家人婢獲婢女、又何貴豈我貴戀他顏色、但貴畫多藏娶得一婦、幾不成何様子、亦當權若一回、令軟如泥、以償其道、乃縱去耳爾歎白善其身、好覓去路、毋謂我不告也、史忠曰、是王上旨、非僕敢爾、麟曰、試問王上身處我地、還忍耐否、史忠曰、長官不可如此過辭、王者非常人、叱、麟大怒曰、卑以王者嚇我耶、王者是甚、乃拔劍斫之、史忠應身而斃、史忠既死、麟乃閉營門、令內外不得出入、將潛消其屍、公主聞之、惶恐、使侍女逃出小竇、奔訴于王、王大怒、命侍臣將吏兵來捕麟、麟拔劍立門前曰、敢入者死、王再命暉郎公將兵圍捕之、送歸王府、王命付朝廷議罪、廷議殺、使羅應當集、鄧氏親泣請代、王不得已、特許減死、降論徙流遠州邊鄙、不在話下、

再說、王子琳生來、雖英秀聰明、但先天稟薄、在襁褓、疳病肚大、膚瘦、色淡、節青、四肢削瘦、王遍求四方名醫調治、以醫進者阮植由、抓準得爲進覲、奉授陞以

十一

北圖客商、將與兵封侯、無村可寓以石萬計、調洽累年不效、王使人遍禱各處靈祠、宮中又設壇場、日夜焚香祝禱、都不獲愈、或言嬪妃失寵、恚爲巫蠱事、埋木人於宮中厭勝、王大怒、命捕嬪妃家人問狀、逆皆逃竄四下、拿捉不獲、皆若引拱埋木人處、不見事蹟、王猶疑之、後劉氏爲齎禳符纂之事由、是巫史盛行、王子病亦時有增減、及世子得罪、王子病適愈、次年疹疽又頓、漸癒無恙、王大喜曰、疹疫患痘、亦是常症、不足爲虞、但既疹痘、便是成人、中外亦皆稱賀、方勸王降明旨、立爲世子、以繫天下之望、王從之、聖母太宗言於王曰、王子榛與橉皆孫也、老奸識無所偏愛、但橉年長無恙、而橉年幼抱恙、願王以宗社爲念、且虛位東宮、庶幾季子追悔、不然待王子橉長、冊立未晚、王曰、榛橉在聖母爲孫、未若在臣爲子、古人謂知子莫若父、臣春至昏耄、況朝廷公議如此、豈臣要少織成、聖母豈不洞照、今日若不正儲位、闢之後、心懷覬望、臣恐衬且不測、且天下大器、要付托得人、以宗社爲重、況私於少耶、使橉終病不起、寧立桂郎以還伯父正派、毋托此不肖、以墮祖宗之業、聖母遂不敢復言、王乃命朝臣具本奏知皇上、立王子橉爲世子、

十二

却說王自數年以來、宿病時作、或一月半月、往往危劇、太甚、尋復痊可、最怯風暑、平居在宮中、晝夜俾燭、非大朝會、未嘗出見群臣、廂堂御坐、亦設水晶帳、宸輿亦施水晶畫簾、以辟風、百官啓事、皆憑侍臣傳言、雖最親貴者、亦或一年半載、始得一面、朝臣文武、未嘗得見龍顏、附堂事、並憑外間傳說、六曹事是以壅塗尤甚、至是王疾轉劇、鄭氏日夜伏侍、大臣惟暉郡公得以出入、王母與王女亦鮮得進見、每日問安、在寢門外問侍者而已、鄭氏侍疾、言於王曰、妾事王上過蒙憐恤、寡恩所蓋、不知他日、妾母子猶身何地、王慰勞之曰、世子已正位東宮、國乃其國、卿他日為天下母、誰人轉得、鄭氏曰、恐不預定、到有緩急、卽為他人所奪耳、王曰、已有暉郡公在、乃顧暉郡公曰、卿他日保護正宮與世子、以寧我心、暉郡曰、臣敢不盡心所事、繼之以死、但請及今詔命、以世子襲位、冊正宮為妃、同聽政、俾有成命、王曰、善、卿當輔之、暉郡曰、受遺輔政、臣不敢獨任、倈郡公、王室懿親、院郡公、師傅大臣、珠郡公、泗水侯、皆在政府、素有德望、擬郡公、東宮門保、奕忠侯、東宮保衛、皆為信臣、請譔賜諸員、與臣同受顧命、王許之、暉郡乃宣旨、命泗水侯草顧命書、添差汝公瑱、草宣妃冊制書、成、暉郡袖入、假旨請

十三

發穿、時王疾已彌留、聖母入省、鄭氏抱王起坐、王母立御榻旁、涕泣請安、王泣下曰、小子其拜手稽首啟國聖母、小子不幸短命、不得終事聖母、惟念孝道未終、五內如割、請聖母御駕還宮、寢膳從容、毋以小子為念傷至懷、晨昏之奉、已有嗣王、聖母撫泣下久之、意欲以儲位為言、而有鄭氏在、難於啟齒、遲回未出、王曰、聖母重傷小子、顧惟不捨、小子益自傷心、不得瞑目、伏祈聖駕還宮、聖母含淚而去、王與鄭氏訣曰、我病不起、不得與卿白頭相守、我大歸後、卿第留奉侍聖母、保育嗣子、琴瑟之約、重訂來生、鄭氏哽咽對餘、乃截髮而誓曰、王上不憐妾身、忍捨妾踽踽孤榻、願以身殉王、上奉事聖母、已有兩位公主、輔佐嗣王、已有諸大臣、主上勿以是托妾、乃放聲大哭、王頷垂忠後曰、我身後、大臣等善慰藉正宮、毋使毀傷、就使志不可奪、須追冊歸陵、陪我正寢、乃召卿郎、令受顧命、兩員入、命免拜、賜坐、兩員涕泣請安、王曰、小子拜手稽首、小子不幸嬰疾、今大漸彌留、命世子嗣襲位、尚賴叔父與師臣同心夾輔、以濟于艱、言訖、命鄭氏歸臥、暉郎脫去袖中顧書、進呈、王以手揮之、暉郎再請曰、今聖體少安、願書留白姓名、臣請王命親臣卿郎公代筆、王不能答、頷之而已、卿郎公執筆於御榻前、歷書姓名於顧命書留旬歷畢再遞進御覽王已瞭目不宥遂薨時景興壬寅九月十三日年四十四歲襲位之十六年也屬纊復畢鄭一面分遣發音治喪一面將顧命書并宣妃冊付查忠編傳送出政府命朝臣奏知皇上敕諭主王世子㭭為奠都王百官登共衹就敬天門欽迎敕命回至府堂阿保楧郡公抱世子具朝服冠帶燦色衣立於府庭跪受敕命訖乃設御榻於外府堂抱王即位百官以次拜賀禮畢抱王入覲宮拜聖母訖各易素服發哀王有高年書凡喪禮皈令至大祭八廟禮節儀文皆有成畫覲聖祖盛王亦素已撰定藏在書內至是按書而行大臣七日七夜宿直府中分理諸事

郡說七輔之臣郡卿郡公名勳猶儁祖仁王第五子毅祖恩王之弟在嗣王為祖叔年尊德邵但為人質實於事無所可否阮郡公名阮儼貢關漢人癸亥貢進士為聖祖左司講歷官吏部尚書參從致仕起復參預朝政為國家龍頭之臣但為人和緩失將得況臨事模稜不斷泗川侯名黎貴惇慈廉東鄉人丁丑進士歷官戶部左侍郎參從為人風度端凝亦有經綸但性源沉多掬權勢珠郡公楧郡公查忠侯皆以宦者起身珠郡公名阮廷珠玉山蓮湖人奉事朝

知番安機密爲人謹厚晚年以耆舊入政府然亦不用等輩樸郞公名陳春暉天本快樂人爲濟郊家臣及歸一投知戸番爲人純謹主信之命爲世子阿保夙夜在詞王左右不預外事韮忠使謝名韮安謨康上人歷官出納又爲清華職守爲人機智濟以文學議論風生王素所信重召爲世子保傅但齒望卑與列未免吞酌天下之事一聽於暉郞公決斷無所議者原來達六人非盡與暉郞同心暉郞爲他各有位望拘於同事使無他意惟樸郞公鄭氏之黨與泗川候平日相得二人與暉郞爲同心一體之人而樸郞亦訥寡聞又惟泗川候與之心腹泗川候與暉郞皆迷當局院郞公老儒韮忠候小慧必竟其心難測其中老實無他者又惟鄭郞公珠郞公耳暉郞自主達奇凡事亦無所推諉只要重載担當人同與不同皆所不計時新王初立主少國疑街市之間圍三聚五或言新王病太危劇宮中不日有變暉郞威權太重將有異圖或言正宮與暉郞相通將移社稷行巷爲之語曰彼百官今多暗少聰使暉郞陰奸正宮暉郞使提頭官遍懸賊鉤交刀於諸市戒曰敢語者斷其舌斷之由是道路以目京城肅然自新王立鄭氏每欲陰害舊世子韮忠以善言保護鄭氏爲所辟奪竟

十六

不果乃使人出居左宮實著內匡內翊內仍內增宮隊官兵監制每日三巢許出兩宮陪拜禮畢復就監所日夜危懼恐不自保楊太妃使其婦卿夫人楊氏祈哀於暉卿曰妾家姊宮嬪楊氏某與王孝子某遣致辭叩拜殿閣下孝子有罪戾罰是甘但今地嫌勢逼不勝危懼萬望垂憐曲為保全再生之德刻骨銘心暉卿泣答曰僕事先王最承恩遇義爲君臣情猶父子孝王吾王之子也僕有何心願天地殛之夫人雖請僕致辭遜拜王子與賓嬪哀衷韓次請且放懷僕度其間保無他虞自是寬韓四隊官兵令監制從寬家臣舊人遂得出入遇行無伺察之世子有膳夫瞿武爲人有心機言語明辨世子嘗問外間人情如何瞿武曰先王廢長立少人皆憤嫉卑情爲甚頃者衛王襲位照故事頒賜諸軍諸錢有差諸軍拂騰不肯受賜暉卿公爲旨諭嚴戢只得勉强聽順而心懷不平世子心中暗喜謀於家臣小監嘉寶嘉林鋒爲人亦有智識言於世子曰人情如此能以義動使一心尊扶則大事定矣世子大喜使瞿武爲潤辭謝諸親軍辨夫宴飲而告之曰王世子無罪被廢長尊嫡嫡先王叔搆附害以奪其位暉卿素有忘利王子攤幼冲爲制與之附和成其廢立之事而已自爲

耕，以告滑奪之謀，今王把劍變在旦夕，不知王家基業擅人主之三軍湯沐之邑，殿義之兵，為國爪牙，素稱忠義，倘念王家二百年養育之恩，當一心翊扶奠安王室，或者天相其成，鐵券丹書，留傳萬代。衆咸曰：臣等皆有此心，但未知王子意下如何，恐到那時，或有驚動。又謂臣等惹事，今王子既聞此意，這事正是不難。乃私相通報，齊赴會于看山寺，諸軍赴會，說起這事，莫不奮發，但憚師聲勢，未知舉事如何穩當。正商議間，一人奮然言曰：但恐軍心不齊耳，如三軍一心，不過等朝宴禮畢，打府堂鼓三通為號，趕來搜他御側，跪于階下，一致使了。衆軍皆歡聲從之。視之則提督隊辦夫朋武戒也。這朋武非別人，其先祖為中興功臣，中間落寞，徵邑人皆項為另。其人短小，清秀如儒生，既隸本隊，以哉字得保為辦夫，居京富為訴狀詞，為刁唆之魁。至是首唱其議，衆推為謀主。朋武自先擊鼓以率三軍，朋武亦毅然當之，因相與歃血為誓，但不預定日期，只聽得朋武打鼓之時，便各到來作事。密謀已定，有四大山、山安全人裴鄉道知之。鄉道，文安名士，時以員外郎退任，居國舅校郡公門下，即以其謀言之子炤頃伯，使之入務，以規子功，而已創為謀，引謂諸軍曰：酒懸國舅敢知聖母，敢旨而行、萬一暉、即識破、猶得照命號言、明白行之也亦可、諸軍曰、元不須旨、但卿國舅有人在會、卿之恐露、且猶得有理、乃因媽覆見枝卿、諸軍來丞、媽覆先以其事言於父、其父爲人庸懦、聞得此大事、驚惧謂曰、彼本徒祖國舊罷爲之、爾何得干預、王子還爲王、其爲之我亦不失爲前朝國舅、今又求功、縱成也、富貴不如負、萬一敗露、無甚可矣、其子曰、他等約議已成、事在必發、發在萬全、拒之枉錯了一好機會、縱大人富貴已滿、豈不當使兒等及時做功名、兒業已許他來、拒也亦不得、有項諸軍將來校卿、不得已出見、備曰、諸軍且有心、爲國、小哉敢有何心、但就其家姪副知安番阮康家、發遣員入京、聖母、遣員戒知令史出入豐宮、無人疑昔、小哉自當附諸致聞、諸軍乃丞阮康家、阮康大賢法隨聞諸軍言、惶恐力辯、諸軍曰、這事已京知國舅、如此如此、乃這阮康梳枝、卿客、丑器語入致聖母、原來廢嫡立少、聖母心所不甚、得此謀正中其意、但未免婦人氣味、恐這事或敗露、攔逆國舅數陪詐辭、卿、使長子攝任、免其生變、況恐七輔之臣、惟阮卿公、分爲師傅、又是阮康婿翁、其心可信、且老儒多智、亦可與謀、乃命阮康一面報諸軍速來、款曰、一而謀阮卿公、阮卿曰、諸軍爲此慈起、許多、聖母厚斷責社稷之福、老臣智不越此、但請以為徽旨諭暉郡、若夫當從中贊成、阮康復命、聖母乃使人告暉郡曰、今新王抱恙、圖內危疑、將軍倘念社稷為重、且宮從權許季子攝政、以安人心、待新王長成再還居鑾、第終守臣節、將軍宜以意旨宣頒、仍許季子事宜、妃為養母、而以將軍為阿保、幸為斡旋、暉郡答曰、小臣送拜聖母閣下、聖母念及社稷至計、小臣敢不惟命、但此事非先王本意、臣受先王托孤、丁寧懇屬、今梓宮在殯、驟改其命、臣心所不安、請當置為後圖、且先王無別子、惟新王與季王耳、知新王不克負荷、季王足當之、及至此以正相承、豈不甚美、何須急遽為此反常之事、夫危者久自安、疑者久自信、願聖母且放憚為使將致暉郡、又曰、此事雖打死我不聽、使者復命聖母、知暉郡意不可奪、復阮康阮廉恐事洩禍及、再謀於阮郡、阮郡曰、今事勢如此、且聽三軍所為、會有欽兵畓陳有様、東山萬福人、他本社安、以事告他、他性喜事、又善為文、即自撰三軍扶正檄文、陰粘通衢、由是京中喧譁、其事發露、明武等以為勢不得住、決翌日舉事、不啟知聖母、時壬寅十月二十四日也、是日暉郡知禍將發、肆言於朝曰、來日有變、臣且死、但臣亦須有三五人命相隨、衆官曰、豈有此事、暉

二十

郿乃自出一段獨暉伯啟言、校郿公滑謀不軌、曰諸長官可究治之、會日暮、暉郿公家人、或勸暉郿按新王滑遁、召外兵捕奸、或勸暉郿引義士入府堂自衛、暉郿、從來習俗、多好浮言、未與有其事、縱有之、徐當究出、終不能遁、倘急不治、吾受先王遺命、死生以之、何事倉皇、是夕、暉郿宿府中、只帶僕隨、如常、略無設備、明日過七七齋旬、禮畢、百官方退朝、朋武鳴府堂鼓三通九點、衆官相顧驚愕、暉郿使人閉闔門、縛朋武斬首、朋武既縛、盡忠、候謂暉郿曰、彼爲此謀、定非一人、不可遽斬朋武免死、

却說諸軍聞得鼓聲、人人踴躍、各持兵器爭入府時、闔門閉、諸軍在外不得入、㘚聲動天地、暉郿呼珠郿告之曰、舅戢兵畜、使三軍如是不法、舅不能禁、即啟王斷了舅頭、珠郿惶恐、唯唯而出、暉郿自作啟云、小臣某謹啟、臣受先王付托、保輔王、上今三軍爲變、震驚宮闕、臣請受王命、提兵誅之、克則王之靈也、如其不克、臣以一死見先王於地下、啟成、授出、進呈、仍請王賞劍討賊、賞劍出、暉郿跪受、郿傳駕御象出戰、珠郿立于闔門左、實隔牆誘諸軍曰、軍有禮法、今梓宮在殯、不可喧譁、有欲言、歸第作一啟、某當爲之題達、諸軍厲聲曰、舅亦與暉郿友耶、

舅不即開門諸軍踰牆而入舅爲虀粉矣琳即恐懼開門諸軍逕看而入暉即上象出府堂中庭揮諸軍曰須三軍各歸其所無得喧鬧我斬取爾頭諸軍肅懾暉即見象頭寘然皆坐而聽命不敢出聲亦無敢先犯有頃主者皆起轉逼象前暉即勾象頭向而觸之諸軍避象牙旋象而趨取府堂甓埂亂拋之象巷奔而吼不敢觸暉即援弓弓弦絶引毬納彈火滅諸軍持長鉤鉤下象奴而斬之象被諸軍環象脚暉即以短矟放下刺之傷數人諸軍至者益衆又有一圍軍從宣武門入按象後象立不動乃駒下暉即亂毆而殺之剖其腹取其肝膽而食之撥屍棄于宣武門外暉即親弟選一首蘄令公候聞變赴府行至報天寺門諸軍唱止以街衢磚石碎其頭投屍于水軍湖暉即兄弟既死三軍歡聲如雷共扶世子陞府堂藏於肩上諸軍環立歡呼御坐益高使天下咸覩龍顏以手喜悅將倉卒無有几榻權取制禄銀盤爲坐凡八人負於肩上時時舉手捧盤滿加於頭上手倦下於肩肩磨復升於頭降降升升勢如蹴毬似捧塑佚一回高出衆又一回復拊掌歡呼坊廂街市閭閻飯賣之徒莫不爭立觀看府庭如市琳即以豹尾旗麾於庭中呼金收軍一鼓餘乃定先是連日陰暗至是天色

集部　第四册

開明天下以爲太平王者之象、通路奔走、咸曰吾王立矣、相傳歡呼、京師爲之罷市。既而設御榻於外府堂、百官竭王即位拜賀。既畢、始出皇上敕命與聖母三軍扶立徽旨、粘於閣門、皆臨時草創、稱爲成命。是日變作、鄧氏惶恐、脫衣服匿於宫後。小王家臣通走、惟樣郎抱王退居別宫、從旦至昏無食、小王呱呱而泣。樣郎嫌之曰、無得高聲、使卒聞之、必來打死。小王懼乃止。至夜聖母使人求鄧氏、與小王始得之、給賜衣食。小王不能食、病愈劇。新王購求能醫治者、與百金、封侯爵。次日、新王令參從泗川侯與小王作啟、請遜爲王弟、乃付下朝議、降封爲蔡國公、尋卒。

初說諸軍既殺暉郎兄弟、餘忿未洩、扶王畢跪於王前、請破暉郎營、王立許之。三軍歡聲曰、官據令、男據僚、快去破之。頃餘暉郎家室、片塊不遺、乃乘勢肆行、凡文武諸臣、有爲鄧氏與暉郎門黨、及庚子年登密察諸員、與侍近臣平日剝害諸軍者、視者一時連破、俟覓其人殺之。京中連日騷動、王旨戒禁不止、命官糾察畿內、盜令就會處擇取市人斬之、以示儆。自後破家稍息、而覓殺猶不已。暉郎有手下阮有璧、與福東海人、夂以商賈致富、家貲巨萬、常居暉公門下、阮所登為人年貌秀偉，智慧過人。少時以舉子業涉獵書史，十六領解，乃隨其父居暉公門。長於國語詩文，常集鄰公燕業，撰幕令公賦，天下傳誦。性又豪俠，交遊滿天下。坐上賓客常數十人，吟詩飲酒，唱與酬答，家畜歌兒舞女十餘人，自撰歌詞，播之管弦，日夜謳習為樂，長安第一種風流。又善詼諧，每語居暉公門十餘年，始出身管善小隊，或曰：何小也？應曰：勿以善小而不為。舉坐皆笑。其善語類此。平南之役，以筆硯從軍，暉公以其有才，最愛之。暉公卒後，有告登偷官貸金銀以百萬計，辟連暉公，下獄拷打，執死不招，旋得無事。暉公益加愛重。暉卽居文安縣，以登為右參軍，常使調治水手，操演海面水戰，無敵海外，呼為水鱉。為暉卽改縣山南為管前中隊巡海，既而改前寧奇隸隸文安縣。登祖墳在鵬山，地法云：千萬龍追千萬虎，稱伯稱王無不如志。登因自號為鵬巔候。登有邑人阮曰選，中舉生，其人膂力過人，尤有膽畧，登薦題舉於暉，卽得管後壘中隊，屬山南縣。至是聞京有變，選超海而歸，自二十六日開帆，至二十八日抵東海，以其事告登，登倉皇錯愕，不知所為。正是：

冰山見日還難倚，平地生波鼎不驚。

未知料事如何，且聽下回分解。

第三回。

楊元質議斬瑞兵。阮國餘謀情內難。

且說阮有整聞得阮曰選所言、一番當然、而揣情擇定欲其事不審、但要告其要云云、而親自赴營所、告瑞忠侯與之謀議、瑞忠侯係是暉公妹夫、為文安縣守、聞整言大驚、問整計將安出、整曰、本縣與順化接界、富春則將軍郡公、尚海也、定魁貴侯寄在我先公門、統令與我有同舟之勢、密書管體郡公令以計殺大將、而據其城、魁吾必以尚海應內合、公應本縣相為唇齒、此用家日、調習土兵、塞斷之路、留兵於邊疆為固安之計、至於海面防定、具請句當、本縣地係是懸人心可恃、前年超郡公得罪於裕祖、亦據此州拒命、進兵於戴、況今事勢又易於超郡時、公能為此、是舉天下之半、朝廷不能制、且保境安民、係觀天下之變、非特目前免禍、將來必有奇功、瑞忠係思曰、君計誠善、但某料才力不能為此、請更思其次、整曰、除此惟有去國耳、瑞曰、將安去之、整曰天下萬國何患無地可投、乃密語瑞忠如此如此、瑞將聽之、而猶豫未決、謂整曰、這亦大段事、甚再思之、整曰、今事變在斯、須待公思得再時、赦令已至吳公尋留

恩之聽某自從乃歸歸問其要已結束了盤言關官差為巡海盡家眷口老少
俱家眷入船家人皆莫測識登既登船召所願者兵三百餘人立于河岸明告
其故留許每人錢一緡而與之別諸軍始知其事整發大砲三聲開船中流張
帆出海而去

却說三軍既扶長君挾勢驕弄日日聚會侵議朝廷大政每條上某事當因某
事當革往往無理之事要朝廷以必行又希求恩澤無有厭足朝官有持議不
可者以破家毆殺嚇之百官動訟或認原伴是親戚認被伴是故迫令變亂曲
直其所護民有訟又自拘催論斷不聽官司百官皆屏氣吞聲不敢觸犯宮中
一舉一動輒窺伺指議曰此事休得如此彼王與太妃覺踧促不堪廷議以為
當論功行封以示酬答使各滿願然後漸以王法裁之王以為然乃命論翊戴
功以閔武為推忠翊運功臣出身侯劉官侍侯兵校勛公與阮廉嘉壽堅武等皆
為宣力功臣陞武出身有差又錄起會三十人為忠義績別加陞賞其餘中外
水步諸軍各陞職一次從頒賞服錢有差又給空頭敕令各一道許讓與他人
取錢以崇賞慰諸軍受賞既畢王諭令各循紀律以共樂太平是後諸軍相戒

曰、吾既相扶立阿公爲王、當勿使其舌鋒、便知爲王之尊、看將來漸漸順境、居處如何、若復肆行太甚、到那時隨事制之、我權元不失、爲另由是、少戰。王稍稱安闕、引用親舊、入居要地、以左司諫阮佩爲參知、元男匡壽使楊匡爲權掌府事、阮佩、宜春儂田人、生來爲風流公子、少年匯事、聖祖潛邸、最被眷注、及聖祖即位、益加擢用、出入禁中、與監班同、恒舉極奢華甲第、歌鍾頭琴、爲風流大臣。所居金甌亭、山水竹石極有趣致、王嘗御幸其第、賞賜不貲、歷官左侍郎陪從、與春郡公同在政府、貴顯於文武無二、既而發戒爲山西興化叢鎮守、廣子寮察案罪當死、王特爲減等、因于珠郡公之家、璩郡與衞欲中傷之、期置之死、佩爲國音叙情、伺述往程羅遞、贈遺于王、王憐之、乃得不死、及新王立、稹戒同班、陞吏部尚書、爵寳郡公、時久安之兵、追忌平南日、佩爲大安縣參顧業理、穆綱、縱其家人擾害本處、相與讙譁言曰、阿老爲人奢侈縱欲、前年時舉我州、我訟不獲理、今又爲國師、若留之、使再相、民何以堪、吾等每人一擧以了之、其中有附之者、復得無事、楊匡太妃同胞弟、爲人庸緩無事、廣子孫業、王家臣親黨將得禍、匡獨以恩獲福、王初立、驟得出身、會中戚貴與太妃居中用事、諸軍諮曰、阿舅有何才幹、只緣椙人之舊得至于此、饒倖固寵厭富貴舉積職之人、過飯粱食、終見腦胃潰裂而後已、至是二人同入政府、人皆不服、然長積多役彼懲而此愚、背毀而面譽、莫知端倪、且權要之家往往閙太平樂、不聞邊烘語、是以凡事事徃伺前、無復却顧、徒慮只要急做太平、深謀遠識、惟以抑驕兵爲第一著、適有四人許称同隊抑借東河居錢、爲其隊長所發舉、並斬之、與皆惡其濫刑、而莫自發舉、遂怙又喜以爲威權既立、曰國自有法、居第執法如是者數次、錄來驕也、不驕有東城知縣杖允奎、羅山安全人爲文、安巨才、諸軍驕奔肆行、多是他所使、使他將要功於朝廷、孜告贊勵公曰、朝廷以爲驕兵可戮、不知其禍將不可言者、僕聞他言、皇嗣孫是他所迎回、今皇上年高、嗣孫年德長成、他相共會請皇上行禪讓事、使帝王之位畧定於畢士、以益重其功、其中挾功觖望之心、有啟謀扶皇家一統天下、以奪王家之權、此計得行、僕恐諸公置身無地矣、覺即言於王、王使允奎從中發摘、允奎乃往告泗川侯之甥勾稽起壽伯預謀事、付下案查無狀、朝廷猶直言者、而因起壽於本貫、允奎以發學得封登顧、仍又許出身管侍內、後兵爲皇嗣孫講官、使居內殿以伺察之、且說、皇嗣孫諱維祈、乃故太子黎維禕之子、初太子丰儀秀麗、英慧夙成、嘗憤望家失權、慨然有收攬權綱之志、博覽經史、愛好儒生、天下豪傑、莫不想望、聖祖爲世子時、素以顓頊相忌、時毅祖正妃冊子、生得一女、倨容公主、年纔十歲、王最所鍾愛、正妃請王嫁於太子、使他日爲皇后、王許之、一日太子同世子入侍、王賜之膳、令子婿同盤、正妃曰、王豈得與帝並食、乃命別之、世子變色切齒、敢怒而不敢言、既出、謂太子曰、吾兩人須會一生一死、此帝亦不當與此王並立、及嗣位、與家臣宦者詔郡公阮金鍵謀、誣太子烝於毅祖宮人、以罪狀白皇上、收捕繫獄、先是殿後三山井中、忽有聲如雷、太子以術數知必及難、言於皇上、皇上安、爲祈禱、逮至捕之日、太子知其難休、入居皇上寢殿、詔郡引兵先入家宮捕獲而後奏、遍覓不見、乃直入殿中、言罪狀太子、曰、臣聞太子匿陛下寢殿、請收捕逮臣、皇上抱太子哭之、不忍訣、詔郡長跪於庭、太子自知不免、拜皇上、御前自出就縛、遂至府中、廢爲庶人、因之更以皇上第四子黎維瑾爲皇太子、詔郡再使誣告弁輸中武武伯微縣閣寄、謀翊戴太子出、因起兵作亂、付下廷議捕微究問、閣進微不堪拷楚、只得首狀、太子坐絞、行刑之日、日中天色暗罪剗除乃止。天下士女、莫不隕涕、以為古今大逆極慘之事。時景泰辛卯十二月二十日也。王既殺皇太子、頗有一號之志、將收皇孫三人、拘在一處。一日齋戒、御西湖欽祈神寺、正行間、望見輿轎在前、上端坐一人、遙望是太子、王傳問諸軍曰、有見輿轎在前行否、諸軍皆曰、不見。王大驚、即命還宮、夜臥帳中、忽見一人、頭著紅巾、身披赤服、杖一枝棹、披帳立榻頭、張目視王、王急問是誰、答曰、維某、王大驚、始知太子之靈也、

却說、太子被收之日、宮人某抱皇孫三人西奔、投宿於驛、望民家、其人於前夜夢見一人、報曰、爾家須灑掃門庭、太子及太后乘輿且至、失覺來、以為民家豈得至尊臨幸、是日拱立門外、無一人至者、向晚、見一婦人抱三子、望門投宿、乃迎之入家、置之上室、謂曰、僕夜夢如此。婦與諸兒無乃大貴、即非是王家宗親、乎、皇家之派、其人曰、吾孫之間何足慮、據毋妄言語、這殺人事非淺、登日乃辭去、既而被人蹤跡追獲、安置之西山顛後、復送歸京師、拘于頭顱獄、及諸軍扶王、時皇孫年十七歲、諸軍乘快具輿轎迎于檻所、送歸殿上、皇孫龍顏鳳眼、聲音洪亮、諸軍見咸稱曰、真天子、王聖母肅厚太子、見皇孫歸、恐太子失位、使人

揚言召皇孫入侍，醫宮陰逆拜可況之，以輿床迎皇孫，行過蓮湖，皇孫亂注綱
宁駒更兵禁住，綱夫及隨人四散，皇孫得免。於是三軍會議，要先出謀害皇孫
者而殺之，疑太子預聞其故，遁太子入侍王府。衆與晉外府諸將曰：太子得
倖求耶，毋留此，教他得便奔走，爲不等事。乃學辟之。太子恐懼，歷階回，王知
這事，發由慈宮，乃諭三軍，令勿宣鬧，即命朝議立皇胤孫玉位東宮，以安三軍
之情。適令太子讓位，降封崇讓公。皇孫既立爲皇嗣孫，命宣撫官宣春之功日
就月將，由是賢聖仁孝聞於中外，諸軍逆有尊扶世孫之謀，王是先發其軍，
雖寵出無狀，而王心終疑之。一日，諸軍將會以迎回皇孫之功，奏白皇上，命求
恩賜。皇上許入拜於萬壽庭，宣旨慰勞，命左審吏使交涼謝建湖以賞，然勝其
諸軍而徐議賞格。諸軍聚宴殿上，有人魁言于王，王召國師國舅謂曰：勝兵卒
扶之謀，撲不可滅，今從軍方會於殿中，爲之奈何？國師遣兵將而擒之，乃命仍
一首號靈武侯將風雲兵表偉，達武侯安朝富華人舉進士，狀貌雄偉，膂力有
力。既御命，提劍出府門，援劍以手摹其刃曰：利哉劍，好斫驕兵頭。乃引兵就殿
上。聚宴座圓之諸軍方宴，聞有兵來，拿四下，迸竄，擒得七人，逃歸府堂。王命立

召百官處議百官齊集將七人問狀具以質對並無別語答議多回護者楊元覺獨
毅然議曰不須問其狀只是憤會不快定當斬更有何議論頗恃眾而驕不可
一時盡殺但獨者不容譬如一趕著力家者勁不可折時拔其一二者折之又
御盡前日斬四人還死了四人曾不見何議人富貴院國師曰國舅之言深為
有理諸官第按律行之乃按偷入皇城之律並擬處累係廷王命即日處決於
是中外傳稱為快舉時景興甲辰二月十五日也七人既死諸軍各懷憤怨相
聚議曰今日有此朝廷使其君臣得安享富貴得我等之力不以為德反以為
仇勦戮截抑我若姑息忍耐使被折磨之計成吾等無燋類矣有曰吾等不曾
折已曾打耳快著每人一拳送他等從睡即去看他還折得誰又約過朝舉事
有人以其議密告諸員諸員且疑且信次日早國舅與霑武並潛入府中國師
閉門居第不敢造朝朝退眾軍分兵圍其營捕之入國舅與霑武家不見並破
其家項刮皆為平地國師家有手下北客人素善劍與他聞變提劍出門捍之
騎兵見客人樣疑有許多劍客不敢入久之見出出入入只這一人遂逼營門
客拔劍鬬之傷數人眾軍齊入所為肉泥遂入其營國師已改服從間路走躲

場去了、諸軍即破其營、王聞國師營有人探寨、以爲有備、可保無虞、即還一吏軍兵、直來分解、至則國師已逃、其營破蕩將盡、諸軍再歸告王、王曰、國師提兵出逃作亂、請追躡之、王使侍臣會知兵者端起候將兵追之、皆令潛行、追至熊橋門外、不及而還、諸軍怨端不力、又破端家、端亦逃去、諸軍不見這三員、意甚憤憤、知國舅與霑武選主府中、乃分人遮截府門、而相與府門要王必出這二員、王詐曰、不見、衆軍曰、他逃入府、已有人見知、現記發到、而王猶掩頰耶、古來豈得停止、王著楊太妃泣諭諸軍曰、未亡人牽頰三軍扶立王上、得至于此、今只有一弟、願諸軍饒其性命、以全骨肉之恩、衆軍厲聲曰、饒阿舅性命、這七人死誰饒、若固匿之、立見宮闕爲灰燼、已不知、太妃坐于地下、合手朝拜諸軍曰、不說與婦人、只問王耳、王曰、如此相逼、寧勿立爲王、諸軍曰、以爲敬王、故立之、不欲誰聽一人、從而言曰、探舌若是、且下那座陛、則林端即公、本則了事耳、王益惶不敢出聲、會日暮、諸軍各散曰、捕他擊、如捕魚、水淺則魚獲、來日更來、今潤看他能上天耶、是夜、諸軍防守府門甚密、王與太妃議曰、他如此勢頭、不可以空言備解、須以厚賂賂他、庶幾可濟、不然更提討、要太妃曰、他仍有一擧吏要害

為人彼情、諸單所議、多取决於他、旦日、王使人誘他、以貨賂為意、令他主其事、
許與一萬両銭三萬貫、縱他所為、不問出入、且曰、得濟之後、更有重賞、他心上
許可、猶作難色、曰、他萬人萬口、難與言語、欲出貨賂、使生嫌疑、啟膠邊客得幾
掌、使者固要之、曰、既如此、客臣擇其老黠者數十人、與之輸情、令與臣唱和、或
道數十人、別有所恃、王為私許、臣請自勾當、至若公與賬賤、待那時衆單齊集、
王自言之、臣與數十人從旁唱和、那事可成、使者言之於王、王許之、私送他銀
一千両、使之分散、聊時、諸單復相會、入逼王府中、王與太妃再出慰誘諸單、曰、
何事騰口、要入禁中、遍索諸堂閣、把他髮拔出來、問他攫中著存能折得幾箇
王曰、諸單何狀、於是徒汚手耳、寡人有不腆微物若干、具逓臨賞、諸單回心饒
箇微命、諸單曰、王猶惜此二人、行看府堂得不可保、臣等何有此數賬賤、正嚧
牆間、要壽出次言曰、堂堂王者、既如此卑屈、諸單亦不可盡辭、要語畢、諸單各
各附和、畢竟卒徒亮不貪利、遂得降心、言於王曰、既如太妃親弟、姑且饒之、露
武中天人、臣等請每人一斤肉、為滴體、使即散去、王曰、赦須全赦、何分彼此、諸
單曰、王若遷回、由蔵露武、臣等血入時、必連國賀者不免、

且說、霑武自前日入府、匿于麟閣上、以雙劍自衛、曰諸軍若不聽王、請停道入捉臣、臣便於樑上斫其頭、不肯獨死、至是事迫、王使人諭曰、今社稷危如一髮、王不復能相隱、將軍且為勿惜一死、使王室奠安、萬世之功也、霑不得已下樑見王、曰、一死便死、臣請以雙劍與他大鬪一場、快殺數百人、與臣同死、少洩王怒、王曰、如此驚動太妃、寡人亦不自保、霑武提劍於地曰、如此沒事、臣枉死耳、王欲與之別酌、霑武厚給田千頃、為世業、發封福神、以十邑為祀事、民霑曰、只為主死、何敢希求爵祿、惟王奮勇、朝綱轉亂為治、臣死骨不朽矣、王乃手書忠義壯烈大王六字、付霑、霑跪受、凡其紙而吞之、拜謝出、過小食店、諸軍執之、曰爾利劍畢竟如何、霑曰、我不能以此劍斫爾等頭、還有他人來斫爾、諸軍將毆之、霑曰、此禁地、不可容我出府門外、穩宜用爾所為之、霑徐步至石橋邊、坐定、衆以磚石擊破其頭、流血被面、霑坐不為動、以袖拭面、笑曰、吾不復應塵舊識肝膽在哉在哉、一人從後以長槍刺之、遂死、霑武既死、怨猶未已、迫王進理前案、王不得已付下廷議、國師國舅得勝、戳為民、坐斬七人、得償其命、自是驕軍益甚驕蹇、衢中攔手而行、王使每回車避之、却說國師初往戰爲山西鎮守既入相使其弟珊岳侯阮佩代領至是會卒出城以攔稍耕床着兩人抬去望山西路走至鎮會其弟出迎問故國師曰謗言卑不治累然矣具說來歷珊侯曰今事既如此兄將奈何國師爲人疎曠無心檢笑答曰除有鬼神之術每見他私會郎來爲祟使他腹痛腸裂如大聖無黃眉沒處樓投廊有可恐若人力則無奈矣珊侯素多機智謂國師曰弟有一計可令他盡死國師曰計將安出公曰令四鎮之民恐他入骨以詐驕兵爲名一呼其不響應本鎮地處上游其民醇厚易使兄前鎮與他土酋皆其舊屬宜先播目演郡公富強甲天下年前鞋誤兄曾在攏素得其心以卑辭招之必爲之用山南鎮守碩郡公百戰之將素號無敵京北鎮泰忠侯海陽鎮泰亭侯亦爲智將以王命客傳令諸義士據守鎮營仍聽兄調度兄以宰臣兼師保之分一言出口諸鎮莫敢不從京北降將秀暉持回皆爲黠賊今見在內臣日忽侯處縱之使驅屬諒江北河可爲一臂之助太原若賊猿嘉曾及兄門下約令同日舉事使兄清又優兵見在外鎮必殲之其有逃竄許在民見便殺之四方八面鼓躁入城驕兵無走路矣此不世之奇功國師曰甚善但王在他掌握裡鼠能

無忌器乎曰此甚易事先使人啟知王上要取金銀貨寶分付各驛太妃要王子宮嬪潛出城外隨便安插要報碩鄙公以舟師赴冷池津聲言過河略取橫渡小舟等候于西龍津王微服登舟順流放下山南營駐驛然後諸驛舉發使無所疑國師曰非公我不及此事縱不成亦一快也乃為密啟告于王王大喜為密旨優答且約如此如此乃請太妃改裝潛出城外權駐于王第七姨姨夫貫上福文甲社以王子及諸宮嬪有寵者隨之仍取府庫貨寶使親信侍臣潛帶出四驛各各分付停當山南驛官以是月二十八日密來迎駕初一日諸處一齊起兵布置已畢至日碩鄙公依命而來京中沸騰言山南驛官起兵通城畜誅驛兵諸軍懽惶潛使要子結束出城尋古逃遁軍留軍備在京齊入府中請王急征之王不得已出御澤開將軍軍有知其然者罵王曰王毋謂臣等無知後以口頭賣弄此去西龍宮從宣武門出還過百步已有碩鄙舟師候迎在此好前顧後盼輒得無人時遽遽就此覓去路耳王默然變色而入由是諸軍日夜更守王府甚密出入勘察稍異者盤詰之王不果行碩鄙復歸本驛王使人未及達諸驛依前約一齊舉兵天下震動所在豪傑並起爭古撲滅驕兵消火

優兵肆諸虜皆逃去、所過村邑、不敢出聲、有大口番苗清之土番問之、即捉、往往詐爲口痛、乞丐於途、潛歸京師、古田右兵不日集城下、乃相會議冀之、自分道而行、西道出王府、此道出至議播苗爲地分土番所敗、棄甲帶傷而歸、至是京師大震、坊廂街市、皆提抱挈眷出城而走、諸軍且懼且憤、呼王爲賊、王因相與入府中、取兵器、分各營隊、齊始俾所守之王宮、斜寸缺自衛、是日、捉得義士四人入城、諸軍密將會所問狀、其人安招本夜外兵直來掩襲、諸軍大驚、相與賊殷覷變大禍、刀鎗出匣、直夜傳發、京中鼎潰、旦日、將四人斬之、環立王府、責王曰、臣等姻效、王始得立、今王反以爲仇、淸之兵二百年爲王爪牙心腹、今王起四縣兵、將加害二處、信皮膚而疑心腹、引刀賊以剪爪牙、爲王畫此議者、皆王嬖寄也、王若不急誅四嬖、罷兵、幸勿責臣等無禮、王堅言不知、而密使人告諸嬖、令止其事、諸軍不知王有陰止之命、疑王不已、相與聚議、爲大逆事、欲以夜三更、發賢龍殿三聲爲號、齊入王府、作事、取府中寶貨財物分之、仍以王乘輿鹵簿君民簿籍、送至內殿、迎皇上歸清華、再圖後舉、正是、

未知這事如何、且聽下回分解、

卅六

第四回

復師讐阮有整搖外兵　死國難李陳公徇故主

且說諸軍容議既定，相與質於陳阮僜。僜慣爲諸軍做了文書，乃互爲是條約，分付某人某事訖，即以其議入告於王。王大喜曰：吾昨日坐中和營，有烏鵲飛下庭前，躍覘我再三，如欲傳報之意。吾命侍臣以戈揮之，乃冠去，知其必有下人議我者。今果然耳。彼其爲我謀解，得符我擇戈之兆，乃許以限職，使僜發破其議。僜爲人淺露，得王忌意，旋即語人，諸軍知爲僜所洩，遂捕僜，僜迸入清華。王以僜多心害事，因其去，命爲順化記錄。僜去，後會諸軍罷兵，諸軍之議亦沮。

却說阮有整，於壬寅年十一月開帆出海，遂入西山。西山屬廣南地界，北夾隘雲，南夾尚僚，西夾哀牢，東夾大海，提封千里。阮朝置爲西山鎮。西山有人阮姓名岳，陽德間阮主徙乂安，擄有南河七縣俘，其民南歸，處于西山，家資富厚，以窶蒲負販轉貨爲富屯巡人，呼爲辨岳。既而犯負官錢，逃入山爲群盜，有手下百餘人，强據州邑，鎮將不能制，自稱西山王。一日，岳自坐檻中，使其手下輸報沿途曰：西山王即辨岳已成擒，驛送鎮營解納。鎮將大喜，開門受之，岳摩麾城中夜破檻而出，奪獄吏卒兵，先殺獄吏，焚其營，遂殺鎮將而據其城。時阮濬年少，國傅張遼為政，國內乖離，聞岳叛命，借黨亭侯為援以拒阮師。阮師屢戰不克，勢浸強大。景興甲午，聖祖乘釁命大司徒暉公為平南上將，提兵按羅河，聲言入援。西山王岳遣人貢名馬、寶劍，求內附。順化初定，將士憚勞，欲置西山為後圖，待國清而復征之。聖祖遂封岳為廣南鎮守宣慰大使、恭郡公。自是歲修職貢。暉公寄使有登使西山。登以才辯，為岳所鍾愛。其後西山岳有黃龍之瑞，為龍頭堅檻即位，自稱天王，改元泰德。朝廷知之，亦置之不問。岳常有吞併順化之志，而無計事。里是得登來奔，岳大喜，但其心不信。登具陳顛末，且請以妻子為質，求依其國。岳素愛登才，浸見親信。登亦盡心所事，為岳盡計，取占城、暹羅、盆蠻諸國，身自執兵前驅，衝冒矢石，諸國取次削平。於是情分日密。登在西山，日思返國。朝廷史一登亦深以為慮，嘗募有能招登者重賞之。登妹夫請行，朝廷給密旨遣之。其人入見，未及出言，登曰：「爾勞苦跋涉，來此何幹，毋乃為鄭王作說客耶？爾看我而生來何曾聽人吹噓，而爾斗膽若是。」阿妹夫只得低頭默默而已。登曰：「雖然，爾從外來，事情端的，且為我詳說。前鎮官被難後，公主、公子落在何處、對曰、公主此時被太妃拘於宮內、兩公子聞變、倉卒出奔鄉于安勇、起兵復讐、京北震動、鄭王使北鎮滿忠使將兵擊之、陣于三層山、公子使前令爲前部、還辟出戰陣、前軍敗、兩公子拙爲所敗、擒送京師、登嘆曰、少年客氣無恈敗事、然亦義擧也、又問送歸京師、畢竟如何、曰、廷議當死、鄭王以姑舅之親、時賜減等、但被太妃驚惕、密使人以鴆殺之、有人告王、王使中使止之、至則長公子已飲鴆了、二公子幸得免、今見置在兌門後、遷喟然曰、哀哉、毀棄權仰人也、何辜、又問公主拘於後宮起居如何、曰、王以胞姑之親、情有不忍、但太妃挾以舊怨、多爲苦惱、公主憂憤成疾而卒、遷太息久之、曰、公主死爲得所、亦何以生爲、又問鄭宣妃如何、曰、小主廢後、太妃令人拿宣妃來、數其罪、殺宣妃拜謝、宣妃不肯拜、兩侍女扶持、挽髮叩頭於地、宣妃堅不肯拜、亦不出一言、太妃怒皆之、啞其頭目、幽於後苑護僧堂、備極辛苦、宣妃一日蒙衣蔽面、潛出宣武門逃去、至肅客渡、追及獲之、拘繫囚盜、次年、威福山陵、毀廟祖豆金木器、無敢應手搦碎如泥、服部急來告變、太妃問諸巫女、巫女曰、主上違先王意、不孝有二、主上御立、疑鄧氏爲符咒壓梓宮內、發梓宮、見無衣衾帶殺、使王骨不寧、一也、鄧氏先王所愛而寡昧之使亡靈不安、二也、不早悔身、其變未止、太妃恐吾子王、王乃命官仍復宣妃爲侍內宮嬪使奉寢廟、宣妃得侍園寢日夜號泣請殉、至先王大祥日、飲藥而殂、王命清華官以宮人禮塟之、塟曰、得其死矣、吾以爲宣妃有留顏色、不知其苦、乃如是、第不知妃位緣何更復爲宮嬪、曰、王立逾年出顧命書、內有聖母御批下珠字云、非先王龍筆、不足爲據、付下廷議、僉差范阮攸奉旨爲國是論、言奠都王之立、與宣妃之命、及顧命書、皆先王亂命、逆常之理、非所以爲是、聖母以母廢子、深得事理之正、宜追按附和之罪、明正典刑於是宣妃廢爲庶人、泗川侯空法爲顧命書、鄉郡公空法代龍筆、添差汝公瑱空法草宣妃冊命出納、垂忠侯空偏傳冊書、並罷戢遷項、鄧氏復爲宮嬪、緣此及也、又問、此外更有追理別思恐否、曰、王立之明日下令、並在宮容、庚子年諸窑崇者不在赦例、諸人次第伏顧、惟吳時任逃去、不知所之、其坐窑案死者、遵生侯、漢忠侯、與弟夫、嫉夫、甚衆、以王爵設超度齋壇、以洗其寃、鄧曰、誅文命於朝、彰文過於國、此大不孝之事也、問參從陪從某員人、曰、王初立、泗川侯罷、以陪從裴輝璧代之、封繼烈侯、令繼烈侯獨行參從、張登揆枚世淮阮公濼等、更迭爲陪從此啻富令柄用的面目也、又問自此及今、有災祥如何、曰、於壬寅年十一月十五日、忽於空中大響一聲、鶴長劉聲震動天地、不知何聲、壹曰、此乃天鼓聲也、又對、癸卯年雄王山陷二十餘丈、是年六月天德江場一日夜、壬辰年十月初一日夜、水草湖中有聲如雷、湖水沸動、旦日魚鰕盡死、又於府中樹上、常有群鴉數萬盤飛、日夜亂噪、又府堂閣門邊城無故陷約十餘丈、此諸災人所共見、其餘細小者、不可盡述、登領之數四、遂問驕兵之狀、具對顛末、既畢、登召膳夫、令具酒食醉飽之、乃詰其來意、對曰、瑞忠僕以僕與公有親、自啟于王、取旨命僕來說官人回朝、不失富貴、登笑曰、爾愚誠不足責、吾特惡使爾者致敗傳我、吾爲爾結纂、爾幾有寃、自歸異府訟其所使者、乃命手下推出斬之、告國登斬其說客、益深親信、越丙午春末、順化大將遣鄧公使其屬枝瑚右隊陽巖伯阮學如入西山言邊事、學如與登肅相得、爲登言順化可取之狀、具言靖又及四嶺大饑、民情愁苦、兵與民相失、勢不能支、能取順化、則天下不足平矣、登由是決定返國之計、入告岳、陳順化機宜、請調發兵將、直取富春、岳從之、命其婿阮惠爲上公、節制水步諸軍、婿武文任爲左軍都督、登爲右軍都督、收聽

上公識令以四月二十八日出師望富春城進發
却說順化自甲午年歸我疆土朝廷以富春為極邊重鎮之地留北兵三千更戍兵
三萬置大將副將各一員自隘雲以內設屯籍其民以益兵墾其田以益糧通
貨為之貨幹山海之便以科舉取人才以名爵收人心控制管轄無不週備惟
大將造郡公原本是柔懦的人徒以口舌御民而臨衝制變非其所長先是晉
視阮令賓每言西山可急取為造郡所沸令賓言於朝曰造郡以怯懦誤聽順
化必失於造郡公之手請斬造郡而拜副將廉義順化可守王以順化初定喜
造郡和靜廉重遂罷令賓晉視吏以列員代之擕眼黎貴惇考得西山起地張
言於王曰西山王有天子之地地到十二年其疆莫禦順化大將恐非敵手請
王留意焉王亦以為過計不甚致意既而邊境無事南北各安順化為太平樂
境丙午四月有北客商船來寄長入謁造郡以術數言相公晚運福祿不可言
惟小限逢衝防有疾病之厄及今盛夏宜修醮禳則吉造郡信之修大齋壇祈
禱七日夜諸軍服役夜以繼日俄聞賊步兵已取路隘雲守將權忠侯戰死諸
屯水兵從海道出旦夕且至造郡倉卒不知所為諸軍力役徒勞聞賊信皆破

賊甚氣、造郎來北、客已不知去向、始覺是孫子施謀、既葢在西山、村造郎怯而多猜、請降來少胥信、乃爲蠟書諸報副將體郎公言體郎與登睿驛郎門禦能以城降、可保富貴、但致書者敗爲體謀、遂與大將造郎、造郎與體郎會議拒之、那富春城適江心水、而仰覷城脚高二丈餘、毋飯從下倒射不及、城中閉守堅壁單寥拒戰、步道敵兵卻入舟追射之、沒一艘、士氣稍震、是日潮水暴漲、江水浮逸城脚、敵大放舟師、對城直射、而縱步兵圍其門、大將使副將與黨堅金侯等、出城迎敵、副將有子二人、皆爲列校、隨父出戰、依壘而陣、戰一更、餘藥矢俱盡、副將使人入城、請益大將、登樓上閉門拒之、曰、某奇某隊制禁口分之外、已各有藥餉、民更問誰有而索辨耶、副將大怒、謂諸將曰、造郎及更客某斬關而入、先斬此老賊頭、然後出戰、顧二子曰、爾兄弟當前拒賊、我少頃且出、乃拘象頭而入、象卻陣、挽賊兵、趁來二子、縱馬出陣、揮刀殺數百人、敵兵盡斫馬足、馬蹶、二人步戰、又殺數千人、紊僞豈力弱、呼父救之、副將拘象回時、二子已歷又死於陣前、堅金侯當陣、見副將收兵、欲結別陣、向頭看時、城已樹白旗、奧象奴下象而逃、賊追象而斬副將、死於象轍上、大將閉城門、與觀出降、敵縱兵入城人肆殺戮皆覩阮仲當死之㙲兵弃出城外盡爲土民所殺是役也富春城數萬人性命無孑遺者富春既拔賊衆膽分兵取洞海鎮將渭瀧僕協廣平巡皆聞風而遁盡失順化之地時景興丙午五月十四日也賊取了順化會諸將議調理羅河舊界而以露布報捷于西山王登謂惠曰上公受命取順化一鼓而定聲震天下且用兵之道一曰時二曰勢三曰可乘性無不勝今河北將惰卒驕朝廷無復綱紀我乘勝而取之所謂兼弱攻昧取亂侮亡此機與時不可失也惠曰河北文國許多人才古語蜂蠆有毒豈可輕忽登曰北河人才惟臣一人耳臣身已去便爲空國公請勿疑惠甚以口舌折人戲咨曰不疑在他無乃疑在公耶登失色謝曰臣自舉其庸愚甚言國之無人才耳惠復慰解之曰四百年之國吾一旦據而取之人之稱斯師也謂何登曰臣國有帝有王乃古今極變之事鄭主名曰扶黎其實脅制國人不悅從前英雄每舉事未嘗不借名尊黎但鄭曆未終故事不成今徵之地記云不帝不霸權傾天下傳二百年蕭墻起禍計自太王至靖王已過二百年之曆明公誠以滅鄭扶黎爲名天下莫不向服此不世之功也惠曰此甚好事但我受命征順化非受命伐國矯

字如何、瑩曰、春秋傳云、始小而功大、爲有功、何嫌之有、況公豈不聞將在外、君命有所受耶、憲爲人英厲果斷、得瑩言正中其意、使瑩將選辟兵、越海入大安門、先取渭濱糧場而已、自引水軍繼發、約到渭濱、先擧火爲信、布置已定、瑩領兵先出、所過乂安、清華各鎮、分遣遊兵數百人、聲勢駈逐、乂安鎮守瑫忠侯增華鎮守璽忠侯、皆棄城走、六月初六日、瑩到渭濱鎮、鎮將望風而逃、得糧百萬斛、瑩擧烽火爲信、憲見火號、即引船千艘、從海而出、乂安土民登山望海、外檣船旗幟、嘆曰、諺云覓海蛇吞其家鷄、彼誠有罪、然亦曠世之擧也、瑩在渭濱與憲兵相會、聲勢大振、國內懼二者、往往先投瑩軍、盡以國情輸獻、而敵情虛實、朝廷茫然無知、先是富春之濱邊報至京、議者多言嘲化本非朝廷屬土、先王廣發中國而取之、復勞戍守、究竟無益、今而失之、亦國家之一幸也、只可備求乂安留屯故事、中定舊界、或以失順化爲幸、彼必以侵我爲戒、當無剝據於是、上下放心、既而聞乂安鎮潰、敵兵且至、始惶懼、以泰郡侯爲統領、將兵二十七奇校、拒敵于乂安、泰郡聞命、十餘日整衆未畢、叱及離城辛日、西山兵已至渭濱、乃命泰郡拒敵于山南、加差建忠侯丁錫讓督領水道、將左衛右衛五候五中澤等奇隊與奉亭侯水步並發、逵時方策求甦于海陽、至是小魁冀南兵合、仍以壊回討南道、壊抑江椰種、素有名望、朝廷專以水戰責成、壊壊舟師次于磔門、與賊相持、時東南風急、賊從下流駛戰船五艘爲前部、張帆泝流而上、大單從後徐趨之、壊見賊選鋒船來、即將先師横江作一字陣、命諸單納實龍銃、向西山船射之、射了一聲、西兵船不動、壊命再射、船帆皆入港、諸單皆喜、以爲敵有懼意、壊命發射三聲、畢、西兵發巨銃一聲、如雷、碑飛上古樹、折作兩段、時悵忠侯出兵兩岸、見銃碑飛來、大驚欲潰、敵乘勢捨舟登陸、悵忠兵盡走、敵遂占據兩岸、壊兵向西兵船射、碑飛如雨、只見船頭直上、壊盡縱藥碑射之、射沒一隻船艘、而四艘不爲動、却到得稍近、見空船、若盡是木偶、始知中計、而藥碑已盡、賊大單從後鼓噪而來、不可勝計、壊自料勢難抵敵、登陸而走、敵直抵麟營、顧守悵忠侯督視阮輝平、皆隻身潛遁、奉亭侯次于金洞、亦潰而走、文武百官、各聽安頓妻子、藏匿貨財、無一人敢以對賊自任者、王以參從裴輝璧久相無狀、至此又無一匡扶之策、心中厭之、左右攻之益急、乃罷、相出爲督戰、王乃召公燦密議却敵避敵之計、公燦曰、賊懸單深入、兵家所忌、當拔入近地、一戰而識之亦用兵之奇道且京師天下之原本去將安之若衆與狼狽出城人心渙散是舉其國予敵也今當請太妃與六宮權且出城王許之王自料武臣惟碩郎公老將可恃即召自山西驛回朝碩郎即率義勇五百名入衛都人見碩郎公歸人心稍安碩郎入見王王曰公棄寡人耶今國勢如此為之奈何碩郎泣曰臣受君王厚恩誓不與賊俱生臣猶有父子八人背城一戰臣請執轡以從吾君之下王無慮焉王乃出帑廩五千兩犒碩郎以為軍需碩郎乃出治兵一日召手下得千餘人軍色最為精銳王命將兵出城屯紮碩郎乃出軍次于萬春湖時東南風盛惟水道最為衝要環舟師既敗敵得長江一條航路上京師王使四侍衛號畢聚集于翠鴣江口敵舟至南餘津捨舟登岸叢翠鴣口水軍維舟從岸星散于河渚使見敵至不敢登舟舟船盡為敵有惟偏將吳景極也單刀立于船頭拒賊剩餘西山兵把巨艦向中擇船乃衝碩陣碩單方食敵兵掩至棄甲而走左右夾擊亂砍之僵死填渚赴萬春湖死者不可勝數碩郎單存手下十餘人與其子八人環碩郎象御倚象而戰六子闘死于象前碩郎使象奴驅象而下與二子奪路而走僅以身免徑投興化去了賊本兵直擣

西龍陣王親御五龍樓布陣陣分五軍左部號按西虎右部號按西龍前部號按前樓城門後部號按後樓水軍樓岸仍艢二號衛駕馬中軍賊登陸從河渚入王在樓上放還前法鼓前部發射前部發了賊兵一齊俯身避礙而入王躬御駕戎服降樓上農衆紅旗三指三揮賊諸軍前趨諸軍方甚鼓望旗賊以次虎弩射皆投戈棄甲於河岸走不顧身王見軍散顧前後左右已無一人在者賊不知是王相爭入府不復遏象王急脫戎服頂丁字巾遁至較後葦叢急拘象回府過宣武門賊前兵數十人已入府中揭旗於府外王又拘象從明堂湖望安華門而走賊既入城下令嚴戢諸軍不得擄掠城內一二近臣與親軍知王西出陸續追隨至城外猶有象九條馬百餘匹兵千餘人逆懲康村民望見象色疑是賊兵扶攜而走官軍遙見又疑是賊棄甲而逃者太半至先朗縣有阮腥者東岸寄怙人阮貴之子素爲宗臣邀王於途跪於道左啟曰臣前受命拒兵今已得五百人候于河之北岸伏乞御駕北渡權停于臣貫以圖後舉王命拒舟子橫渡舟子四下逃去覓得箇小舟只容得三四人王急登舟與小黄門五六人並阮腥隨行官軍晏馬在岸上不得渡望王登了被岸便皆四散

卒

王既登岸、全不見衛兵、王問暖曰、衛兵現在臣貫、王第微行、前來不遠、王始悔
爲暖所誤、且懼、從此向前、愛來叩路問番如何、無人可信、惟有進士爲是恃、謂暖曰、
旁近村邑、曾有進士某員名否、暖曰、惟有添知吏番李陳公、前奉詔撫諭權駐
于下富社、但未知今現在否、王曰、爾第往問之、如見達員、富爲告其故、令爲我
請、暖入見李陳公、具說願來、且曰、臣前奉招兵、現令有兵衛等候在縣界、首長
官且請權借兵杖、衛王過縣界、便是穩當、原陳公有所諳下富人巡縣名莊者、
素是紛濱、前曾入公門、公居下富、亦倚莊爲衛、語莊曰、參從繼[illegible]侯進亂來、故煩
爾爲衛送之過界、莊曰、諾、因引莊隨暖見王、王原來公是政府小官、未嘗得見王
面、王亦未嘗知公、乍見公來、顧侍臣問是誰人、對曰、是李陳公的、王方謙辟來
知所言、公亦恭敬倍常、進見若不敢當者、君臣之間、竟不覺露出本色矣之、王
與公語、始及公事、公指莊曰、臣已有此人、是臣門下、亦堪之、因顧莊曰、好好衛
長官過界、莊曰、諾、公乃辭歸、莊以五十兵衛王行、越陳公所居之別村、止於公
舍而問之曰、公是端南王、可直告臣、不須且有他變、幸勿見責、王初猶諱隱
曰、君何可妄忖耶、我實是行參從裝攤壘的、莊曰、君休作欺人語、昨聞君是隱

狀。遲瞞過得莊、自古興廢常事。算公也、避亦難脫、毋自辱也、乃則王回其家、王
變色大怒曰、王者受命在天、與正大元帥瑞南王是我、縱死於國人之手也、亦
是天命、任罪爲之、莊乃使人覘詐于賊、凡進膳諸人、竝拘執之、李陳公聞有變、
躬來王所、叩頭於地啟曰、誤王至此、臣之罪也、王曰、人各有心、卿何預焉、公出
告莊曰、王是天下之共主、而我則爾之師也、君師大義、何忍至是耶、莊曰、長官
不早言、臣使臣誤見王、使王逊於臣手、南兵問罪、臣長官還能爲之辯解耶、長
師未若長賊、愛王不如愛身、臣不爲長官所誤也、乃遷歸寓所、留其下雖王出
京、公前來拜王、王嚴近呼天曰、嗟天乎、臣栽臣王、天知之乎、王慰之曰、卿之忠誠
孫已薨之、公欲說王少留、未及出辭、已爲莊所迫而去、到途中旗雖少歇、王得
雖主小刀引以自刎、莊急奪其刀、刃淺傷小、王以指串傷處裂之、又爲莊所止、
有頃、王心煩燥、求冷水飲、莊許之、王引水燕下而殂、莊送王至京、賊大喜、縣王
于宣武門外、以示天下、乃具殮櫬、一如王者葬之、即封莊爲壯義侯、加山西鎮
守、時丙午六月二十七日也、李陳公在下、當別王、歸寓謂其居亭主人曰、如臣
誤君、其罪當死、我戕不死、無以自白其心於天地、可爲某辦棺一具、白布十疋、

聽某自行其志。館人勸解之，公不從，曰：吾死自有別法，非爾所能止也。館人止公不得。王死二日，而公忽盛飾。館人知公忠不可奪，數加供具。公乃掃所居之後苑為穴，安棺穴中，以白布裹頭巾一頂，腰帶一段，仍取衣冠南向再拜。拜訖，去冠加頭巾，束大帶，穩臥棺內，敕館人蓋之。蓋畢，公在棺內曰：尚欠一言，須自語之館人。又開棺，公口念一睡去，三年之孝已完，十分之忠未盡，煩君以此遺屬吾兒，他日粘于祠堂，以事我。語訖，繼曰：多謝主人，吾從此別矣。館人與其僕從五六人拜別于棺前，畢，蓋棺取土而封之。時六月二十九日，是後王二日也。公慈廉雲耕人，舉丙午科進士，為人簡易樸實，性至孝，居父母喪，三年墓廬口不茹葷，哀毀骨立。自言曰：吾今四十，平生所履行，惟此三年近於人道。蓋自知無憾，故形於遇死之言，其自若既又如此。公卒後，天下莫不痛王，而義公。推原始相與不惑，登亦自知之。登有所識杜世龍者，青池弘烈人，為人狡猾，登頗肖貧時，雖亦以別故得罪，與登同在囹圄，龍為圖書與登相古。及登自西山出，龍尚在囚，登以登至常使釋之，以為上賓，每問以國家事，言無不從。至是登謂龍曰：王不信我，以保自擅，使王在我以清閒之地，為王不失為名。忍龍見登語意，累然有立身之想，將願登達意，且從中間以投其機，正是：

未知這事如何，且聽下回分解。

第五回

扶正統上公興闕、　締鄭婚公主出車。

且說杜世龍聞登言有厚於王的意思、因謂登曰、公心猶仁義而迹則殘也、公今有回山倒海之勢、城得助於貴國、而公出身之始、興兵封侯、實非王家之恩、公此舉以滅鄭爲名則甚矣、倘以王家實制皇家爲有過、何不念二百年尊扶之功、惟新而背舊、不義、索過而掩仁、不仁、不義不仁謂之殘賊、大丈夫立身而可以殘賊自居耶、登顏色如土、徐答曰、封植者一身之私恩、經常者天下之大道、吾爲尊扶之舉、所以扶植綱常、自是至仁大義、而君反以爲殘賊耶、非吾見之差、則君言之過也、龍曰、君本自尊、何待公扶、不過假此以做其攘奪之謀耳、且國家如金甌無闕、公無故引別人來戕其主、帥賊其民人、天下之人、且以公爲豺狼梟獍、殘賊未爲甚也、公今倚外國如狐托虎威、恐人心思鄭、其事且變、使一旦捨公而去、公以耿然之身、負通天之罪、何以自容於天下乎、登怒切齒、猶改顏笑曰、然則豺狼梟獍之友、爲豺狼梟獍之謀何如、（莚篤語、噫龍亦休矣）龍曰、公此來不過爲前驅官、復驕兵之譽、今驕兵既滅、公志已遂、公誠能速反其道、善調

畫

俘貴國使之龍歎而歸，遂擇鄭家宗室之賢者，別立爲王，而公爲輔，此不世之功也。螯曰：善。吾將思之。君且歸去。別求嘗言者，善情飭辭，擇其好之者，以言願身可也。龍出，螯曰：龍可逃水，不可處陸，以惑天下，使人邀截門外，又傳送盃珥水中流沉之。

却說西山元帥自和至渭潰，使即條奏本，具述寧扶之意，密進皇上，外人亦頗有知者，衆以爲敵情難測，言未必信，京中官軍吏士，並爭走避，其擄於公與奔於別故來出城者，至二十六日，倉皇而出，帶囊負篋，被擄，截路盡擄之宗室大臣與大夫車馬，皆爲民所掠，褫髮身走者，不可勝數，諸軍敗散走出，至關呼至轍，數其驕弄之罪，多方困辱之，有一人裸身而走，出過鎬門，有一人指之曰：卿腹莫不是乃驕兵也，捉來打死，其人急呼曰：非也非也，我乃壽昌縣尉的扶攜而歸，觸寒死於道路者以千數，惟皇宗支派與內殿家臣，內殿諸與環殿廊坊、寺、菴堵如故，城陷之日，元帥入京，使裨將一員將一支兵環衛殿上，時上有疾，諸皇子侍疾內殿，見殿庭外環立如墻，厥賊來逼，皇子惶狀，皇上將出三山後苑而逃，適見裨將遞奏本內先請安，次請改日進城，上得奏始安矣，百太畢、上公與璧諾萬壽、既進謁侍者入、奏皇上於殿內、推撫引見、元帥至御榻前、元帥雖拜地下、行五拜三叩禮畢、上命皇子扶起、延至御榻旁左邊賜坐、元帥謙讓不敢當、上再三諭之、元帥就席、本坐膝半空、上溫存慰勞、元帥曰、臣本西山匹夫、衆時崛起、不曾衣陛下之衣、食陛下之祿、惟陛下聖德昭遠、臣在蠻貊中、素所欽仰、今日得覲龍顏、亦臣契悃之至誠所感也、且鄭宗不禮、發逼君上、皇天假手於臣、滅鄭以伸陛下之威、幸而成功、實陛下福德所致、惟願聖體康彊、君臨天下、使臣民咸蒙其福、上曰、多謝令公相厚之情、跋涉遠來、寡人在位清間、無以爲贈、元帥曰、臣以尊扶而來、豈計功利、來此淳是天意、非人謀所及、若臣私厚於陛下、即進人兵船艘、臣能驅策、至於潦水袁南風盛、豈臣所能辨、天命陛下一統區宇、從今立經陳紀、安內攘外、臣亦受其賜矣、反顧璧曰、此陛下之故臣也、璧趨御前拜見、上賜之坐、元帥曰、此子蒙陛下爵祿、想未甚多、而其忠於陛下、內國無二、臣得至此、皆他贊助之力也、上曰、璧之能忠、亦皆令公成之、璧頓首謝曰、誠如聖諭、上慰勞久之、元帥曰、令聖體少安、應接勞倦、臣等暫回草次、來日以後、請不時來朝、如有顧問、欲假聖旨、上曰、寡人有天下而不預璧衣拱手、足令耄荒、國計女謀、非所素畫、令公既爲尊扶、幸爲邊事、不敢久留、然令四方未帖、亦須一番蕩平、然後辭去耳。上命茶賜之、元帥茶罷、謝出、瑩亦從之。瑩至於朝端、見百官散落、以皇上家臣、無一人可倚、應對、皇親清源侯黎維韶、嘉山侯黎維複、亦皆庸常、不成朝廷、惟有文屬黎維琳、黎有詔二人長於遊子、時稱而不奔、依于內殿、因清源侯謁見、上用之以備文書、二人瑩心亦所不喜、乃思朝廷平日所素與者、泗川侯潘維藩、定川侯張登揆、瀚堂侯汪士朗、綠堂侯陳公爍、添差汝公瑱等、奏請皇上教召、又阮卿公阮俒、皇上亦即遣召維藩等、久廢在家、諸員應召赴京、獨公瑱疾辭不往、朗等疑有詰責、先以所領兵部印納、畢翰降、瑩還其印遣之、自是諸員日日議事、朝官聞風陸續而出、皇上命諸員隨事與元帥應酬、元帥以邊遠來、未諳本國習俗、凡與朝廷應酬一聽於瑩、瑩謂元帥曰、公來此、以尊扶一統爲名、天下莫不想望、然所以一統者、須畢國事權、皆聽於尊決、方爲尊扶之實、公宜有以實之、昨日之見、猶爲私揭、其事未白於天下、須擇吉日、朝見禮成、俾天下共知、得爲正大之舉、上公從之、乃於七月七日、請皇上設大朝於敬天殿、百官以次侍立、上公自率將士、從端門八行五拜三叩禮畢，具本陳滅鄭之功，俟將兵駐藩籬，仍請皇上差官分治。皇上受朝畢，命餞送上公出門，罷朝。翌日，命朝官册上公爲元帥扶正翊武成國公，命即單次封之。上公受封，遣使進謝禮。既而私謂登曰：吾提數萬兵來，一擧而定天下，所以讓而不居，厚於黎家耳。元帥國公之命於我何加，無乃南國以空名籠罩我耶？我不受，恐皇上謂我驕矜；受而不言，則國人謂我蠻貊，故因人言及之而言耳。登知元帥意不滿，矯爲皇上私語漏於上公曰：皇上曾私與臣曰：今皇家儉薄，無物可贈，極知區區爲名爵不足以益其貴，秪是國俗好禮，聊以致公之誠。皇上初意，自以年高，恐公歸後無以倚重，欲聯二姓之親，世結姻誼，未知公意，故不敢顯言耳。元帥曰：自古征夫閨情最切，皇上亦燭此意耶？以西山王第爲南國帝甥，如此門當戶對，想亦人不多有。擧坐大笑。既而曰：非戲也。登知元帥意可，乃入告皇上，具述元帥有不滿處，又問帝女未嫁公主幾位。上曰：惟公主字玉忻，此女言德俱優，最所鍾愛，平素常戲之曰：此女他日當嫁爲王妃，今當嫁爲庸常駙馬。言訖，召至御前。登見奏曰：甚諧矣，這好姻緣，臣請牽綵，必十分停當。乃謝歸，語元帥曰：昨臣私漏上語，見上遂說的話，上意大悅，謂臣曰、既得尊公的意、亦並天緣湊來、上有第九公主、年十六、請奉巾櫛、俾齊國成親、世修和好、上公藏答曰、以戡亂出、以娶婦歸、奈群兒豈容、笑何、雖然、彼但慣戎南河女、未知北河女、今須一試、看看好否、嫁主留笑、登辭回、上公曰、我過拜皇帝陛下萬歲、山谷遼儕遠來、無敢唐突如此、何幸而得附于金玉牒譜、貴千載奇緣、山谷不勝喜慰之至、登復以吉奏帝、帝乃以公主嫁之、上公乃以本月初十日、具黃金二百兩、白金二千兩、綵緞二十端、陳兵仗旗幟、使文臣刑部侍郎奉本奏上、恭薦上、使皇子崇讓公接受、告於太廟、以次日送婚、敕皇親妃主、與諸臣、各具車馬、送公主歸上公府、翌日早、上公差官具將本奏請迎婚、是日觀者如堵、咸以為古今曠事、數日、上公與公主進謁太廟、禮畢、兩兩歷觴而歸、上公謂公主曰、吾皇子女列仕、幾人得似主、主曰、皇家雖簡諸皇子女、一味清貧、惟妻有分、得配主公、譬之兩木五層、陞入閣樓者、幸耳、上公大悅、時皇上拔篤、上公啟及上在、受一統朝賀、顯示中外、以完其尊扶之功、乃擇十五日設大朝、具本奏請皇上、于日設大樂于丹墀、於是諸皇子扶帝升御座、登殿三聲、百官以次朝賀、禮畢、頒下詔書、揭於大興門外、天下臣民、咸稱皇上福祿壽考、可謂兇矣、次日、上疾大漸、公主請上公侍疾、上公曰、今我於皇上、義同父子、我誠欲及今瞻覲清光、叙其悲慕之情、爾我以遠人來國、人未必盡信、昨日皇上出朝、燕知聖體有恙、使我來而宮車晏駕、毋乃遺我以無窮之辱耶、主第歸侍、語與諸兄弟、諒我此意、公主歸侍、是夕、上神氣清爽、召皇嗣孫、屬以國家大事、又召公主、教以婦道、丁寧周至、十七日卯時、帝崩於寢殿、時年七十、在位四十七年、帝龍顏龍準、鶴髮鳳瞳、行如水、坐如山、性慈和簡易、爲皇子時、值皇子禧反事、爲王家所疑、監於內侍洪郡公家、庚申、毅祖初立、洪郡公出鎮山南、王命移監於王舅炳公家、炳公初不覺有命、夜夢天子幸其第、旦日見洪郡引皇子、因來炳公、大驚、想夜夢必非偶然、乃入言於王、王曰、時四方擾亂、國勢傾危、見得若此吉兆、王知帝德不凌、自是尊敬益盡其禮、帝亦謙恭一念孚於王、王不時奉獻御用豐餘、帝垂拱無爲、肆情遊樂、多蓄奇巧技藝、宮調樂府、制爲新聲、極其清逸、常按三國圖、使宮人被戎服、執戈矛、分吳魏蜀三陣、教之坐作擊刺、晩年爲聖祖所裁抑、常人怨懟不堪、而帝爲盛樂、未嘗少阻、或有諫者、帝曰、爾知其一、未知其二、皇家於王、勢在相疑、朕若以失權爲念、王必陰見異圖、故托此以適言耳。又常謂宮人曰，及吾之身，必見一統之事，然非吾所樂。對曰，王家變通如此，王敗皇家之業，陛下何爲不樂。上曰，天命王家扶我，王當其憂，我享其樂。先王憂反在我，我何樂焉。端王立驕兵每有尊扶一統之謀，陰請於帝左右，或勸帝行之。上曰，吾只是誠實以聽天命，得至于此，匪逆之謀朕所不爲，若復言，朕送王按法治罪，遂不敢復言。至是上公爲尊扶之舉，上外喜而內憂，恐所應酬皆不得已。及病篤，謂皇孫曰，我旦夕且釋重負，憂在爾，爾其念之，吾瞑目後，傳繼大事須一一稟他，毋得輕率。言訖遂崩。皇嗣孫即位。先是，公主歸上公，上公問諸皇子之賢否，又問嗣孫人品何如。公主婦人常情，旬以先規於姪，常恐嗣孫奪黨壞公之位，由是嗣孫不爲上公所喜，欲緩登極之禮。朝廷相與憂懼。乾壽殿皇子中一人正色言曰，嗣孫不立，天下必亂，黎氏必亡，公主貫誤社稷，當去其屬藩任。公主歸西山安享富貴，吾族內不乏此一人。觀之乃旺郎公也。公主懼，歸請上公許之。百官乃扶皇嗣孫即皇帝位。是日上公在府聞先帝崩，傳侍衛諸軍登國藩與侍皇孫立後皇族，或請治罪。郎觀諸從大嗣孫不喻此意，不有請求，至厥後始啓知上公，上公怒其不請以爲嗣孫見外，使人

至

來報綏登極之禮、欲有所別立、至則登極禮訖、朝官以成事告、上公急召公主回
至曰、先帝者天下之帝、非族所得私也、我衰暮先帝昨日避嫌、不敢入見、今日
欲及未殮前一覩玉顏、以致翁婿之情、本然外我而不迎、亦如無我、成何體是、
成何政事、安致如是、其忽我、我棄而去、看族料理如何、乃傳令水步官畢嚴整、
翌日出師歸國、公主泣挽留、又遣差人偷意真嗣孫、乃使人致謝請留乃止、
成服日、上命官請上公臨祭、上公素服立於祭殿上看祭、禮儀極致周盡、有左
府史當祭時、常有笑容、命推出斬之、其禮意致謹類如此、因謂朝臣曰、小名提
兵居外、受命王兄、去留未卜其月、小名以尊扶來幸爲完幹、今日使是女婿致
孝於婦翁、欲及未歸之前完此喪祭之禮、朝臣曰、敢不惟命、乃擇日上船、上公日
夜治喪、雖儀物草略、而禮數未有所遺、至日發引、上公以兵三千人、前騎象頭、
送至河津、看奉梓宮登船、禮畢而返、及公主歸、上公德色謂公主曰、先帝有皇
子三十餘人、今報孝還一女、至看誰助得分毫、古人謂女作門楣、信然、公主謝
曰、妾賴上公功德、得致孝於皇考、開顏於兄弟、俗曰、男不丐婦、女丐夫、此之謂
也、下船後、忽報西山王出、上公命阮整揭曉于京、稱大王巡省觀風、每日且至、

玊

布告中外。文使皇帝諭差文武百官出郊外迎謁。八月初五日西山王入城望
上覲迎于南郊外。使啟命官立于道左致辭。西山王駕臨郊外殿而不答。使拔
答曰寡人以爲嗣皇過禮。恐駕遲或勞貴體。請駕還宮。來日開朝相見。謹西
山王。不辭萬里。行色茫然。
不知緣何而來。且聽下文分解。

第六回 西山王潛師返國 東江侯唱義扶王

卻說。西山王於順化初潰時。得上公提奇言。臣等遲蓋關鎮。齋將明威。順化深年。
天下震動。今河北兵驕將怯。勢有可取。臣請便宜先委右軍阮整領前部精兵
直搗山南。臣現當收拾海內。各打點丁壯以益兵來。剋日鑄定河北。其順化城
關臣已差人留守。伏乞鈞下赦留啟行。西山王見書。甚其啟勸。而遂長驅轡知

其余高人類從征他定了北河、歸來必生驕奢氣概、自念世生南河得嚫化澤羅足矣、不欲併大國、縱可取之、亦不能守、萬一差跌、可咲不細、急使之馳書止勿行、至則上公已提大兵乘風北去了、西山王益不悅、越六月二十六日京師潰、上公遣將賫書報捷、書言臣欲奉便宜仰仗王兄威靈蕩定河北、一舉而捷、鄭此既滅、天下歸一、臣曲狥國人之請、扶立黎氏以安衆心、令國內盟臣請休息畢士、權留其國都、收集百姓、待秋冬順風旋師、歸朝奏書、七月十四日至西山、西山王得書大驚、料上公屢立戰功、已長其驕傲、他手握重兵、專制萬里、文任有登賢智勇之將、已爲所驅策、縱他翱翔居外、久後必懸出許多不好事來、如此勢頭、不可以紙書召、除非親往逼他而使、是縱虎出圍、終非可制之物、即日自帶侍衛兵五百、直趨富春、增取兵二千餘人、倍道而行、望京師進發、畢行道次、兵色疲倦、不知是某軍名色、至文安會饒海門、有村民以海物入謁、言小民見大官經過、有一腆微物、聊表寸悅、西山王性樸實、言辭無文飭、曰、非是大官、臣是南河大王、外族慣呼爲辮岳的、多謝厚情、見臣遠來、將饌兼食、而以甘旨饋、多謝多謝、便訖便好好而去、忽見數十人、並着腰褂、各執筒担子、赤身立

六四

道旁假西山王逼呼曰臣等商人被掌進索買路錢盡掠財貨去西山王曰他在鄉里曰他得財恾走入山西山王使兵追之纔入隙中遠數十人各扶創棄藏刀大呼曰爾等哉我是掌進徒黨麼乃揮刀亂斫南兵大驚走出原來掌進巧又安人聚黨刼掠於是西山王遂間不敢宿於民家止就曠野張幙而臥諸軍露宿比及到京一圖鳩面鵠形或言西山城已爲阮主復占故失守而來此或言上公詭計詐取一人作王兄以壯其聲天下豪傑與擁滯州城潛畜兵爲者各欲光其虛實以圖之及西山已至京上公出郊迎謁譏其專行之罪西山王曰將在外有利於國家專之可也北河可取而公取之此用兵之妙處也公跋涉烏里闊廣土地藉英雄乎賊城非兄所及舉伐人之國愚單謀入一番搶掠百姓爲仇兄猶有意外之虞故拘恾至此與公分忿耳乃拉馬入城上公將公主來謁具以實對西山王曰西山王弟爲南國帝端門戶甚相縣好懽姻餘溫存問答如人家兄弟上公乃供具帷帳於寢宮與其兄居之而已自退居別閤上公所領諸軍各隊伍一番更換至是亦以其符謝來西山王既得其機仍籍布置隊伍而更換首伴爲不聞官軍又惟大君之命是聽於是與上公定

能獨居其國、恐有割據之安之志、妄言於帝曰、臣等把來、兵馬攀扶、今畫識臣等不依他、料他必歸、文安便是甘根藩屏、臣請陛下假臣兼守、臣可當之、至西山王出、登意西山王必奪皇上之位、而據其國、將兼西山、以自全、請帝以重兵迎降、促朝臣急備降表、朝臣達日不決、莫敢見下筆者、及西山王至、上傳說由迎于南郊、立國門外、使皇親族清候蹕于道左、代爲致辭、西山王、獨過郊門、離而不答、回使、使答曰、寡君恐嗣皇過禮、爲遲或勞貴體、反以失禮、遣寡君、故避而去、請御駕還宮、改日相見、上知西山王猶有優假之意、既還宮、不復議降、次日、西山王設座於府堂、西山王坐榻正中、上坐几在左、上公坐几在右、侍衛中士、殿登爲兩君相見之禮、不拜、先者皇上御駕至府門、西山王使從官出迎、皇上步至階下、西山王起立榻側爲敬、使上公降階迎之、延至坐几、坐定、問曰、嗣皇春秋幾何、從臣代答、敝國君祭氏遺鄭氏、僭弄、權掌倒置、幸賴聖上至仁天討、命將出師、爲敝國盡殲鴻圖、現今南國土地人民、皆聖上所再造、微聖上、日收爲鄉邑、以爲犒賞、敝國君一惟所命、西山王曰、臣聞太祖開拓南疆、功德如天、臣祖在南海、亦是太祖學得、臣忽建臣骨肉、被爲世世之藩、若是黎家之地、

奕

能　獨居其國，無有割據之志。寡言於帝曰：臣常地來，只為攀挾，今靠識
臣決不從他，料他必歸。文安便是甘作藩屏，臣請陛下假臣鎮守，臣可當之。至西
山王出，登意西山王必奪皇上之位，而據其國，將靠西山以自全，請帝以璽符
迎降，促朝臣急備降表，朝臣遲日不決，莫敢先下筆者。及西山王至，上傳諭出
迎于南郊，立國門內，使皇親顏清便跪于道左，代為致辭。西山王駕進郊門，繼
而不答。回使使答曰：寡君恐嗣皇過禮，駕遲或勞貴體，反以失禮，遣寡君故趣
而去。請御駕還宮，改日相見。上知西山王猶有優假之意，既還宮，不復儀降。次
日，西山王設座於府堂，西山王坐椅正中，上坐几在左，上公坐几在右，侍衛中
士殿登為兩君相見之禮，不拜。先者皇上御駕至府門，西山王使從官出迎，皇
上步至階下，西山王起立椅側為敬，使上公降階迎之，延至坐几。坐定，問曰：嗣
皇春秋幾何？從臣代答：敝國君黎氏遭鄭氏僭竊，冠裳倒置，幸賴聖上至仁天
討，命將出師，為敝國盡殲凶圖，現今南國土地人民，皆聖上所再造，伏望上日
收歸鄉邑，以為犒賞，敝國君一惟所命。西山王曰：臣聞太祖開拓南疆，功德如
天，臣僻在南海，亦是太祖赤子，臣恐權臣僭竊，故為匡扶之舉。若是黎家土地，

一寸亦不敢取，臣以國中初是當禦壁壘，故來捐助，四方平定之後，臣兄弟復歸本國，惟願皇恭發朝綱，保安宇內，與臣國世世隣交，此乃兩國之福。從臣代言曰：聖上念臣先皇帝功德，固存續統，使臣列先皇帝不絕，寔惟聖上之賜，功德無窮。敝國君臣，請世世隣好，不敢違越。西山王乃命蘇茶從容辭歸。西山王起立作別，上公送至階下，使從官奄皇上出門外，皇上登輿還宮。朝官入謁西山王，王問官職姓名，對訖。王曰：我聞安南國進士最貴，諸公得非進士乎？我將言于聞皇上，請敕吏部錄本國，教其國人。朝臣對曰：臣等惟敝國君所命，東西南北，安敢辭。王曰：諸公初見我矣，如其來，曾疑臣否？對曰：聖上既命上公扶立黎朝，事已明白，臣等何復敢疑。王曰：疑我者愚也。鄭主勤師萬里，兼併順化，以小害大，猶有今日之禍。鑒豈在遠哉！若剎南國，以小害大，其能久乎？緣及我之身，能保之子孫亦不可保。我兄弟不久且去，諸公可輔佐黎皇，以安天下，兩國睦隣，他日好相見。諸臣咸稱曰：偉哉聖人！不勤遠略，聖上慮及此，亦出尋常萬倍。第臣國君年少，未諳多事，臣等亦皆庸才，可謂知己。聖上既存其國，幸姑留此，俾臣國君臣賴其威靈，四方既平，紀綱再立，御駕凱還未晚。王曰：雖歸也，亦期以年月。諸

矣

公勿慮、朝臣辦退、私相議論、或以爲他言是眞、或以爲他言是假、畢竟是他定中人、知其爲偃王、從客謂登曰、乞聊來此、聞登得婦、偏我獨無、登曰、恐聖上臨北河女耳、若聖上色荒、定不難事、王笑曰、然則當有價哉、須早圖之、登見辭意閉暇、不廣王去、初七日、王令諸軍各各結束、上公恐登在外見情生疑、召登入侍、從旦至晉廣從、不得入外、信不通、登茫然無知、入滿始放回、家人或語登、登且疑且信、曰、吾終日辦該閒暇、怎得如此很狽、迫夜二更、西山王率使人叩殿閣、辭妻與上、以改日旋師、登不得知、先是十餘日、每夜金鼓喧天、入漏初二更、金鼓聲稍息、三更以後、寂然無聲、京中每至夜半、疑南兵暗出、及早見軍容宛然、是後夜以爲常、按西山兵法、夜禁最嚴、登深夜不得出、五更中潛行而行、徑作僕裝、店行行且靜、不聞音聲、轉至府、四顧無人、只見殘构破營横斜落委于路上、急赴河津、一望漸漸、惟水與天、百萬樓船、不知從何處去、擱子回報、登茫然似失、勢不可留、水也無船、陸也無兵、寨也無所、正不知從何取路、其家人皆驚惧、登在死生危惧間、猶作戲語曰、吾行遍四海九州、及歸壯下時又被賊脅躡脚、吾且留此、且看如何、於是家人始疑、乃密使人往機會津、覓舟單明兒將商能一隻兵與步下數十人，行里西龍鳴門、鄭人四里追之、靈畢乃反逆、鄭人四徵、艦得一留奔路赴河、放舟順流、尾西山兵、望海門而去、賫裝車馬言中、委棄于僞路者不可勝數、平旦人以事奏聞、上不信、使騎之、果然、上驚愕、召祭官入朝、謂曰、他兄弟盡擄我國而去、以空國遺我、脫有警急何以用之、衆官相顧未知所云、國可謂一殘、侍臣因奏曰、昨傳令旦設朝、令他已去、伏候聖旨、上又問朝耶將報朝取對曰、陛下宜出朝聽政、改元自是大禮、何故輟朝、上乃出朝、取校書頒布、書內所言、一則曰賴貴國、二則曰賴貴國、上公語勝皆高西山王有任之事、又多數王家之姦、或云宜改之、而倉卒用之、朝罷、上命從官會朝廷、議事、順來、上性英果、久厭王家肯制、又與靖王不共戴天之讎、得西山滅鄭甚喜、端王薨時、上爲嗣孫、先帝率諸皇子詣上公作賀、上語上公曰、孤有大讎、而公爲復之、此生受無涯願、藉此身沒於國家、亦無所憾、況公又扶立、得奉宗闕、功德何可名言、上公曰、天道好還、先太子被黜、皇孫一享太平一統之福、及其帝崩、上即位、果然以一統自任、欲回南兵等扶、自起勢而成之、南兵未歸、已陰畜衛衆、使皇親各歸外貫、招集兵馬、以備調撥、又招延士類、得文屬吳爲貴

卆

武楨阮係寀、日良與之籌畫、凡所爲倉卒之計、靡不善及時、名將稚頑、鄭公賛、馮基、建忠侯丁錫壤、文臣有勇者楊仲濟、

且說黃馮基、何翠號之敗、走歸山西隱跡、賜讓遺師山南、歸錦江起兵、樊殢瑞鎮、初未受兵、城中尚有公衆五團、嫌欲以蒼兵招得勇士千人、聲勢大振、水匿名居蓮亦以兵屬、有衆至萬、嵩進入京時、以書招之、懷興𠎪同居鄭公門、素相得、還書答登、推托不來、登亦未暇問、懷故得專制一路、日夜治兵、仲濟文臣、凡不找兵、有孔子楊雲、秦性凶悍、富豪無賴弟子、橫行鄉邑、人皆畏之、及西山兵出、要陰招識匠治兵器、上公使人求識匠、併捕遷等、當聞里門盡報之、西山兵擊之不下、西山在京時、京中武言東北兩道合兵、不日且至城下、及西山兵將歸、城中空虛、帝使居諸豪傑保衛皇城、懷興濟皆擁衆上、以濟文臣居增元來、懷武臣、且有名望、不會其命、未必能聚、乃爲善撫召之、辭極懇懇、且許以元勳、同麻等指使者着數至、懷辭謝泣曰、臣祖十八代、鄭公國恩、不累世、又從地無數背忤、臣今當有三五人相隨、亦是寄我皇上、職後臣被誣陷、今當親進、但方打點兵馬、結束行裝、請假五六日、請當趨朝、乃具奏本、使人進候至京上進、

數日，漿至京。京中沸騰，言漿以求節鎮，兵從於韓無翼，於程同並，斷其手足為無形。旦夕且送至京，又執言以至京，都人爭走觀之，一日五閙，如是者連日。人人聞漿威名，莫不震畏。上得漿，思變盜於言表，大喜，以為漿必可恃。

却說王家被西山戕其主帥而去，其故家遺臣可言，咸惜端王之不善識，而其心未嘗忘鄭。端王兄子尚幼，王親弟駉郡公鄭檊已老，惟琨郡公鄭槰、瑞郡公鄭棣俱年外四旬。琨即裕祖之子，為人慈和寬厚，為衆所屬。聖祖晚年，嫡次紛紜，嘗言晏都王薨或不起，即立之。及端王時，驕兵累欲扶立，適迎至家，琨即廢棄，逃入王府，自白與王而歸。瑞郡公，毅祖之子，聖祖之弟，為人明慧機智，及毅祖薨，聖祖立，瑞即家臣丁丑科進士范輝基謀為篡弑事，為楊仲濟所發，聖祖以至親減死，囚之。端王立，瑞即得復位，及驕兵怨端王，瑞即又與驕兵謀奪端王之位，事又發，太妃又請於王，王由赦之。琨即避居彰德，一婢一僕，死於民伍，為久隱計。瑞即居文江如琼。外戚辰忠侯家潛招兵馬，俟釁而起。這辰忠侯乃琼英公主之子，與瑞即為姑舅之子。而中進士，還與禁兵，又還鎮宣光。至是起兵，以勤王二字揭旗，推瑞即渡河，從冷池津而上。至龍宮，適仲濟兵應召，方渡

丟

河而來、與瑞郡兵相遇、仲濟初舉進士、以驍飛戰十餘年、及發瑞郡之進軍、乃得復戰、濟見瑞郡大懼、乃以兵降瑞郡、乃命二人駐兵城外、先使人入府稟稱府庭排設擺席、而自督諸軍開宮于城外、鳴鑼擊鼓、聲勢大振、上聞辰來、迎揖于外、使人召辰、辰入見、上謂曰、卿世家名將、將兵入衛、朕已嘉其忠、勇將兵入城、朕隨事任之、辰跪奏曰、四海之內、莫非帝臣、陛下垂拱無虞、何必從事兵衛、王家不幸、為蠻兵所戕、三軍無主帥、使陛下孤立、臣請立鄭氏嗣王、家業尊秩皇家、臣愿以為保衛京城、莫甚於此、言訖拜辭而去、上乃命鎮殿將軍、將兵迎辦之、左右諫之、乃止、辰語仲濟曰、從來王家傳繼、何嘗先累皇家、往往專擅奏聞、其教諭與冊封、姑皆屈從、進皇上御覽、乃迎歸府宜行之、便是成命、何事紛紛祈請乎、乃整軍伍迎瑞郡入城、時已日暮、追遍下二殿始登府、服禮附堂鳴鼓三通、九照狀、瑞郡登座、兩員面分兩班拜賀訖、使諸軍歡聲、乃分派於諸軍、及議所作壞諸店更守、一如舊例、且日使來召文武羣臣、郡文臣院卿命知川侯、鄰堂侯、建川侯、襟堂侯、與進士二三員在朝堂相賀曰、瑞郡生來已三舉事而不成、其人心志如此、定非合制、院臣常親子弟、平生只是浩浩夜飲引醉、一覺紅日含山、一旦乘得應天下事尚數爲大臣、仲濟昔交瑞郡、亦豈肯廟之器耶、如此大事不有東都命、下合家謀、若倚者冥目而行之、豈有成事之理、豈上英摩剛決、料他等必不能獨制、不可輕赴、後悔難追、乃使吏復辭於泯濟曰、朝廷諾貴、未得命於皇上、未敢抗旨、請兩長官改白王、急備本請命朝廷、臣等謹當隨皇令、入府拜賀、濟乃作奏本云、臣鄭某謹奏、臣家世緒王基、尊扶帝室、頃者向嘗入朝、宗祀顧傾、幸賴忠臣義士一心、翊扶蠻魁聞風宵遁、臣已於本月初十日、入居正府、伏乞陛下敕諭、俾臣得繼王業、世世尊扶、以保萬年、惟帝惟王之業、上覽表大怒曰、鄭家以凌上自取敗亡、今復踏其覆轍、將欺朕年少耶、時皇上所招兵衛現至關下者、已數千人、左右咸勸上、料他不過張大先聲、若教得他恐、從時而來之耳、他有手下一萬、我單不下數千、兩下相交、他直欲吞也、未易下咽、大凡國內之人、雖所在各隨其豪目唱率而起、皆有彼此之分、而尊帝之心一也、若以抗帝爲事、決無一人敢從、令瑞郡不有就拜、而宛然居府、未得命而遽請敕諭、若容易許之、必將來勢頭不堪也、今上且責以一拜便立、料他必不肯來、事遂勢解、泯濟二人、虛坐府中、作俳優文武戲、料不得免時、上從之。乃命為旨傳諭仵濟、曉以故冀立王、當覲受敕命、然從隆以不拜不爲之禮、使黎脩浩賫至府、濟看訖、對使者衆之曰、怪哉、吾不見何朝代立王、而帝敢奉阻如此。又為幾箇拜的禮、恐立王來問彼罪、故為帝也耳。（仲亦師有）王何苦祈請、只好提兵來捕盡、使等𠁑存本位、看帝立也不立。（盡讀書人懷出進等樓如何）又謂使者曰、歸奏皇上、王還為王、帝何所損、請且立之、後禮當就拜、使者歸奏上、太后曰何侮我太甚、又何以我命為任他自為之、饒他一拜、朝臣聞其辭怒、莫不震懼、會有琨郎公有奏本上進、言臣先祖佐先帝中興黎天子、累熙厚答、賜以王位、近代寡久生弄、抑于天人、以墜祖宗之業、今聖天子一統天下、包含覆載、以天地為心、不忍絶臣家宗祀、臣恭以鄭氏嫡孤、避難依民家、倦懷桑梓、夙夜寢轅、第未奉詔旨、未敢擅使入城、冒瀆宸衷、伏候進覽、上見奏大悅、曰、吾聞琨郎為人極有禮讓、今信然也、乃付下朝議、朝臣諸員聞琨郎在彰德、卓然有[illegible]之勢、各潛偷歆悅、乃勸上下詔召之、琨郎得旨、乃分部曲士馬、剋日而發宣畢吏出爭往迎之、限濟聞此心餒、已奔、衆心願擒、乃自舉兵、使人奏請以瑞郎進拜、上許之、使者出、上乃使伏兵於進塘橋邊、候瑞郎與限濟來、扯住問罪、瑞郎

七五

知不敢來、濟知事不濟、言於瑞郡、請與辰分兵守禦、瑞郡令濟兵守射場門、辰兵守禮端門、濟兵使阮茂祿領之、密使你迎降瑞郡、你至行陛、過瑞郡前、兵使其衆臥戈於地、合手加額、立於道左、瑞郡轉至、你跪進濟意、瑞郡納之、使你爲前部、選路行至講武試場、遇辰軍、辰軍直向射之、你軍皆坐、辰軍近至、你軍起、辰軍見你已降、棄戈而走、追至南同泰、斬獲數十人、辰敗走入城、餘衆軍潰、辰濟與瑞郡只得隻身而走、望會聖端門而去、瑞郡入城、濟兵在射場門內、外爲瑞郡所阨、內爲內殿衛卒截阻、濟軍無走路、困死而戰、刺皇親墜馬死、上命將兵圍捕盡斬之、血流沒踝、時八月十四日也、

却說瑞郡來謁、亦甚嗚嘆、上但信其恭順、將撫馴而陰操之、至是入城、上命於萬壽殿引見、行五拜三叩頭禮、上賜坐、謂曰、王家二百年尊扶、功於皇家不淺、朕恩厚之、王親無逾公、質又爲嫡長、承璽之任、朕本待公、瑞郡奏曰、臣本庸凡、嘗含恬寂、遺家否運、自分幽廢、將被緇投禪、以全餘生、幸陛下聖謨默運、圖難隨清、臣復得覩天日、皇上復念臣宗祖父、不忍絕祀、臣請歸國俟命、此生陶鑄、惟上之恩、上曰善、乃問已擇何地、止其驕從、對曰、有亮府、臣請居之、上意不欲

七丈

其居府、又問公舊第宅無恙否、對曰、臣家窮僻狹大不及、但被市人收葆盜竊無餘、上又問端王太妃與諸王子何在、對曰、倉卒之際、人各東西、稍定始相訪知、現今在山西虜頑之家、聞妃少子三人、其二已殤、惟元子在耳、上曰、端王昔厚於朕、朕深爲軫念、曾使人省其墳陵、具禮弔慰、曾詰太妃與王子音信、今始得實、可使人迎回、朕有以相厚、理郎曰、從容拜謝而退、過府門入謁宮廟、徽帝久之、復命、駕歸亮府、其下曰、天下臣士、迎公來此、誠願公居府爲王、以希尺寸之功、令公避府而不居、人將謂公王子還王子耳、各各解體、大家一散、誰可復合、避居亮府、不若久留彰德爲清閒人、何若調許多人馬至此爲耶、理郎乃留府中、擇吉爲康本曰、臣竭家廟見其香火冷落光景蕭條、徘徊不忍捨此、臣請權擇廟旁一屋居之、俾得朝夕瞻掃、以奉祖宗之靈、書上、帝暗知其情、而勢未可拱、私謂左右曰、若少居此、便得爲王、瑞郎已不去矣、遂既破之巢、復去此來、蕭廬活人、朕恨不及西山初去之時、一炬以了之、次日、上命朝廷擬敕封上爵敍以國公爵、而厚其祿而已、朝臣見其擬、莫居府、少不肯虛宜且看天下所趨勢、料抑之勿大也、不得、莫敢自議、裁請上、曰、王家文祖初受封爲節制水步諸瑩平章軍國重事、國公爵對按此故事、則有可據、上乃以國史部付出、令省部例舉安、廷臣未舉夫會趙忠使應數而來、步兵三千、往陽場社、戰三萬、水兵三百艘往眾瑞津次號三千艘草莚東江爲號、凡閭趙聲勢、多爲附之、至是帶經略數百人入城、洋洋有小視天下之色、上以趙來與琨郎相信、恐趙分心、引趙入見、慰勞溫存、趙亦自陳己忠愛之情、上謂趙曰、卿既建來、可畢發入城、以壯京師、趙拜謝而出、上命趙出朝堂與教官檢事、多官以國史故事語趙、趙曰、臣武人不識文字、不知皇上待王家是厚耶薄耶、多官未及答、阮輔曰、王家失守宗廟、皇上存之、如此亦可謂厚、趙熟視之曰、公亦進士耶、曰是、曰中某科、曰已言武科、趙默然而出、多官各各自退、是日、琨郎手下、欲藉趙威勢以速成事、請琨郎召趙來相托、趙辭曰、某爲黎鄭臣、惟知黎鄭、豈有他心、公來此封爵未定、臣遂去適來、今若見公、或公得爲王、來日主議於朝、或違意異同、人謂臣於公有私、請他日成命、拜見未晚、次日、上命封趙以郡公爵、使內輔黎有浩諭趙以一心皇家、成一統之事、趙曰、臣受詔而來、惟願聖天子居上攬權、一統海內、誠天下之福、臣敢不竭力以効愚衷、但前日失律喪師、以致國家至此、陛下既赦

矣

臣罪今王嗣未定而臣先受爵公議謂何臣事陛下日長且請進還成命又伏浩以國公之議問壞以覌其意壞曰聖天子不乏智慮苐稱王家功德而封之則可也浩歸述壞意請依文祖故事乃命朝臣草議封琨郡爲節制水歩諸營平章軍國重事琨國公給兵三千人田五千畝民二百社以奉王祀朝官以上誠意語壞壞無異說乃上進御覽以文祖初受封如此後追爲王恐不明白又後更生議論公爵之後既成命朝廷爲敕諭顯言從今以後世襲公爵朝臣依命行之此等字壞亦不與也命曰命官賫敕就府授琨郡訖乃命揭敕書於大興門外以示天下壞見世襲公爵等字忿然言曰以公爵爲初命猶爲有說今以公書敕王家子孫求世繼述其祖宗豈有此理此日回來带得尊敕文武諸臣無一人失爵位王家獨何寃看出朝儀面目雖不受王家恩澤而以巧文迎合乃爾殊太輕薄他有巧文吾還以巧文闘看看孰勝乃爲曉揭示曰御江丁某備述文武諸員皆令奉敕爲五國公以奉王祀如家惜已安應各詣府聲賀或念王家功德别有奏請如何當共會于西龍宫與某商議備奏差上伏候裁定以副天下之望初國公命下衆成以爲此事聲口未息至是壞先聚爲此

會以奉頤功而成，阮濟狂悖敗事亦不致也。以勢脅朝臣之從者，朝臣初見壞只坐觀其所爲，左右以卜其輕重。今日壞爲此會，不致從壞而心畏之，亦懶於從。帝帝難決，執前命，不肯加減一字，而心腹獨運，贊助無人。時文班赴璉會者只有吳仲佳、阮嘉歷、阮柔琰、阮輝瑤、阮廷詔、潘輝益等在會。璉大設醮宴，宴畢，謂之曰：國公已命，諸公以爲何如？仲佳曰：二百年有帝有王，王家之功德未應一敗而絕。今帝年少，思慮未周，附和帝意而爲此無理之事者，吾黨之過也。言向整頓，非公不了。璉曰：臣會諸公，亦正爲此，僕欲奏請立之，諸公肯盡協否？咸曰：不協者不來，來者自無不協。璉曰：諸公既協，可備奏本，令臣上進，上雖欲不許，臣璉請要得成命始休。武班阮嘉琯曰：阮濟本屬無憑本，只自待請，卒致敗事。今有文武宴會如此，直入府中，便成朝廷，自然大勢歸，看左右空還，空到此復何待者？請璉曰：僕爲此議不難，但念王王不受命於帝，帝俚諺曰：誰能穿衣而趨其顧，故設一正道順之，僕不比阮濟爲合，爲人所棄。若發請時，料皇朝京中卿老諸卿撓臣不得。乃修本奏曰：今欽奉皇帝陛下軫念王家，存其宗祀，賜公爵世守蒸嘗，臣民莫不感慨。第王家自前以後，蒙天子賜以王爵，頃遇國變，先王端王

仐

以身徇國、令國難清夷、家皇上聖德包容、諸臣皆得不失爵位、獨王家備被黜封、臣庶心頗不安、伏乞賜琨國公、加封王爵、以慰臣民之望。上覽奏曰、必要王以脅制我、然後為快耶、若安於臣道、公與王何擇、且命幾下而遽欲改天子、不是兒戲、朝臣諸員、自料扶王為要、而贊帝不成、吾欲舉身而退。泗川侯入奏曰、以王脅帝、亂根所生、亂已至此、願摘種而行之、亦天心使然、雖武夫不以義理曉、請奉旨語琨郡、使自降心遜讓、國事猶可為、不然則一亂非臣等所能幹、間皇上幸赦臣罪、上許之、泗川侯乃往說琨國公曰、臣受王家深恩、恩厚於公、但此回國變、乃乾坤關闢一大機、凡事不可膠固、令以傳繼而立、雖天子所不欲而行之、無道莫為此甚、臣等又所當言、故為公言之、公若怨臣言、後日之亂、將不可救。傳曰、國有道則仕、無道則隱、臣等從此去矣。琨國公曰、僕自知庸常、何敢過望、璉忠唱率、僕本不與、惟上裁斷之、諸公可為僕奏聞皇上、燭照此意。泗川侯見其言推托、歸奏曰、此事臣不能幹旋、用臣無益、乃辭而去、璉聞之曰、潔眼、碧響都去矣、衛一老嗟、於是兩店一空、在會幾簡員、轉來空朝一班人皆璉之黨。上謂家臣曰、吾無助矣、雖然、彼亦豈能以威脅我、我不聽、看他奈何。時泗

丗

川候已去、亦依前命、凡安民並無增益。內翰文書左右、恐璉以中阻歸罪、多勸帝許之。帝皆不聽、璉惶恐、為密奏請假以王號、兼權歸皇家、表內辭極婉媚、璉復面請、上始回心許之、乃封琨為元帥、攝國政、晏都王、命朝臣阮瑜授晏都王、王受命、親上拜謝歸府、即打府堂鼓三通九點、即王位、時八月十九日也。王既立後、其左右勸王照故事、置參從、陪從、掌府、署府、權府諸員、以做朝廷。各看西龍會諸員面上、指某人為某職、分布已定、璉以前日奏書如此、而躁自翻覆、恐為因上遷迴未敢出命、上亦執前命、改參從為平章、陪從為參知、添差為發審、以左右店為議事堂、責璉急擇官請旨、剋日會堂議事、於是爭持不決者累日、忽報碩郡自山西鎮盡發諸縣兵壯、有衆數萬、蓁帶興化冗礫潘目丁公胡、丁公貞寄提二兵而來、

未知碩郡所來如何、且聽下文分解。

第七回 娟皇家武成道再出師 楚王府宴都王大去國

却說碩郡公自翠藹之敗、走歸興化、依于潘目丁公胡之家、後投山西之兵入衛上、使人與碩往復、最爲相得、命碩將兵入射塲塲門、以衛皇城、碩入城謁帝、後乃謁王、京人悔悔皆言碩郡附於帝、整附於王、二人將不日治兵相攻、兩箇都强、未知熟勝、於是人復改望、以爲帝主勢力均敵、而帝較强、王每使人慰碩以扶王家、整亦使人报贈往還、與碩要結、碩手下阮逵、見大勢趨於王、料整從王、其勢難轉、欲使碩與整合、勸碩捨帝從王、碩曰、他勞苦做得基碌、來我捨路便食、故何頫而次日碩至王府、整曰、今王雖立、而王權未定、整業與帝的大權歸皇家、不敢妄啟齒、王坐府中、政府人皆曚知道、從此事非公不可、這古人謂、作事易、成事難、公當其難、功業不在整下、碩曰、爲之奈何、整曰、他能會我如何肯獨無、須訂日集群議定官名、以督議請於帝、帝那得不從、碩善其言、又爲曉示文武、言阮整引西山兵入、然受命討賊、共待楚師、以致京城失守、自甘篡非、幸天心悔禍、賊兵潛迹、今山河宛然、帝王如舊、但紀綱一壞、朝政紛如、武將

文臣堂應一向緘默、請以本月日會于禮部堂相與商議、奏請皇上、啟知王上、
付下施行、以正朝廷體統、衆見書成以頑爲帝作會以報西龍宮之會、王曰、頑
提兵至府、人以爲兩將交辟、有避而去者、及見兩人相接、又以爲頑驩璉於安
致之、維將沙陸於老將計、終莫能知其蓋乎、及文武赴會、相敍禮畢、頑問在會者
曰、五王已逾旬、而朝廷政事未成、諸公有所見者、各各開展、且擇所當行者、以
請于王、衆不知所言、穿遜獨多猜疑、敬以雙頭說探頭意、曰開創業以前權在
皇家、中興以後權歸王府、方饒開說、璉問曰、令是創業前歟、是中興後歟、如何
篇說斟業來、層是某官員說得該、乃甚遜有急辯才、曰某只據書以明中興、如
此耳、璉曰、如此公可對議、遜議以爲帝王相爲一體、令官各從帝初命、亦須設
存舊名、請以平章事參從參知、兼路從僉書兼涤差、都給事中衆六番知番武
臣掌府、着府兼知五軍都督府左右都督等官、議事堂在府門外、耳目慣習、請
仍攜佇、政事議成、先啟于王、而後裁於帝、呈上、璉看議、衰見文藏奸意、雖名爲
從帝、而實則重王、反作喜曰、人稱公老於詞翰、果然、頃者僕之言、幸勿見罪、仍
使遜脩奏本以進、本成、璉自覺前言紙悟、報見於上、辭歸、武臣諸人皆隨璉散、

侯頫與從官入殿請旨上初以頫必順上旨善令引見及覽奏怒曰參陪使參
陪何必帶手章參知署府便署府何必帶五軍都督卿等以虛文欺朕若俎詐
然此豈事君之道羣思素日與王有深底意思無故改換慚怍不敢出言叩頭
謝罪而已寧遜跪奏曰今城外皆爲戰場天下大亂而朝廷政事紛錯臣等膏
于天威不勝震慄惟皇上燭照上曰城外皆爲戰場果誰家所致何者罪在朕
躬不須多言卿等自料党從是以增制織自爲之何必苦請頫等皆惶恐汗出
露背不敢固請乃相率長伏於庭入漏不起上以爲人懷二心既不可恃堅執
無益乃允其奏頫等拜謝而出翌日入府擇官衆議以爲王初得位皇上所信
用人如泗川侯亦未可驟去又以泗川侯爲平章事兼參從繼烈侯全峯侯爲
同平章事行參從頫爲中軍都督左都督掌府事加爵武公瑾爲東軍都督右
都督署府事加爵郡公吳仲位寧遜等並爲參知政事兼陪從阮輝琚阮輝溫
等並爲諸科都給事中兼滲差知奔命下泗川侯辭不拜繼烈侯自愧無狀曰
吾爲相不吉前事可鑑一生又幾同誤人國耶亦不拜惟全峯侯獨任事而國
柄則在璉手頫公老耄不知故理亦備員而已政府官僚既備日謀裁省冗兵

民而别議、皇上隆恩加前朝、皇上亦事事時、安民政事紛然無定、皇上益招兵馬自衛、潛有制王之謀、故事内殿有輔佐官、王使皇親之附王者爲上輔佐、上曰、吾始許爲王坐榻、猶賊遂潛使人窺伺、作承平規模、公歸語宴都王、既使公爲朕輔佐、朕使公來輔佐王、皇親出、上曰、左右記之、如見卿人再來、使刖其足、於是娘王相仇、王而入城時、伴濟泚歸嘉林、王以濟爲人可使、使人召之、謂曰、螢壁居嵩司文武、或奔或降、卿以儒臣致於環變、對壘拒戰、義聲振舉、狂寇逃誅、亦卿載風所慚、此頑壁所不及也、卿而入城時、先以立王爲第一義、雖端郎不成、而王家聲援、亦自卿始、我而得位、皇王未睦、天下紛紜、卿勉留輔我、乃以濟掌財賦事、而拔其門人阮濊你爲進朝、濟素惡帝、言曰、一統之說、出於賊鄭、登踈無義理、從來帝委王以權、而王扶帝統、今有二皇、家不與王家共難、反利王家之失、洄川之徒、匹身處庭、附帝而不知有王、此皆天理人事之所不容者、非王來遲、臣不得已而扶端郎、若王來早、臣豈喀嚟賊嚟至今尚得逃刑、皇家宗室、别求垂拱一位、想亦不乏其人、紅毛帝從紅毛賊去也、亦久矣、乃爲王請以兵圍殿、盡捕帝家臣誅之、廢帝别立、謀定、使阮濊你將兵逼其前、而密令澗澤侯從安華門襲後帝闕壘、令皇親將軍等守禁、係聖宗旦大興門外、黃頭甚猛、内殿惶恐、將潰、忽見碩武公亦騎象從殿後來、止係不得進、曰、係欲全安速收軍回、若不然、我先斬係頭、原來、碩郡青忠得名、時爲提頭守禁皇城、聞變故來急止、係畏頭、乃退、澗澤亦不敢入、於是殿内無事、帝大悦、謂左右曰、微碩既贊、禍根難拔除、非右軍再來不能了也、

却說阮有登以孤舟從南兵至海外阻風、累日始抵會統海門、舟次東海洋下、適西山王與上公、從陸路至永營、上公聞登得歸、大驚曰、彼漢巧偷生、登如十五種鬼、輪迴作怪、割不可斷、乃撫慰之、登請從歸、上公曰、今碩壞本陳、南國非公不可治、公可留此、爲登分所護、銅鐵銃與軍器諸物、送至東海、登辭不受、再使送登黃金二十兩、白金二百兩、留兵一百爲登衛、登自知留兵無用、受金而還其兵、曰、臣請調用土人、兼力不及、馳書告急、那時別差兵將爲善、上公許之、乃歸富春、留招遣侯成奇華與登策應、上公歸後、招遣奇華以叛、不復與登相及、登在舟中、只有手下三十人、不敢捨舟登陸、又安知登孤窮、共謀將兵剋期取登、登急請婦夫阮瑩來與謀、遣阮瑩與稿鄧田人歷援知縣、其人宿學有

皆爲登謀曰、公有大名、人莫不畏、以公擧事、取又安如翻手耳、今雖公勢孤、而未知虛實所在、傳檄遠近、是相爲推托、未敢有出頭的人、公先發制人、他便措手不及、公有手下一千、可以横行天下、與登曰、兄言正合我意、遂爲羽檄徵兵自所居邑始、勤一刻遲後、若斬其旁邑有仍稱老兵二人、素武斷鄉曲、止其邑而不受登、夜使人殺其邑判老兵二人、斬首爲令、於是鎭福一縣、畢出聽命、旬日得兵千餘、其縣党豪目、見登急起、因之推擁鎭守瑞忠侯爲首、而各起兵以應瑞、登四面當敵、勢正岌岌、又安人奎峯侯常得其邑人傳信、言登篡取之狀、言於王、請命瑞仍鎭守、而使其子益爲督視、加差清華鎭滿忠侯爲參鎭、先召清肆散兵入又安、與召又安散兵、與所在豪目土兵、併力擊登、王許之、益受命而行、謂人曰、且立以看我入又安、取登頭來、奪郡公印、又使其下各畢鼓曰、要大可容人、殺我鼓前畢趨取得登時、願鼓納登獻于闕下、益出畢之日、人皆以爲功可立待、登在又安、初聞王立、戲作俚語曰、宴都還是婚安、俗謂欲安不得也、及聞在京諸散兵畢集、奇伍如前、又聞王命將來征、乃馳書及富春、言頹壞再立王、據國謀圖復興、請援以償之上、公得書、使左畢武文任、提兵而出、登又遙

集部　第四册

書於懷述一段情誼，且言既與西山相絶，文安接順化，西山兵不時來，擾實甚
以當一面，向平後有能爲璒保全，璒亦早歸朝廷，建得書居璒婿，進士趙武，爾
曰：吾兄與叔同居先公之門，先公故待之如子，兄能爲先公報讎，叔獨無狀，愧
死多矣，是吾兄之義盡矣，而其忠未安也。今叔扶王室，再整基圖，兄既留顧
大安，叔敢不相徇，但兄不可致叔翻起兵來，雖然，有叔在此，縱兄欲來也，叔亦
不聽，姪歸可致此意。由是璒之事，遂不以爲意。時王曰議收權，或譖璒曰：今大
敵始去，邊境來寧，璒賊在文安，勢浸盛大，且令人心思發，請王親御征之，滅璒
復文安爲界，此亦不下先王立功而歸大權，自然到子，何必區區爭除枋之迹，
而置兵於度外，萬一璒軍再來，將何以禦之。璒黠然，璒又使與元盛生阮班
以事赴京，密奏帝，請爲文安鎮守之命，帝密問班以璒軍情，對曰：大很難動，帝
意曰：此事右軍前曾面請於朕，朕亦已面許之，今有再請，當付下行赦，亦可留
以俟命，或勸帝曰：璒逆王，迹未知，後頭勝負如何，若此命出，而璒敗，則王必有
辭矣。帝乃未出命，班歸鎬，稱有帝詔赦，以璒爲文安鎮守，開中權，果璒加爵職
鄭侯原來璒是謀詐的人，料班此行未下定奪，教班以倘予得命，須非教書帶

究

回以壯聲勢，班儀計而行。鄧即直言於中外，登詐設偽伏，會將吏拜顧宣讀人對佶之。於是日夜與參佐募精貌召募目，收集散卒，馳檄諸縣，以扶黎爲言，醒演功臣子孫及諸土豪吏相語曰：彼誠可惡，而實受帝命，今若拒之，是與朝廷抗命，彼得執以爲辭，罪何能逃。於是捨瑞而從登，邊近響應，旬日間得勝兵以數萬，仍以阮奎爲視師，署四奇四誠軍號，剋期進發，遠近看登號令嚴肅，師至安瀨。瑞怨侯登兵堅屯雲雷，聞登勢甚盛，又受帝命，無奈他何，其部下將吏亦議論紛紜，甲可乙否，旬日不能決，只得勉强與登戰，爲登所破，一敗而潰。且說帝以壞頑諸將紛紜，羣心不一，王雖素稱恭順，而姣龍備以雲雨，亦屬難馴，兩者王號之稱，委之建，即右軍之伐，聽於奎峯，似此情形，不可不預爲防制，亦欲倚登以抗王師，日望其來。闕登入衞，遂密下手詔，遣使如文安，促令即日就道。登奉詔大會將士，告于衆曰：丁錫壤、楊仲濟擁帝居京，陰謀叛逆，某受密詔歸朝，以清君側之賊，尚其同心戮力，捍帝于艱，竹帛功名，可立致也。乃命其子有彼，部將黃曰選、阮如泰、黎遇、阮景燦分領諸軍，望北進發，渡瓊瑠之黃梅津。聞參領清忠侯與督視潘擇盡調清華土兵來攻，登急令欽騎突軍前進迎

擊之戰于五山、滿忠兵大敗、滿忠麾下將士力鬬而死、肆連為登軍所拏、登數
其附鄭叛帝之罪、且曰、聞公造大鼓、今何在乎、鼓之可容人否、益惶恐涕泣謝
罪、視師奎與盆有舊情、力為救解、登笑曰、書生之口、每好大言、殺之亦無益、即
命赦之、扶以偕行、登既敗滿忠、使軍聲大振、報至京師、王大驚、即召褱謀之、將
帝有降嬰旨、令海陽諸豪曰、會兵攻破部江、丁族懷不得已、力求海陽廣安二鎮
旬出本部兵東歸、兩淡兩策四府士民、素惡壞殘虐、又得帝旨大喜、所在團結、
移檄數壞之罪、所向圍逼壞城、壞弗能禦、值夜潰圍走、保部江、京中傳言壞已
被東人殺了、右軍登亦旦夕且至、京中必為戰場、一日間虛驚亂走者數次、人
情大駭、城中士女、搬運提挈、各還鄉里、勢不可制、碩郡知事不可為、乃私於部
曲曰、帝王交惡、國內無主、壞郡既去、賊登又來、吾老師在此、亦非善計、不如歸
守山西、據上游之地、固根本之勢、畜力養銳、徐觀天下之機、待時而發、大復必
有奇功矣、諸軍皆我麾下、敦爾周旋、勉思竭力、行師務在平定、安集物戒如豐
所至殘破、以招東人之怨、豪曰、敢不從命、乃啟家西歸、時瀕壞既去、京城空虛、
帝散諸皇親、各以所募兵、日夜戒嚴防守殿內、在王府者、惟權府事糾時潤行

參從牧世注、陸從揚仲濟在堂府中、行文書催索兵糧、州縣求無應者、畢吏奉命出城、饒過村邑、便被毆打、赤身走歸、王大以爲憂、謂仲濟曰、大事去矣、非少東臣靡之才、不能挽回、我不早端量、業已爲王卿過忠誠、業已爲賊、今聞賊登之來勢頭猛烈、都云騎虎之勢不得下者、非卿具誰、乃以齊爲濟單騎守、寧兵衆之、濟不得已拜命、兩閭人說登氣魄已先奪矣、師出濾橋、駐二日不進、王使人促之、乃勉強起行、饒至平望、聞登師已渡青口、濟大驚曰、陳非董天王再世、孰能與他對手、須還可謂知機、悔我誤害人、反不若武弁之智、令悔已晚矣、即引衆取路渡青池津、直走京北、脩啟遜進於王、求顧京北、顧守招集豪目以圖再舉、王見濟啟文惶恐失措、命召時潤則潤已挈眷宵遁、命召世汪、汪亦告病歸家矣、王左右無助、五內如焚、乃慟哭曰、我初不幸生出王家、後又爲辟小所誤、早知如此、寧作彭德老僧、卓錫沙門之爲愈也、顧謂侍者曰、令將安之、有桂塢外洩跪進曰、請王且駐蹕、詣宮廟告變狀、先王神位聽臣先去河岸覓舟、俟夜遁、王爲北渡、歸于臣鄉、臣家世爲將、與兵慈山之豪、皆出其門、庶臣以忠義唱之、無不響應、錫瓖在邗江、爲左臂、仲濟在嘉林、爲右臂、馮基在山西、爲外應、王駐蹕桂陽、號召勤王之師、盡珥河之險為固守、整雖強賊、安敢北渡與我爭鋒耶、王請勿疑、王喜曰、甚善甚善、或者天未亡鄭、以子畀我、果如所言、社稷之福也、遂從之、是夜漏下二鼓、王乃北幸、騎從數十人、清又散卒、竟為侍衛、親軍無一人從者、迨旦有人以王夜去奏帝、始知之、密令親軍放火、盡焚王府、烟焰衝天、經日不滅、二百餘年樓臺宮闕、付于崇朝一炬、可憐焦土、遠近聞之、亦有惆王、而甚帝者、時丙午十一月初一日事也、王既至桂塢、倚外族為衛、築壘樹柵、為久駐計、且傳令旨、過誘頭目土豪、以討賊立功為勸焉、

且說阮有整、以是月師渡青厥江、先遣黎班奉表入京、言臣欲旨提兵、趨於月前出師、屯至清華五山、黎忠義、潘輝益、敢自出師拒戰、麾下鐵騎畢躁之、鄧忠義、潘輝益、遂使天威士氣百倍、清華以北、所在士民、莫不撒迎、臣謹奉宣示威德、使之業堵、臣躬身甲冑、遙想鈞韶、下情無任戀闕之至、帝覽奏大悅、問以又安情狀、班具以實對、帝曰、此可謂善權、因以班為內翰供奉、使簽書樞密院事、官左威奇、整軍至盛烈、命朝臣郊迎、入城、帝御中和殿、受整朝謁、溫存慰勞之、整進曰、近者驕兵起變、大臣蒙難、時臣領兵在外、不為鄭王所容、至於離鄉

去國、不勝悽想、臣深惟國本在、綱常秉彝冠履倒置、庚申辛酉年間、國人之忠烈者、蓋常以是發憤、或扶皇親而唱義、或據鄉邑以招兵、事雖不成、義聲已振、人同此心、非臣徒爲身謀、攜此蠻踪、臣益以義動人心、重登皇圖以明君臣上下之分、其如鄭王何仇、天若悔禍、人器毀過、豈非國家之福、先帝憫臣此心、欽奉溫諭、臣不勝感激、國人不知臣者、反以臣爲罪人、誅蹈其覆轍、必欲甘心於臣、以撓陛下和政、伏惟獨微慮遠、無所不至、臣亦不媒人短、蔽已過、知臣者君、望賜照鑒、帝曰、朕已知之、不待卿言、今當輔朕以平亂略、與太平、惟卿是賴、澄拜辭而退、翌日、帝御西龍宮、以澄爲平章軍國重事大司馬、加爵鵬忠公、所親阮登及子有攸、妓許與安封侯、同屬將、府部由將吏各加爵色有差、初澄之在又安也、文班阮廷簡在朝、極言澄援外兵破京師之罪、請與師討之、以殄國賊、誓不與共生、公議壯之、而不知許否、鄉廷簡弘化永治人、舉乙丑科進士、爲人剛直清累、好攻人過、雖貴近親故、亦當面斥其非、無所迴避、人皆以直許之、至是澄求京簡奉命往山西招諭、未還、百官私相語曰、簡必不歸、歸必不屈、將與碩郎合謀以圖澄、簡若歸朝、澄必不容、將陰以殺之而後已、二者未知如何、阮登

開之、以其言問登曰、廷簡何如人、登曰、枉直人也、耋曰、可用否、登曰、非但可用、
亦可重其人也、耋曰、公不如簡、果其情耶、登曰、君不見阮鄙公被歸窗也、明言
於朝、數其屈膝廣庸之罪、況他人乎、我若有過、他言爲直、縱若無之、於我何損、
彼固不須怨、怨亦奈他何、徒使旁人得以窺我之淺深也、耋聽了、因勸召用簡、
以收人望、登從之、使人致詞、辭枉委婉、簡既至、適朝廷議設官、以潘維潘爲平
章事、張登揆陳公燦同平章事、阮輝耀范廷瑛參知政事、阮廷簡副都御史、
且撓、登自入京、營治第宅、於亮園府居之、五日一朝、朝退坐政府堂議事、餘日
凡諸事務、百官爭就登第開白、權傾人主、時賄賂帝多爲富豪所歆羨、貧家不通、
人苦於饑荒、物價騰踊、登奏請大赦天下寺觀銅像銅壁、起冶鑄錢、又縱其部
下四出抄掠、鄉邑藏匿、收監驗治、惟城北鎮武像、不敢犯、百姓怨懟、有夜書于大
興門曰、天下失古鐘、鐘失而鼎安在、皇上焚王府、府焚郎殿隨空、登聞而惡之、省
料兒所行、不爲公論所與、益自起勢立威、以鉗塞口、有武班黃廷偉者、於登麾
亡時奉諾率手下保護京城、遇登家人帶劍馳走、詰之、其人請以劍納、偉嚴而
釋之、及登來、悍管兵京北團、乃就偈登謝罪、登即收捕下獄、問偉參多寄貫差

人盡家取之、乃得免、其殘虐類如此、又自置畢龍曰、武衛道道分五營、內畢曰親安親衛二衛、衛各五隊、其軍五色服、並法清朝體樣、以自別於衆軍、可居亮府、第宅樓門、及輿轎衣服、無不新立制度、以僭擬於上、內要兵權、外顧願節、凡諸機密要劇之地、投用親黨、分布要職、封拜處置、事皆專決、先行而後奏聞、且有空朝處決、而帝不知者、威權太重、形迹盡露、衆論沸騰、咸曰、登必爲王將李甫、制皇家、更有甚於鄭氏者、朝臣皆側目視登、而帝亦疑之、一日晚朝、屏盡左右、密謂內翰吳爲貴、蔡壽洽曰、登雖有保衛之功、而漸見跋扈之狀、若能制之於始、使不得肆、不失養鷹之術、若遲之歲月、惡根日蔓、他勢既成、後圖爲難、卿等當爲朕熟思之、二人對曰、臣觀登爲人、造意太深、操心太忍、假名太譎、應變太敏、未必能爲治世之能臣、實爲亂世之奸雄、自登得政以來、激視朝中文武、以爲智略才力、皆出己下、故凡軍國大事、亦皆率意專決、更不須僉同會辦、至有不以上聞者、臣等竊料彼將不利於國家、譬之豺狼不可馴之物、鬼蜮無可制之機、聖明洞鑒、請當再圖爲今之計、惟有殺耳、然殺之亦須有術、願委之腹心、陞之禮遇、出入禁闥者、不見其他、使他常常召入內殿議事、因而設宴、如此數，犬使他習見爲常，然後以毒酒殺之，形迹不露，變故不生，計之善者，無出於此。不然，知我雖亡，此亦一婦也。而領之數四，曰：出朕口，入卿等耳，出卿等口入朕之耳，無容耳屬于垣。古云：君不密失臣，臣不密則失身。卿等成之，機有可乘，朕當以皓。二人再拜而出。正是：

海上驪鷗宜莫記，
宮中獲兔是安逃。

未知有登性命如何，且聽下回分解。

又附登檄文國音一道，並在文貴將所作。

曾瓏浪，生民沛殷民𠇍𣋚，咥皇天撻傳君飾。返亂停撩亂貢安，意王者固嗇兵葉，會順逆勢庄埒渚。役征誅悉可悶呥。𠀲昤構氣南天，李洞戶阮帥禄渚㳥㤕役渚，決䍇張子者思𠸋𠰺𣅶吊什者義䘚，安㕵曾𣉹昭護漢，悼國劉𤈜悉背上，卧西山別傳點王。𣋚羅撩㩲𢪏卯𤥑。嬌𤤰覺𦧘謀𨄹。𩈘糊𦓿洒𤄯𥿗斬早𤥑𢽼，民沙斬淋炭沓丕群壞𢵰富，春吏坦攃基圖有吏。帝期浪運機固𨤧賊戶限𢲣變進𠵱，俸次賊勢渚𠇍𢜠。碎戶夏匡王仁邑勢𦝄蝸群當對𢰳，𡗅煌𨢟柴𠓨𢜠聰。外𠳚刷救𢶢𠇍名。民思治𠰺畢吊伐，𠳒鳩𤍇來危底胞坦

芑

承平安治流離、宮臺城郭政凌、競覽船艘放沐沐、千鬼田庄傷畫外族色、窮祛遊歐府催、唱騎蹺群隊德先君、夷墩僧耕埔駒妄、摺孳暴烟爆過項、謹惡得湛泏細劉發彫威䑛旗義衛投、謹畢萎發芝威、茲饞饞廠惡仁顯古峨兵戚強腨強涂、廣南它撥澀治涂、順化夬撓衛坦湛、南文鯑沁鯀罕湖、幾太平傳待色斯、北黔域潭廢色淹、惡極救鯥貼駒妄、想功德希黎嗌悯貼權衡戶鄭腊膽、懋皇帝捷空、稷治仍戎虔祀鄭、羅儲君庄圓、懞惡賴繞緘飲刑貌端南巳決志無君、謀篡位吏滌惡背義、長宮本碧矜羅嫡命妃嗣背嗣朱停、冤都踏趺難羅僕命妃立爭施鞆沛、聰庄脫玦唎預命、相弟嚴飲准梓宮、底丈彈踶羅彈娶、挑髒孝妄梲遊坦、讙堆仇碎嚴得鵲、嚐嗃冤色動玦吞、吞尊扶擁立庄謀翰、時教令跟錢兜待奴、達挑夕斷、義理节丕坦群、容單孚特官、政事竟智矜栱還、爲尊立悶翰朱盆、底倒危夕治沛爐、胆黔矜臣倭主昏、翔平治惡達毯惘、夬返會兵騎民慈挾綏緩才奇貫黜、所萬全它璺破橫山、兵四克夬枝帆北、海過渡丞拼旗同、武黜犸阻正擺亂、飲坦閘叻馭漢皇、決志祀仁掛暴雖淚戚、蕩定本然然、雙嵩胞綏憧强懇懇、埃乃別窮奠沛、罕丈惡夏眾侯蘇，些之妄負氏齡，巡界狩秋毫無犯，背根本諸侯悁如戢，福太平胡寧更自殆，諾朝東杳沚蒹暝湄，丈自强豎揭插媄焰煋𫝀帯涼之鄧王哨貿恩可堄經丕恩買威 判告恒例，順買逆坐常沛料，戮睢渊撤急夬顛車，殆檄。

矣

第八回

楊御史就於獻俘太學　黃郡公戰敗賜死西城

且說帝既定誅璲謀，一日內翰武禎燕見，帝密以告，禎大驚曰，誰為陛下畫此計，臣竊危之，今强敵在外，邊報正急，而朝廷未睦，衆情相疑，陛下倚璲以為爪牙，當推心置腹，使之悅服，御得其道，則亂臣亦為良臣，何乃逆其詐而抑不信，形迹未露，疑忌已生，璲之親黨，握重兵居要地，內外星布，一日有變，在京城者將不利於社稷，在關守者必舉從於敵人，是自剪羽翼以資盜糧矣。帝動然曰，微卿言，朕幾誤矣，乃召讓讀治，急止其事，後璲知之，深怨帝，厭薄，且數賭破其造謀者謂郎將阮如泰曰我還走海外無一人敢正目視我何物書生敢曾聽大須使我出師期將他試劍利否延至吴府許遣慰於闕王泰問尚維曰是帝親貴臣吴爲貴察咨洽的自是居於郎第不復朝謁軍國庶務皆使人奏聞帝肖可否復命大臣潘維藩陳公燦與內翰武楨就登第辯明適一日若寒瘠等在朝堂使楨詣登第楨及才春運人以才敏見知登亦頗愛重帝寂稱使乘便與登辯解是日楨覆客於事坐啟閣上久不得入閣下行走人曰公見在中堂的非見客時也官人且還楨大聲曰我務緊急報不容遲上公燕坐只隔兩序門墻高而堅不得達堂下遠於千里何耶某以公事來非是私謁還也不得登聞之急令導入語事畢請退登曰已有泰郡禪將等使致安符勞內使復命可陪登一歡因酌一大斗與之楨固辭登曰外輪得無疑我耶楨起謝請歌曰楨不才過蒙收録造命全憑君相懸弓落影安敢登然席罷楨出謂視師阮瑩曰近來多有造僞傳虛而無一實奸徒緣此織虛之謗以惑中外尋常思議頗不能破我公之明想不容底語入耳第於形迹之間未免關設恐懼茲多口雖市虎必誣之事而言出三人有無莫辨竊欲明正其情杜絕於微使君臣之間兩

情洞達上下相安不亦善乎登應之曰嗟公第還旦日登來問言於登曰人言固不可盡信亦不可盡無亦觀帝忍而多疑底事須言雖然無無有有其察我何且四郊多壘姑徊勿道

却說楊仲濟自平望欽家走至京北與其姪楊寔門人阮珖祢謀起兵於嘉林築壘自守會王奔桂塢使人召濟濟曰昨者清華之行裴時潤武將校世江土官王不之命而先以我試是以我與賊也待人不誠故至於此今與王圖大事已有桂塢武弁何召我爲因辭以珖事正緊不赴召自募丁壯數千人築壘自如瓊至富市堅三屯分兵固守署富爲平敵將軍況祢爲副將軍程椽亭毅帝依登遜王之罪其辭曰僞莫之時黎氏已無天下賴有鄭太王翊助中興功烈格于上下福慶貽于子孫二百餘年黎皇垂拱鄭王總攻中外臣民共戴同尊莫敢有異心者彼賊亡命不死妄圖匪謀引外敵以破華國戕故主而賊人民倡爲滅鄭之言假爲扶黎之義昭統帝南奔與登可立也德人立臣志八世主帥之居焚府遜王一國亂賊之援貴不宜帝何以處耶豪以先朝舊臣義不容已將與師詳登求皇親王孫之賢者而立之以嗣惟帝惟王之業約以月朔

師渡瑪河、四方豪傑有與本同志者、宜各應期會師、協力進攻、早完收復之功、未記同府之約、於是慈順土豪見其指作乖舉、群黨悖反、轉相告曰、名不正言不順、則事不成、吾輩惟帝臣、不可從他、自貽伊戚、由是卒無應者、其已集者、亦漸散還、助之且寡、要又責性殘暴、搶掠小民、況你又是備假、無所知識、家寄懸之時、有文江識生得滑概吿于帝、帝見大怒、急召登譯曰、仲滑出身進士、何得無居昨以紅毛帝曰朕聘使者、裂旨、今又著之檄文、無所忌憚、此疏不誅、何以示儆、當丞登兵討之、登再拜受命而出、遣阮如泰貢曰、選等領兵擊之、臨行登誡之曰、仲滑爲擄私邑、猶老狐依于故邱、自縣鄉共、若群羊牧于曠野、執鞭驅之使行、何事於戰、諸軍可鳴鼓開旗、直抵壘下、料他只有二、策不降則走、降則直送來、無得恣掠鄉邑、走則不必窮追、恐生荊棘、我司府北之人、惡他入滑、走投之地、必不見容、早晚將送軍前受首而已、泰選領命引軍渡河、滑聞之召雲你等謀拒戰、雲曰、使登自來、亦非對手、況碌碌偏裨等、亦何能爲、可自來送死、先斷兩個頭、長驅過河、在此一舉、叔大人無煩掛慮、滑大喜、以爲然、笑曰、沙門自有護法善神、普三千世界、十五種兇、自當退聽、也宗可達花座上受茶供

亘

養而已、茂林亦請先具牛酒、待到開宴犒欵、此回歸大人爲南越生世宗、百子羅漢、發現真身、幾成熟化耳、叔侄師生相期自許、不復以兵事爲意、忽報濬遷單已至濬、乃以刷投雲曰、書云、乃言底可績、識之、誠之、雲再拜而出、引衆登壘、俳佪眺望、見濬軍勢甚盛、始有懼色、其所募兵又皆烏合、未經戰陣、金鼓旗幟耳目皆未嫻習、妄想如鄉中迎神奉佛一般、雲依壘而陣、濬遂分兵二道夾擊、號口天虎、齊發響震、連地烟焰蔽天、雲衆驚潰、不可復制、雲倉皇失措、不知所爲、自脫戎服、邁走、濬在寨道中、乜使人來偵、則雲已不在、只見兩道軍登壘、四下纔報偵人、驅奔告急、濬聞變、即起、方寸已亂、未知作何驅處、衆亦隨之四散、前後顧望、莫知如何、仰天呼曰、惟天不佑王家、故至於此、天易故爲、遂率手下數人越壘而去、暮抵玉舍、雲追及之、是夜叔侄相謀、投宿民舍、雲請先就桂塢謁王、王素所信重、見叔必喜、此處皆是武人、得叔文臣爲謀議、有所指揮、料必聽從、因此收潰、以便後圖、不出旬日、聲勢復振、亦可得志、濬曰、不可、前日王命召我、我辭而不赴、今敗而來、將何辭以告、有何面目、桂塢人謂我如何、豈我與衆同功共事、最爲相得、今聞據有部江、號召安海人合衆數萬、船艘蔽江、公又

能兵之將，我當速走鄂江，與之圖回，敢請于王，移屯於此，桂塢不得不為為走
會，因彼他從北地趨汝，願一支兵與之俱，嚮從來路趨，我奉王當戰，約日同舉，
大事可成，不比的時孰畢焉賊所掠也。雲曰：甚善，但自五舍撫鄂江，道且曠遠，
歸從五六人，很須而來，行色凄涼，看不入眼，萬一有變，途間空手，何以禦之？便請
募戰士五六十人，器械精銳，鳴鼓而行，晨發夕到，樂君見之，亦不界。我濟曰：亦
甚，汝可急往招之，期以日暮必至，不覺一夜談論耳，屬于垣，盡被舍人聞破，他
於中夜，具以事告邑長，邑長遲曉，雲既去，即邑長率其徒數十人，各執兵器，指檻來，
謂濟曰：請官人入此，已有選驛公兵等候在邇，請發送來京，謁見鵬忠公也。好，
濟徉驚曰：諸公誤矣，某是海陽生徒，如京借館，偶遭兵火，故復東歸，何事與中
朝貴人參謁？邑人笑曰：官人休以口舌欺人，前此翱翔昇龍，叱咤京北，自以為
南國一人，如海陽生徒，安得有此氣勢？今只要急入此檻中，及早抬去，請勿多言，
空自勞耳。即擒入檻中，解送選單所過，士民夾道觀之，或呼曰：進士何至是耶？
彼無賴奴兒，如何卻得漏網？蓋指雲也。先是，選寨出單面受盤詰，至是獲濟，凱
還，發如所料，朝官踏蹬賀捷，莫不嘖嘖嘆服，陳公燦獨曰：非公料敵之神，只濟

無謀之誤物傷其類尤是可惻、無謀指其檄文一事也、帝命罪狀傳澔收正其刑、燮奏曰、請拽出北門斬之便足、無污筆紙爲也、燮澔曰、彼賊固然、若仲澔兼讀書決科、出身進士、而敢行悖逆、比實名教中罪人、安得死之若是怨然、宜遵奉聖旨、明著大惡、使他人以爲戒、則不逞者亦可戢、即援筆草論罪狀進呈、云、以臣叛君、無所容於天地、其名爲賊、得共誅于國人、當去進士碑名、削除國子太學、以明見絶於士類、使無玷夫儒流、詔曰可、即令選等戎服執送仲澔詣太學伏質、然後辦執武、武場斬之、加選泰等爵功、及顧將士、賞賚錢各有差、於是朝廷議奏進燮爵一字公開武成軍府、鑄武成印、極對閱、屬爲燮因奏請其子有攸爲營將、願其軍衆許之、自是凡關軍務、委聽攸胡度、燮開府于郎第之東高甲第、居奢極侈、使攸居之、效鄭王世子出府故事、一切行下文書、押用武成軍印、無敢違異者、朝廷無復紀綱、綏情乖離、識者知其必亂、或有謝病去官、歸山海閑靜之地以避之者、燮亦自知不爲公論所與、欲借科目正途收採人才、以買國人之心、而圖善後之策、因謀於平章黎滿、奏請做宋朝司馬光十科取士法、將開制命文臣三品以上、各舉所知、指陳度對策、於是通國老士莫不精

白承麻已在官從亦皆奮勉應舉。時昭統元年春正月也。有寬剔異獎壽以學

賢良方士上表冠辭曰、今承盡壞之餘、天下之事可爲感嘆者、何可勝數。痛

二游三太忽而已耶、非有命世之才、誰能幹運。然奇才奇遇、豈盡由科目出來。

世若有人、陛下以禮徵之、如路革訪渭、庶幾可致。至如臣忝一職、猶恐不勝、何

敢玷甄舉、以傷聖朝援用之明乎。祭藩聞之、謂公濼曰、他謂必要異人、謂其

敵國在外、不日有警。辭此不圖、却欲開科取士、虛飾太平制度。恐南兵再來、不

知當用何策。此正目前之憂也。是歲殿試對策、凡二百餘人、登亦欲拔茅連彙、

以收天下名士。及傳臚取合格者、惟陳伯覽、阮嘉言二人、登竟不悅。故是歲冬、

復請會試于五虎樓、取裴楊瀝等、進士出身、凡十五名、登所親阮叅、名在第十

四、中外頗有樹私之誚。

且說、登自乂安歸朝、爲帝所倚重親臣、故相無出其右者。是以動輒得志、不暇

以斂情遏謀爲念、恃權安居外、與登爲對。西有碩郡、東有壞郡、登皆閑視之。每

執云、壞雖實出將門、其人粗鹵、不閑將畧。昔在先公門廡、常以兄事我、中間所

遇勢殊、遂成參商。壞必不敢爭我、我必不忍敗壞、且置之度外。至如碩郡、他只

真

是健武而臨機應變非其所長令年老力衰弱不足畏也會有登所親農武從山西來言於登曰碩卿前往與化相誘諸番起冶鑄兵令四顧師徒衆萬餘山西土目各率手下剋日進京又圖使人帶密表來上相公知之乎登曰知道了碩表自陳言前因失律喪師後獲入衙無狀過蒙包涵再假願師使之得補前過令日小心戀闕又慎此意不明不與臣若得以指識加之惡名所以踟躕未敢即就帝以表示我我令暗揣碩意必不敢抵拒只欲解和在外久則情疑勢隔惟恐上之見疑突然來則誰聽且聞我在朝禍福未可卜故先以此觀朝廷意耳我欲奏請以旨召之因致書與之第難其人汝既明知情形當與中使賚書偕往麗武曰惟惟命登乃爲書遣之曰將軍前往上游經措邊防淺深險跋涉艱難衆欲寄制一方爲隄堡障条當爲之題達聽其自便若以久服戎行膂力既懲欲解機務条致不爲之用旋爲將軍擇一善地以處之保全功名爲先朝宿將大丈夫處世惟行止二者擇之不可不早將軍圖之碩初聞召命下堂拜受下令將佐檢點兵馬以待啟行及發登書大怒謂麗武曰你是登私人耶中使曰那書聽公已經進呈御覽便是上所使非私人也碩曰誘去初生

亘

之犢不畏于虎，整之謂也。我是武人，不會矯飾，凡事但憑直行，有不甘意，惟有剮耳。與爾說過，整始背棄國而援西山，復二西山而據本州，及不爲西山所與，本州所容，然後投悅于帝。南衙文臣被整賄通，使得挾帝命以驅衆國人，獨濟與之抗，却於大義不明，故整得以執言，寔却又與整有故，只得翱翔於珥江，不敢越一步以向京而問罪。方今管以討整爲己責，單某一人，諸公好歸語整，他慣以藉詐責單國人，如何責弄得某？我今奉旨歸朝，以問整罪，整能與某戰，當出城數里以決對手，毋使震驚宮闕，否則面縛以待罪于大興門外，自有朝廷處分。乃遣中使還復。先是出師表略曰：臣前奉命出鎮，適阮有整自乂安來朝，陛下以整導扶之功，委以國政，小人得志，漸畜異謀，臣愚以爲整非純臣，乃自圖利，觀他所行之迹，殆同鬼魅，察彼操心之毒，甚於虎狼，伏惟聖明洞燭，許臣剿之於始，使他無肆其惡於終，實社稷之福。於是頒移檄廣國諸路，聲整罪惡，目爲君側之賊，期必誅整，以清朝廷。整聞碩引軍來，怒曰：老賊可殺，不要做世間功名人，只要從仲濟做亂道鬼。乃入奏，請命部將督通帥師拒之，而己自督大軍接戰。通軍至大馬，碩軍適至，纔一交鋒，而通軍不能抵敵，棄甲曳兵而走。

頑子嘉武請乘勝追之，使登從軍驚惧，可保全勝，頑不聽，曰：出軍令時，傳登曰中秋大犒會食，諸軍飽飯待敵，而賊奄至，我一揮却之，因此傳檄可也。若復敵之前趙，日暮到城，彼軍死戰，我軍饑疲，何以應之？兵法云：百里趨上將危，道也。且休兵會食，食已，鼓角而行，遇敵便戰，食飽氣銳，何患不克？且吾於登如捕小兒，何可急用，而使軍令不信乎？乃命鳴金鞳止，適軍走至半路，回頭知頑卻不追，又恐登至，即收軍結陣，復進挑戰，頑軍方坐，解甲而食，未伍離次，見適軍大來，不及以應，驚潰四散，頑方坐大犒亭，倉卒上象，手下僅數十人，衛象力戰，頑擱上鬼槍，殺適軍數百人，適不敢近，頑見登督軍繼至，適即揮軍環頑，卻象以長槊刺之，頑拘象卻走，沒中，下象上馬，揮刀亂斫，往返如飛，嘉武陣後躍馬大呼，突前奮擊，殺傷甚眾，裨將黃登集收散兵數百，復來合戰，登見之，恐頑得脫，鬼馬逸走，揮麾突軍，四面圍合，何頑黑射之，馬蹶，頑為適所擒，嘉武登集度不能支，俱從上游退走，是役也，頑卻規舉與化藩臣山西土目大會而襲之於中秋，舉利一舉之後，盡為登擄，無復遺漏，而登之威震天下矣，提擬皇嗣，是臣入賀，帝勉強而出，私謂吳為貴曰：頑卻非賊，報臣頑在，奸雄猶有所畏，不幸

覔

死矣、朕甚悼焉、何須之有、已而璒班師、遂碩回京、奏議當斬、帝諭之曰、碩義負多而寡、分少、故名實不副、形迹難明、令戰敗於法固當死、第念昔伴濟綏兵圍遇京城、朕孤立厥中、我有不之變、若無碩璒、安有今日、準從古八議律、亦同一死也、使之碌異、朕心誠爲不忍、可改議以存追幹之恩、璒與碩本無宿嫌、一戰而勝、怨氣已洩、復聞宣諭、因請覆議、御史吳仲珪改議有曰、專兵推命、罪固當刑、以功準過、禮亦有死、逐於城外賜之仰藥、碩卽再拜飲之而卒、始碩卽被拎都中士民相聚觀之、碩曰、碩固老將黃為基的一家父子、皆死國事者已六人、是非自有公論、成敗天也、吾不能救璒西山、必殺之、天道好還、惜不及早耳、碩卽死、歸葬山西、鄉民皆爲之墮淚、

初、說璒專執國柄、事權皆自己出、縱肆日甚、衆心離散、文武臣僚、莫不解體、奉公守法者、爲武成將士所撓、鍛鍊言事者、多爲所傷、禍出不測、往往以言爲諱、武謝病辭印而歸、里閈好豪、恃在團結、互相侵掠、城外數里、皆爲盜藪、帝深以爲憂、命居故參從裴璉璒問以天下事、璒畏甚一無所言、但謝曰、臣幸竊一第、臣被經濟非才、故鄭王擢爲政府、兵驕民怨、敵國侵伐、臣無一策匡救、京師見

隔、主帥豈難誤國之罪、識所難逃、今海宇一統、初政清明、須是求一番人、臣何敢復玷朝廷、以誤天下、伏乞放歸田里、及退謂所親曰、天下亂矣、吾亦從此去、乃挈室而東、文安督同范攜謙、棄官就清漳上游、謀勤王、移檄數有整罪、華末葉而卒、當途之士、別有一等功名、以撥亂扶衰爲己責者、糾合同志招募義勇、四方豪傑受旨赴召、在在有之、高平督領劉曉、受王密局、督同阮翰、受帝密局、各諭本鎮藩目、使之効力、給兵符治器械、以待致討、一鎮分爲二黨、受節制於督鎮者、不知有督同、聽約束於督同者、不知有督鎮、二人各居本營、不肯公會、君爲同僚、貧則對敵、曉陰使藩屬詐降、乘虛襲翰、又使人請和、以求救者、翰不之覺、納降藩、而拒絕曉請、曉遂乘虛圍擊翰、叛者內應、翰大亂、倉卒出走、曉殺之、其妻子在官舍者、皆遇害、於是高平大亂、諸鎮目各保私邑、治兵相攻、曉亦不能制也、諒山何國鎮、太原趙文姜、宣光黃文桐、與化丁文湖、扶床西嶺等諸酋、亦各效尤、所在據拒朝命、鎮臣或有爲其所逐者、四封之內、了無一乾淨處也、正是

不怕鳥孫分赤黑、
却驚龍虎鬭玄黃。

未知此間大勢所趨如何、且聽下回分解。

第九回

敗將武文任提兵掠境　宰臣陳公燦奉使撫隴

且說、高平楊兵之始、劉睞阮翰、並發書告變、睞指翰爲叛、翰指睞爲叛、現當勒兵攻捕、旬日之間、罪人斯得、平章潘維藩見書大駭曰、二臣皆以朝廷清流、出膺閫寄、而當公忘私、降心相從、却乃唱爲亂首、同類相傷、亦一大變也、可怪愕、會掠太堂與四路鎮臣、亦次第馳書告變、帝安鵬公登謀之、登對曰、諸鎮兵乘、本亦邊酋故態、降一紙書、告示禍福、料亦帖從、安之亦無難也、獨高平之變造意出自鎮臣、邊酋無足責者、專兵專殺之罪、朝廷自有處分、請下廷議、平章登挨參知阮耀曰、請急則舉督鎮、督同幹員領鎮務、而降旨現翰回朝、庶可弭亂、維藩曰、盤根錯節、必須利器、鄉鎮間臣、非容易可使、平章公燦曰、昔日高平之亂、先臣義武王、奉命招撫、在鎮七年、民夷懾服、後卒于官、地方爲之罷市立祠祀之、今樞密阮廷僚、其後也、爲人弘曠有度、處事亦敏、請使之、乃以阮廷僚爲高平督鎮、進朝阮輝宿副之、命下、促令之官、僚曰、臣父生于高平、卒于高平、臣亦生于此、今復再來、事可知也、請假以十日、歸措家事、及行、至諒山界、聞翰已遇害、憤驚曰、哀哉命之亡也、夫亦吾遲之過也、即晉驛前往、驛報新晉廷標來、諸酋聞之、徽喜迎賀、北寧鎮劉鋭猶閉城門與翰餘兵拒戰、憤宣示威德、令各解兵、從容指揮、一方復定、適一日、謁義成王廟、謂晉同撝猶曰、某今其從先人遊、凡遷閣之責、有難大事、本鎮内地通、某前奉使、道路頗諳、只恨不在耳、公尚留此、勉强當之、又顧藩長曰、若吾去後、惟副鎮官是聽、無如近日慕出許身軍來、人莫不奇其言、乃以爲問、憤曰、是難言也、日晚歸營而卒、撝猶爲之治喪、殯書以聞于朝、本句領壁郎不在話下。

却說西山王欲發南還、至又安留十餘日、委別將阮廣據其地、與都督招遶巧肯丹田社人屯河中廣營、後又改招遶屯布政州、王以將武文任掌左軍屯重兵于洞海、以爲犄角聲援、那時登尾及之上公愍勞使留本州與廣共事、廣雖甘言許諾、而私嘱廣曰、登北河人、亡命歸我、觀其爲人、反覆譎詐、不可倚信、且北人懲登太深、我敬棄之、使其自斃、不意復得逃死相隨、又安是彼家鄉、今留汝在此、宜細察人情向背、及登之動靜如何、招遶在此、一呼即來、左軍在此、亦不甚遠、事有可否、馳書速報、與之商畧、敵國客地、須當加意謹防、勿可徑信、有釁必陛彼計頗之慎者、自西山王上公歸後、整尋得命召、舉兵而北、且留其黨劉適、從事於槰、陸別再四丁寧、以好意期槰、槰亦以好意遇之、整既得政、常與槰通書往復、餽遺甚厚、又使人密徵適還京採訪西山國情、揣槰本意、知西山王與上公兄弟搆兵、變大得槰書、約以并力南攻、大喜、以為文安必可圖、乃具黃金十兩緞十疋、使適歸謁槰、以利害禍福惟之、而誘使據有文安、阻絕招遠、修橫山舊壘、畫大靈江以為界、如前察故事、於是武文任探子在大安者、截破其事、悉遞回報、文任即以兵符召槰、槰拒之曰、將在外、君命有所不受、上公歸時、委某留此、不敢擅離也。文任曰、槰反矣、果然、馳書告變、且言昔者用整、是畜虎亭下、今日留槰、是養蜂袖中、請急北伐、先誅槰於文安、次擒整於昇龍、討亂定國、在此一舉、機不可失也。會上公與西山王有隙、連兵未解、南陲內變、較北河外憂更切、不果于行、乃使人報文任、促令前往大安捕槰、而點兵徵糧、分屯要害、賂書問整、與槰通謀之罪、責整如何辭復、倘整尚知畏懼、退托其辭、猶當置為後圖、若彼合明拒命、是用進兵聲罪、未晚。文任遽命、自領大軍疾馳、一日抵奇華營、則槰已不在矣。原來自去冬上公聞整歸師入衛、恐有他變、即使阮文德領單據演州、與虜同願鎮守印、相爲唇齒、及聞南陲交兵、虜德遂遣書于登謀合兵南還。乘釁作亂、克捷之後、來取横山以北諸地、登亦遲回未決、及見文任所殺兵二人、乃去驩演、引軍從上游南還、虜歸西山、德是國朝大臣、爲西山所獲、勉強從事、亦不樂於爲用、至是望西南山路、直投遏羅去了多時、上〻公得其書、遣兵邀截、亦不及矣。

且說武文任丑乂安、點兵壯、徵糧草、器械、遺書昇龍、切責有登、登得書、匿不以聞、復寄陳謝、言僕前因去國來歸、蒙遇幕府、周旋戰陣、經四五年、容秋還節、不以告僕、固知上〻公以是嘗試、觀其去就、北人挽留、僕决然去、想此不二、當簡知于高明、永營追謁、僕請從軍借歸、蒙諭曰、頑壤爲硬、不可去、姑留于此、一番圖之、僕敢不如命、既以身許、馳驅靡致、愛惜躬冒矢石、以與頑壤交鋒、惟思去此二頑、隨即舉將南還、乃於月前戰于山西、始拎頑郡、存壤猖獗海陽、尚留勦捕、所以未還朝謁耳、惡登讒見其留此、是以稱譲、何不審上〻公南還、使僕在乂安僅十餘日、何暇與虜忌處、自此一南一北、各主其事、何曾與虜往復、明燭其情、當不待辨、且僕與將軍之日、不爲少、果有他心、豈能隱而不露、將軍當爲僕辨於主命之前、則僕受賜多矣、性得盡、知瑩猶有惧心、以善言慰解之、使瑩留安、而已、僕以經理文安事、但責以旦夕平壞振旗南還、以無負盛意耳。瑩不知其意、以為文任亦可當其、必寬南顧之憂、時中外傳言、西山將左單往、出單文安、以丁壯則期速發西山兵、不日再來、升龍必為戰場、京中宜開還徙提挈金吾亦不能禁、廷臣多以為言、帝召問瑩、瑩對曰、路人訛傳、不足深信、臣曾使人往視、盡得其實、西山王自北還、直至城下、上公頒兵富春燕樂、申明號令、繕修城壘、總北還所獲單資器甲重寶、悉收貯之、西山王使使宣召、不肯回朝、凡對拜處置、皆自專決、西山王使人齎印綬封為北平主、且問所得鄭府貨寶、上公拒不以進、西山王大怒、兄弟以是構兵蕭墻之中、甚於敵國、彼方內救不暇、何敢越橫山一步、與我爭衡、我要自治規模、自是太平可冀、至如文安一鎮、特遣一介、持國書往、與他定議一言便了、我與他姻好既成、不須遠慮為也、御史阮廷簡曰、古來姻好、盡不可情、顧在我所以自彊之策如何、可固疆圉、杜窺窬、止此可恃、北平王亦是一個英雄、聞覘他不得、瑩曰、臣當與之共事、豈不相知、他信是英雄、我北河人才、亦不多讓、萬一構成兵禍、臣請與之對手、其餘武文任不

六百

廷算也、今文任已據文安、饒他客兵擾爲不過以往時略武順數據有文安河南七縣、不久亦歸于我、帝曰、人情驚疑、惟是南河動靜、爲國家事體輕重、卿可熟籌預計、以寬朕懷、對曰、此臣職分内事、敢不悉心、蹬雖外爲誇大之言、以饋壓國人、而自得好書、内實憂懼、一日趨朝、屏人密言於帝、曰、武文任雖是北平王帥府左將、而本爲西山王女婿、年來畢事指揮、亦以國壻自効、一旦見兄弟有隙、文任以此中立、國惟將令是聽、然其心豈能恝然於婦翁、非有探子書往於洞海聞變、廣請入侍、北平王不許、而使直往文安、今彼在危疑之地、必不能内顧之憂、臣請來此間、說文安事、且寄以懸意、望他帶書言甘、外有文任爲之慫揚、内有公主爲之周旋、北平王倘有何心、亦不得不勉從於我、帝曰、善、翌日早朝、帝謂群臣曰、文安發遞清華、爲瑒沭鞆、其子弟補福直、爲國爪牙、此地不可久委他人竊據、朕將遣使與北平王一番議定、卿等擇可使者、張登揆曰、阮廷簡、悅郡璵、其人方正、可以辨事、潘輝益曰、簡硬直有餘、而柔和不足、陳公燦雖正、而應事頗遲、北平王太嫡好以智術籠罩人、談論之間、一抑一揚、人不可測、恐二臣受之争辯、必誤國事、廷擧累日不決、蹬奏以陳公燦往、帝曰、得之、召公燦諭之曰：卿忠貞體國，簡在朕心。昔嘗爲使契丹，而敵人起敬，事濟功成，此行事亦相類，卿勉爲朕將命，亦南國之富榮也。特命皇親一人帮維祓輔行，存一人惟卿自擇。公燦毅然請行，曰：主憂臣辱，臣何敢憚難，與臣共事臣所知，吳儒可也。帝然之。命下，舉朝皆稱得人。卿維祓，懿宗第六子，是帝之從祖叔，爲人謹厚雅實。五帖公主味好時，嘗以穿行事，祓可否必問，及歸北平王，祓嘗以事求見北平王，王亦稱其擧止言行有度。至是問安，公主擇皇親可遣，祓行，公燦與安安偉人。燦累登壬辰科進士。端王親政，燦以工部左侍郎入侍，參從丙午之難，西山兵逼，發自頃，郡兵潰，文武諸臣接迹宵遁，燦獨請王背城一戰，戎服帶劍扈隨于五龍接。及北平王入國，先皇帝令群臣次第參謁，見其神氣爽毅，莫不失色。獨燦進退如常，不失大臣風采，北平王大奇之，延問以北河事宜，燦隨問隨答，言如湧泉，無少留滯，有不可意者，北平王詰之，反覆辨論，亦不少屈。北平王謂左右曰：我聞北河人才甚多，親來其地，惟見公燦有人色耳。其見重有素如此。歷從刑部尚書入侍經筵，同平章軍國重事，立朝硬緊，臨事應變，濟以經術，人皆推之爲難。公恭飭整，遇有心稟事，不以告，未嘗不於燦取決焉。今奉帝遣之儒富

六百

富川知止人、初燦以臺官知貢舉、擢儒乙巳科進士、故儒以師禮事之、當詣其門、燦見儒為人慷慨多大節、不附權勢、聲氣相求、燦素愛重、因使之俱、儒初聞命入見燦曰、敵國叛變、邊報正緊、今卜其行、未卜其歸、某為國大臣、義所當往、死生非所難、公初仕、況年老母在堂、忠孝不可兩得、請思之、不敢隱公也、儒曰、相公受國厚恩、某受相公推顧、大臣為國當事、士為知己者死、皆義當然、此外非所知也、燦曰、壯哉士、如是斯可謂之達矣、乃引儒入見帝、拜於內殿、帝問曰、汝亦既通經學、練達世故、自料此行何如、對曰、仰賴國家洪福、廟堂遺算、事之允濟、想亦無難、且此間衰臣、自當不辱、臣為斯行、但知盡所職耳、帝頷之、即命雖落真臏公集議、令修國書、略言文安乃國朝中興根本之地、其清華為股肱郡、文臣武將、多出於此、宿衛之士、亦揀其丁壯、充神之、若用其人而棄其地、使之鄉里隔阻、親戚離別、求之人情、最為背戾、貴國王敬信睦鄰、推心置腹、想亦無撫不燭、況此明明者乎、重念貴王初來本以學校為第一義、先帝在御、延之在橫苦話王音在耳、何可頓忽、又其憑几遺言、諄諄以小子沖年為憂、心欲邀貴國之福、為可倚仗、近聞遣將出戍又安、國人疑沮、或以為邊臣惹事、非出貴王本

意及接移文始知安奉大命約以去秋割地將帥為辭小子新膺眉服未遑前
因經勘是臣查照割地之約是指本政明靈二州不干又安保若此時曾家貴
衙果屬本家土地一寸不敢若將帥以此地不如以備請討地域歲入總數用為
將帥之寓年年送至界上永為常例送仰貴王裁之以全兩國之好一國幸甚
當我進覽帝命此母織黃金緞緞土絹土布饋鹽品物因公燦尚諭教令覽往
是日啟行百官送至郊外獨臨公與燦宿于盛烈寺燦謂曰北平王險詐難測
此行於必他肯聽否但吾既受命且委曲辨折以爭之至於防備機宜吾去後
公可加意毋怨清華地面沿山迷宜分屯守險以防來兵海口亦各橫流樹柵
以截舟師若彼背約來攻則吾先有以制之不至臨時倉卒燦曰請師第去毋
勞過慮元注辭命誰不退聽否則弟子之治軍旅亦不下人萬一有變豈不能
一[illegible]掣羅山倒海以快吾心彼雖傑黠亦不能施燦不以為然及行至
諒州[illegible]道屯將接入燎視只許使部三人與從行十八人餘俱遣還
北到[illegible]安饒之[illegible]置酒款待從容謂燦曰北河人物如老爺者幾人黎君委
用於賊時但謂何如某今已帶領兵隊早晚直擣昇龍先斷黎頭次問黎君何

千古

何以背德納叛、明告北河士民、使知用兵本意、黎君既不能治其國家、棄清華以北諸鎮、我不取、他人必取之、又安叢瀾之地、割不割何關存亡、速來請徒苦疲涉、恐離巢之鳥、到飛歸時、無枝可依耳、燦默然、聞者大恐、及出、謂儒曰、西山人行兵、趨利太急、觀其去來、倏忽神速、禦不可得、追不可及、古來未有如此敵者、吾意中遠慮、逆防未然、曾於行間囑鵬公、不戢阿翁記否、若少遲緩、不及事耳、嗟嘆良久、乃行、儒又謂燦曰、看彼主將、欲謀圖我、已有定局、年前尊扶還是、假托、對狼野心、決不可以仁義說、令使報出境、國城被兵、事勢太迫、宜權變以閉之、不可膠柱、且觀鵬公得志以來、黃金橫帶、氣體洋洋、不比最時、究察根能、做事若恐、倉卒臨我、必爲文任所據、吾儕去留、亦未可卜、吾輩作何籌算、以然理機括、庶可挽回、求以安國家身之無妨、若徒遵奉原局、平辦以安之事耶、謂燦既入宣、而獨修其辭、非計之得也、請啟國書以行之、燦曰、啟之何如、儒曰、鄭氏專國、黎家已無天下、幸賴黃王尊扶、夫亦祚黎、宮專寡鶴、嗣孫冲齡、深惟不克負荷、以辱社稷、書曰作賓、詩曰有客、皆前代故事、請胙土世襲以奉宗祀、寅順天命以自存、遂吳替于無疆也、彼志在守國、無心圖我、見此喜心、悠然

以放伐臣回國、分土居之、我因得奉吾皇栖于其地、彼既無疑我心、便不復來
窺伺我、因此稱國、如少康之綸邑、句踐之會稽、中興自當有日、不然彼怒而遷
我、吾輩徒爲海涯之鬼、固不足言、吾皇爲擒喪亡之餘、無寸土爲之階、雖有孔
明之才、亦難措手矣、燦曰、不可、靈公結髮從我、老於行陣、倘君國城受兵、想亦不
甚於狼狽、因國被奪、得失未卜、我並節命出疆、遜己、易書、矯詔、非唯得罪於國、
若敵人勁破我朝、亦不容我爲禍更大、遺臭無窮、不如明白行之、事之成敗天
也、我何愛焉、偽句是不敢復言、既至富春、陳其品帶、謁見、燦舉上國書、北平王
啟書看了一遍、擲書于地、厲聲曰、那書是誰人做說、全無義理、北河諸人慣以
亡吾賊我、我非兒子可欺也、燦神色不變、從容言曰、王可息怒、容臣明言、若欲
殺臣、臣請一言以死、北平王意置燦、乃改容謂曰、昔我爲海北出、破昇龍城、滅
鄭氏、吾國震驚、朝野束手、比時彼我據有其國、稱帝稱王、亦要子可、惟我遣寡
先帝之德、奪土守而全歸之、一統輿圖、將我再造、北朝卻以上公、制冊爲報、不
知上公是甚名號、於我何加、已而先帝賓天、山陵大禮、我爲周旋、嗣皇承統、冊
立大禮、我爲之張、今乃以此爲德、紛我救人、與我抗衡、謀爭又安之地、以若所

聲言遞北使還、引燦入拜辭北平王曰、公等第回、待我來時召見、別有區處、又將白金百兩、謂此公主好送、勿辭、其名曰歸、而寄以叔男、人不之知也、丁未春三月、登船自思客海門、開帆而去、不十日抵文安之丹涯海門、月使使部泊岸登陸、燦故門生、監生阮軒、眞祿人也、聞其師得還、歡喜赴謁、軒見月而目不常、陰揣其情、察以告燦、燦遂請從陸道、月曰、某奉命送使水行、最爲妥便、不可步行、跋涉殊苦、於是復登船駕海、纔出洋面、月使柁工漏船沉之、軒立海岸望之、慟哭良久而還、時夏四月十一日事也、月與同舟泊岸、以阻風溺水宣言於中外、蓋不欲明其殺之也、有詩云、名留宇宙千秋在、義重綱常萬古洋。

且說燦之南行也、鵬公整以爲事必可濟、公言於朝曰、西山情形、如在目中、彼方幸我之不開釁、得以專意其國、令內變正恇、何暇外慮、聞文任孤單在外、的顧不撥、亦何能爲、北平王見我書來、必喜而退聽、請勿以南陲爲憂、故凡在燦行時所囑備禦等事、皆不以爲意、但委以黎適爲清華鎮守、臨行戒之曰、只宜愼守封疆、無生事、以待陳平章而後、移鎭乂安、修我橫山舊壘、以固疆圉、爲長久計也、平章雖潛聞之、詣整言曰、陳公老於世故、見事甚敏、平日所有識議料想事之來者、無不奇中、公可等閒視之耶、登亦不以爲然、諸臣請同僚登揆曰、賢公最號知兵、而懷諒輕敵、恐國都發覆、復能再堪蹉跎耶、吾曾久當揆席、顛不持危不扶、又將安用彼相哉、實恐久之、潘又曰、追惟先帝功德、而未有廟號、今議定、然爲闕典、乃上議尊上皇祖金冊曰、求皇帝廟號顯宗、奏帝行謁告廟禮、登曰、禮上廟號須大祥後入廟方行、何乃急也、潘曰、時事未可知、正可及早完、先帝美號耳、登亦黙然、

卻說登自又安入京時、宴都王渡河如京北、栖于桂塢、舊武班者號阮廷遂、牽王客百號召慈順土豪招募義勇、謀討登以清內難、而復舊業、又移檄高平諒山諸藩侯臣、各會師勤王、登屢欲攻之、而揚仲濟據有嘉林、榮盤與登相拒、尚有一線之硬路阻不通、是以置之度外、及仲濟既誅、登既然以攻王爲第一著、奏請自率本部兵馬討之、帝以王素恭順、不忍加兵、其心實惡登、不欲使之得志、恐成變遷之勢、欲止其事、而難爲辭、使內翰武楨宣旨諭之曰、鄭家歷世有大功、子文無後、何以勸善、不如告示之、開曉禍福、若其執迷不悛、然後臨之以兵、存哉忠厚之道、無容物論以置喙於其間、不亦善乎、登不聽曰、縱我不提兵來、

從者二教回、畢留遊珠二將、兹手下一百人、衆別營一寨居王、衆爲人淳樸、不閑將畧、忠義亦非天稟、平日所言行、亦是假托、出身以來、但習於賊、未嘗帶領步兵、自金洞之敗、舟船盡廢、狼狽東歸、鷄換海陽鎮城、幸有畢糧可資、而不甚撫循百姓、縱其部曲暴掠鄉里、爲兩洪所埋怨、豪傑群起而謀之、棄城走如江、及聞西山南邊寧謀表具將立瑞、即以抗帝、吃瑞即敗走、故附于王、聞登暴慕、不見客、即引賓退於廣海陽慶安二鎮、以避害、王奔桂擄、翱翔于東、未嘗一謁王所、至是王來、又一來問候禮畜閒講、遊珠日夜爲王左右、於遊則忌爲將門子、於珠則爲伺屋丁、二人揣知其情、慮有不測、留辭于王、同日請去、王哭送之曰、詩云羈水而過淳涯辜也、不得我不久亦去、何辱留備掌爲也、王留十餘日、懷不自說及畢園樂機、忽一日詣王所、進曰、天清月朗、秋色最佳、臣已具酒登舟等候、請一夕覽勝、以爲歡懽、王慨然曰、風景不殊、舉目有山河之異、吾本讎仇、不忘生甲、從舟游樂、非吾今日事也、將畢且往遊之、衆既去、王隱几閑問、謂侍者曰、武人盡不可恃、或若其文臣乎、乃爲書與遺登採曰、此生不時遭國危難、參以國家嫡嗣、深惟廟社之憂、奔走陳情、實賜歸覲、初來只以存宗社爲孝，實無心專權而攘國也，事勢推移，爲諸將所擁迫，取忤於帝，及壅入宮闈，即日燒燬焚毀之，爲盤冕無依，以是飄零江湖，不敢回朝，今日桂端，明日邛江，旬管援爲之謀，遂涉犯衛之迹，恐若得以執言，本朱是一片恭順之處，無由上達，公可由爲陳白，此回進上，惟上所裁，授得書以聞，上撫然曰，宴都一片真衷，朕已面諒，惟不善處變，以至於此，衆已回心知悔，朕必有以待之，不但宗廟之可保，而富貴亦不失也，因命撥爲導迎，接王歸朝，時王在邛江，聞登與壤陰通信息，疑有異圖，歎曰，此非善地可居，吾寧浮海入山，毋寧坐以取辱，即使侍者密借商船，乘夜挈其徒，順風開帆，直趨山南，平旦衆始知，大驚曰，王南行而不告，得無有疑我心耶，若不從王，此心不白，天下其謂我何，亦以舟師尾之，王至真定，范宗麟謁于舟次，麟真定博澤人也，其先世在景興初爲名將，累立戰功，門閥頗高，爲鄰縣所信服，麟又豪俠，門庶食客常數百人，家中所藏器械具足，爲山南下鎮豪目之最，至是與王論兵事，且盡進退之策，王喜曰，我得公晚矣，勉留轄戟，以紹乃祖功德，麟曰，臣本無才，幸仗王靈，敢不殫竭心力，於是奉王至家，自集家徒，爲之守護，次日，壤總至，先使人奉啟云，臣家世累蒙國恩，盡心

一百卅二

根爲食、勢盡困、匡急呼于下告曰、與某作沛下餓鬼、何如決一死戰、殺數百人、汝等雖能與我一乃心力、使我不負於王、汝輩亦不負我、死亦不失爲忠義鬼、幸得不死、將來勲業亦未可量、皆感激、願從者百餘人、人足後、乘竹舟從汲道去、衆寡懸不意、盛大焚其營、二人倉皇莫能拒戰、攜其搭圍率王而出、奔舟從海門東去、還引兵追之、不及、秦縱兵入沛、大肆屠戮、男婦老幼、靡有孑遺、自興兵以來、無處不干戈、而殺戮之慘、未有甚於此者、

且說、白梧桐之役、陽瓊走歸京師、其戰船軍資遺落殆盡、及沛下屯潰、王奔還海陽、瓊與梅等送母往廣安、詐稱客商、分爲丁高鼎所民、來我們以家事辭歸、從王者、丞臣而已、已而月餘、匡病卒、王左右無人、情况最爲蕭索、自念浮生富貴、都是骨境、昔人有云、願世世勿生王家、佛憫一切衆生、况淪苦海、遊人進見、貝是萬世明鑑、向我在彭僊時、已有此想、乃自解技音樂弓空、魔法號海蓮禪師、遍遊疎山高平諸寺、有京北生員武度避亂居諒山、遇王於三教寺、談玄說法、心知之、以告藩臣何圖莫阮克林等、二人乃托爲齋醮事、邀王至家、屏人進曰、臣等世受藩屏恩朝廷威德、但聞人說、黎皇鄭主、如在天上、天下無事、臣等

何得以見王、不幸天下有難、車輿遊幸沙塞、臣民孰不痛心、正忠臣義士經綸好時節、臣前歸國、倡大義、以圖興復、仰賴鴻福、大勳用集、瑣瑣藩商、幸得厠灤臺末列、臣等之願也。王開眼合手、徐答曰、老僧出家投禪、何預世事、公等勿可喃喃說。却於寂靜中弄出煩惱、天下誰王誰帝、自有眞命、老僧只會一瓶一鉢、卓錫沙門、做如來徒弟耳、良對曰、臣雖未能侍王府、而遊學京師、日常竊聆、仰見威顏、國人且有此心、王亦不須推却、臣聞王業艱難、非安坐可做、是以漢光頭髮盡白、先主髀肉嗰哨、逝者嗟嗚涕下之危、亦是睢水滹沱之役、惟其不沮挫、卒成大業、未聞堂堂王者退作閒僧、請王思之、王泣曰、黍離麥秀、觸目傷心、我非木石、安得不悲、然盡吾之力、不可與天爭、故隱忍以自存、敢妄圖以再誤、汝說露出本色、遂爲衆所挾、救下點兵徵糧、籐林等皆庸才、不能嚴戢子弟、肆行非法、民不堪命、遂作亂、殺籐林等而逐王、王奔右隴、自是晦迹山林、一國之人、不復知王所在矣、鄭自太王檢受封、至盛王森凡八世、而靡亂、又瑞南王楷、渡宴湘王楚、而王祀遂絕、前後合共二百四十二年、按發迹祖地記云、非帝非伯權傾天下、八代傳芳、藩墻起禍、興亡之數、雖屬人事、而亦有數云。

人笑宋曰、得爾家談論諸、則我已渡河矣、今不早計、待敵到經橋堵門、假使謝玄再生、看他得靜鎮否、寧遜伯阮潤皆曰、御史言是也、登平日慣以口舌驚人、人亦畏其燄焰、不敢與之爭辯、至是賊信驟至、方寸正恇、又爲簡可折、未知所答、平章雄瀋曰、不須多言、賊來惟有戰耳、公之麾下諸可將者、請亦行之、柜寄給牌、度支給餉、即於今日引拜、明日啟行可也、登曰、本意正合如是、所謂靜鎮若、亦如是也、乃奏以阮如泰爲統領、寧遜參贊軍務、節制與道集敵于青華、且說道屯貞江、文任使人報曰、大軍過江、爾能戰則戰、不能戰、及早來降、時文任軍在貞江之南、先使文楚頓兵沿山而行、潛渡涂江、以襲道後、道不之覺、是夜敵家宵奔、次日至高隴、已見楚兵在此、家皆驚潰、四散、道爲後軍所殺、器械軍需盡爲賊所獲、泰軍至椽林、聞道敗死、急呼寧遜共議、遜曰、兵法云、爭山者勝、據險者固、清華內外、三疊其界限也、天設地險、最爲險要、宜急進兵守之、毋使敵得先占、則長安以北、猶爲我有、否則山南一路康莊平原曠野、恐難與敵爭鋒、國事不可爲矣、泰然之、即整軍衆夜兼程而進、黎明軍渡潤水、聞任軍已過三疊、遜將選鋒軍前屯爭救、相去僅數里許、泰撫膺大呼、乃阻潤列

畔以待之、賊至分道夾擊、泰孤軍無援、力戰自旦至日中、矢礮俱盡、前徒倒戈
降賊、泰度力不能支、與其屬數千、飛馬北走、賊兵追射、盡殺之、泰遂走匿于民
家獲免、文任既勝、即引兵前進、報至、登方食、倉皇投箸入室中、急召有佽曰、我
戰將只有四人、適泰不幸死、巽還在山南、堡在京北、徵之不及、勢頭甚迫、我不
得不自將、汝宜具大兵食、與我偕行、父子之兵、一心可濟、佽曰、朝有之、事父竭
其力、事君致其身、佽請往與賊○一場大鬭、不敢以賊遺君父、大人第徐來督戰、
看兒取文任來、登將出、愛姬牽其裾曰、妾聞百官皆挈其家眷先走、臺省爲空、太
宮又出、討賊將士偕行、妾獨留此、何以堪處、願得一肩輿隨之、登曰、矢石之間、
非巾幗所宜往、毋徒亂人心曲也、乃自詣闕、奏請出師、帝御勤政殿、宣旨授登
節越、諭之曰、朕倚公如長城、此行國家安危所係、切勿輕敵浪戰、相機而動、敵
奏膚功、以慰朕懷、對曰、臣素知敵情、文任勇而無謀、爲偏裨則有餘、爲主將則
不足也、平日素憚臣、今見臣來、必不敢與對手、臣但以氣壓之、不待戰而後勝也、
此行不出五日、當有捷報、請寬聖慮、拜辭而出、帝親送至端門外、敕皇親百官
餞之如外、師至黃梅、使有佽領五館兵先行、佽至青厥江、築土壘沿江北岸、分

迄回京、時天氣寒冽、軍士露宿、圍三晝五、燒柴對燎、賊兵於火光中望之遙報、交、任分兵乘桴、直渡江渚、潛穿壘射之、視火爲的、發無不中、壘中驚潰、微歛軍退保珠林、所存十之二三、不敢迎戰、且引却以待後軍。至旋、璒到平望、忽見南風颳颶、有黑雲一片、橫亘西南來、空轎中被舊占之將、曰國有大敵、元戎敗績、璒意在悶悶、況思間、適有狂蜂簡簡飛來、尾螫于喉邊、忽驚墮下、揣想皆屬西北、徘徊不欲進、俄見帚星散而還、言我軍已潰、賊兵北、王璒神色俱沮、將士亦皆喪氣、乃言賊勢甚銳、未可爭鋒、京城兵少、難於自守、不如引還京北、盡珥河以爲固、然後徐圖攻守之策、爲使璒從之、唷有依至、即揮兵回京、方入城、喚參知政事阮奎、使入奏以明日駕幸京北、遂直造所居之亮府、結束行裝、使人護駕小渡河、金吾衛士知之、急走入殿奏曰、鵬公家眷已行矣、帝倉卒王璒第、璒方奔走堦庭、分隊行者、帝執其手曰、事勢至此、將若之何、璒惝惶遽拜請曰、陛下委國於臣、臣不副所職、以誤國事、臣不敢辭、京師西南二面、無復可憑、城亦未嘗築、只有城門而已、賊衆勢長驅、無藩籬之限、賊則不勝、守則不固、將何以爲金湯、今當移駕北幸、以圖後舉、敵追來勞頓、又阻

大河必不敢進、我旬日之間、稍得暇豫、深圖進取、豈無恢復好機會、陛下且還宮
奏知皇太后、請慈駕先行、臣親率兵衆于河岸候待、言已、復顧左右而去、帝
即徒步走歸、經街衢、已見宮人扶攜奔走、不還者衆而擁之、呼泣之聲相聞、有
一人上帝宗殿中無所有、乃含之、帝急向東華門去、及左曲天門入、聞皇太妃
嬪等、帝不見、進呼衆使何在、帝急應之曰、在此在此、即召侍護之士、僅得七十
八人、餘皆逃匿、急以竹杠舁奉皇太后及元子以行、宗室妃嬪皆徒步拍延、御
器只有四函、餘皆委棄、內侍有私爭衣裝寶貨、亦皆棄于道路、上至河、爭舟不
問貴賤、强者先渡、在沙中自相踐踏、有僕死者、舟人掉不及、或重載以至溺者、啼
泣之聲、震動天地、京城大亂、無頼之徒、混入宮府、大肆扰掠、凡有所得、不敢攜
送出城、只得分藏諸廟、薄暮、武文任入城、宮殿庫倉、只存空舍而已、任曰、入市
尚得一錢、況國乎、吾聞北河富厚、安得如此乾淨、我遠來、没得一錢、歸兒子聽
之、不得、明日乃縱兵大索、廟坊民舍、所得寶物甚多、并私財盡取之、民有詣軍
門、呼稱古之行師、秋毫無犯、有取民笠以覆官鎧、斷出三誌、亦不容、令民家受害如
此、文任大聲曰、我軍所索、皆是黎家宮室之物、豈民家所有、不過尔等乘亂相

争竊取大寳、縱至木及埋藏耳、郡是屍枕萬殺、盡咨可留即令視出斬之、由是
衆民大駭、無敢言者。
却說楚父子、並文臣、從帝北走、行問道次、惟恐賊兵追至、連袂而行、無復部分、
暮投京北會驛、守既景陳蘇及稱病不辭登至、切責之、始匪勉而出、時闔士在
道、逃亡者太半、僅是之發、聞其變、僅一兵僅得四百三十餘人、馬六十餘匹、登
牽之先渡、奶俟江、屯于三層山、親督軍士、築壘柵栅、而令陳護舊徒渡、登既去、
帝〻及太后〻、并待江次、又之無船、命召陳至、對曰、諸船皆不在、陛〻下欲急渡、請賂
多少金帛、方可貿得、否則到來早亦在此耳、若賊兵追到、唯請以〻木揆護渡鄉
用之物、不能保耳、帝〻曰、朕有天下、尚不能守、又何愛焉、命開函以〻視之〻、止有國
璽及黃金四十兩而已、帝〻曰、唯爾所取、陳曰、聖恩所及、請分〻其〻半〻、帝〻盡與之、陳
即呼冊八艘船渡之、既又使人號〻帝〻御袍、帝〻直渫解投之、遂并如識山、帝〻請于
太后〻曰、臣才庸劣、不足以主神器、又暗於知人、爲有登可保致都城、決守播遷
于外、以貽聖〻母憂、今暗唯山谷、遷徙靡常、勢莫能圖聚一處、而往來提曲許多
人、恐爲賊所知、變生不測、反覆思之、猶高平願既稱循、忠厚可託、請權幸高

平地傾逶西、賊兵不能卒至此、間可否事宜、請以手書付猫、丑於晨昏起居、臣弟可代之、願且寬懷、臣在此、滑圖恢復之策、庶幾可贖罪過、太后曰、皇天不佑社稷、老婦生不如死、請以此山險地、爲藏骸之所、母徒苦江山僻、涉爲也、帝叩頭流血、諸臣多勸解、太后乃許之、於是皇親桄、及侍臣祭倜與宗臣三十餘人、俱從太后爲之高平、翌日、帝乃如安勇、文臣阮廷簡、范廷璵、朱允礪、武楨、張蒸、從者五六人而已、會武文任使部將阮文和追登及之、戰于三層山、有攸揮刀鬬殺賊數十人、和分奇兵遶從山後襲之、登軍自潰、攸力不能拒賊、死于陣崩、參攻阮登、亦爲賊所殺、登上馬北走、爲賊追及、爭刺之、登呼曰、請生擒以獻賊兵將之楢遶選京登求見、願得一言、文任不許、使人數之曰、汝是鄭臣、叛而投我、以謀滅鄭、又叛我北還、又敢挈主以與人位、挾作威福、陰謀僭竊、與吾主爭衡、免汝一生、爲亂賊之故態、須剖汝心腹、以富兵機、悉使壯人以汝爲戒、遂命屍斃、縱犬食之、是役也、西山拾登、而來護帝、和縱兵大索不得、遂令人從帝跡所在、帝退奔保祿山中、

知、詭辭、洋侯范宗禕、初從宴都王走廣安、以車辭歸、因圖招誘、後失王處、依於

安寰土目阮仲玲，至是聞帝在保祿，即以告玲，共往迎帝，從安勇七縣之民繫壘月德江北，與知相拒。知攻不克，往自率大兵來，日夜大戰，玲軍敗績，挾帝走免。玲弟璁爲任所獲，任不之殺，使持書以誘玲，責令獻帝，甚暴曰：本命北征，只誅賊倦，不干黎嗣皇事。嗣皇乃主上所立，爲賊所挾，與之俱奔，然托分心迷而不復煌，數拒職，遂及於師。苟能悔以先來，猶可追。夫前過不然，別求監國主盟有人，嗣皇無返駕之期，汝等有迎林之禍。玲得書，猶豫未決，復使璁往復，往曰：兵敗星散，人各東西，實未知黎皇之所在，請假以旬日搜尋，即當旬覆。是簡知之，乃密告帝曰：玲兄弟之心不可測。是歲秋，光碼、武楨等皆京北人，宜亟進分行招誘，以兵自衛。楨瑪、順慈、登拔、文麟皆山南人，宜速還本土，以待徵撥。帝從之，分命而行，獨令簡留護駕，潛歸爲平石進士陳名案同，以本方事對曰：北方土豪有陳光珠者，是涇灘秘長，勇敢有力，兩國安亂，糾合兵壯，自守稱邑，縣中搘發者，珠率衆殺之，盗賊不能犯，一縣宴然，衆共推爲鄉飛縣審旬操田甚，作飛野撫，過西山兵敵圍殺之。西山兵相戒，不入縣境。任聞之大怒，諜率衆攻珠，珠亡入至監國服，募勇士與賊相抗，東北之人歸附日衆，常發操西山賊所在，夜疾耽里掩殺，出沒如神，西山沒奈他何，他欲倡義而未得其主，請牽當招之即來。帝曰，爾第使人往召。琳大喜曰，吾今師出有名矣，乃引兵迎偽，相見甚歡。帝曰，聞汝勇於行師，今敵衆在富春，約二百人，爾能攻破之，當以汝為京北。顧崇琳以此甚易事，但彼營象而來，臣兵寡無援，不能與之相交，又恐不能勝避，臣進去屢行之謀，可少殺其勢，然未能自立，亦藉此也。幸願陛下威靈，諸將協力，臣請以當一面，進敵便戰，有死不定。帝曰，壯哉，真將軍也。遂拜琳為儲守尉，瑤部公琳即從武士萬餘出，琳入呼樂鼓于山上，伏人於時常御觀兵，正一旅

成敗睥睨謀復物，

滓花懷悶醬鬱俄。

未知底事如何，且聽下回分解。

第十一回

西山王再入城，據有其國。皇嗣孫三起駕，謀復故都。

且說帝御駕安在陳興道王祠中，召琳問曰，有募幾百，對曰，除新附外，臣手下新隸者百人，帝曰，恨少，對曰，兵貴精不貴多，有殊死百人，足以橫行天下，臣嘗試之，敵兵蔽野而來，臣所遣，或數十人，突前舞刀亂斫，無不潰散。帝曰，如爾所言，出其不意則可，對陣而戰則不可。今喪亡之餘，人情渙亂，動出萬全，始能自立，以圖恢復，萬一蹉跌，不可復合，此會稽之栖，巴川之屈，古人隱忍以自存，不敢妄動以取敗。今國家殆甚於此，須先號召勤王，以益其勢，未可遽出色也。朕已分遣各行招募，在京北者，有范廷瑛、朱允碣，在山南者，有張登揆、范宗琦，予日自當復合，願且俟之，頓兵山中，練習新附之衆，使各精銳，以待選擇可也。帝命廷瑄往山南上游，號召劉興戴兵，剋期並至，而自東安海陽，舉義相應，帝在亞置文臣從駕，惟陳名棻、武楨、吳時任三人而已。偽主中興，琳曰，臣聞撥亂宜相其機，用武必有其地，少康得綸邑而後發中興，先主據益州而能抗北偽。本朝地勢，高平諒山，界在東北，與內地相鄰，山川之險，足以固守，兵馬之强，足以進取、若陛下幸其地、令一介使往告于清、岭之提兵壓境、為我聲援、而壽昔四與豪傑、使之響應、人心激勵、何敢不從、百官未及從者、誰敢不至、外倚上國之勢、內集勤王之師、使賊勢日孤、國勢日大、由是措置方畧、收復京城、中興之功、可指日矣、上召愔曰、卿言正合朕意、前日朕委价弟親臣奉太后為之高平、容昌輝宿、使以義激勵藩將、召集土民、直以預為之地、獨諒山未有所使、愔曰、昔吳與于、同臣先父奉廷節于諒山、宣示威德、還集流民、至今遺愛、臣請自往誘之、因以告宿變聞太后、約期出師、以迎乘輿、一舉兩得也、帝稱善、乃令愔往、行至鳳眼、病不能進、上表請假日醫治、乃賜以白金十兩、以供藥需、謝表有曰、危險中忘協議從、最難得千載君臣之遇、變倫處分諾情篤、不啻如一家父子之親、今國家多難事之秋、正臣子當亡軀之日、敢棄情而自愛、願乘疾以兼行、帝覽之、感歎、會廷與、兒勵等使人僉密表、言東岸、金花、桂陽、武江等地、人情無不憤激、臣等奉宣詔旨、衆目皆願以兵勤王、伏請駕還京北、使彼等得以進見、面承聖諭、各歸相告、人誰不從、駕幸于此地方、天下之人咸仰天日、廷間前往山西、宗壽前往山南、亦得選伏聲靈、以兵來會、何必遠去諒山、隔阻恐或遲延歲月、坐失事機、捨此謀逸、非計之得、帝以爲然、武穆因請擇宰良才之春進樞父姻表進白金二百兩、以充軍需、帝然之、遂以其弟爲行在樞、

郤說、初北平王之遣武文任北侵也、業有成命、而心頗疑之、使吳文楚擋之、辭參贊我務、以分其權、吳謂楚曰、任王乃婿也、我與王乃有隙、彼心不自安、是行也彼挫重兵、以入人國、事變不可逆料、我今所慮不在北河、只在任耳、汝等宜察於微漸、以杜我宮之火、燃撲之於始焰時、則不易爲也、及任乘勝北驅、如昇虛邑、遂怦怦自得、既得有登、自謂威力足以服人、遂處北河、無甚難事、聞帝傳詔、即遣寄貴以獻帝、而忌文武宗臣、令就軍門等候、頤氣指使、人莫誰何、而矜不畀、本諸臣歸至、乃殊在京北、曰還在京南、賜環在瀋陽、各擁兵雄據、聲言不日四集都下、與任決戰、西山兵有出城者、輒爲豪民所識、群盜亦處處並起、烽火相通、任於是始有懼色、乃大發環畿民丁、脩大羅城、日夜警察、不少休憩、至有發土而僕者、痕勞饑渴、人皆怨之、或言珠已潛入城中、爲內應、約還以爲部瀞河爲外應、任因大索京城坊廊、爲人秦斬之、使曰、我內自安、何懼於彼、我內自撓、何以鎮人、不如釋之、以安衆心、任不聽、會有嵩林機舍人、自稱黎兵屬事

陳廷楫君求見任，任起入問曰：璒以亡命之人，竊取大位，肆虐於民，人無不怨，河北之人，謀誅之不克，又爲所害，我爲路之宜，以𢡠德何況之而不至也。魁曰：公能制勝萬里，豈不瞯肆僭，北河恐璒雖環，而思黎之心未釋，見公許甚既已甚悅，但未識又試黎事，是以皇皇顧望，未敢至者，瞯皇去國，誠無可復之理，今有崇讓公，先帝時已正位東宮，壬寅之變，爲驕兵所廢，公如復之，權監國事，明以此意示人，掛一書紙于大興門，不日文武悉會，天下之事，惟公是聽，運之如反掌耳。任曰：君言甚有理，譬之解牛，中其窾節，則不勞而數理解矣。乃使人迎崇讓公，以上賓禮見之，謂曰：天下固黎之天下，嗣皇捨之而去，國內無主，公是故太子，已有成命，攝此位者，捨公其誰。維禮曰：微國不綱，實賴主上再造，天未悔禍，嗣皇切沖，爲亂臣所誤，自取喪亡，上公不忍棄之，此微國之大幸也，惟恨不德忝此位，此番璒頓章爲邪害，庶可有立耳。任笑曰：第爲之，毋過慮，有某在此，奸雄縱欲有心，決懾亦不敢動，待主公來某爲成之，便然頂耳。崇讓公聞了之言，乃備禮謁廟，入居勤政殿之左偏，使魁偏求諸臣謀之，然先詣維藩，藩罵云：君亡不從，反從人以立君，此言胡爲至於我。即逃去，魁又詣參從擇璧，璧謝

一百六十八

不肯見樓乃爲書誘諸臣曰昔年讓位非有利天下之心今日行權以存社
稷爲念能體此意宜會呼朝然文臣卒無赴君魁自料事不成乃謀於女人文
曰兄喻啖以買吾身朝不出宴不與亡國非公之罪復國非公之責不過欲因
板蕩以圖富貴然崇讓公非奇貨可居文任又野心難信一旦北戰旺來禍且
不測他日帝友駕公亦無所容諺曰安居何不可備前入寇以自取禍公之請矣
魁俱逃去崇讓公孤立殿中獨有皇規一二人及武弁三四人與之朝夕耳事
全不關掌每日步至內堂聽候文任所任亦不知所以處之京中呼爲監國昏
且說文進自陵北平王要旨與任北行每於早中以好言語之微察其意至是
謂任曰欲籌奉命從公北征逆璧既誅餘黨之在東南者尚未蕩平祭皇出亡
諸臣亦皆逃匿公以崇讓公爲監國其看何如無狀畢竟外攻叢集一塊肉如
何聰眾得人自有南國以來朝代更換不知其幾天下非誰家私物料其可取
則取之設官分職以樹藩屏使規聽一新若有盡名獨家名其爲賊以兵臨之
其誰敢抗何事借一市姦監國號他作國中土佛主人而欠頓城中作客爲
人耶任曰衆逆之徒殘喘餘息寄其質自當來耳且看祭臣總無齊田單復齊

長則兩月、不過是我兵威遊巡、旦暮若一下榜子到日、指畢不來者斬、彼當內祖發荊、比非可憂也、只惟北河人心、尚思翻兵不得不姑從衆望、倩他出來做一個偶人、是分疏統之究、而繫北河之心、非公孫之所知也、公單提關系將使之分道進取、因願其地、作我長城、豈不壯哉、到那時運動天下、自有許多好事、堂堂作主、非我而誰、何以客為楚、默然而還、踰日、節制侮人甚矣、他甚麼才德智畧、敢以卒從當我、看他自求做得甚事、只要發民於蠻扶礎國、皆是須為反計、以與我主爭衡、不以賊豎為戒、反敢效尤、他不要生、卻要死、且逸他從徒俱逃、以營其餘、乃黃擒任之、所行指為反狀、引辯証其事、密使人告北平王、平、王曰、死負武文任我固知其必反、果然、即下令北任驅精壯步卒、日夜兼程、十餘日已抵昇龍、漏下四鼓、任正在府、昏睡、楚屬來人、斃其事、不以告知、又密使人出迎、家人左右、皆不之覺、俄而北平王入、即其臥所、任猶未覺、使武士黃文利手取之、昇屍出府、堂後嗣明、傳發以楚為大司馬、代領其衆、人始知之、北平王設官分職、都督和義侯為山南鎮守、審光為山西鎮守、月光為京北顧守、徵虎為海陽鎮守、刑部覺知侯、戶部正言侯、禮部約禮侯、兵部祿才侯並為協鎮、各舉所知、分置諸縣、武分衛、文分知、外六國楚選才擇使賞給文憑、令各率所部兵就願、向下、仍以黎皇帝第四子黎維禮為國主、祀事、丞召文武百官詣直禮部聽候隨禮官武文說引見、有文班吳時任、先謂約誤說為黎皇子、是之同也、己而維潘至拜于庭下、仕內不自安起立、約謂之不辯誰某、問曰、某也者誰、或曰吳時任、約怒曰、我奉命官願、安得如此無禮、急使追捕任、知其情走出避匿、及舊入、黎中書令紀高侯陳文紀、那文紀、順化人、素有文學、為南河名士、景興丁酉省試解元、戊戌會京會試、本國士大夫亦居護、我丙午北平王擁富春、使求紀訪以南河事、紀懇答如響、與北平王合、王甚器之、置帷帳、每問必與之謀、不離左右、至是吳時任見紀、且言與約撫悟之狀、以是不敢復來、非敢避辛、為分解、紀曰、聞公奇才、不幸及勢出亡、五六年餘、昔精命辭令為世用、置帷其時、欲會以名聞于主公、稱其才可大用、辛令主上垂情愛惜、令奈求公無以約為也、即引吳時任入見王、曰、卿昨不為黎王所容、變身去國、我不至此、安得復見天日、或者天心、欲以才、以為我用、卿宜勉力、以圖報効可也、吳任頓首拜謝、北平王顧謂紀曰、此我再造人也、當即草制、拜為吏部左侍郎、爵晴派侯、同文武班爲□日，百官陸續而至，引拜于正殿中，王親命升堂謂曰：黎氏皇戚可立也，但其人暗弱，不克負荷，我南還後，遂爲阮登所左右，自取敗亡，我不取之，終亦爲人所取。今以衆議立公監國，卿等勉留輔之，我實不以北河爲利，將復南還，又恐嗣皇與監國相爭，是我階之爲亂，故留是以主兵，尊侯四城各處，即召還矣。百官拜辭而出，私相語曰：北平王姑以甘言餌取其心，非真楚兵在此，衆議公安得有國，動輒掣肘，又何能爲，譬之桑寄生者，附別木枝，條無著地根底，其能久哉。我輩從君，以圖恢復，否則潔身歸去，毋徒受人責辱，以自取禍。衆讓公亦知其然，笑曰：我岂爲監國貴，則祀丁廟社在此，去則安之，是以甘心無悔也。數日，王引駕南還，選取文臣潘輝益、阮世歷、寧遜、阮伯瀾等，同署官爵，益爲刑部左侍郎瑞岩侯，與與偕，並扶南還，歷、遜、瀾並拜翰林學士，留隨司焉。楚居北，阮浣、潘維藩並已投閑，乃令禮部給許，文惠聽歸田里，參從裴輝璧，僉都院輝耀各已在京，不肯引拜，璧復遁，耀自盡於御史臺，是惪遁不出，考副都御史阮廷簡，參知政事黎維亶、范廷璵，同樞密院阮惟治、范仲烜，僉差工部范貴適，都給事中阮廷賜七人而已。

抑説帝又自旻才旁籌至蹕，諸臣知帝所在，多往從之。黎班自岸樊山舉義勇百人來謁，帝見之甚歡，拜為行營使鐘亂侯。班密告于帝曰：臣向歸又安，見人情憤激，疾西山如仇人，多聚山林，共謀起義。諸父老聞臣從北還，次第就問渠輿所在，欲使子弟往從之。臣因與之俱還，途經海門，撫以義，告諭皆願以船艘迎駕，會于荊門洋面。臣近得報稱，見船七十餘艘，水手三百餘人，器甲餱糧具足，不日且至。臣請移駕安山，詔陳光珠以本道兵扈蹕，步兵珠統之，水兵臣請自當，二軍相為表裏，先復海陽以為停駕之地，北控慈順，南通太建，由廣安一路直抵高平，迎至諒山，中興之機，無出於此。上從之，詔以珠為京北道督戰師。未進，會錫還自海陽來請從軍，家聞之，宣然曰：嚷無狀的漢，以其義耶，殺誅杖王以抗帝，始扶瑞郎，又從宴都，瑞郎不成，宴都又敗，彼皆不顧而去，不義莫大焉。以其才耶，彼兩次拒敵，一敗於金洞，再敗於梧桐，不死幸耳，舍他一些全無義氣，又乏戰才，但以將門之臣，憤戾勢以虐人。初歸海陽，縱本部掠本州，人習以桀鷙目之。昨為賊噪，諸豪傑將稽書數其罪焉，會于歸江之來格，約以旦日攻破那江，壞敗遲平均，又乘夜直逼來格，貪殺無厭，其殘忍至此，海陽之人相與爲仇，縱殺非徒無益，必失海陽之人心，非計之得也。帝亦素聞攘不爲衆所容，陰害求庇于西山，嶷不之許，海陽豪目聞帝東幸，各奉表力請攻之，由是攘大窘，計無所容，忽然曰：帝不憐我，我何有於帝。乃使其黨陳遴如昇龍，密告帝所在，請楚遣兵捕之。知帝猶爲民家從者五六人，具以告楚。楚詢其詳，遴具查來於路居處，曰：晉如入寺，僧倡牽以去耳。楚曰：果若爾言，何不牽來與我？復背兵爲遴曰：牽之但一卒力耳，惟臣實畏名義而不敢，願察其情。楚信之，遣百軍與遴偕往，然不知珠班已在帝所，兵衛不多，夜掠西山遊兵而至，二人分兩道夾擊，盡殲之，遴匿谷中得脫，還報昇龍，楚即大發兵追帝，帝始至炭山，勤王之師未然集，聞賊兵將至，攘爲鄉導，人皆戰慄，爭言攘與賊通，則海陽不可住。珠請還至堂，班請往之廣安，衆議紛紜，適登揆與子登授以海船自嘉昌來謁，因言至靈山蘆崎嘔徑出嘉平，又是曠野，我單力少弱，戍守皆不便，廣安與海陽夾山崎海港坂，出入門戶，彼心叵測，非善地，可居山南，土沃民稠，兵丁可練，粟米可調，撫江流如帶網然，乘一葉舟去此適彼，誰得而縱跡之，陛下方潛龍時，無踰此地爲穩。帝從揆言，決南幸，珠班言皆不聽，帝慰勞之，令珠引兵北還班以海船退歸辨山以待後舉由是勤王之師四散而悉與南來帝既南巡駐驆于興定以登授第爲行在授引其子弟族人歸見帝授以官爵令分行縣邑招募義勇進近響應咸願會兵勤王約日並至船以千計兵至數萬諸豪目進見帝親問勞使登授分爲五道置統兵督戰參軍督餉各一員束成奇隊以便調發內翰春洽謂授曰軍旅大事不可輕率宜照兵數揀強壯以充戰士五十人爲一隊五隊爲奇五奇爲道統道率之餘者以備轉漕給使令無容混雜不精濫張其數令宜詳列名冊引見拜命賜以兵符授之師律統道受命於朝奇隊用命則於統道用命者有重賞不用命者有顯戮使有勇知方而後可以即戎若出戰危非徒爲兒戲也授曰今日正急收人心事姑從簡未可律之以法洽曰若得許多人心而用人之不得只恐見敵便退更相踐踏雖多奚以爲何不思關老大臣力贊南幸公爲子定命主兵萬一蹉跌誰之罪也授不從但呼其豪目以口分派而責無載籍可考迫及差派茫不能辨互逼走而問無復紀律授亦不知呼授問以軍務娛曰今者集軍數甚多人皆勇於赴敵願得一戰以報效授以爲然奏請擇日出師帝難之曰吾聞善戰者先慮敗而後可以

藍

賜令看船盡豹般源江兵皆市人烏合以此激戰能保其不敗否宜念興亡之

餘與一二臣圖惟再造朕雖不能復社稷亦須死社稷豈與敵戰豈憚出師但

欲動在萬全無輕舉以取敗亡援謂援曰聖諭如此何如援曰今日所恃者人

心而已人皆仰望思與敵為仇伏望大舉一戰而盡殲之有此人心何攻不破

制梃可以撻楚揭竿可以亡秦矧此草船豈不足禦敵人若要步伐素閑樓櫓

素具則前段所稱百戰之將統領水步諸營又皆銳精驍勇何不成功而且

潰敗耶臣前聞帆泝流要敵決戰六龍臨江士氣百倍不過五日可復神京機

不可失會曰選以舟師來迎駕登援因勸帝出師初選以與整同縣為整部將

與之浮海投西山出危入險不離左右及整歸國得志薦於帝言其才可當一面

鎮以為山南鎮守領兵五千戰船七十長於水戰整與西山有隙恐文任乘虛

從海道來攻令選設水軍屯於大黃海口邀截海外以偵之敵來京師潰整奔

帝北走選不得聞後報始至海面倉皇歸鎮謀割據與敵抗文任攻之不下及

楚代任致招降之後人往人安收選老要還昇龍令選妻持文書誘選且曰若

不速降必殺其母選見書泣曰人生有三帝吾君也母吾師也父命不敢不從

君命之誓，不可不報，使降而得反於晝，復我邦族，爲真福君人，以沒世，得此此彼，吾亦甘心，恐爲所欺，落於妻子之害，忠義俱踣，貽笑千古，爲天下至愚，最爲不可。因憑其要以謝文選，文得報，知其無救文之意，仰天嘆曰：不能求活於子，何用主乃於人，果能爲王陵其母，死亦不惜，肩啟天子做也，實難。畏其親見選而死，不若先之爲愈也。楚知其情，使人監守慎密，選無降意，吾亦不可養魁，乃自將攻之，載選文要以行，道大都督文宴領水軍而觀，齊步兵與文璘分左右翼，分大河南北兩岸並進，至青把津，將選謀若問之，古選只有戰船八十艘，文緘子關而無步卒，駒於民，五日一期，無常艤，軍士或維舟泊岸，入民攝旗，人皆厭之，勢必不能久駐，且選眾士壘於太貢江，曾役甚繁，益將選屯此地，爲固守計。楚由是盡得虛實之情，謂瑋曰：吾軍所行，取選如取小兒，決不難。乃令帆軍乘夜南趨，分二道出選後，夾河兩岸待之，使水軍與選接戰，聞炮聲發，即鼓噪走進，兩邊交向選船以射之。於是戰于金洞，選軍失利，只得順流疾棹南走，楚眾勝，揮軍追之，至貢江，選軍依壘固守，水步相應，與楚拒戰。始選敗於金洞也，下時士民皆未及知，但觧船塞江，堆旗鼓空，以爲選有必勝之勢，又聞駕在眞定、遲伏人以舟來迎衆與可在、人嘗曉躍、爭準丁壯、開旗揖鼓、以迎王師、還見人情如此、故來奏請帝鄉駕親征、登揆又力主親征之策、帝不得已勉從、沿江人民望見御蓋、蜂擁觀之如堵、咸曰、吾君至矣、相率羅拜、皆呼萬歲、比至梧桐、忽見一人金遜南走、步兵執問其故、他口戰不能對、但以手指遠村曰、賊至矣、叙兵登高望之、隱約叢林間、有一支兵從西來、旗幟半隱半見、咸曰、西山兵的樣、作急下船奏白、帝曰、遲單在前、賊安得飛到過此、命春洽登岸遠視、以驗虛實、洽驗果而恐驚衆心、徐徐奏曰、那兵樣來的、但西山賊出神入鬼、甚不可測、預備古之法也、請稍移御舟泊于東岸觀之、帝曰善、初楚伐遲、以水單順流而下為正兵、而密令都督阮文和領輕兵從平陸天本來為奇兵、以襲其后、遲叙舟知覺、兩單綫交戰合、遲令單士列寶龍燒於江上、將發射之、忽見傳遲丈要在船頭疾掉向前、遲望見泣曰、子射父逆天也、即止諸丑勿射、令遲入壘中固守、忽聞號聲如雷、烟焰蔽天、單中大驚、爭言賊〻斷突蹤兵、乃大潰、遲不能制、與部曲百餘人望大黄江南走、帝次舟東岸久之、遲單敗、而賊兵四下殺戮無算、人皆委棄、登岸尋路而去、帝亦順船南走至南江岐、不知其去處、命命急呼登梢問之、已不見乘船、於是北風正急、帝令開帆直出、望洋而去、四顧渺茫、水天一色、隨風逐波、於蒼溟中、死生蓋已置之度外矣、帝仰天祝曰、天若不啟存祭宗祀、願從海馬而去、適南海廣利王所、不願生還爲也、言未已、忽見靡山深處、湧出波中、山後有船約數艘、急問梢工、已是辨山洋分的、漸近見一人戎裝、立于船頭、視之乃察班也、帝且喜且作、未知所言、班知是御舟、惶遽拜謁、帝流涕曰、朕悔不用卿計、爲登梢所誤、早知至此、寧在炎山而敗、無寧歸與定而敗、重若一番跋涉、取笑於人而已、不可復、今將若何、班對曰、臣聞多難興邦、殷憂啟聖、願陛下勿以此自沮、勝負兵家之常、古如奕棋、輸了一着再贏、別圖要勝人、奇莫規模已定、方可出頭、今賊勢太盛、我未占得地分、不可與試、臣請取道藍山、即太祖與王之地、爲保駕之所、告諭山蠻酋長、彼皆藩臣苗裔、誰不樂從、沿山一路、往來相通、山南山西與化三鎮、沿江而下、忽於山中突出、不十日之間、三道並起、直抵京城、本朝中興、亦用此道也、帝從之、乃改從陸路、如清華、命班往天關諭蔡郡宗室維祺、往枝陵諭西頂那二酋長、始與西山通好、不敢違背、皆言臣等累世受國厚恩、敢不竭其心力、但經營大業、必有積累乃

成，未可責以旬日。昔漢祖、唐宗尚難於五年間，伏望聖慮詳審，姑以豊山島
荒僻之地，假臣年月，備四士馬，備我器具、糧草，除道路，乃可以奉命。若要急做，
非臣等所能辦。欄歸言於帝曰：彼實無應義之心，故遂托以推我山嵐瘴氣，此
地不可久留，願早遣，無費了光陰。帝然之，乃謀出金塔，被服如琼山、京北，權駐
諒山。丹使慈山居于參政范廷瑀第。於是蔡宜允、瑀名案、武毅、武禎春、洽等相
繼往來，候帝旨意。瑀曰：陛下亦可，臣惟班選珠三人，而選自黃江敗奔還又安，
不知下落；珠爲西山捕拿，逃竄林谷，不暇爲謀；班奉旨招諸清華所在，亦未知
消息。目今楞馬付瑀、臣等往來潛屑，恐爲人知覺，此不測不如礼。帝問平撫
尚奉皇太后御駕在此，以挾諸臣爲說，計脅清朝，聲援庶可有濟。帝曰：前朕已
使吳時任、使頤爲注措，聞偵道中病發，不知何如。名嘉對曰：仗病力不果行，
之。婁病歸嘉平，没矣。臣等聞而未及奏知也。帝垂泪曰：忠良臣也，惜哉！即手爲
詔，遣德翰林侍制黎裕澤伯付嘉曰：可攜賜其孥子。武禎明知朕意，宣進曰：今
臣民從敵，盡以國情輸敵，彼將有所圖，彼先知之，甚有引賊以逼襲與變何
作，非只外敵逆以至壁此山何處不異，寧有山刻之後爲今之計，獨有遣使如

清告急請以陳師境上問以西山猶兵與國人從敵之罪使賊党不能自安肯
救亦有所懼則懸義人心始望而悔復之機不至為彼所誘援也帝曰甚乃命
為書先送兩廣督部其畧曰本國三百年來仰藉天朝威德世守藩封國內稔
靜不幸運遭中否故王祖落西山阮寇以國壻忘恩背義紊廝伐要據有其國
國祚已奔于外告哀求救未有遣使體例多缺苟不叩關陳達恐有緣此接矣
輙敢具由稟白祈上憲體悉遠情曲為題奏務有陳情表文謹委行价齎捧別
具副本進呈遥伏天覆地載迴遣不遺追韜臣先世恭順之誠憫臣弱寇難撲
之苦救下提兵壓境討罪定亂再造臣國萬荷天恩大皇帝之德不可名言上
憲幫助之功當與本國山河同其流芳矣書成命宣案充正副使二人挾親信
數人同行只帶殘弊衫衣如行旅然帝送之保祿山中諭之曰四方事機使臣
職也此行係國家之存亡事之濟否卿等又宜臨機應變平生遊學攬于行三
寸經綸辭不可已勉之副朕所期二人拜謝而去宣私謂案曰吾等名則陪臣
實同亡命行間無迎送之煩路中有遮阻之患崎嶇山間假若得地未至敵兵
追救此上半上落下最為關廢若已近督部堂吾等無患矣案曰天心若祚社

捏少無此事何用過爲憂慮惟我南有國以來與內地相通雖有創業中興遣時狀河不知其幾而陪臣奉使未有如吾儕今日者因而賦詩有曰千古猶傳奇絕事衫殘笠使臣裝乃從山中間道過諒山關而去正是

去國一身穿漢塞　動人兩泪泣秦關

未知二人此去如何且聽下回分解

第十二回

阮關臣報內地之師　探[illegible][illegible]得南關消息

[illegible][illegible][illegible][illegible]攻事於維置副都錦史陳名案等由山[illegible][illegible]行至[illegible][illegible][illegible]出山[illegible][illegible]阮文[illegible][illegible]討逆[illegible]訊察大務[illegible]文憑者蓋被攔阻二人乃裝作商客樣附[illegible][illegible]參治[illegible][illegible]人[illegible]地門守隘[illegible][illegible][illegible][illegible]主人[illegible][illegible][illegible][illegible][illegible][illegible]寸[illegible][illegible][illegible]用[illegible]舍兩个年被西山賊阮惠攻破關[illegible]　落魄孫以一[illegible]主祀往下來尋所[illegible][illegible][illegible]道[illegible][illegible][illegible][illegible][illegible][illegible]不小諸臣亦皆播越以海居者被他拿把[illegible]者爲[illegible]

遞截獲即殺之嗣孫前奔山南與一二從臣糾集安民將圖恢復又為他賊所攻奔歸清華今因尚義之民情猶戴舊感願以事奔告天朝仰蒙乾及下諭提兵為之聲援即可於國內舉事悉仗天威驅策義士克復乃自有機今嗣孫登鳳眼地方使卑職越境乞憐伏念小國臣事天朝三百餘載職貢不弛一旦為他所吞但稷即墟人窮則反本不得不呼籲之大皇帝乃下國之天列憲大人是佐天之吏萬望體恤遐荒興滅繼絕使貢臣叅反得以邀天之福辭極哀切候將來稟諸道呈覽王分府意疑此是賊徒發詐稱為叅反价臣以覘中國乃拼詰以安南諸事情以察虛實乃問之曰自安南國前王物故更幾秋國內有無嗣孫當立而不得立何不即於此年叩關陳請且前有移文顧請不過敘其遺失國印懇補給而已至於不得立之故為所逐之由無一語及經今二年嗣孫何所操為敵人如何作為國人如何向背情形供來端的且來稱嗣孫姓名未有告哀求封求經補印篆何以得稱表文遞進并价均之未合體例須有叙嗣宜親來供狀面問情由不可只憑人說職為守土之臣邊疆大事決不輕信偏聽既已叩引而來情亦安忍驅去且聽駐此俟我稟明督部大人一番行遞探確

方可具奏，俟旨定奪，宜察聽得如此，不知所言，只有伏庭號泣，王分府察其情眞，乃語之曰：爾等忠貫可嘉，情亦可憫，天朝自有處分，無容瀆請，可出就館俟命。二人喜悅，拜辭而出，時乾隆五十三年戊申中秋九月也。居無何，王分府召宜叢謂曰：昔國請援事已得達，皇帝追憫前黎王累世貢臣，下旨兩廣總督孫大人協同雲貴總督富大人調滇州勇五十萬，行還，又舉黎皇孫護送歸國。那一段情由，自丁未冬秋，該國毋兵高平，厥目阮輝宿從斗奧隘奔訴，但未知嗣皇兄弟二人落在何處，嗣皇奔亡之餘，母子隔阻，亦未知此間情狀，故遣爾等跋涉。爾等既是黎皇行价的嗣孫，現駐鳳眼地方，一一情形，爾等可作供狀，稟達督部堂行轅，俟大軍進發，我即引爾等拜見，面陳爲便。宜等聽得如此，恩信大喜，宜請一人留俟，一人先回，飛報嗣孫知道，得以糾合同志，號召國人，俾遍邇通知，自然處處竝起，以俟應接天兵，恭伏威靈，各因山川要害處屯紮，以截敵叙，是誠好機會。王分府許之，於是宜留太平，而宜從故道歸國。

卻說京城失守之初，來與北寧皇太后與宗室諸人先奔高平，阮輝宿率諸兵迎之，雖駐于斗奧隘，遙說合謀請援，原宿始到嶺也，有壯客自號吳山樵隱者，與督鎮廷樣相善常往來歷營宿一見與語大奇之及儐卒客人來弔宿遇以上賓之禮留下十餘日祭喪既定始辭歸臨別私謂宿曰貴國自此多事先督臣知之不知曾以告僚誼否宿曰本國外有強敵將來必不安桃此國人可共知顧其要結如何亦非宿所能逆覩先督常與宿憂之兹令爲表臣樞要之地已不得預縱有淺見亦何能爲客曰惟是表臣故不得不爲國當事以公之才豈不能一番驚動天地令舉國奔走不暇然亦不過一受局此誠氣數與人事相關可笑可恨宿固問之客終不言而去至是宿奉太后入內地至龍州過諸途宿以國情與客語了無所隱曰事急矣何以教之客曰公在鎮初聞變時若能與諒山督臣一心協力據有二州之地糾集潘兵與敵抗衡作一方雄宿遼原尺之書於龍憑酌以有急相救藉其聲援若莫氏行此計維持五六十年果能祭之豈不終公之世何乃棄以與人失此不爲今只有求通龍憑懇請達于督部堂具事應奏達天之幸以求援若復國後公宜勸之掘井爲山必致其身無徒作後大話柄宿曰此是宣達底意佛眼教告何敢傾亡顧茲備奉國母來奔意正在是惟恐下情不能上達倘蒙指示其途爲之先容萬將客曰異地相知敢

不盡力，乃與偕往，即龍憑營都司陳洪順等所書也。引宿前來，呈稱安南國嗣孫母妻眷屬被南賊追殺，逃至隘口叩頭等因。洪順即會同龍州陳倅、前往查照，男婦等得六十二人，隨便于隘上安插，具以事達于廣西左江道湯雄業，萬呈兩廣總督孫士毅，並錄本國呈詞，稱國城為賊所破，國長在竄，不克甚，國嗣本亡，不得已，諸臣為其賊害，百姓為其擄掠，無可籲訴，人皆仇敵，誓不與俱生，潛伏山中，結成黨夥，但未有主張，故茬落難合，若得大兵來援，處處響應，國城指日可復。孫士毅見報，謂僚屬曰：安南在漢唐為內屬，在宋丁氏崛興，始為貢臣，更代相沿，至今又不能保有其國，天其使為中國郡縣乎？即馳諮龍憑探察邊情，會同巡撫孫永清商議。永清曰：開邊大事，利害不細，果如所言，該國情屬可憫，惟撥帑料不如此。彼自海濱結髮從戎，一舉而取三百餘年之國，事定不弱，決不肯效人虛聲，聞風宵遁，除非一二番挫[illegible]，安肯退讓。中國二百年太平無事，民不知兵，一旦驅之於瘴癘之區，勝之不武，死未可以萬一蹉跌，傷損實多。上意為國大臣，建節邊方，宜固守封疆，豈可受人肯怨，啟開邊釁？黃福、張輔屢監在於[illegible]以後，時詔報塞之士頗曰：安南賜封，世修職貢，而山小[illegible]，致滅其國貢臣之難、不可不救、狂悖之罪、不可不問、兵以義動、不敢不從、若以遐荒賜隔、坐視相殘而不恤、則九夷八蠻之臣事中國者、彼亦何所恃哉、乃令阮輝宿、黎侗、黃益曉、阮廷謹、固棟、吳枚等、並詣轅前問狀、先問嗣皇兄弟幾人、存亡之餘、現落何處、宿等供稱嗣皇兄弟三人、實相友愛、長即應承襲之黎維祈、次紬郡公、襉郡公、現今祈奔山南下路、招集義兵、維紬在宣光、興化地方、亦各糾集同志、謀爲聲援、聞其輔車相依、臣民効順、斷不至於渙散、但不知臨此果能奮發有爲否、經今七八月餘、事變雖移、尚能據此地方否、卑等實不敢知、又問嗣孫向來母子音信如何、宿言卑等前在高平、奉母后內投、嗣孫現在本國、關山間隔、音信未通、倘得潛歸、遞信使嗣孫知母眷、三人分作二道、廷枚請由蒙寺山口、黎侗、國棟請從龍門渡河、仰得派員帶卷門、引至隘口、卑等兼程奔赴、約一月間行看消息、俾當稟知、又問該國向來年歲如何、曰、本國連年荒歉、米價甚貴、米一升值錢六陌、山南下路、最號富饒、今民亦無蓋藏、室如懸罄、嗣孫前往此地、兵食不給、以是動不得志、卑等初在其國、但聞如此、又以問侗、侗曰、黎氏有國三百餘年、以恩德結民心、以禮義培士氣、故雖叛逆僭亂、而戴黎之人心猶非、六以鄭字嘗制人情憤嘵、西山乘隙以狀黎滅鄭爲名、致國人不作、狀因此得志、恣肆倨踞、紂紀年兆竊據國城、致黎祀顛播遷于外、由是糾擾搜捡處處鼓起、戕黎氏、不謀同辭、如上國垂字小之仁、施拯溺之德、偏師臨賊、爲之聲援、國人聞之、莫不奮起、發誓復讐、想不甚費天朝兵力也。殺既得供狀據的、又將大安地圖一幅、飭伊等詳閱指示、無訛。伊稟都位方向、多有錯誤、約略十至四五、殺曰、許伊據實改正、乃令畫工來、依伊改處、描寫復命。伊於圖上某處、已八從賊、與國君兄弟、住劄何處、逐一明晰登註。因召宿等誘之曰、使我題奏得官、聽照舊爵部、譜辜御辦理得好、留等此回、歸國黎帶孫的處、並細探敵大小、何學致閩、一能在、應聽候印記、禀我、當爲體察、提兵出塞、進可成功、宿等大喜、願來此面、求閩進拜、進出高[illegible]、於是、遂派左江道張姓紫護國、毋盖看屬等於南寧安頓、官隊均爲酌給、俟自安適、再繕表奏稱、撫安南國鎮目、阮揮宿等、於從阿也、伏乾隆五十一年六月[illegible]六日西山兵為[illegible]攻劫鄭[illegible]、遂據黎城[illegible]八月[illegible][illegible]不[illegible]故逃回[illegible]王[illegible][illegible][illegible]而[illegible]因長寸早[illegible][illegible]備[illegible]平請給[illegible]

嗣接晉撫部檄，方知不合體制，正當遣部臣齎表告哀求封，不料次年冬，阮惠復遣部將武文任乘危伐喪，以至國嗣喪亡。未及遣使，宿等奉該國母奔武崖之將以咈㳂弁山南之天長。賊師占據國城，四下搜捕。又有諒山土民，港幡高平藩目聞阮傳降賊，引兵翊護國母，以爲覽宿等隨奉國母奔高平。本年五月卯至將淦地頭，賊兵追及，無計可脫，只得隔河顙呼天朝救護，捨命奉得國母合人眷等涉水登岸，有不及濟者，盡爲所戕。國母叩頭顙請待罪天朝，不活賊手。寧因又據供稱，現今國城被他竊據，各處亦聞風披靡，與內地接之牧馬、諒山地方俱已從他，惟以安之驩演、海陽之荊門、並宣興等處尚有土豪應義出入山谷，乘便掩殺賊兵，賊亦不能全有。且賊起自西山，一味懷悍，專以屠殺爲事。聞有不肯降之處，嗣孫潛匿，想亦在此。毋要業經北走，萬望兼容。其中一二遺臣且亦幹辦，情願回國覓嗣孫，再一番戮力圖存，繼又力不從心，願爲存孤計。懇祈於憐等語。卯各供情由，並據知府陸有仁手寫問條，該國目隨次作答，察其情頗亦激昂，能知大義。臣伏思該貢臣該嗣孫例應承襲，不幸該國母要敗闖哀訴，實可量加存恤，俾之得所，徐察國中音信，再定去留，惟念該案奔至河邊已屬天朝界首，彼衆望見天兵駐紮，尚敢悍救多人，敵情險惡，斷不無窺伺之意。臣已密札 臣王德於附龍州六處各備戰兵屯隘口，倘彼敢有過河，即當四面邀截，使無得脫，且令彼知天朝兵威亦有所畏，兼有密札潮州營土之臣，建聚行邊，努力訪察，另有情形，隨摺續奏，候旨施行。清帝覽奏，謂大學士伯士曰：安南黎維祈雖未受封，然該國是應承嗣之人，亦與國王無異，該國附替來奔，是該國全境盡沒，那一番興滅繼絕，另需籌辦，費了許多兵力，茲查該國王尚在國中，自圖興復，而該國之從賊者，不過妝馬諒山等處，其西南邊北地方藏匿之人心猶有是，特想亦藉天朝兵威，圖續國統，亦有可了之理，著傳諭孫士毅云：黎氏臣事天朝，最為恭順，維祈例應承襲，是以孫士毅前日修文申請給補印篆，並未遣使告哀，不合體制，是以孫士毅後行檄諭，並已遣使懇請準其敕封給印，且寬維祈被敵攻逐，係他亦不振作所致，現在該國境土未被賊占漸多，且民亦知愛戴維祈，當乘此糾集義兵，收復國城，使該前業不墜，其母妻存投已為妥善安插，於愈??歛水土亦習，該處孫不必掛念，且可專意圖事，俟其在??都城即可進回朝，于遣使時據奏，由此大??言人來以為符驗，??總其

諭

其詭謀害、至如阮惠恃強奪國、法可不容、已降旨派調兩廣大兵、以備徵發、若賊仍肯倡亂、嗣孫不能奮發有爲、該國臣民亦皆甘心從賊、即率大兵四面會勦、明正其罪、如此先行愷切明諭該國臣庶、俾各週知、以壯黎氏之勢、而褫西山之魄、于聲援之助、似屬有益、其隨行之阮輝宿等、情願回國爲嗣孫帮助同城復其志可嘉、理合遂遣、早一日即諭嗣孫亦安一日之心、將來朕亦可早一日獲聞該國之言、孫士毅素爲敏達、何不早籌及此、尚慮朕未必準行、往來稟奏、未免拘泥、宜可早撫龍州而諭令即起程、將朕指示之意傳知、使回國告知嗣祈兄弟、並撫諭多方謄錄、俾之帶回、廣爲傳播、其該等既渡滸者、行李蕭然、可以水陸量給船夫護送、兼給每人銀十兩、以資口糧、總之此事若安南全境本至陷沒、嗣孫奔亡、臣民尚知懷戴、只可作他在推聽其自謀、自不必與師代辦、將爲中國徒費于炎荒之外、更爲全美、孫士毅務遵前旨、就近妥籌、臣亦勝其底人民能體朕此意、經理邊務、聽與撫臣永清會商、雖便宜施行、欽此卸撫湖州容札、聚行巡檢察訪、前往太原撫查內地諸細作、潮州有黎吉二姓、慣以穿號林服爲業、居太原之邊、是處與雅爲主、徒黨至萬餘人、皆是內地客

詰

天聞檄部詣行次逞稱小人等業以碓厥耆生世居南服何聞安南國城失陷國中大亂惧有林沐池魚之及遂以二人胡西大膽驍号為自保計營寨劫掠一試而盡殲之彼怨必復來乃分作團團各千人營以赴敵死戰今復奉檄文莫不踴躍願為先驅且小人亦屬潮州邊氓願得濱州義勇効力派人聽得他既如此乃敢伏狀具由禀了

卻說先是遣陪臣如清陳情請援至是黎維宜自太平向復命題奏得旨大兵不日再來會齊們亦自龍州回韓言太后及肯等已在南寧城安頓帝亦大喜合手加額曰予小子遭家多難仰賴九廟神靈大皇帝仁垂字小國中復見天日中興之機其在此乎乃命具謝恩表文並稟呈書札一侯馳遞備言西山賊肆其暴虐民將不堪猶幸人情思舊用能一番舉事而復舊京進接諒子之密謝國中豪傑莫不奮志讐賊仇讐日望上國之援悉仗威靈期以克濟接得行人奉遞檄回宣示臣民喜若更生敵人亦為之奪魄處處墟堡皆糾合義勇俟天兵過關便于單門拜見奉律先驅敵寇成於國都克復寶惟大皇帝興繼之仁上憲成就之德與造命同其流等于無窮矣潮州稟文又得此信即會同撫臣

奏請出師、内諭兵可作聲援、擬其自謀、自不必畏師代辦、欽此欽遵、臣已著查
道程、經由之處、自照德臺前往諒圖城、師行不過六日、諒山稍涉艱險、此外
土皆良、大兵直抵羅城、亦無支障、且於此振耀軍聲、使賊知有不可敵之勢、捨
派國中應義之人、自行剿捕、兵不至血刃、而可俟識敏奏膚功、竊惟此計行之
識如聖料、且前次往來覆奏、覺亦拘泥、兵貴神速、機有可乘、敢不發心遵奉、以
副責成至意、至於蕩平之後、經理機宜、謹當繼摺續奏、於是飛咨雲貴總督臣富
大人、遵依前旨、由雲貴道、取路宣光、孫大人、出南關、由諒山前進、正是

堂堂大將提兵出。赫赫元戎拜表行。

未知此來勝負如何、且聽下回分解。

第十三回。

懼兇聲強敵逃歸。　得大援故君反正。

且說孫毅督將出師時，觀疏言：安南黎與將來必不能守，令來求援，天朝以義拯救，且是中國故地，若復黎之後，因以兵戍，是存黎而得地，廢為兩得。遏撫孫恭濟抗玄，觀更以復黎為名，黎不能守，又使官以兵戍守其國，是以義始而以利終，臣切以為不可。方今黎阮相爭，黎必為阮所并，莫若按兵不動，然後乘其弊而取之，未為晚也。清帝卒從毅奏。求清與毅不合，稱疾不行，毅獨奉詔，率兩廣雲貴四路兵出關，分為二道：一從諒山來，毅帥之；一從宣光來，總兵師之，並聽毅節制。毅大會將士，宣示軍律，凡八條：一曰，大兵出關，本為勤逆安民，凡經過地方，齊隊而行，不得騷擾人家，擄掠市肆。二曰，關外崇山峻嶺，其地本易埋伏，先宜遣去石塊，斫除林箐，使之一望豁然，得以放心前進，如有新土浮鬆之處，尤宜加察，以防詭計。三曰，屯紮兵住紮之所，務其相視地方，占取形勢，易取水草，無近林莽，仍用拒濠築壘，嚴率兵日夜巡儆，又須於十里外，分行偵探，不得喧譁，易於散亂。四曰，南人打陣，多用象力，非內地所素習，遇之必先趨避，而

不知象力雖大，斃亦血肉之軀，不能當我大器，如見象出，遠則施礮砲，近則用
弓刀，使彼負痛反奔，自相蹂躪，我兵隨機進剿，必勝無疑。慮先畫形貌示，使知
可也。五曰、南兵別無他長，全用竇筒為火器，名火雷，兩陣相接，必先用此燒人
衣服，使之退卻。然其術只此，較我礮砲，不及遠甚。已製生牛皮擋牌，數百塊南
人竇筒一發，我兵一手執牌當火，一手執刀奮砍，彼必披靡。六曰、大軍行走如
遇澗渠河源寬深之處，必須斫取竹木，架為浮橋，以便兵馬渡過。其江淺小淺
者，帶兵弁員必先試探的確，令兵丁接次魚貫而進，陸水處不得將大炮火藥
隨手拋棄，致有濕漏。七曰、大兵日用薪蒸，已有原錢給發，惟要向民順情交易，
無許妄斫村庄樹木，致有爭競。如近山林一二里，亦宜給弁兵以薪樵，着不得
肆意遠去，致啟他去。至於汲水撈魚，亦須該管弁員嚴禁明白，係常準無害方
聽汲水。八曰、或受傷患兵丁，該管驗明實白，發遣回營，服藥以示體恤，或有不
肖兵丁，裝傷假病，冀望還家，一經查出，即行正法。且此用兵遠涉沙漠，朝廷體
恤，已有於例外，另要加給一夫，該管見須曉諭兵夫，亦各相恤，不得肆意陵使
至於兵行，器械隨我，不得自已空手徒行，一委夫役，負運艱苦，以致中途逃散

人夫數多，難以稽查，致有前營個入後營，彼此不相熟習，易於雜亂，必每夫給以腰牌，開寫姓名、營號，以便識別。右渾洛保并兵各宜凜遵，有違者一以軍法從事無赦。又先檄本國其君曰：興滅繼絕，義所當為，何分於蠻荒，拯濟敉莅，不得已乃見於兵革。念安南黎氏本天朝貢臣，三百餘年執侯度，虔供爾職，一十五道疆土封畿有其邦。乃若西山酋阮岳、阮惠等稱兵作亂，篡取羅城，前黎王憂懼物故，嗣孫維祈播越于外，故臣阮輝宿奉嗣孫母妻奔投內地，籲請援兵。經查宿等現在北諒地方，匪民猶思故主，阮岳以犬羊之夷，肆豺狼之毒，河淮搶掠百姓，恣吸骨髓，大以逞張，竄起干常逆理，天道之所不容，敢於假地橫行，虐殺殘民，王法之所當討。茲經題奏，欽奉大皇帝矜恤黎氏之危亡，不忍究[illegible]之塗炭，特命首撫佩征蠻大將軍印，調兵五十萬，直抵羅城，明正岳、惠等罪惡，無容得以逃天之誅。該國世爵黎王父老豪傑，素知能不深感發由衷，不可喪其天良，忘君事賊，有能先唱義舉，隨天兵為外援，糾合同志，戮力戡仇，擒渠凱還，幕府上功，胙土分茅，俾與黎氏同其福慶，如鄭大爺故事。檄傳到，勤王兵要當激昂，奮爾干戈，敵王所愾，乃一心力，其克有勳，仰冀頒賞于軍中，求保同麻于國破、尚其勇銳、於是西山將阮文惠、潘啟、陳顯守諒山、見敵兵雖衆、一日之間、所集兵逃者太半、敵德器遣人先以媾書詣關上請降、文惠自度孤軍勢亦可支、且臣又是廣南人、縱降亦未必見容、乃自斂衆夜遁至京北、與鎮守阮文和、并力守城、而使騎兵馳書詣闕告急。

都統北平王惠自歲夏起寓在昇龍、殺其將節制武文任一番、易置官吏、登傭奇任、寄委大司馬吳文楚、潘輝益掌府阮文用、都督阮文雲、吏部侍郎吳附任户部侍郎陳順言等同守昇龍城、置酒大會、語之曰、楚游吾之爪牙、閑言吾之心腹、望則吾之羽翼、時任吾之新臣也、且當北河儒流器者世器、今要以全城轄下十有一鎮軍國要機、並聽便宜行事、此間會同商確、勿以新舊間隔、同心共濟、以副我所望、尚勉之哉、諸人各起拜命、於是擇日南還、已而山海有違破者、一遣偏裨臨之、臨陣接戰、南縣有以棄城奔竄歸事分處、亦無留帶、常以暇日走為通衛為樂、楚等自以為北河無復彝事、一日坐擁議會食、楚謂輝益曰、主公以大城要我當之、然未能信其能挫刃、公等看下如何、使有飛天從天而下、關王從地而出、吾亦一網打盡、況披靡敗衆、徒然人哉、劍利否耳、其何能為、又顧任曰侍郎識長於文墨弓劍事亦曾留否任曰有文事必有武備非別兩途然古人行軍臨事而懼何以兵爲戲而輕視哉潘國人之俗清者其中盡有謀算開疆拓戍兵變公受閫外之寄恐不免一番頭髮斑白此回當念某言楚笑曰此回頭髮白頭公賦一詩以退虜其如不能匣劍韜弓自是武臣分事何必過慮居無何果有退報楚大驚即在故祭文武推舉議公維禮監國事爲書推表目維禮監國使文臣阮黃裔陳伯覽文屬武擲諸武臣阮廷寬察維諸武屬阮登璽等督率軍文札向關上以求援軍而內與璘等商議戰守之宜掌府用曰黎聞諗不明人南侵黃福張輔沐晟柳昇皆北國梟將用兵如神黎太祖起義藍山勢力不敵然兵行詭道不厭權謀惟善理伏掩擊用能以少制衆窘王通於東步頭殺柳昇於馬鞍山武功奇絕千古美談今清單進來跋涉山川吾以逸待勞當預於要害處設伏以待行此之計何慮不克任曰公知其一未知其二天下之事情同而勢異者得失較別昔本國內屬明人肆其殘虐通國知之皆欲逐之故黎太祖一呼遠近響應英雄雲集每與敵戰國人惟恐失利一聞捷報歡喜不勝人心如此凡有埋伏之處皆爲掩遮敵兵不知用能取勝

寄此之由、今黎進諸諸臣在在有之、聞清師來援、引領而望、一國士民奔走爭迎、我軍何處埋伏、地勢之險易、兵數之多少、敵者未知、彼先告之、因計就計、四面捕捉、軍機既洩、便失便宜、是徒陷於死地、更能掩擊得乎、是法善覆者無不勝、設覆者靡不敗、勝負之分、今昔勢異、楚曰、然則計將安出、任曰、用兵之法、惟戰與守、今清師之來、信息甚大、國人爲之內應、多有虛傳、以張大其勢、驚動人心、我軍有事差派淺一出城、便遣抗戰、河北綠兵籍者、得隙便進、以此察戰、無異驅群羊而攻猛虎、安得不敗、至若嬰城固守、賊情不堅、內變若作、雖有孫吳復起、亦且束手、不能自謀、又無異將蟷投蟷、蓋請燕惑藏之不克、守之不固、均之無善策也、無已則有一焉、及早敎水軍清載船糧、乘風揚帆、直出海口、至摩山屯宿、步軍整器械、措鼓而行、退保三登山、水步相通、據險以守、遣人馳書京師主公、且看清兵至城後區處、黎家事體如何、與昭統復國、後與謀國計、如何分處、使主公來決戰可也、楚曰、主公南還、以城委我、敵來決戰、與城俱亡、上不忝爲守土之臣、次無負提兵之責、若乃望風先奔、棄城與敵、不惟得罪於主公、北人其謂我何、任曰、古之良將、量敵而後進、慮勝而後戰、應變設奇、如奕棋然、先輸

人一看兵無以渡若爲先著方退高手我全軍而歸不亡一騎并他寄諸一處
隨從賊之搞哥之璧焉竟無可失尚以此獲罪某敢恭白于主公之前必要壁
旅黃兵勿疑楚乃從之發傳諭北山太白各鎮守聲言會集月德江上壘而潛師以
歸并移咨海陽山西諸鎮守剋日各領并兵來會昇龍城山南鎮亦登錦船艘
候水軍至姑蘇越五日諸道兵發集大閱于河洲楚乃下令步兵各具糧以
待差汎使屬將鄧文兵管水軍東下分汎已畢叉晡時阮貴衙阮廷寬等句關
上走還言到關爲清假吏所遏止不得達令現清兵已過關前降步騎進也
限地界楚即會諸將謀引退璘曰兵不以衆國不以大將擅兵居外敵至未
曾接戰但故虛聲恐喝遽爾退縮何以將爲請以精卒一千直抵月德江與他
壘戰一陣看他甚麼氣勢南人與北人孰强使他明知我亦不怯是亦先人有
奪人之勝算楚亦以爲然於是璘驅兵北渡夜漏下三鼓至月德江南岸聞孫
總督命已次三層山屬天氣寒冽璘驅兵渡江挑戰將士蒙霜璘威冒寒亂度
至江心凍不能過者溺死及其岸者爲清邏卒所殺璘度不能戰即擇其死
走餘兇潰散逃入民家民皆捕之以獻于清璘單騎走回清大驚秘其敗下令

人知、下令諸軍、肅隊而行、日中已過富川、人始知之、次至安護沿三疊山爲分屯、直至海岸、水步連絡以自固。且說帝初播據北諒間孫皆移檄本國、刻日過關、即發令召四方義勇文武諸臣、聞之、亦各曉諭地方豪目、糾合鄉兵、先遣齊維宣齎書上關、假總督行轅參謁、具以國情稟白、且言嗣皇適授寒疾、不堪進謁、請於諒山鎮城等候、及聞西山兵退、帝始敕諸道勤王兵等同詣行在、帝令揀其驍勇者一千、充御營宿衛、餘各率所屬兵丁、結成隊伍、分派諸鎮、令陳光珠顧京北鎮、阮道顧海陽鎮、黄素顧山西鎮、黄馮踞顧山南鎮、皆拜命之任、獨僩留行營扈蹕、珠請移鎮京北、繕修城堡、營築第舍、以待清兵、帝從之、復命平章范廷璵、參知武禎等、齎諭安撫前往、明言國城之四鎮、現已派員分行經畧、搜捕賊徒之潛匿者、並具不獻土宜牛十頭、酒百壺、奉爲犒師品物、仰祈賞收、又通飭諸縣沿途界首、耆老各率民壯以迎王師、大軍進行、一路順遂、及至三疊山屯住、其夜潘文璘驕欺肆惡、又爲寒凍所傷、不戰自敗、文楚亦斂衆軍宵遁去了、時無一人敢與之當者、毅於是全無戒心、且有驕色、一見武禎問曰、大兵未出關時、先騰播告、敵人抱頭賊眾想亦該國之臣，豈不能自激昂，仰籲天威，圖識國威，不日奏功，何乃孱弱，許彼得以乾淨行走。今已抵其國界，地無難勢，尚為國有人耶。模曰：小國不能自謀，始至叩關求援，力若能制，尚何敢煩大兵。今蒙以此見罪，尚何可說之辭。請以敵情言之。阮岳生長深山，憑其巢穴，既患苦於行陣，擁有殘兵南逃以來，兄弟相攻，安居西山，憑據順化，各自稱雄，自帝自王。其在本國城者，彼黨是文楚、藩文擲、掌等，聞天兵來，未知虛實，姑且歛衆以避，但聞屯據三疊，自長安以南，安國再北，一箇偏裨，猶能傑驁，況大酋耶。若不一番大用兵力，如何生擒得他。小國喪亡之餘，兵將單弱，恐未易辦。惟上憲威靈振撼，蠻酋來投首，小國之望也。說罷，即痛國久被殘虐沮喪，故動以對狼相慨。自我觀之，若犬羊然，一日使人以繩縶其頸而牽之，定無難矣。俟我軍至龍城，唾手立定，爾第觀之。及至京北、澈察常畢，群臣謁見，致慰諭之曰：嗣皇年少，家國多難，奉大皇帝矜恤命，本鎮提兵護送國王歸國，比來爲之經理，先於逆黨務盡，然後整頓規模，爲長遠計，千萬萬安，而後班師，勿以蠢茲爲慮。啇曰：伏蒙大皇帝如天之德，不可名。惟上憲臨蒞，俾下邦獲睹冕帶之輝，則斗山之望，欣戴之情，感佩無既矣。因請數八營駐紮、整曰、此去國城不遠、宣御來、不可逗留、遂令發號先鋒、肅隊而發、暮至珥河北岸、帝請先渡入城、命於敬天殿前供具帷帳、請孫晉部居之、亞曰、不可、此非大將行營、甲事多有不便、乃於河之南北岸沙中廣漢處也、爲方、命河中造起浮橋、以通往來、時戊申十一月二十一日也、翌日、帝親至營問候、令於敬天殿、武陳儀仗、設百官陪侍、而帝服袞冕跪于庭、整坐傳屬奉宣清帝敕書、封帝爲安南國王、其制文略曰、彼十三道之提封、原非利其土地、迺三百餘年之戎貢、能不念夫祖宗受封歷成、乃循例修謁懇求、望闕遥拜、請整發遥叙許之、雖帝已受封、然行下文書、並用乾隆年號、以有整在、不敢以昭統紀元朝參之暇、整詣整營謁候、呈國機務、帝來爲先行、侍臣陪從僅數十人而已、都人有不知其爲帝者、私相語曰、我南國自有帝王以來、未見如此卑屈者、名雖爲帝而號紀乾隆、官屬南人、而事聞都督、其與內屬何異、整亦遥岸自尊、帝來禍哉不與相見、但於營閣不傳餘錢單事、且遷營休謁、其酬接禮意最爲簡慢、又多縱卑士肆行、先是北人爲居城都之河口坊、與京北之機舍、庠山南之塞壘、雖有寓人、至是皆附從卑也、或立御營旅店、稿寡既達國音、皆知土俗、因此更發多誣陷善人、抑奪富戶、甚至市屋街路之中、擄貨好色、無所避忌、殘虐之民往往被害、帝雖知其弊而未嘗請他來、惟恐因此取忤、難於發言、殊非不知其情弊而亦聽其所為、曾無少戢者、

且說帝自還都、從文武諸臣之播越者、陸續皆來拜賀、嘗從亡期載功、加范廷琰為吏部尚書平章事、阮輝瑫平章事、黎維宣、武禎參知政事、阮廷簡兵部尚書知樞密院、阮惟洽、朱允厲同知樞密院事、陳名案副都御史、黎輝璐、范貴適戶部左侍郎、黎春洽、吳為貴同知兵政、黎侗中軍尉、賜爵鄗公、領諸道勤王之兵、從翊都督華甫耕經戎務、以餘內外臣僚各就本衙供職如故、京北憲副吳蔣熙昔以老病不就職、上疏曰、天造方屯、不圖再見天日、實社稷無疆之休、臣竊惟兵貴神速、機有可乘、何必寧安外兵動淹旬日、方今諸路勤王、無不願効於從、足敵兵前退、卻以知兵勢之疾雷不及掩耳、狂狡未暇與謀、清人二處亦必響應、憑阻捍川之間、楚蕃卑於他形、聲勢禁不能相通、不出十日、可以成功、彼之勢既窮、則樂然可取、於發冕矣、臣竊以為中興之機在於是、不可失也、兵入京以示根本、阮廷簡等皆以為然、獨黎侗抗言曰、我力不能敵、乃至於請

授令管部行營在此，兵事不先稟白，而輒行之，事濟則已，萬一蹉跌，恐以誤事機，請我師運關上，坐觀所為，則大事去矣。臣請先來稟奏，聽其指授方略，使之與我共事，更為兩得。帝以為然，乃詣翊言之，翊曰：何事急遽，此猶探囊取物耳。早來則早取之，晚來則晚取之。方今歲幸云暮，大軍進來，正可閑暇，無宜急戰，敵瘦我正肥之，使自來送肉耳。該國既以為請，宜暫自都城約數十里，宜分軍屯之。此亦遙作漢防，不虞意也。俟來年進兵取之，未為晚也。乃命於青廉之月厥江北岸，維先之日，早青池之玉洞，各築土壘，派兵守之。自是帝惟付實為重，諸臣亦無一人以出師復讐為言者，蓉惆日事酒色，然忌疑怨無不嫌者，獻言於帝曰：最者卑窩震盛宜親及翩士，多有幸災樂禍，輸情與敵，甘心為其犬鷹，以圖富貴，悖逆義理，莫此為甚，請明正其罪，使天下曉然知名教義理綱常之不可紊亂，亦此當務之急，不可含容掩過，使善惡無辨。帝以為然，敕下廷議，秩去年刑部尚書平章事陳公燦奉使不屈，為賊所害，誠可嘉憫，乞遣官諭祭于其家，存問諸子，其文曰：倒海摧山之大節，與秋霜烈日而爭嚴，忠君愛國之小心，遇錯節盤根而益顯，蓋御書之字也。又諭叛國從賊，帝出亡時，宣光侯守范如逆遊皇弟維沖於賊，駙馬尉阮澈引賊兵寡佛可在，並按律要斬。吳時任、潘輝益、委身從賊，顧使戚屬，並照爲民。回[illegible]受其[illegible]，阮儼、潘惟瀋、阮騰、虞廷、張登揆、從稱不忍並起爲司訓。阮貴衙、陳伯覽、武輝瑨等，作書於棠郡公監國事，帝求援兵，俱下獄。阮廷寬以武弁老謬無知，免罪。阮偶[?]、陳衙[?]始自高平回，金銀濟[?]，戴使人索取金二十兩。明言于帝，帝笑曰：寡多益寡，惟汝所爲無妨也。文皇叔三人，與敵相通，又嫁以女，尚[?]容令人刖其足，投于營中。會皇太后自高平回，至京，見帝好修懟仇，所爲乖戾，大慟曰：我跋涉勞苦，請得兵來，國家能堪幾番懟仇破壞。率此而行，何能治天下。老婦還爲亡人，號泣不肯入宮。帝哀，使揮宿勸解之。宿入，對皇太后曰：伏惟聖慈好生之德，與同天地，固宜以此見諒。但刑賞國家之大典，故周律[illegible]，叔乎古人亦不以親廢法，望賜寬慰，俾皇上得以經理國事，實惟萬福。太后以宿有洗亡之功，不遠[?]責其[illegible]從之，其心不以爲然，遂入宮。時，將帥[illegible]發錄，十二月日[illegible]貴奏請二千二百[illegible]印[illegible]，[illegible]照常辦理，惟天朝大使遠來，其供具品儀，請依閑[?][illegible]徒例，增加一倍，[illegible]宜軍人[illegible]以供撒[?]迎，春令[illegible]是塵空燕在[illegible]閑陀慢不靈[?]。

未知後事如何，且聽下回分解。

第十四回

戰五洞齊佈敗績　寳龍城祭主如燕

且說孫法毅自提兵出塞後，穿林渡澗，如履平地，晝行夜止，別無他虞，一路然直達昇龍，不亡一鏃，如入無人之境。自古用兵，未有如此之易。故他以無事易之，益生驕肆，兵下毛紫許自離伍行走，無有約束，或去城下十里採薪，或去民間市肆，往來如常，將亦有日遊宴，不以我事為意，有說及敵情者，即曰：孫熊龍為餘党尚存，何足掛齒。奉督部大人單令，以開春正月六日出師，據西山樑次，邦敵次第就俘，無一漏網。南河人當就見之，於是一國之人，連播諸臣，再見天日。方甚自肯聚會，但倚孫晉部為長城，不復以宮闕卯壇為念，門庭脆敝為廢，文恬武嬉，一味姑息。會有宮人自長安來，言於太后，寫假京城幾已一月，號令所及，不過乂常慈順廣五路而已。至如長安以南，清華根本之地，先朝陵寢所在，又安亦是股肱郡，禁兵宿衛皆取於此，今皆淪沒，聲息不通。此正可惡之大，自今國情之虛實，敵勢之強弱，豪觀之人莫不知之，間者皇上與黎倜出奔，諸臣追隨，跋涉勞苦，餘一年來，多少人情想慮，歷閱已發，胡乃恬然不為戒懼，孫總督從上國來，圖勢敵情，畧聞其槩，至如地有要害之處，分屯設伏，積有規畫，且有攻守之宜，臨機應變，在於時變，他如何勘得明確，且據探偵前來供狀，務本國諸地方，不肯夜戰，尚多何義，人心亦有可惜，要得大兵為之聲援，則快復之功可成，此特立其體，使他不以其事為難，只欲得兵來，故為此虛言鋪過，他亦以為信，然勇往向前，無復卻顧，觀彼傳檄之詞，乃以責於我國實深，但於河上翱翔，徒以聲勢恐喝，而不知阮惠以英雄老手，驍捍能兵，看他北去南還，神出鬼沒，人莫能戢，茲有甚如剝吳兒，殺文侯如取豚子，無一人敢正目相覷，聞其指顧，令人魂魄俱喪，畏之甚於雷霆，竊恐不日再來，孫都督以何顧之決，何能當得彼，不過客人，此來觀勢之難易為進退，如我國家，太后能再一番奔走，內地耶，太后瞿然曰，此正老婦心事，日夜憂思，未知作何計策，因以是言于帝，帝始大懼，即與侗等，遣敘吳營，懇請出師，敘指侗而詰之曰，爾等國人，果不可恃，爾前日供狀何如，敢欺我耶，又顧謂帝曰，嗣王年少，事未更練，向於諒山迎謁，何不分明言之，乘我之勝，蹑彼之困，豈不易然，今失此機會，使彼暇預為謀，今制勝之道，要當勤出萬全，豈宜惶遽，且既以來春六日出師，亦是不遠，若欲急於聽主臣先出一道兵亦可。帝親謂倜曰：卿盡心帝室，圖國事，忠已過半矣。勉卒前功，毋使國人得以議我，天朝得以哂我也。

且說黎倜，超類大節人也，本是風流公子，少年只以歌舞爲事，文學武備非所素習。向因入覲，爲帝家臣。迨賊來侵，京城失守，帝令從太后駕之高平，爲敵人追逼，投入内地，緣他稍識文字，故與北人問答，乘出許多大言，孫士毅亦不之察，爲之題達清帝。清帝幸得復國，自以爲功，旣還昇龍，便私報過仇，公行貨賂，國人畏侯，心皆不喜，他帝以其有功，委之兵柄，而目未觀雄兵，耳未聞鉦鼓，擧朝能作何運措。因此以不敢遠離左右，請帝敕山南鎮守，先將本道兵屯于河湄口，以塞西山來路，欲已先於臨戎而戰之勝負，國之存亡不恤也。

且說吳文楚旣以諸道部兵退聚，使阮文雪馳驛南還，告急而富春長安以爲界，屯水軍于瑪山洋分，步兵據三疊山，水陸相連，遏絶南北，故四鎮以外之事冀澍火以將，都不相通，清師至昇龍，黎帝以十一月二十日受封，而清華以内無一人知者。且楚以是月二十日退處三疊，而二十四日，雪已至富春城，北平王得報大怒，會諸將，欲即日自將而出。議者皆曰：主公與西山王有隙，什與之地，人情遙示恩威令聞清師恣攻虐生民感當早正位號早布赦恩以安反側而繫人心然後大舉北征未為晚也北平王以為然乃命築壇于梯山祭告天地山川百神與袞冕即皇帝位改西山王岳十一年泰德為光中元年禮成乃命興師蓋是月二十六日也北平王自將大軍水陸並進二十九日至乂安召羅山貢生阮浹問曰清師來攻其將出師禦之戰守之策勝負之數先生以為何如浹答曰今國內虛空人心潰散清師遠來不知彊弱之形攻守之勢主公出此不過十日清賊平矣北平王大喜乃命其將吳虎侯揀乂安兵每三丁取一丁未浹旬日得勝兵一萬千餘人大閱于鎮營凡順廣親兵分為前後左右四營而乂安新兵為中軍北平王親御騎象出營勞軍敕諸軍皆坐而聽命諭之曰清師來戰現在昇龍汝等已知之否耶天地之間星野各別南北分治北人非我族類其心必異自漢以來北人寇我幾旬魚肉我生民囊括我財貨人不堪餘感思逐之自漢有徵女王宋有丁先皇黎大行皇帝在元有陳興道在明有黎太祖不忍坐視殘暴順民心興義兵皆能一戰取勝逐之北還當此之時南北自在邊境以守群祚長久自丁以來不至如昔者內屬之苦利害得失皆南

朝故事，今清人復來，謀取我南國，置爲郡縣，不知以漢宋元明爲戒，故我出而膺之。汝等各有知能，當與我協力同心，使大勲用集，毋徒徂習故態，妄動二心，事發盡行誅殺，無一得赦，勿謂告之不早也。諸軍皆曰：惟命，不敢二。次日下令進發，諸軍肅隊伍而行，至三疊山，楚璘出迎，負劍請罪。北平王曰：爾等委身事我，位致卑師，我委十一宣全轄，許得便宜，賊來不能一戰，聞之先走，兵法云：兵敗將誅，汝等罪應萬死，但念汝等一介健武，自右邊敵，使戰至於臨機應變，非其所長，故留吳時任在，與汝等同謀，正爲此耳。且北河新安人心未附，昇龍四戰之地，阻帶無憑，前年我來戰此地，鄭王果不能支，此一驗也。爾等孤單如此，清人來侵北圻，汝應何能施措手足，以逆其鋒，而知部分將士，退扼險要，以激士氣，外驕敵情，此計我初聞，暗想吳時任首主此謀，詢之文寶果然。吳時任亦再拜陳謝。北平王曰：我今來此，親督戎事，進取自有成算，驅逐北人，了此不過十日。但念他是大國，十倍於我，一敗之後，必以爲耻，欲圖報之，兵連不解，非生民之福，何忍爲之。到此惟有善爲詞令，方能聯得兵端，非吳時任不可。俟我十年，安養富國強兵，何畏彼哉。楚璘拜謝曰：主公可謂逆於遠慮，臣等愚不及此。

方今進取之計，請一一揭示。臣等遂西行之北平王，乃命大饗軍士，分爲五軍。時十二月二十日也。於是諭諸將曰：我兵甚銳，且先設會旦節權除夕節啟行，約以新春初七日入昇龍，即令開庭宴賞，各各記寄，切以我言爲定。乃傳中軍禁屬御營差派大司馬文楚、內侯文雪與前軍爲先鋒，虎將後軍爲督戰。大都督祿、都督雪將左軍水軍屬爲超海入六頭江，還仍以海陽經略爲求道之應援，承道疾趨諒山鳳眼等地方，以遏清兵歸路。大都督保、都督龍將右軍、象馬屬爲龍穿出彰德，直趨青池之大釜，爲左支之應。五軍皆尋受軍令，至日鳴鼓而進，節渡洞水，賊守義安先潰走，散至月服江。清兵之進所據，亦望風先走。北平王督兵進追至富川仗盆，始無一歸。是以絕無兵報清師之屯河洞與玉洄者，皆不之知。時已開春正月初三日半夜，北平王進至青池之河洞，密圍其屯，以軍簡守之。應者遂譁，追戮萬人，屯兵覺之，始惧失措，乃皆請降，盡獲其軍資器械。北平王令取木板六十片，每三片列爲案，外以禾藁浸水裹之，共二十片，擇驍勇之士，每十人持一片，皆附短刀，二十人各執兵器隨其後，作一字陣。北平王騎象督之。初五日黎明時，進逼玉洄屯。清兵發鏡射之，一無所中。文闕北風縱火煙間霧瘴天咫尺不辨以亂劍單依舞西南風起清兵遁以自織北平王從令以木板蒙蓋衝突疾趨向前兵刃既交遂擲木板于地各執刀亂斬之後單持兵器者亦皆奮前突擊清兵力不能支大亂潰走相蹈而死四川府知府岑宜棟自縊而死西山兵乘勢大肆殺戮屍横遍野血流成渠清兵大敗先是北平王遣一支兵從安模安沿堤上開旗鳴鼓為東道疑兵至是清兵走回望見之並自疑懼各取間路從冰橋而走忽見象兵從大盛來復大驚竄走伏于瑔都之墨潭中西山兵驅象蹈之死者萬計是日午申北平王進兵至昇龍遂入城原來都督龍將右軍先出青池北平王方與清兵戰于玉洄龍已於日早攻瑔州太守于廣德姜上聚鍋梯清師潰走龍先入城矣

却說孫督部與帝在昇龍城略不聞有告急者故至春旦方以宴慶為樂別無意外之虞雖知勝陣未殘察機復否初四日始見玉洄屯兵走還告急負是將從天上降兵何地中穿且言河洄屯單兵盡被西山除掩擭了去此玉洄不遠早晚將必受兵孫督倉皇大懼立遣廣西提領楊雄等率西山降將潘啟德先將義兵赴提大洛令麾下騎士二十人乘之俱而戒之曰時刻間續有報佽益

查旬

其老夢以此一面為題，不屬更有別道，無奈也。是夜漏四鼓，急開城之西北既擊擄之不絕，急令之馬視之，見旗艦洲屯已潰，西山兵已入嶠門，肆其焚殺，烟火光天。孫督大驚，馬不及鞍，人不及甲，自帶下騎數單先過浮橋北走，諸營聞之，亦是散，各以爭渡相推擠，死甚衆，頃之橋又斷，衆乘舍筏入水，拜河為之塞流。帝在殿中聞變，急與黎憑等奉太后出奔，至河津橋，又斷，而船亦無，乃急走，沿蠻社，偶得一漁舟，奉帝而北渡。初六日午，走至三層山，聞孫督已過去了，而潰散之奔還者，途間如市，日夜兼程，不敢休息。帝奉太后皆行，比至桔柴屯，遇一土豪某人於帝，帝蒙塵初之，有幾遇之哉。至是見帝，不覺淚墜，因請入山中寨暫歇。時日不食，從者皆憊，他殺雞炊飯以進，帝上太后下與個憑等同食，食畢與他閱山形。已及，帝倉皇謂土豪曰：蒙謝厚情，無以為報，惟望高厚鑒若之我西塘之僭，其令賊安在？邊目下有何生路，可以急走關上，再圖之。土豪[illegible]說[illegible]山中開路走去，日暮到關，見孫督行次，諸臣亦各陸續至[illegible][illegible]諸同告辭，孫不[illegible]從親奉旨赴援，竟[illegible][illegible]一親臨日朝高[illegible]與以圖再舉，道使威聲[illegible]

集部　第四冊

賚莫非天寵之賜，事之可否，須從大人奏請爲便。叔曰，阮光中不滅此賊，終不休，今夫建題奏請兵，不一月大兵再至，此地迫近賊竟，不便居住，且暫入南寧安歇，以候天旨可也。帝從之。叔於是與審佐將校收拾敗兵，引還帝，乃留個還寄，深固，令固招誘志義，自與高平轄導迪敀公黃益曉、京北鎮守南塘嫩林郡沂、兩鎮提領山南奇池范如松、副提領南塘青泉阮回攀、署公家政南塘嚴洞黎光張、協理軍務南塘琮瑰阮陳甚、戚曉長寺琵琶阮國棟、掌四衛清華尚瀟黎貴適等，奉太后從叔而北，正是

謀臣未遂籌邊志，　　國主空懷去國悲。

不知北去事體如何，且看下文分解。

第十五回。

定北河北平王受封。戰宣光吾里第遇害。

且說、敎之北走也、居邊不暇、收拾追至鳥根地頭、又聞得西山將祿使、引兵從刺遁潛伏已近、一番吃驚、所隨帶一切委棄、僅以身免、故凡清帝所賜敕書、及帶牌並印、盡爲西山兵所獲、原來去冬清帝從敎請救、令出關尋有旨密諭條行、且先傳文爲之先聲、仍教察查回國糾合義兵、尋察嗣孫使之出頭、與光中對敵、試觀事勢如何、若安南人心、果萬戴察彼、得天兵之來、誰不自效、光中必先退避、因使察君退踞而以大兵繼之、則不勞而成功、此乃爲上策也、如左右袒者半、光中必不肯退、姑爲書告示看他如何、使我閩廣水師先攻順廣、即出步兵前進、光中腹背受敵、勢不得不受我困、兩存之順廣而南以對光中、又要以北以封察嗣、因頓大兵于此、以遙制之、俟後別有處置、及殺兵出關、山安淡、即登原前進國城屯營、不以爲虞、是以一敗散落、滿國承平日久、民不知兵、見殺狼狽而還、人心洶懼、繼聞西山兵追至諒山界、首倡言盡殺勿奴戾、於是內地大震、自關以北、士女相扶攜奔走、凡數百里寂無人烟、清帝大怒、即命福康安為兩廣總督，提九省兵馬以往，經理安南事，而檄數還京待罪。

郝瑛北平王既破清兵，入據昇龍，遂下令招安凡清人之奔逃者，隨令來首，民不得匿。旬日間，得數萬人來，各給以衣服，又得殺所遣齊敘，即以示吳時任曰：我看清帝語，不過視强弱為左右耳。吞噬義奔，非是本心，特假敘名而實自利。今既我所破，恐之則以為恥，仇之則以為難，凡我所獲，故卑宜均益，以擬發送關上，御索甚詞令，即為書遺之。備言我是小藩，一心恭順，畏天事大，安敢有他。前經有款交搆，遂為孫大人所遏，不得上達。近自南京來，欲與孫大人辨白眞情，不意於僞張大聲勢，人人驚走，浮橋又斷，以致推擠，其半路者自相殘踏，以致死傷，實皆孫大人為之，而非小藩敢支天兵之罪。今現收得散兵萬數千人，並已查明名貫，給餉到關，備冊進納。於是吳時任即修書，差人冠馬命諒山頭目由關發遞。

且說新督福康安，乃滿洲黃旗人，由庶生登台鼎，清帝素信用之，故委以料理安南事。初代任，飛驛到廣西幕府，親見孫士毅身奔還，又聞北平王勢焰，未免退縮。及見遞書，猶一心大勝，但以安南事為己用，密諭太平分府曰：南北罷兵，生民

之禍而貴逼臣之大者也我聞安南閣臣有吳時任范有札皆出其手公可善
答答之使之守主和議忽循袁文投遞我爲內主事無不濟主分府即移書安
吳時任因以告北平王王雖知北而南陸亦猶多事急於還師因令諸將曰北
河安東吾委文楚文瓘和潮陵命吾愛吳時任押監凡事便宜處置我南還無
間疑亦以京畿可也王有南還留楚統衆國機務吳時任主北事與清封府
求要相照外有福隆安爲之通達有閣臣和珅爲之主張那和珅滿州正黃
誤人由監生入閣與隆安同掌藩院故隆安照書于吳時任教以合帶路之道
[illegible]請罷兵而封光平與冊兵舉且言從古以來未有得志于南者[illegible]
明臣以不遠諸帝然之遂與當和珅等啓帝旨進無不中意請帝大將[illegible]
[illegible]矣於是隆安稱其吳時任作合諸謝表好交叔本國已至貢期[illegible]
[illegible]維持國[illegible]行而[illegible]則心不安其貢品皆[illegible]
[illegible]

蔡田人、令壽阮光值、容號攝[illegible]許監國王、吳文楚為武重臣、輝益為文重臣、鄧
世[illegible]下[illegible]陳武輝瑨[illegible]於[illegible]國王、如清報聘、戰方[illegible]外、又有雄象二匹、請
人治路供遞、贊頓中外、省知其假而不敢言、遂為具、清帝大喜、以為真光中的、
於一人親詩、賜與諸親王同[illegible]、又如恩俾行抱膝禮、如人家父子之親、及謝鄧文
館[illegible]以傳神像賜、恩禮隆厚、戢下古之曠格也。
知[illegible]所從、數入南寧城、通[illegible]安至、謀與西山講和、遂逃入桂林安歇、其本國
人[illegible]者、皆叔忠[illegible]公[illegible]由榆關即江丁逗衛丁全等由龍門[illegible]內地
德[illegible]同[illegible]悉赦允、[illegible]後勤奇[illegible]顛、又安潘啟[illegible]等[illegible]南關高平[illegible]阮
蔡閉[illegible]等由高平關、比至入見、隆安又隨便照給衣糧、因以敬德為御州都
司、[illegible]全州備守、蔡元等為把總、[illegible]公及諸人、悉遷入桂林、清帝晉居月
餘、[illegible]寧、選桂林下令、盡罷諸省兵、盛張宴樂、蔡[illegible]而問之、隆安
曰、[illegible]不[illegible]南、低侯叔一舉、調撥既又要[illegible]附[illegible]從容言曰、出師期不遠、
王[illegible]右親屬為前道、但今宜薙髮易服、與中國同、使南[illegible]賊人不復
識別、然後大功可成、及後閱從、仍從故俗、[illegible]行謀[illegible]蓋恐之、[illegible]以為然、曰

中宁赴援屠害天朝救援難舉因北發惟命救何况惜於是與諸臣皆着服雉
恐隆安之大害即以金服贈之懇援啟治黎帝君臣皆不知其詐隆安因欲
恐訴帝曰汝安南國王黎維祁無意請援君臣並已薙髮易服願安居中土請
羅[illegible]兵和[illegible]又奏請將北中並得命允隆安又邀黎帝入盛陵劍戲乃爲
戴[illegible]提督九省兵馬六字茶葉芸然無所言黎帝亦不知其意及出曰
[illegible]後乃併在門外懊悔移時只得回寓安歇且言先是長派侯黎侗留本國
報設之舉以圖恢復至是與鄭憲李進黎合等數十人俱赴內地隆安札居侗
昔但[illegible]既至一無所言但請以薙髮易服侗曰我等頭可斷髮不可薙皮
[illegible]也不知所以也隆安知不可強即令貴州安置是歲己酉冬抄遣帝既封
沈[illegible]從後[illegible]致[illegible]入燕京。
知[illegible]帝北狩皇三弟[illegible]郡公維祗奉宮妃阮氏出奔至拜河遣德[illegible]
[illegible]因遣[illegible]與復王[illegible]
[illegible]山[illegible]左渭蜀賊[illegible]
迎[illegible]元有[illegible]樂[illegible]天將舊臣[illegible]弟既十

皇妃逃還京北，潛于民間。西山徵索之不見，時寄在何地，音信不通。諸皇親
將，賊頭嘉忠義舊臣平章權榜、參知廷璜、尚書阮廷簡、樞密參班、御史陳名案、
發守陳光珠等於林藪亡匿。西山求之不見，其故嫁大率有感者之情間置梯
竊發起，陷吳簡等。自黎帝北狩，及㑹僞乃隱於山西之立石。北平王使人出
潛葬，收其寵女，欲以招攜。簡聞之曰：此女不死，母氏門戶，吾不以兒女之情廢
君臣之義。西山知不可奪，乃設計生致之，女不食而死。黎班魁梧，膂力過人，每
食兼數十人之食。自帝蒙塵，從左右周旋，不避艱險。北平不及從，獨即取道歸
人安舫。黃與五豪謀聚衆討罪，敗績，為賊所獲，不屈，乃放之，後卒于昇龍。吾嘉
流落北江林野間。北平王命吳時任書招之，叢一辭以死，言矯激，吳時任慚
導西山發兵索之，案神色自如，賦詩有云：此生總對張巡，雖死難為太處心
二十副。西山又以高官誘之，亦不從，乃止。光珠與部將收軍攻賊，橫行東北二顧
四五年間，後被西山屯堡殺其渠帥甚多，賊亦為之懼，後因中其詭計，為賊所
擒，亦不屈而死。自後列鎮息兵，不與北平王既沒，救封以附例自處，乃立
其子光纘為世子，次子垂為統領北道節制水步諸軍，三子盤為宣公，領消

衆總兵管理諸軍事，諸府各設府守一，協府一，縣設分知左右管理二，徵兵糧，理詞訟，立兵制，武有官率，分以道，統奇以奇，隊各官吏操演。又命大盧江以北各類開丁籍，照錄揀兵，發簿給卿米等税，遣田定租粟，例分公私三等田，以次起役。以乂安在國之中，道里適均，且阻地在焉，命大發工匠，搬運木石，磚堤將營府，造棧殿，築四圍土城，管諸軍營，掘土燒磚石以砌，內城建三層龍樓，太和殿，兩廊以備朝賀，號中京鳳凰城。又以哀牢國缺貢，命乂安督領阮灌為大總管都督，領象攻哀牢，文中為大司祿以進攻之，至其城，牢王拒戰不敵，遂引道播入城，盡收貨寶金銀象馬還。自得封後，益自驕矜，有睥視中國之心。會有丙寅烏匪招集海濱清兵，進劫敗走南海，投附本國，王各賜其渠帥為領兵，以擾北潮沿海，自是商船不通，貨物騰貴。又飾四川烏匪，號決理會者，清督臣畏其還而不敢詰也。自是益以清人為易與，練兵蓄糧，打造海船，令大可載象與騎，且有窺內地之志。正是：

北境正逢清宴會，南關惟議逞雄心。

未知底事如何，且聽下回分解。

第十六回

蔡苍塘淸使受欺
楚燕都察君啟恨

且說莊平王將謀北伐，諸臣皆曰，宜賣民數以揀卒，正古今之急務也。王以爲然，乃令諸鎮各督民社改修丁籍，行信牌，令驅民登籍，監考究問諸縣總社長，多以閒監執空斬，往來道路，民皆苦之。其諸縣分知各集社內，照給每人一牌，牌印天下大信四篆字，四旁週文，爲著姓名貫址，押手左指爲驗，人第之旁有識問是之無牌者爲漏民，收究單而罪其總里長。丁籍已成，三丁取一，復給安営員將兵往社長圖捕查照，民間多有避於山澗中逃匿。有文安石河五田人陳芳海乃進士名儆之子，不肯帶牌，贈臣阮耀賢而辭之。鄉若海聰敏有成雅負氣節，嘗賦詩明志云：胸中積乾坤，恨目下空嘶日月。居復地方諸貢士粟于天祿之鶩漫，謀取文安城，推芳海爲主，王渦山平渡杜，興西山賊，戰敗，芳海登渦嶺絕嶺，題詩于亭壁云：報國無長策，隨身有短刀，回頭渦嶺上，九十九峯尚仰。引刀穿臆而死，衆民聞者，莫不哀之。

且說北寇王已定北侵之計，乃遣阮㧑遠如淸，具表請婚，且求兩廣地，雖非出本意，但將以是試之，會病發遂殂，稀帝之第五年庚子秋八月日。初清來冊封，頒賜朝衣，內有金線刺串心、折軸多田鼠之句，當時不辯所謂，至是始驗云。王既沒，二帝亦不果行，清帝亦未知之。是年，光纘奉遺命嗣立，改為景盛元年，而追尊王為太祖武皇帝，遣使如清告哀，進方物及雄象二具，表請封。凡二部使並行，表內且云：奉父王遺囑，死後無歸鄉土，瘞于國城郊之苓塘，以白戀闕之意。清帝嘉之，即遣使行諭祭禮，光纘乃令假瘞於苓塘，以受吊慰。其祭文有云：祝發南極，效忠將獎，其趨朝安魂西湖，沒世無忘於戀闕。賜謚曰忠純，頒御製詩贈恤，令刻石碑立于墓前，以表顯之。而冊封光纘為國王。光纘既受封，命羅信碑拍回，諸捕漏民者，最戕逆擾，以其舅裴得宣為太師，專掌朝政。得宣以光纘幼弱，遂自專擅，行福禍，諸臣皆側目視之，禍胎自此始矣。

且說黎君自犯罪後入內地桂林城。是冬，清帝從和珅奏，冊封光中，召黎君入燕。使人起鄉三月至燕京，本國文武諸臣先後入者，並許陸續起行。會清帝巡幸，過熱河於廣安，命黎入見，諭之曰：汝等王既願安居中國，爾等一意相從，當薙髮易服，以便隨地例奏。曰：小臣萬里從亡，願得以土俗見國王，然後奉旨。清帝嘉嘆久之，即命緩行，至京時，黎帝與太后及元子駐燕京之西定門關子壘衙。衙扁曰：西安南營。諸臣居東直門洋廊衙。衙扁曰：東安南營。照給衣糧，許集趨從。適聞清帝往熱河避暑，來日清晨早發。黎帝即使諸臣卑表請兵，因願貢鄉。鋭金簡請往見比，駕出，黎帝及諸臣跪于道左伏竭。步間有通言報曰：皇帝有旨褒賞，促令拜謝。還營頃，見金簡奉旨，授以佐領職，世襲三品衣服。黎帝不得已受之。越數日，見內府官奉旨召入殿，賜金四兩，併傳本國人準備什器，諸臣從亡者，各賜錢五百，疋中國紅白禮服，依八旗人體。是年冬，黎帝以清人不可恃，乃與范如松、黄益曉、黎淅、阮國棟、阮曰肇、黎文聪、黎貴適及隨驩番揆人阮廷麟、西據人黎松宏、弘塔、棟人黎武等，歃血為誓，具表請兵，如不允，請得宣興二州，以奉廟社，或歸國潛入嘉定，以圖興復，如或不測，死生以之。先就金簡知會，金簡不納，相與伏地大哭。金簡不得已復邀入，烹茶款待，諭之曰：主且回館，俟校商量。迨月餘，又見有彥蘭大人猶本國書記之職來報云：已得旨許主欽州之地，來年春早花開歸去未遲。黎君臣亦未之信也。辛亥春三月，和珅欲分從之，以息爭請。又令彥蘭大人馳馬告云：已得旨許宣光地居住，宜即整冠服從國王入謝，諸臣在東營者皆估之，徙至郎房，嗚令以饑餓困之，各發斗米塗出三百里外，安置黃益鋭于伊犁，黎州于天津，如松于黑龍江，國棟于吉林，曰摩文張象于熱河、張家口，獨留陳署侍使國王承黎帶開之，蕃橫葉灼，早貌爲令金簡錄謀，爲諸臣告，時會金簡已入侍圓明園，即日馳入園門，爲守門者所捆住，其馬童布衛人阮文渭伏地大呼，清人惡聲叱御，呵，相與奪黎帝爲攫之

上衆勅去慎刑司察往，文渭故聲大罵曰，吳子狗輩無禮，敢辱我王，即被捉跣亂打之，守園卒怒，左右混毆，文渭幾死，并勅去慎刑司，擽住一月，乃放歸營，文渭因而病死，黎帝在慎刑司日，和珅使人至西營，逼太后令具書奏國王願居中土，背關宣關罪在諸臣，方草表，監臣阮仲特奪其草裂之曰，受人欺罔，以致諸臣於死地，若之何哉，清人復勅仲特之東營，乃禁兩營不得私相往來，一日清帝皇子第六王過謁，因就和珅第，從容談及安南事，六王曰，黎君臣有難內投，諸叛逆徒猶當爲懺之料，彼諸臣皆忠義之士，今以無罪羈遠地，外夷聞之，其謂中國何，珅曰，皇上有旨，非王爺所知，王曰，皇上春年在御，天下事權皆在國老，處置之得失關係不小，吾安得不知，珅素負寵，言多不遜，六王大怒，把

棋局打之，當出者各起解救之，乃免。六王大罵而出。翌日，和珅懷恨入訴清帝。帝大怒，命召六王，欲親杖之，閣臣阿桂伏地切諫，乃止，命於殿庭杖六王一十。王出，因恚遂得疾，數日病愈劇，命召第八、第十一、第十七王，囑之曰：汝輩三人，他日未知皇上誰立，有明位者，當去此奸相，無遺社稷憂。三王聽了，拜謝而出。時六王遂薨，黎帝自是不復請安事，往往憔悴，迫遇無聊，遂給子夏元子復居遣卒。黎帝因此憂悶成疾，危甚不起，次年而崩。安置諸臣聞之，各回表請安，如洪家僮。有黎輝旺以侍奉有勞，黎帝以爲義子，賜名維康，令奉皇考香火，屢侍太后。時帝疾大漸，召諸侍臣受遺命，諭曰：朕遭家不造，不能守社稷，播越他國，以圖興復，又爲權奸貴弁……至此，齎志以沒，大寶爲之。他日卿等若得還本國，當負朕殘骸以歸，附于列聖之陵，以明本志。卿等識之，再傳說諸陪知道。諸侍臣皆拜泣受命。黎帝遂殂，時清乾隆五十八年癸丑冬十月十六日也，壽二十有八歲（以景興戊戌生）。二八年清帝命以公禮葬于公直門外，度地廣三畝，外列牌障，命從亡諸臣依禮制服，以維慶襲位，頒戥於是，日肄在熱河外，張儀成服，泣盡擬哭爲例。於日亦發病卒。迨嘉慶元年丙辰，黎帝服闋，太后以諸臣旅寓孤苦，而歸

期求卜遂上表請以諸臣從亡各得婚娶清帝許之頒賜每人銀八兩太緞三十五丈以供婚禮敕賜隨在各安戚業

却說本國偽西山王光纘以幼年嗣位衆得宣久專政柄刑獄煩重中外離心兩河人心愁然

皇朝官軍自戊申復嘉定庚戌復平順延慶二府自是以後比歲北出征討聲靈赫濯北河十有三宣延頸以待國朝重興西山之喪敗識者瞭然而光纘君臣莫之知也正是

得雨蛟龍神活潑　處堂燕雀慢偷安

未知勝勢如何且聽下回分解

第十七回

定昇龍西偽王就擒、
楚盤石黎皇亂從捐。

且說、自西偽王光纘嗣位之初年癸丑、皇朝大軍未步自嘉定北出征西山王父出于歸仁城、於是將士數戰疲耗、勞漸窮促、乃使人赴光纘求援、纘乃臣諭之曰、吾聞唇亡則齒寒、唇存則齒煖、伯父今有難、而吁圖安居、不可乃以督部阮耀總管領諸軍南行救之、官軍引還、是年秋六月、而王遘病長子光紹嗣立、纘分兵守其城、名爲救援、而實陰利之也、次年甲寅、光纘用午得宣爲參議、往歸仁城、與光紹鎮守、而以阮耀爲統率、顧太學進駐荊莊、自黎文忠以下、凡七將、各加郡公督兵、聽耀節制、耀遂荊莊職游兵至平順地中、官軍幾方守禦、耀不能克、是時西山、數來相侵、兩軍相持累截、會耀聞得宣交子、皆爲司徒勇、太保化等所殺、作急引還、與將佐合謀、因以兵拒勇等、原自光纘初年以來、得宣拉政、而文楚領昇龍總理軍民事務、進位大董理爵、是年大司徒勇、領北邊四鎮兵馬、勇且擯江歸會、時中書令陳文紀發論於此、勇與之同宿、紀語之曰、太師位極人臣、拉作威福柄、又出諸公之外、將有不利於國

家公等保得其首領乎，千於今日圖之，後悔何及，勇素信文絕，遂然其說，明日
即以本部兵偕進馳還，與太保化合謀，收得宣家屬下獄，并使人往歸仁收得
宣使都督皆往，哥龍設計捕文楚以還，並陷成安，狀潏水殺之，光纘不能制，但
流涕而已，於是復命化往守歸仁，是時耀在萊莊聞報，日夜憂疑，恐禍及己，乃
誘諸將曰，主幼不明，大臣相殺，今且引還以定內變，然後往攻可也，諸將曰，唯，
即日辭團引還歸仁，化閉城謝罪，耀不之問，師至安舊屯于江之南岸，勇亦與
內侯賜等師本部屯于江北，挾君命以拒之，光纘大懼，即令中使往來慰諭和
解之，耀始率左右與勇講和，耀宣以文忠代化鎮歸仁，而召化還誅之，時光纘
左右日夜譖耀言其威權太重，將有異圖，光纘信之，即收耀兵權，命侍戰奉侍，
耀與文忠素相得，因密書使親信往歸仁，約文忠舉兵奉光紹為君，而廢光纘，
忠從之，遂以兵還，請光紹發兵東為援，接文忠兵至廣南，中外震駭，光纘會群
臣議之，皆曰，從忠還取耀不可，兩命耀往，必不報光紹而[illegible]，商選光紹[illegible]
召撤兵，象還歸仁，閉城固守，光纘遂與文忠[illegible]中分拒逆自[illegible]，王察江北府[illegible]
曰，光紹之亂實由文[illegible]，以擊其他，[illegible]然之，乃命[illegible]

平

文忠入、令武士斬之、因慰勞將士、令進取歸仁、旬日拔之、獲光紹、留斐麟守治
國光紹以歸、用婁酒殺之、西山自文岳占歸仁、以景興戊戌、僭號泰德元年、庚
子稱帝、立光紹為太子、癸丑殂、光紹立、五年戊午西亡、凡二十一年。
且說、光纘既誅文忠、其婿文質自疑、及南入嘉定投降、皇朝命管羽林軍、而
贊李光纘、以征伐顧官至大都督、及忠被誅、潰逃之、太府兵索之不得、有假稱
文質模樣、自死于山溪中、以絕人索、後吳知之、命懸賞大索、潰不得已、指吳陳
即令掌前鋒軍、以待差派、罷以軍弁誅之、貴知其意、乃誘將校、以兵衆投斷河
具衆請降、復奉命出師、與吳戰、吳大敗、走入山林、其兵甲皆為貴所獲、光纘聞
報、復令司徒武俊將兵來鎮、招集散軍、以守之、庚申、官軍駕海往來、俊力不支
遂以城降、逆改歸仁為平定、設掌校郡性尉、令武廷性以兵留守、禮部尚書吳
從周、擁[illegible]目、光纘令統率與司徒勇督諸道兵合戰、官軍奮力非守權寄不
克、勇乃焚大艦三件、塞歸仁海口、上設壘柵、列巨銃、內環以戰船數百、留水兵
守之、以防外援、次年、為官軍所破、船盡燒沉、勇登陸走、與耀相會、西山既次水
道、乃堅築歸仁城四圍土壘、土山對射城中、多立屯柵、積兵糧為久留計、為官

單防管渠固耀攻不拔光纘以爲憂時有西洋斧蘇道長在本國者遂誘諸道徒作亂所在蜂起光纘令捕其道長誅之撤其講堂毀其像影焚其西書即令踏影放釋不肯者以充單刊草憤怨者處處騷動而官單叱歲攻取聲勢震接諸嶼人民每因南風起必相告曰舊主至矣於是
皇朝以歸仁乃西山之健將精卒守琴而光纘在富春守備乃大舉兵戰艦千餘艘乘南風北出施海旋旗蔽日鼙鼓喧天直抵海門攻之西山將駙馬治得守不敵遂潰光纘聞報復率衆拒戰日中而敗官軍遂復都城時辛酉五月初三日
皇朝世祖高皇帝之二十四年也
且說光纘既潰倉皇失措即變服與從官數人乘驛北走至乂安留數日又如昇龍會將技撈守六月乂安鎮臣阮植怨報三層樓無故自倒聞者知爲不祥之兆焉追與巢群光侯調撥瑞玉侯顛單至香山及廣寧兩路攻擄以擾乂安阮植遣將攻之西山兵屢敗數月群光侯以水潦難久留乃焚舊船艘于香山江口首尾縛草爲兵被甲執戟船中各點燈數燦以疑西山兵而乘夜以輕舟順流出南界海門望洋南遁及西山知之則已二日矣瑞玉侯亦自廣寧從

二百

上道還京都。八月，光纘在昇龍城下，諭各鎮軍民改爲寶興元年。冬十一月，耀
勦四鎮（海陽、山西、山南、北寧），與清乂象兵入寇，渡南海城，爲官軍所敗，以不利，卽還。壬戌
春，官軍渡瀘江，攻布政、三疊屯，拔之，西山兵潰，奔還奇英之河中營。
國朝詔改爲嘉隆元年，謄諭兩河知會。頃自（丙午以後國朝任用故黎號）（貞稱林着興六年四月始稱寶興）
是年，歸仁城中食盡，官軍饑疫，參贊吳從周、尤欽森、武性郡公自焚，將士數萬
盡出城降，耀受之。既入城，即與諸將佐謀，將還犯京城，數日引軍出歸仁界，爲
副將得禄、候所阻。原去年克復京城，又令得禄、候至此設屯樹柵，以遏賊衝。至
是耀引兵還至此，攻之，半日不克，耀衆爲官軍所射，死傷相枕，乃以兵塞開山
取路入哀牢，謀出乂安。朝廷聞報，即分部諸將，各領水步，刻日北巡。是月二十四日，
水軍至乂安丹涯海口，進攻群本堡，破之。步兵繼至青龍江南，發大砲三聲，師
渡北岸，於是水步齊進，西山兵驚潰，官軍繼進，船艦、倉粟、大張旗幟。西山鎮守
阮植、協鎮阮踏與水軍統碩岱、少尉騰棄城北走，至墨屯，踏自縊，植走清華，會
軍進克乂安城。阮耀歸至香山界，有聞乂安潰，遂過清漳，渡青龍江，由南塘上
路走出清華，其帶隨將士漸散，官軍追之，數日遂獲。六月日，進攻清華，光纘弟

賢[illegible]安楊瑞等請降。十八日，攜往丹龍城，西山大潰。光纘棄城，與鄧劉豈都
[illegible]河北走，亟自縊[illegible]亦自縊。光纘及諸臣皆爲北寧土豪所獲，檻
送[illegible]前。諸鎮官吏或遁或降，無敢抗者。於是悉平。駕幸昇龍，招安分設列鎮之
武[illegible]以降。召故黎文武[illegible]訪以北河事宜，蠲賦役，革煩苛，照西山常行
[illegible]一次，故五營十[illegible]月。　御駕還京，備禮告廟獻俘，與
[illegible]及諸臣大加顯戮。其是時任爲[illegible]理，[illegible]其不孝不忠之罪而去誅其
降，及[illegible]皆殺之。布告通國，於是南北大定，海宇攸同，而爲一統矣。
[illegible]人，往者燕京，凡四年，[illegible]五年，而黎帝狙從亡者皆被分置。惟太
后[illegible]在燕京，他鄉故國，萬緒愁離，春露秋霜，幾同衣[illegible]，與諸侍臣每[illegible]
表請以還國，但辭西山戰暗[illegible]，含愁而已。嘉慶四年，太后以憂悶病殂于燕京
清帝[illegible]官治喪，殯于故[illegible]之旁，[illegible]六十年，清帝[illegible]
繼十四年[illegible]位，[illegible]爲太上[illegible]，[illegible]編，將諸和[illegible]
[illegible]是年[illegible]比皇崩[illegible]
臣談及[illegible]故[illegible]厚加恩賜頭[illegible]

衣服聽其自便嘉慶八年癸亥即嘉隆二年巴西山賊既平遣使如清上表陳
情請封故黎諸臣聞之曰國事已有緒矣可即具宮闈臣請奉太后故君兩嬪
還塟閣臣為之題達三年甲子清帝降旨遣故黎君嬪還塟及從亡諸臣奉瓚
歸國官給伴頭員銀十兩橋舖錢八兩自下男婦大口人五兩小口人三兩各
命巷商沿途護送出關次正月日故黎君嬪肉消盡獨心尚不枯而血色隱
隱鮮紅計自權塟至此十二年矣諸臣皆為之傷悼清人及國人見之無不驚異
多有垂淚感以為事從古聞是年春諸臣奉兩王嬪及元子嬪院臣奉阮文消
吞骸起程沿途遵旨照辦秋八月十三日到關皇妃聞之即自京北就關上迎
瓚自此絕粒不食日飲粥一杯辭前就途九月二十三日皇妃登舁龍起宗室子姪
詞公營皇兒父曰啜甘蔗數節十月十二日祭官遷棺見心尚完然奉與靈
妃就業前途盡哀謂延嗣公與從亡及逃遷之諸臣曰我忍恥偷閑至此十五
六年非無可死之日第太后吾君元子在此音信不通存沒未卜猶少待耳今
靈駕已還故國事已畢矣我當從嗣以陪侍山陵可也即歡樂倘盡留諸莫柰
傷悼北伏在此亦嗟嘆不已十三日再具皇妃金緘棺柩二十八日船歸清華

十二月二十四日，罕至于硯宗盤石度鄉，曰華安、永從、整、馮。先是，尚亞南關維
庚辰棋拜別猜奇，從許山土道歸去故京北，脫學黎府，還至清華，痔疾，其妻
旭作存，卒還安南，率諸湖鄉貢裴大族安世祭，復北歸取族子爲嗣，守節終
身。丁今十二月，黎祭其從亡諸臣各回鄉貫，惟鄭蘊、潘伯厚用選鄉役，以財色爲
伍。其存投有皇，弟進從逃國免潸人，皆以節裁自之，於是北城總鎮成郡公
上見尊趙宣顧等，慶賞嘉北寧長才琵邑社，爲之立祠，給祭田，并復其民以供
香火。及吳等以旌表之，望如從亡諸臣於一。皇朝嗣德十四年，部臣遵議，難
懷時家。旨准立祠於昇龍之西廊地，處衣冠葬，坊其牌位次，欽依如部議。
平中伍長派侯謚忠毅黎桐，左列十一人，禮顧阮白慶，尚書黎廷問，提武侯
陳光珠，禮侍郎阮禪權，顧守黎所，指揮黎光植，掌四寶黎貴適，阮雄忠、
黎松，侯承望黎仲常，右列十一人，請難功臣陳名案，宣光清刑憲察
副使阮廷洸，侍臣吳濆，贊同阮國棟，公黃益曉，阮廷漸，嶺顧衣衛
阮仲挽，黎式，進光侯范如松，二十二人，通[illegible]，阮克敏，祀[illegible]人，曰阮王[illegible]
黎王[illegible]，[illegible]進尼，西度五人，曰陳晁[illegible]，[illegible]逸，黎貴[illegible]篤，自黎桐以下

共三十三人，並冠以故黎節義臣而祠，亦名故黎朝節義祠，有以仰見

朝廷激濁揚清、磨厲風俗之至教，而後之覽者，知有此困阨于此時，而有此榮

光長留于萬世矣。

六百

大南一統誌卷之終

龍飛己亥年夏六月十五日

翰林院侍讀充北圻統使府憲撥第五項録事阮有常

奉錄

錦西廂

提要

《錦西廂》二卷，明周恒綜撰，法國巴黎國家圖書館藏鈔本。曲本。又名《竟西廂》。記鶯鶯委身於人。張生往訪鶯鶯。作詩以絕之雲。是書上卷分開場、驚夢、摹像、考試、替嫁、完姻、回寺、搜捉、代主、審情、探信、番叛、訪友，下卷分賜元、計遣、餞別、諭兵、誘圍、滅救、歸裏、勸順、回朝、詳問、辨明、迎接、團圓，共二十六齣。周恒綜，字公魯。

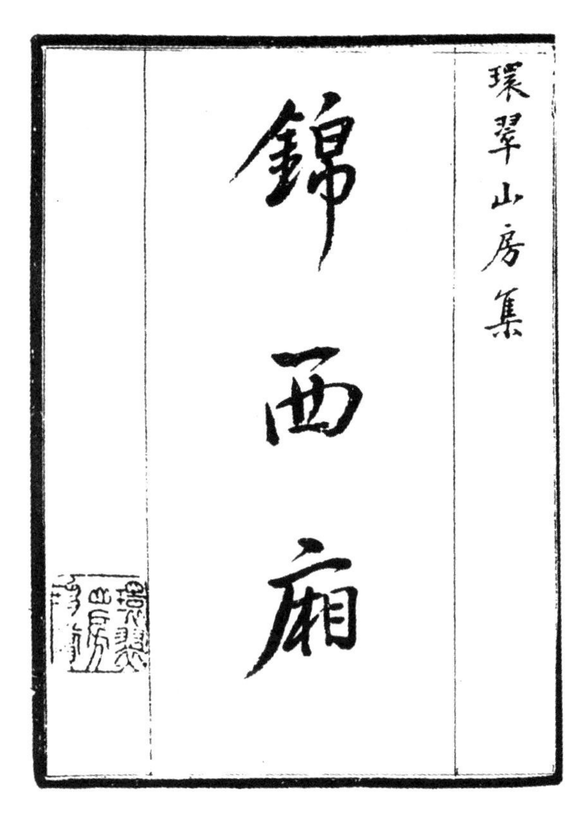

錦西廂目録

上卷

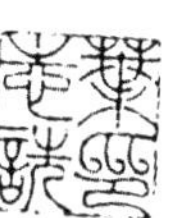

下卷

錦西廂傳奇

第一齣　開場

末上　張珙求名鶯鶯入夢旅店凄其棄文場抱病文思雄就鶯詩偶憶叅上粧題因此遺名逼迫京國鄭恒反中狀元歸迎親至鶯鶯几夜母女哭聲悲相催巧計隨机應变却嫁紅娘作鄭妻棄張生回寺不逢舊侶忽遭伏虎竟把琴携幸得君王重落叅特拔和我得勝回尋原配一雙兩好光耀門閭

末着張珙是也

第二齣　驚夢

【祝鶯臺引】小生巾服上　夢初醒情緒殘月遶空楞無奈離人何事苦人驟忽知道旅邸凄涼枉天懷路這情況誰人禁受　鴉啼古寺殘月無端抵死催留別依稀床睡恍雲烟旅店孤灯半明滅　小生張珙字君瑞西洛人也我別了鶯鶯小姐上京應試宿此草橋旅店適才一夢甚是驚疑不知吉凶如何不免喚醒琴童且回轉普救寺再作道理　琴童快來　丑上　來了一枕黑甜中相呼何太急相公為甚了忽困叫我做甚　小　我方才着枕一夢甚是驚疑喚你醒來覺欲回轉普救寺去　丑　相公有甚夢　小　我方才朦朧之際只見鶯鶯小姐私奔前來要与我一仝上京應試忽然孫飛虎統兵追至竟把鶯鶯小姐搶去了我想此夢甚是不祥童兒不上京去了　丑　又來了个是相公一心想着鶯鶯小姐故做此夢那孫飛虎已被白馬將軍殺了那里还有孫飛虎吓　小　是吓孫飛虎已殺了　咦　雖然如此

是我心上展轉放心不下如之奈何（旦）相公唉說閑話（貼）（旦）

【祝英臺】馳驟且自踐登程休眷戀何苦皺眉頭況我賊寇已斬首蕭寺清寧曾是夢中神遊多謬此行須步蟾宮玉殿傳宣之後速歸來香閨常並鴛儔（小）你也說得有理快些出門趕路（旦）唉呆我半夜三更哩里去且等到天亮趕帮走且走自一忽竹（小）我那小姐呼叫我如何睬得着相思相見知何日此時此夜難為情（回竹）（旦）我也困了（占）【急上】天有不測風雲不有旦夕禍福我紅妹為了張生費盡心机撮合成事不料張生求名不中那鄭恒倒中了狀元目下奉旨成親要娶我家小姐這事怎生區処咱也罷不免喚出琴童問張生有何妙策解救來此已是他書房门首了開門（小）（旦）是哩个（占）是我在此（占）來我像是紅娘姐有會說話了（占）會慌張（占）你還不知道么你家相公不第歸來那鄭恒到中了狀元奉旨成親日下就來娶我家小姐了（旦）有這樣事不怕他的（生外末老中上）

【豹子令】奉旨完婚成配偶偶郎才女貌十分周旆前鼓樂笙酒今宵織女會牽牛夫榮妻貴宿生修（末外）我們鄭府中迎娶鶯鶯小姐的打進去怎么不見小姐這是紅娘姐扯他上轎便了（旦）扯的得个這是什么人打這狗王

【前腔】鄭府迎親人卅擻擻閑人不許鬧增頭我家搭焰非常驟拿來拴住不干休叫人空惹這場羞（末下）呀的好我相公趕來罷（小）琴童為什么大驚小怪將我驚覺了（旦）相公的好我鄭恒中了狀元來娶鶯鶯小姐方才紅妹走來說我商量

不料被鄭家一班人奉旦腳尖一頓打奪了紅妹姐就走（小）實非你做事（旦）誰道也李子相公做事明明里吹鼓打喇叭灯燃上寫著狀元鄭府奉旨迎親那說做事（小）如今說則未过那得便有狀元（旦）正是呢方才呵

【祝英台】賊騣聽得鼕扣雙環啟户問因由傳道狀元迎娶嫦柔無計救援求謀遲遲一班狼僕喧嚷那紅娘驅走這南村口恐他日遭人僝僽（生）

【前腔】多謀你夢扮擾無憑未遇轉圜秋雖有魁名榜耀千秋難奪我的鸞儔相投此行鏖戰文場美滿前程須就夜何期聯鞍途路迢遙馳驟（天色已明等还了飯食出門去罷）（旦）有理我生出门去罷（小生）

夢繳天將曉　相思兩處多
征夫悲遠路　数問夜如何

第三齣　摹像

【引】（旦）畫靜香閨人倦才郎遠去懸懸陰陰（我日這一坐園亭体触目皆傷情長门何見讀妻身不如為每義室中翻喜事不如絮徒向風前遂奴家鶯鶯是也自從張生去後好不悶人也）

【懶畫眉】呀不覺秋光雁傳聲我鎮日恓惶誰見憐別離端為利名牽拋閃得兩下成悲怨息他平步青雲須早還（占上）

【不是路】庭院悠然何事嬋娟步不前（小姐）秋風捲蕭蕭敗葉墜墻邊漫俄延虛空恐有嚴風瀉悽怯香肌衣袂单（小姐你）休悲愁才郎指日將回轉且加餐飯（旦）

〔前腔〕神思懨懨凭立堦除曲檻邊情懷倦鮫綃淚揾皡釵鈿悶無言踌躇黙黙空思筭今日方知情意牽（占）小姐有甚説話可对红娘説（旦）真腼腆心中有話最难言泪珠如霰（占）红妳晚得了無非為張相公表官去了故此悲悶也不难红娘到有个道理在此想小姐素善丹青何不与張生画一真容捌夕相对勝似行思坐想（旦）好到好只是恐在那里恐夫人看見像什么模樣（占）正是呢也要防備的咊有了何不就寫画在手中这把扇児上日間可以携在怀中晚間可以同寢倘遇老夫人來便可藏与袖中豈不是寸步不离了（旦）这了量到也想得到（占）小姐單硯在此請画（旦）待我拳擬一番不知可寫得像否红妳你情情去看老夫人在那里（占）老下（旦）

〔忒忒令〕想儀容分白在眼前他親瀟楚有許多姣倩画个停山峙剪秋波如電那一个瘦腰肢儘余妍風流態描不盡腼腆我記得那日相見呵

〔尹令〕其時驟逢佛殿一團笑吟堆面輕衫袖藏紈扇渾身俏影意惹情牽怎避嫌这是那一種風流情格叫我如何描寫得出

末

〔品令〕待畫他明月下跳過粉墻邊嬌痴狡跳餓眼與捻涎説好夢頭顫丟伊幾喘高唐窯赴畨做了曉窓鶯燕半載楼邊並着香肩珠璧聯（占上）小姐真容可曾画完（旦）画是画了不知可像你且看來（占）呀画得好小姐那張生見是活的你看那一件不是他

〔玉交枝〕看威儀如現眼迷離軒昂儀然悲悲喜喜開生面一献的容貌天然娘行筆端随意填僧繇何必芳名擅靚多才如立眼前、、（旦）待我端详一回还有那里不像之処

〔月上海棠〕疑論仙原何降下黄金殿你文章司馬學業深淵咸温柔性格堪怜谐連理百年欢忙（合）三生愿豈謂漁郎果採桃源（占）如今焚香供养他才是哩（旦）痴了还説那里話（占）红妳判不痴

〔江児水〕夙世良緣會着深深牽亂蝨使者空中現一笑相逢成姻眷抛盟石上因非淺女貌郎才進選絳闕天仙配得个傳香玉殿（旦）这不過闺中消安而已有什么正经

〔川撥棹〕将紈扇向懷中頻自展勝望夫化石心堅堅、、看時、清風滿箑（合）寫芳容情意虔這痴頑無過戀待我題咏在上君

端張生小像崔氏寫寫（占）妙咊画又画得好寫又寫得好

〔前腔〕字方鍾王筆法堅妙染丹青神色全休誇你容貌姣妍、、遠絶技有誰能擅〔合前〕小姐寫画了半日如今我与你去看、老夫人在那里（旦）这也説得是

〔尾〕虚空画出張生面正是我痴情消遣遊戲閨中莫教向外傳莫將明月影團圓此亦情閑時珍護好切莫外流雲（占）小姐把扇兒藏好休使夫人知道（旦）他每那里曉得你也不向人前講（占）这个红妳是不説的

第四齣 考試

〔引〕（老付小軍末吡場官外上）奉命掄才入轂中文光騰耀化魚龍奎璧星纏日晉書啟運時亂淹帷性則效法以前規下官奉差考試休誇桃

李門墻惟有天公天恤今番金試之期命主孔闈你看天下英才云屯蚁聚左右孝子入場者必要用心提撿以防懷挾着他直貫而入 旦扶生上 旦

〔水底魚〕風虎雲龍三年一度逢忽然抱勉恿強入闈中、、 小生

〔前腔〕扶策群空龍門一躍通馬蹄得意十里杏花紅、、 淨上

〔又前〕大學中庸何曾一句通胸無点墨關要共酒鍾、、 末孝進 外 末孝子聽者下官奉命在試不用旧日編規朝是制科專取吟詩第一要做詩好第二要寫字好要人才清楚語言清朗四者兼全首、擇各婦号房靜聽命題、、日要是月明三五夜天字号五言絕句一首地字号五言律詩一首人字号七言絕句一首 淨 奇怪那專惟獨孝生是七言別人俱是五言个出事体要面稟个我人字号孝子稟上宗師老大人 外 怎么說 淨 末孝子俱是五言惟独孝子是七言四句里边多了八个字常言道一字值千金多了八个字重了八千金故孝子如何扛得起 外 不要胡說快去做來 淨 要七言詩其實难做 外 若做不出要趕出的 淨 利是趕子出去好看得過末來个答 外 不要多講快歸号房 淨 个出果然我那処哥 小 咲怎耐病沉、不能个思索怎么処哞有了前者在普救寺鶯、小姐贈我一詩只是月明三五夜我不免謄上兒交白卷有理待月西廂下迎風戶半開隔墻花影動疑是玉人來天字号孝子交卷 生 輝、乘星夜深、孤輪高万古今宵月青天首自憐庚闺勞息路畏樹鳥貪毛寂莫梅來草空懷八月湧地字孝子交卷 淨 个那処來孝子紛、交卷待我勉強湊个几句在、故事出咏月明三五夜有里我三五兒來一十五團圓一並空中舞照耀如同白日天住人吹喜賊人若妙些申人字号孝子交卷 小 龍光日省將分付放出孝子 末 英才清、登仙籍英待施門点額歸 下 外 分付掩门不免將天字一号孝子的文字看來待月西廂下

〔桂枝香〕呀言詞流動清新飛縱字畫筆法端嚴究是游龍翔鳳 又念 介 呀這不像男子的口氣不信道有这一筆好字难道是个女子不成想丈情句理、、誰人站弄好似閨中佳咏我審詞鋒只恐動了他人語將來感至公 旦 將這卷別过再閱他字号 念 介

〔前腔〕奇才天縱覌期新咏八句理字：皆醇一首詞筆莊重將他首薦、、這是皇家樑棟麒麟獻宸聽不如我桃李門墻計青錢萬選中 將取中今本呈上御覽去待便了

為國求賢急　英雄須出塵
青錢當萬選　眼底少寃人

第五齣　替嫁

〔引〕老上 庭院靜無塵且向閑階立 旦上 多情人去不歸來 占上 音信全無寄 老 我見張生去後怎么音無音信 旦 母親如今試期已过了怎么不見回來 老 正是你我在閨閣之中那知外边的事好生悶人也 合

〔傍粧台〕守香閨道遠險阻怎懸知縱然一旦登高第須索要對

彤闈香花上林馳騁疾如得第名魁宴曲池一定寄書回便錦
衣自歸寬心且莫皺双眉 末上
〔賺〕日夜驅馳躍馬揚鞭走路岐来初地匆忙先與報他知 有人公
占 好心痴伊家怎不知回避無事還須速請伊 末 在下此来非
為别事因佳婿狀元及第無差異報你好生欢喜〻 占 吓
元来姐夫中了狀元了夫人小姐恭喜 旦 問他可有狀元家
報么 占 正是可有狀元家報 末 前日去取家報狀元正在迎
街来口分付說不日告假完婚不用家報 旦 一発奇怪了
〔又〕駟馬雲飛何不將他家報携騎驟已此中這怨有差池 老 莫
多疑他言指日歸故里快把金錢賞賜伊 紅 外賞他十兩銀子
末 謝老夫人賞小子还要别処去報迎公文不敢久在了 蒙
恩賜府中特把公文迎疾忙馳去〻〻 下 占 報人已去了且將
喜單帖上好看吖 看介 貴府令坦老爷鄭諱恒高中第一甲
第一名狀元及第呀不好了却是鄭恒中了並非是張生〻
待我看呀果然不是張生 旦 又写着令坦老爷好奇怪〻 吓
是我娃兒中了但不知張生中与不中 合
〔皂角兒〕想張生今值數奇不登第怕歸故里我侄兒成名是飛
却原何反稱門婿這其間都顛倒好增疑不伶倒甚是蹺蹊是
難決杳叫人淚垂恨當初婚姻輕許怎生追悔 老 我知道鄭恒
兒先用什么詭計要奪亲了
〔前腔〕論婚姻三生定期遇賊兵飛虎堪畏幸張生施謀解圍保
奴此身飛絮聘得伊功名遂錦衣歸同欢會夫妻榮貴誰知薪

墻禍起須知命隨待來生重追舊好再諧佳配 外法本淨法聰上
〔尾〕狀元歸諧連理果然平地一聲雷更要謅傳方是奇 外 老夫
人賀喜 老 賀喜可賀 外 聞知鄭狀元告假歸来奉旨完姻他
不知鶯〻小姐已配張生倘一時鄭狀元到来怎生是好 老
便是老身也是為此而憂 外 貧僧一来道喜二来老夫人还
做个擡倫才好貧僧告退 老 唉天吓怎生是好 外淨 闭门不
賞塞前月一甚梅花自主張 下 老 正
〔山坡羊〕看紛〻傳音信的差騎閙烘〻趁炎熱的僧意急攘〻
拆散人鳳鸞興〻尋舊約的夫和婿事果奇如何樣主持欽
遵圣旨完婚配教我如何拒伊還思心忖〻是與非驚疑淚行
〻追悔難 旦 母亲事已急了孩兒惟有一死而已 占 小姐你休
生短見且免悲啼大家商量个計策出来解救才好難道來
手待斃不成 老 吱賤人当初多是你花言巧語做出这樣事
来还要多嘴 占 如今懊悔也遲了 老 小賤人如今燒眉之急
怎生是好 占 如今事已急了当初不合是紅娘在傍边攛掇
一句如今紅娘到有一計在此可以兩全 老 你有什么計策
快些說来 占 那鄭恒向与小姐从未識面又不曾認得紅娘
不如將紅娘代了小姐嫁与鄭家一則全了夫人向日信行
二則救了小姐性命三則日後張生回来也好相見不知可
行得否請夫人上裁 老 如此到好只怕被人識破不惟鄭恒
口嘴又且違了圣旨取禍不小 占 只要夫人口硬到这紅兒
是女兒便了 老 这个是然 旦 紅娘你捨身相救事不宜遲快

吹打丑改粧起來占

【前腔】哭啼ヽ雖分解的冤繁蹈騰ヽ難擡辭的新貴慘懐ヽ不忍分的女娘淚潸ヽ權頂替梅香事体在危何惜這賤軀只愁識破牢籠計豈是那出塞王嬙不顧包羞忍耻夫人請上待紅姊拜別　老　如今是我女兒了不消拜罷　旦　姐ヽ請上受妹子一拜　合　咨嗟心忙ヽ母女悲休題更難全夫與妻　末院子媒婆吹打上末　此間已是媒婆先進去　付　進　老夫人牙婆叩見　老　起來　付　夫人花轎到門請小姐梳粧則个　老　俱已停当了吉时已至就請新人　淨　伏以鮑老催來双換皇別良灯照燭紅樓倘秀才对紅姊子銷金帳裡滾綉球　末

【猫兒墜】奉承皇命賜假状元歸錦帳生蓮烛輝玉堂金馬偎氷姿画名融和樂事奇欢娛仳效鶼ヽ齊牟並飛　下　老

【前腔】桃僵李代枉送那姣姿你我從今無可依怎知桑梓急回歸　旦　母親紅姊此去倘有差池為害不小不如為了此间方保無虞　跪　我見你處得极是你法本俱不在家和你收拾些細軟立刻便行不必遲疑生禍机酒知脫餌金鱗方免是非

行裝打疊莫遲疑　早盼家鄉泪暗垂
堪嘆晴乾不肯走　如今直待雨淋頭

第六齣　完姻

【引】生吉服上　杏苑英雄讓步馬蹄得意皇都　昨拜黃金闕还登登錦堂宮花欹帽側御柳染衣香下官姓鄭名恒字伯常荣阳人也恭中新科状元官拜協律郎之職只因双親早背中饋乏人昔我姑姊崔老夫人以表姊鶯ヽ許配為婚向為家業凋零因此六礼未備目今請假完姻恩荣兆比今宵合卺已曾分付安排筵席院子喚掌礼人过來　淨　掌礼人叩見　生　吉时已至就請新人　淨　回文請　付　占上

【引】不住心中疑慮儼然學就規模　拜介

【画眉序】藍榜喜傳臚上國螢英鳳騰翥我歸舜風約舊日莪莘這的是金屋藏姣誰不知温嬌痴固屋諧伉儷百年永吹簫夜月欢娛

【滴滴子】須信道良緣合赤繩繫足盼乘龍選佳婿怎容坦腹鵲橋駕銀河初度双星合在天地人間花烛玉潤氷清長享百福

【双声子】藍田玉ヽヽ占得鰲頭独湘佩促ヽヽ也堪並仙人室室為簇有異腹勝登仙碧落並受多福

【尾】姻緣世締姑表族不比尋常姻眷屬幸肇門蘭喜氣欝

第七齣　回寺

【步步姣】小生上丑　這為多情縈方寸不憩先賢訓　我張珙求名到京思染寒疾免旅入悼终日不能成一字想着鶯ヽ小姐先将他的詩寫在扇子上去了求名赴闈門忽然抱病臨悴半字難運不是狂劉蕡顏厚横遭擯　逸遅來此已是普救寺了琴童先進去报知老夫人与小姐　丑　阿呀相公奇怪门封鎖在此一个人也勿見否元故　小　有这等事我想法本师徒必然知道　到方丈中去請他出來待我问他　丑　师父弟罗里　末道人上　掃地迷傷螻蟻命愛惜飛蛾紗罩灯　呀張相公回來了么

小 正是快請師父出來 末 法本師父合法聡師父做道場去了不在家 小 那里做道場可就回來的 末 城中裡延人家做七昼夜水陸道場昨日才起还得五六日才回來 小 老道我且問你寺中崔老夫人与鶯〻小姐侍侍妾紅娘都往那里去了 末 張相公你还不知說也好笑听我道來

【江兒水】說起鶯娘事君恩賜畢婚 小 是那一家 末 是表兄鄭府聲名振 小 莫非是鄭恒麼 末 正是蟾宮折桂前程奮便尋舊約成合巹君自來遲休愠 小 那老夫人与紅娘多往那里去了 末 紅娘也送嫁去了要見夫人只索向博陵家進 小 如此說是回博陵去了 末 那老夫人怕張相公回來背備同此不辭而去

【前腔】小 呀聽說傷心懐珠泪分折鸞鳳侶难追問我指望成名將身愈又誰知刖足生遲鈍生折夫妻何恐 合 要見夫人只向博陵家進 末

【江撲撣】惟恨歸遲鈍休悲悽結親倩君回去攻書論不怕書中無紅粉 小 別來又把歸期問魁抱琵琶他趁 旦 相公句要笑我是里丢面你也句去我薄情人莫說真且歸逢重覔姻 小 生

【尾聲】〻悽楚如刀刎我慨芳鄉定袁身自古紅顏命多薄 旦 相公歸去哭也沒用我 末 相公請住下我師父过五六日就回來的 小 我也无顏在此你師父回來与我多〻拜上就此長行矣 末 有慢了 小 好說

車馬風塵事寂寥　囊空四海劍蕭〻
漁郎悞入桃源路　回首烟波雲路忙

第八齣　擄捉

【點絳唇】付 女將隨上 懶画蛾眉腰懸兵杖將軍樣仇大难忘整頓兵和將飛虎橫行不可当南面女將恁猖狂殺人放火為話計那怕兵練与將練我乃孫飛虎妻子伏虎女將是也去年俺丈夫因主將丁文雅失政統着五千人馬劫掠良民才物一心想着鶯〻小姐為此統兵圍住普救寺不料內中有一過客張生向与蒲関守將杜確交好請兵將把我丈夫來了迠些兵將回來不肯散去依旧听俺約束照旧擇行劫掠与我有不共戴天之仇不可不報又須拿到食其肉剝其皮方快俺心昨日差嘍囉往普救寺打听見張生不第而歸又住在寺中不免將中嘍囉點齊將普救寺圍住拿住張生將他痛快一番 中 嘍囉与我點齊人馬速往普救寺拿張生去

【大環着】展旌旗蕩漾〻兇勇無雙手挽明刀恁般形狀逵着村巡搶寸草难留营塞把山崗五千雄壯如虎誰能攔擋只步男兒倚傍 中 禀奶〻已到普救寺了 付 衆嘍囉与我團〻圍住細〻搜捉我的精神真目跳梁快献出仇人定然加賞 中 禀上奶〻並無一个和尚在寺也不見什么書生只拿得个道人在此 付 俺且問你这些和尚躲在那里去了將張生藏在那里快說出來免你一刀 末 寺中僧衆做水陸道場去了那張生日間來是來的听見鶯〻小姐嫁了鄭狀元他走到起身去了 付 你說謊么衆嘍囉再往西廊下不拘男女物件細〻搜來 中 禀奶〻西廊下並無人影只有几件破家伙外有

扇子一把付拿来我看君瑞小像崔氏莺〻写吓元来是莺
〻画的张生真容呀好一个美貌男子怪道莺〻就贴上了
他弟那道人来你送实说张生往那里去了、末张生晌午到
来说了半日话今晚只好草桥旅店别处赶不上宿了付
这话可实么末怎么不实付既如此饶你去罢末多谢奶〻
下付末要哩作速赶到草桥店去末应

【越恁好】急回兵杖〻追赶那张郎放下恁形状娥眉样逞强
渠沿村蹬结多楼撸恩怨要分明今朝撞着难轻放末此是草
桥店了付与我撞〻围住店门逐户搜查凡须活捉张生献
上待我自己杀他中浔全

【尾】番天揭地驱前往鹏大难留阑一塲且恣佈刀鎗救他难漏网

第九齣 代主

【引】小生上黄金刷尽黑裘凋容润沾巾岐路遥见雁南飞雁北翔
含情懒浄悲伤传模空留燕丝啼罗衣犹带以北大我张珙
轻分恩爱与传一宿半我不料竟成孟鲜韩頻回来指望与
我莺〻小姐闲谐伉俪谁知被夺而去此种情怀我如何说
浔本适才离了普救寺又早到草桥旅店了旦相公暂宿一
宵明日早行如何小说得有理旦店主人有么末上来了来
醒园书府西园翰墨林是那个旦是借宿的末请进旦还有
我家相公在外末相公请相公请坐小有坐末请问相公上
姓小小生姓张末嗄张相公待我去看茶来小二看茶上待
去下小咦我那小姐吓今晚叫我怎生睡得熟也

【粉孩儿】神魂倒心中愁不了恨奸邪忒狠夺人妻小人间不少
闺女娇又何须败柳残花哭声高生断愁肠思量起好难支调

【福马郎】旦相公且免愁烦躁烦恼只恐妇人心难料无节操把
琵琶抱向人调他心肯意坚牢终身守不相抛末急上事在危
急不敢不报张相公不好了小为什么末有个女将领着许
多人马说是孙飞虎的妻子把我村庄〻围住了不知为
什么小店主人烦你再去打听〻末晓得下小

【红芍药】闻贼到魄散魂消孙飞虎与白马曾枭为甚的伊妻统
兵到这荒村又无钱钞何劳贼地动干刀他竟遇人罗唣怕
昆刚玉石皆烧再不能标翅飞了末上张相公不好了那女贼
不为抢掠而来只为要抢拿什么张生拥门逐户搜查如今
将到我家来了说道献出张生方免屠戮张相公多应是你
怎么处小阿呀主人家你须救我使好末这贼非同小可好
又无处躲藏又无处藏怎么处小罢只得自尽免受一刀之
苦旦相公真个切好贱杀木氏

【耍孩儿】猛听得一声先吓跳那女强兖如豹为旧恨故违咆哮
思量他凡竟要把仇人报再没个白马将军到生共死应难料
小只是如今事在危急怎么样处旦相公是没用个我我到
有一计在此店主人你如阿使得末有什么计快些说来旦
那女贼口〻声〻只要我家相公何勿拿我相公个衣裳与
下来我着了竟认了相公拿我献出去末子二则替了相公
性命二则解了一村之衬不如意下如何小琴童虽是你的

好心你隨我多年如何忍送你性命使不得々　丑相公我前

日子叫一个抄數个算々今說我里兩日呵

〔會河陽〕命犯災星頃刻禍招羊投屠肆定難逃悲號將我魂追

淚珠亂抛候他忍心無懼這番如赴火飛蛾遶滿捹如白骨堆

荒草　末張相公快脫下衣服與常家穿了待我出去打話捹引

佐將軍張生在我店去待我们御他出來　下

〔縷縷金〕佗人獲轉窩巢不圖錢財物換弓刀　付躲在近人家公

拿這來　外御丑　你作從前事如今來報你為鸞鸞將俺主人

鳥擒伊要還報々々　末從不末好了賊兒已退張相公你快々

出門去罢省得連累我　小生然小价待死多蒙老丈遮庇日

後自當重報　末好說你當家叫什么名字　小叫琴童　末

〔越恁好〕劝君收拾々々不必嗟生死有命琴童去他宿世招忠

肝義胆青史標非他代罰何能脫此天羅罩出門去須要行些

悄　小多蒙活命之恩後日圖报我去了　下　末好了張生已去我

们一村脫了干係止是各人自掃門前雪莫管他家瓦上霜　下

〔紅綉鞋〕小旦上　脫離災厄潛逃不辭辛苦迢遞羊腸步蹊蹺說俚

絕命飄々喘吁々恨難消　旦喜脫此災难只是可怜送了琴童

性命如今叫我往那里去好咍有了我想當々小姐前番待

我如此恩愛不免尋到鄭家看他有何顏面與他決絕一番

省得牽腸割肚

〔尾〕無家投奔真顛倒戰々兢々惹禍苗須討个分明回絕了

第十齣　審情

淨上　嘯聚山林率万兵天生兇將令司晨誰知夜地番天女

做了為雲為雨人我乃伏虎女將手下貼身伏侍提當各項

冬線侍女便是俺奶々平日何貞烈怎么見了張生好像雪

獅子向火酥了半边昨日竟與張生成其好事你看此時日

已三竿尚未起身恐奶々醒來叫喚只得在此伺候　付你看

那張生出來也　丑上

〔新水令〕踏危行險且相扶入死情强尋歡愛　唉我琴童代替我

里相公冒死而來自分東嶽司要去結善我吔里說起竟勿

拿來一刀兩段竟要捹我兩个花纏膀肉背肉細起多兵个

爭想不到个罗里說起我也只得將錯就錯昏天黑地吞案

捹子一夜只是那间青天白日看見我个賊臉何呈狗起來

个々　那処　辰容嫈無媚態凶惡似狼豺越教人轉展疑猜唉

這一死將誰代　付　丑　張郎那里　旦　起自戕勿要是个說将我希

呆生來里等渠來跋起來　付上

〔步步嬌〕寒守孤幃难寧耐不覺時光邁奇緣遇俊才圖此撇下

深閨再整眉黛驀地赴陽台誰諳逮魂寨　丈夫見礼　旦　媽々家

婆唱唱妙咍那能生得个美有趣个美机扇个美色道故也

樂滩前緣宿世快活

〔折桂令〕定驚魂偷覷裙釵想是天緣會合前未越教人轉展疑

猜叫咱魂飛上陽台想昨宵恩情似海兩下皇手揾香腮叫咱

喜笑顏開美滿和谐今日里感謝娘行着意怜才　付

〔江兒水〕细睹張生貌心情猜难將畫眉看姣態這事中間實奇

怪看他失張失志無清洒鼠腦獐頭摽摞覓出根苗將他剖腹屠腸難代唉侍女过来有些古怪看那人可像扇上那人么 净 奶ゝ全然不像 付 不像公与我卿起来 丑 何分反哉ゝ有些个事家婆系家公要问凌迟个 付 好狗主你是什么人这等大胆假冒張生代替而来好ゝ直说饒你性命若不说明看刀伺候 丑 你问我奋奇表人么你听子

〔雁兒落〕俺是个伴文魔作賦才做詩文一身多精彩恁驢前馬後排伴文房無能賽 呀 又何必俊臉與文才良緣會傍粧台感伊家相怜愛謝芳卿青目來奇哉一宵極樂蒙相愛應訣終着那怯微軀付汝儕ゝゝ 付 侍女他的言语一些不懂叫他打官話来 净 奶ゝ听不出你的语叫你打官话来讲 丑 要说官话前人我幸得跟相公出入叫得出个两句来斯文里了看是句曾说快个才闻才要着鹁来 付 快说 丑 慢点等我做好了竹你听我偎季生非别乃張家多年歷代伴他煽茶搭台座日里跟随出入夜里將來為用个琴童大非幼散歇 付 你是琴童公好狗主看你小ゝ年纪昨晚讨老奶许多的便宜么 丑 得罪昨夜据藏今朝来里谢土 付 你还要胡说

〔僥ゝ令〕何方窮乞丐扮那人来錯認奸邪為偶手刃着村童才暢懷ゝゝ 丑

〔收江南〕呀做夫妻宿世好修来伴東床胆腹喜盈腮又何必俊臉與文才効殷勤有賴ゝゝ伊家仔细請尊裁 付 打这狗主 丑 奶ゝ暂息雷霆之怒暑消虎狼之威俺主人一闻奶ゝ兵到自料难免其祸几次欲寻自尽我琴童向受養育之恩不忍見相公就死故此与相公换转衣服假扮相公前来代死乃蒙不棄得奉枕席其實主人不知逃向何方去了只是我琴童狗命望乞饒恕 付 我本將你千刀万剐才出我恨只是我一時失了眼色失身与汝这也是前世宿缘又非真正張生来你也没相干但琴童二字听之不雅就在琴上取个名儿改为七弦大王待我教你些武藝做个壓寨之主便了 丑 多謝奶ゝ今後指刀奉承 付

〔園林好〕恨張生机謀恁乖潜逃去把琴童替来這就裡誰人參解多只是命中乖ゝゝ 丑

〔沽美酒〕俺東君慮討胎ゝゝ造詭計巧安排送旅張皇無計挨撲簌ゝ泪盈腮心急遽步难挨戰兢ゝ胡行乱掃猫拌着咱授首荒偕喜殺咱今宵堪愛送今後主持山寨俺呵今日裡美哉快哉喜津ゝ爽懷呀不枉了這場鸞駭 付 侍女与我傳令公佐俱要大王之称違令者定示乖 净 得令 旦 阿呀个毛介性格動ゝ動拿个人来就要杀真个是

〔清江引〕恶兇神命犯多姣態誰識相思債張生没處尋就把琴童代裝㛫啰一齊来參新帥 付 受了進去吃酒罢 丑 我句要叫大王 付 不要叫大王叫什么 丑 我先要叫皇帝 付 大王也勾了你怎么要叫皇帝来呵 下

第十一齣 探信

〔引〕小生上 心無主宰走遍路途無奈 我張珙一心想着鶯ゝ小姐

欵囫与他一面来此已是鄭状元门首吓我如今只說做了
鶯丶的表兄大着胆進去相見便了门上有人么末上苔痕
上嗜綠草色入簾青是那里来的小你老爷在家么在下姓
張我是新夫人的表兄張生便是相煩通報末元来是舅爷
可有帖兒小有在此末請鄭方少坐待我稟过老爷然後相
請小下末老爷有請生上
【引】新婚燕尔詩閣娥眉香艷堪愛末稟老爷外面有一位張相
公說是新夫人的表兄有帖在此生我家並没有这个亲末
說是夫人的表兄生既如此你且退後堂請夫人出来末夫
人有請占上笑偎同心香閣裡輕移蓮步出堂前相公呼喚
妾身有何說話生门上有一張生說是新夫人的表兄可有、
公占他的名字可是張珙么生正是占他既来探望亲戚相
公以礼待之生夫人請進占下生院子那里末有生請張相
公相見末張相公有請小通報了么末通報了家爷請相見
小神馳久矣幸得登龍生托在葭莩元緣遇李請坐小有生
生足下一表非俗元何不事功名小小弟呵
【啄木兒】功名事未諧只為臨場遭病客没奈何抱疾闈中思得
華花飛彩姓名困落孫山外龍門点額死如奈浪跡天涯空自
哀生足下美才當久居人下
【前腔】聽君語廊廟才濟世勳名終有待且養文豹隱深山暫屈
尔有才何害且聽一聲鷺人在昇沉有時須寧耐修羽潜冲九
垓小他承过誉只恐璅尾流离终于淪没生足下说何处修是

子然途路小不要说起特来晉謁中途被盗一个小价竟遭
其害
【玉胞子】特来進拜正行程強徒驟来喊聲甚哀逞凶威如狼似
財生那有司為把功名壞困循養就横行派只恐將来兵不解
末東住老爷已到請老爷速去赴席生知道了小既老姐丈
貴冗小弟告辞了容日再当晉謁生足下遠临王妾請教今
日只為公務一位敝同年是小弟主席不得不去足下暫留
敝寓待那边席散了回来奉陪小多感厚情生院子請張相
公書房中去寬步待失陪了生下末張相公請到書房中
来思門上有事小人去了小小生特丶到此只为要見鶯丶
小姐一面不想说了半日話人不好啟齒如今教我枉自在
此好寂寞人也
【歸朝歡】多情的丶丶切心懸懷遠追丶天涯睽邈帯希冀丶丶
在傍粧台我肝腸愁难佈摆未知那人如何待須史盼殺人兒
在擡首踌躕思自撲蝶枰了半日不免因倦起来待我仰望一
回占上黛遠青山淡痩波回秋水微汹倦倚曲阑干倚把王
纖輕透情逗丶丶散去几番回首奴家红娘代了小姐嫁与鄭
状元且喜並不識破吏兼琴瑟和諧相投魚水今日忽然張
生到来又不能出去面認適聞鄭郎竟把張生留住書房自
己入赴席去了趁他不在這闲待婢不免元扮旧时模樣与
張生洪绝一番省得惹出是非不是当要的来此已是書房
有人么小是那个占是奴家小原来是红娘姐占正是小原

來你也隨嫁在此你小姐弃旧怜新撇得人好苦也占張先
生羞矣你自不整衣毛何須夜〻嘆你得中只該早〻回來
才是因甚滯他鄉此間鄭狀元他是奉旨迎親如何肯得
【三郎神】我小姐呵愁雲護守孤幃盼歸期甚急只恐君身流落
外誰知你一去音書無寄回來奉君命担利害惹母嗔無由分
解因此上悲哀寶鏡分把前因驀地分開小小生与小姐平日
恩情瞞不得紅小姐的難道一寔時使生撩〻分開了你小
姐我者不念着小生〻怎放得下小姐
【前腔】裙釵全然不顧愁山怨海你我恩情真春愛當墻花路柳
隨風漂泊分開竟做了月缺花残空鳳台別人耳着他人盼棣
憶書斋一時間如何頓改心懷占你如今抱怨也無用了小小
生此來不要什么只囿見小姐一面決絶了我的心事罷紅
小姐快請小姐出來占奴家方才再三去請周來道如今不
便相見了他有詩一首在此命奴家多〻拜上先生請看便
知分曉小有什么詩待我看來自從消瘦減容光万轉千回
懶下床不為傍人羞不起為郎憔悴却羞郎小元來薄倖一
至于此竟將這詩回絶我咲天下負心女子未有如此者占
張先生
【黄鶯兒】詩句上多才舊相思免掛懷往時兒女情牽害如今將
撇改前非時是掃他道這番不作前番態再休來他家識破恐
惹下目前灾小生
【前腔】聞說好傷懷薄情女恁地乖一家喬樣心腸壞如今被你
賣還因我自昧恨當時錯把相思害走天涯思量一面誰料兩
分開既然他不肯見我待我占作一詩拜上你小姐我從此遠矣
【尾】我無顏住此須前遇往日恩情一旦開方悔從前錯繫懷如
今天色將明趁鄭君未到小生就此出门己紅小姐多〻拜
上小姐好待新人占先生努力功名前途保重切不可重來
此地恐生不測万勿見罪小晚得
傷心不免泪難揩　占事涉嫌疑莫再來
萬里前程須努力　堂無淑女配良才

第十二齣　斋叛

【点绛唇】净生末小軍上四野天荒九洲烟障要居壯只為帝德無良閙教
咱野性难安放衣天倉滇翁大天才殺当酒喬為施莫言退地
君沙少小女習花鋒細翮咱乃土斋王是也自居边塞力敵
万人當將千員兵數万勇猛无双威鎮番邦大唐皇
帝荒任奸邪荒于酒色俺如今統領各部落各洞斋不
免打奪南朝州郡掠金珠美女豈不快哉叫众日們与我
【普天樂】撚鞭稍征鞍武挽番兵威名大漫山野造飯埋鍋閃旌
旗烽鼓鳴鑼呀看先教根破官兵抱把手搓詭計須成前往徉
做求和下

第十三齣　訪友

【引】外秉運擅詞壇雲漢獨修攀喜身居金馬掌絲綸双鬓漸成
斑自嘗天灾我少緣徒行兩計早翩自兼妻子多三口雇為雲
書共一登舡下官姓白名居易字樂天太平人也官拜翰林

李士顏知音律敏悟绝人金闺華詔佛楊太液之淑宝壇談
经兵口全缘之宿哉有一契友西洛張珙風称莫逆文才尤
足落拓不覊今科射策又不入彀下第後更不來相見今门
簿上思見有他名字阮子西洛張珙到来即忙通报 小生上
【引】落魄遊行両泪潸峨路恠衣單 門上有人么 末 張相公到了
么 老爷正在此想念待小人通报禀老爷張相公到了 外 請
進来 小 思见逆奏遠于長安神実虬于靈範 外 正尔渴想清
輝忽蒙枚玉相顧不道今年又有屈了怎么竟不到 小 弟處
叙叙 一向在那里遊猷落莫 小 小弟那日猶鳴呵
【普天樂】病魔煩情思懶 外 吓 猶鳴染病想不得与試了 小 強陪
傷心丸悼 外 抱病行丈不能如意了 小 神昏精隻字難安閑此
上落第無顏 外 怎么不来看看 小 弟 小 須爲着家鄉遠閑此草
橋畔賊兇前来犯殺殺根將竟魄驚散 足下行李書奈也是有
限的 小 鄉去家童迅遁 外 吓 害了一个家童么可惜 小 還狐
踪性未隄意無倖 外 呀
【朱奴兒】听君語教人悵腕英才困怎悲相看 小 小弟参謁後即
当告退在此居停不使還免憂煎偶落孫山何須閉後門劍
彈故人見欢無限 净上 禀爷酒席完備了 外 請兄小飲
海内觀華并在身　　箧中文字绝無倫
遥知独对黄封草　　見尔羞称献纳臣

第十四齣　賜元

【引】生扮太監末上 胥慶太平年偃武修文邇一心惟屢在求賢夢寐成無

僣皇图努万载華闕峙千秋日彩朱楹炳雲祥画棟流朕乃真
元皇帝是也祇膺歷數敬成大宝求治之心惟勤諮賢之志
若急今科第士照循旧例竟无真才朕思落卷之中豈乏遺
珠不免將那些不中卷子细阅一番其中尤有可观者
【梁州序】閒評遺卷奇才蒐選輔弼还須文献 这一卷西洛張珙
待朕看他卷子上詩待月西廂下迎風户半開隔墙花影動
疑是玉人来这口氣到也由的只是不像个男子筆意再把
文情詳解渾似女兒姣倩 想又是一个女人假扮男子前来应
試的看這詞華流麗筆陣清新氣格还多変將題輕点綴自
有珠璣況且筆法鍾王端楷全裔扮着讀書賢 且住朕阅这
卷甚奇又不是不通人所作字又写得好此詩出于何典朕
思文臣中尤有西洛之人自然知道張珙的才名內侍宣那
翰林院中有識得西洛張珙上殿 外 上 翠座禪日旒宗扆覽
云隨汝白右影見駕 末 朕思今科大比落卷頗多其中尤有
可觀者適才细閱落卷内有西洛張珙詩字俱佳但詞意尤
如女子朕甚疑之卿可知道他是男是女明白奏來 外
【前腔】臣知張珙奇才游衍青年學問淵源他的文章詞賦須有
人出典 末 他怎么題着待月西廂下户西廂是那里有先出處
哉是松撰謾吟鄉定知之母還 外 他非無成見謾學塗鴉自
有机思遠 臣愚昧不知所吟之詩出于何典伏乞陛下宣張珙
面圣便知分曉 末 知他在那里怎得一时到来 外 現在京忏
召之立刻可到 末 命卿速行召来 外 天書疾下宣金[illegible]

英才到鳳池（外下末）正是文章入彀青錢選多少遺珠宝總
天宣彼至閣何緣（外小上）阳春白雪元难和識叩丹墀对至尊
（外）張珙宝到了（小）華奏臣張珙見駕恩我皇万歲〻〻（末）卿
前番場中所作之詩出于何典明白奏来（小）臣该万死臣不
幸臨場之时偶染寒疾抱病入闈終日不成一事又不敢呈
遞白卷仍然想起臣妻崔氏所作之詩頗与題目合一时写上
听宣問誠恐多愆入場屋況痾忽染竟迷離終日苦不成篇只
得將妻詩獻（末）元来卿妻有此佳作怎知場中題目相合作下詩
（小）不过閨中遣興仍然遇着暗想當時偶咏閒消遣神魂想
起舊詩聯不顧功名違九天提往事淚漣〻（末）卿妻誰家女子
今往何方（小）臣妻博陵崔氏鶯〻臣因不第而归即被新科
狀元奪取而去（末）有這等事鄭恒甫得一第就奪人妻子好
生可恶朕今面試卿即將前題賦古風一篇看来好賜卿斷
狀元（小）旦夕天氣晴風飄葉漸輕星繁河漢白露迥侵衾清
栖鳥月中藏莎鳴床下鳴悠〻此怀抱況復多違情臣詩作
完（末）取上来呀詩真奇才也聽陳奏才品兼全好棟梁沉埋
淹蹇寫新詩筆陳落紙雲烟為甚伊妻遭变便賜魁名定然功
勳建看他臨風玉樹太翩〻枚卜無方劝事賢今擢取玉堂仙
賜卿狀元兼翰林學士（小）万歲〻〻（末）即命白居易同前狀元
鄭恒強奪人妻情弊有无明日回奏（外）領旨
〔尾〕抱荊懷璧皇家獻滿斛珠玑堪羨當取聲名四海傳

第十五齣　計遣

〔引〕（生）那人無賴使我心中耿〻（下官徼幸一第蒙圣恩隆遇（生）
入承明日下圣上又將落卷親自披閱特取一名而洛張珙
見他才華人品欽賜狀元及第他是天子十分眷爱竟將下
官奏上一本道下官奪取他的妻子我道是那一个張珙元
來就是前番探望下官的那人他說是夫人的表兄故此留
他住下他不别而行怎么一朝得志理出这番议论来可笑
如今想一个計策驅逐遠出眼前干净吓有了目下此番承
和不免賄賂好友張廷當齊存求他上一本只說張珙是智
多謀才堪大用昔年習解普救寺中一面迎接岳母到來此
事自然明白
〔皂羅袍〕尀耐喬才行徑前來探望不別而行曾是無言語难憑
叫人凡自心疑倖說這洛陽張珙夫人表兄因茲留欵待殷勤
近無端捏出婚姻訂
恨小非君子　無毒不丈夫

第十六齣　餞别

〔引〕（外）金蘭契友遠乘槎奉命和戎不顧家（下官白居易有張君
瑞奉旨和戎特備小筵祖餞晚子筵席完備了（小生糸小生上）
欽奉勅書差和戎去抛鞍馳馬（外）張兄請（小）仁兄請（外）張兄奉
旨会盟小弟特備小酌奉餞（小）多蒙雅爱踏佩良深匆〻言
别不勝感戴
〔山花子〕滿斟香糯浮杯觴何須慮着天涯相君才真為練達着
功名建立功況胞中經綸共誇秉時努力勉業加王臣四驪馳

暮雲飛破蛮烟奏捷皇華 小告别 外眼觀旌旗耳听好消息
下小卒衆將官分付隊伍星夜前進一路不許擾害百姓就
此起程 衆 得令
【尾】蛮夷臣測防虛詐珍重留心備爪牙分手躊躕愁似麻

第十七齣 諭兵

【點絳唇】净 朔漢威名惟泊猖盜多猿横惡醜猙獰要興南剿競
此去譚中是我家打圍騎馬到中華眼前世事歎ヽ剗惟有
寒梅一葉花自家此番王是也聞說大唐皇帝差什么張巡
前來会盟不免誘他自入重地團團那厮絕其性命豈不快
哉中把都兒們待等唐朝天使到來把他團ヽ圍住絕其性命
【四邊靜】忙傳部落將營擻刀鎗耀如雪金鼓振山鳴兒郎甚歡
悦強兵猛烈戈矛燦雪揷翅也難飛管教性命絕

第十八齣 誘圍

【引】生衆二小番上 離家鄉心倦行踪躡雲山萬疊澤八路邅斜 下官張巡
奉旨会盟已入其境遣探事前來說此番已出界了叫手下
就此追上前去
【四邊靜】他那鐵騎分馳擎旌旗影颭攬慘談兵陣高笳声甚悲
咽長途跋涉教人胆裂察把羅網張到此定難越 淨衆圍上小
卒不好了誘使深入重地被他圍ヽ圍住了如今揷翅也難
飛去老天誰知我命絕于此地也 下 淨上 叫衆把都兒們把
張生圍住不許放走一人一騎 衆 應 下

第十九齣 賊救

【引】丑上 天生蠢態誰料遭冤障哨聚山林擾攘非是好收場 張
生摩抚已多年忽被携來單施前說与調和事与戀堪情零
落乜条強自家乜強大王是也却被伏虎擒來殊配鸞凰 衆
是綢紙著樂終非結果之場呀言之未已夫人出來了 付上
醜形心狂一味還闖莽 丑 夫人 付 外近日朝廷為此番犯界故
与会盟退他知道俺們消息就來伐我們故此已差人打听
待他回來便知分曉 末上 有事忙傳報元事不亂傳根事叩
豆 丑 打听的事如何了 末 大王爺听禀只見金鼓喧天旌把
旌旗遍野漫山杀声昼夜不停闘尽道此番侵犯欽命打我
官兵前來欺待枉要誰知虜兇咸神好闘住慌心難帝 丑 可
知道闘闘的是什么人 末 新狀元張巡面洛人氏 丑 後當潤
飯去 末 多謝大王 下 丑 呀元來是我相公
【小桃紅】听他根道狀元張頓使我神魂喪也 付 大王你為何如
此着急 丑 他是我東君遇此災殃他是个讀書行吟哦草詞
章筆如蛇去安邦文魔狀也何曾熟練兵机履危途争戰場 付
大王請免愁煩 丑 奶ヽ 我相公遇難怎忍坐視不救乞求奶
ヽ 統衆嘍囉助俺一臂之力杀入重圍救他出來 奶ヽ 莫大
恩也 付 你說那里話來
【下山虎】那夷兵强肆詭計施張展戰曾乏向救謀甚猖撓是舉
寨嘍囉怒難近傍與你分撩虎狼自尋死地往功伊家还酌量
苟且樓山寨不須惹禍殃料敵興师宜審詳 丑
【蛮牌令】非我惹災殃拚命死何妨若然他喪了怎得不悲傷酒

為俺提兵疾忙星馳去殺入袁邦操弓矢入戰場倒營齋上全
賴娘行 付 既然大王定要去救他傳令嘍囉快來聽俺分付令
有大唐狀元被土番圍住命在旦夕煩你們隨俺突入重圍
救他出來 眾 得令
【江頭送別】與我身披掛戈矛展馬兒驟上殺般擾統精兵突圍
奇向須叫殺退狹心傍把張生救出危疆 下 净領小番上 唐朝
將重圍裡定將命喪畧施謀果然賺他亂離張狀救俺畧施小
、計他其飲食方才有小番來報有什么乜強大王伏虎女將
前來解救並不是自來尋死小番与我迎上前去須史擒把
進魂蕩那時顯咱雄壯 付丑眾上净敗下付 好了張狀元在此了
【尾】壯畨一戰全軍喪救出狀元無恙且喜成功撻大唐 下

第二十齣 歸里

【引】老 往事堪嗟得歸故址且自安居 正上 腸欲斷苦難支不奮
瘦腰肢 老 我兒和你是為了普救寺又到傳陵家鄉來了這余
故園荒蕪居室頹廢又不知紅娘嫁去相安否那張生竟死
音耗好生放心不下 正 孩兒亦是如此日夜憂煞
【香羅帶】田園荒未鋤家無剩資孤單寡居以暗思婚姻倉卒悞
狡兒也為甚求名去不來茲想他羞歸故土淚如斯也流落在
何方怎下得虧心別戀移 老 你也不要啼哭只是你我命該如
此譬如當初被孫飛虎劫去了且只得將就香園做些女工
度日再作道理 正
世變時移苦莫言　家園且自避囂凡

犇、母女同孤處　舊事回思欲淚漣

第念壹齣 功順

【引】上 丑 眾 突圍直入新俘因正是報恩時候 自家乜強大王是也
誤落賊巢強為歡笑不料我家相公中了狀元奉使和畨被
陷嘍囉們請張老爺出來你們迴避 小上 戈矛耿耿懸星落
馬足駸駸擁飛電 下 官多蒙將軍相救此恩此德沒世不忘 丑
相公請起你難道不認得來了 小 從來不相識 丑 我就是琴
童 小 咦不信有此事你元何在此請坐了慢慢細講 丑 恩主
在上怎敢坐 小 坐了好講你怎生如此打扮你可說與我知
道 丑 相公聽稟
【綉帶兒】當初去拌生來投首誰料舊恨皆休因與他配合鸞儔
只得落草山丘還愁出畨亂奸计誘盡傳道狀元被困死守心
鸞料卿救悮捷探虎穴須史殲除強寇 小 元來為此 丑 上
【前腔】堪羞真容紈扇端然不謬風流态佳妓羞 小 下官蒙將軍
相救銘刻不忘 付 好說咳空再蘇蠢物村郎元無配合佳偶
休、事皆前定姓頓謀命中造豈能叅透今後忘却大仇多只
為夫應須從厚 小 下官蒙你夫妻相救此恩非小
【太師引】蒙夫妻將死來相救入龍潭虎穴冒險來投恩似海一
言難盡銘中心後世無休 汝等救下官于万死一生甚是感激
但你們所作之事終非了局下官為尔等憂之 還思哨聚難
定守專功你及早回頭須丟手早去善籌隨我去回朝歸順代
陳奏 付 俺們做此勾當亦為兩川所逼即欲罷手朝廷未必肯信

〔前腔〕思我儕作逆稱兵久恐朝廷未必肯信尚無忌憚往來浚
枸束倘投誠怎得恕恕衆多罪孽皆不宥平日常聚首因此上
意氣相投同為匪並無怨尤多只慮前程取儀僥 小生
〔三學士〕赦我餘生賴你儕驕夷意得全收此功尤定朝廷鑒湏
赦從前罪孽由我去奏伊功績有前程事無過憂 付 阮然狀元
肯保奏我夫婦性命全靠着狀元了今將人馬收拾放火燒
了營寨一齊班師便了 小 好正是苦海無邊回首是岸

赦退當兵功績高　　返邪歸正是英豪
班師回去朝天子　　拜將封侯在此遭

第念二齣　回朝

〔引〕外上 金馬岩尭樓鳳台不渠高闕倚雲開天回金氣合心順
玉衡平雲生翳聾展日麗鳳凰城 下官白右易今日張君締
班師伏命下官在此引見 小上 縹緲群仙朝絳闕五雲寶殿
是蓬萊 下官上托朝廷盛德下賴伏虎赦援普得全勝班師予
來復命至此午門 外 呀恭喜狀元建此功業 小 惶愧惶愧 外 星
上將己升殿狀元就此俯伏 小 臣狀元張珙奏上萬歲吐旨
会盟班師復命先有短章上瀆天听 净内 奏來 小
〔一封書〕欽承命遠差去和戎邊塞外蠻夷狡更歪頑將兵先瞞
埋誘引臣躬才一到鼓炮鐘鳴齊擁來陷重垓怎安排伏虎提
兵方救災 内 官里道來伏虎是何人有此忠孝再行奏來 小生
〔前腔〕年時上帝台至中途遭盜災 昔年有孽匪孫飈共妻回伏
虎臣在中途忽遇此婦將臣圍住在草橋旅店 琴童护盗寨
竟將他夫婦踏几要投誠無路入巧遇邊功歸順來謁忠懷諒
君裁伏乞寬仁恰此儕 内 官里道來伏虎琴童既能改邪歸正
又能建此立功其忠可加赦其前罪該部議授官職狀元張
珙和戎有功着議進爵欽哉謝恩 小 万歲万歲 外 恭喜仁兄
不但征伏遠夷且拾像強冠厥功茂美 小 小弟僥倖生帰
何足言功更有一言拜托幸勿見拒 外 有何台諭弟當敬听
小 前者己奏過朝廷荊妻被拏只因遠去和戎生死未保因
此置之不問此本犹未具覆乞台兄到彼問之小弟卑怯回
音 外 前蒙垂諭勸間因台駕荣行為此中止如今小弟見到
他家看他有何言語即來狀兄 小 有勞貴步 外

朝散午門西　　香風飄柳堤
眼望旌旗　　耳听好消息

第念三齣　詳問

〔引〕生上 計拙成人名重叫人懊恨心胸 下官托人奉發狀珙和
戎本為此行必不成功誰料大捷班師又且招降納款大有
氣撈倘將前情再説起叫我如何是好怎生抵对吠我好悶
人也院子今日一应客來俱回不見便了 外付院子隨上 同
朝任事湏知共怎生禁得相攻 下官為張君瑞之託與鄭伯常
問取聘書之事未此己是院子通报 付 曉得有人么 末 那里
來的 付 白老爺拜 末 家爺拜客未回 付 家爺有要緊事一定
要面会的 末 既如此少待稟老爺白老爺拜 生 怎么不回他
去 末 小人已曾回說不在白爺說有要緊事一定要面会的

生 悦如此说我出来 末 老爷出来 生 道有请老先生请 外 请
生 不知杜玉有失到顾 外 偶尔轻造莫嫌唐突 生 老先生 老先生杜
顾有何台谕 外 听禀
【獅子序】君皇命来問兄娶人妻有無知情隱衷 生 老先生此言
从何而起 外 先生还不知么新状元張君瑞奏闻朝廷道是
先生娶要其妻崔氏鶯鶯并侍妾红娘等情那張生陳奏窈
娶鶯红 生 崔氏鶯鶯係是表妹先年家姑母许配的並無有什
么侍妾红娘 外 君瑞之言他其详细說是他妻母許配誇鳳
道當時普救寺已完姻心和同夫妻情重却不道一朝折散妻
妾皆空 生 此不過捕风捉影之言既云智已配合但本生新娶
之婦乃一閨中女子並非再醮之婦他說的或有另是一个
不要錯認了
【太平歌】他師周孔出語怎朦朧為甚的誑君王心徒訟山妻昔
年曾结下俺家姑中表為親道只顧眼前顛妄影無踪敗俗興
傷風 外
【賞定花】他言非妄攻说當年寓寺中賊寇孫飛虎圍寺捉姣紅
他岳母道不論誰人能退兵便将鶯鶯招配婿東龍 張君瑞还
說更有所贈诗章尚面自作言之鑿鑿 生 一些无影之言 外
既先生說不知情的了如今令岳母在何处速迎来问他明
白以便我奏便了今且告退另日再来
雪隱鷺鷥飛始見　柳藏鸚鵡语方知

第念四齣　辩明

【引】占上 随机應变只恐中途情终見 聞得張生中了状元奉使
和我功高爵显不知曾与小姐在一处否好生牵挂人也 生上
他道名教相違教我羞慚难遣 占 相公你為何这等大怒 生 你
做得好事还有什么脸来問我 占 妾身並没有做什么事来
生 当初普救寺做的勾當难道忘了 占 呀普救寺做什么事
来 生 你母亲当时烧将你嫁与張生就不该又嫁我了 占 呀
呼你昏了妾自你娶之时常是為子那无影之言你豈不着
生 是則是了我也疑心怎奈那張生说道
【紅衫兒】寄居寺院仝伊題詩誊竟夕尚連你母抬為僑 他说道
你还有甚么侍妾红娘许多闺闱之事他如今中了状元把
舊事奏在君前手执着錦箋要問我討侍妾婢婧為你娘行起
見 那張生曾来拜我说是你的表兄竟不别而行可是你的表
兄你须说个明白 占 表兄不是表兄只是当初有患与我家
的我母亲叫我认做表兄的 生 可又来不知什么恩反你家
【前腔】占 普救寺将親薦来賊冦兵圍轉 那孙飞虎呵 口口聲聲
不為錢專只望壓寨姣媛唬得觑散魂牵我萱親惟有拾地呼
天幸張生将討遣賊退後便把姻連却無别話傳 生 再问你当
初与他什么诗可念与我听 占 我有甚么诗与他胡说只是
不理便了 生 你还瞒我如今朝廷震怒要在我身上还他那
个侍妾红娘到官问出根由我前程不保矣但我成亲之时
你尚是处子怎生張生一口咬定曾与你成亲其中定有元
故你若再瞞我我便顾不得你了 占 妾自从未曾瞞着相公

生 我聞那張生才中之时已曾到普救寺密訪其事連你母
亲不知去向因此又生疑惑你今若再遮掩只得將你到官
我怎生庇護得你偏在人前出東露醜不如私下説明利好
請自三思 占 累〻事到其間如今也不得不説了只是相公
与妾身做夫妻一場不知置妾于何地 生 夫妻到底是夫妻

【醉太平】占 我非鶯〻女顔 生 你是什么人 占 我是紅娘充替來
継前縁情知勉强爲小姐款赴黄泉堪憐奴將身代換暗週全
如此説你家鶯〻小姐果然配与張生的了我想他既有了
鶯〻小姐怎生还放你不下又來問我討紅娘一紙帋笑堂
非得𨻶望蜀可恨〻〻 占 想是夫人小姐未曾会着張生 生
既不見小姐怎么知道紅娘在我家 占 这也不過疑心我送
嫁聞來的 生 如今夫人小姐在那里 占 娘和女轉家如前尚
昇他面問慱陵故里定然相見 相公你行事太乜孟浪 生 小生
怎么孟浪 占 当初你要有婚姻之約奈六礼未備媒妁未通
得第後该差人通候姑娘然後再议姻事自然宛轉説明你
才得第疾忙請假究姻你姑娘無計可使你表妹再无覓活
若不是妾身從中解救那时便有感逼致孔莫大之討了 生
㧞你説來到是下官差了但你小姐果在慱陵还好倘再不
見如之奈何我且將你这話回稟白樂天叫他与張生説知
差人迎娶便了

渾濁不分鰱共鯉　水清方見兩般魚

第念五齣　迎接

【月兒高】老正会上 感蹙眉頻根偷將珠泪揾悔教他去求名遭兵
燹落魄天涯存亡难忖兩下里無音信慘然離恨群 正 我母女
孤〻形相吊如何是好 老 你命中所遣听天便了如你到门
首閑步一回 旦 上 上命遣差盖不由己自家琴童奉老爷之
命着我到慱陵接取老夫人与小姐一路聞來此間已是 老
有人來了我兒迴避 旦 老夫人小姐琴童叩首 老 起來止要
問你〻家相公在那里 丑 我家相公状元欽賜及第奉差和
戎有功如今在朝做了大〻的官又在圣上跟前奏鄭恒迎
娶小姐一段情由朝廷着他回話那鄭状元着了急与他夫
人商议元來就是紅娘姐説出前情轉央翰林白老爷与我
家老爷説知就里故着我來迎接老夫人小姐有書呈上 老
我兒看來 上 一自分飛直至今承恩叨沐五雲深犹元姓字
題金榜却喜文章入翰林一旦和戎功業建十年不負讀書
心殷勤寄与香閨里速整魚軒謝遠情呀謝天地琴童你辛
苦了里面酒飯去 丑 下

【尾】幸今朝得書信聖恩寵眷果登雲整備行裝達帝京 下

第念六齣　團圓

【引】小生上 慚愧得成名望斷閨音耗 下官荷蒙圣恩奉差吐番会
盟上頼祖宗福庇又仗伏师大妻救護全勝班师將他夫妻
功績奏聞圣上想目下定有褒封前差琴迎娶老夫人小姐
不知可再見否好生牵掛人也 旦 上 命她道路間幸得夫妻
会稟老爷老夫人小姐多到了 小 吩付開门 老 上

【引】半世落孤單（正上）幸有榮華日（小）每毋請上（小）僑拜見一別

蘇悴光陰屢換（老）恭喜賢婿自在天冤（上）誰料別後多麼今

日相逢如同隔世（小）許多錯認天使其然（末）董老爺鄭老爺

與夫人到了（小）夫人想是通家一今相見（生占上）前情舊事

【從】休論此時相見難為情（生）呀姑娘請上（小）婿拜見慈顏遠隔

（占）失候寒暄（老）恭喜賢婿文魁天下耀祖榮宗（生）長兄文章

動天子之類功業破土番之膽（小）不徒具占朝廷抑且勳佛

庭副（末）全旨到了（外上）一封丹鳳誥飛下九重來（詔曰）爾

張洪文才允茂謀𤱶識佳和戎靖邊招徠綏懷功勳特著加

爾兵部尚書崔氏鴦、封一品夫人妻毋鄭氏封一品夫人

鄭恒清慎以和封在作財之職崔氏紅娘封一品夫人僞乜

弦大王琴童不顧危亡立功邊界加爾金吾防禦之職妻僞

伏席女將封為碩人各各乃戴欽哉謝恩（衆）万歲（外下小）

一家俱有封贈拜謝天地

【山花子】榮歸畫錦全家耀正團臧冠功高想當初幸逢奇巧山

鷄怎遇多姣幸夫人成就鄉籬共結鴦鳳交人生到此只這

遭破鏡重圓會合今朝（下）

終

風雲會

提要

《風雲會》二卷，清玉泉樵子撰，法國巴黎國家圖書館藏鈔本。是書為講史傳奇小說，演趙太祖及鄭恩事。小説有趙大郎千里送京娘。又有殘唐五代北宋等演義。中間多趙公子與鄭恩結義始末。是書上卷分開場、自歎、賣相、拜別、打牌、擂臺、入夢、探師、訂姻、虧識、講命、閑院、救託、探報，下卷分被劫、義救、送歸、話激、殺猩、殺奸、救會、巧敘、奪印、喜報、兵變、謅敘、歸山，共二十七齣。

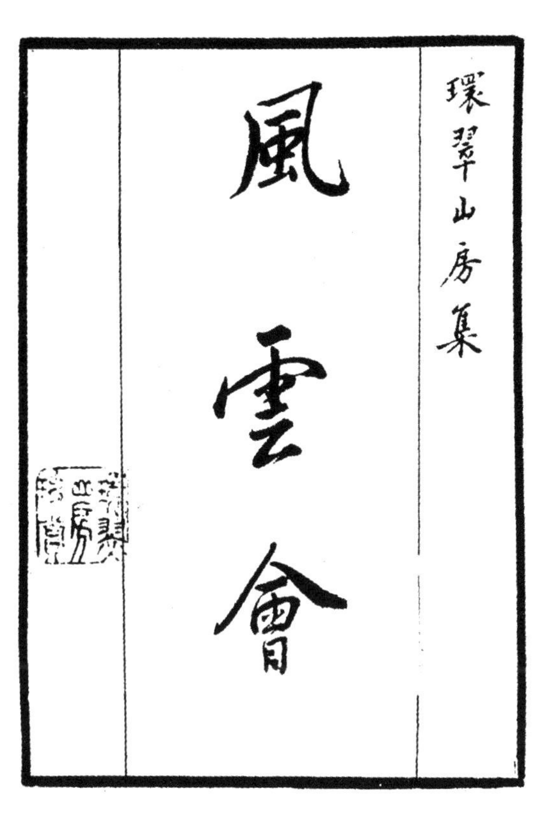

風雲會目録

風雲會傳奇

家門　末上

世事如棋前程如漆男兒矢志窮驗窮通天賦白眼任兒曹懶去嘲風弄月看殘史撿点英豪漢唐後宋作開國義氣实干霄臣主俱豪相逢草莽久訂心交到處誅殘除暴四海萍飄蹤起華山處士王和帝旨出逢論陳橋兵变風雲龍虎共拜赭黄袍末者鄭恩是也

第弍齣　自嘆

【鵲橋仙】生　雄心蓋世壯懷空古不比尋章析句揮戈萬里勤勲點點方表得男兒成天賦娃悄散粟貧賈徹天南地北空囊蓬昧宵扶低作危吟声、長嘯天数點摩沙膛內血逆人几度常蘇熱浪行踪跡宇宙寥寥修仰弹長鋏在下鄭恩字子明山西潞州人也双親早喪依靠無人二十过豆妻存未娶親族並無一條家緣不存半倭胞襟洒落惟知淨白呼盧性格粗豪祇好輪鎗弄棒保人路下遇見不平之處由自矜不顧身貧無立錐一遇有錢之時便似揮金如土生當五代之乱常思結識好漢共圖蓋世之奇功專得封侯千古一向在關西五路曾有几个好漢也沒半个命世真才的春前打送北岳恒山經过一來朝謁圣帝二來登覓名山逞逍遥院唉想我鄭恩落魄如此何年是我發積之日

【解三醒】想着我落落乾坤塵龍釜空賦着骨格憐筋七尺軀右來王侯將相也有多少遺磨折的豈不見踹蒲吃食奇勲樹

一任牛和馬慢相呼為渴竹風雲有日送觀光方顯濟捐地啾
天一丈夫〻人休相供任使英雄豪杰洇涌岐途何日來現上
清崗洗蓮山門外有一青相先生頗識奇業今日病体步斜
不免將着青史問取一相問个前程有何不可正是馬中龍
為人手把霜寶宜山峰日貴下

第三齣　賣相

（丑）〻〻〔布〕望煙波遠江湖張力暑樣糊塗色風塵來落土剥漏瘡
〻為傳播小子自幼小學先看大洪人也身精通中書觀星相
用兒十命相〻見奇將以前雕鳥曲兵跨蓋來來以非雲性
山上偏登牟頂日峰遠四方看客遊人其事把中覺無窮迷
我以待遠奇相你有日將送出之多不見个就到來〻在下
偏宗帆行業利處說日同魚群當在帆搖了舍小快擇起嘶
來〻姚清〻過人你打前不見一堂好來來〻看付面具上官
你看自介上下之待太〻〻八十運帝常甘事十二集戶名金
永石常豪當流鼎秦對塵生物居物果與天曹商格田來生
定小子今日到此看相也不敢當重當也不附就奉承相看
格定一世崇格觀況之洪前直說害且是有當玉石是指判
一詩般把論不分〻〻〻〻請分俗精為裳杜元說論行天地
分這里有个看相先生我們分來相〻請了相先生相〻付
列位小子有一言不好起齒只要三分一相先送良子誰後
看相〻〻〻〻帝賬長桑洞仙居賬果村先生請了在下賽頌
先生相一相〻步請拿生相了茶位就來相客官業請步將

片刻生難道他們相得我就相不得么中我們都送過了良
子難道先相你不成生你們有良子難道我沒有良子倘要
相我丑列位這位客官是性急的列位讓〻如何付我相這
這位客官就相列位請了請居正了尊冠起一起貴庚多少
生二十五歲付列位大凡觀相者天庭欲起自宜平中正廣
闊印堂不明山根不斷年壽潤準頭齊闊人中正口如四字
唇將潤地角朝陽倉庫左山林圓淨細言豐日月亨号迎地
淨陰陽着多魚尾長正面顴骨有神光抵台平滿法令歧金
匱海角漸生黃三陰三陽不枯焦龍藏虎伏應相當五岳四
瀆無充破便是人間可相郎如今看起尊相來額無角耳無
輪鼻無梁口無棱眉無尾目無神結喉露齒背薄肩寒丸主
雙親早喪家業凋零骨肉無緣孤身落魄之相生好前頭事
到也道着几分如今且說功名几時到手几時交運付功名
兩字不必提起你一日微渺行到四九之年莫怪小子說

〔一盆花〕半世自如飄絮恐秦關百二阻絕驅馳生且說几時發
將文泰付足刖荊山泣璠瑜鹽車伯樂逢何處生怒難道天生
我終無閒富的付列位小子叫苗鐵口我的言語一向〻都
要應驗的枉將怨嗟慢將淚枯須信天公注定鐵口非誣生
我偷打你這鐵口

〔番鼓兒〕惡言語〻忒把人輕覷看堂〻山技鶂奉天生我才料
不宜堆黃土壯送殄滅狐群方免得妖言誣蠱有日腰下佩金魚
枉羞慚昏消月監丑劝居莫孝相一相使輕人付過着這等人

不由不煩惱生打介下小生鄭官人這等狂夫之言听他怎么你
病体初愈休得惹氣不必煩悶請到小房吃盃茶去
【尾】生恨狂徒难軽恕任他白眼有真珠早难道一事無成卧草
廬下

第四齣　餞別

【引】旦上春思倦睡起慵拈針線閑步階除聊自遣落花飄滿院步
残啼春鳥将送初試軽綃金縷鳳〻縷金綃軽送将春鳥啼
残夢奴家趙氏小字金娘蒲州鮮良人氏小祥村人也双亲
但慶民春一兄趙普文武双全先世居此地有竹園數頃園
也素封故谷中里奴家心性素閑性既貞浄柳腰嬝〻領影
倍秀儀柔杏臉桃腮対鏡轉覓綺妮春閨勤労翶蓉惟知刺
綉拈黹縱耐情涉詩書不鮮拈花咏雪今日哥〻来柴起看
已曽置酒餞行道扰未了爹媽早到
【引】末上有子胞藏書卷老上整脩天人策献小生上柳外馬嘶行思遠
遠不禁愁涙濺見介末我兒自古知章壮行乃大丈夫之事揚名
显姓儒者之常况你父母春秋未竭衣食頗饒此行不必过
慮但望穩取青紫光耀門閭我亲瑜父母即不寂寞矣小生扶
兒心怀投筆志切請纓但鉛葉傷捧揭日期遠離膝下彩袖
情牵点類轉鳥征衫涙湿老男兒志在四方不必憂慮旦扶
兒有酒与哥〻餞行末好盃酒以壮行色取来
【夜行舡】合劍氣横天看風雷指日冲霄騰変豊城劍料不泥蟠
沉淵尊贋随六全文泠淮並武奇勲須建崇顕恩你騰達功俄
傾功成我的兒你姓字上凌烟萬載千秋争羨末今日扶兒遠
行送出竹里
【錦衣香】天影清籃于龍日影飾軽如散箇〻响憂玲瓏鳥聲姣
嘛真个是渭川千里薄蟬聯経閑名俊林散豪顛想王由造宅
坐蚤興逸興翩〻衣裾飄蕩彦似緑天一片绝勝青〻柳色填
橋行餞老此乃是龍竹果然奇怪旦哥〻今日起程離此奇物
真乃大書之兆
【漿水令】看亭〻衣錦繞蜒看森〻大嬌盤旋好似峥嵘頭角吐
雲烟休誇步室绝勝如椽小生後漢癸邕曽以何傳竹鳥笛何不
造成龍笛小有理我曽許下北岳大帝香愿日今誕日将近
明日叫求良士将此竹製成龍笛一对献圣使了此愿子你
與我忙鍬極酒保全良工細把宮商辨識龍笛〻寸〻誠虔齋
祝慶〻福壽綿〻小扶兒就此拜別末前走保重
【尾】牽衣究轉愁腸串梧倫手早教旋展許看功名勤燃然小生下末
扶兒去了我們回去罢
龍種森〻出茂林　老風當有再聽佳音
未出土時先有節　合凌雲志也不回心

第五齣　打牌

作上新豐美酒斗十千咸陽游侠多少年相逢意氣為君飲繋
足高樓垂柳边在下是太原賽哪吒韓于教师香徒陶登便
是俺师父身長一丈腰大十圍力勝金剛形如揭帝拳起時
擎天柱折脚落處架海梁崩十八般武藝無不精通四百坐

軍州罕逢对手跌撲場中提起人〻胆喪爭雄隊里聞名个
〻心驚休誇在孝下山岗寨过巨鰲来下降兩年在此北岳
大帝廟前爭鬧並無敵手今日又到此山明日是帝誕日三
年完滿全会當指师父已在道院寓下不免到山門外竪起
大言牌要使天下香客都聞我师父大名师弟们扛牌坊竪
起来

【六幺令】倚旗飄揚金碧光輝字〻行〻明朝爭看這排場真國
士世無雙凌雲氣髙千丈〻〻下 末上

【前腔】牌坊雄壯壓戰場中亭柱其鎗 外 今年的牌坊比往年大
不相仝 當車誰肯逞強良神領〻〻魏堂〻軍中百萬稱良將
生上

【鎖南枝】人聲沸脚步忙團圓聚是須審詳 呀 這牌額上髙竪堪
雅真形狀列位這座牌坊是誰竪的又不是清醮掛榜扒幢為
甚的傍山門竪金榜 丑 客官你还不晓得本山圣帝誕日每年
高搭台棚好漢都来放对兩年有个淳于教师打了多少好
漢得了若干利物 生 他如今可来 丑 他明日要打天下好漢
生 有這等事太原賽哪吒淳于圣跌破世間為第一〻〻天
下我為尊呸

【前腔】何来恁無藐欺人語大狂 丑 日甚多不要惹他 生 你有
他这等放肆把他看做好漢將我这英雄放在那里我忙劈
牌教伊羞怎當明日里潑賤生必傾喪 付上

【前腔】閑言太無狀胞中氣怎當是那个打坏我的牌坊就是这
厮 生 休得要論黄数黒若論賭勝爭強自有權和謗 付 恨無
知休逞強到明朝做醋醬 生打 先打潑男女一頓教你根个信
児 末劝付生 也罢明日從与你算帳正是做做痴呆漢权為懞懂
人 下付 这狗豆这樣放肆与他發个利市使了 末 不消氣得怎
比你师父手段他明日定出醜的正是

將遇良才分勝負　棊逢敵手定高低

第六齣　擂臺

【出隊子】小生上 星官髙照〻〻鶴氅披来曲着腰一条笏板兩頭橋深
面紅鞋鑲緣各洞中元處逢人幫叨 自家北岳恒山道紀司睹
貢霞便是今日圣帝誕日各處多来進香旧有年規在廟前
高搭擂台天下好漢放对爭交勝負万人喝采又得衆香客
許多利物本処官府差部署監台在此彈壓故此清早上廟
道人快些点燭燒香徒弟速撞鐘擂鼓少刻上廟来收香分
入櫃 内应付上 打抄堪充厮相借来鬼隸行頭手中又無木鞭杈
為庙祝風流 小生 什么風流 付 終不成詩押韵而已 小生 請祭神
拜了 付 今年的擂台比往年大不相同 小 今年是我做了道官
故此这樣齊整 付 妙我和你大家讚他几句画棟高齊金廣
離梁遠接青雲 小 四圍掛綵勝旛紛柱上盤龍飛鳳 付 銅雀
當年不數張平今日誇稱 小 好將台築罢拜將軍不知那一
个是登壇韓信 小生 空中信彩屏身際生雲烟 付 列位把利物
小道收了好送得勝好漢 末 在下汴梁刘士弘捨錦緞一对
旦 弟子東魯徐天廷捨艮二双 末 弟子蒲州趙信捨艮帶一

条占弟子江南胡遠拾綉單甲一付尘待小道獻在至帝面
前付官府來了小单引外上
【前腔】膝伏夾道〻洗耳泉聲逸韵飄歆面蒼翠濶上稍髙踦天
坛萬壑朝尘道士迎接外帝像盤嚴如在非遥高焼良爐焚期
至寿无疆炉爇氤氳永保皇圖鞏固叫廟祝今日廝扑我有
金花一对彩緞二疋以為利物大爺有元宝一錠全副鞍馬
一疋得勝者你可同來領賞外下淨上
【前腔】嵯峨云嶠〻寶殿凌空倚斗杓殿〻仙樂奏宵韶香爇神
坛遶碧霄〻宝山人擁如朝中好漢來了衆人們尘今日
四方香客若干利物扶侯好漢跌撲爭交來好漢几句好言
洛安慰四方香客淨弟子淳于勝太原人也第一炷香需祈
風調雨順國泰民安第二炷香需皇上万歲太子千秋第三
炷香需祈四方香客家〻迪吉户〻安寧中衆好漢脚跌得
勝拳來成功淨俺淳于勝蒙聖帝福庇兩年在屏前當交得
勝浪受中香客們許多利物今年到此是第三次不若不仍
回得勝要拜辞聖帝永不再上恒山明年把这塋排塲讓与
别的好漢俺淳于勝呵
【風入松】平生武藝世間髙侠氣橫冲天表兩年有几个上台放
对的似摧枯拉朽輕一掉不但就得許多利物博得個四海
内英雄名噪今年第三次了好一似七擒縱功成這遭兩輸日
月一合乳坤東至日出西至日没南起海表北抵幽燕三千
余縣四百軍州敢有放对好漢早〻上台須拚命快爭交生上

拳打南山猛虎脚踢北海蛟龍付你是何名敢來放对尘原
來就是鄭官人付你可曾立下死活文書何人為保生我鄭
恩只有孤身在此並不須保得况自己情愿爭交就打死何
辞何須人保小今日這塲跌撲不是當耍的况你小〻身軀
怎敵得他过中要跌撲快些过來付慢些讓我們说明白了
【前腔】付小合伊家性命莫輕拋覷看他猙獰容貌手段算來使見脚
里論人物大小付你小〻年紀可惜枉送了性命我老人家
主意多少分些利物与你和了罷生我鄭恩那稀罕利物只
是要破他大口与利住客官笑一笑付休誇兩載威名耀就
是遍天下聞名驚掉只是与你和了罷自古兩虎鬦存亡難逃
休為着名和利把命鴻毛
【急三鎗】生那里是天神降無匹对撞在咱手内怎糚喬
【前腔】淨料你这艳臢漢成何济反把我相犯怎輕拋你負非有
甚么睛等么生我只有一条木棍有甚睛等付打介
【風入松】蒼龍入海戯波濤餓虎當身舒爪淨子胥本影臨潼鬧
打虎揚傳說存孝拖刀記雲長排袍送月里去偷桃
【急三鎗】休錯把彛稅跡只撲草須知道枝葉依蓝偏蛟生那怕
他拔山力多勇貌做一个老和尚把抱挑生打淨下中好〻大爺
有鞍馬一疋公去領賞
【風入松】天生髙傑這兒胄叱咤壓埋齊掃今日豪氣腾霄異有
日里封侯須早喧鼓衆人散沸號爭來看好英豪

第七齣 入夢

一江風（末持笛上）步雲梯来到神仙地 我趙信来此進香昨日聖帝誕
辰随我叩拜只為人衆嘈雜龍笛未献今日清閑特將龍笛
到庭前恩禮一路行来果然好景致寶翠侵衣袂真个只有
天在上更無山与齊覺天低萬壑千岩俯瞻如鱗砌 你看石
岩洞水恰似珠簾瀉下遥望瀑布飛飛孤松倒壓垂枝擬身
在雲霧際 [ㄟ] 閒已是庭前不免進入草茂瑶階緑花翠寶樹紅
聖帝在上弟子趙信蒲州解良人也特製龍笛一对供献聖
前望祈夫婦老景康寧長子趙普功名早遂次女金娘早配
佳偶明年親將幡幢誠來寶殿進香不敢虚誑呀我今日起
身早了一時困倦不免在神座前打睡片時正是別來方外
去夢裏有丹丘 下（付扮天聾二鬼卒外聖帝上）
引 碧落遨遊飛羽旌旆列森森 劍佩瓊樓總會蟠桃宴一片雲
随霧瑞 小生 前從王母謝宴回来乍轉庭廷昨日争交漢子果
然武藝超群但他一身多是賤骨雖成大用不免將他前來
再作道理天聾你可將那日争交鄭恩到庭来 浄 領旨 八
神承玉帝六韜猪揺溪 下 小 方才有蒲州趙信献有龍笛一
对可取来一看果然好看且有龍文形如横玉有此良器可
不荐賚雲列石之声 叫符官你可領我法旨在紅霓部内遣
紅桃金谷園中寶却緑珠一个到庭不得有悞 付 領旨 天伏
分旌即朝容整羽衣 下 浄 金生上 祗召趙龍客承恩拜虎闈 浄
鄭恩到庭 外 揭醒睡夢来 生 你来是聖帝 外 漢子你乜凡 雄
軀一身武藝但未知你志氣如何 生 聖帝在上我鄭恩呵

古梁州 干宵義胆凌雲豪氣半世泥蟠魏鬚 外 你想作甚么来
生 憶昔興劉滅項淮陰食户三齊 外 封侯拜將乃大丈夫所為
你怎拿得他来 生 若不名標名注勒石燕然忘却男兒志 外
你虽然壮士但你一身賤骨怎得廟食封侯 生 聖帝若鄭恩一
世前何拚得個今朝碎首也葬溝渠怎做得落魄終身一布
衣求天鑒英指弃 外 目今五代將終天心厭乱赤須龍降生將
持宇宙我待你青恪移換扶助真主便了天曹過来尚有尾
火龍未曾降生可押鄭恩到轉輪司換取銅肝鉄胆銅頭鉄
腦附以太白金精魂魄下生人世協助真龍便了 浄 領旨 生
多謝聖帝 下（付領四旦上）金庭壓雲閬紫氣王壇和月秦笙簫紅
麗緑珠見駕 [ㄟ] 紅紅見駕 外 怎么又有二女 旦 使聞保不
如竹竹不如肉既有龍笛不可無歌歌以和之故此全来 外
如此却好取龍笛与二女令吹二女令歌 吹竹
前腔 合 恍秦楼笙韵徘徊似瑶台簫聲清翠愁教人留聽浪拍
憑夷絶勝梁州庾月赤碧穿雲山石岩疑碎說甚么偷閑玉笛
也小窓吹險做個三弄悠悠跨鶴歸竹閣奏真良會 浄引生上 福
庇陰陽合仙押日月閬 苑代毛洗髓深荷鈞陶大力 外 扶輪
捧好日舒協佐弘龍喜有仙楽置酒相待 定席竹
前腔 奏鈞天酒泛露盃舞霓裳飾陳怜髓間人間天上此會應
稀有日功高麒閣位列九班列鼎笙歌沸回思今日也換天机
須信富貴功名遇合奇論此相莫輕覷 外 就將仙樂送回陽世
生 荷蒙造化得遂平生 外 後会有期前程保重 合前 下 末醒 唬

死我也〻方才朦朧睡去只見圣帝宣却四女來領佗留又將昨日放対好漢換了甚么骨格起先明、平常装束已復不知為甚么戴了襆玉穿了繡莽与圣帝同坐飲酒這必竟將來大富貴之人怎得結識他便好只是天机不可洩漏且藏心腹便了

〔尾〕朦朧一霎驚奇異識英雄須在寒微怎做得梦里相逢醒里迷 下

第八齣 採师

丑扮道童上 人〻只說清閑處惟有清閑〻此身不是清閑〻不得清閑堂是寺閑人小道西岳華山白雲观中陳图南先生徒弟是也我师父自得毛女指点陳神仙底陳形煉氣又得五龍法術傳授遂能辟穀延年一睡的或數月不起或几載方起不知他在人间度过了許多甲子了而逢洪鈞白鳴师父便在山中宇睡我常记得唐明皇帝長興年间辭駕入山他向九石岩中酣睡直到今年方才洪鐘不撞自鳴想师父睡醒了已曾约师弟上山看取怎么还不見到來 付上 三寨千戴客四海一身閑师兄在這里了 丑 專候你到山中看取师父天色已晚快走〻〻白雲迷霞鎖 付 石床高卧足千秋上得山來你看返照入池塘雪擁樹 丑 烟浮翠嶺月妝膚崟好派暮景 内作声 耳边當听鼾鼾之声想是师父还未醒 內打齁丑驚

外上 一回好睡也樂箇不滿箇又更上色顏回指去路特將相入翠烟前道陳摶一向名中睡得正濃不道空中一片震响將我睡驚醒出得岩來不知何處震响 丑付 师父醒了 外 你二人為何這等驚怕 付丑 我二人為採师父上山不想受此風雷之恐 外笑 呀你看陰風凜〻殺氣騰〻黑漫〻不分東西昏況〻無分晝夜昧老天〻世上黎民受苦也 付 請问师父這景介却是何意 外 徒弟

〔二犯朝天子〕我只道萬里黃河倒瀉聲獻斷莊周夢把兩眼爭 付丑 一派的是甚么 外 從〻殺氣滿空騰數星辰 丑 如今如此陰〻的烟 外 天樞地軸顛傾把乾坤震驚只見一霎風雷呵黎民受無邊刀兵又何年太平 內响丑付 你看西北一星其大如斗許多東星隨之流与東南霞光万道布散滿天却是何意 外笑 好了〻〻

〔前腔〕則道長夜漫〻混大清早瑞霭光绕望風旋 付 倏尔昏黑倏尔光明此乃何兆 外 塵埋掃尽復焰明運方亨 丑 东星朝着大星而聚 外 雲龍風虎相隶千載間生 呀 氣冲于斗牛之處真人必在梁地也要蕭去指点前移向神州玉京 付 师父往那里去 外 旺氣現在中原必有真人應運而興我明日便下岩尋訪指点一番不久就拜的你二人在观中静修不得有違 付丑 領法旨 外下付丑

蓬萊高去五雲宮　出即凌空跨晚風
幻樹不須金鎖閉　來時自有白雲送

第九齣 訂姻

〔醉扶歸〕生上 遠迢〻萬里空馳驟冷清〻隻影浪春秋 我 鄉思 自

離恒山一路晚行夜走渡水登山行至蒲州地界早已深秋
時候了呀方才天色晴明霎時一起雨來了苦雨淒風濕征
衣教我瞻前顧後頻回視呀前面茂林堤边有一所柴房不免
去权躲一時柴扉壁傍清涵溪一霎時权逗逗且喜有石擋
在此不免权坐片時 旦淨扮傘末公上
〔前腔〕雨淒淒撲面沾襟袖亂颺颺落葉迷林江 我趙信適才前
村回來不想遇此大雨且喜前面已是自家門首了 度徑穿
堤過南畔茂林秀竹柴扉扣 見生 呀這是北岳山爭交得勝的漢
子如何在此莫不是神差鬼使暫淹留喜邂逅机緣偶客官
情了為何独自坐在此間 生 在下偶然經過因天下雨在此
权避 末 請到舍下一坐何如 生 在下執要行的不敢造次 末
看來尊老尚未肯住天色將暮前面未必有安歇之處何不
就在舍下权宿一宵 生 只是造府不好相擾 末 豈敢請進請
問客官几時出恒山的 生 在下初夏出恒山一向在閩西只
是未知老人家何故識認在下 末 那日在帝誕日自見客官
人爭交得勝真个英雄可敬可敬 生 請問老人家尊姓大名 末
念老漢呵
〔皂羅袍〕趙姓傳家耕稼 生 有几位令郎 末 有豚兒趙普赴剿遨
遊 生 久聞令郎大名不想今日偶遇着老伯實為万幸令郎出
去家下還有何人 末 老夫桑榆共廝守金娘一女無婚媾 生
骨肉團圓真人間之樂也 末 請問郎官人家住何處 生 念郎
息呵西秦故土天涯浪投 末 曾有宅眷否 生 孤身流落難逢

好逑 实不相瞞老伯說雄心一片成虛謬 末 請坐我到里面去
去就來相信 生 請便 末 媽媽 那里 老上 無累一身輕有子万事
足 末 媽媽我日常与你說北岳大帝廟前夢見的大貴人不
想立在我門首避雨是我留他進來且喜他未娶妻房我欲
將愛女許他持來与你商量 老 如今在那里 末 在堂上 老 待
我看來 見介 呀員外果然是个大貴相况有此奇遇任憑你主
張正是姻緣本是前生定曾向蟠桃會里來 末 你進去收拾
茶飯 老下 末 郎官人老漢有一言奉懇 生 有何分付 末
〔前腔〕矜貝含羞荳蔻喜双全才貌道蘊堪儔千里賓交過貧庚
敢將蒲柳侍箕帚 生 念我飄流浪跡錦台德修篤貽賤質看眉
怎通况行蹤瑩背閑清畫 末 老漢專志擇婿欲將小女侍托終
身豈敢負將况官人志在四方今日且定婚姻之約異日功
名成就完姻未遲 生 既然如此敢不從命岳丈請坐受小婿
一拜 末 老漢也有一拜
〔尾〕合 重承恩德如山斗好姻緣天教輻輳須信道絆足紅絲莫
強求 下

第十齣 弓識

小生上 飛花不上仲宣樓踈竹瀟瀟滿院愁回首故鄉千万里
高眠客在梦封侯 在下張光遠蒲州人氏相陽趙公子久住
京师俺大哥乃是後漢岳州防御史趙洪歆長子生得來面
如鮮紅目如瞎星力敵万人氣吞四海為打了御花園安置
河南三載近日才歸所有結義兄弟石守信王審琦周供李

漢為罗彦威大哥在下九人若再得一个便成十義方才來
兄弟々々多在外面閑遊恐大哥出来在此伺候 净上
【引】生来夾馬營香夢中龍变騰驤學書學劍捻荒唐胞襟一片
雄量 小生 張光遠見礼 净 我趙匡胤方才与爹娘堂上閑叙了半
晌自子悶倦不过特来尋众兄弟那里痛飲一番我首使几
路参林把精神整頓々才為無伏不知众兄弟往那里去了
小 都在街上閑遊去了想也就回 丑上 不能採虎穴莫作飯中
款大哥罗彦威非見 净 兄弟你們打送那里来 丑 小弟街上
閑逛只見十字街豆一簇人團々圍住小弟挺身而進 净 有
須甚么来 丑
【江兒水】見一漢々英雄漢濟方逞已強 净 是甚方的人么 丑 正
是 净 他的方如何 丑 好硬方真個是鉄胎銅靶紱丘上 净 可
有人開得么 丑 怎得個满月開来輕舒放 净 那賣方的可敢
說些甚么 丑 他說有人開得这張方情願与他執鞭墜鐙只
見許多帶劍軍士和那官家子弟一個々爭々袖手空相望
净 着毅英雄聚帝王卿一方英挽配名揚 我西大家去看々仰
要開他的潤方滿月舒張背羽落星飛入豹班 末下 生上 志勇
恢弘納可川遨遊四海结英贊一來劍氣沖斗牛还是男兒
未遇年成鄭恩蒙趙首外俸结姻盟在他庄上住了几日一
路行来汴梁賣几張方结識些好漢只有一張鉄胎方無人
開得方才在渭水橋边衆人鬧了一会都不能開眼見得偌
大京城沒个英雄了这里去處熱鬧揺下看有何人来開々

方的快来 净丑小生仝上 賣方的有好方拿来看 生 咱家的方最
硬只怕你們開不得 净 别的不要竟把鉄胎方来開 生 咱家
鉄胎方走尽天下無人開得大口 净 那見我開不得 生作 且把
一張他開 净
【供養姐々】鳥號入掌款攜輕舒靶裂觔傷 小生 这方不好再拿来
净 猿臂重来挽弱質兩分張 我只道有甚硬方不過是狂言乱
語街坊上人々胡帳 小生丑 休期困难道帝里人材多雄壮沒个
慣把穿楊任你狂 生 你道扯断兩張方是好漢再把这張去扯
末 丑小扯 如今方使力不勝了 净 且慢待我来
【姐々抱肚】任咱平分兩膀 好硬方果然是千鈞非誑 生 这張方
走尽天下無人開得不要枉费氣力 净 我拔山舉鼎威名播
四方 左右手開方介 还要怎么開 生 呀果然真個是神威猛勇果然
雙決正尔于說詐莊 請問豪傑高姓尊名 净 在下趙匡胤 生 原
来是趙公子久仰英名如雷灌耳今日相逢足慰平生 净 請
問尊姓大名 生 在下鄭恩 净 众来就是子明兄失敬了 生 請
問二位 净 我弟張光遠罗彦威 生 相逢一笑遇知己十年爭
昧為君勞 净 这里不是講話之所且到酒郭中去伏取竹菜
三盃权為昔日桃源酒家那里 末上 隔壁三家醉開醒十里香
客官請進 净 过来有好酒好菜拿来 末應下 净 向慕高名今日相
逢若蒙不弃就仝一拜 生 得蒙公子救録微賤实乃三生有
幸 丑 今日共成十義了 拜介 盟訂生死愿一世顛危共濟情仝
金石縱他年富貴莫忘倘有負盟者神天共誅 净 將酒过来

【玉抱擻掉】合 英雄天降喜萍蹤相逢歡狂締金蘭一語全心意功名他年共享聚天星樂未央小桃園慢斟觴 付上 世上豈無千里馬人間难得九方皋大哥在此 見介 淨 這是結義的兄弟鄭恩这是義弟同俱你每同來一拜 生付拜 共未声名高万古相期然諾重千金 淨 兄弟那里來 付 小弟見竹橋边有一算命先生姓陳名搏斷人禍福如見特來报与大哥知道 淨 久聞陳圖南大名原來在此談命 付 又有一樁異事如今聞了一个勾闌院美女大雪小雪登台歌舞任憑观玩可也有趣不可不去走走报与大哥知道 淨 朝政顛倒已致于此暫弟今日同去一聞前程明日到勾闌消安便了酒家记了帳罢

【尾】明朝便往君平訪早指点迷途不與須信留貴天工自主張

第十一齣 講命

外上 術有神功道有仙閑來賣卜竹橋边我徒不是貪財客欲与人間結福緣貧道陳搏能識阴阳妙理兼通遁甲神書因見五代间滿路干戈生民塗炭劉淇暮乖天下紛紛因此隱居于西華山中以观時变这几日在山顶上观見中原旺氣非常定有真人命運治世因此下山到京间个命館尋訪異人看有何人到来

【点降唇】暗察星辰故臨此境詳明証道合乾坤過覓真龍信

【混江龍】闡壇論命六爻搜盡見神驚傳聖人精微妙道指君子暗昧前程袍袖沸间八卦圖掌中躔度一天星也不論冠婚宅葬也不入出经营但有那榮枯问吉凶買卦的尋教我也則憑聖曲不順人情 如今世上星家不过是說几句子平 那晓得異中妙合看命垣

【油葫蘆】古今傳流周易經有几箇人窮究的精誦讀如井不能明 周易呵 伏羲已無天定仲尼之下無人省俺下的数文真卜来的課又靈只傳避凶趣吉知天命試来廉下問君平 淨生上 大鵬枧鵲思莊子玉石藏珠隱卞和相煩先生將二人戝造一看 外 二位請到敝处来講 淨 早知登鶚到来只合速接接待不週勿令見罪 淨 先生休得稱孤道寡倘有人知反遭罪戾 外 貧道閱人多矣未見此相他日必為太平天子听我講命

【后庭花】這命是丙丁戊己庚乾元亨利貞還有一字連珠格更有那三重坐祿生 淨 先生向後再推一推我的流年大運何如 外 到这戊子呵 水成形火長生遇青龍大小運今年併後丙辰乙運大峥嵘日犯空亡為將相時逢祿馬作公卿你是南方赤帝子上應北極紫微星 淨 先生也失言了 生 煩先生看一看

【醉中天】外 听講你是五覇諸侯命一品大貴格乾打哄呼廝嚷過了半生 生 道我五覇諸侯如何損了一目 外 註定你不帶破多殘病命中有甚麼眼精那明朗朗群星雖盛不如你那孤月偏明 淨 先生实不相瞞區區見五代之乱常有撥乱反正之心奈我寸土皆無偏星天不從心心成得些小基業不知天下形势何処可為根本 外 數內真龍之地莫若作梁听貧道說来便見

【金盞兒】左関隘右餘濟皆淮着附襄荊闲兵形势連着唐鄧大

川天際化神京江山埋旺氣草木即咸君歎群那四百年興隆
地則隃偹八十里卧牛城 净請問先生仙居何地今日之言倘
或右口那时請先生下山共享太平之福 外肯道陳摶陛居
西華山中不求人間富貴酬謝盈二公保重肯
【煞尾】治世聖人生指日乾坤定 净見不請先生下山同享太平
之福 外何須把山野陳摶拜請 外後呵休云却青眼看鵞弟
兄 净數年謝了先生 外不消酬謝賣卦的先生 净多謝了上足
与君一夕話勝讀十年書 生净下 外好也天下從此太平了有
道歸山去也從此後藏刀兵四海澄清且訪閒人有太平我
又不是出師孔明休官的陶令則待學釣魚台下老嚴陵 下

第十二齣 鬧院

【字：進】旦上 詩書不讀做官員窄見賭嫖醼酒十完全花面旋斯
火屯作銀钱悲然全憑先父作威權争羨：下官當朝太師蘇
達吉嫡子蘇省文是也為因面唐進上十八名歌姬至上笑
喜忍奈趙弘殺寧這几个老儿苦諫不受龍顔大怒我父奏
仰体至怀偏然不受便絶了外邦孝敬之心至上欢喜父亲
又奏道貴為天子正該及時取樂况有此歌姬何不在五鳳
樓前造下一座歌舞御勾蘭那樓上至駕不時巡幸勾蘭内
許士民各出纏頭觀看与民同樂太平至上准奏就差下官
為御樂院正專管勾蘭一应子粮本是花：太歲如今冥受
此戲吃的是甜供養听的是招耳笙歌看的是妖姣红粉好
快活勾蘭内尋事明詐人動轍准千准万我想人生到此豈
不快活也你看日已将午恐怕圣上退朝稍安怎么各色長
還不見来各色長那里

【前腔】付上 清歌妙舞道咱傳術術獻鑼鼙鼓哩啰嗹臨便各歛色
長大如電騰変匾：方把舊啣宣鞍庁 丑 我問你鞍庁及字怎
么說 付 鞍者藏人之惣庁者騙人之財 丑 如今做了官回話
不消提起 付 謝天謝地畨了身 丑 閑話少說如今日已将午
怎么不上台呈爷登楼不當穩便 付 叫歌妓梳洗已完就上
台了老爷分付大開院门放人觀看待我搗起鑼鼓来鬧塲
生净末上 新歌一曲令人厭醉舞双眸両鬢斜 進 生道白 付開塲 丸
走鳥飛疾似馳百年世事揔依稀累朝富貴三吏書歷代君
王一局棋禹定九州湯世界秦吞六國漢登基百年光景無
多日晝夜追欢還是遲今日幹當大雪小雪登台看官各偹
纏頭請看妙舞 二旦上

【二犯江兒水】霓裳如練眩五色霓裳：遠山眉黛淺看宮腰娘
娜罷襪偏邊趁天風飛彩虬舞態似疑仙歌喉聲震天飛燕當
年合德依然唱好的似進龍多窕轉盤中舞旋曲湾：：掌中
輕傳姣滴：：陰教人眼迷離心歎顛 下 付打廂介 净下 面来 付上
面到不出到教下面起 生 就是下面何妨 付 便依你就是下
面来不怕你不出 随口泽 下面完了打廂如今要尋人不成 净
今日失帯明日賞你些罢 付 好大主顧好假冠冕 净 就是明
日賞你也不遲 旦上 這是皇上開的御勾蘭不比民間茶坊酒
肆容你撒野么 净生 我又沒有冲撞你如何教做撒野呢 旦 你

不要認錯了若你每來此放肆我拿你輕只立枷三月重則
登時梟首 凈 我們又不犯法你敢屈害良民么 丑付
〔四邊靜〕狂言出口恁秉劣無端惹災孽赫赫御勾闌欽命怎生
臧 凈生 你每逢君鼠竊殃民竭蟄宮禁作烟花國体被輕褻 丑 朝
廷主意与我何干
〔前腔〕狠凶狼暴如虺刲螳螂阻車轍觸犯御嫱妃牛車把屎裂
凈生 好个嫱妃我是堂堂俠傑双双義俠少不得一旦把胡群
匣劍饒伊血 打介生凈下丑
本是與我同樂　誰知驀遇狂徒
饒你人心似鉄　怎當官法如爐
第十三齣　救托
小生上 天有不測風雲人有旦夕禍福我趙大爺公鄭恩閑了
御勾闌官理大怒限三日内族查拿獲此事料非嚴懲必大
爺知道公子斷直定要献出夫人不想修書一封特差我將
衣服盤纏尋着公子教他連夜往閩西避禍尋了一回再不
見他不知往那里去了一心忙似箭两脚走如雲 下 凈上 恨小
非君子無毒不丈夫方才受了拘留女一肚腌臢為此特刀
趁早進去閑除了他心中無快一路行来又是黄昏时分也
〔粉孩兒〕冲冲的按無明佈狀恼趁黄昏夜色把奸雄除掃這多
是賊臣藐逢吉替威的事体只因慎國老禍萌嘆宮帷幻作
窠巢 我如今進去把十八院歌姬寸草不留有何不可 吐虹霓
千丈冲天伏昆鋙三尺茵銷 呀院门已閑了怎生進去 內叫 凈 那

边有人來了且躲在這里听他說些甚么 付上
〔福馬郎〕及早熏庖又夜了正行來院門深閑情生責小怎向明
朝賁把鈴搖 凈 你是甚么人這时候在此 付 我是賁鑼兒內的
煮熏了趁早進去賁与院内人吃 凈 為何搖着鈴兒 付 這是
什号勾闌院內有韓府軍兵看守閑雜人等皆不能放進搖
着鈴兒叫几声賁鑼兒內那些軍士每就開門放我進去了
凈 看刀 殺付下 非是我無故斬伊曹也是你前生定命中招 搖
鈴叫介外扮管士上 俺台鈞勝宜春院灯火还同不夜城賁鑼兒內
的在那里 凈 你說十八院歌姬在那里 外 一直進去就是了
殺外下
〔紅芍藥〕明晃晃降燭高燒況況的百丈香飄听一派笙歌向人
閑似迷楼不爭多少 那边又一起人來也且躲在一傍 旦上 畢更
苦受永夜劳風凄凄露侵衣帽 下官于近利是在韓府门下出
入挣得一个百户前程今日院本受了先提之累前來根知
与我〻已差人四下緝訪如今已是二更時分潜至院內有
〻我那相知还有个韓素梅十分標致我要与他成其好事
他執意不從我且不要造次少不得有從順的日子不怕他
逃到那里去 敲朱扉醉擁妖嬈琴瑟傍却慈昏晚 殺旦下內吹打 呀
那一院〻玉声震天不免閃在一边正是几曲簫笙歌韵細
一天星斗見寒光 下 占上 坐在三更静仍归一夢瞭漏殘分曉
前風落醉灯花妾身韓素梅本是良家女子被狠徒摛來賣
到衚户手中要奴歌唱欢優抵死不允天那不知可能回家

相会爹妳之日了只因南唐冲作歡妓献与北漢發入勾蘭
奴勉強歡舞应酬終朝鬱鬱不樂生至夜半独向閑庭佇看
艮河耿耿斜月初升不免望空祷告一番
〔要孩兒〕悄向碧窓深拜祷痛入長天里又变作浪蕊柔條 淨上竊听占
傷悲羞答答懶去追欢笑望老天援救輪迴道早遂却來凰樣
淨咳占驚 淨
〔會河陽〕月慘天昏鬼哭神號红裙一捻瓦鞋皴 占 英雄寬死須
史細陳鬱陶 淨 緣何向穹蒼告 占 半生愁向那深宮與此身羞
向那歌台闹 淨 叫甚么名字 占 奴自幼素标本是良家子女被
擄入院内那院本逼我賣笑追欢奴身抵死不從故此深
夜拜祈求脫此苦 淨 你那女子既有此志氣我今夜带你出
院去罢 占 只怕有人阻當 淨 不怕
〔㨪㨪金〕深沉院夜迢迢不会男共女盡浚刀持潔裙欽往怕誰
阻撓 占 敢求尊姓大名 淨 我姓趙双名匡胤 占 原來是趙公子
奴自在南唐就闻大名不想今夜得救余生倘奴身不死他
日愿為婢妾容奴一拜餘生超拔遇英豪姻緣盟恩詔詔 淨扶占
〔越恁好〕血流宮禁悄悄步走空消只見參差愛影疑人力性砲
礫重門離却深巷遥人聲静悄 二生上 把青萍明日光芒耀看征
衣血滴猩紅罩 淨 你二人到此何幹 生 日间之事官府追夜甚
緊我兄弟們知特送囊橐資帛尋大哥趙此無人知覺急
往關西避禍尋了一夜天幸遇着 生 為何有一女子 淨 送女
子名唤韓素梅看他有些志氣特救他出來你可領他去别
處安頓了從關西一路候我便了 与我多多拜上衆位賢弟
我就此去也
〔尾〕合 從今遠别添悲悼客邸凄凉音信杳 生 大哥快去罢步不
得風送滕王天意巧

第十四齣 探報

〔水底魚〕丑上 霸占山頭英雄第一籌長刀大戟到處一齊休休 自
家竹山寨主張廣兒便是绰号滿天飛本是苗任毛賊趁此
荒年世乱同了兄弟着地滚周進哨聚五六百人占住山頭
抄搶遠近村坊护掠往來客商官兵莫敢正視昨日有令兒
弟下山哨探去了且待等他回來再作道理 付上
〔前腔〕相貌搊搜白布來包頭人稱着地滚绰號喞嘐啾啾 大哥
小弟下山哨探前往東南百里之外只見遠遠一隊人兒行
李到不太多有一標利女子十分動火特來报与大哥知道
丑 妙妙我山上正少這个東西点起嘍啰下山 中晴上
〔前腔〕狗盗鷄偷秉机把衆糾大家劫搶財貨蒲林红红 下

第十五齣 被劫

末上 弗色周泰地山川今古消老夫趙信向為女扶兒姻事在
此許下北岳恒山大帝香愿不想刚遇鄭官人们前避雨遂
得聨姻我夫婦不負初心特今携媍来自入山酬愿行行数
月将近恒山你看西東車兒再行不上不免叫他一声車夫
快走 走正上
〔漁家傲〕吹不盡千里風塵點客衆歷遍了野店荒村青鸞碧流

積漸〻故鄉竹〻遠那堪回首 老 这里到北岳恒山还有多少
路 末 不上两站了 辨虔誠金闕蕊苑更穿搜林屋邃迷煞強
如一展圖書作卧遊 下 丑领末上
【剔銀燈】兒郎輩如龍似虎逆遥路風塵雲驟一望雨〻征車穿
林透婚姻緣深謝老天奇遇 丑 嗟咿快些追上 重〻有賞風流
耆年寳酒錦帳肉双〻並頭 下 末老正上
【破錦花】命頻運平白地遭陽九軍馬紛〻須臾性命难留 末枱旦
末老 惻隠慈悲拜告哀求望賢侯乞赦骨肉反故丘 丑打末老下 丑 妙
生得標致 付 這女子你我多不要争 且寄在前面清个觀中
再搶一个和你双〻上山大家成親便了 全下 末老上
【麻婆子】骨肉〻輕拆散天涯兩地憂弱質〻遭顛沛紅顔自古
愁生離別遭冤讐何日得見閨中秀只愿〻神靈佑脫羅網樂
優游 老 如此怎么了 末 香也不須進 且全你回去叫莊客訪問
下落便了 正是
送空伸出拿雲手　　提起天羅地網人

第十六齣　義救

【引】外上 閒房静𣊬映藤蘿翠和揺琴一聲鶴唳 貧道青牛觀中觀
主趙景清是也 年过半百 道行清虚 一院住持 四方欽敬 昕
有匡胤住兒避难 暫寓本觀 不意卧病两月餘矣 今喜痊可
常欲出外行走 唉 他是貴閒是非的班豆 惹事端的太岁 貧
道屢〻禁止 劝他住在房中 如今要往前村走〻 不免叫老
道出来分付一番 老道那里 丑上 老道今年八十九 背曲腰駝
行路于齒落牙尽 豆鬓光 嘴上白鬚像掃箒 师父叫我何干
外 我要出去門徒人家走〻 徒弟徒孫又不在家 須要看好
门户 不要放公子出来 丑 曉得 外 还有一件 東廊降魔殿 昕
有前日寄放的女子在内 不要放公子到殿闲走 丑 这个不
消说得 外 出山鶴引路 入觀鹿迎门 下 旦上
【引】奇殃实遇餘生無計痛潸〻襟沾泪痕 泣 声高 泪 声高 泪〻
血泪朝青衫 成仵淸家遠望 天遥薄命他鄉 骸骨拋孤 魂谁
与松 奴家趙氏金娘 住恒山 進香遇盗贼 擒来遂銷道院殿
中 蜀匹旦夕 倘贼人有非礼之事 杞我將碎首階前 我那爹
娘吓
【二郎神】生休擬嘆紅顔古今都顛沛痛死別生離分两地他鄉
拆散家鄉極目依稀非是我貪生田素履兇門関須臾展舒 今
氣頻吁只索向未生再舞斑衣 睡介 净上 雲路遥 壇静 客生丹灶
烟 我趙匡胤 自从闹了勾蘭院 走到太原地面 相逢叔父 寓
居觀中 卧病一月 近得痊可 谁想被叔父拘束 不得外面闲
要 今日他出去了 不免在觀中各處一遊 多少是好 正是 洞
裡有天春寂〻 與来無伴影蕭〻 丑上 房中失却公子 廊下奔
來 道人 公子轉来 净 这是什么規矩 丑 老师父分付 请公子
房里去坐 净 我又不到外边去 难道这觀中不容我走〻 丑
这寺到西廊下去罢 净 我俩要往東廊下去 下 丑隨下 旦
【鶯啼序】支頤半晌夢魂疑我恍惚歡笑親闈醒來時仍舊凄其
到不如杳然夢断離 净上 那里有婦人啼哭之声 丑道口旦 心不悅只

落得祇神可对 外上 事不関心関心者乱賢住在此何事 丑 老师
父来我闲门不曾恵前月分付梅花自主張 下 净 你老人家
在此出家幹得好事 外 不曾做什么事 净 降魔展中鎖的甚
么人 外 不要管閑事 净 出家人清净实為红塵不染為何展
内鎖着婦人啼哭做出这等不肖之事你老人家也要放出
良心试说个明白还有商量你看欺三瞞四俺趙匡胤不是
和光公塵的
〔簇玉嵩〕清虚殿鎖翠眉瀆神明胡图為好個清閑道律司剛紀
外 虽是婦人不干本观之事 净 你是一观之主别人寄在展
内少不得你也知情的何須故推終难瞞誰大丈夫一言決
撒怎容得多瞞昧 外 賢住非对你说前日有几个响馬不知那
里护来的日前閉在展内教我好生看守若有差遲寸草不
留 净 那响馬如今在那里 外 又往别処去了 净 那有此事快
与我閑门叫那女子出来問个明白 外 这个使不得休要惹
累本观 净 我性如雷鴻門直入速辨是和非 打進 旦 大王饒命
吓 净 小娘子我不是強盗你得驚怕你且说誰人引诱到此
倘有不平我与你觧救便了 旦
〔啄木兒〕蒙垂問和泪啼 念 妾身趙氏金娘 呵 遠涉関山金闕礼
外 到此北岳進香的 净 那里人氏 旦 妾蒲州耕讀家風 净 呵
有父母 旦 我那双亲 呵 盡向路岐抛弃 净 谁人拆散你的 旦
遇一起強人 呵 擒来深殿遭囚繫我猛捨一死須曳笑幸遇
英豪超污泥 净

〔滴溜子〕听哀訴〻 净 冠髮起吴鉤利〻 豈容奸宄 適才是粗
卤怜惜 净 撞叔父 外 老人家豈做这等事 净 小娘子是良人
家室女被強人所护我今不救更待何時不必傷悲凡事有
我趙匡胤在此管教你回故鄉便了 旦 虽蒙恩人救出虎口
奈家鄉千里奴家又是女流怎生跋踄 净 救人須救徹我不
辞千里送你回去 旦 若得如此待奴拜謝尝哉一拜 拜謝恩
全天地救奴離火坑得歸故里 净 此乃小事何苦謝得不過濟
困扶危男兒事体 外 大住此事行不得強人势大官府竟捕他
不得你今救了小小子與守备不得辞其責再来問我要人
叫我把何言对他豈不連累于我 净 大胆天下去得小心寸
步难行我趙匡胤一生見義必為万夫不惧那响馬虽狠也
曉得我声名既然老人家怕事我将四壁隔子打開做个记
号在此 打介 我去後那响馬来时只说趙匡胤打開展门搶去
了寃有頭債有主要他来尋我数他往蒲州一路而来 外 蒲
州千里之遥路上盗賊生發单身独馬尚且难走况有小姐
子牽伴还要三思 净 漢末三国之时関雲長独行千里五関
斬將護着二位皇嫂直至古城与刘皇叔相会这才是大丈
夫所為今日一位小娘子救不得还要做甚么人倘然寃家
路窄教他双〻受死 外 还有一件古云男女坐不同席食不
同器千里相送虽然義氣傍人那知就裡被人談論為好成
雙反為一世英雄之玷 净 叔父莫怪我说出家人慣粘架子
千里不人我每做好漢的自己血心上打得过人言都不計

較況小外子姓趙我也姓趙五百年前合是一家就在神前
拜為兄妹路上同行免無外疑了旦恩人奴家怎敢相扳净
患難之時何須过謙旦
〔梧葉紅〕感体垂憐救拔殘生脫噬臍連骨肉得提携旦伯〻請
上受侄女一拜荷尊行雲天高誼深拜祷效卑微外侄女几
时起程净明日就行外一騎東不得兩人侄女雖有據小怎
生肫受程途之苦從容覓一車輌來仝去却不是好净有了
車輌反费炤管我将这騎与妹子乘騎我誓馱千里步行相
送旦愚妹有累恩兄遠送惜非男子不能执鞭墜鐙豈敢人
与尊騎净妹子你是女人家脚力步行正合其宜明日就行
粧全鞍把龍謀馳轡迤運寧辭劳苦千里共驅馳嘗天涯傾刺
故鄉歸落地旦净下外这事怎么處他去後強人若來如何枝对
虽然打碎陽子与証那响馬那里肯信再作道理
〔尾〕論英雄非如戲成人伏義世間稀嘗取英雄天下知止是
烏鴉喜鵲仝巢　吉凶仝然難保下

第十七齣　送歸

净上世人結交須黃金〻不多交不深縱然一諾曾相許終是
悠〻行路心俺趙匡胤在清凉觀中救了一妹金外許他千
里步行相送行了兩日界又是汾州界上了此処路徑傍柔
故此先行一步探取你看野花滿徑山鳥呼声好一派景也
〔粉蝶兒〕野曠天高極目處〻只見那搽長空雲霞飄渺几處
草舍蓬蒿種桑麻栽竹樹迤運有清流環遶近遠林皐巧丹青

也难傳炤旦上
〔泣顏回〕不綰翠雲翹任意村粧像草吁〻殘喘風霜歷盡皆晓
驕驄蹀躞控絲韁一味風塵杳伏英雄救拔壓迷沾恩澤海角
天浩净
〔上小樓〕俺只見一程過了一程遥走不盡山徑共荒郊只見那
小橋流水野渡人寥深林鳥語曲逕花飄只听得韵悠〻〻樵
歌兒唱出空山凹高〻下〻飛鴉聲噪見一幅酒旆兒〻招颭
得花枝杪俺此去半晌醉村醪店家那里外上是那个净有好下
飯取來將这馬兒喂好外晚得仝旦净下丑上
〔泣顏回〕兜曹深殿窮多姣闘殺人明珠难討尋蹤覓影何愁遠
飛天表丑我和你背了許多心机尋得一个女子寄在清牛观
中谁想被他搶去了付我們一路赶来人〻說前面有一騎
馬騎着个婦人一个紅臉男子隨着不免赶上去便了仝追
風逐電任鰲魚脫却金鉤釣獲佳人早遂鸞凰擒惡党盡除残
暴下末上城門失火殃及魚池楚国亡猿禍延林木小二哥那里
外是那个末方才有一騎馬的婦人一个赤臉的漢子可敢
在你店中外在我店中末不好了如今介山大王領了多少
兵馬來了連我村中都不好了外既然如此教他出來客官
快來净上怎么說外後面許多人馬來拿你省得累我村中快
走〻净是那里人馬說得明白我就去外此處介山有兩个
大王一个叫做滿天飛一个叫做着地滚闖進閒得这女子
是他寄在清牛观中被你搶來故此領兵前來擒你快走净

呋你不説起強盜犹可若説起那強盜恼得我怒髮冲冠我
趙匡胤不是好惹的
【鬧鵪鶉】氣騰々徒驟雲天々急煎々雄心火燎恨煞々奸究兇
殘々明晃々劍光條挽血悝々冲々姿勇駝休得要恁粧巧一
任他萬馬千軍々怱喇々風馳電掃（千余上）的那里走（净）你這个
該死的賊快來納命（余衆下）（外）难得义士如此英雄打死兩个
大盗万民除害我們拾了屍骸报官义士一同到府受賞（净）
我不过為民除害那希罕請功受賞（外）義士那里去（净）這里
到解良还有多少路（外）还有三十里（净）妹子上馬速々到家
（外）我們相送义士一程（净）不消你們送（外衆）我們去报官便了（下）
【黃龍滚犯】（净）鬧嚷々征鞍跨急攘々脚步高俺只見過着長亭
々抹着短林踏着長橋俺只見荒徑才穿々花徑繞度荒村才
到草萧々疎林清興（旦）哥々這是我家门首了（下馬）爹々開门（丁老
上）昨夜灯花报今朝喜雀噪是那个（開门介）呀我兒你怎得回
來了（旦）孩兒被盜擄去鎖在道院幸遇此间趙公子救出又
蒙不弃结為兄妹又把馬与孩兒來騎思兄千里步行相送
帰家路上又誅了二賊以此得全性命回來（末老）身蒙提携恩
深再造恩御环结草敢激不忘請到里面去待老漢拜謝（净）
不消俺就此去也（末）恩人説那里話是必請進待老漢置謝
（净）俺趙匡胤豈是施恩望报的
【撲燈蛾犯】花簇々家園撒着光爍々奇珍輕抛着蒼々世奕勳
虚飄々烏紗帽（末）恩人既不要謝且在寒家暫住几日少伸寸

心（净）俺只為哭々啼々々在冉還廟堂怏薅因此上血淋瘡處
可堆挠（今）日呵喜重々骨肉團圓々俺从此去也消々洒々無
煩無恼忙々向天涯海角恣遊遨（下）（末）有这等好人也罢我每
去下趙公子神位日夕焚香作謝便了
【尾】深恩萬載難環報日夜焚香叩碧霄惟愿他福壽綿々直到老

第十八齣 話瀲

【引】（旦）嗟薄命餘生堪憐九死顛躓萍愁日消々悲斷梗々（不要）
金屋閒红粧奇向孤村泣名阳夢田恍然恍王安貴力馬灵
情欵死鄉野花飄雨韵悠阳天涯何處是家鄉妾自韓素梅
蒙趙公子救出藩籬又蒙鄭叔提携來此躲避更名隱姓跋
陟関山已到蓟州界内僻處荒村賃居茅屋全賴鄭叔々入
山担柴以供薪水未知何日再得有音信也我鎮日里呵
【沉醉東風】俺柴門久離綉屏前束粧永抛焉錦音信杳泪淋々
天涯駝鸚料行踪往來难定斷肠踪短徑凄凉短鞭容光自毀愁
人話寫勝（生挑柴担上）芳樹無林葉自落青山一路鳥啼嫂々
拜揖（旦）叔々請坐兒肘挑得趙公子消息（生）鄭恩欵与同行
恐路上难走欵待自己去恐嫂々無人照看故此心中犹豫
（旦）但不知公子今在何處（生）俺大哥呵
【江兒水】護屈甘栖楚准備着伏劍淒程途跋涉多劳頓怎割得
萍踪離凄只風冷自合趋承恭敬只是潦倒生涯及累嫂々何
受盡了黃虀清冷（丑扮老人上）野花茅為室樵人僻作家（見生々）哏
哥到此何事（丑）鄭哥約你出个公分（生）什么公分（丑）明日有

个税更经过我准备路费供应（生）一處鄉方有一處規矩（丑）郑哥你本新居不晓本處事体這地方圓五百里之外有三娱（生）那三娱（丑）汾州界有一座小金橋多是香客往來之路有一好漢綽号護橋龍董達兄弟五个口稱董家五虎又聚有五六百人馬强在小金橋客商貨物都要抽税（生）抽多少（丑）少則對半平分重則連鱉拆倒（生）這不叫抽税叫搶了他人的了（丑）他常把貨物解到彪太尉處有些权势無人搖動他（生）第二呢（丑）數十里外有一座木鈴關守關將軍叫做韓通他雄據此關往商俱不敢过擾擾遠近村坊每逢出猎踏踪來當訪知甯实擄掠良銭聞知美女逼為姬妾（生）有這等事他為何恁今當這个一發不該了（丑）

【玉抱肚】他操持權柄鎮雄關凶殘肯深斷送人夫婦分離只圖他美麗輕盈花花太歲盡皆稱說起教恨怎平（生）第三娱（丑）近有一座崑崙山山上有猩猩怪其身長大披髮人形鈴牙長尾出沒傷人本處居民挨村輪着各出分鈔每月次覓生人一名傍投岩下其怪飲而啖之若无人献怪定出來食人（生）一發好笑

【川撥棹】妖大遅笑遇民還未醒大丈夫匣劍常腥腥甚容得山魈現形拂龍泉神鬼驚自痴迷鄉党寧常聞當初周處他听得人間有三害長橋下有蛟山中有个白額虎和周處害人那周處听得便入山打虎下橋斬蛟那厮是个匹夫上然故了三害我鄭恩到除不得三娱著只是撞到手内再看（丑）說話久了歸家路黑告別了

【尾】（合）何人重把頹風正掃邪除暴極生民共樂桑麻喜氣迎

安危憂樂誼應問　濟困扶傾在遇逢

第十九齣　投猩

（小生上）浮雲不共此山齊烟靄蒼蒼望轉迷晚日暫憑千樹里秋天沙在數峯西自家木鈴關韓府中虞候是也昨日太夫人入山進香進到半山忽起一陣怪風過去現出一个怪獸將太夫人不知拴那里去了老爷着我与众獵户各山搜取再無踪跡不見喚出他們來計較獵户那里（众上）飢餐鳥獸肉寒衣虎豹皮（生）你們有些消息么（众）没有那崑崙山有个猩猩怪会食人想是他得了只是此物刀劍不能傷等閑不能擒就尋着他巢穴也不敢近身（生）尋着巢穴報与太尉知道多發些人馬圍住擒他便了（众）既然如此我每就此分頭尋去鳴鑼為号（小）有理埋伏机關擒猛虎安排香餌釣金魚（下）（生上）

【山坡羊】鬱嶙峋山峦疊翠响潺潺溪流聲沸影参差寒松蔽天險嵯峨怪石渾泥墜我鄭恩担柴度日值此寒天山下柴薪都已被人樵盡只得到頂上去果數偶奇寧辭勞力勉（众上）的什么人（生）我只道是虎豹元來是几个獵户（众）我只道猩猩怪元來是个樵夫（生）列位那里去（众）我們因失了韓太夫人官限緊急為此寒天没奈何在此你便隨處砍几根罢了為何上這等高山來受這等寒冷（生）哥吓我是會稽太守生涯細

怎學得金臺家受用齋 中上 面光很多不要去看仔細 生說那
里話當初亦莊判虎刈李斬蛟才是大丈夫所為男兒雖要
向沖霄起鵬鶚 請了不要慌了上山工夫 末 你不信分明指与
平川路反把忠言當惡言 末下 生 驅馳好一似入商山採藥歸
枚他每跑倒了一回不免上山去呀你看雪花早飛下來了
【前腔】慘慘昏昏彤雲無際乱紛紛漫空飄絮冷颼颼撲面風吹白
茫茫不辨天和地 一塞時那雪越大了怎渴一歲眼一眼便好
望眼迷有一派松一洞款 呀 洞中卻也寬展又有石床石凳 早
難道神仙洞府堪閒頓 呀 怎么許多骨殖在此原來虎豹窩巢
遮樓 老旦哭 呵呵好苦 小生 呀 何當婦人啼哭之声蹊蹺為甚
的向空中有婆婦啼 那邊有几塊圻石斷在此待我搬開來
看 躡爾只索啟齒岩將禹穴逃 搬石介 老喊上
【水紅花】堪嗟衰暮受災危痛傷悲餘生如蟻 生 你是什么人 老
我是韓國主之母偶然今山進香被怪獸擒入洞中天幸得
遇壯士 望伊救拔我微軀俞身不定愚感恩無地 生 不必悲
傷帶你出去 驀地穿林拔石長嘆衰岩扉當救傾刺衣殘軀
也罗 拜介 就上 生
【梧桐花】睨猙獰形魑魅聖爾情風思吞噬送禁我當來震去如
生擒饒你牙爪迎人勝熊羆當須史委他頭顱兌狼狽 做介 當教
你斷送喉閒亂 生上
【金錢花】忽聞岩上轟雷雷疾忙揉取困伊伊須臾驚任妖魑真
勇烈世間稀 夫人在此 喜白骨得生回 老 請問壯士高姓大名

待我回去着小兒相謝 生 在下姓鄭名恩寓居本處村中偶
救此怪何須要謝你每將此怪報官便了 生下 老扶了夫人走
【尾】深山傍晚斜陽濟回生起死得鶴寃白屋黃金報阿誰

第弍十齣 殺妖

【秋夜月】付上 只愛拔官戴都華闊森森翩翩閣歡娛俞人美麗心
心念熱風流擺搖逍妖娥麻軟 下官韓通是也官居太尉我守
以閑暇指將雉兵受用吃飲兒美女真个是一方天子 他上
神仙 昨日我去進香被一怪獸擒去幸得担柴漢子撲殺
怪獸救得婦家 想那人如此勇力不堪帳前重用况母親再
三分付要我去謝他今日當齋晴明不免去走一遭從人那里
中上 所得老爷叫快拿來到老爷有何分付 付 准備雨從元
宝保假二端隨我走一遭 中應
【一江風】出郊原一望平于練彩幟如飄散箭離弦校顯穿楊墜
落雲中雁蒼鷹揚遠天天寒庐縱遠田盾驊騮蹀躞如飛電 丑上
雨雪閒山踏風霜草木稀不知太尉爺爺駕到有失迎接 付 我
問你那一家是鄭恩家 丑 這里就是出去了不在家中 付 他
家還有何人 丑 有一嫂嫂在家 付 昨日他除怪獸救我母親
特來謝他請他嫂嫂出來交付与他 丑 鄭嫂嫂有請 旦上 室山
雉馬推俗客到庭稀 丑 此間是韓老爺鄭哥昨日救了他老
夫人今日特來酬謝 付 妙 小
【大迓古】相逢似偶然何期草莽得遇神仙 付 你去對小娘子說既
然他叔叔不在家就接他去少伸寸心 丑向與旦 旦 奴家決不

去的付都是天台来劉阮安排金屋貯婢娟与丑叔、回家
来到府中奴家决不去付叫左右把元宝做聘礼不怕他不
去把这老兒叔下了丑小人不敢付須信無緣怎结良緣上
这是那里话

【前腔】酬恩反做冤逆頭臼壁怎種藍田付不怕你飛上天去与
堂不聞向日詹敷心不变須知投杼志自堅付俺中你們将他搶
上馬去末付绝勝心猩骨人面顴末下丑付有这等事白：把个
婦人搶去了生上莫道柴門音信少雁鴻飛得到衛鴻丑鄭
官人来了不好了昨日被渭解太尉的夫人方才来謝你生
誰要他謝丑誰想回你不在家中把你嫂：搶去了有元宝
採緞為聘搶上馬去了生有这等事么

【撲燈蛾】聞言似火燃：怒氣如就成一女不能全救人怎見兄
面也生誰道你这畜生恩仇須辨这里利大鈴閑有多少路旦三
十里生發倉利刃除膺頭旦請救了良子生覷金濟救人毒
眩旦去便去得不安造次生閃男兒一腔熱血怎饑延下旦白
人德被冤今人冤根深下末上

【猿：金】因酬謝下山顛敝見如花女更姣柔閑月羞花貌異常
難遣合尤如漏底得金釣今朝當入彀：下生上

【前腔】關山路引戈矛青萍光閃電情来挽那边一起人来了羞
地敍相望歎前途後末上合前生好辯适你这狗才我好：就
你毋柰你反搶我嫂、往那里去付这就是鄭明公我对你
说不是搶你嫂往那里去我来謝你、不在家請你嫂：到
府住：何妨生狗至还要胡說末付下这員心人已除心中典
快丑叔、强盗雖誅恐有禍事不宜在此久住如今不必回
去了生嫂、如今到前途访一尼庵与嫂、住下我去尋公
子使了羊腸路徑月關浮鶏鳴度關走：下

第念一齣 放舍

【引】上浪宕天涯豪氣直干雲表習英雄肯老衡茅我趙匡胤送
婦金娘之後一向寓外祖杜合公處与玉太賀太守萍踪無
定我在这边结識好漢匡兒得兩水逢風幸得郭雀兒得了
後漢天下我從前的事料無人追理了前日蒙大奇宗徽暗
我許多做又柴往徐州發貨故此親自押着車兒前行咗老
天：偷送匡胤冲天志氣半生落托江湖正是壯志昂：貫
斗牛益事暫且困騂騮時有有日風雲動不羡區：公与侯
衆車夫把車兒推上來吓末扮車夫上净

【泣顏回】萬里頓遠離回首家鄉飄渺豐城匣劍光芒斗杓騰耀
塵埋滿目向何年手挽長戈掃攙重瞳楚漢爭鋒扶社稷乾坤
偏小下五兒上

【前腔】英雄五虎據金橋真个是四海英名傳到爭鋒取勝那怕
千軍萬馬圍繞末自家護橋太歲是也生来勇力千斤神棍
世間無敵兄弟五人号称董家五虎據占小金橋落、細些
稅兒各处口子都撥下兒郎把守这里官塘大路故此自己
坐鎮兄弟都到橋下去看：客商往来即便下手長虹鎖鑰
鎮天關那怕鴉鳴巧雄糾：絕勝熊羆亂紛：共献金寶下净尊丑上

【千秋歲】淨 過山凹踏遍羊腸道忽喇々市語週遭 內喊介 淨 滾々征塵々驀聽得几般嚷々喧閙 丑上 忙々 好似喪家狗急々 淨 如滴個兒 淨 你們為何如此 丑 客官你不知道此处有个小金倫々 迎有个獲倫瓦輩遭繞鎮五虎攔住路口平分抽稅我們不忿爭執叔他把那貨物搶去各人只逃得一條性命 淨 吓有這等事我偏要去 丑 客官你把這車兒推到別处去罷這五虎不是好惹的 淨 咦那怕他五虎他來討倉教他个々受死 丑 要知山下路且問過來人 下 淨 聽伊語偏焦噪男兒性椎是樹曾一戰除殘暴把車繫赶腳步那髙 末上 推了把車兒 歇下 抽了稅再走 淨 這里又不是朝廷設立的關隘抽什么稅 末 我們抽了稅解到鄴太尉那里去的 淨 你們要抽稅只問我手中棍兒可肯 末 買干魚放生不知死活 ：：述

【前腔】生上 隱漁樵避跡空山凹鎮日裡興到牢騷 我那思自來了韓通將娘々寄在尼庵中自去訪公子消息浪跡江湖々貫真彈鋏楚歌長嘆 內喊介 生 呀何隱々征戰之声 荒郊路人喧俏深林內鴉鳴噪回首憑凝眺 呀 又早是笛聲嘹嘹啕徹松梢 丑上

【越恁好】我在綠楊堤畔々草叢々把犢抛向長松花下獨自个偷閒俏 生 牧童那边为何喧嚷 丑 有个客人不肯抽稅在那边相杀哩 閙哄々怒號々見急騰々訪車撒來性戰鏖 生 那客人与什么人戰 丑 与輩家五虎戰了 生 可是輩達 丑 正是 生 客人可戰得过么 丑 先到戰得过如今堪々不濟事了 氣冲々斗々々乱叢々去接戰說甚麼多勇驍 生 那客官怎生打扮 丑 生得赤臉鬍鬚手執盤龍棍 魁形漢虎面威可惜人兒少 生 果然是赤臉 丑 那个哄你么且吹笛自去欢笑 下 生 如此說來是我趙大哥了我此時不去救他等待何時 走介 只是沒有器械這怎么处吓且喜有棵棗樹在此待我連根拔他起來 拔介

【前腔】除根還去葉々滴溜々手內精任如狼似虎曾一塞推枯草 怒冲々奔逃々恨不得狠吏々一棍兒除却撓梟 內喊 那边末上 末 了 急煎々向前々似扮々神兒共飛下碧宵閙五虎還英豪斬巨釜攙首伴接英饒 下 末 追 淨 末上 生 好漢到了 末 衆下

【紅綉鞋】生淨 一朝會合心交々一天吹喜魂消々他鄉遇樂滔々分離久語叨々除奸惡喜消々 淨 兄弟別後事情一时难已尽說且收拾車輛前面酒肆中痛飲一盃細談一談

【尾】向々離叙潭難料好向前村飲濁醪連宵風雨且共飲寒衾說到曉

第念二齣 巧叙

【引】小生上 騏驥未騰驤浪跡多安寧 小生趙普只為功名尔走他鄉故此久別家尊向曾仕漢為課判官今聞宗昌宗登基現當擇書記世宗念公子八拜之交特書手詔令下官尋訪棲以樞密院重任迤逦閑西再無消息一路行來看々天色傍晚不免趲行則个

【步々嬌】只為義重金蘭把貧交訪草澤綸音降側席太平章怯似事寐相逢恨不得渭濱躬往 我訪得趙公子呵 國事果無實

行得業青雲上 天色已晚这里有所欵店不免投宿便了店
家有么 旦上 廣招天下客安歇四方人 客官何来 小 特来借宿
丑 請到里边去 付上 投躯旁天涯長笑喜英豪 咱乃苗訓為訪趙
公子行至此处天色已暮不免投宿便了店主〻有么 丑 又
是那个 付 借宿的 丑 請到上房去 付見小付 好个貴相 先生尊姓
大名 小 在下趙普 付 元来弘遠先生久慕英名实切山斗今
覩尊容他日必登太平宰相 小 請問先生大名 付 小子苗訓
小 元来先衛先生久仰神術今將何往 付 為訪趙公子光来
小 在下也為趙公子先生可曾会过 付 送来未識 小 記未識
面就是相逢那里認得 付 那趙公子望是尋常之相 愚着在
下这眼睛一見就認得 净生上
〔不是路〕 合 夜宿昏黄借宿停驂到草堂 店家那里 丑上 是那个 生
是投宿的 净 主人家把馬喂好 丑 既得請到里边去 下 净
請了 萍踪浪煤根有客話銀釭 付 驀踏惶昂藏骨格真親相
小 這的是龍虎風雲帝興王 净 驚相向閑何耳語頻貼妄 生 送
容细讲〻 付 請問尊姓 小 在下姓趙 付 莫非趙公子 小 净 然也
〔前腔〕 付 拜禱吾王乞恕微臣礼不將 净扶付 先生失言了 生 情懷
共天涯邂逅喜难降 生 你这猜鼻子没得我么 你慣遊方擇逢
北岳曾相嚷 付 打是有人打过实不認得足下 生 你曾说我貧
賤之相 付 我苗訓眼力及高难道这樣一个大貴相看不出
来 你是拜將封王氣宇昂 净 先生细相一相 付 是了小面先
景甚無識只是里面有格大不相同了 這青叔多因是天公
更換非虛奬 生 好先生果然神相〻 净 先生尊姓 小 在下姓趙
現為世尊掌書記官特賞扎奉迎公子 净 既有圣旨合當跪
讀
〔皂羅袍〕憶昔萍踪两〻到金蘭情誼梦寐难忘皇祚崇閣佚騰
勳龍韜豹畧安天譲故人千里行踪渺茫倫音一扎馳驅草莽
皇恩浩蕩頻稽顙 先生貴处那里 小 念趙普世居蒲州解良 净
有一位令妹莫非令妹 小 果然 小 妹何以問及 净 那年我在
青牛現中恭病只听得廟中呵
〔好姐〻〕哀〻凄凉一樣 被我打開廟门見禍叡強良被拴 我那
时即問起不过问他姓名住居結為兄妹衛中千里归故鄉
生 可曾遇着强盗么 净 行至中途狐群党須史珍藏溝渠喪
會合椿萱喜氣揚 小拜白 小妹受此大恩何以报德〻 若如此说
小弟亦是姻眷了 小 却是為何 生 那年小弟在宅门避雨蒙
令尊留宿結為姻眷今日相見却是恩兄 揖介 大哥此奉小聚
亦有緣笑 净 今夕此會我有御旨郑家兄弟一遇至戚真奇
会也 合
〔尾〕一宵旅愛情难放明日匆〻往帝都盼看他旋轉乾坤勳業廣

第念三齣　奪印

末上 年少辞家從冠軍金鞍寶劍去邀勳不知馬骨傷寒相惟
見龍城起暮雲 小將虞侯是也 世宗登位以徽騎檄人趙公
子以授廣前都叙点之職今日南唐有警着提兵太尉為帅
統兵征進一应人馬粮草衣甲弓箭砲石刀鎗俱已齊备今

早傳令安在教場点起各將准選先鋒一員傳令各營將佐悉元帅登壇在此伺候道抗承了元帅來也淨引四將上

【醉花陰】大纛高牙出雲表秉斧越承恩天討叢劍戟列方刀明晃々星斗光耀統貔貅驅馬豹望一片陣雲遥遠的是瑞氣祥光相麾罩星將坐介俺道直衝吶右金点戰校元戎統領將佐任討南唐一在科条法律已曾三令五申今日登壇須把各營陣勢擺來以便擇吉起行末排陣

【画眉序】奇陣疊相交魚麗雲連共懷遠徽衛公韵署閃々龍韜按三才旺相孤虚演八陣風雲星耀合共看細柳軍威振堂々不負聖朝淨衆將官可留有了末衆將俱有只有前營指揮禾田淨鄭恩何差末查閱糧草淨糧草是軍中急務這也罷了諸將听着目今統兵征勦南唐須要挑選先鋒一員為諸將之領袖這山開路遇水疊橋臨陣爭先奪旗斬將又須智勇足備方長無間者才任此職如今要走馬射箭連中三箭者即卦此印末得令淨

【喜遷鶯】這不是尋常虚套一星々難混分毫英也虎豪早抖擻精神獵校向百萬軍中奪錦標休違拗這的是千軍領袖憑着你一箭功勞小生張廣達出馬

【滴溜子】忙馳驟々花驄天姣連施縱々淵寥奇功古來罕觀徽妙非咱誇毅中獄結堪效又手麾下前後飄颻下張廣達一箭中金多淨一箭中金多可謂無虚發先鋒印与他掌管

【出隊子】早則把烏號斜抱看箭法連珠不浪拋卻便是養由基怎撒姣不得功勲凌閣標呀早掛着先鋒御賜寶付白且慢些這顆印留与周興掛了淨你敢連射付元帅一中金多何足為奇我偷要三中金多

【鮑老催】英雄年少力超烏獲誰能效拔山李廣非誇藻看潤弓挽星羽飛喧轂噪堂々射中金錢小天山三箭安宗廟掛將印非輕小末周興兩中金多淨兩中金多這印引與掛了

【四門子】小蓬蒙羽箭通微興快々架着燕角麟膠看流星落崖猿啼情不枉我冠三軍手段高人兒似龍為兒似彪那怕他軍兵阻挽擡着長矛掛着征袍呀早伏閘山前導生內白前營指揮鄭恩回營上

【漫般子】單騎喘々激得我心焦燥閒消耗々早飛騎忙馳到鄭恩徹令糧草俱已有備了元帅這先鋒該為与我鄭恩怎公副人掛了淨周興兩中金多故此与他掛了生元帅我鄭恩百事当先百夫莫敵坐上馬如龍似虎搭上箭似流星趕月三層鉄甲一重々身掛從鏡一項金盔明晃々光耀日月千軍隊里斬將就如探囊取物百万軍中奪旗淨如魚截遠山開路不然万匹馬奔過水敵橋卯怕千層巨浪饒你項羽敢爭鋒就是尉遲誰敢攔快把印來我掛淨你敢連珠射么生鄭恩三中金多先鋒印讓我掛着差一箭怨將軍揭驪首交納淨快出馬射來生風馳掃霸雷耀看抽蕭翎羽疑落双雕末鄭將軍連中三箭淨這印該鄭恩掛了鄭恩過來我与你共信交情今関單令身在先鋒責任非小与你五千鉄騎先

往南山一路征勦我就領後軍接应

【水仙子】呀、、兵英驍整、、倫着號令嚴明把將卒調快、、渡百萬里江山潮好、、防有衛擊炮嗲相、、地里安営下炮守、、着他赵寨偷巢禁、、軍兵奸溪搶橫莫踹敵敵禾苗早、、把捷音飛报遶、、程途莫惜昏朝 生得令喜陀、靴鴉金鐙响笑吟、吞喝勦歌唱 下 净就此起営 大得令 净

【煞尾】早暫倫擄粗横掣把妖魔勦看指日洗甲天河功業高全你圖畫凌烟和看天地老

第念肆齣 喜报

【引】旦 深閨寂靜抛脂粉思往事轉傷神奴家全娘蒙趙公子救、坏千里相送出則朝夕須礼未知何年得报大恩 兄长我取功名一事未成如何是好 放心不下不免收拾香案礼拜一番 奴家这柱香呵

【大勝樂】為英豪千里殷勤鏤骨銘根末申怨他風霜一拎池魚衣重竹帛着功勲望得龍門咯寄青鳥信雖非白屋祈一強緩汎烟裊也望詹旁送罣步鑿堠塵 老上

【不是路】昇東欣、傳與閨中寂寞人 旦 姆來為何这等欢喜 老 我兒為音書信到京都遣使迯衛门 旦 绝寨温送何一旦適音聞 老 只為兄行报喜音欢無尺東康喜得鹏程高遷有恩人佳信、 旦 為何許多信來 老 你哥、遣人寄書回來记自己做了记室参軍鄭官人做了都指揮又排了先鋒印趙公子官拜兵前都檢点今為元帥我子婿二人都在麾下豈不是喜、

大喜 旦 謝天地 老 書上說不久合家要接上京中去

【掉角兒】寄鱗鴻遠達草茅、生慶風雲魚龍飛迅喜重、欢生笑頰咲吟、喜添寵榮尤喜得伏兵雄登握耀庭蘆揚名鐘鼎圖象畫錦一旦天公有准酧恩展仲真个是一家骨肉尽[illegible]奇逢

【尾】今宵一齊舒愁悶早准備望都前進共話半來離緒情

第念五齣 兵变

付上 城上風威冷帳中劍氣寒戎衣何日静歌舞入长安 自家苗训是也 非日軍前奴了多將高怀德曹彬王全忠皆列為勇將我我受恭諜目今世宗晏駕撿点領兵北征我看将士皆有反測之心且待諸位將軍到來再作道理喒聊迯鄭高二位來也 生上 把劍全星出 末上 鸞孫玉羽鴻 各見 付 目今主少国疑我軍兵馬北征縱出死力誰人曉得趙撿点恩威並著人望所重愚意欲協謀推戴未知二位如何 生 元帥究步后行实有太平天子之相久有扶助此事何疑 末 如此大事六須与書记商议 付 你看目下有一日黑光摩盪在政革之事將更可見公 末 生 此乃天命且待行兵之際与諸位將軍一全行事便了 四將引淨上 某趙匡胤是也奉命征討南唐、此中將官傳余令與行以行各営人馬俱謹依隊伍屏營而行 中得令 [illegible]

【一枝花】漫、旌[illegible]、征塵罩㘭、红日惨淡、陣雲高軍佈滿荒郊俺命將還三恩行[illegible]按六韜右白虎左按青龍後玄武前倚朱雀 末 已到陳橋了 中 分付諸將各隊行伍安営下寨

毋得喧嘩違令者斬 末 得令風起塞雲斷夜深闌月明 末下
打五更 淨 五更籌听金鷄報一鄣休辭永夜勞我且半倚闌
屏弱天曉 曉介生付末上 曉風吹画角殘月倚營門趙書記何
在 小生上 地理南閩闢天文北極高牙元帥已卧了將軍身
何不睡在此何當 付 孝候書記一言 小 有何見教 付 諸將泛
主怨立太尉為天子 小 太尉忠心也不允從 付 軍中偶言則
旅今已議定太尉若不從我輩安匹細校戒 小 册立大事関
六守爾等何得便本極修 生 若依列位議許何時是了 不
免灶下吉黄旗校在元帥身上諸將即拜便了 諸 在 北 醒 拟
淨身介 末 萬歲 淨 醒介

【哭皇天】誰把我好夢來驚覺驅軍中不住叫那里是兵嚴刑法
重只怨得人語然般高 末 万歲 淨 呀險將人嚇倒廟廊君令台
省攸說君王後然太后生嗔則俺這大名兒怎得了豬急列一
心如刀鋸頭焉這身似火燎 付 主公上應天心下合人望乃真
命者主也 淨

【烏夜啼】都被你說陰陽惹得諸軍鬧一个〻訣訕訣搗 末 主公
自從為黄袍加如何說我們不足 淨 原來是紀由押兇把渾身
單 小 天命已定主公今當應天順人 淨 你道是天數難逃我道
情理難饒不要這赤黄旗権當滚龍袍〻可將這出师表扭作
郊天詔受云法台曾似凌烟閣汝貧富貴我堂英豪 末 主公若
再推辞否等不听幼了 淨 汝等白貧富貴主我為主能依
我令者則可若不能依我不能為主也 末 惟命是听 淨 太后

幼主我曾比面事之當世襲王爵与国同休公卿大臣不得
凌暴不許擾害鄉民劫掠府庫違令者斬 末 得令 淨 趙普

【煞尾】你做都堂朝政 鄭恩你掌樞密天下兵机莫辭勞 曲
衍 你掌司天心籌耀曹彬周與你做元戎身斬听 李漢超 罗彦
威 你須兵權作招討高懷德王全忠有罪的加刑 石守信張蕪
遠 有功者贈爵我且雄受這一顆交天傳國寶 淨下
末 正是一人有慶安天下 萬國來朝賀太平

第△六齣 貂叙

旦上 做宫女做小做樹負做老日閑不得閑夜眠不得睡自家
平川貂〻丞是也只為万歲迎取皇妃已过前后本府太爷
都去迎接月三分付貂中打掃絮淨房屋整備灯火安付方
才傳來今晚到貂安歇不免在此伺候 下 小軍串天引末老旦上

【綵〻】【金】歲風大寶堪誇汝南王府内叱官家軍相當朝日一人
之下 什人迴避禁喧嘩官員盡驚嚇〻 小軍 貂丞那里 丑上 老
爺是何衙门 軍 内闈趙府家眷住貂 丑 万歲迎接貴妃進京
求在民房暫住一晚 淨 我每當朝宰相夫人兼千歲娘〻 谁
道住不得 進介 太監引旦上

【前腔】皇宫召赴京華位叙當陽垂駐群苑扎淋漓馬雀橋趋駕
星期縈迫堂容羞見神也驚怕〻 丑 貂丞迎接 外 芝公 貂中先
有人住了 丑 是内閣趙老爺家眷 外 吐 还不致他相讓 占 内
侍過來你去对他說

【園林好】蒙微聘恩隆御宣未登幣久牽紅線休特把門楣華顯

念牵土盡元田如鳩占敢無天 外 領吉里面有人么 四 乞 外 我
姊〻說道皇帝未登基之年先已聘定今欽命入京須念善
天下尽尊王化天人豈不知礼法 旦 内官你去傳上姊〻
【慶子】我是當今御妹非輕鮮首相凡体面怎捐閑園元數姻
眷客駙含堂徒然如路宿怎無言 外 晚得那边夫人說他是万
歲御妹当朝宰相又是凡長史兼數臣内眷难道还细中也
住不得 占 你去說既是皇上御妹就是姑〻了
【前腔】論体通尊卑須辨叙姻缘親踈難眩既属天家一傑草〻
萍踪也須要一路相通把情誼聯 外 多〻拜上姊〻既是官家
御妹就是姑〻了今夜幸得相逢烝承一叙 旦 先去禀知 外
姊〻來了 旦 姊〻請 占 夫人請 旦
【品令】你是瓊瑶枝艷葩和露種天邉我是凡花賤卉堪駕争先
占 說那里話 親連葉死情誼庶凡腆殷〻賓主怎把礼儀胡
纏 旦 學意殷勤斗胆全行敢並肩 旦 姊〻請上奴家有一拜 占
妾身也有一拜
【豆葉黄】幸有缘邂逅適覩魚軒性無端此夜郵亭〻你意欢〻
天遣前因舊新怎教謹延且半晌挑燈閑叙〻悉從此形跡龍
門各天 占 請問夫人既是官家御妹為何相國又是兄長 旦 姊〻
在上奴家元是商州人氏相国係是義兄那年化缘进香路
逢强盗记我呵
【玉交枝】寄居宮院惜残生捺歸九泉 其时蒙圣上呵 送宝提携
出危塞半路残除亏剪豪勝兄妹情意堅步行千里同歸轉受

深恩忠心久煎報深恩知他甚年 占 請問今日迎婚又是那个
旦 南唐王鄭 占 敢是諱恩字么 旦 正是 占 呀若如此說是妾
身大恩人 旦 這是為何 占 妾身向年蒙官家救出欸院緣結
姻盟官家前行去了把妾自寄与鄭叔〻携往薊村呵
【六么令】採樵供膳鎮朝昏心虔礼虔 其时有一群通将奴擄去
輕身入虎穴龍潭〻救我生還提軀退千單萬馬殄賊身全大
德难忘誓卿璞言之泪漣 旦 又有此事 占 如此比前更加親了
旦 先說与官家九嫂合是姑〻如今又是鄭叔〻尊上又該
稱嫂〻了 旦 先說嫂〻如今又是姑〻了一番親誼又是
兩番親熱 占 官家救了姑〻叔〻救了妾身正合天意之巧也
【江兒水】親誼多瓜葛恩情有萬千須臾辨不出稱呼変叙忙說
不了深恩遍就是來生也酧不尽卿璞屢撻是英雄施展只是
裙釵勝似並蒂蓮枝纏綣 你我主亲骨肉親情今尊令堂相見
旦 請太老爷太夫人出來 末 老上 陽嘴須有耳窗外豈无人
方才你们许多言语多听得了 占 請上妾身有一拜 末 又 老
夫婦也有一拜 合
【川撥棹】親非淺幸重〻情緒衍喜洋逢骨肉週全〻拜頻思陰
恩意繾喜今朝會有缘更何時笑語喧
【尾】姊〻怎設酧恩宴且把郵亭聊荐有日帝室王家理待逞

第念七齣　歸山

付上 心却不種田但種松与栢松栢未生尚苗待市朝客我苗
训向半浪跡江湖物色真主協佐太平蒙圣上賜以高爵人

生到此亦不處度了但我決不做木央韓信常相李碎散張
良幸得陳先生登上啟請到京已曾拜在门下歆仝他归山
小道今日登上与王公設宴餞行我也就此別罵去也
道就來了諸王侯來也 生上 松松王代亂离間 小生上 一旦雲
開伏見天 末 草木百年新雨露 净上 車書万里旧江川 合 今
日陳先生归山在此伺侯道就來了全罵來也 太監守安引净上
【引】太平一統明良際列冠裳森森劍佩 末見生净 諸位先生來得
早 末 今奉諭送陳先生归山來此候駕 净 苗先生為何今
日道挖起來 付 臣苗訓奏聞陛下臣本樗櫟賤質山野庸流
遭際聖明翼贊帝業但無心朱紫僻志烟霞因見陳先生済
高遯蹤欲效前日拜在门下今歆一仝上山事道特求陛下
全臣之愿 净 向承仝朝之情正要共事逸謀又豈忍弃我而
去 生小生 苗先生創業推戴久贊謀謨正宜戮力朝廷豈可發
高林麓 付 麋鹿之性久在烟霞陛下怜而赦之諸王公救而
成之 净 既苗先生志在如此且暫往山中不久寡人仍來相
請 外上 夷為當中香徹霄属諸人已荷黃袍隱躬一笑番然
去從此山中勝得寧 見介 貧道今日归山蒙陛下遠送益切
不安雪漫猶餘淦松吸露避跡躡蹈茅庵閑憩破破浮生忙忙
辭別紅塵今奔搬卸利鎖名韁當与青史白題菲竹秋松
林佳趣霍鹿共逐歸撣衣袂白雲一片蛩未扉 合
【尾】君聖臣良天時契會合風雲際遇喜慶萬歲千秋帝室奇

一

提要

《一品爵》二卷，清朱良卿、李元玉等撰，法國巴黎國家圖書館藏鈔本。曲本。謂莘臧以射一品爵起釁。是書上卷分述概、續娶、寄女、諫撫、射爵、起用、竊爵、反目、神救、啖陷、恩宥、屈招、差旋、探父、突圍，下卷為路救、被擒、送眷、勸降、破城、縱寇、興師、僧救、誘戰、殺寇、許婚、寺逢、封贈，二十八齣。李玉，字玄玉，號蘇門嘯侶，又號一笠庵主人，吳縣人。有戲劇著作四十二種，現存十八種。

一品爵傳奇目錄上卷

一品爵傳奇上卷

第一齣　述槩

（梅花三弄）（末）介嶠華生功父繼紘楊氏為花前稱慶一品爵烘
失匪人不合華生道破啟長舌從此紛爭繼母懷仇親兒承嗣
秦地長征奸宄計從奸黨几上肉吞食良民卑浮肥奐燔故叩
戎台變起荊蔡苦被圍困陷老几喪幽冥赴勤王從征三楚張
獻忠授首賺門繼母殲亂奸徒義叔恩怨霎時明班師日以旌
忠孝花燭訂鸞盟

第二齣　續娶

（稱人心）（生）英雄與奮未遂驊騮騁暫把兒戎行圖進嘆四海適
剛荼荼擾亂庶人侍展我報國衷忱怕又缺承歡孝敬（世事紛）

更盡對那仰天長嘯漫躊呼要將孤木支斷我慢道區區不
丈夫小生華熾字旭良臨淮人也族係前賢豈慕　公之盛
榮家傳耕讀平歎少伯之餘勛雖則囊有青蚨怎奈世多白
眼目下妖孽迭興故爾亦文亦武只是椿庭景暮且季終春
陳情我父惟善公年將花甲奉佛持齋里中皆以道長稱之
母親言氏不幸早亡況我手足孤單莫帶來徹小生在總制
麾下作个村官不時要奉差奔走正值流寇日擾且有志勤
除叛慮父親在堂無人奉侍前有父執湯太天老伯曾為吾
父撮合續絃父親以年邁為辭是我力勸方允如有繼母在
堂我便出外諸事放心今乃吉日湯老伯必來正是欲為人
子情無缺須得高堂徙斷絃（末飾第丑捧礼上）

【引】冰上老月下人爷柯执伐两通陳（老夫湯木天世襲龍虎衛指揮使今日吾友萃惟善續娶繼室是我為媒聊備薄礼前來奉賀小廝通報）（旦出報介）（生上迎介）多承老伯費心不勝感激（末）皆夫姪力功足見孝心于老夫何功之有（生）待我請家父出來（末）不必驚動因有薄事改日称賀賢嬌子將以到門快些打点正事（生）且慢請問老伯聞續母有一位前夫之子叫做樹千可帶來否（末）他急欲帶來是老夫不允故留在家了（生）若無妨依帶來亦可（末）聞姪子有些不肖恐怕不便日後照倒些便了（生）這个自然（末）告别了轉致尊翁意（生）难酬老伯情（送末下）且与爹爹說知准備迎接便了（下）（淨上迎）新接拜贅礼恭称自家蒙湯指揮老爺分付到華老員外家承值我只道与他大相公成親那曉倒是老員外續絃明聞轟轟花轎來了且去通知本宅則个（下）（老旦小生丑鼓樂伴娘衆扮轎夫占上）

【東甌令】人散洶樂散鬧爆竹轟天數里閬沿门結綵行將近他那里當祠寺烛搖紅影堂春花烛錦堂陳（淨請外上迎介拜天地交拜介）（淨）請本宅大爺見禮（生上拜介）（淨）礼畢（外）我兒受分中人賞賜各省酒飯（生）是列位前所請坐（衆）多謝丞要送歸洞房（生下）（衆吹打送介）（衆下）（付）員外請尊親揭方巾（外）草戚事就是媽媽代揭了罷（付）還是員外自揭了罷（外揭介）（付）員外要教出些本領來（淨）（外閒门介）（看占介）果然嬌艷色下無雙（揭花紅介）（占噴氣介）（背唱）

【三學士】看他鬢蒼蒼衰暮景那里匹配相應（淚介）此生埋沒皆由命恨殺冰人浪撮成（外）娘子請安置罷（占哭介）（外）看燭盡香消深夜冷和你山般誓海樣盟請轉了罷

【尾】星光漸越花枝影（占）羞向衾裯伴裴星（外拔占介）和你檢点春風數落英（下）

第三齣 寄女

【引】（生旦家丁隨小生行帶上）眼見流氣日暴郡縣摧殘如掃民命慌亂如潮乾坤鼎沸紛搖（伏肯凝弼忠心昔日平生未占）嵯峨鐵橙函西十年含庸藩屏恨权臣兇蝎路恭賊勢誤國殃民今日裏車薪盃水責任吳鉤下官金声字瑞逵涿郡人也官拜西安總督夫人湯氏乃臨淮湯木天之妹不幸早逝止遺一女小字萃容行年十五尚未議親文茶自將事織造人可慰予懷今隨任在於衆圣恩分我鎮守西安已經十載近因狼献忠造逆流毒山東河南一帶為此命下官率領部兵馬隨撫總督經略勤流寇怎奈撫經畧意聽讒言止用招撫不容進剿與那賊寇日下與熱勢免受地安心待我軍畧擲不然又及枉費朝廷分粮徒使百姓遭殃為此下官約同四鎮兩見經畧秘陳招撫大害請經公公然有悔已帶分付約會去了想我女孩兒在軍中甚為不便且喚他來叫于湯內兄處待賊平之後再行接取便了（分付請小姐出來）（家丁傳介）

【引】（占隨旦上）虎壘龍巢若府那堪驚擾（見介）（小生）我兒我與你西安本在驟賊誹與經畧意見相地我手擇鎮找想安賊必從

漢反況山陝正在擾亂之際故此我已准備車輛般只着家
人送你到臨淮母舅處权居待等平靜再來接你 旦 勉依從
命只是怎忍遠離膝下 小生 我心亦是不忍但日下叮

【咏木西厢】民離散國勢搖卧甲倫戈难自保既身叨居上洪恩
散萦牽膝下多姣惡數克臧滿池盗們心不愧丹誠效 长中生上

大叔 生 馬在說船只備下請小姐上船 生 外廂伏着 末虎下
生 敬爺中軍报說船只齊備請小姐上船 小生 分付修杠下
船 生旦虎下 旦 爹々清上狀兒就此拜别 小生 沟兮 旦丹兮

合 但教此公天相保不日聚首欢笑 小生 你們路上各要小心
占彥兮 我見去罷 旦哭下 小生 分付閘門 生旦老奈小
軍倍上閘門 小生 撫道到帥府去 末彥兮

【歸朝欢】旌旗闪々々々馬馳將驍料賊兇何难迅掃经畧計々々
威聽阻撓敵藩籬由他号兆譬如虎狼輕縱歸山嶠蛟龍擒網
四池沼害万姓慌々泣震啼 下

第四齣 諫撫

【引】二四小軍引净上 威尊閫外權傾霄壤貔貅百萬時握掌 大
子推輪出建牙上方親賜不尋常請名黄美封虎賞九尚安
寧 什策長 下官我敵尚書桂錫是也雖掌兵权同知鯀畧
紫圣恩總制西北率領四鎮公勤流氣統權多宜有出將入
相之权恩錫上方允先斬後奏之命堪比昔日之淮陰不亞
當時之細柳自從到此那張獻忠聞風懼懼數日前遣人到
來與獻金珠求俺招安俺想起來一則占了招降之功二來
又得許多珍宝豈非一舉兩得乎曾中原朝廷將此功勛
為吾將省躬為進身之計又恐諸將不服故特置金爵一枚
上鐫一品二字有能九矢全收者即以此爵給賞吾將省躬
最善此技必能壓服衆心今日親往教場走遭 分付開门 中
座兮 旦中軍上 將軍親向戰属升定啦 黄中軍告進 中進來
旦見兮 中軍叩頭 净傳令往教場中去 旦 敵爺四鎮總爺求
見了 本呈上 净看兮 請進來 旦 吓請各位老爺相見 下 衆我
粉上 小生

【引】十載巫西名震揚 外 朝夕黑恩匪窠 末 蚜看一鼓靜豺狼 付
赤面虯髯 上 尸累薑恚才懵 小 下官金声 外 下官君良王 末
下官刘泽清 付 俺黄得功 衆 刘住請了 小 方才所以闻要焉
力敷陳 衆 這个自然 报门進見兮 净 列位請坐 衆 告坐了 老
大人假朝廷之節鉞運黄石之謀献克期戡賊指顧成功小
將等得附台光不勝榮幸 净 下官探叨恩命自愧庸驽幸賴
諸公同心戮力使小醜束手歸心下官何功之有今日列位
至此有何賜教 小 小將等奉旨附勦討賊相拒月餘不聞戰
期反有歸鎮之命故來恭候台諭 净 列位还不知在張獻忠
已欸率衆歸降下官進表奏聞不日就要招安了 小 元帥此
舉差矣 净 怎見我就差了 小 撫愚意想來招接賊兇有五不
可 净 那五不可 小 賊人詭詐百出今日懼我等兵威勉就招
安只待兵勢懈弛反叛心然復萌一不可也 外 賊中皆山野
匹夫罔知礼義加重爵难以任使与卑小則生怨望二不可

也 末 况烏合之衆矣止百萬散之仍復為盗收之不能安置三不可也 付 日今歲歉兵荒倉庫虛乏招安之後必需重賞倘賜不敷反激于怨四不可也 小 古之勢不可失日今賊席入穿將之甚易〻若不趁反縱歸山再勢布網事难為將五不可也 帝 此非小將貪功实係朝廷大計望元帥裁之 净 冷笑介 到公誤係武士安知大体自古兵凶戰危連年皆因邊將邀功致啟兵端南北紛〻尸橫山積以致上天震怒故數年來禾稼不登民食不足庸酷有司不能体皇上好生之德屢征擧歛人多生計逐相聚為盗武將多謀速極為恥今者尚欲黷武窮兵不惟上負朝廷招撫之命抑且更逆穹蒼重徵之意了 付 咳元帥你今日肆賊猖狂眼見得致民水火說甚應好生重傲這都是浮詞泛論焉知大体 净 咳我倒是浮詞泛論哦我曉得你們不過逞一時之勇然賊蜂屯蟻聚而來內中豈乏勇敢之士也不要輕視了他 小 太過慮了小將量雖不才然覷他們呵

【八聲甘州】止不過么魔魍魎逞多知一似螳臂螳螂 不是小將誇口說 揮戈一往破敵若探物于囊 外 况明公智略如子房肯容鼠竄党狐群蠅陸梁 帝 合 推詳必剪滅朝食何妨 净 你們不過要圖功績全不思國家大計 末

【前腔】各行敢貪功誑罔怕出押虎兕難制难降 净 我推赤心于人腹他安敢復反這俱是迂腐之言 末 賊人狼子野心必然逆料我言非迂腐畧知些禮義綱常 付 想介 虧你堂〻相國列廟廊忍見瘡痍遍四方 帝 合 前 净 怒起介

【解三酲】論守戰帥師執掌豈容伊武偷搶失 帝 今日諫言台下恨為國家安堵忍見我等搶失 净 豈不聞天子授鉞三軍司懸今于一人我將戎勸我自有主意誰要你們亂我軍法天威不違吾指掌怎搶越亂行藏 帝 明公指掌于那我等搶越于正 净 說什麼天心執正陳良計只怕圖算欺公引禍殃 今日本部院要往教場較射你等且退休執且自歸營靜守休浮槖致王章 旦 上 啟爺軍馬齊集請爺教馬 净 分付擡門点下介 小 笑介 可笑竟無一言決裂 付 反自怨我〻進去了眼見得天下竟無寧日矣 帝 便是 末 他日下難挽一已之見只怕難收異日之追悔 旦 持令箭上 列位爺大老爺吩下令箭着爺們率領本部人馬主剿各歸本鎮如違叅處 下 外 各自歸罷了便違拗也罷了怎便要叅處 付 左將軍不知恐我們在此阻撓他的招安知識他的賄賂故此疾速打發我等起身好遂他胡做吓 帝 是吓 笑下

第五齣 射爵

净 紫面红鬚金眼衣帽上 金眼虬鬚名譽馳騰懸兩柄鍊鋼撾但知仁義須當效不識彬〻孔子書 咱家姓閻名信関外人也因俺眼睛黄色紫面虬鬚江湖上都稱俺為金睛多數年前張獻忠率兵起義几次招俺入夥我想大丈夫豈肯因人成事為此浪遊齊楚之間結識几个好漢以為良圖進取一路行來聞得桓經畧召募將材今日在演武所比箭其間

定有豪傑不見前去走遭
【新水令】俺十餘年踪跡遍天涯好頭顱妄人酬價丹心烘白日
皓氣貫紅霞空自嗟呼早难道既生予却又茅間置下 二生丑末上
【步步嬌】一品鐫成黄金牮閑說轅门掛 生 列位請了 中 請了我
們都是桓徑畧麾下儲將 小 今蒙徑畧鈞旨到教場比箭如
中式者將一品金爵給賞 末 正是各要用心功名富貴在此
一舉 丑 不要把穩了还輸不着列位哩 生 想必是老兄了 丑
阿呼莘兄曉得我是不濟的當面吽笑 末 敢笑 小 怎見輸不
着我們 丑 今日此舉乃是桓秋意爲他女婿崔公子讨法稍
妙要在中將面前顯他手段我們縱然射得過也沒用自古
投鼠忌器我們也枉費心勞 小 末 原来如此我們只做个点
名罷了 生 唉我英雄非自誇技擅穿楊輕他中把 丑 穿揚絕
技也甚难說這大話 生 兄如不信少停告過徑畧面試如何
中 說得有理 丑 啉我倒替你担干係 中 是不是我們快去伺
候看戈戟乱如麻纷纷競勇爭高下 下 净上
【折桂令】脚分開驟雨飛沙只見擺列威嚴虎帳旄牙 内掌号外
中軍老軍士肩牌上旄局台前出入鐃鈸帳下傳宣老爺分
付张牌曉諭諸將速速前去 下 净 覷着他戟競競擊高排闥
聽一片閙轟轟衆將喧譁遥望金爵高架一个个氣挂虹電弧
矢鞋撻都是紈褲虛花那里是射虎豪侠不是家兄力存定恃
父祖根芽倚挨向高阜处看者 下 二旦家丁随付上
【江兒水】妻父官徑畧匣匣世宦家更財高北斗陶朱亞弓開七
石由基下威权兼並誰不怕自家崔尚書之子桓徑畧之婿讀
書不識一字单習得一手好箭岳父在中將面前要薦我本
事特造一杯名曰一品爵借遲將名色令到演武所敎射中
將們先下教場去了李生帶着家丁如有諸將前来爭射与
我打下去 中 李介 輕挽烏号擊架誰敢搶前好把鞭梢抽打
外持令箭上 中 將就此比射 付 閑人打下去 净 暗上 付 射介
中 喝采介 付 快取爵来 生 且慢待我來 付 你是莘材官敢与
我爭射 生 今日爲公選將何論勢要你射這把子不足爲奇
我能射斷懸線方爲奇妙 外 兄果有此妙技待我即使稟明
下 末 中 莘兄那竿頭高有百尺你要射斷懸線也难說 付 百
步穿楊就是古時只得養由基一个誇這大口 净 不信有這
等事 生 不消争得请了众来射与你们看 外 上 禀员大老爷
了 說果然射断懸線即將金爵給賞録用 付 不中要依然用
之罪 生 是了 射落爵光掛嗁与生介 外 華
見回見老爺去 扯生下 衆恼介 付 有這等事可恨、、 : 我今
多着些家丁搶他的便了咧咧是我一品爵例被他徒以手
擊 下 净 抽手伸香笑介 你十有餘年遊遊四方多方体訪便
未見有此妙技兩箭三箭射中也算爲奇將了看他才扣弓
弦撲的一声矢到線断落下盃来只听得喝采之声轟天震
地真乃神人手段也
【雁兒落】只見他挽烏号才扣敹望着那揭高竿雕鋼架只聽得
响颼颼射去疾驀地里咭叮噹墜金牮才驚得那武士們喝采

就喧嘩只見堂上有中軍官扶抑上去必竟致録高層駕好教
俺喜從心眼笑花又見他捧金杯向轅门下不免赶上去說他
一說也不枉俺来這一次天涯想着俺半生兒空撑架嗟呀
似這般大英雄莫措他下 生持爵上
【侥ㄟ令】君門名未達先厮哲臣銜笑殺那井底蛙兒相爭霸想
他空手还家被人笑殺 净赶上高叫介 壮士慢走ㄟㄟ 生回頭介
丑家丁從上搶爵下 净随赶下
生欺赶付第外黄拘住介 付
那里走是先射中的金爵你恃强拿去豪誆还我的 生唤是
就射下来的況有主帥當面給賞誰拿你的 付 若說主帥还
要擾我ㄟ分啦 生 好ㄟ 此我万事全休不然叫你死無眼罰
付 好大胆叫家丁打這狗頭 末打生被生打敗 付走生追下
丑捻盃分上净赶上 那里走取金爵来交还本人 丑 与你說
相干當這閒事 净 我偏要管這閒事 丑 崔大爺不是好惹的
你白了這劳命罷 净撒打介
【收江南】呼你這蠢牛蹄教嘗俺拳呵 丑 崔府里人不是好打的
净 說甚麼崔府内勢豪家 快拿金爵出来俺跟前瓢歡撒村
沙打教你铜筋鉄骨碎如麻 丑 阿呼打不起了金爵在這里哉
我送来与你 净 也不怕你不与我 丑 拿去 净接介 說你去罷
丑 好打ㄟㄟ 快报与大爺与他算帳 下 净 好笑那崔公子枉称
强硬鉄ㄟㄟ 我今送还那好漢 恰便似相如開璧返鍋池家 下
生 尔ㄟ 阿呼ㄟㄟ 好悩ㄟㄟ
【園林好】你恃威权横将势加細尋思冲冠竖髮 明日 呵 呈状向

軍门投下若明断好还咱偏载究再費唇牙 净 内叫上 壮士慢
走 丑 下 拿还金爵在此送上 生 呼我与長兒素昧平生何以
當此高誼請问高姓大名 净
【沽美酒】问咱行根与芽ㄟㄟ 俺自空囊到處家 因俺眼色低當
江湖上人都称俺是金睛豸问 生 原来是闻大哥久仰
名今到此肯斧 净 俺則是仗劍樞衣訪大俠因此上走天涯
並不是爲名娃 是下尊姓 生 小弟華瓶本姓八氏雖是不才
頗知重義不是愚鈍与兄結爲兄弟如何 净 華兄我与你是
真別交焉做假兄弟 拚鷄黍過遲促駕羡分金宣爲俞猾熱
古来雲天高誼全信諾甞如嚼蠟俺呵与君家情深意洽又何
須盟交血歃 歃然別了 生 今往那里去 净 俺的去處料亦不遠
呼止不過在普天之下 下 生 看他頗也不凡一逕去了真乃奇
人豪俠也
【尾】英豪俠聚風雷吒 今日遇着這般豪俠似 羊左高怀不亞絕
勝相逢到孟家 照分ㄟ 在家懸望快回去罷

第六齣 起回

【引】末便服上 謝事帰閑田里花前且自啣杯 想夫濮水氏乃太
祖勅賜之後世襲指揮使夫人徐氏年同半百並無子嗣因
此無意功名告帰田里我妹又因山陝长驛故将甥女寄居
舍下不免請老爹到同甥女出来閒話呼好他们来也 老旦上
【引】老景凴誰依倚劉甥女齊排細 旦 望秦川四首閑河敝空庭
日暮徒悵白雲飛 各見介 末 甥女到此幾易連日有事不能一

叙今事一向坐饌丞奉貴與好么 旦 毋㝵觀窒

〔集賢賓〕鞋衆鏤帯麈尾随黽坐虎帳趺奇射榔臨風催試騎越秋高較獵長堤登樓運計指顧㨿敵人驚悸人稱異真不愧為牧姜伊 末 老

〔黄鶯兒〕十載事桐遑嘆音書魚雁稀 末 況得那年与你父純送行你才得六七載在膝前应时如流你父母好不欢喜不安你母親又七過几年了 旦 淚介 末 老 追思往事徒悲滞 你年方及笄我衆鄕恋愍 你父親还的中郎有女还堪侍 合 浸凄其那長沙賈誼八十始生伊 小生 恭 跪 上 九重綸風詔三品是恩崇敢爺泼宗復丘坎 末 虐 介 京來兵科一本為起国事馨當兵部特㧞我為安慶守備限即日起行賓服八二两差手 小应下 旦 恭喜毋㝵崇迁 末 我已然無数心了恩惠鄭重且我扮赵高 合

〔尾〕明朝準擬登程去今夜把行囊齊備 行 自 一展旌旗風光回

第七齣 窃爵

〔引〕 生 朝來已向高堂省喜父衔承欢堪慶 前君多蒙問大香参山合爵作本父親十分欢喜意欲命他酬謝但他以海為家不知占向且慢〻访问再处自往母處門之后又将酒肉月今日天氣晴則倫得一杯与爹〻称慶則个爹媽百歲 外 上

〔引〕家豐業賦奈世亂人荒何日承平 占 上 復次于归难说个一夜夫妻百夜情 生 爹媽非得今兒天氣晴和特備蔬酌与爹媽称慶 外 生受你 生 送酒介

〔梁州序〕荷錢新叠𦷶刀初䥥綠暗紅稀交映 外 愁家门零替伊洵喬發崢嶸 占 堪羨英安秀悖雄度翩〻計日身崇䥥 生 送茶介舞星湯羨也欽椿庭 外 我兒取那一品青來送酒与你母親 生 晩得 送 占 酒介 謹奉霞觴放衆情 合 開笑口倍添興 威 我兒閑得湯木天欽授安慶守備我要送些微礼前去但不知几時起身你去问一声就来回我 生 接兒就去只是爹媽在此無人把盞 外 我餘興未尽还要同你母親坐〻你去就回來便了 生 晚得喜見椿庭健还悲慈母捐 下 外 娘子同到庭中步〻如何 占 奴家多飲了几杯正要散〻 外 香庭中蕉叢綠得可愛 占 新芭舒吐少嫩可人 外

〔前腔〕蕉舒揺户花飛鋪径軒対遠岑青映更喜蜂喧蝶舞如來俏滴前庭 占 我想為人在世那些食物那是生与人吃的何苦熱清守淡吃這几根青菜空不枉生人世 外 怎说生与人吃的自古人〻惜命物〻貪生空不見那些逃难的人身上傷得一些便要方痛善难逼活〻的生灵將來煎煮豈不痛的度空不罪過如今是到本趣了还不省悟 占 那酒是没有性命的你緣何也不吃他 外 酒能乱性没甚好處 占 怎就没有好處只賊目前呵但總鶯歌巧囀燕語呢喃对景把春醪進 外 遠酒善能悞事也乱禅心故不僧家戒最勤 我和你虎多坐〻你自吃酒 合 前 旦 取衣 上 匣〻 楊樹千層博是前懋只同早喪父親母又務天好笑我的母親父親死得几時望主不定只想改嫁〻与革員外續絃雖然年紀高迈家私却也豐

尺前满月後彼我上门拜見華老鹅兒与我几件衣服娘又
弄几两長子拿到賭場中不匀撒漫今日再去弄些見翻本
来此已是閣门在然還進去呼新爹〻(旦)母親拜揖(外)来滑
正好借你母親吃杯酒兒(丑)来就相搀(外)好說(旦)娘吓丢大
家吃个暢快的速吃速斟介(外)你也該習些生計便好我送
你几件衣服怎麽不穿原是這狠狽樣子(丑)尊新爹〻送的
旧衣服不捨得穿摺好了藏在家里児来做家的意思(末僧上)
無搭么千声佛從無空娩万姓香贊僧乃普陀山住静
本地荒歉到此抄化装(?)員外寫既樂助粮米五十石不要
起身前来领票此已是員外香房(外)什麽人(末)出見介原来
是老師父也先到我房去我取了匙鑰来(末)多謝員外(下)(外)
遊介(外)你母子寛坐〻我斟来就来(下)(丑)娘吓怎麽斟斟来(占)
因普陀和尚抄化他竟助米五十担自去斟与他了(旦)何不
佈施与我有几日好賭哩(占)不要管他我們自吃酒(旦)這杯
是銅的鉄的(占)上号赤金的你満〻吃几盃(旦)好吓
【前腔】換金盃滿酌狂吞(占)你娩爹先吃長斋的撒藐獲十分多
與(旦)娘你也多吃几盃嘆子帰别室我轉覓捨仃(占)你不要然
但愿娘身善慧此老昏迷不用愁觔困(旦)好娘再吃一鐘(占)親
兒斟上也覓欣欣一醉何妨不解醒(醉介)(丑)娘吓醉了扶你進
去睡了罷(占)点头介(丑)咳我為要些見翻本来的
倒忘了正事只會吃酒(合前)(看盃介)(占下)(丑)哼現成稍會在這里要兒又
不在娘又醉了竟和而藏之倘然哥來怎麽处吓只說白撞
賊偷去了只是賭場里千人百眼难主闹去露出馬脚来了
竟拿到先鋪舊里換了銀子都不干淨只除進去到一刻才
好(虚鼓介)(生唱)
【節節高】斜陽墜柳腰漸鵑啁落花点袖如相贈(旦)只是不識路
見生騎從介(生)呼賢弟几時来的(旦)明日里来的(生)可曾見
母親(旦)父親我上斛米去了(介下)(生)爲甚言詞蹺蹊變更情
不定其中必有緣故似乎當窃疑緣何非易行不由徑(介)(旦)不
要緊起看可曾失什麽東西我撿点面心提查他私衷里
何難鑿母親〻原来睡在里面了方才說父親到我上斛来
丢了天色已晚不免去候了回来
【尾】前村一带柴门扃看落日烘霞相映牧笛送闵三四声(下)

第八齣 反目

【引】(外)昨闻吾友建高哥索倫礼儀前候渴天天明日長行书略
些礼物相送我想這一品爵都好个織錦再打点几件参礼
送去不知放在那里連院房也尋了半日想是孩兒藏在那
孩兒快来(生上)
【引】無聽橋庭呼喚施書且出届踏(見介)(外)我兒那一品爵放在
那里(生)昨日爹媽飲以後孩兒去了想母親收過了(外)我问
過他了說不曾收得(生)只怕还在房中(外)不在房中進廚下
都無過了(生)背介且住昨日楊家兄弟出门的光景都像拿
了什麽東西这盃分明是他拿去了(轉介)爹〻那盃有人拿
去不必尋的了(外)你曉得那个拿去了(生)爹〻不要高声延

有干碍只算業下了罷 外 畢竟是那个拿的 生 孩兒說便說
總是只做不知罷了 外 你且說人 生 孩兒昨日听
〔粉蝶兒〕蒙尊遣詣湯家把行斟討見蒼茫日色遮四壁腦 只見
有人走出來趨前退後礼貌搊 外 你可認得他 生 怎不認得
是高堂继母兒偷 外 有這等事不肖畜生竟來做賊 生 爹々这
是說不得的倘然母親听見不好意思 外 正要他听見着无
他也好斷绝他往來 生 何呼爹々豈不聞鄰鼠城狐須知害
碍於口 外 也罷你去南门張家店內取色紬四疋白艮二十兩
寫个礼单主剳送去 生 晚得方才的言語切不可說破 外 知
道了你自去 生 是 又勝分 爹々自古投鼠忌器不可有傷夫
婦之情已後防範着些便了 外 多說 生 是瓶已破分休數向
徒傷和氣枉勞神 下 外 我若不說破那不肖必定又來那里
門啗得許多我今喚那乞婆出来洋々的說他几句他自知
惶恍好使他不来 内 出来々々快出来 占 上
〔红芍藥〕因昨晚醉擁衾裯睿々的懶下粧樓 背 外 為何大驚小
怪 外 好〻恭得好兒子 占 好扯淡老大的兒子难道倒教我去
管他不成 外 我的兒子不敢欺也不勞你管 占 如此是說我
的兒子了 他又不吃你家飯不穿你家衣雖則是孤寒受儘
憔又不會乞于伊害 外 枕自叨々直恁口亂謅不由人氣冲牛
斗我若說出始来根由都教伊羞頰难遇 占 住了我兒子什么
事落在你眼里
〔要孩兒〕又不會飾髮垂肩圖割袖 外 还不止些 占 又不會乘昏
夜放狗盜竊了秦裘 外 差不多 占 如此說我兒子是做賊的了
他偷了。那一家的東西还我明白来着不說我就推死在你
句上 外 吓你恻如此放泼难容眼見得失主吾承受 占 偷了
你家什么東西 外 就是昨日吃酒的金爵 占 吴个 那个看見
的 外 自然有人看見悄然間怀着往兒滿却被我孩兒識透
占 住了既然看見自古拿賊見贓何不捉了他的我曉得你
父子
〔會河陽〕怪他屡次前来傾恭貴酒因此含沙噴血駕戈矛 外 你
还要護短啄不賢直恁瞞心匿断隱羞須难掩形界陋 占 呸
那个你得長多事你若臧亡难保你兒長秀 外 呸 我縱亡还
勝你兒窃賓 背 坐个 生 上
〔縷縷金〕心驚戰意躭憂只聽報喧鬧且叩因由爹々母親各不
理个 啄 料想方才事爹行泄漏水盂傾潑好难收 外 礼物曾
去么 生 送去了 外 在那里会見的 生 在驲亭話别手々 小
生 差官上 楊柳當中听令蓮花帳里傳宣華村官在本 占 下
生 什么人 小 請了奉大老爺之令爺令箭一枝着兄解運火
藥到陝西金縣然処不得有違時刻 付箭介 生 有劳了 小 好
說這是緊急軍務不是當要的 生 曉得了 小 来時电闪去若
星飛 下 生 遲 孩兒正欲在家侍奉双親不遑奉差解送火藥
往陝西去如何是好 外 軍務重情不可淹留你自去罷 生 請
母親出来拜别 外 不必罷 生 拜介
〔越恁好〕暫離膝下々々指日返故丘 外 晚行夜宿軍情事休得

久稽留 生 從今莫又闌相攜蝴諧白首 旦 是我到母親并先爲
神主 外 神主該拜這乞藥拜他怎麽 生 夙拜爹々使是母親靈
有不拜之理 下 外 咻我心中恨切々如仇[illegible]眼中撲簌々進
先旧 生上 扶兒去了 外 一路小心
〔尾〕淡風宿水多生受 生 爹々在家須要保重莫把前言挑逗 外
我自然得你有便須將音信投 生 唐下 外 恨介 我見他兒子
無依我卻有心照顧他誰想這等不肖 咻 恨下

第九齣 神救

〔金錢花〕末付軍士帶弓箭上 奉差悄地輕便々々森々軍令威
嚴々々柔机觀便射成烟 末 我們乃趙经畧手下小校 付 可恨
淨老爺為何要害華檝性命 付 這也不干老爺事都是曹大
爺的主意端為那一品爵的緣故 末 着々那日千人百眼難
逮公道只得与了華檝如今还現內痛又要害他 付 我们奉令
差遣不要管他 末 便是一路隨來前面河南地方了只揀僻
靜無處下手使了見火藥在前边轉灣去樹林間 下 外小老上
軍士推車上 生押同上
〔香柳娘〕奉軍門令傳々々 救辭勞倦披星帶月穿州縣看荒村
斷烟白骨滿郊原青燐樹梢現 生 天色已晚此間有所驛館就
在此歇了罷喚那驛官出來 末應下 生 俺奉差解送火藥
來此離家約有一千餘里不知我父親安否如何几時得到
陝西以完公事 小生老叔 丑 地方上介 老爺驛中並無一人
拿得个地方在此 生 你是地方這驛中怎麽沒有一人 丑 老
爺不知這是函關驛屬新安縣管的此前原有驛丞只爲奉
闻被張獻忠李自成假扮陝西軍门到此附近官員俱來
迎接被他尽行拿住賺入府縣把庫藏金良搶掠一空這驛
丞亦被殺害至今沒有差來 生 這里还住得么 丑 四面俱已
摧倒後面有一所關帝閣將就住得 生 我們是踏淮縣奉經
畧府約香解火藥到陝西去的唐缺地方撥夫承值見你這
般苦楚免了罷 丑 多謝老爺 下 生 左右的把火藥推到關帝
閣下推貯俱在外廂造飯里面不許点灯各要小心 末 小的
們身子勞倦也不吃飯了明日五更造飯黑早起行罷 生 也
罷了如此大家睡罷 末應介 恨流氣肆奸貪饕無厭民遭塗
炭 下 末付上
〔前腔〕奉君前令傳々々緊隨車輦到荒郊僻地試噴筒箭 末 看
他到函關驛里去了 付 此處慌僻正好下手快趕上去那函
關驛閣々々久已斷人烟伊該命尽塞 末 原來火藥高々堆在閣
下 付 我们將火箭齊向上射便了 熱黃昏悄然々々輕々扣
弦颼々施箭 射介 內放炮烟火介 末付 是了快走罷 分下 雜扮
神將扶生上一釋下 生 連爺連跌起看介 呀
〔四邊靜〕怏天烈焰心驚戰恍見神灵現救出弱微軀行來已覺
遠 且住軍士們又不造飯又不点灯火從何來可憐許多軍士
尽皆燒死火藥俱已燒完我失机之罪定然難免哦想到了
必是奸謀悞我爹爵之仇暗施毒計害我若若非神灵相救
我身亦化為灰燼矣 恨奸謀毒陷甚毒蜂箭罷左右是死若

到折雖處回繳反受他板刑拷究不如就在此処倒得干净
我那爹〻吓孩兒指望早晚公事归来承歡膝下不道今日
死在此地 哭想介 且住我若該死方才不蒙神道相救了吓
有了那金牌鎖叉関他是高明決斷之士我今將此空批投
到他台下訴明来由生死也由他了死裏且逃生注訴將情
辨 奔下

第十齣 唆陷

（吳小四） 丑破衣上 幼年孤没管束東西日浪遊教我讀書情最
毒擲色鋪牌是肉粥便輸光也心急足 我楊樹千捉了華家金
釵拿其暢快出门時剛〻撞着華臧自覚心虚慌忙奔走被
他識破了与他老兒說破竟与娘破起口来我們娘是順〻
难惹的被他朝不罷暮不休弄得个華老兒氣得目定口呆
閙得華臧差解火藥去了這老兒雖然答用听了兒子的說
話好生防備我做了破鍾爐上门不得两日輸得精光這隻
穿盃又出脫不得不道富貴將来聪明即至常听得人說崔
公子与華臧大有寃仇我往投靠了崔府尋些事体告他一
狀出〻氣也好閃公子連日在花園里納闷不免悄〻去見
他我這个光景怎好見他也罷竟做个告由計有理〻 摸介
啼在亭子上 付吓上 吓人少问縣里衆闲安快打点茶酒 内
应介 付上
（前腔） 繼豪粗學问疎粒成錦繡窩腹内全然墨水無串戲謳歌
别字多人称道賽闫羅 丑吓介 大爺救命吓 付 嘵〻什庅人 丑

小人吓做楊樹千求大爺伸寃理枉 付 你有什庅寃枉到這
里告訴 丑 小人受了華惟善的大寃 付 那个什庅華惟善 丑
就是做材官的華臧的父親 付 吓就是我太老爺门上的材
官随我到亭子上来那華老怎庅来害你 丑 小人早年喪父
我母親熬不得嫁了華老兒已经两个多月小人極孝顺
的教不落个娘賣了盤窗上门探望那老兒恐怕分了他的
家私要断绝往来竟寃我偷了他的金釵 付 吓他的金釵吓
了〻你的意思要怎庅 丑 求大爺作主告他一状說誣陷平
人爲盗 付 他若告你賊情事你好告他誣陷你若先告是情
虚難告了 丑 有了竟告他强占寡婦逐出前天家子 付 一孤
乱話必有媒人說合你着服去只等他洵臟 丑 大爺出个主
意只要弄得這老兒不死也了當他的家私 付 只要打听他
平日有何悪跡便好下手了 丑 人〻晓得華惟善持斋把素
是个好人〻〻人敬重那有庅什悪跡 付 怎見他的好処 丑 我
眼見他布施了普陀山和尚五十担米 付 有了只在這来上
試可断送他了 丑 他布施是好事怎倒断送他 付 你不知道
近有奸细私運粮草暗通流寇因此湖廣軍门移会江寧地
修精仰各州府縣一座粮米不許出境如有運出者即以通
同叛賊論罪我今寫一張首状与你往告他私運粮米暗通
流寇一面我再叮嘱縣官自然了當他了 丑 絶妙〻〻 还怕
他兒子竟狠又且孝顺倘或回来小人就要吃他的虧了 付
不妨着他送火藥也是我大爺的計較去他有去無回了 丑

細外甚好 丑 你可躲在園门後面待我進縣官出來的時節
你喊起來他问起我自然有一番說話 末 院子上 大爷縣里
大轎來了 付 取大衣服來 末 虎下 丑 大爷首狀还不曾寫哩
付 你在書軒里坐坐我叫人寫了与你 丑 多謝大爷得兒提
扳起 付 免使汚泥中 下

十一齣 恩宥

【引】二旦 貼女 淨末 刀斧手 小生 縣丞内吹打上 一片雄心直貫
長空斗斗 下官金声蒙恩陞鎮山陝前著寨首金勳流寇可笑
那經經略不從勳议竟自遣衷招安近闻風聲有復叛之情
只恐經略难免招徕之罪豈不前功尽弃本鎮悼恨以來且
喜土賊尽除人民安堵已着人去搜拿小女不如可曾到彼
且不在話下目今軍中缺乏火藥聞得經略處已經發解急
还不見到 丑 中軍上 中軍告進 介 進來 丑 叩介 啟爷火藥解
到批文在此 小 着那解官進來 丑 虎唤介
【引】恨時乖遭坎坷恐难寬宥 介 解官進 生 跪介 生 懺悔虎上 小 你是火藥解
官麽 生 是 小 拋批上日期日早到了两日有賞可去交割了
來領回文 生 爷爷小官該万死 小 甚麽緣故 生 火藥解至河
南山阁驛夜间被賊人燒了 小 唗本鎮待用甚急汝却怠玩
曉去速取把這空批來見我叫刀斧手綁去砍了 貼 虎扯 生
生 掙前大叫介 爷爷内有天大冤情容小官伸辯一言而死
小 且容你說來少不得死在頃刻 生 爷爷吓念小官呵
【尾犯序】射爵禍根由 小 射什麽爵 生 小官向在經略台下充任
材官經略有一女婿崔公子慣習箭法那日經略要顯女婿
手段造一金爵如射中者即賞此爵他女婿呵百步之间九
矢全收 小 這也虧他 生 小官不合技癢說百步之间射此把子
何足為奇可以金爵為賞何不即將此爵懸掛竿頭一箭射
斷懸絲方许領賞 小 這就是你妄為了那竿頭金爵何異穿
楊葉說今時便是古人也少有 生 小官從知李淳几箭故敢
斗胆出言那經略即依小人之言命我去射那時小官呵掀
袖舒拳望高竿板圓彀 說時遲那時快只聽得嗖的一声那金
金爵應弦落地 小 你竟有此妙技想經略道你在眾人面前
短了他心上便恨着你了 生 爷爷青天明鑒他含羞因蓄怒
粧成罪案因此向明公假手將咱做祢衡鸚鵡与復根私仇 小
有這等事
【前腔】那里是經綸閫事翁鴻敬挾恨懷仇恣倖行謀 小 是你既
知此事就該提防了 煉器中途自貽災尤 生 小官一路原是
十分緊慎那晚行至南阁驛將火藥堆貯院中廊下老生守
女不許造飯点灯 小 這才是火從何來 生 睡至半夜不敢合
眼只聽得颼颼箭响小官忙起看時只見火光冲焰飛上
冲小人若非神天扶我而下已成灰燼不能得見青天金聽
剖洵重鑒含冤負屈雖草芥係上天生就能寬宥將微劳抵負
以死根君侯 小 是那里人氏姓甚名誰 生 小官姓華名瑞踪
淮人氏 小 她箭法高強不知汝武藝力量如何 生 小官孫吳
兵法很很記得十八般武藝件件皆能 小 口說無憑我明日

親至演武所較閱少試汝才还有事向你〻既是臨淮人氏
可曉得有个湯水天麼　生　這是小人父親自幼至交故此通
家來往　小背个　旬古千軍易得一將難求此人乃真將也　掙个
華械你既与湯水天交厚我有小姐寄居在彼已曾差人去
接取未見到來明日便修書一封与汝前去接得小姐到来
居處閒缺一守備我即給札与汝不可怠玩　生　多謝老爺求
老爺賜一覆身批路上好走　小　錮書時一同給付　生　是　小

（尾）軍容整肅明烽燧　合　保護金湯字當但看著勳成功在一等
小　分付掩门　生　合　内　吹打　下

十二齣　屋招

（水紅花）付　差人　官司差遣到臨淮過山渡看〻交界　自家乃
河南新安縣官差蒙本官差遣為前日西閣驛夫大燒了火
藥地方呈报說是臨淮縣差官奉經畧軍令解到陝西
金塔鎮処去的炊像軍机重務故此本官修文一角知会臨
淮縣在路夜宿曉行已到交界地方嘆流氣為合適歷埃似
狼豺黎民遭害堪恨文臣妬忌武將又貪財江山可惜任沉埋
也囉　下　丑　末　上　差　扯　外　奔　上　走　外　列位我犯何罪扯我到那
里去

（梧葉兒）緣何事突然來　末　丑　你做得好事　外　什麼事平空里降
禍災　末　难道你自家不曉得前月十二日私運报來五十石送
与流匙本縣大爺拿你審问　外　這是我布施与和尚濟貧的
丑　我們不管你到官府面前去辯　外　這自然　难道由人誣陷

由他弄舞　末　丑　拷究情由見你的心腸悪歹　末　已到衙前了　丑
老爺坐堂了报门進去　报门内　喝带外下　小生　院子上

（水紅花）衆人差使縣前來轉西街恰臨公廨　自家崔府家人我
主人前日向嶋縣官撰佈華惟善今早又寫書催他拘審又
着我打听可怜良善罹非灾暗差排料残生危殆　来到衙门
前了　張个　看華惟善打得這般光景在那里画供了　末的是
衆差待我问个明白　喜得官司已結我主遂私懷　押頭哥　末
什麼人　衆　来是崔府大叔　小　這事怎麼问了　末　扶老起和不
肯招一拶又不招後来一夹报就招了又加三十剪号板子
才得画供献衙门小规矩与大爺說一声　小　明日就送来　内
喚衆差　末　[illegible]　下　小　就去回覆大爺把因由回覆主人前也嘿　下
付　上

（梧葉兒）朝喰過進城来臨淮縣大门開升堂理事炊〻閙埃　丑
末　扶　外　刑具　上　我華惟善受得好冤苦　后土皇天鑒我的每
事灾害　付　时來　煩通报一声新安縣有照急公文投見　内　打退
堂鼓个　丑　退堂了明日罷　丑　這是要紧事担搁不得的　丑　又
是什麼贼情事了　付　不是貴縣解来的火藥在敝縣界上被
火燒了故此修本縣移文报知這是擾不得的　末　如此你快
着老華待我去馭挪稟見　下　外　大哥可曉得這火藥解到那
里去的　付　搬地方呈报說有臨淮縣差官奉經畧府軍令解
到陝西金搭鎮処去的　外　呀如此說是我孩見了可曉得姓
什麼　付　姓名也不曉說是二十来歲的一个精壯漢子　外　丑

是我扶見了 付 是你的仝郎可怜却被火藥燒死 外 秋大藥
燒死了可不痛殺我也 倒介 丑上 老爺喚你進去 付應下 末上
呼老華為什么 丑 燒死的差官是他兒子故尔哭倒在地 末
咳可怜 丑 叫醒 外 介 阿呼蒼天吓我華惟善一生向善反受
惡果报 末 丑 慢ゝ的扶到監里去罷 外
（山坡羊）呼穹蒼茫然的大塊叩神明虛妄的自在细思量為甚
緣因想前生曾把賢良害 丑 末 走一步不要哭了 外 我那親兒
吓我指望你回来与我伸冤雪枉如今是空想了 雖自解望
天降殃灾舒心造惡反得安在好善慈悲偏教絕代悲哀牽日
望親卷白握 親兒吓 你尸骸抛弃他方誰与埋 丑 快走ゝゝ好討
收食 下

十三齣 差旋

（引）生上 落日向平原退起鄉情一片 我華臧象國宮怜释之蒙
許投居屬守備差往賠誰擇敢小姐不料仍到安慶去了越
安後道回家探望父母且住一宵明日再往安慶去想前日
呵
（錦纏道）被讒奸挾私仇計差遠边父子隔遐天鎮終朝遑ゝ心
旆怨ゝ實指望取功名耀祖先先沒来由卧沙場鵰助桐牽時
瞻望白雲間 若非仝公怜釋錄用我革命怎得保全定當勿然
功績以报知遇之恩那時求假恭親料趋庭承欢不遠依ゝ
遶膝前終有日清温供膳好孝郎老萊戲彩悅親顏 已到向家
門首原来中门閉上試叩一声開門ゝゝ 丑上 事不閑已ゝ

驚心 生 開門 丑 呀這声音好像此人崔公子說他燒死了哨
道是鬼叫根出来向 明白開門母親ゝゝ 占上
（普天樂）思沉ゝ重門掩意茫ゝ幽情閃 丑 有人叫門 占 開了便
是 丑 有些像華大的口氣你去问明白了再処 占 我知道那
个叫門 生 孩兒在此 占 丑 果然是他冤家的驀地回旋嚇將
人退後难前 丑 這些開門待我後门出去了着 占 有理你快去
报与崔公子知道 丑 一心忙似箭两脚走如飛 下 占 開生進
母親拜揖 占 罷了 生 請父親出来 占 你父親為了官司下在
獄中了 生 為着何事 占 為押運粮草暗通流賊被人出首已
問成死罪了 生 有這等事母親何不去衙門伸訴 占 說得好
容易為子的在外遊蕩我是婦道家逢人腼腆從不識堂前
咫尺階簷 生
（古輪台）驟聞言鐵鹫縷母語使ゝ不堪恍惚魂飄散 占 人家要
兒子看承父母誰似你如喪家之犬失足樓鳥忘却天倫大
典 生 我想此事多管是那 住口介 罷 我撫首踟躕輕身獨自
悲踪跡久羈淹 母親爹ゝ在獄几日了 占 有一月多了 生 可有
人送飯 占 你不在家那个送去 生 沒人送飯 哭介 罷 我索把
身心打疊急湧前去探家嚴 占 今晚住了明日去罷 生 我心如
剑 急夢得明日 腹如刀割心若油煎魄乱魂驅 母親我去了
足若箭離弦 下 占 咳 你空悲怨哭伊忠孝两难全 且把中门掩
上 待我兒子回来到監门口去候他便了 下 丑 涉步付上 末
来ゝ這里是了你們進去拿他 步 大家進去 丑 阿呼不見了

待我問声哥根吓此人那里去了 占內 到監中去了 丑 我也
到監中去 付 監中禁地不便拿人 净 我們外廂等候他步不
得出來拿了就走 付 有理〻〻

【尾】淨除根蒂無遺患莫被伊生更変斬草從教萌尽捐 下

十四齣　探父

末紮子上 燈行閙閙囚徒哀吽怍作拟年越冤越要白家本
緣紮子前者張下一名重犯就是華員外他一生行善本來
施米濟貧反遭他通同汎逆竟成不白之冤他兒子却是大
孝的閉淨又被大葉燒死真乃皇天無眼故教我生看顧他
今日扶他到外邊坐〻安慰一番華道人出來坐〻 外贊日
帶刑具冤上

【園林好】問蒼穹何生巨奸 末 唉可憐眼睛都哭坏了 外 天吓汪
瑞蓍此也該罢了又昧良心把我孩兒他焖說甚麼陰空怨
鑑 末 事已如此不消悲苦了 外 累長者我今生不能報你來生
定為犬馬相報你了這恩德報難言〻〻 末 休說此話与你
開了刑具散一散 外 多謝 生上

【江兒水】急速回鄉井何期父陷監亡筆峽路空嗟嘆 爹〻吓你
身軀老憊怎受嚴刑憲桎縺羊迈難熬煉更飯食無人周恋提
起傷心〻痛昜勝戰 末 此監门首了禁長哥 末 什麼人 生 我
是華惟善的兒子来看父親的 末 你是華道人的兒子你父
親說你被火燒死日夜啼哭不得恰好想是訛傳聞你進
來 開生進介 我父親在那里 末 在土地祠前這里來華道人
你令郎來了 外 咻我兒那里 生 爹〻吓 相抱哭介

【前腔】聞說吾全吹來番痛酸 開眼介 呼果是我孩兒 末 外 呼眼都
開了 謝天地待我取茶来 下 生 爹〻吓你如何受此刑罰 外
我驟聞只道將咱騙 生 瘦得這般模樣了 外 不要說起為伊玉
信心悲惨不禁朝夕啼哀嚴双目全然不見今日逢伊不勝悲
欢交感 生 爹〻吓

【五供養】衣襟破綻骨露肌憔瘦了容顔一身誰是主寬枉有誰
怜 外 我今虧禁長哥 生 這都唯得孩兒呵中途覇陷至河南纍
遭奸笲賴神圣多灵異提救出迷焖 那時進退無门只得把空
批投到巢金揪鎮原情寬肴命救来接取家眷便道回家問
及母親才知某事故趕連夜前來果受非灾禁身挫折 外

【前腔】前生孽怨好善樂施反受災愆 生 捨米濟貧覌僧人可証
怎不折辯 外 怎奈奸徒同一党枉法任施偏 生 奸徒可是惟
公子麼 外 正是了 生 怎就被誣了 外 他非刑假煉我老年人
怎當刑憲衰殘血肉濺筋骨尽催残 生 吓怎得六月霜飛炎天
雪降 爹〻 孩兒到縣中去擊鼓伸訴便了 外 如此就去 生 欲下
末上 攔住介 你到那里去 生 到本縣訴冤去 末 你若到縣里
去就如指羊走入屠垾一到便归死路 外 生 驚介 這怎麼說
末 你們不知利害那縣官与龐公子一党之交你若去還你
也不免了 外 生 如此說我父子竟無生路了 末 你除非還到
上司衙门叫屈或者見准方有一線生机 生 是吓就到梧陵
叫冤去 外 你也不須叫冤竟到安慶湯木天處细訴與寬他

平生仗義必能生死相救（生）如然也可只愁到彼差家爺到
陜西迢遞想䦨如何好是（末）這不消你費心誰不知你令尊
是善人我自好生縱管你可放心前去（生）家父向來多蒙照
顧今又蒙仗義全始終是恩同再造生死難忘請上受我一
拜（末）不消〻〻（外）敢起來相住介老人家你那裏不使不要
動（外）我見快拜（生）拜來四介（外生）
【川撥棹】如天眷遠恩同覆載间（末）你必淘潛住潛还〻〻休使
你爹行掛牽（外生）設餅罗八面掏要伸冤雖上難（旦淨付上）也
淡出来了（淨旦）爭得這裡起來了有心望〻再等（旦）待我去
打听（下）（生）快見賊快作别（末）快去罷（生）
【尾】閃閃外子情何恰才得相逢又離膝前（外）休教我度日如年
望眼穿（末向門望出狀外下）（生哭田看走介）（旦上）出来了那里
走（生）你是楊衙千金我怎麽（旦）當大爺請你（生打旦跌介）（旦）
列位快來淨付来了〻〻（扶生）被生打倒生腐爺（下）淨付集
正鋼筋鉄骨打滑我們七個八傷被他走了（旦）且報與當大
爺知道（下）現成飯將到口饒了鴨走了狗（淨下）

十五齣　冤圍

小生上如縣平沙白骨寒平戈遍地少人烟空城日暮惟鴉
集廉聚剿叢又剿樊自家安慶守唐呼蓋官目下因流寇氛
熾又值金總領来接小姐〻〻叔舅夫人一同送至陜西車馬
道衙相接想就出來也（占外家丁雜車夫推老正上）
【穿地錦襠】肩摩轂擊走如梭遍地烽烟寇探擄征人捱走長途
差遣难辞說奈何（下）（生上）
【引】千里爺誠委奈剿遺鋼鋮（末）此已是有人家（旦上）什麽人（生）
根出魏昭淮華翁良求見（旦）少待老爺有請（末上）
【引】因事日繁多怨撐持一木難扶（旦）啟上老爺淮華翁良求
見（末）快請進來（旦請生進介）（旦下）（生）伯父小姪叙拜（末）不消
賢姪風氣載道家中安否（生）本地幸喜賊匪（末）無來却是爲
何（生哭介）只爲家父呵
【紅衲襖】被陷入囹圄（末）却為何事（生）恨委端陡起風波（末）必有
緣故（生）緣因射爵奸謀釀禍抛嗳（末）什麽人抛嗳（生）就是杜
征罣之嗒寝公子竟將家父擒來与普陀濟貪枉做私通流
寇擁嗳當道將家父以通同罪坐飛地里對壁难逃躲（末）這
的是変起非常不禁俺眦裂眉豎你姪那里去了還他憐惜（生）
小姪被經略差解火藥中途又被奸人燒盡小姪幸蒙神天
扶救不曾傷命只得將空批投到陝西金總鎮許明婚來思
恰擇救即差我來接家眷使道回家救如家父陷獄望老伯
脉天地之心垂救老父小姪當叔身以報（末）有這等事喜得
家眷已經脉進去了即同你去救你父親便了（生）多謝老伯
（丑扮子上）淋漓揮汗匍匐嚇門報事的叩頭（末）報甚事来（丑）
流寇沟到了
【前腔】縱馳轆驕從来多殺人放火喜奈他何屠城破府勢如拉
朽摧枯（末）小廝快賞（丑謝下）（末）賢姪方欲同你去救令尊怎奈
賊寇臨城如何是好（生）賊寇方来豈能就退小姪負罪在（末）

聚後一日看勢定奪 旦上 親ゝ見賊將近城下了 末 快ゝ閉
上城门好生看守 旦老下 末 嚴加防護守汛境干係從來大
急打砲石戈矛吊浮橋下城関緊閉城坡 賊泊城下得我起視
一番吾來賢姪後堂用飯 生 老伯治正 末 乾坤如此沸刀手
日驚喧 下 生 我救父之心甚急怎奈又遭此變 惡ケ
（千秋歲）干戈沸遍地喧呼算不定戦守如何人馬奔騰ゝゝ只
見雜踏ゝ旌旗塞布雄赳ゝ如狼似虎塞匝ゝ排行伍半大城
垣猪推是急知鳥合擁聚难圖 旦家丁上 華爺請用飯 同下
（越恁好） 老旦隨末上 愴惶准備ゝ． 頃刻即点夫把城垣修緝
倉卒里組究困見紛ゝ將佐ゝゝ一ケゝ急忙星馳電遂隱ゝ
的車児簇ゝ的馬児四下平鋪十分緊难卒圖頓不得身家救
援拚一死效睢陽張許 末到庸了你们好生把守 末唐下 生上
老伯回了 末 賊鋒甚緊如何是好 生 小姪觀賊中其勢雖鋭未
經戦陣其志必驕若出其不意破亦不难 末 守乃吾職戦未
必勝矣疲將弱卒以继復寧自堅守豈圖僥倖 生 伯父之見
固是然小姪救父之心甚急必要先回去矣 末 賢侄賊鋒正
熾怎生衝亦 生 這不足慮已束甲戎馬只待小姪不意中冲
殺出去必能突出重圍 末 既主意如此吩付披掛馬匹伺候
山爲ケ待我修書一封与全總鎮可以救你令尊且解郡
之困 末取披掛上 賢姪一面披掛待我修書 末与生披掛 不
写書介 收取俸艮二十兩書一封你可收好 生 多謝老伯就
此拜别 末 不消了待我送你出城 生 請

（紅綉鞋）歸心如箭奔波ゝゝ翻身飛躍城坡ゝゝ馳駿馬倚長
戈離虎穴弃狼窩施英鋭莫蹉跎 末 傳令開门送華將軍出去
中多ケ 生 小殺去了 末 一路仔细待我上城觀望 生出付鎖
中殺上 生迎殺中下
生戦殺付中敵 末 呀華家姪児好英勇
也殺入千万賊中如入無人之境竟自冲圍去了
（尾）萬夫莫敵如狼虎思奔從來神助好救捨江山入版圖 下 中
上圍賊戦下

此葉缺

一品爵傳奇下卷

第一齣　路救

付占家丁外院子衆車夫推老正上

【出隊子】征途淹滯跋涉間関赴
西陝陸行水涉總嶮巇晝夜兼行敢急遽四城介生不好了賊
兵來了外衆人們忙向林中暫躲些時丑末小生衆扮賊兵上
那里走衆跪下丑中擱介你兩个婦人獻宝來老正跪介阿
呀好爺呀

【賞宮花】哀求非饒恰茫來出避金艮和玉帛並沒半文攜丑不
賞獻宝破了罷老正無術点金來化石目前生死任施為丑

【神仗兒】支離口費快詢詳細何事輕身到此老我們是回鄉去
的丑既是回鄉去的必有金艮携帶老實是沒有丑若沒金
銀獻餽老的金去養馬少的好打老鼠丑有理快走到營中憑
驅使老望乞方便丑休輕理放伊歸押二旦生介上好救也

【歸朝歡】心急冗一時被羈喜得个冲圍突出見丑介呸你這毛
賊在此做甚庅丑那里來這冒失鬼一人單騎敢來向我們
生衆救介
丑俟敗下生你們是誰家宅眷敢輕身到此老看
生介看你是甚家賢侄庅生下馬揖介原來是湯伯母這位
是誰老這是舍甥女就是金小姐若非賢侄相救我二人俱
為衆下人矣生原來就是金小姐小侄來遲以致受驚小
侄被擄經累用計差我解送火藥到金楼我趁中途被奸人
放火燒去将空批投到新出原情得蒙寬宥命我來接小姐
不意遭逢家難故尔來遲老賢侄有何家難生只為崔公子
為爵之仇又將家父擒來濟貪扭作私運報單過河流然
陷在獄中急到伯父処求救適值汛寇圍城方敢出城天遣
在此相遇老多承相救只是費送家丁等中火八等俱各逃
散如何是好生暫那几步前面是張家堡就有車馬了侍小
姪帶着馬隨行前去行介分明是暗中護持似天差在此救
取看干戈載道烟塵布况孤身淪没汙濘地敢不帶月披星遠
送歸下

第二齣　被擒

末百姓上賊寇圍城日黄雄尽節時奈厚駒回決望天豈不
知我們是安慶城中百姓罸在亂離時世看烽烟四起賊寇
縱横始初只在山僻一路漸漸沿入内地一月前蜂擁前來
把城圍住各官府尽皆逃散止剩得守將湯老爺抵死拒住
聞得隣近府縣俱已投降想這安慶孤城那里守得住內喊介
丑持令箭奔上不好了不好了末怎庅説丑今日輪我值日巡
城只見賊營中射一朐箭上來縛一曉諭好生利害道大明
氣数已绝某等多天順人牽一旅之师無不望風歸順茲尔
安慶彈丸小邑擅敢抗逆今晚若不獻城無分老幼尽行殺
戮末我們一窩兒都是死哩丑我有一計在此末你有何計
丑我們如今一路叫去要性命的跟我們來或老或少聚上
几千手執一把線香一齊叫到湯老爺門上去一進衙先把
令箭曉諭呈上再把流寇利害陳説一番劝他投順了他我
們就好了末有理事不宜遲就此叫去末叫下
末甲胄二旦唱上

〔引〕流氣妖孽猖獗，攪禍害人多少 内叫介 老爺救命吓 末 何人
喧嚷 付 中百姓來見老爺 末 著他們進來 付 喚 中 上 老爺救
我滿城百姓狗命吓 末 下官丈心保守，自然保庫你們 中 老
爺若執意固守此城，中百姓皆無生路矣 末 這怎麽說 中 老
爺吓，中百姓原要跟隨老爺協同保守城池，怎奈鄰近府縣
俱已降賊，料這孤城内無糧草，外無救兵，如何守得住 丑 今
早小的們廵城拾得一枝令箭，上頭上扎著一書，呈上老爺覌
看 〔末 看扯碎介〕 這是賊人恐嚇之言，設不測本府呵
〔風入松〕愿將城守與民偕 中 城若一破，玉石俱焚了 末 縱然死
難廻該 付 們共受皇朝三百餘年恩典，誰非赤子沾恩賚，豈不
念皇朝德大 中 多少大臣俱投降了，何况我們百姓 末 怒介 說
他都無免恥之徒，怎麽具人形，狗彘狼豺轉眼，又差排 中
〔前腔〕勢如吹海倒山，遲料彈丸，權守堆垛 末 深濠高壘足可抵
當 中 深濠高壘空机械，若破生灵危殆 丑 劝老爺投降為上
末 嘆本府到如今，几月並不曾虧負汝等，汝等因何必要陷我
于不忠不義 中 中百姓不過各為全家性命，怎敢陷害老爺
末 要我歸降賊中，豈非陷我 中 我們見投順他的俱各各封
賞 末 你等愚民不知大義，凡人生在世，莫不有死，苟圖一息
之榮，遂貽万世之恥，他今日蒙蒙息奪，忘卻天地之恩，甘作
賊死，少不得被人唾罵，本府雖一武夫，頗聞為臣之道，鞠躬
盡瘁，死而後已，若要我降賊，寧死不屈，城在我存，城失我死，
吾頭可斷，此心不易，你等勿得多言亂我軍心 中 老爺如此
堅執大義，我等料無生路，與其死于賊人之手，不若死于老爺
台下 老爺吓，先殺盡了我們，但憑將軍去做忠臣罷，我等請
先死任截劃 末 你們且起過一边 中 哀起介 末 嘆 蒼天々々，今日
非我不能保守，怎奈民心已離，料不濟事，罷，不免望闕拜謝
聖上，然後罵賊而死 拜介 阿呀聖上吓
〔急三鎗〕小臣拚一死，將賊唾罵，決不學狐鼠輩強延挨 中 惟是
老爺拜辭了聖上，領我們投降了 末 軍士們取我的器械來
聞了城門 衆 應介 末 中 百姓我今日與賊人決一死戰，等你
肯隨我去，倘不濟事，大家罵賊而死，亦同為忠義之鬼，汝等
可去々々 呼儿平百姓並無一人答應，罷，我帶領臣馬獨自
為之 中 扯介 阿呀老爺吓，你從自前去，如羔羊喂虎，濟得甚
事，還該依我中人才是 末
〔前腔〕今咱去原不望圖僥，但得鵰革裹尸骸 掩面涕衣急下
中 望内哭介 老爺吓
〔風入松〕吾儕忠告不相諧，反激他義膽忠懷，成仁取義難寧耐
歎々定然不濟，誰將藁葬忠骸 内 何鼓中驚介 不好了，我們
走罷，難相顧，各去逃災，顧不得親家室，且向奔天涯 下 丑 上
付 上 架住介
〔急三鎗〕付 唗，是何人敢突陣來尋死，速下馬拜塵埃 末 這賊子
休胡說，還強梁將你尸万段，稱咱懷 戰介 付 中 上 困末 捉御介 付
帶進營來 坐介 你在此守月餘，今日原被我擒了，快々投降，免
汝一死 末 唉，俺湯木天堂々男子，肯降汝鼠輩麼

風入松 寧甘一死喪塵埃 付 你道俺刀不利麼 末 使滄刀蹈刃
怀閑 付 你今日硬也沒用了 末 我生成義骨磷磷 介長山舌千
秋如在汝賊心志當要憑歹 付 你敢罵我 問你有几顆頭 末 我
隨城沒戰當頭 付 拿去砍了 中 丑 推末走 淨上 攔住介 住了且
慢動手 中 丑 介 淨 進見付介 大晉小弟在後營聽他言言義
烈句句忠心 是个忠義之士 不宜妄殺 我和你正在買囑人
心之際 豈可先殺義士 且拘留後營 慢慢功他 或能降順也
好 付 依 賊人心 付 点頭介 賢弟所言有理 左右將那廝拘禁後
営 好生看守 衆 丑 帶末下 淨 下
仗義節節社稷傾　懷世大節認來真
挽定仰出拿雲手　提起天羅地網人
付 西出赤安民 中 丑 下

第三齣　送蕃

生上 向內介 重天們住着 內應介
引 千里驅馳且喜轅门已到 有人麼 付 家丁上 稟稟帥府爺爺
我當什麼人 生 相煩通報說 守備華藏接得家眷到了 付 少待
通報 下 生 把中見推上來 衆 丑 推老旦上 生 伯母小侄一
路將陳叔父之情狀 乞伯母在金元帥跟前竭力一言 感恩
不盡 老 少間我同小姐竭力攛掇 旦 七 老爺請小姐進去 生
把曹見摠摠推進後堂 衆 丑 推下 又 還有一位見說 生 是湯
老夫人同送小姐來的 丑 唱了 呀 生 我想伯母同小姐
進去自然与我代言 不知能肯教我回去否 丑 待 金翁上 華

兄那里 生 在這里 丑 你好造化 方才湯大人与小姐進府婚
宦今尊受屈 老爺問了大悲 故使人無怨不済 事特差小弟
將此分翁公文 判賞銀 提取令尊 到此完聚 生 萊老爺恩典
真正救身难報 只想仇家叮嚀 怕官不肯放來 怎麽处 丑 說
那里話 你還不知本領的利害哩
朱奴兒 今如山誰敢施刁 些微事何測焦燥 我早晚驅馳敢憚
勞 管教日團圓欢笑 生 如重造這深恩怎消 家父年老 一路望
兄照看 丑 這个自然効勞 生 恩結草啣環報
執手相叮嚀　丑 君言敢不聽
將軍不下馬　各自奔前程 別下

第四齣　劝降

引 中引付 淨 玉上 四海翻騰忍使蒼生引領 俺閬信同大哥張
憲忠一路殺來 勢如破竹 可笑天下並無一个忠義之士 俱
望風降順 止有安慶守備湯本天 天志不屈 今日軍中緝獲
不免將他試劝一回 左右 請湯爺過來 中 丑 請介 末衣巾上
引 人生有命臣節滔當來 見介 淨 念信等草野匹夫 固知大義
得罪高賢 不勝赧悚 末 七国之人 只求早死 汝反以言嘲謔
豈不自慚 淨 某雖一介 粗尊義氣 當今天上原非七国之君
在臣下都多責同之流 意欲与足下共興一旅之師 盡撇居
側之患 然後合併歸附 以勸明君 未識尊意如何 末 汝言差
矣 朝廷之上 豈乏忠義之士 雖有一二庸臣 聖明徹鑒安容
輩汝輩獨擅 若欲尽誅朝士則自為天子 我湯本天止圖一

死不敢与眛　淨　尊言拄是吝於世界雖得个節實也無益　末

俺渴木天呵

【桂枝香】丹誠耿〻，頭顱血映　淨　也要相机而行　末　慢云事在机先，旦晚聽天由命　淨　俺大哥生性亮暴，恐不能容　末　那管他生威暴亮〻〻，我則理而不淄，磨而不磷　淨　那從間的一个〻計度非攲了　末　這便是居俐之志，法何不誅之，恨奸英却把完回金甌，稍致使長城一旦傾　淨　背介　且任我想當朝多少文武大臣供已改心，肯忘了禄恃伶他是小〻武職，却肯如此抗節，稍生反斷，謂威武不能屈，富貴不能移也，難得〻〻　猜介　將軍遁來所言，是我探心心耳，果是精金百煉，美玉無瑕，可敬〻〻，俺聞信也，為奸人所逼，無惧一死，掛苗共自為朝廷一臂作　末　你卻那个奸人所逼　淨　不才久在江湖遊蕩，慣得拉弓略軟，為此識箭法，這一金爵，有能九矢金鼓者，即以此爵給賞。有一淮公子，是他女婿，要在中官面前顯他女婿手段，那淮公子果然射法高強，連中九箭，經使取得爵給賞，忽閃出一个少年將官來說：慢着，百步之內九矢中把，有何奇異，既以此爵給賞，何不將爵以線懸掛高竿，有能射斷線，方該得此金爵。有一中軍官將然言攏与經略，〻〻大笑說：古來雖揚妙技，能有几人敢誇大口，就着射，如不能中，坐以誣湘之罪。敢那少年栈札向前，箭發線斷，被將其宋看了，且驚且喜。那經略在中官面前難違此道，只得將爵酬之。少年他欲然捧爵而走，只見那皆石子暗囑家丁劈手搶奪，俺一時忿氣不平，發作了，那少年因而傷職，怀恨進捕某家，只得避禍至此　末　可知那个姓名　淨　彼時与他一言交訂，問及姓名，他喚撒華昴良　末　原來是我義侄　淨　就是將軍令侄，如今在家否　末　他為奪爵一事，丟他解送大營，几至于死，後又逐隨他父親在獄，死在旦夕，令侄雖則回家，恐不濟事了　淨　想介　有這等事，待我帶領部下，連夜打破臨淮，救他父親出獄，那時再捕奸党，与他报仇便了　末　義士休得造次　淨　俺就去也　末　想害及地方，还請三思　淨　俺只去止除奸佞，並不害良民　下

末　難得他恁般義氣，可惜這等義烈漢子，亦被奸臣逼迫落草，待我慢〻劝他，必肯归顺，好將赤誠詩感動綠林人　下

第五齣　破城

【字〻双】　丑上　閒冠東帶壯威儀，幸致赴剥民，时有妙机算計，官常有貼上司知，通跗奴顏婢膝飾其非，無对　自家臨淮縣大尹是也，到任以来流連於渡，日夜不得安閒，近日累得清淨，且將狀下狀詞逐件判事，採擬〻〻，少間好地枕　小生上　敢那个且门子上　什麼人　小生　稟一声，陝西金總戎差官到來，有个箭公文在此　丑　接進与丑看　驚介　呼，原来華惟喜是金總戎的親戚，如今要提他去，前番我將他打拶夾許多受辱告放他去，說出來情，那金總戎可是好惹的，罷，如今倚一角文書，只說他三日前死在獄中了，今晚分付禁子結果了他性命，豈不干淨，分付開門　丑　開門，老爺出堂　付小生見跪上　丑　分付該房速給回文一角　付　丑　耳介　如此〻〻，再分付庫上取銀

十兩打袱羞官去 旦走下 丑喚該班禁子過來 付應下 末上

禁子叩頭 丑跪上 末唐近介 丑 果一些病里上來 末 是那个的 丑 就是那崔公子的对頭華老兒 末 阿呀老爺朝廷現有明旨不許擅討氣絶 丑 我老爺做主誰要你今晚番不結果他活活殺死你這狗才 下 末 撿門 下 末 唉怎麼處且到監中去再處 叅介 有力多處因去計好號馬彩計開門：： 付上開介 怎麼如然虎崇 末 開了門 付開介 末 那侹著誰不知他是个好人實被奸黨陷害 方才本官 付介 付 今晚要把氣絶身且良心覆盡 付 如此說也沒用只得要本命而行見吩他出來等鎮 外介 外向 末坐 外上

【引】隔傑世受非惡 何日能將狀恨捐 二犯大爺小兒去天不知被何事牽纏 怎生打聽得个信兒便好 付 今部自然有日到來只怕你等不及了 外 怎麼等不及了 末 方才本縣大爺喚我去要討你的 住口介 外 要怎麼 付 今晚要結果你了 外 驚倒來 付 扶住介 外 蒼天吓

【小桃紅】日前與你甚仇冤 平白地將咱陷也 末 哭也沒用了 有甚使事說与我們 待个節回來也好說知 外 我家被人七有何使事 一霎時亂箭攢心 似滯釜油煎 心事亂紛纏也罷 借紙筆來寫一紙遺囑 待小兒回來付与他看 付取介 末 這是正理 付 取上唐墨介 外 我只寫為徒子串通奸黨陷我喪黃泉 怎奈又手兒寒 驚怪銅也 蘇蘇兩眼血糊 双手牽動 一句也寫不出了 付 二位說了罷 付 快些說 外 阿呀罷 聞刻里与冤為隣 只好伏冤魄訴重泉 哭倒介 旦爺上 不好了 流賊破城殺進來了 末 付 流賊殺來 只得逃命去罷 下 小生老於白徒上 快活 流寇殺來快走罷

【水底魚】地覆天翻 兵戈遍眼前 監牢打破 教教樂無邊 擇介 這是華道人 是个好人 我們扶他出去 內喊 扶外下 淨領中上

【前腔】鼓角喧闐 人民走似煙 團庫打破 良善盡沉冤 末 安獄門前了 進看介 啟爺 獄中並無一人都走了 淨 既是逃去罷了 快到崔公子家去 眾應 爺下 付爺上 那里說起 流賊殺進城來 我也顧不得家小 逃出城去再處 淨中上 那里走 付慌介 我要出城去 淨 你是什麼人 付 我是个窮人 淨 既是个窮人 身上穿得華麗 定是个財主 淨 拾起頭來 付 再得頭都抬不起在這里 眾扒 付跪有介 原來就是你這 付 賊獅了 眾應 合前 淨下 旦扶生上

【前腔】逃命難前 怎能遠網穿 旦 兒呵 兒得他逃咱不放：斷如何行走 占 為衰是輕 逃到那里去 不如早死 免受熬煎 淨中上 捉占旦介

【前腔】男女相牽 非逃即是奸 帶到營中修養 當中發落審究汝窮奸 占眾 旦占下 淨走一陽坐介 俺金贖當官 但為賊：人：父來到睢淮 破城：擄牢從一空 拿得雅家惡：不免當實一番 左右帶那奸惡過來 眾應 帶付：與如喪家狗 好似落湯鵝 淨 你這惡子可謀得我麼 付 認是認得 但只誠不認得了 淨 我且問你 我得何罪 都畫影圖形拿我 付 不干我事 都

是我舍岳父的王臺（末）你丈人何在（外）為抱安事陳說便是
（末）咲對吾韵（外）呼說錯了老爺復又报解進京打入天牢去
了（末）他是的没緣滿害平人細說來（外）
【駐雲飛】舍岳標公當日施謀設計攻（淨）那草寇叹（外）因被當
場奪爵觸怒區區解藥遲中趕施火箭焰騰空都將一命亡閃
送（淨）我火藥燒死了（外）死是不死受了些家一向為其已了
（淨）左右拿他去活既死休得寬容將他燒成灰燼莫教寬
縱（丑）去拉（外）下（末）衆介故爺护來子（女）王帶猜查点張落（淨）我
這來去訪等惟着下落供解到此人王這去羅心存暑怨志
刑忠九下（末）咏（介）修因死動（占）丑上
【前腔】便滿花容一旦摧殘亂世逢（丑）哭介狼吓怎麽好（占）哭倒
如此說不得了便我不禁心戰嗟嘆長吁拭泪向胸人之（生）
死在天公劝伊不必深嗟痛（丑）這老人是被王陆的陷害得你
打起老鼠來怎麽好（占）也○說○不○得○了○怪彼屠挑就來此地遇
他擺弄（末）不要哭切莫注快走（外下）

第六齣　從寇

【引】（外上）好憑輔佐行看南面稱孤佈作寡忠憑着個信能入臨
潼他叔甚麼故人之父我得恩情护保孤家向來原自意猶
並無妻室是處搶探並妻一个可喜婦人孤堂空寨好生寂
莫（末）帶丑占上啟大王聞大王也拿得个婦人男子解送大
王麾落（外）帶過來（末）帶介（外）拘起頭來（占）哭介（外）呀我一
向擄來婦人俱各肥戰心驚這婦人見我全無懼怯倒是有
福的你肯隨我在（占）悲隨大王（外）好是个有福的既肯隨我
你就是夫人了梳兩去尽着進微任憑我意穿着左右分付
那些不同的婦女好生伏侍更換進懺（末）应扶占下（丑）相子
哭介哗有興々々（外）這是什麽人（丑）方才進去的是我嫡々
親々的母親我是他嫡々親々的兒子（外）你母親既隨了我
你就是我的兒子了叔全冠袍帶好隨俺掌中出入（末）應与
丑換介（丑）妙大妙真是也乎哉（外）不必達文隨我習些刀鎗
箭才好攻城掠地（丑）使見鎗法最高別起馬來一戰両戰
二三十戰（末）這是瞎纏了（丑）自古瞎纏輸贏（外）分付準備喜
筵後當成親（末）應介
【尾】欢來不覺欢心動就帳交歡執風光日澹江起卧龍（下）

第七齣　興師

【引】（末家丁引小生上）身作長城鎮境弥紅烽警（下官全声生去
勤除賊冠飛章請旨宋蒙見准聞得枉經略相解令向仍令
下官提携三領人馬合同征剿喜得帳下伶倫華嵗万人英
勇敵命為前部雖旅長行（生上）
【引】壓父心縈公務私情難並華嵗叩見（小將軍免礼前聞母舅
神速（生）前蒙元帥差提軍令又蒙與即日可到軍前一見即
便起程（外上）去來都有責生先本奉憑报出就二娘諒爺來
撤提調俱已整齊即可長行候元帥号令施行（末）與報報介
（小）可將來八說軍中事况不及回文作上三位老爺各率本
部分驰三路遇敵即攻倭這里專机令後使了（末）傳介（外）那唐下

丑上 一場禍央非參天心 見介 小生 正在沉思望見得正好
提人事來了么 丑 小官豪驕差往臨淮提取人犯有四丈差
丑 小生自大驚介 你把詳細根說上來 丑
嶺南枝 豪差遣提把禍來到之前一命難細詢此因由覺上元
戎齋 生驚介 急〻哀號 丑 把那官說是如此多應遭陷誣致使
命歸土 生 問嗟介〻吁倒 丑扶介 小生 重問吁葦將軍〻〻〻
孝順歌 生 你勸為善濟困扶勤修佛事反致魔纏夕念彌陀又
晚營功課 元仲所作久視心是奸佞些等還望九泉作主將報
此仇 小將難可日加身當先殺賊方死不悖 小 前番已過萬
難值錢將軍當先公役除恨復何難 生 小將明知急退役我
心如箭簇親總難伸軍情又從但得个執怨私明擁有万千賊
兵 我正馬單槍赴 小生 將軍只言是沈下官不勝驚惕心傷
但前軍既進我這裏安可遲緩且待平復流寇反兵殺佞方
為安安于天怒撼地波後得迎兵戈將奸佞戮 生 謹遵元帥
號令且去救賊再圖誅佞 小 正該如此 生 軍士就此起行 生下
大迓古 雲行軍令速貔貅虎賁烈〻干戈將軍嚴令如星火疾
忙征進莫蹉跎殺賊誅奸冤仇根復 下

第八齣　僧救

引 外扮乞丐上 維幸離刑獄無門投奔強捱飢餓 我葦惟善被
奸人誣陷買囑官非刑拷打問成死罪便要討我氣絕後
時流寇破城倒廟中眾人扶救出獄不知來至什麼所在兩
日在恍惚之間不覺飢寒今日幽現精定漸覺飢寒適人來
此荒僻去處絕少人烟者處覓食好难打熬異難飢餓死強
如在死獄中只得掙扎到前邊去
月兒高五更 強捱那步暈顛昏惺怫扶杖數前去反退回身倒
似醉沉疴應向冥途墮風搖墜葉疑是兵戈布 墜倒介 救人 作
念我尾弃荒郊誰來收厝 又倒介 末扮僧上
憶多嬌 朕界等世味踈拽把犁牛出也应念得其中不致魔 外
呻念介 末 呼 何處呻哦〻〻 得元來一位老者可憐煞也是
此位來的 遭地流離困苦 老丈 可是逃難來的 外 便是
前腔 被難失飢餓徒 末 你是那里人氏 外 祖貫臨淮住北河 末
貴縣有一位大善居士葦惟善老者 外 你可認得否 外 是師
父為何說得他 末 貧僧曾到貴地化米濟貧蒙他累助救濟
多人不知如今他康健否 外 師父 莫非普陀住靜否 末 貧僧
便是居士何以曉得 外 弟子便是葦惟善 末 認大驚介 呼 長
者恁底這般光景 外 弟子因動米後被奸徒誣陷私運糧米
与流寇暗買讀縣非刑鍛打問成死罪 末 阿彌陀佛有這等
事 外 還要討我氣絕一命登時歸冥途 末 怎生得脫此難 外
多虧禁長哥日常照顧正在不忍下手之時流寇破城合獄
罪人盡奔他們也道我是善人相幫扶翊而出因金鼓喧天
各自逃散我勉強聞〻到此倒斃兵寇喧呼〻〻 死里逃生
殆篤 末 如此說分明是流寇殺虜長者到此的了 外 師父因何
在此 末 我聞就是普陀地方向日多蒙善人濟救我方百姓
喜日不在此處念恩德今日到此莫乃天使相逢待貧僧招

呼他們來識認〻〻外不消〻〻末衆居士向日助米賑濟的施
主在於都來識認〻〻吓生付白衆唐上末了
閙黑麻施德行仁怜貧恤苦修善的恩人在那里末這位就是
華員外中爲何這般模樣末因爲施家濟貧被人誣陷說他
運粮通賊几死獄中御(?)虧了洗他破城衆人救放出獄逃避
主兵倉儲途遇請你們一会以報平日想慕之私中元來如
此阿呀恩人吓真是絶処生逢星天救焉我們大家扶起來
脱兵火灾又攙不意相逢休誑(?)路遠生待我領回去好生將養
付還到我家去各争介各背介末列位不消争扯局外是餓
沐的人不若大家扶到小巷每住供給几日如何末也罷我
們佑(?)剛(?)供給倒好末〻急相扶護嘗育庶已枯準備甘使
〻〻好調渇養枯扶外淨下

第九齣　誘戰

排歌小生扮生甲胄二旦小軍引衆上鶴印黄金麟符尺牘握兵十万揮
摩行看一戰静妖庅營取三江澄緑波小生住着看前面一騎飛
奔前來暫扎住看是何処來的衆應攔门住介丑將官上邊
雲暗塞日晴從來志士枕長戈報去黄元帥都將求見二旦報介
小生着他進來二旦喚介丑下馬見介小生那里來的丑小
將是黄元帥部下俺元帥奉命徵兵三万赴至荆襄正遇賊
兵被他沖殺一陣俺家兵馬摘去大半小將落荒而走來求
元帥早些救兵小生你元帥是自(?)府(?)將從來敗績怎反失利
与賊人丑據雄十万之衆〻寡難敵况彼賊將智勇兼備実

難抵敵小軍士們速〻起行衆應介閙鶴鼙擊揮歌奔騰怒
馬縱號呼老报子叫上元帥住馬衆攔门老見介小的报緊急
軍情的小何処軍情快說上來老賊兵過地動稱有万峰擁
殺來楚王被害國室一空了小有這等事少付火速迎上併
力勦殺老元帥且慢他那里日夜操演兵雖將勇猶不足慮
有一騎將好生利害哩小怎生利害老
前腔赤臉虬髯金睛蠆目(?)剛鋒利刃随摩降龍伏虎捷如授撓
海翻江勝剣那七不知他姓甚名誰老小的也曾打听他台閃(?)
信祖貫吴郡零江海一穷夫雄威凛英勇多似天鵬地煞降天
魔生知道了軍前伺候老應下丑俺黄元帥待救若渴理元帥
急發救應小賊兵有萬勇猛非常我軍雖勁但衆寡不敵况
有賊將號雷難克如何是好生元帥勿憂將軍疾速回至本
寨拜上元帥且勿出戰候我回音丑如此小將就走專候佳
音下小華將軍主意何爲生小將深知此人他生平義烈忠
忿存心不識何意反投賊党今日元帥也不必進兵待小將
單槍匹馬直抵賊營引誘賊將待小將且戰且走引至荒僻
闲彼縁由劝彼归順賊営少此一人破之必矣小如此將軍
速往我當摘兵等候生謹遵号令下小衆軍士傳令移營駐
扎衆應介
尾頓長戈移營伍靴裹虎貪衛前驅寧望佳音奏績圖生上
駕古児忙馳〻〻探彼心何異匹馬單鎗陣前唱励誘戰潛
令到荒郊下說誰識〻〻我先机效随何把英王激励衆上生

唆〻吹

【前腔】誰敢捨命臨盜地时耐狂徒忒相欺掠掌任便凌遲肯容輕棄 丑 我去〻独拿伊 末 伊行不濟还待咱們一同擒致 丑 待我拿他〻 丑生戰被生餘挑跌 下 末 不好了我們大家動手 戰介 生追 中下 看這些亂賊殺得他七零八落自然报与闯 信知道定來追我〻且逃〻等俟且戰且走引至荒僻下言 說劝化使了 下 淨上 龍卧汎蟠地鳳栖枳棘林 末上 群羊如遇虎中狗且逃 奔啟大王外廂忽來一个單鎗匹馬到當喝厉小的們一齊動手擒拿招架不住他竟佯〻去了 淨 有這等事看我器械來你们不必隨俺待我自去擒拿生吃那廝心肺 上馬奔下 中 大王自去定然捉住要生吃他的心肝臟肺腸子我要吃的 付 那話兒由与區〻独吞 渾下 生上

【降黃龍】堪笑痴迷英勇多双淼天高義將為用彼棄正歸邪較賊名何異想俞痴不殉臭名貽世擄掠凝心甘為不義荷交情以心相探劝彼除非 淨內呼 賊子慢走咱來也 生 他果然來了正合吾意 淨赶上 快〻下馬受縛 生与戰 敗下 淨 這廝招架不住撇馬就走难道放你去了不成 赶介

【滚】定當擒獲伊〻〻待衆卒心欢喜一騎何能料不难擒致 下 生上 笑伊崛強敢來嘵吠今客顯伏貌屠龍技 淨上 那里走 生架住介 住着 我却怜汝英雄恐汝滅名今却自來送死待數何為 淨 這廝雖要黃口敢俾誇可知俺金睛多的利害么 生 金睛多〻〻豈知伊大槩俠義世多双 淨 可又來 生 意歹心歪戀反正去歸邪有日天教敗 淨 我本世間豪肯作歪廝賴因被奸邪逼权且栖他寨雲開顯日光始得吾心快笑汝汎中鰍敢來憚狂怪 生 你難不認我也認我手中家伙 淨 敢与俺交戰几合去 生 誰快你 戰介 淨 招架不住介 住了且說吾名姓再當戰閧 生 果然義士不認得了我便是華臧 淨 驚介 呼 下馬弃鎗跪介 我的義友阿得誑傳可不苦殺我也想殺我也 生 扶介 義兄請起小弟今在金元帥麾下奉聖旨会勦振說足下勇槩难羈小弟故特討此差來相訊何故反投賊党以貽臭蹟 淨 不才因一品爵歸璧白兄他与相結累狼狽為奸畫影圖形追捕不才〻〻幸可藏匿適遇張獻忠人馬搁阻只得权時歸附後知令尊老伯濟萬被碓氣忽萌心逆領兵馬打破睢淮实欲尅敵不想牢做一空竟不知老伯所終只將賊子焚燒久欲歸誠奈無机括今得仁兄指示相機行事 生 今金元帥亦聞義兄英勇久欲招徠小弟一力担承故尔独來挑戰今得義兄金諾小弟放心回覆元帥定當保奏必得封侯大用也 淨 如此甚好我今回寨先處置了張獻忠率彼万衆乞兄引見可也 生 如此和你坐談已久恐彼生疑再和你假戰几合弟自敗走仁兄歸寨亦當相機而行 淨 是了 各上馬戰几合 生敗下 淨 妙吓

【尾】雲龍風虎求机會率衆歸誠念不移草莽朝天際会期 下

第十齣　殺鮑

【引】付上 老旦小軍 威行衆宇運崇華壯氣淼天貴可夸 丑上 勢

利是傳家不識旬親戎馬 見介 付 我見㒺得你們二叔連日戰
勝今日回軍已會介付備下慶賀筵席与他慶賀左右們爺
下馬即忙通報 中應介 净上
〔引〕戰罷回來日已斜乾坤翻覆費嗟呀 中報介 付丑迎介 恭喜
賢弟連戰連勝大費勞神 净大哥我戰勝豈堪誇意在帰王
化 付我和你戮戰勞神日今朱家天下指日可得何必見怪 付
應丑化 净丈夫做事自當流芳肯教遺臭胸其小利忘其大
義 付閒話少說且看酒來扶兄把盞 丑應介
〔江兒水〕寄與引盃長指酌拓土開疆闊怀暢飲行看氣壯神張
付我見取你帶來一品壽來奉敬二叔几盞 丑應取介 净上
有一品二字這是那里來的 付前來路泊時因你嫂嫂七條
軍中從十主持掌倉帑好护得母子二人我見他柔順溫和
納為壓寨管理內外諸事妳子就是他孩兒是他們帶來的
净有了尊嫂了 付是 净他姓甚麼 付他曾備說根由道前夫
楊氏育一子即便有先丧後夫君李氏豪傑為全多禍起蕭墻
净原來就是這悍婦孽子 付待我吞問他 夫姓你的姓什麼 丑
小姓是楊氏父親所生的姓是楊名叫樹千 净吓你就是楊
樹千麼 付賢弟為何驚吓起來 净看丑然不理介 付之問介
〔前腔〕 净背 聞言怒氣塞胸膛始知悍孽行藏 大哥古來國大事
着不戀酒色既那婦人連更几夫必是薄賤之物何不除之
丑驚付笑介 二弟你被醉了 净哎我怎麼醉這殘花敗柳怎
敢他專閫閨房 付你怎管得我家事咱家情狀宣傍人管轄閑

厮誑 净怒介 哎罷休蓮奴已千鍾少語不從纵半句多 下 付他
竟自去了 付麼意思 且他是撒酒瘋 付他平日酒量雖洪沈
性格好怎麼說了你母子便大然起來 且 扶兒既他處思换
父王与他打盟之際曾說有官同做有馬同騎有妻合同見
父王獨多了我母親他氣不過是實 付好胡說你自追出 且
應下 付我都辭不着他緣故向來与我甚是投机今日這般
模樣人心難測度抓責難推詳 下 净吊上
〔撲燈蛾〕驕淫太不良今日竟家擅悄地進營中把淫悍斷心誅
戮也 我你過算髙良修遂前因且恨多使泄恨昨已西諸華兒
悔啊指望回來助我張獻忠一同降順誰想害不能入他這
厮終是什麼之輩不足与言彤彤那溫污悪孽撰已在此我
今趁着夜深人靜直入後營殺却二人便是特獻忠晚得亦
不足為吾敵手有心一同除害率其部中帰降可不一舉兩得
我忠心不安說甚同舟敵國自為殃非虛誑反斜帰正將居王
下 老正旦扮軍上
〔山歌〕九里山前起戰場刀鎗劍戟白如霜烏江渡口擇敵羞
見江東帰故鄉 净提二首級上 妙吓殺得暢快 二旦吠 付
麼人 净喹該死的叫喚什麼 二旦元來是閯大王 奔下 付內叫
賊子休走 净那廝赶来倒与他說个明白 付赶上 大胆賊子
那里走 净棕住介 大哥放下性兒聽俺一言奉勸 付喉你既
称我是大哥豈不聞朋友妻不可欺又道長嫂為母擅自殺
害該得何罪 净不良之婦安可容于身呼吾故誅之更有一

言相劝我和你在此為非终為不義今金元帥統中原來徇
怒天心你我难全首領臭名遺世悔莫及矣况聞金元帥招
贤下士何不趁此机会一同归順做个明正丈夫都不是好
付 唤我今統領百万雄兵千員猛将眼見四鎮人馬朝向俺
廉天下指日可得俺若立住汝亦為王 净 咳我豈為不義之
王 付 你這亡护小人安能有此福量鞭與背皷宵容汝乎 净
露宵小之輩不足与言任汝自為俺自去也 付 攔介 那里走
净 令刽西香刑去擱我忿庇 付 豈不知俺手段管輕放汝 净
汝也不是俺的对手由下這狗驴頭罷 付 好放肆看鎗 戰介
净 殺 付 下 這賊子已被我殺且割下首級到营中收拾贊財
歆日率中归降者也

〔尾〕滛邪促都心方暢率中归钺王化扬做个義烈堂堂忠義郎 下

十一齣 許婚

三旦宗伴七小生屈蟒上 〔引〕巨寇消除可答圣明知遇 生净上
〔引〕 生 不惜馳驅 净 善則能遷悪去 生 義兄少待小弟进去啟知
元帥少俟接見 净 是 生 進見介 元帥金精多闻信諜俱受降
小 金庭將軍神力 生 不敢 小 分付大小頭欸樂以礼相接 示屈
吹打二生出接净跪介 小 扶住 將軍威
武絶倫忠心似直義氣干霄芝名貫世可敬可敬 净 念闻信屈
亡麈碌碌穷倖今得見天日何幸若此 衆 献首級 生 此贼献
忠首级闻兄以為進見之僥 小 分付市曹示衆 衆 应下 净 述
有金癿一具献上元帥 生 見驚介 呀 此郎一品爵也見從何
處得来 净 啼禀
〔黄鶯兒〕那日破臨淮獲佳人母子偕他說革家僃駭家業壞 生
如此說是我娃母了 净 那被此献為麼寒使時同將此冠劝
汝我细叙根由文將悍婦悪子斬首 生 咳只是不該傷害我
娃母 净 此倫表節貽害大家迷学悪婦不救何為咱家義條
湯不是个刚鉄石臣咱家十分欽敬那欽同來觐見然肯
實軍威故尔炯攜手後 小 呀何不早說左右快請湯爺相見
衆应下 生 小將喜观完家陷人自災禍生有胎孳天理分
明 〔撰〕令 翰與衰試观善悪根應甚明白 宗陶天中服上 看西我
嵩從槐大閭 宗縣二生净欸清火接介 小 老爺小弟為軍情
從倍應接不從罪甚罪甚 末 小弟孤城失陷敵欸拘自分
一死復得相逢多幸多幸 生 伯父幸得無恙 末 死中復活前後
皆賴闻將軍也 净 不敢 末
〔前腔〕責任守臨淮幸先迎婿女来 小 多蒙老伯命尊夫人相送
小女排料路逢贼兵遭不测幸值革将軍刼救 末 中途之
事实未虑及途中有变蒙相解 小 生 净 如神亂差祛贼救灾
吉人相天陰空盖 小 小女若非革將軍神力早為衆下之鬼矣
請問老伯向与他令尊友挽相善今侄可曾聯姻何處否 末
尚未議婚 小 如此欲將小女以侍中櫛老伯肯执柯否 末 如
此使与闻將軍共執斧柯 净 是 小 下官即將闻將軍率中归
誠奏聞朝廷就煩足下費表一行 净 早天意姓擇定吉日看
成合巹即便馳行 末 明日便是天喜吉日即可成親 小 如此

甚好 生 小姐乃天界仙姝 小將係爲前走年來徽何扱況文
觀來竟宣可覺圓已便去邨視遇不敢從命 末 也罢你既具
一片孝心不便相強即覓叢林追薦一畢徒即先姻是爲兩
便 小生净 有理 生 慚乏一絃何以爲聘 净 那一品爵足可爲
聘你再推到那里去 末中笑介 合 伏尊裁爵名佳兆一品事
當諧 衆上 後堂筵晏擺着就請上席 小 列位請 巾 請待棋謝先
從款一席会合婚姻良辰佳夕 下

十二齣　寺逢

丑和尚上 到処行方便隨地你慈悲 小僧乃鳳陽府大智寺
住持前者革老爺派下香金在本寺啟建水陸道塲追薦先
夫特請普陀住靜禪師啟焰口施食圓滿道塲法事才畢在
此伺候齋主拈香值殿的剪燭添香齋主將到準備迎接 内
應 二旦小軍引生素服社帶上

【引】恩切劬勞仗佛力薦昇考先 丑 本寺住持迎接老爺 生 請起
丑 請老爺先往大殿拈香 内鐘鼓介 生

【武陵令】秉虔誠莊嚴佛前求懺悔亡親上天早賜慈悲方便來
垂鑒爲王事肯親躬何期便棄捐 丑 請到方丈献茶少刹好作
懺隨礼 巾隨生下 外道服上 善爲至寶又致懸尤我華惟善
蒙普陀住靜禪師收留游延殘喘前日本寺住持專請住靜
來此施焰口他教我同來隨喜說有什麼大合緣因我便隨
他到此且到殿上看看道塲好至誠法事也 看介 看齋主是
何等樣人不孝男信官華藏呀

【沉醉東風】分明是我狀元姓名具填他被奸謀將伊焚焰那得
个到信街尤存我朽瘦惟善不禁潤愬稚漣沸漣 念我一个好
善反遭這等孽冤 生 先將上 听介 這道人爲何在佛前啼
哭 外 見 驚鵠介 不知老爺到來有失迴避 生 扶住介 不消 起介
叶老道你在俗時是何名姓 外 俗名華惟善 生 原來是爹爹
不肖便是華藏 外 呀我的親兒吓吓一向在那里 生 曾到湯
木天地去被流她圍城只得寫書將求金銀我狀兒救你來
遲 外

【品令】吾兒那日轉回猿伊親性命聯繫一線忽 那日知官正要
討我氣絕 生 呀那時怎麼脫身 外 若非他至打破重圍險險
此兒已到森羅殿 生 竟免厮湯老爺之力 外 怎得 生 他們豈
不屈不撓忠義之言感動他們怎得到臨證後來又怎得到
此處 外 彼時我已昏倒在地多虧東獄因都道我是善人扶
我到而出他強求乞沿途倒仆得遇陀普山住靜禪師扶救使
喚眼濟人户蛤流供養得至于此 生 爹爹苦楚了 外 你怎得
榮貴至此 生 孩兒呀

【皇鶯黃】被亂焼逆那得高眠幸得遇故交曾得昔日周旋將言
語說朝天 外 什麼故交 生 就是与孩兒譽同一品爵的金驕
他丹誠施展除残定亂 外 那崔公子也是他救的 外 也虧他 生
早得个奏凱歌声 合 可也喧填向芸獻勤銘堪羨 外 我自分
枯寂終身不道还有今日

【喜慶子】心自轉得伸冤意已闌你如今去到軍前料這回相逢

宣雅謝蒼天得善緣這歡欣意外地 生 請本寺住持過來 丑上
悲哀喜樂兮離再圓 小僧在後邊聽得長老與老爺生離死
別復得團圓不勝之喜真々善有善報 生 我家尊敬得住靜
禪師救拔今日道場且至城闉滿另送白金百兩與本寺改
日再答請住靜禪師上幄縮口 丑 謹遵台命 下 外 生

【尾】奇逢不禁多歡慶忭作善成祥自古傳忠孝芳名万古鐫 下

十三齣　封贈

【引】末隨末旨厥上 得叙故人情好把姻親訂 老夫隱木天聞得
吾友華惟善父子相逢又值完姻之日特來稱賀通報 末擬
丑院子丞上報介 生上

【引】聞道故人來倒屣欣相迎 丑 啟爺湯老爺拜賀 生 快請呀老
伯里面請坐 末進揖介 聞得公尊会于佛寺老夫不勝之喜
特出拜見 生 正欲造候遽但揮臨參々 有請 外冠帶上

【引】往事慢評論今喜彈冠慶 見介 末 天兄久違台教有如隔世
今得重聽唯尽一語 末 福緣善慶訃信皆訛邊紀旧情且賀
新喜 外 多承厚愛但有屈令甥女 末 分說夷姪公子親相送
親到門樂倫喜筵伺候 外 諸事齊備專候相迎後堂暫坐 末 夫
請 下 什 賓相來小堂引小生上

【一封書】佳期会慶全耀門楣恩澤綿雀屏約中選繡幕紅絲情
自牽 什 往看報進去全老爺送親到門 末 外 生上 迎介 鼓樂
比溪男兒韻坦腹東床女婿賢喜翩々效鵷々根蒼居恩志盡
堅 末 孩兒已到且拜花燭 什 賓相叩頭 外 就請新人 什 呼狀以

富初喬勇伐坤婿今數東親女婿賢恩慈相酬洞史帝良緣
天定枕如缺月又重圓 丑 丫頭扶旦上 外介 净内 查旨 下 生
代攬香案 净上 司聖綉户詔下彤廷 丑々 朕以涼德缺衣玉
基撫沐惟勤楼劳殷懈悲尔大慈跳梁小醜鼓實賴金声
東心忠重義識良才今晉尔爵爲越西侯兼中軍都督府都
督華箴智勇兼全實授爲左軍都督掛征遠將軍印降將閔
信一心歸順軍中投誠授尔爲昭義大將軍勉尔安慶守備
湯本天執軍自勵敢死許膽陽特陞爲信義將軍再贈華惟
善既濟饑灾神天護善朕實嘉焉照子爵秩妻金氏封淮西
郡君謝恩 末 謝介 小生 閔將軍懸肥賓奏行邊勞神 净 元帥
進奏小將將附小章卿衣華老伯之善德中堆徹上卿光寨賣
末 旦 喜再叙前情 小生 外 有理同送新人洞房合巹

【尾】世間善惡皇天鑒枉設奸謀窮致遠八執天就護善緣 下
全

萬壽觀

提要

《萬壽觀》二卷，清朱佐朝撰，法國巴黎國家圖書館藏舊鈔本。曲本。是書描寫元慶太子出亡。朱佐朝，字良卿，吳縣人。上卷分敘略、寫表、葛儲、密劄、泄機、鄰敘、宮宴、死様、出奔、留宿、服鴆、入贅、分別、試馬、搶女、獵遇，下卷分述事、到晉、遣拿、荊請、被逮、夜逃、射冠、成功、進宮、封贈，二十六齣。

萬壽冠

環翠山房集

萬壽冠傳奇目録上卷

萬壽冠傳奇上卷

第一齣　叙畧

（末上）晋室双龍下備居太西禍萌宮中刁侍謀書不容戚氏窓根宗舸陽潛出塔恰太保曉得園中煖門閒夜逢浦匠有女缩絛桐暮遇奸豪試馬嫦娟未分合雨〻入宮籠俠女相逢旅邸救出嬌仁公子失冠〻陳穿揚神技除忠慳萬壽冠重斯帝主麟閣發奇功來晋衔包是也

第二齣　鴻表

【祝英臺】（外冠帶上）此胸心極懷雙志窮家從閨巷浴日補天危困抱無二如鴻　咋月間桐笑我霜寒入侍（風池端琳瀚蓬儒做名五年總成虛寒霜点尽金章寄東燭催成向簡書）下官楮生字天表庙西晋陽人也官居晋朝太傅之職少年〻貢群英今已位尊班列幸喜上德况于先天〻下仰同于舜日只是儲位未正滌豫紛然太子二位供係元旦降生聖上吾是同胞親自置名一曰乾慶太子一曰元慶太子臣下供以乾元殿下之稱今已長成東宮未正下官所慮宮变之事來测誠非主事况老大年迈山荆辦世已久止存一女小字昭儀年方二八未叶琴音今欲上表乞骸歸隱桑麻卑宄兒女之情正是常將閒改兼家政時慙月憂同世憂且待女孩兒到來商議（旦上）

【引】判卉描枝窓前日影新來暮景遲〻（見介）孩兒每見爹〻對朝飲鵑悦色今日為何悶〻無言翔衣不卸是何主意（外）兒

我做爹爹的日居鬧要不覓多年日今儲位未卜是該紛然

我想二位太子同日降生圣上不分先後内外兩事一議賦

爹爹的歎煞天牢之前今灯下筆成龍衷明日五更而奏乞

龍將里尚我見得和你單回鄉升衙道如何 旦 能甘將患防

子太然且備之牢 外 不分争内兄目擊爹爹明見正該如此

然吾兒之言正合吾意梅香你去傳太後子回敘時分付伺

候入洞 旦衣下 生 接見麝墨作伴爹爹 外

（祝英臺）對端明情意慨然慨慷捷逢老性拙燮理無能天眷

未堪王師 旦 倘圣上不准如何處之 外 休思鳴舌春明燈未香

沾金紫 旦 爹爹只以羊羔為斟便了 外 把衷情激切屏營之至

夫差秉灯旁上 捲簾鵷鳴催曉筝尚衣方進翠雲裘禀希鵷

鳴了 外 就此入朝九重閶闔開宮扇分同衣冠拜冕旒 下

第三齣　卜儲

（粉蝶兒） 小生扮太監上 帝業無疆歡准下 今日今衣千秋

民望 下官番朝黄門是也圣上因一胎降生二位公子一日乾

爱一日九爱今當一十六歲未卜東宮儲入臣陛宫内有变

不敢議及圣上親自主裁今万歲將進万壽亭觀一簡今文

武百官與二位太子集赴太廟鳴吿先天付太子所名封置

龍鳳飛内閣得那一位太子即戴万壽冠正東宮因此伺候

悠有那一條雲黄猷河南鳴岐凰氣氳清明護擁着天子垂裳

一霎里九重明晃 丑生太子衣冠官世子上 小 太監同上

（泣顏回）旭日麗文翔撥先天澤露甘棠並龍卜鳳簡心黙祐委

双千秋誦講慇懃、果曼同仁讓 方不盡 禁庭獻風書不了岳

嶽翱翔 吹打拜介

（上小樓）洞向着山河獻拜透龍香上告着先祖高皇只為着千

年社稷万載家邦 付 太祖高皇在上孤乃乾九二皇孫奉父王

約旨未卜東宮今我二人叮誰將撑四極誰能 末夾刪憑

着岳嶽神靈 付天心簡内小子分攜 末吟介 顧飛下一紙

龍書 則為着物阜民熙操國家上望圣意自惟量 末占旗

龍鳳飛 万壽冠上

（泣顏回）神龍重降世嵩双兩裔能非欽主此垂瞳垂卜万壽冠

定振垂瞳 末 這是万壽冠 占 這是龍鳳飛上有皇封内有二紙

下 御名圣上叮囑軒侍望卜儲居早正民瞻仰叶熊夢愚似

周文論政治勸比陶唐 老 万歲命有旨着刑科給事將滿呼獻

皇封 净 万歲

（黄龍滚）承明音撥霧排雲 潜啟出飛龍達上今日 際会

明良 獻圣德千秋誦講 老 圣上有旨着太保付詞中將玉

錦開忍 末 万歲又不勞一封朝奏論思聰又不勞見季論低

昂自兄有如在譯 早現出龍光千丈 開介 是九爱太子

付 是九爱衣吹

（撲燈蛾）把俺的靡天地化已灰却不道牢籠計已裝眼巴巴公

婦擲一張生探探把孤來骯髒他喜着春風生桃浪一任介

落花流水那文章 刁 堂付孤在此多煩回宮了 丑吟介 却不道

駒遇其尾嘗一天星斗起參商 下 末 無歡下千歲 生 東鄉

請起侍官回宮　下左

〔小樓犯〕遠壁廂淂意回那壁廂添惆悵卻不道符合天心〻〻垂裳端拱豈屋躑望响刺里躑躍歡歡〻〻氤氳氣靄香凝陌尽方顯淂圣居天降

〔尾〕未央宮里重排伏三呼重又拜君王從此家邦帝業長　下

第四齣　密札

〔引〕外上　末小太監　興甬入掌方儲地近変天南　扒了純元太子是也〻〻天製成万寿冠一頂命集之氏大臣鳴告太后闔名之禍孤想内中有人要立元太子故在文王面前織成這个圈套亦未可知前日闔宮又是伴到中這老兒他是元庭的師其中月然面意不免喚刁決來与他商說一策内侍喚刁決來　丑上　樹擬金童露庭樹玉樓音奴婢刁決叩頭恐殿下千歲〻〻　外　内侍回避了　末小下　刁堂侍孤想前日闔名其中未必無疑況滿朝大臣都属意与元太子再這圈套思之可恨為此喚你商議孤欲謀將金冠你有何妙計　丑　外臣刑科給事是奴婢心腹前日闔名是他揭封奴婢去問他必有妙計　外　你就去孤主等回音　下　丑　須音不免出宮去來門上的　末上　是那个呼唤末是刁公〻老爺有請　净上　怎麼說　末　刁公〻到門　净　道有請　見介　不知公〻降臨有失遠近　丑　老先你在衙齋好生自在可知乾殿下在宮着实惧悷哩　净　為何　丑　為闔名一事着实忧怨今欲作迎床佛滴之計闔計子咱〻在殿下面前称揚老先才幹殿下大喜就着咱来問計若得踢轄大使殿下親許助臣第一　净　此事非同小可待下官詳細面奏　丑　殿下立等覆音你今就想一想罷咋　净　咋〻〻如此請公〻内堂少坐内有教授侍奉公〻小室待下官尋思一計寫一密札啟殿下便了　二旦上　净　你們好生伏侍公〻飲酒　丑　也罷咱就飲一杯　丑二旦下　净　靠濟時豪刁公〻提携官居刑垣件弾内小無不准行只是這个大題目也是一節坑倫章本既蒙乾殿下如此之委敢不盡力謀為想這个大位要到手必須先除去元太子方得安妥　思介　咋〻令朝延斗日甚近乃一件事不淼為禍不小如何是好咋我今寫一密札内中不寫名字有理

〔玉山供〕承恩重〻計畫中龍光細　献他說一席官中以賀萬壽筵為名將酒灌醉留入寢宮便半將几名妃子猎夜明日侍乾殿下妄奏圣上說元太子微居東宮淫媟妃子　仝上　以削諧位那時万壽冠定坏乾殿下此計大妙當設宴賀萬壽筵為名鹿鳴奏歌劝沉酣渦將宮娥自引進淫媟不從生憾將此呈情奏位处定山河他日定淘担　二旦扶丑上　好唱得好〻妙　旦　公〻仔細　丑　待先兒計策有了否　净　先陋公〻有罪崇啟一封待下官封好　丑　不封罷待咱袖了去罷　净　公〻不可放在袖中　丑　放在那里　净　倘有失快為禍不小　丑　也罷待咱放在情兒中有誰知覺　净　是还要緊慎為妙　丑　别了　净　有慢公〻　丑　折了　下

第五齣　泄机

【锁南枝】老上 花藏貌月近阑轻罗微〻露点斑 奴家宫娥咸氏
奉乾太子令旨来探子常侍回宫殿下不知有甚机密令他
商议怎么还不见来 要奇呀 听玉漏起尘里金吾禁宵宵你
的调筝女思万般他遗误青春闭煞作宫闱嘆 丑醉上
【又】建章闲画烛残美人曲罢酒已阑 老 子常侍来了在这厢吃
得这般醉怎生是好 丑 你是那个 老 奇他醉得人都不认
得了 我是咸宫人 丑 吓 敢是你憨火发热煎来寻我泼郎漢
老 吓 花子 那里吃得这等醉 丑 我在天街里文武班 老 为什
么请你 丑 遣内闱司礼尊撒下龍筆宴 老 花子 丑 死咱来也 老
催 丑 既悄個吓 老 悄兒都跌下了 花子呀 悄的什么東西吓
家来一封家書 待我灯下看来 呀 子常侍殿下 必等大事記
你〻都不小心 殿下知道 却不是死在 起来〻〻 丑 扶我一
扶 老 快去罷 旨罷 丑 我永恩歸已醉不敢 御明君 下 老 丑 往
不知外臣那个主张 教乾殿下殺宰宫中 侍酒灌醉元殿下
留入寝宫 暗教把子姦暴 圣上道元殿下 嫡居東宫 没情審
女 我把咸倫亊 这不是乾殿下 篡逆之心了 殿下〻〻
【江兒水】只道锦牢千丈根深不可扳 緣何剖死平地遭焚絆 我
想元太子德性寬洪仁慈温讓 內外諸臣属望已久 前閑万
寿 偏是天心念 山河把誰知蛟龍争奪珠交爛 丑 往見表不
為是多勞也 昔春秋趙氏庶嫡 宮人怀太子以保衛令孤
嗣 虞李少華 哭幼主于銅門 我咸宮人 豈不能效此二女在
驚起九霄雲雁 揔有離枝如虹 只恐羽毛穿來以晚 怎处 吓
有丿明日公宴 我少不得在旁侍酒 暗写的意二字在掌中
斟酒之时 微露与元太子看 等他見机行事 我將掌上書的
意提起 天羅地網人 下

第六齣 譜叙

【引】占上 露侵花容如子喜春色 不厭貧家 一肯风雨送奴歸緣
哈紅綠柴门 家沙無人到 与誰同掀花枝庭下 聖吟哀思陽
春 只在今時 奴家名喚浦䓁 爹〻 諱春竹 本是漆匠 曾出祖
居固龍里 与謝太傅為隣 奴家一十五歳 来吓 桃天 爹〻 時
我李做漆匠 只为奴家 幼失萱親 歸道来繍女工 尽咲 日後
如何是了 今早爹〻 到下許多油漆 不知刷那一家做生活
且待出来便知端的 丑上
【青哥兒】做漆匠一身邋塌 小家伙 自造包扎 蒲姿小女学清雅
情 這方閑來 知那个容納 占 爹〻万福 罷 罷〻〻 小人小家 日
日見礼 怎么 占 今日到那一家做生活 丑 今日到謝府中漆
兩扇大屏風 未完 但家中生活 也是要紧的 你替我買起来
我回来上漆 占 曉得 丑 迹家伙来 占 家伙在此 丑 不
意 雜顺世間材 下 占 爹〻去了 不免把碟兒収起来
【解三酲】女兒家 強把愁懷暗掠 理不了眉黛如画 懨〻問過春
和夏 有誰共在窗紗 奴只把閑情題上香羅 怕不管一夜東風
愁落花 薔薇架 看香風一陣拂上琵琶 老上
【又】補缀年来居白寡 最苦是桑榆貧又加 老 月鲍妈 便是祖居
固龍里 守寡二十餘年 隨郎度日 与浦漆匠家為隣 他家有

个大姐時常老身過去叙些針指兩日不曾去今日不免走遭他佳音正合桃夭化來得个美蕙蔵 占 鮑媽〻為何兩日不來 老 大姐偶有些小事大姐今日做什么 占 不過爹〻手藝 老 大姐可惜你文君未卜桐如卦何日里玉種藍田孚破瓜 占 休取笑 老 非虛迓真个是若耶未曾遇個同浣紗 丑上 一身似貧竞兩手似晴茄些鮑媽〻在麽 老 蒲叔〻回來了 丑 可曾吃茶么 占 还没有 丑 快些燒茶来帶了家伙進去 占唐下 丑 鮑媽〻你看大姐長大了央你做个媒人再不在心上 老 老身雖有几家但大姐心上不肯千不允万不就爲此老身难以多嘴 丑 媽〻想大体面的可肯来扳我們無是手藝中人只要养得老婆活是哉 老 咊這大姐不肯扳手藝中人 丑 丫頭家懷不得他意

【尾】自古女兒長大須當嫁何須論起貌如花 老 老身就得只要務實成人會作家 丑 着〻〻 只要惺〻不要呆 也須夫婦兩和諧 姻緣本是前生定 曾向蟠桃会里来

第七齣 宮宴

【引】付上 末小生太監 老帅旦 丑宮女 安排玳瑁鴻溝記宦異 日 軽歸玉璽孤為万寿節一事突出東臣此謀因此計生倒海責歎回天昨外臣進札教孤如此行事今日設宴已着刁鼓去請元太子到来以慶万寿冠為名他看来時我計可成内侍元殿下到即忙通報 众應 丑随生上

【引】鱗甲被天衢得舒怀凋慣 丑 元殿下到 付 殿下洪福齊天得掌昭陽不惟父王喜之不勝内外文武皆各如意 生 不敢承父王鈞旨敢不对祖宣恩偶尔拈及微名此乃天心先埋朝野嗟鶯呪有僭殿下先萼累將何及 付 不敢這是天命在予殿下祖先亦知人意乾慶有何德能命當大理今日設宴以賀殿下今日循此以廣他日万寿無疆之兆承殿下不弃而降足感不忘手足 生 不敢 付 看酒 進此介

【風雲兀】唐虞斯際岐山鳴鳳兮見山河生色草木咸輝以識真人起應當今聖陛〻從此海屋添籌鞏固發基玉砚流觴与咻奉疆歡美宮人們進此 众應 老手容字生見驚介 末 看舞下飛瓊岐嗏早又是宮月帶花移殿閣清凉音歡樓臺細 付 上住 老又容字生驚介 生 殿下客庭下小静 付 宮人洧侍 生 那宮娥示掌机其中意难理 付 請殿下就席 末 請介 付 殿下每日与乾慶吹歡暢飲今日為何吝盃不沾莫非乾慶這里相慢了 生 殿下何言也吞元慶不知為何腹積生疼絞痛不已 付 腹痛正該吃暖酒内侍取巨觥来把愁眉暫釋這蓬壺閬苑逼少年樂趣〻〻 生 恭絞痛不止再难安坐容當告回 付 殿下不能飲怎么处 丑 元殿下既腹痛不飲着宮人送回宮明日補情 付 宮女們掌灯送殿下回宮 生 多谢 吹打東下 付 才常侍此計不成怎么处 丑 殿下不必性急元殿下朝夕相念此計今日不成自有明日今中魚几上肉那怕他走上天去 付 說得有理

帝上奇謀周亞夫　洵教漢室一朝孤
計就月中擒玉兎　謀成日里捉金烏

第八齣　死義

【六幺水】生仝前宮侍上　停延羅綺掌謎傳情事有蹺蹊莖欲扰
自依希其中事揔難知離却宮扉謾把前因叩取宮人們都迴
避只留那一个宮人在此　卓下　生　宮人才方孤見你眸淚之
時手中有兩盡兩字莫非其中有甚事情你今快々說來　老
殿下奴婢該万死今日之宴乾殿下與刁常侍實有奇謀奴
婢不忍殿下受莫測之禍故掌中暗奏　生　你且說莫測之禍
爲何而起　老　殿下听稟那乾殿下呵
【惜奴嬌】只爲皇業萋菲　生　有何仇恨　老　要鴻門排耳欲窺神器
生　殿下與那个爲謀　老　刁詼謀事暗通宻伴生机　生　既是那
刁詼應可曉得外官是那个　老　這个奴婢不知因前晚見刁
詼回宮跌下悄来內有一書從没姓名来傳悉　生　那書中是
何計謀　老　用紅裙蕭墻禍起　生　用紅裙計謀我怎生就起禍
老　今日之宴慶雖爲名灌醉殿下留入寢宮自暗教把手明
日去奏聖上道殿下矯居東宮淫妬宮闈教把滅倫事欺削
儲位那時喜笑遮慢道千秋帝王逆掌轻爲　生　吓原来太西
閫姓一事起禍應不妨待孤先奏知父王便了　老　殿下若奏
聖上先自禍起落他計中矣　生　却是爲何　老　雖如此今日呵
【錦衣香】又没个㧞堪推来指實况無蹤堪倚来憑对　生　使是　老
阿吁殿下他㲾下美李甜桃免教猜忌殿下呵你如今速脫
是和非休教鴻鵠投入樊籠　生　承你救孤但今喜計如何是好
老　乾殿下既起謀意必不干休殿下若在宮陸地罗網外面
大臣俱未可測只有太保傅詞中是殿下師傅不若殿出宮
去問計與他自有避禍之策　生　孤這殿打扮怎生出去　老　殿
下若出宮闈放長随洵放声低　生　説得有理你姓甚么孤家
日後抬你　老　奴婢戚宮娥何勞殿下掛齒　生　孤曉得了你去
罷　老　殿下奴婢已把漏泄此事也不敢回宮了　生　爲甚麼　老
今奴婢亂君手足不能兩全不忠也又與殿下私語无義也
宣不白私况他日鬬起乾殿下必知奴婢漏泄那時方剐何
辟　生　儿徃不道這女子知此大義　老　殿下恩早脫牢籠許九
輪紅日昇平濟宇罷何惜粉消玉碎　觸下　生　吁戚宮人々々好
个義女也
【漿水令】看階前流離怕危看階前芝蘭倘墜從教羅帳杜鵑啼
咊乾慶你机謀雖巧却不道有耳隔墻凋殘玉珮今戚宮人
既死明日乾慶知道必知漏信宮闈宣無嫌端方才戚宮人
教我扮做長随私出問計于傅太保不免除下金冠藏了袖
中今扮作欽尊拳有密机天街夜出無艰忌戚宮人孤若徒
大徃那時題玉簡々中義堪追享々禮々世及閭閻
【尾】一時花貌容惟悴堪憐死義不勝悲　此時不可再延遲且出
宮廷免自危　下

第九齣　出奔

【引】小生上　筆冲星斗傳文獻何日里花明春苑獻策重瞳十万

言浪花未暖枉徒然慢言季子貂裘敝有日河陽着租鞭 小
生傳人事乃淅中嘉善人也父親傳詞中職拜當朝太保秉
政銓衡爲僭居師範小生幼淅螢枝未成懷玉腹藏二酉未
憚暮明之常听玉漏已作不免再將古文書籍展看一回多
少是好
【惆魚局】索火青熒硯磨穿皓首窮經讀聖賢書囊多底似淵〻
謾言不向金门舊還是我冬當江南二月天 末上
【又】委蛇日度自求全雅解金魚歸暮田 老夫傳詞中位列三台
爵尊八座適才登上賦下表章業已完不免到狀兒書館
督課一番 一經教子繼前賢 小生爹〻 末 兒吓在此看什么
書 小狀兒看是春秋 末 好那春秋最明君父之事讀熟已知
興衰治乱看到那里了 小狀兒方才看到趙有殺君一章我
想趙盾古之良臣不免謗書一筒豈不可嘆 末 兒這是董狐
秉筆趙盾弑君趙宣子天留越境經有誰秉国成之語因此
褒誅一字千秋鑒 男兒立身綱常之上當要忠孝君親苟有過
犯那筆底难寬書一篇 外急上 有事不敢不报委事不敢亂
傳啟爺有一位公〻要見老爺 末 快請上堂我兒廻避 小下
生上
【引】嘆荆花平地自摧残未顧三綱五典 末 公〻先迎 吓原來院
子廻避 外下 原来殿下老臣有失遠接死罪〻〻 生 先生請
起快救孤来 末 吓殿下爲何這等打扮暮夜私出必有事故
了 乞說与老臣知道 生 那太廟閣冠一事起禍了 末 禍從何起

【五更轉】 生 欲將社稷肩因此排宮宴机謀就裡拴 末 是上机謀
殿下何知道 生 有宮人掌上暗露緣和線孤就詐痒辭歸躺
出情暮 末 那宮娥是誰是何謀計 生 宮人就是乾太子手下嬪
宮娥道前晚見刁鼓醉露客書道孤淫亂宮闈等事方才說
明 可怜他輕盈愈妓艶姿不能向西宮院 末 不回宮去如何
下落了 生 向庭階触捐桃花面因此昏夜前來望先生救援
末 殿下這節事也是准題目又多指實难以輕經官理今殿
下私出又触死了妃子闹到宮闈大变了 咳 老臣這里难藏
殿下待東臣退後同謀事之臣而有根帶那時好論叅逐則
乾太子多辭矣 生 今孤避往何處去好 末 吓有了 如今殿下
打扮作書生竟到廣西褚天表那里安身況閣冠一事他先
已告老歸家不疑殿下在彼的 趣然暮夜殿下就出门去罷
只怕宮里即差内侍來尋矣 生 如此孤扮做書生便了 末 殿下
【浣溪紗】你錦衣眠怎禁得風霜苦還須要語言吞便 生 孤然去吓
也顧不得天涯流落孤鴻雁 先生孤去了 末 殿下放心去 生 先
生吓 還仗你諫疏從頭述一言 下 末 咲 不想宮中有此大变
起來 小生上 心怀轉听取那悲慽色乱言驚戰又有禍本顛
連 爹〻元殿下暮夜至此却爲何來 末 我兒不要說起乾太子
有謀奪東宮之事宮人唱信元殿下私奔出宮避禍我已指
点他到廣西褚天表処藏身且看朝中事勢再作道理 且内
東軍士把傳太保府圍住了 東廈丑仝四卒上
【秋夜月】驀忽间禍起昭陽殿圣君怀怒如雷電 東軍士 打進去

末 呀公公暮夜至此有何見諭 丑 你还要問咱快把元殿下送回宫圣上查等 末 元殿下何事到這里來 丑 你不見么 末 何曾見來 丑 軍士們往里面搜來 众應下 末 元殿下為何事私出宫來 丑 元殿下逼死乾殿下妃子 圣上大怒 末 元殿下極仁慈孝義寔有逼死妃子之事 丑 他只為香溫玉軟春情現血濺了美嬋娟敗彝倫大典 巾上 敢公公知道里面搜過没有太子 末 如何 丑 既没有再到別衙門去 下 小生急上 末 我兒又是我有主意不然怎事怎么処 哎 圣上々

【東甌令】不思他鹿為馬鼠為猿耍雨翻雲禍内廷 净内 圣旨下 前卒众上 瑤池彩鳳輕離花把不了心驚顫班倏処々尽相喧師傅定為杈 众上 有旨元太子性既乖淮始宮闈卿什有失正諫以致悞乱綱常着殿前校尉拿下付詞中司寇向介 末 圣上吓 小 爹爹吓

【刮滌帽】影兒都又干刑憲是誰把双鳳相撇 巾 天樹咫尺非遠攏有閑言只索向金門辯 众擁末下 小生

【尾】一霄風雨蛸滌面傷情桎梏在暮年若浮雲霧潛埋始見天

第十齣 尚宿

【排歌】生上 鵠武失翎醜鷄戲侮魚龍水淺难越星月扰是帝王都風景依稀不似初 我元慶只為宮闈生釁傳太保指引我投晉陽褚天表家藏身因此晚夜兼行在路月餘方得到此入得城來不覺天色已暮一路問來說在国龍里不免再行只見三槐樹栖晚烏銅環獸面應门無 這里大宅想必是了裡面有人么 净上 那个主人不愛近賓客童僕安閑得早眠可是我家敲门 生 你家可是褚太傅家么 净 正是什么人 生 開了門咱你家褚太傅出來 净 咏這个人來的大模大樣咱你家褚太傅出來待我開了门看什么人还大似我們老爺 開介 你是那里來的 生 我是京中來的 净 京中來的可有什么圣旨在身边 生 没有圣旨快咱你褚太傅出來 净 你姓什么 生 我姓元 净 元么元督我走出去 推介 生 唗 净 唗阿欸若々十々大官府來求見一槩辭免你是什么人咱你們褚太傅出來 々々 生 难道你家爺不接見賓客的么 净 你看墻上告示々諭把门人知悉如有賓客賜顧者一槩挽辞不得擅放衆物如違重責五十板 生 不是我与你爺有師生之誼 净 我們老爺孝生子暨千盤百在外若是个个通报没有許多通报 生 胡説待我自進去 净 推 吠多知那里走空脫騗來這里兜揉 生 胡説 净 胡説么 闹介 我前日拿得一个帖子進去我老々屁在嘛出來今罰咒皇帝來多通报我 下 生 阿呼你看這惡奴將我推出竟閉门進去了 唉

【桂枝香】一似雁侗孤鷺池塘宿鷺誰念我失隊無栖尽受此飡雲撥霧 褚天表々々怎知王孫困境々々竟做魯男閉户今教晉文誰詢 那會門奴好悪他道是相家奴我少什么蹣跚山龍客杈奪你騰騰躋下天 丑執灯上 家毒生活計添匠作生涯咏什么人黑魆对了墻哭 生 我是京中下來的要投見褚太傅門上不容放進在此嗟嘆 丑 大人家閉上門那个曾你 生 没

夜借宿一宵怎么处 丑 更深夜静那里借住况這两日巷門
紧急現把夜巡得極我是人家添生活回来不若到舍下去
草榻了明日再商量 生 从来識面怎好打攪 丑 舍話天上人
間方便第一何論相識走〻〻竟到舍下去 生 多謝 丑 来〻〻
這里是了门見閑在此 占 内 可是爹〻回来么 丑 正是兒子
有客在此快燒茶 内 應 丑 相公請坐相公尊姓 生 姓元 丑 元
相公与諸爺有何相識 生

〔又〕舊有師生情分 丑 為甚么事来見他 生 為生叢端来護 丑 為
是來要他薦〻〻的意思 生 奈他閉絶親朋我的衷腸莫
訴 丑 元相公你来差了自從諸老爺回家一概閉事不理絶
親朋就是明日也不能相見不如原回去的好 生 我憂愁怎
回〻〻 丑 諸老爺呵他是清高雅素不把清名担污 占 捧茶上
學當炉竹里茶初沸堂前客正萬 丑 兒放了茶見了元相公 占
是 見介 爹〻這位相公為甚么到我家里来 丑 我見這位相
公要見諸老爺门上不通報专处欸留我收此留伊来个快
些收拾些夜飯 占 說有菜怎么处 丑 吓方才个人家拿一塊
大魚来我吃夜飯替我拿了回来如今在油鉢里拿来當子
菜罷 小 這残的也請客 丑 兒子我何曾吃過整个来也罷你
拿来折〻碎就會勿出就快些 占 應下 相公里面去吃夜飯
罷 生

一身流落客天涯　莫悠東風吹落花 下

不戀　受

〔引〕 小生上

十一齣　服鴆

一朝吳越生塵难将筆献金門 小生 傅人學爹〻只
為踏名生变以致禍延各料部跳辯等事圣上道師傅失訓
天奏有乘以輔翼喜欲之罪帰之咲然事乾太子本起慕迹
之縣諸人臣當不知反倫之責只是日今虎視之勢非肯概
攬挹某圣熟方深親宠無限如何是好今必要在爹〻身上
要元太子我父定怀杵田之志不致刈光之慣昨尽音钩輷
本命相臣之依不加刑與自從被逐之後會懷散去早晚等
人看到不免到監中看俟以尽人子之道然是監門不免叫
一声禁長有么 付上 覓两城里経営各洪事堂前听使令东
來傅相公看老爺的請進去 小 有劳 付 随我来傅老爺有請

末上

〔引〕泣兒夜腋〻莫非我重年不穩 小 爹〻在那里 末 我兒你到
欸怎么 小 爹〻吓

〔金絡索〕只望榆光並麗春宦影棲枝嫩誰道一夜西風斷送霜
寒信 末 兒吓大節無虧正在此時宦同年老自然 小 我切齒秋
上陳 末 上陳什么 小 道嚴親星宿班〻三旧助金章感削帰來
去早难道抗简喜恩没半星 末 兒吓当肯准信你休思有總有
啾〻唧〻怕不能到重逢 全上介 志昂〻氣壓凌雲先定下紅
裙陣 付全二本上 付上 大相公刑料傅爺下 鎖夫了兒進一進
末小下 付

〔引〕紫綬喜欽帷室一章狷本 淨 某子 付 某子接爺 淨 請傳爺出

末付彦請介　末上　淨老太保　末老料長　淨看坐來　末下官化
罷于朝廷本當俘之　淨望教　末請问老料長到此有何分諭
淨下官一來向候老保，太二奉圣旨向太子出宫一事道老
太保必知其跡圣上之意無非要太子回宮以明殺把之事
老太保何故執迷以致内外不安望老太保三思　末老料長
差矣太子夤夜出宮豈為臣保況是夜明以使得見与不見
内臣共知何得事〻在下官身上來　淨有个緣故太子半日
与小臣原是相識老太保多為脚範故此作疑　末咦老料長
一悠差了此何等大事作疑二字堪為朝廷之重本處　淨下
官呵
〔又〕為朝廷今日尊敢不道忒柔问　末九殿下影行孝義宣有親
宫城之理　淨這事現有叉憑　那金谷台前血濺花枝嫩　末那
九太子為何事便了誅妃子　淨畢竟春情蝶戀花　末咦讒猜
疑論他白璧無瑕守自真　這事我曉得　淨老太保曉得什麼　末
這是他間骨肉分離易　淨此间宫闱也是宫中生疑了　末咦那
内外傳謀宣多有一臣　淨老太保既晓内外通謀何不奏揭上
聞　末待風雲靜穩孤碩胤少不得自家塵　淨如今圣上專意
在老太保身上要太子並不惧天威有法麽　末料長你怎生
小覷下官　猛挤着鬓發如銀甘与龍風近　淨老太保不須動
怒既無太子待下官回奏宦里便了禁子伏侍太保爺進去
付应　末這也可笑〻〻　下　淨且住這老兒〻〻声〻道不見
太子又說出外臣離间宫中手足等事想是我的情由必有

此如覓今乾殿下要刑部病揭我越決了當他性命也免日
後是非　禁子　付彦　淨今早大内傳出金盒一个送与傳爺知
事太子方許开看　付彦　淨下　付禁子速老爺　〇轉介　且住這
金盒内必有蹊蹺又是大内傳出想必太保只在今日了、不
免請出來傳老爺有請　末小生上　去了麽　付去了　末可有什
麼說　付話沒有倒選禁礼物在此　末拿來　付老爺看不得大
相公來看　小吓什麼礼　付大内傳出金盒一个道如無太子
方許开看　末住了如此說圣上必有賜死之物拿來我看　小
阿呀爹〻吓　末看　呀原來是鸠丸　小阿呀爹〻你早已七旬
無受此惱禍事到如此不若將太　末唉畜生你敢亂道麽　小
阿呀爹〻吓　末圣上吓老臣補袞七年翼輔四季不能報答
閏之恩反有雲陽之賜　倒介　小阿呀爹〻吓　末我死何惜只
恐社稷從此遂遭失羅
〔梧葉兒〕只得辞丹陛辞枫宸七旬的一旧臣不能个錦衣歸鄉
井返羅下莫測禍本　圣上吓老臣受恩喫此鸠凡矣　吃介　小阿
呀爹〻吓　可有什麼話分付孩兒　末我的親兒我死之後你
可投廣西猪年伯那里藏身我兒你對他說　生爹〻說什麼
末若得任正梁見罷我必在黃泉路引　末倒死　小阿呀爹〻吓
〔又〕看〻瓶兒变体兒冰痛殺孩兒目似昏椿枝摘萎長星倘殞
殘骨裏筋誰埋藏一坯土穩　付大相公且扶了老爺尸首進去
扶下　付大相公我們對許都到部中動病揭去了　怨有官府
下來相驗你快出去罷　閉门介　小爹〻吓　下

十二齣　入贅

〔賞宫花〕丑上　蒲姿貌嬌覓東床一俊髦論我爲漆匠誰个肯投
桃正是紙帳梅花冷春来深鎖鳳凰巢　退！賞紫漆匠諸般漆
来時椂雕花漆綠白善朱红黑漆推光搃黄木煤一搭上油
光要三糙灰泥蒲奉竹不帝裘偶可怜蒲姿一女從小没娘
生来清奇古怪十五歲来遂鸞凰說着嫁做手藝桃爲把之
人就氣得雨泪汪〻你看我做爺个幾形漆匠女兒要板香
个名望只要勿嫌勿錢這咋做七中八當依你一世没老公
只怕你熬勿過春光我今看一个好对頭昨夜床上一夜翻
覆去思量前面元相公無家無室况且才貌全中我心上竟
將張化女婿不知他阿有福氣做我里新郎李生主意已定
特央鮑媽〻說合商量走得不多几步已是我不免叫声鮑
媽〻　老上　来了進门声叫急不識是何人叫原来是蒲秋　丑
鮑媽〻　老　有何見教　丑　我里大姐姻事你可不在心上勿替
我去說〻　老　老身看实在心有几家对大姐說理也不理　丑
論他心上竟做皇后娘我只怕勿曾生得福来　老　大姐心上
实难說合　丑　閑話少說我倒尋了一个对頭特来替你商量
老　吓那一家擊帶老身吃杯喜酒　丑　且不要慌了我告訴你
一日做生活回来只見黑頭里一个後生去哭我問他原是
褚老爺个门生门上人不放其夜無处棲身我熱心腸留回
住了這个人氣大得狠明日也不到褚家去老主意竟住在
我家我里大姐燒茶煮飯日〻應意伏侍他咪鮑媽〻勿要
大姐看上了他不可知　老　又来取笑了　丑　不是不要說大姐
个人我也中意里我故特来替你商量央你在内說合〻〻
我竟要招贅他不要他讀書做甚行料我教他手藝半里竟
做漆匠公婆两个樹緊子甲做人家两件破家傢伙与了他
我竟要靠老子里如何　老　如此那里人　丑　京中人姓元你就
主皆我說〻　老　两边中意了我一說就成吃了茶去　丑　不吃
茶成子竟吃酒就是有緣千里能相會無緣对面不相親是
我讓我請生来元相公有請舍鮑媽〻来看你快些来　生上
〔引〕萬種焦愁心事向誰說　老　元相公　丑　你們請坐我去拿茶来
下　生　小生在客边媽〻從未識面何由到此　老　元相公听稟
〔画姐〻〕特遞老身訴賢豪　生　吓莫非小生在此攪擾主人催我
起身　老　非也　有女如花称桃夭　生　他家大姐曾適人否　老　莫
無媒往路巾色蕭〻　今日元相公啊　幸固士誤入桃源若那女
相逢偏巧正是絲羅繞桃斧請我氷問老来識相如琴可調　生
〔又〕我是失鹿走秦郊敢望春深鎖阿嬌　老　只怕相公不棄手藝
人家　生　怎相嫌貴賤貧富較苗　老　既不嫌姻緣可就了　生
容小生想来　老　是　生背介　且住我承他收留在此况大姐朝
夕殷勤款如上賓我看他舉止幽閑日後倒有万民母福　特
媽〻只是我孤鴻鵠何日騰蛟扶雲霧甚時揮掃　只　相公不
必推辭了　生　媽〻小生呵如萍草天涯之瓊瑤根豈望銀河
渡鵲橋　老　既承允諾何消論聘請進去　生下　丑上　鮑媽〻事体
若何　老　一說就允　丑　不怕他不允两个都看中意了　老　休取

笑他元相公說在客邊沒有聘礼 丑 哄說过不要的就做親
老 也要擇一日子 丑 擇舍日子就是今夜拿个隻鷄來敎〻
莊〻家堂兩个推槐子省得渠兩个大家熱 老 不是房戶也
要收拾〻〻 丑 勿要麻纏哉你進去一應收拾〻〻我去巷
口咗許近川唱〻礼是我 老 吓如此我去收拾 下 丑 去〻行〻
這里是了許近川 净上 來了全仗周公礼成就百年姻那个
丑 是我 净 來得好我里春勤累隔才硯子替我里修補〻〻
要多少介 丑 且慢些今日打掀得齊〻整〻那里去 净 不要
說起這个月今日頭一个好日五六處生意剛上沒分身处
丑 啥勿要說忙我里一頭生意攏成你 净 舍生意 丑 小女做
親 净 做什庅人家 丑 招女壻 净 可喜兩日添 丑 今夜只做親

另日擺酒 净 如此就去 丑 極好个我走〻喜氣吹〻行步如
風是了 净 是我 丑 請唱 净 我该吟氣氷生 丑 閙热在後頭快
些唱礼 净 我以吟蒲司務一應使用好看介可要說 丑 吆
我替你百家司務爲舍要你開口 净 唱礼介 生占老扶上
【鮑老催】鸞儔鳳交笙歌不困雲外敲佳人才子称年少 老 論取〻
受一拜 丑 我沒陪送勿要拜唱一个喏是我你受大姐一拜
虧你教歌針線 老 說那里話 洞房中琴瑟調芝蘭操金攬篆
把羅幃繞銀𤥨趁夕風光好雲情雨意何足道 丑 妈〻你替我
送子洞房里去 老 我送進去 生占下 净 啥
【双聲子】姻緣好〻〻 润見賜介和鈔 丑 不消開口薄儀一封多
在里頭 净 才丢介也算做一頭親事咸輕 丑 罷我改日補情

净 也罷只是喜事剩〻酒和飯吃些飽 丑 今日忙得極勿要
你我 净 只是一說我當相老從來睢這般様親事忒也輕飄
丑 直頭待慢子 净 呷区勿打攪 下

十三齣　分别

【引】生上 寄跡龍山遠鳳樓天涯别结綢繆 占上 昨宵輕影自含
羞春色晚上簾鈎 生 翠蛾点罷試新粧罗襟猶自晴生香 占 思
山一樣眉前月怎比巫山出來夹 生 好个出来夹三字小生
是客天涯萍泊業瑢必竟玉種生前緣牽宿照只今困守蓮
第何日奇逢歸鄉之念 占 妾村姿陋質得侍英才但官人自
到我家來識家世頗不到然有何所為乞說明与奴知道 生
娘子你欲知我家事情在 占 便是 生 我見你作事聰明你且

猜我一猜畢竟何等樣人以試你一双眼兒 占 吓
【漁燈兒】莫不是俏書生訪玄渡尋梭 生 非也 占 莫不是池塊上
已掛金鈎 生 不是 占 莫不是貂裘敝悠歸來鳳樓莫不是烟霞
咲傲李陶朱一葉扁舟 生
【錦漁灯】我享過花和月羊羔美饍我享過金谷里蘭射歌謳我
享過錦綉千般珠翠毬我享過軟盈姣女意綢繆 占
【錦上花】他每日里担多少眉上愁今日里又緣何誇大口莫不
是負心薄倖一儒流好教我說抹揪好教我思不休却把鴛鴦
被吟怨銀箏些際麼推求 生 娘子不必猜疑小生实有难言偷
異日得志于邦家決不負娘子何必過慮 旦 官人之言不明
既為夫婦何必藏頭露尾有言还該說与奴家才是 生 娘子

事到其間説与你知道

【錦中拍】只怕荆棘宮闈情走 占 相公是何官職 生 名不在山丘 占 既不在班傣爲何提起宮闈二字 生 寔不相瞞當今聖上東宮太子 占 呀莫非逵路戲妾麼 生 我非那風流俊秀怎孝那甜言虚謬 占 既是太子爲着何事私入民家麼 生 父王一胞生我二人御名乾元二字只因諸大臣謀立東宮父王錫万寿金冠在太廟内名誰想乾太子呵金谷宴暗里紅裙計兜又誰道情穿引賓一宵里龍潜鳳遊 占 今殿下私出有何執証左 生 這万寿金冠做一个我的媒媒到如今誰相救 占 既个賤妾不知殿下私游有失礼度本家死罪 生 娘子何言也孤負他蒙汝父收回承鄉情把愛至不得如此只叙民家礼 占 恩殿下千歲〻〻 生 今後不必如此称呼 占

【錦合拍】鴛得我小腰肢怯〻 覷不覓心欢喜又生憂他自有鸞儔鳳友〻〻 這絲羅好没来由和他结就小妮子那有佩瓊鈞怕昭陽不与奴提些情由也不免空懸明月焚螢燈 生 我実情相告何得反起非细 占 賤妾於賤陋貴戚裡宮廷莫帶他殿下復同異日妾作白頭之嘆 生 娘子我若復同爲万民之倘袖寔作爲心之葉今将万寿冠与娘子收藏小生今晚别去有日若正天心定召娘子爲昭陽正妃 占 恩殿下千歲 生 今後把言語謹慎些 占 是請問殿下今往何處可以復同 生 我是夜遊出太保傅詞中指引到這里猜天表家可避其踪不想取门上峻拒我今不向他知道有个劍南投兵慕客挙他曾受晋朝駙馬与我有中表之戚今去投他 占 殿下孤身独往後会無期不覓使奴腸割 生 期会不遠諸事寛怀天色將晚就从出门去也

【尾】洞房中琴瑟調未久早又是别離時候唱别陽関涓暗流

十四齣　試馬

【風檢才】 付上 末小生院子随 讀書十載無功筆下有些欠通家資豪富仗祖宗色中鬼酒中龍人〻畏我大毛虫 满壁圖書府一字不相干花街穿柳巷踏尽紫金鞍自家姓毛名浮料晋陽人也祖上曾爲浙江運使遺下家私頗厚終日〻〻受用出入軒昂駿馬一味風月場中弄哄不談道德忠詳人都称我大毛虫咸風前日有一故友送我良馬一匹名曰賽呼霸兩日不得閑今日試他試院子帶那送的馬来我去遛〻 末 請大爺騎 付 帶到門前来 末 肅霜如電走千里可回还 下 占上

【引】思到雲山梦不逢听尽秋蛩听尽寒風奴家自与太子分首不覺秋初未知去得遠否教奴莫露此情因此終〻迟来曉得今日出去做生活家中好些果碟呼我添布泖泥門首趁此日色微阴不免做些別个

【梅花塘】敵簾櫳剪〻輕風送他去竟忽〻衣薄寒些重魚書歆寄来去也没征鴻愁正濃只比黄花損瘦中 付末小上

【香柳娘】踏雕鞍玉籠〻〻金勒紫鞚馬歸兒点得蒼苔糙 院子 這匹馬走得稳有些倫 末 這馬竟好 付 待我出个當頭把絲鞭扣牢〻〻他疾走去如風擺尾搖頭弄 賜好个 占 呷人家睏

浪家伙都将来踹坏這喬才俗子〻〻又不較武論功敢在
民家廝哄 末 小大姐不要駡這是毛大爷 占 什么大爷小爷坏
了家伙不要睬的么 付 要睬〻〻人要睬𢫫駡〻〻再𢫫駡
妙
【又】听音声駡来〻〻定然有風教一見魂先動 院子這里是那
一家 末 是蒲漆匠家里 付 這女子是他家什么 末 就是他女
兒 付 吓大姐不要氣孝生愁暗嗟作揖請罪偶然间到此〻〻
小子罪难容明日當賠奉 丑 〻 做漆匠大九〻〻黑漆来红要
先灰㙮 末 衙司務来了 三毛大爷吓大爷 占 爷〻方才㗎浪累
碟都被這喬才踹坏了 丑 还不进去這是毛大爷 占 下 丑 大
爷不要氣我女兒不認得冲撞 付 踹坏子些成要睬為舍氣
丑 坏子勿妨只消我儿張帝灰一𡏖原是好个哉 付 岂有此
理一定奉賠這位是令爱 丑 小女 付 啥老蒲我里有两件家
伙要劳你漆〻同我去看〻 丑 大爷有甚活㧾成〻〻 付 院
子牽了馬先回去我同蒲司務来哉 末 小应下 丑 大爷有舍
生活 付 坐子說 丑 大爷在上敢坐 付 不妨百家司務竟坐〻
啥方才令爱可有人家的么 丑 大爷难道不看見冠兒戴我
付 嫁什么人 丑 别处人 付 本鄉本土不嫁〻别处人阿是做
小 丑 不做小有一个缘故 付 舍缘故 丑
【鎖窗寒】一書生偶尔相逢 付 可有什么親戚 丑 無甚親来無甚
宗 付 可有媒人 丑 良媒鮑媽一言為重 付 多少聘礼 丑 論聘礼
全無一種情衷 付 今在那里 丑 那晚一别去如風未知有何親
堪共 付 好的来歷不明白〻把一个女兒与他我晓得遇了骗
子此人必竟水既如今去尋頭路然後来销去販賣 丑 难道
白〻把一个女兒与他倒要賣起来 付 這叉是拐骗行中 丑
我看小官人不像个歹人 付 他外貌賢〻内叉亮 丑 难道 付
他雀独騙你一个風月場中快自蒙靴只等还造化险把个
嬌娃輕送胡弄快将他別尋頭籠 丑 倘女婿来扶事一个改嫁
子從官動府那处 付 不难只把女兒别嫁尋一个有势的就
是了 丑 大爷有势那肯把我里 付 正是我大爷極热心肠看
見人落什處已不得就救里也罷我這点救人个心又動了
我大爷討子做偏房罢若进子门那怕他官里私訟 沱子取
一百两銀子出来 末 应个 丑 大爷且慢还要商量 付 不必商
量白金百两付伊家令爱花烛娶婚姻 丑 大爷未富琴瑟背
改嫁一家女兒定不得两家茶 付 我不管亭子我时礼多付
院子打点娶親 下 丑 大爷〻〻走来商量〻〻勿是生做个
末 什么商量少刻来娶親快些回去打点〻〻 下 丑 咻慧子
這个大毛虫我匠漆舍肚家了一遭个哉 下

十五齣 搶女

【引】占 上 俗子去無賴犹恐他謀算事不关心〻〻者乱早上哂
浪家伙不想被馬踹了奴家一时駡了几句那廝倒呼了爷〻
去要来這廝是个大家定然欺我小户且待爷〻回来便知
端的 生 上 咳那里说起
【光〻乍】無事好端〻惹了那刁鑽若还不把丝羅绾咻蒲漆匠〻〻

只怕鬢毛扯得蓬々斷 占 爹々回來了么 那厮去說什庅 丑 姑
娘家吃飽了飯往里边趱相罵辱是非好這事那里說起 占
他躧坏家伙不象路的庅 丑 眼睛不生的有名的大毛虫鬧
禍々 惜咎他纏起来么道是你罵得好賞你一百兩艮子 占
這什庅緣故 丑 緣故々々 自去招实惹禍白金一百兩要你做
个兩頭大 占 爹々怎庅承他 丑 正是我是来的應承他我拿
三四兩氣力着实說 占 他便怎庅 丑 他只蹺
（一封把）他家豪富万般苦逼咸数蹊蹺 占 难道沒有王法的 占
人有夫婦女 丑 他怕什庅王法我付把說女婿兒歲了某処
々某人做媒這大毛虫倒說得奇怪道女婿呵走贩江湖尋
瘦馬又道風月場中怪来𧽊今宵来娶重添風韻 占 放他狗屁
丑 百一說拳和脚踢还不等 占 爹々不要慌孩兒自有道理
丑 你有甚道理 占
（又）不惧绥狐共野雉也拚得一命捐只怕鵲橋来駕银河渡先
遇喪门豹尾豬 下 付 中上 三生有約百年再完銷金帳里鸞楸
鳳楸惜花心 曲綏 請上轎 占 怎个 丑 大爺这个事体
寧奈到底我艮子原封不動 付 放屁你得了財礼總朗猶覩
亥 丑 我女兒呵
（袍鶯兒）說婚姻從来难乱倫夫婦只有一馬一鞍 付 中 生米熟
飯已成團饒你炉中鍋鉄还鍋煅 丑 生米煮熟飯只是不成 付
哓 来 中 人扶他女兒上轎 丑 搶反打 中 拖 占 上 吓大毛虫你
敢搶有夫婦女 丑 地方々々 付 小娘子 謾悲酸骨取巫雲楚

兩悶帳自成双 捻 下 丑 啞个 珍上 清閑相府第自在老门公老
爺出去賞菊还不見回来不免伺候則个 内 丑 嚷 净 何像个
娶親个鬧会乱嚷洛来 付 中上 丑 反了々々 地方々々 大毛
虫搶有夫婦女 净 哼你們要親为甚庅府门首嚷起来 丑 怕々
净 你是蒲司務为什庅 丑 怕々大毛虫搶我女兒 付 得財輒
婚 旦 嚷 丹 鳴 净 老爺回府了不要在此嚷快走 外 中上 薄宦
儿年游浪跡故园三径正怡情什庅人嚷 中 蒲漆匠与人厮
鬧 丑 老爺救命搶有夫婦女 付 得財輒婚事 丑 搶有夫婦女
外 那廝带上来 中 介 丑 好我々々 々到了我主的人家就勿怕
你起 付 李先生非搶 外 丑 你是什庅人 付 小子毛得科先祖曾
为浙中總運使就在老先生後衙住蒲漆匠得財輒婚 外 如
此說你是个宦族怎与漆匠为姻呢 丑 老爺活青天 付 小子
原娶偏房不想蒲漆匠得了百金聘礼臨時上轎前頼 老先
生作主 丑 老爺不要听他我女兒有夫婦的了今早在门首
経過見我女兒有些姿色竟来搶閙老爺這个有名的大毛
出價要詐人的 外 小娘子今怨從那个 占 奴家呵
（皂羅袍）难把綱常理把論絶髮断臂我甘守冢善 遣狠心獸
子起奸祠帛々苦逼瑶琴断 外 晚得了院子將小娘子送到小
姐那边去 中 占 下 付 老先生這女就的人 丑 放屁你的人做
夢 外 哓我又閙有个大毛虫在外生事害人原来就是你豈
不閙占人子女律有明条 付 小子是明媒正娶 丑 咪昏頭的
誰為媒妁 付 吓 將我百金現权 外 哓無知禽獸 。 怎干在我

眺前尚兀自口内嗟嗟亂　打出去　末夜渾打什下　丑打〻〻
打這民蒼的〻〻有些打得這个賊精好像生漆咬的頭腫
嘴歪去了　外　那廝〻〻而去決不干休你可收拾家伙在我
府下空房权住你女兒陪小姐暫住几日那廝不敢生事處
了　旦　多謝老爺　外　不因齊贅清未晚險教人在汚泥中　下

十六齣　獵遇

（引）末帝上　談兵擊劍搖星影越青年超河挾嶺霜寒寶劍神号
獅帶貔貅一统山河静　立馬五山望帝城少年作事慮本形夜
深不敢談兵劍恐駭天河北斗横〻複姓慕容名華閩西人
氏祖父係先朝拊馬累代公侯小將自幼弓馬熟閑深究六
韜三畧蒙圣上命我鎮守劍南等処地方自動鎮以来棋書
不謷刁斗不閩因此閩中無事率領將士郊外打圍盤山遶
嶺已離鎮界四百餘里今日众軍士校寨回閩將士們　众走
今日打圍罗列鳥獸恁多分回閩一無不許振弓設矢干傷
獸命如違軍令　正法
（本序）星飛電光見旌旂蔽日長空万里雲騰棧閣斷樣遮牵処
千載故跡誰憑遥映但只見水秀山明画葡長在人生為得百
年景相吊取荒残古塚草色青〻　下　生上
（玉交枝）听牧兒歌樵兒應争如我家邦似冰　我兀受自别嫦娥
來投慕容華借兵復國　内喊　呀何処兵馬来了我且躲在一
边　何曾经雲山労頓满目傷悲怨愁影　虎下　末帝上
（人月圓）馬蹄兒点破蒼苔径笳鼓兒吹没飛禽影村庄處〻兒
童尽凋旌捲花边炉氣冷征途裡惟聞得数声劍戟鐃　生　你們
柯處兵馬　帝　慕容帥府打獵回閩的　生　馬上的可是慕容華
老　帝　咗帥府名字軽敢叫敢元帥樹林中有一書生攔呼帥
爺名字　末　拿過来　净　扯介　生　爺〻我与你中表之戚在此候
駕多時　末　住了謀從来識面怎説与我有中表之戚你把家
世説来待我思之　生
（錦纏樂）淚盈〻待説来喉间又哽　末　你那一派宗枝　生　晋室係
双生　末　住了若説晋室苗裔當今只有乾元二殿下其外并無
双層晋枝　生　我是元慶昭陽卜冠蚕命　末　吓元来是殿下乎
將暫退　众下　末　小臣不知殿下來臨罪該万死　生　孤弟兄难
而來　卿何罪之有　末　殿下為何這等打扮独自到此　生　為権
残手足先罗井　末　畢竟為甚麽　生　奪篡金冠謀奸佞　末　惟遺百
官不諫究否　生　篡忽地請宮宴花下傳灵　末　殿下何由知道
筵中有謀　生　有红裙着同峡路過〻只向别境　末　殿下為那
家生乱而来今在曠野不及細问至臣之任再啟端的計謀
回朝　帝　將們备馬来　帝上　請殿下乘騎
（尾）九重〻忽下重曈圣万将轟〻拜舞声指日山河見太平　下

萬壽冠傳奇下卷

第一齣　述事

【甘州聲】占上　離愁萬種孤燈黯黯泣盡銀籌風搖鈴馬与鐵聲
一樣愁愁　奴家蒲姿只因惹出禍來幸蒙褚太傅相搜留我府
中暫住雖然在此只是相府出入人中甚為不便　内打更呼
嶣樓已是二鼓了奴家愁多少寐好苦楚人也　夢魂几度即
携手醒後空餘香泪流啾啾遠愁腸直挨過月轉西樓　下　旦丑上
【不是路】花徑綢繆一別鮫肖香暗兜　丑　小姐蒲大姐在前邊房
内絕標致一个　旦　你見來么　丑　我方才拿茶与他吃只見他
低垂首似梨花帶雨意含羞　蒲大姐我們小姐在此看你　占　小
姐請容奴拜見　旦　說那里話只是在此待無儂我們是清寒
薄宦無晬享　占　多蒙眷庇何敢當此　旦　請坐　占　小姐在上小奴
焉敢坐　旦　又來了和你姐妹家邊何消論品籌　丑　請坐个　我
里小姐極好相處个　占　如此告坐了　旦　看你容悒悒帰痕抹
過春羅袖且把柳眉舒還還　請問蒲家姐青春多少了　占
【又】二八春秋一月鴛情只有一窗苗　丑　名色一个月只周得一
夜　旦　你丈夫是何等樣人　占　也是家聲舊　旦　那里人　占　萍逢
千里帝王州　丑　吓是湖廣人　旦　什么湖廣　丑　他說貴州貴州不
是湖廣曾个　旦　京中為帝王州　丑　吓我說差了　旦　如今那里
去了　占　他往劍南投　旦　去做什么　占　有什么同深義結金蘭
友歎借雲衢達鳳樓　内　梅香老爺請小姐　丑　啓　老爺回來了小
姐快去罷　旦　和你談未久椿庭何事閑窮究只索向前趨走

下
占　你看小姐礼數溫柔言詞清雅全是大家世態好一位
賢德小姐只是奴家在此未知太子何日有个喜信回來喜
得萬壽冠是奴隨身而帶見此金冠如見太子　吓　万壽冠冠
【解三醒】為着伊荊花生冠為着伊愁望王庚為着伊雲山奔走
忘宵晝為着伊啼泣在肚兒兜冠兒　奴不恋三宮六院王珮飃
旦　暗上　听介　只恋你一返昭陽戴冕旒　太子吓　奴把恩情扣
只怕你風雲際會忘了旧日情由　旦　蒲家姐我听你哭声甚為
奇異又見手中持着何物可細細說与奴知道　占　小奴事情
也難訴既小姐听得敢不以實情相告　旦　請教　占
【又】我夫主是建章人首　旦　吓是章是皇宮了你丈夫宮中什么
人　占　是元慶潛龍出鳳樓　旦　元太子為何私出宮來　占　他只
為二儲不合生仇寇因此潛投奔過雲丘　旦　住了那元慶太子
為何投在你家　占　太子來投太傅的因府上官门人不容藏
入黑夜善樣家父留在家住了几日偶尔談及桐桃不想村
花錯認為宮柳山鵲模糊入鳳儔　旦　住了你何由曉得他是元
太子　占　朝廷懸文東宮特造万壽冠一頂在太廟卜位元太
子閣得是日宮中起禍太子隨即藏冠而出今將万壽冠与
奴為聘礼這是同心和他許三千粉黛宮闈之殉　旦　呀如此
是主母了主母吓奴家一家俱有死罪望主母寬宥　占　小姐
請起知後事若何卑勿見請　旦
【鵝鴨般】我意兒中如殢酒殢酒　鸞得雨臉桃花半帶羞這是我
爺行為罪首首　早知宮闈变迁公子出怎不孝晋更公旧　占

小姐請坐　旦　主母請上坐　占　小奴乃貧賤之家怎敢与小姐
敘体　旦　主母　你是三宮主六院頭ㄟㄟ怎説貧賤碍釵礼不
收正是千古恒來有ㄟㄟ骨敢花濃桃李叮嚀盡鞶兀的不是
玉珮金鉤　今太子往那里去了　占
（又）他鴻雁孤飛劍南疾走　旦　到彼投奔何人　占　向慕容師府威
名　相煩着兵鎮皇州　小姐太子臨别之時　囑咐再三叮嚀别
後休教此情泄漏　合　消穩着樱桃小口
（尾）真蝠蝶湏侍守此自浮　若乾鴟有日池塘來並頭
蓐花月色傍花床　寂寞深ㄟ怨恨長
不是一番寒徹骨　怎得梅花噴鼻香

第二齣　到晉

（步ㄟ嬌）小生上　歷遍山程担愁悶怎恨何時盡我四首望居門
只有滿目白雲洞添青鬓　小生傳人專蒙爹ㄟ道命我教投承樁
年伯家避禍自離帝都吓只因痛着在心一日行不上數十
里之程為此担延七個月方得到晉陽但不知爹ㄟ尸骸在
獄怎生收拾了只見野艸点啼痕衷腸誰共黃花梢一路問
來此処是相府不免喚一声有人麼　淨上　只許白雲穿戶牖
不容閑客到亭臺那个　小　你家爺在家麼　淨　不敢欺從不出
门　小　通报説傳人專來拜　淨　大城磚來晉我里亦勿造城造
屋要城磚何用　小　我是傳相公　淨　你是富相公可在窮门公
心上　小　胡説　淨背　个這个人不是看風水定是像面的或是
算命的　小　吓我是年家子侄不通报待我自進去　下　淨　一定
是我　將介　吓這个恁養的被我猜着了一道烟竟去了吓偏ㄟ
我里相府人家有這些討荐書打抽豐這些不騐不介來見
打渾　末急上　晉门的ㄟㄟ　淨　晉门的在此晉门　末　晉得好门
有客來不先通报　淨　没有人來便是一个鬼渾个來替我回
了去　末　這是老爺年家傳大相公現今在書房中与老爺講
話道你不先通报教你跪在所上　淨　吻不与前门上事或是
後门或進來的　末　胡説後门進來小道不知的　淨　或者後门
輕ㄟ或子進去你也不知　末　胡説快跪到所上去　下　淨　天吓
那里説起麼吓　下　旦上
（園林好）昨宵言未知是真心鶩戦担愁万分　昨宵听萧姐之言
未知真假只好笑我爹ㄟ杜门绝跡併月报部章一槩不覽
倘允太子果至我家閉戶不納異日復回可不遭下滅门之
禍咲爹ㄟ　待守株兔假玉洞却冷了那王孫ㄟㄟ　外上　咲罢了ㄟ
（江兒水）天府移星斗人间走鳳樓却不道絲綸無補衰年鬓　旦
爹ㄟ為何愁容滿面為什麼緣故　外　兒咲説來一塲可駭方
才傳年侄寮進書房説朝中一塲大变之事两宮生蒙太子
出奔傳太保服毒又道元殿下呵曾來此地替投奔咲我衛
门那有龍门印這旧鬓重添新恨　元殿下　你今四海無家何処
免絶書音信　旦　吓爹ㄟ如此説那蕭家之事真的了　外　那蕭家
有甚事來　旦　爹ㄟ吓
（玉交枝）只為你持身孤峻半閑堂為绝大賓　外　我杜门楼守非
干有乖礼典　旦　爹ㄟ你道不乖礼典那日呵庚门暮夜飛ㄟ

門公因不許通報他一任棉郄深雲 外 吓那元太子果然到
我家只是还有一説门上既不通报你郄為何知道 旦 那晚
元殿下見閉户不納无處棲身路過蒲漆匠留入家中住了
月餘 他把裙釵早已結朱陳金魁万寿為合卺一樁〻説来
是真〻〻 外 住了如今但不知元太子在于何處 旦 今往劍南
投慕容公子借兵復国去了 外 借兵復国去了 吁
【川撥棹】我怀思省托丹衷空自殞不能躍孤懸儲臣〻〻反做
了蒋邦乱情這居恩办串悃〻〻 我兒廻避我自有道理 旦虚下
外 院子那里 末 有 外 那蒲漆匠在那里 末 在廊下漆家伙 外
過来今後合府中都要称蒲爺快請相見 末 蒲爺〻〻 丑上
蒲鞋沒有草鞋有 坟在此 末 蒲爺是你 丑 大叔又来了 末 老
爺在堂相請蒲爺来了 外 蒲先生老夫有罪了 丑 老爺有什
広生活做得不好竟打三十二十 為什広這等 外 不是有个
缘故你今婿非别人乃是東宫殿下 丑 吓東宫殿下可要漆
家伙作務〻〻 外 休得取笑今婿乃當今圣上的太子異日
你就是国丈了 丑 难道 外 老夫戲謔 丑 真个像太子黑漆个
頭髮白善面孔朱红漆嘴唇油髹个一对手 外 休説本像〻 丑
不是本相一个芴閒口竟像金漆不罗漢 外 蒲先生今婿今
投劍南慕容節度借兵復国去了老夫明日至波罚罰躏罪
煩恐先生同去如何 丑 老爺去蒲漆匠辰陪 外 院子分付明
早向御房去 末应
【尾】明朝覷軌牢拴緊野草閑花休问来審能全裹媄人

第三齣　遣拿

【引】付中上 碩鼠授案未審教人心下沉吟 事不閑心〻〻着乱
孤乃乾慶太子自起謀東宫之後排宴設計不想宫悕漏信
險致不成大事幸孤家謀跡未彰元慶逃施有瓶因此父王
着意追尋不知害了多少大臣更為形影如今父王病入膏
肓危在旦夕早晚孤自继位也倘然孤家掌了社稷元慶在
外生反可不是劫膚之患故昨日遣欽天監官見在司天臺
观望星斗元慶踪跡在于何處内侍宣欽天監官見来 开付 生上
【引】夜观紫星〻〻東宫事枉費商参 見介 欽天監司正梅叔叩
見殿下千歲〻〻 付 司正观望元太子还是殞残还是睍
耀何方 生 臣夜观天象見紫微垣中一星昏暗一星移入女
宿十三度下二分之沙光燦如斗又是太陰星伴入女宿分
香陽踏路乃女宿分野元太子必定婚配在于此地臣观詳
明回奏殿下 付 有這等事孤知道了你自退班 生 应 建章回
奏罷鷄香案衣篇 下 付 孤家聪明一世懵懂一時方才梅官
見說元太子星辰映在廣西分野将结鸾凰我想彬圭是廣
西人曾為元慶師範只因他先已致仕回家故尔不疑到欲
处如今若说他有王氣必竟這老兒与元慶在那里作怪了
吾不早除必成後患不免傳一旨拿来有何不可 丑 急上
有事不須精選旨先居何用委朝衣啟殿下万歲駕崩了 付
駕崩了我那父王吓 丑 殿下不必啼哭諸大臣進宫来了 付 打
点去即位要緊 付 刁常侍与孤先傳旨差四十名校尉到番

湯褚圭家要元太子解來如今將他一家尽行拿下 丑做下
何由知道元太子在彼呢 外 方才欽天監官見
四邊靜 遁紫微星王閃西基琴瑟謡秦晉若不早追求後事难
相集 合 天心惧凜代教令熾星夜莫遲留可速好回朕 天無二
日民無二王 保卸那人方存參鐘 下

第四齣　荊請

外上 末小旋子 水穷山尽望孤臣欽忖丹忠已作塵林泉已
恢商山老試將白首献帳门老夫褚元表自告老歸家杜门
絶客只理聊以優游不想到、迷起跌大变之事老夫失于撿
点以致太子弃走風塵与此间蕭添臣到劍南慕容師府有
副跪门院子將鄉索來 下 鄉索在此 外 將我鄉起了 末 老爺
這是為什么來 外 你不晓得
端正好 俺是个旧朝堂藍梅相怎不的法乱家邦 末 老爺這些
年紀受此苦累 外 唉說什么鬢星星自苦來惆悵都不道特
一个有德人無安放 院下 来此已是轅门
滚绣球 觑纔鍬一似未央又不是待霜寒來瞻仰 淨急上 吐跪
门的何人 外 請問長官帥府可有一位元殿下 淨 太子与俺
爺在此識兵閑他怎么 外 俺是个旧朝堂藍梅宰相 淨 什么
名字 外 褚圭元表名播晉陽 淨 你他何罪到此 外 上走薦居
王的理下 着蔡氏理闲坐上白骨陵陵怨訴長 中 他有罪只
誤遠遲何事反使來 外 俺怎肯昧天心与楚国坐泣亭
佯狂 中 俺帥爺法令利害像似風前燭草上霜那里禁得起 外
到如今也顧不得風前燭怎惜得草上霜則索要明一腔 末上
心打个 淨 呼帥爺將次升帳快跪在那角门外去 外虚下
虎帳談兵河海吞天山三箭定乾坤從來不信叔孫礼今日
方知天子尊謀乃慕容華前日打围路遇元殿下道乾廣生
娟已起兵心欲借我師以正朝廷名位奈粮草未有因此不
敢輕拿昨解很宜撤道约有八十餘万而有半載之需不免
挑選將兵則个 淨 欽元帥外面有一宰輔諸圭負荊跪門以
候元帥鈞旨 末 這老賊閑门不納太子理應合家處斬今来
跪门何用也罷將他押在轅门待我票過殿下梟首便了 下
淨 得令 外上 長官可曾稟么 淨 元帥道你闭门不納太子理
合處斬只等刑牌到來要開刀了 外 阿呀殿下吓老臣呵
倘秀才 只為哨跡朱張遁北切因此上鋼戰双牢扣合昌誰知
鳳跡倘窠入棘場反做了岐路無投奔泣荒 丑上 不因漁父引
怎得識濤 淨 呼褚老爺為甚么綁在此 淨 唉拘鞠什么所在闲
過來 外 不要動手這是国丈今來見千歲的 丑 唬啟肆奴才
等你耳向口我就反補你這些口起來老爺起來不要睬他
外 唉我只為犯法違條犯一章自甘血濺枯衰羆 生 要救啟
屁那个說 外 這是那赫赫天威帝音彰 丑 圣旨當勿得數有
我添臣做主來 外 王法無情休欺謗 丑 今王法我今日漫天
漫日頭里我 外 我氏何情惟息重新天日朗 生上 東鳴个 生
奸惡空剿蹟闭户绝王孫 丑 不妨老爺有我在此 末 何人喧
嚷 中 啟元帥有一人隨褚太傅到此口称千歲爺的国丈為

此不敢擅擋 末 敢殿下可有此人 生 就是蒲漆匠孤婚配他
家請蒲爺相見 末 鋪旨千歲請蒲爺 淨 得令蒲爺千歲有請
丑 是了你喚了我進去要殺他 淨 行刑牌沒有誰敢動手 丑
也罷我交把你着殺了把賠我一千一万不喜欢的 淨 蒲爺
請 帝唱 丑 阿呀嚇殺我 淨 不妨這是帥府威庚 丑 威庚不妨
爭的 淨 蒲爺進 丑 我們女婿大官人在那里 生 蒲丈來了庄
丑 阿呀有趣身上紅紅緑緑意像擋金漆个 生 孤乃東宮殿
下 丑 噲大舍東宮殿下可教得人的庄 生 生殺俱在孤 丑 哎
小油嘴可悪必等丈人眼里稽太傅我个朋友就是你个長
輩我今日特特來看你為爺要殺他 生 孤到把家門不納
理合全家処斬 丑 你但晚閑门不納那如你離家中一妻子

我被式豪強占我沒了法

【叨叨令】欺他前來作主張將那人一頓拳和棒 生 你大姐今在
那里 丑 輕輕的移過了窮兜娘又安排金屋如親養 生 丈有
這等爭來 丑 如今負義恩忘全不知老年人怎想你進龍降
這的急殺人也庅哥、、 你若不听我个丈人斗上我勿饒你
个不肖女婿我去閒手我自回去收拾〻〻 生 回去怎庄 丑
帰去爺女兩个拿了漆鉢頭原去為漆匠 生 如此蒲丈討饒
恕稽圭多罪冠帶相見 淨 傳 丑 好听子我丈人个說話日後
一日有一日長沒的 生 蒲丈身為国丈也該一品服去換冠
帶 末 請蒲爺更衣 淨 請這里來 丑 應下 外上 稽圭叩見千歲

【脱布衫】蒙恩宥微臣罪殃再頓首泣血稽顙指日間與圖同堂

末 太傅受驚了 末 公子你是个正乾坤扶社稷中興良將 末
來將不才全賴太傅指揮 丑 上 阿呀兩隻手沒処放我 末 請
朝見殿下 丑 一槩免朝 甘 很上 很〻〻 啟千歲皇爺前月十
六日駕崩了乾殿下已登大位 生 我那父王吓 末 殿下不必
悲傷既今奸王初立明日即發兵打入朝内他篡逆之罪便
了 生 如此拜太傅為行營恭謀国丈回去榇了蒲姿到來 丑
是我我去〻〻 下 生 孤与公子即發兵便了 末 咔中將宣明
日黑呵

【尾】一隊隊精兵駕驌驦渡閩河劈破鯨鯢浪滴听五声号令不
尋常休教亂了隊伍違了令將一个扶着聖明天子再整舊家
邦

第五齣 被逮

【引】小生 一身多限積愁寃少年英氣已蹉跎 我傳人李來至稽
年伯家避蹤今日是爹〻忌辰意欲祭奠一番奈何夜夜傳
府中不便不免往郊外望北哭奠一番少盡人子思慕之道
门上的 淨 上 只為好閑徒賓客誰知惹起一家愁 相公那里
去 小 我到郊外一行与你說声 淨 既爺相公出入竟像前日
一潘是我 小 明說四雲本是多〻之物卻被清風引出來 下 内唱
淨 听有官府來了 中唱 丑上

【引】堪誇漆匠能識貨從此不把漆鉢油和 帝唱 丑 你們都退了
罷 末下 淨 咻這是蒲司務 丑 胡說我是国丈 淨 一向是漆匠
道我勿晚得要你說老爺呢 丑 我見小姐自有話說 淨 孩子

我去通報 丑 走來你是皇帝來說過勿通報个我 净 如今狗
才要通報的 丑 散律〻〻 净 二位小姐有請 二旦上
〔引〕牽首望天恩早愿得龍幕 净 蕭爺冠帶回來了 旦 請進來相
見 净 蕭爺請進去 丑 小姐蕭漆匠叩頭 旦 蕭叔〻 今是同丈
了 怎行大礼 丑 還記子个漆匠 占 爹〻万福 丑 罷叩个頭罵
旦 蕭叔〻 該饒伴的了 丑 又來了 他是我女兒 我副伴他 旦
他是万民之母了 正該朝見 丑 前日說的一緊見朝 旦 可曾
見太子麼 丑 怎麼不見 打扮得齊〻整〻 戴了一个金竹冒
旦 紫金冠 丑 身上像个五彩花漆龍鳳 旦 是袞衣 丑 人進去
扒進扒出 旦 是位尊天子 我爹〻曾見否 丑 若說褚老爺好
不利害 老爺先進去 我随後

〔長拍〕只見刀劍嵯峨〻〻 軍校騰沸 將士希狠一豕如布 只見
褚老爺呵 赤身綁縛 兩眼垂泪 戰競〻 嚇得娑娑 旦 為什麼
來 丑 道開门不納太子 理應全家処斬 那劍子似閻羅年時
三剥把頭顱劈破 旦 我爹〻 殺了我那爹〻 吓 丑 不要哭 不曾
說完哩 旦 怎麼樣了 丑 等我拿這些劍子一陣打 誰敢將刀
來下手 我与他做頭麼 我里小婿聽得了 請我進去替我一講
承你小婿呵 只得免刑听我 旦 如今我爹〻呢 丑 到如今依
旧做丞相呵〻 旦 如此多謝蕭叔〻了 丑 豈敢 小意思 說个祖
爺工 旦 如今歇下呢 丑 与慕容公子点兵殺入京中 褚老爺
為行營参謀 我回來接你兩个去 大姐快里拿漆匠家伙状
拾〻〻 明朝起身 净 恨蚤晉下了 旦 爹〻不在 那个來接 丑

不要慌 我來里 二旦下 付帝上 走吓
〔短拍〕天使皇華〻〻 一鞭飛騎 三晝夜赶至陽和 這里是打進
去 帝 唐 个 奉聖旨 褚圭藏慝太子 祖解來京 丑 万歲〻〻 付
你是什麼人 丑 我是国丈 付 那个的国丈 丑 元太子的国丈
付 元太子果然婚配在此 好个欽天監官兒 手下拿下了 丑
阿呼苦怔 我是漆匠 付 手下你們進去搜取太子共褚圭 帝
慮下 丑 丑 向你為舍捉我 付 还說聖旨呵 道把太子久藏寓
更又敢風傳深鎖 丑 我們做親与你何干 付 淘九旬口兒瑣〻
都不道軍令犯条柯 帝上 里边没有太子并褚圭 只有兩个婦
人 付 拿過來 帝 唐 二旦上
〔皂角兒〕一霎時倘寞愁寫兩行膽寒心破 付 那太子呢 旦 何

曾有王储在我 付 褚圭在那里 旦 我爹〻向烟波覓渡望恩官
容寬宥免禍峻將象朶打程台坐 付 帝 這是軍牌如火 欽提罪
犢沒來由一家男女怎寬輕過 付 校尉們都上了刑具 帝 唐 舍
前下 小生上
〔尾〕紅日已曛白雲護 誰念我〻 坎坷對此天長愁恨多 有个錦
衣衛大堂封吓奇怪 小生方才出门並無甚事 就封门大门
待我问声大哥〻！ 褚太傅家為何事封鎖 内 聖上提去的
小 吓 又是太子之事了 我那聖上吓 不免從出城去打听一
个实信便了 正是屋漏更遭連夜雨 行船又被打頭風 下

第六齣 夜逃

〔引〕净上 風塵滿做未識知己多些說 啃做風塵效赤 仙丈夫不

受恰人怜言從有傳射知己白壁無根守自堅自家覺無同
人稱為玉面郎君乃蜀中巴山人也自幼攀究悲歌不冒祖
遺業囊騎馬試箭好讀左氏春秋樵看長林每以荊軻為知
己仰天獨嘯以豫讓作同傳同然擊劍天涯富貴無心訪情
山水同袍有待遍入烟霞風塵應之英豪文物備与俗士如
然看來我覺無同識天地之一人了今來晉中一帶地方以
訪豪傑英無一遇天色已暮且喜有一旅店安宿了明日再
行店家有麼 末上 呼官人來麼只有一間小房了 淨 是自行
坊 末 和此隨我進來 下 小生上 眼前山水皆為恨駟中東馬
尽生愁今早往府打听生母小姐消息官騎喧呼看府中要
正把將小姐房叱逐出太傅役往劍南一事如今又將丈投
那府去了為此小生急急出城一路打听咲想起來登上好
不明白下
（新水令）愁雲何處不重疊看雁行呼呼悲切一个个閭空蝶夢
冷一个台靜風音絕地兩个淒涼相貼把寬情向花箋訴寫一
路行來天色已晚如處有旅店借宿明日再行店家 末上 來
了相公沒处住了 小 單身一席之地足矣 末 有一間小房只
是有一位客在內作伴宿了罷 小 多謝 末 來來客官有一位
相公要与客官同房可便得 淨上 請來 末 請進去 下 見介 淨
請了 小 客官作揖 淨 請問先生貴处尊姓 小 小生加甚人姓
傳字人表請問足下上姓 淨
（步步嬌）覺氏無同名屢說 小 元來覺兄那里人氏 淨 四海為傳

舍 小 作何勾當 淨 閱世自咨嗟因此擊劍悲歌行吟歲月 小 久
聞蜀中有个玉面郎君莫非就是足下 淨 不敢在下就是 小
久仰足下絕世之名放情河海乃昔之荊卿古之豫士千倒
不如一見今幸得会大慰平生矣 淨 傳兄浙中到此有四千
餘里遠步青年為何在風塵行走 小 小生呵 悲介 淨 兄何咒
淚藏舌丈夫作事休憂怯 小 兄听
（折桂令）為居親兩地懸絕急得人有家难奔有國难歸 淨 令尊
大人何職 小 老父當朝太保傅詞中 淨 听聞得為西宮生囊
服喪同同就是令尊大人麼 小 然 淨 听京來忠臣之裔失脩
了 小 不敢 淨 只是村兄為何又到此地 小 不肖承先父遺命
來投褚年伯避跡不想又打就寬孽 淨 又從何起禍來 小 太
子根踪实先父指引來此把鸞凰暗結又向幕府劍閣生擦
了無風射影直待等鹿去悽獵 太子又不在登上邦來拿何人
小 又拿褚年伯又不在家小生彼時拿去來遭罗網府中丈
有太子的主母与褚小姐一个是宮院親切一个是金谷嬌
怯忍見帶鎖披枷苦得他一路啼咽 付中上
（江兒水）咽樹千村在風旂一路餘只為文憑限緊那裯花臺榭
丑 可怜慢些走這兩个女人可怜他氣微力薄金蓮窄怎隨
得車輪馬足生成轄 中 這是王命無分宵夜那裯籬棘花边扯
斷了鮫綃裙褶 天色已晚前間有旅店安宿了明日早行 付 分
付乘媒慎房子 中 應 末上 那个 中 我們爺奉皇命欽提人犯
天晚了要這里做公館快打掃房子 末 只怕住不下 中 胡說

快赶出中人讓老爺住　末云　客官〻！　淨小上　怎麼　末　外廟
有一起提兒犯解宗的要住二位且外廟有一间权住　淨極
好的我們外廟去住　生淨下　末　請進来　付把兩个女子帶進
去　中梦　付花根子就在這里罷　丑我在此奉陪　付沁来　末沁
在此　小生上　虎兒　淨扂上　小生　那一起官將正拿的是稀氣
伯一家門方才進兩个女子呵
〔雁兒落〕紫羅香藕臂兒纖指瘸棡促了挪厢三四節鬢雲傍横
墮釵鬢兒芙蓉粉洇捧着桃花扶　淨　伴兒不要忙你替病他將
付听里面動靜然後見机行事便了　小　有理　下　付　咬狗頭来
對面　丑老對　付吃　丑偷吃　付　嘹狗鷄你偷偷吃麼　丑　我嘗〻
看吟熱　付你拿吃沁麼　丑　意思间吃兩鍾　付賞你一鍾　丑多

謝吃介　付好量　丑直路　付向你吃不得沒人在此与你豁一
拳罷　丑来〻豁拳只是浮罷　付胡說　豁介一　丑十七八九个
付狗頭一便一二便二　付去十七八九个　丑你看兩隻手擰
紫的　付也罷我替你閙了吃完了酒再上　丑有理如此豁對
天亮　付七　丑不来了　付怎麼　丑曉得我是淥區又是七〻〻
付胡說再来六　丑麼介介　付咦狗頭你敢進麼　丑你說酒我
就淌了　付嘹豁浮六　丑吓听錯　付我要行令　丑就行令　付令
日春音拿太子就說个太字　丑好竟是太字請一盃个鍾　付
乾太平　丑好太平春一盃一路太平　付你来　丑奇行了千大
蛮　付怎麼罵咱　丑那个敢罵尊令　付罷了酒来咱今要三个
字　丑就是三个字　付千太老爺　丑麼　付狗頭怎麼麼起来　丑

只道吓我千太爺官　付丟根子又罵老爺麼　打介　丑撒休風
下次難间席　付如今要說四个字　丑十个字不怕做的　付千
太上皇帝　丑我的女婿　付狗頭还要說　丑老爺式說浮好哥
請一中　付吃　丑再掛紅一中　付吃醉用介　丑老爺〻〻入娘
賊警我一盪渾灌醉了我趁此不走更待何時待我去看他
們兩个女兒〻〻小姐〻〻　二旦上　喚我們怎麼　丑解官醉
倒了我們進去罷　旦不知外边门可鎖的　丑我去看　丑走来
走得来吓我們走不得不要吓　下　丑是我　小生淨上　丑擄　淨
什麼人　丑吾怕我是上坑沕　淨住了你可是稽家人麼　丑　丑
是　淨為何不走　丑意思有的只不認得路不知门可曾鎖的
淨不妨外廟我同傳桐公在此教你們的快請主母和小姐

出来　丑是刲小姐我兒〻〻　二旦上　又吓我們怎麼　末外面
有人来救我們快去罷　旦末知真假不要反惹其禍　丑有一
个傳桐公在此　丑傳桐公是真的了快去　丑隨我来走〻　淨小
恭了麼　丑来了　淨快行　丑走〻〻　中呼早脫喜限受嘩嗵跳
破了器与罝正是海澗驚魚浪天高鳥翅提　淨我乃你們去了
刑兵好走　丑正是　二旦　倘後面追来怎處　淨咲休怯慢說道
兒獨兒如摧折覺喜同在此吖提着劍俠那怕他雄兵排几棒
〻〻　下　末老上　老爺不好了〻〻女犯走了　付走了花根子　末
在這里的　付也走了怎麼処想去不遠快追上去　末下　淨中上
悅〻〔今〕銀河星斗燦夜月照如雪雨〻嬋娟憑誰藉空做了兆
紅滿面設〻〻　丑不好了忘了一件東西　淨什麼　丑一包添家械

〔收江南〕呀好一似孟嘗君夯趙呵函陽関緊牢樴那里來鷄鳴狗盜伴閑客 内戦 末 呀後面追兵來怎處 净 劍光閃電掣〻〻都教他車輪斷了馬蹄折 下 末官差外宗生四卒执慕容帥府灯上

〔園林好〕解軍需風餐露吸文憑限計日論月 净上 借問事官那里去的 末 解粮往慕容帥府去的 净 可是馬元殿下與帥近京的么 末 正是 净 如此小王母与同丈禱小姐被圣上欽擄我要劫出她拏帶軍前 末 奴事來知真假也來同客去 丑 怎么不真我因丈在欸 末 如此真的了 外 將官推車來諸外〻小姐登車 丑 好扑扑今有命了早來到長亭曠野又尋出那枝棻〻〻 下 净 傳兄

〔沽美酒〕喜軍需巧遇者〻〻把愁言且尽說道的是君王福自接同心鴛帶结除做了杜鵑啼血 小 今弟若不遇党兄定然血濺城也謝得你一腔氣烈相逢処捐軀劉捨怎久手墨前夜月我呵您是个豪侠劍俠与莫畜并傑呼不能句曾飽當年一桶 净 承兄過愛但兄今别何去 小 小弟四海無家欸帰奈囊碣只得一身再尋军家作而圖計 净 兄大丈夫作事还自挣个出頭的日子今兄無帰小弟又無業和你同入京中打听慕容公子勝負倘有可閑処助他一臂也不枉你我之為兄意如何 小 弟极有此意若兄同行真乃殿下之幸也 净 就請全行

〔尾〕萍逢一笑成欢悦再叙茅蓬鄧舍鶺鴒楽同情毋自别 下

第七齣　射冠

〔引〕四宫十四人監引付上 挑壺鸞簡慶唐竟未獲支箇日夜焦〻 孤自繼位未及两月尉尉劍南慕容華察地造反提兵犯闕 孤想這小子全不念祖上係晋室金枝享禄万户今反起叛心 孤傳旨兵部着城上十二堞兵全動不日珍滅這也不在話下只是元慶未獲终為隱恨前差錦衣衛到晋陽去尚未回奏昨欽天監又奏紫微星移入女宿分野朕即傳旨離城池十里之外有半壁山建起一壇高有二十餘丈擺列女宿旗万壽冠一頂懸于壇西百步之外朕親率欸壇命內侍宮女走馬射冠問戒宿陟冠之楽有何不可內侍擺駕往半壁山去 下 各

〔注觀四〕文星北斗高帝旨力挽天曹摘星台閣山河一堂偏舒 衆白 万歲登壇 付 好一座半壁山也 末外 啟万歲這是女宿旗這是万壽冠 付 將來懸于百步之外 衆序 付 朕能移星換斗太極圖鋼刹顛来倒 宮人們你每自披鉞扳手挑一離弓 挽離弓楊柳腰肢 內侍們緊隨着虎區皮袄 衆 領旨

〔又〕宮女三千粉黛李嫖姚恭由基偏称宮嫂紘開月落珊瑚髮繁破瓊瑶 射介 付 宮娥們終是力弱看內侍射來 中射 挑雲撥霧飛魚戟海涸鷺鵰鳥斗牛宮撩轉銀河把北辰斋過氐卯 射 付 你們武事未偏故你不中待朕射來 射衣介

〔千秋歲〕翠嵬峭似赤壁爭兵日乱轟〻万將軽遠横槊苗吟〻喝破了半壁太行山倒 净上 报〻〻啟万歲爺不好了那劍南慕容華帶飛將枉作五城兵馬把皇城帰路截斷 付

違旨兵馬為何來得遲 净 万歲事不宜遲快回宮去 付 朕違
吟護駕文武官怎么了 净 若說護駕官真可笑也 文官內驚
落帽武班內都顛倒四下見郎笑、殺了錦衣食祿見曹 付 再
去打听 净下 付 宮人迴避了 女下 付 朕自幼好習金槍長槊
內侍取過來朕有千斤膂力何懼這小子

〔尾〕非 寨內將軍少當陽一喝憂 跑 慕容華你這賊子把你
丝帶輕、槊上挑 下

第八齣　成功

老上 么乃慕容元帥麾下探子是也 那奸王冲出陣來 中將
不能抵當不免报進大營去报、、 末生上 探何事 老 元帥
那奸王親自出戰將士不能阻擋 末 他有多少人馬 老 總票

〔出隊子〕只見一騎兒身輕馬快華蓋中走不盡失隊猿豺狡兔
声哀 末 他用何器械 老 狼牙槊半截巧安排 四歸如
風乡果然是驍勇参双劈破了七層寨 下 末 奸王來了 付上 慕
容華、、 奸子不思祖上晉室金枝享祿萬尹而不报本元
起叛逆 末 奸王祖業有定千秋不改那万寿冠闈下有德居
之 你生篡逆之心倒乱人倫當得何罪 付 賊子一派胡言 末
奸王、、你抬起頭看山頂上是誰 生外立高処 付看 吓 呆
末是元慶 吓 一向是你伏藏枉殺了許多大臣 好賊子 戰介
末敗下 付 中將官与朕分道截住賊帰路 下 净小生上

〔駐雲飛〕把臂桐依風雨連床作故知又不來獻金门對遊戲成
陽地 嚇 內喊 听金鼓乱排四軍声疊壘 净 傅見前面洶有厮殺
之状必是慕容公子爭戰我們向前面高岡上看他詢矣如
何 小 有理他年少英雄立馬人多畏一戰扶龍上帝几 下 丑上
咱家刁常侍是也 方才見元慶太子抱頭鼠竄為此先策馬
拿住了他此功不小 下 生急上

〔又〕孤踪堪悲師敗軍殘何路依八陣那堪比十面成何濟 咪 木
朽与山頹當陽誰寄 公子又敗被元慶一槊挑下金冠 孤也顧
不得太傅了 不免加鞭前進 莫待魚入釜中鍋熱方追悔 是
底堪憐雲不飛 丑赶上 那里走 净 情射看箭 丑倒介 净 拘頭馬
何在此追殺 丑 我乃司礼監刁公隨駕征賊 你甚麼人 斬我
净 你就是刁賊么 看刀 殺丑下 小生上 覺見拳冠之謀祸從
妖賊而起 净 傅見我見公子大敗我今得了此將頭假鈴不免
上前助他一陣一戰扶龍上帝几 下 末上 哄殿下 吓 小將措
望中興大業誰知力不能勝殺得大敗有負居恩如何是好
付上 賊子休走 净急上 公子住馬俺來也 戰 殺 付下 奸王、、
你這等強梁也有今日 末上 且喜奸王已死万死一生皆出
壹救乞示尊名 净 卑人覺爺周乃蜀山人也 末 蒙見是此大
功不負盡為第一 净 說那里話 傅見快來 小生急上 覺見好
英雄也 末 此位何人 净 此乃傅太保之子傅見 今公子先行
待山寺後總有百万兵來何足為慮 小生 末 聖上千秋福將
軍八面威 下 净 且住 倘若來遲 公子 呵

〔又〕難展神机倘把山河已失輝一戰成功器方表男兒氣 我是
此大功明日進朝定以爵祿賂我可不羈絆我兒得之身 我

如今隱跡山林多少是好嗏名利似鳴飛說甚麼勳名勒石
嘯傲狂襟散髮𢤱遊戲何向棘闈爭是非 下

第九齣　進宮

【引】旦上 心疑慮只恐薄幸相拋去　旦上 相拋去水上浮鷗池邊
飛絮 旅〻万福 占 小姐和你自脫罗網来至軍中把了多少驚
怕幸喜公子成功但不知官家大位朝議何人執恐太子枉
作千年謝了 旦 今早參〻說傢制司打掃殿庭百官迎請駕
下即位今日明良際会不是就是昭陽主母了 占 雖如此說
【集賢賓】樓臺百尺如浪花少什麼玉妾金奴 旦 你是花燭牽紅
定不棄糟糠之情 占 花燭牽紅成画席枕邊言慮不是當初
旦 他是金枝玉府斷不做薄情夫婦休自晉昇平日定邀天府
東小太監老竹宮女外上
【黃鶯兒】重樂太平都信天開鴻運初九重飛下丹書譜関雎后
母王東迎姑木桃已根瓊瑤擬路恭笙歌氤氳蘭射滿道尽欢
呼 外 諸臣見外〻恩外〻千歲〻〻 殿下已登大位文武慶賀
賀已畢圣上命老臣迎請外〻進宮皇從𠛬迎來見外〻 希令
占 外跪伺候 旦 賤妾叩見外〻恩外〻千歲〻〻 占 小姐請起
旦下 外 起駕 東彦
【猫兒墜】圣恩不罰貪賤在茅廬踐約三生一節書犹如桃李点
旋旃誰知得遇春風圣明賢主 生上
【引】天心在朕不負先王命 外 諸臣見駕恩吾皇万歲〻〻 生 平
身 外 國母迎到 生 宣進來 外 領旨 東 外〻朝參 占 拜介 生 傳
旨先樣寺排宴三席以宴國丈与慕容公子就是太傅侍朕
陪宴 外 領旨 生 問卿有一女还未適人今寡人為媒賜配太保
傳詞中之子傳人聿為妻 外 有已教諸臣追封三代便了 外
領旨 下 生
【尾】簡心在朕來臨御叟子空勞謀𤦺今日我衣衮难忘食草茹

第十齣　封贈

【引】旦上 鶯声弄三春燕子穿簾幙 旦 喜滿家姐有此奇遇竟為
國母今早參〻入朝想必就得也 外上
【引】紅葉不涸憑緣女成佳慶 見圣上有旨欽賜傅小姐為翰林
修撰國母主婚將你許配傅小姐今日吉日傳小姐想必就
到梅香伏侍小姐梳粧 旦下 小生上
【引】一封丹鳳詔飛下九重霄 圣旨下詔曰朕今復國皆賴文武、
同心若不優礼無以勵將來之典今太傅楊建進階一品封
為晉國公慕容華封為定國公故臣傅詞中之子傅人聿封
為翰林學士從七品閑不恭爵祿建功隱世千古之英士
令命傳人聿圖画像容送入功臣庙故太保傅詞中為朕死
子忠追封為天下都城隍宮娥戚氏為朕死于義追封為圣
母太夫人立庙祭祀謝恩 外 小 万歲〻〻有勞天使 小 恭喜
老年伯 外 吉時已至拿礼人請新人 吵唱介 旦上拜堂介
【画眉序】忠孝沐恩波詩咏関雎琴調和正龍飛鳳翥重整山河
生已得青史標名死已受追封千古從今生死 恩路 磐石勒
名永圖 下 完

文星現

提要

《文星現》二卷，清朱素臣撰，法國巴黎國家圖書館藏鈔本。曲本。本書記祝允明、唐寅、及沈周、文徵明事。或得之雜記，或得之傳聞。吳人推重數子，以爲上應文星，故曰文星現。

上卷分開場、邀賞、雪賺、戲騙、赴任、賄囑、打道、笑緣、投府、詩誘、鬥寶、巧緣、訴情，下卷分衙會、冒婚、選偶、觸怒、逼題、遂願、私遁、遺訪、作伐、認贈、扶轎、辨明、遊敘，二十六齣。

環翠山房集

文星現

此劇與紅心詞客沈蒼渔四種曲內才人福一劇大致相同但才人福中仙現枝山唐寅裝爲訪張顯之川晉謁化裝往道院道家裝束以驅邪崇傳此得歸可西子要並善謀歸之事惟與張幼于作伐以幼于爲僕從宸濠之變以爲散從投不外風花雪月金數喧填六傳奇之故套也惜余所藏原書因被融爲雪今已無存昔閱此劇情及於彼往筆而書出才人福中之奇僻貴年已記憶不清實係吳日再購可也又有錢竹初所著乞食圖鶼鶼楪兩種約只一冊假細于故予一仙聊齋所定故曰沈蒼渔四種乃根恩緣仙聊齋小翠故事伏虎數仙馬合甫故曰文星榜仙膝脂故曰其詞藻科白甚爲佳妙倘仍有此眼福他日相遇必不惜重價而購之又有夏惺齋六種曲無瑕璧杏花村瑞筠圖廣寒梯南陽樂花萼吟等雖仙佛鬼怪之詞藻之妙固不待言於世道人心大有裨益皆託於此家吳日夏末以補前失之恨同治辛未夏月朔止淵堂吾聊靈居主人書並識

文星現目録

文星現傳奇

第一齣 開場

京兆詩狂解元酒癖旗鼓相當胃風雪踏歌行乞北勒紅粧

金閶門外憑窓一笑時逗情腸藏名姓屈身漳府故將巧計

求凰祝子查梨吞賣賤歸金釵激怒松堂兩名公斧柯硬執

大閘維揚出奇玩世四才子一樣行藏文星現一時千載借

纏綿數演當場來者唐伯虎是也

第二齣 邀賞

【引】生上 付隨 拾橡山陰乞緣吞月寒酸客里班頭吟子筆尖恒座天

種天牧着急沉醉山水誰是醉翁非酒家何有秋月春花壁私

叢偎買風流恨〻莫奉少时年百尺遊緣易羞牵杜曲梨花杯

上 雲霸陵芳草夢中烟前程及袖黃金淡公棄三生白守禅

老後思量左不悔衲衣持鉢院门前 小生息寅 字子畏一字

伯虎吳趨里人也遁迹山水藏形月府黃金糞壤草落而風

雨驚紗帽泥塗長笑而天地宗年甫弱冠曾中应天解元名

高被謗坐廢在家因此我埋文有緣避債無台頻敬耽天之

詩壇敲已缺久失鍾期之听琴破不修只有二三知己之交

文徵明官拜翰林待詔祝允明官至京兆洛中沈石田与小

生一缺是个白衣鄉相我四人飲酒賦詩誼全骨肉日來一

雪兆春千岩破白客蘊濁酒羞可娛賓已曾折简相邀教他

每不違而至分付蒼主中相公到時通报 付应 外上

【引】前身合是薇垣宿 自家文徵明 字衡山 小生上 共分頹恒多握

手 末上 可憐友道薄千秋 合 如我輩始堪稱友 外 自家文徵明

字衡山 小 自家祝允明字枝山 末 自家沈周字石田 我等自

負才華不可一世止有吳趨唐子畏翰墨流傳更驪文章妙

絕古今我等与他氣洽金蘭月夕花朝唱酬不撒適才相約

賞梅諸兄須索全性 外 末 这里已是了有人么 付报 各 進見

生 我有佳賓鼓瑟吹笙 中 鱼有兄弟不如友生 生 連日右酔

甚煩笑歌俱廢今喜園梅作發春雪欲飛特備素酒一尊奉

邀三兄仝賞倘不嫌翻褻就此花下小飲如何 中 我兄素負

不羈何亦作此世態客温語况有佳酒当共醉之 席 也 生 生

【梁州新郎】微霜欲雪輕烟不雨一点春光微逗胎珠迸玉眼前

到有蘿浮想到臨橋有水破屋無篱得佔風情久耐迷適仙錯

認也帶酸饑竟酒料恒為惜人牧 合 謝不喜憐不受且滿浮大

白為君壽花会意似点首 小 味 小生飲沙中间不免摇生感慨

似造化呵

【前腔】傍今宵寒低香浮怕明日拖衣红後便風聯月綴怎返枝

頭甚合趁伊少光頋我多情添潤知心酒 生 三位兄說得好幻

眉飛至浮誼易歲不读及时行樂的好人裏俯視也尽蚍蜉

只為四弟三兄是勝儔 合 前 生 才飲得数盃六飛花墜天地迷

漫童兒收过酒餚我每倚窓賞玩一回 合

【節節高】彤雲黯不流碎瓊投先春人聳花魁首瓢茶的点樹頭

欺笥倚大家天地將畜聚我家山水先失旧想他只藤大不嫌

貧賴恒嗎壁多遮醜

〔尾〕酒仙詩伯薫文宿云窓氣吞八九 生 是小弟今夜呵這寰有
梅花似我愁 外末 風雪甚急只見泥淨難行䙗兄别过了罢 小
小弟微恙新痊不勝風力今宵要借樞唐兄斋中了 外末 小
弟抵足冬信才是奈有許多应酬未了只得先别了 生 既然
如此蒼呈拿了伞套送二位相公回去 付右 生
兑竟持觴到醉休 外 對居䟽是泛虚舟
小 江南春信香風在 末 放鶴人歸雪滿丘 外末下 生 小
弟連日少公抛我兄方才所言不知有何病 小 哈ゝ 我害
的這宗病方書上边通不載的是詩病酒病想思病一應癌
𣏹不鶴風魔之病 生 人生天地間不害几日想思病算不得
个情種不害風魔病算不得个才子是了你我之才是全病
相怜 小 是則是矣抛小弟想来自古奇才奇遇往ゝ相因我
甞浪跡處名没有一庄風流勝事他日淸艷編將何事以実
之不知吾兄亦有此意否 生 情之所種止在我輩子真好色
者而適不我值为之奈何 小 不瞞兄說小弟留在此実有
一庄心事与兄商议 生 有甚心事特請見教 小 小弟近日訪
知有一天仙偶謫塵世意欲与吾兄仝性物色一番不知此
際風魔病肯發出 生 千万望常休得見弃 小 此女名姜聞之
外深閨独守才色双宜他是名门旧族等閑不得使見然意
欲趁此風雪与兄改粧易服帶醉裝痴拍板摇𢱢長歌短唱
討几杯濁酒和一盃蓮花前去打動他倘得奇遇天成豈不
是千古茴名的勝事 生 尊兄甚妙事不宜遲有小厮每領衣
在少与兄就此裝扮起来 各换衣介
〔大迓古〕休ゝ道行修不衫不履無官無牧棟身淨丑場中走乘
此神仙窟裡遊 合 一点文星千古話頭 小生
〔前腔〕休ゝ惟讓修仝声相應仝氣相求哩蓮一曲無師授茫昧
千家有主技 〔合前〕 付上 誰把鸞毛到処掉玉皇大紫販私塩假
饒他作粉和面作看人间米價廉相公在那里丈老爷已送
到家中沈相公也下紅去了阿呀叫化子怎么闖進内室来
了打ゝ 生 狗才休得无礼 付 元来就是二位相公阿呀ゝ
二位相公又来痴呆發作了这樣大風大雪要往何処去卻
闹这等打扮可不笑杀了人 生 狗才誰要你多嘴好ゝ的會
好了家我去一回就来的 付 嗳多是視老爷惯好端ゝ我里
相公被你哄得乙顛八倒做出这樣行径来 生 胡說快進去
付下 小 天色將晚我每趁早去罢 生 大滑不踰閑小德可出入
眼望旌旋旗 耳听好消息

第三齣 雪賺

占上 雪压氷簷塵不洗昨夜瀟湘梦破來顛ゝ筆落窓前夜
〔引〕失却遂山几朶花 沮雲不度溪橋冷嫩寒初透東風景橋下水
声長一枝和雪香人怜花似旧花比人声瘦莫倚小欄干夜
深花正寒奴家何氏小字韵仙祖父母居要閑爷ゝ曾任縣
尹年方十二父母相継而亡既鮮兄弟又不曾許嫁誰家遺
棄消然日就零替母舅盧重懐係桐鄉人氏初任江都縣令
蒙恩行取入京未回因南北遙遠致音问久踈迷也不在

話下且喜才華天授蕊寵性成玩工弄管枯毫惹治描鸞刺
鳳責珠當尽補屋尚餘針線饋工投鬟粗洽向与乳母楊婆
相倚卯后朝炊落没甚是亏他今日風雪寒冷女工莫施不
免喚他全性门首一望乳世那里 净上 来了百年忽已崦嵫
暮一畫时崩崩箱盤小姐怎么说 占 風雪虔寒女工莫措全
到門首看：雪景去 净 既如此小姐請 行个 呀小姐你看昨
夜玉皇哀詔到遠近山川多帯孝娥埋折散私鹽包土地板
磁石灰塗好景致也 占
〔梅花塘〕賽端娥碎把鮫鮹拌柳絮又梨花處處將寒做逆天忧
惚端端把着几个漁蓑 净 呀滿也來里响不覺着才走出來就
是这樣寒戰渴紫小姐退去煖室酒兒解解 守感再出来罷
占 也说得是帝令苛簇尖頻將指甲呵 下 二生上
〔香柳娘〕散乾坤改圖圖 融成一素我心粗也逗得鴻荒破 生
况見信步竹木你看半湾流水一幅小橋绕座梅花没著雪
色好一个去处也見跌梅半吐吐 無力倩風扶多情索去
累 小 辨过小橋前面这所庵房就是那人居住了 生 快与你磨
腔壓板一唱一和上前去打動他 下 占 净上
〔前腔〕慶豐年瑞多多閙門無路炊烟饑餒界内渴瑤草破 净 小
姐你看遠遠的几个歌郎来了这樣風雪全然不怕的 占 愛
風雪耐寒寒唱得雪兒歌也酒白雪和 二生上 被天上折磨
、、饑寒奈何求乞亦可 白 老奶奶求乞些 净 哎打这叫化
坯这樣天寒地凍家家断火绝烟那有東西捨你还不走 生
身上無衣口中無食小姐可怜見隨意施捨些 占 胥个呀者
这两个人一表人物怎就到求乞地位可怜可怜 净 哎还不
走 二 小姐小乞兒不指望求討什么亦金白良珍珠宝貝只
要化一件東西 净 要討什么 小 这件東西非金小可天上少
世间稀滋味有甜美恩共賞有詩為証老杜床頭吞色奇一
嘗滋味使酥遂無明無夜人翕恋多少英雄化作痴万望小
姐随缘布施救我小乞兒一命 净 什么老杜什么床主详情
起来明明是那話兒了呼化坯你撞散撩撥我家小姐么打
断你的狗觔 生 呀我们只為天氣寒冷要討盃酒乞煖寒老
杜者杜康也 净 既是这等何不直说叫化的人有这許多賣
弄 占 天上人间那里不是積福之处乳世有方才剩下的残
酒取来賞他罷 净 不要忒容易了酒便我去拿你每須把这
花落唱起来 二生 这个我每就唱 小唱 生和 花朝月会當良
宵天仙遇然通藍橋郎炊女蕩凡半事夢耶真神心尚逐分開
女伴出簾立对面特会呈千姣玉頰灼灼正臨值東西不登六
尺逢星眸直似明珠微宛若杭儷無嫌嬲云華雨暈或相盪肌
骨何必直非交仙手手 切尽姣凡夫福薄受薄消塵姿竟許
露灵韵恩賜云英玉一瓢 偷看个 净 福渠个眼烏珠出来便好
只當偷看 生唱完了取酒来 净 这化了你取去 二生 飲介 占
乳母你去问他方才唱的歌兒是祝枝山寃簫集中佳作你
叫化的那里曉得 净 友问 小 不瞞小姐说祝枝山相公多令
第一个才子因他名振華夷小乞的唱酒的通是他的詩句

哩中吓就是小姐每常最服他杭东兆可知道唱他款兒中
了小姐的意思生就是唐伯虎相公做的佳作小乞兒也会
唱哩占这等是乞兒中出類之人了乱世将来待我来自賞
他一杯二生饶多谢小姐明中捨去保佑你暗里还来昝飲
橦伐占身占这厮敢如此放肆乱毋快5我打他出去小净打么
【前腔】占笑狂夫怎狂、、言、撹撥其心不善多因我小休打
小生再不敢放肆了净唉世界反我叫化子也称起小生
来还有个小旦来里配了你吓小这打、、小乞兒叫个呈
兒去罢合小乞兒谢恩、、你喜捨即林那我荣歸瀛靈湏
净推出介快出去占净合你蜂蝶渾科、、染靡净合閑窦
深鎖下小生付小姐你闭了门兒竟自進去了怎生發付小生
来小吟、今日六库非大兵雖不死非大才子不敢看、专
、也算得古今来第一段風流勝事了生是則是吳自古東
與卯太無尽則足如今足不四言竟得几材小説得有理枕
们胥居不靈哄三合得使了合
【前腔】喜仙缘已通、、親象喽吓這太平致板功勞大生人得
城禾天色已晏我每休从大路而行只怕撞着老之这厮拘
使安淡漓机泼了只从小巷抄將去罢合怕傍人笑呵旦、
可不道簡影搖風魔捫心實偏頗小兒兄怕人嗤笑今後再休
弄瘢了生笑自然合學到伶聲瞎、、從今琢磨再不胡做

第四齣 戲蝴

【引】旦上奇花殘單一樣春風啰嘞仰他臭足耐他熙過得若干
昏曉深頻淺笑自凝愁還自解嘲錦江秀麗门托康成家婢小
桂霞侍準黃畚張金釵芍桑花額黃倚髒鬟臂釧邊紅紗柳
根紅柳时是根芽奴家呂氏乳名春来錫山人也生于閩閫
長有才姿只為家计清条父喪担闌奴素鬻奴于華府為婢
更名秋香且喜夫人賢淑又無小姐禁持只為女工嫻快書
史淹通因此名列青衣視全愛女常是歎住深闺料綉有时
命侍客生清读日来序左青踢日花盛發夫人安全老爷出
来賞玩與奴在此打掃花徑天那這欢賞酒掃本是奴侍婢
做的事却来差派我秋香咲殺居人下这也説不得了只是
想我瓜期已届桃信偏遲似这般光景几时得个出主日子
待我终身是好闲人也
【金絡索】雖眉借日恭髻鴉和雲掃楚、、蹊、自愛粧成好昏清
秋耗也又今朝試問含嫉何處嫉還恐偷錢唯買芳年過桐刹
室將痴夢邀我想送來的配偶门户相当若生長宦家怕沒有
名真配如今既列青衣眼見得此話休提了斷俶服小花開
花謝不崇朝想一日放了眉稍怕唯向今生討内三、呀听猴
笑语户近想夫人要出来了不免掃完花徑在此伺候小旦上外
【引】東山寄傲鎮日平章花鳥老帔霞冠鳳已全叨敕齊眉双、
皓老丑花間唱導還餘威居然牙爪旦秋香叩見夫人之命
花径已掃完了老起来外夫人你看尼鲔漸老也豈竹珠花
正榈千曲老共規鹿車迸丈禽双白主旦深院無人語燕子

頻來去合莫惜酒傾霞明朝又落花外夫人自我嫁得林丁
梦斷長安但知種樹栽花先意吃主觴甫望此淑氣物回贊
莫争此不如一盃称賞可不令〻炎笑人老相公言之有理
情紅可將進席擺在邀緑亭上看酒何候旦名外老望飲旦
醉酒山旦作下外老
〔前腔〕春光肺腑拈花事園林根核点花葉〻置亭臺小老夫索
醉也老妻邀一斗蘭陵不案寥似遠寺羊〻鶯語催春飲無強
似夜〻鳴声促早朝旦唉一陣風过吹得花小兒滿〻鋪在
秋香姐自上來了外老争羊少落花枕恋小描條外夫人好
生看取這娘子當一株名種江蕉向胆魏内須㶸好付一丁
不識果郎樣百事無憂浪宕子肚自家華公子便是爹〻毋
景在花亭飲酒且閙進去吵鬧一塲進个外老生你書却不
讀鬧到此何幹付好教爹〻得知吳门王相公差人致書說
城中根恩寺里有个活仙人在那里鬧楊去教速近鄉紳多
去覆法也要求爹〻一道告示外走撒了從席待我写函詞
问來人那人果適去教即日無下小舟企了夫人孩兒也去
瞻仰〻〻老但怨相心秋香收拾傍当随後便來旦晓得外
江南春信寄來遲老合見東王点綴奇
合窓外日光彈指過席閙花影坐中移旦下付
爹外去了秋香还在和他留笑一回有個不可秋香你稍自
一个冷落么旦老爷夫人多進去了公子又進來怎么付出
的自出進的自進一出一進方才有趣哩我问你・是个女

兒身为何丹眉多散胞前奶〻大我曾試过几个人我旦不
要胡説夫人叫我就來付秋香嘐請你生得个模樣致我眠
思梦想乞佘夫人个号勿能个素近天辛今日趁他不在和
你做个交易旦只覺朔纏去遲了夫人要打的付打么只怕
你吃着了个樣滋味越打越要哩好秋香救子救累我唱喏
我下跪我叫主我旦背且住不要与他说真留他一留使了
特个外公子青天白日此事決使不得那边廊下有帐室床
在彼待至更深入静我假寐在床上等公子來如何付不可
失信旦決不失信快去有人來了付就去〻〻快活〻〻樂
殺我旦上等子半日那了秋香姐还不出來等我進去看渠
進个秋香姐〻〻看你不言不語敢是在此思想老公么我
來望望你要子旦哇狗才这等放肆我对老爷說了打你旦
打我么勿敢欺自従進子華家里个门然家没人哈我一哈
哩我里老爷一向对我说看你老诚做事會个秋香不來你
做家婆累左右是我口里个食今日預扱个一處何如旦也
罢那边廊下有一张室床在彼你可去睬在上边等至更深
人静我闹園门出來和你相会罢付勿要哄我旦有人來了
日來哩里旦村郎非宋玉清婢是張良下丑快活〻〻昨夜
梦見柳翠魚今夜果然鰍入洞个段姻緣〻里大我手里
个我我就到廊下去走个唉果然有一张室床來里还是一
个了至有心只是今日为奮了再勿肯依好我乌雲趁我日
豆落山我星月也上我睬他外一覔来足子精神好各撰打帳

【刘滚调】三生石上精靈俏鳳凰絶頂唱和調我偷香手段能千
妙朝雲暮雨咫尺是陽台庙 睡介付上
【前腔】烏啼月落花魂俏睹三星高懸樹杪允典貼股休推調咫
尺是妖神庙 旦喜李到夜深爹奶俱已睡着秋香料不失约且
一步〻到西廊去 旦叫介付唉舒呼之声果然预先睡下了
可喜〻〻 後介模着在此了 睹身上介旦素闻你果然来武
花介付外你是晴江边狗才外 旦外元来是公子 付呀哞 洋下

第伍齣 赴任

【引】净上生随上净子 英雄幸若不悼朝秦暮楚煮水成砂遂領海王全部
少年枉自修塩桓民社初膺志便還不讀海王經閑論常盈
倒石挑常才不管盧桑环名通玉籍敢任銅章花城文试手
牛刀是路近归乎鳳闕蒙圣恩点差巡察淮揚盐課只為下
宦有一甥女寄籍平江音问不通已經数載今番授此南缺
深慰渭陽之情已曾分付老媪前去訪问方才發扛已畢归
送者集不免再嘱付他一番老媪那里 老上 年華漸遂桑榆
敢蒙旋九随犬馬称老媪叩至 净起来我一问分付你的我
甥女名唤何韵仙係故県尹何公之女年方二九想只在東
门右住你可将此家信一封今了那女使每好生前去訪问
迎至任所相会不可有悞 老謹依老爷吩命 老身今了女伴
别过夫人就此登程便了但愿〻〻果然〻〻 下 生稟老爷
门外員役候久了 净傳令相見 生老傳二旦小軍下 付中軍上
使車經隴月征旆繞河風員役每叩至 净起来人夫有備了
公來有備多時了 净如此傳令整有隊伍就此起馬介左净
【朝元令】旌旗搖舒雉尾凝香霧輪蹄断續馬首依官路緑樹人
家江雲天府動是宦遊新譜須踏傳呼星〻者華勞僕夫茅店
酒還沽花郵事不孤揚州何处好去前溪問渡〻〻 下

第六齣 贈嗎

【引】小生上 地杳天深運不出雨條風調 小生祝允明前日小试情
痴与子畏兄尋雪竹之金簪笑贈不為無緣小〻娼叙却具
如此俊眼好教我百煉剛腸番成流指巫山高俊想是撩雲
撥雨之思花影見迷勳涧窈月批風之想唉小姐〻〻你如
許才識若不遇小生可不埋沒了一世也 生上 新笋成林时
落鋒遊魚出水日斜波 小生唐寅為訪祝兄到此明听他自
言自语说些什么来 听介小
【楚江情】飛花打綉窗零星满庁砚頭檻外垂緑楊偏生鶯語罵
流光也丟心期自放心杳自燃叫一聲慧心慧眼可意外娘典
你何怨何仇害俺昏思蕩害得闲時也自忙〻時也自慌熱淚
在心肝上
【前腔】凄凉立小廊形单影双揚花淚〻人断腸柔魂一片待嬌
腔也分明是俺依稀是娘只覓姣〻嫡〻脂粉香把餞眼昏花
権當姣模樣且書兒寫几行〻〻夢兒做几塲擬记在相思帳
【皂羅袍】沒事几回痴想待把儀容画了頂礼焚香衾窩枉自叫
伊行就虚空也把靈魂傍更把生辰八字裝于錦囊逐香一縷
招歸綉床 小姐〻〻你可在我枕边衾伴衣裙上 生弹指介 枝

山兄好出神也小弟到此許久只做不聞不見小呀不好了
莫非被兄听見了么生不敢欺瞞有所聞小生实不相瞞小
弟為了此女平生鉄石不覔銷鎔猶尽日来寢不安神食不
甘味持几許工夫细〻性彼挑逗奈小弟平昔跌蹈慣的左
酬既少資費实艰只今那有豪腸再去諷情倬趣生吓兄愁
資爷不洽么何不請教小弟一个救穷的法兒連日小弟酒
貧無力被我遣僕往各鄉紳家只説其处作吊要借白員領
几件借得来时被小弟在典舖中當艮用了後来不討罢了
若討便还他影兒你道好不好小兄还他当票又算忑志诚
了不瞞兄説小弟連日没有想至被我走到各鄉紳家只説
款客暫借艮盃一用借得来时通付艮匠銷鎔那托里盃兒
便把艮皮塼来使用後来各家不討便罢若討便緊閉双扉
素口回他个不在家里你道妙不妙生哈〻天生我一对異
人做出这等不約而仝的異事妙绝〻〻只是此等作用可
一不可二如今想路已穷那得黄金買笑小且到里面去吃
盃寡酒与兄相商一个長策何如生説得有理去日苦多休
撿曆知音諒少莫修琴下付上叅生樂得南華論好客兒閑
北海樽自家巫恒本貫虞山人氏只為家室飄零衣食艰难
幼年間浪跡江湖学得些师巫邪術向来单身走滚到处响
应近来才到蘇州暫寓报恩寺坐席未煖名已遍馳遠近伸
衿多来俗示覆法擇定州日登壇演説玄功秘旨那些庸夫
俗子元是極易对付的只是聞得附近有这么个椰相公一

个唐解元一个祝京兆九流三教無所不通瞞过天下人〻
〻瞞他不得自古邪不勝正倘被他捉出破綻便要决撒了
我如今特地备下礼物前去求他只要他隱而不參就是我
感而遂通了方才到过唐家不遇而回只得再到祝家走遭
説話之間此間已是祝老爷有么小上買笑無恒產少愁有
故人是那个呀足下何来有何見教付小子無过為散粧
造实有干犢而来小子叫巫恒
〔前腔〕隻影江湖浪宕小久仰〻〻付窃南華注脚自標鄭衆小
想是要登壇説法么付便是已擇定明午現今呵寧官覆法
有金湯神巫見善知天壤久聞得祝老爷呵神情烱〻片翳忘
當今日以来傍門劈破學謎文星借光因此特具菲仪專求笑
納将来凡百事体俯賜周全免從斗渚燃犀社送礼帖小看
謹具土细二端金扇十柄墨錠廿矢松烟二緘以上代艮十
两背笑付正款圆要窥偏造送把来不免随机應变耍他一
番掉介吓元来为此但覆法名多何嘗我及个寒士今日既
蒙尊惠又不得不竭力周全只是计將安出付上是為此私
相公想一想小吓有了明日道長登壇士女畢集小生使人
叢中閃出手捧糕着你射覆你便高声相应我便对衆聞
拳人前显異可不是好付如此甚感薄礼請收了小謹領了
方才所言牢記〻〻我明日午时准来付是小子到过唐相
公面前并祈吒致小自然付下生上祝兄取得好不義之財
想得好侮弄之法佻兮達兮可謂善戲謔兮小便是有此一

全使可為償酒債適愁買父無資如今八句我丑人用几日
了生些也合

【尾】新愁破宿債償天意斯文未喪只是去賣了黃金買笑方

孟浪賦君語　今宵酒債除
與君一夕話　勝讀十年書

第七齣　打道

丑上笑談風月度良時唱盡江南香艷詞年紀過三十四十至今尤說老男兒自家蘇州城內有名的瞎男兒攪心海使是笑談風月回有薄名說唱山歌新文佳製顛倒掛由他包待制也要閒賴指東話西饒你高子莫也教露齒正是迎春隊里映君先無鬧場中常佔首只為今日報恩寺里有个巫師在此說法人山人海多去拜他泣此掛起招牌若太極有一套北寺新詞要在人前說唱天色尚早不免先說几个笑話聚些人攏來付老末小上走我每去聽瞎男兒說話去付指鉄竹哇可惡、、你每不認得我么我是無錫事公子隨爹、毋素到此遊玩為甚把我推上一跤送他到府里去敲渠个腳骨揚丑跕在花陰下多是賣花人公子不要於怒听我先說几个笑話敷足了冬將一套北寺新詞送子公子去何如末好、快說丑眼先說笑話介末冬已敷足說唱北寺山歌了丑寺我唱、、世界當翻景致新古人漸、換新人上台說个天下切說个地準、只說舊蘇城白旧蘇人、、北寺從來稱報恩俗言呌子北寺卧佛一向知名三国

時孫權建造為報毋一力創成直尽子卧龍街直北分來西恰好界破中心前對香花橋古蹟接靠演武場个官廳兩山門跨着長吳二縣双井亭高連青雲樓居中一座如藍宝廣及修塑閒口為刪閒口为金進去便是大雄宝殿卧佛殿基址枕存後接着過大宝塔頭巍、高聳九層供养着千佛万佛葫芦頂重有千斤按風水是一条龍尾遇良時常放光明轉進右邊觀音大殿書金二字普門、前立着哼哈二將及廊下供着二十天尊走進子圓通殿香馥、不染塵埃善薩為你法座亀山水毋外道點真隨侍着善才龍女显神通宝竹淨瓶前簷有十八扇菱花槅子還是沈万山留到如今求壁湧五十三參全跡西壁塑三十二座真形後面便是西相觀音伏展三大士多是男身招引得若男若女朝尊个私作殿勤還有个十元寮几座宝貝一座：記得分明每過四时八節合城大小遊玩俗信燒香个挨肩擦背積妥的作隊成群山门外坐个剃豆待招山门内站几个化緣的道人閒添坊炊烟不斷買柴貨个叫唤連声算命个寫着根數春游化賣卜的只叫至誠至靈至福至灵賣藥个多說有緣千遇相面个尽誇決斷如神唱道情个嘣、把漁鼓怯、打動說因果个鐺、只听得鐃鈸之声摸打的花拳袖棍唱曲的品竹調笙撇跳的名為買秋嬰詞的呌做今文自古地灵人傑其中出先一二個名朱海云觀梅神數花言巧斷打宮的下馬笑套子俚從張玉庚望極數時無刹準金鑑如錦囊奇數

預識末人陸玄海祖孫父子星卜皆妙余窗玄父子風鑑如
神金鵬程抄書大字金三益善画丹青王仲梨配合着十香
膏子川仓泉販膏送甬詞戲丈王順江修合的香茶春志藥
吕金樓刷印咋圖画门神王桂亭撮弄几个卑假如真个戲
法陞瘸嘴唱及套有腔无板的曲子小和尚說書恶着棒料
打渾怎从我楊心海笑话四府馳名不枉了千年古跡真个
是万众叢林止是種〻風流說不尽略將勝景告知音內鐘
鼓声众鐘鼓声响巫师登壇了我每看他去下旦隨口下
【窣地錦】林泉笑傲樂無窮廟宇山峦瞻仝松寨四壁净如空不
碍着前摇樹風丑公子怎么不見旦人多擠散了小末净丑扶
逃人上走吓〻
【前腔】交参能象六時中跳脱琵琶闹吉㓙小生文章六處笑春
風慢倚須諧取自容小大众整肃威仪净候本净外法生课卡
外班竹付八外衣山三帽执押生旦班首丹竹
【前腔】青霓叩闕喚天工玉狗洪龍閙紫宮榛華封事遍虛空天
地山川一粟中付上座屏掛誰將隻手遮珠幃玉首自排衡紅
花白藕青荷葉三教元來總一家大众所看小巫參玉虛老
祖玄音憫汝大地中生滕蔣什禋表宣昭蔽吉玄衬福趣迎
无门特刺其下山廣垂接引一為汝等解寃釋结一為汝等
破睛指迷弘施平等心植此元病果今日大众或有疾苦者
我当以上妙乘石安樂其心或有求其名或当以百感靈符
滿足其願天上人间地下徹底洞知过去現在未来送至指
点正是天机三两字包藏玄教五千言先有五虛老祖玄閲
宝卷一篇谨当对大众宣揚稽首玄宫眷声称賀付作揖声生旦亟句知
【楚歌】大羅仙靈根独鍾驀忽地閙重関把玉連环撇弄点〻黄
羊水火種嬰兒能謂笑一筋斗飛出了瑤宮閙諸天游咏睛如
来頃欣容曠天尊忙鞠躬俺只是笑嘻〻道一声珍重任逍遥
悠猖狂樓閣虛空走金蛇鞭玉庐十指尖將宇宙拜今日个揆
红塵把玄机来打開也只是金倉生將幻術兒任営息心〻宜
及早日月归西水逝東持你坐忘時携手價相送宣讀已畢大
众如有所要一〻道来净小子染做烏元生来不瓜不顛酷
好孟中之物財〻黑地昏天偶然一夜賊来見我妻樓抱着
一个少年連忙滅破隣舍个〻与他周全如今見了我妻夫
主眼中釘一樣相看为此拜求仙長祖壞我和合仙緣名得
他四心辨恙根你思捻草御环付我晓得了此是五鬼揭狂
闹弄你夫妻反目我有灵符一道你可將去焚于灶心当今
汝夫妻谐老諸邪不入了净多謝仙長旦小子姓貝名戎生
性手脚零碎少時偷狗偷鸡大来踰墙摇姓借一日造化低
撒被个捕人拿去百般拷打难熬說起時痛心下泪現今迎
体生疼并浔个内傷病症为此拜求仙师祖赐金丹如意若
得个解厄消灾恩德髙天厚地付我知道了此是賊星照命
致此受此業根我有灵丹一丸可用无根水吞下当今汝邪
心不起百病皆除丑多謝仙师小哈〻奸邪淫俱可療得
道長果係仙真了小生今日此来也有一事動問不說过去

末末只説我手中是何物件 付 相公手中是塊糖糕 小 委实
是糖糕 小 生心服了就請道長用些 占 拣推付口吃个
小 是糖糕不是糖糕 付 含胡在 小 中吃也不中吃 付 中吃的 付 忠心
小 哈ｼ 老 坐吃了乾狗糞了可笑你每众人不識机関还要
謎他是真仙真仵如今吃了干狗糞还叫糖糕众人不信手
中还有余馨可臭哩 介 怪道他下口默攢眉嚥眼若稚淂緊
元来是这个元故只是这狗弟子一些本领也没有却是这
等大模大樣哄騙人財物如今役俄已露我每还不攢盤打
他一頓丸了安誰償命 小 説得有里 打 介 付 小 生 里 先 下 走
我们快些去罢 老 正 全 下 介 合
【四边静】高壇上座胡打哄妖言散惑衆含李拐神师伸指跋七
擡尊拳聊奉鴉肋要送 付 败 介 这狗弟子那里去了再抓他出
来 小 你个他受用了饒他去罢 老 説得有理我每各自散去
与四隣八舍报个新闻 合 花月記新闻来姿有伯仲 下 付 出
阿呀ｼｼ 寿得好把截我説这几个狗相公極尖酸的折了
一付礼换了这塲打又吃了一椎污如今有何面目見人不
免熬着疼痛逃到他州外府就借这几个狗相公的名目再
去哄騙愚人少不得六门帖子榜示有不識字个哩有理ｼ
【前腔】慢倩先生被捉弄射衆ｼ不中狗糞餡糕嘗乱拳粉湯送
破法擋中含羞負痛一棍走秋風面存我犹恐
只道心堅利可求　一朝便見下梢頭
饒伊掬尽湘江水　难洗今朝满面洗

第八齣　笑緣

占 紅 家 上 浪花亂罩扶高窓几日風斜断客棠喜淂朝来天
似水布帆一片出山塘自家金阊门外一个紅家便是蒙沈
相公喚下要請各位相公遊玩虎丘只是文衡山相公素性
端方痛绝脂粉今日沈相公故意作要將藏覩妓在舡伏探
到河心俏酒出見看他道学名家一霎时如何摆佈妧蒙分
付只淂泊舟在此伺候 生 上
【新水令】只求落䁱不求榮任年ｼ鶯花撇弄知心三四輩聚首
有千通 小 生 及 沈石田先相約遊玩虎丘日色正中早来到了
金阊门外唤舟子那里 占 上 元来是唐相公到了就請下舡
各位相公都在山塘上相候哩 生 这等快摆到山塘ｼ去 莫
放尊空遣是俺大功名大作用 占 摆 下 外 老 末 付 上
【步ｼ嬌】覊困烟消佳人送吊不了繁華夢 外 人人我每使范至
此尚須雖非年家你每先自下舡到虎丘伏我罢 老 相公請
使 外 濱山双短敞天也一闲身 下 付 紅家那里打夫手 合 净 上
金閶錦綉叢嬌閤你與會風流廟几个與儂妖麗 付 舡家老亦
少付的快摆到虎丘等候 净 占 下 撑入夕陽中一篙春水江
香湧 下 外 末 二 生 占 摆 舡 上
【折桂令】怪相逢酒盞詩筒大都是賜弄乾坤遊戲神通 生 二 見
我想起半生遭際真堪脆嘆也説甚么筆尖兒倚虎雕龍耶
些曲埋陶花沽桊宫 外 子畏兒莫不傷怀你每則數歎甑零可
也出没的三春花鳥蝴寿的五湖風月比那些政事堂的受

受用的多里伮自有問梅花掃西湖絶世奇觔也追隨醉東
山當日高從 下 走 东 上 净 和 家 孫 上 竹 合
〔江兒水〕鳩與櫻桃雨人歸楊柳風天然一付清閑供 旦 天人你
看乜里山嶋一湾寉澗又早庐丘近也 末 走 洗耳清泉縈鶴
夢点頭頑石理雲馥劍氣千秋飛動當不起粉抹脂塗可知山
靈心痛 下 旦 知 像 末 生 上
〔雁兒落〕俺只見丹青殿閣重俺只見簫鼓樓紅闌 庐丘漸近又
早傍晚也斜日催將酒興錢晴香逞得吟䰟動 末 住了自古
道生中若无一点紅斗精之量飲千鍾做仲兒自天端方妖
那哦小弟此言頗知不合但我有一比方假如目下舟泊河
心渦有紅船入座四望汪洋兒却避到那里去么 外 果遇此
等妖物休说河心就在大海之中小弟一定也避去 末 果然
末 这等小弟有个障眼法而倆要揮取一个来給丈遇看快
來倩酒 丑 在船上肩 外 失色跳水介 末 扯外脫衣下 二生 喏
微仲兄偶然作要何諕兵吾若如此分付紅家快々打撈取
衣服换过送回家中说我每就去請罷了 丑 家应下 末 哈々
道學先生看樣我每只自飲酒連妳快送酒 旦 奉 介 酒已奉
过偶有粗扇一柄要求各位相公大筆或書或画隨意賜些
末 小生 子畏兄來 生 又要小弟献醜了 小 有了待画个水色
與天同待画个山光掩映中待画个張緒臨春月待画个西施
奠晚風烟籠好似俺愁心重霞烘恰如咱醉臉紅々 完了 末
横看介 旦 上 天人与老爷在前艙飲酒奴且在後窓偸望一回

〔僥々令〕敢携山入袖且學烏窺籠 那边有船來了 紅 上 許多人
簇擁着个少年怎么 生 兒 旦 呀 那大船内里面有个青衣女
子好不動人也 旦 只見他傍若無人处肩併 那 生 笑 介 又何
妨耐羞容畄笑容々 掩窓下 生 呀 異哉々々 他那里一笑生吞
好生領盼着我 望 介
〔孩江南〕呀没來由目成心許呵却教我怎形容女郎々々現放
買胡烟々雨青瞳怎又早臉紅々々 且住 那女子已去知他家
住何方須是别了二兄疾忙趕上看拼做个情痴玩籍逐香
縱 小 末 子畏兄你在此自言自语的盼望着誰來 生 小弟醉也
告退 末 呀 子畏兄你今日如何这等掃興你常时痛飲狂歌
兄曾道个醉字來且自滿々的斟酒过來 生 小弟实不瞞说
今日不勝酒力了 小 既如此便个小船兒送兄去 生 如此最
感那边恰好有个小船可喜々々 紅 家 快与我扠船过來度
我到許墅関上去我多与你些船錢 付 上 來了々々 相公看
仔细 生 不妨 二兒 小弟得罪請了 急 下 小 子畏兄今日奇怪
得緊一徑上了小船慌張失志却是為何待我留他轉來了
畏兄々々却才忘了一件要緊事須轉來说了去 生 又 上 有
甚事快請見教 末 昨日姑蘇台被人折去了一根椽姑蘇贼
里不厭不見了一条椽 生 石田兄好厭人也 别 介 小 还有拙
作請教李莲撒假酒珠兒曾个沾牙隨着乘賓兒弄月浣花
池只独自个班做哩好和了不住的泪如雨下待歸家无
计可畄他使做饑兒吞對饑神教餓有甚争羞 生 好不近人

情放我去罷 末 子畏兄你真个要去么 笑 介 子畏兄我既得
〔園林好〕眼釘〻不容放鬆脚掂〻將何適從只待詢路去偷酵
抱甕 末 我每紧他也句了放他去罷 小 既如此回兄自去小弟
每從外花鳴聯詩用酒去也 末 小 濡彩筆瀉黃封〻〻 下 生
真个厭人也船家快与我追上船尾後面行不論遠近接日
等还你船多便了 付 老 挨 介 生 唉女郎〻〻你且恁多情也
〔沽美酒〕恠青衣小肇中〻〻有慧眼識英雄点〻灵犀暗已通
剗地里輕裾風送宝苗下一痴痾 但只一件似这等打扮怎生
進去也罷且紧〻的隨着他去看是何等人家再作道理暎
跟隨穿天入洞早办付奴顏婢膝打熱着些夜朦朧收拾起從
前尊重俺呵那些个才窮智窮儘充个花儒酒儒呀一任俺丈
心撇弄 付 相公个見大知已过闽去我我里阿要很上去
〔尾〕嫣然一笑能傾動不禁笑顏陪奉少不得貽笑千秋收拾笑
府中 下

第九齣 投府

丑 上 奕〻子门本自高新閑柴戲田当朝米廩深掩飛雲斷
誰敢閑來帶月敲自家晴虹原係華府書童近日老门公奉
差遠出老爷着我在此权时當门今日天色已晚請闭元事
不免就在懶櫈上睡他一忽再作道理 困 介 生 衣 帽 上
〔引〕天涯海角情係律途滋味送今快赤脚長諸隨意拋斷送風
流安排軟疑有自由他眼昨日一過尾着船兒到此无錫地方
打听这女郎是華學士家使女上岸之時飽看了一回眼睁
〻送他入门去了 小 生 一夜睡不合眼无計可施沒奈何只
得移名改姓露尾藏頭假作傭奴向他府中賣身而入倘蒙
收留得進他门便有几分机会了已曽粘來停當因此急〻
前來呀當门的睡在此不免喚他起來小哥 丑 醒 是那个 生
小子與做康宣係長州人氏只為家貧無頼情愿賣身為活
闻得你家老爷要尋个書記小子特來投謁望乞引進感恩
非淺 丑 原來如此你且少待我就与你通報去 進 介 老爷有
請 外 上 冬日船移鷁尾杓几回客赴碗頭書晴紅怎么説 丑
稟老爷外边有个長州人氏喚做康宣聞得老爷要尋个書
記特來投充故此稟上 外 喚進來 丑 既得康宣奇老爷喚你
進去 下 生 進 介 老爷叩呈小子長州康宣家貧無頼情愿賣
身為活望不见嫌无生御结 外 呀看他一表非俗何至一貧
如此且把你生質來歷一〻説与我听 生 听啟小子呵
〔駐馬泣〕居住在風月翰壇造物無情命運艰 外 一向所李公事
生 只我痴呆學慣也曾共鉄研同全也曾向金榜踏振争奈雁
塔遠似望天山破奁書冷以無烟炭 今 日 里 呵 東風把疇子吹
酸柳絮將飄兒彈遍 外 如此説來果是个通文識字的了今日
便由你在此書房伏侍公子讀書可好么 生 多謝老爷 外 只
是还有一言須听我道今後呵
〔前腔〕須要逐隊隨班洗硯煎茶護藥欄記取有宵扉旦再休想
玩法欺公恃寵偷閑傍門夜月足牢拴故鄉春梦須低按但得
你耐辛勤不改丹心我矜劬劳何難青眼 生 蒙老爷擡舉敢不

傾心圖報外如此隨我進去寫下文契給你自價便了生身
價不敢領只求老爺青目中意時賞一房好媳婦足矣外這
个容易隨我進來生是背介

【尾】由咱得意由他訕外勞力勞心一例看生誰說膝下黄㩳雀
难隨外下

第十齣 詩誘

【引】小生上借來優孟冠家再入天魔戲場飛霹亦非狂且有神通
变相自念多愁亦何補色魁成寐鴛秋雨軋坤落〻少知心胭
脂隊里尋師去小生枧允明自從計賺妖巫撚指匝月只为
心怀淑女寤寐不忘想首有天傳心無他近几日子畏見又
不知何处去了蓮花唱和之人匝〻計無所出昨晚门首見
个賣查梨不厮好生能健遂取白艮數星与他賃下這付行
立又傳心授又習熟了这几句查梨賦如今待我扮此脚色
再去挑動打前日他家老娘曾說小姐素善拈作因此又于
書斯诗数篇携去見机而作这里行來已出蕃门贼小不免
就此改换衣粧一声〻喊上前去賣查梨吓〻〻妙吓儘得
緊喊下淨隨上

【引】昨宵春夢荒唐曉依稀未忘擱當待書將破題兒劈頭羞躲
小雨調酥半簾香艷和烟舞晴風穿深户底事眉頭聚淨唱
好春光漸〻西雅佳傷心处烟波簾雨西过声〻㩳上乳母
自從前朝探勝似堂猿前給二弓瞬息人间又是兩月了淨
小姐你千不說万不說動不動便提起那林个乞弓兒怎么

上乳母你不知道當初大曆中賣一女子姿色平常索價至
數十万人以其價值太高其人云此女诵得白楽天長恨歌
一篇安可他比前日二弓所習皆你枧京兆所作決其品格
无非長于貧賤者乳母你可也無性奴家財常道及

【二郎神】非〻想試神睛怎把英雄翫噼他上品蓮花非巷唱千
钱買狀少甚么曲江頭子弟詩狂這几日呵流水浅紅人绝响
誰說个春心無恙唉天那我待不思量惜惺〻教人怎不思量
小内喊淨呀遠〻声喚不知賣什么東西的小姐同到门首
熊一熊去上这也使得小上

【鶯啼序】蹙眉抹殺浩氣藏為風流楼得人慌賣查梨吓只那柳
夢梅不賣查梨偏俺王明秀能唱新腔淨九來是个賣查梨的
小姐叫他过來多少買些嘗〻上但憑你淨賣查梨的过來
我家小姐要買哩小多謝小姐買花钱輕施半股這好滋味
不賒明讓淨喚个〻面孔相熟得及数在那里見过來的小我
從從有到此那相熟來嗎〻你休界議應錯記前渡刘郎纸
幌淨这也罢了这查梨有何好处且细〻說來小呀听着我才
為尾市恰出梨贼退指轉过翠红鄉四頭便入鶯花寨酒記
得京城古今老郎傳流这查梨是道地救來家園梨瓻名花
四季採來春夏秋冬藥料几賦按就君臣佐使阴阳水朝〻
添換文武火夜〻熬熟煉成一味雪梨膏送与四方遊冶子
非誇大口教賣底為大厦高堂绡倖的郎君子弟绣闺绣阁
風流的美女佳人假若是怨女曠夫買來吃了成双作对縱

然他書郎很妓但害着助善添欢嚼一片百病多安吃几条
諸宍不犯真正是宝刀输烈士红粉贈佳人且説三分话休
拋一片心 净 説得有趣等妙与他三分艮子賣些与我 小 有
包与净个 小 姐奉讓着哩下次撥成我 城 下 净 口角流涎待
我少害一条兒 廝 包 个 呀罪过字紙拿来包裹里 占 住着這
字兒凡吃飛舞大有筆意待我看来 冬 个 吞風吹骨軟子錦
病沈愁滿無有杈較保量红花債覓㔮濃酌淡斟因缘三更
坐月蝉妃覓十日看花蝶使嬿短帽鞋衫休提累東河貓遍
柳枝烟京兆枕允明書呀你看清心婉葩寫作俱工此乃希
世之珍缘何却入村郎之手好費人猜疑也
〔咏木兒〕花溅臙煤射香涌出金聲擲地响不當他人愛人憐你
訴伊情短情長 我 想 祝 京 兆 名 家 美 貓 字 跡 罕 由 肩 販 庸 流 何
從得此其中定有元故金匪石室應珍藏銀鈎玉筆誰相饋
乳母与我無他轉来问個詳细来无蘭亭全是議 净 吥 賣 傳 默
的 精 来 小 上 来 了 我 元 説 小 姐 常 了 碑 豆 无 竟 还 要 解 悦 哩
占 我 且 问 你 方 才 这 幅 字 紙 是 何 处 得 来 的 小 是 祝 枝 山 送
与 我 的 占 又 未 掉 説 京 兆 名 家 華 美 字 跡 罕 傳 那 得 有 此 真
蹟 輕 易 送 你 小 不 瞞 小 姐 説 念 小 子 幼 时 呵
〔簇御林〕也曾去搜奇佩錦囊 旨 与 京 兆 呵 交缺小蕩金蘭置来
竹奈小子不思上達流入卑微反生涯飲抹盡斯文様 占 我也
不 问 你 出 身 只 説 此 書 因 何 卻 得 小 他 因 我 質 當 时 有 書 相
贈龍蛇几行烟雲滿腔彼仙肩債遥室長 占 如 今 还 有 在 家

么 小 不 敢 欺 現 今 自 伴 还 学 他 一 奉 全 集 在 此 好文章這西
来慧業恐何萬山藏 占 如 此 見 借 一 觀 小 在 此 請 看 占 个 妙 吥
〔滴滴子〕呼傀儡〻〻胞中月朗行妖魔〻〻筆夫風响 摔 誦 多
时 手 恐 什 小 廝 奴 家 奉 演 求 買 可 使 得 么 小 京 兆 为 付 此 集
當 得 室 債 小 子 婚 姻 大 事 全 賴 于 此 小 姐 果 然 價 買 非 百 金
不 可 占 百 金 之 價 非 高 但 女 流 無 從 措 办 奴 有 金 釧 一 付 元
係 田 日 所 遺 珍 藏 已 久 價 值 相 當 今 以 相 易 何 如 小 小 姐 如
此 惜 愛 情 意 感 價 相 易 換鵝學个右軍酸樣你蛾眉識見真
我的婚姻有望 占 如 此 甚 感 乳 母 快 去 篋 中 取 我 金 釧 来 净 小
姐 你 好 痴 将 这 宝 物 換 此 破 書 何 用 占 不 要 你 管 快 去 取 来
净 小 姐 不 要 快 悔 從今後閑却奁誰伴奴〻翠鎗 下 占 小
廝 你 今 後 得 他 手 書 一 發 取 来 小 自 然 净 上 小 姐 金 釧 在 此
吷 造 化 了 你 小 多 谢 撥 成 改 日 再 来 酬 造 知 己 欲 诗 问 会 家
吟 下 占 乳 母 進 去 罷 旦 老 丑 扮 使 女 上
〔水红花〕逅逞吴山入望叢人家雲裡藏村童指点杏花庄 有 人
么 净 是 那 个 老 老 身 是 京 中 盧 老 爷 差 来 的 老 爷 欽 差 淮 揚
巡 鹽 来 接 小 姐 到 揚 州 任 所 相 会 一 路 问 来 才 得 到 此 净 有
家 書 么 老 有 在 此 陞雲韋千金鞞勞 净 接 書 小 姐 门 外 有 几
个 女 伴 丑 説 是 京 中 盧 老 爷 欽 任 陞 淮 揚 监 院 来 接 小 姐 到
揚 州 任 所 相 会 現 有 家 書 在 此 占 折 看 可 喜 〻 〻 果 然 是 我
母 田 秉 筆 説 差 女 使 到 此 喚 他 進 来 净 吥 曉 得 小 姐 喚 你 每
進 去 丑 在 進 小 姐 女 使 每 叩 見 占 起 来 老 爷 一 向 安 况 好 么

老好的使星昨夜映維楊海砂青日根平安紅榜為念謝庭
柳絮好句未全忘因此運舟一办速北央也羅 占恍如此收拾
蒙案明日起身实房几间封锁在此便了 全
【尾】今宵破壁殘灯見明日村花岸柳催行舫打迭起一夢惺懷
赴渭陽
春風十里赴官艖 南北山頭多晚霞
休恋故鄉生意好 受恩深處便為家
老 老日紅上何候下 净 小姐進去罢 全下

第十一齣 闹宝

【点絳唇】外上 山擁金鏊波翻鴨綠衣冠偉様〻威儀一様排蜂
蟻 像大長江扇大天柳撥竒酒㐂為趋莫言季府無官制一様
人將礼樂先寡人高丽国〻王是也承箕子之旧勲拓新疆
之鼓道波翻沙影紫宮名王者之门鸟映天边白野聚人君
之亂斯生得一个宫主名唤菊花刚英雄寡匹俊秀無双领
甲猫身影搖千尺龍蛇动花亂眼目声撼半天風雨寒不怀
方马之能兼善丈墨之胜向日在康居宫中製成八龙扇一
柄極尽人工参妇天巧舒展处雲霓迭見拂拭时光焰交腾
真个是滚岫增辉隣邦借潤昨日会同值本真腊诸国將異
闹宝大会分清東西南北万岛千邦各持宝玩前来闹胜者
併歸众宝負者降作附庸寡人素推首邦叨为盟主因此就
在本国瑞光展中設下筵席叫俺公主就在展後垂簾仰規
到下天色已明各王將到分付宫娥每放下簾兒伏侍公主

上展观看各国〻王闹宝者 内应 呀道就来了鑽韁有声想
各国〻王到也 小生扮中箓项黑鼻五彩衣植本王上
【红衲袄】俺這裡鎮寰宫月半規 净扮獅蒸異鉄服黑梓柱簪国王
俺這裡眺神州烟風凄 旦扮髮雉羽妝君会花轻子女粲国王上
俺這裡伴嫦娥甘守雄 付红面赤髩红僮主青单红衣国王上
俺這裡海市蜃楼别有乾坤也 丑五色单长须直冠八卦衣不丸国王
俺這裡不是遊行不翅飛 各通名見介 外 龙遊矯〻草木含輝
小 凤诏煌〻江山增曙 外 罗香宝光闹胜 末 怀一物以献奇
啟上狼主来南北万岛千方俱已有赴只有中岛鸡林国王
未到 外 想他無宝故尔怀羞未至彼既甘心受罚俺每又何
必深求就请列位郎主登筵闹宝便了 众 说得有理俺每国
〻坐着 坐介 外 神光擁展名曰瑞光九天下宝玩入此展中
即有奇花發现列位郎主各出宝物一仝闹比以光照者为
胜〻者即將众宝併歸与之不得再生異议 小 有宝〻俺植
本出的是五福珠 众 此珠有何可宝 小 此珠呵老蚌千年吐
宝鮫人泪古様奇五色祥雲光焰佩之五福俱来 众 好宝也
好光也 净 俺柱筝国出的是吉庆圈 众 此圈有何可宝 净 此
圈呵無極而生太極有名却是無名不用人工点染佩之吉
庆骈臻 众 賛介 旦 俺女粲国出的是万岁枣 众 此枣有何可
宝 旦 此枣呵三千万一開花三千年一结实收成功熟又三
千食之福寿永無極 众 又賛介 毛 俺真腊国出的是如意果
众 此果有何可宝 丑 此果呵小如拳香如蕙外包天中藏地

不问求利与求名食之事〻皆如意东贊个与使西洋女真
国出的爭聚宝鏡东此鏡有何可宝与此鏡呵八卦炉中動
煅煉五龙井畔費揩磨一照目穷千里爭藏之万倍利源多
东又贊生俺天竺国出的是長生草东此草有何可宝生此
草呵灵鷲山前布種須弥峯下盤根一苐三根九葉佩之可
享遐齡东贊付俺紅毛国出的是生金獸东此獸有何可宝
付此獸呵小〻身兒不大百二山河無價口中吞鐵成金藏
之當有天下东贊旦俺不死国出的是延壽錦东此錦有何
可宝旦此錦呵状桑葉氷繭、蚕天河織女粧裁葯水中不溫
火不燃服之寿筭〻〻遠东贊外妙哉〻〻你看樣兒掉底
瑞靄冲虎宝藏龍宫料非九过了此本国要有个小〻宝玩
怕不做魚目混珠哩东思借一观外俺高麗国出的是这六
扇东此扇有何可宝外此扇呵驅酷吏来致人六月刪烘五
云生一朝极拂和風延天下文明樂太平东呀你看此扇才
一出光东宝之光使抑而不揚可謂东宝之宗也俺等不卸
敢不佩款称臣指揮惟命外慚愧〻〻〻分付小番每滿〻斟
上打鼓酥与各位郎主盃酔者东众东歌起似情紅衣三说出林国王上
【端正好】我本也間春風亦到棗樹里急忙〻整衣冠逐蹤雲氣
則那樂天老也青蓮醉又輸到唐解元出奇玩世客人鳴林国
王是也洲宝来遅不遠進入瑞光底相見世见付东多礼外
合同有议赔罚無辞貴国猜〻来遅是何緣故敢是為風水
所阻么东

【滚綉毬】借不到石尤風徹夜吹盼不上廣陵濤連天起东如此
為何来遅东来〻半江烟水遅也広遼大家天地东荦滑些
什么宝貝来东並沒有公魔住寸珠並沒有流去七寳衣両
霏〻把郎環洞雲丹〻将羅㚷山迷东雖道真个无宝这李也
沒有你的坐位哩东笑咱那想胡鬚林濺齒啣金觔咱那想御
酒沾唇注玉壘自古道漏好在德不在寳把一句書提外说什
公在德不在宝你看东宝森罗光輝炫目貴国独〻無宝可
不報頻东果然好宝嗅只是一騎通是做宝哩东怎見得东
【倘秀才】從来的琉球瓶歸他使砕損檀香烧使成灰那些个百
千秋不朽奇东执你说来何為至宝东則俺今日到得一種真
宝在此神交三萬里頂礼百千回这宝呵委賓價撑天柱地
出書东笑什这一本破書怎么说是真宝惶愧〻〻东不要
小覷了此書乃中国姑蘇才子唐解元之作
【滚綉毬】一句〻含天地兒神机一字〻展日月江山势把他寫
藏在名山洞府到处有神龍護持討藝在金函石室擁衛着
龍女談妃东可有好処么东聞着呵比麻胡能正啼見着呵似
救生堪療疾捧着呵消灾減罪讀着呵耳聰目慧外这等可貴
俺便遣人往中朝多買些回来也好东人来休猜做連東句
承遠東有瑞的是天上麒麟天上稀东且放下塞光东可知道
光怪離奇东呀奇哉怪哉你看光芒百丈直上霄漢东宝之光
卻又斂印不敢果然是件真宝俺等敢不致事高麗之心转
奉貴国东哈〻如此说来有议在先东宝多应归俺哩东自

然、、外间有宋进考生受了各位郎主也

〔倘秀才〕耻教咱争先魁魅蹶教恁求聲昆天子赤緊的秀得些兒歸海市 請了俺自回国去也 末 俺考奉送一程貴宝到貴国納献 不 請了 俺這風光夠滿袖恁那里羞流上双顴老高麗〻徑今後也索讓國咱一位 旦 持国下 外 呀好羞殺人也好恼杀人也 分付宫女每把珠簾捲起請公主上廡 内 在 旦 果臉白鼻耳环艷粧 走占随上 旦 十時纔美蓉宫衣少隊紅陳香菫朱相尋前貓盧龍扶兒参見父王 外 罢了 旦 父王請息怒父王尊意扶兒尽知自古失之東隅尤可救之桑榆俺堂〻首国寧甘屈節下邦扶兒浰得还有个祝允明不在唐解元之下如今依扶兒愚意一面差个使臣到中朝乞賞不須採繳金良但索二公墨跡一面父王公着通事多帶些金珠宝玩飘过大洋徑到堂明往姑蘇郡中廣覓几个真跡倘然僥倖得遇解元須用计賺他歸国那时再与鸡林国閙勝来為曉也

〔二煞〕俺着你珠玑好光囊去少不得錦綉文章滿載歸須信這粟粒乾坤蟣蠓人物那里討第二个唐寅和他角勝爭奇早趁伊般高揚溢你着我血氣尊親也須教歪跡留題那时節呵好借這文心一点永鎮小王畿 外 扶兒說得有理即日收拾金珠宝貝直抵海门大閙姑蘇便了

〔煞尾〕只因他山中宰相般名貴閙得我海外君臣戲分低口舌即今閑這起面目徑放改換些坦闊春光九十日炒閙寒波三萬里 丑 父王说得是請進宫安宿明日再议便了 合 只看這不斷的文光尚兀自直射罡垣裡 下

第十二齣 巧缘

〔引〕生上 藏名姓覷灘盡男兒血性饑眼饞涎無着頓情痴不是病 我唐寅自在此業缘未尽寄约难期各去秋来轉服半年光景主人見我技能出衆十分另眼相看方才拜客來庄飯中见事持偷个空兒往後園散步一回或者天缘得遇亦未可知正是懨〻病傑痴同或淺〻愁楊恰入秋

〔步〻嬌〕下客雖非文園令亦有消渴病 入洋園來好一派秋景頹垣虫語清見多少紅葉巢樓绿蘚埋徑 呀園中是有笑語之声 元来思鄉燕子作鄉音 那边何人走動呢 又是撩夫馳花影 再到邀绿亭伴閑玩一回 旦上

〔忒〻令〕閑西風柔條有声怯斜陽低樓兒影偏是春歸又接着一園秋景 奴家自送金閨見了那生好生牽繫香光往再彈指过奚每日被老夫人拘留在楼上好不耐煩今日他午睡上、潤回此细个空兒往後花園上散悶一回 便做道不逢時不知情不解事早难道連愁字也不省 邀绿亭畔海棠盛開且賞玩一回去 下 生上

〔尹令〕蘇主前嚴痕偏剩俏侍兒鞋尖偏香只我悍蒼頹脚跡偏劲 呀你主秋容滿目人面杳然陰〻的敢有个女伴来了不免闪在亭角边偷眼看他吓

〔品令〕蛩声鳥声揔是斷腸声歲令月令併作消魂令 唉我秋香

常歎到園中走々尚不能个知道今世今生可有个出豆日子
輕虩重灘自問如何命風酸月冷拚做个樹豆紅一年虛景你
看亭边海棠蕓綠蟆々不免折下一枝聊供清玩自不精神
故善紅粧睡未醒 折花介 生上
〔豆蔻薫〕我空窺柳眼不帶花星冷清々歷遍園亭竟無覓不愁
之境 惝恍々々細看來可々的恰是那人廚子思你這番有些
恍惚也看他慕人親近要人可憐 我歎將沖拚过去只怕驚
了他不免悄々悄到他身後去須不是桃根柳葉々我和你
露泣標纓一樣的愛好天生 旦々採花只甚小子代旁何如 旦
〔玉交枝〕喛哥々尊姓鰲生々姐々亂稱 生 小子廚 旦 廚什么 生
小子廚西人名喚廚宝奋閑針技在老夲门下承俵書廚的
旦 以允未就是廚宝怎生面善得緊三生一面非薄倖也落
藏䕶齋名 生 填笑介 百里相攻今日恍俤得遇不知允緣 旦 姐
々可憐 旦 背介 看他虛文幇襯足十分七分是喜三分恨 旦
任我看作人物風流本止閑雅不像个下流之輩何与自居
身如此論只有奴身可輕怎君身比奴又輕 生 姐々此言謬
矣当日於仲子驕奢士而灌園居山歪人既究人以饥御苟
非其時壺賢尚且低眉若論小子非下流人物那青衣紅影
之中也不該有姐々这歎才說了
〔月上海棠〕屈未伸平生陽面稱全病我這行跡尔々可也消得
鄉々小子未募役朔廣也頗解憐香惜玉姐々果肯見憐得諧
伉儷豈无望他世之風流料不做終身䑨鱗任公家呼蹴終

身恰成就我文人無行 姐 我凄涼恨一樣的心火燃空可
也宵寒不冷 旦 聆君此言似嗟空淨只是你我共赳早微自不
自主有甚婚姻可卜媒妁可通郎君不遣荊菲歲々花前一
晤足矣伉儷二字今生不必提起罷 生 小子还要动问姐々
也竟是何名字在那一方狀作 旦 婢學夫人真伴秋香小字
非親命 生 可常到園中否 旦 最是窺園有禁 付 內 廚宝那里 旦
快那壁廂公子來了快回去罷眉眼叮嚀費多少来回顧影
急下 付上
〔川撥棹〕我真騃類上大人記得清廚宝你原來在这里过本或
付与諉你來此三月有余並不曾使動着你今番有一件事
你須要小心出力 生 公子有何使喚 付 我要覓一个吟詩作
賦的你可晚得么 生 要他做甚 付 我昨日席上遇着一个朋
友拿个春夏秋冬四景索人題咏我便分得春閨一時病發
不曾做得因此与你商议你可与我賣些礼物與人做去買
長不惜千金々學沽名那怕時人眼明 生 既如此不是廚宝誇
口教賦詩詞畧知一二 付 胡說你若會做怎肯到我家為奴
生 公子不信請嘗試之 付 就依你說做來我看 生 这个容易
亭中現有筆硯在此 寫介 我大身軀債已輕撇几顆小珍珠
何足云 完了 付 念介 呀可恨奋允今年伸羊閨中冷落如何好
因他一去不帰来愁时只是吟芳十歪尔奴婚隨行隨到其
间况余知道尋花趁蝶好允阴何須步々回頭笑石奋閨一
闌调寄踏莎行喚到馮得有整快还做得久遍哩旦待我送

将出去看他每怎么说还有一件切不可对老爷说知下生
恰好又遇着公子机会甚妙我少不得就在公子身上安排
个一条好计策来只是可恨方才丑郎不曾求他一言发付
北冲散了付上康宣过来方才即有闲词拿将出去外厢人
死不称赞这多是你的功劳了我如今一刻也少你不得哩
为你背地里结为兄弟同胞一般相待可好么生小人怎敢
当得起付你不要太谦我竟叫你为兄便了生请起付只是
一说方才我家老亡儿疑我倩人做的明日要锁禁一室
出题面试这却怎么说生不妨他不疑着我来依旧是我
做了送与公子誊真却不是好付若得如此感恩非浅生好
说付如今在人面前主仆相称背后我与你哥〻你叫我兄
弟便了生多谢抬举付爷〻现在堂上我且出去哥〻随后
便来胸衣死须物家余荣斛珠奇〻生见爷付父下生公子
如此抬举机会已有七分了天色已晚且回书馆另日偷闲
再来访候就痴死在华府也说不消了

【尾】双心两耳亲盟证只今夜怎生目瞑他方才说名唤秋香也
罢秋香〻〻只把你小字狂呼到五更

冷暖酸甜一片心　心中别自有知音
东边日出西边雨　道是无情却有晴

第十三齣　诉情

【懒画眉】末上软风甜雨养花天展蓝泥敲单色全自家沈周只
为家近澄湖乡试远隔良朋契阔胜景蹉跎昨承去妙观中
相想云道长托我做一篇募缘小引见贻花酿数瓶不敢自
享因此入城走遭奉邀知己痛饮牢醒花仙醉圣有前缘更
愿生〻世〻念花花世〻住〻住酒泉下小生上

【前腔】碧鸡坊里海棠颠小试英雄血性狂前日斋费查禁打劫
千金闺秀只因心爱文墨不惜金钏相赠唤小姐〻你既
能妙解怜才我怎不为卿惜件只得仍前改变再去访他寻
荷氅鹔风时递只是查梨卖尽愁难遣拚背我一辆芒鞋兜底
穿来此已是美人门首呀为何凄〻凉〻双扉紧闭好奇怪借
问一声何小姐为何闭门在此日前日有一班女使扶往杨
州任上去了小呀凡的不闻末小生也下上前面什么人在
那里倚门而哭上前看来小哭

【山坡里羊】冷落桃花人面风前噢气香尤恋我那
小姐何恩怨蛇飞归天上天可惜我又未逢君早几日何
便不敢狂呼姐〻诗为饿少不得也低唤卿〻泪作缘今日里何
香夜〻燃哀怜被日〻煎末好是支山儿为何作此伎俩

【皂罗袍】仿佛金兰仙眷怎把丈夫金泪滴〻轻弹小呀未的好
似沈石田兄识下避他去罢急下末分明是枝山兄他去避
我却去不免作速赶上不妨全上焰摩天看神龙首须全现
赶下小急上末田呀枝山兄〻小狸笔分付我是卖查梨的
不是什么枝山兄你们末上扶起各笑介末我说是枝山兄
为何作此伎俩奇绝〻看你儒妆顿改啼痕宛愁小掩面
洋科末我晓得你道心无恙神睛有权因此查梨得价文章

既小醜態早露怎敢相瞞其實他家与小弟呵
〔三醒犯〕他貫相思已趕立務我買相思方擬輸前梅花十里幸
情傑情不斷命須拚因此假衣冠不惜身軀既真面目椎將名
姓遷不相自已來邀小姐先捨我命去棄捐這斷頭紅何處鳴
冤末原來為此枝山兄〻你真天下有情人也小弟畧知此女
踪跡指引兄的去路何如小如此就是再生父母了末那何
小姐与新任當台呵
〔玉胞肚〕渭陽姻眷小當台是誰末問其人美而且琴小如此宜
娶如山閑門似海小弟近日痴心念頭只索罷休末說那里話
論音傳只可無情既有情可徒然兄既有心屬意使可速〻進
去素見當公弟當隨至执柯英雄路上大專權我在兒女場
中小結緣小如此小弟就去生下末且莫慌小弟今日專為去
妙硯傾禮云道長求作募緣小引見送花釀數瓶不敢自專
正欲入城奉邀我兄与文唐二位仝來角父不想恰于此処
得遇焉有空过之理小兄还不知文兄拳刻停云館帖闲闲
謝客唐兄几月以來踪跡更踈只有小弟不速之客我兄數
之修言末這等全至荒席及人对酌便了小好馬枝頭六朋
友末落花水面皆文章此间已是小廟看酒來小酒慢些喫這案
上又是什么新製末請看小卻是一个手卷元來是个村童
放鵝圖末偶為僉文所苦不过數金之惠使安寫成仝幅小
弟那得閒煩敝我画这一个放鵝村童將來一直引去早
已全幅俱完了小名不虚傳好个洸痴且住方才說的募緣
小引併借一观末在此小呀妙哉〻〻小弟这段姻缘却在
这本缘簿上末怎見得小阿呀石田兄你那里知道小弟作用
〔皂角兒犯〕我這叩千門蒼書半篇抵多少扶群鴉黃庭一卷若
得他悟芳因廣種福田不枉我賠良緣弘開誓愿此去整新冠
披鶴氅念天尊把風流三教送頭涵末如此作用真个匪夷所
思至于道骨一交誰識破寒儒面小
〔尾〕依稀天遠心還遠意馬來朝快着鞭可知我二人呵絕世才
情只一顛末請進書斋痛飲一回兄明早先行弟即隨往仰大
使了

買得風流歸未休　江河浪跡一沙鷗
今宵有酒今宵醉　明日無錢明日愁

第十四齣　衙会

〔出隊子〕外生東天与老上合故鄉休問芳草萋〻迢遠人侍持蓮印〻芳津
又被香車輾作塵痕踪無當誰識兒家閉門老已到衙門中天
外廟領賞外生左下老小姐請進私衙相見罢与先進去逅
根一声老既得下即上東过老爷了就請小姐進去進个
〔哭相思〕净使服旦隨子上靈鵲報〻傳遠信眼前事堪憑准場女在那里
与母田田在那里合十載離情拚訴盡些兒不盡人方寸与母
田請上容場女拜見净不消了与拜净起來懷昔相会之时
尚在齠齡之年今日閨秀美〻宜家指日可待矣只不知一
向起居安否与母田所業念場女呵
〔宜春令〕寒扉掩古塞隣弔椿萱梨花事云珍珠賣尽鏡中顏羞

閭還羞謎净伺与何人合伴占乳母楊氏相依朝暮虧他竹陪
辛苦裸脚針稍耐荒涼秋容眷信自古道見田如見娘今日呵
你鈇面稜稜全符桃腮活印甥女不敢動問田田近來宜况若
何净
〔前腔〕我桑榆景勞苦身脫烏紗依然赤貧一官鴉肋悤忙中道
弔送青山隱占添有几位兄妹否净念老夫待句無人只牟你
牟母氏儀容有華古云外甥不出舅家门今日呵可知一種苗
條終是我舅家分本旦住我一时想起当初你父母在日曾将
金釵一付相遺你母表十分亲爱如今还在么占不要说起
此釵珍藏已久春初一旦被盗
〔三學士〕居子偶從渠上隱净藏在箧中何由被盗占由来磨勒
通神净这不妨待我行文蘇属差人追捕还你占此现已失去
追捕何益謾説回車金在全無信背須知羽化銀盃別有因
净这也罢了但甥女標梅及时夭乖未咏未是屋婷終吉如
今晚在终南那择配一事未免要费我一片苦心簇簇鳳烈
袍帶穗毬門彩便打一輪内傳報旦上東上老爷外面傳報有
蘇松撈院差官稟見净老姬伏侍小姐進房去老晚得占十
里雲烟怀茂苑一舡風月上楊州合老下净傳报行堂且傳
外小上閙门生上差官告進蘇松撈院承差叩主净来此何
幹生奉本院老爷之命为有高丽使臣入朝乞賞不需標假
金良只要蘇州唐観二生真跡屋上准其所請降旨礼聘奈
二位相公一时公出未便覆旨那觀相公家里説正要渡江
来見老爷了以此本院老爷移会前来求老爷用心延訪以
慰圣望現有抄白圣諭在此呈上老爷鈞覽净念皇帝手勅
姑蘇才子唐寅祝允明學富天人名傾朝野茲因高丽使臣
前来乞賞欲得二生真蹟為此特仰蘇松監察御史好生敦
請諭知朕意仍支庫銀一千兩潤筆多藏字跡星夜解京以
慰伦賞二生有司以礼相待違者抗旨論罪欽哉欽此知道
了你去多多拜上老爷本院用心延訪便了生下净左右
与我唤两名書办过来作速行文府州縣挨訪二生毋致怠
慢取罷就此掩门退堂下左下

第十五齣　罥婚

付上座上泥神動上人訣訣泥玉衣烧艮到至万像終成假
世事何劳苦認真自家熊恒自從姑蘇出城滑处逃方投我
天倫大名各处煽惑有財理称唐伯虎有时冒認祝枝山假
画扇書畫文患出却也被我騙过若干財物如今更加胆大
了一不做二不休闻得高丽国王苦戴金珠廣覓二公真跡
我特他假扮唐解元模樣并帶書画數種来到海门若得哄
動高丽王敬国之篇可望美計較已定竟自放心行事去俻闻
西河吃西子何如鄞素李王軒下外上小末老净小旦随上
〔醉太平〕輕舸半葉巨浪千叠朝東眼界趁啤嘛更好風輕借龍
荒萬里剛鴻公倍公寓蕃國天邊框只為他出奇玩世画駿徠
又費咱周折客人高丽国王因慕上国才華欲与鳴林国闹勝
遂听公主之计前来大闹中原已經一面遣使奉表乞賞去

丁寡人滿載金珠捜求唐妃二生真跡并帯公主前来賜仰
上方邊海而南已到瀛州地界已有招帖四布少不得自有
圖利之客求售而来叫小番趂此風恬浪静水瀾天高為我
整卸風帆暫停云棹向海门深処棊寶眺遠酒楽一回多少
是好 末右个合

【普天楽】湿胭脂雲中射碎琉璃盃中潟翔孤鶴帆影明滅吼妖
鼍鼓吹更迭呀想龍宮不夜英雄風氣奢須信這尺水盃泥淘
畫千古人物 下丑引旦末上

【朝天子】佩璘蛾小月罵真人侍輦到中原別有乾坤接天野石
滿珊氷梯半截大丹青周不尽人工寫 末開中国有个人財多
不想從今日浪静風恬好一派澄徹也水色呵削芙蓉莫耶
水声呵响輕雷小車萬疊 水紋呵蹙秋雲衣褶這的是聖人
生波臣悦 下付上生旗舡上

【普天楽】浪花生明如雪眼花飛紛手蝶營私利學弄鴆舌快私
心試探鼓寔 外末合上 荊面来看何人 付小生姑蘇唐寅将来
叅見郎主 外吓元来是文星下降哩叫小番放開舵口請解
元登舟 付進 郎主請上容小生叅見 外請起久聞解元情
孝多才古今無対尊請上坐寡人側席聴教 付不敢告坐了
外請問解元何事光降 付蘋菲庸才謬承郎主珍愛因此齎
將旧作数種奉献駕前家中还有新製的詩文新寫的画書
斗車也扛不動郎主出得價錢把兩廚送来看看 外吓这就
是解元手跡妙得緊只是今日这番賜过你来得去不得了

付為何 外寡人名無垂頽重賢才平日何得解元片紙隻
字尚奉為鎮国之寶今日解元竟到怎麽把侍卑之弄也寡
人有一愛女名曰菊花刚強而美多才足配君子倫不嫌亂
奥忽托終身双双泛海国遨遊万万隣邦拱服可不是个絶世
風流者今豪興公

【朝天子】撒醱風標捨長裾半褶俏前軀偎得快腥粘龍你横行
中夏又横行外朝覓乱聲獨霸状餘業 付这个使不得 外吠解
元不来由得你既到此由不得你了叫小番快与我押起小
姐过来傳知公主不曾解元從不從趂此吉日便要成親里
付背 牡丹花下死做鬼也風流这是他来求我又不是我去
求他凑口饅豆落得將錯就錯從了他罷 轉介 郎主情似安
丈小生人非木石只得從命了 外妙吓成親之後就要随俺
帰国哩 付悲随郎主帰国 外这使才是俺家公主呵是夫家
坪妻是蜚家從傑番貼是我家知音佳客々々不枉我踏銀濤
朝金闕々々 内公主到了 丑末上

【普天楽】蔡文姬胡笳咽漢明妃琵琶裂他両个遥姿容出嫁荒
堞恁却賣文章入贊仙闕 合前 拝見叅見父王 外起来拝見父
王已与你覓得一个状佯在此你可知道么 旦方才小番们
也是这等说只不知何等人物配得过孩児否 外人间少对
天上无双他就是唐解元 旦吓就是唐解元妙哉々々天上
神仙也肯配凡胎好酒興也

【朝天子】放眉稍笑微拍心頭叫絶急流中泼一道安心帖九央

娖对把珊瑚金醉揭恬書生請否云云訣 外 这寺遥事们好生賢
礼交拜天地成亲者 末唱交拜 桂他浑个合 把双眉巧設把
同心永結欢悦女媧王補就相思天闕闕只這話春宮在迷
樓借借 外叫小番把打鞅鞅满斟献上解元就此掛起風帆
送回本国便了 末应行从介合
〔普天樂〕水拋球混日月酒傾霞當春頰鳴驛捽鷺起龍蛇趁回
風界破冰壺 合前下

第十六齣 遥偶

〔引〕生上 銅雀鎖嬋娟天台悞劉阮自知破從几多献怕故懸澤
雄遣 小生只為孳偵常繫在此隱忍受春花前一面思慨愈深
这几日幸以筆墨之勞致公子心腹之待机緣甚巧事有可
圖今日候他出来不免生个计較打動一番倘我說不成此
姓非乎呀遥犹未了公子早到園中来了 付上 但求飽飯供
横枕未許餘灯照讀書呀好奇怪奇奇 建日若不是代筆書
不然笑耽朋如此大功将何補报 生大馬微勞未戝左走公
子怎说補报二字只是我心上有一件事 付有話只说不妨
敢言又止 生如此听禀念小人呵
〔八聲甘州〕柳輕花濺閙潘郎双鬢消得几个芳年那更天鵝美
味日日饑涎空咽為此急欵禀过老爷將家弄个配偶阮家人
種不可損可知道發改施仁也驟欣先 付你要实要回去这个
使不得 生小人实公子厚恩实是难捨只是年華漸長什出
無奈當連不如歸又听杜鵑 付呀你要娶个阿嫂這有何难
我家使用个丫鬟不計其數
〔前腔〕一個垂鬟天宮命蹇正枕雲殢雨望幸年年 今日呵 憑你
去明挑暗選破工夫將色眼磨穿 还有一件我家这些丫头閨
防嚴謹多是黃花女兒哩守宮册印一捏鮮交付你鮫鮹帕
上 生背介 这却好了还不知得遇那人否 付你如今不要想着
回去 當連不如歸休听杜鵑 生謹依尊命 付这些我去分付
丫鬟一个个打扮了到后花園中来 同下 老旦二介扮杜白二女上
宋居此夜根花知能付能红藏可宜父眼相看似擬家各倩
怯乱宣能持 付你每暫退 丑下 付这兩个如何 生
〔解三醒〕這一個旋朝霞胭脂成片那一个欺春雪鉛粉天然各
逞着風流臉红灼灼白娟娟 付这红的如何 生 怎比得梅花点額
欺香玉 付白的呢 生 怎比得獺髓留痕似渥丹真堪厭由他去
張红櫻白樊素目法 二介扮長姓二女上 遲遲日影照来墻花
落花閒蔬院香自是闲情收不住花間暑衬风九尺蜂 前下
付这几个可好么 生
〔前腔〕這一個尺五新蒲抽嫩葉那一个丈二遊絲颺遠天身村
各自誇姣倩長透項短齊眉 付短的可好么 生 堪為海鵝喉中
婦 付長的呢 生 合作防風帳下娟真堪賤由他去樓層相盼高
閣選板 二介扮肥瘦二女上 留他猖臨水生秋波语輕蟬不耐
愁開去中庭數花落逢人伴整玉搔頭 从前下 生 你看真个
愈出愈奇也
〔針線箱〕這个餌參苓萬山遊遍那一个謝炯大楚宮独擅骨妃

倩付那瘦的倬有手敎生錦幕羞將阿麗牽真堪眠由他去媚
褚相對飛燕茵仙付背呀一个也看不入眼怎么处咻有了丑
付想到想得一个人兒在此只怕你沒福消受还有一个叱
子名喚秋香真个似春絕世文墨精通只是喚他不出來的
我先領你看看若是中意就与你生只怕老爷夫人不肯付
這个都在我身上生这等就去走介

前腔穿花徑碧雲茵鮮閣蘭房香氣打旋付那粧樓上剩綉的
就是他了生風閑柳花危樓見齊合掌頂礼金仙末扮就是
那人只他鄭玄小婢閒中欠薛氏青衣記室專真堪羡博一
個鏡兒明瞻熱孫似紅標和聯公子若肯作主休道是今生使
是未世皆多人出根効付不难在我々內做作生呀夫人出
來了小人書房中去也下老上那个在房前走動付是你令
郎公子老你書到不讀闖進房中怎么付母親孩兒無事也
不敢進來要与母親借件東西老你要什么付遠不遠千里
近只在目前我家秋香這个丫鬟又閑在這里孩兒要借
來用々老唗畜生小々年紀就想引誘了丫頭好沒廉恥付母
亲休惱不是孩兒要他只為我家新來的康宣這个人甚是
小心能事如今他要回去娶妻究家孩兒不肯放肯已將秋
香許配将來与母親討个方便老到个呢子罷了若說這秋
香決使不得付真个使不得呀康宣去了孩兒沒人代筆了
搓是一死到不如今日撞死在母親跟前罷倒地滚付老我
兒起來是長是短且再商量付商量什么依了孩兒明日十
五是个團圓之夜趁个爺々在鄉未回你便做主与他兩个
成了婚罷老也罷就依了你快起來付起

未信春風一二回　洛陽才子更須媒
夫妻雖是青衣輩　也向蟠桃會裡來

第十七齣　触怒

丑上賠間鱉來化兕苐頭上奇攢孔雀毛前世多应曾飲蚍
今朝討債把鷸攜自家塩院衙門一个皂頭便是奉老爷之
命說有蘇州祝相公在此揚州公事着我用心尋訪偌大一
个所在叫我一时那里去尋老爷道我不幹事只當甚嫖會
我責了十五板今日門上輸我把守只得叫夥計又去巡諍
自家只在門上小心伺候者小道粧上

浪淘沙認得祝郎公道學名家异言异服恁奢遮放胆文章隨
意寫閑畫心花小生一種痴情三番巧扮不憚驅馳千里由他
嘲笑多人未到維揚已是盧公衙门了且喜门上有个皂隸
在此不免央他進稟大胆謁見去大奇々丑什么人小小道
從姑蘇來要見你老爷相煩通報丑到此何幹小特來勾疏
丑勾疏々々不要謊差了主顧我家老爷最恨的是九流術
士僧道化緣若說勾疏半夜里挽紅横縴小不妨有你家老
爷写下才敢來的大奇只當通報便了丑呸担这樣干係習
你通報快走你娘的路小你真个不肯那邊有人來了丑回
旦小拾磚打敺內吹唱丑好大胆的賊道这樣恧取笑少不
得你也是个死我也是个死小不妨取笑惯的丑什么人擊

皷分付帶進去老爷升堂了 老旦小軍吉末中軍引淨上
【引】搁浪翻濤十萬家貪心煮尽海中沙 外進什么人擊鼓帶那
守门兒跟过来 末帶丑進 淨 嗏你这狗才怎着你小心把守
怎么容人擊鼓跟门急玩可知拿下去打 丑 阿呀老爷吓是
一个疯道人要间老爷说话因小人不肯通报裝在地下捨
娩饽兒哄騙小人轉眼撲通丶打中了板令帶 淨 什么板令
帶 丑 板令帶是皷了 淨 嗏狗才你所當何事 丑 那賊盗口丶
声丶说是老爷亲筆寫下才敢来的他自己大胆驚动了老
爷与小人無干 淨 这等饒打帶那道士進來 丑 看帶小進 小
公相禀見 淨 嗏你好潑賊才本院風憲衙门你敢大胆擊皷
况本院到任未久妄称約號明丶是撞太歲的光棍了 小 公
相在上號是寫过却不是公相手筆 淨 是誰寫的 小 小道頗
熟云係蘇州玄妙觀因本觀大殿傾圯募緣将新蒙令甥女
何小姐呵
【桂枝香】道心奇姹仙家緣兜搭 淨 我家小姐怎么就捨你 小 感
念我愿力非凡打動他慈悲一下 末當参心尚未慨施因公相
孫未任所丶以小道不憚千里驅馳来求善捨望公祖成人
之美丶丶 但念小姐呵寶珠親解保佑他鳳鸞全跨 有緣簿在
此求公相青目多是大家方便 小道呵雖則寸長未敢蒐諸
子但比枝山不甚差 淨 看 介 信官文徵明助銀五十兩唐伯虎
助銀三十兩沈石田助銀三十兩祝枝山助銀二十兩信女
何韵仙助銀二十兩吓是小姐寫下的么我也未知真假中
軍与我傳進去問小姐可是親筆 末 老下 即上 禀老爷小姐
傳说並未参心 淨 吓小人行險一至于此左右揣下去打 末
扯小審出釧个 淨 什么東西取上来看 末 禀老爷是一付金
釧 淨 好奸賊细看此釧是我家故物向係小姐处被盗日今
正在追捕这奸賊今日自来投死豈非兒使神差么中軍將
这金釧傳進私衙内送还小姐待本院细丶拷问这廝 小 上
告公相一說堂丶 雖道天下有这様一个奸賊此釧原係祝
枝山相公喜捨並非窃取公相只去细問小姐因何在祝枝
山处就明白了 淨 嗏还要強辨么
【前腔】孫徒無籍撲隣窃舍 小 也是斯文一脉 淨 這斯文賊行偏
多 小 色公道本之流 淨 但道學惡心忒熱今日个真賍現獲丶丶
闖乎風化幾之枕下 左右揣下去打 生 左 小 小道頗有文名不
堪受責情愿賦詩贖罪 淨 吓你要賦詩贖罪麼本院就考你 小
一考可把堦下石片為題詩成免責不然活丶的敲死你 小
吓有了一拳頑石倚雲眠頑角峥嵘似儼然莫薛作毛圃雨
長藤爭穿鼻任風常往笄不食溪边草何日能耕隴上田 性
糸教重鞭不起笛声空弄夕陽天 淨 到也亏他 背介 他說与
祝枝山交好有个道理在此 轉介 詩多好但恶行难免板子
饒了枷号示衆且待唐祝二生来到討饒放你 末 左 介 合 累
非
佳可道非常道出家又帶枷 末 帶小下 淨 就此掩门 衆 堂 衆下

第十八齣 逼趍

【引】老旦小旦外全上 蓬萊正殿壓金鰲 付 上 優孟衣冠做叔敖 丑 上 吹撤

鳳凰銜合別有君臣家教合見介外賀俗多蒙你不厘天才恩
諧九偶自埽哉閨中不覺又是深秋了前日与諸邻閨宮不
甘丧氣鴆林閨已曽差小番邀他去了待他到来領你不妨
少辰才華一别愁他諱〻仰慕付這个且後外公付小番鴆
林閨王到時疾忙通报老旦右介生淨小旦貼末上
【引】文星昨夜墮重霄萬國驚呼罷早朝末追报外狀元迎接且
下好帝說見外郎主你前日宣廷得勝志滿心驕便〻首
邻怎肯甘心受辱特向中原請得唐解元在此自古道聞名
不如見面今日你可見〻么末那个是唐解元付李生便是
末果是唐解元么拜介
【好事近】我十載枉論文到今朝甘心拜倒外拜了着実叩个頭兒
末則你文遍絶世合將俺帝心輕薄俺可也拜你甚末則拜你
人豪是狀元不由科目本神仙故混塵囂外承过奬了寡人脩
渇金莖露一盃在此請郎主人飲三爵与今解元聊展寸才
付背背介呀不好了〻〻這回定要出醜了末阮象郎主當
意快將酒来合
【錦纒道】醉香糕滴珍珠紅生小槽明信蔣谿毛是中原傳来大
侯蕉譳末咱家借花献物飛送二大盃自吃介這一杯為咱解
嘲送外這一盃與酒酬劳送付這一盃潤筆有分毫敬心自表
望解元呵暫虧聲價嚇稟書直須醉草但得壯番家便是壯
天朝付抖介外怎么這等光景付李生說到吟詩作賦不覓抖
擻精神起来了外這也妙付虽然如此酒後了不是吟詩作

賦的時節郎主真心求教可倫下百錠金百錠銀过几日酒
醒了見我末斗酒百篇詩人常事既解元不肯賜教咱另有
海棠圖一卷係唐人王維真跡今求解元補一題跋幸即是
筆一揮付求我題跋也是易事只是多吃了几盃酒兒手抖
得緊也是另日罷末呀解元三盃草聖千古留名这般見拒
可不坏了我一向仰慕之深外郎主說得是呀你不要过謙
了小番磨墨伺候末左付还要送客展画介看外妙呵
【普天樂】劈窠書銀鈎妙泛天槎鯨波浩这边一个男子牽牛飲
水那边許多仙女鳴机織錦合飲涧流牽出横牛攪雲霞織
就輕綃末請解元下筆付背介不好了〻三朝女僑乳出醜
桂錦不去怎么处呀且住意畫之神那里認得真假待我胡
謅几句搪塞过去便了轉介詩便有了郎主你且跪下我方
才有興運筆末正該如此〻付寫介逆額窪枯戴傾空渇呷
嗒棚〻只壓〻框忒興婆標末这怎么解付詩中之意興妙非
常我解說与你听逆額者動採之意大海难深心多恐惧自
然自不採而自動坐久了窪髓痳起来就在枯椊上戴几戴
这是逆額窪枯戴傾空是海水响声偷一时枯渇起来呷上
几口生醎空不要嗒了故此說傾空渇呷嗒棚〻只壓〻是
織机声亂末句是這那海客人見了許多婆娘生得標致未
免動起興来嚇框忒渠个眼鳥珠便好故此說框忒興婆標
这是我穷思極想寫景描情絶妙好詩无一字兒不好看也
末果然好詩付不敢欺蘇州詩伯首推李末大笑好个講大

話的主兒呀呢
〔古輪台〕疊兒曹錫鎗銀樣怎粧喬我如今放胆和伊鬧只你千
囉百鬼搗兩掂斤先不上解元毫嶶郎主忝喜兒將好掉說的
解元掐得好撮合的女婿養鳳成梟認石作寶公道的知音
也世間少付难道我唐解元是假的末郎主你誣他是真的么
外咱識見粗疎可將此詩傳進后宮与小女一覌真假主办
了末名下末笑如此說來一国君臣反不如一女子了九卿
三老忖多少木塑泥雕合向寒瀛圖外胭脂山下尋個當今師
表末郎主請了咱回国去也天際浪滔々歸艖好郎主呵再莫
把東床價兒討末淨生下旦内父王在那里阿呀不好了孩兒
細看此作俚鄙不堪是係假冒一時悞信失身匪人如今怎
么了外愁介有这等事俺也是一国之主敢大胆偷弄假冒
解元尤可玷污了公主却了不得小番与我御去砍了付住
手々々还有話講外且由他說付郎主在上做仏沽名今人
常事小子並非有意仰來冒这婚姻多是郎主一時之見纔
远成婚自古一夜夫妻百夜恩再到今日还要論什么真假
郎主不知做的自有妙処若不厭繁煩有一節多是做我就
欵与郎主听者外一派胡言誰与你奈煩听哩末上啟郎主
公主一見字跡詩文假的公主自縊了外罷了々々有这等
事看來我也御去砍了付求郎主全尸罷外御好了推入大
海之中便了末扶付下外氣下

第十九齣　逆虞

〔引〕旦上秋光無際眼界如斯而已方怪道有緣青春無情白日
前日到后花園中只見康宣向前声喏与金閶門所見那生
宛然無二又聽得公子詩文俱是康宣代筆莫非就是那生
只不知他為着甚的甘為下賤也如今暮秋天氣黃葉分飛
雁行零落不由人不傷感人也
〔傍粧台〕鎖深閨守不過半似鉄淚揮难瞞鈕扣难瞞帶圍其餘
況味自家知十分困倦且自凭几片時困介旦上
〔不是路〕下秉全樓捉對兒央獨讓伊自家春梅好笑我家公子
生要把秋香姐々嫁与康宣大人起初不肯被公子若求不
過一口許下如今公子叫我先去与姐々說声叫他打扮齊
整打点成親我曉得姐々早已看上了那人只怕直對他說
使有許多假惺々了且將几句話兒逗他呀房门半掩元來
睡在此蛟無比海棠春睡不勝衣不要吵醒他來秋香姐々
旦嘆介旦姐々你長吁短嘆敢是想着那人么且問你那人
有甚好処只當想他老爷夫人知道不肯輕使旦春梅姐可
怜我分明咫尺全否止怎教咱夢覌兒別處飛旦果然这等
真心為他我报个喜信与你旦呸你見我怎地開我喜來旦
你若不信我賭个咒兒你听我若虚言叫我永世不見丈夫
旦这等細々說与我知道旦自未公子文章多是那人代筆
只瞞着老爷一个如今他要回去娶妻究聚公子不肯放他
对夫人說了把姐々配他今夜就要成素里难迴避咬殘半
幅紅綾被飽嘗滋味々々旦这个怎么使得旦休要撇青趁此

老爷入山去了快点做亲来爷回来只推着夫人使了我去
回覆公子你快点执数则个 推 旦下 看他好欢喜也 付 生 上
春梅你来我阿曾说过来 旦 世上無何使人这欸容易 生 这
等多将些金帛谢你 旦 不稀罕 生 你过主人将你做个陪嫁
可好 旦 也不去 付 也罢将他成亲多作你几件使了吉日良
辰快请姐姐出来交拜 旦 在下 付 待我权时做个賔相 唱个
旦 状旦上交拜介 生 承公子指奉小人卿具素酌奉敬一盃
付 你两个先吃一个合卺酒 合
〔兒南兒〕借藍橋玄霜半杯捏沙欸團成姻契渾不用婚坎維也
無復日占鴉吠但悻得此時秋鴻乘氣今夜月團圓相盡人得
意喝喝細語沾沾微醉一欸欸羞形面上含藏心底 付 我去
也讓你二人說句知心話兒 康宣奇
〔尾〕這番飽嗷江瑤味 秋香 你惺惺初試小兒啼步不得三唱鷄
殼還則是懶懶起 付 旦 下 生 旦 后下

第二十齣 私通

生 上 一重山兩重山結証相思山外山文章撮合山 旦 上 濃
看山淡看山紛出巫山無數山教郎寫遠山 生 小生自見姐
姐現事為勞誰料得有今日 旦 妾之配君实有天緣君非金
閨所見者乎 生 然也 旦 君士人也何自賤若此 生 感卿一笑
特也而來
〔香遍滿〕顏奴膝婢英雄化成輕薄兒也翻我捨却半洋痴已渴
個果然斯際我感伊還恨伊恁憐予又消予经今日想志起 旦
喜你既是書生可曾應舉否 生 不瞞姐姐說小生不是康
宣本貫蘇州吳趨里人姓唐名寅字子畏別号伯虎是也 旦
呀元來就是解元喜自幼讀詩詞便知珍慕今日何幸得遂
此姻盟
〔懶畫眉〕隔紅一笑遠追隨稱体量量掛體体文心現靈便成痴
春風滿面皆知契普天下多情只有咱共你 生 小生深側風塵
已十余年何物女子能于風塵中識名士
〔梧桐犯〕我交遊遍九夷名姓標千禩奈膽盡乾坤対面誰相識
枉了我天涯踏遍尋知己却與你中幗棍飲相对宜只這些兒
已堪愿男兒際性不得脂粉投机衣冠作業 旦 解元在此半載
有余我主人空做了戴烏紗的相公反不如我青衣女子公
識人物可不羞死了他
〔浣溪紗〕眼有神心非昧休枺拔下流班輩有勞青帝三分力不
費東君半滴酷則我這菌餘嫩質再不染油塩氣醋醬香似白
蓮花漸出汚泥 生 好事已成此地亦非久留之所我且留詩一
首別你主人
〔刘潑帽〕来蹤去跡須明白漫半折宵奔紅拂做个宮鶯脚出昭
陽苑 旦 待奴拂硯待君濡毫 生 題錦字淋漓誰係遠三史謊 擬
他華陽洞里遊行踪端为可人留戀隨紅拂仝泉端叙向來
家憎下流好事已成誰索笑屈身來了自舍羞主人款詞真
名姓只在康宣及字類 旦 好我詩也
〔秋夜月〕笑噴飛珠玉成狼籍你降志辱身屢不惜上天下地渾

見戲槳追隨寸趾任道遥萬里 到下月色漸依稀声歡唱恐人
知覚快請表蝶 生 小生斗此一身何裳可采即承不棄就此
同行便了 合
〔東甌令〕花陰淡月痕低撩乱蓮籌点点催 旦 丈夫吹囑付你護花
小犬休多事好去穩抱金鈴睡 生 前门恐有人知覚我每抄出
后门去罢 合 鳳城東角晓雲飛轉眼脱聯迴 生 呀出得城来
不免天色大明了前面有隻小紅泊下不免喚他过来 呀 小
舟撑过来 末上 来了 夜眠清早起又有不眠人 大叔要往那
里去的 生 我夫妻二人往了蘇州虎丘香盤 先 送舟金三分
到彼还有相犒 末 这等趁此順風就請下紅 生旦下 紅果然
好順風也
〔金蓮子〕任風吹舟泛過七里虎丘堤我非逃避功成可歸把舊
時愁満載多撇在錫山西
〔尾〕故園松菊荒尤未抵多少衣錦故鄉只我破盡工夫坲只為
這一笑起 旦
海燕参差拂羽迴 生 侯門未必開菲才
鰲魚脱却金鈎釣 擺尾揺頭再不来

第念一齣 遣訪

〔引〕外上 家法太寬偶然康承全遊忽尔化史双竄 老夫偶尔入
山离象及月天人先将侍女秋香配与康宣成素之日双双
遁去留詩一首馬别仔細看来大有可疑那前面四句明明
為此號子而來中間一聯像个當代名公遊戲到此不后一
句說康宣不是他真姓名及撿点他房中物件分毫不動其
人真誠可知矣只是那人來踪去跡有些古怪蹺蹊若不查
訪明白怎得疑團氷釋不免喚管門的分付一番 管门的那
里 丑 賊出閑门屁出捲竅 些些小事找動九京 老爷有何分
付 外 你这狗才所管何事却把康宣夫婦双双放走这項杈
子权且寄下如今快快与我用心得访若有消息速来报我
知道
〔耍牌令〕他行止無痕瀟来去兩相瞞風流藏暗謎艷異備奇觀
識不破優孟衣冠打不破心坎疑團 你如今何須着急休放寬
見花門葉得趣寻端 且 理会得 小人呵
〔前腔〕拚得脚跟撇不怕眼睛酸沿街招紙帖陌路賞钱拚 老爷
了回来老爷呵須要正家法饒伊送官三十板一索拘拿 那
时就要賞賜小人酒満碗肉満盤 秋香是沒用个也賞与小
人罢 破鏡敗箒恰好相配相欢 外 快去
碧落有情还悵望 窓前卷幔雲千降
丑 饒他走 脚下騰

第念二齣 作伐

付上 慈悲勝念千声佛造恶空看万卷経 自家承佐瑞院衙
門一個從甲使是前日老爷枷号一个洇模红人叫什么頓
想 云 係蘇州玄妙觀中道士 我看他斯文体態不似贼形 其
中必有冤枉 因此担茶送飯焐頭他几分 刺下日色太尖 不
免扶他到廊下去顿 师父這里來 小生带枷上

〔醉羅歌〕情根一点無時死罪名千狀敢推辭躬不到芙蓉小卧

並頭蓮時把這松杉員領斬須賜 小生 為訪多嬌自招奇禍那

吐方受苦元是我輩有情人分內之事只是內外隔絶有信

難通文沈二兄却又不到唉我那知情識趣的小姐 教我雲

寒月寡為誰説向天高海濶為誰掩屍 我親兄明晉允使允惡

育向他小兒曹賣弄真名字 内吹堂城打介 小 大哥堂上打什

公人 付 打差人哩老爷晚得祝枝山到來差他尋訪多時沒

有消息以此打他哩 小 父元來為此 居何往具在斯普乾坤

誰個有賺兒 付 賭 下 外 末 上

〔兒羅歌〕盡日心懷公子文二分明月入袖懷之髣䰂分上只是

講相思不枉了同般同氣亂亂使 末 我二人為祝兄作伐前來

謁見盧公呀廝下枷号的犯人好似祝兄 外 呀果然是他我

道必然做出事來也枝山兄 小 枷号的是顧樵云我不是 丑

咏枝山兄妙啊世間一应絶頂的勝事無不被你佔尽了 外

唱 末 哥香奠氣念茲在茲相哭攬榴捽益在茲 白 我从人今日

此來呀少不得捶相知賣弄個衙門字 小 二兄既然有意王

成自是善為詞令但做肖二字此时且莫说明我真傑且耐

小兒 末 外 不妨都在我二人身上 教他須剃親奉三危 付 上 頭

帅父老爷開門了且扶你那边去坐坐 扶生下 末 恰好開門

了我每可徑進去相見只是這个俗物目不識人㧐將枝山

兄枷号少停相見之时待小弟當場播弄叫他口作犬声以

博一笑 外 那有此事 末 小弟睹下一賽若不使他口作犬声

對小弟一東為枝山合巹之費 外 世異他若如此小弟然且

罰例 末 這等就走進見門上有人么 丑 上 是那个 外 报去说

蘇州文徵明沈石田求見 旦 左 介 请 付 旦 院子 随净上

〔引〕綉衣白簡稱䌓使瞞天眼民脂 旦 熏 净 請進后堂相見 旦 左

下 外 末 進見 外 末 熏科 净 堂敢 外 枝雲才見日 净 餘墨久闻

李 末 雅度恰鷗鵡高飛待風凰二公烽烽才華翹翹名望

今日枉駕必有教言 末 晚生輩逢門殊守素耻左酬薪者柱

濱公庭情非得已只為枷号傾樵云素願真誠並无窃行藕

者偶同敝友祝枝山出進貴治忽蒙枷示敝友只得吳足

而退詒久未獲為此故也今求大人下推薄面立揚捨放不

識可否 净 这个傾樵叫左右傳江都縣官走將傾樵云免責

釋放 丑 左 丁 净 李生為了枝山兄先生仍恐有悖愉音日勤

廷訪既在咫尺快請相見何如 外 他天生傲骨豈同大人前

踞后恭遂尔輕身干謁先有下情托晚生輩轉致 净 有何見

教 末 外 敝友呵

〔一封書〕文章價及時動天顔振月支風流原有之兒女場中寄

所思 丈 聞令甥女何小姐才貌相付 願諧秦晉鵲鵲手影專相

候燕燕于飛擬叶詩 净 枝山先生當今名士為何尚未婚配 外

他自恃才高不肯淨就聞令甥愛淑慎温恭方是佳偶 合欢

危泥金玉堂匹配両無私 净 承二兄見教無有不從只是甥女呵

〔前腔〕閨中訓未施鷓鴣寄一枝更粧奩寫可嗟嫁時衣無几條

还怕貴友白眼看尽乾坤事下乘無膚對菲姿 外 大人休得

过谦少停行了聘礼捧言彩奁竟以百辆奉迎便了 净 这等拱候 外末 笑寒儒催妆行礼只一首定情诗 旦上 东老爷把步亿人领想云释放了 末 大人那相想云来非真贼此间盗贼甚多弭盗之法莫如畜犬大人何不下令民间但使家家有犬何愁盗贼不获 净 领教 末 只是犬有数等须要其音声若要发盗贼那狺狺之声的才妙 净 羡了吻吻之声使非锐犬不竟是嗥嗥 这等叫法的方才发盗 末 是就此奉别少停即当致聘 净 多劳请了

压榻无人伴卧龙　清阴长在好相容
有缘千里能相会　无缘对面不相逢 净下

末 如今我儿可输来道了 外 小弟修东再没得请了 末 也不怕你赖了 各笑下

第念三齣　还赠

丑上 枉双来正三章约就主甘输一倍财 我晴虹随着老爷来到苏州拜访唐解元 我已问明了住址 不免就请老爷前去 老爷有请 外上

【引】闲评五柳先生传 不羡汾阳爱歌扇 老夫贾舟到此专拜唐伯虎解元 晴虹你可问住址么 丑 高桥转南吴趋坊便是 外 这等快去拜传高士步俄着阊阊名 丑 这里是了 门上有人么 付上 绍常问答 请生上

【引】相欺小了须相见多时压肱今朝倒屣反觅腰肢倦 外 进 生 久挹芝兰欣接玉珠之棈荷存樗栎得傍长者之车 外 解元名腾华夏真是千古不朽矣

【粉蝶儿】千馀年李谪仙今复见有龙宾十二供伊驱遣 生 惶恐 我只是天子呼来不上船 这些儿略似青莲 晚生一向时闲重扉一任败叶风敲 今日老先生为甚踏开阶又得落花泥溅 外 老夫有言动问 这里有个康宣解元可想记否

【红芍药】问遍了古渡桃源寻不出烟火神仙 生 那康宣是何等样人呢 外 他踪迹尤龙能百变 蓦忽地托寒门亲贵身劳 生 老先生好藐视晚生既是贵府奚奴怎么问我识认不识认 应知冠履名分悬 小书生不是君家司健 况从来白眼难於谁案 还异乡人面 外 解元请息怒 那康宣表曾屈身舍下 却非下流人物 偶然看上了一个小婢唤做秋香与他双双遁去 做了红拂故事

【要孩儿】纱帽笼头非觍觍 一夜里风忽解灵丹飞作婢娟 生 不是胃犯老先生说你也忒小心小器些失去了一个婢子打什么紧何须得惊天动地亲自到此追寻 无端大方家故把豪求恶 便寻得来呵 拾桃花已不是当初片杜虏了斯文面 外 小李生还有一言不好启齿 生 老先生但说不妨 外 其实康宣与尊容无二 故此谆谆动问

【会河阳】阳货仲尼面目宛然一板 秋水並頭蓮 生 呀 这一発可笑了 难道我就是康宣不成 可知体態生描 现写活事把全付精灵现 外 细看来像得紧 越看越像了 不要说面庞无二 声音一般 只是我家康宣中捐 洁白如玉 如今解元呵 大奇司

様的春意軟 生 老先生到底認真明欺晚生無婦么只喚敝房
出来与老先生細認一認便真偽立辦了大奇异様的春容
倩娘子快来 外 這个怎敢老夫多有得罪了 旦上
〔繞〕〔金〕粧喜色斂羞顏相逢今日事想當然 生 方才老先生説
晚生像康宣不知敝房可像秋香否 外 不敢〻〻 旦 老爷在
那里 外 那个 旦 秋香在此 外 呀依舊珠掌當初小倩 生 实
〻康宣也在此風魔秀士即康宣 合 都来好姻眷〻〻 外 時
紅你快到舟中去着乘人拾礼物上来 丑 左 下 外 請問解元
天上神仙何事趣遊至此 旦 前日奉事天人報見随喜在金
閣门外与解元兩舟相值見其旁若無人知他不是凡品悦
然一笑面情解元錯愛假扮義奴逆谐私愿今日已成之事
望老爷海涵

〔越恁好〕神仙遊戲〻〻一日足千年 生 象獅孔雀咱愿有化身
禅 外 狐狸疑窟今打穿使我又添識見 合 王大夫閑不着今時
恭鄭先生注不了當初傳 淨 末 老 丑 持礼物上
〔紅繡鞋〕紅羅一幅披肩〻〻白金千兩笑然〻〻 禀老爷礼物
送到了 外 左 乘 下 外 解元久寓寒门老夫靦面趺惶何以自
安今奉白金千兩綵幣百疋一以粧奩贈嫁一為老夫贖罪
望解元不拒即賜點収 生 半載叨擾愧乏寸报反蒙厚賜何
以克當自古一日主千歲奴 老爷在上容康宣拜謝 外 解元
須不是康宣老夫也當不起這般称呼志年有交大家同拜
罢了纏頭錦買花錢助新粧補前愆 合 画中景幻中縁 外

〔尾〕于今眼界須完轉 生 旦 咲藏獲也恁般光顕 合 這的是奇集
文章第一篇 生 薄治盃酒請進書房少叙 外 不消罢
暗為王孫換倚羅　堂知平地有天河
花迎喜氣皆知笑　鳥識欢心亦解歌
第念四齣 扶輪
末 上 今夜月窺簫徒应有笑眉陪奉灯影西三人村酒有堪
共説事〻〻説追去年情重自家沈石田勉挽爷柯曲谐秦
晉喜得盧公左允令嵴協吉来鴛枝山兄现在洞房應以
猶文兄亦性辣門探望去了只我独坐寓中无可消遣春朝
在此試性街前閑步一回
〔三犯江兒水〕花磨月勘半生債花磨月勘得閑時無二三 末 是
他名的沈痴此際也有不痴的日子怕痴人仙去痴學先傳
可惜了老痴𦳝痴嗣新 明日春朝這些居民早已閉门在此挑
符新換一概都是素帋这怎么説吓是了楊州風俗最喜取
讖語每以無字為崇門以素封甘禪將没字恭也甚不免取
筆现过来替他写上几字只是写什么好吓有了 寫 竹 開門
家里坐村送天上来尋到那家寫去 之 寫 逢〻寫去一峯気
房都写遍了 亦 造化了他偶尔微態故作奇淡送 今 呵再不
閑貼春符破兒胆 外 上 巫峡行雲下神女武陵流水駐仙郎呀
石田兄正事不去料理却在这里弄風 末 有何正事 外 何 小
姐爷婿在即要及名家人緯贅倉卒乏人要兄今去儐相 末
不消儐相现有及名在此 外 在那里 末 你我不是反經合權

要識得反經合權改常爲暫正不妨改常爲暫 外这个怎么使
得 末 有什么使不得他今日宜室宜家兄不得兄弟仇翁這
才是弟兄家和且眺 不要責扯了兄去就是了 内吹打 外听鼓
紫声喧何小姐已上轎了 末我每左右扶送到杞兄寓所使
了 末众人头相搀 占上 外末扶轎 合
【前腔】雲輕風淡正今宵雲輕風淡春光平日晴喜紅綠千里江
北江南送姮娥下雲端串轎無復鵲橋御何須鸞馭驂鳳吹聲
娆龍炬光含一簇簇玉芙蓉金蓮蕩月華暫遥滿路裡月華暫
遥天花乱糁半空中天花乱糁閬一霓楚陽臺春夢酬

第念五齣 办明

【引】小生上 大謊送今說破再休把衣冠胡做 占上 國士無雙娥眉
不讓普天下風流輸我 小 手揭簾衣謀晚風小憲余探画屏中
有人着情拾鞋子 占 眉孝鸞粧黃嫩点鬢偷稚潤綠新笼夵
君照覻面微紅 小 小生半世寒微一生落拓才非倚马諺傳
南國之名念切求凰先荷東床之選此恩此義何日忘之 占
奴家楨慚蒲柳期終身不愧少君節矢松筠慮失所我同小
玉何幸他鄉行客幸踏故国棄孤 小 好說小姐我和你天緣
配合僥幸兩宵歡祈情私深愧覻覷不知匡匡薄名足當小
姐盼睞否 占 奴家幼讀瑤章心懷吉士今喜得成伉儷寔非
稀世奇緣只是妻昧平生何故十分面善 小 小姐試猜一猜
必竟因何緣故这般熟識 占
【漁灯兒】莫不是住桃源洞識香窩莫不是入畫圖預識情哥莫
不是片石三生精靈未泯磨莫不是牡丹亭畔倚書生曾向夢
裡相遇 小 都不是小姐
【漁家灯】我也曾唱過運花風旋雪最我也曾膚查梨柳引花拖
径風度授受相親音問蹤那裡是化金身神通条脫只美做拋
梨園把脚色騰挪 占 呀元来又次所逢皆是居家與戲妻三
生何幸得蒙錯愛至此
【錦漁灯】慣慣你秀才家一味風魔慣慣你英雄輩科渾偏多我
這裡拂拭双睛着意睃記得誕賴一付似舊初 小 小生自観音
姿財劳梦想何意天緣不隔遂有今日
【錦上花】一向个閑画眼想像無今日個睁双睛諦認芳一回相
近一回歷 这几时以来察複去實有怀爽祈好不可怜人也 你
展天身自在波我憐啼呼聽見公只那夢中風雨不須多三百
点已滂沱 占 多承記念了前日為責查梨曾以佳章易餅今意
田物無差何不大家取出一観 小 拙作还在么 占 奴家什袭
珍藏怎么说还还在
【錦中拍】遮莫有鬼神呵護敢覻作么魔鎮日个當金經頂礼百
數當珍食咀嚼一過 今日呵 相愛稱妻與夫 且问相公奴家金
釧安在 小 不瞞小姐說小生不才到贈一佳佳人去了 占 果
有此事罷罷 枉殺我琴心調番枉教我展蠹循磨早知道塞
卷填街佳人恁多我也悔自画双娥 小 哈哈 酒还沒有间坛就
酸動了你道七釧贈与何人 占 贈与那个 小 还贈与小姐哩
占 难道到在我处 小 难道到在小生处

〔錦后拍〕依舊逗香奩纏紅羅何用你螫牙一点醋葫芦小姐你
道前日枷号的道士是那一个旦难道也是你小难道不是我
這腌臢因果、、惟有咱視郎敢做元来如此个儂只大無頼
笑也刹果是奴家带得在此小今已说明了良夜将殘明嬸
敎嚁請賧罢只圖相憐休問夜如何旦明日毋旧上门休賧
罢小生有此理小姐你自把心頭輕模早难道虛度今宵担
閣了伊共我埋与下外上青梅催事笑春傳末上紅燭迎人花
夢楼枝山兄合巹以来三解恩庙盧公亲自登门我二人将
来奉陪外枝山兄小上来了呀元来是二兄多劳了末且不
要做小心盧公已在门外快去迎接小这等二兄同去迎接
丽出介小末老人人有請付汍子隨净上倉室尚洸陪武咏
尊酒还歌換艷末二位先生請外末老大人請小爹旧翁請
上揖偺有一拜净老夫也有一拜小愚甥偺才慚碧雀珠賔
上顆牵牛净舍甥女李愢青娥朴素惟同賣大小来床偺但
净西弟增荣看小介净唉李生一时草率為二兄所悞了外
末怎見得净阿呀舍甥女姻事少什么门当户对被你每陰
谋詭計使甥女航灡了終身望不可恨
〔罵玉郎〕撥賺喬松附女蘿怎不傷題葉恨伐柯外末令甥受相
配枝山兄也不为屛抹何須發恼鵲橋牢若逗黄姑渡銀河
又何事枉口相訶净呸好个做賊的枝山把芳名作媒、、柳
盗跖混了弟、哥、小外住道旧翁着恼元来为此前日枷号
的道士果然是舍弟偶然面庞相似所問真容若何這非、

影兒是他這是形兒是我净今弟在那里就請來相見末外於
小在那里在这里大笑介净呀李生这等大怒二位这等大
笑不已貌人太甚手閑不着鼓掌閑呵、、痛殺海棠一点
紅污春羅末外晚生輩这等大笑大人却这等大怒滑無不近
人情了目無珠耳無聽枉了你帝闕鳴珂小二兄也休父旧
翁也休恼只唤我舍弟出来就明白了少不得還你個一庄
、前因後果兄弟快来旦上来了
〔前腔〕唱罷齊笙唱道合如兄弟又把燕尔歌元来廿旧在此請
上受甥女一拜净起来、、呋甥女是我一时草率欺你老身
庭人貴罷無比是做甚村夫駿馬駝自胞摩教我羞厭难洗
湘波旦呀毋旧此言差矣谁是狡当谁是村夫京兆乃天下第
一風流人何輕薄至此净唉連你也是混帳你道他是真正
祝京兆么旦难道做的是元身不訛、、須不是蘭亭膺本
籠鵞净他祝前日枷号的是他兄弟果然有的么旦有的、、
吹壎人是他吹篪人是他生長就連枝共荷毋旧休要錯過打臉
前日裡偷天手是兒夫親做净元来就是我甥偺進載三眛性
道遠欺冤辱不驚今老夫如醉方醒笑介也不覺鼓掌閑呵
、、羞殺我胞襟窄小眼界婆娑末老大人如今忽然大笑晚
生輩又不覺大怒起来了净笑介外末白把一個通天徹地的
祝枝山当做臉同肺肝的柳盗跖你道该怒也不该怒净该
怒、、李生知罪了共揖介合恶姻缘好姻缘錦綉成窩假面
目風流証果净甥女進去罢旦晚得五録多挽全心指百和香

句率解粧 下 净 三位几時崇旋至期当陳祖帳 小 賠期且待
来容今日聊治杯酒請田翁少叙 净 二位請 外 末 大人請
【尾】赤繩牽青尊賀今宵鷸政免送荀知費了纏綫司中印几棵
活落生涯獨酒知 好風偏似送佳期
在天愿作比翼鳥 入地甘為連理枝

第念六齣 游叙

旦從伴隨生旦上 虎丘何處最堪消載酒入浮青雀舫端秋
声上赤欄橋 旦 飛閣出重霄 生 娘子我知你一笑相逢三生
緣偶只这一点虎丘使是閑閒功德以此今日買舟遊玩一
以酬謝山灵一以破除悼賴 旦 相公說得是你看遠憲洞啟
山色送分好一派景致也
【惜奴嬌】蒼翠重疊是劈空湧出層城半截金精蹲踞只 合 想像
心熱 內 叫 賣 花 凄切爛熳春光送板折賣花艷紅橋後 旦 已 到
山前了相公娘子上岸罷 生 我每從東遊玩一回然後揚舟
四去 合 放眉聽謳取石淨水泼寺裏山様 下 净 扶外末小占上
【前腔】閙折滿載風月望青峰一点雲際明蔵 小 我多放舟山來
又是虎丘相近也夕陽瀟敲動不動几舡悲咽 末 枝山兄你
薦配兩人喜歸故里一生情債已償但我子畏兄自去年一
別至今音信杳然蹤跡飄零好不負人思念 外 使是我等四
人呀 合 膠結似走馬灯兒團團楚鳥甚這些時成消散 旦净生上
這掛搭今夜緑窗成夢山水清越 小 呀 才說子畏兄后边舡上
来的几的不是子畏兄模樣么 生 呀 那边舡上來的好似文

沈二兄 末 外 果然是子畏兄快過舡來 小 小姐后艙迴避 占
下 生 娘子迴家兄弟不妨過舡相見 旦 名 过 舡 净 丑 指 下 末
子畏兄你好怪也自那日虎丘別後何处不問你來今日
甚到此樣何得此兩人 生 不瞞三位兄說当时间游虎丘見
此女欠命顧我故此奉別諸兄梓桂錫山再 小 怪道那日不
肯飲酒哩且問你他是什么人家 生 他是華虹山家侍女秋
小弟做一个窮奴賺出來的 小 必竟怎樣成就来 生 当推
尽小弟用了許多心力幸他公子玉成、棄之后双双遁帰
后来李士知道反以千金贈我今日為念我德作合之功同
与此女同来遊玩致謝山灵再 末 有此佳事妙哉哉
【黑麻序】人傑拍掌稱絶把英雄血性恁地磨戚半年淹蹇成就
一生豪侠 小 一个具一双識英雄的俊眼一个持一片耐腌臢
衲損皮囊 合 情懷不枉了閑中知己也奮遮双眸明似雪寸
心光似月 合 萬花帖一任松濤滄海此情不竭 小 風流勝事堂
容我兄一人佔占小弟也賺得一个女子在这里快来与嫂
、相見 小 姐快来 占 来了 小 見了嫂、相見介 生 介 好一
位麗人曾在那里見过來 想 介 祝兄可是妻门外的何小姐
么 小 子畏兄好眼力果然就是 生 这等恭喜請問兄几時了
帰今日為何在此相遇 末 他及人私訂姻盟已非一日盧公
接去任所枝山道扮求緣道將枷示鞋门下弟單說情释放
竭力賛襄方得成就这頭親事今日韵人韵事 丑 不讓于我
兄哩 生 元来如此怪道祝兄誇說个不容拱 占

〔前腔〕評說和你風流同輙只枷示的奇父一般咱龐輸你些〻嫂〻可記得風雲中唱蓮花落的乞兒公只那梅花蓓下我也殘羹分啜 末外 你每人豪則豪笑竟得太狂了些狂絶腰肢容易折衣冠鞋自發風雷刦一任昆明灰冷此情犹熱 外 席阜精光佳人春色二兒好酒樂也 小 弟每奉酒一盃二位嫂〻后船相叙罢 二生 我軰曠古知己不必復拘世態不妨放他待飲以成勝遊 末外 如此真成友也分付行酒 合

〔錦花香〕大江東天不夜曲江西花不謝借取滿斟金甕莽流心血扣絃一笑興飛越山靈稱慶社人〻供設使烟波花鳥增几倍光桂色浄此景真狼籍千秋一日國無厲扎民不夭折 外 子共兄半年遠别寡陋何堪請行个令兒以代下酒之物何如 生 最妙就是小弟叨占了我們四人降生塵世遊戲之事非少大家要把最可笑之事公同說出來要事切稍湊叶酒要猖說要旋不如法者罰金谷酒數 衆 妙吓 生 占了乾風雪滿乾坤（大唱）蓮花落左轉 小 干巧計奇盜梨金刹异常處左轉 末 干百金島润筆画个鎖天鶴左轉 外 干參勸侍亡陪賭飯無心好左轉 生 干借得白衣婦將來撫當票左轉 小 干狗葉當香糕哄哥当場哭左轉 末 干蘇量一根樣白答不敢棒左轉 外 干卅尾露紅裙身洞波心跳左轉 生 干一笑有前依戾門去投案左轉 小 干勾號閻牒門小道習枷号左轉 末 干千里流人情塩量做狗州左轉 外 干公堂硬作媒拍掌揶史道左轉 生 干場婢惡逃帰李士桑賠錢左轉 小 干甥婿賊难寬三翻便炒閙左轉 末 干村道天上來春聯寫吉兆左轉 外 干吉日又良时双〻去鐘橋 合 佔尽世間痴千古稱同調 生 呀酒令行數轉竟無一人罰酒拠小弟論來我四人遊戲神通已入三昧欵上界仙佛应輸我等一籌矣 小 從此行藏超今越古果來也不是痴也不是狂乃我軰一点文心甩再〻好个文心現只此三字括尽我軰一生事業矣分付再行酒 合

〔遶水令〕倩娟緣風披月窈好文章天心月腸致君堯舜本無術烏紗不帚腐套全脫同稽額共擊節兵金嵐流誰繼述天不斷〻〻英雄肄接吾何昔〻〻杯酒邅酧 分付舡家就此放舡回去

〔尾〕净東上 情根一点無時減好把綺語罪送頭懺謝須信絶頂天仙跳不出情字也 下

十菱圖

提要

《十美圖》二卷，清佚名撰，法國巴黎國家圖書館藏鈔本。曲本。敘張靈與崔瑩的一段悲劇愛情故事。分自嘆、巡海、敘圖、遊宫、改名、藉訪、錯聽、寺遇、夷反、私訂、許配、進兵、拷婢、催試、書露、侯榜、易姓、服虜、聯姻、揭曉、報凱、成規、剖疑、閨爭、雙合等，二十五齣。

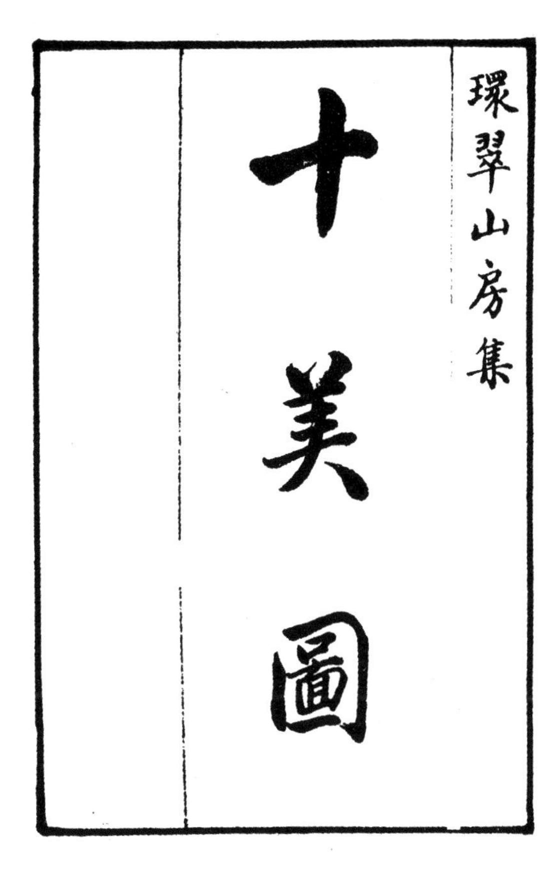

十美圖傳奇目錄

十美圖傳奇卷上

開場

李詒多才隋橋詠月醉謫天仙豈識阿馳擬嫦娥調弄筝遊天闕諧改良緣遠訪姑蘇而遭奇誤司馬提歸尚書然同遊蠻興師出塞逆討婢娟夜奸得莉堪恰姝妹相疑各見懸問神宗赴試天驕篤武春闈傳榜附郭壽還於解聯姻重進復賜文武元魁喜慶全十美團圓和合咲渺賓逆來者辛苦逆止

第一齣 自嘆

【鵲天樂】神從持向靈霞和運雨凛分今古桃榴珠璣敗謨經史都尉前賢不對秋霜鸞隨眉涕雪妝珠水化龍梭為傳酸調羨兔須霜簪謫呵林處高風德壽春榭那十古恨雲期居龍怨証篇正劉篤日在懷許攀梨小生姓李名詒字勝恨廣陵城璧說臺畔人也幼習龍韜兩閱踐蹈之技旺懷氣盛欲展大屈之韜藏觀官拜納言慈世受封碩德所可究者削直相繼想吾孤身四海空囊雖處文武全才尚沒露吐露好生惆悵人也

【風入松】英雄埋沒向山河何事蒼天困吾嘆十年愁恨攀旨蹈空閑下圖書道佐半萬郎楊雄執戈止把玄經望向漢庭哦 呈 墨磨紅妝羯荼蒙緣昌明啟利公知道郭女鄉國奉旨巡海打這里揚州經過泊船在二十四橋為此報與相公知道 生 既是郭令公到此伏補名帖隨吾去拜郭老爺 丑 隨得 生 正

是日許登高能作賦，何妨伏劍一談兵 下末淨中軍二眾軍卒老生上

第二齣　巡海

【引】御詔越鴻波，萬里揚輕舸，御駐隋橋，爲從才柳府光廬在 老生 老夫鄭子儀，華縣鄭人也。今奉旨巡邊海道，防綫頗險，昭詢二十四橋這里有故人之子辛騰浪，居住在此，久不會面，不免差人去請來一會。官兒，取吾一个帖兒去請辛相公到來 淨 曉得 生上

【引】橋邊月色今宵可喜，汾陽遊舊蘭舫 丑 這里是我辛相公往 淨 啟爺，辛相公拜 老生 辛茹杏正想他，快請 下 生 叔父 老生 賢侄 生 叔父請上，小侄有一拜 老生 不消 生 一別多覓人發秋 老生 今朝初倚座，公權 生 從前何限逐相憐 老生 澂堪今人白盡頭 看坐 生 叔父在上，不敢坐 老生 也不得要敘一敘 生 告坐了 老生 別來遠識，且喜賢侄已是儒人了，只不知近日用功若何 生 叔父在上，小侄幼讀父書，家攻翰墨，論文便作賦吟詩，論武便搏弓彎弩，只是未學未精，還求叔父指教 老生 好賢侄，自此文武全才，取功名如拾芥耳。老夫今日謗沿龝䄂慰十年一席，只是有慢 生 多謝叔父 老生 看酒

【念奴嬌序】華筵初起，見飄居海上，冰輪擁出霜城。影落空梁隋岸草，渾被簫聲吹破。知么皓魄當空，酥醲薰同，休將昔事問明河。惟願取醇醴相對，横親爲歡 老生 賢侄，妙才兄大賞，欲試詩歌一詩，未識可否 生 斗酒百篇，文人常技，望叔父命題 老生 今乃中秋佳節，就是咏月便了。取文房四寶送到辛相公席上去 生

【古輪臺】想嫦娥秋心，如桂影婆娑，霓裳曲浩歎誰知 丑 這里擇覓無那，護題遍情詞，將不到天宮嫦娥醉後狂筆不足羞正 老生 仙桂曾因折者嶽，嫦娥原是獨憐才，今情故啟變樓鶴，公送清光到鳳臺。好一句嫦娥，卻是獨憐才。賢侄這等人才，非嫦娥也不足爲配 生 惶恐 老生 再將大盃送與辛相公重酌金卮 再楚膏大盡歡娛，休問夜如何。縱月容西墜，任醁醑吩付揮戈。看花落斛斛，草深銅花，隋橋今古莫負醉顏酡。消停坐可成還歡論喝阿 生 叨蒙山深，就此告別 老生 賢侄，吾欲請汝同往海上，但比去不過一爲巡視，無益與你。待老夫歸京之後，賢侄到我衙沿儘情，取功名莫道制科之外便沒有飛騰之路也。看黃金千鎰，彩緞百端，送到辛相公那里去 生 多謝

【尾】蒙招飲藍既多，說不盡中心佩荷，惟願共建勳猷繫九統 淨 多拜上辛相公 丑 多拜上郭老爺 老生 吩咐開船 下

第三齣　繳圖

【點絳唇】手馭晴華，功扶坤陬，揚揮大天地，無涯孰徹，情光詳 末 上 騎虎遊八極，劍光照空天，日碧叢和澈日玻璃，雕劍承聯 盍占今乎，小神月中纖阿便者是也。自無極已來，蒙天帝命瞻掌御月輪，遍行四海。今乃下界唐德元年八月十五日，小神行至辛斗分野，乃下界揚州，見一書生名喚辛茹，在二十四橋玩月吟詩，戲謔廣寒宮主娘娘。小神既爲巡夢之官，豈可隱瞞，不敢故特抄得狂詩在此，待宮主娘娘遊幸前來時，將狂詩報上，以泄區處便了。正是，爲與人間休浪語，舉頭

三尺有神明 下老旦小旦扮侍女上

【混江龍】玉波如畫瓊樓百尺聳雲霞寫天闕根輔萬里映人間錦砌千家踏不到虞淵翠澤休眺待使客靈槎九曲是小藍橋粉濱看風流阡天台路閉鎖了並頭花平划地掀當起瑕宮怨嵬偉也有情娃非關是天帝朦朧傳闊漏端則為世人纏綿思無涯地秋涼來兜搭 旦 乃廣寒宮主嫦娥是也今乃下界廣德元年八月十五中秋佳節為此特整鸞輿法駕向雲頭之上遍覽人間作景你看碧雲無際山海交加中華外國一切奇珍異寶多向今宵月底不吐光芒好一派扶輿瑞氣也

【油葫蘆】則見那景山川佳景各分拿碧天涯艷的人雙瞳歷亂可也成奇葩那一答到蜃樓臨空駕這一答攏搖紙在銀河上九的是松嶽靈聚成霞可知有名世高賢發驀忽地怎得文光達傾刻里五彩散天花 老旦 啟上宮主凡間到有許多奇珍異寶向此良宵競爭佳美我天公何不也將些寶物出來少助臨光麗景何如 旦 太公乃清虛之府金玉為丹牖珠璣為園圃再將什麼東西可稱至寶呢也罷可喚月中老人取俺的十美圖出來 老旦 月中老人取十美圖出來 老旦上 十美圖在此 旦 你看可知此圖之妙用麼 老旦 望娘娘指教 旦 這圖就是遍選人間絕色佳人在上萬中選千千中選百百又選十爭奈佳人都少以此選十分美人就將來畫成十幅真容併為一圖每幅上就註了他的配偶已作凡間佳人才子的姻緣譜牒 老旦 元來如此 旦 只是那真容雖是絕色惟有第七幅為最 老旦 此女姓甚名誰 旦 名喚黃李娘這便是傾國傾城之貌你們過來看看 老旦 呀果稱絕色敢問娘娘既喚做十美圖為何只有九幅 旦 這幅空的該畫的非是別人 老旦 是那个 旦 就是黃李娘的妹子 老旦 姿容若何 旦 姿容絕無褒貶只因他姻緣尚有變幻故爾未畫且待他姻緣定時自然畫入圖中也這圖呵

【天下樂】憑着俺月窟瓊函鎖紫霞爭也不誇似玉無瑕止因俺上仙家辛苦畫音紗定姻緣不少差繫紅絲事非假打送起珠玉有根芽 老旦 暗室虧心神目如電敬上娘娘小神巡察至辛中分野見一書生名喚辛茹在二十四橋玩月吟詩內載穢話之語上瀆娘娘小神不敢隱瞞特抄得狂詩呈上望娘娘定奪 旦 取上來 念介 這廝好生狂妄擅敢嘲訕俺仙家麼

【哪吒令】笑狂生直恁的波查偏矜着筆花胡吟也那恁誇伶技那桂花也掛嘲俺家把天宮調耍恁昂頭望恣甚身情膽明倆俳達俺待把他如賦移喚向喉巴 俺想這圖上該有要幻奇緣俺不免人展冲通把姻緣顛倒巧成配合使他情不曉明有何不可老河使者聽吾法旨你可速往凡間勾取辛茹渾魂到廣寒宮來使他遍覽天宮法寶不許攔阻一向再引冬夜舒魂魄與他相見不得有違

【鵲踏枝】廣寒宮將蕪幔又准備着雲羅帕誰知道漢室張騫再來時恁地無差不爭的做人間情話吩咐他恩撲撲沒處討根芽 老旦 今夜將闌請娘娘還宮去罷

【煞尾】打叠起人間萬種愁休精做巧合姻緣大今日里吟詩禍

蕤不爭似他人呼唾且看他這一回可早有害不盡的相思躧
兒滑卜

第四齣 遊宮

醉成飛句歸來晚倦倚晴嬋入夢雲丑鬬門末呼相公回來
了丑相公可用夜膳生罷了晴草有茶取一壺來吾還要玩
月丹時丑曉得詩能吟夜月茶可解微酣卜吟這般良夜從
選好生歡賞適才在郭令公府上對月吟詩把月中仙子賛
上他幾句這也不是吾的狂妄如小生這樣風流吾非誇姝
也不足為配
〔醉三醒〕睇嬋娟碧空無照千秋寡虛度良宵不爭那句頭人比
那秋光光閃得杳魂夢顛倒阿呀好傷也我只為醉當皓魄地
相傷誰知道月姊無情未可招難分曉有胡床做夢把魂消
〔太師引〕到影搖斜忽地來雲表閃入巫山路遙且住吾方勝
消怎麼到這個所在來你看這裏有一所門牆在此待吾看
來廣寒宮呀廣寒宮乃嫦娥居住我幸勝須何緣到此且喜
宮門半閉吾且悄然步入看這裏面如何光景覷瓊花暗香
僃鬟難金玉瑞氣笛條我想嫦娥無婿幸喜無妻天宮好沒分
曉瑤宮透地光潔皎似這般徑曲蘭條千般寶玩滿室雲霞
人間那得有此淒涼情人天事饒說不盡從來夢苦魂勞白
什麼十美圖待吾看來阿呀妙嘎
〔前腔〕覷着他曲幾中沿壁糊丑嘎是何人把花容細描生怎麼畫
得這般半撇假一笑能傾人國若堪呼延卜青緗丑你看這

一幅上的美人比前幾幅越畫得不同了這嬌姿艷雜圖畫
好我想這樣的絕代佳人只好是畫若是真的就舉世搜求來
必有此人去上亘古難描元來上面多有配偶的姑蘇黃孝
娘後配廣陵郭嬋都有配偶了怎麼洛陽冰玉娟沒配本
府王國直呀這是現在少年的名字看這位配那個河間張
淑娘後配睢陽大有這個人吾也聞得他的名姓也這小年
才子想此圖就是人間才子佳人姻緣譜若如此吾辛勝須
也待有分的了不知在那一幅上還待吾看來呀並沒有這
又奇了想廣陵一郎只有我辛茹的才名怎麼又沒有吾名
字在上我如今就將郭嬋名姓改為辛茹有何不可拈黃
李嬋從配廣陵辛茹阿呀妙嘎三生石從今莫迷陰章須注
人醋配兒書末引小旦上照卜呀妙嘎又是一個美人想必十美圖上有
分的了待吾再看呀並沒有從前還有一幅空的在此小生
素善丹青吾如今就將這位美人畫入圖中註了郭嬋的配
偶也見小生公道待吾畫起來
〔三學士〕畫出雲濕和雪皎把墨濡點下春桃這筆尖抛淺傳神
橋擷着十悩春魂一洞霄啖郭嬋我把這樣一個美人配你
便宜了你只怕你鴛配文鴛還絕倒吾休言唱偈叫末引小旦上
茶熟請香可愛月明分外堪稱相公生十美圖兩來還要
看丑上相公沒有什麼十美圖嘎生快取來上
〔前腔〕你為甚凝眸成懊惱思昂藏睇剎層霄你夢魂莫害迷離
怕顛倒床頭鮮鬱謝生阿碎元來是一場大夢我這點愁悰心

到曉害相思在這邊 旦 相公進房去罷 生 正是魂牽欲交何處
覓卻疑身在廣寒宮 下

第五齣 改名

〔引〕遙離帝輦聊把青山戀古徑烟花不剪誰相過且談玄 承恩
賜歸離三吳卻職歸家諸事無干絕言香燈下看我回潮恨
自家先虞夫姓黃名程學字林仲姑蘇人也從天寶五年進
士累官御史中丞知河隴節度使因年老有功特假我致尚
書也劉蕭氏止生二女長女年方十七因夫人夢吞玉燕而
生就名李娘次女夜猶年方十五本喜姊妹二人知書識禮
正可娛老夫晚景今日閑暇不免喚他出來閑談丫鬟院子
著你世眾音伏侍兩位小姐出來 末 領介 二旦上
〔引〕朝雲台雨到堂前怪巫山路遠 旦 繡裙兒恐被東風展 老旦 惶
拂著裙紋線 旦 爹爹萬福 老旦 孩兒叩頭 外 我兒你爹爹已許馬
傳取功名爹爹半百餘歲今歸林下甜獲出閑閑膝下無兒
怎同伯道早晚之間逃斷你姊妹二人唱吟酬和嬌音發興
可謂無子如有子也 旦 爹爹在上日下無官一身輕有子萬
事足今爹爹膝下雖則無兒孩兒敬對不能效戲彩故歡
聊以克盡答侍奉請爹爹且自寬懷 外 我兒吾有一事正要
對你二人說 旦 不知爹爹有何吩咐 外 蒙聖上喚思媽姓為
李只是你亂名喚做李娘想這個李字是個國姓豈可把他
為名不若改名嬋娟那黃李娘三字不可提起了 二旦 謹依嚴
命 外 只是今日變此除恩嗒虧少年汗血所致今日想起來

〔桂枝香〕流光飛變百年馳電無兒可繼書香有肖九堪泣戰 旦
痛慈親獨捐念無兒完善泪痕如線 老旦 漫俄延幸有閨中秀同
吟洛水川 老旦 有事忙傳報無事不敢言啟老爺華州郭老爺薄
首延海經過蘇州特來拜謁 外 郭老爺到此吾兒進去待吾
迎接 二旦 正是閨姿不便迎車馬共入紅樓深處藏 下 外 快取大
衣服來 下

第六齣 翫詩

〔引〕成消瘦可憐春也都斷就 小生 昨晚在夢中遊玩廣寒宮瞬
見一個十分風景其中有一幅真容手姿絕世奇艷驚人係如
燕黃李娘小生就把圖上註的那嬋名姓改了自己吾想佳
人難得既已註為己愛怎不相思魂斷咦黃李娘〻〻可不要
想殺小生也 生上
〔東甌令〕熏雀舌浣茶甌為甚獨坐幽窗淚暗流 相公 生 吾那黃
李娘 丑 什麼黃李娘〻〻必竟又相處一個女客在那里了 相
公〻〻 生 唉狗才為何大驚小怪 丑 不是吾拿茶在此相公可
要吃茶 生 吾月子有病那個要吃什麼茶 丑 相公好說〻〻有
什麼病嘎是了想昨夜酒喝了有了酒病 生 唉狗才我膏肓
有病兒相聯 丑 有什麼兒是了必竟是酒兒了 生 唉狗才誰知
你明分割 丑 又是說不得的這是什麼病嘎是了相公你愁容
多鼓為悲秋因此顰眉頭 生 唉狗才胡說晴節吾昨夜以夢作
夢竟到了廣寒宮 丑 相公廣寒宮都到〻〻可好玩的何不帶
晴草去頑〻 生 那宮中有一幅圖畫在上畫著十個美女那

是順成之說 丑 這位吾下作了是天緣洪吾什麼相干 生 老
仔細再有那乜編湊人更是不同元來這些美女偕遊芳洲
着配偶 丑 怎麼樣註法 生 姑蘇黄李氏後配廣陵郭暉 丑 這
等底邀了 生 為什麼 丑 剛上註的郭暉名姓與相公何干此
女自有配偶可不底邀 生 那時被我把郭暉改了自己名姓
丑 改了嗏相公在簿裡又做欺心事 生 改便改了叫我那里
去訪他 喂 這相思不要害救吾也 丑 孔不成的情草有个救
命 小方在此書上滿肯姑蘇料想只在蘇州吾與相公赶至
蘇城去問姓黄的就是了 生 這到也說得有理 唱 草
【金蓮子】你與我買畫舟到姑蘇便把嬌姿叩 丑 休拖逗早尋好
逑 生 此夕攪相思的情魂重向廣寒遊 丑
【尾】若神醫驀向床兒叩待把行囊整就 生 晴 草 虧殺你妙手神
醫把我心病頻連夜去喚船不可遲悞了 丑 相公這樣性急待
吾去睡一睡再處 下
【水底魚】酒飯招牌辛勤守櫃檯些微貨賣今朝若个來 自家非
別蘇州城一个茶家擋小檔便是只因本少利微只好做些
小買賣招不起大本錢的客商小二忙把店門開安排待客
來不將辛苦易難近古間財 生丑上
【步步嬌】徑轉吳門多傳詩我急色難爭耐歸鳥入暮來今夕斜
陽倘則無賴明說楚陽臺為阻湘濤外 丑 相公天色晚了進城
不及就在此處借宿了罷 生 有理 丑 店家有麼 淨 是那个元
來是一位相公請到裡面去相公可用夜膳 生 前途用過不

消了 下 淨 那一間房子潔靜請到裡面去罷 丑 喂老伯吾且問
你這里有个黄李娘你可知道麼 淨 黄藂娘有的 丑 有的他
家住在何處 淨 虎丘 你們相公必竟喜歡這一藂的了 丑 他
家做什麼生意 淨 他家來漁船上生意 丑 撐个 淨 賣蟹 問是
漁船上个生意 丑 是个說嫖子人家哉但不知在虎丘那一
方 淨 我也勿曉得聽得這些客人說虎丘有个黄藂娘 丑 丑
罷今晚且睡了明日尋去問便

第七齣 錯認

【繡帶兒】來吳郡深知名姓疾忙遍訪媒婷顧今宵細訢相思儘
勾銷已往愁情 小生 一到蘇州且喜訪知黄李娘是个青樓女
子蹤跡虎丘因此急來探問來此已是虎丘山來不知黄李
娘住在何處 丑 相公你走了半日在此坐坐待吾問着了來
請相公罷 丑下 外上 只因女病求酬願偶向山光一賞心請了呀
一个風流少年見也是尋遊山水的麼 生 小生偶爾登臨不
忍驟去老先生閒步此間情致雖同述襟懷有異耳 外 少年
作賦登高當有別致老朽桑榆何足共驕 生 不敢 外 我消停
聽言詞溫雅真奇驚見風流再佳洵今老夫與兄同到松陰下
畧拭片刻何如 生 料陽影山巃數層嶋好似相逢恰遇闕行
末上 一心忙似箭兩脚走如飛稟爺張老爺特携酒餚到來故
此禀知 外 當道偶臨不得奉陪了疾返僧房去更衣迎上賓
末丑上 相公 生 你來了可曾訪着黄李娘家中了 丑 我沒有去
生 為什麼不去 丑 只見山門下有一个說書的人來合說書

聽子幾句了生唉狗才一些正事也不做且不要忙待吾去
問就是了借問一聲這里有个黄李娘住在何處内界黄裵娘
住在半塘你們走差了丑多謝了相公黄李娘不住在这住
在半塘生半塘也不難訪是郭轉宏的吾自到半塘去訪問
你且回到北寺裡等吾回來便了丑曉得了體貼東人意須
全小僕心小生重行遥折過迢遞曲徑脚兒何敢消停小劉長
若入天台病張驚勇往逕京待吾再問一聲大哥借問一聲這
里有个黄李娘家住那里内叫門内就是生曉得了叫開門
内想必这家了且住他既是个名妓怎么住小小的房子嗄
是了他必竟心厭繁華故此寓居冷淡想芳卿愛幽閑寫出
襄懷冷拒閙閧淡然佳景不免叩門付上門前少客鶯神首房里
無錢鸞嫋頭是那个元來是一位相公生你們可是黄李娘
家麼付正是生吾特來拜望李娘的煩你去通報一聲付本
該請到裡面奉茶只是吾家大姐接了一位馬市客人在裡
面吃酒不便出來迎接相公改日來罷生接了一位馬市客
人怎麼接这樣客呢付这是吾們生意生也罷只請大姐出
来一會付相公这班客人不比本地相公動不動就要打罵
那敢惹他你明日來罷生不是嗄我只待親相訂重圖締盟
不指望今朝便爾相迎付呀我們客人來千去萬從不曾見你
这位相公說有了客了怎好再接您況这節事重重疊疊不
得的相公你且權熱一夜明日早些來罷内付叫付來了下生看這
老兒竟進去了這等可惡

〔太師引〕徒村量成孤另悶得人巫山那傳他只願傳盃喧鼓怎
知咱識眼空凝如此熱閙怎得出來待吾叩門老旦是那个來了
天色將臨晚門前誰又呼呀元來是一位相公生媽媽小生
特來拜望李娘的老旦飛娘就是小女生元來就是令愛火瞎
了方才有一位老人家出曾寄信進去不見出來回報不道
驚動了媽媽老旦好說小女今晚有了客了不得奉迎有罪有罪
生小生也知有罪只要請令愛出來一見明日當竭誠奉拜
老旦這个使不得他在筵中笑言傳斝喝怎背地私出相迎生
只要請他出來一見就進去也不妨老旦相公只當老身得罪
明日來罷恕他處多多欠情專相待今日愿負黄荆保兒辱
酒到樓上去下生呀連那婆子也進去了這等放肆

〔前腔〕只見他深閉門胡廝逞這愁煩今朝怎生眼睜睜陽臺萬
里嘴吧吧決絶千聲内你聽他吃得有興唱聽吹呼斷遏雲箸
景終不然守到天明我好恨也端嬰洲何堪暫停傾不得佳人
小膽林鶯開門付上公日的客來得多又是那个叩門元來又是
你這位相公方才对你說有客了只管去去打進來成
什麼規矩生唉難道吾不是客麼付你這相公嫖經也不曉。
讀的只管要嫖
〔東甌令〕你遊娼館也要耐心情只管撲上青樓不肯行做如光
接了你可接得別人的你將心自比須三省生你撇敢相凌
遊你認我一認是何等人付你是肓食鬼生一樂不是了暴蔑
無忌敢揚聲打你不悝悝淨上誰在此胡閙娃你敢胡行便把妖

【魔遥】生 住了文不與兄相干 净 你要見那个 生 吾要見黃李娘
的 净 狗咱的一發該打了 丑意介 張爺不要動手 付 你元何怒髮
呼不應 净 他要見你 丑 要見我待吾去呼 憑欄俳凝影把肥拳
受顧 生 姐姐那一位是黃李娘 丑 吾便是黃裱娘 生 你是黃李
娘呼 醉 急介 净 打這狗入的 貴相公請息怒 净 待我打這狗娘
的 潤戲吾相處的表子
【尾聲】他空害相思病 怎如我今宵折証 起丑介 付 打傑了了 老旦 打得
老旦 八好我們這樣人家迎新送舊常事不要管他閑事門
的 干打混的只是好好回 他怎麼與他糾抄 付 他在這里胡
鬧 與吾什麼相干 貴 進去罷 快叹指剩汁殘羹 將思遍體疼 下

第八齣 寺遇

【引】林間咲語霏瓊屑為地 奴奴 諸别老夫只因兩个女兒俱已
及笄 又已出心擇婿 務要才貌雙全方堪選取 爭奈昔日皆
是凡庸相對 並非奇士 因此蹉跎未偶 前日在虎丘山寺遇
見一少年書詞俊雅 手筆温柔 老夫正要問其姓名 叩其居
間 適因張年兄到來 匆匆別去 豈不錯過了機緣 昨日又有
車吏部的乃郎 係老夫年侄 遠來拜吾 意在求婚 吾看他雖
然豐滿有餘 卻帶着膏粱俗氣 不好輕許 今日說不得去答
拜 只盡个年家情面罷了 院子 車相公在何處作寓 末 在此
寺裡 外 既如此 快備名帖去答拜 末應介 正是一灣綠水林間
出 幾處柴門雲際開 末 有人麼 付 來了 半牆落日歸啼鳥 澗
底飛花出迓僧 是那个 末 老爺來拜 付 老爺請 外 吾且問你
有个車公子何處作寓 付 就在小房作寓 只是不在 外 那里
去了 付 方才同幾位相公出去了 外 既然不在 留一帖兒罷
付 難得老爺到此方丈請茶 外 不消了 因過竹院逢僧話 偷
得浮生半日閒 小生上 特奉東君命 來尋方外人 住持有麼 付
又是那个 生 吾們濟寧府王老爺家 吾們老爺陞了浙江團
練 赴任前來 因小姐有恙臥病方起 為此特到這里謝佛 要
你們備个疏頭 先送香金二兩在此 吾們老爺同小姐就來
拈香了 付 知道了 請問你家老爺還是三畫王 單頭黃 生 是
三劃王 付 小姐可有乳名 生 我家小姐叫王禮娘 付 是那个
字 生 是有礼的禮字 付 曉得了 請待茶 生 不消了 你們快些
准備老爺就來了 下 付 捷步那里 公有濟寧府王老爺同小姐
到 李礼佛無吾 快備疏文 吾且進去陪李老爺 丑 晚遇 生上
【新水令】堪驚白日晃 攔截閑的人進帰不送 丑 師父可曾聞小
姐的名字麼 內應 叫王禮娘 丑 曉得了 生 什麼黃李娘這也奇
怪 師父你方才說什麼黃李娘 丑 今日有一位濟寧府王老
爺家小姐要來這里還願 叫吾們備个疏頭 為此問小姐的
名字 生 小姐可就來麼 丑 就來了 生 吾說天公不是咲人的
元來這个女子會在今日也 巫山今日夢 莫竟恨程涉 拭眼
偷瞧 廣寒宮再遊也 內唱介 那邊唱道聲响 想是他們來也 四旦隨淨老旦上
【步步嬌】練使遊行旌旗列 車騎紛相接 長途病兒轉 深感神明
得俳寧帖 丑 住持迎接老爺 請老爺拈香 淨 菩薩在上 弟子王
信只為女兒禮娘卧病初起 特來還願 無可報樗 迎杖此心

香者 丑請老爺方丈持柰 淨升左右伏請小姐拈香 下旦 呀好一
柱淡淡ㄟ赫ㄟ的丈人
【折桂令】泰山峰車馬喧熱雨指孩莊武德陶折一任的翠遶珠
圍怎知咱移雲換雨圖上光瞥我想小姐到時少不得頂搖ㄟ
的礼拜坂滴ㄟ的禱告嗔辛翁ㄟ你好俺傳也待他擻腰肢
殷勤拜省叅一會啓櫻桃宛轉低說怎扶手相接海誓同結辦
炷心香共訴佛爺 旦 住吾方才聽他們的口氣絕不似本地人
聲音為何十美圖上註着姑蘇呼想是姻緣該在此處相會
的意思 内唱介 那還又有唱導响聲想是小姐來了我今當要
仔細看了 丑請小姐拈香
【江兒水】隨又行南鬭秋風混錦車隙困病里成摧抵衍佛慈恩
身康也度誠特把明香爇從此永淨宿孽前往江浙從神明提
挈 丑請小姐從殿拈香 下旦你先行 丑辛相公那小姐在此拈香只曾
看倘或弄出事來不是當耍的 生 你是有你的三昧吾自有
我的無明與你何干 丑 只相相公共歎不先成 生 且住方才
那女子若比半塘妓者雖然大不相同若比畫上真容我曾
有半分相像那廣寒宮的畫圖也並點綴出來的
【雁兒落】明記着畫中人容艷冶全不似人世上姮和娥為什麼
閭苦名不少差轉想到画圖中真各別我李茹為了黃李娘受
了大大一場煎熬今日幸而重逢尚有許多關阻呀只教人
盼殺廣寒熱猛可的湘波洪撒得俺目惆心空思村柱撒下睦
紅塵兩眼遮悲嗟西兒中巫嶺萬千叠天關好教俺呼不下紫

雲車也罷我且往後殿看个明白便了 下末小生上 可惱ㄟㄟ你看方才
這个人探頭探腦只管看吾家小姐又說什麼黃礼娘一法
無禮了不免報與老爺知道 下付淨上 請老爺隨喜ㄟㄟ
【僥僥令】禪房請梵徹寶宇羅楞伽樹有餘枝排雲關散步閑行
意目奢 小生末上 稟老爺有个光棍十分放肆窺探吾家小姐為此
特來報知老爺 淨 有這等事住持過來你寺中怎容留這樣
了人 丑 小寺並沒有 淨 待吾去親自看來 下丑 吾說辛相公探
頭探腦如今弄出事來了怎麼處須報知李老爺來勸辭 下生上
【收江南】覷儀容一會想成果想天淵兩樣真懸絕 淨末上 這就是
他了 生 阿呀吾那黃李娘嗄你絕塵凡因把畫圖設問毫端
痛決ㄟ恨只恨天宮無主浪拋洩 淨 你是何處賊徒敢唐突吾
家小姐 叫左右與吾打
【園林好】恨狂徒謁來弄舌怎敢向巫山打撒打得你相如倒撒
賊骽骽恁心料 外上 住了這是吾的令親 淨 就是令親不該看吾
的小女 外 請問尊姓大名是何貴職 淨 下官濟寧王信今任
浙江團練 外 元來是王練使請了 淨 不敢請問老先生高姓
大名 外 老夫就是李林甫 淨 就是李老爺罪職不知冒犯令
親有罪ㄟㄟ 外 兩不相識何罪之有 淨 小官告辭了小姐可曾
去 末 去了 下丑 和尚送老爺 生 多謝老先生 外 前日在虎丘小
上曾接言談今日又會只是延下如此少年正該開用功為
何效此無徒之行受這等恥辱 生 老先生在上晚生並非好
色之徒只有一件痛心事不得不然 外 窺探女色有什麼不

得不然（生）老先生晚生只爲中秋之夜夢遊廣寒宮（外）這是夢境何足憑信（生）只見宮中有一幅畫圖圖上畫着十幅美容都註着配偶的（外）怎麼樣註法（生）那圖上呵

【活美酒】註姻緣得輳些些七幅上人兒絕（外）那七幅怎麼樣（生）那第七幅上註着姑蘇黃李娘（外）黃李娘這又奇了註着何人配偶（生）就是晚生的名字因此跡遍吳山人未叶（外）足下既為訪黃李娘而來就不該備看方才那女子了（生）只因這個女子正叫黃李娘（外）那一個李字（丑）有禮的禮字（外）是那一個王字（丑）是三畫（外）他的容貌也竟與畫上一般的了（生）這相干聽名兒是也怎知道面貌爭些（外）面龐又不合這又奇了請問足下尊姓大名（生）念辛茹江都士列先儀部兩朝巖節（外）元來是一位公子失敬了（生）愧遺辱冀乘肆業請纓濟川無楫（外）請問令先尊那一科甲榜（生）先君天寶五年進士（外）如此說來是年兄的令郎了老夫就是李林仲（生）小姪不知老年伯駕臨多多有罪（外）不敢（生）攙呵今日里神耶夢耶悔

【前腔】訴說呼閃投人衣冠倒迭（外）我想賢姪寓在此間終為不便何不還到舍下朝夕以便請教（生）細蒙老年伯過愛只是小姪一來不曾拜謁二來在此出入便些（外）舍下出入來常不便（生）斷斷不敢輕造（外）吾曉得賢姪的尊意必竟還放那黃李娘不下麼到舍下不便相訪麼（生）非為此說（外）不要當在老夫身上還你一個黃李娘便了

【尾】想陽臺既為襄王設又何必襄王賤（生）但願呵那的陽臺也在意外也（外）就請同行（生）煩長兄對吾晴草說收拾行李到李老爺府中來便了（丑）曉得（外）正是（生丑）[illegible]（丑）和尚送老爺（外）不消了（下）

第九齣　衷反

【點絳唇】擁擁旌旗雲昏刁斗煙塵溷順着風頭赫得南人走一朝各攘施威名顯今日臨秋真大營中愧殺社盈人咱乃咱當太師深以喇便是因俺比居士寨向欲併吞南國時耐南朝有個郭子儀深得軍心據住汾陽守禦因此不能前進今有探報來說那郭子儀已死命僕達統精兵進取汾河一帶且喜秋高馬肥正好領兵前進俺已約回紇太師合兵攻打今日共會燕支山叫兒郎就此起兵前去

【包子令】胡馬長驅入細柳柳被秣百萬舊戈矛矛中原指日歸咱手平分天下享金甌比當回紇共千秋（下）

第十齣　秋訂

【引】紅愁紫惱做得春光損（小生）自蒙李老伯留到家中厚意殷勤十分敬待只是小生為訪黃李娘撇下家鄉斷有半載踪遍吳山好生煩悶適才對景傷情不免作詩一首寫在扇頭聊遣情懷便了（寫介）妙書舍畫到國香此情只合向雲晚東風倘惜愁腸斷好遣朝霞迎李娘廣陵李府頻來日送極無聊不免往書房外閒步一回多少是好正是尋芳嬾興也為客恨情多（下）（小旦上）

【大勝樂】重生又得見陽春卻向花間覓斷魂豈知花比人消瘦

行度柳蔭初新奴家青衣好婦絕重生不覺又是神春時候了
杏爹爹亡了幾年從到家行是顏陵秀士見他才貌雙全人
間第一欲把姐姐許他但不知奴家從來所配如何為此心
下穆生想問難已消遣且向園中散步一回多少是好斜廊
行廻遠鶯呼友小徑微莚燕趁人姻緣遂心真个是佳人才子
而意遊廻生上
〔不是路〕偶為尋春步入花間小扇門還思村亭臺一帶梨棠暈
旦步芳塵陡然遇个風流俊想是多才第一人生我魂驚褪飛
汕汕光降蒿唐郡謁般奇俊了旦什麼人闖進園來生小生辛苦
荷蒙李年伯高情款留日久偶因春游信步到此不想唐突
有罪了旦好一个讀書君子此間已近內庭非至親不得擅
進今日幸遇奴家看見倘遇別人大大一場無你沒趣了快
出去罷生多謝小姐周旋此恩此德何日得報旦不要多說
快些出去生小生偶然步入顛忘去路怎麼處旦這般說難
道終不出去倘有人問時如何回答生問時只憑小姐尊裁
便了旦天下有這等痴人生小姐在上小生日為痴懷所惧
今被小姐道破真个知心的人了
〔醉羅歌〕幸識瑤姬顏從此竟消魂何必人前假姻親只應
得佳人允旦郎君出意音豈不明古來才子佳人理宜相配只
是必要稟過嚴親豈可私下違盟但情果切東床待君氷言
求締高堂有親今朝莫遣痴懷盡生心相近意共溫空園幸少
採花人內叫小姐在那里旦有人來了奴家去也下生小姐看仔細

且住難道小生又做了事不成方才見那美人姿容絕世竟
像在那里見過的啖李茹茹你好癡俸正是採花雖有胆求
亂必潛心且住適緣難與李小姐訂盟倘日後遇見黃李娘
怎麼處實為兩難下正旦上
〔前腔〕蝶舞舞香消粉花落落小庭獨閑步池塘把眉顰等悵着
梅花問你看綠柳如鬢芳草如茵好一派傷心春色也呀這是
誰人的扇子遺在此作念介元來就是那李秀才題的這人好
生狂妄把吾的名胡亂標題又如何來到這里章尔自吾
拾着倘然爹爹看見如何是好吾想他詩中之意姚將凄凉
還是風流才子只是為什麼緣故便為奴家腸斷起來咲幸
郎辛郎奴家生受你這一詩也愁腸欲斷知君甚困朝霞待
遣惱咱那人春光九十登時盡正生上不好了適才走進園門遺失
了一柄扇子不免再到園中一尋旦分明就是那人奴家只
索迴避正是疾離金谷去暫避玉堂人下生好奇怪又是一个
美人咲宛似畫中黃李娘的面貌李茹茹這番相思病真
正當害殺我也情難忍心自村況吟索性到黃昏何妨再到
到陽臺事仍至天台訪玉真下

第十乙齣　許配

〔引〕弄楲成功十年心又遂通帝夢老夫身隱南山神樓北闕昨
日忽聞吐蕃回紇兩路出兵連和入寇聖上已命郭令公前
往浮陽防禦回紇老夫復任兵部尚書兼河隴節度使領兵
前討吐蕃待聖旨一到即便起程但從軍遠出膝下無兒家

事忖誰料理只有年侄李茹英雖無比欽將婿婚許他為配
今早與大女兒說過趁此奴〻之間與他說明一則完了姻
緣二則又好托他料理家事也免吾心中常掛院子請李相
公出來 末應介生上
【引】天子只今能用武暫時分手莫躊躕 老伯拜揖 外 賢侄 生 老
伯榮行在即小侄正要告辭回去 外 老夫叨奉聖旨防禦回
紇此行勝負未可預料今見足下英才欽將大女兒婚姻許
配年侄倚奉箕帚倘老夫僥倖還朝小女粗奩自當厚贈惟
恐戰死邊關竟成婚配不如尊意如何 生 老伯威名貫斗此
行定得大捷但小姪菲才不堪坦腹之寄除情 外 何必太謙
生 既如此岳父請上受小婿一拜

【黃鶯兒】只是無學愧愚蒙謝尊前愛過隆飄零之聘難承寵 外
見君才風重君姿雁痛佳期已定言林冗赴盧龍臨岐折柳爭
繫別離中 生末聖旨下
【引】一封丹〻飛下九重天 聖旨已到跪聽宣讀詔曰西安新臨
吐蕃回紇叛逆百姓驚動今命李卿前督王師即便進勦建
立大功奏凱回京特中恩寵另加陞賞謝恩 外 萬歲〻〻 末 請
過聖旨 外 香案供養 末 請老先生即刻起程就此告別星華
天使馳驛去如飛 下 生上 忍聞岳命君不偕駕而行爹〻請上
受孩兒一拜
【推拍】悵今朝壓柔腸方顧明年昆吾拜封嘆行期據奴〻無限
愁情惱切西風 旦下生上 岳父請上小婿有一拜愧之長纓隨侍單

容從今後萬里青驄帷願取奏膚功 下 末 敬將官叩頭 外 就此起
行前去
【朝元令】驊騮是中曉夕馳河隴人歡戰功英道迎南仲舊榮遊
龍群夷鼠拱紅日一輪高捧宰相元戎攙搶迅掃如發蒙還月
掛旌沖猩麾飛角弓愁雲隨勇風度慶武陵三弄〻〻 下

第十二齣 討扇

【綿搭絮】天生佳耦當做斷雲愁霞水難收悔殺花間綿好遠前
日在花園中偶然遇見李郎已把終身私訂不料爹〻昨日
臨行竟把姐〻親面許配他空害得吾一夜無眠好生沒做
理會想世間有吾李夜舒得凄涼自然有吾姐〻的快活也
嘆我且到姐〻房中去散步片時正是悶帳香風偏何處覓
妹終遊紅蘭杏你看房中寂靜想姐〻還未起身你今正了
十錢櫻金的丈夫好不安然樂意呀你看桃兒上有一把扇
子在此待吾看來 介 這扇兒吾前日在花園中明〻看見李
郎手中又不知幾時送與姐〻這等看起來李郎對吾說的
言語多是兒話了也罷我如今寄這扇兒做个把柄看他怎
麼樣且待吾等了出到覺不好意思不如潛出中堂去遇見
李郎只在他身上要這把扇兒便了怪狂疏假意胡纏下闊
地
將人奚枝把扇私授悶得我氣滿胸脯我只恐頭難前殺逗留
生上 嬌下此心難以說嫩者總兒未深微呀小姐拜揖嘆小姐
小生自從花園中訂盟之後終日思想今幸重逢心魂交熱
小姐為何到冷落起來 旦 阿呀前日訂盟〻的情今日嘴盟

就是陌路了還要胡說 生 昨日令尊將令姐許配小生也曾力辭只因令尊堅執無可奈何只得應允難道就忘了園中之約望小姐諒之 旦 住了淚爹々將姐々許你這是吾爹々主意我怎好怪你々自去想還是該怪你不該怪你嘆 生

【紅衫兒】他惹兒怎生嗔發非故舊直恁焦愁 嘆 小姐 嘆 休教氣損芳姿有話時望說緣由 旦 呀你來問我你樣推辭半啞明痴裝伊家不為 生 小生其實沒有什麼 旦 只問你袖裡吟酬怎向他行入手 生

【獅子序】巫山路難偈醉是何人把綠言妄投 旦 什麼謊言是吾親眼見的 生 不明白怎生只顧煩愁好教人進難措 回 小姐若不說明小生就要急死了 旦 你就急死與我何干 生 就死也要說个明白 旦 什麼明白只要問你題的扇子如今在那里 生 嗄那柄扇兒麼前日小生在園中與小姐講話後來聽得人聲慌忙急走遺失了 旦 難道見得 生 什麼 旦 你失了難道別々是吾姐々拾着我到真情待你了卻恁般唉吾 生 嗄元來是令姐拾着吾便那里曉得 旦 還要調嘴 生 呀你若不信吾就對天盟誓 旦 你盟誓只當放屁 生 蒼天在上我辛茹若漸詩扇私下送與大小姐死於 旦 不許說 生 就不說如今小姐不要氣了 旦 怎么不要氣 生 若還氣小生又要離誓了 旦 住了堪怜你行可羞事可羞話可羞尤倚着虛詞即謡說甚文章碩士情禮班頭 生 必要求說明了去 旦 說什麼明白只要去討還我那把扇子就是了 下 生 好難題目吾想這把扇子已入大小姐之手那一个去取討出來 付扮梅香上

【東甌令】我心閒事向誰傍才伏枕腮邊淚暗流 生 梅香姐 付 辛相公為何自己坐在此 生 偶然在此 付 這个所在到岑靜 生 正是 付 更無人來的深房幽靜無人走我和你顛々如何 生 什麼說話 付 不妨的做片時鸞鸞侶 生 我問你々伏侍那一位小姐的 付 你還不知麼吾就是侯默的媵嫁 生 如此伏侍大小姐的了 付 正是了 生 如此說我有千金一事投伊求 若是做得來你的奇興便當酬 付 什麼事快些說來 生 吾有一柄扇子前日掉在園內被大小姐拾去了你如今若與吾討來我就依你 付 那這个有什麼難等我去討出來若是討了來要與吾睏々的呢 下 生 阿呀老天還叫回顧他去討了出來就是吾辛茹的燒棒了 付 辛相公々扇子在這里 生 這樣取來的 付 吾說辛相公有把扇子落在園內閑得大小姐拾在此呼吾來取 生 小姐怎麼說 付 沒有什麼說竟把扇子遞與吾了 生 如此吾要 付 你要怎麼 生 吾要去了 下 付 轉來々々老辛投頭个

【尾聲】得吾遍身慾火難禁受淫氣沖人涎吐滿辛家里冤家何你做到頭 下

第十三齣　進兵

【引】月黑玉關秋雲暗蹋龍尾陣列崆峒劉氣丹楹來千騎擁登壇旄頭夜向黃沙出汗血秋從西極還 下官郭子儀奉旨防禦回紇故遣兵涇陽專待李林仲行兵到來必以吐當命 下

多日怎麼還不見到來好生懸望 旦末小軍外上

【引】兵如豹躍馬如龍劍戟迷朦陣陸離 中李老爺到來 老生 道有

請 外 爺兄請上小弟有一拜 老生 也有一拜 外 爺兄先觴星河

威揚天柱小弟自慚附驥駝恐拔龍 老生 兄爺遠啗宸綸重承

還奇小弟自當竭立待命何必太謙 外 請問敵人近日作何

景狀 老生 小弟因奉旨防禦堅壁不戰但奉天府處吐蕃搖撼

異常兄爺此行須要加防獲萬不可輕視 外 領教 老生 看酒來

【惜奴嬌】壓列金觥滿滿浮幻香流洪開豹尾共展孫吳之計大復

唐家田地成機一語之中藏深謎笑談間兵戈起張飾威衍間

破敵功成奏凱旋歸 淨上 報事的叩頭 外生 有何緊急軍情可一一

說來 淨 爺在上探得武功等處吐蕃兵馬似蜂如蟻旌旗閃爍

皆乾坤劍戟鑽排甲陣一望騰騰殺氣愁雲黯黯陰雲可怜

百姓盡離分作速點兵前進 外生 知道了再去打聽 外 吐蕃已

逼武功事在燃眉小弟即提兵進發兄爺只堅守此地便了

老生 小弟堅守涇陽決不與他交戰倘爺兄那邊有警作速通

知以便救援 外 領教叫將官就此殺上前去 下 老生 我看李公

斗邁不比當時須多差探報沿路打聽庶可無虞 掩門 下 末丑付上

【水底魚】馬速輕蹄金城踏做泥 合 大唐皇帝快將龍位移咱家

自從打入中華攻破大震關并奉天等處將逼京師處處望

風而走無人抵敵方才探子來報說兵部尚書李林仲行兵

前來攔截去路把都兒將兵馬分為兩翼待那廝到來可進

赶他入城自有道理 合前 下 老旦正旦小軍外上

此葉缺

【前腔】陣走雲霓王師百萬齊鼓聲聲振吐蕃魂魄飛 丑下 快開城

門 付 似看這廝被俺大殺一陣慌慌的進入武功城內去了

叫把都兒與吾把城緊緊圍住待他薪竭糧空自然獻城來

十美圖傳奇卷下

第拾肆齣　拷婢

〔引〕花氣斜籠寶鏡 平 閃出淒涼冰影 我夜行只為情牽心動私
与李郎訂盟不料夢々臨別之時竟把姐々許配必是吾緣
慳分淺也則索抱恨終身罷了前日往姐々房中見了他的
詩扇好生愁悶及遇見李郎把他責備一番要他討那扇兒
他果然認真取来付与奴家只自今已後不能夠見李郎扇
兒嘆只索時々看你便了
〔尾犯序〕好事嘆無成愁殺花間曾締姻盟扇兒々握兩携雲何
着紙空蹉思着好惡向人前拭淚悲歎痛揚揮詩咏 付暗上作聽介 当
我姐々与李郎做了好夫妻吾到与他扇兒做了千夫妻了
堪惆悵多情兩字和哄得不分明 下付 呀原来李相公央我討那
把扇子要送与此人專怪他前日騙吾今日待吾在大姐面
前撥一个是非教他受些氣 下旦上
〔前腔〕寒花墜地悄無聲霜氣侵階香篆初凝 付上 小姐那里 旦 了
頭慌々張々那里来 付 小姐吾有句極希奇古怪的話来對
小姐說 旦 說什麼 付 便是前日那把扇子李相公叫吾討出
去你道怎么樣了 旦 怎麼樣了 付 竟送与二小姐了 旦 有這
等事 倘不信路隔桃溪有蹤源魚艇 付 吾不說慌的兆堪証
只見他珍藏懷袖又低說他蝶病又道堪惆悵多情兩字和哄
得不分明 旦 如此說真的了 付 千真萬真如今還拿在手中 旦
如此同去看来 付 快些走 下当上

〔又〕吾念凄終日目勞挲這扇似人孤瘦骨楞々且住扇兒難捨
不得片時放不倘被姐々看見怎麼處吾說不得了 丑暗上作听介 当
一任他花里煙籠有多般戒戀 旦 妹子你這扇兒那里来的 当
倘你撿得在此姐々問他怎麼 旦 阿呀妹子嗄吾和你是嫡
門貴新不比尋常凡事要請问為 当 這東西倘来歷不明快
些撇下才是吾做姐々的好話不要怪吾說 当 呀做姐々的
正該如此何怪之有只是這扇前日先在你粧臺上遞吾看
来歷不明你的来歷也明得有限 旦 吾目前日在園中拾的
当 我也在園中拾的 旦 這等看起来明々梅香這小賤人与
你做手腳竟来哄吾々々如今也不管只是打這賤人 付 關吾
傍事 当 呼你打吾不得卻打這梅香麼 旦 吾的丫頭由吾打
与你什麼相干 当 正是由你打 下旦 你這賤人与吾討這扇去
替他做事麼 付 斷我傍事 旦 須聽現招出蜂蝶使待做下
鶯招燕請 你這賤人我真堪恨這痴愚小鬼又弄出不惺 下老旦上
阿呀大小姐為何在此嚷鬧小姐為何氣得這般光景 你這
了頭為何淘小姐的氣 付 奶娘說是那把扇子嗄 老旦 便是吾
着你討出去的 付 道吾討去又送与二小姐了 老旦 可是你送
去的 付 哄我什麼相干 老旦 如此還不進去只管在此哭什么
付 哄正是這風點火目燒身 下老旦 小姐嗄你不要氣壞了身
子 旦 這小賤人那里去了 老旦 為什麼来 付 旦 前日你見他討
去那柄扇子 老旦 扇兒便怎麼樣 旦 竟送与這个了 可不羞殺
老旦 小姐扇子雖在二小姐處也未必就有什麼且不要氣壞

老身思見只消打發李相公回去便少了許多閒氣了 旦 這話到也有理 卻今場期相近 竟教他上京應試便了 老旦 這句一發好 只說今早邊上有書回來報李相公

〔尾〕忙忙從騎把雲程舊 旦 乳母還有一句要緊說話 若不得官再休延頭 老旦 我曉得了 你看報貼泥金在此行 旦 乳娘娘望旗

雜後 老旦 耳捷好消息 下

第十五齣　催試

〔引〕空即淒涼雜自遣 怎禁兩下情牽 好笑老年瞎眼 為黄李娘來此將著萬況 竟多曾料李娘沒處訪求 到意下兩下相思 我想岳父出兵之日 將大小姐許我為妻 雖然未諧鸞鳳 還可耐心等着 只是二小姐書央我在園斷約 這激詞緣怎得到手 如今逮着畫中黄李娘 撇下三處相思 怎不教人想殺也 老旦 說將成佳偶 設勸做養娘 李相公 生 呀 乳娘到此何幹 老旦 今早老爺在邊上

〔鎖寒窗〕寄家書來自秦天 生 言上如何 老旦 更沒寒溫別話 言但道春場已近 請相公早奪詞元 生 小生功名之念 非不在意 只是你老爺托吾在家料理 怎好就入京去 老旦 嘆 李相公 你差了 前日是老爺之命 今日也是老爺之命 何必遲疑 生 你老爺的書呢 老旦 在大小姐處 生 如此就煩媽媽去取來 快我一看 老旦 使得 生 快去取來 老旦 只是還有一說 對相公講 只是不好啟齒 生 有話就講 老旦 老爺書內要相公赴選求官 誰知裡邊有許多細人 在相議論 生 議論吾什麼來 敢是議論吾做不出文章 老旦 這个到不 生 議論什麼來 老旦 說相公不好暫人家料家務 怎做得官 生 吾說這个意思了 老旦 吾家小姐十分氣惱 生 何須氣得 老旦 因此對老身說 對相公道 此行若得了官 快回來爭氣 若不得官 叫相公不要回家 你道這些人可惡也不可惡 我如今進去取書 惱他又添小姐的氣苦 要便吾去取來 生 如此罷了 媽媽 不是小生不肯去 只因你老爺臨行付托 教此遲滯 若論取功名 如拾芥耳 可惜一科只有一个狀元 若是兩个 管教都奪他回來 老旦 如此甚好 但願

望都得意看花春甸 腰金送春臺嬿婉 生 媽媽 此行若不釋望

宣終須不返堂前 老旦 說得好 小姐已吩咐備酒 請相公中堂餞行 生 媽媽先請 小生隨後就來了 老旦 老身先去 不題 生 想岳父引兵滿見波濤 生 不想又生這一番事來 哦 大丈夫功名萬里 然要細人談論 吾此一去 大小姐的姻緣是不必說了 只是可惜爭負了二小姐之美情 嗄 也罷 不免悄悄寫書一封 叫晴華送與二小姐 也見得吾不是負心的人情理

〔前腔〕修書拜達妝前 欲赴春闈奪歸 縱匆匆別去 不獲餞延花間 密約盟心非淺 休提此把春顏褪減 臨行草狀訂幽緣 長懷盡幅難宣 書已寫完 不免喚晴華出來送去 晴華那里 丑上 堂前擺酒席 眼底送行人 相公 人人說相公要去會試 可是有的 生 你還不曉得 今晚就要下船了 丑 阿呀 路遙還不曾收拾 生 走來 吾且問你 丑 那說 生 裡邊兩位小姐 你可認得 丑 都是認得的 生 如此 我有書一封 要悄悄送與二小姐 不可被

人看見丑既有書為何不送大小姐到送與二小姐生不是
吾有什東西在二小姐處要與他討丑相公東西是吃得的
用得的生嗳吃得的丑吃得的替相公討出來我也要吃點
个生胡說下

第十六齣 書露

事不關心。。有亂方才叫乳娘出去打聽李郎赴試事雖如
此只是我與他訂了百年夫婦怎比陌路不免修書一封
勸他努力上進再送付銀五十兩為盤費日後夫妻分上也
覺好看奢香那里占上來了小姐怎麼說旦你去與李家的晴
芳來付明夜說小姐打痛了腿走不動丑嗳胡說快去付得
吾去下旦待吾寫起書來
〔大勝樂犯〕嘆明朝俊馬輕鞭怎禁持這趾邊夫妻情分豈非淺
莫貪看野花纏閫金鄉曉龍門步入素長盟風頭緣花鬟鬢送
得鄉腸人遠付丑聽得閨中喚你入內堂來小姐有何呼喚旦吾
有書一封白銀五十兩送與你家相公叫你拿去丑阿呼這
銀子重得緊也好拿小付喫這晴芳袖中什麼東西落出來旦
等來吾看二小姐粧前開折奉覆尋人年若拜啟二小姐多
卿粧次伺看閨中幸遇邀叢聯永締姻盟豈期尊大人臨
行祇以令姐許配芳卿風志尚未遂心今看遠赴公車當奪
錦旋以酬私願吾有誠望女英豈不相顧郎懷原來他兩下
做這勾當幸得蒼天有眼恰好落在吾手吾且拿這封書去
看他怎生抵對付小姐吾今朝不去了旦為何付怨怕又要
打吾旦嗳胡說下占上
〔前腔〕甚來由忽辦征鞍嘆臨期難一面奴家聞得李郎就要上
京應試不知有何緣故不見步出中堂倘或見他問个明白
丑教奴家放心占上穿食好重占請等這是那里寄來的丑這
是大小姐送與相公的一封書又是五十兩銀子占賤奢婚
姐叔致夫君勝眼望乞努力親華即舊狀頭條髮勿使奢眉
屢蹙之嘆好嗳他們兩个傳書遞來前日到與我閑氣如今
供狀現沒得說了丑不要供狀、、吾家相公也有書一封送
與二小姐的占如此拿來丑阿呀不好我不知落在那里了
占你好不用心怎麼失落了快、尋來我便還這封書若不
尋來休想還你丑嗨个奇貨占吾去尋來還你下占李郎書上
定有許多閑話倘被別人見怎麼處怕書中寫出風流怨被
他人呈照見佳期尚覇東流水心上先熱一寸煎旦上這螢好叫
我不禁顏變阿呀妹子你做得好事占又做什么事來旦
〔太師引〕女兒家須完善占嗏又來了旦怎胡為做下亂言占什
麼亂言旦還說沒有占有什麼旦現露出情書一紙占嗳元
來如此旦尚擇牙抵賴懸源我也不管只將這幾个字現留
着待爹ゝ回來與他看只問你女兒家該與人傳書遞來的
麼旦你有什麼把柄占呀ゝゝ有些這溫存書扎誰寄遣到
咱沒羅奔運旦阿呀占阿呀ゝ歸他手難生辯言今日里嗔和
怪當做相憐占索性要說明了旦妹子吾自與你取笑占呀做
妹子的也不認真旦妹子我想佳人一定該配才子就是吾

共你今日正説是一片憐才的熱腸誰不比森閒漢上古看
嫦星女英同事一舜吾和你從未同適辛郎也沒有什麼不
好 旦 難姐姐洪量忽蒙不肖 旦 凡事須要做得明白

【前腔】須自今情相纏再休惱一的好言便做道二喬同嫁也須
知渭水曾然顧他宮花壓帽含笑嬌羞相如的表英言那時節
兩相歡宴今日里與和怪反做相憐 旦 妹子吾和你同到粧臺
上去看他的書麼 旦 如今還要看什麼遂了吾罷 旦 要看的
旦 還了我罷 下

第十七齣 候榜

離亂三春後文章百戰中近來科塲撗可見秀才窮自家進
場卒子使是今乃永太元年奉旨開科取士且喜三場考試
已畢且待放榜不期吐蕃回起回紇兩路軍兵連和入寇都
甚洶湧邊報日至那塲期都御史將奏聖諭叫那些候榜的
進士暫時各散回家直待邊庭平定方一已只出榜那時節
御史老爺奉給示張掛不免就此張掛起來 下 生扮書生丑上

【番地商】桃花浪處較爭些各擬攀龍攫鳳串逞翱脫却朝靴
雲澤風雲逞蹉跎 末 列位今日是龍虎日期大家去看榜

【皂羅袍】示仰臨場英傑為涇陽寇邊報重叠九重宵旰未寧
貽暫傳天榜從容揭在京諸士各歸肄業邊功寧日依名面開
因茲右諭通知者 末 元來邊報緊急暫停文榜吾們都到下處
收拾行李回家去罷 下 生 你看他們都紛紛去了吾獨有此事
阻當這怎麼處欲待不歸這京師可是久寓之地欲待回去

我又不得登科怎受細人談論嘆有了當初鄭令公約我他
任上況這里到涇陽又近何不前去投他且待出榜之後再
到京師就職也未遲回寓收拾前往涇陽有何不可 不如意
事常八九可與人言無二三 下

第十八齣 拷婿

【引】大廈將傾又斜手補成望誰 老夫鄭子儀奉旨防禦回紇駐
壁不戰以老敵人旗牌通來稱有緊急軍情那怎通報 生上

【引】步接雲營山徑遠今嚴白晝關條門上有人麼 付 那里來的
生 乞煩通報廣陵辛蔚求見 付 少待 稟爺 廣陵辛蔚求見 老生
辛年姪到了快請 生 叔父請上小姪有一拜 老生 不消了 生 叔
下遣隨見叔父尤如見父 老生 衙門隨語接見子將于接見有
坐 生 告坐了 老生 賢姪可曾入京應試 生 叔父聽稟

【宜春令】青陽朔赴禮曹喜文成龍淵後杳 老生 正好候榜何故到
此 生 只因還警聖明不揭春闈曉因榜遣舉子還家悵悞着
人登廊廟欲贊籌邊一語因此遠投秦堡 老生 賢姪從當茶飯 下 丑
特奉當王命來敝居令公自已回紇太師麾下小的謝使是
俺們起兵之望聞知鄭令公已死如今又說還在因此差俺
來一看此間已是營門不免傳報進去 付上 那个將我 丑 回紇
太師差說要見元帥 付 轅門伺候 中引老生上 開門 付 稟爺 回紇
大師差兵在外 老生 綁進來你這廝慌慌張張莫非有甚情弊
麼 丑 奉回紇太師鈞旨着小的請元帥議和實無情弊 老生 如
此放了綁你回紇忽爾頭犯境是何道理 丑 元帥在上俺

們沒有優待南朝之意只因濮固懷恩指稱元帥身故唐朝
沒有將領因此統兵到此如今元帥這般嚴威小將們怎不
害怕嗄

【駐馬聽】深入南封慷慨汾陽捐館了今見元戎不減當年貌咪
斗膽敢相邀親言親音元帥尤存焉敢相侵擾設誓和親共休
交（老生）快回去上覆你家太師說汾陽王單騎前來便了旗牌賞
他酒飯押出轅門外揖介（下生上）叔父方才小姪在公堂之後
細聽善矣之語甚有奇異尚須斟酌而行（老生）老夫計出迫還
四十餘載他們怎不害怕因聞吾身故如今聽吾一會即從
服矣吾若不舊身前往視吾為怯了大丈夫以天下為己任
自當身往而前何須斟酌（生）小姪之意全不在此今日只怕
叔父一人前以說全公若在永不變兵這番將起來明欺
叔父是一代人物再沒有接手英雄了（老生）是嗄賢姪所見極
明只是如今怎麼處（生）若依小姪愚見叔父還同公子到他
營中止斷得郭家有後不要被他看輕了（老生）賢姪所言固是
但老夫所有八個小兒多半書生如此後他怎生去得不如
老夫單身獨往到好（生）這也不難只消選一個出群英傑做
稱公子便了（老生）千軍萬將一時難求怎得就有（生）叔父在上
此計可用小姪情願同往（老生）賢姪若肯去唐朝萬大之幸只
是怎生將你見為兒輩（生）若蒙叔父許允小姪願拜為父子
也拋三軍之口

【解三醒】祈慈愛放開海教從今後永承歡悅兒非武身難紹
惟方猗小兒曹願其舌戰兵消氣重整山河不再搖在君才妙
祈天之福祉幸獲賢豪（賢姪已為父子取個名兒好播關外國
（生）求爹爹命名（老生）吾所生八個小兒多取日字傍你就喚郭
暐便了（生）多謝爹爹（老生）旗牌過來今後俱稱孝相公為郭九
爺如有泄漏軍法重處

【尾】將劉牌早發回營繳傳得汾陽王到保奏和親達聖朝（下生嗄）
元來郭暐也就是夢中所見到底在吾今日（下）

第十九齣　服虜

玉門關外海雲黃甲陣煞風天日霜蹄是我平居土地寶刀
今血喻龍光俺乃回紇太師藥葛羅是也自從起兵到此以
有一載向聞唐軍郭令公已經身死近日不知那個狗頭做
冒他的名字死守涇陽不許俺們前進因此生一妙計昨着
小番到他營中約會他今早必然發到馬牌說今日單騎前
來這分明自來送死叫把都兒俱要弓上弦刀出鞘大開營
門待那廝來時若是假的立刻殺了若是真的再作道理

【新水令】嘆唐朝帝祚已中衰光汾陽死經多載把小李假作賢
將名待謊俺斜刺里逞窮崖憑可也單騎前來撒把刀和劍埋
營擺（下）（二生上）

【駐馬聽】不憚胡霾臥義懷忠旋馬來別揚速寨只見漫漫訓兵
氣兩天涯遙望見旌旗四列陣雲開龍幾盧蜂烟密簇揚名大
漢驊騮資壯我躍過山崖早迎着葛羅寨（生）列回紇營中總者
大唐兵部尚書左相家太傅欽命招討幽燕等處兼理糧餉

御夜使賜上方劍一品蟒服汾陽王郭單騎到此快開營門
迎接 衛 吩咐開營 老末上 請令公下馬入營 一生
〔沉醉東風〕奉聖選欽承也那上差怎輕敢下馬登階 淨 令日又
不知你相待馬上怎好講話 生 恁既是休着戰鬭俺可也離
了鞍階想比鄭舊展和偕為什麼一旦違盟又早把陣排因此
上保奏恁情由得這可改 淨 咳令公你這句話差了令唐家家
繳這帝位該讓俺家去坐只因你是个名將請你到來而講
一者名攝俺將威與恐怕不肯破你這座江山麼 老生 你道俺
唐朝衆繳且把唐朝大業與你講一講
〔雁兒落〕形勝上接濡河控四海論英雄有百萬忠誠師今日替
王家識戰兵非是俺怕行軍成担待 淨 令公偏你都這許多假
惺子俺也明知唐家只有你老將像比人惟直止讓你一名
若令公歸天之後就是俺親老子也不饒他哩 老生 呀 俺把這
嚴顏頭親手早提來說什麽未死且延捱果若是旋回紇心難
滅分日里遇兵戈也莫便拜 淨 你待要怎麽 老生 請兩下齊排決
一戰涇河界近得个興衰休只怕恁虜脾掛在懷懷 淨 令公你
也大誇口了俺不過讓你是名將俺雖不能飛雲駕霧也有
萬夫不當之勇就戰也未必怯你 生 的你們沙漠之人那曉
得天朝神武什麽萬夫不當之勇敢與俺小小比个高下 淨
你是什麽人也來誇口 老生 這就是第九个小兒 淨 呀元來就
是公子子你小小年紀不要枉送了性命 生 和你閑口也是
枉然可將金錢懸掛三百步之外你射三箭我射三箭只看

誰家射着就分个强弱了 淨 好慨也一个金錢三百步之外
還想射着哄誰 生 你若不信且看俺射來 淨 小番將金錢采
掛于三百步之外 生 三箭 衆中金錢 淨 驚介 我的神臂鄧、嗄
〔得勝令〕這是俺轀路歸能一小才怎直得衆回紇成難畔可知
道郭氏盈門盡將才恁休說老令公人一代 淨 如此說又是一
位令公了 生 休知道郭九郎天下付黃金鎧咱可也俺不隨
來恁爭見仲伯操排 淨 俺們被灘圖懷是以入中原加分令公
公子在此俺們就要回去了 老生 你既要回去俺和你盟下
誓來 淨 這个使得令公先請 老生 蒼天在上從此兩國相和大
唐天子萬歲回紇太師亦萬歲兩國將相亦萬歲如有負約
者身死陣前家族滅絶 淨 照前誓 一生
〔七弟兄〕盟誓設永休兵況回紇扶唐功獨大接議違該蝎勇情
諳俺急朝准備禁街等的恁來朝貢全采 淨 小番吩咐前隊哈
的吩先退四十里 衆同介 二生
〔梅花酒〕九忽把陣解早盟下不來則便是帝垣捐日見星恩九
蝎衆遠寨吐蕃兵九目恁天災到禍盈恁乞縱容貸叩雖然是
得揣懷懷拾懺語應該便不戰和諧更喜動顏闘聽兩國三軍
盡嘯咳一霎時戾氣散天街喲變麟鳳似虎豺 淨 令公公子
俺就要別了 生 俺有話吩咐你 淨 公子有言吾當聞教 生 俺
郭家兒有根荄 恁 觀汾陽慢輕精 衛 諸兒弟並三槐 恁 沙漠中
隅天涯俺休猜想倒銅臺恁空落得苦黃埃九的是英雄手托
帝關抵多少龍堆百戰始歸來早知是扶鯀來桂廟虞階平定

了九垓〻多謊道九郎英銳果奇哉凈領敝小卒道來吩咐各
哨探手步就此接營令公、子請了下 老旦 吾見你看回紇之象
帶甲有萬鐵騎千群其勢萬不可當且喜兵不血刃遂乃望
風而去這多是吾兒英人之功也 生 這是上賴聖朝洪庇爹
爹威力此孩兒何功之有 外上 報 手 報何事來 外 啟爹爹吐蕃
已逃武功甚急請老爹發兵解救 生 再去打探 外下 老旦 吾兒如
今回紇雖去吐蕃兵馬圍住武功吾想同在潞邦必須到彼
解救才是 生 既是武功被困孩兒應領兵到彼解救 老生 如此
甚好你可領五千人馬晰施先行襲其不備吾即統大隊人
馬隨後接應便了旗牌過來吩咐前營馬步兵爭隨公子往
武功城去

【尾】霎時間剿靜涇河界眼見當回馳往天涯外休道從舌劍戎
功先不濕血染着狼凱 下

第二十齣　聯姻

【水底魚】甲陣如麟銅鎧似雪銀英雄無敵叱咤似雷霆 淨 吐蕃
自從起兵到此已破大震關奉天等處 副 剝李林仲那廝驍
勇殘兵擒去路前日從後入救一陣進入武功城去了看
閑多日眼見得那廝就無救兵不日獻城把都兒與吾把雲
梯布起斬關奪城 衆應介
亘引生上 的 吐蕃聽者現今回紇之衆
因俺汾陽王奉詔勤王已納款歸國你憑不識天時尚敢無
狀快些下馬投降免得諸當受苦 付 休得多言敵馬過來 戰
打敗下 生 吐蕃已逃傳令暫把人馬駐那廝所棄衣甲器械收

拾換營待太老爺兵到再行定奪 末應介 衆軍中軍引老生上 王帳分
兮財廣營千群兩視出蕃城來太老爺到了 生 孩兒頭參〻
軍令提兵到此才交戰數合他便棄戈而去今獲衣甲數千
時候爹爹定奪 老生 吾料汝出來必然取勝因此先以捷書奏
捷表文在此你可入京報捷已見得吾兒的大功又且早聽
天顏 生 謹領爹爹嚴命 老旦 旗牌過來你可接還公子入京 末
稟令 生 接書先奏上京雷雨起姣龍 下 老生 軍士們快去武功
通報李老爺知道 中 的 城上通報 內 怎麼說 末 汾陽王郭老
爺大隊人馬到此吐蕃已逃快報李爺 內 吩咐開城 淨中軍隨外上、
翁兄在那里 老生 阿呀先翁為何如此 外 自從被吐蕃圍困幾
分一死以答聖明公蒙翁兄大思援救雖況首不忘言謝 老生
兄翁說那里話來這是小弟微勞何足掛齒 外 請大駕入城
衙先請上小弟有一拜 老生 小弟也有一拜 外 胡馬調多醉漢
行 老生 凱歸能勸奏中興 外 備些東閣承顏色 老生 商卡兩尭識
姓名 外 看酒來 中 合

【八聲甘州】堂與復坦喜休兵罷武萬姓寧安吹號奏凱功名嘯
勒燕山金危酌處流霞泛軼騎歸期聖日開 合 爭看麒麟閣畫
取酡顏 外 旗牌過來吩咐諸將各有犒賞 中 下 外 那回紇吐蕃合
兵先勇其勢難以破敵不知翁兄用何妙計逆乃一戰而定
老生 兄翁還不知麼 外 小弟不知 老生 小弟因奉旨防禦涇陽故
不與他交戰適才因第九子小兒進京來此又道小弟理字
的不是他便挺身到回紇營中陳說大義那回紇便倒戈而

去他開得兄箭被困因此又領軍前來取勝這到是小大的
兩功與小弟無涉（外）元來到是公子救了小弟之危快請相
見（老生）小弟已將奏凱表文遣他入京去了改日另當進謁（外）
無緣覿面小弟之不幸也請問令郎青春幾何現居何職（老生）
〔前腔〕愚頑生居太晚年十九從來不到衍問（外）既是不曾娶妻
元何又從京師到此（老生）他粗如詩禮赴春闈遂換羅襴（外）原
來在京應選可曾高中麼（老生）只因還警群儒散為此暫誇難
龍驟上鞍（外）想令郎有文試全才但令公之後又有一令公矣
嘆（合前）（外）敢問令郎曾聘否（老生）小弟因緣々遲縕不曾與他求
配（外）呀還不曾有配（小）弟有一言望賢兄俯聽（老生）有何見教
（外）小弟有兩個女兒大女已曾許適人家次女夜行年方十
六尚未適人今蒙令郎救吾危困無可相報從將次女奉侍
賢郎望兄勿棄為幸（老生）衍蒙兄翁垂愛小弟有一拜
〔大迓古〕姻緣今日間神明垂佑永主顏繁紫紅絲果屬三生緒
英雄新占畫眉壇國治家宜從此莫安（小）弟即同兄翁歸京擇
命納定八月中旬望領小兒到揚小寓地來迎令愛前得到
舍程途太遠（外）如此卻吉期訂定八月十五便了（老生）如此甚
好（外）還有一說小弟明日面君便將聯姻一事奏聞聖上以
見無私（老生）小弟亦有此意（外）再請翁兄後堂小酌（老生）太擾了
（外）百年夫婦今朝定（老生）曾何蟠桃會裡來（下）

第二十一齣　揭曉

〔縷縷金〕持京報急奔波揚鞭獨縱馬出皇都前往揚州郡第完
這些個日家禮部報人便是只因還信已定朝廷就把春場揭
了曉喜吾分着狀元的條子走个揚州人叫做李茹因此急
往報捷不免快些前去冒炎威不憚汗滂沱休思暫停坐（下）
（末束黃包袱生執鞭上）
〔前腔〕雄邊塞上京都馬前齊唱着太平歌莫道人年少才高帝
佐（生）旗牌此處到京都還有多少路（末）還有一日之程（生）如此
作速趲行前去（合前）（付上）（生）什麼人攔吾鄉導拿過來（付）小的是
禮部報人往江南報狀元的悲怕遲了為此急命行走冒犯
老爺望乞饒恕（生）這廝敢說慌麼（付）現有報條在此（生）取上
來第一甲第一名李茹揚州府學秀是真的放他去罷（付）謝
爺一心地似箭兩腳走如飛（下）（生）旗牌過來且準這馬飲些水
（末）覆（生）快活元來吾已中狀元吾想當初只因未曾揭曉未
得為官難以同去見小姐故此暫往遊翫做些沒奈何的事
業如今已中狀元便須急轉姑蘇好與小姐成親還要皆別
人奏什麼捷（末）馬已飲了水請公子作速上路（生）旗牌我有
一事要往江南不到京中去了（末）公子若不去遞表文怎麼
呈進（生）就是你進上便了吾到江南完了事情就進京來面
見老爺與吾轉上（末）就是公子要往江南獨自一人怎生去
得（生）不妨盤纏儘有況且又有同伴不消你掛慮（末）這個小
人怎敢獨往（生）各人有事那里顧得許多就是若此去不遇
在揚州你快些出罷（末）如此小人去了公子前途須要保重
正是相離留不得各自奔前程（下）（生）旗牌已去不免即往姑蘇

便了（生）分前下

第二十二齣　報凱

【引】才郎且喜登科早，準備珠圍翠繞。（老旦）問日曾賺孝相公入
京應試，如今他得了官職，然後回來做親，且喜一到京中果然
中了狀元，一聞放榜，即便回來要成親事。吾想老爺淹來回
家，謝人主張，因此被吾終日支吾，那里當得他這等急性，一
到這樣不得老身兩日正沒理會處，方才聽得人說老爺即
日班師回來，才脫得老身肘子係（生唱嗽上）你看又來也

【引】咲成名又來，渡湘濤蓋殺玉堂年少。（老旦）狀元那里玩耍回來
（生）媽媽，吾別心事只有你曉得，目微及第是切看馳來踐你
約時之約，到今又及中秋了，你今日也說哥老爺回來，明日
也說哥老爺回來，你老爺是有職任的，誰知他幾時回來，若
你蓬般光景，激惡誤吾的婚姻麼（老旦）狀元，不要性急

【奈花子】論姻緣當賦桃夭，但家翁阻在遙邦，華堂卺期難道駁
而不當（生唱）怪伊行辭偏執拗，嗳，你知道了（老旦）知道什麼來（生）
明賺吾鬢鬚班老（老旦）有事不敢不報，無事不敢亂禱，放狀元老
爺知道老爺奏凱還京，以給假回家，將次到門了（生）老爺果
然回來了，謝天地，嗳媽媽，如今要做親了（老旦）只是還有一說
奶娘提時老爺被困，武功城內幸虧汾陽王郭老爺的九公
子救解出來，因此老爺就將二小姐許了郭九爺，將奏一疏
聖上道郭家公子有這等大功，就把他賜做了武狀元，欽賜
吾家二小姐與他為配，老爺看定十五送二小姐郭府去成
親（生）這個吾也不管，說是老爺今日到家，吾明日八月十一
上上的吉日，媽媽快快與吾備下花筵，等老爺一到，吾就要
做親（老旦）事覓郎團狀元，為何這般性急（生）阿呀，十五要送二
小姐到郭家去，難道吾到落後麼（老旦）這个自然了，吾進去報
與兩位小姐知道（老旦暗下）（生）吾孝茹好僥倖也，元來吾岳父又
把吾誤做郭九郎，將二小姐又許我了，了不請看聖旨賜婚
且任吾如今著把這事說明，那二小姐奉旨的難道把大小
姐落後不成，吃豈有此理，吾且瞞過根由，先與大小姐成親
那時再咲二小姐有何不可，好呀正是逢人且說三分話，未
可全拋一片心（下）

第二十三齣　成親

【引】奏凱回京喜，紫騣來，床坦又登魁首（老夫）問日被困武功幸
賴郭公子救解重圍，老夫感其救援之恩，面將次女便許
他為配，約定中秋日期到賜山賢房成親，前日進京後分文
叢聖上將老夫晉爵為侯，欽賜郭將為武狀元，因孔女夫急
歸故里，準備粧資送去，且喜長婿李茹也登文榜，為中可謂
大樂之事也，今日十一是大吉良辰，不免先與文狀元完姻
然後送次女去武狀元成親，便了，院子花燭酒筵可曾完備
麼（淨）完備多時了（外）喚掌禮人進來（淨）掌禮人，老爺喚（付）來
了（掌禮人叩頭）（外）官家禮數（行禮介）

【賀新郎】文耀詞林，喜才郎玉堂居首，配佳人相門閨秀，琴歌瀏
海上仙人十二樓，不爭雲霏月牖，福永泰天同久，願螽斯奕葉

光前後須滿泛合歡酒（末）稟老爺知道汾陽王郭老爺已到錫小了（生）既是令公在錫山避鄉小婿謹當往見繹是（外）迎了中秋去也不妨（生）小婿趁時曾叫令公覆旨若不就去太覚怠慢了（外）既如此明日去便了送新人入洞房

【尾】瑩籠沸蘭麝熏着明月團圓似畫正是人月雙圓徹不夜秋（生旦下）（外旦）喜大女兒已究配今日須備妝奩看乳娘送小女兒去便了喚乳娘出來（末）乳娘老爺喚（老旦上）堂上一呼階下百諾老爺有何吩咐（外）汾陽王郭老爺已到錫山十五要與九公子完姻明日是十二日了我心細到家中事情完難不得親送二小姐過門你可傳知裡邊收拾妝奩准備就着你送二小姐到郭府去便了（老旦）曉得（外）一生只為嬌雙女（旦二）嫁婿名兩狀元（外下）（老旦）蒙老爺吩咐且與小姐說明二小姐有請（小旦上）

【引】閨對璣星成回首恨天不管人愁（老旦）二小姐有才老爺吩咐汾陽王郭老爺已到錫山明日要送二小姐到郭府過成親就叫老身送去可作速打點起來（小旦）阿呀乳娘呀自古忠不可移鄉不可移吾當初曾與新郎一面知他不是尋常之輩已將心許他今日我係名魁吾已識之在前爹日怎麼這之樣後爹日他與姐姐成親吾情願老死空房豈肯奴婢配武夫決不從命（老旦）小姐差矣豈不知道只是如今父命難違況且又奉聖旨怎麼將得他違逆去的（小旦）難道聖旨要看人鄭様的麼（老旦）小姐非但聖諭就是父命也難違（小旦）既如此吾且遵從父命雖到郭家決不與他同房只要保全自叫老郎乳娘斷不可强去（老旦）且到那邊再處（小旦）你看看已萬姐姐決趣身了你與我請來（老旦）請吾去哄小姐有請（旦上）聞得方結就連伴又相呼賢妹有何見諭（小旦）你二位在此做一般詩吾剝外還去打他說來下（旦）姐姐在上做妹子的有一些許奉郎日知非禮義戲戲許吾同嫁一人言尤在耳豈知爹爹將吾許配武夫並是妹子情願昨日已去不過萬依父命去後必然一死前日辛卯別閣游前今特送進姐姐書本事郎（旦）吾聞得郭家大公子當今財为以下郭是大臣如今那九公子現居武狀元之職是然豪傑賢妹不須憂悶這廂去聞你待還尋郎便了（老旦上）二位小姐嘆

【剔瀕帽】堂前已報依時候鸞車擁擁再遲留怎奴奴相對呼望口這番愁他日里重相別（外上小旦穿鳳冠霞帔拜別同下）

第二十四齣　剖疑

【引】叶璞克相三朝政更喜今朝有鄰近去大郎子姻問右武夫璇瞰叫李林老特將他二女與吾九郎有配特題一說与家聖上准奏將吾郭婦錄現觀救就試狀元加龍龍節度使事歡假歸晉之後一間闖謝恩文聘戚冠霞帔許多龍鳳這也不在話下豈料九郎在途中竟自歸家去了怕李親到家在中秋送他今要到錫山來誰料此親到楊州又不在家全不知他去向只得又在此錫山住下今日已是中秋了備然李親前送小姐到來怎麼處（末）爺在上公子回

末了（老旦）回來了好好（生）

【引】錦綉叢中藏亂影，玉郎何計交鸞顛。（爹爹拜揖）（孩兒那里去了）（生）孩兒久别家鄉歸省攸慕想孩兒不孝之罪（老旦）歸省於慕笑孫孝思但今聖上授你為武狀元之職那李狀仲已將他二个兒許你為配定在今日送來成親只怕辱你不肯正在此焦悶今得你回方才得安心了（末）那李府送親到了（老旦）正好快去更衣拜堂（淨旦）拿礼人叫頭（老旦）官家礼數（作請介）送新人入洞房（老旦請九爺外堂見礼）（生下）（老旦）好奇怪那位郎君怎麼悶像吾們的新狀元奇怪（旦）你與吾關上了房門（生）新郎到堂前拜過了諸親就要進房來的怎好把門關上了（旦）不要管且把房門閂上了（老旦）嗄便關上了（旦）爹爹（老旦）小姐今日是个吉期怎麼這等煩惱（旦）嗅你母吾的心事只有你曉得怎麼也說是个吉期（老旦）小姐自古道嫁雞逐雞嫁犬逐犬今日拜了他爹親就是他家的人了怎麼又說這話（旦）你母噯

【降黃龍】我昔在閨亭曾向李郎締下姻盟（老旦）這不過情在一時又不曾受他聘禮如今郭家是奉旨成親的了又是不同呢才貌身在燈下觀那九爺的形貌却與李郎差不多（旦）那容顏縱似論學富情多怎生堪並（老旦）須聽百年夫婦算多是前緣風定豈凡人心隨意合便隨折証（生上）

【前腔】媽媽今夜燈前幕許蕭郎尚成攀抑（敲門）（老旦）來了（旦）不要去開（生）相逢在爾怎深幕萬閨教人延頸（敲門）（老旦）來了（旦）叫你不要開（老旦）是了就不開（生）是了小姐還說吾是（叫）郎啟此閑門堅拒我且消停（旦）伊貞操獨自守（老旦）若知你情人泣蕩早啟門扉請開門（旦）怎麼處呢嗄有了這里有个門隙在此吾且把扇子投進看他怎麼外邊有人送一把扇子進來了快、樣了去（老旦）這又奇了扇子在那里（生）在地下（老旦）這又奇了小姐外邊不知什麼人送一把扇子在此請小姐看一看（旦）叫這是閨中之物是那个送來的保母你與吾去問來（老旦）曉得那个送來的扇子（生）是我送來的（老旦）你是李狀元怎麼到這个所在來快去罷（生）不妨得（老旦）怎麼不妨倘被那九爺進來看見了不是當要的（生）我與郭九爺通家至戚就見也不妨（老旦）總是通家也覺不便快、出去（生作介）吾就是郭九爺怎麼這等慌張（老旦）你是郭九爺怎麼與李狀元一般無二的老身一時看不仔細有罪了（生）娘、吾原是哄你爺狀元也是我郭狀元也是吾（老旦）這又來衙奇了怎麼一人兩姓又中了文武狀元（生）吾詢姓是李後來赴試到京京便到郭老爺處拜為父子因此又姓了郭如今李郭兩人把了是我（老旦）呀元來如此阿呀小姐為了狀元日夜思想待吾先與他說明了進來罷（生）吾進去也不妨（老旦）此元動不動這樣性急待吾先進去小姐老身有一樁心滿意足的喜信報與小姐知道（旦）有什麼喜（老旦）投才送扇子進來的就是李狀元只因前番赴試之時因春旅榜即便到郭老爺家拜為父子因此又姓了郭如今李郭兩人總是他一人了（旦）嗅你這哄說哄那个（老旦）你若不信待老身請他進來　快請

進來 老旦 狀元小姐說先身誤說有話自己得了小
姐在那里 旦 你果真是辛郎為何却在此處、个官
【滚】只為求名上帝京〻〻偶爾投秦嶺功業全收文把鸞凰踞
謝天垂佑經成交頸千秋歲永團圓從今定 丑 是還有一說前
日在大小姐跟前台只說探望令公並不曾提說親事內近
里三日間門我使去對大小姐跟前說明那時小姐隨後歸
來也見吾在二位小姐面上沒有什麼偏向 老旦 唗狀元你還
說沒有偏向眼見大小姐被你瞞過了 內打四更 夜深了請狀元
小姐進去睡罷 旦 且慢 老旦 天也將明了還說且慢
【文】聽銅壺從滴聲〻月露轉花影今夜藍橋細把相思整 合前 推介
好推嗄
【尾】燈前細語還胡混好个撇脫狂才借景到影吾落地相看吃
這一大驚 下

第二十五齣　鬧爭

【引】鸞鳳昨已賤尉蘇文武元魁各唱隨 老夫李林仲官居侍郎
位極人臣且喜大女兒配與文狀元小女兒配與武狀元一
時二媚兆擬鸞頡真乃絕無希有之奇遇也但前者辛郎對
令公處拜謁一去回日到來回來不知何故今日郭公子到
我這里回門拜堂我看辛郎見他轉來也未可知院子未請
外邊席可曾完備了 末 完備多時了 外 九公子到來郎他通
報 末應介 梁老爺辛狀元回來了 生上
【引】回想自驚奇天作合巧成雙配 外 呀賢婿 才回 生
因郭家有事相留故此回遲 外 請到裡面 衙郭老
爺送二小姐到門了 外 吩咐二小姐轎子竟抬入裡〻 吾到
門首去迎接 郭老爺 內吹打小旦老旦上郭下外迎老生以打郎下生旦上
【泣顏回】才貌却相宜更喜腰金歸里新粧初罷端詳盡了娥眉
辛郎你怎麼竟到郭家去了幾日 生 下官也知道差了小姐
只是過了一件沒奈何的事情一時推委不得正待要前來
直說 旦 閒話也不必多講吾暫饒你初犯使了 生 夫人恢饒
得過就好了巫山峽里把九牌減等非當例儀今宵羅贖花
前夕已後莫怪違理 旦上
【前腔】手歸曾不見雙飛惧恨檀郎潛避簾櫳幾處知他覓喚相
携可恨辛郎回門拜堂竟到姐〻房中去了再不出來吾見到
姐〻房中看他怎麼 旦 賢妹 旦 叫姐〻過來見了大姨 生 大
姨 旦 過去見了小姨 生 小姨 旦 叫辨怎麼這等洋恨逃不出
去 旦 且慢些走 旦 妹子嗄你無端越禮恁顛麗惹動成何體
生 望娘行暫息雷霆怒逑樣得罪姨〻 老旦上
【千秋歲】聽深閨一派聲音講莫不是姊妹生非叫二位小姐為
甚是這等不快活 生 怪母來得正好快來勸一勸 老旦 這个我
曉得大小姐此間的事通容得就罷了 旦 吾不曉得通容不
通容 老旦 小姐還是依吾不要惱了和氣 小旦 呀將到是吾惱了
和氣 老旦 看他紅暈拔顏〻、好叫吾似個方索然無計狀元你
可曾說明了麼 生 你看這般光景怎好便說 老旦 狀元小姐不
說怎得明白待吾與你說明了罷大小姐 虔辛狀

元也是他鄭狀元也是他旦怎麽說老旦赴試之
時留未散揚東便到鄭老爺那邊拜為父子旦此又了鄭
吾老爺在邊上不曉得是一个人故此又把二小姐許了狀
元如今二位小姐皆是狀元的夫人了旦好嗄吾當初元曉
得你們兩下爲情我到好意周全你〻都恁般哄吾其實可
惡旦什麽可惡吾是奉旨賜婚的滿堂誰來旦你是奉旨賜
婚吾難道是深秀的麽我須是明相配們誰奉君王意老旦直
恁的樁驚地把是編便毁讓伱揚眉遂柔你自去不要來纏吾
推旦到那邊去不要遂遂了聖旨老旦阿呀二位小姐怎麼這
等說真只索老婆子兩下相和了罷

【越恁好】自今休再〻話絮講是非姻緣巧合琴和瑟兩相宜六旦
妳什麽相宜不相宜老旦狀元過來那時伱兩邊鬧擾鼓紫如
今像什麽光景一身做事一身當伱做差了事伱自來陪禮
那个皆得伱伱文齊福齊把一雙〻鴛鴦躍過鳳池生末
探下官不是了望二位小姐和了罷老旦〻姐你來看風流狀
元呆粧着臉兒蹺着綉衣狀元起來了罷俺識旨且暫饒瞬狀
湘台里看從今美滿千載歡喜旦閑話不必多講只去請問爹
爹什麽意思

【紅綉鞋】堂前索取因依〻老旦我也去請問爹〻將咱直恁凌欺
老旦從容說慢爭祂傍人論把聲低休着惱損嬌體三旦

【尾】這番休想干休笑只向堂前講禮三生老旦喚這等我先揚聲
說甚好唱隨這怎麼處做我不着待吾再去

第二十六齣 雙合

老親翁請上下官有一拜外下官也有一拜〻恭喜〻注李
枝玉葉金枝外冀帶微寒書抱青霜紫電請九公子相見三旦
牧生上外你們為什麼老生為甚這般光景外還來見了這是大小
女卻為什麼情尤這等胡亂起來賢婿你且請个明白生岳
父在上當初岳父出兵時謬承許配這是岳父大人美意後
來我親也是岳父大人究就的外這不消說起了生誰想今
日呵

【風入松】紅絲初結鳳凰樓却怪那人別就外別就那一个生高
堂左畔陽臺右早兩下巫城闕口外他們姊妹間有話也是家
常事何必賢婿在裡邊分辯生教小婿那里分辯得來兀是
這紛〻話兒小婿只為鄭嬋二字惱他還庭上起根由外唉賢
婿伱是讀書人還庭上許配鄭公子是老夫自家主意與別
人何干伱怎麼到來〻我生小婿就是鄭嬋外嗄伱就是鄭
公子那李狀元又是那个生小婿便是李茹雖道岳父下認
得了外這又奇了老旦老親翁休得疑九郎另外又有李茹
一人兩名外呼如此說來鄭嬋又是伱李茹又是伱兩个女
夫雖道多是伱做了老生親翁何出此言前歲我今但聞知萱
不見罪伏請大令但出來相見生多〻孩兒果然就是大女
夫老旦加此說伱到不是我的孩兒了生孩〻岳父請究辯這
詩孩兒說个明白老生外你且說來生孩兒去年八月十五夜
秋夢非夢竟到廣寒宮闕老生外廣寒宮早便是其

時交入宮門但見天宮富麗不比人間只　人看守
一到宮殿之中只見棹上擺一本十美圖冊翻見把。展開
一看多是美女真容只有第七幅上邊的一位美人更是不
同誰想各位美人傍邊多註着配偶的 老生 外 怎麽樣註明 生
那時孩兒呵
【前腔】從頭一一考根由細把佳人緣窮究誰知那第七幅上邊
寫着姑蘇黃季旅沒配着後邊那時孩兒呵痴懷妄想移
雲手擅改了圖中配偶 老生 外 後時以就把圖上配偶改於了 生
孩兒一時興發便把那鄧暉兩字改爲李茹文至娘爭之後
就到姑蘇訪問誰知黃季旅訪不着到還見紫父提絜到秦
臺楚樓蒙慈命咏河洲 外 你竟可曾訪着黃季旅麽 生 並未
沒有得見 外 如此吾家大女兒容貌可想像麽 生 必說到此
相貌只是名不相同 外 卻又來當初老夫個姓黃以人一些
事奉玉書而生亂名喚做季旅只因後來賜了國姓不敢把
國姓爲名所以改換姓那黃季旅就是吾大女兒的聚名
了 生 元來如此 老生
【意三臺】那姻緣事由天定三生石把紅線繫配姻偶 外
【前腔】英道金蘭契隨人願鬭雀屏亂圖使擇駕儔 生 遂有一件
奇事 外 老生 怎麽樣呢 生 那時孩兒把鄧暉兩字改爲李茹只
聽得隱隱瀟瀟之聲空中飛下一位美人從這中空一會兒
又被雲霞吹去孩兒想這畫冊既叫十美圖怎麽只有九個
真容因此把所見之女畫在第十幅上
【又】我偷將符筆潛變辭畫出雲中閨秀畫兒　着前邊
註着配偶 外 老生 註着那個 生 孩兒就把鄧暉兩字註在上邊
豈知身經汾陽後手空的臉上眉頭要又你道畫的美人像那
一個 外 像那一個 生 偏不是他方邂逅這湘妃妹早相聯 外
這女子像吾小女兒麼怪道那年八月十五夜他說夢到廣
寒宮醒來成了一病這等看來今日二女同嫁一婿這姻緣
也是前定的了
【意三臺】想人間諧好逑天作合方得竹簫綢繆 老生
【前腔】這奇緣分明定商並頭分明說從此共長久 旦 嗐嗐、在上
姻緣大事爲何說起夢來孩子們在夢中共幸卻相會孩兒
除下冠帶送還賢妹啊 老生 外 不須如此 旦 嗐嗐在上孩兒雖
然素首成親大兄家事從長那聲音如何作得準還是孩兒
除下冠帶送還姐姐 老生 這等巧合姻緣千古希少怎麽二
位小姐如此斷闕叫兄弟老夫不能分辨 老旦 二位老爺在上
乞想老婆子亂言 老生 外 有何話說 老旦 依老婢意見到也好麽
大小姐自有文狀元的封誥一小姐自有武狀元的封誥各
人自有何必相爭 外 老生 保母之言有理 老旦 請二位小姐帶了
鳳冠罷
【風入松】今朝何必怨分口從今各荷望麻天祿忽這當僝承受
鄭度使現班文秀狀元你在十美圖上改了一個遂訂着改了
幾个到今日群英共遊咱也難釋父弟 外 想巧合姻緣豈
非天意今日文武高登二女並嫁可稱千　兒拜謝

天地
大環遣謝神明永佑々々々美女和調文武元魁宗英輔戴々惟顧
眉齊永久萬古傳揚爭説十美團圓巧成婚媾也只為才人情深
則以上嫦娥潛逼曉鑾韮撥翠構覺盞辛酸那時方就下完

長生樂

提 要

《長生樂》一卷，清張勻撰，日本東京大學東洋文化研究所藏鈔本。叙晋劉晨、阮肇經玉虛聖母麻姑幻化，引入天臺與仙女婚配，獲長生不死藥事。分前后兩本，前本演劉、阮皆成皋才子，并同赴科舉，被點爲狀元。下本演六日以后，劉、阮思歸，二仙女宴送，麻姑授以長生不死之金丹，令獻於帝。共八齣。

仙因

雲使上舞科八執旛童子四仙女引麻

唱

端正好馭祥鸞遊雲闕盼崑崙翠影千疊俺只為惜情根週折了仙輪也不禁把塵緣結（白）道本無為强有名天長地久化功成殊途欲覓仝歸處精一心傳萬法生我乃王虛聖母麻姑是也身是靈霄玉妹統司女部仙官昨因朝見玉帝說起當代帝主德隆政美當有不老長生之慶着俺大展神通表明聖德俺想天台山有兩個仙女一名嘉慶子一名瑞鶴仙此二女與劉晨阮肇當有六日姻緣之分只是仙家六日却是六十年矣此中勝事亘古稀有待他了却塵緣之後便是人間山主返老之期今二人齊集瑤臺不免前去宣諭走遭護從們駕起雲軿往瑤臺去者（衆應科仝唱）

二犯江兒水天開儀仗一對對天開儀仗紛紛人執掌看雉幢搖拽斧鉞輝煌按星辰日月朗列列鷺鴛行森森豹尾鎗傘盖齊張干羽飄揚鐙雕龍鞍繡蟒鐘鳴未央早聽着鐘鳴未央星殘月朗待漏處星殘月朗整齊齊向瑤臺頌玉章下

第二齣 瑤臺

五花神上唱

點絳唇鶯粟飄黃荼蘼花放誇名旺紅子芬芳萬萬花花藏白花甲不知年瑤臺帶醉眠蟠桃經歲熟鸞鶴舞蹁躚我乃催花使者是也花甲不留執掌瑤臺撿點繁華你看那日麗風和鶴鳥驚飛舞弄新簧日煖正是年年妍艷麗如新歲歲長春不老人今日風清月朗恐有仙真遊玩為此掃除花逕整頓瑤臺伺候正是鳥為惜花銜蝶去仙音愛月抱琴來仝下嘉慶子上唱

不是路緩步丹丘不執繁華滯水留瑞鶴仙上唱霓裳袖仙羅霧縠暗香浮雲英上唱烱星眸乘風來往三山岫弄玉上唱一曲清歌遶玉樓嘉慶子白我乃嘉慶子瑞鶴仙白我乃瑞鶴仙雲英白我乃雲英弄玉白我乃弄玉嘉慶子白刻位仙子今日閒暇不免向仙苑玩花有何不可衆有理請衆唱閒窮究這清光絕勝韶光溜于情何有嘉慶子白你聽鳥語憁揚日麗風和好幽致也瑞鶴仙白我等酌酒翫花彈絲品竹莫負良辰美景衆有理合唱

梁州序仙音齊和簫韶迭奏全按律音節湊纖纖素指冰弦撥動箜篌介真個斫商刻羽雪曲雲璈詞出仙姬口介堯章和舜樂一時周此調應從太古留瑤草茁靈芝秀燦長庚為報天皇壽佳氣靄瑞烟浮内麻姑應白玉旨下衆玉旨下了八執旛童子四仙女引麻姑上唱

節節高乘雲入翠浮任遨遊釣陶天地吾居首白玉旨已到跪聽宣讀詔曰玆爾嘉慶子瑞鶴仙仙道已篤可超上八洞神仙之位但今凡界有劉晨阮肇二人本係文曲星官暫違臨凡輔佐聖明天子他兩個與汝二人有六日姻緣之分今天機將合我當指引他二人到來與汝等完却宿債但這里六日緣滿凡間已是六十年矣那時當遣歸來二仙姬重整仙班聽候玉旨謝恩衆仙子白聖壽無疆聖母在上小仙等稽首麻姑白衆仙子少禮瑞鶴仙白娘娘在上既

有玉旨敕不尊依但弟子久守仙規怎又染紅
塵難博毋逢九轉麻姑白大數已定敢容勉强
日後天上流芳人間永垂青史非同小可不必
再推弄玉白二位方纔説于情何有如今有此
一段佳話不必再推快到天台賺劉阮郎去罷
嘉慶子白雲英你到忘了曾記得藍橋驛畔遇
裴行瑞鶴仙白弄玉你也少説你玉樓不記諸
蕭史麻姑白休得戲嚏這多是夙緣未斷今已
洗盡凡心不必重提往事我等同送二人快到

天台去者衆領法旨唱班麟驟降翠樓蓬萊圃
聖王治世功高厚輿圖永並乾坤久忙孽仙品
與奇珍向神州共慶無疆壽
尾洞天福地邀仙友同詣神州恭候把異品奇
珍争獻投下

第三齣　登高

阮肇上唱
懶畫眉名揚天路喜偏多待緩步閑遊聽鳥歌
白小生阮肇蒙聖恩欽假還鄉到家多日不覺
已是重陽佳節了你看黄花滿地楓葉將紅好
生幽致不免往劉昕伯家約他同去登高有何
不可唱秋將紅逕秀山河那黄花有意將秋和
可知道花與秋光兩奈何白來此已是昕伯兄
在家麽劉晨上白哦來了唱

又一體花陰袖手正吟哦是那個揚聲把姓字
呼原來是吟詩敵國醉時魔此來想有瑶篇和
阮肇唱約你携手登臨好縱歌白今日是重陽
佳節特來約兄登高可有興麽劉晨白登高極
妙只是往那裡去便好阮肇白隨處都有好景
若論你我到是極荒僻的所在越發有趣劉晨
白如此甚好請遊心且喜近重陽阮肇白山徑
黄花撲鼻香劉晨白折角相看明月醉阮肇白
秋光不斷我詩腸下狼虫虎豹四魑魅魍魎上

跳舞下劉晨阮肇上白出得城來好一派秋景
也唱
粉蝶兒只見那玉洞桃溪捱盡了塵凡濁世阮
肇白兄嗄唱看藍橋有路韋衣怕飛瓊嘗不慣
想思滋味劉晨白錫基兄唱盼不到武陵源咫
尺迷離阮肇白此處有一條大澗在此怎麼過
去四去罷劉晨白且慢會兄來重你看隔岸林
中如霞似錦可不是桃花麽阮肇白今日重陽
天氣怎得有此桃花劉晨白哪哪哪這不是桃

花阮肇白嗄果是桃花劉晨白怎得個船兒渡
過去看看便好同白阿呀好了唱這不是小漁
郎也來傳遞阮肇白果是漁船在那裡棹來了
劉晨白漁翁煩你渡我每一渡漁翁上唱
泣顏回玉露冷侵衣颯喇喇金風吹起千家烟
火砧聲兒杜母綢衣劉晨阮肇白漁翁煩你渡
我每一渡漁翁白如此麽上船來嚯劉晨白錫
基兄請阮肇白昕伯兄請同白妙嗄唱蝴蝶亂
飛舞名花滿地如鋪砌白姐姐這朶桃花我

要戴的笑介劉晨阮肇白妙嗄同唱笑村姑野
菊斜簪漁翁白相公唱看兒童竹馬争騎白到
了請上岸罷劉晨阮肇白有個小意思送與你
買茶吃漁翁白多謝二位相公劉晨阮肇白請
劉晨白你看滿山都是桃花阮肇白漁翁正要
問你今乃重陽天氣怎得有此桃花漁翁白還
虧二位相公是讀書人就是我每野叟曉得十
月應小春劉晨阮肇白是嗄十月應小春漁翁
白非但桃花前面還有大桃子哩劉晨阮肇白

我每不信在那裡漁翁白在爛桃山下劉晨阮
肇白打那條路走漁翁白打中道正路而行便
了劉晨阮肇白如此有勞了漁翁白好說縱然
一葉風吹去只在蘆花淺水邊下劉晨阮肇白
請阮肇白若無漁父引劉晨白怎到爛桃山阮
肇白過得澗來只覺異香撲鼻劉晨白鳥語悠
揚阮肇白菓子壘壘枝上鮮花簇簇劉晨白錫
基兄我和你世産成阜未聞此地有此勝景嗄
阮肇白便是果然奇嗄好一座高峻的山嶺劉

晨白便是上面有四個大字待我看來天台勝境阮肇白曾聞天台在浙中難道這裡也有一座天台不成劉晨白不要管我每信步而行便了阮肇白有理請同唱

石榴花俺可也緩行慢步過前溪相對處禽鳥可忘飢為甚的重陽節氣不見茱萸反見那桃花開放似錦鋪砌下

第四齣 入山

劉晨阮肇上劉晨白錫基兄在那裡阮肇白昕伯兄在那裡唬殺我也劉晨白明明趕出一隊狼兒前來撲我二人好像個金甲神打去了阮肇白什麼金甲神一定是救命王菩薩了劉晨白着阿呀兄嗔前面是去不得了來來來回去罷阮肇白只是來便來了不知往那一條路回去劉晨白不妨且信步行去尋個土人問路便了阮肇白唬殺我也劉晨白兄嗔唱

石榴花且莫要自驚疑重信步而行過桃溪去阮肇唱慌慌張張心驚膽碎行過了兩三村重爛桃山却在深雲處他那裡說謊更瞞誰樵夫上唱

泣顔回丁丁伐木鳥聲催免力樵薪昏醉三杯五盞歸來飽飯充饑劉阮白樵哥問路樵夫白你二人好大膽這樣深山野曠狼虎出入之所還不趁早回去劉阮白因為遇見狼虫特來

問樵夫白問什麼劉阮白這裡到爛桃山還有多少路樵夫白好開說這裡天台山什麼爛桃山前面去不得了劉阮白怎麼說去不得了方纔漁翁說爛桃山還有大桃子為此我每要去觀看樵夫白嗄你們聽差了不是爛桃山到是爛泥山劉晨阮肇白怎麼說是爛泥山樵夫白嗄也罷我就把山中氣象說來與你聽劉晨阮肇白如此到要領教樵夫白聽者但見四野森森古樹連雲峭壁無人山妖白日現奇形野鬼

黄昏擺陣還有狼豺當道許多餓虎成羣變頭惡豹好峥嶸頃刻形骸俱盡唱且趲行莫遲恐斜陽不肯幾遲滯那裡有對酒忘憂你若去餓虎充饑劉晨阮肇白咳我每不信樵夫白你們不信麼那邊虎來了劉晨阮肇白在那裡樵夫下劉晨阮肇白阿呀虎上趕劉晨阮肇逃場科土人上白孽畜休得無禮虎下土人白山中深處無人問來往今朝盡白頭劉晨阮肇上白救人嗄土人白二位相公休得驚慌我這裡猛虎

不吃人的劉晨阮肇白喲老翁又來取笑了猛虎豈有不傷人之禮土人白他雖猛惡都是獸面人心頗知仁義老漢常在山中出入諸獸皆伏與老漢拘管劉晨阮肇白如此說來老翁竟是一位仙長了阮肇白昕伯兄行了半日肚中饑餓起來這便怎麼處劉晨白小弟亦有些餓土人白二位相公若不嫌粗糲老漢筐中有飯二盂二位請用些劉晨阮肇白多謝老翁土人白好說劉晨阮肇白請阮肇白此飯粒大如棗

香味如蘭劉晨白入口温和如玉非人間所有之物也土人白二位休得驚疑此飯名曰胡麻食之可以延年劉晨阮肇白胡麻胡麻乃仙家之物如此說來老翁更是一位神仙了土人白我非神仙哪那裡却有仙長來了劉晨阮肇白在那裡土人下劉晨阮肇白嗄老翁呀轉眼之間老翁就不見了阮肇白昕伯兄我每還是在此行走呢還是在此作夢劉晨白阿呀都是你拉我什麼登高如今怎麼處阮肇白如此走嚧

劉晨白請同唱
黄龍滚犯行盡了草舍踈籬重劉晨白又有一
條小橋在此你我還是過橋去的好呢還是轉
去的好阮肇白依你便怎麽樣阮肇白依我麽
且過橋去有我在此奉陪劉晨白被你害殺我
也同唱行過了小橋流水有一帶古木陰中重
纔到得白雲深處山魈上赶二生遶場下農夫
上山歌種田到也快活多醉飽庄前只把肚皮
挲雨順風調真快樂太平無事唱山歌白我奉
山主之命道劉晨阮肇誤入天台，恐有山魈木
客驚恐與他為此着我保護者劉晨阮肇内白
救人嗄農夫白呀你看他二人被妖孽趕來不
免上前救護者吠二生不得驚慌我來也農夫
唱
又一體休得要驚駭慌忙遜貴體那怕他木客
與癡迷農夫下劉晨阮肇上唱唬得我戰戰兢
兢重好一似魍魎魑魅山魈赶二生遶場金甲
神赶下二生農夫上白客官酥醒酥醒劉晨阮
肇白阿呀有怪嗄農夫白我不是怪我是農夫
起來起來劉晨阮肇白原來是村翁請問村翁
這裡是什麽所在有此鬼怪出現農夫白此處
是天台山是神仙出入之所凡人不敢到此劉
晨阮肇白前面可去得麽農夫白前面越發利
害去不得了劉晨阮肇白不知還有什麽利害
之處農夫白聽者劉晨阮肇白請教農夫白但
見峭壁巖巖峰巒疊疊這壁廂鵶鳴鶴戾那壁
廂虎嘯猿啼魆魆的地慘天昏隱隱的妖怪怪
怯木客山魈長古笑魍魎魑魅逆人行有時現
出非妖非怪非女非男百媚千嬌盡是月下妖
狐非老非幼非人非獸百怪千奇却是山中魑
魅並無俗子凡人過都是神仙出入時劉晨阮
肇白呀唱
千秋歲聽您語唬得我冷汗流脊背不由人不
膽喪魂飛農夫白不妨待我送你每一程便了
劉晨阮肇白如此老翁請上受我一拜農夫白
不敢請起劉晨阮肇唱指伊固深重指引我畧

畧暫時躲避農夫白不妨隨我到這裡來農夫
劉晨阮肇同下牧童上白
山歌四野猿空甚放青布骨催金叫得青笛吹
信口兩三句出門時節雨初晴白我奉山主之
命着我化作牧童待劉阮二生到來指引他玉
虛洞府去者劉晨阮肇內白救人嗄牧童白咦
你看二生早已來也等我帶好了牛拉介木客
赶二生遠場金甲神赶木客下二生上白咦這
裡到有個牧童在此和你上前問來嗄牧童牧

童牧童白咊牧童牧童休得驚恐你來問我指
點前踪劉晨阮肇白有些來歷請問牧童哥前
面可有去路麼雲童從兩場門上遮住山洞介
牧童白怎麼沒有前面已是仙界所在了你看
瑞靄霏霏鶴鹿成羣彩霞縷縷鸞鳳和鳴天際
輝輝仙遊山島香霧蒙蒙天台合化山不斷雲
無際天風拂拂吹衣袂肖神影影斜陽裡一派
慶雲來遮住佳期會合桃園裡劉晨阮肇白不
信有這等事牧童白你看慶雲迷漫你每且隨

我來牧童下劉晨阮肇白嗄哈哈妙嗄阮肇白
你看祥雲靄靄布山川劉晨白籠罩霞光朶朶
鮮阮肇白巫山結就芳菲翠劉晨白萬紫千紅
照滿天阮肇白不要管我每闖入雲頭便是仙
府了劉晨白有理二生進洞門下雲童分下劉
晨上白阿呀不好了吓唱悞入蛟龍窟豺狼隊
料殘生須輕棄白咊又是一洞天了鳳舞翔鸞
比前大不相同了麻姑化身上白坎中龍虎練
為仙劉晨白呀那邊有位媽媽來了不免上前

拜見麻姑白一粒丹成入九天劉晨白媽媽拜
揖麻姑白郎君何來劉晨白小生同一朋友遊
山迷失路徑又被雲霧迷漫望媽媽指引唱望
你相週庇謝恩人救取得免災危麻姑白不妨
你那朋友白有去處不必驚慌老身家中離此
不遠來來來且到舍下暫住慢慢再尋朋友未
遲請進去劉晨白媽媽請麻姑白郎君請坐劉
晨白媽媽拜揖有坐麻姑白嗄我兒有客在此
看茶出來內應科阮肇內白昕伯兄劉晨白好

了我朋友來了〔麻姑白〕不要開口這里蛇里叫人日間叫應了你的名字夜間就要來害你了〔劉晨白〕嗄媽媽倘果是我的朋友嘿這便怎麽處〔麻姑白〕不妨倘果是你的朋友待我去引他來便了〔劉晨白〕媽媽不要去〔麻姑白〕爲何〔劉晨白〕倘果是叫人蛇可不連累媽媽〔麻姑白〕不妨我們住在此山中另有法兒治他不然也住不得了〔劉晨白〕媽媽既有法兒何不教道小生同我尋如何〔麻姑白〕嗄〔笑介〕你說得這等容易一時教你那裡就會待我自去〔劉晨白〕如此就來〔麻姑白〕這個自然幻合雲霞氣掐留出世人〔麻姑下〕嘉慶子捧茶上〔唱〕

〔上小樓〕碧澄澄天際明匆匆的有客暫依棲〔劉晨白〕好没來由遊什麽山嗄咳〔嘉慶子唱〕太偏翩年少風流度羞答答把龍團覩遞〔劉晨白〕夜深驚動有勞小娘子賜茶何以克當〔嘉慶子白〕好說〔劉晨白〕小生偶遊山徑無處可投蒙留借榻又賜瓊漿實深感佩矣〔嘉慶子白〕呀〔唱〕他曲彎彎鞠躬而稱謝一聲聲感佩得無衣〔白〕客官〔唱〕夜深沉因何到此急煎煎何事至柴扉〔劉晨白〕小生同一朋友遊山迷失路徑到此〔嘉慶子白〕嗄原來如此〔劉晨白〕請問方纔這位年老媽媽是宅上何人〔嘉慶子白〕是家母〔劉晨白〕嗄原來是令堂請問宅上還有何人〔嘉慶子白〕母女二人朝夕相依〔劉晨白〕阿呀妙嗄深山之中有此絕色乎〔唱〕

〔越恁好〕真個沉魚落雁〔重〕翩翩洛水妃芝蘭產幽谷空馥郁有誰知〔嘉慶子白〕請問郎君尊姓大名家居何處〔劉晨白〕小生姓劉名晨〔唱〕在城阜世基〔重〕讀詩書在金街奪取大魁〔嘉慶子白〕原來是一位狀元奴家不惟得罪于尊官兼乏識人之眼〔劉晨白〕不敢〔唱〕他出言更奇能詩文言清雅是裙釵大儒〔白〕小生有言奉告〔嘉慶子白〕願聞〔劉晨白〕小娘子如此艷質住此深山猶如夜光之珠沉埋海底若不棄菲才〔唱〕願訂山海盟絲蘿締永結鸞凰配出言輕瀆勿罪狂愚

嘉慶子白尊官身登禺甲豈乏夫人何以眷戀
山中荆布乎劉晨白實不相瞞夫人曾配只是
小娘子如此芳容若非金屋豈堪相貯故斗膽
冒瀆不知小娘子允否嘉慶子白山中賤質荷
蒙貴人不棄但恐尊官明日歸家反成話柄劉
晨白小娘子慮得極是但我夫人賢德倍常决
無妬意若慮小生負心亦當對天盟誓嘉慶子
白偏愛出于君心何須盟誓劉晨白此言無非
釋小娘子之疑哽嘉慶子白既如此奴家侍奉
巾櫛便了劉晨白既蒙見允足感盛情對此清
光一拜永訂白頭同唱
上小樓燈前誓海山盟月下訂絲蘿締好一似
沙熌鴛鴦重深波比目枝且連理麻姑暗上白
阿呀好哽唱為甚的兩下牽衣重雙雙拜跪思
想約誓白賤人還不跪着唱恨無媒傷風敗俗
劉晨白這是我的不是怎麼反累他起來麻姑
白這是那裡說起劉晨白哽媽媽這是小生不
是與令愛無干望祈恕罪嘉慶子白尊官請起
你乃天朝狀元這等行禮可不折殺了家母麻
姑白胡說那個是狀元嘉慶子白母親哽唱
紅繡鞋他是瓊林曾占高魁高魁姓名金榜先
題先題麻姑白既是狀元怎麼行此無禮之事
劉晨白媽媽方纔也不曾做什麼事嘘唱不過
指星月訂夫妻元没甚兩心虧休得要起嫌疑
麻姑白哽果是狀元小女就做你偏房也使得
劉晨白多謝岳母見允待小壻回去央媒行聘
迎接令愛成親便了只是岳母不可失信麻姑
白我到不失信只怕你一到家中那裡還想着
小女畢竟依老身纔是劉晨白依岳母便怎麼
麻姑白依我麼今晚就要成親劉晨白只是樂
人賓相也没有怎麼好麻姑白要什麼賓相你
兩個就像方纔這樣拜一拜就是了劉晨白到
也省事如此來拜嘘三人同唱
疊字犯皎皎明星天際兩兩誠心拜跪涓涓的
福海深綿綿的壽山齊恩恩愛愛如魚兒似水
熌溶溶瑞氣霏微笑吟吟兩手相攜重甘甘美

偎紅倚翠欵欵的百花深處効于飛（麻姑白）請入洞房（劉晨嘉慶子同下）（麻姑白）阿呀妙嗄（唱）

（尾）先教阮肇成佳配又向劉晨做大媒（白）他兩個總在一處被我為神通隔住多是不知道（唱）直待明日相逢再叫奇（下）

第五齣　錯會

（小生扮阮肇巾服上唱）

（引）因失路遇嬌娆不吝東床締鳳交（白）我阮錫基前日迷路又逢黑夜進退無依幸遇一位年老婆婆留到家中過宿因見我容貌超羣即將親女與我結為夫婦好個女子真個柔如無骨香若簪花實乃絕代之佳人也但我到此成親兩日竟不知劉昕伯曾回去否他若與我一般迷路怎得還有第二個婆婆招接如此深山暮夜豈無狼虎心下好生牽掛今喜娘子正在那裡梳粧岳母有事出門我如今且往山前山後尋訪一番少盡朋友之道咳此一番事便做得不好被劉兄知道了像什麽體面像什麽意思吓吓有了若見時不要說出這段情由只索支吾過去便了說得有理出得門來你看好景致也（唱）

（風入松）懸崖飛瀑灑危橋野卉無名爭巧（白）我前日出門時是重陽今日才得十一這九月天

氣不該有這些花卉是了想必名山秀氣與那
城市的山林是不同的了〔唱〕想山因遠俗秋遲
到尚留得殘春未老〔白〕那邊像有個人家住的
不免上前詢問一聲〔唱〕只為着良朋契交縱投
虎穴也要討根苗〔下生扮劉晨上唱〕
〔又一體〕苦搜曲徑愈添焦端為着金石蘭交〔白〕
咳我劉晨生平不曾做一端虛化的事况兼並
無半點得罪與人若論目今如此行為是向來
這許多至誠謙讓急急忙忙付與東流我想世

間那有這樣無理的事同朋友出來遊山失迷
了路徑理當遍尋訪覓這便纔是如今不惟不
去尋覓而又羈絆于嬌姿倘然遇見了阮錫基
將什麼顏色見他咳好做的没來由的事吓有
了如今立定主意尋着了他即同他回去一來
呪全了朋友之誼二來又全了夫妻之體豈非
一舉兩得乎〔阮肇內白〕前面的可是劉昕伯〔劉
晨白〕那邊來的好像阮錫基〔阮肇上見哭介〕〔劉
晨白〕錫基兄在那裡你為何到此小弟那一處

不尋得到却在這裡〔唱〕岩崖遂處尋乎到好幾
度傷心哭倒〔阮肇白〕小弟亦如此〔唱〕今幸得重
逢故交還愈着淚痕拋〔劉晨白〕我與兄出來已
經兩日如此一番迷失彼此幸獲無恙謝天不
盡了作速回去罷〔阮肇作呆介白〕就回去麼〔劉
晨白〕偶爾遊山受此一場驚惶有何好處〔阮肇
白〕是吓回去〔劉晨白〕回去的是〔瑞鶴仙內白〕阮
郎你那負心的在此盤桓兩日說也不說一聲
竟要回去了〔劉晨白〕兄吓那邊有人叫你何以

置之不聞〔阮肇白〕叫我只怕叫你〔劉晨白〕叫我
再去聽〔瑞鶴仙內白〕阮郎阮郎你還要走麼〔劉
晨白〕如何明明在那裡阮郎阮郎不住的叫你
還要推托〔阮肇白〕如此深山之中也認不真了
劉晨白吓原來兄到有個落地了咳〔唱〕
〔急三鎗〕我為你忙尋覓腸欲斷食松柏纔得到
今朝〔阮肇作揖白〕小弟知罪了〔劉晨白〕什麼知
罪不知罪〔唱〕你連宵裡紅裙擁愁天曉害我無
依宿淚空拋〔阮肇白〕小弟其實有罪了〔麻姑化

身上白好，拜看拜折了腰劉晨阮肇作呂介化
身白為何如此劉晨白婆婆他方纔得罪於我
化身對劉晨白阿呀賢壻吓你也忒會做〃了
阮肇白什麼賢壻你呌錯了化身白我到不錯
你方纔請罪的揖兒到拜錯了阮肇白為何呢
化身白你道他是那個阮肇白是我至交吓化
身白到不是至交到是至親阮肇白怎麼說至
親化身白不是至親到是連襟阮肇白這個一
發可笑了什麼連襟劉晨白阮兄這樣沒來頭

的話還虧去問他化身白怎麼沒來頭。唱
風入松伊家各自有鸞交怎怪他獨尋頭惱阮
肇白好哏劉晨白小生得罪了阮肇白岳母他
如今到怪我不得我如今到要怪他了化身白
為何劉晨白你到怪小弟什麼阮肇白只怪他
方纔為何怪我化身白賢壻唱相逢且莫相嘲
笑白你們還不過來見禮劉晨阮肇白又來了
見什麼禮化身白來呢唱且盡了會連襟的俗
套阮肇白怎見得是連襟化身白你也是我的

女壻他也是我的女壻唱都是我親將壻招何
須這話嘵嘵阮肇白兄吓你方纔這番大怒多
是假的化身白却不道怎的劉晨白不要說了
索性到小弟那裡商量去商量一個回身的法
兒便了阮肇白還是到小弟那邊去穩些劉晨
白怎見得小弟那裡不穩阮肇白兄方纔說害
得你無倚宿淚空拋有何穩處化身白你也不
穩他也不穩都隨我來唱
急三鎗到是我村庄舍多安穩堪同佳雙嬌壻

免得絮叨叨劉晨白原走到我的所在來了阮
肇白兄的所在只怕尚早還是小弟的所在劉
晨白裡邊去吓阮肇白各有內外使不得化身
白若論各有內外只好止步揚聲一個也進去
不得劉晨阮肇白何以進去不得化身白你不
曾見我的小女兒他又不曾見我的大女兒怎
好進去阮肇白兄吓有這等奇事劉晨白便是
唱不信同棲托難厮見今日里才相遇又非推
敲化身白也不必推敲老身房子雖小只因前

後門景相同一時識認不出其實是一處在此（劉晨白）既如此何不早早說使我二人許多牽掛（化身白）若說明了你兩個貴人匆匆作伴回去了怎肯在此成就小女的姻事（劉晨白）說得說得極是二位令愛難道多在裡邊（化身白）不信麼待我喚他出來兩箇女兒快來（内應介白）來了（瑞鶴仙嘉慶子上唱）

風入松堂前何事語聲高想是檀郎廝鬧（化身白）過來見了（各見介）（劉晨阮肇白）果然多在此（化身白）何如（阮肇白）岳母在上我二人無心遊玩陡然遇此佳緣如今待小壻回去即遣人來迎接娘子并岳母到家共享榮華豈不為美省得住在深山受此寂寞可是（劉晨白）阮兄說得有理（化身白）山中寂寞是老身的常事不須你們掛念只是你們纔得成親兩日即就歸家彼此心下豈能安乎如今老身作主各留你們一日再住四日那時回去便了（劉晨阮肇白）好便好只是家中不曾通個消息恐怕懸望（化身白）這個不妨我替你們央個便人通達家中便了（劉晨阮肇白）如此甚好（同唱）

山中尚有風光好便四日還遊不到待覔寄音信豈遙把歸期訂慰伊曹（化身白）松下偶相逢（劉晨阮肇白）方知本住同雲深不知處只在此山中（劉晨嘉慶子下）（阮肇白）娘子方纔多是你叫我出我的醜噓（瑞鶴仙白）不然你就去了（阮肇白）這也不必（同下）

第六齣　出山

麻姑化身上白
懸懸相送出天台仙境何能得再來惆悵溪頭
從此去碧山明月照蒼苔莫將麻姑是也只因
二仙女與劉晨阮肇有六日姻緣之分向曾引
入天台結成伉儷在此六日凡間已是六十年
矣今當緣盡之期萬萬不可再留不免送他速
離仙境說話之間他們早已出來也劉晨阮肇
嘉慶子瑞鶴仙上唱

新水令鴛絲同綰向烟霞正諧和兩情歡洽同
心方六日別恨又天涯見介劉晨阮肇白岳母
麻姑化身白賢壻們要回去了劉晨阮肇白正
是唱俺說起回家怎禁得淚先下麻姑化身白
賢壻在此六日本該再留幾日纔好只是山中
不可久住老身只得相送起行了劉晨阮肇白
小壻們今日回家就要相敘只是離別可憐不
覺心中如刺麻姑化身白賢壻且莫愁煩唱
步步嬌你六日齊眉恩情大嗔殺陽烏作姻緣

數豈差今日臨期請莫牽掛劉晨阮肇歎介白
只是一時割捨不下麻姑化身唱惆悵夢巫峽
絮盡陽關話劉晨阮肇白岳母在上小壻們今
日回家一到家中就着人來相接那時岳母須
要早早前來免得懸望麻姑化身笑介白只怕
你一到家中就定不得日子了劉晨阮肇白阿
呀岳母嗄小壻們曾讀詩書決不負心岳母望
勿生疑麻姑化身白這便纔是塵緣中的有情
子弟了劉晨阮肇唱

折桂令俺讀詩書培養情芽怎學狂正自可駭
憶自蒙伊留結絲蘿同衾和語永締無差麻姑
化身白說話多時日色過午賢壻請行罷劉晨
阮肇白岳母請上小壻就此拜別唱盼天台只
愁路狹回首處曲逕雲遐石際苔滑愁他帳掩
梅花可可生生把心窩恁地紛拿麻姑化身白
過來送了二位貴人出去就進來二位貴人不
送了下嘉慶子瑞鶴仙白相公請行待奴家送
到前山路口劉晨阮肇白山逕崎嶇怎好有勞

蓮步嘉慶子瑞鶴仙白待到前邊奴家還有一
件東西送與相公帶去劉晨阮肇白如此娘子
請行嘉慶子瑞鶴仙唱
江兒水淚溢藍橋水愁鸞鏡裡花情真翻覺天
台假怕人世離違生華髪早星霜驀地催花甲
枉自殷勤情話轉過山崖又像是夕陽西下白
此間已是山前了不敢再送請行罷劉晨阮肇
白怎忍得就行嘉慶子瑞鶴仙白請行罷下劉
晨白噴呀娘子怎麼就不見了阮肇白便是同
唱
雁兒落怎捨得掩啼痕出翠霞怎捨得離嬌容
林花下聽得那環珮聲漸漸遠好教俺愁斷腸
魂將化阮肇白劉兄少不得就要來的倘到日
晚遇見了虎狼倒不是當耍的劉晨白阮兄適
纔娘子說要贈我一件東西一時忘了怎麼處
阮肇白我們轉去内作水聲各驚介劉晨白呀
阮兄你看霎時湧出一澗流水隔住了去路怎
麼處同唱呀驚得俺珠淚下如麻驚得眼底暗

交加空只見碧沉沉流泉湧早見下渡無舟水
與涯爭差一霎時離恨添白髮嗟呀垣東床怎
轉家垣東床怎轉家下

第七齣 贈丹

（扮雲使暗上）嘉慶子瑞鶴仙上高立介（科白）劉郎阮郎聽者我乃天台山仙女嘉慶子瑞鶴仙我二人因奉王虛聖母麻姑法旨與二位郎君了完夙世姻緣止有六日限期今日大數已滿你們再來不得了（劉晨阮肇頓足哭科白）娘子難到永無相見之期了（嘉慶子瑞鶴仙白）此後我還有會你之期你卻怎生來尋我（唱）

【僥僥令】仙凡無路達聚散總搏沙（劉晨阮肇白）娘子你許我一件東西怎麼不與我嘉慶子瑞鶴仙（白）我二人各有長生不老仙丹須要牢牢記取（唱）九轉靈丸難輕假好同不飛昇向紫霞

嘉慶子白劉郎五福兼全還丹三粒一粒恭進君王二粒士人分服可以歸正仙班（瑞鶴仙白）阮郎青福多而洪福少還丹一粒自己服之即將仙班火棗二枚贈與世間大福大壽之人可以年過百二自有應驗（同白）我二人去也（同下）劉晨阮肇拾丹看科介白又不見了劉晨白阮兄我和你好沒主意（同唱）

【妝江南】呀早知道這般樣阻隔呵誰承望再還家（走介）便待做終身岩穴不爭差無端同作夢中花腳跟兒倒渣（重）空做下含凄歸去哭天涯

（末淨扮老人上唱）

【園林好】酒欄歸陶然漫誇古稀歲同尊鶴髮笑瞧着花枝帘掛（劉晨阮肇撞見介下淨白）咳嗄你看兩個人好像劉晨阮肇小時節的模樣老人白便是（唱）好廝像那英達（重下）劉晨白阮兄這裡竟像成皐地面了（阮肇白）便是究然似呢方纔那二人竟似成皐口氣（劉晨白）如此快些走罷（劉晨阮肇急走科唱）

【沽美酒】忙移步路還遐早知道近咱家錯認迢遙注水涯是離魂告乏怕不做白了眉髮舊遊地山光如畫抹過了曲城花下市衢中人聲稠雜（阮肇白）兄嗄這裡是三岔路口兄是要到那邊去小弟打這邊去了明日再會（劉晨白）請了（阮肇下）劉晨急行介白咳（唱）俺呵全不辨魂差

夢差總難禁那霎呀這其兒反生離踏白行了一會怎麼這些人家都不像了莫非我走錯了待我問一聲大哥這裡有個劉狀元是那一家內應科介白前面就是了今日是劉狀元衣錦榮歸好不熱鬧劉晨白有勞了內白好說劉晨白噫難道家中先曉得我今日要回來了麼不要管作速回去罷唱

〔尾〕重陽已入天台下魂夢無遊六日花今日歸來向舊閭下

第八齣　榮歸

〔丑扮高登上白〕

特荷皇恩自不同多年將相近家中莫言衣錦還鄉客杖月愁邊塞上翁老漢高登便是想起當初十二歲的時節我記得那日正遇九月九我里太老爺同了阮老爺出去登高一去不回太夫人日夜思量況且小老爺一年大一年了為此無人做主不便請先生太夫人教他讀書到了二十二歲肚內十分通一考也中了狀元皇上問長問短小老爺對答如流小老爺稱皇帝快活頭上告假養親皇帝說當初你父親一去不來如今那肯再放你回去到傳一首詩出來說我太老爺即日就回來了太夫人今日巳明日巴巴了六十年那里回來今日小老爺欽賜榮歸即刻到家太夫人今年七十八歲一應大小事務多要我照管我今年七十二歲了不比當初後生時好笑太老爺今年八十歲老人家住在外邊怎麼呢〔內應唱道〕你聽唱道之聲

小老爺來了手下引劉王印上唱
引坐鎮龍沙二十秋欣歸省北堂眉壽高登白
請太夫人出來小老爺居來哉付扮全美小旦
扮夫人扶老夫人上唱
引聞說孩兒返故丘扶藜杖自慰黄耇劉王印
白母親請上孩兒有一拜老夫人白不消罷劉
王印白有親不遠遊為國睽違久慈嚴喜壽康
黄髮重生首喜得荷皇恩歸來呈御酒老夫人
白我兒為國立功足替祖宗争氣生扮劉晨暗
上白行來閭巷皆非惜幻出天台事竟奇來此
已是自家門首我且進去高登白那個進來見
介元來我里太老爺回來了老夫人白在那裡
相公嗄劉晨哭介老夫人唱
粉孩兒傷心殺遠抛離悲折柳在何方落魄去
家能久劉晨白此位老先生是誰老夫人白這
就是你的孩兒了過來見了你爹爹劉王印白
爹爹拜揖劉晨白你是我的孩子鬚鬢都蒼了
哭介老夫人白相公嗄唱

妻兒倐忽成皓首一絲絲盡是離愁苦爹行未
識親兒匆匆的難再分剖劉晨唱
紅芍藥嗟夢鳩混眼雙眸莫不是雞和犬幻出
情傳怎盼到邯鄲夢兒後意分明眼前差謬老
夫人白相公你去了六十年今日家中幸得孩
兒衣錦榮歸是一天大喜你反生嗟怨何也劉
晨白吓我去了六十年吓老夫人白怎麼不是
六十年劉晨白住了我出門那日是重陽第二
日初十日十一十二十三十四剛剛六日怎麼
說去了六十年老夫人白相公嗄唱
伊行一去六十秋好悽惶萬宵千晝早孩兒領
長皤髯看憲書是恁時候白相公同姓阮的何
處去了劉晨白我出門那日同阮鍚基登高偶
然走入山林忽見山岩上鐫着四個大字老夫
人白什麼大字劉晨白天台勝景老夫人白天
台山在浙中地面怎生成皋郡也有山呢劉晨
白便是其時日色看看晚了不期與阮鍚基在
中途迷失偶然遇着一位年老婆婆留到家中

聞說我是天朝狀元竟要將親女與我為妾老夫人白怎麼這等不老成耶姓阮的呢劉晨白誰知阮兄也與我一般光景老夫人白自然了麽正所謂近硃者赤劉晨白休得取笑誰想多是年老婆婆做成圈套把我兩人留了六日直待臨别之時方知是麻姑聖母道我二人與天台仙女有六日姻緣之分故此特特點化出來與我二人巧成配合别時有贈我不老仙丹那知道到家已是六十年了好奇事劉玉印白爹爹自古山中方七日世上幾千年劉晨白是好論頭實吾子我兒只是你如今是何官職劉玉印白爹爹聽稟唱

耍孩兒余慶名兒登狀首劉晨白中了狀元可喜可喜劉玉印唱

二十載龍沙外賴父福已把功收明君更惓了師相垂恩厚因此上省母歸鄉岫白聖上呵唱

還享着無疆壽高登全美全白太老爺高登全美叩頭劉晨白你兩個多有配頭了麽高登全美白太老爺唱

會河陽主去家鄉怎諧好逑甘心伴老草床頭念及一去不回中朝淚流說甚麽成婚媾合今朝重得聚家庭守謝天真不負歸時候劉晨白你每這等說敢是先得了音信了麽老夫人白四十年前正月初一乃聖上四十華誕有麻姑聖母鶴前朝那時擲下一詩四句後邊兩句道君王自有長生樂姑待劉晨阮肇回相公吓衆唱

縷縷金戲得仙詩降慰離憂一箋歸報處四十秋劉晨白在山中聖母元說先與我每通個信息不想果然到此老夫人白相公吓唱

幻合奇緣事數皆天授今朝喜得話從頭惟祈永無咎劉晨白夫人如今孩兒婚娶否劉玉印白告爹爹知道孩兒蒙聖上為媒賜與壽年伯為壻已生一子現在京中劉晨白聖上一向好麽劉玉印白聖上呵唱

越恁好帝心垂念帝心垂念極目倚龍樓入朝

面聖仙人語方得辨來由老夫人唱
君王不復年少傳青春怎又劉晨唱
忠心待黑遍了神龍首丹成待算不了天王壽
白我兒明日同你入朝便了唱
紅繡鞋孩兒喜得名流名流匡扶社稷金甌金
歐重歡會笑顏稠全家慶樂綢繆長生釀泛醇
浮高登白筵席已完請太老爺太夫人小老爺
後堂上席劉晨白還是老先生請老夫人白這
是你的兒子吓劉晨白然雖如此還該叙齒老
夫人白如今兒子到老了像什麽光景劉晨白
夫人為父的正該清閑若是為子者勤勞王事
正該白頭唱
尾靈丹已是歸咱手享不盡遐齡永久白夫人
唱
和你永遠夫妻不止六十秋笑下

天成福

提要

《天成福》二卷，佚名撰，法國巴黎國家圖書館藏鈔本。曲本。本書上卷分開宗、約賈、家餞、拒見、還藏、報稅、進關、買茶、課文、賺賣、賣墨、賣茶、贈裘，下卷分設謀、避雨、完姻、寇邊、輸餉、海運、遇僧、和盟、踏青、賜婚、相親、落套、馳驛、寵賜，二十七齣。

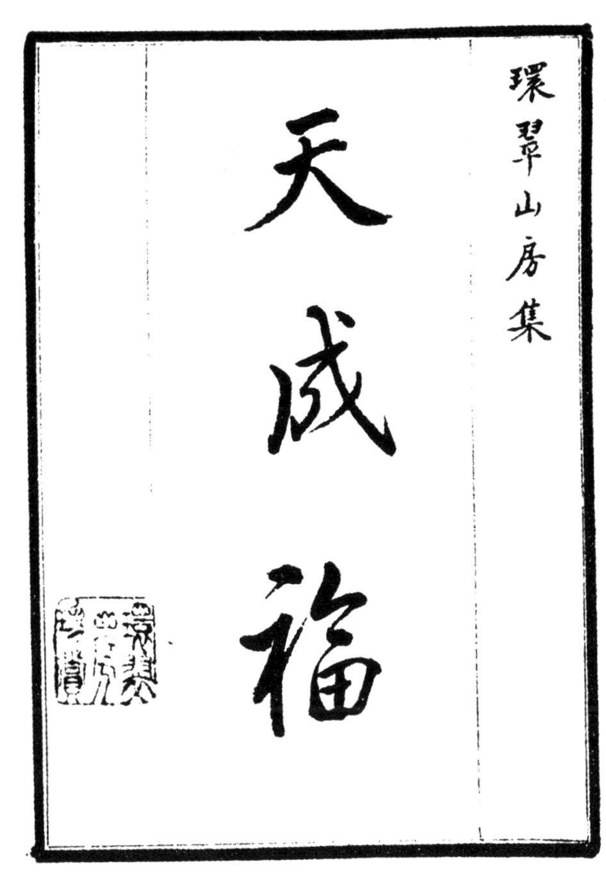

天成福總綱上卷目錄

天成福禄綱上卷

第一齣 開宗

（滿庭芳）全備金周雖兄雖弟經當志在他方花生好語往爲弄嶺貴友致逢奇遇巧謝易嚴盈豪充裝兄田遊逆手豐數天下頃鄰商遼陽興大役輸粮助餉大敵降處傳科目符嘉文場極目御濤流水君王見賜船駕望題術半天成須福祿錄世無變

第二齣 約買

（意難忘）生道巾服上 上閩名儒守先人敢訓一卷遺書安貧脩酒冬致富高閩來名未就利難圖歲月肯成處条目前資生之策命也何如

虛通詩書不誤人衣安僅卧貧且新不結未向稍樸艳四壁空留脈除紛断是非姚無能利名兩路怎耕耘縱然要做奇男子株守何能達此身小生全周表字般吾虎林錢唐人也年雖弱冠志顯然嘗無經天緯地之才能少爭利爭名之好笄雖然兄弟同居兩行有序但是家室未諧鳩帳猶孫先君全盛時少年科甲遊宦四方以閩中太守遷除吏科部諫奈因當時孫居丞相權擅作威福先父持身綱正直指具奸逆論國國被遣貶竄羈兩權奸敗露聖主施恩正在崇進忽為衣遊遺我兄弟二人伶仃賴有義僕全規若守薄田數畝以供朝夕饔飧兄弟全脩業貴序偏我一事無成欲留文則少讀詩書待學武又不解韜鈐坐費愁無資本行商不識經

這正是夜間想亂千條計，依舊朝來四壁空。目今新秋時序，
天氣微涼，且与兄弟讀書，行則倘兄弟快來
【引】小生上 小生螢窗苦守三冬，是不為仁智也如愚。生見介 目今天氣微
涼，我兔伴你時節篇時藝，攻究一番。小生 正有此意
【綉帶兒】生 知你把分陰惜，聞雞起舞，相期奮踪雲衢，把終身事
得失窮通，都交付者也之乎。奈我痴愚
小生 自古欲達不在聰明，命好何須識字
【太師引】滿腹文章無用處，祇要那命宮作主。合 理頭燈盞窗盡
真怕人笑同胞一對冬烘
末上 末吟洒當貴盡從勤苦，得成人必用讀書。身二位小主人，小
人全規後在這做些生活，听得二位官人讀書辛苦，倫得一
壺水酒少助書興。生二生 受你
【醉宜春】末 貽謨流芳永遠，奈炎涼世態窺尔孤請。只望你雲程
繼武，出整頓舊日門閭。生 你說的雖是好話，但我空有讀書志
向，今無讀書姿質，又無讀書家計，日後一日都不誤了。因此嗟
吁，行藏未定，費躊躕前程事，還天分付，且自安貧守分，耐他清
苦
末 二位官人，小人還有些話不得在此伏侍，自請一盞。蘇 生二
你有事去罷。末 三春耕種三冬讀，各自經營各自忙。下 到中 厰上
機巧用究難勝命，聰明使盡不如愚。小手花衣數字，今言世
籍，仁知祖居長山門外，僑家詩禮，公蹤鄉宦行中，若說生意
三百六十行，行行曉得，如論經書五經廿一史，史皆通雅

賦天性聰明，只是素性輕薄，每好識諧為門，說謊大都是這
場休戚，而今目下置些仙設伐綫，往福建貿易，今早到江口
僱船回來，路逅鳳山門，轉灣是清平山下，是表弟全叔吉家
伏中与他兄弟話別，此來已是趸到，他書房祇去。生迎見介 二 嘆
好吃嘆 生二 呀，表兄來了，請坐，現成寡酒，請一鍾。副 來就閑席
生二 沒甚東西請你。一向如正如何。副 我這幾年呵
須窮绣為經商，跋涉程途，致使觀聯常闊，睽偶相逢，何勞盛酒
且無替黑仲閑，户欲書從，要登科發中似這等難，櫟刺股。二位
當貴了，不要就不認我這窮表兄，那時節望盛青顔
生 表兄休得取笑。副起介 主告別了，多謝、、。二生 表兄許久不會
後坐下，怎么就去。副 常言道出門看天色，入門看臉色，我不
會閑這來，被得一鍾寡酒，大兄弟搽眉皺目，二表弟介 拍手曉
得這件東西是我的對頭，偏向我手不掙，本無非逆谷的意
思。生二 盤兄弟自有心事，致此煩惱。奇哉見怪。副 哎，你們自有
心事，不是欲我后這等再坐。二 我和你們至親，中表既有心
事，又何妨把衷腸細數、、。生 欲將自斯仁兄又然見哄。甘
你既得我平昔為人，極是有肝胆，有見識，有算計的。你們的事
就是我的事，与我商量，自能分憂出力。小 正是呀、、与表兄
商量也是。生
【東甌令】奈我資生計，竟全無。甘 忍得在家狀活。生 日用三飧須
早當。甘 你們多非殊思量攻官。生 青春已被書耽誤。甘 你才晚
得這件東西極要緊人的，你們也該与他絕交了，別尋生意

生 無別樣生涯做 付 我當初也不曉得做生意的勾當，這几年
闖了几个馬頭，走過几个省城，竟成了老江湖了。何不跟我
出外走々，一則拿々本事，二來習些行業，總至心足，自然會得
賺个財。生 官包你還有官做哩。旦 表兄若肯挈帶小弟，甘
心改業走江湖。付 你有多少本錢？生 要本多少唦？
【金蓮子】只有我守寒氈，只空囊如洗怎支吾。付 就是了，不為利
也行，一分為本，沒有本錢做甚生意。生 表兄既肯挈帶，待小
弟設処些本錢便了。付 這等你設処起來，待我出去走々再
當斟酌。生 如今表兄往那里去？付 我們與子門外善興出些
綫細絨線，我買些，到福建去賣，人有利息，如今再去走々。
生 表兄前番福建去，可曉得福建軍門還是余稽程公秀老
年情意。付 正是他々，在那里做了六年，近換陞了兵部侍郎。
那些有位道他鐵宦，好動了些本到京西，他因此又補一任，
好不炫耀哩。謂我說得与你們，先尊是有脉的。生 他与先父
不但是同榜，好同年，後因劾奏張居正，同陷囹圄，共遭貶竄。
又是一同起官的。付 先人而上，這等至交，何不去走々打个
抽豐？小 他也几次有書來請，奈々因乏盤費，又無陪伴，又不
識路程，所以不能去。付 這戰備放一座金山，不去鑿些來用。
閑 小 如今表兄入閩之便，奈々便隨去走々也好。付 使妙々。
福建這條路我走得熟々，况且打抽豐說了上我，又極在行。
又不要費多少盤纏，只要收拾隨身行李，搭在我船上去
抽他几千四兩，弟兄受用，又我是說起你的大造化到了。生
奇々几時起身？付 我船已定下了，明朝根了稅，後日就實出
城。這里是外由之路，在家等候，我同行，路上盤費一縣在我。
二生 任舍拱拱。
【尾】明朝旅泊三江滸。小 我奇々從來不曾出路的，前程全仗
終扶。付 孩看我也色你狠財狠福，富貴催人當勉諸。生
老大徒傷未拂衣，付 豈因窮困久低眉。
合 時來風送滕王閣，五十成家事未遲。

第三齣　家餞

【引】外上 觀承皇命來遐甸，四境河清海晏。華髮漸盈顛，政教流
芳遠。游宦天涯數十年，丹心未改鬢毛斑。照々丞遭無奴士海
閩人。歟有二天下官成人美字公秀，浙西金華人也。少登科
甲，歷任言官，前因劾奏張居正，与此叟全陞時同遣縲絏，各
竄邊方。幸而奸謀敗露，復起下官為福建巡撫一任，大計陞
任京堂，又被百姓赴闕奏留，荷蒙聖恩留任，入閩但我冰心
鐵面，素寡交遊，闔防戒嚴，所以鄉親遊客畏足不前，署內止
有夫人許氏，女兒淑娟。今日清秋天氣，監察倭船每要潮汐
來往，你既因此例當出巡漳泉一帶地方，昨已移下馬頭，即
起程不免与夫人嬌兒一別，了請夫人小姐出來。小 老旦
老旦上 齊眉觀舉案，果然夫貴妻賢。旦 叔又上 晴窗描綉線
【引】忽聞戾父巡邊。旦 介 老 閑相公，出巡沿海地方，的于几時起程？
外 長隨們收早已來，營各道三司，尽皆候送，只為你母女一
別，即便長行了。老 妾身斟備一杯，少壯行色。外 生 受夫人。老

扶見送酒

【錦堂月】江障收烟鯨波绝浪臣心似水恬然王事多劳離家數
載惟旋惟愿取受浩蕩居恩常聚首神仙宅眷 合 仁風遍看取
南闽甘棠永垂悠遠 老 相公比如你既攜家當漢西原往來知
何日得返家鄉但女扶兒年已及笄故鄉親戚閔防廣密久
絶音書倘地像群各〻遊宦他方难諧姻眷却乃一椿大事
相公何不閔心 外 夫人扶兒未離母腹先已擇下佳婿了其
其一段隱情向未曾出口夫人那里得知 老 既有此事何
不对妾言之 外 夫人還記得那錢塘金姓時左 老 他与你是
同年(?)他那遠左 外 那年与我同勧張居正共陷囹圄他有一
个扶兒名金閔彼時年方四歲他夫人華(?)其子入監(?)哀而
这金年兒那以子相托下官〻〻彼時即对金年兒說但恨
我無女与居聯姻其年既蒙恩省生下女兒遂既姻親既结
心許豈可变更今金年見中途為箭遭(?)萧條一張不可以
死生前富之間前我改八千九泉己曾致書諸我年往(?)
閔户清苦不肯逸涉則此子之操守大可欽敬今何夫人說
明未(?)官出巡回来差人將我此子完姻便了 老 原来如此妻
身今日方知 外
【醉翁子】須賤生前死交情始見既居子盟言怎做雨雲更变 既
那金八子英彦更良更貽謀必竟繼美承前登上選 合 人說
恩還父母之心早諧姻眷 淨中軍末占小生染小軍上 鉄馬表
嘶沙草綠龍旂高映塞雲黃疾進步 生 既子上 怎麼說 淨 啓

將校聽老爺起馬 中 得令下 外 下官相别即行了 老 正同(?)掃介
【僥僥令】征塵楊間氷危酒餞尊前患此去長途無勞憐更四境
媧昇平人早還 老 文且下 外 就此起馬 中 開門吠
打外出上馬介 淨中見介
【尾】陽春有脚數恩遠代天子巡行海甸喜南方今有漢衣冠 下

第四齣 拒見

【普賢歌】付上 同來福建打抽豐全弟原來瘟緑公專門吸打吠
世情全不通堪笑書獃真沒用 今裡写拾青烟紙变了布今裡
家松着黄金变了銅我花今言為何道此兩句只因一時高
興带了表弟金獃言來到福建成棒院処打抽豐想他必有
分贈連忘〻也得个小依踪誰想小金一些不通又沒時運
家吃了飯〻了吃又早兩月光景我的貨物賣的賣完買的
買是老成方寸四有他瘟頭瘟腦拿了个手本到轅门上去
撞見撫衙门好不利害見他這个光景就肯替他傳稟倒
洪了三四日不見响動昨晚回来倒我面上使氣性說道老
成做了衙门有這許多做作我不去看他們嘴臉了回去罷
〻〻想這个獃猫身边並无分文口嚟這樣嘔氣我倒放心
不下只得替他拿了手本前去候過〻〻或者有些指望也
不可知來到轅门上了待到扦號房去 淨內嗽介 那出來的
傳宣官正好〻〻 淨上 出入傳鈞令轅門聽指揮 付揖介 老
爺拜 淨 那里來的 付 學生是杭州表弟金閔是已故吏科都

的長公子成老爺的嫡親年姪速來恭謁相煩傳稟一声 丑
這个不使都爺洽[?]閙多年断絶遊客就是親房子姪一个也
不許相見什麼年家故舊混攪 付 成老爺与舍親是兩榜同
年撥如至親說了就請相見的 净 还不知道老爺的性兒哩
（四邊靜）從來不認親和戚冰心如鉄石莫想打抽豐宗親共
姪倘有纤徒冐窃洽當痛決 付 千里相投难通空来一番 净
有請帖 付 在那里 净 指介 這不是 付 這是告示什麼請帖
熟你也未必識字我把幾句說与你听倘有纤徒冐認本
親戚等均查出重究 付 這是敝官的田令子不許抽豐好
已露勝 净 嘛不知干係 發與有司官重究釘田籍 付 年家
親豈有如此相待之理 净 吽迎風的赶速厮去只肯在此攪
擾 丑上打付與介 净 里下 付 好利害拶與我想小公例不會
析甚麼我例蠻纏他来又要蠻纏他回去都不双折了五錢
个大銭去他在這里我竟自回去 想走介 是了ゝゝ流要加
此ゝゝ方才要富来此已是衷兄ゝゝ 生上 眼望旌捷旂乒
听好消息衷兄回来了可有些意思 付笑介 着实有意思 生
听有吳ゝゝ 付 虧你說有吳你老大一个人伺候了三四日
一些也没用我方才人檤大藏瘦將过去見了傅宮官
（福馬郎）說是年家親子姪步入轅门去投柬帖 手本一進去成
公見便相接 那時你又未在只消对他家傅進去細把衷情
說 那裡成公也與我就把金銀贈 生 可成年伯贈我多少 付 卻
也不少 送你一千七 生其介 贈我一千七百兩艮子麼 付 而

倒許多說話好不費力既要糊年家体面又要告訴苦情說
得成公心動通衙署中不便留你旅店中又不好来回望你
既馬有之而来送你一千七百兩回去作讀書費本可虧我
生 多虧衷兄 付 若你見了成公还說不来哩 生 揖介
（又）深感仁兄多費力我夜識金銀氣金生氣色 一千七百兩我
也勾了 終身事好穿吃這艮子还是送来还是我自去領 丑
這許多艮子不是袖里来去的約在東门外真空寺天王殿
前门檻上坐着等ゝ到紅日沉西只不要走閙快些去步緊
眼涸疾来時好收拾 生 如此小弟就去了 下 又上 付 不要走回
胸叹 生 少間大子來時我一人難以照管还等哥ゝ来相幫
ゝゝ 付 自然我就来 生下 付 表弟轉來 生 甚麼說 付 你緊ゝ
坐在門檻上等着送艮子来没処尋你豈不悞了大事 生 曉
得 付 还有幾話那些和尚見了銀子要你佈施你說這一千
七百我都是要的 生 应介下 付 香笑介 這个獃禽一味信
千七是个毛字待他等得客倒眷腦也也没一根
閙敢主人家 内応介 帳是算清的了快唤脚夫發貨下船快
些ゝゝ 衆 帶ゝゝ 不是我撇你在此皆因你命運落於愚兄
不是欠通情賢弟抽豐打不着 下

第五齣 遇藏

（引） 末上 禪舍靜惟有竹摇清影 水寒中龕燈一盞木魚百杵
千声老僧病後諸緣断洗鉢焚香過此生 貧僧静虚江右人
也因恰世事空花遂棄儒落髮雲遊叔李歷遍名山為訪武

夷勝景因而住錫揚州這真空寺向係古刹卻也頗廢不堪二十年前貧僧住此募緣重建幸遇本府太爺金成時他是浙江世宦豪也獲法淨以完工只因那年金公奉旨欽取進京臨行之際有一貪酷官兒要他周全功名黑夜餽送金公二千銀子那金公待收了怒訪了一生名節欲待不收又值安餽普之心因而將這宗銀子寄與貧僧說到京爲他周全後來三百金歸于常住餘普及壁本人後因佛像剝落就將這三百金裝修餘皆尚存在此誰想那金公一去杳無音信傳聞他陞了又聞他陰了又道他陞了究竟不知那件是真貧僧爲他留下這宗不明不白的銀子整整住此二十年鎖是嘅藏于臥榻之下不使一人知覺只是貧僧年老昏他有時倘遇到底是未完的公案咦佛爺吓怎得金家有了親人到來取了這宗銀子去脫了貧僧那了這場牽佛道人那里

淨上 三碗饅齋飯一碗青菜湯吃了無剩來拜見了懺滌師父吓我怎麼 末 我向禪床歇靜片時倘有客來泉茶敬待天色傍晚了〻閉上山門 淨應下 生上

【引】一向安貧守分今日都交新運 坐介 我金周隨了表兄來到福建拜謁威公以免周何從家在我已是絕望的了又虧表兄挽轄替我提了十數一番言語打動成公就送一千七百兩先子約在東門外真空寺門檻上坐等已到寺前表兄吓我不要走開恐怕大事好高門檻咦門檻〻〻我的終身還周全仗你了 坐介

【沉醉東風】潤不比犯天顏极廷諫諍倒做了倚門閭望眼鵲頸 〻〻一 我坐在此孔夫子見了定然怪我行優鬧立中門 回此覺坐淨不耐煩了哦待這門檻兒曲肱爲枕 內鐘聲介 生急起介 一片响聲想是送銀子的來了 望介 咦 卻原來是

【隔林鐘磬】 敲磬介 原來坐也這樣難爲人的我如今又奈介坐法在此 舊睡介 做一个瞌睡老僧 也不好 生凡案答介 權當个欄杆獨凭 日已西斜送銀子的也該來了又早見牛羊歸去斜憑淺野汀 生坐淨不耐煩了只是不要走開且起來行動〻〻 伸腰介 該來了吧 淮腰介 原來門內是一尊彌勒佛〻〻我出園啊 拜介

【園林好】只爲未來錢牽腸掛心 保佑我那成事伯 他許我千七百兩而不更 坐望介 吓這時候不來有些古怪了 早唯道充飢畫餅 万一銀子來遲了我卻進城不及許多銀子教我如何與貴倫寄在寺中那禁和尚家要佈施怎麼 內淨化 看介 銀子來時這石碑俺兩倒好試淘重建真空寺碑記萬曆三年歲在乙亥十月穀旦中憲大夫知揚州府事錢塘金威時立吓原來這寺院我父親在此爲官的時節重建的不期今日又得見我父親的筆跡爹〻吓 拜介 你如在尚訓趨庭 〻 淨二 天色已晚且閂上山門 見生介 你不曉又不篩不拜菩薩倒拜這石碑 生 這碑是我父親的手跡故此下拜 淨 石碑是你父親難道你是這石烏龜養的了 生 這主碑記的金知府是我父親 淨 我不管你走前走後走出來我要閂門 生 慢些我

还有要緊事还要坐一回哩 净 天色晚了 生 我要等人來坐〻
净 這个人不晚凡晚日晚的
【江兒】錯馬宿池邊樹僧闗月下门 就是要投宿也遲了 生 那个
要投宿 净 金剛脚下也睡不得的 奸究行藏名文禁 生 我是
赴接成老爺的重親不是來歷不明的 净 一徐差池了既是
鄰院的親戚為何不進衙门坐去 把禅関夜叩还同甚 生 的
究竟就是三更半夜我也不走 閙要坐在门檻上等的 净 一
徐晚黑了夜閙䌷约 多應是濮上穿窬行 遲速向前行休攙
【乱禅堂清净】 推介 生 我因有一王良子在這里欲公相等這䌷
道這等可惡 净 一徐寫起仦夭了走出去 怕介 生 我擱要在
此 净 甚介 末上 住了〻〻 烏何在此争閙 净 這也挑費家人
哮㗅要跡起艮子來了 末 你要什么艮子在此炒閙 生 是个
官府連夜送來的艮子 末 吓送來的有多少艮子 生 一千七
百兩 末 你是何处人 生 是杭州府錢塘縣人 末 高姓 生 秦生
金鴻吉吹〻〻 這三郎的金太守就是先父 末 原來就是金公
子請到里边客堂里坐 生 不要客堂里坐要在门檻上坐的
末叔介 詞 那里話道人閙了山门 生 不要閙门我就出來等
的 末 不濟外面相等 净 這人面他進去罷 末 不要胡說是
金公子醫治夜膳 净 吓他就話你要清鉄我要鍾多人心事
不相同 下 末 這里請坐 生 多謝 末 請問公子為何到此 生 吓要
【伍供養】家居武林世族名门金倫繖名 末 方才錯叙過了 生 先

居會作宦 与貴府趣撫旧同寅 末 令先君的履歷要知一二 世
不知一世几年了 生 有十四年了 先君做了一世清官 末 果
是清廉正直 生 因此遺囊早傾 小生吓只浮槖詩書向窮途
奔競 末 為何這时候还在山门前坐 生 有一家良兄花令言道
有一千七百兩艮子在此敎小生在此坐等 歎覓金艮使索
向寺前㝵同妖坐守山门不覺夜深人靜 末 嗏 令先君爺爺贈銅
少爺此望你不道你辞世了
【玉交枝】真是萍踪泡影二十年來睽違𤨏命 生 師父這等觸谷
歎 与先君有旧否 末 我和他相忘物我把交情訂誰料他長
逝歸冥 生 背說 末 吓介 良子也該送出來了 末 笑介 公子良子
原有一千七百在貧僧处 公子患來原當献上 生 吓良子在
師父這里了 末 正是 生 背介 吟先逵了夭了 只肯敎我在门
檻上等 末 遺貧曾救囊橐盈山僧不負先君命 公 老爺清忠
遺蔭 生 這樣有福的公子 貧僧今日不竟照書交集 痛先晻
中途早覺喜郎居青年老成 生
【川撥棹】还俛倖遇禅師多至誠 撫廚我先父遺灵〻〻 还要謝
成公年家孯情 末 什么年家孯情 生 這艮子是陽院成公送來
的 末 那里說起這是令先君二十年前留在此的 生 如此成
年伯為何放我山门前坐等 末 是了他与令先君是好同年
知道有這艮子在此敎你來取 生 哦他知道有遺字良子在
要教我來取只肯使我在门檻上等 笑介
合
【尾】人生窮達皆前定 生 有了這宗艮子回去把家廷再整 末 受

人財物交付要分明 生 說了這半夜畢竟這民子在那里 末 會
傳藏于卧榻之下不使一人知覺今晚且慌宿明早送上还
有一說這許多民子明見〻拿到路上動人眼目不如先拿
凡定買些貨物將民子藏于貨內帶回杭州方為妥當 生 是
吓〻〻 末 請同晚膳明早遠送登程 生 多謝
被人踪迹久浮沉 見向青山永夜心
生 喜得逢公知姓字 窮途一飯足千金 下

第六齣 报税

（大斋和）光占小軍 丑上 時運來做人乖三吳八閩奉欽差收將
関税充花粉使商淘將早閑閑 未男未女半丈夫不文不武不
知書舔瓶垛王居高位創剔原來是宦途咱家司礼監鄭昶
字新声啊天從平人氏自幼創剔收錄入宫做了大事不过
是支更守宿燒火看門誰想咱家一天富貴削從從上浮来
當今萬曆皇帝寵愛的鄭貴妃娘〻見咱每一般同姓常差到
外家走〻咱們承她皆拱象皇親指着同宗認做娘〻外家
親戚因此娘〻攸喜將咱一个姪女兒鄭素娥收養宮中做
了養女又在万歲爺跟前十分称贊指牽咱做到司礼監今
年長首將咱為関税〻粮鹽与鄭饒〻做花粉〻外〻差司
監七人各省權收咱家差在福建閩税兼粮又兼定鹽雖凡
処務官他反要于中弄法因此咱家坐于浦城監税是个桃
要地方又差巡役各処提拿凡有漏税者加倍罰今日该
放畢閩左右与我開閘 二旦 〻 外小上 税〻抽廿三偷漏罰

加三做爺獲着一个漏税商人在水 丑 找進来 外扮帶 付上
付 不想如処有个太監收税十分利害不免竟充做个秀才
大模大樣進去料他不敢十分怠慢 小 漏税人進 中唱个
老公〻在上生員拜揖 丑 好大胆商人漏了税还敢作揖 付
夫子之道一以貫之生員作揖何罪之有 丑 一以貫之書上
原有這句且被你充去了你貸而不税罪也何如 付 生員不
遠千里而来非助而不税賤貨而貴德者也公〻為有君子
而可以貨取乎 丑 笑介 司礼監与国子監原同一監本監社
重斯文今且考你一課看咱得好是个真秀才不但免你税
还有紙筆相送 付 咱課是生員極在行的請教 丑 青十萬
冬衣摇夏扇全不識春秋对来 付 他取冬夏秋冬来罵我〻
我東西南北罵他生員咱就 丑 对来 付 公〻居北闕治南方
少一件東西 丑 好北闕南方咱得好 恐介 少一件東西吓這
狗樣的罵咱是從有那話兒的与我打 中打介 付跪介 丑

（八聲甘州）狂儒不揣敢咬文嚼字欺弄天差 付 生員權打 旦 付
末生員 分明是沐猴冠帶 付 既奈斯文成何体面 生 假斯文
戲拳應訣分明是穿斋小輩偷税客 付 有名的秀才 丑 不像秀
書好秀才你把課中暗罵咱家 青弄你狂乖且當場打个偏歪
中打介

（皂羅袍）哀告抽分奶〻 中 公〻 付 应〻〻 付 声氣竟像个奶〻
旦 还敢胡說 付 念黌门俊秀孝廉生涯你當权不肯把関閘
多應欠下根親 背介 我命救他親娘 丑 你敢打鄉談罵我左 付

這是我杭州人的口頭言語隨常口氣卻不道杭州老戲便
詩
有些酒汁撞着非是逢場作戲何消个怀念斯文一脈當優
旦 查有多少貨物 外 查過了檀香蘇木胡椒白糖一件件乾
付 能得几个件乾乜要很稅 旦 自有件不敢不報 付 好文理
外 還有些事乾 付 喫个几个事乾是買來現吃的 旦 沒文理
的小人就有事乾還敢叫喊 付 怎麼有事乾就喫不得了 旦
言不知有理不在高聲 付 一團文理 旦 算該多少稅銀 小生
幕該稅銀八兩六分 旦 滿了稅以一對十該八十六兩許他
鋪在閘前上足了分 付 几兩銀子都買了貨了那里有銀
子 旦 喚不當个出去 外 末 攔付帶出門上介 旦 纏了一个杠
子餓了取半斤來吃 末 丢取你介 生上 進嘅夢筆小又到浦
城蘇我會鴻言便傳得了父親遺下財物蒙靜虛長老替我
賣下貨物把銀子藏在貨內以便帶回花表兄等我不及先
已起身去了靜長老又替我寫了紙送我回去如今來到浦
城蘇說有欽差門豐收稅好生利害只得前來報稅但不知
稅是怎去報的且到閘前問一聲大哥這里是報稅之所麼
付 小生介 生 呀這是表兄 付 呀表弟 生 我道你先回去了爲
何帶了鋪鍵 生 付 前日等今說我帶不下入帶的是百家鋪你來
怎麼 生 你來便說 付 報稅 背介 呼他的貨是那里來的且提
弄他進去大家鋪鋪有得他先我兄弟這太臨倒重斯文的
進去只說是生員才有禮貌不然要吃虧的 生 怎好假冒生
員 付 你撤我說話才好 生 是呀依你便好門上通報報稅生
員稟見 外 戴上公公有个報稅生員要見 旦 笑介 可笑噫這
里又不是提學道衙門又不係丁落孝怎麼來的都是生員
着他進來 末 叫生進介 生 員叩見太宗師老大人 旦 好這个
生員知禮數方才一个生員不知禮數又不会对課就喚鋪
在外面你是个有禮數的生員也考你一對對得好免你的
多銀 生 是 旦 聽着我把本閘為題閘閘早閘閘遲放過客過
閘 生 想介 對就出對易對對難請先生先對 旦 好是吓出對
易對對唯說得是先生先對我問你誰是先生 生 老大人就
是先生了 旦 如此說你就是我的門生了 生 老大人不弃門
生会偸怎樣下 旦 好門生門生咱家獨坐無聊既識了門生
正好陪咱吃酒看酒來 生 門生告坐 旦 罷了坐着 生
（又）庸才經商貨賣喜逆旅窮途得遇恩台且把師生尊拜 旦 沒
甚待你止將村釀頻飾觀着伊堂堂儀表非俗態態你廣積
金銀居上台斟酒 末 應介 旦 閑怀這相逢果是奇哉 付 小金道
去半日不見响動 外 出看 付介 付 大哥方才進去報稅的還
是打呢夫 外 為甚麼打夫公公留他吃酒哩 付 為甚麼請他
這也不信 外 你不信躲你過來看看 付 張介 呀好食孫吓嘴
表弟 外 呼 付 又叫介 旦 什麼人喧嚷 小生 看介 就是滿稅的
生員 旦 帶過來 末 帶付進介 旦 你喊叫什麼 付 告表弟在生
相陪一声 旦 胡說扯下去 生 表兄原來為事領在此 付 表弟
為我說分上 旦 揣出去 末 應介 生 這是門生家表兄花今言
不知何事冒犯伏乞恕罪 旦 這是賢契的表兄麼好生不知

札

【皂羅袍】他偷度朝廷関隘把吾行貌視滿口胡柴 生 這是表兄的毛病他生平戲謔好恢諧理寬洪度量休加責 付 早知公公這樣重贤的我惆嘴也不敢冲撞了尊常浮罪無端受災 生 看斷生情面相饒公來恩波永沐如山海 丑 賢契 付 情要咱務放在 丑 是 付 連叩个 望乞開恩 丑 方才恁般峻強如今這樣歎和 丑 好像什麽 付 好像公公肚里的屁 丑 怎麽像咱的屁 付 放也由你不放也由你 丑 大笑介 說了半日這句話倒是屁的話兒倒說得好也罷看舍門生分上放了免了他的罪撥給這他的貨物 末 謝介 生 多謝老師 付 多謝公公 丑 問你表弟回去罷 生 門生告辭不知幾時才得相会 丑 你們先回咱隨後就到浙江來 生 等候老師降臨 丑 也不須候得你們是做買賣的也該到京中走走才有大望 生 謹領台教 合

【尾】喜相逢趺倒蓋無端聚首又分開惟擬望都再會來 末 攙門下 丑別下 付 生走介 付 這倒狗好利害 生 他是个好人如今有了這个相知一發單第小弟到京中走走 付 明年也同你到徽州收些松蘿茶進京最有利息 生 是呀 付 究竟你的貨是那里來的 生 就是前日敝店住着客人寄來的一千七百兩銀買的 付 當真有一千七百兩 生 背介 這也古怪 付 對生 實對我說那里來的 生 果然在門檻上坐来其中還有許多委曲一路上慢慢告訴 付 可是哄我今後件件依我包你好 生 自然客夢三千里思鄉十二時 下

第七齣 進閲

【引】外束帶甲引中上 鬓髮俱皤双眼摩娑下場頭老也如何少年馳馬扎中原鐵騎沖開山海関如染征袍綠色淡 坐 念人間不知饒咪何充軍老可汗便是俺本鮮卑遺種那塞外有三十六種惟俺鮮卑最強践悉自俺治事以來東伐朝鮮西在家白南狩中原北靡沙漠與兵四十餘年從擴一万餘里諸種人等見俺稱号人人喪胆因他名姓个个消魂因此俟推俺為部可汗更有女孩兒俺公三娘子拐了鐵骨白蒙做了衍為他夫妻二人衍對多胤共佐帳中可托後事那南朝自從万曆皇帝繼基以來与咱兩下建和把那里军事獨贵俺這里虎虎邊闗巡來團咱軍紀高大通着西方一位番僧名為達賴喇嘛他通天徹地能知過去未來遂拜他為師他便叫俺修行念佛 贊介 把一个好殺人的鴉鬆蒙胴变做慈悲的生善薩那南朝有四大名山皆是法佛降臨之所那峨嵋普陀要渡海登山不便去得惟有五台山乃文殊菩薩的道場又是俺接壤之地欲去朝礼那達賴喇嘛會到南朝走走通九次路徑頗熟請他領了道事将良馬千匹送与南朝微道進香女孩兒就排當今皇帝做了乾老子好个万曆皇帝他竟依舊俺通関路引女孩封為公主許俺帶一百名小番女孩兒帶四十名各件入関俺又将馬尾皮張人参貂鼠之類就使採買些許閗之物呼女孩兒來之 老旦隨后上

【引】渙掃双蛾亂簪花朵别是新粧裹 見介

中 南朝皇帝許俺又

集部 第四册

々入闲各治行裝此间上道 占 且等師父到来 末上

【引】一句弥陀六時清課蒲團坐 淨占 師父上堂可曾收拾行李

末 俺僧收人々洪福廷番三入中華了不過随身衣鉢有甚

行裝 淨 這等就行裁叫小番掌号起行 乎唐介

【注鶴回】天設險山河万里金湯一座這膳峒露重々旺氣包羅

只見極天鳥道㘅邊声四野遥相和要邊他孔樂衣冠不許懸

慈突坐禍 小生將官々主馬代介 来者是阿克罕老可汗在 淨

正是 々山海關纔聲遥恭圣旨此接可汗 淨生史将軍 小奉

旨晗冊可汗々々則嗾之外止許帶一百名小番四十名女

俺餘外之住不許。這厮 淨照依飲此路引麼不夷帶一人 小

番們一字兒擺開候將軍查点 末衣走擺介 小 既系夷帶分

々闻闻 由 闲闹 淨重進捆门主 小生進見介 山海関總督令

小将捨有牛羊酒米欽柴近候 淨多々拜上去罷 小方下 淨

進得関来好花々世界也正渴了下馬將進来牛羊開剩几

鍾痛飲一番 吊唐介

【又】呵々对酒且高歌趁酒是好闲眉鎖花前不醉便花枝也應

笑我戎群打夥藉番菌一会團圍坐見闹攘々慢舞低斟醉朦々

玉山崩頽 淨收拾了一齊上馬進冀州城去歌馬 乎唐介

【尾】山青水秀都經過又早是薊州城垛分明是天々逍遥樂之

底

第八齣 買茶

【引】小生上 少年折挫鶴更老茶霜鬓点秋毫 曾諳鴆事 敦富壽

書多謀筹較錙銖天公妙算高如我一着差池滿局輸 自家

姓程名商徽州人也十年前要進京幹些前程將些湖潭茶

千箱來至瓜州被根叔阻塞河路不得開行息些家中有人

赶来說老父病危聞此信了許老实的房子將茶收貯好了

連夜回家誰想老父棄世遺下歡万家財被一不肖堂兄佔

拿一訟未完耽延十載因想起這宗茶葉来到瓜州闻鞘一

看徽做一團烟做一块黑烟臭一時性氣起来歡將火来

燒毁了恰好遇着一个杭州客人花金言啟會松蘿茶進京

也為根叔阻住瓜州偶来探望他有个表弟姓金的是个和

出門的客人得了一主横財尚未置貨咋也買了這宗貨出

一兩一箱千金可得只是姓花的要三七均分我因不思那

姓金的析本情愿不貴又想他是個親中表尚且如此何況

我是將本求利的便分了三百两去還有七百两到手的也

今日成交笃底還不見来 末主人同生 付上 離家千里外積

貨十年餘 付見弟這宗茶買進京去对合賺浮哩 生是 末程

客人買主来了 各見介 付金弟這宗貨執疑不决教貨而不

買是我再三攛掇方得勉強成交你要晓得 小 若論原本十

不及一小弟例肯承到既勉強小弟寧可不貴了 付 這宗

宝貨原六平常合表貴買倒做作起来 小 正明又易又非映

騙些情花見如此說以後凡有畵嬉不貴了 金兄請回罷 付

真个休寧歙縣馬改變你們的話這様难說的 末 程客人也

不必作难見富人休議閑話凡事有我主人家做主說這便

全相公至忠至厚的人 生 小弟呵
（紅納襖）雖則學經商第一遭還只是書心無許狡 小 學生罰办
這宗茶葉指望到京師覓个榮魁諸因此上赴湘潭受盡辛
勤勞 付 置買千觔憑貨自然乘寄的 小 湘將今日白白替全兄
勤勞了 付 這也是前定數 小 一兩一箱只當奉送的 生 多謝
了 付 也是也是一千兩也不算送的了 小 獻錢中出外經商求少
也得上万這千把兩子什麼大事 末 不是這等說貨有高低
千等價客有大小一般看這貨不同有低有高客行中要大
和小 小 主人家只然像要來 末 有理有理 寫个 小末 閱是全壽都
海書了文憑也這是至公平君子交 末 全相公叔了誤單把
民子兌一兌 生 不消說得十兩一包十包一封拱是十封在
此這三十兩送与主人家 末 用不要加三 付 這要讓的了 末
罷了程客人收了艮子大家唱个團圓喏擺出東道來 付 兄
弟尊兄既已成你沒工夫在此了快到閣上穿个大褂卯吾買
些梓潦墨煤把茶箱印了印子明日都好是我們杭州幫里
粮舡起身搭到張家灣十分便當 生 我就去經商來万里信
寄托千金 下 合 表弟的事那一件不是我當心 小 全弟是
个至識君子 付 兌銀子來分一分 小 取了三封去 末 花客人
三七之中見惠些 付 承同你對程客說 末 這不是用的 小 也
說得是三分之中也該送把些 付 欺我們杭州阿獃哩你做
主人家的為何不尋个主顧賣了這宗烟貨去 小 分惠几兩
總不是見的肉巴多 付 雖不是肉巴多不晚得我替他包買
还要替他包賣的若哩 末 一千兩倒打三百短手一些不肯
破慳的 付 懷介 倘沒有怕你告了來 小 花官人把多財奇得
太重了主人家我另外送你三十兩你就大量些 末 沒有
罷了倒惱起來 付 笑介 我原送个花而不要我的就変好了
得罪々々 末 用了東道去 付 待全弟來同攙請了 下 小 唉可
惜一个忠厚人被他這樣捉弄 末 便是
白酒紅人面　黄金黑世心

第九齣　課文

（引） 占上 碧紗弄影東風曉昨夜里海棠開了水滿池塘花滿枝
乳香深里語黃鸝東風輕軟弄簾幃日正長時春夢短燕交
飛 貼 柳烟低玉窓紅子閒奏時奴家姓鄭乳名可兒原係京
城中民家女子父母双亡止有叔父鄭韶職居內監當今鄭
貴妃娘々以同姓相親十分抬舉因此叔父特奴送入宮中
伏侍娘々 同奴聰慧奏聞圣上收為繼女賜名書娥御賜洗
兒錦千足內外皆称公主娘々 念六宮中宮娥綵女不通文
墨不解針指痴々蠢々难供圣意特請圣旨將後宮設立東
西兩座學院挑選各宮年幼精細宮娥五六百人讀書習字
內中又選聰明解齋者立為學長以一訓十朔望日考較功
課以分優劣今日正當大考文墨之期奴家叫為東院學長
以此早來伺候着衆宮人各捧書包隨着娘々來也 旦 净 丑
宮女隨着其娘々上
（風入松）下晴雨畫初長春鎖昭陽深宮靜院把斯文講墨花粉

黛齊香一陣油頭粉面同參孔圣門墻 中 奴婢們叩頭 老 旦 中
彦个
占 鄭棗娥見恩娘〻千歲 老 平身 占 彦起个 中 女生尔
行師生礼 二旦 東西両院李長率領諸生參見老師 老 諸生
少礼各就本位 中 弟子們告坐 各坐个 老 錦帳重〻捲幕霞
屏風曲〻開紅等青衿滿座集宮娃畫棟長門人易老唐宰
鉄硯觀篇佳閑時經史課児家然家鄭貴妃是也幸沐當今
寵愛果是士女班頭周見宮闈無事宮女們閑則生懶〻則
生痴不諳文墨难供圣意故立東西李院選宮女三百餘人
因才遣教皆親自教訓以導愚蒙分列爭致較以優劣總以
賞罰時使宮闈之内漸成洙泗之鄉今日正當考期因此早
臨李院李長諸生齊否 二旦 諸生除參差值禁把恙告假者
生上齊 老 諸生李敢請孔圣之畫屋男則之居雅
不至急果判股亦消被劉获和悉更動更届毋息毋荒听吾
道来
（新水令）今日个来共前殿設宮墻則俺女宗師端坐在至公堂
上必竟要持文宗李杜摹帖致鍾王 士 先氣質而後文藝踏也呵
一般的劍優趍蹌學秀士喬模樣 中
步〻嬌踶道龍門高千丈咫尺是扶風帳紅氍聚一堂來許來
許男児伏占金榜 凈 阅个 旦 衆先生西院李生都陛 老 喚醒来
打三下 旦 打凈个 合 喚醒墨甜鄉 旦 唱个 占 衆先生東院李
生唱曲 丑 李生在此吟詩 老 也打二下 打个 合 不許你耍〻

侍李秋蛾唱 老 女李生姿質不同功課各別作文寫字各守成
規習字者手酒平頁字始端莊勿事塗鴉涙污紙筆听我道
来 中 見 老
（折桂令）女開科濟〻賢良看楷應青衿都是一樣紅粧趁着這
日永芳辰神清氣爽淨几明窗硯池中香輕烟錦浪文光射筆陣
鋒芒一字〻紙上騰驤只待要隱約蛇龍連總擅美詞場 衆
（江児水）曾夢花生筆千軍一掃摩看縱横滿翰烟雲様 占 說 丑
你的字怎庅寫法 丑 好的 占 分明是乱点烏鴉在霞牋上 旦
（說凈）你的筆是怎庅拿的 凈 有些的味一把連 旦 那些个点
如爪子撒要如刀様 丑 背个 寫得不好与你什庅相干 凈 會寫
他們的紙幹 二旦 你們說什庅 凈 丑 說道你們是好的 二旦
看他們弟子全無讓 衆先生去 丑 凈 阿呼李長說了我們罷 二生
旦 說你們一次 合 翰墨流芳才可趍陪天仗 各交卷个 二旦
楷龍生寫字已完請先生批点 老 各歸本位 中 彦坐个 老看
批点个
（雁児落）雖則俺咏香奩較女郎抵多少司貢院把春闈掌不要
你掃蛾生鉄硯穿也不索燃太乙青藜杖 吟 但能勾紈扇寫椒
房便肯將作賦買長楊但能勾天子知名字艳似男児當自
強 這几張詞賦既作筆意端楷果是佳章看下筆風雷壯 這几
張什庅東西腌臜僥糊染半張 〻 丿 鄭棗娥 今日功課罷
完再可作文一首 占 請先生命題 老 就作鳥鳴鳳和詞一篇
占 領个

（僥〻令）天鶯鳴雨〻彩鳳舞双〻弄玉吹簫秦楼上听嘁〻喈
韵柳楊　呈卷看介　卷
（收江南）呀看果然是筆如神助呵倒三峽瀉瞿塘這的是弄精
神超奪斗牛光吐珠璣擲地按宮商果文心綉腸〻〻也不數
高才七步便成章　末小太監引外皇帝上　餘什衣宵改事修草
雷〻無戰大宮游何如四季為天子不及盧家有莫愁朕乃萬
曆皇帝鄭貴妃设宮院館教習宮女嘉史今日比餘冬奉情
地前來一看　中鶯到　介隨卷出拜介　陸妻不知鶯到失迎〻
外女先生請起將把如此勞神何恩告嘆洙洫但不知諸女
生今日所課內有佳本否　卷兒女尋常筆墨何敢書陛省有
鄭囊織些作鳥鳴鳳和詞聊以成章　呈外看介　外好詞〻〻
（園林好）耀中天星明翼張美才華偏鍾女郎曹大家為能相抗
堪晁取校書郎　寡人出下詔明日後也選个會詞賦的人見还
也便了覓个吹簫客共乘風　明日大內庫取金銀十餘
斛分給諸生以為筆墨之資每遇朔望親赴課堂親閲文字
奇文妙筆者另有重賜　卷叩萬歲　外寡人议宮南宮賢妃可
佩閣同事　卷諸生收書被拿　中宮生皆退　外內侍掌灯　中宮介
（沽美酒）令趁風和花草香〻〻東明月侍居王香霧氤氳月轉
廊且收書羅講嬌多力轉部當傳蠟燭燒殘銀釭散輕烟花陰
遮澹養鈞天簫韶齊喝滴銅壺漏声初响修呵擁紅妝几行宴
深宮未央呼早不覺倦憾〻把軒斜傍
（尾）女先生不思把斯文表設一个杏壇盟把宮城作養輕薄了

東壁圖書翰苑郎　下

第十齣　賺賣

小生上　仙客驟車入帝京整將鉄鋼李經營東風不与周郎便
一事無成兩鬢星　小生孟了書本到福建行抽豐李遇靜雪
長老还我文銀一千七百兩回家留二百兩与兄弟安家將
這一千五百兩做本钱來先到徽州收買松蘿茶葉郑松
蘿出茶有限收者甚多表兄便收得几把攝我作四兩也
喜地說你既来徽州一場那程居房的好墨京師甚是聞名
便中當些去上好的利息就將二百兩銀子買了兩担教我
在路途置買貨物叙到瓜州閘上表兄又說济寗漴茶一十
稍一兩一觔戥〻的買了到京夜了平行又早半年光景怎
兒的松蘿茶已賣得差不多了偏我這好墨陳秦向也沒人
來問又不知越發呆折本又不知兄弟在家安否如何表兄
昨日出去了一日至今不見回家待他回來与他商議怎生
出脫得這兩宗貨便好　付上　終日醺〻醉快活似神仙　生　表
兄回来了　付昨日有几个朋友要請教我做生意的方法絕
妙的東道吃了一夜今早又殺了他們我辭了要去回了　生
且慢有事商量　付什麼說話　生為這宗茶葉在行中串年浪
有人買為此心焦与兄商量　付自古家無千日貨不是常財
人說這種客人放了十年尚不惶急你擱得几時就等不得
做生意不是這樣的你是讀書人豈不曉得
（降黃龍）消息盈虧富貴由天豈可貪求　生不是貪求但置了這

樣滿貨多從來賣怎不心焦 付 你若這樣咲極那買主就要
打睃庄了要快行情長落且自肚飽稍寬何苦多憂 自到京
里說子里也出來々 那紅樓珠歌翠舞且和你尋花問柳 生
這心小弟一些不耐煩 付 你真是个无書獃怪明朝天晴雨
下不勞窮究 生 还有這兩把墨也不識咲賣 付 這兩把墨我替
你算計々々看 背笑介 索性獃他个尽情 轉介 兄弟不要着
北京城里五方雜處儞然有个客人要買陳恭只你独行怕
沒有十分利息只是這兩把墨有个賣法不如肯依我庄 生
小弟那一件不依你來 付 京城中有多少王孫公子墨客騷
人臣子各衙门當该承局酒那茶坊秦樓楚館那一處不要
用墨這一兩把勾什庅賣但是藏在行中那个曉得上门來
買 生 便是 付 倘得去沿街叫賣 生 怎叫賣 付 要一个奉題 生
有在此 付 大々小々纖上兒十塊放几个在拜匣里把喬装
背了拜匣走要走得々法叫要叫得像樣 生 怎庅叫法 付 大
人家房屋深遠大老官躲在里面那里听得要放声大叫才
听得我叫一个樣子与你看真正徽州家藏上品清烟細墨
賤々賣哩 生 這怎庅 付 路了要拖逺一声若討價么討他几
么一悦恐他还你多少沒有對合只是不賣 生 待我學々看
介 聲介 付 不像々々 生 小弟还沒有行動怎庅就說不像 付
三百六十行之中但賊那一行裝束你這方巾闊海那里像
个賣墨的且除下来 生 难道竟了頭 付 我有个破帽一件青
布道袍穿上了 生 不像模樣 付 做生意論不得況京城里又
沒有多親根眷誰認得你是全々子什庅不像 生 換介 付 扣
今真是个墨客了 生

【滚】我把衣巾去了休々々墨具横肩走只是生意低羞慚滿面
难開口 付 叫々看 生 叫十 付 掉介 生 难是依樣葫芦还是當場
出醜 付 出什庅醜孔夫子还道執鞭之士吾亦為之何况于你
生 是听 孔子云執鞭士甘心就

【尾】人離鄉賤原非謬為資生習甲污下流 付 却不道介鈔还從
辛苦求

第十一齣 賣墨

【引】小生小旦隨上 承恩侍御稱識天顏喜啚家司礼監鄭貂
上年秦差取浙閩两省税課又殺蒙恩重賞今日謝後右掌
门狄子喚要打个轎兒你好生把守 小旦 丑下 生上

【山坡羊】遠迢々離鄉千里走天涯一身瀾散乱縱横难識認的
路途 叫介 出青奥正家藏上々号徽州青烟細墨哩 作拖声介
咲叫得我喘吁々难接續的咽喉氣想我父親官居台省我怎
很籍至此求甚庅生活計把斯文来地那些不會庅識全民
氣倒不如遠害朝看麋鹿随 我為這兩把墨東從张家見叫
我沿街叫賣連叫兩日更沒人問一声今早清晨表見又催
我出来已是晌午了且向城中叫々看 時分送勝王風散速
淒其奈雷轟荐福碑 這不知什庅所在了不要管將過去 叫介
小生上打介 被你驚着跟這些是后宰门大肥味喊 打生哭
叫介 丑上 狄子為何喊叫 小生 一个賀郎兒叫喚 丑 我過來

小我生說介行大渺遠望縣近內宮這等呼喚驚動內宮
我缺万死哩 生丑 小的是異鄉人不知道里是後宰门一時誤
把裡乞饒恕 生 你不是這里人麼 生 南邊人 丑 怪道好造化
過着今日是咱充裔的日子便辭了這点好事被他去罷 生
多謝公公 老爺 起走說介 這公公好像浦城狀貌的鄭老師
丑 這人有些認得喚他來 小 撒爺唤你 生 轉跪介 丑 咱老爹
認得你 生 公公可是上年在浦城收稅鄭老師 丑 是是你是
金公门生 生 正是金爺門生恭祥 丑 聞你既到京中怎不來
瞧瞧我反在這里呼喊 生 只因撇然坐意不知老師公署不
敢擅叩 丑 忽底這个閱見 生 為徹買賣因故不整衣冠 丑 也
罷了你賣什麼行子 生 賣墨 丑 拿塊來我瞧 生 這个 丑 好子
硯臺來試了看 研開介 好墨這墨你有多少 生 共有二百个
一塊也沒有賣 丑 好你造化到了 生 賣了三日不曾發市什
麼造化 丑 你不知道當今鄭貴妃娘娘在宮內閑就講雲秀
較文字三宮六院從好才人宮娥綵女都在那里考文寫字
那个用不着五塊十塊咱知你師生面上替你發賣了了你
這兩担墨還不夠賣哩 生 金狀老師 丑 上好的取兩匣來 生
有 取匣介 丑 孩子得這墨送与掌宮的送与鄭娘娘說是哥
礼監鄭謚送來的樣墨娘娘看用得着分付中管生們買些
小 應 下 丑 快回去將這兩担墨一兩發來替你賣完了去 生
是就去發來但不知這樣一塊可賣得三五分麼 丑 笑介 真
正是个老實人六宮中這些女娃娃曉得什麼三分五分他

見皇上考較文字娘娘教習詩書咱做了甚行拿這用得着
的東西孩子要他一定兩定拿了去至子糙上儿把似桃前飾
搽粉等閒重重拿來才与他一塊兩塊哩 生 這樣好的 丑 那
鄭娘娘呵
【黃鶯兒】在深嚴設重闈課詩文較女兒這些宮女們學為鸞笺
把蠅頭寫潤不是描鸞區眉用不着灯烟燭煤教他黃金爭賣
陳玄細這墨呵正相宜便多些又不是高抬時價行貨買當時
生 门生就去取來 丑 不像休而換了衣巾喚些闲的見快挑
來 生 但教脫得去便是運通時 下 淨宮女扛元宝隨占上
【又】天墨女昭儀耀龍蛇筆不移直教長安紙筆轟然貴 丑 孩兒
生意来怎麼方纔我的门生送來的樣墨不如娘娘用得着
否 占 我父圣上要娘娘寫真草隸篆洪武大誥十三篇正需
墨用恰好送來即便試驗果然好墨娘娘大喜道果是玄卿
草薰紅烟细煤画三金製參天一同與將金艮元宝各一枚
着孩兒賣来以為墨價 丑 這匣墨怎要娘娘這等重價 占 只
要物授机相逢識者誰与較分厘東西兩院女生都要買墨不
知還有多少 丑 墨是終百者要買的叫他們快快來 占 有好
墨千万留兩定与孩兒 丑 有有 占 玄卿多異宝翰苑有才人
下 生上 這里來 衆挑担上 生 歎 下了了 放介 丑 來了麼 生 门
生二百个好墨都運來了 丑 賢契這判市發得好方才兩匣
墨送与鄭娘娘娘娘就賜金元宝一个艮元宝一个可好麼
生 這元宝是金的有趣趣 丑 你把担兒撰開買墨的就來

了 生 是怕簡款椅上介 三旦淨宮女各拎元宝物上 馬賣文
房宝同來後宰门鄭公ゝ我們都要買墨哩 旦 快來買少剩
就没有了 末 我要ゝゝ 旦 不要嘈雜 末 各出東西亂買介 旦
不要亂 末 搶買下 外老太監上 鄭公ゝ你的墨不要賣哩 正
宮娘ゝ要買兩匣兩个金良元宝在此 旦 收了ゝゝ 生 收介
旦 竹墨介 小生上 鄭公ゝ西宮陳娘ゝ照樣金良元宝兩个
要賣兩匣 旦 有ゝ 生 收付匣介 外小生 這是誰 旦 是啥的门
生在此賣墨 外小生 賣门生是墨客麼 旦 过來見了二位公ゝ
生 二位公ゝ样样 外小 好是个斯文墨家 末 宮女上 鄭公ゝ
我孝生都要墨哩 衆 前竹物敢墨椅介 外小 這丫頭不要
椅 末 撒謊是丫頭 外小 你們不是丫頭 末 我們是丫頭你們
也不像个男子 小 我們現是男子 末 你們拿出男子的東西
与我們瞧ゝ 净 竹扯介 外小 啐麼樣兒 末 还和我們一樣 渾下
旦 丫頭ゝゝ只要丫頭 末 先介 外 賣门生怎麼有這樣好
墨怪不得各宮俱來搶買 生 二位老公ゝ
(猫兒墜) 這是元玄灵氣庚爵样松滋分付詞壇妊護持從教揮
翰染鳥絲 合 珍奇播笑文房四寶偕齊 外小 請了 下 旦 賢契一
会兒都賣完了可收拾明白算來有多少賺余 生 蒙老師抬
愛也没有數目只見金良元宝金良首飾滴ゝ的兩箱在此
旦 这寺天色晚了可叫人來桃了回去 余 今我只在後宰门
來尋同使了 生 门生告辞
(尾) 將告易有原圖利 旦 是這寺熱鬧生涯也燥脾 生 门生今日
也算做十萬腰纏跨鶴歸
森ゝ金璧耀光華 旦 休咎莸ゝ客路賒
合 正是要圖千倍利 消教貨与帝王家

十二齣 賣茶

外上 運運黄金失色時來鉄也光輝信是物離鄉貴果然物
賣當時自家京中茶行主人我行内歇了兩个杭州客人一
个姓花一个姓全置下一宗陳年湘潭茶葉那裡顏色氣味
日家也看不得虧他还想賣艮子但是遠來投主只得做间
破房子不着堆在里边誰想塞外老可汗帶女兒喀吞三宮
主到五台進香回到京中朝見皇帝就揀買各色物件别行
都不講只説茶行中一间他要買茶阿呀ゝ什麼天池白茅
松蘿武夷六安湘潭上好绝细的那一樣不与他看過都不
中意如今他限明日起程各色奇儈单少茶葉那老可汗説
偌大京城难道尋不出几箱好茶動不動皮鞭刀背亂打只
得把這全客人的烟茶來搪塞ㄟゝ他就當面試驗熬出一
鍋白红精流的臭汁來我們担着一把干係倘他作怪他反
道這茶顏色又濃滋味又好香氣又正急早不送來就叫兩
個通事寽个元宝賦橘要買一千箱只对客人議價這兩个
杭州客人終只有些獃氣都不知走到那里去了到下找尋
不見通事又道他們哄他道明日買不出這一千箱來对皇
帝説了羲置吾們困此衆行家ゝ：着忙只得在此等他們
回來 付上

〔香柳娘〕殘無端撇空、、把人從弄只教他難跌走破叫得咽喉
痛 外 是官人回來了好養 旦 付 相知識衆、、外 敢在淡此賭錢
付 精街着 外 不可設他的局 付 不敢 欺坐六與對紅誰人敢
相哄 外 令弟還不回來 付笑介 這慳酸老兄、、他要謀為富翁因
此向街坊胡鬧 外 前工經事商量 付 什么事 外
〔前腔〕喜華夷混同、、那阿兄罕特來朝貢把金銀採買諸般用
付 世漫甚貨賣 外 就是這崇陳茶 付 式陳過大的了 外 絕好
這陳茶幸遇、、付 不好、、外 他看過樣子熟來吃了道若滋味
倆濃 付 顏色不好 外 纔黃顏相中 付 不賣的 外 只要肯出價錢
管明早賣空、、也是二位時來運通 付 這一千箱要一總賣的
他也要不得許多 外 他正要一總買一千箱 付背 且住我上好
的松蘿茶尚賣不完他們要爛東西倒撞着好主顧一頃見
都要買去 如今蠢做主張只是不賣再耽擱他幾年爛掉他 外 這
們主張我先回去主人家我們這宗貨要留當藥賣的 外
掛滯貨又騙甚麼來 付 我們十多年把擱了希罕這藏時 外
既不賣十小箱水桶告小行何用 付 不賣由他勉強得的 外
又道客貨主人書等全相公回來問一聲竟要賣了 付 還有
吾做主哩 生引雜挑担上
〔又〕蜀天街閙哄、、晚鐘敲動燒燈夜市人聲洶 外 全相公回來
下 付 那里去這一日又換了方巾瀾服 生 出去賣 丑 閙到你
掌門去 謝恩師鄭公、、付 就是鄭太監么 生 正是他御語入
深宮崔人一齊擁 付 擁來做什么 生 元來鄭娘、在宮教李那
些宮娥彩女都來賣墨問文房用工、、賣了許多金珠元寶
致璟首飾不記其數叢薌囊充珍珠滿籠 付 好達化也虧吾
生全虧表兄 揖下 外扯付 哄些生吾去着落東西 外 有个買主要
買你陳茶葉哩 生 要賣陳茶問我表兄便了 付 兄弟不要賣
生 表兄叫吾不要賣我不賣、、揖下 付 如何吾說不賣的 外 咳
措過了這好主顧沒人來買哄臨進了 付 不賣有吾貨在此
外 國人稀罕賤買哪里還得清吾去罷了 下 外 這怎么處也罷
我明朝請了老可汗同到行中來買怕他不肯好笑一宗爛
貨倒生做勢粧腔 下

第十三齣 贈裘

〔引〕朝山面聖到中華 老旦妻女隨小旦上 常逛天都四季花 老行淨 嫩和
春初進閣又早秋盡冬初撚指一年光景了 小旦 父王南朝雖
是繁華世界隱可逍遙遙這邊望我老子情俺甚寒不知怎的
一心只想着胡蘭山飲食俺們不曾回去 淨 如今講
事已備只要買了茶葉就行了 小旦 前日那經紀們送來陳茶
樣子儘好就買了去罷 淨 俺自進膳來吃了南朝大米飯和
那油煎醋炒的東西肚子膨脹前日把那陳茶樣子熟來喝
了幾碗通身舒暢快可見這茶當將藥吃的因此要買一千箱
回去恰好有个茶家竟有一千箱又說是不肯賣的方才那
經紀們來回話須得俺們親到行中去買我現剋去走遭 小旦
那茶子不是不賣想因咱們不肯出賤文要逐些故說不賣
咱們如今把大定銀子裝上幾車推到行中去他見了銀子

自然賣了 淨 有理常隨的 末應介 淨 把大錠銀子儘數裝在車上
推到茶行里去 末應介
【泣顏回】歸夢遠天涯直到臘氏山下被征鴻帰雁驚人起坐浴
嗟想着偎環團花帳向平原淺水堪歌馬草枯時好射飛鵰嘗
消磨儀堪頑耍 末 到行家了 外上 可汗公主來了里面坐 淨下馬進坐
外見介 淨 罷了那茶客呢 外 在待吾喚來 淨 好好對他講咱們大
大銀子在此料不討他便宜叫他不要着忙 外 曉得花官人
全相公 生背上 滷進逮欺茶賣十年來 外 先可汗同三公主
親自到行要買陳茶一擔見都買不要討他要臉 生 賣不得
的 生 不賣也要你相幫咧他去 生 你的東西與吾何干 外 先
可汗極好說話的 生 我剛見十見着 外 可汗公主衆家來了
生付僕介 淨 罷了坐着 生 不敢 淨 不妨坐了 生 告坐了 淨 你這
茶葉有多少 生 不多不有一千擔 淨 一千擔還說不多好大
茶客嚐一頃現買了 生 這茶是不賣的 外 這茶葉是那个客
人的 外 這位全相公的 淨 既是全相公的怎么要你回我 生
是家表兄 生 存生此做借三分主的不賣是不賣了終不然
強派要賣欺 淨 這小賣子嚐們大車銀子在此交易怎見強
買你的 生 我們留着當藥賣 淨 嚐每就當藥買了去 外 旺官
人撮掇賣了好 生 賣與他不進我們相他裡偏不賣 外 只這靠
子刁難村他出去 衆扭付下 外 可汗可要進着着 淨 可是一色
的么 生 是一色的 淨 這等不消看得 常隨的取一箇珠眼過
東茶應介 淨 這是衹望帝還陵的馬價錢這一簸寶三百二兩

你這一箱要得我個 生 要一百個 淨 又來多嘴打 末扭付下 淨 全
相公算說 生 我總是一千兩本錢 淨 一千兩這大錠得幾個
外 一千兩是二十個 淨 吾見何關爾這銀子拿撒諾計兩么
只要一个要一个只要半个你拿二十个與你十個一箱罷
外 十个元寶一箱全相公賣了罷 生 賣賣 外 幫茶盤來籌一
籌 淨 茶什么十个元寶送進去扛一箱茶葉出來再送進去
再扛出來何消籌得這可汗說得是 外 全相公關了庫房門
生 是 下數搭良盤上介 收銀子 生上搭下扛箱介又進又抬又扛淨點 樹也扛得熱鬧
淨 扛完了么 衆 都完了 淨 還有許多銀子 末 還有七八十元
寶 淨 况況重重衆回去怎么一蓬料央全相公罷 生 多謝謝
淨 都裝完了么 衆 裝好了 淨 分付管車的去牽馬來 末應 生 難
得可汗公主降臨學生央主人家寧得幾箇雞鵝之饌
請喝杯薄酒請略坐坐去 淨 怎好相擾 外 這是全相公的
敬心 淨 既承盛情擺下喝幾盃酒來 外 擺下了 淨 主人家同
坐着 外 吾个坐現成好 淨 坐罷 外 是 生送酒介 淨 全相公 生 不敢
【千秋歲】淨 和你做通家不用鬼和谷 末 一同價淡話喧嘩塞北
外 南中中今日箇相逢真是緣法人不計富和難貧不恥馮和
下亂把金銀撒顧斯貧苏箴箴逢咱 淨 全相公你這等一个好
人怎不到咱那里走走做些買賣 生 可汗那里些做得着買
的麼 淨 西怎么做不得 外 全相公到來怎没人認得要欺侮他
開此不敢來 淨 是嘎也罷咱這領赤裕裘剝的都不敢穿渦
的馬名曰避風雖前已生下一个驪子毛片生相似是一般

咱壯年穿着這裘騎着逸馬在塞外橫行那三十六種花家
見此裘馬人人敬服今日便將此裘馬孝送與公相公脫與介
你穿了裘騎着馬到塞外來做買賣誰敢欺你管你多賺些
銀子生多謝可汗美情旋裘馬外頭下小全相公你若到咱那边來
咱頭部由撥々大々圍場來操你生多謝公主可汗再請一
盃淨再頭一杯
〔越恁好〕丈夫撑達々々四海便爲家貨蘭山左畔尋可汗問喫茗
取鮮々嫩茶々々秘那艷晶々離色見裝上幾車到了那重叠寶
山一堆々猛哥見失得手滑好穿上赤狐裘騎着龍駒馬任橫
行塞外誰敢禁架生揖兩淨不吃了帶馬來生多慢了不敢遠
送淨揖了生下淨末上馬介
〔紅繡鞋〕貨蘇行貨賣牌寒々々大家歡喜還家々々關塞遠跌迷遁隨
旅雁逐歸鴉頻歲々頁望家
〔尾〕從今謀得中原大也羨異山立馬明徵重來再買茶下

天成福傳奇卷下

第一齣 設謀

〔趙皮鞋〕我是花令言人又聰明舌又尖見他得利吾要誕弄個
機關將他身命捐我先花啟々領會件々皆能算定趁錢當時
定家全家柔弟原是一嚴不通的數物前隨吾到福建打抽
豐哄他到兵空寺前來停吾日收拾回去果然被他騙了一
千七百兩橫財置了貨物到浙成工抗吾哄他假裝生買茶
我同受々那過着不識貨的鄭太監交提了師生被他引進
宮中把兩担泥土賣了兩担金珠財寶攝撥他賣了一千箱
吳艦陳茶葉換撥寶貝進京不但打他三百兩核千丘要
斷送他在京裡又撞着老可汗把這擱茶葉將大半元寶一
項見買了去太々的元寶裝了滿屋要我相帮料理回去也
便滿載而歸吾却心里不服要回去顯他集出龍見到會超
賊吾是千能萬轉的倒只平常被人哄誑已曾算計一個所
在再他在這里還鄉不得却不是好生上
〔引〕茶箱壘担幸把金銀賺小弟承見帮帮出來趁了許多銀子
今日特備一杯水酒相酬付自家弟兄何須如此付看財不露
白您把這銀子擺出在外生元寶二十個奉送哥々以爲酬
禮望乞笑納付這是送吾的怎好收得生聊表寸意望全收
再當厚報付嗄々本不該收又道恭敬不如從命多謝々生揖
奉酒介哥々請小弟當日呵
〔亂入松〕青瓊負累苦何堪幾賴維持挈倦想着那簞瓢陋巷無

村幹妻〻煞苦〻㖫〻泳指示把名剮利㨪今日沒甚款待此
有村醪蔬款共沉酣 付 當日幫你出外打抽豐報你盛𦗯也不
消看得到得福建那或公參推腔做勢不說相見你已是不
指望的了又虧杏替了手者
〔前腔〕吐心露膽一力自承担虧杏指點弄這一千七百兩頭央
你我並沒分文沾染 生 極承盛情 付 就是這兩担墨也虧杏
救你出去叫賣〻了許多金寶 生 正是還要請教前日阿兄
叫要買這陳茶奇〻叫杏不要賣雖道還有好如他的主顧
麼 付 做生意看兩來的若是一口應承肯賣把做爛泥庄打
你思圖賤 生 那主人家只會攛掇杏賣 付 他只趁些用錢又好
出他的房子攛掇你把缸〻灶騰〻燒焰杏為狀只教你不
要賣硬推辭粧喬消三他們外國人那里曉得多𢫬揹才肯
出、多錢 生 便是為此今日一則奉酬二來要哥〻相幫收拾回
去 付 回去兩字杏替你大費商量 生 為何呢 付 你不知到客
前日阿兄罕明見〻推這幾十車銀子到行里來買茶不知
動了多少人的火誰不曉得你是有貲的至今大貓大龍蒙
着兄寶回去這三千七百里路旱路有响馬水路有强人雖
保無事 生 是嗄哥〻說來毛骨悚然這怎么處 付 因此日夜
替你算計不若就在京師左近尋个所在做些事業賺些錢
鈔然後逐漸運回慢〻受用何如 生 哥〻此論極其高遠只
不知京城那䏻好住何事可做 付 有到有个好所在不知你
肯依我麼 生 小弟那一件不依你來 付 那天津衛臨海一帶

地方元是海里漲起來沙地約有數萬頃當初嘉靖皇帝手
里嚴嵩弄權把這些忠臣家屬都發在那里屯田所以開闢
了這些田地后來嚴嵩敗露那些人赶官到赶官回籍的田
籍所以那些田地都荒了如今奉旨大張告示募人耕種到
不如請佃他幾千頃做了庄家安頓了這些銀子又收他幾
斗利息然後算計回家豈不美哉 生 那田地要多少銀子一
畝 付 當官請佃只要錢粮不用地價況且錢粮又輕 生 有這
様便宜的 付 你杏佃他幾千頃募他幾百名做工的耕種起
來包你算不盡的利息哩 生 小弟是早晚難料理又記掛兄
弟在家缺乏用度 付 杏回去寄些銀子與他做讀書本就央
公規來幫你管總帳這些田地都是荒的耕種時憑你打墻
掉墻蓋造些房屋居住倉廠盛貯粮食四面椿些庄房每一
庄撥幾十名做工的住下内中有能事的五幾个做頭托他
照管這邊又不是種稻子的 生 種什麼的 付 大小麥赤豆
芸〻菁粱小米之類十分着力播羊斗馬騾驢積這些牲口
弄工幾千文將他力又賣他賤沙場上又好晒鹽海洋内盛
堤捕捉你將朝廷的田地錢人的力氣坐享其中收拾花利
賞教銀子如潮水一般湧來哩 生 哥這番議論直令毛發俱
洞神魂飛越明日就去包地耕田但是請佃事全仗哥〻料
理 付 這个當得還有一說若是怕人欺你是異鄉人你把鄭
大監做了靠山再濶出个先尊的脚色來拜了本州做座師
總張告示掛〻這鄉村地方你全公子抵着一个大鄉紳哩

生哥、設席還出萬分請一杯

【文】澂眺聊表望休嫖謝諄諄指示飛潛 付 你利名兩得誇獨擅

絕勝以鰲頭獨占 合 致富奇書再拈把從頭事味酸甘富貴非

人得光從勤儉來不辭辛苦意難逃世間財 付 件件依吾議

擱已你得當生自然：：下

第二齣　避雨

【一】江風離海濱日遠長安近霜露侵雙鬢浥征塵對景傷神那

值清秋近 下 官成人姜子福建巡撫一任十年幸蒙轉擢兵部

尚書攜領家小進京不料群盜阿克寧身敗那西幫兇四出

洛突撤高昌等三十六路共擁欽皆台基愛巖三公玄道又

大關道暑進攻山海關當事大臣遂以下官有邊才文章特

薦聖上加吾為定遠經略限日赴京面聖督兵遠在中途接

著王命別書只得舍舟就陸星夜趕行夫人女孩見累你們

受苦了 貼 君歸名不咲媽而行理所當然但杭州未曾訪得

全公子消息耽誤姻親放心不下 外 全生經商在外數載未

回前已面會其弟細述情尤其弟不勝感激訂定歸日即來

完姻夫人也不必記念了吩咐快快趲行 小生 老爺天色連陰

義日今朝雲霧瀰漫即刻就要下雨了前邊曠野雖以躲避

這此四望去到有一所高大房屋雖然不是便路且往道向

後一避待雨住了再行何如 外望 果然大雨將來也罷分付把

車兒推向村莊去 末應 【樂桑蘇】荒野村、、誰於宦海身甚如野

叟怡歷全 下末上 道天桑孤對四方男兒何必戀家鄉數居鬧市

無人問不受當風霜日晝日家全規便是吾家大官人政業

經商虧了花大官人本錢出來赤手空拳一兩生意賺了

幾十萬金就在這天津衛海口包田收養喚我到此相幫二

官人日在家中讀書吾自到此又是兩年光景、十分逢年

豐熟目下秋收但見棋如山本年成陣好雖然當時大官人

太州請去不見吩咐眾人去做生活晉工的打發眾人到莊

子上去收生活 內應 當值的把中堂打掃今日先老爺忌辰把

那播課兒團張掛起來備茶酒伺候大爺回來 內應 要求安分

福惱有樂莊田 下外末上 陰霾四野黑且避一村莊 小生 已到莊口

了 外 先對裡面說一聲然後進去 小生 曉得有人麼 末內 什麼人

小生 吾們是欽名進京的官長攜領家小趕早進京因避雨到

坐一坐 外末進行 外 呀進得門來卻有狂風驟雨若在曠地之中

如何是好 老旦上 便是 外

【桂枝香】只見陰霾成陣真是天教愁悶 二多、 試現他菊圃桑

園聊且舒懷悲惱 老旦 看他這般宅院到也不像個莊家多應是

高賢遠隱、、幽居安分豈是鄉愚闖品 外見 好奇怪這是吾全

年兄的課兒圖怎么供在此 老旦 不要錯認了 外 上面標題是

我親筆題得有差 携 全年兄、、誰想今日再逢君畫圖淌滴

春風面過得竹環珮重歸月下魂 丑重見撰桑上介 莫豈假牛馬集集

詩家人老鄉請 外 有勞你 丑 好說 外 你家姓此是什麼地

方 丑 全家莊 外 你家姓什麼 丑 全家莊姓全呢 外 祖居在此

的還是搭居在此的。旦 連音也不曉得，聽見說住了幾年了。
外 指影 這是什么神像。旦 是我主人的先父。外 夫人這般說，難
道公子在此攻讀，你主人出來。旦 不在家里。外 你主母呢。旦
不曾娶得。外 你家還有何人。旦 有一个老蒼晉。旦 喚，蒼晉阿
多出來說話。作揖 丑上 阿叔來，留客登堂問主人，呀，好似叔老爺。
外 你說是金規麼。末 小人正是。這想是夫人小姐了。金規叩
頭。外上 想來。末 小姐這般長成了。外 金晉家，我與你家十餘年
不通音問，正在想念，今因避雨，不想相遇。你家大相公呢。末
這里就是小主人私塾的家園，只是今日偶然出外，少刻回
家，即當拜見。外 先來金公子就住在此。你大相公為何離了
家，住在海口。末 我小主人呵

[玉交枝]只為雲衢難奮，又為家園寥落艱窘，因此上改業經營。
外 便是經商，怎么住在此。末 才此經商，賣茶賣墨，賺了無數
金銀，欲待回家，怎路上難行，只得權居於此，設關來此田關
壁。外 前幾次有書相請，怎不肯到任上來。末 曾攜眷入閩，為閩
防嚴禁，不能親履，以違台範，更違台訓。今日天賜相會。外 便是。合
因避雨得相逢故人。下 暫 相公且喜金生創立家園在此，何不
就把女兒姻事對金晉家說明，完成此事，你好放心前去。外
我正有此意。金晉家，有句話兒對你講了，傳與你小主人。末
是。外 我與你先老爺

[玉胞肚]闌場同進。末 是，副榜同年。外 又知他勸權奸，閩閩同窟。
末 那年在敝，小人也曾伏侍過的。外 信彼此志難知，交宜肯

做言而無信。末 老爺有何失信處。外 這幅環兒阿是吾親筆標
題，那時你家小主人止有四歲，你先老爺在病中托付與吾
音。心中猜想，我若得個女兒，被此聯姻，誰想那他耳就生下
小姐。這段姻緣，既經心許，豈可變更。末 元來有此一段緣故。
但吾先主人棄世太早，小主人尚未得知。叔老爺不食前盟，
真古今之大信人也。外 今日因避風雨到此，正是天教締合
晉和秦，世態更是不仁。末 叔老爺雖念舊日之情，使吾小主得
遂于飛之感，不要說先老爺感激于九泉，便小人亦感刻於
五內矣。外 吾因欲限促進，將夫人小姐托付在此，就要起程
了。末 老爺夫人請進內堂用飯，待小主人回來說明了，恰好
明日天喜大吉，庭上各色備辦，家晉明日完姻便了。暫 只是
倉卒中設個媒妁。外 這幅環兒圖即是良媒也。末 正是。外
只因雨下天留客，當作他鄉遇故知。末
明日洞房花燭夜，絕勝金榜掛名時。下

第三齣 完姻

[引]衛接陶來欲富，必勤耕讀。我金鴻吉，昨因赴酌出門，不料遇
了大雨，且到吏決醉，逗正在醉鄉之中，只聽得金規對吾說
放平相做了，定遂經畢第了，家小由陸路進京，因避雨到吾
庄上，見吾父親遺像，說當初標題暗想，舊許姻親，今日不負
心盟，竟將千金小姐與吾完姻。今日就要成親，醉中聞言，不
知是真假，且問个明白。金規快來。末上 分付門上結彩，有賀客
禮登記明白。生 你忙這許多什么。末 怎么不忙，吾半夜起來

吩咐宰猪羊整備喜筵，與蘇燦相樂。人直忙到如今。生 果然
成老爺招吾爲婿，聘禮都不要的。末 他是朝廷大臣，欲踐前
盟，勢甚難禮。生 怎么昨日才到，今日便要成親。末 他因欽限
速迎把家眷花付在此，即日長行了。生笑介 吾當初要見他何
等煩難，今日他來就吾，却又這般容易。末 就老爺與夫人擇
吉，殿現在中堂，待吾請出來。老爺夫人有請。外老旦上

【引】名門舊做一段姻成就。生 老伯伯母請上，小姪參拜。外老 不消
罷。生拜 蓬門何幸，大駕辉臨，更念前盟，敢忘恩厚。外 寒家他鄉
孫遠，吾問公完風約，是慰生平，贅婿今日聯姻，非托公營家
轉，敢勞夫馬。王命緊急，總有無限衷腸，不及細談，吾時已至，
更衣更拜。生 小姪暫退。換下 老旦 相公看金生丰神軼邁，真吾快
婿也。外 正是可謂淤花得人。下官正好放心前去。今當家喜
筵完備了。整衣完備多時。外 一壁廂與吾當隨人役打點起
馬。末應喏 淨上 喜花一朵，喜酒三鐘。才完花燭，便討花紅。見介 外 鄉
風各別，只照官家禮數。淨應照常介 生送酒各坐介

【畫眉序】風雨阻行縱，謾合前盟結花燭，似文鸞綵鳳。雨雨相逢，
昨宵應忽路迢遥，今日喜完姻迅速。要知水見偕歡，好爲有先
人再四諄囑。外 賢婿，吾一船稻重數口眷屬相託，便單騎入京
面聖，畢情稍延，迎請進京同享榮華。生 王命難遲，不敢強留，
借此喜筵權爲餞送。

【雙聲子】行蹤速〻〻，酒別酒頻醻〻，君命促〻〻，迢遞走勞碌。所
倚仗有定局，對佳人喜夕且慢悲哭。共拜介

【尾】驟騁慢唱陽關曲，無奈困車輪馬足，但願奏凱還心願足。
小生旦淨下上 敢煩各役，催趲起馬。外 就行了。生 小婿遠送一程。外 不消
了。分手後何夕，分離共分歡，哭啼勞不敢，方信做人
難。各別下

第四齣 巡邊

【引】充當胡混世魔王天降 丑上 絕塞穹廬蒼獵，枕昆夷同黨。淨 爲
里號胭墨單于，空營月冷角聲悲。丑 狂風一陣塵沙起，如是
咱們對獵歸。淨 咱乃新可汗默台某是也。自從先可汗去世，
立俺爲可汗，本欲與南朝復修舊好，怎奈他們先絕了俺貢
道，舊例又廢。俺沙漠通西戎五姓羌虜氏洛猗〻猽〻突厥
高昌吐蕃渾等一十八家，推俺夫妻爲首，共反南朝，因此起
兵長驅山海關下。丑 丈夫可汗，俺沙漠鐵騎千里，南朝自嘉
靖皇帝手里邊城失守，那遼東瀋陽一帶地方都歸吾國所
有。到俺先可汗時，萬曆皇帝雨下講和，將遼城一十六衛各
分八衛。如今他竟思念得大關，遥屠吾這里，怎肯干休。但只
是那年同老可汗進香面聖，曾拜萬曆皇帝做皆乾老子，受
了他許多好處，如今一旦違天，元非咱夫妻本意。前者禮拜
答頓喇嘛，問道此行吉凶。淨 他怎么說。丑 他道興兵日千利，
滿十分，全師而返，更遇福星。淨 什麼福星。丑 他道是一個大
富大貴大福人，與咱們和好而返。淨 大富大貴大福人，除非
是皇帝老子了。這等咱們放心前往，得和好且和好。小番請
各路番王上前者。旦金四小番外付末小生番王上番曲

〔窣地錦襠〕羌戎各路聚螽王於向南朝開滿揭花〻世界占他
行得利撒覥臧更張可汗公主把酥淨呂列位國王把酥淨衆列
位推咱夫婦為首但行此一場大事行軍謀馬掠地攻城一
緊要俯咱二人約束方能取勝哩末恚道號令唯命是從放
有違令甘受軍法淨呂如此甚好就此起行
〔前腔〕長驅沙漠豕刀鎗誰謂我行類犬羊憑陵殺氣映天狼須
識咱們狀馬強 并下

第五齣 輸餉

〔引〕曙色初分滿韓將盡仰聖德蘇乾辭 洒家司礼監鄭韶是也
只因西戎叛乱數載兵戈亦致天監奏道天樞星臨垣天狼
星退位主有一個大富長者到來西戎自退因此聖上訪問
富饒商賈輸借餉銀兩京十三省的商人會齊推舉浙江全
備為第一聖上親書御券輸借餉銀三十萬那全備就是俺
的門生洒家昨日齎了御券替他担了一把干係誰想他一
點子不在心上情願助銀一百萬兩粮米一百萬石咱便轉
奏聖上〻大喜召他面聖只得伺候着正是替他担干係他
喜氣洋〻 下 生青衣小帽持手本上
〔引〕財可通神富堪國鄉民何幸朝天白富貴天為主窮通數排
奇遇玉天子當止有借錢時吾全涓吉日從天津衛海口上
因收拾來過滿明討議說海口沙地灘漲不一童可以往國
狀携帶家小移住京師聞許多類計將數百萬金銀各省營
運兩京十三省那一處沒有我的鋪面行場貨物那一宗沒
有幾倍利息也算得敵國之富了誰想邊京用兵日久朝廷
財用不敷各處加了邊餉聖上閔我薄有財名御筆親書要
借餉銀三十萬我想這三十萬銀子與朝廷什么支派況吾
岳父賢兵在外四年音信不通岳母妻子日夜記念因此吾
家情助朝廷餉銀二百萬兩粮米一百萬石日已海運直抵
邊城一則會吾岳父一面二則就在軍前効用也好討个出
身昨將此事與鄭老師商量老師大喜即便奏請聖上許吾
面聖陳情特到午門朝見看朝門外多是官員吾這青衣小
帽怎好進去 癡吾是个大財主那皇帝還是吾欠戶進去何
妨且自俯伏則个 丑上 殿下俯伏者何人 生 草莽臣全備誠
惶誠恐頓首陳情 丑 奏來 生
〔駐雲飛〕草莽微臣奕世衣冠沐聖恩蠢爾開邊釁勞于軍需根
臣甘助餉和銀並無慳吝百萬傾囊將向金階進海運臨邊給
六軍 丑 聖上問卿尚義急公有所請否 生
〔前腔〕再奏明君微臣岳父成人美縱署邊城已數春以佩元戎
印力竭粮俱盡身家國兩傷神滿懷忠憤微臣全備叩頭請長
纓遠繫單于頸從事軍前掃逆氛 丑 聖旨下 生起介 丑立小旦捧旨外小太監上
〔紅繡鞋〕從來虎嘯風生〻〻蛟騰能起風雲〻〻明主喜題賢臣輸
課餉掃邊臣五花冠耀榮身 丑 聖旨已到跪聽宣讀第一道詔
曰西戎倡乱行提多年餉用日煩內帑告乏茲爾巨商全備
遠輸興家設馬援之牧養捐資助國仿卜式之輸邊利擅四
方貲饒天下諸商之中允稱第一是以加爾為天下都商凡

爾資物所到之處他爾之貨盡行停止朕尔貨完方許他商
貿易中途遺失地方官賠償奸徒本處地方官嚴行察究其
所觸百萬之粮餉候平定之日加倍償卿朕不食言仍着先
讓本職道一席以彰爾義謝恩（生）萬歲萬歲（旦）聖旨第二道詔
曰大吏敢奏福星臨恒妖氛遁跡應有福臣匡扶周家兹尔
臣全愊幻手致家富堪敵國不愧忠良復蒙甘將百萬輸還
福星之兆莫麗爾身再授尔為尚義侯欽此謝恩（生謝恩介）聖
旨第三道詔曰為政之要足食足兵據爾臣全愊歷輸粮餉
助力軍前更由海運直抵遼城果福星東向應小醜之銷魂
特進爾為兵部員外郎食四品服俸叅贊軍机務海運之請
一以委卿成功之日另加陞賞謝恩（生謝介）（丑）奏旨着常隨內監
更換冠帶（末應介內吹打生換冠帶謝恩介）（丑）請過聖旨（生接介末合前下）（生）多
謝老師（丑）賢契恭喜（生）門生今日三沐皇恩皆老師大人提
携也（丑）這是萬歲恩典与咱什么相干咱陪你到光祿寺領
了御宴明日點齊兵馬即便起行（生）是（合）
【尾】明早布列魚龍陣早向遼庭立大勲願海運無虞波浪穩（下）

第六齣　海運

天山雪後海風寒横笛偏吹行路難積里征人三十萬一時
回首月中看（旦）家全規使是俺大官人因經商致富[illegible]商[illegible]
頌篤勤當今皇上御借餉賑我主人因成老爺幫兵遼左內
無粮草外乏救兵老夫人與主母日夜想念一聞借餉一時
鼓舞情願輸粮海運聖上三錫綸音加冠尚義兼兵部員
外郎協贊軍機要坐海船稍有餘隻聖天子洪福主人的造
化才出大洋一晝夜直抵遼邊但不知成老爺那邊還有多
少軍路可保平安否且候主人裁奪（內吹打生上介）秦時明月漢時
關千里長征人未還但使龍城飛將在肯教胡馬渡陰山自
家奉請皇恩海運臨邊喜遇順風海船已將抵岸全規（末）有
（生）吩咐水手收帆下椗衆軍士飽食飯食搬運粮餉上車趕
路（末應向內吩咐介）（生）
【新水令】海天無際掛征帆破長風雛鯨蹈浮蜃樓闕海市飛瘴
攪重關分付打伏手（末吩咐介丑上小軍生上馬介）全規與吾整頓雕鞍（末上馬介牽馬介）
（生）傳號令把軍粮趲行（末）老爺初來此地未識路徑將馬穿
裘的手何些（生）
【駐馬聽】遼路多艱踏破關山第一山（末）老爺身為主將必要揀
出萬全纔騎當先只恐不合兵法（生）你道兵機不諳也曾讀
孫吳兵法十三篇（末）前派恐有埋伏不可輕進（生）早難春風不
度玉門関一任他烹童蒸婆在睢陽縣衆人們休遲緩成老爺
他眼睜睜送把旌旗踣（同下淨付丑小生扮小番持刀上介）走馬西來欲上天平
沙萬里少人烟悲風戰陣征飛雪不是征人也淚懸咱們西
域各頭目自從随了俺答三公主大逞南朝把一个成經略
圍得他難恩不通內無粮草外少救兵眼見得說城破人擒
（付）咱大海之中一帶風帆船隻想南邊救兵來了（丑）若是兵
馬私他打伏（淨）若有粮草就奪擄他的（末）有理有理隨潮來深
浙踏雪渡交河（下生衆上）

〔沉醉東風〕捲塵沙非烟也那似烟(內吶喊)聽征鼙胆怯心寒(衆軍士
你可也披衣掛鎧飽飡戰飯人哪枚馬摘鈴鑾把百萬糧儲儘
力搬進城去賞三軍撒一个太平筵宴(淨衆上)的南蠻把粮草留
下(吉向內介)衆軍士把粮車堆在一處待吾答應他們(下)大胆南
蠻那里走(衆介)
〔雁兒落〕說甚麼南蠻北當俺和您南北無分辨(外)位請了(中)誰
和你請(生)却不道人將禮樂先無非是主賓初相見(中)你是
南來的敵兵麼(生)呀不能勾平少徭登壇那里仗劍斬樓蘭
(中)留下粮車饒你去罷(生)細然是我担粗粮食却是那戎漁
陽命聽聞(中)你不肯咱們動手了(生)唬林澥無礼(內作馬嘶衆跌介)(不
好了快走罷(下)(生)阿呀那群蠻為甚么忙攙待吾趕上去加鞭
早難道將揮戈把鐵壁城、、(下)(中衆上)
(中)來歷(生上中見跌介)南將軍不要趕罷(生)你們爲何如此慌張(淨丑
咱們見南將軍身上穿着衣可汗的赤袍來(生笑)坐下者可汗
的進兵雖有此來歷設此害怕(生)
〔掛玉鉤〕你看俺驟馬輕裘豈守關(你們也曉得阿克罕者可汗
麼(中)您么不曉得(生)可又來可汗他共俺爲親眷因此上不
悼風霜把故鄉撇爲甚麼擁衆來相犯(中)嘗每不知道將罷將
半了(生)既是不知道誰與你爲仇怨(你們去罷(中)便可恰妙
謀地還有故人來(下)(生行介)临才箇地覆與天當一會兒人馬西
平安已到城下了守城的開門(淨將官上)我敢一身於此只須如南
八有將軍何人叫門(生)

〔川撥棹〕俺是奉欽差督運官、、統兵救來協贊(淨你一人一騎
叫門敢是奸細么(生)你道吾人孤馬單蹤難奸頑俺自有勅
命新頒粮餉齊運(淨)望去一萬果是粮草到了(生)督三軍今朝
能環(淨)請問姓名待小將報知大老爺(生)俺便是老元戎親令
坦(淨)中軍傳鼓粮草救兵到了大老爺的姑爺在城下(內吹打外上)來
父母標[?]姓沈期馬華衆戶(看介)呼果然是俺女婿到此(生)岳
父大人小婿不及行礼了
〔七兄弟〕聽吾叩泰山久違了這顏家務事從平安(外)身既許国
不必問及家事了(生)小婿此來呵把身憂國難平分半一天
喜事上眉端管延從延食而無難(外)賢婿你的官從何來現居
何職怎得到此(生)小婿荷蒙聖恩官封副義勝兼兵部員外
郎押解粮餉酒運至此恭贊軍機(外)加此傳令左右二營速
至海口接應粮餉進城(內應介)(外)一面大開城門迎接新任兵部
老爺上城(內應介)開門達岳父大人小婿恭拜
〔梅花酒〕您這城戎久不還、、早而鬢斑斑見城郭荒残四野粮
烟對悠雨凄風淚來乾真个是黃河遠陽雲間(外)賢婿一向
在家老田如何得此官職(生)步怎荷勤勞敬在家漢呀俺也
書趙玉陞鬐衣冠、、只爲你守孤城駐海濱因此上從海進踏
汪潮親冒的喜團圓休得要鑽前羊不放寛料羌虏罷、、小當待
迅掃有何難管功成讀奏凱(外)你有何退兵之策(生)
〔沽江南〕呀主中是俺爹小了鬢(外)那俺三公主好(生)利害
俺和他水滸相見即相歡(外)這是你當初做生意的話(生)利和

名總是一般分咐攝馬外你往那里去生冲虜廢隊從來慣外
你雖與那三公主一面之識那些番王卻不認得你還該
謀濟生且向番王細探且向番營細探獨騎驄馬去招安外
謀出萬全方保無虞生

煞尾從來不用京隊寨外番家利害須要隄防生直問那虎穴
龍潭萬丈波瀾俺有這裹馬騎穿他可也驚魂喪胆斗着膽直
入營盤料他們雖輕慢憑着三寸瀾番管十八路番家齊納欵
下外好了兵粮已足戰守可備且看全湯吉凶去如何關上城
門末應付眼望旌旗捷耳聽好消息下

第七齣　過僧

婆娑世界千生會王舍城中百億身指御容顏無音相成自
言空色並音聲俺達頓喇嘛是也生身西域三入中華當年
與老可汗用俺精通佛法拜俺為師他乃蒐夷之主遂引動
了三十六種番王俱來效依座下後因老可汗棄世他女婿
駙馬多赫與三公主嗣頒番家一十八路騷擾南朝終日在
邊庭厮殺他起兵來問俺此行吉凶如何俺許他過一大富
大貴的福星和好而返昨夜仰觀天際見福星訊訊正照此
地因此將帳房移向此間看有甚福人到來倘能消釋這場
兵戈也不枉俺慈悲為本天色已晚俺且打坐則个寨生上我
後流原桂日晉行來沙磧彌黄雲我全陽吉凶見彀番軍懼
我身上之衆坐下之馬饒倖保全粮草進城就看得不在心
上在他父親前携之大日竟來單騎招安一出城來但見連
營列隊甲冑如山不免心驚胆戰那欲回城又同猜不了路
行了一日不見人影天色已晚如何是好呀此間帳房一座
且借宵一宿再處下馬介且住不知里面是好人歹人且問帳房
後聽他動靜再作區處帶馬下末俺想四生六道更换無窮今朝
走吾明日是他好難識誤有何分辨也

紫花撥四轉輪迴一樣哇、有悲貿肉蛮北狄分喪夏誰似俺
産西方酒肉僧迦早參透這根苗設悲洽生上驚馬介有來是个番
僧料不好事且進去則个寨老禅師請了末

胡撥四那方賢達您却是、生驚介末俺跟前閃不着粧聾做啞生
我是南朝人誤往番營去的末你好不知利害他不來尋你
罷了反待去撥草尋蛇、怕您嫩骨頭不耐煮和煠瘦身軀
怎受得蹅和捶不知您有甚的造化怕逢俺救命爺、生你不
過道番僧有甚本事要你救來末俺頓喇嘛身生西域念喇
嘛濤惠天涯俺喇嘛曾到祇園天竺俺喇嘛也曾拜峨嵋普伽
老僧呵會出定安禪採番月葉念經僧會說戒談經乱墜天花
生方才聽見你大碗酒大塊肉哩末貧僧呵便攢肉酥澄喝
着打鍊貧僧呵在貝葉稱躍寶座趺跏却便是尋聲救苦摩訶
薩休得要巧生、來遇咱緣見您亦格衆府頭上添有一個迦
風雖與身座下諾這回件可汗致物敢和他有甚、根芽生那
阿兄華你然不認得末怎么不認得和他朋友親師徒分說
甚麼認不得那認不也波遠生那汗他到南来採買物件你可
知道末那汗閑共他、到上國來戲耍五台山文殊座下燒

香蠟 生 你知他曾賞甚么物件 末 採買些參也不難去也不咬
生 那一千箱陳茶犹是香賣的 末 這茶是你賣的 生 是 末 曉
得了些官可教則是沒攜的賒和押將這四般當下分日出
閒來閑嘆呼 生 不為此來 如今也可汗好么 末 呼呼說那老可
汗他必歸來罪病身亡化 生 嘆 茶 三公主呢 末 三公主現統着
西當十八家你為甚仔細細推查 生 也無南朝久相和好為甚
興兵南犯 末 您知他動干戈來廝殺殺 生 吾今將來相安講
和去攜去公詐 末 好好這場功當却被你來得湊巧 生 有甚
巧處 末 你看上天福星正臨此地應當消釋兵戈也 麒着那
福星朗朗照龍沙正應着南人喬坐衙 你此來真馬到成功也
你休也不誇只怕虎狼難提捺 生 三公主有一兩之識又有
主家之分料也不妨 末 你只認得三公主一人那十八路當
王萬萬當兵認不得你麼 你此去却不枉了 你姓甚名誰 生
姓金字鴻吉 末 金鴻吉那十八路當王俱信服賞僧分上天
要聚合當太平時賞僧做一當功德勸息了這當兵戈教三
公主夫妻與衆當王一齊收兵退還邊地在山海關受賞你
說打點百萬錢粮犒賞 生 錢粮却也不難但不知你有何
技倆說得他們退兵 末 懸着咱佛法念阿彌陀聲吆喝抵着
鉢拔着袈裟語對位當家好將多決撒薦地撑達休只晉喧嘩
送着歪那責弄奸猾得休時休嚴嘻嘻哈哈歸順中華還你竹
歷猶人晃晃來對答 天色漸明你往邊關去就送邊你檢往
比去使是當家三日內退兵十日內俱在山海關受降領賞

俺不誤你你之休誤吾也 生 不敢有誤 末 如此去罷
【賺】辭去路爍爍明星那一答受降城准備着犒設金銀發則教
定邊城經略單班師打戰了衆當王一齊歸去耶 下

第八齣 和點

【引】身經百戰孤城外目分袈刀絕塞 我自督兵四載血戰千場
固守孤城粮援斷絕惟有一死以報朝廷不期吾婿金鴻吉
解粮海運採護運城幸先認得三公主他又去單騎相安將
遇聖僧指示和好邊城一帶仍歸我有今撫照關城招撫百
姓已有捷書飛奏朝廷分日衆當家鄰至關下願撟只聽吾
婿到來 生上 捷韵已期班方遠將單只數審凱姚 見介 介 數載干
戈一朝帝息皆賢婿之首功也 生 小婿從海難運米及一月
即伏群生早知如此必當早來救婿便好 外 此皆大數量數
逆料誰當將到了城樓候望着 小打上城介浄丑上外付雜當王上
【紅納襖】懸着俺髮當戎擾福胎因此上下邊城臨群海 丑上 撒鬧
了狼虎連環寨都辦了兵戈大會垓 末 雜上 則俺這劍光寒沖斗
堦 丑付 俺則見陣雲高把天闕遮 公 今日收收斂休兵靜息狼烟
也 發穰穰歸去來 外 列位當王到有了快臨城迎接 小 打開關喜見介
列位若動刀兵元為執政今既兩相和好即是親知既洗心
滌慮于今朝顧各路連和於日後 末 整頓 是是 生 三公主下官
不能親至當前拜叩望乞海涵 丑 全相公到來皆們來然撒
了大大闡境前來接你不負昔日之言也 生 果不失信也 末
三公主您么說得了是老可汗大信服的好人 中伸多村生介 收敵

失敬了生不敢〻淨咱們數載興兵原非本意只為你南朝
弄輩害生安忠功績挑起釁端彼此損兵折將今日兩下和
好各以杯酒爲盟日今以後各不相犯罷了外既蒙可汗金
諾已定干戈牛羊盟天之後兩歡一番 末雜介 撤雜〻 二旦捧盃盞中各酬天

玉芙蓉捧盃祝上台望參天赦敗 生旦付 願我儕各〻永享安泰
從今為誓如山海堅忠干戈免致災 生 列位百萬兵粮如數解
何事前至首祿糧所自走可汗洪恩各請謝恩 末旦付 遙瞻拜
明龍城殿臺頒天朝海山帶礪壽無涯 淨末 另謝成元帥令 相公
咱們去也 外 不敢遠送了 末諸 末各上馬 外生上城介 末

求奴兒喜孜〻軍粮滿載鬧攘〻各持幣帛賀薦山畔聞氐寨
們將那喇嘛選拜持經祝把牛羊獻齋歌酬樂亂酩好開懷 下

外生下城介 外 番王歡欣而去要皆賢婿之大功勞也 生 岳父大
人戰守之功小婿何功之有岳父在此操點兵馬安撫百姓
惶〻班師然我母在家懸望待小婿先歸安慰待岳父班師
一同朝覲便了 外 這也說得是你妙分規先回老夫安撫事
完即便回京

尾靖邊烽清瀚海指日里班師奏凱真個馬到功成真異哉 下

第九齣 踏青

弄巧當成拙終係畫虎來天意定何若逢那五吉花令
言前番欺弄全家大戲子他伴〻你吾倒被他空手空腳弄
得滿天之富我也曾將他些銀子也該實幫扶他才是不
知怎么好像針刺在心里一定要弄光他的銀子斷送他流
落這也是我生成的悲愁舒就的欺心那二獃子在家讀書
指望中選事見文帝指示場中題目索然中了經魁如今陪
他進京會試意在躋青貪耽擱日子又勸到天津衛採
望香樓那大鴇頭慫恿銀子體義了輸粮助餉直弄到這邊
來了這多青日然不得還鄉了吾又打算在他管總帳的手
里只說要與二爺辦前程支他二三千金又好弄他些用
用到濟京中會場已過只道他事理煞吾他也竟不提起終
日悶悶如己今日是清明佳節他里頭人那曾見常里繁
華喚他出去踏青遊玩再弄他去嫖院吃酒又想他些用〻
二表弟出來說話 小淨上

引功名到手遂浮鷗冒月睽離又數秋 見介付 二兄弟你少年鄉
薦就是今科不得會試來科高中也未可知這樣悶〻不樂
可不愁壞了人 小淨 功名乃身外之事小弟意不在此 付 這才
是個妙人今乃清明佳節〻和日暖草長花香知你去踏青
遊玩如何 小淨 小弟悶極無聊正有此意 付 鎖了房門同去走
走出得門來看好繁華景像也 小淨 便是

山花子禁烟時候韶華遠人生對景悠遊看弄輕狂花撲衫兜
聽曉〻弄語嵩鵲紙錢飄誰家墓垃亂墓氣散烟淡淒鞦韆架
出墻外頭蘇折新柳遍插鬢頭 付 列峯城腳下走〻 小淨 是 工林
仙家他人折般有賞花不是春 下 外幅巾上淨太監執行場杖隨

引做冷欺花籠烟困柳千里遥催春暮 寡人當今萬曆皇帝登
極四十餘載春秋高大精力半衰今科大比朕將文章不拴

試官被關親目戴奪倘因病將因此尚未填録金榜今乃清明佳節六宮設宴慶賞衆人逼家蝟厰繁華因此吏不巡杖潛出後宰門繞宮牆閑步一回以應踏青故事閑情逸、何候着 淨扮外 落花已逐東風去春日偏能惹恨長 下付小生上 二丸吊可好預安 小生 妙 付 這是一半宮城雖得到明日去好說大話 小生

〔娶孩兒〕只見那層城縹緲連雲霧凝望處紫翠糢糊春風送暖入層顛山河壯麗美望都今日個蒙恩來問龍門步何日得到佩親臨鳳闕趁才曉得中原主滿方來玉帛四海盡臣伏 付 這是御溝當初歸夫人紅葉傳情就是此處你且在此張、試看流出些好意來也未可知 小生 你十年不曾嬋娟面好向江頭覓珮琚 小生 又來取笑 付 倘得個奇緣張就便是天仙下降也不逃配着凡夫 付 那边一隊女客來了我們去看、如何 小生 宮墻之下甚是幽靜小步還要步步 付 如此我去、就來 下 小生 我一向埋頭窓下那知春色撩人今日蒙表兄引我踏青打動吾少年情性方才說此御溝流葉的故事一點心情好難按捺也 外暗上 小生 想那宮內那些美人呵

〔又〕望君王羅幸疎攤单衾形影孤殘楓想不出傷心句饒倖得金吾來把宮墻禁好問人間寄阿奴今日御溝中並無流葉空對着紅無數不能勾心傳錦字空教吾目斷柔腸 外 此生非狂非病為何對着御溝如悲如訴且問他個明白 外拍小生肩介 元那少年臨溝感慨那是為何 小生 老丈拜揖 小生 游春到此觸景傷懷對此清流訴吾心事 外 你是那里人氏 小生 學生姓金名周浙江錢塘人氏 外 為何到此 小生 忝中秋榜經魁來京會試因路途耽擱會場已過旅邸無聊尋春到此 外 老夫偶因病肺正欲清談你既是個秀才和你萍水相逢就此藉地而坐閑話 外 詩如何 小生 如此甚是懍懍恭 外 你排徊宮墻之下對着一泓流水自言自語却是何意 生 老丈你看目前誰可與語者對着這溝呵

〔再〕道書生紙帳孤念深宮嬾艷姝這的是東君不與花為主指望他殷勤惠吾三生葉註作人間二美圖 外 元來尚未有妻這想紅葉傳情你此奇想麼 小生 此亦當年故事無非借此宣揚元非有意排撲起來真個是相耽誤淪落了三千粉黛斷送我幾卷殘書 外 你所言可謂悲聊極矣老夫雖無三宮六院然亦姬妾甚多待吾選一麗人與你為妻你道如何 小生 老丈何出戲言 外 老夫豈肯失信 小生 多承盛情但小生有誓在前 外 有甚誓來 小生 直待金榜有名才結洞房花燭 外 會場已過說甚金榜題名與你相會一番豈可空過就是功名妻室俱成就你也不難你且少坐我着家童來接你 小生 多謝 外 與君一夕話勝讀十年書 下 小生 一年終日醉三萬六千場你與那個在此說話 小生 是一富翁長者他見吾觸懷感嘆十分勸慰他還說着家僮來請吾哩 付 你不要遇了拐子 小生 是個志誠長者

淨丑太監上介的那个是姓全的舉子 小生 是李生 淨丑 戴首來拿你哩
小生 我是會試的舉子有何過犯聖旨來拿吾 付驚拜介 淨丑 方才叢
林的長者是當今萬歲爺你不知死活在他跟前講了甚的
聖爺大怒拿你進宮去問罪哩 小生 呀袁兄救吾一救 付 你日
作日史如何救得你 淨丑 你也是一起的么 付 不干吾事吾不
認得他的 淨丑 如此只拿你去 綁小生下 付恭介 阿呀〻〻擎進後宰門去
了縣見小全又是斷送的了萬一枝扯吾當不起哦有了他
的會試之資約有三千餘全他此去自然性命難保不免取
了他的遺囊發了大物出京溜到臨清馬頭上大會之處尋
所房子住下討一房喜小娘起家業雖道我不如全湯吉自
然也到藏大家討嘆小全〻不是我不來頂你只怪你自家
命運不好恁多言致禍因口 毛捏丸 蔡下

第十齣 賜婚

〔引〕濯院討兒工許叶鸞和鳳 朕因清明佳節改粧蹀杖暫爾閑
游于宮牆之下遇一舉子全周為道功名妻室年長無成一
種痴情真堪憐惜因而念及鄭貂嫁女鄭素娥繼養于鄭貴
妃為義女年已長大那年鄭貴妃宮中設宴素娥曾作鸞鳴
鳳和詞篇人甚為稱羨原許她覓一作賦的人與他匹配
至今尚未得人甚為失信今全周既是舉子必善詞賦況得
與朕坐談一會召入宮來面試其才完他姻眷一則見朕憐
才于全生二則不失信於素娥已有內使去與他說不見來
淨丑帶小生上 無端惜嘆東流水惹出如天大禍來 淨丑 全周帶到 外
不要驚嚇了他命他整衣入宮朝見 淨丑應跪介小生作伏 罪臣全周
不識天顏語言冒犯死罪〻〻 外 宮墻之下人你敢借紅葉為媒
暗約宮闈甚有無君之罪宜置非常之典

〔解醒甘州〕逞着伊少年燄放心狂縱逸情明雖皆芳叢欲將花
柳情牽哄生綺語誘王宮假加你臨流詞覓三生夢試問你憐
水曾流幾葉紅難容怕縱跌激跌娥 小生 罪臣呵

〔解醒歌〕頭愁眉鬧懷千種偶閑談篇鸞鳳鳴把舊時佳話來閒
咏非有意瀆蒼穹念微臣未諳三章法望聖主稍寬五馬京 外
非有意相干可以理遣汝言縱出于無寔心聞之不無動念
只念你他鄉客萍浪蹤不堪蘭素禁城中朕昨日有言談傾蓋
魚水遘論交半面且鬧懿 律設大法理順人情慘恢之中安知
天子也罷你既中經魁文墨必深就在宮中朕目面試汝胸
中學問若不完篇二罪俱罰 小生 微臣謹領聖旨 外 內使們取
文房四寶與全周 內應取筆硯擺桌介 小生 求萬歲賜題微臣勉力應
首 外 就命汝作一鸞鳴鳳和詞汝須用心構當殿試勿視草
率 小生 領旨 寫介

〔一封羅〕吟佳句付侍指門樞分付儂邀明旨且休慌逞胸中豪
氣雄鳳和鸞鳴兩〻收拾詞章在掌中三部風構只當抄謄

〔一封〕揮毫迅掃星奔電轟怎不見脫靴捧硯人承奉 罪臣作賦
已完伏候聖裁 干接呈介 外 瀉史賦就果然提才徹汝前罪 小生 萬
歲 外 平身 小生 萬歲 外 內使引領全周前殿少息候旨 干領引生下 外

〔醉羅歌〕果然下筆風雷動韵悠揚意氣若凌霧與當年鄭素娥

兩様文章共叶遥今日可完美了鸞和鳳内使狀宣鄭貴妃共
鄭素娥上殿旦頌旨覃稱宣娘、鄭素娥上殿占蹌見旦上詔黛齊
將螢單色紅絹似枝為榴花旦妾見駕願吾王萬歲外賢鄉
免礼壹萬歲占奴抨叩頭願爺、萬歲外平身以後不必奴
抨之稱占萬歲外今日的清明佳節寡人一時叢要勉尔試
篇賦將鶯鳴鳳和詞一闋賢卿觀之以為何如壹接看介此篇
文語雖佳她似少年措大的口氣豈是聖明御製外怎見得
不是寡人所作壹地如嗟如訴淒涼蹈窮宜嗔宜喜風流妙
哀怨比謝源聖學能裝重外裝介鄭素娥比你前當所作如何占看
素娥商才識字何敢言及今見此作正所謂小巫見大巫神
氣盡索矣念妾曹檯句也是禮樂宗女兒家怎敢較雌雄外
素娥見文心服果是天緣也你道不敢較雌雄朕今正要教
你配合雌雄也素娥復宮更換吉服以待占萬歲下外内使賜
金同宮衣袍當入宮恭見娘娘、生應下旦萬歲恩典果出非常
天恩降喜氣際結絲綸如李金言重生引小生上來休非常叢先沾
不死恩旦全周承見聖主萬歲、、遥眼、千歲旦平身比生
何故偶入後宮外他乃浙江舉子名喚全周為少年未偶排
細宮牆之下無想御溝流葉朕因端青偶見和他籍筆關談
祖則愿他程儕入宮來繼而特授諫任設其前罪固所作
賦以宮授筆立就遂想素娥那年作賦寡人允許異日覓一
能作詞賦者完其匹配今日寡人主婚責妃便作媒世來祢
郎才女貌夫貴妻榮但全周尚未殿試適才朕前立就御為

殿試既會榜未發今賜名狀補以元生謝恩介外鄭素娥繼養昭
陽乃不異親生加號繼續公主就在御前合巹内侍宣鴻臚
官贊礼内侍介付接官上遂聽龍庭賜喜卧看麟趾韓祥喜介外後宮
恭請公主上殿付贊礼小旦綵服冠帔上同小生拜介付即下外内使徹御前
花燭送主樂公主青重以元頭帳耳賜銀絹十號彩錢三
十萬使歸私第生旦各謝恩介
（生）笑前程穩步咏恩又瞻紫泥封顏祝無疆聖壽崇生下丑上通
姚陛恩寵恭達提报來報萬歲爺奴婢接得兵部捷報恭承
聖覽奪兵部尚書秉是遠經略臣成人美忠報捷音事微臣
奉旨經略遼道而賊勢猖熾血戰三年二載堅守孤固糧援
斷絕日今景戸馬革以報皇恩願臣翳全福龍娘助胸單騎
和戎蒐夷攝服平定金遼特此奏捷仰賀聖恩之至壹加此
說遼廷收復皆全福大功也外茲因遼胸告急朕曾與福精
嗣全福龍娘百萬糧米百萬日補解胸安遼朕曾許彼平定
之日加倍賞還今既成異域之功礼合將恩陞擢丑奴婢啟
上節、適才全周即全福親弟外笑喜丑他既受非常恩典可
就着他親至遼成召彼翁婿還朝兼攜勞諸軍以勤威典以
樹隆恩不負聖心可否御朕聖裁外如此甚好即着全周召
還彼人美及全福并婿勞諸軍便了就命汝那賚勅節與登
則丑領旨外思波流出御溝還將召功且賚遠賢壹不使丑
算憂社稷丑好教黎庶得安眠下

第十一齣　相親

〔梨花兒〕聽說佳人多嫽娜，東床要選風流貨，教人動那心頭火，
喋緣何不見媒人過。我公言建牒了，全家兩個兄弟不敢回家，
就要外邊尋頭親事。為別家圖來到臨青馬頭上擺且撥了
客行安頓好了貨物，跟兩逢着兩個意相知，他二人都被吾
哄騙壞事於本邊的。眼見他們流落在此不得還鄉，誰想他
們竟不念前情，倒替吾打聽親事，說有親園公的女兒書尚
書的與畢新寡在家，用家計重大難以管慣，竟要坐產招夫。
又有一個什么姓毛的媒婆時來說合，那太〻必要當面相
新女婿，到定今日纔親，因此打扮齊整，等候多時還不見來，
只得去尋他。此間已是，毛媽〻在家麼？（叠上）里〻心里過日〻
腳斷湲。元來花相公（付）不見過令將來遲（唐叠）方才兩位相
公在此再三攛掇，教我去成其事（付）這兩個是吾多年新交
儘知吾的（叠）色許相公成親（付）同去講〻財礼（叠）那曹太〻
是園公的妻，一女兒書的家總千金之軀，萬金家計，便是重婚
您好去相看，只是他自要揀個風流人物，他也要看〻新女
婿哩（付）學生也聽就看得過（叠）說好，只是今日老身不得工
夫，改日罷（付）嗄道吾是不出手的，故意作難，我性急如火，要
成此事，先奉白銀五兩聊當茶東（叠）無功受祿也罷，只得室
走一遭，我同花相公曹府去，穿過長街又來繞巷，此間已是。
有人麼（叠上）天上神仙謫人間宰相家。毛媽〻此是何人（叠）杭
州花相公（末）就是主母識親他不（叠）正是（付）大秋拜揖（末）不
敢不敢，成了親就是主翁了（付叠付）媒胖〻（末）請進內堂坐梅

吾毛媽〻在此，請主母出來（內應出來縣旦丁鬟隨上）
〔前腔〕拂拭新妝雲鬢鮮，平生致換掌私業，鋪張面門天來大喺
那個豈瘟來撞吾，那人來了么，院子對毛媽〻說花相公來拜
望，因主母孀居無人接應，尊客進來內室相見（末請吾丑）請坐
送茶（叠丑付）花相公，奴家〻世想已都知，只先太公棄世後來
親知琴瑟，奴家孀守三年，不勝淒楚（淚付叠）太〻不必過傷，如
今招〻這位花相公，千能萬能的，必然重整家聲（付）小子浙
江舊族，先祖亦是董閣大臣，太〻不嫌微賤，倘結絲蘿，不勝
雀躍（叠）花相公與太〻乎說相當，家聲相等，實是天緣（丑）花
相公的家世雖為耳聞耳說，已經日親，只是一說轍或家中
原有結髮，把吾做外宅人看待，吾們勢感人家不肯干休（付）
學生年方二十八歲，真正童男子，並有妻室，天誅地滅（丑）行
來的聘礼要豐富些（付）杭州帶來的太機細緞儘有，自然體
面（叠）太〻揀個日子便好成親（丑）擇日不如撞日，就是明日
歡喜進門，相投樂驕馬，都是奴家准備迎請花相公過門使
了（付）學生寓所現有三千餘金貨物，還值一二千金，連夜着
人送來，但憑太〻支用（丑）
〔亭前柳〕家世儘知，不識歡又熙，多不堪身寂寞，招個掌家哥咻
他穩向東床坐，只要着意情真，行坐不訛（付）
〔前腔〕盥盆用雜鵲，採帶盛綾羅，喜還當富麗，夫唱婦隨和（播是下）
阿婆採擲使周全，我連飲三杯醉後顏酡（丑）毛媽〻代送（各揮下）

第十二齣　蕩婪

不做生涯不種田閑來吃酒醉來眠既登祖師傳授手到
成功撮現錢日家京城中有名揚子切撮空迎來賺號通行
沒人工夠只得遊到臨青馬頭上撮合來往客商恰好有兩
个杭州人元來是做客的被人挑弄以致於本流落在此還
鄉不得也曉得吾是此道中人常與我並酒來便要提吾入
夥則々湊巧那喜他的人倒在京里弄了二千銀子許多貨
物要吾在這里做家娶房妻小他兩个與吾商量生發一个
計較被我聯了院中表子柳條青移住在此租了定國公的
花園住下元做魏國公的女兒曾尚書的媳婦坐產招夫那
花戲滿心歡喜叫了老鴇兒只說姓毛攛掇成親把這幾千
現物都送了來前夜成親今日是三朝只是那兩個被哄騙
的原說竟要坐分一千他們好盤纏回去那廝們肯口舌和
便要打發他去拜丈人吾每喚下船隻把東西搬擡一望一
溜烟竟往京中去那里來尋吾全風不動蟬光竟斷送無常
李米林（下淨生上）做兜粧神氣、新安排圈套弄謝淨吾們一
班夥計相幫那大姐弄那花戲上夠（生）們被他做了二日家
主公了（淨）今日要打發他拜丈人說了一匹騾馬備了拜帖
伏侍他去（生）我們用了脫身之計做他在那里丹青兩个人
只說明里自住了他衣服竟走道言一對花柳來也（丑付旦淡粧携手上）
【三換頭】園林好迷喜溪婚姻成就情投意投自是百年廝守
（淨）相公太太小的們見禮（付）你都費賜過（淨）是多謝相公（丑）看
你們伏待家主去拜太老爺（生）俱端正了（丑）換了大衣服來意

外衣都好了以後見客新女婿上門必定要見的（付）自然要
面見的（丑）國公府里的酒是難吃的到其間休得要醉模糊
下到當筵出醜（付）這个吾自有主意（丑）要緊話還有對你說（付）
什麼話（丑）禮數須恭敬語言莫浪謅（付）這些我多曉得（丑）華
馬來（淨應介）（丑）急上華騮急去恭恭敬敬侯（付上馬介）太々進去我去
了（生淨隨下）花戲去了夥計們快來（衆應上介）柳大姐花戲去了東
西都搬下船了動用家伙都交還房主人了（丑）如此快去罷
末船在那邊（下）
【玉交令】做了金蟬脫殼閃投他人財而去把琵琶別抱他舟如
投綢似吞鉤淚珠滴滿香羅袖（下 生淨隨付上）
【江兒水】把古樹飛殘葉時光已暮秋一鞭驄縱長堤驟海比天
與南成婚嬌娘能女將畫堂叩謁嫂字雖暮如綉（淨）請下馬注
里步坐（付下馬紫介）（生）我去投帖（下）（付）少間叩謁時你說吾是宦淺的
（淨）便覓飲戲敘（付）還有回去恐太々吃酒（生上）叫小太爺弄老
不能接見（付）為甚都呢（生）在王府中吃酒去了（付）吃酒知道幾
時回來難道吾只管在此等上回去（生）將他來此不要性急
請覓坐々奇吾和你去催請回來（付）有理快催回來（淨生快走
教他嗔剎笑望至頭也愁雖臨（下）（付）我妻父年老自然不能接
見這當先難道不曉得此事竟去吃酒阿呀兩个家人去了
一個也不見來教吾冰冷氣出呆坐在此啦恨狂奴怎逼逼
我日家癡進去叫他家里人去催請有理々闖轅門覺害羞
里面有人否（外小生上）侯門深與副吹何因（付）否人（付）學生是本

册新女婿今日特来拜望外舅偶若了本州太史修山住一
位小姐才得六七岁就是闻名细彩一些没有講起那里有
你这个老女婿 付 房下是老國公親生的姑太太嫁與曹尚
書的家婦守寡三年再醮於李 丑 的是新姑爺 丑 嗯曹家把
新夫婦双全他是个首生出身現在那里做官不時有書来
怎說有落了嫁知道了就請兄了 付 方才有到个信家进来
报怡雖道國公爺不晓得外話見見了國公爺條天久已伴
了 丑 竟是竟望先枧選不走 付 吾是新姑爺拜門吾有謝見
賞封那个那到个报帖的身邊 外 還說新姑爺先打几兕拔
然後送官 付付介 付 阿呀天了对你姑太太說覆允你們 外小生又打介

（挪絮縱）何方光棍奴因ㄟ撈撒潑窮公庭ㄟ假充女婿來讀叩
破機關言相濺推當會親謅光吃頭硬拳頭 付 ㄟ 他了嘵他去
我何方整謝子大胆扎胡謅 付 打介 ㄟ 你方才狠了說國公
府里酒足卿吃的方纔那們說吃頭硬拳謅推當會親酒這
酒其實卿吃元是吾不是熟識人家才上门說有問己光性
他們不得不是問的話一些也不对什么緣故想是國公府
是親房遠族不曉得明白如今老了頭又不好進去問你你
是跟來的兩个家人都不見了且喜馬還在此且老了頭騎
馬回去與太太說了處置他們便了

（姐ㄟ棟海棠）念咱從來卿咄恁今日遭他倏憔為人原不該扠
高結豪門親眷惹禍招尤背門單似端月吳牛新女婿做了
救家之狗加鞭走且訴與寒荆把家人搬完 丑净上 來差爺騎馬

鏘搊是身打哄這是吾每的驛馬扯他下來 净付扶介 拘賊 付 二
位什么意思 净 你這馬是那里来的 付 李生入贅曹府是房
下陪嫁的馬 丑 被底一月前被人盗去了驛中申文到督撫
衙門吾們三日一比你公然騎在此現有嫡挂牌票在此
付 二位李生是杭州人為家在此頗有体面現是親國公的
新女婿雖道是盗馬的 净 現有贓証還要强辯 付 打介

（倒拖船）盗騎驛馬當街走ㄟ鎖拿真盗難寬宥ㄟ且上現有火
烙印其贓實把原非謬 付 吾是不知情的還了你們罷 丑 這
是賊情漢家放的公堂問出根由發配従他州 付 雖道倘
的馬公然騎在街上是情有可原只求饒恕 净 放 丑 不消 丑 也
教會些銀子謝吾們放了情罷 付 我新賢封書消中出来拜
望國公不異得銀子 净 動不動便将 打介 拿到督撫堂上夾起
來才認得吾們哩 丑 看介 付 不要打 丑 且上衣服送與二位 净 爺
要你的 丑 罷了 快脱下来 剥介 丑 扁 扯這你但教孫騎馬不必捕
强人 下 付 唉剥得精光像什么國公府里全以謀帳馬又是騎
馬速那房下也有些古怪打從小說扯斯回去便知分曉

（圍林好鐃鐃）結新婚鴛鳳唱酬為甚拜新親參謁跑挑想這馬
去人逃堪疑處恐不住心窩似箭插已到自己門首為何大門
緊閉貼封皮在上 開門ㄟ 外生上 闢門清淨靜坐如年談子這
是道國公的花園封鎖好的你叫什么 付 我是這門生小夫
的昨日到今早哄ㄟ然許多人在内怎么如今為何封鎖了
外 前日有个下路郷紳租住在此接了親早上都回去了 付驚

什不好了駭親新郎就是吾住在此的說是親國公的女兒我有二三千金資本盡數搬來今早吾去拜丈人及至國公府里又不認帳這里又說去了你們一定知情的囂吵親国公的女兒嫁你這樣人物（白）你們一定是同夥哄騙屋不滿人還告這班人來（丑）這光棍在此放刁評賴控上人多走咻出來打這廝（淨上淨白旦打付介）

【歸上花】卷子忒觸傻々平白地端詐害何由（付蹈介）枉家求々誰着你來挑鬪（白）到住元是吾不是饒了吾罷（外白）如此說也不打你了饒他去罷賞吾罷罵打斷者柴節（介）（白）也寄惟前日這些人多不見了走出來的一个也不是々跟見着了揚騙了喫吾花官人一生惟倒半世我消慣會做弄別人如今日己被人捉伐精光的三處打得落青嘴腫這也真正現世報々

【擬】採入江水儀熱出醜吾精光實可羞這班光棍安排下々出奇謀々這到馬江才罷休說甚風流眼見落他機彀吾的憑下處主人家為了這頭親事化費呦銀兩撇了家倚着國公女婿的勢難打了他的短來必有留且是這々撲様不好意思進他的門只是沒有棲身之處也說不得且去着面皮往住我時打聽這些光棍消息阿呀忘了這兩个同鄉朋友是我吾他扯了來流落在此回去不得是他們替吾尋的親事這然曉得瞭還有々毛媽々做的媒吾道他們自有有落喫

【尾】温柔鄉里尋常受誰料做雲影兩覆不是冤家不聚頭你們走開些親國公的女婿來了（下）

第十三齣　馳驛

（引）將軍奉詔解重圍戰士還鄉盡錦衣（白）家全規做目隨了大首人押解軍糧直至遼邊西戎喜得安揩恢復遼城已有捷書報奏大爺恐怕戎老夫人與小夫人記念先自渡海前行已到天津海口原來吾家二老爺馱補缺元文將継續公主駙馬為婚如今三位夫人同居一處前日進城步提命他齎了捷單報聞各驛班師他兩見二人已在海船相會恰好戎老爺差前話報馳也即日班師隨後即到簡此兩位老爺在海船等候成老爺到一同進京朝賀先着吾到驛中備喚夫馬以伺進京用的快々我付驛官備齊夫馬不得有誤（官應）

末　正是渡遼歷峻嶸馳驛受恩榮（下付上）富貴如將智力求乱花年少合封侯憑天不解蒼天意使居机淡憐尽盡我花令言總明了半世懵懂在一時被一班光棍用計掛騙一空流落在此回到寓下厳寧喜你許件舊衣旧帽將就遮羞挨住幾日那主人家怪我把物資裝盡情撇出被他日夜嘲笑難以存身指望到京打聽那些光棍消息又無盤纏只得衙戒件破衣變賣日推一日已到天津地方要到大來元茫上許着瀟識着遊的吾些盤纏說也古怪大表弟在沒卜回收養種田々漁收畜々只因他解糧助餉直至遼邊自然有哀無回誰想他携帶家小移住京師離了此地那些田庄房屋被波濤沖滾殺沒一望竟存一片荒蕪如此教吾食難糊口

往跡無邊方才聞得有々奏功的官長馳驛進京到船中要夫馬俸手那驛中缺乏支應弄得船到好生着忙要僱倩人夫背出一錢一站又加去應他一名趁他幾錢度日又好隨他進京喫花會吉々

【水紅花】你聰明伶俐占便宜把人欺瞞道是逢場作戲誰知天理果難違恁恢々空施乖厥指望侯門入贅沒用抱橋妻如今弄得這様呢似鶻鷹着天飛單剩一片皮也囉下末弔上

【來馹令】催夫馬缺如飛直恁耽延遲慢稽丑末到驛前了末喚那驛官出來丑應介吹本驛々官々々阿呀並無人承應裡面有人出來了末下馬介付上驛中縣得無一二我命運何顛沛丑你是驛夫么付不是船夫却是驛妻丑吹你是甚人什么船妻付日前賣丑交富易妻末可恩來付阿呀我幾不認的末背喚你是花大官人左右到里面快喚夫馬丑應到後以倒丑應下末花官人為何在此付難官以相諒你末吾是今現付元來就是今大哥為何還等眾難現居何職末吾所授職你把搓了付衆喜々末花官人恁行藏局蹐面低靦襟恁淒其付不要說起撞着楊子揚將精光流落在此末你是聰明乘覺的如何被人拐騙付孫中更有孫中手那怕你聰明乘竟你為何在此末花官人還不曉得成光都為四我猫亂性了定邊經略馳船進京因避兩列然見了洗尤郑謀兇圖

【劉潑帽】說昔年暗約把姻親許即時間花燭熒煌與大官人說了親不傳留序胸馳征戀誰想到傳遼城被害潑圖數載沐

城閑付大官人怎麼樣了末我家大官人因朝廷急缺邊餉擲筆親書借餉銀三十萬吾大官人捐補百萬海運度邊招安番衆現封為義勇兵部員外郎達吾此蒙恩擢了你家把總冠軍榮身付如此你大官人還在邊城麼末他為家中記念先從遼海安慰家眷我是郑隨後班師因此吾到船中催喚夫馬付元來馳驛進京的就是你大官人末丑是付你可曉二官人消息末二官人知道大先郑先日班師隨路效書遲候說為賭者游玩遊着宮分聖帝召進宮中剐城長寸補中了狀元又聯准請公主郑賜為駙馬迤間邀城君提上看他賣了飯賞召取翁婿還朝他帶兄被在邊海相會了前聯公主娘々這到老夫人處安頓如今他帶兄侵在海口座船正好同你到海口相見不有好處付他們如此榮耀吾這丁光景只怕不肯認吾這窮親了末說那里話

【尾】他弟兄常念你恩和義決不做炎涼世態詐付他們也還念及吾麼末時常感激說虧了花表兄救有今日付如此兄也不妨只是我這樣模様怎見之時不好意思末這也不難到了船邊將我扮裝衣巾換了便好相見了付多謝如此說罷燼灰中文發輝同下

第十四齣　寵錫

【甘州歌】良人別久幸今朝奏捷得返皇州翁封婿賞一家喜沐洪麻襄因國事分鴛侶今喜功成偕鳳儔合鯨波息海寧收燕然巳勒國金甌三部疑九尚周萬方樂只頌歌謳老旦黃麻來紫

鬮影鳳降丹宸三位夫人仝跪叩頭童全晉家回來了 末是
查吾家老相公共二位老爺歲時隅到 末 戌老爺共二位老
爺連京朝賀聖上大書御肴鄭公々賚賜滿門封贈譜三位
夫人更換吉服一同搖首 老旦 加此帷幄青紫逢盤書遞伺候
末應下丑旦 喜事從天降歡聲動地來 下淨付太監捧軸丑賚勅外二生上
（前腔）賫功奏遠陬向承明入覲輔綫呈獻天成福佑振家聲位
及公侯丹書鐵券膺天寵玉冊金符衛輦酬 三星同晚付淨付掛軸付丑
奉天承運皇帝詔曰朕聞惴一代昌期之運胥四方俊秀之
才良茲上應天心篤生降生中有前者丑為起藩喚蒼稲杠
興逢結粘於鯊城黎庶未安干戈擾攘爾成人美張軍澥海
掃秕江瀾敉疾許之躍陽遂城保障以玉門之突邊日首班
師是用加爾為金紫光祿大夫上柱國文華殿大學士晉爵
成邑侯妻許氏封成國夫人爾猶全倫百歲爾遂一帆航海
來爾天根闡滅遂見小醜掃滅獲此奇勳實由爾福是用加
爾為行臺兵部尚書贊封尚義侯妻成氏封全國夫人前有
御發猎爾翩騑百萬許爾加稻價還令外賜帑弟千端爾弟
仝周纂修國史較正玉牒事竣書成合行陞擬加爾為資治
大夫詹事府正堂詹事兼儀部侍郎妻鄭氏仁邑夫人御筆
親書天成福三字懸掛爾堂以為福星之應永春天恩共享
天福欽哉謝恩 衆謝恩付丑 丑 老親翁恭喜 外 不敢也叔父為福 丑
我兒少禮賀喜 付生 賢契當初和你師生之誼今日仝第爾上
又是親家了合當拜賀 共拜介 合 鯨波息靈鼉收燕然已勒固

金甌三都定九鼎同萬方樂只頌歌謳 末上 請各位老爺上席 外
老親翁請 丑 啓家後了首再來叩擾于博龍閣語文漫觀瑀
衆 送丑下 外 此乃御筆親書理當拜謝 末拜付
（尾）福天成祿天授天書龍篆降龍樓但願天福延綿萬異攸 下完

四合奇

提要

《四合奇》二卷，佚名撰，法國巴黎國家圖書館藏鈔本。曲本。是書分慶壽、勸女、郊遇、起程、訪友、還願、鬧館、歸國、遣聘、被逐、舟會、誤搶、佳期、考試、識破、寇發、借住、行譖、廷試、武場、送帖、帕合、求親、回書、團圓等，二十五齣。

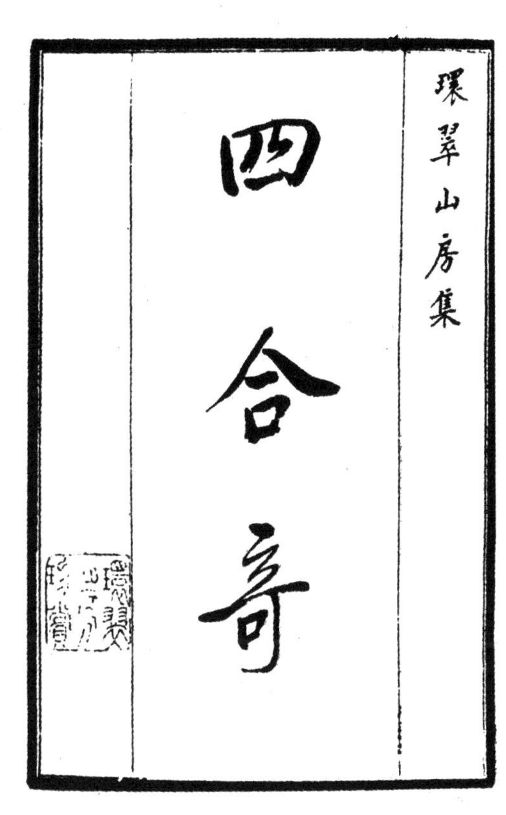

四合奇傳奇目錄

四合奇傳奇上卷

始末

趙女新渝幼失怙庭遠去天涯春姑聞風潤色畢第婣緣斯例假扮配為妻趙射斗封王回轉喜舟中父女相合來帝奇事生武魁聲洲及第重完合翌夫婦永齊眉來者呂聲洲是也

第一齣　慶壽

【引】生 少年才貌江南推逸凌雲氣吐虹霓日勤千卷潤退一舌之功且遁跡藏修燈下映雪囊螢鵬摶萬里有日遇春風文章梁處風雲筆力得時還化傻北闕有心朝來詞東墻喜女意悃畄小生姓呂名德字聲洲嘉興府秀水縣人也父親呂仰官作工部侍郎太因帳日芳花歸歸回里慈母沈氏鵲賀天人且喜今日爹媽雙壽之期鄉賢壽沿称賀具童你道可曾完備 旦 完備多時了 生 爹媽有請 外上

【引】解印朝簪歸丘壠心惟教子成龍 占 隨肩恍粗容隨夫喜受榮封 生 爹媽在上孩兒拜揖 外 我兒我年已半百以肉眼日昏遂退歸林下你功名未遂日夜憂心你才各定怅日交付呂三吐當你可陞天庭寺院房僻靜正好攻書偺今進取 占 謹依嚴命今日爹媽雙壽之期孩兒侍偺酒筵為爹媽你慶 外 生受你看酒來 合

【錦堂月】筵席珍饈杯浮佳醑銀箏空歷喧屏日暖華堂争差乳燕風飄惠椿萱壽比喬松看蘭玉芝生庭秀 合 同壽延歲歲年年海屋添籌

(醉翁子)株守嗟歲月催人去疾惟教子勤劳肯把光陰浪遊知否當自保家声無諂無驕不伎求功名就不負螢窗十載埋頭

(僥僥令)全家沾天禄合宅沐恩流蔭子封妻光前後喜投老林泉樂自由

(尾)滿门称慶真輻輳愿取双親遐寿與日長斟花下酒 外 真乜

到天隱寺收拾香备你相公請去 旦 應介 外

壽星南極喜臨门 旦 今日華堂喜氣生

生 階前彩柳蒙山壁 堂上椿萱慶太平

第二齣 劝女

(引)生 從幼落風塵安排下羅網進人如今老大李收心歎教懺悔從前事念佛看經 旦 老不是嫡親小姪枝京是肯根苗看等

阿婿鄧通力休想房攢㮚婦娘 老身我代在嘉興府衆门外青楊院内上樓前居住先有几个子頭俱從良去了止有一个女兒名喚新蘅七歲時遠方人拐來賣与我家細問情由原是宦门之女為她不是我他下賤當做親生女兒一般撫養這兩日見他時常悲泣不免喚他出來功解一番蕭兒請你姐姐出來 占應介 姐姐有請 旦上

(引)幼遭劫奪離鄉賤清操不變風塵玷 見介 老 我兒你自到此家知你是好人家兒女另眼看待你情理你有个出身好処見你連日悲悲却是為何 旦 孩兒承母親恩养銘刻肺腑倘得父子重逢當报母親大恩 老 兒呀做娘的呵

(祝英台)出身在青樓院歷事已多年雖則是烟花面又何曾坏却心田遠年把你另眼相看並不曾將伊作賤你且免憂煎終有日豪门匹配將老身抬舉何難 旦

(前腔)那年起禍遭丢变强徒心惡我將奴坑陷謝恩娘怜念不將奴欺笑人前似美玉未遭瑕玷天怜念倘得骨肉完全酬恨你恩深似海我堅心自當銘中胸坏 老 兒下次說此話也罷如今清明佳節蕭兒明日你同姐姐到郊外遊春道闷散散心你意如何 旦 多感母親垂爱 老 早些回來

柳陰堤畔閙重緣 日烁紗窗影色黄

二旦 萬種離愁渾如夢 一年春恨繫愁腸

第三齣 郊遇

(字字双)外 父親官可到尚書爵位人人称我閑大爺衙内拳起書本就打盹要睡常在肉山酒海眠爛醉爛醉 小子閑可文 家父在朝官鼎礼部侍郎致仕在家只有奴子留養第子尚未適人吾呂來娶过这个寡淡闲坊小說今有一友名曾洲他如今新置一所書房在天隱寺攻書我如今偷下个礼兒要去拜賀他從有个相知朋友一全去怎庅处 淨 大爺那新相公如何 丑 那个怎庅新相公 淨 新時变相公 丑 他住杭州去了 淨 他前日回來了 丑 回來了妙你去叫他來 淨 不消去叫到天隱寺去少不得到他门前經過隨口叫他一声就走了 丑 言之有理走 淨 大爺到了 丑 到了去說一声 淨 是新相公在家庅 旦 未了

(梨花兒)小子名喚新時变渾名绰号夜新鲜参娘生我無別幹

嗏一生李汾金幇閒閒大爺請裏面坐 付 請啥 老新好賺財 丑
把大爺的洪福 付 吓 老新你往杭州去几時回來的 丑 前日
回來的 付 為何不到我家走走 丑 不瞞大爺說窮忙得緊故
此不曾來看得大爺 付 吓 老新你忘記了 丑 不曾忘什麼 付
你說杭州回來帶人事送我怎麼不見出手 丑 吓 有的晚生
在杭州買了出名的四大盆景 付 盆景在何處 丑 晚生起早
來不好帶得恨豈一到就送過來 付 只怕又是白話了 丑 剛
的原是白說 付 笑介 吓 老新你可認得那个呂大爺 丑 那个
什麼呂大爺 付 呂种之子 丑 吓 呂公子認得的了 付 不是
他如今新造一所書房在天慶寺攻書我如今備下金柬要
去拜賀他故此邀你一同去走走 丑 教晚生一同去 吓 大敢
我身邊沒有分金湊去 净 大爺新相來是要去的只是沒
有分金 付 吓 好小氣我大爺叫你去這分金自然送我替你
出難道要你拿出來不成 丑 大爺替晚生出如此說倒也罷了
付 去罢 丑 大爺吃了茶去 付 也不擾聚賀他豐興為妙 老
新那杭州風景何如 丑 好 吓 有穀說上有天堂下有蘇杭真
个好所在 付 如此說我几時也去遊遊 丑 晚生奉陪 净 到了
付 這說閒大爺作賀 中 是有人來 中 丑 上 禀伴書賣祭有松
琴劍箱是那个 净 閒大爺在此 中 丑 閒大爺到來小人進去
童 付 你大爺在家麼 中 丑 在家 付 說我拜 中 丑 相公有請 生

〔引〕桃紅柳綠繞前堤物色人豪興趣 中 丑 閒大爺拜 生 有請 生上

相公出來了閒大爺有請 付 吓 老新待我先進去趕後來請
楚呂兄〻〻 生 閒兄請坐 付 有坐 連日少會呂兄小弟常得
一位敝友在外不知可容相見 生 何妨請進來 付 走來請新
相公進來 净 新相公有請 丑 請我大爺那里〻〻恭喜賀喜
付 這什麼意思好端端進門怎麼這等一跳 丑 不是公子新
蓋書房晚生喜得為此一跳恁公子跳龍門的意思 付 呂兄
他一進門來就褪屁股眼子了 丑 不是大爺是這樣滿滿子
的年成 付 好書房蓋得幽雅不可無詩 丑 二位大爺不棄晚
生胡謅几句如何 付 只要謅得好 丑 新蓋書房也〻精明窗
淨几可人稱來年恋兆登科日今日相逢 付 今日相逢怎麼
樣 丑 今日相逢文昌轉 付 不通君也聽我那登科日乃是我
們讀書人之本暫那文昌星出于何典精效狗屁 丑 有个
緣故大爺姓閒公子姓呂晚生姓新故此說今日相逢文昌
新 付 也罷了看酒來待小弟把敬一杯 生 我們遞照一杯
正 生

〔好事近〕書室甚精奇真个是洞天福地英豪樂趣且閒懷暢飲
休推想人生如寄今朝有酒今朝醉嘆光陰迅速如飛滚以九
似騰奔馳 付 什今吃酒為妙走來拿骰子骰盆來 净 不曾帶來
付 不曾帶來狗骨奴才 净 小人忘記了 付 知道我大爺出來
吃酒就該把這些東西帶了出來才是 丑 大爺不要焦燥是
你的不是可惡〻〻大爺那骰盆骰子也不用晚生在杭州
學了一个新令在此 付 什麼新令 丑 名曰打太子 付 何為打
太子 丑 我們如今三个人在這里吃酒各人手拿扇子遮了

令將出來大爺与晚生一様出子吃出子与晚生一樣大爺
吃酒過咩扛太子 付 妙要个沁底才好 丑 好就是太子沁乾
付 來々 丑 付同 付 沁底 生 太子沁乾 如此同過 付 呂兒
【錦衣香】和你旧相知良朋契酒與豪休推醉殷勤樂意飲三杯淘情散悶全傳々遞席間無别趣猜三道四論輸贏少論無过一醉
【僥水令】且丟開蝸名蝇利拚飲到紅日沉西人生快樂是便宜收場偎偎成敗消叟逢樂處忘歸去消知好酒而人醉 生 承佳會々飲生醉矣彼量窄了酩酊如泥 末上 大爺在那里大爺太老爺飲呂進京快請大爺回去 付 你先回去 吩咐與掃天下之大與也 生 大爺太老爺飲呂進京我輩有光 生 正是 付 正好与二位盤桓々々 忽然之间家父不才欽呂進京 吩小弟四去怎應處 丑 不妨送過太老爺再來奉邀 付 改過了
【尾】杯盤狼籍权收拾散罷各歸書室明日重來訪故知 付 閃益事惶々 生 尚欲飲得觴樂怎么像各短 付 思想只得长别了 真童 呔日再会 你大爺醉了好生伏侍請了 付 生 下 丑 真當好天氣 消了喜房同我郊外踏青去 中 丑 同二 醉了明日去罷 生 明說我那里醉 三 不醉有些腳軟 生
【新水令】朋儕暢飲樂怡々酒闌珊杯盤狼籍他有父命相催逼吕彼轉庭幃我與还餘々挈真童尋春去 下 丑 占 上
【步々嬌】春日融和花爭媚景物偏佳麗紅紫鬥芳菲一陣薰風纷々落地桃笑杏開時須知郊外閑遊戲 下 生 丑 上 步
【折桂令】趁春朝散步花堤拾翠尋芳閑巧争奇見遊人來往爭馳携金提壺弄盞傳杯 二 丑 上 生 呀 是誰家如花貌美体態輕盈奇模丰姿絕勝楊妃賽過西施一見令人意亂心迷 二 旦
【江兒水】对々鶯尋侶双々燕啣泥無情杜宇催春去誰家年少偏西意趁前退後偷睛覷無限衷情牽縈眼角而情覷不盡許多情意 生
【雁兒落】試聽他啣嘆々説甚的詞使我意煎々心如刺眼偷覷对了鬟笑臉很路兒中行過去蘭香氣 呀 小金蓮不染泥歡獻了步輕移 占 側々你看那姍々兒繞挽我們 生 他那里死物比與將咱戲捨遠罣縈相隨意怎離 占 相以先闲醉了如今側醒了 生 休提我彫胸心先醉醒矣想則是過家迷遲迷 二 旦
【僥々令】那生可人意似醉却如癡呆倒而逕渾無力我心中暗思他怎知 生
【收江南】呀 怎能夠赤繩繫足両夫妻同携手入鴛幃倒鳳顛鸞效于飛樂他宜唱随々了我便甘心就死待何如 跌介 二 旦
【園林好】玉山頹蝴蝶倒蝴多因是花迷酒迷想則是伴推故醉遭跌撲將身泥々 羞見你看生醉了跌了一臉泥把這帕兒憑与他揩乾了臉上泥 占 曉得相公我家姐々有方帕兒送揩去臉上泥 生 多謝真童你去問他什么人家女子 丑 吟我們相公問你什么人家 占 我們住在青梧院白玉樓姓趙名蘅 丑 羞見我們回去罷 占 同下 生 請了々 丑 去了 生 付可曾問他 丑 問过了住在青梧院白玉樓姓趙名字叫々彩蘅

地是个门户中人家 生 可惜他去了

（沽美酒）鳥離弓任撥飛ミミ魚脱釣怎生追天淵懸隔苦相思恨匆ヽ去人去矣趣呼人懸ヽ掛甍待舜个氷人説叙來當是何方居住俺何只落得朝思暮思想伊念伊呼怕今生無緣再會

（清江引）衆冤汗帕空留記不若輕抛棄人去在那里覩物空垂淚恨遊春到惹得相思起 下

第四齣　起程

（引）净 樂隱丘墟告歸林下荷天恩又𢽾黄麻 生嘆田持里居净衣得第一命丹嵩个見日非形廷老夫閒免字賴合加央看清水縣人久宦非礼部侍郎大人早逝長子可文以女白春供已長成迷大婚配老夫那裏荃恩欽召入京不免喚他二人出來把家事分付一番 院子 請你大爺小姐出來 末應介

（引）付上 寒窗不肯把書攻問天台怎躍魚龍 旦 但願百年增壽考長沾福蔭児孫 付 爹ヽ在上兒女們拜揖 旦 拜ヽ万福 净 孩兒老夫我兒你為父的今蒙聖恩欽召進京你二人在家照管家事我兒你可用心攻書不可懶惰我到京中先打點你功名之事趁後先你二人婚姻便了 付 爹ヽ功名乃小事孩兒的親事要緊 净 胡說看酒來 合

（玉芙蓉）恩從北闕來門閭增光彩喜榮遷我居九棘三槐補天浴日扶中外燮理陰陽[illegible]撫栽年雖邁喜勸力未衰正堪輔佐帝王台 四小生中皆上 门上有人麼 末 是那个 衆 礼部差役要見 净 我兒迴避着他們前庭見 末接介 衆 差官叩頭人大俱已齊備請老爺起馬 净 外廂伺候我兒差官已到為父的即便起程矣 付旦 看他來 净 罷了兒女子心甘乍來血淚痛 旦 捌别湯閨怎舍河橋柳色折 付旦 孩兒送 净 不消了進去罷 付旦下 净 衆從人們叩頭 净 就此起馬 合

（神仗兒）排旌列杖坐对高風名鞭揚今朝重豮馬踏香塵望京京都道路長指日形廷執笏朝堂 下

第五齣　訪友

（引）生隨小生上 志氣縱横牛斗劍光白晝飛虹時乖不利未遭逢甚日得披龍附鳳 筋默來童子成人須用功力堪輪往而志累可勇觀小生李子四蘇州人也先居曾為刑部侍郎先逝宦途家室一空我有契友呂峰洲康則敷數不免去探望一回 院子带馬來 末應介

（一江風）為金蘭旅窗同筆硯一載無由見隔遠天音信准備契闊常思念今來問訪安 又 衆問可敘談時加勉力前策騎 下

第六齣　還愿

（銷南枝）二旦 奴命薄娘病染天厓來到又不遠幾步向神前表我誠心献愿祝災星退吉耀轉不枉奴這勞倦 又 占 但你上香我去焚紙 旦 ロ

（前腔）告神靈听我言祈荷義母疾病痊愿他早ヽ脱灾愆体旺身康健还旧疏許新愿但愿得那 占 姐ヽ怎麼不說了我替你說了罷 旦 你却不知我的心事 占 我曉得但愿得那喜生早

早和你諧姻眷旦咋占姐〻还急兜了我和你到两廊詢要〻
回去旦說得有理
（香柳娘）好清幽書館又人何不見旦上這两个女娘前日在郊外
看見的来此做什么占這住小當家前日在那郊外同那解
相公一齊相見的到此何事旦待我根与相旦去〻二旦遠
玉堂金鎖心兢戰占姐〻這不像个寺院旦禍根芽芝言〻誰
吽你歪經句惹寡鴛愁旦上
（前腔）聞佛殿除九〻〻心忙意亂莫童在那里旦這不見生恍
疑夢裡来相見小娘子見礼旦不知你是何人生小生姓呂名
德家父官拜工部侍郎前日在郊外蒙賜羅帕拭面太歉奉
还不知娘行住居何處今日容謝感西郊見憐〻羅帕新鮮
慨然方便占這些須意思也要謝〻生敢問小娘子至此貴
幹旦為娘親病罹又来还香愿把書斋錯思做菩提殿生上
姓尊名宅上在那里占家住青梅院中白玉樓前趙尚書就
是我姐〻旦相公门户中幾了怕他怎么請他到書房里去
坐〻生兩番奇遇信非偶然請娘行進軒松蘿茗片表吾心
愿
占姐〻我們進去坐〻回去生真童你出去把山门閂好了
恐怕有人来旦唔好意思我吽他来嫖了脚倒把我趕出来
有了我如今把書房门鎖了山门大閂撞几个光棍進来大
家不得弄下生請問小姐子尊庚几許為何落在風塵旦相
公听禀
我是宦门女眷祖為刺史爹居翰院為甚年起禍遭迍

变遠遲〻那得个爹相見生小生尚未有妻歉語良緣不知小
娘子尊意若何旦相公你素知礼義讀聖賢豈不聞坐怀不
乱男女從来遠避嫌旦相公閃大爺来拜生回他只說不在旦
進了山門將以到書房门首了生也罷把書房门鎖了你躲
閃不要管他旦晚得下二旦相公有人来也不妨我們回去
罷生不是那文可文做人不好不要出去付净上父親做高
官公子家里闲有誰大似我不怕地和天今乃会文之期特
来与呂兄会文净到了付到了說一声說我来会文净是大
爺書房门鎖在這边付果然鎖在此呀是了想是到那和尚
房中借茶吃去了净也有之付我們如今吽他一声你在那
边吽待我在這边吽净是付呂兄呂賢老净呂相公生是那
个净大爺呂相公在里面答應付呀呂兄生是那一个付閃
可文生閃兄怎么付今乃会文的日子特来与兄会文為何把
门兒倒鎖取何緣故也生门在是家父鎖去的付如此呼真
童開了门就是了生真童也不在付真童又不在如此到了
罷請了改日再会生改日再会罷大有罪了付請了二旦人
客去了開了门回去罷净大爺〻〻有人在里边說話付呀
有人在里边說話這就奇怪了有了你去到和尚房中交椅
借一把来净作長老有什么椅凳借一把使〻有了大爺上
去看明白了要緊净大爺两个婦人在里面付有两个婦人
在里面待我去看果然有两个婦人在内待我打進去净打
進去反失斯文体面付怎么处净有了我們如今躲在一边

待把出来的時節一把拿住拿他一个大諕頭（付）有理〻〻
（下）（丑上）相公老爺来了（生）這怎麽处有了且到後面去躲一
躲待家去了再請出去（二旦下）（外上）吾家無產經史是良
田（付）上擡个什麽人（外）是那个（淨）是呂太爺（付）原来是老年
伯（外）阿賢侄麽（付）小侄有礼（外）賢侄往那里去（付）今乃会文
的日子小侄特来与令郎会文年伯好麽緊家教把门児倒
鎖放欵不曾会文（外）老夫不曾鎖门（付）豈但鎖门内中还有
兩个（外）兩个什麽（付）还有兩个標人陪伴令郎攻書何愁功
名不遂（外）吓我孩見素守規矩那有這等事情（付）老年伯不
信（外）我不信（付）老年伯不信也罷待小侄同年伯一齊去看
便見明白（外）賢侄同去就去（淨）大爺去不得呂相公知道說
大爺撒閙是非（付）是小侄还有一言啓稟年伯知道（外）还有
什麽話講（付）小侄如今同了年伯去看令郎竟見這是小侄
在年伯跟前撒閙是非反為不便倒不如老年伯自去看見
小侄在此恭候（外）也罷就是這等（付淨下）（外）果然閙门在此
真童開门来（丑）相公不好了老爺叫门（生）你去開门我有道
理（丑）有老爺来了（外）為何吓這等半日才開（生）孩見拜揖（外）
我見聞可文到此為何不与他相見（生）聞可文在此人蔓吹
来約孩見郊外遊戲恐怕把閒了讀書的工夫故此不与他
往来（外）好我道他是个好人原来是个頑劣之徒下次不可
与他往来（生）謹遵嚴命（外）那聞可文說有兩个婦人喚過来
（生）沒有什麽閒雜人等（外）喚過来（丑）有一个（外）有一个什麽
人喚来（生）狗才什麽有一个（丑）相公不要忙把他粧扮起来
你道像那个像李于田相公一个模樣（外）喚过来（生）爹〻不
是别人是遠方来的學友李于田来拜孩見路上辛苦了故
此睡在那边快請過来（生）是快請李相公（丑）李相公有請（旦上）
年伯在上小侄作揖（外）李賢侄少礼还有什麽人（生）沒有什
麽人（丑）还有一个（外）还有那一个叫過来（生）还有什麽人（丑）
有麽就是隨李相公来的書童（生）沒有别人跟李兄来的書
童（丑）李相公的書童与老爺叩頭起去一边站着（外）吓原見
那聞可文再来不要与他往来（生）是（丑）那聞大爺不是好人
常来邀相公出去吃酒耍的（外）吓李賢侄（生）老伯（外）与我孩見
同心攻書薪水二背老夫一〻送来不得辜陪了真童用心
代侍二位相公（生旦）送年伯（外）不消用心攻書（下）（二旦）
【一】唬得我胆破心寒吹乜魔牽彼不見有中遮却芙蓉面
鳥靴藏着小金蓮用一个過海瞞天躲過限三千！（二旦下）
（生）不送了路上好生（付）走（小生）上来旧

第七齣　閑館

【引】不辞跋涉遠特地訪金蘭（末）来此已是真童（丑）呼相公的
去了真的来了（生）呀
【帰朝歡】吾兄的〻〻〻不後不前剛凑巧〻〻〻藍橋水渰妃
花風雨驟然間倏忽冲開水底天蜂蝶無心又被蜻蜓来趕
【尾】今朝姻婕空对面想是前缘分淺（小生）吾兄請了適洹日小
弟竟不知什麽缘故（生）李兄這里面有許多事情請進書房
細訴慢〻書（二生下）過来你家相公請了半日竟不知從何

而起 丑 有一个緣故你且帶了馬我对你說你且請進馬棚
和你慢〻言 下 付净上 放着一星火能燒万㠇山 外 劝人休听
閒言語離間親朋骨肉情 净 呂老爺来了 付 老年伯可曾看
明白了 外 吓賢姪你看错了什庅婦人 付 小姪看错了 外 是
季怀之子季子田那里什庅婦人 付 小姪明〻看見是两个
婦人怎庅說看错了我不信 外 你不信同去看来 付 小厮你
看浔明白是两个婦人 净 小人看浔明白 付 有了待我進去
和他相見之时你把他巾兒扯將下来閙一閙若是有䅉油
氣就是婦人小心 净 是晓浔 外 兵童開门来〻 丑 相公老
爺又来了 生 家父来了方才所言之事要紧 小生 知道了 生
快些開门 丑 吓 小生 年伯為何去而復返 外 閒何文在外 生
快請進来 丑 閒大爺有請 付 呂兄〻〻 生 閒兄請了方才小
弟有罪 付 豈敢〻〻 閒浔說有一位貴客在此欲求相見 生
是季年伯之子季子田在此 付 何不請来相見 生 季兄閒兄
在此過来相見 小生 閒兄見礼 付 請了 净扯巾介 小生
（紅芍藥）小厮們胆如大天平白地把儒冠扯地間痴不痴来呆不
呆緣何無故撒瘋顛 净 我大爺吩我扯的 小生 先甚言把你的
東人藝力来遮掩 付 這也奇 丑 遮掩挺徒然遮浔東来露半邊
付 嘵狗才你也放肆 生 狗才你也學别人家小厮這樣沒規
妣庅 蝦兒戲就遊浅無上下把綱常紊乱豈不聞太山变海
海变桑田 丑 懶犬夜吠恨空懸 又大爺你看一个大鵝頭錯認
是錦團 付 下悲〻—— 那里去了狗才我怎庅对你說来我說看

明白了把巾兒扯將下来如此豈僕纷〻〻成何体统 净 大爺
吩我扯的 付 嘵狗才忒賤〻〻沒規矩坏我体面 小生 瞎眼
的狗才你近前来看一看有我這等一个婦人你陰陽不辨
枉立在人間难道是婦人扮做男兒漢遠望不真近看〻空有
三孔黑漆眼 付 季子田 小生 閒可文 付 小季 小生 小閒 付 你罵
我的小厮也罷了連我閒大爺也罵起来 小生 罵你這狗才
使怎庅様 付 咄令人可厭小書生偏你能言那婦人是我親
眼見是男是女两無干早难道脱空謊言 生 依閒兄說起来一
定是个婦人了 付 怎庅不是婦人 生 閒兄你眼力不濟看差
了 付 小弟這双眼睛看别的事果然有些不濟看那些婦人
和那些小官極精细的吓 生 只怕你眼花撩乱將阮郎錯認
是陶潛尊兄父也做高官难道各自無書館為甚庅常来到此
到此胡𩇕歪纏 不要来他 二生下 付 我偏要歪纏〻〻 丑 大
爺你看見果是两个婦人 付 明〻是两个婦人 丑 就是两个
婦人你拿他不着也是枉然 付 兵童過来你与我說明白了
我重〻賞你 丑 我說明白了重〻賞我大爺我有一个比方
說与你听比如那牡丹亭被石道姑拿奸那杜麗娘向画中
一閃 付 又来了那杜麗娘是死的如今這两个是活的 丑 正所
謂那婦人去遠季相公貌僕然到我家裡拜同年 付 好嘴措
丑 非嘴甜暗度陳倉你怎見撮来把戲新鮮這叫做八仙過
海大变金錢
（尾）這場奇事真罕見又不是轉輪王十殿一霎時女变成男只

在湎刹间 外 後生家多事我說是書生你說是婦人把他巾兒扯將下來連老夫也沒趣 丑 是老爷伯在上小姪还有一言告稟爷伯知道 外 你还有什么说話 丑 我想令郎在這天后寺攻書那天后寺路近花街柳巷有許多不便倒不如老爷伯另蓋一所書房令郎看書小姪乃責善之道年伯听也罷不听也罷 外 倒是闵生說得有理真童对你爷爷相公說在此攻書不便移居到善那漢边蓋一所書房你相公請書 丑 曉得 外 正是欲圖見道取先必避塵囂 末 吕太爷出了 丑 小姪还年伯 外 誰要你還後生家眼目不濟又好管人家閒事誰要你送 下 丑 自恨眼睛不濟好管人家閒爭雲時女伴成男受了這場臭氣过来那些兒不是你打救你這狗才 下

第八齣 归国

引 四小軍中軍從小生上 早歲叨蒙甲第恩遠使東瀛樓嶂海外來聽歸旦夕每懷思義 小生 先年蒙使出東洋已是蹉跎身是異邦如今恩詔还家回想木寒偶遇太陽下宮趙射手飛史翰林修撰先年同行人司王卿彩出使封王行人原老爷弟我回不就那婚羈西九載至今知我思爷存我还朝加陞祭酒之職先妻遺下一女名喚翩翩七歲了同老奶奶子门前看灯被從人拐去那時我王命催逼未及追尋今番還鄉沿途尋訪便了中軍來此是甚麼地方了 宋 南洲界口了 小生

駐馬听 骨肉參商數載暌違各一方只為驅馳王命未及追尋欽覓喜方如今恩詔还家鄉乞恩重把封章上告老还鄉〈〈

搜求半子終身有望 中軍分付住船我要上崖拜客 下

第九齣 遣聘

引 丑扶生上 一病甚希奇晝夜难安息 丑 相公你整日茶飯不思為着何事 生 我為那女子兩次三番因而成病如何是好 丑 這有何难處多送些財礼娶他來就是了 生 財礼不难只怕他母親不肯 丑 自古道鴇兒愛鈔小娘愛俏有了銀子怕他不肯 生 倘若老爷知道這女子着何下落 丑 不难那女子与李相公一般模樣把衣巾与他裝扮起來只說李相公与相公一同看書老爷一時那里知道此妙計如何 生 好有理你就去將书箱中銀子置買彩緞礼物送去便了

病中含笑喜盈盈　這段姻緣必竟成

妙計全仗真童力　变化喜窮巧裝人

第十齣 被逐

引 老旦 兒女事蹺蹊容貌多憔悴 蕙兒你姐姐這兩日容顏憔悴茶飯不思終日懨懨低頭不語却是為何 旦 媽媽不問蕙兒也不好說得只因那日郊外踏青見了吕公子就引起他的病來了 老 咦痴丫頭他是宦门公子你這里想他他却不想你 丑上 領了東人命前來白玉樓來此已是有人麼 旦 是那个呼媽媽那吕公子家的大叔來了 老 快請進來 旦 小官家你好 丑 好好你好吓 旦 我媽媽請你進去 老 小官家 丑 這是那个 旦 這就是我家媽媽 丑 媽媽拜揖 老 大叔是那里來的 丑 我是吕相公那里来的令愛怎么不見 老 小女有病 丑

令愛有病這就是冤孽了 老 為何 丑 我家相公也有病如今
要我送聘礼与媽〻請令愛去冲喜不知意下如何 老 只恐
馬接不起既蒙看顧老身只得了羞見对姐〻說一声 占 姐
昌相公着人在此請你 老 爱家這事你老爺何知道麼 丑 不
知道的 老 倘然老爺知道如何是好 丑 不瞞你說我家老爺
是个乜戲眼看人看不明白的前日令愛在書房正遇着老
爺來了那時把衣巾与令愛換了只說是李相公來拜望我
相公我瞞過了 老 吓原來如此 占 媽〻姐〻出來了 旦上 老
我兒昌公子着小厮在此請你〻可去麼 占 媽〻不要問
姐〻了方才我說昌相公那边來請連病都好了 旦 孩兒拴
不得母親前去 老 兒吓你去兩三日我着蕭兒來接你 丑 把
衣巾穿戴起來 旦

（攤拍）喬粧扮半簪鹿皮半含羞佯病作喜扮李兒〻〻換却
儒巾穿上儒衣以女更男瞞過他爹知今日里做了東西心切
切意悽〻 占 姐〻出罷 老 爱家有愢了路上好生行走 丑 不消
媽〻費心 占 姐〻你到那里住兩日我就來看你 丑 你到那
里來看 占 天恩寺 丑 我相公不在天恩寺了如今在若耶溪
边住了 占 吠早是你說姐〻到那里不要中心吓好〻兒的
丑 不要說閑話了去大路上人多我们打小路去罷 占下 旦

（二犯江兒水）風流消洒打扮得風流消洒雲环半掩埋脂香粉
氣都撇懷鈌穿小徑悄過長街閙叢中怎禍得人犄排向人前
強把頸抬面通紅把袖兒遮蓋粧一个醉朦朧使人暗猜倘遇
着賓客朋儕往來交拜叙談间當自揣〻
有請 生上 來〻麼 丑 來了在門首 生 小娘子請 丑 阿呀了不
得〻〻〻倘着老爺在這里怎麼處說李兒請 生 正是吓李
兄請前日有罪 旦 好說 生 請坐真童快請老爺來說李相公
在此迎有說話 丑 暑下 生 少同家父到來若郎行藏切宜斟
酌見礼之時洵謹〻作揖可謹记于心不可悮了 外上

（引）閑坐小窗根適故客來相訪 丑 老爺來了 生 孩兒近接 外
罷了李年姪 旦 老伯在上小姪拜揖 外 年姪前日閒生把你
巾兒扯下來教老夫好沒趣皆姪也不必見怪 旦 此乃調者
之徒小姪何怪之有 外 好讀書人正該如此大量 生 孟是孩
兒岂肯參〻童兒歇同孩兒在此攻書薪水之費着人送來
外 孩兒那里語投師不如訪友此處在此攻書那薪水之費盡
天一〻送來 老夫常聆了李年侄用心攻書老夫不得奉陪
了真童好生伏侍 生 孩兒送 丑 相公謂李相公在此小人送
老爺回去罷 隨外下 生 旦

（降黃龍）撩上書齋与我拴上重门撩過粧臺猜把衣巾脫却穿
起绣袄湘裙罗襪弓鞋鸾釵髻雲簪帶打扮得裊〻亭〻比月
裏嫦娥難賽怏安排花燭明香合卺交拜〻〻

（尾）今朝了却相思債着意枕边恩愛魚水和諧永不開 末丑上
相公開门〻〻 丑 昌三來了 生 來此怎麼 末 老爺回去問了
痰症請相公回去 生 你先去我就來 末 相公快來 下 生 怎麼
處家父得了痰症教小生回去真童關上書房门隨我回去 下

旦 掩门介

【　】好事多磨折倘我驰鹜䬟海棠夜雨近阳臺又被妬花风雨催拍两分开 我今女扮男妆 卧為何来也 只為将身離了苦海免栽堕落在塵埃 寔如缘分乖做将来有些妨碍不能勾称意舒懐 恭前計較百结柔腸怎放開 只道尋常更漏永 誰知此夜刻难捱 生上

【前腔】吾生命運乖 欠下爷波債 爷行病症好奇哉 来如風雨去塵埃 那里是高堂兩刻災 还是我紅鸞星未照 不得両和谐 闹门〻〻 旦 怎么就回来了 生 家父疼可因此不告而来 且先花烛 全下 末丑随外上 扶肩喘息到書斋 快去迭回真奇怪 丑末 開門〻〻 旦 老爺来了 旦上開门介 外 畜生 父母有恙 為子的衣不解带 食不加餐 不離左右 侍奉湯藥 才是說也不說一声 逕忙跑来了 可惜我没有氣力 打死你這畜生才好 生 爹〻 只怨孩兒趕到家中 爹〻病体好了 故此放心連夜回到書房 与季兄抄寫几篇新文 外 畜生過了一夜 难道就是回文了么 我曉得什么計子 回分明是街市上小油花 不許在此 昌三与我赶出去 不許留 旦 小姪蒙年伯相愛 既然見棄 小姪告辞了 生 爹〻 容他明日去罷 外 胡说 快赶出去 末推旦出介 外 昌三把書房门锁了 不許放这畜生出去 生 那下 生 真〻〻 丑 怎么 生 開了门 丑 我又不曾带钥匙 生 那个拿着 丑 昌三拿着呢 生 昌三呢 丑 在那里接七八悠呢 生 昌三開门 末 老爺分付不許開 生 啶 狗才还不開么 末 丑 相公叫開了 就是了 末 既要小人開 相公不要往那里去 開门 生急下 末丑全下

十一齣 舟會

【水紅花】旦上 偶然奇遇两相投 恨無由 赤绳挽就 蒙他不弃结鸞儔 咏雎鸠 天缘犒錽 誰知他爹行怒吼 不容留 生㩳〻而分开也囉 下 生上

【前腔】霎時風急雁行偏 錦鴛鴦波濤分散 多因命薄分緣慳 怕今别后会面难 不得汗重衫 腳兮驰趕上他也囉 下 旦上 心慌忙步 蹄連脚酸疼 怎向前 生上 新前小姐暂停些 忙赶上 旦 许前怎得里遣心忒忙介 半夜里被爹行急赶 懺〻離恨难 末丑上

【賺】急走如飛 尋不見家人在那里 难尋覔 律〻汗湿透重衣 行 呼相公 呼小人 那里不尋到 快些回去 生 怎支持 吾家僮僕尋来至 料必分離兩刹時 末 相公 莫延遲 老爺怒發冲冠 起急早回去〻〻〻 生 事已至此 分離頃刻 而豪心膽 男怕上岸 許向我与你各分一半 為日後重逢之验 旦 怎么半 牛只有一行字號 生 今辛之際 不得细分 就此拜别 合

【憶多嬌】花正鮮 月正圓 雨妬風摧寔可憐 月被雲遮花遭雨顛 兩地情牽〻〻〻 未卜何時得見 旦 出 生末丑下 外 上

【水底魚】相貌希奇 衣衫整〻齊 街坊尋閙 争閙是和非〻〻〻 旦 你这人好奇怪 大路不走 撞在人身上来 敢是将了眼睛 旦 店 什 唉了 可惡咋 這是季子田 為何独自在此行走 季子田

前日區區於州書房之中看小廝[illegible]見[illegible]下來[illegible]
書中已[illegible]與風和又[illegible]今日傳與我大爺[illegible]不敢
許了 旦 原來是同[illegible] 旦 [illegible]
將了 旦 上[illegible]
人 [illegible]
來是[illegible]
四蘇州人氏 小生 [illegible]
為何[illegible]
[illegible]
[illegible]
把我[illegible]一世不[illegible]
淌[illegible]
[illegible]
[illegible]
一[illegible]
[illegible]
如今[illegible]
為何[illegible]
說蘇州為何又說蘇州 [illegible]
[illegible]
（甘州歌）大人鑒報為兒[illegible]節禍起閨[illegible]
隔天涯家山[illegible]阻喜消息一个男兒是女[illegible] 小生 [illegible]

人可疑 旦 休疑哄不敢混話相欺了〕 小生
（前腔）聞言動我悲事閑心他們怎知 旦 大人有何閑心 小生 歎
言又止 教人幾度躊躕 旦 大人為何沉吟 小生 我有一女名喚
新荷九年前同奶奶門首看燈被強人搶去不知下落那時
我王命在身未及追尋如今若在也有一十七歲了 當初幼
女人拐去生死存亡尚未知噯吁只落得暮想朝思了〕 旦 大
人比如今愛在此大人可還認得麼 小生 自己消的那有不
認得之理 旦 令愛小姐可有甚麼記認 小生 小女左手有一
黑痣 旦 呀
（賺）大人不必猜疑吾身便是新荷女俺係真情敢妄虛 小生 你
是男子呀 旦 非男子事多週折权遮避除下青巾脫去衣 小生
呀 喜差矣指尖黑痣堪為証剛逢天賜了〕我兒你一向在那
里 旦 孩兒被強人搶去賣在烟花 小生 左右退後 旦 蒙錢媽媽
因孩兒是宦門之女不忍下賤當親女看待 小生 那錢媽媽
住在那里 旦 在青梧院白玉樓 小生 中軍你到青梧院白玉
樓請錢媽媽到來共享榮華便了 分付 開船 衆應下 合
（解三醒）憶當年離愁堆積今日里一陣風吹天南地北八千里
這會合果希奇完全骨肉悲生喜苑謝重開月再輝同歸去办
名香一炷答謝神祇了〕 下 付上 三杯和万事一醉解千愁阿
在肚里 李兒在肚里呀方才這船那里去了大爷借問一声
方才那官船那里去了 內 開去了 付 有一个小書生那里去
了 內 不是書生是一个婦人趙老爷帶去了 付 阿呀我就是

干婦人又被他瞞過了料他去不遠待我赶上前去便了

【清江引】心中怎恨难消氣枉受愚濛味一件好東西反被他奪

去再相逢㕸不肯輕〻放過你 下

十二齣 誤捻

【不是路】小生 舉步東州特地前來訪故友長途僕足难行走松

陰少憩暫停泊 生上 泪痕收展親立錢離筵酒催赴科場敵退

苗 小生 小弟特來邀兄赴試 生 那利名休心中愁錯难分剖套

意錯求白妄謀 小生 你出妖言那女子怎麽樣了 生 那女子前

蒙李兄過捻過了 小生 後來怎麽樣了 生 後來小弟出了膀

金請到書房不料家父有病小弟急回家看視帝而病体疼

安因妖不告而歸家父愁怨特那女子赶出去了又過用可

丈這厮竟敢與逆茶沁隨取帶去了恨奸謀无端拆散鴛央

偶不根究仇誓不休氣难消受〻〻、 旦 二位相公在亭子

上坐〻待小人尋下處去 下 付上 餘〻梨花放紙〻登子忙

雖然不指望也去李魁實試期在近家父有書到來叫我上

京去求取功名一路行來淺一个相知朋友一同去為妙 二生

這厮將又來了不要東他 付 這是那婦人昨前日被趁見

帶去了為何又粧扮坐在此昨有了我如今也不上京回家

去多叫些人把他捻了回去一椿事就完了有理 下 小生 留

兄不必憂慮功名要緊 生

【下山虎】那人去後要見無由不知他音和信存亡未測空罸神

前呪枉把聘財丟 小生 把那怕見小弟与兄收了不要見難思

馬觀物傷情 生 只落得羅帕引開兩処收出入吾懷袖苗為

念頭覩物傷情泪暗流 付引衆上捻小生下 生 我同李兄在此

請話怎麽一夥人竟把李兄捻去了什麽緣故料他去不遠

待我赶上去問个明白

【滴滴子】急追去〻〻星擊電流行不上〻〻汗衣濕透緣旧相

知朋友臨难無翦兄為儒落後軟弱書生怎禁僝僽 下 付小生

中上

【前腔】冤家的〻〻今朝到手來這里〻〻怎能脫殺捻去鴛央

配偶免得在書房思前想後你是変化觀音怎出我善才高手

【前腔】小生 平白地〻〻將咱扯扭且放手〻〻講明再走何故

把人僝僽休得恁猖狂虎争龍鬥再若無知教伊出醜 付 出醜

出醜敵不過三拳和兩手 小生 你捻我到此做甚么 付 阿呀

婦人呀 小生 甚么婦人我是李子田 付 天知地也不識你去

罷小的們討賞 付 待我回來賦了親蕃了兒子賞你們就是

了去罷阿呀婦人呀 小生 這也可笑 付 三次了今番再不敢

你了看頭 末有 付 我如今把這婦人交在你身上你如今送

回家去交与老奶子教奶子送到小姐房中去与小姐一笑

吃飯一床兒睡倘有差池責罪与㑥 末應介 生上

有這等事不知往那里去了 付 什么人叫宗未是為也往那 中擡小生下

里去 生 你不要管我 付 有什么話告訴与我听 生 小弟方才

与一朋友在亭子上講話被一夥人竟捻了去 付 小弟看見

來 生 兄看見是什么人 付 小弟看見一夥人捻了一个婦人

拿去做官了 生 君个男子汁底婦人 付 婦人男子与你什麽
相干况且試期在迩功名要緊何不一同上京求取功名為
妙 音 這閑事怎麽 生 倒是可文言之有理見果是个好人底
付 真个是好人唯道喫你 旦 既如然我也不轉去一同上京
便了 合

〔前腔〕功名的〻〻不宜淹久青少春〻〻轉眼白頭大家科場
分首若得占鰲頭棒花飲酒瓊林宴上共樂勝遊 下

十三齣　佳期

〔引〕旦 隨占上 喜鵲噪簷前灯蘂剪結彩 紅滴枝頭滴枝窗內賊〻
睡起連閒庭花影移奴家閨內小字幽春年方及笄尚未許
親爹居相位掌轄兒長住京 赴試昨晚判得只見灯花結蘂今早
鵲噪簷前我想若非爹〻祿位高遷定是爹〻金榜掛名 末
同小生上 末 你們各自去罷 末下 奶娘老那个 末 大爺在路
上捨了一个女子說交在你身上 老 阿呀是个男子怎麽說
是女子 末 假裝的呀 老 還不打發他出去 末 你莫驚疑此人
原是女身軀尋常假扮為男子和昌生交好常在館中宿大爺
看破他三兩次今番用計拴來的待他科場畢轉家時不做正
室也做次房妻 老 如此教他哪裡去 末 大爺分付教你送到小
姐房中吃飯与小姐一同吃睡覺与小姐一床睡須要小心
老 飯与小姐吃睡覺自家他睡罷 末 阿呀〻〻了不得大爺
知道你我那里當得起与小姐睡我去了 下 老 小姐大爺差
中途得一个女子送到小姐房中來 占 既是女子着他進來

老 吓那女子隨我進來見小姐 占 呀奶奶既是女子為何這
等一双大脚 老 小姐是假扮的方才院公說还与昌生交好
占 果然生得標致護親我爹〻定他就是我見了也是喜歡
的 奶娘恐他肚中飢餓你到廚房下收拾茶飯与他吃 老應下
占 那女子家兒不在把扇兒戲了罷 小生 快介 占 果然好个
標致女子待我取件衣服与他換 下 小生 阿呀我李子田何
幸何緣得到此處

〔下山虎〕相门富貴受享非凡少甚麽珠圍翠繞恰勝似蓬萊閬
苑只恐畢人緣分淺怎消受錦屏繡褥綺席華筵少刻在羅幃
之中話語之間必須要溫柔款款引逗机關說到其間〻〻必
然他隨方就圓我只得暗里告蒼天望週全〻〻我李子田早
成就百年姻眷 小 一炷名香謝天酬愿 占上 試將衣換好請安
眠你听萬籟無声夜靜更闌過來換了這衣服 阿呀我爹〻不
在家不要害羞我与你除下了巾兒脫下衣衫 小生 不像小
姐貴心 小生自脫便了 介

四合奇傳奇下卷

十四齣　考試

(引) 末 春今選才能擬纂四方英俊參稽動真善人々走為看燦蹟如閑行定魯件定近下雷雷有声多纂閒交見望之力看暴月与主考此角表手下文寶做件湯鏈了鳳在殿召下案中々試光六是近看一視修視湧一響々見梅重來居院有一时視道建輸管月両甲月天傘不見月个宵月半月滿園和是一把对看了揚才考了看对欢对看試還輸君異題引貫見宮試試畜題呼也題題與視稳对看製題說三看看后閣了書視门 貴々上十分天地無考 旨 考事天事事 云 天事考考了时前一时蹟畜是和月吟縣十才菁題詞建響戲々一春之夕 生 考了对試斟吉聰与會梅考一成狀在來上鳴咏々敷雪之声 末 好咏講表 生 吋物島題 末 今宵今 生 今宵今十轉色當机成閒中見鳥雪草南園々轉小々神仙一鸿天 末 好对也时得好詩又咏清妙集々島妙得望 生 旦雄今日之妙立日前表又見妙过了 末 此宵事事下时前一时建翻雪月兩中月天春不見月瓜宵月中月團圓 生 無是一純时 末 好不清試得能年日前插桃门下

十五齣　識破

旦上 今縣親也[illegible]小夫江精使夏家多自更斟上宵[illegible]戴好會家门好笑天參捨个人來近在小姐房中时把[illegible]了[illegible]不像个女子也与小姐这叔情深[illegible]々使是參知道不當穩便不免請小姐出來小姐有請 占 奶娘有何話說 老 老身有几句言語不知小姐可容我說 占 但說何妨 老 大爺作事太糊塗不分清濁強支吾捨个娘々為院主却像堂々一丈夫相府閨门非小可風声傳說到京都老爺罪責甘受恐人浪語婢姦姑 占 你但常老成今日為何說此話 老 你做了這般事情还要瞞我府中人又多倘有人知道傳到京中怎広好不如依老身說叫他改換女粧作速打發他去才是 占 你叫他往那里去 老 你还要留他那里去吓有了如今試期在迩叫他求取功名離了此处就罷 占 你且迴避 老 閂门不肯窗前月一任梅花自主張 下 占 季郎快來 小生

(引) 相引喜漁父怎得見波濤 占 乾坤休坤變做得來叫人腼腆

小生 小姐事已如此何須腼腆 占 妾將千金之躯一旦付托与君只恐居家情浅便我有白頭之嘆 小生 小姐乃金屋婵娟小生乃閒藤野蔓多蒙俯就敢負初心 占 今當大比之年你々赴試居家休得留恋當以功名為念日後好結姻緣之望 小生 与小姐相逢不久豈忍相别 占 說那里話來

(小桃紅) 試期非綫行程休慢枳棘終非鸞鳳棲雲霄万里男兒願残粧莫恋好趁風帆涉大川看扶搖直上鵬摶春燒不如桃浪燒衣香惡似桂花妍季郎須記言功名事業你争先 小生 小生姻緣之事怎広樣 占 姻緣事兒不須 小生 私情牽挽歡娛夜短小登料吾心足稍还想中甚広天榜狀元 占 蒙君缱綣歡乃是天付姻缘焉敢強勉 小生 有羅帕一方与你分開各留一

半以為他日之驗　占 為何只有一半　小生 只怕是我與兄易
肇洲之物他乃天下才子与趙新齐為婚被他父親拆散了
只罢怕那日途中說起觀物傷情是我拿取在袖中被令兄
撿去不曾还他今又分開重人之情添人之恙是必休輕觀
留此物為遺念加莫輕抛撤等閑　占 早知道這樣愁煩不如不
遇也清閑恨不能赤繩繫足天將西飛白日牽一刹留惡也勝
似千年　就此作別

（尾）胸藏錦綉文章眩此行必然錦衣旋歸裡帰来續旧弦　下

十六齣　冠敗

（引）淨上 劈破巫関天馬控弦十万多敵紧簇掛月靖南極太白
山頭雲漆一劍曾當百万師凱歌夜奏小單于江南美酒如春
醬萬里穹炉醉不帰自家本天王是也今聞嘉興府秀水縣
人氏富足不免点起人馬到彼劫掠一番有何不可中頭目
就此起兵前去　不同小曲下
末上

（賺）急走顛連忙向堂前报險狀　小生 快来　占老上 是何缘为甚
驚慌汗透衫　末 小姐不好了大戒從來了禍平速大戒臨城援
四边鄉村老幼俱星散痛哭悲哀不可言疾忙逃竄〻〻〻〻
老 事不宜遲到房中收拾〻〻快些逃难　占

（鬼角兒）听說干戈擾乱唬得我魂飛魄散奈家中沒个親人
女孤单有谁為伴忙打点倫鞋纏逃生命怎顧家园心驚胆战
脚步怎前顛不得難与窄小脚步顛連　下　淨雲上 頭目們來此
什麽地方　中 秀水縣了　淨 听我分付　唱小曲下

十七齣　借住

（引）旦丑上 觀物傷情將意問姻緣何時再偶　奴家自与吕郎別
後至今音書信今當大比之年想他必然赴試梅香你
在门前伺候　老占上

（賺）盤過山坡這場奔走难禁受　老 小姐你把闲痕收賤纏不奈
容消瘦　占 我行走不動了　老 前面有个大户人家不免借住一
日再來溪大姐見礼了我們是避难的那是何家小姐是不
動了借住一日望你方便　丑 我家小姐也在外受過活的苦
你說一声就是了小姐有兩个逃难的婦人也是官門之女
走不動了要借住一日不知小姐可允　旦 既是逃难的叫他
進來　丑 叫你們進去　丑 来這是大家僥倖　占 有這小姐而就
好似李郎一般　老 走不動了　丑 媽〻張我到後面来　下　旦 遂
憐步均清坐

（入破）問娘行誰姓氏家居那鄉郡何方州縣貫籍試說因依〻〻
可有父兄弟妹休隐諱明言取道及真情好由伊安息　占 祖貫
是嘉興秀水也是宦家門第父閒先為宰我居相位有个家兄
〻〻在京應試　旦 那末是午家姐妹得罪了請問小姐為何到
此　占 偶因他發刀兵起大戒猖狂宦兵难敵難逃生來此
地謝得你相留不勝感激　旦 听他言詞〻〻令人驚疑他言道
文光女莫不是黑漆眼睛可文之妹　占 何以知之家兄名字在
那處相逢何方認識　旦 令兄是儒林才子又且文章盖世名重
當時〻〻普天下誰人不識　占 又不取笑動問小姐貴姓芳名

你曾占居何處 旦 奴名新哥趙氏原居駙斗富為祭酒之職 占 可有个兒阿喜子又跟居普光林泉〻〻包婦回里 占 小姐青年多少可曾許配 旦 奴年二九尚未喜婚未曾許嫁伴閑尋樂〻〻青春兒許 占 及伊問段〻〻虛度韶華年方十七 旦 十七歲了可有有配 占 已被子規〻〻啼啼悲傳 旦 往昔 占 此妓常精詩書武略文韜〻〻也在京抒孝 旦 來是年家姐妹不意而逢天緣奇遇林間淺薄舊傳居青間完全〻〻料應有日可結看看相贖為此鬧熱了妹〻少可得有量無參〻尋求來處〻 占 姊妹以此先生處贖得有誓〻 占 多庸往来賤有情〻淨賤書向相覺為此翻獄賤前〻除人事是了前日李郎對我說贖對女子嫁來看要〻可為賤家有奇遇刻此乃十歲是了暴此今家贖淨接將回甚麼來而有來是了懼怕旦上面看了一去是乃輩已遂着字緣亂明是一偏分開賤了兩家遺說 旦 占 遠着去林了神中怕是不會賤得賤也有兒還看了有看遺理是林那家賤如中為了一個是內得前喜來 占 只怕淨有在途里相〻那中怕怕兒是前的走了贖賤 旦 怕〻你走情兒從何賤詩來的 占 是要許私為前的 占 此兒將閑就李郎 占 這〻 占 在意來又不說了 占 說此如事贖對當依實為可賤 占 是家姐妹使說呵個 占 相〻可說得若未為春中之事及 占 若論說何如趙 占 賤此為贖兩是書許呵有說贖日〻由為書為春中相來賤我有〻自賤賤事是為亦來把父親將爾延出人這前有〻

將你獻与趙祭酒随帆帶去了後來又是李郎在松陰之下家兒又把李郎認做姐〻搶回家來送在妹子房中 旦 阿呀一个男子送到房中遠迓了呵 占 那時黑夜之間也認他是个女子不想是个男子後來 旦 後來卻怎麼樣了 占 後来就將許就許了 旦 這怕兒原在昌生處怎麼在李郎袖中 占 昌生与李郎在途說起傷感被李郎拿來袖在袖中李郎被家兒搶回就不曾還昌生李郎臨别就把此怕与小妹為記了 旦 原來有此緣故從來世事多更替做將來凡般奇遇也有巧合争〻也有離〻散 占 你的姻緣父拆離 旦 你的姻緣兒做媒兩家事兒全一体相逢說起〻〻又覺含羞忍恥

(尾)悲欢聚散皆前注且寧守孤帏独自甚日完全怕上詩 下

十八齣　行譜

(引)淨 仗掌權衡秉丹心輔佐朝廷 耳聞年来鬓已斑只愁家国事相關一身未完兒女債心中那得半時閑老夫文光字耀台官居礼部尚書勞鬱群僚百計千謀督後兒奪得狀元晉心方足只因家下木賊作乱我女兒未免受驚已曾差人回家討信不見回報放心不下 末上 家〻烟火少処〻人影希 末 欵已是不免進去老爺在上小人叩頭 淨 蒼頭你回來了小姐在家可好 末 不好了老爺小姐同老奶子小人逃难被木賊冲散了 淨 阿呀我那兒吓 哭介 末下

(引)白面黑心腸喜中狀元郎 參〻 請上待扶兒非謝養育之恩 淨 祖宗積德大児孫慶澤臨 生 若非爹有力 林想做公卿 淨

蒼鵰見了你大爺 末 蒼鵰与大爺叩頭 付 蒼鵰家下好么 末
不好了小姐与奶子被賊冲散了 付 冲散了阿呀我回去那
个寃家不知造化那一个 净 我児二名是誰 付 是昌德 净 那
个昌德 付 昌仲之子昌掌州 净 他也中了可喜 付 又来当间
事別人中了有何喜来 净 是同年又是同鄉豈不是喜 付 他
在背地里罵得你好 净 他罵我么 付 他罵你是个奸臣 他明
日还要會了那些同年上你一本 削去你的官職 净 这畜生
有這等事 我且問你 場中甚麼題目就中了他 付 竟沒有撇
什麼文字 只寫絶对二字就中了 净 寫絶对二字就中了也
罷 待我明日面聖 削去小畜生官職 便了 人喜寃吊心吊膽
傷人意 下 付 明日办明居當教落我計 下

十九齣 建試

老旦扮太監上 五夜漏声催曉箭 九重春色醉仙桃 旌旗日煖
龍蛇動 宮殿風微燕雀高 俺乃本朝司礼监是也 官里不得
升殿 恐有百官奏事 在此伺候 净上 恨小非君子 無毒不丈
夫 臣文光有事啟奏 老 奏來 净
（駐雲飛）主試猖狂 欖自欺君妄主張 不慕才華廣 妄中昌生榜
嗏 何自識文章 邦家重望 佬大朝綱 豈容絶对微才掌 伏乞吾
王改德昌 老 官里道吾文光午門候旨 净下 老 聖上有旨 試官
當有声上殿 末上 忠所居王 任不佞 儆而行 臣當有声 惡吾
王万歲〻〻 老 今有文光奏道 場中為何把絶对二字妄中
榜眼 依实奏來 末

（前腔）匪主文場 諸士才華不及昌 下筆龍蛇樣 腹内珠玑廣 嗏
异甲狀元郎 有些欺誑 臣受君恩 敢負蒼生望 伏乞吾王親試
昌 老 聖上有旨 拙雷有声 訛奏其間情弊多端 在午門候旨 老
聖上有旨 宣狀元榜眼上殿 生上 口言多上下 付 面聖見高
低 老 吾王万歲〻〻 老 題目不倫之為甲二將奏來 生
（前腔）錦綉詞章 下筆如流不村量 字〻珠玑樣 句〻堪優獎心 付
下甚驚慌 沒主張 眉獠將來 又恐安不上 白〻还他紙半張 老
聖旨觀出一对 奮雕映登龍虎榜 鹏边兩是崢嶸 生 飛騰隐
听一声雷 腹内片雲揪傑 付 鯉逢桃 伏九五 住月内 双瞳不
濟 老 聖旨下 一甲第二名昌德 才堪經濟 學業淵深 可擢為
一名狀元及第 文可蘭滿口糊當 有罪革政 司勤 向治罪退班
中全 付 付 付 不濟〻〻連累自己 下 老 着做前全 蓮宝炬送
狀元歸第
（金錢花）可文才學辣狂〻〻 狀元其实軒昂〻〻 凌雲志氣界
非常 標金榜 姓名揚 貫沾恩鄉炉香 下

二十齣 武場

小生上 萬般皆是命 半点不由人 被父可聞 然回与他婚子
违恋數日 來逼文洲 已過闱 知昌兄中了狀元 速往面陳 不
能酒遇 明日開試武科 不免打点弓馬 入場倘得進步 也不
負小姐之望 正是 學成文武藝 貨与帝王家 下 外上
（引）報國選英豪 期把妖氛掃蕩 功命 怪兵符 招募雄才 勒
賊徒 只 特元下 嫠麟鳳不出 望家徒惆悵 下官所政尚書衞

三才同木賊作亂拳首閩料挑選豪傑 小生丑上 外 頭班武士姓甚名誰家住那里 小生 李子季于田蘇州人氏 外 蚪勝之道何如 小生 蚪勝之道非是一端兵有計等其妙不可危傳以待敵之可勝矣 外 二才二班武士姓甚名誰 丑 李子姓趙名金壽保述府人氏 外 攻府之道如何 丑 不消說了那子馬人所進那李父母郎 生 有一張硬弓心要一双好手若善力量之下不能射百步穿楊之箭 外 朗說起來去 丑 还要告奏念李子遠遠而來还求老大人作念 外 也罷同木賊作乱就是同人之際陷在李于田帳下征勤有功另行陞賞李于田文武全才可權武狀元加授神策將軍領兵五万勦除木賊待後有功另行升賞太平还是將軍述下 小生 述許將軍道不平大小三軍就此起兵前去 唱一回下

（金錢花）木賊甚是猖狂〻〻吾兵敢勇當行〻〻林怯戰莫容情須努力報君恩 淨上 戰敗下 小生 勞撤負追戰收敗兵 不拘

念一齣　送帖

（引） 生 彤廷親試策君恩賜狀頭 我昌遜策蒙恩欽賜狀元，聞得木賊作亂已曾差人去接父母自别我荊小姐每〻思念不知可有相会之期來了心間事唯說一腔悲悶知李兄得中武魁登壇命他征勤木賊今獲大勝他今日一定要來拜我真童门外伺候 小生上

（引）得勝轉回旋濁想同窗念 小生 恭喜李兄得占武魁破賊成功可喜可賀 小生 恭喜仁兄身甲二名兄占其二小弟連拜數次不遇今日相逢可喜可賀 生 那日在亭子上被何人擒去 小生 昌兄你道是那一个 生 是那一个 小生 就是那文可司 生 文可司便怎庶樣 小生 他誤認新荷將我押轉再三審嚀家童到晚來與苗春小姐同眠 生 何不分辯 小生 听他所言不由人分辯因此上將差就錯成就了百年姻眷 生 我被爹行趕你被可聞牽姻親二比雖一般到如今異了局面 小生 小弟还有一事得罪仁兄 生 有何事情 小生 那日途中放兒帕兒上面詩句是三生原在苗春處不期小弟得遇苗氏小姐偶尔合意 尚春有意東風染因此將詩帕重分半離情一幅兩情牽方顯得相知能賞〻〻 生 原來李兄有此奇遇 丑淨上 領了老爺命特送庚帖來〻 此已是有人麼 丑 是那个 丑淨 趙老爺所差有事相票乞煩通報 丑 禀爺趙老爺差人在外 生 那个趙老爺叫他進來 丑 着你進見 丑淨 二位狀元老爺在上院子叩頭 二生 何人所差 丑淨 祭酒趙老爺所差家中有二位小姐欲招二位老爺爲壻着小人送庚帖這是文狀元的庚帖 生 回去多拜你老爺明日到府面言 丑淨 這是武狀元的庚帖 小生 多〻拜上你老爺說武狀元原有旧聘不敢從命 丑淨 是領了狀元爺回覆爺如 下 生 李兄方才來人說道趙尉李當初新荷小姐說他父親名喚尉斗出泥淤外思想起來莫非是他也不可知 小生 天下同名同姓儘多未必是他兄我对你說新荷小姐被那趙婚阻帶去想是真童聽

錯了 生 他說相見爲婿爲何不允 小生 小弟心事与兄一般
生 小弟心下疑惑与兄扮做書生模樣探望一番意下如何
小生 妙意甚妙小弟奉陪 生 你

（畫眉令）脫下紫袍鮮扮做書生仍樣前名就功成皆改作詩詞
甚日團愁腸人对愁腸斷淚眼唯將淚眼看紅片争差意不顧
石尤風急愈心酸 下

念二齣 帕合

（下山虎）旦 都只爲心情缱绻晚夜無眠向幽閨月滿恋却針和
線 占 牽金蓮步轉庭前对景傷情愁萬千何日里紧相從慢厮
連倒不如南柯夢也落得魂相逢話別言恨當初与他重相見
到如今两地抛閃大胆相思空掛牽 旦 你自见亂情如我知你
同到花园散步 〻 如何 占 姐 〻 請妹子随後 轉過了芍藥
欄早来到牡丹亭畔 二生上

（小桃红）總離了九重帝殿六街遊遍那池塘柳鎖烟又听得鶯
声乍囀我和你行相伴坐相連早来到墻院名園境也勝似玉
苑瓊花景萬千是誰家桃花園倒也清閒說甚么洛陽似錦園
三月天 生 看那园中亭子上一位小娘子好似新荷小姐一般
小生 那边好像而春小姐 生 那日溪边一别嫦娥面許怕分
閒各自一半猛見了心惊然莫不是仲尼陽虎厐兒一般所以
將告蒼天發完就旧時姻眷 小生 玉香銀片才見風情有無奈
功名縺缱怕伯劳傷飛燕何期然他遇嬋娟兀的是引動人意
馬心猿 旦 瀟洒花园不比武陵源怎奈隔墻有耳提夫婿何由

會面想他来京赴選又未知功名如意驀地里意惹情牽勾引
得心猿掩亂 〻 〻 占 慢俄定粉墻兒似隔青天只落得喜語空
悲悠倩誰人把藍橋線牽那時節田鴛鴦同向銷金帳裡眠 生
李兄小弟要往前村訪个朋友你先行一走 小生 既然吕兄
訪友請先行小弟在此等候 生 有這樣不如趣的朋友 小生
有这等不体諒的李兄 生 李兄我想也瞞不得你了这边亭
子上那位小娘子好似新荷小姐我和你怎么樣相見 旦 妹
子你看那位書生好像吕生的模樣 占 姐 〻 那一位好似李
郎 旦 有了妹子你我如今把罗帕抛將出去看他們認也不
認 生 正是了我們竟自過去便了

（賺）竟入花园呀今日相逢来偶然 二旦 真堪羨誰知妹他重相
見分緣非淺 〻 〻 〻 生 小姐別来無恙適可就是府上 旦 這
就是吕郎你的功名如何 生 托賴小姐之福忝中狀元 小生
小姐你因何也在此處 小旦 本賊反亂逃難在此李郎你的
功名如何 小生 為去避定場已蒙托賴小姐之福得中武狀
元 生 都是通家了過来拜拜李兄小弟那時節外偶遇小姐
菜蝴罗帕無盡題詩在上後来分做四處今朝才得完全你
看一点灵犀意已通两情未合然東風三生緣分留春住四
美完全然怕中當和題詩為自己姻緣不料連兒的都應在
上面了 外上 唉什么人 二旦下 生 文狀元吕德 外 你是什么
人 小生 武狀元李子四 外 且住我昨日差人送庚帖与他二
人不受今日到我園中一定有緣故我且問你 〻 既是狀元

必達周公之礼爲何入我園中窺覷大臣宅眷我和你們面
叅 生 大人請息怒晚生有一言奉告令愛小姐落于風塵晚
生出了聘金提出污泥今日相逢故此留戀劉家他故 外 吓
生 京來有旧聘這也罷了你在此何事 小生 晚生也有緣故 外
你且說來 小生 晚生那日在亭子上那文可聞把晚生錯認
做女身捨四家去与留春小姐成其佳偶今日相逢故此留
老別去他故 外 原來二位与兩个小女俱各有旧約倒是老
夫得罪了 二生 不敢 外 請二位書房居住擇日成親便了
爲選良緣枕代柯　誰知原是舊丝蘿
鵲橋已駕銀河渡　愿看織女渡銀河

念三齣　求親

付上 好笑不歇撇昏弄去元梁不成反輸一帖我想好端端
做个狀元受用罷了要撇弄是非把个狀元輕輕送与別人
受用了还好卑將家父力量納一个把總劍也威風畢竟還
是狀元爲妙且往我如今想將起來那趙狀元家中有兩位
小姐我如今修一封准備八字号的礼物着人送去不拘求
他那一位小姐做夫人一樂也妙
（一封書）書達上趙公有令愛妙無窮我爲半子分家父在朝中
不好不免寫几句大法磨量他區區狀元也曾中如今把總
也威風烏紗帽皂靴通招爲養老東床通不通書已寫完長班
淨上 付 你來我有書一封你去唯你八字号的礼物送到趙
老爺那边去再三不用多囑 付 淨 想來俱是合中人 下

念四齣　回書

（引）二生丑上 和氣溶溶几回疑相夢魂中 生 仁兄岳父約定今日完
姻真是看花時候 淨帀上 門上有人麼 丑 是那个 淨 丈老
爺那边差人送礼还有書一封 丑 二位老爺文老爺差人送
礼还有書一封 小生 那个文老爺 生 就是文可聞這厮要你
岳丈不將那位小姐做夫人 小生 有這等事也罷待我假写
一封書吓他明日來成親待他來時當面羞辱他一場有何
不可 生 言之有理真重把他礼物收下吓他明日早來成親
丑 吓你老爺明日早來成親去罷 生 真重你在門上伺候早
那文可聞來看他怎么打扮你也照怎打扮把稱你什么官
你也稱他什么官 丑 小人不敢 生 有我在此不妨把書上的
字解說与他听饒伯惟尽湘江水难洗明朝滿面羞

念五齣　團圓

付中上 不要唱道有麝自然香何必當風立悄悄的去
（普賢歌）欽依把總有聲名衣紫腰金怕殺人今日去成親發我
樂平生再不去沿街闖寨門 通报文老爺到門 丑 道有請請問
高姓大名 付 在下姓文吓文可聞 丑 官居何職 付 把總之職
請問高姓大名 丑 在下姓童名真字例轉 付 官居何職 丑 把
總之職 付 如此同僚了 丑 不敢僚兄請請坐請問僚兄到此
何幹 付 長班拿書來有書一封請看 丑 書達周兄兄何吋詞
一句就羞了丈人寫書与女婿怎么称他兄二字明日良辰
喜氣達吓你明日早怎么今日就來了來早了揭杯盞後濃

早先臨莫望坐你又來遲了黃先臉這時候才來遲了有緣
已定藍橋種金雀屏開射眼中說你眼力不濟看花燈鬧哄了
喜殺他人哄殺滿堂紅不是請你來做親請來你看花燈這
等說 付 豈有此理拿過書來僚兒如此說來小弟竟被他騙
了 丑 僚兒被他騙了我被他哄在這里 付 怎麼僚兒被他哄
了 丑 你道我是那个我是真童 付 咳可惡 丑下 介上 是什麼
人 中 趙老爺出來了 付 岳父在上小婿拜揖 外 是誰是你岳
父滿口胡說 付 你將咱騙你道是有女賽嬋娟你受我千金
綵假還有珠翠花鈿這紙鸞箋了了明了說見蚤難道盧造謊
言 外 白日青天有此奇變誰受你千金綵假珠翠花鈿我与你
辨本面居王把這段假情分辨 我与你面圣去 生上 付 原來是
昌兒了了拜揖昌兒那趙老兒不是好人受了我千金綵假
有書一封請我來做親倒被他騙了我如今要和他面圣昌
兒你在里面做个甚見人 生 且慢言听我從頭說此言請你
來把花燈看了罷花燈然後講長篇 付 我道你是个好人把這
些話來告訴你誰想你与趙老兒一鵝之從同去面圣 小生上
付 這是我搶回去的婦人怎麼也做了官這也奇怪 小生 我
倒不是婦人只怕令妹倒做了夫人了 付 胡說 小生 我容顏
与新荷小姐無二般 那日在天臣寺中都是与小姐我來偶然
書房落帽和你一場反面那日在松陰堤畔多蒙你搶回与令
妹成就了百年姻眷 生 這姻緣明了是你月老牽了紅線那日小
姐投書院無你敲門怎好相面恋路过溪边是你指引他父親

重相見季兄亍回非你抑轉怎得令妹与他共同眠不然我是
榜眼爵你辨本面居王白了的送我一个狀元 二生 我二人一
生造化謝得你恩不淺 付 听他言說得我滿面羞慚自恨我眼
光短有許多不便做將來件了般了都是反面趙天臣寺中敲
門扇那日在溪边無我做針引線怎得見他親參面 約骨頭造
化了你 不然你是榜眼爵我辨本面居王白了送你一个狀
元 浸 原何把臉兒老將起來也說他几句那日松陰堤畔不是
我搶了季兄回到家如今你还是个寡漢你如今做高官与我
粧些体面門面不是我在中間胡纏了了你兩家怎得一个好
團圓 就此告别欽採眷任江心里会取團圓直到底 小生 大舅
我如今与你成了親罷 付 拔你媽的約莫風 十 外旦占上

（孔）喜傳烏鵲架河梁才子佳人兩閙芳 中見禮介 净上 圣旨下
一封丹鳳詔飛下九重霄圣旨已到跪听宣讀詔曰 朕佮
賢良將宜加工部侍郎呂柳義方教子得成大器加封工部
尚書狀元呂德才兼文武學貫淵深封翰林院大學士武狀
狀元季亍回勸賊有功封左軍都督趙射斗授礼部侍郎合
受乃戚母貢朕心謝恩 介 萬歲了了 中 恭喜賀喜 外 先生也
有喜令愛因木賊作亂逃在吳向教人請小姐上堂 占上 參了
在那里 净 我兒在那里 見介 外 二位親家都在這里今日又
是好了我与他二人完了花燭罷奏賞樁 生 下 随尾帶曲下 完

盤陀山

提要

《盤陀山》二卷，佚名撰，法國巴黎國家圖書館藏鈔本。曲本。內容為澹臺勉進香盤陀山一事，而劇中盤陀窟為彌勒道場。分總略、濟貧、點悟、寇興、收室、分別、遇盜、勒金、求援、脫難、誑害、虎引、奪國、設計、竊孤、拾兒、收留、夢佛、宴慶、救擒、圍山、遇舊、賣煙、解圍、成親、進香、認親等，共二十七齣。

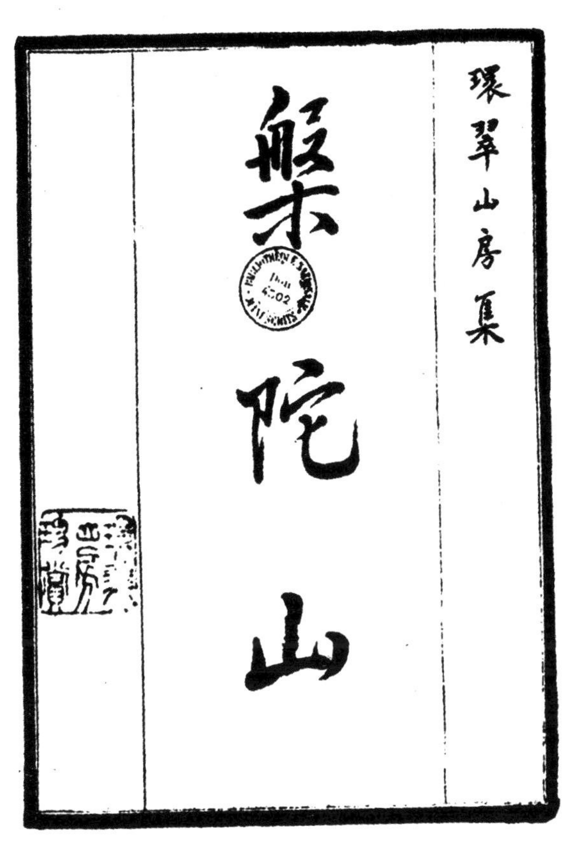

槃陀山傳奇目錄

梁陀山傳奇上卷

第一齣 總畧

當昔須知菩提善果人生種德是津梁試看潛臺長者濟貧救
苦四海盡名揚蘭娘雷氏奸徒計賺嬰兒鶯產窮鄉顧覓謫野
牧爲乳母一十七載未識親娘遼和開釁邊庭烽火亂非常洼
人進香救援兩邦人物即才女孰會沙場天遣善人良谷遣上
來代言還難便成祥梁陀塞夫妻奇會有德使人呂來者潛臺
勉是也 +

第二齣 添壽

滿庭芳（生上）東島日遙西懸落日白駒垂影無多季歲浮東風
霜滄飲閱河東第壘裏漸積額穹蒼安樂華寫傷情處璋危崩
炊誰是樓棲柯河海雄當二十秋歸來白髮已蒼須雖無珠玉
滿囊囊心下惟懷伯道憂老夫複姓潛臺名勉別號慈濟晉
陽龍山人也積祖經商累代農業老夫自幼貿易江湖喜藏
不義壹利院居鄧氏年已四十並無所育不想去歲一病而
亡老夫今年五十有六男女全無家貲雖有數十萬後來付
與何人掌管只有一個義唐姓凡名喚宗利亦爲代子撫養
在家恭他忽想早歲任他遊蕩豈是世宗永祀之子老夫爲
此連年不出外經商將這些家資濟孤濟貧齋僧齋道亦已
善果以修來世聞得外面人多稱我爲潛臺長者不想今歲
又值年荒米價騰漲人戶流離我已將米穀三百担付與寺
院施粥濟飢鄉鄰小患今時遇隆冬寒威凜冽那些無衣蔽

休哥見之好不悽慘為此老夫在了當鋪內收拾得布衣整
千今日堆積中堂任憑貧窮者取去少助一禦之寒也是好
的不見奈何鋪出來叫他外面去通知這些窮人有何不可
丑是人多百歲剛化作千年調養孫那里 末上 末了主人積
德施仁意散盡黃金不饒有員外有何分付 生 各當鋪這些
衣服可曾取齊在家否 末 俱已取齊在家 員外將來何用 生
你到外面去喊知這些貧戶人家號我分宅呵
【漂衣徽】為只寒潤里貧窮冷餓多因此將散絮殘衣添為一被
末 員外收是我債貴與這些窮人在 生 非也不同債債來里
散鄉為寒助 末 員外為是冬天道將這些衣服施與那些貧人
怎 生 是 丑 末 阿可比乃大功德將舊衣散去丑分付便了 生
飲去 末 施濟 下 生 嘆嘆看那風緊雪滿水成冰好不寒冷也
我自衣新撲寬重衣也怕的臨風道遥怎忍見露骨寒皮凡個
冰餓磨 同 散衣下介 末上 你們不要擠擠上來都在
堂外聽我與你們說後進來 同 念介 末 你看這些窮人亂了
一聲施捨衣服上是如貧得寶如瞎得灯 看外 生 你來了不
末 員外奔鋪也分付過了只是還有一擔仍為貧窮的甚多
就有這些衣服也施捨不來
【剔銀燈】細窮荒歲家家 吹 何不知服怎能人人過擋 須不到
的有他明日自來窮 末 員外你如此施捨就有千万家財也
是易完的 細錢財一無答素將也高些與後人存道 何 休奢
顯 我那里有甚麼後人就是家中大宦人乃是遠房的子孫

又要他習子不肖我死之後為知能享他的祭祀雖則是村叟
怎能有承早晚及不如結些善果 末 既如此待我喚道些窮人
進來 向內介 咳你們都進來取衣服 付扮窮叟上 小生外
淨扮貧人上 進 作捨衣介 淨 使子多累孔捨我里謝子長者
介 生 不消謝得 末 長者
【推敬金燈花】感謝得大施主包貧裸阿將多蘿蔔福壽海屋添籌
和 付外以有衣與今淨打付了介 然要黑也得長蒙分付子錢
使今介 終沒休面介 付 謝身介 見倒然 生 列位只為年歲豆
荒無計奈何 就是這衣件回去做也是不好底体的細以增奇
奇莫嫌棄理摩津一人只今一件任然自收 中作今承淨參渾
下 付今有得介 自上徹寒何不自而穿之 作自不上自介 此
件乃服真難矣乎 作穿多袖身袖介 袖在何處 作看介 莫非
布其裙半殘的 時也運也命也數也 回看介 長者在堂何
不而呈 向下揖介 生 謝過了為何又你揖 付 承長者之賜少
看不敢辭只是等服只有下半截而無上半截穿之怎傷雅
道思物在壁乞衣台覽寬當鋪散 生 看笑介 原來是一條裙
子蒼鋪換一件與他 末 沒有了 生 沒有這怎么處 看自身介
呀老天身上這件衣服還可穿得送與老兒罷 作脫未送付
介 這件好衣服造化了你 付 所謂搶來必有濃艷 接衣向生
揖介 承惠愧而受之 生 多禮了 付 生 下 不必再穿袖而藏之
丑上 常向歌樓尋樂事不知年歲有豆荒 見付介 咪好件海
青是我里伯伯身上介為偷渠拿子去像是白日撞吹故是

我里个衣裳为像你个子去阿是白日撞 付念个 宣有此理
是何言語好乃長者之悲而李生患之何乃相莫閑乎 旦 旦
慢往去讓我問明白子个 付 這也可笑之極天下而有此怪
事也哉 作燒个 旦見生 伯々為像个人个子你身上就什論
青去 生 是我這与他的 付 何加李生並非謬言宣有斯文之
戲乎 旦 就个人頭上戴子項巾身上着子件柚淪青為倫討
我里个衣裳着 付 合見有改不知李生外有餘而內不足此
之故也 旦 你脫開讓我看々 个 付 斯文体面一言可知何必
着是之喜理乎 旦 要脫開里看丟 作假半脫 付 衣裳也蓋包
个 生 不必如此为他穿好乎 旦 笑个 付 竟个 咯 良心病狂阿
星子吐丸手 旦 伯々个々人着个蓋包去个个雙月於中来
盆来替 付 着个 旦 哼勿要呆鎮身上拍来拍一拍滿身猢子
擇哉 末 你去罷 付 唉 為一衣而受其大辱此乃小人善知亦
不足計較也哉 々 々 下 生 娃兒你在那里来 旦 我今日到施
粥所在去相幫々々 生 好也是有功德的可有人吃 旦 有吓

【麻婆子】那些男女々々擁不上小兒背上馱滿地々 沙鍋擺
粥湯盡要多还有些腰駝背曲老婆々人挤跌倒在草中卧只
得歇々扶他坐 生 好這是受老你貧姪兒這樣年歲正是良賤
並遭磨 旦 伯々施粥个所在亦少子米哉 生 再喚人載去便了

旦 黄金散盡助窮鄉 只怕他年我也荒
生 但愿處々回春氣 我若窮時也不妨

隨我進来吾差人送米去 末 走 下

第三齣 點悟

【四條香】外扮星君二旦金童玉女淨老丈隨上 福掌天曹總星
闢耀關金闕天樂和鯛駕寶輅歸蓬島 苦 哉々々 小仙乃福德星
君是也為玄门之領袖作仙苑之班頭道冠兩儀之先名絕
万世之始今乃臘月二十五日玉帝察人间之善恶諸神合
當赴闕朝奏上帝有旨命我下凡檢錄善恶遂中達帝座
禍福顯司陰理欽承簡命不敢有違不免到下方化作一道
人以觀人世雲種因果便了侍從們 中 有 外 就此擺駕下座
凡去 衆 領旨

【神仗兒】祥雲引導天香飄渺過三岳五島鸞輿翠芝飲卅非閑
袂藥歸上天勸諭勇善志下雲霄 又 下 付扮醉太保上

【光光乍】太保酒中糟濤木手中握身边掛了一响砲專把木鉸
各々敲 日 家非别我伴便是 生来善以為業做個調太保个生意
也有個好个走到人家去扎嘴个两句带子吊面子調个两
調施里人家吳銅錢酒菜就拿出来哉我竟日々一醉百事
丟開手今日是臘月廿五家々供个玉皇菩薩来去我權得
進去吃个两杯說个兩句好說話故里人家个喬佛酒才倒
来我吃哉接連吃子三四家一个人亦吏来里哉下半段只
會要睡下来拚那处 有个 咊 间边是来仙亭哉只得到亭子
上去横裝个歇耳处 作困介旦村面道人上

【前腔】唐巾頭上包經文佺不晚走到人家哈々笑只把木魚各々
敲 自家非別化吉的便是 覺以為生做个道人沿街抄化也日晚

得个經丈伏強帷有一咲而已故學人才叫我痴道人〻〻
也吾到痴得邉个覓勿眾覓勿餓昨日是臘月廿四人家拉
我得歸去說痴道人替我里念〻灶經我肯灶居白灶居黑
灶居花綠〻个灶居一桐乱签米麦菓里両衣裳袖袋满哉
延說明朝来我里来吃謝灶團子个桐是也有両个一家一个
一家三个一家四个一家吃得肚皮像个脹胖老牛能个来
里哉主句直哉 看介 間边是来仙亭只得去渠歇吾處 見介
咏个故夜餓清早起又有甲竹人故个人像是也吃多子團
子嫌来尖哉 作捫介 外上

【浪淘沙】塵世大中嬈滾滾浪滔滔誰人肯把利名消一日無常来
到也萬事相拋 小仙乃玉帝勅命查探人間善惡回奏天庭適
仗背陽瓶山地方見瑤臺執政虔於貢廣施大惠真為可緩
只是因乘善心而遠塵障其間有一人流醉而有缺戚阮
道果這爭能說何人促好 見介 丑介 叫蛙則二人一个是戚
祥一个是化吉二人以痴醉為生不失其本性我不免使他
們醒來点悟他一番使他二人扶持瑤臺長者便了咏 外坐
介丑醒介 付 念吃子善里酒那了就醒哉 丑 會啥吃了 云云介
个團子那了就餓哉 見付笑介 付 羞个痴勿救个我也勿出
偷好笑 丑 我看你个一付面孔吃得猶象癡含困夢里
過日脚 付 我个醉漢強如你个痴子 丑 我个痴子強如你个
醉漢 外 你二人不必爭論有話对我講 丑付 原来一位師父
在此師父拜揖 外 不消你二人坐下了好講 丑付坐地介 諜

問師父何来 外 貧道呵
【新水令】向名山福地任遨遊 付 丑 遨遊名山勝景肚里餓子嘸
里吃飯 外 摘水花清泉可潄 丑 是介說你是仙人哉也住
名誰 外 生来無姓氏 付 住在何處 外 隨地有松寮 丑 准道兄
脊朋友兄得个 外 有甚瓜葛枝苗相逢的盡是風月閒花草
丑笑介 師父是你像是也有点痴个 外 為何 丑 說話全着落
个 付 師父你也有点来里哉 外 為何 付 說話有点糊塗帳个
外 你二人方才說什么痴醉那个是痴那个是醉 付指丑 渠
是痴个 丑指付 渠是醉个 師父阿是我个痴子好 外 你講痴
的好就把痴情講一講有甚好處 丑 師父听禀
【步步嬌】我懞懂隨時权滌个兒句向他道 付 痴子有偷人吞你
說話 丑 我对乾坤自解嘲有磨礪 抹殺了花容月貌 付
街上人才要打罵你个 丑 他打罵枉徒劳我覷他只是聲
聲笑 外 好个痴情也
【折桂令】羨痴〻咲傲兒曹自任顛狂由彼呼嘲會痴不染塵
劳殺盜妄不犯刑條打破了崇華官誥躲開了河海波濤莫待
學伍相吹簫屈子穿縧到那時回首蹉〻兀的不是痴里情高
丑 你听了看阿是痴子好 付 那胖只顧那袋你是道家只規
道人好勿得个我醉个好得渠个痴多哉里 外 你也把醉情
講一講有甚好處 付 師父听禀
【江兒水】我醉裏乾坤大常將歲月拋風波滿眼無知道風花雪
月杯中樂 我醉来呵 向桑間林下眠芳草一任狂呼豪叫句眼

看青天塵世如浮雲輕掃 外 好个醉情也
〔雁兒落〕恁待學李謫仙自解嘲恁待學阮家兒竹林飾恁待孝
岳陽樓飛五洞恁待孝劉伶子杯不較 呼 這几个不惜解金貂
閑情世外逃博得个一枕黃梁夢惜不得陳摶歲月抛逍遥冷
眼兒觀年少䏲矓管什么江山誰是挑 丑 先个 欸〻师父眼來
瞧好爺來爺好東倒吃羊頭 付 西倒吃猪頭 丑 還有真的 付
一味田鼠合 外 怎么 付 丑 哪
〔僥〻令〕痴漢說痴好醉漢說醉高不辨誰是誰非回園甚出家。
人語言來戲嘲 外 你二人不曉得那痴醉元要兩邊兼來撰上
一理 丑 付 何為一理 外 那痴的指東話西說神說鬼就如醉
的一般那醉的語言吽喙神昏說散就如痴的一般
〔收江南〕呼 這棋是玩弄世情可來借此寄蜉蝣輕撇了萬千幻
局在喧囂休笑他痴見休笑他醉𩚧筭來是痴呆憎懂幾同袍
丑 說得勿是痴說就是醉 付 醉說就是痴 丑 痴也好 付 醉也
好師父我二人呵
〔園林好〕似浮鷗波潮浪飄來抄化彼人憫恤不然个衣食安飽
能生計可堅牢能痴醉到頭毛 外 呀你二人为飲食根难不然
个痴醉到頭〻 付 丑 正是 外 不妨我有兩卷牌兒在此各自悠
來掛在胸膛為招牌管你們一生痴醉到底便了 丑 阿是僧
草頭方介 外 不是 付 阿是撮弄戲法 外 不是 丑 看介 有问還
出化吉師父要那事解說 外 你的名兒喚為化吉人有疑事
來問你〻便隨口說去自然化為吉兆了 丑 師父倘然一个

行出要殺人我隨口說去殺得勿差也是吉兆哉 外 言不妄
發 付 我个牌上寫个來求過难成祥个那亨解說 外 你的名兒
喚做成祥有人遇大难之事來求你去做你就隨他去做自
然成為祥瑞了 付 師父倘然一个人遇大难要直來丢哉一
把扯牢子我求我替子渠㐲我竟自家藏較子也是祥瑞哉
外 事不妄為
〔沽美酒〕達玄〻妙法高〻〻不須求卦六爻也是个慈悲濟渡
救牢發痴的也休焦醉的也到老管教你眾〻淡笑管教你熊
醲潦倒 丑 隨口說出的 外 信口見有个蹊蹺 付 我做去阿就
外 見机兒有个玄妙俺呵相逢在蓬茅草茅贈一倘在紙条
倉道去了 付 丑 還要作謝師父來 外 不消作謝呼你兩个攙
濟的善人非小 此 下 丑 阿呼汗哉身上滴身大汗來里哉 付 有
身上也來实火燒介來哉 丑 像是牌上有僧呪語上介 付 撕
脫渠捉手子去哉 净 打青水上 青涼冰嘞 丑 付 且住子 净 冬
首冰僧 丑 人〻說我家會你痴得昏天黑地出哉 净 那了 丑
十二月里賣起涼冰來 净 那僧十二月里 付 今日是腊月廿
五人家齋玉皇今日才不个滴來我吃个 丑 你日是腊月廿
四我念子灶經今朝才不个團子我吃个 净 甚張大出个肢
卵做个人到〻市〻挑一担冰出來賣僧个冬里臘里九里
打我人个興頭哈你去兩个且揩乾子鋼角頭上汗介 丑 付
各揩介今日僧日哪 净 今日是六月廿四你去丹个八根指
才擂个走出來看喔四里人猫串粒稻故是十二月里青天

白日兩个人才去鑿偺 丑 老哥勿要氣惱扶你一担水一个
人才買兇 凈 阿是要推假山了 内 呼 涼冰來 凈 要買几个同
多 内 一担才要 凈 故个痴道人說得着去徽外有推銑子巢
糕 挑水 下 丑 哙才有故丶道人竟是仙人說得几句话子半
年我 付 我上亭子呼子来仙亭時常有故樣人走得來个个
後我答你勿要來哉 五 為偺勿要来个 付
清江引 誰將壯懷換得年華老 丑 我替你个尽自之法有里哉
付 呀生皆 生 哪 這脚掛真奇妙 付 你做痴道人 丑 你做醉太
保 付 痴勿殺 丑 醉勿殺 合 兩个現世般 下

第四齣 甦興

海棠春 末二郎扮黃袍上三旦小生小軍外凈隨上 擁心未
逆生踐屠滅天關數搖地軸駿馬似龍駒士卒如狼虎 虎踞蟠
山霸據襄中原有意覷天朝待看收拾剿南地方鋼男兒帶
血刃吞乃蟠山李唐見使是肉本閩西人氏曹為大宋安世
叢麾下總兵官不想契丹兵犯河北俺就率領部下與他交
鋒一月之間俺就長天關北四地直至潼陵地方俺就回見
將王求救兵人恐他坐俺失律斬首之罪因此逃遁晉陽聚
集敗亡士卒數千據山落草擄掠為生俺想好端丶一顆首
級怎肯輕送與他人之手不如效盜跖之風雲而氣為見只
事未成兵坐鎮一隅待時而動只是連年荒歉山中粮草不
敷士卒頗多怎能安帀俺聞龍山地方倒有富饒之家不免
帶領兒郎們假扮擄一番搶掠些財寶以充軍餉有何不可

頭目過來 凈 外 有 末 分付軍中備齊車輛駿馬各要弓上弦
刀出鞘我那龍山地方過有粮草須要滿載而歸但不可妄
殺百姓違令者斬首示衆 凈 外 得令 末 軍士們就此起兵前
去 中 去 介
惜奴嬌 草野豺狼控兵符金鼓揮指車輅旌旗雲影長虹氣貫
銀鞍雄天背抽手窮廣寒相閣望南闕為天府王帛圖羽翼沖
霄試看九霄歸去 軍士們來此是那里了 凈 外 是龍山里 末 仙
亭後有來仙道院 末 既如此把人營扎住道院中 命軍士往
四下打粮一應婦女大家小戶有姿色者盡行擄來各丶有
賞 衆 得令 末 過來 衆 有 末 俺聞龍山里中有个万安村丶中
有个潘量長者是个仔善積德之人 衆軍士到彼一人不許
進此村中如有擅敢此村中一草一木者斬首斬首狗令 衆
得令
尾 龍山絕勝天台路不減廣寒宮府從今後暮樂朝歡富閙錦
鋪 下

第五齣 收寶

薄媚袞 旦上 唉怎出處 忽聞得賊人儘驟臨村野生驚覷擄掠民
財男婦啼嚎良賤盡難免 阿呀老天丶丶目今年歲出荒人難
度日不想龍山大盜李唐見驚地到來打粮殺傷人命如今
四下影沸喜處逃躲諒我這小丶一村定然也难存保阿呀
老天惟仗穹蒼哀憐懸祥雲護幸危全奴姪名香答謝上天
丑 披衣 分上 阿呀 勿好哉

集部　第四册

〔滴滴子〕活遭瘟〻〻地裂天翻精晦氣〻〻性命难逃（生）姪兒你回来了外面如何光景（丑）光景例好会捨得一点元得剩（生）如然怎么処（丑）强盗匆冲是打秋嘘見庄村婦女都擄過不論老和幼尽皆搶散（生）咋這些婦女尽皆搶去如然人财两失了怎么処（丑）还好还有两三件物事匆要个（生）那几件是他[illegible]要的（丑）惟有鉄搭提鍘馬桶䤈筅（生）唬还要說這樣渾話如今我家寔無寸草不留的了 戥个阿呼老天怎生是好（丑）伯〻匆要唬我家还好（生）汴庄好像尽了前村就到我村中来了如何免得（丑）匆单是我里好一村才八年（生）莫非强盗去了庄（丑）匆曾去来扎个营在东仙道院要打三日料至（生）三日内我村中都里躲得過（丑）有个緣故强盗大張晓諭示諭矣丁知悉万安村中有好善積德之人在内如有擅進此村取其一草一木者斬首號令伯〻个敢盗强像是你去个祖宗（生）果然有此事庄（丑）那元个事各村進难个人才奇子我里村里来我伯〻你出去看嘘坑飢各處里才塞满个人来里（生）如此説謝天不尽但不知婦女擄了多少去此事可真（丑）那匆真現今王来匠个家婆孫媳子个閨見陳皮匠个妹子才抵去哉凡个人伴来我里後门頭着实个哭哭（生）哎李屠見个你就擄些才物去也罷如何又拆散人家夫婦兒女好不傷心痛苦且住那强盗也閑我各不来搶擄必定也是有善心的了（丑）善心有点个一个男人家匆殺净殺女娘家（生）婦女擄去难道就殺了（丑）日里是匆殺夜里極硬个攞〻殺哉（生）甚庄說話姪兒我想我的家財譬如强盗也擄了去我如今將黄金几百两米谷千担親到他营内献与他求他放还這些婦女他見我如此哀求或者就放矣回去亦未可知你道何如（丑）伯〻你且脚麻个强盗匆来謝佛匆尽个哉例来太歲頭上動起土来就是擄去放婆女娘家我里亦无个娘姨伸妹来哈為倫要拿个銅水銀子去或布施屋理（生）我向来若不布施焉能保得今日之元事手你同我去走一遭（丑）我極要同你去个哉我个鎖匆是生鉄鑄寧个你去个去就得辣哉伯〻銅么銀子匆鋪出来个匆要河泥鉄个濺落（生）我要濺棄他与你沒相干（丑）匆差是我多嘴閑门推出窝前月村梅花自主施（下）（生）我既要行此好事怎庄反要他同去我如今換了青衣小帽自己背負了黄金親到他营中苦求一番若得他还這些婦女放矣回去也全了人家多少婦夫兒女可不是个好事況然收拾前去（換衣帽）負金行介

〔一江風〕惆蒼天幸不遭兵變惆把資粮献（生）得村来你看好不悽惨也見鬼燐明滴目旌旗金鼓殺如電（内作炎介）怖豪更惨惨〻〻惟有残尸空庭院這里已是东仙道院了你看果然扎下营寨在此不知营门里可有人否我竟大着肥闯將進去便了我將金到此行方便（净上）咲好大胆的狗獨东闯营寨定是个奸细拿去見大王爺大王爺有請（末上）前中軍个

〔引〕珠翠駢闐舞館歌樓堪建（净）啟大王爺营门外拿得一个奸

細　末拿進來　介吓　從生見介　末唬好大膽賊子擅家營寨里
擅自闖來敢是打探軍情的軍士們与我拿下了　末綁生介
生大王爺小的不是什麼奸細是來獻軍粮的　末你敢把言
語來哄我麼　生大王爺听稟

〔前腔〕我是貧農田　末姓甚名誰　生瀛臺穆姓名見勉　末住在那
里　生萬安村里為鄉戰　末住了孤家聞得万安村中有个瀛
臺長者可就是你麼　生就是不才　末如此敢了瞽　中敢介　末
請過來鄉併　生大〻祥揖　末長者請坐　生大王在上不才焉
敢坐　末聞名已久請坐了好講敘　生告坐了　末長者有何見
諭　生告將軍少助行粮聊表為纏緣　末孤家為山寨乏粮故
尔到此久聞長在萬安村積德行善孤家已出諭矣丁不許
驚動貴村一草一木今日雖則是控取銀糸只是長者之賜
決不敢領　生粮米不多只有千挑乞發車輛到敝舍載回述
有黃金二百餅上　末這又將來何用　生有一事懇求大王〻〻
山寨欽見鄉女必多這里俱是農婦不諳銀箏檀板闌有軍
士們常需中乞求大王閒仁德之心全人夫婦緣〻〻〻〻千
載高恩興同此黃金以代婚姻面　生陳介　末請起長者

〔鎖窗寒〕你是慈悲濟渡豪賢棄貲財種福田　孤家吓一樁美事
敢不遵言　生多謝大王黃金在此請收了　末孤家原為乏粮到
此既承美意黃金暫收客異日補償粮米在長者以為償
屆因吠不敢再偷頭目过來　淨有　末取我令箭一枝曉諭兵
丁不許再犯其間一物俱到大寨听令　淨得令　末取女房鑰
匙過來　外匙鑰在此　末撈來婦女都領禁這院後房這是门
上匙鑰長者請收了　鴛幃鸞帳未知誰家良善住居家查明
送還　生大王敢是要回山了　末孤家回山也不做強盜了須向
海外尋些勾當此行異同建山川悲牛後被人輕賤長者請
回罷　生是　末軍士們收拾起程　末中下　生吁吁了

〔前腔〕從今四野安眠夫和婦綠再牽桑麻如舊耕樂田園　內吁
末軍士　内應有　内与我依他起行　内應得令　作掌手吶喊介
生看内介　阿呀〻〻好仁利咨你看車馱馬載如山物件這
都是小民資獻誰知天降這迭果然萬民嗟怨鎖匙在此待
我聞了後房鎖了這些婦女回去可不是好　思介　且住我如
今潭然放去倘或又有遇些盜寇賊之徒在路邀搶又生一
處端反為不美不如我看守在此外面人知我贖了這些婦
女少不得前來識認我那時查明白了交付还他可不是好
此間门内想俱是婦女在裡鎖待我爬上墻去看一看有多
少在内　作上墻看介　内作喊介　阿呀可憐饑命吓　生你們這
些婦女不消啼哭強盜去了待你們家屬到來領你回去　内
如此謝天地　丑内墻外躲个伯〻　生怎麼　丑強盜去我偷　生
去了　丑你替我叫子渠轉來　生為何又要叫他轉來　丑我哦
喜槊夜頭打仗打得好了　生呀吓　下墻介　的有百餘人在内
我且住在此尋這些人來領出便了　末奔上　帝為太平天冀
作亂人自家瀛臺家中蓄蛹便是不想瑞山大盜到此打
粮幸喜我這里村中不到此乃万千之喜好笑我家員外反

將金銀來覩去獻与他求他放还這些婦女我想他多李去
討有事做甚麼要緊昨日閑得強盗已去了如何員外不見
回來我只得到東山道院去打听个下落来歇已是爲何静
悄〻在此員外〻〻 生 老頭你來了、末 員外你如何不回來
独自在此做什麼可不要急殺了老奴 生 老頭好了那強盗
也是有良心的 末 又來了強盗有什麼良心 生 我將黄金來
投獻与他要他放与回去放还這些婦女他便慨然將我黄
金收了來谷不要擄到這些婦女救我釋放可不是有良心
的 末 員外這件陰累做得妙火有功德只是如何还不放出
生 我恐放出路上又有歹人攔騙不如待人來厮認領去爲
妙 末 說得有理員外你看四下有人來了

（羅袍奇） 外 付 上 妻女失却痛慽似楊花莫教飄入天南 見介 長
者 生 二位何來 外 孝生貢亦才府孝生員婁董氏被盗护
去妳你聞長者捐金求贖未知可在其內 生 多少年紀了 外 年
將三十已生男 生 二位高姓 付 老漢黄少州继室生一女已曾
許過人家了 生 多少年紀可有乳名 付 年方十九名秋菊 生
老頭過來領他在此你進去查问可在其內 末 曉得 下 生 二
位老丈可分鸞侶失燕傘淒涼滿目不勝愁 末 老占上 末 剛
員外二人俱是有的 老 我丈夫在那里 外 妻子丈夫貢亦才
在此 哭介 占 我爹〻在那里 付 父親黄少州在此 哭介 合 長
者請上我等拜謝 生 不消 衆合 妄感德結草啣恩兒孫後代
继青藍 下 淨扮和尚上

（前腔）和尚三餐齋淡全靠着徒弟夜里沉酣 吠 青向臨氣 和尚
金屋里有偺大光景也赶些強盗進來搽得尽情衣服剥公
弟劍破衲衫鐃鈸撒去的經懺敀星家生撇子去也罷我一个
徒弟就是夜里要向相〻〻个 也抛捻子去 我聞得潞墨長者
捐金求贖婦女勿知阿深來个〻數里寺我去问〻看 見介
長者稽首 生 工人到此何幹 淨 貧僧有一賣妻被盗护去 生
吠出家人甚麼賣妻 淨 吽說差了是一个徒弟 生 末 徒弟是
男人這里俱是婦女 淨 男是男也有点陰氣閒碍个了没得
九淚拉哈子望哀怜念还小庵慈悲頂礼大瞿曇 作问住介
末 怎麼一个人 淨 有说说个一个麻阿伴 末 幾多年紀 淨 三
十三 末 吽這些年紀还要牵說他這樣可悪还不走 推介 淨 吠

山門蕩〻闪一人去了一人來再尋个闻救命王菩薩活心肝 下 占扮秀娟小生同上
（前腔）骨肉分飛成慘鎮终剩思念兩淚包含 見生介 長者 生 是
下与婁〻到此何幹 小生 小子甯有旌有一親妹唤做蘭珠
被盗护到聞知長者捐金求贖未知可在其內 生 此位娘〻
是何姓名 付 老身何氏丈夫吽子毛大賭青柴度日个有个
女兒小名阿秀 小生 付 合 聞知長者布恩澤忙〻倒屣來相
探 生 老頭你進去查取如有此個出來 末 曉得 下 小生 付 長者
仁德萬民感仰 生 二位何出此言只爲亞荒歲兵火隳離行
失隊諸喃〻 末 領 丑 旦 上 末 随我來員外二人俱是有的 丑 秀
哥在那里 小生 妹子秀〻當有姐在此 哭介 旦 阿姆啰里 付

香姐娥娘个來里 哭介 合 長者請上我等拜謝 生 不消 合 拜
無窮德結草啣恩兒孫後代繼青藍 付 我个兒子嘛坏子你哉
丑 嘛是勿曾嚇倒急子一急 付 勿見子个娘自然着急个哉
丑 勿是个啟急 付 亦是倫个急 丑 強盜打到刮诽論里來小
恭急子一急 付 呼哞 付 里下 小生 骨家過來 末 怎麼說 小生
聞知長者旧歲喪偶可曾續弦否 末 尚未 小生 作想个 生 足
下為何還不去 小生 小子有一言啓稟不知長者可容倆否
生 有什么見教請坐了躺閒 小生 長者在上小子本業呵
〔掛枝香〕麻衣風鑑 生 是个相士 小生 在江湖行站 生 家中還有
何人 小生 惟有一妹蘭珠 生 可曾適人否 小生 未洽桃花東
艳 合 蒙長者可愿啣牌爵ㄟㄟ 生 足下是何主意 小生 小子相
合妹後來必有大福但非河洲嫁艳 小子欲送与長者為小
星絲攬 生 这却使不得老夫年過半百令妹尚未破瓜怎好悞他的
青春这却決难從命 末 身外來老僕看此女果然面厭豐孝
体態端矣後來定有大福前外正当之嗣少不得要身娶何
不就此机會 生 豈有此理況不知蘭娘意下如何不便什ㄟ
末 吓當官人前外說話蘭娘心下不允不便華ㄟ 小生 吓也
說得是吓妹子我做哥ㄟ的意欲將你手歸長者為躱雙但
不知你意下如何 旦 哥ㄟ說那里話自古長兄為父況爹娘
亡故自然從哥ㄟ主意妹子怎敢拄言只是我布釵銅恐难
攬門楣壯只是做作桑間濮上看 小生 長者小子一言說出況
合妹亦难改命 生 如如改日再議 小生 長者不消再議亦不
必改日今日一言已訂只是愧乏粧奩之類小子就送舍妹
過门明日就好出门去了 末 當官人之意已決況蘭娘心愿
附從何必再有猜嫌況天色已晚待爹擱回去一面整酒花
燭喜筵一面喚衆轎來近接蘭娘就是 生 如此吩喚轎來 末
正是姻缘本是前生定曾向蟠桃会里來 下 生 如此且請里
面少待僕备頭未同往 小生 請有緣千里能相会喜緣对面
不相逢 下

第六齣　分別

〔越皮鞋〕丑上 我是鍩油花嫖賭散全不着家時耐伯父主見差
金銀抛棄如磚瓦事不関心了ㄟ者扎自家潘宋利我里个伯
伯家資頗有饒十万男女並是有兒無家私自然是孝生受用
个哉歹里說起實然间瓜起一个善心來廣斋僧道濟渡孤
貧日ㄟ拿做里銅錢子对子洋濤里撩向相我看子好勿
肉痛故也罷哉前日强盗來打粮勿進我里个村里娛乃万
千之喜阿有个个廊郎倒撒里金銀來發啟与他倫个哀求
贖还婦女我再三劝渠勿要做故件事務哼里說起倒是渠
个瞎里计策拉啟里女娘家閣里一顿哄指只揀一个好个
促落子歸來哉 哭介 啟也肚腸根也哭斷了个唯我想渠費
子个里金銀哉再揀一个花子差子倫啟兩日鄉也不施哉
擂道也勿為哉熱窩ㄟ介鬭牢子个新來个日夜好閒吓且
住倘然渠困点倫出來一个勿巽兩个勿体孝生个点事業
是竟大失其所望哉昨日聞得伯ㄟ要到槃陀山去進香故

恁是險路我且進去恭擬累起子身尋尋一条計策來鬧子
做妖精我那時間子个庫房拿星大錠銅銀子慄〻脾胃再
處正是人急害身心用有傷人意 下 旦上
〔杏花天〕風波隊里絲羅掛抱衾綢詠蛤桃花 見本貧家婦今作
富家妻花枝倚老藤出艷終淌發妻身當氵不書身逢兵火
又滑逐子綠羅寶衣出閣何曾倚于君子哥〻不以禮儀遣
嫁員外不以貧婦為嫌終身雖則可托暮景未知有成自入
長者之門因喜各柯六禮滿门渾然拆我是蘭娘這也罷了
昨日員外說要到槃陀進香教我收拾行裝今日要起程但
不知槃陀有多少路途几時方得回家且待員外出來問他
一个明白便了正是閑把多衣抉線整起閑愁 生上
〔引〕發斯求卜藍田下悲慎予溪上輕紗 旦 員外 生 蘭娘我欲到
槃陀進香今日要起程昨晚分付你收拾行裝可曾齊備 旦
行裝俱已收拾了但未知槃陀有多少路員外几時可回 生
那槃陀在閩外海渦之地此去路有七千餘里俱是峭嶼山
道推行沸㴱定不得日子 旦 員外槃陀山是什麼菩薩在上
生 是彌勒菩薩 旦 員外要閑佛光普照慈雲遍庇員外皈依
三寶八天只知何必身歷長途足踏險地况重光之年風濤
易侵動力非昔不如在家頂礼誠意自然上達候妾之見比
是不去為上 生 蘭娘我想尊崇三寶不惜身命如觀文帝建
立殿先盡竭庫藏之資梁武帝捨身同太不惜至誠之錮雅
回事出無形意在有想我於愚已堅句得阻撓善果 旦 員外

堅執要去賤妾亦難攔阻只是路途上呵
〔祝英臺〕怕影蕭〻風露冷兒放走天涯奴在香閨綉閣帳望佛
蝴目斷萬里雲霞 生 蘭娘你休得嗟呀雖則是冷落芙蓉你且
权為瀟灑 旦 員外只是几時可歸 生 問歸燕還當多因春夏 旦
上 歎知前世因今生受者是 末上 歎知後世因今生作者是
旦 怕〻你要去進香今日是好日趁因起身我 生 如今就要
出门去了 末 員外天氣秋凉庚冬時要那槃陀山乃海边之
地料風愈加猛烈就然積雪難行員外既有此念進香不如
待來春去罷 旦 咪亦來我燒香致句得日脚个着是騰跳怕
去被咩看四多心我就是間春去也句至誠我 生 娃兒說得
是蒼鞘怕路上難行不必隨我去罷 末 員外說那里話員外
遠行少不得是老奴作伴但此路
〔前腔〕非要怎禁得疊水重山峦務濺平沙况你桑榆暮景茅店
鷄聲又不為利名波查 旦 伯〻 縉家古來教若尋聲自有慈雲
迎迓 旦 員外蒼鞘卧言有理 旦 伯〻莫為這文君輕將道心一
筆罷 末 呼〻說出這樣話來 生 娃兒卧言有理蒼鞘先員行李
在路上等我便了 旦 娃兒先在前途遠遠一程 生 如此甚妙
末且出介 末 大官人賢外這些年紀他要去你便阻擋他才
是怎麼反劝他出门 旦 燒香是好事那阻擋渠个善门 末 好
事大官人怎麼不同了去 旦 菩薩播我九緣个了若是有个
个好女客來去滿洲地方我若走勿動楚也楚子去我 末 嘸
我看你怎老了 旦 末 下 生 蘭娘我出门之後家中凡事要小

心肯嗇庫房是我封記勿得擅開我進過了書意早我田的
〔尾〕牽衣休叙別離話不必求爻打卦　旦　員外雖則如此只恐妾
身呵夢影随君終不遐
生　暫時分手去間関　偏禮慈悲相好們　下
旦　你向白雲深處身懍上　奴在梅花帋帳淒清上　哭下

第七齣　遇盜

末背包上　玉露凋残楓樹林　巫山巫峡氣蕭森　万里関山行
不到一鞭遥指白雲深　我乃香蹄酒員外劉槩陀進香正值秋
深時候行不多儿日早又是冀北地界了你看人烟絶少村
户蕭条乱離里　我休害　我想這里就可倘出関外沙漠
之地悲風凄切哪得有旅店安安眠着而淋漓何処有車
我復員外　只怕你去時有路轉来門　我不惜我身来伴
主人早間過早飯不免同員外趲路則个員外有請　生上
〔粉蝶兒〕白雲飛乱重重萬壑里見黄花瘦損满地落衣蕭蕭客
路荒店稀只聞得猿啼四下里幽澗潺潺不知是何處流
水　下　付扮接馬人上
〔紅芍藥〕忙輕牽接着竿兒　故是一隻嬰哥　作接介　阿呀飛子去
我我好鸚鵡又向南飛　作接介　生末上　見雨雨青山排闥对听
寒寒雁殺天際　生　吞頭這人手执着几条竹竿在那里做甚么
末　員外這是接鳥的　他望出禽鵡集在高低一竿槐里纏羁
翼　生　你與我喚他過來　末　接鳥的我家員外唤你　付　吓員外　生
我問你接的是什麼鳥　付　勿論个或是喜鹊白鴿公儿

鳥火老鴉搭着子不一接来渠我偷个　生　這还是有意要吃
他还是戲要　付　蓋个客人野味阿是我里个樣人吃个　為衣
食生計無依　向深林之下覓利　生　你如今可有什麼鳥在身邊
么　付　今日接得一隻来里　生　你都將来放了去我与你鈔　付
客人就一隻鳥要三百铜钱介　生　就与你二百文罢　付　就个
才飛子出我客人铜钱来　生　我問你可肯改業么　付　蓋樣
紋句方才說過子现铜钱就个擒个改日我嘴里来尋你　末
不是我家員外說這个生意罪過勸你改了行業罷　付　吓棄
行改業　生　便是　付　員外業事是肯改个只是我一个窮人哩
里来个本錢做生意吓　生　你若肯改業我贈你白銀三两以
作買本
〔耍孩兒〕你若向肩磨為活計　免得傷生命　男兒家自有权宜　付
多謝員外　生　蒼頭取三兩銀子与他　末　曉得　作開包付出介
大叔不要開包　生末　為何　付　有歉説途中不可露帛的道理
請問員外要到那里去　生　往槩陀進香　付　如此就是个善人
了可曾过中　生末　还未　付　前途没有旅店的在小人家里打
一个中火何如　生　這个便得請問尊名　付　小人叫莊打鳥　生
尊居在于何處　付　指介　就在前頭白雲庵前　那竹深有画橋
流水喬松桧　是一椽草舍蓬茅閣　生　只是打攪不當　付　兄儈請
員外昨日接一隻毛鴉鴣来出剔来請員外　末　員外用斋閑
茶飯為佳味　仝下　净扮樵夫走上　吠不好了虎来了　扯虎打介
〔會河陽〕潑，戲毛圏　声如巨雷　振牙舞爪把人遮　生末上

路逢一鉢胡蘇似相逢故知須知是誰陰惠 生呼壯士不要動
手 净你二人來得好我两隻手只好拿住他你們來幫我打
一打 生壯士不要打你放了他去我有東西贈你 净你這个
人獸的席乃傷人之獸寔可放他归山快些來動手 生不要
打我着實來救生 末員外羞矣救生雖是好事郡席余魚
之比實不放出切為不可 净說得有理还是打死他 作踢介
生呼蒼頭那蛇傷席咬也是前緣分定我今救此孽畜也是
一也難過之事蒼頭你看他搖頭觧得我心兒意擺尾墾脱
鄒拳兒覺 净俺是个樵夫拿得一席到縣中去請賞得幾貫銭
飲可不勝似放紫數目玄 生我與你白銀五兩少此雖感可
不足一數的了 净你不要哄咱 生減豈肯謊言 净罷孽畜造
化了你放你去罷 席作跳四身拜生下
（綫々金）呼喬他身三轉頭四回也知留餘命脱災危 生華書々
你此去呵莫使他咾勢傷人切忌 净銀子來々了 生蒼頭來
有 生取三两銀子与他 末是取銀介 净背介 他包内
还有餘下的銀子少不得也是我的 净看介 对生介 客官你們到那
里去的 生我是觀山潞璧長者要往槃陀進香的 净天色晚
了前面沒有旅店不如在草舍宿了明日早行罷 生這是天
上人間方便第一 末員外來途路里來知好歹莫要輕入人
家 生蒼頭你如此相疑方才也不該到樵鳥人家过也了壯
士尊居在于何處 净你們隨我來 行來不覺和柴扉也是你
晦氣々々 生末作驚介 呼壯士何出此言 净放斧介 你們兩个

还是要死要活 末呼員外如何你只管放生如今是放出事來
了 生末 阿呼壯士
（越恁好）我是進香各行李々々休認有金珠蕭々主 横包和囊
都是舊残衣 净方才袖内还有銀子 生末献艮介 這些須銀兩
頳為礼 净还少 生末 其实沒有了 净沒有了先砍你這老頭兒
末阿呼壯士我是我不得的你要多少銀子 净最少五百两
生末 我們是進香的人隨身怎帶得許多 净吓咱曉得你是
个窮酸也罷咱不殺你把你當在此這个老頭兒回去將艮
來取贖要五百雪花銀毫厘短少难回奈 末哭介 阿呼員外
、如今怎么处 生蒼頭我們隨身包囊已失少不得也要拿些
盤費來好去進香 阿呼蒼頭如今只等做一番施相罷

（紅綉鞋）你疾忙去也回歸々々報与綉閙閨閙々々速打点救
米提好收拾是和非 末員外可去此香了々我朝山決不改他
期 净壯生走不過个 净 哟你來做甚么吓敢是自了我的行么
明日好領人來拿我 末吓那有此事 净我在這里打听你若
有些風吹草動咱先殺了你主人然後性他鄉逃命你那里
來找咱 末這里是松林内我取了銀子那里去尋你 净吓你
只在這林子内吓一声打席的咱就來也 下 末咻燒得好香
拜得好佛我想菩薩是沒有灵应的何苦千鄉万里來受此
奇禍
（尾）一場好事逢奸宄怎得如來顯瑞 方才那樵鳥的人說途中
不可露帛不道此言就应了 方信道逆耳忠言听者稀

第八齣　勒金旦上

（步步嬌）昨夜樓頭鳴孤雁今朝好把音書盼奴也無心插翠環
只愁他怯冷單寒不能个應時茶飯 妻自當家日從員外去後
不覺又是月餘了未知他如今行到何處又未知他在那安
否妻自自為他離之後不道竟已懷孕員外去時尚自未知
家中也无人使得喚天那只願他早些回來便好 奴只怕消
瘦几分顏待拈針線心兒懶 末急上
（前腔）唉我心慌好把程途趲望不到垂楊岸看說那波瀾只恐
惟人淚珠垂限 旦上 誰我們前去自上渡將來問和尚道士進
末忙看吃 旦末撞介 丑 僧八、、、阿見白日撞 末是我、、
丑你是蘭閣為僧了淨東我 末同進去見了蘭娘自有話講
丑亦是僧說異我 見旦介 旦 呀蔡頭你為何回來了員外在
那里 末推了 阿呀蘭娘你休問是歸鞍途中生出真奇幻 旦
僧个奇幻 旦你為何這般光景快說与我知道 末 阿呀蘭娘
我家員外呵
（風入松）他披星帶月出閩関 他在路上是見生命買放早晚 旦
放生是好事吓 末 他將多鈔來使費誰知財帛動人眼却遇
着樵柴大漢 旦遇着樵柴大漢便怎麼樣 末 行到冀北深山之
処見一樵夫在那里打聽員外將銀三兩買這大蛇竟放了
去 旦笑介 放就奇起我從來勿見冒包即放生放罷去好吃
人就是燒僧香 旦後來便怎麼 末 大官人那樵夫就提一个
可不是有力氣的那時見員外有銀錢在身边卒地里陶便
兇頑把人劫去放我一孤單 旦 呀有這等事怎麼處 旦 侄子為
僧独劫了員外去单放了你 末 大官人那強賊呵
（前腔）他要白銀五百放回還故使我程途急趕 蘭娘吓 揄点白
鏹忙將去員外呵他盼着一双餓眼 旦 还有算計、、 末 阿
呀大官人还要算計什麼這是燃眉急何須吞嚥若不將銀
去買命只怕非吊拷便把命傷殘 旦 丑 是待我收拾良兩出
來 旦 侄子个強盜是哏白鉋个狗械侬拿子五百两去動子
大亦要一千有子一千亦要一万人没到底放勿成竟不來
累詐我我
（急三鎗）那綠林盜殺人漢今財寶總有金銀庫也須完 末 依大
官人如今怎么樣 旦 依子我么急早去做个官
（前腔）忙把弓兵点同捕快僊獲住那時錢不費自相安 末 大官
人說起那樣長脚話來如今去到冀北地方去做官点起弓
兵步快要磨許多日子倘或強盜打听風声勿好把員外結
果了性命竟送去了
（風入松）那時是人財兩失萬般難却不道是轅車難挽 丑 強盜
个殺人勢也光非是要銀子 末 如今原是將多出贖命大
官人為何不容拿去 丑 我正得知是真強盜假強盜吓 末 大
官人你這一句一張講差了雖道蔡頭唐來取信不成我在
員外家中呵受他豢養恩茶飯難道与外人相串 丑 我也勿
曉得你个就里机関只是一个勿容拿銀子去是實 末 大官
人就是這些多財也是員外一生辛掙的吓今日里費了万

千呼 丑 儈个呼錦帆閘 末 哪也毋你沒相干 丑 那沒相干今日
除子員外就是我 我阿是潘家门里子孫 旦 大官人既是潘
氏子孫為何不救取伯父 丑 个个小阿姆你金女客家勿得
知其中有計較个老々定然起子僥賴念頭 我跟子員外允
儈好處去渠半路上子夯暮歸來瞞子一个廬信促子兩百
兩銀子好逃走吓
【急三鎗】你這狠心肺狗肝腸濤單纏施巧計好波瀾 儈个強盜
捉子員外去做富頭 正是勿知強盜倒來里眼睛前 末 我是
強盜 丑 那勿是強盜 末 咻々々 阿呼我好事不罕 丑 說破子
了自家虧缺心狗我 丑 作暗探 釵環与來个 丑 走來还有一
句說話对你說明白子 叫你吃我个康也甘心我 末 你有什
庅耳說 丑 員外既要銀子 难道字也勿寫一个歸來个
【前腔】你把空言語有何憑誰証見來誑騙繳鬼门関 末 唉
【風入松】你惡將伯父自傷殘 旦 阿是我害子渠我 末 你說我狠
心狗肺 丑 那勿是狠心狗肺 末 你沒是狠心狗肺 丑 个老入
娘賊那倒是我狠心狗肺 末 哪 平白地占吞家産 丑 打末个
个老因根那能放肆今日阿是我來里爭家私了 旦 大官人
不要打這一節事还須要細訊如今員外又不見回來 其中
必有來歷伴也須要前行檢点 丑 我也晃个撩閑工夫 末 說也
元同了我去向人借貸些銀兩救了員外回來 那時与你吾
謂空叫人怒氣冲肝 作怒目看丑介 丑 看々我做儈阿要拿子
点去吓 末 我看你怎呼呶 是个為家賊亂家奸 下 丑 捉々々

捉个老入娘賊顧渠馬坊里 看个夯子去 我等我閙子大门
守來里看渠有儈本事撇子我个銅錢銀子去 笑介 我也倒
好笑那亨老爺買渠來做生論起來也勿差 伯々 放歇个生
了今日拿自家个身体來也放个歇生 下 旦 呼怎庅處有這
等一个狠心的姪兒 伯父有难竟坐視不救 反是胡言乱語
阿呼員外々々
【前腔】只怕你淌舡空載月明看那個得死生旦晚多同骨肉非
珠懞怎得个痛肉相関 想我妾身後來呵 莫做了桃花樹殘破
風兒逐兩兒翻 方才奴家瞞々將些釵環与春蘭聊為使費他
主自然周旋的 我且進去慢々再打听消息便了 正是啞子
喫嘗黄栢味 端的遠苦在心頭 下

第九齣　求援

【六么梧桐】 末 急上 唉怎庅处 恨豺狼性亮不念宗枝患难遭逢
無錢怎得救家翁 阿呼如今怎了員外有难不想家中惡姪霸
住家財一毫不捨 我一時氣他不過也罵了他几句 怎恨走
將出來向人借貸些銀兩去救員外 只是我這村中並沒个
富饒之家 教我向那里去借貸 方才蘭娘雖然暗々將些釵
環与我 也濟不得大事 教我心兒急氣兒冲 丑 扮痴道人上
内叫痴道人个 丑 呼故里賊起種你金沒痴个頑劣兒童休
笑我痴呆懵懂 末 見 睥介 有问道三化吉且住我聞得外面人
說街上有个痴道人々有患难之事问他无有不應 我何不
將此事向他一问可有救解之法 有理 扯 丑 介 道人我有一

事问你 丑 僚阿是要念垃经 末 不是 丑 阿是要不僚我吃 末
也不是我家主人被盗刮去要銀子敢瞞如今沒有銀子可
得个還家去 丑 你还是要求簽还是要起課 末 我不用求籤
问卜特来问道人 丑 笑介 我也倒好笑
【鎖南枝】我又無个籤訣句打卦简兒衰禍福我怎通 末 外面人
說人有五事问你便可逢凶化吉為此特求指引 丑 数句說
話十是来仙亭上个人害我个是来我个招牌是假个騙飯
吃个我又不是神仙怎明語將人哄 歎下 末 扯介 住了你的
名兒唤為化吉說来句然有准的 丑 化吉句如成祥好 末 何
為成祥 丑 街上有个醉太保名唤成祥你吽渠去討个一个
人自笑放子出来我他只要三杯濁酒奉纏 末 果然真的 丑
那勿真〻〻勿对你說我你急早去尋渠一帖来和撒去 末
且住我想這个指引就是有几分逢凶化吉的了我就去尋
那醉太保定然有些好處正是不因漁父引怎得見波濤 下
丑 笑介 丑 脫介一肩再处那间有人来问我才推来个醉勿
殺个身上攤我做个坐中軍他去把刀鎗弄 下 付 推押醉上
三盃和百事一醉解千愁我做个太保到好哦我里同行中人
也有論百来去别人走到人家去也有推出来个也有閙大
门个偏是我東家扯西家拖太保来我里去調〻不凋来你
吃 笑介 日〻吃勿及夜〻醉到天亮我再勿道是个太保生
意三百六十行里頭一等好行業 出 今日上半日是过来里
我單要等个下半日个我悵哉 昨看介 咦个家人家个東堂

圖書在版編目（CIP）數據

域外漢籍珍本文庫.第1輯.集部 /《域外漢籍珍本文庫》編纂出版委員會編.—重慶：西南師範大學出版社；北京：人民出版社，2008.10

ISBN 978-7-5621-4290-4

Ⅰ.域… Ⅱ.域… Ⅲ.古籍—善本—中國—叢書 Ⅳ.Z121.7

中國版本圖書館 CIP 數據核字(2008)第 148536 號

域外漢籍珍本文庫（第一輯）

集部（第1—4冊）

域外漢籍珍本文庫編纂出版委員會編

責任編輯：黃書元　周安平　劉春卉　李遠毅　盧渝寧　潘少平
陳鵬鳴　宗月霄　魚宏亮　趙　凱　徐林平　陳麗芳

責任校對：翟金明　范慧華　袁　飛　曾　艷　李　紅

版式設計：郭清梅　邵　輝

封面設計：郭青霞

出版發行：西南師範大學出版社
地址　重慶市北碚區天生路2號　郵政編碼　400715
http://www.xscbs.com
人民出版社
地址　北京市朝陽門內大街166號　郵政編碼　100706
http://www.peoplepress.net

經　銷：新華書店

印　刷：三河燕郊誠達印務有限公司

開　本：880mm×1230mm　1/16

印　張：240

版　次：2008年10月第1版

印　次：2008年10月第1次印刷

印　數：500

書　號：ISBN 978-7-5621-4290-4

定　價：玖佰陸拾圓

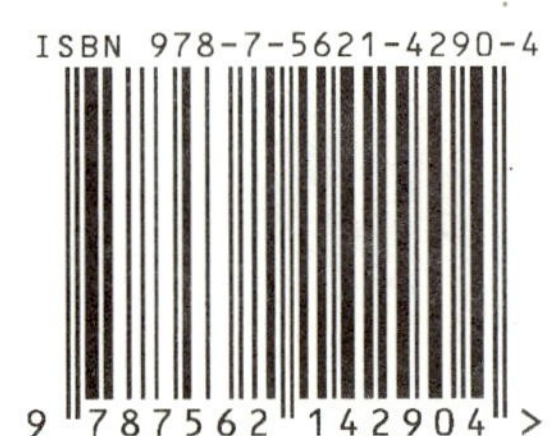